Wer war Wer in der DDR

Ein biographisches Handbuch

Herausgegeben von
Bernd-Rainer Barth,
Christoph Links,
Helmut Müller-Enbergs
und Jan Wielgohs

Fischer Taschenbuch Verlag

7.–8. Tausend: Februar 1996

Stark erweiterte und aktualisierte Ausgabe
Veröffentlicht im Fischer Taschenbuch Verlag GmbH,
Frankfurt am Main, Oktober 1995

Die Originalausgabe erschien als elektronisches Lexikon
1994 unter dem Titel
»DDR: Wer war Wer?« im Ch. Links Verlag, Berlin
Die vorliegende Ausgabe erscheint mit freundlicher Genehmigung
des Ch. Links Verlages, Berlin.
Redaktionsschluß: 1. Oktober 1994
Sterbedaten wurden bis zum 1. Juli 1995 ergänzt.

Gesamtherstellung: Clausen & Bosse, Leck
Printed in Germany
ISBN 3-596-12767-X

Gedruckt auf chlor- und säurefreiem Papier

Inhalt

Editorisches Vorwort

Fünf Jahre nach dem Ende der DDR haben sich die öffentlichen Auseinandersetzungen um die 41jährige Geschichte dieses Staates zunehmend versachlicht und thematisch verbreitert. Sie finden inzwischen kaum noch in den Boulevardzeitungen, dafür verstärkt in den historischen Fachzeitschriften statt. Zugleich haben sich die Debatten von den wenigen Prominenten hin zu den aktiv Beteiligten in allen Gesellschaftsbereichen verlagert. Hierzu haben die Öffnung der Archive und zahlreiche Publikationen der jüngsten Zeit beigetragen, die den Blick öffneten über das einschlägige Lexikon-Wissen zu ausgewählten Staatsprominenten hinaus. Es sind nunmehr die Voraussetzungen für weitere differenzierte Betrachtungen einzelner historischer Vorgänge und ihrer Protagonisten gegeben.

Das vorliegende Lexikon will dieser Entwicklung Rechnung tragen und sie ihrerseits durch neues Faktenmaterial unterstützen. Aus diesem Grund ist das 1992 im Ch. Links Verlag erschienene Lexikon »Wer war Wer – DDR«, das mit 1510 Persönlichkeiten vorrangig auf Prominenz und Popularität zu DDR-Zeiten ausgerichtet war, nicht einfach fortgeführt, sondern durch eine neue, veränderte Ausgabe mit eigenständigem Konzept und nunmehr 2157 Biographien ersetzt worden.
Die jetzigen Herausgeber von »DDR: Wer war Wer?« haben für ihre Auswahl der aufzunehmenden Persönlichkeiten folgende Kriterien zugrunde gelegt.
1.) Zunächst wurde versucht, für die gesellschaftlich entscheidenden Bereiche weitgehende Vollständigkeit hinsichtlich der Führungspositionen zu erreichen. Das betrifft Personen der sogenannten Staatsöffentlichkeit, die innerhalb der Strukturen von direktem Einfluß waren. Dazu zählen die Vorsitzenden der politischen Parteien (bei der SED darüber hinaus Politbüromitglieder und 1. Sekretäre der Bezirksleitungen), die Staatsratsvorsitzenden, Mitglieder des Ministerrates, die Leiter der in der Volkskammer vertretenen gesellschaftlichen Organisationen, Bischöfe der evangelischen und katholischen Kirche.

Ferner wurden aufgenommen langjährige Direktoren der größten Industriekombinate, die Vorsitzenden der führenden Berufsverbände, die Direktoren der größten Medien, Verlage und Agenturen, einflußreiche Mitglieder wissenschaftlicher und kulturpolitischer Gremien, Direktoren führender wissenschaftlicher Institute, langjährige Rektoren der Universitäten sowie prominente Vertreter der freien Berufe.

Daneben schien es wichtig, auch solche Persönlichkeiten zu berücksichtigen, die eher im Hintergrund des öffentlichen Lebens agierten, aber gerade auf diese Weise die gesellschaftliche Entwicklung der DDR in nicht unerheblichem Maße beeinflußten. Darunter fallen beispielsweise die Abteilungsleiter des SED-Zentralkomitees, maßgebliche Funktionsträger im Ministerium für Staatssicherheit, im Ministerium des Innern und in der Nationalen Volksarmee sowie verschiedene kirchliche Amtsträger.

2.) Berücksichtigt wurden ferner Personen des öffentlichen Lebens, die unabhängig von einer staatlichen oder gesellschaftlichen Funktion durch ihre Bekanntheit, ihre künstlerische, wissenschaftliche oder sportliche Leistung für das Bild der DDR von Bedeutung waren. Das betrifft beispielsweise alle Einzelolympiasieger, erfolgreiche Wissenschaftler und Erfinder, Schriftsteller und Maler, populäre Schauspieler, Musiker und Entertainer.

3.) Neben staatlicher und ziviler Öffentlichkeit galt es schließlich auch, die Vertreter der sogenannten Gegenöffentlichkeit bzw. informeller Teilöffentlichkeiten zu berücksichtigen. Im vorliegenden Lexikon sind daher nicht nur die Initiatoren oppositioneller Gruppen aus dem Herbst 1989 vertreten, sondern auch zahlreiche Oppositionelle und Intellektuelle, die in der DDR nicht zur Entfaltung kamen, zum Teil inhaftiert waren oder auch das Land verlassen mußten, auf deren Positionen aber offiziellerseits erkennbar reagiert wurde. In Auseinandersetzung mit ihnen sind manche geistigen Entwicklungslinien abgebrochen oder verändert worden, so daß sie von nachhaltiger Wirkung waren.

In diesem Zusammenhang sind auch Persönlichkeiten aufgenommen worden, die zu DDR-Zeiten vornehmlich im Rahmen subkultureller Gruppen aktiv waren und bisher noch kaum Eingang in Lexika gefunden haben. Das betrifft z. B. Bohemiens, Akteure der Homosexuellen-Szene und Transvestiten.

Die Biographien sind in der für derartige Lexika üblichen Form des tabellarischen Lebenslaufes angeordnet. Er gliedert sich neben den vorangestellten Angaben zum Namen, dem Geburts- und ggf. Sterbedatum sowie dem Beruf bzw. der Funktion, die für die Aufnahme ins Lexikon entscheidend war, in fünf Abschnitte, die mehrheitlich chronologisch strukturiert sind:

1.) Soziale Herkunft, Ausbildung und Militärdienst; ggf. der Lebenslauf bis 1945.

2.) Entwicklungsweg innerhalb der Sowjetischen Besatzungszone und der DDR. Hierbei wurden berücksichtigt: der berufliche und politische Werdegang, einschließlich möglicher Brüche und Konflikte, Mitgliedschaften in Parteien und relevante Funktionen in gesellschaftlichen Organisationen, Mitgliedschaften in parlamentarischen Vertretungen und Akademien, herausragende Arbeitsergebnisse (z. B. Erfindungen, künstlerische Erfolge), hohe staatliche Auszeichnungen (Held der DDR, Karl-Marx-Orden, Stern der Völkerfreundschaft, Vaterländischer Verdienstorden in Gold, Nationalpreis) sowie bedeutende ausländische Ehrungen (Lenin-Orden, Rotbanner-Orden etc.). In einzelnen Fällen wurden auch andere Ehrungen berücksichtigt, da sie besonders ungewöhnlich und daher für die Biographie mit charakterisierend waren. Persönliche Angaben (z. B. Familienverhältnisse) sind nur insofern vermerkt worden, als sie von gesellschaftlicher Relevanz waren. Verzeichnet sind zudem strafrechtliche Verurteilungen sowie nachgewiesene und bereits öffentlich bekannt gewordene Tätigkeiten für das MfS. Dabei konnte es nicht Anliegen des Lexikons sein, neue Enthüllungen zu präsentieren, sondern lediglich bereits Bekanntes zu dokumentieren.

3.) Entwicklung nach dem Ende der DDR. Hier erwiesen sich die Recherchen als besonders schwierig, da sich viele ehemalige Prominente ins Privatleben oder an unbekannte Orte zurückgezogen haben, mitunter auch zu keinerlei Auskünften zu gewinnen waren und neuere Veröffentlichungen über sie nicht vorlagen. Wichtig und aufschlußreich ist dieser Abschnitt gerade für jene Personen, die erst am Ende der DDR hervorgetreten sind.

4.) Einordnung der jeweiligen Persönlichkeit in den Gesamtkontext der DDR-Geschichte, Benennung bleibender Leistungen, soweit dies nicht schon innerhalb des Lebenslaufes geschehen ist. Dem Charakter eines Lexikons entsprechend, zumal eines in relativer zeitlicher Nähe zum behandelten Gegenstand, kann dies nur in äußerst verknappter, vorläufiger Form geschehen. Umfassendere Wertungen müssen der weiteren Forschung, monographischen Arbeiten und späteren Ausgaben vorbehalten bleiben.

5.) Wichtige Publikationen und weiterführende Sekundärliteratur. Hier konnten in der Regel nur drei, in begründeten Ausnahmefällen fünf Werke der jeweiligen Person aufgenommen werden. Dabei wurden aber in jedem Fall Autobiographien berücksichtigt. Bei der Sekundärliteratur sind Bibliographien, Werkverzeichnisse, Kataloge, Festschriften sowie biographische Gesamtdarstellungen angegeben worden.

Trotz intensiver Arbeit eines großen Autoren- und Rechercheteams sowie vielfältiger, kostenloser Unterstützung durch Archivare, Bibliothekare und Privatsammler ließen sich nicht in jedem Fall alle angestrebten Angaben in der gewünschten Präzision ermitteln. In einigen Fällen widersprachen sich die

Quellen, in anderen fehlten verläßliche Belege. Dem momentanen Forschungsstand entsprechend ließen sich vereinzelte Ungleichgewichte somit nicht vermeiden. Sie auszugleichen und mögliche Fehler zu korrigieren, muß künftigen Ausgaben vorbehalten bleiben. Die Herausgeber sind dankbar für alle entsprechenden Hinweise und Anregungen.

Berlin, im Oktober 1994

Bernd-Rainer Barth
Christoph Links
Helmut Müller-Enbergs
Jan Wielgohs

Biographien von A–Z

Die mit * gekennzeichneten Namen verweisen auf eigene Artikel in diesem Buch.

A

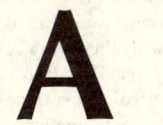

Abendroth, Hermann
19. 1. 1883–29. 5. 1956
Dirigent
Geb. in Frankfurt/Main, Vater Buchhändler; Gymnasium in Frankfurt/Main; 1900–03 Studium in München bei Ludwig Thuille (Musiktheorie u. Komposition), Anna Wirzel-Langenhan (Klavier) u. Felix Mottl (Dirigieren); 1903/04 Dirigent des Orchestervereins München; 1905–11 Kapellmeister des Vereins der Musikfreunde Lübeck, 1907 1. Kapellmeister am Stadttheater Lübeck, 1910 auch Ltr. des Philharmon. Chors; 1911–14 Städt. Musikdir. in Essen; 1914–34 Ltr. der Gürzenich-Konzerte u. Dir. des Konservatoriums in Köln; 1919 Prof.; 1922/23 Dirigent der Sinfoniekonzerte der Staatsoper Berlin, Ltr. der Konzertges. u. der Musikges. in Köln; 1934–45 als Nachf. von Bruno Walter Gewandhauskapellmeister in Leipzig, Prof. am Konservatorium Leipzig.
1945 Musikal. Oberltr. am Dt. Nationaltheater Weimar, Thüring. Staatsrat; 1946 Chefdirigent des Rundfunk-Sinfonieorchesters Leipzig; 1951 als erster dt. Dirigent nach dem 2. Weltkrieg zu Konzerten in der UdSSR; 1952 DAK; 1953 Chefdirigent des Rundfunk-Sinfonieorchesters Berlin; Gastdirigate in zahlr. eur. Ländern; Schallplattenaufnahmen mit Werken von Brahms, Haydn, Mozart, Schubert, Schumann.

Abusch, Alexander (Ps. Ernst Reinhardt)
14. 2. 1902–27. 1. 1982
Kulturminister, Publizist
Geb. in Krakau als Sohn eines jüd. Kutschers u. Händlers, aufgewachsen in Nürnberg; 1916–19 kaufm. Lehre, Angestellter; 1918 Freie Soz. Jugend, 1919 KPD; Teiln. an den rev. Kämpfen 1918 in Bayern u. 1923 in Thüringen; 1921–39 journalist. Tätigkeit an legalen u. illegalen komm. Ztgn.; 1933 im Saargebiet, 1935 Emigration in die ČSR, 1937 nach Frankreich; Mitarb. am Braunbuch über den Reichstagsbrand; 1935–39 Chefred. der illegalen Ztg. »Rote Fahne« in Prag, 1939 Internierung in Frankreich, 1940 Flucht, Mitgl. der neugegr. KPD-Ltg. Toulouse, 1941 nach Mexiko, dort Chefred. der Ztschr. »Freies Deutschland« (FD); schrieb hier sein bekanntestes Buch »Irrweg einer Nation«; 1944 Vorst.-Mitglied im »Heinrich-Heine-Club«, Hauptmitarb. der »Demokr. Post«.
1946 zus. mit Paul Merker* über Wladiwostok Rückkehr nach Dtl. (SBZ); Mitgl. des Präs.-Rats des KB; 1946–51 Bundessekr. des KB für ideolog. Fragen: 1946 von der SMAD Einsatz als Chefred. u. Zensor der »Weltbühne«, 1948 Ltr. der Delegation für den Weltfriedenskongreß in Breslau (Wroclaw), 1948 Mitgl. der DWK, 1949 Vizepräs. des KB, 1948–50 Mitgl. des PV der SED; 1949/50 Mitgl. des Weltfriedensrats; im Juli 1950 aller Funktionen enthoben, Parteiüberprüfung (Westemigration, Vorwurf einer prozionist. Haltung als Chefred. des »FD« im mexikan. Exil); in der Phase der Überprüfung am 30. 5. 1951 vom MfS als GI »Ernst« angeworben für das Feld »Emigration-Trotzkismus« (Anwerbung durch Bruno Beater*), Abbruch des GI-Kontakts 1956, als der Spionagevorwurf gegen Personen, die mit Noel Field in Verbindung standen, nicht mehr relevant war; seit Sommer 1951 Rückkehr in die Kulturpol., erneut Mitgl. des Präs.-Rats des KB, Mitgl. des Vorst. des DSV u. der DAK, Mitgl. des PEN-Zentrums Dtl.; 1953 ZK-Abt. Kultur, Aufsicht über das gesamte Verlagswesen; 1954–56 Stellv.

des Min. für Kultur, Johannes R. Becher*; 1955 NP; 1956–58 Staatssekr. im Min. für Kultur; anläßl. der 30. ZK-Tagung (1. 2. 1957) in das ZK der SED kooptiert; seit Nov. 1958 Mitgl. der Volkskammer; Dez. 1958 – Febr. 1961 Min. für Kultur (Nachf. von Johannes R. Becher); 1961–71 Stellv. des Vors. des Min.-Rats der DDR; seit 1962 Mitgl. der Eur. Schriftst.-Vereinigung; 1962 KMO, 1967 Ehrenspange zum VVO in Gold, Dr. phil. h. c. der FSU Jena, 1971 NP; seit 1971 Mitglied des Red.-Kollegiums der theor. Ztschr. der SED »Einheit«; seit 1975 Ehrenpräs. des KB; 1977 Stern der Völkerfreundschaft in Gold.

Publ.: Irrweg einer Nation. Editorial El Libro libre. Mexiko-Stadt 1945, Berlin u. Weimar 1946; Stalin u. die Schicksalsfragen der dt. Nation. Berlin u. Weimar 1949; Entscheidung unseres Jahrhunderts. Beiträge zur Zeitgeschichte 1921 bis 1976. Berlin u. Weimar 1977; Memoiren. Bd. 1: Der Deckname. Berlin 1981, Bd. 2: Mit offenem Visier. Berlin 1986.

Ackermann, Anton (Ps. von Eugen Hanisch) 25. 12. 1905–4. 5. 1973
Kandidat des Politbüros des ZK der SED
Geb. in Thalheim (Erzgeb.), Vater Strumpfwirker u. Heimarbeiter; Volksschule, Strumpfwirker; 1919 Freie Soz. Jugend, 1920 KJVD, Funktionen auf örtl. u. regionaler Ebene in KJVD, Textilarbeiterverb. u. RFB, 1926 KPD, Bezirksltr. für Erzgebirge / Vogtland, Abg. im Thalheimer Stadtparl.; 1928–31 Besuch der Intern. Lenin-Schule in Moskau, 1931–33 Lektor, anschließend in der Dtl.-Abt. der KI tätig; persönl. Mitarb. von Fritz Heckert u. Wilhelm Pieck* in der KI; ab Mai 1933 illegal in Berlin, Sekr., später Politischer Ltr. der KPD-Bezirksorg.; 1935 Teiln. am VII. Kongreß der KI in Moskau, Mitgl. des ZK der KPD u. Kand. des PB, 1935 Prag, 1935–40 Paris, Mitgl. des vorbereitenden Aussch. für eine Dt. Volksfront, 1937 Ltr. einer Pol.-Schule bei den Intern. Brigaden in Draveil / Juvisy (Span.); 1940 Moskau, in Rundfunk u. Presse u. a. 1941 Red. der Ztg. »Das freie Wort«, ab 1943 im NKFD tätig, Chefred. von dessen Sender, 1944/45 Mitarb. an programmatischen Dokumenten für die Nachkriegszeit.

1. 5. 1945 Rückkehr nach Dtl. als Ltr. der KPD-Gruppe für Sachsen, Verf. des Entwurfs u. Mitunterz. des Aufrufs der KPD vom 11. 6. 1945, Mitgl. des Sekr. des ZK, veröff. in dessen Auftrag Febr. 1946 den Aufsatz »Gibt es einen besonderen dt. Weg zum Sozialismus?« (er muß ihn im Sept. 1948 widerrufen), mit Helmut Lehmann* Endred. der »Grundsätze u. Ziele« der SED; 1946 Mitgl. von PV u. Zentralsekr. der SED, verantw. für Parteischulung, Kultur, Volksbildung, Hochschulen, Presse u. Rundfunk; Abg. des Sächs. Landtags, 1950–54 der Volkskammer der DDR; 1949 Kand. des PB des ZK der SED, Staatssekr. im MfAA, dort u. a. verantwortl. für den Aufbau u. die Ltg. der Auslandsspionage der DDR, 1953 Dir. des Marx-Engels-Inst.; wegen Unterstützung von Rudolf Herrnstadt* u. Wilhelm Zaisser* aller Funktionen enthoben u. 1954 aus dem ZK ausgeschlossen; 1954–58 Ltr. der HV Film im Min. für Kultur; Juli 1956 pol. Rehabilitierung; 1958 Mitgl. u. Abt.-Ltr., 1960 stellv. Vors. der SPK für Bildung u. Kultur; 1960 invalidisiert. 1973 Selbstmord.

Ackermann, Rosemarie, geb. Witschas 4. 4. 1952
Leistungssportlerin (Leichtathletik)
Geb. in Lohsa (Brandenburg); ab 1963 Hochspringerin in Hoyerswerda, seit 1967 beim SC Cottbus (Trainer Erhard Miek); nach dem Besuch der KJS Ausbildung zur Textilfachverkäuferin, später Studium der Binnenhandelsök.; 1974 EM, 1974, 1975 u. 1976 Hallen-EM; 1975, 1977 u. 1979 Europacupsiegerin, 1976 Olympiasiegerin; 1977 Weltcupsie-

gerin, 1978 Vize-EM; A. sprang zwischen 1974 u. 1977 sieben WR u. als erste Frau der Welt über 2,00m, 1977 wurde sie von der Sportjournalistenvereinigung AIPS als »Weltbeste Sportlerin des Jahres« ausgezeichnet; 1980 Beendigung der leistungssportl. Laufbahn.
Arbeitet als Angestellte in Cottbus.

Adam, Theo 1.8.1926
Sänger, Regisseur
Geb. in Dresden, Vater Dekorationsmaler; 1937–44 Dresdener Kreuzchor, Abitur, Wehrmacht, Gefangenschaft.
1946–49 Neulehrer in Dresden, privates Gesangsstudium bei Rudolf Dittrich; 1949 Engagement an der Dresdener Staatsoper, 1952 Debüt in Bayreuth, seit 1953 auch Mitgl. der Dt. Staatsoper Berlin, seit 1954 Gast an der Städt. Oper Frankfurt/Main u. an der Wiener Oper; 1955 Kammersänger; 1969 NP 1. Kl.; 1969 Debüt an der Metropolitan Opera New York; seit 1972 Opernregie (Wagner, Mozart, Tschaikowski u. Strauss); 1977 Große Goldmedaille des Cercle National Richard Wagner (Paris); 1978–91 AdK; 1979 Ernennung zum Kammersänger an der Wiener Oper, 1979 Prof., Honorarprof. an der HS für Musik Dresden; 1979 Joh.-R.-Becher-Medaille in Gold; 1980 Kammersänger des Freistaats Bayern; 1982 Mitgl. des Musikrats der DDR; 1984 VVO in Gold; 1985 Präs. des Kuratoriums der Staatsoper Dresden, Mitarb. im Kuratorium für das Schauspielhaus Berlin; 1989 Großer Stern der Völkerfreundschaft (Ende 1989 zurückgegeben); 1990 Ehrenmitgl. des Deutschen Musikrats.
Weltgeltung als Baßbariton: Partien in Wagner- und Richard-Strauss-Opern, 1974 Titelrolle in der UA von Dessaus »Einstein« in Berlin, 100. Partie 1981 als Baal in Salzburg; Liedinterpretationen von Brahms, Schubert, vor allem die »Winterreise«, Richard Strauss u. in von Hugo Wolf vertonten Michelangelo-Buonarotti-Texten, Oratorien von Händel u. Haydn; Gastspiele in Europa, USA u. Japan; ca. 100 Schallplattenaufnahmen.
Publ.: Seht, hier ist Tinte, Feder, Papier. Berlin 1980; Die hundertste Rolle oder »Ich mache einen neuen Adam«. Berlin 1986.
Sek.-Lit.: Müller, Hans-Peter: Theo Adam. Leipzig 1977.

Adam, Wilhelm 28.3.1893–24.11.1978
Kommandeur der KVP-Offiziershochschule
Geb. in Eichen (b. Hanau), Vater Bauer; 1908–13 Lehrerseminar in Schlüchtern; 1913 Einjährig-Freiwilliger, 1915 Ltn., Teiln. am 1. Weltkrieg; 1919–34 Volks-, Mittel- u. Oberfachschullehrer (einer Heeres-FS) in Langenselbold (Hessen); 1923/24 NSDAP; 1926–29 DVP, 1933 Stahlhelm, 1933/34 SA-Reserve; 1934 Reaktivierung und Kriegsschulkurs, bis 1939 Kompaniechef u. Lehrer an der Infanterieschule in Döberitz; 1941 1. Adjutant des späteren Generalfeldmarschalls Friedrich Paulus*, Oberst; geriet am 31.1.1943 bei Stalingrad in sowj. Gefangenschaft, Mitgl. des Bundes Dt. Offz. u. der Bew. »Freies Dtl.«, Zentrale Antifa-Schule in Krasnogorsk; durch ein dt. Gericht in Abwesenheit zum Tode verurteilt.
1948 Rückkehr nach Dtl.; NDPD; 1948/49 Referent bei der Landesreg. Sachsen; 1949–78 Mitgl. des Hauptvorst. bzw. Hauptaussch. der NDPD, 1949–52 Vors. ihres Sächs. Landesverb.; 1949–63 Abg. der Prov. Volkskammer bzw. Volkskammer; 1950–52 Sächs. Min. der Finanzen; 1952 KVP, Oberst, 1953–56 Kdr. der HS für Offz., anschl. in gleicher Funktion in der NVA; 1958 Ruhestand, Gen.-Major a.D.; 1960–63 stellv. Vors. des NDPD-Bezirksverb. Dresden, 1960–75 Mitgl. des Bezirksaussch. der NDPD; langj. Mitgl. der Arbeitsgemeinschaft ehem. Offz.

Publ.: Der schwere Entschluß (Biogr.). Berlin 1965.

Adameck, Heinrich 21. 12. 1921
Vorsitzender des Staatlichen Komitees für Fernsehen
Geb. in Silberhausen (Thür.), Vater Holzhauer, Mutter Zigarrenarbeiterin; Volksschule, 1936–39 Arbeiter und kaufm. Lehre in der Dampfziegelei Dingelstädt (Thür.); 1939/40 Lagerist in einer Papierwarenfabrik; 1940–44 Wehrmacht (Obergefr.); 1944–49 sowj. Gefangenschaft, zunächst in Rustawi (b. Tbilissi), 1948/49 in Tbilissi, Antifaschule 2041 u. Taliza, Mitgl. u. Mitarbeit im NKFD.
1949 Rückkehr nach Dtl. (SBZ); Juli 1949 SED; 1949/50 Kaderltr. im Innenmin. der Landesreg. Thüringen, Abt.-Ltr., kommissar. Hauptabt.-Ltr., HA Personal in Weimar; 1951/52 Kaderltr. in der Generalintendanz des Rundfunks, 1952–54 Mitgl. des Staatl. Rundfunkkomitees, 1954–59 Intendant des DFF (Nachf. von Gerhard Probst*); 1956–60 Fernstudium an der ASR Potsdam, Dipl.-Rechtswiss.; 1959–68 Intendant des DFF u. stellv. Vors. des Staatl. Rundfunkkomitees; 1960 Mitgl. des Vorst. u. des Präs. des VDJ; Besuch der FS für Journalistik; Jan. 1963–89 Mitgl. des ZK der SED u. des Präs. des Verb. der Film- u. Fernsehschaffenden; 1967 Dipl.-Journalist; 1967–72 stellv. Vors. des VDJ; mit seiner Gründung im Sept. 1968 – Nov. 1989 Vors. des Staatl. Komitees für Fernsehen; Nov./Dez. 1969 Weiterbildungslehrgang für leitende Kader im IfG; seit Juni 1971 Mitgl. der Agit.-Kommission beim PB; 1971 VVO in Gold, 1981 Ehrenspange zum VVO in Gold, 1986 KMO.
1990 Rentner, lebt in Berlin.

Adler, Helga 21. 12. 1943
PDS-Politikerin
Geb. in Praschnitz, Vater Angestellter; 1960 FDJ; 1962 Abitur, 1962/63 Ausbildung zur Bauzeichnerin; 1963 SED; 1963–68 Studium der Kunstgeschichte u. Geschichte an der HU Berlin, 1968 Dipl.-Hist.; 1968–74 Assistentin am IfG; 1974–90 wiss. Mitarb. am Inst. für intern. Pol. u. Wirtschaft, 1975–78 am Intern. Inst. für den Frieden in Wien; 1979 Prom. zum Dr. rer. pol.; Arbeiten über soziale u. demokr. Friedensbew. in Westeuropa u. den USA; Febr. 1990 Pressesprecherin des PV der PDS, danach Mitgl. des Präs. des PV, Ltr. der Kommission Ausländerpol., Interessengruppe u. Arbeitsgemeinschaft; 1992 aus PDS ausgetreten.

Agsten, Rudolf 31. 10. 1926
LDPD-Funktionär
Geb. in Leipzig, Vater Postangestellter; 1933–44 Volksschule u. Oberschule; 1944 Militärdienst, Apr. 1945 schwer verwundet, amerik. u. sowj. Gefangenschaft (Lazarett in Halle).
Nov. 1945 LDPD, 1946/47 hauptamtl. Jugendreferent in Halle bzw. Bez. Halle-Merseburg, 1947 Schulungsreferent beim Landesvorst. Sachsen-Anhalt, 1947/48 Ltr. der Landesparteischule Schierke, 1948–53 Red. u. Chefred. der »Liberal-Demokr. Ztg.« Halle, ab 1949 Mitgl. des Zentralvorst. der LDPD; 1950–52 Abg. des Landtags Sachsen-Anhalt u. Vors. der LDPD-Fraktion, 1952/53 Abg. des Bez.-Tags Halle, 1951–53 2. Landes- bzw. Bezirksvors. der DSF; 1953/54 Ltr. der HA Pol. beim ZV der LDPD, ab 1954 Sekr. des ZV, ab 1955 zugl. Mitgl. des Pol. Aussch.; ab 1954 Abg. der Volkskammer, bis Dez. 1989 Vors. der LDPD-Fraktion, 1969–71 Vors. des Außenpol. Aussch., ab 1973 des Geschäftsordnungsaussch., 1983–89 Mitgl. des Präs. der Volkskammer; ab 1955 Mitgl. des ZV der DSF, später auch seines Präs., 1955–71 Leitungsmitgl., später stellv. Vors. der Interparl. Gruppe der DDR, ab 1962 Vizepräs. der Dt.-Ara-

bischen Ges.; 1955–61 Fernstudium Journalistik an der KMU Leipzig, Dipl.-Journ., 1963–65 Fernstudium Außenpol. an der DASR, 1969 Prom. zum Dr. phil. an der MLU Halle u. 1976 zum Dr. sc. phil. an der AdW mit Schriften (Mitautor Manfred Bogisch) zur LDPD-Geschichte; seit 1959 Mitgl. des NR der NF; 1966–69 Mitgl. des Präs. des Friedensrats der DDR; 1982 VVO in Gold; 1988 Prof.; Okt. 1989 nach schwerer Erkrankung Ende der hauptamtl. Tätigkeit, 1990 Ruhestand; März-Aug. 1990 Bund Freier Demokraten, danach F.D.P.

Ahrbeck, Hans 19. 5. 1890–1. 4. 1981
Erziehungswissenschaftler
Geb. als Apothekersohn in Linden (b. Hannover); Studium der Germanistik, Geschichte, Theol. u. Philos. 1910–1914 u. 1919/1920 in Leipzig, Gießen u. Göttingen; 1915–1918 Kriegsteiln., Ablehnung der Offizierslaufbahn; nach Wiederaufnahme des Studiums Mitgl. der freien Studentenschaft, Lehrender in Arbeiterkursen; 1920 Staatsexamen und Gymnasiallehrer an einer privaten Mädchenschule in Magdeburg; 1925 Prom. mit einer Arbeit über W. Raabe in Göttingen; 1926 Lehrer an der Lessing-OS in Magdeburg; 1929 Doz., 1930 Prof. an der Pädagog. Akad. in Breslau, 1932 an der in Halle; 1933 Studienrat in Magdeburg, 1937 am Studienseminar; Verweigerung der NSDAP-Mitgliedschaft; Verbindung zur Bekennenden Kirche; 1944/45 unter Gestapo-Überwachung.
Juni 1945 Mitarb. im Provinzialschulkollegium, Oberschulrat von Magdeburg; ab 1. 4. 1946 Prof. mit Lehrstuhl für Erziehungswiss. an der Univ. Halle u. mit Unterbrechung im Jahre 1949 Dekan der Pädagog. Fak., nach deren Auflösung Dir. des Inst. für Pädagogik, zum 1. 1. 1958 gegen das Votum der Philos. Fak. em.

Ahrendt, Lothar 13. 3. 1936
Innenminister
Geb. in Erfurt, Vater Feinmechaniker; Volksschule; Lehre als Kfz-Schlosser; 1953 Eintritt in die DVP; 1955–59 Kraftfahrer bei der Höheren Polizeischule in Berlin-Kaulsdorf; 1957 SED; 1959/60 Kursant an der Mittleren Polizeischule in Aschersleben, VP-Unterltn.; 1960–64 Sachbearb. in der Abt. Schutzpolizei im VP-Präs. Berlin; 1964–68 HS der VP in Berlin, Dipl.-Staatswiss.; stellvertret. Leiter der VP-Inspektion Berlin-Köpenick, 1970–78 Ltr. der VP-Inspektion Berlin-Mitte; ab 1978 Stellv. des Präs. der VP Berlin; 1979–83 Kand. der SED-BL Berlin; ab 1983 Stellv. des Min. des Innern, Gen.-Major; 1986 Gen.-Ltn.; 1986–89 Kand. des ZK der SED; Nov. 1989 – März 1990 Min. des Innern; Apr. bis 1. 10. 1990 Leiter des Arbeitsstabs zum Aufbau des Grenzschutzes u. Chef des Grenzschutzes; Generalinspekteur; danach Ruhestand.

Akkermann, Siegfried 19. 2. 1935
Präsident des Deutschen Roten Kreuzes
Geb. in Schaulen (Lit.) in einer Lehrerfamilie; 1953–58 Studium der Medizin an der Univ. Rostock, 1959 Prom., anschl. Assistent am Lehrstuhl für Sozialhygiene, 1963 Oberarzt, 1969 Habil., Doz. u. bis 1973 stellv. Dir. des Inst. für Sozialhygiene, danach stellv. Dir. des Bereichs Medizin der WPU Rostock; 1974–76 Gastprof. im Irak; 1976 SED-GO-Sekr. am Bereich Medizin der WPU; 1979 Prof. für Sozialhygiene; 1980 ins Präs. des DRK kooptiert, Vizepräs., 1981–87 Präs. des DRK (Nachf. von Werner Ludwig*); 1981–89 Vizepräs. der Kommission für Gesundheitswesen u. soziale Dienste der Liga für Rotkreuz- u. Rothalbmondges.; ab 1987 Dir. des Inst. für Sozialhygiene der WPU Rostock; 1990 Vizepräs. des Landesverb. Mecklenburg-Vorpommern des DRK.

Albani, Bernd 9. 2. 1944
Evangelischer Pfarrer
Geb. in Dresden, Mutter Angestellte; 1960 mittlere Reife, anschl. Berufsausbildung zum Physiklaboranten im ZI für Kernforschung der AdW in Rossendorf, 1963 Abitur an der Abendschule; 1963–68 Studium der Physik an der TU Dresden, danach Aspirantur an der Lomonossow-Univ. Moskau; 1970–76 wiss. Mitarb. an der HS für Verkehrswesen Dresden, 1973 Prom. mit einer Diss. zur Theorie des Festkörpermagnetismus; 1976–80 Studium der Theol. am Theolog. Seminar in Leipzig; 1978 sechs Wochen Haft nach Ein-Mann-Demonstration »Freiheit für Bahro*«; 1980–82 Vikariat u. Predigerseminar in Leipzig; 1982–89 Pfarrer in Frauenstein, 1983 Mitbegr. des kirchl. »Arbeitskreises Frieden / Umwelt in der Region Frauenstein / Freiberg«, 1984–89 Mitgl. der sächs. Landessynode; 1987–89 Vertreter der sächs. Basisgruppen im Fortsetzungsaussch. des Netzwerks kirchl. Friedens-, Umwelt- und Menschenrechtsgruppen »Konkret für den Frieden«; seit 1. 10. 1989 Pfarrer der Gethsemane-Gemeinde in Berlin, aktive Beteiligung an den Protestaktionen in der Gethsemane-Kirche im Umfeld des 40. Jahrestags der DDR; Dez. 1989–1991 Sprecher des Neuen Forum Berlin-Prenzlauer Berg.

Albrecht, Christoph 4. 1. 1930
Organist, Dirigent, Komponist
Geb. in Salzwedel, Vater Organist; 1943 als 13jähriger Übernahme des Organistenamts an St. Marien in Salzwedel bis 1948; 1948–53 Studium der Theol. u. Kirchenmusik in Halle / Saale bei H. Wunderlich (Orgel), K. Fiebig u. J. Weyrauch (Komposition), priv. Orgelunterricht bei Günther Ramin*; 1953–60 Domkantor in Naumburg u. Doz. an der Kirchenmusikschule in Halle; 1960–76 Berufung zum Dir. der Kirchenmusikschule in Dresden, Ltr. des Inst.-Chors (Toureen im In- u. Ausland, A-cappella-Werke u. moderne Oratorien); 1976–92 Organist u. Kantor an der Kirche St. Marien in Berlin (Ost); Konzerttätigkeit als Orgelsolist in der DDR u. a. mit dem Berliner Sinfonieorchester; intern. Auftritte u. a. in der Bundesrep. Dtl., Mexiko, den Niederlanden, Schweden, der Schweiz, der UdSSR, den USA; Mithrsg. der Fachztschr. »Musik u. Kirche«; Autor versch. Publ. über Liturgik u. Hymnologie, u. a. 1962 zu Schleiermachers Liturgik (Prom. A), Dr. theol., Kirchenmusikdirektor; komponierte Orgelmusik, u. a. »Fuga variata in d«, »Toccata in h«, u. bearbeitete Chorlit.; Wiederentdecker und Hrsg. geistl. Musiken, u. a. 1977 »Geistl. Chorbuch alter Meister des 16.–18. Jh.« u. Orgelwerke von Max Reger; zahlr. Orgelprod. für Fernsehen, Rundfunk u. Schallplatte, Eterna Edition.
Seit 1993 intern. Konzerttätigkeit als Orgelsolist, Orgellehrer u. Dirigent auf intern. Sommer- u. Fortbildungskursen u. Seminaren.
Publ.: Interpretationsfragen. Probleme der kirchenmusikal. Aufführungspraxis von Johann Walter bis Max Reger (1524–1916). Berlin 1981.

Albrecht, Erhard 8. 10. 1925
Philosoph
Geb. in Kirchscheidungen (Thür.), Vater Tierzuchtinspektor u. Betreiber einer Molkerei; 1935–43 Oberrealschule in Landsberg, Reifezeugnis; 1943 Kriegsdienst, verwundet in Nordfinnland, Lazarett in Schwerin; ab 1944 Studium der Philos., Geschichte u. vergleichenden Sprachwiss. an der Univ. Rostock.
1945/46 KPD / SED; 1949 Prom. zum Dr. rer. pol. bei Hermann Duncker* an der 1948 neugegr. Ges.-wiss. Fak. mit der Arbeit »Darstellung u. Kritik der erkenntnistheor. Grundlagen, der Kausalitätsauffassung u. der Ethik des Neopositivismus«; anschl. bis 1950 Teiln. am Doz.-Lehrgang der PHS »Karl Marx« der

SED in Kleinmachnow; 1951 Habil. an der Philosoph. Fak. in Rostock zum Thema »Die Wurzeln der vormarxschen Erkenntnistheorie, ihre sozialök. bedingte Erkenntnisschranke u. deren Durchbrechung durch die marxist. Philos.«; 1952 Prof. für dial. u. hist. Materialismus an der EMAU Greifswald, 1953–55 Prorektor für das ges.-wiss. Grundstudium u. zugl. mit Günther Jacoby* Ko-Dir. des Philosoph. Inst.; 1953/54 Gastprof. in Jena, 1955 in Berlin, 1956/57 in Rostock; 1956–68 Dir. des Inst. für Philos. der EMAU, 1958–61 Prorektor für wiss. Nachwuchs, ab 1959 Prof. mit Lehrstuhl für Logik, Methodol., Erkenntnistheorie u. Semiotik, 1962–64 zugl. Prorektor für Ges.-Wiss.; nach zeitw. Auflösung des Philosoph. Inst. (1968–74) infolge der 3. HS-Reform 1975–90 Ltr. einer Arbeitsgruppe Methodol., Semiotik, Kommunikationswiss.; 1979 NP; 1990 em.

Publ.: Die Beziehung von Erkenntnistheorie, Logik u. Sprache. Halle 1956; Beiträge zur Erkenntnistheorie u. das Verhältnis von Sprache u. Denken. Halle 1959; Sprache u. Erkenntnis. Berlin 1967; Sprache u. Philos. Berlin 1975; Sprachphilos. Berlin 1991.

Albrecht, Hans 22.11.1919
SED-Politiker

Geb. in Bochum, Vater Arbeiter; Volksschule, 1934–38 Schlosserlehre; Kriegsdienst; 1945/46 Heizungsmonteur.

1945/46 SPD/SED; 1946–49 Mitarb. bzw. Sekr. des SED-Kreisvorst. Grimma; 1950 PHS; 1951/52 2. bzw. 1. Sekr. der KL Frankfurt/Oder, 1952–54 1. Sekr. der KL Eberswalde u. 1954–58 der KL Stalinstadt der SED; 1954–63 Kand., dann Mitgl. des ZK der SED; 1958–60 Vors. des Bezirkswirtschaftsrats, 1958–63 Abg. des Bez.-Tags, 1960–63 Vors. des Rats des Bez. Frankfurt/Oder; 1963–65 Studium am Industrie-Inst. der Bergakad. Freiberg, Dipl.-Ing.-Ök.; 1965–68 1. Stellv. des Vors. der ABI; ab Aug. 1968 1. Sekr. der SED-BL Suhl (Nachf. von Otto Funke*); ab 1970 Mitgl. des Präs. der Freundschaftsges. DDR-Arab. Länder; 1971–Nov. 1989 Abg. der Volkskammer; 1974 VVO in Gold, 1979 KMO.

3.12.1989 aus dem ZK der SED u. der Partei ausgeschlossen, Verhaftung wegen Amtsmißbrauch u. Untreue; Mai 1991 weiterer Haftbefehl im Zusammenhang mit den Todesschüssen an der Grenze; Okt. 1992 Urteil des Bezirksgerichts Meiningen zu 22 Monaten Haft wegen Anstiftung zur Untreue, Strafe wurde nicht angetreten, da mehr als die Hälfte der Zeit in U-Haft verbüßt; wiederholt legten die Verteidiger ärztl. Atteste wegen begrenzter Verhandlungsfähigkeit vor; 26.7.94 Bundesgerichtshof erhöht das Strafmaß auf fünf Jahre wegen »unmittelbarer Täterschaft«.

Albrecht, Werner 19.2.1921
SED-Funktionär

Geb. in Leipzig, Vater Zimmermann; Jan. 1934 Emigration in die ČSR, Aug. 1934 UdSSR; Mittelschule in Moskau; 1939 sowj. Staatsbürgerschaft, Stud. der Medizin an der Moskauer Univ.; Okt. 1941 Evakuierung nach Frunse/Kirgisien, Forts. des Studiums; 1942–45 Arzthelfer in der Trud-Armee in Tscheljabinsk u. Ufa; 1945–47 Elektromonteur in Schpola/Kiewer Gebiet.

Okt. 1947 Rückkehr in die SBZ, SED; Nov. 1947–50 Übersetzer u. Dolmetscher in der Allg. Abt. beim PV der SED, die u.a. für die Verbindung zur KPdSU zuständig war; dann polit. Mitarb. bzw. Instrukteur der Allg. Abt. des ZK, einflußreich als Verbindungsmann zur KPdSU; 1969/70 PHS der KPdSU in Moskau; 1971 stellv. Ltr., 1972–81 Ltr. der Allg. Abt. des ZK (Nachf. von Marta Golke); 1981 aus gesundheitl. Gründen in den Ruhestand, VVO in Gold; Mitarb. im Komitee der Antifasch. Widerstandskämpfer; 1986 Ehrenspange zum VVO in Gold; lebt in Berlin.

Albring, Werner 26. 9. 1914
Strömungsmechaniker
Geb. in Schwelm (Westf.), Vater Studienrat; Realgymnasium; 1934–38 Studium des Maschineningenieurwesens an der TH Hannover; 1938 Assistent, 1941 Prom., dann stellv. Ltr. am Inst. für Aerodynamik u. Flugtechnik der TH.
1946 Abt.-Ltr. für Aerodynamik der Zentralwerke Bleicherode; 1946–52 ltd. Mitarb. in einer dt. Spezialistengruppe in der UdSSR; 1952 Berufung auf den Lehrstuhl für Angewandte Strömungslehre der TH Dresden, 1955–60 nebenamtl. Ltr. des Bereichs Grundlagenforschung in der Forschungs- u. Versuchsanstalt für Strömungsmaschinen Dresden; 1961 Ord. Mitgl. der DAW; 1961–63 u. 1968–70 Dekan der Fak. für Maschinenwesen der TU Dresden; 1972 NP; seit 1973 Vertreter der DDR in der Intern. Union für theoret. u. angewandte Mechanik, Mitgl. der Nat. Kommission für Mechanik; 1979 em.; 1985 Ehrenprom. in Leningrad, Berufung in die Ev. Forschungsakad. Berlin.
Veröff. zur Strömungsmechanik, Geschichte der Strömungstechnik, Verbindung von techn. u. Geisteswiss.
Publ.: Gorodomilja. Deutsche Raketenforscher in Rußland. Hamburg 1991.

Alexander, Karl Friedrich 1. 5. 1925
Physiker
Geb. in Berlin; nach Kriegsdienst u. Gefangenschaft 1945 Physikstudium in Göttingen; KPD/SED; nach der Übersiedlung in die SBZ Studium in der UdSSR; 1954 Prom. an der HU Berlin; Teiln. am 1. Reaktorlehrgang im Vereinigten Kernforschungszentrum Dubna (UdSSR); seit 1956 am Aufbau des Zentrums für Kernforschung (ZfK) Rossendorf (b. Dresden) beteiligt; 1959 Habil. an der TH Dresden; Ltr. des Bereichs Reaktorphysik u. Neutronenphysik im ZfK Dresden u. zugl. 1961–65 Prof. mit Lehrauftrag für Kernphysik an der KMU Leipzig; 1966–69 stellv. Labordir. in Dubna; 1970–88 Dir. des ZI für Elektronenphysik der AdW in Berlin; 1973 Ord. Mitgl. der AdW; 1986 NP.
Hauptarbeitsgebiete: Kern- u. Plasmaphysik, Thermodiffusion; 1986–89 Mithrsg. des European Journal of Physics.

Alisch, Horst 20. 5. 1925
Karikaturist, Comic-Zeichner
Geb. in Berlin, Vater Bankangestellter; Banklehre (nicht abgeschlossen), vier Semester Kunstschule der Dt. Zeichenfilm GmbH; Einberufung; Gefangenschaft.
1946 nach Berlin-Tegel entlassen; ging zum Zeichenfilm (EOS Film GmbH); durch Heirat nach Ostdtl., 1954–84 pol. Zeichner bei der Ztg. »BZ am Abend«, anschl. bis 1990 nur noch Humorzeichner, auch tätig für die satir. Ztschr. »Frischer Wind« / »Eulenspiegel« u. den Verlag »Junge Welt«; neben Pressezeichnungen entstanden mehrere Bildergeschichten, seit 1968 hauptsächl. für das Kindermagazin »Frösi«, zu den bekanntesten zählen »Ali u. Archibald«, Mitgl. des Red.-Kollegiums u. des künstler. Beirats der »Frösi«; zu seinen größten Comic-Erfolgen wurde die Elefantendame »EMMY«, die als Figur für das Altstofferfassungssystem SERO bis in die Gegenwart weite Verbreitung findet; nach 1989 war A. Mitgründer u. Verleger bei der HALB u. HALB Verlags GmbH.
Publ.: Ali u. Archibald. Berlin 1986f.; Pinselfahrt mit Käpt'n Lütt. Berlin 1986; Emmy-Bilder-Spaß-Geschichten. Berlin 1990.

Alt, Robert 4. 9. 1905–13. 12. 1978
Erziehungswissenschaftler
Geb. in Breslau als Sohn eines Stubenmalers; Volksschule, Realgymnasium; 1924–27 Studium der Soziol. u. der Philos. in Breslau u. Berlin; 1924 SPD; zuvor Jungsozialisten, Soz. Studentenbund; 1927–29 Studium an der Pädagog.

Akad. in Frankfurt/Main; 1929 1. Lehrerprüfung u. Lehrer an der Volksschule Berlin-Neukölln (Grundschule der Karl-Marx-Schule); 1932 zudem Lehrer an der Volksschule der jüd. Gemeinde; 1933 2. Lehrerprüfung u. Entlassung; Abbruch des zur Prom. über Industrieschulen aufgenommenen Universitätsstudiums; Tätigkeit in einem privaten Landschulheim, danach Lehrer an jüd. Volksschulen in Berlin u. 1939–41 Doz. am jüd. Kindergärtnerinnen-Seminar der Reichsvereinigung der Juden; 1941 bis 3.5.1945 in versch. KZ (Posen, Dora, Auschwitz, KZ-Schiff »Kap Arkona«).
1945/46 KPD/SED; Jan. 1946 Doz., Hauptschulamt Berlin; Aug. Prof. an der PH Berlin, zugl. seit Sep. 1946 Lehrauftrag an der Pädagog. Fak. der Berliner Univ.; 1947 Mitgl. der Schulkommission der SED; 1948 Prom. mit einer Arbeit über Industrieschulen; Juli 1948 Prof. mit Lehrauftrag; Sommer 1949 Prof. mit vollem Lehrauftrag für Geschichte der Pädagogik an der Pädagog. Fak. der HU Berlin; Ende 1949 Prof. mit Lehrstuhl; 1952–63 Dir. des Inst. für Systemat. Pädagogik u. Geschichte der Pädagogik an der Pädagog. Fak. der HU Berlin; 1955 mit deren Neugründung an der DAW Vors. der Kommission für dt. Erziehungs- und Schulgeschichte; 1954–58 Mitgl. des ZK der SED; 1958–61 Dekan der Pädagog. Fak. der HU Berlin; 1961 ord. Mitgl. der DAW; 1961–70 Ltr. der Arbeitsstelle für dt. Erziehungs- u. Schulgeschichte der DAW; 1965 Dr. paed. h.c. der HU Berlin, 1970 em.; 1970 ord. Mitgl. der APW; Präs. der Ges. für kulturelle Verbindungen mit dem Ausland, Vizepräs. der Liga für Völkerfreundschaft; 1975 KMO.
Forschungs- u. Publikationstätigkeit insbes. zur Begründung der Schulreform in der SBZ, zu gesellschaftl. Ursprüngen der Erziehung, Komensky, Industrieschulen, Pestalozzi, Erziehungsprogrammen der Frz. Revolution, Bildungsmonopol, Verbindung von Unterricht u. Arbeit; ab 1949 Hrsg. der Schriftenreihe »Erziehung u. Gesellschaft«, ab 1960 der »Monumenta Paedagogica« u. ab 1961 vom »Jahrbuch für Erziehungs- u. Schulgeschichte«.
Publ.: Bilderatlas zur Schul- u. Erziehungsgeschichte. 2 Bde. Berlin 1960–65.

Altenbourg, Gerhard (eigtl. Gerhard Ströch) 22.11.1926–30.12.1989
Maler, Grafiker
Geb. in Rödichen-Schnepfental (Thür.), Vater Prediger einer ev.-freikirchl. Gemeinde; seit 1929 in Altenburg (Thür.); 1944/45 Kriegsdienst und Lazarett. 1946–48 schriftsteller. Tätigkeit, Zeichenunterricht bei Erich Dietz; 1948–50 Studium an der HS für Baukunst u. bildende Kunst in Weimar; danach freischaff. in Altenburg, Annahme des Künstlernamens »Altenbourg«; 1959 Beteiligung an der documenta II in Kassel; 1961 Gastatelier in der AdK in Berlin (West); 1964 Anklage u. Verurteilung wegen Übertretung der Zollgesetze der DDR zu einem halben Jahr Gefängnis bei zweijähriger Bewährung; 1966 Burda-Preis für Grafik, München; 1967 Preis der II. Internationale der Zeichnung, Darmstadt; 1968 Will-Grohmann-Preis, Berlin (West); 1970 Mitgl. des Inst. für mod. Kunst, Nürnberg; 1977 Life Fellow of the International Biographical Association, Cambridge, England; gest. in Meißen an den Folgen eines Autounfalls.
A. verweigerte sich jeder Anpassung an die Kunstpol. der DDR. Seine Wirksamkeit in der DDR wurde daher bis in die 80er Jahre hinein massiv behindert, z. B. durch wiederholtes Verbot bzw. Schließen von Ausstellungen. Dagegen erwarb das Museum of Modern Art in New York schon 1961 eine Arbeit des Künstlers, u. die Galerie Brusberg in Hannover zeigte 1969 eine große Retrospektive seines Schaffens. In der DDR, wo einzelne Museen wie das Kupferstichkabinett Dresden

es wagten, das Werk des Künstlers umfassend zu dokumentieren, konnten erst zum 60. Geburtstag Ausstellungen in Leipzig, Dresden u. Berlin stattfinden. Das Werk umfaßt über 3000 Zeichnungen u. Malereien, über 1400 graf. Blätter, 14 Bücher u. 80 plast. Werke.
Publ.: Tatauierte Litaneien. Berlin, Paris 1962; Ich-Gestein. Berlin 1971; Wund-Denkmale. Leipzig, Hannover 1984.
Sek.-Lit.: G. A. Werk-Verzeichnis 1947–69. Hannover 1969; Kat. G. A. Zeichnungen u. Grafik. Leipzig 1986; G.A. Das einsschauende Ausschauen. Brusberg Dokumente 15, Berlin 1986; Kat. G. A. Arbeiten 1947–87. Bremen 1988; G. A. Arbeiten aus den Jahren 1947–89. Inst. für Auslandsbeziehungen, Stuttgart 1992.

Altmann, Eva 17. 12. 1903
Wirtschaftswissenschaftlerin, Rektorin der HfÖ
Geb. in Berlin; Studium der Wirtschaftswiss. in Frankfurt/Main, Kiel u. Berlin; 1923 KPD; während der NS-Zeit mehrmals inhaftiert u. lange Zeit unter Polizeiaufsicht.
Ab 1945 in der SBZ zunächst in versch. Funktionen des Bildungswesens; 1948 Absolventin eines Intensivlehrgangs für marxist.-leninist. Doz. an der PHS »Karl Marx« der SED in Liebenwalde bzw. (ab 1948) in Kleinmachnow (b. Berlin), anschl. HS-Lehrerin für pol. Ök. an der HU Berlin, u. a. auf Beschluß der 1. SED-Parteikonferenz 1949 Vorlesungen zum Zweijahresplan; 1950 Berufung zur Prof. u. Gründungsrektorin der HS für Planök. in Berlin-Karlshorst, die 1956 mit der HS für Finanzwirtschaft Potsdam-Babelsberg zur HfÖ Berlin vereinigt wurde; 1952 Dr. h.c. der MLU Halle; 1956 Ablösung als Rektorin u. Ernennung zur Dir. des Inst. für pol. Ök. an der HfÖ, später Prof. an der Sekt. Marxismus-Leninismus; ab 1956 Mitgl. im Redaktionskollegium des theor. SED-Organs »Einheit«; 1959 VVO in Gold, 1963 Dr. h.c. der HfÖ, später KMO.
A. gehörte zu den ersten in der SBZ ausgebildeten Doz. für marxist. pol. Ök., an deren Etablierung als Lehr- u. Forschungsdisz. in der DDR sie maßg. Anteil hatte. Auf A.s Veranlassung wurde das »marxist.-leninist. Grundlagenstudium« noch vor dessen DDR-weiter Einführung als obligator. Bestandteil des HS-Studiums an der HS für Planök. als Pflichtfach eingerichtet.
Arbeitsgebiete bzw. Themen: pol. Ök. des Kap. u. ök. Verhältnisse in der Bundesrep. Dtl.; Gegenstand der pol. Ök.; Dialektik zwischen Produktivkräften u. Produktionsverhältnissen; Eigentums- u. Reproduktionstheorie.
Publ.: Über den Gegenstand der pol. Ök. u. über die ök. Gesetze. Berlin 1955; Westdtl. unter den Gesetzen der Reprod. des Kapitals u. die Arbeiterklasse (Mitautorin). Berlin 1960; Zur pol. Ök. der Arbeiterklasse. Berlin 1974; Zum Studium von Karl Marx' Werk »Das Kapital«. Berlin 1985.

Ampler, Klaus 15. 11. 1940
Leistungssportler (Radsport)
Geb. in Marienburg in einer Arbeiterfamilie, Vater des Profi-Radsportlers Uwe Ampler; nach dem Schulabschluß 1956–59 Berufsausbildung zum Lichtbogenschweißer; ab 1954 Radsportler zunächst bei Motor Warnowwerft/Motor Rostock, ab 1959 beim SC DHfK Leipzig; 1962 u. 1963 DDR-Meister auf der Straße, 1965 u. 1966 im Verfolgungsfahren auf der Bahn, 1963 Sieger der Intern. Friedensfahrt; 1970 Beendigung der leistungssportl. Laufbahn; 1959–70 Studium an der DHfK Leipzig mit Abschluß als Dipl.-Sportlehrer; SED; seit 1971 Radsporttrainer beim SC DHfK Leipzig u. in der DDR-Auswahl;
Lebt in Leipzig.

Anclam, Kurt 7. 5. 1918
LDPD-Funktionär
Geb. in Kowanz (Kr. Kolberg), Vater Schneider; Volksschule in Kowanz; 1932–35 Lehre u. Tätigkeit als Bäcker; Kriegsdienst u. Gefangenschaft.
1947 Meisterprüfung; 1947–52 Bäckermeister; 1948 LDPD; 1950–54 Abg. des Kreistags Schwerin; 1952–54 Kreisrat für Handel u. Versorgung beim Rat des Kreises, danach stellv. Vors. des Rates des Kreises Schwerin-Land, Mitgl. des Bez.-Tags Schwerin; 1952–54 Abg. des Kreistags Schwerin-Land; 1953/54 stellv. Vors. des BV Schwerin der LDPD; 1953–59 Fernstudium an der DASR, Dipl.-Jur.; 1954–57 Instrukteur u. Abt.-Ltr. beim ZV der LDPD; 1954–63 Abg. der Volkskammer; seit 1957 Mitgl. des ZV der LDPD; 1957–66 persönl. Referent bei den Stellv. Vors. des Min.-Rats Dr. Hans Loch* u. Dr. Max Suhrbier*; 1966–84 1. Vors. des LDPD-BV Halle; 1967–84 Mitgl. des Pol. Aussch. des ZV der LDPD; 1967–86 Abg. der Volkskammer; 1971–86 Mitgl. des Staatsrates; 1983 Stern der Völkerfreundschaft in Silber.

Anderson, Sascha 24. 8. 1953
Autor, Herausgeber
Geb. in Dresden, Vater Theaterintendant, Mutter im Trickfilmstudio Dresden beschäftigt; wuchs in Radebeul auf; Lehre als Schriftsetzer; 1974–77 DEFA u. Film-HS Potsdam; dann Hausmeister an der Versöhnungskirche Dresden; erste Texte in der Ztschr. »Neue Dt. Lit.« (6/1978), durch Paul Wiens* vermittelt; lebte seit 1981 in Berlin (Ost), wurde mit zahlr. Editionen, Herausgaben u. mit der Org. von Ausstellungen u. Veranstaltungen zur zentralen Figur der lit. Szene am Prenzlauer Berg u. zu einem wichtigen Ansprechpartner des westdt. Lit.- u. Kunstbetriebs; spielte in versch. Rockgruppen u. a. in »Zwitschermaschine« u. »Fabrik«; gab 1978–1984 die Reihe »Poesiealbum« u. zahlr. Grafikbücher mit Ralf Kerbach, Helge Leiberg, A. R. Penck* u. a. heraus; Mitarb. an den nichtoff. Ztschr. »Anschlag«, »Ariadnefabrik«, »Mikado«, »Schaden«, »Und«, »Usw«, »Verwendung«; August 1986 Übersiedlung nach Berlin (West); Thomas-Dehler-Preis (mit Jürgen Fuchs*, 1987).
1990 Mitbegr. des Verlags Druckhaus Galrev; seine Enttarnung als langj. IM der Stasi (durch Jürgen Fuchs u. Wolf Biermann*) im Nov. 1991 bildete den Auftakt zur Stasi-Literaturdebatte 1991/92; Stasi-Mitarbeit unter wechselnden Decknamen: 1975–82 IMB »David Menzer«; 1982–86 IMB »Fritz Müller«; 1986–90 IMB »Peters«; als IM vor allem in der unabhängigen Lit.- u. Opp.-Szene aktiv; eine Haftstrafe wegen Scheckbetrugs diente wahrscheinlich zur Tarnung eines Aufenthalts in einem Ausbildungslager der HV A; Villa-Massimo-Stipendium, 1991 wegen Stasi-Tätigkeit ausgesetzt.
Publ.: Jeder Satellit hat einen Killersatelliten. Gedichte. Berlin (West) 1982; totenreklame. eine reise. texte u. zeichnungen. Berlin (West) 1983; brunnen randvoll. Berlin (West) 1988; Jewish Jetset. Berlin 1991; Berührung ist nur eine Randerscheinung. Neue Lit. aus der DDR (Hrsg. zus. mit Elke Erb*). Köln 1985; zahlreiche Essays zur bildenden Kunst.
Sek.-Lit.: Cosentino, Chr. u. a. (Hrsg.): DDR-Lyrik im Kontext. Amsterdam 1988; Hesse, Egmont (Hrsg.): Sprache u. Antwort. Frankfurt/Main 1988; Fuchs, Jürgen: Landschaften der Lüge. In: Der Spiegel 48/1991; Maßnahme Totenhaus. In: Der Spiegel 52/1991; Böthig, Peter, Michael, Klaus (Hrsg.): MachtSpiele. Lit. u. Staatssicherheit im Fokus Prenzlauer Berg (mit Bibliogr. der Stasi-Debatte). Leipzig 1993; Jenner, Otmar: IM Arsch. Sascha Anderson. In: Tempo, Januar 1994.

Andert, Reinhold 26. 3. 1944
Liedermacher
Geb. in Teplitz-Schönau, Vater Schneider, Mutter Arbeiterin; 1958–62 Bischöfl. Vorsem., 1962–64 Orgelbauerlehre u. Abitur an der Abendschule, 1963 SED; 1964–69 Studium der Philos. u. Geschichte an der HU Berlin; 1966–73 Mitgl. des Oktoberklubs Berlin (bis 1967 Hootenanny-Club); 1967 erste eigene Lieder, prägt in der Polemik gegen phrasenhafte pol. Liedtexte das Motto »DDR-konkret«; 1969–72 Assistent für Philos. an der HS für Musik »Hanns Eisler« Berlin; 1972/73 Ltr. der Liedgruppe beim Org.-Kom. der X. Weltfestspiele; seit 1973 freischaff., erste LP »R. A.«, 1978 Buch »Lieder aus dem fahrenden Zug«; 1980 Ausschluß aus der SED (Rehabilitierung 1990); Texte kritischer, Auftritts- u. Publ.-Möglichkeiten geringer; Nachdichtung von Texten des russ. Liedermachers Wladimir Wyssozki; Anfang der 90er Jahre verstärkt Publ., u. a. »Der Sturz – Erich Honecker* im Kreuzverhör« (mit Wolfgang Herzberg). Berlin 1990.

Anke, Hannelore, verh. Hofmann
8. 12. 1957
Leistungssportlerin (Schwimmen)
Geb. in Schlema (Erzgeb.), jüngstes von acht Geschwistern, Vater beschäftigt bei der SDAG Wismut; Beginn mit dem aktiven Schwimmsport erst im Alter von zwölf Jahren, zwei Jahre später Jugend-EM; Spezialdisz.: Brust; 1973 Vize-WM über 200 m; 1975 WM über 100 m, 200 m u. mit der 4x100-m-Lagenstaffel; 1976 Olympiasiegerin über 100 m u. mit der 4x100-m-Lagenstaffel; nach den Olymp. Spielen 1976 Beendigung der sportl. Laufbahn; 1976–90 SED, 1976–81 Abg. des Bez.-Tags Karl-Marx-Stadt; Studium an einer FS für Krippenpädagogik, anschl. Krippenerzieherin.

Apel, Erich 3. 10. 1917–3. 12. 1965
Vorsitzender der Staatlichen Plankommission (SPK)
Geb. in Judenbach (Kr. Sonneberg), Vater Schlosser; Gymnasium in Sonneberg u. Steinach; Berufsschule in Neuhaus, 1932 bis 1935 Werkzeugmacherlehre; 1935–37 Werkzeugmacher u. Konstrukteur in Neuhaus; 1937–39 Studium an der Ing.-Schule Ilmenau, Maschinenbauing.; Sept. – Dez. 1939 Militärdienst, 1940 nach Peenemünde dienstverpflichtet, bis 1944 Ltr. einer Forschungsabt. in der dortigen Heeresversuchsstelle, Mitarb. von Wernher von Braun, 1944/45 verantw. für die Auslagerung der Forschungsabt. in den Harz.
1945 in der Landw. tätig; 1946 SPD; 1946 Lehrer u. kommissar. Schulltr. der Betriebsberufsschule Steinach; Apr. – Okt. 1946 Haupting. bei der sowj. techn. Kommission in Bleicherode; 1946–52 als Obering. in der UdSSR tätig; nach der Rückkehr Abt.-Ltr. Forschung u. Technik im Min. für Maschinenbau, ab Apr. 1953 Techn. Ltr. der HV Elektro- u. Kraftmaschinenbau im gleichen Min., ab Nov. 1953 Stellv. Min. u. 1955–58 Min. für Maschinenbau; 1954 Kand., 1957 Mitgl. der SED; ab 6. 2. 1958 Ltr. der neugebildeten Wirtschaftskommission beim PB des ZK der SED, 1958 Kand. u. ab Juli 1960 Mitgl. des ZK ; ab 1958 Abg. der Volkskammer, bis 1963 Vors. ihres Wirtschaftsaussch. sowie des Staatl. Aussch. für Wirtschafts- u. Finanzfragen; ab Juli 1961 Kand. des PB u. (bis Juni 1962) Sekr. des ZK der SED; 1962 Prom. zum Dr. rer. oec. mit einer Diss. zum Chemieprogr. der DDR; ab März 1962 Mitgl. des Forschungsrats; Jan. 1963 – Dez. 1965 Vors. der SPK u. stellv. Vors. des Min.-Rats (Nachf. von Karl Mewis*); Mitgl. des Wiss. Rats für die friedl. Anwendung der Atomenergie beim Min.-Rat; Verfechter des »Neuen ök. Systems der Planung u. Ltg. der Volkswirtschaft« (NÖS); Dez. 1965 Suizid nach Auseinan-

dersetzung mit Walter Ulricht* u. Günter Mittag* über die weitere ök. Pol.

Apelt, Fritz
4. 2. 1893–28. 1. 1972
Chefredakteur der Zeitung »Tribüne«
Geb. in Tiefenfurth (Schles.), Vater Bergmann, Landbriefträger, starb kurz nach der Geburt von A., Mutter Fabrikarbeiterin; Volksschule; 1907–10 Lehre als Schlosser in Tiefenfurth, danach bis 1923 Schlosser u. Werkzeugmacher, unterbrochen durch Kriegsdienst 1915–18, Kanonier; 1910 Dt. Metallarbeiterverb. (DMV), seit 1911 in Berlin, SPD, 1917 USPD; 1918–21 Vertrauensmann des DMV u. Betriebsratsmitgl. in Berliner Betrieben; 1920 KPD, 1922 Obmann einer Betriebsfraktion der KPD; 1923 Ausschluß aus dem DMV, Mitgl. der KPD-BL Berlin-Moabit; verantw. Red. der Ztschr. »Der Arbeiterrat«, bis 1933 Funktionär des RGO; 1923–27 Gewerkschaftsred. der »Roten Fahne«; Ende 1924 zu einem Jahr Festungshaft (Festung Gollnow) verurteilt; 1927–29 RGO-Vertreter im Vollzugsbüro der RGI in Moskau; 1929–32 Chefred. des »Thüringer Volksblatts«; 1932/33 Chefred. der Badischen »Arbeiterstimme«; Jan. – Aug. 1933 Mitgl. der illegalen BL der KPD Baden-Pfalz; 1933/34 KZ-Haft in Heuberg u. Kieslau; danach illegal tätig, u. a. 1934/35 Oberberater der KPD-Bez. Mittelrhein u. Nordrhein-Westfalen; emigrierte über Amsterdam u. Paris nach Moskau; Pressekorrespondent in der Abt. Agit. des KI-Apparats; 1939 Mitarb. in der Red. des allgemeinen KI-Bulletins; Sept. 1941 Sprecher u. Red.-Sekr. des illegalen »Dt. Volkssenders«; erhielt wegen »mangelnder Parteiwachsamkeit« von der Moskauer KPD-Führung am 31. 10. 1942 eine strenge Rüge mit ernster Verwarnung; Mitarb. in einer Arbeitskommission zur Ausarbeitung des Nachkriegsprogramms der KPD; 1944 Red. beim Sender des NKFD. 15. 6. 1945 Rückkehr mit der Gruppe Ulbricht* nach Dtl.; Mitgl. des Vorbereitenden Gewerkschaftsaussch. für Sachsen u. Wahl zum 2. Vors. des Landesaussch.; 1945–51 Chefred. der Ztg. »Die Freie Gewerkschaft« bzw. (ab Jan. 1947) »Tribüne«; 1946 KPD/SED; 1947–55 Mitgl. des Bundesvorst. u. bis 1950 des Geschäftsführenden Aussch. des FDGB; 1947/48 Ltr. der HA Presse u. Rundfunk; 1949/50 Ltr. der Abt. Intern. Verbindungen beim Bundesvorst. des FDGB; 1947–53 1. Vors. des Verb. der Dt. Presse (VDP), Mitgl. des Generalrats der Intern. Org. der Journalisten (IOJ); 1951–54 Ltr. des Amts für Lit. u. Verlagswesen der DDR-Reg.; 1951–53 PHS »Karl Marx«, Einjahreslehrgang im Fernunterricht Ges.-Wiss.; 1954–56 Staatssekr. u. 1. Stellv. des Min. für Kultur der DDR; 1956 Invalidisierung; 1956–67 Mitgl. des Zentr. Arbeitskreises verdienter Gewerkschaftsveteranen u. Vors. der Kommission zur Erforschung der Geschichte der dt. Gewerkschaftsbewegung; 1968 VVO in Gold, 1970 Ehrenspange zum VVO in Gold.
Publ.: Der WGB u. die dt. Gewerkschaften. Berlin 1947; Die Gewerkschaften in der Sowjetunion. Berlin 1949.

Apitz, Bruno 28. 4. 1900–7. 4. 1979
Schriftsteller
Geb. in Leipzig, Vater Wachstuchdrukker, Mutter Waschfrau; erlernte Berufe: Stempelschneider, Buchhändler; 1914 SAJ, dann Liebknecht-Jugend; 1917 Verhaftung u. Verurteilung wegen Antikriegspropaganda; nach Schauspielunterricht Schauspieler in Leipzig, dann arbeitslos; 1922 KJVD; 1927 KPD; wirkte in versch. Funktionen, u. a. als Ltr. des Zentralverlags der Roten Hilfe (RH); Beginn der lit. Arbeit; 1930 BPRS, Vors. der Bez.-Gruppe Leipzig; Anfang 1933 drei Monate KZ Colditz u. Sachsenburg, danach illegale Arbeit; Nov. 1934 Verurteilung zu drei Jahren Zuchthaus, inhaf-

tiert in Waldheim, danach acht Jahre im KZ Buchenwald.
Nach 1945 u. a. Red. der »Leipziger Volksztg.«; 1945/46 KPD/SED; Verwaltungsdir. der Städt. Bühnen Leipzig, Dramaturg bei der DEFA; ab 1955 freischaff. Schriftst. in Berlin, 1961 DAK; 1958 Welterfolg mit dem KZ-Roman »Nackt unter Wölfen«: Gesamtaufl. über 2 Mio., übersetzt in mehr als 30 Sprachen, Verfilmung durch Frank Beyer*, UA 1963; 1976 autobiogr. gehaltener Roman »Der Regenbogen«; gest. in Berlin.

Appelt, Rudolf 5. 12. 1900–2. 7. 1955
Botschafter
Geb. in Niederhanichen (Kr. Reichenberg, ČSR), Vater Modelltischler; Volks- u. Bürgerschule; 1916–18 kaufm. Lehre; danach zwei Jahre arbeitslos; 1919–21 Mitgl. der SAJ u. der Dt. Sozialdemokr. Arbeiterpartei in der ČSR; 1920 als Buchhalter tätig; 1921 Mitbegr. der KPČ u. des Komm. Jugendverb., bis 1926 Mitgl. des KJV, bis 1946 der KPČ; 1921–24 hauptamtl. KPČ-Funktionär, Red. und Geschäftsführer bei versch. Parteiztgn.; 1924/25 Buchhalter in Hanichen; 1925–38 KPČ-Funktionär, 1928–33 Kreissekr. in Preßburg, Aussig u. Komotau, 1925/26 Mitgl. des ZK des KJV, 1931–45 Mitgl. des ZK der KPČ u. Kand. des PB, 1933–35 Instrukteur des ZK für die dt. Parteikreise, 1935–38 Sekr. des ZK, Abg. der KPČ im Prager Parl.; 1938 Emigration in die UdSSR, dort zuerst Ltr. der Verlagsabt., danach stellv. Ltr. der Agitprop-Abt. der Komintern, ab 1941 Ltr. des »Sudetendt. Freiheitssenders« in Ufa u. Moskau; 1944 Mitgl. des Auslandsbüros des ZK der KPD.
Juni 1945 Rückkehr in die Tschechoslowakei, Ltr. der Wirtschaftsabt. des ZK der KPČ; 1946 Übersiedlung in die SBZ, SED, Ltr. der Abt. Parteibetriebe im Zentralsekr. der SED; 1947–49 stellv. Ltr. der HV des Interzonen- u. Außenhandels der DWK; ab 1949 (erster) Ltr. der Diplomat. Mission der DDR in Moskau; seit 1951 Bevollmächtigter Botschafter der DDR in der UdSSR; seit 1954 auch ao. Gesandter u. Bevollmächtigter Min. der DDR in der Mongolei (mit Sitz in Moskau).

Appen, Karl von 12. 5. 1900–22. 8. 1981
Bühnenbildner
Geb. in Düsseldorf, Vater Glasmaler, Mutter Porzellanmalerin; 1918 Lehre als Theatermaler am Stadttheater Frankfurt/Main; 1920–24 Studium an der dortigen Kunstgewerbeschule; 1921–26 Bühnenbildner für das Frankfurter Künstlertheater u. die Städt. Oper; 1926–29 freier Maler in Berlin; 1929 Übersiedlung nach Dresden, Maler u. Grafiker, Bühnenbilder für Theater in Dresden, Dortmund, Würzburg; Studium an der MASCH; 1932 KPD u. Assoziation rev. bildender Künstler (ASSO); 1933 Berufsverbot; ab 1936 wiederholt Kurier der KPD nach Prag; 1941 Verhaftung, Prozeß, anschl. Strafgefangenenlager Niederroden; Verlust des gesamten maler. Werks beim Bombenangriff auf Dresden 1945.
Ab Okt. 1945 Chef des Ausstattungswesens der Bühnen der Stadt Dresden; 1946 KPD/SED; 1947–49 kommissar. Generalintendant der Bühnen der Landeshauptstadt; 1947 Gründer u. Ltr. der Bühnenbildklasse an der HS für bildende Künste Dresden; bis 1954 in Dresden Bühnenbilder zu 69 Inszenierungen; ab 1953 Zusammenarbeit mit Bertolt Brecht*, 1954–81 Chefbühnenbildner des Berliner Ensembles (BE) u. Arbeiten für versch. DDR-Theater, die Münchner Kammerspiele, The National Theatre London; 1960 Titularprof.; 1961 DAK, Ltg. einer Klasse für Meisterschüler; 1972–75 Präs. der Sekt. DDR der Org. Intern. des Scénographes et des Techniciens de Théâtre, seit 1975 Ehrenpräs.; 1975 Ehrenmitgl. des Staatstheaters Dresden; 1975 KMO; verheiratet mit der Schauspielerin Manja Behrens*.
Bühnenbilder u. a. zu: 1953 »Katzgra-

ben« von Strittmatter* (BE, R. Brecht); 1954 »Der kaukas. Kreidekreis« (BE, R. Brecht); 1956 »Der Held der westl. Welt« von Synge (BE, R. Peter Palitzsch*/Manfred Wekwerth*); 1957 »Der gute Mensch von Sezuan« (BE, R. Benno Besson*), 1959 »Der aufhaltsame Aufstieg des Arturo Ui« (BE, R. Palitzsch/Wekwerth); 1960 »Die Dreigroschenoper« (BE, R. Erich Engel*); 1962 »Die Tage der Commune« (BE, R. Jochen Tenschert/Wekwerth); 1968 »Die heilige Johanna der Schlachthöfe« (BE, R. Tenschert/Wekwerth); 1971 »Der Hauptmann von Köpenick« von Zuckmayer (London, Old Vic Theatre, mit seinem Schüler Manfred Grund); 1980 »Senecas Tod« von Hacks* (Dt. Theater Berlin, R. Cox Habbema).
Publ.: Die Ök. des Theaters. In: Theater der Zeit 1/67.
Sek.-Lit.: Dieckmann*, Friedrich: K. v. A. Bühnenbilder am Berliner Ensemble. Berlin 1971.

Ardenne, Baron Manfred von
20. 1. 1907
Physiker
Geb. in Hamburg, Vater Offz.; 1913–23 Realgymnasium in Berlin; 1925/26 vier Semester Studium der Physik, Chemie u. Mathematik an der Univ. Berlin; 1928–45 Aufbau u. Ltg. eines priv. Forschungsinst. für Elektronenphysik in Berlin-Lichterfelde, 1945 Reichsforschungsrat.
1945–55 Atomphysiker in der UdSSR, Ltr. eines Forschungsinst. in Sinop (b. Suchumi); 1953 Stalin-Preis der UdSSR; 1955 Gründung eines eigenen Forschungsinst. in Dresden u. dessen Dir. bis 1990; 1956 nebenamtl. Prof. für elektrotechn. Sonderprobleme der Kerntechnik an der TH bzw. TU Dresden; 1957 Mitgl., 1979 Ehrenmitgl. des Forschungsrats der DDR; 1958 NP; Mitgl. des Friedensrats, 1959 Mitgl. der Intern. Astronaut. Akad. Paris, 1961 Vors. der Ges. für med. Elektronik bzw. biomed. Technik, ab 1963 Mitgl. des Präsidialrats des KB u. Abg. der Volkskammer, KB-Fraktion; Dr. h.c. mult.; 1989 Ehrenbürger der Stadt Dresden.
Forschungen auf den Gebieten Rundfunk- u. Fernsehtechnik, Elektronen- u. Ionenphysik, biomed. Techniken; erstmalige Realisierung des elektron. Fernsehens, Erfindung u. Entw. von: Elektronenrastermikroskop, Verfahren zur magnet. Isotopentrennung, Elektronenstrahl-Mehrkammerofen, Plasmafeinstrahlbrenner, Sauerstoff-Mehrschritt-Therapie, Krebs-Mehrschritt-Therapie bis zum klin. Einsatz; zahlr. Veröff. u. Patente im In- u. Ausland.
Publ. (autobiogr.): Ein glückl. Leben für Technik u. Forschung. Berlin 1972; Sechzig Jahre für Forschung u. Fortschritt. Berlin 1987; Die Erinnerungen. 1990.
Sek.-Lit: Herneck, F.: M. v. A. 1972.

Arendsee, Martha
29. 3. 1885–22. 5. 1953
Vorsitzende der Versicherungsanstalt Berlin
Geb. in Berlin-Wedding, Vater Schriftsetzer; kaufm. Angestellte; 1906 SPD, 1907–16 verantw. für die Frauenarbeit der SPD; 1917 USPD; 1919–21 Abg. des Preuß. Landtags; 1920 KPD; 1924–30 Reichstagsabg.; Red. der Ztschr. »Die Kommunistin« u. »Proletar. Sozialpol.«; Vorst.-Mitgl. der Intern. Arbeiterhilfe (IAH); 1933 kurzzeitig inhaftiert; März 1934 Prag, dann Paris; 1934–45 Exil in der UdSSR, Mitgl. des NKFD.
Eine der beiden weibl. Mitunterz. des KPD-Aufrufs vom 11. 6. 1945; 1945/46 Mitgl. des ZK der KPD; 1945 Ltr. der Abt. Sozialpol. des FDGB, seit Gründung Mitgl. seines Bundesvorst.; 1946/47 Mitgl. des PV der SED; 1949/50 Vors. der Versicherungsanstalt Berlin (Rücktritt aus gesundheitl. Gründen).

Arendt, Erich 15. 4. 1903–25. 9. 1984
Schriftsteller
Geb. in Neuruppin; Ausbildung als Lehrer; tätig als Zeichner, Bankangestellter, Journalist, Lehrer an der Karl-Marx-Schule Berlin-Neukölln; Wanderungen durch Dtl., die Schweiz, Frankreich, Italien; veröffentlichte erste Gedichte in der Ztschr. »Der Sturm«; 1926 KPD, 1928 BPRS; 1933 Emigration in die Schweiz; 1936–39 Teiln. am Span. Bürgerkrieg; anschl. Exil, zunächst in Frankreich, dann in Kolumbien; 1941 Aberkennung der dt. Staatsbürgerschaft; Veröff. in der Ztschr. »Das Wort« u. »Intern. Lit.«, Moskau, der Ztg. »Freies Dtl.«, Mexiko u. a.
1950 Übersiedlung in die DDR; 1951/52 erste Lyrikbände »Trug doch die Nacht den Albatros« u. »Bergwindballade. Gedichte des span. Freiheitskampfes«; 1952 NP; Nachdichtungen aus dem Span., u. a. Pablo Neruda »Der große Gesang«, Nicolás Guillén, Rafael Alberti; war durch seine Sprachbehandlung von großem Einfluß auf die in den 60er Jahren debütierende Lyrikergeneration der DDR; 1966 Joh.-R.-Becher-Preis; 1969 DAK; 1983 AdK-Ausstellung »Dichtung verlangt Mitleben. Dichtung u. Landschaft im Leben Erich Arendts« im Berliner Marstall.
Publ.: Ausgewählte Gedichte 1926 bis 1965. Berlin 1966; Säule – Kubus – Gedicht. Berlin 1966; Feuerhalm. Berlin 1973; entgrenzen. Leipzig 1981; Spanienakte Arendt. Aufgefundene Texte. Berlin 1986.

Aris, Helmut 11. 5. 1908–22. 11. 1987
Präsident des Verbandes der Jüdischen Gemeinden
Geb. in Dresden, Vater Metallwarenfabrikant; König-Georg-Gymnasium in Dresden; ab 1925 kaufm. Lehre, anschl. berufstätig in der Textilbranche; 1938 im Zuge der Verfolgung von Juden durch das NS-Regime inhaftiert, anschl. arbeitslos; 1940–45 Zwangsarbeit u. a. als Transportarbeiter.
1945/46 SPD/SED; 1945–65 Geschäftsführer bzw. kaufm. Ltr. in versch. Industriebetrieben, Verwaltungsdir. im Inst. für Chemieanlagen in Dresden; 1948 Mitgl. des Vorst. u. ab 1953 Vors. der Jüd. Gemeinde Dresden; 1952 Mitbegr. des Verb. der Jüd. Gemeinden, 1958–62 Vizepräs. u. ab Juni 1962 Präs. des Verb. der Jüd. Gemeinden in der DDR; Mitgl. des Red.-Kollegiums des Nachrichtenblatts des Verb.; Mitgl. des Präs. der Liga für die Vereinten Nationen, des Präs. des Friedensrats der DDR, der Zentralltg. des Komitees der Antifasch. Widerstandskämpfer, ab 1969 des NR der NF; VVO in Gold.

Arndt, Otto 19. 7. 1920–3. 2. 1992
Verkehrsminister
Geb. in Aschersleben, Vater Eisenbahner; mittlere Reife; 1936–39 Lehre als Schlosser; 1942/43 Luftwaffe, Ogfr.
1945/46 SPD/SED; ab 1945 Arbeit bei der Reichsbahn, Ausbildung als Reichsbahninspektor; 1946 FDGB; 1950 Amtsvorst. im Reichsbahnamt Aschersleben, 1951 Vizepräs. der Reichsbahndir. Dresden, 1952 der Reichsbahndir. Halle; 1960/61 PHS; 1961–64 Präs. der Reichsbahndir. Berlin; 1964–70 stellv. Min., ab Dez. 1970 Min. für Verkehrswesen u. Generaldir. der Dt. Reichsbahn (Nachf. von Erwin Kramer*); 1971 Kand., ab 1975 Mitgl. des ZK der SED; ab 1976 Volkskammerabg.; 1980 VVO in Gold; Nov./Dez. 1989 Rücktritt mit dem Min.-Rat u. dem ZK der SED.

Arnold, Walter 27. 8. 1909–11. 7. 1979
Bildhauer, Präsident des Verbandes Bildender Künstler
Geb. in Leipzig, Vater Steinmetz; 1924–28 Bildhauerlehre in Leipzig; 1928–32 Studium an der Leipziger Kunstgewerbeschule bei Alfred Thiele; 1932/33 dort Assistent; 1933–40 frei-

schaff.; 1940–45 Militärdienst u. Gefangenschaft.
1946 SED, Prof. an der HS für Grafik u. Buchkunst Leipzig, 1949–70 an der HS für bildende Künste Dresden; 1952 DAK; 1954–63 Kand. des ZK der SED; 1959 NP 2. Kl.; 1959–64 Präs. des VBKD (Nachf. von Otto Nagel*); ab 1974 Ltr. einer Meisterklasse an der HS für bildende Künste Dresden.
Werke: Bronzeplastiken: Wäscherin (1947), Bauarbeiter (1947), Jugend – Baumeister der DDR (1951), Befreite Arbeit – schöneres Leben (1961); Akte: Inge (1949), Badende (1961), Aphrodite (1975); Porträtbüsten u. -statuetten: Felix Mendelssohn Bartholdy (1948), Carl Maria von Weber (1952), Karl Liebknecht u. Rosa Luxemburg (1957), Otto Buchwitz (1962); expressive Holzplastiken: Das Leid (1946), Vietnam klagt an (1966), Vorwärts u. nicht vergessen – die Solidarität (1967), Venceremos (1974).
Sek.-Lit.: Herbig, E.; Feist*, P. H.: W. A. Dresden 1959. Kat. W. A. Potsdam-Sanssouci 1971; Kat. W. A. Museum der Bildenden Künste. Leipzig 1982.

Aschenbach, Hans-Georg 25. 10. 1951
Leistungssportler (Skispringen)
Geb. in Brotterode, Vater Kfz-Meister, Mutter Krippenerzieherin; Abitur an der KJS Oberhof, Mitgl. des ASK Oberhof; 1969 Junioren-EM, 1970 u. 1973 Skiflug-WM, 1974 zweifacher WM, 1976 Olympiasieger auf der Normalschanze u. DDR-Sportler des Jahres; ab 1969 NVA, zuletzt Oberstltn.; SED; 1970–78 Studium an der DHfK Leipzig mit Abschluß als Dipl.-Sportlehrer, 1978–82 Studium der Militärmedizin an der EMAU Greifswald, anschl. Facharztausbildung und Prom. zum Dr. med.; 1985–88 Sportarzt beim ASK Oberhof; 1988 Arzt der Springer-Nat.-Mannschaft, anläßl. einer Dienstreise Übersiedlung in die Bundesrep. Dtl.; seit 1989 Arzt an der Moorwald-Klinik Freiburg i. Br.

Aufderbeck, Hugo
23. 3. 1909–17. 1. 1981
Katholischer Theologe u. Bischof
Geb. in Hellefeld (Bez. Arnsberg, Westf.); 1930–36 Studium der Philos. u. Theol. in Paderborn, Wien u. München; 1936 Priesterweihe in Paderborn; 1936–38 Religionslehrer in Gelsenkirchen; 1938–48 Vikar an der Propsteikirche u. Studentenpfarrer in Halle/Saale. 1948–62 Seelsorgeamtsltr. in Magdeburg (bis 1950 unter Beibehaltung der Studentenseelsorge); in dieser Zeit Hrsg. des Werks »Die Feier der Vierzig u. Fünfzig Tage« (Leipzig 1958), 1954–79 Hrsg. der Pastoralkatechet. Hefte 1 bis 62, 1964–79 Hrsg. der Pastoralen Aufsätze I–VII; 1962 zum Weihbischof von Fulda mit Sitz in Erfurt ernannt; Titularbischof von Arca in Phönizien; 1962 Bischofsweihe in Erfurt; Dompropst u. Ltr. des Geistl. Gerichts in Erfurt; 1962–65 Teiln. am II. Vatikan. Konzil; 1964 Generalvikar für den östl. Teil des Bistums Fulda; 1967 Bischöfl. Kommissar; 1973 Administrator Apostolicus permanenter constitutus für das nunmehrige Bischöfl. Amt Erfurt-Meiningen; gest. in Erfurt, beigesetzt im Kreuzgang des Erfurter St.-Marien-Doms.
Zahlr. Veröff., bes. zu pastoraltheol. u. liturg. Themen, u. a. im kath. Hausbuch »Jahr des Herrn« (Leipzig 1952 ff.) u. von 1955–69 im Liturg. Jb.
Publ.: Die geistl. Stunde. Freiburg 1968; Das gemeinsame Werk. Ein Werkbuch zur Seelsorge. Leipzig-Heiligenstadt 1969; Das gemeinsame Werk. Gedanken über Bischof, Priesterschaft u. Gemeinde. Regensburg 1972; Wortgottesdienste. Graz 1979; Volk Gottes auf dem Weg. Leipzig 1979; Hammerschmidt C. (Ps.): Die Stunde der Kirche. o. O. 1961.

Aurich, Eberhard 10. 12. 1946
FDJ-Funktionär
Geb. in Chemnitz, Vater Arbeiter; Oberschule, Abitur mit Berufsausbildung zum

Betonfacharbeiter; 1954–60 Freundschafts- bzw. Gruppenratsvors. in der Pionierorg. »Ernst Thälmann«, 1960 FDJ; 1965–69 Studium an der PH Zwickau, Dipl.-Lehrer für Deutsch u. Staatsbürgerkunde; 1967 SED; 1969–71 hauptamtl. Mitarb. u. 1971/72 Sekr. der FDJ-BL Karl Marx-Stadt; 1972–77 stellv. Ltr. der Abt. Studium im ZR der FDJ, 1977–89 Mitgl. des ZR der FDJ; 1977–80 1. Sekr. des FDJ-BL Karl-Marx-Stadt (Nachf. von Uwe Tobies); 1979–89 Mitgl. des Büros des ZR, 1980–83 2. Sekr. u. 1983–24. 11. 1989 1. Sekr. des ZR der FDJ (Nachf. von Egon Krenz*); 1981–89 Mitgl. des ZK der SED; 1981–29. 1. 1990 Abg. der Volkskammer und 1981–86 Mitgl. ihres Präs., 1986 bis 29. 1. 1990 Mitgl. des Staatsrats; 1984 VVO in Gold; 1990 Red. einer Videoprod.

Auth, Joachim 22. 5. 1930
Vorsitzender der Physikalischen Gesellschaft
Geb. in Berlin, Vater Handelsvertreter; 1949–55 Physikstudium an der HU Berlin, 1960 Prom., 1966 Habil.; 1955 SED; 1960–64 Entwicklungsltr. im Werk für Fernsehelektronik Berlin; 1964–67 Wiss. Dir. im Halbleiterwerk Frankfurt/Oder; 1967 Prof. für Experimentalphysik u. Bereichsltr. an der Sekt. Physik der HU Berlin; 1969 Ord. Mitgl. der AdW; 1974 NP; 1974–90 Prorektor für Naturwiss. u. Technik der HU Berlin; 1965–90 Mitgl. des Forschungsrats, Vors. des Nationalkomitees für Physik, Mitgl. des Rats für das Hoch- u. Fachschulwesen; 1966–75 Mitgl. der Halbleiterkommission der Intern. Union of Pure and Applied Physics; 1981–90 Mitgl. der Berliner Stadtverordnetenvers.; 1988–90 Vors. der Physikal. Ges; 1992 em.
Arbeitsgebiete: Festkörperphysik, Halbleiterphysik u. -technik, insbes. fotoelektr. Erscheinungen u. Halbleiterstrahlungsempfänger; zahlr. Publ. in wiss. Ztschr. u. Sammelbänden.

Axen, Hermann 6. 3. 1916–15. 2. 1992
SED-Politiker
Geb. in Leipzig in einer jüd. Familie, Vater Handelsvertreter; Realgymnasium; 1932 KJVD; 1933 antifasch. Tätigkeit, 1934 bis 1937 Zuchthaus Zwickau; 1938 Flucht nach Paris; 1940 verhaftet u. interniert im frz. Internierungslager Le Vernet, 1942 KPD; 1942 Auslieferung an die Gestapo; Einlieferung in das KZ Auschwitz, dort Ltr. des illegalen Lagerkomitees von Auschwitz III; verlegt in das KZ Buchenwald, dort Mitgl. der illegalen KPD-Ltg.
1946 SED; Mitbegr. der FDJ, 1946–49 Sekr. ihres ZR; 1948/49 Mitgl. des Dt. Volksrats; 1949 Ltr. der Abt. Agit. im PV bzw. ZK der SED, seit 1950 Mitgl. u. 1950–53 Sekr. des ZK der SED; 1953–56 2. Sekr. der SED-BL Berlin; 1954–89 Berliner Vertreter bzw. Abg. der Volkskammer, seit 1967 Stellv., ab 1971 Vors. ihres Aussch. für Auswärtige Angelegenheiten; 1956–66 Chefred. des »Neuen Dtl.« (Nachf. von Georg Stibi); 1963 Kand. u. seit 1970 Mitgl. des PB, 1966 Sekr. des ZK der SED, u. a. verantw. für intern. Verbindungen; 1963–67 Stadtverordneter von Berlin; 1966 VVO in Gold; seit 1982 Mitgl. des Präs. des Friedensrats; seit 1979 Mitgl. der ZL des Komitees der Antifasch. Widerstandskämpfer; gilt seit Ende der 60er Jahre als Architekt der DDR-Außenpolitik.
8. 11. 1989 aus dem PB ausgeschieden; Jan. 1990 nach Rückkehr aus Moskau Verhaftung wegen Amtsmißbrauch u. Korruption, 31. 1. 1990 Aufhebung des Haftbefehls aus gesundheitl. Gründen; 1990 Parteiverfahren, wegen Erkrankung nicht abgeschlossen.
Publ.: Starker Sozialismus – sicherer Frieden. Ausgew. Reden u. Aufsätze. Berlin 1981; Kampf um den Frieden – Schlüsselfrage der Gegenwart. Ausgew. Reden u. Aufsätze. Berlin 1986.
Sek.-Lit.: Opfer – Täter – Hofjude. In: Mathiopoulos, M.: Rendesvous mit der DDR: Düsseldorf/Wien 1994.

B

Baade, Brunolf 15. 3. 1904–14. 10. 1969
Generalkonstrukteur der Luftfahrtindustrie
Geb. in Berlin; 1922 Abitur, Ing.-Stud. an den TH Berlin u. München, 1929 Dipl.; anschl. Konstrukteur bei den Bayer. Flugzeugwerken; 1930–36 USA-Aufenthalt mit Forschungstätigkeit im Flug- u. Schienenfahrzeugbau; ab 1936 Ltr. des Neukonstruktionsbüros beim Junkers-Flugzeugwerk in Dessau, u. a. Entw. der Ju 288.
1945 Mitgl. des Techn. Rats der Stadt Dessau, ab Juli im Auftrag der SMA Ltg. der Rekonstruktion des Flugzeug- u. Motorenwerks; Herbst 1946 – im Zuge der Demontage des Werks – als Spezialist in die UdSSR, Chefkonstrukteur in Sawjolowo bei Moskau, 1953/54 dort Vorbereitung zum Aufbau der DDR-Flugzeugindustrie; 1954 Rückkehr; 1957 Mitgl. des Forschungsrats, 1958 Ltr. des Forschungszentrums u. Generalkonstrukteur der Luftfahrtindustrie; Mitbegr. der Ing.-Schule für Flugzeugbau u. der Fak. für Luftfahrt an der TH Dresden, dort auch Lehrbeauftragter; 1958–63 Kand. des ZK der SED; Konstrukteur des DDR-Düsenverkehrsflugzeugs 152 (Erstflug 4. 12. 1958, Absturz 4. 3. 1959, 2. Prototyp 26. 8. 1960 in Flugerprobung); nach der Einstellung von Entw. u. Prod. von Flugzeugen ab März 1961 Dir. des neugegr. Inst. für Leichtbau u. ök. Verwendung der Werkstoffe in Dresden.
Sek.-Lit.: Brandner, F.: Ein Leben zwischen Fronten. Ingenieur im Schußfeld der Weltpolitik. München 1973.

Bach, August 20. 8. 1897–23. 3. 1966
CDU-Politiker
Geb. in Rheydt (Rheinl.), Vater Beamter; Gymnasium; 1916–18 Kriegsdienst, frz. Gefangenschaft; 1918–22 Studium der Germanistik u. Geschichte an den Univ. Bern, Frankfurt/Main, Berlin u. an der HS für Pol. Berlin; 1922–44 Mithrsg. der »Berliner Monatshefte«, Anhänger der DDP; 1937 Inhaber des Quader-Verlags Berlin; 1943 nach Weimar übergesiedelt.
1945 Mitbegr. der Thüring. Volkspartei u. des CDU-Landesverb. Thüringen, Mitgl. des Landesvorst. u. seines Geschäftsführenden Aussch.; 1946–58 Verlagsltr. u. (ab 1950) Chefred. des »Thüring. Tageblatt«; 1947 Mitgl. des Prov. Landesvorst. der DSF, ab 1948 des Landesvorst. der DSF, 1949 stellv. Vors. der DSF Thüringen; 1948–66 Präs. der Dt. Schillerstiftung; 1949–52 Abg. u. 1. Vizepräs. des Thüring. Landtags, 1949/50 Abg. der Prov. Volkskammer; 1950–52 Vors. des CDU-Landesverb. Thüringen; ab 1950 Mitgl. des CDU-Hauptvorst. u. seines Pol. Aussch. (später Präs. des Hauptvorst.), Abg. der Volkskammer u. (bis 1955) Vors. der CDU-Fraktion; 1955–58 Abg. u. Präs. der Länderkammer der DDR (Nachf. von Reinhold Lobedanz*); Mitgl. des Präs. der DSF; 1958–66 Vors. der CDU (Nachf. von Otto Nuschke*); 1958–63 Stellv. des Präs., 1963–66 Mitgl. des Präs. der Volkskammer; VVO in Gold.
Publ.: Aus Reden und Aufsätzen 1946–1966. Berlin 1977.

Bachem, Wilhelm 1903
Minister für Verkehr
Ausbildung zum Drogisten; Mitgl. der DDP, dann DSP; nach 1945 Fuhrunternehmer, dann Ltr. der HA Verkehr im Min. für Wirtschaft, Arbeit u. Verkehr der Landesreg. Thüringen; Okt. 1947 – Feb. 1950 Min. für Verkehr in Thüringen; Mitgl. der DWK; Abg. der Volks-

kammer; März – Nov. 1950 Staatssekr. im Min. für Verkehr der DDR; Rücktritt; Flucht in die Bundesrep. Dtl.

Bachfeld, Jochen 17.12.1952
Leistungssportler (Boxen)
Geb. in Sülpte (b. Schwerin); im Alter von zehn Jahren Beginn mit dem Boxsport in Hagenow, vier Jahre später Wechsel zum SC Traktor Schwerin (Trainer: Paul Nickel); 1972 SED; zweimal DDR-Meister; 1976 Olympiasieger im Weltergewicht; Berufsausbildung zum Handelskaufmann; nach langwierigen Verletzungen 1980 Beendigung der sportl. Laufbahn.

Baender, Paul 30.11.1906–18.12.1985
Staatssekretär, Säuberungsopfer
Geb. in Rosdzin (Oberschl.) in einer jüd. Familie, Vater Kaufmann, Kleingewerbetreibender; 1918 Umsiedlung nach Görlitz; Volksschule; 1920–25 Wandervogelbew.; 1922–24 kaufm. Lehre, dann Verkäufer in Görlitz; 1927 Austritt aus der jüd. Gemeinde, KPD; 1929 arbeitslos; danach Parteiarbeiter, versch. Funktionen, u.a. Vors. der RGO, Pol. Sekr. des Unterbez. Bunzlau; Febr. – Mai 1933 illegaler Instrukteur für die KPD-BL Schlesien, Mitgl. der BL; 1933–37 Prag; 1937 Ausweisung; 1938–47 Bolivien; 1939–47 Vizepräs. der Freien Deutschen in Bolivien.
Nov. 1947 Rückkehr über Schweden nach Dtl. (Berlin), SED; Mitarb. in der Org.-Abt. des ZS der SED; Apr. 1949 Hauptgeschäftsführer u. Ltr. der Handelsorg. (HO); 1950–52 Staatssekr. im Min. für Handel u. Versorgung; in der Parteisäuberung nach der 2. Parteikonferenz Funktionsenthebung, am 21.11.1952 zus. mit seiner Frau Verhaftung wegen angebl. Wirtschaftssabotage, Parteiausschluß; Mitte 1954 Verurteilung zu zwölf Jahren Zuchthaus, das Urteil wurde drei Wochen später auf sechs Jahre geändert; Zuchthaus Brandenburg; Apr. 1956 Begnadigung u. Entlassung; in späteren Lebensläufen mußte er über dieses Justizverbrechen schweigen u. angeben: »Auskunft über die Kaderabt. des ZK«; 1956 Ltr. der HO-Industriewaren Kreisverwaltung Königs Wusterhausen in Eichwalde; Feb. 1957 Aufhebung des Parteiausschlusses durch die ZPKK; 1959 Dir. der GHG Obst u. Gemüse Berlin; 1961–67 Ltr. des HO-Warenhauses am Alexanderplatz, Berlin; 1967–71 wiss. Mitarb. des Min. für Handel u. Versorgung; danach Rentner; gest. in Berlin.
Sek.-Lit.: Kießling, Wolfgang: Der Fall Baender. Ein Politkrimi aus den 50er Jahren der DDR. Berlin 1991.

Bahmann, Angelika 1.4.1952
Leistungssportlerin (Kanu)
Geb. in Plauen (Vogtl.); erstes Training im Kanu-Slalom unter der Ltg. ihres Vaters bei der BSG Einheit Plauen, 1968 Wechsel zum SC DHfK Leipzig; Studium an der Med. FS Leipzig; 1971 WM im K 1 u. mit der 3 x K 1-Staffel; 1972 Olympiasiegerin im K 1; 1972–90 SED; nach Beendigung der sportl. Laufbahn Physiotherapeutin beim ASK Vorwärts Oberhof.
1990 nach Auflösung des Klubs Rückkehr nach Plauen, Eröffnung einer physiotherapeut. Praxis.

Bahner, Werner 18.6.1927
Romanist, Präsident der Sächsischen Akademie der Wissenschaften
Geb. in Neuwiese (Erzgeb.), Vater Zimmermann; Gymnasium, Abitur; 1946 bis 1950 Studium der Romanistik, Anglistik u. Philos. an der Univ. Leipzig, 1950 dort Prom. zum Dr. phil.; ab 1952 Doz. für roman. Philol.; 1955 Habil. zum Sprachbewußtsein in der span. Lit. des 16. u. 17. Jh. an der KMU Leipzig; 1955 SED; 1956–58 Mitgl. des Exekutivkomitees der UNESCO; 1961 Prof. mit vollem Lehrauftrag, 1964 mit Lehrstuhl für Romanistik u. Dir. des Roman. Inst. der

KMU Leipzig; 1961 Abt.-Ltr. u. 1965–69 Dir. des Inst. für roman. Sprachen u. Kultur der DAW, 1965 Ord. Mitgl. der Sächs. AdW, 1966 Ord. Mitgl. der DAW, 1968 Sekretär der Klasse für Sprachen, Lit. u. Kunst; 1969 Stellv. Dir., 1977–89 Dir. des ZI für Sprachwiss. der AdW; 1968 Vors. des Komitees für Südosteuropaforschung u. 1978 des Nationalkomitees für Sprachwiss.; 1980–91 Präs. der Sächs. AdW u. Vizepräs. der AdW der DDR; 1987 Dr. phil. h.c. der KMU Leipzig.
Forschungsfelder u. Publikationstätigkeit in der roman. Sprach- u. Literaturwiss., insbes. zur Lit. der franz. Aufklärungslit. u. allg. Sprachtheorie; Mithrsg. eines Dt.-Frz. Wörterbuchs sowie von Schriftenreihen, u.a. Beiträge zur roman. Philol. (1961–91), Schriften des Inst. für roman. Sprachen u. Kultur (1965–71).
Bibliogr. in: Bedeutungen u. Ideen in Sprachen u. Texten. Berlin 1987 (Festschrift); Forts. der Bibliogr., in: Jb. der Sächs. AdW 1987/88 u. 1989/90.

Bahro, Rudolf 18.11.1935
Dissident, Sozialökologe
Geb. in Bad Flinsberg (Isergeb., Schles.); 1954–59 Studium der Philos. an der HU Berlin; anschl. Red. versch. Ztgn., u.a. 1960–62 der Greifswalder Univ.-Ztg.; 1962–65 beim Zentralvorst. der Gewerkschaft Wiss.; ab 1965 stellv. Chefred. der Ztg. »Forum«; 1967–77 Abt.-Ltr. für Arbeitsorg. im VEB Gummikombinat Berlin; 1972–75 Arbeit an einer Diss. über die Effektivität des Einsatzes von HS- u. FS-Kadern im soz. Betrieb, trotz positiver Gutachten Ablehnung der Diss. an der TH für Chemie Leuna-Merseburg wegen angebl. unzureichender wiss. Voraussetzungen; 1973–76 Arbeit am Manuskript »Die Alternative«, in dem das Ges.-System sowj. Typs als »asiatische« Entwicklungsdiktatur u. die Herrschaftsform der Staatsparteien als entscheidendes Entwicklungshemmnis der weiteren menschl. Emanzipation gedeutet wurden; nach Veröff. von Auszügen im Hamburger Magazin »Der Spiegel« im Aug. 1977 Verhaftung durch das MfS wegen Verdachts »nachrichtendienstl. Tätigkeit«, im Juni 1978 Verurteilung durch das Stadtgericht Berlin zu acht Jahren Freiheitsentzug wegen »Übermittlung von Nachrichten für eine ausländ. Macht u. Geheimnisverrat«, Strafvollzug in Bautzen; 1978 Wahl in die PEN-Clubs von Dänemark u. Schweden, Verleihung der Carl-von-Ossietzky-Medaille durch die Intern. Liga für Menschenrechte, Sekt. Berlin (West), 1979 nach weiteren intern. Solidaritätsaktionen anläßl. des 30. Jahrestages der DDR Entlassung in die Bundesrep. Dtl.; 1979–85 Mitgl. der Partei Die Grünen; 1980 Prom. (bei Oskar Negt) u. 1983 Habil. an der Univ. Hannover; mehrwöchiger Aufenthalt bei den Baghwan-Jüngern in Oregon (USA); anschl. versch. Projekte u. Tätigkeit als freier Publizist in Niederstadtfeld (Eifel); Dez. 1989 Rückkehr in die DDR, umstrittene Rede auf dem Sonderparteitag der SED-PDS.
Seit 1990 ao. Prof. für Sozialökol. an der HU Berlin, inspirierte u. unterstützte die Gründung versch. sozialökolog. Gemeinschaften zur Erprobung alternativer Lebensformen in den neuen Bundesländern.
Forschungsthemen: Analyse u. Kritik der gegenwärtigen durch die Industrieges. geprägten Wirtschafts- u. Lebensweisen, globalökolog. Gefährdungspotentiale, alternative Formen der Vergemeinschaftung.
Publ.: Die Alternative. Zur Kritik des real existierenden Sozialismus. Köln 1977; Logik der Rettung. Köln 1987; Rückkehr. Inweltkrise als Ursprung der Weltzerstörung. Köln 1991.

Baier, Adolf 13.9.1907–30.10.1982
SED-Funktionär, Leiter der ZK-Abteilung Verkehr/Kurierdienste

Geb. in Oberkirch, Vater Bierbrauer, Stiefvater Hilfsarbeiter, Mutter Schneiderin; Volksschule, Schlosserlehre; 1927 Arbeit als Schlosser u. Fräser in Oberkirch, 1928 Monteur in Waldshut, dann bis 1932 in Pforzheim, anschl. arbeitslos; 1929 KJVD, KPD; Ltg.-Mitgl. der Ortsgruppe Pforzheim, Fraktionsltr. der RGO-Ortsgruppe; März 1933 Schutzhaft u. Gefängnis wegen illegalen Waffenbesitzes, dann illegale Arbeit in Pforzheim; Aug. 1933 nach Paris, Parteischule; 1934/35 KPD-Berater für Karlsruhe; Grenzarbeit Schweiz – Dtl.; 1936–38 Angehöriger der Intern. Brigaden in Spanien, Apr. 1937 für »Spezialarbeiten« aus der Truppe gezogen; Mai 1940 nach Schweden, 13.8.1941 Festnahme wegen Sabotage (Zugehörigkeit zur Wollweber*-Org.) in Stockholm, zu sieben Jahren Haft verurteilt, Aug. 1945 vorzeitig entlassen.

Sept. 1945 Rückkehr nach Dtl.; Wiederaufbau der KPD in Pforzheim, Mitgl. des Ortsvorst., 1945–47 Geschäftsführer in der Stadtverwaltung, Vors. der Entnazifizierungskommission; 1946 IG Metall, Mitgl. der Ortsverw. u. 2. bzw. ab 1948 1. Bevollmächtigter; 1950 Gastdelegierter zum SED-Parteitag; 1950–52 beim KPD-Parteivorst. in Frankfurt/M., zuständig für Grenzschleusung (u.a. für das 1. Dtl.-Treffen der FDJ in Berlin); am 3.10.1952 auf Parteibeschluß Übersiedlung in die DDR; 1953 PHS; 1954–1965 Ltr. der Abt. Verkehr/Kurierdienste beim ZK der SED (sein Nachf. wurde Josef Steidl*); 1959 Banner der Arbeit; 1965 in der Bundesrep. Dtl. sechs Monate inhaftiert; Juli 1965 Ehrenrente in der DDR, anschl. Sektorenltr. in der Abt. Gesamtdt. Fragen im ZK; 1977 VVO in Gold, 1982 Ehrenspange zum VVO in Gold.

Baierl, Helmut 23.12.1926
Schriftsteller
Geb. in Rumburg (Nordböhmen), Vater Gymnasiallehrer; 1944 NSDAP; nach Aussiedlung Landarbeiter; 1945–47 LDP; 1947–89 SED; 1949–51 Studium der Slaw. an der Univ. Halle; Russisch-Dozent; 1955–57 Studium am Inst. für Lit. »Joh. R. Becher« in Leipzig; 1957–59 Cheflektor des Hofmeisterverlages Leipzig; 1958 erstes Theaterstück »Die Feststellung«; 1959–67 Autor u. Dramaturg am Berliner Ensemble (BE), daneben 1961–67 gewählter Parteisekr. des BE; 1961 UA von »Frau Flinz«, politisch plakativer, größter Publikumserfolg; 1961 u. 1970 NP; seit 1967 freischaffend. Schriftsteller (Dramatik, Erzählungen, Filmautor, Übersetzer); 1969–89 Mitgl. der SED-BL Berlin; 1974–90 Vizepräs. der AdK; 1982 PEN-Zentrum DDR; bis 1993 Dt. PEN-Zentrum (Ost); verfaßte v. a. affirmative, die Konfliktlösung betonende Theaterstücke u. Filmszenarien (»Johanna von Döbeln«, 1969; »Das zweite Leben des F. G. W. Platow«, 1983; »Die Lachtaube«, 1974); mehrfache unkrit. Darstellung des Lebens soz./komm. Arbeiterführer (»Der lange Weg zu Lenin«, 1970; »Leo u. Rosa«, 1982).
Publ.: Stücke. Berlin 1969; Die Köpfe oder das noch kleinere Organon. Berlin 1974; Zwei Stücke. Berlin 1975; Gereimte Reden (Agit.-Lyrik). Berlin 1976.

Balden, Theo (eigentl. Otto Köhler)
6.2.1904
Bildhauer, Grafiker
Geb. in Blumenau (Santa Catarina, Brasilien); 1918–22 Ausbildung als techn. Zeichner bei Loewe & Co., Berlin; 1923/24 Studium am Bauhaus Weimar (Lehrer László Moholy-Nagy u. Oskar Schlemmer); seit 1924 freischaff.; 1928 KPD, 1929 Assoziation Rev. Bildender Künstler Dtl. (ASSO); 1933 antifasch. Widerstand im Rahmen einer Künstlergruppe, 1934 verhaftet; 1935–39 Emigration nach Prag, dort Mitbegr. u. Ltr. des Oskar-Kokoschka-Clubs; 1939–47 nach

England, dort Mitbegr. des Dt. KB London.
1947 Rückkehr nach Berlin; 1948–50 Mitarb. der satir. Ztschr. »Ulenspiegel«; 1950–58 Lehrtätigkeit an der HS für bildende u. angewandte Kunst Berlin-Weißensee; seit 1959 freischaff.; 1970 Mitgl. der DAK, 1974 Ehrenmitgl. des VBK; 1984 Ehrenprom. der EMAU Greifswald; lebt in Berlin.
Werke: vor allem expressive Plastiken wie Mahnung (1945), Alte im Fenster (1956), Vietnames. Freiheitskämpfer (1957), Torso eines Gemarterten (1961), Zeitungsleser (1967), Mann im Sturm (1967), Vogelbaum (1972), Stürzender u. Aufsteigender (1972), Hommage – Victor Jara (1974), Paraphrase zu Michelangelos Sklaven (1980), Pietà perversa II. (1982), Karl Liebknecht – Herz u. Flamme der Rev. (1983).
Sek.-Lit.: Hoffmann, R.: T. B. Berlin 1976; Feist, U.: T. B. Dresden 1982; Kat. T. B. AdK 1974/75; Kat. Galerie im Alten Museum. Berlin 1981; Kat. Plastik, Zeichnungen, Grafik. AdK 1983; Kat. Plastik u. Fotogr. Berlin 1986.

Balkow, Julius 26. 8. 1909–19. 7. 1973
Außenhandelsminister
Geb. in Berlin, Vater Arbeiter; Realschule; ab 1926 Lehre, dann tätig als Maschinenschlosser, 1931 Examen als Ing. für allg. Maschinenbau; Mitgl. der SAJ u. des Arbeiter-Turn- u. Sportbundes; 1931 SPD, danach SAP; als Ing. bei Siemens tätig; in der NS-Zeit Widerstand in der Anton-Saefkow-Gruppe Berlin, 1944 verhaftet u. zu sieben Jahren Zuchthaus verurteilt, Zuchthaus Brandenburg.
1945/46 KPD/SED, 1945 Bez.-Bürgermeister in Berlin; 1946/47 parität. SED-Kreisvors. in Teltow; 1947–49 Studium der Ges.-Wiss. an der Univ. Leipzig, Staatsexamen; seit 1951 Mitarb. des Min. für Außen- u. Innerdt. Handel, zeitw. Ltr. der HA Handelspol. mit den soz. Ländern, 1956–61 stellv. Min., 1961–65 Min. für Außen- u. Innerdt. Handel; ab 1963 Mitgl. des ZK der SED; Abg. der Volkskammer; 1965–67 stellv. Vors. des Min.-Rats; Präs. der Dt.-Belgischen Ges. u. Vizepräs. der Liga für Völkerfreundschaft.

Balzer, Karin, geb. Richert 5. 6. 1938
Leistungssportlerin (Leichtathletik)
Geb. in Magdeburg; nach dem Schulabschluß Ausbildung zur Chemiefacharbeiterin; 1953–72 Leichtathletin, zunächst in der BSG Einheit Magdeburg, später beim SC Chemie Halle, SC DHfK Leipzig, SC Frankfurt/Oder u. SC Leipzig (Trainer Karl-Heinz Balzer), Spezialdisz.: 80- bzw. 100-m-Hürdenlauf; 1960 erste Leichtathletik-Olympiasiegerin der DDR, 1962 Vize-EM, 1964 Olympiasiegerin, 1966, 1969 u. 1971 jeweils EM, 1967–71 fünfmal Hallen-EM; 1967 u. 1970 Europacupsiegerin, 1972 Olympia-Dritte, lief zwischen 1964 u. 1971 sieben WR; SED; Studium mit Abschluß als Dipl.-Sportlehrerin, später Trainerin im Trainingszentrum in Chemnitz (Süd). Arbeitet als Lehrerin in Chemnitz.

Banaschak, Manfred 14. 9. 1929
Chefredakteur der Zeitschrift »Einheit«
Geb. in Berlin, Vater Spediteur, später DDR-Handelsrat in Warschau u. Moskau, Mutter Hausfrau; 1936–40 Volksschule, 1940–48 mit Unterbrechungen Oberschule.
Sept. 1945 KPD, dort Jugendreferent, 1946 SED; 1948 Abitur; 1948/49 Praktikant im Verband Dt. Konsumgenossenschaften Berlin; 1949–52 Studium an der wirtschaftswiss. Fak. der HU Berlin, Dipl.-Wirtsch.; 1951 Mitgl. des Fakultätsvorst. der FDJ; 1951/52 Hilfsassistent an der HU Berlin, ehrenamtl. Lehrbeauftragter; September 1952–60 im Apparat des ZK Red. für Wirtschaftsfragen der theor. Ztschr. der SED »Einheit«; 1953/54 Lehrbeauftragter; Mitarbeiter in der Wirtschaftskommission des PB;

1960–64 Sektorenltr. im ZK; 1960–89 Mitgl. des Red.-Kollegiums, 1964–72 stellv. Chefred. der »Einheit« im Rang eines stellv. ZK-Abt.-Ltr.; Studium an der ASR Potsdam, Prom. zu Org. u. Methoden staatsmonopolist. Machtausübung in Westdtl.; 1963 Dr. rer. pol. habil.; ab 1969 Honorarprof. an der ASR Potsdam; 1969 VVO in Silber; Mai 1972 – Nov. 1989 als ZK-Abt.-Ltr. Chefred. der »Einheit« (Nachf. von Hans Schaul); 1976 VVO in Gold; 1977 Hptm. der Reserve; 1979 Ehrenspange zum VVO in Gold; 1981 Mitgl. der PB-Kommission der Ltr. ges.-wiss. Inst. beim ZK; April 1986–89 Mitgl. des ZK der SED; Sept. 1989 Dr. phil. h.c. der AfG, KMO.
Publ.: Die Macht der Verbände. Berlin 1964.

Barbe, Angelika, geb. Mangoldt
26. 11. 1951
Mitbegründerin der SDP der DDR
Geb. in Brandenburg, aufgewachsen in Jeserig (b. Brandenburg), Vater selbständiger Gartenbaumeister, später Genossenschaftsbauer, Mutter Hausfrau; EOS Ziesar, 1970 Abitur mit Berufsausbildung als Betriebsschlosser; 1970–74 Biologiestudium an der HU Berlin, Diplom (Pflanzenschutz); 1974/75 Pflanzenschutzbeauftragte in Neufahrland (b. Potsdam); 1975–79 Biologin bei der Hygiene-Inspektion Berlin, danach Hausfrau; seit 1986 Mitarb. im Pankower Friedenskreis von Ruth Misselwitz*; 1987 Gründerin des Johannisthaler Frauenarbeitskr. (mit Marianne Eschenhagen), Engagement für Menschenrechte, Umwelt, Bildung, Teiln. an Friedensseminaren; seit Frühjahr 1989 Beobachtung durch das MfS; Sept. 1989 Gasthörerin für Psychol. u. Verhaltenspsychol. an der HU Berlin.
7. 10. 1989 Gründungsmitgl. der SDP in Schwante (b. Oranienburg), Wahl zur 2. Sprecherin, Jan. 1990 stellv. Vors. der SPD (DDR); März – Okt. 1990 Abg. der Volkskammer, Vors. des Aussch. Frauen u. Familie; seit Sept. 1990 Mitgl. des Präs. des PV der SPD; seit Okt. 1990 Abg. des Dt. Bundestags.

Bartel, Horst 16. 1. 1928–22. 6. 1984
Historiker
Geb. in Cottbus, Vater Straßenbauer, Mutter Arbeiterin; Volksschule, 1942 bis 1945 Lehrerbildungsanstalt, ohne Abschluß zum RAD, Mai – Sept. 1945 Gefangenschaft.
1946 Neulehrerkurs, SED; 1946–49 Studium der Geschichte, Germanistik u. Pädagogik an der Univ. Berlin; 1949–51 Lehrer u. Internatsltr. in Wandlitz, 1950 Lehrgang an der Landesparteischule der SED; 1951–56 Aspirantur am IfG, 1956 Prom. mit einer Studie über die Tätigkeit von Marx u. Engels für die Ztg. »Der Sozialdemokrat« während der Zeit des Sozialistengesetzes; 1956–60 Doz. u. Ltr. der Lehrabt. am IfG, 1960–69 stellv. Dir. des Inst. für Geschichte an der DAW; 1966 Prof. am IfG (später AfG), 1969 Habil. mit Studien über die Durchsetzung des Marxismus in der Arbeiterbew.; 1969 gegen wiss. Einwände von J. Kuczynski* u. a. Ernennung zum Dir. des ZI für Geschichte der AdW (bis 1984); 1969 Korr. u. 1972 Ord. Mitgl. der AdW, 1969–84 stellv. Vors. des Rats für Geschichtswiss., 1975–84 Vors. der DDR-Sekt. der Historikerkommission DDR-UdSSR, 1982 auswärtiges Mitgl. der AdW der UdSSR, 1982 ao. Prof. an der HU Berlin; 1966 NP für die Mitarbeit an der achtbändigen »Geschichte der dt. Arbeiterbew.«.
B. war seit den 60er Jahren als Hrsg., Ltr. oder Autor an den meisten zentralen Projekten der DDR-Geschichtswiss. beteiligt. Seine Forschungsarbeiten, vornehml. zur Geschichte der dt. Arbeiterbewegung im 19. Jh., stehen in der Tradition der marxist.-leninist. Geschichtsauffassung.
Publ.: Marx u. Engels im Kampf um ein

rev. dt. Parteiorgan. Berlin 1961; Arbeiterbew. u. Reichsgründung (Hrsg.). Berlin 1971.
Sek.-Lit.: W. Schmidt; H. B. In: Wegbereiter der DDR-Geschichtswiss. Berlin 1989.

Bartel, Walter 15. 9. 1904–16. 1. 1992
Historiker
Geb. in Fürstenberg (Havel) in einer Arbeiterfamilie; kaufm. Lehre; 1920 KJVD; 1923 KPD; 1927 vom ZK des KJVD als Ltr. der Delegation zum Internt. Jugendtag nach Moskau entsandt; 1929/30 Studium an der Intern. Lenin-Schule in Moskau, anschl. Beginn einer Aspirantur (ohne Promotion); 1932 auf Beschluß der KPD-Führung Rückkehr nach Dtl. als Kader für den illegalen Widerstandskampf; Juni 1933 Verhaftung wegen Vorbereitung zum Hochverrat, 27 Monate Zuchthaus in Brandenburg-Görden; 1935 Emigration in die Tschechoslowakei, dort 1935 Ausschluß aus der KPD »wegen Feigheit« (Verpflichtungserklärung für die Gestapo); März 1939 Verhaftung u. Internierung im KZ Buchenwald, Mitgl. des Dreierkopfes der illegalen Parteileitung (W. B., Ernst Busse*, Harry Kuhn), ab 1943 Vors. des illegalen Intern. Lagerkomitees.
1945 Überprüfungsverfahren zur Wiederaufnahme in die KPD; 1950 erneute Überprüfung der Gründe seines Parteiausschlusses in Prag; 1945 Tätigkeit als Dezernent beim Berliner Magistrat für Volksbildung (VHS); 1946–53 pers. Referent Wilhelm Pieck*s für Parteifragen; 1953 Funktionsenthebung und Parteiüberprüfung (Dahlem*/Field-Affäre, Verhalten der Funktionshäftlinge im KZ Buchenwald), danach Professur für Neue u. Neueste Geschichte an der KMU Leipzig, wofür er nebenbei (1957) promoviert werden mußte; 1957–62 Dir. des Dt. Inst. für Zeitgeschichte Berlin (DIZ) (Nachf. von Karl Bittel*); 1962 Ablösung aus fachl. Gründen, anschl. Prof. für Neuere u. Neueste Geschichte an der HU Berlin; 1964 Johannes-R.-Becher-Med. in Gold; 1965–67 Prorektor für Studienangelegenheiten; 1968–70 hier Ordinarius, zuletzt Prof. Dr. Dr. h.c.; 1969 VVO in Gold; Vors. des Generalsekr. des Buchenwald-Komitees in der VVN, Präsidiumsmitgl. der Antifasch. Widerstandskämpfer der DDR; 1970 Vizepräs. des Intern. Komitees Buchenwald-Dora; 1974 KMO; 1979 Ehrenmedaille des sowj. Komitees der Kriegsveteranen; 1981 Vizepräs. des Intern. Buchenwald-Komitees; 1984 Stern der Völkerfreundschaft in Gold.
Publ.: Die Linken in der dt. Sozialdemokratie im Kampf gegen Militarismus u. Krieg. (Diss.) Berlin 1958; Dtl. in der Zeit der fasch. Diktatur. Berlin 1956; Buchenwald. Mahnung u. Verpflichtung. (Mitgl. der Red.) 1960; Ein Held der Nation. Aus dem Leben Ernst Thälmanns. 1961.
Sek.-Lit.: Niethammer, Lutz (Hrsg.): Der »gesäuberte« Antifaschismus. Die SED u. die komm. Kapos von Buchenwald. Berlin 1994.

Barth, Willi 15. 9. 1899–5. 5. 1988
SED-Funktionär
Geb. in Ingersleben (Kr. Gotha), Vater Maurer, Mutter Hebamme; Volksschule; 1914–18 Ausbildung zum Tischler in Neudietendorf; 1916–33 Dt. Holzarbeiterverb.; 1917–28 Tischler in Gotha u. Erfurt; 1919/20 USPD, 1920 KPD, Pol.-Ltr. der Ortsgruppe Ingersleben; 1923 Mitgl. u. Verbindungsmann der »Prol. Hundertschaften« von Ingersleben, wirkte bei deren Bewaffnung mit; 1928–31 Instrukteur beim Verband prol. Freidenker in Gotha, Mitgl. der Gemeindevertretung Ingersleben; 1930 stellv. Bürgermeister von Ingersleben; 1931 Besuch der Rosa-Luxemburg-Schule des ZK der KPD; 1931–33 Bez.-Sekr. der Roten Hilfe (RH) des Bez.-Verb. Thüringen; 1933/34 illegale Tätigkeit für die RH in

Hannover u. Berlin; 1934–36 Emigration nach Prag als Mitgl. der Ltg. der RH, 1938–40 Emigration u. Internierung in England, 1940–42 Internierung in Kanada, 1942 nach Großbritannien entlassen; 1942–46 Tischler in Manchester (England), Mitgl. der PL, verantw. für die Ortsgruppe der FDKB; 1946 Mitarb. im Rückwanderungsbüro.
1946 Rückkehr nach Dtl. über Jugoslawien, SED; 1946–49 Referent bzw. Hauptreferent der Abt. staatl. Verwaltung beim ZK der SED; 1948/49 Halbjahreslehrgang an der PHS »Karl Marx«; 1949 Ltr. der Abt. Kommunalpol. beim ZK der SED, nach Reorg. ab 1950 stellv. Abt.-Ltr. der Staatl. Verwaltung des ZK der SED; 1954–77 mit ihrer Gründung Ltr. der Abt. Kirchenfragen des ZK der SED (anfangs Ltr. der Arbeitsgruppe Kirchenfragen); 1964 VVO in Gold, 1969 KMO, 1974 Ehrenspange zum VVO in Gold, 1975 Kampforden für Verdienste um Volk u. Vaterland (anläßl. des 25. Jahrestags des MfS); Febr. 1977 Ausscheiden aus gesundheitl. Gründen, Parteiveteran, Mitgl. der Zentralen Kommission zur Betreuung alter verdienter Parteimitgl.; 1984 Stern der Völkerfreundschaft in Gold; gest. in Berlin.

Barthel, Kurt (Ps. KuBa)
8. 6. 1914–12. 11. 1967
Schriftsteller, Sekretär des Deutschen Schriftstellerverbands
Geb. in Garnsdorf (b. Chemnitz), Vater Eisenbahnarbeiter, Mutter Handschuhnäherin; Volksschule; 1928–32 Lehrling u. Dekorationsmaler in Chemnitz; 1931 SAJ, 1933/34 SPD (ausgeschlossen); 1933–39 Emigration in der ČSR, 1934 Teiln. an den Wiener Februarkämpfen, von dort Flucht nach Jugoslawien, dort Kontakt zu Kommunisten, Herbst 1937 Rückkehr nach Prag, Grenzarbeit (Deckname KuBa); 1937–41 Jüd. Liberale Jugendorg.; Red. der »Arbeiter-Illustrierten-Ztg.« (AIZ) in Prag, Ltr. einer Spieltruppe; 1940 Flucht nach England, kurzzeitig interniert, danach Land- u. Bauarbeiter in Wales; in England FDJ-Arbeit.
1946 Rückkehr nach Dtl.; SED, Mitbegr. der FDJ; 1946/47 Red. im Dietz Verlag Berlin; 1947 Kulturltr. in der Maxhütte Unterwellenborn, danach freiberufl. tätig; 1948 Poem »Gedicht vom Menschen«; 1949 »Kantate auf Stalin« (Musik von Jean Kurt Forest*); NP; 1950 Fernstudium an der PHS »Karl Marx«; Mitgl. des ZR der FDJ; seine »Karl-Marx-Kantate« wurde im Mai 1953 im Beschluß des Sekr. des ZK der SED als formalist. scharf kritisiert; 1950 Kand., 1954–67 Mitgl. des ZK der SED, Mitglied der Kulturkommission beim PB des ZK; 1950–58 Abg. der Volkskammer; 1952–54 1. Sekr. des DSV; 1952 DAK; ab 1956 Chefdramaturg am Volkstheater Rostock; 1957 Filmszenarium »Schlösser und Katen«; 1959 NP; Massenspiel »Klaus Störtebeker«; 1960 Dr. h.c. (WPU Rostock); 1964 Drama »Terra incognita«; 1967 bei einer Gastspielreise in Frankfurt/Main Tod durch Herzschlag.

Bartsch, Karl-Heinz 25. 11. 1923
Stellv. Minister für Landwirtschaft, Erfassung und Forstwirtschaft
Geb. in Löblau (Kr. Danzig Land), Vater Großbauer/Gutsverwalter; Grund- u. Oberschule; 1941/42 Lehre in der Landw. in der Gutsverwaltung Schwichow, Landwirtschaftsgehilfe; seit 1941 Waffen-SS; 1942–45 Kriegsdienst in der Waffen-SS, zul. Unteroffiz.; amerikanische Gefangenschaft, Mai – Juni 1945 Internierung in Saalfelden (Österreich).
1945/46 Landwirtschaftsgehilfe bei der Gutsverwaltung Lutzfeld; 1946–49 Studium an der MLU Halle, 1949 Dipl.-Landwirt; 1949 Mitgl. der SED; 1949–51 Aspirant am Inst. für Tierzucht bzw. wiss. Assistent an der Forschungsstelle Dummerstorf (Meckl./Schwerin); 1951 Prom. zum Dr. agr. mit einer Vergleichsuntersuchung zu nordwesteurop. Milch-

viehrassen; 1952 Betriebsltr. des VEG Clausberg; 1954–61 Mitgl. der Bez.-Ltg. Erfurt der SED; 1958–60 wiss. Arbeitsltr. an der Akad. für Landwirtschaftswiss., Forschungen u. Veröffentl. zur Umzüchtung u. Leistungsprüfung des bodenständigen thür. Frankenrinds, Vors. des Fakultätsrats; 1960–62 stellv. Ltr. der Abt. Landw. des ZK der SED; 1961 Habil. an der Landw. Fakultät der Univers. Rostock; 1961 bis Anfang 1963 Dir. des Inst. für Tierzüchtung u. Haustiergenetik der Landw.-Gärtner.-Fak. der HU Berlin; 1962 bis Anfang 1963 Stellv. des Min. für Landw., Erfassung u. Forstwirtschaft; Jan./Febr. 1963 Mitgl. des ZK der SED; Ernennung zum Prof.; 7.–9.2.1963 Vors. des Landw.-Rates beim Min.-Rat; 9.2.1963 aus dem ZK der SED ausgeschlossen u. Enthebung der Funktion als Stellv. des Min.; März 1963 Ausschluß aus der SED wegen »Verschweigen seiner Zugehörigkeit zur Waffen SS u. falscher Darstellung von Fakten aus seiner Vergangenheit«; 1963–65 im VEG (Z) Großvielen (Kr. Waren, Schwerin), danach bis 1988 Direktor des VEG (Z) für Tierzucht in Woldegk (Kr. Straßburg) u. Ltr. des dortigen Forschungsstützpunktes des Forschungszentrums für Tierproduktion Dummerstorf (Forschungen zur Selektion u. Leistungsprüfung in der Milchrinderzüchtung, bes. bei Zuchtbullenanwärtern); 1972 erneutes Ersuchen um Aufnahme in die SED, das abgelehnt wurde; 1989/90 Lehrtätigkeit an der Agrar-Ingenieurschule Neubrandenburg.

Publ.: Persönliche Erklärung. In: »Neues Dtl.«, 11.2.1963.

Bartsch, Kurt 10.7.1937
Schriftsteller
Geb. in Berlin, Vater Arbeiter; Oberschule bis 1954 (nicht beendet); danach in versch. Berufen tätig (u.a. Sargverkäufer, Leichenträger, Beifahrer, Lagerarbeiter, Lektoratsassistent); 1964/65 Studium am Literaturinst. »Joh. R. Becher« in Leipzig, erste Veröff.; seit 1967 freischaff. Schriftst. u. Grafiker; erster Gedichtband »Zugluft. Gedichte, Sprüche, Parodien« (1968), später »Poesiealbum Nr. 13« (1969); 1974 Aufnahme in den SV; Verf. krit. Texte u. grotesker Songspiele (»Der Bauch«, UA 1974, »Die Goldgräber«, UA 1976); im Zusammenhang mit der Verurteilung Stefan Heyms* wegen »Devisenvergehens« im Mai 1979 Mitunterz. eines Protestbriefs an Erich Honecker*, in dem die kulturpol. Praxis u. die Knebelung krit. DDR-Autoren beanstandet wurden, darauf im Juni 1979 Ausschluß aus dem SV (zus. mit acht weiteren Autoren); Nov. 1980 Umzug von Berlin (Ost) nach Berlin (West). Lyriker, Erzähler, Dramatiker, Parodist, Fernseh- u. Hörspielautor.

Publ.: Die Lachmaschine. Gedichte, Songs u. ein Prosafragment. Berlin 1971; Kaderakte. Gedichte u. Prosa. Reinbek b. Hamburg 1979; Wadzeck. Roman. Reinbek b. Hamburg 1980. Die Hölderlinie. Deutschdeutsche Parodien. Berlin (West) 1983.

Bartzsch, Franz 8.6.1947
Komponist, Musiker
Geb. in Schmölln (b. Altenburg); Lehre als Elektromonteur; nebenberufl. in der »Terosit-Combo«; fünf Jahre an der Musikschule Klavierunterricht; 1968–72 Musikschule Berlin-Friedrichshain (Spezialklasse Tanzmusik, Klavier); 1969/70 »Horst-Krüger-Band«; 1973 »Lift«; ab April 1974 Ltr., Komponist u. Pianist von »Veronika Fischer* & Band«; ab 1977 »Gruppe 4 PS«; 1977 Grand Prix beim Intern. Schlagerfestival in Dresden für »Zweigroschenlied«.
Erfolgskompositionen: »Lied zu den Anden« (Lift), »Blues von der letzten Gelegenheit«, »Daß ich eine Schneeflocke wär«, »Klavier im Fluß« (alle Veronika Fischer).
1980 in Berlin (West) geblieben; Aufbau

eines Tonstudios, Arbeit als Komponist u. Arrangeur von Rundfunkjingles u. Filmmusiken (u. a. »Tatort«, »Schimanski«).

Barwich, Heinz 22. 7. 1911–10. 4. 1966
Physiker
Geb. in Berlin-Lankwitz, Vater Buchhalter; Oberrealschule, 1927 Abitur; danach Praktikantenstelle bei der AEG in Berlin; 1929–32 Studium der Elektrotechnik u. Physik an der TH Berlin-Charlottenburg, 1932 Dipl.; 1932–34 Assistent bei Gustav Hertz, 1934 Prom. mit einer Arbeit zur Isotopentrennung mittels Kaskade; 1934–45 wiss. Mitarb. im Forschungslabor der Fa. Siemens & Halske; im Krieg Arbeiten für die Marine zur Verbesserung von Torpedozündern.
1945–55 als Atomphysiker u. Spezialist für Isotopentrennung in der UdSSR (Suchumi u. Uralgebiet), 1953 Stalin-Preis der UdSSR; 1955 Rückkehr, wiss. Berater bei der DAW, 1956–64 Dir. des ZI für Kernforschung Rossendorf (b. Dresden), zugl. Prof. mit Lehrauftrag für Kerntechnik an der TH Dresden; 1961–64 Vizedir. des Vereinigten Inst. für Kernforschung in Dubna bei Moskau; 1964 Teiln. an der Genfer Atomkonferenz, Weiterreise in die Bundesrep. Dtl. u. Beantragung pol. Asyls in den USA, 1964/65 Aufenthalt in den USA, Befragung durch den Unteraussch. des US-Senats für innere Sicherheit, März 1965 Rückkehr in die Bundesrep. Dtl.
Publ.: Das rote Atom (Biogr., zus. mit E. Barwich). München, Bern 1967.

Bassarak, Gerhard 3. 2. 1918
Evangelischer Theologe
Geb. in Willenberg (Ostpr.) als Sohn eines Diakons; 1934 Mitgl. der Bekennenden Kirche; 1937–45 RAD u. Wehrmacht.
1945–50 Studium der Theol. an der MLU Halle; 1951/52 Vikar in Halle, 1953 Ordination; anschl. bis 1957 Reisesekr. der ESG der DDR u. Studentenpfarrer an der HU Berlin; 1957–66 Studienltr. der Ev. Akad. Berlin-Brandenburg; 1958 Mitbegr. u. Leitungsmitgl. des »Weißenseer Arbeitskreises«, einer Berlin-Brandenburger Bruderschaft, Befürworter der Abtrennung der ev. Kirchen der DDR von der EKD; 1959–89 Mitarb. in der Red. der Ztschr. »Zeichen der Zeit«; Mitgl. des Friedensrats der DDR u. zeitw. des Präs.; ab 1959 Mitarb., zeitw. Ltr. der Studienabt. u. 1963–76 Intern. Sekr. der Christl. Friedenskonferenz (CFK); 1964 VVO in Bronze; 1965 Prom. an der Comenius-Fak. Prag; 1967 Prof. für Ökumen. Theol. an der MLU Halle, 1969 Prof. für Ökumenik an der HU Berlin, 1977 Habil. mit der Arbeit »Missionsstrategie im Wandel«; ab 1978 einer der Vizepräs. der CFK; 1983 em.; 1990 Austritt aus der CFK.
B. galt in der DDR als geförderter staatsloyaler Theologe, als IM »Bus« übernahm er für das MfS versch. Kontroll- u. Sicherungsaufgaben in der Kirche u. an theolog. Einrichtungen.
Publ.: Theologie des Genitivs? Wider falsche Wege des Dienstes am Wort. Berlin 1975; Luther u. Luthertum in Osteuropa. Berlin 1983; Sprache des Friedens. Prag 1987. Auswahlbibliogr. in: Standpunkt 1/1988.

Bathke, Karl (Parteiname: Blond)
9. 1. 1901–14. 3. 1970
Chefredakteur der »Leipziger Volkszeitung«
Geb. in Berlin, Vater Metallarbeiter, Mutter Hausfrau; Volksschule, Lehre als Schriftsetzer; 1915–33 Schriftsetzer in versch. Betrieben in Köln u. Berlin; 1919 Freie Soz. Jugend/KJD; 1920 USPD/KPD; 1921 Abenduniv.; 1925–33 Org.-Ltr. u. Betriebszellensekr. der Ztg. »Rote Fahne«; 1933–35 Red. der »Dt. Zentral-Ztg.« Moskau; in Moskau vom ZK der KPD als Instrukteur zur Anleitung der illegalen Arbeit in Dtl. eingesetzt, 1935/

36 illegale Arbeit in Dtl. (Instrukteur in Dresden u. Hamburg); 1937/38 Prag; Verrat u. Verhaftung, Ausweisung; Ende 1938 nach England; leitete in England den Verlag »Inside Nazi Germany«; 1940 Internierung, nach Kanada verschickt, wegen Haftunfähigkeit in England entlassen; nach Kriegsende durch Parteiauftrag Ltr. des Rückwanderungsbüros für dt. Flüchtlinge in London.
Okt. 1946 Rückkehr nach Berlin; mit Josef (Sepp) Miller* verantw. für Rückwanderungsangelegenheiten; Ende 1946–50 Chefred. beim ADN, Ltr. der Auslandsred.; 1950–53 Chefred. der »Leipziger Volksztg.«; 1952 Mitgl. der SED-BL Leipzig; 1953–56 Invalide; Mai 1956 wiss. Mitarb. des IML, ab 1957 Ltr. des Parteiarchivs, maßg. an dessen Aufbau beteiligt; 1962 aus gesundheitl. Gründen Ruhestand.

Batt, Kurt 11. 7. 1931–20. 2. 1975
Literaturwissenschaftler, Kritiker, Lektor
Geb. in Hamburg, Vater Buchdrucker; nach dessen Tod Übersiedlung nach Teterow; 1938–42 Volksschule, 1942–51 Besuch der Oberschule mit kriegsbedingten Unterbrechungen, 1951 Abitur; 1951–55 Germanistikstudium in Leipzig; 1955–59 Doz. für Dt. u. Lit.-Geschichte am Konservatorium Rostock; 1958 Prom. zum Dr. phil. an der Philos. Fak. der KMU Leipzig mit einer Diss. über niederdt. Lit. des 19. Jh.; ab 1959 Lektor im Hinstorff Verlag Rostock, 1960 stellv. Verlagsltr., 1961 Cheflektor; Förderung u. Entwicklung junger Autoren, regelmäßige Vortragstätigkeit, Vorlesungen an Univ. in Warschau, Wroclaw, Poznan, Torun, Budapest, Frankfurt/Main; ab 1964 Mitarb. der Ztschr. »Sinn u. Form«; ab 1966 Mitgl. der KL des KB Rostock; ab 1966 Mitgl. mehrerer Gremien zur Lenkung des Lit.-Prozesses bei der HV Verlage u. Buchhandel im Min. für Kultur; Mitgl. des Beirats für Literaturwiss. des Aufbau-Verlags; 1968 Lehrgang für Leitungskader des Min. für Kultur; 1967–71 Mitgl. des Bezirksvorst. des DSV; 1973 Graduierung an der EMAU Greifswald zum Dr. sc. phil.; literaturwiss. Studien über deutschsprachige Lit. vergangener Jh.; Darstellung von Leben u. Werk Fritz Reuters (»Fritz Reuter. Leben u. Werk.« 1967); 1974 große Schwierigkeiten mit der SED-BL Rostock, die keinen parteilosen Cheflektor duldete; gest. in Rostock.
Publ.: Anna Seghers. Entwicklung u. Werke. Leipzig 1973; Die Exekution des Erzählers. Frankfurt/M. 1974; Revolte intern. Betrachtungen zur Lit. der BRD. Leipzig 1974; Editionen zu Fritz Reuter, Klaus Groth, Georg Christoph Lichtenberg, Jeremias Gotthelf u. a.

Bauer, Conrad »Conny« 4. 7. 1943
Jazzmusiker
Geb. in Halle/Saale; 1964–68 Studium an der HS für Musik »Carl Maria von Weber« Dresden (Abt. Tanzmusik, Posaune); 1968–70 Sänger u. Gitarrist im Manfred-Ludwig-Sextett; 1968–71 Unterricht beim Soloposaunisten der Dt. Staatsoper Berlin; 1970–73 Modern Soul Band (erstmalig Posaune als Hauptinstrument); 1971–74 eigene Band Exis; 1972 Sonderstufenabsolvent der Musikschule Berlin-Friedrichshain (Spezialklasse Tanzmusik), im Jazz-Werkstatt-Orchester (Ltg. Ulrich Gumpert*); 1974–77 FEZ; 1973–75 Synopsis; 1973 Jazz Jamboree Warschau (auch 1974 u. 1977); 1974 Jazz-Tage Nagykanizsa (Ungarn), Klaus-Lenz-Band; ab 1976 Solo-Konzerte; 1977 »Jazz in der Kammer Nr. 100« in Berlin (Conrad-Bauer-Quartett u. a.); ab 1978 Auftritte auch in Westeuropa; 1979 Jazzbühne Berlin; ab 1981 Quartett Doppelmoppel (LP »Round About Mittweida«); ab 1983 Auftritte mit Performance-Künstlern (u. a. Tadashi Endo, Sheryl Banks); ab 1984 Zentral-Quartett (LP, 1990 JazzFest

Berlin); 1985 Donaueschingen Festival; 1985/86 Japan-Tournee; 1986 Klangprojekt bei Jazz in der Kammer; 1987/88 Ltg. des ersten Jazzorchester der DDR (u.a. Jazzbühne Berlin, 1988, Intern. Jazzfestival Münster); 1987–90 Vors. der Sektion Jazz des Komitees für Unterhaltungskunst der DDR.
1991 JazzFest Berlin (mit Klaus König Orchestra); Auftritte u. Platten mit der Ulrich Gumpert Workshop Band, Ernst-Ludwig Petrowsky*, Peter Kowald, Hans Rempel, Uwe Kropinski u.a.; LP/CD unter eigenem Namen: »FEZ« (1975), »Toronto Töne«, »Conrad Bauer«, »Flüchtiges Glück«, »Was Ist Denn Nun?« (1980), »Live im Völkerschlachtdenkmal« (1988).

Bauer, Leo(pold) (Ps. Rudolf Katz)
18.12.1912–18.9.1972
Journalist, SED-Funktionär
Geb. in Skalat bei Tarnopol (Ostgalizien), Sohn einer jüd. Handwerkerfamilie; 1927 SAJ, 1928 SPD, 1931 SAP, ab 1932 KPD; 1932/33 Studium der Fächer Jura u. Nat.-Ök. in Berlin, 1933 Ausschluß vom Studium aus »rass. Gründen«; 1933 kurze Zeit in Dtl. inhaftiert, danach illegale Arbeit; 1933 Emigration über Prag nach Frankreich, u.a. Mitarb. im »Vorläufigen Aussch. zur Vorbereitung einer dt. Volksfront«, ab 1936 Sekr. der »Zentralvereinigung der dt. Emigration« (ZVE); 1936 ZVE-Delegierter bei der Flüchtlingskonferenz des Völkerbunds in Genf; 1936–39 Beigeordneter Sekr. beim Hochkommissar für Flüchtlinge aus Deutschland; 1939 Paris, Internierung in Le Vernet; 1940 Flucht in die Schweiz mit Paul Bertz*, KPD-Vertrauensmann für die Westschweiz; Verbindungsmann zur Parteiorg. nach Frankreich; seit 1942 Kontakte zum Office of Strategic Services der USA durch Noel Field; ab Okt. 1942 in der Schweiz inhaftiert wegen Militärspionage für die UdSSR, bis 1944 in einem Schweizer Flüchtlingslager interniert wegen Verletzung der Neutralität der Schweiz; 1944 Mitarb. »Freies Dtl.«, 1944 Ltr. der Bew. Freies Dtl., Region Westschweiz, Verbindungsmann zur illegalen Partei der Arbeit (der Schweiz). 1945 Rückkehr nach Frankfurt/Main als Beauftragter des Centrale Sanitaire Suisse; Aug. 1945 – März 1946 Mitarb. der »Frankfurter Rundschau«; 1945 Mitgl. des Sekr. der KPD, Landesltg. Hessen, Fraktionsvors. der KPD im Hess. Landtag; verantw. Hrsg. der Ztschr. »Wissen u. Tat«; 1947 Autounfall u. einjähriger Krankenhausaufenthalt in der SBZ, Verbleib in der SBZ auf Parteiweisung; 1949/50 Chefred. beim Deutschlandsender; Aug. 1950 Ausschluß aus der SED u. Verhaftung wegen Verbindungen zu Noel Field u. angebl. umfgr. Hilfe für den »Klassenfeind«, Dez. 1952 von einem sowj. Militärgericht als »amerikanischer Spion« zum Tode verurteilt; Jan. 1953 in die UdSSR deportiert, Juli 1953 zu 25 Jahren Zwangsarbeit in Sibirien (Straflager Taischet) begnadigt; im Okt. 1955 vorzeitige Entlassung in die Bundesrep. Dtl. auf der Grundlage der dt.-sowj. Vereinbarung über Gefangenenrückführung; ab 1959 freier Mitarb. beim »stern«, ab 1961 hier sozialpol. Redakteur, gehörte zum SPD-Beraterkreis von Willy Brandt, 1968–Sept. 1972 Chefred. der SPD-Zeitschrift »Die Neue Gesellschaft«.
Publ.: Die Partei hat immer recht. In: Das Parlament, B 27 (4.7.1956); Gespräche. Bonn 1973.
Sek.-Lit.: Brandt, Peter; Schumacher, Jörg u.a.: Karriere eines Außenseiters: L. B. zw. Komm. u. Sozialdemokratie 1912–1972. Bonn 1983.

Bauer, Roland 19.3.1928
SED-Funktionär
Geb. in Eibenberg (Kr. Kraslice, ČSR), Eltern Arbeiter, Mitgl. der KPČ; aufgewachsen in Grünberg (Kr. Kraslice); Volksschule, Gymnasium; die Familie wurde pol. (Vater 1938–42 im KZ), ab

1940 auch rass. verfolgt; 1942–45 Lehre als Feinmechaniker (Uhrmacher); 1944 bis 1945 RAD.
Apr. 1946 Übersiedlung in die SBZ (Kr. Weimar); FDJ, SED; FDJ-Funktionär in Apolda (Thür.); bis 1947 als Uhrmacher in Apolda tätig; Sept.–Dez. 1947 Landesparteischule »Rosa Luxemburg« in Bad Berka; Jan. 1948–Feb. 1949 Jugendsekr. der SED-KL Weimar, Mitgl. des Sekr. der KL; 1949–50 2. Zweijahreslehrgang an der PHS »Karl Marx«; 1950–54 Assistent, dann Doz. an der PHS; 1954–58 Aspirant am IfG beim ZK der KPdSU in Moskau, Lehrstuhl für Neue Geschichte, Prom., Dr. phil. (Geschichte); 1958 Mitarb. der Direktion, dann bis Mai 1962 stellv. Dir. der PHS »Karl Marx«; 1962–64 Dir. des IML (Nachf. von Ludwig Einicke); 1962–64 Vizepräs. der Historiker-Ges.; seit Juli 1964 Sekr. für Agit. u. Prop. der SED-BL Berlin (Ltr. der Ideolog. Kommission der BL); 1967–71 Sekr. der BL Berlin für Wiss., Volksbildung u. Kultur; 1967–71 Kand. des ZK der SED; 1971–81 Mitgl. des ZK der SED, 1971–78 Mitgl. der ZK-Kulturkommission; 1971–81 Mitgl. der Stadtverordnetenvers. Berlin; 1975 Verdienstmedaille des MdI in Gold; 1975 durch das MfS Verleihung des Kampfordens »Für Verdienste um Volk u. Vaterland« in Silber; 1978 VVO in Gold; ab Aug. 1978 Vertreter des ZK der SED in der Red. der Ztschr. »Probleme des Friedens u. des Soz.« in Prag, Mitgl. des Red.-Kollegiums, dort bis Aug. 1990 SED/PDS-Vertreter.
Herbst 1990 Austritt aus der PDS; Vorruheständler, Rentner; Mitarb. in der Alternativen Enquete-Kommission von Wolfgang Harich*; lebt in Berlin.
Publ.: Kriegspol. u. Friedenskampf. Berlin 1963; Berlin – 800 Jahre Geschichte in Wort u. Bild (Mithrsg. u. Autor). Berlin 1980; Berlin – Illustrierte Chronik bis 1870. Berlin 1987.

Baumann, Edith 1. 8. 1909–7. 4. 1973
FDJ- und SED-Funktionärin
Geb. in Berlin, Vater Maurer; Mittel- u. Höhere Handelsschule, Lehre als Stenotypistin; 1925 Zentralverb. der Angestellten, SAJ, Vors. einer Jugendgruppe, Mitgl. des Kreisvorst. Berlin-Prenzlauer Berg, dann des Bezirksvorst. Berlin; 1927–31 SPD, 1930 Mitgl. des SAJ-Hauptvorst.; 1931 SAP u. deren Jugendorg.; 1933 verhaftet u. zu drei Jahren Gefängnis verurteilt, Haft u. a. im Berliner Frauengefängnis Barnimstraße.
1945/46 SPD/SED, stellv. Vors. des zentralen Jugendaussch., 26. 2. 1946 Mitunterz. des FDJ-Gründungsbeschlusses, 1946–49 Generalsekr. u. stellv. Vors. der FDJ; 1946–73 Mitgl. des PV bzw. ZK der SED; 1947–64 Mitbegr. u. Mitgl. des DFD-Bundesvorst.; 1948 Mitgl. des Dt. Volksrats, 1949–73 Abg. der Prov. Volkskammer bzw. Volkskammer (1963–73 Berliner Vertreter); 1949–53 Mitgl. des Sekr. des ZK der SED, 1953–55 des Sekr. der SED-BL Berlin; ab 1953 Mitgl. des Rats u. des Exekutivkomitees der IDFF; 1949 Heirat mit Erich Honecker*, gemeinsame Tochter Erika; 1955–61 Ltr. der Arbeitsgruppe bzw. Abt. Frauen beim ZK, 1958–63 Kand. des PB u. 1961–63 Sekr. des ZK der SED; 1963–73 Stadtverordnete, Stadtrat u. Sekr. des Magistrats von Berlin, Mitgl. des Bezirksaussch. der NF u. seines Sekr.; VVO in Gold.

Baumann, Rudolf
19. 8. 1911–19. 6. 1988
Internist
Geb. in Düsseldorf, Vater Versicherungsdir.; Gymnasium; 1930–36 Medizinstudium in Bonn, München, Berlin u. Rostock, hier 1937 Prom.; 1936–41 Facharztausbildung an der II. Internist. Klinik des Städt. Krankenhauses Neukölln; 1940 NSDAP; 1941–44 Lazarettarzt.
1945 Chefarzt des Städt. Ost-Kranken-

hauses, 1948–51 2. Ärztl. Dir., 1951–57 Chefarzt u. Ärztl. Dir. des Städt. Krankenhauses Berlin-Buch; 1951 SED; 1957 Prof. für Innere Med., 1958–78 Direktor des Inst. für kortiko-viszerale Pathol. u. Therapie der DAW (seit 1972 ZI für Herz-Kreislauf-Regulationsforschung der AdW) in Berlin-Buch; 1965 NP; 1966 Ord. Mitgl. der DAW, 1975–88 Vors. ihrer Klasse für Medizin, 1974 Ausländ. Mitgl. der Akad. der Med. Wiss. der UdSSR; 1978 em.

Arbeitsgebiete: Untersuchungen zur Neuropathophysiol., bes. von Ursachen u. Entstehungsmechanismen des Diabetes mellitus u. der essentiellen Hypertonie; Beiträge zur patholog. Bedeutung der Fehlverarbeitung des psychoemotionalen Stresses; führte 1955 die an I. P. Pawlow anknüpfende kortiko-viszerale Pathol. K. M. Bykows in der DDR ein u. stellte damit sukzessive den Anschluß an die psychosomat. Medizin der westl. Länder her.

Publ.: Physiol. des Schlafes u. Klinik der Schlaftherapie. Berlin 1953; Streß, Neurose u. Herzkreislauf (mit K. Hecht). Berlin 1975.

Baumbach, Peter 8.3.1940
Architekt, Städtebauer
Geb. in Wenigensömmern (Kr. Sömmerda) in einer Arbeiterfamilie; 1958–64 Studium an der TU Dresden, Dipl.-Ing.; SED; seit 1964 Technologe, Projektltr. u. Hauptarchitekt im Wohnungsbaukombinat Rostock; projektierte gemeinsam mit anderen Städtebauern wie Wolfgang Urbanski, Rudolf Lasch, Winfried Heyn, Christoph Weinhold u. Michael Bräuer (nach dem maßg. von Hartmut Colden entw. Bandstadt-Konzept) Großwohngebiete zwischen Rostock u. Warnemünde, ab 1971 in Evershagen Städtebau u. Innenraumgestaltung des Hauptzentrums, ab 1980 in Schmarl mehrgeschossiger Wohnungsbau in lokal angepaßtem Plattenbau; seit 1981 Entw. für innerstädt. Neubauten, 1986 »Fünfgiebelhaus« in Rostock unter Aufnahme traditioneller Elemente, 1981–83 Rostocker »Haus der Architekten« als Rekonstruktion; seit 1983 Prof. u. Lehrtätigkeit an der Kunst-HS Berlin-Weißensee; 1987–89 Stadtarchitekt im City Council Addis Abeba.
Nach 1989 eigenes Architektenbüro mit Michael Bräuer u. Ute Baumbach in Rostock, vor allem für Wohnungsbauprojekte; fortgesetzte Lehrtätigkeit in Berlin.

Baumgärtel, Gerhard 25.11.1931
Minister, Oberbürgermeister von Weimar
Geb. in Reumtengrün (Kr. Auerbach), Vater Landwirt; Mittelschule.
1946–49 Lehre als Tischler; 1949–54 Studium an der FS für angewandte Kunst Erfurt, Innenarchitekt; 1954–60 Studium an der HAB Weimar, Dipl.-Ing.; 1960–62 Architekt u. Projektbearbeiter im VEB Projektierung Polygraph Leipzig; 1962–69 wiss. Assistent, 1969–74 wiss. Oberassistent an der HAB Weimar, 1965 Dr.-Ing., 1970 Dr.-Ing. habil.; 1969 CDU; 1973/74 Zusatzstudium an der TU Budapest; 1975–82 Doz. u. stellv. Sektionsdir. an der HAB Weimar, 1982 Honorarprof.; 1977–89 Mitgl. des Hauptvorst. der CDU, 1984–89 Mitgl. seines Präs.; 1982–89 OB von Weimar, 1986 – März 1990 Abg. der Volkskammer u. Mitgl. des Aussch. für Nat. Verteidigung; 18.11.1989–17.3.1990 Min. für Bauwesen in der Reg. Modrow*.

Baumgarten, Arthur
31.3.1884–27.11.1966
Präsident der DASR, Rechtswissenschaftler
Geb. in Königsberg als Sohn eines Mediziners; 1893 Umzug nach Tübingen; nach dem Studium der Rechtswiss. in Tübingen, Genf, Leipzig u. Berlin 1909 Prom. bei Franz von Liszt; danach Prof. für Strafrecht an den Univ. Genf, Köln,

Basel, Frankfurt/Main; 1934 Prof. für Rechtsphilos. u. allg. Rechtslehre an der Univ. Basel; 1935 Studienreise durch die UdSSR; 1944 in der Schweiz beteiligt an der Gründung der Partei der Arbeit.
1946 Übersiedlung in die SBZ; Gastprof. an der Univ. Leipzig; SED; 1949 ord. Prof. für Rechtsphilos. u. Völkerrecht an der HU Berlin, ord. Mitgl. der DAW u. Mitgl. des Wiss. Senats beim Min. für Volksbildung; bis 1952 zugl. Rektor der Potsdamer Landes-HS; 1951 NP; 1952 Vors. des Jur. Arbeitskreises der DAW u. bis 1960 Präs. der DASR u. Chefred. der Fachztschr. »Staat u. Recht«; 1953 als Prof. der HU em.; VVO; 1960 Mitgl. der DAW u. der Sächs. AdW; 1. Vors. u. ab 1962 Ehrenpräs. der dt. Sekt. der Vereinigung Demokr. Juristen.
Publ.: Die Wiss. vom Recht u. ihre Methode. Bd. 1–3. Tübingen 1920; Geschichte der abendländ. Philos. Basel 1945; Rechtsphilos. auf dem Wege (mit Bibliogr). Berlin 1973.

Baumgarten, Klaus-Dieter 1. 3. 1931
Chef der Grenztruppen
Geb. in Werna (b. Ellrich, Sa.-Anh.), Vater Gärtner; Mittelschule; 1945–49 Lehre u. Arbeit als Zimmermann in Ellrich; 1946 FDJ; 1948 SED; 1949 Eintritt in die VP, zunächst in Nordhausen, dann bis 1953 beim Wachbat. der Reg., Posten-, Gruppen-, Zugführer bzw. Sachbearb. für Ausbildung, VP-Kommissar; 1953/54 HS für Offz. der KVP, Major; 1954–57 MdI, u. a. Sachbearb. für Ausbildung der Dt. Grenzpolizei, der Transportpolizei u. der Inneren Truppen; 1957–59 Stellv. Ltr. bzw. Ltr. der Abt. Gefechtsausbildung im Kdo. der Grenzpolizei; 1959–63 sowj. Militärakad., Dipl. rer. mil.; danach 1. Stellv. des Kdr. der Grenzbrigade Calbe/Milde, dann Lehrstuhlltr. für allg. Kdr. der Grenztruppen an der Militärakad. Dresden; 1965–70 1. Stellv. des Chefs der Grenztruppen, Oberst; 1970–72 sowj. Generalstabsakad.; danach im Kdo. der Grenztruppen, 1973–78 Kdr. des Grenzkdo. Süd, Gen.-Major; 1974–79 Mitgl. der SED-BL Erfurt; 1978 Stellv. des Chefs der Grenztruppen u. Chef des Stabes, 1979–89 Stellv. des Min. u. Chef der Grenztruppen (Nachf. von Erich Peter*), Gen.-Ltn.; 1981 Kand. des ZK der SED; 1988 Generaloberst; 28. 2. 1990 Ruhestand.

Baumgarten, Oskar 25. 10. 1907
Direktor der Landwirtschaftsausstellung agra
Geb. in Halle/Saale, Vater Bautechniker; Volks- u. Oberrealschule, 1926–28 landw. Lehre; 1928–31 Studium der Landwirtschaft an der Univ. Halle, Dipl.-Landw., 1931–33 hier Studium der Staatswiss., anschl. Assistent bei Ernst Grünfeld, 1933 Prom. zum Dr. rer. pol. mit einer Diss. zur Freihandels- und Schutzzollpol. als Mittel der Agrarpol.; 1931–35 Buchhalter; 1935 NSDAP; 1935–43 Sachbearb. bzw. Abt.-Ltr. und Ltr. der Außenstelle Salzwedel der Landesbauernschaft Sachsen-Anhalt, Landwirtschaftsrat; 1943–45 Wehrmacht, Ltn., bis 1949 sowj. Gefangenschaft, Antifa-Lager-Schule Rjasan.
1949/50 Abt.-Ltr. im Zentralvorst. der VdgB, 1950/51 Hauptgeschäftsführer der Dt. Landwirtschaftsges. (Nachf. von Reinhard Bennecke); 1950 SED (1951 gestrichen, 1961 zum Wiedereintritt veranlaßt); Ltg. der ersten Landwirtschaftsausstellung der DDR in Leipzig; NP; 1951 Mitgl. des Vorst. des Gesamtdt. Arbeitskr. für Land- u. Forstwirtschaft; Aufnahme eines Fernstudiums an der Dt. Verwaltungsakad. Forst-Zinna; Sekr. der ersten Studienreise von DDR-Agrarwiss. in die UdSSR; 1951 beauftragt mit dem Aufbau der Ständigen Landwirtschaftsausstellung agra in Leipzig-Markleeberg, als agra-Dir. bis 1972 maßg. beteiligt an der Entw. der »Univ. im Grünen«; 1955–58 Mitgl. des Zentralvorst. der DSF; 1963

Verleihung des Professorentitels durch die Reg.; ab 1963 Mitgl. des Zentralvorst. der Dt. Agrarwiss. Ges; 1990 Austritt aus der SED/PDS.

Bause, Arndt 30.11.1936
Komponist
Geb. in Leipzig, Vater Buchhalter; 1951–54 Lehre als Apparateglasbläser; ab 1948 Klavierunterricht, ab 1955 in versch. Bands, 1960–63 Posaunenunterricht; 1962 erste Rundfunkprod. eines eigenen Titels, 1969–74 externes Studium von Komposition u. Tonsatz an der HS für Musik Leipzig (Staatsexamen).
Kompositionen u.a. für Frank Schöbel* (1968–76 »Gold in deinen Augen«, »Ich geh vom Nordpol zum Südpol«, Texte: Dieter Schneider), Jürgen Walter (1976 bis 1982 »Schallali Schallala«, »Barbara«, Texte: Gisela Steineckert*, drei LP), Jürgen Hart (1979 »Sing, mei Sachse, sing«, Text: J. Hart, eine LP), Helga Hahnemann* (1982–91 »Jetzt kommt dein Süßer«, »Hundertmal Berlin«, Texte: Angela Gentzmer, drei LP), Wolfgang Lippert (1982–86 »Erna kommt«, Text: Wolfgang Brandenstein), Inka (ab 1985 »Spielverderber«, Text: D. Schneider, »Es ist Sommer«, Text: W. Brandenstein, vier LP). Insges. ca. 1200 Tanzmusiktitel, 25 Musiken zu Trickfilmen des DEFA-Studios Dresden, ein Musical: »Gesang der Grille« (Libretto: Gerda Malig, 1987), eine Kinderlieder-LP: »In Dingsbumshausen ist was los« (Texte: Hans-Gerald Otto, 1986).

Beater, Bruno 5.2.1914–9.4.1982
1. Stellv. des Ministers für Staatssicherheit
Geb. in Berlin, Vater Arbeiter, Volksschule; 1928–32 Lehre als Zimmermann, dann arbeitslos; 1933 Brotausfahrer; 1934 RAD; 1935–39 Zimmermann bei Rheinmetall-Borsig; dazwischen 1936–38 Wehrdienst; 1939–44 Kriegsdienst, Ofw.; im Juli 1944 zur Roten Armee übergelaufen, Frontpropagandist des NKFD, Aufklärer im Kessel Breslau; Mai – Okt. 1945 Instrukteur u. Ltr. des Antifa-Aktivs im Kriegsgefangenenlager Breslau-Hundsfeld.
1945/46 KPD/SED; 1945 Einstellung bei der VP, Ltr. der Kripo Hennigsdorf; dann Ltr. der Kripo des Kr. Osthavelland in Nauen; 1949/50 Aufbau der Verwaltung zum Schutz der Volkswirtschaft in Brandenburg; Apr. 1950 Ltr. der Abt. V der Verw. Groß-Berlin des MfS; Aug. 1950 Ltr. der HA V (Staatsapparat, Kultur, Kirchen, Untergrund) MfS Berlin; 1955 Stellv. des Min.; 1962/63 Besuch der PHS; Kand. des ZK der SED; 1964 1. Stellv. des Min.; Verleihung des Titels Dipl.-Jurist an der JHS; 1969 VVO in Gold; ab 1973 Mitgl. des ZK; 1974 KMO; 1980 Generaloberst.

Becher, Johannes R.(obert)
22.5.1891–11.10.1958
Schriftsteller, Kulturminister
Geb. in München, Vater Amtsrichter; 1897–1911 Volksschule u. Gymnasium in München, Öttingen u. Ingolstadt; 1911–18 Studium der Philol., Philos. u. Medizin in München, Berlin u. Jena; 1911 erste lit. Veröff.; nach Abbruch des Studiums als freier Schriftst. überwiegend in Berlin; wegen einer Schußverletzung, die von dem Versuch, zus. mit einer Freundin Selbstmord zu verüben (1910), herrührte, kein Militärdienst; 1914–18 Aufenthalte in psychiatr. Kliniken wegen Morphiumabhängigkeit; 1917 USPD, 1919 KPD; 1920–22 starke religiöse Orientierung, ruhende KPD-Mitgliedschaft; 1923 erneuter KPD-Eintritt, nun verstärkte Parteiarbeit; 1925–28 angeklagt wegen »lit. Hochverrats«, das Verfahren wurde jedoch nicht eröffnet u. nach nat. u. intern. Protesten eingestellt; 1928 Mitbegr. des BPRS, Mitgl. im Büro für rev. Lit. Moskau; zwischen 1927 u. 1932 mehrfache Besuche der UdSSR; 1932 Reichstagskand. der KPD; 1933

Emigration nach Prag, Paris u. Moskau; 1934 Aberkennung der dt. Staatsangehörigkeit; ab 1935 ständig in der UdSSR; Chefred. der Ztschr. »Intern. Lit., Dt. Blätter«; die KPD-Führung warf ihm im Exil »trotzkist. Schwankungen« vor, er galt als pol. unzuverlässig u. bekam keine Erlaubnis, die UdSSR zu verlassen (1936 Spanien); mehrere Suizidversuche; 1943 Gründungsmitgl. des NKFD.
Juni 1945 Rückkehr nach Dtl.; Mitbegr. u. erster Präs. des KB; ab 1946 Mitgl. des PV bzw. ZK der SED; Nov. 1948 Mitgl. der dt. PEN-Gruppe; 1949 Textautor der DDR-Nationalhymne; 1949 u. 1950 NP 1. Kl.; ab 1950 Abg. der Volkskammer; 1950 Gründungsmitgl. der DAK, 1953–56 ihr Präs. (Nachf. von Arnold Zweig*); 1953 Stalin-Friedenspreis; 1954–58 erster Min. für Kultur; 1956 während der »Tauwetter-Zeit« zunächst Eintreten für eine liberalere Politik, nach scharfer Kritik durch die Parteiführung Kursänderung; verlor 1957 jeden pol. Einfluß, leitete das Ministerium nur noch nominell.
Publ.: Gesammelte Werke. 18 Bde. Berlin 1966–81; Briefe von u. an J. R. B. Berlin 1993.
Sek.-Lit.: Rohrwasser, Michael: Der Weg nach oben. J. R. B. Politiken des Schreibens. Frankfurt/M. 1980; Haase, H.: J. R. B.s Berlin. Berlin 1981; Der gespaltene Dichter (Hrsg. C. Gansel). Berlin 1991; Mayer*, Hans: Der Turm von Babel. Erinnerung an eine Dt. Demokr. Rep. Frankfurt/M. 1991.

Bechler, Bernhard 9. 2. 1911
Stellv. des Hauptstabschefs der KVP bzw. NVA
Geb. in Lengenfeld (Vogtl.), Vater Fabrikdir.; Volks- u. Privatschule, Gymnasium; ab 1931 Reichswehr bzw. Wehrmacht, Laufbahn als Berufsoffz., 1934 Ltn., 1940–42 beim General z.b.V. im OKH, Teiln. an den Lagebesprechungen beim Chef des Generalstabs des Heeres, Kontakte u.a. zu Friedrich Olbricht; 1943 bei Stalingrad als Major u. Bataillonskdr. in sowj. Gefangenschaft, Zentrale Antifa-Schule Krasnogorsk, Vorstandsmitgl. des Bundes Dt. Offz.; durch ein dt. Gericht in Abwesenheit zum Tode verurteilt.
Bei Kriegsende als Frontbevollmächtigter des NKFD direkt von der 2. Beloruss. Front nach Berlin, Redner auf der 1.-Mai-Kundgebung in Wittenau; 1945/46 KPD/SED; bis 1949 1. Vizepräs. der Provinzialverwaltung bzw. des Innenmin. des Landes Brandenburg; 1949/50 militär. Sonderlehrgang Priwolsk (UdSSR); 1950–52 Stabschef der HV für Ausbildung im MdI, Chefinspekteur; 1952–57 Stellv. des Chefs des Hauptstabs der KVP bzw. der NVA für Org., Gen.-Major; 1957–59 sowj. Generalstabsakad., Dipl. rer. mil.; 1959–65 Stellv. des Kdr. der Militärakad. Dresden u. Ltr. der Fak. für operativ-takt. Ausbildung der Landstreitkräfte, Doz., interne Forschung u. Veröff. zu Problemen der Anfangsperiode eines mod. Krieges beim Einsatz von NVA-Verb.; 1965–70 Dir. des Inst. für Mechanisierung u. Automatisierung der Truppenführung in Dresden; 1971 Ruhestand; bis 1989 Mitgl. des Bezirkskomitees Potsdam der Antifasch. Widerstandskämpfer; VVO in Gold.
Seit 1. 10. 1990 Mitgl. der Interessengemeinschaft ehem. Teiln. am antifasch. Widerstand, Verfolgter des Naziregimes u. Hinterbliebener e. V.

Beck, Volker 30. 6. 1956
Leistungssportler (Leichtathletik)
Geb. in Nordhausen (Harz); zunächst Turner bei der BSG Lok Nordhausen, 1968 Wechsel zur Leichtathletik an die KJS in Erfurt, Mitgl. des SC Turbine Erfurt (Trainer: Klaus Fiedler); Spezialisierung zunächst auf 110 m Hürden, ab 1971 400 m Hürden, bei Europa- u. Weltcup-Wettkämpfen auch Starts auf der 400-m-Sprintstrecke; 1976–89 SED; 1980

Olympiasieger über 400 m Hürden; Abschluß eines Studiums an der DHfK Leipzig als Dipl.-Sportlehrer, anschl. Trainer in Erfurt.
Nach 1989 Vertreter eines japan. Autokonzerns in Thüringen, später Umzug nach Gelnhausen, Trainer für Hürdenlauf.

Becker, Achim 21. 11. 1931
Vorsitzender des Staatlichen Komitees für Rundfunk
Geb. in Hamburg, Vater Milchhändler, Mutter Reinigungskraft; Grundschule, Oberschule, 1943 Evakuierung nach Mecklenburg.
1947 Abbruch der Oberschule, 1947–49 kaufm. Lehre in Grevesmühlen, Getreidekaufmann; 1949 Kand. der SED; 1949/50 kaufm. Angestellter der VVEAB, Kreiskontor Grevesmühlen; 1950 Kreisparteischule Grevesmühlen; 1950/51 Sachbearb. beim Kreisjugendamt Grevesmühlen; 1950–51 FS für Rundfunk Berlin-Grünau; VDJ; 1951 Beginn der Tätigkeit als Rundfunkjournalist, Hilfsred. im Funkhaus Grünau, Red. beim »Pol. Wort«; 1951–53 Red. im Berliner Rundfunk u. im Deutschlandsender, u. a. in den KPD-Red. »Hier spricht die KPD« u. »Wir sprechen für Westdtl.«; Feb. 1952 SED; 1953/54 Zentralschule der SED in Schwerin; Jan. 1954–Juli 1956 Red.-Ltr. der Berlin-Red. im Deutschlandsender (Red. »Aus Deutschlands Hauptstadt«), Mitgl. der Zentralen Parteiltg. beim Staatl. Rundfunkkomitee; 1954–62 Fernstudium an der PHS, Dipl.-Ges.-Wiss.; 1955 Unterbrechung des Studiums u. der Arbeit wegen schwerer Erkrankung; Aug. 1956–62 legendierte Tätigkeit als kaufm. Ltr. im VEB Kraftverkehr Berlin-Lichtenberg, tatsächl. im Parteiauftrag Mitarb. am »Dt. Freiheitssender 904«; nach der Flucht des Adoptivsohns in die Bundesrep. Dtl. (Jan. 1962) wieder beim Deutschlandsender, dort 1962–64 Red., 1964–66 Ltr. der Red. »Aus dem Arbeiterleben«; 1966 Abschluß der FS für Journalistik, Ltr. der Red. »Gewerkschaft« im Deutschlandsender; 1969–72 Chefred. von »Stimme der DDR« im Staatl. Komitee für Rundfunk beim Min.-Rat; 1967 VDJ; im Aug. 1968 nach der Okkupation der ČSSR einige Wochen Sonderkorrespondent in Prag; 1972–76 1. Sekr. der SED-BPO im Staatl. Komitee für Rundfunk, Mitgl. der SED-KL Berlin-Köpenick; 1976–Okt. 1980 hauptamtl. Mitgl. der Agit.-Kommission beim PB des ZK der SED, verantw. für publizist. Fragen der Außenpol. u. intern. Beziehungen der SED; Nov. 1980–89 Vors. des Staatl. Komitees für Rundfunk (Nachf. von Rudolf Singer*); 1981 VVO in Silber; Apr. 1981 Kand. des ZK, Apr. 1986–89 Mitgl. des ZK der SED; 1982 Verdienstmedaille der Organe des MdI; 1982–89 Mitgl. des Zentralvorst. des VDJ; 1985 VVO in Gold; 1985–87 Vors. des Verwaltungsrats der Intern. Rundfunk u. Fernsehorg. OIRT.
1990 Rentner, lebt in Berlin.

Becker, Heinrich 25. 5. 1891–28. 7. 1971
Leiter des Bibliographischen Instituts Leipzig
Geb. in Berlin, Vater preuß. Staatsbeamter; Gymnasium; 1903–14 Wandervogelbew., Schüler-Bibelkreis, Baptistengemeinde, Dt. Christl. Studentenvereinigung; 1910–14 Studium der Geschichte, Philos., Germanistik u. Theol. an den Univ. Berlin und Marburg; 1914–16 Frontsoldat, Ltn., 1916–20 frz. Gefangenschaft; 1920–24 Mitarb. der Pädagog. Abt. der Dt. Liga für den Völkerbund u. der dt. Sekt. im Weltbund für die Erneuerung der Erziehung (den Quäkern nahestehend); 1923 SPD; 1924–26 eigenständige verleger. Arbeit im Quäker-Verlag; 1926–30 Mitarb. bzw. 1. Geschäftsführer der Dt. Zentralstelle für volkstüml. Büchereiwesen in Leipzig; 1930–32 Ministerialrat für Bibliotheks-

und VHS-Wesen im Preuß. Min. für Wiss., Kunst u. Volksbildung, 1933 entlassen; 1933–36 Landaufenthalt in Bad Freienwalde u. Auslandsseminar in England (Quäker-Colleges Woodbrooke); 1936–45 Katalogbearbeiter, Ltr. der Verlagsabt. der Verlagsbuchhandlung Otto Harrassowitz Leipzig.
1945/46 kommissar. Ltr. der Stadtbibl. u. der Städt. Bücherhallen Leipzig, Ltr. der Abt. Buch- u. Bibliothekswesen im Städt. Volksbildungsamt, bis 1952 Mitarb. an der Liste der auszusondernden NS-Lit.; 1946 SPD/SED; 1946–60 Geschäftsführer bzw. Ltr. des VEB Bibliograph. Inst. Leipzig, ab 1956 auch Ltr. des VEB Verlag Enzyklopädie, Mitarb. an der Hrsg. neuer Lexika u.a. Nachschlagewerke sowie Sprachlehrbücher, Hrsg. mehrbändiger Goethe-, Schiller- und Lessing-Volksausgaben, Verf. populärer Einführungen; 1946–60 stellv., kommissar. bzw. 1. Vorsteher des Börsenvereins der Dt. Buchhändler zu Leipzig; 1956 Dr. h.c. (KMU Leipzig); 1960 Ruhestand.
Publ.: Zwischen Wahn u. Wahrheit. Berlin 1972.

Becker, Jurek 30. 9. 1937
Schriftsteller
Geb. in Lodz, Vater Angestellter; aufgewachsen im Ghetto u. in den KZ Ravensbrück u. Sachsenhausen.
Kam 1945 nach Berlin; Oberschule, 1955 Abitur; 1957 SED; 1957–60 Philosophiestudium an der HU Berlin; anschl. freischaff. Schriftst.; 1959–89 vom MfS operativ bearbeitet, ab 1976 im OV »Lügner«; 1968 Roman »Jakob der Lügner«; seine Romane »Der Boxer« (1976) u. »Bronsteins Kinder« (1986) gehen den seel. Konflikten jüd. Menschen in Dtl. nach; 1971 Heinrich-Mann-Preis; 1972 PEN-Zentrum DDR; Bremer Literaturpreis für den Roman »Irreführung der Behörden« (1973); 1975 NP; 1976 Mitunterz. des Briefs an Erich Honecker* gegen die Ausbürgerung von Wolf Biermann*; protestierte als einziger DDR-Schriftst. gegen den Ausschluß Reiner Kunzes* aus dem SV, 1977 Austritt aus dem SV u. Ausschluß aus der SED; lebt seither in Berlin (West), verfaßte weiterhin Romane u. Erzählungen, schrieb auch für das Fernsehen (»Liebling Kreuzberg«, Serie 1988ff.); 1982/83 Stadtschreiber von Bergen-Enkheim; Gastvorlesungen u. a. am Oberlin College (USA), an der University of Texas (USA), an den Univ. Essen u. Augsburg, an der Washington University (St. Louis, USA); 1988 Adolf-Grimme-Preis; 1990 Mitgl. der AdK, Berlin; 1991 Filmband in Gold.
Publ.: Schlaflose Tage. Frankfurt/M. 1978; Aller Welt Freund. Rostock 1983; Erzählungen. Rostock 1986; Warnung vor dem Schriftsteller. Frankfurter Vorlesungen. Frankfurt/M. 1990; Amanda Herzlos. Frankfurt/M. 1992.
Sek.-Lit.: Arnold, Heinz Ludwig (Hrsg.): J. B. München 1992.

Beckers, Paul 1. 11. 1878–27. 4. 1965
Komiker
Geb. in Magdeburg; Orchestermusiker (Flöte, Oboe), ab 1899 auch Chargendarsteller am Magdeburger Theater, dann Mitgl. der sächs. Herrensängerges. Tymian; von 1927–30 eigene Ges. »Beckers Bunte Bühne«; Soloauftritte, Rundfunk; gastierte in allen bekannten dt. Varietés, u. a. 25mal im Berliner »Wintergarten«.
1945–61 nur noch Soloauftritte, v. a. in Varietés u. Kabaretts; verstorben in Leipzig.
Verkörperte den Typ des sächs. Komikers; bekannt waren seine Sketche »Fliegentütenheinrich« u. »Das Plättbrääť«.

Behrendt, Armin 29. 6. 1934
LDPD-Funktionär
Geb. in Osterode (Ostpr.), Vater Tischler; 1953 Abitur in Grevesmühlen;

1953–57 Studium der Geschichte an der HU Berlin, Dipl.-Hist.; 1958 LDPD; 1957–66 Red. der Tagesztg. »Der Morgen«; 1966–82 persönlicher Mitarb. des LDPD-Vors. Manfred Gerlach*; 1968 Prom. zum Dr. phil. mit einer Diss. über Wilhelm Külz*; 1981 in den Zentralvorst. der LDPD kooptiert; 1982–90 Mitgl. des Pol. Aussch. u. Sekr. des ZV der LDPD; 1986–März 1990 Abg. der Volkskammer, Mitgl. des Aussch. für Auswärtige Angelegenheiten; März – Aug. 1990 Bund Freier Demokraten, danach F.D.P.; April–Okt. 1990 zus. mit Hans-Dieter Raspe* geschäftsführendes Vorstandsmitgl. der Ges. für liberale Politik e. V.
Publ.: Wilhelm Külz. Aus dem Leben eines Suchenden. Berlin 1985.

Behrendt, Heinz 23.5.1913
Bevollmächtigter für den Interzonenhandel
Geb. in Potsdam, im 2. Weltkrieg Uffz. im Luftnachrichtenregt. 24.
Nach dem Krieg zunächst Textilien-Kalkulationsprüfer bei der Landesreg. Brandenburg; SED; 1951 Ltr. Hauptabt. Industrie im Min. für Wirtschaft u. Arbeit bzw. Arbeit u. Berufsausbildung Brandenburg; 1952/53 stellv. Vors. des Rats des Bez. Cottbus; 1953–58 Vizepräs. der IHK; 1958–65 Ltr. der HA u. Bevollmächtigter für den Innerdt. Handel im Min. für Außenhandel u. Innerdt. Handel, Verhandlungspartner der Treuhandstelle für den Interzonenhandel mit der Bundesrep. Dtl., ab 1965 Stellv. des Min. für Außenhandel, zuständig für den Handel mit der Bundesrep. Dtl.; 1973 VVO in Gold; 1978 Ruhestand.

Behrendt, Helmut 18.1.1904–5.9.1985
Generalsekretär des Nationalen Olympischen Komitees
Geb. in Königsberg (Ostpreußen), Vater Putzer; nach dem Grundschulabschluß 1919–22 Ausbildung zum Elektriker, anschl. als Monteur tätig; ab 1919 Rasensportler zunächst bei Concordia Königsberg, später beim Arbeiter-Rasensportverein; 1925 Lehrgang an der Schule des Arbeiter-Turn-u.-Sportbunds (ATSB) in Leipzig; 1929–33 Mitgl. des Arbeitersport-Vereins »Fichte« Berlin-Südost; 1931 KPD u. Rote Sport-Einheit; 1933 Emigration in die UdSSR, 1934 illeg. Rückkehr nach Berlin, 1935 Verhaftung und Verurteilung wegen »Vorbereitung zum Hochverrat« zu sieben Jahren Zuchthaus, anschl. bis 1942 pol. Häftling in den Zuchthäusern Luckau u. Brandenburg-Görden, dort Mitbegr. einer illeg. KPD-Org., 1942–45 KZ Sachsenhausen u. Mauthausen.
Ab 1945 Mitarb. des Hauptsportamts Berlin, der Sekt. Fußball des DS, Ltr. des Landessport-Aussch. Groß-Berlin, 1952–54 Abt.-Ltr. für Intern. Verbindungen beim Staatl. Komitee für Körperkultur u. Sport; 1952 Vizepräs. des Dt. Fußballverb.; 1952–73 Generalsekr. des NOK; ab 1973 Rentner, NOK-Ehrenmitgl.; 1978 »Olympischer Orden« des IOC.

Behrendt, Holger 29.1.1964
Leistungssportler (Turnen)
Geb. in Schönebeck (Sa.-Anh.); Beginn mit dem Turntraining im Alter von zehn Jahren im TZ Schönebeck, 1975 KJS in Brandenburg, ab 1983 beim ASK Vorwärts Potsdam (Trainer: Reinhard Rückriem); 1985–90 SED; WM 1987: Dritter am Reck; EM 1987: Zweiter am Barren, Dritter im Sprung; 1988 Olympiasieger an den Ringen, -Dritter am Reck u. -Zweiter mit der Mannschaft; VVO in Gold; Abschluß eines Studiums an der DHfK Leipzig als Dipl.-Sportlehrer; Oltn. der NVA a. D.
Ab 1990 Bundesliga-Turner beim OSC Potsdam, zugl. Nachwuchstrainer Turnen; betreibt mit seinem Vater ein Antiquitätengeschäft.

Behrendt, Wolfgang 14. 6. 1936
Erster Olympiasieger aus der DDR (Boxen)
Geb. in Berlin; nach dem Grundschulabschluß Ausbildung zum Schlosser; zugl. aktiver Boxer (Bantamgewicht), 1956 in Melbourne Olympiasieger, 1959 EM; Ausbildung zum Kameraassistenten beim DFF, dann Sport-Pressefotograf, Preisträger bei intern. Fotowettbewerben; seit den 60er Jahren Mitgl. des NOK der DDR.
Arbeitet als Fotograf in Berlin.

Behrendt-Hampe, Jutta 15. 11. 1960
Leistungssportlerin (Rudern)
Geb. in Berlin, Mutter Ing.-Ökonom, Vater Ing.; Besuch der KJS, seit 1975 Ruderin, zunächst bei der BSG EAW Berlin-Treptow, ab 1976 beim SC Dynamo Berlin (Trainerin Rita Bludau); 1981 Vize-WM im Doppelzweier u. 1982 im Doppelvierer, 1983 WM im Einer, 1985 WM im Doppelvierer, 1986 WM im Einer, 1987 WM im Doppelvierer, 1988 Olympiasiegerin im Einer, 1989 WM im Doppelvierer; 1980 Abitur, anschl. Sportstudium an der DHfK Leipzig; ab 1985 Angehörige der DVP.

Behrens, Friedrich (Fritz)
20. 9. 1909–16. 7. 1980
Wirtschaftswissenschaftler
Geb. in Rostock, Vater Seemann; ab 1924 Maschinenbauer-Lehre auf der Neptun-Werft; 1924–28 SAJ, 1926–31 SPD; 1928 Maschinenassistent bei der Handelsmarine, Heim-VHS in Leipzig; 1931 SAP; nach Begabtenprüfung 1931–35 Studium der Volkswirtschaftslehre u. Statistik an der Univ. Leipzig, Dipl.-Volksw.; 1932 KPD; 1935 Prom. an der Univ. Leipzig mit der Arbeit »Das Geldkapital in den Wechsellagen«, anschl. wiss. Hilfsreferent im Statist. Reichsamt in Berlin; 1939 Statistiker für Preis- u. Vertragsprüfung, anschl. Dienstverpflichtung zum OKW u. 1941–45 zum Statist. Zentralamt in Prag, bis 1944 zugl. Lehrauftrag für Statistik an der Prager Karls-Univ.
1945 Stadtrat für Volksbildung u. Jugend in Zwickau; 1946 SED; Berufung auf den Lehrstuhl für Statistik u. pol. Ök. an der Univ. Leipzig, 1947 Habil. mit einer »theoret. u. statist. Studie über die produktive Arbeit im Kapitalismus« (veröff. Berlin 1948); 1947 ord. Prof. mit Lehrstuhl für pol. Ök., Dir. des Inst. für Wirtschaftswiss. und Gründungsdekan der ges.-wiss. Fak. der Univ. Leipzig; Vorwürfe des »Objektivismus« nach krit. Äußerungen über staatsbürokrat. Züge der soz. Ges.; 1954 NP; 1954/55 auf Initiative von G. Kohlmey* beteiligt an der Gründung des Inst. für Wirtschaftswiss. der DAW in Berlin, dort stellv. Dir.; bis 1957 nebenamtl. Lehrauftrag in Leipzig; 1955–57 Ltr. des Staatl. Zentralamtes für Statistik, stellv. Vors. der SPK u. Mitgl. des Min.-Rats; 1956 Ord. Mitgl. der DAW, Abgabe des Buchmanuskripts »Zur ök. Theorie u. ök. Pol. in der Übergangsperiode« (mit Arne Benary), aufgrund der hier enthaltenen Kritik am bürokrat.-zentralist. Wirtschaftssystem, des Konzepts einer demokr. soz. Selbstverwaltung sowie der These vom Absterben der wirtschaftsorg. Funktion des Staates Auslieferungssperre für das Buch, Vorwürfe des »Revisionismus« auf der 30. Tagung des ZK der SED im Jan. 1957, Auslösung einer breiten Anti-Revisionismus-Kampagne in den Ztschr. »Einheit« u. »Wirtschaftswiss.«, Parteiverfahren, Ablösung von allen staatl. Funktionen, anschl. Arbeitsgruppenltr. am Inst. für Wirtschaftswiss. der DAW; 1961 »Selbstkritik«; 1964 VVO in Silber; nach öff. geäußerten Zweifeln an der Reformierbarkeit des Staatssoz. erneute Anschuldigungen, 1967 vorzeitige Em.; 1979 Dr. h.c. der KMU Leipzig; 1990 Rehabilitierung durch die PDS.
B. gilt als einer der anerkanntesten Wirtschaftswiss. der DDR u. als maßgebl.

Vordenker des »Neuen ök. Systems« (NÖS). Als Begründer der Produktionstheorie u. mit seinen Arbeiten zu »Ware-Geld-Beziehungen« in einer soz. Wirtschaft war er maßgebl. an der Formierung der pol. Ök. des Soz. als Lehr- u. Forschungsdisz. in der DDR beteiligt, galt zugleich als führender Vertreter des »wirtschaftstheoret. Revisionismus«. Nach seiner Em. befaßte sich B. erneut mit Konzepten für soz. Pluralismus u. Selbstverwaltung sowie mit den Niedergangsursachen der »soz. Variante des Staatsmonopolismus« – hrsg. von seiner Tochter H. Loschinski u. a. im Nachlaßwerk »Abschied von der sozialen Utopie«, Berlin 1992.

Publ.: Zur Methode der pol. Ök. Leipzig 1952; Ware, Wert u. Wertgesetz. Berlin 1961; Grundriß der Geschichte der pol. Ök. 4 Bde. Berlin 1962–81; Ursachen, Merkmale u. Perspektiven des neuen Modells der Ltg. der soz. Wirtschaft. Berlin 1966.

Behrens, Manja (Manja von Appen)
11. 4. 1914
Schauspielerin

Geb. in Dresden, Vater Kgl. Sächs. Hofsyndikus, Rechtsanwalt u. Notar, Mutter Maria Lichtenegg, Kgl. Sächs. Hofschauspielerin; ab 1930 privater Schauspielunterricht bei Kammersänger Waldemar Staegemann, später bei Erich Ponto; Tätigkeit als Zahnarzthelferin; 1935–54 Engagement am Staatstheater Dresden, zunächst jugendl. Liebhaberin u. Naive in zahlr. Boulevard-Stücken; seit 1936 Filmrollen (»Stärker als Paragraphen«, »Susanne im Bade«), keine Filmkarriere, weil von Goebbels ausgegrenzt wegen Abbruch der Bekanntschaft mit Martin Bormann; seit 1937 zunehmend klass. Rollen am Staatstheater Dresden, beginnend mit »Und Pippa tanzt« (TR 1937).

Seit 1945 auch zeitgenöss. Dramatik, u. a. »Die letzte Probe« von Friedrich Wolf* (UA 1945, R.: Paul Lewitt); 1952 erste Auftritte in Berlin im Theater am Schiffbauerdamm, u. a. in »Die Feinde« (Tatjana); 1953–67 an der Volksbühne Berlin (VB) u. Gastauftritte im Berliner Ensemble (»Coriolan«, 1964, alternierend mit Helene Weigel*); an der VB u. a. »Anna Karenina« (TR 1954, R.: Werner Stewe), »Die Ratten« (Frau John, 1956, R.: Walter Suessenguth), »Der Besuch der alten Dame« (Claire, 1965, R.: Fritz Bornemann), 1967–91 am Maxim Gorki Theater Berlin, u. a. »Wassa Shelesnowa« (TR 1967, R.: Maxim Vallentin* u. 1970, R.: Albert Hetterle*), »Bolschewiki« von Schatrow (1969), »Das gewöhnl. Wunder« (1974, R:. Wolfram Krempel), damit Beginn der Zusammenarbeit mit W. Krempel, »Altmod. Komödie« von Arbusow (1982, R.: ders.), 1974 Kunstpreis der DDR.

Seit 1991 Gastrollen am Burgtheater Wien, 1992 am Akademietheater Wien (»Onkel Wanja«), seit 1993 am Stadttheater Bern, dort 1994 »Der Vater« von Strindberg, auch 1994 am Maxim Gorki Theater; nach 1945 Filmarbeit u. a. mit Wolfgang Staudte* (»Kirmes«), bei der DEFA mit Konrad Wolf* (»Sonnensucher«, Prod.-Jahr: 1958, Premiere: 1972), Frank Beyer (»Karbid u. Sauerampfer«, 1963).

Mit dem Bühnenbildner Karl von Appen* verheiratet.

Beil, Gerhard 28. 5. 1926
Außenhandelsminister

Geb. in Leipzig-Volkmarsdorf, Vater Tischler; Lehre als Industriekaufm.; April 1944 NSDAP.

1945–52 Bergmann u. Stahlschlosser; 1945 SPD, 1949–55 FDJ, 1953 SED; ab 1952 Studium an der HfÖ Berlin, ab 1956 extern an der HU Berlin, Dipl.-Wirtsch.; 1958 Mitarb. im Staatssekr. für örtl. Wirtschaft; 1958–61 Mitarb. der DDR-Handelsvertretung in Wien; 1961–65 Direktionsbereichsltr. Westeuropa im Min. für Außenhandel; 1968 Prom. zum

Dr. rer. pol. an der ASR Potsdam; 1969–76 Staatssekr. im Min. für Außenhandel, Vors. des Wirtschaftsaussch. DDR–Frankreich, ab 1976 Staatssekr. u. 1. Stellv. des Min. für Außenhandel; Mai 1976 Kand., 1981–89 Mitgl. des ZK der SED; 1977 Vors. des Handels- u. Wirtschaftsaussch. DDR – USA; 1984 Vors. des Wirtschaftsaussch. DDR – Japan; ab 1977 Mitgl. des Min.-Rats; 1983 KMO; VVO in Gold; 1986 bis März 1990 Min. für Außenhandel (Nachf. von Horst Sölle*), März 1990 Berater der Reg. de Maizière*, April 1990 Ruhestand.
Bis Apr. 1991 Projektberater Sowjetunion beim Krupp-Konzern; Frühjahr 1991 Ermittlungen der Berliner Staatsanwaltschaft gegen ihn wegen des Verdachts der Untreue, Verfahren eingestellt; Sommer 1993 Staatsanwaltschaftl. Ermittlungen wegen Steuerhinterziehung.

Beleites, Michael 30. 9. 1964
Mitbegründer der Umweltbewegung
Geb. in Halle/Saale in einer Pfarrersfamilie, aufgewachsen in Trebnitz (b. Zeitz); 1981–83 Ausbildung zum Zoolog. Präparator in Gera u. Berlin, zum Studium aufgrund einer Intervention des MfS nicht zugelassen; seit 1976 Teiln. an Naturschutzarbeiten u. Vogelberingung, seit 1982 Mitarb. in versch. kirchl. Friedens- u. Umweltgruppen, 1982–84 im Vorbereitungskreis der Radsternfahrten kirchl. Umweltgruppen nach Potsdam-Hermannswerder; 1983 Mitgl. der Ltg. des Landesjugendkonvents der Ev. Kirche der Kirchenprovinz Sachsen; Mai 1984 Initiator des Umweltgottesdienstes in Bitterfeld, Greppin u. Wolfen, der ersten großen Protestdemonstration gegen Umweltzerstörung in der Chemieregion, Sept. 1984 Mitorganisator des Meininger Friedensgottesdienstes (Parallelveranstaltung zur Herbstdemonstration der westdt. Friedensbewegung in Fulda); Mitorganisator von Ost-West-Treffen der Friedensbewegung, die ab 1985 wegen Einreisesperre gegen westdt. Teiln. in der ČSSR, Ungarn u. Polen stattfanden; seit 1986 illegale Recherchen zu den ökolog. u. gesundheitl. Folgen des Uranabbaus der SDAG Wismut; seit 1987 Auslandsreisesperre u. wiederholtes Berlin-Verbot; 1988 öff. Vortrag »Uranbergbau in der DDR« auf der 1. Ökumen. Versammlung in Dresden, Juni Veröff. der Dokumentation »Pechblende – Der Uranbergbau in der DDR u. seine Folgen« durch das Kirchl. Forschungsheim Wittenberg; Dez. 1989 Mitgl. des Geraer Bürgerkomitees zur MfS-Auflösung; Febr. 1990 Berater des Neuen Forums am Zentralen Runden Tisch.
Nach 1990 Aufnahme eines landwirtschaftl. Studiums in Dresden.
Publ.: Untergrund. Ein Konflikt mit der Stasi in der Uran-Provinz. Berlin 1991.

Beling, Walter 19. 5. 1899–31. 5. 1988
SED-Funktionär
Geb. in Berlin, Vater Heimarbeiter; Volksschule, Lehre als Maschinenschlosser; 1916 Kriegsdienst; 1924 KPD, Betriebsgruppenltr., 1926–30 stellv. Vors. u. Vors. der Unterbezirksltg. Berlin-Prenzlauer Berg, 1929 Abt.-Ltr. im ZK der KPD, bis 1933 Lehrer an Parteischulen; 1933 antifasch. Widerstand, Verhaftung u. Verurteilung zu zweieinhalb Jahren Zuchthaus; 1936–45 Emigration in der ČSR u. Frankreich, dort Mitgl. der Emigrationsltg. der KPD, Internierung, Flucht u. Teiln. an der Résistance.
Okt. 1945 Rückkehr nach Dtl.; Ltr. der Organisationsabt. im ZK der KPD, ab 1946 des PV der SED; Sept. 1947 – Juli 1950 Mitgl. des PV u. seines Zentralsekr.; Aug. 1950 aller Funktionen enthoben wegen der im Exil zu Noel H. Field unterhaltenen Verbindungen; 1956 rehabilitiert; 1957–59 HA-Ltr. im MfAA, 1959–69 Ltr. der Ständigen Vertretung der DDR in Genf; danach Rentner.

Bellag, Lothar 27. 11. 1930
Regisseur
Geb. in Berlin; 1947–49 Schauspielstudium an der Mendelssohn-Akad. Leipzig; 1949–51 Schauspieler in Rostock, 1951–53 in Berlin, Theater der Freundschaft; 1954–62 Schauspieler u. Regisseur am Berliner Ensemble (1957 Regie gemeinsam mit Palitzsch*, Rülicke, Swinarski u. Weber bei »Furcht u. Elend des Dritten Reiches« von Brecht); seit 1960 gelegentl. Regie beim DFF bzw. Fernsehen der DDR, seit 1962 dort festangestellt; 1958 Vize-, 1980 Präs. des Verb. der Film- u. Fernsehschaffenden der DDR (Nachf. von Andrew Thorndike*), 1988 wiedergewählt; 1969 Ao., 1974–91 Ord. Mitgl. der AdK; 1968 u. 1987 NP 1. Kl.; Fernsehinszenierungen (Regie u. Drehbücher) u. a. 1969 »Der Engel im Visier«, 1970 »Fiete Stein«, 1974 »Der kaukas. Kreidekreis« als Studioinszenierung, 1976 »Daniel Druskat«, 5 Teile, 1985 »Johann Sebastian Bach«, 4 Teile.
Nach 1990 gelegentl. Theaterregie an kleinen Bühnen.
Sek.-Lit.: Theater in der Zeitenwende (Autorenkoll.), Bd. 2. Berlin 1972; Film- u. Fernsehkunst der DDR (Hrsg. HS für Film u. Fernsehen der DDR). Berlin 1979.

Bellmann, Rudi 6. 11. 1919
Arbeitsgruppenleiter im ZK der SED
Geb. im Erzgebirge; Vater Arbeiter, Volksschule; Kriegsdienst; sowj. Kriegsgefangenschaft; Besuch einer Antifa-Schule; Mitgl. des NKFD.
Rückkehr nach Dtl.; seit 1946 im Verlagswesen tätig (zuerst in der Informationsverwaltung der SMAD); in den 50er Jahren Abt.-Ltr. im Amt für Information u. Verlagswesen bzw. Amt für Lit. u. Verlagswesen (Ltr. der Abt. Informationskontrolle, Ltr. der Abt. Druckgenehmigung); seit 1955 Mitarb. bzw. stellv. Ltr., seit 1976 Ltr. der Arbeitsgruppe Kirchenfragen beim ZK der SED (Nachf. von Willi Barth*), 1968 Abschluß des Studiums der Philos. an der FSU Jena, mitverantwortlich für die von der Arbeitsgruppe u. dem Staatssekr. für Kirchenfragen gemeinsam organisierten Lehrgänge für die Funktionäre für Kirchenfragen bei den BL der SED u. Referenten bei den Räten der Bez.; 1979 VVO in Gold.

Benary, Arne 10. 2. 1929–10. 10. 1971
Wirtschaftswissenschaftler
Geb. in Meiningen, Vater Arzt; Studium der Wirtschaftswiss. an der Univ. Leipzig, anschl. wiss. Assistent, Prom. zum Dr. oec., ab 1954 Oberassistent an der wirtschaftswiss. Fak. der Univ. Leipzig; folgte 1955 seinem Lehrer F. Behrens* an das neugegr. Inst. für Wirtschaftswiss. der DAW in Berlin; 1956 Auslieferungssperre des gemeinsam mit Behrens verfaßten Buches »Zur ök. Theorie u. ök. Politik in der Übergangsperiode«, wegen der dort enthaltenen Kritik am bürokrat.-zentralist. Wirtschaftssystem u. der Befürwortung einer demokr. soz. Selbstverwaltung, Vorwürfe des »Revisionismus«, Parteiverfahren u. 1958 Versetzung in das Kabelwerk Oberspree in Berlin; dort zunächst Abt.-Ltr. für Betriebsorg., später ök. Dir.; engagierte sich hier bis zum endgültigen Scheitern der DDR-Wirtschaftsreform 1971 bei der betriebsprakt. Einführung des »Neuen ök. Systems der Planung u. Ltg. der Volkswirtschaft« (NÖS); 1971 Freitod.
B. galt neben Behrens als einer der wichtigsten Vertreter des »wirtschaftstheoret. Revisionismus« in der DDR u. Vordenker des NÖS.

Bengsch, Alfred 10. 9. 1921–13. 12. 1979
Katholischer Bischof
Geb. in Berlin, Vater Postbeamter, Mutter Schneiderin; 1932–40 Gymnasium, 1940–50 Theologiestudium in Fulda u. Neuzelle, 1941–44 Kriegsdienst, 1944 bis 1946 amerik. Gefangenschaft.
1950 Priesterweihe, 1950–54 Kaplan in Berlin; 1954–56 zusätzl. Studium der

Theol. in München u. Erfurt, 1956 Prom. zum Dr. theol. in Erfurt; 1957 Doz. für Dogmatik u. Homiletik in Neuzelle, 1959 Regens des Priestersem. in Erfurt; Mai 1959 Weihbischof von Berlin, 1961 Bischof von Berlin (Nachf. von Julius Döpfner*), Vors. der Berliner Ordinarienkonferenz, 1962 Erzbischof, 1967 Kardinal, Mitgl. mehrerer vatikan. Kongregationen, 1976 Vors. der Berliner Bischofskonferenz, Protagonist eines kirchenpol. Kurses der öff. »pol. Abstinenz«.
Publ.: Heilsgeschichte u. Heilswissen. Leipzig 1957; Berufung u. Bewährung. Leipzig 1960.

Benjamin, Hilde, geb. Lange
5. 2. 1902–18. 4. 1989
Justizministerin
Geb. in Bernburg, Vater kaufm. Angestellter; Volksschule, Lyzeum u. Studienanstalt Berlin-Steglitz, Abitur; 1921–24 Studium der Rechtswiss. an den Univ. Berlin, Heidelberg u. Hamburg, Betätigung im soz. Studentenbund; 1924 Referendarsexamen in Berlin-Wedding; 1924/25 SPD; 1926 Ehe mit dem komm. Arzt Georg Benjamin, der 1942 im KZ Mauthausen ums Leben kam; 1927 Assessor-Examen; 1927 KPD; 1928–33 Rechtsanwältin in Berlin-Wedding, Verteidigerin einer Beklagten im Mordfall Horst Wessel; Anwältin der Roten Hilfe, 1931–32 Lehrerin an der Marxist. Arbeiterschule; 1933 Berufsverbot; 1934–39 jur. Beraterin der sowj. Handelsges. in Berlin; während des Krieges dienstverpflichtet als Angestellte in der Konfektionsindustrie. Mai 1945 Oberstaatsanwältin in Berlin-Steglitz; Okt. 1945 Vortragender Rat in der Dt. Zentralverwaltung für Justiz, 1946–49 hier Ltr. der Kaderabt.; 1946 SED; 1948 Mitgl. des DFD-Bundesvorst., Ltr. der Juristinnenkommission; 1949–53 Vizepräs. des Obersten Gerichts, Vors. in einer Reihe von Schauprozessen, u. a. gegen die Zeugen Jehovas (1950) u. die Burianek-Gruppe (1952), mitverantw. für schwere Urteile; 1949–67 Mitgl. der Prov. Volkskammer bzw. der Volkskammer, Ltr. der Gesetzgebungskommission, die Gerichtsverfassungsgesetz, Jugendgerichtsgesetz u. Strafprozeßordnung von 1952 ausarbeitet; 1952 Dr. jur. h.c. der HU Berlin; 1952 Mitgl. des Jur. Arbeitskr. der DAW; 15. 7. 1953 Justizmin. (Nachf. von Max Fechner*); 1954–89 Mitgl. des ZK der SED; 1962 VVO in Gold; 1962 Mitgl. des Zentralvorst. der Vereinigung Demokr. Juristen; 1963 Vors. der Kommission zur Ausarbeitung des neuen Strafgesetzbuchs; 13. 7. 1967 Rücktritt als Justizmin.; Aug. 1967 Vors. der Gesetzgebungskommission beim Staatsrat; ab 1967 Prof. u. Ltr. des Lehrstuhls »Geschichte der Rechtspflege« an der DASR Potsdam.
Publ.: Georg Benjamin. Berlin 1978; Geschichte der Rechtspflege (in der DDR) (Ltr. des Autorenkollektivs). 3 Bde. Berlin 1976, 1980, 1986; Aus Reden u. Aufsätzen. Berlin 1982.

Bennewitz, Fritz 20. 1. 1926
Theaterregisseur
Geb. in Chemnitz, Vater Lokomotivführer, Mutter Näherin; 1950–53 Studium der Germanistik in Leipzig u. Theaterwiss. am Dt. Theaterinst. Weimar, Dipl.-Theaterwiss.; 1953 Doz. für Ästhetik an der Theater-HS Leipzig; 1955–60 Oberspielltr. in Meiningen; 1960–75 Schauspieldir. am Dt. Nationaltheater Weimar, danach Regisseur in Weimar; B. half Ende der 50er/Anfang der 60er Jahre Brechts* Werke auf den DDR-Bühnen außerhalb Berlins durchzusetzen (»Die Dreigroschenoper« 1958 in Meiningen), spezialisiert auf Brecht- u. Shakespeare-Rezeption, ferner Inszenierungen von Goethes »Faust« I u. II 1965–67, 1975/76 u. 1981/82 in Weimar; wiederholt Gastregisseur in Berlin (Berliner Ensemble, Deutsches Theater, Volksbühne); 1969 Ao. Mitgl., 1974–91

Ord. Mitgl. der AdK; Vorstandsmitgl. der Shakespeare-Ges.; 1979 Ernennung zum Prof.; Konsultant des Komitees Dritte Welt des Intern. Theaterinst. (ITI), 1984 Vizepräs. des ITI; seit 1970 über 20 Inszenierungen von Werken Brechts, Goethes u. Shakespeares in Indien, Südostasien, Lateinamerika, oft in Zusammenarbeit mit dem Bühnenbildner Franz Havemann; seit 1977 Brecht-Seminare in den USA, auf den Philippinen u. in Indien; 1992 Preis der Akad. für Darstellende Künste Indien.
Sek.-Lit.: Theater in der Zeitenwende (Autorenkoll.). Bd. 2. Berlin 1972; Bertolt Brecht u. das Theater in der DDR. Dresden 1967; Pietzsch, Ingeborg: Werkstatt Theater. Gespräche mit Regisseuren. Berlin 1975.

Benthien, Bruno 12. 4. 1930
Minister für Tourismus
Geb. in Schwerin, Vater Gärtnereibesitzer; nach dem Abitur 1949–52 Studium der Geographie, Anglistik u. Pädagogik an der Univ. Rostock, 1952/53 der Geographie an der EMAU Greifswald, Dipl.-Geograph; 1953–58 dort wiss. Assistent, 1956 Dr. rer. nat., 1958/59 Oberassistent, 1959 Dr. rer. nat. habil., 1960–62 Doz.; 1962 LDPD; 1962 ao. Prof., 1969 ord. Prof., 1970 Dr. sc. nat., 1968–89 Dir. bzw. Ltr. des Wissenschaftsbereichs Ök. Geographie an der EMAU, Veröff. zu histor. Flurformen, Bevölkerungs- u. Siedlungsgeographie; 1968–71 stellv. Vors. u. 1980–84 Vors. des Kreisverb. Greifswald der LDPD, 1963–76 Abg. des Bez.-Tags Rostock; 1971–76 Stellv. Vors. der Ständ. Kommission Erholungswesen; 1976–90 Abg. der Volkskammer, dort Mitgl. des Aussch. für Arbeits- u. Sozialpol.; 1980–84 Vors. der LDPD im Kr. Greifswald; Nov. 1989–Apr. 1990 Min. für Tourismus; März – Aug. 1990 Bund Freier Demokraten, danach F. D. P.; Apr. – Okt. 1990 Staatssekr. im Min. für Handel u. Tourismus u. Vors. der Ges. für liberale Politik e. V.; anschl. erneut Ltr. eines Wissenschaftsbereichs am Geograph. Inst. der EMAU Greifswald.

Bentzien, Hans 4. 1. 1927
Kulturminister
Geb. in Greifswald, Vater Arbeiter; 1944 NSDAP; 1946 SED; 1946–48 Neulehrer; anschl. bis 1950 Studium der Ges.-Wiss. an der FSU Jena; 1950–55 hauptamtl. tätig, u. a. bis 1953 1. Sekr. der SED-KL Jena, Instrukteur für Kultur der SED-Landesltg. Thüringen sowie Sekr. für Kultur u. Volksbildung der SED-BL Gera; 1955–58 Studium an der PHS, Dipl.-Ges.-Wiss.; 1958–61 Sekr. für Kultur u. Volksbildung der BL Halle, 1958–66 Mitgl. der Kulturkommission beim PB des ZK der SED; 1961 Min. für Kultur, 1966 abgesetzt wegen »ernsthafter Fehler« im Amt; 1966–75 Dir. des Verlags Neues Leben Berlin; 1975–78 Ltr. der HA Funkdramatik beim Staatl. Komitee für Rundfunk u. stellv. Vors. des Staatl. Komitees für Fernsehen, 1979 als stellv. Vors. abgesetzt nach Sendung der Fernsehfilme »Geschlossene Gesellschaft« u. »Ursula«, anschl. Arbeitsgruppenltr. u. Autor in der Red. Publizistik des DFF, 1989/90 DFF-Generalintendant.
Publ.: Bruder Martinus. Berlin 1983; Unterm Roten u. Schwarzen Adler. Berlin 1992.

Berg, Helene (Lene) 10. 4. 1906
SED-Funktionärin
Geb. in Mannheim, Vater Arbeiter; Volksschule, Lehre als Schneiderin, bis 1928 im Beruf tätig; 1921 SAJ, 1924 KJVD, 1927 KPD; 1929–31 Intern. Lenin-Schule in Moskau; 1931/32 Mitarb. im ZK der KPD; 1933–35 antifasch. Arbeit in Dtl.; 1935 Emigration in die UdSSR; geschichtswiss. tätig, im 2. Weltkrieg Lehrerin an Antifa-Schulen u. PHS der KPdSU.
1946 Rückkehr nach Dtl.; 1946–51 zu-

nächst Mitarb., dann Sekr. für Propaganda des SED-Landesvorst. Sachsen-Anhalt; 1951–58 Dir. des IfG, Prof.; 1954–58 Kand., 1958–89 Mitgl. des ZK der SED; 1958–72 Vertreter der SED in der Red. der Ztschr. »Probleme des Friedens u. des Soz.« in Prag; 1966 u. 1968 KMO, 1968 VVO in Gold; 1972–74 Stellv. Dir., 1974–79 Dir. des Inst. für Meinungsforschung beim ZK der SED (Nachf. von Karl Maron*); 1976 Dr. phil. h.c. (AfG); 1979–89 Konsultant in der Abt. Intern. Verbindungen des ZK; Jan. 1990 Mitgl. des Rats der Alten der SED/PDS.

Berg, Hermann von 29. 3. 1933
Geheimdiplomat, Dissident
Geb. in Mupperg (Kr. Sonneberg), Vater Metallarbeiter; 1945 Volkssturm, 1946 FDJ, 1950 auf dem III. Parteitag Aufnahme in die SED, einjähriger Lehrgang an der Jugendhochschule »Wilhelm Pieck«, anschl. 1. Sekr. der FDJ-KL Eisenach u. Mitgl. der SED-KL, zugl. Besuch der Abenduniv. in Erfurt; ab 1954 Studium der Geschichte, Ökonomie u. Philos. am Franz-Mehring-Inst. der KMU Leipzig, stellv. Ltr. des Gesamtdt. Studentenkomitees der KMU u. Tätigkeit für die Abt. Intern. Verbindungen des FDJ-ZR, erste Kontakte zu westdt. Juso-Funktionären; 1959 Abschluß als Dipl.-Lehrer; ab 1959 Hauptreferent im Staatssekr. für HFS-Wesen; danach Doz. an der FS für Außenwirtschaft bei Potsdam; spätestens ab Dez. 1961 konspirative Kontakte zu westdt. Parteipolitikern zur Anbahnung von Verhandlungen über humanitäre Angelegenheiten; ab 1962 Ltr. der Abt. Intern. Verbindungen im Presseamt beim Vors. des Min.-Rats, bis in die 70er Jahre Geheimverhandlungen mit Emissären der Bundesreg., der SPD-Führung, des Senats von Berlin (West) u. der EG im Vorfeld der »neuen Ostpolitik«, u. a. zur Vorbereitung der Passierscheinabkommen (Dez. 1963, Sept. 1964), der Treffen zwischen W. Brandt u. W. Stoph* in Erfurt (März 1970) u. Kassel (Mai 1970), des dt.-dt. Grundlagenvertrags (Nov. 1972); 1971 VVO in Bronze; ab 1966 Aspirant an der AfG, Archivstudien in versch. bundesdt. Städten; 1970 Prom. mit einer Arbeit zur Geschichte der »Dt. Arbeiterverbrüderung«, anschl. Doz. an der HU Berlin, Sekt. Marxismus-Leninismus; 1972 ord. Prof. an der Sekt. Wirtschaftswiss.; 1973 für ein Jahr abgestellt an das Min. für Außenwirtschaft zur Koordinierung der DDR-Positionen für Verhandlungen zwischen RGW u. EG; Lektor bei Weiterbildungsmaßnahmen für staatl. Führungskader; Jan. 1978 Übergabe einer Erklärung, in der u. a. die nat. Frage thematisiert u. die SED-Führung scharf kritisiert werden, an das Hamburger Magazin »Der Spiegel«, veröff. als »Manifest der SED-Opp.«, anschl. bis März 1978 U-Haft beim MfS; 1980 Habil. mit einer Arbeit zu Ost-West-Wirtschaftsbeziehungen; Anfang der 80er Jahre nach öff. Kritik am MfS u. Intervention E. Honeckers* Wechsel zur Sekt. Geschichte; Behinderung der wiss. Arbeit u. Publikationstätigkeit durch das MfS; 1985 illegale Übergabe von zwei Buchmanuskripten mit Radikalkritik an Marx u. am östl. Wirtschaftssystem an einen Kölner Verlag, Aug. 1985 Ausreiseantrag, Austritt aus der SED, Sept. Veröff. des Buches »Die Analyse« in Köln, anschl. Verhöre durch das MfS u. Haftandrohung, Beurlaubung u. Entlassung an der HU Berlin, nach Intervention bundesdt. Politiker u. Einschaltung des Anwalts W. Vogel* Mai 1986 Ausbürgerung u. Ausreise in die Bundesrep. Dtl. 1987–90 an der Univ. Würzburg; zunehmend scharfe Kritik an der Ostpolitik der SPD; 1990–92 Lehrtätigkeit an der HU Berlin.

Publ.: Marxismus-Leninismus. Das Elend der halb deutschen, halb russischen Ideologie. Köln 1987; Die DDR auf dem Weg in das Jahr 2000 (mit F. Loeser u. W.

Seiffert*). Köln 1987; Vorbeugende Unterwerfung. München 1988.

Bergander, Rudolf
22. 5. 1909–10. 4. 1970
Maler, Rektor der Hochschule für bildende Künste Dresden
Geb. in Meißen, Vater Werkzeugmacher; 1923–28 Lehre u. Arbeit in der Staatl. Porzellanmanufaktur Meißen; 1929–33 Studium an der Akad. für bildende Künste Dresden, Lehrer Richard Müller, Meisterschüler von Otto Dix; 1928 KPD; 1929 Mitgl. der Assoziation Rev. Bildender Künstler Dtl. (ASSO); 1933–40 freischaff. in Meißen; 1940–45 Militärdienst (Kartenzeichner).
1946 KPD/SED; 1949–53 Lehrtätigkeit (Prof.); 1953–58 u. 1964/65 Rektor der HS für bildende Künste Dresden; 1961 Mitgl. der DAK, ständ. Sekr. für bild. Kunst der DAK; Studienreisen u. a. nach Bulgarien, Italien, Rumänien, Jugoslawien, Polen, UdSSR, Ungarn, ČSR.
Werke: Das Jahr 1945 (1946), Kartoffelbuddlerinnen (1947), Kupferguß (1949, 1950), Das Hausfriedenskomitee (1952), Maurerlehrling (1956), Aufbauschicht (1959), Aufmarsch (1959), Arbeiter-Forscherkollekt. Agner/Thiele, Junge Menschen (1960/61); Bildnisse: Dr. Peters (1948), Olga Körner (1954), Meine Mutter (1954), Otto Buchwitz* (1957), Lithographienzyklus: Die Partei (1966).
Sek.-Lit.: Schumann, W. (Hrsg.): R. B. Handzeichnungen. Aquarelle. Druckgrafik. Berlin 1978; Dänhardt, A.: R. B. Maler u. Werk. Dresden 1978; Kat. R. B. Staatl. Kunstsammlungen Dresden 1969; Kat. R. B. Albertinum. Dresden 1959.

Bergemann, Sibylle 29. 8. 1941
Fotografin
Geb. in Berlin, Vater Lehrer, Mutter Sekretärin; 1950–58 Schule in Blankenfelde (b. Berlin); 1958–60 kaufm. Lehre; 1960–65 Bürotätigkeit; 1965–67 Arbeit in der Red. der Ztschr. »Magazin«; ab 1966 fotograf. Ausbildung bei Arno Fischer*; seit 1967 freischaff. als Fotografin; 1967 Mitgl. der Gruppe »Direkt«; ab 1969 Fotos für die Wochenztg. »Sonntag«, ab 1973 für die Modeztschr. »Sibylle« u. das »Magazin«; Fotografin für den Buchverlag Der Morgen u. den Greifenverlag; erste Personalausstellung 1974 im Haus der Jungen Talente, Berlin; ab 1977 VBK; 1986 Abschluß der fotograf. Dokumentation zur Entstehung des Marx-Engels-Denkmals in Berlin.
1990 Gründungsmitgl. der Arbeitsgemeinschaft der Fotografen »Ostkreuz«; 1990 Ausstellung PPS Galerie Hamburg; 1991 Beteiligung am Projekt »Almediterranea 92«, Almería (Span.); 1994 Mitgl. der AdK.
Publ.: Ein Reiseverführer (Text K. Walter). Rudolstadt 1980; Himmelhölle Manhattan (Text I. Runge*). Berlin 1986; Du sollst nicht immer Holland sagen (Text I. Runge). Berlin 1990; Verwunderte Wirklichkeit. Berlin 1992.
Sek.-Lit.: Voigt, Jutta. In: S. B. Verwunderte Wirklichkeit. Berlin 1992.

Berger, Almuth, geb. Brennecke
29. 4. 1943
Evangelische Pfarrerin; Ausländerbeauftragte
Geb. in Tangermünde, aufgewachsen in Jerichow, später in Berlin, Eltern Theologen; 1961 Abitur, 1961–66 Studium der Theol. an der HU Berlin; 1975 2. theolog. Examen u. Ordination; 1976–85 Pastorin in der St.-Michaelis-Gemeinde Magdeburg, 1986–90 in der St.-Bartholomäus-Gemeinde Berlin; ab 1976 Mitarb. in der Bezugsgruppe Frieden bei der Studienabt. des Bunds der Ev. Kirchen, beteiligt an den »Magdeburger Friedenssonntagen«, Mitbegr. des Kreises »Frauen für den Frieden« in Magdeburg; erste Anstöße für kirchl. Ausländerarbeit in der Kirchenprovinz Sachsen, seit 1986 intensive Arbeit mit Mosambikanern, 1988 maßg. beteiligt an der Gründung

des ersten Begegnungszentrums für In- u. Ausländer in der Bartholomäus-Gemeinde Berlin (»Cabana«, später in mehreren Städten aufgegriffen: »Cabana-Bewegung«); ab 1987 Mitarb. im Arbeitskreis »Absage an Praxis u. Prinzip der Abgrenzung« u. ab Herbst 1989 in der daraus entstandenen Bürgerbewegung Demokratie Jetzt (DJ); 1989/90 DJ-Delegierte in der Arbeitsgruppe Ausländerfragen des Zentralen Runden Tischs; 1.3.1990 auf Vorschlag des Runden Tischs Berufung zur Staatssekr. u. Ausländerbeauftragten in der zweiten Reg. Modrow*, später Übernahme in die Reg. de Maizière*.
Nach 1990 Ausländerbeauftragte der Brandenburger Landesreg.

Berger, Christfried 7.1.1938
Evangelischer Theologe
Geb. in Poznan (Polen) in der Familie eines Pfarrers; 1945 Flucht nach Gotha (Thür.), 1956 dort Abitur; 1956–61 Studium der Theol. an der HU Berlin, anschl. bis 1963 kirchl. Ausbildung mit Vikariat in Zeuthen u. am Predigerseminar in Brandenburg u.a. bei Albrecht Schönherr*; 2. Theolog. Examen mit der Arbeit »Krieg, Kriegsdienst u. Kriegsdienstverweigerung bei Dietrich Bonhoeffer«, anschl. Assistent am Ökumen. Inst. Berlin; 1963 Ordination; 1964–66 als erster ordinierter Pfarrer »Wehrersatzdienst« in den Baueinheiten der NVA, Aufbau u. mehrjährige Ltg. des illegalen »Konvents ehem. Bausoldaten in der DDR«, unter intensiver Beobachtung durch das MfS; 1966–76 Pfarrer in Berlin-Schmöckwitz; 1976 Oberkonsistorialrat u. Dezernent für Ökumene, Mission u. Diakonie im Ev. Konsistorium der Kirchenprovinz Sachsen in Magdeburg; 1979/80 Mitarbeit in der Dialogabt. des Ökumen. Rats der Kirchen in Genf; Mitarbeit in versch. ökumen. Gremien u. Arbeitskr., u.a. in den Bereichen Polen, Christl.-Jüd. Zusammenarbeit u. jüd. Regionalgeschichte, Arbeitsgemeinschaft Christl. Kirchen, Ausländer in der DDR; zeitweise Vorsitzender der »Ökumene-Kommission« des Kirchenbundes, Gründungshrsg. des informellen Infodienstes »Ökumene-Brief«; 1985 Dir. des Ökumen.-Missionar. Zentrums der Berliner Missionsges.; 1989/90 Moderator der Arbeitsgruppe »Ausländerpolitik« des Zentralen Runden Tisches.
Seit 1992 Ltr. des Ökumen.-Missionar. Inst. des Ökumen. Rats Berlin.
Publ.: »Als die Synagogen brannten...« Kristallnacht u. Kirche 1938–1978 (Hrsg.). Berlin 1978; Genfer Zwischenbilanz – Werkstattberichte von Mitarbeitern des Ökumen. Rates der Kirchen (Hrsg.). Berlin 1981.

Berger, Eduard 22.6.1944
Evangelischer Bischof
Geb. in Posen, gelernter Elektroinstallateur; 1963 Aufnahme des Studiums der Theol. an der MLU Halle/Saale, 1965 Verurteilung wegen versuchter Republikflucht zu 15 Mo. Haftstrafe; nach der Entlassung Forts. des Studiums am Katechet. Oberseminar in Naumburg u. am Sprachenkonvikt in Berlin, anschl. Vikar in Halle, Inspektor eines Wohnheims der Theologiestudenten in Halle; 1973 Ordination, Pfarrer in Kakerbeck (Altmark); 1978 Pfarrer an der Weinbergskirchengemeinde in Dresden; ab 1983 Superintendent im Kirchenkr. Meißen u. Dompfarrer in Meißen; 29.9.1990 Wahl zum Bischof der Pomm. Landeskirche als Nachf. des umstrittenen Horst Gienke* (Amtseinführung 1991).

Berger, Götz 26.1.1905
Justitiar im ZK der SED
Geb. in Berlin; Jura-Studium; 1925 KJVD; 1927 KPD; 1933 nach einjähriger Rechtsanwaltstätigkeit »wegen kommunist. Betätigung, insbes. Tätigkeit für die Rote Hilfe« während NS-Zeit aus der Rechtsanwaltschaft ausgeschlossen;

1936 bis 1939 nach Emigration Kämpfer der Intern. Brigaden in Spanien; 1939–43 Internierung in Frankreich (Le Vernet 1939–41 u. Djelfa); kurze Zugehörigkeit zur Brit. Armee in Algerien; 1944–46 Emigration in die UdSSR.
1946–50 Tätigkeit im ZK der SED (Sektor Justiz), maßg. Mitarb. am Aufbau der Justiz (insbes. der Richterschulen); 1950/51 Doz. an der Dt. Verwaltungsakad. Forst-Zinna; 1951–57 Oberrichter in der Berliner Justiz (Vors. in Strafsachen wegen schwerer Staats- u. Wirtschaftsverbrechen); kurzzeitig Sekr. der Vereinigung Demokr. Juristen; ab 1958 Rechtsanwalt im Rechtsanwaltskollegium von Groß-Berlin. 1959 Mitarb. des Sekr. Ulbricht* beim ZK der SED; Rechtsanwalt in Ostberlin; seit 1963 Rechtsanwalt u. Mitgl. des Kollegiums der Rechtsanwälte Berlin; 1. 12. 1976 im Zusammenhang mit der Übernahme der Verteidigung von Robert Havemann* u. dem Eintreten gegen die Aberkennung der Staatsbürgerschaft von Wolf Biermann* (in einem persönl. Schreiben an das ZK) Ausschluß aus dem Rechtsanwaltskollegium, Entzug der Zulassung als Rechtsanwalt; Nov. 1989 rehabilitiert.
Lebt als Rentner in Berlin.

Berger, Rolf 14. 5. 1921–30. 12. 1978
FDGB-Funktionär
Geb. in Leipzig, Vater Arbeiter; Volksschule, 1935–39 Ausbildung zum Werkzeugdreher, anschl. im Beruf tätig; 1942–45 Kriegsdienst, Flak, Uffz.; 1945 brit. Gefangenschaft.
Okt. 1945 Entlassung u. Rückkehr nach Leipzig, wieder im Beruf tätig; FDGB; 1946 Vors. eines Betriebsrats, KPD/SED; 1947–50 hauptamtl. Sekr. für Schulung im FDGB-Ortsvorst. Leipzig, 1948 Besuch von Gewerkschafts-Schulen, 1951/52 Vors. des Ortsvorst. Leipzig der IG Metall, 1952 Vors. ihres Bezirksvorst. Leipzig, ab 1953 Vors. des Zentralvorst. der IG Metall; 1957–60 Studium an der PHS, Dipl.-Ges.-Wiss.; 1961–71 Stellv. Vors. des FDGB-Bundesvorst., Ltr. des Sekr. u. Mitgl. des Präs.; 1963–71 Mitgl. des ZK der SED u. Abg. der Volkskammer; 1964 Prom. zum Dr. rer. oec. an der HfÖ Berlin; 9. 7. 1971 u. a. nach Forderungen nach Eigenständigkeit der Gewerkschaft u. Kritik an der zentralist. Planung abgesetzt; 1971–75 Ök. Dir. in einem Berliner Betrieb des Metallurgiehandels, ab 1976 wiss. Mitarb. am Bezirksinst. für Veterinärwesen in Frankfurt/Oder, Vors. des Aussch. der NF im Gemeindeverband Klosterfelde.

Berghaus, Ruth 2. 7. 1927
Regisseurin, Choreographin
Geb. in Dresden, Volksschule, Gymnasium; 1944 NSDAP.
Studium an der Palucca-Schule Dresden; Meisterschülerin der DAK; 1951–64 Regieassistentin u. Choreographin an versch. Berliner Bühnen (u. a. Deutsches Theater, Theater der Freundschaft); 1954 Heirat mit Paul Dessau*; 1962 SED; 1964–77 am Berliner Ensemble (BE), 1970 stellv. Intendantin, Juli 1971 – Apr. 1977 Intendantin des BE (Nachf. von Helene Weigel*); Inszenierungen hier u.a: 1968 »Viet Nam Diskurs« (Peter Weiss); 1974 »Die Mutter« (Bertolt Brecht*), glz. u. a. an der Dt. Staatsoper: 1966 »Puntila« (Paul Dessau), 1967 »Elektra« (Richard Strauss); 1972 AdK; 1977 Regisseurin an der Dt. Staatsoper, Inszenierungen hier u. a.: 1979 »Das Rheingold« (R. Wagner), 1983 »Die Verurteilung des Lukullus« (Paul Dessau), 1985 »Don Giovanni« (Mozart); 1978 Mitgl. des Präs. der AdK; 1987 NP I. Kl.; 1988 Konrad-Wolf*-Preis der AdK; Gastinszenierungen u. a. in Wien, Paris, Cardiff, Mannheim, Freiburg.
1990 PDS; Regie- u. Choreographiearbeiten an der Deutschen Oper Berlin.
Sek.-Lit.: Neef, S.: Das Theater der Ruth Berghaus. Berlin 1989; Bertisch, K.: R. B. Berlin 1990.

Berghofer, Wolfgang 25. 2. 1943
SED/PDS-Politiker, OB von Dresden
Geb. in Bautzen, Vater Arbeiter; bis 1959 Oberschule; 1957 FDJ; 1959–62 Lehre u. 1963/64 Arbeit als Maschinenbauer; 1964 SED; Mitarb. des DTSB-Kreisvorst., Kreissportlehrer, Sekr. der FDJ-KL Bautzen; 1967–71 Geschichtsstudium an der WPU Rostock, Dipl.-Hist.; ab 1972 Mitarb. des ZR der FDJ, u. a. stellv. Ltr. des Organisationsbüros der Weltfestspiele der Jugend u. Studenten in Berlin 1973, Abt.-Ltr.; Jan. 1986 – Mai 1990 OB von Dresden u. Mitgl. des Bez.-Tags; schloß Dez. 1987 den Vertrag über die Städtepartnerschaft Hamburg – Dresden mit Bürgmeister Klaus v. Dohnanyi; Okt. 1989 Mitinitiator des Dresdener Dialogs mit der opp. »Gruppe der 20«; 3. 12. 1989 Mitgl. des Arbeitsaussch. zur Vorbereitung des ao. Parteitags der SED, 8. 12. 1989 stellv. Vors. der SED/PDS, Ltr. der Kommission Pol. System; 20. 1. 1990 Austritt aus der SED/PDS.
Seit 1990 Unternehmensberater der Häussler-Gruppe; Mai 1991 Anklage wegen gemeinschaftl. Anstiftung zur Wahlfälschung bei den DDR-Kommunalwahlen vom Mai 1989; Okt. 1991 Verfahrenseröffnung, Febr. 1992 ein Jahr Freiheitsstrafe, für drei Jahre zur Bewährung ausgesetzt, Urteil wurde vom BGH bestätigt; laut Zeitungsmeldung hat B. IM-Tätigkeit für das MfS eingeräumt.

Bergmann, Werner
14. 1. 1921–25. 10. 1990
Kameramann
Geb. in Niederkaina (b. Bautzen, Lausitz), Vater Tischler, Nachtwächter, Mutter Hausfrau; Volksschule, anschl. Ausbildung als Porträt- u. Industriefotograf; 1938/39 Fotolaborant u. Kameraassistent bei Boehner-Film Dresden; ab 1939 als Soldat Kriegsberichterstatter für die »Dt. Wochenschau«, später Ltn. in einer Propagandakompanie der Wehrmacht; drehte zahlr. Kriegssujets in Polen, Belgien, Frankreich u. der UdSSR, u. a. die Ausgrabungen im Wald von Katyn; August 1943 Verlust des rechten Arms.
Ab 1946 Kameramann bei der DEFA, zunächst Arbeit an populärwiss. u. anderen Kurzfilmen, ab 1953 ausschließl. an Spielfilmen; in seinem Gesamtwerk von 21 Spielfilmen nehmen die 14 Filme, die er mit Konrad Wolf* als Regisseur drehte, eine zentrale Bedeutung ein, in ihnen entwickelte er einen klar-nüchternen opt. Stil von Fotogr. u. Kameraführung, insbes. beim Blick auf Menschen u. in Gesichter (Großaufnahmen), u. prägte ihn aus, u. a. in »Sterne« (1959), »Der geteilte Himmel« (1964), »Ich war neunzehn« (1967); 1966 debütierte er als Regisseur mit »DEFA 70«, einem Experimentalfilm, dem die Spielfilme »Nachtspiele« (1980) u. »Die dicke Tilla« (1982) folgten; Heinrich-Greif-Preis 1952, NP (auch im Kollektiv) 1959, 1968, 1971.

Bergmann-Pohl, Sabine 20. 4. 1946
Volkskammerpräsidentin
Geb. in Eisenach, Vater Arzt; POS, ab 1960 in Berlin EOS, 1964 Abitur; nicht zum Studium zugelassen, 1964–66 Praktikum als Laborantin am Inst. für Gerichtsmedizin der HU Berlin, ab 1966 dort Studium der Medizin, Prom., Approbation, 1979 Fachärztin für Lungenkrankheiten, 1980–85 Ärztl. Ltr. der poliklin. Abt. für Lungenkrankheiten u. Tuberkulose in Berlin-Friedrichshain, 1981 CDU, Mitgl. des BV Berlin; 1985–90 Ärztl. Dir. der Bezirksstelle für Lungenkrankheiten u. Tuberkulose in Berlin (Ost); Vors. des Aktivs Gesundheits- u. Sozialwesen d. BV der CDU. 1990 Mitgl. des CDU-Landesvorst. Berlin, März – Okt. 1990 Abg. der Volkskammer, 5. 4. – 2. 10. deren Präs. (Nachf. von Günther Maleuda*) u. de jure Staatsoberhaupt der DDR (Nachf. von Manfred Gerlach*); 2. 10. Mitgl. des Präs. der CDU Dtl.
3. 10. 1990 Min. ohne Geschäftsbereich

im Kabinett Kohl, 2.12. MdB für die CDU, Jan. 1991 parl. Staatssekr. im Gesundheitsmin.
Publ.: Abschied ohne Tränen. 1991.
Sek.-Lit: Elitz, Ernst: Sie waren dabei. 1991.

Bergner, Dieter 5.2.1928–7.10.1984
Philosoph, Rektor der MLU Halle-Wittenberg
Geb. in Bautzen in einer Arbeiterfamilie; 1943–46 Luftwaffenhelfer, RAD, Kriegsteiln., Gefangenschaft.
1946–48 LDP; 1947 Abitur in Bautzen; 1948–53 Studium der Geschichtswiss. mit den Nebenfächern Philos. u. Germanistik; 1949 SED; 1953 zunächst Aspirant am Philosoph. Seminar der MLU in Halle, dann mit Georg Mende* Wechsel an die FSU Jena, 1956 dort Prom. an der Philosoph. Fak. mit der Arbeit »Die Behandlung der nat. Frage in Dtl. durch den Patrioten J.G. Fichte«, danach Lehrbeauftragter für Marxismus-Leninismus im ges.-wiss. Grundstudium; 1958 Rückkehr an die MLU Halle u. Berufung zum Prof. für dial. u. hist. Materialismus, bis 1968 zugl. Dir. des Inst. für Philos.; 1969 durch Fak.-Beschluß mit bis dahin veröff. Texten auf dem Gebiet »Analyse u. Kritik der bürgerl. Philos. u. Ideol. der Gegenwart« zum Dr. sc. phil. habilitiert u. zum Prof. für Geschichte der Philos. berufen; 1971–84 Mitgl. der SED-BL Halle; 1972–77 Dekan der Philosoph. Fak., 1977–80 Rektor der MLU.
Hrsg. zahlr. ausgewählter philosophiehist. Texte (u.a.: J.G. Fichte, I. Kant, L. Feuerbach, F. Mehring) sowie von Monographien zur Auseinandersetzung mit (spät-)bürgerl. Weltanschauungs- u. Gesellschaftsdenken.
Publ.: Neue Bemerkungen zu J.G. Fichte. Berlin 1957; Der Kreuzzug der ev. Akademien gegen den Marxismus (mit W. Jahn). Berlin 1960; Bürgerl. Gesellschaftstheorien (mit R. Mocek). Berlin 1976; Gesellschaftsdenken: Philos. u. Lebensanspruch im Weltbild gesellschaftstheoret. Denkens der Neuzeit (mit R. Mocek). Berlin 1986.

Berndt, Georg Wilhelm
22.4.1880–2.8.1972
Meßtechniker
Geb. in Grabow (b. Stettin), Vater Schlossermeister; Gymnasium; 1898 bis 1901 Physikstudium an der Univ. Halle-Wittenberg; 1900–04 Assistent an den Physikal. Instituten der Univ. Halle-Wittenberg und Breslau, 1901 Prüfung für höheres Lehramt, Prom. mit einer Diss. »Über den Einfluß der Selbstinduktion auf die durch den Induktionsfunken erzeugten Metallspektra im Ultravioletten«, 1903 Habil. in Breslau mit der Arbeit »Beiträge zur Kenntnis der Gasspektra«, Privatdoz. an der TH Breslau; 1904–09 Doz. für Physik am Polytechnikum Köthen; 1909–12 Prof. für Physik u. Dir. des Physikal. Inst. der Univ. Buenos Aires; 1913–20 wiss. Mitarb. bei der Opt. Anstalt C.P. Goerz Berlin sowie Privatdoz. für Physik an der TH Berlin-Charlottenburg; 1920–24 Ltr. des Meßlaboratoriums der Werkzeugmaschinen- u. Meßzeugfabrik Ludwig Loewe Berlin; 1924 Berufung als ao. Prof. an die TH Dresden, Gründung des Inst. für Meßtechnik u. wiss. Grundlagen des Austauschbaus (IMA), 1938 Mitbegr. der Arbeitsgemeinschaft für industrielle Meßtechnik.
1946 Berufung zum ord. Prof. mit Lehrstuhl an der TH Dresden, Wiederaufbau des IMA; 1955 em.; 1961 Gründungsmitgl. u. Ernennung zum Ehrenmitgl. des Vorst. der Dt. Ges. für Automatisierung u. Meßtechnik in der KdT.
Begründer der Wiss. des Feinmeßwesens, zus. mit O. Eppenstein auch des wiss. Feinmeßgerätebaus in Jena; setzte Maßstäbe bei der Ausbildung von Maschinenbauing. u. Meßtechnikern; Hauptarbeitsgebiete: angewandte Physik, Betriebswiss.; 26 Buchpubl. u. mehr als 440

weitere wiss. Veröff.; Hrsg. der Ztschr. »Feinmechanik« bzw. »Feinmechanik u. Präzision« (1922–27, 1931–34), seit 1949 Mithrsg. der »Feinwerktechnik«.

Berner, Helene 13. 12. 1904
SED-Funktionärin
1927 KPD; Mitarb. des militär. Apparats der KPD u. des Geheimapparats der Komintern; 1933–35 illegale Arbeit in Dtl.; 1935 über die ČSR in die UdSSR; 1939 Lenin-Schule Moskau, 1942/43 Kominternschule in Kuschnarenkowo, anschl. Ausbildung für Fallschirmeinsätze, dann Rote Armee, Mitarb. im Stab der 2. Balt. Front, Lehrerin an einer Frontschule.
1945 Rückkehr nach Berlin; Lehrerin an einer Kriegsgefangenenschule; 1946–48 Ltr. der SMAD-Schule Königs Wusterhausen für die Ausbildung von Kadern der sog. Blockparteien; später Dir. des Hauses der Kultur der Sowjetunion; Funktionärin der DSF; Mitarb. des MfAA.

Berthold, Arno 12. 3. 1908–29. 2. 1984
Funktionär der Gesellschaft für Sport und Technik
Geb. in Weißig (Kr. Dresden), Vater Arbeiter; Volksschule, Ausbildung zum Tischler; 1928 SPD; ab 1933 illegale Arbeit, 1937 verhaftet u. bis 1941 im Zuchthaus Zwickau inhaftiert.
1945 Bürgermeister bzw. stellv. Landrat in Weißig, Okt. Mitarb. der Polizei; 1946 SED; 1947 Ltr. der Landespolizeischule Sachsen, anschl. Kdr. der VP-Bereitschaft Meiningen; Juli 1952 Mitgl. des Initiativaussch. zur Gründung der GST, Aug. 1952 – März 1955 erster GST-Ltr.; nach längerer Krankheit wiederum in der VP, u. a. Abt.-Ltr. im MdI, 1964 Oberst a. D.; Mitgl. der SED-KL u. Vors. des Kreiskomitees der Antifasch. Widerstandskämpfer in Königs Wusterhausen.

Berthold, Lothar 30. 8. 1926
Historiker, Verlagsdirektor
Geb. in Hindenburg (Oberschl.), Vater Zollbeamter; Abitur; 1943/44 Luftwaffenhelfer, 1944 RAD, 1944/45 Wehrmacht (Uffz.).
1946 KPD/SED, 1946–50 Studium der Fächer Geschichte u. Deutsch an der Univ. Jena, 1. Lehrerprüfung, 1950–52 Assistent an der PHS der SED »Karl Marx«, 1952–62 dort Doz., 1960 Ernennung zum Prof.; 1955 Prom. mit einer Arbeit über die KPD 1930; 1962–68 Ltr. der Abt. Geschichte der dt. Arbeiterbew. am IML, 1962–64 stellv. Dir. des IML, 1962–68 Chefred. der Ztschr. »Beiträge zur Geschichte der Arbeiterbew.«, 1963–66 Sekr. des von Walter Ulbricht* geleiteten Autorenkollektivs für die »Geschichte der dt. Arbeiterbew.« (8 Bde., Berlin 1966), 1964–68 Dir. des IML, 1964–68 Mitgl. der Ideolog. Kommission beim PB des ZK der SED; 1969–72 wiss. Mitarb. u. 1972–76 stellv. Dir. des ZI für Geschichte der AdW, 1976–90 Dir. des Akad.-Verlags u. Dir. für Verlags- u. Druckereiwesen der AdW, 1979–90 auch Dir. des Verlags H. Böhlaus Nachf. Weimar; 1966 u. 1979 NP; 1990 Invalidenrentner.
B. war als Autor u. Inhaber versch. administrativer Funktionen v. a. in den 60er Jahren vornehml. im Bereich der Geschichtsprop. der SED engagiert.
Publ.: Das Programm der KPD zur nat. u. sozialen Befreiung des dt. Volkes vom Aug. 1930. Berlin 1956; Unbewältigte Vergangenheit (Mithrsg.). Berlin 1970; Ernst Thälmann (Mitautor). Berlin 1979.

Bertsch, Heinrich
11. 1. 1897–19. 3. 1981
Chemiker
Geb. in Rosenfeld (Württ.); Chemiestudium an der TH Stuttgart, 1923 Dr.-Ing.; 1922/23 Chemiker in der Dt. DEGRAS AG Dresden, 1923–40 zunächst Chemiker, dann auch Vorstand bei Böhme Fett-

chemie Chemnitz, 1940–45 Vorstand bei Henkel & Cie. Düsseldorf.
1946–48 Ltr. der Volkseigenen Chemie-Industrie im Land Sachsen; 1948–54 Ltr. der HV Chemie in der DWK bzw. im entsprechenden Min. der DDR-Reg., zuletzt im Staatssekr. für Chemie, Steine, Erden in Berlin; seit 1950 zugl. Prof. für chem. Technol. an der HU Berlin; 1953 NP; Ord. Mitgl. der DAW, 1954–58 Dir. des DAW-Inst. für Organ. Chemie, 1958–65 des DAW-Inst. für Fettchemie in Berlin sowie 1958–61 des DAW-Inst. für Dokumentation, zudem 1957–61 Sekretar der Klasse für Chemie, Geol. u. Biol. der DAW; Mitgl. des Forschungsrats; 1957–69 Hrsg. des »Chem. Zentralblatts«; 1965 em.
Hauptarbeitsgebiete: Synthese grenzflächenaktiver Stoffe u. Herstellung synthet. Waschmittel; erarbeitete die Grundlagen der Synthese der Natriumalkylsulfate (erstes neutrales Feinwaschmittel »Fewa«).

Bertz, Paul 2. 8. 1886–19. 4. 1950
SED-Funktionär, Säuberungsopfer
Geb. in Mühlhausen (Thür.), Vater Schuhmacher; Volksschule, Lehre als Werkzeugschlosser; 1903 Dt. Metallarbeiterverb.; 1910 SPD, Spartakusbund, KPD; 1922/23 Pol.-Sekr. des Unterbez. Chemnitz; 1924/25 Org.- u. Pol.-Ltr. des Unterbez. Erzgebirge/Vogtland; 1924 bis 30 KPD-Abg. des Reichstags; 1925–27 Kand. des ZK der KPD, Mitarb. der ZK-Abt. Gewerkschaften; Mitgl. des RGO-Reichskomitees; um 1930 Anfeindungen wegen »linker Abweichungen«; nach 1933 illegale Arbeit in Dtl., Verbindungsmann des ZK, Instrukteur u. Pol.-Ltr. des Bez. Wasserkante; bis Apr. 1934 Oberberater der Bez. Mittelrhein, Oberrhein u. Ruhr in Düsseldorf, Deckname Albert; Apr. – Okt. 1934 Berater der KPD-BL Berlin, Okt. 1934 auf Parteibeschluß nach Frankreich; ab 1935 Mitgl. des ZK; 1935/36 KPD-Emigrationsltr. in der Schweiz; 1936/37 Abschnittsltr. West, Oberberater in Amsterdam, Deckname Johann; ab 1937 Mitarb. im Sekr. der KPD-Auslandsltg. Paris, u. a. verantw. für den illegalen Einsatz von Parteikadern in Dtl., Deckname Glaßbrenner; 1939 Internierung in Le Vernet, Juli 1940 Flucht mit Leo Bauer* in die Schweiz; ab 1941 über Schweden Verbindung zum ZK in Moskau; führende Rolle in der KPD-Emigration der Schweiz; Zusammenarbeit mit Noel Field, Deckname Johann, Helm; 1944 Bruch mit der Parteiltg. in der Schweiz.
Juli 1945 Rückkehr nach Dtl. (SBZ); stellv. Ltr. der Dt. ZV für Justiz; wegen Gegnerschaft zur Vereinigung von KPD u. SPD Ausscheiden als hauptamtl. Funktionär; stellv. Ltr. der Werkstättenabt. der Dt. ZV für Verkehr; 1948/49 stellv. Abt.-Ltr. im ZA für Sozialhilfe Groß-Berlin; ab Mai 1949 Dir. der Kommunal-Wirtschaftsunternehmen Chemnitz; wurde der Agententätigkeit für die USA beschuldigt (Verbindung zu Noel Field); beging Selbstmord.

Besson, Benno (René-Benjamin) 4. 11. 1922
Regisseur, Theaterleiter
Geb. in Yverdon (Schweiz), Vater Lehrer; 1942 Schauspielunterricht in Lyon; 1942–46 Studium der Romanistik und Anglistik in Zürich und Neuenburg (Schweiz); seit 1943 Regiemitarb. am Schauspielhaus Zürich.
1947–49 Übersetzer einer Schweizer Presseagentur; 1947 Bekanntschaft mit Brecht*; 1948/49 Schauspielunterricht u. Engagement am Théâtre Jean-Marie-Serreau in Paris; 1949–58 Schauspieler, Regieassistent u. Regisseur am Berliner Ensemble (BE), Inszenierungen u. a.: 1954 »Don Juan« von Molière/Brecht, 1955 »Pauken u. Trompeten« von Farquhar/Brecht; nach Auseinandersetzungen mit Helene Weigel* u. BE-Regisseuren Trennung vom BE; Gastinszenierungen

am Dt. Theater Berlin (DT) (1960 »Die Holländerbraut« von Erwin Strittmatter*); 1962–68 Engagement am DT Berlin, hier auch Chefregisseur, Inszenierungen u. a.: 1963 »Der Frieden« von Aristophanes/Hacks*, 1963 »Die zwei Herren aus Verona«, 1963 »Der Tartuffe« von Molière, 1964 »Die schöne Helena« von Meilhac/Halévy/Offenbach/Hacks, 1965 »Der Drache« von Jewgeni Schwarz, 1967 »Ödipus Tyrann« von Sophokles/Hölderlin/Heiner Müller*; seit 1965 Regiearbeit an der Volksbühne Berlin, u. a. »Moritz Tassow« von Hacks, dort 1968–74 Künstler. Oberltr., Inszenierungen u. a.: »Horizonte« von Winterlich/Müller, 1971 »Der Arzt wider Willen« von Molière; 1975 »Wie es euch gefällt«; 1974–78 Intendant der Volksbühne Berlin, Volkstheaterkonzeption; nach Auseinandersetzungen mit dem Min. für Kultur über Spielplangestaltung, bes. wegen der Werke von Heiner Müller, Ausreise aus der DDR.
Danach an versch. Theatern in Österreich, der Schweiz, in Frankreich u. am Schiller Theater Berlin tätig (1991 »Hase Hase« von Coline Serreau); 1982 Josef-Kainz-Medaille der Stadt Wien; 1969–83 Ord. Mitgl. der DAK, ab 1983 Korr. Mitgl., ab 1990 AdK Berlin-Brandenburg; 1994 Molière-Preis der Stadt Paris.
Publ.: Jahre mit Brecht. Willisau 1990.
Sek.-Lit.: Filmporträt, R. Philippe Macasdar: Benno Besson – Der fremde Freund. UA 1994.

Beste, D. Niklot 30. 6. 1901–24. 5. 1987
Evangelischer Bischof
Geb. in Ilow (Kr. Wismar), Gymnasium in Doberan; 1920–25 Stud. der Theol. u. Geschichte in Marburg, Innsbruck, Breslau, Rostock, 1924 Prom. zum Dr. phil., 1925 1. Theolog. Examen; 1925/26 Besuch des Predigerseminars in Schwerin; 1927–32 Vikar u. Pastor in Benthen (b. Lübz); 1929 2. Theolog. Examen; 1932 Pastor in Schwerin, Mitgl. der Jungreformator. Bew.; 1933–45 Pastor in Neubukow, Ltr. des Pfarrernotbunds in Mecklenburg u. ab 1934 Vors. des Mecklenburg. Landesbruderrats, ab 1936 Mitgl. des Reichsbruderrats der Bekennenden Kirche; 1939/40 Wehrmacht.
1945 Oberkirchenrat; 20. 6. 1946 Wahl zum Bischof der Ev.-Luth. Landeskirche Mecklenburg; 1947–57 Mitgl. des Exekutivkomitees des Luth. Weltbunds; 1948 Dr. h.c. der Theolog. Fak. der Univ. Rostock; 1948 maßg. Beteiligung an der Gründung u. ab 1953 stellv. Ltr. der Vereinigten Ev.-Luth. Kirche Dtl. (VELK); 1957 Dr. h.c. der Columbus-Univ. Ohio (USA); 1961–67 Mitgl. des Rats der EKD; 1968/69 Vors. der Konferenz der ev. Kirchenleitungen der DDR, maßg. Mitwirkung bei der Bildung des Bunds der Ev. Kirchen in der DDR; ab 1968–71 Ltd. Bischof der VELK in der DDR; Febr. 1971 Ruhestand; verstorben an den Folgen eines Verkehrsunfalls.

Bethge, Heinz 15. 11. 1919
Physiker, Präsident der Leopoldina
Geb. in Magdeburg, Vater Tischlermeister; Abitur als Externer; nach prakt. Tätigkeit Studium an der HS für Angewandte Technik Köthen, ab 1941 an der TH Berlin-Charlottenburg; Unterbrechung des Studiums durch RAD, Wehr- u. Kriegsdienst.
Nach kurzer Kriegsgefangenschaft Wiederaufnahme des Physikstudiums an der MLU Halle, 1949 Dipl., 1954 Prom.; ab 1948 Assistent, ab 1954 Oberassistent u. Lehrbeauftragter am 1. Physikal. Inst. der MLU, 1959 Habil., 1960 Prof. für Experimentalphysik an der MLU sowie Ltr. der neugegr. Arbeitsstelle für Elektronenmikroskopie der DAW in Halle, Ausbau der Arbeitsstelle zu einem intern. anerkannten Forschungsinst., bis Jan. 1985 Dir. dieses Inst. für Festkörperphysik u. Elektronenmikroskopie der AdW; 1984 em.; 1964 Mitgl. der Dt. Akad. der

Naturforscher Leopoldina, 1971–74 Adjunkt für Halle-Magdeburg, 1974–90 Präs. der Leopoldina; 1967 NP; 1969 Korr. u. 1972 Ord. Mitgl. der DAW, Mitgl. weiterer Akad. u. wiss. Ges. 1994 Großes Verdienstkreuz des Verdienstordens der Bundesrep. Dtl.
Arbeitsgebiete: Defektstruktur der Kristalle, Plastizität u. Bruch kristalliner Stoffe, Bildung u. Wachstum dünner Schichten im Zusammenhang mit Grenzflächenproblemen, Elementarprozesse auf Kristalloberflächen.
Publ.: Electron Microscopy in Solid State Physics (Hrsg. mit J. Heydenreich). Berlin 1987.

Bey, Hannelore, geb. Müller 6. 11. 1941
Primaballerina
Geb. in Leipzig; 1956–61 Studium an der Palucca-Schule Dresden, 1965/66 Zusatzstudium an der Waganowa Akad. Leningrad; 1961–65 Staatstheater Dresden, 1966 Tanztheaterensemble der Kom. Oper Berlin, 1969 Primaballerina; 1973 NP 2. Kl., 1981 VVO in Silber; 1983–91 Mitgl. der AdK; 1987 Ehrenmitgl. der Kom. Oper Berlin; Auslandsgastspiele u. a. in der UdSSR, in Ägypten, Frankreich, Finnland, Norwegen, Jugoslawien, Rumänien, Kuba; Preisträgerin nat. u. intern. Ballettwettbewerbe; sechs Kritikerpreise der »Berliner Ztg.«; Hauptrollen u. a. in »Abraxas« (1966), »Phantast. Sinfonie« (1967), »Cinderella« (1968), »La Mer« (1969), »Undine« (1970), »Match« (1971), »Romeo u. Julia« (1972) »Party« (1973), »Schwarze Vögel« (1975), »Revue« (1977), »Pastorale« (1979), »Shakespeare-Gestalten« (1982), »Wahlverwandtschaften« (1983), »Walzer« (1988), »Bernarda Albas Haus« (1990).

Beyer, Alfred 24. 12. 1885–9. 10. 1961
Sozialhygieniker, Institutsdirektor
Geb. in Woldenberg (Neumark); Gymnasium in Stade, Medizinstudium in Göttingen, Jena u. Kiel, hier 1912 Prom.; Assistenzarzt am Hygiene-Inst. u. an der Univ.-Kinderklinik in Kiel; 1914–18 Militärdienst als Truppenarzt mit Fronteinsatz; ab 1919 im Preuß. Min. des Innern, zunächst als wiss. Hilfsarb., 1920 Reg.-Rat, 1922 Oberreg.-Rat, 1925 Ministerialrat u. Mitgl. des Landesgesundheitsrats, plante u. organisierte die 1921 in Preußen eingeführte ärztl. Gewerbeaufsicht; SPD; 1933 entlassen.
1946–48 Vizepräs. der Dt. Zentralverwaltung für Gesundheitswesen, maßg. Mitwirkung am Aufbau des Betriebsgesundheitswesens; SPD/SED; 1947–56 Ordinarius für Sozialhygiene u. 1949–56 Dir. des Inst. für Sozialhygiene der HU Berlin, 1948/49 Dekan der Med. Fak., später Prorektor der HU Berlin, 1955–58 Ärztl. Dir. der Charité; Vors. des Wiss. Rats des Min. für Gesundheitswesen; 1956 VVO; 1956 em.; gest. in Berlin.
Publ.: Lehrbuch der Sozialhygiene (Hrsg. mit Kurt Winter*). Berlin 1953.

Beyer, Frank 26. 5. 1932
Film- und Fernsehregisseur
Geb. in Nobitz (Sa.), Vater kaufm. Angestellter, Mutter Verkäuferin; 1950 Abitur; SED; 1950/51 Kreissekr. des KB in Altenburg; 1951 Dramaturg u. Regieassistent am Kreistheater Glauchau/Crimmitschau; Studium an der Fak. für Regie der Film-HS in Prag; 1957–66 Regisseur im DEFA-Spielfilmstudio; Regie-Debüt 1957 mit »Zwei Mütter«, 1959 »Eine alte Liebe«, 1960 »Fünf Patronenhülsen«, 1962 »Königskinder«, 1963 »Nackt unter Wölfen«; 1963 NP 1. Kl.; 1964 »Karbid u. Sauerampfer«, 1966 »Spur der Steine« (nach Erik Neutsch*, wurde nach drei Tagen Laufzeit verboten); 1967/68 Regisseur am Dresdener Staatstheater; 1969–90 Regisseur beim DFF; Fernsehdebüt 1971 mit »Rottenknechte« (5 Teile), 1973 »Die sieben Affären der Dona Juanita« (4 Teile); 1975 NP 2. Kl.; 1976 Mitunterz. der Protestresolution von

Schriftst. u. a. Künstlern gegen die Ausbürgerung Wolf Biermanns*; 1978 Film »Geschlossene Gesellschaft« (Buch: Klaus Poche*), wurde nach Erstsendung verboten u. erst 1989 aufgeführt; 1980 Ausschl. aus der SED; DEFA-Filme: 1974 »Jakob der Lügner« (Oscar-Nominierung), 1977 »Das Versteck«, 1983 »Der Aufenthalt« (nach Hermann Kant*), 1984 »Bockshorn«; 1984 Heinrich-Greif-Preis; 1989 »Der Bruch«, 1991 »Der Verdacht« (nach Volker Braun*); seit 1980 auch Fernsehfilme in der Bundesrep. Dtl., z. B. 1980 »Der König u. sein Narr« (nach Martin Stade*), 1981 »Die zweite Haut«; 1990 Mitgl. der AdK.
Nach 1989 vor allem Filme für ARD u. ZDF: 1991 »Ende der Unschuld« (2 Teile), 1992 »Sie u. er« (2 Teile), 1992 »Das große Fest«, 1993 »Das letzte U-Boot«, 1994 »Wenn alle Deutschen schlafen«; lebt in Berlin.

Beyer, Udo 9. 8. 1955
Leistungssportler (Leichtathletik)
Geb. in Eisenhüttenstadt, Bruder des Handball-Olympiasiegers Hans-Georg B. u. der Diskuswerferin Gisela B.; zunächst Handballspieler, ab 1969 Leichtathlet in Eisenhüttenstadt, später bei Vorwärts Frankfurt/Oder u. beim ASK Potsdam (Trainer Fritz Kühl u. Lothar Hillebrand), Spezialdisz.: Kugelstoßen; 1973 Junioren-EM, 1976 Olympiasieger, 1977, 1979 u. 1981 jeweils Sieger des Europacup u. des Weltcup, 1978 EM u. DDR-Sportler des Jahres, 1980 Olympia-Dritter, 1982 EM, 1986 EM-Dritter; zwischen 1978 u. 1986 drei WR; nach dem Abitur an der KJS Studium an der HS für Bauwesen; Offz. der NVA; SED; Studium an der PH Potsdam mit Abschluß als Dipl.-Sportlehrer;
Lebt in Potsdam, z. Z. Ausbildung zum Reisekaufmann.

Beyreuther, Wolfgang 16. 6. 1928
FDGB-Funktionär
Geb. in Böhlitz-Ehrenberg (b. Leipzig), Vater Arbeiter; Volksschule, 1942–44 Ausbildung zum Maschinenschlosser, 1945–48 im Beruf tätig; 1945/46 FDGB, Jugendvertrauensmann in einem Leipziger Metallbetrieb; 1946 SPD/SED; seit 1948 hauptamtl. Funktionen im FDGB, 1947–51 Mitgl. des Ortsvorst. Leipzig der IG Metall, 1953–56 Mitgl. u. Sekr. des ZV der IG Metall; 1956–59 Studium an der PHS der KPdSU in Moskau, Dipl.-Ges.-Wiss.; 1959 – Dez. 1989 Mitgl. des Bundesvorst. des FDGB, 1959–77 seines Präs. u. Sekr., 1971–77 stellv. Vors. des FDGB u. Ltr. des Sekr. (Nachf. von Rolf Berger*); 1964–77 Mitgl. bzw. stellv. Mitgl. im Büro des Generalrats des WGB; 1966–71 Vizepräs. der Liga für die Vereinten Nat. in der DDR, 1982–90 Präs. der Freundschafts-Ges. DDR – Demokr. Rep. Afghanistan in der Liga für Völkerfreundschaft; 1971 Kand. u. 1973 bis Nov. 1989 Mitgl. des ZK der SED; 1971–März 1990 Abg. der Volkskammer, 1976–81 Stellv. des Vors. ihres Aussch. für Nat. Verteidigung; 1977–90 Staatssekr. für Arbeit u. Löhne u. Mitgl. des Min.-Rats (Nachf. von Horst Rademacher); 1977–89 Ltr. der DDR-Delegationen auf den Intern. Arbeitskonferenzen der International Labour Organization (ILO); 1978 VVO in Gold.
Publ.: Erfahrungen u. Aufgaben der gewerkschaftl. Kulturarbeit. Berlin 1960; Die Alternativen der Alternativbewegung. Diskussion u. Kritik ihrer ges.-pol. Konzeptionen. Frankfurt/Main 1983.

Bialek, Robert 23. 6. 1915–1956
Generalinspekteur der Volkspolizei
Geb. in Breslau, Vater Arbeiter; Volksschule, kaufm. Lehre; 1929 SAJ, 1933 KJVD; ab 1933 illegale Arbeit gegen die Wehrmacht; 1935 Verhaftung; Verurteilung zu fünf Jahren Haft, danach »Schutzhaft«; ab 1943 illegal in Breslau.

1945 nach Sachsen, dort Bezirksjugendsekr. der KPD, Landesjugendltr. Sachsen, 1. Vors. der FDJ in Sachsen, Mitgl. des FDJ-ZR; 1946–48 Abg. im Sächs. Landtag; 1946/47 Sekr. der SED-Landesltg.; 1947/48 PHS; danach in der Dt. Verwaltung des Innern HA-Ltr. für pol. Schulung im Rang eines Genaralinspekteurs der DVP; Okt. 1948 Amtsenthebung wegen pol. Differenzen; kam zur Bewährung nach Großenhain, dort zunächst 1. Sekr. der SED-KL; nach erneuter Ablösung Kulturdir. im VEB Lokomotiv- u. Waggonbau Bautzen; 1952 SED-Ausschluß; nach dem Aufstand vom 17.6.1953 Flucht mit der Familie nach Berlin (West); Mitgl. der SPD; aufsehenerregende Interviews u. Sendungen im deutschsprachigen Dienst der BBC; am 4.2.1956 Entführung durch das MfS nach Berlin (Ost) mittels Betäubung auf einer fingierten Geburtstagsfeier; starb Ende 1956 nach Folterungen als geheimer Gefangener des MfS in Bautzen II.

Bickhardt, Peter 13.6.1933
Evangelischer Pfarrer
Geb. in Dresden, Vater prakt. Arzt, Mutter mithelfende Ehefrau; Besuch der Kreuzschule in Dresden, 1951 Abitur; 1951–55 Studium der Theol. in Leipzig, Mitgl. der ESG, deren Bibelstunden zeitw. durch Übergriffe der Polizei u. der FDJ gestört wurden; 17.6.1957 Teiln. an der Demonstration in Leipzig; 1956 Arbeit in einem Industriefotolabor, u. a. Fotoarbeit auf den Hochöfen im Eisenhüttenkombinat Ost in Stalinstadt; 1957 Vikariat, Predigerseminar, anschl. bis 1969 Pfarrer in Dresden-Niedersedlitz, dann bis 1977 in Dresden-Prieschen; wiederholt Konflikte mit staatl. Stellen aufgrund von Protesten gegen die Israel-Pol. der DDR, die Invasion der Warschauer-Pakt-Staaten in der ČSSR sowie die Fälschung von Wahlergebnissen; seit Mitte der 70er Jahre wurde B. vom MfS im Rahmen mehrerer OV bearbeitet; Mitarb. in der kirchl. Gruppe »Arzt u. Seelsorger«; 1977 Mitarb. in der »Offenen Jugendarbeit« der Dresdener Weinbergsgemeinde; 1977–88 Landespfarrer für Krankenhausseelsorge in Berlin; ab 1982 Mitarb. in der kirchl. Friedensbew. in Berlin, u. a. 1983 Teiln. am ersten DDR-weiten Treffen opp. u. kirchl. Friedensgruppen »Frieden konkret«, 1984 Mitbegr. der opp. Gruppe »Ärzte für den Frieden« in Berlin (mit S. Pflugbeil* u. dem Ehepaar Seidel), ab 1988 Unterstützung des von seinem Sohn Stephan B*. mitgegr. Arbeitskr. »Absage an Praxis u. Prinzip der Abgrenzung«, u. a. Bereitstellung der eigenen Wohnung für illegale Drukkarbeiten; seit 1988 Pfarrer in Neuenhagen-Dahlwitz (b. Berlin); Herbst 1989 Mitgl. der Bürgerbew. Demokratie Jetzt; 1990 Mitarb. in der Wahlkommission.
Z. Z. Sprecher des Kreisverb. Bündnis 90/Die Grünen Märkisch Oderland; Mitgl. der Aufklärungsgruppe »Recht u. Versöhnung«.

Bickhardt, Stephan 3.9.1959
Bürgerrechtler
Geb. in Dresden, Eltern Theologen; seit 1976 Mitgl. der Aktion Sühnezeichen; 1977/78 Berufsausbildung zum Werkzeugmacher, 1979–86 Studium der Theol. u. der Pädagogik am Katechet. Oberseminar in Naumburg, ab 1983 am Sprachenkonvikt in Berlin, erste Kontakte zu opp. Kr. um Wolfgang Templin* u. Gerd Poppe*; seitdem Engagement in versch. Gruppen, Org. von Verbindungen zwischen Basiskirche, unabhängiger Kulturszene u. opp. Gruppen, Mai 1985 Mitorg. der »Initiative für Blockfreiheit in Europa«; 1986/87 Studienreferent in der Geschäftsstelle der ESG in Berlin, anschl. Vikar bis 1989; seit 1986 Kontakte zur IFM, zentrale Funktion für die Herstellung u. Verbreitung von Samisdat-Literatur, u. a. der Reihe »radix-blätter«; Herbst 1986 Mitinitiator des Antrags auf »Absage an Praxis u. Prinzip der Abgren-

zung« an die Synode der Ev. Kirchen Berlin-Brandenburg u. die Bundessynode, Mitbegr. des gleichn. opp. Arbeitskr., 1987–89 Veranstalter von 30 unabhängigen Dichterlesungen in Privatwohnungen (mit Ludwig Mehlhorn*), Frühjahr 1989 Mitautor des »Aufruf Neues Handeln« (Aufruf zur Aufstellung unabhängiger Kand. u. zur Kontrolle der Auszählung der Kommunalwahlergebnisse vom 7. Mai 1989); Sept. 1989 Mitgl. des Gründerkr. der Bürgerbew. Demokratie Jetzt (DJ), 1990 deren Geschäftsführer, Mitgl. des DJ-Sprecherrats u. des Länderaussch.

1990/91 Abschluß des Vikariats, seitdem Pfarrer in Eberswalde.

Publ.: SPUREN. Zur Geschichte der Friedensbew. in der DDR (Mithrsg.). Berlin 1988; Recht ströme wie Wasser (Hrsg.). Berlin (West) 1988.

Biebl, Johannes (»Hansi«) 20. 2. 1945
Rockmusiker u. -sänger

Geb. in Berlin; Lehre als Funkmechaniker; 1964 Reichert Combo; 1965 Atlantics; 1966–69 Musikschule Berlin-Friedrichshain (Spezialkl. Tanzmusik, Gitarre); Gitarrist bei den Berolina-Singers, den Alexanders, der Modern-Soul-Band, der Klaus-Lenz-Band, Reinhard Lakomy*; 1975 Johannes Biebl Bluesband; 1976 Veronika Fischer & Band; 1977 Gruppe 4 PS, Grand Prix beim Intern. Schlagerfestival in Dresden für »Zweigroschenlied«; ab Mitte 1978 Hansi Biebl Band in versch. Besetzungen; 1979 LP »Hansi Biebl Band«, Erfolgstitel »Es gibt Momente«; 1981 LP »Der lange Weg«.

1984 Ausreise nach Westberlin; 1986 Auftritte mit Gerulf Pannach* u. Christian Kunert; 1987 Übersiedlung nach Bremen; Frühjahr 1990 erste Tournee in der DDR nach der Wende; 1991 Übersiedlung nach Berlin, seitdem zahlreiche Auftritte, vor allem in den fünf neuen Bundesländern.

Bieler, Manfred 3. 7. 1934
Erzähler, Hör- und Fernsehspielautor

Geb. in Zerbst (Anh.), Vater Baumeister, Mutter Stenotypistin; Schulbesuch in Zerbst u. As (Westböhmen); 1952–56 Studium der Germanistik an der HU Berlin; 1955 Preis der V. Weltfestspiele der Jugend u. Studenten in Warschau; 1956/57 Mitarb. des DSV; Ende Juni 1956 auf dem 2. Kongreß junger Künstler in Karl-Marx-Stadt zus. mit Heinz Kahlau*, Manfred Streubel u. Jens Gerlach öff. Eintreten für mehr kulturellen Spielraum u. Klärung »ideolog. Fehler«; 25. Okt. 1957 in der Ztg. »Neues Dtl.« von Hans Rodenberg* als Teil einer Gruppe um Ernst Bloch* u. Hans Mayer* denunziert; Entlassung aus dem DSV, seitdem freier Schriftst.; ausgedehnte Reisen ins eur. Ausland u. 1960 auf einem Fangschiff bis Neufundland; 1964–68 Mitgl. des PEN-Zentrums Ost u. West, danach des PEN-Zentrums Bundesrep. Dtl.; 1965 Ehe mit einer Tschechin, Übersiedlung nach Prag; ein PB-Beschluß vom 9. 11. 1965 verpflichtete ihn zur Zurückzahlung eines Vorschusses für das Stück »Zaza« an die Berliner Volksbühne; der DEFA-Film nach seinem Roman »Maria Morzeck oder Das Kaninchen bin ich« wurde nach dem 11. Plenum des ZK der SED (1965) verboten u. erst 1989 uraufgeführt, der Roman erschien 1969 in München; 1967 ČSSR-Staatsbürgerschaft; Aug. 1968 nach dem Einmarsch der Warschauer-Pakt-Truppen Übersiedlung in die Bundesrep. Dtl., die tschech. Ausgabe des »Kaninchen« wurde ebenso wie die Aufführung des Stücks »Zaza« am Prager Nationaltheater abgesetzt; 1971 Staatsbürger der Bundesrep. Dtl.; 1973 Mitgl. der Bayer. Akad.; lebt in München.

Publ.: Der Schuß von der Kanzel. Berlin 1958; Bonifaz oder Der Matrose in der Flasche. Berlin 1963; Die Person. Mit Materialien zusammengestellt von Gerold Meyer. Stuttgart 1970; Der Mädchenkrieg. München 1975.

Bielfeldt, Hans Holm
6. 3. 1907–30. 9. 1987
Slawist, Germanist, Institutsdirektor
Geb. in Lübeck, Vater Kaufmann; Oberrealschule, Gymnasium, Abitur; 1925 bis 1931 Studium der Germanistik u. Slawistik an den Universitäten Marburg, München u. Berlin, 1931 Prom. zum Dr. phil. an der Univ. Berlin; 1931–39 wiss. Hilfsarb. beim Dt. Wörterbuch der Brüder Grimm an der Preuß. AdW; 1939–45 Militärdienst, Dolmetschertätigkeit; 1942 Habil. mit einer Untersuchung über die alttschech. Lit. an der Univ. Berlin; 1945 Kriegsgefangenschaft, 1945/46 Dolmetscher der brit. Hafenkommandantur in Hamburg.
1946 Lehrbeauftragter für Slaw. Philol. an der Univ. Hamburg; ab 1946 wiss. Mitarb. am Dt. Wörterbuch der DAW, 1947 Abt.-Ltr. am Inst. für Slawistik der DAW; 1948 Prof. für Slawistik an der Brandenburg. Landes-HS Potsdam; 1950 Ordinarius für Slawist. Philol. u. Dir. des Slawist. Inst. der HU Berlin; 1951–69 Dir. des Inst. für Slawistik der DAW, 1953 Ord. Mitgl. der DAW; 1956 Vors. des Dt. Slawistenkomitees bzw. Nat.-Komitees der Slawisten der DDR u. Mitgl. des Intern. Slawistenkomitees; 1973 Dr. phil. h.c. (Univ. Warschau).
Forschungen u. Publikationen zum dt.-slaw. Sprachkontakt, u. a. zur sorb. Lexikol., alttschech. Lit. u. russ. Grammatik sowie zur Geschichte der Slawistik; Verf. von Wörterbüchern; Hrsg. der Slawist. Bibl. (1954–59), Mitbegr. u. Mithrsg. der »Ztschr. für Slawistik« (1956–87) u. der »Veröff. des Inst. für Slawistik der DAW« (1951–69).
Bibliogr. In: Slaw.-dt. Wechselbeziehungen in Sprache, Lit. u. Kultur. Berlin 1969 (Festschrift); Forts. der Bibliogr. In: Ztschr. für Slawistik 17/ 1972 u. 22/ 1977.

Bielka, Heinz 19. 3. 1929
Molekularbiologe
Geb. in Gersdorf, Vater Angestellter; Abitur 1948, Neulehrer, 1949–54 Studium der Biol. in Dresden u. Leipzig, 1954 Diplom, 1956 Prom. an der Univ. Leipzig; 1961 Habil. an der HU Berlin; 1954–91 Mitarb. der DAW/ AdW, 1965–72 Dir. des Inst. für Zellphysiol., 1968 Prof. der DAW, ab 1971 Abt.-Ltr. im ZI für Molekularbiol., dort seit 1981 Stellv. Dir.; 1970 Mitgl. der Leopoldina (seit 1991 Senat); 1974 Virchow-Preis; 1976 Korr. Mitgl., 1978 Ord. Mitgl der AdW; 1979 NP; 1990 Kand. für Präs. der AdW.
1992 Mitgl. der Berlin-Brandenburg. AdW; Sekretär der Biowiss.-Med. Klasse; seit 1992 im Max-Delbrück-Centrum für Molekulare Medizin; 1993 Domagk-Preis; 1994 em.
Intern. anerkannte Arbeiten zur Biochemie u. Molekularbiol. auf den Gebieten Tumorentstehung, Proteinbiosynthese, zellulare Streßproteine; zahlr. Lehr- u. Handbücher zur Molekularbiol. u. Krebsforschung (1959, 1966, 1968, 1982, 1985), ca. 160 Originalpubl.

Biering, Walter 2. 12. 1898–21. 4. 1964
VdgB-Funktionär
Geb. in Söhesten (Kr. Merseburg), Vater Kleinbauer; Volksschule, 1913–16 Maurerlehre, anschl. als Maurer tätig; 1917/ 18 Kriegsdienst, Mitgl. eines Soldatenrats; 1919 SPD; nach Entlassung aus dem Lazarett Mithilfe in der väterl. Wirtschaft, ab 1925 selbständiger Bauer, Engagement in der Kriegsopferbew.; 1927 KPD, 1927–33 Mitgl. der BL Halle-Merseburg, Bauernreferent, Mitbegr. des Bunds der Kleinen Landw., beteiligt an der Ausarbeitung des Bauernhilfsprogr. der KPD (1931); 1929–33 Mitgl. des Kreistags u. des Provinziallandtags Sachsen; 1933 sieben Monate KZ Sonnenburg, 1944/45 erneute Inhaftierung.
1945/46 KPD/SED; Sept. 1945 Mitgl.

der Bodenreformkommission der Provinz Sachsen u. Mitbegr. der VdgB, Neubauer; 1946–50 Mitgl. des PV der SED, 1950–63 Kand. des ZK der SED; 1946–63 Mitgl. des SED-Landesvorst. Sachsen-Anhalt bzw. der BL Halle; 1946–50 Abg. des Landtags Sachsen-Anhalt, Mitgl. des Präs., 1949–63 der Volkskammer; ab 1946 Mitglied des Landesaussch. Sachsen-Anhalt der VdgB, 1947–49 Landesbauernsekr., danach Vors. des Landesvorst. bzw. ab 1952 des Bezirksvorst. Halle der VdgB, 1949–63 Mitgl. des Zentralvorst. der VdgB (BHG), ab 1954 stellv. Vors.; 1954 Auszeichnung als Meisterbauer; 1954–58 Mitgl. des Präs. des NR der NF; 1956 Mitgl. der LPG »Banner des Friedens« in Muschwitz (Kr. Hohenmölsen).

Biermann, Kurt-Reinhard 5. 12. 1919
Mathematikhistoriker
Geb. in Bernburg; 1940–43 Studium des Maschinenbaus an den TH Berlin u. Stuttgart; Kriegsdienst u. Gefangenschaft.
1952–55 Forts. des Studiums an der TH Dresden u. der HU Berlin; 1956 Sekr. der Kommission bei der DAW zur Vorbereitung des Euler-Jubiläums; 1957 Dipl., 1964 Prom.; ab 1958 an der DAW in Berlin tätig, ab 1969 Ltr. der Alexander-von-Humboldt-Forschungsstelle, 1984 em.; Vizepräs. der Académie Internationale d'Histoire des Sciences.
Mathematikgeschichtl. Arbeit zu drei Themenkreisen: Institutionengeschichte, Quellenedition, Erforschung der Biogr. von Gauss.
Publ.: Geschichte der Mathematik an der Berliner Univ. (2. erw. Aufl.). 1988; Wahlvorschläge von Mathematikern für die Berliner Akad. 1960; Neuedition des Briefwechsels zwischen A. v. Humboldt u. C. F. Gauss. 1977; Gauss-Biogr. in Briefen. 1991.

Biermann, Wolf (eigtl. Karl Wolf B.)
15. 11. 1936
Liedermacher
Geb. in Hamburg in einer komm. Arbeiterfamilie, sein Vater war Jude, Widerstandskämpfer gegen das NS-Regime, starb 1943 im KZ Auschwitz; Gymnasium, 1953 Übersiedl. in die DDR, 1955 Abitur, 1955–57 Studium der Pol. Ök. an der HU Berlin (ohne Abschluß), 1957–59 Eleve am Berliner Ensemble, 1959–63 Studium der Philos. u. Mathematik an der HU Berlin; erste eigene Lieder (Vorbilder: Villon, Brecht*, Heine, Brassens), 1960 Bekanntschaft mit Hanns Eisler*, erfand in Anlehnung an Brechts Begriff »Stückeschreiber« die Bezeichnung »Liedermacher«; 1961–63 Aufbau des Berliner Arbeiter- u. Studententheaters b.a.t., Verbot noch vor der Eröffnung; 1962/63 Mitwirkung bei Lyrikabenden, u. a. an der DAK (hier von Stephan Hermlin* vorgestellt); seit 1963 freischaff., zeitw. Auftrittsverbot; 1962/63 Kand. der SED, Streichung; 1963 Beginn der Freundschaft mit Robert Havemann*; 1964 erste Gastspielreise in die Bundesrep. Dtl.; während in der DDR B.s Lieder als private Tonbandmitschnitte verbreitet u. nur einzelne Texte in Anth. veröff. werden, erschienen 1965 in der Bundesrep. Dtl. die erste LP »Wolf Biermann (Ost) zu Gast bei Wolfgang Neuss (West)« u. der erste Gedichtband »Die Drahtharfe«; Dez. 1965 (im Vorfeld des 11. Plenums des ZK der SED) totales Auftritts- u. Publikationsverbot; weitere Veröff. in der BRD, inoff. Verbreitung in der DDR, u. a. Buch »Mit Marx- u. Engelszungen« (1968) u. LP »Chausseestr. 131« (1969); Sept. 1976 erster öff. Auftritt nach elf Jahren in einer Prenzl. Kirche, Genehmigung einer Tournee in der Bundesrep. Dtl., nach dem Kölner Konzert vom 13. 11. 1976 (mit TV-Übertragung, Mitschnitt auf der LP »Das geht sein' soz. Gang«) Ausbürgerung aus der DDR, dagegen Protestaktion von DDR-

Künstlern; lebt seitdem in Hamburg; Apr. 1982 einmalige Einreiseerlaubnis für seinen letzten Besuch bei R. Havemann*; 1./2.12.1989 erster DDR-Besuch nach der sog. Wende, Gespräch mit Kulturmin. Dietmar Keller*, Entschuldigung der Reg. für das an B. begangene Unrecht, Konzerte in Leipzig (vom DFF übertragen) u. Berlin; 1990 LP »Gut Kirschenessen DDR – ça ira!«, 1990/91 umfgr. Publ., u.a. Rede zur Verleihung des Büchner-Preises.

Publ.: Nachlaß – Noten, Schriften, Beispiele. Köln 1977; Klartexte im Getümmel. Köln 1990; Alle Lieder. Köln 1991; Der Sturz des Dädalus oder Eizes für die Eingeborenen der Fidschi-Inseln über den IM Judas Ischariot u. den Kuddelmuddel in Dtl. seit dem Golfkrieg. Köln 1992.

Sek.-Lit.: Thomas Rothschild (Hrsg.): W. B. – Liedermacher u. Sozialist. Reinbek bei Hamburg 1976; Keller, Dietmar; Kirchner, Matthias: B. u. kein Ende. Eine Dokumentation zur DDR-Kulturpol. Berlin 1991; Rosellini, Jay: W. B. München 1992; In Sachen Biermann, hrsg. von Berbig, R. u.a. Berlin 1994.

Biermann, Wolfgang 29.11.1927
Generaldirektor des VEB Kombinat Carl Zeiss Jena

Geb. in Leipzig, Vater Buchdrucker; 1944 NSDAP; Kriegsdienst, anschl. Gefangenschaft.

1945–48 Lehre als Maschinenbauschlosser, 1949 Studium an der Ing.-Schule für Maschinenbau Leipzig; ab 1951 Konstrukteur u. Assistent des Techn. Dir. im VEB Bagger-, Förderbrücken- u. Gerätebau Lauchhammer; 1955–57 Techn. Dir. im VEB Nobas Nordhausen; 1956 SED; 1958/59 Produktionsdir. im VEB Schwermaschinenbau »Heinrich Rau« Wildau; 1959–62 Techn. Dir. der VVB Chemie- u. Klimaanlagen Berlin; ab Febr. 1963 Techn. Dir., ab Dez. 1964 Werkdir., 1965–75 Generaldir. des VEB Großdrehmaschinenbau »7. Oktober« Berlin; 1967 Kand. des ZK u. 1969–74 Mitgl. der BL der SED Berlin; Okt. 1975 – Febr. 1990 Generaldir. des VEB Kombinat Carl Zeiss Jena; Prom. mit einer Arbeit über »Die Entwicklung soz. Industriekombinate«; 1976–89 Mitgl. des ZK der SED; 1977 VVO in Gold; 1980 Dr. h.c. (Univ. London), ab 1985 Honorarprof. an der FSU Jena; 9.2.1990 Übersiedlung nach Saarbrücken, später Mitarb. der Kölner Fluggesellschaft Germania Air.

Unter der Ltg. B.s, der erhebl. Einfluß auf die DDR-Wirtschaftspol. nahm, wurde das Kombinat Carl Zeiss Jena zu einem der größten u. leistungsstärksten Exportunternehmen (70000 Beschäftigte) mit einem der bedeutendsten Industrieforschungszentren der DDR umstrukturiert. Das Kombinat galt damit als herausragendes Beispiel für den gewaltigen Konzentrationsprozeß in der DDR-Industrie während der 70er u. 80er Jahre.

Bierwisch, Manfred 28.7.1930
Sprachwissenschaftler

Geb. in Halle/Saale, Vater Angestellter; 1949 Abitur; 1951–56 Studium der Germanistik an der KMU Leipzig, Beginn der Freundschaft mit Uwe Johnson*; 1952/53 Studienunterbrechung, Verurteilung u. Haft wegen »Boykotthetze«; ab 1957 Mitarb. des Inst. für dt. Sprache u. Lit.; 1961 Dr. phil. an der KMU Leipzig mit der Arbeit »Zur Morphol. des dt. Verbalsystems«; 1962–73 Mitarb. der Arbeitsstelle für strukturelle Grammatik der DAW, Auflösung der Arbeitsstelle wegen ideolog. Vorbehalte der SED gegen eine Rezeption des frz. Strukturalismus in der DDR; 1973–80 wiss. Mitarb., ab 1980 Forschungsgruppenltr. »Kognitive Linguistik« im ZI für Sprachwiss. der AdW; 1981 Dr. sc. phil. auf dem Gebiet der kognitiven Linguistik an der AdW; 1985 Prof. für theor. Linguistik/Syntax u. Semantik an der AdW, externes Mitgl. des Max-Planck-Inst. für Psycholinguistik Nimwegen (Niederlande).

1992 Prof. der HU Berlin u. Ltr. der Arbeitsgruppe »Strukturelle Grammatik« der Max-Planck-Ges., Berlin; 1993 Vizepräs. der Berlin-Brandenburg. AdW; bedeutende theor., methodolog. u. empir. Arbeiten in den Bereichen Sprachtheorie, Psycholinguistik, Syntax u. Semantik.
Publ.: Grammatik des dt. Verbes. Berlin 1963; Modern Linguistics. Den Haag 1971; Grammatische u. konzeptuelle Aspekte von Dimensionsadjektiven. Berlin 1987.
Sek.-Lit.: Bibliogr. in: Crossing the boundaries in linguistics (Festschrift). Dordrecht 1981.

Bilkenroth, Georg
24. 4. 1898–20. 4. 1982
Montanwissenschaftler
Geb. in Osendorf (b. Halle), Vater Bergmann; 1919–23 Studium an der Bergakad. Clausthal, Dipl.-Ing; 1923 Berging. in Halle; 1924 stellv. Werkltr., 1935 Werkdir. der Niederlausitzer Kohlenwerke Kraftwerk II in Deuben; 1940 Techn. Oberltr. der Braunkohlenwerke Salzdetfurth AG in Berlin; 1942 Prom. zum Dr.-Ing. an der Bergakad. Freiberg (Preßdruck u. Preßdruckmessungen bei der Braunkohlenbrikettierung); Internierung, Kriegsgefangenschaft.
1947 wiss. Mitarb. der HA Kohle der DWK in Berlin, Erfinder der Braunkohlenhochtemperaturverkokung (mit Erich Rammler), 1949 zunächst Techn.-Wiss., ab 1958 Techn. Dir. des Kohle-Projektierungs-Büros, Ltg. der Planung, Projektierung u. Inbetriebnahme der Großkokerei Lauchhammer sowie des weltgrößten Braunkohleveredlungswerks Kombinat Schwarze Pumpe; 1951 NP; 1955 Ord. Mitgl. der DAW, Ltg. ihrer Sekt. Bergbau, Prof.; 1957 stellv. Vors. des Forschungsrats der DDR, Ltr. der Gruppe Bergbau, Geowiss., Kohle u. Energie; 1958 Vors. des Intern. Büros für Gebirgsmechanik bei der DAW, Hrsg. der Veröff. des Büros; Mitbegr. der Brennstofftechn. Ges.; Ehrenprom. an der Bergakad. Freiberg.
Arbeitsgebiete: Kohlebergbau, Braunkohleveredlung, Hüttenwesen, Gebirgsmechanik, Kohlechemie; mehr als 50 Veröff.

Billhardt, Thomas 2. 5. 1937
Fotopublizist
Geb. in Chemnitz, Mutter Fotografin; Grundschule; 1951–54 Lehre als Fotograf, 1954–57 Studium an der FS für angewandte Kunst Magdeburg, staatl. geprüfter Fotografiker, 1957/58 Qualifikation zum Fotomeister; 1958/59 Verlagsfotograf im Verlag Bild u. Heimat Reichenbach; 1959–63 Studium an der HS für Grafik u. Buchkunst Leipzig, Dipl.-Fotografiker; 1962 VDJ; 1963–71 freischaff. Fotograf; ab 1967 Mitgl. des Präs. des Solidaritätsfonds der DDR; 1968 SED; 1972–81 Ltr. einer Arbeitsgruppe bei der Dt. Werbeagentur für Berlin; 1982–89 Ltg. des Studios Billhardt beim Verlag für Agitations- u. Anschauungsmittel; Fotoausstellungen in vielen Ländern, u. a. UNICEF-Ausstellung »Kinder der Welt« New York 1989; 1988 Korr., 1990 Ord. Mitgl. der Dt. Ges. für Photogr. Köln; 1989 Dt. Journalisten Verb.
Publ.: Sehnsucht Frieden – Vietnam. Leipzig 1973; Die Palästinenser. Hanau 1979; Als die Muchachos kamen. Berlin 1982.

Binder, Erwin 18. 9. 1932
DBD-Funktionär
Geb. in Groß Godems (Kr. Parchim), Vater Arbeiter; Volksschule; 1947–49 Harzfacharbeiter im Harzgewinnungsbetrieb Parchim; 1949 Landwirtschaftsgehilfe; 1949/50 Besuch der FS für Landw. in Lübz, Meister der Landw.; 1951 DBD; 1950/51 Gemeindesekr. in Groß Godems; 1951/52 pol. Mitarb. der Kreisverb. Parchim u. Rostock; 1952/53 1. Sekr. des DBD-Kreisvorst. Bad Doberan; 1953–55 pol. Mitarb. des PV der

DBD; 1956–69 Sekr. des Bezirksverb. Rostock der DBD, 1969–82 Vors. des BV Rostock der DBD (Nachf. von Otto Lange); 1959–66 Mitgl. des BV Rostock der DSF; 1957–82 Mitgl. des Bezirksaussch. Rostock der NF; 1957–82 Mitgl. des BV Rostock, seit 1972 Mitgl. des PV der DBD, seit 1977 Mitgl. des Präs., seit 1982 Sekr. des PV der DBD; 1965–81 Abg. des Bez.-Tags Rostock; 1968–73 Fernstudium an der Univ. Greifswald, Dipl.-Phil.; 1969 Verdienstmedaille der DDR; 1981–90 Abg. der Volkskammer, 1981–86 Mitgl. des Aussch. für Arbeit u. Sozialpol.; seit 1986 Mitgl. des Aussch. für Auswärtige Angelegenheiten der Volkskammer u. Vors. der DBD-Fraktion; 1987–89 Mitgl. des Präs. der. Volkskammer (Nachf. von Günter Maleuda*).

Birke, Wolfgang 2. 11. 1931
MfS-Abteilungsleiter
Geb. in Pirna; Vater Musiker, Mutter ohne Beruf; Volksschule.
1947–49 Bäckerlehre, danach Geselle; 1950 Kursant der VP-Nachrichtenschule Pirna, dann Kommissar bei der KVP-Bereitschaft; 1950 SED; 1951 Offz. für Nachrichtenverbindungen bei der HV Ausbildung der VP Berlin, 7. Abt. (später Stab der KVP); 1956 Dienstantritt im MfS, Abt. XI (Chiffrierwesen); 1965–71 Fernstudium an der JHS Potsdam-Eiche, Dipl.-Jur.; 1971 stellv. Ltr., 1974 Ltr. der Abt. XI; 1984 Gen.-Major; 1990 Entlassung.

Birr, Dieter (»Maschine«) 18. 3. 1944
Rockmusiker
Geb. in Köslin (Pommern); Lehre als Universalschleifer, daneben autodidakt. Gitarre gelernt; Gitarrist in versch. Gruppen; 1966–72 Musikschule Berlin-Friedrichshain (Spezialklasse Tanzmusik, Theorie u. Gitarre); seit 1969 Puhdys, 19. 11. 1969 erstes Konzert der Gruppe (Freiberg); 1971 erster Puhdys-Titel »Türen öffnen sich zur Stadt«; 1973 mit Puhdys Filmmusik zu »Die Legende von Paul u. Paula« (Regie: Heiner Carow*), Aug. erste Großveranstaltung der Puhdys (X. Weltfestspiele Berlin), Filmmusik »Geh dem Wind nicht aus dem Wege«; 1974 Exklusivvertrag mit der Generaldir. beim Komitee für Unterhaltungskunst, LP »Die Puhdys«; 1975 Intern. Liederfestival Sopot (Polen); 1976 LP »Sturmvogel«, Sommer 1976 erste Auftritte in der Bundesrep. Dtl. (Dortmund: »Fest der Jugend«); 1977 Vertrag mit Hansa Musikprod. GmbH (BRD) u. Lied der Zeit Musikverlag Berlin, erste große Tournee in der Bundesrep. Dtl., LP »Rock'n'Roll Music«, »Die großen Erfolge« und »Perlenfischer«, Fernsehshow »Puhdys – made in GDR«; 1979 LP »Wilde Jahre«, »Puhdys live«, drei Konzerte im Friedrichstadtpalast Berlin (10 Jahre Puhdys); 1980 LP »Heiß wie Schnee«, Konzert in der Deutschlandhalle in Berlin (West); 1981 LP »Far From Home« (in London abgemischt), »Schattenreiter«, Juni 1981 Konzert in der Waldbühne Berlin (West) (12 000 Besucher), Promotion-Tour durch die USA; 1982 LP »Computer-Karriere«; 1984 LP »Das Buch«, »Live in Sachsen«; 1986 Solo-LP »Intim«; LP »Ohne Schminke«; 1989 LP »Neue Helden« (Koprod. Amiga u. Koch-Records (BRD), erscheint zeitgleich in der Schweiz, Österreich, der Bundesrep. Dtl. u. der DDR), LP »Das Jubiläums-Album« (mit Rosalili, The Lords u. a.).
1990 Band Maschine u. Männer; 1991 CD »The Best of Puhdys«; 1992 CD »Wie ein Engel«; 1994 Jubiläumstournee »25 Jahre Puhdys«, CD »Zeiten ändern sich«.
Sek.-Lit.: Tilgner, W.; Ettelt, V.: Die Puhdys. Berlin 1983; Fehlberg, M.: Lebenszeit. Ein Puhdys-Porträt. Berlin 1979; Hannover, I.; Wicke*, P. (Hrsg.): Puhdys. Eine Kultband aus dem Osten. Berlin 1994.

Birthler, Marianne 22.1.1948
Bürgerrechtlerin
Geb. in Berlin, Vater u. Mutter Einzelhändler; 1954–62 Grundschule, 1962 bis 66 Oberschule, 1966 Abitur; 1967–71 Exportbearbeiterin bei der Dt. Kamera- u. ORWO-Film Export GmbH; Fernstudium an der FS für Außenhandel, Abschluß als Außenhandelswirtschaftlerin; 1972–83 Hausfrau, in Schwedt Ausbildung zur Katechetin u. Gemeindehelferin der ev. Kirche, 1983–87 Katechetin in Berlin, 1987–90 Jugendreferentin im Stadtjugendpfarramt Berlin; 1987 Kontakte zur IFM, seit 1988 dort Mitarb.; 1989 Mitarb. in der Arbeitsgruppe Bildung, Erziehung u. Jugend am Zentralen Runden Tisch; März – Okt. 1990 Volkskammerabg. der Fraktion Bündnis 90/Grüne, Sprecherin der Fraktion u. Mitgl. im Aussch. für Familie u. Frauen.
Okt. – Dez. 1990 Mitgl. der Bundestagsgruppe Die Grünen/Bündnis 90; Okt. 1990 Wahl in den Landtag u. anschl. Min. für Bildung, Jugend u. Sport im Land Brandenburg; Mai 1991 Mitgl. im Geschäftsführenden Aussch. der Partei Bündnis 90; Okt. 1992 Rücktritt vom Ministeramt im Kontext der Debatte um die früheren Kontakte des Min.-Präs. Manfred Stolpe* zum MfS; ab Mai 1993 Bundessprecherin von Bündnis 90/Die Grünen.

Bisky, Lothar 17.8.1941
PDS-Politiker
Geb. in Zollbrück (Kr. Rummelsburg, Hinterpomm.), Vater Arbeiter; in Brekendorf (Schleswig-Holstein) aufgewachsen; dort Volksschule; 1955 FDJ; 1960 Abitur, 1961–65 Studium der Kulturwiss. an der KMU Leipzig, 1966 Dipl.-Kulturwiss.; 1963 SED; 1965–78 Abt.-Ltr. am ZI für Jugendforschung Leipzig, zuständig für den Bereich Massenkommunikation/Kunst, Honorardoz. an der Fak. für Journalistik der KMU, 1969 Prom. zum Dr. phil. mit einer soziol. Arbeit, 1975 Prom. zum Dr. sc. phil. mit einer Arbeit zu Problemen der Journalistik; 1978 Doz. u. 1980 Prof. für Kulturtheorie an der AfG; 1986–90 Rektor der HS für Film und Fernsehen in Potsdam-Babelsberg (Nachf. von Konrad Schalbe), ab 1986 Schatzmeister der Intern. Org. der Film- u. Fernseh-HS; Nov. 1989 Ltr. der Abt. Kultur beim ZK der SED; 3.12.1989 Mitgl. des Arbeitsaussch. zur Vorbereitung des ao. Parteitags der SED, seit 8.12. Mitgl. des Präs. des PV der SED-PDS bzw. PDS, Ltr. der Kommission Presse und Medien; März – Okt. 1990 Abg. der Volkskammer; ord. Prof. für Film- u. Fernsehwiss., Mitgl. des Vorst. der Dt. Ges. für Kommunikationsforschung.
Seit Okt. 1990 Abg. des Brandenburg. Landtags, PDS-Fraktionsvors.; Febr. 1992 – Mai 1994 Vors. des Untersuchungsaussch. zu den MfS-Kontakten von Manfred Stolpe*; seit Jan. 1993 PDS-Vors. (Nachf. von Gregor Gysi*).
Publ.: Zur Kritik der bürgerl. Massenkommunikationsforschung. Berlin 1976; Die Funktion der Massenmedien bei der Herausbildung der soz. Kultur. Berlin 1981; The Show Must Go On. Unterhaltung am Konzernkabel. Berlin 1984; Rücksichten. Pol. u. jur. Aspekte der DDR-Geschichte (Mithrsg.). Hamburg 1993.

Bittel, Karl 22.6.1892–18.4.1969
Direktor des Deutschen Instituts für Zeitgeschichte, Publizist
Geb. in Darmstadt als Sohn eines Bankbeamten; Volksschule, Oberrealschule in Freiburg i. Br.; 1914 Abitur; Studium der Volkswirtschaft, Rechtswiss. u. Geschichte an den Univ. Heidelberg, Freiburg und Tübingen; Red. der Jugendztschr. »Pol. Rundbriefe«; 1915 Prom. zum Dr. rer. pol.; anschl. Arbeit im Lebensmittelamt Mannheim u. im Landeswohnungsverein Karlsruhe; 1918

Angehöriger des Arbeiter- u. Soldatenrats in Karlsruhe; 1919 KPD; 1922 Red. der KPD-Ztg. »Kämpfer« in Chemnitz; später hauptamtl. Mitarb. des ZK der KPD (Referat Genossenschaften); Hrsg. der Ztschr. »Der komm. Genossenschaftler« u. »Die Genossenschaft im Klassenkampf«; 1923–27 Aufenthalt in der UdSSR; 1928–33 Mitarb. bzw. Ltr. der sowj. Handelsvertretung »Derop« in Dtl.; 1933 von der Gestapo am Bodensee verhaftet, bis 1934 in den KZ Heuberg u. Ulm inhaftiert, 1934–45 unter Polizeiaufsicht; wiss. Arbeiten, u. a. über Paracelsus.

1945 Mitgl. des Sekr. u. der Landesltg. der KPD Baden; Vors. der VVN in Baden; 1946–48 Mitbegr. der Offenburger KPD-Ztg. »Unser Tag«, Lizenzträger u. Chefred.; Mitgl. der KPD-Landesltg.; 1949 Übersiedlung in die SBZ; 1949–51 Geschäftsführer, stellv. Ltr., 1951–57 Dir. des Dt. Inst. für Zeitgeschichte in Berlin; 1949–57 Chefred. der Halbmonatsschrift »Dokumentation der Zeit«; 1951–53 1. Vors. des VDP; Honorarprof. an der KMU Leipzig; seit 1957 ord. Prof. für Allg. Geschichte der neuesten Zeit an der HU Berlin; Ende 1957 Gastvorlesungen in der UdSSR; 1958 wiss. Berater des MfAA; 1962 KMO; 1963–69 Mitgl. des Präsidialrats des KB; Übersiedlung nach Ahrenshoop; stellv. Vors. des KB im Bez. Rostock.

Blaschke, Karlheinz 4. 10. 1927
Historiker
Geb. in Schönlinde (Nordböhmen), Vater Maschinenschlosser, Mutter Hausfrau; Volksschule, Gymnasium, Oberschule; 1943/44 Luftwaffenhelfer, RAD, 1945 Kriegsmarine, Gefangenschaft bis Juni 1945.

1946 Abitur, CDU (bis 1956); 1946–50 Studium der Fächer Geschichte, Germanistik u. latein. Sprache an der Univ. Leipzig, 1948 Landw.-Gehilfenprüfung, 1950 Prom. über die »fünf neuen Leipziger Univ.-Dörfer«; 1950/51 Inst. für Archivwiss. Potsdam, 1951–68 wiss. Archivar am Sächs. Landeshauptarchiv Dresden; 1962 Habil. mit einer Studie über die Bevölkerungsgeschichte Sachsens bis zur industriellen Rev.; nach Maßregelung durch die SED wegen seiner Kritik an der off. Geschichtswiss. ab 1969 Doz. (1990–92 Prof.) für Geschichte an der Kirchl. HS Leipzig, 1972 Domdechant des Hochstifts Meißen.

1990 CDU; Mitgl. der Hist. Kommission bei der Bayer. AdW, Honorarprof. an der Univ. Marburg, 1991 Mitgl. der Sächs. AdW zu Leipzig; 1991/92 Ltr. des Referats Archivwesen im Sächs. Staatsmin. des Innern; seit 1992 Prof. für Sächs. Landesgeschichte an der TU Dresden, dort geschäftsführender Dir. des Inst. für Geschichte.

B. war einer der wenigen nichtmarxist. Historiker, die bis 1989 in der DDR arbeiteten u. zu intern. Anerkennung kamen. Sein Hauptarbeitsgebiet war die sächs. Landesgeschichte.

Publ.: Sachsen im Zeitalter der Reformation. Dresden 1967; Bevölkerungsgeschichte von Sachsen. 1967; Geschichte Sachsens im Mittelalter. Berlin 1990; Pol. Geschichte Sachsens u. Thüringens. München 1991.

Bläss, Petra 12. 6. 1964
Wahlkommissionsvorsitzende der DDR 1990
Geb. in Leipzig, bis 1982 EOS, 1982–87 Studium der Geschichte u. Germanistik an der HU Berlin, Dipl.-Lehrer; 1986 SED; 1987–90 Forschungsstudium am Bereich Literaturwiss. der Sekt. Germanistik der HU Berlin; Dez. 1989 Mitbegr. des UFV; Jan. 1990 Austritt aus SED/PDS; Febr. – Aug. 1990 Vors. der Wahlkommission der DDR für die Volkskammer- u. Kommunalwahlen; Juni – Dez. 1990 Red. beim DFF.

20. 12. 1990 Abg. des Dt. Bundestags; frauen- u. sozialpol. Sprecherin der PDS/

Linke Liste; Mitarb. in versch. Fraueninitiativen u. Netzwerken; Mitglied des 13. Dt. Bundestages.

Blecha, Kurt 25. 2. 1923
Leiter des Presseamts beim Vorsitzenden des Ministerrats
Geb. in Aussig (ČSR); Sept. 1941 NSDAP; Kriegsdienst, 1943 sowj. Gefangenschaft, NKFD, Antifa-Schule.
Nach der Entlassung Teiln. am 1. Journalisten-Lehrgang der PHS; danach Red. der »Schweriner Volksztg.«, Abt. Prop.; dann Mitarb. des Amts für Information; seit 1953 stellv. Ltr. des Presseamts beim Vors. des Min.-Rats, seit Apr. 1958 Ltr. (Nachf. von Fritz Beyling); seit 1953 Mitgl. des Vorst. des VDP; 1959–89 Mitgl. des Präs. der ZV des VDJ; 1983 VVO in Gold; 1988 Ehrenspange zum VVO in Gold, Nov. 1989 als Ltr. des Presseamts »auf eigenen Wunsch« entbunden (Nachf. Wolfgang Meyer).
Lebt als Rentner in Berlin.

Bloch, Ernst 8. 7. 1885–4. 8. 1977
Philosoph
Geb. in Ludwigshafen/Rhein, Vater Eisenbahnbeamter; 1905–08 Studium der Philos. mit den Nebenfächern Musik u. Physik an den Univ. München u. Würzburg, 1908 Prom. mit einer Arbeit über »Rickert u. das Problem der mod. Erkenntnistheorie«; zwischen 1908 u. 1912 Bekanntschaft mit Georg Lukács, Georg Simmel u. Max Weber; 1914–17 entstand das Werk »Geist u. Utopie« (Veröff. 1918); 1917–19 Journalist in der Schweiz, publizist. Arbeiten gegen den Krieg; 1924–26 längere Reisen nach Italien, Frankreich u. Tunesien; 1926–33 freier Publizist in Berlin, Bekanntschaft u. a. mit Siegfried Kracauer, Theodor W. Adorno, Walter Benjamin u. Bertolt Brecht*; 1933 Emigration über Zürich, Wien (1934) u. Paris (1935, Teiln. am Kongreß »Pour la Défense de la Culture«) in die USA (1938–49); dort Erarbeitung der Manuskripte »Das Prinzip Hoffnung« (Veröff. Berlin 1954–59) u. »Subjekt–Objekt. Erläuterungen zu Hegel« (Veröff. 1951).
1948 Berufung auf den Lehrstuhl für Philos. an der Univ. Leipzig, Antrittsvorlesung »Univ., Marxismus, Philos.«, ab 1949 umfangreiche Vorlesungstätigkeit insbes. zur Geschichte der Philos., bis 1957 Dir. des Inst. für Philos. der KMU; 1953 Mitbegr. u. bis 1956 Mithrsg. der Dt. Ztschr. für Philos., dem einzigen Periodikum der DDR-Philos., dort Mitinitiator einer v. a. gegen die dogmat.-sektierer. Hegel-Marx-Rezeption (R. O. Gropp*) gerichteten Diskussion; 1955 NP, VVO, Ord. Mitgl. der DAW; März 1956 unmittelbar nach dem XX. KPdSU-Parteitag Veranstaltung der sog. Freiheitskonferenz über »Das Problem der Freiheit im Lichte des wiss. Soz.« an der DAW in Berlin, deren »Protokoll« nach den Ereignissen in Ungarn sowie der Verhaftung Wolfgang Harichs* nicht mehr ausgeliefert wurde; 1956/57 (R. O. Gropp, Hermann Ley*, Georg Mende* u. a.) u. nochmals 1961/62 (u. a. Manfred Buhr*) scharfe philosoph. u. ideolog. Kampagne gegen B.s Gesamtwerk, insbes. die »Hoffnungsphilos.«; 1957 Zwangsem.; 1958/59 Vereinbarung u. Vorbereitung der Gesamtausgabe beim Suhrkamp Verlag; ab 1958 Vortragsreisen nach Frankfurt/Main, Paris, Tübingen, Heidelberg u. Stuttgart, nach Schließung der dt.-dt. Grenze im Aug. 1961 nicht mehr in die DDR zurückgekehrt; Annahme einer Gastprof. an der Univ. Tübingen, bis 1966 nochmals intensive Lehrtätigkeit; 1962 Ausschluß aus der DAW; 1966 Protest gegen die westdt. Notstandsgesetze; 1968 Unterstützung der Studentenbew.; Dr. h. c. der Univ. Zagreb (1969), der Pariser Sorbonne und der Univ. Tübingen (1975).
In der zweiten Hälfte der 80er Jahre gegen Widerstände vorsichtige Versuche

einer erneuten B.-Rezeption in der DDR (Gerd Irrlitz); seit 1990 systemat. Aufarbeitung der Wirksamkeit B.s an der Univ. Leipzig durch jüngere Mitarb. u. Assistenten.
Publ.: Gesamtausgabe. 17 Bde. Frankfurt/Main 1959ff.; Aus meinem Leben. Pfullingen 1981.
Sek.-Lit.: Horn, J. H. (Hrsg.): E. B.s Revision des Marxismus. Berlin 1957; »Hoffnung kann enttäuscht werden.« E. B. in Leipzig. Frankfurt/M. 1992; Franzke, M. (Hrsg.): Die ideolog. Offensive. Leipzig o. J. [1993]; Schmidt, B.: E. B. Bibliogr. Stuttgart 1985.

Bobrowski, Johannes
9. 4. 1917–2. 9. 1965
Schriftsteller
Geb. in Tilsit, Vater Eisenbahnangestellter; Gymnasium in Rastenburg u. Königsberg, hier 1937 Abitur; 1938 in Berlin Studium der Kunstgeschichte; Kontakt zur Bekennenden Kirche u. zum christl. Widerstand; 1938 RAD, ab 1939 Wehrmacht; 1941 erste Gedichte; 1945–49 sowj. Gefangenschaft, Arbeit im Bergwerk, Besuch von Antifa-Schulen.
1949 Rückkehr nach Berlin; ab 1950 Lektor im Altberliner Verlag Lucie Groszer; 1955 erste Gedichtveröff.; ab 1959 Cheflektor im Union-Verlag; 1961 erschien sein erster Gedichtband »Sarmat. Zeit« in beiden dt. Staaten, dafür 1962 Alma-Johanna-Koenig-Preis in Wien u. Preis der Gruppe 47; 1964 Roman »Levins Mühle. 34 Sätze über meinen Großvater«, dafür Heinrich-Mann-Preis der DAK und Charles-Veillon-Preis in Zürich.
B.s Grundthema war die schuldbeladene Beziehung der Deutschen zu den benachbarten osteur. Völkern, die er aus christl.-humanist. Sicht erörterte; wegen der modernen Strukturen seiner Lyrik (u. a. »Schattenland Ströme« 1962, »Wetterzeichen« 1966) u. Prosa (u. a. »Boehlendorff u. Mäusefest« 1965, »Litauische Claviere« 1966), die u. a. an lit. Traditionen Klopstocks u. Hölderlins anknüpften, aber auch wegen seiner Kontakte zur Gruppe 47 begegnete ihm die off. Kulturpol. distanziert.
Publ.: Ges. Werke (Hrsg. E. Haufe). Berlin 1987ff.; Briefwechsel mit Peter Huchel* (Hrsg. E. Haufe). Berlin 1993.
Sek.-Lit.: Wolf*, Gerhard: J. B. Leben und Werk. Berlin 1976; Leistner, B.: J. B. Berlin 1981; Wirth*, G.: J. B. Berlin 1986.

Bochmann, Manfred 15. 3. 1928
Minister für Geologie
Ausbildung zum Werkzeugmacher; Wirtschaftsstudium, Dipl.-Wirtschaft; Prom. zum Dr. rer. oec; hauptamtl. SED-Funktionär, u. a. 1962–67 Sekr. für Wirtschaft der Gebietsltg. Wismut; 1967–74 Staatssekr., 1974–1989 Min. für Geologie u. Mitgl. des Min.-Rats; 1984 VVO in Gold.

Bochow, Frank 12. 8. 1937
FDGB-Funktionär
Geb. in Dresden, Vater Herbert B. kaufm. Angestellter, 1942 ermordet; Oberschule, Abitur, Freundschaftsratsvors. der Jungen Pioniere; 1951 FDJ, 1955 FDGB, 1956 SED; 1955–61 Studium am Institut für Intern. Beziehungen in Moskau, Dipl.-Staatswiss.; 1962/63 hauptamtl. u. pol. Mitarb. im ZR der FDJ, 1963–65 Vertreter der FDJ im WBDJ, 1965–76 Sekr. für intern. Verbindungen im ZR der FDJ; 1973 VVO in Gold; 1976/77 Mitarb. im MfAA, 1977–81 Botschaft in Portugal (Nachf. von Erich Butzke); 1982–89 Sekr. des Bundesvorst. des FDGB; 1984–89 Vizepräs. des Friedensrats; 1986–89 Abg. der Volkskammer, stellv. Vors. des Aussch. für Auswärtige Angelegenheiten; 1986–89 Mitgl. des Generalrats u. des Büros des WGB; 1990 zunächst Buchbindereiarbeiter, seit Juni Mitarb. in einem Reisebüro.

Bock, Siegfried 29. 9. 1926
Botschafter
Geb. in Meerane, Lehre u. Tätigkeit als Textilkaufmann; 20. 4. 1944 NSDAP.
1945–50 Studium an der Univ. Leipzig, Dipl.-Jur.; 1946 SED; 1951–61 Mitarb. im MfAA, u. a. Abt.-Ltr. Rechts- u. Vertragswesen, 1955 Prom. an der KMU Leipzig zum Dr. jur., 1959 jur. Berater der DDR-Delegation bei der Genfer Außenministerkonferenz; 1962–66 Botschaftsrat in Rumänien; 1966–77 Ltr. der Abt. Grundsatzfragen im MfAA, 1972–75 bei der KSZE in Helsinki u. Genf tätig, Ltr. der DDR-Delegation in Genf; 1977 – Nov. 1984 Botschafter in Rumänien (Nachf. von Hans Voss); 1984–90 Abt.-Ltr. Südosteuropa im MfAA.

Böck, Willibald 30. 12. 1946
CDU-Funktionär
Geb. in Bernterode (Eichsfeld); Grundschule in Bernterode; 1961–65 EOS in Worbis, Forstfacharbeiter mit Abitur; 1965–69 Studium an der Pädagog. HS Erfurt, Dipl.-Lehrer für Deutsch u. Kunstgeschichte; danach Lehrer an der POS Dingelstädt; 1981–84 Lehrer an der POS Deuna; seit 1965 Mitgl. der CDU; 1984–90 Bürgermeister in Bernterode; März 1990 Abg. der Volkskammer u. Sprecher der Landesgruppe Thüringen der CDU/DA-Fraktion; März 1990 Initiator einer spektakulären »probeweisen Massenflucht« mit rund 800000 Einwohnern, die gedroht hatten, bei einer Verzögerung der Einheit in die Bundesrep. Dtl. auszuwandern (Ziel: Niedersachsen); Teiln. an den Verhandlungen zur dt. Einheit; ab Aug. 1990 Landesvors. der CDU Thüringen u. Mitgl. des Bundesvorst.; seit 1990 Innenmin. in der Thüring. Landesreg.; Sept. 1992 Rücktritt (im Zusammenhang mit der sog. Raststätten-Affäre); seit 1991 Mitgl. der Konrad-Adenauer-Stiftung.

Boenheim, Felix 17. 1. 1890–1. 2. 1960
Internist, Klinik- und Institutsdirektor
Geb. in Berlin, Vater Kaufmann; Gymnasium in Berlin-Wilmersdorf; 1909–14 Medizinstudium in München, Berlin u. Freiburg; 1914 Prom. in Berlin (bei Friedrich Kraus) über »Chinolinderivate u. Harnsäureausscheidung«; 1914–16 Kriegsdienst als Militärarzt; 1916–18 Assistenzarzt an der Med. Univ.-Poliklinik Rostock; 1918/19 in Nürnberg u. München Beteiligung an den pol. Auseinandersetzungen nach der Novemberrev., u. a. Wahl in den Nürnberger Arbeiter- u. Soldatenrat, der USPD nahestehend, 1923 Mitbegr. der Ges. der Freunde des Neuen Rußland, Mitgl. des Vereins Soz. Ärzte; 1919–21 Assistenzarzt am Katharinenhospital in Stuttgart; 1921–29 Niederlassung als Internist in eigener Praxis in Berlin, 1929–33 ltd. Arzt der II. Inneren Abt. des Berliner Hufeland-Krankenhauses; Febr.–Juli 1933 »Schutzhaft« in Spandau, anschl. Exil in der Schweiz, in Frankreich u. Palästina, 1935–48 in den USA (New York), 1941 US-Staatsbürgerschaft.
1949 Rückkehr nach Dtl.; SED; 1950 Sächs. Landtagsabg., 1949–55 Prof. für Innere Med. u. Ltr. der Poliklinik an der Univ. Leipzig, hier 1950 auch kommissar. Ltr. des Karl-Sudhoff-Inst. (KSI) für Geschichte der Med. u. der Naturwiss., 1955 em. als Dir. der Poliklinik, Umberufung zum Prof. für Geschichte der Med. u. Dir. des KSI; 1960 VVO in Gold; gest. in Leipzig.
Sek.-Lit.: Ruprecht, Thomas Michael: F. B. Arzt, Politiker, Historiker. Hildesheim, Zürich, New York 1992.

Bohley, Bärbel 24. 5. 1945
Bürgerrechtlerin
Geb. in Berlin, Vater Konstrukteur, Mutter Hausfrau; 1963 Abitur, anschl. Lehre als Industriekauffrau; Beschäftigung als Lehrausbilderin sowie im Kulturbereich, 1969 Studium an der Kunst-HS Berlin-

Weißensee; seit 1974 freischaff. Malerin, mehrere Ausstellungen in der Bundesrep. Dtl. u. auf der IX. Kunstausstellung der DDR 1982/83 in Dresden; 1979 Mitgl. der Sektionsltg. Malerei u. des Bezirksvorst. Berlin des VBK; 1982 Gründungsinitiatorin des unabhängigen Netzwerks »Frauen für den Frieden«, Eingabe beim Staatsratsvors. gegen das neue Wehrdienstgesetz (Einberufung von Frauen in Vorbereitung von Mobilmachung), zahlr. Kontakte zu Vertretern der westdt. u. ausländ. Friedensbewegung; 1983 Ausschluß aus dem Bezirksvorst. Berlin des VBK, sechs Wochen U-Haft beim MfS wegen »Verdachts auf landesverräterische Nachrichtenübermittlung« (gemeinsam mit Ulrike Poppe*), Entlassung nach intern. Protesten, Auslandsreiseverbot, Auftrags- u. Ausstellungsboykott, Lebensunterhalt durch private Keramikwerkstatt (gemeinsam mit Katja Havemann); 1985/86 Mitbegr. der Initiative Frieden u. Menschenrechte, Mithrsg. u. Autorin von Samisdat-Publ.; Jan. 1988 Verhaftung im Zusammenhang mit den Protestaktionen bei der Liebknecht-Luxemburg-Demonstration, Abschiebung, Aufenthalt in England; 3. 8. 1988 Rückkehr nach Berlin; Engagement für die Loslösung opp. Gruppen von der ev. Kirche, Sept. 1989 Initiatorin der illegalen Gründungsveranstaltung des Neuen Forum (NF) in Grünheide, Jan. 1990 Mitgl. des NF-Arbeitsaussch., Mai bis Dez. 1990 Mitgl. der Berliner Stadtverordnetenvers., Fraktion Bündnis 90, Sept. 1990 Mitbesetzerin der MfS-Zentrale in Berlin, Initiatorin des »Runden Tisches von unten«.
Seit 1991 Mitarb. der Fraktion NF/Bürgerbewegung im Berliner Abgeordnetenhaus; entschiedene Vertreterin basisdemokrat. Konzepte u. Gegnerin der Fusion der Bürgerbewegungsorg. zur Partei Bündnis 90; 1994 Spitzenkandidatin des NF zur Europawahl; zahlr. Veröff. u. TV-Auftritte.

Sek.-Lit.: Findeis, H.; Pollack, D.; Schilling, M.: Die Entzauberung des Politischen. Berlin 1994.

Böhm, Alfred 23. 8. 1913–12. 10. 1982
MfS-Bezirksverwaltungsleiter Neubrandenburg
Geb. in Leipzig, Vater Brunnenbauer; Volksschule, 1928–31 Tischlerlehre; 1931–35 arbeitslos; 1931 KPD; 1935–44 Zuchthaus, dann KZ Sachsenhausen; 1944/45 Strafbat. Dirlewanger, dann sowjet. Kriegsgefangenschaft.
1947 SED; Einstellung bei der VP, K 5; 1950 Einstellung beim MfS, Kreisdienststelle Leipzig; 1951 Versetzung zur Abt. VI des MfS Berlin, 1953 dort Kommissar. Ltr., dann Mitarb. der Kontroll-Inspektion; 1956 Stellv. Operativ des Ltr. der BV Neubrandenburg; 1959/60 PHS; 1965 Ltr. der BV Neubrandenburg u. Mitgl. der SED-BL; 1973 VVO in Gold; 1975 Gen.-Major; 1977 Entlassung, Rentner.

Böhm, Georg 26. 3. 1923
Regierungsbeauftragter für die MfS-Auflösung
Geb. in Willomitz (ČSR), Vater Arzt; Volks- u. Oberschule, 1940–42 landw. Lehre; 1. 9. 1942 NSDAP, Jungbauer in Bensen (Sudetenland); Kriegsdienst, sowj. Gefangenschaft, Antifa-Schule.
1950–90 DBD, bis 1951 Kreisinstrukteur bzw. Jugendreferent des Landesvorst. Mecklenburg u. Mitgl. des Landesvorst., später des Bezirksvorst. Schwerin; 1951–54 Ltr. der Parteischule Bad Kleinen der DBD; 1951–55 Fernstudium an der Dt. Verwaltungsakad. Forst-Zinna bzw. der DASR Potsdam, Dipl.-Wirtsch.; 1955–60 HA-Ltr. Schulung u. Aufklärung des PV der DBD u. Mitgl. seines Präs.; 1958–63 Abg. der Volkskammer; 1960–62 Sekr. des Bezirksvorst. Neubrandenburg, danach Sekr. u. 1970 stellv. Vors. des Bezirksvorst. Magdeburg; 1971–76 Vors. des Bezirksvorst.

Halle; ab 1972 erneut Mitgl. des Präs. des PV der DBD, ab 1976 Sekr. des PV der DBD (Nachf. von Claus Howitz); 1982 Vizepräs. des Friedensrats der DDR; 1983 VVO in Gold.
Jan. 1990 auf dem Sonderparteitag der DBD nicht wieder in den PV gewählt; Jan. 1990 zus. mit Werner Fischer* u. Gottfried Forck* vom Zentralen Runden Tisch mit der Kontrolle der Auflösung des MfS beauftragt, bis Apr. 1990 Regierungsbevollmächtigter, Juni – Okt. 1990 Stellv. Sekr. der Regierungskommission zur Auflösung des MfS, dann Altersrentner; seit Okt. 1990 parteilos, seit Okt. 1992 Mitgl. (Beobachter) des Kuratoriums Ostdt. Verb.

Böhm, Horst 11. 5. 1937–21. 2. 1990
MfS-Bezirksverwaltungsleiter
Geb. in Zwickau; Vater Bäcker, Mutter Handschuhmacherin.
1954 SED; 1955 Abitur u. Eintritt in das MfS; Zweijahreslehrgang an der JHS Potsdam-Eiche; 1961 stellv. Ltr. der Kreisdienststelle Stolberg; 1962 stellv. Ltr. der Kreisdienststelle Hohenstein; 1962–67 Fernstudium der Ges.-Wiss. an der KMU Leipzig, Dipl.-Lehrer für Marxismus-Leninismus; 1966 stellv. Ltr. der Arbeitsgruppe Anleitung u. Kontrolle der Bezirksverwaltung Karl-Marx-Stadt, 1974 stellv. Operativ des Ltr. der Bezirksverwaltung Karl-Marx-Stadt; 1981 Offz. für Sonderaufgaben, dann Ltr. der Bezirksverwaltung Dresden, Mitglied der BL Dresden der SED; 1982 Gen.-Major; 1989 Entlassung; 1990 Selbstmord.

Böhm, Rudolf 28. 8. 1917
Mitbegründer der FDJ, Chefredakteur der Zeitschrift »Forum«
Geb. in Schlesien, Vater Werkmeister bei der DR; Mitgl. in der kath.-bünd. Jugend; 1936 Abitur, anschl. Studium der Theol., Philos. u. Geschichte in Breslau u. München; dort Mitarb. in der Widerstandsbew. kath. Studenten; seit 1939 Wehrmacht, Ltn.; 1940 als Wehrmachtsangest. Staatsprüfung in Philos. u. Geschichte in Wien; 1943 Gefangenschaft bei Stalingrad; Mitgl. Antifa-Komitees; 1945 KPD.
Sommer 1945 Rückkehr nach Dtl.; Sept. 1945 Referent für Studienangelegenheiten in der dt. ZV für Volksbildung Berlin, zuständig für die Immatrikulationskommission, Mitgl. des Zentralen Jugendaussch.; 7. 3. 1946 Mitunterz. der Gründungsurkunde der FDJ; Juni 1946 (1. Parlament der FDJ in Brandenburg) bis Mai 1947 (2. Parlament der FDJ in Meißen) Sekr. des FDJ-ZR für Studenten; 1947–49 Lizenzträger u. Chefred. des »Forum« (Ztschr. für das geistige Leben an den dt. HS); 1949 pers. Referent des Min. für Volksbildung Paul Wandel*; anschl. Mitarb. im Büro Ackermann* (ZK der SED), stellv. Ltr. der HV Film; 1956 DEFA-Studiodir. (zus. mit Albert Wilkening*); 1958 im Zusammenhang mit der »Revisionismus-Debatte« u. pol. Deklassierung von Paul Wandel Parteiverfahren u. fristlose Entlassung; seit 1958 (unter Ps.) freiberufl. Autor, rund 60 TV- u. DEFA-Spielfilme.
Lebt als Rentner in Berlin.
Sek.-Lit.: Forum. Zeitschrift für das geistige Leben an den deutschen Hochschulen. Berlin, Jg. 1947–49; Bresch, Urike: FDJ-Studentensekretäre (1946–1989). In: Jahresbericht 1992 des Inst. für zeitgeschichtl. Jugendforschung. Berlin 1992; Schenk, Ralf (Red.): Das zweite Leben der Filmstadt Babelsberg. DEFA-Spielfilme 1946–1992. Berlin 1994.

Böhm, Siegfried 20. 8. 1928–5. 5. 1980
Finanzminister
Geb. in Plauen, Vater Arbeiter; Oberschule u. Handelsschule; 1945–48 kaufm. Lehre; 1947 FDJ, FDGB, 1948 SED; 1948–53 hauptamtl. FDJ-Funktionär, zunächst in Plauen Arbeitsgebietsltr. u. Sekr., dann pers. Referent des FDJ-Landesvors. Sachsen; 1953/54 Bandwär-

ter, Presser, Brigadier im Braunkohlenwerk Espenhain; 1954–58 Studium an der KMU Leipzig, Hörer von Fritz Behrens* u. Arne Benary*, 1958/59 Assistent am Inst. für pol. Ökonomie der KMU; 1959–61 Arbeitsgruppenltr. Sektor Ökonomie, 1961 Stellv. Ltr., 1963 Ltr. der Abt. Planung u. Finanzen des ZK der SED (Nachf. von Gerhard Schürer*), Befürworter des »Neuen Ökonomischen Systems der Planung u. Ltg. der Volkswirtschaft« (NÖS); 1966–80 Finanzmin. (Nachf. von Willi Rumpf*), Mitgl. des Präs. des Min.-Rats; ab 1967 Mitgl. des ZK u. Abg. der Volkskammer; 1974 VVO in Gold; Suizid aus priv. Gründen.

Böhm, Tatjana 14. 11. 1954
Mitbegründerin des Unabhängigen Frauenverbands, Ministerin
Geb. in Karl-Marx-Stadt, Eltern Ges.-Wiss.; 1973 Abitur, anschl. Philosophiestudium an der HU Berlin, 1974 unterbrochen, Beschäftigung als Maschinenarbeiterin u. Archivassistentin in Karl-Marx-Stadt; 1975–80 Soziologiestudium an der HU Berlin; 1976 SED; 1980–83 wiss. Mitarb. am Inst. für Soziol. u. Sozialpol. (ISS) der AdW in Berlin, Forschungsrichtung Frauen- u. Sozialpol., 1983–86 Assistentin am Inst. für Soziol. der HU, anschl. Rückkehr zum ISS; seit Anfang der 80er Jahre Mitarb. in informellen Gesprächskreisen feminist. orientierter Wissenschaftlerinnen, die sich für eine krit. Frauenforschung und Veränderungen in der Frauenpol. einsetzten.
Okt. 1989 Mitarb. in der Soz. (später: Solidar.) Fraueninitiative SOFI, Nov. Austritt aus der SED, Nov./Dez. Mitarb. in der Vorbereitungsgruppe u. Gründungsmitgl. des UFV, Mitgl. im Berliner UFV-Koordinierungsrat; Dez. 1989 – März 1990 UFV-Vertreterin am Zentralen Runden Tisch, Mitarb. in der Arbeitsgruppe »Neue Verfassung«, Schwerpunkt: Frauenrechte in der Verfassung, Mitautorin u. -einbringerin der »Sozialcharta« des Runden Tischs; Febr. – Apr. 1990 Min. ohne Geschäftsbereich in der zweiten Reg. Modrow, Juni – Okt. 1990 Mitarb. der Volkskammerfraktion Bündnis 90/Grüne; Juni 1990 Gründungsmitgl. u. Sprecherin des »Kuratoriums für einen demokr. verfaßten Bund Dt. Länder«.
1991/92 versch. Auftragsarbeiten für den DGB in der pol. Bildung, Schwerpunkt: Arbeitsmarkt u. Frauenarbeit in den neuen Bundesländern; Vorträge u. Publ. im In- u. Ausland; seit 1992 Ltr. des Referats »Gleichstellungsfragen in Erziehung u. Familie« des Min. für Arbeit, Soziales, Gesundheit u. Frauen im Land Brandenburg.

Böhme, Hans-Joachim 25. 4. 1931
Hochschulminister
Geb. in Leipzig, Vater Arbeiter; 1950–53 Studium der Pädagogik an der Univ. Leipzig; 1952 SED; 1953–55 Lehrer bzw. Assistent an der KMU Leipzig, 1955–59 1. stellv. Sekr., 1959–66 1. Sekr. der SED-KL der KMU Leipzig; 1966–68 Ltr. der Studienabt. an der DDR-Botschaft in Moskau; 1968–70 Staatssekr. und 1. stellv. Min., 1970–89 Min. für HFS-Wesen (Nachf. von Ernst-Joachim Gießmann*); 1971 Kand., 1973–89 Mitgl. des ZK der SED; 1970 Prof. an der HU Berlin, 1981 Dr. h.c. der Univ. Leningrad; 1981 VVO in Gold; Nov./Dez. 1989 Rücktritt mit der Reg. Stoph u. dem ZK der SED; anschl. arbeitslos.

Böhme, Hans-Joachim 29. 12. 1929
SED-Politiker
Geb. in Bernburg (Saale), Vater Arbeiter; Mittelschule; 1945/46 SPD/SED; 1945–48 Verwaltungsangestellter in Bernburg; 1948/49 dort Vors. der FDJ-KL; 1949–51 Abt.-Ltr. in der SED-KL Bernburg, 1951/52 Abt.-Ltr. in der BPO des Mansfeldkombinats, 1952–55 Mitarb. u. stellv. Abt.-Ltr. der Landesltg.

Sachsen-Anhalt der SED bzw. der BL Halle; 1955–58 Studium an der PHS, Dipl.-Ges.-Wiss.; 1958–63 Sekr. der SED-KL Weißenfels; 1963–68 Sektorltr. u. Abt.-Ltr., 1968–74 Sekr. für Agit. u. Prop. der SED-BL Halle; 1967 Prom. zum Dr. phil. an der MLU Halle mit einer Diss. über Probleme der pol. Bewußtseinsbildung; 1974–81 2. Sekr., ab Mai 1981 1. Sekr. der SED-BL Halle (Nachf. von Werner Felfe*); 1980 VVO in Gold; 1981–89 Mitgl. des ZK der SED u. Abg. der Volkskammer, 1986–89 Mitgl. des PB des ZK der SED.
Nov. 1989 aus dem PB ausgeschieden u. seiner Funktion als 1. Sekr. der SED-BL Halle enthoben, Anklageerhebung wegen »untreuer Handlungen auf Kosten des soz. u. Parteieigentums«, mangels Beweisen eingestellt; Jan. 1990 aus der SED-PDS ausgeschlossen; Rentner; Mai 1993 mangels Beweisen durch das AG Halle von dem Vorwurf freigesprochen, durch den Bau einer priv. Jagdhütte einem ehem. staatl. Forstbetrieb finanziellen Schaden zugefügt zu haben.

Böhme, Helmut 7. 6. 1929
Genetiker
Geb. in Halle/Saale, Vater Angestellter; 1944/45 Lehre in der Landw.; 1945–47 Oberschule, Abitur; 1947/48 Forts. der Lehre; 1948–51 Studium an der MLU Halle, Dipl.-Landwirt; 1951–54 Aspirant am Inst. für Genetik der MLU u. Forschung bei Hans Stubbe am Inst. für Kulturpflanzenforschung der DAW; 1954 Prom. u. 1960 Habil.; 1954–59 wiss. Mitarb., 1959–69 Abt.-Ltr. u. 1969–83 Dir. des ZI für Genetik u. Kulturpflanzenforschung der DAW bzw. AdW in Gatersleben; 1966–84 Mitgl. des Forschungsrats der DDR; 1967 Prof. an der DAW u. der MLU; 1968–71 Ltr. des Forschungsbereichs Biol. u. Medizin sowie 1969 Ord. Mitgl. der DAW, 1971–83 Sekretar der Klasse Biowiss. der AdW; 1970 Mitgl. der Dt. Akad. der Naturforscher Leopoldina Halle; 1972–87 Ord. Mitgl. der AdL; 1973 NP; 1974–83 Vors. des Nat.-Komitees für Biowiss., 1977–79 Präs. der European Environmental Mutagen Society; ab 1983 wiss. Mitarb. des o. g. ZI in Gatersleben; 1990 Vorruhestand.
Hauptarbeitsgebiete: allg. Genetik, Bakteriengenetik, genet. Aspekte der Reparatur von DNS-Schäden.

Böhme, Ibrahim (eigtl. Manfred) 18. 11. 1944
Mitbegründer der SDP
Geb. unweit von Leipzig, vermutl. jüd. Eltern; wuchs als Waisenkind bei Pflegeeltern, in Heimen u. Internaten auf; Vorname Ibrahim selbst gewählt; FDJ; 1961 mittlere Reife, anschl. Ausbildung zum Maurer in den Leuna-Werken, Abitur an der Abendschule; Aufnahme eines Fernstudiums Geschichte/Dt.; 1963 als Lehramtsanwärter Heimerzieher im Lehrlingswohnheim der Leuna-Werke, Lehrer für Russisch, Geschichte, Dt.; 1965 kurzzeitige Verhaftung nach einem Havemann-Vortrag; 1966/67 Unterbrechung des Fernstudiums aus pol. Gründen, Bibliothekar u. Jugendklubltr. in Greiz; 1967 SED; 1968 kurze Haft, danach bei der Dt. Post tätig; Abschluß des Fernstudiums als Lehrer u. Historiker; KB-Kreissekr. in Greiz, wegen Unterstützung von Jürgen Fuchs*, Bettina Wegner* u. Gerulf Pannach* gemaßregelt, Beginn der inoff. Mitarb. beim MfS; 1976 Austritt aus der SED; 1977/78 15 Monate U-Haft wegen »staatsfeindl. Hetze«; danach am Friedrich-Wolf-Theater in Neustrelitz tätig, 1981 wegen öff. Sympathiebekundung für »Solidarnosc« entlassen; danach Gelegenheitsarbeit als Sägewerker, Bibliothekar, Dolmetscher, Übersetzer für Vietnamesisch, Küchenhilfe, Friedhofsgärtner; Kontakt zum Arbeitskreis Theol. u. Philos. beim Bund der Ev. Kirchen, Verbindung zu den Opp. Markus Meckel*, Martin Gutzeit*,

Stephan Hilsberg* u. a.; Engagement in der IFM; 7. 10. 1989 Mitbegr. der SDP in Schwante (b. Oranienburg), Wahl zum Geschäftsführer; seit 7. 12. ihr Vertreter am Zentralen Runden Tisch; Febr. 1990 Vors. der SPD (DDR); März–Aug. Abg. der Volkskammer, SPD-Fraktionsvors.; 1.4. Niederlegung aller Parteiämter wegen des Vorwurfs der inoff. Mitarb. für das MfS; ab Sept. Polizeibeauftragter des Berliner Magistrats; Sept. Mitgl. des SPD-PV.

Juni 1992 Schiedsverfahren u. Ausschluß aus der SPD.

Sek.-Lit.: Kunze*, Reiner: Deckname »Lyrik«. Frankfurt/Main 1990; Lahann, Birgit: Genosse Judas. Die zwei Leben des Ibrahim Böhme. Berlin 1992; Dokumentar-Spielfilm über I.B.: »Der Mann im schwarzen Mantel« (1994).

Böhme, Lothar 26. 7. 1938

Maler

Geb. in Berlin, Vater Angestellter, Mutter Blumenhändlerin; Volksschule; 1954–56 Lehre u. Arbeit als Dekorateur; 1957–61 Studium in der Grafikklasse der Meisterschule für das Kunsthandwerk Berlin-Charlottenburg bei Heinz Weißbrich u. Günter Scherbarth, Abbruch des Studiums durch den Bau der Mauer; Umzug nach Berlin-Pankow; ab 1961 freiberufl. Arbeit als Maler, Finanzierung durch Arbeit für Messen u. Ausstellungen der Bauakad.; ab 1965 VBKD; von 1976–90 Ltg. eines Zirkels für Autodidakten am Otto-Nagel-Haus der Staatl. Museen in Berlin, wirkte damit als wichtiger Anreger des künstler. Nachwuchses; 1976 erste Personalausstellung in der Galerie am Prater Berlin, 1978 Leonhardi-Museum Dresden, 1982 Studio im Alten Museum Berlin; 1988 Teiln. an der Biennale Venedig.

1992 Kollwitz-Preis der AdK; 1993 Ausstellung Nationalgalerie Berlin; 1994 Fred-Thieler-Preis für Malerei; 1994 Mitgl. der AdK.

B.s Hauptmotiv ist der weibl. Akt, der in strenger Formenreduktion zu existentiellem Ausdruck geführt wird.

Sek.-Lit.: Kat. L. B. Studio 32. Nationalgalerie Berlin 1982; Kat. L. B. (mit Bibliogr.). Ephraimpalais Berlin 1991; Kat. L. B. Nationalgalerie Berlin 1993.

Böhme, Wolfgang 11. 3. 1926

Direktor des Meteorologischen Dienstes

Geb. in Dresden, Vater Werkzeugschlosser; 1932–44 Volks- u. Oberschule; 1944/45 Kriegsdienst, Artillerie.

1945 Gartenhilfsarbeiter, 1945/46 Abiturlehrgang; 1946/47 Beobachter beim Sächs. Landeswetterdienst, 1947–49 Sachbearbeiter am Meteorolog. Zentralobservatorium Potsdam; 1948–53 Studium der Meteorol. u. Geophysik bei H. M. Ertel* u. Horst Philipps* an der HU Berlin mit Diplomabschluß; 1953 bis 1958 Aspirant, 1958 Prom. an der HU; 1954 bis 1989 SED; 1958–62 wiss. Mitarb., 1962–64 Abt.-Ltr., 1964–66 stellv. Dir., 1967–90 Dir. des Meteorolog. Dienstes; 1970 Habil. an der WPU Rostock; 1971 Honorarprof. für Meteorol. an der HU Berlin; 1970–90 Vizepräs. der Meteorolog. Ges.; 1974–78 Mitgl. des Büros des (intern.) Komitees für Raumforschung (COSPAR); 1977 Korr. u. 1980 Ord. Mitgl. der AdW, 1981–91 Vors. ihrer Klasse Geo- u. Kosmoswiss.; 1979–90 Ltr. der Gruppe von Rapporteuren der Commission for Atmospheric Sciences der Meteorolog. Weltorganisation zu Fragen der Klimaforschung, 1990 Ltr. der Gruppe zur Erarbeitung eines Vorschlags zum Weltklimaprogramm der 2. Weltklimakonferenz in Genf.

Okt. 1990 Ruhestand.

Forschungen u. Publ. vor allem zur Geschichte der Meteorol., zu Wetter- u. Witterungsvorhersageproblemen sowie zur Klima- u. Raumforschung.

Boll-Dornberger, Katharina
2. 11. 1909–27. 7. 1981
Physikerin, Institutsdirektorin
Geb. in Wien, Vater Ökonom; Realgymnasium, ab 1928 Physik- u. Mathematikstudium in Wien u. Göttingen; 1928–30 KPÖ, ab 1931 KPD; 1934 Prom. in Wien mit Forschungen zur Kristallstrukturanalyse, 1935–37 Assistentin an der Univ. Wien, 1937 Emigration nach England, dort Forts. der Forschungen u. a. bei M. Oliphant (Birmingham), J. D. Bernal (London) u. E. Crowfoot-Hodgin (Oxford).
1947 Rückkehr nach Dtl.; SED; zunächst Doz. an der HS für Baukunst in Weimar; ab 1948 DAW, Inst. für Med. Biol. Berlin-Buch, Inst. für Strukturforschung, dort seit 1958 Inst.-Dir.; 1953 Habil. an der HU Berlin, dort (nebenamtl.) 1954 Doz., 1956 Prof.; 1959 VVO, 1960 NP; gest. in Berlin.
Intern. anerkannte Forschungen zur Röntgenstrukturanalyse von Kristallen, die das Gebiet in der DDR begründen halfen.

Bollhagen, Hedwig 10. 11. 1907
Keramikerin
Geb. in Hannover; nach Schulbesuch tätig in einer Töpferei in Großalmerode; 1924/25 Besuch der Kasseler Kunstakad., 1925–27 der FS für Keramik Höhr-Grenzhausen; 1927–31 Entwerferin u. Ltr. der Abt. Malerei in der Steingutfabrik Velten-Verdamm (b. Berlin); 1931 Arbeit in der Staatl. Majolika-Manufaktur in Karlsruhe u. bei Rosenthal in Neustadt (b. Coburg); 1932 Mitarb. von T. Prill-Schloemann in Berlin als Entwerferin u. Betriebsassistentin in der Werkstatt Ohm in Frechen; 1934 Übernahme (zunächst mit Teilhaber) der ehem. Hael-Werkstätten für Künstler. Keramik in Marwitz (b. Velten, Mark) als HB-Werkstätten für Keramik mit ca. 60 Beschäftigten; 1937 Goldmedaille auf der Pariser Weltausstellung.
1972 Überführung des Betriebs in Volkseigentum, seit 1976 gehörte die »Werkstatt für Keramik Marwitz« zum Staatl. Kunsthandel der DDR.
Entwurf u. Herstellung von preiswertem Gebrauchsgeschirr, Kaffee u. Teeservice von schlichter u. guter Form, einer gewissen Zeitlosigkeit verpflichtet; in den 70er und 80er Jahren auch einfühlsame baukeram. Objekte und Umsetzung von Entwürfen Waldemar Grzemeks, René Graetz', Jürgen von Woyskis* u. a.
Kat.: H. B., H. Mantey, F. Gerhard. Keramik. Berlin 1982.

Bolz, Lothar 3. 9. 1903–29. 12. 1986
Vorsitzender der NDPD, Außenminister
Geb. in Gleiwitz (Oberschles.), Vater Uhrmacher; Oberrealschule gemeinsam mit Rudolf Herrnstadt*; 1921–25 Studium der Rechtswiss., Kunst- u. Literaturgeschichte an den Univ. München, Kiel u. Breslau, Prom. zum Dr. jur.; 1926 Gerichtsreferendar, 1929 Assessor, danach Rechtsanwalt in Breslau; 1933 Ausschluß aus der schles. Anwaltskammer wegen Verteidigung von Antifaschisten; Emigration nach Danzig, Prag u. später in die UdSSR, dort Journalist, Lehrer für dt. Sprache an Univ. u. Assistent am Marx-Engels-Lenin-Inst. in Moskau; nach 1941 Arbeit unter dt. Kriegsgefangenen, Lehrer an Antifa-Schulen, Mitarb. an der Ztg. des NKFD »Freies Dtl.« (Ps. Rudolf Germersheim).
Ende 1947 Rückkehr nach Dtl.; bis Sept. 1948 freiberufl. Journalist in Halle; 1948 NDPD, Sept. 1948 – April 1972 deren Vors., ab 1948 Mitgl. des Hauptaussch. u. des PV; 1949 einer der Vors. des Dt. Volksrats u. Mitgl. der DWK; ab 1949 Abg. der Prov. Volkskammer bzw. Volkskammer; 1949–53 Min. für Aufbau, 1950–67 stellv. Min.-Präs.; ab 1950 Mitgl. des Präs. der NR der NF; 1953–65 Min. für Auswärtige Angelegenheiten (Nachf. von Georg Dertinger*); 1954 u.

1965 VVO in Gold, 1955 Kommandeurskreuz zum Orden Polonia Restituta, I. Klasse, 1965 Großes Band des Ordens vom Nil, 1968 Stern der Völkerfreundschaft; 1968–78 Präs. der DSF (Nachf. von Johannes Dieckmann*), danach Mitgl. des Präs.; ab 1972 Ehrenvors. der NDPD; 1971 Orden des Vaterländ. Krieges 1. Grades u. a.
Publ.: Es geht um Deutschland. Reden u. Aufsätze. Berlin 1955; Für die Macht des Friedens. Reden und Aufsätze. Berlin 1959.

Bondzin, Gerhard 29. 7. 1930
Maler, Präsident des Verbandes Bildender Künstler
Geb. in Mohrungen (Ostpr.), Vater Buchdrucker; 1945 Vertreibung.
1946–48 Studium an der FS für Keramik in Sonneberg, 1948–51 Studium an der Kunst-HS Weimar, SED; 1951–53 Studium an der HS für bildende Künste Dresden u. a. bei Rudolf Bergander*, seit 1957 Lehrtätigkeit, 1967 Prof., 1965–70 Rektor der HS für bildende Künste Dresden; 1969 DAK; 1969–84 Mitgl. der SED-BL Dresden; 1970–74 Präs. des VBK (Nachf. von Lea Grundig*); seit 1974 Ltr. einer Meisterklasse an der o. g. HS in Dresden.
Werke: Schichtwechsel (1957), Das letzte Aufgebot. Niemals wieder (1962), Die Unbesiegbaren (1967), Der Weg der roten Fahne, Wandbild am Kulturpalast Dresden (1969), Drei kuban. Arbeiter (1976).

Boock, Georg 6. 9. 1891–23. 6. 1961
Oberbürgermeister von Erfurt
Geb. in Berlin, Vater Lokführer; Gemeindeschule, Realgymnasium; Ausbildung zum Verwaltungsbeamten; ab 1911 in versch. Abt. der städt. Verwaltung von Neukölln tätig; Abendstudium der Volks- und Finanzwirtschaft sowie der Rechtswiss.; 1915 Kriegsdienst, engl. Gefangenschaft; 1919 Stadtsekr. in Neukölln, Ltr. des Kriegsfürsorgeamtes; 1920 USPD, 1922 SPD; 1921–27 Bürgermeister von Langenberg bzw. Meuselwitz (Sa.), Funktionen im Thüring. Städtebund u. im Reichsstädtebund; ab 1927 1. Bürgermeister von Wurzen, Vorstandsmitgl. des Sächs. Bürgermeistertags – Verb. Sächs. Mittelstädte; 1933 nach seiner Amtsenthebung Gründung eines Büros für Steuer- u. Grundstücksfragen in Leipzig; Kontakte zur Widerstandsgruppe Schumann-Engert-Kresse, 27. 7. 1944 Verhaftung u. Verurteilung zu drei Jahren Zuchthaus (Straubing).
1945/46 KPD/SED; 10. 7. 1945 OB von Wurzen, 5. 5. 1946–1961 OB von Erfurt; Abg. der Stadtverordnetenvers., Mitgl. des Büros der SED-Stadtltg.; ab 1957 Mitgl. der Kommission beim ZK der SED zur Ausarbeitung von Richtlinien für die Verbesserung der staatl. Arbeit, beteiligt an der Erarbeitung des entsprechenden Gesetzes vom 11. 2. 1958 sowie der »Ordnung über die Aufgaben u. die Arbeitsweise der Gemeindevertretung u. ihrer Organe« von 1961; Mitgl. des Präs. des Dt. Städtetags der DDR bzw. des Dt. Städte- u. Gemeindetags, des Beirats des Inst. für Kommunalwirtschaft, des Arbeitsaussch. zur Förderung der gesamtdt. Verständigung auf kommunalem Gebiet.
Publ.: Die Stadt Meuselwitz 1874–1924 (mit R. Reuther). Altenburg 1924; Wohnraumerfassung u. Wohnraumverteilung. Berlin 1959.

Bork, Kurt 27. 8. 1906–25. 9. 1975
Stellvertretender Kulturminister
Geb. in Berlin, Vater Straßenbahnschaffner, Mutter Plätterin; nach dem Tod der Mutter 1915–20 im Halbwaisenhaus; 1920–23 kaufm. Lehre im »Spreehof«, Berliner Handelsstätten; seit 1920 in der komm. Jugendbew.; 1921 Mitgl. der Volksbühne; Mitgl. einer komm. Agitprop-Truppe, für die er Sprechchor-Texte schrieb; 1932 KPD, kulturpol. Arbeit;

nach 1933 nicht pol. organisiert; 1923–40 kaufm. Angestellter im Berliner Getreidelagerhaus (Lagerhaus Spreehof GmbH), 1940–45 dort Geschäftsführer.
1945/46 Ltr. des Kulturamts Berlin-Lichtenberg; 1946 KPD/SED; Apr. 1946–49 in der Abt. Volkbildung beim Magistrat von Groß-Berlin, zunächst im Referat Theater (bis zur Spaltung zuständig für alle städt. Theater), dann Hauptamtsltr. Darstellende Kunst; 1949–51 Hauptreferent für Theater im Min. für Volksbildung (Kommission für Theaterfragen); 1951–54 Ltr. der Abt. Darstellende Kunst in der staatl. Kommission für Kunstangelegenheiten, glz. Doz. an der Film-HS Babelsberg; 1952 Kurzlehrgang an der DVA »Walter Ulbricht«; mit Gründung des Min. für Kultur Jan. 1954–63 Ltr. der HA Darstellende Kunst; Mitgl. der ZPL des Min. für Kultur; 1962–73 stellv. Min. für Kultur, bis 1969 zuständig für Theater, Musik, Bildung, Kunst, schul. Einrichtungen u. Veranstaltungswesen; 1963–68 Mitgl. des Zentralvorst. der Gewerkschaft Kunst des FDGB; 1966–71 Vorst.-Mitgl. des Verb. der Theaterschaffenden; 1968 Weiterbildungslehrgang am IfG; wichtiger Förderer v. a. der Berliner u. Leipziger Theater, insbes. des Berliner Ensembles u. der Kom. Oper; in einer zunehmend restriktiveren Phase der Kulturpol., nach Ablehnung der von B. vorbereiteten Theaterreform durch das PB der SED u. im Ergebnis kulturpol. Diskussionen nach dem Prager Frühling, verlor B. auf Veranlassung von Kurt Hager* das Theaterressort; ab Febr. 1969 Übernahme des Ressorts Bildende Kunst, Denkmalspflege u. Intern. Beziehungen im Min. für Kultur; Jan. 1973 als stellv. Kulturmin. abgelöst (off. aus Altersgründen); bis zu seinem Tod Vors. des Kuratoriums des Kulturfonds der DDR; gest. in Berlin.

Borkowski, Dieter 1. 11. 1928
Journalist, Schriftsteller, Historiker
Geb. in Berlin, Vater Theologe, Mutter Lehrerin; erlebte als 17jähriger Flakhelfer die Zerstörung Berlins; sowj. Gefangenschaft.
Nach der Entlassung Geschichtsstudium u. Volontariat beim Berliner Rundfunk u. im Dt. Inst. für Zeitgeschichte; 1947 Begegnung mit Erich Honecker*, dessen Mitarbeiter er beim Aufbau der FDJ wurde; nach der Niederschlagung des Volksaufstands am 17. 6. 1953 Ausschluß aus der SED u. Berufsverbot als Redakteur; 1960–62 wegen seiner Verbindung zur parteiopposition. Schirdewan*-Wollweber*-Gruppe Stasi-Einzelhaft in Berlin-Hohenschönhausen; schrieb 1966–71 unter dem Pseudonym Arno Hahnert illegal für die Wochenztg. »Die Zeit«, dafür als »Agent der kap. Brandt-Scheel-Clique« erneute Inhaftierung; wurde 1972 gegen DDR-Spione in der Bundesrep. Dtl. ausgetauscht; Studium der Geschichte in Hannover; 1987 Veröffentlichung der ersten Honecker-Biogr. in der Bundesrep. Dtl.; half bei der Aufarbeitung der DDR-Vergangenheit, sichtete Partei- u. Stasi-Akten, bestätigte die IM-Tätigkeit des Schriftst.-Funktionärs Hermann Kant*; Mitgl. des Freien Dt. Autorenverbandes (FDA).
Publ.: Wer weiß, ob wir uns wiedersehen. Frankfurt/M. 1980; Für jeden kommt der Tag. Frankfurt/M. 1981; In der Heimat, da gibt's ein Wiedersehn. Frankfurt/M. 1984; Lily Braun – Rebellin gegen Preußen. Frankfurt/M. 1984; Erich Honecker. Statthalter Moskaus oder dt. Patriot? Eine Biogr. München 1984.

Börner, Rainer 16. 6. 1956
PDS-Politiker
Geb. in Nordhausen, Vater Landwirt; 1963–75 POS u. EOS; 1971 FDJ; 1975/76 Traktorist, 1976/77 NVA; 1977 SED; Studium an der HfÖ Berlin, Dipl.-

Wirtsch.; 1978–84 ehrenamtl. u. hauptamtl. in der FDJ-Ltg. der HfÖ, 1984–90 Mitarb. der FDJ-BL Berlin, u.a. Abt.-Ltr. u. Sekr. für Kultur; Dez. 1989 Mitbegr. u. Sprecher der Arbeitsgemeinschaft Junger GenossInnen der SED-PDS; Febr. 1990 Mitgl. des Präs. des PV der PDS, Ltr. der Kommission Parteienpluralismus u. Bürgerbew., Vertreter der PDS am Zentralen Runden Tisch; März – Okt. 1990 Abg. der Volkskammer, Sept. erster Abg., der sich öff. u. vor der Volkskammer zu zeitw. inoff. MfS-Mitarb. bekannte.

Borning, Walter 13.4.1920–25.8.1983
SED-Funktionär, Leiter der ZK-Abteilung Sicherheit
Geb. in Neubrandenburg, Vater Elektromonteur, Mutter Hausfrau; Grundschule, Oberschule, 1936 mittlere Reife, Lehre u. 1938/39 Angestellter der Sparkasse Neubrandenburg; Apr. 1939 RAD; Aug. 1939 freiwillig zur Wehrmacht, Flakartillerie, Einsatz bei der V 1-Waffe in Frankreich, Uffz.; März 1945 vom Kriegsgericht Sondershausen wegen Landesverrat zu zwei Jahren Haft verurteilt, Strafe nicht verbüßt, Mai/Juni 1945 amerik. Gefangenschaft in Melk (Österr.).
Nach der Entlassung Juli – Dez. 1945 Hilfsarbeiter in Schleswig-Holstein, 1946–50 Buchhalter, Kreisrat, Ltr. der Finanzabt. im Kr. Neubrandenburg; Juli 1946 SED; 1947 KB; 1949 Landesverwaltungsschule Mecklenburg; März 1950 auf Parteibeschluß Versetzung zum MdI Berlin; Arbeit als Org.-Instrukteur; 1950/51 2. Einjahreslehrgang an der PHS »Karl Marx«; Nov. 1951 Mitarb. im Min. für Finanzen, HA Staatshaushalt, Aufbau der Abt. Investitionskontrolle; seit 1952 KVP/NVA; Mai 1952 Sonderauftrag des ZK (Kontrollaufgaben, Instrukteur einer Sonderkommission zur VP-Werbung in Sachsen-Anhalt); ab Nov. 1952 Instrukteur in der Abt. Sicherheit des ZK; 1954/55 Sektorenltr. in der Abt. Sicherheit; Nov. 1956 kommissar. Ltr. der ZK-Abt. Sicherheit (Nachf. von Gustav Röbelen*), Mai 1957 stellv. Ltr. der ZK-Abt. Sicherheit; Dez. 1959 Einjahreslehrgang an der Militärakad. Dresden; ab Okt. 1960 Ltr. der ZK-Abt. für Sicherheitsfragen; 1968 Weiterbildungslehrgang für ltd. Kader der NVA an der Militärakad. Dresden; 1969 VVO in Silber; 1971 Mitgl. des Beirats für Soz. Wehrerziehung beim ZK; Feb. 1972 Parteistrafe u. Abberufung als Ltr. der Abt. für Sicherheitsfragen des ZK wegen »unparteimäßigen Verhaltens«; als Generalleutnant vom aktiven Dienst entbunden u. in den Ruhestand versetzt; gest. in Berlin.

Böttcher, Jürgen (Künstlername Strawalde) 8.7.1931
Maler, Regisseur für Dokumentarfilme
Geb. in Frankenberg (Sa.); Kindheit u. Jugend in Strahwalde (Oberlausitz); 1949–53 Studium der Malerei an der HS für bildende Künste Dresden, 1951–53 bei Wilhelm Lachnit; 1953–55 freischaff. in Dresden; Lehrer an der VHS in Dresden; an seinen Zeichenkursen nahmen u.a. A. R. Penck*, Peter Graf u. Peter Herrmann teil; 1955–60 Regiestudium an der HS für Filmkunst Potsdam-Babelsberg; 1960–91 Regisseur im DEFA-Studio für Dok.-Filme Berlin; 1975 erste Personalausstellung Ateliergemeinschaft Erfurt, in den nächsten Jahren Ausstellungen in Berlin, Dresden u. Karl-Marx-Stadt; Filmretrospektiven 1986 in Paris (Centre Pompidou), 1988 Edinburgh 42nd Intern. Filmfestival, 1989 Frankfurt/Main, Filmmuseum; 1989 Mitgl. der AdK (West).
Als Regisseur genauer Beobachter des Unspektakulären u. Alltägl., Thema ist der arbeitende Mensch.
Filme: Drei von vielen (1961, verboten); Ofenbauer (1962); Stars (1963); Barfuß u. ohne Hut (1964); Jahrgang 45 (1965, 1966 verboten); Der Sekretär (1967); Wä-

scherinnen (1972); Martha (1978); Potters Stier/Venus nach Giorgione/Frau am Klavichord (1981); Rangierer (1984); Kurzer Besuch bei Hermann Glöckner (1984); Die Küche (1987); In Georgien (1987); Die Mauer (1990).
Sek.-Lit.: Muschter, Gabriele: Strawalde. In: Sybille (1989) 3. S. 28–31; Kat. Strawalde. Festspielgalerie Berlin (West) 1990; Kat. Strawalde. Galerie im Kabinett. Berlin 1992.

Böttcher, Paul Herbert
2. 5. 1891–17. 2. 1975
Agent, stellvertretender Chefredakteur der »Leipziger Volkszeitung«
Geb. in Leipzig, Vater Schmied, Mutter Köchin u. Wäscherin; Volksschule, 1905–09 Schriftsetzerlehre; 1909–13 Schriftsetzer; Wanderschaft durch Europa; 1907–19 Soz. Jugend Leipzig; 1908–16 SPD; 1913–18 Kriegsdienst an der Westfront, Infanterie, Uffz., mehrfach strafversetzt; 1916–20 USPD, Mitgl. der ZL; Nov. 1918 Leipziger Arbeiter- u. Soldatenrat; 1918/19 Red. der »Leipziger Volkszeitung.« (LVZ); 1919 »Schutzhaft« Festung Königstein; 1920–29 KPD; 1920 BL u. ZK der KPD; 1920/21 Red. des »Kommunist« Stuttgart; 1921/22 Red. der Ztg. »Rote Fahne« Berlin; 1921–30 Rote Hilfe; 1922–24 Red.-Ltr. der »Sächs. Arbeiterztg.« Leipzig, Mitgl. der erweiterten Komintern-Exekutive; 1922–29 Abg. des sächs. Landtags, Vors. der KPD-Fraktion; 1924–26 Red. der »Roten Fahne« Berlin; 1926–29 Red. der »Sächs. Arbeiterztg.« Leipzig; Jan. 1929 zus. mit führenden Vertretern der Brandler-Gruppe Ausschluß aus der KPD; 1929–34 KPO; 1930 Red. der »Arbeiterpol.« Leipzig (KPO-Organ) u. 1931 Berlin; März 1933 Emigration in die Schweiz; 1934 KPdSU/Gruppe Schweiz, Juni 1934 Ausweisung, seitdem illegal in Genf; arbeitete von 1934 bis zu seiner Verhaftung 1944 für den sowj. Nachrichtendienst GRU, gehörte zur Gruppe Sándor Radó/Dübendörfer (»Rote Kapelle«); 1940 »Spezialarbeit« in Frankreich; Apr. 1944 Verhaftung durch die Schweizer. Bundespolizei, Anklage wegen Spionage, Juli 1945 Flucht nach Frankreich, Juli – Sept. 1945 in der sowj. Botschaft in Paris.
Sept. 1945 mit Hilfe »sowj. Stellen« in die SBZ, Berlin; keine Parteiarbeit mögl.; am 23. 2. 1946 zus. mit Radó u. Dübendörfer nach Moskau zur angebl. Klärung seiner Arbeit, dort verhaftet; mit Leopold Trepper u. a. am 12. 2. 1947 Verurteilung ohne Gerichtsverhandlung zu zehn Jahren wegen »passiver Spionage«; bis 1956 in mehr als 40 Lagern u. Gefängnissen im Gulag; März 1956 Entlassung u. Rückkehr nach Berlin.
Auf Betreiben Ulbrichts* sofortige Rehabilitierung, OdF-Anerkennung; ab Aug. 1956 Red., dann stellv. Chefred. der »Leipziger Volksztg.« (»LVZ«); 1957/58 Parteischulung (Abenduniv.); 1959/60 Leitungsmitgl. der BPO der »LVZ«; 1960 Mitgl. der BL der Pionierorg., Mitgl. des Bezirksvorst. des VDJ; Auftritte auf zahlr. Jugendforen als antifasch. Vorbild; Mitarb. des IML; 1965 KMO, 1970 Erinnerungszeichen »20 Jahre MfS der DDR«, Orden des Großen Vaterländ. Krieges, 1971 VVO in Gold; 1974 aus Altersgründen von der Funktion als stellv. Chefred. der »LVZ« entbunden; in Leipzig gest.

Böttcher, Ursula, geb. Blütchen
6. 6. 1927
Dompteuse
Geb. in Dresden; Volksschule; Fabrikarbeiterin; kam 1952 als Putzfrau zum Zirkus Busch; 1955 beim Zirkus Barlay erste Auftritte mit Löwengruppe, Vorführungen von Raubtiergruppen (Lehrer Gaston Bosman), ab 1960 beim Staatszirkus der DDR; seit 1964 intern. einmalige Eisbärendressur (bis zu zwölf Tiere), in die sie junge Tiere einarbeitete (bis 1990 mit Partner Manfred Horn); zahlr. Gastspie-

le im Ausland, u. a. in Japan u. fünf Jahre in den USA; 1976 Auszeichnung mit dem Circus-Oscar in Spanien u. 1983 mit dem »Price Nice-Martin« beim 9. Intern. Circusfestival Monte Carlo.

Böttger, Martin 14. 5. 1947
Bürgerrechtler
Geb. in Frankenhain (b. Geithain), Vater Pfarrer, Mutter Hausfrau; 1965 Abitur, 1965–70 Studium der Physik in Dresden; 1970–72 Bausoldat; seit 1972 Teiln. an der kirchl. Friedensarbeit, u. a. am Friedensseminar Königswalde, an versch. Friedenswerkstätten u. der Aktion »Fasten für den Frieden«; 1972–76 Programmierer bei Robotron Karl-Marx-Stadt, anschl. bis 1979 beim Versorgungskontor Leder in Berlin; 1979–83 wiss. Mitarb. an der DBA in Berlin; 1982 externe Prom. zum Dr.-Ing. an der TU Dresden; 1983 Hausmann; Beteiligung an der Mai-Demonstration mit selbstgefertigtem Transparent u. anschl. »Zuführung« durch das MfS; 1. 9. 1983 Verhaftung wegen versuchter Teiln. an einer Menschenkette zum Weltfriedenstag, 15. 9. Freilassung nach Intervention Richard von Weizsäkkers bei Erich Honecker*; ab 1985 Programmierer im Kombinat Minol in Berlin; 1985 Mitbegr. der Initiative Frieden u. Menschenrechte, Ltg. der Arbeitsgruppe »Menschenrechte u. Justiz«, Beschäftigung mit Problemen des Strafrechts und Rechtsberatung für Oppositionelle; Mithrsg. der Samisdat-Ztschr. »Kontext« u. beteiligt am Vertrieb weiterer opp. Blätter, u. a. »grenzfall«; 1989–90 Programmierer in Zwickau; Sept. 1989 Mitbegr. des Neuen Forum (NF), anschl. NF-Koordinator im Bez. Karl-Marx-Stadt, Dez. 1989 Wahl in den Bez.-Sprecherrat des NF Karl-Marx-Stadt; 18. 3. 1990 Wahl in die Volkskammer auf der Liste Bündnis 90, sofortige Weitergabe des Mandats an Werner Schulz; Apr. bis Aug. 1990 Mitarb. in der Arbeitsgruppe »Landesverfassung für Sachsen«. Okt. 1990 Wahl in den Sächs. Landtag auf der Liste »Neues Forum-Bündnis-Grüne«, Sprecher der Fraktion; 1992/93 Mitgl. des Bundessprecherrats der Partei Bündnis 90; 1993 Mitgl. Bündnis 90/Die Grünen.

Böwe, Kurt 29. 4. 1929
Schauspieler
Geb. in Reetz (Brandenburg) in einer kinderreichen Bauernfamilie; Abitur in Kyritz; 1950–54 Studium der Germanistik u. Theaterwiss. am Inst. für Theaterwiss. der HU Berlin, danach Assistent; 1960 Debüt als Schauspieler am Maxim Gorki Theater Berlin, später Engagements an der Volksbühne Berlin; 1967–73 am Landestheater Halle, seit 1973 am Dt. Theater Berlin.
Haupt- bzw. tragende Rollen u. a. in Gorkis »Die Kleinbürger«, Bertolt Brechts* »Herr Puntila u. sein Knecht Matti«, »Die Aula« (nach Hermann Kant*), Gorkis »Nachtasyl« u. »Jegor Bulytschow u. die anderen«, Goethes »Faust«, Kleists »Michael Kohlhaas«, Barlachs »Der blaue Boll«; Film- u. Fernsehrollen u. a. in »Die Toten bleiben jung« (nach Anna Seghers*), in »Ich war neunzehn« u. »Der nackte Mann auf dem Sportplatz« (R: Konrad Wolf*), in »Ich – Axel Caesar Springer« (TV, R: Karl-Georg Engel*), »Pinselheinrich« (über Heinrich Zille, TV), »Levins Mühle« (nach Johannes Bobrowski*), »Märk. Forschungen« (nach Günter de Bruyn*, TV), »Das Buschgespenst« (nach Karl May, TV).

Braband, Jutta 13. 3. 1949
Bürgerrechtlerin
Geb. in Barth, aufgewachsen in Stralsund, Vater Bauingenieur, Mutter Polizeioffizier; 1965–67 Berufsausbildung zur Industriekauffrau, 1967 Abitur an der VHS, anschl. Sachbearb. in einem Stralsunder, dann Berliner Betrieb; 1967 SED; 1969 Studienbeginn an der FS für Außenwirtschaft in Berlin, 1972 Exmatrikulation aus

ideolog. Gründen unter dem Vorwand mangelnder Studienintensität, 1972–75 »Bewährung in der Prod.« als Sachbearb., später wiss. Mitarb. in einem Berliner Betrieb, 1975 externer Studienabschluß; ab 1971 inoff. Zusammenarbeit mit dem MfS, 1975 selbst beendet (Sept. 1991 freiwillig offengelegt); 1975 autodidakt. Ausbildung u. freiberufl. Tätigkeit als Textil- u. Modedesignerin; seit 1975 Kontakte zu opp. Gruppen, 1979 Austritt aus der SED; Verhaftung nach einer Unterschriftensammlung gegen den Ausschluß krit. Autoren aus dem Schriftstellerverb., April 1980 Verurteilung zu neun Monaten Freiheitsstrafe wegen »ungesetzlicher Verbindungsaufnahme« zum Soz. Osteuropakomitee u. zur Initiative gegen Berufsverbote in beiden Teilen Dtl.; 1982 Mitgl. des VBK; Dez. 1989 Mitgl. der Vereinigten Linken (VL) u. des Unabhängigen Frauenverb. (UFV), erste Geschäftsführerin (bis März 1990) u. Vertreterin der VL am Zentralen u. am Berliner Runden Tisch.

Dez. 1990 auf der Liste der PDS Wahl in den Dt. Bundestag, Apr. 1992 Rückgabe des Mandats infolge der Diskussion um die frühere Tätigkeit für das MfS; anschl. arbeitslos; seit März 1994 Kleidermacherin u. Ausbildung zur Heilpraktikerin.

Braecklein, Ingo 29. 8. 1906
Evangelischer Bischof
Geb. in Eisenach; Studium in Jena, Marburg, Tübingen; ab 1933 Vikar u. Pfarrer in Allendorf/Schwarzburg (Thür.); 1933 NSDAP; Mitunterz. des »Wittenberger Bundes«, der sich in einer Proklamation gegen das nat.-soz. Deutschchristentum wandte; 1939 Meldung als Kriegsfreiwilliger, zuletzt OLtn.

1945 Rückkehr aus engl. Gefangenschaft, anschl. Pfarrer in Allendorf u. Saalfeld; 1950–59 Superintendent in Weimar; ab 1959 Mitgl. des Thüringer Landeskirchenrats, Stellv. u. Vertrauter des Vors. Moritz Mitzenheim*; trat bereits frühzeitig für eine org. Verselbständigung der ev. Kirchen in der DDR ein; führendes Mitgl. des »Weimarer Arbeitskr.«, in dem sich staatsloyale Thüringer Theologen sammelten u. auf die Thüringer Kirchenpol. Einfluß nahmen; 1968–70 Präs. der Generalsynode der Vereinigten Ev.-Luth. Kirche der DDR (VELK); 1969 Präses der Synode des Bunds der Ev. Kirchen; 1970 Wahl zum thüring. Landesbischof (Nachf. von M. Mitzenheim), galt im Gegensatz zu seinem Vorgänger gegenüber den anderen Landeskirchen als kooperationsbereit, setzte aber glz. den »Thüringer Weg« fort, der die bes. Staatsnähe der Thüringer Kirche bezeichnete; Dr. h.c. (FSU Jena); Mitgl. des Exekutivkomitees des Luth. Weltbundes; 1971 VVO in Gold; 1971–77 Ltd. Bischof der VELK, engagiert für ein konstruktives »Miteinander von Christen u. Marxisten« in der DDR; 1978 Ruhestand.

1991 durch die Thüring. Landeskirche beauftragt mit der Ltg. des Vertrauensaussch. zur Aufarbeitung von MfS-Kontakten kirchl. Mitarb.; seit Ende 1991 wird B. selbst mit dem Vorwurf konfrontiert, als IM »Ingo« für das MfS tätig gewesen zu sein; im Mai 1992 wurde er vom Brandenburg. Min.-Präs. Manfred Stolpe* als einer der von ihm eingeweihten Mitwisser seiner früheren konspirativen Kontakte zum MfS präsentiert.

Brandt, Heinz 16. 8. 1909–8. 1. 1986
FDGB- und SED-Funktionär
Geb. in Posen, Vater Schriftsteller; Volksschule, 1928 Abitur, anschl. vier Semester Studium der Volkswirtschaft an der HU Berlin; 1928 KJVD u. »Rote Studentengruppe«; 1931 KPD, pol. Tätigkeit u. freier Journalist u.a. für die »Weltbühne«; 1933 Schutzhaft; Hrsg. der illegalen komm. Werkztg. »Siemens-Lautsprecher« in Berlin; 1934 Verhaftung u. Verurteilung zu sechs Jahren Zuchthaus wegen Vorbereitung zum

Hochverrat; 1934–45 Häftling in Luckau u. Brandenburg-Görden sowie ab Febr. 1941 im KZ Sachsenhausen, ab Okt. 1942 KZ Auschwitz u. von Jan. – 11. 4. 1945 KZ Buchenwald (dort illegale Widerstandstätigk.), die Eltern u. Bruder Wolfgang aus rassistischen Gründen von den Nazis ermordet; Bruder Richard 1938 in der UdSSR verurteilt u. erschossen, 1956 vom Militärkollegium des Obersten Gerichts postum rehabilitiert.
1945 vorübergehend Angestellter beim Magistrat von Groß-Berlin; ab 1945 Ltr. der Abt. Agit. u. Prop. der KPD-BL Berlin; später Abt.-Ltr. der Presseabt. des SED-Landesvorst. Berlin; 1948 Mitarb. der Landesltg. Groß-Berlin der SED (beim 1. Sekr. Hans Jendretzky*); 1952 Mitgl. des Sekr. der SED-Landesltg. Berlin; 1952 Sekr. der SED-BL Berlin; Aug. 1953 wegen angeblich »wiederholter moral. Verfehlungen« ausgeschieden; ab 1954 Archivar, zeitweilig Chefredakteur u. zuletzt Werbeleiter im Verlag »Die Wirtschaft«; Sept. 1958 Flucht in die Bundesrep. Dtl., um einem erneuten Parteiverfahren u. einer eventl. Verhaftung zu entgehen; Gewerkschaftsfunktionär; ab 1959 Red. der Gewerkschaftsztg. »Metall« in Frankfurt/Main; Übertritt in die SPD; 16. 6. 1961 Entführung aus Berlin (West) u. vom MfS verhaftet, trotz starker dt. u. internat. Proteste im Mai 1962 wegen »Spionage« gemeinsam mit Wilhelm Fickenscher u. Karl Raddatz* zu 13 Jahren Zuchthaus verurteilt, inhaftiert in Hohenschönhausen u. Bautzen; zweimalige Ablehnung eines Angebots auf Freilassung, sofern er »ein öffentliches Reuebekenntnis abgeben u. seine republikflüchtige Familie in die DDR zurückrufen würde«; 1963 Protest von Bertrand Russell durch Rückgabe der Carl-von Ossietzky-Friedensmedaille an Walter Ulbricht*; 1964 nach intern. Protesten begnadigt u. aus dem Strafvollzug entlassen; Arbeit als Journalist u. Red. in der Bundesrep. Dtl.; 1968 SPD-Austritt aus Protest gegen die Atomenergie- u. NATO-Politik; Übertritt zu den Grünen; 1985 Dr. h.c. der Univers. Osnabrück; 1974 Ruhestand; 1979 Parteiaustritt bei den Grünen; 18. 1. 1993 postum vom Berliner Landgericht rehabilitiert.
Publ.: Ein Traum, der nicht entführbar ist. Mein Weg zwischen Ost u. West. München 1967, 2. erw. Aufl. 1985; Die soziale Revolution des N. S. Chruschtschow. Frankfurt/M. 1977.
Sek.-Lit.: D. Posser: Anwalt im kalten Krieg. München 1991.

Brandt, Helmut 16. 7. 1911
Staatssekretär im Justizministerium
Geb. in Berlin-Spandau; Abitur; 1929 bis 1936 Studium der Rechts- und Staatswiss. sowie Nationalök. an der Univ. Berlin; 1932 Dipl.-Volkswirt; Prom. zum Dr. rer. pol. u. Dr. jur.; als Assessor Referent für intern. Wirtschaftsrecht am Kaiser-Wilhelm-Inst. für ausländ. Recht u. Völkerrecht; seit 1938 als Rechtsanwalt tätig; im 2. Weltkrieg zeitw. an der Ostfront.
1945 Lehrauftrag für Völkerrecht u. Öff. Recht an der Univ. Berlin; Mitbegr. der Berliner CDU; 1946–48 Abg. der Berliner Stadtverordnetenvers.; 1948 Staatssekr. im Justizmin. der DDR; 1948/49 koopt. Mitgl. des Verfassungsaussch. im Dt. Volksrat; 1950 Verhaftung im Zusammenhang mit den Waldheimer Prozessen, wegen »staatsfeindl. Arbeit« zu zehn Jahren Zuchthaus verurteilt, später auf acht Jahre reduziert; Haft in Berlin, Brandenburg u. Bautzen; 1958 entlassen u. erneut wegen »Republikflucht« verhaftet; in Frankfurt/Oder zu zehn Jahren Zuchthaus verurteilt, Haft in Bautzen; 1964 Freikauf u. Übersiedlung in die Bundesrep. Dtl.; lebt im Rheinland; Mitgl. der CDU.

Brandt, Horst E. 17. 1. 1923
Film- und Fernsehregisseur
Geb. in Berlin, Eltern Arbeiter; Lehre als

Feinmechaniker; 1947 Kameraassistent im DEFA-Studio für Spielfilme; SED; seit 1955 selbständiger Kameramann, u. a. 1955 »Ernst Thälmann – Führer seiner Klasse« (mit Karl Plintzner) u. 1961 »Gewissen in Aufruhr« (5 Teile, TV); 1966 Debüt als Regisseur »Irrlicht u. Feuer« (2 Teile, TV, gemeinsam mit Heinz Thiel); 1966 NP 2. Kl.; seine weiteren Filme behandeln vorw. pol. Themen: 1967 »Brot u. Rosen«, eine Arbeiterbiogr. zu Ehren des VII. Parteitags der SED, 1968 »Heroin«, 1969 »Krupp u. Krause/Krause u. Krupp« (5 Teile, TV, alle gemeinsam mit Heinz Thiel); 1969 u. 1971 NP 1. Kl.; 1971 »KLK an PTX – Die Rote Kapelle« über die Widerstandsgruppe Schulze-Boysen/Harnack, 1973 »Eva u. Adam« (4 Teile, TV), 1975 »Zwischen Nacht u. Tag« über Erich Weinert*, 1977 »Brandstellen« (nach F. J. Degenhardt), 1981 »Die Kolonie« über Schlupfwinkel dt. Altnazis in Südamerika, 1982 »Familienbande«, 1984 »Der Lude« über Horst Wessel, 1986 »Der Hut des Brigadiers«, 1989 »Die Beteiligten«.

Brasch, Horst 23. 12. 1922–18. 8. 1989
Generalsekretär der Liga für Völkerfreundschaft
Geb. in Berlin, Vater Kaufmann; Realgymnasium; 1939 Emigration nach England, hier 1939/40 Besuch einer Techn. FS, anschl. Werkzeugmacher; 1944 KPD, Mitbegr. der FDJ in London u. ab 1942 ihr Vors., 1945 ihr Beobachter bei der Gründungskonferenz des WBDJ in London.
1946 Rückkehr nach Dtl.; SED; Lizenzträger der vier Besatzungsmächte für die FDJ in Berlin, 1947 u. 1949/50 Sekr. des ZR der FDJ, 1948 Vors. der FDJ im Land Brandenburg; 1947 Mitgl. des Redaktionskollegiums der Funktionärsztschr. »Junge Generation«, danach Chefred. der Ztg. »Junge Welt«; 1948/49 Abg. der Prov. Volkskammer, stellv. Ausschuß-Vors.; 1949 Mitgl. des Dt. Volksrats; 1950–52 Min. für Volksbildung, Wiss. u. Kunst im Land Brandenburg, 1952–57 Sekr. des Rats des Bez. Cottbus, 1957–59 Vors. des Rats des Bez. Neubrandenburg; 1959–66 Vizepräs. des NR der NF, 1960–64 Vors. des Afro-Asiat. Solidaritätskomitees; 1963 Mitgl. des ZK der SED, Abg. der Volkskammer, Vizepräs. der Dt.-Brit. Ges.; 1965–68 Staatssekr. u. stellv. Min. für Kultur, abgelöst nach der Verhaftung seines Sohnes Thomas B.*; 1969/70 Studium an der PHS beim ZK der KPdSU u. am Inst. für Soz. Wirtschaftsführung beim ZK der SED; 1971–75 2. Sekr. der SED-BL Karl-Marx-Stadt; 1973 VVO in Gold; 1975 Vizepräs. u. Generalsekr. der Liga für Völkerfreundschaft, 1987–89 ehrenamtl. Mitarb.

Brasch, Thomas 19. 2. 1945
Schriftsteller
Geb. in Westow (Yorkshire, England) als Sohn jüd.-komm. Emigranten, Vater Horst B.* u. a. späterer stellv. Kulturmin. der DDR; ab 1947 in Cottbus aufgewachsen; 1956–61 Besuch der Kadettenschule der NVA in Naumburg; 1963 Abitur in Berlin; Arbeit als Schlosser, Meliorationsarbeiter, Setzer; 1964/65 Studium der Journalistik an der KMU Leipzig, Exmatrikulation u. a. wegen »Verunglimpfung führender Persönlichkeiten der DDR«; Arbeit als Packer, Kellner, Straßenbauarbeiter; 1967/68 Fernstudium Dramaturgie an der HS für Film u. Fernsehen Babelsberg; nach dem 21. 8. 1968 Verteilung von Flugblättern gegen die Okkupation der ČSSR, Verurteilung zu 27 Monaten Haft wegen »staatsfeindl. Hetze«, 1969 vorzeitige Entlassung auf Bewährung, Zuweisung einer Arbeit als Fräser; durch Vermittlung von Helene Weigel 1971/72 Arbeit im Brecht-Archiv; seit 1972 freischaff. Schriftst. in Berlin (Dramatik, Prosa, Lyrik, Filmszenarien, Übersetzungen); 1970–76 sieben Theaterstücke (u. a. »Sie geht, sie geht

nicht«, 1970; »Das beispielhafte Leben u. der Tod des Peter Göhring«, 1972, mit Lothar Trolle*; »Herr Geiler«, 1974; »Lovely Rita«, 1974/75); wegen ihrer Themen (Mauer, Bürokratie u. Ohnmacht, Fortschrittsmüdigkeit), ihrer experimentellen Form u. ihrer aggressiven Drastik in der DDR ungespielt oder abgesetzt; 1975 erste Gedichtauswahl »Poesiealbum 89«; 1976 Ausreiseantrag nach Publ.-Verweigerung von Prosatexten; Mitunterz. der »Biermann*-Resolution«, Ausreise nach Berlin (West); 1982 Bayr. Filmpreis; 1987 Kleist-Preis; umfgr. publizist. Tätigkeit u. Regie, häufige Inszenierung seiner Stücke an dt. Bühnen; wichtige Filmarbeit: 1981 »Engel aus Eisen«; Mitgl. des PEN-Zentrums Bundesrep. Dtl.

Publ.: Vor den Vätern sterben die Söhne. Berlin (West) 1977; Rotter. Frankfurt/Main 1978; Frauen. Krieg. Lustspiel. Frankfurt/M. 1988; Lovely Rita. Lieber Georg. Mercedes.: Drei Stücke. Berlin 1988; Drei Wünsche, sagte der Golem. Leipzig 1990.

Sek-Lit.: Häßel, Margarete (Hrsg.): Arbeitsbuch T. B. Frankfurt/M.

Brauchitsch, Manfred von 15. 8. 1905
Präsident der Gesellschaft zur Förderung des olympischen Gedankens

Geb. in Hamburg als Sohn eines Gardeoffiziers; 1923 Abschluß des Gymnasiums in Berlin, anschl. Freikorps Brigade Erhardt; 1924–28 Reichswehr; ab 1929 Rennfahrer, 1932 Sieger auf der Berliner Avus mit Klassen-WR von 194,4 km/h auf Mercedes SSKL u. Stunden-WR mit 198 km/h; ab 1934 Werksfahrer bei Mercedes-Benz, 1934 Sieger im Eifelrennen, 1937 Großer Preis von Monaco, 1938 Großer Preis von Frankreich; 1940–43 pers. Referent des Dir. der Junkers-Werke, Dr. Koppenberg; Sturmführer des NS-Kraftfahrerkorps; 1944/45 Referent im Reichsmin. für Rüstung u. Kriegsprod. (Techn. Amt Panzerbeauftragter).

1945 Umzug nach Bayern; 1948–50 erster Präs. des Automobilclubs von Dtl. (AvD); 1949/50 Aufenthalt in Argentinien; 1951 u. 1953 Präs. des westdt. Komitees zur Vorbereitung der Weltfestspiele der Jugend u. Studenten in Berlin u. Bukarest; 1952 Präs. des Komitees für Einheit u. Freiheit im dt. Sport; 1953 Festnahme wegen Verdachts auf »Vorbereitung zum Hochverrat«, acht Monate Haft in Neudeck u. Stadelheim; 1954 Übersiedlung in die DDR; 1957–60 Präs. des Allg. Dt. Motorsportverb. (ADMV), anschl. bis 1990 Präs. der Ges. zur Förderung des olymp. Gedankens; ab 1963 Mitgl. des Komitees für die Solidarität mit dem span. Volk; 1967 VVO in Gold, 1988 »Olympischer Orden« des IOC.

Lebt in Gräfenwarth (Thür.).

Publ.: Kampf mit 500 PS. Berlin 1939; Kampf um Meter u. Sekunden. Berlin 1953.

Brauer, Fritz 18. 10. 1883–Juni 1970
CDU-Politiker, VdgB-Funktionär

Geb. in Buchen (Kr. Wirsitz, Posen); Volksschule u. Gymnasium in Bromberg; danach Ausbildung zum Forstwirt; bis 1918 Berufsoffz.; Mitgl. der Dt. Volkspartei; 1919–43 Geschäftsführer land- und holzwirtschaftl.-techn. Fachorg.; 1943–45 freiberufl. tätig; Konflikte mit NS-Organen.

1945 Mitbegr. der CDU; Mitgl. der CDU-Kreisaussch. Potsdam; 1946 Ltr. des Aussch. für Forstwirtschaft, Landeskultur u. Naturschutz beim CDU-Hauptvorst.; 1946–50 Abg. des Landtags Brandenburg (Präs.); 1947–51 Mitgl. des Hauptaussch. u. des Hauptvorst. der VdgB (einziger Vertreter einer »bürgerl. Partei« in diesem Gremium), ab 1948 einer der Vertreter der VdgB im DWK-Plenum; 1949 Mitgl. des Dt. Volksrats, nachfolgend Abg. der Prov. Volkskammer, bis 1954 der Volkskammer; ab 1950 auch Mitgl. der Länderkammer; 1953/54 Mitgl. des Hauptvorst. der CDU.

Braun, Edgar 9. 6. 1939
Hauptabteilungsleiter im MfS
Geb. in Molbitz; Vater Dispatcher, Mutter Hausfrau.
1957 Abitur u. Eintritt in das MfS, Kreisdienststelle Altenburg, dann Zweijahreslehrgang an der JHS Potsdam-Eiche; 1959 SED; operativer Mitarb. in der Bezirksverwaltung Leipzig, Abt. II (Spionageabwehr), 1961 Versetzung zur HA II, MfS Berlin; 1975–80 Fernstudium an der PHS, Dipl.-Ges.-Wiss.; 1977 stellv. Abt.-Ltr., 1978 Abt.-Ltr.; 1982 Versetzung in die HA XIX (Verkehr, Post, Nachrichtenwesen), dann Ltr. der HA, 1986 Gen.-Major; 1989 ltd. Mitarb. des AfNS, 1990 Berater des Staatl. Komitees zur Auflösung des AfNs.

Braun, Johannes 28. 10. 1919
Katholischer Bischof
Geb. in Dortmund; Theologiestudium in Paderborn; Kriegsdienst.
1948 Priesterweihe, Vikar in Magdeburg; 1952 Ltr. des Spätberufenenseminars »Norbertuswerk« in Magdeburg; März 1970 Ernennung zum Adjutor-Bischof in Magdeburg, Juni 1970 Bischöfl. Commissarius in Magdeburg, 1971 Protektor des Bischöfl. Werks »Not in der Welt«, 1973 Apostol. Administrator in Magdeburg, 24. 3. 1990 Em., Übersiedlung nach Paderborn.
Publ.: Volk u. Kirche in der Dämmerung. Leipzig 1992; Kath. Kirche im soz. Staat DDR. Paderborn 1993.

Braun, Otto (Ps. Dr. Gärtner, Oskar Schuhmann, Karl Wagner)
28. 9. 1900–15. 8. 1974
1. Sekretär des Schriftstellerverbandes
Geb. in Ismaning (b. München), Vater Buchhalter, Mutter Lehrerin; 1906–13 Besuch der Volksschule u. 1913–19 der Lehrerbildungsanstalt in München, Lehrer; 1917 Hilfsarbeiter u. Schreiber beim Vaterländ. Hilfsdienst in München; 1918 Soldat; 1918 Mitgl. der Freien Soz. Jugend, bis 1919 Mitgl. der BL Bayern; 1919 Mitgl. der KPD (Spartakusbund); 1919–26 mit Unterbrechung Leitungsfunktionen im Abwehr- u. Nachrichtendienst der KPD bzw. militär.-pol. Apparat der KPD; 1919–21 Gelegenheitsarbeiter in Hamburg; Beteiligung an der Errichtung der Bayer. Räterepublik u. 1921 an den Mittelostdt. Aufständen; 1921–26 Red. der KPD-Presse, Mitarb. des ZK der KPD u. zeitw. Ortssekr. der KPD in Thüringen; 1923 Reichsparteischule der KPD; 1926–28 wegen Hochverrats in Untersuchungshaft bzw. Gefängnis in Berlin; 1928 Flucht aus der Haft nach Moskau; 1928–54 Deckname »Karl (Ottowitsch) Wagner«; 1928/29 Prolet. Schützendiv. in Moskau; 1929–32 Militärakad. in Moskau, Regimentskdr., zeitw. Besuch der internat. Leninschule in Moskau; 1932–39 militär. Berater der Komintern u. Offz. der Roten Bauernarmee in China, Teiln. am Langen Marsch; 1939 strenge Rüge mit Verwarnung für militär. Fehler während seines Einsatzes 1934 in China vor der Intern. Kontrollkommission; 1939–41 Übersetzer u. Red. im Verlag für fremdsprachige Lit. in Moskau; 1941–46 Pol. Instrukteur des sowj. Innenmin. in versch. Kriegsgefangenenlagern; 1946 bis 48 Lehrer an der Zentralen Antifa-Schule in Krasnogorsk; 1948 sowj. Staatsbürgerschaft; 1948–51 Übersetzer zahlr. russ. Bücher (z. B. Scholochow »Ein Menschenschicksal«) im Verlag für fremdsprachige Lit. in Moskau u. Krasnogorsk; 1951–54 freier Schriftst. in Moskau u. Krasnogorsk; 1952 Mitgl. des sowj. Schriftstellerverb.
Nach wiederholten Bemühungen 1954 Rückkehr in die DDR, SED; 1954–61 wiss. Mitarb. des späteren IML beim ZK der SED u. verantw. Red. für die dt. Ausgabe der Werke W. I. Lenins; Mitarb. des Vorst. der Ges. zur Verbreitung wiss. Kenntnisse, Mitgl. des Büros des Präs.; 1961 Mitgl. des Vorst. des Schriftstel-

lerverb. der DDR, 1961–63 dessen 1. Sekr. (Nachf. von Erwin Strittmatter*); 1967 VVO in Gold; seit 1954 lit. Übersetzer u. Mitarb. des IfG; 1961 Ruhestand; 1970 KMO.
Publ.: Chinesische Aufzeichnungen (1932–1939). Berlin 1973.

Braun, Volker 7. 5. 1939
Schriftsteller
Geb. in Dresden-Rochwitz; Oberschule, 1957 Abitur; 1957/58 Druckereiarbeiter in Dresden, 1958/59 Tiefbauarbeiter im Kombinat Schwarze Pumpe, Facharbeiterlehrgang als Maschinist für Tagebaugroßgeräte, dann 1959/60 Maschinist u. Schmierer im Tagebau Burghammer, Mitgl. der Arbeitsgemeinschaft Junger Autoren in Cottbus; SED; 1960–65 Studium der Philos. an der KMU Leipzig; 1965 Debüt mit dem Gedichtband »Provokation für mich«; auf Einladung Helene Weigels* 1965/66 Mitarb. am Berliner Ensemble; 1967–71 freischaff. in Berlin; 1971 Heinrich-Heine-Preis; 1972–77 Mitarb. am Dt. Theater Berlin; ab 1973 Vorstandsmitgl. des SV; seit 1977 Dramaturg am Berliner Ensemble; 1980 Heinrich-Mann-Preis, 1981 Lessing-Preis; 1983 AdK; Mitgl. der Akad. der Wiss. u. Lit. in Mainz; 1986 Bremer Lit.-Preis; 1992 Schiller-Preis.
Lyriker (u. a. »Wir u. nicht sie« 1970, »Gegen die symmetr. Welt« 1975, »Training des aufrechten Gangs« 1979), Dramatiker (u. a. »Die Kipper« UA 1965, »Lenins Tod« 1970, UA 1977, »Der große Frieden« 1979, »Die Übergangsgesellschaft« 1982, UA 1986, »Böhmen am Meer« 1992, »Iphigenie in Freiheit« 1992) u. Prosa-Autor (u. a. »Unvollendete Geschichte« 1976, »Hinze-Kunze-Roman« 1985), schrieb auch Essays (»Verheerende Folgen mangelnden Anscheins innerbetriebl. Demokratie«. Schriften 1988).
In unkonventioneller Parteinahme für den Sozialismus u. eigenwillig kraftvoller Sprache verbindet B. Kunst u. Politik, Ges.-Kritik u. Selbstkritik, Sinnlichkeit u. theor. Reflexionen; in der Aufführungs- u. Editionsgeschichte seiner Werke spiegelt sich die DDR-Zensurpraxis, fast alle Werke erschienen mit Schwierigkeiten u. z. T. großer Verzögerung.
Publ.: Es genügt nicht die einfache Wahrheit. Notate. Leipzig 1975; Stücke. Berlin 1983; Langsam knirschender Morgen. Gedichte. Halle 1987; Texte in zeitl. Folge. Halle, Leipzig 1989–93 (Werkausgabe, 10 Bde.); Der Stoff zum Leben. Gedichte. Frankfurt/M. 1990; Die Zickzackbrücke. Ein Abrißkalender. Halle 1992; Der Wendehals. Frankfurt/M. 1995.
Sek.-Lit.: Rosselini, J.: V. B. München 1983.

Bräunig, Werner 12. 5. 1934–14. 8. 1976
Schriftsteller
Geb. in Chemnitz, Vater Hilfsarbeiter, Mutter Näherin; Volksschule; lebte in der Nachkriegszeit von Gelegenheitsarbeit und Schwarzmarktgeschäften; Erziehungsheim, Schlosserlehre; wegen Schmuggel zu drei Jahren Haft verurteilt, beim Einsatz im Oelsnitzer Steinkohlenwerk u. der Schneeberger Papierfabrik auf zwei Jahre reduziert; 1954/55 Papiermaschinengehilfe im VEB Papier- u. Kartonfabrik Niederschlema; 1956 Instrukteur der FDJ-KL Schneeberg; 1956–58 Heizer in der Stadtwäscherei; erste Schreibversuche (ermutigt durch Rudolf Fischer), Volkskorrespondent für die Ztg. »Volksstimme« Karl-Marx-Stadt; 1957 Aufnahme in die »Arbeitsgemeinschaft Junger Autoren« der Wismut AG, Veröff. in den Ztschr. »Junge Kunst« u. »Neue Dt. Lit.«; 1958 SED; ab 1958 Studium am Lit.-Inst. »Joh. R. Becher« in Leipzig, Praktikum in der Wismut AG (mit Horst Salomon); verfaßte 1959 in Vorbereitung der 1. Bitterfelder Konferenz den Aufruf »Greif zur Feder, Kumpel«; 1960/61 Aufnahme der Arbeit

am realitätsnahen Wismut-Roman »Rummelplatz«, im Herbst 1965 wurde der Vorabdruck eines Kapitels in Heft 10 der »Neuen Dt. Lit.« im Vorfeld des 11. Plenums des ZK der SED durch die Ztg. »Neues Dtl.« wegen angebl. Beleidigung der Werktätigen u. der sowj. Partner scharf kritisiert, 1966 Abbruch der Arbeit am Roman; 1968 Umzug nach Halle-Neustadt, Essay-Bd. »Prosa schreiben«, 1969 Erzählungsbd. »Gewöhnl. Leute«; schrieb auch Filmszenarien, Reportagen, Porträts u. a.

Publ.: Ein Kranich am Himmel. Unbekanntes u. Bekanntes (Hrsg. H. Sachs, mit Bibliogr.). Halle/Leipzig 1981.

Braunreuther, Kurt
28. 7. 1913–19. 7. 1975
Soziologe, Wirtschaftswissenschaftler
Geb. in Leipzig, Vater Tapezierer; 1929 Abschluß des Gymnasiums, anschl. Lehre als Schriftsetzer am Bibliogr. Inst. Leipzig; 1932 KPD; Rangierer in Leipzig, während der NS-Zeit versch. Beschäftigungen, zeitw. arbeitslos; während des Kriegs Eisenbahner im besetzten Polen, anschl. bis 1946 amerik. Gefangenschaft.

1946 SED; Aufsicht auf dem Verschiebebahnhof Leipzig-Engelsdorf; Sonderreifeprüfung an einer Vorstudienanstalt, 1947–51 Studium der Wirtschaftswiss. an der HU Berlin; danach Assistent am Inst. für Pol. Ök. der dortigen Wirtschaftswiss. Fak., 1955 Prom. mit der Diss. »Über die Bedeutung der physiokrat. Bew. in Dtl. in der zweiten Hälfte des 18. Jh.« (veröff. Berlin 1954), 1956 Doz. u. 1959 Habil. mit der Arbeit »Zur Geschichte des staatswiss. Faches an der HU zu Berlin im ersten Halbjahrhundert ihres Bestehens« (veröff. Berlin 1959), 1960 Prof. mit Lehrauftrag u. stellv., später kommissar. Dir. des Inst. für Pol. Ök.; ab 1963 Ltr. der Arbeitsgruppe Soziol. am Inst. für Wirtschaftswiss. der DAW, nach deren Umsetzung an das ZI für Philos. der DAW ab 1969 dort Arbeitsltr. für »Geschichte u. Kritik der bürgerl. Soziol.«; 1964 Prof. mit vollem Lehrauftrag für Geschichte der ök. Lehrmeinungen u. marxist. Soziol. an der HU; Ord. Mitgl. der DAW; Mitgl. des Wiss. Rats für Soziol.; Vors. des Kreisvorst. der Gewerkschaft Wiss. an der DAW; 1971 Honorarprof. für Geschichte der Soziol. an der HU Berlin.

B. war beteiligt am systemat. Aufbau des Lehrfachs »Geschichte der pol. Ök.« in den 50er Jahren; Anfang der 60er Jahre trug er maßg. zur Etablierung der Soziol. als off. Forschungs- u. Lehrdisz. in der DDR bei. Seine Forschungsarbeiten betrafen v. a. ök. Aspekte in der Geschichte der Soziol.

Publ.: Ök. u. Ges. in der dt. bürgerl. Soziol. Berlin 1964; Studien zur Geschichte der pol. Ök. u. der Soziol. (hsrg. von Hermann Lehmann). Berlin 1978.

Bräutigam, Alois 28. 4. 1916
SED-Politiker, Vorsitzender der Volkssolidarität
Geb. in Loucky (Böhmen), Vater Bergarbeiter; Volksschule, 1929–32 Lehre als Maurer, danach als Maurer u. Bergmann tätig; 1929 Komm. Jugendverb. u. 1934 KP der ČSR; 1932 Mitgl. der Kampfgemeinschaft für Rote Sporteinheit; 1937/38 Dienst in der Armee der ČSR; 1939–42 Wehrmacht, Ogfr.; bis 1945 wieder Bergmann u. illegale antifasch. Arbeit.

1945/46 im tschech. Polizeidienst; 1946 Aussiedlung nach Schmalkalden; seither hauptamtl. in der SED tätig, zunächst in Schmalkalden, 1946–49 dort auch Stadtverordneter; 1949/50 1. Sekr. der SED-KL Arnstadt, 1950 Abg. des Kreistags Arnstadt, 1950/51 1. Sekr. der SED-KL Weimar; 1951/52 PHS; 1953/54 1. Sekr. der SED-Stadtltg. Erfurt, Stadtverordneter in Erfurt, 1954–58 1. Sekr. der SED-Gebietsltg. Wismut; Mai 1958–Apr. 1980 1. Sekr. der SED-BL Erfurt

(Nachf. von Hermann Fischer); 1958 – Dez. 1989 Mitgl. des ZK der SED; zeitw. Mitgl. des Nat. Verteidigungsrats; 1958–81 Abg. der Volkskammer; 1976 KMO; ab Juni 1982 Vors. des Zentralaussch. der Volkssolidarität (Nachf. von Robert Lehmann*), am 11. 12. 1989 aus gesundheitl. u. Altersgründen zurückgetreten.

Brecht, Bertolt 10. 2. 1898–14. 8. 1956
Schriftsteller, Regisseur
Geb. in Augsburg, Vater Dir. einer Papierfabrik; Gymnasium; 1914/15 erste Veröff.; ab 1917 Studium der Lit., Philos., später auch Medizin an den Univ. München u. Berlin; 1918 Soldat, Mitgl. des Augsburger Soldatenrats; bis 1923 Forts. des Studiums, dann Dramaturg u. Regisseur in München; 1924 Übersiedlung nach Berlin, bis 1926 Dramaturg bei Max Reinhardt am Dt. Theater; Besuch der Marxist. Arbeiterschule (MASCH); 1928 erster großer Erfolg mit der »Dreigroschenoper«; seit 1928 Ehe mit Helene Weigel*; 1930 Beginn der Herausgabe der »Versuche«; Febr. 1933 Emigration nach Dänemark; Frühjahr 1934 Aberkennung der dt. Staatsbürgerschaft; 1935 Teiln. am Intern. Schriftstellerkongreß in Paris; ab 1936 Mithrsg. der Ztschr. »Das Wort« Moskau; ab 1941 Exil in den USA.
1947 Rückkehr nach Europa, zunächst Schweiz, ab 1948 Berlin; 1949 Gründung des Berliner Ensembles (BE, mit Helene Weigel); 1950 österr. Staatsbürger; ab 1954 Theater am Schiffbauerdamm; Gründungsmitgl. der DAK, Präs. des dt. PEN-Zentrums Ost u. West.
In seiner Programmatik, seinen Inszenierungen am BE sowie mit der analyt. Kraft seiner Werke zielte B. auf den aktiven Leser/Zuschauer u. die Veränderung der Ges.; verfaßte u. a. zeitgenöss. Stükke, wie »Die Gewehre der Frau Carrar« (1937) u. »Furcht u. Elend des Dritten Reiches« (1938), große Geschichtsdramen, so »Mutter Courage u. ihre Kinder« u. »Leben des Galilei« (1938/39), u. Lyrik, zumeist in freien Rhythmen, z. B. »Svendborger Gedichte« (1939) u. »Buckower Elegien« (1953).
Publ.: Große kommentierte Berliner u. Frankfurter Ausgabe (Hrsg. Werner Hecht u. a.). Berlin u. Frankfurt/M. 1988 ff; Tagebücher 1920–1922. Autobiograph. Aufzeichnungen 1920–1954. Berlin u. Weimar 1966; Arbeitsjournal 1938–1955. Berlin u. Weimar 1977.
Sek.-Lit.: Völker, Klaus: B. B. Eine Biogr. München 1976; Schumacher, E. u. R.: Leben Brechts in Wort u. Bild (mit Bibliogr.). Berlin 1978; Mittenzwei*, Werner: Das Leben des B. B. oder Der Umgang mit den Welträtseln. 2 Bde. Berlin u. Weimar 1986.

Bredel, Willi 2. 5. 1901–27. 10. 1964
Schriftsteller, DAK-Präsident
Geb. in Hamburg, Vater Tabakarbeiter; Volksschule, Lehre als Dreher; SAJ, Spartakusbund, 1919 KPD; 1923 Teiln. am Hamburger Aufstand, zwei Jahre Haft; anschl. Seemann, Journalist, Dreher; 1928 Redakteur der »Hamburger Volksztg.«; 1930 wegen »Vorbereitung lit. Hoch- u. Landesverrats« zu zwei Jahren Festungshaft verurteilt; schrieb während dieser Zeit die Romane »Maschinenfabrik N&K« (1930) u. »Die Rosenhofstraße« (1931); März 1933 KZ Fuhlsbüttel, 1934 Entlassung; anschl. Flucht über die ČSR nach Moskau, wo im gleichen Jahr der Roman »Die Prüfung« erschien, der als erster intern. beachteter Roman (in 17 Sprachen übersetzt) über den Terror in einem dt. KZ berichtete; 1934 Aberkennung der dt. Staatsbürgerschaft; 1936–39 mit Bertolt Brecht* u. Lion Feuchtwanger Hrsg. der lit. Ztschr. »Das Wort«; 1937/38 Kriegskommissar im span. Bürgerkrieg, anschl. über Paris erneut nach Moskau; ab 1941 Kriegsteiln. auf sowj. Seite, 1943 Mitbegr. des NKFD.

Mai 1945 Rückkehr nach Dtl. als Mitgl. der Initiativgruppe des ZK der KPD für Mecklenburg (Ltr. Gustav Sobottka*); Mitbegr. u. Vors. des KB in Mecklenburg; Chefred. der Ztschr. »Heute u. Morgen« (1947–54); 1950 Gründungsmitgl. der DAK; 1953–56 Chefred. der »Neuen Dt. Lit.«; 1954–64 Mitgl. des ZK der SED; ab 1962 Präs. der DAK (Nachf. von Otto Nagel*), die sich unter seiner Ltg. u. auf Beschluß des ZK der SED zur »soz. Akad.« entwickelte; unternahm mit der Romantrilogie »Ein neues Kapitel« (1959–64) einen der ersten Versuche epischer Aufarbeitung der Nachkriegszeit.
Publ.: Ges. Werke in Einzelausgaben. 14 Bde. Berlin 1962–76.
Sek.-Lit.: Bock, L.: W. B. Leben u. Werk. Berlin 1980.

Bredemeyer, Reiner 2. 1. 1929
Komponist
Geb. in Velez (Kolumbien); Volks- u. Realschule in Breslau, 1944/45 Kriegsdienst; 1948 Abitur; 1949–53 Kompositionsstudium an der Akad. für Tonkunst München.
1954 Übersiedlung in die DDR, seit 1955 in Berlin; Meisterschüler an der DAK bei Rudolf Wagner-Régeny* u. Lehrbeauftragter an der Staatl. Schauspielschule Berlin; 1957–60 musikal. Ltr. am Theater der Freundschaft, seit 1961 musikal. Ltr. am Dt. Theater; 1978 Mitgl. der AdK; 1988 ao. Prof. für Komposition an der AdK, dort Ausbildung von Meisterschülern bis 1991.
Seit 1993 AdK Berlin-Brandenburg.
Umfgr. Werk, u. a. Oper »Candide« (1986), zahlr. Bühnenmusiken, Liederzyklen »Die Winterreise« (1984) u. »Die schöne Müllerin« (1986), Kammer- u. Orchestermusiken »Bagatellen für B.« (1970), »(Cello)^2« (1971), »Kon-zerr-tino« (1972), »Di As $^{(+-)}$« (1973), »Still leben (?)« (1978), »Dr. Martin Luther MACHT Gesänge« (1981), »Kleine Blasphonie« (1982), »Alle neune. Eine Schütz(en)festmusik« (1984), »Einmischung in unsere Angelegenheit« (1985), »Kohl-Rabiates« (1986), »Ruhm, nicht zu verscherzen. Aber für Kammerensemble« (1989).

Brehm, Erich 12. 9. 1910–15. 11. 1965
Kabarettautor und -leiter
Geb. u. gestorben in Berlin; Lehrer, Schulrat; gründete das erste Berliner Nachkriegskabarett »Kiki«; seit 1945 als Kabarettautor tätig; 1953 erster Ltr. des neugegr. Berliner Kabaretts »Die Distel«, verhalf ihr rasch zu Ansehen u. Bedeutung; 1958 Übergabe der Ltg. an Hans Krause; widmete sich danach der einzigen satirischen DEFA-Reihe »Stacheltier«; Autor zahlr. Kabarettexte u. Drehbücher für »Stacheltier« u. Magazinsendungen; 1961 NP.

Bretschneider, Harald 30. 7. 1942
Evangelischer Pfarrer
Geb. in Dresden, Eltern Handwerker; 1960 Abitur in Döbeln; 1960–65 Stud. der Theol. an der KMU Leipzig; anschl. bis 1966 Hilfsarbeiter auf versch. Großbaustellen, Berufsabschluß als Zimmerer beim Baukombinat Magdeburg; 1966/67 Bausoldat in der NVA, erste Bemühungen um Einsatz von Bausoldaten in zivilen Bereichen; 1967/68 Baukombinat Magdeburg; 1969 Predigerseminar in Leipzig, anschl. bis 1979 Vikar u. Pfarrer in Wittgendorf (b. Zittau), 1969/70 Beteiligung an der Herstellung der Tonbildserie »Ohne kleine Leute keine großen Kriege«, gehörte seitdem zu den wichtigsten Inspiratoren u. Initiatoren kirchl. Friedensarbeit; 1979–91 Landesjugendpfarrer für Sachsen in Dresden, Gründungsinitiator verschiedener kirchlicher Friedensgruppen, Schöpfer der Symbole »Schwerter zu Pflugscharen« u. »Frieden schaffen ohne Waffen« im Herbst 1980, Initiator des »Forum Frieden mit der Jugend« mit 6000 Teiln. am 13. 2. 1983 in

Dresden; 1985 Konflikte mit der Kirchenleitung nach Thematisierung der Machtfrage; ab 1987 maßg. Beteiligung an der Vorbereitung der jährl. DDR-weiten Treffen kirchl. Friedens-, Umwelt- u. Menschenrechtsgruppen »Frieden konkret« in Leipzig; seit Anfang der 80er Jahre Berater für Wehrdienstverweigerer u. Inhaftierte, später auch für Ausreisewillige, seit 1987 Mitarbeit an der Konzipierung eines Zivildienstes (Einführung 1990); Herbst 1989 Verbindungsmann zwischen opp. Kreisen in Leipzig u. Dresden, Okt. Betreuung inhaftierter Demonstranten, Mitarbeit in der »Gruppe der 20« in Dresden.
Veröff. zu Fragen kirchl. Friedensarbeit auch des Luth. Weltbunds, u. a. 1984 vielbeachteter Vortrag »Frieden u. Gerechtigkeit in Europa« in Budapest.
1991 Ltr. der Stadtmission Dresden.

Breunig, Willi 2. 2. 1928
Präsident der Agrarwissenschaftlichen Gesellschaft
Geb. in Klein Auheim bei Hanau, Vater Streckenwärter; einklassige Volks-, 1942–44 höhere Schule; 1945–50 Landarbeiter; 1950–52 FS für Landw.; 1952–55 Landwirtschaftsstudium an der HU Berlin, Dipl.-Landwirt; 1955/56 Betriebsassistent in einem VEG; 1956–62 wiss. Mitarb. im Inst. für Acker- u. Pflanzenbau, Prom. zum Dr. agr. mit einer Diss. über Pflegemaßnahmen auf Weideflächen; 1962 Doz., nach Habil. ab 1963 ord. Prof. für Acker- u. Pflanzenbau an der HU; 1963 SED; 1962–65 Prodekan der Landw.-Gärtner. Fak., 1963–67 Dir. des Inst. für Acker- u. Pflanzenbau, 1967–89 Dir. der Sekt. Pflanzenprod. der HU, verteidigte während der HS-Reform 1968 die Sekt. gegen eine geplante Reduzierung des Lehr- u. Forschungsprofils auf Gartenbau; 1973 stellv. Vors. des Beirats Agrarwiss. beim Min. für HFS-Wesen, 1975 Mitgl. des Interministeriellen Rats für den wiss. Vorlauf für die Land- u. Nahrungsgüterwirtschaft; 1977 Kand., 1981 Ord. Mitgl. der AdL; 1978–90 Präs. der Agrarwiss. Ges. (T)awig (Nachf. von Otto Liebenberg*); Dr. h.c.; 1984 VVO in Gold u. 1988 Ehrenspange zum VVO in Gold; 1989/90 Prorektor für Agrarwiss. der HU Berlin; 1993 Altersrentner.
Publ. insbes. zur Graslandw., federführender Autor des HS-Lehrbuchs »Futterproduktion«. Berlin 1985.

Brězan, Jurij 9. 6. 1916
Schriftsteller
Geb. in Räckelwitz (Kr. Kamenz), in einer sorb. Familie, Vater Steinbrucharbeiter u. Kleinbauer; ab 1928 Gymnasium in Bautzen, später Studium der Volkswirtschaft, 1936 relegiert; nach 1933 illegale Arbeit in der Domowina, Mitgl. einer sorb. Widerstandsgruppe, 1937/38 Emigration in die ČSR u. nach Polen, nach Rückkehr verhaftet, 1938/39 Gefängnis in Dresden; anschl. in der Landw. tätig; 1942–45 Wehrmacht, amerik. Gefangenschaft.
1945–48 ltd. sorb. Jugendfunktionär in der Domowina; 1946 SED; ab 1949 freischaff. Schriftst.; 1951, 1964 u. 1976 NP; 1964 Dt. PEN-Zentrum Ost-West; 1965 Mitgl. der DAK; 1969 Vizepräs. des DSV; 1973 Lit.- u. Kunstpreis der Domowina; 1974 KMO; 1981 VVO in Gold.
1990 Dt. PEN-Zentrum (Ost); lebt in Horni Hajnk (Neudörfel b. Kamenz).
Gehörte als dt. schreibender sorb. Schriftst. zu den bedeutenden Erzählern der DDR, versuchte zwischen sorb. Traditionen u. der DDR-Realität zu vermitteln; Debüt mit Erzählungsband »Auf dem Hain wächst Korn« 1951; Felix-Hanusch-Roman-Trilogie mit autobiograph. Zügen 1958–64; sein »Krabat«-Roman 1976, aus sorb. Mythol. gespeist, gehört zu den ersten Werken der DDR-Lit., die Gefahren der Technikentw. thematisierten; trug als Übersetzer u. Hrsg. zur Popularisierung auch älterer sorb. Lit. bei.

Publ.: Ges. Werke. 9 Bde. (in sorb. Sprache). Bautzen 1965–1980; Die schwarze Mühle. Berlin 1968; Ausgew. Werke in Einzelbänden. Berlin 1986ff.; Mein Stück Zeit (Autobiogr.). Berlin 1989.

Brie, André 13. 3. 1950
PDS-Politiker
Geb. in Schwerin, Vater Diplomat, Mutter Journalistin; Kindheit u. Schulbesuch in China u. Nordkorea, 1968 Abitur u. Lehrabschluß als Werkzeugmacher; 1964 FDJ, 1969 SED; 1968–71 NVA; 1971–76 Studium der Außenpol. an der ASR Potsdam; 1976–90 dort beschäftigt im Inst. für intern. Beziehungen, 1979 Prom. zum Dr. rer. pol. mit einer Diss. zur Sicherheitspol. der Bundesrep. Dtl.; 1981 UNO-Stipendiat; 1985/86 Mitgl. der DDR-Delegation bei der Genfer Abrüstungskonferenz, 1986 Prom. zum Dr. sc. rer. pol. mit einer Arbeit zu Abrüstungspol. und militär. Gleichgewicht; verfaßte auch Kabarett-Texte, Kinderbücher u. Aphorismen; 1986–89 Doz. u. Lehrstuhlltr. für eur. Fragen der Sicherheit, seit 1987 Mitarb. am Forschungsprojekt »Sozialismustheorie«; 1989 Mitgl. des Bezirksvorst. Berlin des Schriftstellerverb.
1990 Ltr. des Bereichs Globale Probleme u. mod. Ges. am Inst. für Interdisz. Zivilisationsforschung der HU Berlin; Febr. 1990 Mitgl. des Präs. des PV der PDS, Ltr. des Wahlbüros u. der Kommission Pol. Bildung, ab Juni 1990 stellv. Vors. der PDS; Okt. 1991 – Ende 1992 PDS-Landesvors. von Berlin (Nachf. von Wolfgang Adolphi), Niederlegung des Amtes, nachdem bekannt wurde, daß er 20 Jahre mit dem MfS inoff. zusammengearbeitet hat, das MfS hatte die Zusammenarbeit 1989 abgebrochen; zugl. vom Amt des stellv. Vors. der PDS suspendiert; später Wahlkampfltr. der PDS.
Publ.: Wann soll man Bäume pflanzen? Wege zur Abrüstung. Berlin 1984; Militär. Gleichgewicht, Entspannung, Abrüstung. Berlin 1986; Intelligente Waffen oder intelligente Politik? Berlin 1988.

Brie, Michael 24. 3. 1954
Reformtheoretiker, Philosoph
Geb. in Schwerin, aufgewachsen in China, Nordkorea, Berlin; Vater Diplomat, Mutter Journalistin; 1972 Abitur, anschl. Volontär bei der Ztg. »Junge Welt«, 1972–74 NVA, 1974 SED, 1974–76 Philosophiestudium an der Univ. Leningrad, 1976–80 an der HU Berlin; ab 1977 zeitw. Zusammenarbeit mit dem MfS (freiwillige Offenlegung Okt. 1990); 1980 Prom. mit einer Arbeit zum Verständnis von Arbeit u. Produktionsweise im hist. Mat., anschl. Assistent an der Sekt. Philos. der HU Berlin, 1982 nach »Revisionismus«-Vorwürfen Wechsel zur Sekt. Marxismus-Leninismus, 1985 Habil. (Veröff.: »Wer ist Eigentümer im Soz.?« Berlin 1990), erneut massive »Revisionismus«-Vorwürfe; 1985–89 wiss. Mitarb. im Min. für Hoch- u. Fachschulwesen; seit Mitte der 80er Jahre in informellen u. off. Forschungsgruppen, die sich um eine Modernisierung des Marxismus bemühten, begründete 1988 mit Rainer Land* u. Dieter Segert das reformtheor. Forschungsprojekt »Konzeption eines mod. Soz.«, das darauf hinauslief, Perspektiven für eine soz. Entw. in der DDR an die Einführung von Institutionen der Moderne zu knüpfen (veröff. in: Rainer Land (Hrsg.): Das Umbaupapier. Berlin 1990); Nov. 1989 Mitbegr. der Plattform »Dritter Weg« in der SED, Initiator u. Mitautor des Programmentwurfs für die PDS, Dez. 1989 Mitgl. des PV der SED-PDS, Jan. 1990 Austritt aus dem Vorst. nach gescheiterten Bemühungen um eine vollst. Trennung der PDS vom SED-Parteivermögen; 1990 Mitbegr. des Inst. für interdisz. Zivilisationsforschung an der HU Berlin.
1990 Prof. für Sozialphilos. am Fachbereich Sozialwiss. der HU Berlin, nach Offenlegung seiner MfS-Kontakte zweima-

lige Entlassung u. vom Arbeitsgericht angeordnete Wiedereinstellung, 1994 Aufhebungsvertrag, Forschung zur Transformation pol. Strukturen in Rußland; Mitarb. in der PDS-Programmkommission.
Publ.: Umbruch zur Moderne? (Hrsg. mit Dieter Klein*). Hamburg 1991; Zwischen den Zeiten (Hrsg. mit Dieter Klein). Hamburg 1992; Rußland wieder im Dunkeln? (mit Ewald Böhlke). Berlin 1992; Der Engel der Geschichte. Befreiende Erfahrungen einer Niederlage (mit Dieter Klein). Berlin 1993.

Briksa, Gerhard 18. 11. 1924
Handelsminister
Geb. in Berlin, Vater gelernter Kaufmann, tätig als Arbeiter; Volks- u. Aufbauschule; 1941/42 Uffz.-Vorschule, 1942–44 freiwillig bei der Wehrmacht, Artillerie, Uffz., 1944–48 sowj. Gefangenschaft, Antifa-Schule in Minsk.
1948 Rückkehr nach Dtl.; SED; 1948–50 im VEB Tonwerk Dommitzsch zunächst Arbeiter, dann Einkäufer, zuletzt Betriebsassistent; 1950 Wirtschaftsschule Gotha, 1950–52 Studium an der Dt. Verwaltungsakad. Forst-Zinna; 1952/53 im VEB Schamottewerk Rietschen zunächst Assistent, dann Werkltr.; 1953–56 SED-KL Weißwasser, Sekr. für Wirtschaft, ab 1955 1. Sekr.; 1956–60 AfG beim ZK der KPdSU in Moskau, Prom. mit Diss. zur Stellung der DDR im soz. Wirtschaftssystem; ab 1960 Mitarb. des ZK der SED, 1962–72 Ltr. der Abt. Leicht- u. Lebensmittelindustrie; 1972–89 Min. für Handel u. Versorgung.

Brinksmeier, Dankwart 11. 12. 1956
SDP-Mitbegründer
Geb. in Naumburg, Vater Theologe, Mutter Gemeindehelferin; 1962–76 POS u. EOS in Dresden, Mitgl. des Kreuzchors; 1976–83 Theolog. Seminar an der kirchl. HS Leipzig, während des Studiums Sonderausbildung zum Seelsorger für Jugendliche; 1983–89 Jugendpfarrer im Kirchenkr. Aschersleben, leitete dort den Ausreisekr. der Harzgegend u. einen Homosexuellenkr., ab 1987 pol. Kirchennacht mit diversen Gesprächskr.; 1985 2. theolog. Examen; seit Sept. 1989 Studentenpfarrer in Berlin.
7. 10. 1989 Mitbegr. der SDP in Schwante (b. Oranienburg), Mitwirkung beim Aufbau von Basisgruppen u. des Bezirksverb. Berlin, Stellv. u. Sprecher des Landesvors. der SPD Berlin (Ost); ab Jan. 1990 in der Arbeitsgruppe Sicherheit des Zentralen Runden Tisches tätig; März – Okt. Abg. der Volkskammer, Vors. des Innenaussch.; 15. 1. 1990 Mitbegr. des Bürgerkomitees »15. Januar«; Febr. – März 1990 Regierungsbevollmächtigter im Innenmin., verantw. für die Kontrolle der Auflösung des MfS.
Okt. 1990 – April 1991 arbeitslos, freier Mitarb. im Direktorat Sonderaufgaben der Treuhandanstalt, Berater zu den Biographien der Ostführungskräfte; ab Aug. 1992 Stadtrat für Bildung u. Sport in Berlin-Mitte; Kreisvors. der SPD Berlin-Mitte; Vors. des Bernstein-Kautsky-Kreises e. V.; Publ. zu den Themen Nomenklatura u. Machtstrukturen außerhalb des MfS.

Brock, Fritz 22. 7. 1931
SED-Funktionär
Geb. in Leipzig, Vater Arbeiter; Volksschule, 1946–48 Lehre als Former; 1946 FDJ, FDGB, 1947 SED; 1948/49 Former, 1950/51 Ltr. eines Betriebsteils der Leipziger Eisen- u. Stahlwerke; seit 1953 Mitarb. des ZK der SED, 1962 Stellv. Ltr., 1963–66 Ltr. der Abt. Maschinenbau und Metallurgie, 1966–76 Ltr. der Abt. Gewerkschaften und Sozialpol. (Nachf. von Josef Steidl); 1968–77 Mitgl. des FDGB-Bundesvorst.; 1976 bis 1989 Mitgl. der ZRK der SED; 1984 VVO in Gold.
1990 Paketverteiler auf einem Hauptpostamt.

Brombacher, Ellen, geb. Harter
15. 2. 1947
Sekretärin der SED-Bezirksleitung Berlin
Geb. in Westerholt (Ruhrgebiet), Vater Arbeiter; Volksschule; nach dem Verbot der KPD 1959 Übersiedlung mit den Eltern in die DDR; EOS, FDJ-Sekr. der A.-v.-Humboldt-Schule Berlin-Köpenick; 1965 Abitur u. FA-Abschluß als Mechanikerin; 1965/66 Besuch der Komsomol-HS Moskau; 1966 SED; 1966–70 Abendstudium an der HU Berlin, Dipl.-Russistin; seit 1966 verantw. Funktionär in der FDJ-Bez.-Ltg. Berlin, 1966/67 Instrukteur, 1967/68 Kreisvors. der Pionierorg. in Berlin-Friedrichshain u. 1967–69 Sekr. der Krs.-Ltg. der FDJ; 1969–71 Abt.-Ltr., 1971–73 u. 1974/75 Sekr. der FDJ-Bez.-Ltg. Berlin, Vors. der Pionierorg.; 1971–84 Mitgl. des Büros des ZR der FDJ; 1973/74 Besuch der PHS; seit 1974 Mitgl. der SED-BL Berlin (seit Juni 1975 des Sekr.); März 1975 – Juni 1984 1. Sekr. der FDJ-BL Berlin (Nachf. von Harry Smettan); 1976–89 Abg. der Volkskammer u. der Stadtverordnetenvers. Berlin; 1976–86 Mitgl. des Jugendaussch. der Volkskammer, seit 1986 Mitgl. des Aussch. für Kultur; 1984–89 Sekr. für Kultur der SED-Bez.-Ltg. (Nachf. von Horst Oswald); Mitgl. des am 3. 12. 1989 formierten Arbeitsaussch. zur Vorbereitung des außerord. Parteitags der SED/PDS am 8.9. u. 16./17. 12. 1989; Landessprecherin für Berlin der am 30. 12. 1989 gegründeten Komm. Plattform der PDS.
Publ.: Halt auf der Strecke. Berlin 1991; Rückkehrer. Berlin 1994.

Brückner, Christoph 25. 12. 1929
LDPD-Funktionär
Geb. in Zwickau, Vater Friseurmeister; Besuch der Oberschule; 1948 Abitur; 1945 LDPD, 1949–54 Studium der Medizin an der HU Berlin; 1956–65 ltd. Arzt in Betrieben des Zwickauer Steinkohlenbergbaus; 1965–72 Ltr. der Bezirksinspektion Gesundheitsschutz in den Betrieben beim Rat des Bez. Karl-Marx-Stadt; seit Juli 1967 Abg. der Volkskammer; seit 1. 11. 1967 Vors. des Aussch. für Gesundheitswesen; 1973 Dr. sc. med.; seit 1972 ord. Prof. für Arbeitshygiene u. Dir. des gleichnamigen Inst. in Jena; seit 1976 Vors. der LDPD Kreis Jena; Juni 1978 Mitgl. des ZV, seit April 1982 Mitgl. des Pol. Aussch. des ZV der LDPD; 1990 Präs. des DRK der DDR.

Brückner, Roland 14. 12. 1955
Leistungssportler (Turnen)
Geb. in Köthen (Sa.-Anh.); Beginn mit dem Turnen im Alter von sechs Jahren, zwei Jahre später Aufnahme an die KJS Berlin, Mitgl. des SC Dynamo Berlin (Trainer: Heinz-Dieter Schulze); 1975 bis 1990 SED; erster Olympiastart 1976 in Montreal; bei den Olymp. Spielen 1980 Sieger am Boden, Dritter am Barren u. im Pferdsprung; 1981 WM u. EM am Boden; 23facher DDR-Meister; 1984 Beendigung der sportl. Laufbahn u. Abschluß eines Studiums an der DHfK Leipzig als Dipl.-Sportlehrer; anschl. Trainer beim SC Dynamo Berlin.
1990 Mitarb. im Landratsamt Bernau, dort zuständig für Sportförderung; seit Jan. 1992 Turntrainer in der Nähe von Göppingen.

Brugsch, Theodor
11. 10. 1878–11. 7. 1963
Mediziner, Klinikdirektor
Geb. in Graz, Vater (Heinrich B.) Ägyptologe; Gymnasium in Berlin, 1898 bis 1902 Medizinstudium in Berlin, dort 1903 Prom.; 1903–05 am Krankenhaus Altona, 1906–09 Assistenzarzt an der II. Med. Klinik der Berliner Charité (bei Friedrich Kraus), hier 1909 Habil., 1910 Titularprof.; im 1. Weltkrieg 1917/18 beratender Internist, zuletzt Stabsarzt eines Kriegslazaretts in Rumänien; 1919–27 wieder an der II. Med. Klinik

der Charité, 1921 ao. Prof.; 1927–35 Ordinarius für Innere Medizin u. Dir. der Med. Univ.-Klinik Halle, 1931 Mitgl. der Leopoldina, 1935 nach Konflikten mit dem NS-Regime Entpflichtung als Ordinarius; 1935–45 Privatpraxis in Berlin.
Juli 1945–57 Ordinarius für Innere Medizin u. Dir. der I. Med. Klinik der Charité; Mitgl. des HS-Aussch. des Berliner Magistrats, 1946–49 Vizepräs. der Dt. Zentralverwaltung für Volksbildung, maßg. an der Wiederaufnahme des Lehrbetriebs an den Univ. beteiligt; 1946 mit Johannes R. Becher* Gründung des Clubs der Kulturschaffenden in Berlin, 1948/49 als Mitgl. des Dt. Volksrats an der Ausarbeitung der DDR-Verfassung von 1949 beteiligt, 1949 Mitgl. des Nationalrats; 1949 Dekan der Med. Fak. der HU Berlin; 1949 Ord. Mitgl. der DAW; 1949–54 Volkskammerabg.; 1949 Mitgl. des Präsidialrats, 1957 Vizepräs. u. 1963 Ehrenpräs. des KB; 1956 NP II. Klasse, 1958 VVO in Gold; 1957 em.; gest. in Berlin.
Wiss. Arbeiten auf den Gebieten der Herz-Kreislauf- u. Stoffwechselerkrankungen, der Ernährungslehre sowie der Zusammenhänge von Persönlichkeitsstruktur, Konstitution u. Krankheit.
Publ.: Arzt seit fünf Jahrzehnten. Berlin 1957.
Sek.-Lit.: Konert, Jürgen: T. B. Internist u. Politiker. Leipzig 1988.

Brühl, Reinhard 23. 8. 1924
Militärhistoriker, Institutsdirektor
Geb. in Chemnitz, Eltern Arbeiter; Volksschule, Maschinenschlosser, 1942 Wehrmacht (Ltn.), 1944 sowjet. Kriegsgefangenschaft, Zentrale Antifa-Schule Taliza.
1949 Rückkehr nach Dtl., SED; Eintritt in die Polizei, VP-Kommissar, 1950–54 Lehrer für Geschichte bzw. verantwortl. für gesellschaftswiss. Ausbildung an einer Politoffiziersschule der KVP, zeitweise Studium am IfG, 1954–58 Abt.-Ltr. in der Polit. Verwaltung der KVP bzw. NVA für gesellschaftswiss. Lehre an den Offiziersschulen, 1957 Oberst, 1958–61 Lehrstuhlltr. für Geschichte an der Militärakad. Dresden, 1960–63 Fernstudium Militärgeschichte an der KMU Leipzig; 1961–89 Dir. des Militärgeschichtl. Inst. Potsdam, 1967 Prom. mit einer Arbeit über die Geschichte der Militärgeschichtsschreibung des preuß.-dt. Generalstabes 1816–1945; 1970 Prof., 1972–89 Vors. der Kommission für Militärgeschichte der DDR, 1979 Gen.-Major; 1985–90 Vizepräs. der Commission d'Histoire Militaire; 1989 Ruhestand.
B.s wiss. Arbeiten zur dt. Militärgeschichte folgen der Tradition der sowjet. Militärgeschichtsschreibung.
Publ.: Militärgeschichte u. Kriegspolitik. Berlin 1973; Armee für Frieden u. Sozialismus (Hrsg.). Berlin 1985.

Brundert, Willi 12. 6. 1912–7. 5. 1970
Ministerialdirektor
Geb. in Magdeburg, dort Schulzeit u. Abitur, in den 20er Jahren Gründung einer soz. orientierten Schülergruppe, Studium der Rechts- u. Staatswiss. an den Univ. Halle/Saale u. Frankfurt/Main, 1930 SPD, 1935 Staatsprüfung in Frankfurt/Main, Prom. an der Univ. Hamburg zum Thema Polizeirecht; nach Mai 1933 Widerstandsbewegung in Halle (Mitarb. Carlo Mierendorffs u. Theo Haubachs), Vors. der soz. Studentenschaft, pol. verfolgt, Entlassung aus dem Staatsdienst; Wirtschafts- u. Steuerberater; Offz. der Wehrmacht, 1944 brit. Gefangenschaft.
1946 Rückkehr nach Dtl., Prof. für Wirtschafts-, Steuer- u. Verwaltungsrecht an der Univ. Halle; Min.-Dir., Ltr. der Hauptabt. im Min. für Wirtschaft u. Verkehr der Landesreg. Sachsen-Anhalt; 1950 mit Leo Herwegen* im Dessauer Schauprozeß wegen angebl. Wirtschaftssabotage zu 15 Jahren Zuchthaus verurteilt, 1957 entlassen. Übersiedlung in die Bundesrep. Dtl.; 1958 Ltr. der Landesfi-

nanzschule in Rotenburg/Fulda, 1962 Staatssekr. u. Chef der Staatskanzlei Wiesbaden, Dir. des Landespersonalamtes, 1964 Oberbürgermeister von Frankfurt/Main; div. Aufsichtsratsposten; 1966 Präs. des Dt. Bühnenvereins, 1967 Präs. des Dt. u. Hess. Städtetags, 1968 Präs. der Stiftung Hilfswerk Berlin.
Publ.: Der Begriff des Publikums im Polizeirecht. Hamburg (Jur. Diss. 1935); Grundzüge des neuen Wirtschaftsrechts. Leipzig 1949; Es begann im Theater. Berlin, Hannover 1958; Rechtsstaat u. Unrechtssystem. Hannover 1963.
Sek.-Lit.: Entlarvt. Die Geschichte eines aufgedeckten Riesenbetruges. Prozeß Herwegen, Brundert u. Komplicen. (Hrsg. Amt für Information der Reg. der DDR). Berlin 1950.

Brüning, Elfriede 8. 11. 1910
Erzählerin, Kinderbuch- und Fernsehspielautorin
Geb. in Berlin, Vater Tischler; Büroangestellte u. seit 1929 Red.-Sekr. bei »Filmtechnik« u. »Film für alle« Berlin; 1930 Mitgl. der KPD nach Besuch der MASCH; 1932 Bund Prol. Rev. Schriftst.; 1933–35 Mitarb. an der illegalen Ztschr. des Bunds »Neue Dt. Blätter«; 1935 nach dem Verrat der Gruppe Haft im Frauengefängnis Berlin, Barnimstraße; nach Entlassung Publ. von Unterhaltungsromanen.
1946 KPD/SED; 1945–49 Red. bei den Ztschr. »Sonntag«, »Neue Ges.« u. »Die neue Heimat«; seit 1950 freie Schriftst. u. Journalistin; 1980 VVO in Gold.
B. erreichte mit teils unterhaltenden, teils reportageartigen Werken ein Massenpublikum, namentl. mit den autobiograph. geprägten Texten zum Widerstand gegen das NS-Regime sowie über Frauen- u. Jugendprobleme in der DDR.
Publ.: … damit du weiterlebst. Berlin 1949; Partnerin. Halle 1977; Kleine Leute. Halle u. Leipzig 1988; Lästige Zeugen. Tonbandgespräche mit Opfern der Stalinzeit (Hrsg.). Berlin 1990; Kinder im Kreidekreis. Report über Zwangsadoptionen u. Heimerziehung. Berlin 1992; Und außerdem war es mein Leben. Berlin 1994.

Brüning, Uschi 4. 3. 1947
Sängerin
Geb. in Leipzig; Gerichtssekretärin; erste Auftritte mit einem Studio-Team in Leipziger Studentenklubs; seit 1969 in Berlin, Klaus-Lenz-Band, Musikschule Berlin-Friedrichshain (Spezialklasse Tanzmusik, Gesang); seit 1970 Berufssängerin; 1970 erste DDR-Tournee mit dem Günther-Fischer-Quintett u. Manfred Krug*; 1972 2. Preis beim Intern. Schlagerfestival in Dresden für »Dein Name«, LP »Uschi Brüning u. das Günther-Fischer-Quintett«; 1974 LP »Uschi Brüning + Günther Fischer« (Konzertmitschnitt); mehrere Auftritte bei »Jazz in der Kammer« in Berlin; ab 1975 Gruppe Uschi Brüning & Co. (Künstler. Ltg. Hermann Anders); 1977 1. Jazzbühne Berlin; 1981 3. Preis beim Festival »Kärnten Intern.« (Österr.); 1982 LP »Uschi Brüning« (mit einem Studio-Orchester, Ltr. Eberhard Weise); 1983 Beginn der Zusammenarbeit mit Ernst-Ludwig »Luten« Petrowsky*; Tournee mit George Gruntz (Mitwirkung an »Jazz Opera«); 1985 1. Jazztage der DDR in Weimar (mit der Eberhard-Weise-Bigband); 1986 1. Intern. Frauen-Jazz-Festival in Frankfurt/Main; 1988 LP »Kontraste« (mit Petrowsky); 1989 Tournee mit European Jazz Ensemble (LP), »Jazz in der Kammer Nr. 160« in Berlin (mit Petrowsky Workshop Band), ab 1989 Eva-Strittmatter-Programm »Ich mach ein Lied aus Stille«.
1992 CD »Features Of Usel« (mit Petrowsky); 1993 JazzFest Berlin (mit Vielharmonie u. RBT String Orchestra); ab 1993 Programm »Vier im Konzert« (mit Annekathrin Bürger*, Barbara Kellerbauer u. Carola Nossek).

Brünner, Horst 21. 2. 1929
Chef der Politischen Hauptverwaltung der NVA
Geb. in Buchwald (b. Hirschberg, Schles.), Vater Arbeiter; Volksschule, Lehre als Industriekaufmann.
1947 Umsiedlung, Gleisbauarbeiter; 1948 SED; Eintritt in die VP, Verwaltungsangestellter, Gruppenführer eines Reviers; 1949 Schule der HV für Ausbildung in Döbeln bzw. Pirna, hier bis 1951 Politarbeiter, Kommissar; 1951–53 Propagandist bzw. Lehrer an der Pol.-Schule der KVP in Potsdam; 1953–56 Propagandist, Ltr. der Parteischule bzw. Stellv. des Ltr. der Pol.-Abt. der KVP-Bereitschaft Prenzlau, Hptm.; 1956–58 Stellv. des Kdr. u. Ltr. der Pol.-Abt. der mot. Schützendiv. Prenzlau, Major; 1959–62 Militärakad. Dresden, Dipl. rer. mil.; 1962–65 Abt.-Ltr. in der Pol. HV der NVA; 1965–68 Stellv. des Chefs u. Ltr. der Pol. Verwaltung der Grenztruppen, Oberst; 1968–70 sowj. Generalstabsakad.; 1971/72 Stellv. des Chefs u. Chef der Pol. Verwaltung des Militärbez. Neubrandenburg, Gen.-Major; 1972–85 Stellv. des Chefs der Pol. HV für org.-pol. Arbeit, Gen.-Ltn.; 1976 Kand., 1986 Mitgl. des ZK der SED; 1985–89 Stellv. des Min. u. Chef der Pol. HV (Nachf. von Heinz Keßler*); Gen.-Oberst; VVO in Gold; 1986 – März 1990 Abg. der Volkskammer; Dez. 1989 Ruhestand.

Bruschke, Werner 18. 8. 1898
Ministerpräsident von Sachsen-Anhalt
Geb. in Magdeburg, Vater Metallarbeiter; 1906–12 Bürgerschule, dann Schlosserlehre in Magdeburg; 1912 SAJ, 1915 Dt. Metallarbeiterverb. (DMV), ehrenamtl. gewerkschaftl. Tätigkeit, 1916 SPD; 1917/18 Soldat; anschl. bis 1927 in Magdeburg als Schlosser tätig; 1927–31 hauptamtl. Jugendsekr. der SPD in Magdeburg, 1931–33 dort SPD-Funktionär für Kommunalpol. u. Bildung sowie Finanzwirtschaft, 1933 Mitgl. des Bezirkssekr. Magdeburg-Anhalt; Abg. des Sachs.-Anh. Landtags; 1933/34 Tabakwarenhändler in Magdeburg, später Versicherungsvertreter; antifasch. Tätigkeit im Bez., mehrmals verhaftet; 1939 Anklage wegen Hoch- u. Landesverrat, U-Haft, dann Schutzhaft, 1942–45 KZ Sachsenhausen u. Dachau.
1945 Sekr. des SPD-Bezirksvorst. Magdeburg, Sekr. des Provinzialvorst. Sachsen-Anhalt; 1945/46 einer der Vizepräs. der Provinzialverwaltung Sachsen-Anhalt; 1946 Regierungspräs. des Bez. Magdeburg; 1946–48 Finanzmin. der Provinzial- bzw. Landesreg. Sachsen-Anhalt; 1946–49 gemeinsam mit Bernard Koenen* Vors. des SED-Landesvorst.; Abg. des Sachs.-Anh. Landtags; 1948/49 Mitgl. des Dt. Volksrats, 1949–54 Abg. der Prov. Volkskammer bzw. Volkskammer; 1949–52 Min.-Präs. des Landes Sachsen-Anhalt; 1950–54 Mitgl. des ZK der SED; ab 1952 Vors. des Rats des Bez. Halle, Abg. des Bez.-Tags, Mitgl. der SED-BL, 1955 aus gesundheitl. Gründen Entlastung von seinen hauptamtl. Funktionen; Mitgl. von Kommissionen der SED-BL Halle, bis 1989 Mitgl. der ZL des Komitees der Antifasch. Widerstandskämpfer.
Publ.: Für das Recht der Klasse – für die Macht der Arbeiter u. Bauern. Halle 1981.

Brüsewitz, Oskar 30. 5. 1929–22. 8. 1976
Evangelischer Pfarrer
Geb. in Willkischken (Kr. Tilsit-Ragnit, Litauen), Vater ev., Malermeister, Mutter kath.; 1943 Beginn einer kaufm. Ausbildung; ab 1944 Kriegsteiln., danach Gefangenschaft.
1945–47 Schuhmacherlehre in Burgstädt (Sa.), anschl. Umzug nach Westfalen, 1951 Schuhmachermeisterprüfung in Osnabrück; 1954 Übersiedlung in die DDR, ab 1955 selbständiger Handwerksmeister zunächst in Markleeberg (b. Leipzig), dann in Weißensee (Thür.),

nach staatl. verordneter Überführung des Geschäfts in die PGH Sömmerda 1963 dort Zweigstellenltr.; 1964–69 Besuch der Predigerschule in Erfurt, anschl. Hilfspfarrer, ab 1970 Pfarrer in Rippicha (Kr. Zeitz), dort anfängl. erfolgreiche kirchl. Jugendarbeit, zahlr. soziale Aktivitäten; aufgrund versch. symbol. Protestaktionen zunehmende Konfrontation mit staatl. Stellen, die 1976 energisch auf eine Versetzung drängten, daraufhin Empfehlung zum Stellenwechsel auch seitens der Kirchenltg.; 18. 8. 1976 öff. Selbstverbrennung vor der Michaeliskirche in Zeitz, Mitführung von Plakaten, auf denen die Jugendpol. der DDR angeklagt wurde; verst. im Bez.-Krankenhaus Halle-Döhlau, die Bestattung in Rippicha wurde zu einer stillen Kundgebung des Widerstands.

In einem Abschiedsbrief warnte B. vor dem »scheinbaren tiefen Frieden, der auch in die Christenheit eingedrungen ist«, obwohl »zwischen Licht u. Finsternis ein mächtiger Krieg« tobe. B.s Aktion löste einerseits starke Verunsicherung in der Kirchenltg., andererseits eine DDR-weite Solidarisierung von Theologen, Gemeinden u. krit. Marxisten aus. Der Staat versuchte, den Fall zu psychologisieren, u. reagierte u. a. mit verleumder. Artikeln im »Neuen Dtl.«. In der Bundesrep. Dtl. gründeten frühere DDR-Bürger, darunter Theologen, ein »Brüsewitz-Zentrum« zur Unterstützung der Opp. in der DDR u. zur Dokumentation von Repressalien.

Sek.-Lit.: Müller-Enbergs, Helmut; Schmoll, Heike; Stock, Wolfgang: Das Fanal. Das Opfer des Pfarrers Brüsewitz u. die ev. Kirche. Frankfurt/M., Berlin 1993.

Bruyn, Günter de 1. 11. 1926
Schriftsteller
Geb. in Berlin, Vater Handlungsgehilfe; Oberschule; 1943 Luftwaffenhelfer, 1944 Soldat, 1945 Gefangenschaft. 1945 Landarbeiter in Hessen; 1946–49 Neulehrer in Potsdam u. in einer Dorfschule bei Rathenow; 1949–53 zunächst Bibliothekarschule, anschl. Bibliothekar in Berliner Volksbüchereien; 1953–61 wiss. Mitarb. im Zentralinst. für Bibliothekswesen; 1960 erste Erzählungen »Wiedersehen an der Spree« u. »Hochzeit in Weltzow«, seit 1961 freischaff., 1963 Roman »Der Hohlweg«; seine Romane »Buridans Esel« (1975 Dramatisierung von Ulrich Plenzdorf*) u. »Preisverleihung« (1972) erörterten krit. das Verhältnis von Anpassungsbereitschaft u. Zivilcourage im Alltag der DDR; 1964 Heinrich-Mann-Preis; langj. von der Staatssicherheit überwacht, gab dem MfS in den 70er Jahren unter dem Decknamen »Roman« (ohne Verpflichtungserklärung) Auskünfte; 1969–78 Mitgl. im Vorst. des DSV; 1978 Mitgl. der AdK; 1990 Thomas-Mann-Preis, Heinrich-Böll-Preis.

Publ.: Das Leben des Jean Paul Friedrich Richter. Biogr. Halle 1975; Märk. Forschungen. Erzählungen. Halle, Leipzig 1978; Neue Herrlichkeit. Roman. Halle, Leipzig 1984/1985 (1. Aufl. eingestampft); Jubelschreie Trauergesänge. Dt. Befindlichkeiten. Frankfurt/M. 1991; Zwischenbilanz. Eine Jugend in Berlin (Autobiogr.). Frankfurt/M. 1992.

Bubnoff, Serge von
15. 7. 1888–16. 11. 1957
Geologe
Geb. in St. Petersburg, Vater dt. Arzt; nach dem Abitur 1907 Übersiedlung nach Dtl.; Studium an der Univ. Freiburg, hier 1912 Prom. mit einer geolog. Arbeit; danach Assistent u. Mitarb. an der Univ. Freiburg i. Br. bzw. der Bad. Geolog. Landesanstalt, ab 1914 Univ. Heidelberg; 1921 Habil. an der Univ. Breslau, hier 1922 ao. Prof. für Geol.; 1929 Berufung an die Univ. Greifswald als Prof. u. Dir. des Geolog.-Paläontolog. Inst.; 1935 Mitgl. der Dt. Akad. der Naturforscher

Leopoldina; 1941 Korr. Mitgl. der Preuß. Akad. der Wiss.
1949 Ord. Mitgl. der DAW; 1950 Prof. für Geol. u. Paläontol. an der HU Berlin, ab 1951 zugl. Dir. des Geotekton. Inst. der DAW; 1951 Korr. Mitgl. der Akad. in Göttingen; 1953 u. 1955 NP, 1956 Dr. h.c. der TH Hannover.
B. war ein führender dt. Geologe mit Verdiensten im Grenzgebiet von Tektonik u. Magnetismus sowie bei grundlegenden Forschungen zur Synthese der Erdgeschichte u. Lagerstättenkunde; als Nestor war er maßg. am Wiederaufbau der geolog. Forschung nach dem Krieg beteiligt; Begründer u. Hrsg. der Geolog. Jahresberichte.
Publ.: Grundprobleme der Geol. Halle 1949.

Buchheim, Walter
28. 1. 1904–1. 11. 1979
SED-Politiker, Vorsitzender der Volkssolidarität
Geb. in Pegau (Kr. Borna, Sa.), Vater Arbeiter; Volksschule, 1918–22 Lehre als Metallschleifer, bis 1929 im Beruf tätig, 1929–31 Bergarbeiter im Braunkohlenbergbau; 1923 KJVD, Funktionen auf regionaler Ebene; 1926 KPD; 1931 bis 33 Stadtverordneter in Groitzsch u. hauptamtl. Stadtrat; 1933 antifasch. Tätigkeit, Gefängnishaft, 1934–36 KZ Sachsenhausen; 1936–45 Metallschleifer.
1945–49 Stadtverordneter der KPD bzw. SED u. Bürgermeister in Groitzsch; 1949 Besuch der Verwaltungsakad. Forst-Zinna; 1950/51 Landrat im Kr. Zinna; 1951 Landesparteischule der SED in Meißen; 1952–59 1. Sekr. der SED-BL Chemnitz/Karl-Marx-Stadt, 1954–63 Mitgl. des ZK der SED; 1952–58 Abg. des Bez.-Tags Chemnitz/Karl-Marx-Stadt; 1954 VVO in Gold; 1958–63 Abg. der Volkskammer; 1959–61 stellv. Vors. des Bundesvorst. des FDGB (Nachf. von Otto Lehmann*); 1961–71 Vors. des Zentralaussch. der Volkssolidarität; 1969–71 Mitgl. des Präs. des NR der NF; 1971 Rentner.

Büchner, Joachim 5.3.1929
MfS-Hauptabteilungsleiter
Geb. in Westhausen; Vater Zimmermann; Volksschule; 1941–43 kaufm. Handelsschule; 1943–47 Lehre als kaufm. Angestellter.
1947 SED; Mitarb. des Kreissekr. der SED; 1949 Sekr. der FDJ-KL Langensalza; 1949 Eintritt in die Landesverwaltung für Staatssicherheit Thüringen, Dienststelle Langensalza; 1950 Abt. V (Staatsapparat, Kultur, Kirchen, Untergrundspionage) der Landesverwaltung Thüringen; 1952 Bezirksverw. Gera; 1953 Ltr. der Abt. V; 1955 Ltr. der Abt. XV (Auslandsaufklärung); 1958 Stellv. Operativ des Ltr. der Bezirksverw. Gera; 1965–69 Direktstudium, dann Fernstudium, Abschluß als Dipl.-Jur., zugl. wiss. Mitarb. an der JHS Potsdam-Eiche; 1969 Oberassistent; 1970 Ltr. der HA VII (Abwehr in MdJ u. VP), MfS Berlin; 1971 Prom. zum Dr. jur. an der JHS; 1977/78 Delegierung zum Einjahreslehrgang an der PHS; 1978 Gen.-Major; Dez. 1989 Funktionsentbindung; 1990 Entlassung.

Buchwitz, Otto 27. 4. 1879–9. 7. 1964
SED-Politiker
Geb. in Breslau, Vater Schlosser; Volksschule, 1883–96 Lehre als Metalldrücker u. Eisendreher, anschl. im Beruf bzw. als Weber tätig; 1896 Dt. Metallarbeiterverb., 1898 SPD; 1899–1901 Militärdienst; ab 1907 hauptamtl. Gewerkschaftsfunktionär, Sekr. für das Chemnitzer Landgebiet; 1914–18 Kriegsdienst (Ostpr.), Soldat; 1919 stellv. Landrat für den Kr. Görlitz; Aug. 1919 hauptamtl. Sekr. und 1920 Pol. Sekr. des SPD-Bezirksverb. Niederschlesien; 1921–24 Abg. des Preuß. Landtags, 1924–33 des Dt. Reichstags; 1924 Aufbau des Reichs-

banners u. 1931 der Eisernen Front in Niederschlesien; 1933–40 Exil in Dänemark; Mitgl. der dän. SP; 1937 dt. Staatsbürgerschaft aberkannt; 17. 4. 1940 Verhaftung u. Juli Auslieferung nach Dtl., 25. 3. 1941 Verurteilung zu sieben Jahren Zuchthaus, Brandenburg-Görden, KZ Sonnenburg, von der Roten Armee befreit.
Ab Anfang Juni 1945 in Dresden, Mitgl. des vorbereitenden Aussch. zur Gründung der SPD, kommissar. Landesvors., ab Juli Vors. des SPD-Landesvorst. Sachsen; seit 1946 Mitgl. des Dt. Friedensrats u. des Präs. des Komitees der Antifasch. Widerstandskämpfer; 1946 – Dez. 1948 Parität. Landesvors. der SED; 1946–52 Abg. u. Landtagspräs. in Sachsen; Mitgl. der DWK; ab 1946 Mitgl. des PV bzw. ZK der SED, 1949/50 Mitvors. der ZPKK; 1950–64 Abg. der Volkskammer u. ihr Alterspräs.; ab Ende 1952 Ehrenpräs. des DRK; 1953 KMO, 1954 Ehrenbürger der Stadt Dresden, 1955 VVO in Gold, 1957 Ehrensenator der TH Dresden.
Publ.: Bürger in eins nun die Hände. Berlin 1958.
Sek.-Lit.: O. B. 50 Jahre Funktionär der dt. Arbeiterbew. Berlin 1958; Zimmermann, F.: O. B. Ein Lebensbild. Berlin 1984.

Budach, Lothar 14. 11. 1935
Mathematiker
Geb. in Berlin; 1954–59 Studium der Mathematik an der HU Berlin; danach am Inst. für Reine u. Angewandte Mathematik der DAW einer der ersten drei Forschungsassistenten, 1962 Prom., 1963 Habil.; 1966 Prof. an der HU; 1969 Korr., 1975 Ord. Mitgl. der AdW; 1972/73 zugl. wiss. Mitarb. des VEB Carl Zeiss Jena; 1973 NP; 1974/75 Forschungsaufenthalt an der AdW der UdSSR in Moskau; 1977–90 Sekretar der Klasse Mathematik der AdW, ab 1986 auch Ltr. des Forschungsbereichs Mathematik u. Informatik der AdW.
Seit 1993 beschäftigt in der Fraunhofer-Ges.
Forschungen zunächst zu Problemen der reinen Algebra, speziell der Ringtheorie u. der Erweiterungstheorie, in den 70er Jahren zur algebraischen Berechnungstheorie; hier gelang B. 1974 die negative Lösung des Labyrinthproblems für endl. Automaten.

Budig, Klaus-Peter 15. 7. 1928
Minister für Wissenschaft und Technik
Geb. in Sagan (Schles.); 1947 Abitur; 1948 LDPD; 1948–53 Studium der Starkstromtechnik an der TH Dresden, 1954/55 dort Assistent, danach Ing. im VEB Elektromaschinenbau Dresden-Niedersedlitz, 1959 Prom. zum Dr.-Ing., Techn. Dir. beim VEB Elektromaschinenbau; 1961 Lehrauftrag an der HS für Verkehrswesen Dresden; 1966 Prof. für Starkstromtechnik an der TH Karl-Marx-Stadt, Dekan bzw. Ltr. eines Wissenschaftsbereichs; Nov. 1978 Vizepräs. der KdT, Mitgl. des Vorst. des Forschungsrats der DDR, Ltr. der Gruppe Elektronik; Mitgl. des NR der NF; 1980 Korr. Mitgl. der AdW; seit 1982 Mitgl. des ZV der LDPD; 18. 11. 1989–17. 3. 1990 Min. für Wiss. u. Technik in der Reg. Modrow.

Budzislawski, Hermann (Ps. Hermann Eschwege, Donald Bell)
11. 2. 1901–28. 4. 1978
Journalistikwissenschaftler, Institutsdirektor
Geb. in Berlin, Vater Fleischermeister, Mutter Hausfrau; Knabenschule der Jüd. Gemeinde Berlin, Oberrealschule, 1919 Abitur; 1919–23 Studium der Nationalök. u. Staatswiss. an den Univ. Berlin, Würzburg u. Tübingen, 1923 Prom. zum Dr. rer. pol. mit der Diss. »Ök. der menschl. Erbanlagen« in Tübingen; 1923/24 kaufm. Angestellter; 1924/25 Red. bzw. Chefred. der Ztschr. »Industrial and Trade Review for India« in Ber-

lin; 1925/26 Hauslehrer in Fiesole bei Florenz; 1926–33 Chefred. der Wiss. Korrrespondenz Berlin u. freier journalist. Mitarb. bei Tagesztgn. (»Nachtexpress«) u. der »Weltbühne« in Berlin; 1928/29 Mitbegr. u. Sekr. der »Ges. zur Förderung des Siedlungswerks in Birobidshan«; 1929–33 SPD, wollte 1932 Mitgl. der KPD werden, blieb aber auf Weisung Walter Ulbrichts* als Verbindungsmann in der SPD; als Mitarb. bei Carl v. Ossietzky zahlr. ök. Artikel in der »Weltbühne«; März 1933 Flucht nach Zürich, hier Gründung eines antifasch. Pressedienstes; Jan. 1934 nach Prag, 1934–38 Mitbegr. und Vors. des Dt. Volksfrontkomitees in Prag; Mai 1938 nach Paris, Vors. des Aktionsaussch. Dt. Oppositioneller in Paris; 1934–40 Hrsg. u. Chefred. der »Neuen Weltbühne« in Prag bzw. Paris; 1939/40 Internierung in versch. frz. Lagern; dann Flucht nach Portugal u. Emigration in die USA; bis 1948 in New York, hier Red. u. Autor für bedeutende Tagesztgn., Mitbegr. des Rats für ein Demokr. Dtl.; 1940/41 freier Journalist; 1941–45 Mitarb. u. Ghostwriter der amerik. Journalistin Dorothy Thompson; 1943–48 Kommentator u. Kolumnist (Ps. Donald Bell) der Overseas News Agency New York.
Sept. 1948 Rückkehr nach Dtl.; SED; seit 1948 pol. Kommentator des Mitteldt. Rundfunks; 1949 VDJ; 1948–54 Prof. für intern. Pressewesen an der Univ. Leipzig; 1949/50 Abg. der Prov. Volkskammer; 1952 KB; 1953–58 Mitgl. im ZV bzw. Präs. des VDJ; 1954–59 Dir. des Inst. für Pressegeschichte der KMU Leipzig, 1959–67 dort Dir. des Inst. für Theorie u. Praxis der Pressearbeit; 1954–62 Dekan der Fak. für Journalistik; 1954–59 Mitgl. des FDGB-Bundesvorst.; 1954 bis 1958 Mitgl. der ZPL der Fak. für Journalistik; 1956 Mitgl. des Dt. PEN-Zentrums Ost u. West; 1958 kurzzeitige Ltg. der Sendereihe »Berliner Treffpunkt« im DFF (in Vertretung Karl Eduard v. Schnitzlers*); 1955–66 Mitgl. des Exekutivrats der Weltföderation der Wissenschaftler; 1958–66 Abg. der Volkskammer, FDGB-Fraktion, stellv. Vors. des Aussch. für Kultur, ab 1967 Aussch. für Auswärtige Angelegenheiten; 1962 Mitgl. des Dt. Friedensrats; 1963 Mitgl. des Präs. der UNESCO-Kommission der DDR, Dr. h.c. der KMU Leipzig; 1967–71 Hrsg. u. Chefred. der »Weltbühne«; 1970 VVO in Gold, 1974 Ehrenspange zum VVO in Gold, 1976 Stern der Völkerfreundschaft in Gold.
Publ.: Soz. Journalistik. Leipzig 1966.

Buggenhagen, Marianne 26. 5. 1953
Leistungssportlerin (Behindertensport)
Geb. in Ueckermünde; nach dem Schulabschluß ab 1969 Ausbildung zur Krankenschwester, zugl. Volleyballspielerin beim SC Dynamo Berlin; ab 1972 wiederholte Bandscheibenoperationen, seit 1977 querschnittsgelähmt, Rollstuhlfahrerin; seitdem aktive Behindertensportlerin (Schwimmen, Tischtennis, Fahrdisziplinen, Leichtathletik); mehrfache DDR-Meisterin u. Teiln. an Intersport Invalid Cups; 1974–86 Hilfserzieherin in der berufl. Rehabilitation, seitdem Krankenschwester im Klinikum Berlin-Buch; 1990 dreifache WM in Assen (Niederlande); 1992 vierfache Siegerin bei den Paralympics in Barcelona (Spanien), 1994 WM im Kugelstoßen, Diskus- u. Speerwurf sowie im Fünfkampf bei den ersten Leichtathletik-Weltmeisterschaften der Behinderten in Berlin.

Buhr, Manfred 22. 2. 1927
Philosoph, Vorsitzender des Wissenschaftlichen Rats für Grundfragen des ideologischen Kampfes
Geb. in Kamenz, Vater Steinarbeiter; Volksschule, Handelsschule, Berufsabschluß als Kaufmann; 1944 RAD u. NSDAP, 1945 Wehrmacht.
1945/46 KPD/SED; Neulehrer, 1946/47 Besuch der Vorstudienanstalt in Dres-

den, 1947–52 Studium der Geschichte, Philos. u. Germanistik an der Univ. Leipzig, Abschluß als Dipl.-Historiker u. Dipl.-Philosoph; ab 1952 zunächst Assistent u. Oberassistent, dann wiss. Aspirant bei Ernst Bloch* am Inst. für Philos. der KMU Leipzig, 1957 dort Prom. mit der Arbeit »Aufstieg u. Ausschaltung des dial. Denkens in der Philos. Immanuel Kants«; seit 1957 Mitarb. der DAW; 1962 Habil. an der EMAU Greifswald mit der Schrift »Die ursprüngl. Philos. Johann Gottlieb Fichtes u. die Französ. Rev.« (Veröff. Berlin 1965); 1962 stellv. Dir., 1965 Prof., ab 1969 Dir. des Inst. bzw. ZI für Philos. der AdW; 1965 beim MfS als IM »Rehbein« registriert; 1969 Korr. u. 1971 Ord. Mitgl. der AdW; ab 1971 Vors. des Wiss. Rats für Grundfragen des ideolog. Kampfes zwischen Soz. u. Imp., u. a. zuständig für die Kooperationsbeziehungen u. die Reisetätigkeit (Auswahl der »Reisekader«) von DDR-Philosophen ins westl. Ausland; 1973 NP; während B.s Direktorat erfolgte 1974 die ideolog. motivierte Auflösung der von Hansgünter Meyer* am ZI für Philos. aufgebauten Abt. Soziologie; ab 1981 stellv. Vors. der Intern. Ges. für dial. Philos. – societas Hegeliana; 1988 Auswärtiges Mitgl. der AdW der UdSSR, 1990 infolge demokr. Wahlen als Institutsdir. abgelöst.

1991 Ehrenprom. der Univ. Oulu (Finnland), 1992 dort Veröff. der Studie »Histor. Vernunft. Zum Denk-Einsatz der klass. dt. Philos.«.

B. wirkte an exponierter Stelle mit an der Durchsetzung der ideolog. Hegemonialansprüche der SED-Führung über das philosoph. Leben in der DDR sowie an der ideolog. u. institutionellen Ausgrenzung nonkonformist. marxist. Strömungen, so der Philos. Ernst Blochs, des krit. Marxismus u. a.m.; 1980/81 war er als Institutsdir. neben Herbert Hörz* maßgebl. beteiligt an der Maßregelung der Gruppe um Peter Ruben*. Mitautor u. -hrsg. mehrerer Standardpubl. der DDR-Philos., u. a.: Philosoph. Wörterbuch. Leipzig 1964; Marxist. Philosoph. Lehrbuch, 1967; seit 1971 Hrsg. der Schriftenreihe »Zur Kritik der bürgerl. Ideol.« (mehr als 100 Bde.).

Publ. insbes. zur klass. dt. Philos. u. zur ideolog. Auseinandersetzung, u. a.: Der Übergang von Fichte zu Hegel. Berlin 1965; Immanuel Kant. Leipzig 1968; Der Anspruch der Vernunft (mit G. Irrlitz). Berlin 1968; Über die hist. Notwendigkeit des ideolog. Klassenkampfes. Berlin 1976; Verzicht auf Fortschritt, Geschichte, Erkenntnis u. Wahrheit (mit R. Steigerwald). Berlin 1981.

Bunge, Hans 3.12.1919–27.5.1990
Dramaturg, Regisseur

Geb. in Arnsdorf (Sa.), Vater Zahnarzt, bereits 1929 gestorben, Stiefvater Polizeioffz.; 1938 NSDAP; 1939–43 RAD u. Wehrmacht, Hptm. u. Regt.-Adjutant; 1943–49 Kriegsgefangener in 14 versch. sowj. Lagern, entlassen zu den Eltern nach Lünen (Westfalen).

Dez. 1949 Übersiedlung in die DDR zu seiner Jugendliebe nach Koserow (Usedom); 1950–53 Studium der Germanistik, Kunstwiss. u. Theatergeschichte in Greifswald; 1953–56 durch Vermittlung Ruth Berlaus Regie- u. Dramaturgieassistent am Berliner Ensemble; 1956–62 erster Ltr. des Bertolt-Brecht-Archivs, führte seitdem zahlr., allmähl. vielbeachtete Interviews mit Brecht-Mitarb. u. Schülern, u. a. mit Hanns Eisler* und Ruth Berlau; 1957 Prom. über Brecht*; 1962–65 nach persönl. Differenzen mit Helene Weigel* Wechsel in die Wiss. Abt. der DAK, zunächst Ltr. der Arbeitsgruppe Hist.-krit. Ausgabe der Schriften Bertolt Brechts, dann Hrsg. der Sonderhefte »Sinn u. Form« zu Hanns Eisler, Thomas Mann u. Willi Bredel*; 1965 Mitgl. des PEN; 1965 nahm die Ltg. der DAK das 11. Plenum des ZK zum Anlaß, um den eigenwilligen Hrsg. u. Freund

Wolf Biermanns*, Heiner Müllers* u. Robert Havemanns* fristlos zu entlassen (Bunge hatte ein Sonderheft mit neuer Dramatik, u. a. von Müller, vorgeschlagen, das Girnus* empört zurückwies); arbeitslos; 1968–70 Regisseur u. Dramaturg am Volkstheater Rostock, 1970–78 am Deutschen Theater Berlin; 1976 Unterzeichnung des Protestbriefs gegen die Ausbürgerung Biermanns; seit 1978 freiberufl. Autor; gest. in Berlin.
Publ.: Bertolt Brecht. Leben u. Werk (zus. mit W. Hecht u. K. Rülicke). Berlin 1963; Fragen Sie mehr über Brecht. Hanns Eisler im Gespräch. München 1970; Brechts Lai-tu. Erinnerungen u. Notate von Ruth Berlau (Mitarb. Gudrun Bunge). Darmstadt u. Neuwied 1985; Die Debatte um Hanns Eislers »Johann Faustus« (Hrsg.). Berlin 1991.
Sek.-Lit.: H. B. zum Gedenken. In: Sinn u. Form 5/1990.

Bürger, Annekathrin (Ps. von A. Rammelt) 3.4.1937
Schauspielerin
Geb. in Berlin, Lehre als Gebrauchsgrafikerin, anschl. Bühnenbildassistentin am Theater Bernburg; 1955 von Gerhard Klein* für die Hauptrolle in »Eine Berliner Romanze« entdeckt; anschl. Studium an der Film-HS in Potsdam-Babelsberg, dreijähriges Engagement am Theater der Bergarbeiter in Senftenberg; in den 60er Jahren kurzzeitig Mitgl. des Schauspielerensembles von DEFA u. DFF, seit 1966 an der Volksbühne Berlin; zahlr. Rollen in DEFA- u. DFF-Filmen, u. a. 1958 »Tilmann Riemenschneider« (R: Helmut Spieß), 1959 »Verwirrung der Liebe« (R: Slatan Dudow*), 1961 »Fünf Tage – fünf Nächte« (dt.-sowj. Koproduktion), 1962 »Königskinder« (R: Frank Beyer*), 1972 »Die Bilder des Zeugen Schattmann« (TV), 1973, 1975 »Das unsichtbare Visier« (TV), 1980 »Unser Mann ist König« (TV), 1981» Der Teufel hat den Schnaps gemacht« (TV); Auftritt bei der Kundgebung auf dem Berliner Alexanderplatz am 4.11.1989; am 10.3.1990 zur Vorstandsvors. der Nat. Bürgerbewegung gewählt.

Bürger, Kurt (Ps. von Karl Ganz) 27.8.1894–28.7.1951
Ministerpräsident von Mecklenburg
Geb. in Karlsruhe, Vater Metallarbeiter; Volksschule; 1908–11 Schlosserlehre; 1912 SPD; 1912/13 Schlosser in München, 1914–17 Militärdienst, 1917 schwer verwundet u. als dienstuntaugl. entlassen; Nov. 1918 Mitgl. des Arbeiterrats in München, Anfang 1919 Mitbegr. der KPD in Bayern, Apr./Mai 1919 Kdr. einer militär. Einheit der Bayer. Räterep., nach deren Niederschlagung vier Jahre inhaftiert; 1924–29 Parteifunktionen in Bayern, 1929–33 im Apparat des ZK der KPD in Berlin, 1924 u. 1929 wegen seiner pol. Tätigkeit inhaftiert; 1933 illegale Arbeit, nahm das Ps. K. B. an; Dez. 1933 Emigration in die UdSSR, dort u. a. Mitarb. der KI, 1936/37 Interbrigadist im span. Bürgerkrieg, nach der Rückkehr in die UdSSR Red. u. Lehrer, 1941–45 Arbeit unter dt. Kriegsgefangenen.
6.5.1945 Rückkehr nach Dtl. als Mitgl. der KPD-Gruppe Gustav Sobottka* für Mecklenburg-Vorpommern, Dez. 1945 Vors. der KPD-Landesltg. Mecklenburg-Vorpommern, zuständig u. a. für die Bodenreform, ab 1946 Ko-Vors. des Landesvorst. bzw. 1. Sekr. der Landesltg. Mecklenburg, Mitgl. des PV bzw. des ZK der SED, 1949/50 Mitgl. der Prov. Volkskammer, Juli 1951 zum Min.-Präs. des Landes Mecklenburg gewählt (Nachf. von Wilhelm Höcker*).

Bürger, Max 16.11.1885–5.2.1966
Internist, Klinikdirektor
Geb. in Hamburg, Vater Lehrer; Besuch der Gelehrtenschule des Johanneums zu Hamburg, 1904–10 Medizinstudium in Berlin, Kiel, München u. Würzburg, hier

1910 Prom.; 1910–18 Assistenzarzt in Hamburg-Altona, Würzburg, Kiel, Berlin u. Königsberg, 1918 Habil. in Kiel (bei Alfred Schittenhelm), hier 1920 ao. Prof.; 1929–31 Chefarzt der Inneren Klinik am Städt. Krankenhaus in Osnabrück, 1931–37 Dir. der Med. Poliklinik der Univ. Bonn, 1937–57 Ordinarius für Innere Medizin u. Dir. der Med. Univ.-Klinik Leipzig; 1939 Begründung der Ztschr. für Alternsforschung (mit Emil Abderhalden), Prägung des »Biomorphose«-Begriffs. 1946/47 vom Dienst suspendiert, 1947 Wiedereinsetzung als Ordinarius u. Klinikdir., 1951 Mitgl. der Leopoldina, 1952 Ord. Mitgl. der DAW, wiss. Arbeiten vor allem über Stoffwechselkrankheiten u. in der Alternsforschung; 1952 NP; 1957 em.; gest. in Leipzig.

Publ.: Altern u. Krankheit. Leipzig 1947 (4. Aufl. 1960); Klinische Fehldiagnosen. Stuttgart 1953 (2. Aufl. 1954, 1954 ital. u. 1956 span. Ausgabe); Die Hand des Kranken. München 1958.

Sek.-Lit.: Ries, Werner: M. B. (1885–1966) Internist, Physiologe, Alternsforscher – Ausgew. Texte (In: Sudhoffs Klassiker der Medizin, Neue Folge 5, mit Bibliogr.). Leipzig 1985.

Burghardt, Max
27. 11. 1893–22. 1. 1977
Intendant, Präsident des Kulturbunds
Geb. in Wickendorf (Meckl.), aufgewachsen in Berlin, Vater Bauing.; Realschule, Buchhändlerlehre; 1913/14 Studium an der Maria-Moissi-Schauspielschule Berlin; anschl. Soldat im 1. Weltkrieg; ab 1919 Engagements als Schauspieler u. a. in Bremen, Rostock, Lübeck, Plauen, Münster, Erfurt u. Berlin; 1930 KPD; 1930–35 Schauspielhaus Stuttgart u. Mitarb. beim Stuttgarter Sender; seit 1933 antifasch. Widerstand, 1935 Verhaftung, bis 1941 Zuchthaus u. Lager, anschl. kriegsdienstverpflichtet an die Bremer Atlaswerft.

1945 Wiedereintritt in die KPD, Mitbegr. des KB zur demokr. Erneuerung Dtl. u. des Kampfbunds gegen den Faschismus in Bremen; 1946/47 Intendant des NWDR in Köln; 1947 KPD/SED; 1947–50 Referatsltr. Musik u. Theater bei der Dt. ZV bzw. im Min. für Volksbildung Berlin; 1950–54 Generalintendant der Städt. Theater Leipzig; 1951–77 Mitgl. der DAK/AdK; 1954–63 Intendant der Dt. Staatsoper Berlin, 1955 Inszenierung von Wagners »Die Meistersinger von Nürnberg« anläßl. der Wiedereröffnung des Gebäudes der Staatsoper Unter den Linden; schriftsteller. Tätigkeit; 1954–59 Kand., 1959–77 Mitgl. des ZK der SED; 1958 Prof.; 1958–67 Präs., ab 1967 Vors. des Präsidialrats des KB; Mitgl. des NR der NF; 1965 VVO in Gold, 1968 KMO.

Publ.: Ich war nicht nur Schauspieler. Erinnerungen eines Theatermannes. Berlin u. Weimar 1972; Briefe, die nie geschrieben wurden. Berlin 1967; Fürchtet euch nicht. Berlin 1968.

Burmeister, Friedrich
24. 3. 1888–25. 7. 1968
Postminister
Geb. in Wittenberge, Vater Schlosser u. Lokführer; Mittel- u. Realschule; ab 1905 Ausbildung u. Tätigkeit bei der Post; 1906 Mitgl. des Dt. Postverb.; 1920–33 Vors. des Landeskartells Mecklenburg-Schwerin des Dt. Beamtenbunds, 1922–24 Rep. Partei, 1924–30 DDP.

1945 CDU, Mitgl. des Landesvorst. Mecklenburg-Vorpommern; stellv. Ltr. der Oberpostdir. Schwerin; 1946–49 Min. für Arbeit u. Sozialwesen der Landesreg. Mecklenburg; 1949–58 Mitgl. der Prov. Volkskammer bzw. Volkskammer, 1949–63 Min. für Post- u. Fernmeldewesen; ab 1952 Abg. des Hauptvorst. der CDU, ab 1954 seines pol. Aussch. bzw. Präs.

Busch, Ernst 22. 1. 1900–8. 6. 1980
Schauspieler, Volkssänger
Geb. in Kiel, Vater Maurer; Lehre als Maschinenbauschlosser an der Germania-Werft Kiel; 1917 Kieler Arbeiterjugend (SPD); erste Schauspielproben; 1918 Teiln. am Kieler Matrosenaufstand; 1919 USPD/KPD; 1920 Schauspiel- u. Gesangsunterricht; 1921–24 Stadttheater Kiel, 1924–26 Frankfurt/Oder, 1927 Pommersche Landesbühne; 1927–33 Berlin (Piscator-Bühne, Volksbühne, Theater der Arbeiter, Mitgl. pol. Kabaretts, Stücke von Friedrich Wolf*, Bertolt Brecht* u. Ernst Toller), ab 1929 Filmarbeit (1931 Rolle in Pabsts »Dreigroschenoper«, 1932 Hauptrolle in Dudows »Kuhle Wampe«); 1929 begann die lebenslange Freundschaft mit Hanns Eisler*; Eisler schrieb den Großteil seiner Lieder für B.; 1930 erste Zusammenarbeit mit Brecht; 1933 Emigration zunächst nach Holland, dann nach Belgien, Frankreich, England u. in die Schweiz, wo er bei versch. Rundfunksendern arbeitete u. Schallplatten verlegte; 1936 UdSSR, hier u. a. Mitwirkung in Gustav von Wangenheims* Film »Kämpfer«; 1937/38 in Spanien Auftritte vor Interbrigadisten u. Arbeit bei Radio Madrid, danach wieder Belgien u. Frankreich; dort 1940 verhaftet u. interniert; 1943 Auslieferung an die Gestapo, bis 1945 Zuchthäuser Berlin (Moabit) u. Brandenburg.
1946 KPD/SED; Gründung des Verlags »Lied der Zeit«; ab 1945 Schauspieler in Berlin (Berliner Ensemble, Dt. Theater, Volksbühne); setzte Maßstäbe in der Schauspielkunst, besonders in seinen Brecht-Rollen: 1947 Galileo Galilei im gleichnamigen Stück, 1949 Koch in »Mutter Courage u. ihre Kinder«, 1946 Satin in Gorkis »Nachtasyl«; 1953 Jago in Shakespeares »Othello« u. 1954 Azdak im »Kaukas. Kreidekreis«, aber auch 1954 als Mephisto in Goethes »Faust«; 1950 AdK; bedeutender Interpret von intern. Arbeiterliedern (»Barrikadentauber«); 1961 Rückzug von der Bühne aus gesundheitl. Gründen (Auswirkungen eines Bombenangriffs während seines Zuchthausaufenthalts); 1963–75 Arbeit an der Schallplattenreihe »Aurora«; 1969 Moskau-Gastspiel mit Liedern; 1965 VVO in Gold, 1966 u. 1979 NP 1. Kl., 1970 KMO, 1972 Intern. Lenin-Friedenspreis.
Sek.-Lit.: Siebig, Karl: »Ich geh mit dem Jahrhundert mit« E. B. Eine Dokumentation. Reinbek b. Hamburg 1980; Busch singt. Sechs Filme über die erste Hälfte des 20. Jahrhunderts (Hrsg. AdK der DDR). Berlin 1982; Siebig, Karl; Hoffmann, Ludwig: E. B. Eine Biographie in Texten, Bildern u. Dokumenten. Berlin 1987.

Buschmann, Werner 3. 1. 1931
Minister für Leichtindustrie
Geb. in Lichtenstein, Vater Arbeiter; Lehre als Verwaltungsangestellter; 1948–52 als solcher in örtl. staatl. Organen tätig; 1952 Referent im Min. für Wirtschaft u. Arbeit des Landes Sachsen; 1952–61 Mitarb. der SPK; Fernstudium an der HU Berlin u. an der KMU Leipzig, 1957 Dipl.-Wirtsch.; 1961–64 Abt.-Ltr. im VEB Großdrehmaschinenbau »7. Oktober« Berlin; 1964 Abt.-Ltr. örtl. Industrie bzw. 1965 Abt.-Ltr. Wirtschaftsräte im Volkswirtschaftsrat; 1965–68 Abt.-Ltr. im Min. für Bezirksgeleitete Industrie u. Lebensmittelindustrie; 1968–76 Mitarb. des ZK der SED, u. a. stellv. Ltr. der Abt. Leicht-, Lebensmittel- u. Bezirksgeleiteten Industrie beim ZK der SED, 1974 amt. Ltr.; seit 1976 Staatssekr. u. 1. stellv. Min. für Bezirksgeleitete Industrie u. Lebensmittelindustrie; seit Dez. 1978 Min. für Leichtindustrie (Nachf. von Karl Bettin) u. Mitgl. des Min.-Rats; 1976–79 Mitgl. der SED-BL Berlin; 1984 VVO in Gold.

Buschner, Georg 26. 12. 1925
Trainer der Fußball-Nationalmannschaft
Geb. in Gera; ab 1935 Fußballer beim 1. SV Gera; nach dem Abitur 1943–45 Kriegsdienst bei der Luftwaffe.
Ab 1945 zunächst Bauarbeiter, dann Neulehrer; 1947–52 Studium der Fächer Sport u. Geschichte an der FSU Jena; SED; 1952–58 HS-Lehrer für Sportgeschichte u. Spiele, zugl. Fußballspieler beim SC Motor Jena, 6 Länderspiele, 69 Oberligaspiele; 1958–63 neben dem Lehramt Trainer bei Carl Zeiss Jena, ab 1963 dort hauptamtl. Trainer; 1970 bis 1981 Trainer der Fußball-Nationalmannschaft, 115 Länderspiele, 1972 Olympia-Dritter, 1974 WM-Sechster, 1976 Olympiasieger; 1981 nach ausgebliebenen Erfolgen entlassen; seit 1983 Invalidenrentner.

Busse, Ernst 24. 11. 1897–1952
Innenminister von Thüringen
Geb. in Solingen, Vater Schleifer; Volksschule, Lehre als Schleifer, danach bis 1925 im Beruf tätig; 1912 SAJ, 1913 Dt. Metallarbeiterverb. (DMV), 1916 Jugendfunktionär; 1916/17 Soldat, wegen Krankheit in die Rüstungsindustrie entlassen; 1918 Spartakusbund, 1921 KPD; Arbeiterkorrespondent; 1925–30 hauptamtl. im DMV, wegen pol. Differenzen gemaßregelt; 1930/31 ehrenamtl. Ltr. der aus dem DMV ausgeschlossenen Metallarbeiter des Bez. Mönchen-Gladbach, ab 1931 mit Bernhard Bästlein RGO-Bezirksltr. im Bez. Köln-Aachen-Trier, danach Bezirksltr. in Thüringen; 1932/33 Abg. des Dt. Reichstags; 1933 wegen antifasch. Tätigkeit verhaftet u. zu drei Jahren Zuchthaus verurteilt, nach Verbüßung der Strafe ab 1937 KZ Buchenwald, gehörte zum illegalen Parteiaktiv u. vertrat mit Walter Bartel* u. Harry Kuhn die dt. Gefangenen im intern. Lagerkomitee, Blockältester, Lagerältester u. Kapo im Krankenbau.
1945 Mitgl. der KPD-BL Thüringen; Ltr. des Landesarbeitsamtes in Weimar; 1945/46 1. Vizepräs. der Landesverwaltung Thüringen; 1946 Mitgl. des Sekr. des SED-Landesvorst.; 1946/47 Innenmin., Vors. der Landeskommission für die Bodenreform; 1947–49 Vizepräs. der Dt. Verwaltung für Land u. Forst in Berlin; 1948 Mitgl. des agrarpol. Aussch. beim Zentralsekr. der SED; 1949 Vors. des Zentralverb. der landw. Genossenschaften Dtl.; 1950 unter unrichtigen Anschuldigungen von sowj. Sicherheitsorganen verhaftet u. in der UdSSR zu langjähriger Lagerhaft verurteilt; 1952 in Workuta gestorben; 1. 9. 1956 Rehabilitierung durch die ZPKK der SED.

Butting, Max 6. 10. 1888–13. 7. 1976
Komponist
Geb. in Berlin, Vater Kaufmann; Gymnasium; 1908–14 Studium der Komposition, Philos. u. Geschichte an der Univ. München; 1917/18 zivildienstverpflichtet; 1919/20 im Geschäft des Vaters; 1920–27 Ltr. musikal. Veranstaltungen der »Novembergruppe«; seit 1925 journalist. u. als Komponist tätig, Aufführungen auf Musikfesten der Intern. Ges. für Neue Musik u. in Donaueschingen; 1928–30 Doz. am Kindworth-Scharwenka-Konservatorium u. 1928–33 an der HS für Musik Berlin; 1933 Ord. Mitgl. der Preuß. AdK; 1933–38 Mitarb. in der Urheberrechtsges. STAGMA; 1939 NSDAP; 1939–45 im Geschäft des Vaters.
1948 Cheflektor der Musikabt. des Berliner Rundfunks; 1950 Gründungsmitgl. der DAK, 1956–59 deren Vizepräs.; 1951–61 Vors. des Beirats der Anstalt zur Wahrung der Aufführungsrechte (AWA); 1968 Dr. phil. h.c. (HU Berlin); komponierte bes. Orchester- u. Kammermusik, u. a. zehn Sinfonien, u. die Oper »Plautus im Nonnenkloster«; veröff. musikwiss. Aufsätze zu Urheberrechtsfragen.

Publ.: Musikgeschichte, die ich miterlebte (Biogr.). Berlin 1955.
Sek.-Lit.: Brennecke, D.: Das Lebenswerk M. B. Leipzig 1973.

Büttner, Henry 12. 11. 1928
Karikaturist
Geb. in Wittgensdorf; Gebrauchswerber in Karl-Marx-Stadt; seit 1958 freischaffender Karikaturist; Arbeit in der Ztschr. »Eulenspiegel« u. in der Ztg. »Neues Dtl.«; lebt in Berlin.
Publ.: Bravo, da capo. Berlin 1978; Gesellschaftsspiele. Berlin 1980; Das gute Beispiel. Berlin 1988; Krampflos in die nächste Runde. Berlin 1990.

Butzmann, Manfred 14. 9. 1942
Grafiker
Geb. in Potsdam, Vater Gärtner, Mutter Hausfrau; 1945–55 in Eutzsch (b. Wittenberg); 1961 Abitur; 1961–64 Lehre als Offsetretuscheur in Berlin u. Arbeit in Potsdam; ab 1962 im Malzirkel von Magnus Zeller in Caputh (b. Potsdam); 1964–69 Grafikstudium an der Kunst-HS Berlin-Weißensee bei Arno Mohr*, Werner Klemke* u. Klaus Wittkugel*; 1969/70 dort Aspirant für Grafik; seit 1970 freischaff. in Berlin-Pankow; 1971 VBK; 1973–77 Meisterschüler an der AdK bei Werner Klemke, Unterbrechung durch Einberufung als Reservist der NVA; zunächst Buchillustrator, ab 1977 neben Druckgrafik u. Aquarellen zahlr. Fotoplakate u. Postkarten im Eigenauftrag; krit. Interpret der Berliner Stadtlandschaft; vom unmittelbaren Umfeld in Berlin-Pankow ausgehend, Initiator von Aktionen zu Umweltbewußtsein u. Stadtgestaltung; Ausstellungen u. a. 1971 in Berlin-Pankow, Kreiskulturhaus; 1979 Halle, Staatl. Galerie Moritzburg, 1988 Haus am Lützowplatz, Berlin.
1989/90 Mitarb. im Untersuchungsaussch. zu den polizeil. Übergriffen vom 8./9. 10. 1989 in Berlin; 1990 Projekt für eine Friedensallee Am Tiergarten; 1990 Lupine-Projekt; 1991 Kollwitz-Preis der AdK; 1993 3. Preis für den Entwurf eines Mahnmals zur Bücherverbrennung in Berlin.
Werke: u. a. Grafikfolgen: Eindrücke (1976); Steinernes Berlin (1981–86); Plakate: X. Weltfestspiele (1973); Heimatkunde (1983); ... und ich will bei euch wohnen (1985); Brüder, es brennt (1991); Hasenfahnenfest (1992).
Sek.-Lit.: Kat. Steinernes Berlin. Aquatinta-Radierungen von M. B. Berlin. Haus am Lützowplatz 1988; Kat. K. Knebel/M. B. Käthe-Kollwitz-Preisträger. AdK Berlin 1991; Kat. M. B. Heimatkunde. Museum für Gestaltung. Zürich/Kunstdienst der Ev. Kirche. Predigerkloster Erfurt 1993.

C

Carlsohn, Hans 2. 12. 1928
Leiter des Sekretariats des Ministers für Staatssicherheit
Geb. in Leipzig, Vater Arbeiter, Mutter Hausfrau; Volksschule, Lehre als Kupferschmied (nicht ausgelernt); RAD; 1945 Arbeit bei einem Sattler; ab 1946 als Heizungs-Hilfsmonteur; 1946 SED; 1948 Einstellung bei der VP, Revier Leipzig, dann Bereitschaften in Großenhain, Küstrin u. Potsdam, Mitarb. für Pol.-Kultur; 1951 Einstellung beim MfS, HA Personenschutz, als persönl. Begleiter Erich Mielkes*; ab 1953 sein persönl. Referent; 1971 Ltr. des Sekr. des Min.; 1983 VVO in Gold; 1985 Gen.-Major;

Dez. 1989 von seiner Funktion entbunden, Jan. 1990 Entlassung, Rentner.

Carow, Heiner 19. 9. 1929
Regisseur, Vizepräsident der Akademie der Künste
Geb. in Rostock; 1950–52 Regieklasse im DEFA-Nachwuchsstudio bei Gerhard Klein* und Slatan Dudow*; 1952–1956 DEFA-Studio für populärwiss. Filme (zehn Filme); seit 1957 Regisseur bei der DEFA, 1959 Mitgl. der Gruppe »Berlin« unter der Ltg. von Slatan Dudow; Kinder- u. Jugendfilme (1957 »Sheriff Teddy«, 1959 »Sie nannten ihn Amigo«, 1965 »Die Reise nach Sundevit«, 1975 »Ikarus«, auch Drehbuch), Gegenwartsfilme (1960 »Das Leben beginnt«, 1963 »Die Hochzeit von Länneken«, 1971 »Karriere«, 1973 »Die Legende von Paul u. Paula«, 1978 »Bis daß der Tod euch scheidet«, 1986 nach siebenjähriger Pause »So viele Träume«, 1989 »Coming out«); sein Film »Die Russen kommen«, entstanden in den 60er Jahren, wurde erst 1987 öffentl. aufgeführt; 1975 Drehbuch zu »Jestem Baba – Ich bin ein Weib«; Mitte der 60er Jahre zwei Theaterinszenierungen in Rostock.
Nach 1991 Arbeiten für das Fernsehen, u. a. 1992 »Verfehlung«.
C.s Filme zeichnen sich in der Darstellung bes. jugendl. Helden als Individuen durch deren spezif. Blick auf ihre Umwelt aus, was C. wiederholt in Konflikte mit Parteigremien brachte.
1989 Prof., 1978 Mitgl. u. 1982–93 Vizepräs. der AdK der DDR, 1984 Mitgl. der AdK Berlin/West; 1988–90 Mitgl. des Präsidiums des Verb. der Film- u. Fernsehschaffenden der DDR.
1990 Silberner Bär u. Konrad-Wolf-Preis der AdK für »Coming out«.
Sek.-Lit.: DEFA-Spielfilm-Regisseure u. ihre Kritiker. Bd. 2. Berlin 1983; Schenk, Ralf (Red.): Das zweite Leben der Filmstadt Babelsberg. DEFA-Spielfilme 1946–1992. Berlin 1994.

Castorf, Frank 17. 7. 1951
Regisseur, Intendant
Geb. in Berlin-Prenzlauer Berg, Vater Eisenwarenhändler; Besuch der EOS (Abitur u. Facharbeiterabschluß); Dienst in der NVA; 1971–76 Studium der Theaterwiss. an der HU Berlin bei Ernst Schumacher, Rudolf Münz, Jochen Fiebach; 1976–78 Dramaturg am Bergarbeitertheater Senftenberg, erste Inszenierung: Stückfragmente von Brecht* als Collage; 1978 Wechsel zum Stadttheater Brandenburg, Inszenierung: 1980 »Golden fließt der Stahl«; sich anschließende Arbeitsrechtsprozesse führen zum Weggang; 1981–85 Oberspielltr. am Theater Anklam, Inszenierungen: 1981 »Die Nacht nach der Abschlußfeier«, 1982 »Die Schlacht«, »Othello«, 1984 »Trommeln in der Nacht«, Inszenierung auf Druck der KL der SED mit Einverständnis der Theaterltg. u. des FDGB-Kreisvorst. aber gegen den Willen der BGL des Theaters abgesetzt; 1985 »Nora«; ab 1986 Gastinszenierungen im Schauspielhaus Karl-Marx-Stadt durch Förderung des Intendanten Gerhard Meyer: 1986 »Der Bau«, 1988 »Ein Volksfeind«; Arbeiten auch in Gera: 1986 »Clavigo« (Premiere in Greiz), Halle: 1986 »Bernarda Albas Haus« (neues theater halle), am Kleist-Theater Frankfurt/Oder: 1988 »Wolokolamsker Chaussee I–II–II« (Frankfurter Abend u. Heiner-Müller-Abend), an der Volksbühne Berlin: 1988 »Das trunkene Schiff«, 1990 »Räuber von Schiller«, am Dt. Theater Berlin: 1988 »Paris, Paris« (Sojas Wohnung); ab 1989 Inszenierungen in der Bundesrep. Dtl.: 1989 »Hamlet« (Theater in der Kuppel, Köln), 1989 »Miss Sara Sampson« (Prinzregententheater München).
1990 »Stella« (Schauspielhaus Hamburg), 1991 »Torquato Tasso« (Residenztheater München); in der Schweiz: 1989 »Aias« (Basel) u. 1991 »Wilhelm Tell« (Basel); am Dt. Theater Berlin: 1990 »John Gabriel Borkmann« (Kammerspie-

le), 1992 »Hermes in der Stadt«; seit der Spielzeit 1992/93 Intendant der Volksbühne Berlin.
Sek.-Lit: Wilzopolski, Siegfried: Theater des Augenblicks: Die Theaterarbeit Frank Castorfs. Eine Dokumentation (Hrsg. vom Zentrum für Theaterdokumentation u. -information). Berlin 1992.

Chemnitzer, Johannes (Hans)
24. 3. 1929
SED-Politiker
Geb. in Wildenfels (Kr. Zwickau), Vater Arbeiter; Volks- u. Handelsschule; 1946 FDJ u. SED, 1948–51 Studium an der FS für Landw. in Zwickau u. Elbisbach, staatl. geprüfter Landwirt; 1949 FDGB; 1952–55 Sekr. für Landw. in der SED-KL Zwickau-Land; 1955–58 PHS beim ZK der KPdSU in Moskau, Dipl.-Ges.-Wiss.; 1958–62 Sekr. für Landw. in der SED-BL Gera, 1961/62 Vors. der Ständigen Kommission für Landw. des Bez.-Tags Gera; 1963–89 1. Sekr. der SED-BL Neubrandenburg (Nachf. von Georg Ewald*); 1963–16. 11. 89 Abg. des Bez.-Tags Neubrandenburg sowie der Volkskammer; ab 1967 Mitgl. des ZK der SED; 1974 VVO in Gold; 1973–89 Mitgl. des Aussch. für Nat. Verteidigung; 8. 11. 1989 Kand. des PB u. Sekr. des ZK der SED, 10. 11. der Parteifunktionen enthoben, 13. 12. aus der SED ausgeschlossen.

Chwalek, Roman
24. 7. 1898–27. 11. 1974
Arbeitsminister
Geb. in Woinowitz (Oberschles.), Vater Arbeiter; Volksschule; 1912–14 Lehrling in einer Maschinenfabrik; 1915–18 Militärdienst, zuletzt Uffz.; 1918 Einheitsverb. der Eisenbahner, USPD; 1919–30 Schlosser im Reichsbahnausbesserungswerk Oppeln; 1920 KPD, 1928–31 Mitgl. ihrer BL Oberschlesien; 1930–33 MdR u. Sekr. des Reichskomitees der RGO; wegen antifasch. Tätigkeit 1933–37 Zuchthaus u. 1937/38 KZ Sachsenhausen; 1939–45 Schlosser in Britz (Berlin-Neukölln), Polizeikontrolle und mehrmalige kurzzeitige Inhaftierung.
Mai 1945 Mitarb. der Kommunalen Verwaltung in Britz; Mitunterz. des Aufrufs des Vorbereitenden Gewerkschaftsaussch. für Groß-Berlin u. Mitgl. des Aussch.; 1946 SED; 1946–55 Mitgl. des Bundesvorst. des FDGB, 1946–49 Vors. des Landesvorst. Groß-Berlin u. 1949/50 der IG Eisenbahn; 1949 Mitgl. des Dt. Volksrats, 1949–54 der Prov. Volkskammer bzw. Volkskammer; 1950–53 Min. für Arbeit u. 1953/54 für Eisenbahnwesen; 1954–68 Mitgl. des Vorst. u. ab 1957 Stellv. des Präs. des Verb. Dt. Konsumgenossenschaften; 1968 Rentner.

Cierpinski, Waldemar 3. 8. 1950
Leistungssportler (Leichtathletik)
Geb. in Neugattersleben (Kr. Bernburg); seit 1964 Leichtathlet zunächst bei der BSG Aufbau Nienburg, ab 1966 beim SC Chemie Halle (Trainer Walter Schmidt); 1967 Sieger bei den Jugendwettkämpfen der Freundschaft im Hindernislauf, 1976 u. 1980 Olympiasieger im Marathonlauf, 1976 DDR-Sportler des Jahres, 1983 WM-Dritter u. Europacupsieger im Marathonlauf; nach dem Abitur an der KJS Studium mit Abschluß als Dipl.-Sportlehrer, anschl. bis 1990 hauptamtl. Trainer in Halle.
Seit 1990 Inhaber eines Laufshops in Halle, nebenberufl. Trainer u. Mitarb. der Mainzer Fachztschr. »Running u. Marathon«, Autor des Buches »Meilenweit bis Marathon«.

Cilensek, Johann 4. 12. 1913
Komponist, Hochschullehrer
Geb. in Großdubrau (b. Bautzen), Vater Porzellandreher; 1924–33 Oberschule in Bautzen; 1933 RAD; 1934 Hilfsarbeiter in der Porzellanfabrik Hermsdorf; 1935–39 Studium am Kirchenmusikal. Inst. Leipzig bei Johann Nepomuk David

(Komposition) u. Friedrich Högner (Orgel); 1939–45 kriegsdienstverpflichtet als Schleifer u. Dreher.
1945/46 KPD/SED; Lehrer für Tonsatz u. Komposition am Thüring. Landeskonservatorium Erfurt; 1947 Prof. für Tonsatz u. Komposition, 1966–72 Rektor der Franz-Liszt-HS Weimar (Nachf. von Werner Felix); 1951–56 u. 1964–66 Vors. des Bezirksverb. Thüringen u. Mitgl. des Zentralvorst. des VDK, 1961 DAK.
Komponierte vor allem Instrumentalmusik: fünf Sinfonien, Konzerte für Klavier u. Orchester, Konzert für Orgel u. Streichorchester, Konzerte für Soloinstrumente u. Orchester, Mosaik für 13 Streicher oder Großes Streichorchester, Silhouetten für 15 Solostreicher u. a.

Claudius, Eduard (eigtl. Eduard Schmidt) 29. 7. 1911–13. 12. 1976
Schriftsteller, Botschafter
Geb. in Buer (b. Gelsenkirchen), Vater Bauarbeiter; Lehre u. Tätigkeit als Maurer; Gewerkschaftsfunktionär u. Arbeiterkorrespondent; 1929–32 Wanderungen durch Italien, Österreich, Frankreich, Spanien u. die Schweiz; 1932 KPD; 1933 Verhaftung; 1934 Emigration in die Schweiz; 1936–38 Interbrigadist im span. Bürgerkrieg, anschl. Internierung in Frankreich u. 1939–45 in versch. Schweizer Arbeitslagern (Witzwühl, Gordula); 1945 Angehöriger der oberital. Partisanenbrigade »Garibaldi«.
Ab Juli 1945 Pressechef im bayer. Min. für Entnazifizierung in München; nach kurzem Aufenthalt im Ruhrgebiet 1948 Übersiedlung nach Potsdam; KPD/SED; zunächst freischaff. Schriftst.; 1956 1. Sekr. des DSV (Nachf. von Gustav Just*); 1956–59 Generalkonsul der DDR in Syrien, 1959–61 Botschafter in Vietnam; danach wieder freischaff. Schriftst.; 1. Sekr. des KB im Bez. Potsdam; 1965 Mitgl. der DAK.
C. wurde durch sein Spanien-Buch »Grüne Oliven u. nackte Berge« (1945) bekannt; mit seinem reale Begebenheiten nachzeichnenden Roman »Menschen an unserer Seite« (1951) schuf er den Prototyp des sog. Aktivisten-Romans; der Stoff wurde von Bertolt Brecht* (»Büsching-Fragment«) u. Heiner Müller* (»Die Lohndrücker«) aufgegriffen; seine Erzählung »Wintermärchen auf Rügen«, 1964 in der Studentenztschr. »Forum« vorabgedruckt, enthielt bereits alle wichtigen substantiellen u. formalen Neuerungen der DDR-Belletristik der 60er Jahre.
Publ.: Ruhelose Jahre (Autobiogr.). Berlin 1968.

Claus, Carlfriedrich 4. 8. 1930
Zeichner, Grafiker, Schriftsteller
Geb. in Annaberg (Erzgeb.); 1945–48 Lehre als Kaufmannsgehilfe; seit 1951 künstler. Arbeit in Annaberg; Autodidakt, zunächst experimentelle poetische Texte; 1953/54 Theater- u. Kunstkritiken für die Ztg. »Volksstimme«, Karl-Marx-Stadt; 1958–60 Phasenmodelle und Letternfelder; 1959 experimentelle Sprechprozesse auf Tonband; mit Sprachblättern Übergang zur bildenden Kunst; 1962 Einbeziehung der Rückseite der Sprachblätter; 1964 erste Personalausstellung Staatl. Kunsthalle Baden-Baden; 1975 Mitgl. des VBK; Ausstellung Galerie Arkade, Berlin; 1978 2. Preis der Intern. Grafik-Biennale in Kraków; 1979 Ausstellung Galerie Clara Mosch (gemeinsam mit K. Sobolewski), Karl-Marx-Stadt.
1991 Mitgl. der AdK (West); Visuelle Poesie, im Grenzbereich von Zeichnen und Schreiben, Forschung zu Philos., Psychol., Lit. u. Geschichte.
Werke: Geschichtsphilosoph. Kombinat, Folge von 26 Blättern, 1959–64; Grafik-Mappe Aurora, Dresden 1977.
Publ.: Notizen zwischen der experimentellen Arbeit – zu ihr (zugl. Kat. der Ausstellung Staatl. Kunsthalle Baden-Baden). Frankfurt/M. 1964.
Sek.-Lit.: Kat. C. C. Galerie Arkade. Ber-

lin 1975; Kat. C. C. Sprachblätter. Kupferstichkabinett Dresden 1980; Kat. C. C. Erwachen am Augenblick (mit Bibliogr.). Städt. Museen Karl-Marx-Stadt 1990.

Clermont, Friedrich 5.4.1934
Staatsratsmitglied
Geb. in Flensburg, Vater Landwirt; Grundschule; 1953–56 Besuch der Landw. FS in Teterow; staatl. geprüfter Landwirt; 1954 SED; 1956/57 Agronom in der MTS Prenzlau; 1964–69 Fernstudium an der HU Berlin; Dipl.-Landw.; 1957–69 Vors. der LPG »IV. Parteitag« in Klinkow; 1962–76 Mitgl. der SED-BL Neubrandenburg; 1963–76 Abg. der Volkskammer; 1969 NP 2. Klasse; seit 1969 Ltr. der Kooperationsabt. Pflanzenprod. in Dedelow; seit 1974 Vors. der LPG »VIII. Parteitag« in Dedelow bzw. seit 1980 der LPG in Satow-Kugel; 1971–76 Mitgl. des Staatsrates.

Coburger, Karli 4.10.1929
MfS-Hauptabteilungsleiter
Geb. in Neuhaus-Schierschnitz, Vater Porzellandreher; Volksschule; 1943–46 Handelsschule, Kaufmann.
1946–48 Wirtschaftsoberschule Sonneberg, 1948/49 Volontär im Plastewerk Köppelsdorf; 1949 SED; 1949/50 Einjahreslehrgang an der Dt. Verwaltungsakad. »Walter Ulbricht« Forst-Zinna; 1950–52 Betriebsassistent; Techn. Abendschule. 1952 Mitarb. des MfS, Bezirksverwaltung Leipzig; 1953 MfS Berlin, HA IX; 1957–60 Fernstudium Kriminalistik an der Polizeischule Aschersleben; 1966 Staatsexamen in Kriminalistik an der HU Berlin; 1976 Prom. zum Dr. jur. an der JHS des MfS Potsdam-Eiche (Durchsetzung der strafrechtl. Verantwortung von Bürgern nichtsoz. Staaten durch das MfS); 1984–1989 Ltr. der HA VIII (Beobachtung/Ermittlung) des MfS; Gen.-Major; 1990 Entlassung.

Cohrs, Eberhard 4.1.1921
Humorist
Geb. in Dresden; 1936–39 Konditorlehre; Militärdienst.
1945 Prüfung als Humorist vor der Intern. Artistenloge; Tourneen bis in die 50er Jahre vor allem mit Roby Hanson als Partner, Mitwirkung in der »Tönenden Funkillustrierten« (mit Uli Busch beim Sender Dresden), im »Leipziger Allerlei« (mit Heinz Quermann* beim Sender Leipzig); bis 1961 Gastspiele in ganz Dtl.; 1961–76 alljährl. im Friedrichstadtpalast Berlin, auch als Autor: 1964 »Der Mann, der Dr. Watson war«, 1966 »Kleiner Mann auf großer Fahrt«, 1968 »Er macht det schon«, 1970 »Mein Pferd Rodi«, 1973 u. 1975 »Hallo, Eberhard« u.a.; Tourneen mit Programmen »Hallo, Eberhard« mit wechselnden Partnern, u.a. Horst Feuerstein, Bobby Bölke, Hans Rohr, Peppi Zahl; Mitwirkung in zahlreichen Sendungen des DDR-Fernsehens, in mehreren DEFA-Filmen (u.a. »Hauptmann Florian von der Mühle«), 1976 am Volkstheater Rostock als Frosch in der »Fledermaus«.
Anfang 1977 Übersiedlung nach Berlin (West) mit zahlr. Auftritten auf Bühnen, in Medien u. als Autor.
Seit 1990 wieder Gastspiele in Ostdtl.

Coldam, Hanno 25.10.1932–13.4.1992
Dompteur
Geb. u. gestorben in Berlin, Vater Schmied; Volksschule, Schmiedelehre; danach Requisiteur beim Zirkus Barlay, ab 1950 Tierpfleger bei Gilbert Houcke, 1954 Dompteur im Zirkus Aeros (ab 1960 Staatszirkus der DDR), dort bis 1990 Chefdompteur und Lehrmeister vieler Nachwuchsdresseure; dressierte intern. stark beachtete Raubtiergruppen, so 18 Löwen (u.a. komische Darbietung »Rasierlöwen«), eine Gruppe schwarzer Panther, zuletzt 16 indische Löwen; Vorführung auch durch seine Frau Regina Marcella u. Tochter Marcella.

Collein, Edmund 10. 1. 1906–21. 1. 1992
Architekt, Präsident des BDA
Geb. in Bad Kreuznach; 1925–27 Studium an der TH Darmstadt u. am Bauhaus Dessau bei Walter Gropius u. Hannes Meyer, 1930 Bauhausdiplom; 1931 Mitarb. an Wiener Arbeiterwohnungsbauten, ab 1932 an der Werkbund-Siedlung Wien-Lainz, 1938 Arbeit an Krankenhausbauten in München u. Berlin; 1939–45 Militärdienst.
1945–51 Hochbauamt des Magistrats von Berlin, danach Ltr. des Hauptamts für Stadtplanung; 1950 erste Reise in die UdSSR u. Mitarb. an den »16 Grundsätzen des Städtebaus«; 1951 Vizepräs. der DBA u. Prof. für Städtebau, 1955–58 Vors. des Beirats für Bauwesen beim Min.-Rat, 1958 Dir. des Inst. für Gebiets-, Stadt- u. Dorfplanung der DBA; Projekt für einen Bauabschnitt der Karl-Marx-Allee in Berlin (mit Josef Kaiser* u. Werner Dutschke); ab 1962 Ltr. der Akademiesekt. Städtebau u. Architektur, 1963–71 Vors. des Wiss. Rats der DBA, 1966–75 Präs. des BDA; 1975 Dr. h.c., 1978 Ehrenmitgl. der DBA.

Correns, Erich 12. 5. 1896–18. 5. 1981
Chemiker, Präsident des Nationalrats der Nationalen Front
Geb. in Tübingen, Vater Karl Erich C., Biologe; Gymnasium in Leipzig u. Münster; Teiln. am 1. Weltkrieg; 1918–22 Studium der Chemie, Physik u. Botanik an den Univ. Berlin u. Tübingen, 1922 Prom. zum Dr. phil. in Berlin; 1922–24 Assistent am Kaiser-Wilhelm-Institut (KWI) für Chemie Berlin u. am KWI für Lederforschung Dresden; 1925 Industriechemiker bei IG Farben Elberfeld, 1931 Ltr. des Acetylcellulose-Betriebs Elberfeld, 1933 Ltr. der Kupfer-Kunstseidenfabrik Dormagen; 1937 Ltg. u. Aufbau der Zellwolle- u. Kunstseide GmbH Schwarza (Thür.), 1939 Maßregelung durch NS-Behörden u. erzwungener Rücktritt als Betriebsltr.; seine Ehefrau starb beim Transport ins KZ; während des 2. Weltkriegs beratender Chemiker bei der Thüring. Zellwolle AG u. dem Zellwolle-Kunstseiden-Ring.
1946 Dir. der Zellstoff- u. Papierfabrik Rosenthal in Blankenstein/Saale; 1948 bia 1951 Ltr. der Thüring. Kunstseidenwerke in Schwarza; 1950–81 Präs. des NR der NF; Mitbegr. der Ztschr. »Faserforschung u. Textiltechnik« (später »Acta Polymerica«); 1951 Ord. Mitgl. der DAW, 1951–62 Dir. ihres Inst. für Faserstoff-Forschung in Teltow-Seehof; 1953–59 Prof. für chem. Technol. der Zellstoffherstellung an der TH Dresden; 1954 VVO in Gold; ab 1954 Abg. der Volkskammer, Mitgl. des Zentralvorst. der DSF u. des Präsidialrats des KB; 1956 Dr. jur. h.c. (HU Berlin); 1957 Mitgl. des Forschungsrats; 1960 Mitgl. des Staatsrats; 1961 Em.; 1971 KMO.
Anerkannter Experte für Cellulosechemie, Arbeiten über Reaktionsabläufe bei der Herstellung techn. Zellstoffe u. über Bakteriencellulose.

Cremer, Fritz 22. 10. 1906–1. 9. 1993
Bildhauer, Vizepräsident der Akademie der Künste
Geb. in Arnsberg/Ruhr, Vater Polsterer u. Dekorateur; 1916–21 Gymnasium, 1921–25 Lehre als Steinbildhauer in Essen; 1926 KJVD; 1926–28 Arbeit als Steinmetzgeselle, führte u. a. Skulpturen nach Modellen von Will Lammert* aus, besuchte Plastikkurse an der Folkwang-Schule in Essen; 1928 KPD; 1928–34 Studium an der Vereinigten Staatsschule für freie u. angewandte Kunst in Berlin-Charlottenburg, Lehrer Wilhelm Gerstel; 1930 Mitbegr. einer Gruppe des Roten Studentenbundes; 1934–38 Meisterschüler bei Wilhelm Gerstel; 1936 Bronzerelief »Trauernde Frauen« (auch »Gestapo«); 1937/38 Studium an der Dt. Akad. in Rom, ab 1938 Meisteratelier an der Preuß. AdK; 1940–44 Militärdienst, 1944–46 jugosl. Gefangenschaft.

1946 KPD/SED; 1946–50 Prof. u. Ltr. der Bildhauerabt. an der Akad. für angewandte Kunst in Wien; 1950 DAK u. Ltr. eines Meisterateliers; Übersiedlung nach Potsdam, dann nach Berlin; 1965 VVO in Gold; 1967 Ehrenmitgl. der AdK der UdSSR; 1974 KMO; 1974–83 Vizepräs. der AdK; Nov. 1976 Mitunterz. des Protestbriefes gegen die Ausbürgerung Wolf Biermanns*, zog seine Unterschrift kurz darauf zurück.
Hauptwerke: Mahnmale für die Opfer des Faschismus: Denkmal auf dem Zentralfriedhof in Wien (1947), Herz von Mauthausen u. Mahnmal im KZ Ebensee (1949), Buchenwalddenkmal (1952–58), Mahnmal für das KZ Ravensbrück (1959/60); »O Deutschland, bleiche Mutter«, Denkmal für das KZ Mauthausen, Denkmal für dt. Spanienkämpfer in Berlin-Friedrichshain (1966–68).
Sek.-Lit.: Schmidt, D.: F. C. Dresden 1972 u. 1973; Kat. F. C. Duisburg 1980; Kat. F. C. Karl-Marx-Stadt 1986; F. C. Lithographien 1955–88. Berlin 1988.

Croy, Jürgen 19. 10. 1946
Leistungssportler (Fußball)
Geb. in Zwickau, Vater Kfz-Schlosser; ab 1955 Fußballspieler (Torhüter), zunächst bei der BSG Aktivist Karl Marx Zwikkau, ab 1965 bei der BSG Sachsenring Zwickau; 1965 Sieger des UEFA-Junioren-Turniers, 1967 u. 1975 Sieger des FDGB-Pokals; 23 Spiele in der Olympia-Auswahl der DDR, 1972 Olympia-Dritter u. 1976 Olympiasieger, Teiln. an der WM-Endrunde 1974, insgesamt 94 Länderspiele, 1972, 1976, 1978 DDR-Fußballer des Jahres; 1980 Beendigung der leistungssportl. Laufbahn; nach dem Schulabschluß ab 1963 Lehre u. Berufstätigkeit als Elektriker; SED; 1967–75 Studium an der PH Zwickau mit Abschluß als Dipl.-Sportlehrer, anschl. wiss. Mitarb. an der PH; ab 1982 Fußballtrainer u. ab 1988 Vors. der BSG Sachsenring Zwickau; Ehrenbürger der Stadt Zwickau.

Czechowski, Heinz 7. 2. 1935
Schriftsteller
Geb. in Dresden, Vater Beamter; Lehre als graf. Zeichner u. Reklamemaler; Arbeit als Bauzeichner; 1958–61 Studium am Inst. für Lit. »Joh. R. Becher«; 1961–65 Lektor beim Mitteldt. Verlag Halle/Saale; 1962 erster Gedichtband »Nachmittag eines Liebespaares«, mit dem sich C. in die sog. Sächsische Dichterschule einreihte; 1963–76 SED, Austritt u. a. im Zusammenhang mit der Ausbürgerung Wolf Biermanns*; 1965 bis 1971 freischaff. Schriftst. (Lyrik, Kinderstücke, Nachdichtungen, Essays, Hrsg. von Anthologien); 1971–73 literar. Mitarb. der Bühnen der Stadt Magdeburg; ab 1973 freischaff. Schriftst. in Wuischke (b. Halle), seit 1982 in Leipzig u. seit 1991 in Limburg; 1976 Heinrich-Heine-Preis; Mitunterz. der »Biermann-Resolution«; 1982–91 PEN-Zentrum DDR; 1984 Heinrich-Mann-Preis.
1990 Stadtschreiber in Bergen-Enkheim; 1991 PEN-Zentrum Bundesrep. Dtl.; 1991–93 Mitgl. im Präs. des PEN-Zentrums Bundesrep. Dtl.; unpathet. Lyriker, anfängl. Verbindung von Natur- u. Gedankenlyrik, später skeptischere philos.-hist. Gedichte; erfolgreicher Autor von Kinderstücken.
Publ.: Wasserfahrt. Halle/S. 1967; Schafe u. Sterne. Halle/S. 1974; Was mich betrifft. Halle/S. 1981; Der Meister u. Margarita (Stück nach M. Bulgakow). Berlin 1986; Mein Venedig. Gedichte u. andere Prosa. Berlin 1989; Nachtspur. Gedichte u. Prosa. Zürich 1993.

Czepuck, Harri 30. 7. 1927
Journalist, Vorsitzender des VDJ
Geb. in Breslau, Vater Textilarbeiter; Volksschule; 1942 Versicherungslehrling in einer Betriebskrankenkasse; 1944 Wehrmacht, Gefr., April 1945 sowj., dann poln. Gefangenschaft; Jan. 1949 Red. der dt. Kriegsgefangenen-Ztg. »Die Brücke«.

Juli 1949 in die SBZ entlassen; SED; Sept. 1949 Volontär, später Red. bei der Ztg. »Neues Deutschland« (ND), dort 1954–58 Abt.-Ltr., 1958–62 ND-Korrespondent in Bonn, 1962 Mitgl. des Red.-Kollegiums, 1967–71 Mitgl. der Westkommission beim PB; 1967 stellv. Chefred. des ND, nach dem VIII. Parteitag 1971 wegen grundsätzl. Differenzen mit Chefred. Joachim Herrmann* über die Medienpolitik abgelöst; Mitautor von Fernsehfilmen, u. a.: »Doering sagt wie's ist« (1965) u. »Ich – Axel Cäsar Springer« (1968/69); ab 1967 Vors. des VDJ, ab 1971 hauptamtl.; 1977 VVO in Gold; 1981 durch den Sekr. des ZK der SED Joachim Herrmann zum Rücktritt veranlaßt; 1971–81 Vizepräs. der Intern. Journalistenorg.; ab 1981 Mitarb. der Liga für Völkerfreundschaft; 1984 Invalidenrentner.

1990 PDS; Mitbegr. der Gesellschaft für gute Nachbarschaft mit Polen, dann Mitgl. der Dt.-Poln. Gesellschaft der Bundesrepublik.

Czollek, Walter 8. 4. 1907–23. 4. 1972
Verlagsleiter
Geb. in Berlin-Charlottenburg, Vater jüd. Kaufm.; Gymnasium, Abitur; 1924–33 kaufm. Lehre u. Tätigkeit in einer Wäschefabrik, Fachausbildung für Herstellung/Verarbeitung von Kunstseidengewebe, 1928–30 volkwirtschaftl. Studium an der HS für Pol.; 1929 KPD; 1933/34 zweimal verhaftet, 1934 Verurteilung zu zwei Jahren Zuchthaus, verbüßt in Luckau, danach sog. Schutzhaft in der Berliner Prinz-Albrecht-Straße, 1936 KZ Lichtenburg, 1937 KZ Dachau, 1938 KZ Buchenwald, vorwiegend in Isolationshaft, mißhandelt; 1939 Ausweisung; bis 1947 Exil in Shanghai; dort 1939–47 u.a. Übersetzer u. Sprecher deutschsprachiger TASS-Sendungen »Stimme der Sowjetunion in Shanghai«, Mitbegr. u. Ltr. der KPD-Gruppe in China.

1947 Rückkehr nach Berlin; Mitarb. der Dt. Treuhandverwaltung für sequestriertes u. beschlagnahmtes Eigentum im sowj. Sektor Berlins; 1948/49 Ltr. des Personalbüros des Berliner Industrie- u. Handelskontors; 1950–52 Lektor für Zeitgeschichte im Verlag Volk u. Welt Berlin, 1952 Lehrgang an der Dt. Verwaltungsakad. Forst-Zinna, danach 2. Geschäftsführer des Verlags, 1954–72 Ltr. (für intern., vorwiegend belletrist. Lit., 1964 Anschluß des Verlags Kultur u. Fortschritt).

D

Dahlem, Franz 14. 1. 1892–17. 12. 1981
SED-Politiker, stellvertretender Minister für Hoch- u. Fachschulwesen
Geb. in Rohrbach (Lothr.), Vater Weichensteller; 1899–1908 Schule u. Realgymnasium, Lehre in Saarbrücken u. tätig als kaufm. Angestellter; 1911 Gewerkschaft, 1913–17 SPD; 1914–18 Kriegsdienst; 1917–20 USPD u. ab 1919 Mitgl. in deren ZK u. Vors. im Bez. Mittelrhein; 1919–22 Red. in Köln; ab 1920 Mitgl. des Zentralaussch. der Vereinigten KPD bzw. des ZK der KPD u. ab 1929 Mitgl. in dessen PB; 1920–24 Mitgl. des Preuß. Landtags, 1928–33 Abg. des Dt. Reichstags; 1930–32 Reichsltr. der RGO; 1933–37 Mitgl. der Auslandsltg. der KPD in Paris; 1937–39 Ltr. der Pol. Kommission der Intern. Brigaden in Spanien (zus. mit André Marx u. a.); 1938/39 Ltr. des Sekr. des ZK der KPD in Paris;

1939–42 Internierungslager in Frankreich, u. a. Le Vernet; 1942 Gestapohaft u. 1943–45 KZ Mauthausen, dort Mitgl. des Intern. Lagerkomitees.
1945 Rückkehr nach Berlin; Mitunterz. des Aufrufs der KPD vom 11. 6. 1945, Mitgl. des ZK der KPD u. dessen Sekr., 1946–53 Mitgl. des PV bzw. ZK der SED, 1946–48 Mitglied des Zentralsekr., 1949–53 Abg. der Prov. Volkskammer bzw. Volkskammer; Mai 1953 Ausschluß aus dem ZK u. Entbindung von allen Parteifunktionen unter der Anschuldigung angebl. »pol. Blindheit gegenüber der Tätigkeit imp. Agenten u. wegen nichtparteimäßigen Verhaltens zu seinen Fehlern«; 1954 strenge Rüge; 1955–74 Ltr. der HA Forschung u. stellv. Staatssekr. im Staatssekr. für HS-Wesen bzw. 1. Stellv. des Min. für HS-Wesen; 1956 pol. rehabilitiert, 2. 2. 1957 in das ZK der SED kooptiert; ab 1957 Mitgl. des Forschungsrats der DDR; 1964 VVO in Gold; ab 1964 Präs. der Dt.-Frz. Ges.; 1970 Stern der Völkerfreundschaft in Gold; 1974 Rentner.
Publ.: Ausgew. Reden u. Aufsätze 1919–1979. Berlin 1980; Am Vorabend des Zweiten Weltkrieges. Erinnerungen. 2 Bde. Berlin 1977; Jugendjahre. Vom kath. Arbeiterjungen zum proletar. Revolutionär. Berlin 1982.

Dähn, Fritz 26. 1. 1908–15. 9. 1980
Maler, Vorsitzender des Verbandes Bildender Künstler Deutschlands
Geb. in Heilbronn, Vater Fabrikschlosser; 1922–25 Lehre als Schildermaler; 1930–34 Studium an den Kunstakad. Stuttgart, München u. Hamburg; 1935/36 Bühnenmaler in Stuttgart; 1936–40 freischaff. in Heilbronn, Wildbad u. Stuttgart; 1940–45 Kriegsdienst u. schwere Verwundung.
1946 KPD; 1946–48 Arbeit u. Lehrertätigkeit in Stuttgart; 1948 Übersiedl. nach Weimar, SED; 1948–50 Prof. u. kommissar. Rektor der HS für Bauwesen u. bildende Kunst Weimar; SED; 1950–53 Prof. für Malerei u. Rektor der HS für bildende Kunst in Dresden; 1951 Mitgl. der Staatl. Kommission für Kunstangelegenheiten; 1952–55 Vors. des VBKD (Nachf. von Otto Nagel*); 1954–56 HA-Ltr. im Min. für Kultur; 1956–61 Ltr. der Zentralen Werkstatt der bildenden Kunst; 1961–68 Rektor der HS für bildende u. angewandte Kunst Berlin-Weißensee; 1977 Ehrenmitgl. des Präsidialrats des KB.
Werke: Kriegskrüppel (Lithographie 1946), Nie wieder! (Monotypie 1947), Fähre Saßnitz (1971); Porträts: Maler Prof. Lohmar (1951), Prof. Rothmaler, Rainer Kerndl (1967), Baubrigadier Konrad Dorow (1977).
Sek.-Lit.: Schiffner, K.: F. D. Berlin 1969. Kat. F. D. Malerei u. Grafik. Neue Berliner Galerie 1984.

Dallmann, Fritz 17. 6. 1923
VdgB-Funktionär
Geb. in Kaisersdorf (b. Schneidemühl, Westpr.), Vater Gutsschmied; Volksschule; 1938–41 Gutsarbeiter; 1941–44 Wehrmacht.
1947 aus der Gefangenschaft entlassen, zog zu der nach Priborn (Meckl.) zwangsumgesiedelten Familie, übernahm eine Neubauernstelle; 1947 VdgB, Vors. des Ortsaussch.; 1948 SED; 1952–58 Vors. des Kreisvorst. Röbel der VdgB; Jan. 1953 Mitbegr. der LPG »Fortschritt« in Priborn u. seitdem deren Vors.; 1954–63 Abg. des Bez.-Tags Neubrandenburg; 1955–63 Mitgl. der SED-BL Neubrandenburg, 1963 Kand., 1964 Mitgl. des ZK der SED; ab 1963 Mitgl. des Landwirtschaftsrats bzw. Rats für landw. Prod. und Nahrungsgüterwirtschaft der DDR; Fernstudium an der WPU Rostock, 1980 Dipl.-Agr.-Ing.; 1970 KMO, ferner VVO in Gold; ab 10. 9. 1982 Vors. des Zentralvorst. der VdgB (Nachf. von Ernst Wulf*), maßgebl. Beteiligung am Neuaufbau der VdgB als bäuerl. Massenorg.

u. Engagement für die Aufhebung der Trennung von Pflanzen- u. Tierprod.; 1986 – März 1990 Abg. der Volkskammer u. Mitgl. des Staatsrats.
Sek.-Lit.: Sakowski*, H.: Zwei Zentner Leichtigkeit. Berlin 1970; Götz, H. H.: Der Erfolgreiche – F.D. In: Frankfurter Allgemeine Ztg. 9. 11. 1988.

Dallmann, Herbert 26. 4. 1909
Präsident der Urania, Rektor der TH für Chemie Leuna-Merseburg
1929–34 naturwiss. Studium an den Univ. Göttingen, Hannover u. Münster; 1933 NSDAP; ab 1934 Studienreferendar bzw. Studienassessor in Berlin, Schwiebus u. Wismar; 1940 Prom. auf dem Gebiet der Geometrie, dann Doz. für Mathematik an der Ing.-Schule in Wismar. 1946 Wiederaufnahme der Lehrtätigkeit u. ab 1950 Dir. der o. g. Ing.-Schule; SED; 1952 beauftragt mit der Wahrnehmung einer Prof. an der PH Potsdam; 1954 Prof. mit Lehrstuhl für höhere Mathematik, Dir. des gleichn. Inst. sowie erster Rektor der TH für Chemie »Carl Schorlemmer« Leuna-Merseburg, nach der HS-Reform von 1968 stellv. Dir. der dortigen Sekt. Mathematik, Kybernetik, Datenverarbeitung; 1954 Mitbegr., Mitgl. des Präs. u. Vors. der Bez.-Org. Halle der Ges. zur Verbreitung wiss. Kenntnisse, 1962–71 Präs. der daraus hervorgegangenen Urania (Nachf. von Werner Rothmaler*); Autor zahlr. mathemat. Publ., u. a. versch. Lehrbücher; VVO.

Dallmann, Siegfried 9. 2. 1915
NDPD-Funktionär, Finanzminister
Geb. in Rörchen (Kr. Naugard, Pomm.), Vater Pfarrer; Gymnasium; 1933–38 Studium der Rechts- u. Wirtschaftswiss. an den Univ. Greifswald, Köln u. Jena; NS-Gaustudentenführer in Thüringen; 1934 NSDAP; 1938 1. jur. Staatsexamen, bis 1940 Referendar sowie Assistent an der Univ. Jena; ab 1940 Wehrmacht, als Ltn. 1943 in sowj. Gefangenschaft, Mitarb. des NKFD, Assistent an der Zentralen Antifa-Schule in Krasnogorsk.
1948 Rückkehr nach Dtl.; Mitarb. im Wirtschaftsmin. von Sachsen-Anhalt; 1948 FDGB u. Mitbegr. der NDPD, Mitgl. des Hauptaussch. u. des PV bis Jan. 1990, 1952–87 zunächst HA-Ltr., später Sekr. des Hauptaussch.; 1950–52 Abg. des Brandenburg. Landtags u. Finanzmin. des Landes; 1950 – März 1990 Abg. der Volkskammer, 1950–63 Vors., 1963–67 stellv. Vors. ihres Verfassungs- u. Rechtsaussch., 1967–86 Vors. der NDPD-Fraktion; 1951–54 Fernstudium an der DASR Potsdam, Dipl.-Staatswiss., 1972 dort Prom. zum Dr. rer. pol.; 1951–68 Mitgl. des Präsidialrats des KB, ab 1987 dessen Ehrenmitgl.; ab 1966 Vizepräs. der DDR-Liga für die Vereinten Nat.; 1967–71 stellv. Vors. der Interparl. Gruppe, 1967–86 stellv. Vors. des Aussch. für Auswärtige Angelegenheiten, danach Vors. des Mandatsprüfungsaussch. der Volkskammer; 1970 VVO in Gold, ferner Stern der Völkerfreundschaft in Gold; ab 1975 Vizepräs. des Freundschaftskomitees DDR – Portugal, ab 1981 des Kuratoriums DDR – Japan; 1987 Ruhestand; bis Nov. 1989 ehrenamtl. Mitgl. des Präs. des Hauptaussch. der NDPD.
Seit dem kooperativen Beitritt der NDPD zum Bund Freier Demokr. im März 1990 dessen Mitgl., später F.D.P.

Damerius, Helmut
16. 12. 1905–29. 9. 1985
Schauspieler
Geb. in Berlin, Vater Gärtner, Mutter Blumenbinderin; Volksschule; Blumenbinder; 1920–24 erwerbslos; 1922 Syndikalist.-Anarchist. Jugend; Ende 1923 KPD, u. a. pol. Ltr. des Jungsturms in Berlin-Steglitz; 1924–29 als Maler tätig; 1928 unter Ltg. von Arthur Pieck* Mitgl. der Agit.-Prop. Gruppe »Rote Blusen«, 1929 Mitbegr. u. pol. Ltr. der Agit.-

Prop. Gruppe »Kolonne Links«, nach deren Verbot auf Parteibeschluß 1931 Emigration in die UdSSR; 1931–34 Ltr. der Theatergruppe »Deutscher Traum – Kolonne Links« (Teatr rabotschi molodjoshi); 1934/35 Studium an der Komm. Univ. der nat. Minderheiten des Westens; 1935 KPdSU(B); 1935–38 Studium am Staatl. Inst. für Theaterkunst in Moskau (Schauspielregie); zugl. Berater beim Meshrabpom-Filmstudio; 1936 Sowjetbürger; im Zusammenhang mit den Stalinschen Säuberungen 1938 unter Spionageverdacht verhaftet u. zu sieben Jahren Arbeitslager verurteilt, Ausschluß aus der KPD.
1945 in einem Lager im Ural wegen »konterrev. Agitation« erneute Verurteilung zu fünf Jahren Zwangsarbeit, nach Revision des Urteils 1947–55 in Kasachstan zwangsangesiedelt; 1955 durch ein Militärtribunal in Moskau rehabilitiert 1955/56 Ltr. der Dekorationsabt. des Theaters in Djambul (Kasachstan).
Aug. 1956 Übersiedlung in die DDR; interne Anerkennung der Mitgliedschaft in der »Partei der Arbeiterklasse« ab 1923 durch die ZPKK, SED; Ltr. der Konzert- u. Gastspieldirektion; verantwortl. für die künstler. Ltg. des Festprogramms für die Weltfestspiele der Jugend u. Studenten 1957; 1963 Rentner; Medaille »Kämpfer gegen den Faschismus 1933 bis 1945«; 1973 Ehrennadel des ZK der SED für über 50jährige treue Parteizugehörigkeit; 1975 VVO in Silber; 1980–82 Arbeit an Aufzeichnungen über seine Erlebnisse in der UdSSR (1938–56), 1987 auszugsweise Veröff., 1990 vollst. Abdruck.
Publ.: Über Zehn Meere zum Mittelpunkt der Welt. Unter falscher Anschuldigung 18 Jahre in Taiga u. Steppe. Berlin/Weimar 1990.

Damerow, Erich 14. 7. 1886–14. 2. 1972
LDPD-Politiker
Geb. in Glienke (Kr. Bromberg); 1906 Abitur, 1907–10 Studium der Rechts- u. Staatswiss. in Berlin, München u. Kiel, 1911 Prom. zum Dr. jur. in Erlangen; 1914/15 Militärdienst; danach Hilfsrichter u. Magistratsassessor in Bromberg u. Cottbus; 1919 DDP; 1920–22 Stadtrat u. 1922/23 Bürgermeister von Zerbst, 1924–33 OB von Köthen; 1933 vom NS-Regime abberufen u. kurzzeitig in »Schutzhaft«; 1933–45 Vertreter, kaufm. Angestellter u. Syndikus.
1945 Mitbegr. der DVP in Halle, die sich im Aug. der LDPD anschloß; 1945/46 Präsidialdir. bei der Provinzialverwaltung Sachsen, 1946–50 Vizepräs. der Provinz Sachsen bzw. stellv. Min.-Präs., Min. für Land- u. Forstwirtschaft u. Justizmin. des Landes Sachsen-Anhalt; 1946–50 Vors. des Landesverb., ab 1947 Mitgl. des Zentralvorst., 1947–49 stellv. Vors. der LDPD; 1948/49 Mitgl. des Erweiterten Sekr. der DWK; nach 1951 in Berlin u. a. Abt.-Ltr. u. Justitiar im Finanzmin.

Damm, Willi 15. 2. 1930
MfS-Abteilungsleiter
Geb. in Leipzig, Vater Mechaniker; 1945 KPD; mittlere Reife; 1946–48 Lehre als Industriekaufmann; 1948–50 Fremdsprachenschule für Russisch; 1950 Dolmetscher bei der 5. VP-Bereitschaft Sachsen, dann in der HV Ausbildung der VP Berlin; 1950 Eintritt in das MfS, Abt. VIIa, 1951 Abt. I/1; 1952–54 Lehrgang für Richter u. Staatsanwälte an der DASR Potsdam; 1954 HA IX (Untersuchungsorgan) des MfS Berlin; 1955–57 Fernstudium Jura an der DASR, Dipl.-Jur.; 1956 Ltr. der Abt. X (Intern. Verbindungen) des MfS; 1963/64 externes Studium an der DASR, Dipl.-Staatswiss.; 1980 Gen.-Major; 1989 Funktionsentbindung, 1990 Entlassung, Rentner.

Dangrieß, Dieter 24. 3. 1940
MfS-Bezirksverwaltungsleiter
Geb. in Jahnshain (Kr. Geithain); Vater Arbeiter, Mutter Hausfrau;
1958 Abitur; Einstellung beim MfS,

Kreisdienststelle Glauchau; SED; 1961/62 Einjahreslehrgang an der HS des MfS Potsdam-Eiche; 1965 Versetzung zur Abt. II (Spionageabwehr), 1966 zur Abt. Anleitung u. Kontrolle der Bezirksverwaltung Karl-Marx-Stadt des MfS; 1967–72 Fernstudium an der JHS des MfS Potsdam-Eiche, Dipl.-Jur.; 1973 Ltr. der Arbeitsgruppe Anleitung u. Kontrolle, 1982 Offz. für Sonderaufgaben u. Ltr. des Stabs, dann Stellv. Operativ des Ltr. der Bezirksverwaltung Karl-Marx-Stadt; 1987 Prom. zum Dr. jur. an der JHS; 1987 1. Stellv.; 1988 Offz. für Sonderaufgaben, dann Ltr. der Bezirksverwaltung Gera; 1989 Gen.-Major; Febr. 1990 Entlassung.

Danz, Tamara 14. 12. 1952
Rocksängerin
Geb. in Breitungen (Kr. Schmalkalden); erster Auftritt als Amateurin in der Rockband Uwe Kropinski; 1971–73 Oktoberklub Berlin; Musikschule Berlin-Friedrichshain (Spezialkl. Tanzmusik, Gesang); prakt. Ausbildung als Sängerin in der Horst-Krüger-Band; 1978 Gründung der »Familie Silly« (ab 1980: Silly); April 1979 erste Aufnahmen beim Rundfunk; Anfang 1980 erste Schallplatte (Single) in der Bundesrep. Dtl., Dezember vier Titel auf einer Kleeblatt-LP, LP »Silly« in der Bundesrep. Dtl.; 1981 LP »Tanzt keiner Boogie?«, Teilnahme an Pop-Session in Sopot/Polen, 1. Preis Festival »Bratislavská Lyra« in Bratislava, erstmalig beste Rocksängerin des Jahres (»Rocklady Nr. 1 der DDR«); 1983 LP »Liebeswalzer«; 1986 LP »Bataillon d'amour« (LP des Jahres, auch in der Bundesrep. Dtl. veröff.), Sängerin bei der Allstar-Band »Gitarreros« (Tournee, LP »It's Only Rock'n'Roll«); 1988 Open Air Festival in Skanderbog, mit »Gitarreros« bei »Rock für Armenien« in Schwerin u. Halle-Neustadt, Mitwirkung im Film »flüstern & SCHREIEN. ein rockreport«; 1989 LP »Februar« (aufgenommen in Berlin [West], Koproduktion AMIGA/BMG Ariola München), 5. 10. 1989 »Konzert gegen Gewalt« in der Berliner Erlöserkirche (gegen Übergriffe der Sicherheitskräfte bei den Demonstrationen am 7. u. 8. Oktober); 1992 CD »Hurensöhne«; Stellv. Vors. »Musik-Szene e. V.«

Daßler, Uwe 11. 2. 1967
Leistungssportler (Schwimmen)
Geb. in Ebersbach (Sa.); Beginn mit dem Schwimmsport im Alter von acht Jahren, zunächst BSG KIM Wildau, dann TZ Wildau, später Delegierung zur KJS u. zum ASK Vorwärts Potsdam (Trainer: Lutz Wanja); Spezialisierung im Freistil; 1985 EM über 400 m u. 1500 m; 1986 Vize-WM über 400 m; bei den Olymp. Spielen 1988 Sieger über 400 m, Dritter über 1500 m, Zweiter mit der 4x200-m-Freistilstaffel; EM 1987: Sieger über 400 m Freistil u. Zweiter über 1500 m; VVO in Gold; 1986–90 SED.
1989/90 zunächst Fortsetzung des Leistungstrainings in Potsdam, nach Konflikten mit der Bundeswehr, dem neuen Träger des Schwimmklubs, Beendigung der sportl. Laufbahn; Ausbildung zum Bankkaufmann bei der Dt. Bank.

Dathe, Heinrich 7. 11. 1910–6. 1. 1991
Direktor des Tierparks Berlin
Geb. in Reichenbach (Vogtl.), Vater Bürovorsteher eines Rechtsanwalts; 1930 Abitur, anschl. Studium der Zool., Botanik, Mineral. u. Geographie an der Univ. Leipzig; 1932 NSDAP; ab 1934 Assistent im Leipziger Zoo, 1936 Prom. mit einer Diss. über stachelschweinartige Nagetiere; ab 1939 Kriegsdienst, zuletzt Fw., ital. Gefangenschaft bis 1947.
Nach der Rückkehr zunächst Mitarb. in einem Verlag; 1950 Assistent, 1952 Direktorialassistent im Leipziger Zoo, glz. Lehraufträge an der Univ. Leipzig; seit Aug. 1954 Dir. des im Juli 1955 eröffneten Tierparks Berlin; 1957 Ernennung zum Prof.; Mitgl. des Präsidialrats des

KB, 1961 Mitgl. des Präs. der Dt.-Afrik. Ges., 1963 Mitgl. des Komitees für die Solidarität mit dem span. Volk; Vizepräs. des Verb. Dt. Zoodir.; Vors. der Fachkommission Zoolog. Gärten beim Min. für Kultur; Dir. der Zoolog. Forschungsstelle der DAW, der späteren Forschungsstelle für Wirbeltierforschung der AdW im Tierpark Berlin; Hrsg. der Ztschr. »Milu« u. »Der Zoolog. Garten«; 1966 NP, 1975 Stern der Völkerfreundschaft in Gold, 1980 VVO in Gold, 1985 Großer Stern der Völkerfreundschaft.

Zahlr. Fachpubl., populärwiss. Veröff., Rundfunk- u. Fernsehsendungen.

Sek.-Lit: Holm, K.: Glanz u. Elend des Prof. Dathe. Berlin 1991.

Daub, Philipp 21. 1. 1896–14. 7. 1976
SED-Funktionär
Geb. in Saarbrücken, Vater Metallarbeiter; Grundschule, 1912–15 techn. Fachschule, Lehre als Maschinenschlosser; 1916–18 Kriegsdienst; 1918 SPD; 1919–21 Metallarbeiter; 1921 KPD, ab 1921 hauptamtl. KPD-Funktionär, Geschäftsführer des Verlages der Parteizeitung in Saarbrücken; 1924 Stadtverordn. in Saarbrücken, 1926 Mitgl. des Landesrats Saarland; 1927–30 Polit. Ltr. des Bez. Saargebiet; 1930/31 Polit. Ltr. des Bez. Hessen-Frankfurt; 1932/33 Mitgl. des Reichstags; 1932/33 Ltr. der ZK-Abt. Land u. Forst; Apr. 1933 Oberberater der KPD für Mitteldtl.; 1934 Mitgl. der illegalen Landesltg. der KPD; Aug. 1934 pol. Arbeit im Saargebiet; 1935/36 im Parteiauftrag nach Holland, KPD-Abschnitts-Ltr. West in Amsterdam; 1936–41 in Frankreich, Beauftragter der illegalen KPD-Ltg. in Paris, Ltr. der Grenzarbeit für Westdtl., Ltr. der »Roten Hilfe Dtl.«; 1937/38 auch publizist. Arbeit (Ps. Ph. Horn); Sept. 1939 – Mai 1941 Internierung in Paris u. im Lager Le Vernet/Südfrankr.; 1941 – Okt. 1946 Emigrant in den USA.
Nov./Dez. 1946 Rückkehr über die Sowjetunion in die SBZ; Vizepräs. der Dt. ZV für Umsiedler; Jan. 1948 – Aug. 1950 Ltr. der Abt. Personalpolitik bzw. Kaderabt. beim PV bzw. ZK der SED (Nachf. von Grete Keilson); Sept. 1950–61 Oberbürgermeister von Magdeburg; ab Gründung 1961–64 Präs. der Liga für Völkerfreundschaft, danach weiter Mitgl. ihres Präsidiums; 1964 »Parteiveteran«; 1965 VVO in Gold; 1966 KMO; 1970 Ehrenspange zum VVO in Gold; gest. in Berlin.

Debert, Günter 7. 5. 1929
Trainer der DDR-Auswahl Boxen
Geb. in Berlin, Vater Maschinist; nach dem Volksschulabschluß 1943–45 Ausbildung zum Mechaniker, anschl. bis 1950 berufstätig als Kassenmechaniker; 1949–53 Boxer, zeitweise Berufsboxer, 1953 DDR-Meister im Leichtgewicht; 1951/52 Angehöriger der DVP; seit 1953 Boxtrainer, 1970–78 Trainer der Juniorenauswahl; 1978–81 Studium an einer FS für Trainer; 1978–89 Trainer der DDR-Auswahl, u. seiner Betreuung erkämpfte die DDR-Auswahl drei Olympiasiege, einen WM- u. vierzehn EM-Titel.

Decho, Ilse 9. 12. 1919–16. 1. 1978
Glas- und Porzellangestalterin
Geb. in Leipzig; kaufm. Lehre u. Beruf; Besuch der Abendschule der Staatl. Akad. für graf. Künste u. Buchgewerbe, 1947–49 Studium an der Kunstgewerbeschule Leipzig; 1950–66 freischaff. Kunsthandwerkerin u. Formgestalterin in Leipzig; 1964 Diplom an der HS für industrielle Formgestaltung Burg Giebichenstein; 1966–75 Doz. für Glasgestaltung; 1974 Prof. an der HS für industrielle Formgestaltung Burg Giebichenstein, 1975 em.
Umfangreiches Werk in Glas u. Porzellan im Spannungsfeld zwischen Unikat u. Serie, u. a. 1962/63 Koch- u. Bratgeräte sowie Teeservice aus Jenaer Glas, 1963

Porzellanspeise-, Kaffee- u. Mokkageschirr »Daphne«, »Julia«, 1973 Mokkaservice »Atlas«, freie Glasgestaltung.
Kat.: I. D. Glas u. Porzellan. Leipzig, Grassimuseum. Halle 1985.

Dedek, Magnus 28. 6. 1917–9. 7. 1955
IHK-Präsident, CDU-Funktionär
Geb. in Dresden, Vater Küchenmeister; Volksschule, Gymnasium in Dresden, Abitur; kath. Jugendbew.; pharmazeut. Ausbildung; 1937 Studium an der TH Dresden; 1938/39 Apothekerpraktikum in Dresden; 1939 Einberufung zur Wehrmacht; 1943 Beurlaubung zum Studium in Leipzig; 1944 wieder an die Front, engl. Gefangenschaft, Betätigung in der Widerstandsbew. »Freies Demokr. Dtl.« in England (1945 im Zehneraussch. von »Freies Demokr. Dtl.« in Südwales).
Frühjahr 1946 Entlassung aus der Gefangenschaft; 1946 CDU; Arbeit als Pharmazeut in einer Apotheke in Schwarzenberg (Erzgebirge), Mitglied des städt. Verwaltungsaussch.; 1947 Ortsgruppenvors. u. Mitgl. des Kreisvorst. Schwarzenberg der CDU; 1947 Bürgermeister in Schwarzenberg; 1950 1. Kreisrat u. stellv. Landrat in Aue; seit 1950 Mitgl. des NR der NF, Abg. der Volkskammer u. des Sächs. Landtags; seit 1950 2. Bürgermeister der Stadt Chemnitz; seit 1950 Kreisvors. des Kreisvorst. Chemnitz der CDU u. stellv. Landesverbandsvors.; Dez. 1950 Präs. des Landesverwaltungsgerichts in Sachsen; 1952 stellv. Vors. des Rats des Bez. Dresden; 1955 Präs. der IHK (Nachf. von Erich Wächter*).

Deicke, Günther 21. 10. 1922
Schriftsteller
Geb. in Hildburghausen; Volksschule; HJ-Führer, 1940 NSDAP; 1941–45 Kriegsdienst, Marineoffz., engl. Gefangenschaft.
1946 Entlassung; danach zunächst Landarbeiter in Westdtl.; Übersiedlung in die DDR; Volontär, Kulturred., Theaterkritiker der Tagesztg. »Weimarer Abendpost«; Mitgl. der Arbeitsgemeinschaft Junger Autoren in Thüringen; Kulturarbeit in der Max-Hütte Unterwellenborn; 1951/52 Lektor im Aufbau Verlag Berlin, anschl. Red. der Ztschr. »Neue Dt. Lit.«, später Lektor im Verlag der Nation; 1958 NDPD, seit 1963 Mitgl. des Hauptaussch. der NDPD; Mitgl. des Zentralvorst. der DSF sowie des Präs. des DDR-Komitees zum Schutz der Menschenrechte; Mitgl. des Vorst. des DSV; 1974 Mitgl. der AdK.
Wirksam als Hrsg., so der Gryphius-Auswahl »Dtl. – es werden deine Mauern nicht mehr voll Jammer stehn« (1953) u. der Anthol. »Lyrik in der DDR« (1970, mit Uwe Berger), als Lyriker, u. a. mit den Gedichtbänden »Liebe in unseren Tagen« (1954), »Du u. dein Land u. die Liebe« (1959), »Daß der Mensch ein Mensch sei« (1975), sowie als Librettist, z. B. für die Opern »Esther« (nach einer Erzählung von Bruno Apitz*, Musik Robert Hanell, Ring-UA 1966 in Berlin, Frankfurt/Oder, Zeitz) u. »Meister Röckle« (Musik Joachim Werzlau*, Ring-UA 1976 in Berlin u. Karl-Marx-Stadt).

Deiters, Heinrich 2. 7. 1887–31. 6. 1966
Erziehungswissenschaftler
Geb. in einer Beamtenfamilie in Osnabrück; Realgymnasium, Abitur, 1906 bis 1912 Studium der Germanistik, Geschichte u. Philos. an den Univ. Heidelberg, Münster u. Berlin; 1911 Prom. mit einer Arbeit über Hebbel in Berlin; 1912 Staatsexamen für das Lehramt an höheren Schulen; Schuldienst, Kriegsdienst; 1918 Studienrat in Berlin; Gründungsmitgl. der DDP; 1919 Bund Entschiedener Schulreformer; 1920 SPD; 1924 Gymnasialdir. in Höchst, 1927 Oberschulrat im Provinzialschulkollegium Hessen-Nassau in Kassel, Mitgl. im Phi-

lologenverein u. im Republikan. Lehrerbund; 1933 zwangspensioniert, danach u.a. private Lehrtätigkeit u. seit 1942 Mitarb. in einem nichtoff. Pressedienst. Juni 1945 Oberschuldir. in Berlin-Steglitz; Aug. 1945 Mitbegr. u. bis Nov. 1945 erster Vors. der Gewerkschaft der Lehrer u. Erzieher in Berlin; Sept. 1945 Ltr. des Ressorts Lehrerbildung in der Dt. Zentralverwaltung für Volksbildung; Mai 1946 SED; Okt. außerord. u. Jan. 1947 ord. Prof. für Geschichte der Pädagogik an der Univ. Berlin, Mitdir. des Inst. für »Geschichte der Pädagogik«; 1947–57 Vors. des KB Berlin; 1948 Ltr. des Kulturaussch. des Dt. Volksrats; 1948–50 kooptiertes Mitgl. des PV der SED; 1949–58 Dekan der Pädagog. Fak. der HU Berlin; 1949–58 Abg. der Prov. Volkskammer bzw. der Volkskammer für den KB; 1957 Dr. phil. h.c. der MLU Halle; 1946–59 Mithrsg. der Ztschr. »Pädagogik«, 1959 em.
Publ.: Pädagog. Aufsätze u. Reden. Berlin 1957; Bildung u. Leben. Erinnerungen eines dt. Pädagogen. Köln, Wien 1989.

Deiters, Ludwig 23.12.1921
Generalkonservator, Architekt
Geb. in Berlin, Vater Pädagoge; 1940 Abitur; RAD, danach Kriegsdienst, 1945 Gefangenschaft.
1946–50 Studium der Architektur an der TU Berlin, Dipl.-Ing.; 1946–89 SED; 1949/50 ehrenamtl. Mitarb. im KB, 1950–52 Architekt im Inst. für Bauwesen der DAW, Schulbauforschung, ab 1951 DBA; 1952/53 Mitarb. des Generalprojektanten von Stalinstadt (Eisenhüttenstadt), 1953/54 des Chefarchitekten von Berlin; 1954/55 Mitarb. an Entwürfen für die Gedenkstätten Buchenwald, Ravensbrück u. Sachsenhausen; 1956 Mitarb. der DBA; 1957–61 Konservator für die Bez. Potsdam u. Frankfurt/Oder im Inst. für Denkmalpflege, 1961–86 Dir. des Inst. u. Generalkonservator; Engagement für die Erhaltung bzw. Wiederherstellung von Kirchen, Klöstern u. Schlössern; 1967 Dr.-Ing., Honorarprof. der HAB Weimar u. der HS für Bildende Künste Berlin; 1977 stellv. Vors. des Rats für Denkmalpflege beim Min. für Kultur, Präs. des Nationalkomitees des Intern. Rats für Denkmalpflege ICOMOS, ltd. Mitgl. der Ges. für Denkmalpflege u. des Präsidialrats des KB; 1987 Ruhestand; seit 1990 engagiert in prakt. Denkmalpflegeprojekten, ehrenamtl. Berater des Landeskonservators Berlin.

Demke, Christoph 3.5.1935
Evangelischer Bischof, Vorsitzender der Konferenz der Evangelischen Kirchenleitungen
Geb. in Bunzlau (Oberschles.) als Sohn eines Pfarrers; Abitur am Gymnasium in Schulpforta (b. Naumburg); 1953–58 Studium der Theol. an der HU Berlin; 1958–63 Repetent am Berliner Sprachenkonvikt, zugl. Vikar in Sachsenhausen (b. Oranienburg), Prom. an der HU Berlin; 1963 Ordination; 1964–77 Doz. am Berliner Sprachenkonvikt; 1975 nebenamtl. u. 1977–81 hauptamtl. Sekr. der Theolog. Kommission des Bunds der Ev. Kirchen in der DDR (BEK), 1977 stellv. Ltr. u. 1981–83 Ltr. des Sekr. des BEK (Nachf. von Manfred Stolpe*); 1980–83 Sekr. des kirchl. Lutherkomitees; seit 1983 Bischof der Ev. Kirche der Kirchenprovinz Sachsen (Nachf. von Werner Krusche); 1986–90 stellv. Vors. u. ab 1990 Vors. der Konferenz der Ev. Kirchenltg. in der DDR (Nachf. von Werner Leich*). Im Sept. 1989 sprach sich D. offen für ges. Veränderungen in der DDR aus; seit 1990 trat er in der Öffentlichkeit wiederholt für eine »vorsichtige« Aufarbeitung der DDR-Geschichte ein.
Publ.: Fragen der »modernen« Theol. Berlin 1973.

Demmler, Kurt 12.9.1943
Liedermacher

Geb. in Posen in einer Arztfamilie; 1950–62 Grundschule, EOS, Abitur; 1962/63 Krankenpfleger, 1963–69 Medizinstudium an der KMU Leipzig, 1969–76 Arzt; ab 1976 freischaff.; 1965 erste eigene Lieder, 1967 Mitgl. im Berliner Oktoberklub, danach in einem Leipziger Singeklub, pol. Lieder (»Ho Chi Minh«); 1971 erste LP »K. D. / Lieder«; sol. Progr. (»Auf die Gesichter will ich euch Kerzen pflanzen«, 1973); zahlr. Texte für Rockgruppen u. Popinterpr. (Klaus Renft* Combo, Veronika Fischer* u. a.); 1976 Mitunterz. der Protestresolution gegen die Ausbürgerung Wolf Biermanns*; 1983 Zyklus »Die Lieder des kleinen Prinzen« nach Antoine de Saint-Exupéry (1985 LP); Mitunterz. der Resolution der Rockmusiker und Liedermacher vom 18. 9. 1989 für Demokratisierung u. Medienfreiheit, Auftr. bei der Dem. am 4. 11. 1989 in Berlin.

Deneke, Marlies 23. 12. 1953
PDS-Politikerin
Geb. in Magdeburg, Vater Arbeiter; 1960–70 Oberschule; 1967 FDJ, 1970 FDGB; 1970–72 Berufsausbildung als Wirtschaftskauffrau; danach tätig in der Staatl. Handelsorg. Waren tägl. Bedarf (HO/WtB) Magdeburg, 1977–80 stellv. Betriebsdir.; 1979 SED; 1980 Betriebsteildir.; 1980–85 Fernstudium an der FS für Ök. Dresden, Außenstelle Magdeburg, Ökonomin; 1982–88 Vors. der BGL, 1988/89 Sekr. der SED-PO der HO/ WtB Magdeburg; 8. 12. 1989 Mitgl. des Präs. des PV der SED-PDS, Ltr. der Kommission Frauen-, Jugendpol. u. Sport; Jan. – März 1990 PDS-Vertreterin am Zentralen Runden Tisch; März – Okt. Abg. der Volkskammer; März Mitbegr. der Linken soz. Frauenarbeitsgemeinschaft der PDS »LISA«, Mai Mitgl. ihres zentralen Koordinierungsrats; Juni stellv. Vors. der PDS.
Mitarb. in der PDS-Bundestagsfraktion.

Dengler, Gerhard 24. 5. 1914
Vizepräsident der Nationalen Front, Chefredakteur der »Leipziger Volkszeitung«
Geb. in Reinhausen (Kr. Göttingen), aufgewachsen in Eberswalde, Vater dort Prof. an der Forstakad.; Volksschule, Gymnasium; 1934–39 Studium der Publizistik in Berlin u. München; 1937 NSDAP, SA; 1939 Prom. zum Dr. phil.; ab 1939 Soldat; geriet als Hauptmann bei Stalingrad in sowj. Gefangenschaft; Mitgl. des NKFD in Moskau.
Aug. 1945 Rückkehr nach Dtl.; 1946 Mitarb. der »Sächs. Ztg.«; SED; 1948 Chefred. der »Leipziger Volksztg.«; dann Mitarb. der pol. Red. der Wochenschau »Der Augenzeuge« u. der Red. des »Neuen Dtl.«; 1953–58 dessen Korr. in Bonn; 1959 Mitgl. u. stellv. Vors. des Büros des Präs. des NR der NF; 1966–69 Vizepräs. des NR der NF; Mitgl. des VDJ; ab 1969 Ltr. der Sekt. Auslandsinformation der DASR Potsdam-Babelsberg; 1979 em.
Publ.: Die Bonner Masche. Berlin 1960; Zwei Leben in einem. Berlin 1989.

Dertinger, Georg
25. 12. 1902–21. 1. 1968
CDU-Politiker, Außenminister
Geb. in Berlin, Vater Kaufmann; Kadettenanstalt Groß-Lichterfelde, ab 1919/20 Realgymnasium Berlin-Lichterfelde, 1922 Abitur, anschl. Studium der Rechtswiss. u. Volkswirtschaft; Volontär bei der »Magdeburg. Ztg.«, danach Mitarb. in der Red. der Bundesztg. des Stahlhelm in Magdeburg, ab 1927 Berliner Vertreter von dt. Ztgn.; DNVP, enge Kontakte zum »Herrenclub« (Franz von Papen) u. zum »Tat«-Kr. (Hans Zehrer), 1933/34 Begleiter Papens bei den Verhandlungen zwischen dem Dt. Reich u. dem Vatikan um das Konkordat; ab 1934 Mitarb. der Korrespondenz »Dienst aus Dtl.«, später deren Hrsg.; Mitarb. bei versch. Provinzztgn. (»Dertinger-Dienst«).
1945 Pressereferent der CDU-Hauptge-

schäftsstelle in Berlin, Jan. 1946 – Okt. 1949 Generalsekr. der CDU in der SBZ, trat in Opp. zu Jakob Kaiser*; 1946/47 Mitgl. des Verfassungsaussch. beim PV der CDU, 1947/48 des CDU-Koordinierungsaussch.; 1948/49 Mitgl. der DWK u. des Dt. Volksrats; 1949–53 Abg. der Prov. Volkskammer bzw. Volkskammer, Min. für Auswärtige Angelegenheiten, Mitgl. des Pol. Aussch. des CDU-Hauptvorst.; 1949–53 Präsidialrat des KB; unterzeichnete am 6.7.1950 das Abkommen mit Polen zur Oder-Neiße-Grenze; 1952 stellv. Vors. der CDU; 15.1.1953 verhaftet, Juni 1954 vom Obersten Gericht wegen »Verschwörung« u. »Spionage« zu 15 Jahren Zuchthaus verurteilt, Haft in Bautzen; Mai 1964 begnadigt, danach u. a. Lektor für die kath. Kirche in der DDR (Caritas, St.-Benno-Verlag Leipzig).

Desczyk, Gerhard 3.6.1899–18.3.1983
CDU-Politiker
Geb. in Kreuzburg (Oberschles.), Vater Kaufmann; ab 1900 in Gera, Volksschule, Gymnasium, 1917 Abitur; 1917/18 Soldat in der Fliegerabt. eines bayer. Pionier-Rgt.; 1919–23 Studium der Germanistik an den Univ. München u. Leipzig, 1923 Prom. zum Dr. phil. mit der Diss. »Amerika in der Phantasie dt. Dichter«; 1924–33 ehrenamtl. 1. Landessekr. der Zentrumspartei in Sachsen, 1924–27 Red., 1927–33 Chefred. des Zentrum-Organs »Sächs. Volksztg.«; 1928 Gründer u. bis 1935 verantw. Red. des »St.-Benno-Blatts« für die kath. Diözese Meißen; 1935 Schutzhaft; 1936–41 freier Mitarb. von Ztgn. u. Ztschr.; 1939/40 Ersatzreservist auf einem Fliegerhorst; 1941–45 Red. der Bildmatern-Korrespondenz »Bilder u. Studien«.
1945 CDU, KB, DSF; 1945–56 Abt.-Ltr. in der Hauptgeschäftsstelle bzw. beim Sekr. des CDU-Hauptvorst. (Kultur); 1945–49 Doz. an der VHS Pankow; 1949 beigeordneter CDU-Generalsekr., später Mitgl. des Sekr. der Parteiltg., ab 1952 des Pol. Aussch. (später Präs. des CDU-Hauptvorst.); Präsidialrat des KB; ab 1956 Cheflektor im Union Verlag Berlin u. im Verlag Koehler & Amelang Leipzig; Mitbegr. der Berliner Konferenz eur. Christen; Mitgl. des Hrsg.-Kollegiums der Ztschr. »begegnung«; 1974 VVO in Gold.
Publ.: Ungelogene Geschichten. Berlin 1956; Der Friedensauftrag der Katholiken. Burgscheidungen. Berlin 1960; Vermächtnis u. Ansporn. Burgscheidungen. Berlin 1962. Zwischenfälle auf der Lebensreise. Berlin 1974.

Dessau, Paul 19.12.1894–28.6.1979
Komponist
Geb. in Hamburg, Vater Kaufmann; 1910 Konservatorium Berlin; 1912 Korrepetitor am Hamburger Stadttheater, 1912 2. Operettenkapellmeister in Bremen, 1914 wieder Hamburger Stadttheater; 1915–18 Soldat; 1919–23 Korrepetitor u. Kapellmeister am Opernhaus Köln, 1924 1. Kapellmeister in Mainz, 1925 1. Kapellmeister an der Städt. Oper Berlin; komponierte seit 1928 für Arbeiterchöre u. für den Film; 1933 Emigration nach Paris, 1939 New York, 1943 Los Angeles, Beginn der Zusammenarbeit mit Brecht*; 1946 KP der USA.
1948 Rückkehr nach Dtl., 1949 nach Berlin, freischaff.; SED; 1951 Gründungsmitgl. des VdK; 1952 DAK, 1959 Vizepräs.; 1959 Prof.; Mitgl. der AdK Berlin (West), 1968 Austritt.
Komponierte sinfon. Musik, u. a. »Bach-Variationen für großes Orchester« (1963); viele Lieder, u. a. »Die Thälmannkolonne«, »Aufbaulied der FDJ«; Kantaten, u. a. »Deutsches Miserere« (1966); Filmmusik, u. a. zu »Das russ. Wunder«; Opern, u. a. »Die Verurteilung des Lukullus« (1951), »Puntila« (1966), »Lanzelot« (1969), »Einstein« (1974); bes. Bühnenmusik, oft zu Stük-

ken von Brecht, u. a. »Mutter Courage u. ihre Kinder«, »Herr Puntila u. sein Knecht Matti«, »Der gute Mensch von Sezuan«.
Publ.: Musikarbeit in der Schule. Berlin 1968; Notizen zu Noten (Hrsg. F. Hennenberg). Leipzig 1974; Aus Gesprächen. Leipzig 1974.
Sek.-Lit.: Hennenberg, F.: P. D. Für Sie porträtiert. Leipzig 1981.

Deter, Adolf (Gustav-Adolf)
23. 6. 1900–14. 11. 1969
FDGB-Funktionär
Geb. in Czarnikau (Posen), Vater Arbeiter; Volksschule in Berlin; 1914–18 Lagerarbeiter; 1916 Transportarbeiterverb., Jugend-Vertrauensmann; 1918 Militärdienst, Teiln. an der Nov.-Rev.; USPD; 1918/19 Mitgl. der Republikan. Soldatenwehr; 1919–22 Maschinenarbeiter bei der Berliner Straßenbahn; 1920 KPD; versch. Tätigkeiten; 1924 Vors. des Betriebsrats u. Ltr. der KPD-Zelle bei der Berliner Hoch- u. U-Bahn; 1925 Stadtverordneter u. Mitgl. der Ortsverwaltung des Dt. Verkehrs-Bunds; 1926 Mitgl. der KPD-BL Berlin-Brandenburg; 1928–33 Abg. des Preuß. Landtags; 1929 nach Teiln. an verbotener Demonstration am 1. Mai fristlose Entlassung u. Ausschluß aus dem Dt. Verkehrs-Bund; 1929 Sekr. der KPD-Unterbezirksltg. Frankfurt/Oder, anschl. Bezirksltr. der RGO in Hamburg, Organisator von Streiks der Seeleute u. Hafenarbeiter; 1932 org. er im KPD-Auftrag zus. mit der NSDAP den Berliner Verkehrs-Streik; 1933 illegale Tätigkeit u. Emigration nach Dänemark; 1934 Mitgl. des Sekr. der Intern. der Seeleute u. Hafenarbeiter in Kopenhagen, dann in Antwerpen; ab 1935 Paris; 1939 Verhaftung, bis 1941 in frz. Internierungslagern, 1941 USA, nach kurzer Internierung Mitarb. der Ztg. »The German American«.
1946 Rückkehr nach Berlin, Mitgl. des SED-Landesvorst. Groß-Berlin, seit 1947 Sekr., 1948/49 2. Landesvors.; 1947–50 Mitgl. des SED-PV; seit 1947 Mitgl. des FDGB-Landesvorst., 1949–51 dessen 1. Vors.; 1949–54 Abg. der Prov. Volkskammer bzw. Volkskammer; 1950–54 Kand. des ZK der SED; 1951–54 Sekr. des FDGB-Bundesvorst., verantw. für gewerkschaftl. Sozialpol. u. Vors. des ZR der Sozialversicherung; 1954–62 Mitarb., seit 1955 Sekr. des Aussch. für Dt. Einheit; 1958 Spitzenkand. der SED für das Abg.-Haus Berlin (West); 1962 Pensionierung; seit 1963 Mitgl. des Friedensrats der DDR, seit 1964 Vizepräs. der Ges. Neue Heimat in der Liga für Völkerfreundschaft, Mithrsg. der Ztschr. »Gewerkschaftseinheit«.

Devaux, Ralf-Peter 22. 5. 1940
Stellv. MfS-Hauptverwaltungsleiter
Geb. in Schloßberg (Ostpr.); 1957 SED; 1958 Abitur; 1958–62 Jurastudium an der HU Berlin, Dipl.-Jur.; 1960 IM des MfS; 1963/64 Lehrgang an der Schule der HV A; 1964 Einstellung beim MfS, HV A; 1977–81 Ltr. der HV A-Residentur in der Ständigen Vertretung der DDR in Bonn; 1984 Ltr. der Abt. I (Staatsapparat der Bundesrep. Dtl.); 1986/87 Studium an der PHS; 1987 stellv. Ltr. der HV A; Oberst; Mitgl. der Außenpol. Kommission beim SED-Politbüro; 1990 Entlassung.

Dewey, Charles
3. 12. 1916–27. 12. 1973
Präsident der Deutschen Investitionsbank
Geb. in Berlin-Steglitz, Vater Redakteur; Reformrealgymnasium, 1935 Reifeprüfung, Lehre als Bankkaufmann; Kriegsdienst; Mitgl. der Résistance.
1945 Mitgl. der von den Alliierten eingesetzten Kommission zur Abwicklung dt. Banken; 1945/46 KPD/SED; 1946 Mitbegr. u. Teiln. am 1. Lehrgang der Finanzschule des Berliner Magistrats; 1948 Mitbegr. der Dt. Emmissions- u. Giro-

bank u. Mitgl. des Direktoriums der aus ihr im Juni hervorgegangenen Dt. Notenbank; Lehrtätigkeit an der HU Berlin sowie an anderen HS u. SED-Parteischulen, ab 1952 Aspirantur, 1955 Prom. an der Univ. Rostock; 1954 Kand., 1958–73 Mitgl. der ZRK der SED; 1956–63 Präs. der Dt. Investitionsbank; 1963–73 Generaldir. der Geschenkdienst GmbH (Genex) Berlin.
Publ.: Zur Planung u. Regulierung des Bargeldumlaufs; Bankensystem u. Geldumlauf in der DDR 1945–55 (beides zus. mit G. Kohlmey*). Berlin 1956.

Dibelius, Otto 15. 5. 1880–31. 1. 1967
Evangelischer Bischof, Vorsitzender des Rats der EKD
Geb. in Berlin als Sohn eines Beamten; 1899–1904 Studium der Theol. in Berlin, Prom. zum Dr. phil. u. Lic. theol.; 1906 Ordination, 1907–25 Pfarrer in Danzig u. Berlin; 1918/19 Geschäftsführer des Vertrauensrats beim preuß. Ev. Oberkirchenrat, ab 1919 pol. tätig, DNVP; 1925–33 Generalsuperintendent der Kurmark; 21. 3. 1933 Festpredigt am »Tag von Potsdam«; danach radikale Abwendung vom Nationalsoz.; Juni 1933 beurlaubt durch den NS-Kirchenkommissar, Okt. 1933 in den Ruhestand versetzt; ab 1934 Mitarb. im Bruderrat der Bekennenden Kirche, wiederholt inhaftiert u. mit Auftrittsverboten belegt.
1945 Vors. der Brandenburg. u. altpreuß. Kirchenltg., Mitgl. des vorläufigen Rats der EKD u. Mitautor des »Stuttgarter Schuldbekenntnisses«; 1945–66 ev. Bischof von Berlin-Brandenburg, Vors. der Ostkirchenkonferenz; 1949–61 Vors. des Rats der EKD; Mitgl. der CDU in Berlin (West); 7. 9. 1949 Festpredigt zur Eröffnung des Dt. Bundestags in Bonn; 1954–61 einer der Präs. des Weltrats der Kirchen; führte im Namen der ev. Kirchen bis 1956 Verhandlungen mit der DDR-Reg.; anläßl. des Militärseelsorgevertrags zwischen der EKD u. der Bundesreg. ab 1957 Einreiseverbot für die DDR; 1966 Ruhestand.
D. galt als Kritiker der DDR u. ihrer Reg., die er als totalitär einstufte u. deren Legitimität er u. a. in seiner innerkirchl. umstrittenen Schrift »Obrigkeit?« (1959) entschieden in Frage stellte. Die DDR-Führung reagierte mit einer jahrelangen Verleumdungskampagne.
Publ.: Das Jahrhundert der Kirche. 1926; Friede auf Erden? 1930; Ein Christ ist immer im Dienst. Stuttgart 1961.
Sek.-Lit.: Stupperich, R.: Otto Dibelius (mit Bibliogr.). Göttingen 1989.

Dickel, Friedrich
9. 12. 1913–23. 10. 1993
Innenminister
Geb. in Wuppertal-Vohwinkel, Vater Arbeiter; Volksschule; 1928–31 Lehre als Gießer u. Former; 1928 KJVD, 1931 KPD; 1933 vorübergehend U-Haft, danach Emigration ins Saargebiet, nach Frankreich u. Holland; 1936/37 in Spanien Zugführer u. Kompaniechef in den Intern. Brigaden; Emigration in die UdSSR, Ausbildung als Hochfrequenztechniker, eingesetzt als Agent.
1946 Rückkehr nach Dtl.; SED; Eintritt in die VP, u. a. im Paß- u. Meldewesen sowie in der Kripo in Sachsen tätig; 1949 Kursant an der Höheren Polizeischule, danach Ltr. der Pol.-Kultur-Schule der VP-Bereitschaft in Torgau, Inspekteur; ab 1950 Kdr. der Offiziersschule für pol. Arbeit der KVP in Berlin-Treptow, 1953–56 stellv. Ltr. der Pol. HV der KVP, Gen.-Major; 1956/57 1. Stellv. des Min. für Nat. Verteidigung u. Ltr. der Pol. Verwaltung; 1957–59 Kursant an der Generalstabsakad. der UdSSR, Dipl. rer. mil.; danach Stellv. des Min. für Nat. Verteidigung; Aug. 1961 Mitgl. des Stabs des Nat. Verteidigungsrats der DDR zur Schließung der Staatsgrenze in Berlin; ab 1963 Min. des Innern u. Chef der DVP (Nachf. von Karl Maron*), zu-

letzt Armeegeneral; ab 1967 Abg. der Volkskammer u. Mitgl. des ZK der SED; 1969 VVO in Gold; 1970 Orden des Vaterländ. Krieges (UdSSR); 1973 u. 1985 KMO; 1983 Held der DDR; Dez. 1989 Ruhestand.

Dieckmann, Friedrich 25. 5. 1937
Schriftsteller, Dramaturg
Geb. in Landsberg/Warthe; Studium in Leipzig; seit 1963 (u. wieder ab 1976) freischaff. Essayist, Kritiker, Autor; 1971 erschien der Bildband »Karl Appens* Bühnenbilder am Berliner Ensemble«; 1972 PEN-Zentrum DDR; 1972–76 Dramaturg am Berliner Ensemble; 1975 Silberne Medaille der Prager Quadriennale; zahlr. Arbeiten zu Geschichte u. Gegenwart des Bühnenbilds in den Bänden »Streifzüge. Aufsätze u. Kritiken« (1977), »Theaterbilder« (1979) u. in Ztschr.; 1983 Heinrich-Mann-Preis der AdK, Intern. Kritikerpreis Venedig; 1989 Mitgl. des Präs. des PEN-Zentrums DDR, dann Dt. PEN-Zentrum (Ost); 1989/90 Fellow am Wissenschaftskolleg Berlin.
1991 Beiratsmitgl. des Goethe-Inst. München; 1993 Bundesverdienstkreuz; lebt in Berlin.
Publ.: Richard Wagner in Venedig. Berlin 1983; Wagner, Verdi – Geschichte einer Unbeziehung. Berlin 1989; Hilfsmittel wider die alternde Zeit. Essays 1990; Glockenläuten u. offene Fragen – Berichte u. Fragen aus dem anderen Dtl. 1991; Vom Einbringen – Vaterländ. Beiträge. Frankfurt/M. 1992.

Dieckmann, Johannes
19. 1. 1893–22. 2. 1969
LDPD-Politiker, Volkskammerpräsident
Geb. in Fischerhude (b. Bremen), Vater Pfarrer; 1899–1913 Volksschule und Gymnasium; 1913–15 Handels-HS Berlin u. Studium der Nationalök. und Philol. an den Univ. Berlin, Gießen, Göttingen und Freiburg; 1915 Militärdienst, zuletzt Ltn. der Reserve, als unzuverlässig und untaugl. entlassen, 1916 erneut einberufen; Nov. 1918 Vors. eines Soldatenrats, Eintritt in die DVP, 1919–33 Red. u. Parteisekr. regionaler Org., 1929–33 Abg. des Sächs. Landtags; ab Okt. 1933 Geschäftsführer kohlewirtschaftl. Verbände in Sachsen, Aug. 1939 – Jan. 1941 Militärdienst, zuletzt Hptm. der Reserve.
Juni 1945 Mitbegr. der späteren LDPD in Dresden, Mitgl. des Landesvorst. Sachsen, ab 1946 des ZV; 1945 Gründer u. Ltr. des Sächs. Kohlekontors (erster landeseig. Betr. in Sachsen), Gründer des Verl. »Sächs. Tagebl.«; 1946–52 Abg. des Sächs. Landtags, Vors. der LDPD-Frakt. u. Mitgl. des Präs. des Landtags, 1948–50 Min. für Justiz u. stellv. Min.-Präs. des Landes Sachsen; seit 1948 Vors. des Veteranenfonds der Volkssolidarität; 1948/49 Mitgl. der DWK, ab Febr. 1949 einer der stellv. Vors. der LDPD; ab 7. 10. 1949 Präs. der Prov. Volkskammer bzw. der Volkskammer, ab 1960 einer der stellv. Vors. des Staatsrats; seit 1950 Mitgl. des Präs. des NR der NF; 1954 VVO in Gold; 1963–68 Präs. der DSF (Nachf. von Georg Handke*); 1953 Dr. jur. h.c. der Univ. Leipzig, 1963 Prof.; Verf. zahlr. pol. u. hist. Schriften.
Sek.-Lit.: J. D. Aus seinem Leben u. Wirken (hrsg. vom Zentralvorst. der LDPD). Berlin 1968.

Diehl, Ernst 8. 1. 1928
Vorsitzender des Rats für Geschichtswissenschaft
Geb. in Fürstenwalde (Spree), Vater Gymnasiallehrer; 1945 Volkssturm.
Mai 1946 SED; Abitur, Juli – Sept. Mitgl. des FDJ-Landesvorst. Brandenburg; 1946–51 Studium der Geschichte an der Univ. Berlin, 1948–51 Mitgl. der SED-Univ.-Parteiltg.; 1952–57 tätig in der Abt. Propaganda u. Wiss. des ZK der SED; 1957–62 stellv., 1962–64 Lehrstuhlltr. für Geschichte der dt. Arbeiter-

bew. am IfG; 1963–89 Mitgl. des ZK der SED, 1964–89 stellv. Dir. des IML, Ltr. der Abt. Geschichte, 1967 Prom. über die Pol. der KPD 1923 am IML, 1967 Prof. am IML, 1969–89 Vors. des Rats für Geschichtswiss.; 1971 Korr., 1973 Ord. Mitgl. der AdW; 1966 NP, 1985 Dr. h.c. der HU Berlin, 1988 VVO in Gold; seit 1990 Vorruhestand.
D. war seit den 60er Jahren in ltd. Position an allen großen Gesamtdarstellungen zur neueren dt. Geschichte beteiligt, neben K. Hager*, anfangs R. Dlubek, später J. Hörning* spielte er eine zentrale wiss.-pol. Rolle bei der Aufrechterhaltung der off. Hegemonie der marxist.-leninist. Doktrin in der DDR-Geschichtswiss.

Diers, Ines 2. 11. 1963
Leistungssportlerin (Schwimmen)
Geb. in Nebra (Sa.-Anh.), Vater Landwirt, Mutter Hausfrau; 1973 Beginn mit dem aktiven Schwimmsport bei der BSG Lok Rochlitz, anschl. KJS u. Mitgl. des SC Karl-Marx-Stadt (Trainer: Joachim Rother); Spezialdisz.: Freistil; Olymp. Spiele 1980: Erste über 400 m u. mit der 4x100-m-Staffel, Zweite über 200 m u. 800 m, Dritte über 100 m; EM 1981: Erste über 400 m u. mit der 4x100-m-Staffel, Zweite über 800 m; nach der EM 1981 Beendigung der sportl. Laufbahn, 1982 Abitur.
Nach 1989 Umschulung zur Bankkauffrau, anschl. Mitarb. in einem Geldinst. in Chemnitz.

Diestel, Peter-Michael 14. 2. 1952
Stellvertretender Ministerpräsident u. Innenminister
Geb. in Prora (Rügen), Vater Offizier; EOS, Abitur mit Berufsausbildung; danach Schwimmlehrer, Bademeister, Facharbeiter für Rinderzucht; 1974–78 Jurastudium an der KMU Leipzig, Dipl.-Jur.; aus pol. Gründen nicht als Rechtsanwalt zugelassen, 1978–89 Ltr. der Rechtsabt. der Agrar-Industrie-Vereinigung Delitzsch; 1986 Prom. zum Dr. jur. mit einer Diss. über LPG-Recht.
Dez. 1989 Mitbegr. der Christl.-Sozialen Partei Dtl. (CSPD) u. Jan. 1990 der Dt. Sozialen Union (DSU) in Leipzig, Jan. – Juni 1990 DSU-Generalsekr.; März – Okt. 1990 Abg. der Volkskammer, Apr. – Okt. 1990 stellv. Min.-Präs. u. Min. des Innern (Nachf. von Lothar Ahrendt*); Zulassung als Rechtsanwalt; Juni 1990 Austritt aus der DSU wegen deren »Rechtsruck«, Aug. 1990 Aufnahme in die CDU, seit Okt. Abg. des Brandenburg. Landtags, dort bis 1992 Vors. der CDU-Fraktion; Mitinitiator des »Komitees für Gerechtigkeit«, regte den Untersuchungsaussch. zu Manfred Stolpe* an.

Dietel, Clauss 10. 10. 1934
Designer, Präsident des VBK
Geb. in Reinholdshain (b. Glauchau); 1949–52 Lehre als Maschinenschlosser; 1953–56 Studium an der Ing.-Schule für Kraftfahrzeugbau Zwickau, 1956–61 an der HS für bildende u. angewandte Kunst Berlin-Weißensee; 1961–63 Formgestalter in der Zentralen Entw. u. Konstruktion für den Kraftfahrzeugbau in Karl-Marx-Stadt; seit 1963 freischaff. als Formgestalter; 1967–74 Lehrauftrag an der HS für industrielle Formgestaltung Burg Giebichenstein, seit 1977 Lehrauftrag an der FS für angewandte Kunst Schneeberg; 1984 Prof., 1986 dort Dir.; 1988 Präs. des VBKD.
Gestaltung u. a. von Rundfunkgeräte-Kombinationen (zus. mit Lutz Rudolph): Heliradio-Bausteinserie RK2 (1962), RK5 (1969), RK8 Sensit (1974); 1962–64 gestalter. Mitarbeit am PKW Wartburg 353 (zusammen mit L. Rudolph); Gestaltung der Mopeds SR 4–2 Star (1963), SR 4–3 Sperber (1985), der Mokicks Simson S 50 (1974), S 50 Enduro (1982) u. des Kleinrollers SR 50 (1985) sowie von EDV-Anlagen wie Robotron 21 (1969, zus. mit Christian Berndt) u. der Numer. Steue-

rung CNC 700 (1983–85), von Schreibmaschinen: Erika (1971, 1976) und Robotron Cella (1985/86), von Flachrundstrickautomaten (FRJ 5480, 1982) und Flachstrickmaschinen (Diamant 1985–87) u. a.
Kat.: Dietel, C.; Rudolph, L.: Suche nach Gestalt unserer Dinge: Produkt- u. Umweltgestaltung. Ausstellung Karl-Marx-Stadt, 27. 4.–31. 7. 1985. Karl-Marx-Stadt 1985.

Dietze, Manfred 10. 12. 1928
MfS-Hauptabteilungsleiter
Geb. in Lindenthal; Vater Schlosser, Mutter Hausfrau; mittlere Reife.
1945 KPD; 1946 Volkspolizist; 1949 Kursant der Politkultur-Schule der VP; 1950 HV Ausbildung der VP Berlin, Persönl. Referent des Chefinspekteurs; 1951 Einstellung im MfS, Abt. I (Abwehr in VP-Bereitschaften); 1955 Abt.-Ltr.; 1960 bis 1965 Fernstudium an der JHS Potsdam-Eiche, Dipl.-Jur.; 1967–71 OibE im Auftrag der HVA Abt. III, Ltr. einer Auslandsoperativgruppe; 1971 Stellv. Ltr., 1981 Ltr. der HA I (Abwehr in NVA); 1985 VVO in Gold; 1989 Generalleutnant; Dez. 1989 von seiner Funktion entbunden; 1990 Entlassung, Rentner.

Dietze, Walter 22. 5. 1926–11. 9. 1987
Germanist, Generaldirektor der Forschungs- und Gedenkstätten Weimar
Geb. in Leipzig, Vater Schriftsetzer; Oberrealgymnasium; 1944 RAD, Militärdienst, sowj. Gefangenschaft.
Besuch von Antifa-Schulen; 1950 Abitur, 1950–54 Studium der Germanistik, Slawistik, Geschichte u. Philos. an der Univ. Leipzig; 1951 SED; 1954–58 wiss. Aspirantur u. Vorlesungen an der KMU Leipzig, 1956 dort Prom. zum Dr. phil., 1959 mit der Wahrnehmung einer Doz. beauftragt, 1961 Habil. zur dt. Lit.- u. Geistesgeschichte des 17. Jh., 1963–75 Prof. mit Lehrauftrag bzw. vollem Lehrauftrag für neuere u. neueste Literaturgeschichte. Ltr. der Abt. für Geschichte der neueren dt. Lit. des Inst. für dt. Literaturgeschichte und Fachrichtungsltr. für Germanistik; 1967 Ord. Mitglied der DAW; 1971–75 Dekan der Fak. für Sprach-, Kunst- u. Erziehungswiss. der KMU Leipzig; 1975 Ord. Mitgl. der Sächs. AdW; 1975–82 Generaldir. der Nat. Forschungs- u. Gedenkstätten der klass. dt. Lit. in Weimar; zeitw. Gastprof. in der UdSSR; 1982 em.; 1984 Dr. h.c. (KMU Leipzig).
Forschungs-, Lehr-, Vortrags- u. Publikationstätigkeit zu Problemen der Barockzeit, der dt. Aufklärung u. Klassik, insbes. über Goethe sowie zur neueren dt. Lit. u. vergleichenden Lit.-Wiss.; Mithrsg. der Reihe »Neue Beiträge zur Literaturwiss.« (1964ff.).
Publ.: Junges Dtl. u. dt. Klassik. Berlin 1958; Erbe u. Gegenwart. Leipzig 1972; Johann Gottfried Herder. Berlin u. Weimar 1980.

Dissemond, Paul 22. 7. 1920
Katholischer Amtsträger
Geb. in Berlin; 1948 Priesterweihe; Kaplan, Administrator u. Vikar in Oberufhausen, Bergen u. Berlin; 1961 Pfarrer, 1962 Akademikerseelsorger im Bistum Berlin, 1965 Mitarb. im Bischöfl. Ordinariat Berlin, Mitgl. im Geistl. Rat, 1966 Ordinariatsrat; 1968 Ernennung zum Sekr. der Berliner Ordinarienkonferenz, 1973 Prälat, 1974 Beauftragter zu Verhandlungen mit dem MfS u. der Dienststelle des Staatssekr. für Kirchenfragen, 1976 Sekr. u. 1985 Generalsekr. der Berliner Bischofskonferenz, 1987 emeritiert.

Dittrich, Paul-Heinz 4. 12. 1930
Komponist
Geb. in Gornsdorf (Erzgeb.); 1951–56 Studium an der Musik-HS Leipzig, 1956–58 Chordirigent beim FDGB-Ensemble in Weimar, 1958–60 Meisterschüler bei Rudolf Wagner-Régeny*;

1960–63 künstlerischer Leiter des Ernst-Moritz-Arndt-Ensembles in Berlin; 1963–76 Oberassistent an der Dt. HS für Musik »Hanns Eisler« Berlin; seit 1976 freischaff.; 1979 Prof. für Komposition; 1981 Mitgl. der Jury der Intern. Ges. für Neue Musik (IGUM); 1983 AdK, dort Ausbildung von Meisterschülern bis 1991.

1990 Prof. an der HS für Musik »Hanns Eisler« Berlin; 1991 Gründung u. Vors. des Brandenburgischen Colloquiums Neue Musik Zeuthen; seit 1993 AdK Berlin-Brandenburg.

Schuf zahlreiche Werke der Orchester- u. Kammermusik, Kantaten u. Lieder; intern. Preise für Komposition der Städte Boswil, Rom u. Paris.

Dobberstein, Johannes
19. 9. 1895–9. 1. 1965
Veterinärpathologe

Geb. in Graudenz (Westpr.), Vater Postangestellter; Volksschule, Gymnasium in Insterburg, 1914 Studium an der Tierärztl. HS in Berlin; Kriegsdienst; 1922 Approbation als Tierarzt u. Prom. zum Dr. med. vet. mit einer Arbeit über das Mastoideum des Schweins, 1923–28 Assistent bzw. Oberassistent am Patholog. Inst., ab 1926 mit Lehrauftrag, 1927 Habil. über Erkrankungen des Zentralnervensystems beim Pferd, 1928 Prof. mit Lehrstuhl für patholog. Anatomie an der Tierärztl. HS Berlin; ab 1928 zugl. Mitgl. des Landesveterinäramtes; 1939 Mitgl. der Dt. Akad. der Naturforscher Leopoldina zu Halle; Wehrmacht, Oberstabsveterinär.

Nach Neueröffnung der Univ. Berlin Prof. mit Lehrstuhl für allg. Veterinärpathol. u. patholog. Anatomie, Dir. des Inst. für Veterinärpathol. u. zeitw. auch des Inst. für Veterinäranatomie, langj. Dekan der Veterinärmed. Fak.; 1949 Ord. Mitgl. der DAW, Aufbau des Inst. für Vergleichende Pathol. u. ab 1952 dessen Dir.; 1951 NP; Verzicht auf eine Berufung nach München, Gründungsmitgl. der DAL, 1951–57 Sekretar der Sekt. Veterinärmedizin, 1957–62 Vizepräs. der DAL, 1962 em.; 1955 Ehrensenator der Tierärztl. HS Hannover, 1956 Ehrenmitgl. der Società Italiana delle Scienze Veterinarie, Ehrenprom. in Leipzig, Stockholm u. Budapest.

Mitautor u. Hrsg. mehrerer Standardlehrbücher, bes. des Handbuchs der speziellen patholog. Anatomie der Haustiere (7 Bde., 3. Aufl. Berlin, Hamburg 1969–71); Begründer u. Hrsg. der »Monatshefte für Veterinärmedizin« (ab 1946): zahlr. Veröff. zu vergleichender Pathol. der Haustiere; HS-Lehrer zweier Generationen von Tierärzten.

Publ.: Sektionstechnik u. Diagnostik für Veterinärmediziner. 7. Aufl. Berlin 1950; Richtlinien für die Sektion der Haustiere. 8. Aufl. Berlin 1957.

Sek.-Lit.: Jentzsch, K.-D.; Goerttler, V.; Kraatz*, H.: J.D. in memoriam. Berlin 1965 (Sitzungsberichte der DAL).

Doerk, Chris 24. 2. 1942
Schlagersängerin

Geb. in Königsberg (Ostpr.); Lehre als Gebrauchswerberin; Erich-Weinert-Ensemble der NVA; 1967 Berufsausweis als Schlagersängerin, »Lieb mich so, wie dein Herz es mag« (mit Frank Schöbel*, 1. Platz beim Schlagerwettbewerb der DDR); 1969 erste LP (mit F. Schöbel) u. erste eigene Show (mit F. Schöbel u. Horst Feuerstein), Gastsolistin bei Klaus Lenz u. Orchester; ab 1971 Moderatorin der DFF-Sendungen »Treff mit Chris u. Frank« u. »Disko-Treff« (mit F. Schöbel); 1972/73 Mitgl. des Nat. Komitees für die X. Weltfestspiele in Berlin; 1973 Goldpokal beim XII. Schlagerfestival der Ostseestaaten in Rostock; Tourneen in fast alle eur. Länder; Erfolgstitel: »Wieder keine Post von dir«, »Männer, die noch keine sind«, »Was erleben«, »Rose von Chile«; Filme: »Heißer Sommer«, »Nicht schummeln, Liebling«; 5 Duett-

LP (mit F. Schöbel), 4 Solo-LP, Lieder auf Musical-LP.

Doernberg, Stefan 21. 6. 1924
Historiker, Botschafter
Geb. in Berlin, Vater KPD-Funktionär; 1935 Emigration der Familie in die UdSSR, 1941 Schulabschluß in Moskau, während des 2. Weltkrieges Ltn. der sowj. Armee.
1945/46 Mitarb. der SMA in Mecklenburg, 1946–50 Red. der Ztg. »Tägl. Rundschau«; 1950–55 Red. bei einer Moskauer Literaturztschr. u. am Moskauer Rundfunk, während dieser Zeit Studium der Geschichte an der Lomonossow-Univ. Moskau; 1955–61 Doz. u. stellv. Lehrstuhlltr. für Allg. Geschichte am IfG, 1959 Prom. mit einer Arbeit über die SBZ; 1961/62 stellv. Dir. des Dt. Inst. für Zeitgeschichte (DIZ), 1961 Chefred. von »Unsere Zeit«, 1962–71 Dir. des DIZ (Nachf. von W. Bartel*; später entstand daraus das IPW); 1963 Berufung zum Prof. für Geschichte der dt. und intern. Arbeiterbew. am IfG (nebenamtl.); 1970 Ernennung zum Generalsekr. des DDR-Komitees für eur. Sicherheit; 1971–77 stellv. Dir. des Inst. für Intern. Pol. u. Wirtschaft (IPW), 1977–82 Dir. des Inst. für intern. Beziehungen an der ASR Potsdam-Babelsberg, 1979 Ernennung zum Vors. des Rats für Forschungen zur Intern. Pol.; 1983–87 Ao. u. Bevollmächtigter Botschafter in Finnland; 1984 VVO in Gold; Dr. h.c.; Ruhestand.
Neben seinen wiss.-pol. u. administrativen Funktionen hat sich D. insbes. auf dem Gebiet der Geschichtspropaganda betätigt, er war Autor der ersten Gesamtdarstellung der DDR-Geschichte (1964).
Publ.: Die Geburt eines neuen Dtl. 1945–49. Berlin 1959; Kurze Geschichte der DDR. Berlin 1964; Befreiung 1945. Berlin 1975.
Sek.-Lit.: Leonhard, Wolfgang: Spurensuche. Vierzig Jahre nach Die Rev. entläßt ihre Kinder. Köln 1992.

Dohlus, Horst 30. 5. 1925
SED-Politiker
Geb. in Plauen (Vogtl.), Vater Arbeiter; Volksschule, 1939–43 Friseurlehre; 1943–45 Militärdienst und Gefangenschaft.
1946 KPD/SED u. FDGB; 1946–49 Bergarbeiter in der SDAG Wismut; 1947 FDGB; 1948 BPO-Sekr. im Schacht Malwine (Annaberg); 1949 Landesparteischule; 1949/50 Instrukteur der Gebietsltg. Wismut der SED, 1950/51 1. Sekr. der Objektltg. Wismut Oberschlema u. 1951–53 2. Sekr. der Gebietsltg. Wismut der SED, 1954/55 Besuch der PHS beim ZK der KPdSU in Moskau; 1955–58 Parteiorg. des ZK der SED im Kombinat »Schwarze Pumpe«; 1958–60 2. Sekr. der SED-BL Cottbus, 1960–86 Ltr. der Abt. Parteiorgane beim ZK der SED, 1950–63 Kand., seit 1963 Mitgl. des ZK, 1964 Ltr. der Kommission für Partei- u. Organisationsfragen beim PB; 1969 VVO in Gold, mehrmals KMO; 1971 Mitgl. des Sekr. des ZK; 1950–54 u. seit 1971 Abg. der Volkskammer; 1973 Sekr. für Parteiorgane des ZK; 1976 Kandidat, 1980 Mitgl. des PB des ZK der SED; 8. 11. 1989 mit dem PB zurückgetreten, nicht wiedergewählt, 20. 1. 1990 aus der SED-PDS ausgeschlossen; Rentner.
Publ.: Zur Führungstätigkeit der SED bei der Verwirklichung des Sinns des Soz. Berlin 1985.

Dölling, Irene 23. 12. 1942
Kulturwissenschaftlerin
Geb. in einer Emigrantenfamilie in Leicester (England), Vater Weber, Mutter Strickerin; 1961 Abitur in Berlin; SED; 1961–66 Studium der Bibliothekswiss. u. Philos. an der HU Berlin; anschl. Aspirantur am dortigen Inst. für Ästhetik; 1970 Prom., 1976 Habil.; 1985 Prof. für Kulturtheorie an der Sekt. Kulturwiss. u. Ästhetik der HU; 1990 Ltr. des Zentrums für interdisz. Frauenforschungung der HU. 1994 Prof. für Frauenforsch. an der wirt-

schafts- u. sozialwiss. Fak. der Univ. Potsdam.
D. gründete 1980 gemeinsam mit H.-M. Nickel u.a. einen privaten Diskussionskr. von Wissenschaftlerinnen versch. Disziplinen, in dem Defizite u. Probleme der in der DDR nur schwach institutionalisierten Frauenforschung thematisiert wurden. Aus diesem Kr., der 1982 off. an der HU Berlin angemeldet wurde, entstand im Herbst 1989 auf Initiative D.s das o.g. Zentrum für interdisz. Frauenforschung; in den 80er Jahren trug D. wesentl. zur Rezeption von Pierre Bourdieu in der DDR-Kulturwiss. bei; Forschungsthemen: Persönlichkeitstheorie, insbes. Zusammenhänge zwischen biolog. u. ges. Determinanten individuellen Verhaltens sowie kulturelle Formen individueller Vergesellschaftung; kulturwiss. Aspekte von Geschlechterbeziehungen.
Publ.: Naturwesen – Individuum – Persönlichkeit. Berlin 1979; Individuum u. Kultur. Berlin 1986; Der Mensch u. sein Weib. Frauen- u. Männerbilder. Berlin 1991; Unsere Haut. Tagebücher von Frauen aus dem Herbst 1989. Berlin 1992 (Hrsg., zus. mit A. Kuhlmey-Oehlert u. G. Seibt).

Dölling, Rudolf 4.11.1902–3.8.1975
Chef der Politischen Verwaltung der NVA
Geb. in Roßbach (Böhmen), Vater Weber; Volks- u. Bürgerschule; 1917–23 Bergarbeiter bzw. arbeitslos; 1920 Gewerkschaft, 1923 KPČ; 1924–39 hauptamtl. Funktionär der KPČ u. des Rev. Textilarbeiterverb., 1935–39 Abg. im Parl.; 1939 Emigration in die UdSSR, Arbeit in einer Uhrenfabrik; 1941/42 Schule der KI, danach dort, dann an der Zentralen Antifa-Schule Taliza Lehrer; Red. u. Sprecher am »Sudetendt. Freiheitssender« in Moskau.
1945 Rückkehr in die ČSR, 1946 Umsiedlung nach Dtl., KPD/SED; 1946–49 Mitarb. des PV der SED; 1949 Stellv. des Ltr. der HV u. Ltr. der HA Polit-Kultur der HV für Ausbildung beim MdI; Chefinspekteur, dann Generalinspekteur der VP; 1952–55 Stellv. des Min. des Innern bzw. des Chefs der KVP u. Ltr. der Pol. Verwaltung; 1954–63 Abg. der Volkskammer; 1955–57 Akad. des Generalstabs der Streitkräfte der UdSSR, Dr. rer. mil.; 1957–59 Stellv. des Min. für Nat. Verteidigung u. Chef der Pol. Verwaltung der NVA; 1958–68 Mitgl. des ZK der SED; 1959 Ausscheiden aus dem aktiven Dienst, bis 1965 Ao. u. Bevollmächtigter Botschafter in der UdSSR; 1962 VVO in Gold.

Domaschk, Matthias
12.6.1957–12.4.1981
Bürgerrechtler
Geb. in Görlitz, Vater Abt.-Ltr. bei Carl Zeiss Jena, Mutter Pförtnerin an der FSU; 1970 Umzug nach Jena; 1974 Beginn der Berufsausbildung zum Feinmechaniker mit Abitur bei Carl Zeiss Jena; seit 1972 Mitgl. der Jungen Gemeinde Jena-Lobeda, ab 1975 Jena Stadt-Mitte, Mitarb. im dortigen Lyrik-Zirkel u. Lesekr., Nov. 1976 Beteiligung an Protestaktionen gegen die Ausbürgerung Wolf Biermanns*, Unterz. einer Protestresolution von Künstlern, erste Verhöre durch das MfS, Frühjahr 1977 Org. von Hilfsaktionen für inhaftierte Mitgl. Jenenser opp. Gruppen, Bericht bei der »Charta 77« in Prag über die Ereignisse in Jena, anschl. Exmatrikulation vom Abiturkurs; Abschluß der Berufsausbildung u. Arbeit als Feinmechaniker; anschl. bis 1979 NVA; danach Maschinist im ZI für Mikrobiol. u. experimentelle Therapie in Jena; Mitarb. in der Initiativgruppe für einen Sozialen Friedensdienst im Rahmen der unabhängigen Friedensbew.; am 10.4.1981 im Zug nach Berlin verhaftet u. in eine U-Haftanstalt des MfS nach Gera verbracht, dort am 12.4.1981 nach zweitägigem Verhör unter noch unge-

klärten Umständen zu Tode gekommen; off. Version des MfS: Suizid. (Ein diesbezügl. Ermittlungsverfahren war bei Red.-Schluß noch nicht abgeschlossen.)

Dombrowski, Lutz 25. 6. 1959
Leistungssportler (Leichtathletik)
Geb. in Zwickau in einer Familie mit zwölf Kindern, Vater Bergmann; Beginn mit dem Training der Leichtathletik in Zwickau, 1973 Delegierung zur KJS u. zum SC Karl-Marx-Stadt; Berufsausbildung zum Maschinenbauer; 1979 SED; Fernstudium an der FS für Technol. der Metallverarbeitung in Glauchau; 1980 Olympiasieger u. 1982 EM im Weitsprung (persönl. Bestleistung: 8,54 m); nach Abschluß der sportl. Laufbahn stellv. Kreisvors. des DTSB in Karl-Marx-Stadt.
Mai 1990 für die PDS Abg. der Chemnitzer Stadtverordnetenvers., nach öff. Vorwürfen einer früheren IM-Tätigkeit für das MfS Niederlegung des Mandats; 1992 Abschluß eines Dipl.-Sportlehrerstudiums an der DHfK, anschl. arbeitslos; 1993 beschäftigt im Rahmen einer ABM in Chemnitz.

Domma, Ottokar (eigtl. Otto Häuser) 20. 5. 1924
Schriftsteller
Geb. in Schankau (b. Karlovy Vary), Vater Bergmann; Volksschule; Gebrauchswerber.
Nach 1945 Besuch eines Neulehrerseminars, Lehrer, später Schulleiter; dann journalist. Arbeit für pädagog. Ztgn. (u. a. »Dt. Lehrerztg.«); Studium der Pädagogik in Berlin; Red. beim SED-Zentralorgan »Neues Dtl.«; seit 1959 ständiger Mitarb. des »Eulenspiegel«; wurde bekannt u. populär mit satirischen Kurzgeschichten aus dem Schul- u. Familienleben im Stil von Schüleraufsätzen (Vorbild: Ludwig Thoma), die unter dem Titel »Der brave Schüler Ottokar« (1967), »Ottokar, das Früchtchen« (1970) u. »Ottokar der Weltverbesserer« (1973) erschienen.

Domröse, Angelica 4. 4. 1941
Schauspielerin
Geb. in Berlin; während der Schulzeit Mitgl. einer Laienspielgruppe der FDJ im Berliner Haus der jungen Talente, 1958 von Slatan Dudow* für die Rolle der Siggi in »Verwirrung der Liebe« entdeckt; 1958–61 Schauspielstudium an der Film-HS Potsdam-Babelsberg; 1961–66 Engagement am Berliner Ensemble (BE), 1967–79 an der Volksbühne; 1966 Schauspielerin des Jahres; zahlr. Rollen bei der DEFA u. beim DFF; 1976 NP; Nov. 1976 Mitunterz. der Protestresolution gegen die Ausbürgerung Wolf Biermanns*; verließ 1980 gemeinsam mit ihrem Mann Hilmar Thate* die DDR u. spielte seitdem hauptsächl. am Schillertheater in Berlin (West) sowie in Stuttgart, Hamburg, Bochum u. Wien; 1988 Josef-Kainz-Medaille; auch zahlr. TV-Rollen.
Rollen am Theater: am BE u. a. in Brechts* »Dreigroschenoper«, »Schweyk im zweiten Weltkrieg«, »Die Tage der Commune«, in Baierls* »Frau Flinz«; Rollen an der Volksbühne u. a. in G. B. Shaws »Cäsar u. Cleopatra«, »Don Carlos«, »Troilus u. Cressida« von Shakespeare u. in Peter Hacks'* »Die schöne Helena«; DEFA-Filmrollen u. a.: 1965 in »Die Abenteuer des Werner Holt«, 1973 »Die Legende von Paul u. Paula«, 1979 »Bis daß der Tod euch scheidet«; DFF-Rollen u. a.: 1960 in »Papas neue Freundin«, 1961 »Vielgeliebtes Sternchen«, 1968 »Wege übers Land«, 1970 »Effi Briest«, 1973 »Die Brüder Lautensack«, 1975 »Mein lieber Mann u. ich«, 1976 »Daniel Druskat«.
Sek.-Lit.: Funke, C.; Kranz, D.: A. D. Berlin 1976.

Donda, Arno 28. 4. 1930
Leiter der Staatlichen Zentralverwaltung für Statistik

Geb. in Berlin, Vater Arbeiter; Mittelschule; 1947 SED; 1947–50 Ausbildung zum Statistiker im Statist. Zentralamt; 1949 Abitur (extern); 1949/50 Mitarb. im Zentralamt, zuletzt kommissar. Ltr. eines Referats; 1950–54 Studium an der HfÖ Berlin, Dipl.-Wirtschaft; 1954–59 Assistent, Oberassistent, Doz., 1957 Prom. zum Dr. rer. oec. mit einer Diss. zu Einzelhandelspreisen u. Lebenshaltungskosten, 1959–63 Dir. des Inst. für Statistik an der HfÖ Berlin, 1962 Habil. über Statistik der Arbeitsproduktivität im Handel, 1963 Prof. mit Lehrauftrag für Statistik, Mitarb. in der Arbeitsgruppe »Bernau« zur Vorbereitung des »Neuen Ök. Systems der Planung u. Ltg. der Volkswirtschaft« (NÖS); Juli 1963 – Okt. 1990 Ltr. bzw. Präs. der Staatl. Zentralverwaltung für Statistik (1990 Statist. Amt der DDR); 1963–90 Mitgl. der Ständigen Kommission für Statistik des RGW; 1971–90 Mitgl. des Intern. Statist. Inst. (Sitz Niederl.), hier u. a. Mitgl. der Kommission zur Ausarbeitung des »Codex der Ethik der Statistik«; 1979 Vizepräs., 1986/87 Präs. der Konferenz Eur. Statistiker; Mitgl. der Intern. Union für das wiss. Studium der Bevölkerung; 1979 korr. Mitgl. der AdW; 1982 Dr. h.c. (WPU Rostock); mehr als 200 Veröff., Mitautor u. Hrsg. des Handbuchs »Statistik« (1972).
Bis 1991 Präs. des Gemeinsamen Statist. Amtes der neuen Bundesländer.

Döpfner, Julius 26. 8. 1913–24. 7. 1974
Katholischer Bischof
Geb. in Hausen (Rhön), Vater Hausmeister; 1933 Abitur, 1933–41 Studium der Theol. u. Philos. in Rom, 1939 Priesterweihe, 1941 Prom. zum Dr. theol.; 1941–44 Kaplan in Großwallstadt, Schweinfurt u. Gochsheim, 1944 Präfekt des Knabenseminars Kilianeum in Würzburg.
1945 Assistent u. Subregens am Priesterseminar der Diözese Würzburg, 1948 Bischof der Diözese Würzburg; 1957 Bischof von Berlin (Nachf. von Wilhelm Weskamm*), Vors. der Berliner Ordinarienkonferenz; ab Mai 1958 Einreiseverbot in die DDR (außer Ostteil von Berlin) wegen öff. »antisoz.« Äußerungen; Dez. 1958 Kardinal; Protagonist eines öff. Antikommunismus; 1961 Erzbischof von München u. Freising, Vors. der Bayer. Bischofskonferenz; 1965 Vors. der Fuldaer Bischofskonferenz, der späteren Dt. Bischofskonferenz, 1971–75 Präs. der Gemeinsamen Synode der Bistümer in der Bundesrep. Dtl.

Dörfler, Ernst 15. 5. 1950
Mitbegründer der Grünen Partei in der DDR
Geb. in Kemberg (Kr. Wittenberg) in einer Bauernfamilie; ab 1964 Oberschule u. Ausbildung zum Maschinenbauer, 1968 Abitur in Pretzsch/Elbe; 1968–73 Studium der Chemie an der TH »Otto von Guericke« in Magdeburg, 1974 Prom. mit einer Diss. zur Passivität u. Lochfraßkorrosion hochlegierter Chrom- u. Chrom-Nickelstähle; 1974/75 Technologe im Werk für Fernsehelektronik Berlin, 1975–82 Ökochemiker am Inst. für Wasserwirtschaft in Berlin u. Magdeburg; Mitautor mehrerer unveröff. Studien zur ökolog. Situation in der DDR, u. a. zum Stoffhaushalt der Elbe; seit Anfang der 80er Jahre öff. u. nichtöff. Vorträge zu Umweltproblemen; seit 1983 freiberufl. Schriftst.; Nov. 1989 Mitbegr. der Grünen Partei in der DDR, Dez. 1989–März 1990 Vertreter der Grünen am Zentralen Runden Tisch; 1990 Mitgl. des SV, Gründungsmitgl. der Stiftung »Umwelt u. Naturschutz«; Apr.–Okt. 1990 Volkskammerabg. in der Fraktion Bündnis 90/Grüne, Vors. des Volkskammeraussch. für Umwelt, Naturschutz, Energie u. Reaktorsicherheit.
Okt. bis Dez. 1990 MdB.
Publ. (mit Marianne Dörfler): Zurück zur Natur. Leipzig, Frankfurt/M. 1986;

Zwischen Flucht u. Anpassung. Leipzig 1989; Neue Lebensräume. Leipzig, Frankfurt/M. 1990; Der Weiher. Berlin 1991.

Döring, Karl 11.5.1937
Generaldirektor des VEB Bandstahlkombinat Eisenhüttenstadt
Geb. in Hohenstein-Ernstthal, Eltern Webereifacharbeiter; Abitur an der ABF II in Halle; 1953 SED; Studium der Eisenhüttenkunde in Moskau, 1962 Abschluß als Dipl.-Ing., anschl. als Ing. im Brandenburger Stahl- u. Walzwerk; ord. Aspirantur an der Moskauer HS für Stähle u. Legierungen, 1967 Prom. zum Dr.-Ing. mit einer Arbeit über »Physikal. u. chem. Inhomogenitäten beim Stahl-Stranggießen«; 1967–72 Forschungsing. u. Produktionsdir. im Stahl- u. Walzwerk Riesa, mit sowj.-dt. Forschungsteam NP für Wiss. u. Technik; 1972–78 Produktionsdir. u. stellv. Generaldir. im Qualitäts- u. Edelstahlkombinat Hennigsdorf; 1973 Prom. zum Dr. oec. an der HfÖ Berlin mit einer Arbeit zum Einfluß betriebl. Forschung auf die Effektivitätsentw. im Kombinat; 1979–85 stellv. Min. für Erzbergbau, Metallurgie und Kali; 1985–90 Dir. des 1950 errichteten Stammbetriebs Eisenhüttenkombinat Ost (EKO) u. Generaldir. des VEB Bandstahlkombinat Eisenhüttenstadt, das mit sechs Kombinatsbetrieben u. 20000 Beschäftigten zu den größten schwarzmetallurg. Unternehmen der DDR gehörte; Mitarb. in versch. bilateralen u. RGW-Gremien; 1986–90 Nachfolgekand. u. Abg. der Volkskammer.
Mitgl. u. stellv. Vors. des Verwaltungsrats der Treuhandanstalt von der Gründung bis Ende 1990; 1990/91 Präs. des Unternehmensforums; 1990–94 Vorstandsvors. der EKO Stahl AG Eisenhüttenstadt; von den Generaldir. der früher führenden Kombinate ist D. der einzige in vergleichbarer Position verbliebene Manager.
Publ. auf den Gebieten Eisenhüttenkunde, Volks- u. Betriebswirtschaft.

Döring, Manfred 18.11.1932
Kommandeur des MfS-Wachregiments
Geb. in Oberfrohna; Vater Schneider; Abitur; 1952 Kommandoschule der KVP; 1953 Uffz. der KVP; 1953–56 Offiziersschule der KVP/NVA; 1956 Zugführer; 1958 Ausbilder im Wachregt. Berlin des MfS, später Batteriechef; 1959 Stabschef der Artillerieabt.; 1961 Offz. für operative Arbeit im Regimentsstab; 1962 Kdr. der Artillerieabt.; 1965–68 Militärakad. »Friedrich Engels«, Dipl.-Militärwiss.; 1968 Kdr. des 2. Kdo. des Wachregt. »Feliks Dzierzynski«; 1971 1. Stellv. des Kdr. des Wachregt.; 1975/76 Delegierung zur PHS; 1987 Kdr. des Wachregt., Gen.-Major; März 1990 Entlassung.

Dörner, Hans-Jürgen 25.1.1951
Leistungssportler (Fußball)
Geb. in Görlitz, Vater Glasbläser; ab 1961 Fußballspieler zunächst bei der Turn- u. Sportgemeinschaft Görlitz, ab 1969 bei der SG Dynamo Dresden; 1971, 1973 u. 1976 DDR-Meister, 1971, 1977, 1984 u. 1985 Sieger des FDGB-Pokals, 10 Spiele in der Olympiaauswahl, 1976 Olympiasieger, insg. 100 Länderspiele u. 9 Länderspieltore, 1977, 1984 u. 1986 DDR-Fußballer des Jahres; nach dem Schulabschluß 1967–71 Lehre u. Arbeit als Dreher; ab 1970 Angehöriger der DVP, zuletzt Major; 1973 Abitur an der Abendschule, 1974–82 Studium an der DHfK Leipzig mit Abschluß als Dipl.-Sportlehrer; 1986 Beendigung der leistungssportl. Laufbahn, seitdem Trainer.
Nach der dt. Vereinigung Trainer beim Deutschen Fußballbund, 1994 Co-Trainer der deutschen Nat.-Mannschaft bei der Fußballweltmeisterschaft in den USA.

Dorst, Werner 6. 1. 1914–7. 12. 1990
Erziehungswissenschaftler
Geb. als Sohn eines kaufm. Angestellten in Neudorf (b. Plauen); Oberschule, Abitur, Studium der Geschichte, Philos., Geographie u. Kunstgeschichte; 1936 Lehrer; 1937 NSDAP; 1939 Studienassessor in Halle; 1941 Staatsexamen für den höheren Schuldienst; Kriegsdienst, Oltn.; Sommer 1943 sowj. Gefangenschaft; 1944 Mitarb. im NKFD; sechs Monate Schulungskurs, danach Lektor u. ab 1946 Assistent für Geschichte u. Philos. an der Zentralen Antifa-Schule in Krasnogorsk.
Ab Febr. 1949 Referent für Oberschulen in der Schulabteilung der Dt. Verwaltung für Volksbildung; SED; Jan. 1950 stellv. Dir. des Dt. Pädagog. Zentralinst. (DPZI), Dez. 1950 kommissar., ab Mai 1951 Dir. des DPZI; 1952 Prom. zum Dr. paed. an der HU Berlin mit einer Diss. über Grundlagen von Erziehung, Bildung u. Unterricht in der DDR (veröff. 1953); Juli 1958 mit dem Vorwurf »revisionist. Tendenzen« abberufen u. zu »besonderen Arbeiten« in das Min. für Volksbildung abgeordnet; 1958 Dozent an der FSU Jena, dort 1960 Habil. mit einer Arbeit über das Erziehungssystem in Westdtl.; 1961 Prof. mit vollem Lehrauftrag für systemat. Pädagogik, später bis zur Em. Dir. der Sekt. Erziehungswiss., Prorektor; seit Gründung der APW 1970 deren ord. Mitgl.; Herbst 1989 Dr. paed. h.c. an der APW.
Publ. zu erziehungswiss. u. schulpol. Problemen.

Draehn, Heinz 28. 11. 1921
Kabarettist
Geb. in Rostock; Seemann, Hafenarbeiter; kam über das Laienkabarett »Rostokker Spatzen« zur Berliner »Distel«, dort einer der profiliertesten Darsteller, 1965 erster Auftritt mit der Ringelnatz-Parodie »Kuddeldaddeldu«, die seitdem viele Jahre zum Standardrepertoire der »Distel« gehörte (Texte Hans Krause); neben der Arbeit an der »Distel« Fernseh- u. Filmrollen u. Auftritte als Solokabarettist bzw. mit Partner Peter Borgelt als »Kuddeldaddeldu u. Kuddeldaddelich«, Regie u. Texte für Amateurkabaretts; SED; 1989 altershalber aus der »Distel« ausgeschieden.

Dräger, Lothar 19. 1. 1927
Comic-Autor
Geb. in Schwennenz (b. Stettin), Vater Eisenbahning.; Realgymnasium; Flakhelfer.
1947 Besuch des Klindworth-Scharwenka-Konservatoriums in Berlin, dann Studium an der HS für Musik, Ausbildung zum Sänger; ab 1957 Mitarb. an der Comic-Zeitschrift »MOSAIK«, 1976–90 deren künstler. Ltr. u. zusammen mit Lona Rietschel u. Horst Boche Schöpfer der Comic-Figuren »Abrafaxe«.
Sek.-Lit.: Lettkemann, Gerd: 35 Jahre Mosaik. 35 Jahre Comics in der DDR. Ein Interview mit Lothar Dräger. In: Comic Jb. 1990. Hamburg 1990.

Drake, Heinrich 15. 2. 1903–26. 7. 1994
Bildhauer
Geb. in Ratsiek (Lippe-Detmold), Vater Schuhmacher; 1910–17 Volksschule, 1917 Lehre als Tischler (Abbruch nach wenigen Monaten), 1918–21 Lehre als Schuhmacher, Gesellenprüfung, bis 1923 Schuhmacher; 1923–27 Volontär als Holzschnitzer für Möbelornamente; 1927–29 Besuch der Akad. für Kunstgewerbe in Dresden (Karl Albiker); 1928 Studienreise nach Italien; 1929/30 autodidakt. Weiterbildung in der Bildhauerei, Bekanntschaft mit Georg Kolbe; 1931 bis 1940 freischaff. Bildhauer in Berlin; 1937 Reise nach Paris; 1940 Rom-Stipendium der Preuß. AdK, 1940/41 Aufenthalt in Rom; 1941/42 Studienaufenthalt in Florenz; 1942–45 Kriegsdienstverpflichtung (Arbeit in einer Berliner Werkstatt).

1945/46 Zeichenlehrer an Oberschulen in Berlin; 1946 Gründungsmitgl. der HS für bildende u. angewandte Kunst in Berlin-Weißensee, Beginn der Lehrtätigkeit, 1949–69 dort Prof. u. Ltr. der Abt. Plastik; 1954 DAK; 1955 Studienreise in die VR China; 1958 Studienreise in die VR Vietnam; 1958–61 Sekr. der Sekt. Bildende Kunst der DAK; 1964 Studienreise nach Moskau; 1969 Studienreise in die UdSSR (Georg.), Em., freischaff. in Berlin; 1975 Mitgl. der Zentralen Sektionsltg. Plastik im VBK.
Sek.-Lit.: Liebau, H.: H. D. Leben u. Werk (mit Bibliogr.). Dresden 1973; Kat. H. D. Plastik, Zeichnungen (mit Bibliogr.) AdK u. Staatl. Museen zu Berlin (Nationalgalerie) 1983.

Drechsler, Heike, geb. Daute
16. 12. 1964
Leistungssportlerin (Leichtathletik)
Geb. in Gera; seit 1975 Leichtathletin zunächst bei der BSG Wismut Gera, seit 1977 beim SC Motor Jena (Trainer Peter Hein, ab 1989 Schwiegervater Erich Drechsler); 1981 Junioren-EM; 1983 u. 1987 Europacupsiegerin im Weitsprung, 1983 WM im Weitsprung, 1985 Siegerin beim Weltcup, 1986 EM im Weitsprung u. über 200 m; 1987 WM-Dritte im Weitsprung u. -Zweite über 100 m sowie zweifache Hallen-WM, 1988 Olympia-Zweite im Weitsprung u. -Dritte über 100 m u. 200 m, 1990 EM im Weitsprung u. Vize-EM über 200 m, 1985/86 fünf WR; mehrfache Hallen-EM; nach Abschluß der KJS zunächst Ausbildung zur Feinmechanikerin, später Pädagogikstudium.
1991 u. 1993 WM u. 1992 Olympiasiegerin im Weitsprung; Horterzieherin im Sportgymnasium, der ehem. KJS, in Jena.

Drefahl, Günther 11. 5. 1922
Chemiker, Präsident des Friedensrats
Geb. in Rostock, Vater kaufm. Angestellter; 1940–45 Studium der Chemie an der Univ. Rostock, dort 1946 Prom., danach Doz. für organ. Chemie, 1949 Habil.; 1949–56 Prof. mit Lehrauftrag für organ. Chemie u. Chemie der Naturstoffe an der FSU Jena, 1957 ord. Prof. mit Lehrstuhl für organ. Chemie u. Dir. des Instituts für Organ. Chemie u. Biochemie, 1962–68 Rektor der FSU Jena; 1963 Mitgl. des Forschungsrats der DDR; 1964 Ord. Mitgl. der DAW; 1969–89 Präs. des Dt. Friedensrats (Nachf. von Walter Friedrich*); Vors. des Wiss. Beirats für Forschung über das HFS-Wesen beim Min. für HFS-Wesen; seit 1970 Mitgl. des Präs. des Komitees für eur. Sicherheit der DDR; 1981 – März 1990 Abg. der Volkskammer, KB-Fraktion, Mitgl. des Aussch. für Auswärtige Angelegenheiten; 1982 VVO in Gold, Dr. rer. nat. h.c.; 1983 Vizepräs. des Weltfriedensrats; 1985 Dr. phil. h.c.; 1987 em.; Rentner.

Dreilich, Herbert 5. 12. 1942
Rockmusiker
Geb. in Mauterndorf (Österr.), Kindheit in Großbritannien u. der Bundesrep. Dtl.; 1959 Übersiedlung in die DDR; bis 1962 Lehre als Gebrauchswerber in Halle/Saale; ab 1960 Gitarrist in Amateurbands; 1962–64 bei Reinhard Lakomy*; 1967 Leipzig-Sextett; 1967/68 Music Stromers (vier Wochen im Programm »Showblock« des Friedrichstadtpalastes Berlin); 1967–71 Musikschule Berlin-Friedrichshain (Spezialklasse Tanzmusik, Gitarre); 1968/69 Henry-Kotowski-Quintett u. -Sextett; Puhdys; 1969–71 Alexanders; 1971–74 Panta Rhei (LP »Panta Rhei« 1973, Komposition u. Text u.a. für »Free Angela« u. »Tuyet«); seit Herbst 1974 Karat; Jan. 1975 erste Rundfunkaufnahmen, 22. 2. 1975 erstes öffentl. Konzert in Pirna, erste Kompositionen für Kinder; seit 1977 Lead-Sänger von Karat, ab Dez. spezielles Progr. für Schüler der 8. bis 12. Klasse zur Entw. der intern. Rockmusik; 1978 Grand Prix

des Intern. Schlagerfestivals Dresden, LP »Karat«, Titel »Ay, ay, qué verano« für die XI. Weltfestspiele in Havanna, Nov. erstes Konzert in Berlin (West); 1979 LP »Über sieben Brücken«, LP »Albatros« (Bundesrep. Dtl.); 1980 LP »Schwanenkönig« (in der Folgezeit werden alle LP auch in der Bundesrep. Dtl. veröff.); 1982 LP »Der blaue Planet«; 1983 LP »Die sieben Wunder der Welt«, Goldene Schallplatte in der Bundesrep. Dtl. für »Der blaue Planet« (250000 verkaufte Exemplare, DDR: 800000); 1984 Goldene Schallplatte in der Bundesrep. Dtl. für LP »Albatros«; 1985 Doppel-LP »10 Jahre Karat Live – Auf dem Weg zu Euch«; 1986 Allstar-Band Gitarreros (Tournee, LP »It's Only Rock'n'Roll«); 1987 LP »Die fünfte Jahreszeit«; 1988 mit Gitarreros bei »Rock für Armenien« in Schwerin u. Halle-Neustadt
1990 LP »... im nächsten Frieden« (extra records & tapes, BRD), Rockfestival »Rettet unsere Umwelt«; 1991 LP »Karat«.
Sek.-Lit.: Gerlach, C.: Karat. Berlin 1985.

Dresen, Adolf 31. 3. 1935
Regisseur
Geb. in Eggesin (Pomm.), Vater Ing.; Klosterschule, bis 1957 Studium der Germanistik, Philos. u. Physik in Leipzig; Laienspieler u. Leiter der Studentenbühne der Leipziger Univ.; Praktikum am Berliner Ensemble, überzeugter Brechtianer; 1958/59 Dramaturg u. Inspizient in Crimmitschau; Regiedebüt 1958 mit Baierls* »Die Feststellung«, 1959–62 Regisseur in Magdeburg, 1962–64 Greifswald, dort nach seiner »Hamlet«-Inszenierung entlassen (Verbot, Vorwurf des Linksradikalismus u. der Beschädigung des klass. Erbes u. des humanist. Menschenbilds); Hilfsarbeiter in Mecklenburg; noch 1964 holte Wolfgang Heinz D. an das Dt. Theater Berlin, Heinz blieb in der Folgezeit sein »Schutzpatron«; wichtige Regiearbeiten: 1968 gemeinsam mit Wolfgang Heinz* Inszenierung von Goethes »Faust I« als Komödie, was pol. Diskussionen auf höchster Ebene auslöste; 1970 Erstaufführung von Isaak Babels »Maria«, 1970 Goethes »Clavigo«, die Inszenierung wurde verboten, 1975 Kleists »Prinz von Homburg« u. »Der zerbrochene Krug«, 1977 Kleists »Michael Kohlhaas«; 1977 mit Billigung des Kulturministeriums der DDR zunächst begrenztes Visum, um in der Bundesrep. Dtl. und im westl. Ausland zu arbeiten, D. blieb DDR-Bürger; Inszenierungen: 1977 Barlachs »Armer Vetter« in Basel, 1978 u. 1979 Brecht/Weills »Dreigroschenoper« u. Lessings »Emilia Galotti« am Wiener Burgtheater, Gastregisseur in Bochum u. Hamburg; 1981–85 Intendant des Schauspiels Frankfurt/Main, seit 1985 freier Opernregisseur vorrangig an der Wiener Staatsoper (1992 Wagners »Ring«), aber auch in Paris u. London.
Vertreter eines krit. u. unkonventionellen Theaters; seine unübersehbare Zeitkritik in allen seinen Arbeiten führte in der DDR zu wiederholten Repressalien u. Arbeitsverboten; auch im Westen blieb D. ein streitbarer Theatermann; den Regisseur versteht er als Vermittler zwischen den Zeiten u. den Realismus als Wahrheitsagen.
Publ.: Siegfrieds Vergessen – Kultur zwischen Konsens u. Konflikt. Berlin 1992.
Sek.-Lit.: Pietzsch, Ingeborg: Werkstatt Theater. Berlin 1975.

Dressel, Roland 26. 4. 1932
Kameramann
Geb. in Meerane, Vater Bäcker; bis 1953 Schulbesuch in Meerane, 1953/54 Ausbildung zum Fotografen in Glauchau (b. Chemnitz); Standfotograf u. Kameraassistent im DEFA-Studio für Spielfilme bis 1967; arbeitete bei Kameraleuten wie Werner Bergmann, Günter Haubold, Jan Curik, Erich Gusko; Ausbildung zum Kameramann über die Betriebsakad. der

DEFA durch ein externes Studium an der Dt. HS für Filmkunst; 1965–90 Kameramann im DEFA-Studio für Spielfilme, sammelte Erfahrungen bei Dok.- u. Fernsehfilmen; sein erster Kinofilm »Das zweite Leben des Friedrich Wilhelm Georg Platow« (Regie: Siegfried Kühn) stieß auf heftigen Widerstand, gewollte Effekte wurden als Fehler kritisiert, bis 1977 war ihm die Mitarb. an Spielfilmen der DEFA untersagt; realisierte in dieser Zeit Fernsehfilme; die späteren Spielfilme zeugen von stilist. Vielfalt u. bildhafter Verdichtung der Idee, der sich die dramaturg. denkende Kamera von D. unterordnet.
Seit 1990 ist D. freischaff. Kameramann.
Werke: Zwei Briefe an Pospischiel (1970, Regie: R. Kirsten, TV), Das zweite Leben des Friedrich Wilhelm Georg Platow (1973, Regie: S. Kühn), Die unheilige Sophia (1974/75, Regie: M. Wekwerth, TV), Happy End (1976/77, Regie: M. Wekwerth*, TV), Der gepuderte Mann im bunten Rock lebt gefährlich (1977, Regie: K. Gendries, TV), Jadup u. Boel (1980/88, Regie: R. Simon*), Das Luftschiff (1982, Regie: R. Simon), Olle Henry (1982/83, Regie: U. Weiß*), Die Frau u. der Fremde (1984, Regie: R. Simon), Fallada – letztes Kapitel (1987, Regie: R. Gräf*), Die Besteigung des Chimborazo (1989, Regie: R. Simon), Das Land hinterm Regenbogen (1991, Regie: H. Kipping*), Der Fall Ö. (1991, Regie: R. Simon), Die Spur des Bernsteinzimmers (1992, Regie: R. Gräf).

Drews, Manfred 10. 4. 1935
Schriftsteller
Geb. in Berlin; ab 1952 Pädagogikstudium in Chemnitz; Lehrer in Bitterfeld u. Berlin; 1961–65 Journalistikstudium in Leipzig, danach journalist. tätig u. a. für die »Dt. Lehrerztg.« u. den »Sonntag«; seit 1976 freischaff., initiierte 1979 das Aktiv Kriminallit. im Berliner Schriftstellerverb. (Apr. 1987 in die landesweite Sekt. Kriminallit. umgewandelt), Mitgl. der intern. Vereinigung der Kriminalschriftst. A.I.E.P., gewählter Vors. der Sekt. bis zu deren Vereinigung mit dem SYNDIKAT (Autorengruppe Kriminallit.) Okt. 1990; ab 1990 Hrsg. des vierteljährl. erscheinenden intern. Kriminalmagazins »underground« (Reiher-Verlag).
Schrieb vor allem Tatsachenberichte, in denen die Ermittlungsarbeit der Kriminalpolizei beschrieben wird.
Publ.: Kriminalisten im Verhör. Berlin 1979; Kriminalisten im Einsatz. Berlin 1983; Der Tote im Keller. Berlin 1991.

Drinda, Horst 1. 5. 1927
Schauspieler
Geb. in Berlin; Lehre als Flugzeugmotorenschlosser in Köthen (b. Dessau); Beginn eines Studiums als techn. Offz.; Kriegsdienst, 1945 Verwundung.
Durch Gustav v. Wangenheim in die Schauspielschule des Dt. Theaters (DT) aufgenommen; 1946/47 Engagement am DT, Apr. 1946 Debüt in »Wir heißen euch hoffen« von Fritz Denger; 1949/50 am Landestheater Halle; 1950–70 Mitgl. des Ensembles des DT; 1963 u. 1970 NP; ab 1971 beim Schauspielerensemble des DFF, dort auch Regiearbeiten; Rollen am DT u. a.: Ferdinand in »Egmont«, »Don Carlos«, Hamlet, Max Piccolomini, Maske in »Der Snob«; 1948 Film-Debüt bei der DEFA, in mehreren satir. Kurzfilmen der »Stacheltier«-Prod., 1957 in »Lissy« (R.: Konrad Wolf*), 1959 »Bevor der Blitz einschlägt« (R.: Richard Groschopp*), 1965 »Die besten Jahre« (R.: Günther Rücker*), 1971 »KLK an PTX – Die rote Kapelle« u. a.; DFF-Filme u. a.: 1967 »Kleiner Mann – was nun?«, 1968/70 »Ich – Axel Cäsar Springer«, 1976 »Auf der Suche nach Gatt«, 1978 »Scharnhorst«, sowie in den TV-Serien »Zur See« (1977) u. »Unser Mann ist König« (1980).

Drögemüller, Alfred
22. 9. 1913–8. 7. 1988
SED-Funktionär
Geb. in Hamburg, Vater Malergehilfe; Volksschule, kaufm. Lehre; 1928 Soz. Schülerbund, 1929 auf Anraten von KJVD-Funktionären zur SAJ, 1930 KPD, 1931 KJVD, Volontär bei der »Hamburger Volksztg.«, ab 1932 hauptamtl. Parteiarbeiter, 1933/34 illegale Arbeit in Hamburg, Mai 1934 auf Parteibeschluß nach Dänemark, Grenzarbeit in Nordschleswig, Sept. 1937 – März 1939 nach Göteborg (Schweden), verhaftet u. nach Dänemark abgeschoben, Instrukteur für Kiel, seit 1941 Ltr. der KPD-Emigration in Dänemark, Red. der Ztg. »Deutsche Nachrichten«.
Dez. 1945 Rückkehr in die SBZ, 3. Sekr. der KL Schwerin der KPD, März–Juni 1946 PHS in Liebenwalde, Juli–Okt. 1946 Instrukteur für Hamburg u. Schleswig-Holstein, ab Okt. 1946 3. Sekr. der KPD-Landesleitung Hamburg; Mai 1948 beim PV der KPD in Frankfurt/Main, Chefred. von »Wissen u. Tat«, Sept. 1950 nach Düsseldorf; Febr. 1951 in der DDR verhaftet u. des Trotzkismus beschuldigt, ohne Anklage bis Sept. 1953 inhaftiert, dann inoff. rehabilitiert, aber verpflichtet, in Lebensläufen für diesen Zeitraum anzugeben, »zur Disposition des ZK« gestanden zu haben, außerdem durfte er nicht in die Bundesrep. Dtl. zurück, sondern mußte mit seiner Frau in die DDR übersiedeln; Dez. 1953 Red. der »Sächs. Ztg.« in Dresden; 1955 am IfG beim ZK; 1956 vergebliche Bemühungen um off. Rehabilitierung; 1957–60 Studium an der PHS, anschl. dort Lehrer für Geschichte der Arbeiterbewegung; 1961 Prom. über »Die Spaltung Dtl.s durch die imp. Westmächte u. die dt. Großbourgeoisie. u. der Kampf der Arbeiterklasse u. der patriot. Kräfte Westdtl. für ein demokr. u. friedliebendes Dtl. (1947 bis Mitte 1949)«, Dr. phil.; 1961 Doz. an der PHS; 1970 Doz. der Bildungseinrichtung der DKP, des Franz-Mehring-Inst. (Außenstelle Berlin-Biesdorf); 1976 Ruhestand; schrieb im Auftrag des IML zusammen mit Max Spangenberg* ein Buch über das NKFD »Nord« (Manuskript verschollen); 1978 VVO in Gold, 1983 Ehrenspange zum VVO in Gold.

Drucker, Renate 11. 7. 1917
LDPD-Funktionärin
Abitur; Studium an der Philosoph. Fak. der Univ. Leipzig, 1938 als »Mischling 2. Grades« der Univ. verwiesen, 1941 wieder zum Studium zugelassen; 1944 Dr. phil.; bis 1945 arbeitslos.
Seit 1945 Mitgl. der LDPD; 1945 Sekr. des Bezirksaussch. der Rechtsanwälte u. Notare in Leipzig; Lehrauftrag an der Univ. Leipzig; seit 1950 Ltg. des Archivs der Univ. Leipzig; seit 1970 außerord. Prof. an der KMU Leipzig, Sekt. Geschichte; Mitgl. des ZV u. des BV Leipzig der LDPD; seit 1972 Mitgl. des Präsidialrates des KB; 1980 em.

Drummer, Kurt 20. 3. 1928
Fernsehkoch, Chefkoch Interhotel
Geb. in Gornsdorf (Erzgeb.), Vater Strumpfwirker, Mutter Strumpfkettlerin; 1942–44 Lehre als Koch im Hotel Chemnitzer Hof (Chemnitz), Gehilfenprüfung, Nov. 1944 – Mai 1945 RAD; Mai 1945 – Juni 1945 brit. Gefangenschaft.
Bis Ende 1945 Helfer in der Landw.; 1946–48 Koch in Auerbach, 1948 Küchenltr. im Hotel auf der Wartburg (Eisenach), 1948–55 stellv. Küchenchef u. Lehrmeister im Chemnitzer Hof, 1955 Studium am Inst. für Ernährung in Potsdam-Rehbrücke, Berufung als Küchenchef des Hotels Elephant (Weimar), Meisterprüfung als Küchenmeister, Oberreferent für Küchenorg., Aus- u. Weiterbildung von Köchen bei der HV der HO Wismut (Karl-Marx-Stadt), 1956–58 Küchenchef des Hotels Erfurter Hof (Erfurt), Vors. der Meisterprüfungskom-

mission für Küchenmeister der Bez. Gera, Erfurt, Suhl, später auch Leipzig, Dresden, Karl-Marx-Stadt, 1958–59 Küchenchef des Carola Hotels (Karl-Marx-Stadt); 1958–83 Fernsehkoch beim DFF, 650 Sendungen »Der Fernsehkoch empfiehlt«, zweimal Goldener Lorbeer des DFF; 1959–64 Küchenchef des Hotels Chemnitzer Hof (Karl-Marx-Stadt); 1961–89 SED; 1965–90 Chefkoch Interhotel; 1966/67 Ökonomiestudium an der FHS des Hotel- u. Gaststättenwesens in Leipzig, Vors. der Meisterfachkommission Küchenmeister der DDR, 1967–72 mehrfach Ltr. der DDR-Kochmannschaft bei intern. Kochkunstschauen, 1971–86 Teilnahme an intern. Kochkunstausstellungen mit zahlr. Auszeichnungen, 1986 Auszeichnung »Meisterkoch der intern. Klasse«, zweimal »Goldene 7« der Vereinigung Interhotel, 1988 Mitgl. der Jury zur Olympiade der Köche u. der intern. Kochkunstausstellung.
1990 Invalidisierung.
Publ.: Das Fernsehkochbuch. Leipzig 1961; Kochkunst aus dem Fernsehstudio. Leipzig 1968 u. 1974; Von Apfelkartoffeln bis Zwiebelkuchen. Leipzig 1982; Die besten Rezepte aus der Fernsehküche. Leipzig 1988.

Ducke, Karl-Heinz 6. 11. 1941
Katholischer Theologe, Moderator des Zentralen Runden Tisches
Geb. in Langenau (Sudetenl.); 1960 Abitur, 1961–67 Studium der Philos. u. Theol. in Erfurt u. Neuzelle; 1967 Priesterweihe in Erfurt, Vikar in Jena; 1970 Assistent für Moraltheol. u. Ethik sowie Präfekt am Regionalpriesterseminar Erfurt; 1975 Dr. theol. mit der Arbeit: »Handeln zum Heil. Eine Untersuchung zur Morallehre Hadrians VI.« (Leipzig 1976); 1975 Regens des Regionalpriesterseminars/Alumnat Erfurt; 1972–88 versch. Lehraufträge für Ethik am Regionalpriesterseminar/Studium Erfurt; 1985 Ltr. des Seelsorgeamts Erfurt u. beauftragt mit der Errichtung der Studienstelle der Berliner Bischofskonferenz; 1986 Ernennung zum Monsignore; 1988 Dir. der Studienstelle der Berliner Bischofskonferenz und Stellv. des Generalsekr. der Berliner Bischofskonferenz; 1989/90 Moderator des Zentralen Runden Tisches (dazu Veröff.: »Die Balance nach der Wende – der ›Runde Tisch‹« in: ... wie die Träumenden. Leipzig 1990; »Der ›Runde Tisch‹ in der DDR« in: Vom Soz. zum Rechtsstaat. Paderborn 1992); 1990 Beauftragter der Berliner Bischofskonferenz für die Kontakte zu Parl., Parteien u. Regierung der DDR.
Seit 1991 Pfarrer in Jena.
Publ.: Die kath. Kirche in der DDR – ihre Position im ges. Aufbruch. In: 40. Intern. Kongreß in Königstein »Aufbruch im Osten: Herausforderung für die Kirche«. Königstein 1990; Weltverantwortung. In: Denkender Glaube in Geschichte u. Gegenwart. Leipzig 1992; Sich der Vergangenheit stellen – die Gegenwart bestehen. In: Hist. Verantwortung vor der Gegenwart, Frankfurt/M. 1993.

Dudow, Slatan (Ps. von Stephan Brodwin) 30. 1. 1903–12. 7. 1963
Regisseur, Schriftsteller
Geb. in Zaribrod (Bulgarien), Vater Eisenbahnarbeiter; Gymnasium in Sofia; ab 1922 in Berlin: 1923 Reichersche HS für Dramat. Kunst, 1925–29 Studium am Theaterwiss. Inst. bei Prof. Max Hermann, Praktikum bei Leopold Jessner u. Jürgen Fehling, Regieassistent bei Fritz Lang u. Georg Wilhelm Pabst; 1926 Anschluß an die Agit.-Prop. Gruppenbew. der IAH; 1929 Studienaufenthalt in der UdSSR, Begegnung mit Sergei Eisenstein u. Wladimir Majakowski; 1929 Mitbegr. des »Theaters der Arbeiter«; 1929 Regieassistent bei Victor Blum; 1929/30 »Wie der Berliner Arbeiter wohnt«, erster Dok.-Film einer geplanten, aber verbotenen Reportageserie; 1929–32 Zusam-

menarbeit mit Brecht*, beeinflußt durch dessen ep. Theater, 1932 Spielfilm »Kuhle Wampe«; 1933 Verhaftung, 1934–46 Emigration, 1934–39 Frankreich, in Paris 1937 u. 1938 Welt-UA von Brechts »Gewehre der Frau Carrar« u. »Furcht u. Elend des Dritten Reiches«, 1939 interniert u. ausgewiesen; 1939–46 Schweiz, schrieb Komödien, 1945 Teiln. am 1. intern. Filmkongreß in Basel.
1946 Rückkehr nach Berlin, Mitbegr. der DEFA, Wiederaufnahme der Regietätigkeit, 1946–63 Regisseur u. Drehbuchautor der DEFA; soziale Probleme, die Stellung des Menschen, bes. der Frau in der Ges. sind Mittelpunkt seiner Spielfilme (1949 »Unser täglich Brot«, 1950 mit Kurt Maetzig* »Familie Benthin«, 1952 »Frauenschicksale«, 1954 »Stärker als die Nacht«, 1956 »Der Hauptmann von Köln«, 1959 »Verwirrung der Liebe«, 1963 »Christine« (blieb unvollendet); D. starb bei einem Autounfall in Berlin; 1963 Prof. (60. Geb.); 1954–63 Mitgl. der AdK der DDR.
Sek.-Lit.: Herlinghaus, Hermann: S. D. Theater u. Film. Bd. 9. Berlin 1965; Gersch, Wolfgang: Film bei Brecht. Berlin 1975; Film- u. Fernsehkunst der DDR (Hrsg. HS für Film u. Fernsehen der DDR). Berlin 1979.

Duncker, Hermann
24. 5. 1874–22. 6. 1960
Mitbegründer der KPD, Rektor der FDGB-Bundesschule
Geb. in Hamburg, Vater Kaufmann; Gymnasium; 1891–95 Konservatorium in Leipzig, 1896–1900 Studium der Philos., Nationalök. u. Geschichte an der Univ. Leipzig, 1903 Prom. zum Dr. phil. mit einer Arbeit über das mittelalterl. Dorfgewerbe; 1893 SPD, 1904–06 Ltr. des Arbeitssekr. zunächst in Leipzig, dann in Dresden, Lehrtätigkeit in SPD u. Gewerkschaft, 1912–14 Lehrer an der zentralen Parteischule; 1918 Mitbegr. des Spartakusbunds u. Mitgl. der Zentrale, Mitbegr. der KPD, bis Nov. 1919 Mitgl. ihrer Zentrale; Teilnahme an der Novemberrev.; 1920–33 Wanderlehrer, Ltr. regionaler u. zentraler Schulen der KPD, u. a. der Marxist. Arbeiterschule (MASCH); Febr. – Nov. 1933 vom NS-Regime inhaftiert; 1936–41 Exil in Dänemark, England, Frankreich u. 1941–47 in den USA, Teiln. am antifasch. Kampf.
Mai 1947 Rückkehr nach Dtl., Sept. 1947 Prof. u. Dekan der ges.-wiss. Fak. der Univ. Rostock; seit Febr. 1949 Rektor der Bundesschule des FDGB (ab 1952 HS der Dt. Gewerkschaften »Fritz Heckert«); 1954 Dr. h.c. der KMU Leipzig; seit 1955 Mitgl. des Bundesvorst. des FDGB.
Publ.: Einführungen in den Marxismus. Ausgew. Schriften u. Reden. 2 Bde. Berlin 1963.
Sek.-Lit.: Gedanken Hermann Dunckers zu Studium u. Lehre. Aus seinem lit. Nachlaß ausgew. u. zusammengestellt von A. Förster u. K. Dröll. Berlin 1964; Deutschland, H.: H. D. u. die russ. Bew. Berlin 1964; Grieb, G.; Förster, A.; Siegel, H.: H. D. Lehrer dreier Generationen. Berlin 1974.

Dünow, Hermann 6. 3. 1898–28. 9. 1973
Stellv. Leiter der Politischen Verwaltung der Dt. Volkspolizei
Geb. in Berlin, Vater Metallarbeiter; Volksschule; Lehre u. Arbeit als Klempner bis 1922 bei Siemens; 1918–20 USPD, dann KPD, 1923–26 Funktionär in Berlin-Brandenburg, u. a. Mitbegr. des RFB sowie Org. u. Ltr. des Nachrichtendienstes der KPD; journalist. Tätigkeit; 1927–33 Mitarb. des ZK (Sicherheits- u. militärpol. Arbeit); Febr. 1933 verantw. für die Sicherung der illegalen Tagung des ZK der KPD in Ziegenhals bei Berlin; Dez. 1933 verhaftet, 1935 zu lebensländl. Zuchthaus verurteilt, bis 1937 in Luckau, Plötzensee, Gollnow, anschl. bis Apr. 1945 in Brandenburg-Görden.
1945 Pressereferent im Polizeipräs. Ber-

lin, ab Juli 1946 Ltr. der Presseabt. der Dt. Verwaltung des Innern; 1947–55 Chefred. der Ztschr. »Die Volkspolizei«, 1950–52 zugl. des SED-Organs in der DVP »Unser Signal«; 1948–52 Mitarb. der HA Polit-Kultur; 1950–53 Fernstudium an der PHS; 1952–56 Stellv. des Ltr. der Pol. Verwaltung bei der HV DVP im MdI, 1956–58 Ltr. der Adjutantur des Min., Oberst der VP; 1958–63 stellv. Vors. der Sekt. Militärpol. beim Präs. der Urania; 1959 Ruhestand.

Durand-Wever, Anne-Marie
30. 10. 1889–14. 9. 1970
DFD-Vorsitzende
Geb. in Paris; Gynäkologin, prom.; 1920 aktiv in dt. Frauenvereinen; Mitbegr. des Bundes dt. Ärztinnen in Bayern; gründete 1928 die erste Eheberatungsstelle in Berlin; Ltr. der Vertrauensstelle für Verlobte u. Eheleute.
1945 Vors. des Zentralen Frauenaussch.; Vors. des vorbereitenden Komitees zur Gründung des DFD; 1947/48 Bundesvors. des DFD (später zus. mit Emmi Koenen-Damerius*); 1948/49 Ehrenvors. des DFD; allmähl. Rückzug aus dem Amt mit der Begründung Gesundheit u. Arbeitsüberlastung; 1950 Austritt aus dem DFD; 1952 Mitbegr. u. stellv. Vors. der »Dt. Ges. für bewußte Elternschaft«; Mitarb. der »Intern. Planned Parenthood Federation«; gestorben in Köln.

Dziuba, Helmut 2. 2. 1933
Filmregisseur
Geb. in Dresden, Vater Busfahrer, Mutter Verkäuferin; Volksschule, Lehre als Starkstrommonteur; Mitbegr. des pol. Kabaretts »Die Funken« beim Mitteldt. Rundfunk, Sender Dresden; 1951 ABF Leipzig, 1953 Abitur, danach Regiestudium an der Moskauer Filmhochschule WGIK bei Sergej Gerassimow u. Michail Romm; Reporter u. Sprecher bei der deutschsprachigen Red. des Moskauer Rundfunks; 1962 Regie-Diplom; 1967 bis 1990 Regisseur beim DEFA-Studio für Spielfilme; Debüt: 1969 »Mohr u. die Raben von London«, ein Kinderfilm über Karl Marx; starkes Engagement im Kinder- u. Jugendfilm, z. B. »Proletar. Trilogie«, 1977 »Rotschlipse«, 1980 »Als Unku Edes Freundin war« (nach Alex Wedding*); 1982 Heinrich-Greif-Preis; 1985 »Jan auf der Zille«; 1986 Kunstpreis der DDR; konfliktreiche Gegenwartsstoffe: 1983 »Erscheinen Pflicht« (entging nur knapp dem Verbot), 1989–91 »Verbotene Liebe«.
Erster Nach-Wende-Film: 1992 »Jana u. Jan«.

E

Ebeling, Hans-Wilhelm 15. 1. 1934
DSU-Politiker, Minister für wirtschaftliche Zusammenarbeit
Geb. in Parchim, Vater Offz., Kindheit in Greifswald; Grund- und Oberschule in Forst (Lausitz); kurzzeitig Schmelzer im Eisenhüttenkombinat Ost; 1952 bis 1954 Schlosserlehre im RAW Cottbus, 1954–57 Maschinenbaustudium an der TU Dresden; 1957–62 Studium der ev. Theol. an der KMU Leipzig; 1962–64 Vikar in Vetschau, danach bis 1976 Pfarrer in Lieberose, ab 1976 an der Thomaskirche Leipzig, dort bis Jan. 1990 Vors. des Kirchenvorst.
Dez. 1989 zus. mit Peter-Michael Diestel* Gründer der Christl.-Sozialen Partei Dtl. (CSPD) in Leipzig, Vors.; 20. 1. 1990 Mitbegr. u. Vors. der DSU als Zusam-

menschluß von zwölf Parteien; März – Okt. Abg. der Volkskammer, Apr. – Okt. Min. für wirtsch. Zusammenarbeit; 2. 7. 1990 Austritt aus der DSU.
Nach Okt. 1990 Mitarb. der Konrad-Adenauer-Stiftung, Evaluierung von Projekten in Angola u. Vietnam; 1991 Vorruhestand.

Eberle, Dieter 19. 5. 1927
Chefredakteur der Zeitung »Neue Zeit«
Geb. in Freiburg (Schlesien), Vater Zahnarzt; Oberschule, Abitur; 1944 NSDAP; 1945 Wehrmacht.
1946 CDU; 1946–50 Studium der Germanistik u. Geschichte an den Univ. Rostock u. Leipzig, Staatsexamen, 1951 Prom. zum Dr. phil. in Leipzig mit der Diss. »Publizist. Situation im Sturm u. Drang nach Klopstocks ›Dt. Gelehrtenrepublik‹«; 1951/52 Redaktionsassistent, 1952–60 Ltr. der Bezirksred. der CDU-Ztg. »Union« Leipzig; 1960–62 Abt.-Ltr. Parteipol., bis 1964 Redaktionssekr., bis 1974 stellv. Chefred. der »Neuen Zeit« (Zentralorgan der CDU); 1974 bis 1977 Chefred. von »Union« Dresden; 1977–89 Chefred. der »Neuen Zeit« (Nachf. von Hans Zillig); 1977 Mitgl. des Sekr. des Hauptvorst. der CDU; Mitgl. des Zentralvorst. des VDJ, 1982–90 Mitgl. des Präs.; 1990 Invalidenrentner.

Eberlein, Werner 9. 11. 1919
SED-Politiker
Geb. in Berlin-Neukölln, Vater Hugo E. Mitbegr. der KPD u. Funktionär; Volksschule in Mariendorf, 1928 Zehlendorf, 1929–34 Gymnasium in Neukölln; 1928 Mitgl. der KPD-Kinderorg.; 1934 Emigration in die UdSSR; 1934–37 Besuch der Karl-Liebknecht-Schule in Moskau; 1940 für acht Jahre nach Sibirien verbannt als Folge der Inhaftierung u. Verurteilung des Vaters, dort Lehre u. Tätigkeit als Elektriker in einem Sägewerk in Mogotschino.
1948 Rückkehr nach Dtl.; ab Dez. Mitarb. des PV der SED; 1951–54 PHS der KPdSU in Moskau, danach als Journalist tätig, u. a. Ltr. der Wirtschaftsred. des »Neuen Dtl.«; 1960 Mitarb. des ZK der SED, Dolmetscher für russ. Sprache; 1960–64 Mitgl. der Agitationskommission des PB; 1964–83 stellv. Ltr. der Abt. Parteiorgane beim ZK der SED, u. a. Mitgl. der Red. der Ztschr. »Neuer Weg«; 1971–81 Mitgl. der ZRK der SED; 1979 VVO in Gold, ferner KMO; 1981–89 Mitgl. des ZK der SED, 1983–89 1. Sekr. der SED-BL Magdeburg (Nachf. von Kurt Tiedke*); 1985/86 Kand., 1986–89 Mitgl. des PB des ZK der SED; 1986 – Jan. 1990 Abg. der Volkskammer.
8. 11. 1989 mit dem PB zurückgetreten, als Mitgl. des PB u. Vors. der ZPKK des ZK der SED erneut gewählt, in dieser Funktion bis Dez. 1989 tätig; seither Rentner; 1992/93 ein Jahr lang inkomplette Querschnittslähmung.
Sek.-Lit.: Huhn, K.: Ansichten. Einsichten. Aussichten. Berlin 1994.

Ebert, Friedrich 12. 9. 1894–4. 12. 1979
SED-Politiker, Oberbürgermeister von Berlin
Geb. in Bremen, Vater Sattler, führender Sozialdemokr. u. Reichspräs.; Volks- u. Mittelschule; 1909–13 Buchdruckerlehre; 1910 SAJ, 1913 SPD u. im Verb. Dt. Buchdrucker; 1915–18 Kriegsdienst; 1919–33 Red. sozialdemokr. Ztg., u. a. »Vorwärts«, »Sozialdemokr. Pressedienst«, »Brandenburg. Ztg.«; 1928–33 MdR; 1933 wegen antifasch. Tätigkeit acht Monate in versch. KZ, u. a. in Oranienburg u. Börgermoor; 1939 Wehrdienst, ab 1940 im Reichsverlagsamt beschäftigt, bis 1945 unter Polizeiaufsicht.
1945/46 Landesvors. der SPD Brandenburg, seit Apr. 1946 einer der Landesvors. der SED; 1946 Vors. der Beratenden Versammlung bzw. des Präs. des Landtags Brandenburg; seit 1946 Mitgl.

des PV bzw. ZK der SED, 1947–50 Mitgl. des Zentralsekr., seit 1949 Mitgl. des PB des ZK; 1948–67 OB von Berlin; 1948 Mitgl. des Dt. Volksrats, 1949 der Prov. Volkskammer, 1950 der Volkskammer u. ihres Präs., 1950–63 u. seit 1971 Stellv. des Präs. der Volkskammer; 1951–58 Präs. der DSF (Nachf. von Jürgen Kuczynski*); 1957–64 Präs. des Städte- u. Gemeindetags; ab 1960 Mitgl. u. ab 1971 Stellv. des Vors. des Staatsrats u. Präs. der Volkskammer; 1969 KMO, ferner VVO in Gold, Großer Stern der Völkerfreundschaft; seit 1971 Vors. der SED-Fraktion in der Volkskammer.
Publ.: Einheit der Arbeiterklasse – Unterpfand des Sieges. Ausgew. Reden u. Aufsätze. Berlin 1959.

Ebert, Karl 15. 10. 1916–12. 11. 1974
Katholischer Theologe, Weihbischof
Geb. in Würzburg; 1941 Priesterweihe in Würzburg, Kaplan in Arnstein/Lahn; Wehrdienst.
1948 Kaplan in Hammelburg (Württ.); 1950 Kuratus in Wernshausen (Thür.); 1957 Pfarrer in Wernshausen; 1959 Pfarrer in Unterwellenborn; 1968 Dekan des Dekanats Saalfeld; 1971 Bischöfl. Kommissar des Bischofs von Würzburg in Meiningen; seit 1973 Weihbischof des Apostol. Administrators in Erfurt u. Meiningen; beigesetzt in Würzburg.

Eckart, Gabriele 23. 3. 1954
Schriftstellerin
Geb. in Falkenstein (Vogtl.), aufgewachsen in Auerbach, Vater ök. Dir., Mutter kaufm. Angestellte; Abitur; zeitw. IM des MfS, Deckname »Hölderlin«; 1972–76 Studium der Philos. in Berlin; danach versch. Tätigkeiten (u. a. im Kombinat Tiefbau Berlin); Lyrikveröff., freischaff. Autorin; Abwendung von der Staatsideologie u. vom MfS, Dekonspirierung, Beginn der Verfolgungen durch das MfS (OPK »Ecke«, OV »Kontra«); versch. Arbeiten; 1979 Sonderkurs am Inst. für Lit. »Johannes R. Becher« in Leipzig; 1980 Kulturarbeit im Kooperationsverband »Havelobst« Werder, die Protokolle von Lebensläufen u. krit. Ansichten hier Beschäftigter, geplant für den Band »Havelobst« (Teile als Vorabdruck in »Sinn u. Form« 2/1984), können 1984 nur in der Bundesrep. Dtl. erscheinen; 1984 erster Übersiedlungsantrag; Lesungen in Kirchen; 1986/87 Aufenthalte in der Bundesrep. Dtl. u. den USA; 1987 Übersiedl. in die Bundesrep. Dtl., lebt seitdem ständig in den USA; Diss. über Wolfgang Hilbig*.
Publ.: Per Anhalter. Berlin 1982; So sehe ick die Sache. Protokolle aus der DDR. Köln 1984; Der Seidelstein. Berlin 1986; Wie mag ich alles was beginnt. Köln 1987; Der gute fremde Blick. Köln 1992.

Edel, Peter (eigtl. Hirschweh)
12. 7. 1921–7. 5. 1983
Schriftsteller, Grafiker
Geb. in Berlin in einer dt.-jüd. Familie, Vater Kaufmann, Mutter Schneiderin; 1935–38 Gymnasium, Abbruch wegen der nat.-soz. Rassegesetze; 1938–40 Ausbildung als Maler u. Grafiker an Grafischen Fachschulen (Privatschule Hausdorf) u. illegal u. a. bei Käthe Kollwitz; 1940 – Jan. 1943 Zwangsarbeit bei Siemens u. Halske, 1943 Verhaftung (»Schutzhaft« wegen »artfremder Kunstbetätigung«); Gefängnis, KZ-Arbeitslager Großbeeren, dann KZ Auschwitz, Sachsenhausen, Mauthausen, Ebensee; im KZ entstanden zahlr. Zeichnungen, die in der Mahn- u. Gedenkstätte Sachsenhausen u. in den Städt. Sammlungen Wien aufbewahrt werden.
Nach der Befreiung im Mai 1945 Maler, Buchillustrator, Publizist u. Schriftst. in Bad Ischl (Österreich); 1947 Publ. seines ersten Romans »Schwester der Nacht«; Anfang 1947 Rückkehr nach Berlin (West), ab 1949 Berlin (Ost); 1947–51 ständiger Mitarb. der »Weltbühne«, 1951–64 ständiger Mitarb. u. Kulturred.

der »BZ am Abend«; März 1956 SED; 1961 Heinrich-Heine-Preis (für seine journalist. u. essayist. Arbeiten); seit 1964 freischaff. Schriftst. u. Publizist, Lit.-, Theater- u. Filmkritiker; Mitgl. des Präs. des Friedensrats u. des Komitees der Antifasch. Widerstandskämpfer; bekannt wurde bes. sein Roman »Die Bilder des Zeugen Schattmann« (Berlin 1969, 1972 auch verfilmt), eine lit. Verarbeitung des Holocaust u. des Antifasch., ausgehend vom Globke-Prozeß vor dem Obersten Gericht der DDR; 1969 VVO in Gold, 1970 NP (für »Die Bilder des Zeugen Schattmann«); 1972 PEN-Zentrum DDR; 1978 Mitgl. des Vorst. des DSV; 1979 KMO; 1982 Mitgl. der ZL des Komitees der Antifasch. Widerstandskämpfer.

Publ.: Schwester der Nacht. Wien 1947; Wenn es ans Leben geht. Meine Geschichte (Autobiogr.), 2 Bde. Berlin 1979; Mitarbeit an zahlr. Dokumentationen u. pol. Broschüren, u. a. am Bildband »Sachsenhausen« (1961).

Egel, Karl Georg 8. 12. 1919–13. 2. 1995
Filmautor
Geb. in Briest (Kr. Angermünde), Vater Pfarrer; Gymnasium in Berlin; 1938–44 Medizinstudium, Dr. med.; 1944/45 Assistenzarzt; 1945/46 engl. Gefangenschaft, Lager Ascot.
Danach Journalist beim NWDR in Köln, Hamburg u. beim Bayer. Rundfunk in München; GRU-Agent; Anfang 1948 Flucht vor drohender Verhaftung wegen des Verdachts nachrichtendienstlicher Tätigkeit in die SBZ, Übersiedlung nach Berlin, SED; 1948–50 Mitarb. beim Berliner Rundfunk; 1950–53 Chefdramaturg der DEFA; Freundschaft mit Markus Wolf*; ab 1956 freischaff.; Mitarb. des »Freiheitssenders 904«; 1959 NP 2. Kl.; 1969 Mitgl. der DAK; 1985 VVO in Gold; gest. in Berlin.
Autor der Drehbücher u. a. für »Geheimakten Solvay« (R: Martin Hellberg*, UA 1953), »Genesung« (mit Paul Wiens*, R: Konrad Wolf*, UA 1956), »Das Lied der Matrosen« (mit Paul Wiens, R: Kurt Maetzig* u. Günter Reisch*, UA 1958), »Professor Mamlock« (nach Friedrich Wolf*, R: Konrad Wolf, UA 1961), »Dr. Schlüter« (R: Achim Hübner, fünfteiliger TV-Film 1965/66), »Spur der Steine« (nach Erik Neutsch*, R: Frank Beyer*, UA 1966, kam nicht in den Verleih), »Anton der Zauberer« (R: Günter Reisch, Premiere 1978).

Egemann, Hubert
29. 8. 1929–25. 7. 1992
SED-Funktionär
Geb. in Karlsgrund (Oberschles.), Vater Arbeiter; Oberschule; 1946 Umsiedlung nach Aschersleben; ab 1946 Ausbildung als Betriebsjunghelfer u. Tätigkeit bei der Dt. Reichsbahn; 1948 SED; 1950–53 Studium an der Dt. Verwaltungsakad.; 1953/54 Betriebsassistent im Min. für Eisenbahnwesen u. Abt.-Ltr. Güterverkehr im Reichsbahnamt Aschersleben; ab 1954 pol. Mitarb. des ZK der SED, 1958 Sektorenltr., 1960 stellv. Abt.-Ltr., 1962–87 Ltr. der Abt. Verkehrs- u. Verbindungswesen bzw. Transport- und Nachrichtenwesen des ZK; 1975 VVO in Gold.

Eggerath, Werner
16. 3. 1900–16. 6. 1977
Ministerpräsident von Thüringen
Geb. in Elberfeld, Vater Stukkateur; Volksschule; danach Schlosser, Bauarbeiter, Hafenarbeiter, Heizer u. Bergmann; 1919 gewerkschaftl. org.; 1924 KPD, Funktionen auf regionaler Ebene, Arbeitskorrespondent, 1932 Parteisekr. in Wuppertal; 1933/34 antifasch. Arbeit im Rhein-Ruhr-Gebiet, 1935 verhaftet u. zu 15 Jahren Zuchthaus verurteilt.
1945 Landrat des Mansfelder Seekr., 1. Sekr. der BL Thüringen der KPD; ab 1946 Abg. des Thüring. Landtags; 1946/47 Landesvors. der SED; 1947–52 Min.-

Präs. des Landes Thüringen; 1948/49 Mitgl. des Dt. Volksrats, 1949–54 Abg. der Prov. Volkskammer bzw. Volkskammer; 1952–54 Staatssekr. beim Min.-Präs. der DDR u. Ltr. der Koordinierungs- u. Kontrollstelle für die örtl. Organe; 1954–57 Botschafter in Rumänien; ab 1957 Mitgl. des Friedensrats u. dessen Präs., Mitgl. der Liga für Völkerfreundschaft; 1957–60 Staatssekr. für Kirchenfragen, Rücktritt aus gesundheitl. Gründen; seit 1961 freischaff. Schriftsteller in Berlin; 1962/63 Parteisekr. im Bezirksverb. des Dt. Schriftstellerverb.; 1965 VVO in Gold; seit Apr. 1966 Ehrensenator an der Univ. Jena.
Publ.: Nur ein Mensch. Weimar 1947; Die Stadt im Tal. Berlin 1952; Quo vadis, Germania? Berlin 1965; Die fröhliche Beichte. Berlin 1975.

Eggert, Hans 6. 1. 1946
Chefredakteur der »Berliner Zeitung«
Geb. in Dresden, Vater Arbeiter; Oberschule; 1962 FDJ; 1964–69 Studium der Germanistik u. Geschichte an der PH in Leipzig, Dipl.-Lehrer; 1968–70 CDU; 1969–77 Mitarb. der Studentenztg. »Forum«; 1973/74 Wehrdienst in der NVA; 1977 SED; 1977/78 Mitarb. in der Abt. Studenten des ZR der FDJ; 1979–83 Red. bzw. Chefred. der FDJ-Funktionärztschr. »Junge Generation« u. des »Forum«; 1983–86 stellv. Chefred. der Ztg. »Junge Welt«; ab 1986 Mitarb. im Redaktionssekr. der »Berliner Zeitung«, 1989 dort stellv. Chefred..
Ab Nov. 1989 Chefred., 1990 auch Geschäftsführer der Berliner Verlag GmbH.

Eggert, Heinz 6. 5. 1946
Evangelischer Pfarrer
Geb. in Rostock, Vater Sparkassenbeamter, Mutter Postangestellte; 1952–61 POS, anschl. Berufsausbildung zum Facharbeiter für Betrieb u. Verkehr bei der DR; 1964–66 Stellwerksmeister u. Fahrdienstltr. am Bahnhof Warnemünde; 1966–68 Grundwehrdienst bei der NVA; 1968 nach dem Truppeneinmarsch der Warschauer-Pakt-Staaten in die ČSSR demonstrativer Austritt aus der FDJ u. dem FDGB; nach Sonderreifeprüfung 1969–74 Studium der Theol. an der WPU Rostock; danach Gemeindepfarrer in Oybin (Oberlausitz) u. Studentenpfarrer an der HS für Energetik in Zittau; Aufbau der kirchl. Jugendarbeit in Oybin, zahlr. regimekrit. Predigten, massive Überwachung u. Verfolgung durch das MfS; 1989/90 Mitgl. des Neuen Forum u. Mitarbeit am lokalen Runden Tisch; Mai 1990 Wahl zum Landrat des Kr. Zittau.
Okt. 1990 CDU; Sept. 1991 Berufung durch Min.-Präs. Kurt Biedenkopf zum Staatsmin. des Innern des Freistaats Sachsen (Nachf. von Rudolf Krause), u. a. anerkannte Bemühungen zur wirksamen Bekämpfung rechtsextremist. Gewalttäter; Okt. 1992 Stellv. Parteivors. der CDU; Okt. 1993 Stellv. Landesvors. der CDU Sachsen.

Ehm, Wilhelm 30. 8. 1918
Chef der Volksmarine
Geb. in Pola (b. Triest), Vater Angehöriger der k.u.k. Marine; Volksschule; Lehre u. Arbeit als Elektriker, 1931–38 Rote Falken/SAJ, Mitgl. im Intern. Metallarbeiterverb.; 1939 Wehrmacht, Oberfunkmeister; 1945–47 sowj. Gefangenschaft, Mitgl. des Antifa-Aktivs eines Lagers.
1948 Rückkehr nach Dtl.; SED; hauptamtl. im SED-Kreisvorst. Bergen (Rügen); 1950 Seepolizei, VP-Oberkommissar, tätig im Stab u. a. auf den Gebieten Fernsprechwesen u. Gefechtsausbildung, 1953 Freg.-Kpt.; ab 1954 Ltr. der Abt. Org. u. Stellv. des Chefs des Stabs der VP-See, dann der Seestreitkräfte der NVA; 1958 als Kapitän zur See, Chef der Rückwärtigen Dienste und Stellv. des Chefs, 1959 Chef der Seestreitkräfte (Nachf. von Waldemar Verner*), Konter-

admiral; 1961–63 Seekriegsakad. der UdSSR; 1963–87 Chef der Volksmarine (Nachf. von Heinz Neukirchen*), Vizeadmiral, ab 1972 zugl. Stellv. des Min. für Nat. Verteidigung, 1977 Admiral; 1965 externes Studium an der Militärakad. Dresden; Dipl. rer. mil., 1978 Prom. mit einer Diss. zur Entw. u. Rolle der Volksmarine, Dr. phil.; 1981–89 Kand. bzw. Mitgl. des ZK der SED; 1983 KMO, ferner VVO in Gold; 1987 Ruhestand.

Ehmke, August 2. 9. 1929
Ehmke, Julius 2. 1. 1932
Jule u. Bubi
Clowns
Geb. in Düsseldorf bzw. Berlin, Vater zeitw. Betreiber einer Wanderbühne bzw. Schausteller; nach Schulabschluß beide KVP, später Offz. der Zivilverteidigung bzw. NVA; Okt. 1962 Wechsel zum Staatszirkus der DDR, Aufbau einer Clownsdarbietung (Kombination aus Akrobatik u. Sprechclownerie); Gastspiele u. a. im Fernen Osten u. in Australien; nach Ausscheiden von A. E. 1968 arbeitete J. E. mit Sohn Frank, ab 1969 freiberufl.; 1977 Sonderpreis beim Intern. Circusfestival Monte Carlo; 1989/90 Reisekabarett »Lachsack«; J. E. war bis zur Auflösung 1990 Mitglied des Komitees für Unterhaltungskunst u. stellv. Vors. von dessen Sekt. Artistik.

Ehmsen, Heinrich 9. 8. 1886–6. 5. 1964
Maler, Grafiker
Geb. in Kiel, Vater Korbflechter; Lehre als Dekorationsmaler; 1906–09 Studium an der Kunstgewerbeschule Düsseldorf (Lehrer u. a. Fritz Hellmuth Ehmcke, Peter Behrens); 1910/11 Aufenthalt in Paris, danach Übersiedlung nach München, dort Kontakte mit den Malern des »Blauen Reiters«; 1914 Soldat; 1918/19 Augenzeuge der rev. Kämpfe in München, zahlr. Werke zu dieser Thematik, u. a. Erschießung (1919), Erschießung des Matrosen Engelhofer, Triptychon (1932/33); 1929 Übersiedlung nach Berlin, Teiln. an Ausstellungen der »Novembergruppe«; 1932/33 Aufenthalt in der UdSSR, Ausstellung in Moskau, Ankäufe durch sowj. Museen; 18. 10.–18. 12. 1933 Gestapohaft im Columbiahaus in Berlin; 1934 Entfernung seiner Arbeiten aus dt. Museen; 1940–44 Kriegsdienst.
1945 Mitbegr. der HS für bildende Künste in Berlin-Charlottenburg, dort Prof. u. Stellv. des Rektors, 31. 12. 1949 wegen schriftl. Solidaritätsbekundung für den Pariser »Congrès mondial des partisans pour la paix« entlassen; 1950 DAK, Übernahme eines Meisterateliers für Malerei; 1957 Reisen nach Vietnam u. China; umfgr. Ausstellung in der DAK.
Werke: Radierungen zu Gerhart Hauptmanns »Der Narr in Christo Emanuel Quint« (1927), Meine Kinder (1922), Der Angler von Cassis (1930) u. Harlekine des Krieges (1945).
Sek.-Lit.: Kat. H. E. Das druckgraf. Werk. Burgk/Saale 1986; Kat. H. E. Maler – Lebenswerk – Protokoll. Berlin (West) 1986.

Ehrensperger, Günter 16. 5. 1931
SED-Funktionär
Geb. in Golzern (Kr. Grimma); Vater Arbeiter; Volksschule, Ausbildung als Industriekaufmann; 1946 FDJ, 1947 FDGB; 1948–53 Buchhalter u. Ltr. einer zentralen Betriebsabrechnung; Studium an der HS für Finanzwesen Potsdam-Babelsberg, Dipl.-Wirtsch.; 1956 SED; 1956 bis 1961 im Finanzmin. zunächst Ober-, dann Hauptreferent und Sektorenltr.; 1961/62 PHS; 1962–66 wiss. Mitarb. im Büro des Min.-Rats bzw. der SPK; 1966 Mitarb., später stellv. Abt.-Ltr., 1974–89 Ltr. der Abt. Planung u. Finanzen des ZK der SED (Nachf. von Erich Wappler*), 1976 Kand., 1981–89 Mitgl. des ZK; 1981–März 1990 Abg. der Volkskammer, Mitgl. des Aussch. für Industrie, Bauwesen u. Verkehr; 1981

VVO in Gold; 10. 2. 1990 Ausschluß aus der SED-PDS.

Ehrich, Kurt 26. 11. 1925
Intendant des Deutschlandsenders
Geboren in Wien; Rundfunkjournalist; SED; versch. Funktionen beim Staatl. Rundfunkkomitee, Berliner Rundfunk; 1960–67 Intendant des Deutschlandsenders (Nachf. von Heinz Geggel*) u. stellv. Vors. des Staatl. Rundfunkkomitees; 1967 Mitgl. der Westkommission beim PB des ZK der SED; seit 1969–89 1. stellv. Vors. des Staatl. Rundfunkkomitees; 1971 VVO in Silber.

Ehrlich, Franz 28. 12. 1907–28. 11. 1983
Architekt
Geb. in Leipzig; 1922–26 Ausbildung als Maschinenschlosser u. Maschinenbauing.; 1927–30 Studium am Bauhaus Dessau; 1930 KPD; 1931 Ausstellungsgestaltung für das Bauhaus Dessau, Bekanntschaft mit El Lissitzky, Mitarb. im Atelier Gropius, Poelzig u. Mies van der Rohe; 1932 Mitbegr. des Gestalterateliers »Studio Z« in Berlin (gemeinsam mit Heinz Loew, Fritz Winter u. Naum Gabo); 1933/34 freischaff. in Leipzig u. künstler. Ltr. im Verlag Otto Beyer; 1934 Verhaftung, 1935 Verurteilung wegen »Vorbereitung zum Hochverrat«, 1935/36 Zuchthaus Zwickau, 1937–39 KZ Buchenwald, 1940–43 arbeitsverpflichtet in Berlin; 1943–45 Strafbat. 999, Gefangenschaft.
1946/47 Architekt u. Ltr. des Referats für Wiederaufbau in Dresden; 1948–50 freischaff. Architekt in Dresden, Arbeit für die Dt. Werkstätten Hellerau u. das Messeamt Leipzig; 1950–52 Techn. Dir. der VVB Industrieentwurf Berlin, 1951 Aufbau-Ltr. des Rundfunkzentrums in der Berliner Nalepastr., 1953–60 Beauftragter des Staatl. Rundfunkkomitees, 1953 Teilprojektierung des Fernsehzentrums in Berlin-Adlershof; 1956 Entwurf der ersten komplettierungsfähigen Einzelmöbelserie für die Dt. Werkstätten Hellerau; 1955–58 Architekt des Min. für Außenwirtschaft, ab 1957 ltd. Architekt des Forschungsrats der DDR; 1957 Gestaltungskonzept des Clubs der Kulturschaffenden Berlin; 1959–62 Architekt der Forschungsgemeinschaft der AdW; Projektierung von Botschaften u. Handelsvertretungen der DDR, 1963–66 Chefarchitekt des Leipziger Messeamtes, 1968–72 Hausarchitekt des VEB Dt. Werkstätten Hellerau.

Eiben, Reinhard 4. 12. 1951
Leistungssportler (Kanu)
Geb. in Crossen (Sa.); zunächst Fußballer, dann Training im Kanu-Slalom bei der BSG Aufbau Zwickau, ab 1968 beim SC DHfK Leipzig (Trainer: Siegfried Seidemann); Berufsausbildung zum Industrieschmied; 1972 Olympiasieger u. 1973 WM im C 1; Studium an der FS für Verkehrstechnik in Dresden.
Nach 1989 Übersiedlung nach Westfalen.

Eichler, Heinz 14. 11. 1927
Sekretär des Staatsrats
Geb. in Leipzig; Vater Arbeiter; Volksschule; 1942–44 kaufm. Lehre; 1944 NSDAP.
1945 Mitarb. beim Rat des Kr. Oschatz; 1945 KPD; Mitgl. des Antifasch. Kreisjugendaussch.; 1946 FDJ u. SED; Besuch der Bezirks-PS u. Landes-PS der SED; 1946–48 Mitgl. des Kreisvorst. Oschatz der SED; 1946/47 Besuch der ABF; 1947–50 Studium an der Univ. Leipzig, Dipl.-Wirtsch.; 1946–50 Mitgl. der GO-Ltg. der ABF u. der Fakultätsparteiltg. der SED; 1950 Hauptsachbearb. im Min. des Innern; 1950–56 Referent u. Abt.-Ltr. in der Regierungskanzlei, im Sekr. des 1. Stellv. des Vors. des Min.-Rats; 1950–53 Mitgl. der GO-Ltg. der SED der Regierungskanzlei; 1953–56 Sekr. der GO des Büros des Präs. des Min.-Rats; 1956–60 Aspirant an der Akad. für Ges.-Wiss. beim ZK der

KPdSU in Moskau; 1960–71 persönl. Referent des Vors. des Staatsrats der DDR; 1971 Abg. der Volkskammer u. Sekr. des Staatsrats der DDR (Nachf. von Otto Gotsche*), Mitgl. des Präs. der Volkskammer; 1977 VVO in Gold.

Eichler, Klaus 11. 10. 1939
Präsident des Dt. Turn- und Sportbunds
Geb. in Halle, Vater Techniker; nach dem Volksschulabschluß 1954–57 Berufsausbildung zum Chemiefacharbeiter im VEB Elektrochem. Werke Ammendorf; 1962 SED; 1962–64 1. Sekr. der FDJ-KL Leuna-Werke »Walter Ulbricht«; zugl. Studium an der Ing.-Schule in Köthen, 1964 Abschluß als Chemie-Ing.; 1965–74 1. Sekr. der FDJ-BL Frankfurt/Oder, 1965–67 u. 1974–84 Mitgl. des Büros des FDJ-ZR; 1970/71 Lehrgang an der PHS der SED »Karl Marx«; 1974–84 Generaldir. des FDJ-Reisebüros »Jugendtourist«; 1982 VVO; 1984–86 Vizepräs., dann 1. Vizepräs. des DTSB u. glz. Mitgl. des NOK; 1988–90 Präs. des DTSB (Nachf. von Manfred Ewald*) u. Mitgl. des Präs. des NOK.
1990 Geschäftsführer eines Reisebüros.

Eik, Jan (Ps. von Helmut Eikermann) 16. 8. 1940
Schriftsteller
Geb. in Berlin; Oberschule, 1958 Abitur; danach bis 1987 techn. Assistent, Studioassistent u. Dipl.-Ing. bei »Studiotechnik Rundfunk« der Dt. Post; 1964–69 Fernstudium in Mittweida, Ing. für elektron. Anlagen; 1971–75 Fernstudium in Berlin u. Dresden, 1976 Dipl.-Ing. für Informationstechnik; seit 1988 freischaff. Schriftst., 1990 »Handschellenpreis« der »Sekt. Kriminallit.« des SV für den besten Kriminalroman des Jahres 1989, (Preis nur ein einziges Mal vergeben).
Schrieb Kinderhörspiele, Funkfeatures, über 20 Kriminalhörspiele, Szenarien für die Fernsehreihe »Der Staatsanwalt hat das Wort«, u. a. »Gefährliche Freundschaft«, UA 1989, Komödie »Freitagabend oder Ehe der Spaß ein Ende hat« (UA 1984 am Rostocker Volkstheater) u. Kriminalromane; nutzte das Krimi-Genre zur iron.-krit. Darstellung des DDR-Alltags: »Poesie ist kein Beweis« 1986, »Der siebente Winter« 1989, »Dann eben Mord« 1990, »Wer nicht stirbt zur rechten Zeit« 1991.
Publ.: Besondere Vorkommnisse. Politische Affairen und Attentate. Berlin 1995.

Eicken, Carl von 31. 12. 1873–29. 6. 1960
HNO-Arzt
Geb. in Mülheim/Ruhr, Vater Tabakwarenfabrikant; Gymnasium in Hamburg, 1893–99 Medizinstudium in Kiel, Genf, München, Berlin u. Heidelberg, dort 1899 Prom.; 1898 Militärdienst, Militärarzt d. R., 1910 Stabsarzt d. R., Teilnahme am 1. Weltkrieg; 1899–1901 Assistent an der Chirurg. Klinik Heidelberg, 1901–09 an der Laryngolog.-rhinolog. Univ.-Klinik Freiburg i. B., dort 1903 Habil. über Untersuchungsmethoden der oberen Luft- u. Speisewege (bei Gustav Killian) u. Privatdoz., 1909 Prof., 1910 Extraordinarius in Gießen, 1911 Ordinarius, 1914 Dekan, 1920/21 Rektor; 1922–50 Ordinarius für HNO-Heilkunde in Berlin, 1931 Mitgl. des preuß. Landesgesundheitsrats, 1933–38 Vors. der Berliner med. Ges.; im 2. Weltkrieg ab 1944 beratender Otologe der Wehrmacht, Generalarzt d. R., Mitgl. des Wiss. Senats des Heeressanitätswesens.
Bis Nov. 1945 amt. Dekan der Med. Fak. der Berliner Univ., Anhörung vor einem US-Untersuchungsaussch. wegen HNO-ärztl. Behandlungen Hitlers; 1946 Bestätigung als HS-Lehrer an der HU Berlin durch die SMAD, Mitinitiator der Wiederherstellung des Univ.-Betriebs; Mitgl. der Leopoldina; 1948 Wiedergründung einer Otolaryngolog. Ges. an der HU Berlin; 1949 Ord. Mitgl. der DAW; 1950 auf eigenen Wunsch em.; lebte bis 1960 in Berlin-Dahlem; wiss. u.

klin. Arbeitsgebiete: Verbesserung endoskopischer Techniken, operative Fremdkörperentfernung aus dem Broncho-Trachealbereich, Chirurgie der Tränenwege u. Nebenhöhlen.
Sek.-Lit.: Nischwitz, Anne: C. v. E. u. sein Einfluß auf die Entwicklung der Hals-Nasen-Ohrenheilkunde an der Charité zu Berlin. Med. Diss. HU Berlin 1992.

Eigenfeld, Katrin 13. 11. 1946
Bürgerrechtlerin
Geb. in Halle, aufgewachsen in der Altmark, Vater Pfarrer, Mutter Sekretärin; POS; bis 1967 Ausbildung zur Präparatorin, anschl. bis 1970 Qualifizierung zur Bibliotheksfacharbeiterin an der MLU Halle, danach bis Mai 1990 in diesem Beruf tätig; 1980 Mitgl. der Ltg. der ev. Kirchengemeinde Halle-Neustadt, Mitarb. in der »Offenen Jugendarbeit«, Initiatorin von u. Teiln. an pol. Hauskreis- u. Gruppenarbeit, Friedensgottesdiensten, Friedensdekaden, Jugendwerkstätten, Rüstzeiten; 1982 Unterschriftensammlung für den »Berliner Appell« von Rainer Eppelmann* u. Robert Havemann*; Teiln. an der Fahrradsternfahrt zum Weltumwelttag 1983 nach Buna; Herbst 1983 drei Monate U-Haft beim MfS nach der Vorbereitung eines Gottesdienstes zum Weltfriedenstag (§ 106 StGB: staatsfeindl. Hetze), Entlassung nach Protesten von Martin Niemöller, Altbischof Kurt Scharf* u. a.; seit 1983 Mitarb. in der Gruppe »Frauen für den Frieden«, Auslandsreiseverbot, wiederholt Berlin-Verbot, seit 1986 Mitarb. in der Initiative Frieden u. Menschenrechte, Teiln. an den Menschenrechtsseminaren 1986 in Berlin u. Magdeburg, Delegierte der jährl. Treffen des Netzwerks »Frieden konkret«, Mitarb. bei den Samisdat-Ztschr. »grenzfall« (1986/87), »Artikel 27« (1987) u. »Blattwerk« (1988); Sept. 1989 Teiln. an der illegalen Gründungsveranstaltung des Neuen Forum (NF) in Grünheide, Gründerin des NF Halle/Saale (zus. mit Frank Eigenfeld), Mitgl. des NF-Stadtsprecherrats; seit Mai 1990 Mitgl. der Fraktion Bündnis 90/Grüne in der Stadtverordnetenvers. Halle; seit Juni 1990 Mitarb. im Unabhängigen Umweltinst.

Eikemeier, Fritz 28. 3. 1908–4. 8. 1985
Präsident der Volkspolizei von Berlin
Geb. in Groß-Oldenburg (Kr. Hameln), Vater Glasmacher; Volksschule, Hilfsarbeiter; 1930 KPD; 1933 Emigration nach Holland u. Belgien; 1936–39 Interbrigadist in Spanien, Offz.; 1940 in Bordeaux von der Gestapo verhaftet, in das KZ Oranienburg eingeliefert, im Mai 1945 befreit.
Seit Juni 1945 Polizeiangehöriger, Reviervorst. in Berlin-Friedenau, 1945/46 Ltr. der Inspektion Berlin-Friedrichshain; 1946 SED; 1947/48 Ltr. der Personalabt. bzw. Vizekdr. der Schutzpolizei im Berliner Polizeipräs.; 1949–53 Chef der Landespolizeibeh. Brandenburg bzw. der Bezirksbehörde Potsdam, Chefinspekteur; 1953–64 VP-Präs. von Berlin, Gen.-Major; 1954–64 Abg. der Berliner Stadtverordnetenvers. u. Mitgl. der SED-BL; Aug. 1961 Mitgl. des Stabs des Nat. Verteidigungsrats zur Schließung der Staatsgrenze in Berlin; 1964 Ruhestand.

Einicke, Ludwig 12. 8. 1904–11. 10. 1975
Direktor des IML
Geb. in Nordhausen, Vater Angestellter; 1920 KJVD, 1924 KPD; 1932–34 Intern. Lenin-Schule in Moskau; 1934 – Jan. 1935 illegale Arbeit als Oberberater des ZK des KJVD in den Bez. Berlin u. Hamburg; 1935–45 Zuchthaus u. KZ.
1948–50 Ministerialdir. im Min. für Volksbildung in Sachsen-Anhalt; 1950 bis 1953 Fernstudium an der PHS der SED; 1953–62 Dir. des IML; 1962–69 stellv. Generaldir. der Dt. Staatsbibliothek; Mitgl. des Präs. u. Sekr. der Zen-

tralltg. des Komitees der Antifasch. Widerstandskämpfer; 1964 VVO in Gold; 1969 KMO, Ruhestand; 1969–75 pol. Mitarb. im Antifa-Komitee; 1972–75 Red. bzw. Chefred. der Ztschr. »Bulletin« bzw. »Der Antifasch. Widerstandskämpfer«.

Eisenkolb, Friedrich
5. 1. 1901–29. 9. 1967
Metallurge
Geb. in Warnsdorf (Böhmen), Vater Finanzwachangesteller; 1919 Abitur, 1919–23 Studium der Chemie u. Metallurgie an der Dt. TH Prag, Dipl., 1924 Prom. am dortigen Physikal.-Chem. Inst. zur Passivität des Nickels; 1924–31 Ltr. der Stoffwirtschaftsstelle des Chem. Labors u. der Techn. Versuchsanstalt des Werks Rothau der Eisenwerke AG; 1928 zweite Diss. über das Beizen von Feinblechen, 1937 Habil. an der Dt. TH Prag, später dort Lehrtätigkeit; ab 1931 Ltr. der Qualitätsstelle u. der Forschungs- u. Versuchsanstalt der Blechwerke AG Karlshütte in Leskovec; 1939 Ltr. der Forschungs- u. Versuchsanstalt bei den Eisen- u. Hüttenwerken Thale (Harz), dort Forschungsarbeiten zu Stahlgewinnung u. -verarbeitung sowie Pulvermetallurgie; 1940 NSDAP.
1949 ord. Prof. an der TH Dresden, Lehrstuhl für Werkstoffkunde, Ltr. des 1951 errichteten Forschungsinst. für metall. Spezialwerkstoffe; 1953 Ord. Mitgl. der DAW; 1959 NP.
Beiträge zur Entw. der Werkstoffkunde als eigenständigem Wissens- u. Lehrgebiet.
Publ.: Fortschritte der Pulvermetallurgie. Berlin 1963; Einführung in die Werkstoffkunde. Berlin 1957–65.

Eisentraut, Wolf-Rüdiger 1. 12. 1943
Architekt
Geb. in Chemnitz; Vater Architekt; 1962 Abitur, 1962/63 Maurerlehre; 1963–68 Architekturstudium an der TU Dresden, Dipl.-Ing.; 1968–73 Wiss. Mitarb. an der DBA, Mitarb. an Entwürfen in der Expertengruppe von Prof. Hermann Henselmann*; 1973–76 Mitarb. in der Konzeptionsgruppe beim Generalprojektanten für den Palast der Rep., später verantw. Architekt für dessen Mittelteil (Foyers, Theater, Pausenrestaurant); 1976–80 Abt.-Ltr. Entwurf im Bau- u. Montagekombinat Ingenieurhochbau Berlin; projektiert in Berlin u. a. unterschiedliche Industriegebäude, Körperbehindertenschule, Kino »Sojus« u. Kaufhaus am Springpfuhl; 1981–88 Bereichsltr. Entwurf u. Komplexarchitektur im gleichen Betrieb, Ltr. des Projektierungskollektivs u. Autor u. a. für Bauten in Hohenschönhausen (Handelshaus u. Bibl.), in Lichtenberg (Gaststätte »Seeterrassen«), in Marzahn (neben Gaststätten »Brunnenschänke« u. »Ahrensfelder Krug« städtebaul. Konzepte für das Hauptzentrum mit Bahnhof, zwei Warenhäuser, Dienstleistungshaus, Galerie, Kulturhaus u. Schwimmhalle, Rathaus, Ringkolonnaden sowie Bank- u. Versicherungsgebäude); entw. ein alternatives Projektierungsprinzip als Kritik an starren Typen- u. Wiederverwendungsprojekten, unternimmt damit gemeinsam mit Architekten wie Michael Kny u. Thomas Weber erfolgreich den Versuch, aus der beschränkten Produktpalette der Bauindustrie individuell konzipierte Gebäude zu errichten; 1984 Dr.-Ing.; 1986 Prof., Lehrgebiet Gebäudelehre u. Entwerfen Gesellschaftsbau an der TU Dresden; 1989 Dr. sc. techn.
1990 Präs. des BdA; 1991 eigenes Architektenbüro, Beteiligung an Wettbewerben u. Gutachten (u. a. zur Weiterentw. von Marzahn).

Eisler, Gerhart 20. 2. 1897–21. 3. 1968
Vorsitzender des Staatlichen Rundfunkkomitees
Geb. in Leipzig, Vater Philosophieprof. Rudolf E., Bruder Hanns E.*, Schwester

Elfriede E. (Ruth Fischer); ab 1901 in Wien, Volksschule, Gymnasium; 1914–18 Kriegsdienst in der k.u.k. Armee, Ltn.; 1918 KPÖ; 1918–21 Journalist u. Sekr. der Ztschr. »Kommunismus« (Organ ungar. Emigranten) in Österreich; Ende 1920 nach Berlin als Sekr. der Ztschr. »Die Intern.«; 1921 KPD; 1921/22 Red. »Rote Fahne«; 1923/24 Oberbez.-Ltr. der KPD für Mitteldtl.; 1924–27 Mitgl. der KPD-BL Berlin (Deckn. Gerhart, Hans Berger), Mitarb. der sowj. Nachrichtendienste GRU u. OGPU; ab 1926 Mitarb. im zentralen Parteiapparat, Abt. Information; 1926–29 Kand. des ZK der KPD; gehörte 1927–29 zur Gruppe der »Versöhnler«; 1929 zur KI nach Moskau, 1929–31 Beauftragter der KI in China; 1931–33 Tätigkeit im angloamerik. Sekr. der KI in Moskau; 1933–35 Vertreter der KI in den USA; ab 1935 Mitarb. der KPD-Auslandsltg. in Prag, Paris u. Spanien; übernahm nach Auflösung des KPD-Abwehrapparats, speziell der Nachrichtenstelle Paris, teilw. Quellen u. Verbindungen; 1937–39 Ltr. des illegalen Senders 29,8 in Spanien; Aug. 1939 Verhaftung in Paris, 1939–41 im frz. Internierungslager Le Vernet, Apr. 1941 Lager »Le miles« bei Marseille; Mai 1941 Ausreisevisum nach Mexiko, Reise über Trinidad nach New York, nach Ankunft Internierung auf Ellis Island; 1941 Exil in den USA, Mitarb. der Parteipresse der KP der USA, Ltr. der GRU-Residentur in New York; 1941–46 Chefred. des »German American«; wegen illegaler Arbeit mehrmals verurteilt; 1948 in Abwesenheit zum Prof. an die Univ. Leipzig berufen; kurz vor Abreise Verhaftung; vor drohender Verurteilung wegen Spionage im Mai 1949 auf dem poln. Dampfer »Batory« Flucht aus den USA, Rückkehr über London nach Berlin.

Juni 1949 Ankunft in Berlin, SED; Mitarb. des PV der SED, Vors. der Kommission für Massenagitation, Ltr. der Kommission zur Koordinierung der Koalition; 1949/50 Mitgl. des PV der SED u. Mitgl. der Volkskammer; organisierte im Herbst 1949 zus. mit Hermann Axen* das Amt für Information bei der Reg., ab Okt. 1949 dessen Ltr.; Feb. 1951 öffentl. Selbstkritik wegen seines parteipol. Verhaltens Ende der 20er Jahre; Dez. 1952 Auflösung des Amts für Information; 1953 Funktionsverbot u. Einleitung einer Parteiuntersuchung ohne Angaben von Gründen (Verdacht auf Agententätigkeit); 1953–55 freischaff. Journalist; Nov. 1955 Aufhebung des Funktionsverbots u. Einstellung des Untersuchungsverfahrens; 1956–62 stellv. Vors. des Staatl. Rundfunkkomitees; 1962 KMO; Vors. des Staatl. Rundfunkkomitees (Nachf. von Hermann Ley); 1963 Dr. h.c. (KMU Leipzig), 1964 VVO in Gold; seit 1967 Mitgl. des ZK der SED, Mitgl. der Agitationskommission beim PB; 1968 stellv. Vors. des VDJ u. Präs. der Organ. Internationale de Radiodiffusion et Télévision (OIRT); gest. auf einer Reise in Jerewan (Armenien).

Publ.: The Lesson of Germany (Mitverf.). New York 1945; Auf der Hauptstraße der Weltgeschichte – Artikel, Reden u. Kommentare 1956–68. Berlin 1981.

Eisler, Hanns (eigtl. Johannes)
6.7.1898–6.9.1962
Komponist

Geb. in Leipzig, Vater Philosoph, Bruder Gerhart E.*; Gymnasium in Wien; 1916–18 Soldat der k.u.k. Armee; 1919 Studium am Wiener Konservatorium, 1919–23 priv. bei Arnold Schönberg; 1925 nach Berlin; Klavierlehrer, daneben Kompositionen für Arbeiterchöre, ab 1927 auch für Bühne u. Film, Aufführungen auf Festen der Intern. Ges. für Neue Musik u. in Donaueschingen; 1926 KPD; 1933 Emigration über Österreich, Dänemark 1938 in die USA, New York, ab 1942 Hollywood; 1948 Ausweisung aus den USA, Rückkehr nach Wien.

1949 Berlin; 1950 Gründungsmitgl. der DAK, Meisterklasse für Komposition;

1950 Prof. an der HS für Musik Berlin; 1950 u. 1958 NP 1. Kl.; 1962 Präs. des Musikrats der DDR; komponierte die Nationalhymne der DDR, viele pol. Massenlieder, u. a. »Einheitsfrontlied«, »Solidaritätslied« (Text: Bertolt Brecht*), Filmmusiken, u. a. »Kuhle Wampe« (1932), »Der Rat der Götter« (1950), »Die Hexen von Salem«, über 40 Bühnenmusiken bes. zu Stücken von Brecht, u. a. »Die Rundköpfe u. die Spitzköpfe«, »Furcht u. Elend des Dritten Reiches«, schrieb das Libretto für die Oper »Johann Faustus«.

Publ.: Komposition für den Film. Berlin 1949; Reden u. Aufsätze (hrsg. von W. Höntsch). Leipzig 1961; Gesammelte Werke (hrsg. von S. Eisler u. M. Grabs). Leipzig 1968 ff.

Sek.-Lit.: Klemm, E.: H. E. Für Sie porträtiert. Leipzig 1977; Betz, A.: H. E. Musik seiner Zeit. München 1976.

Eisler, Hilde, geb. Rothstein 28. 1. 1912
Chefredakteurin der Zeitschrift »Magazin«
Geb. in Tarnopol (Galizien) in einer jüd. Familie, Vater Kaufmann; ab 1914 in Frankfurt/Main aufgewachsen; Lyzeum; 1929/30 Ausbildung als Buchhändlerin; 1930–34 Mitarb. im Marx-Engels-Verlag Berlin; 1931 KPD; 1934 vom ZK nach Basel gerufen zur Mitarbeit an antifasch. Tarnbroschüren, Kuriertätigkeit; 1935 Verhaftung in Dtl., Hochverratsprozeß, ein Jahr Gefängnis; nach Verbüßung 1936 Ausweisung nach Polen; 1937 über Prag nach Paris; im span. Bürgerkrieg für den antifasch. Sender 29,8 tätig; 1941 auf dem Weg in die Emigration nach Mexiko in den USA festgehalten, hier u. a. Fabrikarbeiterin, Angestellte im Büro der jugoslaw. Kriegshilfe, Mitarb. im Büro der Konfektionsarbeitergewerkschaft; 1942 Heirat mit Gerhart Eisler*, Tätigkeit im Komitee gegen seine Verfolgung; 1949 in New York nach der Flucht ihres Mannes verhaftet, nach Protesten Genehmigung zur Ausreise aus den USA.
1949 Rückkehr nach Berlin; SED; Mitgl. des Verteidigungskomitees für die Opfer der amerik. Reaktion; Mitarb. der Ztg. »Friedenspost«, 1953 Übersetzerin, Mitbegr. der Ztg. »Wochenpost«; 1954 stellv. Chefred., 1955–76 Chefred. des »Magazin«; ab 1961 stellv. Vors. des VDJ; 1976 Rentnerin; 1977 VVO in Gold; lebt in Berlin.

Sek.-Lit.: Biogr. Interview in: Engelhardt, Manfred: Deutsche Lebensläufe. Berlin 1991.

Elmer, Konrad 9. 2. 1949
Mitbegründer der SDP
Geb. in Bad Berka (Kr. Weimar), Vater Forstmeister u. Naturschutzbeauftragter; 1961 wurde die Familie von Sülzhayn (Südharz) aus dem Grenzgebiet nach Bleicherode zwangsumgesiedelt; EOS, 1967 Abitur u. Facharbeiterabschluß als Gärtner; 1967 Biologiestudium an der MLU Halle; Wehrdienstverweigerung; 1968–73 Studium der Theol. an der MLU Halle-Wittenberg; 1976 Kreisjugendpfarrer in Aschersleben; 1982 Prom. zum Häresieverständis bei Karl Barth an der MLU, Dr. theol.; 1982–89 Studentenpfarrer in Berlin; 1989 Doz. für Philos. u. Theol. am Paulinum Berlin; 7. 10. 1989 Gründungsmitgl. der SDP in Schwante (b. Oranienburg), Ltr. der Gründungsvers., Vorstandsmitgl.; 5. 11. Mitbegr. des Berliner Bezirksverb.; Febr. 1990 Mitgl. des PV der SPD (DDR), Ltr. der Statutenkommission zur Vereinigung beider sozialdemokr. Parteien im Sept. 1990; März – Okt. Abg. der Volkskammer, Vors. des Aussch. für Bildung u. Wiss.; Mitgl. des Kuratoriums der Dt. Gesellschaft.
Okt. 1990 Abg. des Dt. Bundestags.

Elsner, Bernhard 30. 1. 1927
Kommandeur des MfS-Wachregiments
Geb. in Königsberg (Ostpr.), Vater Kut-

scher, Volksschule; 1941–44 Lehre als Maschinenschlosser; 1944 RAD, dann Wehrmachtsfreiwilliger.
1945–49 sowj. Gefangenschaft; 1949 Einstellung bei der VP; 1950 SED; 1951 Einstellung beim MfS, Wachbat. Adlershof (später Wachregt. »Feliks Dzierzynski«); 1952 Kompaniechef; 1957 Stabschef des I. Bat.; 1958/59 Vorbereitungslehrgang, dann Studium am Militärinst. in Moskau; 1959 Stabschef des I. Kdo.; 1960 Offz. für militär.-wiss. Arbeit im Regimentsstab I; 1961 1. Stellv. des Kdr. des Wachregt.; 1962 Stabschef; 1965/66 Freistellung für die Vorbereitung u. den Besuch der Militärakad. »Friedrich Engels« der NVA, Dipl.-Mil.-Wiss.; 1972 Kdr. des Wachregt.; 1976 Gen.-Major; 1987 Versetzung zur HA Kader u. Schulung, Ltr. des Bereichs Schulung; 1990 Entlassung.

Elten, Max 8. 6. 1905–2. 9. 1982
Bühnenbildner, Maler
Geb. in Oberdollendorf/Rhein, Vater Dr. rer. nat., Chemiekaufmann; 1925 Besuch der Folkwang-Handwerkerschule Essen, 1927–30 Studium an der Kunstakad. in Königsberg, an der TH München, am Werklehrerseminar in Halle; 1933 Staatsexamen an der Kunst-HS Berlin für das künstler. Lehramt an Höheren Schulen; 1. Preis beim Bühnenbildwettbewerb der Oper Königsberg, anschl. dort 1934 Ausstattung versch. Opern; 1934 Probejahr in den Ausstattungswerkstätten der Leipziger Oper, 1936 dort Berufung zum Ausstattungsltr.; seit 1934 Beschäftigung vor allem mit Mozart u. Wagner, im Schauspiel mit Shakespeare; 1944/45 Kriegsdienst u. engl. Gefangenschaft.
Juli 1945 Wiederaufnahme der Tätigkeit an der Behelfsspielstätte für die zerstörte Leipziger Oper in Leipzig-Lindenau, Zusammenarbeit mit Mary Wigman (1947 »Orpheus u. Eurydike«); 1948 Berufung zum Chefbühnenbildner durch die Kulturabt. der SMA Sachsen, 1952 Bestätigung durch das Kulturamt Leipzig; 1959–76 Zusammenarbeit mit Joachim Herz* (Wagner »Ring des Nibelungen«); 1970 em.; bis 1982 ausschließl. als Maler tätig, versch. Ausstellungen, 1982 in Frankenhausen, 1983 in Leipzig, 1988 in der Royal Shakespeare Company London; Ausstattung zahlr. UA u. dt. Erstaufführungen, u. a.: »Carmina burana« von Carl Orff (1943), »Plautus im Nonnenkloster« von Max Butting* (1959).
Sek.-Lit.: Renk, A.: Wirklichkeit in durchsichtigem Licht. In: Mitteilungen der AdK, 1/1990.

Emons, Hans-Heinz 1. 6. 1930
Rektor der Bergakademie Freiberg, Bildungsminister
Geb. in Herford (Westfalen); 1948 Abitur; 1949 SED; 1949–54 Chemiestudium an der TH Dresden, 1954 Dipl., Assistent, 1957 Prom.; 1959 Oberassistent an der TH für Chemie Leuna-Merseburg (THC), 1962 Habil., Doz. für anorgan. Chemie; 1963/64 Betriebsltr. im VEB Kali-Kombinat Werra; 1964 Dir. des Inst. für Chemie u. Technol. der Mineralsalze an der THC, 1965 Prof. für anorgan.-techn. Chemie; 1966–68 Dekan der chem. Fak., 1968–75 Rektor der THC Leuna-Merseburg; 1969–79 Mitgl. der SED-BL Halle; 1970 NP; Korr. Mitgl., 1973 Ord. Mitgl. der AdW; 1975 Mitgl. des wiss. Beirats für Chemie beim Min. für Hoch- u. Fachschulwesen; 1975 Prof. an der Bergakad. Freiberg; 1979 Mitgl. der Sächs. AdW; Mitgl. der Pugwash-Gruppe der DDR, des Forschungsrats u. des IUPAC-Nat.-Komitees; 1982–88 Rektor der Bergakad. Freiberg; 1984 Dr. mont. e.h. (Univ. Loeben), 1985 Mitgl. der Königl.-Norweg. Wissenschaftsakad. Trondheim, 1987 auswärtiges Mitgl. der Norweg. AdW; 1988 Vizepräs. der AdW; Nov. 1989 – März 1990 Min. für Bildung.
Hauptarbeitsgebiete: Struktur u. Eigen-

schaften geschmolzener Salze u. deren techn. Anwendung; Kristallisationsvorgänge, bes. im Zusammenhang mit der Technol. der Mineralsalze; Zusammenhänge zwischen Herstellungsbedingungen magnet. u. elektroakust. Tonträger u. deren Eigenschaften; Mitverf. u. a. von: Lehrbuch der techn. Chemie. 1974; Techn. anorgan. Chemie. 1978; Abproduktarme u. abproduktfreie Technol. 1987; rund 280 Publ. in Ztschr.; 30 Patente.

Ende, Lex (eigtl. Adolf Ende; Ps. u.a. Lex Breuer, Philippe Gautier, Alexander Boeheim) 6. 4. 1899–15. 1. 1951
Journalist, Chefredakteur des »Neuen Deutschland«
Geb. in Bad Kissingen als Sohn eines Kunsthändlers; 1918 USPD, 1919 KPD, red. Arbeit in der Parteipresse der KPD; 1924–28 Chefred. des »Ruhrecho« in Essen u. Mitgl. der KPD-BL Ruhrgebiet, ab Jan. 1928 deren Pol. Ltr.; 1928–30 MdR für die KPD; 1933 Illegalität im Saargebiet; 1934 Emigration nach Frankreich, Red. der »Dt. Volksztg.«, Paris, Mitgl. der Emigrationsltg. in Frankreich, 1939 Internierung in Collombe u. Marolle, 1940 Flucht nach Marseille, Mitgl. der Toulouser KPD-Ltg. u. deren Beauftragter für Auswanderungsangelegenheiten in Marseille, Mitgl. der Union des Émigrés Allemands Anti-Nazis, Mitarb. bei »Freies Dtl.«, Mexiko (Ps. Alexander Boeheim).
Herbst 1945 illegale Rückkehr nach Dtl. über Hannover nach Berlin; Okt. 1945–Juli 1946 Red. des »Freien Bauern« für die SBZ; 1946–49 zus. mit Max Nier Chefred. des »Neuen Dtl.« (ND) u. Chefred. der satir. Ztschr. »Frischer Wind«, nach Eklat mit W. Ulbricht* übernahm E. im Herbst 1949 die Ltg. der »Friedenspost« (Organ der DSF); 24. 8. 1950 Ausschluß aus der Partei durch ZK-Beschluß zur Noel-Field-Affäre, Verbannung in den Bergbau (SAG Wismut) nach Freiberg, Betrieb Muldenhütten; 15. 1. 1951 Selbstmord in Muldenhütten (Kr. Freiberg).
13. 12. 1989 Rehabilitierung auf Beschluß der ZPKK der SED.

Ender, Kornelia, verh. Grummt
25. 10. 1958
Leistungssportlerin (Schwimmen)
Geb. in Plauen, Mutter Krankenschwester, Vater Offz. der NVA; 1966 Beginn der sportl. Laufbahn in Bitterfeld, 1968–77 Besuch der KJS in Halle, dort Abitur; 1972: Olympia-Zweite über 200 m Lagen u. in den Staffeln über 4x100 m Freistil u. 4x100 m Lagen; 1973 WM über 100 m Freistil, 100 m Schmetterling u. mit den Staffeln über 4x100 m Freistil u. 4x100 m Lagen; 1974 EM über 100 m u. 200 m Freistil sowie in den Staffeln über 4x100 m Freistil u. 4x100 m Lagen; 1975 WM über 100 m Freistil, 100 m Schmetterling u. mit den Staffeln über 4x100 m Freistil u. 4x100 m Lagen, Zweite über 200 m Freistil; 1976 Olympiasiegerin über 100 m u. 200 m Freistil, 100 m Schmetterling u. mit der 4x100 m Lagen-Staffel, Olympia-Zweite mit der 4x100 m Freistil-Staffel; 1973–76 DDR-Sportlerin des Jahres;
ab 1978 Studium der Medizin in Jena, 1982 abgebrochen, 1986–89 Ausbildung als Physiotherapeutin.
Seit 1990 Physiotherapeutin in Mainz.

Enderlein, Ortrun, verh. Zöphel
1. 12. 1943
Leistungssportlerin (Rennrodeln)
Geb. in Trünzig (Sa.); begann mit dem Rennschlittentraining in Raschau (Erzgeb.) bei der BSG Fortschritt, seit 1963 beim SC Traktor Oberwiesenthal; Spezialdisz.: Damen-Einsitzer; 1964 Olympiasiegerin; 1965 u. 1967 WM; 1968 bei den Olymp. Spielen unter dem Vorwurf angeheizter Kufen (gemeinsam mit zwei anderen Mitgl. der Mannschaft) disqualifiziert; Beendigung der sportl. Laufbahn;

Berufsausbildung zur Mechanikerin, Fernstudium zum Ing. für Maschinenbau, tätig im Bereich Verkauf, Marketing, Kundenbetreuung; persönl. Mitgl. des NOK der DDR.

Endler, Adolf 20. 9. 1930
Schriftsteller
Geb. in Düsseldorf, Vater Handelskaufmann, wächst nach der Scheidung bei der Mutter flämischer Herkunft auf; mittlere Reife, abgebrochene Buchhändlerlehre; Arbeit als Transportarbeiter u. Kranfahrer, pol. tätig für den KB u. die Friedensbewegung in Westdtl.; 1955 Anklage wegen »Staatsgefährdung« u. Übersiedlung in die DDR; 1955–57 Studium am Literaturinst. »Johannes R. Becher« in Leipzig; Mitarb. am FDJ-Meliorationsprojekt Altmärk. Wische, Debüt mit dem Gedichtband »Erwacht ohne Furcht« (1960); die mit Karl Mickel* hrsg. Anthologie »In diesem bessern Land. Gedichte der DDR seit 1945« (1966) löste eine Kontroverse über neue Lyrik in der DDR aus (FORUM-Debatte 1966); 1971 Auslöser einer Debatte über Literaturkritik u. -pol. in der DDR (»Sinn- u. Form«-Debatte, »Sinn u. Form« 4/1971); 1976 Protest gegen die Ausbürgerung Biermanns*; 1979 Ausschluß aus dem SV; Mitarbeit an den nichtoff. Ztschr. »Anschlag«, »Ariadnefabrik«, »Mikado«, »Kontext«, »Radix-Blätter« (»Aufrisse«), »Schaden«, »Und«, »Zweite Person«; mit dem mehrbändigen satir. Prosa-Projekt »Nebbich« kommentierte E. seit Anfang der 80er Jahre Alltag u. Kulturpol. der DDR; lebte 1984–90 in Leipzig, ab 1990 in Berlin; Nachdichtungen von Bulat Okudshawa, Alexander Blok, Konstantin Kavafis u. a.
Publ.: Das Sandkorn. Gedichte. Halle 1974; Akte Endler. Gedichte aus 25 Jahren. Leipzig 1981; Ohne Nennung von Gründen. Vermischtes aus dem poetischen Werk des Bobbi »Bumke« Bergermann. Gedichte u. Prosa. Berlin (West) 1985; Den Tiger reiten. Aufsätze Polemiken u. Notizen zur Lyrik der DDR. Frankfurt/M. 1990; Tarzan am Prenzlauer Berg. Sudelblätter 1981–83. Leipzig 1994.
Sek.-Lit.: Berendse, G.-J.: Die »Sächsische Dichterschule«: Lyrik in der DDR der sechziger u. siebziger Jahre. Frankfurt/M. 1990; Deiritz, K.; Krauss, H. (Hrsg.): Verrat an der Kunst? Rückblick auf die DDR-Literatur. Berlin 1993.

Engel, Erich 14. 2. 1891–10. 5. 1966
Regisseur
Geb. in Hamburg, Vater Kaufmann; 1910/11 Schauspielunterricht an der Leopold-Jessner-Schule in Hamburg; bis 1914 Schauspieler, Dramaturg u. Regisseur am Volksbildungs-Wandertheater; 1918–21 Dramaturg u. Regisseur am Schauspielhaus Hamburg; 1923 Begegnung mit Brecht*; 1921–23 Oberspielltr. am Staatstheater München; ab 1924 wechselnde Engagements an Berliner Theatern, 1933–45 am Dt. Theater; Filmregie.
1945/46 Generalintendant der Münchener Kammerspiele; 1947 bei der DEFA; 1948–56 Regisseur, 1956–66 Oberspielltr. am Berliner Ensemble; 1950 Gründungsmitgl. der DAK/AdK; 1960 Prof.
E. inszenierte die Uraufführungen der meisten Brecht-Stücke, interpretierte Shakespeare neu; 1931–44 drehte er 24 Filme (u. a. 1935 »Pygmalion«, 1938 »Der Maulkorb«), 1948–58 13 Filme (u. a. 1948 »Affäre Blum«, 1949 »Der Biberpelz«); 1919–41: 69 Theaterinszenierungen (Expressionisten, Shakespeare, Brecht), 1945–62: 11 (1949 zus. mit Brecht »Mutter Courage u. ihre Kinder« u. »Herr Puntila u. sein Knecht Matti«; 1957 »Leben des Galileo Galilei«, 1962 »Schweyk im Zweiten Weltkrieg«, beide Brecht).
Publ.: Schriften über Theater u. Film (hrsg. Thea Lenk). Berlin 1971; Schriften

über Theater u. Marxismus. München 1972.
Sek.-Lit.: Ruppel, Karl Heinrich: Großes Berliner Theater. Gründgens, Fehling, Müthel, Hilpert, Engel. Velber b. Hannover 1962; Gersch, Wolfgang: Film bei Brecht. Berlin 1975.

Engel, Wolfgang 10. 4. 1928
Mathematiker, Vorsitzender der Mathematischen Gesellschaft
Geb. in Ammendorf (Saalekreis), Vater Lehrer; Oberschule der Franckeschen Stiftungen in Halle; ab 1946 Studium der Mathematik, insbes. bei H. W. E. Jung u. H. Brandt sowie der Physik an der MLU Halle-Wittenberg, ab 1948 wiss. Hilfsassistent am Mathemat. Seminar, 1950 Staatsexamen für das Lehramt an Oberschulen; 1951 Assistent am 1. Mathemat. Inst. der MLU, 1953 dort Prom. bei O.-H. Keller zu einem Thema aus der algebraischen Geometrie; 1957 Habil. mit einer Arbeit über ganze Cremona-Transformationen; 1958 Doz., 1959–93 Prof. für Mathematik an der WPU Rostock, nach 1990 Univ. Rostock; 1962 Mitbegr. u. bis 1974 Vors. des Zentralen Komitees für die Olympiade Junger Mathematiker in der DDR; 1974–81 Vors. der Mathemat. Ges. der DDR.
Arbeitsgebiete: Algebraische Geometrie, Geschichte u. Didaktik der Mathematik; ltd. Hrsg. der Reihe Studienbücherei Mathematik für Lehrer; bes. Verdienste in der Förderung mathemat. begabter Schüler, von denen viele später erfolgreiche Wissenschaftler geworden sind.
Publ.: Aufgaben u. Lösungen aus Olympiaden junger Mathematiker der DDR (mit U. Pirl). Berlin 1972; Festakt u. wiss. Konferenz aus Anlaß des 200. Todestages von Leonhard Euler (Hrsg.). Berlin 1985; Mathematik in Aufgaben (mit U. Pirl). Berlin, Köln 1990.

Engelberg, Ernst 5. 4. 1909
Historiker, Präsident der Historikergesellschaft
Geb. in Haslach (Baden), Vater Buchdrucker u. Hrsg. der Ztg. »Schwarzwälder Volksstimme«; Oberrealschule in Offenburg, 1927–34 Studium der Geschichte, Nationalök., Philos. u. Rechtswiss. in Freiburg i. Br., München u. Berlin; 1928 KJVD, 1930 KPD; 1934 Prom. mit einer Arbeit über die dt. Sozialdemokratie u. die Sozialpol. Bismarcks; 1934 Verhaftung u. Verurteilung zu eineinhalb Jahren Zuchthaus; 1935 Emigration in die Schweiz, bis 1939 Stipendiat in Genf, 1941–47 Lektor an der Univ. Istanbul.
1948/49 Doz. an der PH Potsdam, 1949 Prof. an der Univ. Leipzig, 1951–60 Dir. des dortigen Inst. für Geschichte des dt. Volkes; 1958–65 erster Präs. der Dt. Historikerges.; 1960–69 Dir. des Inst. für Geschichte des DAW, 1960–80 Präs. des Nationalkomitees der Historiker; 1961 Ord. Mitgl. der DAW, 1964–69 Ltr. der Sekt. Geschichte der DAW (Vorläuferin des Rats für Geschichtswiss.); 1966 Ehrenmitgl. der brit. Historical Association; 1969–74 Ltr. der Forschungsstelle für Methodol. u. Geschichte der Geschichtswiss. am ZI für Geschichte der AdW, 1974 em.; 1969 Dr. h.c. der KMU Leipzig, 1974 VVO in Gold, 1979 KMO, 1985 NP; 1989 PDS.
E. galt als einer der wiss.-pol. einflußreichsten Historiker der DDR; in seiner Forschungstätigkeit widmete er sich insbes. der dt. Geschichte des 19. Jh., der Militärgeschichte u. der Theorie der Geschichtswiss., wobei er diesen Forschungszweig in der DDR mitbegründete u. institutionalisierte; seine theoret. u. methodolog. Arbeiten sind der marxist.-leninist. Geschichtsauffassung verbunden; intern. bekannt wurde E. v. a. durch seine zweibändige Bismarck-Biogr. (Berlin 1985–90), die einer konservativen Geschichtsschreibung verpflichtet ist.

Publ.: Dtl. 1848–71. Berlin 1959; Dtl. 1871–98. Berlin 1965; Formationstheorie u. Geschichte. (Hrsg. mit W. Küttler*), Berlin 1978; Theorie, Empirie u. Methode in der Geschichtswiss. Berlin 1980.
Sek.-Lit.: Bibliogr. in: Evolution u. Rev. in der Weltgeschichte. Berlin 1976, Bd. 2 (1934–74); Forschungs- u. Darstellungsprobleme einer hist. Biogr. Berlin 1985 (1974–83); Historiographiegeschichte als Methodologiegeschichte. Berlin 1991 (1984–89); E. E. in: Grimm, T.: Was von den Träumen blieb. (Autobiogr.) Berlin 1993.

Engelhard, Ludwig 18. 8. 1924
Bildhauer
Geb. in Saalfeld; Lehre als Möbeltischler; 1951–56 Studium an der HS für bildende u. angewandte Kunst Berlin-Weißensee; 1956–58 Meisterschüler an der DAK bei Heinrich Drake*; 1969 Mitgl. der DAK; 1973/74 ständiger Vertreter des Sekr. u. 1974–78 Sekr. der Sekt. Bildende Kunst der AdK.
Werke: Am Strand (1961), Lesender Arbeiter (1961), Dreiergruppe für das Lagermuseum Auschwitz (1963), Bildnis des Helden der Arbeit LPG-Vors. Willi Schäfer (1964), Plast. Gruppe LPG-Bauern in Dorf Mecklenburg (1971–76), Bronzerelief Die Menschen meistern den Planeten Erde (1967–75), Figurengruppe Karl Marx u. Friedrich Engels in Berlin-Mitte (1986).

Engelhardt, Heinz 9. 2. 1944
MfS-Bezirksverwaltungsleiter, Verfassungsschutzleiter
Geb. in Angerapp (Ostpr.); Vater Elektriker, Mutter Hausfrau.
1962 Abitur u. Eintritt in das MfS, Bezirksverwaltung Karl-Marx-Stadt; 1962 SED; 1968–74 Fernstudium an der JHS Potsdam-Eiche, Dipl.-Jur.; 1970 Ltr. des Bereichs Reisen u. Touristik der Bezirksverwaltung Karl-Marx-Stadt; 1971 Ltr. der Kreisdienststelle Reichenbach; 1976 Ltr. der Abt. XX (Staatsapparat, Kultur, Kirchen) der Bezirksverwaltung Karl-Marx-Stadt; 1984 Ltr. der Kreisdienststelle Karl-Marx-Stadt; 1986 Offz. für Sonderaufgaben in der Bezirksverwaltung Frankfurt/Oder; 1987 Ltr. der Bezirksverwaltung Frankfurt/Oder, Gen.-Major; 1987 Mitgl. der SED-BL Frankfurt/Oder; Dez. 1989 bis Jan. 1990 Ltr. des Amts für Verfassungsschutz der DDR; bis Mai 1990 Berater bei der Auflösg. des AfNS.

Engelmann, Gottfried 23. 7. 1926
LDPD-Funktionär
Geb. in Glauchau; Vater kaufm. Angestellter; Oberschule; 1944 NSDAP.
1946–48 Ausbildung als Spinner und Weber; 1946 LDPD; 1947–50 Studium an der Ing.-Schule für Textiltechnik Reichenbach (Vogtland); Textiling.; 1948–72 Betriebsltr. der Firma Nitschke & Co., Glauchau; 1958–61 Fernstudium für Komplementäre an der KMU Leipzig; 1963 Dipl.-Wirtsch.; 1971 Prom. zum Dr. oec.; 1972 Dir. des VEB Kammgarnweberei Glauchau; 1973–75 Dir. im VEB Textilwerke Palla-Glauchau; seit 1975 dort Dir. für Beschaffung; ab 1982 Dir. für Export im VEB Kombinat Wolle u. Seide, Meerane (Kr. Glauchau); 1967–71 Nachfolgekand., seit 1971 Abg. der Volkskammer; Mitgl. des Aussch. für Haushalt u. Finanzen; seit 1972 Mitgl. des ZV u. des Pol. Aussch. der LDPD; 1972 VVO in Gold.

Engst, Werner 1. 6. 1930
Vorsitzender der Pionierorganisation »Ernst Thälmann«
Geb. in Groß-Särchen (Oberlausitz), Vater Buchhalter; Volksschule, Oberschule; 1945/46 Landarbeiter; 1946–49 Ausbildung zum Schlosser; 1947 FDGB, 1949 FDJ; 1949/50 als Schlosser tätig; 1950–64 Instrukteur, stellv. Abt.-Ltr. u. Abt.-Ltr. Junge Pioniere im ZR der FDJ;

1952 SED; 1954–56 Fernstudium am IfL Berlin-Köpenick, Unterstufenlehrer; 1956/57 SED-BPS Berlin; 1962–64 Mitgl. der Zentralen Parteiltg. beim ZR der FDJ, ab 1963 Mitgl. des ZR, 1964–71 Sekr. des ZR u. Vors. der Pionierorg. »Ernst Thälmann«; 1967–71 Abg. der Volkskammer; 1971 – März 1990 stellv. Min. für Volksbildung; ab 1973 stellv. Vors. der UNESCO-Kommission der DDR.

Ensikat, Klaus 16. 1. 1937
Grafiker, Buchillustrator
Geb. in Berlin, Vater Mechaniker, Mutter Verkäuferin; 1951–54 Lehre als Gebrauchswerber; 1954–58 Studium an der FS für angewandte Kunst in Berlin-Oberschöneweide; 1958–60 Arbeit als Gebrauchsgrafiker; 1960 VBKD; 1961/62 Lehrauftrag, 1963–65 FS-Lehrer an der o. g. FS; ab 1965 freischaff. in Berlin; 1975 Goldmedaille auf der KNIGA Moskau, 1977 IBA Leipzig; 1979 Großer Preis der Biennale der Illustratoren Bratislava; 1984 Katalon. Preis auf der Intern. Ausstellung der Kinderbuchillustrationen Barcelona.
Filigrane, häufig an Kupferstiche des 19. Jh. angelehnte Illustrationen; Grafiken u. a. für die Ztschr. »Das Magazin«, »Der Eulenspiegel«, »Sonntag«; Plakate u. a. für den Kinderbuchverlag Berlin; Illustrationen u. a. zu Werken von Hacks*, Perrault, Tolkien, Twain, Könner. Mehrfach wurden von K. E. illustrierte Bücher – darunter zahlr. Kinderbücher – als »Schönste Bücher des Jahres« ausgezeichnet.
Sek.-Lit.: Lang*, L.: Der Illustrator K. E. (mit Bibliogr.). In: Marginalien 2/1980, S. 18–25; Michel, P.: Buchbilder. Berlin 1989.

Ensikat, Peter 27. 4. 1941
Kabarettist, Schriftsteller
Geb. in Finsterwalde; Oberschule; Studium an der Theaterhochschule Leipzig; Autor des Kabaretts »Herkules-Keule« in Dresden, 1962–65 Schauspieler am Jugendtheater in Dresden, danach bis 1974 Schauspieler u. Regisseur am Kindertheater in Berlin; von 1969 bis Anfang der 80er Jahre Autor des Berliner Kabaretts »Die Distel«, ab 1974 freischaff.; in den 80er Jahren meistgespielter Theater- u. Kabarettautor der DDR.
Seit Febr. 1990 wieder Autor, ab 1991 auch Gesellschafter des Berliner Kabaretts »Distel«.
Publ.: Ab jetzt geb' ich nichts mehr zu. Nachrichten aus den neuen Ostprovinzen. München 1993

Enzmann, Christian 20. 7. 1951
Architekt
Geb. in Leipzig in einer Akademikerfamilie; 1969 Abitur, Armeedienst; 1971–75 Architekturstudium an der HAB Weimar, Dipl.-Ing.; 1975–84 Arbeit als wiss. Mitarb. der DBA, Inst. für Städtebau und Architektur; gemeinsam mit Bernd Ettel* Teiln. an mehreren Architekturwettbewerben: 1980 Friedrichstraße-Süd (2. Preis), 1983/84 Prinz-Albrecht-Gelände Berlin (West) u. »Wohnen morgen« (intern.), 1984 Bersarinplatz Berlin; Juni 1984 verhaftet u. für die drei letzgenannten Wettbewerbsarbeiten, in denen mittels architekton. Inszenierungen versucht wird, eine zeichenhafte Interpretation totalitärer Machtstrukturen zu geben bzw. die DDR als »Überwachungsstaat« zu beschreiben, wegen »Öffentl. Herabwürdigung« angeklagt, 1985 zu 20 Monaten Gefängnis verurteilt; März 1986 entlassen, arbeitslos, Dez. 1988 Ausreise in die BRD (München).
1991 Rückkehr nach Berlin.

Eppelmann, Rainer 12. 2. 1943
Bürgerrechtler, Verteidigungsminister
Geb. in Berlin, Vater Zimmermann, Mutter Schneiderin; bis 1961 Besuch des Johannes-Kepler-Gymnasiums in Berlin (West); 1961/62 Dachdeckerhilfsarbei-

ter, 1962–64 Maurerlehre, danach Maurer; 1966 Verweigerung des Wehrdienstes mit der Waffe u. des Fahneneids, acht Monate Haft, dann Bausoldat; 1969–75 Studium der Theol. an der Predigerschule Paulinum in Berlin, 1975 Ordination; 1974–89 Hilfsprediger bzw. Pfarrer in der Berliner Samaritergemeinde, zugl. Kreisjugendpfarrer in Berlin-Friedrichshain; Org. von innerkirchl. umstrittenen Bluesmessen u. anderen Veranstaltungen der kirchl. Jugendarbeit; 1982 Mitautor des Berliner Appells »Frieden schaffen ohne Waffen«, beteiligt an der Org. u. Unterstützung zahlr. Aktivitäten kirchl. Friedens- u. Menschenrechtsgruppen, massive Bearbeitung durch das MfS; Sept. 1989 Mitbegr. der Partei Demokratischer Aufbruch (DA), Okt. DA-Sprecher; Dez. 1989–März 1990 DA-Vertreter am Zentralen Runden Tisch; Febr. 1990 Min. ohne Geschäftsbereich in der zweiten Reg. Modrow*; ab März Vors. des DA, Abg. der Volkskammer in der Fraktion CDU/DA; ab April Min. für Abrüstung u. Verteidigung in der Reg. de Maizière*.
Seit 1990 CDU u. MdB; 1992–94 Vors. der Enquete-Kommission »Aufarbeitung von Geschichte u. Folgen der SED-Diktatur in Dtl.« des Dt. Bundestages; Vors. der Aussch. der Christl.-Demokr. Arbeitnehmerschaft in der CDU.
Publ.: Wendewege (hrsg. von D. Herbst). Köln 1992; Fremd im eigenen Haus. Mein Leben im anderen Dtl. Köln 1993; Die DDR. Ergebnisse der Enquete-Kommission des Dt. Bundestages »Aufarbeitung von Geschichte u. Folgen der SED-Diktatur in Dtl.« (Hrsg.). Köln 1994.

Erb, Elke 18.2.1938
Schriftstellerin
Geb. in Scherbach (Eifel), Vater wiss. Schriftst.; 1949 Übersiedlung in die DDR; 1957 Abitur; 1957/58 Studium der Pädagogik, Geschichte u. Dt., 1958/1959 Landarbeiterin; 1959–63 Studium der Pädagogik, Dt. u. Russ.; 1963–66 Volontärin u. Lektorin beim Mitteldt. Verlag Halle; seit 1966 freiberufl.; lebt seit 1967 in Berlin; erste Texte in der Debütreihe »Auftakt« (1968); löste mit der Rezension der Anthologie »In diesem bessern Land« (Hrsg. Adolf Endler*, Karl Mickel*, 1966) die FORUM-Debatte aus (FORUM 11/1966), die zu Auseinandersetzungen mit Hans Koch* (FORUM 15/16/1966), Horst Haase* u.a. führte (Neues Deutschland Nr. 190/1966; NDL 9/1969); Anfang der 80er Jahre Kontakt zur unabhängigen Friedensbew.; initiierte 1981 mit dem Vortrag »Von Erich Arendt* bis Sascha Anderson*. Die DDR-Lyrik der letzten fünf Jahre« eine Debatte über neue Poesie (vergl. V. Braun*: »Rimbaud. Ein Psalm der Aktualität«, Sinn u. Form 5/1985); Förderin junger Lit.; Hrsg. der wichtigsten Anthologie nichtoff. Lit.: »Berührung ist nur eine Randerscheinung. Neue Literatur aus der DDR« (zus. mit Sascha Anderson). Köln 1985; Mitarbeit an den nichtoff. Ztschr. »Anschlag«, »Ariadnefabrik«, »Kontext«, »Mikado«, »Radix-Blätter« (»Wohnsinn«), »Schaden«, »Verwendung«; zahlr. Nachdichtungen aus dem Russ. u. anderen Lit., Hrsg. der Werke von Droste-Hülshoff, Peter Altenberg u.a., zahlr. Künstlerbücher u.a. mit A. Hampel; Peter-Huchel-Preis 1988, Heinrich-Mann-Preis der AdK 1990 zus. mit A. Endler, Ehrengabe der Schiller-Stiftung 1993, Rahel von Varnhagen-Medaille des Stadt Berlin 1994; Mitglied des PEN-West.
Publ.: Gutachten. Poesie u. Prosa. Berlin u. Weimar 1975; Der Faden der Geduld. Berlin u. Weimar 1978; Vexierbild. Berlin u. Weimar 1983; Kastanienallee. Texte u. Kommentare. Berlin u. Weimar 1987; Winkelzüge oder nicht vermutete, aufschlußreiche Verhältnisse. Berlin 1991.
Sek.-Lit.: Berendse, G.-J.: Die »Sächs. Dichterschule«: Lyrik in der DDR der

60er u. 70er Jahre. Frankfurt/M. 1990; Wolf*, G.: Sprachblätter Wortwechsel. Leipzig 1992; Visser, A.: Blumen ins Eis. Lyr. u. literaturkrit. Innovationen in der DDR. Amsterdam 1994.

Erhardt, Annelie, geb. Jahn 18. 6. 1950
Leistungssportlerin (Leichtathletik)
Geb. in Ohrsleben (Sa.-Anh.); ab 1964 aktive Leichtathletin; Besuch der KJS u. Mitgl. des SC Magdeburg (Trainer: Klaus Wübbenhorst); 1966 u. 1968 Spartakiadesiegerin über 80 m Hürden; spätere Spezialdisz.: 100 m Hürden; mehrmalige DDR-Meisterin, 1972 Olympiasiegerin; WR (12,59 sec.); 1973 u. 1975 EC-Siegerin; 1974 EM; nach den Olymp. Spielen 1976 (ohne Plazierung) Beendigung der sportl. Laufbahn; Berufsausbildung zur Fotolaborantin; bis 1990 Mitarb. des DTSB-BV Magdeburg, anschl. arbeitslos.
1992 Mitarb. in einem Kinderbetreuungsprojekt im Rahmen einer ABM.

Ermisch, Luise, geb. Thürmer 20. 5. 1916
Aktivistin, Kandidatin des Politbüros des ZK der SED
Geb. in Halle (Saale), Vater Fleischermeister; nach Volksschulabschluß 1930–33 Ausbildung zur Damenschneiderin, danach arbeitslos; ab 1937 als Schneiderin beschäftigt, während des Kriegs dienstverpflichtet.
1946 Näherin im VEB Hallesche Kleiderwerke, 1949 Mitinitiatorin des Wettbewerbs um den Titel »Brigade der ausgezeichneten Qualität«, Ltr. der ersten »Qualitätsbrigade« in der DDR-Konfektionsindustrie, Auszeichnung als Aktivistin; Besuch der Betriebs-FS in Neugersdorf; 1950 SED u. bis 1981 Abg. der Volkskammer; 1951–76 Dir. der VEB Bekleidungswerke Mühlhausen (Thür.); ab 1954 Propagierung der »Luise-Ermisch-Methode« zur Planaufschlüsselung; 1954–81 Mitgl. des ZK der SED u. 1958–63 Kand. des PB; ab 1958 zugl. Mitgl. des Wirtschaftsrats beim Erfurter Bezirksrat u. 1960–63 Mitgl. des Staatsrats; 1960 Besuch der PHS der KPdSU in Moskau; 1966 externer Abschluß als Ing. für Bekleidungsindustrie; Vors. des Gesellschaftl. Rats der VVB Bekleidung; 1976 KMO, Rentnerin.

Ernst, Wilhelm, geb. 9. 10. 1927
Katholischer Theologe
Geb. in Boneburg (Nds.); 1955 Priesterweihe in Magdeburg; Vikar in Halle (Saale); 1959 Assistent am Regional-Priesterseminar/Studium Erfurt; Dr. theol. mit der Arbeit: »Die Tugendlehre des Franz Suarez«, (Leipzig 1964); 1962 Vikar in Magdeburg-Buckau; 1962 Studentenpfarrer in Magdeburg; Habil.; 1963 Doz. für Moraltheol. u. Ethik; 1971 ord. Prof. für Moraltheol. u. Ethik am Regional-Priesterseminar/Studium Erfurt, mehrfach Rektor; Gastvorlesungen an der Pontificia Universitas Gregoriana in Rom; Mitgl. der Intern. Theol. Kommission in Rom; 1991 em., z. Z. jedoch weitere Wahrnehmung der Obliegenheiten des Lehrstuhls.
Autor zahlr. Aufsätze, insbes. zu moraltheol. u. eth. Fragen; seit 1972 Mithrsg. der Erfurter Theol. Schriften, seit 1973 der Erfurter Theol. Studien.
Publ.: Gott u. Mensch am Vorabend der Reformation. Leipzig 1972; Moraltheol. Probleme in der Diskussion (Hrsg.). Leipzig 1977; Le mariage comme institution et sa mise en couse actuelle. Paris 1978; Norm u. Gewissen. (Hrsg.). Leipzig 1984; Grundlagen u. Probleme der heutigen Moraltheol. (Hrsg.). Leipzig 1984.

Erpenbeck, Fritz 6. 4. 1897–7. 1. 1975
Schriftsteller, Theaterkritiker
Geb. in Mainz, Vater Uhrmacher, später Ing.; Volksschule, Gymnasium, 1914/15 Schlosserlehre in Osnabrück; 1915–18 Kriegsfreiwilliger, Kanonier; 1918–20 Forts. der Schlosserlehre; bis 1921

Schlosser u. Monteur; glz. Schauspielschule Osnabrück; danach Schauspieler am Lessing-Theater in Berlin, Dramaturg bei Piscator; Red. komm. Ztgn.; 1927 KPD; 1929 Parteisekr. der komm. Schauspieler in Berlin; 1930–33 Hrsg. u. Chefred. der pol.-satir. Ztschr. »Roter Pfeffer«; 1933/34 Emigration nach Prag, dort Mithrsg. der »Arbeiter-Illustrierten-Ztg.« (AIZ); 1935 Emigration in die UdSSR, Sonderkorr. der AIZ in Moskau, leitete nach Willi Bredels Einsatz in Spanien die Ztschr. »Das Wort«; 1937 Veröff. des Romans »Emigranten«; 1939 Red. der Ztschr. »Intern. Lit.«; 1940 Veröff. des Romans »Gründer«; Sept. 1941 Übernahme in den KI-Apparat, von Ulbricht* in das von Dimitroff geleitete Inst. 101 berufen; operative Radioarbeit zus. mit Grete Keilson an »illegalen« Sendern, Ltr. der Sendung »SA-Mann Weber«, danach Red. am »Dt. Volkssender«; 1941/42 Evakuierung nach Ufa; 1944 Red. am Sender des NKFD; sowj. Medaille »Für Leistungen im Großen Vaterländ. Krieg«; reiste am 30.4.1945 mit der Gruppe Ulbricht nach Berlin.

1945 Aufbau u. Red., später Chefred. der »Berliner Ztg.« und bis Nov. 1945 der »Dt. Volksztg.«; 1946 KPD/SED; Gründer u. Red. bei »Die Frau von Heute«, »Vorwärts«, »Neues Dtl.«; Theaterkritiker; im Auftrag der SMAD-Kulturabt. mit Bruno Henschel Aufbau des Henschelverlags, Gründer u. Chefred. der Ztschr. »Theater der Zeit« (bis 1951), u. »Theaterdienst«; 1950 Vors. der Staatl. Spielplankommission im Min. für Volksbildung; 1951 Ltr. der Abt. Darstellende Kunst in der staatl. Kunstkommission im Min. für Volksbildung, 1951 Ltr. der HA Darstellende Kunst u. Musik in der staatl. Kommission für Kunstangelegenheiten, Chefred. der Ztschr. »Artistik«; 1959–62 Chefdramaturg der Berliner Volksbühne; danach freischaff. Schriftst.; 1965 VVO in Gold, 1972 Ehrenspange zum VVO in Gold; verh. mit der Schriftst. Hedda Zinner*.

Publ.: Lebendiges Theater. Berlin 1949; Wilhelm Pieck*. Ein Erinnerungsbild. Berlin 1951; 1964/65 Serie von fünf Kriminalromanen.

Ertel, Hans Richard Max
24.3.1904–2.7.1971
Geophysiker, Vizepräsident der DAW
Geb. in Berlin, Vater Drechsler; 1910–22 Seminarschule u. Lehrerseminar, Abbruch aus finanziellen Gründen; anschl. Bankangestellter, Maschinenarbeiter, Eintritt ins Preuß. Meteorol. Inst. als Rechner u. Bibliotheksaushilfskraft; über Begabtenförderung ohne Reifezeugnis 1929–32 Studium der Mathematik, Naturwiss. u. Philos. an der Univ. Berlin, hier 1932 Prom.; 1932–34 wiss. Angestellter im meteorol.-magnet. Observatorium Potsdam; 1934–42 Assistent bzw. Observator am Meteorol. Inst. der Univ. Berlin, 1938 Privatdoz. u. 1941 ao. Prof.; 1942/43 Hauptobservator u. ao. Prof. an der Zentralanstalt für Meteorol. u. Geodynamik in Wien; 1943–45 ord. Prof. u. Dir. des Inst. für Meteorol. u. Geophysik der Univ. Innsbruck.

1946 ord. Prof. u. Dir. des Inst. für Meteorol. u. Geophysik der HU Berlin; 1948–69 Dir. des Inst. für Physikal. Hydrographie der DAW; 1949 Ord. Mitgl. u. 1951–61 Vizepräs. der DAW; 1950 NP; 1969 em.

E. gilt als ein führender Geophysiker u. Vertreter der mathemat. Physik mit Verdiensten insbes. auf den Gebieten der dynam. Meteorol., Wirbeldynamik u. klass. Feldtheorie; Hrsg. von sieben in- u. ausländ. wiss. Ztschr., Mitgl. zahlr. in- u. ausländ. Ges. u. Gremien, u.a. der Österr. AdW (1956).

Esche, Eberhard 25. 10. 1933
Schauspieler
Geb. in Leipzig; 1952–55 Studium an der Theater-HS Leipzig; erste Engagements in Meiningen, Erfurt u. Karl-Marx-Stadt; seit 1961 am Dt. Theater Berlin; dazwischen 1969–71 Engagement an der Volksbühne Berlin, wohin er Benno Besson gefolgt war; daneben immer wieder Rollen beim Film; Durchbruch bei den Theaterrollen: 1965 mit Lanzelot in Schwarz' »Der Drache« (R: Benno Besson*), es folgten 1966 Angelo in Shakespeares »Maß für Maß« (R: Adolf Dresen*), 1971 Andrew Cobham in Weskers »Goldene Städte«; Titelrollen in den Solter*-Inszenierungen von Hacks'* »Amphitryon« (1972) u. Schillers »Wallenstein« (1979); Filmrollen: 1964 Manfred in »Der geteilte Himmel« von Konrad Wolf*, 1969 König in »Wie heiratet man einen König« von Rainer Simon, 1966 Parteisekretär Horrath in »Spur der Steine« von Frank Beyer*, 1982 Rolle in »Märkische Forschungen«; Vorstandsmitgl. der Gewerkschaft Kunst u. Kultur; verheiratet mit der niederländ. Schauspielerin u. Regisseurin Cox Habbema.
E. bevorzugt klass. Rollen, seine musikal. Aussprache, sein Gefühl für Rhythmus des körperl. und sprachl. Ausdrucks heben ihn von anderen Schauspielern ab; bekannteste Vortragsabende: Heine »Deutschland. Ein Wintermärchen« u. Goethe »Reineke Fuchs«.

Eschert, Jürgen 24. 8. 1941
Leistungssportler (Kanu)
Geb. in Magdeburg; Modelltischler; Training im Kanu-Slalom beim ASK Vorwärts Potsdam, 1962–74 SED; 1964 Olympiasieger u. 1965 EM-Dritter im C 1; 1965 Beendigung der sportl. Laufbahn, anschl. Trainer beim ASK Vorwärts Potsdam; Hptm. der NVA; 1974 aufgrund unerlaubter Kontakte zu Bürgern der Bundesrep. Dtl. Ausschluß aus dem Klub u. Berufsverbot als Trainer. Nach 1989 Versicherungsvertreter in Potsdam.

Eßling, Paul 13. 8. 1940–31. 12. 1982
Ofensetzer; Honecker-Attentäter
Besuch der Grundschule, Ofensetzerlehre, mit 21 Jahren Meisterprüfung, arbeitete als Ofensetzer in Klosterfelde (nördl. von Berlin); rammte am 31. 12. 1982 bei Wandlitz beinahe den Wagen von Erich Honecker, worauf es zu einem Schußwechsel mit den Begleitmannschaften gekommen sein soll, bei dem möglicherweise ein Sicherheitsbeamter verletzt wurde, beging danach Selbstmord oder wurde von Sicherheitsbeamten erschossen; am 11. 1. 1983 meldete ADN »Selbstmord nach Fahrerflucht«; als Konsequenz auf den Bericht des »stern« vom 13. 1. 1983 über diesen Vorfall Ausweisung des »stern«-Korr. Dieter Bub aus der DDR.

Ettel, Bernd 31. 7. 1949
Architekt
Geb. in Köthen; 1968 Abitur, Armeedienst; 1970–74 Architekturstudium an der HAB Weimar, Abschluß Dipl.-Ing., anschließend dort Forschungsstudium; 1978–84 Arbeit als wiss. Mitarb. der DBA, Inst. für Städtebau u. Architektur, 1980 Prom., Dr.-Ing.; gemeinsam mit Christian Enzmann* Teiln. an mehreren Architekturwettbewerben: 1980 Friedrichstraße-Süd (2. Preis), 1983/84 Prinz-Albrecht-Gelände Berlin (West) und »Wohnen morgen« (intern.), 1984 Bersarinplatz Berlin; Juni 1984 verhaftet u. für die drei letztgenannten Wettbewerbsarbeiten, in denen mittels architekton. Inszenierungen versucht wird, eine zeichenhafte Interpretation totalitärer Machtstrukturen zu geben bzw. die DDR als »Überwachungsstaat« zu beschreiben, wegen »Öffentl. Herabwürdigung« und »illegaler Verbindungsaufnahme« angeklagt, 1985 zu zwei Jahren und neun Monaten Gefängnis verurteilt; 1986

»Freikauf« und Ausreise in die BRD (Stuttgart).
1991 Rückkehr nach Berlin.

Ewald, Georg 30.10.1926–14.9.1973
SED-Politiker, Minister für Land-, Forst- und Nahrungsgüterwirtschaft
Geb. in Buchholz (Kr. Stralsund), Vater Landwirt; Volksschule, Landwirtschaftsschule; 1941–43 tätig in der elterl. Landw.; Wehrmacht; 1946–49 Landarbeiter; 1946 FDJ, SED; 1949/50 Bürgermeister in Buchholz, 1950–53 Kr.-Rat für Landw. u. Abg. des Kreistags Stralsund, Mitgl. der SED-KL; 1953/54 PHS; 1954/55 1. Sekr. der KL Bad Doberan, Abg. des Kreistags; 1955–60 1. Sekr. der SED-KL Rügen, Mitgl. der BL Rostock, Abg. des Kreistags Rügen, 1960–63 1. Sekr. der SED-BL Neubrandenburg (Nachf. von Max Steffen), Abg. des Bez.-Tags Neubrandenburg, Vors. der Ständigen Kommission Landw.; ab 1963 Mitgl. des ZK der SED u. Kand. des PB, Min. u. Vors. des Landwirtschaftsrats (Nachf. von Karl-Heinz Bartsch*) bzw. Rats für landw. Prod. und Nahrungsgüterwirtschaft, Mitgl. des Präs. des Min.-Rats, Abg. der Volkskammer; 1973 tödl. verunglückt.

Ewald, Manfred 17.5.1926
Präsident des DTSB und des NOK
Geb. in Podejuch (Pomm.) als Sohn eines Schneiders; nach dem Volksschulabschluß 1940–43 Verwaltungslehre in Stettin, anschl. Verwaltungsangestellter; Mitarb. in der antifasch. Widerstandsgruppe Empacher-Krause; 1944 in deren Auftrag Eintritt in die NSDAP; Juni 1944 – Febr. 1945 Kriegsteiln. in der Wehrmacht, nach Verwundung entlassen.
1945 KPD-Funktionär in Podejuch, Stettin u. Löcknitz; nach der Aussiedlung 1946–48 FDJ-Kreissekr. in Greifswald, 1947 Mitgl. des ZR der FDJ; 1948 Teiln. an der Vorbereitung der Gründung des DS, anschl. Sekr. des DS; 1952–60 Staatssekr. u. Vors. des Staatl. Komitees für Körperkultur u. Sport beim Min.-Rat; ab 1957 Mitgl. des Bundesvorst. des DTSB; 1957/58 Lehrgang an der PHS der SED »Karl Marx«; 1960/61 Vizepräs., 1961–88 Präs. des DTSB (Nachf. von Rudi Reichert); ab 1963 Mitgl. des ZK der SED u. Abg. der Volkskammer, seit 1971 stellv. Vors. des Jugendaussch. der Volkskammer; 1973–90 Präs. des NOK der DDR (Nachf. von Heinz Schöbel*); 1964 u. 1968 VVO in Gold, 1976 KMO.
Seit 1990 im Ruhestand.

F

Faber, Elmar 1.4.1934
Verlagsleiter
Geb. in Deesbach (Thür.); Facharbeiterausbildung im Postdienst, 1954 Abitur an der ABF Jena; 1954–59 Studium der Germanistik, Kunst- u. Philos.-Geschichte in Leipzig; 1956 SED; 1959–68 Red. u. Chefred. der Wiss. Ztschr. der KMU Leipzig; 1968–70 Lektor für Lit. u. Sprachwiss. u. Verlegervolontär im Bibliograph. Inst. Leipzig; 1970–75 Cheflektor, 1975–83 Ltr. des Verlags Edition Leipzig (exportorientiertes Unternehmen, Bildbände, Reprints, Faksimiledrucke); 1983–92 Ltr. des Aufbau-Verlags Berlin u. Weimar (Nachf. von Fritz-Georg Voigt*) u. des Verlags Rütten & Loening Berlin (größtes belletrist. Doppel-Unternehmen, Autoren- u. Klassikerprogramm); 1976–90 Vors. des Ver-

legeraussch. des Börsenvereins der Dt. Buchhändler zu Leipzig, langjähriges Vorstandsmitgl. der Pirckheimer-Ges. für Buchkunst u. Bibliophilie; Publizist u. Hrsg.
1990 PDS; seit 1991 Mitinhaber von Faber & Faber Verlag der Sisyphos-Presse, Berlin u. Leipzig.

Faensen, Hubert 29. 12. 1928
Direktor des Union Verlags
Geb. in Sandau (b. Böhmisch Leipa, ČSR); Oberschule, Abitur; 1943–45 Luftwaffenhelfer.
1946 CDU; 1947–49 Studium der Sozialwiss. an der Univ. Rostock; 1949–52 Volontär bzw. Red. an der Schweriner CDU-Ztg. »Der Demokrat«; 1952–55 Studium der Philos. u. Kunstgeschichte an der HU Berlin, Dipl.-Phil., glz. bis 1960 Mitarb. des CDU-Zentralorgans »Neue Zeit« u. wiss. Mitarb. des Hauptvorst. der CDU, 1959 nach der Aspirantur Prom. zum Dr. phil. an der HU mit der Diss. »Der Formbegriff bei Konrad Fiedler«; 1960 stellv. Cheflektor, 1961–82 Dir. des Union Verlags, 1961–90 auch des Verlags Koehler & Amelang Leipzig; in dieser Zeit Lehraufträge an der HU zur Kunstgeschichte, insbes. zur Geschichte der altruss. Kunst, 1973 Habil. an der HU; 1981 Wilhelm-Bracke-Medaille; 1982 ord. Prof. für Kunstgeschichte an der HU; Lehre, Forschung u. Publ. zur frühchristl., byzantin., osteur. u. kaukas. Kunst u. zu Geschichte u. Methodol. der Kunstgeschichte, Hrsg. u. a. von Dürers Schriftl. Nachlaß (Leipzig 1962), der Bildkalender zur Kunst der Ostkirchen (1968–90) sowie der Kulturhist. Reihe (100 Bde.) im Verlag Koehler & Amelang; 1982–89 Mitgl. des Hauptvorst. der CDU.

Fahl, Ulrich 26. 6. 1933
CDU-Funktionär, Bürgermeister von Berlin-Mitte
Geb. in Königsberg (Ostpr.), Vater kaufm. Angestellter; Oberschule in Mecklenburg; 1948 CDU u. FDGB; 1948–50 Ausbildung zum Verwaltungsangestellten beim Rat der Stadt Schwerin, 1950–52 Angestellter, Bezirksamtsltr. in Schwerin; 1952 Vors. des Kreisverb. Schwerin der CDU, 1952/53 stellv. Vors. des Bezirksverb. Rostock; 1953–60 Abt.-Ltr. beim Sekr. des CDU-Hauptvorst. (Referent von Gerald Götting*), ab 1954 Mitgl. des Hauptvorst.; 1960–71 Vors. des CDU-Bezirksverb. Magdeburg, Mitgl. des Bezirksaussch. Magdeburg der NF; 1961–71 dort Abg. des Bez.-Tags; 1965–67 Fernstudium an der Agraring.-Schule Haldensleben, staatl. geprüfter Landwirt; 1971–89 Sekr., 1972–89 Mitgl. des Präs. des CDU-Hauptvorst.; 1971 – März 1990 Abg. der Volkskammer, seit 1976 stellv. Vors. der CDU-Fraktion, seit 1986 Vors. des Aussch. für Eingaben der Bürger; seit 1981 Vizepräs. der Freundschaftsges. DDR – Mexiko; 1971–86 Mitgl. des Aussch. für Nat. Verteidigung; Nov. 1989 1. Stellv., danach bis Mai 1990 Bürgermeister des Stadtbez. Berlin-Mitte; danach in der Wirtschaft tätig.

Fahrenkrog, Heinz 16. 5. 1926
Präsident des Verbands der Konsumgenossenschaften
Geb. in Wernigerode, Vater Gewerbetreibender; Volks-, Mittel- u. Handelsschule, 1942/43 Ausbildung zum Kaufmann; 1945/46 SPD/SED; 1945–50 Verkaufsstellenltr., Lagerltr. u. Einkäufer im Verb. Dt. Konsumgenossenschaft (VDK) Oschersleben; 1950–61 Referent u. Abt.-Ltr. im VDK Berlin; 1961–64 PHS, Dipl.-Ges.-Wiss.; 1965–67 Generaldir. des Handelsunternehmens »Konsument« Karl-Marx-Stadt; 1967–91 Präs. der VDK (Nachf. von Hilmar Weiß*), ab 1968 VdK der DDR; 1967–90 Abg. der Volkskammer, 1967–71 Vors., ab 1971 stellv. Vors. ihres Aussch. für Handel u. Versorgung; 1971 Prom. zum

Dr. oec.; 1980 Mitgl. des Zentralvorst. des Intern. Genossenschafts-Bunds (IAC).

Falcke, Heino 12. 5. 1929
Evangelischer Theologe, Propst
Geb. in Riesenburg (Westpr.), Vater Oberstudienrat; Gymnasium in Königsberg, nach der Flucht 1946 Abitur in Seehausen (Altmark); ab 1946 Studium der Theol. in Göttingen, Berlin u. Basel, dort ab 1950 Assistent bei Karl Barth u. Mitarb. an dessen »Kirchl. Dogmatik«; 1956 Assistent bei Heinrich Benkert an der Univ. Rostock, 1958 Prom. mit der Arbeit »Die Gesellschaftslehre des jungen Friedrich Schleiermacher«; 1958–63 Pfarrer in Wegeleben (Kr. Halberstadt), hervorgetreten im Streit um die Kindertaufe; unter Förderung von Bischof Jänicke* Mitarb. an staatskrit. Texten, u. a. »Zehn Artikel zum Dienst u. Freiheit der Kirche« (1963); 1961 Habil. zu Schleiermacher; 1963–73 Rektor des Predigerseminars der Ev. Kirche der Union in Gnadau; 1972 zur Tagung der Synode des Bunds der Ev. Kirchen in der DDR (BEK) in Dresden aufsehenerregendes Referat »Christus befreit, darum Kirche für andere«, in dem er für die Diskussion um das Verhältnis Kirche – Staat die Begriffe »krit. Solidarität«, »konkret unterscheidende Mitarb.« sowie »verbesserl. Kirche im verbesserl. Soz.« prägte, anschl. scharfe Angriffe von staatl. u. kirchl. Seite wegen »Dubschekismus«; in der Folge wurde F. zum führenden Exponenten einer staatskrit. Theol. in der DDR; 1973 Propst in Erfurt u. bis 1987 Vors. des Aussch. »Kirche u. Ges.« beim BEK in Berlin; langj. Synodaler des BEK u. der Kirchenprovinz Sachsen; Mitarb. in der Kirchentagsbew., u. a. umstrittene Reden auf den Kirchentagen 1978, 1983, 1988; Förderer opp. Gruppen in der Kirche; 1983 als Vertreter der unabhängigen Friedensbew. der DDR Redner auf der großen Friedensdemonstration in Bonn; Initiator des konziliaren Prozesses, die Forderung Bonhoeffers von 1934 nach einem allchristl. Friedenskonzil wiederaufnehmend; 1988/89 stellv. Vors. der ökumen. Versammlung für Gerechtigkeit, Frieden u. Bewahrung der Schöpfung, Teiln. an zahlr. ökumen. Konferenzen; vom MfS bearbeitet im OV »Milan«, zahlr. Zersetzungaktivitäten mit dem Ziel, F. in den kirchenleitenden Gremien zu isolieren; 1989/90 Engagement in der Bürgerbew. u. bei der Auflösung des MfS, Vors. des Runden Tisches im Bez. Erfurt; Kritiker des schnellen kirchl. u. staatl. Vereinigungsprozesses; 1994 Ruhestand.
Publ.: Vom Gebot Christi, daß die Kirche uns die Waffen aus der Hand nimmt u. den Krieg verbietet. Stuttgart 1986; Mit Gott Schritt halten. Reden u. Aufsätze eines Theol. in der DDR aus 20 Jahren. Berlin 1986; Die unvollendete Rev. Stuttgart 1992.

Falkenhagen, Hans
13. 5. 1895–26. 6. 1971
Physiker
Geb. in Wernigerode, Vater Beamter; Abitur, 1913–21 Studium der Naturwiss. in Heidelberg, München u. Göttingen, hier 1921 Prom. mit einer Arbeit auf dem Gebiet der Physik; seit 1922 an der Univ. Köln, 1924 Habil., 1930 ao. Prof., ab 1936 Dir. des Inst. für Theor. Physik; mehrere Forschungsaufenthalte in den USA; 1933 NSDAP; 1939/40 Wehrmacht.
1945 Übersiedlung nach Dresden, bis 1948 als freier Schriftst. tätig, u. a. mit physikhist. Studien beschäftigt; 1948 Berufung zum Lehrbeauftragten, 1949 zum ord. Prof. u. Dir. des Inst. für Theor. Physik der Univ. Rostock, begründete hier eine der wichtigsten Schulen der Theor. Physik in der DDR mit Forschungen bes. zur Struktur der Flüssigkeiten u. zur Theorie elektrolyt. Lösungen; 1955 Ord. Mitgl. der DAW, NP.

Publ.: Die Naturwiss. in Lebensbildern großer Forscher. Stuttgart 1948; Elektrolyte. Leipzig 1953.

Fanghänel, Egon 25. 6. 1935
Chemiker
Geb. in Waldheim (Sa.), Vater Krankenpfleger; Abitur; 1953–58 Chemiestudium an der TH Dresden, anschl. Assistent am Inst. für organ. Chemie, 1962 Prom., Oberassistent; 1968 Habil. mit Untersuchungen zur Synthese u. synthet. Verwertbarkeit von 1,3-Dithiol-2-thionen; Doz. für organ. Chemie an der TH für Chemie Leuna-Merseburg (THC); 1968–70 Forschungs- u. Lehrtätigkeit am Centro Nacional de Investigaciones Científicas Havanna; 1971 ord. Prof. an der THC; 1975–77 Industrietätigkeit im Fotochem. Kombinat ORWO Wolfen; 1977–90 Ltr. des Problemlaboratoriums »Chemie der Informationsaufzeichnung« an der THC, 1979–84 Sektionsdir.; 1981 Ord. Mitgl. der Sächs. AdW; 1985 Forschungsaufenthalt an der Columbia University New York; 1985–88 Vors., 1988–90 stellv. Vors. der Chem. Ges.
1989 Mitgl. im Council der Föderation der Eur. Chem. Gesellschaften; seit 1990 Rektor der TH Merseburg.
Hauptarbeitsgebiete: organ. Schwefelchemie, organ. Festkörperchemie mit ungewöhnl. physikal. Eigenschaften, Heterocyclensynthese, organ. Fotochemie u. Informationsaufzeichnung; Mithrsg. des »Journal of Information Recording Materials«; mehr als 200 Publ., etwa 100 Patente.

Fanselau, Gerhard Rudolf
30. 4. 1904–28. 4. 1982
Geomagnetiker
Geb. in Leipzig, Vater Postbeamter; 1932–37 Physikstudium an der Univ. Berlin, 1927 Prom.; 1927–30 wiss. Hilfskraft am Preuß. Meteorolog. Inst.; 1930–33 wiss. Angestellter im Magnet. Observatorium (ab 1937 Geophysikal. Inst.) Potsdam-Seddin, 1933–50 Ltr. des zum Geophysikal. Inst. gehörenden Adolf-Schmidt-Observatoriums für Erdmagnetismus in Niemegk (b. Belzig); 1935 Habil. an der Univ. Berlin.
1950–69 Dir. des Geophysikal. Inst., das 1957 als Geomagnet. Inst. Bestandteil der DAW wurde; 1950 Prof. mit Lehrauftrag, 1954 mit vollem Lehrauftrag an der HU Berlin sowie ord. Prof. für allg. Geophysik an der KMU Leipzig, 1969 em.; 1955–66 Vors. der Gewerkschaft Wiss. im Bez. Potsdam.
Verf. von ca. 200 wiss. Publ., maßg. an der Entdeckung der Induktionsanomalien im Erdkörper u. an der magnet. Landesvermessung der DDR beteiligt, entwikkelte die »Fanselau-Spule« u. die magnet. Feldwaage; langj. Mithrsg. von »Gerlands Beiträgen zur Geophysik«; Mitgl. versch. in- u. ausländ. wiss. Ges. u. Gremien, u. a. des Nationalkomitees für Geodäsie u. Geophysik u. der Ungar. Geophysikal. Ges.

Faust, Siegmar 12. 12. 1944
Schriftsteller
Geb. in Dohna (Sa.), Vater Zypriot, der als engl. Soldat in Gefangenschaft geriet, Mutter techn. Zeichnerin, Pflegevater Prod.-Arbeiter u. Ing.-Ökonom; Abitur; 1964 Kand. der SED; 1965/66 Studium der Fächer Kunsterziehung u. Geschichte an der KMU Leipzig, Bewährung in der Prod., Studium am Lit.-Inst. »Joh. R. Becher« Leipzig, 1968 zweite Exmatrikulation aus pol. Gründen; versch. Hilfsarbeitertätigkeiten; seit 1968 OV »Literat«; 1971/72 U-Haftanstalt des MfS Leipzig wegen »staatsfeindl. Hetze«, Amnestie; Anzeige gegen das MfS, Ausreiseanträge; erneute Inhaftierung wegen »staatsfeindl. Hetze«, Verurteilung zu viereinhalb Jahren Freiheitsentzug; 1974–76 Strafvollzug Cottbus; dort Hrsg. der handgeschriebenen Häftlingsztg. »Armes Dtl.«, dafür über 400

Tage Kellereinzelhaft; Interventionen aus dem In- u. Ausland bewirkten vorzeitige Entlassung; Aufnahme im Freundeskreis Wolf Biermanns* u. Robert Havemanns*; 1976 Übersiedlung nach Berlin (West); freiberufl.; 1979 sechsteilige ZDF-Spielserie »Freiheit, die ich meine«; Chefred. der Ztschr. »DDR heute« u. »Christen drüben«; Unterstützung der Bürgerrechtsbew.; neuer OV »Mephisto«; nach dem Fall der Mauer Übersiedlung nach Berlin (Ost); Vizepräs. des Freien Dt. Autorenverb. (FDA); Referent beim Landesbeauftragten für die Stasi-Unterlagen in Berlin; Literaturpreis des Ostdt. Kulturrats, versch. Stipendien.
Publ.: In welchem Lande lebt Mephisto? München 1979; Ich will hier raus. Berlin 1983; Der Freischwimmer. Sindelfingen 1987.

Fechner, Herbert 27. 8. 1913
Oberbürgermeister von Berlin
Geb. in Berlin, Vater Tischler; Volksschule; 1927 SAJ u. Arbeitersportbew.; 1928–33 Möbelpolierer, 1933–35 Telegrafenbauarbeiter, 1941 Abschluß der Berufausbildung als Telegrafenbauhandwerker; Kriegsdienst.
1945 SPD u. FDGB, 1946 SED; 1946 bis 1948 Telegrafenbauhandwerker; 1948 bis 1950 Sekr. der SED-KL von Berlin-Lichtenberg, 1950/51 von Berlin-Treptow, 1950–74 Mitgl. der SED-BL Berlin; 1951–61 Stadtrat für Volksbildung bzw. Gesundheits- u. Sozialwesen, 1953–61 stellv. OB, 1954–76 Stadverordneter; 1957 PHS; ab 1959 Präs. des Bunds Dt. Segler; ab 1960 Mitgl. des Bundesvorst. des DTSB; 1961–67 Bezirksbürgermeister von Berlin-Köpenick, Mitgl. der Stadtbezirksvers. und der SED-KL; 1963–65 Fernstudium an der DASR Potsdam, Dipl.-Staatswiss.; Juli 1967 – Febr. 1974 OB von Berlin (Nachf. von Friedrich Ebert*); 1967–74 Mitgl. des Sekr. der SED-BL Berlin, 1967–76 Kand. des ZK der SED; 1967 – März 1990 Abg. der Volkskammer, ab 1974 Vors. der Interparl. Gruppe, Mitgl. des Präs. der Liga für Völkerfreundschaft; 1973 VVO in Gold.

Fechner, Max 27. 7. 1892–13. 9. 1973
Justizminister
Geb. in Berlin, Vater Maurer; Volksschule, Ausbildung zum Werkzeugmacher; 1908 SAJ, 1910 Dt. Metallarbeiterverb., 1910 SPD, 1917–22 USPD, 1920–22 Mitarb. in deren ZK; 1921–25 Bezirksverordneter in Berlin-Neukölln; ab 1922 wieder SPD, Mitarb. im PV u. 1924–33 Ltr. seiner kommunalpol. Zentralstelle u. verantw. Red. der kommunalpol. Ztg. »Die Gemeinde«; 1924–33 MdL Preußen; 1933 Mitgl. des illegalen Aussch. der SPD, 1933/34 u. 1944/45 inhaftiert.
Juni 1945 Mitgl. des Zentralaussch. u. einer der drei Vors. der SPD; Apr. 1946 – Juli 1953 Mitgl. des PV bzw. ZK der SED u. bis Jan. 1949 stellv. Vors. u. Mitgl. des Zentralsekr. des PV; 1948/49 Mitgl. des Präs. des Dt. Volksrats, 1949/50 Abg. der Prov. Volkskammer; ab Okt. 1948 Präs. der Dt. ZV für Justiz (Nachf. von Eugen Schiffer*), Okt. 1949 – Juli 1953 Min. für Justiz; nach dem 17. Juni 1953 als angebl. »Feind des Staates u. der Partei« seines Amtes enthoben, aus der SED ausgeschlossen, verhaftet u. abgeurteilt; 1956 aus der Haft entlassen, 1958 Wiederherstellung der Parteimitgliedschaft; 1967 VVO in Gold.
Publ.: Wie konnte es geschehen. Berlin 1945; Wesen u. Aufgaben der neuen demokr. Selbstverwaltungen. Berlin 1948.

Fechter, Peter 14. 1. 1944–17. 8. 1962
Maurer, Grenzopfer
Kindheit u. Schulbesuch in Berlin-Weißensee; Maurerlehre (am Mauerbau beteiligt), 1961 Abschluß der Maurerlehre; am 17. 8. 1962 Flucht mit einem Freund über die Mauer in Berlin-Mitte; während

der Freund die Grenze unverletzt überwand, wurde er angeschossen u. verstarb nach etwa einer Stunde infolge unterlassener Hilfeleistung im Todesstreifen; sein Fall erregte intern. Aufsehen u. wurde zum Symbol für den Zustand der innerdt. Grenze; 1993 Einleitung eines Untersuchungsverfahrens gegen die beteiligten Grenzsoldaten.

Feiereis, Konrad 14. 1. 1931
Katholischer Theologe und Philosoph
Geb. in Glogau; 1954 Priesterweihe in Neuzelle; Vikar in Beeskow; 1955 Vikar in Storkow; 1957 Vikar in Görlitz, Heilig Kreuz; 1959 Assistent am Regional-Priesterseminar/Studium Erfurt; Dr. theol. mit der Arbeit »Die Umprägung der natürl. Theol. in Religionsphilos.« (Leipzig 1965); 1965 Pfarradministrator in Königshain (Sa.); 1966 Lehrbeauftragter, 1968 Doz. für Philos. am Regional-Priesterseminar/Studium Erfurt; 1970 Verwalter des Lehrstuhls für Philos.; 1974 ord. Prof. für Philos. am Regional-Priesterseminar/Studium Erfurt; mehrfach Rektor; Konsultor des Päpstl. Sekretariats für den Dialog mit den Nichtglaubenden; 1985 Päpstl. Ehrenkaplan; 1986 Referent beim Dialogtreffen von Christen u. Marxisten in Budapest mit dem Referat »Das Zusammenleben von Christen u. Marxisten in der DDR«; 1989 Referat beim Kolloquium des Päpstl. Rates für die Nichtglaubenden mit dem Sowj. KSZE-Komitee zum Thema »Das gemeinsame europ. Haus. Bereiche der Zusammenarbeit zwischen Ost- u. Westeuropa«; 1990 Teiln. am 40. Kongreß »Kirche in Not« mit dem Vortrag »Aufbruch woher – Aufbruch wohin? Herausforderungen für Ges. u. Kirche.«
Autor von Aufsätzen u. Buchbeiträgen zu philosoph. u. ges. Fragen, u. a. zu Voraussetzungen natürl. Theol. in Rückbesinnung auf P. Wust, zu religionsphilosoph. Auseinandersetzungen in der dt. Aufklärung, zu den Möglichkeiten von Kirche u. Christentum in der marxist. geprägten Ges. sowie zur Philos. in der DDR aus christl. Sicht, seit 1990 zu geistigen u. religiösen Herausforderungen der dt. Vereinigung; seit 1973 Mithrsg. der Erfurter Theolog. Studien u. seit 1974 der Erfurter Theolog. Schriften.

Feist, Manfred 6. 4. 1930
SED-Funktionär
Geb. in Halle, Vater Gotthard F., Arbeiter, FDGB-Funktionär; 1947 SED; 1950/51 Instrukteur der SED-KL Halle; 1951–53 Referent, später Oberreferent im Min. für Auswärtige Angelegenheiten; 1954–58 Abt.-Ltr. im Aussch. für Dt. Einheit; 1959–66 Sekr. der Ges. für kulturelle Verbindungen mit dem Ausland – Liga für Völkerfreundschaft; 1966–89 Ltr. der Arbeitsgruppe bzw. Abt. für Auslandsinformation des ZK der SED (Nachf. von Werner Lamberz*); 1971–76 Kand. u. 1976–89 Mitgl. des ZK der SED; Mitgl. des Präs. des DDR-Friedensrats u. des Weltfriedensrats; 1980 VVO in Gold; Bruder von Margot Honecker*.

Feist, Peter Heinz 29. 7. 1928
Kunsthistoriker
Geb. in Warnsdorf (ČSR) in einer Arztfamilie; 1944/45 Luftwaffenhelfer, 1945 RAD.
1947 Abitur in Wittenberg, anschl. bis 1952 Studium der Kunstgeschichte an der MLU Halle, 1952–58 dort Assistent bzw. Oberassistent; 1954 SED; 1958 Prom. mit einer Arbeit über die Stilstruktur von der altoriental. bis zur roman. Kunst; danach bis 1966 Oberassistent am Inst. für Kunstgeschichte der HU Berlin, 1966 Habil. mit einer Arbeit über den frz. Impressionismus, 1967 Doz. u. 1968 Prof. für Kunstwiss. an der Sekt. Ästhetik u. Kunstwiss. der HU Berlin, bis 1981 zugl. Inst.-Dir., stellv. Sekt.-Dir. u. Ltr. des Bereichs Kunstwiss.; 1968 Mitgl. des Zentralvorst. des VBK, 1969 Mitgl. der

Intern. Kommission für Kunstgeschichte; 1972 Ord. Mitgl. der AdK, 1974 Korr. Mitgl. der AdW; 1975 u. 1980 NP; 1982 Dir. des Inst. für Ästhetik u. Kunstwiss. der AdW; 1990 Vorruhestand.
Publ.: Künstler, Kunstwerk u. Gesellschaft. Dresden 1978; Geschichte der dt. Kunst 1760–1890. 2 Bde. (Hrsg.). Leipzig 1986/87.

Felber, Horst 23. 10. 1929
1. Sekretär der SED-Kreisleitung im MfS
Geb. in Chemnitz, Vater Lackierer; Volksschule; 1944/45 Schüler am Lehrerseminar Zschopau.
1948 Abitur; Grundschullehrer; 1951 FDJ-Sekr. an der FS für Textilindustrie Chemnitz; 1952 Einstellung beim MfS, BV Chemnitz, Abt. VIII (Beobachtung/Ermittlung); dann Versetzung zur HA Personenschutz, MfS Berlin, SED; 1954 hier stellv. Abt.-Ltr.; 1955/56 Besuch der Schule des KGB in Moskau; 1956 Referatsltr. in der HA Kader u. Schulung, dann Arbeitsgruppenltr. an der HS des MfS Potsdam-Eiche; 1960 Ltr. der Abt. Fernstudium; 1960–64 externes Studium an der PH Potsdam, Lehrer für Geschichte; 1964 stellv. Abt.-Ltr. in der HA II (Spionageabwehr); 1968 dort Parteisekr.; 1969 Abt.-Ltr., 1970 2. Sekr. der SED-KL des MfS, 1970 Prom. zum Dr. jur. an der JHS des MfS Potsdam-Eiche; 1979 1. Sekr. (Nachf. von Gerhard Heidenreich*), Gen.-Major; 1981 Mitgl. des ZK der SED; 1988 VVO in Gold; 18. 11. 1989 Rücktritt als 1. Sekr. der KL; Jan. 1990 Entlassung.

Feldmann, Wilhelm 10. 2. 1910
Industrieminister
Geb. in Köln-Deutz, Vater Ing.; Oberrealschule in Hamm, 1930–34 Jurastudium an den Univ. Bonn u. Jena, 1934 Referendarexamen, 1936 Prom. zum Dr. jur. in Jena; 1938 Assessorexamen, anschl. in der Industrie tätig; 1940 Wehrmacht; 1944 als Ltn. in sowj. Gefangenschaft, 1946–49 Besuch der Zentralen Antifa-Schule in Krasnogorsk u. Lehrtätigkeit.
1949 Rückkehr nach Dtl.; NDPD, dort im geschäftsführenden Vorst. tätig; 1949–67 Abg. der Prov. Volkskammer bzw. Volkskammer; 1950–58 Min. für Leichtindustrie, 1958–63 Abt.-Ltr. in SPK bzw. Volkswirtschaftsrat; 1963/64 stellv. Vors. des Staatl. Vertragsgerichts; 1964–73 Vizepräs. des Amts für Erfindungs- u. Patentwesen; ab 1974 Invalidenrentner; ab 1975 Mitgl. der Freundschaftsges. DDR – Afrika; März 1990 nach kooperativem Beitritt der NDPD zum Bund Freier Demokr. zeitw. dessen Mitgl., später F.D.P.

Felfe, Heinz 18. 3. 1918
Agent
Geb. in Dresden, Vater Kriminalbeamter; Mittelschule; Ausbildung zum Feinmechaniker; NS-Schülerbund, HJ u. SS-Motorsturm; 1936 NSDAP; RAD; Sept. 1939 – Febr. 1940 Soldat, Pionier; 1940/41 Langemarck-Studium, Abitur; als Anwärter des ltd. Dienstes der Sicherheitspolizei Jurastudium in Berlin; 1942/43 Lehrgang für Kommissarsanwärter; 1943/44 Ltr. des Referats Schweiz/Liechtenstein im Reichssicherheitshauptamt, Obersturmführer; Dez. 1944 Einsatz in den Niederlanden; Mai 1945 – Okt. 1946 brit. Gefangenschaft.
1947 Wiederaufnahme des Jurastudiums in Bonn, 1949 Dipl.-Jur.; ab 1949 für den sowj. Geheimdienst tätig; bis Ende 1951 Mitarb. des Bundesmin. für gesamtdt. Fragen; 1951–61 Mitarb. der Org. Gehlen (ab 1956 BND), in der Generalvertretung L, Karlsruhe, 1953 Referatsltr. »Gegenspionage Sowjetunion« in Pullach, Regierungsrat; 6. 11. 1961 Festnahme, Juli 1963 vom Bundesgerichtshof zu 15 Jahren Haft verurteilt; am 14. 2. 1969 durch Agentenaustausch in die DDR entlassen; Doz. an der Sekt. Kriminalistik der HU Berlin, 1972 Prom. mit einer

Diss. über die Kontinuität der Politik des dt. Imp., Dr. jur., Prof., em.
Publ.: Im Dienste des Gegners. Hamburg. Zürich 1986. Berlin (Ost) 1988.

Felfe, Werner 4. 1. 1928–7. 9. 1988
SED-Politiker
Geb. in Großröhrsdorf (Kr. Bischofswerda), Vater Arbeiter; Volksschule; 1942–44 kaufmännische Lehre, Handelskammerprüfung; 1945 Bauhilfsarbeiter; KPD, FDGB; 1946 SED, FDJ, Ortsjugendaussch. Großröhrsdorf und ehrenamtl. Sekr. der FDJ-KL Kamenz; 1946–49 zunächst Sachbearb., dann Abt.-Ltr. u. Sekr. der SED-KL Kamenz, 1949/50 Instrukteur der Landesltg. Sachsen, 1950–53 1. Sekr. der SED-KL Flöha; 1953 PHS; 1954–57 2. Sekr. des ZR der FDJ; 1954–58 u. ab 1971 Abg. der Volkskammer, 1954–58 Vors. ihres Jugendaussch.; 1954 Kand., 1963 Mitgl. des ZK der SED; 1957–60 zunächst stellv. Vors., dann Vors. des Rats des Kr. Zschopau, 1960–63 Vors. des Rats des Bezirks Karl-Marx-Stadt u. Mitgl. des Büros der SED-BL; 1963–65 Studium am Industrieinst. der TU Dresden, Dipl.-Ing.-Ök.; 1965/66 stellv. Abt.-Ltr. im ZK der SED; 1966–71 Sekr. für Agit. u. Prop. bzw. 2. Sekr., 1971–81 1. Sekr. der SED-BL Halle (Nachf. von Horst Sindermann*); 1973 Kand., ab 1976 Mitgl. des PB des ZK der SED, ab 1981 Sekr. des ZK für Landw. (Nachf. von Gerhard Grüneberg*), Einleitung einer agrarpol. Kurskorrektur zur schrittweisen Aufhebung der Trennung von Pflanzen- u. Tierprod. sowie Ressourceneinsparung, Abbau von administrativer Bevormundung in der Agrarwiss., bes. der AdL; 1974 VVO in Gold, 1978 KMO; ab 1981 Mitgl. des Staatsrats; 1988 Dr. agr. h.c. an der AdL; Herztod.
Publ.: Alles mit den Menschen – alles für die Menschen. Ausgew. Reden u. Aufsätze. Berlin 1988.

Felixmüller, Conrad (eigtl. Felix Müller) 21. 5. 1897–24. 3. 1977
Maler, Grafiker
Geb. in Dresden, Vater Fabrikschmied; 1912–15 Studium an der Dresdener Kunstakad., Meisterschüler von C. Bantzer; 1915–34 freischaff. in Dresden; 1919 Mitbegr. u. Vors. der Dresdener Sezession, Gruppe 1919; Mitgl. der Nov.-Gruppe; 1919–24 KPD; 1920 Sächs. Rom-Preis; 1928 Großer Preis für Malerei des Sächs. Kunstvereins; 1930 Dürer-Preis der Stadt Nürnberg; 1931 Sächs. Staatspreis für Malerei; 1934 Übersiedlung nach Berlin, später aufgrund von Ausbombung nach Damsdorf (Altmark); 1944 Tautenhain (Sa.); 1944/45 Kriegsdienst.
1948 Vors. des Arbeitskreises Sorb. Bildender Künstler; 1949 Prof. für wiss. Zeichnen an der MLU Halle-Wittenberg; 1961 Umzug nach Berlin-Köpenick; 1967 Übersiedlung nach Berlin (West); 1974 Goldmedaille der IV. Biennale Internazionale della Grafica d'Arte in Florenz; gest. in Berlin (West).
Werke u. a.: Malerpaar Hanna u. Peter August Böckstiegel (1914), Otto Rühle spricht (1920), Der Schaubudenboxer (1921), Otto Dix malt (1920), Der Tod des Dichters Walter Rheiner (1925), Der Zeitungsjunge (1928), Liebespaar vor Dresden (1928), Akt u. Zeichner (1933), Kunstfreund im Atelier (1939), Emporenbilder in der Jakobskirche Tautenhain (1952), Holzschnitt-Bildnisse Carl Sternheim (1925), Max Liebermann (1926), Friedrich Wolf* (1947), Zyklus Ich sah – und schnitt in Holz (1947–51).
Publ.: C. F. Von ihm, über ihn. Düsseldorf 1977; C. F. Legenden 1912–1976. Tübingen 1977.
Sek.-Lit.: D. Gleisberg: C. F. Leben u. Werk. Dresden 1982; Kat. C. F. Werke u. Dokumente. Nürnberg 1981; Kat. C. F. Gemälde, Aquarelle, Zeichnungen, Druckgraphik, Skulpturen. Schleswig 1990.

Felke, Petra, verh. Meier 30. 7. 1959
Leistungssportlerin (Leichtathletik)
Geb. in Saalfeld (Thür.); zunächst Kunstradfahrerin, später Wechsel zur Leichtathletik, Spezialdisziplin: Speerwurf; 1975 Spartakiadesiegerin; Delegierung zur KJS u. zum SC Motor Jena (Trainer: Karl Hellmann); 1980–90 SED; mehrmalige DDR-Meisterin; 1986 Vize-EM; 1987 WR (80 m), Vize-WM; 1988 Olympiasiegerin.
1991 Dipl. an der DHfK Leipzig; Mitarb. im Fitneßzentrum des Jenaer Klubs; 1993 Rückkehr nach Saalfeld.

Felsenstein, Walter
30. 5. 1901–8. 10. 1975
Regisseur, Intendant
Geb. in Wien; Realgymnasium, Studium an der TH Graz; 1921–23 in Wien Schauspielunterricht; 1923/24 Schauspieler in Lübeck, 1924/25 in Mannheim; 1926/27 erste Regiearbeiten in Beuthen, 1927–29 Regisseur in Basel, 1929–32 in Freiburg; 1932–34 Oberspielltr. an der Oper Köln, 1934–36 in Frankfurt/Main; 1938–40 am Staatstheater Zürich, 1940–44 am Schillertheater Berlin.
1945–47 Regisseur am Hebbeltheater Berlin; 1947–75 erster Intendant u. Chefregisseur der Kom. Oper Berlin, entwickelte dort seine Auffassungen vom Musiktheater; 1952 DAK u. 1956 Vizepräs. der DAK; 1959 Prof.; NP 1950, 1951, 1956, 1960; 1961 Dr. h.c. der HU Berlin, 1962 Ehrendoktor der Karlsuniv. Prag; Mitgl. der Dt.-Frz. Ges.; 1965 VVO in Gold; 1966 Vizepräs. des Verb. der Theaterschaffenden; 1969 KMO.
Aufführungen u. a.: 1947 »Die Fledermaus« (J. Strauß), 1950 »Die verkaufte Braut« (B. Smetana), 1954 »Die Zauberflöte« (Mozart), 1956 »Das schlaue Füchslein« (L. Janácek), 1958 »Hoffmanns Erzählungen« (J. Offenbach), 1961 »Ein Sommernachtstraum« (Benjamin Britten), 1966 »Don Giovanni« (Mozart), 1971 »Der Fiedler auf dem Dach« (Jerry Bock u. Joseph Stein).

Fichtner, Kurt 16. 8. 1916
Stellvertretender Ministerratsvorsitzender
Geb. in Breslau, Vater Schlosser; Volksschule, kaufm. Lehre, anschl. Arbeit in Großbetrieb der Metallindustrie; 1945/46 SPD/SED; ab 1946 Red. der »Sächs. Volksztg.«; später Funktionen in der sächs. Landesreg.; 1951 Werkltr. des VEB Leichtmetallwerk Rackwitz, später Ltr. der HV Nichteisenmetallindustrie im Min. für Berg- u. Hüttenwesen u. Ltr. des Sektors Berg- u. Hüttenwesen in der SPK, 1961–64 Ltr. der Abt. Nichteisenmetallindustrie im Volkswirtschaftsrat (VWR); 1963 Prom. zum Dr. rer. oec. an der Bergakad. Freiberg, 1963/64 Zusatzstudium in der UdSSR; 1964/65 stellv. Vors. des VWR für den Bereich Metallurgie u. Kaliindustrie, Dez. 1965 – Juli 1967 Min. für Erzbergbau u. Metallurgie, 1967 – Febr. 1974 stellv. Vors. des Min.-Rats, zuständig für Grundfonds- u. Investitionspol.; 1971–81 Kand. des ZK der SED; ab Febr. 1974 stellv. Vors. der SPK für Koordinierung der Investitionen u. Mitgl. des Min.-Rats, 28. 6. 1979 Rücktritt aus gesundheitl. Gründen; 1976 VVO in Gold; ab 1979 Präs. der Freundschaftsges. DDR – Belgien.

Fiedler, Heinz 23. 4. 1929–15. 12. 1993
MfS-Hauptabteilungsleiter
Geb. in Leubnitz (Kr. Werdau), Vater Schlosser, Mutter Weberin; Volksschule, Vollhandelsschule, Mittlere Reife; 1945 RAD, Wehrmacht, amerik. Gefangenschaft.
1945 Arbeit als Hilfsmechaniker bei Siemens-Apparatebau Werdau; 1946 Lehre u. Angestellter bei der Sozialversicherungskasse Zwickau; 1946 KPD/SED; 1949 kaufm. Angestellter u. FDJ-Organisationssekr. im Kfz-Werk »Ernst Grube«, Werdau; 1952 Einstellung beim

MfS, Kreisdienststelle Zwickau; 1954 Abt. II (Spionageabwehr) der Bezirksverwaltung Karl-Marx-Stadt, 1958 dort Abt.-Ltr.; 1960–65 Fernstudium an der HS des MfS Potsdam-Eiche, Dipl.-Jur.; 1961 Stellv. Operativ des Ltr. der Bezirksverwaltung Karl-Marx-Stadt; 1968 Abt.-Ltr. beim ständigen Operativstab des 1. Stellv. des Min.; 1970 Ltr. der HA VI (Paßkontrolle, Tourismus, Interhotels); 1975 Prom. zum Dr. jur. an der JHS des MfS Potsdam-Eiche; 1975 Gen.-Major; 1977/78 Einjahreslehrgang an der PHS; 1985 VVO in Gold; Jan. 1990 Entlassung, Rentner.
1. 12. 93 Verhaftung wegen Verdachts der gemeinschaftl. Anstiftung zum Mord, Selbstmord in U-Haft.

Fink, Heinrich 31. 3. 1935
Evangelischer Theologe, Rektor der HU Berlin
Geb. in Korntal (Bessarabien) in einer dt. pietist. Bauernfamilie; 1940 Aussiedlung infolge des Hitler-Stalin-Pakts, nach zwei Jahren in versch. Lagern Ansiedlung in Posen.
1945 Flucht der Familie u. Ansiedlung in Glienecke (b. Ziesar); Schulbesuch in Glienecke, Brandenburg u. Genthin, Junge Gemeinde, 1954 Abitur; anschl. bis 1960 Studium der Theol. an der HU Berlin, Besuch von Lehrveranstaltungen auch an den Univ. in Berlin (West), 1958/59 Unterbrechung des Studiums u. Tätigkeit als Reisesekr. der ESG; ab 1958 Mitarb. im »Weißenseer Arbeitskreis«; 1960/61 Vikar in Halle; anschl. Assistent an der HU Berlin; ab 1961 Mitarb. in der Christl. Friedenskonferenz, später in führender Stellung; seitdem mehrere Dienst- u. Vortragsreisen ins westl. Ausland; 1966 Prom. mit einer Diss. über Schleiermacher, 1970 Doz. für Prakt. Theol. u. bis 1976 stellv. Dir. der Sekt. Theol. der HU Berlin, 1978 Habil. mit einer Arbeit über Karl Barth u. das NKFD in der Schweiz, 1979 ord. Prof. für Prakt. Theol., 1980–90 Dir. der Sekt. Theol.; 1978–90 Mitgl. der Synodale der Ev. Kirche Berlin-Brandenburg, Mitarb. in den Ausschüssen für Friedensfragen u. Theol.; 8. 10. 1989 beim Überfall von Polizei u. MfS auf die Demonstranten vor der Berliner Gethsemane-Kirche verletzt, ab Nov. 1989 Mitarb. in der diesbezügl. Untersuchungskommission der Berliner Stadtverordnetenversammlung; Dez. 1989 Ltr. des Runden Tisches der Univ., März 1990 Wahl zum Rektor der HU Berlin; Gründungsmitgl. der Ges. DDR – Israel.
Ab 1991 massive Vorwürfe, als IM »Heiner« für das MfS gearbeitet zu haben, die von F. bestritten werden; Anfang 1992 durch den Berliner Senator für Wiss. als Prof. der HU Berlin entlassen (1993 gerichtl. Bestätigung der Entlassung); 1992 Mitbegr. der »Komitees für Gerechtigkeit«; 1994 Kand. auf der Liste der PDS zu den Europawahlen.
F. galt in der DDR als konformer u. staatsloyaler Theologe u. Gegner opp. Bestrebungen.
Sek.-Lit.: G. Herzberg*, K. Meier: Karrieremuster. Berlin 1992; Karau, G.: Die »Affäre Heinrich Fink«. Berlin 1992.

Fink, Rudi 6. 7. 1958
Leistungssportler (Boxen)
Geb. in Cottbus; im Alter von zehn Jahren Beginn mit dem Boxsport bei der ASG Vorwärts Cottbus, 1971 DDR-Schülermeister u. 1972 Spartakiadesieger; 1974 Wechsel zum ASK Vorwärts Frankfurt/Oder (Trainer: Manfred Wolke*); 1978–89 SED; zweimal DDR-Meister; 1980 Olympiasieger im Federgewicht; 1981 aufgrund von Verletzungen Beendigung der sportl. Laufbahn; Berufsausbildung zum Kfz-Schlosser, später Ltn. der NVA.
1990–92 Boxtrainer im TZ Peitz, danach Bezirkstrainer in Cottbus.

Finke, Fidelio F. (Friedrich)
22. 10. 1891–12. 6. 1986
Komponist, Hochschullehrer
Geb. in Josefstal (Nordböhmen), Vater Oberlehrer; 1906–08 Lehrerseminar in Reichenberg, Unterricht u. a. in Klavier, Orgel, Violine, Musiktheorie; 1908–11 Konservatorium Prag, Studium bei Romeo Finke (Klavier) u. Vitezlav Novák (Komposition); 1911–14 Priv.-Musiklehrer, Chordirigent u. Klavierbegleiter, Beginn der lebenslangen Freundschaft mit dem tschech. Komponisten Alois Hába; 1915–20 Lehrer für Musiktheorie am Konservatorium Prag, 1920 für Musiktheorie u. Komposition an der Dt. Akad. für Musik u. darstellende Kunst in Prag, 1926 Prof., 1927–45 dort Dir. u. Rektor, Ltr. der Meisterklasse für Komposition.
1945 Aussiedlung nach Dresden; 1946 SED; Gründer u. Rektor der Staatl. Akad. für Musik u. Theater Dresden (bis 1951); Gründungsmitgl. des VDK; Prof. für Tonsatz an der HS für Musik Leipzig (bis 1958); 1956 Mitgl. der DAK.
Über 170 Kompositonen, darunter Orchestermusik (acht Orchestersuiten), Kammermusik (fünf Streichquartette), Werke für Klavier u. Orgel, Kantaten, Chöre, Lieder, Bühnenwerke (Opern: »Die Jakobsfahrt«, Prag 1936; »Der Zauberfisch«, Dresden 1960).

Fischbeck, Hans-Jürgen 18. 12. 1938
Bürgerrechtler
Geb. in einer bei der Bethel-Mission in Tanganjika (Ostafrika) tätigen Familie, 1944 Repatriierung nach Dtl., aufgewachsen in Stendal (Altmark); 1956 Abitur, 1956–61 Studium der Physik an der HU Berlin; 1962–91 wiss. Mitarb. am ZI für Elektronenphysik der AdW, 1966 Prom. u. 1969 Habil. auf dem Gebiet der theoret. Festkörperphysik; seit 1968 Mitgl. des Gemeindekirchenrats der Berliner Bartholomäusgemeinde, seit 1977 Mitgl. der Synode der Ev. Kirchen Berlin-Brandenburg, bei Synodaltagungen vorwiegend im Aussch. »Frieden, Gerechtigkeit u. Umwelt« engagiert, brachte 1987 den Antrag auf »Absage an Praxis u. Prinzip der Abgrenzung« in die Synode ein, seitdem Teiln. der gleichn. opp. Arbeitsgruppe; 1987 erste Kontakte zu Mitgl. der illegalen Initiative Frieden u. Menschenrechte; 1988 Delegierung zur 1. Ökumen. Versammlung der Kirchen u. Christen in der DDR in Dresden, verlas dort ein vom Staatssekr. für Kirchenfragen als staatsfeindl. eingestuftes »Zeugnis der Betroffenheit«; 1989 Mitinitiator der Beobachtung der Stimmenauszählung nach den Kommunalwahlen vom 7. Mai, Sept. 1989 Mitautor des Gründungsaufrufs der Bürgerbewegung Demokratie Jetzt (DJ), 1989/90 Mitgl. des DJ-Sprecherrats u. Ltr. einer Themengruppe »Wirtschaftsreform«, Mai 1990 Mitgl. der Fraktion Bündnis 90 der Berliner Stadtverordnetenvers.
Dez. 1990 Mitgl. der Fraktion Bündnis 90/Grüne-AL im Berliner Abgeordnetenhaus; 1992 Rückgabe des Mandats u. Studienltr. an der Ev. Akad. Mülheim/Ruhr; Sprecher des Bündnis 90 Nordrhein-Westfalen, 1993 Bündnis 90/Die Grünen, Mitgl. des Sprecherrats der innerparteil. Vereinigung »Forum Bürgerinnen- u. Bürgerbewegung«.
Sek.-Lit.: Findeis, H.; Pollack, D.; Schilling, M.: Die Entzauberung des Politischen. Leipzig. Berlin 1994.

Fischer, Arno 14. 4. 1927
Fotograf
Geb. in Berlin, Vater Schriftsetzer; 1933–41 Volksschule; 1941–44 Lehre als Modelltischler; 1944/45 Kriegsmarine; 1945/46 engl. Gefangenschaft.
1947/48 Studium in der Zeichen- u. Bildhauerklasse der Käthe-Kollwitz-Schule Berlin (West); 1948–51 Studium der Bildhauerei an der HS für bildende u. angewandte Kunst Berlin-Weißensee bei Heinrich Drake* u. 1951–53 an der HS für bildende Künste Berlin-Charlotten-

burg bei Alexander Gonda, von diesem zur Forts. fotograf. Versuche ermutigt; 1954/55 Fotolaborant in einem Röntgeninst.; in den 50er Jahren Fotos für den Bildband »Situation Berlin« (Texte Günther Rücker* u. Heinrich Göres), 1961 aus dem Verlagsprogr. gestrichen; 1956–71 Assistent, dann Oberassistent für Fotografie bei Klaus Wittkugel* an der HS für bildende u. angewandte Kunst Berlin-Weißensee; ab 1955 Arbeit für die Ztschr. »Das Magazin«; Fotograf für die Illustrierte »Freie Welt«; 1960–73 Fotos für die Modeztschr. »Sibylle«; ab 1971 freischaff. als Fotograf; Werbefotograf; 1971 Afrikareise; 1972/73 Lehrauftrag an der HS für Grafik u. Buchkunst Leipzig; ab 1975 mit Peter Voigt Gestaltung der Stelen für das Marx-Engels-Denkmal in Berlin; 1981 Mitwirkung bei der Gründung der Arbeitsgruppe Fotografie im VBK; 1983/84 Lehrauftrag an der HS für Grafik u. Buchkunst Leipzig, ab 1985 dort Doz., 1986–1992 Prof.

Ab 1990 Lehrauftrag für Fotografie an der Fach-HS Dortmund; 1991 Beteiligung am Projekt »Almediterranea 92«, Almería (Spanien); 1993 Lehrauftrag an der HS für Grafik u. Buchkunst Leipzig.

Publ.: Polens Hauptstädte (Text Rolf Schneider*). Berlin 1974; Leningrad (Text Daniil Granin). Berlin 1981; Alt Delhi, Neu-Delhi (Text Richard Christ). Berlin 1983; New York (Text Heiner Müller*). Berlin 1988.

Sek.-Lit.: Kat. A. F. Fotogalerie Friedrichshain. Berlin 1985; Kil, Wolfgang: Faszination des Beiläufigen. In: Bildende Kunst (1987) 2, S. 68 f.

Fischer, Eduard 16. 12. 1916–24. 8. 1992
Theaterplastiker

Geb. in Chiesch (b. Karlsbad); Ausbildung als Sattler, Täschner, Tapezierer u. Innenausstatter; durch den Krieg nach Thüringen verschlagen.

1945/46 SPD/SED; 1945–47 in Meiningen Bühnentechniker und Kascheur; 1947–49 Kascheur an der Maxim-Gorki-Bühne Schwerin; 1949 kurzzeitig Theatermeister in Potsdam, dann freiberufl. Kascheur für Theater u. Film, 1949 erste Arbeit (das rupfbare Huhn in Brechts »Mutter Courage u. ihre Kinder«) für das Berliner Ensemble (BE), ab 1951 Kascheur u. später Leiter der Abt. Kaschier- u. Theaterplastik am BE; in den Werkstätten der Berliner Staatstheater entwickelte F. aus seiner Kascheur-Tätigkeit den künstler. Beruf des Theaterplastikers; seit Mitte der 70er Jahre Ausbildung von Meisterschülern; F. schuf ca. 4000 Tiere u. 6000 Masken, seine Tier- u. Kostümplastiken bzw. Masken wurden auf Bühnen in Berlin, Halle/Saale, Leipzig, Dresden, Budapest, Wroclaw, Oslo, Wien, Brüssel, Stockholm, Bonn u. Nürnberg eingesetzt; Zusammenarbeit mit den Regisseuren Bertolt Brecht*, Erich Engel*, Benno Besson*, Manfred Wekwerth*, Wolfgang Langhoff*, Wolfgang Heinz u. Luc Bondy; bedeutendste Arbeiten: Drache für Schwarz' »Der Drache«, 1965 Deutsches Theater (DT) Berlin, R: Benno Besson; Kuh für Shaws »Purpurstaub«, 1964 in Gera, 1966 BE; Ochsen für Händels »Giustino«, 1984 Kom. Oper Berlin, R: Harry Kupfer*; trampolinspringendes Krokodil für Dessaus* »Einstein«, 1974 Staatsoper Unter den Linden Berlin, R: Ruth Berghaus*; Kostümplastiken für Schostakowitschs »Die Nase« 1986 in Dresden; Masken u. a. für Brechts »Kaukas. Kreisekreis«, 1954 am BE, 1967 für Sophokles' »Ödipus Tyrann«, DT, R: Benno Besson, 1970 für Konrad Wolfs* Film »Goya«.

Sek.-Lit.: Ruppelt, W.: E. F. – Kostümplastiken für das Theater. Berlin 1975.

Fischer, Gerhard 6. 12. 1925
Chefredakteur der Zeitung »Der Morgen«

Geb. in Leipzig, Vater Bäcker; Volksschule, Oberschule in Leipzig, Abitur; 1943 NSDAP; 1943–45 RAD.

1946 LDPD; 1946–48 Volontär u. Hilfsred. der »Leipziger Ztg.«; 1946–50 Studium der Wirtschaftswiss., Geschichte u. Publizistik an der Univ. Leipzig; 1952–54 verantw. Red. beim »Sächs. Tageblatt«, Bezirksausgabe Leipzig (LDPD), 1954/55 Chefred. der »Liberal-Demokr. Ztg.« Halle, 1955–89 Chefred. des LDPD-Zentralorgans »Der Morgen«; 1957–89 Mitgl. des Pol. Aussch. des Zentralvorst. der LDPD, 1967–89 des Sekr. des Zentralvorst.; 1958–63 Berliner Vertreter in der Volkskammer; seit 1958 Mitgl. des Präs. des VDJ, 1961–72 u. 1977–90 dessen stellv. Vors.; 1966 Vizepräs., 1977–89 Präs. der Freundschaftsges. DDR–Japan; Mitgl. des Präs. der Liga für Völkerfreundschaft; 1985 VVO in Gold.

Fischer, Gerhard 17. 4. 1930
CDU-Funktionär
Geb. in Finow (Mark), Vater Arbeiter; Gymnasium, ab 1945 Oberschule in Eberswalde (Brandenburg), dort Ltr. einer FDJ-Gruppe; 1946 CDU; 1949/50 FDJ-Kreissekr. in Eberswalde, 1950 Sachgebietsltr. des FDJ-Landesvorst. Brandenburg; CDU-Kreissekr. in Potsdam, 1950/51 Abt.-Ltr. im CDU-Landessekr. Brandenburg, 1951–53 Mitarb. der CDU-Hauptgeschäftsstelle in Berlin, zuletzt Hauptreferent, Referent von Gerald Götting; ab 1951 Mitgl. des Präs. des KB; 1954–56 stellv. Chefred. des CDU-Organs »Neue Zeit«; 1955–61 Fernstudium an der KMU Leipzig, Dipl.-Journalist; 1957–69 Sekr., 1958–89 Mitgl. des Hauptvorst. der CDU; 28. 11. 1969 Prom. zum Dr. rer. pol. an der KMU Leipzig mit einer Diss. zur Geschichte der CDU-Presse; ab 1970 Ltr. der Wiss. Arbeitsgruppe beim Vors. der CDU; ab 1986 Honorarprof. an der HU Berlin; 1987–89 Mitgl. des Präs. des Hauptvorst. der CDU; 1990 invalidisiert.
Publ.: Die Hugenotten in Berlin. Berlin 1985; Antifasch. Erbe – Mythos oder Auftrag? Berlin 1986; Berliner Sportstätten. Berlin 1993.

Fischer, Günther 23. 6. 1944
Musiker, Komponist
Geb. in Teplice-Sanov (Böhmen); 1946 Übersiedlung nach Thüringen, später nach Plauen; Klavier- u. Violinunterricht; 1960–63 Robert-Schumann-Konservatorium Zwickau (Musikerziehung, Klavier, Klarinette); Musiklehrer; 1965 bis 1971 HS für Musik »Hanns Eisler« Berlin (Komposition, Saxophon, Klavier); 1965–70 Klaus-Lenz-Band, ab 1967 eigenes Quartett, 1969 Doppel-Quartett (mit vier Streichern); 1968 erste Tourneen; 1969 Jazz Jamboree Warschau (auch 1971); ab 1970 Quintett, Zusammenarbeit mit Manfred Krug*; 1971 Alba Regia Jazzfestival Székesfehérvár (Ungarn), Jazzfestival Prag, LP »Uschi Brüning u. das Günther-Fischer-Quintett«; 1973/74 Konzerte im Friedrichstadtpalast Berlin mit Quintett u. Sinfonieorchester, LP »Uschi Brüning + Günther Fischer« (Konzertmitschnitt); Nov. 1976 Mitunterz. der Protesterklärung gegen die Ausbürgerung Wolf Biermanns*; 1977 1. Jazzbühne Berlin, »Jazz in der Kammer«, Musik zum Film »Schöner Gigolo – Armer Gigolo« (u. a. mit Marlene Dietrich); 1978 LP »Kombination« (Quintett); 1979 LP »Günther Fischer« (Sextett), Filmmusik »Solo Sunny«; 1981 Dirigent der Staatskapelle beim X. Parteitag der SED; 1984 LP mit Eberhard Büchner »Seitensprung«, zahlr. Musiken für Ballett, Revue, Fernseh-, Spiel-, Kinder- u. Dok.-Filme sowie Theaterinszenierungen im In- u. Ausland; 1988 LP »Traumvisionen« (Film- u. Ballettmusik); war laut Medienberichten IM des MfS.
1992 Musical »Marylin« (CD); Filmmusik »Der Kinoerzähler«.

Fischer, Hans-Joachim
4. 10. 1930–8. 1. 1991
Kosmosforscher

Geb. in Naumburg; Studium der Physik an der MLU Halle; anschl. Arbeit in der Industrie, dann am Heinrich-Hertz-Inst. der DAW, 1971 Prom. mit einer Diss. über Satelliten-Instrumentierung; 1973 bis 1981 Dir. des ZI für Elektronik der AdW, der Leiteinrichtung für die Interkosmos-Kooperation; 1977 Prof.; 1979 bis 1984 Präs. der Ges. für Weltraumforschung u. Raumfahrt der DDR, später 1. Vizepräs.; ab 1981 tätig in einer Arbeitsgruppe Mikroelektronik u. am Zentrum für wiss. Gerätebau der AdW.
Als Institutsdir. leitete bzw. koordinierte F. die Arbeit von DDR-Wiss. u. Technikern im RGW-Interkosmos-Programm bei der Konzipierung, Projektierung u. beim Einsatz von Forschungsgeräten an Bord von Satelliten, Raumschiffen u. Orbitalstationen; Höhepunkt war die Vorbereitung u. Durchführung des Einsatzes von Forschungskosmonaut Sigmund Jähn* im Aug./Sept. 1978; Verf. von sechs Fachbüchern u. weiteren 160 Publ.; Korr. Mitgl. der Intern. Astronaut. Akad. in Paris.

Fischer, Klaus-Christian 30. 4. 1938
NDPD-Funktionär, Stellvertretender Vorsitzender des Bundes Freier Demokraten
Geb. in Chemnitz, Vater Angestellter; Oberschule, Abitur; 1956/57 Ausbildung zum Stahlschmelzer, 1957–62 Studium an der Bergakad. Freiberg, Dipl.-Ing.; 1961 NDPD; 1962–70 wiss. Mitarb., Assistent, Bereichsltr. für Forschung u. Technik sowie Stellv. des Techn. Dir. im VEB Leichtmetallwerk Rackwitz; 1963–67 außerplanmäßige Aspirantur an der Bergakad., Dr.-Ing.; 1963–70 Gewerkschaftsvertrauensmann; 1970–89 Dir. für Technik im VEB Leichtmetallwerk Nachterstedt; seit 1971 Vors. der Betriebssekt. der KDT; 1975–89 Mitglied des Kreisvorst., 1977–89 Vors. des Kreisverb. Aschersleben der NDPD, 1972–84 Mitgl. des Bezirksvorst. Halle, ab 1982 des Hauptaussch. der NDPD, 1989/90 seines Präs.; 1.7.–27.11.1989 stellv. Min. für Leicht- u. Lebensmittelindustrie; Nov. 1989 – März 1990 Staatssekr. beim stellv. Vors. des Min.-Rats für Wirtschaft, Apr. – Okt. 1990 Abt.-Ltr. im Wirtschaftsmin.; Jan. – März 1990 stellv. Vors. der NDPD, März – Aug. des Bundes Freier Demokr.; März – Okt. 1990 Abg. der Volkskammer, Fraktion der Liberalen; seit Aug. 1990 F.D.P.

Fischer, Kurt 1. 7. 1900–22. 6. 1950
Sächsischer Innenminister, Chef der Dt. Volkspolizei
Geb. in Halle, Vater Schneider, Mutter Fabrikarbeiterin; Volksschule, Präparandenanstalt, Lehrerseminar; 1918 Spartakusbund, 1919 KPD, nach Teiln. an den bewaffneten Kämpfen in Mitteldtl. 1921 Emigration in die UdSSR, Lehrer an deutschsprachigen Schulen; 1923 Rückkehr nach Dtl., 1924 erneut in die UdSSR, 1924–45 Mitgl. der KPdSU(B); 1924–28 Mitarb. im EKKI; 1928–32 Kursant an der Militärakad. »M. W. Frunse« in Moskau; 1932–39 Agent des sowj. militär. Nachrichtendienstes GRU; 1934 in Wien verhaftet, neun Monate in Haft; 1939–41 Mitarb. einer sowj. Militärbehörde, 1942/43 Doz. an der Univ. »W. I. Uljanow-Lenin« in Kasan; 1943 bis 1945 antifasch. Aufklärungsarbeit in Kriegsgefangenenlagern.
Mai 1945 Rückkehr nach Dtl. als Mitgl. der KPD-Gruppe für Sachsen (Ltr. Anton Ackermann), bis Juli OB in Dresden, danach bis 1948 1. Vizepräs. der Landesverwaltung bzw. Innenmin. des Landes Sachsen; Abg. des Landtags, Mitgl. des Verfassungsaussch.; Mitgl. des SED-Landesvorst.; 1946 Dr. h.c. der TU Dresden, 1948–50 Präs. der Dt. Verwaltung des Innern (Nachf. von Erich Reschke) u. Chef der DVP, Generalinspektor; 1949/50 Abg. der Prov. Volkskammer bzw. Volkskammer.

Fischer, Oskar 19. 3. 1923
Außenminister
Geb. in Asch (ČSR), Vater Arbeiter; Volksschule, Ausbildung zum Schneider; 1941–44 Wehrmacht, 1944–46 sowj. Gefangenschaft; 1946 SED; 1946/47 Schneider; 1947/48 Vors. des FDJ-Kreisvorst. Spremberg, 1949/50 Vors. des FDJ-Landesvorst. Brandenburg; 1950/51 Abg. des Brandenburg. Landtags; 1951–55 Sekr. des ZR der FDJ u. Sekr. des WBDJ, 1952–55 zugl. Mitgl. des Weltjugendrats; 1955–59 Botschafter in Bulgarien; 1960–62 Sektorenltr. im ZK der SED; 1962–65 Studium an der PHS beim ZK der KPdSU, Dipl.-Ges.-Wiss.; 1965–73 stellv. Außenmin., 1973–75 Staatssekr. u. Ständiger Stellv. des Außenmin., 1975 – März 1990 Min. für Auswärtige Angelegenheiten (Nachf. von Otto Winzer*); 1971–89 Mitgl. des ZK der SED; 1973 VVO in Gold; 1976 – März 1990 Abg. der Volkskammer; 1983 KMO.

Fischer, Veronika (»Vroni«) 28. 7. 1951
Sängerin
Geb. in Wölfis, Kr. Gotha; POS; erster Auftritt mit ihren Schwestern bei einem Talentewettstreit; 1968–73 HS für Musik »Carl Maria von Weber« Dresden (Gesang, Diplom für Chanson u. Musical); 1970 Zusammenarbeit mit Fred-Herfter-Combo, 1970/71 Stern Combo Meißen; Dez. 1971–73 bei Panta Rhei (LP »Panta Rhei«, 1973); ab Apr. 1974 Veronika Fischer & Band; 1975 LP »Veronika Fischer & Band«, 1. Preis am Intern. Tag des 4. Schlagerfestivals soz. Länder in Dresden; 1976 1. Preis am Poln. Tag des Festivals in Sopot (Polen), Preis beim Schlagerfestival »Goldener Orpheus« in Varna (Bulg.); 1978 LP »Aufstehen«; 1979 LP »Goldene Brükken«.
1982 nach einem Gastspiel in Berlin (West) geblieben, dort sechs LP (»Staunen«, »Unendlich weit«, »Sehnsucht nach Wärme«, »Spiegelbilder«, »Gefühle«, »Was ist dabei«); Mitgl. im Dt. Rockmusikerverb. e. V.; 24. 2. 1990 Auftritt in der DFF-Sendung »Glück muß man haben«, ostdt. Konzerttournee mit Andreas-Bicking-Band; LP »Veronika Fischer & Band: Die frühen Jahre«; 1992 CD »Rock aus Dtl. Ost: Veronika Fischer« (beide Dt. Schallplatten GmbH).

Fischer, Werner 29. 3. 1950
Bürgerrechtler
Geb. in Caputh (b. Potsdam), Vater ltd. Angestellter, Mutter Ltr. einer Kinderkrippe; POS; 1964 nach der Weigerung, der FDJ beizutreten, nicht zur EOS zugelassen; 1964–67 Berufsausbildung zum Rohrleitungsmonteur, anschl. berufstätig; ab 1968 Wehrdienst bei den Grenztruppen; ab 1972 Bühnenarbeiter, später Werbeorganisator am Berliner Metropoltheater; 1976 öff. Protest gegen die Ausbürgerung Wolf Biermanns*, Teiln. an diversen illegalen Zirkeln, seit 1981 in der unabhängigen Friedensbew. aktiv; 1985/86 Mitbegr. der opp. Initiative Frieden u. Menschenrechte (IFM); 1986 Berufsverbot; Jan. 1988 im Zusammenhang mit der Liebkecht-Luxemburg-Demonstration Verhaftung wegen Verdachts auf »landesverräter. Agententätigkeit«, Abschiebung nach England (gemeinsam mit Bärbel Bohley*); Aug. 1988 Rückkehr nach Berlin; Okt. 1989 Mitarb. im Kontaktbüro in der Berliner Gethsemane-Kirche, wo Informationen zu Demonstrationen, polizeil. Übergriffen u. a. gesammelt wurden; Nov. 1989 als IFM-Vertreter Mitgl. der Vorbereitungsgruppe des Zentralen Runden Tisches; 1990 Beauftragter der Reg. Modrow*, später des Berliner Magistrats zur Auflösung des MfS.
1991/92 Ltr. der Projektgruppe zur Auflösung des MfS in der Berliner Senatsverwaltung, anschl. arbeitslos; seit Sept. 1992 Pressesprecher der Bundestagsgruppe Bündnis 90/Die Grünen.

Sek.-Lit.: Findeis, H.; Pollack, D.; Schilling, M.: Die Entzauberung des Politischen. Leipzig. Berlin 1994.

Fister, Rolf 12. 10. 1929
MfS-Hauptabteilungsleiter
Geb. in Großdeuben (Kr. Leipzig), Vater Schlosser; Volksschule; 1944–48 Ausbildung zum Chemigraph, anschl. im Beruf tätig; 1948 Betriebsassistent; 1952 Einstellung beim MfS, Landesverwaltung Sachsen, Abt. IV; 1952/53 Kursant an der Schule des MfS Potsdam-Eiche; 1953 Versetzung zur HA IX (Untersuchungsorgan) des MfS Berlin; 1956–60 Fernstudium an der Zentralschule der VP Arnsdorf, später Mittlere Polizeischule Aschersleben, Kriminalist; 1958 Stellv., dann Abt.-Ltr. in der HA IX; 1962 bis 66 Fernstudium Kriminalistik an der HU Berlin, Dipl.-Krim.; 1965 stellv. Ltr., 1973 Ltr. der HA IX; 1975 Prom. an der JHS Potsdam-Eiche; 1978 Gen.-Major; Jan. 1990 Entlassung, Rentner.

Fitzner, Horst 23. 6. 1930
MfS-Bezirksverwaltungsleiter
Geb. in Mühlberg (Kr. Liebenwerda), Vater Bäcker, Mutter Hausfrau; 1946 Mittlere Reife; 1946–50 Ausbildung zum Kfz-Schlosser, dann Arbeit als Lokführer u. Kraftfahrer; 1950 Einstellung bei der VP, Kreisamt Liebenwerda; 1952 Lageoffz. im Operativstab des Bezirksamts der VP Cottbus; 1952 SED; 1955 Einstellung beim MfS, Bezirksverwaltung Cottbus, Abt. II (Spionageabwehr); 1960–65 Fernstudium an der JHS des MfS Potsdam-Eiche, Dipl.-Jur.; 1961 stellv. Abt.-Ltr., 1963 Ltr. der Arbeitsgruppe des Ltr. der Bezirksverwaltung; 1963–68 Vors. der SV Dynamo Cottbus; 1973 Stellv. Operativ des Ltr. der Bezirksverwaltung; 1979/80 Delegation zum Besuch der PHS ; 1981 Ltr. der Bezirksverwaltung Cottbus; 1981 Kand. der SED-BL Cottbus; 1982 Gen.-Major; 1984 Mitgl. der SED-BL Cottbus; 1990 Entlassung, Rentner.

Fleck, Rudi 24. 12. 1930
Oberbürgermeister von Rostock
Geb. in Greifswald, Vater Eisenbahner; 1945 Gemeindebote in Kröslin (Kr. Wolgast); 1946 FDJ; ab 1949 Bürgermeister von Kröslin; 1951 SED; Mitgl. der SED-KL Wolgast; 1957/58 Sekr. des Rats des Kr. Wolgast, 1958–60 Ltr. der Organisationsinstrukteursabt. beim Rat des Bez. Rostock; 1960/61 Studium an der DASR Potsdam, Dipl.-Staatswiss.; 28. 3. 1961 – Mai 1968 OB von Rostock; 1968–89 Vors. des Rats des Bez. Schwerin (Nachf. von Michael Grieb); Abg. des Bez.-Tags, Mitgl. der SED-BL u. ab 1969 ihres Sekr.; 1976/77 PHS; 1980 VVO in Gold.

Flegel, Manfred 3. 6. 1927
Stellvertretender Ministerratsvorsitzender
Geb. in Magdeburg, Vater Reichsbahnangestellter; Volksschule u. Oberschule; 1945 einige Wochen Wehrmacht, als Fahnenjunker in amerik. Gefangenschaft; anschl. 1945–47 erneut OS, Abitur; 1947/48 Volontär bei der IHK Magdeburg; 1948 NDPD; FDGB; 1948–52 Studium der Ges.-Wiss. u. Finanzök. an den Univ. Rostock u. Berlin, Dipl.-Wirtsch.; 1950 – März 1990 Abg. der Volkskammer, 1954–67 Mitgl. bzw. Vors. ihres Aussch. für Haushalt u. Finanzen; 1953–59 Abt.-Ltr. beim PV der NDPD, 1959 – Jan. 1990 Mitgl. ihres Hauptaussch.; 1959–64 Mitgl. des Sekr. des Präs. des NR der NF, anschl. ehrenamtl. Mitgl. des Präs.; 1964–67 Sekr. für Wirtschaft des Hauptaussch. der NDPD, anschl. bis Jan. 1990 Mitgl. des Präs. u. des Sekr. des Hauptaussch.; 1967 – Nov. 1989 Stellv. Vors. des Min.-Rats, 1971–74 Min. für Materialwirtschaft, 1974 – Nov. 1989 Vors. des Staatl. Vertragsgerichts; 1977 VVO in Gold; 1987 – Nov. 1989 Stellv. Vors. der NDPD; Nov.

1989 – März 1990 Min. für Handel u. Versorgung, ab März 1990 zeitw. Beauftragter für Vermögensfragen der NDPD; März 1990 nach kooperativem Beitritt der NDPD zum Bund Freier Demokr. dessen Mitgl., später F.D.P.; 1990 Vorruhestand.

Fleischer, Hanns-Joachim (»Fips«)
2. 5. 1923
Musiker, Komponist, Orchesterleiter
Geb. in Hohenfichte; 1937–41 Studium an der Musikschule Zschopau (Oboe, Schlagzeug, Klavier); Engagement im Orchester des Stadttheaters Meißen; Tournee mit Eduard Künneke; 1942/43 Rhein. Landeskulturorchester Köln; 1942–45 Wehrmacht.
Ab 1945 eigene Bands; 1947–57 Schlagzeuger, Vibraphonist, Sänger u. Komponist beim Tanzorchester des Senders Leipzig (später Rundfunk-Tanz-Orchester Leipzig, Ltg. Kurt Henkels); ab 1957 Orchester Fips Fleischer, Plattenaufnahmen, zahlr. Tourneen, u. a. Naher Osten (Fernsehauftritte); 1959 Auftritt bei der 1. Bitterfelder Konferenz, Goldmedaille der syr. Reg. für Konzerte zur Messe in Damaskus; 1961 Mitwirkung im DEFA-Film »Eine Handvoll Noten«; 1961–71 Fips Fleischer u. sein Orchester, Engagements beim DFF, Sendungen »Da lacht der Bär«, »Da liegt Musike drin«, »Ein Kessel Buntes« u. a.; 1962 Fernsehfilm »Hallo Fips« (Regie u. Drehbuch: Wernfried Hübel); 1963 1st Intern. Festival of Folkloric Arts in Kairo; 1970–88 Ltr. der Abt. Tanz- u. Unterhaltungsmusik der HS für Musik in Leipzig, Doz.; bekannteste Kompositionen: »Pinguin Mambo«, »Walker's March«, »Großstadtbummel«.

Fleißner, Werner
17. 6. 1922–27. 12. 1985
Chef Technik und Bewaffnung der NVA
Geb. in Chemnitz, Vater Modelltischler; Volksschule, 1936–41 Ausbildung zum Modelltischler, danach im Beruf tätig; 1941 Wehrmacht, Uffz. u. Zugführer; 1945 Internierung durch die amerik. Armee.
1945 Rückkehr nach Dtl., Arbeit als Modelltischler; 1946 Eintritt in die Polizei, später Ltr. der Schutzpolizei in Chemnitz, Kfz-Einsatzltr. in Fürstenwalde, VP-Kommissar; SED; 1948–50 Kdr. der kasernierten Polizeibereitschaft Großenhain, VP-Oberrat; 1951–56 Kdr. der Kfz-Offiziersschule der KVP Apollensdorf (Thür.) bzw. Stahnsdorf (b. Potsdam), Oberst; 1956–58 HS für Offz. der NVA Dresden; 1958–63 Chef Kfz-Wesen im Min. für Nat. Verteidigung, Gen.-Major, 1964–85 Stellv. Min. und Chef für Ausrüstung/Technik und Bewaffnung; 1965–69 externes Studium an der Militärakad. Dresden, Dipl. rer. mil.; 6. 10. 1977 Generaloberst.

Flierl, Bruno 2. 2. 1927
Architekturtheoretiker
Geb. in Bunzlau (Schles.) als Sohn eines Bauingenieurs; Lehre als Maurer; Kriegsdienst, französ. Gefangenschaft.
Abitur nach Abendschule; 1948–51 Studium an der HS der Künste Berlin-Charlottenburg, 1952/53 HS für Bauwesen Weimar, Dipl.-Ing.; 1952–61 wiss. Mitarb. der DBA; 1954 SED; 1955–58 Aspirantur; 1958–61 Inst. für Theorie u. Geschichte der Baukunst, Mitarb. von Hans Schmidt, erste krit. Auseinandersetzung mit Stadtgestaltungs- u. Raumaneignungsfragen; 1962–64 Chefred. der Ztschr. »Dt. Architektur«, Ablösung auf Veranlassung des Baumin. Wolfgang Junker*; 1964/65 zur »Bewährung« Tätigkeit beim Chefarchitekten des Magistrats von Groß-Berlin, Referat Bebauungsplanung; 1965–79 DBA, Inst. für Städtebau u. Architektur, Forschung zu gesellschaftstheoret. Aspekten von Architektur u. Städtebau u. zur Architekturentw. in der DDR; 1972 Dr.-Ing., Diss. »Gesellschaft u. Architektur in un-

serer Epoche« an DBA, 1979 Dr. sc. phil. an HU Berlin; wiss. Publikationen u. umfangr. Vortragstätigkeit, u. a. zur Stadtentw., Ästhetik u. Lebensweise im Soz. u. zu sozialräuml. Entwicklungsprozessen; 1980 Berufung an die HU Berlin, Sekt. Ästhetik u. Kunstwiss., Lehrtätigkeit u. histor. Forschung zur Berliner Stadtentw.; 1982 Ausschluß aus dem Präs. des BDA u. Androhung eines Parteiverfahrens nach Kritik am extensiven Plattenbau bei Vernachlässigung der innerstädt. Bereiche; Frühinvalidisierung; nach Rekonvaleszenz Vortragsreisen u. Studien in den USA u. Frankreich; Veröff. zum Verhältnis von Postmoderne u. Funktionalismus, zu Hochhaustypol. u. Berliner Baugeschichte.

Seit 1989 krit. u. konzeptionelle Begleitung des Prozesses der sozialen u. städtebaul. Reintegration von Ost- u. Westberlin.

Publ.: Industriegesellschaftstheorie im Städtebau. Berlin 1973; Zur sozialistischen Architekturentwicklung in der DDR. Berlin 1979; Zur Wahrnehmung der Stadtgestalt. Berlin 1979; Architektur u. Kunst: Texte 1964–1983, Dresden 1984.

Flint, Fritz 11. 3. 1917

Stellv. Staatssekretär für Kirchenfragen

Geb. in Bad Doberan; Vater selbständiger Schmiedemeister; Besuch der priv. Vorschule u. des Gymnasiums in Bad Doberan; 1933–36 kaufm. Lehre in Rostock; 1936 Verkäufer; 1937/38 Einkäufer u. Korrespondent in einer Werkzeugmaschinengroßhandlung in Braunschweig; 1938–45 Kriegsdienst u. brit. Gefangenschaft.

1945/46 Hilfsarbeiter; 1946 CDU; 1946–49 Buchhalter in einer priv. Weberei in Bad Doberan; 1946–51 Stadtverordneter in Bad Doberan u. Abg. des Kreistags Rostock-Land; 1949–51 Stadtrat u. stellv. Bürgermeister in Bad Doberan; 1951–53 Bürgermeister von Grabow; 1953–57 Stadtverordneter u. stellv. Oberbürgermeister von Schwerin; 1956 Fernstudium an der ASR Potsdam, Dipl.-Staatswiss.; 1957/58 Vors. des Bezirksvorst. Cottbus der CDU; danach Vors. des Bezirksverb. Groß-Berlin der CDU, Mitgl. des Präs. des HV der CDU; 1958–63 Mitgl. der Stadtverordnetenvers. v. Groß-Berlin u. Berliner Abg. in der Volkskammer; 1960–77 Stellv. des Staatssekr. für Kirchenfragen (Nachf. von Max Hartwig); 1977 VVO in Gold; seit 1977 im Ruhestand.

Florin, Peter 2. 10. 1921

Ständiger Vertreter der DDR bei den Vereinten Nationen

Geb. in Köln, Vater Arbeiter; Oberrealschule in Essen; 1933 Emigration mit den Eltern über Frankreich in die UdSSR, Besuch der Karl-Liebknecht-Schule in Moskau, Reifeprüfung; 1937 Aberkennung der dt. Staatsbürgerschaft; Studium an der HS für Chemie in Moskau; 1942/43 Red., 1943 Mitarb. des NKFD in Moskau; 1944 Orden des Roten Sterns (UdSSR).

Mai 1945 Rückkehr nach Dtl. (»Gruppe Anton Ackermann*«); 1945/46 KPD/SED; Mitgl. der BL der KPD Sachsen-Anhalt; stellv. Landrat des Kr. Wittenberg, Chefred. der »Volkszeitung« (KPD), anschl. der »Freiheit« (SED) in Halle; 1946–48 Mitgl. des Sekr. des Landesvorst. Sachsen-Anhalt der SED; 1949 Außenmin., 1950–52 Ltr. der HA Sowjetunion (Nachf. von Gerhard Kegel); 1953–66 Ltr. der Abt. Außenpol. bzw. Intern. Verbindungen des ZK der SED, 1954 Kand., 1958–89 Mitgl. des ZK der SED; 1954–90 Abg. der Volkskammer, 1954–63 Vors., 1963–67 stellv. Vors., 1967–71 Mitgl. ihres Aussch. für Auswärtige Angelegenheiten; 1959 Mitgl. der DDR-Regierungsdelegation bei der Genfer Außenministerkonferenz der Großmächte; 1967–69 Botschafter in der ČSSR; 1969–73 Staatssekr. im Außen-

min., 1973–89 stellv. Außenmin.; 1970 VVO in Gold; Orden des Vaterländ. Krieges 1. Grades (UdSSR); 1973–82 Ständiger Vertreter. der DDR bei den Vereinten Nationen in New York, Präs. der 42. Tagung der UN-Vollvers. u. der 3. Sondertagung über Abrüstung; 1981 KMO; 1988 Mitgl. des Staatsrats.
1990 Vors. des Prov. Vorst. des Komitees der Antifasch. Widerstandskämpfer.
Sek.-Lit.: Leonhard, Wolfgang: Spurensuche. Vierzig Jahre nach Die Rev. entläßt ihre Kinder. Köln 1992.

Foerster, Karl 9. 3. 1874–27. 11. 1970
Staudenzüchter
Geb. in Berlin, Vater Astronomieprof. u. Dir. der Berl. Sternwarte; Gymnasium, 1889–91 Gärtnerlehre in der Schloßgärtnerei Schwerin, anschl. Besuch der Gärtnerlehranstalt Wildpark b. Potsdam; bis 1903 Gärtnergehilfe in versch. Gärtnereien; 1903 Gründung einer Staudengärtnerei in Berlin-Westend, 1907 erster Angebotskat., 1910/11 Verlegung der Gärtnerei nach Bornim (b. Potsdam), Züchtung winterharter Blumenstauden; 1917 Beginn schriftsteller. Tätigkeit; 1928 Gründung der Arbeitsgemeinschaft Gartengestaltung in Bornim mit Herta Hammersbacher u. Hermann Mattern; DNVP, 1940 NSDAP.
1945 stellte die SMA die Gärtnerei unter ihren Schutz, 1946–48 Niederschrift der Erfahrungen als Staudenzüchter im Auftrag der AdW der UdSSR; 1950 Dr. h.c. der HU Berlin; 1955 NP; 1959 Umwandlung der Gärtnerei in eine Kommanditges. mit staatl. Beteiligung; 1964 Verleihung des Professorentitels; 1967 Außerord. Mitgl. der AdK Berlin (West).
Züchtung von etwa 300 Staudensorten, insbes. Rittersporn u. Phlox; Entw. einer Konzeption des naturnahen Gartens; Ehrenmitgl. mehrerer gartenbaul. Ges. in der Bundesrep. Dtl.; Autor von etwa 30 Monographien zu gartenbaul. Themen (insges. 770000 Exemplare bis 1970), u. a.: Der Steingarten der sieben Jahreszeiten, 7. Aufl. 1981; Einzug der Gräser u. Farne in die Gärten, 7. Aufl. 1988.
Sek.-Lit.: Foerster, E.; Rostin, G. (Hrsg.): Ein Garten der Erinnerung. 7 Kapitel von u. über K. F. 2. Aufl. Berlin 1985.

Forck, Gottfried 6. 10. 1923
Evangelischer Bischof
Geb. in Ilmenau als Sohn eines Pfarrers; bis 1937 Gelehrtenschule des Johanneums Hamburg, bis 1942 Internatsschule der Brüdergemeinde in Niesky (Oberlausitz); 1942 Kriegsmarine, zuletzt Ltn. z. S., 1945–47 amerik. Gefangenschaft.
1947–51 Studium der Theol. in Bethel, Heidelberg, Basel u. Berlin (West), 1952 1. Theol. Examen; 1952–54 Assistent an der Kirchl. HS in Berlin (West) u. Vikar; 1954 Predigerseminar Brandenburg; 1954 2. Theol. Examen u. Ordination, 1956 Dr. theol. an der Univ. Heidelberg (bei Edmund Schlink); 1954–59 Studentenpfarrer an der HU Berlin, 1959–63 Pfarrer in Lautawerk (Niederlausitz); 1963–72 Ltr. des Predigerseminars Brandenburg; 1972–81 Generalsuperintendent des Sprengels Cottbus (Nachf. von Günter Jacob*); 1975 Lizenzträger u. Gesellschafter der Ev. Verlagsanstalt Berlin; 25. 4. 1981 Wahl u. am 1. 10. 1981 Amtsantritt als Bischof der Ev. Kirche Berlin-Brandenburg (Nachf. von Albrecht Schönherr*); ab 1984 Vors. des Rats der Ev. Kirche der Union für den Bereich DDR; 1991 Ruhestand.
F. gehörte zu denjenigen kirchl. Amtsträgern, die in der innerkirchl. Diskussion der 80er Jahre dafür eintraten, opp. Gruppen einen begrenzten Wirkungs- u. Schutzraum unter dem Dach der ev. Kirche zu gewähren, er selbst trug 1981 demonstrativ das Zeichen »Schwerter zu Pflugscharen«, als zahlr. junge Menschen dafür polizeil. belangt wurden; im Herbst 1989 aktiv beteiligt an der Unter-

suchung polizeil. Übergriffe auf Demonstranten sowie an der Auflösung des MfS.
Seit 1990 wiederholte Mahnung zu mehr Behutsamkeit im Prozeß der dt. Vereinigung.
Publ.: Wie soll es weitergehen? Tauflehre u. Taufpraxis (Hrsg.). Berlin 1970; Die Königsherrschaft Jesu Christi bei Luther. Berlin 1988.

Forest, Jean Kurt (Ps. von Kurt Jean Forst) 2.4.1909–3.3.1975
Komponist
Geb. in Darmstadt, Vater Tapezierer; 1916–25 Spangenburgsches Konservatorium Wiesbaden; 1925 Kapellmeister in Wiesbaden, 1926–30 Konzert- u. Filmkapellmeister in Berlin; 1930–33 1. Solobratscher im Rundfunksinfonieorchester Frankfurt/Main, 1934–36 im Philharmon. Staatsorchester Hamburg; 1932 KPD; 1937 Emigration nach Paris, 1938 Ausweisung nach Dtl.; 1938 Kapellmeister am Stadttheater Neiße, 1939 am Staatstheater Braunschweig; 1940–42 kleinere Engagements; 1942 eingezogen zu einer Arbeitskompanie der Wehrmacht, 1945 zur Roten Armee übergelaufen, sowjet. Gefangenschaft.
1948 Entlassung; SED; 1948–51 Referent für aktuelle Chormusik beim Berliner Rundfunk; 1952 Chefkapellmeister beim Fernsehzentrum; seit 1954 freischaff.; 1951 Gründungsmitgl. des VDK, 1967–71 dort Vors. des Bezirksverb. Berlin; 1969–75 Ltr. des Kammerensembles »Musica Nova«; 1970 DAK; komponierte Vokalmusik (250 Lieder), Ballette u. bes. Opern, u.a. »Der arme Konrad«, »Tai Yang erwacht«, »Die Blumen von Hiroshima«.

Förster, Wieland 12.2.1930
Bildhauer, Grafiker, Schriftsteller
Geb. in Dresden, Vater Kraftfahrer; 1936–44 Volksschule; 1944 Lehre als techn. Zeichner; 1946–50 Haft wegen angebl. Waffenbesitzes; 1950–53 Arbeit als techn. Zeichner; 1953–58 Studium an der HS für bildende Künste in Dresden (Walter Arnold*, Hans Steger, Gerd Jaeger); 1958 freischaff. in Dresden; 1959–61 Meisterschüler an der DAK (Fritz Cremer*); 1961 freischaff. in Berlin; 1967 Studienreise nach Tunesien; 1972 Studienreise nach Kuks (ČSSR); 1974 AdK; 1975 Studienreise nach Bulgarien; 1976 NP; 1978–90 Vizepräs. der AdK; 1985 Reise nach Frankreich, Prof.
Publ.: Begegnungen. Tagebuch, Gouachen u. Zeichnungen einer Reise in Tunesien. Berlin 1974; Rügenlandschaft. Hommage à Caspar David Friedrich. Berlin 1974; Die versiegelte Tür. Berlin 1982; Sieben Tage in Kuks. Berlin 1985; Labyrinth. 34 Zeichnungen 1974–1985 sowie Notizen über die Entstehung eines Zyklus u. Arbeitstagebuch; Labyrinth 1973–1984 mit Naturstudien, Skizzen u. Entwürfen. Berlin 1988.
Sek.-Lit.: Keisch, C.: Kat. W. F. Plastik u. Zeichnungen (mit Bibliogr.) Dresden 1977; Austellungskat. W. F. Plastik. Zeichnungen. Druckgrafik (mit Bibliogr.). Staatl. Museen u. AdK. Berlin 1980; Ausstellungskat. W. F. Plastik. Zeichnungen, Radierungen (mit Bibliogr.). AdK u. BAWAG Foundation. Wien 1990.

Franck, Hans-Heinrich
22.11.1888–21.12.1961
Chemiker, Präsident der Kammer der Technik
Geb. in Würzburg, Vater Prof. an der Staatl. Kunst-HS; Gymnasium in Berlin; 1907–12 Studium der Chemie, Physik u. Nationalök. an der TH Charlottenburg u. der Univ. Berlin, 1912 hier Prom.; 1913–18 tätig am Physiolog.-Chem. Inst. der Tierärztl. HS Berlin bzw. Privatdoz. an der TH Karlsruhe; 1917 SPD; 1918–20 Chefchemiker der Sunlicht AG Mannheim; 1919 Habil.; ab 1920 Dir. des Forschungslaboratoriums der Stick-

stoffwerke in Berlin u. zugl. Privatdoz., ab 1927 Prof. an der TH Berlin-Charlottenburg, 1937 Entzug der Prof. u. 1939 Entlassung aus den Stickstoffwerken aus pol. Gründen; 1940–45 Ltr. des Glasforschungsinst. der Dt. Tafelglas AG.
1945–48 Ltr. des Stickstoffwerks Piesteritz, zugl. Lehrstuhl für Chem. Technol. an der TH Berlin-Charlottenburg; 1946 SED, KB, Mitbegr. der KdT, seit 1947 Mitgl. des Präsidialrats des KB, ab 1949 Präs. der KdT; 1949 Ord. Mitgl. der DAW; 1949 ord. Prof. an der HU Berlin, seit der Gründung 1950–59 zugl. Dir. des Inst. für angewandte Silikatforschung der DAW; ab 1950 Abg. der Volkskammer; 1965 NP.
Hauptarbeitsgebiete: chem. Technol., u. a. Düngemittel; ab 1933 Silikat-, bes. Glaschemie; Verfahren zur Magnesiumgewinnung; Erarbeitung von Standards u. Normen für den chem. Apparatebau.

Franik, Franz 2. 10. 1907–2. 10. 1975
Aktivist
Geb. in Lona-Lany (Oberschles.) in einer Bergmannsfamilie; nach dem Volksschulabschluß zunächst in der Landw. tätig, ab 1925 dann als Schlepperjunge bzw. Kohlenhäuer in Hindenburg u. ab 1929 im Zwickauer Steinkohlenrevier; 1943–45 als Angehöriger der Wehrmacht an der Ostfront, Gefangenschaft.
1945 Brigadier im Zwickauer Steinkohlenbergwerk »Karl Marx«, 1948 Auszeichnung als Aktivist, 1952 als Initiator einer rationelleren Form der Arbeitsorg. Begründer der sog. »Franik-Bewegung«, NP (im Kollektiv); später im gleichen Werk Instrukteur für Neuererwesen; 1952 SED, zeitw. Abg. des Bezirkstags u. Mitgl. der SED-BL Karl-Marx-Stadt; 1954 VVO in Gold.
Publ.: Die Franikbewegung u. der soz. Wettbewerb im Bergbau. Berlin 1953.

Franke, Arthur 5. 8. 1909–23. 10. 1992
Chef der Verwaltung Aufklärung im Ministerium für Nationale Verteidigung
Geb. in Berlin, Vater Arbeiter; Volksschule; Ausbildung zum Tischler, danach im Beruf tätig; KPD; ab 1933 antifasch. Tätigkeit, 1934 Emigration in die ČSR, illegale Parteiarbeit; 1938/39 in Spanien Interbrigadist im Thälmann-Bat., verwundet; anschl. Internierung in Frankreich, u. a. in Gurs, zuletzt in Le Vernet; Apr. 1941 Rückkehr nach Berlin, U-Haft, Verurteilung zu 18 Monaten Gefängnis; 1942–45 KZ Sachsenhausen, Flucht beim Todesmarsch der Häftlinge.
1945–47 Mitarb. u. Mitgl. der KPD- bzw. SED-Ltg. des Stadtbez. Berlin-Tiergarten, 1947/48 Mitarb. der SED-Landesltg. Groß-Berlin; ab. Jan. 1949 Kommissar u. Abt.-Ltr. bei der Kriminalpolizei im Polizei-Präs. Berlin; 1950 PHS; 1951–56 Stellv. des Chefs u. Ltr. der Pol.-Abt. der VP-Luft bzw. der Verwaltung Aeroklub, VP-Inspektor bzw. Oberst; 1956–58 in gleicher Funktion bei den Luftstreitkräften/Luftverteidigung der NVA; 1959–75 Chef der Verwaltung Aufklärung (militär. Geheimdienst) im Min. für Nat. Verteidigung (Nachf. von Herbert Scheibe*); Gen.-Ltn.; 1974 KMO; 1975 Ruhestand; Präs. des Tauchsportklubs beim Zentralvorst. der GST.
Sek.-Lit.: Bauer, E.: Generalleutnant a. D. A. F. Ein Lebensbild. o. O., o. J.

Fränkel, Hans Joachim 31. 8. 1909
Evangelischer Bischof
Geb. in Liegnitz (Schles.); ab 1928 Studium der Theol. in Bethel, Breslau u. Tübingen; 1936 Ordination, anschl. versch. Pfarrstellen in Breslau; Mitgl. des Pfarrernotbunds u. der Bekennenden Kirche, wiederholte Verhaftung durch die Gestapo; 1940 bis zur Verwundung 1943 Soldat; dann wieder Pfarrer in Breslau, 1945 Oberkonsistorialrat; gemeinsam mit Ernst Hornig* beteiligt an den Verhandlungen mit dem Breslauer Festungskom-

mandanten, um diesen zur kampflosen Übergabe der Stadt an die sowj. Armee zu bewegen.
1946 Mitgl. der schles. Kirchenltg.; Ausweisung aus Polen u. Umsiedlung nach Görlitz; 1951 Mitgl. der Synode der EKD; Stellv. u. ab 1964 als Nachf. von E. Hornig Bischof der Ev. Kirche von Schlesien (1968 umbenannt in Ev. Kirche der Kirchenprovinz Görlitz); maßg. beteiligt an der Ausarbeitung der Ordnung des Bunds der Ev. Kirchen in der DDR; Vors. des Rats der Ev. Kirche der Union (EKU); Ablehnung einer vollständigen Trennung von der EKU-West, 1972 dann Zustimmung zur Aufgliederung der EKU in zwei weitgehend unabhängige Bereiche; Wahl zum Bereichsrat der EKU/DDR; in den 70er Jahren wiederholte Kritik an der restriktiven staatl. Kirchenpol. u. öff. Forderung nach Respektierung von Glaubensfreiheit u. Menschenrechten (so u.a. am 8.11.73 in der Dresdener Annenkirche mit der Ansprache: »Was haben wir aus dem Kirchenkampf gelernt«), in der Folge verstärkt offenen Angriffen u. verdeckten Schikanen staatl. Organe ausgesetzt; 1978 auf der Görlitzer Synode Plädoyer für ein aktives ges.-pol. Engagement der Christen in der DDR: die »Kirche im Soz.« müsse ihren Ort zwischen »unfruchtbarer Konfrontation« und »unglaubwürdiger Akklamation« finden; Sept. 1979 Ruhestand; anschl. Übersiedlung nach Marburg.

Frankenberg und Proschlitz, Egbert von 20.3.1909
Militärpolitischer Kommentator des Staatlichen Komitees für Rundfunk
Geb. in Straßburg (Elsaß), Vater Offz.; Gymnasium, Abitur; 1931/32 Teilstudium der Meteorol. an der Univ. Berlin; 1931–35 Ausbildung als Flugzeugführer (Land u. See); Apr. 1931 NSDAP; Nov. 1932 SS; ab 1935 Wehrmacht, Major, 1938/39 freiwillig zur Legion Condor im span. Bürgerkrieg; ab Jan. 1943 Kommodore des Edelweißgeschwaders der Luftwaffe in der UdSSR; 1943–48 sowj. Gefangenschaft, hier GRU-Agent; 1943 Mitgl. des NKFD u. Gründungsmitgl. des Bunds Dt. Offz., 1944 durch das Reichskriegsgericht in Abwesenheit zum Tode verurteilt.
1948 Rückkehr nach Dtl.; Referent in der Landesreg. Sachsen; 1949 NDPD, hauptamtl. Mitarb. in Dresden, 1949–51 pol. Geschäftsführer der NDPD in Thüringen; 1950/51 Vizepräs. des Thüring. Landtags; 1951–90 Mitgl. des Hauptaussch. der NDPD, 1951/52 Landesvors. in Berlin; 1951–54 Abg. der Volkskammer; IM der HV A; 1952–57 Präs. der Sekt. Motorrennsport; ab 1954 Doz. an der HS der NDPD in Waldsieversdorf; 1956 Anerkennung als Verfolgter des Naziregimes; 1957 Prom. zum Dr. rer. pol. an der DASR Potsdam mit der Diss. »Die Massenvernichtungswaffen – einige militärpol. u. völkerrechtl. Überlegungen«; 1957–89 militärpol. Kommentator des Staatl. Komitees für Rundfunk; 1957–78 Präs. des Allg. Dt. Motorsport-Verb. (ADMV), 1962–67 Vizepräs. der Fédération Internationale des Motocyclistes, 1958–72 Mitgl. des Vorst. der Arbeitsgemeinschaft ehem. Offz., 1962–75 Mitgl. der Dt. Liga für die Vereinten Nationen; 1979 VVO in Gold; 1989 Habil. zum Dr. sc. an der HU Berlin mit einer Arbeit über die Vereinten Nationen u. die Streitkräfte unter UNO-Flagge.
Publ.: Meine Entscheidung. Berlin 1963; Tradition im Kreuzverhör. Meine Familie in der Geschichte. Berlin 1980.

Franz, Horst 21.9.1933
MfS-Hauptabteilungsleiter
Geb. in Braschen (Kr. Crossen), Volksschule; 1953 Einstellung beim MfS, Abt. Personenschutz, später Abt. V (Staatsapparat, Kultur, Kirchen, Untergrund) der Bezirksverwaltung Cottbus; 1958–60 Zweijahreslehrgang an der HS des MfS

Potsdam-Eiche; 1960 stellv. Ltr. der Kreisdienststelle Finsterwalde; 1965 Ltr. der Kreisdienststelle Liebenwerda; 1966 bis 1971 Fernstudium an der JHS des MfS Potsdam-Eiche, Dipl.-Jur.; 1970 Ltr. der Abt. VI (Paßkontrolle, Tourismus, Interhotels) der Bezirksverwaltung Cottbus; 1978 Stellv. des Ltr., 1985 Ltr. der Abt. (ab 1989 HA) XXII (Terrorabwehr) des MfS Berlin; 1986 Prom. zum Dr. jur. an der JHS des MfS Potsdam-Eiche; 1990 Entlassung.

Fratzscher, Wolfgang 11. 6. 1932
Thermodynamiker
Geb. in Leipzig, Vater Verwaltungsangestellter; Abitur; 1950/51 Bauschlosserlehre, 1951–56 Studium der Verfahrenstechnik an der TH Dresden; 1956–59 Assistent am Lehrstuhl für Thermodynamik der HS für Verkehrswesen Dresden, 1959 Prom. mit der Diss. »Die grundsätzl. Bedeutung der Exergie für die Techn. Thermodynamik«; 1959–61 Oberassistent an der Fak. für Kerntechnik der TH Dresden; ab 1961 Abt.-Ltr. im Atomkraftwerk Rheinsberg; 1964 Habil. mit der Arbeit »Der Einfluß der Nichtumkehrbarkeiten – gezeigt am Beispiel des Gasturbinenprozesses«, Doz. für Techn. Thermodynamik an der TH für Chemie Leuna-Merseburg, 1966 Prof. für Techn. Thermodynamik, 1966–68 Institutsdir., 1967–73 Prorektor für wiss. Arbeit, 1968 Prof. für Energiewirtschaft u. Wärmetechnik; Vors. des Fachaussch. Energiewirtschaft der chem. Prod., 1973–89 verantw. für die Hauptforschungsrichtung Verfahrenstechnik im Programm Chemie; 1974 Korr., 1979 Ord. Mitgl. der AdW; 1978–88 Leiter der HS-Industrieforschungsgruppe Verfahrenstechnik an der TH Merseburg, 1979–85 dort stellv. Sektionsdir. für Forschung, 1990 Prorektor für Wissenschaftsentw.
Arbeitsgebiete: Techn. Thermodynamik, Energiewirtschaft und Wärmetechnik, Kerntechnik, energet. Analyse stoffwirtschaftl. Verfahren unter Nutzung des Exergiebegriffs; maßg. Mitarb. bei der Einführung der kernenerget., energiewirtschaftl. u. verfahrenstechn. Ausbildung; Mithrsg. u. Mitautor zahlr. Buchpubl., insges. rund 200 Publ.

Frederic, Dagmar (eigtl. Dagmar Schulz) 15. 4. 1945
Sängerin
Geb. in Eberswalde; Lehre als Apothekenhelferin; Gesangsunterricht, erste Auftritte mit dem Orchester Max Reichelt; 1967 Berufsausweis, Musicalausbildung an der Berliner HS für Musik bei Peter Wieland; 1968 im Duett mit Siegfried Uhlenbrock; 1971 Hauptrolle im Musical »Andrea« in Halberstadt; 1971–84 in Zusammenarbeit mit Peter Wieland u. 1974–89 mit dem Manfred-Ludwig-Oktett unterwegs mit eigenen Showprogrammen (»10 Mann u. ick, die Frederic« u. a.); 1977 LDPD; ab 1984 stellv. Präs. des Komitees für Unterhaltungskunst.
Auftritte in allen großen Häusern des Landes, Gastspiele solo, mit Partner oder eigenem Programm in allen ost- u. mehreren westeur. Ländern, in Kuba, der VDR Jemen, dem Sudan, Zypern, Ägypten; Teiln. an intern. Festivals; wiederholt mit Schauteilen, 1983–85 Moderatorin des Dresdener Festivals; im DFF in zahlr. Shows; im Rundfunk mehr als 350 Produktionen, bei Amiga zwei LP mit Uhlenbrock, zwei LP solo, mehrere Singles; seit 1988 Auftritte mit Tochter Maxie.
Seit 1990 fünf CDs; 1992–94 Moderation von »Meine Show« im Abendprogramm von MDR/ARD.

Frenkel, Peter 13. 5. 1939
Leistungssportler (Leichtathletik)
Geb. in Eckartsberga (Thür.), Berufsausbildung zum Farb- u. Oberflächengestalter; 1964–90 SED; seit 1961 aktiver

Leichtathlet, zunächst Mittelstreckenläufer, 1964 aufgrund einer Achillessehnenverletzung Wechsel zum Gehsport beim ASK Vorwärts Berlin, 1970 ASK Vorwärts Potsdam (Trainer: Hans-Joachim Pathus); Spezialdisz.: 20 km Gehen; mehrmaliger DDR-Meister; mit der DDR-Mannschaft dreimal Sieger beim Lugano-Cup; 1970 u. 1972 WR im 20-km-Bahngehen, WR im 2-Stunden-Gehen u. über 30 km; 1972 Olympiasieger; 1976 Dritter bei den Olymp. Spielen; Hptm. der NVA a. D.; persönl. Mitgl. des NOK der DDR.
1972–76 Studium der Fotografie, seit Beendigung der sportl. Laufbahn freier Bildreporter u. Fotograf; lebt in Langenwischen (b. Potsdam).
1990 Mitgl. des NOK der Bundesrep. Dtl., Sprecher der Dt. Olymp. Ges.

Freusberg, Joseph
18. 10. 1881–10. 4. 1964
Katholischer Theologe, Weihbischof
Geb. in Olpe (Westf.); Stud. der Theologie u. Philos. in Paderborn u. Freiburg i. Br.; 1906 Priesterweihe in Paderborn; 1906/07 Leiter eines Knabenkonvikts in Gelsenkirchen; 1907–09 Studium des Kanon. Rechts in Rom (S. Maria dell'Anima); 1909 Dr. iur. can. in Rom; 1909 Vikar in Bielefeld, St. Jodocus; 1916 Pfarrer von St. Severi in Erfurt; 1923 Dompropst u. Dir. des Geistl. Gerichts in Erfurt.
Mai – Sept. 1945 Mitgl. der verfassunggebenden Landesvers. von Thüringen; 1946 Generalvikar für den in der SBZ liegenden Teil des Bistums Fulda; 1953 Weihbischof von Fulda mit Sitz in Erfurt; Titularbischof von Hadrianopolis in Epirus; 1961 Ernennung zum Päpstl. Thronassistenten durch Papst Johannes XXIII.; beigesetzt im Kreuzgang des Erfurter St. Marien-Domes.

Freye, Hans-Albrecht
28. 1. 1923–24. 5. 1994
Biologe, Generalsekretär der Leopoldina
Geb. in Aschersleben, Vater Lehrer; Gymnasium in Magdeburg, nach dem Abitur 1941 RAD u. Kriegsdienst, einjährige Gefangenschaft.
1946–50 Studium der Biologie u. Chemie an der MLU Halle, Staatsexamen, anschl. Doz. für Biol. an der ABF Halle; zunächst Aspirant, dann Assistent am Zoolog. Inst. der MLU, 1954 Prom., 1958 Habil.; Arbeitsaufenthalte an der Zoolog. Station Neapel u. am Anatom. Inst. Frankfurt/Main; 1958 Doz. an der MLU, hier 1959 Dir. des Biolog. Inst., 1961 Prof., 1964–66 Prodekan, 1966–69 Dekan der Med. Fak., 1968/69 Dir. des Bereichs Medizin, 1988 em.; 1971 Mitgl. der Dt. Akad. der Naturforscher Leopoldina, 1973–78 Sekretar ihrer mathemat.-naturwiss. Abt., seit 1978 Generalsekr.
1990 F.D.P. (zuvor LDPD); 1990–94 Staatssekr. im Min. für Wiss. des Landes Sachsen-Anhalt.
Autor mehrerer Lehrbücher für Studenten, insbes. auf den Gebieten Zool., Humangenetik, Humanökol.; Mithrsg. der Biolog. Rundschau.
Publ.: Kompendium der Humanökol. Jena 1978; Spur der Gene: Humangenetik. Leipzig 1980.

Friedeberger, Walter
25. 9. 1898–14. 5. 1967
Direktor des Deutschen Hygienemuseums
Geb. in Breslau; 1916 Abitur in Berlin, hier Studium der Medizin, 1921 Prom.; SPD; 1922–33 im Diagnost. Inst. des Verb. der Krankenkassen in Berlin, 1923–33 Stellv. Chefarzt u. Geschäftsführer bei der Geschäftsstelle der Ambulatorien des Verb.; 1926–30 zusätzl. Studium der Volkswirtschaft; 1933 inhaftiert, anschl. Emigration.
1947 Rückkehr nach Dtl.; SED; ltd. Mitarb. der Dt. ZV für Gesundheitswesen, ab

1949 im entsprechenden Min.; 1951–59 Dir. des Dt. Hygienemuseums in Dresden; 1959–67 Stellv. Min. für Gesundheitswesen; 1963–67 Abg. der Volkskammer, SED-Fraktion; 1964–67 Rektor der Dt. Akad. für ärztl. Fortbildung in Berlin.

Friedensburg, Ferdinand 1886–1972
1. stellvertretender Oberbürgermeister von Berlin
Studium, Prom. zum Dr. phil.; Bergassessor; 1921 Mitgl. der DDP; 1921–25 Landrat im Kr. Rosenberg (Westpr.); 1927 Regierungspräs. in Kassel; 1933 Amtsenthebung; 1935 mehrere Monate in Haft.
1945 Mitbegr. der CDU; 1945–68 Präs. des Dt. Inst. für Wirtschaftsforschung in Berlin, später Berlin (West); 1945/46 Präs. der Dt. Zentralverwaltung für Brennstoffindustrie; 1946/48 1. stellv. Oberbürgermeister von Groß-Berlin; 1946/47 geschäftsführender Parteivorst. der CDU in der SBZ; 1947/49 stellv. Vors. der Gesellschaft zum Studium der Kultur der Sowjetunion Berlin; 1945–48 im Präsidialrat des KB, ab Mai 1947 Vizepräs.; 1948–51 Bürgermeister von Berlin (West); 1950/52 Abg. im Abgeordnetenhaus Berlin (West); 1952–65 Abg. des Dt. Bundestags.
Publ.: Es ging um Deutschlands Einheit. Berlin o. J.

Friedman, Perry 25. 9. 1935–16. 3. 1995
Folksänger
Geb. in Prince Albert (Kanada), Vater Geschäftsmann; 1941–53 Grund- u. Oberschule, 1953–56 Wanderschaft, Gelegenheitsarbeiten, ab 1956 Folksänger (Vorbild: Pete Seeger, Paul Robeson, Ernst Busch); 1959 Übersiedlung in die DDR (Berlin), führte ab 1960 hier Hootenannies durch (amerik. Form eines zwanglosen Konzerts), Tourneen in die Bundesrep. Dtl. (u. a. bei den Ostermärschen der Atomwaffengegner), 1966 Mitbegr. des Hootenanny-Clubs Berlin (1967 umbenannt in Oktoberklub); 1971–76 wieder in Kanada, Arbeit bei Rundfunk u. Fernsehen; 1976 Rückkehr in die DDR, Mitarb. in der Singe- u. Folklorebew.; in den 80er Jahren Arbeit beim Rundfunk als Dokumentarist, 1983–85 zahlr. Solokonzerte u. Tourneen mit in- u. ausländ. Sängern (Okt. 1983 mit Harry Belafonte, Udo Lindenberg u. a.); schrieb viele Lieder, u. a. die Musik zu »Herbstchronik 1989« (zus. mit Gerd Eggers). 1994 Konzerte mit amerikan., jüd. u. dt. Liedern (begleitet von Dieter Brauer, Klavier) gegen Intoleranz u. Neonazismus; gest. in Berlin.

Friedrich, Gerd 28. 10. 1928
Wirtschaftswissenschaftler
Geb. in Berlin; 1947–50 Studium der Wirtschaftswiss. an der HU Berlin, Dipl.-Wirtsch.; wiss. Assistent; 1955 Prom. zum Dr. oec. mit einer Diss. zur Kooperation zwischen VEB im Automobil- u. Traktorenbau der DDR; anschl. Doz. an der HfÖ Berlin; 1961 Habil. zum Thema »Zur Arbeit der staatl. Leitungsorgane der soz. Industrie mit Leitbetrieben«, Berufung zum Prof. an der HfÖ, dort Aufbau des Lehrgebiets Industrieök.; 1967/68 Dir. des Inst. für soz. Wirtschaftsführung beim Min. für Leichtindustrie in Woltersdorf b. Berlin, ab 1968 stellv. Dir. des ZI für soz. Wirtschaftsführung beim ZK der SED in Berlin-Rahnsdorf; Vors. des Wiss. Rats für Fragen der Ltg. in der Wirtschaft; Vors. des Redaktionskollegiums der Ztschr. »Wirtschaftswiss.«; 1975 Korr. u. 1986 Ord. Mitgl. der AdW; 1976 NP (im Kollektiv).
F. galt als einer der führenden DDR-Wiss. auf dem Gebiet der Wirtschaftsführung. Er war beteiligt an theoret. Vorarbeiten u. prakt. Maßnahmen zur Reorg. der Planung u. Ltg. im Rahmen der Wirtschaftsreform der 60er Jahre. Forschungsthemen: Vergesellschaftung u. Organisationsformen (VVB, Kombi-

nat) der Industrieprod.; Planung u. Ltg. der soz. Industrie; Theorie wirtschaftl. Entscheidungen.
Publ.: Grundriß der Volkswirtschaftsplanung der DDR. Berlin 1957; Aufgaben u. Arbeitsweise der VVB. Berlin 1959; Einführung in die Lehre von der soz. Wirtschaftsführung (mit H. Koziolek*). Berlin 1967; Die Entscheidungstheorie u. Vervollkommnung der Leitungsentscheidungen in der soz. Wirtschaft. Berlin 1976; Zur Vervollkommnung der Ltg., Planung u. Org. der Kombinate. Berlin 1981.

Friedrich, Götz 4. 8. 1930
Opernregisseur
Geboren in Freyburg/Unstrut, Vater Rechtsanwalt u. Notar; 1949 Abitur am Dom-Gymnasium Naumburg; 1949–53 Studium der Theaterwiss. am Dt. Theaterinst. Weimar, Diplom; Meisterschüler Walter Felsensteins*; 1953–72 Kom. Oper Berlin, ab 1953 Dramaturg u. Regieassistent, ab 1957 1. Regieassistent u. Wiss. Mitarb. des Intendanten, 1959 Regisseur, Debüt mit Puccinis »La Boheme«, 1968–72 Oberspielltr.; 1954–61 Lehrauftrag für Dramaturgie an der Staatl. Schauspielschule Berlin; 1955–64 Lehrauftrag für Dramaturgie u. Theatergeschichte an der HS für Bildende Künste Berlin; 1964–72 Lehrauftrag für Regie an der HS für Musik »Hanns Eisler«, Berlin; 1969–73 Ao. Mitgl. der AdK; 1970 u. 1974 Prof.; Vors. der Sekt. Musiktheater des Theaterverb. der DDR; 1972 Weggang aus der DDR; Chefregisseur der Niederländ. Oper Amsterdam; 1973 Mitgl. der Freien AdK Hamburg; 1973–77 Oberspielltr., 1977–81 Chefregisseur der Hamburger Staatsoper u. Principal Producer der Royal Opera Covent Garden London; seit 1981 Generalintendant der Dt. Oper Berlin (West); 1982 AdK Berlin (West); seit 1984 Intendant am Berliner Theater des Westens.
Friedrich interpretiert der Methode Felsensteins folgend Oper als Musiktheater; 1958–72: 33 Bühneninszenierungen (Verdi, Mozart, Puccini, R. Strauss), 1959–71: fünf Operninszenierungen für Film u. Fernsehen; Gastregie in Bremen, Bayreuth, Dänemark u. Schweden; insges. über 120 Inszenierungen (seit 1972 auch Wagner).
Publ.: Walter Felsenstein. Weg u. Werk. Berlin 1961; Musiktheater. Ansichten, Einsichten. Frankfurt/M. 1986.
Sek.-Lit.: Götz Friedrich – Abenteuer Musiktheater. Bonn 1978.

Friedrich, Heike 18. 4. 1970
Leistungssportlerin (Schwimmen)
Geb. in Karl-Marx-Stadt; 1976 Beginn mit dem aktiven Schwimmsport im TZ Glauchau (Sa.), 1982 KJS Karl-Marx-Stadt u. Mitgl. des SC Karl-Marx-Stadt (Trainer: Joachim Rother); Spezialdisz.: 200 u. 400 m Freistil; 1985 fünffache EM (100 m u. 200 m, 4x100- u. 4x200-m-Staffel, 4x100-m-Lagenstaffel); 1986 vierfache WM (200 m u. 400 m, 4x100- u. 4x200-m-Staffel); 1987 vierfache EM (in den gleichen Disziplinen); 1988 Olympiasiegerin über 200 m u. mit der 4x100-m-Freistilstaffel, Zweite über 400 m; VVO in Gold; 1987 Jugendpreis des IOC.
1990 Abitur, Übersiedlung nach Bayreuth u. Beginn einer kaufm. Ausbildung; Versuch eines Comebacks (ohne Qualifikation für die WM 1991); 1992–94 Lehrerin an einer Schwimmschule für Kinder u. Hausfrauen in Japan.

Friedrich, Walter
25. 12. 1883–16. 10. 1968
Physiker, Präsident der DAW
Geb. in Salbke (Magdeburg), Vater Ing.; Abitur; 1905–11 Physikstudium in Genf u. München, hier 1911 Prom. u. bis 1913 Assistent; 1914 Ltr. des Röntgenolog. Inst. der Univ.-Frauenklinik Freiburg, dort 1922 ao. Prof.; 1922 ord. Prof. für med. Physik u. Dir. des Inst. für Strahlenforschung der Univ. Berlin, 1929

Dekan der Med. Fak.; 1943 Verlagerung des Inst. nach Niedersachsen.
1947 Rückkehr nach Berlin u. Wiederaufbau des Inst., zugl. Aufbau u. Ltg. eines Inst. für Biol. u. Medizin an der DAW; 1949 Ord. Mitgl. der DAW; 1949–51 Rektor der HU Berlin; 1950 NP; 1951–56 Präs. der DAW (Nachf. von Johannes Stroux*), anschl. bis 1958 Vizepräs. und bis 1968 Forschungsbereichsltr. an der DAW; 1950–68 Präs. des Dt. Friedensrats u. Mitgl. des Präs. bzw. Vizepräs. des Weltfriedensrats; seit 1949 Abg. der Prov. Volkskammer bzw. Volkskammer.
F. gilt als einer der Pioniere der Biophysik, sein wiss. Wirken war insbes. auf die Erforschung u. Bekämpfung von Geschwulstkrankheiten gerichtet; Verdienste um die Entdeckung der Röntgenstrahlinterferenzen (mit M. v. Laue u. P. Knipping, 1912); nach dem 2. Weltkrieg bes. Verdienste um den Neuaufbau der wiss. Forschung in der SBZ bzw. DDR.
Sek.-Lit.: W. F.: Leben u. Wirken. Berlin 1963 (mit Bibliogr.); Schierhorn, E.: W. F. Leipzig 1983.

Friedrich, Walter 5.10.1929
Jugendforscher
Geb. in Neuland (Schles.) in einer Handwerkerfamilie; 1944 Abschluß der Volksschule, anschl. Besuch einer Lehrerbildungsanstalt bis 1945.
Aussiedlung; 1948 SED u. bis 1950 Neulehrer im Kr. Grimma; 1950–52 Abiturlehrgang an der ABF Leipzig, anschl. bis 1956 Studium der Psychol. an der Univ. Leipzig; 1956/57 wiss. Mitarb. am Pädagog. Inst. Dresden, danach an der DHfK Leipzig; 1958 Assistent, 1964 Wahrnehmungsdoz. am Psycholog. Inst. der KMU Leipzig; 1962 Prom. u. 1965 Habil., jeweils mit Arbeiten zu sozialpsycholog. Themen; 1966–90 Dir. des neugegr. ZI für Jugendforschung (ZIJ) in Leipzig, der später führenden Einrichtung der empir. Jugendforschung in der DDR; zugl. Vors. des Wiss. Beirats für Jugendforschung beim Amt für Jugendfragen der DDR; 1968 Ernennung zum Prof. für Psychol. an der KMU; 1970 Korr., später Ord. Mitgl. der APW; 1984 VVO in Gold.
1990 Abwicklung des ZIJ, Gründung eines sozialwiss. Vereins, Forts. der Forschungstätigkeit im Rahmen von ABM sowie von Drittmittelprojekten.
Publ.: Jugend – heute. Berlin 1967; Der sozialwiss. Forschungsprozeß (Hrsg. mit W. Hennig*). Berlin 1975; Jugend u. Jugendforschung. Berlin 1976; Zwillinge. Berlin 1983.

Friedrichs, Paul 21.3.1940
Leistungssportler (Moto-Cross)
Nach dem Schulabschluß Traktorist in Buchholz (Kr. Stralsund); ab 1960 Moto-Cross-Sportler zunächst bei Dynamo Rostock, dann bei der SG Dynamo Erfurt (Trainer Heinz Ramsch); neunzehnmaliger DDR-Meister in versch. Klassen: zweimal 175 ccm, achtmal 250 ccm, einmal 350 ccm, achtmal 500 ccm; dreimal DDR-Meister mit der Mannschaft; 1965 u. 1972 Vize-WM, 1966, 1967 u. 1968 WM; Angehöriger der DVP, zuletzt Oltn.; 1972 Beendigung der sportlichen Laufbahn, danach Besuch der FS für Jagd- u. Forstwirtschaft, Abschluß als Meister der Forstwirtschaft, anschl. Mitarb. des Rats des Kr. Erfurt-Land.

Friedrichs, Rudolf 9.3.1892–13.6.1947
Ministerpräsident von Sachsen
Geb. in Plauen, Vater Kaufmann; Volksschule u. Gymnasium in Plauen u. Dresden; Studium der Staats- u. Rechtswiss. sowie der Volkswirtschaft an der Univ. Leipzig; 1914–18 Militärdienst; 1920 jur. Staatsprüfung, danach Referendar an Amtsgerichten u. am Landgericht Dresden; 1922 SPD, 1923 ADGB; 1923 Regierungsassessor, unterstützte die sächs. Arbeiterreg.; 1926 Regierungsrat im sächs. Innenmin.; 1927–30 Mitgl. des

kommunalpol. Landesaussch. der SPD in Sachsen u. ehrenamtl. Stadtrat in Dresden; 1930 Mitgl. der Gemeindekammer für den Freistaat Sachsen; 1933 seiner Ämter enthoben u. einige Monate inhaftiert, danach Polizeiaufsicht; 1933–38 Lebensmittelhändler in Dresden, 1939 bis 1945 jur. Berater versch. Firmen.
Mai/Juni 1945 OB in Dresden; Mitgl. der Landesltg. Sachsen der SPD; Herbst 1945 Dr. h.c. der FSU Jena; 1945/46 Präs. der Landesverwaltung Sachsen; 1946 Mitgl. des Landesvorst. der SED; 1946/47 Abg. des Sächs. Landtags (Verfassungsaussch.) u. Min.-Präs. des Landes Sachsen.

Fries, Fritz Rudolf 19. 5. 1935
Schriftsteller
Geb. in Bilbao (Span.), Vater Kaufmann; Schulbesuch; 1954–58 Studium der Romanistik (bei Werner Krauss*) u. Anglistik an der KMU Leipzig; ab 1958 freischaff. Übersetzer u. Dolmetscher für Spanisch u. Französisch; 1960–66 wiss. Assistent an der DAW, Entlassung wegen der Publ. seines ersten Romans »Der Weg nach Oobliadooh« in der Bundesrep. Dtl., der in der DDR erst 1989 erscheinen durfte; seit 1966 freischaff. Schriftsteller; 1972 Mitgl. des PEN-Zentrums DDR, von 1980–91 dessen Präs.; Nov. 1976 Mitunterz. der Protestresolution gegen die Ausbürgerung Wolf Biermanns*; 1979 Heinrich-Mann-Preis der AdK.
1991 Bremer Literaturpreis, Literaturpreis des Landes Brandenburg; Mitgl. der Akad. für Sprache u. Dichtung Darmstadt; lebt in Petershagen b. Berlin.
Verfaßte Übersetzungen u. Nachdichtungen klass. u. moderner span. Lit. (v. a. Julio Cortázar, Rayuela; Calderón de la Barca u. a.), Hörspiele, Reportagen, Gedichte u. Erzählungen, Romane mit oft phantast. Elementen; wichtiger Vermittler span. u. iberoamerik. Lit. (u. a. 1987 Hrsg. einer Werkauswahl von J. L. Borges); veröff. u. a. »Der Fernsehkrieg« 1969, »Das Luft-Schiff« 1974 (1983 auch verfilmt), »Der Seeweg nach Indien« 1978, »Alexanders neue Welten« 1982; »Verlegung eines mittleren Reiches« (1984).

Frings, Theodor 23. 7. 1886–6. 6. 1968
Germanist, Präsident der Sächsischen Akademie der Wissenschaften
Geb. in Dülken (Rheinl.), Vater Buchbinder; Oberrealschule, Realgymnasium, Abitur; 1906–11 Studium der dt. u. neueren Sprachen an den Univ. Marburg u. Leipzig, 1911 Examen für das höhere Lehramt u. Prom. zum Dr. phil. an der Univ. Marburg; 1911–17 Schuldienst, zugl. Assistent, später Doz. an der Univ. Bonn; 1915 Habil., 1917 ao. Prof., 1919 ord. Prof. für dt. u. niederländ. Philol.; 1922/23 Austauschprof. in Amsterdam, 1927–57 ord. Prof. für Germanistik u. Dir. des Inst. für Dt. Sprache u. German. Philol. an der Univ. Leipzig; 1930 Ord. Mitgl. der Sächs. AdW, 1936 Gastvorlesungen an Univ. in Finnland u. Schweden; 1937 Dr. phil. h.c. der Univ. Amsterdam.
Nach 1945 Ordinarius u. Institutsdir. an der Univ. Leipzig; 1946 Präs. der Sächs. AdW u. Ord. Mitgl. der DAW, 1951–61 hier Sekretar der Klasse für Sprachen, Lit. u. Kunst, 1952–64 Dir. des Inst. für dt. Sprache u. Lit.; 1956 Hervorragender Wissenschaftler des Volkes, 1959 VVO in Gold; 1963 Dr. phil. h.c. der Univ. Gent; 1964 Vizepräs. der dt.-belg. Ges.
Bedeutende Stellung in der Germanistik, Mitgl. von ca. 20 Akademien u. wiss. Ges., umfgr. Forschungs- u. Publikationstätigkeit (etwa 500 Publ.), u. a. Forschungen zur mittelalterl. dt. Lit.; Hrsg. der »Beiträge zur Geschichte der dt. Sprache u. Lit.«, Mithrsg. des »Althochdt. Wörterbuchs« (1952–58), seit 1952 Ltr. des »Dt. Wörterbuchs der Brüder Grimm« (32 Bde., 1961 abgeschlossen).

Publ.: Grundlegung einer Geschichte der dt. Sprache. 1948 (mehrere Aufl.); Sprache u. Geschichte. 3 Bde. 1956.

Frohberg, Fred 27. 10. 1925
Sänger
Geb. in Halle, Vater Trompeter; Klavierunterricht, Sängerknabe im Halleschen Stadtsingechor; Kriegsdienst, 1945 Verwundung; im Lazarett Bekanntschaft mit Swing u. Jazz, erste Auftritte im Raum Halle.
1946/47 Studium am Thüring. Landeskonservatorium in Erfurt, daneben Mitwirkung in Programmen u. a. am Steintor-Varieté Halle; 1947 1. Preis beim ersten Schlagerpreissingen in Halle; 1948–58 fest angestellt beim Rundfunktanzorchester Leipzig (Ltg. Kurt Henkels), Zusammenarbeit mit den Komponisten Walter Eichenberg (»Einsam liegt ein Schiff im Hafen«, »Steuermann, halte Kurs« u. a.) u. Gerd Natschinski* (»Einer wird bei dir bleiben«, »Zwei gute Freunde« u. a.); ab 1955 wiederholt Gastspielreisen in die Bundesrep. Dtl. u. osteur. Länder, Auftritte mit führenden dt. u. ausländ. Orchestern; seit den 50er Jahren Mitwirkung in Sendungen des DFF, u. a. »Freds Melodien«, »Da lacht der Bär«, »Ein Kessel Buntes«, »Musik, die Ihnen Freude bringt«; kleinere Rollen in drei DEFA-Musikfilmen; erfolgreiche Teiln. an intern. Schlagerfestivals in Sopot 1961 u. Rostock 1962 u. 1963; 1967–77 Ltr. des Fred-Frohberg-Ensembles (»Ensemble 67«), seither solist. tätig; Verdienste um den künstler. Nachwuchs, u. a. als Lehrbeauftragter an den HS für Musik in Leipzig u. Dresden.
Bei Amiga zahlr. Singles, zwei Porträt-LPs u. zwei LPs mit dem Fred-Frohberg-Ensemble, bei Supraphon (ČSSR) mehr als 25 Singles, weitere Plattenprod. in Ungarn, Rumänien und der Bundesrep. Dtl.

Fröhlich, Paul 21. 3. 1913–19. 9. 1970
SED-Politiker
Geb. in Niederplanitz (Zwickau), Vater Bergarbeiter; Volksschule, 1927–29 Ausbildung zum Koch; Bergarbeiter in Oelsnitz, seit 1929 Bergmann u. Industriearbeiter; 1929 KJVD, 1930 KPD, ehrenamtl. Parteifunktionen; 1933 wegen antifasch. Tätigkeit inhaftiert; 1935–39 Gelegenheitsarbeiter, ab 1939 Kriegsdienst.
1945/46 Sekr. der KL Glauchau der KPD (Agit. u. Schulung); 1946 SED; 1947–49 Sekr. der KL Dresden, 1949/50 1. Sekr. der KL Bautzen, 1950–52 1. Sekr. der KL Leipzig der SED, Mitgl. des SED-Landesvorst. Sachsen; 1950–53 Fernstudium an der PHS; seit 1952 1. Sekr. der SED-BL Leipzig; 1954 Kand. des ZK der SED u. Abg. der Volkskammer, 1954–58 Mitgl. ihres Gnadenaussch., trat in der Auseinandersetzung mit Ernst Bloch* gegen diesen auf; seit 1960 Vors. des Ständigen Aussch. der Volkskammer für Nat. Verteidigung; 1958 Mitgl. u. Sekr. des ZK, Kand. u. ab 1963 Mitgl. des PB des ZK der SED.

Frohn, Werner 12. 4. 1929
Generaldirektor des VEB Petrolchem. Kombinat Schwedt
Geb. in Zscherndorf (Kr. Bitterfeld); mit 15 Jahren Flakhelfer, anschl. bis Herbst 1945 im sowj. Kriegsgefangenenlager Brandenburg.
1946 SED, Besuch der Landesverwaltungsschule, 1947 Abschluß als Stadtinspektor; Mitgl. der SED-KL Bitterfeld; Studium der Industrieökonomik mit der Spezialisierung Chem. Technologie, Dipl.-Wirtsch., später Prom. zum Dr. rer. oec.; in den 60er Jahren tätig im Chemiekombinat Bitterfeld, stellv. Generaldir. des Kombinats; 1970–90 Generaldir. des VEB Petrolchem. Kombinat Schwedt u. Dir. des Stammbetriebs in Schwedt, der, neu errichtet, im April 1964 mit der Veredlung sowj. Erdöls begann u. neben

Leuna wichtigster Produzent von Treibstoffen sowie Grundstoffen v. a. für die Herstellung synthet. Fasern in der DDR war; Vors. des Nat. Komitees für Erdölkongresse, Ltr. der DDR-Delegation in der Ständigen Kommission Erdöl u. Erdgas im RGW, Mitgl. des Wirtschaftsrats DDR–USA, Ltr. des Unteraussch. Wiss. u. Technik in diesem Rat; 1971–76 Mitgl. der SED-BL Frankfurt/Oder, 1971–89 Mitgl. des ZK der SED; 1978 Mitinitiator der »Schwedter Initiative« unter der Losung »Weniger produzieren mehr«, eine in der DDR neuartige Strategie zur Steigerung der Arbeitsproduktivität u. Freisetzung von Arbeitskräften für andere Produktionsbereiche; 1982 VVO in Gold; 1990 Vorruhestand.
Publ.: Rationalisierung in neuen Dimensionen. Die Schwedter Initiative. Berlin 1979.

Fruck, Hans 15. 8. 1911–15. 12. 1990
Stellvertretender MfS-Hauptverwaltungsleiter
Geb. in Berlin; Volksschule, 1925–30 Ausbildung zum Werkzeugdreher; 1927–29 Mitgl. der BL Berlin-Brandenburg des KJVD; 1930 KPD; 1930–33 Expedient und Hilfsred. im Verlag des Reichskomitees der RGO; 1933/34 arbeitslos; 1934–43 Werkzeugdreher in der Maschinenfabrik »Raboma« Berlin-Borsigwalde, Ltr. einer Widerstandsgruppe; 1943 Festnahme, wegen »Vorbereitung zum Hochverrat« zu fünf Jahren Zuchthaus verurteilt, Haft im Zuchthaus Brandenburg-Görden.
1945 Einstellung bei der Polizei, Reviervorsteher, dann Kommissariatsltr. der Kriminalpolizei in Berlin-Weißensee; 1946 Ltr. der Einbruchsinspektion der Kripo Berlin; 1947 stellv. Ltr., dann Ltr. der Kriminaldir. Berlin; 1949/50 PHS; 1950 Einstellung beim MfS, Ltr. der Verwaltung Groß-Berlin; Mitgl. der SED-BL Berlin; 1953 Gen.-Major 1953–56 Mitgl. des Büros der SED-BL Berlin; 1956 Stellv. Ltr. der HV A (Auslandsspionage); 1969 VVO in Gold; 1977 Entlassung, Rentner; 1981 KMO.

Frühauf, Hans 4. 1. 1904–29. 10. 1991
Hochfrequenztechniker, Vizepräsident der DAW
Geb. in Pforzheim; 1923 Abitur in Stuttgart; nach prakt. Tätigkeit in der Elektroindustrie 1924–28 Studium an der TH Stuttgart, 1928–33 hier Assistent u. Doz.; 1931 Prom.; 1933 NSDAP, 1933–38 Laborltr. bei der Firma SABA in Villingen, 1938–45 Techn. Dir. der Graetz-AG Berlin.
1945–48 Chefing. u. stellv. Dir. bei Stern-Radio in Rochlitz; 1946 SED; 1948–50 wiss. Ltr. u. techn. Dir. der VVB RFT in Leipzig; 1950 ord. Prof. für Schwachstromtechnik an der TH Dresden, zugl. Dir. des Inst. für Hochfrequenztechnik u. Elektronenröhren (später Hochfrequenztechnik und Nachrichtenelektronik), 1951–59 Prorektor an der TH; 1951 NP; 1953 Ord. Mitgl. der DAW; 1957–61 Vizepräs. und Vors. der Forschungsgemeinschaft der naturwiss., techn. u. med. Inst. der DAW; seit 1957 Mitgl. des Forschungsrats; 1961 NP; 1961/62 Staatssekr. für Forschung u. Technik; 1969 em.; Mitgl. der KdT, der Physikal. Ges., des DDR-Nationalkomitees der Union Radioscientifique Internationale.
Wichtige Arbeiten zur Theorie der Hochfrequenzsiebschaltungen, der Informationsübertragung sowie zur Modulation u. Anwendung von Elektronenröhren; Hrsg. u. a. der »Ztschr. für Informations- u. Energietechnik«, Mitautor u. a. des Taschenbuchs »Elektrotechnik«.

Fuchs, Emil 13. 5. 1874–13. 3. 1971
Evangelischer Theologe
Geb. in Beerfelden (Hessen) in einer Pfarrersfamilie; Gymnasium in Darmstadt; 1894–97 Studium der Theol. an der Univ. Gießen, 1. theolog. Examen;

Militärdienst, anschl. Theolog. Seminar in Friedberg, 1899 2. theolog. Examen, Vikar in Brauerschwend; 1900 Prom. zum Lic. theol., anschl. Pfarrassistent; 1902–03 Vikar in der dt. Gemeinde in Manchester; 1903 Repetent in Gießen, Mitarb. der »Christl. Welt«; 1905 Pfarrer in Rüsselsheim, ab 1918 Pfarrer in Eisenach; 1921 SPD, Begründer der Thüring. Gruppe u. 1926–30 Landesvors. des Bunds religiöser Sozialisten, Verbindung zu den Quäkern, Engagement in der VHS-Bew.; 1931 Prof. für Religionswiss. an der Pädagog. Akad. in Kiel; 1933 Entlassung aus pol. Gründen, U-Haft; anschl. versch. Gelegenheitsarbeiten; 1943 Emigration in die Schweiz.

1945 Engagement für die SPD in Hessen; 1948/49 Gastvorlesungen in den USA; 1949 Übersiedlung in die DDR, ab 1950 Prof. für Systemat. Theol. u. Religionsphilos. an der Theolog. Fak. der Univ. Leipzig u. bis 1958 Ltr. des von ihm begr. Religionssoziolog. Inst.; 1950 Mitgl. des Friedensrats der DDR; 1954 VVO in Silber, Ehrenmitgl. der CDU; 1958 Mitbegr. u. Mitgl. des Fortsetzungsaussch. der Christl. Friedenskonferenz; 9. 2. 1961 Empfang durch den Staatsratsvors. Walter Ulbricht*.

Trotz seiner Bindung an die DDR setzte sich F. wiederholt für inhaftierte Kirchenangehörige ein; er gilt als früher Vertreter der pol. Anthropologie.

Publ.: Gut u. Böse. Tübingen 1906; Marxismus u. Christentum. Leipzig 1952; Christl. u. marxist. Ethik. Leipzig 1956; Mein Leben. 2 Bde. (Autobiogr.). Leipzig 1957/59.

Sek. Lit.: Ruf u. Antwort. Festgabe für E. F. zum 90. Geburtstag. Leipzig 1964; Bibliogr. in: Theolog. Literaturztg. 79/ 1954.

Fuchs, Jürgen 19. 12. 1950
Bürgerrechtler, Schriftsteller

Geb. in Reichenbach (Vogtl.), Vater Elektriker, Mutter Angestellte; 1969 Abitur u. Facharbeiterabschluß bei der Reichsbahn; 1969–71 NVA; ab 1971 Studium der Sozialpsychol. an der FSU Jena; 1973 SED; 1974 erste Veröff. von Prosa u. Gedichten, öff. u. private Lesungen mit krit. Texten zur Militarisierung der DDR-Ges. (»Fassonschnitt«, 1984); Apr. 1975 Ausschluß aus der SED wegen »feindl. Angriffe gegen die Grundlagen der soz. Ges. in der DDR«, Juni 1975 Ablehnung der zuvor mit »Sehr gut« bewerteten Diplomarbeit, Exmatrikulation, Publ.-Sperre; anschl. Transportarbeiter, Pfleger in der Stephanusstiftung Berlin, Unterkunft bei Robert Havemann* in Grünheide; Nov. 1976 öff. Protest gegen die Ausbürgerung Wolf Biermanns*, neun Monate U-Haft (§106 StGB »staatsfeindl. Hetze«) beim MfS in Berlin-Hohenschönhausen, während der Haft erschienen in der Bundesrep. Dtl. »Gedächtnisprotokolle«, Aug. 1977 Ausbürgerung; seitdem freischaff. Autor in Berlin (West), veröff. u. a. »Vernehmungsprotokolle« 1978, »Tagesnotizen« 1979, »Einmischung in eigene Angelegenheiten« 1984, »Ende einer Feigheit« 1988; bis 1989 Kontaktperson für die DDR-Opp.; 1990 Mitarb. in versch. Bürgerkomitees zur Auflösung des MfS.

1992/93 wiss. Mitarb. des Bundesbeauftragten für die Unterlagen des Staatssicherheitsdienstes der ehemaligen DDR, 1994 als Psychologe Mitarb. in einem Beratungszentrum in Berlin.

Fuchs, Klaus 29. 12. 1911–28. 1. 1988
Physiker

Geb. in Rüsselsheim/Main als Sohn des ev. Theologen Emil F.; 1928 Abitur in Eisenach; Studium der Mathematik u. Physik in Leipzig u. Kiel; SAJ, Reichsbanner, 1930–32 SPD, 1932 KPD; Juli 1933 Emigration über Paris nach England; Forts. des Physikstudiums in Bristol bei Nevill Mott, 1937 Prom. in der Mathematik; anschl. Stipendiat bei Max Born in Edinburgh, hier 1938 Prom. in der theor. Physik; 1940/41 Internierung als feindl. Ausländer; ab Mai 1941 Mitwirkung am brit. Atombomben-Programm in der Univ. Birmingham bei Rudolph Peierls, nahm im Herbst Kontakt zum sowj. Geheimdienst auf u. berichtete fortan über das Atombombenprojekt; Aug. 1942 engl. Staatsbürger; Dez. 1943 – Juni 1946 als Mitgl. der engl. Forschergruppe Beteiligung am US-amerik. Atombomben-Programm in Los Alamos; ab Juli 1946 Ltr. der Abt. Theor. Physik im brit. Atomforschungszentrum Harwell; 1949/50 Enttarnung als Informant für die UdSSR, Verurteilung zu 14 Jahren Haft; Juni 1959 Begnadigung u. Abschiebung in die DDR; 1959 Heirat mit Margarete Keilson.

1959–72 stellv. Dir. u. Bereichsltr. im ZI für Kernforschung Rossendorf (b. Dresden); ab 1961 nebenamtl. Prof. für theor. Physik an der TU Dresden; ab 1967 Mitgl. des ZK der SED; 1971 VVO in Gold; 1972 Ord. Mitgl. der AdW; 1974–78 Ltr. des Forschungsbereichs Physik, Kern- u. Werkstoffwiss. der AdW; 1975 NP; 1979 em.; 1979 Vors. der wiss. Räte für Probleme der energet. und mikroelektron. Grundlagenforschung; 1983 Mitgl. des Komitees für wissenschaftl. Fragen der Sicherung des Friedens u. der Abrüstung; Ehrenmitgl. des Forschungsrats.

Sek.-Lit.: Williams, R. Ch.: K. F., Atom Spy. Cambridge (Mass.)/London 1987.

Fuchs, Otto Hartmut
4.9.1919–7.4.1987
Katholischer Amtsträger
Geb. in Schwäbisch Gmünd; 1938 Abitur in Augsburg; 1938–44 mehrere Semester Studium der Theol. in Tübingen u. Wien, unterbrochen durch Kriegsdienst; Tätigkeit in einer Widerstandsgruppe, 1944 Verhaftung u. Anklage wegen »Hochverrats«, Apr. 1945 Befreiung aus dem Wiener Zuchthaus.

1945 Gründer u. Chefred. der kath. Jugendztschr. »Das Junge Wort«, Stuttgart; 1950 Übersiedlung in die DDR; 1951–69 Chefred. des Union-Pressedienstes (UPD), Jan. – Juli 1953 MfS-Haft im Zusammenhang mit der Dertinger*-Affäre; 1961 Mitbegr. der Monatsschrift dt. Kath. (später: Ztschr. für Kath. in Kirche u. Ges.) »begegnung« in Berlin, 1969–77 Chefred., ab 1977 Hrsg.; 1964 Mitbegr. der intern vom ZK der SED instruierten u. über den NR der NF finanzierten »Berliner Konferenz kath. Persönlichkeiten aus eur. Staaten« (später: »Berliner Konferenz eur. Katholiken«), 1970–87 Vors. ihres Präs.; 1972–87 Mitgl. des Hauptvorst. der CDU; Mitgl. des Präs. des Weltfriedensrats.

Fuchs, Ruth, geb. Gamm 14.12.1946
Leistungssportlerin (Leichtathletik)
Geb. in Egeln (b. Magdeburg); ab 1960 Speerwerferin zunächst in Güstrow, später beim SC Traktor Schwerin, SC Karl-Marx-Stadt u. beim SC DHfK Leipzig, ab 1970 beim SC Motor Jena (Trainer Karl Hellmann); 1970, 1973, 1975 u. 1977 Europacupsiegerin, 1971 EM-Dritte, 1972 Olympiasiegerin, 1974 EM, 1976 Olympiasiegerin, 1978 EM; 1977 u. 1979 Weltcupsiegerin, warf zwischen 1972 u. 1980 sechs WR; 1981 Beendigung der leistungssportl. Laufbahn; SED; während der sportl. Laufbahn Ausbildung zur med.-techn. Assistentin, danach Tätigkeit als Lehrausbilderin, Studium der Pädagogik in Jena, 1984 Prom. zum Dr. päd. an der DHfK Leipzig; 1984–90 Vize-Präs. des Dt. Leichtathletikverb., Mitgl. der Frauenkommission des Intern. Leichtathletikverb. (IAAF); März 1990 Mitgl. der PDS-Volkskammerfraktion.

Ab 1990 MdB, Fraktion Linke Liste/PDS; Autorin der Bücher »Gott schütze unser deutsches Vaterland« u. »Lorbeerkranz u. Trauerflor« (mit K. Ullrich*).

Fuchs-Keilson, Margarete (Ps. Alma, Agnes, Marianne), geb. Schnate
21. 12. 1905
SED-Funktionärin
Geb. in Berlin, Vater Arbeiter; Volksschule; 1922 KJVD; 1925 KPD, Instrukteur für Betriebs- u. Häuserblockztgn.; begleitete 1928 die Delegation des ZK der KPD zum VI. Kongreß der KI in Moskau; 1929–33 Mitarb. in dem von Georgi Dimitroff geleiteten Westeurop. Büro der KI, bis zu Dimitroffs Verhaftung 1933 dessen Sekr., danach Emigration nach Paris u. im Weltkomitee gegen Krieg u. Faschismus tätig; 1936–39 Mitarb. in der KPD-Auslandsltg. in Paris; 1939 in die UdSSR emigriert, Mitarb. im Apparat der KI u. nach dessen Auflösung 1943 im Büro des Vors. der KPD, Wilhelm Pieck*; Teiln. an Gründungsvers. des NKFD u. des Bundes Dt. Offz.; Kurierdienste u. pol. Aufklärungsarbeit in Kriegsgefangenenlagern; seit Herbst 1944 zum Kr. der für den Deutschlandeinsatz Vorgesehenen gehörig.
Juni 1945 Rückkehr nach Dtl.; 1945–48 Ltr. der Abt. Personalpol. bzw. Kader beim ZK der KPD bzw. PV der SED; 1946–50 Mitgl. der Revisionskommission beim PV der SED; 1948–52 Ltr. des Büros bzw. der neugebildeten Abt. Intern. Verbindungen des ZK, 1953–59 deren stellv. Ltr.; ab 1927 verheiratet mit Max K.*, ab 1959 mit Klaus Fuchs*; 1959–70 Mitarb. der Presseabt. des Min. für Auswärtige Angelegenheiten; danach Rentnerin, unterstützte die Traditionspflege; 1970 Ehrenspange zum VVO in Gold, 1985 Stern der Völkerfreundschaft in Gold; lebt in Dresden.

Fugger, Karl 8. 12. 1897–24. 12. 1966
FDGB-Funktionär
Geb. in Hannover, Vater Maler; Volksschule, 1912–16 Ausbildung zum Klempner, anschl. bis 1921 im Beruf tätig; 1916–18 Kriegsdienst; 1912 Mitgl. der Metallarbeiterjugend, 1916–28 Dt. Metallarbeiterverb., 1919 KPD; 1923/24 Kand. des Zentralaussch. der KPD; 1926–28 Mitgl. der Bezirksltg. der KPD Württemberg, als »Versöhnler« abgesetzt; bis 1932 Sekr. der Roten Hilfe; 1933/34 illegale Arbeit in Württemberg u. Berlin; 1934–37 Zuchthaus Luckau, 1937–45 KZ Sachsenhausen u. Flossenbürg.
1945/46 KPD/SED, FDGB, Mitarb. im Vorbereitenden Gewerkschafts-Aussch. von Groß-Berlin; 1946 SED; 1946–48 Mitgl. des Vorst. u. des Geschäftsführenden Aussch. des FDGB von Groß-Berlin, 1946–63 Mitgl. des Bundesvorst. des FDGB, 1948–50 im Geschäftsführenden Vorst., Sekr. für Schulung, Hrsg. u. Verf. gewerkschaftl. Schulungsmaterialien; 1946–49 Ltr. der Bundesschule des FDGB; 1950/51 PHS; 1951–57 stellv. bzw. amt. Dir. der HS des FDGB in Bernau; 1953–55 Mitgl. des Zentralvorst. der Gewerkschaft Wiss.; 1957 Erkrankung u. Aufgabe der hauptamtl. Tätigkeit.
Publ.: Geschichte der dt. Gewerkschaftsbew. Berlin 1949.

Fühmann, Franz 15. 1. 1922–8. 7. 1984
Schriftsteller, Nachdichter, Essayist
Geb. in Rokytnice n. Jizerou (Rochlitz a. d. Iser, ČSR), Vater Apotheker; 1928 bis 1932 Volksschule; 1932–36 Jesuitenkonvikt Kalksburg (b. Wien), 1936 Gymnasium Liberec (Reichenberg), Mitgl. des Dt. Turnvereins (Sudetendt. HJ); 1938 Eintritt in die Reiter-SA; 1939 Reform-Realgymnasium Vrchlabi (Hohenelbe), 1941 Abitur; RAD in Ostpreußen; 1941–45 Wehrmacht/Luftwaffe; 1942 erste Gedichtveröff. »Jugendl. Trio« in Hamburg; 1945–49 sowj. Gefangenschaft, 1946 Kommandierung zur Antifa-Zentralschule, Assistent, Lehrer.
1949 Rückkehr nach Dtl. (SBZ), NDPD, 1952 Mitgl. im PV der NDPD; 1953 Vorstandsmitgl. des DSV; 1954–59 vom

MfS als GI »Salomon« geführt, da F. jedoch keine Berichte lieferte u. zu keinem konspirativen Treffen bereit war, kam es zur Entpflichtung; 1955 »Kameraden« u. a. Kriegserzählungen; Mitgl. des Dt. PEN-Zentrums Ost u. West; 1958 Lösung des Arbeitsverhältnisses mit der NDPD, seitdem freier Schriftst., Beginn von Arbeitsaufenthalten bei der VP, in LPG, Warnow-Werft u. ä.; 1961 »Kabelkran u. Blauer Peter«; Mitgl. der DAK; Offener Brief an Günter Grass u. Wolfdietrich Schnurre zur Verteidigung des Mauerbaus; 1964 Brief an den Min. für Kultur Hans Bentzien* zu Schaffensproblemen, Absage an den Bitterfelder Weg; 1970 Hrsg. von »Ernst Barlach. Das Wirkliche u. Wahrhaftige«, Erzählungsbd. »Der Jongleur im Kino«; 1972 Austritt aus der NDPD; 1974 Gastvorlesungen »Das myth. Element in der Lit.«; erste Einfahrt in ein Kupferbergwerk; 1975 »Erfahrungen u. Widersprüche. Versuche über Literatur«; 1976–79 mehrere Essays zu E. T. A. Hoffmann; 1976 Mitunterz. der Petition gegen die Ausbürgerung Wolf Biermanns*; danach verstärkte operative Bearbeitung durch das MfS (OV »Filou«), zunehmende Verdrängung aus der Öffentlichkeit; 1977 Offener Brief »Lust an der Wahrheit« an den Ltr. der HV Verlage u. Buchhandel im Min. für Kultur, Klaus Höpcke*; 1977 legte F. die Mitarb. im SV nieder, da das Verhalten der Verbandsführung den Weggang von Sarah Kirsch* begünstigt habe; Nichtteiln. am VIII. Schriftstellerkongreß, zunehmende künstler.-pol. Isolierung; 1981 Initiierung einer Anthol. junger krit. DDR-Autoren, verhindert durch die Ltg. der AdK u. führende Kräfte der SED; Arbeit mit Behinderten (»Was für eine Insel in was für einem Meer« 1985), 1982 »Vor Feuerschlünden: Erfahrung mit Georg Trakls Gedicht«; dank F.s Anstrengungen erschien die erste DDR-Ausgabe einer Essaysammlung von Sigmund Freud; 1983 Arbeit am Bergwerk-Projekt (»Im Berg. Fragment eines Scheiterns«); 1983 »Meine Bibel. Erfahrungen« (Essay); zahlr. Bearbeitungen antiker Dramen u. Mythen; gest. in Berlin.

Publ.: Das Judenauto. Rostock 1962; Zweiundzwanzig Tage oder Die Hälfte des Lebens. Rostock 1973; Prometheus. Berlin 1974; Die dampfenden Hälse der Pferde im Turm zu Babel. Berlin 1978; Essays, Gespräche, Aufsätze 1964–81. Rostock 1983; Briefe 1950–1984. Eine Auswahl (Hrsg. von Hans-Jürgen Schmitt). Rostock 1994.

Sek.-Lit.: Richter, Hans: F. F. Ein dt. Dichterleben. Berlin 1992; Kat. zur Ausst. »Es bleibt nichts anderes als das Werk«. Stiftung Archiv der AdK. Berlin 1993.

Führer, Christian 5. 3. 1943
Evangelischer Pfarrer
Aufgewachsen in Langenleuba-Oberhain (Sa.), Eltern Pfarrer; 1957–61 EOS in Eisenach, Abitur; 1961–66 Studium der Theol. an der KMU Leipzig, anschl. Lehrvikar in Naunhof, 1967/68 Predigerseminar in Lückendorf; 1968 Ordination, danach Pfarrer in Lastau u. Colditz (Sa.); seit 1980 Pfarrer an der Nikolaikirche in Leipzig; 1980 Org. versch. Veranstaltungen im Rahmen der ersten Friedensdekade; Mitbegr. der seit dem 13. 9. 1982 jeden Montag in der Nikolaikirche stattfindenden Friedensgebete gegen das Wettrüsten in Ost u. West; maßgebl. beteiligt am Konzept »Offene Stadtkirche«, ließ seit 1986 Schilder mit der Aufschrift »Nikolaikirche – offen für alle« anbringen; Mitarb. im Netzwerk opp. Gruppen »Frieden konkret«, 1987 Org. u. Durchführung eines eigenständigen Pilgerwegs im Rahmen des Olof-Palme-Friedensmarschs; Gründung des Gesprächskr. »Hoffnung« für Ausreisewillige; Jan. 1988 »Moderator« von Fürbittandachten für die im Zusammenhang mit der Liebknecht-Luxemburg-Demonstration in

Berlin Verhafteten; Febr. 1988 Vortrag »Leben u. Bleiben in der DDR« in der Nikolaikirche, seitdem bei den Friedensgebeten starke Beteiligung von Ausreisewilligen u. Begegnung mit opp. Gruppen, die im Herbst 1989 zum Ausgangspunkt der Leipziger Montagsdemonstrationen wurden; F. wurde in den 80er Jahren im Rahmen zweier OV vom MfS bearbeitet.

1991 Theodor-Heuss-Preis (zus. mit J. Gauck*, D. Gill, A. Kahane, U. Poppe* u. J. Reich); Mittagsandachten gegen den Golfkrieg; auf ABM-Basis Gründung der Kirchl. Erwerbsloseninitiative Leipzig, die 1992 in kirchl. Trägerschaft übernommen wurde, 1993 Initiative zur Bildung der »Koordinierungsgruppe Kirchl. Erwerbsloseninitiativen Sachsens«.

Fuhrmann, Bruno 2.1.1907–25.9.1979
Parteifunktionär, Säuberungsopfer
Geb. in Königsberg (Ostpr.); Volksschule, Lehre als Zimmermann; 1922 KJVD, 1925 KPD, 1927 Mitgl. des ZK des KJVD; 1929/30 Jugendschule der KJI in Moskau; 1930 KJI-Instrukteur in Holland, Österreich, Dänemark u. Schweden; 1931 Mitgl. des Büros des ZK des KJVD; ab Juni 1933 KJVD Pol.-Ltr. des Bez. Thüringen; im gleichen Monat verhaftet, Verurteilung zu zwei Jahren Zuchthaus wegen »Vorbereitung zum Hochverrat«; Frühjahr 1936 Flucht in die ČSR, 1937 in die Schweiz; 1940 Verhaftung wegen illegaler pol. Tätigkeit, Internierung in versch. Schweizer Lagern; 1942 Org.-Ltr. der neugebildeten KPD-Landesltg; 1945 auf Parteibeschluß Flucht aus dem Lager Wallisellen, mit Hans Teubner* u. Leo Bauer* illegale Einreise nach Dtl.

Juli 1945 zur Berichterstattung über die Emigrationszeit vor dem ZK der KPD nach Berlin; danach Polit.-Instrukteur des ZK der KPD für die amerik. u. frz. Zone; Vizepräs. der VVN; März 1946 Mitarb. der Zonenltg. im Sekr. bzw. PV der SED; 1947 Ltr. der Abt. Org. des ZS der SED (Nachf. von Walter Beling); 1949 stellv. Ltr. der neugeschaffenen Westkommission des ZK der SED, dort Ltr. der Org.-Instrukteurabt.; Aug. 1950 aller Parteifunktionen enthoben (Field-Affäre, Westemigrant); 1951/52 im VEB Baumechanik Niederneuendorf, Planungsltr., Kulturdir.; 1952/53 Mitarb., 1954–64 Arbeitsdir. im VEB Lokomotivbau-Elektrotechn. Werke Hennigsdorf; März 1956 Aufhebung der Funktionssperre, Juni 1956 Rehabilitierung durch die ZPKK; 1959/60 Einjahreslehrgang an der PHS; 1964 Bereichsltr. für westdt. Fragen im Komitee der Antifasch. Widerstandskämpfer; 1971 VVO in Gold, 1976 Ehrenspange zum VVO in Gold; gest. in Berlin.

Funke, Otto 23.8.1915
Vorsitzender der Zentralleitung des Komitees der Antifaschistischen Widerstandskämpfer
Geb. in Lennep (Rheinl.), Vater Arbeiter; bis 1932 Realgymnasium in Wuppertal-Elberfeld; 1930 SAJ, 1931 KJVD, 1933 KPD; bis 1935 arbeitslos; 1935–37 wegen illegaler Tätigkeit für den KJVD Rheinland zwei Jahre Haft; 1938–44 Ausbildung u. Tätigkeit als techn. Angestellter in der Maschinenfabrik Augsburg-Nürnberg AG in Düsseldorf; bis 1944 »wehrunwürdig«, anschl. bis 1945 Kriegsdienst u. Gefangenschaft.

1945 Mitgl. des Landesjugend-Aussch. Thüringen; 1946 FDJ; 1946–52 Mitgl. des ZR der FDJ; 1946–49 2. bzw. 1. Sekr. der FDJ-Landesltg.; 1949–52 2. Sekr. der SED-Landesltg. Thüringen; 1950–54 Abgeordneter der Volkskammer; 1952 bis 1955 1. Sekretär der SED-BL Gera; 1952–56 Mitgl. des Bez.-Tags Gera; 1955/56 PHS beim ZK der KPdSU in Moskau; 1956–68 1. Sekr. der SED-BL Suhl; 1958–63 Kand., 1963–3.12.1989 Mitgl. des ZK der SED; 1958–29.1.1990 erneut Abg. der Volkskammer; 1963–69 Mitgl. des Bez.-Tags Suhl; 1965 VVO in

Gold; 1969 Stellv. des ltd. Sekr., 1971 ltd. Sekr., 1974–89 Vors. der ZL des Komitees der Antifasch. Widerstandskämpfer, 1972– 90 Vizepräs. der FIR; 1975 KMO.

Fürnberg, Louis 24. 5. 1909–23. 6. 1957
Schriftsteller
Geb. in Iglau (Mähren), Vater Fabrikant; Lehre als Kunstkeramiker, Handelsschule; 1928 Mitgl. der KP der ČSR; Mitarbeit an linken Ztgn., u. a. »Der Gegenangriff«, »Linksfront«, »Arbeiter-Illustrierte-Ztg.« (AIZ), 1932–36 Ltr. der Agit.-Prop. Gruppe »Echo von links« u. 1936/37 der Truppe »Neues Leben«; 1939 Verhaftung; 1940–46 Exil in Palästina.
1946 Rückkehr in die ČSR; 1946–49 Prager Korr. osteur. Ztgn. u. Ltr. der Abt. für kulturelle Beziehungen zu deutschsprachigen Ländern im Informationsmin.; 1949–52 Erster Botschaftsrat der ČSR in der DDR; 1953/54 Ltr. der Abt. für kulturelle Betreuung anderssprachiger nat. Gruppen im Min. für Schulwesen u. Volkskultur der ČSR.
1954 Übersiedlung nach Weimar; hier 1954–57 stellv. Ltr. der Nat. Forschungs- u. Gedenkstätten der klass. dt. Lit.; Mitbegr. u. -hrsg. der »Weimarer Beiträge. Ztschr. für dt. Literaturgeschichte« u. der »Bibl. dt. Klassiker«; 1955 Mitgl. der DAK u. Generalsekr. der Dt. Schiller-Stiftung; 1956 NP.
Verfaßte Gedichte, Lieder (z. T. selbst vertont) u. Poeme, Erzählungen (»Mozart-Novelle« 1947, »Die Begegnung in Weimar« 1952), den autobiogr. Roman »Urlaub« (1962) sowie zahlr. Essays u. Nachdichtungen.
Publ.: Gesammelte Werke. 6 Bde. (Hrsg.: L. Fürnberg u. G. Wolf*). Berlin u. Weimar 1964–73; Briefe 1932–1957. Berlin 1986.

G

Gäbler, Fritz 12. 1. 1897–26. 3. 1974
SED-Funktionär
Geb. in Meißen, Vater Pantoffelmacher; 1903–11 Volksschule, Ausbildung zum Töpfer bzw. Ofenformer; 1913 2. Vors. des Arbeiterjugend-Bildungsvereins in Meißen; 1914 SPD in Jena; illegale Antikriegsarbeit unter Jugendlichen, 1916 Einberufung zum Kriegsdienst; 1919 KPD; 1920/21 Sekr. der Komm. Jugend (KJ) in Thüringen, 1922–24 Vors. der KJ; ab 1924 als Red. u. Chefred. tätig; 1929 verurteilte ihn das Reichsgericht wegen »Vorbereitung zum Hochverrat« zu zwei Jahren Festung, Ltr. der komm. Gruppe in der Festung Gollnow, nach Wahl als MdL Thüringen 1931 Entlassung aus der Haft, Instrukteur u. Parteisekr. in Thüringen; 1933/34 Gefängnis u. KZ, danach antifasch. Arbeit für die BL Berlin-Brandenburg, 1935 Verhaftung u. Verurteilung zu zwölf Jahren Zuchthaus, Brandenburg-Görden.
1945 Mitarb. an der Ztg. »Tägl. Rundschau«, Mitgl. der Red. der »Dt. Volksztg.«; 1945/46 1. Kreissekr. der KPD für Erfurt-Weißensee, 1946/47 Kreisvors. der SED in Erfurt, Mitgl. der Stadtverordnetenvers.; 1947–49 HA-Ltr. im Thüring. Min. für Wirtschaft u. Ltr. der KdT-Landeskammer; 1949–52 Ltr. der HV Wiss. u. Technik der DWK bzw. des Zentralamts für Forschung u. Technik bei der SPK, dort 1952/53 Sekr. der SED-PO; 1954–74 Mitgl., 1954–67 Vors. der ZRK der SED, danach Mitgl. der ZRK; Vors. der Zentralen Kommission beim ZK der SED zur Betreuung al-

ter verdienter Parteimitgl.; 1962 KMO, 1965 VVO in Gold.

Gäbler, Klaus 5. 10. 1931
SED-Funktionär
Geb. in Steinpleis (Kr. Werdau), Vater Arbeiter; Oberschule, 1950 Abitur; 1947 SED; 1950–52 Studium an der Univ. Leipzig, 1952–57 an der Lomonossow-Univ. Moskau, Dipl.-Philos.; 1957/58 Mitarb. der SED-BL Leipzig; 1958–61 Assistent u. Oberassistent am Philos. Inst. der KMU Leipzig; 1961–67 Mitarb., 1967–79 stellv. Ltr. u. Febr. 1979 – Dez. 1989 Ltr. der Abt. Propaganda des ZK der SED (Nachf. von Kurt Tiedke*); 1974 u. 1981 VVO in Gold; 1978 Prom. zum Dr. phil. am IML mit einer philosophiegeschichtl. Arbeit; 16. 4. 1981 – Dez. 1989 Mitgl. des ZK der SED, Mitgl. des Präs. der Urania.

Gaida, Wilhelm 6. 11. 1902–27. 11. 1988
MfS-Bezirksverwaltungsleiter
Geb. in Oberhofenelbe (Sudetenland); Vater Drechsler, Mutter Weberin; Volksschule; 1916–18 Ausbildung zum Karosseriebauer, danach im Beruf mit Unterbrechungen tätig; 1924 KPČ; 1930–32 KPČ-Ortsgruppenltr.; 1932 bis 38 KPČ-Pol.-Ltr. des Bez.; 1937 Verurteilung zu sechs Monaten Haft wegen Werbung von Spanienkämpfern; 1938 Emigration nach Prag, 1939 nach Tscheljabinsk, dort Arbeit im Traktorenwerk; 1943/44 Parteischule in Moskau; 1944/45 Partisaneneinsatz in der Slow.
1945 Vors. des Antifa-Komitees des Bez. Oberhohenelbe; Umsiedlung mit einem Antifa-Transport; 1946–48 Mitarb. der SED-Landesltg. Thüringen in Weimar; 1947/48 Halbjahreslehrgang an der PHS; 1948/49 Sozialdir. bei BMW Eisenach; 1949 Einstellung bei der Länderverwaltung zum Schutz der Volkswirtschaft (ab Feb. 1950 Länderverwaltung für Staatssicherheit) Thüringen, Ltr. der Abt. VI, 1951 Stellv. Operativ des Ltr.; 1952 Ltr. der BV Erfurt des MfS, Mitgl. der SED-BL Erfurt; 1957 Ltr. der HV B (Innere Verwaltung) des MfS; Oberst; 1965 Entlassung, Rentner; 1969 VVO in Gold; 1977 KMO; 1987 Stern der Völkerfreundschaft in Gold.

Gampe, Wolfgang 2. 8. 1928
Präsident der Agrarwissenschaftlichen Gesellschaft (awig)
Geb. in Naunhof (Kr. Grimma), Vater Maurer; Volksschule, 1941–45 Wirtschafts-OS Leipzig; 1945 Internierung durch die sowj. Besatzungsmacht im Lager Buchenwald, danach Arbeit auf dem elterl. Neubauernhof; 1950/51 Landw. FS in Wurzen, 1951–54 Studium der Landw. an der Univ. Leipzig, Dipl.-Landw.; 1954/55 Lehrer an der FS für Landw. in Stadtroda, 1956–58 wiss. Mitarb. der Forschungsstelle für Landarbeit Gundorf der DAL, 1958–66 Arbeitsgruppen- bzw. Abt.-Ltr. für Betriebs- u. Arbeitsorg. der neugegr. Forschungsstelle für Agrarökonomik der DAL in Anklam; 1960 Prom. zum Dr. agr. an der KMU Leipzig mit einer Diss. über Methoden zur Ermittlung der Arbeitsproduktivität in den LPG; 1960 Mitgl. der SED-KL Anklam; 1962–65 Vors. der LPG Neetzow; ab 1963 Mitgl. des Kreislandw.-Rats Anklam; 1965 Doz. für soz. Betriebswirtschaft an der HS für LPG Meißen, 1966–69 Tätigkeit in der »Winter-Akad.« des DFF, 1967 Habil., 1967–71 Prof. mit Lehrstuhl für soz. Betriebswirtschaft an der HS für LPG, Dir. des Inst. für soz. Betriebswirtschaft u. zugl. wiss. Dir. des Lehr- u. Versuchsguts Kalkreuth; 1968 Kand. der DAL, Herbst 1971 Abberufung aus dem Lehramt wegen agrarpol. Differenzen, 1972 keine Wiederwahl in die DAL; 1971–79 Dir. des VEG Kalkreuth; 1979 Prof. an der MLU Halle; 1985 Rückberufung an die HS für LPG, 1989 Dir. des Wiss.-Bereichs Betriebsorg.; März 1990 Rehabilitierungsbeschluß des AdL-Plenums,

Aug. 1990 vom ZV der awig zum amt. Präs. gewählt.

Ganse, Robert 24. 3. 1909–12. 8. 1972
Gynäkologe, Klinikdirektor
Geb. in Kassel, Vater Apotheker; Gymnasium in Hamborn, 1930–36 Studium der Medizin in Köln, Frankfurt/Main, Münster u. Hamburg, dort 1936 Prom.; Apr.–Okt. 1933 Inhaftierung und »Schutzhaft« im KZ Brauweiler, Hochverratsprozeß, Freispruch wegen »Mangels an Beweisen«; Medizinalpraktikant in Hamburg u. Hamborn, 1937/38 gynäkolog. Ausbildung bei Hans Hinselmann in Hamburg-Altona, Entlassung aus pol. Gründen; 1938–43 Assistenzarzt an der Privat-Frauenklinik Mackenrodt in Berlin, hier 1943 Facharzt für Gynäkol. u. Geburtshilfe; da wehrdienstuntaugl., Dienstverpflichtung als Praxisvertreter u. 1944/45 im besetzten Posen als klin. tätiger Gynäkologe.
1945 Rückkehr nach Dtl. (Coburg); 1946/47 Assistenzarzt, später Leiter der Poliklinik der Univ.-Frauenklinik Erlangen; KPD, Vors. der VVN in Bayern, pol. motivierte Entlassung aus dem Hochschuldienst; 1947 Übersiedlung nach Dresden, Chefarzt der Frauenklinik des Krankenhauses Dresden-Friedrichstadt; SED; 1951/52 Abg. des Sächs. Landtags; 1954–72 Dir. der Frauenklinik der Med. Akad. Dresden, 1955 Prof. mit Lehrauftrag, 1957 ord. Prof.; Vorstandsmitgl. der Ges. für Geschwulstforschung der DDR; 1969 VVO in Gold; wiss. Arbeiten zur gynäkolog. Krebsfrühdiagnostik durch Kolposkopie u. Vervollkommnung der Kolpofotogr.; Hrsg. der Schriftenreihe »Kolposkop. u. zytolog. Studien«; gest. in Berlin.
Publ.: Kolpofotogramme zur Einführung in die Kolposkopie. Bd. 1–3. Berlin 1953–55; Das normale u. das patholog. Gefäßbild der Portio vaginalis uteri. Berlin 1958.
Sek.-Lit.: Kühn, Kurt; Schneck, Peter: R. G. Das Schicksal eines Frauenarztes in den Kämpfen seiner Zeit (mit Bibliogr.). Leipzig 1986.

Ganter-Gilmans, Hans-Paul
30. 4. 1917–20. 1. 1955
Stellv. Minister für Außenhandel
Geb. in Wien, Vater selbst. Kaufmann; ab 1922 Besuch der Volks- u. Hauptschule sowie des Realgymnasiums in Wien u. Berlin u. 1934/35 der Handels-HS in München u. Wien, 1935 Dipl.-Kaufmann; 1925–29 Mitgl. der Roten Falken, Österreich; 1929–33 SPD; 1935–38 Volontär u. Verkäufer in einer Wiener Firma; nach 1937 Teiln. an der Rhein. Freiheitsbew.; 1938/39 Mitarb. in der elterl. Firma in Berlin; 1939 Einberufung zur Wehrmacht; 1941 von einem Kriegsgericht in Paris wegen »Zersetzung der Wehrkraft« zu einem Jahr Gefängnis verurteilt; 1942 Entlassung aus der Haft; 1942–44 Ein- u. Verkäufer in Köln; 1944/45 in der Illegalität.
1945 Mitbegr. der CDU in Brandenburg; 1945/46 Stadtrat für Handel u. Versorgung in Potsdam; 1946/47 Geschäftsführer der CDU-Landtagsfraktion in Brandenburg; 1947/48 Ministerialdirigent für Verkehr im Finanzmin. des Landes Brandenburg, 1948/49 Ltr. der HV Handel u. Versorgung in der DWK; seit 1949 Staatssekr. im Min. für Außenhandel u. Innerdt. Handel, später Stellv. des Min. für Außenhandel u. Innerdt. Handel; seit 1948 Mitgl. des Hauptvorst. u. des Pol. Aussch. der CDU sowie des Präs. des Hauptvorst., Hauptschatzmeister der CDU.

Garstecki, Joachim 28. 2. 1942
Katholischer Theologe
Geb. in Magdeburg; 1960 Abitur, anschl. bis 1965 Studium der kath. Theol. am Philosoph.-Theolog. Studium Erfurt, Theologicum; 1965–70 Referent für Jugendseelsorge im Erzbischöfl. Kommissariat bzw. Bischöfl. Amt Magdeburg; ab

1971 als kath. »Gastarbeiter« Studienreferent für Friedensfragen im Sekr. des Bunds der Ev. Kirchen, Erarbeitung eines Konzepts für Friedenserziehung; ab 1971 Mitgl. im (1969 gegr.) Aktionskreis Halle (AKH), der einzigen organisierten pol.-krit. Gruppierung innerhalb der kath. Kirche in der DDR, 1973–76 Mitgl. des Sprecherkreises des AKH; 1974–90 Referent für Friedensfragen in der Theolog. Studienabt. beim Bund der Ev. Kirchen, maßg. beteiligt an der Formulierung der Positionen des Bunds zu Friedensfragen; in den 80er Jahren beratende Mitarbeit im Netzwerk kirchl. Friedens-, Umwelt- u. Menschenrechtsgruppen »Konkret für den Frieden«, 1988/89 Berater der Ökumen. Versammlung der Kirchen u. Christen in der DDR, Mai 1989 Berater der auf der »Zukunftswerkstatt Europa« der Eur. Ökumen. Versammlung vertretenen kirchl. Basisgruppen; seit 1990 Mithrsg. der Ztschr. Publik-Forum; zahlr. Veröff. zu friedenseth. u. pol. Themen.

Z. Z. Generalsekr. von Pax Christi Dtl.

Publ.: Menschenrechte in christl. Verantwortung (Mithrsg.). Berlin 1980; Zeitansage Umkehr. Dokumentation eines Aufbruchs (Mithrsg.). Stuttgart 1990.

Gass, Karl 2.2.1917

Filmregisseur

Geb. in Mannheim, Vater Automechaniker, ab 1925 wohnhaft in Köln; Oberschule, 1936 Abitur, im Anschluß daran kaufm. Volontariat bei einer Wohn- u. Siedlungsgemeinschaft, dann Studium der Betriebs- u. Volkswirtschaft in Köln; 1940 Dt. Meister im Ruder-Achter; danach zur Wehrmacht eingezogen, bei Kriegsende Ltn. d. R. der Panzergrenadierbrigade »Großdeutschland«; 1945 brit. Gefangenschaft.

Dezember 1945 »Wirtschaftsred. mit Kenntnis der Geschichte der letzten 100 Jahre« beim NWDR in Köln; lernte Karl Eduard von Schnitzler* u. Karl Georg Egel* kennen; Anwürfe wegen pol. Kommentare u. KPD-Nähe; 1948 Übersiedelung nach Berlin (Ost) u. Ltr. der Wirtschaftsred., Kommentator u. Reporter beim Berliner Rundfunk; nach der Bekanntschaft mit Andrew Thorndike* u. Joop Huisken (Schüler Joris Ivens') Arbeit als Texter u. Autor für Dok.-Filme u. die Wochenschau »Der Augenzeuge«; 1954 künstler. Ltr. des DEFA-Studios für Populärwiss. Filme; 1960 Arbeit als Regisseur im DEFA-Studio für Wochenschau u. Dok.-Filme; 1961 Gründung einer künstler. Arbeitsgruppe, später die Gruppe »Effekt«, bis 1972 deren Ltr.; zwischen 1960 u. 1970 tätig als Ltr. der Regieklasse für Dok.-Filme, Gastdozent an der HS für Filmkunst in Potsdam-Babelsberg; verheiratet mit Gitta Nickel* von 1964–1970; Mitgl. der SED; Mitbegr. der Intern. Leipziger Dok.- u. Kurzfilmwoche wie des Nat. Festivals für Dokumentar- u. Kurzfilme der DDR; Mitgl. des Vorst. bzw. Präs. des Verb. der Film- u. Fernsehschaffenden der DDR: Vizepräs. der Association International des Documentaristes (AID); nat. u. intern. Auszeichnungen; seit 1990 freier Regisseur.

Werke: Filme als Texter, Autor, Regisseur; Reportagen dem »cinéma vérité« nahe u. Porträts über Leben u. Arbeiten in der DDR, Feierabend (1963/64), Asse-Anno '74 (1974), Richard der Bauer (1977), Ecken u. Kanten (1980); Auslandsberichte über sozial rückständige Gebiete: Hellas ohne Götter (1957), Licht für Palermo (1960), Sorah u. Ali (1961), Toscanerinnen (1975), Die grüne, weiße, rote Toscana (1975), Wollt ihr unser Elend filmen (1976); pol. Auseinandersetzung mit Ereignissen der Geschichte vom Standpunkt der Überlegenheit des soz. Systems: Freiheit, Freiheit über alles (1959), Schaut auf diese Stadt (1962), Racketeers, Sternenbanner u. Bundesadler in der NATO (1972, Regie mit Eduard

Schreiber, Peter Rocha), 2 Tage im August (1982), Wenn NATO-Generale träumen (1982); polem. Auseinandersetzung mit der dt. Geschichte: Das Jahr 1945 (1984), Nürnberg – nicht schuldig (1985), Eine deutsche Karriere (1987).
Sek.-Lit.: Dokumentaristen der Welt (hrsg. von Hermann Herlinghaus). Berlin 1982; K. G. Ich glaube an den Dok.-Film, wenn... Aus Theorie u. Praxis des Films. Potsdam 1987.

Gauck, Joachim 24. 1. 1940
Leiter des Volkskammerausschusses für die Auflösung des MfS / AfNS
Geb. in Rostock, Vater Seemann, der 1951 grundlos verhaftet u. nach Sibirien deportiert wurde; Grund- u. Oberschule, 1958 Abitur, 1958–65 Studium der ev. Theol. in Rostock; seit 1965 im Dienst der Ev.-luth. Landeskirche Mecklenburg, zunächst Pastor in Lüssow (Kr. Güstrow), seit 1971 im Neubaugebiet Rostock-Evershagen, im Nebenamt Kreis- bzw. Stadtjugendpfarrer, bis 1990 Leiter der Kirchentagsarbeit in Mecklenburg; Mitglied des Präs. des ev. Kirchentags; Funktionen, die eine Förderung von Themen u. Gruppen mit krit. Positionen in Friedens-, Menschenrechts- u. Umweltfragen ermöglichten; aus diesen Gründen in den 80er Jahren vom MfS in einem Op. Vorgang beobachtet und bearbeitet; Herbst / Winter 1989 / 90 Mitinitiator der kirchl. u. pol. öff. Protestbewegung in Mecklenburg, u. a. durch die Ltg. wöchentl. Gottesdienste mit anschl. Großdemonstration in Rostock; Mitgl. im Neuen Forum Rostock u. dessen Sprecherrat seit seiner Gründung; März – Okt. 1990 Abg. der Volkskammer für Bündnis 90, dort Ltr. des »Sonderaussch. zur Kontrolle der Auflösung des MfS / AfNS«, im Aug. 1990 in dieser Funktion Mitinitiator des Stasiunterlagen-Gesetzes der Volkskammer (Hauptinhalt: Öffnung der Stasiakten für die »pol., jur. u. histor. Aufarbeitung«). 3. 10. 1990 vom Bundespräs. u. Bundeskanzler zum »Sonderbeauftragten der Bundesreg. für die personenbezogenen Unterlagen des ehemaligen Staatssicherheitsdienstes« berufen; seit Ende 1991 mit der Verabschiedung des Stasiunterlagen-Gesetzes des Dt. Bundestags »Bundesbeauftragter für die Unterlagen des Staatssicherheitsdienstes der ehemaligen DDR«; 1991 Theodor-Heuss-Medaille zus. mit fünf weiteren Bürgerrechtlern (u. a. Jens Reich*, Ulrike Poppe*) stellv. für die aufbegehrenden Bürger der DDR.
Publ.: Die Stasi-Akten. Das unheiml. Erbe der DDR. Reinbek 1991; Von der Würde der Unterdrückten. In: Hans Joachim Schädlich (Hrsg.): Aktenkundig. Berlin 1992; Verlust u. Übermut. Ein Kapitel über den Untertan als Bewohner der Moderne. In: Dt. Akad. für Sprache u. Dichtung (Hrsg.): Jahrbuch. Darmstadt 1993.

Gauder, Hartwig 10. 11. 1954
Leistungssportler (Leichtathletik)
Geb. in Vaihingen (Baden-Württ.); seit 1970 Leichtathlet zunächst in Ilmenau, später beim SC Turbine Erfurt (Trainer Hans-Dieter Neumüller, ab 1980 Siegfried Herrmann), Spezialdisz.: Gehen; 1973 Junioren-EM, 1978 ER, 1980 Olympiasieger, 1985 Weltcupsieger, 1986 EM, 1987 WM, 1988 Olympia-Dritter, 1990 EM-Dritter.
Z. Z. Student an der HS für Architektur u. Bauwesen in Weimar.

Geffke-Kaasch, Herta
19. 8. 1893 – 29. 12. 1974
SED-Funktionärin
Geb. in Bollinken (Ostpr.), Volksschule, Hausgehilfin u. Arbeiterin in einer Druckerei; 1912 SPD; 1917 USPD; 1919 KPD; 1920–24 Abg. des Preuß. Landtags; 1929–33 Sekr. der Bezirksltg. der KPD im Ruhrgebiet u. Sekr. der Roten Hilfe; 1933 verhaftet, sechs Monate Schutzhaft, wegen »Vorbereitung zum Hochverrat«

zu zweieinhalb Jahren Zuchthaus verurteilt, Haft bis 1936 in den Zuchthäusern Ziegenhain (Kassel) u. Jauer (Schles.); 1937–45 Näherin in Stettin.
1945/46 Ltr. Landesjugendamt Mecklenburg-Vorpommern, 1946–48 Sekr. für Frauen im SED-Landesvorst. Mecklenburg, ab 1947 Landesvorst. Brandenburg; 1946 Mitgl. der Beratenden Versammlung Mecklenburg, u.a. im Vorst.; 1946 bis 50 Abg. des Mecklenburg. Landtags, u.a. 3. Vizepräs.; 1948/49 Mitgl. der Prov. Volkskammer; 1949–58 Mitgl. der ZPKK der SED, ab 1954 stellv. Vors.; danach Ruhestand; 1955 KMO.

Geggel, Heinz 11. 11. 1921
SED-Funktionär
Geb. in München, Vater Kaufmann; 1928–36 Volksschule u. Gymnasium; 1936 Emigration über die Schweiz nach Belgien u. Frankreich, hier 1936–40 Handelsschule u. FS für Textiling.; 1940 Aberkennung der dt. Staatsbürgerschaft; 1940 in Frankreich interniert, danach Exil in Kuba; dort 1942–45 Arbeit als Diamantenschleifer; Mitgl. der IG Metall in der Konföderation der Arbeiter Kubas, seit 1943 Mitgl. u. später 1. Sekr. des Komitees Dt. Antifasch. in Kuba (im Kontext des Komitees der Freien Deutschen in Mexiko); 1944 KPD, 1945 Mitbegr. u. Präs. des Freundeskr. Alexander von Humboldt – Kulturvereinigung deutschsprechender Demokr. in Kuba, 1946–48 Dir. der vom Freundeskr. hrsg. Ztschr. »Noticias de Alemania«.
1948 Rückkehr nach Dtl.; 1948/49 Red. bei der Rundfunkred. der SMAD, 1949–56 Red. bzw. Chefred. bei Berliner Rundfunk und Deutschlandsender; 1949 bis 1990 Mitgl. der Ltg. der VVN bzw. des Komitees der Antifasch. Widerstandskämpfer; 1956–60 Intendant des Deutschlandssenders, zeitw. stellv. Vors. des Staatl. Rundfunkkomitees; 1960–70 stellv. Ltr. bzw. Ltr. der Westabt. des ZK der SED, 1963–71 Kand., 1971–89 Mitgl. des ZK der SED; 1969–89 Mitgl. des NR der NF; 1970 VVO in Gold; 1971–89 Ltr. der Abt. Agit. des ZK der SED (Nachf. von Hans Modrow*); 1971–90 Mitgl. des Vorst. des VDJ; 1981 u. 1986 KMO.

Gehlert, Siegfried 19. 7. 1925
MfS-Bezirksverwaltungsleiter
Geb. in Raschau (Sa.), Vater Verwaltungsangestellter, Mutter Hausfrau; Volksschule, Handelsschule; 1943 RAD; 1944 Wehrmacht; 1945 sowj. Gefangenschaft.
1948 VP; 1949 SED; 1950 Einstellung im MfS, Dienststelle Aue der Landesverwaltung Sachsen; 1952 Ltr. der Kreisdienststelle Auerbach, dann Schwarzenberg, 1953 der Kreisdienststelle Zwickau; 1954 Ltr. der Abt. II (Spionageabwehr) der Bezirksverwaltung Karl-Marx-Stadt; 1955 stellv. Ltr., 1958 Ltr. der Bezirksverwaltung Karl-Marx-Stadt; 1959 Mitgl. der SED-BL Karl-Marx-Stadt; 1960–65 Fernstudium an der HS des MfS Potsdam-Eiche, Dipl.-Jur.; 1973 dort Prom. zum Dr. jur.; 1979 VVO in Gold; 1987 Gen.-Ltn.; Febr. 1990 Entlassung.

Gehre, Edith 15. 7. 1931
SED-Funktionärin
Geboren in Leipzig, Vater Elektriker; 10-Klassen-Schule, Reifeprüfung; 1948 SED; 1948–53 Angestellte beim Finanz-Amt Leipzig bzw. Amt für Information; 1953–55 stellv. Bürgermeisterin im Stadtbez. VII Leipzig; 1954 Besuch der Verwaltungsschule in Weimar, danach bis 1960 Bezirksbürgermeisterin im Stadtbez. Südost Leipzig; 1955–76 Abg. im Rat des Stadtbez. bzw. Rat des Bez. Leipzig; 1960/61 Sonderlehrgang beim ZK der SED, Dipl.-Staatswiss.; 1961–63 Sekr. der SED beim Rat des Stadtbez. Leipzig Süd, anschl. bis 1969 1. stellv. Vors. des Rats des Bez. Leipzig; 1969 Besuch eines Lehrgangs an der DASR; 1969–78 Mitgl. der BL der SED Leipzig

und Vors. der BPKK; seit 1976 Kand., 1978–89 Mitgl. der ZPKK der SED (Nachf. von Hanni Gläser).

Gehrke, Bernd 11. 6. 1950
Dissident
Geb. in Berlin, Vater Dreher, Mutter Näherin; 1969 Facharbeiterabschluß als Elektromonteur u. Abitur, 1969–73 Studium der Ök. an der KMU Leipzig; 1970 SED; seit 1972 in versch. konspirativen Zirkeln komm.-opp. Ges.-Wiss. in Leipzig bzw. Berlin mit den Schwerpunkten Geschichte der Arbeiterbew., Sozialismustheorie u. der Absicht, die SED zu kritisieren u. »von links« zu unterwandern sowie Kontakte zu opp. Gruppen auch außerhalb der SED herzustellen; 1973–75 Instrukteur bzw. Sekr. für Agit. u. Prop. der FDJ-KL Berlin-Mitte; seit 1975/76 wiss. Oberassistent am ZI für Wirtschaftswiss. der AdW; 1976 Mitinitiator einer illegalen Solidaritätserklärung für den Arbeiteraufstand in Radom u. einer Spendensammlung für das poln. »Komitee zur Unterstützung der Arbeiter« (KOR); Nov. 1976 Mitunterz. eines Solidaritätsschreibens opp. SED-Mitgl. an Wolf Biermann* nach dessen Ausbürgerung, Vorbereitung eines Briefes an die KP Europas, Nov. 1977 Auflösung des Zirkels durch das MfS, Jan. 1978 Ausschluß aus der SED, fristlose Entlassung durch die AdW; 1979 Mitunterz. von Protestbriefen an den Staatsrat gegen den Ausschluß krit. Autoren aus dem Schriftstellerverb., in den 80er Jahren Mitarb. in versch. pol. u. ök. Zirkeln; bis 1984 versch. Gelegenheitsbeschäftigungen, 1984–90 Ökonom im Möbelkombinat Berlin; 1987–89 Mitarb. in der Interessengemeinschaft Stadtökol. beim KB Berlin-Pankow; Sept. 1989 Mitautor des Gründungsaufrufs der Vereinigten Linken (VL) »Böhlener Plattform«, beteiligt an der Gründung der Grünen Liga u. des Havemann-Kreises; Dez. 1989 – April 1990 Vertreter der VL am Zentralen Runden Tisch, Mai – Aug. 1990 Sprecher der VL.
Seit 1991 Mitarb. der Abgeordnetengruppe Neues Forum/Bürgerbew. im Abgeordnetenhaus Berlin.

Geisler, Otto 17. 3. 1930
Leiter der Arbeitsgruppe des Ministers für Staatssicherheit
Geb. in Mährisch-Schönberg (ČSR); Vater kaufm. Angestellter, Mutter Weberin; Mittlere Reife, Wirtschaftsoberschule; 1946 SED; Arbeit als Bohrer u. Fräser in der SAG Büromaschinenwerk »Olympia« Erfurt; 1948 Einstellung bei der VP; 1949 Pol.-Kultur-Instrukteur; 1952 Einstellung beim MfS, HA I (Abwehr in der KVP, später NVA); 1956/57 Studium an der HS der NVA; 1961 stellv. Abt.-Ltr., 1962 Abt.-Ltr. für Sonderaufgaben; 1966 stellv. Ltr. der Arbeitsgruppe des Min. (AG M); 1966–70 Studium an der HU Berlin, Dipl.-Krim.; 1970–72 Studium an der JHS des MfS Potsdam-Eiche; Dipl.-Jur.; 1977 Prom. zum Dr. jur. an der JHS des MfS; 1980 Ltr. der AG M; 1983 Gen.-Ltn.; 1983 Ernennung zum Dipl.-Mil.-Wiss. an der Militärakad. »Friedrich Engels« der NVA; 1987 VVO in Gold; 1987 wegen Krankheit von seinen Funktionen entbunden, Rentner.

Geißler, Erhard 17. 12. 1930
Molekularbiologe
Geb. in Leipzig; Abitur 1950, 1950–55 Studium der Biol. an der Univ. Leipzig; 1950–56 SED (Austritt); 1955 Diplom, 1955–65 Assistent, Oberassistent, Abt.-Ltr. im Inst. für Experimentelle Krebsforschung der DAW; Prom. 1959, Habil. 1964 an der HU Berlin, 1965 Prof. für Genetik an der Univ. Rostock; 1968–72 Vors. der Ges. für reine u. angewandte Biophysik; 1971–91 Abt.-Ltr. im ZI für Molekularbiol. der AdW Berlin-Buch; 1972–74 Vors. der Ges. für physikal. u. mathemat. Biol.; 1972–90 Mitglied des Präs. der Urania, seit 1990 Präs.;

1991–94 Präs. Neue Urania e.V; seit 1983 Konsultant des SIPRI.
Seit 1992 im Max-Delbrück-Centrum für Molekulare Medizin, Ltr. der Forschungsgruppe Bioethik.
Intern. anerkannte Forschungen zur Strahlenbiol., Virol., Mikroben- u. Zellgenetik sowie zu eth. u. philosoph. Problemen der Biowissenschaften.
Publ.: Biological and Toxin Weapons Today, SIPRI book Oxford 1986; Strengthening the Biological Weapons Convention by Confidence-Building Measures. SIPRI Chemical & Biological Warfare Studies 10, Oxford 1990; Prevention of a Biological and Toxin Arms Race and the Responsibility of Scientists (hrsg. von E. G. u. R. H. Haynes), Berlin 1991; Control of Dual-Threat Agents: The Vaccines for Peace Programme. SIPRI Chemical and Biological Warfare Studies (hrsg. von E.G. u. J. P. Woodall), Nr. 15, Oxford 1994.

Geißler, Fritz 16. 9. 1921–11. 1. 1984
Komponist
Geb. in Wurzen, Vater Maurer; Volksschule; danach Musiker in Leipzig; Kriegsdienst (Militärmusiker), engl. Gefangenschaft.
1948–50 Studium an der HS für Musik in Leipzig, 1951–53 an der HS für Musik in Berlin-Charlottenburg; 1954–59 Lehrbeauftragter u. Lektor für Musiktheorie u. 1962–78 Lehrbeauftragter für Komposition an der KMU Leipzig; 1957 Mitgl. des Zentralvorst. u. Vors. des Bezirksvorst. Leipzig des VDK; 1972 DAK; 1982 Vizepräs. des VDK.
Komponierte Werke aller Genres: zehn Sinfonien, Kammermusik, die Opern »Der zebrochene Krug« (nach Kleist), »Der verrückte Jourdain« (nach Molière), »Der Schatten« (nach J. Schwarz), sowie Ballette, Kantaten u. Lieder.

Geißler, Ines, verh. Kaulfuß 16. 2. 1963
Leistungssportlerin (Schwimmen)
Geb. in Lengefeld (Erzgeb.); Beginn mit dem Wettkampfsport beim dortigen TZ Schwimmen, 1973 Delegierung zur KJS u. zum SC Karl-Marx-Stadt; Spezialdisz.: Delphin; 1980 Olympiasiegerin über 200 m; 1981 EM über 100 m u. mit der 4x100-m-Lagenstaffel; 1982 WM u. 1983 EM jeweils über 200 m u. mit der 4x100-m-Lagenstaffel; nach dem Olympiaboykott 1984 Beendigung der sportl. Laufbahn.
Nach 1989 Bankangestellte in Chemnitz.

Gensichen, Hans-Peter 30. 10. 1943
Evangelischer Theologe
Geb. in Pritzwalk, Vater Arzt; Besuch der Oberschule bis zur 11. Klasse, 1961–65 kirchl. Oberseminar Potsdam-Hermannswerder, dort Abitur, anschl. Studium der Theol. am Sprachenkonvikt u. 1967–72 an der HU Berlin; 1972/73 Vikar in Wittenberg; 1973–75 Prom. zum Dr. theol. bei Hans Georg Fritsche mit der Diss. »Natur u. Naturwiss. im Werk von Otto Kleinschmidt«; seit 1975 Ltr. des Kirchl. Forschungsheims Wittenberg; Vertreter einer ökolog. Ethik u. Praxis in der Kirche, Förderer prakt. u. publizist. Tätigkeit kirchl. Umweltgruppen; seit 1979 Hrsg. der »Briefe zur Orientierung im Konflikt Mensch – Natur«, Veröff. zu ökolog. Themen u. Problemen kirchl. Umweltarbeit; 1990 Initiator u. Mitarb. des »Grünen Tisches der DDR« im Umweltmin.
Publ.: Die Erde ist zu retten, Berlin 1980.

Georgi, Rudi 25. 12. 1927
Industrieminister
Geb. in Bockau (Erzgeb.), Vater Arbeiter; Volks- u. Handelsschule in Aue, 1944–46 Ausbildung zum Industriekaufmann in der Besteckfabrik Aue.
1945/46 SPD/SED, 1946–53 FDJ; 1950/51 Betriebsassistent, 1951–55 Produktionsltr., 1955–62 Werkltr. im VEB

Besteck- u. Silberwaren-Werke Aue; 1957–61 Fernstudium an der KMU Leipzig; 1963–65 Generaldir. der VVB Eisen, Bleche, Metallwaren Karl-Marx-Stadt; 1966 Prom. an der Wirtschaftswiss. Fak. der KMU Leipzig zum Dr. rer. oec.; 1966–73 Min. für Verarbeitungsmaschinen- u. Fahrzeugbau; 1967–76 Kand., 1976–89 Mitgl. des ZK der SED; 1973–89 Min. für Werkzeug- u. Verarbeitungsmaschinenbau; 1986 VVO in Gold; Nov./Dez. 1989 Rücktritt mit dem Min.-Rat u. dem ZK der SED.

Gereke, Günter 6. 10. 1893–1. 5. 1970
Funktionär der Nationalen Front
Geb. auf dem Rittergut Gruna (b. Delitzsch); Studium der Rechts- u. Staatswiss. sowie Nationalök. an den Univ. Leipzig, München, Würzburg u. Halle (Saale); Staatsexamen u. Prom. zum Dr. jur. u. Dr. rer. pol.; Regierungsassessor der Landesreg. in Potsdam; Teiln. am 1. Weltkrieg (Freiwilliger); 1917 Regierungsreferent in Kyritz; Bürgermeister in Meyenburg (Brandenburg); ab 1919 Landrat in Torgau; Abg. der DNVP im sächs. Provinziallandtag; 1922 aus dem Staatsdienst ausgeschieden; Bewirtschaftung seines Gutes Pressel bei Torgau; 1924–28 Abg. der DNVP im Reichstag; 1929 Austritt aus der DNVP u. Mitgl. der Christl.-Nat. Bauern- u. Landvolkpartei, stellv. Vors. dieser Partei; Präs. des Dt. Landgemeindetags u. Gründer des Verb. der Preuß. Landgemeinden; Doz. an der Landw. HS in Berlin; Mitgl. des Reichswirtschaftsrats; 1930–32 Abg. der Christl.-Nat. Bauern- u. Landvolkpartei im Dt. Reichstag; 1932/33 Reichskommissar für Arbeitsbeschaffung in den Kabinetten Schleicher u. Hitler; März 1933 Amtsenthebung u. Verhaftung; wegen Unterschlagung von 1,2 Mill. RM zugunsten des Landgemeindetags Verurteilung zu zweieinhalb Jahren Haft; 1935 aus der Haft entlassen; nach dem 20. 7. 1944 erneut verhaftet; 1945 von den Alliierten befreit.
1945 Abt.-Ltr. in der Provinzialverwaltung Sachsen; 1946 Übersiedlung in die brit. Zone; 1946/47 kurzzeitig Innenmin. des Landes Niedersachsen; danach Gschf. Vors. des CDU-Landesverb. Nds.; 1948–50 stellv. Min.-Präs. u. Min. für Ernährung, Landw. u. Forsten in Nds.; Mitgl. des »Gesamtdt. Arbeitskr. für Land- u. Forstwirtschaft«; Juni 1950 nach Reise nach Berlin (Ost) u. Treffen mit Walter Ulbricht* (9. 6. 1950) Ausschluß aus der CDU (wegen »schwerer Schädigung des Parteiansehens«) und Rücktritt von allen Ämtern; danach unabhängiger Landtagsabg.; 1950/51 Mitgl. des Bunds der Heimatvertriebenen u. Entrechteten (BHE), 1951 Austritt aus dem BHE; 1951 Mitbegr., Vors. u. Abg. der Dt.-Sozialen Partei im Nds. Landtag; Juli 1952 pol. Asyl in der DDR; Mitgl. der CDU; 1952–68 Präs. der Zentralstelle für Zucht- u. Leistungsprüfungen der Vollblut- u. Traberpferde beim Rat für landw. Prod. u. Nahrungsgüterwirtschaft, 1969 Ehrenpräs.; 1963 VVO in Gold; seit 1952 1. Vors. des Bezirksaussch. Frankfurt/Oder der NF u. Mitgl. des Präs. des NR der NF.

Gerigk, Hermann 1923–Febr. 1960
CDU-Funktionär
Geb. in Allenstein (Ostpr.); Abitur; Abbruch eines Jura-Studiums; Lehrer; Mitgl. der HJ; 1945 Wehrmacht, Strafbataillon.
1945 CDU, FDJ u. DSF, Neulehrer; 1946–48 u. 1949/50 Beisitzer u. Abt.-Ltr. des CDU-Landesvorst. Brandenburg; 1948/49 Mitgl. des VR der FDJ; 1949/50 Mitgl. der Volkskammer (CDU); 1948–50 Abt.-Ltr. im Min. der Landesreg. Brandenburg; 1950–52 MdL Brandenburg (Vizepräs., CDU) u. Landesvors. der CDU Brandenburg; 1950 Min. für Volksbildung des Landes Brandenburg; 1950/51 Vors. des Landes-

vorst. der CDU u. Mitgl. des HV der CDU; Vizepräs. des Landtags Brandenburg, 1948–52 Mitgl. des ZR der FDJ; 1950–52 Bürgermeister von Potsdam; 1951/52 Sekr. des ZR der FDJ; Apr. 1952 Ämterverlust; Flucht in die Bundesrep. Dtl.; Ltr. eines Wohnheims in Oberhausen.

Gerlach, Manfred 8. 5. 1928
LDPD-Politiker, amt. Staatsratsvorsitzender
Geb. in Leipzig, Vater Feinmechaniker; dort Volks- u. Mittelschule, 1943 Gründer einer illegalen Jugendgruppe; 1944 Justizangestellter, wegen der Tätigkeit der Jugendgruppe gemaßregelt u. im März 1944 Jugendarrest.
1945/46 erneut Justizangestellter; 1945 LDPD, 1946 Mitbegr. der FDJ u. LDPD in Leipzig, 1946–50 Jugendreferent der LDPD für Nordwestsachsen, 1947–52 Beisitzer u. Mitgl. des Landesvorst. Sachsen der LDPD, Mitgl. des Beirats für Jugendfragen im Zentralverb. der LDPD, 1949–59 des ZR der FDJ; 1949 Mitgl. der Prov. Volkskammer, seit 1950 der Volkskammer, 1950 Stadtverordneter u. Bürgermeister, 1952–54 stellv. OB von Leipzig, stellv. Vors. des Rats der Stadt Leipzig; 1951–53 stellv. Vors., 1954–67 Generalsekr. der LDPD, seit 1960 einer der stellv. Vors. des Staatsrats, stellv. Vors. des Volkskammeraussch. für Nat. Verteidigung, 1963–67 Vizepräs. der Dt.-Brit. Ges.; 1951–54 Fernstudium u. 1964 Prom. zum Dr. jur. an der DASR Potsdam, Diss. (mit Kurt Wünsche*) über die Rolle der LDPD im DDR-Parteiensystem, 1984 Prof.; 1954 Chefred. der »Liberal-Demokr. Ztg.« in Halle; 1964 VVO in Gold, später auch Stern der Völkerfreundschaft in Gold; 30. 11. 1967 bis 10. 2. 1990 Vors. der LDPD (Nachf. von Max Suhrbier*), ab 1967 Mitgl. des Präs. des Zentralvorst. der DSF u. Mitgl. des Präs. des NR der NF; stellte am 13. 10. 1989 als führender Politiker der DDR das Machtmonopol der SED in Frage u. forderte grundlegende Reformen; 6. 12. 1989 – März 1990 amt. Vors. des Staatsrats (Nachf. von Egon Krenz*); März – Aug. 1990 Bund Freier Demokr., danach F.D.P.
Parteiausschluß erwogen, nachdem in den Medien der Vorwurf erhoben wurde, er habe Mitgl. des LDPD-Bezirksverb. Leipzig bei sowj. Militärbehörden denunziert; Sept. 1992 beschließt der F.D.P.-Landesvorst. Berlin die Einleitung eines Parteiverfahrens, Febr. 1992 eines Parteiausschlußverfahrens, der Vorgang ruht; Nov. 1992 u. Jan. 1993 Ermittlungen der Staatsanwaltschaft am Kammergericht wegen des Verdachts der Beihilfe zur Freiheitsberaubung mit Todesfolge, auf 14 Fälle ausgedehnt; Nov. 1993 Austritt aus der F.D.P.
Publ.: Mitverantwortlich. Als Liberaler im SED-Staat. Berlin 1991.

Gerster, Ottmar 29. 6. 1897–31. 8. 1969
Komponist, 1. Vorsitzender des VDK
Geb. in Braunfels, Vater Arzt; Gymnasium in Wetzlar; 1914–20 Besuch des Hochschen Konservatoriums Frankfurt/Main, 1916–18 Soldat; Konzertmeister 1920/21 in Bad Homburg u. 1921–23 beim Sinfonieorchester Frankfurt/Main, 1923–27 dort Solobratscher, glz. im Lanzewski- bzw. Witek-Quartett; 1927–47 Doz. an der Folkwangschule Essen, daneben Ltr. von Chören des Dt. Arbeiter-Sängerbunds; 1939 fünf Monate Wehrmacht, 1943 nach Ausbombung nach Landshut.
1945 Rückkehr nach Essen, 1945–47 dort Ltr. des Volkschors Werden; 1946 SED; 1947–51 Prof. für Komposition u. Musiktheorie an der HS für Musik Weimar, 1948–51 Rektor; 1951–62 Prof. für Komposition u. Musiktheorie an der HS für Musik Leipzig; 1950 Gründungsmitgl. der DAK, Übernahme einer Meisterklasse; 1951–60 Vors. des VDK; komponierte Kammer- u. Orchestermusik, u. a.

drei Sinfonien, Massenlieder u. Opern, u. a. »Enoch Arden« (1936), »Die Hexe von Passau« (1941), »Der fröhliche Sünder«, Ballett »Der ewige Kreis«.
Sek.-Lit.: Goldhammer, O.: O. G. Berlin 1953; Laux*, K.: O. G. Leben u. Werk. Leipzig 1961; Malth, R.: O. G. Leben u. Werk. Leipzig 1988.

Gerstner, Karl-Heinz 15. 11. 1912
Rundfunkkommentator
Geb. in Berlin-Charlottenburg, Vater Hochschullehrer; Gymnasium; 1931–35 Jurastudium an der Univ. Berlin, Referendar; 1933 NSDAP; 1935–38 Ausbildung zum Gerichtsassessor, 1937 Prom. an der Univ. Erlangen zum Dr. jur. mit einer Diss. über Treugiroverkehr; 1938–40 Gerichtsassessor in Berlin; Befreiung vom Militärdienst wegen Kinderlähmung; 1940–44 Legationssekr. an der dt. Botschaft in Paris, 1945 Mitarb. im Auswärtigen Amt.
Apr. – Juli 1945 stellv. Bürgermeister von Berlin-Wilmersdorf, KPD; wegen falscher Angaben im Fragebogen zu seiner Pariser Tätigkeit durch sowj. Behörden verhaftet u. im Internierungslager Berlin-Hohenschönhausen festgehalten, Jan. 1946 entlassen; 1947 persönl. Referent von Josef Orlopp* in der DWK; 1948–73 Redaktionsmitgl. der »Berliner Ztg.«, Ltr. der Wirtschaftsabt.; 1955 SED; 1955–88 wöchentl. Kommentator in der Sendung »Sonntägl. Wirtschaftsbetrachtung« bei Radio DDR, 1965–78 Moderator des Magazins »Prisma« beim DFF; 1973–89 Chefreporter der »Berliner Ztg.«; 1982 VVO in Gold; 1989 Rentner.

Geschke, Ottomar
16. 11. 1882–17. 5. 1957
Vorsitzender der Vereinigung der Verfolgten des Naziregimes
Geb. in Fürstenwalde (Spree), Vater Schmied; Mittelschule, Ausbildung zum Schlosser; Arbeit als Monteur; 1910 SPD und Dt. Metallarbeiter-Verb.; 1916/17 Soldat, entlassen wegen Krankheit, Zuteilung zum Reichsbahnausbesserungswerk in Berlin; 1917 USPD, 1919 KPD, versch. gewerkschaftl. u. Parteifunktionen auf regionaler u. zentraler Ebene, 1925–27 Mitgl. des PB; 1921–24 Mitgl. des Preuß. Landtags; 1923–33 Funktionen in der Zentrale bzw. im ZK der KPD; 1924–32 Mitgl. des Reichstags; 1924 als »Gebhardt« Teiln. am V. Weltkongreß der KI, dort zum Mitgl. des EKKI u. seines Sekr. gewählt; 1924–32 Abg. des Reichstags; 1929/30 Mitgl. u. Geschäftsführer im Zentralvorst. u. Sekr. der Roten Hilfe Dtl., danach Instrukteur für die Arbeit unter den Erwerbslosen; 1933–40 in Haft, u. a. im Zuchthaus Spandau, KZ Lichtenburg, Sonnenburg u. Buchenwald, nach der Entlassung 1940 Arbeit unter Polizeiaufsicht in Köslin (Pomm.), 1944/45 KZ Sachsenhausen.
11. 6. 1945 Mitunterz. des Aufrufs der KPD u. 19. 6. des Aktionsabkommens von KPD u. SPD; 1945/46 ZK der KPD u. Vors. der BL Groß-Berlin der KPD; Stadtrat für Sozialwesen beim Magistrat von Groß-Berlin, anschl. bis 1948 Stadtverordnetenvorsteher; 1946–53 Mitgl. des Landesvorst. bzw. der BL Berlin der SED; ab 1946 Präs. der Volkssolidarität Berlin; 1947–53 Vors. der VVN für die SBZ bzw. DDR, danach Mitgl. des Komitees der Antifasch. Widerstandskämpfer der DDR u. des Rats der gesamtdt. VVN; 1948/49 Mitgl. des Dt. Volksrats, 1949–54 Abg. der Prov. Volkskammer bzw. Volkskammer, ab 1954 der Länderkammer der DDR.

Geschonneck, Erwin 27. 12. 1906
Schauspieler
Geb. in Bartenstein (Ostpr.), Vater Flickschuster u. Nachtwächter; 1909 nach Berlin; Tod der Mutter; nach Schulabschluß Bürobote, Gelegenheitsarbeiten, Hausdiener; im Arbeitersportverein »Fichte« organisiert, seit 1929 arbeitslos; KPD; Besuch der MASCH in Berlin;

spielte in Laienspiel- u. Agit.-Prop.-Gruppen u. als Komparse an der Volksbühne; Mitwirkung als Statist im Film »Kuhle Wampe« (1932).
1933 mit einer jüd. Schauspielergruppe Emigration nach Polen, Lettland, 1934 nach Prag, Nov. 1934 nach Moskau; in versch. Schauspielergruppen und an deutschsprachigen Theatern u. a. 1935 in Dnepropetrowsk, danach in Odessa; Jan. 1938 vom NKWD zum Verlassen der UdSSR gezwungen; 1938/39 Prag; März 1939 in der ČSR verhaftet u. der Berliner Gestapo ausgeliefert; 1939–45 KZ Sachsenhausen, Dachau u. Neuengamme; Überlebender des am 3. 5. 1945 in der Kieler Bucht versenkten KZ-Schiffs »Cap Arcona«.
1945–49 an den Hamburger Kammerspielen, hier u. a. TR in »Bürger Schippel« (Sternheim); Hörspielprod. beim NWDR u. Filmrollen bei Hamburger Filmges.: »In jenen Tagen« (1947), »Finale« (1948), »Hafenmelodie« (1949); 1949 von Bertolt Brecht* u. Helene Weigel* ans Berliner Ensemble geholt; dort bis 1956; 1949 SED; Rollen u. a.: Matti in »Herr Puntila u. sein Knecht Matti«, Feldprediger in »Mutter Courage«, Dorfrichter Adam in »Der zerbrochene Krug«; 1955–68 Schauspieler beim DEFA-Spielfilmstudio; 1961 NP 1. Kl.; 1966 Mitgl. des Komitees der antifasch. Widerstandskämpfer; 1967 Präs.-Mitglied des Komitees zum Schutz der Menschenrechte, Vizepräs. des Verb. der Film- u. Fernsehschaffenden; ab 1968 Schauspieler beim DFF; 1969 Mitgl. der AdK; 1976 VVO in Gold; 1981 KMO; 1986 NP 1. Kl.
Seit Jan. 1990 Mitgl. des Beirats der Alten beim PV der PDS.
Film- u. Fernsehrollen: Oberst Petershagen in »Gewissen in Aufruhr« (R: Hans-Joachim Kasprzik, 1961), Kowalski in »Jakob der Lügner« (R: Frank Beyer, 1975); Hauptrollen bzw. Mitwirkung auch in Filmen wie: »Das kalte Herz« (R: Paul Verhoeven, 1950), »Das Beil von Wandsbek« (R: Falk Harnack nach Arnold Zweig, 1951), »Sonnensucher« (R: Konrad Wolf*, 1958), »Fünf Patronenhülsen« (R: Frank Beyer*, 1960), »Nackt unter Wölfen« (R: Frank Beyer, 1963), »Karbid u. Sauerampfer« (R: Frank Beyer, 1964), »Jeder stirbt für sich allein« (TV, R: Hans-Joachim Kasprzik nach Fallada, 1970), »Anton der Zauberer« (1978), »Abschied vom Frieden« (1979), »Levins Mühle« (R: Horst Seemann nach Johannes Bobrowski*, 1980), »Asta, mein Engelchen« (1981), »Meschkas Enkel« (1981), autobiogr. Film »Der Mann von der ›Cap Arcona‹« (1982).
Publ.: Meine unruhigen Jahre (Autobiogr.). Berlin 1984.

Geweniger, Ute, verh. Strauß
24. 1. 1964
Leistungssportlerin (Schwimmen)
Geb. in Karl-Marx-Stadt; 1972 Beginn mit dem aktiven Schwimmsport, Mitgl. des SC Karl-Marx-Stadt (Trainer: Joachim Rother); 1977 zweifache Spartakiadesiegerin; 1980 Olympiasiegerin über 100 m Brust u. mit der 4x100-m-Lagenstaffel; 1981 fünffache EM (100 m u. 200 m Brust, 100 m Delphin, 200 m Lagen, 4x100-m-Lagenstaffel); 1982 dreifache WM (100 m u. 200 m Brust, 4x100-m-Lagenstaffel), Vize-WM über 200 m Lagen; 1983 vierfache EM (100 m u. 200 m Brust, 200 m Lagen, 4x100-m-Lagenstaffel); DDR-Sportlerin des Jahres 1981; Berufsausbildung zur Kosmetikerin.
Nach 1989 Eröffnung eines Kosmetiksalons in Chemnitz.

Geyer, Heinz 30. 4. 1929
Stellv. MfS-Hauptverwaltungsleiter
Geb. in Lauban (Schles.), Vater Friseur, Mutter Arbeiterin; Volksschule; 1943/44 Ausbildung zum Friseur; 1944 dienstverpflichtet; Jan. 1945 Soldat der Roten Armee.
1945 KPD/SED, Fortsetzung der Lehre zu. Arbeit als Friseur; 1949 Einstel-

der VP, Kursant der VP-Schule; 1950 Einstellung beim MfS, Kreisdienststelle Görlitz, 1951 Kreisdienststelle Leipzig; 1952 Ltr. der Abt. II (Spionageabwehr), 1953–64 Stellv. Operativ des Ltr. der Bezirksverwaltung Leipzig, 1958 kommissar. Ltr., Sept. – Dez. 1960 zum MfS Berlin kommandiert; 1960–68 Fernstudium an der JHS des MfS Potsdam-Eiche, Dipl.-Jur.; 1964 Versetzung zum MfS Berlin zur Durchführung von Sonderaufgaben; 1965 stellv. Ltr. der Abt. III der HV A; 1971 Ltr. der Abt. XI der HV A; 1977 stellv. Ltr. der HV A; 1978/79 Besuch der PHS; 1982 außerdem Ltr. des Stabs der HV A, Gen.-Major; 1985 VVO in Gold; 1990 Entlassung.

Gienke, Horst 18. 4. 1930
Evangelischer Bischof
Geb. in Schwerin, Vater städt. Beamter; nach Abschluß des Gymnasiums 1949–54 Studium der Theol. in Rostock; 1954 Ordination, erste Pfarrstelle in Blankenhagen (Meckl.), dort ab 1957 zunehmend Konflikte mit der restriktiven staatl. Kirchenpol.; 1960 Pfarrer an der Johanneskirche in Rostock; 1964–71 Rektor des Predigerseminars der Mecklenburg. Ev.-Luth. Landeskirche in Schwerin u. bis 1972 Mitgl. der Landessynode; seit Gründung des Bundes der Ev. Kirchen in der DDR im Jahr 1969 bis 1989 Mitgl. der Bundessynode u. der Konferenz der Ev. Kirchenltg., in wachsendem Maße Vertreter des Konzepts »Kirche im Sozialismus« u. einer v. a. friedenspol. Zusammenarbeit mit dem Staat, zugl. Verfechter einer glaubens- u. theologiebetonten Arbeit des Kirchenbunds; 1972 Landessuperintendent in Schwerin, 1972 Wahl zum Bischof der Ev. Landeskirche Greifswald (Nachf. von F.-W. Krummacher*); seitdem Mitarb. im Norddt. Kirchenkonvent, 1973 Teiln. am Weltkongreß der Friedenskräfte in Moskau, 1973–76 u. 1987–89 Vors. des Rats der Ev. Kirche der Union, 1976–81 Vors. der Arbeitsgemeinschaft Christl. Kirchen in der DDR, 1977 Delegierung zur Vollvers. des Luth. Weltbunds in Daressalam; 1980 Dr. h.c. theol. der EMAU Greifswald; 1980–85 Vors. des Nationalkomitees des Luth. Weltbundes in der DDR, 1981–86 stellv. Vors. der Konferenz der Ev. Kirchenltg., 1982 Ltr. der Delegation des Kirchenbunds zur Weltkonferenz »Religiöse Vertreter für die Rettung der hl. Gaben des Lebens vor einer nuklearen Katastrophe« in Moskau; 1984 Teiln. am Treffen des schwed. Min.-Präs. Olof Palme mit E. Honecker* in Stralsund; 1984–89 Mitglied des Exekutivkomitees des Luth. Weltbunds, 1987–89 Vors. des Bibelwerks in der DDR; 11. 6. 1989 Wiedereinweihung des Greifswalder Doms unter Teiln. des von G. eingeladenen Staatsratsvors. E. Honecker, in der Folgezeit wachsende innerkirchl. Kritik an G.s (auch theolog. motiviertem) freundl. Kurs gegenüber der DDR-Staatsführung sowie seinem als autoritär gekennzeichneten Leitungsstil, Nov. 1989 Vertrauensentzug durch die Landessynode (32 zu 30 Stimmen), Rücktritt vom Bischofsamt, auf eigenen Wunsch Versetzung in den Ruhestand.
1990 Übersiedlung nach Lübeck.
G. war beim MfS unter dem Decknamen »Orion« als IM registriert.

Gießmann, Ernst-Joachim 12. 2. 1919
Hochschulminister
Geb. in Berlin, Vater Pfarrer; 1937 Abitur; 1. 5. 1937 NSDAP; Studium der Mathematik u. Physik an der TH u. der Univ. Berlin, 1943 Dipl.-Phys.; Militärdienst; 1943–45 Mitarb. am Inst. für techn. Physik der TH Berlin.
1945–48 Lehrer u. Schuldir. in Oranienburg und Frankfurt/Oder; 1946 SED; 1946–48 Stadtverordneter in Oranienburg; 1948–51 Mitarb. des Min. für Volksbildung des Landes Brandenburg sowie des Min. für Schwermaschinenbau der DDR (Leitung der metallurg. For-

schung); 1951–53 Doz. an der PH Potsdam; 1954 Habil.; 1954 Prof. u. Dir. des Physikal. Inst. der HS für Schwermaschinenbau in Magdeburg (ab 1961 TH »Otto von Guericke«), 1956–62 deren Rektor; zeitw. Mitgl. der SED-BL Magdeburg; Vizepräs. des KB; 1958–63 Abg. der Volkskammer; 1962–67 Staatssekr., 1967–70 Min. für HFS-Wesen; 1970 ord. Prof. für Physik an der Ing.-HS Berlin-Wartenberg; 1984 em.; 1984–90 stellv. Vors. der Physikal. Ges., 1984–89 Vors. des Clubs der Kulturschaffenden Bln.; Hauptarbeitsgebiete: Festigkeitseigenschaften von Materialien, Agrarphysik, Physikgeschichte (u. a. Carnot).

Gietzelt, Fritz 21. 12. 1903–29. 5. 1968
Röntgenologe / Radiologe, Klinikdirektor
Geb. in Frankenberg (Sa.), Vater Postbeamter; Fürstenschule (Gymnasium) Grimma, 1925–33 Medizinstudium in Leipzig, Graz u. Düsseldorf; 1933–39 Assistenzarzt an der Inneren Klinik des Krankenhauses St. Georg in Leipzig, hier 1935 Prom. über »Diabetes mellitus bei Zwillingen«; 1939–44 private Praxis für Magen- u. Darmkrankheiten in Leipzig; Juni 1944 Verhaftung wegen Widerstands gegen das NS-Regime, Dez. 1944 vom »Volksgerichtshof« zum Tode verurteilt, Jan. 1945 zur Urteilsvollstrekkung nach Dresden verbracht, während des Bombenangriffs vom 13. / 14. 2. 1945 Flucht aus dem Gefängnis, lebte bis zum Kriegsende illegal in Meißen.
Juli 1945 KPD, 1946 SED; Rückkehr nach Leipzig, Juli 1945 – Dez. 1946 Oberarzt am Krankenhaus St. Georg u. an der Med. Univ.-Klinik im Stadtkrankenhaus St. Jakob in Leipzig, Dez. 1946 kommissar. Ltr. des Univ.-Röntgeninst., 1950 hier Habil. über »Röntgentherapie u. Blutgerinnungsmethoden«, 1951 Prof. mit vollem Lehrauftrag; 1951 ord. Prof. an der HU Berlin als Ltr. des Inst. für Röntgenol. u. Radiol. u. Dir. der Geschwulstklinik der Charité; 1951–62 Prorektor für Forschung der HU, maßg. an der Einführung des nat. Krebsregisters in der DDR beteiligt; 1962 Mitgl. des Präs. des Rats für Planung u. Koordinierung der med. Wiss. beim Min. für Gesundheitswesen, 1964 Ord. Mitglied der DAW; Teiln. der Konferenz über die Atombombenschäden in Hiroshima, 1966 Mitarb. im Staatl. Amt für Atomsicherheit u. Strahlenschutz beim Min.-Rat; 1958 Mitgl. des Weltfriedensrats; 1955 VVO in Silber, 1960 NP II. Klasse; gest. in Berlin.
Sek.-Lit.: Oelßner, Wilhelm: F. G. (1903–1968). In: Namhafte Hochschullehrer der KMU Leipzig. Bd. 8. Leipzig 1986, S. 22–30.

Gigo, Fred (eigtl. Hubert Schmidt-Gigo) 4. 6. 1919
Conférencier
Geb. in Waltershausen (Thür.); Realgymnasium in Chemnitz; Arbeit als Patroneur u. Musterzeichner; 1933 kurzzeitig als Werkstudent in den USA, Aufenthalt beim Vater, der dort als Vortragskünstler arbeitete; 1939–45 Wehrmacht.
Sommer 1945 erster Bühnenauftritt im Allotria-Varieté Chemnitz als Ansager u. Parodist; 22. 6. 1947 erste Rundfunksendung mit Wilhelm Bendow u. Beate Riehmann; später eigene Reihen beim Deutschlandsender u. beim DFF; auch Reporter bei Motorsportveranstaltungen; 1964–74 keine Arbeitsmöglichkeiten in Rundfunk u. Fernsehen, ausschließl. Bühnenauftritte als Conférencier; ab 1975 wieder eigene Rundfunkreihen, u. a. »Alle Neune«, »Spaß mit Freunden«, »Na denn...«; regelmäßige Bühnenauftritte u. a. im Steintor-Varieté Halle, bei Progr. der Konzert- u. Gastspieldirektion (zehn Jahre mit der Benny-Baré-Show); Auftritte im Ausland, v. a. UdSSR, ČSSR, Ungarn, Polen; im Komitee für Unterhaltungskunst beteiligt an

der Nachwuchsförderung von Sprechern, Spielmeistern u. Diskjockeys.

Gilde, Werner 9. 6. 1920–2. 2. 1991
Technikwissenschaftler
Geb. in Horst (Holstein) als Sohn eines Maurers; 1939 Abitur am Realgymnasium; RAD; Studium der Metallurgie in Göttingen; freiwilliger Kriegsdienst, 1944 Ltn. in einem Artillerie-Rgt.
1945 Forts. des Studiums u. 1947 Prom.; 1948 Übersiedlung in die SBZ; Ltr. der Gütekontrolle in der Maxhütte Unterwellenborn; SED; Forschung auf dem Gebiet der Schweißmetallurgie, Dipl. als Schweißing. u. Plastanwendungsing.; 1952/53 Abt.-Ltr. im Eisenforschungsinst. Hennigsdorf; 1953–85 Dir. des ZI für Schweißtechnik in Halle; 1962 Habil. an der TH Magdeburg; 1964 NP; 1965 Prof. mit Lehraufträgen an den TH in Ilmenau u. Merseburg; 1971 DDR-Meister im Hochseesegeln; Mitgl. des Forschungsrats; Bevollmächtigter der DDR im RGW-Koordinierungszentrum für Schweißtechnik; Ehrenmitgl. der Japan. Ges. für Schweißtechnik.
Inhaber von etwa 100 Patenten; zahlr. fachl. Publ., populärwiss., publizist. u. belletrist. Veröff., u. a.: Leben ohne Rückfahrkarte. Halle, Leipzig 1980 (Autobiogr.); Dienstreisen mit Augenzwinkern. 1984; Wege zum Erfolg. 1985; Das abenteuerl. Leben des Herrn von Platen. 1987; Nachahmung empfohlen. Gedanken u. Erfahrungen. 1988.

Gilsenbach, Reimar 16. 9. 1925
Schriftsteller, Umweltschützer
Geb. in einer Siedlung von »Öko-Anarchisten« bei Vörde/Niederrhein; 1932 Freie Schule Duisburg, nach deren Verbot Volksschule, 1938 Aufbauschule in Dresden; 1942 Verhöre nach Anzeigen beim »HJ-Gericht«; 1943 RAD, Infanterist der Wehrmacht, Ende März 1944 an der Ostfront bei Narwa übergelaufen, Gefangenschaft.
1947 Heimkehrerabitur; Red. bei der »Sächs. Ztg.«, 1949 aus pol. Gründen fristlos entlassen; 1951–61 Red. der KB-Ztschr. »Natur u. Heimat«, bis 1989 Mitgl. der Zentralen Kommission Natur u. Heimat des KB u. des Zentralvorst. der Ges. für Natur u. Umwelt; seit 1961 freischaff. Schriftst.; 1964–83 Freundschaft mit Robert Havemann*; 1976 Mitunterz. der Resolution gegen die Ausbürgerung Wolf Biermanns*; 1984–88 Überwachung u. Bearbeitung durch das MfS im OV »Schreiber«; ab 1984 Texter gemeinsamer Liederprogramme mit Hannelore Kurth.
G. lebt seit 1975 am Rande des Naturschutzgebiets Plagefenn im Biosphärenreservat Schorfheide-Chorin; er setzte sich in zahlr. Reportagen, Sachbüchern, Liedertexten u. Romanen gegen alle staatl. Widerstände für den Schutz der Natur ein; 1981 Initiator der Brodowiner Gespräche über das menschl. Verhalten zur Umwelt; seit 1965 Engagement für die Kultur u. Bürgerrechte der Sinti u. Roma, lieferte eine der ersten krit. Beschreibungen von deren Situation in der DDR (»Oh Django, sing Deinen Zorn! Sinti u. Roma unter den Deutschen«. Berlin 1993); seit 1991 Mitgl. des Romani PEN-Zentrums; Mitgl. des VDS.
Publ.: Die Erde dürstet. Berlin 1961; Rund um die Natur. Leipzig 1982; Jakobsleiter. Berlin 1986; Weltchronik der Zigeuner. Bd. 1. Frankfurt/M. 1993.

Girnus, Wilhelm 27.1.1906–10.7.1985
Chefredakteur der Zeitschrift »Sinn und Form«
Geb. in Allenstein (Ostpr.), Vater Gerber; 1912–25 Volksschule, Gymnasium, Abitur; 1925–32 Werkstudium (Berufsausbildung zum Kunsttischler u. Studium Malerei/Kunstgeschichte) an der Akad. für Kunst u. Kunstgewerbe Breslau (frz. Lit. u. a. an der Sorbonne Paris), Examen für Werklehrer u. Kunsterzieher; 1929 KPD; 1931 Reichsltg. »Rote

Studenten«; nach dem 2. Staatsexamen höherer Schuldienst, 1933 Entlassung; 1933–45 illegale Arbeit, Verhaftung, Zuchthaus, KZ (Sachsenhausen, Flossenbürg – Todeskommando im Steinbruch), Apr. 1945 Flucht.

Juli 1945 Übernahme einer Verwaltungsfunktion im Schulwesen (Thür.); Nov. 1945 Aufbau des Rundfunks in der SBZ (ZV für Volksbildung), 1946–49 Intendant des Berliner Rundfunks; 1949–53 Red. der Ztg. »Neues Dtl.« (ND), verantw. für Innen-, anschl. Kulturpol.; 1951/52 vertrat G. (obwohl er über theor. u. prakt. Kenntnisse expressionist. Kunst verfügte) in der sog. Formalismus-Debatte in bezug auf die Barlach-Ausstellung der DAK u. Paul Dessaus* Oper (nach Bertolt Brecht*) »Die Verurteilung des Lukullus« im ND den doktrinären Standpunkt der SED-Führung; im Frühjahr 1953 Konfrontation mit Hanns Eisler* bei den internen Diskussionen in der DAK (»Mittwochsges.«) über das Libretto der Oper »Johann Faustus« (Musik u. Text von Hanns Eisler), maßg. Anteil an deren Absetzung; 1953 Prom. zum Dr. phil. an der KMU Leipzig; 1953–57 Sekr. des »Aussch. für dt. Einheit«; ehrenamtl. Lehrstuhlltr. am ZfG; 1957–62 Staatssekr. für Hoch- und Fachschulwesen; 1962–71 Prof. für Allg. Literaturwiss. an der HU Berlin; 1964–81 Chefred. der Literaturztschr. »Sinn u. Form« (hrsg. von der DAK); 1965 Mitgl. der DAK; Mitgl. in Leitungsgremien, u. a. seit 1952 im Vorst. der Goethe-Ges., 1957–74 Vizepräs. der Dt.-Frz. Ges.; gest. in Berlin.

Publ.: Voltaire, eine Biographie. 1958; Wozu Literatur? 1976; Aus den Papieren des Germain Towardschus (Autobiogr. Roman). Berlin 1982.

Gißke, Ehrhardt 2. 3. 1924–19. 7. 1993
Baudirektor
Geb. in Schönstedt (Kr. Bad Langensalza) in einer Arbeiterfamilie; 1938–40 Maurerlehre; 1941–43 Staatsbauschule Gotha, 1942 NSDAP, 1943–45 Kriegsdienst.

1945 Ing.-Schule für Bauwesen Gotha, Bauing., SED; 1945–50 Ltr. des volkseigenen Entwurfsbüros in Bad Langensalza; leitete den Wiederaufbau des durch eine Naturkatastrophe zerstörten Ortes Bruchstedt, den Bau von Sportstätten in Oberhof u. Leipzig; 1952 Abt.-Ltr. im thüring. Min. für Wirtschaft u. Arbeit in Erfurt; 1951/52 Sonderbeauftragter im Min. für den Aufbau Berlins; 1952–55 Abt.-Ltr. im Baustab beim Nat. Aufbauprogr. in Berlin, Sonderbaustab Stalinallee, Org. der Trümmerbahn; 1955–58 stellv. Chefarchitekt u. 1958–63 Stadtbaudir. von Berlin; 1964/65 stellv. Dir. des VEB Typenprojektierung Berlin; 1966–73 Dir. des Inst. für Industriebau der DBA; 1969 Prom., Dr.-Ing.; 1973 Prof. an der DBA; 1974–89 Generaldir. der Baudir. Berlin des Min. für Bauwesen, leitete u. a. den Bau der Sondervorhaben Palast der Rep., Friedrichstadtpalast, Grand-Hotel, Palast-Hotel, Platz der Akad. mit Schauspielhaus u. Frz. Dom, Berliner Dom, Sport- u. Erholungszentrum, Nikolaiviertel in Berlin.

Prägte durch seinen Einfluß auf Großprojekte die historistische Phase des innerstädt. Bauens in Berlin.

Publ.: Bauen in Berlin. Berlin 1987 (Hrsg.); Bauen – mein Leben. Berlin 1987.

Glaeser, Wolfgang 9. 7. 1940
NDPD-Politiker
Geb. in Brandenburg, Vater kaufm. Angestellter.; 1946–58 Volksschule und Oberschule, Abitur; 1958–62 Pädagogikstudium (Sport u. Geographie) an der HU Berlin, Staatsexamen, Fachlehrer; 1962–73 Schwimmtrainer an einer KJS in Brandenburg, danach allgemeinbildender Lehrer in Brandenburg bis 1985; 1966 NDPD, Vors. eines Wohngebietsverb. in Brandenburg, ab 1974 Mitgl. des Kreisvorst. Brandenburg, 1986–90 dort Sekr.;

1974–89 Stadtverordneter; 21. 1. 1990 Vors. der NDPD (Nachf. von Günter Hartmann*), 23. 1. Rücktritt (nach Intrigen der alten Führung), ab 11. 2. Mitgl. des PV der NDPD bis zum kooperativen Beitritt zum Bund Freier Demokr. am 28. 3., danach dessen Mitgl., später F.D.P.
1991 Geschäftsführer des Landesschwimmverb. Brandenburg; seit 1. 10. 1991 gewählter Geschäftsführer der Karl-Haman-Stiftung Brandenburg; seit 1991 Mitgl. des Landesvorst. der F.D.P. Brandenburg, Vors. des Landesfachaussch. Sport u. Mitgl. des Bundesfachaussch. Sport der F.D.P.; Vors. der Wasserfreunde Brandenburg.

Gläser, Georg 3. 5. 1915
Sekretär der 1956er Rehabilitierungskommission der SED
Geb. in Berlin, Vater Kesselschmied; Volksschule, Druckerlehre (abgebrochen), mit den Eltern 1931 in die UdSSR, 1933 Ausbildung als Maschinensetzer, während der Lehre Ltr. der dt. Jugendgruppe im Klub ausländ. Arbeiter, Mitgl. des Komsomol; 1934 Vorbereitungskurs für illeg. Arbeit in Dtl. unter Paul Verner*, Okt. 1934 über Prag nach Hannover, Magdeburg u. Berlin, bis Herbst 1935 in Hannover; Teilnahme am KJI-Kongreß in Moskau, Lehrgang an der komm. Univ. der nationalen Minderheiten des Westens bis zur Auflösung, Übergang zur Lenin-Schule, KPD-Mitgl.; 1938 über Prag, Paris, Berlin nach Kopenhagen u. Malmö; Instrukteur der Abschnittsltg. Mitte unter Karl Mewis*, Übersiedlung nach Göteborg, nach weiterer Berlin-Fahrt soll er in Schweden bleiben; in Malmö mit Herstellung der »Berliner Volkszeitung« befaßt, 1940 verhaftet, Internierung in Smedsbo, zusammen mit Anton Plenikowski* u. Paul Verner; Mitglied der dortigen KPD-Ltg., 1943 Entlassung nach Söderhamn, Arbeit als Maschinensetzer; Mitarbeit an den Ztgn. »Söderhamnskuriren« u. »Politische Information«.
Jan. 1946 Rückkehr in SBZ, Referent für Kommunalpolitik im SED-Parteiapparat unter Plenikowski, 1949 zwecks »Disziplinierung« zum Studium an die PHS delegiert, anschl. dort bis 1955 Parteisekr. unter Hanna Wolf*, dann von Karl Schirdewan* in Abt. Parteiorgane geholt, dort u. a. verantw. für Parteischulen; trat gegen Hanna Wolf, für offene Auseinandersetzung mit westl. Ideologien auf, was ihm den Ruf einbrachte, zur Schirdewan-Wollweber-Gruppe zu gehören; 1956 vom PB in die Kommission Rehabilitierungen als Sekretär berufen, nach Abschluß der Parteiauseinandersetzungen (Schirdewan–Wollweber) 1958 ohne Parteistrafe von Berlin nach Grimma versetzt, dort bis 1961 Ratsvors. des Kreises u. Mitgl. des Büros der SED-KL; 1961 nach Leipzig in den Bezirksaussch. der NF (bis 1967), Sekr. der GO der Bezirksparteischule Leipzig; danach Rentner.

Gläser, Peter (»Cäsar«) 7. 1. 1949
Rockmusiker
Geb. in Leipzig; ab 1966 in versch. Klaus-Renft*-Bands, 1971 erste Erfolge der Klaus-Renft-Combo mit Kompositionen Peter Gläsers: »Wer die Rose ehrt« (Text: Kurt Demmler*), »Zwischen Liebe u. Zorn« (Text: Gerulf Pannach*), 1972 »Cäsars Blues« (Text: Pannach); 1972–75 Abendstudium an der HS für Musik in Leipzig (Gitarre); 1973 »Ketten werden knapper« (Lied zu den X. Weltfestspielen), »Chilen. Metall« (Text: Kunert/Demmler), LP »Klaus-Renft-Combo«; 1974 LP »Renft«, Gitarrist des Jahres (insges. dreimal); 1975–80 Musikschule Berlin-Friedrichshain (Spezialklasse Tanzmusik, Gitarre); 1975 »Rockballade vom kleinen Otto« (Text: Schoppe/Pannach) – letzter Anlaß zum Verbot von Renft in der DDR, weil »die Texte mit unserer soz. Wirk-

lichkeit nicht das geringste zu tun haben«; die bereits produzierte dritte LP erschien nicht; 1976 bis Apr. 1983 bei der Gruppe Karussell (1979 LP »Entweder – oder«, 1980 LP »Das einzige Leben«, 1982 LP »Schlaraffenberg«); 1980 LP »Rock aus Leipzig« (Renft, in der Bundesrep. Dtl. erschienen); 1983 Amiga Blues Band (»Rock für den Frieden«, LP »Not Fade Away«); 1983–86 Cäsar's Rockband; 1988/89 Cäsar u. die Spieler, LP »Kerschowski & Blankenfelder Boogie Band«.
Frühjahr 1989 Ausreiseantrag, zurückgezogen, trotzdem aus der DDR ausgewiesen, lebt seitdem in Berlin (West); ab 1991 Cäsar & Band; Neuaufl. der Renft-LP bei Deutsche Schallplatten GmbH (Rock aus Dtl. Ost, Volume 3 u. 4); 1993 CD »Zwischen Liebe u. Zorn«, 1994 »Das Erbe – Wer die Rose ehrt« (beide: Renft).
Publ.: Der Freund – der Tod. Berlin 1992.

Glass, Bernhard 6. 11. 1957
Leistungssportler (Rennrodeln)
Geb. in Stapelburg (Harz); 1970 Beginn mit dem Rennschlittensport in seinem Heimatort, später bei der BSG Motor Ilsenburg (Harz), 1973 Wechsel ins Rennschlittenzentrum der DDR, dort KJS u. Mitgl. des ASK Vorwärts Oberhof (Trainer: Gottfried Legler); Spezialdisz.: Herren-Einsitzer; 1979 Dritter bei den EM; 1980 Olympiasieger; Studium der Elektrotechnik in Ilmenau; bis Anfang 1990 NVA, Ltn. der NVA a. D.
Ab 1992 Rennschlittentrainer in Winterberg.

Glaß, Harry 11. 10. 1930
Leistungssportler (Skispringen)
Geb. in Klingenthal (Vogtl.) als Sohn eines Schuhmachers; nach dem Volksschulabschluß 1946–50 Schuhmacherlehre, dann Hauer u. 1954–56 Schießer bei der SDAG Wismut; zunächst Fußballspieler, ab 1950 Skispringer beim SC Dynamo Klingenthal; 1954–58 viermaliger DDR-Meister; gewann mit der Bronzemedaille bei den Olymp. Winterspielen 1956 die erste olymp. Medaille für die DDR; ab 1956 Angehöriger der DVP, zuletzt Major; 1960 Beendigung der sportl. Laufbahn; 1960–64 Mitgl. des Präs., dann bis 1988 Mitgl. des Bundesvorst. des DTSB; ab 1962 Trainer für Skispringen beim SC Dynamo Klingenthal, zugl. 1962–67 Sportstudium mit FS-Abschluß u. 1971–76 Studium an der DHfK Leipzig mit Abschluß als Dipl.-Sportlehrer; ab 1982 Mitarb. beim SC Dynamo Klingenthal; 1988 invalidisiert.

Glauche, Hans 7. 2. 1928–9. 8. 1981
Kabarettist
Geb. in Freital; Lehre als Rechtspfleger, daneben Amateurauftritte als Kabarettist, u. a. beim Wismutkabarett »Die Funken«; 1959 in Berlin bei der »Berliner Spottgemeinschaft«; ging nach deren (Neu-)Gründung 1961 zur Dresdener »Herkuleskeule«, dort Mitwirkung in allen Programmen, besonders bekannt mit den Standardszenen »Einzelfahrscheine« sowie »Gustav u. Erich« (mit Fritz Ehlert); daneben Fernsehrollen u. Rundfunkarbeit; verfaßte zahlr. Kabarettexte, u. a. die »Gustav-und-Erich«-Dialoge sowie das erste Kabarettstück der DDR, die My-Fair-Lady-Adaption »Ein kleines bißchen Stück«, das von anderen Bühnen nachgespielt wurde.

Glende, Gisela, geb. Trautzsch
30. 10. 1925
SED-Funktionärin
Geb. in Berlin; Vater KPD-Funktionär; kaufm. Angestellte; 1945/46 KPD/SED; hauptamtl. pol. Arbeit im SED-Kreisvorst. Marienberg (Sa.); Dipl.-Ges.-Wiss.; mit Beginn der 50er Jahre Stellv., 1968–86 Ltr. des Büros des PB (Nachf. von Otto Schön), 1971–86 Mitgl. des ZK, 1986–89 Mitgl. der ZRK

der SED; 1975 VVO in Gold, 1985 u. 1986 KMO; Abt.-Ltr. im ZK der SED; verheiratet mit Günter G.

Glöckner, Hermann
21. 1. 1889–10. 5. 1987
Maler, Grafiker, Bildhauer
Geb. in Cotta bei Dresden, in Dresden u. Niederneukirch (Lausitz) aufgewachsen, Vater Schlosser u. Justierer; Volksschule; 1903 Gewerbeschule Leipzig; 1904 bis 1907 Lehre als Textilmusterzeichner in Dresden; 1909–13 freiberufl. Tätigkeit als Künstler; 1915–18 Ausbildung als Infanterist in Breslau; Kriegsdienst; 1919 Zivilangestellter in Zittau u. Dresden; 1919–22 freiberufl.; 1923/24 Studium an der Dresdener Akad. der bildenden Künste bei Otto Gußmann; 1927 Mitgl. des Dt. Künstlerbundes; erste Personalausstellung in Berlin; 1930–37 entstand das 150 Arbeiten umfassende konstruktivist. Tafelwerk; 1938 bis 1945 Ausführung von baugebundenen Aufträgen, Spezialisierung auf Sgraffito-Putzschnitt, Schrift u. dekorative Gestaltung.
1945 Verlust eines Teils der künstler. Arbeiten; Fortsetzung der baugebundenen Arbeit; Beteiligung an der ersten Nachkriegsausstellung in Dresden »Der Ruf«; 1946 Ausstellung in der Galerie Kühl in Dresden; 1949 Mitgl. der Vorjury zur 2. Dt. Kunstausstellung; ab 1954 freie Blätter, u. a. Collagen u. Monotypien; bis 1967 entstanden ca. 135 Entwürfe für Kunst am Bau, damit Sicherung des Lebensunterhalts; 1969 Ausstellung im Kupferstichkabinett Dresden; es entstanden die ersten »Faltungen«; 1974 wesentl. Beitrag zur Ausstellung »Der Konstruktivismus u. seine Nachfolge« in Stuttgart; 1977 Ausstellung in »Das Studio«, Nationalgalerie, Berlin; ab 1979 Dauervisum der DDR, zeitw. Aufenthalt in Berlin (West); ab 1986 ständig dort.
G. gilt als Vetreter des Konstruktivismus von intern. Rang.
Werke: Giebel u. Dächer (1936–38); Rot u. Blau auf Schwarz (1957); Schwarzer u. roter Haken (1971); Buchausstellung für John Erpenbeck »Alleingang«; Mappe mit Faltungen »3 Phasen« (1980); (1984) Stahlplastik »Mast mit 2 Faltungszonen« vor der Mensa der TU Dresden.
Publ.: Die Entdeckung der Konstruktion. In: Dresdener Kunstblätter 27 (1984) 1, S. 17–21.
Sek.-Lit.: Kat. H. G. Nationalgalerie Berlin 1977; Kat. H. G. zum 100. Geburtstag (mit Bibliogr.). Kupferstichkabinett Dresden. Moritzburg. Halle 1989; Dittrich, C.; Mayer, R.; Schmidt, W.: H. G. Die Tafeln 1919–1985. hrsg. vom H. Glöckner-Archiv. Dresden 1992; Kat. H. G. Museum Mod. Kunst. Wien 1992.

Glöckner, Rudi 20. 3. 1929
Fußballschiedsrichter
Geb. in Markranstädt (b. Leipzig); 1939–53 Fußballspieler in Markranstädt u. Leipzig; 1953–77 Schiedsrichter in 251 Oberliga-, 39 Europapokal- u. 24 Länderspielen (insg. 1165 Spielen), agierte als Schiedsrichter des Endspiels der Fußball-Weltmeisterschaft 1970 in Mexiko-City zwischen Brasilien u. Italien (4:1) sowie bei je einem Weltpokal- bzw. Supercup-Finalspiel; 1965 bis 1990 Geschäftsführer des Bez.-Fachausschußes »Fußball« Leipzig; ab 1978 Mitgl. der UEFA-Schiedsrichterkommission; 1986 bis 1990 Vors. der Schiedsrichterkommission des Dt. Fußballverb.; Rentner.

Glückauf, Erich 12. 9. 1903–23. 4. 1977
SED-Funktionär
Geb. in Wittlich (Eifel), Vater Buchdrukker, Mutter Verkäuferin; Volks- u. Realschule; 1919–22 Berg-, Land- u. Bauarbeiter; ADGB, 1921 KJVD, Rote Ruhrarmee; 1922 KPD, 1923 Mitgl. der Unterbezirksltg. Bielefeld; 1924–27 Volontär am KPD-Organ »Schlesische Arbeiterztg.«; 1927–32 Ltr. der Presseabt. der KPD-Reichstagsfraktion, 1930 polit. Re-

dakteur im Pressedienst des ZK der KPD; 1932/33 Mitgl. der KPD-Bez.-Ltg. Niederrhein u. Chefred. der »Freiheit«; 1933–35 illegale Arbeit als Pol. Ltr. des KPD-Bez. Niederrhein u. in Prag.; bis 1934 Referent im mitteleur. Sekr. der KI in Moskau; als Mitgl. der KPD-Bez.-Ltg. im Saargebiet u. ZK-Instrukteur in Berlin; 1936–39 Intern. Brigaden in Spanien, Red. des »Dt. Freiheitssenders 29,8«; 1939 kurzzeitig in Amsterdam inhaftiert u. nach 3 Mon. Haft nach Belgien abgeschoben; 1939–45 Exil in Norwegen, 1940 Schweden, dort kurzzeitig interniert; Juli 1941–43 »illegale Spezialarbeit«, ab 1941 Mitgl. der Ltg. der dt. Kommission, Chefred. der deutschsprachigen antifasch. Ztschr. »Pol. Information« u. freier Mitarb. versch. Publikationsorgane der KP Schwedens.

Dez. 1945 Rückkehr nach Dtl.; 1945–46 KPD-Bez.-Ltg. Mecklenburg; 1946 Intendant des Landessenders Schwerin, Chefred. der mecklenburg. Landesztg.; 1946–50 Mitgl. des SED-Landesvorst. Mecklenburg-Vorpommern u. Abg. des dortigen Landtags (Präsidiumsmitgl.), Landessekr.; 1950 Mitgl. der Westkommission des SED-PB; 1951 stellv. Ltr. für Gesamtdt. Arbeit u. ab 1952 Ltr. des entsprechenden Arbeitsbüros des ZK der SED, mit Unterbrechungen; 1961–68 Mitgl. des PB des ZK der illeg. KPD (Bundesrep. Dtl.); dann Vertreter des ZK der SED im Redaktionskollegium der Ztschr. »Probleme des Friedens u. des Soz.« in Prag; 1970 KMO; 1973 VVO in Gold; 1974–77 wiss. Mitarb. am IML.

Publ.: Begegnungen u. Signale. Erinnerungen eines Revolutionärs. Berlin 1976 (nach Erscheinen auf Betreiben von Karl Mewis* u. a. wiedereingezogen).

Gnauck, Maxi 10. 10. 1964
Leistungssportlerin (Turnen)
Geb. in Berlin, Vater Dipl.-Ing.; ab 1970 Turnerin beim SC Dynamo Berlin; 1979 EM-Zweite beim Sprung u. -Dritte am Stufenbarren sowie WM am Stufenbarren, WM-Zweite im Mehrkampf u. -Dritte mit der Mannschaft; 1980 Olympiasiegerin am Stufenbarren, -Zweite im Mehrkampf, -Dritte am Boden u. mit der Mannschaft; 1981 EM im Mehrkampf, am Stufenbarren, Schwebebalken u. am Boden, Vize-EM im Sprung sowie WM am Stufenbarren, im Sprung u. am Schwebebalken; 1983 WM am Stufenbarren u. WM-Dritte mit der Mannschaft; 1985 EM am Stufenbarren, Vize-EM im Mehrkampf; 1985 Beendigung der leistungssportl. Laufbahn; nach dem Abitur an der KJS 1986–90 Studium an der DHfK Leipzig mit Abschluß als Dipl.-Sportlehrerin, anschl. Trainerin beim SC Dynamo Berlin.

Derzeit Ltr. eines Turnzentrums in Horksheide b. Hamburg.

Gniffke, Erich Walter
14. 2. 1895–4. 9. 1964
SED-Politiker
Geb. in Elbing (Ostpr.), Vater Werftarbeiter; Volksschule; 1909–12 Ausbildung zum Kaufmann; 1913 SAJ, SPD; 1913–20 Korrespondent; im 1. Weltkrieg zwei Jahre Kriegsdienst; 1920–24 Prokurist im Großhandel u. Vorstandsmitgl. der Westbank AG Danzig, 1924–26 Ex- u. Importeur sowie Mitinhaber der Firma Gniffke AG u. Co; ab 1922 Mitgl. im Zentralverb. der Angestellten u. ab 1926 dort hauptamtl. tätig, 1929–33 Bezirksltr. u. Geschäftsführer der Arbeitsgemeinschaft freier Angestelltenverb. (AfA) in Braunschweig, Mitgl. des SPD-Landesvorst. u. Gauführer des Reichsbanners; 1933 zunächst arbeitslos, Ende 1933–35 Revisor und 1933–45 Inhaber des Heibacko Grude-Herd-Generalvertriebs; Mitgl. der sozialdemokr. Widerstandsgruppe Heibakko; mehrfach inhaftiert.

1945 Mitbegr. der SPD, Mitunterz. des Aufrufs vom 15. 6. 1945; Geschäftsführender Vorst. der SPD; 1945/46 einer

der drei Vors. des Zentralaussch. der SPD; 1945–48 Delegierter im Zentralen Blockaussch.; ab Apr. 1946 Mitgl. des PV der SED u. seines Zentralsekr.; 1946–48 Abg. des Mecklenburg. Landtags; 1948 Mitgl. des Volksrats, Sekretariatsltr. des Präs.; Okt. 1948 Flucht nach Westdtl. u. Ausschluß aus der SED; wieder Mitgl. der SPD, ab 1959 Kreisvors. in Daun (Eifel); ltd. Angestellter, später Geschäftsführer in versch. Unternehmen.
Publ.: Jahre mit Ulbricht*. Köln 1966.

Gohr, Arnold 12. 10. 1896–23. 1. 1983
CDU-Funktionär
Geb. in Wottnogge (Kr. Stolp, Pomm.), Vater Kleinbauer; Dorfschule in Saviat; Gymnasium in Lauenburg u. Schlawe, mittlere Reife; 1913/14 Lehre als Handlungsgehilfe; 1914–16 Buchhalter u. Disponent; 1916–20 Kriegsdienst u. Gefangenschaft; 1920–33 Mitgl. des Gewerkschaftsbundes der Angestellten, des Kriegsbeschädigtenverb. u. (1920) der DDP bzw. der Dt. Staatspartei; bis 1945 im Stickstoffsyndikat Berlin als Abt.-Ltr. u. Prokurist tätig.
1945 Mitbegr. der CDU in Berlin-Köpenick; 1945 1. Kr.-Vors. der CDU; 1948/49 Stellv. Landesvors. der CDU Berlin; 1948/49 Mitgl. des Dt. Volksrats; 1948–58 Stadtrat u. Stellv. des Oberbürgermeisters von Groß-Berlin; 1948–64 Mitgl. des HV der CDU; seit 1949 Abg. der Volkskammer (1950–63 Berliner Vertreter); 1950–52 Vors. des Landesverb. Berlin der CDU; 1952–66 Mitgl. des Bez.-Verb. Berlin der CDU, seit 1958 des Sekr.; seit Febr. 1962 Mitgl. des Präs. der Dt.-Frz. Ges. der DDR; 1981 VVO in Gold; Ruhestand.

Göhr, Marlies, geb. Oelsner 21. 3. 1958
Leistungssportlerin (Leichtathletik)
Geb. in Gera; ab 1970 Sprinterin beim SC Motor Jena (Trainer Dieter Lehner, Horst-Dieter Hille), Spezialdisz.: 100 m; 1975 Junioren-EM mit der Staffel; 1976 Olympiasiegerin mit der Staffel; 1978 EM, EM-Zweite über 200 m u. -Dritte mit der Staffel; 1980 Olympiasiegerin mit der Staffel u. -Zweite über 100 m; 1982 u. 1986 jeweils EM über 100 m u. mit der Staffel; 1983 WM über 100 m u. mit der Staffel; 1987 Vize-WM mit der Staffel; 1988 Olympia-Zweite mit der Staffel; Hallen-EM 1977, 1978, 1979, 1982 u. 1983; Europacupsiegerin jeweils über 100 m u. mit der Staffel 1977, 1979, 1981, 1983, 1985 u. 1987; Weltcupsiegerin 1977, 1985 über 100 m u. mit der Staffel; G. lief zwischen 1976 u. 1985 vierzehn WR; 1989 Beendigung der leistungssportl. Laufbahn; nach dem Abitur an der KJS Studium der Psychol.; lebt in Jena.

Gold, Franz 10. 10. 1913–8. 5. 1977
MfS-Hauptabteilungsleiter
Geb. in Botenwald (b. Brünn), Vater Schmied; Bürgerschule; 1927–32 Lehre u. Arbeit als Fleischer; 1927 Mitgl. der BL des KJV; 1932–35 Gelegenheitsarbeiter; 1932 KPČ; 1935–37 Soldat in der tschech. Armee; 1937 Schleifer; 1938 erneut Soldat; 1939 Fleischer; 1940 Soldat der dt. Wehrmacht; 1941 sowj. Gefangenschaft, Besuch der Antifa-Schule in Gorki; 1942 Soldat der Roten Armee; 1943 Mitbegr. des NKFD, Frontbevollmächtigter an der West- u. Litauischen Front; 1944 Teiln. am slowak. Aufstand als Kdr. einer Partisaneneinheit.
1945 KPČ-Gebietssekr. in Fulneck (ČSR); 1946 Umsiedlung nach Dresden; Journalist im sowj. Nachrichtenbüro; SED; 1948 Dir. des Dt. Inst. für sozialök. Probleme, Berlin-Weißensee; (MdJ-Institution); 1949 Personaldir. beim Berliner Rundfunk in Berlin (West); 1950 Einstellung beim MfS als Ltr. der Abt. (später HA) Personenschutz; 1965 VVO in Gold; 1972 Gen.-Ltn., Jan. 1974 Entlassung, Rentner.

Goldbach, Joachim 8.12.1929
Stellv. Minister der NVA
Geb. in Cossebaude (Sa.), Vater kaufm. Angestellter; Oberschule; Volkssturm; 1945–49 Ausbildung zum Zimmermann, dann im Beruf tätig; Mitgl. eines antifasch. Jugendaussch., FDJ; 1949/50 VP-Anwärter, kasernierte Polizeibereitschaft Großenhain; 1950 SED; 1950/51 Panzeroffiziersschule der HV für Ausbildung, Unterkommissar, 1952 Zugführer u. Fachlehrer an dieser Schule der KVP; 1952–56 sowj. Militärakad., Major; 1956–64 1. Stellv. des Kdr., dann Stabschef bzw. Kdr. der Panzerdiv. in Dresden, Oberst; 1964–66 sowj. Generalstabsakad., Dipl. rer. mil.; 1966–69 Kdr. der mot. Schützendiv. in Erfurt, Gen.-Major; 1969–72 Stellv. des Chefs des Militärbez. Leipzig, 1972–79 Chef des Militärbez. Neubrandenburg, Gen.-Ltn.; ab 1979 Stellv. des Min. und zunächst Chef der Rückwärtigen Dienste, ab 1986 Chef Technik u. Bewaffnung (Nachf. von Werner Fleißner*), Generaloberst; Apr. – 2.10.1990 Ltr. der HA techn. Ausrüstung im Min. für Abrüstung u. Verteidigung; dann Vorruhestand.

Goldenbaum, Ernst
15.12.1898–13.3.1990
Vorsitzender der DBD, Landwirtschaftsminister
Geb. in Parchim, Vater Arbeiter; Volksschule; 1913–17 Landarbeiter; 1917/18 Kriegsdienst, verwundet, Teiln. an der Novemberrev. in Schwerin; 1919–27 Industriearb., Gewerkschaftsmitgl.; 1919 USPD u. Übertritt zur KPD, ab 1921 Mitgl. der BL Mecklenburg; 1924–26 u. 1929–32 Abg. des Landtags Mecklenburg-Schwerin; 1927–32 Red. der KPD-Ztg. »Volkswacht«; ab 1933 Landwirt, 1932–45 wiederholt Haft wegen antifasch. Tätigkeit, überlebte die Evakuierung von Häftlingen des KZ Sachsenhausen auf der »Cap Arkona«.
Mai 1945 Bürgermeister von Parchim; Sept. 1945 Geschäftsführer der Landeskommission für Bodenreform u. Ltr. der Abt. Bodenreform in der Landesverwalt. Mecklenburg-Vorpommern; Jan. – März 1946 Mitgl. der KPD-Landesltg.; 1946 SED; 1946/47 Landesvors. der VdgB, 1947–54 im Hauptaussch. der VdgB; 1947 Ministerialdir. im Landwirtschaftsmin. der Landesreg. Mecklenburg; 1946–52 Mitgl. des Landtags; Mitglied der DWK; März 1948 Vors. des Landesgründungsaussch., Apr. – Juni 1948 Landesvors. der DBD Mecklenburg, Juni 1948 – Mai 1982 Vors. der DBD; 1949/50 Min. für Land- u. Forstwirtschaft der DDR; ab 1949 Abg. der Prov. Volkskammer bzw. Volkskammer, 1950–58 Vors. des Aussch. für Land- u. Forstwirtschaft, 1950–63 Vizepräs. bzw. Stellv. des Präs., 1963–76 Mitgl. des Präs.; ab 1950 Mitgl. des Präs. des NR der NF, ab 1952 Mitgl. des Präs. des Dt. Friedensrats, 1954–84 stellv. Vors. der VdgB/BHG, 1955–83 Mitgl. des Präs. des ZV der DSF, ab 1956 Mitgl. des Präs. der ZL des Komitees der Antifasch. Widerstandskämpfer, ab 1961 Vizepräs. der Dt.-Nord. Ges.; 1958 VVO in Gold, 1969 Großer Stern der Völkerfreundschaft in Gold, 1973 KMO; Okt. 1976 – Juli 1982 stellv. Vors. des Staatsrats; ab Mai 1982 Ehrenvors. der DBD; Ehrenbürger der Stadt Parchim.
Publ.: Treue Kampfgefährten u. Mitgestalter auf den Bahnen des Sozialismus. Aus Reden u. Aufsätzen. Berlin 1978.

Goldhammer, Bruno (Deckname: Brenner) 10.2.1905–7.8.1971
SED-Funktionär, Säuberungsopfer
Geb. in Dresden, Vater Textilkaufmann u. Kinobesitzer, Mutter Schneiderin; Bürgerschule, Realgymnasium in Dresden, mittlere Reife; 1922/23 Volontär im Osterag Verlag Berlin; 1922 KJV, KPD; 1923 illegaler Pol.-Ltr. im Unterbez. Dresden; 1924 Austritt aus der Jüd. Gemeinde; 1924–30 Mitgl. der KPD-BL Ostsachsen; 1925 Red., ab 1929 Chefred.

der KPD-Ztg. »Arbeiterstimme«, Dresden; 1930 Chefred. des »Kämpfer«, Chemnitz; ein Jahr Festungshaft wegen »Vorbereitung zum Hochverrat«; 1932/33 U-Haft, Prozeß wegen »Verrats militär. Geheimnisse«; Red.; 1933 illegale Arbeit, dann in Komotau (ČSR), ab 1934 in Prag; 1934/35 Mitgl. der KPD-Emigrationsltg. ČSR; 1935 unter dem Decknamen »Brenner« mit Wilhelm Koenen in Brüssel Red. der Komintern-Korrespondenz »Rundschau«; 1936 nach Zürich, Chefred. der illegalen »Süddt. Information«; ab 1940 Internierung in versch. schweizer. Lagern; 1944/45 Chefred. der Ztschr. »Freies Dtl.« Schweiz.

Juni 1945 auf Beschluß der Parteiltg. illegal nach München, dort illegaler KPD-Sekr. München, Mitbegr. der »Aktionsgemeinschaft SPD-KPD München«, Nov. 1945 2. Sekr. in Bayern, Chefred. der »Bayer. Volksstimme«; Teiln. am SED-Gründungsparteitag; 1946 vier Monate Haft wegen illegalen Übertretens der Zonengrenze, verbüßt in Landsberg/Lech; Jan. 1947 auf SED-ZK-Beschluß nach Berlin, dort Lehrer beim ersten Journalistenlehrgang der PHS u. Mitarb. der ZV für Volksbildung der SBZ; dann Ltr. des Nachrichtendienstes des Berliner Rundfunks, 1948/49 Chefred. u. 1949 Intendant; Rüge vom ZK wegen mangelnder ideolog. Wachsamkeit; Okt. 1949 Abt.-Ltr. im Amt für Information der Reg., 1950 Stellv. Albert Nordens*, stellv. Pressechef des Amts; durch ZK-Beschluß vom 24. 8. 1950 am selben Tag Verhaftung u. Parteiausschluß wegen Verbindung zu Noel H. Field u. diesbezügl. Aussagen im Budapester Rajk-Prozeß; ein Auslieferungsgesuch der ungar. Behörden wurde abgelehnt; U-Haft in verschiedenen MfS-Gefängnissen; März 1951 Aberkennung des VdN-Status wegen »Unterstützung neofasch. Bestrebungen«; Haft im Zuchthaus Brandenburg; Apr. 1954 Verurteilung wegen angebl. Agententätigkeit, Apr. 1956 Haftentlassung; Juni 1956 Mitarb. der Red. von »Zeit im Bild« Dresden; Okt. 1956 Rehabilitierung durch PB-Beschluß (in: »Neuer Weg« 22/56); Juni 1957 Chefred. der »Freiheit« Halle, Juli 1957 Schlaganfall; seit 1958 wieder Red. der »Zeit im Bild« Dresden; dort seit 1959 Mitgl. der BPO-Ltg.; Mitarb. in der Kommission »Zur Erforschung der Geschichte der dt. Arbeiterbewegung« in Dresden; 1970 VVO in Gold.; gest. in Dresden.

Goldmann, Friedrich 27. 4. 1941

Komponist, Musikwissenschaftler, Dirigent

Geb. in Chemnitz; 1951–59 Mitgl. des Dresdner Kreuzchors, 1959 Abitur, Teiln. am Darmstädter Spezialkurs für Komposition bei Karlheinz Stockhausen; 1959–62 Kompositionsstudium an der HS für Musik Dresden, vorzeitiges Staatsexamen; 1962–64 Meisterschüler an der DAK bei Rudolf Wagner-Régeny*; 1964–68 Studium der Musikwiss. an der HU Berlin; seit 1968 freischaff.; 1978 AdK, dort Ausbildung von Meisterschülern bis 1991; seit 1988 ständiger Dirigent des »Boris-Blacher-Ensembles«.

1990 Prof. für Komposition an der HS der Künste Berlin, Mitgl. der AdK Berlin (West); Präs. der Ges. für Neue Musik; Präs. der dt. Sekt. der Intern. Ges. für Neue Musik.

Umfgr. Werk, u. a. Bühnenmusiken, die Oper »Hot« (1974), Vokalmusik: »Sing Lessing« (1978); Instrumentalmusiken: 1. Sinfonie (1972/73), »Zusammenstellungen« (1976), 2. Sinfonie (1976), Violinkonzert (1977), Oboenkonzert (1978), Klavierkonzert (1979), »In memoriam Paul Dessau*« (1980), »Inclinatio temporum« (1981), »Ensemble-Konzert« (1982), »Exkursion – musica per orchestra con Henrico Sagittario« (1984), 3. Sinfonie (1986), 4. Sinfonie (1989),

»Ensemble-Konzert« (1990); zahlr. Aufführungen seiner Werke im Ausland.

Goldschmidt, Harry
17. 6. 1910–19. 11. 1986
Musikwissenschaftler
Geb. in Basel, Vater Kaufmann, Mutter Lehrerin; Grund- u. Mittelschule, Gymnasium; 1928 Musikstudium am Baseler Konservatorium, 1929–33 Musikstudium, u. a. 1929 bei Hermann Scherchen in Königsberg, 1930/31 an der Staatl. Musik-HS Berlin, 1932 am Baseler Konservatorium; 1934–39 Musikkritiker bei der Baseler »Nationalztg.«, glz. Studium der Musikwiss. an der Univ. Basel; 1939–45 Schweizer Armee; 1944 Mitgl. der Partei der Arbeit der Schweiz; 1945–47 Musikkritiker am »Vorwärts«, 1947–49 Sekr. des Schweizer. Filmarchivs.
1949 Übersiedlung nach Berlin; 1949/50 Ltr. der HA Musik am Berliner Rundfunk; 1950–55 Prof. für Musikgeschichte an der Dt. HS für Musik Berlin; 1951 Gründungsmitgl. des VdK; 1955/56 Doz. für dt. Musikgeschichte in China; 1956 Prom.; 1956–60 freischaff.; 1960–65 Ltr. des Zentralinst. für Musikforschung beim VdK; ab 1965 freischaff.; 1975 VVO in Gold, 1988 Stern der Völkerfreundschaft in Gold; Forschungen u. Publ. zu Beethoven u. Schubert.
Publ.: Franz Schubert – Ein Lebensbild. Berlin 1954.

Goldstein, Kurt 3. 11. 1914
Rundfunkintendant
Geb. in Dortmund in einer dt.-jüd. Familie, Vater Kaufmann; als Jugendlicher Mitgl. »Dt.-jüd. Wanderbund Kameraden«; 1928 KJVD, 1930 KPD; Oberrealschule in Münster, 1932 Abitur; 1933 Emigration nach Frankreich, 1935 nach Palästina; 1936–39 Spanienkämpfer, Angehöriger des 1. Transportregt. der Intern. Brigaden, Pol. Kommissar; 1939 Frankreich, Internierung in Le Vernet; 1941 Auslieferung an Nazidtl. u. bis 1945 KZ-Haft in Auschwitz, zuletzt in Buchenwald.
1945 Reorganisation der KPD in Thüringen u. Aufbau der FDJ; 1945/46 KPD/SED; 1945–49 als Funktionär der KPD u. der FDJ häufig in Org.-Fragen nach NRW delegiert, seit 1951 vorw. in der DDR eingesetzt, Ltr. der Abt. Gewerkschaftsarb. in Westdtl. im ZK der SED; bis 1957 Sekr. der Landesltg. der FDJ in Thüringen; 1957–61 Abt.-Ltr., 1961–67 stellv. Chefredakteur bzw. Chefred. des Deutschlandsenders in Berlin (Ost), 1969–71 Intendant des Senders (Nachf. von Kurt Ehrich*); 1971–78 Intendant des Senders »Stimme der DDR«; 1970 VVO in Silber; Mitgl. des Staatl. Rundfunkkomitees beim Min.-Rat der DDR; 1974 VVO in Gold, 1979 Ehrenmedaille des sowj. Komitees der Kriegsveteranen; 1978 Rentner; 1980 Mitgl. des Präs. des Intern. Auschwitzkomitees; 1981 Vors. des Auschwitzkomitees, Mitgl. des Präs. der ZL des Komitees der Antifasch. Widerstandskämpfer der DDR; 1982–91 Sekr. der Fédération Internationale des Résistants (FIR); 1984 KMO; 1990 Vors. des Interessenverb. der Teiln. am antifasch. Widerstand, der Verfolgten des NS-Regimes u. der Hinterbliebenen.
Sek.-Lit: Interview mit Kurt Goldstein. In: Herzberg, Wolfgang: Überleben heißt Erinnern. Lebensgeschichten dt. Juden. Berlin u. Weimar 1990.

Gollomb, Eugen 19. 1. 1917–10. 1. 1988
Vorsitzender der Israelitischen Religionsgemeinde zu Leipzig
Geb. in Lodz (Polen), Vater Textilverleger; poln. Militärdienst; Juli 1943 Deportation nach Auschwitz-Birkenau, dort wurden fast alle Verwandten (70 Personen), seine Frau u. sein Kind umgebracht; 1944 Flucht aus dem KZ u. Beteiligung am Partisanenkampf.
1947 Demobilisierung u. Umzug nach Leipzig; Anerkennung als OdF; Aufbau

eines privatwirtsch. Dienstleistungsunternehmens (Gebäude-, Sanitär-Reinigung); 1959 Eintritt in den Vorst. der Jüd. Gemeinde Leipzig, 1967–88 ihr Vors.; während seiner Amtszeit Initiativen zur Instandsetzung u. -haltung des Jüd. Friedhofs u. der Gebäude der Jüd. Gemeinde; 1977 Initiator des christl.-jüd. Dialogs in Leipzig; tat sich in Unterredungen zwischen der ZK-Abt. Kirchenfragen/Staatssekr. für Kirchenfragen u. den Vors. der Jüd. Gemeinden durch offene Kritik an der Israel-Pol. der DDR hervor.
Sek.-Lit.: Biograph. Porträt. In: Niethammer, Lutz; Plato, Alexander von; Wierling, Dorothée: Die volkseigene Erfahrung. Eine Archäologie des Lebens in der Industrieprovinz der DDR (Beitrag: Flüchten u. Standhalten). Berlin 1991, S. 248 ff.

Goltzsche, Dieter 28. 12. 1934
Maler, Grafiker
Geb. in Dresden, Volksschule; 1949–52 Lehre als Textilmusterzeichner; 1952 bis 1957 Studium an der HS für bildende Künste in Dresden (Max Schwimmer*, Hans Theo Richter*); 1958/59 Meisterschüler an der DAK (Max Schwimmer); 1960 freischaff. in Berlin; 1978 Kollwitz-Preis der AdK; 1978 Lehrauftrag, 1980 Doz. für Grafik an der Kunst-HS Berlin-Weißensee.
1990 AdK; 1992 Prof. an der Kunst-HS Berlin.
Sek.-Lit.: Lang*, L.: D. G. In: Weggefährten. 25 Künstler der DDR (mit Bibliogr.). Dresden 1970; Schmidt*, G.: D. G. Werkverzeichnis der Radierungen, Holzschnitte, Linolschnitte 1953–1977. Berlin 1978; Kat. D. G. Arbeiten des Zeichners. Staatl. Museen zu Berlin 1982; D. G. Berlin 1993; Schmidt, G.: D. G. Maler u. Werk (mit Bibliogr.). Dresden 1988.

Göring, Bernhard
21. 11. 1897–1. 12. 1949
FDGB-Funktionär
Geb. in Berlin, Mutter Hausangestellte, alleinstehend; Volksschule, 1911–14 Ausbildung zum kaufm. Angestellten, Erwerb der mittleren Reife (extern); 1915–21 Arbeit als Ver- u. Einkäufer, Lagerist, Buchhalter, Abt.-Ltr.; 1916 Zentralverb. der Handlungsgehilfen, SPD; 1920 Mitgl. u. Vors. des Bunds religiöser Soz. in Preußen, später 2. u. bis 1933 1. Vors. des Bundesvorst.; 1921/22 Mitgl., 1922–33 Sekr. des Hauptvorst. des Allg. freien Angestelltenbunds (AfA-Bund), Geschäftsführer u. Prokurist der Vermögensverwaltung des AfA-Bunds; 1933, 1937 u. 1939 wegen illegaler Arbeit verhaftet; 1934–41 selbständiger Gewerbetreibender, 1941–45 Abt.-Ltr. in der Wirtschaftsgruppe Elektroindustrie.
1945/46 SPD/SED, Mitgl. des Zentralaussch. der SPD; Mitunterz. des Aufrufs des Vorbereitenden Gewerkschafts-Aussch. für Groß-Berlin u. des Aufrufs des Zentralaussch. der SPD; 1945/46 Beisitzer im Zentralaussch. der SPD, geschäftsführender Vorst. des Landesverb. des FDGB Berlin; 1946–49 Mitgl. des PV der SED; 1946–49 Mitgl. u. Sekr. des Bundesvorst. und 2. Vors. des FDGB; 1946–48 Teiln. der Interzonenkonferenz zur Herstellung der dt. Gewerkschaftseinheit; 1948/49 Mitgl. des Dt. Volksrats u. seines Präs., Vors. des Aussch. für Sozialpol., 1949 Abg. der Prov. Volkskammer, Ausschußvors.; Mitgl. des Ständigen Komitees der Weltfriedensbew. u. des Generalrats des WGB; 1948/49 DWK; bis 1949 Vors. Zentralaussch. der Volkssolidarität.

Görlich, Günter 6. 1. 1928
Schriftsteller
Geboren in Breslau; 1944 Flakhelfer; 1945–49 sowj. Gefangenschaft, Lager im Ural.
1950–58 zunächst Volkspolizist, später

Bauarbeiter; Pädagogikstudium als Heimerzieher u. Berufsausbilder; Red., FDJ-Funktionär; 1955 SED; 1958 erstes Jugendbuch »Der schwarze Peter«; 1958–61 Studium am Literaturinst. »Joh. R. Becher« in Leipzig; 1962/63 Sekr. des DSV; 1963 Romanerfolg mit »Das Liebste u. das Sterben«; 1963–67 Mitgl. des ZR der FDJ sowie Mitgl. der Jugendkommission beim ZK der SED; 1969–89 Vors. des Berliner Schriftstellerverb. u. Mitgl. des Präs. des SV; 1974–89 Mitgl. der Berliner SED-BL, 1976 Kand., 1981–89 Mitgl. des ZK der SED; 1978 NP; 1983 Mitgl. der AdK; 1985 VVO in Gold; weitere vielgelesene Romane: 1971 »Den Wolken ein Stück näher«, 1976 »Eine Anzeige in der Zeitung«, 1982 »Die Chance des Mannes«; auch Verfasser von Kinder- u. Jugendbüchern.

Görlich, Paul 7. 10. 1905–13. 3. 1986
Physiker
Geb. in Dresden; Physikstudium an der TH Dresden, 1932 Prom. zum Dr.-Ing.; anschl. Ltr. des Labors der Zeiss-Ikon AG Dresden, Arbeitsgebiete: Fotoempfänger, Sekundärelektronenvervielfacher; 1942 Habil. an der TH.
1946–52 Tätigkeit in der opt. Industrie der UdSSR; anschl. Hauptltr. u. 1960–71 Forschungsdir. im VEB Carl Zeiss Jena; zugl. 1952 Doz. u. 1954 Honorarprof. für Festkörperphysik an der FSU Jena; 1954 NP; 1955 Ord. Mitgl. der DAW; 1959–71 Dir. des Inst. für Optik u. Spektroskopie der DAW; Ehrenprom. in Leipzig u. Dresden; Mitgl. u. a. der Dt. Akad. der Naturforscher Leopoldina Halle, der Sächs. AdW zu Leipzig u. der Royal Microscopical Society London.
Arbeitsgebiete: Festkörper- u. Laserphysik, nichtlineare Optik, Spektroskopie, wiss. Gerätebau; veröff. u. a. »Die Anwendung der Photozelle« (russ. 1952, dt. 1954) sowie zahlr. Aufsätze in wiss. Ztschr.; langj. Hrsg. u. a. der »physica status solidi«.

Gotsche, Otto 3. 7. 1904–17. 12. 1985
Sekretär des Staatsrats, Schriftsteller
Geb. in Wolferode (b. Eisleben), Vater Schuhmacher u. Bergmann; Volksschule; 1918–21 Klempnerlehre, dann Klempner, später Branchenltr. der Klempner in Hamburg (Gewerkschaftsfunktion); 1918 Mitbegr. der Freien Soz. Jugend im Mansfelder Land, 1919 KPD; ab 1920 Arbeiterkorrespondent für die komm. Presse; 1921 Teiln. an den Märzkämpfen in Mitteldtl., zu Gefängnis verurteilt; 1921–23 Unterbezirksltr. des KJVD in Mansfeld; 1923 erneut Gefängnis, dann arbeitslos, weiterhin KPD-Funktionär; 1927 Reise in die UdSSR; 1928 erste lit. Arbeit in der komm. »Hamburger Volksztg.«, Mitgl. des BPRS; 1932 Instrukteur der KPD-BL Wasserkante, Stadtverordneter der KPD in Hamburg-Harburg; 1932/33 sollte »Märzstürme« als erstes Buch erscheinen, die ausgedruckte Aufl. wurde aber auf Veranlassung von NS-Dienststellen eingestampft; 1933 KZ Sonnenburg, nach der Entlassung unter Polizeiaufsicht; ab 1934 illegale Arbeit; 1939/40 berufstätig im Buna-Werk Schkopau, 1941–45 Werkmeister im Treibstoffwerk Lützkendorf; ab 1940 Aufbau der »Antifasch. Arbeitergruppe Mitteldtl.« (mit Robert Büchner).
Apr. 1945 Mitbegr. des Bürgeraussch. in Eisleben, der (vor dem Einzug amerik. Truppen) die Stadtverwaltung übernahm, dann Landrat in Eisleben; 1945/46 1. Vizepräs. der BV Merseburg, verantw. für die Durchführung der Bodenreform; 1946 KPD/SED; 1946/47 Bezirkspräs. im Regierungsbez. Halle-Merseburg, 1947–49 Ministerialdir. im MdI der Landesreg. Sachsen-Anhalt, Ltr. der HA Landes-, Kreis- u. Gemeindeverwaltungen; 1949–60 persönl. Referent des Stellv. Ministerpräs. bzw. Ltr. des Sekr. des 1. Stellv. des Vors. des Min.-Rats, Walter Ulbricht*; 1958 NP 2. Kl.; 1960–71 Sekr. des Staatsrats; 1961 Mitgl. der DAK; 1963–71 Abg. der Volkskammer; 1963

Kand. des ZK der SED; 1965 KMO; 1966 Mitgl. des ZK der SED; 1967–71 Mitgl. des Präs. der Volkskammer; 1969 VVO in Gold, Verdienstmedaille der Organe des MdI; ab 1969 Mitgl. des Vorst. des DSV, Mitgl. des Präs. der Dt.-Lateinamerik. Ges.; 1971 »Parteiveteran«; 1979 Ehrenspange zum VVO in Gold; 1984 Stern der Völkerfreundschaft in Gold; in Berlin gest.
Publ.: Die Fahne von Kriwoj Rog. Berlin 1959; Unser kleiner Trompeter. Berlin 1961; Märzstürme. Berlin 1962; Erlebt u. aufgeschrieben. Aufsätze, Repliken, Reden. Berlin 1981.

Götting, Gerald 9. 6. 1923
Vorsitzender der CDU, Volkskammerpräsident
Geb. in Nietleben (b. Halle), Vater kaufm. Angestellter; Volksschule u. Gymnasium, 1941 Abitur; 1942–45 RAD, Kriegsdienst (Luftnachrichten), Ogfr.; 1945 amerik. Gefangenschaft.
1946 CDU; 1946/47 Angestellter beim Kriegsschädenamt Halle; 1947–49 Studium der Philol. an der MLU Halle; 1948 3. Vors. des CDU-Landesverb. Sachsen-Anhalt u. seitdem Mitgl. des CDU-Hauptvorst.; 1948/49 Mitgl. des Dt. Volksrats; 1949–66 Generalsekr. der CDU (Nachf. von Georg Dertinger*); 1949/50 Abg. der Prov. Volkskammer, 1950 – März 1990 der Volkskammer, 1950–54 deren Vizepräs.; ab 1950 Mitgl. des Präs. des NR der NF; 1954–58 stellv. Präs. der Volkskammer; ab 1954 Mitgl. des Präs. der Liga für die Vereinten Nationen; ab 1955 Mitgl. des Präs. des Friedensrats u. des Präs. der DSF; 1958–63 Vors. der CDU-Fraktion in der Volkskammer; 1960–69 stellv. Vors. des Aussch. für Nat. Verteidigung; 1960–89 stellv. Vors. des Staatsrats; 1961 VVO in Gold; 1961–69 Vizepräs. der Dt.-Afrikan. Ges.; seit 1963 Mitgl. des Albert-Schweitzer-Komitees; 1963–69 Vors. des Volkskammeraussch. für Auswärtige Angelegenheiten; ab 1966 CDU-Vors. (Nachf. von August Bach*); 1969–76 Präs. der Volkskammer (Nachf. von Johannes Dieckmann*), 1976–89 stellv. Präs.; ab 1976 Präs. der Liga für Völkerfreundschaft (Nachf. von Paul Wandel*); seit 1980 stellv. Präs. der Volkskammer; Mitgl. des Präs. der DSF u. des Präs. des Friedensrats; Vizepräs. des DDR-Komitees für eur. Sicherheit; 2. 11. 1989 Rücktritt als CDU-Vors.; 17. 11. Abberufung aus dem Staatsrat; Dez. 1989 – Febr. 1990 U-Haft wegen des Verdachts, Parteigelder für priv. Zwecke verwendet zu haben.
Febr. 1991 gegen seinen Willen aus der CDU ausgeschlossen; Juni 1991 Prozeßbeginn vor dem Berliner Landgericht in Sachen Veruntreuung von Parteigeldern; Juli 1991 zu 18 Monaten Haft auf Bewährung verurteilt, Revisionsantrag gegen dieses Urteil; nach Berichten der Medien Zurückweisung des Vorwurfs, inoff. mit dem MfS zusammengearbeitet zu haben.
Publ.: Begegnung mit Albert Schweitzer. Berlin 1961; Christl. Demokr. in schöpfer. Mitarb. für das Wohl des Volkes. Berlin 1982; Beitrag christl. Demokr. zu Gegenwart u. Zukunft. Berlin 1987.

Gottschaldt, Kurt
25. 4. 1902–24. 3. 1991
Psychologe
Geb. in Dresden, Vater Fabrikbesitzer; Studium der Psychol., Philos. u. Naturwiss. in Berlin, 1926 Prom. bei Wolfgang Köhler mit einer wahrnehmungspsycholog. Arbeit; 1926–29 Assistent am Berliner Psycholog. Inst.; 1929–33 Assistent bzw. Oberassistent am Pathopsycholog. Inst. der Univ. Bonn, 1932 dort Habil., zugl. Mitarb. in der Rhein. Anstalt für schwererziehbare Kinder; 1935–45 Ltr. der neugegr. »Erbpsycholog. Abt.« des Kaiser-Wilhelm-Inst. für Anthropol., menschl. Erblehre u. Eugenik in Berlin, hier Zwillingsforschung zu Grundfragen

der Entw.- u. Verhaltensgenetik; zugl. Ltr. der Poliklinik für schwererziehbare Kinder in Berlin-Wedding; 1938 ao. Prof. für Psychol. an der Berliner Univ.; 1939–40 bei der Heerespsychol.
1945 Wiederaufnahme der Kliniktätigkeit; 1946 Prof. mit Lehrauftrag, 1947 ord. Prof. u. Dir. des Inst. für Psychol. an der HU Berlin, 1955–59 Dekan der Mathemat.-Naturwiss. Fak.; 1953 Ord. Mitgl. der DAW; ab 1954 Hrsg. der »Ztschr. für Psychol.«; ab 1955 Ltr. der DAW-Abt. für experimentelle u. angewandte Psychol.; 1959 als einziger Psychologe der DDR Wahl in den Vorst. der Dt. Ges. für Psychol.; Forts. der in der NS-Zeit begonnenen Zwillingsforschung mit Unterstützung beider dt. Staaten; nach vergebl. Versuchen, die Psychol. vor Einflußnahmen seitens der SED zu schützen, sowie Konflikten im Inst. 1960 Niederlegung des Lehramtes u. Rückzug auf die Stelle an der DAW; Aug. 1961 Ruf an die Univ. Göttingen, Febr. 1962 »Republikflucht« dorthin; 1970 em.; 1982 Ehrenmitgl. der Dt. Ges. für Psychol.; gest. in Göttingen.
Weitere Forschungsthemen: Kognitions-, Entw.- u. Persönlichkeitspsychol.; Sozialpsychol. von Arbeitsgruppen in VEB.
Publ.: Der Aufbau des kindl. Handelns. Leipzig 1933; Zur Methodik der Persönlichkeitsforschung in der Erbpsychol. Leipzig 1942; Probleme der Jugendverwahrlosung. Leipzig 1950.
Sek.-Lit.: Ash, M. G.: Die »Erbpsycholog. Abt.« des Kaiser-Wilhelm-Inst. für Anthropol. In: Sprung, L.; Schönpflug, W. (Hrsg.): Zur Geschichte der Psychol. in Berlin. Frankfurt/M. 1992; Schmidt, H.-D.: Erinnerungen an K. G. In: Psycholog. Rundschau 43 1992.

Graefrath, Bernhard 12. 2. 1928
Rechtswissenschaftler
Geb. in Berlin; 1946 SED; 1947 Besuch eines Volksrichterlehrgangs, anschl. Jurastudium u. 1951 Prom. an der HU Berlin; 1953/54 Abt.-Ltr. im Staatssekr. für Hoch- u. Fachschulwesen; dann Doz. an der HU Berlin, zugl. Mitgl. des Präs. der Dt. Liga für die Vereinten Nationen; 1958 »Revisionismus«-Vorwürfe und Maßregelung im Kontext der »Babelsberger Konferenz« zur Rechtspol., anschl. bis 1960 »Bewährung« als Bürgermeister der Stadt Zossen; 1963 Habil., Prof. für Völkerrecht an der HU Berlin, 1964–66 Dekan der Jur. Fak., 1969–73 und 1980–82 Bereichsltr. für Völkerrecht an der Sekt. Rechtswiss. der HU; versch. Funktionen in der Ges. für Völkerrecht u. Präs. der Liga für die Vereinten Nationen in der DDR; ab 1973 DDR-Vertreter in versch. intern. Gremien für Menschenrechte sowie Völkerrecht, u. a. 1977–86 im Menschenrechtskomitee u. ab 1986 in der Völkerrechtskommission der UNO; 1983–91 Bereichsltr. für Völkerrecht am Inst. für Theorie des Staats u. des Rechts bzw. für Rechtswiss. der AdW in Berlin u. stellv. Vors. des Rats für staats- u. rechtswiss. Forschung.
Publ.: Völkerrechtl. Verantwortlichkeit der Staaten (mit E. Oeser u. P. A. Steiniger*). Berlin 1977; Probleme des Völkerrechts (Hrsg.). Berlin 1985 ff.; Menschenrechte u. intern. Kooperation. Berlin 1988.

Gräf, Roland 13. 10. 1934
Filmregisseur, Kameramann
Geb. in Meuselbach (Thür.), Vater Holzarbeiter; Grundschule bis 1949, 1949–52 Lehre als Industriekaufmann; ABF bis 1954; Studium an der Dt. HS für Filmkunst in Potsdam-Babelsberg, Fachrichtung Kamera von 1954–60; 1961 Kameramann im DEFA-Studio für Dok.-Filme, 1961–76 Kameramann u. Regisseur, Kameramann u. a. bei Jürgen Böttcher*, Rainer Simon*, Lothar Warneke*, Herrmann Zschoche; 1976–90 nur noch als Regisseur im DEFA-Studio für Spielfilme tätig; 1985–90 Vors. des Künstler. Rats

im DEFA-Studio für Spielfilme; 1955 bis 1991 SED bzw. PDS.
Seit 1990 freier Regisseur; 1990–92 Vorstandsmitgl. des Filmverb. Brandenburg; zahlr. nat. u. intern. Preise.
Werke: 25 Filme (darunter Kurzfilme) als Kameramann, 9 abendfüllende Spielfilme als Regisseur; Kamera bei: Jahrgang 45 (1966/90, Regie: J. Böttcher), Das siebente Jahr (1968, Regie: F. Vogel), Weite Straßen – stille Liebe (1969, Regie: H. Zschoche), Dr. med. Sommer II (1969, Regie: L. Warneke), Sechse kommen durch die Welt (1971/72, Regie: R. Simon); G.s Spielfilme thematisieren zunächst den Alltag in der DDR, sind wie Warnekes u. Zschoches einem dokumentar. Stil verpflichtet: Mein lieber Robinson (1970, Kamera u. Regie), Bankett für Achilles (1975), Die Flucht (1977), P.S. (1978), Märkische Forschungen (1982); mit zunehmenden Schwierigkeiten, den DDR-Alltag darzustellen, rücken Stoffe der Vergangenheit in den Vordergrund, die aber eth. Fragen der Gegenwart thematisieren: Fariaho (1983), Das Haus am Fluß (1986), Fallada – letztes Kapitel (1988); Das Bernsteinzimmer (1992).
Sek.-Lit.: DEFA-Spielfilm-Regisseure u. ihre Kritiker (hrsg. von Rolf Richter*). Berlin 1981; R. G. Gedanken beim Filmemachen. Aus Theorie u. Praxis des Films. Potsdam 1987; Das zweite Leben der Filmstadt Babelsberg 1946–92 (hrsg. vom Filmmuseum Potsdam). Berlin 1994.

Graffi, Arnold 19. 6. 1910
Mikrobiologe, Onkologe
Geb. in Bistritz (Rum.), Vater Volksschullehrer; 1930–36 Medizinstudium in Marburg u. Leipzig; 1936–39 Tätigkeit an der Berliner Charité, dort 1940 Prom.; 1939/40 wiss. Mitarb. am Paul-Ehrlich-Inst. für Experimentelle Therapie in Frankfurt/Main, 1940–42 wiss. Assistent am Patholog. Inst. der Univ. Prag, 1942/43 am Histolog. Inst. der Univ. Budapest; 1943–47 Mitarb. der Schering-AG Berlin.
1947/48 Abt.-Ltr. am Bakteriolog.-Serolog. Inst. in Perleberg; 1947–50 SED; 1948 Habil., 1951 Prof. an der HU Berlin; 1948–51 wiss. Mitarb. der Zentralstelle für Hygiene in Potsdam, 1948–55 zugl. Ltr. der Abt. Experimentelle Krebsforschung am Inst. für Medizin u. Biol. der DAW; 1955 NP; 1955–61 Dir. des Inst. für Experimentelle Krebsforschung der DAW in Berlin-Buch; 1961 Ord. Mitgl. der DAW; 1961–75 Bereichsdir. des Inst. (ab 1972 ZI) für Krebsforschung der DAW/AdW; 1964 Mitgl. der Dt. Akad. der Naturforscher Leopoldina; 1975 em.; 1980 NP.
Arbeiten zur Wirkungsweise kanzerogener Kohlenwasserstoffe u. Nachweis onkogener Viren durch zellfreie Tumorübertragung; Untersuchungen zur Virusätiol. versch. Mäuseleukämien, erstmaliger Nachweis einer infektiösen Nukleinsäure in Leukämieviren; Entdekker des Polyoma-Virus (Graffi-Virus); Mithrsg. der »Acta biologica et medica germanica« u. a. Fachztschr.

Graffunder, Heinz
23. 12. 1926–9. 12. 1994
Architekt
Geb. in Berlin in einer Arbeiterfamilie; Lehre als Maurer; 1949–1952 Vereinigte Ing.-Schulen Berlin-Neukölln; SED; 1952–67 Architekt u. Abt.-Ltr. im VEB Bauprojektierung u. Nachfolgebetrieb; Wohnungsbauten in Berlin (Steglitz, Friedrichshain, Lichtenberg), seit 1954 Bauten des Tierparks Berlin-Friedrichsfelde einschließl. Alfred-Brehm-Haus, 1957–60 Freibad in Berlin-Pankow, 1963–65 Botschaft der DDR in Budapest, Gesamt- u. Einzelplanungen für Zoolog. Gärten u. a. in Rostock, Cottbus, Neustrelitz, Magdeburg, Erfurt; leitet 1964–66 die Projektierung der Appartementhäuser an der Berliner Friedrichsgracht sowie 1967–72 der Bebauung an

der Liebknecht- u. Rathausstraße (Rathauspassagen); ab 1970 Komplexarchitekt für das Wohngebiet Fennpfuhl; 1973 Ltr. des Entwurfskollektivs u. Chefarchitekt des Palasts der Rep., leitet ab 1976 die städtebaul. Projektierung der neuen Berliner Stadtbez. Marzahn u. Hellersdorf; 1984–90 Gast- u. ord. Prof. an der Bau-HS Cottbus, 1988–90 Entwicklungsplanung Berlin-Lichtenberg.
Seit 1990 freischaff., kämpft an der Spitze einer Bürgerinitiative für den Erhalt des Palasts der Rep.
Publ.: Der Palast der Rep. (mit M. Beerbaum). Leipzig 1979; Tierpark Berlin. Berlin o. J.; Der neunte Stadtbezirk. Berlin o. J.

Grande, Dieter 24. 2. 1930
Katholischer Amtsträger
Geb. in Waldenburg (Schl.), 1950 Studium der Philos. u. Theol. in Münster, 1953 Übersiedlung in die DDR, Studium der Theol. in Erfurt, 1955 Priesterweihe in Neuzelle; 1956 Kaplan in Karl-Marx-Stadt, 1957 Kaplan in Leipzig, 1961 Pfarrvikar in Dresden-Pillnitz, 1963 Diözesanjugendseelsorger des Bistums Meißen; 1969–71 Sekr. der Diözesansynode des Bistums Meißen, 1972–75 Sekr. der Pastoralsynode des kath. Jurisdiktionsbez. in der DDR; 1976 Pfarrer, ab 1979 Dekan in Leipzig; 1982 Diözesancaritasdir. des Bistums Dresden-Meißen, ab 1983 Ltr. der bischöfl. Arbeitsgruppe »Iustitia et Pax« in der DDR, 1985 Domkapitular, 1986 Dompfarrer u. Dekan in Dresden; 1988–90 Ltr. der Pressestelle der Berliner Bischofskonferenz in Berlin, 1988/89 Ltr. u. Pressesprecher der kath. Delegation bei der »Ökumen. Versammlung für Frieden, Gerechtigkeit u. Bewahrung der Schöpfung« in Dresden u. Magdeburg.
1990 Ordinariatsrat u. Pressebeauftragter des Bistums Dresden-Meißen, 1992 Ltr. der Kath. Büros Sachsen in Dresden, 1993 zusätzl. Ltr. der von der Arbeitsgemeinschaft der Bischöfe der Dt. Bischofskonferenz/Region Ost eingesetzten »Arbeitsgruppe zur Aufarbeitung der Tätigkeit staatl. u. pol. Org./MfS gegenüber der kath. Kirche«.
Publ.: Zur Kirchenpol. der SED (mit B. Schäfer). Leipzig 1994.

Grandetzka, Willi
10. 3. 1927–14. 4. 1979
Staatsratsmitglied, DBD-Funktionär
Geb. in Mühlrätlitz, Vater Landarbeiter; Volksschule; danach Landarbeiter; 1944 NSDAP; Wehrmacht u. Gefangenschaft; Umsiedlung.
1946/47 Mitarb. in der elterl. Landw.; 1947–51 Neubauer; 1949 Mitgl. der DBD; 1951–57 pol. Mitarb. der DBD im Kr. Merseburg u. beim PV in Berlin; 1956/57 Studium am Inst. zur Ausbildung von Funktionären für die soz. Landw. in Schwerin, staatl. geprüfter Landwirt; 1957 Mitgl. u. Sekr., seit 1965 1. Vors. des Bezirksverb. Erfurt der DBD; seit Okt. 1963 Abg. des Bez.-Tags Erfurt; 1963–68 Kand., seit 1968 Mitgl. des PV der DBD u. seines Präs.; seit 1967 Abg. d. Volkskammer u. Vors. des Aussch. für die Eingaben der Bürger; seit 1971 Mitgl. des Staatsrats der DDR.

Grapow, Hermann
1. 9. 1885–24. 8. 1967
Ägyptologe
Geb. in Rostock, Vater kaufm. Angestellter; Gymnasium, Abitur; 1906–10 Studium der Ägyptol. an den Univ. Berlin u. Göttingen, 1907–22 wiss. Hilfsarb. beim Wörterbuch der ägypt. Sprache an der Preuß. AdW; 1912 Prom. an der Univ. Berlin; 1922–37 wiss. Beamter der Preuß. AdW; 1937 NSDAP; 1938 Ord. Mitgl. der Preuß. AdW, 1939–45 Sekretär der Philosoph.-hist. Klasse und 1943–45 Vizepräs. der Preuß. AdW; 1938–45 Honorarprof. bzw. ord. Prof. für Ägyptol. an der Univ. Berlin, 1940–45 Dekan, 1943–45 Prorektor.
1951 Abt.-Ltr. am Inst. für Orientfor-

schung der DAW, 1955 Dr. med. h.c. der Univ. Rostock, 1956–62 Dir. des Inst. für Orientforschung der DAW, 1962 Ord. Mitgl. des Institut d'Egypte Kairo; 1953 u. 1959 NP.
Publ.: Wörterbuch der ägypt. Sprache (mit A. Ermann). 6 Bde. Berlin 1957–59; Grundriß der Medizin der alten Ägypter. 2 Bde. Berlin 1954/55.
Sek.-Lit.: Ägyptolog. Schriften (Festschrift, Bibliogr.). Berlin 1955.

Grashof, Christian 5. 8. 1943
Schauspieler
Geb. in Gablonz (Böhmen), Vater Hilfsarbeiter in einer Schuhfabrik, Mutter Dienstmädchen; Schulbesuch u. Abitur in Löbau (Sa.), Kulissenschieber am Theater Frankfurt/Oder; 1964–67 Studium an der Staatl. Schauspielschule Berlin; 1967–70 Engagement am Städt. Theater Karl-Marx-Stadt, seit 1970 am Dt. Theater Berlin; seit 1988 Gast am Thalia Theater Hamburg, dann Schiller-Theater Berlin; Bühnenrollen u.a. in: 1972 »Clavigo« von Goethe, 1973 »Die Kipper« von Volker Braun*, 1977 »Philoklet« von Heiner Müller*, 1981 »Dantons Tod« von Büchner, 1984 »Theodor von Gotland« von Grabbe, 1985 »Die wahre Geschichte des Ah Q« von Christoph Hein*, 1988 »Rückkehr in die Wüste« von Koltés; Film- u. TV-Rollen u.a. in: 1975 »Broddi« (R: Ulrich Thein*), 1980 »Lewins Mühle« (R: Horst Seemann), 1983 »Mephisto« (R: István Szabó), 1989 »Pestalozzis Berg« (R: van Gunten).

Graßhoff, Helmut
7. 11. 1925–18. 7. 1983
Slawist
Geb. in Hamersleben (Kr. Oschersleben), aufgewachsen in einer Kaufmannsfamilie; Oberschule; 1943 RAD, 1943–45 Militärdienst, Uffz., bis 1947 Gefangenschaft.
1948 Abitur; SED; landw. Lehre u. Ausbildung zum Bankkaufmann; Tätigkeit im landw. Genossenschaftswesen; 1950 Studium der Wirtschaftswiss., 1951–54 der Slawistik an der HU Berlin, 1954–56 wiss. Assistent u. Lehrbeauftragter für russ. Lit. am Slaw. Inst. der HU Berlin; 1956–59 wiss. Aspirant am Inst. für Slawistik der DAW, 1959 Prom. zum Dr. phil. an der HU Berlin; ab 1958 Sekr. des Nationalkomitees der Slawisten der DDR; 1958–68 stellv. Ltr. der Literaturwiss. Abt. des Inst. für Slawistik der DAW, 1965/66 wiss. Referent der Klasse für Sprachen, Lit. u. Kunst der DAW; 1969 Habil. über russ. Lit. in Dtl. im Zeitalter der Aufklärung an der HU Berlin; 1969–75 stellv. Ltr. des Bereichs Slawistik im ZI für Literaturgeschichte der AdW; 1972 Prof.; 1975 Chefred. der »Ztschr. für Slawistik«.
Forschungs-, Publikations-, Lehr- u. wissenschaftsorg. Tätigkeit auf dem Gebiet der russ. Lit. unter Einbeziehung der Folklore, Kultur- u. Wissenschaftsgeschichte; Mithrsg. der »Studien zur Geschichte der russ. Lit. des 18. Jh.« (1963–70) u. Hrsg. russ. Erzählungen, Satiren u. Reiseberichte.
Publ.: Russ. Lit. in Deutschland im Zeitalter der Aufklärung. Berlin 1973.

Grätz, Manfred 9. 1. 1935
Stellv. Minister für Nationale Verteidigung
Geb. in Altmittweida (b. Chemnitz), Vater Zimmermann; Oberschule in Altmittweida; 1952 SED; bis 1954 KVP Offiziersschule, Ltn.; bis 1955 Stellv. des Stabschefs eines Panzerbat.; 1955–59 sowj. Militärakad.; 1959 Stabschef des Panzerregt. Zeithain, Hptm.; 1961–71 in der Verwaltung Ausbildung des Min. für Nat. Verteidigung, zuletzt Stellv. des Ltr. der Abt. Gefechtsausbildung, Oberstltn.; 1971–73 sowj. Generalstabsakad., Dipl. rer. mil.; 1973–76 Stellv. des Kdr. u. Stabschef der mot. Schützendiv. Potsdam, Oberst; 1976–78 Kdr. der mot. Schützendiv. Schwerin; 1978–82

Stellv. des Chefs des Militärbez. Neubrandenburg, zunächst Chef für Ausbildung, dann Chef des Stabs, Gen.-Major; 1981 VVO in Gold; 1982–86 Chef des Militärbez. Leipzig, Gen.-Ltn.; 1986–90 Stellv. des Min., bis Ende 1989 als Chef der Rückwärtigen Dienste (Nachf. von Joachim Goldbach*), bis Sept. 1990 als Chef des Hauptstabs (Nachf. von Fritz Streletz*); 1989/90 auf eigenen Antrag Überprüfung durch den NVA-Aussch. zur Untersuchung von Amtsmißbrauch, Korruption u. persönl. Bereicherung, keine Belastung; 30. 9. 1990 Vorruhestand.

Gratzik, Paul 30. 11. 1935
Schriftsteller
Geb. in Lindenhof (Kr. Lötzen, Ostpr.), Vater Landarbeiter; Volksschule, Lehre als Tischler; arbeitete als Bauarbeiter im Ruhrgebiet, in Berlin u. Weimar, danach im Braunkohletagebau in Schlabendorf; 1963–68 Studium am IfL in Weimar; 1968 Aufnahme zum Studium am Literaturinst. »Joh. R. Becher« in Leipzig, wurde jedoch nach kurzer Zeit relegiert; Arbeit als Erzieher; ab 1971 freischaff.; seit 1974 neben schriftst. Arbeit auch Teilzeitarbeit im VEB Transformatoren- u. Röntgenwerk Dresden; seit 1977 in Berlin; Autor am Berliner Ensemble; 1980 Heinrich-Heine-Preis.
Debütierte als Dramatiker (»Umwege. Bilder aus dem Leben des jungen Motorenschlossers Michael Runna«, UA 1970); Grundlage seiner lit. Arbeiten ist eigenes Erleben der realsoz. Arbeitswelt, kam mit seinem ungeschminkten Realismus – auch mit Berichten aus ges. Tabuzonen (Jugendwerkhof) – in Konflikte mit der Zensur.
Publ.: Transportpaule. Rostock 1977; Kohlenkutte. Berlin (West) 1982.

Grau, Günter 10. 3. 1940
Sexualwissenschaftler, Mitinitiator der Homosexuellenbewegung
Geb. in Quedlinburg (Harz), Vater Angestellter; 1958–62 Studium der Volkswirtschaft; 1961–71 Red. der Wiss. Ztschr. der KMU Leipzig; 1968–70 externes Teilstudium der Psychol., 1971 Dr. phil.; nach Weigerung, der SED beizutreten, keine Zulassung zur Habilitation, »Bewährung in der Praxis«: 1971–83 Arbeit im Verlag Edition Leipzig, 1983–86 in der Ev. Verlagsanstalt; seit 1973 nebenberufl. Studien zur Sexualität u. Weiterbildung in Psychotherapie und Sexualberatung, 1985–90 Teilbeschäftigung als Fachberater in der Ehe-, Sexual- u. Familienberatung in Berlin, Mitinitiator der pol. Homosexuellenbew. der DDR; 1986–89 Aspirant am Inst. für Geschichte der Medizin der KMU Leipzig, Forschungsschwerpunkte: Theoriebildung über Sexualität, Geschichte der Sexualitätsforschung in Dtl., soziale Situation homosexueller Männer; 1989–90 Gründung u. Ltg. der AIDS-Hilfe der DDR; seit 1991 wiss. Mitarb. am Inst. für Geschichte der Medizin.
Publ.: Und diese Liebe auch – Theologie u. sexualwissenschaftl. Einsichten zur Homosexualität. Berlin 1989; AIDS – Krankheit oder Katastrophe. Berlin 1990; Homosexualität in der NS-Zeit. Frankfurt/M. 1993, London 1994.

Gregor, Kurt 21. 8. 1907–5. 5. 1990
Außenhandelsminister
Geb. in Dresden, Vater Arbeiter; Volksschule, 1923–26 Lehre als Maschinenbauer, bis 1927 in diesem Beruf tätig; 1926–31 Weiterbildung in Abendkursen zum Maschinenbau-Ing.; 1927–32 Techniker bzw. Ing. in Arbeitsvorbereitungsbüros Dresdener Maschinenfabriken; 1931 KPD u. Rote Hilfe; 1932–38 Techniker bzw. Techn. Dir. in Maschinenfabriken der UdSSR; 1938–45 Ltr. der Normabt. bzw. Techn. Ltr. in dt. Maschinenfabriken, zumeist in Dresden.
1946 FDGB u. SED; 1946–50 Ltr. der HA Wirtschaftsplanung der Landesreg. Sachsen; 1950/51 Staatssekr. im Min.

für Schwerindustrie; 1951/52 Staatssekr. im Min. für Außenhandel u. Innerdt. Handel, 1952–54 Min., 1954–56 wieder Staatssekr.; 1956–58 Stellv., ab 1958 1. Stellv. des Vors. der SPK u. Mitgl. des Min.-Rats; 1958–63 Abg. der Volkskammer; ab Juli 1961 Stellv. des Vors. des Volkswirtschaftsrats; 1964–68 Stellv. des Sekr. des RGW-Sekr. in Moskau.

Gregori, Theo 31.7.1929
Chef des Militärischen Nachrichtendienstes der NVA
Geb. in Rochlitz b. Leipzig; Eintritt in die KVP; 1956 NVA, später Oberst im Min. für Nat. Verteidigung; 1975–82 Chef des Militär. Nachrichtendienstes der NVA (Nachf. von Arthur Franke); 1976 Gen.-Major, 1979 Gen.-Ltn.; Herbst 1982 Degradierung u. Funktionsverlust u. a. wegen Veruntreuung von Volkseigentum u. Devisenvergehen.

Grehn, Klaus 26.9.1940
Präsident des Arbeitslosenverbands
Geb. in Grevesmühlen (Meckl.), Vater Arbeiter; Grundschule; 1955 FDJ; 1955–58 Ausbildung zum Tischler; 1958–60 ABF Rostock, Abitur; 1960–62 Veterinärmedizinstudium an der HU Berlin, 1962 nach Kritik an Mängeln in der Versorgung wegen »Schädigung des Ansehens« Relegation; 1962 Eisenmacher im Kabelwerk Oberspree Berlin; 1962–64 NVA, Uffz.; 1964–73 Mitarb. der Zollverwaltung, zuletzt Zollkommissar, 1965–68 FS der Zollverwaltung; 1966 SED; 1971–76 Fernstudium der Philosophie u. Soziol. an der HU Berlin; 1973 Parteiverfahren u. Entlassung aus der Zollverwaltung; 1973–77 Abt.-Ltr. für Arbeit u. Löhne bei der Dt. Post, Fernmeldebau; anschl. bis 1980 Aspirant am Institut für Soziol. der HU, 1980 Prom. zum Dr. phil.; 1980 Mitarb. des Generaldir. des Kombinats Fernmeldebau; anschl. bis 1984 Assistent am Institut für Soziol. der HU; 1984–90 Mitarb. am Lehrstuhl Sozialpol. der HS des FDGB Bernau, seit 1987 dort stellv. Ltr. einer Forschungsgruppe; 1990 mit der HS abgewickelt u. arbeitslos; März 1990 Gründer u. ehrenamtl. Präs. des Arbeitslosenverb. der DDR, später Arbeitslosenverb. Dtl. e. V., ab Sept. dort hauptamtl. tätig; ab Apr. 1990 Moderator des Runden Tisches Arbeitslosigkeit, Entwurf eines Wirtschaftskonzepts gegen Arbeitslosigkeit.

Grell, Heinrich 3.2.1903–21.8.1974
Mathematiker
Geb. in Lüdenscheid (Westfalen), Vater Metzgermeister; Gymnasium; 1922–27 Studium der Mathematik u. Naturwiss. an der Univ. Göttingen, 1926 Promotion bei Emmy Noether zur Idealtheorie; 1928–34 an der Univ. Jena, 1930 Habil. u. Doz.; 1934 Umhabilitierung an die Univ. Halle, dort im Apr. 1935 verhaftet u. amtsenthoben; 1935–39 arbeitslos, Gelegenheitsarbeiten; 1939–44 Arbeitsgruppenltr. im Entw.-Büro der Messerschmitt-AG in Augsburg; 1944/45 Mathematiker beim Reichsforschungsrat Erlangen.
1947/48 Lehrtätigkeit an der Univ. Erlangen u. der HS Bamberg; Dez. 1948 Prof. mit Lehrauftrag an der HU Berlin, 1953–59 hier Fachrichtungsltr. für Mathematik; 1959–62 geschäftsführender Dir. am Inst. für reine Mathematik der DAW; 1962 Korr. u. 1964 Ord. Mitgl. der DAW; 1960 VVO; 1962 Mitbegr. u. stellv. Vors. der Mathemat. Ges.; 1964–72 stellv. Generalsekr. der DAW; 1968 em.
Intern. anerkannte Forschungen zur kommutativen Algebra u. Idealtheorie, Begründung einer Algebraiker-Schule in der DDR; Mitgestaltung der Mathematiklehrpläne u.-lehrbücher für die allgemeinbildende Schule, Ltg. einer Schüler-Arbeitsgemeinschaft in der Berliner Spezialschule »Heinrich Hertz«.

Gress, Wolfgang 9. 5. 1929
Staatssekretär
Geb. in Berlin, Vater Lehrer, Mutter Schneiderin; nach Schulbesuch Praktikant in einem Stahlbaubetrieb; 1947 SED; Studium an der HfÖ, 1951 Dipl.-Wirtsch.; Wirtschaftsfunktionär, in den 50er Jahren u. a. Abt.-Ltr. Planung im Min. für Schwermaschinenbau; 1964 Generaldir. VVB Rohrleitungen u. Isolierungen in Leipzig; 1965 Ltr. der Abt. Chemieanlagen im Volkswirtschaftsrat; 1966–71 stellv. Min., 1971–79 Staatssekr. und stellv. Min. für Schwermaschinen- und Anlagenbau; 1975/76 Besuch der PHS; 1979–89 Mitgl. des Min.-Rats u. Staatssekr. der SPK für den Bereich Investitionen u. Wiss./Technik (Nachf. von Kurt Fichtner*); 1981–89 Kand. des ZK der SED; 1982 VVO in Gold.

Greßmann, Uwe 1. 5. 1933–30. 10. 1969
Schriftsteller
Geb. in Berlin, unehel. Kind eines Dienstmädchens, aufgewachsen bei versch. Pflegeeltern, in Waisenhäusern u. Kinderheimen; Volksschule; 1949 Lehre als Elektroinstallateur begonnen, Abbruch infolge Erkrankung an Tuberkulose, Krankenhausaufenthalt bis 1954; autodidakt. Bildungsdrang, begünstigt durch die Krankheit lyr. u. zeichner. Versuche, die seinen Lebenswillen stärkten; schloß sich um 1957/58 einem Literaturzirkel in Berlin-Pankow an; die Teiln. an der Lesung der DAK »Junge Lyrik – unbekannt u. unveröff.« (Initiator Stephan Hermlin*) am 11. 12. 1962 machte ihn einer breiteren Öffentlichkeit bekannt (für den talentvollen u. eigenwilligen G. setzten sich u. a. ein: Heinz Czechowski*, Adolf Endler*, Günther Deicke*, Franz Fühmann*, Sarah Kirsch*, Günter Kunert*, Jo Schulz, Paul Wiens*, Gerhard Wolf*); ungelernte Tätigkeiten (bis 1958 Montierer, 1958–65 Bote u. Mitarb. der Poststelle des HO-Gaststättenbetriebs Berlin); seit 1961 Veröff. in der »Neuen Dt. Lit.« u. in Anthol.; ab 1965 freischaff. Schriftst. u. Nachdichter; gest. in Berlin.
Publ.: Der Vogel Frühling. Halle 1966; Lebenskünstler (hrsg. von R. Pietraß). Leipzig 1982.

Grewe, Günther 7. 8. 1924
CDU-Politiker
Geboren in Essen-Borbeck, Vater Grubenangestellter; Mittelschule, 1939 bis 1941 Ausbildung zum Elektroinstallateur; 1942–45 Kriegsdienst, Ogfr.; 1945 bis 1949 Elektroinstallateur; 1946 CDU; 1949/50 Organisationssekr. der NF in Altenburg, 1950–52 dort stellv. Landrat; 1952/53 stellv. Vors. des CDU-Bezirksverb. Gera, 1953/54 stellv. OB von Gera, 1954–60 Vors. des CDU-Bezirksverb. Gera u. Abg. des Bez.-Tags; ab 1954 Mitgl. des CDU-Hauptvorst., 1960–89 in dessen Präs.; ab 1960 Mitgl. des Präs. u. des Sekr. des NR der NF, Ltr. der Arbeitsgemeinschaft »Christl. Kr.«; 1963 – März 1990 Abg. der Volkskammer, Mitgl. des Aussch. für Eingaben der Bürger, 1969–71 Vors. des Aussch. für Auswärtige Angelegenheiten, seit 1971 stellv. Vors. des Aussch. für Handel u. Versorgung; Vors. der Arbeitsgemeinschaft für Kirchenfragen beim Hauptvorst. der CDU; ab 1982 Vors. der Freundschaftsges. DDR – Norwegen; 1984 VVO in Gold.

Griewank, Karl 16. 8. 1900–27. 10. 1953
Historiker
Geb. in Bützow (Meckl.), Vater Arzt; Studium der Geschichte, Germanistik, Philos. u. Volkswirtschaftslehre in Göttingen, Leipzig, Rostock u. Berlin; 1922 Prom. in Rostock mit einer ideengeschichtl. Studie (40er Jahre des 19. Jh.); 1922–26 Hauslehrer, Red. einer Berliner Ztg.; 1926–46 tätig in der Notgemeinschaft der dt. Wiss. bzw. der Dt. Forschungsgemeinschaft, dort zunächst per-

sönl. Referent von F. Schmidt-Ott, dann Ltr. der Abt. Geisteswiss. u. Verlagswesen; 1934 Mitgl. der Bekennenden Kirche; 1942 Habil. an der Univ. Frankfurt/Main mit einer Arbeit über den Wiener Kongreß.

1946 Tätigkeit an der DAW als Red. der Ztschr. »Forschungen u. Fortschritte«, 1946–53 Haupthrsg. der »Dt. Literaturztg.«, 1946 Prof. mit vollem Lehrauftrag an der Univ. Berlin, 1946 Mitgl. der Hist. Kommission bei der Bayer. AdW, 1947–53 ord. Prof. an der Univ. Jena, Fachrichtungsltr. u. Dir. des Hist. Seminars, 1948–51 Dekan u. 1951–53 Prodekan der Philosoph. Fak.; 1949–53 Mitgl. im Geschäftsführenden Aussch. des Verb. der Historiker Dtls., 1951–53 Sekr. der Hist. Kommission bei der Bayer. AdW, 1952–53 Mitgl. des Wiss. Beirats des Museums für Dt. Geschichte, der Sekt. Geschichte bei der DAW u. im Wiss. Beirat für Geschichte beim Staatssekr. für HS-Wesen; Freitod.

Forschungen zur dt. Geschichte des 19. Jh.; G.s Arbeiten zur Revolutionsgeschichte u. zum Wiener Kongreß gelten als Standardwerke; nach Kriegsende war sein Bemühen darauf gerichtet, der Spaltung der dt. Geschichtswiss. entgegenzuwirken, weshalb er auch in beiden Teilen Dtl. in wichtigen geschichtswiss. Gremien mitarbeitete.

Publ.: Staat u. Wiss. im Dt. Reich. Freiburg i. Br. 1927; Dt. Studenten u. Univ. in der Rev. von 1848. Weimar 1949; Der neuzeitl. Revolutionsbegriff. Weimar 1955.

Sek.-Lit.: Noack, K.-H.: K. G. In: Wegbereiter der DDR-Geschichtswiss. Berlin 1989; Schäfer, P.: K. G. u. die Jenaer Geschichtswiss. nach 1945. In: GWU 1992, S. 199–208.

Grimmer, Reginald
1.5.1926–4.10.1994
Vorsitzender des Staatlichen Rundfunkkomitees

Geb. in Leipzig, Vater Schlosser, Mutter Schneiderin; 1940–43 Lehre als Dreher; Dreher in Leipzig; 1943–45 Truppführer beim RAD.

1945 Arbeit als Schmelzer u. Schmied; sowj. Gefangenschaft, Antifa-Schule; 1949 SED, Mitgl. des VDJ; Sekr. der FDJ-KL Leipzig u. Vors. der Pionierorg. Leipzig; 1949 Ressortltr., Sekr. der FDJ-KL u. Vors. der Pionierorg. Leipzig; 1949/50 Sekr. für Agit. u. Prop. der SED-KL Leipzig; 1950/51 Sektorenltr. in der Abt. Agitation der SED-Landesltg. Dresden; 1951/52 Instrukteur u. 1952–54 Sektorenltr. Rundfunk in der ZK-Abt. Agitation; 1953–71 Mitgl. der Kommission für UNESCO-Arbeit der DDR; 1954/55 PHS beim ZK der KPdSU in Moskau; 1955–62 stellv. Ltr. der ZK-Abt. Agit.; 1962–81 Mitgl. der Agitationskommission beim PB; 1962–68 1. Stellv. des Vors. u. 1968–71 Vors. des Staatl. Komitees für Rundfunk (Nachf. von Gerhart Eisler*); 1967 Mitgl. des Zentralvorst. des VDJ, Mitgl. des Präs., ab 1969 stellv Vors. des VDJ; ab 1971 Abg. der Stadtverordnetenvers. Berlin; 1971–88 Sekr. für Agit. u. Prop. der BL Berlin (Nachf. von Hans Modrow*); ab 1976 Kand., ab 1981 Mitgl. der ZRK der SED; 1979 VVO in Gold; Dez. 1988 aus gesundheitl. Gründen ausgeschieden; 1989 »Parteiveteran«; gest. in Berlin.

Grobbel, Karl 29.10.1896–3.1.1971
CDU-Funktionär, Minister für Sozial- und Gesundheitswesen
Geb. in Berlin; Besuch der Volksschule u. des Gymnasium »Zum Grauen Kloster« in Berlin; im 1. Weltkrieg Kriegsdienst, zuletzt Ltn.; 1917–19 Gefangenschaft in Frankreich u. der Schweiz; 1919 Abitur, anschl. Volkswirtschafts- u. Jurastudium in Berlin; Bankkaufm.; 1920 Zentrumspartei, 1924–33 deren Generalsekr. (in »Ost-Mittel-Dtl.«, für die Diasporagebiete); 1925–33 Hrsg. der Monatsschrift »Der Weckruf«; Juni 1933 Schnellge-

richtsverfahren u. drei Monate »Schutzhaft«; bis 1945 selbständiger Handelsvertreter u. Geschäftsführer einer kirchl. Hilfsorg. für die Diasporagebiete (vereidigter Meßweinlieferant u. Geschäftsführer der »Missions-Verkehrs-Arbeitsgemeinschaft«); zuletzt dienstverpflichtet als Registraturgehilfe u. Magazinschreiber.
1945 Mitarb. der Ortsverwaltung Berlin-Wilhelmshagen; 1945 Mitbegr. der CDU, Landes-Geschäftsführer Berlin-Brandenburg; 1946 Stellv., 1948 Landesvors. der CDU Brandenburg; 1947 Abg. des Landtags Brandenburg; 1948 Mitgl. des Volksrats, später Abg. der Volkskammer; 1948–50 einer der stellv. Vors. der CDU u. Vors. des Landesverb. Brandenburg der CDU, Mitgl. des Pol. Aussch. u. Vors. des Presseaussch. der CDU; Verlagsltr. der »Märk. Union«; 1950–52 Min. für Sozial- u. Gesundheitswesen, später für Handel u. Versorgung der Landesreg. Brandenburg; 1952 Stellv. des Vors. des Rats des Bez. Cottbus; 18. 4. 1953 Entbindung von allen Funktionen u. scharfe Parteirüge; seit 1953 Journalist; 1954 Red. für Wirtschaftspol. der »Neuen Zeit«; 1957 Ehrennadel der CDU; 1961 Begr. u. 1. Hrsg. der Kath. Monatsztschr. »Die Begegnung« in Berlin; 1961 Verdienstmedaille der DDR; 1964 Mitbegr. der Berliner Konferenz eur. Kath.

Groh-Kummerlöw, Grete, geb. Groh
6. 2. 1909–16. 2. 1980
FDGB-Funktionärin
Geb. in Plauen (Vogtl.), Vater Arbeiter; Volksschule; 1924–32 Textilarbeiterin; 1925 Dt. Textilarbeiterverb., 1927 KJVD, 1930 KPD; 1930–33 Abg. des Sächs. Landtags; 1931–33 KJVD-Funktionen; 1933–35 Zuchthaus und Schutzhaft; 1936–44 Textil- und Landarbeiterin, Hausfrau; illegale Tätigkeit, 1944/45 U-Haft.
1945/46 Betriebsrat u. Mitgl. des Sekr. des FDGB-Kreisvorst. Plauen; 1946 SED; 1946–49 Mitgl. des Landesvorst. der SED Sachsen; ab 1946 Mitgl. des FDGB-Bundesvorst., 1946–49 Sekr. u. 3. Vors. des FDGB-Landesvorst. Sachsen, Abg. des Landtags, Präsidiumsmitgl.; 1949 Mitgl. des Dt. Volksrats, 1949–72 Abg. der Prov. Volkskammer bzw. Volkskammer, zeitw. Mitgl. des Präs. u. Stellv. des Präs.; 1949–63 Mitgl. des Sekr. u. des Präs. des FDGB-Bundesvorst.; 1950–57 Mitgl. des Generalrats des WGB; 1957/58 Sekr. des Zentralvorst. der IG Örtl. Wirtschaft; 1967 aus gesundheitl. Gründen Aufgabe der hauptamtl. Funktionen, 1977–80 Mitgl. des Arbeitskr. verdienter Gewerkschaftsveteranen beim FDGB-Bundesvorst.

Grohe, Marlis, geb. Geißler
2. 7. 1940–11. 11. 1990
Schwimmtrainerin
Geb. in Erfurt; 1947–55 Volksschule, anschl. Berufsausbildung zur Bibliothekshelferin; 1950 Beginn mit dem aktiven Schwimmsport beim SC Turbine Erfurt, Spezialdisz. Brustschwimmen; 1955 DDR-Meisterin über 200 m, DDR-Rekorde über 100 m u. 200 m; 1956 Abbruch der leistungssportl. Laufbahn aus gesundheitl. Gründen; 1957–59 tätig als Kontoristin; anschl. bis 1981 Schwimmtrainerin, 1973/74 Cheftrainerin beim SC Turbine Erfurt; trainierte u. a. den vierfachen Olympiasieger Roland Matthes*; 1959–62 Fernstudium an einer FS für Trainer, 1974–76 Fernstudium mit Abschluß als Dipl.-Sportlehrerin, 1978 Prom. zum Dr. paed. an der DHfK Leipzig; 1981–84 Sichtungstrainerin beim DTSB-Bezirksvorst. Erfurt; 1984–87 erneut Cheftrainerin; 1987 invalidisiert.

Gronau, Heinz 1. 1. 1912–28. 10. 1977
Kommandeur des MfS-Wachregiments
Geb. in Leipzig, Vater Buchdrucker; Volkschule, 1926–30 Ausbildung zum Dentalmechaniker, dann arbeitslos; 1930

KPD; bis 1933 Mitgl. der KJVD-BL Sachsen; 1933 viermal vorübergehend verhaftet; 1934/35 Hilfsarbeiter; 1935 erneut verhaftet, wegen Hochverrat zu zweieinhalb Jahren Zuchthaus verurteilt, verbüßt bis 1938 in Zwickau, dann KZ Buchenwald, hier Mitgl. der illegalen Partei- u. der Intern. Militärorg., 11. 4. 1945 an der Selbstbefreiung der Häftlinge beteiligt.
1945/46 Personalltr. des Sozial- u. Jugendamts der Stadt Leipzig; 1946 Einstellung bei der Polizei, Ltr. des Kreispolizeiamts Rochlitz bzw. Großenhain, dann stellv. Chef der Landesbehörde Sachsen in Dresden; 1949/50 Speziallehrgang für Panzer am Militärinst. Moskau; 1950 Einstellung beim MfS; Ltr. der HA I (Abwehr in den VP-Bereitschaften); 1953 Kdr. der Grenzbereitschaft Blumberg; dann Stabschef der HV Dt. Grenzpolizei, 1957 Ltr. der Abt. Grenzdienst, dann Stellv. des Stabschefs beim Kdo. der Dt. Grenzpolizei; 1958–62 Besuch der Grenztruppen-Fak. der HS des KGB, Dipl.-Mil.-Wiss.; 1962–72 Beauftragter des MfS, dann Kdr. des Wachregt. des MfS (ab 1967: »Feliks Dzierzynski«), 1966 Gen.-Major, 1971 VVO in Gold; 1972 Ruhestand.

Gropp, Rugard Otto
22. 3. 1907–4. 7. 1976
Philosoph
Geb. in Magdeburg, Vater Stadtinspektor; hörte 1926–29 als Werkstudent Germanistik, Geschichte, Philos. u. Kunstgeschichte in Leipzig, München u. Halle; 1929 KPD; versch. Beschäftigungen als Stenotypist, u. a. in der sowj. Handelsvertretung in Berlin; 1940 Wiederaufnahme des Studiums in Halle; Teiln. am illegalen Widerstand gegen das NS-Regime, 1941 Verhaftung durch die Gestapo wegen Verdachts auf Hochverrat, ein Jahr Gefängnishaft, anschl. KZ Sachsenhausen, 1944 Versetzung ins Strafbat. 999, Flucht zur sowj. Armee.
1945 Fortsetzung des Studiums an der MLU Halle, 1948 Prom. u. Lehrgang an der PHS der SED »Karl Marx«, anschl. bis 1950 Lehrtätigkeit an der MLU Halle, danach an der KMU Leipzig; 1952 Habil. u. Berufung zum Prof. für dial. u. hist. Materialismus, stellv. Dir. des Inst. für dialekt. u. histor. Materialismus der KMU; ab 1960 Ltr. einer Arbeitsgruppe am Inst. für Philos. der DAW in Berlin, 1965 em.; VVO in Gold.
G. gehörte zu den einflußreichsten Propagandisten des dialekt. Materialismus der frühen DDR-Geschichte, er war in bes. Maße mitverantw. für die off. Dogmatisierung philosoph. Lehre u. Forschung; insbes. in den 40er u. 50er Jahren war er maßg. beteiligt an der ideolog. u. institutionellen Ausgrenzung nonkonformist. Philosophen (u. a. Leo Kofler* 1949/50; Ernst Bloch* 1957).
Publ.: Der dialekt. Materialismus. Kurzer Abriß. Leipzig 1957; Ernst Blochs Revision des Marxismus (Mitautor). Berlin 1957; Zu Fragen der Geschichte der Philos. u. des dialekt. Materialismus. Berlin 1958; Grundlagen des dialekt. Materialismus. Berlin 1969.

Groschopp, Richard 19. 2. 1906
Film- und Fernsehregisseur
Geb. in Kölleda; Vater Schützenhauswirt, Mutter Köchin; Volksschule, Konditorlehre; ab 1929 Schmalfilmamateur; Preise auf nat. u. internat. Filmwettbewerben; ab 1936 hauptberufl. Kameramann u. Regisseur bei einer Dresdener Werbefilmfirma; 1936 Kameramann bei Leni Riefenstahls »Olympia«-Film.
1946 Regisseur, Kameramann, Cutter bei der DEFA-Wochenschau »Der Augenzeuge« in Dresden; ca. hundert Kurzfilme; 1950–71 Regisseur im DEFA-Studio für Spielfilme Potsdam-Babelsberg; Debüt 1951 mit »Modell Bianka«; 1953–58 etwa fünfzig satir. Kurzspielfilme der von ihm mitbegr. Reihe »Das Stacheltier«; Spielfilme vor allem im Krimi- u. Komödiengenre, u. a. 1958 »Sie kannten sich al-

le«; 1959 Kunstpreis der DDR; 1959 »Ware für Katalonien«, 1960 »Die Liebe u. der Co-Pilot«, 1962 »Die Glatzkopfbande«, 1963 »Carl v. Ossietzky« (TV), 1967 »Chingachgook, die große Schlange«, der zweite DEFA-Indianerfilm; langjähriger Präs. des Nat. Zentrums für Amateurfilme der DDR; 1955–60 Chefred. der Ztschr. »Film für alle«.

Grosse, Herwart
17. 4. 1908–26. 10. 1982
Schauspieler
Geb. in Berlin, Vater Büroangestellter; kaufm. Lehre; Laienspieler in der Agit.-Prop. Gruppe des Fichte-Sprechchors; Schauspielunterricht bei Paul Bildt; 1932 KPD; 1933 Junge Volksbühne Berlin, 1934–38 Theater der Jugend Berlin, 1938–44 Schiller-Theater Berlin; Panzergrenadier im 2. Weltkrieg.
Seit 1945 Dt. Theater Berlin; 1946 KPD/SED; Theaterrollen: 1946 Wurm in Schillers »Kabale u. Liebe«, 1955 Derwisch in Lessings »Nathan der Weise«, 1956 Musketier Theobald Kosegarten in Hacks' »Die Schlacht bei Lobositz«, 1958 Alter Fritz in Hacks'* »Der Müller von Sanssouci«, 1960 Wirt in Lessings »Minna von Barnhelm«, 1964 Polonius in Shakespeares »Hamlet« u. Shaw in Kiltys »Geliebter Lügner«, 1968 Göring in Rolf Schneiders* »Prozeß in Nürnberg«, 1972 Serebrjakow in Tschechows »Onkel Wanja«, 1976 Narr in Shakespaeres »König Lear«; vereinzelt Regiearbeiten, u. a. 1951 »Maria Stuart« von Schiller, 1953 »Shakespeare dringend gesucht« von Kipphardt*; Filmrollen: 1959 in Maetzigs* »Rat der Götter«, 1961 Gestapochef Müller in »Der Fall Gleiwitz«, 1981 Prof. Lankwitz im Fernsehfilm »Kippenberg«.
G. war ein Charakterdarsteller mit scharfer, pointierter Ausdrucks- u. Darstellungsweise sowie großer sprachl. Präzision, er wurde bevorzugt für Negativrollen eingesetzt, denen er stets Individualität u. Vielschichtigkeit gab.

Sek.-Lit.: Schwarz-Stötzer, Helga: Mit Leib u. Seele. Berlin 1990.

Groszer, Lucie 23. 11. 1914
Verlegerin
Geb. in Grünau (Brandenb.), Vater Goldschmied, Mutter Strickerin; 1925–34 Lyzeum in Berlin-Köpenick; Gärtnergehilfin, Verkäuferin, Sprechstundenhilfe; über die Vereinigung für den Fürsorgedienst im Krankenhaus u. die wiss. Versandbuchhandlung eines Freunds Einstieg in den Buchhandel; 1941/42 Buchhandelsgehilfenprüfung, Geschäftsführerin einer Buchhandlung in Berlin-Schöneberg; 1943 Kauf der Breitkreutz'schen Buchhandlung mit Antiquariat in der Neuen Schönhauser Str. 8, die sie 1944 in die Altberliner Bücherstube Lucie Groszer umwandelte.
1945 Gründung des Altberliner Verlags Lucie Groszer; 1950 Vorstandsmitgl., später Ltr. des Ostteils der Berliner Buchhändler- u. Verlegervereinigung, Mitgl. im Verlegerausssch. des Börsenvereins der Dt. Buchhändler zu Leipzig; unter Mitwirkung der Lektoren Johannes Bobrowski* u. Alfred Könner entwickelte sie den Verlag zu einem intern. geachteten Kinder- u. Jugendbuchverlag; erste große Erfolge hatte sie 1946 mit Grimms »Brüderchen u. Schwesterchen« u. 1951 mit Liselotte Welskopf-Henrichs* Indianerbuch »Die Söhne der großen Bärin«; 1979 Verkauf des Verlags an den Staat; 1981 Rentnerin.
1990 Wiedereinstieg in den Beruf mit der Gründung des Lucie Groszer Verlags in Berlin-Friedrichshagen für brandenburg. Regionallit., nachdem der Rückkauf des Altberliner Verlags gescheitert war.

Groß, Jurij 1. 1. 1931
1. Sekretär der Domowina
Geb. in Windischbaselitz (Kr. Kamenz, Sa.), Vater Steinarbeiter; Volksschule, 1945–48 Ausbildung zum Tischler; 1948 SED; 1948/49 Studium am sorb. Lehrer-

bildungs-Institut in Ratibor u. bis 1953 als Lehrer tätig; 1954 Instrukteur der SED-KL Kamenz, 1954/55 dort 1. Sekr. der FDJ-KL; 1955–64 2. Sekr., Juni 1964 – Nov. 1989 1. Sekr. des Bundesvorst. der Domowina; 1959–71 Mitgl. des ZR der FDJ; 1969–89 Mitgl. des Präs. des NR der NF; 1973–89 Mitgl. der SED-BL Dresden; 1978–89 Mitgl. des Zentralvorst. der DSF; 1981–86 Nachfolgekand. u. 1986 – Okt. 1990 Abg. der Volkskammer, März – Okt. 1990 für die PDS-Fraktion; 1989 Vors. des Arbeitsaussch. des Bundesvorst. u. ab März 1990 stellv. Vors. der Domowina, Apr. Niederlegung aller Funktionen in der Domowina.

Groß, Otto 18. 2. 1917–15. 8. 1974
Katholischer Amtsträger
Geb. in Perleberg, Studium der Theol. in Fulda, 1943 Priesterweihe u. Kaplan in Berlin.
1953 Kuratus in Berlin, Red. der kath. Kirchenztg. »St. Hedwigsblatt«, ab 1958 deren Chefred.; 1955 Pfarrer, 1962 Ordinariatsrat, 1966 Prälat; 1967–74 Beauftragter zu Verhandlungen mit der Dienststelle des Staatssekr. für Kirchenfragen, dem MfS u. dem Min. für Außenwirtschaft bzw. Außenhandel.

Große, Fritz 5. 2. 1904–12. 12. 1957
Botschafter
Geb. in Altenberg (Erzgeb.), Vater Zimmermann; 1910–18 Volksschule; 1918 bis 1920 Holzarbeiter, 1918 Dt. Holzarbeiterverb.; 1920 Übersiedlung in die UdSSR, Eintritt in die Rote Armee, Mitgl. der KP Rußlands (B); nach der Rückkehr 1921 KPD, 1922 KJVD; 1921–23 Bauarbeiter, 1923–27 Hilfsarbeiter in einer KPD-Druckerei; 1922/23 Ltr. des Unterbez. Siegmar-Hohenstein des KJVD, 1924–27 Mitgl. der KJVD-BL Chemnitz u. der KPD-BL Erzgebirge-Vogtland, 1925–32 Mitgl. des ZK des KJVD, 1927–29 Sekr. der KJVD-BL u. der KPD-BL Halle-Merseburg, 1929 Kand. des ZK der KPD, 1929/30 Organisationssekr. im ZK des KJVD; 1930–32 Mitarb. im Exekutivkomitee der Kommission Jugendintern., 1931/32 dessen Vertreter in England, dort 1932 verhaftet u. sechs Monate Gefängnis; ab Nov. 1932 Abg. des Dt. Reichstags; Okt. 1932 bis 1934 Vors. des KJVD, leitete den antifasch. Kampf des KJVD bis Mai 1933 direkt in Dtl., danach von Moskau u. Paris aus; Febr. 1934 Rückkehr nach Dtl., Aug. verhaftet, März 1936 zu lebensslängl. Zuchthaus verurteilt, ab 1936 Brandenburg-Görden, dort Mitgl. des illegalen Parteiaktivs, Jan. 1944 KZ Mauthausen, Frühjahr 1945 Befreiung aus dem Nebenlager Ebensee, anschl. Aufenthalt in Moskau.
1. 7. 1945 Rückkehr nach Dtl. (mit Wilhelm Pieck), Mitarb. der KPD-Landesltg. Sachsen, ab 1946 Mitgl. des SED-Landesvorst. u. seines Sekr.; 1946 MdL Sachsen; 1947–49 Landesvors. der VVN Sachsen; 1948/49 Vors. der LPKK Sachsen; 1948/49 Ltr. der Staatl. Kontrollkommission in Sachsen; 1949–52 erster DDR-Botschafter in der ČSR, ab 1953 HA-Ltr. u. Mitgl. des Kollegiums im Min. für Auswärtige Angelegenheiten.

Große, Lea, geb. Lichter 12. 5. 1906
Chefredakteurin des »Deutschen Soldatensenders«
Geb. in Tschenstochau (Schles.), Vater Gerber u. Lederhändler; die poln.-jüd. Familie siedelte nach Pogromen vor 1914 nach Dtl. um; Volksschule in Chemnitz; 1918 Staatsstipendium für den Besuch einer Realschule; 1922–26 Ausbildung als orthopäd. Gymnastiklehrerin; Arbeit in versch. Textilfabriken; 1927 KJVD, 1929 KPD, 1930–32 KPdSU; 1930 – Jan. 1933 hauptamtl. Mitarb. der KJI in Moskau, Ltr. des vertraul. Archivs, dann Mitarb im Westeur. Büro; März 1933 Instrukteur der ZK des KJVD in Berlin; Mitgl. der ersten illegalen Gruppe von Kommunisten u. Katholiken, illegale Ar-

beit in Berlin, Holland, Belgien u. Frankreich; Aug. 1934 Verhaftung in Düsseldorf; verurteilt wegen »Vorbereitung zum Hochverrat« zu viereinhalb Jahren Haft; Nov. 1938 als Ausländerin Abschiebung nach Polen; Fabrikarbeiterin u. Hauslehrerin in Radom (Polen); beim Einmarsch der dt. Truppen in Polen zu Fuß in die UdSSR nach Lwow; dort Apothekenhelferin im Hauptlazarett des NKWD; vom NKWD zur KJI abberufen, 1940–42 Mitarb. der KJI in Moskau; 1941 Red. am Jugendsender »Sturmvogel« (teilw. in Ufa); 1944 Sendeltr. am Sender »Freies Dtl.« in Moskau.
Okt. 1945 Rückkehr nach Dtl., Nov. 1945 Red. im Mitteldt. Rundfunk, Landessender Dresden; 1949–53 mit ihrem Mann Fritz Große* (Missionschef) in Prag; 1953–55 Kaderltr. des DEFA-Spielfilmstudios; 1955 Dramaturgin; 1956 Einjahreslehrgang an der PHS; danach erneut Dramaturgin; 1960–71 Chefred. des »Dt. Soldatensender 935« (9. Abt. der Pol. Verwaltung des Min. für Nat. Verteidigung), Propaganda-Sender, der sich an Soldaten der Bundeswehr richtete, sendete bis Juli 1971; 1964 Verdienstmedaille der NVA; 1976 VVO in Gold.
Publ.: Eine Inventur (Autobiogr.). Berlin 1982.

Große, Ludwig 27. 2. 1933
Evangelischer Pfarrer u. Theologe
Geb. in Zeutsch/Saale in der Familie eines Pfarrers; 1951–56 Studium der Theol. an der FSU Jena, anschl. Vikar in Kahla; 1957–70 Pfarrer in Tannroda/Ilm (Kr. Weimar); 1959 Mitgl. der »Luth. Bekenntnisgemeinschaft in Thüringen«, die sich für eine Beendigung des »Thüring. Wegs« (bes. kooperative Beziehungen zum Staat) engagierte; 1960 Mitgl. im »Landesbruderrat«; 1966 Wahl in die Thüring. Landessynode; 1970–88 Superintendent in Saalfeld; ab 1973 Mitgl. der Synode des Bunds der Ev. Kirchen der DDR (BEK); 1977–89 Mitgl. der Konferenz der Ev. Kirchenltg.; Arbeitsschwerpunkte: Frieden, Menschenrechte, Ökol.; Mitautor von Stellungnahmen der Bundessynoden zu Politik u. Ges., ab 1977 Teiln. an themat. Gesprächen zwischen der Kirchenltg. u. der DDR-Reg.; 1979 öff. Kontroversen um den »friedensgefährdenden« Charakter der TV-Sendung »Der schwarze Kanal« von K.-E. von Schnitzler* sowie um »Rassismus«-Vorwürfe an die Politiker der DDR; ab 1980 Vors. der Luth. Bekenntnisgemeinschaft u. Mitgl. der Konsultationsgruppe zwischen BEK u. EKD für Friedensfragen u. öff. Verantw., Autor der »Ordnung der Friedensgebete« für BEK u. EKD; Mitarb. an Friedensgebeten u. 1981 an der Vorbereitung der ersten »Umweltsynode« in Thüringen; 1989 Moderator am Thüring. »Runden Tisch Bildung« in Erfurt.
1990 Mitgl. im Vorbereitungsaussch. für das Land Thüringen, Arbeitsgruppe »Bildung u. Erziehung«; Mitbegr. u. Vorstandsmitgl. der »Gemeinschaft der christl. Lehrer u. Erzieher« u. der »Gemeinschaft Christl. Eltern«.
Seit 1968 regelmäßige Mitarb. am Andachtsbuch »Haltet uns bei festem Glauben«, an Rundbriefen der Luth. Bekenntnisgemeinschaft; Publ. zu ges. u. kirchenpol. Themen.

Großmann, Ernst 11. 8. 1911
Vorsitzender der ersten LPG
Geb. in Mohren (b. Arnau, Böhmen), Vater Landwirt; Volks- u. Bürgerschule; Ausbildung zum Molkereigehilfen, ab 1928 beschäftigt in der Molkereigenossenschaft Rokitnitz (ČSR), zwischenzeitl. 1931–33 Dienst im tschechoslowak. Heer; 1938 Sudetendt. Freikorps, SS, NSDAP, ab 1944 Angehöriger der 5. SS-Totenkopf-Standarte, 1944 SS-Unterscharführer, Dienst im KZ Sachsenhausen.
1945 Umsiedlung der Familie in die SBZ;

1945/46 SPD/SED, VdgB, ab 1947 versch. VdgB-Funktionen; Neubauer in Merxleben (Kr. Langensalza, Thür.); Dez. 1950 beteiligt an der Bildung einer »Liefergemeinschaft« der Neubauern, die im Mai 1951 auf Druck der SED-Landesltg. als »verfrühte« LPG-Gründung aufgelöst wurde; Juni 1952 maßg. beteiligt an der Gründung der ersten LPG in der DDR u. nachfolgend Vors. der LPG »Walter Ulbricht« in Merxleben, deren Statut später als Grundlage für das Musterstatut der LPG Typ II diente; 1952 Kandidat des ZK der SED, Mitglied der SED-Delegation zum XIX. KPdSU-Parteitag, 1954–59 Mitgl. des ZK der SED; zweijähriges Studium an der LPG-HS Meißen, Abschluß als Dipl.-Agronom; 1958–63 Abg. des Erfurter Bez.-Tags; nach Bekanntmachung der SS-Zugehörigkeit durch den Untersuchungsaussch. Freiheitl. Juristen in Berlin (West) im Juni 1959 »strenge Rüge« u. Ausschluß aus dem ZK der SED wegen »falscher Angaben über seine Vergangenheit«.
Sek.-Lit.: Schneider, Alfred: Erinnerungsbericht. In: Beiträge zur Geschichte Thüringens. Bd. III. Erfurt 1980.

Großmann, Werner 6. 3. 1929
Stellv. Min. für Staatssicherheit
Geb. in Ober-Ebenheit (Kr. Pirna), Vater Zimmermann, Mutter Küchenhilfe; Oberschule (ohne Abschluß), 1945 Volkssturm; Lehre als Maurer; 1947–49 Vorstudienanstalt, Abitur; 1949–51 Studium, dann FDJ-Sekr. an der TH Dresden (ohne Abschluß); 1952 Besuch der Schule des Inst. für wirtschaftswiss. Forschung (Vorläufer der HV A), dann Mitarb. in der HA I des Inst. für Wirtschaftsforschung; 1956 dort stellv. Abt.-Ltr., 1962 Abt.-Ltr.; 1966/67 Besuch der PHS der KPdSU in Moskau; 1969–72 Fernstudium an der JHS des MfS Potsdam-Eiche, Dipl.-Jur.; 1975 stellv. Ltr., 1983 1. Stellv. des Ltr. der HV A; 1980 VVO in Gold; 1986 stellv. Min. und Ltr. der HV A; 1989 Gen.-Oberst; 1990 Entlassung.

Grote, Claus 8. 8. 1927
Physiker, Generalsekretär der AdW
Geb. in Bückeburg, Vater Arbeiter; 1942–46 Lehre, Kriegsdienst u. amerik. Gefangenschaft.
1946–50 Bergarbeiter bei der Wismut AG; SED; 1950–53 Abiturlehrgang an der ABF Leipzig, 1953–58 Physikstudium an der HU Berlin; 1958–63 Mitarb. der Forschungsstelle für Physik hoher Energien der DAW in Zeuthen (b. Berlin), 1959 am Vereinigten Inst. für Kernforschung Dubna (UdSSR); 1963 Prom., 1963–70 Ltg. der Abt. Blasenkammer im Zeuthener Inst.; 1970 Prof. der DAW; 1970–72 Stellv. des Präs. für Forschung u. 1972–90 Generalsekr. der AdW; 1974 Ord. Mitgl. der AdW; Vors. des Koordinierungskomitees für Erforschung u. Nutzung des Kosm. Raumes; Mitgl. der AdW der UdSSR.

Grote, Heinz 31. 3. 1925
Chefredakteur der »Aktuellen Kamera«
Geb. in Bückeburg (Niedersachsen), Vater Arbeiter; Oberschule, Abitur; 1943 RAD, 1943–45 Wehrmacht, Fw.; amerik. Gefangenschaft.
1946 SED; 1946–48 Redaktionsvolontariat beim Berliner Rundfunk, 1948–54 hier Ltr. des Jugendfunks; 1953–60 Journalistikfernstudium an der KMU Leipzig, Dipl.-Journalist; 1954–90 ltd. journalist. Tätigkeit beim DFF, 1954–64 stellv. Ltr. u. Chefred. der »Aktuellen Kamera«, 1964–68 Chefred. für Reportagen u. Dokumentationen, 1968–74 Mitgl. der Kommentatorengruppe; 1974 bis 1977 Korrespondent des DFF in der Bundesrep. Dtl.; 1977–83 stellv. Chefred. der »Aktuellen Kamera«; 1984–89 stellv. Vors. des Staatl. Komitees für Fernsehen, Ltr. der Publizistik, 1990 Bereichsltr.; 1966–90 Doz. für Theorie u.

Praxis der Fernsehjournalistik an der KMU Leipzig; 1972–90 Präsidiumsmitgl. des Verb. der Film- u. Fernsehschaffenden, 1972–74 Vizepräs. des Verb.; 1979–84 Kand. der SED-BL Berlin; 1990 Rentner.
Publ: Über die erzieher.-pol. Funktion der Aktuellen Kamera. Berlin 1960.

Grotewohl, Otto
11. 3. 1894–21. 9. 1964
SPD/SED-Politiker, DDR-Ministerpräsident
Geb. in Braunschweig, Vater Schneidermeister; Volksschule, 1908–12 Ausbildung zum Buchdrucker; 1908 SAJ Braunschweig, dort Vors., 1912 SPD, Verb. Dt. Buchdrucker; 1912–14 Buchdrucker, Angestellter; 1914–18 Soldat; 1918 USPD; Vors. des Arbeiter- u. Soldatenrats der Truppen an der dt.-niederländ. Grenze; 1918–19 Vors. des Arbeiter- u. Soldatenrats u. Mitgl. der Arbeiter-Wehr in Braunschweig; 1919 bis 1921 Angestellter der Ortskrankenkasse Braunschweig; 1920–26 Abg. des braunschweig. Landtags, 1921/22 Innen- u. Bildungsmin. in Braunschweig; 1922 SPD; Sekr. für Betriebsräte im ADGB; 1923/24 Min. für Justiz; 1924–26 Studium an der Leibniz-Akad. in Hannover; 1926–30 Gasthörer an der HS für Pol., der Handels-HS und der Univ. Berlin; Mitarb. sozialdemokr. u. gewerkschaftl. Ztgn.; 1925–33 Präs. der Landesversicherungsanstalt, Vors. des Landesverb. Braunschweig der SPD, Abg. des Reichstags; 1933 gemaßregelt, bis 1938 selbständiger Kaufmann u. Inhaber eines Lebensmittelgeschäfts u. des Grude-Herd-Vertriebs in Hamburg; Mitglied einer illegalen sozialdemokr. Gruppe; 1937/38 Übersiedlung nach Berlin; 1938 u. 1939 sieben Monate U-Haft, Einstellung eines Verfahrens wegen Hochverrats; 1940–45 Geschäftsführer u. Bevollmächtigter der Firma Gniffke (Grude-Herd-Vertrieb) in Berlin, Zusammenarbeit mit der sozialdemokr. Widerstandsgruppe Heibacko.
1945 Vors. des Zentralaussch. der SPD (mit Max Fechner* u. Erich W. Gniffke*), Mitunterz. seines Aufrufs vom 15. 6. sowie des Aktionsabkommens mit der KPD vom 19. 6.; Mitbegr. des Blocks der Parteien; 1945/46 Teiln. beider Sechziger Konferenzen und Mitglied der Studentenkommission zur Erarbeitung der »Grundsätze u. Ziele« u. des Parteistatuts der SED; ab 1946 Mitgl. des PV bzw. ZK der SED u. seines Zentralsekr. bzw. PB, 1946–54 mit Wilhelm Pieck* Vors. der SED; 1946–50 Abg. des Sächs. Landtags; 1947 Mitgl. des Ständigen Aussch. des Dt. Volkskongresses, 1948/49 des Dt. Volksrats, Vors. seines Verfassungsaussch., ab 1949 Mitgl. der Prov. Volkskammer bzw. Volkskammer; ab Okt. 1949 Min.-Präs. bzw. Vors. des Min.-Rats der DDR, ab Sept. 1960 stellv. Vors. des Staatsrats; 1953 KMO, 1954 VVO in Gold; Nov. 1960 schwer erkrankt, an der Partei- u. Staatsführung nicht mehr unmittelbar beteiligt.
Publ.: Wo stehen wir – wohin gehen wir. Berlin 1945; Dreißig Jahre später. Die Novemberrev. u. die Lehren der Geschichte der dt. Arbeiterbew. Berlin 1948; Im Kampf um die einige dt. demokr. Rep. Reden u. Aufsätze. 6 Bde. Berlin 1959–64.
Sek.-Lit.: Voßke, H.: O. G. Biograph. Abriß. Berlin 1979.

Grotrian, Walter Robert Wilhelm
21. 4. 1890–3. 3. 1954
Direktor des Astrophysikalischen Observatoriums Potsdam
Geb. in Aachen, Vater Prof. für Elektrotechnik; Gymnasium; Physikstudium in Aachen und Göttingen, 1914 Prom.; 1914–18 Kriegsdienst bei den Fliegern; 1918–22 Assistent am Physikal. Inst. der Univ. Göttingen, 1921 Habil.; 1922–39 Observator bzw. Hauptobservator am Astrophysikal. Observatorium Potsdam;

1923 Privatdoz. und 1928 ao. Prof. für Astrophysik an der Univ. Berlin; 1939 bis 1945 Kriegsdienst als Ltr. einer Spezialeinheit für Hochfrequenztechnik u. Ionosphärenforschung.
1946 Rückkehr aus der Kriegsgefangenschaft u. Wiedereintritt in das nunmehr zur DAW gehörende Astrophysikal. Observatorium Potsdam; Prof. mit Lehrauftrag, 1951 Prof. mit Lehrstuhl für Astrophysik an der HU Berlin; 1949 NP; 1951 Ord. Mitgl. der DAW; 1951–54 Dir. des Astrophysikal. Observatoriums u. kommissar. Ltr. der Akademiesternwarte Potsdam-Babelsberg; Vorstandsmitgl. der Astronom. Ges. u. Phys. Ges.; Betätigung in der Ev. Akad.
G. gilt als führender Astrophysiker mit bes. Leistungen in bezug auf Deutungen der Sonnenkorona u. graf. Darstellung komplexer Spektren; er war 1930 Mitbegr. u. bis 1954 Schriftltr. bzw. Red. der »Ztschr. für Astrophysik«.

Grüber, Heinrich
24.6.1891–29.11.1975
Propst
Geb. in Stolberg (Rheinl.), Vater Lehrer; 1910–14 Studium der Theol. in Bonn, Berlin u. Utrecht; 1915–18 Kriegsfreiwilliger; 1919/20 Domkandidatenstift u. Ordination in Berlin, anschl. bis 1925 Pfarrer in Dortmund, 1923/24 von frz. Besatzungsbehörden ausgewiesen; 1925/26 Pfarrer an den Düsseldorfer Anstalten; dann bis 1933 Dir. des kirchl. Erziehungsheims Waldhof in Templin (Uckermark); 1934–45 Pfarrer in Berlin, Mitgl. der Bekennenden Kirche, ab 1936 Hilfsaktionen für »Nichtarier« v. a. ev. Konfession; 1940–43 Haft in den KZ Sachsenhausen u. Dachau.
Apr./Mai 1945 Bürgermeister in Berlin-Kaulsdorf, anschl. stellv. Ltr. des Beirats für kirchl. Angelegenheiten beim Magistrat von Groß-Berlin; Propst zu Berlin, Pfarrer der Gemeinden St. Marien u. St. Nicolai, Mitgl. der Kirchenltg. von Berlin-Brandenburg, Bevollmächtigter des Ev. Hilfswerks für die SBZ, Präs. der Bahnhofsmission, stellv. Vors. der VVN, 1948 Dr. h.c. (HU Berlin); ab 1949 Bevollmächtigter des Rats der EKD bei der DDR-Reg., 10. Juni 1953 Mitgl. der Delegation der EKD zum Spitzentreffen mit der DDR-Reg.; 1954 Teiln. der Weltkirchenkonferenz in Evanston (USA), 1955 des Weltfriedenskongresses in Helsinki; 1956 Dr. h.c. der Prager Comeniusfak.; nach Abschluß des Militärseelsorgevertrags zwischen der EKD u. der Bundesreg. erklärte die DDR-Reg. im Mai 1958 die Tätigkeit des EKD-Bevollmächtigten in der DDR für beendet u. verhängte für G. Einreiseverbot; Mai 1961 Zeuge im Eichmannprozeß in Jerusalem; 1964 Teiln. an der II. Allchristl. Friedenskonferenz in Prag.
Publ.: An der Stechbahn. Leipzig 1951; »Dona nobis pacem!« Predigten u. Aufsätze. Berlin 1956; »Leben an der Todeslinie«. Dachauer Predigten. Stuttgart 1965; Erinnerungen aus sieben Jahrzehnten (Autobiogr.). Köln 1968.
Sek.-Lit.: Wirth*, G.: H. G. Berlin 1987.

Gruber, Lilo (eigtl. Lieselotte Praski-Gruber) 3.1.1915–8.1.1992
Ballettdirektorin, Choreographin
Geb. in Berlin, Vater Ing.; ab 1920 Tanz- u. Ballettausbildung bei Tankred Rohrmoser, ab 1922 bei Mary Zimmermann in Berlin, 1932 Abschlußexamen; 1932–37 Engagement beim Tournee-Ensemble Dorian, Auftritte in der Schweiz, Holland, Belgien, Schweden, Dänemark, Norwegen; Zusatzstudium in Brüssel u. Kopenhagen; 1938–40 Solotänzerin beim Stadttheater Stettin; 1940–42 Studium im Opern- u. Schauspielstudio von Marie Schulze-Dornburg in Berlin; 1943–47 Ballettmeisterin am Stadttheater Greifswald.
1947/48 Ballettmeisterin am Stadttheater Plauen; 1948–51 Lehrkraft für klass. Tanz u. Folklore bei Mary Wigman in

Leipzig; 1953–55 Ballettmeisterin u. Choreographin am Opernhaus der Städt. Theater Leipzig; 1955–71 Ballettdir. u. Chefchoreographin der Dt. Staatsoper Berlin, 1971 dort Ehrenmitgl.; 1958 NP 2. Kl.; 1965 DAK; Zusammenarbeit mit dem Maler Bert Heller* u. dem Bühnenbildner Heinrich Kilger*; Ausbildung der ersten Tänzergeneration der DDR; 1969 Mitgl. des NR der NF; 1974 Mitgl. des Friedensrats der DDR; Mitgl. der SED; verh. m. Fred Praski (Sänger, Regisseur).

1953–71 Inszenierung klass. Ballette in eigener Bearbeitung: 1953 »Die Flamme von Paris« (Leipzig), »Coppelia«, 1955 »Gajaneh« (Berlin), 1959 »Lysistrata« (Berlin), 1959 »Schwanensee« (Berlin), 1963 »Romeo u. Julia« (Berlin), 1966 »Giselle« (Berlin), 1967 »Dornröschen« (Berlin); Opern-Inszenierung: 1961 »Orpheus u. Euridike« (Berlin); Gastspiele mit eigenen Inszenierungen in Warschau, Prag, München, Bologna, Venedig, Neapel, Moskau, Helsinki, Tokio, Turin.

Sek.-Lit.: L. G.: Selbstaussagen u. Dokumente (hrsg. von der AdK). Berlin 1984.

Grünberg, Gerhard 15. 8. 1920

Leiter des Zentralen Operativstabs des MfS

Geb. in Stettin, Vater Schlosser; Volksschule, Ausbildung zum Expedient in Stettin; 1939 freiwillig zum RAD; 1940 Militärdienst, Luftbildauswerter; 1943 dreieinhalb Monate U-Haft wegen Verdachts der Partisanenunterstützung, danach Wachdienstausbildung u. Einsatz in Italien; 1944 Desertion u. Kampf in einer Partisaneneinheit.

1945 Rückkehr nach Dtl., KPD/SED; 1945/46 Organisationsltr. der Antifa-Bühne Nordhausen; 1946 Studium an der Pädagog. FS in Nordhausen, dann Arbeit als Grundschullehrer; 1949 Mitarb. beim FDJ-Kreisvorst. Nordhausen; 1951 Einstellung beim MfS, Kreisdienststelle Nordhausen; 1952 Ltr. der Kreisdienststelle Worbis; 1954 Stellv. Operativ des Ltr. der BV Erfurt; 1962–68 Fernstudium an der JHS des MfS Potsdam-Eiche, Dipl.-Jur.; 1965 stellv. Ltr. der HA VII (Abwehr MdI/DVP) des MfS; 1970 Leiter des Zentralen Operativstabs; 1973 Oberst; 1985 Entlassung, Rentner; VVO in Gold.

Grundig, Hans 19. 2. 1901–11. 9. 1958

Maler u. Grafiker

Geb. in Dresden, Vater Dekorationsmaler; Ausbildung beim Vater; 1920–22 Studium an der Kunstgewerbeschule Dresden, 1922–27 an der Dresdener Akad. der bildenden Künste, dort Beeinflussung durch Otto Dix, u. a. Gemälde »Arbeitslose Zigarettenarbeiterin«, »Liebespaar« (beide 1925); 1926 KPD; 1927 Dekorationsmaler, dann arbeitslos; 1928 Heirat mit Lea Langer; 1929 Mitbegr. der Dresdener Assoziation Rev. Bildender Künstler Dtl. (ASSO), für die KPD künstler. u. pol. tätig; in dieser Zeit entstehen zahlr. Bildnisse u. Stadtlandschaften sowie Gemälde wie »Hungermarsch« u. »KPD-Versammlung« (1932).

Nach 1933 Berufsverbot, Haussuchungen u. mehrmalige Verhaftung; illegal entstehen u. a. der Radier-Zyklus »Tiere u. Menschen« (1936–38), das Gemälde »Kampf der Bären u. Wölfe« (1938), das Triptychon »Das Tausendjährige Reich« (1935–38); 1940–44 KZ Sachsenhausen, 1944 Strafdiv. Dirlewanger, Übertritt zur Roten Armee, Besuch einer Antifa-Schule.

Jan. 1946 Rückkehr nach Dresden, SED; 1947/48 Rektor u. Prof. an der HS für bildende Künste Dresden; 1946 Tafelbild »Den Opfern des Faschismus«; offene Ablehnung seiner Kunst im Kontext der Realismus-Diskussion.

Publ.: Zwischen Karneval u. Aschermittwoch. Berlin 1958.

Sek.-Lit.: Frommhold, E.: Hans u. Lea Grundig. Dresden 1958; Zinserling, L.: H. G. Welt der Kunst. Berlin 1967.

Grundig, Lea, geb. Langer
23. 3. 1906–10. 10. 1977
Grafikerin, Präsidentin des Verbandes Bildender Künstler
Geb. in Dresden, Vater jüd. Kaufmann; trennte sich früh vom Elternhaus; 1922 Studium an der Kunstgewerbeschule u. seit 1923 an der Kunstakad. in Dresden; 1926 KPD; 1928 Heirat mit Hans G.; 1929 Mitbegr. der Dresdener Assoziation Rev. Bildender Künstler Dtl. (ASSO); seit dieser Zeit war ihr Werk themat. auf das Proletariat, bes. auf Frauen u. Kinder sowie auf pol. Aktionen bezogen; ab 1933 verfolgt, mehrmals verhaftet; illegal entstanden zahlr. graf. Zyklen u. Folgen: »Krieg droht« (1935–37), »Unterm Hakenkreuz« (1933–37), »Der Jude ist schuld« (1935–38); 1939 Emigration nach Palästina; dort graf. Werke »Antifasch. Fibel« (1941), »Im Tal des Todes« (1942/43).
1949 Rückkehr über Prag nach Dresden, SED; 1951 Prof. an der HS für Bildende Künste Dresden, 1961 Mitgl. der DAK; 1964–70 Präs. des VBKD (Nachf. von Walter Arnold*); seit 1967 Mitgl. des ZK der SED; ab 1970 Ehrenpräs. des VBK.
Publ.: Gesichte u. Geschichte. Berlin 1958.
Sek.-Lit.: Frommhold, E.: Hans u. L. G. Dresden 1958.

Grüneberg, Gerhard
29. 8. 1921–10. 4. 1981
SED-Politiker
Geb. in Lehnin (Kr. Brandenb.), Vater Arbeiter; Volksschule; 1928 Roter Jung-Pionier; 1936–39 Ausbildung zum Maurer, dann im Beruf; 1941–45 Wehrmacht u. Gefangenschaft.
1945/46 Maurer; 1946 KPD/SED, 1946/47 Organisationsltr. in der Ortsgruppe Oranienburg, 1947 Abt.-Ltr., 1948/49 1. Sekr. der KL Guben, Dez. 1949 Mitgl. u. Sekr. der Landesltg. Brandenburg, 1952–58 1. Sekr. der BL Frankfurt der SED; Abg. des Bez.-Tags u. Mitgl. des Bezirksaussch. Frankfurt der NF; 1952–56 Fernstudium an der PHS; ab 1958 Kand. bzw. Mitgl. des ZK, ab 1959 Kand., 1966 Mitgl. des PB des ZK der SED; 1958 Sekr., 1960–81 Sekr. für Landw. des ZK der SED (Nachf. von Erich Mückenberger*); maßgebl. an der Konzeption u. zunehmend administrativen Durchsetzung der Agrarpol. beteiligt; ab 1958 Abg. der Volkskammer, Mitgl. des Aussch. für Auswärtige Angelegenheiten; 1958–69 Mitgl. des NR der NF; 1962/63 Min. u. Mitgl. des Präs. des Min.-Rats, ab 1963 Mitgl. des Landwirtschaftsrats bzw. Rats für landw. Prod. u. Nahrungsgüterwirtschaft; 1964 VVO in Gold; ab 1969 Mitgl. des Präs. des Forschungsrats; nach längerer schwerer Erkrankung verstorben.
Publ.: Agrarpol. der Arbeiterklasse zum Wohle des Volkes. Ausgew. Reden u. Aufsätze 1957–1981. Berlin 1981.

Gruner, Jürgen 17. 12. 1930
Verlagsleiter
Geb. in Zwickau, Vater Lehrer; 1949–54 Studium der Geschichte, Philos. u. Kultursoziol. in Leipzig, zwischenzeitl. ein Jahr »Bewährung in der Produktion«; 1953 SED; 1954/55 Ltd. Lektor im Verlag Neues Leben Berlin; 1955–60 Lektor u. Lektoratsltr. im Verlag des Min. für Nat. Verteidigung; 1960–62 Cheflektor des Kongreß-Verlags Berlin; 1963–68 Fachgebietsltr. im Min. für Kultur u. persönl. Referent des Min. Klaus Gysi*; 1968–70 Cheflektor im Verlag Volk u. Welt (Programmschwerpunkt ausländ. Lit.); 1970–91 Ltr. des Verlags Volk u. Welt Berlin (Nachf. von Walter Czollek*); 1980–91 Mitgl. des PEN-Zentrums DDR; 1982 Stellv., 1983–90 Vorsteher des Börsenvereins der Dt. Buchhändler zu Leipzig.

Gruner, Werner 7. 6. 1904
Landmaschinentechniker, Rektor der TU Dresden

Geb. in Tierpitzsch bei Colditz (Sa.), Vater Lehrer; Realgymnasium, 1923–28 Maschinenbaustudium an der TH Dresden, Dipl.-Ing., 1928–30 wiss. Assistent; 1930–45 Abt.-Ltr., Techn. Ltr. bzw. Chefkonstrukteur der Metallwarenfabrik Großfuß in Döbeln, Konstrukteur des MG 42; 1933 NSDAP; Prom. zum Dr.-Ing. an der Fak. für Maschinenbau der TH Dresden; 1943/44 nebenamtl. Lehrtätigkeit an der TH Braunschweig.
Ab 1945 parteilos; Aug. 1945 Arbeitsverpflichtung durch die SMA, ab Nov. 1946 in der UdSSR tätig; 1952 Rückkehr, Wahrnehmungsprof. für Umformtechnik an der TH Dresden, 1953 Prof. mit Lehrstuhl, Gründer u. Dir. des Inst. für Landmaschinentechnik (erste Einrichtung zur landtechn. Ingenieursausbildung in Dtl.); 1954–69 Vors. des Bezirksvorst. Dresden u. Mitgl. des Präs. der URANIA; 1955 Prorektor für den wiss. Nachwuchs u. 1958–61 Rektor der TH bzw. TU Dresden, anschl. erneut Prorektor u. Dir. der Sekt. Kfz-, Land- u. Fördertechnik; 1958 Vors. des Zentralen Arbeitskr. für Landmaschinen u. Traktorenbau; 1961 NP; 1962–66 Mitgl. des Forschungsrats, Mitgl. des Beirats für Techn. Wiss. beim Min. für HFS-Wesen; 1962 Ord. Mitgl. der DAL, 1963–69 Sekretar der Sekt. Landtechnik, 1970 em.; Ehrenprom. in Rostov am Don, Rostock u. Berlin-Wartenberg.

Grünert, Bernhard 3. 8. 1906
LPG-Vorsitzender
Geb. in Bergen (Niederschles.), Vater Gutsarbeiter; Einklassen-Dorfschule; Landarbeiter, 1922–25 Maurerlehre; 1923 KJVD; 1925 KPD, Organisationsltr. der Ortsgruppe, später Mitgl. der BL Breslau; 1925–33 Maurer u. Gelegenheitsarbeiter, 1933 inhaftiert, 1934–40 vorwiegend Bauarbeiter auf Großbaustellen; 1940–45 Wehrmacht, zuletzt Uffz.
Dez. 1945, nach Flucht aus amerik. Gefangenschaft in die SBZ, zunächst Bauarbeiter; 1946 SED; März 1946 Neubauer in Worin (Kr. Lebus), später Seelow, Vors. des Ortsaussch. der VdgB u. Bürgermeister in Gusow; Aug. 1946–48 zugl. Bezirksbürgermeister in Gusow; 1947 Vors. des Kreisaussch. der VdgB, 1949 Mitgl. des SED-Kreisvorst. Seelow u. -Landesvorst. Brandenburg; Sept. – Dez. 1950 »Bauern-HS« Paretz; 1950 bis 1952 Abg. des Brandenburg. Landtags; 27. 6. 1952 Mitbegr. der LPG »Thomas Müntzer« in Worin (einer der ersten LPG in der DDR) u. Autor ihres Statuts, das später als Musterstatut für die LPG Typ I anerkannt wurde; Dez. 1952 Teiln. an der I. Konferenz der Vors. u. Aktivisten der LPG, mit der Vertretung der hier beschlossenen LPG-Musterstatuten vor dem Min.-Rat beauftragt; Vors. der 1969 zur Groß-LPG entwickelten LPG Worin bis 1975; viele Delegationsreisen in RGW-Länder; 1954–57 stellv. Vors. des Zentralvorst. der VdgB; 1954–76 Mitgl. des ZK der SED, 1956–81 der SED-BL Frankfurt/Oder; 1962 Zuerkennung des Titels Staatl. geprüfter Landwirt; 1963–65 Vors. des Bezirkslandwirtschaftsrats, 1963–72 Mitgl. des Landwirtschaftsrats bzw. Rats für landw. Prod. u. Nahrungsgüterwirtschaft der DDR; 1966 VVO in Gold, 1968 KMO, 1981 Ehrenspange zum VVO in Gold; 1982 Vors. des Bezirksvorst. Frankfurt/Oder der VdgB (BHG); 1986 Stern der Völkerfreundschaft.
Sek.-Lit: Schlehufer, K.: B. G. Ein Pionier der soz. Landw. Berlin 1983.

Grunert, Horst 10. 4. 1928
Botschafter, stellvertretender Außenminister
Geb. in Waldenburg (Schles.), Vater Arbeiter; Oberschule; Neulehrerausbildung, danach Lehrer im Kr. Perleberg; SED; ab 1951 Mitarb. des MfAA, 1953–56 2. Sekr. der Botschaft in Polen; 1955–58 Fernstudium an der DASR

Potsdam, Dipl.-Staatswiss.; 1956/57 2. Sekr. der Handelsvertretung in Finnland; danach persönl. Sekr. von Außenmin. Lothar Bolz; 1961/62 Londoner Mitarb. der Kammer für Außenhandel; 1962–65 Ltr. der Kulturabt. im MfAA; 1965–68 Generalkonsul in Syrien; 1965–72 Dir. des Zentrums für Information u. Dokumentation des MfAA, 1971 Prom. zum Dr. rer. pol.; 1972/73 Ständiger Beobachter bei der UNO in New York, Botschafter; 1974–78 stellv. Min.; 1978–83 Botschafter in den USA u. Kanada (Nachf. von Rolf Sieber), 1983–86 in Österreich (Nachf. von Gerhard Schramm); 1990 Präs. der Liga für Völkerfreundschaft.

Grünert, Werner 1. 12. 1924
MfS-Hauptabteilungsleiter
Geb. in Bobenneukirchen (Vogtl.); Volksschule; 1939–42 Ausbildung zum Klempner; 1942 Mil.-Dienst.
1945 Arb. als Klempner; 1947 SED; 1947 Einst. bei der VP, Kr.-Amt Oelsnitz, K5 (Pol. Polizei); 1949 Einst. bei der Verw. zum Schutz der Volkswirtschaft (ab Feb. 1950 Verw. des MfS) Sa.; 1950 Versetzung zur Abt. IV (Spionageabwehr westl. Geheimdienste), MfS Berlin; 1953 Abt.-Ltr. in der HA II (Spionageabwehr) des MfS; 1956/57 Besuch der SED-BPS in Berlin; 1958 Stellv. Ltr., 1960 Ltr. der HA II; 1970 Gen.-Maj.; 1974 VVO in Gold; 1976 Offz. für Sonderaufg. beim 1. Stellv. des Min., 1974 VVO in Gold; 1977 Offz. für Sonderaufgaben in der HA Kader u. Schulung; 1983 Entlassung, Rentner.

Grünheid, Karl 20. 7. 1931
Industrieminister
Geb. in Berlin, Vater Maurer; Abitur, 1950–52 Ausbildung zum Maurer, danach im Beruf tätig; 1950–57 FDJ; 1952–56 Studium an der HfÖ Berlin, Dipl.-Wirtsch.; 1953 SED; 1956–58 Mitarbeiter im Min. für Schwermaschinenbau; 1958 Planungsleiter, 1959–61 1. stellv. Hauptdir., 1961–63 Haupt- bzw. Generaldir. der VVB Ausrüstungen für Schwerindustrie u. Getriebebau Magdeburg; Mitgl. der SED-BL Magdeburg; 1961 Prom. zum Dr. rer. oec.; 1963–65 1. Stellv. des Vors. der SPK für Jahresplanung sowie Min. u. Mitgl. des Min.-Rats, 1965–67 Stellv. des Vors. der SPK für Perspektivplanung, 1967/68 für komplexe Rationalisierung, Automatisierung u. Datenverarbeitung; 1968–71 Generaldir. des VEB Metalleichtbaukombinats Leipzig; 1969 ao. Mitgl. des Forschungsrats; Prof. für soz. Betriebswirtschaft an der HS für Bauwesen Leipzig, 1971 Ord. Mitgl. der DBA; 1971–83 Staatssekr. in der SPK, Ltr. ihres Bereichs Außenwirtschaft, Stellv. des Vors. der parität. Regierungskommission für ök. u. wiss.-techn. Zusammenarbeit DDR – UdSSR; 1981 VVO in Gold; 1983–89 Min. für Glas- u. Keramikindustrie (Nachfolger von Werner Greiner-Petter); Nov. 1989 – März 1990 Min. für Maschinenbau u. Jan. – März 1990 Vors. des Wirtschaftskomitees (für die Durchführung einer Wirtschaftsreform).

Grünke, Klaus-Jürgen 30. 3. 1951
Leistungssportler (Bahnradsport)
Geb. in Bad Lauchstädt (Sa.-Anh.); zunächst Fußballer, 1966 Wechsel zum Radsport, 1967 Rennfahrerlizenz für die BSG Chemie Buna; Berufsausbildung zum Stahlbauer im VEB Buna Schkopau; 1970 Wechsel zum TSC Berlin; 1974 Vize-WM im 4000-m-Mannschaftsverfolgungsfahren; 1975 WM über 1000 m u. WM-Dritter im 4000-m-Mannschaftsverfolgungsfahren; 1976 Olympiasieger über 1000 m; mehrfacher DDR-Meister; 1976–90 SED; seit Beendigung der sportl. Laufbahn Busfahrer in Berlin.

Grünstein, Herbert
27. 7. 1912–9. 1. 1992
Stellvertreter des Innenministers, Staatssekretär

Geb. in Erfurt, Vater Angestellter; Volksschule; 1928 SAJ, 1930 KJVD, 1931 KPD, 1932/33 Funktionär in KJVD u. KPD in Erfurt; 1933 Emigration; 1936–38 Interbrigadist in Spanien, Hptm., Kompaniechef u. Bataillons-Kdr.; 1939–43 Internierungslager in Frankreich u. Algerien; 1943 Emigration in die UdSSR, antifasch. Aufklärungsarbeit in Kriegsgefangenenlagern, Mai 1945 – Sept. 1948 Lehrer bzw. stellv. Ltr. an der Antifa-Schule 165 (2041) Taliza; 1944 Heirat mit der Tochter Anna Paukers, Paula.

Sept. 1948 Rückkehr nach Dtl.; Mitarb. des PV der SED; Jan. 1949 Mitarb. der HA Polit-Kultur in der Dt. Verwaltung des Innern, ab 1950 Stellv. u. Ltr. der HA Polit-Kultur (später Polit. Verwaltung) in der HV DVP im MdI, Chefinspekteur; 1950–53 Fernstudium an der PHS; 1954–74 2. Vors. der ZL der SV Dynamo; 1955 Stellv. des Innenmin., 1957–74 1. Stellv. u. Staatssekr., Gen.-Ltn.; 1971 Orden des Vaterländ. Krieges 1. Grades (UdSSR); 1974–84 Stellv. des Generalsekr. u. Sekr. für intern. Beziehungen im ZV der DSF, 1976–89 Vors. des Berliner Bezirkskomitees u. Mitgl. des Präs. der ZL des Komitees der Antifasch. Widerstandskämpfer sowie Mitgl. der SED-BL Berlin; 1977 KMO.

Publ.: Der Kampf hat viele Gesichter. Berlin 1988.

Grützner, Erich 30. 7. 1910
Staatsratsmitglied

Vater Stahlschmelzer; Volksschule; 1925 KJVD und Dt. Metallarbeiterverb.; 1925–39 als Arbeiter in versch. Berufszweigen tätig, zeitw. arbeitslos; 1932 KPD; 1933 antifasch. Tätigkeit, 1934 wegen »Vorbereitung zum Hochverrat« 16 Monate Zuchthaus; 1939–45 Chemiefacharbeiter.

Ltr. des Jugendaussch.; 1947 FDGB; 1947–49 Funktionär des Kreisvorst. Pirna des FDGB; 1948–50 Stadtverordneter u. Vorst. der Stadtverordnetenvers. Pirna; 1950–54 Studium, Lehrer u. Lehrstuhlltr. an der Gewerkschafts-HS Bernau; 1954–81 Abg. des Bez.-Tags, seit 1954 Mitgl. der SED-BL Leipzig; 1954–59 Vors. des Bezirksvorst. Leipzig u. Mitgl. des Präs. des Bundesvorst. des FDGB; 1956–63 Fernstudium an der PHS, Dipl.-Ges.-Wiss.; 1959–74 Vors. des Rats des Bez. Leipzig, seit 1974 Vors. des Bezirkskomitees Leipzig der Antifasch. Widerstandskämpfer der DDR; seit 1958 Abg. der Volkskammer; 1958–63 u. seit 1976 Mitgl. des Aussch. für Haushalt u. Finanzen; 1970 VVO in Gold; 1960–76 Mitgl. des Staatsrats; 1980 Ehrenspange zum VVO in Gold; 1985 KMO; 1986 wiedergewählt als Mitgl. der SED-BL Leipzig.

Gueffroy, Chris 21. 6. 1968–5. 2. 1989
Grenzopfer

Geb. in Pasewalk, 1975–85 Oberschule in Berlin, davon drei Jahre Besuch der Sportschule Dynamo, Leistungssportart Turnen; 1985–87 Ausbildung im Flughafenhotel Berlin-Schönefeld zum Kellner, erste Konfrontationen mit Vorgesetzten über pol. Starrheit u. Korruption im Staat; Ausreisewunsch, bestärkt durch die einsetzende Ausreisewelle im Freundeskreis; Herbst 1988 erster Einberufungsbefehl zur NVA, verschoben auf Mai 1989; beim Fluchtversuch mit Christian Gaudian in der Nacht zum 6. 2. 1989 in Berlin-Treptow als eines der letzten Maueropfer erschossen.

Sept. 1991 bis Jan. 1992 Prozeß gegen die vier beteiligten Grenzsoldaten wegen Totschlags, Urteile nach Revision im März 1994 auf zwei Freisprüche u. zwei Bewährungsstrafen herabgesetzt.

Guillaume, Günter
1. 2. 1927 – 10. 4. 1995, Agent

Geb. in Berlin, Vater Musiker; Volksschule, Fotografenlehre; 1944/45 Flakhelfer, NSDAP.

Dez. 1945 nach Gefangenschaft u. Flucht, Rückkehr nach Berlin; tätig als Fotograf, 1950–56 Mitarb. des Verlags Volk u. Wissen, in dieser Zeit Fahrten nach Berlin (West) u. in die Bundesrep. Dtl. mit Spionageaufträgen; 1952 SED; Mai 1956 Übersiedlung mit Ehefrau Christel nach Frankfurt/Main im Auftrag des MfS; 1957 SPD; bis 1963 Inhaber eines Tabak- u. Spirituosengeschäfts sowie freiberufl. Werbefotograf u. Journalist; 1963–68 Sekr. des SPD-Unterbez. Frankfurt; ab Mai 1968 Geschäftsführer der SPD-Fraktion im Stadtrat u. Stadtverordneter in Frankfurt/Main, 1968/69 Wahlkampfbeauftragter des Bundesmin. Georg Leber; Jan. 1970 Hilfsreferent, dann Referent im Bundeskanzleramt, seit 1972 einer der drei Referenten des Bundeskanzlers Willy Brandt; 24. 4. 1974 mit Ehefrau verhaftet, 15. 12. 1975 vom Oberlandesgericht Düsseldorf wegen Landesverrats zu 13 Jahren Gefängnis verurteilt (Christel Guillaume zu acht Jahren); 1. 10. 1981 Agentenaustausch; 1985 Verleihung des Dr. jur. h.c. an der JHS des MfS Potsdam-Eiche; Oberst, verstorben in Berlin.
Sek.-Lit.: G. G. Die Aussage. Protokolliert von G. Karau*. Berlin 1988.

Gummel, Hans 3. 8. 1908–27. 5. 1973
Chirurg
Geb. in Berlin, Vater Stadtoberinspektor; 1928–33 Medizinstudium in Rostock, Innsbruck u. Berlin, hier 1935 Prom.; 1934–37 Assistenzarzt an der Berliner Charité; 1935–38 NSDAP, 1935/36 Arzt in der HJ; 1937–39 Assistenzarzt in Breslau u. Graz, 1939–45 Oberarzt an der Univ.-Klinik Breslau.
1946/47 Abt.-Ltr. beim Rat der Stadt Dresden; 1947 SED; 1947/48 als Wiss. Ltr. der HV Volkseigener Betriebe Sachsens verantw. für den Aufbau der Penicillinprod. in der SBZ; 1949–55 Ärztl. Dir. der Geschwulstklinik am Inst. für Medizin u. Biol. der DAW in Berlin-Buch, 1953 Prof., 1955–73 Dir. der Robert-Rössle-Klinik (ab 1972 ZI für Krebsforschung der AdW); 1959 NP; 1961 Ord. Mitgl. der DAW; 1961–67 Stellv. Vors. der Forschungsgemeinschaft der naturwiss., techn. u. med. Inst. der DAW u. Ltr. des Fachbereichs Medizin; 1964 Mitgl. der Dt. Akad. der Naturforscher Leopoldina.
Arbeitsgebiete: Chirurg. Behandlung von Krebsleiden; Klin. Forschungen zur Ätiol., Diagnostik u. Therapie maligner Tumoren des Magen-Darm-Trakts u. der Brustdrüse sowie zur Früherkennung u. Kombinationsbehandlung von Organkrebsen.

Gummel, Margitta, geb. Helmbold
29. 6. 1941
Leistungssportlerin (Leichtathletik)
Geb. in Magdeburg; ab 1955 Kugelstoßerin zunächst in Magdeburg, ab 1959 beim SC DHfK Leipzig (Trainer Karl-Heinz Bauersfeld); 1966 Vize-EM u. Hallen-EM, 1968 Olympiasiegerin, 1969 Vize-EM, 1971 EM-Dritte, 1972 Olympiazweite, 1968/69 vier WR; 1972 Beendigung der leistungssportl. Laufbahn; nach dem Abitur an der KJS Sportstudium an der DHfK, anschl. wiss. Mitarb. am dortigen Forschungsinst.; 1977 Prom. zum Dr. päd. mit der Arbeit »Sportl. Tätigkeit und Emanzipation der Frau«; SED; 1974–90 Mitgl. u. dann Ehrenmitgl. des Präs. des Dt. Verb. für Leichtathletik (DVfL) u. des DTSB; bis 1990 Generalsekr. des Studentensportverb. der DDR. 1990–93 Mitarb. beim Landessportbund Brandenburg; lebt in Bad Bentheim.

Gumpert, Ulrich 26. 1. 1945
Jazzmusiker
Geb. in Jena; 1961–64 Studium an der HS für Musik »Franz Liszt« Weimar (Waldhorn, Klavier, Theorie); Pianist bei den Jenaer Oldtimers; 1967/68 Studium an der HS für Musik »Hanns Eisler« Berlin; 1967–70 Pianist in der Klaus-Lenz-

Bigband; 1969 eigenes Quartett; 1970–73 Musikschule Berlin-Friedrichshain (Spezialklasse Tanzmusik, Klavier); 1971–73 SOK, 1973 Synopsis, Warschauer Jazz Jamboree (auch 1974 u. 1977), Beginn der Duo-Arbeit mit Günter Sommer*; ab 1972 versch. Werkstattorchester (Moers 1979, Berliner Jazztage 1979, JazzFest Berlin 1985); 1975 Jazz-Tage Nagykanizsa (Ungarn), 1977 Jazzbühne Berlin (beide mit Synopsis), Jazzfestival Ljubljana (Jugosl.) im Trio, »Jazz in der Kammer Nr. 100« in Berlin (mit Kent Carter & German Friends u. Ulrich Gumpert Workshop Band); 1980 erste Auftritte als Solist, u. a. mit Erik-Satie-Progr.; 1980–82 Trio mit Radu Malfatti u. Tony Oxley; 1984 Piano Project des Total Music Meeting in Berlin (West); enge Zusammenarbeit mit dem Dramatiker Jochen Berg; ab 1984 Zentral-Quartett (LP, 1990 JazzFest Berlin); 1985 Duo mit Steve Lacy; Auftritte u. a. mit Peter Brötzmann, Harry Miller, Peter Kowald, Itaru Oki; Solo-LP/CD: »The Secret Concert« (1987), »Satie: Trois Gymnopédies« (1991), mit Ulrich Gumpert Workshop Band: »'n Tango für Gitti« (1978), »Echos von Karolinenhof« (1979); »Aus teutschen Landen – Suite nach Motiven dt. Volkslieder« (1972, LP 1977); weitere Aufnahmen mit G. Sommer/M. Hering, Synopsis, Ernst-Ludwig Petrowsky*, G. Sommer, R. Malfatti/T. Oxley, Heinz Becker, Steve Lacy; Musik zu Theaterstücken (u. a. »Die neuen Leiden des jungen W.«), Filmen und Hörspielen; 1989/90 Mitgl. des Jazzorchesters der DDR (1990 JazzFest Berlin).
1994 Auftritte mit Sainkho Namchylak und neuer Ulrich Gumpert Workshop Band.

Gundermann, Gerhard 21. 5. 1955
Liedermacher
Geb. in Weimar, Vater Uhrmachermeister, Mutter Lagerarbeiterin; 1961–73 POS, EOS, Abitur; 1973–75 Offz.-HS Löbau, abgebrochen; 1975 im Braunkohlentagebau tätig, zuerst Hilfsmaschinist, dann Baggerfahrer; 1972 Mitgl. des Singeklubs Hoyerswerda, 1978–88 »Brigade Feuerstein«; 1973 erste eigene Texte u. Kompositionen, seit 1980 Soloprogramme; 1975 SED, 1982 Ausschluß (Rehabilitierung 1990); 1983 Porträtfilm »Gundi Gundermann« im DFF; 1988 erste LP »Männer, Frauen u. Maschinen«; seit 1989 Zusammenarbeit mit versch. Bands, u. a. Silly, seit 1992 »G. G. & Seilschaft«, 1992/93 großer Popularitätszuwachs, u. a. CD »Einsame Spitze«.

Gundermann, Marianne (Deckname Toni, Ps. Dr. Johanna Rudolph)
20. 8. 1902–29. 5. 1974
Kulturpolitikerin, Händel-Forscherin
Geb. in Crimmitschau (Sa.), in einer jüd. Familie, Vater Mützenmacher; Mittelschule in Berlin, Handelsschule; nach 1917 Arbeit bei verschied. Verlagen in Berlin, 1919–24 KAP, 1924 KPD, Kultur-Red. »Klassenkampf«, wegen Zugehörigkeit zu den »Versöhnlern« Ausscheiden aus der Red.; 1930 in Berlin Red. bei »Weg der Frau«, 1933 Emigration nach Paris, Mitarb. der Roten Hilfe; 1934/35 illeg. Arbeit in Dtl. u. im Saargebiet; über Paris in die UdSSR; 1936 Parteischule (Lenin-Schule), Redakteurin; 1938 mit Parteiauftrag nach Holland, unter dem Decknamen »Toni« Abhördienst ausländ. Rundfunkstationen bei Abschnitts-Ltg. West in Amsterdam, Mitgl. der KPD-Emigrationsltg.; Apr. 1943 in Amsterdam verhaftet, gab der Gestapo nach mißglücktem Selbstmordversuch Informationen preis, die zu Verhaftungen führten; 1943 KZ Auschwitz u. Ravensbrück; über Rot-Kreuz-Aktion 1945 nach Schweden, Red. der »Politischen Information« in Stockholm.
März 1946 Rückkehr in die SBZ, erhielt wegen ihrer Aussagen bei der Gestapo ihr Parteibuch nicht zurück; Red. u. Haupt-

abteilungsleiter beim Berliner Rundfunk; 1949–53 Red. »Neues Dtl.«; 1953 beim Staatl. Rundfunkkomitee, 1956 durch ZPKK Aufnahme in die SED, Abteilungsltr. HA Schöne Literatur im Min. für Kultur, Tätigkeit eines Staatssekr., ohne diese Nomenklaturfunktion erhalten zu haben; 1959 Lessing-Preis u. Händel-Preis; 1964 Dr. phil. mit »Händels Rolle als Aufklärer«; 1969 NP; 1970 ZPKK erkennt ihre Parteimitgliedschaft rückwirkend ab 1919 an.
Umfangr. publiz. Schaffen zu Kultur- u. Literaturpol.; Mithrsg. u. Kommentatorin der Händel-Schallplattenausgabe; einflußreiche Funktionärin im Hintergrund kulturpolit. u. ideolog. Entscheidungsprozesse der 50er u. 60er Jahre.
Publ.: Der Humanist Arnold Zweig*. Berlin 1955; Händel-Renaissance. Berlin 1960/69; Lebendiges Erbe. Reden und Aufsätze zur Kunst u. Literatur. Leipzig 1972.

Günther, Dettlef 27. 8. 1954
Leistungssportler (Rennrodeln)
Geb. in Erlabrunn (Erzgeb.); Beginn mit dem Rennschlittensport bei der BSG Fortschritt Raschau (Erzgeb.), später KJS u. Mitgl. des SC Traktor Oberwiesenthal (Trainer: Eberhard Illing); Spezialdisz.: Herren-Einsitzer; 1975 EM; 1976 Olympiasieger; 1979 WM; Berufsausbildung zum Elektromonteur, 1984 Abschluß eines Studiums an der DHfK als Dipl.-Sportlehrer, anschl. Trainer für Rennschlittensport in Oberwiesenthal.
Nach 1989 Nachwuchstrainer.

Günther, Eberhard 11. 5. 1931
Verlagsleiter
Nach Abitur u. kurzem Lehrgang Neulehrer; Studium der Pädagogik, Germanistik u. Geschichte; 1954 SED; Dozent an der ABF Dresden; Verantw. Red. der Universitätsztg. der TU Dresden; Mitgl. der Universitätsparteiltg.; 1964 Prom. mit der Diss. »Die frühen Dramen Friedrich Wolfs*«; 1964–73 ltd. Mitarb. der HV Verlage u. Buchhandel; 1966 Parteiverfahren, weil er die Druckgenehmigung für den Roman »Das Kaninchen bin ich« von Manfred Bieler* erteilt hatte; seit 1973 Verlagsleiter des Mitteldeutschen Verlags Halle (Gegenwartslit. der DDR); 1976–90 Mithrsg. der Reihe »Kritik – Rezensionen zur DDR-Lit.«
1990 erweiterte der Verlag das Programm auf Regionalia u. Branchenführer, 1991 nach der Privatisierung des Verlags (Umwandlung in eine GmbH mit 16 Gesellschaftern: Verlagsmitarb. und zwei Berliner Investoren aus der Branche) Geschäftsführer u. Gesellschafter.

Günther, Egon 30. 3. 1927
Filmregisseur u. Schriftsteller
Geb. in Schneeberg (Erzgeb.), Vater Arbeiter; Volksschule, Schlosserlehre; techn. Zeichner in einem Konstruktionsbüro für Maschinenbau; 1944/45 Wehrmacht; Gefangenschaft in Holland u. Goslar, Flucht.
Nach der Rückkehr nach Dtl. Neulehrer; 1948–51 Studium der Pädagogik, Germanistik und Philos. in Leipzig; anschl. Lehrer, später Verlagslektor in Halle; verfaßte Dramen, Libretti, Romane; ab 1958 Dramaturg, Regisseur u. Szenarist bei der DEFA; seit 1961 freischaff.
Bei Verfilmung von Gegenwartsstoffen wie »Der Dritte« (UA 1972) oder »Die Schlüssel« (1974) u. bei Adaptationen lit. Vorlagen, so »Abschied« nach Johannes R. Becher* (1968, zus. mit Günter Kunert u. Heinz Kamnitzer*) sowie »Die Leiden des jungen Werther« nach Goethe (1976), arbeitete G. konfliktorientiert u. formal innovativ, bes. durch subtile Bildverfremdung; kulturpol. Restriktionen nach dem 11. Plenum des ZK der SED (Dez. 1965) verhinderten die Fertigstellung des satir. Gegenwartsfilms »Wenn du groß bist, lieber Adam«; in der DDR wiederholt in seiner Arbeit behindert, setzte G. diese ab 1979 in der Bundesrep.

Dtl. als Autor u. Regisseur von TV-Filmen fort.
Publ.: Einmal Karthago u. zurück. Berlin u. Weimar 1974; Reitschule. Berlin u. Weimar 1981; Der Pirat. Berlin u. Weimar 1988.

Günther, Joachim 22. 10. 1948
LDPD-Politiker
Geb. in Syrau (Kr. Plauen), Vater Reichsbahn-Angestellter; Oberschule, 1965–67 Ausbildung zum Maschinenbauer, 1967–70 FS-Ausbildung zum Maschinenbau-Konstrukteur in Karl-Marx-Stadt; 1970–75 in einem Ingenieurbüro in Plauen tätig; 1971 LDPD, 1975–77 Kreissekr. in Oelsnitz (Vogtl.); 1977–82 Studium an der ASR Potsdam, Dipl. auf dem Gebiet des Wirtschaftsrechts; 1982–90 LDPD-Kreissekr. in Plauen, dort Stadtverordneter; Febr. – Aug. 1990 Hauptgeschäftsführer der LDP bzw. des Bunds Freier Demokr., danach Mitgl. des Präs. des Bundesvorst. der F.D.P.; Sept. 1990 amt. Landesvors. der F.D.P. Sachsen, danach Landesvors.
Seit Dez. 1990 Abg. des Dt. Bundestags; seit Jan. 1991 parl. Staatssekr. im Bundesmin. für Raumordnung, Bauwesen u. Städtebau.

Günther, Karl-Heinz 13. 2. 1926
Bildungshistoriker, Vizepräsident der APW
Geb. in einer Eisenbahnerfamilie in Eisenach; Gymnasium, 1944 Abitur; Aufnahme eines Medizinstudiums in Berlin, Ende 1944 Offiziersanwärter im Sanitätsdienst der Luftwaffe, Januar 1945 Sanitäter im Fronteinsatz, Mai bis Juli 1945 sowj. Gefangenschaft, zuletzt im antifasch. Jugendaktiv.
Studium der Geschichte u. Pädagogik an der MLU Halle-Wittenberg; Jan. 1950 SED; Sept. 1951 wiss. Assistent; 1955 Prom. zu Gaudig bei H. Ahrbeck*, anschl. wiss. Mitarb. für Geschichte der Erziehung u. Studiendir. für Aspirantur, 1961 stellv. Dir. für Aspirantur u. Weiterbildung am Dt. Pädagog. Zentralinst. (DPZI); 1962 Habil. mit einer Arbeit über bürgerl.-demokr. Pädagogen des 19. Jh. an der HU Berlin; 1970 Ord. Mitgl. u. bis Dez. 1989 Vizepräs. der APW; Prof. für Geschichte der Pädagogik; 1982 Korr. Mitgl. der AdW; 1978 bis zur Auflösung 1990 Vors. der Kommission für dt. Erziehungs- u. Schulgeschichte.
Publ. zu bildungshist., allgemeinpädagog. und erziehungstheoret. Themen; Mithrsg.: Geschichte der Erziehung (16 Aufl.). Berlin 1957–88; Pädagog. Bibl.; Jahrbuch für Erziehungs- u. Schulgeschichte (ab 1967).

Guske, Hubertus 21. 3. 1930
Generalsekretär der Berliner Konferenz europäischer Katholiken
Geb. in Breslau (Schles.) als Sohn eines Bankangestellten; 1946 Abitur in Großenhain (Sa.); CDU; 1947–51 Ausbildung u. Anstellung im Landratsamt Großenhain; anschl. Volontär u. bis 1961 Red. der CDU-Ztg. »Neue Zeit« in Berlin, 1957–61 zugl. Abg. der Stadtbezirksvers. Berlin-Weißensee; 1958–64 Fernstudium der Geschichtswiss. an der HU Berlin; 1961–69 Mitarb. bzw. Red. der kath. Ztschr. »begegnung«; 1964 Mitbegr. der Berliner Konferenz eur. Katholiken, 1965–90 Mitgl. des Intern. Fortsetzungsaussch., ab 1985 Mitgl. des Präs. u. 1987–91 Generalsekr. bzw. Geschäftsführer der Berliner Konferenz; 1972–89 stellv. Vors. der Arbeitsgemeinschaft Kirchenfragen beim Hauptvorst. der CDU; 1977–87 Chefred. u. anschl. bis 1989 Hrsg. der »begegnung«; 1981 VVO; 1987–89 Mitgl. des CDU-Hauptvorst.
1989/90 Mitgl. der CDU-Grundwertekommission; 1990 Mitbegr. des Christl.-Sozialen Aussch. (CSA) in der DDR.
Publ.: Kirche in gewandelter Welt. Berlin 1966; Kath. Leben in der DDR (Ltr. des Autorenkoll.). Berlin 1967; Hélder Câ-

mara. Katholiken Lateinamerikas suchen neue Wege. Berlin 1973.

Gutsche, Josef 5. 4. 1895–4. 5. 1964
MfS-Abteilungsleiter
Geb. in Gräditz (Kr. Schwiebus), Vater Arbeiter; Volksschule, Ausbildung zum Buchbinder; 1915 Soldat, russ. Gefangenschaft, Flucht nach Rostow (Don); 1917/18 als Rotgardist Teiln. an den rev. Kämpfen; Mitgl. der Sozialdemokr. Arbeiterpartei Rußlands (Bolschewiki); 1918 Rückkehr nach Dtl.; USPD, militär. Berater u. Org. bei den bewaffneten Kämpfen in Berlin; 1920 KPD; bis 1923 Arbeit als Buchbinder; 1923 Teiln. am Hamburger Aufstand; danach Mitarb. des ZK der KPD; 1923/24 militär.-pol. Lehrgang in Moskau; 1924–27 Haft im Zuchthaus Sonnenburg (b. Küstrin) wegen Hochverrat; 1930 Emigration in die UdSSR, Mitgl. der KPdSU(B); 1931–42 Regimentskommissar in der Roten Armee, Einsatz für Sonderaufgaben in China u. a. Ländern, 1942 Eintritt in die US-Marine, später wieder in der Roten Armee, mit seinem Sohn Rudolf Partisan u. Aufklärer in der Ukraine.
1945 Rückkehr nach Dtl.; KPD/SED; Mitarb. der Dresdener Stadtverwaltung; 1946/47 Dir. des Industriekontors; 1947–49 Präs. des Landespolizeiamts Sachsen in Dresden; 1949/50 Ltr. der Verwaltung zum Schutz der Volkswirtschaft Sachsen (ab Febr. 1950 Verwaltung für Staatssicherheit Sachsen); 1952 Ltr. der BV Dresden des MfS; Jan. 1953 Ltr. des Informationsbüros beim Min. für Staatssicherheit; Gen.-Major; 1955 Ltr. der Kontrollinspektion; 1957 Ruhestand.

Güttler, Ludwig 13. 6. 1943
Solotrompeter, Dirigent
Geb. in Sosa; 1961–65 Studium an der HS für Musik »Felix Mendelssohn Bartholdy« Leipzig; erstes Engagement beim Händel-Festspielorchester Halle; 1969–81 Solotrompeter der Dresdener Philharmonie; seit 1972 Lehrbeauftragter an der HS für Musik »Carl Maria von Weber« Dresden; 1980 Prof.; seit 1982 Ltr. einer Meisterklasse für Trompete; seit 1978 Gastprof. beim Intern. Musikseminar in Weimar; gründete 1976 das Leipziger Bachkollegium, 1978 das Blechbläserensemble Ludwig Güttler in Dresden, 1985 das Kammerorchester Virtuosi Saxoniae.
Erforschte u. spielte zahlr. vergessene oder lange ungespielte Meisterwerke; viele Gastspiele im In- u. Ausland.

Gutzeit, Martin 30. 4. 1952
Mitbegründer der SDP
Geb. in Cottbus, Vater Pfarrer; POS, 1968–70 Ausbildung zum Elektromonteur in Calau, 1971 Abitur an der Abendschule in Cottbus; 1970/71 Relaismechaniker bei der Energieversorgung Cottbus; 1971 Totalverweigerung des Wehrdienstes; 1971/72 Diakoniehelfer auf dem Martinshof in Rothenburg (Oberlausitz); 1972–79 Studium der Theol. u. Philos. am Sprachenkonvikt Berlin, 1979/80 priv. Studien (Hegel, Kant); bildete 1977–81 u. a. mit Markus Meckel* einen »Hegel-Kr.« (MfS-Bezeichnung, von diesem überwacht); 1980–82 Vikariat in Berlin-Pankow; 1982–86 Pastor in Schwarz (b. Neustrelitz); 1983–87 Teiln. an den mobilen Mecklenburger Friedensseminaren, 1984 Mitarb. im Arbeitskr. Theol. u. Philos. beim Bund der Ev. Kirchen in Berlin; 1986 – Jan. 1990 Repetent bzw. Assistent bei Richard Schröder am Sprachenkonvikt Berlin, Arbeit über Hegels Logik und Religionsphilos.; 24. 7. 1989 Verf. des Initiativaufrufs zur Gründung der SDP (mit Markus Meckel), 7. 10. Mitbegr. der SDP in Schwante (b. Oranienburg), Wahl in den Vorst., später stellv. Geschäftsführer; Sept. – Nov. Teilnahme an den Treffen der Kontaktgruppe der Opposition, die im Nov. den Zentralen Runden Tisch initiierten, seit 7. 12. SDP-Vertreter am Zentralen Run-

den Tisch; Jan. – Sept. 1990 Mitgl. des PV der SPD (DDR), Mitarb. in der Grundsatzkommission; März – Okt. Abg. der Volkskammer, parl. Geschäftsführer, Mitgl. des Präs.
Okt.-Dez. 1990 Abg. des Dt. Bundestags; Febr. – Sept. 1991 Assistent an der Theol. Fak. der HU Berlin; Okt. 1991 – Dez. 1992 Werkvertrag bei der Friedrich-Ebert-Stiftung über die Opp. des Herbstes 1989; Okt. 1992 gewählt u. seit Jan. 1993 Landesbeauftragter für die Unterlagen des Staatssicherheitsdienstes der ehem. DDR in Berlin; März 1992 – Juni 1994 Sachverständiger in der Enquete-Kommission des Dt. Bundestags zur Aufarbeitung von Geschichte u. Folgen der SED-Diktatur in Dtl.

Gyptner, Richard (Parteinamen Magnus, Magnusson) 3.4.1901–2.12.1972
Partei- und Staatsfunktionär, Diplomat
Geb. in Hamburg; Volksschule, kaufm. Lehre, Schiffbauhelfer; Teilnahme an der Nov.-Rev., 1919 KPD-Mitbegr. in Hamburg, 1920–26 Vors. des KJVD u. Jugendvertreter im PB der KPD, 1922 Mitgl. des EKKI der Komm. Jugendintern., Jugendvertreter im EKKI, 1929 Sekr. des Westeur. Büros der KI (unter G. Dimitroff), 1931 KI-Vertreter bei der Schweizer KP, Kand. des EKKI, 1933 Sekr. im Weltkomitee gegen Krieg u. Fasch. in Paris, seit 1933 Sekr. des EKKI der Internat. Arbeiterhilfe in Paris, Aufenthalte in Dänemark u. Schweden, ab 1935 pol. Gehilfe des KI-Vors. Dimitroff bzw. des Sekr.-Mitgl. Wilhelm Florin, nach Auflösung der KI Mitarb. in der inoff. Nachfolgeorg. »Inst. Nr. 205«, antifasch. Radiopropaganda.
30.4.1945 Rückkehr mit der Gruppe Ulbricht*, Aufbau der Berliner KPD, Juni 1945 Sekr. des ZK u. Ltr. des Büros des Sekr., nach SED-Gründung einer der beiden paritätischen Sekr. des ZS; 1949/50 Vizepräs. der DVP, als »Westemigrant« abberufen, mußte sich vor ZPKK verleumderischer Vorwürfe erwehren; Landesparteischule Liebenwalde, 1951–53 HA-Ltr. im Amt für Information, 1953 nach dessen Auflösung zum MfAA, Mitglied des Kollegiums, Ltr. versch. HA: kap. Ausland, dann konsular. Angelegenheiten, 1954 kap. Länder, 1955 Intern. Org., Rechts- u. Vertragswesen; 1954 Mitgl. u. später Ehrenpräs. der Dt. Liga für die Vereinten Nationen, Nov. 1955–58 Botschafter in Peking, 1958–61 Bevollmächtigter der Reg. für die Arab. Staaten in Kairo, 1961 VVO Gold; März 1961 – Apr. 1963 Botschafter in Warschau, 1964 Ruhestand; 1965 KMO; gest. in Berlin.

Gysi, Gregor 16.1.1948
PDS-Politiker
Geb. in Berlin, Vater Klaus Gysi (Kulturmin.); 1955–62 POS, 1962–66 EOS, Abitur u. Lehrabschluß als Facharbeiter für Rinderzucht; 1962 FDJ u. DSF, 1963 FDGB; 1966–70 Jurastudium an der HU Berlin, Dipl.-Jurist; 1970/71 Assistentenausbildung am Gericht u. im Rechtsanwaltskollegium; 1967 SED, Mitgl. der Vereinigung Demokr. Juristen; ab 1971 Rechtsanwalt, vertrat u.a. Robert Havemann* u. Rudolf Bahro* sowie Mitgl. von opp. Gruppen; 1976 Prom. an der HU zum Dr. jur. mit einer Diss. zum soz. Rechtsverwirklichungsprozeß; 1988/89 Vors. des Kollegiums der Rechtsanwälte Berlin u. des Rats der Vors. der Kollegien in der DDR.
Nov. 1989 legte G. einen Gegenentwurf der Rechtsanwälte zum Reisegesetzentwurf der Reg. vor, erwirkte die Genehmigung zur Großdemonstration am 4.11.1989; 3.12.1989 Mitgl. des Arbeitsaussch. zur Vorbereitung des ao. Parteitags der SED, verantw. für die Untersuchung von Amtsmißbrauch u. Korruption; ab 9.12.1989 – Dez. 1992 Vors. der SED-PDS bzw. PDS; März – Okt. 1990 Abg. der Volkskammer, Vors. der PDS-Fraktion.

Seit Okt. 1990 Abg. des Dt. Bundestags (Direktmandat); Vors. der PDS-Fraktion (mehrmals bestätigt); widersprach im Jan. 1992 dem Verdacht, inoff. Mitarb. (IM »Notar«) des MfS gewesen zu sein; Juli 1992 Mitbegr. der »Komitees für Gerechtigkeit«.
Publ.: Wir brauchen einen dritten Weg (Hrsg.). Hamburg 1990; Handbuch für Rechtsanwälte (mit Autorenkollektiv). Berlin 1990; Sturm aufs Große Haus. Der Untergang der SED (mit T. Falkner). Berlin 1990.
Sek.-Lit.: Runge*, I.; Stellbrink, U.: G. G. »Ich bin Opposition«. Berlin 1990.

Gysi, Irene 10. 3. 1912
Direktorin des DDR-Zentrums des Internationalen Theaterinstituts
Geb. in Petersburg, Vater Diploming. (Hüttenwesen), Bruder Gottfried Lessing*; 1918 Auswanderung der Familie nach Dtl., da der Großvater, der jüd. Industrielle Anton Lessing, in Rußland enteignet worden war; 1931–35 Studium der Volkswirtschaft in Berlin, die beabsichtigte Prom. wurde 1936/37 wegen des Großvaters abgelehnt; 1937 Lebensgemeinschaft mit Klaus Gysi* u. Eintritt in die KPD; 1939 Emigration nach Frankreich, nach Kriegsausbruch Internierung im Frauenlager Gurs (Pyrenäen); 1941 auf Beschluß der Parteiltg. Rückkehr mit K. Gysi nach Dtl., weil im Besitz gültiger dt. Papiere; 1941–45 freie Mitarb. des kath. Verlags Hoppenstedt & Co. in Berlin, Verf. von Firmenjubiläumsschriften.
1945/46 Red. der Ztschr. »Frau von heute«, Berlin; 1946–49 Referentin u. HA-Ltr. in der ZV für Wirtschaft/DWK; 1949–51 Ltr. des Verlags Kultur u. Fortschritt Berlin (Verlag der DSF), als Westemigrantin abgelöst; 1951–56 Ltr. des Verlags Rütten & Loening Berlin; 1956–77 Ltr. der HV Intern. Beziehungen des Min. für Kultur; 1972 VVO in Silber; 1978–88 Dir. des DDR-Zentrums des Intern. Theaterinstituts (ITI) der UNESCO für die DDR; 1988 Ruhestand; lebt in Berlin.

Gysi, Klaus (Partein.: Paul Riemer) 3. 3. 1912
Kulturminister, Staatssekretär für Kirchenfragen
Geb. in Berlin, Vater Arzt; Realgymnasium, Abitur; 1928 KJVD, 1931 KPD; 1931–35 Studium der Volkswirtschaft in Frankfurt/Main, Paris, Innsbruck u. Berlin, Dipl.-Volkswirt; Mitgl. der Roten Studentenbew.; 1935 Relegation aus rass. Gründen; illeg. Arbeit in Berlin, Reisen nach England und Frankreich, illeg. in die ČSR; 1939 Mitgl. der Studentenltg. der KPD in Paris; 1939/40 vorübergehend interniert; 1940–45 antifasch. Tätigkeit in Berlin.
1945 Bezirksbürgermeister in Zehlendorf; 1946 SED; 1945–48 Chefred. der kulturpol. Ztschr. »Aufbau«, ab 1945 Mitgl. des Präsidialrats, 1949–51 Bundessekr. des KB, nach ZPKK-Untersuchung abgelöst; 1949–54 Abg. der Prov. Volkskammer bzw. Volkskammer; 1952 bis 1957 Ltr. der Abt. Dt. Literaturgeschichte im Verlag Volk u. Wissen; 1957–66 Ltr. des Aufbau-Verlags; inoffiz. Mitarb. des MfS (IM »Kurt«); 1957–77 Mitgl. des Präs. des KB; 1958–62 Stadtverordneter in Berlin; 1959–66 Vorsteher des Börsenvereins der Dt. Buchhändler zu Leipzig; 1963 Mitgl. der Westkomm. des PB; 1966–73 Min. für Kultur; 1967 – März 1990 wiederum Abg. der Volkskammer; 1970 Erinnerungsmed. des MfS; 1972 VVO in Gold; 1973–78 Botschafter in Italien und Malta; 1977 KMO; 1979 Generalsekr. des Komitees für Eur. Sicherheit u. Zusammenarbeit; 1979–88 Staatssekr. für Kirchenfragen; 1987 Dr. h.c. der FSU Jena; 1988 Ruhestand.

H

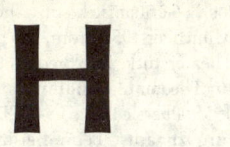

Haak, Hermann Otto
29. 10. 1872–22. 2. 1966
Kartograph, Geograph
Geb. in Friedrichswerth (b. Gotha), Vater Postbeamter; 1878–83 Volksschule, 1884/85 Privatunterricht, 1886–93 Gymnasium Ernestinum in Gotha; 1893–96 Studium der Geogr. u. Geol. in Halle, Göttingen, Berlin u. Halle, 1896 Prom.; 1896/97 Militärdienst; 1897–1944 Kartograph bzw. Ltr. der Geograph. Anstalt Justus Perthes Gotha; 1920 Prof.; 1944 Rückzug aus dem Berufsleben.
Nach dem Krieg Übernahme der verwaisten Herausgeberschaft mehrerer Verlagswerke, so von »Petermanns Geograph. Mitteilungen« (1948–53) u. dem »Geograph. Jahrbuch« (1948–56), daneben Mithrsg. der Ztschr. »Sowjetwiss.« (ab 1951); 1952 Ehrenprom. in Jena, 1954 endgültiger Rückzug aus dem Berufsleben.
Einer der großen Kartographen des 20. Jh.; Begründer u. langj. Hrsg. von »Geograph. Anzeiger« (1899–42) u. »Geograph. Bausteine« (1913–36); Ehren- bzw. Korr. Mitgl. von zwölf nat. und intern. geograph. Ges.; anläßl. seines 83. Geburtstags wurde seine langj. Wirkungsstätte in »VEB Hermann Haak, Geograph.-Kartograph. Anstalt Gotha« umbenannt.

Haase, Helga, geb. Obschernitzki
9. 6. 1934–16. 6. 1989
Erste Olympiasiegerin der DDR (Eisschnellauf)
Geb. in Danzig-Schidlitz in einer Arbeiterfamilie; nach dem Volksschulabschluß 1949–52 Ausbildung zur Buchhalterin, anschl. bis 1965 in diesem Beruf tätig; ab 1951 zugl. Eisschnelläuferin beim SC Dynamo Berlin; zwischen 1957 u. 1965 fünfmalige DDR-Meisterin im Mehrkampf; 1960 als Olympiasiegerin über 500 m u. -Zweite über 1000 m; ab 1952 Angehörige der DVP, zuletzt Major; ab 1965 Trainerin, 1966 Beendigung der leistungssportl. Laufbahn u. Aufnahme eines Fernstudiums an einer FS für Trainer; 1961–79 Mitgl. des Präs. des DTSB; seit 1984 Invalidenrentnerin.

Haase, Horst 2.1.1929
Germanist
Geb. in Schönwalde (b. Berlin), Vater Bauarbeiter; Volksschule, Handelsschule; 1946–48 Vorstudienanstalt Berlin, 1948–51 Studium der Germanistik, Geschichte u. Pädagogik an der HU Berlin; anschl. hier 1951 Lektor, wiss. Assistent u. Hochschullehrer; 1953 SED; 1955/56 wiss. Mitarb. im Schriftstellerverb.; 1956 Prom. mit einer Diss. über die expressionist. Ztschr. »Weiße Blätter«, 1963 Habil. über Joh. R. Bechers* Dtl.-Dichtung; 1964 Prof. u. bis 1966 Dir. des Inst. für Literaturgeschichte der KMU Leipzig; ab 1969 an IfG bzw. AfG, seit 1986 hier Institutsdir.; 1990 Ruhestand.
Lehre u. Forschungen zur neueren dt. Lit., bes. zur Lit. des 20. Jh. sowie zur Kulturpol. in der DDR; Hauptautor u. Ltr. versch. Autorenkollektive, so von Bd. 11 (Lit. der DDR) der »Geschichte der dt. Lit.« (1977), »Die SED u. das kulturelle Erbe« (1986) u. »Österreich. Lit. des 20. Jh.« (1988); viele Artikel u. Kritiken zur Lit. der DDR.
Publ.: Lit. als Angebot. Halle, Leipzig 1983; Joh. R. Becher. Leben u. Werk. Berlin 1987.

Häber, Herbert 15. 11. 1930
SED-Politiker
Geb. in Zwickau (Sa.); 1946 SED; 1950–65 Mitarb. des ZK der SED, zuletzt Ltr. der Abt. West; 1965–71 stellv. Staatssekr. für gesamtdt. bzw. westdt. Fragen; 1971–73 Dir. des Inst. für Intern. Pol. u. Wirtschaft, 1971 Prof.; 1973–85 Ltr. der Abt. West (seit 1984 Abt. Intern. Pol. u. Wirtschaft) des ZK der SED, 1976–78 Kand., 1978–86 Mitgl. des ZK der SED; 1980 VVO in Gold; Mai 1984 – Nov. 1985 Mitgl. des PB u. Sekr. des ZK der SED; aus gesundheitl. Gründen aus allen Funktionen ausgeschieden, Behandlung im Regierungskrankenhaus Bernburg; 1985–89 wiss. Mitarb. des Inst. für Imperialismusforschung der AfG.

Haberditzl, Werner
16. 11. 1924–2. 7. 1981
Chemiker
Geb. in Berlin-Mariendorf; 1942 Abitur; 1942–45 RAD u. Wehrdienst.
1945–48 Schulhelfer an Berliner Schulen; 1946 SED (später SEW); 1946–54 Studium der Chemie in Berlin, 1953/54 Diplomarbeit am Inst. für Physikal. Chemie der HU Berlin, seit 1953 hier Assistent, 1957 Prom. bei Robert Havemann*, 1964 Habil., 1965 ord. Prof. für Theor. Chemie.
H. lebte als österreich. Staatsbürger in Berlin (West); trug wiss. u. wiss.-organisator. maßg. zur Entw. der theor. Chemie in der DDR bei; bes. Leistungen auf dem Gebiet der Magnetochemie (Diamagnetismus, Inkrementsystem, magnetokatal. Effekt u. a.); auch philosoph. u. wiss.-theor. Arbeiten.
Publ.: Magnetochemie. Berlin, Oxford, Braunschweig 1969; Bausteine der Materie u. chem. Bindung. Berlin 1972.

Hacks, Peter 21. 3. 1928
Schriftsteller
Geb. in Breslau, Vater Rechtsanwalt; Gymnasium; Studium der Soziol., Philos., Germanistik u. Theaterwiss. in München; 1951 Prom. mit der Diss. »Das Theaterstück im Biedermeier«; Arbeit für Theater u. Rundfunk.
1955 Übersiedlung in die DDR, Dramaturg zunächst beim Berliner Ensemble (BE), 1960–63 am Dt. Theater Berlin (DT); 1964 Mitgl. des Präs. des PEN-Zentrums, 1972 Mitgl. von AdK u. Akad. der darstellenden Künste in Frankfurt/Main; stellte sich dem Berliner Theaterpublikum 1956 mit der Komödie »Die Schlacht bei Lobositz« vor, thematisierte Widersprüche des entstehenden Soz. erstmals im Drama »Die Sorgen u. die Macht« (1. Fassung 1958, UA 1960, 3. Fassung 1962); dessen Absetzung vom Spielplan des DT aus pol. Gründen führte 1963 zum Rücktritt von Intendant Wolfgang Langhoff* u. Dramaturg H.; Gegenwartskomödie »Moritz Tassow« (UA Okt. 1965 an der Berliner Volksbühne) wurde unmittelbar nach dem 11. Plenum des ZK der SED (Dez. 1965) abgesetzt; fortan bevorzugte H. für die Darstellung zeitgenöss. Konflikte klass. Stoffe; 1974 u. 1977 NP 1. Kl.; 1981 Heinrich-Mann-Preis; verfaßte u. a. »Omphale« (Komödie, 1970), »Adam u. Eva« (Komödie, UA 1973), »Ein Gespräch im Hause Stein über den abwesenden Herrn von Goethe« (Monodrama, UA 1976); schrieb Märchen u. Romane für Kinder, Lyrik (Sammlung »Die Gedichte«, 1988) u. Essays (u. a. »Die Maßgaben der Kunst«, 1977, »Schöne Wirtschaft. Ästhet.-ök. Fragmente«, 1988), »Jona« (Trauerspiel. Berlin u. Weimar 1989); Übertragungen bzw. Nachdichtungen von J. M. Synge, Attila Joszef, Carl Michael Bellman u. a.
Sek.-Lit.: Schmidt, G.: P. H. in BRD u. DDR. Köln 1980.

Haeusler, Helene
26. 8. 1904–10. 7. 1987
Spielzeuggestalterin
Geb. in Metz; 1922 Ausbildung an der

Kunstgewerbeschule Kassel, Textilklasse; 1923/24 Teiln. am Fröbel-Seminar Kassel, Abschluß als Kindergärtnerin; 1924/25 Studium der Kunstgeschichte an der Univ. Hamburg, daneben Verkäuferin in den Hansa-Werkstätten; 1925 bis 1927 Studium der Buch- u. Gebrauchsgrafik an der Staatsschule für angewandte Kunst München bei F. H. Ehmcke; 1927–32 Direktrice bei der Firma C. u. O. Dressel in Steinach (Thür.); 1932–34 selbständige Arbeit als Spielzeuggestalterin in eigener Werkstatt Sonneberg: Puppe »Heinerle«; 1934–40 freiberufl. als Grafikerin u. Entwerferin in München; 1940–45 vorw. betreuende Arbeit in kinderreichen Familien.

1945–50 Gutachterin an der Registerstelle für Spielwaren, Restaurierungsarbeiten Textil auf Schloß Pommersfelden, Mitgl. des Dt. Werkbunds, freie Arbeit als Spielzeuggestalterin; 1954–69 Doz. an der FS für Spielzeug Sonneberg; seit Anfang der 60er Jahre Entw. von therapeut. Spielmitteln aus Stoff u. Leder, u. a. Spieltiere (Ente, Nashorn) sowie Spielformen (Würfel, Zylinder) für körperl. u. geistig behinderte Kinder; Kurse für Eltern behinderter Kinder, für Pädagogen u. Therapeuten von Behinderteneinrichtungen.

Hagen, Nina (Catharina) 11. 3. 1955
Rocksängerin

Geb. in Berlin; Mutter Schauspielerin u. Chansonsängerin Eva-Maria Hagen; 1968 Urkunde beim »Treffen junger Talente«; 1970 erste Auftritte als Ballett-Tänzerin u. Chorsängerin am Kreistheater Annaberg-Buchholz; 1972 Auftritte mit dem Reinhard-Lakomy*-Chor; Auftritte mit dem Orchester Alfons Wonneberg; bis 1973 Studium am Zentralen Studio für Unterhaltungskunst (Gesang); Nebenrollen in den Filmen »Hostess«, »Unser stiller Mann«, »Liebesfallen«; enge emotionale Bindung an ihren Stiefvater Wolf Biermann*; ab Sommer 1974 Sängerin der Gruppe Automobil, 1974 Sonderpreis beim Interpretenwettbewerb der Unterhaltungskunst für »Du hast den Farbfilm vergessen« (Heubach/Demmler*), Single »He, wir fahren aufs Land«, auch in der Bundesrep. Dtl. erschienen; 1975 Fritzens Dampferband (u. a. »Wir tanzen Tango«, »Hatschi-Waldera«); 1976 Aufnahmen mit Studioband, u. a. »Ich bin da gar nicht pingelig«, »Honigmann«.

Dez. 1976 Ausreise nach Berlin (West); erster Auftritt im Quartier Latin; Dez. 1977 Nina Hagen Band in Berlin vorgestellt; 1978 erste LP »Nina Hagen Band« (1979 Goldene Schallplatte); Frühjahr 1980 erste Deutschlandtournee; Mai 1981 Tochter Cosma Shiva geb.; 1982 erste große USA-Tournee; 1987 Punkhochzeit mit Iroquois; zahlr. LP/CD, z. T. in Englisch, u. a. »Unbehagen« (1979), »Nunsexmonkrock« (1982), »Du hast den Farbfilm vergessen« (Rock aus Dtl. Ost, Volume 12; 1992); »Revolution Ballroom« (1994).

Publ.: Ich bin ein Berliner. München 1988.

Sek.-Lit.: Lang, M.: Nina Hagen – Rocksängerin. Lerryn – Liedermacher. Frankfurt/M. 1981; Hoppe, U.: Nina Hagen. München 1980.

Hager, Kurt 24. 7. 1912
SED-Politiker

Geb. in Bietigheim, Vater Arbeiter; Wilhelm-Oberrealschule in Stuttgart, soz. Schülerbund, 1931 Abitur; 1929 KJVD, 1930 KPD; journalist. Tätigkeit; 1933 mehrere Monate KZ Heuberg, nach der Freilassung bis 1936 antifasch. Arbeit; 1936 Inhaftierung in der Schweiz, danach Aufenthalt in Paris; 1937–39 Teiln. am span. Bürgerkrieg, u. a. als Dir. der Auslandssendungen von Radio Madrid u. Red. des Dt. Freiheitssenders 29,8; in Abwesenheit von einem dt. Gericht zu einer Zuchthausstrafe verurteilt; 1939 Internierung in Frankreich, Exil in England, pol. Sekr. der Auslandsorg. der KPD in Großbritannien, ltd. Mitgl. der »Freien Dt. Bew.«; 1940/41 zeitw. interniert, 1941–46 Forstarbeiter, Schweißer u. journalist. Tätigkeit in England (Ps. Felix Albin), Mitgl. des Vorst. der »Freien Demokr. Bew.«.

1946 Rückkehr nach Dtl.; 1946–48 stellv. Chefred. des »Vorwärts«; seit 1949 Ltr. der Abt. Parteischulung/Parteipropaganda u. ab 1952 Ltr. der Abt. Wiss. u. HS im PV bzw. ZK der SED; seit 1949 ord. Prof. für Philos. an der HU Berlin; 1950 Kand., 1954 Mitgl. u. ab 1955 Sekr. des ZK der SED, verantw. u. a. für Wiss., Volksbildung, Kultur, 1959 Kand., seit 1963 Mitgl. des PB u. Ltr. der Ideolog. Kommission beim PB; 1958 Abg. der Volkskammer, ab 1967 Vors. ihres Aussch. für Volksbildung; 1964 VVO in Gold; seit 1966 Mitgl. des Präs. des Forschungsrats; 1972, 1977 u. 1982 KMO; 1976–89 Mitgl. des Staatsrats; 1978 Dr. rer. nat. h.c.; Nov. 1989 aus dem PB des ZK der SED, dem Staatsrat u. a. Funktionen ausgeschieden; Jan. 1990 Ausschluß aus der SED-PDS; Rentner.

Publ.: Humanismus u. Wiss. Berlin 1961; Beiträge zur Kulturpol. Berlin 1981; Kontinuität u. Veränderung. Berlin 1988.

Hahn, Erich 5. 3. 1930
Vorsitzender des Wiss. Rats für marxist.-leninist. Philosophie

Geb. in Kiel, Vater Wissenschaftler, Mutter Hausfrau; 1948 Abitur in Berlin (West); 1951 SED; 1950–56 Studium der Geschichte u. Philos. an der HU Berlin, Dipl.-Phil.; anschl. Assistent u. Oberassistent am Inst. für Philos. der HU, 1961 Prom. mit der Arbeit »Über die Bedeutung des unmittelbar gesellschaftl. Charakters der Arbeit für die Herausbildung des soz. Bewußtseins der Genossenschaftsbauern«, 1965 Habil. mit der Schrift »Philosoph. Aspekte der soziolog. Theorie«; Studienaufenthalt in der UdSSR; 1966–71 Ltr. des Lehrstuhls marxist.-leninist. Soziol. am IfG u. 1966–71 Vors. des Wiss. Rats für soziolog. Forschungen (Nachf. von Horst Taubert); 1967 Ernennung zum Prof. für dial. u. hist. Materialismus am IfG; 1971–90 Dir. des Inst. für marxist.-leninist. Philos. an der AfG u. Vors. des Wiss. Rats für philosoph. Forschungen der DDR (später umbenannt in Wiss. Rat für marxist.-leninist. Philos.); 1972–90 Ko-Vors. der Gemeinsamen Kommission von Philosophen der DDR u. der UdSSR; 1970 Korr., 1980 Ord. Mitgl. der APW; 1974 Korr., 1980 Ord. Mitgl. der AdW; 1976 Kand., 1981–89 Mitgl. des ZK der SED; 1977 NP; 1990 Vorruhestand.

In den 60er Jahren war H. in wissenschaftspol. ltd. Stellung beteiligt an der Etablierung der soziolog. Forschung in der DDR. Seine frühen Arbeiten trugen dazu bei, die disz. Eigenständigkeit der Soziol., die bis Anfang der 60er Jahre off. als »bürgerl. Wiss.« diffamiert war, im marxist.-leninistischen Wissenschaftsverständnis zu legitimieren. Als Vors. der Wiss. Rats für Philos. war H. in den 70er u. 80er Jahren verantw. für die Koordinierung u. zentrale Planung sowie die ideolog. Kontrolle der philosoph. Forschung in der DDR. Er war Autor bzw. Mitautor von Lehrbüchern (Grundlagen des hist. Materialismus, Berlin 1976), Wörterbüchern, versch. propagandist. Schriften.

Publ.: Soziale Wirklichkeit u. soziolog. Erkenntnis. Berlin 1965; Hist. Materialismus u. marxist. Soziol. Berlin 1968; Ideologie. Berlin 1969; Materialist. Dialektik und Klassenbewußtsein. Berlin, Frankfurt/M. 1974; Friedenskampf ohne Ideologie? Berlin 1988.

Hahn, Joseph (Sepp)
6. 7. 1896–24. 2. 1965
Leiter der Zentrag

Geb. in Hof (Saale), Vater Textilarbeiter;

Volks- u. Fortbildungsschule für Textil in Hof, Leipzig u. Mittweida; 1909–12 Ausbildung in einer Baumwollspinnerei in Hof (Saale); ab 1911 Jugendriege im Arbeitersport Hof, später Chemnitz-Leipzig; 1912–24 Dt. Textilarbeiterverb., ausgeschlossen; 1912 SPD-Jugend in Hof; 1914–17 SPD in Chemnitz u. Leipzig, dann USPD; 1915–17 Kriegsdienst in Frankreich, Gefangenschaft; 1916 Kriegsgericht Brüssel, zu neun Jahren Festung in Passau verurteilt wegen Flugblattverteilens, Nov. 1918 entlassen; 1918 Spartakusbund in Ingolstadt; Arbeiter u. Soldatenrat in Ingolstadt, 1919 in München; 1919 KPD, Mitgl. der Ortsgruppenltg. Ingolstadt; Mai 1919 verhaftet, neun Monate Strafe in Niederschönefeld, amnestiert; 1920–24 Textialarbeiter in Chemnitz, dort Zellenobmann u. Betriebsratsvors., nach einem Streik entlassen; 1920 Gewerkschaftsltr. im Unterbez. Chemnitz, 1921 Mitgl. der KPD-BL Erzgeb. (Vogtl.); 1924 in Chemnitz verhaftet, fünf Monate U-Haft; 1924–31 Angestellter des ZK der KPD; 1925 Mitgl. der KPD-BL Ostsachsen-Dresden; 1925 u. danach Teiln. an mehreren RGI-Weltkongressen; Mitarb. der Gewerkschaftsabt. des ZK der KPD; 1926 KPD-Instrukteur; 1927 Mitgl. der KPD-BL Westsachsen-Leipzig, dann 1929 der BL Baden-Mannheim; 1931 Entsendung in die RGI, danach Mitarb. in der KI, Mitteleur. Sekt.; 1933 Instrukteur in Dtl.; 1934 verhaftet, vom Oberlandesgericht Hamburg zu zweieinhalb Jahren Zuchthaus in Fuhlsbüttel verurteilt, anschl. KZ Sachsenhausen bis 1939; danach Emigration nach Dänemark, Verhaftung u. Transport nach Hamburg, wieder KZ Sachsenhausen bis 1945.

1945 Pol. Mitarb. des ZK der KPD; 1946 SED; Hauptreferent im Zentralsekr. der SED, danach ab 1948 Abt.-Ltr. u. stellv. Geschäftsführer bei der Zentrag, ab Okt. 1951 ihr Geschäftsltr., Jan. 1954 Ltr. der Zentrag; seit 1954 Mitgl. der ZRK, stellv. Vors.; 1961 KMO.

Hahn-Scheiblich, Christine
31.12.1954
Leistungssportlerin (Rudern)
Geb. in Wilsdruff (b. Dresden), Mutter Stenophonotypistin, Vater Rinderzüchter; ab 1968 Ruderin beim SC Einheit Dresden (Trainer Dieter Schubert), Spezialdisz.: Einer; 1974 u. 1975 WM, 1976 Olympiasiegerin, 1977 u. 1978 WM; 1971–73 Ausbildung zur Schreibmaschinenmechanikerin, anschl. bis 1976 zur Physiotherapeutin; 1978 Beendigung der leistungssportl. Laufbahn. Lebt als selbständige Physiotherapeutin in Dresden.

Hähnel, Siegfried 9.6.1934
MfS-Bezirksverwaltungsleiter
Geb. in Chemnitz, Vater Dreher, Mutter Hausfrau; 1952 Oberschule, ohne Abschluß; Einstellung beim MfS, Abt. Ermittlung/Observation der Bezirksverwaltung Chemnitz; 1952 SED; 1953/54 Einjahreslehrgang an der Schule des MfS Potsdam-Eiche; 1954 HA IX (Untersuchungsorgan) des MfS Berlin; 1956–60 Fernstudium Kriminalistik an der FS des MdI Aschersleben; 1962 Ltr. der Abt. IX der Verwaltung Groß-Berlin; 1962–66 Fernstudium Kriminalistik an der HU Berlin, Dipl.-Krim.; 1974 Stellv. Operativ des Ltr. der Verwaltung Groß-Berlin; 1980 Prom. zum Dr. jur. an der JHS Potsdam-Eiche; 1986 Ltr. der Bezirksverwaltung Berlin, Mitgl. der SED-BL Berlin; 1987 Gen.-Major; Dez. 1989 von seiner Funktion entbunden; Febr. 1990 Entlassung.

Hahnemann, Helga
8.9.1937–20.11.1991
Sängerin, Entertainerin
Geb. in Berlin; Abitur; 1956–59 Studium an der Staatl. Schauspielschule Berlin; 1959–62 am Leipziger Kabarett »Die Pfeffermühle«; ab 1962 freischaff. Schauspielerin in Berlin, Rundfunk-, Fernseh- u. Synchron-Arbeit, im DFF u.a. in der Satire-Sendung »Tele-BZ«, ab 1969 im

Schauspielerensemble des DFF; ab 1974 Zusammenarbeit mit der Textautorin Angela Gentzmer; 1977 erstes Solo-Programm: »Helgas Fitparade«, 1983 u. 1989 Personality-Shows im Palast der Republik, 1984, 1987 u. 1990 Auftritte in Programmen des Friedrichstadtpalasts Berlin; ab 1988 Gastspiele in Berlin (West), u. a. im Kabarett »Wühlmäuse« u. im ICC; 1978–91 im Berliner Rundfunk »Helgas Top(p)-Musike«; im DFF unter demselben Titel drei Personality-Shows, viermal Moderation der Fernseh-Show »Ein Kessel Buntes«; seit 1980 »Fernsehliebling«; ab 1984 Zusammenarbeit mit dem Komponisten Arndt Bause* (»Jetzt kommt dein Süßer«, »Wo ist mein Geld«, »Hundertmal Berlin« – alle Texte: A. Gentzmer), drei LP.

Publ.: Mensch, wo sind wir bloß hinjeraten! Erinnerungen. Berlin 1993.

Sek.-Lit.: Gentzmer, Angelika: Wie'n kleenet Menschenkind. Berlin 1994.

Haid, Bruno 2. 2. 1912–17. 6. 1993
Stellv. Generalstaatsanwalt, Stellv. Kulturminister

Geb. in Berlin, Vater Schneider; bis 1931 Realgymnasium; 1928–30 SAJ u. Jungsoz., 1930 SPD, 1931 KPD; 1931–33 Studium der Rechtswiss. an der Univ. Berlin, 1932 Vors. der »Roten Studenten«; 1933 Emigration nach Frankreich, Mitarb. im Weltstudentenkomitee gegen Krieg u. Fasch., 1935–38 Mitarb. in der KPD-Auslandsltg. in Paris, 1938 Wiederaufnahme des jur. Studiums, 1939/40 Internierung durch die frz. Behörden, 1940–42 Fortsetzung des Studiums u. Examen in Limoges, 1942–44 Résistance, 1944 Mitgl. des Komitees »Freies Dtl.« in Lyon.

1945 Rückkehr nach Dtl.; 1945/46 Mitarb. der Kaderabt. beim ZK der KPD, 1946/47 der Personalabt. (Referat Schiedsgerichte) beim Zentralsekr. der SED, 1947–52 Westkommission bzw. Westabt. beim PV bzw. ZK der SED; 1952–54 stellv. Dir. des Bezirksgerichts Chemnitz bzw. Karl-Marx-Stadt u. Bezirksstaatsanwalt, 1954 stellv. HA-Ltr. bei der Obersten Staatsanwaltschaft, 1955–58 stellv. Generalstaatsanwalt u. 1956 Mitgl. der Kommission des ZK der SED zur Überprüfung von Angelegenheiten von Parteimitgl. u. ehem. Parteimitgl.; im Zusammenhang mit den Prozessen gegen Wolfgang Harich*, Walter Janka* u. a. u. der Forderung nach Entschädigung für Hans Schrecker* auf Beschluß der ZPKK vom 17. 3. 1958 gerügt sowie auf Beschluß des PB der SED vom 1. 4. 1958 seiner Funktion als Generalstaatsanwalt enthoben, »da er den notwendigen Kampf gegen Feinde der DDR vernachlässigt hat« (10. 2. 1990 von der SED-PDS rehabilitiert); 1958–60 Justitiar bei der VVB Werkzeugmaschinenbau Karl-Marx-Stadt; 1960–63 Mitarb. bzw. Ltr. der Abt. für Lit. u. Verlagswesen im Min. für Kultur, 1963–73 Ltr. der HV Verlage u. Buchhandel u. 1965–73 stellv. Min. für Kultur; 1973 ehrenamtl. Vertreter im Copyright-Büro der Unesco; verst. in Berlin.

Halbritter, Walter 17. 11. 1927
Minister u. Leiter des Amtes für Preise

Geb. in Hoym (Kr. Aschersleben), Vater Landarbeiter; Volksschule, 1942–44 Verwaltungslehre; 1944 RAD; 1944/45 Wehrmacht, Gefangenschaft in Belgien.

1946 Landarbeiter; SED, 1946–50 Sachbearb. in der Kreisverwaltung Ballenstedt, 1950 Kreisstatistiker; 1950/51 Studium an der Dt. Verwaltungsakad., Finanzlehrgang; 1951–54 Abt.-Ltr. in der HA Staatshaushalt im Finanzmin.; 1952–57 Fernstudium an der HU bzw. der HfÖ Berlin, Dipl.-Wirtsch.; ab 1955 Instrukteur, später Sektorenltr. in der Abt. Planung, Finanzen u. techn. Entw. des ZK der SED; 1961–63 stellv. Finanzmin.; 1963–65 stellv. Vors. der SPK u. Vors. des Komitees für Arbeit u. Löhne; Ltr. der Arbeitsgruppe »Bernau« zur

Ausarbeitung der Richtlinien für das »Neue Ök. System der Planung u. Ltg. der Volkswirtschaft« (NÖS); 1965–89 Min. u. Ltr. des Amts für Preise beim Min.-Rat; 1967–89 Mitgl. des ZK der SED, 1967–73 Kand. des PB; 1967–89 Mitgl. des Präs. des Min.-Rats; 1967 – März 1990 Abg. der Volkskammer; Vors. der RGW-Arbeitsgruppe Preise; 1977 VVO in Gold; Dez. 1989 – Febr. 1990 Beauftragter von Min.-Präs. Hans Modrow* für die Vorbereitung der Gespräche am Zentralen Runden Tisch; anschl. aus der Regierungstätigkeit ausgeschieden.

Halle, Günter 14. 3. 1927
MfS-Leiter der Abteilung Agitation
Geb. in Molmeck (Kr. Hettstedt), Vater Hüttenarbeiter; Volksschule; 1941–44 Angestellter in der Mansfeld AG; 1944/45 RAD.
1945/46 KPD/SED, Jugendsekr. des FDGB-Kreisvorst. Hettstedt, dann Sekr. des Antifa-Jugendaussch.; 1945/46 Antifa-Oberschule Halle; 1946/47 ABF Halle, Abitur; 1947–49 Studium der Gesellschaftswiss. an der Univ. Leipzig; 1949 Redakteur beim Mitteldt. Rundfunk; 1950 Hauptreferent im Amt für Information, Berlin; ab 1950 IM beim MfS; 1953–56 freischaff. Journalist; Juni 1956 Einstellung beim MfS, Abt. Agitation; 1957 Leiter der Abteilung Agitation, 1966 Oberst; 1971 Prom. an der JHS des MfS Potsdam-Eiche; 1975 Entlassung, Rentner.

Halm, Gunter 23. 7. 1940
Industrieminister
Geb. in Nürnberg, Vater Angestellter; 1946–54 Grundschule, 1954–57 Ausbildung zum Chemielaborant; 1957–60 ABF, Abitur; 1960–65 Studium an der TU Dresden, Dipl.-Phys.; danach u. a. Dir. für Forschung u. Entw. im VEB Kombinat Wälzlager u. Normteile Karl-Marx-Stadt; 1965 NDPD; 1971 Prom. zum Dr. rer. nat.; 1984–89 stellv. Min. für Glas- u. Keramikindustrie; ab 1985 Mitgl. des Hauptaussch. sowie des Präs. bzw. des PV der NDPD u. ab 1989 Sekr. des Hauptaussch.; Nov. 1989 – März 1990 Min. für Leichtindustrie; nach kooperativem Beitritt der NDPD zum Bund Freier Demokr. 28. 3. 1990 Mitgl. von dessen Präs.; Apr. – Okt. 1990 Staatssekr. im Min. für Wirtschaft.

Hamann, Karl 4. 3. 1903–16. 6. 1973
LDPD-Politiker, Minister für Handel und Versorgung
Geb. in Hildesheim; 1922–27 Studium der Agrarwiss. in Hohenheim, Bonn u. Berlin, Dipl.-Landwirt; ab 1926 Ltr. von Arbeitsämtern in Schwerte, Hörde u. Dortmund, 1931 einer Siedlungsgenossenschaft in Thüringen, 1933 Prom. zum Dr. agr., ab 1935 selbständiger Landwirt in Thüringen.
1945 dort Mitbegr. der LDPD, Ltr. des Landwirtschaftsamts Hildburghausen, Mitglied der Beratenden Landesvers.; 1945–52 Landesvorst. der LDP Thüringen, 1948–52 Landesvors.; 1946 bis 1950 MdL Thüringen (Ausschußvors.); 1946–52 Mitgl. des PV der LDPD, Okt. 1948 dessen Geschäftsführer, 1947 Vors. des Aussch. für Landw., Febr. 1949 – Dez. 1952 Kovors. der LDPD (mit Hermann Kastner*, dann Hans Loch*); 1948/49 Mitgl. der DWK, 1949 des Sekr. des Präs. des Dt. Volksrats; ab Okt. 1949 Abgeordneter der Prov. Volkskammer bzw. Volkskammer u. Min. für Handel u. Versorgung; Dez. 1952 verhaftet, weil er angebl. die »planmäßige Versorgung der Bevölkerung sabotiert« habe, aller Funktionen enthoben u. aus der LDPD ausgeschlossen, Juli 1954 zu zehn Jahren Zuchthaus verurteilt; Okt. 1956 begnadigt u. aus der Haft entlassen, Mai 1957 Flucht in die Bundesrep. Dtl.; in München verstorben; Mai 1990 vom Bund Freier Demokr. pol., Aug. 1991 vom Landgericht Berlin jur. rehabilitiert; Li-

berale Stiftung zur pol. Bildung im Land Brandenburg nach ihm benannt.

Hamel, Johannes 19. 11. 1911
Evangelischer Theologe
1938 Ordination, anschl. Studienamtsltr. der »Bekennenden Kirche« in Halle (Saale), ab 1939 Hilfsprediger in Beckwitz, Kayna u. Heuckewalde; 1942 Soldat u. Gefangenschaft, Lagerpfarrer in Florenz u. Pisa.
1947–55 Studentenpfarrer in Halle/Saale, 1953 im Rahmen der Verfolgung der Jungen Gemeinden u. Studentengemeinden für mehrere Monate verhaftet; 1955–76 Doz. für Prakt. Theol. am Katechet. Oberseminar in Naumburg; 1976 Ruhestand.
1958 forderte H. in dem Aufsatz »Die Verkündigung des Evangeliums in der marxist. Welt« (In: Gottesdienst – Menschendienst. Zollikon 1958), die DDR-Reg. als Obrigkeit ernstzunehmen; er setzte sich damit von Dibelius* ab. Dennoch wurde er als Vertreter der »christl. Dritter-Weg-Theorie« von der SED-Führung weiterhin abgelehnt.
Publ.: Christ in der DDR. Berlin (West) 1957; Christenheit unter marxist. Herrschaft. Berlin (West) 1959.

Hampe, Erhard 29. 4. 1928
Bauingenieur
Geb. in Spansdorf (ČSR); 1949 Abschluß einer Maurerlehre u. Abitur in Dresden; 1949–53 Bauingenierstudium an der TH Dresden, Dipl.-Ing., 1954 Dr.-Ing., 1958–60 Physikfernstudium, 1961 Dr.-Ing. habil; 1954–61 Ltr. der Zentralen Forschungseinrichtung beim Ing.-Tiefbau Brandenburg, Einführung des Spannbetons; ab 1962 ord. Prof. an der HS für Architektur u. Bauwesen Weimar, bis 1967 Dekan, 1968–78 Dir. der Sekt. Bauing.-Wesen u. Dir. des Inst. für Stahl- u. Spannbeton, 1970 Ltr. des Wiss.-Zentrums Industrie- u. Spezialbau; Ord. Mitgl. der DBA u. Vors. der Sekt. Industriebau; seit 1980 Gastprof. in Berkeley (USA, Spezialausbildung Erdbebenberechnung), der Ohio State University sowie an versch. eur. Univ. u. TH; Mitgl. der FIP-Kommission »Pressure Vessels«, Chairman des IASS-Komitees »Behälter u. Silos«; 1986 Ehrenprom. an der TU Hannover; seit 1990 Mitwirkung im Sonderforschungsbereich SILO an der Univ. Karlsruhe; Tätigkeit im Dt. Normenaussch., Bausachverständiger u. Gutachter, Mitgl. zahlr. wiss. Vereinigungen.
Ab 1990 beteiligt an der Neuformierung einer Dt. Bauakad.; seit 1992 Gutachter der Dt. Forschungsgemeinschaft; Ruhestand.
Arbeitsgebiete: Flächentragwerke im Industriebau; Spezialbauwerke; Spannbeton; Bauwerke unter seism. Einwirkungen.
Publ.: Statik rotationssymmetr. Flächentragwerke. 5 Bde. Berlin 1963/64 u. 1973; Bauwerk, Tragwerk, Tragstruktur. 2 Bde. (mit O. Büttner). Berlin 1984/85.

Handke, Georg 22. 4. 1894–7. 9. 1962
Außenhandelsminister
Geb. in Hanau, Vater Schlosser; dort 1900–1909 Volks- u. Mittelschule; 1910–13 Ausbildung zum Industrie- u. Bankkaufmann, Höhere Handelsschule; 1913–15 Angestellter; 1911–18 rev. Arbeiterjugend; 1915–18 Militärdienst; 1917 USPD, 1918 KPD, Zentralverb. der Angestellten, 1919–21 Chefred. der »Arbeiterztg.« (KPD Hanau); 1922 Mitarb. der Abt. Kommunalpol. der KPD-Zentrale; 1923–30 Chefred. der »Arbeiterztg.« u. Mitgl. der BL Hessen-Frankfurt der KPD; 7. 2. 1933 Teiln. der illegalen ZK-Tagung in Ziegenhals b. Berlin, 1933/34 für die Anleitung von KPD-Bezirksorg. in Schlesien u. im Rhein-Ruhr-Gebiet verantw., Mitgl. der illegalen Inlandsltg. der KPD; 1934 verhaftet, 1935 zu 15 Jahren Zuchthaus verurteilt, Apr. 1945 aus dem Zuchthaus Zwickau von amerikanischen Truppen befreit.

Bürgermeister von Zwickau, danach Staatssekr. beim Präs. der Landesverwaltung Sachsen; 1945–48 Vizepräs. bzw. Präs. der Dt. Zentralverwaltung für Handel u. Versorgung; 1946 SED; 1947 DSF; 1948/49 stellv. Vors. der DWK u. Mitgl. des Dt. Volksrats; 1949/50 Abg. der Prov. Volkskammer, seit 1950 der Volkskammer; 1949–52 Präs. des Verbandes Dt. Konsumgenossenschaften; 1949/50 Min. für Außenhandel u. Materialversorgung, 1950–52 für innerdt. u. Außenhandel; 1952/53 Botschafter in Rumänien, 1953–59 Staatssekr. u. 1. Stellv. des Min. für Auswärtige Angelegenheiten, Juli 1955 Ltr. der Beobachterdelegation der DDR zur Genfer Konferenz der Regierungschefs der vier Großmächte; 1954–58 Mitgl. der ZRK, seit 1958 des ZK der SED; 1958–62 Präs. der DSF (Nachf. von Friedrich Ebert*), 1961/62 Vizepräs. der Liga für Völkerfreundschaft.

Hanke, Brunhilde, geb. Anweiler 23. 3. 1930
Oberbürgermeisterin von Potsdam
Geb. in Erfurt, Vater Dreher; Volksschule, 1945–47 Ausbildung zur Näherin; 1945 FDGB, 1946 SED; Mitgl. der Antifa-Jugend bzw. der FDJ; 1948–50 Sekr. bzw. 1. Sekr. der FDJ-KL Rudolstadt; 1950 Lehrgang an der Jugend-HS Bogensee, Kr. Bernau, anschl. dort Assistentin, Kabinettsltr. u. Klassenltr., 1951/52 Besuch der Zentralschule des Komsomol in Moskau; 1952–61 Sekr. der FDJ-BL Potsdam, 1952–63 Mitgl. des ZR der FDJ; ab 1952 Mitgl. der SED-BL Potsdam, 1954–60 Fernstudium an der PHS, 1962 Dipl.-Ges.-Wiss.; Sept. 1961 – Mai 1984 OB von Potsdam (Nachf. von Wilhelm Rescher), ab 1961 Stadtverordnete; 1963 – März 1990 Abg. der Volkskammer, zunächst Schriftführerin des Aussch. für Haushalt und Finanzen, 1971–84 1. stellv. Vors. des Geschäftsordnungsaussch.; 1964–90 Mitgl. des Staatsrats; ab 1986 Mitgl. des Aussch. für Kultur; ab 1987 Vors. des KB im Bez. Potsdam; Ruhestand.

Hanke, Helmut 5. 11. 1932
Kulturpolitiker
Geb. in Hermskretschen (Böhmen), Vater Flößer, Mutter Hausfrau; Hauptschule, durch Kriegsende abgebrochen; Vertreibung.
1945 SBZ; 1946–49 Schriftsetzerlehre, 1949/50 Arbeit als Schriftsetzer; 1950–52 Lehrer an versch. FDJ-Schulen; 1951 SED; 1953 hauptamtl. FDJ-Funktionär; 1954–59 Lehrauftrag an der Bezirksparteischule Potsdam; 1959–61 Sekr. der KL Potsdam; 1959–61 Fernstudium der Ges.-Wiss. an der PHS, Dipl.-Ges.-Wiss.; 1961–65 Aspirantur am IfG, 1965 Dr. phil.; 1965–68 Mitarb. der BL Potsdam, Abt. Kultur; 1969–77 Assistent u. Doz. an der AfG beim ZK der SED, ab 1977 Prof. für Kulturtheorie an der AfG; Mitgl. des Präs. des Komitees für Unterhaltungskunst beim Min. für Kultur; Juni 1986 Parteiverfahren u. Entlassung aus der AfG, Rede- u. Schreibverbot wegen seiner Kritik an der Medien- u. Baupol. sowie der Anti-Perestroika-Haltung der Parteiführung; 1987–91 Prof. an der HS für Film u. Fernsehen Potsdam-Babelsberg.
1991 durch Krankheit auf eigenen Wunsch ausgeschieden; verh. mit Brunhilde H.*; lebt in Potsdam.
Publ.: Soz. Kulturrev. Berlin 1977; Kulturpol. Wörterbuch (Hrsg.). Berlin 1978; Freizeit in der DDR. Berlin 1979.

Hänsch, Wolfgang 11. 1. 1929
Architekt
Geb. in Königsbrück b. Dresden; 1948–51 Studium an der Staatl. Ing.-Schule für Bauwesen Dresden; seit 1951 als Architekt mit Bauaufgaben u. Projekten des Wohnungs- u. Gesellschaftsbaus in Dresden betraut, 1961–68 Chefarchitekt im VEB Dresdenprojekt u. VEB Bau-

kombinat Dresden, ltd. Architekt für den Kulturpalast Dresden, 1970–85 Chefarchitekt für den Wiederaufbau der Semperoper; des weiteren in Dresden: Wohnungsbau Blochmannstraße u. Borsbergstraße, Ladenzentrum Webergasse, Feierabendheim Seevorstadt Ost, Haus der Presse u. Druckerei »Völkerfreundschaft«, Rekonstruktion u. Umbau des Rathauses Pirna, Umgestaltung des Zuschauerraums des Schauspielhauses Dresden.
1989–91 Chefarchitekt Bauplanung Sachsen, 1990 Wettbewerb Altmarkt Dresden, 3. Preis; seit 1992 freischaff. Architekt in einer Bürogemeinschaft mit Hans-Georg Tiedt.

Hansen, Georg (eigtl. Willi Leitner)
9. 3. 1903–11. 5. 1976
Leiter des Allgemeinen Deutschen Nachrichtendienstes
Geb. in Köln, Metallarbeiter; Nov. 1919 KPD, ab 1923 Parteifunktionär u. Red.; in den 20er Jahren wegen »fraktioneller Tätigkeit« Ausschluß aus der KPD, erneute Aufnahme, 1926 Red. der Ztg. »Ruhr-Echo«; Einsatz für den Militär. Abwehrdienst der Roten Armee (GRK) in Großbritannien, dort 1927 Verhaftung u. Verurteilung zu zehn Jahren Zuchthaus wegen Spionage, 1935 aus einem Londoner Gefängnis entlassen, über Paris nach Moskau; Mitarb. der Presse- u. Informationsabt. des EKKI; 1937 Rüge von der Intern. Kontrollkommission des EKKI wegen »Aufrechterhaltung von Verbindungen mit verdächtigen Personen« u. aus dem KI-Apparat entlassen, später erneut Mitarb. der KI; ab Sept. 1941 Chefred. des Dt. Volkssenders; Okt. 1941 Evakuierung nach Ufa; Anfang 1943 Mitgl. der vom ZK der KPD initiierten Arbeitsgruppen zu Bauern- u. Propagandafragen u. zur »Bearbeitung der Fragen wichtiger Bez. Dtl.«; 1944 Mitarb. in einer Arbeitskommission zur Ausarbeitung des Nachkriegsprogramms der KPD, Mitgl. in der Unterkommission für Wirtschaftsfragen.
1945 Red. bei der »Dt. Volksztg.«, Gründer u. Chefred. der »Sächs. Ztg.« in Dresden, 1946 Gründer des ADN (zunächst GmbH, ab 1. 5. 1953 Staatseigentum) u. anschl. bis 1952 dessen Ltr.; dann Ltr. der Abt. Presse u. Rundfunk des ZK der SED; 1956–62 stellv. Chefred. u. 1962–69 Mitgl. des Redaktionskollegiums der Ztg. »Neues Dtl.«.

Harich, Wolfgang
9. 12. 1923 – 15. 3. 1995
Philosoph, Publizist
Geb. in Königsberg, Vater Literaturwiss.; 1934–42 Volksschule sowie Gymnasium in Neuruppin u. Berlin, bereits als Oberschüler Gasthörer im Fach Philos. bei N. Hartmann u. E. Spranger an der Univ. Berlin; 1942/43 Kriegsteiln. in der Wehrmacht (Ostfront), nach Lazarettaufenthalt unerlaubte Entfernung von der Truppe, 1944/45 Teiln. am illegalen antifasch. Widerstand in Berlin.
1945/46 KPD/SED; 1946–51 Studium der Philos. u. Literaturwiss. an der Berliner Univ., zugl. umfgr. publizist. u. kulturpol. Tätigkeit, u. a. in der Red. der Ztgn. »Telegraph«, »Tägliche Rundschau«, »Neue Welt«; 1948 Lehrbeauftragter für marxist. Philos. an der Pädagog. bzw. Ges.-Wiss. Fak. der HU Berlin; 1951 Prom. zum Dr. phil. mit der Schrift »Herder u. die bürgerl. Geisteswiss.«; 1950–56 nebenberuflich Lektoratsarbeit beim Aufbau-Verlag, zuletzt als stellv. Cheflektor verantw. für philos. Editionen (u. a. Herder, Heine, Feuerbach, Lukács, Bloch*); danach als Doz. Vorlesungen zur Geschichte der Philos. an der HU Berlin; 1953–56 Mithrsg. (gemeinsam mit A. Baumgarten, E. Bloch u. K. Schröter) u. erster Chefred. der Dt. Ztschr. für Philos., dem einzigen Fachorgan in der Geschichte der DDR-Philos.; konzipierte in der kurzen »Tauwetter-Periode« nach dem 20.

KPdSU-Parteitag im Herbst 1956 eine »Plattform für einen bes. dt. Weg zum Soz.«, zur soz. Demokratisierung der DDR sowie zur »friedl. (demokrat.-soz.) Wiedervereinigung Dtl.«; daraufhin am 29. 11. 1956 Verhaftung durch das MfS u. im März 1957 in einem Schauprozeß Verurteilung durch das Oberste Gericht der DDR zu zehn Jahren Zuchthaus wegen »Bildung einer konspirativ-staatsfeindl. / konterrev. Gruppe«, zu der noch der damalige Ltr. des Aufbau-Verlags W. Janka* u. die Red. der Ztschr. »Sonntag« G. Just* u. H. Zöger* gehörten, die ebenfalls verurteilt wurden; Ende 1964 durch Amnestie freigelassen u. seit 1965 ohne feste Anstellung, Forschungen zu Jean Paul sowie Mitarb. an der Ludwig-Feuerbach-Ausgabe des Akad. Verlags; Anfang der 70er Jahre Hinwendung zu ökolog. Themen; 1979 Invalidisierung, anschl. bis 1981 unter Beibehaltung der DDR-Staatsbürgerschaft Aufenthalt in Österreich, der Bundesrep. Dtl., Spanien u. in der Schweiz, Engagement in der westdt. Friedensbew.; 1987 vehemente Kritik u. antifasch. motivierte Verurteilung einer zaghaft beginnenden Nietzsche-Rezeption in der DDR; 1990 Kassation des Urteils von 1957 u. vollständige Rehabilitierung.
1992 Mitbegr. u. Vors. der »Alternativen Enquete-Kommission Dt. Zeitgeschichte« zur Aufarbeitung u. Bewertung der DDR-Geschichte.
Publ.: Rudolf Hayn u. sein Herderbuch. Berlin 1955; Jean Pauls Kritik des philosoph. Egoismus. Berlin 1968; Zur Kritik der rev. Ungeduld. Basel 1971; Kommunismus ohne Wachstum? Babeuf u. der »Club of Rome«. Reinbek 1975; Keine Schwierigkeiten mit der Wahrheit. Berlin 1993.

Harig, Gerhard 31. 7. 1902–13. 10. 1966
Wissenschaftshistoriker und -funktionär
Geb. in Niederwürschnitz (Erzgeb.), Vater Landarzt; ab 1913 Schiller-Realgymnasium in Leipzig; 1922–27 Studium der Physik, Mathematik u. Mineralogie in Leipzig u. Wien, 1928 philosoph. Prom. zu einem experimentalphysikal. Fachthema in Leipzig, anschl. bis 1933 Assistent am Inst. für theoret. Physik der TH Aachen; mit dem NS-Machtantritt 1933 erste Verhaftung u. fristlose Entlassung; KPD, illegale antifasch. Arbeit, Emigration in die UdSSR, Forschungsarbeit am Physikal. Inst. der TH Leningrad, 1934 Veröff. der Arbeit »Lenin u. die moderne Physik« in Moskau; 1938 Rückkehr zur illegalen Arbeit nach Dtl., sofortige Verhaftung, bis 1945 KZ Buchenwald.
1945/46 Ltr. des Statist. Amts Leipzig; 1947/48 Prof. für Geschichte der Naturwiss. u. Technik an der neugegr. Ges.-Wiss. Fak. der Univ. Leipzig; 1948–51 Dir. des neugegr. Franz-Mehring-Inst. der Univ. Leipzig zur Ausbildung von Lehrern für Marxismus-Leninismus, erster Prof. mit Lehrstuhl für dialekt. und hist. Materialismus in der DDR; 1951–57 erster Staatssekr. des neu konstituierten Staatssekr. für HS-Wesen, unter seiner Ltg. Einführung des marxist.-leninist. Grundstudiums als Pflichtfach für alle Studenten in der DDR; 1957 Rückkehr an die KMU Leipzig, Dir. des Karl-Sudhoff-Inst. für Geschichte der Naturwiss. u. Medizin, 1960 Mitbegr. u. -hrsg. der »NTM-Schriftenreihe Geschichte der Naturwiss., Technik u. Medizin«; 1965 Vors. des Nationalkomitees für Geschichte u. Philos. der Wiss.
Publ. zu marxist. Erkenntnistheorie, dialekt. Materialismus sowie Geschichte der Naturwiss., u. a.: Die Tat des Kopernikus. Leipzig. Jena. Berlin 1962; Ausgew. philosoph. Schriften 1934–59 (mit biograph. Daten). Leipzig 1973; Schriften zur Geschichte der Naturwiss. (mit Bibliogr.). Berlin 1983.

Harkenthal, Wolfgang 14. 1. 1922
Direktor des VEB Progress Film Vertrieb

Geb. in Aschersleben; 1938–41 Lehre als Elektrokaufmann; 1941 Angestellter der Kammerlichtspiele GmbH; 1942 Wehrmacht, 1945/46 Gefangenschaft.
1946–50 Mitarb., Pressereferent der Sovexportfilm-Vertretung in Dtl.; SED; 1950–55 Ltr. der Presse- u. Werbeabt. der Progress Film Vertrieb GmbH; 1955–58 Stellv. des Ltr. u. Ltr. des Lichtspielwesens in der HV Film im Min. für Kultur; 1958/59 Abt.-Ltr. der VVB Film; 1960–62 Ltr. der Abt. Kultur beim Rat des Bez. Leipzig; 1963/64 Ltr. des Filmeinsatzes im Progress Film Vertrieb; 1964 bis 1973 Dir. der Intern. Leipziger Dok.- u. Kurzfilmwoche; 1973–87 Dir. des Progress Film Vertrieb (Nachf. von Helmut Häußler); 1985 Ehrenpreis des Filmfestivals Rio de Janeiro für bes. Förderung des lateinamerik. Dok.-Filmschaffens.
1990/91 Geschäftsführer der Neue Berlin Film Verleih GmbH.

Hart, Jürgen 1942
Kabarettist, Kabarettleiter
Geb. in Treuen (Vogtl.); Lehrerstudium für Dt. u. Musik in Leipzig, 1967–70 Schuldienst; erste Kabarettversuche bereits zur Oberschulzeit in Auerbach u. während des Armeedienstes 1961–63; 1970–75 Ltr. des Poet. Theaters »Louis Fürnberg« der KMU Leipzig, zu dem auch das Studentenkabarett »academixer« gehörte; 1976–90 Dir. der »academixer« (anfangs freie Gruppe u. Tourneekabarett, seit 1980 feste Spielstätte in Leipzig); seine Frau Katrin Bremer-Hart gehörte ebenfalls seit 1969 dem »academixer«-Ensemble an; seit 1980 auch Schallplattenprod. mit sächs. und satir. Liedern; ab 1991 freier Autor u. Kabarettist, ständiger Gast u. Programmgestalter bei den »academixern«.

Hartke, Werner 1.3.1907–14.6.1993
Präsident der DAW, Altphilologe
Geboren in Eschwege, Vater Pädagoge, Universitätsprof.; Gymnasium, Abitur; 1925–32 Studium der klass. Philol. u. Archäol. sowie Philos., Mathematik, Biol. u. Pädagogik an der Univ. Berlin, 1932 Prom. zum Dr. phil. an der Univ. Berlin u. Assistent; 1934 Lektor u. außerplanmäßiger Oberassistent an der Univ. Königsberg; 1937 NSDAP; 1939 Habil. über die Geschichte u. Pol. im spätantiken Rom u. Doz. an der Univ. Königsberg; 1944 Militärdienst, Hptm.
1945 Lehrtätigkeit an der Univ. Göttingen; 1946 KPD, 1948 SED; 1948 Prof. mit vollem Lehrauftrag, 1950 Ordinarius für klass. Philol. an der Univ. Rostock, 1948–51 hier Dekan der Philosoph. Fak.; 1955 Prof. mit Lehrstuhl für latein. Sprache u. Lit. u. Dir. des Inst. für Altertumskunde an der HU Berlin, 1955–57 hier Dekan der Philosoph. Fak., 1957–59 Rektor (Nachf. von Walter Neye); 1955 Ord. Mitgl. der DAW u. bis 1964 Dir. des Inst. für griech.-röm. Altertumskunde; 1958 NP; 1958–68 Präs. u. 1968–72 Vizepräs. der DAW; 1959 VVO in Gold; 1961 Dr. phil. h.c. (Univ. Rostock); zeitw. Mitgl der SED-BL Berlin; Mitgl. mehrerer ausländ. AdW, Mitgl. des Präsidialrats des KB, Vizepräs. der dt.-arab. Ges.; 1972 em.
Hauptforschungsgebiet Spätantike, dabei Verbindung von Philol. u. hist. Wiss.; Verf. eines Lehrbriefs zum Studium der Geschichte des alten Griechenland (1956, mehrere Aufl.); Hrsg. der Ztschr. »Klio« (1959ff.) und der »Dt. Literaturztg.« (1958ff.).
Publ.: Geschichte u. Pol. im spätantiken Rom. 1940, mehrere Aufl.; Die spätröm. Kinderkaiser. Berlin 1951.

Hartling, Gunar 5.3.1930
MfS-Abteilungsleiter
Geb. in Chemnitz, Vater Kraftfahrer, Mutter Hausfrau; Volksschule; 1945 Ausbildung zum Forstarbeiter, danach im Forstamt Döbeln; 1948 SED; 1952 Einstellung beim MfS, Kreisdienststelle Rochlitz; 1954 Abt. XIII der Bezirksver-

waltung Karl-Marx-Stadt; 1956 stellv. Ltr., 1958 Ltr. der Abt. XIII; 1960–65 Fernstudium an der JHS des MfS Potsdam-Eiche, Dipl.-Jur.; 1976 Ltr. der Abt. XIII (Rechenstation) des MfS Berlin; 1977 Oberst; Dez. 1989 von seiner Funktion entbunden; Jan. 1990 Entlassung, Rentner.

Hartmann, Günter 18. 3. 1930
NDPD-Politiker
Geb. in Halberstadt, Vater Arbeiter; Volksschule; 1945 Mitgl. des Antifa-Jugend-Aussch. Blankenburg (Harz), 1945/46 Landvermesser bei der Bodenreform; 1946 FDJ; 1947/48 Studium an der Ing.-Schule Magdeburg u. der Bergakademie Freiberg, Vermessungsing.; 1948 NDPD; Stadtjugendltr. der FDJ in Kölleda; 1949/50 Reviermarkscheider bei der SAG Wismut in Johanngeorgenstadt; 1951–58 Mitgl. des Hauptaussch. der NDPD, 1951 Jugendreferent beim Landesvorst. Sachsen-Anhalt, 1952–54 Mitgl. des Bezirksvorst. Halle, 1954–71 Mitarb. beim PV der NDPD, Abt.-Ltr., Ltr. des Büros des Vors.; Fernstudium an der HfÖ Berlin, 1961 Dipl.-Wirtsch.; 1967–90 erneut Mitgl. des Hauptaussch., 1972–90 des PV bzw. Präs. u. des Sekr. des Hauptaussch.; ab 1972 Mitgl. des NR der NF, des Präs. des Friedensrats u. des Präs. der Liga für Völkerfreundschaft, ab 1974 des Chile-Zentrums der DDR; 1978 – März 1990 Abg. der Volkskammer, Aussch. für Auswärtige Angelegenheiten, ab 1986 ihres Präs. u. Vors. der NDPD-Fraktion; 1987–89 stellv. Vors., Nov. 1989 – Jan. 1990 Vors. der NDPD (Nachf. von Heinrich Homann*), Jan. – März 1990 erneut stellv. Vors., danach Berater beim PV; Vorruhestand; Mitgl. des Bundes Freier Demokr., später der F.D.P.

Hartung, Fritz 12. 1. 1883–24. 11. 1967
Historiker
Geb. in Saarmund in einer preuß. Ministerialbeamtenfamilie; 1905 Prom. bei O. Hintze an der Univ. Berlin mit einer Arbeit über die preuß. Verwaltung in Ansbach-Bayreuth von 1792–1806; 1910 Habil. an der Univ. Halle mit einer Arbeit über Karl V. u. die dt. Reichsstände von 1546–55; 1915 nichtbeamteter ao. Prof. an der Univ. Halle, 1915–18 Teiln. am 1. Weltkrieg; 1918–22 an der Univ. Halle, 1922–23 ord. Prof. an der Univ. Kiel, 1923–48 ord. Prof. an der Univ. Berlin (Nachf. O. Hintze auf dem Lehrstuhl für Verfassungs- und Verwaltungsgeschichte, Wirtschaftsgeschichte u. Pol.); 1925–58 Hrsg. der »Jahresberichte für dt. Geschichte«; 1932–34 Dekan der Philosoph. Fak. der Univ. Berlin, 1939 Ord. Mitgl. der Preuß. AdW.
1945–46 Dekan an der Univ. Berlin, 1945–52 Sekretär der Philosoph.-hist. Klasse bei der Akad.; 1948 Em. aus grundsätzl. Erwägungen, ging aber trotz Drängens (z. B. von F. Meinecke) nicht an die gerade gegr. FU Berlin; 1953 legte H. seine Funktionen in der Akad. außer der des Hrsg. der »Jahresberichte« nieder, Mitgl. der DAW blieb er bis zu seinem Tod in Berlin (West).
Nach 1945 bemühte sich H. um Vermittlung zwischen Ost- u. Westdtl., bis er schließl. in den 50er Jahren resignierte; sein Engagement wurde von vielen dt. Historikern sowohl begrüßt als auch kritisiert; H. galt als einer der führenden dt. Historiker im 20. Jh., grundlegende Arbeiten publizierte er zur dt. u. eur. Verfassungsgeschichte, zur preuß. Verwaltungsgeschichte u. zur pol. Geschichte der Neuzeit.
Publ.: Dt. Verfassungsgeschichte in der Neuzeit. 1914; Dt. Geschichte von 1871–1919. 1920.
Sek.-Lit.: Schochow, W.: Ein Historiker in der Zeit. In: Jahrbuch für die Geschichte Mittel- u. Ostdtl. 32/1983; ebenda 3/1954. (Bibliogr.); ebenda 16/17/1968 (Bibliogr.); Forschungen zu Staat u. Verfassung. Fs. F. H. Berlin 1958.

Hauff & Henkler
Gesangsduo, Entertainer

Hauff, Monika 17.4.1944
Geb. in Wernigerode; EOS, dort im Chor der Gerhart-Hauptmann-Oberschule; dann in versch. Bands; 1967 beim Schlagerfestival der Ostseeländer in Rostock 1. Preis, 1968 2. Preis; 1968 im Studio für Unterhaltungskunst.

Henkler, Klaus-Dieter 19.1.1944
Geb. in Seebenau; Klavier- u. Gitarrenunterricht; Besuch des Konservatoriums in Halle; 1968 im Studio für Unterhaltungskunst; Hauptrolle in »Du u. ich u. Klein-Paris«, Musik für »Dach überm Kopf« (beide DEFA).
Zusammenarbeit von H. u. H. seit 1968, Repertoire: Schlager, Stimmungslieder, intern. Folklore, Country-Songs; ca. 300 Titel in 22 Sprachen; meistgespielter DDR-Schlager »Das war ein Meisterschuß« (Siebholz/Brandenstein); Mitwirkung oder mit eigener Show an allen großen Häusern des Landes sowie in fast allen eur., mehreren afrik. u. südostasiat. Ländern, in Mexiko, Kuba, den USA u. Kanada; Teiln. u.a. am Schlagerwettbewerb der DDR 1968 (2. Preis) u. 1970 (3. Preis), am Folklorefestival zu den Olymp. Spielen 1968 in Mexiko; 1975 »Grand Prix de la Chanson de Paris« (Siegertitel: »Als ich dich heute wiedersah« von Reinhard Lakomy*/Fred Gertz); am »Coup d'Europe musicale« 1976 in Villach; Teiln. am German Heritage Festival 1990 in New Jersey.
Im DFF zahlr. Shows: Moderatoren im »Kessel Buntes«, 1976–91 Co-Moderatoren in »Zwischen Frühstück u. Gänsebraten«, eigene Shows »Notenkarussell« (1968–72), »Ziehn zwei Musikanten« (1977–79), »Musikanten sind da« (1981–91); 1973–75 Fernsehlieblinge; seit 1978 auch in ARD u. ZDF (»Zum Blauen Bock«, »Musikladen«, »Kein schöner Land«, »ZDF-Hitparade« u.a.); bei Amiga bis 1988 14 LP, zahlr. Singles, 1990 LP »Heimat« bei Teldec.

Hauschild, Thea 3.12.1932
Oberbürgermeisterin von Dessau
Geb. in Weißenfels, Vater Schlosser; Volksschule; 1948–50 Hausgehilfin; 1949 FDGB, 1950 FDJ, 1954 SED; 1950 Anlernstepperin in einer Weißenfelser Schuhfabrik, 1950–53 ABF Halle, Abitur; 1954 SED, 1953–57 Studium an der HfÖ Berlin, Dipl.-Wirtsch.; 1957 bis 1962 Stellv. des Vors. bzw. Vors. der Plankommission beim Rat des Kr. Weißenfels, 1961–63 Abg. des Kr.-Tags, 1959–62 Mitgl. der SED-KL; 1962/63 Ltr. der Unterabt. Koordinierung beim Rat des Bez. Halle; Aug. 1963 – Juni 1984 OB von Dessau, ab 1963 Stadtverordnete u. Mitgl. der SED-KL, ab 1969 der SED-BL Halle; 1971–86 Abg. der Volkskammer; 1973/74 PHS; Juni 1984 aus ihren Funktionen ausgeschieden.

Hauser, Harald 17.12.1912 – 6.8.1994
SED-Funktionär, Schriftsteller
Geb. in Lörrach (Baden), Vater Hochschullehrer; Volksschule, Realgymnasium, Studium der Rechtswiss. in Freiburg i. Br. u. Berlin; 1930 KJVD, 1932 KPD, Agit.-Prop.-Ltr. der »Roten Studentengruppe« an der Univ. Berlin; 1933 Emigration nach Frankreich; Gelegenheitsarbeiten, Journalist; 1939 Freiwilliger der frz. Armee; ab 1940 illegale Arbeit in Paris, u.a. Wehrmachtspropaganda (Deckname Jean Louis Maurel); ab 1943 Hauptred. der illegalen Ztg. »Volk u. Vaterland«, Generalsekr. des Komitees »Freies Dtl.« für den Westen.
1945 Rückkehr nach Dtl., zunächst Reorg. der KPD im Saargebiet u. im Rheinland; dann Red. der »Dt. Volksztg.«, Mitarb. des »Neuen Dtl.«; 1946 KPD/SED; 1949–55 Chefred. der DSF-Monatsschrift »Die Neue Ges.«; Begr. der

Illustrierten »Freie Welt«; Mitgl. des Vorst. des DSV; 1959 Lessing-Preis; 1962 Mitgl. des Präs. der Dt.-Frz. Ges. Gestaltung seiner Résistance-Erlebnisse in der dreizehnteiligen TV-Serie »Salut Germain!« (1971); Verf. linientreuer, propagandist. Stücke u. Filme.
Publ.: Wo Deutschland lag. Berlin 1947.

Havemann, Robert
11.3.1910–9.4.1982
Physikochemiker, Dissident
Geb. in München, Vater Lehrer; 1929 Abitur in Bielefeld; 1929–33 Chemiestudium in München u. Berlin; seitdem der KPD nahestehend; 1935 Prom. mit einer Arbeit zur Kolloidchemie an der Univ. Berlin; glz. Forschungen am Kaiser-Wilhelm-Inst. in Berlin-Dahlem u. an Berliner Krankenhäusern; seit 1937 Assistent am Pharmakolog. Inst. der Univ. Berlin, 1943 Habil.; Sept. 1943 Verhaftung als Mitbegr. u. Ltr. der antifasch. Widerstandsgruppe »Eur. Union«, 16.12. Todesurteil durch den Volksgerichtshof; 1944/45 Beschäftigung mit »kriegswichtigen Arbeiten« in der Todeszelle des Zuchthauses Brandenburg-Görden.
1945–50 Dir. der Berliner Inst. der Kaiser-Wilhelm-Ges., ab 1947 zugl. Ltr. der Verwaltung des zur Ges. gehörenden Inst. für Physikal. Chemie u. Elektrochemie, ab 1946 auch Prof. mit vollem Lehrauftrag an der HU Berlin; 1945 Mitbegr. des KB, 1947–58 Mitgl. des Präsidialrats; ab 1949 Abg. der Prov. Volkskammer bzw. Volkskammer; 1950 wegen öff. Protests gegen die amerik. Nuklearpol. fristlose Entlassung durch den Senat aus den Ämtern in Dahlem; endgültige Übersiedlung in die DDR; 1950 SED; Mitgl. des Dt. Friedenskomitees (ab 1953 des Präs. des Friedensrats); ord. Prof. u. Dir. des Physikal.-Chem. Inst. der HU, 1950–54 Studentendekan, 1957–62 Prodekan der Mathemat.-Naturwiss. Fak.; 1959 NP; 1960 zugl. Ltr. der Arbeitsstelle für Photochemie an der DAW; 1961 Korr. Mitgl. der DAW; mit seinen Beiträgen zur Photo- u. Magnetochemie einer der Pioniere der physikochem. Forschung in der DDR.
Angeregt vom XX. Parteitag der KPdSU 1956 wurde H. in den 60er Jahren zum bedeutendsten u. bekanntesten Systemkritiker in der DDR, äußerte prinzipielle marxist. Kritik an den pol. Verhältnissen u. der Gängelung der Wiss. u.a. in seiner stark besuchten Vorlesungsreihe an der HU 1963/64 (veröff. unter dem Titel »Dialektik ohne Dogma«, Reinbek 1964); 1963 nicht wieder als Kand. für die Volkskammer nominiert, 1964 Ausschluß aus der SED u. fristlose Entlassung durch die HU, 1966 Entlassung durch die DAW u. statutenwidrige Streichung als Korr. Mitgl.; fakt. Berufsverbot, Überwachung, Hausarrest u.a. Repressalien durch das MfS; wirkte dennoch bis zu seinem Tode für einen demokr. Soz. u. suchte in diesem Sinne publizist. über westdt. Medien auf Pol. u. Ges. in der DDR Einfluß zu nehmen; Mitbegr. der unabhängigen Friedens- u. Bürgerrechtsbew.; gest. in Grünheide bei Berlin.
16.11.1989 postum Wiederaufnahme in die AdW; 28.11. posthume Rehabilitierung durch die ZPKK der SED mit der Erklärung, H. habe »zum damaligen Zeitpunkt pol. richtige Einschätzungen u. Wertungen der Pol. der Partei vorgenommen«.
Publ.: Einführung in die chem. Thermodynamik. Berlin 1957; Fragen-Antworten-Fragen. Aus der Biogr. eines dt. Marxisten. München 1970; Rückantworten an die Hauptverwaltung »Ewige Wahrheiten«. München 1971; Ein dt. Kommunist. Rückblicke u. Perspektiven aus der Isolation. Hamburg 1978; Morgen. Die Industrieges. am Scheideweg. München 1980.
Sek.-Lit.: R. H.: Warum ich Stalinist war u. Antistalinist wurde (hrsg. von

Dieter Hoffmann u. Hubert Laitko). Berlin 1990; R. H. Dokumente eines Lebens (Hrsg. D. Hoffmann u. a.). Berlin 1991 (mit Bibliogr.).

Heartfield, John (eigtl. Helmut Herzfeld) 19. 6. 1891–26. 4. 1968
Fotomonteur
Geb. in Berlin-Schmargendorf, Vater soz. Schriftsteller (Franz Held); 1905/06 Buchhändlerlehre in Wiesbaden; 1907 bis 1911 Studium an der Münchener Kunstgewerbeschule, 1912–14 an der Kunst- u. Handwerkerschule in Berlin-Charlottenburg; 1914–16 Kriegsdienst; gründete 1916/17 mit seinem Bruder Wieland Herzfelde* den Verlag Neue Jugend u. den Malik-Verlag; 1918 KPD; 1920 Auftreten bei Veranstaltungen der Dadaisten; entwickelte unter dem Einfluß von George Grosz die künstler. Form der pol. Fotomontage; seit 1919 Mitarb. an linken satir. Blättern wie »Die Pleite« u. »Der Knüppel«; 1928 Mitgl. der Assoziation Rev. Bildender Künstler Dtl. (ASSO); ab 1930 ständiger Mitarbeiter der »Arbeiter-Illustrierten-Ztg.« (AIZ); 1933–38 Emigration nach Prag, Wiederaufnahme der Arbeit mit dem Malik-Verlag u. der »AIZ«; 1938–50 in London; Beteiligung am antifasch. Widerstandskampf.
1950 Rückkehr nach Dtl., lebte zunächst in Leipzig; 1955 Ehrenmitgl. des VBK u. des Tschech. Künstlerverb. Prag; seit 1956 in Berlin; arbeitete freischaff. für Verlage, Theater u. Org.; 1956 Mitgl. der DAK, 1957 dort erste große Nachkriegsretrospektive; 1960 Prof.; 1961 Dt. Friedenspreis; 1965 VVO in Gold, 1967 KMO.
Publ.: Dtl., Dtl. über alles. Ein Bilderbuch von Kurt Tucholsky u. vielen Fotografen, montiert von J. H. Berlin 1929; Der Schnitt entlang der Zeit (Hrsg. R. März). Dresden 1981.
Sek.-Lit.: Herzfelde, W.: J. H. Leben u. Werk. Dresden 1988; J. H. in Selbstzeugnissen u. Bilddokumenten, dargestellt von M. Töteberg. Reinbek b. Hamburg 1978.

Hegenbarth, Johannes (Hannes Hegen) 16. 5. 1925
Comic-Künstler
Geb. in Böhmisch-Kamnitz (ČSR), Vater Glasraffinerieinhaber, Glasgraveur; Studium an der HS für angewandte Kunst in Wien, 1943 Abbruch durch Einberufung.
1947–50 Studium an der HS für Grafik u. Buchkunst in Leipzig; 1950–54 Karikaturist im Berliner Verlag, u. a. für »Frischer Wind« u. »Magazin«; 1955 bis 1975 Schöpfer der einzigen DDR-Comicztschr. »MOSAIK«, zuerst im Verlag Neues Leben, dann Junge Welt, u. der Comic-Figuren Dig, Dag u. Digedag.
Publ.: MOSAIK Nr. 1–223, zahlr. Buchnachauflagen u. Reprintmappen.
Sek.-Lit.: Scholz, Michael; Lettkemann, Gerd: H. H. In: Lexikon der Comics, hrsg. von Marcus Czerwionka. Meitingen 1994.

Hegenbarth, Josef
15. 6. 1884–27. 7. 1962
Maler, Illustrator
Geb. in Böhmisch-Kamnitz; seit 1905 in Dresden; 1908–15 Studium an der Dresdener Kunstakad., Meisterschüler von Gotthardt Kuehl; 1917–19 Aufenthalt in Prag, Mitbegr. der Prager Sezession; 1919 Mitgl. der Dresdener Künstlervereinigung; 1925 Mitgl. der Wiener Sezession u. des Dt. Künstlerbunds; Mitarb. an den Ztschr. »Jugend« u. »Simplizissimus«; 1943–45 Aufenthalt in Böhmisch-Kamnitz; im 2. Weltkrieg Verlust großer Teile seines Lebenswerks.
1945 Rückkehr nach Dresden; Mitarb. der Ztschr. »Ulenspiegel«; 1946–49 Prof. an der HS für Bildende Künste Dresden; 1954 NP; 1955 Korr. Mitgl. der AdK; 1956 Ao. Mitgl. der AdK Berlin (West); 1960 Ord. Mitgl. der Bayer.

Akad. der schönen Künste in München; 1957 Rückgabe eines Teils des 1945 in Böhmisch-Kamnitz verlorenen Lebenswerks durch die ČSR.
Neben einem umfgr. zeichner. u. maler. Werk schuf H. vor allem Feder- u. Pinselzeichnungen (in der Frühzeit Radierzyklen) zu zahlr. Werken der Weltlit. u. wurde damit einer der bedeutendsten Illustratoren des 20. Jh.
Sek.-Lit.: F. Löffler: J. H. Dresden 1980; R. v. Sichowsky: J. H. Aufzeichnungen über seine Illustrationsarbeiten. Hamburg 1964. Kat. J.H. zum 100. Geburtstag. Dresden 1984.

Hegewald, Heidrun 21. 10. 1936
Malerin, Grafikerin
Geb. in Meißen, Oberschule; 1951–54 Lehre als Damenmaßschneiderin; 1954/55 in Dresden Schneiderin im Modesalon Rakette; 1955–58 Studium im Fach Entwurf an der FS für Bekleidung in Berlin; 1958–61 Studium der Grafik an der HS für bildende u. angewandte Kunst in Berlin-Weißensee; 1961–70 freischaff. Grafikerin in Berlin; 1971–74 Meisterschülerin der AdK bei Werner Klemke*; 1974 Mitgl. der Sektionsltg. Malerei/Grafik des VBK Berlin; seit 1975 freischaff.; 1978 Kand. des Präs. des VBK.
Werke: Buchillustrationen zu Peter Hacks*, John Erpenbeck; Tafelbilder: u. a. Spielendes Kind (1974), Kind u. Eltern (1976), Schlaf (1977), Die Tanzmeister. Ein Bild über die falschen Töne (1981), Gegensätzliche (1982), Mütter (1982), Die Mutter mit dem Kinde (1984/85), Prometheus bemerkt das Spiel mit dem Feuer (1986).
Publ.: Meine Sehnsucht ist krisenfrei. In: Förster, Gerlinde (Hrsg.): Es zählt nur, was ich mache. Gespräche mit bildenden Künstlerinnen aus Ost-Berlin seit 1990. Berlin 1992; Frau K. Die zwei Arten, zu erbleichen. Berlin 1993.
Sek.-Lit.: Kat. H. H. Malerei – Graphik – Handzeichnungen Bezirksmuseum Potsdam/Staatl. Galerie Moritzburg. Halle 1980.

Hegewald, Helmar 27. 6. 1941
PDS-Politiker
Geb. in Radebeul, Vater Arbeiter; 1956 FDJ; 1960 Abitur an der Kreuzschule Dresden u. Lehrabschluß als Chemiefacharbeiter; 1961–65 Studium der Chemie u. Pädagogik an der TU Dresden, dort 1965–80 wiss. Assistent u. Oberassistent; 1968 SED; 1971 Prom. zum Dr. phil., 1979 Habil. zu ethisch-moral. Fragen der wiss. techn. Arbeit, 1980–87 Doz. an der Sektion Philos. u. Kulturwiss. der TU Dresden, 1987 Prof. für Ethik; ab 1981 ltd. Mitarb. in der Ges. für Natur u. Umwelt beim KB; 1986–90 Abg. des Bez.-Tags Dresden; Arbeiten zu philosoph. Problemen der ökolog. Erneuerung der Ges., Ingenieurethos, Umwelttechnik u. Entw. von Umweltbewußtsein; ab 8. 12. 1989 Mitgl. des Präs. des PV der SED-PDS, Ltr. der Kommission Umweltpol.; Jan. – März 1990 PDS-Vertreter am Zentralen Runden Tisch u. in dessen Arbeitsgruppe »Ökolog. Umbau«; März – Okt. 1990 Abg. der Volkskammer.
Seit Okt. 1990 Abg. des Sächs. Landtags, Vors. des Umweltaussch.; laut Medienberichten bestätigte er, sich 1978 zur inoff. Mitarb. beim MfS schriftl. verpflichtet zu haben.

Heicking, Wolfram 19. 5. 1927
Komponist
Geb. in Leipzig; 1946–51 Studium Klavier, Musiktheorie, Komposition u. Musikwiss.; 1951/52 wiss. Assistent an der HU Berlin; seit 1952 Doz. für Tonsatz an der HS für Musik »Hanns Eisler« Berlin; 1969 Prof. für Komposition; 1972 Vors. des Bezirksvorst. Berlin des VDK; 1982 Vizepräs. des VDK; 1983 AdK; 1988 Vors. des Berliner Musikbeirats.
Komponierte zahlr. Werke der Orche-

ster- und Kammermusik, Lieder, Chansons, Jazz- u. Tanzmusik sowie Musik zu zahlr. Spiel-, Dok.- u. Fernsehfilmen.

Heidebroek, Enno (eigtl. Wilhelm Tielko) 15. 11. 1876–1. 2. 1955
Präsident der KdT, Maschinenbauingenieur
Geb. in Hannover; Gymnasium, Abitur; 1895–99 Studium des Maschinenbaus an der TH Hannover, Dipl.-Ing., 1. Staatsprüfung als Reg.-Bauführer; 1900 Assistent am Lehrstuhl für Maschinenelemente u. Wasserkraftmaschinen an der TH Berlin-Charlottenburg; 1901 Prom. zum Dr.-Ing. an der TH Hannover mit der Diss. »Vergleichende Untersuchungen über die hydraul. Eigenschaften der Überdruckturbinen« (2. Maschinenbauprom. in Dtl.); 1903–11 in der Pumpenfabrik Weise & Monski in Halle Konstrukteur, Obering., Prokurist; 1911 ord. Prof. für Maschinenelemente, Getriebelehre u. Industriebetriebslehre an der TH Darmstadt; ab 1915 in der techn. Ltg. des Fahrzeugwerks Eisenach; 1919 DDP; 1923 Rektor der TH Darmstadt; 1931 Lehrstuhl für Maschinenkunde u. Fördertechnik an der TH Dresden; 1931–34 Vors. des Dt. Studentenwerks, mehrere Jahre Mitgl. im Hauptvorst. des Vereins Dt. Ing.; 1939/40 Betriebsltg. der Heeresversuchsanstalt Peenemünde.
1945 LDPD; 1945–47 Rektor der TH Dresden; Abg. des Sächs. Landtags, 1949 der Prov. Volkskammer; 1946–49 Präs. der KdT; 1948 Mitgl. der Sächs. AdW; Dr.-Ing. e.h. der TH Darmstadt, 1951 em. Arbeitsgebiete: Auswuchtmaschinen, Gleitlager, Schmierung.
Publ.: Fördertechnik für Massengüter. 1952/53.

Heidenreich, Gerhard 5. 10. 1916
1. Sekretär der SED-Kreisleitung im MfS
Geb. in Breslau, Vater Arbeiter, Mutter Landarbeiterin; Volksschule; 1930–32 Laufbursche; 1931 Vertreter der Roten Pioniere in der KJVD-BL Breslau; 1934 kaufm. Lehre; 1934 Verurteilung zu zwei Jahren Gefängnis wegen Vorbereitung zum Hochverrat, danach arbeitslos; 1937/38 versch. Hilfsarbeiten; 1938–45 Transportarbeiter u. Ofenbauer; 1944/45 Teiln. am antifasch. Widerstand im Kessel Breslau.
1945 Umsiedlung nach Dresden; KPD; Jugend-Sekr. der KPD-KL Plauen; 1946 Lehrgang an der Antifa-Schule der SMAD in Königs Wusterhausen; 1947 Sachbearb. für Kaderfragen beim ZR der FDJ; 1947–49 Mitgl. der Landesltg. u. des Sekr. der SED Sachsen; 1947–49 1. Sekr. der FDJ-Landesltg. Sachsen; 1948–50 Mitgl., 1949/50 2. Sekr. des ZR der FDJ; 1950 Kand. des ZK der SED; Volkskammerabg.; stellv. Ltr. der Abt. Kader des ZK der SED; 1951 stellv. Ltr. des Inst. für wirtschaftswiss. Forschung (Auslandsspionagedienst, später HA XV bzw. HV A des MfS); 1957 1. Sekr. der SED-KL im MfS; 1963–81 Mitgl. des ZK der SED; 1965/66 Studium an der PHS der KPdSU in Moskau; 1970 Gen.-Major; 1974 VVO in Gold; 1979 Ruhestand; 1986 Stern der Völkerfreundschaft in Gold.

Heidrich, Horst 7. 2. 1920–16. 8. 1992
Generalforstmeister
Geb. in Satzung (Kr. Marienberg, Sa.), Vater Bauarbeiter; Volksschule; 1934 bis 1939 Waldarbeiter im Forstamt Steinbach, Forstanwärter; 1939 NSDAP; 1940–45 Wehrmacht, Uffz.
1945/46 Forstwart bzw. Forstbetriebsangestellter im Forstamt Naunhof (Kr. Grimma); 1945/46 SPD/SED; 1946–48 FS für Forstwirtschaft in Tharandt, Försterexamen, 1949 Revierförsterprüfung; 1948–50 Revierförster u. Fachlehrer in Wermsdorf (Sa.); 1951 Forstschutzreferent im sächs. Min. für Land- u. Forstwirtschaft; 1951–58 Referent, Hauptreferent bzw. Sektorenltr. in der Abt.

Forstwirtschaft des Min. für Land- u. Forstwirtschaft der DDR; 1956/57 PHS; 1959–63 kommissar. Ltr. bzw. Ltr. der Abt. Forstwirtschaft des Min., 1963–65 Ltr. der HV Forstwirtschaft der Produktionsltg. des Landwirtschaftsrats, Generalforstmeister, 1965–75 Vors. des Staatl. Komitees für Forstwirtschaft, Generalforstmeister., Ltr. der Obersten Jagdbehörde; 1968–71 stellv. Vors. des Rats für landw. Prod. u. Nahrungsgüterwirtschaft, 1972–75 Stellv. des Min. für Land-, Forst- u. Nahrungsgüterwirtschaft; ab 1969 Mitgl. der Ständigen Arbeitsgruppe für soz. Landeskultur beim Min.-Rat; 1975 invalidisiert.

Heiduczek, Werner 24. 11. 1926
Schriftsteller
Geb. in Hindenburg (Oberschles.), Vater Maschinenbauschlosser; 1937–44 Oberschule; 1943 Luftwaffenhelfer, 1944 RAD u. Wehrmacht, 1945 Gefangenschaft.
1945 Gelegenheitsarbeit in Landw. u. Gleisbau; 1946 Neulehrerkurs u. Lehrer im Kr. Herzberg; 1946–49 Studium der Pädagogik und Germanistik in Halle, anschl. wieder Schuldienst, zuletzt Kreisschulrat in Merseburg; 1953/54 germanist. Erweiterungsstudium an der PH Potsdam; anschl. freier Mitarb. der DAK, Arbeit am Nachlaß von Friedrich Wolf*; 1955–59 Geschichts- u. Deutschlehrer an der KJS Halle; 1958 erstes Kinderbuch »Jule findet Freunde«; 1959 Bauhilfsarbeiter im VEB Chem. Werke Buna; 1960 freischaff. Schriftst.; 1961–64 Deutschlehrer am Fremdsprachengymnasium in Burgas (Bulg.); ab 1965 freischaff. Schriftst. zunächst in Halle, ab 1972 in Leipzig; vom MfS im OV »Schreiber« überwacht.
Viel gelesene Werke u. a.: »Abschied von den Engeln« (Roman, 1968), »Mark Aurel oder Ein Semester Zärtlichkeit« (Erzählung, 1971), »Tod am Meer« (fiktive selbst- u. gesellschaftskrit. Lebensbilanz eines DDR-Schriftst., erschien erst nach Überwindung großer Schwierigkeiten 1977); Hrsg. von Sagen anderer Völker.
Publ.: Im gewöhnl. Stalinismus. Meine unerlaubten Texte. Leipzig, Weimar 1991; Verfall einer Stadt – Beispiel Leipzig. Halle 1990.

Heilemann, Werner 18. 5. 1925
FDGB-Funktionär
Geb. in Hartha (Kr. Döbeln), Vater Arbeiter; Volksschule, 1939–42 Ausbildung zum Bauschlosser; 1942/43 Studium an der FS für Hoch- u. Tiefbau München; 1945 FDGB, KPD, 1946 SED; 1945/46 Angestellter bei der Stadtverwaltung Hartha; 1946–48 Landessekr. für Jugend im FDGB-Landesvorst. Sachsen; 1948/49 Mitgl. des Dt. Volksrats; 1949/50 geschäftsführender FDGB-Bundesvorst. u. Ltr. Abt. Jugend; 1949–55 Mitgl. des ZR der FDJ; 1949–54 Abg. der Prov. Volkskammer bzw. Volkskammer; 1950–52 Ltr. der Abt. Jugend im FDGB-Bundesvorst.; 1953 PHS; 1954–62 Ltr. des Sektors Gewerkschaften u. Sozialpol. im ZK der SED; 1962–67 Vors. des FDGB-Bezirksvorst. Dresden, Mitgl. der SED-BL Dresden u. ihres Sekr., Abg. des Bez.-Tags; 1962–89 Mitgl. des FDGB-Bundesvorst.; 1967/68 Studium an der Gewerkschafts-HS Bernau, Dipl.-Ges.-Wiss.; 1968–89 Mitgl. des Präs. u. Sekr. des FDGB-Bundesvorst.; VVO in Gold; 1981-März 1990 erneut Abg. der Volkskammer, bis 1989 Mitgl. ihres Präs., stellv. Vors. des Aussch. für Nat. Verteidigung; Nov. 1989 Entbindung von allen Funktionen des FDGB.

Hein, Christoph 8. 4. 1944
Schriftsteller
Geb. in Heizendorf (Schles.), aufgewachsen in Bad Düben (Sa.) in einer ev. Pfarrersfamilie; 1958–60 Internatsschüler eines Gymasiums für alte Sprachen in Berlin (West); 1960 Übersiedlung der Familie nach Berlin (Ost); anschl. Brot-

erwerb als Montagearbeiter, Kellner u. Buchhändler; Regieassistent bei Benno Besson* am Dt. Theater u. der Volksbühne Berlin; 1964 Abitur an einer Abendschule; 1967–71 Philos.- u. Logikstudium in Leipzig u. Berlin; 1971–73 erneute Assistenz an der Berliner Volksbühne, ab 1973 (neben Heiner Müller*) Hausautor an diesem Theater; ab 1979 freischaff.; 1982 Heinrich-Mann-Preis für den Erzählungsband »Einladung zum Lever Bourgeois« u. einige Stücke, u. a. »Cromwell« (1980); 1984 Literaturpreis des Verbands dt. Kritiker; 1989 Lessing-Preis; Poetikvorlesungen u. a. in Essen u. Leipzig; 4. 11. 1989 Ansprache »Der alte Mann u. die Straße« auf dem Berliner Alexanderplatz.
1991 wurde H. als Mitgl. in die neue AdK gewählt.
Mit der Novelle »Der fremde Freund« (1982) – aus Gründen des Titelschutzes in der Bundesrep. Dtl. »Drachenblut« (1983), übersetzt in 23 Sprachen – wurde H. ein intern. bekannter Autor, der menschl. Deformierungen, Gefühlskälte, Liebesunfähigkeit u. Bindungsangst als kontinent- u. systemübergreifende Begleiterscheinungen moderner Industrieges. deutl. machte; H. versteht sich als Chronist in der Tradition der Aufklärung, der weder Botschaft noch Moral vermitteln will; Theaterstücke u. a.: »Schlötel oder Was solls« (1974), »Cromwell« (1980), »Die wahre Geschichte des Ah Q« (1983), »Die Ritter der Tafelrunde« (1989).
Publ.: Cromwell u. andere Stücke. Berlin u. Weimar 1981; Das Wildpferd unterm Kachelofen (Kinderbuch). Berlin 1984; Horns Ende. Berlin u. Weimar 1985; Der Tangospieler. Berlin u. Weimar 1989 (verfilmt 1991); Das Napoleon-Spiel (Roman). 1993; Exekution eines Kalbes (Erzählungen). 1994. Publizistik u. a.: Öff. arbeiten. Essays u. Gespräche. Berlin u. Weimar 1987; Als Kind habe ich Stalin gesehen. Essays u. Reden. Berlin und Weimar 1990; Die fünfte Grundrechenart. Aufsätze und Reden 1987 bis 1990. Berlin 1990.

Heinrich, Eberhard 12. 3. 1926
SED-Funktionär, VDJ-Vorsitzender
Geb. in Schönau/Katzbach, Vater Angestellter; Volksschule, Handelsschule, Lehre als Industriekaufmann; 1943 mehrmonatige Jugendhaft wegen antifasch. Tätigkeit; 1944 Ausschluß aus der HJ u. Einberufung zum RAD, anschl. Wehrmacht, 1945 desertiert, 1945/46 amerik. Gefangenschaft.
1946 KPD/SED; 1946/47 Volontär in der Red. des »Vorwärts«, 1947 Hilfsred. u. Red. bei der Ztg. »Neues Dtl.«, hier später Abt.-Ltr., Kollegiumsmitgl., Red.-Sekr., 1960–66 stellv. Chefred.; 1961–67 stellv. Vors. des VDJ in Berlin; Fernstudium an der FS für Journalistik Leipzig; seit 1966 Sekr. der Agitationskommission beim PB des ZK der SED, 1967–81 Abt.-Ltr. im ZK, 1971–89 Kand. des ZK; 1974 VVO in Gold; Jan. 1981–90 Mitgl. des Zentralvorst. u. Vors. des VDJ (Nachf. von Harri Czepuck*); Vizepräs. der Intern. Org. der Journalisten, Vors. des Intern. Rats für journalist. Ausbildung.
1990 Vorruhestand.
Publ.: Der Krieg einer unsichtbaren Armee – Portrait der CIA (zus. mit Klaus Ullrich*). Berlin 1983.

Heintze, Horst 15. 8. 1927
FDGB-Funktionär
Geb. in Halle/Saale, Vater Arbeiter; Volksschule, 1942–44 Ausbildung zum Maschinenschlosser; 1944 NSDAP.
1945 FDGB, 1947 SED; ab 1948 ehrenamtl. Gewerkschaftsfunktionen; 1949–52 Sekr. des Landesvorst. Sachsen-Anhalt, 1952/53 Vors. des Bezirksvorst. Magdeburg des FDGB; 1953 Direkt-, 1954–62 Fernstudium an der PHS, Dipl.-Ges.-Wiss.; 1954–58 stellv. Vors. des Zentralvorst. der IG Metallurgie,

1958–61 stellv. Vors. der IG Metall; 1961 kurzzeitig Ltr. der Abt. Wirtschaft im Bundesvorst., 1961–89 Mitgl. des Präs. u. Sekr. des Bundesvorst. des FDGB; 1965–67 Studium an der HfÖ Berlin, Dipl.-Ök.; 1963–89 Mitgl. des ZK der SED; 1976 – März 1990 Abg. der Volkskammer, stellv. Vors. des Aussch. für Industrie, Bauwesen u. Verkehr; Mitgl. des Redaktionskollegiums der Ztschr. »Die Arbeit«; Nov./Dez. 1989 Entbindung von allen Gewerkschafts- u. Parteifunktionen.

Heinz, Wolfgang (eigtl. David Hirsch) 18. 5. 1900–30. 11. 1984
Präsident des Verbands der Theaterschaffenden, Schauspieler
Geb. in Pilsen, aufgewachsen in einer jüd. Familie, Vater Journalist; Volksschule u. Realgymnasium in Wien; 1917 erstes Engagement in Eisenach, 1918/19 am Volkstheater Wien, 1919–23 am Staatl. Schauspielhaus Berlin, 1923–27 in Hamborn u. Hagen, sowie an den Hamburger Kammerspielen, 1927–33 am Staatl. Schauspielhaus Berlin; 1931 KPD; Ltr. der Sekt. Theater-Film-Musik der RGO; 1933 Emigration in die Schweiz; 1933/34 Gastspiele in Österreich, den Niederlanden, Großbritannien; 1934–46 am Schauspielhaus Zürich.
1946–48 am Volkstheater Wien, 1948 bis 1956 Dir. des Neuen Theaters in der Scala Wien, nach Entzug der Konzession als Dir. u. Schließung der Scala Übersiedlung nach Berlin; SED; ab 1956 Schauspieler u. Oberspielltr. am Dt. Theater (DT), Hauptrollen als Prof. Mamlock, Nathan, Wallenstein, am Berliner Ensemble als Galilei; insges. mehr als 300 Rollen; in den 70er Jahren Inszenierung zahlr. klass. dt. u. russ. sowie zeitgenöss. Stücke am DT, Schiller Theater, der Dt. Staatsoper u. am Theater im Palast; 1959–61 Dir. der Staatl. Schauspielschule Berlin, Prof.; 1960 Mitgl. der DAK; 1962/63 Intendant der Volksbühne, 1963–69 Intendant des DT; 1966 Präs. des Verb. der Theaterschaffenden; 1968 NP 1. Kl.; 1968–74 Präs. der DAK; 1974 KMO.

Heinze, Günther 26. 7. 1923
Generalsekretär des Nationalen Olympischen Komitees
Geb. in Dresden; nach dem Volksschulabschluß Ausbildung zum Maschinenschlosser; 1941 NSDAP; Kriegsteiln. als Gefr. in einer Nachrichten-Einheit der Luftwaffe, 1944–49 sowj. Gefangenschaft.
Nach der Rückkehr Ltr. des Kr.-Sportaussch. Dresden; 1950–52 Sportstudium an der DHfK Leipzig; anschl. 1954 Ltr. der Abt. Sportwiss. beim Staatl. Komitee für Körperkultur und. Sport, 1954–57 stellv. Vors. für Wiss.-Fragen u. intern. Verbindungen; 1952–70 Präs. bzw. Mitgl. des Präs. des Dt. Basketballverb.; 1956–60 Fernstudent an der DASR Potsdam; 1957–89 Sekr. bzw. Vizepräs. des DTSB, 1970–84 Mitgl. des Präs. des Volleyballverbandes, 1955–73 Vizepräs., 1973–82 Generalsekr. des NOK (Nachf. von Helmut Behrendt*), 1982–90 erneut Vizepräs. u. 1990 amt. Präs. des NOK; 1981–91 Mitgl., dann Ehrenmitgl. des IOC; 1972 VVO in Gold; 1985 Dr. h.c. der DHfK Leipzig.
Seit 1990 Rentner.

Heinze, Rudolf 10. 8. 1932
Generaldirektor, Stellv. Vorsitzender der SPK
Geb. in Leipzig; Berufsausbildung zum Mechaniker, später Abschluß eines Studiums als Dipl.-Ges.-Wiss.; in den 50er Jahren Planungsltr. im Funkwerk Kölleda; 1958 Hauptdir. bzw. Generaldir. der VVB Rundfunk u. Fernsehen; 1964 Generaldir. der VVB Bauelemente u. Vakuumtechnik; ab 1972 stellv. Vors. der SPK für metallverarbeitende Industrie u. Metallurgie; Delegationsltr. in der Ständi-

gen RGW-Kommission für Maschinenbau; Vors. des Gesellschaftl. Rats der HU Berlin.

Heise, Wolfgang 8. 10. 1925–10. 4. 1987
Philosoph, Kunsttheoretiker
Geb. in Berlin; Vater Dekan der Pädagog. Fak. der HU Berlin, Mutter Keramikerin (Jüdin); 1943 Abitur; 1943/44 kaufm. Lehre; 1944/45 Internierung in einem Arbeitslager bei Zerbst.
1945/46 KPD/SED; Mitarb. in der Kulturabt. des Magistrats von Berlin-Steglitz; ab 1946 Studium der Geschichte, Kunstgeschichte, Philos. u. Germanistik an der HU Berlin, anschl. Aspirantur u. bis zur Em. 1985 Mitarb. der HU Berlin; Rezensent u. Theaterkritiker für »Die Freie Gewerkschaft«, »Tribüne«, »Tägl. Rundschau«; 1952 wiss. Oberassistent; 1954 Prom. mit der Studie »Johann Christian Edelmann. Seine hist. Bedeutung als Exponent der antifeudalen bürgerl. Opp. um die Mitte des 18. Jh.«; 1955 Wahrnehmungsdoz. für Theorie u. Geschichte der Ästhetik, 1958 Wahrnehmungsprof. für Geschichte der marxist.-leninist. Philos.; 1963 Habil. mit der Arb. »Philos. als Krisenbewußtsein u. illusionäre Krisenüberwindung. Eine Untersuchung zu den Gesetzmäßigkeiten der Entw.-Tendenzen der mod. bürgerl. Philos. in Dtl.« (Veröff.: »Aufbruch in die Illusion«, Berlin 1964), ord. Prof. für Geschichte der Philos.; 1962–64 Ltr. der Fachrichtung Philos., 1964 kurzzeitig Prorektor für Ges.-Wiss., Entpflichtung wegen seines Eintretens für Robert Havemann*; 1965/66 Dekan der Philos. Fak., zugl. wiss.-künstler. Mitarb. der Volksbühne; 1968 im Zusammenhang mit den Ereignissen des Prager Frühlings Wechsel zum Bereich Ästhetik/Kulturtheorie bzw. Inst. für Ästhetik, zunächst ao., ab 1972 ord. Prof. für Geschichte der Ästhetik; in den 80er Jahren zugl. Fachberater der DEFA u. der HS für Film u. Fernsehen in Babelsberg; 1985 Korr. Mitgl. der AdW; NP.
Arbeitsschwerpunkte: bis Anfang der 60er Geschichte der Aufklärung, der bürgerl. u. der marxist. Philos.; dann mit der Thematik Entfremdung Verlagerung auf das Gebiet Ästhetik mit der Fragestellung nach dem Verhältnis von Vernunft, Macht, Philos., Ästhetik u. den Künsten; hist. Modelle ästh. Denkens v. a. der Aufklärung, Klassik, Frühromantik u. des Vormärz; Forsch. zu kunsttheor. Fragestellungen (»Kunst als Epochenspiegel«, System/Ensemble u. Wechselwirkungen der Künste, Kunst u. Realismus, Erbeproblematik); Entwurf einer Theatertheorie, in der Theater als Organ der Selbsterfahrung, -darstellung u.-gestaltung u. als »Laboratorium sozialer Phantasie« bestimmt wird; umfgr. Drameninterpretationen.
H. war Lehrer u. a. von Rudolf Bahro*, Wolf Biermann*, Hans-Peter Krüger*, Lothar Kühne*, Steffen Mensching*, Hans Eckardt Wenzel*; Berater u. Kritiker u. a. für Volker Braun*, Heiner Müller*, Christa Wolf*, Heidrun Hegewald*, Otto Niemeyer-Holstein*, Ronald Paris*.
Publ.: Bild u. Begriff. Studien über die Beziehungen zw. Kunst u. Wiss. Berlin, Weimar 1975 (mit Jürgen Kuczynski*); Realistik u. Utopie. Aufsätze zur dt. Literatur zw. Lessing u. Heine. Berlin 1983; Brecht 88. Anregungen zum Dialog über die Vernunft am Jahrtausendende. Berlin 1987 (Editor); Hölderlin. Berlin, Weimar 1988; Die Wirklichkeit des Möglichen. Dichtung u. Ästhetik in Dtl. 1750–1850. Berlin, Weimar 1990.
Sek.-Lit.: angebote. organ für ästhetik, Heft 6, Berlin 1993, S. 167–200 (Bibliogr.).

Heisig, Bernhard 31. 3. 1925
Maler, Rektor der Hochschule für Grafik und Buchkunst Leipzig
Geb. in Breslau, Vater Kunstmaler Walter H.; Ausbildung im Atelier des Vaters; 1940–42 Besuch der Kunstgewerbeschule

Breslau; 1942–45 Kriegsdienst (SS-Leibstandarte); 1945 sowj. Kriegsgefangenschaft.
1946/47 Grafiker im Amt für Information u. Propaganda Wrocław, 1947/48 in Zeitz u. Gera; 1947 SED; 1948/49 Studium an der FS für angewandte Kunst in Leipzig; 1949–51 Studium an der HS für Grafik u. Buchkunst Leipzig, Lehrer Max Schwimmer* u. Walter Münze; 1951–54 freischaff.; 1954–68 Lehrtätigkeit in Leipzig, 1961 Prof., 1961–64 Rektor der HS für Grafik u. Buchkunst; 1965–68 Ltr. der Abt. Freie Grafik; 1968–76 freischaff.; 1972 DAK, NP 2. Kl.; seit 1974 Vizepräs. des VBK, 1976–87 erneut Rektor der HS für Grafik u. Buchkunst (Nachf. von Werner Tübke*); ab 1976 Kand., 1979–84 Mitgl. der SED-BL Leipzig; 1978 NP 1. Kl.; seit 1987 freischaff.
Werke: Graf. Zyklen: Der Krieg (1956), Die Pariser Kommune (1958/59), Blattfolge Der fasch. Alptraum (1965/66); Porträts: Meine Mutter, Walter Schiller, Vaclav Neumann, Georgi Dimitroff, Helmut Schmidt; themat. Gemälde: Die mißbrauchten Götter (1965), Festung Breslau (1969), Die Söhne des Ikarus (1969), Lenin u. der ungläubige Timofej (1970), Der Brigadier (1970), Pariser Kommune (1971–73), Heroenwechsel (1973/74), Preuß. Museum (1975–77), Beharrlichkeit des Vergessens (1977), Alles an einem Nachmittag (1977), Der Traum des Soldaten (1980), Lob der Unvernunft (1980), Begegnung mit Bildern (1982–84), Ende des Abendprogramms (1982), Christus verweigert den Gehorsam (1986), Rücksichten (1986/87).
Sek.-Lit.: Hartleb, R.: B. H. Maler u. Werk. Dresden 1975; Kober, K. M.: B. H. Dresden 1981; Kat. B. H. Museum der bildenden Künste. Leipzig 1985; B. H. Retrospektive. Berlin. Galerie 1989.

Heiß, Kurt 13. 8. 1909–26. 11. 1976
Vorsitzender des Staatlichen Rundfunkkomitees
Geb. in Mannheim; Studium der Rechtswiss. in Berlin u. Heidelberg; 1927 KPD; 1933 Schutzhaft im KZ Kieslau, nach Flucht Ende 1933 Emigration nach Frankreich; Red. im Saargebiet; 1935 Mitarb. bei Radio Moskau; Teiln. in den Intern. Brigaden im span. Bürgerkrieg; danach wieder bei Radio Moskau.
1947 Rückkehr nach Dtl., KPD/SED; 1947/48 Kommentator u. Ltr. der HA Pol. Wort beim Berliner Rundfunk; 1948/49 Intendant des Mitteldt. Rundfunks Leipzig; 1949–51 Intendant des Berliner Rundfunks u. des Deutschlandsenders (Nachf. von Max Seydewitz*); 1951 Generalintendant der DDR-Rundfunkanstalten; 1952–56 Vors. des im Aug. 1952 neu gebildeten Staatl. Rundfunkkomitees; 1957 Generalsekr. der Ges. für kulturelle Verbindungen mit dem Ausland (Nachf. von Karl-Friedrich Wiese); 1959–61 Chefred. des SED-Bezirksorgans »Ostsee-Ztg.« Rostock; ab 1961 Chefred. der Ztschr. »Humanitas«; 1969 VVO in Gold; gest. in Berlin.

Heitsch, Heinrich
10. 9. 1916–31. 3. 1986
Stellvertretender Chef der Militärakademie
Geb. in Neusalza-Spremberg (b. Löbau, Sa.), Vater Berufsoffz.; Privat- u. Volksschule, 1926–35 Gymnasium; HJ, zuletzt Führer eines Unterbanns; 1935 Wehrmacht, Laufbahn als Berufsoffz., 1938 Ltn., 25. 4. 1940 Oltn., 1944 Generalstabsoffz.; 1945 als Major im Generalstab sowj. Gefangenschaft, in einem poln. Lager.
1949 Rückkehr nach Dtl.; SED; HV für Ausbildung im MdI, bis 1950 deren Stabschef, VP-Inspekteur bzw. Chefinspekteur, 1951–53 Ltr. der Verwaltung Versorgung der HV, Gen.-Major, 1953–55 Ltr. der Offiziersschule Döbeln (Sa.) der KVP; 1955–57 sowj. Generalstabsakad. in Woroschilow, Dipl. rer. mil.; 1957–59 Stellv. des Kdr. der HS für

Offz. der NVA in Dresden, 1959–63 1. Stellv. des Kdr. der Militärakad. Dresden, zugl. Stellv. für Lehr- u. Forschungsarbeit, Doz.; 1963/64 mit der Führung der Mil.-Akad. beauftragt (Nachf. von Friedrich Johne*), danach bis 1977 erneut 1. Stellv., Prof.; Gen.-Ltn.; 1986 VVO in Gold; Dez. 1977 Ruhestand.

Heitzer, Heinz 7. 5. 1928–19. 4. 1993
Historiker
Geb. in Zwickau, Vater Arbeiter; Neulehrer, SED; 1949 Oberschullehrer für Geschichte nach einem Geschichtsstudium an der Univ. Leipzig; 1949–51 Doz. u. Fachrichtungsltr. an der ABF der Univ. Leipzig, 1951–56 Aspirantur am IfG; 1956 Prom. mit einer Studie über »Volksbewegungen gegen die frz. Fremdherrschaft 1806–13«; 1956–61 Doz. am IfG; 1961–68 Ltr. der Abt. Neueste Geschichte von 1945 bis zur Gegenwart am Inst. für Geschichte der DAW, 1969–85 stellv. Dir. des ZI für Geschichte (mit zwei Unterbrechungen), 1979/80 stellv. Ltr. des Forschungsbereichs Gesellschaftswiss. der AdW, 1983/84 geschäftsführender Dir. des ZI für Geschichte, Mitgl. des Rats für Geschichtswiss., 1980 Korr. Mitgl. der APW; 1991 Vorruhestand.
H. galt als einer der wiss.-pol. einflußreichsten Historiker der DDR; sein hauptsächl. Arbeitsgebiet war die DDR-Geschichte, seit den 60er Jahren war er als Mitautor an den wichtigsten Großprojekten der DDR-Geschichtswiss. u. -propaganda zur neuesten Geschichte (»Geschichte der dt. Arbeiterbew.«; »Grundriß der dt. Geschichte«;» Geschichte der SED«) beteiligt.
Publ.: Andere über uns. Berlin 1969; DDR – Werden u. Wachsen (Ltr.). Berlin 1974; DDR: Geschichtl. Überblick. Berlin 1979; Eine Rev. im Geschichtsdenken (mit W. Küttler*). Berlin 1983.

Helbig, Kurt 25. 4. 1919
Sekretär der Zentralleitung des Komitees der Antifaschistischen Widerstandskämpfer
Geb. in Derenburg (Kr. Halberstadt), Vater Tischler; Schriftsetzer; vor 1933 SAJ; 1933–37 Teiln. an der illegalen Arbeit, 1937 verurteilt zu einem Jahr Gefängnis; Arbeit u. Revolverdreher in versch. Betrieben; 1939–43 Kriegsdienst (Infanterie), 1943 zur Roten Armee übergelaufen; 1944–48 Lehrer an einer Antifa-Schule.
1948 Rückkehr nach Dtl., FDGB, SED; 1948–59 Abt.-Ltr., anschl. Sekr. des FDGB-Bundesvorst.; 1954–58 Mitgl. des ZK der SED; 1960 Sekr. für Wirtschaft der SED-KL Berlin-Weißensee; 1960–76 Stadtrat für innere Angelegenheiten u. stellv. OB von Berlin, 1963–76 Stadtverordneter; seit 1976 Sekr. der ZL des Komitees der Antifasch. Widerstandskämpfer.

Hellberg, Martin 31. 1. 1905
Schauspieler, Regisseur, Theaterleiter
Geb. in Dresden, Vater Pfarrer; Schlosserlehre, Besuch von Abendkursen für Schauspiel am Dresdener Konservatorium; ab 1924 Schauspieler am Dresdener Staatstheater, Mitwirkung am Arbeitertheater »Rotor«, später in der Agit.-Prop.-Gruppe »Rote Raketen«; 1931 KPD; 1933 vom Staatstheater entlassen, ohne festes Engagement, illegale Auftritte, 1941 Oberspielleiter in Freiburg i. Br., 1942 aus der Reichskulturkammer ausgeschlossen, 1943 Strafbataillon.
1945 Gründung der Dt. Schauspielschule München; 1946 Inszenierung von Giraudoux' »Der Trojanische Krieg findet nicht statt« an den Münchener Kammerspielen, damit Gastspiele in Städten Sachsens; 1946 SED; 1950/51 Generalintendant der Staatstheater Dresden; ab 1951 Regietätigkeit bei der DEFA, 15 Spielfilme, darunter »Das verurteilte Dorf«,

»Geheimakten Solvay«, »Der Richter von Zalamea«, »Thomas Müntzer«, »Emilia Galotti«, »Kabale und Liebe«; 1952 NP 1. Kl.; 1954 Mitbegründer der Dt. HS für Filmkunst Babelsberg, 1954–58 dort Professor für Filmregie; 1962 Generalintendant des Mecklenburger Staatstheaters Schwerin, 1963 wegen Mißachtung staatlicher Weisungen entlassen; weiterhin tätig als Schauspieler, u. a. in der Verfilmung von Th. Manns »Lotte in Weimar«.
Publ.: Trilogie der Erinnerungen: Die bunte Lüge. Berlin 1972; Im Wirbel der Wahrheit. Berlin 1978; Mit scharfer Optik. Berlin 1982.

Heller, Bert 30. 3. 1912–29. 4. 1970
Maler, Rektor der Kunsthochschule Berlin
Geb. in Aachen, 1927 dort Studium an der Kunstgewerbeschule, 1930 Studienreisen nach Holland, Belgien, Süddtl., Österreich; bis 1940 freischaff. in Laurensburg (b. Aachen); 1940 NSDAP; 1940–42 Studium bei H. Kaspar an der Münchener Kunstakad.; 1942 architekturgebundene Werke.
1946–50 in Wernigerode (Harz), Doz. an dortiger Kunstschule, in dieser Zeit Wand-, Tafelbilder und Zeichnungen; 1950 bis 1953 Meisterschüler an der DAK bei Heinrich Ehmsen*; SED; 1953 Prof. für Malerei an der HS für bildende u. angewandte Kunst in Berlin-Weißensee; 1956–58 hier Rektor; seit 1958 freischaff.; Studienreise nach China; 1965 Mitgl. der DAK.
Werke: Geschichte des Verkehrs (1934), Porträts Helene Weigel (1951), Bertolt Brecht (1955/56), Täve Schur u. die Jungen (1959), Wilhelm Pieck (1961), Jutta Hoffmann (1964), Arnold Zweig (1965), Aram Chatschaturjan (1967), Gabi Seyfert (1968); Tafelbilder: u. a. Umsiedler u. Heimkehrer (1947), Thomas Müntzer (1947, 1951), Gavroche (1952), Scheideweg XX. Jahrhundert (1958).
Sek.-Lit.: Lang*, L.: B. H. Maler und Werk. Dresden 1970; Katalog B. H. 1912–1970 Gemälde, Zeichnungen, Plakate, Illustrationen. Berlin 1972.

Hellmann, Martina, geb. Opitz
12. 12. 1960
Leistungssportlerin (Leichtathletik)
Geb. in Leipzig; bereits mit drei Jahren sportl. aktiv (Schwimmen), im Alter von zwölf Jahren bei einem Schulwettkampf für die Leichtathletik entdeckt, anschl. KJS u. Mitgl. des SC DHfK Leipzig (Trainer: Bernd Thomas); Spezialdisz.: Diskus; Eidsprecherin der Kinder- u. Jugendspartakiade 1977; 1982–89 SED; 1983 u. 1987 WM; 1988 Olympiasiegerin (persönl. Bestleistung: 76,92 m); VVO in Gold; Studium der Soziol. an der KMU Leipzig.
Nach 1990 Mitarb. der AOK in Leipzig.

Hellmann, Rudolf 26. 6. 1926
SED-Funktionär
Geb. in Chemnitz, Vater Dreher; 1940–43 Lehre als Maschinenschlosser; anschl. Kriegsdienst, 1944/45 freiwillig als Torpedomechaniker bei der Kriegsmarine; brit. Gefangenschaft.
1946 KPD/SED; 1947–50 Schlosser bei der DR in Chemnitz, 1950 Instrukteur der FDJ im Reichsbahnamt; anschl. Landesltr. der SV Lokomotive Sachsen, 1952 Sektorenltr. Agit./Prop. in der zentralen Ltg. der SV Lokomotive in Berlin, VP-Angehöriger; 1952/53 Sektorenltr. Agit. des Zentralvorst. der GST; 1954 Instrukteur für Jugend u. Sport der SED-BL Halle (Saale); 1954 Instrukteur, 1960 Ltr. der Arbeitsgruppe u. 1965–89 Ltr. der Abt. Körperkultur u. Sport des ZK der SED; Mitgl. der Leistungssportkommission; ab 1961 Mitgl. des Bundesvorst. des DTSB; ab 1973 Vizepräs. des NOK; 1976 KMO, 1980 Großer Stern der Völkerfreundschaft.

Hellmann, Willi 14. 12. 1930
Leiter der Hochschule der DVP
Geb. in Wismar, Vater Tischler; Volksschule, Ausbildung zum Schiffsmakler u. Spediteur; 1947 FDJ, 1948 SED, DVP; 1950/51 Zentralschule für Kriminalistik in Arnsdorf b. Dresden, 1951/52 Sachbearb. in der Kripo der Landesbehörde der DVP Mecklenburg, 1952–64 Dezernats-Ltr. bzw. Ltr. der Kripo in der Bezirksbehörde der DVP Rostock; 1955–60 Fernstudium an der ASR Potsdam, Dipl.-Jurist, 1963–68 außerplanmäßige Aspirantur an der Sekt. Kriminalistik der HU Berlin, Dr. jur.; 1964–70 1. Stellv. des Chefs der Bezirksbehörde der DVP Rostock, Oberst; 1971–76 Ltr. der HS der DVP in Berlin; 1971/72 Mitgl. des Kollegiums des MdI, 1973 ord. Prof. für Kriminalistik; 1977–79 Kursant an der Akad. des Min. für Innere Angelegenheiten der UdSSR in Moskau; danach erneut Ltr. der HS der DVP bzw. (1990) Rektor der HS des MdI; 1987 Gen.-Ltn., 1990 Generalinspekteur; Okt. 1990 Ruhestand.

Helm, Rolf 30. 3. 1896–9. 4. 1979
Generalstaatsanwalt des Landes Sachsen
Geb. in Dresden; Gymnasium, 1914 Abitur; 1914–18 Kriegsdienst (freiwillig), 1915 Ltn.; 1919 Studium der Rechtswiss. in München, Jena u. Leipzig, 1922 1. jur. Staatsexamen u. Prom. an der Univ. Leipzig; Referendarausbildung in Dresden, 1925 2. jur. Staatsexamen u. Zulassung als Rechtsanwalt; 1921 KPD, ab 1924 Abg. der KPD im Dresdener Stadtparl., ab 1925 Rechtsanwalt der Roten Hilfe Dtl.; 1933 inhaftiert u. Entzug der Zulassung als Rechtsanwalt, 1934–37 arbeitslos, 1937–44 Handelsvertreter u. Büroangestellter, 1944 erneute Inhaftierung, Gefängnis Bautzen.
1945 Ltr. der jur. Abt. der Sozialversicherungsanstalt; 1946 SED; Ltr. der Rechtsabt. in der Dt. Zentralverwaltung für Arbeit u. Sozialfürsorge; Nov. 1947 Generalstaatsanwalt des Landes Sachsen, Hauptankläger beim Görlitzer, Kamiennia- u. Bautzener Prozeß; Febr. 1949 Generalstaatsanwalt von Groß-Berlin; März – Mai 1951 Staatssekr. u. Ltr. der Präsidialkanzlei beim Präs. der DDR; ab Sommer 1951 Dir. der Zentralen Richterschule in Potsdam-Babelsberg; 1953–58 Abt.-Ltr. im Min. der Justiz, zuständig für die Rechtsanwälte u. Notare; 1959–63 Justitiar der DAW; 1963 Rentner; Mitgl. des Sekr. der Vereinigung Demokr. Jur. u. des Komitees zum Schutz der Menschenrechte.
Publ.: Anwalt des Volkes – Erinnerungen. Berlin 1978.

Helm, Rüdiger 6. 10. 1956
Leistungssportler (Kanu-Rennsport)
Geb. in Neubrandenburg, Vater Rundfunk-Mechaniker; ab 1969 Kanu-Rennsportler beim SC Neubrandenburg; achtmaliger WM: 1978 im K I über 1000 m, im K II über 500 m u. im K IV über 1000 m, 1981 im K I u. im K IV über 1000 m, 1982 im K I über 1000 m, 1983 Sieger im K I über 1000 m u. im K IV über 500 m; Vize-WM 1975 im K IV über 1000 m, 1977 im K I über 1000 m, 1982 im K IV über 500 m u. 1000 m, 1983 im K IV über 1000 m; WM-Dritter 1974 im K II über 1000 m, 1975 im K I über 1000 m, 1981 im K IV über 500 m; 1976 Olympiasieger im K I über 1000 m, -Dritter im K I über 500 m u. im K IV über 1000 m; 1980 Olympiasieger im K I u. im K IV über 1000 m, -Zweiter im K II über 500 m.
1975 Abitur an der KJS, anschl. bis 1981 Studium an der DHfK Leipzig mit Abschluß als Dipl.-Sportlehrer; 1984 Beendigung der leistungssportl. Laufbahn; 1985–88 Trainer beim SC Neubrandenburg, danach DDR-Nationaltrainer.
Arbeitet z. Z. als Kanu-Trainer in Österreich.

Helmschrott, Leonhard 5. 6. 1921
Chefredakteur der Zeitung »Bauern-Echo«
Geb. in Unterthürheim (b. Augsburg), Vater Landwirt; Volks- u. Volksfortbildungsschule; 1935–41 Arbeit in der elterl. Landw.; 1941/42 Wehrmacht; Sept. 1942 sowj. Gefangenschaft, Antifa-Schule, 1943 Gründungsmitgl. des NKFD, Frontagitator.
Nov. 1945 Rückkehr nach Dtl.; 1945–47 Red. bei der »Volksztg.« (KPD) bzw. »Landesztg.« (Organ der SED für Mecklenburg-Vorpommern); 1947/48 freier Journalist; 1948 PHS; Juni 1948 Mitbegr. der DBD, Mitgl. des PV u. des Sekr., ab 1955 auch des Präs.; 1948–86 Chefred. des DBD-Zentralorgans »Bauern-Echo«, dienstältester Chefred. einer dt. Tagesztg.; 1949–69 Mitgl. des NR der NF; 1949 – März 1990 Abg. der Prov. Volkskammer bzw. Volkskammer, 1963–86 Vorsitzender der DBD-Fraktion, 1971–76 stellv. Vors. der Interparlamentar. Gruppe, ab 1958 Mitgl., ab 1986 stellv. Vors. des Aussch. für Nat. Verteidigung; 1956–61 stellv. Vors. des Verb. der Dt. Presse; nach einem Fernstudium an der KMU Leipzig 1962 Dipl.-Journalist; 1970 VVO in Gold, 1975 Stern der Völkerfreundschaft in Gold, 1981 Ehrenspange zum VVO in Gold; 1986 – März 1990 Mitgl. des Staatsrats; 15. 11. 1989 auf eigenen Antrag als Chefred., Mitgl. von Präs. u. Sekr. abgelöst, Jan. 1990 aus dem PV der DBD ausgeschieden, seitdem parteilos.

Hempel, Gunter 7. 6. 1932
Verlagsleiter
Geb. in Annaberg (Erzgeb.); Oberschule, 1950 Abitur in Leipzig; 1950–55 dort Studium der Kunst- u. Musikwiss.; 1956–58 Assistent des Univ.-Chors; 1958–69 Musikreferent, später Ltr. der Programmabt. der Konzert- u. Gastspieldirektion Leipzig; 1970/71 Chefred. der Amiga-Prod. des VEB Dt. Schallplatten Berlin; 1971–90 zuerst stellv. Ltr., seit 1974 Ltr. der Leipziger Musik-Verlagsgruppe VEB Dt. Verlag für Musik, VEB Breitkopf u. Härtel, VEB Friedrich Hofmeister u. VEB Edition Peters.
Publ.: Musiklexikon für Kinder u. Jugendl. Leipzig 1977; Musikstadt Leipzig (mit Irene Hempel). Leipzig o. J.

Hempel, Johannes 23. 3. 1929
Evangelischer Bischof, Vorsitzender der Konferenz der Ev. Kirchenleitungen
Geb. in Zittau; 1947 Abitur, 1947–50 Studium zunächst der Germanistik, Geschichte u. Philos., dann der Theologie in Tübingen, Heidelberg, Berlin u. Leipzig; 1955–58 Hilfsgeistlicher u. Gemeindepfarrer in Gersdorf (b. Glauchau), 1956 Ordination; 1958–63 Pfarrer an der Thomaskirche in Leipzig, zugl. Studieninspektor u. 1967–71 Studiendir. am Leipziger Predigerkolleg St. Pauli; 1960 Prom. zum Dr. theol.; 1963–71 Studentenpfarrer in Leipzig; Okt. 1971 Wahl zum Landesbischof der Ev.-Luth. Landeskirche Sachsen (Nachf. von Gottfried Noth*); ab 1972 verantw. Vertreter der Ev. Kirchen der DDR in der ev.-kath. Konsultativgruppe; 1973–77 stellv. Vors. der Konferenz der Ev. Kirchenleitungen (KKL) in der DDR; ab 1975 Mitgl. des Zentral- u. des Exekutivaussch. des Ökumen. Rats der Kirchen u. 1983–91 einer der Präs. des Rats; seit 1977 Mitgl. des Luth. Weltbunds; 1981–86 Ltd. Bischof der Vereinigten Luth. Kirche in der DDR (Nachf. von Heinrich Rathke*); 1982–86 Vors. der KKL in der DDR (Nachf. von Werner Krusche*), 1985 Kritik am amerik. SDI-Programm, Unterstützung der Forderung kirchl. Friedensgruppen nach Anerkennung des Rechts auf Wehrdienstverweigerung u. Einführung eines sozialen Friedensdienstes bei einem Treffen mit dem Staatsratsvors. Erich Honecker* am 11. 2. 1985 in Dresden; 1983 theolog. Ehrenprom. der KMU Leipzig sowie der University of Kent at

Canterbury (England) u. Muhlhouse (USA); Jan. 1990 Mitautor der »Loccumer Erklärung« mit dem Plädoyer für eine baldige Herstellung der Einheit der ev. Kirchen in Dtl.
1991 stellv. Vors. des Rats der EKD; 1994 Ruhestand.
Publ.: Die Vergegenwärtigung des Wortes. Berlin 1973; Über Kirche, über uns. Fragen u. Antworten eines Bischofs. Leipzig 1992.

Hengst, Adalbert 18. 12. 1905
SED-Funktionär
Geb. in Essen; 1924 KJVD; 1928 KPD; 1930 Mitarb. der KPD-BL Ruhrgebiet; 1932 KPD-Reichstagskand.; Illegalität; Apr. u. Sept. 1933 durch die Gestapo verhaftet; Verurteilung durch das Oberlandesgericht Hamm; 1933–35 Häftling in Bochum, Rheile (Ems); 1939/40 KZ Sachsenhausen; 1942 Wehrmacht.
1945 1. Kreissekr. der KPD Plauen; 1946 SED-Kreisvors. Dresden; ab 1947 1. Sekr. der SED-KL Dresden; 1950/51 Besuch der PHS; 1952 Mitgl. des Sekr. des ZK der SED (Abt.-Ltr. Wirtschaft); 14. 7. 1953 Ausschluß aus der SED wegen angebl. parteiwidrigen Verhaltens, 1955 Rücknahme des Beschlusses; 1953–59 Oberreferent »Dt. Export« in der Abt. Werbung u. Messen der Kammer für Außenhandel; 1959–62 dort Ltr. der Abt. Werbung; 1962 Retuscheur bei der »Tribüne«, Rentner.

Henkes, Klaus 29. 7. 1929
Generaldirektor der Interflug
Geb. in Görlitz in einer Arbeiterfamilie; 1945 sowj. Gefangenschaft.
1945–48 Ausbildung zum Chemielaboranten im Braunkohlenkombinat Espenhain; 1948 SED; 1949/50 Lehrgang am Bergtechnikum Freiberg, anschl. als Hauerbrigadier im Uranbergbau der SDAG Wismut in Johanngeorgenstadt tätig; 1952 Besuch der FDJ-HS am Bogensee; danach Eintritt in die Luftstreitkräfte der KVP/NVA u. Ausbildung zum Militärpiloten in der UdSSR, 1954 Abschluß als Flugzeugführer-Ing. u. Ernennung zum Ltn.; nach kurzem Einsatz im Jagdfliegergeschwader Bautzen 1955–58 Besuch der Militärakad. »Juri Gagarin« der sowj. Luftstreitkräfte, Abschluß als Dipl.-Navigator; anschl. bis 1970 Chefnavigator im Kdo. Luftstreitkräfte/Luftverteidigung der NVA; nach externer Aspirantur 1967 Prom. zum Dr. rer. mil. an der Militärakad. Dresden; 1970–75 Ltr. der militär. Flugsicherung; 1975 Ernennung zum Gen.-Maj.; 1975–90 stellv. Verkehrsmin. u. Ltr. der HA für Zivile Luftfahrt, seit 1978 zugl. Generaldir. der Interflug; 1982 Ernennung zum Gen.-Ltn.; ab 1990 Invalidenrentner.
Publ.: Handbuch der Luftnavigation (Mitautor) 1961.

Hennecke, Adolf
25. 3. 1905–22. 2. 1975
Aktivist
Geb. in Meggen (Kr. Olpe, Westf.) in einer Bergarbeiterfamilie; nach dem Volksschulabschluß 1919–22 kaufm. Lehre; anschl. beschäftigt als Lohnbuchhalter, dann arbeitslos; ab 1925 Hauer im westfäl. u. ab 1926 im sächs. Bergbau; 1931 RGO.
1946 SPD/SED; 1947 Besuch der SED-Parteischule in Meerane; 1948 Mitgl. der BGL der Steinkohlengrube »Karl-Liebknecht« in Oelsnitz sowie des Verwaltungsrats der VVB Kohle; begründete am 13. 10. 1948 auf Veranlassung des SMAD-Offz. Oberst Tulpanow u. in Anlehnung an die sowj. »Stachanow-Methode« mit einer Normüberbietung um 287 Prozent die »Aktivisten«- bzw. »Hennecke-Bewegung«; 1948–55 Mitgl. des Bundesvorst. u. der zentralen Wettbewerbskommission des FDGB; 1949–67 Abg. der Volkskammer; 1949 NP; Qualifizierung in Lehrgängen an der Wirtschaftsschule Mittweida u. 1950 an der Bergakad.

Freiberg; danach Hauptinstrukteur im Zwickau-Oelsnitzer Steinkohlenrevier u. Mitgl. der Kohlekommission der sächs. Landesreg.; 1951–53 Abt.-Ltr. für Rationalisierung im Min. für Schwerindustrie; ab 1954 Mitarb. der SPK u. bis 1975 Mitgl. des ZK der SED; 1961 Mitarb. im Volkswirtschaftsrat; 1964 KMO, 1965 VVO in Gold; 1966 Mitarb. im Min. für Kohle u. Energie.

Hennig, Günter 27. 3. 1928
Verlagsleiter
Geb. in Markranstädt (b. Leipzig) in einer Arbeiterfamilie; Oberschule; 1944/45 RAD, 1945 Wehrmacht, amerik. u. brit. Gefangenschaft.
1946 Forts. der Oberschule; SPD/SED; 1947–49 Red. der »Leipziger Volksztg.«; 1948–51 Studium der Journalistik in Leipzig; 1951–55 Assistent u. Oberassistent mit Lehrauftrag an der KMU Leipzig; 1955–61 Aspirant am IfG, Prom. zum Dr. phil. mit einer Diss. zur Geschichte der Arbeiterbewegung im 19. Jh.; 1961/62 pol. Mitarb. beim ZK der SED; 1962–90 Ltr. des Dietz Verlags Berlin (Verlag der SED für Parteilit., Marx-Engels- u. Lenin-Werkausgaben, u. a. der Marx-Engels-Gesamtausgabe MEGA); 1964–89 Mitgl. des Vorst. des Börsenvereins der Dt. Buchhändler zu Leipzig; 1981 Kand., 1986–90 Mitgl. der ZRK der SED; 1988 Dr. h.c. (IML); 1990 Vorruhestand.

Hennig, Werner 23. 8. 1928
MfS-Abteilungsleiter
Geb. in Kleinforst (Kr. Oschatz), Vater Arbeiter; Volksschule; 1943/44 kaufm. Lehre; 1944 RAD; 1945 Wehrmacht, tschech. u. sowj. Gefangenschaft.
1946 KPD/SED; techn. Mitarb. beim Ortsvorst. bzw. Kreisvorst. der KPD, dann KL der SED Oschatz; 1949 Einstellung bei der Verwaltung zum Schutz der Volkswirtschaft Sachsen (ab 1950 Landesverwaltung Sachsen des MfS), Dienststelle Oschatz; 1951 Versetzung zur Abt. Verwaltung u. Wirtschaft des MfS Berlin, 1952 Abt. Finanzen, 1954 stellv. Ltr.; 1957–60 Fernstudium an der Finanzabendschule beim Magistrat von Groß-Berlin; 1961–65 Fernstudium an der FS für Finanzwirtsch. Gotha; 1974 Ltr. der Abt. Finanzen; 1983 Gen.-Major; 1988 VVO in Gold; 1990 Entlassung.

Henniger, Gerhard 5. 5. 1928
1. Sekretär des Schriftstellerverbands
Geb. in Großkamsdorf, Vater kaufm. Angestellter, Mutter Hausfrau; Oberschule in Saalfeld/Saale; Jan. – April 1945 Kriegsdienst, anschl. amerik. Gefangenschaft bis Jan. 1946.
1946 SED; 1947 Abitur in Saalfeld; 1947–50 Studium der Germanistik u. Publizistik an den Univ. Jena u. Leipzig; 1950/51 Sekr. der HS-Gruppe des KB Leipzig, anschl. bis 1952 Kreissekr. des KB in Leipzig, 1952–57 1. Sekr. der BL des KB Leipzig; 1957–66 Bundessekr. des KB in Berlin, zuständig für Wiss., Kunst u. Lit. sowie Fotogr.; in den 50er Jahren Red. beim »Börsenblatt für den Dt. Buchhandel zu Leipzig«; 1966–90 geschäftsführender (1. Sekr.) des DSV bzw. SV; laut Medienberichten als IM des MfS tätig gewesen; seit 1963 Mitgl. des Präs. des KB; seit 1969 Mitgl. des Präs. des DSV; 1983 VVO in Gold; zahlr. Veröff. zur Kulturpol., Literaturkritik u. Fotograf.
1990 Vorruhestand; 1993 Rentner.

Henrich, Rolf 24. 2. 1944
Dissident
Geb. in Magdeburg; 1964 SED; nach dem Abitur Studium der Rechtswiss. an der HU Berlin, im Kontext von Diskussionen um den »Prager Frühling« 1968 Vorwurf des »Revisionismus« wegen »Psychologisierung des Rechts« u. Abbruch eines Forschungsstudiums, Abschluß als Dipl.-Jurist; anschl. Wehrdienst in der NVA, danach wiss. Mitarb. an der ASR Potsdam-Babelsberg; ab 1973 Rechtsanwalt

im Bez.-Kollegium Frankfurt/Oder, dort mehrere Jahre SED-Parteisekr.; seit der Verurteilung R. Bahros* 1978 zunehmend krit. Auseinandersetzung mit dem Soz. sowj. Typs, versch. unveröff. Essays, Apr. 1989 Veröff. des Buchs »Der vormundschaftl. Staat. Vom Versagen des real existierenden Soz.« in der Bundesrep. Dtl., in dem der Staatssoz. als Ausdruck eines selbständigen, von der »asiat. Produktionsweise« ausgehenden Entwicklungspfades der »östl. Welt« interpretiert, der vormundschaftl. Herrschaftsanspruch des Parteistaats kritisiert u. Reformvorstellungen entworfen werden; anschl. Ausschluß aus der SED u. dem Rechtsanwaltskollegium, Berufsverbot; Sept. 1989 Mitunterz. des Gründungsaufrufs des Neuen Forum (NF), ab Dez. 1989 NF-Vertreter am Zentralen Runden Tisch; 1990 SPD; Veröff. des o. g. Buchs in der DDR; Rechtsanwalt in Eisenhüttenstadt.

Henschel, Bruno
12. 2. 1900–2. 10. 1976
Verlagsleiter
Geb. bei Greifswald in einer Arbeiterfamilie; Gemeindeschule, Lehre; 1918 Metallarbeiterverb., Soz. Arbeiterjugend; 1920 Mitgl. des Landesgemeindehauses Berlin (der freidt. Jugendbewegung nahestehende gemeinnützige Bildungseinrichtung); 1924–33 Mitarb., seit 1928 Geschäftsführer des Volksbühnenverlags Berlin; 1933–45 Dreher, zeitw. dienstverpflichtet, auch selbständiger Milchhändler.
1945 KPD/SED; 1945 Mitarb. in der Dt. Verwaltung für Arbeit u. Sozialfürsorge in Berlin; 1946 im Auftrag der SED (zus. mit Fritz Erpenbeck*) Gründung von Bühnenvertrieb u. Verlag Henschel u. Sohn; Hrsg. von »Theater der Zeit«; 1951/52 unter seiner Ltg. Vereinigung des Henschel Verlags mit dem Dt. Filmverlag und dem Dt. Funkverlag zum Henschelverlag Kunst und Ges., dem »henschel-SCHAUSPIEL« u. »henschel-MUSIKBÜHNE« als Bühnenvertriebe angeschlossen sind; 1967 Rentner.

Henselmann, Hermann
3. 2. 1905–19. 1. 1995
Architekt
Geb. in Roßla (Harz); Vater Holzbildhauer; 1919–22 Tischlerlehre, 1922–25 Handwerker- u. Kunstschule Berlin; ab 1927 Arbeit in Architektenbüros, 1934 aus rassist. Gründen Ausschluß aus der Reichskulturkammer, 1937 Entwürfe mit Wenzel für Neusiedler-Bauernhöfe in Hohensalza (Wartheland, heute Polen), beteiligt an Bauaufgaben in den besetzten Gebieten Polens u. der Tschechoslowakei (Industrie- u. Rüstungsbauten), 1945 Desertion aus einer der SS unterstellten Bauabt.
1945 Kreisbaurat in Gotha; 1946 SED; 1945–49 Dir. der Staatl. HS für Baukunst u. Bildende Kunst Weimar, Projekte für Neubauernhöfe u. Kulturhäuser; seit 1949 in Berlin, Mitarb. im Inst. für Bauwesen der DAW; 1950 Wandel seines Formkonzepts: Wohngebiet u. Hochhaus Weberwiese (mit Rolf Göpfert u. Emil Leibold), dieses Wohnensemble (1951) wird architekton. Leitbild für die Stilphase der »nat. Traditionen«; 1951 Mitgl. der DBA, Dir. des Inst. für Theorie u. Geschichte der Baukunst, Ltr. der Meisterwerkstatt I, leitete seitdem große Entwurfskollektive, in denen unter seiner Hoheit markante Projekte entstanden, die allein mit seinem Namen verbunden werden, so an der Stalinallee die Turmhauspaare am Strausberger Platz (1952/53) u. am Frankfurter Tor (1955/56), 1952 Bauten in Frankfurt/Oder u. Saßnitz; 1954–59 Chefarchitekt von Berlin, nach 1956 Anteil an der Umgestaltung des Berliner Stadtzentrums; 1959 spektakulärer Fernsehturmvorschlag im Zentrumswettbewerb Berlin, 1961–64 Haus des Lehrers u. Kongreßhalle; 1964–66 Chefarchitekt im VEB Typenprojektie-

rung, 1966–70 Chefarchitekt im Inst. für Städtebau u. Architektur der DBA, 1970 Dr.-Ing. h.c. der HAB Weimar; ab 1966 bildhafte Hochhausprojekte für versch. Stadtzentren, nach Entwürfen anderer Bauausführung: 1968–70 Leninplatz Berlin, 1968–75 Neubau der KMU Leipzig, 1969 Fernsehturm Berlin, 1970–72 Zeiss-Hochhaus Jena, 1972/73 FDGB-Heim »Rennsteig« Oberhof.
H. erlangte ein hohes intern. Renommee u. galt als »Chefarchitekt der DDR«; gest. in Berlin.
Publ.: Gedanken, Ideen, Bauten, Projekte. Mit Beiträgen von W. Heise* u. B. Flierl*. Berlin 1978; Drei Reisen nach Berlin. Berlin 1981; Vom Himmel an das Reißbrett ziehen. Berlin (West) 1982.

Hentschel, Paul
26. 10. 1913–20. 11. 1959
SED-Funktionär
Geb. in Breslau, Vater Schiffsbauer, Mutter Arbeiterin; Volksschule, 1928 bis 1931 Lehre als Steinsetzer; 1930 KJVD; 1931–34 erwerbslos; 1934/35 RAD; 1935–40 Arbeit als Steinsetzer in Breslau; 1940–42 Wehrmacht, Gefr., 1942 übergelaufen, sowj. Kriegsgefangenschaft; Gründungsmitgl. des NKFD, Lagerältester, Zentrale Antifa-Schule Krasnogorsk; 1945 Parteischule der KPD bei Moskau; hier Mitgl. d. KPD.
1945 Rückkehr nach Dtl.; Mai–Juli 1945 Personalltr. beim Magistrat von Groß-Berlin; Juli 1945–1949 Ministerialdir. u. Ltr. der Personalabt. der Landesreg. Brandenburg; 1946 KPD/SED; Juli 1949–1951 stellv. Ltr. der Abt. Staatl. Verwaltung beim ZK der SED; 1952 Staatssekr. im Min. des Inneren, u. a. beteiligt an der Vorbereitung u. Durchführung der Waldheimer Prozesse; 1951–53 Stadtrat für Verwaltung u. Personalpolitik in Berlin, 1953 Sekr. beim Magistrat von Groß-Berlin; Juni 1953–59 Vors. des Rats des Bez. Magdeburg, Mitgl. des Bezirkstags u. des Büros der SED-BL Magdeburg; 1956/57 »C«-Lehrgang an der PHS der KPdSU in Moskau; gest. in Magdeburg.

Herber, Richard
20. 12. 1911–19. 6. 1968
SED-Funktionär
Vater Arbeiter; Volksschule, Ausbildung zum Buchbinder; 1929 SPD; 1931 KPD; 1933–35 illegale antifasch. Arbeit; 1935/36 Arbeiter beim Autobahnbau; 1936 bis 1942 Rundschleifer in Leipzig; 1942–45 Wehrmacht, Gefr.; Mai–Aug. 1945 amerikan. Gefangenschaft.
1945/46 Mitarb. der Justizorgane in Leipzig, Verwaltungsobersekr. im Gefängnis Meusdorf; 1947 Lehrer an der Kreisparteischule Hartmannsdorf, 1947 dort Schulltr.; 1948/49 PHS; seit 1949 ltd. Funktionen im Apparat des ZK der SED, u. a. Mitgl. der zentr. Sonderkommission zur Überprüfung der Mitgl. u. Kandidaten der SED; Mai 1949–52 Hauptreferent, Sektorenltr., dann stellv. Ltr. der ZK-Abt. Propaganda; Aug. 1953–1968 persönl. Mitarb. Walter Ulbrichts*; 1958–67 1. Sekr. der PO u. Abt.-Ltr. im ZK, Ltr. Büro Ulbricht; 1963 Prom. zum Dr. rer. pol. an der ASR Potsdam; 1963–67 Kand., 1967/68 Mitgl. des ZK der SED.
Publ.: Wiss. Ltg. u. Entw. der Kader (zus. mit H. Jung). Berlin 1964.

Herbrich, Karl-Heinz 28. 2. 1937
Arbeitsgruppenleiter im MfS
Geb. in Leipzig, Vater Arbeiter, dann MfS-Mitarb., Mutter Arbeiterin.
1953 SED; 1955 mittlere Reife; 1955 Einstellung beim MfS Berlin, Abt., später HA II; 1955/56 Kursant an der JHS Potsdam-Eiche; 1974–79 Fernstudium an der JHS, Dipl.-Jur.; 1980–84 Offz. im bes. Einsatz als Ltr. der Operativgruppe Warschau des MfS; 1984 Stellv. des Ltr., 1989 Ltr. der Arbeitsgruppe Bereich Kommerzielle Koordinierung; 1986 Oberst; Jan. 1990 Entlassung.

Herbst, Wolfgang 21. 1. 1928
Museumsdirektor
Geb. in Halberstadt in einer Arbeiterfamilie; 1934–44 Oberschule; 1944/45 Marinehelfer; 1946–49 Studium der Geschichte an der MLU Halle, 1946 SED; 1949–51 Assistent von Leo Stern; seit seiner Gründung am Museum für Dt. Geschichte (MfDG) in Berlin, dort 1952–56 wiss. Mitarb., 1956–61 Ltr. der Abt. 1871–1945, 1961 stellv. Dir., 1968 Dir. (Nachf. von Walter Nimtz); 1971 Dr. phil., 1972 Honorarprof. an der HU Berlin; ab 1980 Präs. des Nat. Museumsrats, 1981–85 Präs. des Intern. Komitees für archäolog. u. histor. Museen des Intern. Museumsrats ICOM; 1984 Obermuseumsrat, 1985 Generaldir. des MfDG; Vors. des Beirats für wiss. Museen beim Min. für HFS-Wesen, Mitgl. des Vorst. des Rats für Museumswesen beim Min. für Kultur, Mitgl. des Präs. der Historikerges.
1990 Vorruhestand.

Herder, Gerhard 13. 8. 1928
Botschafter
Geb. in Althöfen (Ostpr.), Vater Tischler; Oberschule; Flakhelfer, sowj. Gefangenschaft.
Rückkehr nach Dtl; FDJ, SED; 1949–56 hauptamtl. FDJ-Funktionär, zuletzt Ltr. der Abt. Intern. Verbindungen im ZR; Studium an der DASR Potsdam; 1953 Staatsexamen; 1956–62 Doz., 1961 Prom. zum Dr. jur.; ab 1962 Mitarb. des MfAA, 1965–68 dort Ltr. der Grundsatzabt.; 1968–72 Ltr. der Handelsvertretung, 1973 Botschafter im Libanon; 1975 DDR-Vertreter im Genfer Abrüstungsaussch., 1979–83 Ständiger Vertreter am UNO-Sitz in Genf (Nachf. von Gerd Höhne); 1983 Botschafter in den USA u. Kanada (Nachf. von Horst Grunert*).

Herforth, Lieselott 13. 9. 1916
Physikerin, Mitglied des Staatsrats
Geb. in Altenburg (Thür.), Vater Verleger; 1936–40 Studium der Physik an der TH Berlin, Abschluß als Dipl.-Ing. bei Hans Geiger, anschl. wiss. Assistentin in Berlin, Leipzig, Freiburg i. Br. u. Schwarzenfeld (Oberpfalz).
1946 Mitarb. im Kabelwerk Berlin-Oberspree; 1947 wiss. Mitarb. am Kaiser-Wilhelm- bzw. Max-Planck-Inst. für Physikal. Chemie u. Elektrochemie in Berlin-Dahlem; 1948 Prom. an der TU Berlin; 1949 Mitarb. am Inst. für Medizin u. Biol. der DAW in Berlin-Buch u. Leipzig; 1953 Habil. an der Univ. Leipzig; 1955 Mitarb. am Inst. für Angewandte Radioaktivität der KMU Leipzig, ab 1957 zugl. Prof. an der TH für Chemie Leuna-Merseburg; 1960 ord. Prof. an der TH (ab 1961 TU) Dresden, 1962 dort Dir. des Inst. für Anwendung radioaktiver Isotope; 1963 SED; bis 1981 Abg. der Volkskammer u. Mitgl. des Staatsrats; 1965–68 Rektorin der TU Dresden; 1969 Ord. Mitgl. der DAW; 1971 NP; 1981 VVO; 1976 em.
Forschung auf den Gebieten Lumineszenzphysik, Markieren mit radioaktiven Stoffen, Strahlungsmeßtechnik.
Publ.: Praktikum der angewandten Radioaktivität (mit H. Koch). 3. Aufl. 1975.

Herger, Wolfgang 10. 8. 1935
SED-Politiker
Geb. in Rudolstadt (Thür.), Vater Arbeiter; Oberschule, Abitur; 1949 FDJ; 1953–58 Studium an der FSU Jena, Dipl.-Phil.; 1957 SED; 1958 FDGB; 1958–62 Assistent am Inst. für Philos. der FSU; 1959/60 Sekr. der FDJ-GO im VEB Jenaer Glaswerk Schott & Genossen; 1961/62 Mitgl. der Institutsparteiltg. der SED, 1963 2. Sekr. der FDJ-GO an der FSU, 1963/64 1. Sekr. der FDJ-KL Jena-Stadt; 1963 Prom. zum Dr. phil. über eth. Fragen; 1964–71 Sekr. u. 1971–76 2. Sekr. des ZR der FDJ; 1971–18. 3. 1990 Abg. der Volkskammer, 1976–85 Vors. des Jugendaussch.; 1973 VVO in Gold; 1976–85 Ltr. der

Abt. Jugend des ZK der SED (Nachf. von Siegfried Lorenz*); 1976–89 Mitgl. des ZK der SED; 1971–76 Mitgl. des Aussch. für Nat. Verteidigung der Volkskammer, 1976–86 Vors. ihres Jugendaussch., 1986/87 1. Stellv. des Vors. ihres Aussch. für Nationale Verteidigung u. 1987–18. 3. 1990 dessen Vors. (Nachf. von Paul Verner*); seit 1979 Mitgl. des Redaktionskollegiums der Ztschr. »Neuer Weg«; 1985–89 Ltr. der Abt. Sicherheitsfragen des ZK der SED (Nachf. von Herbert Scheibe*); 8. 11.–3. 12. 1989 Mitgl. des PB des ZK der SED, 4. 12. 1989–15. 1. 1990 Mitarb. im PV der SED-PDS; 1990 erwerbslos, dann Pförtner, anschl. Mitarb. in Handelsgesellschaften.

Hering, Werner 20. 3. 1930
SED-Funktionär
Geb. in Königstein (Sa.); 1946 SED; Neulehrer in Leipzig; 1952 Studium der Rechtswiss. an der Univ. Leipzig; ab 1953 Mitarb. im ZK der SED, 1956 stellv. Ltr. der Abt. Wiss.; 1960 Prom. zum Dr. jur. an der KMU Leipzig; 1959–81 Ltr. der Abt. Gesundheitspol. beim ZK der SED, 1967 Kand., 1976–86 Mitgl. des ZK; 1974 VVO in Gold; Mitgl. des Kollegiums des Min. für Gesundheitswesen; ab 1986 Ltr. des Lehrstuhls für Staatsrecht an der Akad. für ärztl. Fortbildung in Berlin.

Herlt, Günter 18. 6. 1933
Leitender Mitarbeiter des Fernsehfunks
Geb. in Berlin, Vater Arbeiter; Volksschule, 1947–50 Maurer- u. Zimmermannslehre; 1950–54 Studium an der HS für Architektur in Weimar; 1954–57 Reporter u. Red. im Rundfunkstudio Neubrandenburg; 1955 SED; 1957–61 Reporter bzw. Dir. des Senders Schwerin; 1959–90 Mitgl. des VDJ; 1961–63 Doz. am Inst. für Nachwuchsentw. für Rundfunk u. Fernsehen Berlin; 1964/65 persönl. Referent von Albert Norden im ZK der SED; 1966–90 ltd. journalist. Tätigkeit im DFF, in dieser Zeit auch Autor von Fernsehfilmen sowie Doz. für Theorie u. Praxis der journalist. Arbeit, 1968–71 Mitgl. der Kommentatorengruppe, 1971–73 stellv. Chefred. der »Aktuellen Kamera«, 1973–77 Chefred. für außenpol. Publizistik, 1977–79 Korrespondent des DFF in der Bundesrep. Dtl., 1979–90 Chefred. für Auslandsreportagen im Bereich Publizistik des DFF; Vorstandsmitgl. im Verb. der Film- u. Fernsehschaffenden; 1991 Vorruhestand.

Hermes, Andreas 16. 7. 1878–4. 1. 1964
CDU-Politiker
Geb. in Köln, Vater Eisenbahner; Studium der Landwirtschaftswiss. in Bonn-Poppelsdorf, Jena u. Berlin; 1901 Landwirtschaftslehrer in Cloppenburg, 1902 bis 1904 wiss. Assistent in Bonn-Poppelsdorf u. Jena, 1905 Prom. in Jena (Staatswiss.); 1905–11 wiss. Mitarb. der Dt. Landwirtschaftsges.; 1911–14 Abteilungsdir. im Intern. Landwirtschaftsinst. Rom; 1914–18 in der Pressestelle des Generalstabs u. a. Reichsbehörden tätig; 1919/20 Ministerialdir. im Reichswirtschaftsmin., 1920–22 Reichsmin. für Ernährung u. Landwirtschaft; 1922/23 Reichsfinanzmin.; 1924–28 für das Zentrum Abg. des Preuß. Landtags, 1928–33 des Reichstags; 1930–33 Präs. des Reichsverb. der dt. landw. Genossenschaften – Raiffeisen; Präs. der Vereinigung der christl. dt. Bauernvereine; März 1933 verhaftet, 1934 zu vier Monaten Gefängnis verurteilt; 1936–39 Landwirtschaftsberater der Reg. Kolumbiens in Bogotá; 1939 Rückkehr; ab 1942 Angehöriger des Widerstandskr. um Carl Goerdeler, nach dem 20. 7. 1944 verhaftet u. am 11. 1. 1945 zum Tode verurteilt; von sowj. Truppen befreit.
1945 Mitbegr. u. 1. Vors. der CDU in der SBZ, 2. Stellv. des OB von Groß-Berlin u. Stadtrat für Ernährung; Dez. 1945 als

CDU-Vors. von der SMAD zum Rücktritt gezwungen wegen Widerstand gegen Bodenreformmaßnahmen; 1947–49 Mitgl. des Bizonen-Wirtschaftsrats in Frankfurt/Main u. Vors. seines Ernährungsaussch.; 1948–55 Präs. des Dt. Bauernverb. u. 1948–61 des Dt. Raiffeisen-Verb. in den Westzonen bzw. der Bundesrep. Dtl., 1949 Gründer des Zentralaussch. der Dt. Landw., 1954–58 Präs. des Verb. der Eur. Landw. (CEA), Vizepräs. des Intern. Verb. der landw. Erzeuger.

Hermlin, Stephan (eigtl. Rudolf Leder)
13. 4. 1915
Schriftsteller
Geb. in Chemnitz, Vater jüd. Textilhändler; Gymnasium in der Schweiz; 1931 KJVD, erste Gedichtveröff.; 1933–36 als Drucker in Berlin, antifasch. Arbeit; 1936 Emigration, Aufenthalte in Ägypten, Palästina, England, Frankreich; Teiln. am span. Bürgerkrieg, 1939 in Frankreich interniert; 1944 Flucht in die Schweiz, Internierung.
1945 Rückkehr nach Dtl., Rundfunkred. in Frankfurt/Main; erster Lyrikband »Zwölf Balladen von den Großen Städten« u. die Erzählung »Der Leutnant Yorck von Wartenburg«; 1947 Übersiedlung nach Berlin, SED; fortan freischaff. Schriftst., auch Nachdichter moderner frz., latein- u. nordamerik. sowie ung. Lyrik (Paul Éluard, Pablo Neruda u. a.); Mitgl. der DAK, hier 1952–63 Sekr. der Sektion Dichtkunst u. Sprachpflege, Mitgl. des DSV, hier 1950–63 Vizepräs., Vorstandsmitgl. des PEN-Zentrums der DDR; 1975 NP 1. Kl.; ab 1975 Vizepräs. des Intern. PEN-Zentrums; 1976 AdK Berlin (West); 1980 VVO in Gold; 1981 Initiator der »Berliner Begegnung zur Friedensförderung«; 1984 Dr. phil. h.c. der FSU Jena; Großer Stern der Völkerfreundschaft; 1987 Teiln. am Intern. Forum »Für eine kernwaffenfreie Welt, für das Überleben der Menschheit« in Moskau.
Gehörte in den 50er Jahren zu den Repräsentanten off. Kulturpol., wurde erstmals wegen der von ihm 1962 veranstalteten Lesungen junger Lyriker, darunter Wolf Biermann*, hart kritisiert, trat daraufhin als DAK-Sektionssekr. zurück; 1976 Initiator u. Verf. der Petition gegen die Ausbürgerung Wolf Biermanns; wegen der Selbstcharakteristik als »spätbürgerl. Schriftst.« (1978 beim VIII. Schriftstellerkongreß) u. seines gesamtdt. orientierten Kulturkonzepts wurde H. wiederholt zurechtgewiesen u. öff. zurückgesetzt. 1990 PDS; lebt in Berlin.
Publ.: Die Zeit der Gemeinsamkeit. Berlin 1949; Die erste Reihe. 1951; Die Kommandeuse. Berlin 1954; Abendlicht. Autobiograph. Erzählungen. Leipzig 1979; Ges. Gedichte. München, Wien 1979; Äußerungen 1944–1982. Berlin u. Weimar 1983; Mein Friede. Rückkehr. Berlin u. Weimar 1985; In den Kämpfen dieser Zeit. Berlin 1995.
Sek.-Lit.: Schlenstedt, S.: S. H. Berlin 1985; S. H. – Bibliographie/Texte, Materialien, Bilder (Hrsg. M. Rost u. R. Geist). Leipzig 1985.

Herneck, Friedrich
16. 2. 1909–18. 9. 1993
Wissenschaftshistoriker
Geb. in Brüx (Most, Tschechien), Vater Lehrer; Abitur 1928, anschl. Studium der Naturwiss. u. Philos. an der Dt. Univ. Prag; 1934–38 freiberufl. Theatertätigkeit; 1941 Prom. an der Univ. Erlangen; 1940–45 Wehrmacht, Desertion; 1945/46 Agitator des NKFD; Mitbegr. d. SED Frankfurt/O.
1946–52 Lehrer an der Landesparteischule der SED Brandenburg; 1952–54 Doz. für dial. Materialismus an der PH Potsdam, ab 1954 HU Berlin; 1958 Entlassung, die in einen Entzug der Lehrbefugnis umgewandelt werden mußte, u. Vorwurf des Revisionismus auf der II. HS-Konferenz u. a. wegen seiner quellenbezogenen Arbeiten über Ernst Mach u. der Unterstüt-

zung der ideolog. Positionen von Robert Havemann*; 1961 Habil.; danach Wiederaufnahme seiner Lehrtätigkeit als Doz. (1964) u. Prof. (1967) f. Geschichte der Naturwiss.; 1974 em.; gest. in Berlin.
Verf. von über 20 Monographien, die ihn zu einem der Nestoren u. bekanntesten Forscher auf dem Gebiet der Geschichte der Naturwiss. in der DDR machen. Als Mach- u. Einstein-Forscher sowie mit seinen Studien über die »Bahnbrecher des Atomzeitalters« u. die naturwiss. Traditionen Berlins wurde er auch intern. anerkannt.
Publ.: Albert Einstein. Berlin 1963; Bahnbrecher des Atomzeitalters. Berlin 1965; Wiss.-Geschichte. Berlin 1984.

Herricht, Rolf 5. 10. 1927–23. 8. 1981
Schauspieler, Bühnenkomiker
Geb. in Magdeburg; Schauspielstudium am Schauspielstudio Magdeburg; Engagements in Salzwedel, Stendal, Staßfurt, Güstrow, Frankfurt/Oder u. Magdeburg; 1959 erste komische Filmrolle bei der DEFA in »Musterknabe«, Profilierung als Filmkomiker (u. a. »Geliebte weiße Maus«, »Der Reserveheld«) bei der DEFA u. in Fernsehprod.; über 25 Jahre Zusammenarbeit mit Hans-Joachim Preil* als Bühnenkomiker; Tournee-, Rundfunk- u. Fernsehprogr. sowie Auftritte im Friedrichstadtpalast Berlin; mehrere Schallplatten mit komischen Dialog-Szenen.

Herrmann, Dieter B. 3. 1. 1939
Direktor der Archenhold-Sternwarte und des Zeiss-Großplanetariums Berlin
Geb. in Berlin in einer Arbeiterfamilie; 1957–63 Studium der Physik an der HU Berlin; 1963–69 Mitarb. in der Staatl. Zentrale für Strahlenschutz; 1969 Prom. mit einer Arbeit zur Geschichte der astronom. Fachztschr. in Dtl.; seit 1956 freier Mitarb. der Archenhold-Sternwarte Berlin, dort 1970 Ltr. der Abt. Astronomiegeschichte, seit 1976 Dir.; seit 1987 zugl. Dir. des Zeiss-Großplanetariums Berlin; 1977–90 Moderation von rund 150 Folgen der populärwiss. TV-Reihe »AHA«, zahlr. weitere TV- u. Rundfunksendungen; Mitgl. der Intern. Astronom. Union; 1981–90 Mitgl. des Präs. der Urania; 1986 Habil. mit der Arbeit »Astrophysikal. Studien zur Genesis einer wiss. Disziplin« u. Honorarprof. für Geschichte der Astronomie u. Astrophysik an der HU Berlin.
Hauptarbeitsgebiete: Geschichte der astronom. Fachztschr., Entstehung u. Frühgeschichte der Astrophysik, Geschichte der mod. Astronomie; rund 1500 populärwiss. u. 100 wiss. Veröff., darunter 18 Bücher, manche mit mehreren Aufl. u. Übersetzungen.
Bibliogr. in: Mitteilungen der Archenhold-Sternwarte Berlin-Treptow 163/1989.

Herrmann, Frank-Joachim 15. 11. 1931
Staatssekretär und Leiter der Kanzlei des Vorsitzenden des Staatsrats
Geb. in Dresden, Vater Eisenbahner; Oberschule, Abitur; 1949 SED, FDJ, 1950 FDGB; Volontär; 1950–59 Red., Abt.-Ltr. Ressort Pol., Mitgl. des Redaktionskollegiums der Ztg. »BZ am Abend«, 1959–63 Mitgl. des Redaktionskollegiums u. 1. stellv. Chefred. der »Berliner Ztg.«; 1961 Mitgl. des ZV des VDJ; 1963–68 stellv. Abt.-Ltr. Agit. des ZK der SED; 1966 FS-Abschluß, Journalist; 1967 Mitgl. der Agit.-Kommission des PB des ZK der SED, 1968–89 Persönl. Mitarb. des Generalsekr. des ZK u. ab 1980 Staatssekr. u. Ltr. der Kanzlei des Vors. des Staatsrats; 1980 u. 1984 VVO in Gold; 1981–86 Kand. u. 1986–89 Mitgl. des ZK der SED; 1990 arbeitslos.

Herrmann, Gottfried
13. 9. 1915–31. 5. 1961
Regisseur
Geb. in Magdeburg; Gesangsausbildung, Operettenbuffo; nach 1945 Schauspieler,

u. a. in Schwerin; Regiearbeit, Gastregisseur am Berliner Theater am Schiffbauerdamm, danach beim Rundfunk u. beim DFF; ab 1954 Direktor des Varietés Friedrichstadtpalast in Berlin; 1955 Vors. des Berliner Komitees der Kulturschaffenden; inszenierte große Revuen mit Artistik u. Ballett als Grundelementen, die »Varieté-Revue«, die dem Friedrichstadtpalast intern. Geltung verschaffte; bes. Erfolg mit »Kinder, wie die Zeit vergeht« (1956); spielte selbst in Progr. des Kindervarietés; unter seiner Direktion gastierten im Friedrichstadtpalast intern. bedeutende Unterhaltungskünstler.

Herrmann, Joachim
29. 10. 1928–30. 7. 1992
SED-Politiker
Geb. in Berlin, Vater Arbeiter; Volks- u. Mittelschule; 1945 FDGB; 1945–49 Transportarbeiter, Botenjunge, Redaktionsvolontär, Hilfsred. u. Red. der »Berliner Ztg.«; 1946 SED, FDJ; 1949–52 stellv. Chefred. u. 1954–60 Chefred. der Ztg. »Junge Welt«; 1953/54 Komsomol-HS in Moskau; 1952–61 Mitgl., 1958/59 Sekr. des ZR der FDJ; 1960–62 Mitarb. des ZK der SED; 1962–65 Chefred. der »Berliner Ztg.«; 1962–67 Mitgl. der SED-BL Berlin; 1965–71 Staatssekr. für Gesamtdt. (ab 1967 für Westdt.) Fragen; 1967 Kand., 1971 Mitgl. des ZK der SED; 1971–78 Chefred. des »Neuen Dtl.« (Nachf. von Rudolf Singer*); 1973–78 Kand., dann Mitgl. des PB, 1976–89 Sekr. des ZK der SED, seit 1978 verantw. für Agit. u. Prop. (Nachf. von Werner Lamberz*); seit 1976 Abg. der Volkskammer; seit 1979 Mitgl. des Präs. des NR der NF; VVO in Gold, KMO; 18. 10. 1989 seiner Funktion als Mitgl. des PB u. Sekr. des ZK der SED enthoben, 20. 11. 1990 Ausschluß aus der SED-PDS, Rentner.
Publ: Gemeinsam für Soz. u. Frieden. Ausgew. Reden u. Aufsätze. Berlin 1988.

Herrmann, Joachim 19. 12. 1932
Historiker und Archäologe, Präsident der URANIA
Geb. in Lübnitz (b. Belzig), Vater Bauer; Oberschule; 1951–55 Stud. der Geschichte, Archäol., Ethnographie u. Geol. an der HU Berlin, danach freier Mitarb.; 1954 SED; 1956 wiss. Assistent an der DAW; 1958 Prom. an der HU Berlin mit einer Arbeit über vor- u. frühgeschichtl. Burgwälle; 1960 Oberassistent, 1964 wiss. Arbeitsltr. an der DAW; 1965 Habil. an der HU Berlin über die Slawen zwischen Oder/Neiße u. Elbe; 1969 Prof.; 1969–90 Dir. des ZI für Alte Geschichte u. Archäol. der DAW (ZIAGA); 1972 Korr. u. 1974 Ord. Mitgl. der AdW, 1980 Vors. der Klasse für Lit.-, Sprach-, Geschichts- u. Kunstwiss., Mitgl. des Präs. der AdW; 1981–90 Vors. des Nat.-Komitees der Historiker der DDR; seit 1985 Mitgl. des Büros des Comités Intern. des Sciences Historiques, seit 1990 als einziger dt. Vertreter; 1985 Mitgl. der Poln. AdW; 1986–90 Präs. der URANIA; 1989 Mitgl. der Bulgar. AdW, 1990 Mitgl. der Ukrain. AdW; Ord. Mitgl. des Dt. Archäolog. Inst.; Dr. h.c. der Univ. Athen; zum 1. 10. 1990 unter massivem Druck von Angehörigen des Zentralinstituts für Alte Geschichte (ZIAGA) Rücktritt als Dir.
H.s wiss. Hauptinteresse gilt der Geschichte u. Kultur der Slawen, der Menschwerdung, der Frühgeschichte eur. Völker u. der Wiss.-Geschichte; 1989–91 massive öff. Kritik an seiner früheren geschichtspropagandist. Tätigkeit.
Publ.: Köpenick. Berlin 1962; Heinrich Schliemann. Berlin 1974; Die Menschwerdung. Berlin 1984; Die Slawen. (Hrsg.) Berlin 1985; Wege zur Geschichte (Bibliogr. Auswahl). Berlin 1986.

Herrnstadt, Rudolf
18. 3. 1903–28. 8. 1966
SED-Politiker

Geb. in Gleiwitz (Oberschles.), Vater Rechtsanwalt; Humanist. Gymnasium; 1921/22 Jurastudium in Berlin u. Heidelberg; 1922 freier Publizist; 1922–24 Praktikant in den Oberschles. Zellstoffwerken Krappitz; 1924–28 Lektor in Berliner Verlagshäusern; 1928 Red. beim »Berliner Tageblatt«; 1929 KPD; ab 1930 tätig für den Nachrichtendienst (Abt. IV) der Roten Armee; 1930–36 Auslandskorr. des »Berliner Tageblatts« in Prag, Warschau, Moskau, 1936–39 Auslandskorr. u. a. für »L'Europe«; 1940–43 Mitarb. im Generalstab der Roten Armee, kurzzeitig Chefred. der Ztg. »Das freie Wort«; 1943–45 Mitarb. im NKFD, Mitautor des Gründungsmanifests, Chefred. der Ztg. »Freies Dtl.«, Mitautor der KPD-Richtlinien für die Arbeit in den sowj. besetzten dt. Gebieten.

Mai 1945 Rückkehr nach Berlin; Mitbegr. von Berliner Verlag u. »Berliner Ztg.«, deren Chefred. bis 1949, dann Chefred. der Ztg. »Neues Dtl.«; seit 1946 SED; 1949–54 Abg. der Prov. Volkskammer bzw. Volkskammer; ab 1950 Mitgl. des ZK der SED u. Kand. des PB, Juli 1953 wegen angebl. fraktioneller Tätigkeit (mit Wilhelm Zaisser*) aus dem ZK, Jan. 1954 aus der SED ausgeschl. (29. 11. 1989 von der ZPKK der SED rehabilitiert); 1953–66 Angestellter im Dt. Zentralarchiv, Abt. Merseburg.

Publ.: Der Kölner Kommunistenprozeß. Berlin 1958; Die Beine der Hohenzollern. Berlin 1960 (unter dem Ps. R. E. Hardt); Die Entdeckung der Klassen. Berlin 1965; Das Herrnstadt-Dokument. Das Politbüro der SED u. die Geschichte des 17. Juni 1953. (Hrsg. N. Stulz-Herrnstadt). Reinbek 1990.

Sek.-Lit.: Müller-Enbergs, H.: Der Fall Rudolf Herrnstadt. Tauwetterpolitik vor dem 17. Juni 1953. Berlin 1991.

Hertwig, Hans-Joachim
16. 7. 1928–28. 9. 1988
SED-Politiker

Geb. in Schmiedeberg, Vater Tischler; Volksschule; 1942–44 Ausbildung; 1945 SPD, 1946 SED, FDJ; 1945–50 Neulehrer, 1950–52 Schulltr., 1952–55 Dir. der Grundschule in der Pionierrep. »Wilhelm Pieck« am Werbellinsee; 1954–88 Mitgl. des ZK des SED; 1955–58 PHS, Dipl.-Ges.-Wiss.; 1958–60 Ltr. der Zentralschule der Pionierorg. »Ernst Thälmann« in Droyssig, 1960–66 Sekr. u. stellv. Vors. der ZL der Pionierorg.; 1963–67 Mitgl. des ZR der FDJ; 1966–68 Sekr. für Wiss., Volksbildung u. Kultur, 1968–71 2. Sekr. u. 1971–88 1. Sekr. der SED-BL Frankfurt/Oder (Nachfolger von Erich Mückenberger*); 1971–88 Abg. der Volkskammer; 1976–88 Mitgl. des Redaktionskollegiums der Ztschr. »Einheit«; 1978 KMO, 1984 VVO in Gold.

Hertwig, Paula 11. 10. 1889–31. 3. 1983
Zoologin, Genetikerin

Geb. in Berlin, Vater Univ.-Prof.; 1908 Abitur am Realgymnasium; Studium der Zool., Botanik u. Chemie an der Univ. Berlin, Prom. 1916 mit einer Arbeit auf dem Gebiet der Zool.; 1919 Habil.; seit 1921 Assistentin bzw. Oberassistentin am Inst. für Vererbungs- u. Züchtungsforschung der Landw. Fak. der Univ. Berlin; 1927–45 Prof. an der Med. Fak. der Univ. Berlin; Febr. 1933 Abg. der Dt. Staatspartei im Preuß. Landtag, Juli 1933 aus dem Landtag ausgeschlossen.

Mai 1946 Berufung an die Med. Fak. der MLU Halle, 1948 Dr. med. h. c. (MLU); ord. Prof., Aufbau u. Ltg. des Biolog. Inst., 1948–50 Dekanin der Med. Fak.; 1953 Mitgl. der Dt. Akad. der Naturforscher Leopoldina; 1957 em., bis 1959 Forts. der Lehrtätigkeit u. kommissar. Dir. des Inst.; 1972 Übersiedlung nach Villingen (Schwarzwald); Dr. h. c. (Univ. Heidelberg); 1979 Ehrenmitgl. der Humangenet. Ges. der DDR.

Arbeitsgebiete: Biolog. Wirkung von Röntgen- u. Radiumstrahlen sowie Probleme der Züchtungs- u. Vererbungswiss.; Einfluß physikal. u. chem. Faktoren auf das genet. Material, Verbindung der Erbbiol. u. Erbpathol. mit der Entwicklungsgeschichte; las erstmalig an dt. Univ. Biol. für Medizinstudenten in einheitl. Vorlesung.

Hertz, Gustav 22. 7. 1887–30. 10. 1975
Physiker
Geb. in Hamburg, Vater Rechtsanwalt; 1906 Abitur; Studium der Mathematik u. Physik in Göttingen, München u. Berlin, 1911 Prom., danach Assistent an der Univ. Berlin; gemeinsame Arbeiten mit James Franck führten 1913 zu den Elektronenstoßexperimenten, die sich später als experimenteller Beweis für die Bohrsche Atomtheorie u. die Quantentheorie erwiesen (für diesen Franck-Hertz-Versuch Physik-Nobelpreis 1925); 1920 Philips-Laboratorien, dort 1922 Trennung von Gasgemischen durch Diffusion; 1926 ord. Prof. für Physik an der Univ. Halle; 1927 Dir. des Physikal. Inst. der TH Berlin; 1932 Trennkaskade für gasförmige Isotopengemische; 1935 Rücktritt vom Ordinariat aus pol. Gründen u. Übernahme der Ltg. des Siemens-Forschungslaboratoriums in Berlin.
1945–54 im Rahmen des sowj. Atombombenprojekts Ltr. eines Forschungsinst. bei Suchumi, Entw. des Gasdiffusionsverfahrens für die Uran-Isotopentrennung; 1951 Stalin-Preis der UdSSR; 1954–61 ord. Prof. u. Dir. des Physikal. Inst. der KMU Leipzig, Einsatz bes. für den Aufbau von Kernphysik u. -technik in der DDR; 1954 Ord. Mitgl. der DAW, langj. Sekretar der Klasse Mathematik, Physik u. Technik; 1955 NP; Mitgl. des Forschungsrats u. des Rats für die friedl. Anwendung der Atomenergie beim Min.-Rat; Vors. bzw. Ehrenvors. der Physikal. Ges.; Mitgl. vieler Akad., so in Halle, Göttingen, Leipzig, Moskau; Dr. h.c. mult.
Publ.: Die Elektronenstoßversuche (mit J. Franck, hrsg. von A. Hermann). München 1967; Grundlagen u. Arbeitsmethoden der Kernphysik (Hrsg.). Berlin 1957.
Sek.-Lit.: Wiss. Ztschr. der KMU Leipzig. Mathemat.-Naturwiss. Reihe 6/1987 (Themat. Heft zum 100. Geb., mit Biogr. / Bibliogr.); J. Kuczera: Gustav Hertz. Leipzig 1985.

Hertzsch, Erich 31. 3. 1902
Evangelischer Theologe
Geb. in Unterbodnitz (b. Kahla, Thür.); 1921 Abitur am Gymnasium in Rudolstadt, anschl. Studium der Theol. u. Jura an den Univ. Tübingen u. Jena, 1924 1. theolog. Examen; 1924/25 Werkstudium im Ruhrgebiet, erste Kontakte zur soz. Arbeiterbew.; 1925 Vikar in Leuthenberg (Thür.), 1926–29 Pfarrer in Hartroda, anschl. bis 1932 Pfarrer in Bucha; 1931 SPD, Beitritt zum Bund religiöser Sozialisten; 1932 Prom. mit einer Arbeit über den radikalen Reformator Karstadt; 1932–45 als Nachf. des ihm persönl. u. theolog. nahestehenden Emil Fuchs* Pfarrer in der Arbeitergemeinde Eisenach-West, Einsatz zur Rettung von Juden, u. a. des späteren Priesters der anglikan. Kirche in Coventry, Paul Östreicher.
1945 SED u. ab 1946 Mitgl. der SED-Frakt. des Thüringer Landtags, 1950 Austritt aus der SED wegen der weltanschaul. Intoleranz der Partei; 1945–47 Oberkirchenrat in der Thüringer Kirchenltg. unter Moritz Mitzenheim*, u. a. zuständig für die Entnazifizierung der vom Nat.-Soz. stark abhängig gewesenen Landeskirche; 1946 Mitbegr. u. Mitgl. des Beratenden Aussch. der Christl. Friedenskonferenz in Prag; 1947 Berufung zum Prof. u. ab März 1948 Prof. mit Lehrstuhl für prakt. Theol. am Inst. für Theol. der FSU Jena, Dir. der prakt.-theolog. Abt. des Inst.; 1. Vors. des Wiss. Beirats für die Theolog. Fakultäten beim Staatssekr. für HFS-Wesen; zeitw.

Mitgl. des Präs. des Friedensrats der DDR; 1962 VVO in Silber; in den 60er Jahren allmähl. Rückzug aus pol. Ämtern; 1969 em.
Forschungen u. zahlr. Aufsätze insbes. zur Liturgiewiss., Homiletik, Seelsorge sowie zur Stellung der Kirche in der Kultur u. zur pol. Verantw. der Kirche, Einführung psycholog. Methoden in der Seelsorge.
Publ.: Die Wirklichkeit der Kirche. Kompendium der prakt. Theol. Bd. 1. Berlin 1962.

Hertzsch, Klaus-Peter 23. 9. 1930
Evangelischer Theologe, Schriftsteller
Geb. in Jena als Sohn des ev. Theologen Erich H. *; 1949 Abitur am Luther-Gymnasium in Eisenach, anschl. bis 1957 Studium der Theol. u. Germanistik in Jena u. Zürich; 1957–59 Vikar in Cospeda (b. Jena) u. Inspektor des Theologenkonvikts in Jena; 1959–66 Studentenpfarrer in Jena; danach bis 1966 Generalsekr. u. Ltr. der Geschäftsstelle der Ev. Studentengemeinden der DDR in Berlin; 1957 Prom. mit einer Arbeit zu Ethik u. Anthropol. Bertolt Brechts* u. ihrer Bedeutung für die Hermeneutik der Rechtfertigungslehre; 1968 Doz. u. seit 1974 Prof. für prakt. Theol. an der FSU Jena; seit 1977 Mitgl. der Synode der Ev.-Luth. Kirche in Thür., 1978–90 Mitgl. der Synode des Bundes der Ev. Kirchen in der DDR; H. wurde durch zahlr. Synodenvorträge u. die Rede »Christus, Hoffnung für die Welt« vor der Vollvers. des Ökumen. Rats der Kirchen 1984 in Budapest als Fürsprecher eines eigenständigen Engagements der Kirchen im Soz. bekannt.
Forschungen v. a. zur Situation christl. Gemeinden in der Ges. sowie zu den Beziehungen zwischen Theol., Sprachwiss. u. Belletristik; entwarf von daher ein Konzept für eine erzählende Homiletik; trat als Schriftsteller v. a. durch lyr. Arbeiten, Nachdichtungen bibl. Texte u. liturg. Gebrauchstexte hervor.
Publ.: Wie schön war die Stadt Ninive. 1967; Nachdenken über den Fisch. Texte u. Predigten aus drei Jahrzehnten. Stuttgart 1994.

Herwegen, Leo 25. 2. 1886–9. 5. 1972
CDU-Politiker, Minister für Arbeit und Sozialpolitik
Geb. in Köln, dort Volksschule u. Realgymnasium; Studium der Montanwiss. in Clausthal und Aachen, 1909 Dipl.-Berging., Assistent an der TH Aachen, Prom. zum Dr.-Ing.; ab 1913 Betriebsltr. von Bergwerken, u. a. in den Riebeckschen Montanwerken Halle; 1919 Zentrums-Partei, seitdem Vors. des Provinzialvorst. Sachsen; in der NS-Zeit pol. verfolgt, bis 1944 Abt.-Ltr. der Bergwerke der IG Farben, 1944 verhaftet.
Juli 1945 Mitbegr. der CDU in Sachsen-Anhalt, bis Mai 1948 1. Vors. des Landesverb.; Sept. 1945 – Dez. 1946 Präsidialdir. in der Provinzialverwaltung Sachsen, Ltr. des Amts für Brennstoffindustrie u. Energiewirtschaft; 1945–49 Mitgl. des CDU-Hauptvorst. in der SBZ, Dez. 1945 – Sept. 1947 ihr 4. Vors., Sept. – Dez. Mitgl. ihres geschäftsführenden Vorst., Nov. / Dez. 1947 des Pol. Aussch., Mitgl. der Arbeitsgemeinschaft CDU / CSU, Mai 1948 – Nov. 1949 stellv. Vors. des CDU-Landesverb. Sachsen-Anhalt; Okt. 1946 – Nov. 1949 Abg. des Landtags Sachsen-Anhalt, Dez. 1946 – Nov. 1949 Min. für Arbeit u. Sozialpol.; 1948/49 Mitgl. des Dt. Volksrats, 1949 Abg. der Prov. Volkskammer; Okt. 1949 verhaftet; Nov. 1949 aller Ämter enthoben wegen angebl. Verwicklung in den Fall »Verschiebung von Vermögenswerten« der 1946 enteigneten Dt. Continental-Gas-Ges. (DCCG), Apr. 1950 im Dessauer Schauprozeß mit Willi Brundert* zu 15 Jahren Zuchthaus verurteilt; Sept. 1956 Entlassung aus der Haft, 1958 Flucht in die Bundesrep. Dtl.

Herz, Joachim 15. 6. 1924
Musiktheaterregisseur, Theaterleiter
Geb. in Dresden, Vater Kaufmann; 1942 Reifeprüfung an der Kreuzschule; Beginn der Ausbildung für das Höhere Lehramt an der staatl. HS für Musik in Leipzig; 1944/45 Militärdienst.
1946 Forts. des Studiums an der Staatl. Akademie für Musik u. Theater in Dresden, 1948 Staatsexamen als Fachlehrer für Musik; 1948–51 Studium der Regie u. Musikwiss. in Dresden u. an der HU Berlin; 1950 R. »Die Bremer Stadtmusikanten« (HS u. Palucca-Schule Dresden); 1951–53 Regisseur an den Landesbühnen Sachsen in Radebeul; 1953–56 Assistent an der Kom. Oper Berlin bei Walter Felsenstein*, hier 1954 »Die Zauberflöte«, 1955 »Manon Lescaut«; 1956/57 Regisseur an den Bühnen der Stadt Köln; 1957–59 Oberspielleiter Städt. Oper Leipzig, 1959–76 Dir. der Oper Leipzig, hier 1960 »Die Meistersinger von Nürnberg« (Eröffnungsinszenierung); 1961 NP 2. Kl. im Kollektiv; seit 1963 Arbeiten für Funk, Film (1964 »Der fliegende Holländer« bei der DEFA), Fernsehen, Schallplatte; 1969 Mitgl. der DAK; seit 1971 zahlr. Insz. im Ausland; 1972 »Ring des Nibelungen« (Oper Leipzig); 1974 VVO in Gold; 1976–81 Intendant der Kom. Oper Berlin, »Bumbum« (UA), »Lulu«, »Peter Grimes«; 1976–81 Lehrauftrag an der KMU Leipzig; 1977 NP 1. Kl.; seit 1981 Ltg. der Abt. Musiktheater-Regie an der HS für Musik Dresden; Lehraufträge, Gastseminare u. -vorlesungen in Europa u. Übersee; 1981–91 Chefregisseur an der Staatsoper Dresden; 1985 NP 1. Kl.; 1985 »Der Freischütz« (Eröffnungsinsz. der Semper-Oper Dresden), 1986/87 »Die Nase«, »Falstaff« (Dresden); Ehrenmitgl. des Bolschoi-Theaters Moskau u. der Ges. für Musiktheater Wien.
Publ.: Und Figaro läßt sich scheiden. München 1985.

Herzberg, Guntolf 9. 6. 1940
Dissident, Philosoph
Geb. in Berlin; 1958 Abitur; nach Ablehnung der Bewerbung zum Journalistikstudium Lehre als Schriftsetzer u. Korrektor, dann als Korrektor tätig; 1961–65 Studium der Philos. mit den Nebenfächern Physik u. Geschichte an der HU Berlin, u. a. bei Wolfgang Heise*; 1964 SED; kurzzeitig wiss. Sekr. des Dekans der Philosoph. Fak.; ab 1966 Assistent am Inst. bzw. ZI für Philos. der DAW/AdW, zugl. Lehrtätigkeit an der HU u. einer Kunst-FS; nach der Niederschlagung des Prager Frühlings 1968 erste pol. Krise; 1972 Gründer der noch heute existierenden »Freitagsrunde«, die 1989 in die Initiativgruppe für das Neue Forum überging, seitdem Observierung durch das MfS (erst OPK, später OV »Korrektor«), 1973 wegen des »nichtgenehmigten« Diskussionskreises Parteiausschluß, Entlassung, Berufs- u. Publ.-Verbot; danach freiberufl. Red. u. Übersetzer für die Ztschr. »Sowjetwiss.«; 1974 Reservistendienst; 1976 Prom. an der HU mit der Diss. »Wilhelm Dilthey u. das Problem des Historismus«; ab 1976 freiberufl. Lektor für den Akad.-Verlag; Okt. 1976 Protestbrief gegen die Ausbürgerung Wolf Biermanns*; Zusammenarbeit mit Rudolf Bahro* bis zu dessen Verhaftung im Aug. 1977; Mitbegr. u. Teiln. informeller Zirkel in Berlin, Naumburg u. Leipzig (OV »Platon«), Vorträge in der Evang. Akad. Berlin-Brandenburg u. in Studenten-Gemeinden; Privatgelehrter, Aufsätze zu philosoph., hist., ök. u. ökolog. Themen; seit 1980 Vorträge zur Menschenrechtsproblematik in kirchl. Kreisen; 1981 Mitbegr. des interdisz. »Wittenberger Arbeitskreises Wiss.-Ethik« u. Mitautor des Papiers »Wiss.-Ethik – heute« (veröff. 1984); ab 1983 in der unabhängigen Friedensbew. engagiert, u. a. im Kreis um Werner Fischer*, der später in die IFM überging; 1984 arbeitslos, Ausreisean-

trag, Repressionen u. Verleumdungen durch das MfS, März 1985 Ausreise nach Berlin (West); Mitgl. der Grünen (AL), Mitarb. in der »Initiative Ost-West-Dialog«, 1986 Mitbegr. der Bundesarbeitsgemeinschaft Menschenrechte der Grünen (mit Petra Kelly); 1987 wiss. Mitarb. am Inst. für Philos. der FU Berlin; zugl. Vorträge u. Veröff. zur DDR u. zur Menschenrechtsproblematik; Sept. 1989 Mitautor des Aufrufs »Für ein Berlin ohne Mauern – in einem Dtl. ohne Panzer – in einem Europa ohne Grenzen«; Mitbegr. des »Demokr. Forum West« zur Unterstützung der ostdt. Bürgerbew., Teiln. an zahlr. pol. Veranstaltungen, Radio- u. TV-Diskussionen; 1990 Mitarb. in versch. wiss.-pol. Gremien, u. a. am Zentralen Runden Tisch Wiss.; Mitarb. im Unabhängigen Historikerverb.
1990/91 beteiligt am Verfassungsentwurf des »Kuratoriums für einen demokr. verfaßten Bund Dt. Länder«; 1991 Gründungsmitgl. der Partei Bündnis 90; 1993/94 Mitarb. der Abt. Bildung u. Forschung der »Gauck-Behörde«, Untersuchungen u. a. zur Verstrickung der DDR-Philos. mit dem MfS; 1994 Mitarb. am Inst. für Philos. der HU, Schwerpunkt »Prakt. Philos. / Ethik«.
Publ.: Überwindungen. Schubladentexte 1975–1980. Berlin 1990; Einen eigenen Weg gehen. Texte aus Ost u. West 1981–90. Berlin 1991; Karrieremuster (mit K. Meier). Berlin 1992; des weiteren Aufsätze zur pol. Ethik u. zur DDR-Philos.

Herzfelde, Wieland (eigtl. Herzfeld) 11. 4. 1896–23. 11. 1988
Schriftsteller, Redakteur, Verleger
Geb. in Weggis (Schweiz) in einer dt.-jüd. Familie, Vater Schriftst. Franz Held; aufgewachsen in der Schweiz, 1913 Übersiedlung nach Berlin, Studium der Germanistik u. Medizin; bei Kriegsbeginn Meldung als Freiwilliger im Sanitätsdienst der Reichswehr; 1916 Gründung der Ztschr. »Neue Jugend« als Akt der Opp. gegen den Krieg, 1917 zus. mit seinem Bruder John Heartfield* Gründung des Malik-Verlags, den er bis 1933 in Berlin leitete; Mitinitiator des Dadaismus; 1924 schloß H. dem Verlag eine Kunstgalerie (»Grosz-Galerie«) u. die Malik-Buchhandlung an; Dez. 1918 KPD, 1928 Mitgl. des BPRS; 1933 Emigration nach Prag, später nach Frankreich, England u. in die USA; dort ebenfalls Mitgl. des BPRS; Mitunterz. des Aufrufs des Pariser Volksfrontkongresses vom Apr. 1937; 1933–39 Ltg. des Malik-Verlags in Prag, 1933–35 Mithrsg. der »Neuen Dt. Blätter« in Prag; 1939–48 Buchhändler in den USA, 1945–47 Initiator u. Gründer des Aurora-Verlags in New York zus. mit Anna Seghers* u. Oskar Maria Graf.
1949 Rückkehr nach Dtl., Prof. für Soziol. der neueren Lit. an der KMU Leipzig, Sekt. Journalistik; Mitgl. der Pirckheimer Gesellschaft; 1951 Mitgl. des PEN-Zentrums Dtl., dann PEN-Zentrum Ost u. West, PEN-Zentrum DDR (Präs. 1959–70, ab 1972 Ehrenpräs.); Mitgl. des Vorst. des DSV; 1961 Mitgl. der DAK (zeitw. deren Vizepräs.); 1966 VVO in Gold; 1967–70 Sekr. der Sekt. Dichtkunst u. Sprachpflege der DAK; 1971 Stern der Völkerfreundschaft in Silber, 1973 NP, 1979 Goethe-Preis, 1981 KMO; 1986 Ehrenbürger von Berlin; gest. in Berlin.
Publ.: Immergrün. Merkwürdige Erlebnisse u. Erfahrungen eines fröhlichen Waisenknaben. Berlin 1949 (erw. 1966/76); John Heartfield. Leben u. Werk meines Bruders. Leipzig 1962 (erw.: 1971); Der Malik-Verlag 1916–1947. Berlin 1966 (Kat. zur Ausstellung); Zur Sache. Berlin 1976.

Hesse, Horst (Ps. Horst Berger)
12. 5. 1922
Agent
Geb. in Magdeburg, Vater Maschinenmonteur; Volksschule; Lehre als Fein-

mechaniker; 1939 Soldat; 1943 engl. Gefangenschaft.
1945 Rückkehr nach Magdeburg, wegen Krankheit nicht berufstätig; 1946 Schlosser im VEB Schwermaschinenbau »Ernst Thälmann«; 1947 VP-Meister; 1948 SED; 1951 Instrukteur der NF, dann Dispatcher im o. g. VEB; in dieser Zeit Anwerbung durch den US-Geheimdienst Military Intelligence Department (MID), H. informierte darüber das MfS; 1954 Instrukteur der GST-BL Magdeburg, dann nach Berlin (West), Spionage für das MfS in der MID-Zentrale in Würzburg, Abt.-Ltr. für Agentenwerbung, später Stellv. des Chefs für Sicherheitsfragen; 20. 5. 1956 Flucht in die DDR; von einem US-Gericht in Abwesenheit zum Tode verurteilt; 1956 Ltn. der Bereitschaftspolizei im Brigadestab Karl-Marx-Stadt; 1957 Einstellung beim MfS, Bezirksverwaltung Karl-Marx-Stadt, Abt. II (Spionageabwehr); 1959/60 Invalidenrentner; 1960 Wiederaufnahme des Dienstes bei der HA II, MfS Berlin; 1962 Kontroll-Punkt-Ltr. in Eberswalde; 1964 Versetzung zur Kreisdienststelle Eberswalde; Major; 1966 Invalidenrentner.

Heßlich, Lutz 17. 1. 1959
Leistungssportler (Radrennsport)
Geb. in Ortrand (Sa.) in der Familie eines Bäckermeisters; Radrennfahrer beim SC Cottbus (Trainer Gerd Müller), Spezialdisz. Sprint; Junioren-WM 1976 u. 1977; WM 1979, 1983, 1985 u. 1987; Europacupsieger 1985–1988; Olympiasieger 1980 u. 1988; Weltradsportler des Jahres 1988; 1977 Abitur an der KJS, anschl. Sportstudium an der DHfK Leipzig; SED.
Lebt als Inhaber eines Fahrradgeschäfts in Cottbus.

Hetterle, Albert 31. 10. 1918
Schauspieler, Regisseur, Theaterleiter
Geb. in Peterstal (b. Odessa) in einer Bauernfamilie; 1936–38 Eleve, dann Schauspieler am Dt. Kollektivistentheater in Odessa; 1944 nach Dtl. zurückgeführt, zur Wehrmacht eingezogen, nach schwerer Erkrankung 1945 aus dem Lazarett entlassen.
Ab 1947 Engagements in Sondershausen, Greifswald, Altenburg, Erfurt u. Halle; 1949 SED; ab 1955 am Maxim Gorki Theater Berlin; zahlr. Bühnenrollen u. a. in Schillers »Die Räuber«, F. Wolfs* »Die Matrosen von Cattaro«, Gorkis »Nachtasyl«, in weiteren Stücken von Gorki sowie sowj. Autoren wie Rosow, Schatrow, Gelman; seit 1966 Mitgl. des Vorst. des Verb. der Theaterschaffenden; 1967–86 Mitgl. der SED-BL Berlin; 1967/68 stellv. Intendant, ab 1968 Intendant des Maxim Gorki Theaters, dort ab 1971 Inszenierungen vor allem klass. u. zeitgenöss. Bühnenwerke, weiter auch als Schauspieler tätig, u. a. 1988 in Volker Brauns* »Die Übergangsgesellschaft«.
Bis zur Spielzeit 1993/94 Intendant des Maxim Gorki Theaters, danach dort weiterhin Schauspieler.

Heubner, Wolfgang
18. 6. 1877–26. 2. 1957
Pharmakologe
Geb. in Leipzig, Vater Prof., Kinderarzt; Bürger- u. Thomasschule; 1894 Übersiedlung nach Berlin; 1896 hier Abitur; Medizinstudium in Göttingen, Marburg u. Straßburg; 1902–05 am Pharmakolog. Inst. der Univ. Straßburg tätig, 1903 Prom., 1907 Habil.; 1908 etatmäßiger ao. Prof. für Pharmakol. an der Univ. Göttingen u. Dir. des Pharmakolog. Inst., 1910 ord. Prof.; 1914–18 Stabsarzt, pharmakolog.-toxikolog. Fachmann in der therapeut. Versuchsabt. des Kriegsmin.; ab 1918 Wiederausübung der Professur, 1927/28 Rektor der Univ. Göttingen; 1929 Prof. an der Univ. Düsseldorf, 1930 in Heidelberg, 1932–52 in Berlin; Kritiker der NS-Wissenschaftspol.
1946–50 Ord. Mitgl. der DAW; bis 1949

Mitgl. der Med. Fak. der HU Berlin, u. a. Dir. des Hygien. Inst., Prodekan; 1950–52 Prof. für Pharmakol. an der Freien Univ. Berlin (West).
Arbeiten zur Eiweißchemie (Spaltung des Fibrinogens bei Blutgerinnung), zu Vergiftungen durch Metalle u. Kampfgase, hämolyt. Wirkungen von Alkaloiden u. Terpenen, Analyse von Reizstoffen, Mineralstoffwechsel; zahlr. Veröff.

Heuer, Jens-Uwe 11. 7. 1927
Rechtswissenschaftler
Geb. in Essen als Sohn eines Juristen; Schulbesuch in Berlin, 1945 Abitur in Kiel; 1946–51 Studium der Rechtswiss. an den Univ. Kiel u. Berlin, in Kiel Mitbegr. einer komm. Studentengruppe; 1946 SED; ab 1951 Lehrtätigkeit an der HU Berlin; 1956 Prom. mit einer Arbeit zu einem rechtshist. Thema; 1958–60 Richter an den Staatl. Vertragsgerichten Berlin u. Karl-Marx-Stadt; Mitarb. am Inst. für Staatsrecht der HU Berlin, 1961 Ltr. der dortigen Arbeitsgruppe für Wirtschaftsrecht; 1961–64 zugl. Fernstudium an der HfÖ Berlin mit Abschluß als Dipl.-Wirtsch.; 1963 Dir. des o. g. Inst.; 1964 Habil., 1965 Prof. für Rechtswiss.; 1968 Ltr. der Arbeitsgruppe Wirtschaftsrecht am ZI für Soz. Wirtschaftsführung beim ZK der SED in Berlin-Rahnsdorf; 1979 Korr. Mitgl. der AdW; ab 1982 Mitarb. am Inst. für Theorie des Staats u. des Rechts der AdW, Bereichsltr. für staats- u. rechtheor. Fragen der Wirtschaftsltg.; März – Okt. 1990 Mitgl. der PDS-Fraktion der Volkskammer u. stellv. Vors. des Rechtsaussch.; Mitgl. der dt.-dt. Juristenvereinigung; Mitbegr. u. Präs. der Vereinigung für Pol. Wiss. Berlin (Auflösung 1991).
Seit 1990 MdB, Fraktion Linke Liste/PDS.
H. galt in der DDR als reformorientierter Theoretiker. Seine wiss. Arbeiten zielten auf eine Erhöhung der Selbständigkeit der Wirtschaftssubjekte sowie die erhöhte Geltung des Rechts in den Beziehungen zwischen Wirtschaftseinheiten u. wirtschaftslenkenden Organen.
Publ.: Allgemeines Landrecht u. Klassenkampf. Berlin 1960; Demokratie u. Recht im Neuen Ök. System der Volkswirtschaft. Berlin 1965; Recht u. Wirtschaftsltg. im Soz. Berlin 1982; Marxismus u. Demokratie. Berlin, Baden-Baden 1989.

Heukrodt, Olaf 23. 1. 1962
Leistungssportler (Kanu)
Geb. in Magdeburg; zunächst Schwimmer u. Leichtathlet, 1976 Wechsel zum Kanu-Rennsport beim SC Magdeburg (Trainer: Jürgen Harpke); 1981–92 insges. zwölf WM-Medaillen, darunter sieben WM-Titel; Olymp. Spiele 1980: Dritter im C 1 u. Zweiter im C 2; 1988: Gold über 500 m im C 1, Silber über 1000 m im C 2; 1992: Bronze im C 1; VVO in Gold; 1981–90 SED; Berufsausbildung zum Anlagenmonteur; seit 1986 verheiratet mit der Schwimmerin Birgit Meineke (WM 1981 u. 1983).
1992 Beendigung der sportl. Laufbahn, anschl. Ausbildung zum Bankkaufmann.

Heusinger, Hans-Joachim 7. 4. 1925
LDPD-Funktionär, Justizminister
Geb. in Leipzig, Vater Arbeiter; Volksschule, 1939–42 Ausbildung zum Elektromechaniker; 1942–45 Kriegsdienst.
1945–51 Elektromechaniker u. Kabelmonteur; 1947 LDPD; 1951/52 Verwaltungsbezirksangestellter u. stellv. Vors. des Rats des Stadtbez. II in Leipzig, 1952–57 Sekr. des Bezirksvorst. Leipzig der LDPD u. Mitgl. des Rats des Bez., ab 1957 Mitgl. des Zentralvorst. der LDPD und seines Pol. Aussch.; 1955–60 Fernstudium an der DASR, Dipl.-Jurist; 1957–59 Dir. der IHK des Bez. Cottbus, Vors. des Bezirksverb. Cottbus der LDPD u. ehrenamtl. Mitgl. des Rats des Bez.; 1959–73 Sekr. des PV, 1972–80 stellv. Vors. der LDPD; ab 1961 Abg. der Volks-

kammer, 1961–63 Mitgl. des Rechtsaussch., 1963–67 Mitgl. u. 1967–73 stellv. Vors. des Aussch. für Industrie, Bauwesen u. Verkehr; Okt. 1972 – Nov. 1989 stellv. Vors. des Min.-Rats u. bis 11.1.1990 Min. für Justiz der DDR (Nachf. von Kurt Wünsche*); 1974–89 Mitgl. des Präs. des NR der NF; 1975 VVO in Gold; 1990 Ruhestand; März 1990 Bund Freier Demokr., Apr. Austritt.

Heussi, Karl 16.6.1877–25.1.1961
Evangelischer Theologe, Kirchenhistoriker
Geb. u. aufgewachsen in Leipzig, Vater Kaufmann; ab 1897 Studium der Theol. an den Univ. Leipzig, Berlin u. Marburg, u.a. bei Albert Hauck, Heinrich Böhmer, Adolf von Harnack, Adolf Jülicher u. Wilhelm Herrmann; 1903 Prom. bei Karl Lamprecht mit einer Arbeit über die Kirchengeschichtsschreibung J. L. Mosheims; 1904–24 Lehrer für Geschichte u. Religion am König-Albert-Gymnasium in Leipzig; ab 1924 ord. Prof. für Kirchengeschichte an der Univ. Jena, widersetzte sich als Rektor der Univ. 1930 dem Vordringen der Nationalsoz. in Thür.
1945 nach Wiedereröffnung der Univ. amt. Dekan der Theolog. Fak., 1953 em.; H. gilt als Nestor der dt. Kirchengeschichtsschreibung, bereits als Gymnasiallehrer verfaßte er mit seinem »Kompendium der Kirchengeschichte« (Tübingen 1907/08) ein Lehrbuch, das mehr als zehn aktualisierte Aufl. erfuhr u. bis heute als Standardwerk gilt. Schulbildend wirkte v. a. seine Behandlung der Kirchengeschichte in ihren Bezügen zur ges. Gesamtentw. einschließl. der Kultur- u. Sozialgeschichte. Zu eigenen Forschungen hat H. insbes. Hanna Jursch, Erich Hertzsch*, Herbert von Hintzenstein* u. Eberhard H. Pältz angeregt. Schwerpunkte seiner Forschungen waren Patristik, Geschichte des Mönchtums, Historiographie u. Geschichtstheorie.
Publ.: J. L. Mosheim (Biogr.) 1906; Abriß der Kirchengeschichte. 1913; Die Krisis des Historismus. 1932; Der Ursprung des Mönchtums. 1936; Geschichte der Theolog. Fak. zu Jena. 1954.
Sek.-Lit.: Pältz, Eberhard: Geschichte als Selbstorientierung in der Zeit. Zum Vermächtnis K. H. in: Mosaiksteine. 22 Beiträge zur thür. Kirchengeschichte. Berlin 1981; Bibliogr. In: Theolog. Lit.-Ztg. 77/1952 u. 86/1961.

Heyden, Günter 16.2.1921
Direktor des IML
Geb. in Stargard (Pomm.), Vater Ofensetzermeister; Volksschule; Ausbildung zum Ofensetzer, danach im Beruf tätig; Febr. 1941 – März 1945 Kriegsdienst, Flak; bis Dez. 1949 sowj. Gefangenschaft, Besuch einer Antifa-Schule.
Rückkehr nach Dtl.; 1950 SED; 1950/51 Lehrtätigkeit an der FDGB-Schule Beesenstedt, 1952–56 Studium u. 1956 Prom. zum Dr. phil. am IfG; kommissar. Ltr. des Lehrstuhls Philos.; 1956–87 Mitgl. des Redaktionskollegiums der »Dt. Ztschr. für Philos.«; 1959 Doz. u. Lehrstuhlltr., 1962 Prof. für Hist. Materialismus am IfG; 1965–67 stellv. Dir. des Inst. für Meinungsforschung, 1966 Prof. mit Lehrstuhl für Philos. am IfG; 1969 ord. Prof. u. bis Dez. 1989 Dir. des IML (Nachf. von Lothar Berthold*), Ltr. der MEGA-Redaktionskommission von dt. Seite, Hrsg. u. Mitautor philos. u. geschichtswiss. Werke, 1976–89 Mitgl. des Redaktionskollegiums der Ztschr. »Einheit«; 1981 VVO in Gold; 1981 bis 1989 Mitgl. der ZRK der SED; 1986 KMO.
Publ.: Kritik der dt. Geopolitik. Berlin 1958.

Heyl, Wolfgang 21.8.1921
CDU-Politiker
Geb. in Borna (b. Leipzig), Vater Kaufmann; dort Volks- u. Oberschule; 1939 NSDAP; 1941–45 Kriegsdienst, zuletzt

Oltn.; 1945 kurzzeitige sowj. u. amerik. Gefangenschaft.
1945–47 Zimmermann; 1945 FDGB; 1947–52 Mitarb. der IHK Borna, zuletzt Geschäftsführer; 1949 CDU; 1949–53 Mitgl. der Stadtverordnetenvers. Borna; 1952–54 Organisationssekr. bzw. stellv. Vors. des CDU-Bezirksverb. Leipzig, 1953–58 dort Abg. des Bez.-Tags, 1954–58 Vors. des CDU-Bezirksverb., Mitgl. des Jugendaussch.; 1958–66 stellv. CDU-Generalsekr.; 1958 – März 1990 Abg. der Volkskammer, 1963–67 Schriftführer des Aussch. für Industrie, Bauwesen u. Verkehr, 1967 1. stellv. Vors. des Aussch. für Haushalt u. Finanzen, 1963–89 Vors. der CDU-Fraktion, seit 1971 Vors. des Aussch. für Auswärtige Angelegenheiten; ab 1966 Mitgl. des Präs. des NR der NF; 1972–70 Mitgl. im Zentralvorst. der DSF; 1966–71 Mitgl. des Präs. u. des Sekr. des CDU-Hauptvorst., 1971–89 stellv. CDU-Vors.; 1973 VVO in Gold; ab 1974 Mitgl. des Präs. des Friedensrats, ab 1975 Mitgl. des Präs. der Liga für Völkerfreundschaft, stellv. Vors. der Freundschaftsges. DDR – Österreich; 1976 – Nov. 1989 Mitgl. des Präs. der Volkskammer; Nov. 1989 amt. CDU-Vors., im selben Monat Rücktritt aus Gesundheitsgründen.
Publ.: Christ im Sozialismus – Freiheit u. Dienst. Aus Reden und Aufsätzen 1958–1980. Berlin 1981.

Heym, Stefan (eigtl. Helmut Flieg)
10.4.1913
Schriftsteller
Geb. in Chemnitz, Vater Kaufmann; Studium der Philos., Germanistik u. Zeitungswiss. in Berlin; 1933 Emigration in die ČSR, Journalist; ab 1935 als Stipendiat Studium in Chicago, anschl. Prom.; danach Tellerwäscher, Vertreter, Kellner, Verkäufer, Korrektor; 1937–39 Chefred. der Wochenztg. »Dt. Volksecho« in New York; 1942 Roman »Hostages« (dt. »Der Fall Glasenapp«, 1958); 1943 Soldat der US-Army, war als Sergeant (später Leutnant) einer »Psychological Warfare«-Kompanie eingesetzt, Red. der »Frontpost« des Senders Luxemburg, dort zus. mit Hans Habe u.a. antifasch. Arbeit.
1945 Mitbegr. der Ztg. »Neue Zeit« in München, wegen »prokomm.« Haltung in die USA zurückversetzt u. aus der Armee entlassen; 1948 Roman »The Crusaders« (dt. »Kreuzfahrer von heute«, 1950); verließ wegen Bedrohung durch den McCarthy-Aussch. u. dem Beginn des Korea-Kriegs die USA; 1951 über Warschau zunächst nach Prag; Jan. 1952 Übersiedlung in die DDR; 1953 PEN-Zentrum Ost u. West; nach dem 17.6.1953 publizist. Einsatz für den krit. gesellschaftl. Dialog, bes. in seiner Kolumne »Offen gesagt« in der »Berliner Ztg.«; 1954 Heinrich-Mann-Preis; Mitgl. des Vorst. des DSV; Jan. 1956 Kontroverse mit Walter Ulbricht* auf dem IV. Schriftstellerkongreß; 1959 NP 2. Kl.; Dez. 1965 Angriff Erich Honekkers* (11. Tagung des ZK der SED) gegen das Manuskript »5 Tage im Juni« (veröff. 1974 in der Bundesrep. Dtl.); Nov. 1976 Mitunterz. der Protesterklärung gegen die Ausbürgerung von Wolf Biermann*; wegen seiner krit. Aktivitäten fortlaufend vom MfS überwacht (OV »Diversant«); 1978 Ausschluß vom VIII. Kongreß des SV; 1979 Verurteilung zu einer Geldstrafe vorgebl. wegen Devisenvergehens nach Drucklegung des Romans »Collin« in der Bundesrep. Dtl.; Juni 1979 mit acht weiteren Schriftst. Ausschluß aus dem SV »wegen groben Verstoßes gegen das Statut« des Verb.; 4.11.1989 als Nestor der Bürgerbewegung gefeierter Redner der Demonstration auf dem Alexanderplatz; Mitunterz. des Aufrufs »Für unser Land«.
1990 u. 1991 Dr. h.c. der Univ. Bern bzw. Univ. Cambridge; zahlr. intern. Preise; 1993 Ehrenpräs. des Dt. PEN-Zentrums Ost; 1994 Kand. auf der Offenen PDS-Liste für den Bundestag; seit

Okt. 1994 Mitgl. des 13. Bundestags u. dessen Alterspräs.
Publ.: Lassalle. München 1969, DDR 1974; Der König David Bericht. Berlin 1972; Wege u. Umwege. Streitbare Schriften aus fünf Jahrzehnten. München 1980; Ahasver. München 1981; Schwarzenberg. München 1984; Nachruf (Autobiogr.). München 1988; Werkausgabe, 14 Bde. München 1988; Einmischung. Gespräche, Reden, Interviews 1982–1989. München 1990; Gedanken über das neueste Dtl. Essays. München 1990; Filz. München 1992.
Sek.-Lit.: Zachau, R.: S. H. München 1982.

Heymann, Stefan 14. 3. 1896–4. 2. 1967
Botschafter
Geb. in Mannheim, Vater kaufm. Vertreter für Rohtabak; Volksschule, Gymnasium; Ausbildung in einer Bank; 1913 SAJ; 1914–18 Kriegsdienst, Infanterie, Flieger; 1918–23 Bankangestellter, dort Betriebsratsvors., Vors. der Mannheimer Betriebsrätezentrale, 2. Vors. der Bankangestelltengewerkschaft des AFA-Bunds, gemaßregelt; 1919 KPD, dort u. a. Pol.-Ltr. der Jugend u. Agit.-Prop.-Ltr. der BL Baden; ab 1923 Tätigkeiten im illegalen M-Apparat der KPD; Dez. 1923 verhaftet, Sept. 1924 vom Staatsgerichtshof in Leipzig zu dreieinhalb Jahren Gefängnis wegen »Vorbereitung zum Hochverrat« verurteilt; 1926–30 Red. der »Arbeiterztg.« Mannheim, 1931/32 der »Roten Fahne« in Berlin, danach beim KPD-Pressedienst; 1933 Chefred. der »Arbeiterztg.« in Breslau, dazwischen acht Monate Gefängnis wegen »Pressevergehen«; 1928–30 Abg. des Bad. Landtags u. Abg. des Mannheimer Kreistags; Jan. – Mai 1933 illegale Tätigkeit, verhaftet, Sept. 1934 Verurteilung wegen »Vorbereitung zum Hochverrat« zu zweieinhalb Jahren Zuchthaus (in Wohlau); Mai 1936 entlassen, erneut verhaftet, KZ Kislau, März 1938 KZ Dachau, ab Sept. 1938 KZ Buchenwald, ab Okt. 1942 KZ Auschwitz u. ab Jan. 1945 wieder KZ Buchenwald; Apr. 1945 befreit; im Auftrag der Buchenwalder Parteiltg. Mitarb. beim amerik. Intelligence Service zur Abfassung des off. Buchenwald-Berichts für das amerik. Hauptquartier.
Juli – Okt. 1946 Bez.-Sekr. der KPD Thüringen, dann Mitgl. der Landesltg. Thüringen; danach Lehrer der KPD-Parteischule Camburg; Jan. – Sept. 1947 pol. Mitarb. im Bez.-Sekr. Thüringen, danach bis Sept. 1948 dort Agit.-Prop.-Sekr.; Mitgl. des Landesvorst. u. des Zentralvorst. der VVN; 1948–50 stellv. Ltr. der Abt. Parteischulung, Kultur u. Erziehung des ZK der SED; 1950/51 Mitarb. des MfAA; 1951–53 Ltr. der Diplomat. Mission in Ungarn (Nachf. von Erich Kops); 1953–56 Botschafter in Warschau; 1957–59 Ltr. der HA Presse u. Information im MfAA; 1960–64 Prof. am Inst. für Intern. Beziehungen der DASR »Walter Ulbricht« in Babelsberg; 1963 em.; gest. in Berlin.

Heynowski, Walter 20. 11. 1927
Filmregisseur
Geb. in Ingolstadt, Vater ltd. Angestellter; Oberschule, Abitur; 1944 Luftwaffenhelfer, Wehrmacht, 1945 amerik. Gefangenschaft, Lager Bad Kreuznach.
1945/46 Studium der Volkswirtschaft an der Univ. Tübingen; 1946–48 Red. der Jugendztschr. »Die Zukunft«, Reutlingen; Ende 1947 Verhaftung durch die frz. Sicherheitspolizei, ohne Urteil sechs Monate Haft; 1948 nach Haftentlassung Übersiedlung nach Berlin, kurze Zeit Red. der »Berliner Ztg.«, 1948–56 Red. bzw. Chefred. der satir. Wochenztg. »Frischer Wind« bzw. »Eulenspiegel«, gründete 1954 den Eulenspiegel-Verlag; 1951 SED; 1956–59 Autor u. Regisseur der Dok.-Filme »Mord in Lwow« (Fall Oberländer) u. »Aktion J« (Fall Globke); 1959–63 Programmdir. u. stellv. Inten-

dant des DFF; 1963–69 Autor u. Regisseur von Dok.-Filmen bei der DEFA; 1965 Beginn der Zusammenarbeit mit Gerhard Scheumann*, 1969 mit ihm Gründung des »Studio H & S«, Prod. von Dok.-Filmen für Kino u. Fernsehen, u. a. »Der lachende Mann« (1966), »Piloten im Pyjama« (1968), »Die Generale« (1986); den Filmen folgten meist Buchveröff.; 1979 Auszeichnung des »Studio H & S« beim Dok.-Filmfestival Oberhausen; 1967–89 Mitgl. des Präs. des Verb. der Film- u. Fernsehschaffenden; 1969–91 Mitgl. der AdK; 1982 Auflösung des »Studio H & S« nach Kritik der Ltr. an der Medienpol. der SED, die AdK sicherte die Überführung der Filmemacher in das DEFA-Studio für Dok.-Filme, seit 1982 hier Autor u. Regisseur; 1984 VVO in Gold; 1989 Prof.
Das film. Werk von H & S 1965–91 umfaßt 66 weltweit verbreitete Dok.- u. Kurzfilme.
Publ.: Die Kugelweste (zus. mit Scheumann). Berlin 1980; Die Generale (zus. mit G. Kade u. G. Scheumann). Berlin 1986.

Hickmann, Hugo 3. 9. 1877–30. 5. 1955
CDU-Politiker
Geb. in Dessau; Gymnasium; Studium der ev. Theol.; stand dem Nationalsozialen Verein nahe; ab 1903 im höheren Schuldienst als Religionslehrer tätig, ab 1908 Prof. für Religionswiss. an der Univ. Leipzig; 1919–33 DVP; Vizepräses der Landessynode der ev.-luth. Kirche Sachsen; 1922–33 Abg. des Sächs. Landtags, 1926–33 dessen Vizepräs.; Vors. des Aussch. der Dt. Bibelges. u. des Dt. Ev. Gemeindetags; 1933 Domherr des Hochstifts Meißen; 1933 vorzeitige Versetzung in den Ruhestand, Berufsverbot; Vors. kirchl. Verb. u. Vortragstätigkeit.
Juli 1945 in Dresden Mitbegr. der CDU, 1945–50 1. Vors. ihres Landesverb. Sachsen, Dez. 1945 – Sept. 1947 Mitgl. des geschäftsführenden CDU-Vorst. in der SBZ, Sept. – Dez. ihr 4. stellv. Vors., Dez. 1947 – Sept. 1948 kommissar. Ltr. der CDU, Sept. 1948 – Jan. 1950 ihr 2. Vors., 1948–50 Mitgl. des Pol. Aussch. der CDU; 1946 Vorstandsmitgl. der Beratenden Landesvers. Sachsen, Okt. 1946 – Febr. 1950 Vizepräs. des Sächs. Landtags, 1946/47 Mitgl. seines Verfassungsaussch.; 1948/49 Mitgl. des Dt. Volksrats u. seines Verfassungsaussch., Okt. 1949 – Jan. 1950 Abg. u. Vizepräs. der Prov. Volkskammer; Ende Jan. 1950 Niederlegung aller öff. Ämter durch SED-Angriffe erzwungen; Parteiausschluß.

Hilbig, Klaus 10. 2. 1930–16. 3. 1986
Chefredakteur des »FORUM«
Geb. in Leipzig, Vater Hufschmied u. E-Schweißer, Mutter Arbeiterin; Volksschule in Leipzig, 1940 Oberschule; 1941 nach Bad Warmbrunn (Niederschles.). Aussiedlung nach Ronneburg (Thür.); 1946 SED; 1948 Abitur in Gera; 1948–51 Studium an der Ges.-Wiss. Fak. der Univ. Jena; 1950 1. Sekr. der FDJ-GO der FSU Jena; 1951–60 Chefred. der Wochenztg. »Der Junge Pionier« (Zentralorgan der Pionierorg.), später »Die Trommel«; Mitgl. der ZL der Pionierorg. »Ernst Thälmann«; 1954 Abschluß eines Fernstudiums am IfL; 1960/61 Aspirant am IfG beim ZK der SED; 1961 Feldw. d. R.; 1962–65 Aspirant an der AfG des ZK der KPdSU in Moskau, Prom. zum Dr. phil.: »Das sittliche Ideal in der marxist.-leninist. Ethik«; 1965–72 Chefred. des »FORUM« (Nachf. von H. Nahke); 1969–72 Mitgl. der ZPL im Verlag Junge Welt; pol. Mentor der FDJ-Singebewegung, Ltr. der Beratergruppe der FDJ-Singebewegung im ZR der FDJ; Juni 1972 Ltr. des Bereichs Kulturpol. beim Fernsehen der DDR; dort ab 1974 Chefred. Kulturpol.; Gründer der Sendung »Kulturmagazin«; 1975 Kunstpreis der FDJ; 1975/76 Mitgl. der ZPL des DDR-Fern-

sehens; 1976 Erkrankung; 1979 VVO in Gold; Mitgl. des Staatl. Komitees für Fernsehen der DDR; Aug. 1984 Ltr. der Publikationsabt. der PHS, Nov. 1985 Abberufung aus gesundheitl. Gründen; weiterhin Doz. an der PHS; gest. in Berlin.

Hilbig, Wolfgang 31. 8. 1941
Schriftsteller
Geb. u. aufgewachsen in Meuselwitz (Thür.), Vater bei Stalingrad vermißt, Mutter Verkäuferin; der miterziehende Großvater war Bergmann; bis 1978 lebte er sowohl bei seiner Mutter als auch in Wohnlagern von Außenmontagefirmen; Grundschule, Lehre als Bohrwerksdreher, nach der Wehrpflicht überwiegend als Erdbauarbeiter, Monteur u. Heizer tätig; um das Jahr 1968 Beginn einer Freundschaft zu DDR-krit. Autoren u. Künstlern, 1985 mit Visum in die Bundesrep. Dtl., lebt in Edenkoben (Pfalz) u. Berlin; Schreibversuche seit frühester Jugend, Einbindung als »schreibender Arbeiter« scheiterte, seitdem Bespitzelung durch das MfS bis hin zu kurzzeitiger Inhaftierung u. Erpressungsversuchen zur Mitarbeit; erst nach »illegalen« Veröff. u. Preisverleihungen in der Bundesrep. Dtl. sowie durch Fürsprache Franz Fühmanns* u. Stephan Hermlins* kam es zu einer einzigen Veröff. in der DDR (»Stimme, Stimme. Gedichte u. Prosa«. Leipzig 1983); heute Wertschätzung als einer der wichtigsten Gegenwartsautoren dt. Sprache; ausgezeichnet u. a. mit dem Brüder-Grimm-Preis der Stadt Hanau, 1987 Kranichsteiner Lit.-Preis, 1989 Ingeborg-Bachmann-Preis, 1992 Berliner Lit.-Preis der Stiftung Preuß. Seehandlung; Mitgl. der Akad. für Sprache u. Dichtung in Darmstadt u. im PEN-Zentrum.
Publ.: abwesenheit. Gedichte. Frankfurt/M. 1979; Die Weiber. Frankfurt/M. 1987; Eine Übertragung. Frankfurt/M. 1989; Zwischen den Paradiesen. Lyrik u. Prosa. Leipzig 1992; »Ich«. Frankfurt/M. 1993.
Sek.-Lit.: Wittstock, Uwe (Hrsg.): W. H. Materialien zu Leben u. Werk. Frankfurt/M. 1994.

Hildebrandt, Regine, geb. Radischewski
26. 4. 1941
Ministerin für Arbeit und Soziales
Geb. in Berlin, Vater Pianist, Korrepetitor an der Staatl. Ballettschule, Mutter Hausfrau; EOS, Mitgl. der Jungen Gemeinde; 1959–64 Biologiestudium an der HU Berlin, Dipl.-Biol.; seit 1961 Mitglied der Berliner Domkantorei; 1964–78 stellv. Ltr. der Pharmakolog. Abt. im VEB Berlin-Chemie; 1978 Prom. auf dem Gebiet der Arzneimittelforschung an der HU, Dr. rer. nat.; 1978–90 Bereichsltr. in der Zentralstelle für Diabetes u. Stoffwechselkrankheiten Berlin, Schwerpunkt Diabetesforschung, Mitgl. der Ges. für Endokrinol. u. Stoffwechselkrankheiten sowie der Biolog. Ges.
Sept. 1989 Engagement in »Demokratie Jetzt«, Okt. SDP; März – Okt. 1990 Abg. der Volkskammer; Apr. – Aug. Min. für Arbeit u. Soziales; Sept. (mit der Vereinigung beider sozialdemokr. Parteien) Mitgl. des PV der SPD; seit Okt. 1990 Abg. des Brandenburg. Landtags; seit 22. 11. 1990 dort Min. für Arbeit u. Soziales.
Publ.: Schaden begrenzen oder auf die Füße treten (Mitautorin). 1993.

Hillebrand, August
17. 12. 1888–17. 4. 1953
CDU-Politiker
Geb. in Hennersdorf (Kr. Grottkau); Vater Bauer; Volksschule u. Gymnasium; zeitw. im Staatsdienst; seit 1919 selbständiger Bauer; Abg. des Kreistags sowie des Provinziallandtags; 1928–32 Abg. des Dt. Reichstags (Dt. Bauernpartei); Mitgl. des Dt. Landwirtschaftsrats u. der Oberschles. Landwirtschaftskam-

mer; nach 1933 aus allen Ämtern entfernt; Umsiedlung.
1945 Neubauer; CDU; 1946 Abg. des Sächs. Landtags; 1947 u. 1948–52 Mitgl. des Hauptvorst. der CDU; 1948–50 Kreisrat für Landw. im Kr. Meißen; 1948–53 Abg. des Volksrats bzw. der Volkskammer; 1950–52 Mitgl. des Landesvorst. der CDU Sachsen; 1950–53 Ausschußvors. Land- u. Forstwirtschaft des Hauptvorst. der CDU; 1951/52 stellv. Landesvors. Sachsen der VdgB; 1951–53 des Zentralvorst. der VdgB.

Hilsberg, Stephan 17. 2. 1956
Mitbegründer der SDP
Geb. in Müncheberg (Brandenburg), in Berlin aufgewachsen, Vater Pfarrer, Mutter Katechetin; 1962–72 POS, keine Zulassung zur EOS, 1972–74 Lehre als Facharbeiter für Datenverarbeitung; danach als Programmierer im Biochem. Inst. der Charité Berlin tätig; Klavierunterricht, nicht zum Musikstudium zugelassen; NVA-Grundwehrdienst; 1985 Aufnahme eines Fernstudiums, Berufsziel Ing. für Informationsverarbeitung; seit 1988 Engagement in kirchl. Friedenskr., Ltr. des Arbeitskr. Theol. u. Philos. beim Bund der Ev. Kirchen.
1989 Mitgl. der IFM, Mitarb. in Kontrollgruppen zur Kommunalwahl am 7. Mai, stellte Strafanzeige wegen Wahlfälschung; 7. 10. Gründungsmitgl. der SDP in Schwante (b. Oranienburg), Wahl zum 1. Sprecher, Febr. – Juli 1990 Geschäftsführer der SPD (DDR), Mitgl. des Redaktionsbeirats »Sozialdemokr. Pressedienst«, Leipzig; März – Okt. 1990 Abg. der Volkskammer; seit Okt. 1990 Abg. des Dt. Bundestags.

Hilzheimer, Ernst 8. 4. 1901–9. 4. 1986
LDPD-Funktionär
Geb. in Stralsund; Chemiestudium in Greifswald u. Berlin; Prom.; bis 1933 Ltr. eines Kalibetriebs; 1933 Verlust des Arbeitsplatzes (»Mischling 1. Grades«), danach bis 1945 in versch. Arbeitslagern u. KZs (Rothenförde b. Staßfurt, Volkmirsleben, Neustaßfurt).
1945 Mitbegr. der LDPD in Mecklenburg; Kreisvors. der LDPD in Rostock; 1947 Stadtkämmerer, Stadtrat für Finanzen in Rostock; Abg. u. Fraktionsführer der LDPD im Landtag Mecklenburg; 1951 2. Vors. des Landesverb. Mecklenburg der LDPD; 1951 von der Stasi für vier Tage verhaftet; seitdem Arbeit als Chemiker; seit 1952 Betriebsltr. der Chlor-Alkali-Elektrolyse im VEB Chem. Werke Buna-Zschkopau; 1966 wiss. Mitarb. im VEB Buna; seit 1969 wieder in Rostock; Mitgl. des NR der NF, 1971–74 stellv. Vors. des Kreisaussch. Rostock der NF; 1971–76 Mitgl. des Sekr. des Kreisvorst. Rostock der LDPD.

Hinkel, Friedrich W. 28. 12. 1925
Architekt, Archäologe
Geb. in Berlin, Vater Kaufmann; nach Besuch der Oberrealschule 1943–45 RAD u. Wehrmacht.
1945–47 Ausbildung zum Maurer u. Zimmermann; 1947–50 Studium an der Ing.-Schule Magdeburg, Abschluß als Hochbauing.; nach Tätigkeiten als Baultr. u. Statiker 1952 Architekt zunächst beim FDGB-Bundesvorst., anschl. bis 1959 an der DBA, Teiln. am Wiederaufbau der Dt. Staatsoper Berlin u. der Entwicklung der Großplattenbauweise in Hoyerswerda; 1960–90 wiss. Mitarb. am Inst. für Alte Geschichte u. Ärchäol. der DAW bzw. AdW, 1960–62 Teiln. an zwei Grabungskampagnen im Sudan, 1962–64 im Auftrag der Sudanes. Altertumsverwaltung u. a. Abbau von vier ägypt. Tempeln u. Transport nach Khartoum; 1965–73 Architekt des Sudan Antiquities Service; 1973–75 Berlin, 1976–85 tätig für die Generaldir. der Altertümer u. Nat. Museen im Sudan, Restaurations- u. Rekonstruktionsarbeiten an den Pyramiden von Meroe, Ltg. der Ausgrabung u. Dokumentation des Son-

nentempels von Meroe u. a.; 1980 Prom. an der AdW, 1981 Konsultationen für die UNESCO am Museum in Tripolis (Libyen), 1986 Wahl in den Vorst. der Intern. Society for Nubean Studies, 1985–88 Konsultant beim Directorate-General of Antiquities and Museums im Sudan.
Publ.: Tempel ziehen um. Leipzig 1966; The archaeological Map of the Sudan. 2 Teile, Berlin 1977–79; Auszug aus Nubien. Berlin 1978.

Hintze, Fritz 18. 4. 1915–30. 3. 1993
Ägyptologe
Geb. in Berlin, Vater Reichsbahninspektor; Reformgymnasium, Abitur; 1935 bis 1940 Studium der Ägyptol., semit. Sprachen u. allg. Sprachwiss. an der Univ. Berlin, 1936–40 wiss. Hilfsarb. beim ägypt. Wörterbuch an der Preuß. AdW; 1940–45 Militärdienst, Ltn.; 1944 Prom. an der Univ. Berlin.
1945–47 wiss. Mitarb. beim ägypt. Wörterbuch an der DAW, 1947 Habil. an der Univ. Berlin, 1947–54 wiss. Mitarb. am Inst. für Orientforschung der DAW, 1947 Doz., 1951 Prof. mit Lehrauftrag, 1953 Prof. mit vollem Lehrauftrag u. Dir. des Inst. für afrikan. Sprachen, 1956 Prof. mit Lehrstuhl für Ägyptol., 1957 Dir. des Inst. für Ägyptol., 1963 Dir. des Inst. für Afrikanistik an der HU Berlin, 1968 Dir. des Bereichs für Ägyptol. u. Sudanarchäol.; 1959 Korr., 1961 Ord. Mitgl. der DAW; 1965–69 Dir. des Inst. für Orientforschung der DAW; 1957 Ord. Mitgl. des Dt. Archäolog. Inst. München, 1959 der Soc. Française d'Egyptologie Paris; 1958–69 wiss. Expeditionen nach Afrika, u. a. 1960–65 Ltr. der Ausgrabungen in Musawwarat es Sufra (Sudan), 1961–63 Nubien-Expeditionen der DAW; Vizepräs. der URANIA.
Veröff. über die ägypt. Sprache u. zur allg. Sprachwiss., Neubelebung der Erforschung der meroit. Sprachen; Hrsg. versch. Ztschr. u. wiss. Reihen.
Publ.: Alte Kulturen im Sudan. Berlin 1966; Musawwarat es Sufra. 2 Bde., 1971.

Hintzenstern, Herbert von 24. 10. 1916
Evangelischer Pfarrer, Publizist
Geb. in Magdeburg, Vater Textilkaufmann, Mutter Kunsthandwerkerin; 1936 Abitur am Dom- u. Klostergymnasium Magdeburg; 1936–40 Studium der Theol., Kunst- u. Musikwiss. an den Univ. Halle/Saale u. Jena, dort Konviktinspektor u. Sprecher der Theologiestudenten; 1940 Prom. mit der Arbeit »H. St. Chamberlains Darstellung des Urchristentums« an der Theolog. Fak. der Univ. Jena, die gedruckte Buchfassung wurde 1941 auf Anweisung des Amtes Rosenberg eingestampft; 1940 Ordination, anschl. Vikar in Jena u. Eisenach; 1943–45 Kriegsteiln. im Sanitätsdienst.
1945–51 Pfarrer in Lauscha (Thür.); 1952–56 Landesjugendpfarrer der Ev.-Luth. Kirche Thür., Auseinandersetzungen im Zusammenhang mit der Einführung der Jugendweihe u. staatl. Angriffe auf die Jungen Gemeinden; 1956–81 Chefred. des Thüringer Sonntagsblatts »Glaube u. Heimat« sowie Lektor des Wartburg Verlags, einer Unterabt. der Ev. Verlagsanstalt Berlin; seit 1958 Mitgl. im Vorst. der Ges. für Thür. Kirchengeschichte, 1968–86 wiss. Ltr. des Pfarrhausarchivs im Eisenacher Lutherhaus.
1991 Mitgl. der Hist. Kommission für Thür.; Verfasser zahlr. kunstwiss. sowie biogr. Artikel u. Aufsätze zur Thür. Kirchengeschichte, u. a. Beiträge über Martin Luther, Mitarb. an der Festschrift zum 70. Geburtstag des Landesbischofs M. Mitzenheim (1961) u. an sechs Bänden der Thürringer kirchl. Studien (1963–94), Autor mehrerer Broschüren der Reihe »Kostbarkeiten aus Thür. Kirchen«.
Publ.: Altäre aus der Reformationszeit. 1972; Dorfkirchen in Thüringen. 1979; Vom Geist des Christentums (eine

kommentierte Auswahl von Johann Gottfried Herders »Christlichen Schriften« 1793–98). Weimar 1994.

Hirsch, Karl-Georg 13. 5. 1938
Grafiker, Illustrator
Geb. in Breslau, 1945 Umsiedlung nach Leipzig; 1952–60 Ausbildung u. Tätigkeit als Stukkateur; 1960–65 Studium an der HS für Grafik u. Buchkunst Leipzig bei Gerhard Kurt Müller; 1965–67 freischaff. in Leipzig, Beginn einer umfgr. Illustrationsarbeit vorw. im Holzstich, den H. zu seinem spezif. Ausdrucksmittel entwickelte, seit den 70er Jahren auch verstärkte Hinwendung zu freier Grafik; ab 1967 Lehrtätigkeit an der HS für Grafik u. Buchkunst Leipzig, seit 1970 Ltr. der Holzschnittwerkstatt, 1989 Prof.; 1978–87 Vors. der Zentralen Grafikgruppe des VBK; 1976 Kunstpreis der DDR; 1980 Hauptpreis der Intergrafik Berlin; 1981 Hauptpreis der Biennale Brno u. der Graphica Creativa Jyväskylä (Finnl.); 1981/82 Gastdoz. für Holzschnitt u. Holzstich in Jyväskylä; 1982 Hauptpreis der IBA Leipzig; 1983 NP; 1985 Hauptpreis der Intern. Grafik-Biennale in Lodz.
Sek.-Lit.: Hütt, W.: K.-G. H. (in: Künstler der DDR). Dresden 1981; Kat. Buchgrafik von K.-G. H. Schloß Burgk 1987; Kat. K.-G. H. Druckgrafik u. Zeichnungen. Coburg 1988.

Hirsch, Ralf 25. 7. 1960
Bürgerrechtler
Geb. in Berlin; POS in Berlin-Friedrichshain; 1974 Austritt aus der FDJ, erste Kontakte zur kirchl. Jugendarbeit; 1977 wegen »fehlgeleiteter pol. Anschauungen« auf Beschluß des Rats des Stadtbez. Einweisung in das Jugendhaus Hummelshain, Abschluß der Schlosserlehre; 1979 Entlassung mit Auflagen für drei Jahre (Meldepflicht, Umgangsverbot, Reiseverbot); Schlosser im Transformatorenwerk Berlin; ab 1980 Mitarb. in einem Kirchhofsbüro bei der Auferstehungsgemeinde; org. Ltg. von Blues-Messen in ev. Kirchen, Mitgl. des Friedenskreises der Samaritergemeinde; 1982–84 NVA, nach Verweigerung des Dienstes mit der Waffe Bausoldat; 1984 Sachbearb. bei der Ev. Kirche, Org. von Veranstaltungen der kirchl. Jugendarbeit, der Friedenswerkstatt u. a.; 1986 Gründungsmitgl. u. Sprecher der IFM, org. Arbeit für die Samisdat-Ztschr. »Grenzfall«; 25. 1. 1988 Verhaftung nach der Liebknecht-Luxemburg-Demonstration, 5.2. Ausweisung ohne Rückkehrrecht; seit Mai Angestellter im Landesamt für zentrale soziale Aufgaben Berlin (West); Jan. 1990 Mitarb. im Büro des Regierenden Bürgermeisters Walter Momper mit Zuständigkeit für Ost-West-Kontakte.
Publ.: Grenzfall. Menschenrechte in der DDR (Hrsg. mit Lew Kopelew). Bonn 1988; 40 Jahre DDR – u. die Bürger melden sich zu Wort (Hrsg.). Bonn 1989.

Hirsch, Rudolf 17. 11. 1907
Gerichtsreporter, Schriftsteller, Publizist
Geb. in Krefeld als Sohn einer jüd. Kaufmannsfamilie; Realgymnasium, 1924–28 kaufm. Lehre; 1931 Übernahme des väterl. Schuhgeschäfts in Krefeld; 1931 KPD; 1933 Emigration nach Holland, Abschiebung nach Belgien; 1934 Rückkehr nach Dtl., Leben in der Illegalität; 1937 Emigration nach Palästina, 1938/39 Aufenthalt in Stockholm, 1939 Ausweisung u. erneute Übersiedlung nach Palästina (1939–49); dort Arbeit in Sandalen- u. Schuhfabriken; Mitbegr. einer Gruppe »Komitee Freies Dtl.« unter dem Ehrenvorsitz Arnold Zweigs*.
1949 Rückkehr in die DDR; ab 1950 Gerichtsreporter der »Tägl. Rundschau«, seit 1954 ständiger Gerichtsreporter der »Wochenpost« mit der Kolumne »Als Zeuge in dieser Sache«; neben zahlr. Gerichtsreportagen (auch in Sammelbän-

den) 1956 »Das gefälschte Logbuch« (in der Emigration begonnener pol. Kriminalroman); zwei Romane über Ägypten u. die brit. Mandatsmacht im Nahen Osten, Hörspiele, Kinderbücher u. dokumentar.-schriftsteller. Arbeiten zum Judentum; 1980 Heinrich-Heine-Preis; 1987 Mitgl. des PEN-Zentrums DDR, dann Dt. PEN-Zentrum (Ost); 1987 Goethe-Preis; verheiratet mit der Schriftst. Rosemarie Schuder*.
Publ.: Um die Endlösung: Prozeßberichte über den Lischka-Prozeß in Köln u. den Auschwitz-Prozeß in Frankfurt am Main. Rudolstadt 1982; Patria Israel (Roman). Berlin 1983; Der gelbe Fleck. Wurzeln u. Wirkungen des Judenhasses in der dt. Geschichte (zus. mit Rosemarie Schuder). Berlin 1987; Das Leben – was sonst. Gesamtausgabe der Gerichtsberichte, 6 Bde. Berlin 1990/91. Die arische Jüdin (Autobiogr.). Berlin 1993.

Hirschmeier, Alfred 19. 3. 1931
Filmszenograph
Geb. in Berlin, Vater Schuhmacher; 1947 Beginn des Studiums an der HS für bildende u. angewandte Kunst in Berlin-Weißensee, 1952 Abschluß als Bühnen- u. Kostümbildner an der Meisterschule für Kunsthandwerk Berlin; 1953–55 Assistent bei den Filmarchitekten Willi Schiller u. Otto Erdmann sowie 1953–89 Szenograph im DEFA-Studio für Spielfilme Potsdam-Babelsberg; 1986–90 AdK; seit 1989Lehrauftrag an der HS für Film- u. Fernsehkunst »Konrad Wolf« in Babelsberg.
1990–94 Chefszenenbildner u. Ltr. des Ausstattungszentrums des Studios Babelsberg GmbH; 1992 durch Neuwahl Mitgl. der AdK Berlin-Brandenburg; 1994 ord. Prof. an der HS für Film u. Fernsehen »Konrad Wolf« Babelsberg, Ltr. der Fachrichtung Szenographie.
Ausstellungen: 1962 Prag, 1963 Belgrad, 1971 Moskau, 1982 Dresden (IX. Kunstausstellung), 1989 Berlin (AdK), 1990 Hamburg; 1963 NP 1. Kl. im Kollektiv (DEFA-Film »Nackt unter Wölfen«); 1971 NP 1. Kl. im Kollektiv (DEFA/LENFILM »Goya«).
Filmszenograph u. a. von Kurt Maetzig* (1956 »Schlösser u. Katen«), Frank Beyer* (1963 »Karbid u. Sauerampfer« u. 1982 »Der Aufenthalt«), Konrad Wolf* (1964 »Der geteilte Himmel«, 1965 »Der kleine Prinz«, 1967 »Ich war neunzehn«, 1970 »Goya«, 1973 »Der nackte Mann auf dem Sportplatz«, 1976 »Mama, ich lebe«, 1979 »Solo Sunny«), Lothar Warneke* (1988 »Einer trage des anderen Last«), Peter Schamoni (1986 »Der Wanderer über dem Nebelmeer«), Bernhard Wicki (1984 »Die Grünstein-Variante«), Rainer Simon (1986 »Wengler & Söhne«, 1988 »Die Besteigung des Chimborazo«), Frank Beyer (1992 »Das große Fest«, 1994 »Wenn alle Deutschen schlafen«, TV).
Publ.: Spielräume. Aus der Werkstatt des Filmszenographen A. H. (hrsg. von der AdK der DDR). Berlin 1989.

Hochmuth, Arno 27. 2. 1930
Leiter der ZK-Abteilung Kultur
Geb. in Berlin, Vater Arbeiter; Volksschule, Oberschule in Berlin.
1948 Abitur; 1948–51 Lehrerstudium Deutsch/Geschichte an der PHS Berlin; 1951–57 Doz. am IfL Berlin; 1952 SED; 1958–62 Aspirant, 1962–66 Doz. am IfG, Lehrstuhl für Literatur u. Kunstwissenschaft; 1962 Prom. Literatur u. Dekadenz; 1963–90 Mitgl. des Präsidialrats des KB; Sept. 1966 – Dez. 1971 Ltr. der Abt. Kultur des ZK der SED (Nachf. von Siegfried Wagner*); 1972 – Sept. 1990 ord. Prof. an der Sekt. Ästhetik-Kunstwiss. der HU Berlin; 1977–90 Vors. der KB-BL Berlin (Nachf. von Hans Pischner*); 1979–81 Chefred. der literar. Ztschr. »Temperamente«; 1987 B-Prom. an der HU Berlin über Entw. von Sichtweisen der DDR-Literaturwissenschaft auf zeitgenöss. nichtsoz. Literatur.

1990 PDS; Okt. 1990 Vorruhestand; lebt in Berlin.
Publ.: Literatur u. Dekadenz. Berlin 1963; Literatur im Blickpunkt (Hrsg.). Berlin 1965; Ulle, Dieter u. a.: Imperialismus u. Kultur (Mitautor). Berlin 1975.

Hockauf, Frida, geb. Kloos
24. 9. 1903–30. 1. 1974
Aktivistin
Geb. in Reichenau (b. Zittau) in einer Weberfamilie; nach dem Volksschulabschluß 1918–21 als Hausmädchen u. ab 1921 als Weberin beschäftigt; 1929–35 arbeitslos.
1945–51 Sozialhelferin in der Zittauer Stadtverwaltung; 1946 SED; ab 1951 Weberin im VEB Mechan. Weberei Zittau, begründete im Nov. 1953 anläßl. einer Selbstverpflichtung zu erhebl. Planübererfüllung die Losung »So wie wir heute arbeiten, werden wir morgen leben«, mit der einige Monate nach den Arbeiterprotesten vom Juni d. J. die sog. Wettbewerbsbewegung wiederbelebt werden sollte; 1954–63 Abg. der Volkskammer; 1955–63 Sachbearbeiterin u. Wettbewerbsbeauftragte im o. g. Zittauer Textilbetrieb; ab 1963 Rentnerin.

Höcker, Wilhelm
29. 6. 1886–15. 11. 1955
Ministerpräsident von Mecklenburg
Geb. in Holzendorf (Kr. Prenzlau), Vater Zimmermann; 1893–1901 Volksschule in Woldegk, 1901–04 kaufm. Lehre in Brüssow, 1904–06 Handlungsgehilfe in Penzlin u. Rostock; 1906–08 Militärdienst; 1909–14 kaufm. Angestellter in Hamburg u. Güstrow; 1911 SPD, Freie Gewerkschaften; 1914–18 Militärdienst, zuletzt Gefr.; 1919/20 Ltr. der Kreisbehörde für Volksernährung in Güstrow, 1920–32 Amtshauptmann (Landrat) des Kr. Güstrow u. Abg. des Landtags Mecklenburg-Schwerin, 1926–32 dessen Präs. bzw. 1. Vizepräs.; 1932/33 Mitgl. des Bezirkssekr. der SPD; 1933–45 Tabakwarenhändler in Güstrow, nach dem 20. Juli 1944 einige Wochen inhaftiert.
1945 SPD; stellv. OB in Güstrow; 1945/46 Präs. der Landesverwaltung Mecklenburg-Vorpommern (Allg. Verwaltung u. Finanzen); 1945–46 SPD-Landesvorst.; 1946 SED, 1946–51 Mitgl. der Landesltg. Mecklenburg u. ihres Sekr.; Min.-Präs. des Landes Mecklenburg; 1947 Ehrenpräs. der DSF Mecklenburg; 1948/49 Mitgl. des Dt. Volksrats, 1949/50 der Prov. Volkskammer; 1951 Rücktritt als Min.-Präs. aus gesundheitl. Gründen; 1951/52 ehrenamtl. Stellv. des Vors. des DRK im Bez. Rostock; ab 1953 Vors. der DSF im Bez. Schwerin; ab 1954 Abg. der Länderkammer der DDR sowie des Bez.-Tags Schwerin.

Hoerning, Hanskarl 28. 12. 1931
Kabarettist, Schauspieler
Geb. in Leipzig; Schauspielstudium in Leipzig, Debüt 1954 am Hallenser »Theater der Jungen Garde«, danach Halberstadt, Eisleben; in dieser Zeit schon versch. Kabarettversuche, 1957/58 Funkkabarett »Tandaradei«; danach Engagement bei der Leipziger »Pfeffermühle«, seitdem dort einer der profiliertesten Darsteller; einige Jahre Standardszene »Straßenbauarbeiter« (mit Manfred Stephan); auch Texter u. Stückautor (Fernsehmusical »Zimmerkomödie« 1963); 1976–79 Soloprogr. »Brettldozent«.
Publ.: Geh hin, wo der Pfeffer wächst. Berlin 1984.

Hoernle, Edwin
11. 12. 1883–21. 7. 1952
Präsident der Deutschen Zentralverwaltung für Land- und Forstwirtschaft
Geb. in Cannstatt (Württ.), Vater Pfarrer u. Missionar; Gymnasium; Militärdienst; 1904–09 Studium der Theol. an den Univ. Tübingen u. Berlin; 1909 Vikar, Niederlegung des Amts; Arbeit als freier Schriftsteller in Berlin; 1910 SPD; 1912–14 Red. der sozialdemokr.

»Schwäb. Tageswacht«, nach Maßregelung für den Aufbau der Freien Jugend tätig; 1916 Verhaftung u. Kriegsdienst; Apr. 1917 Strafkommando; 1918/19 Mitgl. des Arbeiter- u. Soldatenrats in Stuttgart; 1919/20 Ltr. der KPD in Württemberg; 1920–33 Abt.-Ltr. bzw. Mitarb. der KPD-Zentrale für Agrar- bzw. Schulpol., 1921–24 Mitgl. der Zentrale, 1922 des EKKI, 1923 Tätigkeit in Moskau; 1924–33 Abg. des Dt. Reichstags; 1933 für die KPD in der Schweiz tätig; Dez. 1933–38 Ltr. der Abt. Mitteleuropa am Intern. Agrarinst. in Moskau; 1938 Kand. der Wirtschaftswiss., sowj. Dr.-Titel, Abt.-Ltr. u. 1940 wiss. Mitarb. am Weltwirtschaftsinst. bei Eugen Varga; 1943–45 Mitgl. des NKFD, konzeptionelle Vorbereitung der Agrarpol. für die Nachkriegszeit.
Mai 1945 Rückkehr nach Dtl.; Mitunterz. des Aufrufs des ZK der KPD vom 11. 6. 1945, zunächst Mitarb. des Ernährungsamts von Groß-Berlin, Juli 2. Vizepräs. der Provinzialverwaltung Brandenburg; Aug. 1945–1949 Präs. der Dt. ZV bzw. der HV Land- u. Forstwirtschaft der DWK, maßg. beteiligt an konzeptioneller Ausgestaltung der Bodenreform u. Lenkung ihrer Durchsetzung durch die Landes- u. Provinzialverwaltung; Nov. 1945 Mitbegr. der Dt. Verwaltungsakad. u. Dekan ihrer Agrarpol. Fak., Berufung zum Prof.; Okt. 1951 Ord. Mitgl. der DAL.
Publ.: E. H. – ein Leben für die Bauernbefreiung. Auswahl seiner agrarpol. Schriften. Berlin 1965; Zum Bündnis zwischen Arbeitern u. Bauern. Berlin 1972.

Hofé, Günter (Ps. Bernd Elberger)
17. 3. 1914–27. 12. 1988
Verlagsleiter
Geb. in Berlin, Vater Kunstschlosser; Oberrealschule, Abitur; 1934–39 Mitarb. der Dt. Bank, Lehrzeit, Bankkaufm., Direktionsassistent, Studien an der Bank-HS Berlin, außerdem in England u. Frankreich; 1936–38 u. 1939–45 Wehrmacht, zuletzt Major, 1945 brit. Gefangenschaft.
1945 Transportarbeiter; 1946–48 Mitarb. im Volksbildungsamt Berlin-Köpenick, Doz. u. Ltr. der VHS; 1948/49 Lektor im Kulturellen Beirat für das Verlagswesen; 1948 NDPD; 1949 Cheflektor, ab 1950 Ltr. des Verlags der Nation (Verlag der NDPD mit breitem themat. Spektrum: aktuell-pol. Lit., Biogr., Belletristik); 1951–54 Fernstudium an der Dt. Verwaltungsakad. Forst-Zinna u. der DASR Potsdam, Dipl.-Jurist; 1952–82 Stellv. Vorsteher des Börsenvereins der Dt. Buchhändler zu Leipzig; 1963 auf der Frankfurter Buchmesse unter dem Verdacht verhaftet, seit 15 Jahren für den sowj. Nachrichtendienst u. das MfS gearbeitet zu haben, nach einem Jahr U-Haft Entlassung in die DDR; 1979 VVO in Gold; zeitw. Mitgl. der Stadtverordnetenvers. Berlin; 1982 Ruhestand; Mitgl. des DSV u. des PEN-Clubs; Autor erfolgreicher Kriegsromane.
Publ.: Roter Schnee. Berlin 1962; Merci Kamerad. Berlin 1970; Schlußakkord. Berlin 1974.

Hoffmann, André 11. 8. 1961
Leistungssportler (Eisschnellauf)
Geb. in Berlin; Beginn mit dem Eisschnellauftraining mit neun Jahren bei der BSG Einheit Berliner Bär, später bei der SG Dynamo Hohenschönhausen, ab 1974 KJS u. Mitgl. des SC Dynamo Berlin (Trainer: Jochen Franke); Spartakiadesieger 1979 u. 1981; 1988 Olympiasieger über 1500 m; neunmaliger DDR-Meister; 1980–90 SED; VVO in Gold; Studium der Rechtswiss.

Hoffmann, Falk 29. 8. 1952
Leistungssportler (Kunstspringen)
Geb. in Karl-Marx-Stadt; 1982 Beginn mit dem Training im Wasserspringen, Mitgl. des SC Chemie Halle (Trainer: Heiner Rothe); 1966 Spartakiadesieger

im Turmspringen; 1972–89 SED; 1977 EM im Kunstspringen; 1978 Vize-WM im Kunst- u. im Turmspringen; 1980 Olympiasieger im Turmspringen; Abschluß eines Studiums an der DHfK als Dipl.-Sportlehrer, 1983 Beendigung der sportl. Laufbahn, anschl. Lehrer im HS-Dienst an der MLU Halle.
1990/91 Bundestrainer für Wasserspringen; danach Repräsentant für zwei Sportartikelfirmen; intern. Kampfrichter im Wasserspringen.

Hoffmann, Hans-Joachim
10.10.1929–19.7.1994
Kulturminister
Geb. in Bunzlau, Vater Arbeiter; Volksschule, 1943–45 Ausbildung u. 1945–48 Arbeit als Elektromonteur; 1945/46 KPD/SED; ab 1948 versch. Funktionen in FDJ u. SED auf Kreis- u. Bezirksebene, u.a. 1. Sekr. der FDJ-KL Leipzig, Sekr. für Agit. u. Prop. der FDJ-BL u. SED-Stadtltg. Leipzig; 1953–55 PHS, Dipl.-Ges.-Wiss.; 1960–62 1. Sekr. der SED-KL Eilenburg; 1966–71 zunächst Sekr. für Agit. u. Prop., dann für Wiss., Volksbildung u. Kultur, schließl. 2. Sekr. der SED-BL Leipzig; 1971–73 Ltr. der Abt. Kultur des ZK der SED; ab 1973 Min. für Kultur (Nachf. von Klaus Gysi*); 1974 VVO in Gold; ab 1976 Mitgl. des ZK der SED; 1976 – März 1990 Abg. der Volkskammer; 1977 Präs. des KB; seit 1978 Mitgl. des Zentralvorst. der DSF; 1980 Vors. des Nat. Rats zur Pflege u. Verbreitung des dt. Kulturerbes; 1982 Prom. zum Dr. phil. mit der Diss. »Die Entwicklung der marxist.-leninist. Kulturpol. u. ihre wichtigsten Ergebnisse seit dem VIII. Parteitag«; Nov./Dez. 1989 Rücktritt mit der Reg. Stoph* und dem ZK der SED; Rentner.

Hoffmann, Heinrich
8.1.1899–23.12.1979
SED-Politiker
Geb. in Schleswig, Vater selbständiger Handwerker; Volksschule; Ausbildung zum Friseur; Mitbegr. der SAJ u. Vors. des Unterbez. Schleswig-Holstein; 1920 SPD; 1924–33 Mitgl. des Bundesvorst. des Reichsbanners; ab 1927 Red. des SPD-Landesorgans Thüringen »Das Volk«; Red. u. 1930–33 Mitgl. des Bundesvorst. des Reichsbunds der Kriegsbeschädigten in Berlin, Mitgl. der Kriegsopferinternationale Ciamag in Genf; 1933–35 antifasch. Tätigkeit in der Thüring. SPD.
1945 Mitarb. am Wiederaufbau der SPD in Thüringen, Mitgl. des Landesvorst., Jan. – Apr. 1946 Landesvors. der SPD; Apr. 1946 – Dez. 1948 Parität. Landesvors., bis Dez. 1949 1. Landesvors. der SED in Thüringen; 1946–50 Abg. des Landtags Thüringen u. Vors. der SED-Fraktion; Apr. 1946 – Juli 1950 Mitgl. des PV der SED; 1948–50 Mitgl. des Dt. Volksrats bzw. der Prov. Volkskammer; 1949 DWK; 1949 Generalstaatsanwalt in Mecklenburg; 1950–54 Kand. des ZK der SED; seit 1957 Präs. des NR der NF; KMO, VVO in Gold, Stern der Völkerfreundschaft in Gold u. Großer Orden der Völkerfreundschaft (UdSSR).

Hoffmann, Heinz (eigtl. Karl-Heinz)
28.11.1910–2.12.1985
Verteidigungsminister
Geb. in Mannheim; Vater Arbeiter; Volksschule, Ausbildung u. Arbeit als Maschinenschlosser; 1926 KJVD, 1930 KPD; ab 1933 antifasch. Tätigkeit, Org.- bzw. Polit. Ltr. der KPD-BL Baden-Mannheim; 1935 Emigration in die UdSSR, Intern. Leninschule; 1936/37 Sonderlehrgang an der Offiziersschule Rjasan, Ltn.; 1937–39 in Spanien Politkommissar bzw. Kdr. eines Bat. der Intern. Brigaden, verwundet, Lazarettaufenthalt in Frankreich, dann in der UdSSR; 1941 Schule der KI; bis 1945 Instrukteur in Kriegsgefangenenlagern u. Lehrer an Zentralen Antifa-Schulen, in der Illegalität u. Emigration Ps. Heinz Roth.
1946 Rückkehr nach Dtl.; Mitarb. im ZK

der KPD bzw. PV der SED, u. a. persönl. Mitarb. von Wilhelm Pieck* u. Walter Ulbricht*; 1947–49 Sekr. der SED-Landesltg. Groß-Berlin; 1949/50 Vizepräs. der Dt. Verwaltung des Innern u. Ltr. der HA Pol.-Kultur, Generalinspekteur; 1950–55 Stellv. des Min. des Innern, Ltr. der HV für Ausbildung bzw. Chef der KVP, Gen.-Ltn.; ab 1950 Abg. der Volkskammer; 1950 Kand., ab 1952 Mitgl. des ZK der SED; 1955–57 sowj. Generalstabsakad., Dipl. rer. mil.; danach 1. Stellv. des Min. für Nat. Verteidigung, seit 1958 zugl. Chef des Hauptstabs, 1959 Gen.-Oberst; 1954 VVO in Gold; 1960–85 Min. für Nat. Verteidigung (Nachf. von Willi Stoph*), 1961 Armeegeneral; 1965 Rotbanner-Orden (UdSSR); ab 1969 Mitgl. des Komitees der Verteidigungsmin. der Warschauer Vertragsstaaten; 1970 KMO; ab 1973 Mitgl. des PB des ZK der SED; 1973 Studium an der Generalstabsakad.; 1975 Dr. h.c. der SED-PHS; 1975 Held der DDR.
Publ.: Soz. Landesverteidigung. Aus Reden und Aufsätzen. 5 Bde. Berlin 1971–1983; Mannheim Madrid Moskau. Erlebtes aus drei Jahrzehnten. Berlin 1981; Moskau Berlin. Erinnerungen. Berlin 1989.

Hoffmann, Jutta 3. 3. 1941
Schauspielerin
Geb. in Halle; Oberschule, während der Schulzeit Mitgl. einer Laienspielgruppe der Buna-Werke, 1959 Abitur; 1959–61 Besuch der Film-HS Babelsberg; 1961–67 u. 1969–73 Engagements am Maxim Gorki Theater Berlin, 1965–67 zugl. am Dt. Theater, 1973 am Berliner Ensemble, mehrmals Gastspiele am Berliner Theater der Freundschaft; seit 1983 in München u. Salzburg, 1986 in Hamburg, dort auch Doz. an der HS für Musik u. Theater. Haupt- bzw. tragende Rollen am Maxim Gorki Theater, u. a. in Claus Hammels »Um neun an der Achterbahn«, Lessings »Minna von Barnhelm«, Vratislav Blazeks »... und das am Heiligabend«, Rudi Strahls* »Adam u. Eva«, Klaus Wolfs »Lagerfeuer«, Jewgeni Schwarz' »Der Schatten«, in Film u. Fernsehen, u. a. »Das Rabaukenkabarett«, »Ärzte«, »Julia lebt«, »Kleiner Mann – was nun?« (1965), »Junge Frau von 1914«, in Egon Günthers* »Der Dritte« (1972), ferner in »Lotte in Weimar« (1976), »Geschlossene Gesellschaft« (TV), »Abschied vom Frieden« (TV), »Stella« (TV), »Die Zeit der Einsamkeit« (TV, 1984).

Hoffmann, Theodor 27. 2. 1935
Verteidigungsminister, Chef der NVA
Geb. in Gustävel (b. Sternberg), Vater Landarbeiter; Grundschule, Landwirtschaftslehre; hauptamtl. Pionierltr.; 1952 als Matrose zur Seepolizei, Offiziersschule der VP-See, 1955 Unterltn. z. S.; 1956 SED; bis 1959 Kommandant eines Schul- bzw. TS-Boots u. Chef einer TS-Bootsgruppe; 1960–63 Seekriegsakad. der UdSSR, Dipl. rer. mil.; 1964 Stabschef, dann Chef einer Raketenschnellbootsbrigade, Korv.-K.; 1968 Stabschef, anschl. Chef einer Flottille, Kapitän z. S.; 1974 Stellv. des Chefs des Stabs der Volksmarine für operative Arbeit, 1985 Stellv. des Chefs der Volksmarine, zuerst als Chef für Ausbildung, dann des Stabs, Konteradmiral; 1987 Stellv. des Min. u. Chef der Volksmarine (Nachf. von Wilhelm Ehm*), Vizeadmiral.
18. 11. 1989–23. 4. 1990 Min. bzw. (ab 19. 3. 1990) amt. Min. für Nat. Verteidigung (Nachf. von Heinz Keßler*), Admiral, 20. 11. 1989 Durchführung einer Kommandeurstagung zur Einleitung der Militärreform; 24. 4.–15. 9. 1990 Chef der NVA; Vorruhestand.
Publ.: Das letzte Kommando – Ein Minister erinnert sich. Herford 1993.

Hoffmeister, Cuno
2.2.1892–2.1.1968
Astronom, Sternwartendirektor
Geb. in Sonneberg (Thür.), Vater Lederpuppenfabrikant; mittlere Reife, Handelsschule u. Lehre im väterl. Betrieb, autodidaktische Bildung in Astronomie, 1911/12 Geschäftspraktikum in den USA; 1915–18 Hilfsassistent an der Sternwarte Bamberg, 1920 Reifeprüfung, danach Student u. Hilfsassistent an der Univ.-Sternwarte Jena, 1925 Dir. der neugegr. Sternwarte Sonneberg, seit 1937 Abt. der Univ.-Sternwarte Berlin-Babelsberg.
Seit 1947 Einrichtung der Sternwarte der DAW/AdW; betrieb bes. nach 1950 ihre Modernisierung mit neuen Instrumenten u. physikal. Laboratorien; 1951–67 Schriftltr./Hrsg. der Ztschr. »Die Sterne«; NP; Mitgl. der Intern. Astronom. Union, der DAW, der Dt. Akad. der Naturforscher Leopoldina Halle u. der Sächs. AdW Leipzig; Prof.; nach ihm wird der Planetoid Nr. 1726 benannt.
Hauptarbeitsgebiete: Meteore u. veränderl. Sterne (hierzu bis heute anerkannte Standardwerke), Zodiakallicht; begründete die Sonneberger Himmelsüberwachung (heute zweitgrößtes Plattenarchiv der Erde), förderte vielfach Amateurarbeiten auf astronom. Gebiet; zahlr. wiss. u. populärwiss. Ztschr.-Aufsätze.
Sek.-Lit.: Hoffmeister, W.: Die Anfänge der Sternwarte Sonneberg (Schriftenreihe des Dt. Spielzeugmuseums Sonneberg). Sonneberg 1969; Richter, N.: C. H. Sein Werk u. seine Persönlichkeit. In: Die Sterne 44/1968, S. 1–5.

Hofmann, Artur 24.6.1907–4.5.1987
MfS-Hauptabteilungsleiter
Geb. in. Plauen, Vater Bauschlosser; Volksschule, 1920–27 Ausbildung u. Arbeit als Maschinenschlosser bzw. Rep.-Schlosser in Thüringen, Bayern u. im Ruhrgebiet; 1927–29 Wanderschaft nach Holland, dann über Österreich, die Slowakei, Ungarn u. Jugoslawien nach Bulgarien; 1930 Arbeit bei Blohm & Voß in Hamburg, dann arbeitslos; 1931 KPD; März 1931 Faltbootfahrt von Kiel über Dänemark, Schweden u. Finnland nach Kronstadt (UdSSR); Brigadier im Hüttenwerk Nadeschinsk (Ural), dann Meister im Werk für Schwermaschinenbau in Swerdlowsk; 1938 Montageltr. im Hüttenkombinat Tagil u. Tagilstroi; 1943/44 Lehrgang an der KPD-Schule in Puschkino (b. Moskau); 1944 Propagandist im Kriegsgefangenenlager Uman (Ukr.), dann Partisaneneinsatz in Schlesien u. Polen; 1945 Aufenthalt in Moskau.
1945 Rückkehr nach Dtl. mit der KPD-Gruppe Ackermann*, bis Okt. 1945 stellv. Landrat bzw. 2. Bürgermeister in Görlitz, dann Chef der VP Sachsen; 1949 sächs. Innenmin.; 1952 stellv. Vors. des Rats des Bez. Dresden; 1.7.1953 Einstellung beim MfS, Ltr. der HA III (Sicherung der Volkswirtschaft), Oberst; 1957–60 Offz. im bes. Einsatz als Mitarb. der Abt. Sicherheit des ZK der SED; 1960 schwere Erkrankung, danach stellv. Operativ des Ltr. der Bezirksverwaltung Dresden; 1967 VVO in Gold; 1970 Entlassung, Rentner.
Publ.: A. H. Die Partei ruft. In: Beiträge zur Geschichte der Arb.-Bew. 1962. S. 79 ff.

Höfner, Ernst 1.10.1929
Finanzminister
Geb. in Berlin, Ausbildung zum Industriekaufmann; zunächst im Finanzwesen tätig, dann in den 60er Jahren Abt.-Ltr. Grundsatz u. Perspektivplan im Min. für Finanzen; SED; 1970–76 Stellv. Min. für Finanzen; 1976–79 1. Sekr. der SED-Krs.-Ltg. Zentrale Bank- und Finanzorgane; 1979–81 1. Sekr. der SED-Kreisltg. der SPK; Dipl.-Wirtschafter u. Gesellschaftswissenschaftler; 1981–90 Min. für Finanzen (Nachf. von Werner Schmieder); Mitgl. des Präs. des Min.-Rats.

Höhne, Christoph 12. 2. 1941
Leistungssportler (Leichtathletik)
Geb. in Borsdorf b. Leipzig; seit 1956 Leichtathlet zunächst in Machern, dann bei der SG Dynamo Leipzig, beim ASK Berlin u. beim SC Dynamo Berlin (Trainer Max Weber), Spezialdisz.: Gehen; 1965, 1967 u. 1970 Sieger beim Lugano-Cup (Weltcup der Geher), 1968 Olympiasieger, 1969 EM, 1971 Vize-EM, 1974 EM; zwischen 1965 u. 1971 drei WR; nach dem Schulabschluß Ausbildung zum Werkzeugmacher, Tätigkeit als Sportinstrukteur; arbeitet derzeit als Fotograf.

Holstein, Ernst 14. 5. 1901–30. 8. 1985
Arbeitshygieniker, Institutsdirektor
Geb. in Berlin, Vater Tischlermeister; Gymnasium u. Medizinstudium in Berlin, 1926 hier Prom.; 1925–28 Assistenzarzt an der klin. Abt. für Gewerbekrankheiten am Auguste-Viktoria-Krankenhaus in Berlin-Lichtenberg (bei Ernst W. Baader), 1928 Gewerbemedizinalrat in Frankfurt/Oder; 1940 Habil. an der Med. Akad. Danzig; 1942 hier Doz. für Gewerbehygiene.
1946/47 Stadtarzt u. Ltr. des Gesundheitsamts in Frankfurt/Oder; 1947–50 Referats- u. Abt.-Ltr. für Arbeitsmedizin in der Dt. Zentralverwaltung für Gesundheitswesen u. Ltr. der HA Arbeitsschutz bei der Dt. Zentralverwaltung für Arbeit u. Soziales; 1946 Doz. für Hygiene u. Berufskrankheiten an der HU Berlin, 1947 Prof. mit Lehrauftrag; 1951–61 Stellv. Dir. des ZI für Sozial- u. Gewerbehygiene, 1961–66 Ltr. des ZI für Arbeitsmedizin, Prorektor der Akad. für ärztl. Fortbildung, 1957–83 Nat. Sekr. der DDR bei der Ständigen Kommission u. Intern. Vereinigung für Arbeitsmedizin, 1961–64 Präs. der Ges. für die gesamte Hygiene; wiss. Arbeitsgebiete: Intoxikationen durch Quecksilber, Blei, Nitro- u. Aminoverbindungen sowie Silikoseerkrankungen; Mithrsg. der »Ztschr. für die gesamte Hygiene u. ihre Grenzgebiete«, des »Intern. Archivs für Gewerbepathologie u. Gewerbehygiene« u. der Schriftenreihe »Arbeitshygiene«; 1956 VVO in Silber, 1984 Dr. h.c. der Akad. für ärztl. Fortbildung; gest. in Berlin.
Publ.: Grundriß der Arbeitsmedizin. Berlin 1949 (5. Aufl. 1969).

Holtz-Baumert, Gerhard 25. 12. 1927
Vizepräsident des Schriftstellerverbands der DDR, Kinderbuchautor
Geb. in Berlin, Vater Arbeiter, Mutter Hausfrau; wuchs bei Pflegeeltern auf; Volksschule, ab 1938 Realgymnasium in Berlin; 1943/44 Flakhelfer; 1944 RAD; 1945 Soldat, Apr. 1945 Desertion; amerik. Gefangenschaft bis Juli 1945, Flucht.
1945–47 Oberschule in Berlin, Abitur; 1947 Org.-Sekr. im Jugendaussch. Berlin-Friedrichshain; 1947–49 FDJ-Funktionär im FDJ-Stadtvorst. Berlin; 1947 SED, KB; 1948 Schulleiter der FDJ-Schule Berlin-Rahnsdorf; 1948–51 Stellv. Dir. im Haus der Kinder, dem späteren Zentralhaus der Jungen Pioniere; 1951–58 Chefred. der »ABC-Zeitung« u. der »Schulpost«; 1951–54 Fernstudium der Pädagogik; 1953–55 Abenduniv. Marxismus-Leninismus; 1958/59 Studium am Inst. für Lit. »Joh. R. Becher« in Leipzig u. Fernstudium der Journalistik (Abschluß 1966); seit 1959 DSV; 1959–61 Sekr. für Nachwuchsarbeit des DSV; ab 1961 freier Schriftst.; 1963–92 Chefred. der Reihe »Beiträge zur Kinder- u. Jugendlit.«, Berlin; 1969 – März 1990 Mitgl. des Vorst. des SV; seit 1971 Mitgl. der Volkskammer, Aussch. für Kultur; 1972 Mitgl. des Präs. des SV; 1973 Heinrich-Heine-Preis; seit 1977 Vizepräs. des SV; seit 1976 Mitgl. der Jugendkommission beim PB; 1986–89 Mitgl. des ZK der SED; 1987 Dr. h.c. der PH »Karl Friedrich Wilhelm Wander«; vom MfS als IM »Villon« geführt.
Publ.: Alfons Zitterbacke. Berlin 1958;

Der kleine Trompeter. Berlin 1959; Alfons Zitterbacke hat wieder Ärger. Berlin 1962; Trampen nach Norden. Berlin 1975; Die pucklige Verwandtschaft. Berlin 1985.

Holtzhauer, Helmut
2. 12. 1912–16. 12. 1973
SED-Funktionär
Geb. in Leipzig; Grundschule, Oberschule; 1928 SAJ, 1931 SJVD, 1932 KJVD; 1932–34 Buchhändlerlehre; Jan. 1933 KPD; Juli 1934 Abbruch der Lehre durch Verhaftung, Verurteilung wegen Vorbereitung zum Hochverrat zu 5 Jahren Zuchthaus; 1939–41 illeg. pol. Arbeit in Leipzig; 1941 erneut Verhaftung u. Verurteilung zu 2 Jahren Gefängnis.
1945/46 KPD-Sekr. in Leipzig, Stadtrat für Volksbildung; 1946 SED; 1946–48 Bürgermeister von Leipzig; 1948–51 Volksbildungsmin. der Landesregierung Sachsen; 1951–53 Mitgl. des Ministerrats, Staatssekr. u. Vors. der Staatl. Kommission für Kunstangelegenheiten; 1954–71 Dir. der Nat. Forschungs- u. Gedenkstätten der klass. dt. Literatur in Weimar; Abg. des Bezirkstags Erfurt; 1956/57 vorübergehend Dir. der AdK; 1960 Prof., Präs. des Museumsrats der DDR; 1962 Vizepräs., 1971–73 Präs. der Goethe-Ges.; 1968–71 Mitgl. des Präsidialrats des KB.

Homann, Heinrich 6. 3. 1911
Vorsitzender der NDPD
Geb. in Bremerhaven, Vater Reedereidirektor; Gymnasium, 1929 Abitur; danach Jurastudium an den Univ. Tübingen, Jena, Göttingen u. Hamburg, ohne Abschluß, Mitgl. eines Studentenkorps; 1933 NSDAP; ab 1934 Berufssoldat, 1934 Fahnenjunker, 1937 Ltn., 1940 Batteriechef an der Westfront, Abteilungskdr., geriet 1943 als Major in Stalingrad in sowj. Gefangenschaft; Mitbegr. des NKFD, Mitarb. an dessen Sender »Freies Dtl.« u. gleichnamiger Ztg., Besuch der Zentralen Antifa-Schule in Krasnogorsk.
1948 Rückkehr nach Dtl.; zunächst tätig für die Landesreg. Mecklenburg, Beitritt zur im Aufbau begriffenen NDPD, Abt.-Ltr. beim PV in Berlin, 1949–52 Pol. Geschäftsführer; ab 1949 Mitgl. der Prov. Volkskammer bzw. Volkskammer, 1952–54 Vizepräs., 1954–63 stellv. Präs.; 1952–67 stellv. Vors. der NDPD; seit 1957 Mitgl. des Präs. des NR der NF; 1960–86 stellv. Vors. des Volkskammeraussch. für Nat. Verteidigung; ab 1960 stellv. Vors. des Staatsrats; 1964 VVO in Gold; 1964 Prom. zum Dr. phil. an der MLU Halle, 1971 Honorar-Prof. an der DASR; 1967–72 geschäftsführender Vors., ab 1972 Vors. der NDPD (Nachf. von Lothar Bolz*); 1986 KMO; 2. 11. 1989 Rücktritt, 17. 11. 1989 Abberufung aus dem Staatsrat, 10. 12. Parteiausschluß nach pol. u. rechtl. Untersuchung des Finanzgebarens durch das Präs. des Hauptaussch.; Ermittlungen u. entlastende Verlautbarungen des DDR-Generalstaatsanwalts.
Publ.: Auf Ehre u. Gewissen. Vom Sinn einer Wandlung. Berlin 1963; Die NDPD – Mitgestaltung der entwickelten soz. Gesellschaft. Aus Reden u. Beiträgen (1971–1985). Berlin 1986.

Honecker, Erich 25. 8. 1912–29. 5. 1994
SED-Generalsekretär, Staatsratsvorsitzender
Geb. in Neunkirchen (Saargeb.), Vater Bergarbeiter; Volksschule; 1926–28 Landarbeiter; 1926 KJVD, ADGB; 1928/29 Dachdeckerlehre; 1929 KPD; ab 1930 hauptamtl. im KJVD, 1929 Mitgl. u. 1931 Pol. Ltr. der BL des KJVD im Saargebiet; 1930/31 Intern. Leninschule in Moskau; 1933–35 antifasch. Tätigkeit u. a. als Ltr. des KJVD im Ruhrgebiet, in Hessen, Baden-Württemberg und der Pfalz, 1935 in Berlin; 1935 verhaftet u. 1937 zu zehn Jahren Zuchthaus verurteilt, 1937–45 Zuchthaus Brandenburg.

Mai 1945–46 Jugendsekr. des ZK der KPD, 1945/46 Vors. des Zentralen Antifasch. Jugendaussch., 1946 Mitbegr. u. bis 27.5.1955 Vors. der FDJ, 1949–55 Mitgl. des Exekutivkomitees des WBDJ; seit 1946 Mitgl. des PV bzw. ZK der SED, 1950 Kand., 1958 Mitgl. des PB, 1958 Sekr. des ZK, 3.5.1971 1. Sekr. des ZK der SED (Nachf. von Walter Ulbricht*), seit 1976 Generalsekr.; 1948/49 Mitgl. des Präs. des Dt. Volksrats, 1949–89 Abg. der Prov. Volkskammer bzw. Volkskammer; 1955 VVO in Gold; 1960–71 Sekr., 1971 Vors. des Nat. Verteidigungsrats; 1969 u. 1977 KMO; 1971–76 Mitgl., 29.10.1976 Vors. des Staatsrats (Nachf. von Willi Stoph*); Mai 1981 Dr. h.c. Univ. Tokio.
18.10.1989 von allen Ämtern zurückgetreten; am 8.11.1989 leitete der Generalstaatsanwalt ein Ermittlungsverfahren wegen Amtsmißbrauch u. Korruption ein; 3.12.1989 Ausschluß aus der SED; danach Mitgl. der wiedergegr. KPD; 29./30.1. 1990 in U-Haft, wegen Haftunfähigkeit entlassen; anschl. Aufenthalt in Lobetal, Lindow, Lobetal; ab 3.4.1990 im Spital der Westgruppe der Sowjetarmee in Beelitz; 30.11.1990 Haftbefehl gegen ihn erlassen; 13.3.1991 Zuflucht nach Moskau, ab 11.12.1991 dort in der chilen. Botschaft; 29.7.1991 Rückführung nach Berlin; bis 13.1.1993 U-Haft in Berlin-Moabit; angeklagt vor der 27. Gr. Strafkammer des Berliner Landgerichts; 13.1.1993 nach Aufhebung des Haftbefehls nach Santiago de Chile, dort verstorben.
Publ.: Aus meinem Leben. Berlin 1980; Reden u. Aufsätze. Bde. 1–12. Berlin 1975–88; Moabiter Notizen. Berlin 1994.
Sek.-Lit.: Lippmann, H.: Honecker. Porträt eines Nachfolgers. Köln 1971; E. H. Skizze seines pol. Lebens (Hrsg. IML). Berlin 1977; Borkowski*, D.: E. H. Statthalter Moskaus oder dt. Patriot? Eine Biogr. München 1987; Andert*, R.; Herzberg, W.: Der Sturz: Erich Honekker im Kreuzverhör. Berlin u. Wien 1990.

Honecker, Margot, geb. Feist
17.4.1927
Volksbildungsministerin
Geb. in Halle (Saale), Vater Schuhmacher; Volksschule; Lehre als kaufm. Angestellte; danach Telefonistin; 1945/46 KPD/SED; Stenotypistin beim FDGB-Landesvorst. Sachsen-Anhalt; Mitbegr. des Antifasch. Jugendaussch. in Halle, 1946 Mitgl. des Sekr. des FDJ-Kreisvorst. Halle; 1947 Ltr. der Abt. Kultur u. Erziehung, 1948 Sekr. für Kultur u. Erziehung im FDJ-Landesvorst. Sachsen-Anhalt; 1949–53 Sekr. des ZR der FDJ u. Vors. der Pionierorg.; 1949/50 Abg. der Prov. Volkskammer, 1950–54 u. 1967 – März 1990 Abg. der Volkskammer; 1950 Kand., ab 1963 Mitgl. des ZK der SED; 1953 Heirat mit Erich Honecker*; 1953/54 Besuch der HS des Komsomol in Moskau; 1955–58 Abt.-Ltr. in der HA Lehrerbildung im Volksbildungsmin., 1958 stellv. Min., ab 1963 Min. für Volksbildung; 1964 VVO in Gold; 1970–89 Mitgl. der APW, 1974 Dr. h.c.; 1977 u. 1987 KMO.
Nov./Dez. 1989 Rücktritt mit der Reg. Stoph* u. dem ZK der SED, 4.2.1990 Austritt aus der SED/PDS; seit 1993 Aufenthalt in Santiago de Chile.
Publ.: Ausgew. Reden u. Schriften. Berlin 1986.

Honigmann, Georg
6.10.1903–4.11.1984
Journalist, Kabarettdirektor
Geb. in Wiesbaden; Reifeprüfung; Studium an den Univ. Berlin, Breslau, Prag u. Gießen, Prom. zum Dr. phil.; Ende der 20er Jahre bis 1933 Korrespondent der »Voss. Ztg.«; nach 1933 Emigration; Journalist u. Red. in England (Exchange Telegraph u. Reuter).
1946 Rückkehr nach Dtl. (SBZ), SED; Mitarb. im Sowj. Nachrichtenbüro

(SNB); 1946–48 Chefred. u. Lizenzträger der Ztg. »Berlin am Mittag«, 1948/49 stellv. Chefred. der »Berliner Ztg.«, 1949–53 Chefred. der »BZ am Abend«; danach für die DEFA tätig (Chefdramaturg der »Stacheltier«-Prod.); 1963 Autor der TV-Dokumentation »Die Geschäfte des Axel Caesar Springer«; ab Sept. 1963 Dir. des Berliner Kabaretts »Die Distel« (Nachf. von Hans Krause); »Silberner Lorbeer« des DDR-Fernsehfunks.
Publ.: Chef weist an oder Der Fall des William Randolph Hearst. Berlin 1972; Kapitalverbrechen oder Der Fall des Geheimrats Hugenberg. Berlin 1976.

Höpcke, Klaus 27. 11. 1933
PDS-Politiker, Stellv. Kulturminister
Geb. in Cuxhaven, Schulbesuch in Berlin, 1943 ausgebombt u. Evakuierung nach Burg Stargard u. Neubrandenburg, 1951 Abitur; 1947 FDJ, 1953 SED; 1951–55 Studium an der Fak. für Journalistik der KMU Leipzig, Dipl.-Journalist; 1955–60 dort wiss. Assistent, Oberassistent, Lehrbeauftragter; 1960–62 stellv. Sekr. der SED-Parteiltg. an der KMU; Juli 1962 – Jan. 1964 1. Sekr. der FDJ-BL Leipzig, Mitgl. des Büros des ZR der FDJ; 1964–73 Mitgl. des Redaktionskollegiums der Ztg. »Neues Dtl.«, zuständig für Kultur, Kunst, Lit.; 1968 Mitgl. des Präsidialrats des KB; 1973–89 stellv. Min. für Kultur, verantw. für Verlagswesen, Buchhandel u. Bibliotheken (Nachf. von Bruno Haid*), 1985 Disziplinarverfahren wegen Druckerlaubnis für Volker Brauns* »Hinze-Kunze-Roman«; seit 1987 Mitgl. des PEN (DDR), März 1989 Maßregelung wegen seiner Zustimmung zur PEN-Resolution für die Freilassung von Václav Havel; 8. 11. 1989 Ltr. der Kulturkommission beim PB des ZK der SED; 3. 12. Mitgl. des Arbeitsaussch. zur Vorbereitung des außerordentl. Parteitags der SED, ab 9. 12. Mitgl. des Präs. des PV der SED-PDS bzw. PDS, Ltr. der Kommission Kultur-, Wiss.- u. Bildungspol.; März – Okt. 1990 Abg. der Volkskammer; Mai 1990 Ltr. der Grundsatzkommission des PV der PDS.
Seit Okt. 1990 Abg. des Thüring. Landtags, dort Fraktionsvors. der PDS.
Publ.: Probe für das Leben. Lit. in einem Leseland. Halle 1982; Chancen der Lit. Werte des Lebens u. unsere Bücher. Halle 1986.

Hopp, Hanns 9. 2. 1890–21. 2. 1971
Architekt, Präsident des BDA
Geb. in Lübeck; Vater Zimmermeister; 1909–11 Kunst- u. Architekturstudium in Karlsruhe bei Ostendorf u. 1911–13 an der TH München bei Fischer, Dipl.-Ing.; Architekt in Memel u. Königsberg (Ostpr.), 1921 Flughafen Königsberg, Bauten für die Ostmesse: 1922 Handelshof, 1925 »Haus der Technik«; 1923 Konsultant für die erste Landwirtschaftsausstellung in Moskau; weitere Bauten: 1928 Altersheim, 1929–31 Mädchengewerbeschule, 1930–32 Parkhotel, 1932/33 Reichssender u. Wohnbauten in Königsberg, ab 1933 keine öff. Aufgaben mehr, Widerstandsgruppe »Hertha«.
1945 HS-Lehrer in Dresden, Wiederaufbauplanungen für das Stadtzentrum Dresden; 1946–49 Dir. der Kunstschule Burg Giebichenstein; SED; 1950 Ltr. der Abt. Hochbau im Inst. für Städtebau u. Hochbau des Min. für Aufbau des Preuß. Landtags u. des Schlosses Niederschönhausen; erstes Projekt für das Opernhaus Leipzig; 1951 Mitgl. der DBA, Institutsdir., als Ltr. der Meisterwerkstatt II 1952–55 verantw. für Abschnitt F u. G der Stalinallee Berlin, 1951–55 Tbc-Heilstätte Bad Berka, 1952–54 Kulturhaus der Maxhütte in Unterwellenborn, 1952–55 DHfK Leipzig, 1952–53 Kreiskrankenhaus Saalfeld; leitete an der DBA die wiss. Grundlagenforschung für die Typenprojektierung von Schulen, Kindergärten u. -krippen, Kulturhäusern, Krankenhäusern und Ambulatorien; 1952–66 Präs. des BDA, 1957 em., 1963

Wahl als Honorary Corresponding Member of the Royal Institute of British Architects.
H. hatte wesentl. Anteil am entwerfer. Niveau u. der Detailqualität der Architektur der 50er Jahre.

Hoppe, Rolf 6. 12. 1930
Schauspieler
Geb. in Ellrich (Harz), Vater Bäcker; Volksschule, Bäckerlehre; gründete eine Laienspielgruppe in Nordhausen; Schauspielstudium am Landeskonservatorium Erfurt; 1949 Engagement in Erfurt; nach Krankheit Tierpfleger im Leipziger Zoo; Engagements 1951 am Theater der Jungen Garde Halle, 1952/53 in Greifswald, 1954/55 am Jugendtheater Leipzig, 1955–61 in Gera, 1962–86 am Staatstheater Dresden; 1971 Kunstpreis der DDR.
Bühnenrollen u. a.: in Kleists »Der zerbrochene Krug«, Sophokles' »Elektra«, Dürrenmatts »Besuch der alten Dame«, »Die Physiker«; seit 1963 bei Film u. Fernsehen, u. a. in: Günter Rückers* »Die besten Jahre« (1965), Konrad Wolfs »Goya« (1971), »Orpheus in der Unterwelt« (nach Offenbach), »Die Brüder Lautensack« (1973) (nach Lion Feuchtwanger), Karl-Georg Egels* »Dr. Schlüter« (1965/66, TV), »Sachsens Glanz u. Preußens Gloria« (TV), Frank Beyers* »Der Bruch« u. in zahlr. anderen Filmen, darunter mehreren Indianerfilmen; seit 1985 intern. Filmproduktionen wie »Die Grünstein-Variante« (Bundesrep. Dtl.), »Mephisto« (Ungarn/Bundesrep. Dtl.), »Frühlingssinfonie« (Bundesrep. Dtl.); glz. Arbeiten bei ARD u. ZDF.

Hoppe, Wolfgang 14. 11. 1957
Leistungssportler (Bobsport)
Geb. in Apolda, Vater Schlosser; während der Schulzeit zunächst Fußballspieler, ab 1967 Leichtathlet beim SC Turbine Erfurt; ab 1974 Ausbildung zum Maschinenbauer, anschl. in diesem Beruf tätig; ab 1981 Angehöriger der NVA, zuletzt Hptm., u. Bobfahrer beim ASK Vorwärts Oberhof; 1984–89 Pädagogikstudium am IfL Meiningen; 1983 WM-Dritter im Zweier; 1984 Olympiasieger im Zweier u. im Vierer; 1985 WM im Zweier, Vize-EM im Zweier u. im Vierer; 1986 WM u. EM im Zweier; 1987 jeweils EM u. Vize-WM im Zweier u. im Vierer; 1988 Olympia-Zweiter im Zweier u. im Vierer; 1989 WM u. Vize-EM im Zweier, WM-Dritter im Vierer; 1990 WM-Dritter im Zweier; 1991 WM im Vierer u. WM-Dritter im Zweier; 1992 Olympia-Zweiter im Vierer; 1994 Olympia-Dritter im Vierer.
Lebt in Apolda.

Höppner, Reinhard 2. 12. 1948
Volkskammervizepräsident
Geb. in Haldensleben, aufgewachsen in Magdeburgerforth (Kr. Burg), Vater Pfarrer, Mutter Katechetin; 1963–67 EOS in Prösen (Kr. Liebenwerda) u. Berufsausbildung als Elektromonteur im Braunkohlenkombinat Lauchhammer, Teiln. an Mathematikolympiaden in Bulgarien u. Jugoslawien; 1967–71 Mathematikstudium an der TU Dresden, Engagement in der ev. Studentengemeinde; 1971–90 Lektor im Akad. Verlag Berlin, Fachgebietsltr. für Mathematik; seit 1972 Mitgl. der Synode der Kirchenprovinz Sachsen, seit 1980 Präses, Mitarb. an kirchl. Programmdokumenten u. a. »Bekennen in der Friedensfrage«, Engagement in der Diskussion über Kirche im Soz.; 1974–76 NVA-Grundwehrdienst, Fahrer eines Sanitätskraftwagens; 1976 Prom. auf dem Gebiet der Wahrscheinlichkeitstheorie an der TU Dresden, Dr. rer. nat.
Dez. 1989 SDP, Febr. 1990 Mitgl. des PV der SPD (DDR); März – Okt. 1990 Abg. der Volkskammer, Vizepräs.; Sept. 1990 (mit der Vereinigung beider sozialdemokr. Parteien) Mitgl. des PV der SPD; Vizepräs. der Synode der Ev. Kirche der

Kirchenprovinz Sachsen; seit Okt. 1990 Abg. des Sachsen-Anh. Landtags; Vors. der SPD-Fraktion; seit 1994 Min.-Präs. von Sachsen-Anhalt.

Horn, Rudolf 24. 6. 1929
Möbelgestalter
Geb. in Waldheim; 1943–46 Lehre als Tischler; 1948–50 Schüler der Fachklasse für Innenarchitektur bei Hermann Adlung, Mittweida; 1950/51 Betriebsassistent bei Jakob Jordan u. Ernst Könitzer; 1952–57 Mitarb. im Min. für Leichtindustrie; 1957–62 externes Studium an der Ing.-Schule für Holztechnol., Dresden; 1958–65 Ltr. des Büros für Entw., Messen u. Werbung der Möbelindustrie, Leipzig; 1965 externes Diplom an der HS für industrielle Formgestaltung Burg Giebichenstein; dort Dir. des Inst. für Möbel- u. Ausbaugestaltung; 1967 Entwurf des MDW-Programms (Montagemöbel) der Dt. Werkstätten Hellerau (zus. mit Eberhard Wüstner); seit 1968 Lehrtätigkeit als Doz., 1971 Professur; seit 1980 Dir. der Sekt. für Produkt- u. Umweltgestaltung im Bereich des Wohnungs- u. Gesellschaftsbaus an der HS für industrielle Formgestaltung Burg Giebichenstein; seit 1983 Mitgl. des Zentralvorst. des VBK; 1984 Weiterentw. des Montagemöbelprogramms: MDW 90, 1987 Stuhlprogramm mit Tisch (beides zus. mit Erich Schubert).
Publ.: Möbel – Ausbau (zus. mit St. Bräunig). Hrsg. HS für industrielle Formgestaltung Halle, Burg Giebichenstein 1983.

Horn, Siegbert 11. 5. 1950
Leistungssportler (Kanu)
Geb. in Hartmannsdorf (Sa.); Beginn mit dem Kanu-Slalom im Alter von elf Jahren in Dresden, 1969 Wechsel zum ASK Vorwärts Leipzig; 1970–90 SED; Spezialdisz.: Einerkajak; mehrfacher DDR-Meister; 1971 u. 1975 WM, 1972 Olympiasieger; 1973 Vize-WM u. WM mit der 3xK 1-Mannschaft; nach Streichung der Disz. aus dem olymp. Programm u. Einstellung ihrer Förderung in der DDR 1979 Beendigung der sportl. Laufbahn; 1981 Abschluß eines Studiums an der DHfK als Dipl.-Sportlehrer, Nachwuchstrainer im TZ Kanu-Rennsport in Leipzig, später wiss. Mitarb. an der DHfK, ab 1984 Lehrer im HS-Dienst an der KMU Leipzig.
Nach 1989 Entlassung aus dem HS-Dienst, anschl. arbeitslos.

Hörner, Silke, verh. Schuck 12. 9. 1965
Leistungssportlerin (Schwimmen)
Geb. in Leipzig; Mitgl. des SC DHfK Leipzig (Trainer: Stefan Hetzer); Spezialdisz.: 100 u. 200 m Brust; viermal WR; EM 1985: Zweite über 100 m, Dritte über 200 m; WM 1986: Erste über 200 m, Zweite über 100 m; 1987 dreifache EM (100 m, 200 m, 4x100-m-Lagenstaffel); 1988 Olympiasiegerin über 200 m, Dritte über 100 m; VVO in Gold; während der aktiven Laufbahn Studium der Physiotherapie an der KMU Leipzig, anschl. Physiotherapeutin beim SC DHfK Leipzig.
Seit 1993 verheiratet mit dem mehrfachen Kanu-WM Alexander Schuck; Anfang 1994 Verabschiedung aus der dt. Schwimmauswahl.

Hornig, Ernst 25. 8. 1894–5. 12. 1976
Evangelischer Bischof
Geb. in Kahlfurt (Schles.); Stud. der Theologie in Halle/Saale u. Breslau; anschl. Pfarrvikar in Waldenburg, ab 1924 Pfarrer in Friedland (Schles.) u. Breslau; 1933 Vors. des Schles. Pfarrer-Notbunds; ab 1934 Mitgl. des Bruderrats der Bekennenden Kirche Schlesien u. des Bruderrats der Ev. Kirche der Altpreuß. Union, Hrsg. der Rundbriefe des Bruderrates; aus pol. Gründen vom NS-Regime verfolgt, wiederholt in Haft, Gerichts- u. Strafverfahren; 1938 Ausweisung aus Berlin u. aus der Provinz Brandenburg.

Am 4.5.45 Sprecher der Abordnung der Ev. und der Kath. Kirche vor dem Festungskommandanten von Breslau, um diesen zur kampflosen Übergabe der Stadt an die sowj. Armee zu bewegen.
1945–46 Vors. der Kirchenltg. Schlesien; 1946 Bischof der Ev. Kirche von Schlesien u. Bevollmächtigter des Hilfswerks der Ev. Kirche der Union; 1947 Ausweisung aus Breslau, Verlegung des Bischofssitzes nach Görlitz; 1951 als Bischof der Ev. Kirche Schlesien bestätigt; 1955 Dr. h.c. der Univ. Kiel; 1964 Pensionierung, anschl. Übersiedlung in die Bundesrep. Dtl., gest. in Bad Vilbel.
Publ. zu Ökumene u. Kirchengeschichte.
Publ.: Breslau 1945 – Erlebnisse in der eingeschlossenen Stadt (Autobiogr.) 1975.

Hörnig, Johannes 1.4.1921
SED-Funktionär
Geb. in Labersdorf (Dresden), Vater Arbeiter; 1927–35 Volksschule; 1935–40 Ausbildung zum Schlosser u. im Beruf tätig; 1940–45 Wehrmacht, Uffz. im Waffenmeisterdienst.
1945/46 SPD/SED; 1945–49 Lehrer in der Grundschule Obersteina (Kamenz); 1949 Sekr. im FDGB-Kreisvorst. Kamenz; 1950 Kreisschulrat in Kamenz; 1950–52 PHS, Dipl.-Ges.-Wiss.; 1953 Sektorenltr., später stellv. Abt.-Ltr. u. 1955–89 Ltr. der Abt. Wiss. des ZK der SED, 1963 Kand., 1967–89 Mitgl. des ZK der SED; 1980 VVO in Gold; Dr. phil. h.c. (KMU Leipzg).

Hörz, Herbert 12.8.1933
Philosoph, Vizepräsident der AdW
Geb. in Stuttgart; Schulbesuch in Erfurt; 1949 SED; 1952 Abitur, anschl. bis 1956 Studium der Philos. mit den Nebenfächern Physik u. Mathematik an der FSU Jena u. der HU Berlin; danach Assistent bei Klaus Zweiling am Inst. für Philos. der HU; 1960 Prom. mit der Arbeit »Die philosoph. Bedeutung der Heisenbergschen Unbestimmtheitsrelation«; anschl. bei Hermann Ley* beteiligt am Aufbau der Abt. »Philosoph. Probleme der Naturwiss.« an der HU; 1962 Habil. mit der Schrift »Dial. Materialismus u. Quantentheorie«, Doz., 1965 Prof. mit Lehrauftrag für philosoph. Probleme der Naturwiss., 1966 Prodekan, 1967/68 Dekan der Philosoph. Fak. u. nach der HS-Reform 1968–72 Dir. der Sekt. Marxist.-Leninist. Philos. der HU; 1969 ord. Prof. für dial. Materialismus; 1972 NP; 1972/73 Gastprof. an der Lomonossow-Univ. Moskau; 1973 Korr. Mitgl. der AdW; Wechsel zum ZI für Philos. der AdW, dort 1973–89 Ltr. des Bereichs Philosoph. Fragen der Wissenschaftsentw.; 1977 Ord. Mitgl. der AdW; Mitgl. des Präs. des Zentralvorst. der FDGB-Gewerkschaft Wiss. u. deren Kreisvors. an der AdW; 1981 maßg. beteiligt an der Maßregelung der Gruppe um Peter Ruben*; 1982–90 stellv. Inst.-Dir.; 1982 Korr. Mitgl. der APW; 1989 Dr. h.c. der PH Erfurt-Mühlhausen; ab Dez. 1989 amt. Vizepräs., Apr. 1990 Wahl zum Vizepräs. der AdW.
Nach Abwicklung des ZI für Philos. von 1992 bis 1995 Mitarb. an einer Akad.-Forschungsstelle.
H. gehörte zu den prominentesten Repräsentanten der DDR-Philos. im Bereich philosoph. Probleme der Naturwiss. u. der Wiss.-Entw., er war Mitgl. der Ltg. des Wiss. Rats für marxist.-leninist. Philos. u. langj. Ltr. des Problemrats Philos./Wiss.; 1979–91 Mitglied des internationalen Vorbereitungskomitees der Deutschlandsberger Symposien der Wiss.-Forscher, Mitveranstalter der Kühlungsborner Tagungsreihe zu philosoph. Problemen der Natur-, Technik- u. mathemat. Wiss.; Mithrsg. des Wörterbuchs »Philos. u. Naturwiss.«, Berlin 1978 (mit R. Löther u. S. Wollgast), beteiligt an der Helmholtz-Ausgabe der AdW, Mitgl. in Red.-Kollegien versch.

Ztschr., so der Dt. Ztschr. für Philos., der »Wissenschaftsforschung« (Österreich) u. der »Philosophy and Biology« (Kanada).

Publ.: Der dial. Determinismus in Natur u. Ges. Berlin 1962; Werner Heisenberg u. die Philos. Berlin 1966; Marxist. Philos. u. Naturwiss. Berlin 1976; Wiss. als Prozeß. Berlin 1988; Philos. der Zeit. Berlin 1989.

Hübner, Erhard 4. 8. 1881–3. 6. 1958
Ministerpräsident von Sachsen-Anhalt
Geb. in Tacken (Westprignitz), Vater Pfarrer; Volksschule, Gymnasium Schulpforta; Studium der Staatswissenschaft u. Geschichte an den Univ. Kiel u. Berlin; 1905 Prom. zum Dr. phil., danach u. a. volkswirtschaftl. Sekr. u. Syndikus der Handelskammer von Berlin; 1914–18 Militärdienst; ab 1919 Beamter im Preuß. Min. für Handel u. Gewerbe; ab 1922 Mitgl. der Sächs. Provinzialvers.; ab 1924 Landeshauptmann der Provinz Sachsen; DDP bzw. Dt. Staatspartei; 1933 zwangspensioniert; dann wiss. u. lit. Tätigkeit in Jena u. Wernigerode; 1941/42 Militärdienst.
1945 Mitbegr. der LDPD in Halle; Mitbegr. der DVP (ab Sept. 1945 LDPD); von der amerik. Besatzungsmacht als Landeshauptmann eingesetzt; Präs. der Provinzialverwaltung Sachsen; 1946 Prof. für Verwaltungslehre u. Verwaltungswiss. an der MLU Halle; 1946–49 Min.-Präs. des Landes Sachsen-Anhalt; 1948/49 Mitgl. des Dt. Volksrats; 1949 aus Altersgründen Rücktritt als Min.-Präs.; weiterhin als Prof. für Verwaltungsrecht an der MLU tätig, Verf. u. Hrsg. verwaltungsgeschichtl. u. a. wiss. Schriften.

Hübner, Siegfried 9. 1. 1923
Katholischer Theologe
Geb. in Oelsnitz (Erzgeb.); 1952 Priesterweihe in Leipzig; Oratorianer in Leipzig; 1958 Lokalkaplan in Naundorf; 1965 Studentenpfarrer in Erfurt u. Weimar; 1966–75 Pfarradministrator in Pirna; Dr. theol.; seit 1972 Lehraufträge für Dogmatik am Regional-Priesterseminar/Studium Erfurt; 1976 Doz. für Dogmatik u. Ökumen. Theol.; 1987 em.
Veröff. v. a. zu dogmat. Fragestellungen, u. a.: Cyprian von Karthago. Briefe aus dem Exil (eingeleitet u. übersetzt). Leipzig 1965; Henri de Lubac. Mysterium Ecclesiae. Auswahl aus den Werken über die Kirche (ausgewählt und eingeleitet). Leipzig 1981.

Hubrich, Theodor
13. 5. 1919–27. 3. 1992
Katholischer Bischof
Geb. in Glatz (Schles.); 1948 Priesterweihe in Freiburg i. Br., Übersiedlung in die SBZ; 1948–59 Vikar u. Pfarrverweser in Delitzsch, Burg u. Magdeburg, 1959 Caritasdir. im Erzbischöfl. Kommissariat Magdeburg; 1964 Caritasdir. im Dt. Caritasverb. Berlin, 1968 Ltr. der Zentralstelle Berlin (Ost) des Dt. Caritasverb., Beauftragter zu Verhandlungen mit dem Min. für Gesundheitswesen u. dem MfS; 1972 Generalvikar im Erzbischöfl. Kommissariat Magdeburg, Beauftragter zu Verhandlungen mit den Räten der Bez. Halle u. Magdeburg u. dem MfS, 1975 Weihbischof u. Generalvikar in Magdeburg, 1986 Ablösung als Generalvikar u. Einsetzung als Caritasdir. in Magdeburg; Dez. 1987 Ernennung zum Apostol. Administrator u. Bischof in Schwerin.

Huchel, Peter 3. 4. 1903–30. 4. 1981
Lyriker, Chefredakteur der Zeitschrift »Sinn und Form«
Geb. in Lichterfelde (b. Berlin) als Hellmut Huchel (den Namen Peter nahm er 1930 an), Vater Berufssoldat, Beamter im preuß. Staatsdienst; Gemeindeschule, 1913–23 Oberrealschule, Abitur; ab 1918 erste Gedichtversuche; 1923–26 Studium der Lit. u. Philos. in Berlin, Freiburg i. Br. u. Wien; 1927–30 Reisen

nach Frankreich, Rumänien, Ungarn u. in die Türkei; 1930–36 Publ. in »Die Lit. Welt«, »Das Innere Reich«, »Die Kolonne«, »Voss. Ztg.«; die frühe Lyrik ist stark von der märk. Landschaft geprägt; 1934–40 Arbeit als Hörspielautor u. a. für den Reichssender Berlin u. den Dt. Kurzwellensender, dort Adaptation der Reportage »Die Greuel von Denshawai« von G. B. Shaw (1940); 1941–45 bei der Luftwaffe.
Aug./Sept. 1945 Lehrgang an der Antifa-Schule Rüdersdorf; danach Dramaturg u. persönl. Referent des Sendeltr. des Berliner Rundfunks, 1946 Chefdramaturg, dann Sendeltr., 1947/48 Künstler. Dir.; 1949 Mitgl. im PEN-Zentrum Dtl.; 1951 NP; 1949–62 Chefred. der Ztschr. »Sinn u. Form«; 1952–71 Mitglied der DAK, später AdK; 1952 anläßl. der Formalismusdebatte Veröff. von Brechts* Verteidigung des Werks von Ernst Barlach, Veröff. eines Ausschnitts von Hanns Eislers* »Doktor Faustus« in »Sinn u. Form«; 1953 Versuch Abuschs*, H. als Chefred. abzusetzen; 1957 Korr. Mitgl. der Hamburger AdK; nach dem Bau der Mauer schwere Angriffe der Dogmatiker in der SED gegen seine systemübergreifende künstler.-verleger. Konzeption; als Protest darauf 1962 Rücktritt; 1963–71 Jahre der menschl. u. künstler. Isolation: keine Publ.-Möglichkeiten in der DDR, Reiseverbot, selbst im Rentenalter; ab 1968 völlige Isolierung in Wilhelmshorst (b. Potsdam), an ihn adressierte Post wurde konfisziert, die Familie durch das MfS überwacht; nach Interventionen der AdK Berlin (West), Hamburg u. Bayern sowie von David Carrer (Präs. des Intern. PEN) u. Heinrich Böll im Apr. 1971 Ausreise aus der DDR, zunächst nach Italien, dann Übersiedlung in die Bundesrep. Dtl.; in Staufen (b. Freiburg) gest.
Publ.: Gedichte. Berlin 1948; Chausseen, Chausseen. Frankfurt/M. 1963; Die Sternenreuse. Gedichte 1925–1947. München 1967; Gezählte Tage. 1972; Die Neunte Stunde. Frankfurt/M. 1979.
Sek.-Lit.: Vieregg, Axel (Hrsg.): P. H. Materialienband. Frankfurt/M. 1986; Schoor, Uwe: Das geheime Journal der Nation. Die Ztschr. »Sinn u. Form«. Chefred.: P. H. 1949–1962. Berlin u. a. 1992; Parker, Stephen: P. H. u. »Sinn u. Form«. In: Sinn u. Form, 5/1992.

Huhn, Bernhard 4. 8. 1921
Katholischer Bischof
Geb. in Liegnitz (Schles.); 1953 Priesterweihe in Neuzelle, 1954 Kaplan in Görlitz, 1955 Diözesanjugendseelsorger im Diözesanbez. Görlitz-Cottbus, 1959 Rektor des Katechetenseminars in Görlitz, 1964 Ordinariatsrat in Görlitz, 1968 Domkapitular, 1970 Generalvikar im Erzbischöfl. Amt Görlitz, 1971 Weihbischof in Görlitz, 1972 Apostol. Administrator u. Bischof von Görlitz (endgültige kirchenrechtl. Anerkennung der Oder-Neiße-Grenze durch den Vatikan).

Hülsenberg, Dagmar, geb. Hinz
2. 12. 1940
Silikattechnikerin, Präsidentin der Kammer der Technik
Geb. in Sonneberg (Thür.), Vater 1943 gefallen, Mutter Putzmacherin; Abitur, Facharbeiterin für Techn. Keramik, ab 1960 Studium der Silikathüttenkunde an der Bergakad. Freiberg, 1965 Dipl.-Ing., Assistentin u. Oberassistentin, 1969 Prom. zum Dr. rer. oec. (Kostenrechnung) u. 1970 Dr.-Ing. (Feuerfestkeramik); anschl. im Min. für Glas- u. Keramikindustrie; 1975 ord. Prof. an der TH Ilmenau; 1976 Vors. des Fachverb. Silikattechnik der KdT, 1978 Mitgl. des Präs., 1987–92 Präs. der KdT; Mitgl. des Forschungsrats der DDR; 1987 Mitgl. der Sächs. AdW, 1989 Korr. Mitgl. der AdW.
Publ.: Neue Glas- u. Keramikwerkstoffe – Werkstoffe der Zukunft. Berlin 1989;

Keramikformgebung (mit H.-G. Krüger u. W. Steiner). Leipzig 1987.

Hummitzsch, Manfred 7.7.1929
MfS-Bezirksverwaltungsleiter
Geb. in Limbach, Vater Lagerarbeiter, Mutter Näherin; Volksschule.
1944–47 kaufm. Lehre; 1947 kaufm. Angestellter; 1948 Postarbeiter; 1949 Stadtjugendltr. beim FDJ Kreisvorst. Chemnitz; 1949 SED; 1950 Einstellung beim MfS, Dienststelle Flöha; 1951 Länderverwaltung Sachsen, Abt. III (Wirtschaft), dann HA III des MfS Berlin; 1955/56 Einjahreslehrgang an der SED-BPS Berlin; 1957 Ltr. der Abt. III, Bezirksverwaltung Leipzig; 1958 1. Sekr. der SED-BPO der Bezirksverwaltung Leipzig; 1960–65 Fernstudium an der JHS Potsdam-Eiche, Dipl.-Jurist; 1962 stellv. Operativ des Ltr. der Bezirksverwaltung Leipzig; 1966 Ltr. der Bezirksverwaltung Leipzig; 1967 Mitgl. der SED-BL Leipzig; 1975 Prom. zum Dr. jur. an der JHS; 1989 Gen.-Ltn.; Febr. 1990 Entlassung; Rentner.

Hunger, Daniela 23.3.1972
Leistungssportlerin (Schwimmen)
Geb. in Berlin; erstes Schwimmtraining im TZ Berlin-Lichtenberg, 1982 Delegierung zur KJS, ab 1984 beim SC Dynamo Berlin (Trainer Volker Frischke); Spezialdisz.: Lagen; 1987 Vize-EM über 200 m Lagen; 1988 Olympiasiegerin über 200 m u. mit der 4x100-m-Lagenstaffel; 1989 EM über 200 m u. 400 m Lagen sowie mit der 4x100-m-Freistilstaffel; VVO in Gold.
Nach der dt. Vereinigung Fortsetzung der Karriere beim SV Preußen Berlin; 1991 EM u. WM-Dritte über 200 m; Olymp. Spiele 1992: Dritte über 200 m Lagen, 2. Platz mit der 4x100-m-Lagenstaffel, 3. Platz mit der 4x100-m-Freistilstaffel; Studentin.

Hussel, Horst 28.4.1934
Grafiker
Geb. in Greifswald, Vater Lehrer; 1940–53 Volksschule in Sternberg und Gymnasium in Wismar, Ausbildung an der FS für angewandte Kunst in Wismar bei Heinz Dubois; 1953/54 Studium an der HS für bildende Künste Dresden bei Erich Fraaß; 1954–58 Studium der Malerei an der HS für bildende u. angewandte Kunst in Berlin-Weißensee, Exmatrikulation während der Diplomarbeit aus pol. Gründen; 1958 Beginn eines Grafikstudiums an der HS für bildende Künste Berlin-Charlottenburg bei Friedrich Stabenau, Abbruch des Studiums durch den Bau der Mauer; seit 1957 Beteiligung an zahlr. Ausstellungen im In- u. Ausland, 1959 3. Preis des BDI; VBK; freischaff. Grafiker u. Buchillustrator; Arbeit mit skurril hintergründigem Charakter.
1990 nachträgl. Zuerkennung des Dipl. durch die Kunst-HS Berlin-Weißensee; seit 1990 Mitgl. des PEN (Ost); 1993 Jule-Hammer-Preis.
Publ.: Briviéra. Berlin 1982; Calmen. Leipzig 1985;
Sek.-Lit.: Kat. H. H. Bücher u. Buchgrafik. Staatl. Museum Schloß Burgk 1987; H. H. Werkverzeichnis der Druckgrafik u. Bücher (mit Bibliogr.). Berlin 1993.

I

Irmler, Werner 15. 4. 1930
Leiter der Zentralen Auswertungs- u. Informationsgruppe des MfS.
Geb. in Kühnau (Schles.), Vater Maschinenformer, Mutter Hausfrau; Volksschule; 1944/45 Ausbildung zum Industriekaufmann.
1945 Umsiedlung; 1946–48 Lehre als Forstfacharbeiter; 1948 SED; 1948/49 Hilfsförster; 1950/51 Forst-FS, Förster; 1951 Mitarb. im Min. für Land u. Forst Brandenburg, dann Forstinstrukteur in Zehdenick; 1952 Einstellung beim MfS, Abt. Volkswirtschaft der Bezirksverwaltung Potsdam; 1953 Versetzung zur HA IX (Untersuchungsorgan) des MfS Berlin; 1955/56 Einjahreslehrgang an der SED-BPS Berlin; 1957 Ltr. der Zentralen Informationsgruppe; 1959 stellv. Ltr., 1965 Ltr. der Zentralen Auswertungs- u. Informationsgruppe (ZAIG); 1960–65 Fernstudium an der HS des MfS Potsdam-Eiche, Dipl.-Jurist; 1970 Prom. an der JHS; 1982 VVO in Gold; 1987 Gen.-Ltn.; Dez. 1989 von seiner Funktion entbunden; 1990 Entlassung.

Irmscher, Johannes 14. 9. 1920
Philologe
Geb. in Dresden, Vater Kunstmaler; 1938 NSDAP; 1939 Abitur an der Kreuzschule, anschl. Aufnahme eines Studiums der Klass. Philol., Byzantinistik u. Neogräzistik an der Univ. Leipzig; 1940–45 Kriegsdienst, u. a. 1941–44 in der Auslandstelegrammprüfstelle Berlin.
1945/46 Ltr. der Bibl. der Kammer der Kunstschaffenden in Berlin; 1947 Prom. mit der Arbeit »Götterzorn bei Homer«; 1947 wiss. Mitarb. in der Kommission für spätantike Religionsgeschichte der DAW, nach der Habil. ab 1951 zugl. Doz., ab 1953 Honorarprof. für Byzantinistik u. Neogräzistik an der HU Berlin; 1955 Geschäftsführender Dir., ab 1964 Dir. des Inst. für Griech.-röm. Altertumskunde der DAW, 1958–68 zugl. Dir. des Inst. für Byzantinistik der MLU Halle; 1969–85 Bereichsltr. am ZI für Alte Geschichte u. Archäol. der DAW/AdW; 1973 Korr. Mitgl., 1990 Ord. Mitgl. der AdW; Auswärtiges Mitgl. der Akad. von Chieti, Kairo u. Palermo; Vors. des Nat.-Komitees der Byzantinisten, Präs. der Winckelmann-Ges. in der DDR; Mitgl. des Präsidialrats des KB, Mitgl. des Präs. der Gewerkschaft Wiss., Mitgl. des Friedensrats der DDR; 1985 NP.
Publ.: Sokrates. Versuch einer Biogr. 1989; Lexikon der Antike (Hrsg. u. Mitautor). Leipzig 1971, 10. Aufl. 1990.
Sek.-Lit.: Dummer, J. (Hrsg.): Bibliogr. J. I. 1945–70. Berlin 1970.

J

Jacob, Günter 8. 2. 1906
Evangelischer Bischofsamtverwalter
Geb. in Berlin, Vater Lehrer; Gymnasium in Sorau u. Cottbus; nach dem Abitur 1924–29 Studium der Theol. in Tübingen, Berlin u. Marburg, dort 1929 Lic. theol., anschl. Vikariat u. Predigersemi-

nar in Berlin; 1931/32 Hilfsprediger in Körlin (Schles.), 1932–39 Pfarrer in Forst-Noßdorf; 1933 Mitbegr. des Pfarrernotbunds; Mitgl. des Provinzialbruderrats der Bekennenden Kirche; ab 1935 mehrmals verhaftet, Auftrittsverbot, Gerichtsverfahren; 1939–45 Kriegsteiln., zuletzt Uffz., Gefangenschaft.
Juli 1945 Pfarrer der Kirchl. Nothilfe in Marburg; ab 1946 Generalsuperintendent der Neumark u. der Niederlausitz in Lübben, ab 1949 in Cottbus; 1952–68 Mitgl. der Kommission für Glauben u. Kirchenverfassung des Ökumen. Rats der Kirchen; 1953 Ehrenprom. in Tübingen; 1963–67 nebenamtl. Verwalter des Bischofsamts der Ostregion der Ev. Kirche Berlin-Brandenburg; 1972 Ruhestand.
Trotz zeitw. Bestrebungen nach einem Übereinkommen mit den Interessen der DDR war J. scharfen ideolog. Angriffen der SED-Führung ausgesetzt, da er auf der Unabhängigkeit der Kirche bestand.
Publ.: Das Licht scheint in der Finsternis. Stuttgart 1954; Kirche auf Wegen der Erneuerung. Berlin 1966; Der Christ in der soz. Ges. Stuttgart 1975; Umkehr in Bedrängnis. Stationen auf dem Weg der Kirche von 1936 bis 1985. München 1985; Gericht u. Gnade. Berlin 1986.

Jacobeit, Wolfgang 13. 5. 1921
Ethnologe
Geb. in Naumburg/Saale, Vater Studienrat, Mutter Konzertsängerin; 1939 Abitur, 1939–41 Studium der Geschichte u. Volkskunde an den Univ. Leipzig u. Königsberg; 1941–45 Soldat, 1945 engl. Gefangenschaft.
1945–48 Studium der Geschichte, Volks- und Völkerkunde sowie Ur- und Frühgeschichte an der Univ. Göttingen, 1948 Prom. mit einer ethnograph. Studie über das Joch; anschl. Arbeit in einem Aluminiumwerk, Stipendium der Dt. Forschungsgemeinschaft sowie bald darauf bis 1955 bei der Mission française des Recherches; 1956 Übersiedlung in die DDR u. tätig am Inst. für Dt. Volkskunde der DAW (bis 1972); 1961 Habil. mit einer Arbeit über Schafhaltung u. Schäfer in Mitteleuropa; 1962 Gastdoz. an der HU Berlin, 1970 Honorarprof.; 1972–80 Dir. des Museums für Volkskunde der Staatl. Museen zu Berlin; 1980 ord. Prof. an der HU Berlin, 1986 em.
J., der zeitweilig Präs. der Association Intern. des Musées d'Agriculture u. Mitgl. des Präs. der Société Intern. d'Ethnologie et de Folklore war, galt als einer der wichtigsten Vertreter der Volkskunde in der DDR.
Publ.: Schafhaltung u. Schäfer in Zentraleuropa bis zum Beginn des 20. Jh. Berlin 1961; Bäuerl. Arbeit u. Wirtschaft. Berlin 1965; Illustrierte Geschichte des Alltags des dt. Volkes (gem. mit S. Jacobeit), bisher 2 Bde. Leipzig, Jena, Berlin 1985/87.
Sek.-Lit.: Bibliogr. in: EAZ 27 (1986), S. 7–12.

Jacobus, Hans 6. 8. 1923
Chefredakteur der Wochenzeitung »Sonntag«
Geb. in Berlin, Vater Angestellter, Mutter Vertreterin; Ende 1938 Emigration mit einem jüd. Kindertransport nach Großbritannien; Lehre als Schlosser; 1940/41 Internierung in Australien; 1941 Eintritt in die in London gegr. FDJ; 1941–45 Arbeit als Schlosser; 1945 KPD; 1945–47 Lehrer für aus dem KZ entlassene Kinder in London.
1947 Rückkehr nach Dtl., SED; zunächst bis 1948 Mitgl. des FDJ-Landessekr. Brandenburg in Potsdam; 1948/49 Red. der Ztg. »Junge Welt«; 1949–53 Chefred. des »Sportechos«; 1953 U-Haft, Hintergrund war die Vorbereitung eines antizionist. Schauprozesses, Repressionen gegen (jüd.) Westemigranten; 1954 nach Rückkehr seiner ersten Frau in ihre österreich. Heimat als Chefred. abgelöst u. zur Bewährung als Kontrolleur im VEB Secura Berlin eingesetzt; 1954/55

Abt.-Ltr. für Kultur im Rat des Stadtbez. Berlin-Mitte; 1955–76 stellv. Red.-Ltr., Red.-Ltr. u. pol. Kommentator des Berliner Rundfunks; Leiter der Sendung »Das Professorenkollegium« des Berliner Rundfunks u. des DFF; seit 1965 Mitgl. des Friedensrats; seit 1969 Mitgl. des NR der NF; 1976–85 Chefred. des »Sonntag«, Ausscheiden aus der Chefred. auf eigenen Wunsch; 1987 Rentner.
1990 PDS; lebt in Berlin.

Jacoby, Günther 21. 4. 1881–4. 1. 1969
Philosoph
Geb. in Königsberg, Vater Theologe u. Prof. an der Albertina; 1900–03 Stud. der Theol., Germanistik u. Philos. in Königsberg u. Tübingen mit Abschluß als Lizentiat (theolog. Dr.); 1903–06 fortführendes Studium der Philos. in Berlin u. philosoph. Prom. über Herders u. Kants Ästhetik (publ. Leipzig 1907); 1909 Habil. über weitere Herderforschungen in Greifswald (»Herder als Faust«. Leipzig 1911); danach ausgedehnte Studien- u. Vortragsreisen sowie Gastprof. in den USA u. Japan; 1914/15 Kriegsteiln. als Offz., schwer verwundet und lebenslange Schwerhörigkeit; 1915–18 an der Dt. Univ. Istanbul; 1919 ao. Prof. u. 1928 ord. Prof. für Philos. an der Univ. Greifswald; 1937 wegen ungeklärter jüd. Abstammung seines Großvaters durch den NS-Staat zwangspensioniert u. Lehrverbot.
1945/46 vollständige Rehabilitierung, Wiederaufnahme der Lehrtätigkeit u. 1946–48 erster Dekan der philosoph.-naturwiss. Fak. der EMAU Greifswald; danach mehrfach wechselnd bis 1956 Dir. des Philosoph. Seminars bzw. des Inst. für Philos. dieser Univ.; seit 1950 alleiniges ostdt. Mitgl. des Vorst. der (westdt.) Allg. Ges. für Philos. in Dtl., zugl. Mitarb. im 1953 gebildeten wiss. Beirat für Philos. beim Staatssekr. für HS-Wesen der DDR; anläßl. seiner krit. »Denkschrift über die gegenwärtige Univ.-Philos. in der DDR« mit Forderungen nach grundsätzl. Reformen 1955 ff. Auseinandersetzungen mit dem Staats- u. Parteiapparat der SED; danach endgültig em. u. 1969 als letzter in der DDR verbliebener sog. »spätbürgerl. Philosoph« in Greifswald verstorben.
Forschungen u. Publ. zu Herder, zur Geistesgeschichte des 19. Jh. sowie zur amerik. u. chin. Philos.; neben N. Hartmann wichtigster Mitbegr. u. Vertreter der gegen den Neukantianismus u. dessen bes. Spezialisierung auf die Erkenntnistheorie gerichteten sog. Neuen bzw. Krit. Ontol., weiterhin Beiträge zur Logik als bleibender philosoph. Diziplin.
Publ.: Der Pragmatismus. Leipzig 1909; Allg. Ontol. der Wirklichkeit. Bd. I–II, Halle 1925–55; Die Ansprüche der Logistiker auf die Logik u. ihre Geschichtsschreibung. Stuttgart 1962.
Sek.-Lit.: G. J. (1881–1969) – Zu Werk u. Wirkung. Univ. Greifswald 1993; Rauh, H.-C.: Der Greifswalder Universitätsphilosoph G. J. u. die DDR-Philos. In: Dt. Zeitschrift für Philos. 3/1994.

Jadasch, Anton 25. 5. 1888–17. 5. 1964
Gewerkschaftsfunktionär
Geb. in Krappitz b. Oppeln (Oberschles.), Vater Berg- u. Hüttenarbeiter; Volksschule; Hütten- u. Bergarbeiter; 1904 Dt. Metallarbeiterverb., 1907 SPD; 1915 zeitw. inhaftiert u. Kriegsdienst bis 1917; 1918 Mitgl. des Arbeiter- u. Soldatenrats in Beuthen, Mitbegr. der KPD in Oberschlesien u. ihr Vors. bis 1921; Juli 1921 Teiln. am Gründungskongreß der Roten Gewerkschaftsinternat. in Moskau; 1922–24 Pol. Sekr. der KPD-Bez. Oberschlesien; Juni 1924 – März 1933 Abg. des Dt. Reichstags; 1928–33 Instrukteur des ZK der KPD; 1929–33 RGO-Sekr.; in der NS-Zeit mehrmalige. Verhaftung, Zuchthaus u. KZ.
Apr. – Okt. 1945 Bürgermeister in Berlin-Wittenau, danach kurzzeitig in der Zentralverwaltung für Umsiedler tätig;

1945/1946 KPD/SED, VdgB; 1946–50 Abg. des Brandenburg. Landtags (Präsidiumsmitgl.); Mai 1946 – Nov. 1947 Generalsekr. des Zentralen Bauernsekr., 1947–49 Geschäftsführendes Vorstandsmitgl. der VdgB, bis 1951 Mitgl. ihres Zentralvorst.; ab Herbst 1949 Mitgl. des Zentralvorst. der IG Land u. Forst, 1. bzw. 2. Vors., maßgebl. beteiligt an der Durchsetzung des Landarbeiterschutzgesetzes vom 7.12.1949; 1951/52 Mitarb. beim FDGB-Bundesvorst., ab 1953 Vors. eines Arbeitskr. Verdienter Gewerkschaftsveteranen beim Bundesvorst. u. beim Zentralvorst. der IG Land u. Forst, weiterhin Mitgl. des ZV.

Jahl, Evelin, geb. Schlaak 28.3.1956
Leistungssportlerin (Leichtathletik)
Geb. in Annaberg (Sa.); ab 1969 Diskuswerferin beim ASK Potsdam (Trainer Lothar Hillebrand); 1973 Junioren-EM, 1976 Olympiasiegerin, 1978 EM, 1979 Europacup- und Weltcupsiegerin, 1980 Olympiasiegerin, 1981 Weltcupsiegerin; Abitur an der KJS, Studium der Rechtswiss. an der HU Berlin; SED; später tätig als Sportinstrukteurin; ab 1984 Mitgl. der Rechtskommission des intern. Leichtathletik-Verb. (Arbitration Panel) u. bis 1990 Mitgl. des Präs. des Dt. Verb. für Leichtathletik.
Lebt als selbständige Wirtschaftsberaterin in Potsdam.

Jahn, Franz 19.5.1909
Gewerkschaftsfunktionär
Geb. in Leipzig, Vater Arbeiter; Volksschule, 1923–26 Berufs-FS, Ausbildung zum Zimmermann; 1923 Zentralverb. der Zimmerer, 1923–29 SAJ, 1925–31 SPD; 1923–33 ehrenamtl. Gewerkschafts- und Parteiarbeit, u.a. Vors. der Zimmerer-Jugend, Landesvors. der Jungsoz. Vereinigung, Organisationssekr. der SAJ; 1931 Gründungsmitgl. der SAP; 1932–34 Jura-Studium an der Univ. Leipzig, aus pol. Gründen nicht beendet; 1933–40 illegale Tätigkeit in Leipzig; 1934–40 Zimmerpolier in versch. Baufirmen; 1940–45 Kriegsdienst, zuletzt Sanitäts-Uffz., Febr. 1945 desertiert, amerik. Gefangenschaft.
1945 FDGB, KPD; Sekr. für Gewerkschaftsarbeit der Parteiltg. Leipzig; 1945/46 Abt.-Ltr. im Amt für Arbeit der Landesverwaltung Sachsen; 1946 Schulungssekr. im FDGB-Landesvorst. u. Vors. der IG Bau Sachsen; 1946–53 1. Vors. des Zentralvorst. der IG Bau bzw. Bau-Holz; 1949–53 Mitgl. des geschäftsführenden FDGB-Bundesvorst., 1949–53 des Bundesvorst., 1952/53 seines Präs.; 1950–53 Fernstudium an der PHS; nach dem 17. Juni 1953 aller Funktionen enthoben wegen »grober pol. Fehler u. ungenügender Wachsamkeit«; danach Kreissekr. der IG Bau-Holz in Leipzig; 1953–58 Dir. der Bau-Union Neubrandenburg, tätig auch im Bauwesen in Berlin; 1972 invalidisiert.

Jahn, Günther 9.1.1930
FDJ-Funktionär, SED-Politiker
Geb. in Erfurt, Vater Hermann J., Funktionär der KPD; Oberschule, Abitur; 1946 KPD/SED, Mitbegr. der Antifa-Jugend u. FDJ in Erfurt; 1948–50 Studium der Ges.-Wiss. an der FSU Jena, 1951–53 an der HfÖ Berlin, Dipl. Wirtsch.; 1953/54 Mitarb. der SPK, 1954–56 u. 1962–66 Mitarb. des ZK der SED; 1956–61 Aspirant am IfG, Diss. zu Wirtschaftsräten u. soz. Rekonstruktion in der DDR-Industrie, Dr. rer. oec., 1961/62 Wahrnehmungsdoz.; 1966 Mitgl. des ZR der FDJ, 1966/67 2. Sekr. u. von Mai 1967–74 1. Sekr. des ZR (Nachf. von Horst Schumann*); 1967–89 Mitgl. des ZK der SED; 1967–89 Abg. der Volkskammer u. bis 1976 Mitgl. ihres Jugendaussch., seit 1976 1. Stellv. des Vors. des Geschäftsordnungsaussch.; 1974–76 2. Sekr., 1976–89 1. Sekr. der SED-BL Potsdam (Nachf. von Werner Wittig); 1976–89 Abg. des Bez.-Tags Potsdam;

1980 KMO; Nov. 1989 Rücktritt als 1. Sekr. der SED-BL Potsdam; Dez. 1989 Rücktritt mit dem ZK der SED.

Jahn, Roland 14. 7. 1953
Bürgerrechtler
Geb. und aufgewachsen in Jena, Vater Konstrukteur für wiss. Gerätebau, Mutter Buchhalterin; 1972 Abitur, anschl. bis 1974 Grundwehrdienst bei der Bereitschaftspolizei in Rudolstadt; seit 1974 Mitarb. in versch. opp. Gruppen u. Lesekreisen in Jena, erste publizist. Beiträge für westl. Medien; 1975 Aufnahme eines Studiums der Wirtschaftswiss. in Jena, Feb. 1977 Exmatrikulation nach Protest gegen die Ausbürgerung Wolf Biermanns*; ab März 1977 »Bewährung« als Transportarbeiter im VEB Carl Zeiss Jena; ab 1980 öff. Unterstützung für die poln. Gewerkschaft »Solidarität«, Protest gegen das Kriegsrecht in Polen; nach Protestaktion gegen die Militärparade am 1. 5. 1982 mehrmalige Festnahmen u. Verhöre durch VP u. MfS; Sept. 1982 Verhaftung wegen Mitführens der poln. Nationalfahne mit der Aufschrift »Solidarität« am Fahrrad; nach sechs Monaten U-Haft u. totaler Aussageverweigerung im Jan. 1983 nach § 220 StGB (öff. Herabwürdigung der staatl. Ordnung) u. § 222 StGB (Mißachtung staatl. Symbole) Verurteilung zu 18 Monaten Freiheitsstrafe; Feb. 1983 vorzeitige Haftentlassung aufgrund intern. Proteste; März 1983 Mitbegr. der außerkirchl. Opp.-Gruppe »Friedensgemeinschaft Jena«, dort zuständig für Öffentlichkeitsarbeit; März 1983 Teiln. an off. Demonstrationen mit eigenen Plakaten, u. a. »Schwerter zu Pflugscharen«; Übermittlung von Informationen der Opp.-Gruppen an westl. Medien; 8. 6. 1983 Ausbürgerung u. Zwangsabschiebung in die Bundesrep. Dtl.; seitdem einer der wichtigsten Organisatoren der Veröff. von Informationen über die DDR-Opp. in der Bundesrep. Dtl.; 1985–87 Studienprojekt »Opp. in der DDR« am Hamburger Inst. für Sozialforschung; seitdem freier Journalist, u. a. für »Radio Glasnost«, »die tageszeitung« u. das SFB-Magazin »Kontraste«.

Jahn, Rudolf (Rudi)
4. 11. 1906–30. 9. 1990
Ministerpräsident von Brandenburg
Geb. in Leipzig, Vater Metallarbeiter; 1913–21 Volksschule, 1921–25 Ausbildung zum Bau- u. Möbeltischler; 1922 Dt. Holzarbeiterverb., 1923 KJVD; 1924/25 Ltr. der Jugendsekt. im Dt. Holzarbeiterverb. 1925–28 Wanderschaft; 1928 KPD; 1929 Intern. Leninschule in Moskau; danach Pol.-Ltr. einer Stadtteilltg. der KPD in Leipzig; dort 1929 Mitbegr. der Ges. der Freunde der UdSSR; 1931–33 Sekr. für Agit. u. Prop. in der Landesltg. Sachsen der KPD; 1933 verhaftet, eineinhalb Jahre Zuchthaus in Waldheim; 1935 entlassen, Polizeiaufsicht, Arbeit u. a. als Parkettleger u. Betriebstischler, antifasch. Arbeit; 1939 bis 1945 KZ Buchenwald.
1945 einer der Ltr. der Unterbezirksltg. der KPD in Leipzig, Okt. 1945 Mitgl. der BL Sachsen; Landessekr. der Volkssolidarität; Mitbegr. u. Vors. des Antifa-Komitees Sachsen; 1946–48 Mitgl. des Landesvorst. Sachsen des FDGB, Ltr. des Sekr. für Schulung u. Bildung; 1948 1. Vors. des Landesvorst. Brandenburg u. Mitgl. des Bundesvorst. des FDGB; Mitgl. der Landesltg. der SED u. ihres Sekr.; 1949–52 Min.-Präs. des Landes Brandenburg; 1949 Mitgl. des Dt. Volksrats, 1949–54 Abg. der Prov. Volkskammer bzw. Volkskammer; 1952–58 1. Vors. des Rats des Bez. Dresden; 1958 MfAA, 1959–63 Botschafter in Bulgarien, ab 1963 Abt.-Ltr. im MfAA, 1968 aus gesundheitl. Gründen ausgeschieden; danach ehrenamtl. Tätigkeit auf außenpol. Gebiet u. in der Arbeitsgemeinschaft Buchenwald-Dora beim Komitee der Antifasch. Widerstandskämpfer der DDR.

Jähn, Sigmund 13. 2. 1937
Kosmonaut
Geb. in Rautenkranz (b. Klingenthal, Vogtl.), Vater Sägewerkarbeiter; Grundschule, Gruppenratsvors. bei den Jungen Pionieren, Sekr. der FDJ-Gruppe in Rautenkranz, 1951–54 Ausbildung zum Buchdrucker im VEB Buchdruckerei Falkenstein; 1955 Pionierltr. an der Zentralschule Hammerbrücke; 1955–58 KVP bzw. NVA, Offiziersschule der Luftstreitkräfte/Luftverteidigung (LSK/LV), Ltn.; 1956 SED; 1958–60 Flugzeugführer, 1961–63 Politstellvertreter einer Staffel des Fliegergeschwaders Marxwalde (heute Hardenberg), 1963–65 Ltr. für Lufttaktik u. -schießen im Jagdfliegergeschwader Marxwalde; 1965 Abitur; 1966–70 Militärakad. der Luftstreitkräfte der UdSSR, Dipl. rer. mil., Major; 1970–76 Inspekteur für Jagdfliegerausbildung/Flugsicherheit im Kdo. LSK/LV; 1976–78 Ausbildung im sowj. Kosmonautenzentrum, 26. 8.–3. 9. 1978 als erster Deutscher im Weltraum (Partner von Valeri Bykowski); 1978–89 stellv. Ltr. bzw. Ltr. des Zentrums für Kosmonautenausbildung im Kdo. LSK/LV, Oberst; 1979 Held der DDR; 1983 Prom. zum Dr. rer. nat. über die Entw. method. Grundlagen für Auswertung u. Nutzung von Fernerkundungsdaten in der DDR; 1986 Gen.-Major; ab 1989 Berater zur Vorbereitung von Weltraumflügen bei der Dt. Forschungsanstalt für Luft- u. Raumfahrt in Köln-Porz u. freiberufl. Wissenschaftler, Ehrenbürgerschaft von Berlin (Ost) wurde nach der Wende von Berlin (West) übernommen; tätig im Projektbüro Euromir der europäischen Raumfahrtorganisation.
Publ.: Erlebnis Weltraum. Berlin 1983.

Jähner, Horst 14. 10. 1918
Verlagsleiter
Geb. in Berlin, Vater Industriekaufmann; 1929–38 Gymnasium, 1938–40 Volontär in einem Versicherungsunternehmen; 1940–45 Wehrmacht, Ltn., 1945–47 brit. Gefangenschaft.
1947–49 Jura- u. Volkswirtschaftsstudium, 1949–52 Studium der Kunst- u. Theatergeschichte, Archäol. u. Philos.; 1947–63 Kunstkritiker für Ztgn. und Rundfunk; 1963–87 Ltr. des VEB Verlag der Kunst Dresden; 1978 Promotion, 1978–85 Honorarprof. für Kunstgeschichte an der HS für bildende Kunst in Dresden; zahlr. Monogr., u. a. zu Franz Marc, Max Beckmann, Otto Mueller, Erich Heckel sowie »Künstlergruppe Brücke. Geschichte einer Gemeinschaft u. das Lebenswerk ihrer Repräsentanten« (1984).

Jähnicke, Johannes
23. 10. 1900–30. 3. 1979
Evangelischer Bischof
Geb. in Berlin, Vater Stadtmissionar; Gymnasium zum Grauen Kloster in Berlin; Soldat im 1. Weltkrieg; Studium der Theol. an den Univ. Berlin u. Basel; 1925 Ordination u. Stadtvikar in Berlin; 1926 Pfarrer in Luckenwalde, ab 1929 in Halle (Saale); 1930–33 zugl. Hrsg. der Kirchenztg. »Mut u. Kraft«; ab 1934 Mitgl. des Pfarrernotbunds u. der Bekennenden Kirche; ab 1935 in Palmnicken (Ostpr.); im 2. Weltkrieg Dienst als Sanitäter.
1947 kommissar. Pfarrer u. 1948/49 Dir. des Burkhardthauses in Berlin; 1949 bis 1955 Propst für Halle u. Merseburg; 13. 6. 1955 Wahl zum Bischof der Kirchenprovinz Sachsen (Nachf. von Ludolf Müller) u. Domprediger in Magdeburg; stellv. Vors. des Rats der Ev. Kirche der Union; trotz Dialogbereitschaft gegenüber dem Staat aufgrund krit. Engagements wiederholten Angriffen der DDR-Führung ausgesetzt, so nach der Abfassung eines Rechtsgutachtens zu den Kommunalwahlen 1957, das vom SED-PB als »aggressive Hetzschrift« (FAZ 15. 7. 57) diffamiert wurde; 1956 Dr. h.c. der Univ. Göttingen, 1959 Wladimir-Orden der Russ.-Orthodoxen Kirche; vor

der Einführung der allgemeinen Wehrpflicht in der DDR 1962 Initiator einer Studie mit der Forderung nach einem Ersatzdienst für Wehrdienstverweigerer aus Gewissensgründen; 1967 aus Protest gegen staatl. Vereinnahmung Austritt aus dem staatl. Komitee zur Vorbereitung der Reformationsfeiern; 1968 Rücktritt aus gesundheitl. Gründen; gest. in Halle/Saale.
In der Amtszeit J.s kam es in der Kirchenprovinz Sachsen zu einer Neuordnung des kirchl. Dienstes, die nichttheolog. kirchl. Mitarb. u. den gewählten Vertretern der Kirchengemeinden deutlich erweiterte Mitwirkungsmöglichkeiten einräumte.
Publ.: Ich konnte dabei sein (Autobiogr.). Berlin (West) 1984.

Jahny, Margarete 25. 5. 1923
Keramikerin
Geb. in Mittenwalde; 1948–53 Studium an der HS für bildende Künste Dresden; 1954–63 Künstler. Mitarb. am Inst. für angewandte Kunst Berlin; 1963–72 wiss. Mitarb. im ZI für Gestaltung, 1972–79 im Amt für industrielle Formgestaltung Berlin; 1979–83 Lehrtätigkeit an der Kunst-HS Berlin, Fachgebiet Keramik/Gefäßgestaltung.
Umfgr. Werk in Glas, Keramik u. Metall im Spannungsfeld zwischen Unikat u. Serie, u. a. 1958 Entwürfe von Töpfen u. Isolierkannen, 1961 des Preßglassatzes »Luzern«; 1964 Entw. von Hotelgeschirr des stapelbaren Preßglassortiments »Europa« (zus. mit Erich Müller*), 1970 des Hotelporzellans »Rationell« u. der Wirtegläser; freie Gefäßgestaltung.

Jahsnowsky, Franz 29. 9. 1930
Leiter der Protokollabteilung im Außenministerium
Geb. in Joudreville (Frk.), Vater Schmied u. Bergmann, aufgewachsen in Neusiß (Thür.); Internatsschule Neudietendorf, 1947–49 Vorstudienanstalt Jena, Abitur, danach Studium der Romanistik u. Sinol. an der FSU Jena; SED; ab 1955 Dolmetscher im diplomat. Dienst, 1956/57 Pressereferent der DDR-Botschaft in Vietnam, ab 1957 Mitarb., 1961 stellv. Ltr. der Dolmetscherabt. im MfAA; 1962–73 im diplomat. Dienst in Kambodscha, Guinea u. Kongo-Brazzaville sowie 1967/68 Sektionsltr. Zentralafrika im MfAA; 1973–90 Botschafter u. Ltr. der Protokollabt. im MfAA (Nachf. von Horst Hain), danach Frührentner.

Jakobs, Karl-Heinz 20. 4. 1929
Schriftsteller
Geb. in Kiauken (Ostpr.); 1945 Flakhelfer; 1946–48 Gelegenheitsarbeiten (Bauhilfsarbeiter, Bergmann, Hausdiener), Besuch einer Handelsschule; 1948 Maurerlehre, Abendstudium an einer Ing.-Schule; 1950–56 Maurer, Sachbearbeiter, Red.-Assistent, Bautechniker, Journalist, Wirtschaftsfunktionär; 1956 SED, Delegierung an das Inst. für Lit. »Joh. R. Becher« in Leipzig; seit 1958 freischaff. Journalist u. Schriftst. (Prosa, Reportagen, Essays, Lyrik, Funk- u. Fernseharbeiten); 1959 erster Gedichtband »Guten Morgen, Vaterlandsverräter«; 1962 »Beschreibung eines Sommers«, Bestseller, frühes unsentimentales Beispiel der sog. »Ankunftslit.«; 1963–78 häufige Reportagereisen in die UdSSR; 1967/68 zehn Monate Maurer in einer FDJ-Brigade in Mali; 1971 Heinrich-Mann-Preis; 1973 bis 1978 Mitgl. im Vorst. des SV; 1976/77 Hrsg. der Ztschr. »Temperamente«, Kündigung wegen der Mitunterz. der »Biermann*-Resolution«; 1977 Ausschluß aus der SED; 1979 Ausschluß aus dem SV wegen der Solidarisierung mit Stefan Heym* u. krit. Interviews in der Bundesrep. Dtl.; 1981 Dreijahresvisum für die Bundesrep. Dtl., lebt seitdem in Velbert (b. Essen); 1982 PEN-Zentrum Bundesrep. Dtl.; 1983 Veröff. des autobiogr. Romans »Das endlose Jahr« in der Bundesrep. Dtl., erste lit. Verarbeitung

der Vorgeschichte der »Biermann-Resolution« u. der anschl. Parteiverfahren, Montage mit Erinnerungen einer Überlebenden des sowj. GULag.
Seit 1990 Betreuung einer multikulturellen Sonderseite für deutschsprachige Autoren in der Ztg. »Neues Dtl.«; dokumentar.-fiktionale, alltagsnahe, teilw. iron. Texte mit Themen wie Anpassung, Selbstaufgabe oder Idealverlusten.
Publ.: Eine Pyramide für mich. Berlin 1971; Die Interviewer. Berlin 1973; Tanja, Taschka u. so weiter. Berlin 1975; Wilhelmsburg, Düsseldorf 1979; Die Frau im Strom. München 1982.

Jaldati, Lin (eigtl. Rebekka Brilleslijper) 13. 12. 1912–31. 8. 1988
Tänzerin, Sängerin
Geb. in Amsterdam, Vater Obst- u. Gemüsehändler; Grundschule; 1926–32 Arbeiterin in einem Textilbetrieb, daneben Tanzstudium; 1932/33 Tänzerin im Niederländ. Ballett, 1934–38 in der Revue von Bob Peters u. der Bouwmeesterrevue; 1936 KP der Niederlande; seit 1938 Zusammenarbeit mit dem aus Dtl. emigrierten Pianisten u. Musikwissenschaftler Eberhard Rebling*; 1939/40 eigene Programme mit Solotänzen u. jidd. Liedern, daneben Tanzstudium bei Olga Preobrashenskaja in Paris u. Gesangsunterricht bei Erhard E. Wechselmann in Den Haag; 1940–44 Teiln. am antifasch. Widerstandskampf in Holland u. illegale Hauskonzerte mit jidd. Liedern, 1944 Verhaftung, KZ Westerbork, Auschwitz, 1945 Befreiung in Bergen-Belsen.
1945–51 Auftritte mit jüd. Programmen in den Niederlanden, Gastspiele in den skandinav. Ländern, Zürich, Warschau, Lodz, Prag u. Berlin, zahlr. Rundfunkaufnahmen mit jidd. Liedern; daneben weiter Gesangstudium bei Paula Lindberg in Amsterdam; 1949 Teiln. am 1. Weltfriedenskongreß in Paris.
1952 Übersiedlung in die DDR, bis 1988 Verbreitung des jidd. Lieds in der DDR; Erweiterung des Repertoires mit Liedern von Hanns Eisler*, Louis Fürnberg*, Paul Dessau* sowie Volks-, Partisanen- und Friedensliedern vieler Völker; Gastspiele in beinahe allen Ländern Europas, in Indien sowie Ost- und Südostasien, viele Rundfunk- und Fernsehauftritte sowie Schallplatten; seit 1979 Zusammenarbeit mit Tochter Jalda Rebling als Schauspielerin u. seit 1982 mit Tochter Kathinka als Geigerin; als Familienensemble Konzertreisen mit jidd. Liedern in mehrere Länder Westeuropas, nach Israel u. in die USA; in den 60er u. 70er Jahren Mitwirkung als Beraterin in der Singebew.; aktives Mitgl. der Lagergemeinschaft Auschwitz, des Friedensrats u. des Komitees für Menschenrechte der DDR.
Publ.: Es brennt, Brüder, es brennt. Jidd. Lieder (zus. mit Eberhard Rebling). Berlin 1966, 1968, erw. Neuausgabe. 1985.
Sek.-Lit.: Heimlich, D.: L. J. Berlin 1964; Sag nie, du gehst den letzten Weg (Autobiogr. zus. mit Eberhard Rebling). Berlin 1986 u. 1988.

Janka, Walter 29. 4. 1914–17. 3. 1994
Verlagsleiter
Geb. in Chemnitz, Vater Werkzeugmacher; Schriftsetzerlehre; 1932 KPD; 1933 Ltr. des KJVD im Erzgebirge; 1933–35 Haft im Zuchthaus Brandenburg u. KZ Sachsenburg; 1935 Ausweisung in die ČSR; 1936–39 Freiwilliger im span. Bürgerkrieg, zuletzt Major u. Bat.-Kdr. der span. Volksarmee; 1939–41 Internierung in Frankreich, Flucht aus dem Lager Les Milles; 1941–47 Mexiko, Mitbegr. der Bewegung Freies Dtl., Ltr. des Verlags El libro libre, zuletzt auch der KPD-Exil-Gruppe.
1947 Rückkehr nach Dtl., persönl. Mitarb. Paul Merkers* beim PV der SED; 1948–50 Vorstandsvors. der AG DEFA; 1950–52 Stellv. Ltr., 1952–54 de facto, 1954–56 de jure Ltr. des Aufbau-Verlags Berlin; 6. 12. 1956 Verhaftung,

26.7.1957 Verurteilung zu fünf Jahren Zuchthaus wegen Bildung einer »konterrev. Gruppe« um den Verlag u. die hauseigene Ztg. »Sonntag«; Aberkennung der VdN-Rente; 1957–60 Zuchthaus Bautzen, zeitw. verschärfte Einzelhaft, schwere Erkrankung; durch anhaltende intern. Proteste, u.a. von Halldór Laxness, Lion Feuchtwanger, Leonhard Frank u. der Familie Thomas Manns, entlassen; 1960–62 arbeitslos; 1962–72 Dramaturg bei der DEFA; danach Rentner; trotz Wiederherstellung der Parteimitgliedschaft und der Verleihung des VVO in Gold am 1.5.1989 unversöhnl. Gegner der Parteiführung; im Okt. 1989 führte die Veröff. eines Auszugs aus seinen Memoiren u. vor allem die medienwirksame Lesung im Dt. Theater Berlin zu einer Welle der Empörung gegen die SED.

5.1.1990 Aufhebung des Urteils von 1957; 1990 Mitgl. des Rats der Alten beim PV der PDS, aus der PDS ausgetreten; starb in Kleinmachnow.

Publ.: Schwierigkeiten mit der Wahrheit. Reinbek b. Hamburg 1989; Spuren eines Lebens. Berlin 1991; »... bis zur Verhaftung«. Berlin u. Weimar 1993; Die Unterwerfung. Eine Kriminalgeschichte aus der Nachkriegszeit. München 1994.

Sek.-Lit.: Hoeft, Brigitte (Hrsg.): Der Prozeß gegen W. J. u. andere. Eine Dokumentation. Berlin 1990; Eichhorn, A.; Reinhardt., A. (Hrsg.): Nach langem Schweigen endlich sprechen. Briefe an Walter Janka. Berlin u. Weimar 1990; Marschall, Judith: Aufrechter Gang im DDR-Soz. W. J. u. der Aufbau-Verlag. München 1994.

Janson, Carl-Heinz 13.12.1931
SED-Funktionär
Vater Arbeiter; Besuch der Grund- u. Oberschule, 1950 Abitur; 1949 SED; ab 1950 Parteisekr. und Besuch der PHS; 1952–58 Studium an der HS »Bruno Leuschner« in Berlin-Karlshorst, Dipl.-Wirtsch.; anschl. Ökonom in einem Betrieb der Buntmetallurgie in Aue (Erzgeb.), 1961–89 Mitarb. im Apparat des ZK der SED, tätig in der 1958 neugebildeten u. von Erich Apel* geleiteten Wirtschaftskommission beim PB des ZK der SED, ab 1962 Sektorenltr. in der von Gerhard Schürer* geleiteten Abt. Planung u. Finanzen, seit 1966/67 Ltr. der Arbeitsgruppe bzw. Abt. soz. Wirtschaftsführung, die Günter Mittag* unterstand; 1976 bis 1989 Mitgl. der Wirtschaftskommission beim PB des ZK der SED; anschl. Pappenpresser und Pförtner in einem Supermarkt.

Publ.: Totengräber der DDR. Wie Günter Mittag den SED-Staat ruinierte. Düsseldorf 1991.

Janßen, Horst 10.7.1929
MfS-Arbeitsgruppenleiter
Geb. in Marburg (Lahn); Vater kaufm. Angestellter, Mutter Hausfrau; 1936–44 Volksschule in Magdeburg; 1944/45 Reichsbahnjunghelfer.

1945–48 Tischlerlehre; 1948–50 Geselle; 1949 SED; 1950/51 Schulungsltr. bei der Bauunion Magdeburg; 1951 Lehrgang an der Dt. Verwaltungsakad. »Walter Ulbricht« Potsdam-Babelsberg; 1951 Lehrer für Ges.-Wiss. an der FS für Bauwesen Glauchau; 1952 in der Kaderabt. des Min. für Aufbau tätig; 1955 Eintritt in das MfS, HA III (Sicherung der Volkswirtschaft); 1960–65 Fernstudium an der JHS Potsdam-Eiche, Dipl.-Jurist; 1972 Ltr. der Arbeitsgruppe XVII (Besucherbüro Westberlin); 1973 Oberst; 1986 VVO in Gold; 1990 Entlassung.

Janz, Karin, verh. Büttner 17.2.1952
Leistungssportlerin (Turnen)
Geb. in Hartmannsdorf (b. Lübben) in einer Lehrerfamilie; ab 1960 Turnerin beim SC Dynamo Berlin; 1967 Vize-EM am Stufenbarren und EM-Dritte im Sprung; 1969 EM im Mehrkampf, im

Sprung, am Stufenbarren u. am Schwebebalken, Vize-EM am Boden; 1968 Olympia-Zweite im Sprung u. -Dritte mit der Mannschaft; 1970 WM am Stufenbarren, Vize-WM mit der Mannschaft u. im Sprung; 1972 Olympiasiegerin im Sprung u. am Stufenbarren, -Zweite mit der Mannschaft u. im Mehrkampf u. -Dritte am Schwebebalken; nach dem Abitur an der KJS ab 1971 Studium der Medizin an der HU Berlin; 1973 Beendigung der leistungssportl. Laufbahn; ab 1978 Assistenz- bzw. Stationsärztin, 1982 Prom. zum Dr. med. mit einer Arbeit über Kniegelenkdiagnose, 1983 Abschluß der Facharztausbildung u. ab 1987 Oberärztin in der Orthopädie der Charité Berlin; 1989 Habil. mit einer Arbeit über künstl. Bandscheiben; 1974–84 Mitgl. des Präs. des DTSB.
Seit 1990 Chefärztin für Orthopädie am Krankenhaus Berlin-Kaulsdorf.

Jarowinsky, Werner
25.4.1927–22.10.1990
SED-Politiker
Geb. in Leningrad, Vater Arbeiter; in den 30er Jahren nach Dtl. übergesiedelt; Volksschule, 1941–43 Ausbildung zum Industriekaufmann; Kriegsdienst.
1945/46 KPD/SED, Jugendfunktionär in Zeitz; Angestellter bei der Volkspolizei; 1945–47 Vorstudienanstalt Halle, Abitur; 1948–51 Studium der Wirtschafts- u. Rechtswiss. an der MLU Halle u. der HU Berlin, Dipl.-Wirtsch.; 1951–56 Doz. an der HU, Diss. über die Planung des soz. Handels, 1956 Dr. rer. oec.; 1956/57 Ltr. des Forschungsinst. für den Binnenhandel; 1957/58 Ltr. der Hauptverwaltung u. 1959–63 Staatssekr. im Min. für Handel u. Versorgung; ab 1963 Mitgl. des ZK der SED, Kand. des PB u. Sekr. des ZK, verantw. für Handel u. Versorgung, später auch für Kirchenfragen; 1963–11.1.1990 Abg. der Volkskammer, 1971 Vors. des Aussch. für Handel und Versorgung; 1977 und 1987 KMO; seit 1984 Mitgl. des PB des ZK der SED; Nov. 1989 Stellv. des Präs. der Volkskammer; Nov. – 10.1.1990 Fraktionsvors. der SED bzw. SED-PDS in der Volkskammer; Dez. 1989 mit dem PB zurückgetreten; 20.1.1990 Ausschluß aus der SED-PDS.
Publ.: Alles für das Wohl des Volkes. Ausgew. Reden u. Aufsätze. Berlin 1987.

Jäschke, Martina 6.5.1960
Leistungssportlerin (Kunstspringen)
Geb. in Merseburg; zunächst Turnerin bei der BSG TZ Merseburg, nach Überschreiten der für das Turnen geeigneten Körpergröße 1970 Wechsel zum Wasserspringen beim SC Chemie Halle (Trainer: Ingrid Krämer-Gulbin, später Werner Bänsch); 1978 Vize-WM im Turmspringen, 1980 Olympiasiegerin im Turmspringen.

Jastram, Jo (Joachim) 4.9.1928
Bildhauer
Geb. in Rostock, Vater Lehrer; Volksschule, Gymnasium; 1944 Wehrmacht, Gefangenschaft.
1947–49 Waldarbeiter u. Brunnenbauer in Aumühle (Sachsenwald); 1949 NDPD; Lehre als Holzbildhauer u. bis 1951 Studium an der FS für angewandte Kunst in Empfertshausen (Rhön); 1951–54 Studium an der HS für bildende Künste in Dresden (Walter Arnold*); 1954–56 Studium an der HS für bildende u. angewandte Kunst in Berlin-Weißensee (Heinrich Drake*); 1956 freischaff. in Rostock; 1961 Studienreise in die UdSSR (Usbekistan); 1964/65 Lehrauftrag für plast. Gestalten am Inst. für Kunsterziehung der EMAU Greifswald; 1965 Studienreise in die Mongolei; 1966 Studienreise in die UdSSR (Sib.); 1967 Studienreise durch Skandinavien, nach Polen u. in die ČSR; 1972 Wohnsitz in Kneese (Meckl.-Vorp.); 1973 NP 2. Kl.; 1974 Mitgl. des Zentralvorst. des VBK, Studienreise nach Kuba; 1975 Präs. des In-

tern. Komitees der Biennale der Ostseestaaten, Mitgl. des Präs. des VBK; 1976 Studienreise in die UdSSR (Tallinn, Leningrad); 1979 Studienreise nach Italien; 1980–86 Lehrauftrag u. Prof. für Plastik an der Kunst-HS Berlin-Weißensee; 1981 und 1983 Arbeitsaufenthalte in Äthiopien; 1983 Vors. des Arbeitskr. Ernst Barlach im KB, AdK; 1985 Studienreise nach Schweden u. Großbritannien.
Werke: Lob des Kommunismus (Foyer der Volkskammer); Karl-Marx-Denkmal in Addis Abeba (1984).
Sek.-Lit.: Palme, P.: J. J. In: Weggefährten. 25 Künstler der DDR. Dresden 1970; J. J. Selbstzeugnisse von Bildhauern der DDR. (Ausstellungskat.) Bildhauerkunst aus der DDR. Bonn. München. Mannheim 1987/88; J. J. Plastik (mit Bibliogr.). AdK Berlin u. Kunsthalle Rostock 1988; J. J. Plastik (mit Bibliogr.). Figur u. Zeichen. Brauweiler 1989.

Jazdzweski, Ernst 14. 8. 1907
Karikaturist, Pressezeichner
Geb. in Berlin; Volksschule; Lehre als Elfenbeinschnitzer, Ausbildung zum Zeichner; 1921 Mitgl. u. Funktionär des KJV; 1922–28 Studium an der Kunstgewerbeschule Berlin; ab 1923 Mitarb. an komm. Kinder- u. Jugendztschr. (»Die Trommel«, »Die Junge Garde«); Plakatgestalter u. Buchillustrator für die Verlage »Jugendintern.« und »Junge Garde«; 1928 Mitgl. der Assoziation Rev. Bildender Künstler; 1932 KPD; 1933 Verhaftung, eineinhalb Jahre Gefängnis, danach unter Polizeiaufsicht.
1946 KPD/SED, ständiger pol. Zeichner für das »Neue Dtl.«; ab 1947 Doz. an der Kunst-HS Berlin-Weißensee, 1956 Prof. für figürl. Zeichnen; 1959 Kunstpreis der DDR, 1962 VVO.

Jendretzky, Hans 20. 7. 1897–2. 7. 1992
Vorsitzender des FDGB
Geb. in Berlin, Vater Buchdrucker; Volksschule, FS für Metallarbeiter, Staatl. Bauschule; bis 1926 Arbeiter; 1912–16 Metallarbeiterjugend, 1916 Dt. Metallarbeiterverb., 1923 Dt. Verkehrsbund; 1919 USPD, 1920 KPD; 1919–27 gewerkschaftl. Funktionen auf regionaler u. betriebl. Ebene; 1927–29 RFB-Gauführer Berlin-Brandenburg; 1929–32 Sekr. der Unterbezirksltg. der KPD Frankfurt/Cottbus; 1928–32 Abg. des Preuß. Landtags; 1934–37 wegen illegalem Widerstand Zuchthaus Luckau, 1937/38 KZ Sachsenhausen, 1944/45 Zuchthaus Brandenburg-Görden und Nürnberg.
11. 6. 1945 Mitunterz. des Aufrufs der KPD, Mitgl. des ZK; 15. 6. 1945 Mitunterz. des Aufrufs des Vorbereitenden Gewerkschaftsaussch. u. Mitgl. des Aussch. für Groß-Berlin; 1945/46 Stadtrat für Arbeit in Berlin; 1946–48 Mitgl. des Bundesvorst. u. Mitbegr. des FDGB sowie dessen 1. Vors.; 1946–53 Mitgl. des PV bzw. ZK der SED; 1948/49 Mitgl. des Dt. Volksrats, 1949–54 der Prov. Volkskammer bzw. Volkskammer; 1948–53 Vors. der Landes- bzw. Bezirksltg. der SED Groß-Berlin, 1950–53 Kand. des PB des ZK; Juli 1953 wegen angebl. Unterstützung von Rudolf Herrnstadt* u. Wilhelm Zaisser* aus dem PB ausgeschlossen, Jan. 1954 Parteirüge, Apr. 1954 keine Wiederwahl in das ZK; 1953–57 Abg. des Bez.-Tags u. Vors. des Rats des Bez. Neubrandenburg; ab 1954 Mitgl. des NR der NF; Juli 1956 rehabilitiert u. Aufhebung der Parteistrafe durch ZK-Beschluß, 1957–89 erneut Mitgl. des ZK der SED; 1957–59 Stellv. des Min. des Innern u. Staatssekr. für Angelegenheiten der örtl. Räte, 1959/60 Ltr. des Sekr. des Min.-Rats, 1960–62 Min. u. Ltr. der Zentralen Kommission für Staatl. Kontrolle; 1959 – Nov. 1989 erneut Mitgl. des Bundesvorst. des FDGB sowie 1963–65 seines Präs. u. Sekr.; 1958 – März 1990 erneut Abg. der Volkskammer, amt. Alterspräs., 1965–90 Vors. der FDGB-Fraktion, ab 1976 stellv. Vors.

der Interparl. Gruppe; 1962 KMO, 1965 VVO in Gold.
Publ.: Die neuen dt. Gewerkschaften u. der 9. Nov. 1918. Berlin 1948; Der gewerkschaftliche Kampf um Frieden, Freiheit u. Soz. Berlin 1961.

Jentsch, Karl-Heinz 6. 12. 1921
Generaldirektor des VEB Mansfeld Kombinat
Geb. in Lauterbach (Erzgeb.), Vater Holzhändler; Realgymnasium u. Wirtschaftsoberschule in Leipzig, Abitur; 1940 NSDAP; Kriegsteiln. u. schwere Verwundung; 1942–44 Studium der Wirtschaftswiss. an der Univ. Leipzig. 1946 LDPD; 1947 Forts. des Studiums u. Abschluß als Dipl.-Betriebswirt, Dr. rer. pol.; 1947/48 Mitarb. der Chefdirektion der Landeseigenen Betriebe Sachsen-Anhalt; 1948/49 Mitgl. der Revisions- u. Treuhandges. der VEB; ab 1950 in Mansfeld, bis 1951 Ltr. der Finanzabt., 1951–55 Kaufm. Dir., 1955–57 Hauptbuchhalter, 1957–67 Werkdir., 1967–88 Dir. des Stammbetriebs u. Generaldir. des VEB Mansfeld Kombinat »Wilhelm Pieck« Eisleben, dem buntmetallurg. Zentrum der DDR, das 1989 in zwölf Betrieben, Gruben u. Hüttenwerken zur Förderung u. Verhüttung von Kupfererz sowie zur Herstellung von Halbzeugen u. Zwischenprodukten ca. 48000 Mitarb. beschäftigte; 1958–90 Mitgl. des Zentralvorst. der Ges. für DSF, 1958–62 DSF-Kreisvors. in Eisleben, 1963–90 DSF-Bezirksvors. in Halle; seit 1963 Lehrtätigkeit, 1967 Habil., 1968 Prof. an der Bergakad. Freiberg; 1963–67 Abg. der Volkskammer; 1977 VVO in Gold, 1979 Stern der Völkerfreundschaft in Gold; 1988 Ruhestand.

Jentzsch, Bernd 27. 1. 1940
Schriftsteller
Geb. in Plauen, aufgewachsen in Chemnitz; nach dem Abitur freiwillig zur NVA; ab 1960 Studium der Germanistik und Kunstgeschichte in Leipzig u. Jena; 1961 erster Lyrikband (»Alphabet des Morgens«); 1962 Aufnahme in den DSV; 1965–74 Lektor im Verlag Neues Leben; von ihm initiierte Gründung der Lyrikreihe »Poesiealbum«; Initiator gesamtdt. Schriftstellertreffen; 1968 Bobrowski-Medaille; 1976 Dienstreise als freier Verlagsmitarb. in die Schweiz, von dort Protest gegen die Ausbürgerung Wolf Biermanns* u. den Ausschluß Reiner Kunzes* aus dem DSV (offener Brief an Erich Honecker*); blieb wegen Strafandrohung im Westen; Schikanen des MfS gegen seine Familie; 1977–84 Lektor im Walter-Verlag, Olten; 1978 Werkpreise des Kantons Zürich; 1979 zweiter Offener Brief an Honecker; 1982 Gastprof. in den USA; Förderpreis der dt. Industrie; 1985 Solothurn; 1987–89 Hrsg. der Reihe »Rowohlt Jahrhundert«; 1987 Märk. Stipendium; ab 1988 wiss. Mitarb. der Konrad-Adenauer-Stiftung; 1991 Vizepräs. des PEN-Zentrums (West); 1992 Gründungsdir. (Prof.) des Lit.-Inst. Leipzig;
Publ.: Quartiermachen. München 1978; Prosa. Berlin 1978; Irrwisch. Ein Gedicht. Pfaffenweiler 1980; Die alte Lust, sich aufzubäumen. Leipzig 1992; Flöze. 1992.

John, Erich 6. 2. 1932
Designer
Geb. in Kartitz (Nordböhmen); 1947–50 Lehre als Bauschlosser; 1950–53 Studium an der FS für angewandte Kunst Heiligendamm, 1953–58 an der HS für bildende u. angewandte Kunst Berlin-Weißensee; 1958–60 künstler. Mitarbeit am Inst. für angewandte Kunst Berlin; 1960/61 Aufbau und Ltr. des ersten Industrieateliers der VVB Eisen-Blech-Metallwaren Karl-Marx-Stadt; 1961–66 künstler.-wiss. Mitarb. am Inst. für angewandte Kunst Berlin bzw. am ZI für Formgestaltung; seit 1966 Doz., seit 1972 Fachgebietsltr. Formgestaltung an der

Kunst-HS Berlin; 1973 Prof.; 1970–74 Vizepräs. des VBK, 1978–82 dort Vors. der Zentralen Sektionsltg. Formgestaltung/Kunsthandwerk u. Mitgl. des Präs.; 1982 Gastprof. an der Ohio University (USA).
Gestaltung: 1955 Rundfunkempfänger Undine II, 1958 ein Ultraschallgerät, 1961–63 Mikroskope, 1962 Anschliffmaschine minosupan, 1962 Elektrowerkzeug, 1963 Variationsschleifgerät metapolan, Bodenstaubsauger Omega, 1964 Theaterglaskombination Unistar, 1965 eine Baureihe von Dampfglas u. Heißluftmaschinen, 1974 Schachfiguren für Freiraumschachspiel, 1975 Edelstahl- u. kombiniertes Edelstahl-Holz-Besteck u. Elektrorasierapparat »Bebosher Favorit«, 1986 Ausstellungssystem, 1989 Mikroskope für »Askania« Rathenow.

John, Joachim 20. 1. 1933
Grafiker, Zeichner
Geb. in Tetschen (ČSR); 1952 Abitur; 1954 Bühnenhandwerker am Staatl. Operettentheater Dresden; 1955–59 Studium an der EMAU Greifswald, Inst. für Kunsterziehung; gehörte zum Schülerkr. um Otto Niemeyer-Holstein*; 1963–65 Meisterschüler in der DAK bei Hans Theo Richter*, wichtige Anregungen auch durch Fritz Cremer*; anschl. freischaff. in Berlin, ab 1977 in Neu-Frauenmark (Meckl.); 1985 Kollwitz-Preis der AdK; 1986 AdK; Studienreisen u. a. nach Kolumbien u. in die UdSSR.
Werke: Radierungen: Glanz der Wunden (1976), Auferstehung u. Exekution des Friedens (1978), Winterschlacht (zu Johannes R. Becher*, 1980), Zuschauer (1980), Armes Andalusien (1981), Los Desaparecidos (Die Vermißten, 1985), Die Invasion (1986).
Sek.-Lit.: Kat. J. J. Galerie Arkade. Berlin 1976; Zeichnungen/Druckgrafik. Galerie am Boulevard. Rostock 1981; J. J. sieht die Frz. Rev. Staatl. Museum Schloß Burgk 1989.

Johne, Friedrich (Fritz)
14. 6. 1911–14. 9. 1989
Kommandeur der Militärakademie
Geb. in Ketten (Böhmen), Vater Arbeiter; Volks- u. Bürgerschule, 1926 kaufm. Lehre, danach Angestellter; 1926 Mitgl., dann Funktionär des KJV der ČSR; 1930 Haft wegen antimilitarist. Propaganda; 1931–33 arbeitslos; 1933–35 Wehrdienst; 1936 KPČ; 1937–39 in Spanien, zunächst Sergeant, dann Politkommissar eines Bat. in den Intern. Brigaden; 1939–41 Internierung in Frankreich, Auslieferung nach Dtl.; 1941–45 Haft in Polizeigefängnissen u. im KZ Sachsenhausen.
1945 Rückkehr in die ČSR, 1946 Aussiedlung nach Dtl.; 1947 Jugendsekr. des SED-Landesvorst. Sachsen-Anhalt; Pol.-Kultur-Ltr. der VP-Landesbehörde in Halle; VP-Inspekteur; 1949/50 Militärsonderlehrgang in Priwolsk (UdSSR); 1950–54 Ltr. der Abt. Ausbildung im Stab der HV für Ausbildung bzw. Chef der Verwaltung Lehranstalten in der KVP, Gen.-Major; 1954–56 Chef der Territorialverwaltung der KVP bzw. des Militärbez. Leipzig; 1957–59 Generalstabsakad. der UdSSR, Dipl. rer. mil.; 1959–63 Kdr. der Militärakad. Dresden (Nachf. von Heinrich Dollwetzel); 1963 Ausscheiden aus dem aktiven Dienst; 1963–67 Ao. u. Bevollmächtigter Botschafter in der Rep. Kuba, danach Mitgl. der ZL des Komitees der Antifasch. Widerstandskämpfer u. Vors. des Bezirkskomitees Dresden.

Johnson, Uwe 20. 7. 1934–23. (?) 2. 1984
Schriftsteller
Geb. in Cammin (Pomm.), Vater Landwirt u. Ministerialbeamter; aufgewachsen in Anklam; 1944/45 Schüler einer nationalsozialistischen »Dt. Heimschule« in Köslin.
1946 Tod des Vaters in einem sowj. Internierungslager in Kowel (Ukraine); 1946–51 Oberschule in Güstrow; ab

1952 Studium der Germanistik zunächst in Rostock, 1953 hier exmatrikuliert wegen Kritik an der Diffamierung der Jungen Gemeinde, 1953–56 Forts. des Studiums in Leipzig, u. a. bei Hans Mayer*; der 1956 vollendete Roman »Ingrid Babendererde« blieb in beiden dt. Staaten lange ungedruckt (postum 1985 veröff.); 1956–59 schriftsteller. Gelegenheitsarbeiten u. Arbeit an »Mutmaßungen über Jakob«; 10. 7. 1959 während der Drucklegung dieses Romans in der Bundesrep. Dtl. »Übersiedlung« nach Berlin (West); hier 1961 pol. Angriffe wegen angebl. Rechtfertigung des Mauerbaus in Berlin; 1962 Aufenthalt in Rom (Villa Massimo), 1966–68 in den USA (New York), Schulbuchlektor, dann Stipendiat; 1969 Mitgl. des PEN-Zentrums Bundesrep. Dtl., 1977 der Darmstädter Akad. für Sprache u. Dichtung (Austritt 1979); 1979 Poetikdozentur an der Univ. Frankfurt/Main (Veröff. 1980 »Begleitumstände. Frankfurter Vorlesungen«); 1974 Umzug nach Sheerness on Sea (England); hier mutmaßl. am 23./24. 2. 1984 gest.; wurde bis zu seinem Tod vom MfS operativ bearbeitet.

J. gilt als »Dichter der beiden Dtl.«, sein vierbändiger Roman »Jahrestage« (entstanden 1968–83, erschienen ab 1970) erörtert am Schicksal u. an den Erinnerungen seiner Heldin Gesine die Problematik dt. Geschichte von den 20er Jahren bis 1968.

Publ.: Das dritte Buch über Achim. Frankfurt/M. 1961; Karsch und andere Prosa. Erzählungen. Frankfurt/M. 1964; Berliner Sachen. Frankfurt/M. 1975; Skizze eines Verunglückten (autobiogr. Erzählungen). Frankfurt/M. 1982; Eine Reise wegwohin und andere kurze Prosa. Berlin (DDR) 1989.

Sek.-Lit.: U. J. Es ist eines Welt gegen die Welt zu halten. Texte u. Bilder einer Ausstellung. Frankfurt/M. 1991; Berbig, Roland (Hrsg.): U. J. Materialien. Frankfurt/M. 1993; Berbig, Roland; Wizisla, Erdmut (Hrsg.): »Wo ich her bin...« U. J. in der D.D. R. Berlin 1993; Schriften des U.-J.-Archivs 1991 ff., 4 Bde.; Neumann, Bernd: U. J. Frankfurt/M. 1994.

Joho, Wolfgang 6. 3. 1908–13. 2. 1991
Erzähler, Essayist
Geb. in Karlsruhe, Vater Redakteur; Gymnasium, Abitur; 1926–31 Studium der Medizin, Geschichte u. Staatswiss. in Freiburg i. Br., Heidelberg u. Berlin, Prom. zum Dr. phil.; 1928–37 Mitgl. des Roten Studentenbunds in Heidelberg u. Berlin; 1929–37 KPD; 1931/32 Volontär bei der »Württemberg. Ztg.«; 1933–35 Feuilleton-Red. im »Zentralbüro für die dt. Presse«, ständiger Mitarb. der »Frankfurter Ztg.« u. der »Kölln. Ztg.«; Juni 1937 wegen illegaler Tätigkeit von der Gestapo verhaftet u. zu drei Jahren Zuchthaus verurteilt, Haft im Zuchthaus Luckau, in versch. Moorlagern (Emsland-Moor); anschl. Berufsverbot; 1940–42 kaufm. Angestellter; 1943–45 Bewährungsdienst im Strafbat. 999; 1945/46 engl. Gefangenschaft in Ägypten u. England.

1947–54 Red. der Ztg. »Sonntag«, Berlin; 1952 SED; ab 1956 Mitgl. des Vorst. des DSV, zeitw. Vors. des Berliner Verbands; 1960–66 Chefred. der Ztschr. »Neue Dt. Lit.«, 1965 abgelöst nach dem 11. Plenum wegen des Vorabdrucks von Werner Bräunigs* »Rummelplatz«; seitdem freier Schriftst.; 1962 NP; 1969 Heinrich-Mann-Preis; 1977 VVO in Gold; 1978 Mitgl. des PEN-Zentrums der DDR; seit 1987 Ehrenmitgl. des Vorst. des SV.

Publ.: Jeanne Peyrouton. Berlin 1949; Das Klassentreffen. Berlin 1968; Die Kastanie. Berlin 1972.

Jordan, Carlo 5. 2. 1951
Mitbegründer der Grünen Partei (GP)
Geb. in Berlin, Vater Bäcker, Mutter Verkäuferin; POS, 1965–68 Zimmerer-

lehre, 1969–72 Bauingenieursstudium in Berlin; 1972 Rücktritt aus der FDJ-Ltg. des Kombinats Ingenieurhochbau aus Protest gegen das neue Absolventengesetz; 1970–81 Teiln. an konspirativen Zirkeln; 1971 Mitorg. kulturopp. Veranstaltungen im Berliner Arbeiter- u. Studentenklub (Schließung 1974), anschl. Veranstaltungen u. a. zur Arbeiterselbstverwaltung in Jugoslawien im Berliner Klub »Box« (Verbot 1975), im »Kramladen« (Verbot 1976); ab 1973 alternative Landhausprojekte in der Uckermark (1984 Zwangsräumung durch das MfS); 1972–79 Baultr. bei versch. Berliner Betrieben; 1976 Festnahme wegen einer Eingabe betreffend den Freitod des Pfarrers Brüsewitz*; 1978 Fernstudium der Philos. u. Geschichte an der HU Berlin, Relegierung 1982 wegen »ungenügender ges. Einbindung«; 1978–83 UdSSR-Reisen, insbes. ins Baltikum; 1980–89 künstler. und kirchl. Bauprojekte; 1985 bis 1989 Doz. für Philos. u. Lit. an Bildungsstätten der Ev. Kirche Potsdam; 1982–86 Mitarb. in versch. Öko-Kreisen (ESG, Berlin-Friedrichsfelde, Vipperow), Mitorg. der Berliner Ökoseminare, 1986 Mitbegr. der Berliner Umweltbibl. u. Mitarb. der »Umweltblätter«, 1987–90 DDR-Koordinator im Osteur. Netzwerk Greenway, 1988 Mitbegr. des Grünen Netzwerks Arche u. dessen Samisdat-Ztschr. »Arche Nova«; Nov. 1989 Mitbegr. der GP, Dez. 1989 – März 1990 GP-Sprecher am Zentralen Runden Tisch; Jan. 1990 Mitinitiator der Gedenk- u. Forschungsstätte für die Opfer des Stalinismus in der Berliner Normannenstr.; Mai–Dez. 1990 Abg. der GP in der Berliner Stadtverordnetenvers.
Seit Apr. 1994 MdA Berlin, Fraktion Bündnis 90/Die Grünen (AL).

Joseph, Hans-Jürgen 28. 10. 1950
Generalstaatsanwalt
Geb. in Riesa, Vater Arbeiter; 1965–69 Ausbildung zum Maschinenbauer mit Abitur in Lübben; 1969–72 DVP/Schutzpolizei, Oberwachtmeister; 1970 SED; 1972–76 Studium der Staats- u. Rechtswiss., danach bis 1981 wiss. Assistent an der FSU Jena, 1982 Prom. in Strafrecht zum Dr. jur.; 1981–85 Staatsanwalt beim Kreisstaatsanwalt Cottbus-Stadt; 1985–89 Staatsanwalt beim Generalstaatsanwalt der DDR, in der Abt. Intern. Verbindungen auf dem Gebiet des Rechtshilfeverkehrs tätig; Jan.–Juni 1990 Generalstaatsanwalt der DDR (Nachf. von Günther Wendland*), anschl. bis 2. 10. 1990 wieder Staatsanwalt.

Juch, Heinz 3. 4. 1920
SED-Politiker
Geb. in Weißenfels (Sa.), Vater Arbeiter; Volksschule, Ausbildung und Arbeit als Maschinenschlosser; 1942–Anfang 1944 Kriegsdienst, 1944–47 sowj. Gefangenschaft, Besuch einer Antifa-Schule.
1947 Rückkehr nach Dtl.; SED; 1949 Doz. an einer FDGB-Schule; 1950 PHS beim ZK der KPdSU, Dipl.-Ges.-Wiss.; 1951–63 Mitarb. u. 1963–86 Mitgl. der ZPKK beim ZK der SED, seit 1971 deren stellv. Vors.; 1963–86 Mitgl. des ZK; 1973 VVO in Gold; 1986–89 Mitgl. der ZRK der SED.

Jung, Friedrich 21. 4. 1915
Pharmakologe
Geb. in Friedrichshafen/Bodensee, Vater Studienrat; Schulbesuch in Ellwangen u. Stuttgart, 1934–39 Medizinstudium in Tübingen, Königsberg u. Berlin, hier 1939 Approbation, wiss. Assistent am Pharmakolog. Inst.; 1940 Prom.; 1940/41 Kriegsdienst als Unterarzt in einer Sanitätseinheit, 1941/42 Unterarzt in einer Forschungsgruppe an der Militärärztl. Akad. Berlin, 1942–44 Sanitätsoffz. (Truppenarzt); 1944 Habil. u. Doz. an der Univ. Berlin; 1945 beratender Pharmakologe in der Heeresgruppe West, Parlamentär bei Übergabe eines Depots chem. Kampfstoffe.

1945 Doz., 1946–49 Ltr. des Pharmakolog. Inst. der Univ. Würzburg; 1949–72 Prof. für Pharmakol. u. Toxikol. sowie Dir. des Pharmakolog. Inst. der HU Berlin, seit 1956 zugl. Dir. des Arbeitsbereichs (1961 Inst.) für Pharmakol. der Inst. für Medizin u. Biol. der DAW in Berlin-Buch; 1957 u. 1965 NP; 1961 Korr., 1964 Ord. Mitgl. der DAW; Mitgl. der Dt. Akad. der Naturforscher Leopoldina; 1964 SED; 1972–81 Dir. des ZI für Molekularbiol. der AdW; 1980 em.
Arbeitsgebiete: Physiol., Pathophysiol. u. Biochemie des roten Blutfarbstoffs u. der roten Blutzelle; ab 1941 erste elektronenopt. Studien an Erythrozyten; Arbeiten über Netzmittel, entzündungshemmende Wirkstoffe u. physiolog. aktive Peptide; systemat. Bearbeitung der Toxikol. aromat. Nitro- u. Aminoverbindungen u. a. Blutgifte, Toxikol. von Petroprotein; Mitwirkung am Arzneibuch der DDR u. im Zentralen Gutachteraussch. für den Arzneimittelverkehr; Mithrsg. der »Acta biologica et medica germanica«, der Ztschr. »Dt. Gesundheitswesen«, der »Ztschr. für ärztl. Fortbildung« u. a.; Mitautor mehrerer HS-Lehrbücher zu Pharmakol. u. Innerer Medizin.
Publ.: Zur physikal. Chemie des Hämoglobins. Berlin 1955.

Junge, Winfried 19. 7. 1935
Filmregisseur
Geb. in Berlin, Vater kaufm. Angestellter, Mutter Hausfrau; 1953 Abitur, anschl. Studium der Germanistik an der HU Berlin, Wechsel zum Studium der Filmdramaturgie an die Dt. HS für Filmkunst Potsdam-Babelsberg bis 1958; Mitgl. der SED; 1961–91 Regisseur im DEFA-Studio für Dok.-Filme; 1961 Beginn einer Dok.-Filmreihe über eine Schulklasse in Golzow (Kreis Seelow), der längsten Filmdokumentation (Langzeitbeobachtung) der Filmgeschichte; »Wenn ich erst zur Schule geh...«; weitere Kurzfilme dieser Reihe: 1962 »Nach einem Jahr«, 1966 »Elf Jahre alt«, 1969 »Wenn man vierzehn ist«, 1971 »Die Prüfung«, 1975 »Ich sprach mit einem Mädchen«; ab 1979 lange Filme der Golzow-Reihe unter Verwendung vorhandenen u. neuen Materials: »Anmut sparet nicht noch Mühe«, 1981 NP 3. Kl.; 1981 »Lebensläufe«; 1982 Kunstpreis des FDGB; 1984 »Diese Golzower«; weitere Filme u. a.: 1965 »Studentinnen«, 1968 »Mit beiden Beinen im Himmel – Begegnungen mit einem Flugkapitän«, 1971 »Syrien auf den zweiten Blick«, 1974 »Keine Pause für Löffler«; 1985–87 Präs. des Nat. Festivals Dok.- u. Kurzfilm der DDR für Kino u. Fernsehen in Neubrandenburg; 1988 »Diese Briten – diese Deutschen«; drei Filme über den Bau des Pumpspeicherwerks Markersbach; drei Filme über Somalia; 1967 einziger DEFA-Spielfilm »Der tapfere Schulschwänzer«; zahlr. Preise auf intern. Filmfestivals.
Nach 1991 freischaff.; Forts. der Golzow-Reihe (gemeinsam mit Ehefrau Barbara), 1993 »Drehbuch: Die Zeiten«, 1994 »Das Leben des Jürgen von Golzow«.

Junghähnel, Gerhard 15. 3. 1926
Physiker, Rektor der Pädagogischen Hochschule Potsdam
Geb. in Wünschendorf, Vater Eisenbahnarbeiter; Volksschule; Arbeiter bei der Reichsbahn; 1946 SED; Besuch der Pädagog. FS Gera, anschl. Vorstudienanstalt (ABF) Jena, 1947 Abitur; 1947–53 Physikstudium an der FSU Jena, 1953 Diplom, 1955 Prom.; ab 1956 Wahrnehmung einer Prof. für Experimentalphysik an der HS für Maschinenbau in Karl-Marx-Stadt, 1957–60 Prorektor für Studienangelegenheiten, 1959–61 amt. Rektor; 1959–65 Vors. des Bezirksvorst. der Gewerkschaft Wiss. Karl-Marx-Stadt; 1964 Prof. für Experimentalphysik an der PH Potsdam, 1965–73 deren Rektor, 1969–88 Dir. der Sekt. Mathematik/

Physik; 1968–72 Vors. des Zentralvorst. der Gewerkschaft Wiss.; 1991 em.; 1991–93 Präs. des Landessportbunds Brandenburg, Rücktritt nach Vorwürfen früherer Zusammenarbeit mit dem MfS. Hauptarbeitsgebiete: Spektroskopie und Synergetik (nichtlineare Systeme).

Jungmann, Erich
31. 7. 1907–27. 3. 1986
Journalist, Intendant von »Radio Berlin International«
Geb. in Reichenberg (Sa.), entstammt einer jüd. Familie, Vater Fabrikarbeiter, Mutter Gartenarbeiterin; Volksschule, 1922–25 kaufm. Lehre in Radebeul (Sa.); 1925–29 kaufm. Angestellter, Expedient; 1929/30 erwerbslos; 1928 KJVD, Sept. 1929 KPD; 1930/31 Mitarb., dann Sekr. der Reichspionierltg. beim ZK des KJVD, Berlin; 1931/32 Jugendsekr. der KJVD-BL Niederrhein, Düsseldorf; 1932/33 Org.-Ltr. des ZK des KJVD; Okt. 1932 KPD-Abg. im Reichstag; 1933/34 Mitgl. der illegalen Ltg. des KJVD in Berlin; Dez. 1934 – Ende 1935 Mitarb. im Westeur. Ländersekr. der KJI in Moskau; 1935 Teiln. der Brüsseler Parteikonferenz; 1935–37 Mitarb. der Abschnittsltg. West der KPD in Amsterdam, Grenzarbeit für den KJVD in Holland, verantw. für Jugendarbeit an Rhein u. Ruhr; 1937–39 Mitarb. für Jugendfragen der KPD-Auslandsltg. in Paris; Sept. 1939 Verhaftung in Paris, Zivilinternierter in Le Vernet, dann bis Jan. 1942 Lager Les Milles (b. Marseille); 1942–46 Mexiko; Sekr. der Bewegung Freies Dtl. u. Mitgl. des »Lateinamerik. Komitees der Freien Deutschen«; Mithrsg. der Ztschr. »Freies Dtl.« (zus. mit Paul Merker* u. Alexander Abusch*) u. »Demokrat. Post«.
Juli 1946 Rückkehr nach Dtl. über Hawaii u. die UdSSR; bis Dez. 1946 im Auftrag des PV der SED verantw. Ltr. der Rückführung von Heimkehrern/Kriegsgefangenen aus der UdSSR (Heimkehreraktion Cronenfelde, b. Frankfurt/Oder); VVN; Dez. 1946 zur Parteiarbeit nach Westdtl.; 1947–49 zunächst 2., dann 1. Sekr. der KPD-Landesltg. Niedersachsen; 1949/50 Mitgl. des Sekr. des PV der KPD in Frankfurt/Main u. Düsseldorf, Sekr. für Massenorg.; Jan. 1951 Parteiüberprüfung, daraufhin im März 1951 »zur Sicherheit seiner Person u. der Partei« Entfernung aus dem Sekr. des PV der KPD u. Abberufung in die DDR (Hintergrund war die Verbindung zu Noel Field u. Paul Merker), erneute Parteiüberprüfung; 1951/52 Red. bzw. stellv. Chefred. der Ztg. »Märk. Volksstimme« Potsdam, Aug. 1952 Chefred. der neugegr. SED-Bezirksztg. »Volkswacht« in Gera; Jan. 1953 Absetzung u. erneute Parteiüberprüfung u. a. wegen angebl. prozionist. Haltung in der Emigration in Mexiko; zur Bewährung ab Sept. 1953 Kontrolleur bei der HO in Karl-Marx-Stadt, ab Apr. 1954 Instrukteur der HO Berlin, dann Abt.-Ltr.; Sept. 1955 – Juni 1956 Oberreferent im Amt für Lit. u. Verlagswesen; ab Herbst 1955 Journalistik-Fernstudium an der KMU Leipzig; 1956 interne Rehabilitierung durch die ZPKK; 1956–59 stellv. Chefred. der »Berliner Ztg.«; 1959–71, auf Veranlassung von Hermann Matern*, Kand. des PB der KPD u. Sekr. des ZK der KPD; Nov. 1971 Überführung der Mitgliedschaft KPD/SED; 1972–76 Intendant von »Radio Berlin Intern.«; 1972 VVO in Gold, 1975 Ehrenmedaille des Komitees der antifasch. Widerstandskämpfer; Juli 1976 Rentner; 1977 KMO, 1982 Stern der Völkerfreundschaft in Gold; gest. in Berlin.

Junker, Wolfgang 23. 2. 1929–9. 4. 1990
Bauminister
Geb. in Quedlinburg, Vater Arbeiter, aufgewachsen in Warnstedt; Mittelschule; 1945–49 Ausbildung u. Arbeit als Maurer (u. a. Eisenhüttenwerk Thale); 1948 FDGB; 1949–52 Ing.-Schule für Bauwesen Osterwieck (b. Blankenburg),

Bauing.; 1951 SED; 1952–54 Baultr., u. a. in der Berliner Stalinallee; 1955–57 Dir. des VEB Bagger- u. Förderarbeiten Berlin, 1958–61 des VEB Industriebau Brandenburg; 1961–63 stellv. Min. u. Staatssekr., 1963–89 Min. für Bauwesen (Nachf. von Ernst Scholz*); 1967 Kand., 1971–89 Mitgl. des ZK der SED; 1968 Mitgl. der DBA; seit 1972 Ltr. der DDR-Delegation in der Ständigen Kommission des RGW für Zusammenarbeit im Bauwesen, ab 1973 Vors. dieser Kommission; ab 1976 Abg. der Volkskammer; 7.11.1989 Rücktritt als Min. mit der Reg. Stoph; Jan. / Febr. 1990 U-Haft wegen des Verdachts von Amtsmißbrauch; Apr. Suizid.

Jürschik, Rudolf 15. 11. 1935
Chefdramaturg, Künstlerischer Leiter des DEFA-Spielfilmstudios
Geb. in Böhm.-Leipa in einer Arbeiterfamilie; 1946 Umsiedlung nach Eisleben (Börde); Volksschule bis 1950, Oberschule Haldensleben, 1954 Abitur; 1953 SED; 1954/55 Univ. Rostock, Schiffbautechn. Fak.; 1955/56 Bühnenarbeiter u. Aufnahmeltr.-Assistent im VEB DEFA-Studio für Spielfilme Potsdam-Babelsberg; 1956–60 Studium an der Dt. HS für Filmkunst Potsdam-Babelsberg, Fachrichtung Filmprod., 1960 Diplom; 1960–63 Assistent/Oberassistent an der Dt. HS für Filmkunst Potsdam-Babelsberg, Lehrgebiet Ästhetik/Filmwiss.; 1963–66 Studium der Gesellschaftswiss. an der PHS »Karl Marx«, 1966 Diplom; 1966–69 Aspirantur an der PHS, Prom. zum Dr. phil. mit einer Diss. zur Spezifik der Filmkunst unter dem philosoph. Aspekt der Subjekt-Objekt-Dialektik; 1969 Berufung zum HS-Doz. für das Fachgebiet Kulturtheorie, Ästhetik u. Filmtheorie; 1974 Prof.; stellv. Lehrstuhlltr. Kulturpol. an der PHS; Mai 1977 Berufung zum Chefdramaturgen des DEFA-Studios für Spielfilme (Nachf. von Günter Schröder); Herbst 1989 – März 1991 Künstler. Ltr. Seit der Abwicklung des gesamten künstler. Bereichs arbeitslos bzw. befristet in ABM-Projekten tätig.
Publ.: Wirklichkeit u. Filmkunst. Diss. Berlin 1970; Ästhet. Beziehungen. Berlin 1976; kontinuierl. Publikationstätigkeit in Fachztschr. zu ästhet. u. filmwiss. Fragen.

Just, Gustav 16. 6. 1921
Stellvertretender Chefredakteur der Ztg. »Sonntag«
Geb. in Reinowitz (Böhmen), Vater Maschinist, Kommunist; 1927–40 Volksschule u. Gymnasium, als Schüler Mitgl. der völk.-nat. Bündischen Jugend; 1940 bis 1945 Kriegsfreiwilliger, zuletzt Ltn. 1945/46 Steinarbeiter in Böhmen, Aussiedlung nach Dtl.; 1946 SED; 1946–48 Neulehrer an der Grundschule Westerhausen, wegen Tbc aus dem Dienst geschieden; 1948/49 Sekr. für Propaganda in der KL der SED Quedlinburg; 1949/50 Abt.-Ltr. für Kultur u. Erziehung In der Landesltg. Halle; 1951 Landesparteischule Ballenstedt; 1952–54 Sektorltr. für Kunst u. Kultur im ZK; 1954 Parteirüge, nachdem er offenbart hatte, daß er nicht Uffz., sondern zuletzt Ltn. gewesen war; 1954/55 1. Sekr. des Vorst. des DSV; 1955–57 stellv. Chefred. des »Sonntag«, Berlin, Anfang 1957 Entlassung aus der Red.; am zweiten Tag der Hauptverhandlung im Prozeß gegen Wolfgang Harich* (8. 3. 1957) Verhaftung Im Gerichtssaal nach Zeugenaussage; am 26. 7. 1957 zus. mit Walter Janka*, Heinz Zöger u. Richard Wolf Verurteilung zu vier Jahren Zuchthaus wegen »Verbrechen gemäß Art. 6 der Verfassung der DDR« (Boykotthetze); verbüßte von der Gesamthaftzeit zwei Jahre in Einzelhaft (Zuchthaus Bautzen II); 1960–86 freischaff. literar. Übersetzer aus dem Tschech.; 1986 Rentner; Lesungen aus den Memoiren »Zeuge in eigener Sache« im Herbst 1989 wurden ein wichtiger Impuls für die Demokratiebew.; Beitritt zur SDP/SPD.
1990/91 Alterspräs. des brandenburg.

Landtags u. Vors. der Verfassungskommission; zum Rücktritt genötigt durch eine öff. Kampagne, die sich auf die seit 1957 bekannte Beteiligung des jg. Wehrmachtsangehörigen an einem Erschießungskommando 1941 in einem ukrain. Dorf bezog.
Publ.: Zeuge in eigener Sache. Die 50er Jahre in der DDR. Berlin 1990.
Sek.-Lit.: Interview mit G. J. In: Gaus, Günter: Porträts. Berlin 1993.

Just, Helmut 2. 7. 1933–30. 12. 1952
VP-Wachtmeister, Grenzopfer
Geb. in Berlin als Sohn eines Arbeiters; 1940–49 Volksschule; 1949–52 Lehre als Maler im VEB Ausbau Berlin-Pankow; Sommer 1952 VP-Angehöriger in Berlin; FDJ-Mitgl.; am 30. 12. 1952 während des Grenzdienstes an der Behm-Brücke in Berlin-Prenzlauer Berg von zwei Westberlinern aus nächster Nähe erschossen; postume Ehrung durch Benennung von Brigaden, Klubhäusern u. Schulen nach ihm.

Justi, Ludwig 14. 3. 1876–19. 10. 1957
Kunsthistoriker, Generaldirektor der Staatlichen Museen Berlin
Geb. in Marburg in der Familie eines Prof.; nach dem Abitur Studium der Kunstgeschichte an den Univ. Bonn u. Berlin, hier 1898 Prom.; 1900 Hilfsarbeiter in den Staatl. Museen in Berlin; 1901 Privatdoz. u. 1902 Habil. an der Univ. Berlin; 1903 Prof. für Kunstgeschichte an der Univ. Halle; 1904 Dir. des Städelschen Kunstinst. in Frankfurt/Main; 1905–09 Erster ständiger Sekr. der Preuß. Akad. der Künste zu Berlin; 1909 Dir. der Nat.-Galerie in Berlin, 1933 aus pol. Gründen beurlaubt u. an die Bibl. der Staatl. Museen strafversetzt, 1933–45 schriftsteller. Tätigkeit.
1946–57 Generaldir. der Staatl. Museen Berlin; 1949 Ord. Mitgl. der DAW; 1950 Dr. h. c. der HU, NP, 1957 Ehrenmitgl. der Ernst-Barlach-Ges. in Hamburg.
J. gilt als Mitbegr. der modernen Kunstgeschichtsschreibung; zahlr. Publ., u. a. Kunstführer u. Museumskataloge.

K

Kahlau, Heinz 6. 2. 1931
Schriftsteller
Geb. in Drewitz (b. Potsdam), Vater Arbeiter; 1937–45 Volksschule; 1945–48 ungelernter Arbeiter (u. a. Elektriker, Holzdrechsler); 1948 Traktorist u. FDJ-Funktionär; 1948–50 SED, Ausschluß; ab 1950 Veröff. von Gedichten, Agit.-Prop.-Liedern u. Songs; 1953–56 Meisterschüler Bertolt Brechts* an der DAK; 1954 erster Gedichtband »Hoffnung lebt in den Zweigen der Caiba«; ab 1956 freischaff. Schriftst. (Lyrik, Nachdichtungen, Dramatik, Funk- u. Filmautor, Prosa); 1957–64 IM-Tätigkeit, selbst herbeigeführter Abbruch der Zusammenarbeit (1990 freiwillig offengelegt); 1963 Heinrich-Heine-Preis; zeitw. Szenarist bei der DEFA; 1965 Dt. PEN-Zentrum Ost u. West, dann PEN-Zentrum DDR (Präs.: 1970–80) u. Dt. PEN-Zentrum (Ost); 1972 Lessing-Preis, Wiedereintritt in die SED; 1979–87 Mitgl. im Bezirksvorst. Berlin des SV; 1984 NP; 1987–90 Mitgl. im Zentralvorst. des SV.
1990–92 Bezirksverordneter der PDS in Berlin-Pankow. Lakonischer, alltagsbezogener Lyriker, bekannt v. a. durch Liebeslyrik u. Kinderbücher.
Publ.: Der Fluß der Dinge. Ausgew. Gedichte. Berlin u. Weimar 1964; Du. Ber-

lin u. Weimar 1970; Galoschenoper. UA Berlin 1978; Bögen. Ausgew. Gedichte. Berlin 1981; Kaspers Waage. Ausgew. Gedichte. Berlin 1992.
Sek.-Lit: Matthies*, Frank-Wolf: Porträt H. K. In: Frankfurter Rundschau, 2. 12. 1989.

Kähler, Christoph 10. 5. 1944
Evangelischer Theologe, Rektor der Kirchlichen Hochschule Leipzig
Vater Theologieprof., Mutter Hausfrau, Eltern Mitgl. der »Bekennenden Kirche«; 1952 Abitur, anschl. Berufsausbildung zum Elektromonteur; 1964–69 Studium der Theol. an der FSU Jena u. der EMAU Greifswald, Mitarb. in den ESG, 1968 Teiln. u. Ltg. von Diskussionskreisen zur Studienreform und zur Verfassung; 1969–73 Forschungsstudium an der Theolog. Fak. der FSU; 1970 Stipendium »providentiae memor« Zürich, Wahrnehmung durch staatl. Organe verhindert; 1973–77 Assistent an der Theolog. Fak. der FSU, 1974 Prom. mit »Studien zur Form- u. Traditionsgeschichte der bibl. Makarismen«; 1977 Pfarrer in Leipzig u. glz. Lehrbeauftragter für Neues Testament am Theolog. Seminar (Kirchl. HS) Leipzig, ab 1981 dort Doz. für Neues Testament u. 1986–88 Rektor; 1984–89 berufenes Mitgl. der Synode der Ev.-Luth. Landeskirche Sachsen; 1988/89 Prediger bei Friedensgebeten in der Leipziger Nikolaikirche; Mai 1989 Gastdoz. in Bern; Okt. 1989 bis Jan. 1990 Mitgl. des DA und Mitautor des Parteiprogramms; Mitgl. der Arbeitsgruppe Wahlen des Runden Tisches Leipzig; 1990/91 Mitgl. der letzten Synode des Bunds der Ev. Kirchen der DDR.
1991–93 Mitgl. der Sächs. HS-Kommission; 1992 Habil. an der FSU Jena mit der Arbeit »Gleichnisse als Poesie u. Therapie« (Veröff. Tübingen 1994); im Zuge der Zusammenführung der Kirchl. HS mit der Theolog. Fak. 1992 Prof. der Univ. Leipzig u. 1994 Dekan der Theolog. Fak.; seit 1993 Mitgl. im Vorermittlungsaussch. der EKD.
Autor zahlr. Aufsätze v. a. zur kirchl. Jugendarbeit, zur kommunikationstheoret. Interpretation der Gleichnisse Jesu sowie zu Themen des pol. Umbruchs in der DDR; Beiträge zur Umsetzung sozialeth. Theorie in die theolog. Praxis.

Kaiser, Bruno (Ps. Oswald Mohr)
5. 2. 1911–27. 1. 1982
Bibliotheksdirektor
Geb. in Berlin, Vater Lehrer; Gymnasium, Abitur; ab 1929 Studium der Germanistik u. Kunstgeschichte an der Univ. Berlin, zugl. Volontär, dann Red. bei der »Vossischen Ztg.«; Abbruch des Studiums; 1938 Emigration nach Belgien, Frankreich u. in die Schweiz, im Krieg zeitw. Zivilinternierung; wiss. u. pol. tätig, Entdecker des Nachlasses von Georg Herwegh; ab 1943 Mitgl. der Bew. »Freies Dtl.« in der Schweiz, 1943–46 Bibliothekar In Liestal, hier Aufbau des Herwegh-Museums; 1946/47 wiss. Arbeit in Belgien.
1947 Rückkehr nach Dtl.; 1947–49 Abt.-Dir. an der Dt. Staatsbibl. Berlin, Prom. zum Dr. phil.; 1948 SED; ab 1949 Ltr. der Bibl. des IML; 1958 Heinrich-Heine-Preis; 1956 Mitbegr. u. Vors. der Pirckheimer-Ges. im KB; 1961 Prof.; bedeutender Büchersammler u. Marx-Engels-Forscher, gab u. a. Werke von Herwegh u. Georg Weerths »Sämtl. Werke in fünf Bänden« (1956/57) heraus, Mitbegr. der Marx-Engels-Gesamtausgabe (MEGA).
Sek.-Lit.: Festschrift für B. K. (mit Bibliogr.). Berlin 1981.

Kaiser, Jakob 8. 2. 1888–7. 5. 1961
CDU-Politiker
Geb. in Hammelburg (Unterfr.), Vater Buchbindermeister u. Papierwarenhändler; Volksschule, Ausbildung u. Arbeit als Buchbinder; 1912 Zentrum, 1912 bis 1921 Kartellsekr. (Geschäftsführer) der Christl. Gewerkschaften Dtl. (CGD) in

Köln; 1914–17 Kriegsdienst, Uffz.; 1921–24 hauptamtl. CGD-Arbeit in Berlin, 1924–33 Landesgeschäftsführer für Westdtl. im Gesamtverb. der CGD; 1928–33 Mitgl. des Zentrum-Reichsvorst.; 1932/33 Abg. des Reichstags; ab 1933 illegaler Widerstand, 1936 acht Monate Haft, 1938 wieder verhaftet, lebte nach dem 20. Juli 1944 rund zehn Monate illegal in Potsdam-Babelsberg.

1945 Mitbegr. der CDU für Berlin u. die SBZ, Juli – Aug. im PV, dann bis Dez. 3. Vors., ab Ende 1945 1. Vors. (Nachf. von Andreas Hermes*); 1945 Mitgl. des Vorbereitenden Gewerkschaftsaussch. Groß-Berlin, 1946/47 Mitgl. des FDGB-Bundesvorst. u. des Landesvorst. Groß-Berlin; 1946–49 Stadtverordneter; Dez. 1947 von der SMAD abgesetzt (u. a. nach Ablehnung der Teiln. am 1. Dt. Volkskongreß vom CDU-Hauptvorst.); ab Jan. in Berlin (West); 1948/49 (West-)Berliner Vertreter im Parl. Rat in Bonn; 1949–57 Mitgl. des Bundestags, Min. für Gesamtdt. Fragen; 1950–61 Vors. der Exil-CDU, 1950–58 stellv. CDU-Vors. in der Bundesrep. Dtl., 1958–61 ihr Ehrenvors.

Publ.: J. K. – Gewerkschafter u. Patriot. Eine Werkauswahl (Hrsg. T. Mayer). Köln 1988.

Sek.-Lit.: Conze, W.; Kosthorst, E.; Nebgen, E.: J. K. 4 Bde. Stuttgart, Berlin, Köln. Mainz 1967–72.

Kaiser, Josef 1. 5. 1910–5. 10. 1991
Architekt, Städtebauer

Geb. in Cilli (Slow.); 1929–35 Studium an der Dt. TH Prag, Dipl.-Ing.; 1935–40 in Architektenbüros Ernst Flemming u. Otto Kohtz in Weimar u. Berlin u. im Projektierungsbüro der DAF bei Schulte-Frohlinde tätig; 1941–45 Ltr. der Grundrißtypenplanung der Dt. Akad. für Wohnungswesen in Berlin.

1945 Erkrankung; 1946 Gesangsstudium an der Musik-HS Dresden; 1948 Tenor am Theater am Nollendorfplatz in Berlin; 1950–55 Mitarb. der DBA in der Meisterwerkstatt II von Hanns Hopp*, bearbeitete hier Entwürfe für das Kulturhaus der Maxhütte Unterwellenborn u. Kinos an der Stalinallee in Berlin, Wettbewerbsentwurf Stalinallee u. Zentrum Stalinstadt (Eisenhüttenstadt); Chefarchitekt für den Aufbau von Stalinstadt, projektierte den zweiten Wohnkomplex; entw. Typenvorschläge für Gesellschaftsbauten, u. a. Filmtheater »Kosmos« (Ideenentwurf 1956, gebaut 1962); 1956–58 Wohnbauten in Mannheim, Berlin (West) u. Essen; ab 1958 Tätigkeit im VEB Berlin-Projekt, bemühte sich um Klärung ästhet. Verhältnisse beim industriellen Bauen, Anwendung versch. Proportionslehren in mod. Rasterarchitektur; 1962 Ltr. des Entwurfskollektivs für das Ensemble zwischen Strausberger Platz u. Alexanderplatz der Karl-Marx-Allee in Berlin, 1963 Hotel »Berolina« u. Filmtheater »Intern.«, 1964 Restaurant »Moskau«; projektierte 1967 das Min. für Auswärtige Angelegenheiten; 1970 Centrum-Warenhaus; 1971 Wohnhochhäuser in 5-Mp-Plattenbauweise als Erstentw.; 1969 Prof. für Allg. Hochbau an der HAB Weimar, 1973 em.; seit 1973 Chefarchitekt u. persönl. Berater beim Dir. der »Aufbaultg. für Sondervorhaben Berlin«.

K. war neben Rolf Göpfert einer der profiliertesten Entwerfer, der im Hintergrund der namhaften Meisterarchitekten arbeitete; er prägte architekton. maßg. das Berlin (Ost) der 60er Jahre, die meisten seiner Bauten sollen abgerissen werden.

Publ.: Die Forts. der Stalinallee vom Strausberger Platz bis zum Alexanderplatz. In: Verner, Paul: Großbaustelle Zentrum Berlin. Berlin 1960.

Kaiser, Wolf 26. 10. 1916–22. 10. 1992
Schauspieler

Geb. in Frankfurt/Main, Vater Arbeiter; wuchs in der Schweiz auf; Hilfsarbeiter, Studium der Physiol., nebenbei Kellner

u. a. Berufe; 1937 nach Dtl. zurückgeholt, RAD u. Wehrdienst, 1939 wegen Krankheit entlassen; Schauspielunterricht, 1941 Debüt in Iglau, 1942–45 Schauspieler an der Berliner Volksbühne.
Nach 1945 Engagements in Bayreuth, München, Leipzig, seit 1950 am Dt. Theater, Berliner Ensemble u. der Volksbühne; ab 1960 im Berliner Ensemble Bühnenrollen in Brechts* »Dreigroschenoper« (R: Erich Engel*), »Die Tage der Commune« (R: Manfred Wekwerth*, Joachim Tenschert), »Coriolan« u. a.; ab 1969 Mitgl. des Schauspielensembles des DFF; Film- u. Fernsehrollen in »Kabale u. Liebe«, »Thomas Müntzer«, »Die Geduld der Kühnen« (TV-Serie von Benito Wogatzki*, R: Lothar Bellag*, 1969), »Ich – Axel Caesar Springer« (R: Helmut Krätzig, TV), »Casanova auf Schloß Dox« (TV) u. a.; 1984 Gastspiele in Schwäbisch-Hall, Chur u. Bad Hersfeld; über 25 Jahre Präs. des Klubs der Gewerkschaft Kunst »Die Möwe« in Berlin.
1992 Freitod.

Kalb, Hermann 20. 10. 1924
Stellv. des Staatssekretärs für Kirchenfragen, CDU-Politiker
Geb. in Jena, Vater Angestellter; Volks- u. Oberrealschule in Jena u. Frankfurt/Main, Abitur; 1941–45 Kriegsdienst, Ltn.
1946 Jurastudium an der FSU Jena; 1946 CDU; 1947–50 Sekr. u. Vors. des CDU-Kreisverb. Meiningen; 1948–50 tätig in der staatl. Verwaltung, stellv. Landrat des Kr. Meiningen; 1950–52 CDU-Landessekr. in Thüringen u. Abg. des Landtags; 1950 – März 1990 Abg. der Volkskammer, 1950–54 Mitglied des Justizaussch., 1954–63 Mitgl. des Ständigen Aussch. für Allg. Angelegenheiten; 1963–67 Schriftführer des Aussch. für Kultur, 1966–1969 Mitgl. des Präs. der Volkskammer, 1969–86 Vors. des Aussch. für Eingaben der Bürger; 1952–61 Vors. des CDU-Bezirksverb. Erfurt, 1960–89 Mitgl. des Präs. des CDU-Hauptvorst., 1961–71 Chefred. des CDU-Zentralorgans »Neue Zeit«; 1961–70 Mitgl. des Präs. des VDJ; seit 1963 Mitgl. der UNESCO-Kommission der DDR; 1971 bis 1977 Sekr. des CDU-Hauptvorst.; seit 1972 Mitgl. des NR der NF; 1977 VVO in Gold; 1977–89 Stellv. des Staatssekr. für Kirchenfragen (Nachf. von Fritz Flint*), 1990 Staatssekr. u. Ltr. des Amts für Kirchenfragen.

Kalweit, Werner 27. 7. 1926
Wirtschaftswissenschaftler, Vizepräsident der AdW
Geb. in Madrid, Vater Arbeiter; Abitur. 1946 SED; 1946–49 Praktikum u. Teilstudium; 1950–52 Studium mit der Spezialisierung Finanzwirtschaft an der Dt. Verwaltungsakad. (DVA) in Forst-Zinna, Abschluß als Dipl.-Wirtsch.; 1952/53 wiss. Mitarb. u. Lehrer an der DVA bzw. an der 1953 daraus hervorgegangenen DASR in Potsdam; 1953/54 Doz. für Finanzwirtschaft u. kommissar. Rektor an der HS für Finanzwirtschaft in Potsdam; nach deren Fusion mit der HS für Planök. 1956–62 Dekan der Finanzök. Fak. u. Prorektor der HfÖ Berlin; 1962 Habil. mit einer Arbeit zur Entw. des Finanzsystems in der DDR, Berufung zum Prof. u. Lehrstuhlltr. für pol. Ök. des Soz.; Mitgl. des Beirats für ök. Forschung der SPK u. des Redaktionskollegiums der Ztschr. »Wirtschaftswiss.«; 1967–71 stellv. Dir. des IfG; ab 1967 Abg. der Volkskammer u. bis 1986 Mitgl. des Aussch. für Haushalt u. Finanzen; 1970 NP; ab 1970 Mitgl. der APW; ab 1971 Ltr. des Forschungsbereichs Ges.-Wiss., verantw. für Koordination, interdisz. Kooperation sowie wiss.-pol. Kontrolle der ges.-wiss. Forschung; ab 1972 Vizepräs. u. Mitgl. des Präs. der AdW; 1973 ord. Mitgl. der AdW; auswärtiges Mitgl. der tschechoslowak. AdW; ab 1974 Mitgl. des Präs. der UNESCO-Kommission der DDR.

Arbeitsthemen: Wert- u. Finanztheorie; Charakter u. Wirkungsweise ök. Gesetze in der soz. Ök.
Publ.: Über die Ursachen der Preissteigerungen im mod. Kapitalismus. Berlin 1958; Das Finanzsystem der DDR. Berlin 1962; Marx u. die Technik heute. Berlin 1973; Gesetzmäßigkeiten des entw. Soz. Berlin 1986.

Kamilli, Karl-August 5. 1. 1945
Stellv. Vorsitzender der SPD (DDR)
Geb. in Hagenow (Meckl.), Vater Kaufmann; Grundschule u. 1959–63 EOS in Hagenow, 1963–65 Ausbildung zum Facharbeiter für Tiefbohrungen in Gommern, anschl. im Beruf tätig; 1965–70 Studium der Geophysik an der KMU Leipzig, Dipl.-Geophysiker; 1970–90 Mitarb. im VEB Kombinat Geophysik Leipzig; 1970–72 NVA, Bausoldat; Engagement in kirchl. Friedens- u. Umweltgruppen, durch das MfS überwacht; Okt. 1989 Mitbegr. der SDP in Leipzig, Vors. des prov. Kreis- bzw. Bezirksvorst., Febr. 1990 stellv. Vors. der SPD (DDR); März – Okt. Abg. der Volkskammer, Vors. des Abrüstungs- u. Verteidigungsaussch. u. der Arbeitsgruppe Sicherheitspolizei; seit 1990 Vors. des Bezirksverb. der Arbeiterwohlfahrt Sachsen/West e. V. u. Vors. der Landesarbeitsgemeinschaft; Sept. 1990–93 (mit Vereinigung beider sozialdemokr. Parteien) Mitgl. des PV der SPD.
Okt – Dez. 1990 Abg. des Dt. Bundestags; anschl. bis Sept. 1992 Landesbeauftragter für Aufenthalt u. Abzug der GUS-Streitkräfte, zugleich Referatsltr. in der Staatskanzlei Sachsen für Streitkräfteangelegenheiten/Konversion; anschl. beim Sächs. Rechnungshof tätig; unabhängiger Kand. für die Wahl zum Bundestag 1994.
Publ. u.a. zu zukünftigen Strategien u. Strukturen der Landesverteidigung.

Kaminsky, Horst 20. 3. 1927
Präsident der Staatsbank
Geb. in Markranstädt (b. Leipzig); 1944 NSDAP; Industrie-Kaufmann; Dipl.-Wirtsch.; Hauptbuchhalter.
Nach 1945 in versch. VEB tätig; 1953/54 Werkltr. des VEB Askania in Teltow (b. Berlin); später Mitarb. einer VVB; Hauptabteilungsltr. Buchhaltung u. Revision im Min. für Allg. Maschinenbau; Mitarb. der SPK u. des Volkswirtschaftsrats; 1964–74 Staatssekr. u. 1. stellv. Min. der Finanzen; 1974–90 Präs. der Staatsbank (Nachf. von Margarete Wittkowski*) u. Mitgl. des Min.-Rats; Vors. des Vorst. der SDAG Wismut; 1977 VVO in Gold.

Kämmerer, Wilhelm 23. 7. 1905
Konstrukteur von Rechenmaschinen
Geb. in Büdingen (Oberhessen); 1923 bis 1927 Studium der Mathematik u. Physik an den Univ. Gießen u. Göttingen, 1927 wiss. Staatsexamen u. Prom. mit einer Arbeit aus der Algebra in Gießen, 1929 pädagog. Staatsexamen; ab 1930 im höheren Schuldienst in Naumburg tätig; 1943 Zeiss-Werke Jena.
Nach dem Krieg zu Reparationsarbeiten herangezogen; 1946–53 in der UdSSR; 1954–62 wiederum bei Zeiss, Entwicklungsgruppe für Datenverarbeitungsanlagen; 1958 Habil. an der FSU Jena, 1960 Prof. für Kybernetik; 1962–70 am ZI für Kybernetik u. Informationsprozesse der DAW.
Wesentl. beteiligt an der Entw. des ersten programmgesteuerten Rechenautomaten OPREMA (OPtik REchenMAschine) der DDR im VEB Carl Zeiss Jena (ab Dez. 1954 Probebetrieb, Aug. 1955 Anlage in Betrieb), desgleichen an der Entw. des Digitalrechners ZRA 1 (»Zeiss RechenAutomat«) 1956–61, des ersten bei Zeiss in Serie hergestellten Rechenautomaten, einzuordnen zwischen den Rechnern der 1. und 2. Generation; (weitere Entwicklungsarbeiten in Jena abgebrochen);

Verf. mehrerer Bücher über Rechenautomaten u. mathemat. Methoden der Kybernetik.

Kamnitzer, Heinz 10. 5. 1917
Präsident des PEN-Zentrums DDR
Geb. in Berlin, Vater Drogist; 1927–33 Askan. Gymnasium; 1931 Soz. Schülerbund; Herbst 1933 wegen antifasch. Tätigkeit verhaftet, anschl. Flucht nach England; 1933–35 Polytechnikum in London; 1935/36 Hilfsarbeiter u. Tischlerlehrling in Palästina; 1936 Rückkehr nach London, Gasthörer an der London School of Economics u. journalist. Tätigkeit, 1939/40 Chefred. von »Inside Nazi Germany« (Schirmherrschaft: Lion Feuchtwanger, Heinrich Mann, Alfred Kantorowicz*); 1940/41 Internierung in Kanada; 1942–46 in London Red. der Wirtschaftsztg. »Petroleum Press Service«; Mitgl. der Ltg. des Freien Dt. Kulturbunds, Mitarb. im Jüd. Hilfskomitee für die UdSSR.
1946 Rückkehr nach Berlin; SED; Studium der Philos. an der HU Berlin, 1947 dort Lehrauftrag; 1949/50 Prof. an der Landes-HS Brandenburg in Potsdam; 1950 Prom. zum Dr. phil. an der HU Berlin mit einer Diss. über die 48er Rev., 1950–54 Prof. für Geschichte, 1952–54 Dir. des Inst. für Geschichte des dt. Volkes u. Dekan an der HU; 1953–55 mit Alfred Meusel u. Leo Stern* Hrsg. der »Ztschr. für Geschichtswiss.«; seit 1955 freischaff. Schriftst., arbeitete bes. zur Beziehung zwischen Lit. u. Ges. u. über Arnold Zweig*, auch TV-Bearbeitungen von dessen Werken, so »Der Streit um den Sergeanten Grischa« 1968; ab 1958 Mitgl. des Dt. PEN-Zentrums Ost u. West; 1965 Carl-von-Ossietzky-Medaille; ab 1967 Vizepräs., ab 1970 Präs. des PEN-Zentrums DDR (Nachf. von Arnold Zweig); 1977 VVO in Gold; 1978–89 für das MfS als IM »Georg« tätig; Okt. 1989 Rücktritt als Präs. des PEN-Zentrums DDR.
Publ.: Zur Vorgeschichte des Dt. Bauernkrieges. Berlin 1953; Wider die Fremdherrschaft. Berlin 1956; Das Testament des letzten Bürgers. Essays u. Aufsätze. Leipzig 1973; Der Tod des Dichters. Berlin 1974; Heimsuchung u. Testament. Leipzig 1981; Abgesang mit Herzschmerzen. Berlin 1993.

Kania, Karin, geb. Enke 20. 6. 1961
Leistungssportlerin (Eisschnellauf)
Geb. in Dresden, Mutter Lehrerin, Vater Ingenieur; ab 1965 zunächst Eiskunstläuferin, 1977 EM-Teiln.; Besuch der KJS in Dresden; 1979 Wechsel zum Eisschnelllauf (Trainer Rainer Mund*); 1980 Sprint-WM u. Olympiasiegerin über 500 m; 1981 Sprint-WM u. Vize-WM im Mehrkampf; 1982 WM im Mehrkampf u. Zweite der Sprint-WM; 1983 Sprint-WM u. Vize-WM im Mehrkampf; 1984 Olympiasiegerin über 1000 m u. 1500 m, -Zweite über 500 m u. 3000 m; 1986 u. 1987 jeweils Sprint- und Mehrkampf-WM; 1988 Olympia-Zweite über 1000 u. 1500 m u. -Dritte über 500 m; nach abgebrochenem Studium der Kunstgeschichte an der KMU Leipzig ab 1985 Erwachsenenqualifizierung zur Kosmetikerin.
1991 als erste Eisschnelläuferin mit der Jacques-Favart-Trophäe der ISU ausgezeichnet; lebt als Hausfrau in Großerkundsdorf b. Dresden.

Kant, Hermann 14. 6. 1926
Schriftsteller, Präsident des Schriftstellerverbands
Geb. in Hamburg, Vater Gärtner; Mittelschule, Elektrikerlehre in Parchim; gegen Ende des Weltkriegs Soldat, 1945–49 poln. Gefangenschaft, Mitbegr. des Antifa-Komitees im Arbeitslager Warschau, Antifa-Zentralschule.
Nach der Rückkehr 1949 SED; 1949–52 Student u. Doz. an der ABF Greifswald, anschl. Studium der Germanistik, dann wiss. Assistent an der HU Berlin (bei Alfred Kantorowicz); 1957–62 Chefred.

der Studentenztg. »tua res«; seit 1959 freischaff., 1962 Debüt mit dem Erzählungsband »Ein bißchen Südsee«; seit Ende der 50er Jahre Kontakte zum MfS, ab 1963 als GI »Martin«, ab Nov. 1968 vom MfS als IMS »Martin« geführt; 1969 Mitgl. der AdK, 1969–78 deren Vizepräs.; 1974–79 Mitgl. der SED-BL Berlin; Apr. 1976 Einstellung des IM-Vorgangs wegen K.s SED-Nomenklatur-Stellung, Auszeichnung durch das MfS; 1978 – März 1990 Präs. des SV (Nachf. von Anna Seghers*); 1986–89 Mitgl. des ZK der SED; 1981–90 Abg. der Volkskammer.

Großer Erfolg mit krit.-humorist. Bilanz der ABF-Zeit im Kontext der DDR-Geschichte im Romanerstling »Die Aula« (1955); der Roman »Der Aufenthalt« (1976) behandelt am Beispiel eines jungen, irrtüml. als Kriegsverbrecher behandelten Deutschen spannungsreiche Fragen von kollektiver Schuld u. Unschuld des einzelnen.

Publ.: Das Impressum. Berlin 1972; Eine Übertretung (Erzählungen). Berlin 1975; Zu den Unterlagen. Publizistik 1957–80. Berlin u. Weimar 1981; Die Summe. Berlin 1987; Abspann. Erinnerung an meine Gegenwart (Autobiogr.). Berlin 1991; Kormoran. Berlin 1994.

Sek.-Lit.: Krenzlin, L.: H. K. Leben u. Werk. 3., erw. Aufl. Berlin 1988.

Kantorowicz, Alfred
12. 8. 1899–27. 3. 1979
Literaturhistoriker, Publizist

Geb. in Berlin in einem jüd. Elternhaus, Vater Kaufmann; 1917 Soldat; 1918 Abitur; 1919–23 Jura- u. Germanistik-Studium in Berlin, Freiburg i. Br. u. Erlangen, Diss. über »Die völkerrechtl. Grundlagen des nationaljüd. Heims in Palästina«; 1924–33 Kulturredakteur in Mannheim, Korr. der »Voss. Ztg.« in Paris, Lit.- und Theaterkritiker versch. Ztgn.; 1931 KPD, Freundschaft mit Ernst Bloch*, Bertolt Brecht* u.a.; 1933 Emigration nach Paris; Mitbegr. u. Generalsekr. des »Schutzverb. Dt. Schriftsteller im Exil«; 1936–38 als Offz. Teiln. am span. Bürgerkrieg; 1939 Internierung in Frankreich, Flucht, Illegalität; 1941 USA, Red. der Abt. Auslandsnachrichten beim Rundfunkkonzern CBS.

Ende 1946 Rückkehr nach Berlin, 1947–49 Versuch eines geistigen Brükkenbaus mit der Hrsg. der von allen vier Besatzungsmächten lizenzierten Ztschr. »Ost u. West«; 1949 Mitgl. des PEN-Zentrums Dtl.; 1950 SED, Prof. für neueste dt. Lit. an der HU Berlin, 1955 Dir. des Germanist. Inst.; 1950–57 Ltr. des Heinrich-Mann-Archivs der DAK u. Hrsg. der Ausgew. Werke H. Manns (1951–56); Ltr. des Thomas-Mann-Archivs der DAW; weigerte sich Ende 1956, die Ungarn-Resolution des DSV zu unterzeichnen; Aug. 1957 Flucht vor drohender Verhaftung nach Berlin (West); 1957–61 in München, ab 1962 in Hamburg; arbeitete als Publizist; war trotz seiner antikomm. Haltung auch im Westen Mißverständnissen und Schikanen ausgesetzt; gest. in Hamburg.

Zahlr. Publ. zum Werk der Gebrüder Mann, zur dt. Exillit. u. zum geistigen Widerstand in der DDR; subjektives Zeugnis vom Lebensgefühl in der DDR der 50er Jahre legten die beiden Bände »Dt. Tagebuch« (1959 u. 1961) ab.

Publ.: Dt. Schicksale. Berlin 1949; Dt. Schicksale. Intellektuelle unter Hitler u. Stalin. Wien u. a. 1964; Span. Kriegstagebuch. Köln 1966; Der geistige Widerstand in der DDR. Troisdorf 1968; Pol. u. Lit. im Exil. Hamburg 1978.

Sek.-Lit: A. K. In: Hamburger Bibliogr. Bd. 3. Hamburg 1969.

Kapr, Albert 20. 6. 1918 – 13. 3. 1995
Buchgestalter

Geb. in Hedelfingen (b. Stuttgart), Vater Arbeiter; Volksschule, 1933–37 Lehre als Schriftsetzer in der Dt. Verlagsanstalt Stuttgart; ein Jahr Haft als Mitgl. einer

Widerstandsgruppe des KJVD; seit 1937 Studium an der Akademie für bildende Künste Stuttgart bei Ernst Scheidler; 1939–45 Kriegsdienst.
1945–47 Forts. des Studiums; 1947 Assistent an der TH Stuttgart u. Ltr. einer Klasse für Gebrauchsgrafik an einer Kunstschule; 1948–51 Doz. an der HS für Architektur u. bildende Kunst Weimar; 1951–82 Prof. an der HS für Grafik u. Buchkunst in Leipzig. 1955–78 Ltr. des von ihm gegr. Inst. für Buchgestaltung, 1959–61 u. 1965–73 Rektor der HS für Grafik und Buchkunst Leipzig; 1963–74 Künstler. Ltr. der Schriftgießerei Typoart Dresden, hier entwarf er die »Faust Antiqua« (erstmals 1961 u. 1963 verwendet) u. die »Leipziger Antiqua« für Hand- u. Lichtsatz, modernisierte die »Clarendon Neutra« und die »Prillwitz-Antiqua«; 1975 Prom. zum Dr. phil.; 1983 em.
Sein Werk umfaßt die Gestaltung von mehr als 200 Büchern, u. a. 1972 Fraenger: Jörg Ratgeb, 1973 Neruda: Aufenthalt auf Erden, Zerbster Prunkbibel »Cranachbibel«, 1975 Marx-Engels-Gesamtausgabe sowie graf. Arbeiten u. Plakate.
Publ.: Dt. Schriftkunst. Dresden 1955; Buchgestaltung. Dresden 1963; Schriftkunst. Dresden 1971; Schrift- u. Buchkunst. Leipzig 1982.

Karau, Gisela, geb. Wilczynski
28. 3. 1932
Journalistin, Schriftstellerin
Geb. in einer Berliner Arbeiterfamilie; Oberschule, Abitur; 1950 Red. der »BZ am Abend«, später Kolumnistin, Reporterin u. freischaff. Schriftst., Kinderbuchautorin; 1952–90 VdJ, 1963–89 SED, 1975–90 Schriftstellerverband, 1980–90 dort stellv. Vors. (Berliner Bezirksverb.), 1980–84 Mitgl. der Stadtverordnetenvers. Berlin.
Publ.: Dann werde ich ein Kranich sein. Berlin 1975; Darf ich Wilhelm zu Dir sagen. Berlin 1979; Stasi-Protokolle. Gespräche mit ehemaligen Mitarbeitern des MfS. Frankfurt/M. 1992; Grenzerprotokolle. Gespräche mit ehemaligen DDR-Offizieren. Frankfurt/M. 1992; Die »Affäre« Heinrich Fink*. Berlin 1992.

Karsten, August 20. 12. 1888–8. 5. 1981
SED-Politiker
Geb. in Peine, Vater Transportarbeiter; Volksschule; Transportarbeiter u. Kutscher, Arbeitsinvalide; 1908 SPD, Ltr. der Arbeiterjugend in Peine, 1914 Arbeitersekr. in der Stadtverordnetenvers. Aschaffenburg; 1917 USPD, bis 1918 Vors. der BL u. Mitgl. der Kontrollkommission Nordbayern u. Abg. des Bayer. Landtags; 1919–23 Arbeitersekr. in Peine; ab 1920 Abg. des Dt. Reichstags, USPD, ab 1922 SPD-Fraktion, auch Mitgl. parl. Vertretungen in Gemeinden, im Kreistag u. im Provinziallandtag Hannover; 1924–33 Vors. des Zentralverb. der Arbeitsinvaliden; ab 1933 illegaler Widerstand, zeitw. in Haft.
1945/46 SPD/SED; Nov. 1945 – Apr. 1946 Beisitzer des Zentralaussch. der SPD, 1946–50 des PV der SED u. bis Jan. 1949 seines Zentralsekr., aus gesundheitl. Gründen ausgeschieden, danach ohne pol. Funktion.

Karusseit, Ursula 2. 8. 1939
Schauspielerin, Regisseurin
Geb. in Elbing (Westpr.), Vater Stellmacher u. Neulehrer; Wirtschaftsschule, Arbeit als Stenotypistin u. Sachbearb.; 1960–62 Staatl. Schauspielschule Berlin; 1962 von Wolfgang Heinz* für die Volksbühne Berlin entdeckt u. gefördert; 1966–68 Dt. Theater Berlin, 1969–86 wieder Volksbühne; 1969 Heirat mit Benno Besson*; Theaterrollen: 1964 Rote Rosa in der UA von Hacks'* »Moritz Tassow«, 1965 Elsa in Schwarz' »Der Drache« (beide R.: Benno Besson), 1970 Shen Te/Shui Ta in Brechts* »Der gute Mensch von Sezuan«, 1973 Hacks' »Mar-

garete in Aix« (R.: Benno Besson), 1974 Brechts »Die heilige Johanna der Schlachthöfe«, Kammerspiele München (R.: Benno Besson), 1982 Hexe/Mörder/Soldat in Müllers* »Macbeth«-Bearbeitung; Filmrollen: 1968 Gertrud Habersaat in Helmut Sakowskis* Fernsehfilm »Wege übers Land«, Hausmann in der Brecht-Verfilmung »Tod und Auferstehung des Wilhelm Hausmann«, Hilde Coppi im DEFA-Film »Die Rote Kapelle«, 1974 Gisi in Konrad Wolfs* »Der nackte Mann auf dem Sportplatz«; Regiearbeit: 1984 Debüt mit Synges »Held der westl. Welt«, 1986 Knauths »Der Prinz von Portugal« (Diskussionen um die Inszenierung bewogen K. zu Kündigung u. Umzug nach Köln).
1986–90 zunächst Gastrolle, dann festes Engagement in Köln; 1992 Serreaus »Hase Hase« in Schwerin, 1994 Brechts »Der gute Mensch von Sezuan« in Dresden.
Sek.-Lit.: Schwarz-Stötzer, Helga: Mit Leib u. Seele. Berlin 1990.

Kastner, Hermann
25. 10. 1886–4. 9. 1957
LDPD-Politiker, Stellv. Ministerpräsident
Geb. in Berlin, Vater Lehrer; 1904 Abitur am Gymnasium Zum Grauen Kloster; 1904–08 Jura- u. Volkswirtschaftsstudium an der Univ. Berlin, 1908 Referendar u. Dr. jur.; danach Assessor in den Stadtverwaltungen von Lichtenberg u. Neukölln u. beim Berliner Magistrat; 1917 Prof. an der Leopold-Akad. Lippe-Detmold; 1918 DDP, Vors. von Ostsachsen; ab 1919 Rechtsanwalt in Dresden, ab 1921 zugl. Geschäftsführer sächs. Wirtschaftsverb.; 1922–33 Abg. des Sächs. Landtags; nach 1933 Verbindung zur Widerstandsgruppe um Rainer Fetcher, mehrmals in Haft.
1945 Mitbegr. u. bis 1947 Vors. des Landesverb. Sachsen der LDPD, 1947–49 stellv. Vors. u. 1949/50 mit Karl Hamann* Vors. der LDPD; 1945 Präs. der Anwalts- u. Notarkammer Sachsen; 1946 Beratende Vers. Sachsen (Präsidiumsmitgl.); 1946–50 Abg. des Sächs. Landtags, bis 1948 auch Vizepräs., 1946–48 Justizmin. u. stellv. Min.-Präs. des Landes Sachsen; 1948 Ltr. des Fachsekr. Finanzen, Post u. Fernmeldewesen u. bis 1949 stellv. Vors. der DWK u. Kovors. des Präs. des Dt. Volksrats; 1948 2. Vors. der VVN; 1949/50 Abg. der Prov. Volkskammer, dann der Volkskammer, 1949/50 stellv. Min.-Präs. der DDR; am 20. 7. 1950 wegen Konflikt über die gemeinsame Kandidaten-Liste der NF für die Wahlen im Okt. aus der LDPD ausgeschlossen, im Mai 1951 wiederaufgenommen, rehabilitiert; 1951–56 Vors. des Förderungsaussch. für die Intelligenz beim Vors. des Min.-Rats; Sept. 1956 Flucht in die Bundesrep. Dtl., zuvor mehrjährige Tätigkeit für die »Org. Gehlen« bzw. den BND.
Publ.: Das Geschichtsbild der LDPD. Weimar 1949.

Katsch, Gerhardt 14. 5. 1887–7. 3. 1961
Mediziner, Rektor der EMAU Greifswald
Geb. in Berlin, Vater Kunstmaler; Gymnasium in Berlin, 1905 Studium der Biol. an der Sorbonne in Paris, 1906–11 Medizinstudium in Marburg u. Berlin, hier 1912 Prom.; 1912–14 Assistenzarzt u. 1914–17 Oberarzt in Hamburg-Altona; im 1. Weltkrieg Militärarzt; 1917–20 Oberarzt an der Med. Univ.-Klinik Marburg (bei Gustav v. Bergmann), hier 1917 Habil., 1918 Titularprof.; 1920–26 Oberarzt an der Med. Univ.-Klinik in Frankfurt/Main, 1921 ao. Prof.; 1926 bis 1928 Chefarzt der Inneren Klinik des Heilig-Geist-Hospitals in Frankfurt/Main, 1928–57 Ordinarius für Innere Medizin u. Dir. der Med. Univ.-Klinik Greifswald, 1930 Gründung des ersten dt. Diabetikerheims in Garz (Rügen); NSDAP; im 2. Weltkrieg zeitw. beratender Internist im Militärsanitätsdienst.

Im April 1945 an der Übergabe der Stadt Greifswald an die Rote Armee beteiligt, 1945 Dekan der Med. Fak. der EMAU Greifswald, 1947 Gründung des ZI für Diabetes in Karlsburg (b. Greifswald); 1952 Mitgl. des Wiss. Beirats für Medizin beim Staatssekr. für HS-Wesen, 1953 Ord. Mitgl. der DAW, 1955 Mitgl. der Leopoldina; 1955/56 Rektor der EMAU (500-Jahr-Feier der Greifswalder Univ.); wiss. Forschungen bes. auf dem Gebiet der Gastroenterol. u. Diabetol.; 1957 em., Weiterführung der Ltg. des ZI für Diabetes; 1952 NP II. Klasse; gest. in Greifswald.

Sek.-Lit.: Gerhardt-Katsch-Ehrung 1987 (Greifswalder Universitätsreden, Neue Folge Nr. 51). Greifswald 1988.

Katzer, Georg 10. 1. 1935
Komponist
Geb. in Habelschwerdt (Schles.); 1953 Abitur, 1954–60 Kompositionsstudium an der HS für Musik Berlin u. 1957/58 an der Musikakad. Prag; 1961–63 Meisterschüler an der DAK bei Hanns Eisler* u. Leo Spies*; seit 1973 freischaff.; 1977 Mitgl. des Zentralvorst. des VDK; 1978 AdK, dort Ausbildung von Meisterschülern bis 1991; 1982–89 Vizepräs. des VDK; 1986 künstler. Ltr. des Studios für elektroakust. Musik an der AdK; 1987 ao. Prof. für Komposition an der AdK; 1989 Präs. der Sekt. DDR u. Mitgl. des Präs. der Intern. Ges. für elektroakust. Musik; Juni 1990 Präs. des Musikrats der DDR.

Seit 1993 Mitgl. der AdK Berlin-Brandenburg.

Werke: Ballette: »Schwarze Vögel« (1975), »Ein neuer Sommernachtstraum« (1979/80); Opern: »Das Land Bum-Bum« (1974), »Gastmahl oder Über die Liebe« (1987), »Antigone oder Die Stadt« (1989/90); Vokalmusiken: »De musica« (1977), »Stimmen der toten Dichter« (1977); Instrumentalmusiken: »Baukasten für Orchester« (1973), »D-Dur-Musikmaschine« (1974), »Kommen und Gehen« (1982), »Konfrontation« (1986), »La Mettrie« (1986 u. 1988); elektroakust. Musiken: »Sound-House« (1979), »Musikmaschine Nr. 2« (1980), »Aide-mémoire« (1983); K. erhielt intern. Preise für seine elektroakust. Kompositionen, u. a. 1992 den Kulturpreis Schlesien.

Kauffold, Peter 19. 8. 1937
Parlamentarischer Staatssekretär
Geb. in Magdeburg, Vater Schmied; Oberschule, Abitur; 1954–60 Biologiestudium an der Univ. Rostock, Dipl.-Biol.; 1960–86 wiss. Mitarb. des Forschungszentrums für Tierprod. Dummerstorf-Rostock der AdL, 1966 Prom. zum Dr. rer. nat. mit vitalzytolog. u. zytochem. Untersuchungen an intakten u. degenerierten Eizellen als Grundlage für die Oozytendiagnostik, 1966–74 (nach Abbruch der zytolog. Forschung am o. g. Inst.) Mitarb. am Forschungsprogr. »Ernährung von Hochleistungskühen«; 1969–86 Mitgl. des Bezirksvorst. der Gewerkschaft Wiss. der Nordbez.; 1975 Prom. zum Dr. sc. nat. mit einer Arbeit über Pansenphysiol.; 1974–82 Ltr. einer Arbeitsgruppe Zytolog. Grundlagen des Embryotransfers (nach Wiederaufnahme des Forschungsthemas im o. g. Inst.) u. Mitgl. des zeitw. RGW-Forschungskollektivs »Eitransplantation Rind«, ab 1983 Ltr. des gemeinsamen Forschungsprojekts von AdL u. AdW »Biol. der Reifung u. Befruchtung bei Säugetieren«; 1986 bis 1990 Ltr. der Abt. Angewandte Embryologie des o. g. Inst., Sept. 1989 Prof. der AdL.

1990 SPD; März – 3. 10. 1990 Abg. der Volkskammer, ab Apr. Parl. Staatssekr. im Min. für Ernährung, Land- u. Forstwirtschaft; 1. Stellv. des Min., verantw. für Gesetzesvorlagen bes. zur Strukturanpassung u. zu Grund u. Boden, Verhandlungsführer der DDR zum Komplex Agrar- und Ernährungswirtschaft beim

Staatsvertrag DDR – Bundesrep. Dtl. über die Währungs-, Wirtschafts- und Sozialunion; ab 16. 8. amt. Min.; Okt. – Febr. 1993 Mitgl. des Landtags Mecklenburg-Vorpommern, Vors. des Landwirtschaftsaussch. u. stellv. Vors. der SPD-Fraktion; stellv. Landesvors. der SPD, 1993 Vorstandsmitgl. der Stiftung Forschungsinst. für die Biol. landw. Nutztiere Dummerstorf-Rostock u. Dir. des Inst.; über hundert wiss. Veröff., u. a. Nährstoffverwertung beim Wiederkäuer. Jena 1974 (Mitautor).

Kaufmann, Hans 31. 3. 1926
Germanist, Hochschullehrer
Geb. in Berlin, Vater Textilzeichner; Gymnasium; 1943/44 Luftwaffenhelfer, RAD, 1944/45 Wehrmacht, 1945–47 frz. Gefangenschaft.
1948 Abitur an der Vorstudienanstalt Berlin; 1948–52 Studium der Germanistik u. Geschichte an der HU Berlin; anschl. hier Assistent, Aspirant, 1956 Dr. phil. mit einer Diss. über Heines »Wintermärchen«, danach Habilaspirantur u. Wahrnehmung einer Doz., 1959–61 Prof. an der HU, 1962 Habil. mit »Bertolt Brecht. Geschichtsdrama und Parabelstück«; 1962–68 Prof. an der FSU Jena; 1963–69 Mitgl. des Vorst. des DSV; seit 1968 an der DAW, 1973–76 stellv. Dir. des ZI für Literaturgeschichte der AdW; 1976 NP 2. Kl.; 1991 em.
Forschungsarbeiten zur neueren u. neuesten dt. Lit., bes. zu dt. Klassik, Vormärz, Expressionismus, DDR-Lit.; Hauptautor u. Ltr. versch. Autorenkollektive, so der »Geschichte der dt. Lit.« Bde. 9 u. 10 (1973 ff.), »Krisen u. Wandlungen. Aufsätze zur dt. Lit. von Wedekind bis Feuchtwanger« (1966), »Tendenzen u. Beispiele. Zur DDR-Lit. in den 70er Jahren« (1981); Aufsätze u. Kritiken zur DDR-Lit.
Publ.: Heinrich Heine. Geistige Entwicklung u. künstler. Werk. 4., überarb. Aufl. Berlin u. Weimar 1983; Erwartung u. Angebot (zus. mit E. Kaufmann). Berlin 1976; Über DDR-Lit. Berlin u. Weimar 1986; Goethes »Faust« oder Stirb u. werde. Berlin 1991.

Kaufmann, Walter 19. 1. 1924
Generalsekretär des PEN
Geb. in Berlin, Mutter Verkäuferin; 1926 Übernahme der Pflegschaft von der arbeitslosen Mutter durch ein vermögendes jüd. Ehepaar in Duisburg; 1938 Verhaftung der Pflegeeltern in der »Reichskristallnacht«, später Ermordung im KZ; K. gelingt die Flucht über die Niederlande nach Großbritannien; 1939 Internierung u. 1940 Evakuierung nach Australien, zunächst Arbeit als Obstpflücker; 1941–45 Kriegsfreiwilliger in der austral. Fremdenlegion.
Nach 1945 Gelegenheitsarbeiten als Straßenfotograf, Hafen- u. Schlachthausarbeiter sowie als Seemann; 1955 Rückkehr nach Europa; nach Reisen durch Polen, Westdtl. u. die UdSSR 1956 Ansiedlung in der DDR; zunächst wieder Seemann, dann freier Schriftst.; SED; 1967 Heinrich-Mann-Preis; 1975 Mitgl. des PEN, 1985–93 Generalsekr. des PEN-Zentrums DDR (Nachf. von Henryk Keisch).
1993 Ruhrgebiets-Literaturpreis; lebt in Berlin.
Publ.: Feuer am Suvastrand. Berlin 1961; Gerücht am Ende der Welt. Berlin 1969; Am Kai der Hoffnung. Berlin 1974; Jenseits der Kindheit. Berlin 1985; Tod in Fremantle. Berlin 1986; Die Zeit berühren – Mosaik eines Lebens auf drei Kontinenten. Berlin 1992.

Kaul, Friedrich Karl
21. 2. 1906–16. 4. 1981
Rechtsanwalt, Schriftsteller
Geb. in Posen, Vater Kaufmann; Realgymnasium in Posen u. Berlin, 1925 Studium der Rechtswiss. in Berlin u. Heidelberg, 1929 Referendarexamen in Berlin, danach Assistent an der jur. Fak. der Ber-

liner Univ., 1931 Prom.; 1931/32 im Anwaltsbüro von Justizrat Pinner in Berlin tätig; 1932 KPD; 1933 Entlassung aus dem Justizdienst wegen jüd. Abstammung, tätig als Versicherungsvertreter u. Rechtskonsulent; ab 1935 KZ Lichtenburg u. Dachau; 1937 Emigration nach Kolumbien u. Mittelamerika, Büroangestellter u. Bauarbeiter; 1939 dt. Staatsbürgerschaft aberkannt; 1941/42 in Nikaragua als feindl. Ausländer interniert u. an die USA ausgeliefert, bis 1945 im Antinazi-Camp Kennedy (Texas) interniert.

Sept. 1945 Rückkehr nach Dtl.; 1946 Referendar u. Hilfsrichter am Landgericht Berlin; SED; seit Juli 1946 Justitiar beim Berliner Rundfunk, 1947 bei der Dt. Verwaltung für Volksbildung; Nov. 1947 Assessorexamen, 1948 vorläufige, 1949 endgültige Zulassung als Rechtsanwalt, 1956 im KPD-Prozeß Verteidiger vor dem Bundesverfassungsgericht der Bundesrep. Dtl., Verteidiger von KPD- u. FDJ-Mitgl. in pol. Prozessen, Nebenkläger in Prozessen gegen NS-Gewaltverbrecher, u.a. 1964–66 Frankfurter Auschwitz-Prozeß, 1970 Düsseldorfer Treblinka-Prozeß; 1960 Prof., 1965 Lehrbeauftragter und Dir. des neugegr. Inst. für zeitgenöss. Rechtsgeschichte an der HU Berlin; 1962 Vizepräs. der Vereinigung Demokr. Juristen; Chefjustitiar der Staatl. Komitees für Rundfunk u. Fernsehen; 1971 VVO in Gold; 1975 stellv. Vors. der intern. Chile-Kommission; Autor von Kriminalromanen, Tatsachenerzählungen u. -berichten sowie zahlr. Hör- u. Fernsehspielen, Moderator der Fernsehsendung »Prof. Dr. Kaul antwortet«.

Publ.: Ankläger auf der Anklagebank. Berlin 1952; Der Pitaval der Weimarer Rep. 2 Bde. Berlin 1953 u. 1961; Der Fall des Herschel Grynszpan. Berlin 1965; Watergate. Ein Menetekel für die USA. Berlin 1975.

Kautzleben, Heinz 31.3.1934
Geophysiker
Geb. in Kelbra (Kyffhäuser), Vater Bäkkermeister; 1940–52 Volks- u. Oberschule in Kelbra und Sangerhausen; 1952–57 Geophysikstudium in Leipzig mit Diplomabschluß; ab 1957 Mitarb. der DAW, 1957–67 wiss. Assistent, dann wiss. Mitarb., Abt.-Ltr. u. stellv. Dir. des Geomagnet. Inst. Potsdam; 1962 Prom. u. 1966 Habil. an der KMU Leipzig; 1964–69 nebenamtl. Lehrtätigkeit an der HU Berlin; 1968 amt. Dir. des Geodät. Inst. Potsdam; 1969 Prof. für Geophysik, 1969–73 nebenamtl. Lehrtätigkeit an der KMU; 1969–88 stellv. Dir. bzw. Dir. des ZI für Physik der Erde der DAW/AdW in Potsdam; 1972–85 Vors. der Gewerkschaft Wiss. im Bez. Potsdam, 1976–86 Abg. des Bez.-Tags; 1978 NP; 1979 Korr., 1987 Ord. Mitgl. der AdW; 1984–90 Ltr. des Forschungsbereichs Geo- u. Kosmoswiss. der AdW; 1984–89 Mitgl. der SED-BL Potsdam; 1989–91 Dir. des Inst. für Kosmosforschung Berlin; Vorruhestand.

Forschungen u. Publ. bes. zu Geomagnetismus, mathemat. Geophysik, Geodynamik, Satellitengeodäsie, Fernerkundung der Erde u. Antarktisforschung; Mitgl. des Red.-Beirats der Ztschr. »manuscripta geodetica« (1982–88), Mithrsg. von »Gerlands Beiträge zur Geophysik« (1985–91) u. »Astronom. Nachrichten« (1985–90); Mitgl. vieler in- u. ausländ. wiss. Ges. u. Gremien, u.a. stellv. Vors. der Kommission für die multilaterale Zusammenarbeit der Akad. soz. Länder für planetare geophysikal. Forschungen (1978–90) u. Vizepräs. der Intern. Assoziation für Geodäsie (1987–91).

Kayser, Karl 14.5.1914–27.1.95
Regisseur, Theaterleiter
Geb. in Leipzig, Vater Arbeiter; 1928–32 Malerlehre in Leipzig, 1932/33 Ausbildung als Schauspieler u. Volontär am Schauspielhaus Leipzig; 1933/34 Enga-

gement am Staatstheater Stuttgart, 1934–36 Staatstheater Oldenburg, 1936/37 Stadttheater Halle, 1937/38 Stadttheater Plauen; 1939–46 Kriegsdienst u. amerik. Gefangenschaft.
1946–50 Schauspieler u. Regisseur in Leipzig, Mitbegr. des Theaters der Jungen Welt; 1950–58 Generalintendant des Dt. Nationaltheaters Weimar; 1954–89 Mitgl. der Volkskammer; 1958–90 Generalintendant der Städt. Theater Leipzig, Mitwirkung als Schauspieler in eigenen Inszenierungen; 1963–89 Mitgl. des ZK der SED; 1977–89 Mitgl. der Kulturkommission beim PB des ZK der SED; 1964 Titularprof.; 1965 DAK; 1966–75 Vizepräs.; 1974 VVO in Gold; 1975–89 Präs. des Intern. Theaterinst., Zentrum DDR; 1976–85 Präs. des Verb. der Theaterschaffenden; 1979 KMO, 1984 Ehrenspange zum VVO in Gold, 1985 Dr. h.c. der KMU Leipzig.
Inszenierungen: 1951 »Optimist. Tragödie«; 1953, 1974 »Wallenstein-Trilogie«; 1955 »Die Winterschlacht«; 1966 »Die Ermittlung«; 1963, 1965 »Faust« I u. II; 1973 »Die Kleinbürgerhochzeit«; 1979 »Großer Frieden«; 1982 »Schmitten«; 1988 »Die Übergangsgesellschaft«; 1989 »Wolokolamsker Chaussee«.

Kegel, Gerhard
16. 11. 1907–16. 11. 1989
Botschafter
Geb. in Preußisch-Herby (Oberschles.), Vater Eisenbahner; Oberrealschule Kattowitz, 1926 Abitur; 1926–28 Lehre als Bankkaufmann bei der Dresdener Bank; 1928–31 Studium der Staats- u. Rechtswiss. an der Univ. Breslau, Referendar, glz. journalist. Ausbildung. bei den Breslauer »Neuesten Nachrichten«, Nov. 1931 KPD; 1931/32 Gerichtsreferendar; 1932 Mitarb. der KPD-KL Breslau, 1932–35 Hilfsred. u. Auslandskorr. für die »Neuesten Nachrichten«; Mai 1934 NSDAP; 1934–45 Agent des sowj. Nachrichtendienstes GPU, 1935–39 wiss. Hilfsarbeiter in der handelspol. Abt. der dt. Botschaft in Warschau, 1939–41 stellv. Ltr. der handelspol. Abt. der Botschaft in Moskau; 1941–43 Mitarb. des Außenmin., ab 1943 Wehrmacht, Uffz., 1945 Übertritt zur Roten Armee.
1945–49 stellv. Chefred. der »Berliner Ztg.« u. Ltr. des Berliner Verlags; 1946 SED; 1949 kurzzeitig persönl. Referent von Wilhelm Pieck*, 1949/50 Ltr. der HA Sowjetunion im MfAA; 1950/51 stellv. Chefred. des »Neuen Dtl.«; 1951–54 Dir. des Verlags Die Wirtschaft u. Chefred. der Wochenztschr. »Die Wirtschaft«; 1955 bis 1972 ltd. Mitarb. des ZK der SED auf dem Gebiet der Außenpol., 1959 Gesandter, Sprecher der Regierungsdelegation auf der Genfer Außenministerkonferenz der Großmächte; 1967–71 Kand. des ZK der SED; 1973–76 Botschafter u. Ltr. der Ständigen Vertretung der DDR am Sitz der UNO in Genf.
Publ.: In den Stürmen unseres Jh. Berlin 1984.

Keil, Gerhard 15. 3. 1922
Verlagsleiter
Geb. in Leipzig; Mittelschule, 1936–39 Buchhändlerlehre bei F. Volckmar, Leipzig; 1941–43 Wehrmacht, Afrikakorps; 1943–47 amerik. u. brit. Gefangenschaft.
1947–49 Buchhändler, zunächst wieder bei F. Volckmar, dann beim SWA-Verlag Leipzig; SED; 1953–55 Ltr. des Verlags Philipp Reclam jun. Leipzig; 1954/55 kommissar. Ltr., 1955–87 Ltr. des E. A. Seemann Buch- u. Kunstverlags Leipzig; 1960–63 zusätzl. Geschäftsführer des Insel-Verlags Anton Kippenberg Leipzig u. 1967–72 Kommanditist des Postreiter-Verlags Halle; 1954–57 Gasthörer der Kunstgeschichte an der KMU Leipzig; 1983 Dr. h.c. der KMU Leipzig; langjähriges Mitgl. im Verlegerausschuss. des Börsenvereins der Dt. Buchhändler, Gründer u. Vors. des Jugendweiheaussch. in Leipzig, Abg. des Bez.-Tags Leipzig.

Keilson, Max 7.9.1900–9.11.1953
SED-Funktionär
Geb. in Halle (Saale), Vater Kleingewerbetreibender; 1906–14 Volksschule in Berlin, 1914–20 Lehre bzw. Anstellung als Plakatmaler u. Dekorateur im Warenhaus Leiser, Berlin; Sept.–Dez. 1918 Militärdienst; 1919/20 USPD, 1920 KPD; 1920–24 Schüler an der Städt. Kunstgewerbeschule, dann an der staatl. Kunstgewerbeschule; 1924–27 selbständiger Gebrauchsgrafiker, Arbeiten für Verlage u. Ztgn.; gehörte im Frühjahr 1926 zur »opp. Gruppierung Karl Korsch«; 1927 Heirat mit Margarete Schnate; 1927–29 Mitgl. der BL der KPD; 1928 Mitbegr. u. geschäftsführender Vors. der Assoziation rev. bildender Künstler; 1928–33 Mitarb. im ZK der KPD, Abt. Agit. u. Prop., Abt.-Ltr. für Presse- u. Plakatprop. (verantw. für die gesamte Bildprop. der KPD); Mitgl. im Reichsverband Bildender Künstler Dtl.; Kuriertätigkeit für die Partei in die UdSSR (1928, 1936/37); 1933 im Parteiauftrag zunächst legal, nach Verhaftung Dimitroffs, dessen Sekr. Margarete K. war, Vorbereitung zur Emigration; Mai–Juli 1933 Haft in Berlin-Spandau, Entlassung ohne Vernehmung; Juli 1933 – Aug. 1935 Emigration in Frankreich (Paris), Apr. 1935 – Okt. 1936 Prag, Okt. 1936 – März 1939 Paris; ab Apr. 1939 UdSSR, Mitarb. im EKKI, zunächst Presseabt., dann Mitgl. des inoff. Leitungsgremiums des NKFD Inst. 99 in Moskau; nach dem dt. Überfall Red. des Radioabhördienstes, später bis zur Auflösung der Komintern Red. für Radiosendungen; danach Mitarb. in der inoff. Nachfolgeorg. der KI, dem Inst. Nr. 205; Winter 1941/42 Schulung; 1943–45 Mitarb. der Rundfunkabt. im NKFD, 1945 stellv. Chefred.
10.6.1945 Rückkehr nach Dtl., erhielt zus. mit Paul Wandel* u. Fritz Erpenbeck* den Auftrag, die »Dt. Volksztg.« (DVZ), Zentralorg. der KPD, herauszugeben; 1945–49 stellv. Chefred. der DVZ, danach Chefred. des »Vorwärts«; 1946 Delegierter des Vereinigungsparteitags; 1946–49 Mitgl. des SED-Landesvorst. Groß-Berlin; 1. Vors. des Verb. Dt. Presse Berlin; Okt. 1949 bis Anfang 1950 Ltr. der Abt. Presse u. Information im MfAA; schwere Erkrankung; Nov. 1950 Ltr. der Abt. UdSSR in der HA I/Pol. Angelegenheiten im MfAA; ab Feb. 1951 Ltr. der Abt. I, UdSSR u. Volksdemokratien, im MfAA; wurde im Jan. 1953 im Zusammenhang mit der Affäre Dertinger* verhaftet, starb vermutl. in der Haft.

Keisch, Henryk 24.2.1913–2.7.1986
Schriftsteller, Generalsekretär des PEN-Zentrums der DDR
Geb. in Moers (Rheinl.); Volksschule, Gymnasium; 1932/33 Studium der Literaturgeschichte u. Theaterwiss. in Köln; 1933 Emigration nach Frankreich, dort Mitarb. der antifasch. Presse; Mitarb. an deutschsprachigen Ztgn. u. der antifasch. Emigrantenpresse in der Schweiz; Freiwilliger in der frz. Armee, Teiln. an der Résistance; 1944 Verhaftung, danach Red. frz. Ztgn. in Paris.
1946–50 Dtl.-Korrespondent der frz. Ztgn. »Libération« u. »Ce Soir«; Chefredakteur der Ztschr. »Friedenswacht«; 1950–53 Red. u. zeitw. Chefred. der Ztschr. des DSV »Neue Dt. Lit.«, Theaterkritiker des »Neuen Dtl.«; 1957 NP; seit 1959 freischaff. Autor in Berlin, auch Drehbuchautor (»Der Hauptmann von Köln« 1956) u. Übersetzer (vor allem Aragon); 1965 Mitgl. des PEN-Zentrums Ost-West, 1974–85 Generalsekr. des PEN-Zentrums DDR (Nachf. von Werner Ilberg); Mitgl. des Vorst. des DSV; 1983 VVO in Gold.
Publ.: Meinungen, Verneinungen. Epigramme. Berlin 1967; Gehauen u. gestichelt. Epigramme. Berlin 1972.

Kelle, Herbert 14.2.1930
Leiter des Volkskammersekretariats
Geb. in Halberstadt, Vater Schmied u.

Schlosser; Volksschule, 1944–47 Ausbildung zum Vermessungstechniker, bis 1949 im Beruf tätig; 1945 FDGB, 1946 FDJ, 1947/48 Kreisjugendsekr. des FDGB, 1948 SED, 1949 Sekr. des Kreisvorst. der FDJ; 1950–52 Stadtverordneter u. Stadtrat bzw. amt. OB von Halberstadt; 1953–58 Kreistagsabg. und Mitgl. des Rats des Kr. Köthen; 1958–60 Studium an der ASR Potsdam, Dipl.-Staatswiss.; 1960–68 Abg. des Bez.-Tags Halle, 1960–63 Sekr. des Rats des Bez.; 1963–74 Abt.-Ltr. (verantw. für die Volkskammer) im Staatsrat; 1967–69 Fernstudium der Organisationswiss. u. Kybernetik an der HU Berlin; 1974 – März 1990 Ltr. des Sekr. der Volkskammer, März – Aug. 1990 Dir. der Volkskammer; 1974–90 Mitgl. der Vereinigung der Generalsekr. der Parl. der Welt bei der Interparl. Union, 1981–85 in deren Exekutive; Sept. 1990 Vorruhestand.

Keller, Dietmar 7. 3. 1942
Kulturminister
Geb. in Chemnitz, Vater Arbeiter; Abitur; 1962–66 Studium an der KMU Leipzig, Dipl.-Lehrer für Marxismus-Leninismus; 1963 SED; 1966–70 Assistent bzw. Oberassistent an der KMU, 1970–77 Sekr. für Wiss. u. Kultur der SED-KL der KMU; 1977–84 Sekr. für Wiss., Volksbildung u. Kultur der SED-BL Leipzig, dazwischen 1982/83 Studium an der AfG beim ZK der KPdSU in Moskau; 1984–88 stellv. Kulturmin., 1988/89 Staatssekr. im Kulturmin.
Nov. 1989 – März 1990 Kulturmin. (Nachf. von Hans-Joachim Hoffmann*); ab März 1990 Abg. der Volkskammer (PDS-Fraktion), Mitgl. des Aussch. für dt. Einheit u. Vors. des Aussch. für Kultur; seit Okt. 1990 Abg. des Bundestags.
Publ.: Nachdenken über Dtl. (u. a. als Hrsg.). Berlin 1990/91. 5 Bde.

Keller, Hermann 30. 3. 1945
Komponist, Pianist
Geb. in Zeitz; 1963–68 Kompositions- u. Klavierstudium an der HS für Musik Weimar; 1968–76 Aspirantur u. Lehrtätigkeit an der HS für Musik Berlin; 1971–73 Wehrdienst in der NVA; seit 1976 freiberufl.; als Mitgl. des Berliner Improvisations-Quintetts, seit 1979 Berliner Improvisations-Trio, Auftritte bei Jazz-Konzerten u. intern. Jazzfestivals sowie Schallplattenaufnahmen, auch Auftritte als Solo-Pianist u. Schallplattenaufnahmen mit Kammermusik.
1990 Lehrer für Improvisation an der Freien Musikschule »Musikhaus e. V.« Berlin; komponierte zahlr. Kammermusiken u. Orchesterwerke, entwickelte Improvisationsmodelle (oft in Zusammenarbeit mit Jazz-Musikern), leitete Improvisationskonzerte mit Laien.

Keller, Inge 15. 12. 1923
Schauspielerin
Geb. in Berlin; Studium an der Berliner Schauspielschule; 1942 Engagement beim Theater am Kurfürstendamm Berlin, danach in Freiberg und Chemnitz, 1949 beim Theater am Kurfürstendamm, Hebbel-Theater u. Schloßpark-Theater Steglitz, seit 1950 Mitgl. des Ensembles des Dt. Theaters Berlin; SED; seit 1956 Mitglied des NR der NF, Mitgl. des Zentralvorst. der Gewerkschaft Kunst; 1961 NP 1. Kl. (im Kollektiv); zeitw. mit Karl Eduard von Schnitzler* verh.
Tragende Bühnenrollen am Dt. Theater in Shaws »Pygmalion«, Goethes »Iphigenie«, Shaws »Haus Herzenstod«, Ibsens »Gespenster«, Büchners »Dantons Tod« u. v. a. sowie Lesungen in Matineen u. Soireen.
Film- u. Fernsehrollen in: »Rat der Götter« (R: Kurt Maetzig*, 1950), »Ärztinnen« (R: Horst Seemann, 1984), »Gewissen in Aufruhr« (R: Hans-Joachim Kasprzik, 1961, TV), »Wolf unter Wölfen« (R: H.-J. Kasprzik, 1965, TV), »Effi

Briest« (TV), »Kleiner Mann – was nun?« (TV) u. a.

Kelm, Martin 9. 10. 1930
Designer, Staatssekretär
Geb. in Neuhof (Poel); 1947–50 Lehre als Elektrotechniker u. Elektroinstallateur; 1950–53 Studium an der FS für angewandte Kunst Wismar, 1953–58 an der HS für bildende u. angewandte Kunst Berlin-Weißensee; SED; 1956 Gestaltung des Fernsehgeräts Atelier, 1958 eines dreipunktgestützten Portalkrans; 1959–62 Doz. für Gestaltungslehre u. Mitarb. des Inst. für Entwurf u. Entw. an der HS für industrielle Formgestaltung Burg Giebichenstein; ab 1962 Dir. des Inst. für angewandte Kunst Berlin (ab 1963 ZI für Formgestaltung, ab 1965 ZI für Gestaltung); ab 1966 Vizepräs. des Dt. Amts für Material- u. Warenprüfung (DAMW); 1969 Prom. am IfG zum Dr. phil. mit der Arbeit »Die Bedeutung der Gestaltung industrieller Erzeugnisse im entwickelten ges. System des Soz.«; 1972–89 Staatssekr. u. Ltr. des Amts für industrielle Formgestaltung beim Ministerrat; 1980 Prof.; Vors. des Bauhaus-Kuratoriums; VVO in Gold.

Kempe, Volker 1. 7. 1939
Informatiker
Geb. in Berlin, aufgewachsen im Vogtland; Oberschule in Chemnitz, 1957 Abitur an der ABF der MLU Halle, anschl. Studium der Physik u. Nachrichtentechnik am Energet. Inst. in Moskau; 1968 Prom. mit einer Arbeit über fastperiod. Systeme, 1976 Habil.; wiss. Mitarb. am Heinrich-Hertz-Inst. der AdW, ab 1973 am Inst. für Elektronik, 1977–90 Dir. des ZI für Kybernetik u. Informationsprozesse der AdW; 1976 u. 1982 NP; 1984 Korr. u. 1986 Ord. Mitgl. der AdW.
Seit 1991 in Österreich (dort 1992 Manager des Jahres).
Arbeitsgebiete: Theorie stochast. Systeme, Bildverarbeitung u. Informationstechnik.
Publ.: Analyse stochast. Systeme. Berlin 1976; Nichtlineare dynam. Systeme (mit N. Ahlberendt). Berlin 1984.

Kern, Käthe (Katharina)
22. 7. 1900–16. 4. 1985
SED-Politikerin
Geb. in Darmstadt, Vater Arbeiter; Mittelschule; 1917/18 kaufm. Angestellte; 1919 SAJ, 1920 SPD; ab 1921 im Zentralverb. der Angestellten tätig ; 1928–33 Mitgl. des Bezirksvorst. Groß-Berlin der SPD, Sekr. u. Ltr. des Frauensekr. beim Bezirksvorst.; 1933–45 illegaler Widerstand, zeitw. inhaftiert.
1945/46 SPD/SED u. FDGB; ab Juni 1945 Mitgl. des Zentralaussch. der SPD, des Bezirksvorst. u. Frauensekr. der SPD für Berlin; ab 1945 Mitgl. u. 1946/47 Vors. des Zentralen Frauenaussch.; ab 1946 Mitgl. des PV bzw. ZK der SED, 1946–49 Mitgl. des Zentralsekr. des PV; 1946–50 Abg. des Landtags Sachsen-Anhalt; 1947 Mitbegr. des DFD, bis 1951 stellv. Vors. u. bis 1985 Mitgl. des Präs. des Bundesvorst.; 1948/49 Mitgl. des Dt. Volksrats, 1949–85 der Prov. Volkskammer bzw. Volkskammer, ab 1957 Vors. der DFD-Fraktion, 1954–58 Vors. des Aussch. für Eingaben der Bürger, 1958–63 Mitgl. des Verfassungsaussch., 1963–67 Mitgl. des Aussch. für Gesundheitswesen; 1949–70 Ltr. der HA Mutter u. Kind bzw. Sozialwesen im Min. für Arbeit u. Gesundheitswesen bzw. Min. für Gesundheitswesen; danach Rentnerin; 1958–62 Mitgl. des Präs. der DSF; ab 1958 Mitgl. des ZA der Volkssolidarität; 1975 KMO.

Kerndl, Rainer 27. 11. 1928
Dramatiker, Theaterkritiker
Geb. in Bad Frankenhausen (Kyffh.), Vater kaufm. Angestellter, 1942–45 lebte die Familie in Szubin (Polen); 1945 als Schüler zum Arbeitsdienst, dann Kriegsdienst, kurze Zeit Waffen-SS, bis Sept. 1945 amerik. Gefangenschaft.

1948 Abitur; 1949 SED, 1950 Streichung wegen der Mitgliedschaft in der Waffen-SS (die er nicht verschwiegen hatte), 1955 rückwirkend Wiederaufnahme; 1949–51 Volontär u. Red. bei der Saalfelder SED-Kreisztg.; seit 1951 freischaff. Journalist u. a. für die Ztg. »Tägl. Rundschau«; 1949–51 u. 1953/54 haupamtl. FDJ-Sekr. an der Internats-OS Wickersdorf; ab 1955 journalist. Arbeiten u. a. für die Ztgn. »Junge Welt«, »Die Wahrheit« Berlin (West); seit 1963 ständiger Theaterkritiker der Ztgn. »Neues Dtl.« u. »Junge Welt«; 1961 erste Dramen, u. a. »Schatten eines Mädchens«, »Plädoyer für die Suchenden« (1966); 1965 Lessing-Preis; 1969 Mitgl. im Vorst., 1973 im Präs. des DSV; 1972 NP; 1975 VVO in Bronze; 1978–89 Vizepräs. des Schriftstellerverb.; Feb. 1984 Absetzung seines Stücks »Der Georgsberg« am Maxim Gorki Theater wegen »parteischädigenden Verhaltens«.

Kerschek, Dieter 13. 12. 1928
Chefredakteur der »Berliner Zeitung«
Geb. in Berlin, Vater Elektromonteur, Mutter Schneiderin; Volksschule, bis 1944 Mittelschule; 1944/45 Luftwaffenhelfer; bis Aug. 1945 sowj. Kriegsgefangenschaft.
Übersiedlung nach Templin; landw. Gehilfe; 1946 FDJ, SED; 1947/48 Jugendsekr. im SED-Kreisvorstand Templin; 1948–50 hauptamtl. FDJ-Funktionär im Landesvorst. Brandenburg (Pressesekr., Sekr. für Pionierorg.); 1950 verantw. Red. für Ztschr. »Der Pionierltr.« im Verlag Junge Welt; 1952/53 Studium der Gesellschaftswiss. an der HS des Komsomol in Moskau; 1953 stellv. Chefred., 1960–66 Chefred. des FDJ-Zentralorgans »Junge Welt«; 1961–67 Mitgl. des ZR der FDJ; 1966 Chefred. der »Wochenpost«; Jan. 1967 – Apr. 1968 stellv. Abt.-Ltr. der Westabt. des ZK der SED; 1968–72 stellv. Chefred. der »Berliner Ztg.«, Aug. 1972 – Nov. 1989 Chefred. (Nachf. von Rolf Lehnert); 1974 – Nov. 1989 Mitgl. der SED-BL Berlin; Mitgl. des Zentralvorst. des VDJ; 1980 u. 1985 VVO in Gold; 1988 Ehrenspange zum VVO in Gold.
1990 PDS; Juni 1990 Invalidenrentner; lebt in Berlin.

Kerstan, Johannes 31. 8. 1926
Mathematiker
Geb. in Chemnitz; nach dem Abitur 1946–51 Studium der Mathematik u. Physik an der KMU Leipzig, hier 1951 Diplom; 1955 Prom. zum Thema »Ein mengenalgebraisches Prinzip u. seine Anwendung auf Funktionsanalysis u. Topologie« an der HU Berlin; 1960 Habil. an der HU Berlin; 1961 Assistent am IAMM der DAW in der neugegr. Arbeitsgruppe Wahrscheinlichkeitstheorie; ord. Prof. an der FSU Jena u. ab 1974 Ltr. des Wiss.-Bereichs »Stochastik u. ihre Anwendungen«; lange Jahre Dir. der Sekt. Mathematik der FSU Jena u. Ltr. der Arbeitsgruppe Forschung des wiss. Beirats für Mathematik beim Min. für Hoch- u. Fachschulwesen; 1977 NP u. KMO; 1981 Ord. Mitgl. der AdW der DDR.
Hauptarbeitsgebiete: anfangs Algebra, Ideal- u. Verbandstheorie, dann Maßtheorie, Wahrscheinlichkeitstheorie u. mathemat. Statistik. K. gehörte zu den Pionieren einer eigenen wahrscheinlichkeitstheoret. Forschung in der DDR, bildete eine wiss. Schule u. erzielte intern. anerkannte Ergebnisse.
Publ.: Unbegrenzte teilbare Punktprozesse (zus. mit Klaus Matthes u. Joseph Mecke). Berlin 1974 (ins Engl. u. Russ. übersetzt).

Kertzscher, Günter
16. 11. 1913 – 16. 3. 1995
Stellv. Chefredakteur der Zeitung »Neues Deutschland«
Geb. in Leipzig, Vater Bankangestellter; Realgymnasium, Abitur; 1933–38 Stu-

dium der Germanistik u. Geschichte an der Univ. Leipzig; 1937 NSDAP; 1939 Eintritt in den höheren Schuldienst, Studienassessor; 1939 Wehrmacht; 1941 Prom. an der Univ. Leipzig zum Dr. phil. mit der Diss. »Der Cursus in der altdt. Prosa«; Juli 1941 sowj. Gefangenschaft; 1943 Gründungsmitgl. des NKFD, Mitgl. der Redaktionskommission der NKFD-Ztg. »Freies Dtl.«, Anwerbung als GRU-Agent; Anfang 1944 von einem dt. Militärgericht in Abwesenheit zum Tode verurteilt.
1945 Rückkehr nach Dtl.; 1945/46 KPD/SED; Red. u. 1949–55 Chefred. der »Berliner Ztg.«; 1954–58 Berliner Vertreter in der Volkskammer; 1955–83 Mitgl. des Redaktionskollegiums u. stellv. Chefred. des SED-Zentralorgans »Neues Dtl.«; 1957 Mitgl. des Präs. u. 1977–89 stellv. Vors. der VDJ, Vors. des Redaktionsbeirats der Ztschr. »Neue Dt. Presse«; 1973 VVO in Gold, 1983 KMO, Dr. h. c. der KMU Leipzig; seit 1983 Rentner, Publizist; verunglückt bei einem Autounfall.

Kesting, Edmund
27. 7. 1892–21. 10. 1970
Fotograf, Maler
Geb. in Dresden, Vater Gemeindepolizeisekr.; 1911 Studium der Malerei u. Bildhauerei an der Kunstgewerbeschule Dresden bei F. Kleinhempel, A. E. Donadini u. R. Guhr; 1915 Studium an der Kunstakad. Dresden bei Richard Müller; 1915–18 Militärdienst; 1919–22 Abschluß des Studiums u. Meisterschüler bei Otto Gußmann; 1919 Gründung der priv. Kunstschule »Der Weg«; 1920 Beginn der experimentellen Phase, Bilder mit verschränkter Leinwand, Schnittcollagen, Fotogr. mit Doppel- u. Mehrfachbelichtung; 1923 Mitgl. der Künstlergruppe »Der Sturm«; 1927 Studienaufenthalte in Ital. u. Jugoslawien; 1931 Mitbegr. der »Dresdener Sezession 1932«; zeitw. Aufenthalt in Berlin als Ltr. der »Weg«-Schule; 1933 Ausstellungs- u. Malverbot; 1935–41 fotograf. Dokumentation der Werke des Grünen Gewölbes in Dresden.
1945 Mitbegr. der Künstlergruppe »der ruf« in Dresden; 1946 Organisator u. Jurymitglied der 1. Allg. Dt. Kunstausstellung in Dresden; Prof.; Ltr. der Fachklasse Fotogr. an der Staatl. HS für Werkkunst Dresden; 1948 Ltr. der Fachkl. für Fotogr. an der HS für angewandte Kunst Berlin-Weißensee; Umzug nach Birkenwerder (b. Berlin); 1953 fristlose Kündigung durch die HS, Begründung sind Strukturveränderungen; 1955–60 Lehrbeauftragter für Kamera an der HS für Film u. Fernsehen Potsdam-Babelsberg.

Keßler, Heinz 20. 1. 1920
Verteidigungsminister
Geb. in Lauban (Schles.), Vater Metallarbeiter; Volksschule; Jung-Spartakus-Bund; 1934–40 Ausbildung u. Arbeit als Maschinenschlosser; 1940 Wehrmacht; 1941 Übertritt zur Roten Armee, Antifa-Schule, Mitbegr. des NKFD u. Frontbevollmächtigter.
1945 Rückkehr nach Dtl.; KPD; Ltr. des Hauptjugendaussch. von Groß-Berlin; 1946 Mitbegr. der FDJ, Vors. des Landesverb. Berlin, später Sekr. des ZR (Arbeit u. Soziales, ab 1950 Org.); ab 1946 Mitgl. des PV bzw. ZK der SED, 1949/50 des Bundesvorst. des FDGB (kooptiert); 1950–52 Chef der VP-Luft, dann Chef der Verwaltung Aeroklubs der KVP, Generalinspekteur bzw. Gen.-Major; 1950 bis 1989 Abg. der Volkskammer; 1955/56 sowj. Luftkriegsakad., Dipl. rer. mil.; 1957–67 Stellv. des Min. für Nat. Verteidigung u. Chef der Luftstreitkräfte u. Luftverteidigung, Gen.-Ltn., 1967–78 Stellv. des Min. u. Chef des Hauptstabs der NVA (Nachf. von Sigfried Riedel), Gen.-Oberst, 1979–85 Stellv. des Min. u. Chef der Pol. HV der NVA (Nachf. von Waldemar Verner*), Mitgl. des Nat. Verteidigungsrats; 1965 VVO in Gold,

1970 Orden des Vaterländ. Krieges 1. Grades (UdSSR), 1979 KMO; 1985 Min. (Nachf. von Heinz Hoffmann*), Armeegeneral; ab 1986 Mitgl. des PB des ZK der SED.
Nov. / Dez. 1989 Rücktritt von allen Ämtern mit der Reg. Stoph* u. dem ZK der SED, Überprüfung durch den Volkskammer-Aussch. zur Untersuchung von Amtsmißbrauch, Korruption u. persönl. Bereicherung, vorübergehende U-Haft wegen Verdunklungsgefahr, keine strafrechtl. Konsequenzen; Jan. 1990 Ausschluß aus der SED / PDS; seit 1991 in U-Haft wegen des sog. Schießbefehl-Prozesses; 1992 Haftverschonung; Sept. 1993 Berliner Landgericht verurteilt K. zu siebeneinhalb Jahren Haft; Bundesgerichtshof bestätigt Urteil des Berliner Landgerichts wegen »unmittelbarer Täterschaft«.

Kettler, Louis-Heinz
13. 12. 1910–21. 10. 1976
Anatom, Pathologe
Geb. in Halle / Saale, Vater kaufm. Angestellter; 1922–29 Gymnasium; 1929–34 Medizinstudium in Halle, 1935 Prom.; 1936 Militärdienst bei der Marine; 1936 / 37 Volontärarzt an der Berliner Charité; 1937 NSDAP; 1937–43 Assistenzarzt, 1943–48 Doz. u. Oberarzt an der Univ.-Klinik Halle; 1939–44 Marinestabsarzt.
1948 Prof., 1951 ord. Prof. für Pathol., 1953–76 Dir. des Patholog. Inst., 1958–60 Dekan der Med. Fak. der HU Berlin; 1964 NP; Ord. Mitgl. der DAW; Ehrenmitgl. der Société anatomique in Paris.
Arbeitsgebiete: spezielle Pathol. von Leber, Niere u. Lymphknoten; allg. Pathol. der Stoffwechselstörungen; Organkonservierung u. Aufbau einer Gewebebank; Hrsg. u. Autor des Lehrbuchs der speziellen Pathol. (1965), Mitautor von Lehrbüchern der speziellen u. allg. Pathol., Mithrsg. der »Acta biologica et medica germanica«, der »Ztschr. für med. Labortechnik« u. der Ztschr. »Experimentelle Pathol.«

Kettner, Gerhard
10. 8. 1928–14. 6. 1993
Zeichner, Grafiker
Geb. in Mumpsdorf (Thür.), Vater Schlosser, Bergarbeiter; 1943 Lithographenlehre in Altenburg; 1944–47 Kriegsdienst u. Gefangenschaft.
1948 Lindenau-Museumsschule Altenburg, Lehrer Heinrich Burkhardt; 1949–51 Studium an der Kunst-HS Weimar, 1951–53 an der HS für bildende Künste, Lehrer Hans Grundig*, Max Schwimmer*, Hans Theo Richter*; 1953 bis 1955 Assistent bei H. T. Richter, 1956 Aspirant für Grafik bei Max Schwimmer, 1961 Doz., 1968 Prof., 1970–74 u. 1979–82 Rektor an der HS für bildende Künste Dresden (Nachf. von Fritz Eisel); 1970 Goldmedaille auf der II. Biennale für Grafik in Florenz; 1974–77 Vizepräs. des VBK; ab 1974 Ltr. einer Meisterklasse an der HS für bildende Künste; 1978 AdK; Studienreisen u. a. nach China, Österreich, Bundesrep. Dtl., UdSSR, Ungarn, Finnland, Frankreich, Italien u. in die Niederlande; 1969–89 IM des MfS.
1992 vorzeitige Em. wegen Verdachts auf IM-Tätigkeit.
Werke: Lithographien: Aus der Geschichte der dt. Arbeiterbew. (1956), Demonstrationen (1961–70), Zum Gedenken an die Geburt meines Sohnes am 13. 10. 1965 (1965); Porträts (zumeist Graphitzeichnungen): Rotraut (1962), Werner Stötzer (1962), Hans Theo Richter (1969), Die kranke Mutter (1977), Sigmund Jähn (1980), Gitta (1985).
Sek.-Lit.: Kat. G. K. Staatl. Museen zu Berlin 1977; G. K. Galerie Rähnitzgasse u. Kupferstichkabinett 1989.

Kiefel, Josef 2. 10. 1909–11. 3. 1988
MfS-Hauptabteilungsleiter
Geb. in Gotzing (Oberbayern), Vater Arbeiter; Volksschule, dann Laufbursche;

1923–26 Ausbildung zum Schlosser; arbeitslos, dann Bergmann, Straßenbauarbeiter u. Maschinist; 1927 Mitgl. des Fabrikarbeiterverb. u. der Roten Hilfe; 1928 RFB, 1929 KPD; 1931 Emigration in die UdSSR; Maschinist, dann Meister bzw. Obermeister im Pelzkombinat Kasan; 1942–44 Einberufung zur Roten Armee, Sonderlehrgang; 1944 Einsatz als Partisan u. Aufklärer der Gruppe »Andreas Hofer« in Polen; mehrmals verwundet; nach Anschluß an die Rote Armee Entlassung ins Lazarett Kasan.
Juli 1946 Rückkehr nach Dtl.; SED; 1946/47 Instrukteur des SED-Landesvorst. Sachsen-Anhalt in Halle bzw. Seminarlehrer an der Landesparteischule Wettin; 1947–49 Angehöriger der DVP, Ltr. des Dezernats K 5 (Pol. Polizei) in der Landesbehörde Sachsen-Anhalt; 1949/50 Stellv. des Chefs der Verwaltung zum Schutz der Volkswirtschaft des Landes Brandenburg in Potsdam (ab Feb. 1950 Verwaltung für Staatssicherheit Brandenburg), Aug. 1950 stellv. Ltr. der Abt. IVa des MfS Berlin, 1953–60 Ltr. der HA II (Spionageabwehr), 1953 Oberst; 1960 Ltr. der Abt. 21 (Innere Sicherheit im MfS); 1969 VVO in Gold; 1970 Ruhestand; 1984 KMO.

Kiefert, Hans 1. 6. 1905–29. 12. 1966
SED-Politiker
Geb. in Berlin, Vater Arbeiter; Volksschule, 1919–25 Ausbildung u. Arbeit als Tischler; 1919–28 Mitgl. des Dt. Holzarbeiterverb.; 1920 KJVD, Funktionen auf regionaler Ebene; 1923 KPD; 1925 Mitgl. der ersten dt. Jugenddelegation in die Sowjetunion; 1926–28 Sekr. des KJVD in Berlin u. Hamburg; 1928/29 2. Vors. des ZK des KJVD; 1929–33 Sekr. der BL der KPD Pfalz, Hessen-Frankfurt u. Halle-Merseburg; 1933 illegale Tätigkeit in Köln, mehrmals verhaftet, u. a. KZ Esterwegen u. Börgermoor.
1945/46 KPD/SED; 1945/46 Mitarb. im Apparat der KPD, Ltr. der Organisations-Instruktionsabt. im SED-Landesvorst. Groß-Berlin, 1947/48 paritär. Kreisvors. der SED Berlin-Friedrichshain, 1949–51 pol. Mitarb. im Landesvorst., 1951–53 Vorsitzender der Landes- bzw. Bezirksparteikontrollkommission der SED Groß-Berlin; Aug. 1953 – Febr. 1957 1. Sekr. der BL der SED Erfurt; 1954–66 Mitgl. des ZK der SED; 1954–66 Abg. der Volkskammer (seit 1958 als Berliner Vertreter), 1958–66 Stadtverordneter von Berlin; Febr. 1957 – März 1959 1. Sekr., bis Nov. 1963 2. Sekr. der BL der SED Berlin; Nov. 1963–66 Mitgl. des Magistrats von Groß-Berlin u. Stadtrat.

Kienberg, Paul 15. 10. 1926
MfS-Hauptabteilungsleiter
Geb. in Mühlberg (Elbe), Vater Arbeiter, Mutter Hausfrau; Volksschule; 1941–44 Schlosserlehre, Verweigerung der Facharbeiterprüfung wegen jüd. Herkunft des Vaters; 1944 Arbeitslager.
1945 KPD; 1945–49 Volontär, dann techn. Ltr. im städt. Elektro-Werk Mühlberg; Dez. 1949 Eintritt in die VP; 1950 MfS Berlin, Abt. VI (Staatsapparat, Parteien, Kirchen); 1953 HA V (ab 1965: HA XX-Staatsapparat, Kultur, Kirchen, Untergrund); 1956 Ltr. der Abt. V/1 (Staatsapparat); 1959 stellv. Ltr., 1964 Ltr. der HA XX; 1963–65 u. 1966–68 Fernstud. an der JHS Potsdam-Eiche, Dipl.-Jur.; 1973 VVO in Gold; 1989 Gen.-Ltn.; Dez. 1989 von allen Aufgaben entbunden; Jan. 1990 Entlassung; Rentner.

Kieser, Jürgen (JüK) 20. 8. 1921
Comic-Zeichner, Karikaturist
Geb. in Erkner (b. Berlin), Vater Bankangestellter; Besuch der Ing.-HS Beuth in Berlin; 1940 zur Luftwaffe, Fluglehrer; 1945 Landarb. in Westdtl.
1946 Rückkehr nach Berlin, freischaff. Gebrauchsgrafiker, 1949 Dekorationszeichner u. Dekorateur bei der Handelskette HO, Atelierltr.; 1952 als Presse-

zeichner zum Verlag »Junge Welt«, erste Bildergeschichten für die Pionierztg. »Die Trommel«; freier Mitarb. bei »Fröhlich sein u. Singen« (später Frösi), deren Profil er in den 50er Jahren wesentlich bestimmte; Bildergeschichten für die »Wochenpost« u. a. Ztschr.; für das Comic-Magazin »Atze« schuf er 1955 die Figur des Berliner Jungen Atze; nach versch. Comics erschienen ab 1958 die Mäuseabenteuer von Fix u. Fax, den langlebigsten Comic-Helden der DDR, ihr teilw. Buchnachdruck erreichte vor 1990 eine Auflage von 800000.
Seit 1994 erscheint eine aufwendige Reprintausgabe aller Fix-u.-Fax-Geschichten.
Publ.: Fix u. Fax Sammelbände. Berlin 1963–90; Fix u. Fax. Lustige Mäuseabenteuer (Sammleredition). Berlin 1994 ff.
Sek.-Lit.: Scholz, Michael: J. K. In: Lexikon der Comics, hrsg. von Marcus Czerwionka. Meitingen 1994.

Kiesewetter, Wolfgang 2. 12. 1924
Botschafter
Geb. in Scheibe-Alsbach (Thür.), Vater Angestellter; Abitur; Wehrmacht, Ltn., 1944–49 sowj. Gefangenschaft; Antifa-Schule.
1949 SED; seit 1950 Tätigkeit im MfAA, Referent, 1954–57 Ltr. der Presseabt., 1957–59 Ltr. der HA Außereur. Länder, 1959–61 Generaldir. des MfAA; 1961 Ao. u. Bevollmächtigter Botschafter, 1961–63 Botschafter in der Vereinigten Arab. Rep. (Nachf. von Richard Gyptner*); 1963–71 stellv. Außenmin.; 1964 Prom.; 1971/72 PHS; 1972–74 stellv. Chefred. der außenpol. Wochenztg. »horizont«; 1974–82 Botschafter in Schweden (Nachf. von Peter Steglich), 1985–90 in Italien u. Malta (Nachf. von Hans Voss); 1985 VVO in Gold.

Kiesler, Bruno 22. 12. 1925
SED-Funktionär
Geb. in Ebenrode (Ostpr.), Vater Telegrafenarbeiter; Volksschule, 1940–42 Lehre als Kfz-Schlosser; 1942–45 RAD u. Wehrmacht.
Nach der Entlassung aus engl. Gefangenschaft in Eutin (Schlesw.-Holst.) 1945 Gutsarbeiter in der Altmark; FDGB, 1946 FDJ, KPD/SED; 1946–51 Traktorist eines VdgB-Maschinenhofs bzw. (in der Aktion »FDJler auf die Traktoren«) der MAS Köckte (Kr. Stendal), erzielte hier Höchstleistungen durch Gerätekoppelung nach sowj. Vorbild, 1949 Jungaktivist (»Hennecke der Landw.«); 1950–55 Mitgl. des Bundesvorst. des FDGB; 1950–86 Abg. der Volkskammer; 1950 bis zur Auflösung Mitgl. des Gesamtdt. Aussch. für Land- u. Forstwirtsch.; 1951 SED-Landesparteischule Ballenstedt; 1952/53 Ltr. der MTS-Bezirksverwaltung Magdeburg, Abg. des Bez.-Tags; 1953–59 stellv. Vors. des Rats des Bez. Magdeburg; 1954 Mitgl. der gesamtdt. Delegation zum 1. Weltkongreß der Landjugend in Wien, dort Delegationsltr.; 1955–59 Mitgl. des ZR der FDJ; 1953–57 Fernstudium an der DASR Potsdam u. dem Inst. für Agrarök. Bernburg, Dipl.-Agrarök.; ab 1959 Ltr. der Abt. Landw. des ZK der SED, 1967 Kand., 1971–86 Mitgl. des ZK, maßg. beteiligt an der Einführung industriemäßiger Produktionsmethoden in der Landw. u. der betriebl. Trennung von Pflanzen- u. Tierprod.; 1963–82 stellv. Vors. des Volkskammeraussch. für Landw., Forstwirtschaft und Nahrungsgüterwirtschaft; 1968–83 ord. Mitgl. der DAL bzw. AdL; Jan. 1982 als Abt.-Ltr. des ZK der SED abgelöst, 1981/82 Dir. des neugeschaffenen projekttechnolog. AdL-Inst. für rationelle Energieanwendung; ab 1986 Vors. der Revisionskommission der Liga für Völkerfreundschaft, seit 1. 12. 1990 Altersrentner.

Kilger, Heinrich 8. 3. 1907–19. 1. 1970
Bühnenbildner
Geb. in Heidelberg, Vater Bierbrauer;

1921 Lehre als Laborant in Heidelberg, 1924 Volontär als Lithograph u. Dekorationsmaler, 1928/29 Studium an der Städt. Kunstgewerbeschule München; 1929 Übersiedlung nach Berlin, Besuch von Abendkursen der Rieman-Schule, der Akad. für bildende Künste u. der VHS; Mitarb. der Malerhütte Berlin; 1933 Entlassung, arbeitslos, Stubenmaler; 1936 Bühnenmaler am Dt. Theater Berlin (DT); 1941–43 Kriegsdienst, nach einer Verwundung in der Wachmannschaft des Wehrmacht-Untersuchungsgefängnisses in Berlin-Tegel; antifasch. Widerstandskampf; 1945 sowj. Gefangenschaft.
Sept. 1945 Maler am DT; Zeichner für die Ztschr. »Ulenspiegel«; 1948 Ernennung zum Chefbühnenbildner des DT; Lehrtätigkeit an der HS für bildende u. angewandte Kunst in Berlin-Weißensee; 1953 NP 2. Kl. im Kollektiv; 1961 DAK; 1966 NP 2. Kl. im Kollektiv; 1966–70 Mitgl. des Präs. des Verb. der Theaterschaffenden der DDR; Mitgl. der SED.
Ausstattung der Inszenierungen u.a. von: Boleslaw Barlog (1947 »Dr. med. Hiob Prätorius« am Schloßparktheater), Jürgen Fehling (1948 »Die Fliegen« am Hebbel-Theater), Bertolt Brecht* u. Erich Engel* (1949 »Mutter Courage u. ihre Kinder« am DT/Berliner Ensemble), Ernst Legal* (1950 »Euryanthe« an der Dt. Staatsoper Berlin), Wolfgang Langhoff* (1948 »Optimist. Tragödie«, 1949 u. 1954 »Faust I«, 1951 »Egmont«, 1957 »König Lear«, 1962 »Die Sorgen u. die Macht« von Peter Hacks*, 1963 »Iphigenie auf Tauris« am DT), Wolfgang Heinz* (1961 »Der Kirschgarten«, 1964 »Hamlet«), Benno Besson* (1962 »Der Frieden«), Friedo Solter* (1966 »Nathan der Weise«), Joachim Herz* (1961 »Krieg u. Frieden« an den Städt. Theatern Leipzig).
Publ.: Im Dienste des Gesamtkunstwerkes. In: Bildende Kunst 2/1969.

Kimmel, Annelies, geb. Scheel 7.7.1934
Vorsitzende des FDGB
Geb. in Hausdorf (Sa.), Vater Arbeiter; Volksschule, 1949–52 Ausbildung zum Mechaniker; 1949 FDGB, FDJ; 1952–61 versch. FDJ-Funktionen; 1953/54 Studium an der Jugend-HS Bogensee; 1954 SED; 1958/59 Studium an der HS des Komsomol in Moskau; 1962–64 Ltr. des Referats Jugendfragen beim Berliner Magistrat; 1964–66 Studium an der Ing.-Schule Berlin-Lichtenberg, Maschinenbauing.; 1966/67 stellv. Sekr. der SED-GO im Glühlampenwerk Berlin, 1967–69 Mitarb., 1969–73 Sekr. der SED-KL Berlin-Treptow; 1973–76 Studium an der PHS, Dipl.-Ges.-Wiss.; 1977–79 Sekr. der SED-GO im Glühlampenwerk u. Parteiorg. des ZK für das Kombinat NARVA; 1979–89 Vors. des FDGB-Bezirksvorst. Berlin (Nachf. von Rudi Höppner), Mitgl. des FDGB-Bundesvorst. u. seines Präs., Mitgl. des Sekr. der SED-BL Berlin; 1981 – März 1990 Abg. der Volkskammer, 1. stellv. Vors. des Aussch. für Handel u. Versorgung; 2.11.1989 Wahl zur Vors. des FDGB-Bundesvorst. (Nachf. von Harry Tisch*), 9.12. Rücktritt des Vorst. nach Protesten der Mitgl. gegen Verzögerung der Erneuerung des FDGB.

Kind, Friedrich 20.12.1928
CDU-Politiker, Staatsratsmitglied
Geb. in Leipzig, Vater Ingenieur; Volks- u. Mittelschule in Leipzig u. Limbach (b. Chemnitz), 1943/44 Ausbildung zum Mechaniker; 1944/45 notdienstverpflichtet.
1945–47 Forts. der Schul- u. Berufsausbildung; 1946 FDJ u. FDGB; 1947–49 FDJ-Arbeitsgebietsleiter in Chemnitz; 1948 CDU; 1949 CDU-Kreisaußensekr. und 1950 Kreissekr. in Hoyerswerda, 1950–52 CDU-Landessekr. Brandenburg, 1952–90 Vors. des Bezirksverb. Potsdam; 1952–54 Abg. der Volkskammer, 1954–58 der Länderkammer u. des

Bez.-Tags Potsdam, 1958–März 1990 wieder Abg. der Volkskammer, Sept. 1960–29. 1. 1990 Mitgl. des Staatsrats; 1954–58 Abg. des Bez.-Tags Potsdam; 1956 Vors. des Bezirksverb. Potsdam der DSF; 1960–77 Mitgl. des Präs. des CDU-Hauptvorst.; 1966–72 Fernstudium an der PH Potsdam, Dipl.-Lehrer für Geschichte, 1982 dort Prom. zum Dr. phil. mit einer Diss. zur Geschichte des CDU-Landesverb. Brandenburg; 1969–71 Mitgl. des Aussch. für Nat. Verteidigung; 1990 Vertriebs- u. Anzeigenltr. der Wochenztg. »Die Märkische«.

Kipphardt, Heinar
8. 3. 1922–18. 11. 1982
Schriftsteller, Dramaturg
Geb. in Heidersdorf (Schles.), Vater Zahnarzt; 1940 Abitur in Krefeld, Arbeitsdienst; 1941–42 Studium der Medizin in Bonn, Köln u. Düsseldorf; 1942 Kriegsdienst an der Ostfront.
Jan. 1945 Desertion; Studium der Medizin in Düsseldorf; 1947–49 Assistenzarzt in Krefeld; 1949 Umsiedlung nach Berlin (Ost); 1949/50 Assistenzarzt an der Univ.-Nervenklinik der Charité; 1950 Prom. zum Dr. med. in Düsseldorf; 1950–59 Dramaturg am Dt. Theater Berlin (DT); 1952 UA der Szenen »Entscheidungen« (DT, R: H. K.); 1953 SED, UA »Shakespeare dringend gesucht« (DT, R: Herwart Grosse*), 1956 UA »Der Aufstieg des Alois Piontek« (DT, R: H. K.); 1959 nach öffentl. Angriffen u. Vorladung vor die Kulturkommission beim PB des ZK der SED Kündigung beim DT; nach einem Arbeitsaufenthalt als Dramaturg in Düsseldorf endgültige Übersiedlung in die Bundesrep. Dtl.
1961 Dramaturg bei der Bertelsmann Fernseh-Prod., Umzug nach München; 1962 UA »Der Hund des Generals« (Theaterstück und 1964 Fernsehspiel); 1964 »In der Sache J. Robert Oppenheimer« (Fernsehspiel und Theaterstück); 1969–71 Dramaturg an den Münchener Kammerspielen; 1975 »Leben des schizophrenen Dichters Alexander März« (Fernsehfilm); 1976 »März« (Roman); 1981 Teiln. an der »Berliner Begegnung zur Friedensförderung«; 1983 postume UA von »Bruder Eichmann«.
Publ.: Gesammelte Werke in Einzelausgaben. 10 Bde. Reinbek b. Hamburg 1986–1990.
Sek.-Lit.: Stock, Adolf: H. K. Reinbek b. Hamburg 1987; Naumann, Uwe; Töteberg, Michael: In der Sache H. K. (mit einer Bibliogr. v. Nicolai Riedel). Marbach 1992.

Kipping, Herwig 31. 3. 1948
Filmregisseur
Geb. in Mayen (Kr. Naumburg), Vater LPG-Vors.; POS bis 1964, Betriebsschlosserlehre mit Abitur bis 1967; 1967–71 Mathematikstudium an der HU Berlin (ohne Abschluß); 1971/72 Bahnpostfahrer; 1972–75 NVA; 1976/77 Volontär u. Regieassistent beim Fernsehen der DDR, 1978–82 Studium an der HS für Film u. Fernsehen in Babelsberg, Diplom als Regisseur, danach Regisseur im Bereich Publizistik beim Fernsehen der DDR; 1984 Kündigung seitens des Fernsehens der DDR u. Ausschluß aus der SED wegen Verweigerung von Anordnungen; K. fügte sich Einschränkungen der publizist. Freiheit nicht, durfte auch als freier Mitarb. nicht mehr für das Fernsehen arbeiten; 1984–89 freiberufl. Autor beim DEFA-Studio für Spielfilme; seit 1990 freier Regisseur.
Werke: Essays u. Reportagen an der HS für Film u. Fernsehen: Hommage à Hölderlin (1983, Diplomfilm), Karl Stülpner oder Der Traum vom Fliegen (1983), Liebe, Sex u. Drogen (1989, TV), Selbstmord (1989, TV); 1991 Forts. des Themas Macht u. Gewalt in bezug auf den Stalinismus in der DDR: Das Land hinterm Regenbogen (1992); Wiederkehr des Themas in »Novalis – Die blaue Blume« (1993).

Sek.-Lit.: Ein Akt der Liebe (Werkstattgespräch). In: Film u. Fernsehen. Berlin 1991; DEFA NOVA – nach wie vor? Versuch einer Spurensicherung (hrsg. von »Freunde der Deutschen Kinemathek e. V.«). Berlin 1993; Das zweite Leben der Filmstadt Babelsberg 1946–92 (hrsg. von Filmmuseum Potsdam). Berlin 1994.

Kirchhoff, Werner 11. 11. 1926
Funktionär der Nationalen Front
Geb. in Berlin, Vater u. Mutter Künstler; 1933–43 Volks- u. Mittelschule, 1943 Landwirtschaftslehre; 1943–45 Wehrmacht (Pionier) u. Gefangenschaft; 1946 KPD/SED, FDGB, FDJ; 1946 Neulehrer, 1947–52 Ltr. des Schulamts bzw. Schulrat des Kr. Dippoldiswalde, 1949 1. u. 2. Lehrerprüfung; 1953 Zentralschule des ZK der SED in Erfurt; 1954–62 Abt.-Ltr. im Aussch. für Dt. Einheit; 1956–60 Fernstudium Geschichte an der HU Berlin, Dipl.-Historiker; 1962–64 Arbeitsgruppenltr. beim Büro des Präs., 1964–66 Mitgl. des Sekr., 1966–89 Vizepräs. u. Vors. des Sekr. des NR der NF (Nachf. von Horst Brasch*); 1967–89 Kand. des ZK der SED; 1972/73 Besuch der PHS beim ZK der KPdSU in Moskau; 1976 – März 1990 Abg. der Volkskammer; 1981–90 Präs. des DDR-Komitees für Freundschaft mit dem palästinens. Volk.

Kirchner, Franz 20. 4. 1919
CDU-Funktionär, Oberbürgermeister von Weimar
Geb. in Mährisch-Trübau (ČSR), Vater Angestellter; Besuch der Volks- u. Oberschule in Mährisch-Trübau; 1939 Abitur; Studium der Wirtschaftswiss. an der HS in Prag (ein Semester); danach Soldat; Umsiedlung.
1945 CDU; 1945–50 Angestellter (Ltr. der Preisstelle) der Kreisverwaltung Schönberg (Meckl.); 1948 Studium an der Finanzschule Königs Wusterhausen; 1950/51 Studium an der ASR Potsdam-Babelsberg; 1951/52 Referent bei der Landesfinanzdir. Schwerin; 1952–57 stellv. Vors. des Rats des Kr. u. Abg. des Kreistags Bad Salzungen; seit 1952 Mitgl. des Hauptvorst. der CDU u. 1970–82 Präs.; 1960 Staatsexamen an der HfÖ Berlin-Karlshorst, Dipl.-Staatswirtsch.; 1954–63 u. 1967–86 Abg. der Volkskammer, 1957–61 Stellv. des Vors. des Ständigen Aussch. für die örtliche Volksvertretung, seit 1971 Mitgl. des Aussch. für Auswärtige Angelegenheiten der Volkskammer; 1961–70 Vors. der CDU im Bez. Erfurt; 1962–71 Abg. des Bez.-Tags Erfurt; 1970–82 OB von Weimar (Nachf. von P. Ullmann); 1984 VVO in Gold; 1989 Ehrenmitgl. des Hauptvorst. u. des Ehrenrats der CDU.

Kirchner, Martin 9. 8. 1949
CDU-Politiker, Kirchenjurist
Geb. in Weimar, Vater Einzelhändler; EOS, Abitur; 1967 CDU; Studium der Rechtswiss. an der MLU Halle, 1973 Dipl.-Jurist; 1973–75 Mitarb. beim Sekretariat des CDU-Hauptvorst.; 1975 bis 1986 jur. Mitarb. bzw. Ltr. des Kreiskirchenamts Gera, 1986 jur. Oberkirchenrat, 1987–89 stellv. Vors. des Landeskirchenrats der Ev.-Luth. Kirche in Thüringen (Sitz Eisenach) (Nachf. von Hartmut Mitzenheim), Mitgl. der Konferenz der Ev. Kirchenltg. in der DDR; Sept. 1989 Mitunterz. des »Weimarer Briefes«, darin die Aufforderung an die CDU, drängende Probleme der DDR »endlich realist. u. unbeschönigt wahrzunehmen«; Dez. 1989 CDU-Generalsekr.; März – Okt. 1990 Abg. der Volkskammer; Aug. 1990 Hinweise auf inoff. Mitarb. beim MfS u. vom Amt des CDU-Generalsekr. entbunden; danach in der thür. Wirtschaft tätig, u. a. Aufbau einer Supermarktkette, Gesellschafter einer Bauträgerges.; Austritt aus der CDU.

Kirchner, Peter 20. 2. 1935
Vorsitzender der Jüdischen Gemeinde Berlin
Geb. in Berlin, Vater Bäcker, Mutter Lagerarbeiterin; 1941 bis zur Schließung 1942 Besuch der Volksschule der Jüd. Kultusvereinigung in Berlin; 1943 zus. mit der Mutter Zwangseinweisung in das Berliner Durchgangslager Große Hamburger Straße, anschl. bis Kriegsende illegaler Aufenthalt in Neustadt/Dosse.
Ab 1945 Schulbesuch in Berlin, 1954 Abitur; anschl. Studium der Medizin an der HU Berlin; 1959–61 wiss. Assistent am Anatom. Inst. der HU, 1961 Prom.; danach Facharztausbildung u. Arzt in Berlin, ab 1967 Facharzt für Neurologie u. Psychiatrie im Krankenhaus Berlin-Lichtenberg (Herzberge); 1985–91 Bereichsltr. in der Zentralstelle für ärztl. Begutachtungswesen Berlin; 1971–90 Vors. der Jüd. Gemeinde von Berlin (Nachf. von Heinz Schenk); 1985–90 zugl. Vizepräs. des Verb. der Jüd. Gemeinden in der DDR; ab 1988 Präs. der Stiftung Neue Synagoge Berlin – Centrum Judaicum; Teiln. an zahlr. Tagungen u. Kongressen intern. jüd. Org.; zahlr. publizist. Beiträge über jüd. Geschichte u. Kultur, insbes. in Berlin; Mithrsg. des Nachrichtenblatts der Jüd. Gemeinden in der DDR.
Publ.: Jüd. Friedhöfe in Berlin (mit A. Etzold, J. Fait u. H. Knobloch*). Berlin 1987.
Sek.-Lit.: P. K. In: Herzberg, Wolfgang (Hrsg.): Überleben heißt Erinnern (Biogr.). Berlin 1990.

Kirchner, Rudolf 20. 6. 1919–5. 5. 1984
FDGB-Funktionär
Geb. in Hirschberg (Schles.), Vater Schmied u. Lokführer; Volksschule, 1933–37 Ausbildung zum Schriftsetzer, anschl. im Beruf tätig; 1937/38 RAD, 1939–45 Militärdienst (Luftwaffe); März 1945 – Juni 1949 sowj. Gefangenschaft, Besuch der Zentralen Antifa-Schule in Krasnogorsk.
1949 Rückkehr nach Dtl., SED u. FDGB; 1949/50 Abt.-Ltr. im Bundesvorst. des FDGB, 1950–68 dessen Mitgl., 1950–52 Stellv. des Vors. u. Mitgl. des Sekr., 1952–67 Mitgl. des Präs. u. des Sekr., verantw. für Produktions- u. Massenarbeit, sowie gesamtdt. Arbeit der Gewerkschaften, kurzzeitig stellv. Vors. der Kader-, Finanz- u. Stellenplankommission im Sekr. des Bundesvorst.; 1950–63 Kand. des ZK der SED; 1954–59 Mitgl. des NR der NF; 1960–63 Studium an der PHS der KPdSU in Moskau, Dipl.-Ges.-Wiss; 1957–59 u. 1965–67 Mitgl. des Generalrats u. Kand. des Exekutivkomitees des WGB; 1950–71 Abg. der Volkskammer, 1953–59 u. 1963–67 Vors. der FDGB-Fraktion u. Vors. des Aussch. für Arbeit u. Sozialpolitik; 1968–82 Mitarb. im Min. für Leichtindustrie bzw. Glas/Keramik; anschl. Invalidenrentner.
Publ.: Der Aktivistenplan im Kampf gegen alle Produktionsverluste. Berlin 1951; Einige inhaltliche Probleme der Tätigkeit des FDGB zur Verständigung der Gewerkschaften in beiden dt. Staaten. Berlin 1967.

Kirsch, Rainer 17. 7. 1934
Lyriker, Präsident des Schriftstellerverbands
Geb. in Döbeln, Vater Lehrer; Studium der Geschichte u. Philos. in Halle u. Jena, 1957 Relegation; danach Arbeit in einer Druckerei, einem Chemiewerk u. in der Landw.; ab 1960 freischaff., erste Gedichte in Anthol. u. Ztschr.; 1963–65 Studium am Literaturinst. »Joh. R. Becher« in Leipzig; anschl. freischaff., kurze Zeit mit Sarah K.* verheiratet; 1965 erster Gedichtband (mit Sarah K.) »Gespräch mit dem Saurier«; 1973 Ausschluß aus der SED nach Auseinandersetzungen um seine Gegenwartskomödie »Heinrich Schlaghands Höllenfahrt«;

vom MfS im OV »Atelierkreis« bearbeitet; zahlr. Nachdichtungen aus dem Russ. (Achmatowa, Jessenin, Mandelstam), Englischen (Shelley, Keats), Italienischen (Petrarca), Georgischen; 1974 Porträts »Kopien nach Originalen«; 1975 PEN-Zentrum DDR, dann Dt. PEN-Zentrum (Ost); 1976 Essays zur Dichtungstheorie »Das Wort u. seine Strahlung«, 1976 Oper »Das Land Bum-Bum« (Musik Georg Katzer), 1979 Essays »Amt des Dichters«, 1980 Gedichtband »Ausflug machen«, 1988 Gedichtband »Kunst in der Mark Brandenburg«.
März – Dez. 1990 Präs. des SV (Nachf. von Hermann Kant*); Juli 1990 Mitgl. der AdK, seit 1993 AdK Berlin-Brandenburg.

Kirsch, Sarah (eigtl. Ingrid), geb. Bernstein 16. 4. 1935
Schriftstellerin
Geb. in Limlingerode (Südharz), Vater Fernmeldemechaniker; Abitur; Studium der Biol. in Halle, 1963–65 Studium am Literaturinst. »Joh. R. Becher« in Leipzig; ab 1965 freischaff. Schriftst., Mitgl. im DSV; ab 1968 in Berlin; erster Lyrikband »Gespräch mit dem Saurier« (gemeinsam mit Rainer Kirsch*, 1965), weitere Lyrikbände »Landaufenthalt« (1967), »Zaubersprüche« (1973), »Rükkenwind« (1976) u. a.; Erzählungen »Die ungeheuren bergehohen Wellen auf See« (1973); »Die Pantherfrau« (1973) ist frühes Zeugnis dokumentierender Frauenlit.; 1973 Heinrich-Heine-Preis; Mitgl. des Vorst. des SV; wurde vom MfS im OV »Milan« überwacht u. »operativ bearbeitet«; 1976 Petrarca-Preis; Nov. 1976 Mitunterz. der Protesterklärung gegen die Ausbürgerung Wolf Biermanns*; Jan. 1977 Ausschluß aus SED u. SV; war starken Pressionen ausgesetzt, Aug. 1977 Ausreise nach Berlin (West); 1981 Österr. Staatspreis für Lit.; lebt seit 1983 in Tielenhenne (Schleswig-Holstein); Mitgl. des PEN und der Akad. Darmstadt; veröff. in der Bundesrep. Dtl. u. a. »Allerlei-Rauh. Eine Chronik« (1988); 1988 Literaturpreis der Stadt Mainz.
Seit 1989/90 setzte sie sich öffentlich gegen eine Verdrängung u. Vertuschung der Stasi-Problematik ein; 1993 Peter-Huchel-Preis.
Publ.: Sieben Häute. Ausgew. Gedichte 1962–79. 1979; Landwege. Ausgew. Gedichte 1980–85. 1985; Schneewärme. Gedichte. 1988; Spreu. Prosa. 1991.
Sek.-Lit.: Arnold, Heinz Ludwig (Hrsg.) S. K. München 1991.

Kirst, Klaus Dieter 1940
Schauspieler, Regisseur
Geb. in Meiningen, Vater Pfarrer; Oberschule, Abitur, 1961–64 Studium der Theaterwiss. an der Theater-HS »Hans Otto« in Leipzig; 1964–70 Schauspieler u. Regieassistent am Staatsschauspiel Dresden, dort seit 1970 Regisseur; 1978 Kunstpreis der DDR.
Inszenierungen: »Egmont« (1968 Theater der Stadt Cottbus, erste selbständige Inszenierung), in Dresden u. a.: »Adam u. Eva« von Peter Hacks (UA 1973), »Prexaspes« von Hacks (UA 1976), »Nathan der Weise« (1978), »Senecas Tod« von Hacks (1980), »Lulu« (»Erdgeist« / »Die Büchse der Pandora«, Fassung des Staatsschauspiels Dresden, 1983), »Der Kaufmann von Venedig« (1985), »Passage« von Christoph Hein (1987), »Wer hat Angst vor Virginia Woolf...?« (1989), »Die Ritter der Tafelrunde« von Christoph Hein (1989), »Die Zauberflöte« (Oper Dresden, 1990), »Der Prinz von Homburg« (1992), »Dreigroschenoper« (1992), »Schau heimwärts, Engel« v. Ketti Frings (1992), »The Rocky Horror Picture Show« von Richard O'Brien (Kuppeltheater, 1993), »Die Entführung aus dem Serail« (Oper Essen, 1993); 1993/94 als Gast am Aalto Theater Essen Beginn »Der Ring des Nibelungen« (1993/94 »Rheingold« / »Walküre«); »Biografie:

Ein Spiel« von Max Frisch (1994, Kleines Haus, Dresden); Gastinszenierung in Graz: »Lulu« (1978) u. »Yerma« (1982), am Thalia Theater Hamburg (»Traumulus« von Arno Holz/Oskar Jerschke).

Kistowski, Erich 6. 11. 1909–13. 8. 1984
MfS-Hauptabteilungsleiter
Geb. in Danzig, Vater Arbeiter; Volksschule; 1923–29 Arbeiter; 1929 KPD; 1929–32 Mitarb. der KPD-BL Danzig; 1932/33 Besuch der Militärpol. Schule in Moskau, dann Gelegenheitsarbeiter, zeitw. in Haft wegen versuchten Hochverrats u. Weiterführung der illegalen KPD; 1938–41 Arbeiter; 1941–45 Soldat der Marine.
1945–48 Gefangenschaft; 1949 Mitarb. des SED-Landesvorst. Mecklenburg, dann Landessekr. der VVN Mecklenburg; 1949 Einstellung beim MfS, Kreisdienststelle Greifswald; 1950 Ltr. der Kreisdienststelle Rostock, dann Ltr. der Abt. VIIc, MfS Berlin; 1953 Abt.-Ltr., dann stellv. Ltr. der HA I (Abwehr in der KVP, ab 1956 NVA); 1958 Oberst; 1959 Offz. im bes. Einsatz als stellv. Chef der Dt. Grenzpolizei u. Ltr. der Grenzaufklärung; 1961 stellv. Ltr., 1965 Ltr. der HA VII (Abwehr MdI/DVP); 1974 VVO in Gold; 1970 Entlassung, Rentner.

Klaar, Norbert 12. 10. 1954
Leistungssportler (Sportschießen)
Geb. in Wittenberge/Elbe; Beginn mit dem Schießsport im Alter von zwölf Jahren beim SC Dynamo Perleberg, anfangs mit der Sportpistole, später spezialisiert auf die Schnellfeuerpistole; 1972 Wechsel zum SC Dynamo Hoppegarten (Trainer: Reiner Göthel); 1973–90 SED; Berufsausbildung zum Fahrzeugschlosser; Angehöriger des MfS; 1976 Olympiasieger mit der Schnellfeuerpistole; 1977 EM mit der Mannschaft im Luftpistolenschießen; VVO in Gold.

Klabuhn, Irina, verh. Walkowiak 17. 6. 1954
Leistungssportlerin (Fallschirmspringen)
Geb. in Berlin; zunächst als Wasserspringerin beim TSC Berlin, ab 1971 Fallschirmspringerin beim SC Dynamo Hoppegarten; sechsmalige WM: 1974 im Gruppenzielspringen, 1976 im Figurenspringen, 1980 im Gruppenzielspringen, im Figurenspringen u. in der Kombination, 1982 im Figurenspringen; Abitur an der KJS; 1982 Beendigung der leistungssportl. Laufbahn; Studium der Rechtswiss.

Klare, Hermann 12. 5. 1909
Präsident der DAW, Chemiker
Geb. in Hameln/Weser in einer Lehrerfamilie; nach dem Abitur Studium der Chemie in Heidelberg u. Kiel, Prom.; 1933–45 Chemiker in versch. Industriebetrieben, u. a. als Ltr. der Kunstseidenfabrik in Wolfen u. Ltr. der Perlonfabrik in Landsberg; 1937 NSDAP.
1945 Betriebsltr. in der Kunstseidenfabrik Premnitz; 1946 Ltr. der »Thüring. Zellwolle« in Schwarza; 1947–49 Forschungs- u. Beratertätigkeit in Klin (UdSSR); 1949 zunächst Betriebsltr., ab 1951 Dir. des VEB Kunstfaserwerks »Wilhelm Pieck« Schwarza; 1951 NP; 1953–61 Abt.-Ltr., dann bis 1969 Dir. des Inst. für Faserstoff-Forschung der DAW in Teltow, 1954–61 zugl. Prof. an der TH für Chemie Leuna-Merseburg; 1961 Ord. Mitgl. der DAW u. bis 1968 Vors. der Forschungsgemeinschaft der naturwiss., techn. u. med. Inst. der DAW; 1962–64 Prof. an der HU Berlin; 1963 NP; 1963–68 u. 1979–84 Vizepräs. der DAW; 1966 Mitgl. des Präs. des Forschungsrats beim Min.-Rat; 1968–79 Präs. der DAW bzw. AdW (Nachf. von Werner Hartke*); 1973 VVO in Gold; 1978 Dr. h.c. der Univ. Sofia, 1979 Dr. h.c. der TU Dresden; 1980–88 Vors. der Klasse »Chemie« der AdW; Mitgl. der

Dt. Akad. der Naturforscher Leopoldina u. der AdW der UdSSR; 1983 Präs. des DDR-Komitees für wiss. Fragen der Sicherung des Friedens u. der Abrüstung.
Publ.: Technol. u. Chemie der synthet. Fasern aus Polyamid. Berlin 1954; Geschichte der Chemiefaserforschung. Berlin 1985.

Klaus, Georg 28. 12. 1912–29. 7. 1974
Philosoph
Geb. in Nürnberg, Vater Eisenformer; 1919–32 Volks- u. Oberrealschule, schon mit 16 Jahren komm. Parteiarbeit; ab 1932 Studium der Mathematik u. Physik in Erlangen, nach drei Semestern im Okt. 1933 Verhaftung wegen illegaler antifasch. Aktivitäten, gerichtl. verurteilt u. nach Abbüßung einer zweijährigen Gefängnisstrafe für weitere drei Jahre ins KZ Dachau überführt; 1939 Haftentlassung bei Studienverbot, Arbeit in einer Bleistiftfabrik; 1942 Wehrmacht, an der Ostfront schwer verwundet, 1945 Gefangenschaft in Belgien.
1946/47 Besuch der PHS der SED »Karl Marx« u. prakt. Parteiarbeit; 1947/48 Fortsetzung des Studiums (4.–6. Semester) an der Sozialpädagog. Fak. der Univ. Jena im Fach Erziehungswiss., Abschluß mit Doktordipl. (Dr. päd.) zum Thema »Die erkenntnistheor. Isomorphierelation«; anschl. Lehrbeauftragter für dial. u. hist. Materialismus an der Gesellschaftswiss. Fak. der FSU Jena; scharfe philosoph.-ideolog. Auseinandersetzungen mit H. Leisegang, der daraufhin zur FU nach Berlin (West) ging; 1950 Habil. zum Thema »Dialektik u. Materialismus in Kantschen Frühschriften« an der HU Berlin; danach in Jena Prof. für marxist. Philos., Dekan der Gesellschaftswiss. Fak. u. Prorektor für wiss. Aspirantur der Univ. Jena; 1953–57 Dir. des Philosoph. Inst. der HU Berlin, Lehrstuhlinhaber für Logik u. Erkenntnistheorie sowie Prorektor für wiss. Nachwuchs; 1959 Ltr. der Arbeitsgruppe Philos. an der DAW; 1961 Mitgl. der DAW, 1962–69 Dir. des Inst. für Philos. der DAW, 1967 VVO in Gold.
Veröff. von mehr als zehn größeren philosoph. Buchpublikationen mit z. T. mehrfachen Aufl. in der DDR; Mithrsg. des »Philosoph. Wörterbuchs«, Leipzig 1964 ff. (mit M. Buhr*) u. des »Wörterbuchs der Kybernetik«, 1967 ff. (mit H. Liebscher); hauptsächl. Forschungsgebiete: philosoph. Fragen der Mathematik, Kybernetik u. Semiotik, Geschichte der Philos., Logik, Erkenntnistheorie u. Methodologie der Wiss.
Publ.: Jesuiten – Gott – Materie (Anti-Wetter). Berlin 1957; Kybernetik in philosoph. Sicht. Berlin 1961; Moderne Logik. Berlin 1964; Kybernetik u. Erkenntnistheorie. Berlin 1966; Sprache der Pol. Berlin 1971.
Sek.-Lit.: Liebscher, H.: G. K. zu philosoph. Problemen von Mathematik u. Kybernetik (mit Bibliogr.) Berlin 1982; Philos. – Wiss. Zum Wirken von G. K. Berlin 1984.

Kleiber, Günther 16. 9. 1931
SED-Politiker, Stellv. Vorsitzender des Ministerrats
Geb. in Eula (Kr. Borna), Vater Arbeiter; Volksschule; 1946 FDJ; 1946–49 Ausbildung zum Elektriker im VEB Braunkohlenkraftwerk Großzossen-Witznitz (Kr. Borna), anschl. im Beruf tätig; 1950 SED; 1950–52 ABF Dresden, Abitur; 1953–58 Elektrotechnik-Studium an der Univ. Rostock u. der TU Dresden, Dipl.-Ing.; 1958–62 Wiss. Assistent an der TU Dresden, 1962/63 Parteisekr. an der Fak. für Elektrotechnik; 1964–66 Abt.-Ltr. in der SED-BL Dresden; 1966 kommissar. Min. für Elektrotechnik/Elektronik u. bis 1971 Staatssekr.; 1967 Mitgl. des ZK der SED u. Kand. des PB, Abg. der Volkskammer; 1971–89 stellv. Vors. des Min.-Rats, 1973–86 Min. für Allg. Maschinen-, Landmaschinen- u. Fahrzeugbau; 1981 KMO; 1984–89 Mitgl. des PB

des ZK der SED; 1986–89 ständiger Vertreter der DDR im RGW (Nachf. von Gerhard Weiß*), Ltr. der DDR-Seite des Aussch. für wirtsch.-techn. Zusammenarbeit mit dem Irak bzw. Syrien; Nov. 1989 mit dem PB u. dem Min.-Rat zurückgetreten, 3. 12. 1989 aus dem ZK u. der Partei ausgeschlossen; Dez. Einleitung eines Ermittlungsverfahrens wegen Amtsmißbrauch u. Korruption, U-Haft, Mai 1990 Verfahrens-Einstellung u. Haftentlassung; danach arbeitslos.

Klein, Dieter 15. 10. 1931
Wirtschaftswissenschaftler
Geb. in Berlin, Eltern kaufm. Angestellte; wegen jüd. Abstammung unter dem NS-Regime vom Gymnasium entlassen, anschl. Besuch einer einklassigen Dorfschule.
1951 Abitur, anschl. bis 1954 Studium der Wirtschaftswiss. an der HU Berlin, danach Assistent an der dortigen wirtschaftswiss. Fak.; 1954 SED; 1961 Prom. mit der Diss. »Integration des Finanzkapitals in Westeuropa«, 1962 Doz., 1964 Habil. mit einer Arbeit zu Planifikation u. anderen strateg. Ansätzen in der EWG; 1965 Prof. für pol. Ök. u. bis 1977 Dir. des Inst. für pol. Ök. an der HU, hier Förderung einer Arbeitsgruppe Soziol. bis zur Gründung eines eigenständigen soziolog. Inst. an der HU sowie der Etablierung des Lehrfachs Demographie trotz off. Vorwürfe des »Biologismus«; Mai 1965 wegen der Betonung von Entw.-Potentialen des Kap. als »Reformist« angegriffen; ab 1978 Prorektor der HU für Ges.-Wiss.; 1979 NP im Kollektiv; 1983 Mitgl. der SED-BL Berlin, erneute Vorwürfe des »Revisionismus« durch den Rektor der PHS der SED »Karl Marx« u. a. wegen Kritik am PB-Beschluß zur Errichtung des umweltgefährdenden Trichlorsilanwerks in Dresden-Gittersee; in den 80er Jahren hauptverantw. für den Aufbau einer multidisz. Friedensforschung an der HU u. den Austausch von Vorlesungszyklen mit dem Hamburger Inst. für Friedensforschung u. Sicherheitspol., wiederum gegen die Kritik mehrerer SED-PB-Mitgl.; 1989 beteiligt an der Org. der Protestkundgebung krit. SED-Mitgl. am 8. Nov. vor dem ZK-Gebäude in Berlin, Mitautor eines Programmvorschlags für die SED/PDS im Sinne des »Dritten Wegs«, diesbezügl. Referat auf dem Sonderparteitag der SED/PDS im Dez. 1989; 1990 Gründungsdir. des Inst. für Interdisz. Zivilisationsforschung an der HU Berlin.
Seit 1992 Überhang-Professur für ök. Grundlagen der Politik am Fachbereich Sozialwiss. der HU.
K. war Hrsg. u. Mitautor des Lehrbuchs »Pol. Ök. des Kap.« (Berlin 1986). Er galt als reformorientierter Politökonom u. Wiss.-Funktionär, sein Buch »Chancen für einen friedensfähigen Kap.« (Berlin 1988) galt als Bruch mit dem off. Dogma vom »aggressiven Wesen des Kap.«. Als Prorektor förderte er bis dato tabuisierte Forschungsrichtungen wie den Aufbau einer interdisz. Forschung zur Homosexualität sowie eine Reihe reformorientierter Nachwuchswissenschaftler, u. a. die Mitarb. des Projekts »Konzeption eines modernen Soz.«. Seine eigenen Forschungen betrafen insbes. Entw.-Potentiale u. -probleme des mod. Kap., seit 1990 die Rückwirkungen der Transformation in Osteuropa auf die westl. Welt.
Publ.: Ök. Widersprüche des Kap. Moskau 1979 (russ.); Krisen des Kap. Berlin 1987; Umbruch zur Moderne (Hrsg. mit M. Brie*). Hamburg 1991; Zwischen den Zeiten (Hrsg. mit M. Brie). Hamburg 1992; Der Engel der Geschichte. Befreiende Erfahrungen einer Niederlage. (mit M. Brie) Berlin 1993.

Klein, Fritz 11. 7. 1924
Historiker
Geb. in Berlin, Vater Journalist, wuchs nach dem frühen Tod seiner Eltern in den

30er Jahren bei H. Deiters* auf; 1942 Abitur, anschl. Uffz. in der Wehrmacht.
1945 KPD, 1945/46 tätig in der Dt. ZV für Volksbildung; 1946–52 Studium der Geschichte an der Univ. Berlin, 1947 Vors. der Kommission Studenten des KB; 1952 Prom. über die dt.-sowj. Beziehungen während der Weimarer Rep., 1952/53 stellv. Abt.-Ltr. am Museum für Dt. Geschichte, 1953–56 Mitbegr. u. Redaktionssekr. der Ztschr. für Geschichtswiss. (ZfG), 1956/57 Chefred. der ZfG, 1957 Absetzung unter dem Vorwurf »objektivist. u. revisionist. Tendenzen« in der ZfG; 1957 wiss. Mitarb. am Inst. für Geschichte der DAW, 1958 Ltr. der Arbeitsgruppe »1. Weltkrieg«, 1968 Habil. an der KMU Leipzig mit einer Arbeit über den dt. Imp. u. die Entstehung des 1. Weltkriegs, 1970 Ernennung zum Prof., 1973–86 Ltr. des Bereichs »Allg. Geschichte« am ZI für Geschichte der AdW, 1982 Mitgl. des Büros der Association Intern. d'Histoire Contemporaine de l'Europe; 1986–89 Ltr. des Bereichs »Kap. Hauptländer« am Inst. für Allg. Geschichte der AdW, 1989 em.; Mitgl. des Präsidialrats des KB, des Friedensrats der DDR u. des DDR-Komitees für wiss. Fragen der Sicherung des Friedens u. der Abrüstung, Leitungsmitgl. des Rats für Geschichtswiss., Ltr. des Rats für Allg. Geschichte.
1990/91 Dir. des Inst. für Allg. Geschichte der AdW, 1991 Mitgl. der Struktur- u. Berufungskommission Geschichte der HU Berlin, aus der er 1992 vorzeitig ausschied.
K.s wiss. Interesse galt v.a. der dt. Geschichte von 1900–18 u. der Problematik von Krieg u. Frieden im 20. Jh., seine Publ. zum 1. Weltkrieg zählen zu den anerkanntesten Arbeiten von DDR-Historikern über die neuere dt. Geschichte; seit 1990 hat sich K. nachhaltig u. wirkungsvoll im Umstrukturierungsprozeß der hist. Forschung u. in der Debatte um die DDR-Geschichtswiss. engagiert.

Publ.: Die diplomat. Beziehungen Dtl. zur Sowjetunion 1917–33. Berlin 1952; Dtl. von 1897/98 bis 1917. Berlin 1961; Dtl. im 1. Weltkrieg. (Ltr.) 3 Bde. Berlin 1968/69.

Klein, Gerhard 1.5.1920–21.5.1970
Filmregisseur
Geb. in Berlin, Vater Dreher, Mutter Hausfrau; als Jugendl. Mitgl. von Widerstandsorg. der KPD; zweimal verhaftet; Trickfilm- u. Werbezeichner der Tolirag; Wehrmacht, Hrsg. einer illegalen Soldatenztg.; engl. Gefangenschaft.
1945 Tätigkeit im Hauptjugendaussch. der KPD u. beim Jugendamt des Berliner Magistrats; 1946 KPD/SED; ab 1946 Mitarb. der DEFA, Drehbuchautor u. Regieassistent, Regiedebüt 1950 mit dem Wahlfilm »Für ein einiges, glückl. Vaterland«; 1952 Wechsel zum Spielfilm; 1954 Jugendkrimi »Alarm im Zirkus«; 1954 NP 3. Kl.; weitere gemeinsame Berlin-Filme mit Autor Wolfgang Kohlhaase*: 1956 »Eine Berliner Romanze«, 1957 »Berlin – Ecke Schönhauser«, 1966 »Berlin um die Ecke« (Verbot nach dem 11. Plenum des ZK der SED 1965, erstaufgeführt 1990); 1963–70 Mitgl. der Fraktion des KB in der Volkskammer; 1970 »Leichensache Zernik« (abgebrochen wegen Krankheit u. Tod). Weitere Filme u.a.: 1961 »Der Fall Gleiwitz« über den Beginn des 2. Weltkriegs, 1963 »Sonntagsfahrer«.

Klein, Hans (Knud)
5.5.1904–29.8.1970
Generalinspekteur und Stellv. des Chefs der DVP
Geb. in Hamburg-Billstedt, Vater Büro-Schreiber, Mutter Landarbeiterin; Volksschule, Fortbildungsschule, Bäckerlehre; Strecken- u. Bauarbeiter; 1923 KPD, mehrmals in pol. Haft; 1928 Parteischule in Berlin-Fichtenau; KPD-Landtagsabg.; nach 1933 antifasch. Widerstand, 1934 wegen »Vorbereitung zum

Hochverrat« zweieinhalb Jahre Zuchthaus; 1937 Emigration nach Dänemark, 1943 nach Schweden.
Dez. 1945 Rückkehr in die SBZ, Instrukteur bzw. 1. Kr.-Sekr. der SED in Waren, ab 1948 in Wismar; Landtagsabg. in Mecklenburg, Jan. bis Aug. 1950 Kaderltr. in der SED-Landesltg., dann nach Berlin; Generalinspekteur der DVP; Okt. 1950 stellv. Chef der DVP, geriet in Widerspruch zu Karl Maron*; Dez. 1950 Krankheit; verlor kurz darauf im Zuge der Überprüfung der Westemigranten durch die ZPKK seine Funktionen, auf eigenen Wunsch zur PHS; 1953 Parteiorganisator des ZK im Transformatorenwerk in Berlin-Oberschöneweide; Dez. 1959 Instrukteur in der Intern. Abt. des ZK der SED; schied 1961 aus Gesundheitsgründen aus dem Berufsleben.

Klein, Klaus-Wolfgang 23. 11. 1933
Leiter des Zentralen Medizinischen Dienstes des MfS
Geb. in Königsberg (Ostpr.), Vater Buchhändler, Mutter Hausfrau; Abitur; 1952–57 Medizinstudium an den Univ. in Leipzig u. Greifswald (Militärmed. Sekt.); 1957 Pflichtassistent im Armeelazarett Bad Saarow; 1958 Truppenarzt; 1960 Facharztausbildung, dann Oberarzt und Lehrstuhlltr. in der Univ.-Klinik Greifswald; 1962 SED; 1967 Einstellung beim Med. Dienst des MfS als Facharzt für innere Medizin; 1970–73 2. Stellv. des Ltr. des Zentralen Med. Dienstes (ZMD); 1974 stellv. Ltr., 1986 Ltr. des ZMD; 1987 Gen.-Major; 1990 Entlassung.

Klein, Thomas 14. 4. 1948
Bürgerrechtler
Geb. in Berlin, Vater Mitarbeiter im Kulturmin., Mutter Sachbearbeiterin; 1966 Abitur, 1966–73 Mathematikstudium/Forschungsstudium an der HU Berlin; nach Rücknahme eines Einstellungsversprechens der Univ. wegen seiner »pol. negativen« Einflüsse auf die Studenten 1973–79 wiss. Assistent am ZI für Wirtschaftswiss. der AdW, 1975 Prom. auf dem Gebiet der Kybernetik; seit 1973 in versch. opp. Zirkeln, ab 1976 Initiativen gegen Berufsverbote in beiden dt. Staaten nach der Ausbürgerung Wolf Biermanns*; 1979 Initiator von Protestbriefen gegen den Ausschluß krit. Autoren aus dem SV (mit Jutta Braband* u. Stefan Fechner), Sept. 1979 – Dez. 1980 Haftstrafe in Berlin u. Bautzen wegen »ungesetzl. Verbindungsaufnahme« (§ 219 StGB), anschl. Berufsverbot in der Wiss. u. Zuweisung einer Stelle als Preisbearbeiter im Möbelkombinat Berlin; seit 1981 Mitarb. im Friedenskr. der ESG, ab 1983 Friedrichsfelder Friedenskr., Veranstaltungen im kirchl. Raum u. a. zu Militärgeschichte der Warschauer Vertragsstaaten, amerik. Weltraumrüstung (SDI), Atomkraftwerken, Herrschaftstechniken im Realsoz., KPD-, DDR-Geschichte, osteur. Wirtschaftsgeschichte; illegale Fragebogenuntersuchung zum Charakter der Arbeit im Realsoz.; 1986 Mitinitiator des ersten Menschenrechtsseminars (Berlin-Friedrichsfelde), Mitarb. in der Gruppe »Gegenstimmen« u. an den Samisdat-Ztschr. »Umweltblätter«, »Friedrichsfelder Feuermelder«, »Kontext«; Sept. 1989 Mitautor des Gründungsaufrufs der VL »Böhlener Plattform«; Dez. 1989 – März 1990 VL-Vertreter am Zentralen Runden Tisch.
Apr. – Okt. 1990 Volkskammerabg. der VL; Okt. – Dez. 1990 MdB für die VL, Abgeordnetengruppe PDS; seitdem arbeitslos; zahlr. Zeitschriftenaufsätze insbes. zur Geschichte der DDR, zur Opp. im Staatssoz. sowie zur Situation der Linken nach der dt. Vereinigung.
Publ.: Keine Opposition. Nirgends? (Mithrsg.). Berlin 1991.

Kleine, Alfred 13. 11. 1930
MfS-Hauptabteilungsleiter
Geb. in Leipzig, Vater Kraftfahrer; Mitt-

lere Reife; 1947–50 Lehre u. Arbeit als Verwaltungsangestellter; 1950 SED; Wirtschaftsltr. des Krankenhauses Leipzig-Dösen; 1952 Verwaltungsltr. eines Betriebs; 1953 Einstellung beim MfS, HA III (Sicherung der Volkswirtschaft); 1955 stellv. Abt.-Ltr., dann Abt.-Ltr., 1956 stellv. Ltr. der HA III (ab 1964 HA XVIII); 1956–62 Fernstudium an der HfÖ Berlin, Dipl.-Wirtsch.; 1967/68 Freistellung, Prom. zum Dr. jur. an der JHS Potsdam-Eiche; 1974 Ltr. der HA XVIII; 1985 VVO in Gold; 1989 Gen.-Ltn.; Dez. 1989 von seiner Funktion entbunden; 1990 Entlassung.

Kleineidam, Erich 3. 1. 1905
Katholischer Theologe und Philosoph
Geb. in Bielschowitz (Schles.); 1915 bis 1924 humanist. Gymnasium in Brieg (Schles.); 1924 Abitur; Studium der Philos. u. Theol. an den Univ. Breslau, Freiburg i. Br. u. Innsbruck; 1929 Priesterweihe in Breslau; Alumnatssenior in Breslau; 1930 Dr. phil. an der Philosoph. Fak. der Univ. Breslau; 1930 Ltr. des Schülerkonvikts der staatl. Aufbauschule in Liebenthal; 1934 Repetitor u. 1935 stellv. Dir. des Erzbischöfl. Theologenkonvikts Breslau; 1939 Prof. für Philos. am Erzbischöfl. Priesterseminar Weidenau (Schlesien), zugleich Vizerektor.
1946 Vertreibung; 1946 Administrator der Pfarrei Oberhausen (Kr. Neuburg/Donau) in der Diözese Augsburg; 1947 Prof. für Philos. am neugegr. Priesterseminar für Flüchtlingstheologen in Königstein (Taunus), 1948 zusätzl. Regens; später zugl. erster Rektor der neugegr. Philosoph.-Theolog. HS Königstein (Taunus); 1952 Berufung durch die Berliner Ordinarienkonferenz als Rektor, Regens u. ord. Prof. für Philos. an das neu zu errichtende Regionalpriesterseminar in Berlin-Biesdorf bzw. Erfurt, dort bis 1954 Rektor, bis 1959 Regens; 1954 Päpstl. Hausprälat; 1970 em. als Prof.; 1978 Apostol. Protonotar; Dr. h.c. der Univ. Münster u. München; zahlr. Aufsätze zu philosoph. u. hist. Fragestellungen; bis 1972 Mithrsg. der Erfurter Theolog. Studien, bis 1973 der Erfurter Theolog. Schriften.
1992 Bundesverdienstkreuz.
Publ.: Die Kirche u. die Welt. 1938; Wissen, Wiss., Theol. bei Bernhard von Clairvaux. Leipzig 1955; Die Kath. Theolog. Fak. der Univ. Breslau 1811–1945. Köln 1961; Universitas Studii Erfordensis. Geschichte der Univ. Erfurt im Mittelalter I–IV. Leipzig 1964–1981.

Kleinjung, Karl 11. 3. 1912
MfS-Hauptabteilungsleiter
Geb. in Remscheid-Stockten (Westf.), Vater Heftemacher; Volksschule, Ausbildung zum Friseur, danach arbeitslos; 1929 KJVD, 1930 RFB, bis 1933 Pol.-Ltr. in Remscheid-Vieringhausen; 1931 KPD; 1933 Emigration nach Holland, dann Belgien, KPD-Kurier; 1936–39 Interbrigadist in Spanien; anschl. UdSSR, bis 1941 Schlosser in einer Autofabrik in Gorki; 1941–45 nach Spezialausbildung Aufklärer, Kurier u. Partisan; 1945/46 Sonderstudium in der UdSSR.
Febr. 1946 Rückkehr nach Dtl.; Kreispolizeidir. in Nordhausen, Gruppenchef der Grenzpolizei in Mühlhausen; SED; 1947–49 stellv. Ltr. der VP-Landesbehörde Thüringen bzw. Ltr. der VP Mecklenburg; 1949/50 Lehrgang für DVP-Offz. an der Militärakad. der UdSSR in Privolsk; 1950/51 Ltr. der Verwaltung Groß-Berlin, 1951–55 der Objektverwaltung Wismut des MfS; 1955 Ltr. der HA I (Abwehr in der KVP, ab 1956 NVA); 1965 VVO in Gold; 1974 Gen.-Ltn.; 1981 Ruhestand; 1982 KMO, 1987 Stern der Völkerfreundschaft in Gold.

Kleinschmidt, Karl
26. 4. 1902–13. 8. 1978
Evangelischer Pfarrer, Publizist
Geb. in Hannover, Vater Gymnasialleh-

rer; 1921–24 Studium der Theol. an den Univ. Jena u. München; nach dem Vikariat 1927–33 Pfarrer in Weißbach u. Eisenberg; führendes Mitgl. im Thüringer Landesverb. des »Bunds Religiöser Sozialisten«; 1928 SPD; 1933 verhaftet; nach pol. Konflikten mit der Kirchenltg. Entlassung aus dem Pfarrdienst, 1935 Wiederaufnahme in den kirchl. Dienst, Domprediger in Schwerin; 1939 erneutes Disziplinarverfahren; 1939–45 Kriegsteiln., zuletzt Ofw., amerik. Gefangenschaft.
1945 Wiedereinsetzung als Domprediger in Schwerin; Mitgl. der kirchl. Spruchkammer u. Synode; Mitbegr. des KB in Mecklenburg, Ltr. der Informationsabt. der Landesreg. Mecklenburg; 1946 SED; 1947 Mitbegr. der VVN; 1947–49 Vizepräs. des KB; 1949 Teiln. am Weltfriedenskongreß in Paris; Gründungsmitgl. des Dt. Komitees der Kämpfer für den Frieden, des späteren Friedensrats; 1949 bis 1954 Abg. der Volkskammer; ab 1954 Beiträge für die »Berliner Ztg.«; 1955 Mithrsg. von »Glaube u. Gewissen«; 1958 Mitbegr. u. Vorst.-Mitgl. des Bunds Ev. Pfarrer in der DDR; 1959 ltd. Red. des »Ev. Pfarrerblatts«; Ehrenmitgl. der Kirchl. Bruderschaft Sachsens; 1961–73 Mitgl. des DDR-Regionalaussch. der Christl. Friedenskonferenz; 1962 VVO in Silber; 1964 Mitgl. der Ges. »Neue Heimat«; 1968 Ruhestand.
Publ.: Die Kirche in der Ostzone. Frankfurt/M. 1949; Trilogie über die dt. Reformation. Berlin 1952–55; Keine Angst vor guten Sitten. Berlin 1957; »Kurt Tucholsky«, sein Leben in Bildern. Leipzig 1961.
Sek.-Lit: Auswahlbibliogr. in: Standpunkt 4/1977.

Kleinschmidt, Sebastian 16. 5. 1948
Publizist, Chefredakteur
Geb. in Schwerin, Vater Domprediger Karl Kleinschmidt, Mutter Krankenschwester; 1966 Abitur, Facharbeiter Elektrosignalschlosser; 1966–70 Wehrdienst bei der Marine, Obermaat; 1968 SED; 1970–72 Studium der Geschichte an der KMU Leipzig, 1972–74 Studium der Philos. an der HU Berlin, 1974–78 Forschungsstudium Ästhetik; 1974–77 Mitgl. eines konsp. opp. Zirkels (mit Klaus Wolfram, Wolfgang Templin* u. a.), Auflösung durch das MfS (OV »Kreis«); 1978 Dr. phil., 1978–83 wiss. Mitarb. am ZI für Literaturgeschichte der AdW, 1984–87 Mitarb. der AdK, Red. der Ztschr. »Sinn u. Form«, 1988–90 stellv. Chefred.; 1989 bis Okt. 1990 PDS.
Nov. 1990 Chefred. von »Sinn u. Form«, 1993 Mitgl. Deutsches PEN-Zentrum Ost.
Publ.: Walter Benjamin – Allegorien kultureller Erfahrungen (Hrsg.). Leipzig 1984; Georg Lukács – Die Vernunft in der Kultur (Hrsg.). Leipzig 1985; Denk ich an Deutschland (Hrsg. mit Wolfgang Balk). Frankfurt/Main 1993; Kinder der Opp.(Koautor). Gütersloh 1993.

Klemke, Werner 12. 3. 1917–26. 8. 1994
Gebrauchsgrafiker
Geb. in Berlin, Vater Tischler; Autodidakt; 1937–39 Trickfilmzeichner; 1947 bis 1950 Mitarb. am »Ulenspiegel« u. a. Zschr.; seit 1951 Doz. an der HS für bild. u. angew. Kunst Berlin-Weißensee; von 1954–89 monatl. Gestalter der Titelseite der Ztschr. »Magazin«; schuf die Figur des »Magazin«-Katers; 1956 Prof.; 1961 DAK u. Mitgl. der Alliance Graphique Intern.; 1964–74 u. 1978–89 Sekr. der Sekt. Bild. Kunst der AdK; 1973 Ehrenmitgl. der AdK der UdSSR; 1967 Auszeichnung bei der Biennale der Illustr. in Bratislava; Studienreisen u. a. nach China, Ind., in die UdSSR; Ehrenbürger der Boccaccio-Stadt Certaldo/Ital. für seine »Decamerone«-Illustrationen; gest. in Berlin.
Werke: Plakate, TV-Ankündigungsgrafiken, Bühnenbilder, Buchillustr. u. Gestaltung von Bilder-, Märchen- u. Schul-

büchern für Kinder, Werken der Weltlit., u. a. von Balzac, Boccaccio, Brecht, Chaucer, Cervantes, Diderot, Fürnberg, E.T. A. Hoffmann, Homer, Lukian, Majakowski.
Sek.-Lit.: Kunze, H.: W. K.s ges. Werke. Dresden 1977.
Kat. Staatl. Museum Schloß Burgk 1984; AdK Berlin 1987.

Klemperer, Victor
9. 10. 1881–10. 2. 1960
Romanist und Germanist
Geb. in Landsberg/Warthe, Vater Prediger der jüd. Reformgemeinde Berlin; Abitur; 1899–1904 Studium der germanist. u. romanist. Philol. an den Univ. Berlin, München, Genf, Paris u. Rom; 1904–12 freischaff. Schriftst.; 1913 Dr. phil. u. 1914 Habil. an der Univ. München; 1914–19 Privatdoz.; 1914/15 Lektor an der Univ. Neapel; Soldat im 1. Weltkrieg; 1919 ao. Prof. der Univ. München; 1920–33 Prof. für romanist. Philol. u. Ordinarius der TH Dresden; 1933 Entlassung durch die Nazis, Publ.-Verbot; Hilfsarbeiten in Dresden.
1945 Prof. für romanist. Philol. der TH Dresden; 1945/46 KPD/SED; 1947 Prof. der Univ. Greifswald; 1948 Prof. u. Dir. des Romanist. Inst. der HU Berlin, zugl. Dir. des romanist. Seminars der Univ. Halle; 1950 Dr. paed. h.c. an der TH Dresden; 1951 Dt. PEN-Zentrum, NP; 1952 Dt. PEN-Zentrum Ost und West; 1953–57 Abg. der Volkskammer, Mitgl. des Präsidialrats des KB; 1954 Ord. Mitgl. der DAW; Mitgl. der DAK u. des Ehrenaussch. der Paul-Claudel-Ges. Köln; wichtige Forschungen zur Geschichte der frz. u. ital. Lit. u. zu deren Einflüssen auf die dt. Lit.; Verf. der ersten komplexen u. vielgelesenen Kritik der »Sprache des Dritten Reiches«, von DDR-Lesern später vielfach auch auf die off. DDR-Sprache bezogen.
Publ.: Montesquieu. München 1915; Lingua Tertii Imperii. Notizbuch eines Philologen. Halle 1947 (zahlr. Nachaufl.); Geschichte der frz. Lit. im 18. Jh. (Neubearb.). Berlin 1954–56; Geschichte der frz. Literatur im 19. und 20. Jh. (Neubearb.). Berlin 1956; Curriculum vitae. Jugend um 1900 (Autobiogr.). Berlin 1989.
Sek.-Lit.: Im Dienste der Sprache (Festschrift, Bibliogr.). Halle 1958.

Klenner, Hermann 5. 1. 1926
Rechtsphilosoph
Geb. in Erbach (Odenwald) in einer Angestelltenfamilie; Realgymnasium, 1944 Abitur; NSDAP; 1944/45 Kriegsdienst, verwundet.
1945/46 Bauarbeiter; SPD/SED; 1946 bis 1949 Studium der Jurisprudenz an der Univ. Halle, anschl. Aspirant an der Univ. Leipzig u. Lehrtätigkeit an der Dt. Verwaltungsakad. Forst-Zinna; 1951 Wahrnehmungsdoz. für Staats- u. Rechtstheorie an der Jur. Fak. der HU Berlin, 1952 dort Prom. zum Dr. jur. mit der Arbeit »Formen u. Bedeutung der Gesetzlichkeit als einer Methode in der Führung des Klassenkampfes« (veröff. Berlin 1953), 1953/54 Doz. u. stellv. Dir. des Inst. für Theorie des Staates u. des Rechts, 1956 Prof. mit Lehrauftrag u. Prodekan der Jur. Fak. der HU; 1958 im Kontext der sog. Babelsberger Konferenz zur Rechtspolitik der SED Revisionismus-Vorwürfe, Parteiverfahren (»strenge Rüge«), Entlassung aus allen Funktionen an der Univ. u. Einsatz zur »Bewährung in der Praxis« als Bürgermeister der Gemeinde Letschin (Kr. Seelow); ab 1960 Mitarb. der HfÖ Berlin, 1964 dort Habil. mit »Studien über die Grundrechte« (veröff. Berlin 1965), 1965 Dir. des Inst. für Wirtschaftsrecht der HfÖ; 1967 Gründer u. Ltr. der Arbeitsstelle für Staats- u. Rechtstheorie an der DAW, Auflösung der Einrichtung nach erneuten Revisionismusvorwürfen wegen K.s Betonung der Bedeutung formellen Rechts im Kontext der damaligen Diskussion um Wirt-

schaftsreformen; 1969 bis zur Abwicklung im Dez. 1991 Mitarb. am ZI für Philos. der DAW/AdW; 1968–87 Mitgl. des Präs. der Intern. Vereinigung für Rechts- u. Sozialphilos.; Gastprof. in den USA (1975), Japan (1979), Australien (1987); 1976 Mitgl. des Präs. des DDR-Komitees für Menschenrechte, 1984–86 Ltr. der DDR-Delegation bei der UNO-Menschenrechtskonferenz in Genf; 1978 Korr., 1987 Ord. Mitgl. der AdW; Herbst 1989–1991 Vors. des Wiss. Rats des ZI für Philos.; Febr. – Juli 1990 Vors. des Runden Tischs an der AdW; Sept. 1990 Honorarprof. an der HU Berlin.
Seit 1992 Rentner.
Zahlr. rechtstheoret. u. rechtsphilosoph. Arbeiten sowie Editionen, u. a. von Th. Hobbes, J. Milton (1978), J. Locke (1980), G. W. F. Hegel (1981), I. Kant, B. Spinoza (1988), E. Paschukanis (1991).
Publ.: Der Marxismus-Leninismus über das Wesen des Rechts. Berlin 1954; Rechtslehre. Berlin 1972; Marxismus und Menschenrechte. Berlin 1982; Vom Recht der Natur zur Natur des Rechts. Berlin 1984; Dt. Rechtsphilos. im 19. Jh. Berlin 1991.
Sek.-Lit.: Schöneburg, V. (Hrsg.): Philos. des Rechts u. das Recht der Philos. Festschrift für H. K. (mit Bibliogr.). Frankfurt/M. 1992.

Klett, Eveline 9. 10. 1949
SED-Funktionärin, Staatsratsmitglied
Geb. in Vielau (Kr. Zwickau); Oberschule; 1964 FDJ; 1966–68 Ausbildung als Dreherin; seit 1968 Dreherin bzw. Meisterin einer Jugendbrigade im VEB Zwikkauer Maschinenfabrik; 1969 SED, 1971 Mitgl. der Zentr. Parteiltg.; seit 1976 Mitgl. der SED-KL Zwickau-Stadt; 1976 DFD; 1979/80 Besuch der BPS; 1976 – März 1990 Abg. der Volkskammer, Mitgl. des Jugendaussch.; 1986–89 Mitgl. des Staatsrates.

Klier, Freya 4. 2. 1950
Regisseurin, Mitbegründerin der Solidarischen Kirche
Geb. in Dresden, Vater Dekorateur, Mutter Arbeiterin; 1968 Abitur mit Facharbeiterbrief als Maschinenbauzeichner, Republikfluchtversuch, zu 16 Monaten Haft verurteilt, vorzeitig entlassen; anschl. tätig als Postangestellte, Kellnerin, Disponentin im Dresdener Puppentheater; 1970–75 Schauspielstudium an der Theater-HS Leipzig u. im Staatstheater Dresden, Diplom; ab 1975 Schauspielerin am Theater Senftenberg; 1978–82 Regiestudium am Inst. für Schauspielregie Berlin, Diplom; Inszenierungen in Halle (Arabal), Bautzen (Dürrenmatt), Berlin (Sternheim, Synge); 1980 Mitbegr. der autonomen Friedensbew.; ab 1982 Regisseurin am Theater Schwedt (Shakespeare, Molière, Majakowski); 1983/84 Durchführung einer inoff. Frauenbefragung; 1984 DDR-Regiepreis für die UA von Ulrich Plenzdorfs* »Legende vom Glück ohne Ende«; freischaff. Regisseurin, inszenierte 1984/85 in Berlin am Dt. Theater Fugard, an der Schauspielschule Wischnewski; 1985 Berufsverbot, 1985 bis 1987 gemeinsame Auftritte mit Stefan Krawczyk* in ev. Kirchen, eigene Stücke u. Prosaarbeiten, 1986 Aufnahme der Arbeit am Buch »Jugend u. Erziehungswesen der DDR«; Mitbegr. der Solidar. Kirche; 1986/87 inoff. Jugendbefragung; 1988 Verhaftung, Beschlagnahme der Manuskripte, unfreiwillige Ausbürgerung.
Lebt seitdem als freischaff. Autorin u. Regisseurin in Berlin (West); 1991 Theaterstück »Schwarzer Rotgold«, UA in Berlin (Ost); 1993 Dok.-Film »Verschleppt ans Ende der Welt«.
Publ.: Abreiß-Kalender. München 1988; Lüg Vaterland. München 1990; Die Kaninchen von Ravensbrück. München 1994.

Klinkmann, Horst 7. 5. 1935
Präsident der AdW, Mediziner
Geb. in Teterow (Meckl.), als Waise in einem Kinderheim aufgewachsen; 1954 bis 1959 Medizinstudium in Rostock; 1960–66 Facharztausbildung an den Physiolog. Inst. der Univ. Rostock u. Budapest, der Univ.-Poliklinik Rostock u. der Nierenklinik in Lund (Schweden); 1969 Habil.; 1969–71 Research Prof. of Medicine and Surgery u. Dir. des Center for Artificial Kidney der Univ. Utah (USA); 1971 Prof. für Innere Medizin; 1974 SED; ab 1974 Dir. der Klinik für Innere Medizin der WPU Rostock; 1980 Präs. des Rats für Med. Wiss., 1981 Mitgl. des Forschungsrats; 1984–89 Mitgl. der SED-BL Rostock; 1984 Korr., 1986 Ord. Mitgl. der AdW; 1986 Mitgl. der Dt. Akad. der Naturforscher Leopoldina, der New York Academy of Science u. der Königl. Belg. Akad. der Med. Wiss., 1988 Fellow des Royal College of Physicians (Großbrit.), 1979–84 Präs., dann Ehrenpräs. der Intern. Ges. für Künstl. Organe, ab 1987 Präs. der Eur. Dialyse- u. Transplantationsges.; Ehrenmitgl. zahlr. med. Ges., Ehrenprom. in Marseille, Debrecen, Glasgow, Brno; 1977 u. 1985 NP; 1987 VVO in Gold (im Kollektiv).
1990–92 Präs. der AdW (Nachf. von Werner Scheler*); 1992 im Ergebnis der Untersuchung einer Ehrenkommission »wegen mangelnder persönl. Eignung« als Prof. der Univ. Rostock entlassen; seit 1992 Rektor der Eur. Univ. Bologna (Ital.).
Arbeitsgebiete: Nephrol. u. künstl. Organersatz; Untersuchungen zu chron. Niereninsuffizienz u. Dialyse; Beiträge zur Methodik der Membran-Plasma-Separation.
Publ.: Soziale Rev. u. med. Fortschritt (Hrsg.). Berlin 1984; Detoxikationsverfahren des Blutes in Forschung u. Praxis. Berlin 1986; Therapie der chron. Niereninsuffizienz im Wandel der Zeiten. Berlin 1986.

Klinkowski, Maximilian
24. 5. 1904–22. 6. 1971
Phytopathologe
Geb. in Berlin, Vater Schneidermeister; Realgymnasium, landw. Lehre, 1924–27 Studium an der Landw. HS Berlin, Dipl.-Landwirt, 1929 Prom. zum Dr. agr.; 1929–39 wiss. Mitarb. der Dienststelle für Botanik bzw. für angewandte Vererbungslehre der Biol. Reichsanstalt für Land- und Forstwirtschaft in Berlin-Dahlem; 1939–41 Wehrmacht; 1940 NSDAP; 1941–44 Aufbau des Pflanzenschutzes in den okkupierten balt. Staaten, Dir. des Inst. für Pflanzenkrankheiten der Landw. Forschungsanstalt in Riga; 1943 Habil. an der Landw.-Gärtner. Fak. der Univ. Berlin; 1944/45 erneut Wehrdienst.
Ab Aug. 1945 Ltr. der Zweigstelle Aschersleben der Biol. Zentralanstalt in Berlin-Dahlem bzw. Kleinmachnow, 1951 bis 1969 Dir. des aus der Zweigstelle hervorgegangenen Inst. für Phytopathologie der DAL in Aschersleben; 1951–64 Prof. mit Lehrstuhl an der Landw. Fak. u. Dir. des Phytopatholog. Inst. der MLU Halle; 1952 ord. Mitgl. der DAL, 1963–69 Sekretar der Sekt. Acker- u. Pflanzenbau sowie Pflanzenschutz; 1960 NP; 1970 em.; 1955 Mitgl. der Sekt. Biologie der DAW, 1958 Mitgl. der Dt. Akad. der Naturforscher Leopoldina in Halle, 1960 Mitgl. der Sächs. AdW, 1965 ord. Mitgl. der DAW, 1967 Auswärtiges Mitgl. der Poln. AdW; Ehrenprom. durch die Landw. HS Stuttgart-Hohenheim.
K. baute das Inst. in Aschersleben zu einem intern. anerkannten Forschungszentrum für pflanzl. Virologie aus; Autor von 170 Publ. zur Phytopathol., bes. zur Virol.
Publ.: Pflanzl. Virologie. 2 Bde., 1958; Phytopathologie u. Pflanzenschutz. 3 Bde., 2. Aufl. 1976 (mit E. Mühle u. E. Reinmuth); Mithrsg. der Phytopatholog. Ztschr. (ab 1954).

Klix, Friedhart 13. 10. 1927
Psychologe
Geb. in Oberfriedersdorf (b. Löbau), Vater Landwirt; 1946 Abitur, kurzzeitig Hilfslehrer; 1948–53 Psychologiestudium an der HU Berlin, Prom. über Probleme der Wahrnehmungskonstanz, 1960 Habil. zur Psychophysik der Raumwahrnehmung; 1960 Prof. für Psychol. der FSU Jena u. kommissar. Dir. des Psycholog. Inst.; 1965 Ord. Mitgl. der DAW; seit 1966 Prof. für Psychol. an der HU Berlin; 1968–75 Vors. der Ges. für Psychol.; 1969 NP; 1970 Vors. des Wiss. Rats für Psychol.; 1970 Mitgl. der Dt. Akad. der Naturforscher Leopoldina u. der APW; 1980 Präs. der Intern. Union für psycholog. Wiss.
Arbeitsgebiete: Psychophysik der Raumwahrnehmung, Analysen kognitiver Prozesse, Arbeits- u. Ingenieurpsychol., menschl. u. künstl. Intelligenz; Hrsg. der »Ztschr. für Psychol.« (Berlin), Mithrsg. von »Psycholog. Forschung« (Göttingen), »Psychologia« (Japan) u. a.
Publ.: Information u. Verhalten. Berlin 1971; Human and Artificial Intelligence. Berlin 1978, Amsterdam 1979; Psychol. in der DDR. Berlin 1980 (Hrsg. mit A. Kossakowski u. W. Mäder); Erwachendes Denken. Berlin 1980; Cognition and Memory. Amsterdam u. Berlin 1980 (mit J. Hoffmann); Die Natur des Verstandes. Göttingen 1992.

Klopfer, Heinz 15. 11. 1919
Staatssekretär der Staatlichen Plankommission
Geb. in Werdau (Sa.), Vater Arbeiter; Volksschule, drei Jahre Oberrealschule, 1934–37 kaufm. Lehre, 1937–39 Verkäufer im Fahrzeugbau Schumann in Werdau; 1939/40 RAD, 1940–45 Wehrmacht, Artillerie, Oberwachtmeister, 1945–47 sowj. Gefangenschaft.
1947/48 Neulehrer in Werdau; 1948 SED; 1948/49 Ltr. der Materialwirtschaft, 1949–52 kaufm. Dir. des VEB Waggonbau; 1952–54 HA-Ltr. Materialwirtschaft im Min. für Transportmittel- und Landmaschinenbau Berlin, 1954–58 kaufm. Dir. des VEB Mähdrescherwerk Weimar; Studium der Wirtschaftswiss. an der KMU Leipzig, 1957 Dipl.-Wirtsch.; 1958/59 Mitarbeiter der Organisationsbrigade im VEB Ausrüstungen und Getriebebau Magdeburg, 1961–63 Planungsltr., 1963–66 Generaldir. der VVB Ausrüstungen für die Schwerindustrie u. Getriebebau Magdeburg; 1966 stellv. Vors., 1. stellv. Vors., 1969–90 Staatssekr. der SPK, Mitgl. des Min.-Rats; Mitgl. der SED-KL der SPK; 1975 VVO in Gold; 1976–89 Kand. des ZK der SED.

Kluge, Volker 14. 10. 1944
Sportjournalist
Geb. in Altenburg (Thür.), Vater Justizinspektor; 1951–63 Oberschule, Abitur, 1963–65 Ausbildung zum Schriftsetzer; 1965–67 Ztg.-Volontariat bei der »Jungen Welt«, 1967–71 Studium der Journalistik an der KMU Leipzig; 1970 SED; 1971–80 Sportred. der »Jungen Welt«, anschl. bis 1990 Abt.-Ltr., Ressortchef, seit 1983 Mitgl. des Kollegiums, organisierte 1971–89 die »Junge Welt«-Umfrage nach dem »DDR-Sportler des Jahres«; 1982–90 Mitgl. des Präs. u. Pressechef des NOK, 1984–90 Mitgl. des DTSB-Bundesvorst.; einige sportgeschichtl. Publ. u. statist. Kompendien (z. B. Olymp. Winterspiele Kompakt 1993).
Publ.: Olymp. Spiele 1896–1980. Berlin 1981; Meilenweit bis Marathon. Berlin 1987; Katarina – eine Traumkarriere auf dem Eis. Berlin 1988.

Kneifel, Josef 15. 11. 1942
»Panzersprenger von Chemnitz«
Geb. in Weißig (Niederschl.), Eltern Gewerbetreibende, wuchs bei Pflegeeltern in Sachsen auf, Pflegevater war Altkommunist; Lehre als Fleischer, später als

Dreher; 1957–63 Mitgl. der FDJ; »Freiwilliger Helfer der VP«; Kand. des MfS-Wachregiments; Änderung der ideolog. Haltung; 1968 Protestflugblätter gegen den Einmarsch der Warschauer-Pakt-Staaten in die ČSSR; ab 1972 Ausreiseanträge; 1975 erste Verurteilung wegen sog. Staatsverleumdung zu zehn Monaten Freiheitsentzug, anschl. Schikanen u. persönl. Beschränkungen; nach dem Einmarsch der Roten Armee in Afghanistan Beteiligung an einem Sprengversuch des sowj. Panzermonuments in Karl-Marx-Stadt (9. 3. 1980); OV »Panzer«; Verhaftung, auch seiner Frau Irmgard u. seines Sohns am 18. 8. 1980; bei der Urteilsverkündung schrie K.: »Genug den Namen des Volkes mißbraucht, ihr Lakaien!«; Urteil: lebenslänglich; 1981–87 Isolationshaft, teils in Brandenburg, im Haftkrankenhaus Meusdorf, vor allem im Arrestkeller des »Gesonderten Kommandos« der Strafvollzugseinrichtung Bautzen I; nach menschenunwürdigen Schikanen und Mißhandlungen schwere gesundheitl. Schäden; Freilassung und Abschiebung in die Bundesrep. Dtl. im Rahmen eines Agenten/Dissidenten-Austauschs im Juli 1987; Ehefrau verstarb am 2. 4. 1993; lebt in Nürnberg; autobiogr. Bericht in »Stalins DDR – Berichte politisch Verfolgter«. Leipzig 1991.

Knepler, Georg 21. 12. 1906
Musikwissenschaftler, Rektor der Hochschule für Musik Berlin
Geb. in Wien; seit 1926 Studium des Klavierspiels u. der Musikwiss. in Wien; seit 1929 an Theatern in Wien, Mannheim u. Wiesbaden, 1931–33 in Berlin, hier 1931 Prom. zum Dr. phil. mit einer Diss. über Brahms; 1933/34 in Österreich, hier 1934 KP, zeitw. Inhaftierung, Emigration nach England.
1946 Kulturreferent der KPÖ in Wien; 1950–59 Rektor der HS für Musik in Berlin; 1959 Prof. mit vollem Lehrauftrag u. Dir. des Musikwiss. Inst. der HU Berlin; 1960 VVO; 1962 NP; 1964 Ord. Mitgl. der DAK u. der DAW; 1965 Prof. mit Lehrstuhl an der HU; 1971 em.; Forschungs- u. Lehrtätigkeit auf musikwiss. Gebiet, bes. zur Musikgeschichte seit dem 18. Jh.
Publ.: Geschichte als Weg zum Musikverständnis. 1977; Gedanken über Musik. Berlin 1980; Mozart. Berlin 1991.

Kneschke, Karl 28. 1. 1898–16. 2. 1959
Funktionär des Kulturbunds
Geb. in Kratzau (Böhmen), Vater Arbeiter; Volksschule; Former, Gießer, Tuchweber; 1915 Sozialdemokr. Arbeiterpartei Österreichs; 1916–18 k.u.k. Armee; 1920 Mitbegr. des KJV, 1921 der KP der ČSR; 1921–29 Kreissekr. der KPČ in Tetschen-Bodenbach, dann in Reichenberg, 1929–33 dort Bezirkssekr.; 1929/30 inhaftiert wegen »Geheimbündelei«; 1930 Verbandssekr. des Arbeitersport- u. -Kulturverb.; 1938 Emigration nach England; Red. der Kulturztschr. »Einheit«; 1945 Rückkehr in die ČSR.
1946 Übersiedlung in die SBZ; KPD, SED; Febr. 1946–51 Sächs. Landessekr. des KB, 1949–51 Präsidialrat KB, 1950–57 Bundessekr. bzw. 1. Bundessekr. des KB, 1951–57 Mitgl. des Präsidialrats, 1953–59 Chefred. der KB-Ztschr. »Natur u. Heimat«; 1949–58 Abg. der Volkskammer.
Publ.: Vom Leben erzogen. Berlin 1960.

Knobloch, Günther 10. 5. 1926
1. Stellv. Generaldirektor der Deutschen Reichsbahn
Geb. in Ebersbach (Sa.), Vater Lokführer; 1944 Abitur; Luftwaffenhelfer, RAD, Kriegsteiln. als Panzergrenadier, zuletzt Uffz.
1945/46 SPD/SED; Reichsbahn-Inspektorenanwärter; 1947 Reichsbahninspektor, 1948–50 Sachbearb. im Reichsbahnamt (RBA) Bautzen, 1950–52 Abt.-Ltr. im RBA Riesa, 1952–55 Dezernent u. Abt.-Ltr. in der Reichsbahndirektion

(RBD) Cottbus u. in der RBD Halle, dann Amtsvorst. und 1955/56 Vizepräs. der RBD Cottbus, 1956–63 Präs. der RBD Dresden; anschl. bis 1965 Studium an der HS für Verkehrswesen in Dresden, Dipl.-Ing.-Ök.; 1965/66 Betriebsltr. der DR u. danach bis 1972 Ltr. der HA Betrieb u. Verkehr im Min. für Verkehrswesen; 1973 Besuch der PHS der SED »Karl Marx«; 1973–75 u. 1976–80 stellv. Generaldir. der DR für Eisenbahnbetrieb u. Vorhaltung von Transportmitteln; 1975/76 u. 1980–86 stellv. Min. für Verkehrswesen und 1. stellv. Generaldir. der DR, d. h. fakt. Chef der DR, insofern der Verkehrsmin. in Personalunion zugl. formal als Generaldir. der DR fungierte; 1987 invalidisiert; lebt in Berlin.

Knobloch, Heinz 3. 3. 1926
Schriftsteller, Journalist
Geb. in Dresden, Vater Fotograf; 1937 bis 1942 Oberschule, 1942 Lehre als Verlagskaufmann; 1943 Soldat, 1944–48 Gefangenschaft in den USA u. Schottland.
1948 Rückkehr nach Dtl.; seit 1948 Journalist im Berliner Verlag, ab 1953 bei der Ztschr. »Wochenpost«, dort 1968–88 wöchentl. Feuilletonrubrik »Mit beiden Augen«; 1954–60 Fernstudium der Journalistik; 1960 Dipl.-Journalist; seit 1962 Buchveröff., anfangs meist Feuilletonsammlungen, u. a. »Herztöne u. Zimmermannssplitter« (1962), »Du liebe Zeit« (1966), später Kurzgeschichten, Essays u. Geschichtsreports, u. a. »Herr Moses in Berlin« (1979), »Stadtmitte umsteigen« (1981), »Meine liebste Mathilde« (1985); »Berliner Grabsteine« (1987); Mitautor von »Die jüd. Friedhöfe Berlins« (1991), »Geisterbahnhöfe. Westlinien unter Ostberlin« (1992) u. a.
Publ.: Der beherzte Reviervorsteher. Berlin 1990; Der arme Epstein. Wie der Tod zu Horst Wessel kam. Berlin 1993; Nase im Wind. Berlin 1994.
Sek.-Lit.: H. K. In: Berliner Lesezeichen. 2/1994.

Knöll, Hans 7. 1. 1913–26. 6. 1978
Mikrobiologe
Geb. in Wiesbaden, Vater Telegraphenoberinstrukteur; 1931–35 Medizinstudium in Frankfurt/Main; 1932 NSDAP, 1932–35 SA; 1935–38 wiss. Assistent am Paul-Ehrlich-Inst. für Experimentelle Therapie in Frankfurt/Main, 1938 Prom.; 1938–50 am Bakteriolog. Laboratorium (1944 Inst. für Mikrobiol. u. experimentelle Therapie) des Jenaer Glaswerks Schott & Gen.
1950 Habil., Prof. für Bakteriol. an der FSU Jena, 1950–53 zugl. Werkltr. des VEB Jenapharm; 1949 u. 1952 NP; 1955 Ord. Mitgl. der DAW; 1956–76 Dir. ihres Inst. / ZI für Mikrobiol. u. Experimentelle Therapie der DAW/AdW in Jena; 1976 em.
Arbeitsgebiete: Tuberkuloseforschung; Entw. der Penicillinprod. in der DDR u. Aufbau eines Inst. zur Herstellung von BCG-Impfstoff gegen Tuberkulose, Untersuchungen zur Gewinnung u. therapeut. Wirkung von Antibiotika u. Zytostatika; Entw. eines patentierten Bakterienfilters; Mithrsg. der Ztschr. »Zentralblatt für Bakteriol.«, »Protistenkunde«, »Infektionskrankheiten u. Hygiene«, »Archiv für Mikrobiol.«, »Antibiotici« (UdSSR), »Antibiotics« (Japan) u. a.

Knoppe, Reinhold
6. 4. 1908–30. 5. 1983
MfS-Bezirksverwaltungsleiter
Geb. in Bernstein, Vater Schmied, Mutter Hausfrau; Volksschule; 1922–24 Ausbildung zum Glaser; 1924–27 Gelegenheitsarbeiter; 1927 Redaktionsbote, dann Zeitungsfahrer; 1929 KPD; 1932 arbeitslos; 1933 Emigration in die ČSR; 1937–39 Interbrigadist im Span. Bürgerkrieg; 1939–41 Internierung in Frankreich; 1941 Übergabe an die Gestapo, dann KZ Sachsenhausen.
1945 Ltr. des OdF-Heimes Lehnitz, dann VP; 1950 Einstellung beim MfS, Ltr. der HA III (Sicherung der Volkswirtschaft),

Oberst; 1953 Ltr. der Bezirksverwaltung Magdeburg; 1962 Ltr. der Abt. XII (Zentrale Auskunft/Speicher) des MfS Berlin; 1968 Entlassung, Rentner; 1983 VVO in Gold.

Koch, Hans 17. 5. 1927–18. 11. 1986
Kulturwissenschaftler
Geb. in Liebschwitz (Kr. Gera), Vater Schlosser, Polizeioberwachtmeister, Mutter Spinnereiarbeiterin; Volks- u. Aufbauschule, 1944 Notabitur; 1944/45 Dreher; März – Apr. 1945 RAD.
1945 KPD, Mitgl. der Stadtteilltg. Gera der KPD; 1945/46 Sekr. des Antifa-Jugendaussch. Gera; 1946 SED, FDJ; Sommer 1946 Landesparteischule Bad Berka; 1946–50 Sekr. der FDJ-KL Gera bzw. Sekr. für Kultur u. Erziehung der FDJ-Landesltg. Thüringen, Zusammenarbeit mit Heinz Lippmann*; 1950 1. Einjahrlehrgang der PHS; 1951 Instrukteur für kulturelle Massenarbeit in der ZK-Abt. Kultur; 1951–56 Aspirant am IfG, 1956 Prom. zum Dr. phil. mit einer Diss. über Franz Mehring als Lit.-Theoretiker; 1956–63 stellv., dann Lehrstuhlltr. für marxist. Kultur- u. Kunstwiss. am IfG; 1959 Ernennung zum Doz.; 1961 Habil. mit einer Arbeit über Marxismus u. Ästhetik; Mithrsg. der Schriften von Franz Mehring (15 Bde. 1960–67); 1961 Prof.; seit 1961 Vorstandsmitgl. des DSV; 1963–66 1. Sekr. u. stellv. Vors. des DSV; ab 1963 Abg. der Volkskammer, KB-Fraktion, 1967–71 Mitgl. des Mandatsprüfungsaussch., ab 1971 Aussch. für Kultur; 1966–69 erster wiss. Mitarb. des Min. für Kultur Klaus Gysi*; 1969 bis 1973 Mitgl. des Präs. u. des Vorst. des DSV, Vors. des wiss. Rats für kultur- u. kunstwiss. Forschungen; 1969 Lehrstuhlltr. am IfG; 1974 NP 1. Kl.; ab 1977 Dir. des Inst. für Kultur- u. Kunstwiss. der AfG; 1970 Mitgl. der APW; 1976 Kand. u. ab 1981 Mitgl. des ZK der SED; 1982 Mitgl. des Präs. des KB; Mai 1986 Mitgl. der Kulturkommission beim PB des ZK; Herbst 1986 Freitod – erstmalig in der DDR-Geschichte wird der Selbstmord eines Spitzenfunktionärs in den Medien erwähnt.
Publ.: Theoret. Probleme der soz. Kulturrev. Berlin 1959; Unsere Literaturges. Berlin 1965; Kulturfortschritt im Soz. Berlin 1988.

Koch, Helmut 5. 4. 1908–26. 1. 1975
Dirigent
Geb. in Barmen; 1925 Beendigung des Realgymnasiums in Essen; 1926 Studium an der Rhein. Musikschule Köln u. an der Folkwangschule Essen, 1928 Staatl. Prüfung als Privatmusiklehrer in Düsseldorf, Teiln. an Dirigierkursen bei Hermann Scherchen; Tonmeister u. Assistent mit Dirigierverpflichtung beim Ostmarken-Rundfunk Königsberg, 1931 bis 1938 Dirigent von Arbeiterchören in Berlin, 1938–45 Aufnahmeltr. bei der Schallplatten AG Carl Lindström.
1945 Aufnahmeltr. beim Berliner Rundfunk, Gründer u. Ltr. der Solistenvereinigung, des Kammerorchesters u. des Großen Chors des Berliner Rundfunks; 1950 SED, Prof. an der HS für Musik Berlin; 1956 Mitgl. der DAK; seit 1960 ständiger Gastdirigent an der Dt. Staatsoper Berlin, seit 1963 auch Dirigent der Berliner Singakad.; Aufführungen Händelscher Oratorien, vor allem mit den Rundfunkklangkörpern, auch im Ausland.
Seine Schallplattenaufnahmen umfassen Werke von Bach, Beethoven, Brahms, Geißler, Gluck, Händel, Haydn, Hindemith, Meyer, Monteverdi, Mozart, Pergolesi, Scarlatti, Telemann, Ruth Zechlin* u. a.; Bearbeitungen von dt. u. intern. Volksliedern.

Koch, Helmut 30. 4. 1922
Staatssekretär
Geb. in Gera, Vater Former; Volks- u. Höhere Handelsschule, Verhinderung des Oberschulbesuchs durch die HJ; 1936–39 kaufm. Lehre, 1940 kaufm. An-

gestellter; 1941–45 Wehrmacht, Ltn. d. Res.; 1945/46 SPD/SED; 1945–49 Mitarb. bzw. Abt.-Ltr. in der Kreisverwaltung Gera; 1949–51 Org.- bzw. Kontorltr. des Landeskontors Thür. der Vereinigung Volkseigener Erfassungs- u. Aufkaufbetriebe; 1951/52 SED-Landesparteischule in Bad Blankenburg; 1952 HA-Ltr. im Staatssekr. für Erfassung u. Aufkauf landw. Erzeugnisse, 1958–63 Staatssekr. (Nachf. von Hermann Streit*); 1962 nach einem Fernstudium an der HfÖ Berlin Dipl.-Wirtsch., 1965 Prom. zum Dr. agr. an der HU Berlin mit einer Diss. zur Preisgestaltung für landw. Erzeugnisse; 1963–74 Vors. des Staatl. Kommission für Erfassung u. Aufkauf bzw. für Aufkauf u. Verarbeitung landw. Erzeugnisse, maßg. beteiligt an der Agrarpreisreform in den 60er Jahren, bes. zur Aufhebung der doppelten Agrarpreise, bis 1976 stellv. Min. für Landw., Erfassung u. Forstwirtschaft (Abberufung wegen Meinungsversch. in der Wirtschafts- u. Landwirtschaftspol.); 1968 Kand., 1972 ord. Mitgl. der AdL, 1987 em.; 1976 Aufbaultr., später Kombinatsdir. des Schlacht- u. Verarbeitungskombinats Eberswalde/Britz; 1987 VVO in Gold.
Publ.: Handbuch über soz. Marktbeziehungen u. Agrarpreise. 2 Bde. Berlin 1966.

Koch, Helmut 5.10.1932
Mathematiker
Geb. in Potsdam; 1952–57 Mathematikstudium an der HU Berlin; danach als Mathematiker im Halbleiterwerk Teltow; 1959–91 Angehöriger des Inst. für reine Mathematik bzw. ZI für Mathematik der DAW/AdW, Schüler bzw. Mitarb. von Hans Reichardt*, zunächst Assistent, später Forschungsgruppenltr.; 1964 Prom. mit einer Diss. zur Galois-Theorie p-adischer Zahlkörper u. 1965 Habil. mit einer Arbeit zu p-Erweiterungen mit vorgegebenen Verzweigungsstellen, jeweils an der HU; Prof. der DAW u. Lehrtätigkeit an der HU; 1976 Korr. u. 1989 Ord. Mitgl. der AdW; 1984 NP; Mitgl. der Dt. Akad. der Naturforscher Leopoldina Halle, Korr. Mitgl. der Heidelberger AdW.
Seit 1992 Ltr. der Arbeitsgruppe »Algebraische Geometrie u. Zahlentheorie« der Max-Planck-Ges. in Berlin.
Arbeitsgebiete: Algebra, Zahlentheorie; Galois-Theorie von Zahlkörpern u. Darstellungstheorie von Galois-Gruppen u. einfachen Algebren; Fragen der Codierungs- u. Gittertheorie; Mathematikgeschichte.
Publ.: Einführung in die klass. Mathematik. Berlin 1986 (engl. 1991).

Koch, Peter 19.7.1929–3.5.1990
MfS-Bezirksverwaltungsleiter
Geb. in Stettin; Vater Lehrer, Mutter Bankangestellte; 1944 mittlere Reife, 1945 Landarbeiter, 1945–48 Ausbildung zum Schlosser; 1946 SED; 1949/50 Schlosserbrigadier u. Kulturltr. in einer MTS; 1950 Studium an der Dt. Verwaltungsakad. »Walter Ulbricht« Forst-Zinna; 1950 wegen Verfehlung »Bewährung in der Prod.«; 1951 Wiederaufnahme des Studiums, Dipl.-Wirtsch.; 1952 Hauptreferent beim Rat des Bez. Neubrandenburg; 1952 Ltr. der Politabt. der MTS-Bezirksverwaltung Neubrandenburg; 1953 Lehrer an der Pol.-HS der KVP in Potsdam; 1953 Eintritt in das MfS, Bezirksverwaltung Potsdam, Abt. III (Sicherung der Volkswirtschaft); 1960–65 Fernstudium an der JHS des MfS Potsdam-Eiche, Dipl.-Jur.; 1962–75 stellv. Operativ des Ltr. der Bezirksverwaltung Potsdam; 1972 Prom. zum Dr. jur. an der JHS, Thema: Vorgangsbearbeitung des MfS; 1976 stellv. Op., ab 1977 Ltr. der Bezirksverwaltung Neubrandenburg, Mitgl. der SED-BL Neubrandenburg; 1980 Gen.-Major; 1986 VVO in Gold; Jan. 1990 Entlassung, Verhaftung wegen Verdachtes der Untreue zum Nach-

teil soz. Eigentums; Mai 1990 Selbstmord in der U-Haft.

Koch, Waldemar
25. 9. 1880–15. 5. 1963
LDPD-Politiker
Geb. in Harzburg, Vater Schiffsingenieur; 1897 Primareife am Realgymnasium Bremerhaven; 1897–1900 Praktikant, 1900–04 Abitur (extern) u. Studium des industriellen Verwaltungswesens an der TH Berlin, Dipl.-Ing.; 1905–07 Mitarb. der AEG u. Volkswirtschaftsstudium an der Univ. Berlin, Diss. zur Konzentration in der dt. Elektroindustrie, 1907 Dr. phil.; 1907–09 Studienreisen, u. a. USA, China, Rußland; 1910–14 Dir. eines AEG-Betriebs in London; 1914/15 Militärdienst; 1915 bis 1918 stellv. Dir. des Inst. für Seeverkehr u. Weltwirtschaft der Univ. Kiel; 1918 DDP; 1918/19 Vors. des Bürgeraussch. von Groß-Berlin; 1919–30 in der Wirtschaft tätig, 1930–34 Doz. für Betriebswirtschaftslehre an der TH Berlin, vom NS-Regime entlassen, 1934–45 Wirtschaftsprüfer.
1945 Mitbegr. der DDP u. LDPD u. Juli–Nov. 1945 1. Vors. der LDPD, Rücktritt wegen Meinungsverschiedenheiten im PV, u. a. Ablehnung der Bodenreform, bis Febr. 1946 Mitgl. des PV, Febr. 1948 aus der LDPD ausgeschlossen, danach FDP; 1948/49 Übersiedlung nach Berlin (West); 1949–53 Prof. für Betriebswirtschaftslehre an der TU Berlin, 1955 Dr. oec. h.c. der HS für Wirtschafts- u. Sozialwiss. Nürnberg; Juli 1956 aus der FDP ausgetreten.
Publ.: Die Industrialisierung Chinas. Berlin 1910; Grundlagen u. Techniken des Vertriebs. 2 Bde. Berlin 1950; Aus den Lebenserinnerungen eines Wirtschaftsingenieurs. Köln. Opladen 1962.

Koch-Meier, Marita, geb. Koch
18. 2. 1957
Leistungssportlerin (Leichtathletik)
Geb. in Wismar; ab 1972 Sprinterin zunächst bei der TSG Wismar, ab 1975 beim SC Empor Rostock (Trainer Wolfgang Meier), Spezialdisz.: 400 m u. 200 m, sechsmalige EM: 1978, 1982 sowie 1986 über 400 m u. mit der 4x400-m-Staffel; 1980 Olympiasiegerin über 400 m u. mit der 4x400-m-Staffel; 1983 WM über 200 m u. mit den Staffeln über 4x100 u. 4x400 m; neun Europapokal- u. acht Weltcupsiege; 16 WR, blieb 1978 mit 48,94 als erste Frau der Welt auf der 400-m-Strecke unter 49 sec.; fünfmal DDR-Sportlerin, zweimal Weltsportlerin des Jahres; 1983 mit drei Gold- u. einer Silbermedaille bei den EM Eintragung in das Guinness-Buch der Rekorde; 1987 Beendigung der leistungssportl. Laufbahn.
1976 Abitur, 1989 Abbruch des anschl. Medizinstudiums in Rostock u. Eröffnung des Sportartikelgeschäfts »Sporteck – Marita Koch« in Rostock gemeinsam mit ihrem Ehemann u. früheren Trainer Wolfgang Meier.

Kochan, Günter 2. 10. 1930
Komponist
Geb. in Luckau; dort Besuch der Oberschule; 1946–50 Studium an der HS für Musik Berlin-Charlottenburg; 1948–51 freier Mitarb. des Berliner Rundfunks; 1950 Übersiedlung nach Berlin (Ost); 1950–53 Meisterschüler bei Hanns Eisler*; seit 1950 Doz. für Musiktheorie an der HS für Musik »Hanns Eisler«; 1953 SED; 1955–63 Kand. des ZR der FDJ; ab 1962 Mitgl. des »Freundschaftskomitees DDR – Japan; 1965 Mitgl. der AdK; 1967 Prof.; 1971/72 Sekr. der Sekt. Musik der AdK; 1972 Ltr. der Meisterklasse für Komposition an der HS für Musik; Mitgl. des Zentral- u. des Bez.-Vorst. Berlin des VDK, 1977–82 Vizepräs. des VDK; 1979 NP 1. Kl.
Komponierte fünf Sinfonien, Orchestermusik, Kantaten u. Lieder sowie Musik zu Hörspielen u. Filmen.

Koehler, Günther 31. 8. 1923
Generaldirektor der VVB Saat- und Pflanzgut
Geb. in Wildfurt/Loben, Vater Angestellter; nach dem Abitur 1942–45 Wehrdienst, Ltn. d. Res., bis 1946 Gefangenschaft.
1946–48 gärtner. u. landw. Lehre; anschl. bis 1951 Studium der Landw. an der HU Berlin, Dipl.-Landwirt; 1949 SED; 1951/52 Ltr. eines Saatzuchtguts, dann bis 1955 Agronom bzw. Abt.-Ltr. in der Vereinigung VE Güter Halle u. Unterabteilungsltr. beim Rat des Bez. Halle; 1955–58 Abt.-Ltr. im Min. für Land- u. Forstwirtschaft; 1958–88 Hauptdir. bzw. Generaldir. der VVB Saat- und Pflanzgut Berlin bzw. Quedlinburg, Entw. des Saatgutwesens zu einem der leistungs- u. exportstärksten zentralgeleiteten Wirtschaftszweige; 1966 Prom. an der HS für Land- u. Nahrungsgüterwirtschaft Bernburg zur Entw. des Saatgutwesens der DDR; 1972 ord. Mitgl. der AdL; 1983 VVO in Gold; 1988 em., Rentner.
Sek.-Lit.: Gäde, H.: Beiträge zur Geschichte der Pflanzenzüchtung u. Saatgutwirtschaft in den fünf neuen Bundesländern Dtl. Berlin, Hamburg 1993.

Koenen, Bernard
17. 2. 1889–30. 4. 1964
SED-Politiker
Geb. in Hamburg, Vater Tischler; Volksschule, 1903–07 Ausbildung zum Maschinenschlosser u. Dreher; 1906 Gewerkschaftsmitgl.; Wanderschaft, u. a. in Lausanne, Brüssel, Lille u. Tunis, Gründer der Soz. Partei Frankreichs in Bizerta; 1907 SPD; 1910–12 Militärdienst, danach Elektromonteur im Ausland; 1914–16 Kriegsdienst (Frankreich), aus der Armee wegen antimilitär. Tätigkeit entfernt, anschl. Elektriker in den Leuna-Werken; 1917 USPD, 1920 KPD, Mitarb. im Leunaer Arbeiterrat; 1921 bis 1933 Red. der KPD-Ztg. »Klassenkampf« u. Sekr. der BL Halle-Merseburg der KPD; Stadtverordneter in Merseburg, maßg. an der Märzrev. in Mitteldtl. beteiligt, 1922–33 Mitgl. des Landtags der Provinz Sachsen u. 1924–29 des Preuß. Staatsrats; 12. 2. 1933 von der SS in Eisleben schwer verletzt, danach illegale Tätigkeit; 1933 Emigration in die UdSSR, Organisationssekr. der Intern. Roten Hilfe u. Lehrer an einer Komintern-Schule, 1935 Teiln. am VII. Weltkongreß der KI; zwischen 1937 u. 1939 zweimal vom sowj. Sicherheitsdienst NKWD verhaftet; 1941–45 Arbeit für den Dt. Volkssender, im NKFD u. als Lehrer in Antifa-Kursen für dt. Kriegsgefangene; 1943 Mitgl. des ZK der KPD.
1945 Rückkehr nach Dtl.; Mitunterz. des Aufrufs der KPD vom 11. 6. 1945; Juni 1945–Apr. 1946 ZK der KPD; 1945/46 1. Sekr. der KPD-BL Sachsen-Anhalt, 1946–49 Vors., 1949–52 1. Sekr. der SED-Landesltg. Sachsen-Anhalt; 1946–52 Mitgl. des Landtags, SED-Fraktionsvors.; 1946–64 Mitgl. des PV bzw. ZK der SED; 1948/49 Mitgl. des Dt. Volksrats u. der DWK, 1949/50 der Prov. Volkskammer, 1950–54 sowie 1958–64 der Volkskammer; 1952/53 1. Sekr. des SED-BL Halle; 1953–58 Botschafter in der ČSR; 1958–63 erneut 1. Sekr. der SED-BL Halle; 1958 KMO; 1960–64 Mitgl. des Staatsrats.
Sek.-Lit.: Reinowski, W.: B. K. Halle/S. 1962.

Koenen, Wilhelm
7. 4. 1886–19. 10. 1963
SED-Politiker
Geb. in Hamburg, Vater Tischler; 1892–1900 Volksschule, 1900–04 kaufm. Lehre u. Ausbildung zum Buchhändler; 1903 SPD, 1907 Berichterstatter für die »Volksztg.« in Kiel; 1907–1917 Kartellvorst. u. Jugendbezirksltr. in Kiel, Königsberg u. Halle (Saale); 1910/11 Besuch der Parteischule in Berlin; 1911–19 Red. beim »Volksblatt« in Hal-

le; 1913 Mitgl. der SPD-Bezirksleitung Halle; 1917 USPD, Bezirksvors. Halle; Landsturm; in der Nov.-Rev. 1918 Kommissar des Bezirks-Arbeiter- u.-Soldatenrats in Halle-Merseburg; 1919/20 Stadtverordneter in Halle; 1919/20 Mitgl. der Nationalvers. u. 1920–32 Abg. des Dt. Reichstags; 1919/20 Mitgl. u. Sekr. des ZK der USPD; 1920 Übertritt zur KPD, bis 1924 mit Unterbrechungen Mitgl. ihrer Zentrale, ab 1929 Mitgl. des ZK der KPD; 1926–32 Mitgl. des Preuß. Staatsrats, Stadtverordneter von Berlin; 1933/34 Exil im Saargebiet bzw. in Frankreich, 1935–38 in der ČSR, ab Nov. 1938 in Großbritannien; 1940 bis 1942 dort u. in Kanada interniert; 1944 Mitarb. am Soldatensender Calais.
1945 Rückkehr über Prag nach Dtl.; Red. der KPD-Parteiztg. in Halle; 1946–48 Landesvors. der SED in Sachsen (gemeinsam mit Otto Buchwitz*); seit 1946 Mitgl. des PV bzw. ZK der SED; 1948 Mitgl. u. 1949 Sekr. des Dt. Volksrats; 1949/50 Mitgl. des Zentralsekr. des PV der SED; seit 1950 Mitgl. des Präs. des NR der NF; 1949–63 Abg. der Prov. Volkskammer bzw. Volkskammer, 1949–58 Ltr. des Sekr. der Volks- u. Länderkammer u. seit 1956 Ltr. der Interparl. Gruppe der Volkskammer; 1956 KMO.
Publ.: Meine Begegnungen mit Lenin. Berlin 1957; Zur Entwicklung der Demokratie in Dtl. Berlin 1957.

Koenen-Damerius, Emmi, geb. Zadach
15. 3. 1903–21. 5. 1987
DFD-Vorsitzende
Geb. in Rosenthal; Vater Arbeiter; 1918–20 kaufm. Handelsschule; 1918 Freie Gewerkschaft; Werkstattschreiberin in einer Kunstdruckerei; Abendhandelsschule; arbeitslos; 1928–33 Angestellte bei der Berliner Abendztg. »Die Welt am Abend«; 1924 KPD; 1924–33 Ltr. der Frauenabt. der KPD Berlin-Brandenburg; 1932/33 KPD-Reichsschule; 1933 Mitgl. des Preuß. Landtages (KPD); 1933/34 illegale Arbeit als pol. Instrukteurin der KPD; 1934 Emigration in die UdSSR; 1934/35 Intern. Frauensekr. der KI; 1935/36 Studium an der Univ. für die Komm. Parteien des Westens; 1936–39 Ltg. der illegalen Arbeit der KPD in Süddtl. bzw. Berlin (von Zürich bzw. Prag aus); seit 1937 Frau von Wilhelm Koenen*; 1939–45 Emigration nach Großbritanien, dort 1940 Internierung.
Dez. 1945 Rückkehr nach Berlin; KPD; 1946 SED; Red. der »Mitteldt. Ztg.« in Halle/Saale bzw. der »Sächs. Ztg.« in Dresden; 1947 Mitbegr. des DFD, stellv., Mai 1948 – Mai 1949 1. Vors. des DFD (gleichberechtigt mit Durand-Wever*), zum Rücktritt veranlaßt; 1947/48 erst Landes-, dann 2. Landesvors. des DFD Sachsen; 1947–49 Landesvorst. der SED Sachsen; 1947–50 im PV der SED; 1948/49 Mitgl. der Volkskammer; 1948/49 DWK; 1949 wegen Krankheit zurückgetreten; 1950–58 Red. im Verlag »Die Wirtschaft«; seit 1958 freiberufl. Journalistin; Mitgl. der Arbeitsgruppe zur Erforschung der Frauenbew. bei der SED-BL Berlin; in zweiter Ehe mit dem Kulturwiss. Helmut Damerius (bis 1956 in sowj. Lagern festgehalten) verheiratet; 1983 VVO in Gold.

Koennecke, Günther 3. 6. 1924
Bauunternehmer
Geb. in Magdeburg; Kriegsdienst, frz. Gefangenschaft.
Ausbildung zum Maurermeister, Dipl.-Wirtschaftler u. Ing.; 1959 Übernahme der seit 1887 im Besitz der Familie befindl. Baufirma u. Entwicklung des Unternehmens zum größten privaten Baubetrieb im Bez. Magdeburg (ca. 300 Beschäftigte); nach der Enteignung 1972 bis 1976 Ltr. des nunmehr staatl. Betriebs; danach Bauleiter eines städt. Projekts; 1990 Sprecher der »72er« (der 1972 enteigneten Unternehmer); seit

der Reprivatisierung Inhaber der W. Liebscher Nachf. GmbH Magdeburg; Präs. des Unternehmerverb. Mittelständ. Bauen Sachsen-Anhalt.

Koepp, Volker 22. 6. 1944
Filmregisseur
Geb. in Stettin; POS bis 1958, 1962 Abitur u. Facharbeiterabschluß als Maschinenschlosser; Studium an der TU Dresden, 1966–69 an der Dt. HS für Filmkunst Potsdam-Babelsberg in der Klasse von Claus Küchenmeister u. Ralf Kirsten, Diplom als Regisseur u. Szenarist; SED; 1969–90 festangestellt als Regisseur im DEFA-Studio für Dok.-Filme in der Gruppe »dokument«, in der u. a. Jürgen Böttcher*, Winfried Junge* u. Karlheinz Mund arbeiteten; seit 1990 freier Regisseur.
Werke: Essays über Personen, die in Verbindung zur Arbeiterbew. u. zum Antifasch. zu sehen sind: Teddy (1973), Slatan Dudow* (1974), Er könnte ja heute nicht schweigen (1975), Ich erinnere mich noch (1977); Thema Mensch u. Landschaft: Das weite Feld (1976), Hütes-Film (1977), Am Fluß (1978), In Rheinsberg (1982), An der Unstrut (1986); Konflikte u. Probleme im Alltag, vor allem im Leben von Arbeiterinnen, Zyklus von Filmen über das Obertrikotagenwerk »Ernst Lück« in Wittstock: Mädchen in Wittstock (1974/75), Wieder in Wittstock (1976), Wittstock III (1978), Leben in Wittstock (1984), Neues in Wittstock (1992); Märkische Ziegel (1989); Leben u. Arbeiten in der DDR im Rückblick: Die Wismut (1993).

Koerting, Otto 20. 3. 1884
VdgB-Funktionär
Geb. in Jessnitz (Anh.); Schlosser, zwei Jahre Berufsschule; Landw.; 1902 SPD; 1902–1908 im Beruf; 1909–26 Gemeindevertreter in Bobau (b. Bitterfeld), dort 1926–33 Amts- und Gemeindevorst.; 1919–32 Abg. des Sächsischen Provinziallandtags; 1920–26 Betriebsratsvors. Agfa-Filmfabrik; in der NS-Zeit illegale Arbeit; 1933 acht Monate KZ Oranienburg; 1934 Landarbeiter, später Wirtschaftsführer eines landw. Betriebs; 1944 Landw. in Bobbau; KZ Buchenwald.
1945 SPD; 1945 Mitbegründer der VdgB in der Provinz Sachsen, 1946/47 1. Landesvors. der VdgB Sachsen-Anhalt; 1946 SED, 1947–50 1. Vors. der VdgB; 1946–50 Abg. des Sachs.-Anh. Landtags (Vizepräs.); 1947 u. 1948 Mitgl. des Präs. des ersten u. zweiten Volkskongresses; 1948–50 Mitgl. der Prov. Volkskammer; »wegen reaktionärer Umtriebe« seiner Funktion enthoben; 12. 7. 1950 Ausschluß aus dem VdgB-Hauptaussch.; 15. 7. 1950 Ausschluß aus der SED; 1952 verhaftet, nach einem Jahr U-Haft entlassen, später pol. nicht mehr tätig.

Kofler, Leo 26. 4. 1907
Sozialphilosoph, Publizist
Geb. in Chocimierz (Galizien) in der Familie eines jüd. Großgrundbesitzers, 1915 Übersiedlung der Familie nach Wien; 1916–27 Handelsgymnasium, Wiener Kunstakad.; SPÖ; ab 1928 Referent der Wiener Bildungszentrale der Soz. Gewerkschaftsjugend, 1930–38 Studium bei Max Adler; 1938 Verhaftung durch die dt. Besatzungsmacht, Flucht in die Schweiz, dort Internierung u. Arbeitsdienst bis 1944, Ermordung der Eltern in Auschwitz; 1944 erschien in Bern »Die Wissenschaft von der Gesellschaft« unter dem Pseudonym Stanislaw Warynski.
1947 Übersiedlung in die SBZ; SED; Habil. mit der Arbeit »Zur Geschichte der bürgerl. Gesellschaft« (Veröff. 1948 in Halle/Saale) an der Univ. Halle, anschl. dort Prof. für Geschichtsphilos. u. Dir. des Inst. für Hist. Materialismus, 1949 Einzug von Teilen der 2. Aufl. des Buches aus dem Handel wegen seiner Kritik an bürokrat. Tendenzen in SED u. SBZ, feh-

lender Demokratie in der UdSSR u. der Verfechtung eines marxist. Totalitätsbegriffs; Einsetzung einer Untersuchungskommission an der PHS der SED »Karl Marx«, Denunziation als »idealist. Marxist« (K. Hager*), »ideolog. Schädling« (R. Gropp*) u. »Trotzkist«; Verweigerung der geforderten »Selbstkritik«, 1950 demonstrativer Austritt aus der SED, Entlassung aus allen Ämtern, Ende des Jahres angesichts drohender Verhaftung Flucht nach Berlin (West); 1951 Niederlassung in Köln, 1953 Gastdoz. an der Sozialakad. Dortmund, danach Lebensunterhalt durch publizist. u. wiss. Autorentätigkeit, Vortragsreihen, Lehraufträge in der Erwachsenenbildung; 1966 Gespräche mit Georg Lukács, Hans Heinz Holz u. Wolfgang Abendroth in Budapest, 1967 Diskussionen mit Herbert Marcuse bei den Salzburger Humanismusgesprächen; 1970 Doz. für Soziol. an der Kunstakad. Köln, 1973 Lehrstuhlvertretung (Soziol.) in Bochum, 1975 Honorarprof. an der Ruhruniv. Bochum; 1977 Ehrenbürger von Wien.
1990 Reise in die DDR, Vorträge an der MLU Halle, KMU Leipzig u. HU Berlin.
Autor von mehr als 30 Büchern, zahlr. Ztschr.- u. Ztg.-Artikeln.
Publ.: Das soziale Werden der Gegenwart. Düsseldorf 1954; Geschichte u. Dialektik. Hamburg 1955; Stalinismus u. Bürokratie. Neuwied, Berlin 1970; Soziol. des Ideologischen. Stuttgart 1975; Aufbruch in der Sowjetunion? Von Stalin zu Gorbatschow. Hamburg 1986.
Sek.-Lit.: Ernst Bloch* (Hrsg.): Marxismus u. Anthropologie. FS für L. K. Bochum 1980.

Kohl, Michael 28. 9. 1929–4. 7. 1981
Leiter der Ständigen Vertretung der DDR in der Bundesrepublik Deutschland
Geb. in Sondershausen, Vater Rechtsanwalt u. Notar; 1948 SED; 1948–52 Studium der Rechtswiss. an der FSU Jena; 1952–61 Lehr- u. Forschungstätigkeit an der FSU (Völker- u. Staatsrecht); 1956 Prom. zum Dr. jur. in Jena; 1958–63 Abg. des Bez.-Tags Gera, Mitgl. der BL Gera des KB; 1961–65 Abt.-Ltr. u. Kollegiumsmitgl. im MfAA; 1965–73 Staatssekr. beim Min.-Rat; Verhandlungsführer in den Passierscheingesprächen mit dem Senat von Berlin (West) u. in den Verhandlungen zum Transitabkommen, zum Verkehrs- u. zum Grundlagenvertrag DDR – Bundesrep. Dtl.; 1972 VVO in Gold; 1973 Min. u. Bevollmächtigter Botschafter, 1974–78 Ltr. der Ständigen Vertretung der DDR in der Bundesrep. Dtl.; 1976–81 Kand. des ZK der SED; 1978 stellv. Außenmin.; Schwiegersohn von Erich Mielke*.

Köhler, Erich 28. 12. 1928
Schriftsteller
Geb. in Karlsbad (Böhmen), Vater Porzellanschleifer, Sozialdemokrat, Mutter Buntdruckerin; Lehren als Bäcker, Schneider u. Maler abgebrochen; vom Militär ausgemustert.
1946 Aussiedlung nach Mecklenburg, Arbeit in der Landw.; Trampen durch Westdtl. u. Holland; eine Bewerbung bei der frz. Fremdenlegion scheiterte; 1950 Rückkehr in die DDR, SED; zunächst Arbeit im Uranbergbau (SAG Wismut), dann wieder in der mecklenburg. Landwirtschaft; 1956 erste Buchveröff.; 1958–61 Studium am Literaturinst. »Joh. R. Becher« Leipzig; seit 1964 freischaff.; seit 1978 Mitgl. des Vorst. des Schriftstellerverb.; seit Mitte der 70er Jahre für das MfS als »IM Heinrich« tätig; verzichtete 1980–90 in einem provokativen sozialen Experiment auf alle Autorenhonorare u. ließ sich in einem VEG bei Lübbenau (Spreew.) anstellen.
In sämtl. Arbeiten thematisierte K. das Verhältnis von Arbeit u. Kunst, suchte nach einer Vermittlung in der Utopie; schon Anfang der 60er Jahre verwendete er phantast. Sujets, verstieß damit gegen kulturpol. Dogmen, so daß mehrere Tex-

te erst 20 Jahre später gedruckt wurden; öff. Diskussionen lösten seine Essays der 80er Jahre aus, in denen er den soz. Realismus mit dem »bürgerl. Kriminalroman« gleichsetzte.
1990 Vorruhestand.
Publ.: Der Krott oder Das Ding unterm Hut. Rostock 1976; Hinter den Bergen. Rostock 1976; Kiplag-Geschichten. Berlin 1980; Nichts gegen Homer. Betrachtungen u. Polemiken. Berlin 1986.

Köhler, Heinz 20. 11. 1928–18. 8. 1986
Verlagsleiter
Geb. in Schmalkalden, Vater Werkzeugschmied; Volksschule, Handelsschule, Lehre als Bankkaufmann.
1945 KPD/SED; 1948/49 Besuch der ABF Jena; 1949–51 Studium der Volkswirtschaft in Jena; 1951–54 wiss. Mitarb. für Publikationswesen im Staatssekr. für Hoch- und Fachschulwesen; 1954–59 Mitarb. der Abt. Wiss. des ZK der SED; 1959/60 Verlagsassistent, 1961–76 Ltr. der Verlagsgruppe Bibliograph. Inst. Leipzig, Verlag Enzyklopädie Leipzig, Max Niemeyer Verlag Halle (die Verlagsgruppe produzierte hauptsächl. Lexika, Sprachlehr- u. Wörterbücher); 1963–84 Vorstandsmitgl., 1966–71 Vorsteher des Börsenvereins der Dt. Buchhändler zu Leipzig; 1976–86 Dir. des Leipziger Kommissions- u. Großbuchhandels (LKG).

Köhler, Johann 27.12. 1920
Rektor der Bergakademie Freiberg
Geb. in Nikles (Kr. Mähr.-Schönberg, ČSR), Vater Seidenweber; 1931–34 Realschule, anschl. bis 1937 Bauschlosser in Brünn; 1938 KPČ; während des Krieges Uffz. in der Luftwaffe, amerik. Gefangenschaft.
Nach der Umsiedlung zunächst Lokschlosser bei der Dt. Reichsbahn, dann Erwerb der HS-Reife an der ABF, 1948–51 Studium der Wirtschaftswiss. an der Univ. Leipzig, 1951 Aufnahme einer Lehrtätigkeit an der Bergakad. Freiberg, 1955 Prom. u. 1959 Habil., anschl. Prof. mit Lehrstuhl für pol. Ök. des Kapitalismus an der Bergakad.; 1958–71 Mitgl. der SED-BL Karl-Marx-Stadt; 1968–71 Rektor der Bergakad., 1986 Em.
Publ.: Strittige Probl. der marxist.-leninist. Werttheorie. Leipzig 1977.

Köhler, Johannes-Ernst
24. 6. 1910–13. 9. 1990
CDU-Politiker
Geb. in Meran, Vater Kirchenmusiker; aufgewachsen in Bernburg; 1929 Abitur; Studium der Mathematik an der Univ. Halle/Saale (ein Semester) u. 1929–33 der Musik an der Akad. für Kirchen- u. Schulmusik in Berlin-Charlottenburg; 1933 Examen für das Lehramt an höheren Schulen und für Kirchenmusik; danach Kantor an der Pauluskirche in Berlin-Lichterfelde; Konzerttätigkeit; seit 1934 Organist an der Stadtkirche Sankt Peter u. Paul (Herderkirche) in Weimar u. Doz. an der Musik-HS Weimar; 1937 NSDAP; 1939–45 Kriegsdienst.
1946 CDU; 1950–79/80 Kirchenmusikdir. u. Prof. für Orgelspiel an der HS für Musik »Franz Liszt« in Weimar; Ltr. der Abt. Kirchenmusik; seit 1950 Kirchenmusikdir. der Ev. Kirche in Thür.; seit 1954 Mitgl. des Hauptvorst. der CDU; Mitgl. des Musikrates der DDR; Ehrenmitgl. des CDU-Hauptvorst. u. Mitgl. des Ehrenrates beim Hauptvorst. der CDU; 1985 Stern der Völkerfreundschaft in Silber.

Köhler, Siegfried 2. 3. 1927–14. 7. 1984
Komponist, Präsident des VDK
Geb. in Meißen; Oberschule; 1945–50 Studium von Komposition, Klavier u. Dirigieren an der Akad. für Musik u. Theater Dresden, daneben Ltr. des Jugendchors Meißen; 1950–52 Studium der Musikwiss. u. Kunstgeschichte an der Univ. Leipzig, 1952–55 dort Aspirantur,

1955 Prom.; 1955–57 wiss. Mitarb. im VDK; 1956 SED; 1957–63 Dir. der Intern. Musikbibl. Berlin; 1963–68 künstler. Dir. des VEB Dt. Schallplatten; 1968–80 Rektor des HS für Musik Dresden (Nachf. von Hans Georg Uszkoreit), 1969 Prof., 1970 Prof. für Komposition; 1972 Abg. des Bez.-Tags Dresden; 1974 Prom. B; seit 1980 freischaff.; 1979–83 Vors. des Beirats der Anstalt zur Wahrung der Aufführungsrechte (AWA); 1978 AdK, 1953–56 Vors. des Bez.-Verb. Dresden, 1982–84 Präs. des VDK (Nachf. von Ernst Hermann Meyer*); 1983/84 Intendant der Semperoper Dresden; komponierte zunächst Chor- u. Massenlieder, u. a. »Heut ist ein wunderschöner Tag«, seit den 60er Jahren sinfon. Musik (vier Sinfonien), die Oper »Der Richter von Hohenburg« u. Oratorien, u. a. »Reich des Menschen«.
Sek.-Lit.: Schönfelder, S.: S. K. Für Sie porträtiert. Leipzig 1984.

Köhler, Thomas 25. 6. 1940
Leistungssportler (Rennschlittensport)
Geb. in Zwickau; ab 1956 aktiver Rennschlittensportler; 1958 Abschluß der Oberschule in Schwarzenberg; 1958–64 Studium an der DHfK Leipzig mit Abschluß als Dipl.-Sportlehrer; SED; 1962 WM im Einsitzer; 1964 Olympiasieger im Einsitzer; 1967 WM im Ein- u. im Doppelsitzer; 1968 Olympiasieger im Doppel- u. im Einsitzer; anschl. Beendigung der leistungssportl. Laufbahn; 1968–76 Verb.-Trainer für Rennschlittensport mit dem Erfolg von sechs olymp. Goldmedaillen; 1974 Prom. zum Dr. paed.; ab 1970 Mitgl. des Präs., 1977–80 Ltr. der Abt. Wintersport u. 1980–89 Vizepräs. des DTSB, zuständig zunächst für Leistungs-, dann für Wintersport; 1976/77 Ltr. der DDR-Nat.-Mannschaft Spezialsprunglauf.
Seit Aug. 1990 Geschäftsführer des SV IHW Alex 78 e. V.

Köhler, Werner 24. 3. 1929
Mediziner, Vizepräsident der Leopoldina
Geb. in Dresden, Vater Werkmeister; 1945 Abschluß der Oberschule; nach einem Prüfungskolloquium 1945 Aufnahme des Medizinstudiums an der Univ. Jena, ab 1946 außerdem Studium der Anthropol. u. Ethnogr.; 1953 naturwiss. Prom. an der FSU Jena, 1954 med. Prom. an der Univ. Rostock; 1951–53 Pflichtassistent an den Thüringer Univ.-Kliniken in Jena, am Krankenhaus Chemnitz, am Krankenhaus u. im Forschungsinst. für Mikrobiol. u. Hygiene in Bad Elster; 1954–58 am Hygiene-Inst. der Univ. Rostock, hier 1956 Fach- u. Oberarzt; 1957 Habil., 1958 Doz. für Med. Mikrobiol. an der Univ. Rostock, zugl. an der FSU Jena; seit 1958 Ltr. der Abt. Med. Mikrobiol. am Inst. für Mikrobiol. u. experimentelle Therapie (ZIMET) der DAW/AdW in Jena; 1961 Prof. der DAW; 1964/65 Hospitant der Klasse Medizin der DAW; 1966–72 nebenamtl. Ltg. des Forschungsinst. für Mikrobiol. u. Hygiene in Bad Elster; seit 1976 Stellv. des Dir. am ZIMET; seit 1968 Mitgl., seit 1990 Vizepräs. der Dt. Akad. der Naturforscher Leopoldina; 1970 Korr. u. 1976 Ord. Mitgl. der AdW; 1990 Ehrenmitgl. des Kitasato-Inst. Tokio.
1990 Mitgl., seit 1991 Präs. der Akad. gemeinnütziger Wiss. zu Erfurt; 1992 Dir. des Inst. für Experimentelle Mikrobiol. u. seit 1993 Inhaber des Lehrstuhls für Experimentelle Mikrobiol. u. Immunchemie an der FSU; 1993 ao. Mitgl. der Berlin-Brandenburg. AdW.
Arbeitsgebiete: Streptokokkenforschung, u. a. Systematik der Streptokokken, epidemiolog. u. bakteriolog. Aspekte von Streptokokkeninfektionen, vor allem bei Scharlach, rheumat. Fieber u. tox. Schocksyndrom; Entw. von Arzneimitteln; Untersuchungen über erythrogene Toxine u. Mitogene; Geschichte der Bakteriol.

Publ.: Grundriß der Med. Mikrobiol. (mit H. Mochmann). 5. überarb. Aufl. Jena 1980; Mischinfektionen (mit A. Mayr). Jena 1980; Meilensteine der Bakteriol. (mit H. Mochmann). Jena 1984.

Kohlhaase, Wolfgang 13. 3. 1931
Schriftsteller
Geb. in Berlin, Vater Schlosser; Volksschule; ab 1947 Volontär bei den Jugendztgn. »Start« u. »Junge Welt«; 1950–52 Dramaturg bei der DEFA; SED; danach freischaff., schrieb Erzählungen, Drehbücher und Fernsehspiele; 1970 Mitgl. des PEN-Zentrums DDR, 1972 der AdK.
1990 Lubitsch-Preis, Käutner-Preis.
Bes. wichtige Arbeiten: Spielfilme »Alarm im Zirkus«, »Eine Berliner Romanze«, »Berlin – Ecke Schönhauser« (R: Gerhard Klein*, UA 1954, 1956, 1957), Der »Aufenthalt« (nach Hermann Kant*, R: Frank Beyer*, UA 1983), Dok.-Film »Der Sender Gleiwitz« (1961); »Ich war neunzehn«, »Der nackte Mann auf dem Sportplatz«, »Mama, ich lebe«, »Solo Sunny« (R: Konrad Wolf*, UA 1968, 1974, 1977, 1980), Dok.-Film »Der Sender Gleiwitz« (1961); Hörspiele »Fragen an ein Foto« (1969), »Die Grünstein-Variante« (1976, verfilmt mit Bernhard Wicki 1985); »Silvester mit Balzac u. andere Erzählungen« (1977).

Kohlmey, Gunther 27. 7. 1913
Wirtschaftswissenschaftler
Geb. in Berlin, Vater Lehrer; Gymnasium; 1932–36 Studium der Nationalök. an den Univ. Freiburg i. Br. u. Berlin, Dipl.-Volkswirt; 1937 NSDAP; 1939 Prom. mit einer Diss. zur Industrialisierung Brit.-Indiens u. Argentiniens; ab 1939 Soldat, zuletzt Ltn., 1943 am Kuban Übertritt zur Sowjetarmee, zwischenzeitl. Gefangenschaft in Moskau, 1943 bis 1947 Assistent an der Zentralen Antifa-Schule Krasnogorsk. 1947 Rückkehr nach Berlin; 1948 SED; Gründungsdekan der wirtschaftswiss. Fak. sowie Dir. des Inst. für pol. Ök. des Soz. an der Dt. Verwaltungsakad. (DVA) Forst-Zinna; 1949 Prof. mit Lehrstuhl an der DVA, ab 1953 an der daraus hervorgegangenen DASR Potsdam; 1953 Gründer u. Chefred. der Ztschr. »Wirtschaftswiss.«; 1954 Gründungsdir. des Inst. für Wirtschaftswiss. der DAW in Berlin; 1955 NP; 1956–59 Hrsg. des wiss. Bulletins »Geld u. Kredit«; nebenberufl. Prof. mit Lehrstuhl für pol. Ök. des Soz. an der wirtschaftswiss. Fak. der HU Berlin; nach Kritik an der »bürokrat.-zentralist. Verwaltungswirtschaft«, Vorschlägen zum Abbau administrativer zugunsten verstärkter marktwirtschaftl. Regulierungsformen sowie zur Trennung von staatl. Finanzpol. u. der Geldpol. einer unabhängigen Notenbank ab 1956 off. »Revisionismus«-Anschuldigungen, 1957 Ablösung als Chefred. der »Wirtschaftswiss.«, 1958 Abberufung als Prof. der HU Berlin, Rücktritt als Dir. des DAW-Inst. für Wirtschaftswiss. zugunsten Fred Oelßners*, anschl. dort wiss. Mitarb. bzw. Bereichsltr.; 1960 Forschungsaufenthalt in den BUNA-Werken Merseburg; 1961–69 Prof. mit Lehrstuhl für intern. Handels- u. Valutabeziehungen an der HfÖ Berlin u. bis 1988 Mitgl. des Wiss.-Rats der HfÖ; 1964 Ord. Mitgl. der DAW; 1967 Vors. des Wiss. Rats beim Min. für Außenwirtschaft; vor dem Hintergrund der Entw. in der ČSSR u. anläßl. seines Aufsatzes »Planen als Steuern u. Regeln« (Jb. 1968 des Inst. für Wirtschaftswiss.) von Günter Mittag* auf dem 9. Plenum des ZK der SED (Okt. 1968) wegen des »revisionist.« Konzepts einer sozialen Marktwirtschaft angegriffen, nach Bekräftigung seiner Forderung nach stärkerer Selbstregulierung durch »Wertkategorien« u. Marktgesetze Ablösung als Vors. des Wiss. Rats im o.g. Min.; ab 1974 Mitarb. in der Intern. Economic Associa-

tion u. im intern. Steering Committee für Ost-West-Beziehungen in Europa; 1978 Em.; Dr. h.c. der HfÖ Berlin, VVO in Gold; 1978–83 Vors. des Nat.-Komitees für Wirtschaftswiss.; 1979 Ehrenmitgl. der Ungar. AdW; 1983 Stern der Völkerfreundschaft.
K. gilt als einer der anerkanntesten Wirtschaftswiss. der DDR, er hatte wesentl. Anteil an der Einführung der pol. Ök. als Lehrdisz. Wichtigste Forschungsgebiete: Weltwirtschaft u. soz. Weltwirtschaftssystem; Preise, Kredit u. Finanzen in nat. und intern. Wirtschaftsbeziehungen; Theorie intern. Werte; soz. Planungstheorie.
Publ.: Der demokr. Weltmarkt. Berlin 1955; Das Geldsystem der DDR. Berlin 1956; Karl Marx' Theorie von den intern. Werten mit einigen Schlußfolgerungen für die Preisbildung im Außenhandel zwischen den soz. Staaten. Berlin 1962; Intern. Werte heute. Berlin 1984; Moderne Prod. u. Arbeitswerttheorie. Berlin 1987.
Sek.-Lit.: Bibliogr. in: G. K. aus Anlaß seines 70. Geburtstages (Festschrift). Berlin 1983.

Kohrt, Günter 11. 3. 1912–17. 12. 1982
Botschafter, stellv. Außenminister
Geb. in Berlin, Vater Arbeiter; Volksschule, Lehre als kaufm. Angestellter; seit 1928 pol. org.; danach als Buchhalter tätig; Kriegsdienst in einer Sanitätseinheit.
1945/46 KPD/SED; Mitarb. der Abt. Volksbildung im Berliner Magistrat; ab 1949 Mitarb. des MfAA; 1958–64 Mitarb., zeitw. stellv. Ltr. der Abt. Intern. Verbindungen des ZK der SED; 1964–66 Botschafter in China; 1966–73 Staatssekr. u. 1. stellv. Außenmin.; 1973/74 Botschafter in Ungarn (Nachf. von Herbert Plaschke); Mitgl. des Kollegiums des MfAA.

Kolbe, Uwe 17. 10. 1957
Schriftsteller
Geb. in Berlin; 1976 Abitur; erste Texte zus. mit F.-W. Matthies in der Ztschr. »Sinn u. Form« (6/1976) durch F. Fühmann vermittelt; der Titel seines Debütbandes »Hineingeboren« (1980) wurde eine Metapher für seine Generation; 1980/81 Sonderkurs am Literaturinst. »Johannes R. Becher«; auf Weisung des ZK im Nov. 1981 Verbot der von ihm u. Sascha Anderson* hrsg. »Akademie-Anthologie«, die 30 unpublizierte Autoren versammelte; im Mai 1982 sorgte K. mit einer Polemik gegen den Staat in einem als Akrostichon getarnten Text »Kern meines Romans« für Aufsehen (In: »Bestandsaufnahme Zwei«. Halle 1981); 1984 »Offener Brief« an den Kulturmin. mit einem Plädoyer für pol. Pluralismus u. Meinungsfreiheit; 1981–83 Hrsg. der inoff. Ztschr. »Der Kaiser ist nackt«, 1984–87 Hrsg. der inoff. Ztschr. »Mikado« zus. mit Lothar Trolle* u. Bernd Wagner*; Mitarbeit an den nichtoff. Ztschr. »Ariadnefabrik«, »Bizarre Städte«, »Oder«, »Radix-Blätter« (»Aufrisse«, »Wohnsinn«), »Schaden« u. »Zweite Person«; 1986 Dauervisum u. im Mai 1987 Übersiedlung nach Hamburg; lebt seit 1993 in Berlin; zahlr. Grafikbücher, Übersetzungen u. Nachdichtungen (u. a. Stücke von García Lorca); Förderpreis Lit. zum Kunstpreis Berlin (West), Förderpreis zum Hölderlin-Preis Bad Homburg (1987), Nicolas-Born-Preis (1988), Villa-Massimo-Stipendium (1992), Friedrich-Hölderlin-Preis Tübingen (1993).
Publ.: Hineingeboren. Gedichte 1975 bis 1979. Berlin u. Weimar 1980; Abschiede u. andere Liebesgedichte. Berlin u. Weimar 1981; Bornholm II. Berlin u. Weimar 1987; Mikado oder Der Kaiser ist nackt. Selbstverlegte Literatur in der DDR. (Hrsg. mit L. Trolle u. B. Wagner). Frankfurt/M. 1988.
Sek.-Lit.: Cosentino, Ch. u. a. (Hrsg.): DDR-Lyrik im Kontext. Amsterdam

1988; Hesse, E.: Sprache & Antwort. Frankfurt/M. 1988; Böthig, P., Michael, K. (Hrsg.): MachtSpiele. Literatur u. Staatssicherheit 1993.

Kolditz, Lothar 30. 9. 1929
Chemiker, Präsident des Nationalrats der Nationalen Front
Geb. in Albernau (Kr. Aue, Sa.); 1948–52 Studium der Chemie an der HU Berlin, dort 1954 Prom. zum Dr. rer. nat. u. 1957 Habil.; 1957–59 Prof. mit Lehrauftrag für anorgan. u. Radiochemie an der TH für Chemie Leuna-Merseburg; 1959–62 Prof. für anorgan. Chemie u. Dir. des Anorgan.-Chem. Instituts der FSU Jena; 1962–79 ord. Prof. mit Lehrstuhl für anorgan. Chemie u. Dir. des I. Chem. Inst., später zeitw. Dir. der Sekt. Chemie der HU; 1972 Ord. Mitgl. der AdW, ab 1980 Dir. ihres ZI für anorgan. Chemie, glz. Honorarprof. an der HU; 1980/81 stellv. Vors. des Bezirksaussch. Berlin der NF, ab 1981 Präs. ihres NR (Nachf. von Erich Correns); seit 1982 Mitgl. des Staatsrats; 1983 Dr. h.c. der Bergakad. Freiberg; seit 1983 Mitgl. des Präs. des Zentralvorst. der DSF; 1984 VVO in Gold; 1986–89 Mitgl. des Präsidialrats des KB; 1986 – März 1990 Abg. der Volkskammer.
Experte für Chemie der Halogene, insbes. des Fluors, Veröff. u. a. über reine u. gemischte Halogene, Halogenierungsreaktionen, Oxo- u. Thiofluorkomplexe.
Publ.: Anorganikum. Lehr- u. Praktikumsbuch der anorgan. Chemie (mit Autorenkollektiv). 12. Aufl. Berlin 1989; Nuclear quadrupole resonance in inorganic chemistry (zus. mit Buslaev u. Kravcenko). Amsterdam u. a. 1987.

König, Gerd 24. 6. 1930
Botschafter
Geb. in Klettwitz (Sa.), Vater Arbeiter; Chemielaborant; 1949–52 ABF; 1952 SED; 1952/53 DASR Potsdam, 1953–59 Studium am Inst. für Intern. Beziehungen in Moskau, Dipl.-Staatswiss.; 1959–62 Mitarb. im MfAA u. Kulturattaché in Jugoslawien; 1962–73 stellv. Ltr. der Abt. Intern. Verbindungen beim ZK der SED; 1973–80 Botschafter in der ČSSR (Nachf. von Herbert Krolikowski*); 1976 Kand., 1986–89 Mitgl. des ZK der SED; 1981/82 1. Sekr. der SED-KL im MfAA, 1982–87 stellv. Außenmin., 1987–90 Botschafter in der UdSSR; 1989/90 Mitgl. des PV der SED/PDS.

König, Hartmut 14. 10. 1947
Liedermacher, FDJ- u. SED-Funktionär
Geb. in Berlin, Vater Werkzeugmacher; 1954–66 Grundschule, EOS, Abitur mit Berufsausb. als Kühlanl.-Bauer; ab 1964 Gedichte u. Lieder, 1964–71 Mitgl. der Beatgruppe Team 4 (1967 umbenannt in Thomas Natschinski u. seine Gruppe), 1966–73 Mitgl. des Oktoberklub Berlin (bis 1967 Hootenanny-Club), 1967 SED; 1972 LP »Porträt in Liedern«; 1966/67 Vol. bei der Ztg. »Neues Dtl.«; 1967–73 Journalistikstud. an der KMU Leipzig, Forschungsstudium, 1974 Prom.; 1973 bis 1976 Chefred. der »Weltstudentennachr.« in Prag; 1976–89 Sekr. des ZR der FDJ, zunächst für intern. Arb., ab 1979 für Kultur; 1989 Stellv. des Min. für Kultur; 1981 Kand., 1986–89 Mitgl. des ZK der SED, 1991 Austr. aus der SED/PDS; seit 1990 verleger. Tätigkeit, Mitarb. an Egon Krenz'* Buch »Wenn Mauern fallen«.
Publ.: Liederbaum. Berlin 1980.

König, Johannes 2. 4. 1903–22. 1. 1966
Botschafter, stellv. Außenminister
Geb. in Arnstadt, Vater Arbeiter; Volksschule, Ausbildung zum Gerber; 1919 Freie Soz. Jugend u. KPD; 1919–21 Ltr. des KJV in Arnstadt, 1921/22 hauptamtl. KJV-Sekr. in Thür.; 1923/24 Ltr. des KPD-Unterbez. Arnstadt bzw. Suhl, Mitgl. der KPD-BL Thüringen; ab 1925 Red. an komm. u. Arbeiterztg., 1929

Chefred. von »Kämpfer« Chemnitz, 1930 von »Arbeiterstimme« Dresden; 1930 vom Reichsgericht wegen Hochverrat zu anderthalb Jahren Festung verurteilt, verbüßt in Gollnow; 1932/33 erneut Chefred. in Chemnitz; ab Mai 1933 KZ Colditz, KZ Sachsenburg, Zuchthaus Waldheim; 1939 Emigration nach Schanghai, hier Ltr. einer Emigrantengruppe.
1947 Rückkehr nach Dtl.; SED; bis 1950 Chefred. der »Sächs. Ztg.« Dresden; ab 1950 Mitarb. des MfAA, 1950–55 Chef der Diplomat. Mission bzw. Botschaft in China, 1955–59 Botschafter in der UdSSR, ab 1959 stellv. Außenmin., ab 1965 Botschafter in der ČSSR.

König, Otto 5.3.1929
Generaldirektor des VEB Kombinat Agrochemie Piesteritz
Geb. in Langewiesen (Kr. Ilmenau); Dipl.-Chemiker, Dr. rer. nat.; 1961 SED; 1968–71 Dir. für Forschung im VEB Kombinat Leuna-Werke »Walter Ulbricht«; Studium an der PHS der KPdSU in Moskau; 1969 Korr. Mitgl. der DAW/AdW der DDR; Juni 1971 Kand. des ZK der SED; ab 1973 Dir. bzw. Generaldir. des Düngemittelkombinats Piesteritz/VEB Kombinat Agrochemie Piesteritz; Mitgl. des Forschungsrats der DDR.

Königsdorf, Helga (eigtl. Bunke)
13.7.1938
Schriftstellerin
Geb. in Gera, Vater Landwirt; Oberschule, 1955 Abitur; 1955–61 Physikstudium in Jena u. Berlin, 1963 Prom. an der HU Berlin mit einer Diss. auf dem Gebiet der Mathematik; seit 1961 an der DAW/AdW, Abt.-Ltr., wiss. Mitarb.; 1970 SED; 1972 Habil., 1974 Prof.; seit 1978 Veröff. von Kurzgeschichten u. Erzählungen; 1987 Mitgl. des PEN-Zentrums DDR; 1985 Heinrich-Heine-Preis; 1990 aus gesundheitl. Gründen em.; seither freischaff.
Bis Okt. 1990 Mitgl. des Präs. des SV. 1989–91 Mitgl. des Präs. des PEN-Zentrums; 1990 PDS, kandidierte für den Bundestag; 1991 Austritt aus der PDS; 1992 Literaturpreis der Stadt Gandersheim.
Veröff. zunächst iron.-satir. Alltagsgeschichten (u.a. »Meine ungehörigen Träume« 1978); »Ungelegener Befund« (1990) reflektiert die Problematik der wiss. Verantwortung am Beispiel Lise Meitner; pol., publizist. u. lit. Engagement im ges. Umbruch 1989/90 (u.a. »Aus dem Dilemma eine Chance machen« 1989; »Adieu DDR« 1991; »Gleich neben Afrika« 1992).
Publ.: Der Lauf der Dinge. Geschichten. Berlin u. Weimar 1982; Lichtverhältnisse. Berlin u. Weimar 1988; Über die unverzügliche Rettung der Welt. Essays. Berlin 1994.

Konwitschny, Franz
14.8.1901–28.7.1962
Dirigent
Geb. in Fulnek (Mähren), Vater Musikdir. u. Chordirigent; 1920–23 Studium an der Dt. Musikvereinsschule in Brünn sowie 1923–25 am Konservatorium Leipzig; Bratscher u. Geiger im Gewandhausorchester Leipzig unter Wilhelm Furtwängler; 1925–27 Bratscher im Wiener Fitzner-Quartett, Lehrer für Musiktheorie u. Violine am Volkskonservatorium Wien, Prof.; 1927 Korrepetitor, 1930 1. Kapellmeister in Stuttgart, 1933–38 Generalmusikdir. in Freiburg i. Br., 1938–44 in Frankfurt/Main.
1946–49 Musikal. Oberltr. in Hannover, ständiger Gastdirigent der Staatsoper Hamburg, 1949–62 als Nachf. von Hermann Abendroth* Gewandhauskapellmeister in Leipzig, 1953–55 Chefdirigent der Staatskapelle Dresden, 1955–62 Musikal. Oberltr. der Dt. Staatsoper Berlin; 1956 Mitgl. der DAK, 1960 Dr. h.c. der KMU Leipzig; Gastdirigate in fast allen eur. Ländern u. in Japan, seit 1949 Kon-

zertreisen mit dem Gewandhausorchester Leipzig sowie den Staatskapellen Dresden u. Berlin.
Schallplattenaufnahmen: Werke von Bach, Beethoven, Brahms, Bruckner, Butting, Gerster, Mendelssohn Bartholdy, Mozart, Reger, Schostakowitsch, Schubert, Schumann, Wagner.

Konzok, Willi-Peter
29. 6. 1902–26. 7. 1984
LDPD-Politiker
Geb. in Breslau, Vater Bildhauer; 1920 Abitur, 1920–22 Ausbildung zum Buchhändler, 1924 Bibliothekarsprüfung; 1924 DDP, Austritt nach Umbildung zur Dt. Staatspartei 1932; 1924–26 als Setzer u. Drucker tätig; 1924–32 Mitgl. des Gewerkschaftsbundes der Angestellten; 1930–32 Abg. des Schles. Provinziallandtags; in der NS-Zeit »wehrunwürdig«, dennoch 1939 zum Militärdienst eingezogen.
1945 LDPD, 1949/50 stellv. Vors. des Landesverb. Sachsen, ab 1951 stellv. Vors. der LDPD, 1948–50 Abg. des Sächs. Landtags u. Stadtrat in Dresden; 1949 FDGB; ab 1950 Abg. der Volkskammer, 1961–71 Mitgl. des Verfassungs- u. Rechtsaussch., 1969–83 Mitgl. ihres Präs., seit 1971 stellv. Vors. des Aussch. für Auswärtige Angelegenheiten; 1950 bis 1955 Staatssekr., 1955–58 stellv. Min. für Leichtindustrie; seit 1951 Mitgl. des NR der NF; 1958–62 Sektorenltr. für Glas u. Keramik in der SPK; 1963 Generalsekr. der Vereinigung der Mitgliedstädte der DDR in der Weltföderation der Partnerstädte; seit 1963 Vizepräs. der Freundschaftsges. DDR – Afrika; 1967 VVO in Gold.

Koplanski, Michael 25. 9. 1934
DBD-Politiker
Geb. in Naußlitz (Kr. Kamenz), Vater Bauer; Volksschule, landw. Lehre, Landwirt; 1950 FDJ, 1951 DBD; 1951 Mitarb. des Rats des Kr. Kamenz; 1952–59 Kreisinstrukteur der DBD in Kamenz, dann Mitarb. im Bezirksvorst. Dresden bzw. beim PV der DBD; 1953 FDGB; 1955–63 Mitgl. des Büros des ZR der FDJ; 1957/58 Studium am Inst. des ZK der SED zur Ausbildung von Funktionären für die soz. Landw. in Schwerin, 1961–64 Fernstudium an der FS für Landw. Cottbus, staatl. geprüfter Landwirt; 1959–68 Sekr. u. stellv. Vors., 1968–71 Vors. des DBD-Bezirksvorst. Cottbus, 1963–71 Abg. des Bez.-Tags, 1965–71 Mitgl. des Rats des Bez.; 1971–76 Vors. des Bezirksvorst. Neubrandenburg, Abg. des Bez.-Tags, stellv. Vors. der Ständigen Kommission für Land- u. Nahrungsgüterwirtschaft; 1963 Kand., 1968 Mitgl. des PV der DBD; 1969–74 Fernstudium an der ASR Potsdam, Dipl.-Staatswiss.; 1972 Mitgl. des Präs., ab 1976 Sekr. des PV der DBD; 1976 – März 1990 Abg. der Volkskammer, stellv. DBD-Fraktionsvors., Vors. des Aussch. für Landw., Forst- u. Nahrungsgüterwirtschaft; ab 1976 Mitgl. des Präs. der Freundschaftsges. DDR – Italien, 1981 Präs. der Freundschaftsges. DDR – Finnland; 1984 Mitgl. des Zentralvorst. der VdgB; VVO in Gold.
Ab Nov. 1989 Vors. der DBD-Fraktion in der Volkskammer u. Mitgl. ihres Präs.; Dez. 1989 Wahl zum stellv. Vors. der DBD, Teiln. des Zentralen Runden Tischs u. Einberufer seiner Arbeitsgruppe Neue Verfassung der DDR; Jan. 1990 vom ao. DBD-Parteitag aus allen Parteigremien abgewählt, jedoch bis zur Fusion mit der CDU im Sept. 1990 HA-Ltr. im PV der DBD, anschl. hauptamtl. Mitarb. der Land-Union der CDU; Febr. 1991 Austritt aus der CDU, arbeitslos bzw. Empfänger von Altersübergangsgeld, ab Sept. 1994 Altersrentner.

Koplowitz, Jan (Ps. Gulliver) 1. 12. 1909
Schriftsteller
Geb. in Kudowa (Schles.), Vater Besitzer eines Kurhotels; Oberrealschule; 1925

KJV; 1926 Abitur; Lehrerprüfung, danach vorw. Journalist; 1928 BPRS; 1929 KPD; 1930–32 Red. der »Schles. Arbeiterztg.«; Arbeit für Agit.-Prop. Gruppen; mehrmals Verhaftung; 1933 Emigration in die ČSR; hier Agit.-Prop Arbeit unter Anleitung von Egon Erwin Kisch; 1934/35 illegale Arbeit in Österreich; 1939 Flucht nach Polen, dann über Schweden nach England; 1940 Zivilinternierung im Lager Huyton; Arbeit in versch. Berufen, dabei schriftst. Tätigkeit (Reportagen »Short stories« 1944).
1947 Rückkehr nach Dtl. (SBZ); SED; Journalist; Kulturarbeit in der Max-Hütte Unterwellenborn; Ltr. der Rundfunksendung »Betriebs- u. Dorfabend«; Red. der »Tägl. Rundschau«; Vors. der Kommission für Kulturelle Massenarbeit in der DDR; zeitw. künstler. Dir. der Berliner Konzert- u. Gastspieldirektion; danach freischaff. Schriftst.; Förderer der Bew. schreibender Arbeiter; Verf. zahlr. Erzählungen u. Reportagen über den »soz. Aufbau«, z. B. Kollektivarbeit »Städte machen Leute« (1969) über den Aufbau von Halle-Neustadt; populär wurde der autobiogr. gefärbte Gesellschaftsroman »Bohemia – mein Schicksal« (1979, verfilmt 1981); VVO in Gold.
Publ.: Geschichten aus dem Ölpapier. Halle 1972; Das Brot der fremden Länder. Auswahl von Texten. Halle 1989.

Köppe, Ingrid 6. 3. 1958
Bürgerrechtlerin
Geb. in Berlin, Mutter Übersetzerin; 1976 Abitur, Studienbeginn an der PH Güstrow, nach Weigerung, eine Resolution gegen Wolf Biermann* zu unterschreiben, 1977 Abbruch des Studiums, anschl. kurzzeitig arbeitslos, dann Bibliothekar-Helferin; 1978–81 Studium an der FS für Bibliothekare in Leipzig, anschl. Bibliothekarin in Berlin; 1983/84 Flugblattaktion gegen die nukleare Nachrüstung des Warschauer Paktes; 1985 Postzustellerin, 1986–88 Mitarb. am ZI für Bibliothekswesen, 1988–90 Fleurop-Botin.
1989 Teiln. an Protestaktionen gegen die Fälschung der Kommunalwahlergebnisse; seit Sept. Mitgl. des Neuen Forum (NF), Mitgl. des NF-Sprecherrats bis Mai 1990; Dez. 1989 – März 1990 NF-Vertreterin am Zentralen Runden Tisch, ab Mai Mitgl. der Fraktion Bündnis 90/Grüne/UFV in der Berliner. Stadtverordnetenvers.
Dez. 1990 MdB, Vertreterin der Abgeordnetengruppe Bündnis 90/Die Grünen im Wahlprüfungs-, Rechts- u. Innenaussch. sowie im »Schalck-Untersuchungsaussch.«.

Korb, Robert 25. 9. 1900–31. 12. 1972
Leiter der Zentralen Informationsgruppe des MfS
Geb. in Bodenbach (Böhmen); Vater Lokführer, Mutter Hausfrau; 1906 bis 1917 Volks- u. Mittelschule; 1918 erst Militärdienst, dann Angestellter der Waggonfabrik Leipa; 1918 SPC; 1919 Tätigkeit als Gewerkschafts- u. soz. Jugendfunktionär.; 1921 KP der ČSR; 1921–23 Militärdienst, sechs Monate Untersuchungshaft wegen Meuterei u. komm. Propaganda; 1923 Bezirks-Parteisekr. der KPČ in Leipa (ČSR); 1924–30 Partei- u. Jugendfunktionär, später Red.; 1930 Chefred. der dt. Parteipresse der KPČ; 1931 KPČ-Kreissekr. in Reichenberg (ČSR); 1933/34 13 Monate Haft; 1934 Chefred. der dt.-sprachigen »Roten Fahne« in Prag; 1936 Mitgl. des PB des ZK der KPČ; 1937 Aufenthalt bei den Intern. Brigaden in Spanien; 1939–46 KI-Mitarb. in Moskau, Mitgl. der Red. des »Sudetendt. Freiheitssenders«.
Juli 1946 Übersiedlung nach Berlin; SED; Chefred. des Pressedienstes des PV; 1948 Ltr. der Abt. Presse u. Information des PV, 1949 Ltr. der Abt. Agitation des ZK, 1952 Ltr. der HA II des Inst. für wirt-

schaftswiss. Forschung (später HV A); 1956 stellv. Ltr. der HV A; 1959 Ltr. der Zentralen Informationsgruppe; 1962 Gen.-Major; 1965 Ruhestand; 1965 VVO in Gold; 1970 KMO.
Sek.-Lit.: Menschen, ich hatte euch lieb, seid wachsam! Erinnerungen an Robert Korb. Leipzig 1985.

Korfes, Otto 23. 11. 1889–24. 8. 1964
Leiter des staatlichen Archivwesens
Geb. in Wenzen (Weserbergl.), Vater Pfarrer; Gymnasium, 1909 Abitur, anschl. Offizierslaufbahn, 1910 Ltn., Teiln. am 1. Weltkrieg, 1918 Hptm. u. Bat.-Kdr.; 1919 Kriegsgeschichtl. Abt. des Großen Generalstabs (aus dem das Reichsarchiv in Potsdam entstand), 1919–23 Studium der Volkswirtschaft, Staatswiss. u. Geschichte an der Univ. Berlin, 1923 Prom. über »Die Anwendbarkeit der Lehren der Bodenreform auf die Landw.«; 1923 Mitarb. in der Kriegsgeschichtl. Abt. des Reichsarchivs in Potsdam, beteiligt an der Hrsg. der offiziösen »Geschichte des 1. Weltkrieges«; 1930–37 Mitarb. an der Kriegsgeschichtl. Forschungsanstalt des Heeres, 1937 Reaktivierung als Offz., Oberstlt. u. Bat.-Kdr., Teiln. an der Besetzung des Sudetengebiets, Polens, als Reg.-Kdr. am Westfeldzug u. am Überfall auf die UdSSR, 1941 Oberst, 1942 Div.-Kdr. in der 6. Armee, Gen.-Maj., 31. 1. 1943 Gefangenschaft in Stalingrad; 1943 Gründungs- u. Vorstandsmitgl. des Bunds Dt. Offz., Mitgl. des NKFD, Mitgl. im Geschäftsführenden Aussch. u. der Fachgruppe Kultur; durch ein dt. Gericht in Abwesenheit zum Tode verurteilt, Familie in Sippenhaft.
1948 Antifa-Schule, Rückkehr nach Dtl., Mitgl. des Gründungsaussch. der NDPD; 1948/49 Ltr. des Zentralarchivs Potsdam, 1949–52 Ltr. der HA für Archivwesen im MdI, 1950–52 Ltr. des Inst. für Archivwiss. Potsdam, 1952–56 Gen.-Maj. der KVP, Ltr. der Hist. Abt. im Stab der KVP; 1958 Ruhestand, Vors. der Arbeitsgemeinschaft ehem. Offz.; Mitgl. der Kommission für Landesgeschichte bei der Sächs. AdW, Mitgl. des Wiss. Beirats beim Museum für Dt. Geschichte; für die NDPD Mitgl. des NR der NF u. des Bez.-Tags Potsdam.
K. zählte zu den Begründern der Militärgeschichtsschreibung in der DDR; Publ. über das NKFD, den 2. Weltkrieg u. Carl von Clausewitz.
Sek.-Lit.: Wegner-Korfes, S.: Zur Biogr. O. K. In: ZfG 1982, H. 1; Wegner-Korfes, S.: O. K. In: Wegbereiter der DDR-Geschichtswiss. Berlin 1989.

Kormes, Karl 23. 3. 1915–9. 4. 1995
Botschafter
Geb. in Berlin in einer jüd. Familie, Vater Uhrmacher u. Juwelier, Mutter Putzmacherin; Jüd. Knabenschule in Berlin, Oberrealschule; während der Schulzeit Mitgl. der zionist. Org. »Brit. Trumpeldor«; über den Jung-Jüd. Wanderbund (IIWB), die Borochow-Jugend u. den Jüd. Arbeiterkulturverein 1928 zum KJVD; 1928–30 Schlosserlehre; 1930 Rote Hilfe, RGO; 1930–33 versch. Gelegenheitsarbeiten, Angestellter beim Zentralverein Dt. Staatsbürger Jüd. Glaubens; illegale Arbeit, März 1933 Verhaftung u. Verurteilung zu 18 Monaten wegen »Vorbereitung zum Hochverrat«; 1934 Ausweisung nach Polen, da poln. Staatsbürger; Ende 1936 auf eigene Initiative nach Spanien, kam zur 11. Intern. Brigade (Thälmann-Bat.), 1937 schwere Verwundung u. Gefangenschaft, in versch. span. Lagern, im Parteiauftrag Kapo, 1943 Entlassung nach Marokko; 1943/44 Soldat bzw. Zivilangestellter der brit. Armee in Casablanca u. Algier; in Absprache mit der KPF u. dem sowj. Konsul in Algier Okt. 1944 – Mai 1945 Mitgl. des amerik. Nachrichtendienstes OSS, Ausbildung für Fallschirmeinsätze in Italien.
Mai 1945 Rückkehr nach Dtl., KPD;

Mai–Okt. 1945 versch. Funktionen in Berlin; 1945/46 KPD/SED, Kaderleiter in der Provinzialverwaltung Potsdam; 1946/47 Kadersekr. des SED-Kreisvorst. Potsdam; 1947/48 persönl. Referent von Willy Sägebrecht*, Mitgl. des Landesvorst. der SED Potsdam; 1948/49 Assistent/Lehrer an der Landesparteischule Potsdam; 1949/51 Kaderltr. im Staatssekr. für Erfassung u. Aufkauf der DWK, Berlin; 1951 Kulturdir. im VEB Schering, Berlin-Adlershof; 1951/52 Kulturdir. im VEB Reifenwerk Fürstenwalde; Jan. 1953 SED-Ausschluß durch die ZPKK als Konsequenz aus dem Slansky-Prozeß; 1953–56 Arbeiter im VEB Gaselan Fürstenwalde, 2. BGL-Vors.; Nov. 1955 interne Rehabilitierung, Wiederaufnahme in die SED; 1957/58 Kaderltr. im DIA Nahrung Berlin; 1958–60 Dreijahreslehrgang an der PHS; 1960–63 Handelsrat in Rumänien; 1963–66 stellv. Ltr. der 3. eur. Abt. im MfAA (Südosteuropa); 1966–68 Botschaftsrat in Rumänien; 1969–73 Botschafter in Jugoslawien (Nachf. von Eleonore Staimer*); 1973–79 Ltr. der DDR-Delegation der Grenzkommission DDR-Bundesrep. Dtl.; 1979–81 Botschafter in Ekuador (Nachf. von Helmut Bauermeister); Präs. der Freundschaftsges. DDR–Ekuador; Mitgl. des Generalrats der FIR; VVO in Gold; 1981 Ruhestand.
1990 PDS; gest. infolge eines Verkehrsunfalls.

Körner, Theo 24. 3. 1932
Rudertrainer
Geb. in Giesensdorf (Priegnitz), Vater Arbeiter; Volksschule in Zempin u. Karlshagen (Kr. Wolgast), 1946–49 Ausbildung zum Bäcker, danach im Beruf tätig; 1950/51 Ltr. des Berufsschulaktivs in Heringsdorf, 1951–54 an der DHfK Leipzig Sportstudium, Dipl.-Sportlehrer; 1953 SED; 1954–57 Oberreferent beim Staatl. Komitee für Körperkultur u. Sport in Berlin; 1957–59 Aspirantur, 1959/60 Wiss. Assistent an der HU Berlin; Generalsekr. des Dt. Rudersportverb. (DRV), 1962–72 Verb.-Trainer, 1972–80 Männerverb.-Trainer, 1980–83 Chefverb.-Trainer; Leistungssportkommissions-Vors. des Intern. Ruderverb. (FISA), Mitgl. des Präs. des DTSB-Bundesvorst., 1983–86 wieder Männerverb.-Trainer, 1987–90 Mitarb. im Wiss. Zentrum des Dt. Ruderverb.
1990 in Canberra Techn. Dir. des Austral. Ruderverb.

Korth, Werner 17. 8. 1929
MfS-Bezirksverwaltungsleiter
Geb. in Stettin (Pomm.), Vater Schlosser; Mittelschule; 1944/45 kaufm. Lehre; 1945/46 Landarbeiter; 1946–48 Lehre u. Arbeit als Verwaltungsgehilfe bei der Stadt Rostock; 1948 SED; 1948 zuerst Organisationsltr., dann 1. Sekr. der FDJ-KL Rostock; 1950 Einstellung beim MfS, Abt. Personal der Länderverwaltung Meckl.; 1952 stellv. Personalltr. der Länderverwaltung Mecklenburg, dann Ltr. der Abt. Personal der Bezirksverwaltung Schwerin; 1957 1. Sekr. der SED-PO der Bezirksverwaltung Schwerin; 1961–63 wegen Unfalls dienstunfähig; 1965 stellv. Operativ des Ltr. der BV Schwerin; 1966–68 Fernstudium an der JHS des MfS Potsdam-Eiche, Dipl.-Jur.; 1968 Ltr. der Bezirksverwaltung Schwerin; 1973 Prom. zum Dr. jur. an der JHS; 1979 Gen.-Major; Febr. 1990 Entlassung.

Körzendörfer, Marinka 23. 12. 1953
Journalistin, Akteurin der Lesbenbewegung
Geb. in Berlin; 1973–77 Studium der Journalistik an der KMU Leipzig, danach Journalistin u. Dokumentaristin bei versch. Ztgn. u. Verlagen; 1983 lesb. Coming-out, Kontakt zu den Gründerinnen der ersten Lesben-Gruppe in der DDR, 1984 Arbeitskr. Homosexuelle Selbsthilfe – Lesben in der Kirche (»Gethsemane-Lesben«), seitdem aktiv in der Homo-

sexuellenbew., Beteiligung an DDR-weiten Lesbentreffen, Theoriegruppe und AIDS-Kreis, 1989 Mitinitiatorin der Tagung Lesben im Umfeld der Kirche, Mitbegr. des UFV.
Seit 1990 Medienverantw. des UFV.

Kosel, Gerhard 18. 2. 1909
Architekt, Präsident des BDA
Geb. in Schreiberhau (Riesengeb.); Vater Klempnermeister; 1918–27 Oberrealschule, Lehre als Klempner u. Maurer, 1927–31 Architekturstudium an der TH München u. in Berlin bei Bruno Taut u. Hans Poelzig; 1929 Konstrukteur in Sevilla (Span.); 1931 KPD; 1932–54 vielfältige Tätigkeit als Architekt u. Bauwiss. in der UdSSR, u. a. Ausarbeitung von Standards, Typen u. Maßordnungen für die Industrialisierung im Bauwesen; Bauten in Nowokusnezk, Ulan Bator (Mong.) u. Tomsk.
1954 Rückkehr in die DDR; SED; Abt.-Ltr. im Min. für Aufbau, 1955 Staatssekr. u. Stellv. des Min.; maßg. beteiligt an der Durchsetzung einheitl. Typenbauelemente u. der auf radikale Standardisierung orientierten Industrialisierung des Bauwesens; unifizierte Wohnungsbauserien (z. B. WBS 70) ersetzen in der Folgezeit das individuell u. standortbezogen entworfene Haus; beschleunigte Verstaatlichung der Bau- u. Projektierungsbetriebe; glz. langjährige philosoph. Forschungen zur Wiss. als Produktivkraft; ab 1959 Hrsg. der Dt. Bau-Enzyklopädie; 1957–63 Entwurf zur Umgestaltung des Berliner Stadtzentrums, Grundidee für ein »Marx-Engels-Forum«; 1961–65 als Nachf. von Kurt Liebknecht* Präs. der DBA; 1967–72 Stellv. des Min. für Bauwesen u. Ltr. der Ständigen Kommission Bauwesen des RGW; 1975 Vizepräs. des HABITAT-Komitees der UNO, 1977–84 DDR-Vertreter in der UNO-Kommission für menschl. Siedlungen; lebt in Berlin.
Publ.: Unternehmen Wissenschaft. Berlin 1989.

Kosing, Alfred 15. 12. 1928
Philosoph
Geb. in Wolfsdorf (Ostpr.), Vater Schuhmacher; Volksschule; 1944/45 Kriegsteiln. als Soldat in der Wehrmacht.
1945–47 Maurerlehre; 1946 SED; 1947/48 Abiturlehrgang an der Vorstudienanstalt Halle, der späteren ABF; 1948–51 Studium der Geschichte u. Philos. an der MLU Halle u. der HU Berlin; 1950–53 Assistent u. Lehrbeauftragter am Inst. für Philos. der HUB; 1953–64 Doz. bzw. Prof. am IfG (spätere AfG) beim ZK der SED; 1956–70 stellv. Chefred. u. bis 1989 Mitgl. des Redaktionskollegiums der Dt. Ztschr. für Philos. (darin zahlr. Grundsatzartikel zur marxist.-leninist. Philos. in der DDR); 1960 Prom. mit einer Arbeit »Über das Wesen der marxist.-leninist. Erkenntnistheorie« am IfG; 1964 Habil. über »Die Theorie der Nation u. die nat. Frage in Dtl.« an der KMU Leipzig; 1965–69 dort Prof. u. Dir. des Inst. für Philos. bzw. der Sekt. Marxist.-Leninist. Philos.; 1969–71 Ltr. des Lehrstuhls Philos. am IfG, danach bis 1990 Bereichsltr. für Dial. Materialismus des Inst. für marxist.-leninist. Philos. der AfG (zentrales Forschungsthema: Dialektik des Soz., publ. Berlin 1981 ff.); 1969 Korr. u. seit 1971 Ord. Mitgl. der AdW der DDR; seit 1973 Mitgl. des Comité Directeur der Fédération Intern. des Sociétés de Philosophie (FISP) sowie 1983–88 deren Vizepräs.; nach Selbstauflösung der AfG 1990 Vorruhestand.
Arbeitsgebiete: marxist.-leninist. Philos. und Erkenntnistheorie, Wissenschaftstheorie, Nationenfrage, Sozialismustheorie u. Umweltproblematik; Hrsg. u. Mitautor zahlr. diesbezügl. Lehr- u. Wörterbücher seit 1959.
Publ.: Ernst Fischer – ein moderner Marxist? Berlin 1969; Die Grundfrage der Philos. Berlin 1974; Nation in Geschichte u. Gegenwart. Berlin 1976; Soz. u. Umwelt. Berlin 1988.

Sek.-Lit.: Bibliogr. wiss. Arbeiten von A. K. AfG Berlin 1988; Gespräch mit A. K. In : DZfPh 8/1989.

Kossok, Manfred 18.5.1930–27.2.1993
Historiker
Geb. in Breslau, Vater Hilfsmaschinist; 1945 Lehre als Schuhmacher, 1945 – Jan. 1947 Internierungslager in Schlesien, 1947 Umsiedlung in die Lausitz; 1949 SED; 1950 Abitur in Hoyerswerda, 1950–54 Studium der Geschichte, Lit. u. Philos. an der Univ. Leipzig, 1954–58 Assistent, 1955 Ergänzungsstudium an der Univ. Köln; 1957 Prom. mit einer Studie über die »sozialök. Struktur des Vizekönigreiches Río de la Plata«, 1958–62 Oberassistent, seit 1961 Ltr. der Abt. Lateinamerika am Inst. für Allg. Geschichte der KMU Leipzig; 1962 Habil. über die Politik der dt. Staaten unter der Heiligen Allianz gegenüber Lateinamerika, 1962 Doz., 1963 Prof. mit Lehrauftrag, 1964–68 Prorektor für Ges.-Wiss., 1966 Prof. mit vollem Lehrauftrag, 1966–69 Ltr. der Sekt. Asien-, Afrika- u. Lateinamerikawiss. der KMU Leipzig, 1969 ord. Prof., 1970–90 Ltr. des Lehrstuhls Allg. Geschichte u. Geschichte der intern. Arbeiterbew., 1971–90 Ltr. der Forschungsgruppe Vergleichende Geschichte der Neuzeit; 1972 Korr. Mitgl. der DAW; 1973 Präs. des Solidaritätszentrums für das Volk Chiles, 1974–90 Vors. des Beirats für Geschichtswiss. beim Min. für Hoch- u. Fachschulwesen; 1975 Ord. Mitgl. der AdW, 1976–90 Ltr. des Interdisz. Zentrums für vergleichende Revolutionsgeschichte Leipzig, 1976–90 Mitgl. des Hoch- u. Fachschulrats der DDR; nach schwerer Nierenerkrankung seit 1981 Dialysepatient; 1986 Stern der Völkerfreundschaft, 1988 Andrés-Bello-Orden Venezuelas für Verdienste um die Wiss., 1989 Mitgl. der Nat. Akad. für Geschichte Venezuelas, Dr. h.c. der Univ. Huacho (Peru). 1990–92 Dir. des Inst. für Universal- u. Kulturgeschichte der Neuzeit, bis zu seinem Tode Lehrtätigkeit an der Univ. Leipzig; Gastprof. in Chile, Kolumbien, Kuba, Peru, Uruguay, Spanien, Frankreich u. an der Univ. Köln.
K. gilt als einer der intern. anerkanntesten Vertreter der DDR-Geschichtswiss.; er war u. a. Hrsg. der »Studien zur Revolutionsgeschichte«, 11 Bde., Berlin 1969 ff.; sein Werk, das der marxist. Methode u. Geschichtsauffassung verpflichtet ist, umfaßt mehr als 600 Publ., v. a. zur neuzeitl. Geschichte Lateinamerikas u. Spaniens, zur vergleichenden Kolonial- u. Revolutionsgeschichte, zur Geschichte der Frz. Revolution sowie zu methodolog. Problemen der Welt- u. Globalgeschichte. Der streitbare Markov*-Schüler gilt mit seinem universalgeschichtl. Ansatz als eine Ausnahmeerscheinung der dt. Geschichtswiss.
Publ.: Im Schatten der heiligen Allianz. Berlin 1964; Allg. Geschichte der Neuzeit 1500–1917. (Ltr.) Berlin 1986; In Tyrannos. Berlin 1989; Am Hofe Ludwig XIV. Stuttgart 1990; Das Jahr 1492. 1992.

Köste, Klaus 27.2.1943
Leistungssportler (Turnen)
Geb. in Frankfurt/Oder, Vater Gärtner; ab 1949 aktiver Turner, zunächst in Frankfurt/Oder, später bei der DHfK Leipzig; 1964 u. 1968 jeweils Olympia-Dritter mit der Mannschaft; 1970 WM-Dritter am Reck u. mit der Mannschaft; 1971 EM am Reck, Vize-EM am Barren, EM-Dritter beim Sprung; 1973 EM am Reck, EM-Dritter im Mehrkampf u. am Boden; dreimal Teiln. an Olymp. Spielen: 1972 Olympiasieger im Sprung u. -Dritter mit der Mannschaft; 1961 Abitur, anschl. Praktikum bei der Dt. Reichsbahn, 1962–75 Studium an der DHfK Leipzig mit Abschluß als Dipl.-Sportlehrer; SED; 1974 Beendigung der leistungssportl. Laufbahn, anschl. Lei-

tungsassistent beim SC Leipzig, 1976–85 dort Cheftrainer für Turnen, 1985–87 Sportlehrer an der DHfK Leipzig, danach Ltr. der Sportschau des DTSB.
Lebt in Leipzig.

Koven, Ludolf 28.4.1900–20.6.1984
Verlagsleiter
Geb. in Steimke (Nieders.), Vater Pastor; Gymnasium; vaterländ. Hilfsdienst, 1918 Kriegsdienst als Kanonier; 1918–21 Buchhändlerlehre; 1921–41 Buchhändler u. 1. Sortimenter in führenden Buchhandlungen in Koblenz, Marburg, Frankfurt/Main u. Berlin; 1923/24 in Marburg enge Verbindung zu freien student. Gruppen u. zur Wandervogelbew.; 1931 KPD; 1941 Wehrmacht, Verwaltungsdienst; 1945 sowj. Gefangenschaft.
1945/46 Mitarb. der VHS im Kr. Flöha bei der Entnazifizierung der Buchhandlungen u. Büchereien; 1946–51 stellv. Geschäftsführer des Kulturellen Beirats für Verlagswesen, zugl. Chefred. des Börsenblatts für den Dt. Buchhandel – Leipziger Ausgabe; 1951–53 Ltr. der Buchabt. des Amts für Lit. u. Verlagswesen; 1953–55 Ltr. des VEB Dt. Verlag der Wiss. Berlin; 1955–65 Ltr. des Akad. Verlags Berlin; 1965 Rentner; viele Jahre Vorstandsmitgl., Vors. des Verlegeraussch., stellv. Vorsteher des Börsenvereins der Dt. Buchhändler zu Leipzig.

Koziolek, Helmut 5.7.1927
Wirtschaftswissenschaftler
Geb. in Beuthen; 1945–48 Studium der Staats- u. Rechtswiss. an der Univ. Halle, Abschluß als Dipl.-Volkswirt, anschl. Lehrtätigkeit an der Dt. Verwaltungsakad. in Forst-Zinna bzw. an der 1953 daraus hervorgegangenen DASR Potsdam, dort Prodekan der Wirtschaftswiss. Fak.; 1953 Wahrnehmungsprof., Ltr. der Abt. Pol. Ök. des Soz. u. Prorektor an der HS für Finanzwirtschaft in Gotha, zugl. Lehrauftrag an der HfÖ Berlin; 1955 Prom. zum Dr. oec. mit der Arbeit »Zur marxist.-leninist. Theorie des Nationaleinkommens«; 1956 Arbeitsgruppenltr. am Inst. für Wirtschaftswiss. der DAW; ab 1957 Prof. u. Ltr. der Abt. pol. Ök. des Soz. sowie stellv. Rektor der HfÖ Berlin; Vors. des Beirats für Wirtschaftswiss. beim Staatssekr. für HS-Wesen; 1961 Habil. zu »Grundfragen der marxist.-leninist. Theorie des Nationaleinkommens (Soz.)«; 1963–65 Ltr. des Ök. Forschungsinst. der SPK u. Ltr. des Beirats für ök. Forschung der SPK; ab 1965 Dir. des ZI für soz. Wirtschaftsführung beim ZK der SED in Berlin-Rahnsdorf; 1965 ord. Mitgl. der DAW/AdW; 1966 u. 1970 NP (im Kollektiv); 1972 Vors. der Klasse »Gesetzmäßigkeiten der entw. soz. Ges.« der AdW u. des Wiss. Rats für Wirtschaftswiss. Forschung bei der AdW; 1973 Vors. der Klasse Ges.-Wiss. I (Philos., Geschichte, Staats-, Rechts- u. Wirtschaftswiss.); Mitgl. des Forschungsrats der DDR, Vors. der DDR-Delegation der Gemeinsamen Kommission der Ökonomen UdSSR–DDR, Mitgl. des Redaktionskollegiums des theor. SED-Organs »Einheit«; Ehrenmitgl. des Intern. Inst. für angewandte Systemanalyse; 1979 Dr. h.c. der HfÖ Berlin; 1981 Mitgl. des ZK der SED; 1982 VVO in Gold, später KMO; 1988 auswärtiges Mitgl. der AdW der UdSSR.
Forschungsgebiete: marxist.-leninist. Reproduktions- und Nationaleinkommenstheorie; Wachstumsfaktoren des Nationaleinkommens; soz. Wirtschaftsführung. Als Wissenschaftsfunktionär war K. insbes. an der Planung u. Koordination der wirtschaftswiss. Forschung in der DDR u. im RGW-Bereich beteiligt.
Publ.: Zur marxist.-leninist. Theorie des Nationaleinkommens. Berlin 1953; Reprod. u. Nationaleinkommen. Berlin 1979; Wiss., Technik u. Reprod. Berlin 1981; Arbeitsproduktivität, Wertbildung u. ök. Kreisläufe. Berlin 1984; Berührungen zwischen Physik u. Ök. (mit R. Schwarz). Berlin 1986.

Kraatz, Helmut 6. 8. 1902–13. 6. 1983
Gynäkologe, Klinikdirektor
Geb. in Wittenberg, Vater Bäckermeister; Gymnasium in Wittenberg, 1922 bis 1928 Medizinstudium in Halle, Berlin u. Heidelberg, hier 1928 Prom.; 1928/29 Assistenzarzt in Hamburg, 1929 Schiffsarzt, 1930 Assistenzarzt an der Univ.-Frauenklinik Berlin (bei Walter Stoekkel*), 1940 Habil., 1941 Doz.; NSDAP; 1941–44 Einberufung zum Militärdienst als Marinearzt.
1944–49 Oberarzt an der Univ.-Frauenklinik Berlin, 1948 hier Prof. mit Lehrauftrag; 1949–51 Ordinarius für Frauenheilkunde an der MLU Halle, 1950/51 Dekan der Med. Fak.; 1952–70 Ordinarius für Frauenheilkunde u. Dir. der I. Univ.-Frauenklinik an der HU Berlin (Nachfolger von Walter Stoeckel), 1954–56 hier Dekan der Med. Fak.; 1953 Mitgl. der Leopoldina; 1956 Ord. Mitgl. der DAW; 1960 NP II. Klasse; 1961–75 Sekretar bzw. Vors. der Klasse für Medizin; 1962 Präs. des Rats für Planung u. Koordinierung der med. Wiss. beim Min. für Gesundheitswesen, 1966 Ltr. der Gruppe Medizin beim Forschungsrat; 1970 em., als Emeritus weiter wiss. u. ges. tätig, so u. a. 1972 Chefred. des Zentralblatts für Gynäkologie, 1972 Mitgl. des Präs. des KB u. Vors. des Clubs der Kulturschaffenden »Joh. R. Becher« in Berlin, Mitgl. des Kollegiums beim Min. für Gesundheitswesen; wiss. Arbeiten besonders auf dem Gebiet der Urogynäkol. u. der operativen Geburtshilfe; 1972 VVO in Gold; gest. in Berlin.
Publ.: Zwischen Klinik u. Hörsaal (Autobiogr.). Berlin 1977.

Krabbe, Katrin 22. 11. 1969
Leistungssportlerin (Leichtathletik)
Geb. in Neubrandenburg; nach dem Schulabschluß Ausbildung zur Unterstufenlehrerin; seit 1981 Leichtathletin beim SC Neubrandenburg (Trainer Thomas Springstein), Spezialdisz. Sprint; 1987 Junioren-EM mit der 4x100-m-Staffel; 1988 Junioren-WM über 200 m u. mit der 4x100-m-Staffel, Junioren-WR; 1989 Europacup-Siegerin über 100 m u. mit der 4x100-m-Staffel; 1990 EM u. 1991 WM über 100 m, 200 m u. mit der 4x100-m-Staffel.
Seit 1990 Inhaberin von Sportartikelgeschäften; seit 1992 auf Grund wiederholter Dopingvergehen für internat. Wettkämpfe gesperrt.

Krack, Erhard 9. 1. 1931
Oberbürgermeister von Berlin
Geb. in Danzig, Vater Heizungsmonteur, Mutter Verkäuferin; 1945/46 Installateurlehre, Oberschule in Stralsund, Abitur; 1946 FDJ, 1951 FDGB u. SED; 1951/52 Mitarb. der Stadtverwaltung Stralsund; 1952–56 Studium der Wirtschaftswiss. an der Univ. Rostock, Dipl.-Wirtsch.; 1956–63 Betriebsassistent, Abt.-Ltr. u. Haupttechnologe in der Warnow-Werft Warnemünde; 1963–65 Vors. des Wirtschaftsrats beim Rat des Bez. Rostock, Abg. des Bez.-Tags, 1964/65 Mitgl. der SED-BL; 1965–74 Min. für Bezirksgeleitete Industrie u. Lebensmittelindustrie, 1965–89 Mitgl. des Min.-Rats; 1969–90 Mitgl. des NR der NF; ab 12. 2. 1974 OB von Berlin (Nachf. von Herbert Fechner*), Mitgl. des Sekr. der SED-BL; 1976–90 Stadtverordneter u. Abg. der Volkskammer; 1976 Kand., 1981–89 Mitgl. des ZK der SED; 1978 VVO in Gold; 1979/80 Studium an der AfG beim ZK der KPdSU in Moskau.
5. 12. 89 erstes off. Gespräch über kommunale Zusammenarbeit mit dem Regierenden Bürgermeister von Berlin (West), Walter Momper; 23. 2. 1990 Rücktr. als OB nach dem Vorwurf der Wahlfälschung bei den Kommunalwahlen im Mai 1989; Aug. 1993 Eröffnung des Verfahrens wegen Wahlfälschung, im Sept. 1993 deshalb zu zwei Jahren Haft auf Bewährung verurteilt.

Krahl, Toni 3. 10. 1949
Rockmusiker
Geb. in Berlin; 1968 Haftstrafe (später zur Bewährung ausgesetzt) wegen Flugblattaktion u. Protestdemonstration gegen den Einmarsch der Warschauer-Pakt-Staaten in die ČSSR; 1973–75 Musikschule Berlin-Friedrichshain (Spezialklasse Tanzmusik), College-Formation; ab Mai 1975 Sänger der Rockgruppe City (1972 von Fritz Puppel u. Klaus Selmke gegr.); erster Erfolgstitel »Am Fenster«; 1979 Filmmusik »Bis daß der Tod euch scheidet« (R: Heiner Carow*), erste LP »Am Fenster« (auch in der Bundesrep. Dtl. erschienen, Goldene Schallplatte für 250000 verkaufte Exemplare), City als erste deutschsprachige Gruppe in der BRD-Fernsehsendung »Rockpalast«; 1979 LP »Der Tätowierte«; 1980 LP »Dreamer« (in engl. Sprache); 1981 Goldene Schallplatte in Griechenland; 1983 LP »Unter der Haut«; 1985 LP »Feuer im Eis«; 1986 »Rock für den Frieden« Berlin, Mitwirkung in der Allstar-Band Gitarreros (Tournee, LP »It's Only Rock 'n' Roll«); Mai 1987 »Casablanca« (Text von »z. B. Susan« muß wegen Bezugs auf die Intervention in der ČSSR 1968 entschärft werden, Rundfunk u. Fernsehen der DDR boykottieren vier der neun Titel, Schallplattenhandel einiger Bez. stornierte Bestellungen); 1988 »Goldene Amiga« für LP »Casablanca«, Midtfyns-Festival Dänemark; Initiator »Rock für Armenien« in Schwerin u. Halle-Neustadt, Benefizkonzert für den Wiederaufbau der Neuen Synagoge Berlin; ab Ende 1988 Vors. der Sekt. Rockmusik beim Komitee für Unterhaltungskunst; 18. 9. 1989 Mitinitiator der Resolution der Rockmusiker u. Liedermacher für Demokratisierung der DDR-Gesellschaft, 15. 10. 1989 »Konzert gegen Gewalt« in der Berliner Erlöserkirche (gegen die Übergriffe der Sicherheitskräfte bei den Demonstrationen am 7. und 8. 10.), 25. 10. 1989 Konzert »Hierbleiber für Hierbleiber« im Haus der Jungen Talente Berlin.
1990 Vors. des Verb. Musik-Szene e. V., Mai mit F. Puppel Gründung der ersten unabhängigen DDR-Schallplattenfirma KPM-Records; 1993 CD »The Best of City«.
Sek.-Lit.: Bertram, Lutz: Musikalisches Porträt – City. Leipzig 1968.

Kramer, Erwin 22. 8. 1902–10. 11. 1979
Verkehrsminister
Geb. in Schneidemühl, Vater Lokführer; Oberrealschule in Schneidemühl, Lehrling im RAW; 1923–29 Studium an der Techn. HS Berlin, Mitgl. des Roten Studentenbunds; 1929 KPD; 1930 Dipl.-Ing.; 1931/32 Verfolgung wegen antifasch. Tätigkeit, Hochverratsprozeß; 1932 Emigration in die UdSSR, wiss. Tätigkeit im Verkehrswesen; 1937–39 Offz. der Intern. Brigade im span. Bürgerkrieg, 1939 Internierung in Frankreich.
1946 SED; in leitender Funktion der Dt. Reichsbahn tätig, 1949 Generaldir.; 1954–70 Min. für Verkehrswesen; ab 1954 Mitgl. des ZK der SED; ab 1958 Abg. der Volkskammer; 1962 u. 1967 VVO in Gold; 1970 KMO, Orden des Vaterländ. Krieges 2. Grades (UdSSR).

Krämer, Ingrid, geb. Gulbin 29. 7. 1943
Leistungssportlerin (Wasserspringen)
Geb. in Dresden; während der Abiturausbildung Beginn mit dem Leistungstraining als Wasserspringerin; dreimal Teiln. an Olymp. Spielen: 1960 Olympiasiegerin im Kunst- u. Turmspringen; 1962 zweifache EM; 1960 u. 1962 DDR-Sportlerin des Jahres; 1964 Olympiasiegerin im Kunst- u. -Zweite im Turmspringen; 1963 u. 1967 Europapokal-Siegerin; nach Beendigung der leistungssportl. Laufbahn ab 1967 Ausbildung zur Trainerin an der DHfK Leipzig, anschl. Nachwuchstrainerin für Wasserspringen in Halle u. Dresden.

1991 entlassen; ehrenamtl. Übungsleiterin für Gymnastik, lebt in Dresden.

Kratsch, Günther 21. 10. 1930
MfS-Hauptabteilungsleiter
Geb. in Monstab (b. Altenburg); Vater kaufm. Angestellter; 1937–45 Volksschule.
1945–48 Verkäuferlehre; 1948–50 Arbeiter im Konsum Meuselwitz; 1950 SED; 1950 Sekr. der NF Meuselwitz; 1951 Mitarb. des MfS, Dienststelle Altenburg; 1952 Versetzung zum MfS Berlin, Abt. II (Spionageabwehr); 1960–65 Fernstudium an der JHS des MfS Potsdam-Eiche, Dipl.-Jur.; 1976 Ltr. der HA II (Spionageabwehr); 1977 Prom. zum Dr. jur. an der JHS Potsdam-Eiche (Überwachung von diplomat. Vertretern in der DDR); 1985 Gen.-Ltn; Dez. 1989 von der Funktion entbunden; Jan. 1990 Entlassung.

Kraus, Agnes 16. 2. 1911–2. 5. 1995
Schauspielerin
Geb. in Berlin; letzte Schülerin von Leopold Jessner; 1936 erstes Engagement bei Eugen Klöpfer an der Volksbühne Berlin in kleinen Rollen; während des Kriegs in München u. am Mainfränk. Puppentheater.
Nach 1945 wechselnde Engagements in Potsdam u. Wittenberg; 1955 Kleindarstellerin am Berliner Ensemble; war beim Theater weniger erfolgreich (1966 Cloyne in O'Caseys »Purpurstaub«, 1967 Witwe Queck in Brechts* »Brotladen«, damit 1971 Gastspieltournee in Frankreich), ihre Popularität bezog sie aus ihren heiter-gutmütigen Fernsehrollen: 1972 Mutter Klucke in »Florentiner 73« u. 1974 »Neues aus der Florentiner 73«, 1975 Hauptrolle in »Schwester Agnes«, Minna in »Dolles Familienalbum«, 1977 in »Viechereien«, 1982 Tante Emmi in »Familie Rechlin«, 1983/84 Frau Scholz in »Familie Neumann« (Serie); gest. in Berlin.

Kraus, Alfred 28. 3. 1910
MfS-Bezirksverwaltungsleiter
Geb. in Neurohlau (Böhmen), Vater Maurer; Volks- u. Bürgerschule, 1924/25 Ausbildung zum Schlosser, abgebrochen, 1925–38 Ausbildung u. Arbeit als Bauzeichner; 1931/32 Mitgl. des ZK des KJVC; 1932–34 Wehrdienst in der tschech. Armee; 1935 KPČ; 1935–38 Organisationsltr. der KPČ-KL Neudeck; 1936–38 Mitgl. der KPČ-Gebietsltg. Westböhmen; 1938 Einberufung zum Militärdienst, Flucht vor der Besetzung des Sudetenlandes; März 1939 Verhaftung in Prag, Schutzhaft im Gefängnis sowie in den KZ Dachau u. Flossenbürg; 1940 Entlassung, Arbeit als Bauzeichner; 1940–45 Wehrmacht; 1945 engl. Gefangenschaft.
Nov. 1945 Flucht aus der Gefangenschaft, Rückkehr in die ČSR, Dez. 1945 mit einem Antifa-Transport nach Mecklenburg; 1946 KPD/SED; 1946 Einstellung bei der VP, Wachhabender in der Stadtverwaltung Grabow, 1947 Landposten in Zierzow, 1948 Revierltr. in Neustadt-Glewe, dann Personalltr., später Pol.-Kulturltr. des Kreispolizeiamtes Ludwigslust; 1949 Pol.-Kulturltr. im Polizeipräs. Schwerin; 1951 Einstellung beim MfS, Mitarb., dann stellv. Ltr. der Abt. VI (Staatsapparat, Parteien) der Länderverwaltung Mecklenburg; März 1952 2., dann 1. Sekr. der SED-KL u. stellv. Pol.-Kulturltr. der Länderverwaltung; Aug. 1952 1. Sekr. der SED-KL der BV Rostock; 1954 stellv. Allgemein des Ltr., dann Ltr. der BV u. Mitglied der SED-BL Rostock; 1970 Gen.-Major; 1975 VVO in Gold; 1975 Entlassung; Rentner.

Krause, Alfred 1930
Chef des Militärischen Nachrichtendienstes der NVA
Geb. in Dresden, Vater Arbeiter; 1945 Mitgl. der Antifa-Jugend u. der FDJ; 1946 SED; kaufm. Lehre in Dresden;

1948 Eintritt in die DVP; 1949 Ausbildung an der Polizeischule in Torgau, anschl. Polizeikommissar u. Lehrer an der KVP-Politschule Berlin-Treptow, zeitw. Ltr. der Abt. Kader; Studium an der Offiziers-HS u. an der Militärakad. »Friedrich Engels« in Dresden; Politstellv., später Kdr. des NVA-Motschützenreg. 7 in Marienberg/Erzgeb., Oberstltn.; Studium an der sowj. Generalstabsakad., Dipl.-Militärwiss.; Kdr. der 11. Motschützendivision der NVA in Halle; 1977 Stabschef des Militärbez. Leipzig; 1980 Gen.-Major; 1982–90 Chef des Militär. Nachrichtendienstes der NVA (Nachf. von Theo Gregori), 1986 Gen.-Ltn.
Jan. 1990 Chef des Informationszentrums der NVA, der Nachfolgeeinrichtung des o.g. Dienstes; anschl. Ruhestand; April 1994 Anklage wegen des Verdachts auf geheimdienstl. Agententätigkeit u. Landesverrat.

Krause, Barbara, verh. Wanja 7.7.1959
Leistungssportlerin (Schwimmen)
Geb. in Berlin; durch orthopäd. Schwimmen im Alter von sechs Jahren zum Schwimmsport animiert, zwei Jahre später Brustschwimmerin in der SG Dynamo »Helmut Just« Berlin, 1970 Wechsel zur KJS u. zum SC Dynamo Berlin (Trainer: Rolf Gläser); Spezialdisz.: Freistil; 1975 WM mit der 4x100-m-Freistilstaffel; 1977 EM über 100 m Freistil, mit der 4x200-m-Lagen- u. der 4x100-m-Freistilstaffel; 1978 WM über 100 m; 1980 Olympiasiegerin über 100 m, 200 m u. mit der 4x100-m-Freistilstaffel; VVO in Gold; 1980–90 SED; nach den Olymp. Spielen 1980 Beendigung der sportl. Laufbahn; Ausbildung zur Fotografin; verheiratet mit dem Schwimmer Lutz Wanja (WM-Dritter 1973).
Anfang der 90er Jahre Übersiedlung von Potsdam nach Magdeburg.

Krause, Günther 13.9.1953
Parlamentarischer Staatssekretär
Geb. in Halle; 1970–72 EOS, Abitur; 1972–74 Wehrdienst in der NVA; 1974–78 Studium des Bauingenieurwesens u. der Informatik an der HAB Weimar, Dipl.-Bauing.; 1975 CDU; 1980 Beginn einer außerplanmäßigen Aspirantur an der HAB, Praxis im VEB Wohnungsbaukombinat Rostock; 1982 Assistent an der Ing.-HS Wismar, Sekt. Bauwesen, 1984 hochschulpädagog. Abschluß, 1984 Prom. A, Oberass. an der Ing.-HS, Ltr. des Wissenschaftsbereichs Informatik; 1987 Vors. des CDU-Kreisverb. Bad Doberan; 1987 Prom. zum Dr. sc. techn., Doz., Okt. 1990 Honorarprof. an der Ing.-HS Wismar.
1990 Vors. des CDU-Landesverb. Mecklenburg-Vorpommern; März – Okt. Abg. der Volkskammer und Vors. der CDU-Fraktion; Apr. – Okt. Parlamentar. Staatssekr. im Amt des Ministerpräs., ab Aug. auch Dienstaufsicht über die Min. für Finanzen, Wirtschaft und Landw., maßg. an den Verhandlungen über die Staatsverträge DDR – Bundesrep. Dtl. beteiligt; 2.10.1990 Mitgl. des Präs. der CDU Dtl.; seit Okt. 1990 Abg. des Bundestags; Okt. 1990 – Jan. 1991 Min. für bes. Aufgaben; Jan. 1991 – Mai 1993 Min. für Verkehr, Rücktritt wegen der sog. Putzfrauenaffäre; Sprecher der ostdt. CDU-Parlamentarier.

Krauss, Otto 8.11.1884–1.5.1971
Staatsratsmitglied, LDPD-Funktionär
Geb. in Gotha, Vater Handwerker; 1901–04 Ausbildung zum Bankkaufmann; 1904–05 Bankkaufmann bei der Bergisch-Märkischen Bank in Elberfeld; 1905–06 Militärdienst; 1906–10 Bankkaufmann bei der Commerzbank Berlin, 1910–21 bei der Dresdner Bank Berlin; 1914 Kriegsfreiwilliger; 1921–45 Filialltr. der Dresdner Bank in Erfurt, zul. Dir.; bis 1933 Mitgl. der Liga für Menschenrechte u. der Dt. Friedensges.

1945–52 Filialltr. der Thür. Landesbank; Mitbegr. der LDPD in Erfurt; seit 1946 Stadtverordneter, bis 1953 Vorsteher in Erfurt; 1947–54 Vors. des Stadtverb. Erfurt der LDPD; 1948–51 Kreisvors. Erfurt-Stadt der LDPD; 1950–52 Filialltr. der Dt. Notenbank Erfurt; 1951/52 1. stellv. Vors. des Landesverb. Thür. der LDPD; seit 1950 Abg. der Volkskammer, Alterspräs. der Volkskammer (Nachf. von Otto Buchwitz*), 1950–58 Mitgl. des Haushalts- u. Finanzaussch.; 1952 Ruhestand; seit 1953 stellv. Vors. des Bezirksverb. Erfurt der LDPD (Nachf. von Gerhard Kalmring); seit 1963 Mitgl. des Zentralvorst. der LDPD; 1960–63 Mitgl. des Staatsrates; 1969 VVO in Gold.

Krauss, Werner 7. 6. 1900–28. 8. 1976
Romanist
Geb. in Stuttgart, Vater Archivrat u. Literaturhistoriker; Gymnasium, Abitur; 1918/19 Militärdienst; 1918–22 Studium der Germanistik, Romanistik u. Kunstwiss. an den Univ. München u. Berlin, 1922–26 Studium der Hispanistik an der Univ. Madrid, 1929 Prom. zum Dr. phil. an der Univ. München; 1931–40 Assistent u. Doz. am Roman. Seminar der Univ. Marburg, 1932 dort Habil. zur span. Literaturgeschichte, 1942 außerplanmäßiger Prof.; 1940–42 bei der Dolmetscher-Ersatzabt. in Berlin, Gefr. (degradiert), 1942 verhaftet als Mitgl. der Widerstandsgruppe Schulze-Boysen, 1943 wegen Hochverrats zum Tode verurteilt, 1944 Umwandlung des Urteils in fünf Jahre Zuchthaus, Überführung in ein KZ durch den Vormarsch der Alliierten verhindert, nach der Flucht aus dem Militärgefängnis Torgau 1945 Gefangenschaft.
1945–47 ord. Prof. für roman. Sprachen u. Lit. an der Univ. Marburg; 1945 KPD u. Mitgl. der Prov. hess. Landesreg., Beauftragter für Entnazifizierung der Univ. Marburg; 1947 Prof. mit Lehrstuhl für roman. Philol. u. Dir. des Roman. Inst. der Univ. Leipzig; 1947 SED u. bis 1951 Mitgl. ihres PV bzw. ZK; 1949 Ord. Mitgl. der Sächs. AdW u. der DAW; 1951 Prof. mit Lehrstuhl für Romanistik an der HU Berlin, 1955 zugl. Ltr. der Arbeitsgruppe zur Geschichte der dt. u. frz. Aufklärung; 1956 Dir. des Inst. für roman. Sprachen u. Kultur der DAW; 1965 em.; 1968 Vizepräs. der Intern. Hispanistenvereinigung, Mitgl. mehrerer AdW u. des Präs. der Association Internationale de la Littérature comparée; 1971 Dr. phil. h.c. (Univ. Aix-en-Provence), 1976 Dr. phil. h.c. (KMU Leipzig); Mitgl. des Präs. der dt.-frz. Ges. u. des KB-Präsidialrats.
Forschungs- u. Publikationstätigkeit auf dem Gebiet der roman. Lit., wirkte insbes. durch seine Arbeiten zur eur. Aufklärungsbewegung schulebildend; Hrsg. der Schriftenreihe der Arbeitsgruppe zur Geschichte der dt. und frz. Aufklärung (1959–64), Mithrsg. der Reihe »Neue Beiträge zur Literaturwiss.« (1954ff.), der »Beiträge zur roman. Philol.« (1961ff.) u. der »Schriften des Inst. für roman. Sprachen u. Kultur« (1965ff.).
Sek.-Lit.: Naumann, M. (Hrsg.): Das wissenschaftl. Werk. Berlin u. Weimar 1984ff.
Bibliogr. In: Jb. der Sächs. AdW 1975/76.

Krausz, Georg 2. 3. 1894–18. 3. 1973
Vorsitzender des Verbands Dt. Journalisten
Geb. in der Slowakei als Sohn eines Prof.; Gymnasium; 1918/19 Teiln. an der ungar. Räterev.; Emigration nach Dtl.; 1919 KPD; 1922–33 Red. für Außenpol. der »Roten Fahne« (Zentralorgan der KPD), Ps. Georg; Ende der 20er Jahre als »Versöhnler« abgesetzt; später Chefred. der komm. »Hamburger Volksztg.« (Ps. Stefan); Mitarb. zahlr. komm. Ztgn.; ab 1933 illegale Arbeit; 1936 verhaftet, Prozeß wegen »Hochverrat«, vier Jahre Zuchthaus, danach KZ Buchenwald.

1945 von sowj. Behörden in Internierungslagern u. im Zuchthaus Torgau festgesetzt, 1948 freigelassen; Mitarb. in der Red. der Ztg. »Neues Dtl.«, Mitgl. des Redaktionskollegiums, Korrespondent, stellv. Chefred.; 1955 VVO; 1959 Dr. h.c. an der KMU Leipzig; 1957–67 Vors. des VDJ; 1961 Mitgl. des Präs. der Liga für Völkerfreundschaft; 1967–73 Mitgl. des Präs. des ZV der VDJ, Vizepräs. der Intern. Journalistenorg.

Krawczyk, Stephan 31. 12. 1955
Liedermacher, Dissident
Geb. in Weida, Vater Bergmann, Mutter Briefträgerin; 1974 Abitur, 1974–76 Wehrdienst, anschl. Beschäftigungen als Hauswart, Kulturhausmitarb.; 1976 SED; 1978–82 Fernstudium im Fach Konzertgit. an der HS für Musik »Franz Liszt« Weimar, anschl. freiberufl. Liedermacher, 1982 einzige Schallplattenprod. in der DDR (mit der Gruppe »Liedehrlich«); 1984 Umzug nach Berlin, Kontakt zur Künstlerszene im Prenzlauer Berg u. zu opp. Gruppen, zunehmend offen krit.-künstler. Verarbeitung der Themen Machtmißbrauch, Umweltzerstörung, Konsumges., fehlende Alternativen; 1985 Austr. aus der SED (in Ausschluß umgewandelt), Berufsverbot durch Entzug der Zulassung als freiberufl. Liedermacher; stark besuchte Aufführungen der Programme »Steinschlag« u. »Pässe, Parolen« (1985/86 mit Freya Klier*), »Alles in mir revoltiert« (Brecht-Progr. 1986), »Wiederstehen« (1987) in kirchl. u. priv. Rahmen; Nov. 1987 offener Brief an Kurt Hager* mit der Forderung nach Möglichkeiten für unabhängige Kunst u. Kultur sowie Achtung der Menschenrechte in der DDR; 1987 Mitarb. beim einzigen illeg. DDR-Rundfunk-Sender »Schwarzer Kanal«; Jan. 1988 Festnahme auf dem Weg zur Berliner Liebknecht-Luxemburg-Demonstration, unter Androhung langjähriger Haftstrafe wegen landesverräter. Beziehungen zum Ausreiseantrag gezwungen, 2. 2. 1988 Ausreise nach Berlin (West) gemeinsam mit Freya Klier; Mai 1988 erste Tournee durch die Bundesrep. Dtl., die Schweiz u. Österreich, Auftritte in den USA, Kanada u. Frankreich.
1992 Bettina-von-Arnim-Literaturpreis für die Erzählung »Mein Vater«.
LP u. CD: »Wie gehts« (1989), »Schöne wunde Welt«, Eigenverlag (1990), »Terrormond« (1993), »Wolfssonne« (1994).

Kreikemeyer, Willi 11. 1. 1894 – angebl. 31. 8. 1950 (Decknamen: André, Victor, Paul Bade)
Generaldirektor der Deutschen Reichsbahn, Säuberungsopfer
Geb. in Magdeburg, Vater Schlosser, Mutter Landarbeiterin; Volksschule, 1908 Ausbildung als Eisendreher; 1910–12 Arbeiterjugend; 1913–18 Kriegsmarine; 1918 USPD, 1919 Spartakusbund, 1920 KPD; 1918–23 Mitgl. des Dt. Metallarbeiterverb; 1918–22 Dreher im Reichsbahnausbesserungsamt Magdeburg-Buckau; 1923 Sekr. im Eisenbahnerverb.; seit 1924 KPD-Funktionär, Parteisekr. u. a. in Nordbayern, Mecklenburg, Hannover, Danzig; 1928–33 Geschäftsführer des Neuen Dt. Verlags, Febr. 1933 in dessen Auftrag mit Zustimmung der KPD-BL Berlin in die Schweiz, dort Verhaftung u. Ausweisung, 1934/35 Saargebiet, 1935 Frankreich; 1936 illegal in Dtl.; Anfang 1936 Spanien (Deckname Viktor); Jan. – Juni 1937 Kapitän u. Politkommissar der XI. Brigade des Edgar-André-Bat.; schwere Verwundung, Lazarett, dann nach Albacete, dort Kaderchef der dt. Abt., später Chefadjutant der Kaderabt. aller Intern. Brigaden; 1938 nach Frankreich, Juli 1938 im ZK-Auftrag zur Grenzarbeit nach Luxemburg; Sept. 1939–Juni 1940 in Le Vernet (Frankreich) interniert; bis Feb. 1946 im Auftrag des ZK Ltr. der dt. Emigration in Frankreich.
1946 Rückkehr nach Dtl.; Anerkennung

als OdF; Oberreichsbahnrat, ab Okt. 1946 kommissar. Vizepräs., März 1947 kommissar. Präs., Sept. 1947 Präs. der Reichsbahndirektion Berlin; Jan. 1949 Generaldir. der Generaldirektion der Dt. Reichsbahn für die SBZ/DDR; im Zusammenhang mit der Noel-Field-Affäre am 24. 8. 1950 SED-Ausschluß auf Beschluß des ZK, am 25. 8. Vorladung vom ZK, am 25.(27.?)8. verhaftet; angebl. Freitod in der Untersuchungshaftanstalt des MfS Berlin-Hohenschönhausen am 31. 8. (laut Totenschein vom 9. 7. 1957), keine Eintragung im Sterberegister, kein Grab; nach anderen Zeugenaussagen 1951 noch am Leben; 29. 3. 1951 Aberkennung des OdF-Status; Juli 1957 interne Rehabilitierung durch die ZPKK, die sich jedoch nur auf die Noel Field betreffenden Vorwürfe bezieht; 1957 vergebl. Versuche seiner seit 1955 in Frankreich lebenden Frau, bei Hermann Matern* Aufklärung über K.s Schicksal zu erhalten.

Kreiser, Lothar 19. 6. 1934
Philosoph, Logiker
Geb. in Arnsdorf (b. Dresden), Vater Landarbeiter; nach dem Grundschulabschluß 1949–52 Ausbildung zum Werkzeugmacher, Abitur an der ABF Leipzig; 1954–59 Studium der Philos. mit Zweitfach Mathematik an der KMU Leipzig; 1956–89 SED; ab 1959 Aspirantur mit Teilstudium Mathematik an der HU Berlin, 1962 Prom. mit der Arbeit »Philosoph. Probleme des Erkenntnisprozesses in der Mathematik«; 1962 Assistent, 1963 Oberassistent am Inst. für Philos. der KMU, 1967 Habil. mit »Untersuchungen zur Möglichkeit eines deduktiven Aufbaus philosoph. Theorien. Ein Beitrag zur philosoph. Grundlagenforschung«; 1968 ord. Doz., 1972 ord. Prof. für Logik an der Sekt. Philos. der KMU; 1980/81 Inhaber des Intern. Frege-Lehrstuhls an der FSU Jena.
1990–94 Dekan der Fak. für Philos. u. Geschichtswiss. der Univ. Leipzig; seit 1991 Mitgl. des Wiss.-Rats der Bundesreg.; 1992 Neuberufung zum Prof. für klass. Logik u. log. Semantik.
Intern. anerkannte Forschungsarbeiten zur log. Semantik u. Erkenntnistheorie, zur Geschichte der Logik (19. Jh.) u. zur log. Hermeneutik.
Publ.: Kommentierte Textauswahl zur Geschichte der mod. Logik (mit K. Berka). Berlin 1971; G. Frege: Schriften zur Logik (Hrsg., Einleitung). Berlin 1973; L. Borkowski: Formale Logik (Hrsg.). Berlin 1976; Deutung u. Bedeutung. Berlin 1986; Klass. Logik (Mithrsg., Mitautor). Berlin 1988.

Krenz, Egon 19. 3. 1937
SED-Politiker, Staatsratsvorsitzender
Geb. in Kolberg (heute Polen), Vater Schneider; 1944 Umsiedlung nach Damgarten; 1949–53 zunächst dort, dann in Ribnitz-Damgarten Grundschule; 1948 Thälmann-Pionier, Gruppen- u. Freundschaftsratsvors., 1953 FDJ; kurzzeitig Ausbildung als Schlosser im Dieselmotorenwerk Rostock; 1953–57 Studium am IfL Putbus (Kr. Rügen), Sekr. der FDJ-GO, 1957 Staatsexamen; 1955 SED; 1957–59 NVA, FDJ-Funktionen auf Divisionsebene; 1959/60 2. bzw. 1. Sekr. der FDJ-KL Bergen, 1960/61 1. Sekr. der FDJ-BL Rostock, Kand. des Büros der SED-BL Rostock; 1961–64 Sekr. des ZR der FDJ, verantw. für die Arbeit an den Univ., Fach- u. HS; 1964–67 Studium an der PHS der KPdSU in Moskau, Dipl.-Ges.-Wiss.; 1967–74 Sekr. des ZR der FDJ, 1971–74 Vors. der Pionierorg. »Ernst Thälmann« (Nachf. von Werner Engst*); seit 1969 Mitgl. des NR der NF; 1971–73 Kand. u. 1973–89 Mitgl. des ZK der SED; 1971–Jan. 1990 Abg. der Volkskammer u. 1971–76 Vors. der FDJ-Fraktion, 1971–81 Mitgl. des Präs. der Volkskammer; 1974–83 1. Sekr. des ZR der FDJ (Nachf. von Günther Jahn*); 1976–83 Kand., 1983–89 Mitgl. des PB

u. Sekr. für Sicherheit u. Kaderfragen des ZK der SED; 1981–84 Mitgl. des Staatsrats u. 1984–89 Stellv. seines Vors.; 1983 KMO; 18. 10.–3. 12. 1989 Generalsekr. des ZK der SED und 24. 10.–6. 12. 1989 Vors. des Staatsrats sowie des Nationalen Verteidigungsrats (Nachf. von Erich Honecker*); 21. 1. 1990 Ausschluß aus der SED-PDS; 1990 publizist. tätig, zeitw. Mitarb. eines Berliner Unternehmens; arbeitslos.
Publ.: Wenn Mauern fallen. Wien 1990.

Kresse, Walter 11. 3. 1910
Oberbürgermeister von Leipzig, Präsident des Deutschen Städte- und Gemeindetags
Geb. in Leipzig, Vater Arbeiter; Volksschule, Öffentl. Höhere Handelslehranstalt, kaufm. Lehre; ab 1927 kaufm. Angestellter; Funktionär der Turnerjugend im Arbeiter-Turn-u.-Sport-Bund, 1928 KJVD u. KPD, ab 1931 Mitgl. der BL Sachsen des KJVD, Ltr. für Agit. u. Prop.; 1933 Verhaftung u. Verurteilung zu drei Jahren Zuchthaus, Strafvollzug in Waldheim u. Zwickau; ab 1942 Kriegsdienst im Strafbat. 999, geriet 1943 bei Tunis in amerik. Gefangenschaft.
1946 Rückkehr aus den USA (Alabama) nach Leipzig; FDGB u. SED; Wirtschaftsfunktionär beim Rat der Stadt; ab 1948 Ltr. der HA Industrie in der Landesreg. Sachsen; 1950–53 Fernstudium an der PHS; 1952 Ltr. der VVB IKA Leipzig, anschl. Werkltr. in einem Großbetrieb der polygraph. Industrie; 1954–56 HA-Ltr. im Min. für Allg. Maschinenbau, 1956–58 stellv. Min.; 1958/59 Vors. des Wirtschaftsrats des Bez. Leipzig u. stellv. Vors. des Rats des Bez.; ab 1958 Mitgl. der SED-BL Leipzig; Dez. 1959 – Apr. 1970 OB von Leipzig, ab 1961 Stadtverordneter; 1963–65 Fernstudium an der KMU Leipzig, Dipl.-Jur.; 1963–90 Abg. der Volkskammer; ab 1964 Präs. des Dt. Städte- u. Gemeindetags (Nachf. von Friedrich Ebert*), zeitw. hauptamtl.; 1973–80 Vizepräs., ab 1974 Stellv. des Vors. des Volkskammeraussch. für Auswärtige Angelegenheiten, Vors. der Parl. Freundschaftsgruppe DDR – Arab. Länder, ab 1980 der Parl. Freundschaftsgruppe DDR – Frankreich; 1980 KMO.

Kreter, Horst 10. 12. 1927
Chefredakteur der »National-Zeitung«
Geb. in Essen, Vater kaufm. Angestellter; Volks- u. Mittelschule, mittlere Reife; 1943–45 Soldat; 1945–49 sowj. Gefangenschaft, Mitgl. von Antifa-Komitees, Lehrer an einer Antifa-Schule.
1949 Rückkehr nach Dtl.; NDPD; Abt.-Ltr. bzw. HA-Ltr. im PV der NDPD; 1951–54 Studium bzw. Fernstudium an der DASR, Dipl.-Staatswiss.; 1952 – Jan. 1990 Mitgl. des Hauptaussch. der NDPD, 1952 Pol. Geschäftsführer des Bezirksverb. Neubrandenburg, 1952/53 dort Abg. des Bez.-Tags, 1953 Vors. des NDPD-Bezirksverb. Halle u. Abg. des Bez.-Tags; 1954 – März 1990 Abg. der Volkskammer; 1953–63 Mitgl. des Büros des ZR der FDJ; 1955 – Nov. 1989 Mitgl. des PV bzw. Präs. u. des Sekr. des Hauptaussch. der NDPD; ab 1961 Mitgl. des Präs. der Dt.-Afrik. Ges. u. des Präs. der Freundschaftsges. DDR–Arab. Länder; 1963–82 Chefred. der »National-Ztg.« (Zentralorgan der NDPD); ab 1972 Mitgl. des Präs. des Zentralvorst. des VDJ; ab 1982 Vizepräs. des Friedensrats u. Mitgl. des Weltfriedensrats; 1982 – Nov. 1989 Sekr. des Hauptaussch. der NDPD; Febr. / März 1990 Abt.-Ltr. im Presse- u. Informationsamt der Reg.; danach Vorruhestand.

Kretschmann, Kurt 2. 3. 1914
Naturschützer
Geb. in Berlin, Vater Arbeiter; Volksschule, 1928–31 Zuschneiderlehre, anschl. bis 1933 im Beruf tätig; Vegetarier u. Pazifist; 1933–40 Gelegenheitsarbeiten, Wanderungen durch Dtl., die Schweiz u. Oberitalien; ab 1937 unter

Aufsicht der Gestapo; 1940 Verweigerung der Arbeit in einer Munitionsfabrik, Arbeitsverpflichtung auf einem Flugplatz; 1941–45 Kriegsteiln. an der Ostfront, Jan. 1945 während eines Heimaturlaubs desertiert, Mai bis Aug. 1945 sowj. Gefangenschaft in Landsberg/Warthe, Mitarbeit an einer antifasch. Lagerztg.
1945 KPD, bis März 1946 hauptamtl. Sekr. der KPD-KL Oberbarnim; ab 1946 SED; ehrenamtl. Naturschutzarbeit u. publizist. Tätigkeit; 1949 Kreisbeauftragter für Naturschutz in Bad Freienwalde, 1951 Naturschutzbeauftragter der Landesreg. Brandenburg (Wanderausstellung; erster Naturlehrpfad in der DDR; Initiative zur Kennzeichnung von Naturdenkmälern u. -schutzgebieten mit dem Symbol der Waldohreule, welches 1954 als gesetzl. Norm eingeführt wurde); 1952–54 Referent für Landeskultur u. Naturschutz in der DAL-Direktion, beteiligt an der Ausarbeitung des ersten Naturschutzgesetzes der DDR sowie an der Konzeption für einen Naturpark Sächs. Schweiz, die jedoch nicht realisiert wurde; 1954–60 gemeinsam mit Ehefrau Erna K. Aufbau u. Ltg. der Zentralen Lehrstätte für Naturschutz Müritzhof (Kr. Waren); ab 1960 Aufbau des privaten Projekts »Haus der Naturpflege« in Bad Freienwalde, das ab 1982 als staatl. Einrichtung weitergeführt wurde; 1979 Gründung u. anschl. Ltg. eines Arbeitskr. Weißstorch im KB, später in der Ges. für Natur u. Umwelt; 1979 Rentner.
1990 Mitgl. des Ehrenpräs. des Naturschutzbunds Dtl.; 1991 1. Umweltpreis des Landes Brandenburg u. 1993 Eur. Umweltpreis Dtl. (jeweils gemeinsam mit Erna K.).
K. hat wichtige Vorarbeiten für das 1990 von Michael Succow* initiierte Naturpark-Programm geleistet; an seinen Naturschutzprojekten hatte Erna K. durch finanzielle u. fachl. Unterstützung maßgebl. Anteil.
Publ. von ca. 2000 Ztg.- u. Ztschr.-Beiträgen sowie von 60 Broschüren, u. a.: Zwei Naturlehrpfade. Leipzig 1956; Zehn Jahre Kampf u. Widerstand gegen den dt. Militarismus. Eberswalde 1992; Der naturnahe Garten mit Kompostwirtschaft u. Regenwurmzucht. Berlin 1990.

Kretzschmar, Bernhard
29. 12. 1889–16. 12. 1972
Maler, Grafiker
Geb. in Döbeln, Vater Schneider; 1896–1904 Bürger- u. Volksschule, 1904 bis 1909 Lehre als Dekorationsmaler u. Malergehilfe, 1909–11 Studium an der Kunstgewerbeschule in Dresden bei Ermenegildo Donadini; 1911 Reise durch Süddtl. und die Schweiz, 1911–17 Studium an der Sächs. Kunstakad. in Dresden bei Robert Sterl, Johann Raphael Wehle, Richard Müller, Oskar Zwintscher, Osmar Schindler und Otto Gußmann; 1913 Reise nach Spanien u. Mallorca; 1914 Meisterschüler von Carl Bantzer; 1917/18 Sanitätssoldat in Bautzen, Galizien und Frankreich; 1918–20 Meisterschüler von Robert Sterl in Dresden, 1920 vernichtete er einen wesentl. Teil seiner expressionistischen Arbeiten, 1920–46 freischaff. (Dresden), 1930 Gründung der Gruppe Aktion, 1932 Gründung u. Ltg. der Neuen Dresdner Sezession, 1937 Arbeiten aus dt. Museumsbesitz als »entartete Kunst« vom NS-Regime beschlagnahmt; 1942–44 Reisen nach Galizien, 13. 2. 1945 Teil seines Schaffens beim Bombenangriff auf Dresden verbrannt.
1946 Prof. an der HS für bildende Künste in Dresden, 1954 Reise nach China, ab 1956 mehrfach in Bulgarien, 1969 DAK; malte u. zeichnete hauptsächl. Landschaften, Bildnisse u. figürl. Kompositionen, Radierfolgen: 1921 »Erlebnisse«, 1922 »Kleiner Zirkus«, 1933 »Um einen Menschen«.
Sek.-Lit.: Schmidt*, G.: B. K. Werkverz. der Druckgrafik 1914–1969. Berlin 1981; Löffler, F.: B. K. Dresden 1985;

Kat. B. K. Gemäldegalerie Neue Meister. Dresden 1989.

Krickow, Rolf 29. 4. 1921
Programmgestalter
Geb. in Leipzig, Vater Lithograph; Gymnasium, Abitur; 1937–39 kaufm. Lehre, Angestellter; 1936–40 Klavier- u. Gesangsunterricht; 1940/41 RAD, 1941 bis 1944 Wehrmacht, 1944 in Rumänien desertiert, 1944–47 hier zunächst untergetaucht, dann interniert, 1947–49 sowj. Gefangenschaft, antifasch. Schulung.
1949 Rückkehr nach Dtl.; 1950 Mitarb. in der DSF; SED; 1951/52 Mitarb. im Mitteldt. Rundfunk Leipzig; 1952–91 Red. u. Moderator für Unterhaltungssendungen beim Berliner Rundfunk, mit Horst Lehn Schöpfer vieler Unterhaltungsreihen, u. a. »Per Draht gefragt«, »Wie geht's, wie steht's«, sowie der Sendereihe »Die kleine Premiere« für junge Talente; 1959–90 in der Sendereihe »Lampenfieber« Vorstellung der DDR-Theater u. ihrer Solisten; ab 1964 konzipierte u. gestaltete K. mit dem Großen Rundfunkorchester Berlin (Ltg. Robert Hanell) die Sendereihe »Berolina-Konzerte«; seit den 60er Jahren Mitgl. nat. u. intern. Jurys bei Gesangs- u. Instrumentalwettbewerben; 1962–90 Mitgl. des Zentralvorst. der Gewerkschaft Kunst, 1986 Präs. des Künstlerclubs »Möwe« in Berlin; 1990 Rentner.

Krjenc, Kurt (Krenz, Kurt)
7. 7. 1907–28. 11. 1978
Vorsitzender der Domowina
Geb. in Malschwitz (Kr. Bautzen); Vater Steinbrucharbeiter; Volksschule, Ausbildung zum Porzellandreher; 1923 KPD; 1926–39 Ausbildung zum Steinmetz u. tätig als Pflastersteinhersteller; 1927–33 Vors. der KPD-Ortsgruppe; 1933 illegale Tätigkeit, 1933–43 Haft u. a. im KZ Hohnstein, anschl. arbeitslos; 1943 Kriegsdienst, Gefangenschaft.
1945/46 KPD/SED; 1946 Sekr. zunächst der KPD-KL Bautzen, Mai – Dez. der SED-BL Lausitz, 1947/48 Vors. des SED-Kreisvorst. Bautzen; 1948 bis 1952 stellv. Ltr. bzw. Ltr. des Sorb. Kultur- u. Volksbildungsamts der Landesreg. Sachsen (Außenst. Bautzen); ab 1949 Mitgl. der Landesltg., ab 1952 der BL Dresden der SED; 1949–78 Abg. der Prov. Volkskammer bzw. Volkskammer; ab 1948 Domowina-Aussch. u. Vors. des Zentralen Volksaussch.; 1951–73 (ab 1953 hauptamtl.) Vors. der Domowina, danach Mitgl. des Bundesvorst.
Publ.: Domowina – die natürl. Org. der Lausitzer Sorben. Bautzen 1954; Jan – Roman eines suchenden Menschen. Bautzen 1955.

Kröber, Gerhard 23. 4. 1922
Architekt, Städtebauer
Geb. in Theißen (b. Zeitz); Vater Landwirt; 1940–45 Militärdienst, Ltn. d. Res.
1946–49 Studium an der TH München, Dipl.-Ing.; 1949–57 Architekt in versch. Projektierungsbüros in Halle, tätig im Schulbau (Gräfenhainichen, Wolfen, Schkopau, Kötzschau), Mitarb. am Kulturhaus u. Lehrlingsheim des Mansfeldkombinats Eisleben; 1957–68 Chefarchitekt im Entwurfsbüro für Gebiets-, Stadt- u. Dorfplanung des Bez. Halle, städtebaul. Planung u. a. für Halle, Dessau, Merseburg; 1959 Sieger im Zentrumswettbewerb für die Hauptstadt der DDR, Berlin; 1968–83 Stadtarchitekt der Stadt Halle, maßg. Einfluß auf die Entw. der Stadt, insbes. Schaffung von Fußgängerbereichen im Zentrum, Umgestaltung des Marktplatzes; 1963 Rekonstruktion des Zentrums von Merseburg; 1975 Prom. zum Dr. phil. (Städtebautheorie); zahlr. Artikel in Fachztschr.; lebt in Halle.
Publ.: Das städtebaul. Leitbild zur Umgestaltung unserer Städte. Berlin 1980.

Kroker, Herbert 24. 8. 1929
Generaldirektor des VEB Kombinat Umformtechnik Erfurt
Geb. in Groß-Merzdorf in einer Arbeiterfamilie; Volksschule; 1944/45 kaufm. Lehre, 1945/46 Landarb., 1946–49 Lehre als Bauschlosser; bis 1953 als Bauschlosser u. Monteur tätig; 1953 FDGB, 1954 SED; 1953–55 BGL-Vors. im VEB Starkstromanlagen u. 1975–61 im VEB Industriewerke Karl-Marx-Stadt; 1961–63 Vors. des FDGB-Bez.-Vorst. Karl-Marx-Stadt; 1964–68 Parteiorganisator des ZK der SED in der VVB Werkzeugmaschinen; 1967/68 externes Studium an der HfÖ Berlin, Dipl.-Wirtsch.; 1969/70 Werkdir. des VEB Pressen- u. Scherenbau; 1970–83 Generaldir. des Kombinats Umformtechnik »Herbert Warnke« in Erfurt; ab 1976 Abg. des Bezirkstags Erfurt; 1979 Prom. an der PHS der SED »Karl Marx«, Dr. rer. oec.; ab 1979 Mitgl. der SED-Stadtltg. u. 1981–86 der SED-BL Erfurt; 1981–86 Abg. der Volkskammer; 1983 Ablösung als Generaldir. wegen Differenzen mit dem Sekr. des ZK der SED Günter Mittag*, Versetzung als Dir. eines Kleinbetriebs für Feuerlöschgeräte nach Apolda, anschl. Dir. im Weimarer Landmaschinenwerk; Nov. 1989 Wahl zum 1. Sekr. der SED-BL Erfurt (Nachf. von Gerhard Müller*), Nov./Dez. 1989 nach dem Rücktritt des PB u. des ZK Ltr. des zeitw. Arbeitsaussch. der SED.

Krolikowski, Herbert 15. 3. 1924
Stellv. Außenminister
Geb. in Oels (Schles.), Vater Arbeiter; Ausbildung zum kaufm. Angestellten; ab 1942 RAD, Wehrmacht, sowj. Gefangenschaft.
1949 Rückkehr nach Dtl.; 1949–54 Tätigkeit in der DSF, u. a. Instrukteur, Kreissekr., pers. Referent des Generalsekr.; 1952 SED; 1954–57 Mitarb. der Botschaft in der UdSSR, 1958–60 Abt.-Ltr. Skandinavien im MfAA; Studium an der DASR Potsdam, Dipl.-Staatswiss.; 1962/63 Ltr. der 1. Eur.-Abt. (UdSSR) im MfAA, 1963–69 stellv. Außenmin., 1969 Prom. in der UdSSR, 1969–73 Botschafter in der ČSSR (Nachf. von Peter Florin); 1971 Kand., 1976–89 Mitgl. des ZK der SED; 1973–75 stellv. Außenmin., 1975 Staatssekr. u. 1. stellv. Außenmin. (Nachf. von Oskar Fischer*), bis 1987 Generalsekr. des Pol. Beratenden Aussch. der Teilnehmerstaaten des Warschauer Vertrags; Bruder von Werner K.*; 1977 VVO in Gold.

Krolikowski, Werner 12. 3. 1928
1. Stellv. des Ministerratsvorsitzenden, SED-Politiker
Geb. in Oels (Schles.), Vater Arbeiter; Volksschule, Ausbildung zum Verwaltungsangestellten; 1946 SED; 1946–50 Mitarb. u. Abt.-Ltr. beim Rat des Kr. Malchin; 1951/52 Mitarb. u. Abt.-Ltr. Agit. in der SED-Landesltg. Mecklenburg, 1952 1. Sekr. der SED-KL Ribnitz-Damgarten, wegen Verletzung des Parteistatuts Dez. 1952 abgesetzt; 1953 bis 1958 1. Sekr. der SED-KL Greifswald, 1958–60 Sekr. für Agitation u. Propaganda der SED-BL Rostock, Abg. des Bez.-Tags; 1960–73 1. Sekr. der SED-BL Dresden, Abg. des Bez.-Tags; 1963–89 Mitgl. des ZK der SED, Abg. der Volkskammer, 1973–76 Vors. ihres Aussch. für Industrie, Bauwesen u. Verkehr, Mitgl. des Aussch. für Nationale Verteidigung; 1970 VVO in Gold; 1971–89 Mitgl. des PB, 1973–76 Sekr. für Wirtschaft des ZK der SED (Nachf. von Günter Mittag); 1976–88 1. Stellv. des Vors. des Min.-Rats; 1978 KMO; 1988/89 erneut Sekr. des ZK der SED, Mitgl. des Staatsrats; Nov. 1989 mit dem Min.-Rat zurückgetreten, aus PB u. Staatsrat ausgeschieden; 3. 12. 1989 Ausschluß aus der SED; Dez. 1989 Ermittlungsverfahren wegen des Verdachts auf Amtsmißbrauch u. Korruption, Mai 1990 Anklage (Veruntreuung von Staatsgeldern) und

Festnahme, später freigelassen (Haftverschonung), Prozeß aus gesundheitl. Gründen nicht begonnen.
Publ.: Je stärker der Sozialismus, desto sicherer der Frieden. Berlin 1988.

Krötke, Wolf 5. 10. 1938
Evangelischer Theologe
Geb. in Berlinchen (Neumark), Vater 1945 gefallen; 1957 Abitur am Philanthropinum in Dessau; anschl. Beginn des Studiums der Theol. an der Theolog. Fak. der KMU Leipzig; 1958/59 Haft im Zuchthaus Waldheim wegen »Hetze u. staatsgefährdender Propaganda u. Herstellung u. Verbreitung von Hetzschriften«; danach Forts. des Studiums am Katechet. Oberseminar in Naumburg/Saale u. am Sprachenkonvikt Berlin; 1965 1. theolog. Examen, 1967 kirchl. Qualifikationsprüfung (Prom.) über Karl Barths Lehre von der Sünde; 1967–70 Vikar u. Hilfsprediger in Görschen (Kr. Naumburg), anschl. Studentenpfarrer in Halle/Saale; 1973–91 Doz. des Kirchl. Lehramts für systemat. Theol. am Sprachenkonvikt Berlin, Forschungen zur Theol. Karl Barths u. Dietrich Bonhoeffers, zum Verständnis von »Religion« u. zur Gotteslehre; 1976 Dr. h.c. der Univ. Tübingen; Mitgl. der Synode der EKU u. des Theolog. Aussch. der EKU; Mitgl. der Kommission für Theolog. Grundsatzfragen beim Bund der Ev. Kirchen in der DDR; 1990 Karl-Barth-Preis der EKU.
1991 Mitgl. in der Kammer für Theol. bei der EKD, im Bonhoeffer-Komitee, der Karl-Barth-Ges. u. der societas ethica; Berufung zum Prof. für systemat. Theol. u. bis 1993 Dekan der Theolog. Fak. der HU Berlin.
K. galt als führender systhemat. Theologe in der DDR.

Krug, Manfred 8. 2. 1937
Schauspieler, Sänger
Geb. in Duisburg; nach der Schulzeit Schmelzer; Abitur an der Abendschule; eineinhalb Jahre Studium an der Schauspielschule Berlin, anschl. Eleve beim Berliner Ensemble; seit 1957 Mitwirkung in DEFA- u. DFF-Filmen; Rollen in DEFA-Filmen u. a.: 1958 »Ein Mädchen von sechzehneinhalb« (R: Carl Ballhaus), 1960 »Leute mit Flügeln« (R: Kurt Maetzig*), 1962 »Auf der Sonnenseite« (R: Ralf Kirsten), »Königskinder«, »Der Kinnhaken« (Drehbuch u. R: M. Krug, Heinz Thiel), 1963 »Beschreibung eines Sommers« (R: R. Kirsten), »Wenn du groß bist, lieber Adam« (Verbot 1965, Aufführung 1990), 1966 »Spur der Steine« (R: Frank Beyer*, 1966 Verbot, Wiederaufführung 1990), 1967 »Die Fahne von Kriwoi Rog«, 1970 »Junge Frau von 1914«; DFF-Filme: 1968 »Wege übers Land«, 1976 »Daniel Druskat«; große Popularität durch Jazz-Konzerte u. Schallplatten, z. B. »Prosa, Jazz u. Lyrik«, mehrere Schallplatten bei Amiga; 1970 Gastspiel an der Kom. Oper in »Porgy and Bess« (R: Walter Felsenstein*); 1976 Mitunterz. der Protestresolution gegen die Ausbürgerung Wolf Biermanns*, verstärkte Reglementierung u. Beschränkungen seiner künstler. Arbeit; 1976 Ausreise nach Berlin (West); in der Bundesrep. Dtl. wurde er populär durch TV-Serien wie »Sesamstraße«, »Auf Achse«, als »Tatort«-Hauptkommissar Stoever sowie als »Liebling Kreuzberg« (TV-Serie seit 1986); zahlr. Preise, u. a. 1988 Adolf-Grimme-Preis, 1991 Ernst-Lubitsch-Preis.

Krüger, Hans-Peter 18. 3. 1954
Philosoph
Geb. in Potsdam, aufgewachsen bei Treuenbrietzen, seit 1963 in Berlin; 1972 Abitur, anschl. bis 1979 Studium bzw. Forschungsstudium an der Sekt. Philos. der HU Berlin; 1973 SED; 1974 Eintritt in eine opp. Gruppe um Bernd Gehrke*, nach einer Geldsammlung für das Komitee zum Schutz der Arbeiter-Rechte (KOR) in Polen 1977 Auflösung der Gruppe durch das

MfS, Parteiverfahren, Lehr- u. Publikationsverbot bis 1979, anschl. Strafversetzung an die HfÖ Berlin; 1980 Prom. mit einer Diss. über den jungen Hegel; 1981–89 wiss. Mitarb. am Inst. für Theorie, Geschichte u. Org. der Wiss. (ITW) an der AdW Berlin; nach wiederholten Revisionismusvorwürfen 1987 Habil. mit der Arbeit »Kritik der kommunikativen Vernunft« (Veröff. 1990); erste Vortragsreisen ins westl. Ausland; initiiert 1987/88 die Bildung eines DDR-weiten interdisz. Arbeitskr. für Kommunikationsforschung; 1988/89 Kooperation mit den Autoren des reformtheor. Projekts »Konzeption eines mod. Soz.« an der HU Berlin; Sept. 1989 Prof. für Wissenschaftstheorie am ITW; Austritt aus der SED nach dem Sonderparteitag im Dez. 1989.

1990/91 Mitgl. des Direktoriums des ITW und Fellow am Wissenschaftskolleg zu Berlin, 1992 – 95 Mitarb. u. Dir. des Forschungsprojektes Wissenschaftsgeschichte und -Theorie der Max-Planck-Ges. in Berlin, 1992/93 Fellow an der University of Pittsburgh (USA), seit 1993 Prof. für Philos., Lehrauftrag an der Univ. Potsdam.

K.s Arbeiten zu einer kommunikationstheor. fundierten Überwindung der Grenzen marxist. Geschichtsphilos. u. Gesellschaftstheorie gehören zu den bedeutendsten Modernisierungsansätzen in der Geschichte der DDR-Philos.

Publ.: Objekt- und Selbsterkenntnis (Hrsg.). Berlin 1991; Demission der Helden. Berlin 1992; Perspektivenwechsel. Autopoesie, Moderne u. Postmoderne im kommunikationsorientierten Vergleich. Berlin 1993.

Sek.-Lit.: H.-P. K. In: Guntolf Herzberg*, K. Meier, Karrieremuster. Berlin 1992.

Krummacher, Friedrich-Wilhelm

3. 8. 1901–19. 6. 1974

Evangelischer Bischof, Vorsitzender der Konferenz der Evangelischen Kirchenleitungen

Geb. in Berlin, Vater Pfarrer u. Hofprediger an der Kaiser-Wilhelm-Gedächtniskirche; 1910–19 Gymnasium in Potsdam; 1919–22 Studium der Theol. in Berlin, Tübingen und Greifswald; 1923 1. Theolog. Examen in Berlin, anschl. Vikar in Neuruppin, 1925 2. Theolog. Examen u. Ordination, danach Hilfsprediger in Berlin; 1926–28 Provinzvikar in der Kurmark; 1927 Prom. in Tübingen; 1928–33 Pfarrer in Essen-Werden u. Synodalvertreter für soziale Arbeit; Berufung in das Dt. Ev. Kirchenbundesamt nach Berlin; 1933 NSDAP; 1934–39 Personalreferent bzw. Oberkonsistorialrat im Kirchl. Außenamt; ab 1939 Kriegsdienst als Lazarett- bzw. Divisionspfarrer; sowj. Gefangenschaft, Mitarb. im NKFD u. Mitgl. in dessen Arbeitskr. für kirchl. Fragen, hier auch partielle Zusammenarb. mit dem KGB.

Mai 1945 Rückkehr nach Dtl. im Gefolge der »Gruppe Ulbricht«; ab Herbst 1945 Gemeindepfarrer in Berlin-Weißensee; 1945–49 Superintendent des Kirchenkr. Berlin-Land, nebenamtl. Oberkonsistorialrat in der Kirchenkanzlei der EKD u. 1946–55 Generalsuperintendent in Berlin, in dieser Zeit versch. Verhandlungen mit der SMAD bzw. der DDR-Reg.; 1949 Mitbegr. des Norddt. Kirchenkonvents; 1953 Dr. h.c. der HU Berlin; 1955–72 Bischof der Pommerschen Ev. Kirche mit Sitz in Greifswald (Nachf. von Karl von Scheven); 1960–68 Vors. der Konferenz der Ev. Kirchenleitungen in der DDR; 1957–70 Mitgl. des Exekutivaussch. des Luth. Weltbunds, ab 1961 des Rats der EKD, Mitarb. in der Kommission für Intern. Angelegenheiten des Ökumen. Rats der Kirchen.

Da sich K. von der SED-Führung nicht instrumentalisieren ließ, war er in den 60er Jahren heftigen öff. Angriffen ausgesetzt.

Krusche, Günter 25. 2. 1931
Generalsuperintendent
Geb. in Dresden, Vater kirchl. Angestellter; Abitur in Radebeul; 1949–54 Studium der Theol. an der Univ. Leipzig; anschl. Predigerseminar in Lückendorf; 1956 Ordination; 1956–58 Pfarrer in Taucha (b. Leipzig); danach Studieninspektor am sächs. Predigerseminar in Lückendorf; 1966–69 Referent im Landeskirchenamt Sachsen u. Pfarrer in Dresden; anschl. bis 1974 Studiendir. in Lückendorf; 1970–84 Mitarb., ab 1977 Vors. der Studienkommission des Luth. Weltbunds; 1974 Doz. am Sprachenkonvikt in Berlin; ab 1983 Generalsuperintendent des Sprengels Berlin der Ev. Kirche Berlin-Brandenburg (Nachf. von Hartmut Grünbaum); Mitgl. der Arbeitsgruppe »Menschenrechte« des Bunds der Ev. Kirchen in der DDR; Prom. an der KMU Leipzig; nach anfängl. Unterstützung opp. Gruppen bestritt K. in den 80er Jahren zunehmend die Legitimität opp. Handelns im Schutzraum der Kirche, so ließ er u. a. 1986 die Veranstaltung der »Friedenswerkstatt« in Berlin verbieten.
1992 aufgrund von Vorwürfen, als IM »Günter« für das MfS gearbeitet zu haben, des vorliegenden Materials sowie der öff. Darlegung von Kontakten zum MfS Versetzung in den Ruhestand.
K. gilt als Theologe mit besonderem Interesse für sozialwiss. Fragen.
Publ.: Bekenntnis u. Weltverantwortung. Berlin 1986.

Krusche, Werner 28. 11. 1917
Evangelischer Bischof, Vorsitzender der Konferenz Evangelischer Kirchenleitungen
Geb. in Lauter (Erzgeb.) als Sohn eines Predigers; 1937 Abitur am Reform-Realgymnasium in Striegau; 1940–44 Kriegsdienst, schwer verwundet; anschl. Studium der Theol. in Leipzig.
1945–49 Forts. des Studiums in Bethel, Göttingen, Basel u. Heidelberg, anschl. bis 1954 wiss. Assistent an der Univ. Heidelberg, 1953 Prom. bei Edmund Schlink; 1954 Ordination, danach bis 1958 Pfarrer in Dresden; 1958–66 Studiendir. des sächs. Predigerseminars in Lückendorf bei Zittau; 1966–68 Doz. für Systemat. Theol. am Kirchl.-theolog. Seminar der KMU Leipzig; Okt. 1968 bis Aug. 1983 Bischof der ev. Kirchenprovinz Sachsen (Nachf. von Johannes Jähnicke*); 1974 Mitgl. des Präs. der Konferenz Eur. Kirchen; 1976–79 Ltd. Bischof der Ev. Kirche der Union; 1977–81 stellv. Vors., 1981/82 Vors. der Konferenz Ev. Kirchenleitungen in der DDR (Nachf. von Albrecht Schönherr*); 1977 Dr. h.c. der Univ. Basel; 6. 3. 1978 Teiln. am Treffen zwischen dem Staatsratsvors. Erich Honecker* u. Bischof Albrecht Schönherr; 1983 Ruhestand.
K. galt in der DDR als anerkannter Theologe, der u. a. zu Fragen der dt. Schuld, der Kirche in der Minderheitssituation u. zur Kirchenreform (Einführung der Kreissynoden u. größerer Mitspracherechte der Laien) Stellung nahm. Gegenüber dem Staat bemühte er sich um einen Ausgleich, scheute aber bei staatl. Übergriffen nicht das öff. krit. Wort.
Publ.: Schritte u. Markierungen. Berlin 1972; Gottes große Einladung. Berlin 1982; Und Gott redet mit seinem Volk: Predigten aus den 80er Jahren. Stuttgart 1990; Verheißung u. Verantwortung. Orientierung auf dem Weg der Kirche. Berlin 1990.

Kube, Eberhard 19. 4. 1936
Pantomime
Geb. in Berlin; 1954–58 Studium der Geschichte u. Körpererziehung in Berlin; 1958–62 Lehrer in Berlin; 1960 Pantomimenunterricht bei Brigitte Soubeyran; 1961 Gründung des Pantomimen-Studio Berlin, 1962 Berufspantomime; 1966–87 Lehrbeauftragter an der Theater-HS Leipzig, der Film-HS Babelsberg u. der

HS für Schauspielkunst Berlin; 1971–87 Ltr. des Pantomimentheaters vom Prenzlauer Berg; Tourneen als Solist u. Dozent in über 15 Ländern; 1982–86 Regiearbeit an Theatern in Weimar, Erfurt, Leipzig u. Berlin; 1984–91 Initiator u. künstler. Ltr. der Intern. Woche des gestischen Theaters in Berlin; 1987 Kunstpreis der DDR; 1988/89 Regiearbeit in Köln, Zürich, Bonn.

1990 Gründungsmitgl. der Eur. Mime Föderation, 1991 Gründung des Mime Centrum Berlin, 1993 Eröffnung einer Intern. Ausbildungsstätte für Pantomime, Clownerie u. Animation in Berlin.

Kuckhoff, Greta, geb. Lorke
14. 12. 1902–11. 11. 1981
Präsidentin der Deutschen Notenbank
Geb. in Frankfurt/Oder; Lyzeum u. Oberlyzeum, 1924–29 Studium der Volkswirtschaft in Berlin, Würzburg u. Madison (USA), Dipl.-Volkswirtin; ab 1929 Assistentin eines Züricher Rechtsanwalts; danach Lehrerin für amerik. Wirtschaftsrecht in Berlin u. wiss. Assistentin an der Univ. Frankfurt/Main; 1933 kurzer England-Aufenthalt, dort Assistentin von Karl Mannheim; verheiratet mit Adam Kuckhoff; Dolmetscherin im rassenpol. Amt der NSDAP; 1935 KPD; Mitarb. in der Widerstandsorg. »Rote Kapelle«, 12. 9. 1942 verhaftet, 1943 zum Tode verurteilt, zu zehn Jahren Zuchthaus begnadigt, 1945 aus dem Zuchthaus Waldheim befreit.

1945/46 stellv. Ltr. der Abt. Ernährung beim Magistrat von Berlin; 1946 SED; ab 1947 stellv. Vors. der Stadtltg. des KB Berlin; 1948/49 Mitgl. des Sekr. der DWK, dort stellv. Ltr. im Fachsekr. Landw., Handel u. Versorgung; 1949 Aufsichtsrat Verband Dt. Konsumgenossenschaften; 1949/50 HA-Ltr. im MfAA; 1949–58 Abg. der Prov. Volkskammer bzw. Volkskammer; 1950–58 Präs. der Dt. Notenbank mit Sitz u. Stimme im Min.-Rat; 1958 nach Konflikten mit der Parteiführung aus gesundheitl. Gründen Ausscheiden aus dem aktiven Staatsdienst, Vizepräs. des Friedensrats der DDR u. Mitgl. des Weltfriedensrats, 1963–75 Präs. der Dt.-Brit. Ges.; 1965 VVO in Gold, 1977 KMO.

Publ.: Vom Rosenkranz zur Roten Kapelle. Berlin 1972.

Kuczynski, Jürgen 17. 9. 1904
Wirtschaftshistoriker
Geb. in Elberfeld, Vater bekannter Statistiker; 1922 Abschluß des Gymnasiums in Berlin; 1922–24 Studium der Philos., Finanzwirtschaft u. Statistik in Berlin, Erlangen u. Heidelberg, 1925 Prom. in Erlangen zum Thema »Der ök. Wert«; 1926–29 USA, 1926 Postgraduate Study an der Brooking-School Washington, 1927–28 Ltr. der Forschungsabt. der American Federation of Labor; 1929–34 Mithrsg. der »Finanzpol. Korrespondenz«; 1930 KPD, 1930–33 Wirtschaftsred. der Ztg. »Die Rote Fahne«, Lehrtätigkeit an der MASCH, Ltr. der Abt. Information in der Reichsltg. der RGO, 1933–36 illegale Arbeit in der KPD-Reichsltg.; 1936 Emigration nach Großbritannien, 1936–41 Ltr. der Gruppe der dt. Kommunisten, 1936–44 Mitarb. in der Red. von »Labour Monthly« u. des Dt. Freiheitssenders 29,8; 1939 Mitbegr. des Freien Dt. Kulturbunds, 1944/45 wiss. Mitarb. des United States Strategic Bombing Survey und Oberst der US-Army.

1945 Präs. der ZV für Finanzen, 1946 SED; 1946–56 ord. Prof. an der Univ. Berlin, Gründer u. Ltr. des dortigen Inst. für Wirtschaftsgeschichte, zeitw. Dekan der Wirtschaftswiss. Fak.; 1947–50 Präs. der Ges. zum Studium der Kultur der Sowjetunion, 1949–56 Abg. der Volkskammer; 1949–52 nebenamtl. Dir. des Dt. Wirtschaftsinst.; 1955 Ord. Mitgl. der DAW: 1956–68 Ltr. der Abt. Wirtschaftsgeschichte des Inst. für Geschichte der DAW, dem späteren Inst. für Wirtschaftsgeschichte (IWG), dem er als Dir. vorstand; 1957–59 Revisionismusvorwürfe; 1965–79 Vors. des Nationalkomitees der Wirtschaftshistoriker, 1968 em.; 1949 u. 1974 NP, 1964 Dr. h.c. der HU Berlin, 1969 KMO, 1974 Dr. h.c. der TU Dresden, 1976 ausw. Mitgl. der AdW der UdSSR, 1979 Stern der Völkerfreundschaft, 1984 VVO in Gold, 1985 Dr. h.c. der MLU Halle; Fellow der Royal Statistical Society London, zeitw. Mitgl. des Exekutivkomitees der Intern. Economic History Association; 1990 Mitgl. des Ältestenrats der PDS.

K. war u. a. außenwirtschaftspol. Berater E. Honeckers*; er gilt als Nestor der DDR-Ges.-Wiss. u. hat insbes. mit seinen populärwiss. Schriften wiederholt öff. Kritik ausgelöst; seine Bibliogr. umfaßt annähernd 4000 Publ. zu nahezu allen Gebieten der Geistes- u. Sozialwiss., u. a. zur Geschichte der Lage der Arbeiter (40 Bde.), zur Geschichte der Ges.-Wiss. (10 Bde.), zur Geschichte des Alltags des dt. Volkes (6 Bde.); K.s Einfluß u. Engagement ermöglichten an dem von ihm gegr. IWG vergleichsweise freie Forschungsbedingungen.

Publ.: Memoiren. Berlin, Weimar 1973; Dialog mit meinem Urenkel. Berlin, Weimar 1983; 60 Jahre Konjunkturforscher (Sonderbd. Jahrbuch für Wirtschaftsgeschichte – JfWG). Berlin 1984; Schwierige Jahre. Berlin 1990; Kurze Bilanz eines langen Lebens. Berlin 1991; Ein linientreuer Dissident. Berlin, Weimar 1992; Nicht ohne Einfluß. Köln 1993; Frost nach dem Tauwetter. Berlin 1993; J. K. In: Grimm, T.: Was von den Träumen blieb. Berlin 1993; Ein Leben in der Wiss. der DDR. Münster 1994. JfWG Sonderbd. 1974, 1979/II; (Bibliogr.) Sonderbd. 1984, 1989/II (Bibliogr.).

Kügelgen, Bernt von 31. 7. 1914

Chefredakteur der »Neuen Berliner Illustrierten« und der Wochenzeitung »Sonntag«

Geb. in St. Petersburg, bürgerl. Elternhaus, Vater Schriftst., Hrsg. u. Chefred. der deutschsprachigen »St. Petersburger Ztg.«, Mutter Hausfrau; 1921 Übersiedlung der Familie nach Dtl., ab 1921 in Berlin; 1928–34 Baltenschule in Misdroy (Kr. Wollin), Abitur; 1933/34 Mitgl. des Stahlhelm u. der Wehrstahlhelm-SA; 1934–36 Lehrling u. 1938/39 Volontariat als Werbefachmann im Scherl-Verlag Berlin, Werbetexter für den Anzeigenteil der »Woche«, dann der »Filmwelt«; 1936–38 Wehrpflicht; 1939–42 Wehrmacht in Polen u. Frankreich, Ltn., zuletzt Kompanieführer an der Ostfront; Juli 1942 sowj. Gefangenschaft im Lager Oranki, Nov. 1942 dort Mitbegr. der 2. Gruppe antifasch. Offz., Jan. 1943 Antifa-Zentralschule Krasnogorsk, 1943 Mitinitiator und Gründungsmitglied des NKFD, Sept. 1943 – Apr. 1944 dessen Frontbevollmächtigter an der 1. Ukrain. Front, danach bis 1945 in Lunowo, Haus des NKFD, Mitgl. des Red.-Kollegiums der NKFD-Ztg. »Freies Dtl.« unter Rudolf Herrnstadt u. Jan. 1944 – Juli 1945 der Ztg. »Das Freie Wort«.

Aug. 1945 Rückkehr nach Dtl. (SBZ), KPD; Berichterstatter der »Berliner Ztg.« u. Kommentator beim »Berliner Rundfunk«; 1946 SED; 1945–48 Ressortltr. Innenpol. der »Berliner Ztg.«; 1946–90 VDJ; 1948 KB; 1948–50 stellv. Chefred., 1950–57 Chefred. der »Neuen Berliner Illustrierten«; 1956 Mitgl. des Bez.-Vorst. Berlin des VDJ; 1956 drei Monate in China; 1957–77 Chefred. der kulturpol. Wochenztg. »Sonntag« (Nachfolger des verhafteten Heinz Zöger*); 1966 Abschluß eines Fachschulfernstudiums Journalistik; 1957–75 Mitgl. des Präsidialrats des KB; 1958–71 stellv. Vors. der Arbeitsgemeinschaft ehem. Offz. u. Redakteur des Mitteilungsblattes der Arbeitsgemeinschaft; Jan. 1969 Lehrgang für Leitungskader des ZK der SED an der Sonderschule des ZK in Brandenburg; seit 1969 Mitgl. des Bei-

rats des Min. für Kultur; 1975 VVO in Gold; 1978–90 Ehrenmitgl. des Präsidialrats des KB; lebt in Berlin.
Publ.: Die Front war überall (Hrsg. u. Mitautor). Berlin 1958; Die Nacht der Entscheidung. Berlin 1983.

Kühn, Fritz 29. 4. 1910–31. 7. 1967
Metallgestalter
Geb. in Berlin; 1924–28 Lehrzeit als Werkzeugmacher u. Bauschlosser; danach Arbeit als Schmied; 1937 Gründung einer Kunstschmiede in Berlin-Grünau.
Nach 1945 Wiederaufbau der Werkstatt, Erweiterung zum Atelier für Kunstschmiedearbeiten, seitdem umfgr. Prod.; 1964 Ernennung zum Prof.; Weiterführung der Werkstatt durch den Sohn Achim K.
Zunächst traditionelle Kunstschmiedearbeiten, zunehmend Verwendung von Stahl u. Metallen, Entw. neuer Formen u. Bearbeitungsmethoden; zahlr. Bauten erhielten ihren künstler. Schmuck durch seine Metallarbeiten, u. a. auf der Weltausstellung in Brüssel (Tor eines Pavillons 1956), Turmbekrönung am Mahnmal Buchenwald (1958), Hedwigskathedrale Berlin (1964), Staatsratsgebäude (1964), Berliner Stadtbibl. (A-Tür, 1965), Knochenhaueramtshaus Hildesheim, Oper Dortmund; daneben entstanden immer wieder Gitter u. Treppengeländer für Wohnhäuser u. Schulen, Leuchter, Schalen u. bes. Brunnen (Einkaufszentrum Magdeburg 1964, Strausberger Platz Berlin 1967).
Publ.: Eisen u. Stahl. Leipzig 1957.
Sek.-Lit.: Hanisch, G.: F. K. 1910–1967 – in Memoriam (mit Bibliogr.). Berlin 1970.

Kühn, Ulrich 13. 3. 1932
Evangelischer Theologe
Geb. in Halle (Saale), Vater Dipl.-Ing., Mutter Orthopädin; Mitgl. des Thomanerchors u. 1949 Abitur an der Thomas-Schule in Leipzig; 1949–54 Studium der Theol. an der Univ. Leipzig, anschl. bis 1964 Assistent bei Prof. Sommerlath, Vikar u. Pfarrer in Leipzig; 1957 Prom. und 1962 Habil. jeweils zu Problemen der kath. Theol.; 1965–67 Ltr. der konfessionskundl. Forschungsstelle des Ev. Bunds in Potsdam; 1967–69 Doz. für systemat. Theol. am Sprachenkonvikt Berlin, danach bis 1983 am Theolog. Seminar in Leipzig; 1969–77 Mitgl. der Synode des Bunds der Ev. Kirchen in der DDR u. 1972–83 Mitgl. der Synode der Sächs. Landeskirche; 1983–87 Prof. an der Ev.-Theolog. Fak. in Wien; 1987–92 wieder am Theolog. Seminar in Leipzig, Spezialist für ökumen. Theol.; 1988/89 Delegierter der Ökumen. Versammlung für Frieden, Gerechtigkeit u. Bewahrung der Schöpfung.
1992 Prof. für ökumen. Theol. an der Theolog. Fak. der Univ. Leipzig.
K.s Forschungsarbeiten gelten als wichtige theolog. Grundlagen für die Öffnung des mitteldt. Protestantismus zum ökumen. Dialog.
Publ.: Via caritatis. Theol. des Gesetzes bei Thomas von Aquin. Berlin 1965; Die Ergebnisse des 2. Vatikan. Konzils. Berlin 1967; Handbuch der Systemat. Theol. Bd. X u. XI. Gütersloh 1990 (2. Aufl.).

Kühne, Lothar 10. 9. 1931–7. 11. 1985
Philosoph, Kulturtheoretiker
Geb. in Bockwitz (Lauchhammer), Vater Maschinenschlosser, Mutter Hausfrau; Mittelschule; 1947–49 FDJ-Funktionär; 1949–52 ABF in Halle, Sekr. der SED-GO; 1952–57 Studium der Philos. u. Kunstgeschichte an der HU Berlin, u. a. bei Walter Besenbruch, Kurt Hager*, Wolfgang Heise*, Richard Hamann u. Willy Kurth*; 1953 Kritik an der Pol. der SED, Parteiausschluß, Wiederaufnahme Ende der 50er Jahre; 1957–60 Assistent am Inst. für Ges.-Wiss. der TH Dresden, Vorlesungen an der Fak. für Architektur u. Bauwesen; ab 1960 Oberassistent an der HU Berlin, 1965 Prom. zu erkennt-

nistheor. u. ästhet. Problemen der Architekturtheorie; 1967 Doz., 1971 ord. Prof. für dialekt. u. hist. Materialismus an der Sekt. Marxismus-Leninismus; 1975 Prom. B zum Ästhetischen als Faktor der Aneignung, des Eigentums u. des gegenständl. Verhaltens; ab 1976 pol. Maßregelungen u. wiss. Diskreditierung, 1980 Versetzung an die Sekt. marxist.-leninist. Philos.; 1982 invalidisiert.
K. zählte wegen seines Konzepts von Ästhetik als Aneignung zu den Vertretern der Berliner Ästhetik. Ausgehend von der Marxschen Konzeption der Vergegenständlichung zielte seine Forschungsarbeit auf ein Programm gegenständl. u. räuml. Gestaltens (Funktionalismus) u. Verhaltens in komm. Perspektive, auf Entwürfe, in denen sich solidar. Verhalten zwischen den Individuen mit behutsamem Verhalten zu den Lebensbedingungen verbinden könnte. In diesem Kontext standen seine krit. Reflexion der Beziehungen zwischen Pol., Wirtschaft u. ästhet. Kultur sowie die Rezeption der ästhet. Moderne, insbes. der Reformbew. seit dem 19. Jh. u. der Avantgarde. Kritiker und Gegner warfen ihm Utopismus u. Asketismus (»grüner Vorstadtphilosoph«) sowie den »Mißbrauch von Marx« gegen die off. Parteilinie vor.
Publ. zu Architekturtheorie, Produktgestaltung, Mode u. Ornament, zur Funktion von Literatur sowie zu Individualität u. Lebensweise, u.a.: Gegenstand u. Raum. Dresden 1981; Haus u. Landschaft. Dresden 1985.
Sek.-Lit: In memoriam L. K. Berlin 1993; Bibliogr. in: Weimarer Beiträge 32 (1986) 9.

Kuhrig, Heinz 4.3.1929
Minister für Land-, Forst- und Nahrungsgüterwirtschaft
Geb. in Strehla (b. Riesa), Vater Arbeiter; Volksschule, 1943–45 Lehre als Betriebselektriker,
1945/46 Landmaschinenschlosser; 1946 SED; 1946/47 Vorstudienanstalt, 1947–52 Landwirtschaftsstudium an der Univ. Leipzig, Dipl.-Landw.; 1952–61 Mitarb. der Abt. Landw. des ZK der SED; 1961–63 Dir. des Inst. für Landtechnik der DAL in Potsdam-Bornim, 1961 Mitgl. des Präs. der KdT; 1963–67 Min., 1. Stellv. des Produktionsltr. und Mitgl. des Landwirtschaftsrats, Mitgl. des Min.-Rats; 1967/68 Studium an der PHS der KPdSU in Moskau; 1968–73 Staatssekr. im Rat für landw. Prod. u. Nahrungsgüterwirtschaft bzw. im entsprechenden Min., 3.10.1973–17.11.1982 Min. für Land-, Forst- und Nahrungsgüterwirtschaft (Nachf. von Georg Ewald*), Mitgl. des Präs. des Min.-Rats, seit 1974 Ltr. der DDR-Delegation in der Ständigen Kommission des RGW für Landw.; 1971–76 Mitgl. der ZRK, ab 1976 des ZK der SED; ab 1976 Abg. der Volkskammer; 1982 Generalsekr. (Nachf. von Kurt Thieme*), 1983–90 Vizepräs. der DSF; VVO in Gold.

Külow, Edgar 10.9.1925
Kabarettist, Schauspieler
Geb. in Werdohl (Westf.); Vater Schreiner; Wehrmacht; Schauspielschule.
Kam 1946 als KPD-Mitglied in die SBZ, hier SED; ab 1949 Sprecher beim Sender Leipzig; 1959 als Schauspieler zur »Leipziger Pfeffermühle«, schrieb auch zahlr. Texte, führte Regie, war 1962–64 deren Direktor; danach beim DFF u. bei der DEFA; Regisseur beim Hallenser Kabarett »Die Taktlosen« u. Gastregie bei der Berliner »Distel«; schrieb viele Texte.

Külz, Wilhelm 18.2.1875–10.4.1948
LDPD-Politiker
Geb. in Borna, Vater Pfarrer; Fürstenschule Grimma, 1894–97 Studium der Rechts- u. Staatswiss. an der Univ. Leipzig, 1901 Prom. zum Dr. sc. pol. an der Univ. Tübingen; 1901–04 Beamter in Zittau u. Meerane, 1904–12 OB von Bückeburg, Abg. und Präs. des Landtags

von Schaumburg-Lippe, 1907/08 Sonderkommissar für Dt.-Südwestafrika; 1914–18 Militärdienst, zuletzt Major d. Res.; 1918 DDP, 1919 Mitgl. der Nationalvers.; 1920–32 Abg. des Dt. Reichstags für die DDP bzw. die Dt. Staatspartei; 1923–26 u. 1930/31 Bürgermeister, 1931–33 OB von Dresden; 1926/27 Reichsmin. des Innern; 14. 3. 1933 Amtsenthebung, lebte ab 1935 in Berlin, mehrmals verhaftet; Gründung einer Kredit- u. Vermögensberatungsstelle.
1945 Mitbegr. der Dt. Demokr. Partei (DDP) u. stellv. Vors. der LDPD, ab 20. 11. Vors. (Nachf. von Waldemar Koch*), 1947 mit Theodor Heuss Vors. der kurzzeitig bestehenden DDP; 1947/48 Kovorsitzender des Ständigen Aussch. des Dt. Volkskongresses bzw. Kopräs. des Dt. Volksrats; Abfassung von pol., staatsrechtl. und kommunalpol. Arbeiten.
Sek.-Lit.: Behrendt*, A.: W. K. Aus dem Leben eines Suchenden. Berlin 1968, 2. erw. Aufl. Berlin 1985.

Kundermann, Aenne, geb. Seufert
6. 10. 1907
Botschafterin
Geb. in Mannheim, Vater Fabrikarbeiter, Mutter Näherin; 1913–21 Volksschule; 1921–23 Fabrikarbeiterin in einer Kartonagefabrik in Stuttgart; 1921–28 KJVD, versch. Funktionen, u. a. Org.-Ltr. Württemberg; 1923–26 Stenotypistin bei der Ortsverwaltung des Dt. Metallarbeiterverb. in Stuttgart; 1926/27 Stenotypistin der KI in Moskau; 1928 Rückkehr nach Dtl.; KPD; 1928–30 Sekr. des ZK der KPD; 1930–33 Sekr. in der RGI u. der Interkommission der Berg-, Metall- u. Chemiearbeiter; 1933 Emigration in die UdSSR; 1933–38 Sekr. bei der RGI in Moskau, 1938–40 Sekr. bei den Sowjetgewerkschaften; 1941 Stenotypistin bei Maschino-Import u. der KI; 1941–44 Inspekteur im Kriegsgefangenenlager Karaganda u. im Swerdlowsker Gebiet; Dez. 1944 – Mai 1945 Besuch der Schule im »Objekt 12«.
Mai 1945 Rückkehr nach Dtl.; 1945–49 Mitarb. der KPD- bzw. SED-Landesltg. Mecklenburg; 1950/51 Chef der diplomat. Mission in der VR Bulgarien (Nachf. von Jonny Löhr*), 1951–53 in der VR Polen (Nachf. von Friedrich Wolf*); 1953/54 Ltr. der Abt. Benachbarte Länder im MfAA, 1954–60 dort Ltr. der Abt. Sowjetunion; 1960/61 Chef der diplomat. Mission in der VR Albanien (Nachf. von Kurt Prenzel); 1962–68 Ltr. der Abt. Koordinierung u. Kontrolle im MfAA; 1969 Ruhestand; 1972 VVO in Gold, 1977 Ehrenspange zum VVO; 1983 Stern der Völkerfreundschaft in Gold, 1987 KMO.

Kunert, Günter 6. 3. 1929
Schriftsteller
Geb. in Berlin; in der NS-Zeit rassisch verfolgt, im 2. Weltkrieg »wehrunwürdig«.
Ab 1946 fünf Semester Studium in der Grafik-Klasse der HS für angewandte Kunst Berlin-Weißensee; ab 1947 freier Schriftst., ab 1948 Veröff. in der satir. Ztschr. »Ulenspiegel«; 1949 SED; Förderung durch Bertolt Brecht* u. Johannes R. Becher*; 1950 erster Lyrikband »Wegschilder u. Mauerinschriften«; publizierte fortan Lyrikbände, schrieb Prosaskizzen, Hörspiele, Drehbücher u. Essays; 1962 Heinrich-Mann-Preis; 1965 Mitgl. des Dt. PEN-Zentrums Ost u. West; Mitgl. der AdK; 1972/73 Gastprof. in Austin (Texas), 1975 in Warwick (England); 1973 Johannes-R.-Becher-Preis; Nov. 1976 Mitunterz. der Protestresolution gegen die Ausbürgerung von Wolf Biermann*, Jan. 1977 Ausschluß aus der SED; vom MfS im OV »Zyniker« überwacht u. »operativ bearbeitet«; Okt. 1979 Ausreise in die Bundesrep. Dtl., PEN-Zentrum Bundesrep. Dtl.; 1980 Literaturpreis des Bundesverb.

der Dt. Industrie; 1983 Stadtschreiber von Bergen-Enkheim; 1985 Heinrich-Heine-Preis (Düsseldorf); 1987 Initiator der Ges. für Lit. in Schleswig-Holstein; 1990 Stadtschreiber-Literaturpreis des ZDF, Mainz; 1991 Hölderlin-Preis, Ernst-Robert-Curtius-Preis für Essayistik; lebt in Kaisborstel b. Itzehoe.

Mit seinen Arbeiten war K. mehrmals Gegenstand harter kulturpol. Auseinandersetzungen: 1962/63 wurden die Fernsehoper »Fetzers Flucht« u. das Fernsehspiel »Monolog für einen Taxifahrer« scharf als »formalist.« kritisiert, 1966 in der sog. Lyrikdebatte im »Forum« Angriffe wegen pessimist. Geschichtssicht, 1967 konnte sein satir. Roman »Im Namen der Hüte« nur in der Bundesrep. Dtl. erscheinen (in der DDR 1976).

Publ.: Der ewige Detektiv u. andere Geschichten. Satiren. Berlin 1954; Der ungebetene Gast. Lyrik. Berlin u. Weimar 1965; Kramen in Fächern. Prosa. Berlin u. Weimar 1969; Camera obscura. Prosa. München, Wien 1976; Kurze Beschreibung eines Moments der Ewigkeit. Ges. Prosa. München, Wien 1980; Die befleckte Empfängnis. Gedichte 1980–87. München, Wien 1988; Aus vergangener Zukunft. Erzählungen. Berlin u. Weimar 1990; Der Sturz vom Sockel. Feststellungen u. Widersprüche. Essays. München, Wien 1992; Baum. Stein. Beton. Reisen zwischen Ober- u. Unterwelt. Hamburg 1994.

Sek.-Lit.: G. K. Beiträge zu seinem Werk (Hrsg.: M. Durzak u. H. Steinecke). Hamburg 1992.

Bibliogr. in: Kunert lesen (Hrsg. M. Krüger). Frankfurt/M. 1979.

Kunz, Joachim 9. 2. 1959

Leistungssportler (Gewichtheben)

Geb. in Stolberg (Sa.); zunächst Turner im TZ Bernsdorf, anschl. KJS Karl-Marx-Stadt; 1974 Wechsel zum Gewichtheben, 1975 Spartakiadesieger; Mitgl. des SC Karl-Marx-Stadt (Trainer seit 1978: Klaus Kroll); 1979 EM, 1981 u. 1983 jeweils WM und EM im Federgewicht; 1980 Olympiazweiter im Federgewicht; 1988 Olympiasieger im Leichtgewicht; VVO in Gold; 1980–89 SED; Berufsausbildung zum Werkzeugmacher u. Abschluß eines Studiums an der DHfK in Leipzig als Dipl.-Sportlehrer.

Nach 1990 Unternehmensberater in Chemnitz; Fortsetzung der Gewichtheber-Karriere beim Chemnitzer Athletikclub.

Kunze, Horst 22. 9. 1909

Generaldirektor der Staatsbibliothek

Geb. in Dresden, Vater Apotheker; Abitur; 1929–32 Studium von neueren Sprachen, Germanistik u. Philos. an den Univ. Wien, Grenoble u. Leipzig, Mitgl. des Roten Studentenbunds, 1933 Staatsexamen für das Lehramt an Höheren Schulen, 1935 Prom. zum Dr. phil. mit der Diss. »Die Bibelübersetzungen von Lefèvre d'êtaples und P. R. Olivetan«; 1935–37 Ausbildung zum wiss. Bibl.; 1937–42 Mitarb. an Bibliotheken in Leipzig u. Darmstadt; 1942–46 Wehrmacht u. frz. Gefangenschaft.

1946/47 freischaff. literar. u. als Literaturkritiker für den Rundfunk tätig; 1947 Übersiedlung von Darmstadt nach Halle; 1947–50 hier Bibliotheksdir.; 1949 SED; 1950–68 Generaldir. der Dt. Staatsbibl. Berlin; 1953 Prof. für Bibliothekswiss.; 1955–68 Dir. des Inst. für Bibliothekswiss. an der HU Berlin; 1956 Gründungs- u. Vorstandsmitgl. der Pirckheimer-Ges. im KB; 1961 NP; 1964–68 Präs. des Bibliotheksverb., zahlr. weitere kulturpol. Funktionen; Autor bibliothekswiss. Bücher; machte sich bes. um das Kinder- u. Jugendbuch verdient.

Publ.: Alles für das Buch. Leipzig 1974.

Kunze, Reiner 16. 8. 1933

Schriftsteller

Geb. in Oelsnitz (Erzgeb.), Vater Bergmann, Mutter Kettlerin; 1949 Aufbauklassen, dann Oberschule in Stollberg (Erzgeb.), SED; 1951 Abitur; 1951–55 Studium der Philos. u. Journalistik an der KMU Leipzig, Vorlesungen bei Hans Mayer* u. Ernst Bloch*; 1953 erste Gedichte in der Ztschr. »Neue Deutsche Lit.«; 1955–59 wiss. Assistent an der Journalist. Fak. der KMU; 1959 Revisionismusvorwurf, Bezichtigung konterrev. Umtriebe, Parteiverfahren, kurz vor der Prom. Entlassung; anschl. Hilfsschlosser, Zeitungsred., freier wiss. Mitarb. beim Vorst. des DSV in Berlin; 1959 erster Lyrikband »Vögel über dem Tau«, seitdem freischaff.; 1961/62 längere Aufenthalte in der ČSSR, erste Nachdichtung. tschech. Lyrik; 1961 Ehe mit einer tschech. Ärztin; ab 1962 freischaff. Schriftst. in Greiz; Aug. 1968 SED-Austritt als Protest gegen die Invasion der Warschauer-Pakt-Staaten in der ČSSR; Bearbeitung durch das MfS im OV »Lyrik«; 1969 scharfe Angriffe auf dem VI. Schriftstellerkongreß wegen des im Westen veröff. Gedichtbandes »Sensible Wege«; 1973 konnte der Gedichtband »Brief mit blauem Siegel« bei Reclam Leipzig erscheinen; Literaturpreis der Bayer. Akad.; danach zunehmende Isolierung; Nov. 1976 Ausschluß aus dem SV wegen des 1976 im Westen veröff. Prosabandes »Die wunderbaren Jahre« (1979 als TV-Bearbeitung) – einer lakonisch-knappen Beschreibung staatl. Repression gegen Jugendl., deren Anpassungs- u. Widerspruchsverhalten; Apr. 1977 Ausreise aus der DDR nach Repressionen, die sich auch gegen seine Familie richteten.

In der Bundesrep. Dtl. zahlr. Preise, u.a. 1977 Georg-Trakl-Preis (Österr.), 1978 Georg-Büchner Preis, 1981 Geschwister-Scholl-Preis; weiterhin zahlr. Nachdichtungen aus dem Tschech. (J. Skácel, J. Seifert); mit »Deckname Lyrik« (1991) veröff. er als einer der ersten Schriftst. Materialien aus den ihn betreffenden MfS-Akten, dokumentierte Praktiken der Stasi u. enttarnte den SDP/SPD-Spitzenpolitiker Ibrahim Böhme* als IM.

Publ.: sensible wege. Gedichte. Frankfurt/M. 1969; zimmerlautstärke. Gedichte. Frankfurt/M. 1973; Die wunderbaren Jahre. Frankfurt/M. 1976; auf eigene hoffnung. Gedichte. Frankfurt/M. 1981; Am Sonnenhang. Tagebuch eines Jahres. Frankfurt/M. 1993; Wo Freiheit ist... Gespräche 1977–1993. Frankfurt/M. 1994.

Sek.-Lit.: Feldkamp, H.: R. K. Materialien zu Leben u. Werk. Frankfurt/M. 1987.

Kupfer, Harry 12.8.1935
Musiktheaterregisseur

Geb. in Berlin; 1953–57 Studium der Theaterwiss. an der Theater-HS »Hans Otto« Leipzig; Berufspraktikum als Regieassistent am Landestheater Halle, dort 1958 Regiedebüt mit »Rusalka« (Dvořák); 1958–62 Oberspielltr. am Stralsunder Theater; 1962–66 Erster Regisseur an den Städt. Theatern Karl-Marx-Stadt; 1966–72 Operndir. am Dt. Nationaltheater Weimar; 1967–72 Lehrbeauftragter an der Musik-HS »Franz Liszt« Weimar; 1971 erste Gastinszenierung an der Dt. Staatsoper Berlin: »Die Frau ohne Schatten« (R. Strauss); 1972–81 Operndir. an der Staatsoper Dresden; 1973 erste Gastinszenierung im Ausland: »Elektra« (R. Strauss) im Opernhaus Graz; seit 1977 Prof. an der Musik-HS »Carl Maria von Weber« Dresden; seit 1981 Prof. an der Musik-HS »Hanns Eisler« Berlin; ab 1981 Chefregisseur an der Kom. Oper Berlin, hier u.a. Inszenierung der Opern von Mozart in der Reihenfolge ihrer Entstehung; 1983 Mitgl. der AdK, NP 1. Kl.; seit 1985 Mitgl. des Präs. des Verb. der Theaterschaffenden; häufiger Gast bei den Bayreuther u. Salzburger Festspielen; Gastinszenierungen an vielen eur. Opernhäusern, so in London, Kopenhagen, Graz, Salzburg, Bayreuth, Frankfurt/Main, Köln u. Hamburg.

Sek.-Lit.: Kranz, D.: Der Regisseur H. K. »Ich muß Oper machen«. Kritiken, Beschreibungen, Gespräche. Berlin 1988.

Kurella, Alfred 2. 5. 1895–12. 6. 1975
SED-Kulturpolitiker
Geb. in Brieg (Oberschles.), Vater Arzt; Gymnasium in Bonn, Abitur; 1910 Eintritt in die Wandervogelbew.; Studium der Malerei u. Graphik an der Kunstgewerbeschule München; 1914–17 Kriegsfreiwilliger, dann Pazifist, entzog sich einem Hochverratsprozeß durch Illegalität; 1918 Begründer u. Vors. der Ortsgruppe der »Freien Soz. Jugend« in München; 1919–24 KPD, 1919 als Kurier nach Moskau, traf dort mit Lenin zusammen; Mitbegründer der KJI, bis 1924 Mitgl. u. Sekr. ihres Exekutivkomitees, Mitorganisator der eur. komm. Jugendbew.; 1919/20 Inhaftierung in Österreich, Dänemark u. der Schweiz; 1920–24 Mitgl. des ZK des Komsomol u. dessen Büros; in den 20er Jahren leitender Red. der Ztg. des KJVD; publizist. tätig; 1924–26 Ltr. einer Schule der franz. KP Bobigny; 1924–29 RKP(B); 1926–28 stellv. Ltr. der Agitprop-Abt. des EKKI in Moskau; 1928/29 Ltr. der Abt. Bildende Kunst im Volkskommissariat für Volksbildung der RSFSR u. Red. für Lit. u. Kunst bei der »Komsomolskaja Prawda«; nach »ultralinken, formalistischen Fehlern« Rückkehr nach Dtl. zur Bewährung an der Basis; 1929 KPD; Ltr. der Agitpropabt. des Bundes der Freunde der Sowjetunion; 1930 Rüge durch die KPD; Mitgl. des BPRS; Nov. 1932 im Auftrag der KI Chefred. der Ztg. »Le Monde« in Paris; 1932–34 Sekr. des Intern. Komitees zum Kampf gegen Krieg u. Fasch. in Paris; Chefred. seines Organs »Le Front Mondial«, 1934 Sekr. von G. Dimitroff in Moskau; Dez. 1934 strenge Parteistrafe wegen Teiln. an einem geselligen Abend ehem. Funktionäre der KJI, Ausschluß aus dem Apparat der KI, wurde von Dimitroff noch bis zum Febr. 1935 weiter beschäftigt; danach »Strafversetzung« an die bibliographische Abt. der Moskauer Staatsbibliothek; Red.-Mitgl. der Zeitschr. »Int. Lit. – Dt. Blätter«; Okt. 1941 Evakuierung aus Moskau; »Oberred.« in der VII. Abt. der Pol. Hauptverwaltung der Roten Armee (PURKKA); nach Gründung des NKFD stellv. Chefred. der Ztg. »Freies Dtl.«; 1944 Mitarb. in einer Arbeitskommission zur Ausarbeitung des Nachkriegsprogr. der KPD; 1946 Übersiedlung in das kaukasische Bergdorf Ps'chu; wirkte als Schriftst., Übersetzer u. Hrsg. u. a. von Tschernyschewski, Dobroljubow, Herzen u. Belinski; beantragte 1948 seine Rückkehr nach Dtl.; lebte ab 1949 in Moskau.
1954 Übersiedlung in die DDR; 1954–57 Mitbegr. u. erster Dir. des Instituts für Lit. »Johannes R. Becher« in Leipzig; 1955 Mitgl. u. 1965–74 Vizepräs. der AdK; ab 1955 Mitgl. des Vorst. des Dt. SV; 1957 Mitgl. des Präsidialrats des KB zur demokr. Erneuerung Dtl.; 1957–63 Ltr. der Kulturkommission beim PB des ZK der SED; 1958 Abg. der Volkskammer; 1958–75 Mitgl. des ZK der SED u. 1958–63 Kand. seines PB, maßgebend an der Durchsetzung des »soz. Realismus« u. bei vielen SED-Interventionen in der Kulturpol. der DDR beteiligt; seit 1958 MdVK; 1960 KMO; ab 1962 Mitgl. des Präs. der Dt.-Ital. Ges. u. ab 1964 Mitgl. des Präs. der Dt.-Arab. Ges.; ab 1963 Mitgl. der Ideologischen Kommission beim PB des ZK der SED; 1965 VVO in Gold; 1968 Prom. zum Dr. phil. an der FSU Jena mit dem Thema »Das Eigene u. das Fremde«.
Publ.: Gründung u. Aufbau der Kommission Jugendinternationale. Berlin 1929; Wo liegt Madrid? Kiew 1939, Berlin 1956; Der Mensch als Schöpfer seiner selbst. Berlin 1958; Dimitroff kontra Göring. Berlin 1964; Unterwegs zu Lenin. Berlin 1967; Das Eigene u. das Fremde. Berlin, Weimar 1968.
Sek.-Lit.: A. K. u. E. Cohn-Vossen: Der

Traum von Ps'chu. Ein Ehe-Briefwechsel im Zweiten Weltkrieg. Berlin, Weimar 1984.

Kurke, Herbert 16. 8. 1939
Mathematiker
Geb. in Döllnitz (Saalekr.); nach dem Abitur 1959/60 Studium der Physik an der TU Dresden u. der HU Berlin, 1960–64 Studium der Mathematik an der HU Berlin, hier 1964 Diplom (zur Theorie der lokalen Ringe); 1964–66 Aspirant am Inst. für Reine Mathematik der AdW; 1966–72 wiss. Mitarb. u. stellv. Arbeitsgruppenltr. am ZIMM der AdW; 1967 Prom. (zur Theorie der topolog. Moduln) an der HU Berlin bei Heinrich Grell* u. Lothar Budach*, 1970 Habil. (zur Theorie der Henselschen Ringe) an der HU Berlin; 1972 Berufung zum ord. Prof. für theoret. Mathematik an der Sekt. Mathematik der HU Berlin (Wiederberufung 1991); 1981 Vors. des Beirats der Hauptforschungsrichtung »Algebra u. Geometrie«; 1983 Korr. Mitgl. der AdW der DDR.
Hauptarbeitsgebiete: algebraische Geometrie, Differentialgeometrie, globale Analysis u. algebraische Topol.; K. galt als intern. anerkannter führender algebraischer Geometer der DDR.
Publ.: Henselsche Ringe u. algebraische Geometrie. (zus. mit G. Pfister u. M. Roczen). Berlin 1975; Recent trends in mathematics (hrsg. zus. mit G. Pfister u. M. Roczen). Leipzig 1982.

Kurth, Willy 21. 11. 1881–28. 12. 1963
Kunsthistoriker, Generaldirektor der Staatlichen Schlösser und Gärten Potsdam-Sanssouci
Geb. in Berlin; Realgymnasium, Abitur; 1907–12 Studium der Kunstgeschichte an der Univ. Berlin bei Heinrich Wölfflin u. Adolph Goldschmidt, 1912 Dr. phil.; 1913–45 Mitarb. am Berliner Kupferstichkabinett, ab 1924 als Kustos; 1930 Prof.; umfgr. wiss. Arbeiten, Engagement für die zeitgenöss. Kunst. 1946–63 Generaldir. der Staatl. Schlösser u. Gärten Potsdam-Sanssouci, Prof. für Kunstgeschichte an der HU Berlin; 1953 DBA.
Publ.: Sämtliche Holzschnitte Albrecht Dürers (Hrsg.). Berlin 1927; Die Mode im Wandel der Zeiten (Hrsg.). Berlin 1929.
Sek.-Lit.: Anschauung u. Deutung – W. K. zum 80. Geb. Berlin 1964.

Küttler, Wolfgang 8. 4. 1936
Historiker
Geb. in Altenburg (Thür.), Vater Gymnasiallehrer, Mutter Lehrerin; 1954 Abitur, 1954–58 Studium der Geschichte u. Latein. Philol. an der FSU Jena, 1958–64 wiss. Assistent an der FSU Jena, 1964–67 Oberassistent an der KMU Leipzig; 1966 Diss. über Bürgeropp. u. Volksbew. in Riga in der zweiten Hälfte des 16. Jh.; 1966 SED; 1967–91 AdW, 1974–91 Ltr. der Forschungsstelle Methodol. u. Geschichte der Geschichtswiss. am ZI für Geschichte der AdW, 1976 Diss. B über Lenins Formationsanalyse für Rußland vor 1905; 1978 Prof. der AdW, 1980–90 Gastprof. an der HU Berlin; Mitgl. des Rats für Geschichtswiss. u. des Rats für Philos., 1989 Mitgl. der Academia Europaea (Sitz London); 1990 Korr. Mitgl. der AdW der DDR; 1990 Wahl zum Dir. des Inst. für Dt. Geschichte der AdW (bis zur Abwicklung des Inst. zum 31. 12. 1991).
1992 – 95 wiss. Mitarb. am von der Max-Planck-Ges. eingerichteten Forschungsschwerpunkt Wissenschaftsgeschichte u. Wissenschaftstheorie in Berlin.
Forschungs-, Lehr- u. Publikationstätigkeit zur osteur. Geschichte, vergleichenden Revolutionsgeschichte, Methodol. u. Geschichte der Geschichtswiss.; K. gilt als anerkannter Vertreter einer marxist.-leninist. Geschichtstheorie.
Publ.: Formationstheorie u. Geschichte (Hrsg. mit E. Engelberg*). Berlin 1978; Eine Rev. im Geschichtsdenken (mit H. Heitzer*). Berlin 1983; Marxist. Typisierung und idealtyp. Methode in der

Geschichtswissenschaft. Berlin 1986 (Hrsg.); »...daß Vernunft in der Geschichte sei« (mit W. Eichhorn I). Berlin 1989.

Kutzschebauch, Günter 27. 10. 1930
Vorsitzender der Gesellschaft für Sport und Technik
Geb. in Zug (Kr. Freiberg, Sa.), Vater Maler u. Schuhmacher; Volksschule, 1945–47 Ausbildung zum Landwirtschaftsgehilfen; 1946 FDJ, 1947 SED; 1948–50 Sekr. der FDJ-KL Marienberg; 1950–56 Mitarb. der VP-See, 1950/51 Ausbildung als Seeoffz. in Parow (b. Stralsund), 1953 Offziziersschule für pol. Arbeit der KVP in Berlin-Treptow; 1955–60 Instrukteur der Abt. Jugend in der Pol. Verwaltung der KVP/NVA, 1959 Korvettenkapitän; 1961–63 sowj. Seekriegsakad. in Leningrad; 1963–67 Ltr. von Pol.-Organen der Brigade, ab 1963 der Flottille; 1967–73 stellv. Ltr. der Pol. Verwaltung der Volksmarine, 1967/68 Fernstudium an der Militärakad. Dresden, Dipl.-Mil.-Wiss.; 1974 bis 1982 Stellv. des Chefs der Volksmarine u. Chef der Pol. Verwaltung, 1974 Konteradmiral, 1981 Vizeadmiral; Nov. 1982 – Febr. 1990 Vors. des Zentralvorst. der GST (Nachf. von Günther Teller*); 1986–1990 Abg. der Volkskammer u. Mitgl. des Ausschusses für Nat. Verteidigung; Apr. 1990 Ruhestand.

L

Laabs, Hans-Joachim 1. 4. 1921
Bildungspolitiker, Verlagsdirektor
Geb. in Regenwalde, aufgewachsen in Kolberg (Pomm.); Vater Bäckermeister, Mutter Hausfrau; Volksschule, Gymnasium, 1939 Abitur; Sept. 1939 NSDAP, RAD u. Kriegsdienst; Frontbewährung wegen »komm. Umtriebe u. Zersetzung der Wehrkraft«; Gefangenschaft in den USA.
Nach 1945 Neulehrer in Hornkaten (Kr. Ludwigslust); 1946 SED; 1947 Ltr. der Grund- u. Oberschule Grabow (Meckl.); 1948 Kreisschulrat in Ueckermünde, 1949 Stadtschulrat in Schwerin; 1950 Ltr. der HA Erziehung u. Unterricht im Volksbildungsmin. des Landes Mecklenburg; Verdienter Lehrer des Volkes; 1950 Min. für Volksbildung des Landes Mecklenburg; 1952–58 Staatssekr. u. stellv. Min. für Volksbildung der DDR (Nachf. von Else Zaisser*); 1958 amtsenthoben u. strenge Rüge wegen »Revisionismus«; 1958–63 Bezirksschulrat in Frankfurt/Oder; 1964 Prom. zum Dr. paed. an der APW über Schulreformen in Westafrika; 1963–73 Stellv. des Hauptdir. des Verlags Volk u. Wissen, 1973–81 Hauptdir.; 1973–82 Ltr. des Bereichs intern. Bildungspol. der APW; 1979 VVO in Silber; 1981 Ernennung zum Prof.; 1982 Ruhestand; lebt in Berlin.

Laabs, Klaus 21. 1. 1951
Akteur der Schwulenbewegung, literarischer Übersetzer
Geb. in Berlin, Sohn von Hans-Joachim Laabs*, Mutter Lehrerin; 1971 Abitur,

SED; 1972–75 Studium der Diplomatie in Moskau, Abberufung wegen Bildung einer linken Plattform u. unerlaubter Westkontakte, anschl. Produktionsarbeiter; 1976–79 NVA; 1979–84 Studium der Romanistik an der HU Berlin; 1984 Ausschluß aus der SED wegen schwulenpol. Engagements u. Protests gegen die Sprengung der denkmalgeschützten Gasometer in Berlin-Prenzlauer Berg; anschl. lit. Übersetzer (Ché Guevara, Roque Dalton, Aimé Césaire), 1988 Kand. des Schriftstellerverb.; 15. 1. 1989 Protestaktion während der Liebknecht-Luxemburg-Demonstration in Berlin, Zuführung durch das MfS, Okt. 1989 Mahnwache in der Gethsemane-Kirche, Aufruf zur Gründung eines Rosa-lila Forums für Schwule u. Lesben nach dem Vorbild des Neuen Forum; Jan. 1990 Teiln. an der Gründungsinitiative Unabhängige Soz. Partei.

1990–93 arbeitslos, seit 1994 Arbeit als lit. Übersetzer (Arenas).

Publ.: Lesben, Schwule, Standesamt – Die Debatte um die Homoehe (Hrsg.). Berlin 1992.

Labs, Helga 22. 5. 1940
Vorsitzende der Pionierorganisation »Ernst Thälmann«
Geb. in Wenigtreben, Vater Landwirt; Grundschule; 1955 FDJ, 1956 FDGB; 1955–59 Studium am Inst. für Lehrerbildung Rochlitz, Unterstufenlehrerin; 1959 SED; 1960–63 Mitarb., 1963–66 Sekr. der FDJ-BL Karl-Marx-Stadt, 1966–69 Vors. der Pionierorg. »Ernst Thälmann« im Bez. u. Sekr. der FDJ-BL, anschl. bis 1974 1. Sekr. der FDJ-BL; 1969–73 Mitgl. der SED-BL Karl-Marx-Stadt u. ihres Sekr.; 1969–85 Mitgl. des ZR der FDJ u. 1971–85 seines Büros, 1974–85 Vors. der Pionierorg. »Ernst Thälmann« (Nachf. von Egon Krenz*) u. Sekr. des ZR; 1976/77 Besuch der PHS; 1976 – März 1990 Abg. der Volkskammer, 1976–86 Mitgl. des Ausschusses für Nat. Verteidigung, 1986–29. 11. 1989 stellv. Vors. des Ausschusses für Volksbildung; 1979–3. 12. 1989 Mitglied des ZK der SED; 1985 VVO in Gold; 1985–29. 11. 1989 Mitgl. des Präs. des Bundesvorst. des FDGB u. Vors. des Zentralvorst. der Gewerkschaft Unterricht u. Erziehung (Nachf. von Paul Ruhig); anschl. Hortnerin, ABM.

Lakomy, Reinhard (Lacky) 19. 1. 1946
Sänger, Komponist
Geb. in Magdeburg; Klavierunterricht; Georg-Philipp-Telemann-Musikschule; Abitur; Praktikant in einem Erdbaubetrieb, Lagerarbeiter, Vermesser, Einkäufer; Studium an der HS für Musik »Carl Maria von Weber« Dresden, vor Abschluß (ca. 1966) zur Klaus Lenz Bigband; 1969–72 Günther-Fischer-Quartett u. -Quintett (Keyboards, Komposition, Arrangements), 1969 Jazz Jamboree Warschau; 1972 Reinhard-Lakomy-Chor (u. a. mit Uschi Brüning* u. Angelika Mann), 1973 Reinhard-Lakomy-Ensemble, LP »Reinhard Lakomy«; 1974 LP »Lacky u. seine Geschichten«, Festival »Bratislavská Lyra« (Bratislava, ČSSR), zwei Titel in tschech. Sprache; 1975 LP »Lacky's Dritte«; 1976 LP »... daß kein Reif«; 1977 LP »Die großen Erfolge«; Auftritte mit eigenen Jazzformationen (»Jazz in der Kammer« Berlin); Komposition von Filmmusik u. Kinderrevuen; 1978 LP »Geschichtenlieder«; 1980 LP »Der Traumzauberbaum«; 1981 LP »Das geheime Leben – Electronics«; 1982–87 Vors. der Kommission Tanzmusik des VDK, danach Mitgl. der Kommission Rock- u. Popmusik; 1983 LP »Der Traum von Asgard – Electronics«, Live-Auftritt mit elektron. Musik bei DT 64-Jugendkonzert; 1985 LP »Mimmelitt, das Stadtkaninchen«, LP »Zeiten – Electronics« (mit Rainer Oleak).

1992 LP »Der Wasserkristall«; CD »Die Jahre 1972–1976«; 1993 CD »Die 6-Uhr-13-Bahn«.

Lamberz, Werner 14. 4. 1929–6. 3. 1978
SED-Politiker
Geb. in Mayen (Rheinl.), Vater Arbeiter; Volksschule; 1945–47 Ausbildung zum Heizungsmonteur, bis 1948 im Beruf tätig; 1946 FDGB; 1947 SED, FDJ; ehrenamtl. Funktionär der IG Metall in Luckenwalde; 1948/49 Vors. der FDJ im Kr. Lukkenwalde; 1949/50 Sekr. des Landessportaussch. Brandenburg; 1950/51 Assistent u. hauptamtl. Sekr. an der Landesparteischule Schmerwitz der SED; 1951/52 Sekr. der FDJ-Landesltg. Brandenburg; 1952/53 Studium an der Komsomol-HS in Moskau; 1953–63 Mitgl. u. Sekr. des ZR der FDJ, 1955–59 Vertreter der FDJ im Sekr. des WBDJ, Ltr. des Büros für Propaganda; seit 1961 Vizepräs. der Dt.-Afrikan. Ges.; 1963 Kand., seit 1967 Mitgl. u. Sekr. des ZK der SED, verantw. für Agit. u. Prop.; Abg. der Volkskammer; 1963–66 der Abt. Auslandsinformation u. 1966–71 Ltr. der Abt. Agitation beim ZK der SED; 1969 VVO in Gold; 1969 Mitgl. des Präs. des NR der NF; 1970 Kand., ab 1971 Mitgl. des PB des ZK der SED; L. galt als Honecker*-Nachfolger und Verfechter einer »liberaleren« Pol.; 6. 3. 1978 verunglückte bei einem Hubschrauberabsturz in Libyen tödl.
Publ.: Ideolog. Arbeit – Herzstück der Parteiarbeit. Ausgewählte Reden u. Aufsätze. Berlin 1979.

Lambrecht, Hermann
27. 9. 1908–4. 6. 1983
Astronom, Direktor der Universitätssternwarte Jena
Geb. in Weimar in einer Künstlerfamilie; Studium der Astronomie, Physik u. Mathematik in Berlin u. Jena, hier 1935 Prom. mit einer Diss. über die Struktur der Spiralnebel, 1940 Habil.; 1935 Mitarb. an der Sternwarte Breslau.
1945 kommissar. Ltr. u. 1948 Dir. der Univ.-Sternwarte Jena, Organisator ihres Wiederaufbaus; 1948 ao. Prof., 1953 Lehrstuhlinhaber für Astronomie an der FSU Jena, Dekan der Mathemat.-Naturwiss. Fak.; 1962/63 Ausbau der Univ.-Sternwarte mit mod. Instrumenten für Forschung u. Lehre (Beobachtungsstation Großschwabhausen bei Jena mit 90-cm-Spiegelteleskop); 1968–82 Hrsg. bzw. Chefred. der Ztschr. »Die Sterne«; Mitgl. der Intern. Astronom. Union; 1962–66 stellv. Vors. der Astronom. Ges., Vors. des Nat.-Komitees für Astronomie u. Mitgl. des Präs. der Urania; ihm zu Ehren wurde der Planetoid Nr. 2861 benannt.
Arbeiten zu Radioastronomie, interstellarer Materie (Physik u. chem. Zusammensetzung des interstellaren Gases, Häufigkeit des molekularen Wasserstoffs, Verhältnis Gas zu Staub in der interstellaren Materie, Massenakkretion) u. Kosmogonie; zahlr. wiss. u. populärwiss. Publ.

Lammert, Will 5. 1. 1892–30. 10. 1957
Bildhauer
Geb. in Altenhagen b. Hagen, Vater Maschinenschlosser; 1906–10 Lehre als Stuck-, Holz- u. Steinbildhauer; 1911–14 Studium (Plastik) an der Staatl. Kunstgewerbeschule in Hamburg; 1912/13 Studienaufenthalt in Paris; 1914–17 Militärdienst, schwer verwundet; 1918 Studium an der FS für Keramik in Höhr bei Koblenz; 1918–21 freischaff. (Hagen), Lehrer am Staatl. Kunstfertigkeitsseminar; 1922 Arbeit in der Künstlerkolonie Margarethenhöhe in Essen; 1924–27 Aufbau u. Ltr. einer Werkstatt für Keramik, freie u. baugebundene Plastik; 1931 Rom-Stipendium der Preuß. AdK, 1931/32 Aufenthalt in Rom; 1932 KPD; 1933 (Frühsommer) Emigration über die Niederlande nach Frankreich (Paris); 1934 Exil in der UdSSR (Moskau), 1941 Ausweisung als Deutscher aus Moskau in die Tatarische Autonome Sowjetrep., 1942 Mobilisierung in die Arbeitsarmee, 1946 Verbannung nach Kasan.
1951 Rückkehr nach Dtl.; 1952 DAK.
Werke: Plastik Tragende für Nat. Mahn- und Gedenkstätte Ravensbrück; 1985

postume Aufstellung einer Figurengruppe zum Gedenken an die jüd. Opfer des Faschismus, Alter Jüd. Friedhof Berlin-Mitte.
Sek.-Lit.: W. L. Werkverz. Dresden 1963; Lammert, M.: Ravensbrück. Berlin 1968; W. L. Gedächtnisausst. DAK Berlin 1959; W. L. u. W.-L.-Preisträger. AdK Berlin 1973; W. L. in Essen. Essen 1989; W. L. (1892–1957) Plastik und Zeichn. (mit Bibliogr.). AdK Berlin 1992.

Land, Rainer 15. 2. 1952
Reformtheoretiker, Gesellschaftswissenschaftler
Geb. in Caputh (b. Potsdam), aufgewachsen in Potsdam, Vater Psychologe, Mutter Lehrerin; 1969–72 Ausbildung zum Rinderzüchter in Jüterbog, 1971 SED, 1972 Abitur, 1972–75 NVA, 1975–81 Studium und Forschungsstudium an der Sekt. Philos. der HU Berlin, seit 1978 in versch. informellen u. off. Zirkeln bzw. Forschungsgruppen, die sich um eine Modernisierung des Marxismus bemühte, 1980/81 Ablehnung eines Diss.-Entwurfs u. Sekt.-Wechsel im Zusammenhang mit der Maßregelung von Peter Ruben*; 1981–87 Forschungsstudent bzw. Assistent an der Sekt. Wirtschaftswiss., maßg. Beteiligung an einer Modernisierung der Kap.-Theorie am Lehrstuhl Hans Wagner*, 1985 Prom. u. Habil. mit einer Diss. zur Entw.-Logik mod. kap. Produktionsweisen, 1987–91 Assistent an der Sekt. Philos.; Jan. – März 1988 Gastdoz. an der Univ. Kabul; initiierte 1987 mit Michael Brie* und Dieter Segert das reformtheor. Forschungsprojekt »Konzeption eines mod. Soz.«, das darauf hinauslief, Perspektiven einer soz. Entw. in der DDR an die Einführung von Institutionen der Moderne zu knüpfen, im Verständnis der eigenen Funktion aber im Horizont eines »konspirativen Avantgardismus« (Land) verblieb; Nov. 1989 Mitautor des Programmentwurfs für die SED-PDS, Mitgl. der Plattform »Dritter Weg«, Jan. 1990 Austritt aus der SED-PDS nach gescheiterten Bemühungen um eine Selbstauflösung der Partei, beteiligt am Versuch der Gründung einer Unabhängigen Soz. Partei.
1991 Mitarb. am Soziol. Forschungsinst. Göttingen (SOFI), dort industriesoziolog. Untersuchungen zur Reorg. ostdt. Betriebe, seit 1992 Geschäftsführer der Ges. für sozialwiss. Forschung u. Publ. mbH Berlin u. verantw. Red. der Ztschr. »Berliner Debatte INITIAL«; Forschungen zur pol. Kultur von Intellektuellen in der DDR.
Publ.: Soz. in der Diskussion (Hrsg. mit Lutz Kirschner). Berlin 1990; Das Umbaupapier (Hrsg.). Berlin 1990 (Hrsg.); Namenlose Stimmen waren uns voraus (mit Ralf Possekel). Bochum 1993.

Landgraf, Günther 14. 9. 1928
Physiker, Rektor der TU Dresden
Geb. in Kriegern (ČSR); 1947–52 Physikstudium an der TH Dresden, anschl. dort wiss. Assistent u. Oberassistent am Inst. für Techn. Mechanik; 1961 Prom. mit einer Arbeit zur Theorie der biegesteifen Kreiszylinderschale unter Berücksichtigung der Querkraftschubverzerrungen; anschl. Tätigkeit im VEB Germania Chemieanlagen- u. Apparatebau Karl-Marx-Stadt; 1969 Habil. zum Thema »Berechnung beliebig belasteter Rotationsschalen mit und ohne Berücksichtigung der Querschubverzerrungen«; 1970 ord. Prof. für Techn. Mechanik (Plastizitätstheorie) an der TU Dresden, seit Febr. 1990 Rektor.
Arbeitsgebiet: Programmsysteme zur Auslegung von Rotationsschalen (ROSCHA-System) u. deren Industrieanwendungen.

Landvoigt, Bernd und Jörg 23. 3. 1951
Leistungssportler (Rudersport)
Geb. als Zwillinge in Brandenburg, Mutter Sekretärin, Vater Binnenschiffer; ab 1965 aktive Rudersportler zunächst bei

der BSG Einheit Brandenburg, ab 1969 bei Dynamo Potsdam (Trainer Johannes Wujanz), Spezialdisz. Zweier ohne Steuermann; 1972 Olympia-Dritte im Achter; 1973 EM (Bernd auch EM im Achter); 1974 und 1975 jeweils WM; 1976 Olympiasieger; 1978 und 1979 jeweils WM; 1980 Olympiasieger; 1969 Abitur u. Facharbeiterabschluß als Stahlwerker; anschl. Eintritt in die DVP u. bis 1977 Sportstudium an der DHfK Leipzig; nach Beendigung der leistungssportl. Laufbahn ab 1980 Rudertrainer in Potsdam. Bernd L. arbeitet z. Z. als Trainer in Potsdam, Jörg L. war zwischenzeitl. Trainer in Italien u. ist derzeit ohne Anstellung.

Lang, Alexander 24. 9. 1941
Schauspieler, Regisseur
Geb. in Erfurt, Vater Architekt; Oberschule in Erfurt, 1961/62 Ausbildung als Plakat- u. Schriftmaler; 1962–64 Bühnenarbeiter am Theater Erfurt; 1964–66 Ausbildung an der Staatl. Schauspielschule Berlin; 1966/67 Engagement am Maxim Gorki Theater Berlin (1966 »Don Juan oder Die Liebe zur Geometrie« von Max Frisch, TR, R: Wolfram Krempel); 1967–69 am Berliner Ensemble (BE), u. a. 1966 in »Purpurstaub«, (Rolle: O'Killing, R: Hans-Georg Simmgen); 1969–87 am Dt. Theater als Schauspieler, ab 1978 als Regisseur; Rollen am DT u. a. Ferdinand (»Kabale u. Liebe«, 1972), Caliban (»Der Sturm«, 1974, R: Friedo Solter*), 1975 TR »Prinz von Homburg«; »Der zerbrochene Krug« (Rolle: Ruprecht, R: Dresen*); Übergang zur Regie: »Philoktet« von Heiner Müller, zus. mit Christian Grashof* u. Roman Kaminski; 1977 u. a. Inszenierungen am DT: »Pauline« von Georg Hirschfeld (1976), »Miß Sara Sampson« (1978), »Ein Sommernachtstraum« (1980), »Dantons Tod« (1981), »Die Rundköpfe u. die Spitzköpfe« (1983), »Die wahre Geschichte des Ah Q« (1983), »Herzog Theodor von Gothland«/»Iphigenie auf Tauris« (1984), »Winterschlacht« (mit Vorspiel »Wolokolamsker Chaussee I«, 1985), »Medea«/»Stella«/»Totentanz« (1986, Trilogie der Leidenschaft); 1985–87 Gastinszenierungen an den Münchener Kammerspielen, u. a. »Don Karlos«, »Phädra« (1987), »Penthesilea« (1987); 1985 NP 2. Kl.; 1986 Mitgl. der AdK; 1987–89 Schauspieldir. am Thalia-Theater in Hamburg.
1990–93 Direktionsmitgl. des Schiller Theaters Berlin, Regiearbeiten: »Die Räuber« (1990), »Nacht«/»Nördliche Stadt« v. Reiner Groß (UA 1991); seit 1992 Mitgl der AdK Berlin-Brandenburg; seit 1992 auch am Dt. Theater tätig, an der Comédie Française Paris 1994 »Der Prinz von Homburg«; Filmtätigkeit u. a. »Leichensache Zernik« (1972, R: Gerhard Klein*), »Solo Sunny« (1980, R: Konrad Wolf*); DFF »Der Leutnant York von Wartenberg« (1982, R: Peter Vogel).
Sek.-Lit.: Linzer, Martin (Hrsg.): A. L. Abenteuer Theater. reihe dialog. Berlin 1987.

Lang, Lothar 20. 3. 1928
Kunstwissenschaftler
Geb. in Werdau (Sa.); nach 1945 kurze Zeit Lehrer; Studium der Kunstgeschichte, Geschichte u. Pädagogik; Doz. an der PH Potsdam und am Inst. für Lehrerweiterbildung Berlin; seit 1957 Kunstkritiken für die Ztschr. »Weltbühne«; 1962–73 Ltr. des Kunstkabinetts am Inst. für Lehrerweiterbildung Berlin-Weißensee, dann Berlin-Pankow, hier erhielten viele junge Künstler ihre erste Ausstellungsmöglichkeit; ab 1964 Hrsg. der »Marginalien«, Ztschr. für Buchkunst u. Bibliophilie; 1965–73 Hrsg. von 20 Drucken der Kabinettspresse; ab Ende der 60er J. freischaff.; nach 1970–90 Dir. des Museums Schloß Burgk, dort Aufbau des Exlibriszentrums der DDR; verantw. für den Beitrag der DDR auf der documenta 6, Kassel 1977; seit 1978 gemein-

sam mit Hans Marquardt* Hrsg. der Grafik-Edition im Reclam-Verlag Leipzig; Vorstandsmitgl. der Pirckheimer-Ges.; Sammler.

Publ. zur Kunst der DDR u. der Kunst des 20. Jh., spez. der Grafik u. Buchillustration: Das Bauhaus. Berlin 1965; 1962–67. 5 Jahre – 50 Ausst. Almanach Kunstkabinett am Inst. für Lehrerweiterbildung Berlin-Pankow, 1967; Begegnungen im Atelier. Berlin 1975; Expressionist. Buchillustration in Dtl. Luzern 1975; Malerei u. Grafik in der DDR. Leipzig 1978; Der Grafiksammler. Berlin 1979; Künstler in Berlin. 1979; Berliner Montmartre – Künstler vom Prenzlauer Berg. Berlin 1991.

Sek.-Lit.: Glückwünsche für Lothar Lang (Texte von Harald Metzkes*, Hans Vent*, Jürgen Schieferdecker, Dieter Goltzsche* u. Hartmut Pätzke). In: Marginalien 109 1/1988, S. 17–28; Lang, Elke: Veröffentl. von Lothar Lang. Bibliogr. In.: Marginalien 109, 1/1988, S. 4–6.

Lange, Fritz 23. 11. 1898–16. 9. 1981
Minister für Volksbildung, Vorsitzender der Zentralen Kommission für Staatliche Kontrolle

Geb. in Berlin, Vater Kaufmann; 1904–12 Siemens-Oberrealschule in Charlottenburg, 1912–17 Präparandenanstalt u. Lehrerseminar in Neuruppin; 1917/18 Kriegsdienst; 1919 staatl. Sonderlehrgang für Kriegsseminaristen an der Berliner Univ., Lehrerprüfung; 1919–24 Volksschullehrer in Neukölln; 1919 USPD, 1920 KPD; 1921–24 Mitgl. der Reichsltg. der Komm. Kindergruppe; 1922–24 kulturelle Mitarb. in der Berliner Gesandtschaft der Sowjet-Ukraine; 1924 Sekr. der Kinderhilfe der Intern. Arbeiterhilfe (IAH); 1924 aus dem Schuldienst entlassen; 1925 Red. beim Pressedienst des ZK der KPD; 1925–28 ltd. Funktionär im RFB; 1925–33 Bezirksverordneter in Neukölln u. Stadtverordneter in Berlin, Vors. der KPD-Fraktion der Bezirksverordnetenversammlung, Mitgl., auch Vorsitzender versch. Deputationen, Ausschüsse, Aufsichts- u. Verwaltungsräte beider Verordnetenversammlungen; 1927–33 Red. in der Abteilung Agit. u. Prop. des ZK der KPD; 1930–32 ltd. Funktionär in der Reichsltg. des Kampfbunds gegen den Faschismus; 1933 KZ Sonnenburg; anschl. bis 1942 Arbeiter bzw. kaufm. Angestellter; 1935–42 illegaler Widerstand, u. a. in der Gruppe Bästlein-Guddorf, u. a. Mithrsg. der illegalen Ztg. »Die innere Front«; 1942 verhaftet, 1943 vom Volksgerichtshof zu fünf Jahren Zuchthaus verurteilt, bis 1945 inhaftiert, u. a. in Brandenburg-Görden.

1945–48 OB von Brandenburg (Havel); 1948/49 Ltr. der HA-Abt. der Zentralen Kontrollkommission bei der DWK, 1949–54 der Zentralen Kommission für Staatl. Kontrolle; 1950–58 Abg. der Volkskammer u. Kand. des ZK der SED; 1954–58 Min. für Volksbildung (Nachf. von Else Zaisser*); 1958 abgelöst nach Kritik auf dem V. Parteitag der SED; 1960/61 Mitarb. im Dt. Institut für Militärgeschichte in Potsdam; ab 1961 Rentner.

Lange, Gerhard 22. 9. 1933
Katholischer Amtsträger

Geb. in Berlin; 1955 Theologiestudium in Erfurt u. Neuzelle, 1960 Priesterweihe, 1961 Kaplan in Berlin, 1963 Seelsorger in Zinnowitz (Usedom), 1965 Rektor im St.-Otto-Heim in Zinnowitz, 1970 Diözesanjugendseelsorger im Bistum Berlin, 1974 Ordinariatsrat; 1974–90 Chefred. der kath. Kirchenztg. »St. Hedwigsblatt«; 1974–89 Beauftragter zu Verhandlungen mit der Dienststelle des Staatssekr. für Kirchenfragen; 1981 Prälat.

1991 Ltr. der Arbeitsstelle für Zeitgeschichte im Bistum Berlin, 1992 zusätzl. Theologenreferent im Bistum Berlin.

Publ.: Kath. Kirche – Soz. Staat DDR (Hrsg.). 2. Aufl. Leipzig 1993.

Lange, Gerhard 20. 1. 1935–30. 1. 1990
MfS-Bezirksverwaltungsleiter
Geb. in Magdeburg, Vater Ofensetzer, Mutter ohne Beruf; 1953 Abitur; 1953–57 Jura-Studium an der MLU Halle/Wittenberg; Dipl.-Jur.; 1954 SED; 1957 wiss. Assistent an der MLU; 1959 Eintritt in das MfS, Bezirksverwaltung Halle, Abt. IX (Untersuchungsorgan); 1969 stellv. Operativ des Ltr. der Bezirksverwaltung Halle; 1973/74 Delegierung zur PHS; 1981 Ltr. der Bezirksverwaltung Suhl; 1982 Mitgl. der SED-BL Suhl; 1983 Gen.-Major; 1989 Entlassung; 1990 Selbstmord.

Lange, Hans-Dieter 20. 6. 1926
Nachrichtensprecher
Geb. in Elbing (Westpr.) in einer bürgerl. Familie; Gymnasium, Abitur; 1942–44 Schauspielschule in Danzig; 1944/45 Wehrmacht, 1945 kanad. Gefangenschaft.
1945/46 Sanitätshelfer im UNRRA-Lager Bergen-Belsen.
1946–49 Schauspieler am Theater Hildesheim u. an den Städt. Bühnen Bonn; 1950–62 Sprecher beim Berliner Rundfunk u. beim Deutschlandsender, dazwischen 1960/61 Red. u. Sprecher bei Radio Peking; 1955 SED; 1960–90 Synchronsprecher bei DEFA und DFF, 1962–90 Schauspieler u. Nachrichtensprecher beim DFF; 1975–79 Studium der Sprachwiss. an der MLU Halle; 1979–90 Red. u. Sprecherzieher für den Nachwuchs beim DFF.
1990 Rentner.

Lange, Ingeburg, geb. Rosch 24. 7. 1927
SED-Politikerin
Geb. in Leipzig, Vater Arbeiter; Grundschule, 1943–46 Ausbildung zur Schneiderin; 1945 KPD, Mitgl. des Antifa-Jugendausschusses Leipzig-Großzschocher; 1946 SED u. FDJ; 1946–61 hauptamtl. in der FDJ tätig, u.a. als 2. u. 1. Sekr. der Gebietsltg. Wismut u. als 2. Sekr. von Groß-Berlin; 1947 FDGB; 1952–54 Abg. der Volkskammer; 1952–61 Sekr. des ZR der FDJ; 1954–61 Fernstudium an der PHS, Dipl.-Ges.-Wiss.; seit 1961 Ltr. der Abt. Frauen beim ZK der SED und Vors. der Frauenkommission des PB, 1963 Kand., 1964 Mitgl. des ZK, 1973 Kand. des PB u. Sekr. des ZK der SED; 1963–89 Abg. der Volkskammer, 1963–67 Mitgl. des Aussch. für Industrie, Bauwesen u. Verkehr, ab 1971 stellv. Vors. des Aussch. für Arbeit u. Sozialpol.; 1977 KMO; 8. 11. 1989 Rücktritt mit dem PB des ZK der SED u. anschl. als Kand. des neuen PB wiedergewählt; 3. 12. 1989 mit dem ZK der SED zurückgetreten; 20. 1. 1990 Ausschluß aus der SED-PDS; Rentnerin.
Publ.: Die Frauen – aktive Mitgestalterinnen des Sozialismus. Ausgewählte Reden u. Aufsätze. Berlin 1987.

Lange, Martin 20. 7. 1932
Moderator des Zentralen Runden Tisches, Ev.-methodistischer Pfarrer
Geb. in Zwickau, aufgewachsen in Dresden, Vater Steuerberater; nach dem Abitur 1951–56 Gemeindepraktikum u. Studium am Theolog. Seminar der Ev.-Methodist. Kirche in Bad Klosterlausnitz; 1956 Pfarrer in Reichenbach, 1957–64 in Plauen; 1958 Ordination; ab 1962 im Nebenamt Jugendpfarrer; 1964–70 Pfarrer in Oelsnitz; 1969–81 nebenamtl. Ltr. des Ev.-methodist. Jugendwerks, Mitarb. im Eur. Methodist. Jugendrat; 1970–91 Pfarrer in Berlin; 1971–81 Vors. des Ökumen. Jugendrats u. der Arbeitsgemeinschaft Christl. Jugend; 1981 nebenamtl. Sekr. der Arbeitsgemeinschaft Christl. Kirchen in der DDR; in den 80er Jahren engagiert in der kirchl. Friedensbew. u. im konziliaren Prozeß; Dez. 1989 – März 1990 Moderator des Zentralen Runden Tisches in Berlin.

Lange, Thomas 27. 2. 1964
Leistungssportler (Rudern)
Geb. in Eisleben, Mutter Ärztin, Vater Offz.; seit 1974 Rudersportler zunächst bei der HSG Univ. Halle, ab 1978 beim SC Chemie Halle (Trainer Lothar Trawiel); 1980 Junioren-WM im Doppelzweier; 1981 u. 1982 jeweils Junioren-WM im Einer; 1983 u. 1985 jeweils WM im Doppelzweier; 1987 WM im Einer; 1988 Olympiasieger im Einer; 1989 WM im Einer; 1990 Vize-WM 1990 im Doppelzweier; 1992 Olympiasieger im Einer; 1983 Abitur an der KJS, seitdem Student der Medizin in Halle.

Langhoff, Thomas 8. 4. 1938
Regisseur, Schauspieler
Geb. in Zürich, Vater Kommunist u. Schauspieler Wolfgang L.*; seit 1946 in Berlin; bis 1960 Studium an der Theater-HS in Leipzig; 1963–71 Schauspieler am Hans-Otto-Theater Potsdam; ab 1971 Schauspieler beim DFF; seit Mitte der 70er Jahre Theaterregisseur, Inszenierungen u. a. »Venezian. Zwillinge« (Goldoni), »Clavigo« (Goethe), »Einsame Menschen« (Hauptmann, 1978) am Maxim Gorki Theater Berlin; 1979 »Drei Schwestern« (Tschechow) am Maxim Gorki Theater u. am Schauspiel Frankfurt/Main; 1980 »Ein Sommernachtstraum« (Shakespeare) am Maxim Gorki Theater sowie »Maria Stuart« (Schiller) am Dt. Theater, 1988 »Die Übergangsgesellschaft« (Volker Braun*) am Maxim Gorki Theater; 1981 an den Kammerspielen in München »Platonow« (Tschechow), 1982 »Freudenfeuer für den Bischof« (O'Casey); 1990 am Salzburger Landestheater »Die Jüdin von Toledo« (Grillparzer), an den Kammerspielen des Dt. Theaters Berlin »Haus Herzenstod« (Shaw), »Der zerbrochene Krug« (Kleist), am Maxim Gorki Theater »Mein Kampf« (George Tabori); 1990 Mitgl. der AdK.
1991 Generalintendant am Dt. Theater/Kammerspiele.

Sek.-Lit.: Th. L. Schauspieler – Regisseur – Intendant. Berlin 1983.

Langhoff, Wolfgang
6. 10. 1901–24. 8. 1966
Schauspieler, Regisseur, Intendant
Geboren in Berlin, Vater Kaufmann; 1916–18 Schiffsjunge u. Leichtmatrose, dann Statist u. erste Rollen am Schauspielhaus Königsberg u. am Thalia-Theater Hamburg; 1924 in Wiesbaden erste Rolle als jugendl. Held; seit 1928 am Schauspielhaus Düsseldorf; 1928 KPD; Mitbegr. der Agit.-Prop.-Gruppe »Nordwest ran«, des »Bundes für neue Volkskunst« u. der Ges. zur Organisierung sozialwiss. Vorträge, Mithrsg. einer Betriebsztg.; 1933/34 KZ Esterwegen, Darstellung seiner Erlebnisse in »Die Moorsoldaten« (1935); 1934–45 Emigration in der Schweiz, Schauspieler u. Regisseur am Schauspielhaus Zürich.
1945 Rückkehr nach Dtl.; 1945/46 Generalintendant der Düsseldorfer Bühnen; 1946–63 Intendant des Dt. Theaters (DT) in Berlin; Mitgl. der Kulturkommission des ZK der SED; nach dem ZK-Beschluß über Verbindungen dt. Emigranten zu Noel Field im Aug. 1950 Repressionen, zeitw. aller seiner Funktionen enthoben.
Inszenierungen am Dt. Theater u. a.: 1947 »Ein jeder von uns«, 1947 u. 1954 »Faust I«, 1947 u. 1958 »Woyzek« (G. Büchner), 1948 »Furcht u. Elend des Dritten Reiches« (B. Brecht*), »Maß für Maß« (Shakespeare), 1949 »Tai Yang erwacht« (F. Wolf*) u. »Optimist. Tragödie« (W. Wischnewski), 1950 »Der Revisor« (N. Gogol), 1951 »Egmont« (Goethe), 1952 »Don Carlos« (Schiller), 1953 »Thomas Müntzer« (F. Wolf), 1956 »Die Schlacht bei Lobositz« (P. Hacks*), zahlr. Rollen am DT u. an den Kammerspielen: 1949 in »Die Sonnenbrucks« (L. Kruczkowski), 1958 in »Die kleinen Füchse«; Film- u. TV-Rollen u. a. in »Dr. Schlüter« (R: Karl Georg Egel*, 1966), in

»Wolf unter Wölfen« (R: Hans Joachim Kasprzik, 1966).
1950 Gründungsmitgl. der DAK, 1962–66 ihr Vizepräs., 1952–56 zugl. Sekr. der Sekt. Darstellende Kunst; zeitw. Mitgl. der SED-BL Berlin; 1966 Präs. des DDR-Zentrums des Intern. Theaterinst.

Lanius, Karl 3. 5. 1927
Physiker
Geb. in Berlin; Lehre als Werkzeugmacher; zeitw. in einem Gestapo-Arbeitslager inhaftiert.
Nach dem Krieg zunächst Studium des Maschinenbaus an der TH Berlin-Charlottenburg, dann Physikstudium an der HU Berlin; SED; seit 1952 Mitarb. des Inst. (anfangs Forschungsstelle) für Hochenergiephysik der DAW in Zeuthen (b. Berlin), 1962–72 u. 1976–88 dessen Dir.; 1957 Prom., 1962 Habil.; ab 1964 Prof. mit Lehrauftrag an der HU Berlin; 1967 NP; 1969 Ord. Mitgl. der DAW; 1969–72 Ltr. des Forschungsbereichs Mathematik/Physik der DAW; 1973 bis 1976 Vizedir. des Vereinigten Kernforschungszentrums in Dubna (UdSSR); 1988–90 wiss. Mitarb. am Centre Européenne pour la Recherche Nucléaire (CERN) in Genf.
Hauptarbeitsgebiete: Physik der kosm. Strahlung u. der Elementarteilchen.
Publ.: Physik der Elementarteilchen. Berlin 1981; Mikrokosmos – Makrokosmos. Berlin 1989.

Last, Otto 14. 4. 1906–17. 4. 1990
Stellv. Minister für Staatssicherheit
Geb. in Gustow (Rügen), Vater Arbeiter, Mutter Hausfrau; Volksschule; 1920–28 Lehre u. Arbeit als Stellmacher in Stettin, Essen, Nürnberg, Köln u. Dresden; 1928/29 Tischler, dann Hilfsarbeiter in São Paulo (Brasilien); 1929 KPD, 1929–33 Strecken- u. Hafenarbeiter in Stettin; 1933–35 Stellmacher; 1935–39 Verhaftung, Verurteilung zu drei Jahren Zuchthaus wegen »Vorbereitung zum Hochverrat«, dann KZ Sachsenhausen; 1939–43 Modelltischler; 1943–45 Soldat im Strafbat. 999.
1945 2. Sekr. der KPD/SED-Kreisltg. Randow (Mecklenb.); 1946 Mitgl. des mecklenburgischen Landtags; 1947/48 PHS; 1948/49 1. Sekr. der SED-Kreisltg. Schönberg (Mecklenb.); 19. 7. 1949 Einstellung bei der VP, ab Febr. 1950 MfS, Ltr. der Länderverwaltung Mecklenburg; 1951 Stellv. Min. für Staatssicherheit; 1953 Gen.-Major; 1957 Ltr. der Objektverwaltung Wismut des MfS, 1960 Degradierung zum Oberst, Offz. im besonderen Einsatz im Kombinat Schwarze Pumpe als Kaderltr.; 1966 Entlassung, Rentner; 1971 VVO in Gold, 1976 KMO.

Läßig, Jochen 4. 12. 1964
Bürgerrechtler
Geb. in Bocka (b. Aue); 1980 Abitur, danach bis 1982 Grundwehrdienst; anschl. versch. Beschäftigungen, u. a. Bühnenarbeiter am Dt. Nat.-Theater in Weimar; 1983 Aufnahme eines Studiums der Theol. an der MLU Halle/Saale, Mitarb. in einer opp. kirchl. Friedensgruppe; 1985 Exmatrikulation wegen provokativer pol. Aktivitäten während der obligator. paramilitär. Ausbildung im Zivilverteidigungslager (Verweigerung der Uniform, gezielte Disziplinverstöße); Forts. des Studiums am Theolog. Seminar in Leipzig, 1988 Entzug des Stipendiums nach Konflikten mit Vertretern der sächs. Kirchenltg.; anschl. ohne Anstellung, Straßenmusiker; Jan. 1988 nach den Verhaftungen im Zusammenhang mit der Liebknecht-Luxemburg-Demonstration Mitbegr. des opp. »Arbeitskreis Gerechtigkeit«, der sich an der Gestaltung der Friedensgebete in der Leipziger Nikolai-Kirche u. am Aufbau eines DDR-weiten Informationsnetzes zur Situation der Inhaftierten beteiligte; nach gruppeninternen Konflikten Wechsel zur Leipziger »Initiativgruppe Leben«; Okt. 1989 Mit-

begr. des Neuen Forum (NF) Leipzig u. Geschäftsführer des Leipziger NF-Büros; Redner auf der ersten öff. Kundgebung des NF am 18. 11. 1989 in Leipzig; Mai 1990 Wahl in die Leipziger Stadtverordnetenversammlung, Vors. der Fraktion Bündnis 90.
1990/91 NF-Bundessprecher; dann Mitgl. von Bündnis 90/Die Grünen; seit 1990 Studium der Rechtwiss. an der Univ. Leipzig.
Sek.-Lit.: Findeis, H., Pollack, D., Schilling, M.: Die Entzauberung des Politischen. Leipzig, Berlin 1994.

Laßner, Gerd (eigtl. Gert) 19. 8. 1940
Mathematiker
Geb. in Waldkirchen (Erzgeb.), Maschinenbaulehre, ABF; 1959–63 Studium der Physik u. Mathematik, 1963–66 Aspirantur u. 1966 Prom. an der KMU Leipzig; 1963–67 Kand. des ZR der FDJ; 1966–69 und 1976–79 am Vereinigten Kernforschungszentrum in Dubna (UdSSR) tätig; 1969 Habil. u. 1970 jüngster Prof. der DDR an der Sekt. Mathematik der KMU, Prof. für Analysis; 1979 Korr. u. 1987 Ord. Mitgl. der AdW; 1981–89 Kand. des ZK der SED; bis 1990 Ltr. des Naturwiss.-Theoret. Zentrums u. des Wiss.-Bereichs Mathemat. Physik der KMU.
Arbeitsgebiete: Analysis, Quantenmechanik, mathemat. Physik.

Lauck, Hans-Joachim 27. 9. 1937
Minister für Schwermaschinen- und Anlagenbau
Geb. in Freyburg (Unstrut), Vater Arbeiter; Berufsausbildung als Betriebsschlosser in Merseburg; 1955–58 Besuch der Ing.-Schule für Walzwerktechnik in Riesa, Ing. für Walzwerktechnik; 1962–68 Fernstudium an der Bergakad. Freiberg, Dipl.-Ing. für Metallformung; 1963 SED; Assistent des Produktionsdir., ab 1970 Dir. des Stahl- und Walzwerks Brandenburg; 1975/76 Besuch der PHS; 1979–86 Generaldir. des Qualitäts- u. Edelstahlkombinats Brandenburg; 1985 Prom. zum Dr.-Ing. an der Bergakad. Freiberg; 1986–90 Min. für Schwermaschinen- u. Anlagenbau (Nachf. von Rolf Kersten) u. Mitgl. des Min.-Rats.

Laufer, Paul (Deckname Stabil)
1. 1. 1904–11. 6. 1969
MfS-Abteilungsleiter
Geb. in Striegau (Schles.), Mutter Hausangestellte; von den Großeltern aufgezogen; 1910–18 Volksschule, 1918–21 Ausbildung zum Former; 1919–27 SAJ, 1921–33 SPD; 1921/22 Former; 1923 arbeitslos, 1924–28 Arbeiter bzw. Former in versch. Betrieben in Striegau, ab 1927 in Berlin; 1924/25 u. 1928–33 Reichsbanner; seit 1927 »Abwehrarbeit« für die KPD in der SPD; 1928–36 Arbeiter bei den Städt. Gaswerken Berlin, 1932 Mitarb. im Sekr. des Generalsekr. des Internat. Gewerkschaftsbunds in Berlin; 1933/34 arbeitslos; 1935 Mitgl. der illegalen SPD-BL Berlin; 24. 1. 1936 verhaftet, verurteilt vom Volksgerichtshof zu drei Jahren Zuchthaus, Haft in Brandenburg u. Waldheim; 1939/40 Lokheizer bei der Firma Stäber in Berlin; 1940–44 Dreher bei der AEG Berlin; 1944 Wehrmacht (Strafbat. 999), Einsatz in Jugoslawien, Kriegsgefangenenlager, entlassen; 1944/45 zunächst Partisan, dann Dienst in der Jugoslaw. Volksarmee.
Okt. 1945 Rückkehr nach Dtl.; auf Wunsch der KPD Mitgl. der SPD, ab 1946 SED; 1945/46 Mitarb. der Pressestelle im Polizeipräsidium Berlin; 1946–49 Mitarb., ab 1947 Hauptreferent der Abt. Personalpol. beim ZS der SED; 1949–54 Referent der ZPKK, zuletzt Sektorenltr.; 1954/55 PHS; 28. 2. 1955 Eintritt in das MfS als Major, Leiter der HV A-Abt. II, zuständig für die Bearbeitung von SPD u. DGB; Führungsoffz. von Christel u. Günter Guillaume*; Okt. 1964 Ende der operativen Arbeit aus gesundheitl. Gründen; Oberst; Jan. 1969 Ausscheiden aus dem Dienst; VVO in Gold.

Sek.-Lit.: Deckname Stabil. Stationen aus dem Leben u. Wirken des Kommunisten u. Tschekisten Paul Laufer. Leipzig 1988.

Lauter, Hans 22. 12. 1914
SED-Politiker
Geb. in Adelsberg (b. Chemnitz), Vater Former; 1929–34 Ausbildung zum Glasschleifer, anschl. im Beruf tätig; 1930 KJVD, 1931/32 Mitgl. der KJVD-Unterbezirksltg. Chemnitz, 1932–34 Pol. Ltr. der KJVD-Ortsgruppe Chemnitz-Ost, 1934/35 Pol. Ltr. der KJVD-BL Leipzig; Mai 1935 verhaftet u. im März 1936 »wegen Vorbereitung zum Hochverrat« zu zehn Jahren Zuchthaus verurteilt, verbüßt im Zuchthaus Waldheim u. Moorlager II, IV u. VII, Febr. 1945 Flucht.
1945 Agit.-Prop.-Leiter der KPD-KL Chemnitz, 1946 stellv. Ltr. der Abt. Werbung u. Schulung des SED-Landesvorst. Sa.; 1947–49 PHS; 1949/50 Mitgl. des Sekr. der SED-Landesltg. Sa.; Juli 1950 – Mai 1953 Mitgl. des ZK der SED u. seines Sekr., verantwortl. für Kultur; 13./14. 5. 1953 wegen angebl. Verrats von KJVD-Mitgl. an die Gestapo von den Funktionen enthoben, Juli 1956 rehabilitiert; 1953–59 Doz. am Franz-Mehring-Inst. der KMU Leipzig; 1958 bis 1969 Abg. des Bez.-Tags Leipzig; 1959–69 Sekr. für Kultur der SED-BL Leipzig, 1969 abgelöst wegen Konflikten mit dem Sekr. in Fragen der Intelligenzpolitik, insbes. wegen seiner Einstellung zur KMU; 1969–74 Doz. u. außerord. Prof., 1974 ord. Prof. im marxist.-leninist. Grundlagenstudium der TH Karl-Marx-Stadt, 1974 Prom. zum Dr. phil. mit einer Diss. zum Thema Technik u. Kultur; 1979 em.; Arbeiten u. Publ. zu kulturpol. u. -histor. Fragen sowie zur Geschichte der Arbeiterbew. u. des Antifasch. Widerstands; seit 1974 Vors. des Stadtkomitees Karl-Marx-Stadt der antifasch. Widerstandskämpfer, 1990 Mitgl. des Vorst. des Interessenverb. ehem. Teiln. am antifasch. Widerstand, Verfolgter des Naziregimes u. Hinterbliebener e. V. (IVVdN), ab Aug. 1990 Vors. des Stadtverb. Chemnitz des IVVdN.

Laux, Karl 26. 8. 1896–27. 6. 1976
Musikwissenschaftler
Geb. in Ludwigshafen, Vater Eisenbahninspektor; 1902–06 Volksschule, 1906–14 Gymnasium; 1914 Soldat, 1917–19 brit. Gefangenschaft; 1919–26 Studium der Musikwiss. an der Univ. Heidelberg, 1925 Prom.; seit 1922 auch Musikkritiker u. Doz. an der Musik- sowie der VHS Mannheim; 1926–34 Musikred. an der »Neuen Badischen Landesztg.« Mannheim, 1934–45 an den »Dresdner Neuesten Nachrichten«; 1936 bis 1948 zugl. Doz. am Konservatorium in Dresden.
1945–48 Referent für Musik u. Theater, dann Ministerialrat in der Landesreg. Sachsen; 1946 KPD/SED; Mitgl. des KB; 1948–51 Musikred. der »Tägl. Rundschau«; 1951 Chefred. von »Musik u. Ges.«; 1951 Dir. u. Prof. der Dresdener Akad. für Musik u. Theater; Ausbau der Akad. unter seiner Ltg. zur HS für Musik, 1957–63 deren Rektor (Nachf. von Fidelio F. Finke*); 1952 Vors. der KB-BL Dresden; 1956 Präs. der Schumann-Ges.; 1951 Gründungsmitgl. des VdK, 1951–59 Mitgl. des VdK-Zentralvorst., 1965–72 Vors. des Bez.-Verb. Dresden; 1958–63 Volkskammerabg.; 1963 em.; 1971 VVO in Gold.
Forschungen u. Publ. über zeitgenöss. Musiker u. die Musikgeschichte Dresdens.

Leben, Olaf 8. 10. 1932
MfS-Abteilungsleiter
Geb. in Berlin, Vater Elektromonteur; 1947–51 Ausbildung u. Arbeit als Fernmeldemonteur; 1949 SED; 1951 Einstellung beim MfS, Abt. N (Nachr.); 1952 HA S; 1955 Abt. O; 1962 Abt. 26 (Tel.-Überwachung); 1963 stellv. Abt.-Ltr.;

1965–67 Studium an der HS für Verkehrswesen »Friedrich List« Dresden, Dipl.-Ing.-Ök.; 1967 1. stellv. Ltr., 1977 Ltr. der Abt. 26 des MfS; 1984 Gen.-Major; 1990 Entlassung.

Leber, Wolfgang 15. 2. 1936
Maler, Grafiker
Geb. in Berlin, Vater Schneider, Mutter Putzmacherin; 1943–51 Schule; 1955 bis 1957 erste künstler. Versuche u. Teiln. an Abendkursen, Bewerbung an der Kunst-HS Berlin-Weißensee ohne Erfolg; 1957–61 Studium in der Grafikklasse der Meisterschule für das Kunsthandwerk Berlin-Charlottenburg bei Heinz Weißbrich u. Günter Scherbarth; 1961 Forts. des Studiums an der HS für bildende Künste Berlin-Charlottenburg bei Bachman u. Lemcke; Abbruch des Studiums durch den Bau der Mauer; Umzug nach Berlin-Friedrichshain; 1962–64 Arbeit als Grafiker an der Volksbühne Berlin; ab 1965 freiberufl. tätig; 1965 VBKD; ab 1967 Studienreisen nach Polen, Prag, Leningrad, Rumänien u. Bulgarien; Bewerbung als Meisterschüler an der AdK ohne Erfolg; 1970 Gründung u. Ltg. des Werkstudios Grafik am Kulturhaus Prater, Berlin-Prenzlauer Berg; wirkt damit bis in die Gegenwart als wichtiger Anreger des künstler. Nachwuchses; 1972 erste Personalausstellung im Inst. für baugebundene Kunst, Berlin; 1973 Initiator der »Galerie am Prater« in Berlin-Prenzlauer Berg, die in den folgenden Jahren als kommunale Galerie erste Ausstellungsmöglichkeiten für junge Künstler bot; 1973 Ausstellung in der »Galerie am Prater«; 1974–78 Lehrtätigkeit im Abendstudium an der FS für Werbung u. Gestaltung in Berlin-Oberschöneweide; 1975–80 Ltg. eines Zirkels für Autodidakten am Kulturhaus Berlin-Lichtenberg; 1981 Berlin-Preis; 1983 Ausstellung in der »Galerie im Alten Museum«, Berlin; 1986 Ausstellung in der »Galerie Mitte«, Berlin.
1990 Initiator des »1. Maisalons« in Berlin, der ersten freien Ausstellung von Kunst nach dem Fall der Mauer. 1990–93 Lehrauftrag an der Kunst-HS Berlin-Weißensee.
Seit Ende der 60er Jahre ist der Mensch im urbanen Raum zentrales Thema der auf ein strenges Gerüst von leuchtenden Farbklängen gebauten Malerei.
Sek.-Lit.: Kat. W. L. Galerie Unter den Linden. Berlin 1984; Kat. W. L. Gal. Mitte, Berlin 1986; Kat. W. L. AdK (mit Bibliogr.). Galerie am Pariser Pl. Berlin 1992.

Lecht, Hans Otto 23. 11. 1930
Verlagsleiter
Geb. in Berlin; Studium der Volkswirtschaft mit den Spezialgebieten Urheber- und Lizenzrecht sowie Außenhandel; Mitgl. der NDPD; 1955–58 Mitarb. des zur NDPD gehörenden Verlags der Nation Berlin (Belletristik, Biogr. u. Parteilit.), 1958–67 stellv. Verlagsleiter, 1968–78 Dir. des Ztg.-Verlags der NDPD, 1978–91 Ltr. des Verlags der Nation; 1983–90 Mitgl. des Vorst. des Börsenvereins der Dt. Buchhändler, 1990 letzter Vorsteher (Nachf. von Jürgen Gruner*).
1990–92 Stellv. des gesamtdt. Börsenvereins; 1991 nach Liquidationsbeschluß für den Verlag der Nation Gründung des Vision-Verlags Berlin.

Legal, Ernst 2. 5. 1881–29. 6. 1955
Schauspieler, Regisseur, Theaterleiter
Geb. in Schlieben (Sa.), Vater Apotheker; 1890–94 Besuch des Königl. Wilhelm-Gymnasiums, 1894–98 Schulpforta, 1898 Lehre als Buchhändler, 1901 Studium an der Großherzogl. Musik- u. Theater-HS Weimar; kurze Engagements in Döbeln, Bautzen, Bochum u. Bonn, 1906 Festengagement am Schillertheater Berlin, Sommeraufführungen mit dem Ensemble von Paul Linsemann in Hamburg, Hannover, Leipzig u. Dres-

den; 1912–20 in Wiesbaden, dort Regisseur u. ab 1918 Intendant, zugl. ab 1917 Vertrag mit dem Staatl. Schauspielhaus Berlin, dort bis 1924 als Schauspieler u. Regisseur, 1924–26 Generalintendant in Darmstadt, 1927/28 Intendant in Kassel, 1928–32 zus. mit Otto Klemperer Ltg. der Kroll-Oper Berlin, seit 1931 Ltg. des Schauspielhauses am Gendarmenmarkt u. des Schillertheaters Berlin; Austritt auf eigenen Wunsch 1932, da für ihn die pol. Verhältnisse untragbar geworden waren; 1933–36 Ltg. des Hebbel-Theaters zus. mit Kurt Raeck, 1936 Absetzung als Theaterltr. durch die Nazis, danach vor allem Darsteller im Film, 1938–44 Oberspielltr. u. Schauspieler am Schillertheater unter der Ltg. von Heinrich George, dort auch Aufführung seiner Dramen »Bradamante« u. »Gott über Göttern«.
1945 Gründungsmitgl. des KB, Präs. der Genossenschaft Dt. Bühnenangehöriger, 1945–52 Intendant der Dt. Staatsoper Berlin, Inszenierung u. a. von 1946 Offenbachs »Hoffmanns Erählungen«, 1947 Zuckmayers »Der Hauptmann von Köpenick«, 1948 Ostrowskis »Wölfe u. Schafe«; 1949 Tschechows »Onkel Wanja«, 1950 Gründungsmitgl. und Ord. Mitgl. der DAK, Sekr. der Sekt. Darst. Kunst; 1951 Inszenierung von Glinkas »Ruslan u. Ludmilla«; 1952 Rücktritt vom Amt des Intendanten der Staatsoper u. Austritt aus der AdK; 1952–55 als Schauspieler am Schillertheater Berlin; gest. in Berlin.
Publ.: Bradamante. Berlin 1918; Gott über Göttern. Berlin 1938.

Legal, Marga (Marga Legal-Klevenow)
18. 2. 1908
Schauspielerin
Geb. in Berlin; Vater Ernst Legal; 1914–22 Besuch des Realgymnasiums in Wiesbaden; 1924–25 Schauspielunterricht in München bei Kammersänger Jacob Geiß; 1926–27 Debüt im Stadttheater Aachen, 1928–29 Wuppertal, 1929–32 Staatstheater Stuttgart, 1932–33 Königsberg, ab 1936 Auftrittsverbot wegen jüd. Familienmitgl.
1946 Thalia-Theater in Hamburg, 1947 Theater am Schiffbauerdamm Berlin u. mit Fritz Wisten* Wechsel zur Volksbühne bis 1955; 1955–68 Maxim Gorki Theater Berlin, Ehrenmitgl. nach Beendigung der Bühnenlaufbahn; seitdem freischaff. tätig bei Film, Fernsehen, DEFA-Synchronstudio, Funk (seit 1950); Rollen u. a.: Turussina (»Eine Dummheit macht auch der Gescheiteste«, 1948, R: Aribert Wäscher), Anna (»Das Vertrauen«, 1956, R: Maxim Vallentin*), Juel (»David u. Goliath« von Karl Kaiser, 1957, R: Gerhard Klingenberg), Kwaschnja (»Nachtasyl«, 1957, R: Maxim Vallentin), ferner in: »Der Lohndrücker« (1958), »Nacktes Gras« von Alfred Matusche (1958), »Feinde« (1959), »Rummelplatz« (1961), »Steine im Weg« von Helmut Sakowski* (1962), »Frau Jenny Treibel« (1964), »Um neun an der Achterbahn« (1964), »Seemannsliebe« (1967); 1968 NPT 1. Klasse; Gastrollen am Dt. Theater Berlin u. a. in »Bernarda Albas Haus« (1980) u. am Theater im Palast (TiP) »Der Krieg hat kein weibliches Gesicht« (1985, R: Kurt Veth); 1994 im Renaissance Theater Berlin »Haus Eden« (R: Gerhard Klingenberg); Rollen u. a. in den DEFA-Filmen: »Das verurteilte Dorf« (1952, R: Martin Hellberg*), »Fünf Tage – fünf Nächte« (Co-Produktion DDR-UdSSR, 1961, R: Lew Arnschtam), »Sonnensucher« (1958, Premiere 1972, R: Konrad Wolf*); Fernsehrollen u. a. in »Wolf unter Wölfen«, »Die Bilder des Zeugen Schattmann«, »Er und Sie« (1990, R: Frank Beyer*), »Die beiden Alexander« (1991, R: Thomas Draeger), »No entry« (1993, R: Vivien Naefe), »Landarzt« (6. Staffel, 1994, R: Manfred Mosblech), mehrfach im »Tatort«, u. a. »Ehrenwertes Haus« (1994, R: Petra Haffter);

verheiratet mit Heinz Klevenow, Schauspieler.

Legge, Petrus 5.10.1882–9.3.1951
Katholischer Bischof
Geb. in Brakel (Westf.), 1903 Abitur in Warburg, 1904 Studium der Philos. u. Theol. in Würzburg u. Paderborn, 1907 Priesterweihe und Vikarieverweser in Gerbstedt (b. Mansfeld), 1911 Vikar in Halle/Saale, 1921 Propst in Magdeburg u. Kommissar für den sächs. Teil des Erzbistums Paderborn, Sept. 1932 Ernennung zum Bischof von Meißen mit Sitz in Bautzen; 1935 Verhaftung u. Verurteilung wegen »Devisenvergehens«, keine Amtsausübung bis zum März 1937, danach Wiederübernahme des Bischofsamtes bis 1951.

Lehmann, Christa (Christa Ehlers)
30.3.1921–20.10.1992
Schauspielerin, Regisseurin
Geb. in Berlin; 1934 Abitur; 1940 Ausbildung an der Schauspielschule des Deutschen Theaters Berlin (DT) bei Gerda Müller* (Schauspiel) u. Ernst Legal* (Gesang); 1942/43 Schauspielerin am Stadttheater Frankfurt/Oder; Dienstverpflichtung bei der Wehrmacht.
1945–47 am DT, Mitgl. der »Truppe junger Schauspieler« um Gustav v. Wangenheim*; 1947–84 am Dt. Nationaltheater Weimar (DNT), verpflichtet von Generalintendant Hans-Robert Bortfeldt, zunächst Schauspielerin, seit 1969 auch Regisseurin, 1981–86 Gastregisseurin; 1953–81 Lehrbeauftragte an der HS für Musik »Franz Liszt« in Weimar, Ltg. des Stanislawski-Seminars; seit 1956 Vors. u. Stellv. im Bezirksvorst. Erfurt der Gewerkschaft Kunst, auch im Zentralvorst.; ab 1959 Opernschule mit eigenen Studioaufführungen im DNT, u.a. »Die Verlobung im Kloster«, »Die Dreigroschenoper«; 1968 NP 1. Klasse im Kollektiv; 1969 Prof. mit Lehrauftrag; 1976–81 amt. Schauspieldir.; Ehrenmitgl. des DNT; Mitgl. des Kuratoriums des Marie-Seebach-Stifts in Weimar; verh. mit Prof. Fritz Ehlers (Violinvirtuose u. -Pädagoge).
Rollen: Helena (»Faust« II, 1948), »Wassa Shelesnowa« (TR, 1964, R: Fritz Bennewitz*/Ekkehard Kiesewetter), »Frau Jenny Treibel« (TR, 1966), Elisabeth (»Königin Elisabeth« von F. Bruckner, 1969, R: Fritz Bennewitz), »Mutter Courage u. ihre Kinder« (1977), Claire (»Besuch der alten Dame«, 1978, letzte Rolle, R: Harry Buckwitz); Schauspielinszenierungen: »Minna von Barnhelm« (1970), »Der Lügner« (1972), »Ein Glas Wasser« (1978), »Armer Ritter« von Peter Hacks* (1979), »Jacques u. sein Herr« (nach Diderot, UA 1980), »Das Tagebuch der Anne Frank« (1981), »Der Schuß in die Öffentlichkeit« von Georg Kaiser (1984), »Retro oder Zurück aufs Dach« von Alexander Galin (1986); Musiktheaterinszenierungen: »Die Hochzeit des Figaro«, »La Traviata«, »Eine Nacht in Venedig«, »Katja Kabanowa«; DFF: »Wege übers Land« (1968); DEFA: »Die Verlobte« (Co-Prod. mit dem DFF, 1980, R: Günther Rücker*/Günter Reisch*); Funk: »Porträt einer dicken Frau« von Rücker.

Lehmann, Christian 20.7.1934
Kameramann
Geb. in Halbau (Schlesien), Vater Lehrer; bis 1949 Besuch der Grundschule an versch. Orten, 1953 Abitur in Löbau; bis 1955 Studium der Fotografik an der HS für Grafik u. Buchkunst Leipzig, Wechsel an die Dt. HS für Filmkunst Potsdam-Babelsberg, Fachrichtung Kamera; arbeitete an den Filmen Jürgen Böttchers* mit, der während dieser Zeit an der Schule Regie studierte, 1959 Diplom als Kameramann; SED; 1959–1961 im DEFA-Studio für Dok.-Filme Assistent des Kameramanns Wolfgang Randel bei Filmen des Regisseurs Joop Huiskens; 1961 bis 1990 dort Kameramann in der Gruppe »dokument«; intensive Zusammenarbeit (z.T.

auch Mitarbeit am Buch) mit den Regisseuren Jürgen Böttcher, Karlheinz Mund u. Volker Koepp*; seine sich auf Beobachtungen einlassende ruhige Bildführung, die sich der Idee unterordnet, aber durch die Subjektivität des Eindrucks zu erkennen gibt, beeinflußt junge Kameraleute wie Thomas Plehnert u. Sebastian Richter. Seit 1990 freier Kameramann.
Werke: Drei von vielen (1962, R: J. Böttcher), Ofenbauer (1962, R: J. Böttcher), Stars (1963, R: J. Böttcher), Bilder aus Ceylon (1964, R: T. Wischnewski), Tito in Deutschland (1965, R: A. Thorndike), Paul Dessau* (1966/67, R: R. Cohn-Vossen), Granada, Granada, Granada moja (1967/68, R: R. Karmen), Otto Nagel 1894–1967 (1970, R: K. Mund), Tierparkfilm (1968, R: J. Böttcher), Slatan Dudow (1974, R: V. Koepp), In Sibirien (1976, R: K. Mund), Leben u. Weben (Wittstock IV)/(1981, R: V. Koepp), In Rheinsberg (1982, R: V. Koepp), Leben in Wittstock (1985, R: V. Koepp), Woran wir uns erinnern (1984, R: R. Steiner), Knabenjahre (1990, R: P. Voigt), Wind sei stark (1990, R: J. Kraußer), ABF-Momoiren (1991, R: K. Mund), Neues in Wittstock (1992, R: V. Koepp), Albert Kahn – Architekt der Moderne (1992/93, R: D. Marcelo), Der Ort. Die Zeit. Der Tod. Ein Heimatfilm (1994, R: P. Voigt).

Lehmann, Edgar Theodor
25. 3. 1905–24. 11. 1990
Geograph, Kartograph
Geb. in Berlin, Vater Innenarchitekt; Realgymnasium; 1925–30 Studium der Geogr., Geol., Geschichte u. Philos. an der Univ. Berlin, hier 1930 Prom. und 1930–33 Hilfsassistent; 1933–50 am Bibliograph. Inst. Leipzig, Ltr. der Kartograph. Anstalt; 1940 NSDAP; 1939–45 Mitgl. des Forschungsbeirats für Vermessungstechnik und Kartogr. beim Reichsamt für Landesaufnahme.
1950–53 beim VEB Dt. Buch- u. Landeskartendruckerei (vormals Bibliograph. Inst.) Leipzig, Ltr. der Kartograph. Anstalt; 1950–70 Dir. des Dt. Inst. für Länderkunde (ab 1968 Bestandteil der DAW u. 1969 in Geograph. Inst. umbenannt); 1952 Habil. u. Prof. für Geogr. mit vollem Lehrauftrag an der Univ. Leipzig; 1955 Dr. h.c. (ETH Zürich); 1956–68 Vizepräs. der Dt. Ges. für Kartogr. (Bundesrep. Dtl.); 1959 Ord. Mitgl. der Sächs. AdW; 1959 Korr. u. 1961 Ord. Mitgl. der DAW; 1961–67 ord. Prof. u. Dir. des Geograph. Inst. der KMU Leipzig; 1963–68 Sekretar der Klasse für Chemie, Geol. u. Biol. der DAW; 1970 em. u. wiss. Berater des Präs. der AdW.
Intern. anerkannter Fachmann für Kartogr. u. sozio-hist. Geogr., Verf. von ca. 75 Kartenwerken u. Schriften, Mithrsg. des »Weltatlas. Die Staaten der Erde u. ihre Wirtschaft« (1952), »Atlas DDR« (1977), »Intern. Jahrbuch für Kartographie«; Mitgl. vieler in- u. ausländ. Ges. u. Gremien, u. a. Korr. Mitgl. der Kommission für Nationalatlanten der Intern. Geograph. Union.

Lehmann, Helmut
1. 12. 1882–9. 2. 1959
Vorsitzender des Zentralvorstands der Sozialversicherung
Geb. in Berlin, Vater Schriftsteller; 1888–97 Volks- u. Mittelschule in Straßburg u. Berlin, 1897–99 Ausbildung zum Zimmermann in Schöneiche (bei Berlin); 1900–03 Krankenkassen- u. Gewerkschaftsangestellter; 1903 SPD; 1903–07 Abt.-Ltr. der Allg. Ortskrankenkasse Berlin; Gründer u. Vors. des Vereins der Lehrlinge u. jugendl. Arbeiter Berlins; 1905–13 Red. der »Deutschen Angestellten Zeitung«, Hrsg. u. Autor von Publ. für die Sozialversicherung; 1914–33 geschäftsführender Vors. des Hauptverb. Dt. Krankenkassen in Dresden bzw. Berlin; 1918 Mitgl. des Arbeiter- u. Soldatenrats in Dresden; 1921–33 Mitgl. des Beirats des Zentralverb. der Angestellten; 1933 gemaßregelt u. von März bis

Mai inhaftiert, danach Ltr. einer antifasch. Gruppe von Sozialdemokraten u. Gewerkschaftern in Berlin, 1935 u. 1944 erneut verhaftet, Mai 1945 aus dem Gefängnis befreit.
1945 Mitgl. des Zentralaussch. der SPD, Mitunterz. seines Aufrufs vom 15. 6. 1945 u. des Aktionsabkommens von KPD u. SPD vom 19. 6. 1945; Juli 1945 stellv. Ltr. der Sozialversicherung von Groß-Berlin, Aug. 1945 Vizepräs. der ZV für Arbeit u. Sozialfürsorge; 1945/46 Teiln. der Sechziger-Konferenz von KPD u. SPD, Mitgl. der Studienkommission für »Grundsätze u. Ziele« u. Parteistatut, mit Anton Ackermann* verantw. für die Endred.; seit 1946 Mitgl. des PV bzw. ZK der SED, 1946–50 des Zentralsekr. u. 1950 des PB des ZK der SED; ab 1946 Präs. der Volkssolidarität; 1946–49 Abg. des Thür. Landtags; ab 1947 Mitgl. des Bundesvorst. des FDGB, 1948/49 des Dt. Volksrats; 1949/50 Abg. der Prov. Volkskammer bzw. Volkskammer; ab 1950 Vors. des ZV der Sozialversicherung.

Lehmann, Nikolaus Joachim 15. 3. 1921
Mathematiker
Geb. in Camina, Vater Baumeister u. Sägewerkbesitzer; Kath. Oberschule in Bautzen, 1939 Abitur; 1940–45 (mit Unterbrechung durch Wehrdienst) Studium der Techn. Physik u. Mathematik an der TH Dresden, Dipl.-Ing.
1948 Dr.-Ing., 1951 Dr.-Ing. habil. mit mathemat. Untersuchungen; seit 1947 Lehraufträge, 1952 Doz., 1953 ord. Prof. für angewandte Mathematik an der TH Dresden, 1956 Gründungsdir. des Inst. für Maschinelle Rechentechnik (ab 1968 Wiss.-Bereich Mathemat. Kybernetik u. Rechentechnik, Sekt. Mathematik); 1964 bis 1967 zugl. Dir. des DAW-Inst. für Maschinelle Rechentechnik; seit 1962 Mitgl. des Forschungsrats; 1964 NP; 1980 Korr. Mitgl. der AdW; 1981 Ord. Mitgl. der Sächs. AdW; 1986 em.; 1989 Dr.-Ing. h.c. (WPU Rostock).
Grundlegende Untersuchungen zur numer. Mathematik (L.-Verfahren zur numer. Berechnung optimaler Schranken für allg. lineare Eigenwertaufgaben, 1948) u. Informatik sowie Entwurfsarbeiten, die die mod. Rechentechnik in der DDR begründeten: 1950–52 Entwurf des ersten elektron. Rechenautomaten D1, 1956 Bau durch den VEB Funkwerk Dresden; 1956–59 Entwurf u. Fertigstellung von D2, 1959–63 des Kleinstrechners (PC) D4a (Cellatron); ab 1970 konzeptionelle Untersuchungen zu fremdsprachenorientierten Programmierungstechnol.; Studien zur Geschichte von Mathematik u. Rechentechnik.

Lehmann, Otto 25. 9. 1913
FDGB-Funktionär
Geb. in Sandersdorf (Kr. Bitterfeld), Vater Arbeiter; Volksschule; 1927 Dt. Metallarbeiterverb., KJVD; 1927–30 Ausbildung zum Elektriker; 1930–33 arbeitslos; 1932 KPD; 1933/34 RAD; 1934 bis 1939 Elektroinstallateur in der Elektroschmelze in Zschornewitz (Kr. Bitterfeld), anschl. Elektriker in der Filmfabrik Wolfen; 1939–43 Kriegsdienst (Nachr.-Abt.), Uffz.; 1943–49 sowj. Gefangenschaft, Mitgl. des NKFD, 1948 Kursant, später Assistent u. Lehrer an einer Antifa-Schule.
1949 Rückkehr nach Dtl.; 1950 FDGB, SED; 1950–52 Fernstudium an der PHS; 1950–68 Mitgl. und 1950–63 Sekr. des FDGB-Bundesvorst., 1952–68 Mitgl. seines Präs., Verf. des am 16. 6. 1953 in der Ztg. »Tribüne« veröffentl. Artikels zur Rechtfertigung von Normerhöhungen; 1954–63 Mitgl. des ZK der SED; 1957–59 stellv. Vors. des FDGB-Bundesvorst., danach Sekr. für Wirtschaft; 1958–63 Abg. der Volkskammer, 1. stellv. Vors. des Wirtschaftsaussch.; 1961/62 Studium an der PHS der KPdSU; 1963–67 Dir. der Sozialversicherung der Arbeiter u. Angestellten; 1967–78 Personaldir. im VEB Kabelwerk Adlershof.

Lehmann, Paul 21. 9. 1923
Bühnenbildner, Szenenbildner
Geb. in Berlin, Vater kaufm. Angestellter; 1930–38 Volksschule, Maschinenschlosserlehre; 1941–47 Kriegsdienst, Gefangenschaft; 1947 Beginn des Studiums an der Berliner HS für angewandte Kunst, Fachrichtung Bühnenbild bei Prof. Kilger; Assistenzarbeit bei »Fliegen« (R: J. Fehling), »Faust« (R: W. Langhoff), »Mutter Courage« (R: B. Brecht); 1949–56 Bühnenbildner Landesbühne Stralsund, Nationaltheater Weimar, Landesbühne Eisenach, Theater Potsdam; 1956–90 Szenenbildner im DEFA-Studio für Spielfilme; Arbeit u. a. mit Günter Reisch*, Gerhard Klein*, Ulrich Weiß*, Herrmann Zschoche, Walter Felsenstein*, Manfred Wekwerth*; zeitw. Ltr. der Architektengruppe im DEFA-Studio für Spielfilme; ab 1990 freischaff. Szenen- u. Bühnenbildner.
Werke: Der Traum des Hauptmann Loy (1961, R: K. Maetzig*), Sonntagsfahrer (1963, R: G. Klein), Alaskafüchse (1964, R: W. W. Wallroth), Die Söhne der großen Bärin (1966, R: J. Mach), Chingachgook, die große Schlange (1967, R: R. Groschopp*), Krupp u. Krause (1969, R: H. E. Brandt), Meine Stunde Null (1970, R: J. Hasler), Ritter Blaubart (1973, R: W. Felsenstein), Der Spiegel des großen Magus (1981, R: D. Scharfenberg), Dein unbekannter Bruder (1982, R: U. Weiß), Automärchen (1983, R: E. Stranka), Ete u. Ali (1985, R: P. Kahane), Der Bärenhäuter (1986, R: W. Beck), Der Traum vom Elch (1986, R: S. Kühn), Der Eisenhans (1988, R: K. H. Lotz), Grüne Hochzeit (1989, R: H. Zschoche).

Lehmann, Robert
23. 11. 1910–24. 6. 1993
Vorsitzender der Pionierorganisation »Ernst Thälmann«
Geb. in Hannover, Vater Werkzeugmacher; Volksschule, 1925–28 Ausbildung zum Maler, danach im Beruf tätig; 1926 Gewerkschaft, SAJ; 1929 KJVD u. Mitgl. seiner BL Hannover-Braunschweig; 1932 KPD; Besuch der Intern. Lenin-Schule in Moskau; Febr. 1934 Rückkehr nach Dtl. u. illegale Jugendarbeit in Leipzig, ab Juli in Berlin; Dez. 1934 Mitgl. des ZK des KJVD; 1935 Teiln. am VII. Weltkongreß der KI; 1935 Emigration nach Prag u. Paris, von Febr. 1939 bis Kriegsende illegal in Amsterdam.
Sept. 1945 Rückkehr nach Hannover; 1947–51 Abg. der KPD im Landtag von Niedersachsen und Hrsg. einer komm. Ztg.; 1951 Übersiedlung in die DDR; SED; 1951–57 versch. Funktionen in Thüringen, u. a. Leiter der Abt. Kultur beim Rat des Bez. Gera; Dez. 1957 – bis Sept. 1964 Vors. der ZL der Pionierorganisation »Ernst Thälmann«; 1958–67 Mitgl. des ZK der SED; 1958–67 Abg. der Volkskammer; 1964–67 stellv. Min. für Kultur, 1967–72 Dir. des Kulturfonds der DDR; 1972 – Juni 1982 Vors. des Zentralausschusses der Volkssolidarität (Nachfolge von Walter Buchheim*); Mitgl. der ZL des Komitees der Antifasch. Widerstandskämpfer; 1975 VVO in Gold; 1982 Rentner.

Leibholz, Siegfried 5. 8. 1925
MfS-Bezirksverwaltungsleiter
Geb. in Berlin-Schöneberg, Vater Inhaber eines Konfektionsgeschäfts, Mutter Schneiderin; Volksschule, Ausschluß vom Gymnasium wegen jüd. Herkunft u. KPD-Zugehörigkeit des Vaters; 1939–41 Schlosserlehre, Abendschule, 1942 Abitur, 1941–43 Hilfsarbeiter; 1943–45 illegaler Aufenthalt in Sommerfeld (Osthavelland).
1945 Einstellung bei der VP, Kr. Osthavelland; 1946 SPD/SED; Besuch der Provinzialpolizeischule Mark Brandenburg; 1947 Lehrer an der VP-Anwärterschule Luckenwalde, dann Ltr. der Schutzpolizei Eberswalde, danach Lehrer an der Landespolizeischule Biesenthal, 1948 Ltr. der Schutzpolizei im Kreis Tel-

tow; 1949 Stellv. Ltr. der Dienststelle Mahlow der Verwaltung zum Schutz der Volkswirtschaft Brandenburg (ab Feb. 1950 Länderverwaltung Brandenburg des MfS); 1951 Ltr. der Abt. VII (Abwehr VP) der Länderverwaltung Brandenburg, 1952 der BV Potsdam; 1954 Ltr. der Abt. II (Spionageabwehr) der BV Potsdam; 1955 Stellv. Operativ des Ltr. der BV Potsdam; 1960–68 Fernstudium an der DASR, Dipl.-Staatsw.; 1971 Ltr. der BV Potsdam u. Mitglied der SED-Bez.-Ltg. Potsdam; 1980 Gen.-Major; 1985 Entlassung, Rentner; 1985 VVO in Gold.

Leibnitz, Eberhard
31. 1. 1910–24. 1. 1986
Präsident der Urania, Rektor der THC Leuna-Merseburg
Geb. in Hannover-Hainholz, Vater Obering.; 1916–22 Volksschule und humanist. Gymnasium, 1922–28 Friedrich-Schule in Berlin-Friedrichshagen; 1928–32 Chemiestudium an der TH Berlin; 1931 SPD; 1933 Prom., 1932/33 Hilfsassistent u. 1933–35 Ing. an der TH, 1935–37 Privatassistent von Prof. Ubbelohde, 1937 wegen eines jüd. Großvaters fristlos entlassen; 1938–45 Chemiker in der Lackfabrik Frenkel in Leipzig-Mölkau.
1945–47 Chemiker im techn. Büro der SMA; 1947 SED; 1947/48 Treuhänder der Leipziger Lackfabrik Springer & Möller, 1948–52 Techn. Dir. der VVB Lacke u. Farben sowie der VVB Plaste; 1951 Prof. mit Lehrauftrag u. kommissar. Ltr. des Inst. für Chem. Technol. an der Univ. Leipzig, 1952–69 Dir. des Leipziger Inst. für Verfahrenstechnik der organ. Chemie (ab 1958 der DAW); 1953 Ord. Mitgl. der DAW; 1955–58 Rektor der TH für Chemie Leuna-Merseburg (THC); 1958–68 Vors. des Direktoriums des chem. Akad.-Inst. Leipzig; 1960 Ehrenprom. u. 1965 Ehrensenator an der THC; 1961–64 Dir. des DAW-Inst. für Dokumentation in Berlin, 1964 Dir. der wiss. Red. der Zentralblätter der DAW-Forschungseinrichtungen, 1968–71 Ltr. des Forschungsbereichs Chemie u. Mitgl. des Präs. der DAW; 1969 NP; 1971–75 wiss. Berater des Präs. der AdW; 1975 em.; 1971–86 Präs. der Urania; 1972–86 Ltr. des Pugwash-Nat.-Komitees der DDR; Mitgl. vieler wiss. Ges. u. staatl. Gremien.

Leich, Werner 31. 1. 1927
Evangelischer Bischof, Vorsitzender der Konferenz der Ev. Kirchenleitungen
Geb. in Mühlhausen (Thür.); Gymnasium Ernestinum in Gotha; 1942–44 Luftwaffenhelfer, Kriegsteiln. an der Ostfront; ab 1945 Beschäftigung in einem Bergwerk, Schlosserlehre; 1947 bis 1951 Studium der Theol. in Marburg u. Heidelberg bei Rudolf Bultmann u. Edmund Schlink, anschl. bis 1953 Vikar in Angelroda; 1951 Ordination, ab 1954 Pfarrer in Wurzbach (Thür.); seit 1960 Synodale, 1967–78 Vizepräs. der Synode der Ev.-Luth. Landeskirche Thüringen; 1966–77 1. Vors. der Luth. Bekenntnisgemeinschaft in Thüringen; 1969 Superintendent in Lobenstein; 1969–78 Mitgl. der Generalsynode der Vereinigten Ev.-Luth. Kirchen der DDR; Dez. 1977 Wahl und Mai 1978 Amtsantritt als Landesbischof der Ev.-Luth. Kirchen Thüringens (Nachf. von Ingo Braecklein*); 1980 Vors. des kirchl. Lutherkomitees; stellv. Vors. des Nationalkomitees des Luth. Weltbunds in der DDR; 1983 Dr. h.c. (FSU Jena); 1986–90 Vors. der Konferenz der Ev. Kirchenleitungen in der DDR (Nachf. von Johannes Hempel*); 3. 3. 1988 Treffen mit dem Staatsratsvors. Erich Honecker*, Anmahnung von gesellschaftl. Reformen in der DDR; 19. 10. 1989 Treffen mit dem Staatsratsvors. Egon Krenz*; Jan. 1990 Mitautor der »Loccumer Erklärung« mit dem Plädoyer für eine baldige Herstellung der Einheit der ev. Kirchen in Dtl.; 1990 Ruhestand.
L. vertrat eine konservative luth. Theol.;

er beendete den unkrit. kirchenpol. Kurs seiner Vorgänger im Bischofsamt, Mitzenheim* u. Braecklein*, u. war auf eine größere Unabhängigkeit der Kirche gegenüber dem Staat bedacht.
Publ.: Wechselnde Horizonte. Mein Leben in vier politischen Systemen. Wuppertal, Zürich 1992.

Lekschas, John 10. 10. 1925
Rechtswissenschaftler
Geb. in Memel als Sohn eines Kapitäns der Küstenschiffahrt; Schulbesuch in Königsberg; 1943–45 Kriegsdienst in der Marine, amerik. Gefangenschaft.
Ab 1945 Maurerlehre zunächst in Hamburg, dann in Waldheim (Sa.), vom dortigen Baubetrieb 1947 zum Studium an die ABF Halle delegiert; 1947 SED; 1947–51 Studium der Rechtswiss. an den Univ. Halle und Berlin; anschl. bis 1961 HS-Lehrer an der MLU Halle; 1952 Prom. zum Dr. jur. mit einer Arbeit zum Strafrecht; 1955–57 nebenamtl. Richter am Kreisgericht Halle-Saalekr.; 1956 Prof. mit Lehrauftrag für Strafrecht, ab 1957 zugl. Dekan der Jur. Fak. der MLU u. Hilfsrichter am Obersten Gericht im Nebenamt; 1961 Habil., Prof. mit Lehrstuhl für Strafrecht an der HU Berlin, 1962–66 Dir. des gleichnamigen Inst. u. bis 1964 zugl. Dekan der Jur. Fak.; Mitbegr. einer Forschungsgemeinschaft »Jugendkriminol.«; 1966–68 Prorektor für Ges.-Wiss. der HU; 1963–68 Mitgl. des Kollegiums beim Generalstaatsanwalt und der Gesetzgebungskommission d. Staatsrats, u. a. beteiligt an der Abfassg. des Strafgesetzbuchs von 1968; 1969–73 Dir. der Sekt. Rechtswiss. der HU; 1969 Mitgl. des Rats für staats- u. rechtswiss. Forschung bei der ASR; 1973 Korr. Mitgl. der AdW; 1975–79 Dekan der Ges.-wiss. Fak. der HU; 1976 NP; 1973–78 Vors. des Freundschaftskomitees DDR – Ägypten, dann bis 1981 Präs. der Freundschaftsges. DDR – Kanada; 1990 em.
Publ. insbes. zum Strafrecht u. zur Jugendkriminalität, Red. des Lehrbuchs zum DDR-Strafrecht, Allg. Teil (1957, 1976).

Lembke, Hans 28. 5. 1877–7. 3. 1966
Pflanzenzüchter
Geb. in Malchow (Poel), Vater Landwirt; Volks- und Realschule in Wismar; 1893–95 landw. Lehre; 1895–1905 Verwalter versch. Güter; 1905 Übernahme des väterl. Hofs, Ausgestaltung zu einem beispielgebenden Saatzuchtgut, Neuzüchtung von Winterraps, Futterpflanzen, vor allem Kartoffeln, Entwicklung von produktiven Methoden des Klee- u. Grassamenanbaus; 1925 Dr. h. c. der Univ. Rostock.
1945 Enteignung bei der Bodenreform; 1945–59 Ltr. des staatl. Saatzuchtguts bzw. der Zuchtstation Malchow des Inst. für Pflanzenzüchtung Groß Lüsewitz der DAL, Züchtung ertragreicher Kartoffelsorten mit bes. Toleranz gegenüber Abbaukrankheiten u. Widerstandsfähigkeit gegenüber Krebsbiotypen; 1946 Dr. h.c. der MLU Halle; 1947–58 Prof. mit Lehrauftrag bzw. Lehrstuhl für Pflanzenzüchtung an der Univ. Rostock; 1951 Ord. Mitgl. der DAL; NP, 1958 Max-Eyth-Plakette der (West-)Dt. Landw. Ges., 1959 Justus-von-Liebig-Preis der Univ. Kiel, 1961 Erwin-Baur-Medaille der DAL, Ehrensenator der Univ. Rostock; 1962 em.
L. galt als Nestor der dt. Pflanzenzüchtung; Züchtung insbes. von Kartoffel- u. Rapssorten, die im Anbau der DDR lange Zeit dominierten.
Sek.-Lit.: Schröder-Lembke: Geschichte eines Hofes. Frankfurt/M. 1958; Seifert, M.: Hans Lembke – sein Wirken als Landwirt, Züchter u. Hochschullehrer. In: »Beiträge der Züchtung zur Intensivierung der Pflanzenproduktion«. Tagungsbericht der AdL. Berlin 1977.

Lemme, Udo 19. 9. 1941
Leiter der Rechtsstelle des MfS
Geb. in Gießmannsdorf; 1960 Abitur; 1960–62 Wehrdienst; 1962–67 Studium an der MLU Halle-Wittenberg, Dipl.-Jur.; 1965 SED; 1967 Einstellung beim MfS, Bezirksverwaltung Halle, Abt. XX (Staatsapp., Kultur, Kirchen, Untergrund); 1970 Versetzung zur Rechtsstelle des MfS Berlin; 1977 Prom. zum Dr. jur. an der JHS des MfS Potsdam-Eiche; 1978 stellv. Ltr., 1981 Ltr. der Rechtsstelle; 1986 Oberst; 1990 Entlassung.

Lemmer, Ernst 28. 4. 1898–18. 8. 1970
CDU-Politiker
Geb. in Remscheid, Vater Architekt; Realgymnasium; 1914–18 Kriegsdienst, zuletzt Ltn.; 1918 Mitgl. eines Soldatenrats, Delegierter zum Kongreß der Arbeiterräte Essen; 1918 DDP, ab 1930 Dt. Staatspartei; 1919–22 Studium der Volkswirtschaftslehre in Marburg und Frankfurt/Main, Volontariat bei der »Frankfurter Ztg.« u. a. Ztgn.; 1922–33 Generalsekr. des Gewerkschaftsrings Dt. Arbeiter-, Angestellten- u. Beamtenverb. (Hirsch-Dunckersche Gewerkschaft); 1924–33 Abg. des Dt. Reichstags; ab 1933 in Berlin für ausländ. Ztg. tätig; Verbindung zu Widerstandsgruppen.
1945 Mitbegr. der CDU in Berlin, in ihrem PV bis Aug., bis Dez. 4. Vors., bis Dez. 1947 2. Vors., von der SMAD abgesetzt, u. a. nach Ablehnung der Teiln. am 1. Dt. Volkskongreß; 1945–49 Mitgl. des Gründungsaussch. und 3. Vors. des FDGB (HA Presse, Rundfunk); 1948/49 Vizepräs. des KB; 1947–49 Mitgl. des Landtags Brandenburg; Mai 1949 Übersiedlung von Kleinmachnow nach Berlin (West), 1949–56 Chefred. der Ztg. »Der Kurier«, 1950–56 Mitgl. des Abgeordnetenhauses u. Vors. der CDU-Fraktion; 1950–61 stellv. Vors., seit 1961 Vors. der Exil-CDU; ab 1952 (West-)Berliner Vertreter im Bundestag, 1956–61 Vors. des CDU-Landesverb. Berlin (West); 1956/57 Bundesmin. für Post- u. Fernmeldewesen, 1957–62 für Gesamtdt. Fragen, 1964/65 für Vertriebene, Flüchtlinge und Kriegsgeschädigte, 1965–69 Sonderbeauftragter des Bundeskanzlers für Berlin (West).
Publ.: Manches war doch anders. Frankfurt/M. 1968.

Lemmnitz, Alfred 27. 6. 1905
Volksbildungsminister
Geb. in Taucha (b. Weißenfels); Volksschule, Ausbildung zum Schriftsetzer, im Beruf tätig; VHS, Begabtenprüfung, kurzes Studium der Volkswirtschaft an der Univ. Leipzig; 1927–31 SPD, Jugendltr. in der SAJ, 1931 KPD, Jugendltr. im KJVD, 1932/33 Ltr. Agit. u. Prop. im KPD-Unterbez. Duisburg; 1933 nach zweiter Verhaftung KZ Börgermoor, dann Esterwegen; 1937 Entlassung, Emigration nach Holland, Mitgl. der Emigrationsltg. der KPD, 1940 nach dem Einmarsch der Wehrmacht verhaftet, 1941 vom Volksgerichtshof zu 12 Jahren Zuchthaus verurteilt, bis 1945 in Brandenburg-Görden.
1945 Stadtrat für Volksbildung in Berlin-Spandau; 1946 SED, Wiederaufnahme des Studiums, 1948 Prom. an der Univ. Leipzig; 1948–53 Lehrstuhlltr. für Pol. Ök. an der PHS; 1953–55 Prof. für Pol. Ök. an der Univ. Rostock; 1955 Rektor der HS für Finanzwirtschaft, 1956–58 der HfÖ Berlin; 1958–63 Min. für Volksbildung (Nachf. von Fritz Lange*); 1965–71 stellv. Dir. des Dt. Wirtschaftsinst., nach dessen Aufgehen im 1971 gegr. Inst. für Intern. Politik u. Wirtschaft dort noch einige Zeit Mitarb.; 1970 VVO in Gold.
Publ.: Beginn u. Bilanz. Erinnerungen. Berlin 1985.

Lenski, Arno von
20. 7. 1893–4. 10. 1986
Chef der Fachverwaltung Panzerwesen in der KVP/NVA

Geb. in Czymochen (Ostpr.), Vater Gutsbesitzer; 1900–03 Volksschule, 1903–08 Kadettenhaus Köslin, 1909–12 Kadettenkorps Gr. Lichterfelde, Abitur; 1912/13 Kriegsschule Hetzfeld, Offiziersexamen, 1913–18 Oberstltn., Ordonnanz-Offz.; 1918–35 Major, Adj. der Kavallerieschule Hannover; 1935–43 Gen.-Major, Kdr. einer Schule für Schnelle Truppen in Krampnitz (bei Potsdam), Kdr. der 24. Panzerdivision; 1939–42 ehrenamtl. Beisitzer am NS-Volksgerichtshof, III. Senat (der u.a. Todesurteile fällte); 2.2.1943 sowj. Gefangenschaft, Lager 27; seit 27.5.1944 Mitgl. des Bundes Dt. Offiz. im NKFD; Mitarb. der Ztg. u. des Senders »Freies Dtl.«; Antifa-Schule in Krasnogorsk.

17.8.1949 Rückkehr nach Berlin; NDPD, 1949/50 stellv. Vors. des Landesverb. Berlin, 1950/51 Pol. Mitarb. beim PV, 1952–86 Mitgl. des Hauptaussch.; 1951/52 Dir. des Berliner Stadtkontors; danach KVP, Gen.-Major, Ltr. der Fachverwaltung Panzerwesen, 1956/57 Mitwirkung am Aufbau von Panzerverb. der NVA; 1958 Ruhestand; Vorstandsmitgl. und 1964–71 Vors. der Arbeitsgemeinschaft ehem. Offz. (Nachf. von Otto Korfes*); 1973 VVO in Gold.

Sek.-Lit.: Welz, H.: In letzter Stunde. Biogr. nach umfangr. Aufzeichnungen A. von L. Berlin 1978.

Lesser, Wolfgang 31.5.1923
Komponist, Präsident des VDK

Geb. in Breslau, Vater Kaufmann; Realgymnasium in Berlin, Metallarbeiterlehre; 1938 Musikstudium am Sternschen Konservatorium Berlin; 1939 Emigration nach London, 1940 Internierungslager Isle of Man; 1942 KPD; 1943–47 Angehöriger der brit. Armee.

1947 Rückkehr nach Berlin, SED; Arbeit in der FDJ; 1950–54 Studium an der HS für Musik Berlin; 1954–61 Komponist u. Pädagoge im Staatl. Volkskunstensemble der DDR; seit 1961 freischaff.; 1964–68 2. Sekr., 1968–78 1. Sekr. des VDK; 1971 Mitgl. der Kulturkommission beim PB des ZK der SED; seit 1971 Volkskammerabg. u. Mitgl. des Aussch. für Volksbildung; 1978 VVO in Gold; 1983–85 Vors. des Beirats der Anstalt zur Wahrung der Aufführungsrechte (AWA); Generalsekr. des Musikrats; 1985–89 Präs. des VDK (Nachf. von Siegfried Köhler*); komponierte bes. pol. Lieder u. Chansons, u.a. »Da hat vor fünfzig Jahren noch keiner dran gedacht«, Bühnenmusik, u.a. »Thomas Müntzer«, Filmmusik, u.a. »Beschreibung eines Sommers«, sowie die Schuloper »Oktoberkinder«.

Lessing, Gottfried
14.12.1914–11.4.1979
1. Präsident der Kammer für Außenhandel, Botschafter

Geb. in St. Petersburg, Vater Hütteningenieur, Mutter Hausfrau; Schwester Irene Gysi*; 1918 Auswanderung der Familie nach Dtl., da der Großvater, der jüd. Industrielle Anton Lessing, in Rußland enteignet worden war; Volksschule, 1928–33 Gymnasium in Berlin-Zehlendorf; 1933 bis 1938 Studium der Rechtswiss. und Nat.-Ök. an der Univ. Berlin; Nov. 1937 Prom. zum Dr. jur.; Jan. 1938 als rass. Verfolgter Emigration nach Großbritannien; 1938/39 Volontär bei »The London Assurance«, März 1939 Versicherungsagent bei »The London Assurance« in Salisbury (Süd-Rhodesien); 1939/41 Fahrlehrer, Tabaksortierer, Gelegenheitsarb.; 1941–46 Kanzleiangestellter eines südrhodes. Rechtsanwaltsbüros; Okt. 1942 bis 1949 Mitbegr. u. sofort Vors. der illegalen KP Süd-Rhodesiens; seit Gründung bis 1949 Mitgl. des ZV der Ges. zur Freundschaft mit der UdSSR in Süd-Rhodesien; 1944 Heirat mit der späteren Schriftstellerin Doris Lessing, geb. May Wisdom, 1949 Scheidung; 1947–49 Kanzleivorst. in einem Rechtsanwaltsbüro in Salisbury (Süd-Rhodesien).

1949–51 KP Großbritanniens; Mai – Juli

1949 arbeitslos, Parteiarb. in London, versch. Funktionen; 1949/50 Mitarb. u. Mitgl. im ZV der Brit.-Sowj. Freundschaftsges. in London.
Okt. 1950 Rückkehr nach Berlin (DDR); Anerkennung als VdN wurde abgelehnt, Parteiüberprüfung; Okt. 1950 – Sept. 1951 freiberufl. wiss. Mitarb. vorwiegend im Dietz-Verlag, Berlin; Aug. 1951 SED; Dez. 1951 – Juli 1952 Gruppenltr. Kap. Ausland im Min. für Außenhandel u. Innerdt. Handel (MAI); Juli – Nov. 1952 Vorbeitungsarbeiten zur Gründung der KfA, in diesem Rahmen Sept. 1952 Gründer u. erster Vors. des Komitees in der DDR zur Förderung des Welthandels in Leipzig; Nov. 1952–1957 Präs. der KfA; 1957 Anerkennung als VdN; 1957/58 PHS »Karl Marx«; 1958 Mitarbeiter im MAI, Jan. 1959 – Dez. 1960 Handelsrat in Indonesien; ab 1961 MfAA; 1961–65 Ltr. der Abt. Afrika (4. Außereur. Abt.) im MfAA; 1965 VVO in Bronze; 1965–69 Generalkonsul in Tansania; 1969 Führungskaderlehrgang am Inst. für Intern. Bez. (ASR); 1969 wiss. Berater in der Abt. für Analyse, Prognose u. Planung des MfAA; 1969–77 wiss. Mitarb. der HA Grundsatzfragen u. Planung im MfAA; 1973–75 Mitgl. der jeweiligen DDR-Delegation bei den Tagungen der UN-Vollvers.; Sept. 1977 Botschafter in der Rep. Uganda; Apr. 1977 Zweitakkreditierung in der Rep. Ruanda; fiel im Apr. 1979 mit seiner Frau und zwei weiteren DDR-Bürgern den bewaffneten Auseinandersetzungen in Kampala (Uganda) zum Opfer.

Leucht, Kurt Walter 8. 6. 1913
Architekt, Stadtplaner
Geb. in Ellefeld (Vogtl.) in einer Arbeiterfamilie; 1927–31 Kunst- u. Bauschule Plauen, Maurerlehre; 1931–33 arbeitslos u. gelegentl. Tätigkeiten als Bauarbeiter; 1934–36 Mitarb. in einem Architekturbüro in Dresden, 1936–41 Mitarb. im Büro Sagebiel, Berlin; Industrie- u. Verwaltungsbauten in Berlin, München, Stuttgart u. Salzgitter; 1938 Studienreise durch Italien; 1939–41 externes Studium an der TH Berlin-Charlottenburg; 1942 bis 1945 Militärdienst als Regierungsbauinspektor in Holland u. Italien, Gefangenschaft.
1945/46 KPD/SED; 1946 Mitarb. im Planungsamt Dresden, 1948 Ltr. u. Oberbaurat; 1948–66 Mitarb. im Intern. Verband für Raumplanung, Städtebau u. Siedlungswesen; 1950 Ltr. der Abt. Städtebau im Min. für Aufbau u. verantw. für die »Aufbaustädte« der DDR; 1951–61 Mitgl. des Präsidialrats des Dt. Normenaussch. in Essen; 1952 Mitgl. der DBA u. Dir. des Inst. für Städtebau u. Siedlungswesen, Planung für Stalinstadt (seit 1961 Eisenhüttenstadt) u. Projektierung des Abschnitts D der Stalinallee Berlin, 1952/53 Generalprojektant Stalinstadt; 1958–62 Lehrauftrag an der HU Berlin u. 1962–64 an der Ing.-Schule Berlin; 1960/61 im Kollektiv mit Hartmut Colden, Joachim Nähter* u. Konrad Braun Planung der Wohnbez. zwischen Rostock u. Warnemünde; 1963 Ltr. der städtebaul. Planung für die Stadtzentren Dresden, Suhl, Leipzig, Magdeburg; 1966–69 Stadtarchitekt in Dresden, maßg. Planung. des Neuaufbaus der Prager Str., Konzeption für den Wiederaufbau der Frauenkirche; Anteil an der Umgestaltung der Zentrums von Berlin u. Dresden; lebt in Dresden.
Publ.: Grundlagen der Wiederaufbauplanung Dresdens. Dresden 1950; Die erste neue Stadt in der DDR. Berlin 1957.
Sek.-Lit.: Buchleister, Sabine: K. W. L. – zum Leben u. Werk eines Architekten u. Städteplaners in der DDR. Diplomarbeit HU Berlin, 1988.

Leupold, Hermann
27. 6. 1900–8. 4. 1967
Verlagsdirektor
Geb. in Berlin-Charlottenburg, Vater Tischler; Volksschule; 1918 Werkzeug-

macher; Freie Soz. Jugend, Mitgl. eines Arbeiter- u. Soldatenrats; 1921 KPD; 1927 Mitarb. der IAH, u. a. Red. von »Der Mahnruf«; 1929 Red. der »Arbeiter-Illustrierte-Zeitung« (AIZ), 1932 deren Chefred.; 1933–38 Exil in der ČSR, bei der AIZ in Prag tätig; 1938 Polen; 1939 England, dort Waldarbeiter, Vors. des Freien Dt. Kulturbunds in Glasgow; bei Kriegsausbruch Internierung im Camp Lingfield (Isle of Man).
1946 Rückkehr nach Berlin; SED; zunächst Ltr. der Bildstelle im Berliner Verlag, Parteisekr. u. Mitgl. des Red.-Kollegiums der »Berliner Ztg.«; dann ab 1949 bis zum Tod Ltr. des Berliner Verlags; ab 1961 Mitgl. des Präs. des VDJ; 1965 VVO in Gold.

Leuschner, Bruno
12. 8. 1910–10. 2. 1965
SED-Politiker, Vorsitzender der SPK
Geb. in Rixdorf (Berlin), Vater Schuhmacher; Volks- u. Mittelschule, 1925 bis 1928 Ausbildung zum Industriekaufmann; Zentralverb. der Angestellten, Freie Turnerschaft; 1928–31 Besuch von Abendkursen, bes. in Ök. u. Philos., 1930/31 Marxist. Arbeiterschule, bei Hermann Duncker, Ernst Schneller u. a. Unterricht; 1931 KPD, 1933–36 Ltr. des Unterbez. Neukölln bzw. Wedding; berufl. tätig als Expedient, Exporteur, Verkäufer; Juli 1936 Verhaftung, 1937–42 Zuchthaus Brandenburg-Görden bzw. Sonneberg, 1944/45 KZ Sachsenhausen bzw. Mauthausen.
Herbst 1945 Ltr. der Abt. Wirtschaftspol. im ZK der KPD, Mitautor der wirtschaftspol. Richtlinien vom Dez. 1945; 1946 Ltr. der Abt. Wirtschaft u. Finanzen im PV der SED; ab Juni 1947 am Aufbau der DWK führend beteiligt, März 1948 stellv. Vors., verantw. für Planung, beteiligt an Ausarbeitung des Halbjahresplans 1948 u. des Zweijahresplans 1949/50; 1948/49 Mitgl. des Dt. Volksrats, 1949/50 u. seit 1953 Abg. der Prov. Volkskammer bzw. Volkskammer; 1949/50 Staatssekr. im Min. für Planung; ab 1950 Mitgl. des ZK der SED; 1950–52 1. Stellv. des Vors., 1952–61 Vors. der SPK (Nachf. von Heinrich Rau*); ab 1952 DDR-Vertreter im RGW; ab 1953 Kand., ab 1958 Mitgl. des PB des ZK der SED; 1955 VVO in Gold; ab 1955 stellv. Min.-Präs.; 1960–63 Mitgl. des Staatsrats; 1961 Min. für die Koordination volkswirtschaftl. Grundaufgaben beim Präs. des Min.-Rats; seit 1962 ständiger bevollmächtigter Vertreter der DDR im Exekutivkomitee des RGW.
Publ.: Ökonomie u. Klassenkampf. Ausgew. Reden u. Aufsätze 1945–1965. Berlin 1984.

Lewek, Christa 19. 1. 1927
Oberkirchenrätin
Geb. in Leipzig als Tochter eines Pfarrers u. Mitgl. der Bekennenden Kirche; nach dem Abitur 1946–51 Studium der Philol. an der Univ. Leipzig, anschl. dort wiss. Assistentin; CDU; ab 1952 zunächst Hauptreferentin in der Hauptabt. des Min.-Rats »Verbindung zu den Kirchen« (Ltr. Otto Nuschke*), nach Auflösung der Abt. bis 1957 pers. Referentin des stellv. Min.-Präs. O. Nuschke (1957); 1958 stellv. Cheflektorin in der Ev. Verlagsanstalt; 1959 Austritt aus der CDU; 1958–69 Kirchenrätin bzw. Oberkirchenrätin in der Kirchenkanzlei der EKD für das Gebiet der DDR; 1969–88 Oberkirchenrätin u. stellv. Ltr. des Sekr. des Bunds der Ev. Kirchen in der DDR (BEK), Referentin des Aussch. »Kirche und Ges.« und Vors. der Arbeitsgruppe »Menschenrechte« des BEK (Zusammenarbeit u. a. mit Günter Krusche*, Götz Planer-Friedrich* u. Manfred Stolpe*), glz. Mitgl. der Entw.-Kommission des Ökumen. Rats der Kirchen u. Mitgl. der Kommission der Kirchen für Intern. Angelegenheiten; 1979–87 Präs. des Menschenrechtsprogramms der Kirchen

zur Verwirklichung der Schlußakte von Helsinki; 1988 Ruhestand; 1989 Dr. h.c. der WPU Rostock.
1994 Entlastungszeugin im »Stolpe-Untersuchungsaussch.« des Brandenburger Landtags.

Lewin, Waltraud 8. 1. 1937
Schriftstellerin
Geb. in Wernigerode, Mutter Sängerin; Abitur in Magdeburg; Studium von Germanistik, Latein u. Theaterwiss. an der HU Berlin; 1961 Musikdramaturgin in Halle; 1973 Chefdramaturgin u. Regisseurin an der Musikbühne Rostock; 1978 Lion-Feuchtwanger-Preis; seit 1978 freischaff. Schriftst., seit 1981 in Berlin; verfaßte das Libretto zur ersten DDR-Rock-Oper (»Rosa Laub«, Musik Horst Krüger, UA 1979 am Volkstheater Rostock); sonst hauptsächl. hist. Romane, u.a. »Herr Lucius u. sein schwarzer Schwan« (1973), »Die Ärztin von Lakros« (1977), ferner Biogr.; Kinder- u. Jugendbücher, zahlr. Hörspiele; Übersetzerin aus dem Russ., Frz. u. Ital.; 1986 Mitgl. der AdK.
1991 Mitgl. des Dt. PEN-Zentrum (Ost).

Ley, Hermann 30. 11. 1911–24. 11. 1990
Philosoph, Vorsitzender des Staatlichen Rundfunkkomitees
Geb. in Leipzig, Vater Zahnarzt; 1927 Soz. Schülerbew. u. SPD, 1930 Ausschluß; 1930 KPD; ab 1930 Studium der Zahnmed. an der Univ. Leipzig, Ltr. der komm. Studentengruppe; Mitgl. im Vorst. des Bunds soz. Geistesarbeiter in Leipzig; in der NS-Zeit wegen antifasch. Betätigung zwei Jahre u. zehn Mon. inhaftiert; während des 2. Weltrkriegs Sanitätsoffz.; 1944 Prom. zum Dr. med. an der Univ. Leipzig mit der Arbeit »Die Erkrankung der Zähne u. ihre Beziehung zur Rasse. Eine statist. Untersuchung an 1955 Soldaten der Luftwaffe«; Mitarb. der NKFD-Gruppe in Leipzig, 1944 erneut inhaftiert u. degradiert.
Nach 1945 Sekr. u. Kulturfunktionär der KPD/SED in Leipzig, 1947 stellv. Chefred. der »Leipziger Ztg.«, Kommentator beim Rundfunksender Leipzig; 1948 Habil., anschl. Prof. mit Lehrauftrag für theor. Pädagogik an der Univ. Leipzig; Teiln. am 1. Doz.-Lehrgang des Inst. für wiss. Soz. beim PV der SED; ab 1949 Lehrtätigkeit u. 1950 Prof. mit Lehrauftrag für dial. Materialismus an der TH Dresden, glz. Prorektor für das ges.-wiss. Grundstudium; 1956–62 Vors. des Staatl. Rundfunkkomitees; ab 1959 zugl. Ltr. des Lehrstuhls für philosoph. Probleme der modernen Naturwiss. an der HU Berlin; 1960 NP; 1962–68 Dir. des Philosoph. Inst. der HU, ab 1969 Bereichsltr. Philosoph. Fragen der Naturwiss.; 1976 Dr. h.c. der TU Dresden; 1977 em.; KMO.
L. war maßg. beteiligt am Aufbau der Forschungsrichtung »Philosoph. Probleme der Naturwiss.« in der DDR, Mitveranstalter der Kühlungsborner Tagungsreihe zu philosoph. Problemen der Natur-, Technik- und mathemat. Wiss.; Mitgl. der Ltg. des KB in Berlin u. des Präs. der Urania; Mitgl. des Red.-Kollegiums der »Dt. Ztschr. für Philos.«; zahlr. Vorträge und Gastvorlesungen an Univ. und HS im eur. Ausland; hauptsächl. Arbeitsgebiete: Geschichte der Aufklärung u. des Atheismus; philosoph. Probleme der Technikentw., Kritik des westl. »Technikpessimismus«.
Publ.: Avicenna. Berlin 1953; Studie zur Geschichte des Materialismus im Mittelalter. Berlin 1957; Dämon Technik. Berlin 1961; Geschichte der Aufklärung u. des Atheismus. 5 Bde. Berlin 1966–80; Krit. Vernunft u. Revolution. Zur Kontroverse zwischen Hans Albers u. Jürgen Habermas. Köln 1971 (mit T. Müller).
Sek.-Lit.: Wiss. u. Persönlichkeit. H. L. zum 70. Geburtstag. Berlin 1981.

Liebenberg, Otto 7. 7. 1913–3. 9. 1993
Präsident der Deutschen Agrarwissenschaftlichen Gesellschaft
Geb. in Magdeburg, Vater Reichsbahnangestellter; Volks- und Oberschule, 1932–35 landw. Lehre; 1935–38 Landw.-Studium an der MLU Halle, Dipl.-Landwirt; 1937 NSDAP; 1939 Prom. bei Gustav Fröhlich mit einer Diss. zur Auswertung von Milchleistungsprüfungen, 1939–50 wiss. Mitarb. bzw. Abt.-Ltr. am Inst. für Tierzuchtforschung Dummerstorf, Forschungen bes. zur künstl. Besamung; 1950 Habil. an der Univ. Rostock zum Einfluß versch. Umweltfaktoren auf die Befruchtungsfähigkeit der Vatertiere; 1945/46 SPD/SED; 1950–53 Dir. der Lehr- u. Versuchsanstalt für Viehwirtschaft in Ruhlsdorf bei Berlin u. Lehrtätigkeit an der FSU Jena; 1953–57 erneut am o. g. Inst. in Dummerstorf tätig, stellv. Dir., gleichz. Prof. an der Univ. Rostock; 1957–60 Prof. mit Lehrstuhl an der Landw.-Gärtner. Fak. der HU Berlin u. Dir. des Inst. für Tierzüchtung u. Haustiergenetik; ab 1960 Prof. mit Lehrstuhl an der KMU Leipzig u. Dir. ihres Inst. für Tierzucht u. Milchwirtschaft in Oberholz; 1960 Mitbegr. und bis 1978 Präs. der Dt. Agrarwiss. Ges.; Mitgl. der Agrarkommission beim ZK der SED; 1962 ord. Mitgl. der DAL, 1963–68 Sekretär der Sektion Tierzucht; ab 1963 Mitgl. des Landwirtschaftsrats bzw. des Rats für landw. Prod. u. Nahrungsgüterwirtschaft; 1978 em.; VVO in Gold, 1981 Ehrensenator der KMU; Nov. 1989 Austritt aus der SED.
Publ.: Die Besamung der Haustiere, insbes. des Rindes. 2. Aufl. Radebeul 1956; Unsere Rinderrassen. Berlin 1956; Die Beurteilung der Rinder. 3. Aufl. Radebeul 1969; Rinderproduktion. Radebeul 1974.

Liebknecht, Kurt 26. 3. 1905–6. 1. 1994
Architekt, Präsident der DBA
Geb. in Frankfurt/Main, Vater Chemiker, Neffe von Karl Liebknecht; 1924–29 Architekturstudium an der TH Berlin-Charlottenburg bei Poelzig, Dipl.-Ing.; 1929–31 im Büro Poelzig Innengestaltung des Hauses des Rundfunks Berlin; Baultr. beim Bau der Univ.-Frauenklinik Berlin; 1931–48 in der UdSSR, Tätigkeit vor allem im Krankenhausbau, 1933 Wettbewerbsentwurf für den Sowjetpalast in Moskau, 1937 sowj. Staatsbürgerschaft, Haft u. Internierung im Zuge stalinist. »Säuberungen«; 1943 Rückkehr nach Moskau, Ltr. der Abt. Gesundheits- u. Sozialeinrichtungen der sowj. Architekturakad., 1945 Dr.-Ing.
1948 Rückkehr nach Dtl.; wiss. Sekr. im Inst. für Bauwesen der DAW, Arbeitsgebiet Gesundheitseinrichtungen; 1949 Dir. des Inst. für Städtebau u. Hochbau im Min. für Aufbau; SED; 1951–61 Präs. der DBA, 1951 Prof. der DBA; propagierte den Kunstcharakter des Städtebaus u. die »nat. Tradition« als Leitbild der 50er Jahre; 1961 durch Gerhard Kosel* als Akademiepräs. abgelöst; 1962 Dir. des Inst. für Theorie u. Geschichte der Architektur; 1963–70 Dir. des Inst. für Gesundheitsbauten; 1970 em.
Publ.: Mein bewegtes Leben. Berlin 1986.

Liebler, Ralph 14. 9. 1901–22. 11. 1953
Justizminister, LDPD-Politiker
Geb. in Leipzig, Vater kaufm. Angestellter; Abitur; Jurastudium in München, Tübingen u. Leipzig, Dr. jur.; ab 1929 Rechtsanwalt in Zittau; 1929–32 DDP; 1930–33 Stadtverordneter in Zittau; vom NS-Regime aus pol. u. aus »rass. Gründen« verfolgt, 1944 inhaftiert.
1945 LDPD, DSF; ab 1946 Stadtverordneter in Zittau; 1946–50 Abgeordneter und 1948–50 Vizepräs. des Sächs. Landtags, 1946/47 Mitgl. des Verfassungsaussch., ab 1949 Fraktionsvors.; 1947 bis

1949 1. stellv. Landesvors. der LDP Sachsen; 1948–53 erweiterter Zentralvorst. der LDP; 1948/49 Mitgl. des Dt. Volksrats, ab 1949 Abg. der Prov. Volkskammer bzw. Volkskammer u. Vors. der LDPD-Fraktion; 1950–52 Justizmin. des Landes Thüringen; 1950–52 stellv. Vors. der DSF Thüringen; 1952 Bez.-Ltr. der DSF Erfurt; Aug. 1952 – Nov. 1953 stellv. Vors. des Rats des Bez. Erfurt.

Lietz, Bruno 22.11.1925
Minister für Land-, Forst- und Nahrungsgüterwirtschaft
Geb. in Wormstedt (b. Apolda), Vater Arbeiter; Volksschule, 1940–43 Ausbildung zum Autoschlosser; 20.4.1943 NSDAP; bis 1947 Autoschlosser; 1947 bis 1952 zunächst Traktorist, später Techn. Dir. u. Ltr. versch. MAS; 1949 SED; 1952–54 Mitarb. bzw. Sektorenltr. im Min. für Land- und Forstwirtsch.; nach einem Fernstudium am Inst. für Agrarök. Bernburg 1957 Dipl.-Agrarök.; 1954–61 pol. Mitarb. bzw. Sektorenltr. LPG u. MTS der Abt. Landw. des ZK der SED, 1961–72 Sekr. für Landw. der BL Rostock, 1963 Kand., 1982 Mitgl. des ZK der SED; 1972–81 stellv. Vors. der SPK für den Bereich Land- u. Nahrungsgüterwirtschaft, 1972 Mitgl. des Rats für landw. Prod. und Nahrungsgüterwirtschaft; 1981/82 Ltr. der Abt. Landw. des ZK des SED (Nachf. von Bruno Kiesler*); Nov. 1982 – Nov. 1989 Min. für Land-, Forst- und Nahrungsgüterwirtschaft (Nachf. von Heinz Kuhrig*); 1985 KMO; 1986 – März 1990 Abg. der Volkskammer; 1990 Rentner.

Lietz, Heiko 4.10.1943
Bürgerrechtler
Geb. in Schwerin, Vater Pastor, Mutter 1945 verstorben; 1961 Abitur in Rostock; 1961–66 Studium der Theol. an der WPU Rostock, Dipl.-Theol.; 1966/67 Student. Mitarb. in der Geschäftsstelle der Ev. Studentengemeinde Berlin; 1967–70 Vikariat in Rostock, dazwischen Bausoldat in der NVA u. nach Korrektur seiner Entscheidung Haft wegen Totalverweigerung; ab 1970 Pastor in der Domgemeinde zu Güstrow u. nebenamtl. Studentenpfarrer; ab 1979 Mitarb. in der unabhängigen Friedensbewegung in Güstrow, Kessin u. Rostock; 1980 Abbruch der kirchl. Amtstätigkeit wegen theolog. Konflikte, anschl. Gemeindemitarb. in einer Rostocker Nebengemeinde; 1981 mehrere Monate arbeitslos, dann techn. Mitarb. der Kunsthalle Rostock; 1981 bis 1988 Hauswirtschaftspfleger u. Essenträger bei der Volkssolidarität Rostock; ab 1984 Teiln. an der Vorbereitung und Durchführung des jährl. DDR-weiten Treffens unabhängiger Friedensgruppen »Frieden konkret«, ab 1985 Mitorganisator der DDR-weiten Arbeitsgruppen »Wehrdienstverweigerung«; Auslandsreiseverbot, 1987 Verbot der Teiln. am Berliner Kirchentag; 1988–90 Mitarb. der Kirchengemeinde Badendiek (bei Güstrow); ab Sept. 1989 Mitarb. im Neuen Forum (NF), später Mitgl. des NF-Republiksprecherrats, NF-Vertreter am Zentralen Runden Tisch; seit Mai 1990 Abg. u. NF-Fraktionssprecher im Kreistag Güstrow; Okt. 1990 NF-Spitzenkand. für die Landtagswahl in Mecklenburg/Vorpommern (2,9 %), 1. Landessprecher des NF; 1992 Mitgl. des Landes- u. des Bundessprecherrats der Partei Bündnis 90, Mitgl. der Verhandlungsgruppe zur Aushandlung des Assoziationsvertrags mit den Grünen; 1993 Sprecher des Landesvorstandes Mecklenburg/Vorpommern Bündnis 90/Die Grünen, Mitgl. des Sprecherrats der innerparteil. Vereinigung »Forum Bürgerinnen- u. Bürgerbewegung«.

Lieutenant, Arthur
9.9.1884–10.10.1968
LDPD-Politiker
Geb. in Jauer (Schles.); Ökonom; nach 1918 zunächst DVP, danach DDP; 1919

Stadtrat u. 1931–33 Bürgermeister von Glogau; 1933 kurzzeitige Inhaftierung. 1945 Mitbegr. u. 1945–48 Geschäftsführender Zentralvorst. der LDPD, 1946–49 stellv. Vors.; 1945–48 Mitgl. des Zentralen Blockaussch.; 1948/49 Abg. der Prov. Volkskammer (Präs.-Sekr.), Okt. 1948 Niederlegung der Parteiämter; 1948/49 Finanzmin. des Landes Brandenburg, Okt. 1949 Rücktritt als Min. u. Flucht nach Berlin (West); 2.10.1950 aus der LDPD ausgeschlossen; 1950–53 Vors. der Exil-LDPD in Berlin (West). Gest. in Frankfurt/Main.

Lilie, Helmut 11.3.1923
Präsident des Amts für Standardisierung, Meßwesen und Warenprüfung (ASMW)
Geb. in Erfurt; 1945/46 KPD/SED; Besuch der Vorstudienanstalt Jena, Abitur; Studium der Chemie an der FSU Jena, 1953 Prom. zum Dr. rer. nat., 1957 Habil.; Mitarb. des Dt. Amts für Material- u. Warenprüfung (DAMW), Ltr. eines chem. Prüflabors, Prüfdienststellenltr., später Fachabt.-Ltr. für techn. Chemie u. Vizepräs., 1961–65 Präs. des DAMW; 1963 Prof. für Warenkunde an der HS für Binnenhandel Leipzig; 1965–72 stellv. Vors. der SPK, kurzzeitig Staatssekr.; ab 1973 Präs. des ASMW; Mitgl. des Forschungsrats der DDR; Vors. der Ständigen Kommission Standardisierung im RGW; 17.3.1989 alle Ämter niedergelegt.

Lindau, Rudolf 28.3.1888–18.10.1977
Historiker, Direktor der PHS »Karl Marx« der SED
Geb. in Hamburg in einer Arbeiterfamilie; Transportarbeiter; 1906–19 SPD, 1916 Teiln. der Reichskonferenz der Spartakusgruppe; 1919–46 KPD, seit 1920 ltd. KPD-Funktionär, 1923 Mitarb. der Zentrale der KPD, nach 1925 Mitarb. der Abt. Agit. u. Prop., ab 1926 Pol. Ltr. des KPD-Bez. Wasserkante, 1921–24 u. 1927/28 Abg. der Hamburger Bürgerschaft, 1927–33 Chefred. versch. KPD-Ztg.; während der Weimarer Republik publizist. Tätigkeit zur Geschichte der dt. Arbeiterbew., Mitautor der »Illustrierten Geschichte der Dt. Rev.« (1929); 1933/34 Teiln. am illegalen Widerstandskampf in Sachsen, 1934–45 Emigration in die UdSSR, dort tätig als Lehrer an Partei- u. Antifa-Schulen u. Autor von Artikeln u. Abhandlungen zur Geschichte der KPD, Mitarb. im NKFD.
1945/46 Mitarb. im ZK der KPD, 1946 SED, 1946–50 erster Dir. der PHS »Karl Marx« beim ZK der SED, im Okt. 1950 auf Beschluß der SED-Führung abgelöst, von 1950 bis zu seinem Tod wiss. Mitarb. am IML; KMO, zweimal VVO in Gold, Verleihung des Doktor- u. des Professorentitels.
Publ. zur Geschichte der Arbeiterbew., u.a. Veröff. einer Biogr. E. Thälmanns (1956); als Zeitzeuge beriet L. Historiker u. Politiker der SED zu Fragen der Geschichte der Arbeiterbew., wobei es insbes. mit W. Ulbricht* wiederholt zu Auseinandersetzungen z. B. über die Person E. Thälmanns oder die Novemberrev. kam.

Lindner, Gerhard 28.4.1929
LDPD-Politiker
Geb. in Leipzig, Vater Handelsvertreter; dort Volks- u. Oberschule, 1947 Abitur; 1946 LDPD; 1947–49 Praktikant in einem Rechtsanwaltbüro; 1948 FDJ; 1949–54 Jurastudium an der Univ. Leipzig, Dipl.-Jurist; 1954 FDGB; ab 1954 Mitgl. des Zentralvorst. der LDPD, ab 1959 seines Pol. Aussch., 1954–58 Abt.-Ltr. im Zentralvorst.; 1958 – März 1990 Abg. der Volkskammer, 1963 Vors. des Aussch. für Eingaben der Bürger, 1969–71 stellv. Vors. für Auswärtige Angelegenheiten und stellv. Vors. der Interparl. Gruppe der Volkskammer; 1959–66 Mitgl. des Sekr. des NR der NF; seit 1960 Vizepräs. der Olymp. Ges. der DDR; 1965–76 Vizepräs. der Freund-

schaftsges. DDR – Lateinamerika; 1966 bis 1982 Sekr. des Zentralvorst., ab 1982 stellv. Vors. der LDPD u. Vizepräs. des Friedensrats; ab 1976 Mitgl. des Präs. der Liga für Völkerfreundschaft u. Präs. der Freundschaftsges. DDR – Großbritannien; 1983 VVO in Gold; 17.11.1989 Wahl in den Staatsrat der DDR; März – Aug. 1990 Bund Freier Demokraten, danach F.D.P.

Lindner, Lothar 13.1.1928
Gewerkschaftsfunktionär
Geb. in Chemnitz, Vater Maurer; Volksschule, 1942–44 Ausbildung zum Maurer; 1944/45 Luftwaffenhelfer u. RAD. 1945/46 Beendigung der Ausbildung u. tätig im Beruf; 1945/46 FDGB, 1947 SED; 1947 Jugendsekr. im Landesvorst. Sachsen der IG Bau-Holz, 1947/48 Jugendsekr. im Bundesvorst. des FDGB, 1948/49 Sekr. für Schulung im Zentralvorst. der IG Bau-Holz, 1950/51 Vors. des Landesvorst. der IG Bau-Holz in Sachsen-Anhalt, ab 1951 stellv. Vors. u. Mitgl. des Sekr. des Zentralvorst. der IG Bau-Holz; Okt. 1953 als stellv. Vors. wegen »falscher Einschätzung« des 17. Juni abgelöst; 1954/55 Studium an der PHS; 1955–58 Abt.-Ltr. im Bundesvorst. des FDGB; 1958 – Febr. 1990 Vors. des Zentralvorst. der IG Bau-Holz; 1959 – Dez. 1989 Mitgl. des Bundesvorst. des FDGB, 1961–63 des Sekr., 1959–63 u. 1968 – Nov. 1989 des Präs.; 1976 Kand. u. 1981–89 Mitgl. des ZK der SED; 1960–90 Präs. bzw. Vizepräs. der Intern. Vereinigungen der Gewerkschaften der Werktätigen der Bau-, Holz- u. Baustoffindustrie im WGB, 1961–90 Mitgl. des WGB-Generalrats.

Lindner, Wolfram 26.2.1941
Radsporttrainer
Geb. in Lauenhain (Sa.), 1959 Abitur mit Berufsausbildung als Feinmechaniker; 1959–65 Mitarb. bzw. Ltr. des Referats Körperkultur u. Sport beim Rat der Stadt Hainichen; 1965–69 Trainer für Radsport in Karl-Marx-Stadt u. Studium an der DHfK Leipzig, Dipl.-Trainer für Radsport; 1970–90 im Dt. Radsportverb. Verb.-Trainer Straßenradsport, seine Sportler gewannen bei Olymp. Spielen 1980 die Silbermedaille im 100-km-Mannschaftsfahren, 1988 die Goldmedaille im 100-km-Mannschaftsfahren u. beim Einerstraßenfahren durch Olaf Ludwig*; bei WM: dreimal WM im 100-km-Mannschaftsfahren (1979, 1981 u. 1989), 2. Platz 1990, 3. Platz 1974 u. 1986; Titelgewinne im Einzelstraßenrennen durch Bernd Drogan 1982, Uwe Raab 1983, Uwe Ampler 1986; zwanzigmal Trainer der DDR-Friedensfahrtmannschaften, Mannschaftsgesamtsiege 1982, 1983, 1987 u. 1989, Einzelsiege durch Hans-Joachim Hartnick 1976, Olaf Ludwig 1982 u. 1986, Falk Boden 1983, Uwe Ampler 1987–89; 79 Prolog- u. Etappensiege.
Seit 1990 als Trainer unter anderem in China u. Österreich, wohnt in Berlin.

Lingner, Max 17.11.1888–14.3.1959
Maler, Grafiker
Geb. in Leipzig, Vater Xylograph; Abitur; 1908–13 Studium der Malerei an der Kunstakad. Dresden bei Carl Bantzer.
1914–18 Soldat; 1918 Mitgl. des Soldatenrates, beteiligt am Kieler Matrosenaufstand; 1919–22 Bewirtschaftung eines Gehöfts in Born (Darß), als Landschaftsmaler tätig; 1922–28 in Weißenfels/Saale ansässig, Aufnahme sozialkrit. u. proletar. Themen: Hinkemann (um 1924/25), Heimkehrende Fabrikarbeiterinnen (1926), Arbeiterliebe (1928); Ende 1928 Übersiedlung nach Paris, dort vorwiegend Arbeit als Zeichner für die Presseorgane »Monde«, »Avantgarde«, »L'Humanité«, als Buchillustrator u. Ausgestalter von Pressefesten; 1934 FKP; tätig für die Volksfront; 1939/40 Internierung u.a. im Lager Gurs; Flucht,

danach illegale Arbeit für die Résistance; 1944 Wiederaufnahme der Arbeit für die »L'Humanité«.
1949 Rückkehr nach Dtl.; übergab 40 Gemälde, Aquarelle u. Zeichnungen als Schenkung dem »Volk des fortschrittlichen Dtl.«, u.a. die Gemälde »Paris Meudon« (1929), »Im Boot« (1931), »Mademoiselle Yvonne« (1932); Mitgl. des Präs.-Rates des KB; 1949 Prof. an der HS für bildende u. angewandte Kunst in Berlin-Weißensee, 1950 Gründungsmitgl. der DAK u. Ltr. einer Meisterklasse für Malerei; monumentale Festdekoration zum 1. Mai 1950 im Berliner Lustgarten (als formalist. diffamiert); im Sinne des geforderten soz. Realismus stehen Spätwerke, u.a. das Wandbild für das Haus der Min. (1952) u. das Gemälde »Der Große Deutsche Bauernkrieg« (1951–55).
Publ.: Mein Leben u. meine Arbeit. Dresden 1955.
Sek.-Lit.: Geismeier, W.: M. L. Leipzig 1968; Claußnitzer, G.: M. L. Maler u. Werk. Dresden 1970; Heider, G.: M. L. Künstlerkompendium. Leipzig 1979; Kat. M. L. Nat.-Gal. u. AdK. Berlin 1988.

Lingner, Reinhold 27.6.1902–1.1.1968
Garten- und Landschaftsgestalter
Geb. in Berlin; bürgerl. Elternhaus; Gymnasium Charlottenburg, Gärtnerlehre in den Späthschen Baumschulen, Gasthörer an der TH Stuttgart bei Schmitthenner; Gärtnerausbildung an der Höheren Gartenbaulehranstalt Berlin-Dahlem; 1932 Staatl. dipl. Gartenbauinsp.; 1927 Tätigkeit für die Amtl. Dt. Kriegsgräberfürsorge in Belgien; 1933 fristlose Entlassung aus pol. Gründen u. Emigration nach Frankreich; Mitarb. der »Académie Européenne Méditerranée«; 1936 durch Existenznot erzwungene Rückkehr nach Dtl.; Tätigkeit als Gärtner; 1936 Berufsverbot aus pol. Gründen, 1937–42 Tätigkeit als Gärtner in untergeordneter Stellung; ab 1942 freischaff. Gartenarchitekt im Wartheland (heute Polen).
1945 Ltr. des Hauptamtes für Grünplanung beim Magistrat von Groß-Berlin, konzipierte im »Planungskollektiv« mit Hans Scharoun den Neuaufbau des Berliner Freiflächensystems als Stadtlandschaft, Standorte der Trümmerberge; 1949–51 Inst. für Bauwesen der AdW, 1949 erste Ausstellung der Arbeiten zur »Landschaftsdiagnose der DDR«, einer krit. Bestandsaufnahme der Umweltsituation auf dem gesamten Gebiet der DDR; 1949 Gestaltung der Gedenkstätte der Sozialisten in Berlin-Friedrichsfelde; 1952 1. Preis im Wettbewerb Ehrenhain Buchenwald (mit Fritz Cremer*, Kunz Nierade u. Bert Brecht*); 1949–51 Erneuerung des Schloßparks Berlin-Niederschönhausen; 1951 mit Selman Selmanagic* Gestaltung des Walter-Ulbricht-Stadions; 1951–58 Mitgl. der DBA; 1952 Pionierrepublik Werbellinsee, Kulturpark Berlin-Treptow u. 1957 Stalinstadt, Gestaltung von Wohngrünanlagen in Berlin, Frankfurt/Oder u. Stalinstadt; 1954 Prof.; 1956 Min.-Ratsvorlage zur Novelle der Landeskultur- u. Naturschutzgesetzgebung, 1958 Typenentwürfe für Feriensiedlungen; 1958–61 Chefarchitekt der Intern. Gartenbauausstellung (iga) Erfurt; 1961 Dir. des Inst. für Gartengestaltung der HU Berlin.
Publ.: Landschaftsdiagnose der DDR (mit F. E. Carl). Berlin 1957.
Sek.-Lit.: Novak, Kerstin: Die Entwicklung der Garten- u. Landschaftsarchitektur in der DDR bis Ende der 60er Jahre – dargest. am Lebenswerk R. L.s, Diplomarbeit TU Berlin, 1989.

Linke, Dietmar 12.8.1944
Evangelischer Pfarrer
Geb. in Breslau (Schles.), Vater Konzertmeister; 1963 Abitur in Senftenberg; anschl. bis 1968 Studium der Theol. an der HU Berlin; 1964 Wehrdienstverwei-

gerung; 1969/70 Vikar in Luckenwalde, 1970/71 Predigerseminar in Wittenberg; anschl. Pfarrer in Meinsdorf (Kr. Jüterbog), Mitgl. der Synode Berlin-Brandenburg; 1978–83 Pfarrer in Neuenhagen (b. Berlin); 1982 Mitbegr. der »Friedenswerkstatt« Berlin, 1983 Mitinitiator der Aktion kirchl. u. opp. Friedensgruppen »Fasten für das Leben« in der Berliner Erlöserkirche (6.–12. Dez.); 1. 9. 1983 als Teiln. einer Lichterkette opp. Gruppen vor der Botschaft der USA in Berlin festgenommen, 22. 12. 1983 Ausbürgerung u. Nötigung zur Ausreise nach Berlin (West); bis 1987 Berufsverbot als Pfarrer durch Entzug der Ordinariatsrechte, Referent im Gesamtdt. Inst.; seit 1987 Pfarrer der Kapernaum-Kirchgemeinde in Berlin-Wedding.
Publ.: Niemand kann zwei Herren dienen – Als Pfarrer in der DDR. Hamburg 1988; Streicheln, bis der Maulkorb fertig ist – Die DDR-Kirche zwischen Kanzel u. Konspiration. Berlin 1993; Theologiestudenten der HU Berlin zwischen Hörsaal und Anklagebank. Neukirchen-Vluyn 1994.

Linke, Karl 10. 1. 1900–16. 5. 1961
Chef der DDR-Militäraufklärung
Geb. in Görsdorf (b. Reichenberg, ČSR); Volks- u. Bürgerschule, 1914–18 Ausbildung u. Arbeit als Textilarbeiter; 1915 SAJ Österreich; 1918 österr. Militärdienst, kurze italien. Gefangenschaft; USPD, 1924–30 KPČ; 1919–21 Abraumarbeiter in Senftenberg; 1921–29 Arbeit in versch. Betrieben der ČSR, 1924–30 als Weber, 1928 nach einem Streik gemaßregelt; Arbeit für die AIZ in Berlin, Chemnitz u. der ČSR; seit 1930 UdSSR, dort 1930–34 Webermeister in Moskau, 1930–51 Mitgl. der KPdSU; 1935–37 Zechenltr. in Moskau; 1938 tätig im Volkskommissariat für Leichtindustrie, 1939–41 Arbeit in der Handelskammer; 1941–45 Dienst in der Roten Armee, 1942 Fallschirmeinsatz in Dtl. u. 1944 in der ČSR; 1945 Rückkehr nach Moskau; 1946 zurück in die ČSR; 1946–49 Saalmeister in einer Bandweberei.
1949 Übersiedlung nach Berlin, zunächst als Übersetzer tätig; 1950 Mitarb. der SPK, 1951/52 Ltr. des Sekretariats u. persönl. Referent des 1. stellv. Vors. in der SPK; 1951 DDR-Staatsbürgerschaft, SED; Juni 1952 ltd. Mitarb. der KVP; 1952–57 Chef der DDR-Militäraufklärung (»Verwaltung für allg. Fragen«), General, Aug. 1957 zum Oberst degradiert u. in die Reserve versetzt (Auslöser war, daß eine private Reinigungskraft für den CIA gearbeitet haben soll); Berlin-Verbot, nach Zittau abgeschoben; dort verstorben.
Sek.-Lit.: Kabus, A.: Auftrag Windrose. Der militär. Geheimdienst der DDR. Berlin 1993; Koch, Peter-Ferdinand: Die feindlichen Brüder. Bern, München, Wien 1994.

Links, Roland 1. 3. 1931
Verlagsleiter
Geb. in Kotzman (Kr. Czernowitz, Rumänien), Vater Rechtsanwalt; 1940 Umsiedlung nach Dtl., Oberschule, 1950 Abitur in Wittenberge; 1950–54 Studium der Germanistik, Geschichte u. Kunstgeschichte an der Landes-HS Brandenburg/PH Potsdam; 1954–78 zunächst Lektor, dann ltd. Lektor im Verlag Volk u. Welt Berlin; 1968 SED; 1978/79 freiberufl.; 1979–90 Ltr. der Verlagsgruppe Kiepenheuer Leipzig (Gustav Kiepenheuer Verlag, Insel-Verlag Anton Kippenberg, Paul List Verlag, Dieterich'sche Verlagsbuchhandlung).
1990 Geschäftsführer des Insel-Verlags Leipzig; 1992 Ruhestand.
Maßg. an der Edition intern. Lit. des 20. Jh. beteiligt; Hrsg. u. Mithrsg. der Werkausgaben von Kurt Tucholsky, Alfred Döblin, Karl Kraus, Erich Mühsam u. a.; Kritiker u. Publizist.
Publ.: Alfred-Döblin-Biogr. Berlin 1964.

Linser, Karl 10. 9. 1895–27. 4. 1976
Dermatologe, Klinikdirektor
Geb. in Pforzheim, Vater Lehrer; Gymnasium in Karlsruhe; 1914–18 Kriegsdienst im 1. Weltkrieg; 1918–22 Medizinstudium in Würzburg u. Heidelberg, hier 1922 Prom.; 1922–24 Assistenzarzt an der Univ.-Hautklinik in Tübingen u. 1924 in Breslau, 1925 an der Univ.-Hautklinik in Wien, 1925/26 am St.-Louis-Hospital in Paris, 1926–33 hautärztl. Praxis in Dresden (gemeinsam mit Eugen Galewsky); 1933–45 Ltr. der Hautabt. am Waldparkkrankenhaus u. an der Kinderpoliklinik des Johannstädter Krankenhauses in Dresden.
1945/46 Chefarzt der Hautklinik des Krankenhauses in Dresden-Friedrichstadt; 1946 Ordinarius für Dermato-Venerol. an der Univ. Leipzig; SED; 1947 Ernennung zum Präs. der Dt. ZV für Gesundheitswesen (Nachfolger von Paul Konitzer), 1949 Ltr. der HA Gesundheitswesen des Min. für Arbeit u. Gesundheitswesen; 1950–62 Ordinarius für Dermato-Venerol. an der HU Berlin u. Dir. der Univ.-Hautklinik, 1951 in Personalunion Ärztl. Dir. des Klinikums Berlin-Buch u. Chefarzt der dortigen Hautklinik, 1954–60 maßg. an Planung u. Neubau der Univ.-Hautklinik beteiligt; wiss. Arbeiten besonders auf dem Gebiet der Klimatherapie, der Bekämpfung venerolog. Erkrankungen u. der Malignome der Haut; 1962 em.; gest. in Berlin.

Lippmann, Heinz
24. 10. 1921–11. 8. 1974
FDJ-Funktionär
Geb. in Berlin, Sohn eines jüd. Fabrikanten; Realgymnasium, Abbruch aus rass. Gründen; versch. Hilfsarbeiten; 1941 bis 1945 KZ (Großbeeren, Auschwitz-Monowitz, Buchenwald).
1945 KPD; 1945/46 Mitarb. der Volksbildungsverwaltung Thüringen; Mitbegr. des antifasch. Jugendaussch. u. der FDJ in Thüringen; Mitgl. des ZR der FDJ; 1946–53 FDJ u. SED; 1946–48 Sekr. für Kultur u. Erziehung der FDJ-Landesltg. Thüringen; 1948/49 Org.-Sekr.; 1949–52 Sekr. des ZR der FDJ, hier Aufbau der West-Abt. u. verantw. für die Arbeit der FDJ in der Bundesrep. Dtl. bis zum Verbot im Juni 1951, danach verantw. für die Anleitung der illegalen Arbeit; Mitgl. der Westkommission des PB der SED; 1950 Mitgl. des Ständigen Rats des WBDJ; 1951 Mitgl. des ZV der VVN; 1952/53 Stellv. des FDJ-Vors. Erich Honecker*, verantw. für Org., Finanzen, Intern., KVP u. die Org. »Dienst für Dtl.«; Mitgl. im Büro des Präs. des NR der NF u. im Staatl. Komitee für Körperkultur; nach der pol. Demontage seines Förderers Franz Dahlem* u. aufgrund persönl. Bedrohungsängste im Zusammenhang mit dem Slansky-Prozeß in Prag sowie nach einer mißglückten Sabotageaktion, mit der die Bundestagswahlen am 6. 9. 1953 gestört werden sollten, im Sept. 1953 Flucht in die Bundesrep. Dtl. unter Mitnahme einer größeren Summe D-Mark (West); am 30. 9. 1953 Ausschluß aus der FDJ wegen »feindl. Tätigkeit, unmoral. Lebenswandels und Unterschlagung von Verbandsgeldern«; nach seiner Flucht Eröffnung eines Ermittlungsverfahrens, 1956 in Frankfurt/Main Verurteilung wegen Unterschlagung; 1957 Einstellung eines Hochverratsprozesses gegen L. vor dem BGH nach seinen Zeugenaussagen gegen KP- u. FDJ-Funktionäre; 1964 mußte die von ihm 1953 gegr. Ztschr. »Der Dritte Weg«, die illegal in der DDR vertrieben wurde, wegen Enttarnung eingestellt werden; seit 1963/64 SPD; Mitarb. der »Dt. Welle«; 1971 veröffentlichte er die erste Honecker-Biogr.; ab 1973 Mitarb. im Gesamtdt. Inst. in Bonn.
Publ.: Honecker – Porträt eines Nachfolgers. Köln 1971.

Litke, Karl (Carl) 22. 7. 1893–20. 2. 1962
SED-Politiker
Geb. in Berlin, Vater Steindrucker; Volksschule; 1907–10 Ausbildung zum Steindrucker u. bis 1922 im Beruf tätig; 1907 Mitgl. der Vereinigung der Freien Jugendorg., 1910 Verb. der Lithographen u. Steindrucker; 1912 SPD; 1914–18 Militärdienst; 1919–22 Vorstandsmitgl. u. 1922–26 Angestellter der Ortskrankenkasse der Lithographen u. Steindrukker; 1921–33 Abg. der Bezirksverordnetenvers. Berlin-Kreuzberg; 1923–33 2. Vors. des Bezirksverb. Groß-Berlin u. 1931 Mitgl. des PV der SPD; 1927–33 Sekr. des Hauptverb. Dt. Krankenkassen e. V.; 1928–33 Abg. des Dt. Reichstags; Juni – Dez. 1933 Gefängnis u. Zuchthaus; 1933–39 arbeitslos, danach bis 1945 Handelsvertreter u. Geschäftsführer einer Textilgroßhandelsfirma, Angestellter einer Lichtpauserei.
Juni 1945 – Apr. 1946 Beisitzer im Zentralaussch. der SPD; Juli 1945 HA-Ltr. der Großberliner Versicherungsanstalt; Aug. 1945 – Juni 1946 Ministerialdir. u. Ltr. der Abt. Verwaltung, Haushalt u. Finanzen der Dt. Verwaltung für Arbeit u. Sozialfürsorge; Apr. 1946 – Okt. 1948 Parität. Vors. u. Sekr. des SED-Landesvorst. Groß-Berlin; Okt. 1946 – Herbst 1948 Mitgl. der Stadtverordnetenvers.; 1946–50 Mitgl. des PV, 1950–54 Kand. des ZK der SED; seit Nov. 1948 stellv. Ltr. der HV Arbeit u. Sozialfürsorge in der DWK, ab 1950 HA-Ltr. im Min. für Arbeit u. Gesundheitswesen bzw. Min. für Arbeit, 1953 ausgeschieden aus gesundheitl. Gründen; 1954–56 Mitgl. der Revisionskommission im Zentralaussch. u. 1956–61 Mitgl. des Präs. der Volkssolidarität.

Lobedanz, Reinhold
29. 8. 1880–5. 3. 1955
Präsident der Länderkammer
Geb. in Schwerin, Vater Lehrer; Gymnasium; 1899–1903 Jura-Studium in Heidelberg, Leipzig u. Rostock, 1903 Dr. jur.; 1903–07 Ausbildung an mecklenburg. Gerichten, Staatsanwaltschaften u. Rechtsanwaltspraxen, 1907 Assessor im mecklenburg. Staatsdienst; 1912–14 Ltr. des Versicherungsamts Wismar, 1914 bis 1920 des Versicherungsamts Schwerin; 1920 Min.-Rat im mecklenburg. Staatsmin.; 1919–30 DDP, ab 1923 ihr Landesvors., 1930–33 Dt. Staatspartei; 1933 bis 1945 im mecklenburg. Verwaltungsdienst für Kliniken, Stiftungen u. Kunstpflege tätig.
1945 Mitbegr. u. bis 1952 1. Vors. des CDU-Landesverb. Mecklenburg; 1945–50 Ministerialdir. u. Ltr. der Präsidialabt. in der Mecklenburg. Landesreg., 1946 Vizepräs. der Beratenden Landesvers. und 1946–52 des Mecklenburg. Landtags; 1946–50 stellv. Vors. der CDU; 1947/48 kommissar. Parteiltg.; 1948/49 Mitgl. der DWK u. des Dt. Volksrats; ab 1949 Abg. der Prov. Volkskammer, Abg. u. Präs. der Prov. Länderkammer, seit 1950 der Länderkammer der DDR; 1950–55 Mitgl. des Pol. Aussch. des CDU-Hauptvorst.; Vizepräs. der DSF; 1952–55 Mitgl. der BL der CDU Schwerin.
Sek.-Lit.: Koch*, Hans: R. L. Berlin 1977.

Loch, Hans 2. 11. 1898–13. 7. 1960
Vorsitzender der LDPD, Justizminister
Geb. in Köln, Vater Schlosser; Gymnasium; 1917/18 Militärdienst; 1918–23 Jurastudium an den Univ. Bonn u. Köln, 1923 Dr. jur.; 1919–24 DDP; bis 1925 tätig an versch. Gerichten, danach Justitiar u. Steuersyndikus; 1933 zeitw. in Holland wohnhaft, danach erneut Justitiar u. Syndikus; 1936–38 Emigration Niederlande, anschl. wieder Syndikus versch. Wirtschaftsunternehmen in Dtl.; im 2. Weltkrieg Kriegsdienst.
1945 Mitbegr. der LDPD im Kr. Gotha, 1946–48 OB von Gotha; 1947 FDGB, Mitbegr. der DSF, ab 1951 Mitgl. ihres Zentralvorst.; ab Okt. 1947 Vors. des

Aussch. Gemeindepolitik beim Zentralvorst. der LDPD Thüringen, ab Nov. Mitgl. des engeren Landesvorst.; Mai 1948 – Febr. 1950 Justizmin. von Thüringen, Mitgl. der DWK u. des Dt. Volksrats; ab Herbst 1948 Mitgl. des PV bzw. des Pol. Aussch. des ZV der LDPD, 1949–51 Vors. des Landesverb. Thüringen, 1949 stellv. Vors., 1951/52 mit Karl Hamann* Kovors., nach dessen Verhaftung Dez. 1952 Vors. der LDPD, erarbeitete die Thesen über den »neugewordenen Liberalismus«; seit 1949 Mitgl. des Präs. des dt. Friedensrats; 1949–60 Abg. der Prov. Volkskammer bzw. Volkskammer, 1949–55 Min. für Finanzen, ab 1950 stellv. Vors. des Min.-Rats; ab 1954 Vors. des Aussch. für Dt. Einheit u. Mitgl. des Präs. des NR der NF; 1954 VVO in Gold.
Publ.: Ein Bürger sieht die Sowjetunion. Leipzig 1953; Wir sind dabeigewesen. 1958; Aus Reden u. Aufsätzen. Berlin 1985.
Sek.-Lit.: H. L. Beiträge zu seiner politischen Biographie 1945–1960. Berlin 1974.

Loebinger, Lotte geb. 10. 10. 1905
Schauspielerin
Geb. in Kattowitz, Vater Arzt; 1915 als Vollwaise Umzug nach Kiel als Mündel der ältesten Schwester Friederike; Besuch des Mädchen-Lyzeums, 1920 mittlere Reife; Arbeit im Kontor des Kaufhauses Karstadt u. als Verkäuferin; Komparsin an der Städt. Oper Kiel; Privatunterricht in Sprechtechnik; 1922 Umzug nach Breslau zur Schwester Waltraut (Lehrerin), um eine Theaterlaufbahn beginnen zu können; 1924 Verkäuferin; erstes Engagement in Breslau; durch die Schwester in die pol. Tätigkeit für die KPD einbezogen; Kassiererin für die IAH u. Rezitationsabende; 1924 Zweckeheschließung der Schwester nach Beschluß der KPD-ZL mit dem inhaftierten Max Hoelz; 1925 Verhaftung der Schwester; nach deren Freilassung wird L. Mitgl. der KPD; 1926 Umzug nach Berlin, Unterkunft bei Erich u. Zenzi Mühsam; durch sie Kontakte zum Renaissance-Theater u. zu Herbert Wehner; 1926–27 Volksbühne am Bülowplatz (Erwin Piscator); 1927–31 Mitgl. des Piscator-Kollektivs (Theater am Nollendorfplatz); 1927 Heirat mit Herbert Wehner, 1928 Aufgabe der Ehegemeinschaft bis zur jur. Trennung 1952 in Hamburg; 1927 Mitwirkung bei der UA von »Hoppla, wir leben« (Volksbühne), 1927 »Rasputin«, 1929 »§ 218« (Frauen in Not); 1931 Tournee des Piscator-Kollektivs durch die UdSSR; nach der Rückkehr Mitarb. in versch. Agitprop-Truppen u. 1932 am Deutschen Künstlertheater Berlin; Beginn der Lebensfreundschaft mit Heinrich Greif (1907–46); am 24. 12. 1932 Emigration nach Polen, Anschluß an die »Gruppe jüd. Schauspieler« in Warschau, u. a. mit Erwin Geschonneck; 1934 Flucht über Prag in die UdSSR; von Arthur Pieck vorbereiteter Vertragsabschluß über eine Tätigkeit im IRTB; 1934 Film »Aufstand der Fischer« (R: Erwin Piscator); sowj. Staatsbürgerschaft; Arbeit als Korrektorin an der »Dt. Zentralztg.« in Moskau; 1937–39 Sprecherin am Radiosender Moskau, u. a. mit Heinrich Greif u. Hans Rodenberg* (Ltg. der dt. Redaktion: Sepp Schwab*), Entlassung wegen einer fehlenden Manuskriptseite einer Molotow-Rede beim Rundfunkvortrag; Auseinandersetzg. mit dem NKWD; 1938 Film »Kämpfer« (R: Gustav von Wangenheim*); 1938 malte Heinrich Vogeler das Porträt L.s (Kunsthalle Worpswede); 1941–45 wieder Sprecherin bei Radio Moskau; 1942 Ende des persönlichen Kontakts zu Herbert Wehner durch dessen Emigration nach Schweden.
1946 Rückreise nach Berlin; Schauspielerin im Haus der Kultur, Unter den Linden (Ltg. Hans Rodenberg; Vorläufer des Maxim Gorki Theaters); 1946 Gründung einer »Gruppe junger Schauspieler« im

Prenzlauer Berg, u. a. »Moskauer Charakter«; 1946 am Dt. Theater u. a. in »Beaumarchais« von Friedrich Wolf; 1948–49 Theater am Schiffbauerdamm (Ltg. Fritz Wisten), u. a. »Rassen« von Ferdinand Bruckner; 1951 Aussprachen u. Konflikte mit dem ZK der SED im Zuge des Prozesses gegen Rudolf Slansky (Schwager der Schwester Waltraut); 1951 Vors. des Kreisaussch. der NF Berlin-Mitte; 1952–93 Maxim Gorki Theater Berlin (auch Ehrenmitgl.); 1953 Parteisekr. im Maxim Gorki Theater, später BGL u. »Künstler. Rat«; mehr als 100 Bühnen-, Film- u. Fernsehrollen, am Maxim Gorki Theater (u. a. in Inszenierungen von Maxim Vallentin); DFF u. a.: »Ich will nicht leise sterben« nach dem Hörspiel von Martin Stephan (1978, R: Thomas Langhoff*); Mitgl. KPD/SED; Heinrich-Greif-Preis, NP, VVO in Gold, KMO.

Porträt: »... noch einmal Leben« (von Kasten, Ulrich; Gehler, Fred). DFF. 1985.

Loest, Erich (Ps. Hans Walldorf)
24. 2. 1926
Schriftsteller

Geb. in Mittweida (Sa.), Vater Kaufmann; nach dem Abitur 1944 Soldat, danach Gelegenheitsarbeiter.

1947–50 Volontär u. Red. an der »Leipziger Volksztg.«, SED; seit 1950 freischaff. Schriftst.; 1955/56 Studium am Inst. für Lit. »Johannes R. Becher« Leipzig; stand 1956/57 mit Gerhard Zwerenz* u. a. in Opposition zur SED, insbesondere zur Kulturpol.; Mitarb. auch am Progr. des Leipziger Kabarett »Die Pfeffermühle«; Nov. 1957 Ausschluß aus der SED; dann wegen seiner Ansichten zu demokr. Erneuerungen verhaftet u. zu siebeneinhalb Jahren Zuchthaus verurteilt; 1964 Entlassung auf Bewährung; Veröff. von Abenteuer- u. Kriminalromanen unter Pseudonym; erst 1990 wurde das Urteil von 1957 aufgehoben; vom MfS im OV »Autor« »operativ bearbeitet«; 1979 Austritt aus dem SV unter Protest; 1981 mit einem Dreijahresvisum nach Westdeutschland, kehrte nach Ablauf nicht in die DDR zurück, lebt in Leipzig u. Bonn; von 1984–86 2. Vors. des VS, seit 1994 1. Vors.; 1987 gründete er mit seiner Schwiegertochter u. seinem Sohn Thomas den Linden-Verlag Künzelsau, jetzt Linden-Verlag Leipzig.

Preise: Hans-Fallada-Preis (1981), Marburger Lit.-Preis (1984), Jakob-Kaiser-Preis (1984 u. 1989), Freiheitspreis des Bundes freier Berufe (1991), Karl-Hermann-Flach-Preis (1992).

Publ.: Schattenboxen. Berlin 1973; Es geht seinen Gang oder Mühen in unserer Ebene. Halle 1978; Durch die Erde ein Riß. Ein Lebenslauf (Autobiogr.). Hamburg 1981; Völkerschlachtdenkmal. Hamburg 1984; Zwiebelmuster. Hamburg 1985; Der Zorn des Schafes. Künzelsau 1990; Die Stasi war mein Eckermann oder: Mein Leben mit der Wanze. Göttingen, Leipzig 1991.

Loewig, Roger 5. 9. 1930
Zeichner, Maler, Schriftsteller

Geb. in Striegau (Schles.); Volksschule u. Gymnasium in Oels (b. Breslau) u. Jarotschin (b. Posen).

Nach dem Krieg Holzfäller u. Landarbeiter in der Lausitz; ab 1951 in Berlin; Beginn der künstler. Arbeit als Autodidakt; 1951–53 Studium am Inst. für russ. Sprache; 1953–63 Lehrer für Geschichte, Deutsch u. Russisch in Berlin; zeichner. u. schriftst. Arbeiten; 1962 Zurückweisung einer zur 5. Dt. Kunstausst. eingereichten Lithographien-Folge; 1963 erste Ausstellung im privaten Freundeskr., aus diesem Grund am 15. 8. Verhaftung wegen »staatsgefährdender Umtriebe«, »Hetze« u. »Propaganda« durch das MfS; Beschlagnahme von künstler. Arbeiten, Manuskripten u. Büchern; bis 1964 einjährige Untersuchungshaft in Berlin-Pankow, Verurteilung zu zwei Jahren Gefängnis auf Bewährung; Entlassung

aus dem Schuldienst; 1964 Beginn der freiberufl. künstler. Tätigkeit; 1966 Mitgl. im VBKD, aber Druckverbot für Grafik, Ausstellungs- und Publikationsverbot; Ausstellung im Kunstkabinett des Inst. für Lehrerweiterbildung in Berlin-Pankow; erste größere Ausstellung in Warschau, Verbot der Reise zur Eröffnung; Gründung der Roger-Loewig-Ges. in Bonn; 1967 Ausreiseantrag; Preisträger der II. Intern. der Zeichner, Darmstadt; 1971 Austritt aus dem VBK; 12. 1. 1972 Übersiedlung nach Berlin (West).
1973 Gast der Villa Massimo Rom; Reisen durch Europa, nach Israel u. Mexiko; keine Einreisegenehmigung in die DDR; zahlr. Ausstellungen vorwiegend in der Bundesrep. Dtl.; 1985 Schenkung von 150 Arbeiten an das Nationalmuseum Warschau; 1987 Verbot der Durchreise durch die DDR zur Eröffnung der Ausstellung in Warschau; 1988 Ausstellung in der Berlinischen Galerie, Berlin (West).
Publ.: Insektenbuch. Hannover 1968; Texte zum Ikarus-Zyklus. Köln 1969; Mein Mund webt ein Fangnetz für den Tod. Burgdorf 1971; Licht u. Schatten. Erfahrungen eines Dt. Künstlers in Ost u. West. Sankelmark 1978; Sei ein Himmel gnädig meiner späten Ernte. Berlin (West) 1978.
Sek.-Lit.: Kat. R. L. Dunkelland. Zeichnungen 1965–72. Gal. Brusberg Hannover 1972; Kat. R. L. Verwundbare (mit Texten von R. L. u. Bibliogr.). Städt. Galerie Albstadt 1984; Kat. R. L. Neuer Berliner Kunstver. 1984; Kat. R. L. Muzeum Narodowe Warschau 1986; Kat. R. L. (mit Bibliogr.). Berlinische Galerie. Berlin (West) 1988.

Löffler, Kurt 1932
Staatssekretär für Kirchenfragen
Geb. in Leipzig; 1959 Mitgl. der SED-KL Weimar-Stadt; Anfang der 60er Jahre Ltr. der Abt. Kultur beim Rat des Bez. Erfurt, anschl. Mitarb. des ZK der SED, zuletzt stellv. Ltr. der Abt. Kultur; seit 1973 Staatssekr. im Min. für Kultur (Nachf. von Dieter Heinze); 1973 Ltr. der Staatl. Kommission Kultur zur Vorbereitung der X. Weltfestspiele der Jugend u. Studenten; seit 1974 Präs. der Freundschaftsges. DDR – Indien; 1980–83 Sekr. des Staatl. Martin-Luther-Komitees der DDR; seit 1985 stellv. Vors. u. Sekr. des Komitees der DDR zum 750jährigen Bestehen von Berlin 1987; 1988/89 Staatssekr. für Kirchenfragen (Nachf. von Klaus Gysi*).

Lohagen, Ernst 12. 5. 1897–2. 11. 1971
SED-Politiker
Geb. in Elberfeld, Volksschule; Arbeiter; 1911 SAJ, 1918 Gewerkschaft; Mitbegr. des Spartakusbunds, Mitgl. des Soldatenrats in Straßburg, danach Organisationsltr. des KJV in Rheinland/Westfalen; 1919 KPD; 1920 Rote Ruhrarmee, Mitgl. der Ltg., 1924 inhaftiert; ab 1924 Pol. Ltr. der KPD-BL Hessen-Waldeck; 1926 Abg. des Provinziallandtags Hessen, 1930–32 des Dt. Reichstags; 1933 illegaler Widerstand, 1933/34 KZ Börgermoor u. Papenburg; 1934/35 Pol. Ltr. der illegalen KPD im Bez. Hessen-Waldeck, Juli 1935 erneut verhaftet u. vom Volksgerichtshof zu 15 Jahren Zuchthaus verurteilt.
1945/46 Vors. der KL der KPD u. 1946–48 des Kreisvorst. der SED Leipzig; ab April 1946 Mitgl. u. Dez. 1948 – Febr. 1952 Vors. bzw. 1. Sekr. des SED-Landesvorst. Sachsen; 1946–50 Abg. des Landtags Sachsen, Aussch.-Vors.; 1949 Mitgl. des Dt. Volksrats, 1949–54 Abg. der Prov. Volkskammer bzw. Volkskammer; 1946–52 Mitgl. des PV bzw. ZK der SED; Febr. 1952 wegen »Unterdrückung der Kritik, parteischädigendem Verhalten« aus dem ZK ausgeschlossen u. als 1. Sekr. der Landesltg. abgelöst; Jan. 1953 – Sept. 1955 Ltr. der Bezirksfinanzrevision Potsdam; 1955–58 Vors. des

Rats des Kr. Pritzwalk, danach »Arbeiterveteran«.

Lohberger, Kurt 2. 6. 1914
Funktionär der Gesellschaft für Sport und Technik
Geb. in Lugau (Erzgeb.), Vater Bergarbeiter; Volksschule, Ausbildung zum Maurer; 1930 KJVD u. KPD; 1933 Emigration in die ČSR u. nach Österreich; 1936–39 in Spanien Interbrigadist u. a. im Thälmann-Bat.; 1938 Aberkennung der dt. Staatsbürgerschaft; 1939–41 Internierung in Frankreich (Lager St. Cyprien, Gurs u. Le Vernet); 1943 Zuchthaus Waldheim, Strafdivision 999; Jan. 1945 Übertritt zu griech. Partisanen, Mitbegr. des NKFD in Griechenland; Emigration in die UdSSR.
1948 Rückkehr nach Dtl.; SED; Eintritt in die VP; 1949/50 militär. Sonderlehrgang in Priwolsk (UdSSR); anschl. Mitarb. der Pol. Verwaltung der KVP, 1952 Oberst; 1953 Ltr. der Abt. Org. u. Instrukteur in der Pol. Verwaltung der KVP, 1954–56 Ltr. der Pol. Abt. beim Stab; danach bis 1960 Stellv. des Ltr. für Pol. Arbeit im Militärbez. Nord der NVA; 1959/60 Besuch der sowj. Militärakad., Dipl. rer. mil.; 1961–63 Kdr. der Politoffiziersschule in Berlin-Treptow, 1963 Gen.-Major d. Res.; 1963–68 Vors. des Zentralvorst der GST (Nachf. von Richard Staimer*); anschl. Mitarb. im Min. für Nat. Verteidigung, Gen.-Major a. D.

Lohmann, Karl 10. 4. 1898–22. 4. 1978
Physiologe, Biochemiker
Geb. in Bielefeld, Realgymnasium; 1916–18 Kriegsdienst; 1919–23 Chemiestudium in Münster u. Göttingen, 1923 Rockefeller-Stipendiat (bei Handovski am Pharmakolog. Inst.); 1924–37 Assistent von Otto Meyerhof am Kaiser-Wilhelm-Inst. für Biol. in Berlin-Dahlem sowie an dem für med. Forschung in Heidelberg, 1931–35 Medizinstudium in Heidelberg; 1937 ord. Prof. u. Dir. des Physiolog.-Chem. Inst. der Berliner Univ.
1945 Prodekan der Med. Fak., ab 1946 kommissar. Ltr. des Physiolog. Inst. der HU Berlin; 1949 Ord. Mitgl. der DAW, prov. Sekretar u. 1954–61 Sekretar der Klasse für Medizin der DAW; 1950 stellv. Dir. später Dir. des Inst. für Medizin u. Biol. der DAW in Berlin-Buch; 1951 NP; 1955 Mitgl. der Dt. Akad. der Naturforscher Leopoldina; 1957 Präs. des Inst. für Ernährung der DAW in Potsdam-Rehbrücke; 1960 Gründungspräs. der Ges. für experimentelle Medizin; legte 1964 alle Ämter aus Altersgründen nieder; gest. in Berlin.
Arbeitsgebiete: Stoffwechseluntersuchungen, u. a. über den Chemismus der Muskelkontraktion, den Abbau des Kohlenhydrats in tier. Zelle u. in Hefe; zahlr. Arbeiten über Enzyme (Carboxylase) u. Vitamine (B_1). Als wichtigste Entdekkung L.s gilt die Isolierung u. Konstitutionsermittlung der Adenosintriphosphorsäure (ATP), deren zentrale Stellung im Zellstoffwechsel u. entscheidende Bedeutung bei der Muskelkontraktion er nachwies.

Löhr, Jonny 20. 2. 1899–15. 7. 1967
NDPD-Politiker
Geb. in Hamburg, Vater Arbeiter; Volks- u. Gewerbeschule, 1913–16 Ausbildung zum Schlosser; gegen Ende des 1. Weltkriegs Soldat; 1922 KPD; 1922–25 Abendschule in Hamburg, 1925–28 Studium an der Höheren Maschinenbauschule in Leipzig; später Intern. Lenin-Schule in Moskau, ab 1928 Mitarb. der KI, 1928–30 NKWD-Agent in Rumänien, dort 1930–40 inhaftiert; dann Emigration in die UdSSR, nach 1941 Arbeit unter dt. Kriegsgefangenen.
1945 Rückkehr nach Dtl.; 1945/46 KPD/SED; 1945–47 Mitarb. im Landesvorst. der KPD Mecklenburg; 1945/46 Ltr. der Abt. Industrie innerhalb der Abt. Handel u. Versorgung in der Landesverwaltung

Mecklenburg, 1946 Ltr. der HA Industrie im Min. für Wirtschaft Mecklenburg, 1947 Ministerialdir.; 1948–50 Vizepräs. der IHK von Mecklenburg; Mitbegr. der NDPD, ab 1948 Mitgl. von deren Hauptaussch. u. Vors. des Landesverb. Mecklenburg; ab 1949/50 u. ab 1954 Abg. der Prov. Volkskammer bzw. Volkskammer; 1950/51 Botschafter in Rumänien; danach Dir. eines Handelsunternehmens; 1953–58 stellv. Präs. der IHK; 1954 VVO in Gold; ab 1955 Mitgl. des PV der NDPD, ab 1963 des Sekr. des Hauptaussch. u. Vors. der Parteikontrollkommission.

Lohs, Karlheinz 23. 8. 1929
Toxikologe, Vizepräsident der Urania
Geb. in Annaberg (Erzgeb.); Lehre als Chemielaborant, tätig im Kreiskrankenhaus Annaberg; 1948 Abitur an der Vorstudienanstalt Chemnitz, 1948–52 Chemiestudium an der Univ. Leipzig, Dipl.; danach wiss. Mitarb. in der Farbenfabrik Wolfen; 1955 Prom., 1962 Habil.; 1958–65 Dir. des VEB Chem.-techn. Laboratorien; seit 1962 Vorlesungen über chem. Toxikol. an den Univ. Leipzig, Halle u. Berlin; 1965 Prof. der DAW, 1965–70 Dir. des DAW-Inst. für Biophysik in Berlin, dann bis 1990 Ltr. der Forschungsstelle für chem. Toxikol. der AdW in Leipzig; 1970 Korr. u. 1972 Ord. Mitgl. der AdW; seit 1970 Fachberater des Intern. Inst. für Friedensforschung (SIPRI) Stockholm; 1972 Vors. des intern. Abrüstungsaussch. der Weltföderation der Wiss.; 1981–90 Vizepräs. der Urania; Vors. des Beirats für chem. Abrüstung beim Präs. des Friedensrats; Vors. des intern. Abrüstungsaussch. der Weltföderation der Wiss.; Mitgl. einer gemeinsamen SED-SPD-Arbeitsgruppe zur Ausarbeitung eines Vorschlags für eine chemiewaffenfreie Zone in Europa; 1986 Dr. h.c. (MLU Halle).
1992–94 wiss. Mitarb. der Lobbe-Entsorgung/Sanierung GmbH in Iserlohn-Letmathe; 1994 Rentner.
Hauptarbeitsgebiete: Umweltschadstoffe, chem. Kampfstoffe u. deren Vernichtung, Geräte u. Methoden zum Nachweis solcher Stoffe u. zum Schutz vor ihnen.
Publ.: Synthet. Gifte. 1958 (zahlr. bearb. Aufl. u. Übersetzungen); Der Mißbrauch der chem. Forschung. 1975.

Lonscher, Erhard 28. 7. 1925
NDPD-Politiker
Geb. in Patschkau (Oberschles.), Vater Lehrer; 1940–43 Lehrerbildungsanstalt; 1943 NSDAP; 1944/45 Kriegsdienst (Fahnenjunker der Luftwaffe); 1945–49 sowj. Gefangenschaft, Besuch der Zentralen Antifa-Schule Krasnogrosk u. Lehrtätigkeit.
1949 Rückkehr nach Dtl.; NDPD, 1949–52 Mitgl. des Landesvorst. Berlin der NDPD; ab 1952 hauptamtl. Mitarb. ihres PV, Ltr. der Abt. Landesparteischulen, anschl. der Abt. Pol. Studium (Propaganda); 1951–54 Fernstudium an der DASR, Dipl.-Staatswiss.; 1963–66 Rektor der HS für Nat. Pol. (Zentrale Parteischule der NDPD) in Waldsieversdorf (Kr. Strausberg); 1963 – Jan. 1990 Mitgl. des Hauptausschusses der NDPD, 1963–89 des PV bzw. Präs. des Hauptausschusses, 1966–73 Vors. des Bezirksverb. Halle, 1973–85 Sekr. des Hauptausschusses u. bis 1989 Mitgl. seines Sekr.; 1976–86 Abg. der Volkskammer; 1985 – März 1990 Dir. der Zentralen Parteischule der NDPD in Waldsieversdorf; ab 1974 Mitgl. des Zentralvorst. der DSF u. des Solidaritätskomitees der DDR; ab 1976 Mitgl. des Präs. bzw. Vizepräs. des Freundschaftskomitees DDR–Syrien; 1990 Rentner; März 1990 nach dem kooperativen Beitritt der NDPD zum Bund Freier Demokraten F.D.P.-Mitgl.

Lorenc, Kito 4. 3. 1938
Sorbischer Lyriker
Geb. in Schleife (Kr. Weißwasser), Vater sorb. Holzkaufmann; 1952–56 Schüler der sorb. Internatsoberschule in Cottbus,

erlernte erst hier die sorb. Sprache; 1956–61 Studium der Slawistik an der KMU Leipzig; 1961–72 Mitarb. des Inst. für sorb. Volksforschung in Bautzen; 1962 u. 1968 Literaturpreis der Domowina; 1972–79 Dramaturg am Staatl. Ensemble für sorb. Volkskultur; danach freischaff. Schriftst.; 1974 Heinrich-Heine-Preis; 1987 PEN-Zentrum DDR; dann Dt. PEN-Zentrum (Ost).
1991 Heinrich-Mann-Preis; lebt in Wuischke am Czorneboh (b. Bautzen).
Erste Gedichte noch in Dt., später in Sorb. u. Dt.; erste Veröff. 1959 in einer sorb. Ztg.; beeinflußt u. a. von Johannes Bobrowski* entwickelte er sich zum bedeutendsten sorb. Lyriker der jüngeren Generation; übersetzte u. edierte maßg. sorb. Autoren; Nachdichtungen aus fast allen slaw. Sprachen; Essayist; Hrsg. einer großangelegten hist. Anthol. sorb. Volks- und Kunstlit. »Sorb. Lesebuch« (1981).
Publ.: Struga. Bilder einer Landschaft. Bautzen 1967; Flurbereinigung. 1973; Poesiealbum 143. Berlin 1979; Wortland. Gedichte aus zwanzig Jahren. 1984.

Lorenz, Dietmar 23. 9. 1959
Leistungssportler (Judo)
Geb. in Langenbuch (Thür.); während der Schulzeit in versch. Sportarten aktiv (Skisport, Eishockey, Fußball, Turnen); während der Lehrausbildung zum Kfz-Schlosser Beginn mit dem Judotraining, anschl. Delegierung zum SC Dynamo Hoppegarten (Trainer: Dietmar Hötger); 1975 u. 1977 EM im Halbschwergewicht; 1978 EM im Halbschwergewicht u. »alle Kategorien«, Turniersieger in Japan (als zweiter Ausländer, der dort je ein Judoturnier gewann); 1980 Olympiasieger »alle Kategorien«; 1980–89 SED; Beendigung der sportl. Laufbahn, danach Trainer beim SC Dynamo Hoppegarten.
1990 arbeitslos, seit 1992 Sportpädagoge bei der Sportjugend Berlin.

Lorenz, Gerhard 24. 5. 1930
Chef der Politischen Verwaltung der Grenztruppen
Geb. in Freital (Sa.), Vater Arbeiter; Volksschule, 1944–48 Ausbildung u. Arbeit als Maurer; 1946–48 Mitgl. eines Betriebsrats bzw. ehrenamtl. Jugendfunktionär der IG Bau im Land Sachsen; 1948 SED; Eintritt in die VP, Dienst u. a. im Kreisamt Dresden, 1949 Grenzpolizei, bis 1951 Pol.-Kultur-Ltr. einer Grenzkommandantur bzw. -bereitschaft, VP-Oberkommissar; 1952 VP-Zentralschule in Biesenthal (bei Bernau); 1953–60 Ltr. der Politabt. u. Kdr.-Stellv. von Schulen u. a. Dienststellen, darunter Groß-Glienicke (b. Potsdam), Major; 1957–62 externes Studium an der PHS, Dipl.-Ges.-Wiss.; 1961/62 u. 1965–68 Abt.-Ltr. in der Pol. Verwaltung der Grenztruppen, Oberst; 1963–65 Militärakad. Dresden, Dipl. rer. mil.; 1968–70 Stellv. des Chefs u. Ltr. der Pol. Verwaltung der Grenztruppen; 1971–73 Kdr. des Grenzkdo. Süd, Gen.-Major; ab 1973 erneut Ltr. der Pol. Verwaltung, Gen.-Ltn.
L. leitete Ende 1989 die Auflösung der Pol.-Organe der SED u. die Schaffung staatsbürgerl. Bildung u. Erziehung in den Grenztruppen ein; 31. 5. 1990 Ruhestand.

Lorenz, Siegfried 26. 11. 1930
SED-Politiker
Geb. in Annaberg (Sa.), Vater Färber; Volksschule, Ausbildung zum Mechaniker; 1945 SPD, 1946 SED, FDJ; 1948–51 Studium an ABF u. Univ. Leipzig, Dipl.-Ges.-Wiss.; 1951–53 Abt.-Ltr. Studium im ZR der FDJ; 1954–61 Sekr. u. 1961–65 1. Sekr. der FDJ-BL Berlin; 1958–67 Stadtverordneter in Berlin; 1958–67 Kand. bzw. Mitgl. der SED-BL Berlin; 1961–76 Mitgl. des ZR der FDJ; 1963–67 Berliner Vertreter in der Volkskammer u. 1967–11. 1. 1990 Abg. der Volkskammer, 1963–66 Mitgl. und 1966–76 Vors. ihres Jugendaussch.;

1965/66 Abt.-Ltr. Parteiorgane der SED-BL Berlin; 1966–76 Ltr. der Abt. Jugend des ZK der SED (Nachf. von Kurt Turba*), 1967–76 Ltr. der Jugendkommission des PB, 1967–71 Kand. u. 1971–89 Mitgl. des ZK der SED; 1973 VVO in Gold, später auch KMO; 1976–89 1. Sekr. der SED-BL Karl-Marx-Stadt (Nachf. von Paul Roscher); 1985/86 Kand. u. 1986 – Dez. 1989 Mitgl. des PB; 21. 1. 1990 Parteimitgliedschaft bestätigt durch die Zentrale Schiedskommission der SED-PDS; arbeitslos, dann Rentner.

Lösche, Artur 20. 10. 1921 – 12. 2. 1995
Physiker
Geb. in Leipzig, dort 1940 Abitur; 1940 Physikstudium an der Univ. Leipzig, 1942–45 durch Kriegsdienst unterbrochen, 1946 Forts., 1948 Diplom u. Examen für höheres Lehramt, 1949 Prom., 1953 Habil. (Beiträge zur Theorie der Dipolflüssigkeiten); 1948 Assistent, 1951 Oberassistent, 1953 Doz., 1955 Prof. am Physikal. Inst. der Univ. Leipzig; 1965 Mitgl. der DAW; 1966–70 Dir. des Physikal. Inst. der Univ. Leipzig, 1975 Mitgl. der Leopoldina; 1979–85 Dir. der Sekt. Physik; 1980 Korr. Mitgl. der Société Royale des Sciences de Liège, 1975–80 Mitgl. des Executive Committee of the European Physical Society; 1958 NP, 1986 Dr. h.c. (Univ. Jena); 1987 em.
Bedeutende Forschungen auf dem Gebiet der Hochfrequenzspektroskopie u. Molekülphysik; Begründer der intern. anerkannten Leipziger Schule für Hochfrequenzphysik.
Publ.: Kerninduktion. Berlin 1957; Hochfrequenzspektroskopie (Hrsg.). Berlin 1961; Molekülphysik. Berlin 1984; Grimsehl Lehrbuch der Physik (Mithrsg.).

Lötsch, Manfred 9. 10. 1936–7. 1. 1993
Soziologe
Geb. in Buchholz (Erzgeb.) in einer Arbeiterfamilie; nach Abschluß der Grundschule 1950–53 Schlosserlehre; 1953–56 ABF zunächst in Karl-Marx-Stadt, dann in Leipzig; 1956–60 Studium der Volkswirtschaftslehre an der HU Berlin, anschl. Assistent an der Bergakad. Freiberg; 1958 SED; 1963 Prom. mit einer Arbeit über Carl Mengers als Beitrag zur Kritik der österr. Schule der Grenznutzentheorie; 1966 Konflikte mit der SED-Parteiltg. an der Bergakad., anschl. »Bewährung« als Betriebssoziologe im Braunkohlenwerk Großräschen; 1968 wiss. Mitarb. in der soziolog. Abt. am Inst. für Wirtschaftswiss. der DAW; 1969 gemeinsame Habil. mit Hansgünter Meyer* zum Thema »Struktur, Information u. Verhalten als soziolog. Probleme der Organisatiosanalyse« (Verbot der Publ. 1971); 1969 Versetzung an das IfG (die spätere AfG), gemeinsam mit H. Meyer Erarbeitung eines struktur-funktionalen Konzepts der Sozialstrukturforschung u. Ltg. der umfangreichsten empir. Untersuchungen zur Sozialstruktur der DDR-Ges.; 1979 Berufung zum Prof. für Soziol. an die AfG; maßg. beteiligt an der Org. intern. vergleichender Untersuchungen im RGW-Raum; Mitgl. des Wiss. Rats für Soziol. u. Vors. des Problemrats Sozialstruktur; invalidisiert nach schwerem Herzinfarkt im März 1989; Nov. 1989 Mitunterz. des Berliner Aufrufs zur Gründung einer unabhängigen Ges. für Soziol. in der DDR.
1990 Mithrsg. des Berliner Journals für Soziol.; 1991 Gastprof. am Wissenschaftszentrum Berlin für Sozialforschung.
L. war Autor von ca. 200 wiss. u. publizist. Arbeiten; er galt seit Mitte der 70er Jahre als führender Sozialstrukturforscher der DDR; seine Untersuchungen zu sozialen Differenzierungen der DDR-Ges. waren maßgebend für eine theoret. Überwindung des dominierenden Dogmas der »wachsenden Annäherung der Klassen u. Schichten«; intern. Anerken-

nung fanden in den 80er Jahren v. a. L.s reformorientierte Arbeiten zur erforderl. Aufwertung der wiss.-techn. Intelligenz u. zur funktionalen Bedeutung sozialer Unterschiede für eine moderne Perspektive der DDR-Ges.
Publ.: Zur Entwicklung der Arbeiterklasse u. ihrer Struktur (Mithrsg. u. Mitautor). Berlin 1976; Ingenieure in der DDR (Mithrsg. u. Mitautor). Berlin 1988; Sozialstruktur der DDR (Mithrsg. u. Mitautor). Berlin 1989.

Lotz, Gerhard 22. 4. 1911–10. 12. 1981
Kirchenjurist, CDU-Funktionär
Geb. in Altenburg; 1928 Abitur am Gymnasium in Eisenach; Studium zunächst der Theol. u. Philos., dann der Rechtswiss. an den Univ. Frankfurt/Main, Göttingen, Leipzig u. Königsberg, 1934 1. jur. Staatsexamen, Prom. zum Dr. jur.; Assistent an der Fak. für Rechts- u. Staatswiss. der Univ. Königsberg, 1938 2. jur. Staatsexamen in Berlin; anschl. Kirchenjurist in der Ev.-Luth. Landeskirche Thür., 1940 Kirchenrat; ab 1942 Kriegsteiln., zuletzt Ltn., Gefangenschaft.
1946 Oberkirchenrat u. Ltr. der Rechtsabt. des Thüringer Landeskirchenrats in Eisenach; CDU; 1948 stellv. Vors. des Landeskirchenrats, Mitgl. der Synode der EKD; Mitgl. des Bez.-Vorst. Erfurt, ab 1956 des Hauptvorst. der CDU; Mitgl. des Friedensrats der DDR u. des Weltfriedensrats; ab 1958 in der Christl. Friedenskonferenz engagiert; 1959 VVO in Bronze; mehrfach Delegierung zur Allchristl. Friedensvers. in Prag; ab 1965 Vizepräs. des Friedensrats der DDR; 1967–76 Abg. der Volkskammer; 1969 Dr. h.c. der FSU Jena; 1976 Ruhestand.
L. arbeitete in den 50er Jahren eng mit dem Thüringer Landesbischof Moritz Mitzenheim* zusammen, er gehörte zum Kern des »Weimarer Arbeitskr.«, der mit dem »Thür. Weg« im Unterschied zu den anderen ev. Landeskirchen der DDR das Konzept eines kooperativen Verhältnisses zum Staat verfolgte. Seit 1955 war er als IM »Karl« für das MfS tätig u. erhielt mehrere konsp. Auszeichnungen.

Louperti (eigtl. Harry Scharlach)
22. 11. 1907–7. 6. 1985
Zauberkünstler
Geb. in Halle in einer Arbeiterfamilie; Dreherlehre; Hobbyzauberer, erste Auftritte beim Onkel Fred Scarlett in dessen Schaubude; ab 1928 Bühnenauftritte, Manipulationen mit Zigarren, intern. bekannt geworden mit der Darbietung »Spiel mit Brasil«.
Neubeginn schon am 1. 10. 1945 im Steintor-Varieté in Halle, Reisen mit den ersten DDR-Ensembles in die UdSSR u. die ČSR, mehrere Engagements im Berliner Friedrichstadtpalast, Gastspiele in zahlreichen europ. Ländern, Auftritte bis ins hohe Alter.

Lucas, Werner 20. 8. 1914
FDGB-Funktionär
Geb. in Leipzig, Vater Arbeiter; Volksschule, 1929–33 Ausbildung zum Maler; 1929 Dt. Baugewerksbund, SAJ; 1933 bis 1936 illegale Arbeit in Leipzig, mehrmals verhaftet; 1933/34 Gelegenheitsarbeiten, 1934/35 RAD, anschl. zumeist Maler; 1936 Verurteilung zu einem Jahr u. sieben Monaten Gefängnis; 1939–45 Kriegsdienst (Pionier-Bataillon).
1945 FDGB, KPD; ehrenamtl. Parteifunktionär, tätig als Maler; 1946 SED, FDJ, VVN; 1946/47 Jugendltr. der FDJ-KL Leipzig; 1947–49 Hauer, dann Steiger im Wismut-Bergbau in Oberschlema; 1949 Instrukteur der KL Wismut, 1950–52 Abt.-Ltr. der Gebietsltg. Wismut der SED; 1952 2. Vors., 1952–55 Vors. des Zentralvorst. der IG Wismut u. Mitgl. des Sekr. der SED-Geb.-Ltg.; 1952–82 Mitgl. des FDGB-Bundesvorst., 1952–68 u. 1972–77 des Präs.; 1954/55 Abg. des Bez.-Tags Karl-Marx-Stadt; 1954–60 Fernstudium an der PHS, Dipl.-

Ges.-Wiss.; 1955–63 Vors. des Zentralvorst. der IG Bergbau, 1961–63 Mitgl. des Sekr. des FDGB-Bundesvorst., 1963 bis 1974 Vors. des Zentralvorst. der IG Bergbau-Energie; 1955–76 Mitgl. des Administrativkomitees der Intern. Vereinigung der Bergarbeiter-Gewerkschaft im WGB, 1972–76 deren Vizepräs.; 1974 VVO in Gold; 1976–82 Mitgl. des FDGB-Bezirksvorst. Halle u. Vors. der Beschwerdekommission Halle der Sozialvers. der Arbeiter u. Angestellten

Luding, Christa, geb. Rothenburger 4. 12. 1959
Leistungssportlerin (Eisschnellauf, Bahnradsport)
Geb. in Weißwasser; als Kind zunächst Eiskunstläuferin, später Eisschnelläuferin in Dresden, 1979 u. 1983 Dritte der Sprint-WM; 1984 Olympiasiegerin über 500 m; 1985 Sprint-WM; 1986 Zweite u. 1987 Dritte der Sprint-WM; 1988 Olympiasiegerin über 1000 m u. -Zweite über 500 m; 1992 Olympia-Dritte über 500 m u. Dritte der Sprint-WM; in den 80er Jahren zugl. auch Bahnradsportlerin, Spezialdisz.: Sprint, 1986 WM u. 1987 Vize-WM; 1988 Olympia-Zweite; L. war die erste Frau der Welt, die im gleichen Jahr eine olymp. Medaille sowohl bei den Winter- als auch bei den Sommerspielen gewann; nach Abschluß der KJS Ausbildung zur Wirtschaftskauffrau, dann Aufnahme eines Sportstudiums an der DHfK Leipzig; SED; 1984–89 Stadtverordnete in Dresden.
L. betreibt z. Z. gemeinsam mit ihrem Ehemann u. früheren Trainer Ernst L. ein Fuhrunternehmen in Dresden; 1994 Abschluß des Studiums als Dipl.-Sportlehrerin.

Ludwig, Egon 27. 11. 1929
Leiter des Büros der Leitung des MfS
Geb. in Neukirch (Kr. Bautzen), Volksschule; 1944–48 Lehre u. Arbeit als Maschinenschlosser; 1945 KPD/SED; 1948 Einstellung bei der VP; 1951 Einstellung beim MfS als Propagandasekr. der SED-KL; 1953 persönl. Referent des Min.; 1954–59 Fernstudium an der DASR Potsdam, Dipl.-Jur.; 1957 Sekr. des Kollegiums des MfS; 1961 Ltr. des Büros der Ltg.; 1966 Vors. der SG Dynamo Hohenschönhausen; 1978 Mitgl. des Bundesvorst. des DTSB; 1983 Gen.-Major; Dez. 1989 von seinen Funktionen entbunden; Jan. 1990 Entlassung, Rentner.

Ludwig, Olaf 13. 4. 1960
Leistungssportler (Radrennsport)
Geb. in Gera-Thieschitz; ab 1972 Radrennfahrer bei der SG Wismut Gera; 1978 u. 1979 Junioren-WM im Straßen-Mannschaftsfahren; 1980 Olympia-Zweiter im Straßen-Mannschaftsfahren; 1981 WM im Straßen-Mannschaftsfahren; 1982 Sieger der Intern. Friedensfahrt, Auszeichnung mit der Goldenen Palme für den weltbesten Radamateur des Jahres; 1986 Vize-WM im Punktefahren auf der Bahn u. Friedensfahrtsieger; 1988 Olympiasieger im Einzel-Straßenfahren; 1978 Abitur an der KJS, anschl. bis 1990 Studium an der DHfK Leipzig.
Seit 1990 Profirennfahrer im Team der Telekom, 1993 WM-Dritter im Einzel-Straßenrennen.

Ludwig, Rolf 28. 7. 1925
Schauspieler
Geb. in Stockholm, aufgewachsen in einer Dresdener Arbeiterfamilie; Ausbildung als Kartolithograph; 1942 Wehrmacht.
1947 Heimkehr aus engl. Gefangenschaft; Engagements in Hamburg, Lübeck u. Dresden, in Berlin 1950–52 am Metropoltheater, 1953/54 Theater am Schiffbauerdamm, 1954–64 Volksbühne, 1965–69 Dt. Theater, 1970–76 wiederum Volksbühne, seit 1977 erneut am Dt. Theater.
Haupt- bzw. tragende Rollen u. a. in Jew-

geni Schwarz' »Der Drache« (R: Benno Besson*), Molières »Don Juan«, Henrik Ibsens »Wildente«, Shakespeares »Der Widerspenstigen Zähmung«, Schillers »Wallenstein«, Goldonis »Der Diener zweier Herren«, Alexander Ostrowskis »Der Wald«, bei Film u. Fernsehen u. a. in »Abschied« (nach J. R. Becher*), Slatan Dudows* »Der Hauptmann von Köln«, Egon Günthers* »Der Dritte«, »Lotte in Weimar« u. »Stein«, »Die Legende von Paul u. Paula«, »Die Grünstein-Variante« (Bundesrep. Dtl.), »Das Buschgespenst« (nach Karl May, TV).

Ludwig, Werner 15. 12. 1914
Präsident des Deutschen Roten Kreuzes
Geb. in Mülheim/Ruhr; Abitur am Hindenburg-Gymnasium in Düsseldorf; ab 1934 Studium der Medizin an der Militärärztl. Akad. in Berlin, 1939/40 Staatsexamen; 1942 Oberarzt, später Stabsarzt in der Wehrmacht; 1943 sowj. Gefangenschaft bei Stalingrad, Antifa-Schule u. Mitarb. im NKFD.
1948 Rückkehr nach Dtl., anschl. Kreisarzt in Grimma; SED; ab 1950 Abt.-Ltr. im Min. für Gesundheitswesen; 1953 bis 1981 Präs. des DRK, danach ehrenamtl. Vizepräs.; Mitglied des NR der NF; 1962 Obermedizinalrat; 1963 Vors. des Albert-Schweitzer-Komitees der DDR; 1965 Prof. mit Lehrstuhl für Sozialhygiene an der Med. Akad. Dresden; 1971–76 Präs. des Nat.-Komitees für Gesundheitserziehung; Lehrstuhlinhaber für Gesundheitserziehung an der Akad. für ärztl. Fortbildung in Berlin; 1974 VVO in Gold; Präs. des Nat.-Komitees für die Zusammenarbeit mit der UNICEF.

Luft, Christa, geb. Hecht 22. 2. 1938
Stellvertretende Ministerratsvorsitzende
Geb. in Krakow am See (Meckl.), Vater Maschinenschlosser, Mutter Leiterin einer Schulküche; Oberschule, ABF in Halle, Abitur; 1952–64 FDJ, 1955 FDGB, 1958 SED; 1956–60 Studium an der HS für Außenhandel in Berlin-Staaken bzw. der HfÖ Berlin, Dipl.-Außenhdl.-Ök.; anschl. hier wiss. Assistentin, 1964 Prom. zum Dr. rer. oec. mit einer Diss. zu den Wirkungen von soz. intern. Arbeitsteilung u. Außenhandel in der DDR, 1967/68 Prodekan für Fernstudium, 1968 Habil. mit einer Arbeit zur Ausnutzung ök. u. psycholog. Marktfaktoren beim Export der DDR, 1969–78 Wissenschaftsbereichsltr., Sektionsdir. u. Lehrstuhlltr., 1971 Berufung zum ord. Prof. für soz. Außenwirtschaft an der HfÖ; 1978–81 stellv. Dir. des Intern. Inst. für ök. Probleme des soz. Weltsystems beim RGW in Moskau; 1981–88 wieder Lehrstuhlltr., Sekt.-Dir. u. 1988/89 Rektorin der HfÖ; Korr. Mitgl. der AdW.
18. 11. 1989–18. 3. 1990 stellv. Vors. des Min.-Rats für Wirtschaft; 18. 3.–2. 10. 1990 Abg. der Volkskammer, PDS-Fraktion; danach wieder HfÖ; ab 1994 Abg. des Dt. Bundestags.
Publ.: Außenwirtschaftl. Tätigkeit in Produktions- u. Außenhandelsbetrieben (mit W. Kupferschmidt, E. Legler, S. Sälzler). Berlin 1974 ; Soz. Außenwirtschaft – intensiver Reproduktionstyp – ök. Wachstum. Berlin 1989; Treuhandreport. 1992; Zwischen Wende u. Ende. Berlin 1991.

Lungershausen, Wolfgang 27. 11. 1925
Generaldirektor des VEB Kombinat Elektronische Bauelemente Teltow
Geb. in Weida (Kr. Gera), Vater Angestellter; Gymnasium; 1943 NSDAP; Kriegsteiln.
1945–47 Bauhilfsarbeiter u. Weber in Weida; 1947 SED; 1947–50 Studium der Volkswirtschaft in Jena u. Leipzig, Dipl.-Wirtsch.; 1950 Assistent beim Werkltr., anschl. Hauptbuchhalter, 1953–60 Werkltr. im VEB Optima Erfurt; 1954–69 Mitgl. der SED-BL Erfurt; 1961–69 Hauptdir. der VVB Datenverarbeitung und Büromaschinen Erfurt;

1963–81 Abg. der Volkskammer, ab 1967 Mitgl. im Aussch. Industrie, Bauwesen u. Verkehr; ab 1970 Dir. im Kombinat Zentronik Sömmerda; ab 1972 Generaldir. der VVB Bauelemente u. Vakuumtechnik (Nachf. von Rudolf Heinze*); ab 1982 Generaldir. des Kombinats Elektron. Bauelemente Teltow; 1990 Ruhestand.

Luthardt, Hans
26. 10. 1918–19. 11. 1982
NDPD-Politiker
Geb. in Nauborn (Kr. Wetzlar), Vater Beamter; Volksschule, Ausbildung zum Schlosser; 1937 NSDAP, HJ-Funktionär; seit 1938 Wehrmacht, seit 1939 Kriegsdienst, Uffz., 1943 sowj. Gefangenschaft, Mitarb. in Antifa-Komitee, 1945–49 Besuch der Zentralen Antifa-Schule Krasnogorsk u. Lehrtätigkeit.
1949 Rückkehr nach Dtl.; NDPD, 1949–51 Pol. Geschäftsführer des Landesverb. Brandenburg, 1950–72 Mitgl. des Hauptaussch. der NDPD, 1950/51 Abg. des Brandenburg. Landtags; 1951/52 stellv. Vors. des Landesverb. Thüringen u. Abg. des Thüring. Landtags, dort Vizepräs., 1952/53 Vors. des Bezirksverb. Erfurt der NDPD u. 1952–63 Abg. des Bez.-Tags; 1953–64 Mitgl. des PV u. Sekr. des Hauptaussch., zeitw. verantw. für die Parteikontrollkommission; 1950 bis 1958 Vizepräs. der Länderkammer der DDR und Vors. ihrer NDPD-Fraktion; ab 1961 Mitgl. des Präs. der Liga für Völkerfreundschaft; 1963–71 Abg. der Volkskammer, zeitw. Vors. des Mandatsprüfungsaussch.; 1964–69 Mitgl. des Präs. u. des Sekr. des NR der NF; ab 1969 Lehrstuhlltr. an der Zentralen Parteischule der NDPD in Waldsieversdorf (Kr. Strausberg); 1972 Mitgl. der Kommission für patriot. Erziehung im Zentralvorst. der GST; 1978 Lehrstuhlltr. der Zentralen Parteischule der NDPD in Waldsieversdorf.

Lybke, Gerd Harry (Ps. Judy Lybke)
8. 3. 1961
Galerist
Geb. in Leipzig, wuchs in Meusdorf bei Leipzig auf, Vater Zimmermann; Ausbildung als Maschinenanlagenmonteur mit Abitur; Studium von Atomkraftwerksbau u. Kraftwerkstechnik nicht angetreten; 1983–89 Aktmodell in der Kunsthochschule Leipzig; 1983–89 Schauspiel- u. Regiearbeit im Poet. Theater »Louis Fürnberg«; mehrfache Bewerbungen für ein Schauspielstudium durch Einspruch der Stasi verhindert, 1991 Rehabilitierung; 10. 4. 1983 Gründung der Galerie »Eigen+Art« u. Ausstellungen zunächst in der eigenen Wohnung, 1985 Weiterführung als Atelier- u. Produzentengalerie in einer ehem. Fabrik (Fritz-Austel-Str)., durch das Engagement L.'s u. die Unterstützung zahlr. Leipziger Künstler (Stifter u. a.: L. Dammbeck, G. Huniat, H.-H. Grimmling) wurde die Galerie zur wichtigsten Alternativgalerie der 80er Jahre; Ausstellungen u. Werkstattaufenthalte u. a. von M. Brendel, H. Ebersbach, E. Gabriel, R. Görß, A. Hampel, K. Hähner-Springmühl, H. Scheuerecker; 1990 Verlegung der Galerie in die Leipziger Zentralstr.; 1992 Eröffnung einer zweiten Galerie in Berlin; zeitlich begrenzte Galerien in Paris (1991), New York (1993) und Prag (1994); regelm. Beteiligung an Kunstmessen in Köln, Basel u. Frankfurt/Main; vertritt ein intern. Programm; zahlr. Aufsätze zur bildenden Kunst u. Hrsg. von Katalogen.
Sek.-Lit.: »Anschlag«-Sonderheft März 1988; Saab, K.: Ungebunden aber stetig. Die Werkstattgalerie Eigen+Art, Leipzig. In: Liane 6/1989; Feist, G., Gillen, E.: Kunstkombinat DDR. Berlin 1990; Gillen, E., Haarmann, R. (Hrsg.): Kunst in der DDR. Köln 1990.

Lyr, Horst 24. 10. 1926
Phytopathologe
Geb. in Breslau, Vater Schneidermeister; Oberrealschule; 1944/45 Wehrmacht u. sowj. Gefangenschaft.
1946–49 Pädagogikstudium an der MLU Halle, Dipl.-Päd.; 1951 Erweiterungsprüfung für Biol. u. Chemie an der Mathemat.-Naturwiss. Fak.; 1951–53 Assistent am Botan. Inst., 1952 Prom. zum Dr. rer. nat. mit einer Diss. über Ernährungsphysiol. u. Sexualverhältnisse der Pilzgattung Pilobolus; 1953 Wahrnehmungsdoz. u. Ltr. des Inst. für Forstbotanik der Forstwirtschaftl. Fak. der HU Berlin in Eberswalde, 1955 Doz.; 1956 Habil. mit einer Untersuchung über die Peroxydasen höherer Pilze, 1958–63 Prof. für Forstbotanik der HU; ab 1961 Mitgl. des Präs. u. Vors. der Sekt. Mikrobiol. der Biolog. Ges.; nach Auflösung der o. g. Fak. 1963–71 Dir. des Bereichs Forstschutz des Inst. für Forstwiss. der DAL in Eberswalde; 1965 Kand., 1968 Ord. Mitgl. der DAL; ab 1966 Mitgl. der Gruppe Biol. des Forschungsrats, 1974–76 Vors. der Sekt. Toxikol.; 1970 Landesforstmeister h.c., Korr. Mitgl. der Finn. Forstl. Ges.; ab 1971 Dir. des Inst. für Pflanzenschutzforschung der DAL in Kleinmachnow; 1976 wegen nichtgemeldeter »Westkontakte« disziplinar. gemaßregelt, als Institutsdir. u. aus dem AdL-Plenum abberufen, 1976–89 Dir. des neugegr. Grundlagenforschungsbereichs Pflanzenschutzmittel der AdL; ab 1989 Dir. des Inst. für Phytopharmakologie der Biolog. Zentralanstalt Kleinmachnow; März 1990 Rehabilitierungsbeschluß des AdL-Plenums und Wiederaufnahme als Ord. Mitgl., Berufung in den Ehrenaussch. zur Erneuerung der Gelehrtenges.
Zahlr. Veröff. zur Pathophysiol. von Forstgehölzen, bes. zum Fermentstoffwechsel pilzl. Parasiten u. zur Wirkung fungizider Substanzen.
Publ.: Holzzerstörung durch Pilze. Berlin 1963; Gehölzphysiologie (mit H. Polster u. H. J. Fiedler). Jena 1967.

M

Mäde, Alfred 16. 6. 1910–2. 10. 1988
Agrarmeteorologe
Geb. in Borsdorf (Kr. Leipzig) als Sohn eines Lokführers; Abitur; Studium in Leipzig u. München; 1934 Prom. in Leipzig; 1934–41 Agrarmeteorolog. Forschungsstelle des Wetterdienstes; 1941–45 Arbeit im Klima- u. meteorolog. Beratungsdienst.
Nach 1945 Aufbau des Landeswetterdienstes in Sachsen-Anhalt; Dir. der Landeswetterwarte; 1946 LDPD; 1950 bis 1970 Ltr. der agrarmeteorolog. Forschung des Meteorologischen Dienstes; 1958–62 Dekan der Landw. Fak., 1963–65 Rektor der MLU Halle/Wittenberg; später Lehrstuhlltr. für Agrarmeteorol. an der Sekt. Pflanzenprod. der MLU; bis 1975 Dir. des Agrarmeteorolog. Inst. der MLU; Vors. der Meteorolog. Ges.

Mäde, Hans Dieter 29. 1. 1930
Regisseur, Generaldirektor des VEB DEFA-Studios für Spielfilme
Geb. in Krakow am See (Meckl.), aufgewachsen in Schwerin, Vater Postbeamter; verließ das Gymnasium u. wurde hauptamtl. FDJ-Funktionär; 1946 SED; 1947–49 Studium der Germanistik u. Geschichte an der Univ. Rostock; 1949 bis 1952 Studium der Theaterwiss.,

Dramaturgie u. Regie am Dt. Theaterinst. Weimar, Diplom; 1952 Oberassistent am Theaterinst.; 1952–56 Chefdramaturg u. Regisseur in Erfurt; 1956 bis 1961 und 1972–76 Regisseur am Maxim Gorki Theater Berlin; 1961–66 Generalintendant u. Chefregisseur Schauspiel in Karl-Marx-Stadt; 1963–81 Kand. des ZK der SED; 1966–77 Vizepräs. des Verb. der Theaterschaffenden; 1966–72 Generalintendant des Staatsschauspiels Dresden; 1969 Ao., 1974–91 Ord. Mitgl. der AdK; 1977–89 Generaldir. des VEB DEFA-Studios für Spielfilme (Nachf. von Albert Wilkening*); 1981 bis 1989 Mitgl. des ZK der SED; 1989 Vorruhestand.

M. inszenierte bis 1956 nur Klassiker, bemühte sich dann auch um die Erschließung der Gegenwartsdramatik, u. a. 1957 Heiner Müllers* »Lohndrücker« u. »Korrektur«, im Maxim Gorki Theater Berlin; 1964 Shakespeares »Hamlet« in Karl-Marx-Stadt; 1967 Shakespeares »König Lear« u. Kleineidams* »Von Riesen u. Menschen«, UA in Dresden; 1971/72 Gorkis »Kleinbürger« u. »Barbaren« im Maxim Gorki Theater; 1970 Fernsehinszenierung von Salacrous »Nächte des Zorns«; bei der DEFA verantw. für Themenwahl und Gestaltung der Spielfilme.

Publ.: Dramaturgie des Positiven (zus. mit Ursula Püschel). Berlin 1973.

Sek.-Lit.: Pietzsch, Ingeborg: Werkstatt Theater: Gespräche mit Regisseuren. Berlin 1975; Schenk, Ralf (Red.): Das zweite Leben der Filmstadt Babelsberg: DEFA-Spielfilme 1946–1992. Berlin 1994.

Maetzig, Kurt 25. 1. 1911
Regisseur
Geb. in Berlin, Vater später Inhaber der »FEKA« GmbH; erlernter Beruf Photochemiker; Studium der Soziol., Psychol. u. Jura an der Sorbonne (Paris); 1933 Debüt als Regieassistent beim Film; 1935 Prom.; Kameramann, kaufm. Angestellter der FEKA; 1945 Mitgl. der illegalen KPD.

1945/46 Mitgl. des Filmaktivs der ZV für Volksbildung; 1946 Mitbegr. der DEFA; SED; Initiator u. erster Direktor der DEFA-Wochenschau »Der Augenzeuge«; erste Dok.-Filme 1946, u. a. »Einheit«, »Berlin baut auf«; 1950 Mitgl. der DAK; 1955 Prof. für Filmregie; 1955–64 Dir. der Dt. HS für Filmkunst Potsdam-Babelsberg; 1956 erster Vors. der Vereinigung der Filmclubs der DDR, 1973 Präs. der Zentralen Arbeitsgemeinschaft für Filmclubs beim Min. für Kultur, seit 1979 Ehrenpräs. der Intern. Filmcluborg. auf Lebenszeit; 1986 VVO in Gold.

Filme: 1947 »Ehe im Schatten«, 1949 »Die Buntkarierten«, 1950 »Der Rat der Götter«, 1954 »Ernst Thälmann – Sohn seiner Klasse«, 1955 »Ernst Thälmann – Führer seiner Klasse«, 1957 »Schlösser u. Katen«, 1960 »Der schweigende Stern«, 1965 »Das Kaninchen bin ich« (erst 1990 aufgeführt), 1967 »Die Fahne von Kriwoi Rog«.

Magirius, Friedrich 26. 6. 1930
Evangelischer Pfarrer
Geb. in Dresden; Studium der Theol. in Berlin (West) u. an der EMAU Greifswald; Krankenpfleger in Dresden-Friedrichstadt, dann Vikariat bei der Inneren Mission u. in Löbau; 1955 Hilfsgeistl. u. Pfarrer am Diakonenhaus in Moritzburg; 1956 Ordination; ab 1958 Pfarrer in Einsiedel (b. Karl-Marx-Stadt), 1974 Pfarrer an der Kreuzkirche in Dresden, dann freigestellt als Ltr. der Aktion Sühnezeichen in der DDR; ab 1982 Superintendent von Leipzig-Ost u. Pfarrer an der St. Nikolaikirche, im Frühjahr 1989 in innerkirchl. Auseinandersetzungen um die wöchentl. Leipziger Friedensgebete an der St. Nikolaikirche verwickelt, dabei um die Entschärfung des pol. Konflikts bemüht; 1989/90 Moderator des

Runden Tischs Leipzig; seit Juli 1990 Stadtpräs. in Leipzig.
1990 Gustav-Heinemann-Preis; 1994 von Bündnis 90/Die Grünen nominierter Kand. für das Amt des Leipziger Oberbürgermeisters.

Mahle, Hans (eigtl. Heinrich August Ludwig Mahlmann) 22. 9. 1911
Generalintendant des Deutschen Demokratischen Rundfunks
Geb. in Hamburg; kaufm. Angestellter; 1926 KJVD; 1931 Mitgl. der Reichs-Pionier-Ltg., Hrsg. der Ztg. »Die Trommel«; 1932 KPD; 1. Sekr. der Pionierorg. in Dtl., 1932–35 Mitgl. des ZK des KJVD; Aug. 1933 illegale Arbeit in Berlin, Sachsen u. im Ruhrgebiet; 1935 über Paris nach Prag, dort verantw. für die Anleitung der Jugendarbeit in Westdtl.; 1935 in Amsterdam verhaftet; 1936 Emigration in die UdSSR; 1937/38 Ltr. des dt. Sektors der KJI in der Lenin-Schule; danach bis 1941 Sprecher in der dt. Red. des Moskauer Rundfunks u. Referent des Exekutivkomitees der KJI; Okt. 1941 Evakuierung aus Moskau; Mitarb. am Sender »Sturmvogel«; Juli 1943 Gründungsmitgl. des NKFD, Vors. der Jugendkommission des NKFD; Aug. 1943 – Okt. 1944 stellv. Ltr. des Senders »Freies Dtl.«; Mitarbeit in einer Arbeitskommission zur Ausarbeitung des Nachkriegsprogramms der KPD; ab 30. 4. 1945 Einsatz mit einer von Walter Ulbricht* geleiteten Gruppe dt. Kommunisten im Bereich der 2. Beloruss. Front in Berlin.
Mai 1945 Ltr. des Berliner Rundfunks; Mitunterz. des Aufrufs des ZK der KPD; 1945–47 Mitgl. des ZK der KPD/PV der SED; 1945–47 Mitgl. des Präsidialrats des KB; 1946 Ltr. des Rundfunkreferats u. der Abt. für kulturelle Aufklärung der ZV für Volksbildung; 1949 als Ltr. der HA Rundfunk in der HV Information Generalintendant des Dt. Demokr. Rundfunks; 1951 im Zusammenhang mit der Auseinandersetzung um Paul Merker* »Verbannung« nach Schwerin, Werbeltr. der Konsumgenossenschaft im Kr. Schwerin; ab Mai 1956 Chefredakteur des SED-Bezirksorgans »Schweriner Volksztg.«; 1959 Chefred. der Ztg. »Die Wahrheit« in Berlin (West); Kooptierung in die SED-BL Berlin; 1962 Mitgl. des PV der SED-Berlin (West) bzw. SEW, Mai 1970 Mitgl. des Büros des PV der SEW; lebt in Berlin-Steglitz.
Sek.-Lit.: Leonhard, Wolfgang: Spurensuche. Vierzig Jahre nach Die Rev. entläßt ihre Kinder. Köln 1992.

Mahlow, Bruno 27. 6. 1937
SED-Funktionär
Geb. in Moskau, Vater Arbeiter, aus Dtl. emigriert; 1947 Rückkehr der Familie nach Berlin; Oberschule, ABF Halle, 1955 Abitur; 1955–61 Studium am Inst. für Intern. Beziehungen Moskau, Dipl.-Staatswiss.; 1957 SED; 1962–64 Mitarb. im MfAA, 1964–67 1. Sekr. an der DDR-Botschaft in China; 1967–73 Mitarb. im ZK der SED, Aug. 1973 – Nov. 1989 dort stellv. Ltr. der Abt. Intern. Verbindungen; 1974–89 Mitgl. des Zentralvorst. der DSF; 1976–81 Kand., 1981–89 Mitgl. der ZRK der SED; 1981–89 Mitgl. der Außenpol. Kommission beim PB des ZK der SED; 1985–89 stellv. Vors. des Freundschaftskomitees DDR – China; Nov. – Dez. 1989 Ltr. der Abt. Intern. Verbindungen des ZK der SED, 1990 Sekr. der Intern. Kommission beim PV der PDS.

Mahlsdorf, Charlotte von, geb. Lothar Berfelde 18. 3. 1928
Museumsgründerin, Transvestit
Schulbesuch in Berlin; ab 1945 Arbeit als Haushaltshilfe u. bei Haushaltsauflösungen, 1946–48 museale Ausstellung von Möbeln u. Haushaltsgegenständen im Schloß Berlin-Friedrichsfelde, Bewahrung des Schlosses vor dem Abriß durch Bewohnen u. Instandsetzen, 1948 Rettung des Schlosses Dahlwitz vor dem Ab-

riß; 1949 Dolmetscherexamen; 1949–53 Ausbildung als Museumskonservator am Märk. Museum, 1953–71 freiberufl. Tätigkeit als Konservator, ab 1959 Bemühungen um den Erhalt des abrißbedrohten Gutshauses in Mahlsdorf, 1960 Umwandlung in ein priv. Gründerzeitmuseum, das gegen alle behördl. Behinderungen zu einer der bedeutendsten Historismus-Sammlungen Europas wurde; 1974 Verschenkaktion von drei Vierteln der Sammlung an Museumsbesucher, um der drohenden Enteignung durch den Staat zuvorzukommen, Rettung des Restbestandes durch die Schauspielerin Annekathrin Bürger* u. den Rechtsanwalt F. K. Kaul*; Nutzung der Museumsräume für Treffen schwuler u. lesbischer Gruppen; allmähl. Wiederaufbau der Sammlung in den 80er Jahren, nach 1989 Ausbau zu einem vielbesuchten Museum; 1995 Übersiedlung nach Schweden.
Auszeichnung 1992 mit dem Bundesverdienstkreuz am Bande für die denkmalschützer. Leistungen.
Publ.: Ich bin meine eigene Frau. St. Gallen, Berlin, São Paulo 1992 (im gleichen Jahr verfilmt von Rosa von Praunheim).

Maizière, Lothar de 2. 3. 1940
Vorsitzender der CDU, Ministerpräsident
Geb. in Nordhausen, Vater Rechtsanwalt; 1956 CDU; 1958 Abitur im Gymnasium Zum Grauen Kloster Berlin; 1959–65 Studium an der HS für Musik Berlin, Fach Viola; 1965–75 Musiker in Orchestern, u. a. Rundfunk-Sinfonieorchester Berlin, aus gesundheitl. Gründen Berufswechsel; 1969–75 Jura-Fernstudium an der HU Berlin, Dipl.-Jur.; ab 1976 Rechtsanwalt im Kollegium der Rechtsanwälte in Berlin, ab 1987 stellv. Vors. des Kollegiums; ab 1985 Mitgl., ab 1986 Vizepräses der Synode des Bunds der Ev. Kirchen; ab 1987 Mitgl. der Arbeitsgemeinschaft Kirchenfragen beim CDU-Hauptvorst.; Nov. 1989 Vors. der CDU (Nachf. von Gerald Götting*); Nov. 1989 – März 1990 stellv. Vors. des Min.-Rats für Kirchenfragen; März – Okt. Abg. der Volkskammer; 12. 4.–2. 10. 1990 Min.-Präs. (Nachf. von Hans Modrow*).
2. 10. 1990 Mitgl. des Präs. u. stellv. Vors. der CDU Dtl.; Nov. Landesvors. der CDU Brandenburg; Okt. 1990–11. 9. 1991 Abg. des Dt. Bundestags; Min. für bes. Aufgaben; im Dez. 1990 wurde bekannt, daß das MfS in ihm einen IM sah, was M. dementierte, er bat am 17. 12. um Entlassung aus den Ämtern, ließ sie bis Febr. 1991 ruhen, danach Wiederaufnahme; Aug. 1991 Rücktrittsabsichten, Sept. 1991 Rücktritt als stellv. CDU-Vors. u. Aufgabe des Bundestagsmandats; seitdem Anwalt, u. a. bei off. Vermögensfragen.
Sek.-Lit.: Peter-Ferdinand Koch: Die feindlichen Brüder. DDR contra BRD. Bern 1994.

Makosch, Ulrich 17. 3. 1933
Fernsehjournalist
Geb. in Wittenberge in einer Arbeiterfamilie; Oberschule, Abitur; 1952–55 Studium an der Fak. für Journalistik der KMU Leipzig, Dipl.-Journalist; 1952–90 VDJ; 1955/56 Red. am Landessender Schwerin; 1956–64 Red. u. Reisekorrespondent in der HA Außenpol. des Staatl. Komitees für Rundfunk; 1963 SED; 1963–71 Mitgl. im Königl. Schriftstellerverb. Kambodschas; 1965–71 Korrespondent für Rundfunk u. Fernsehen der DDR in Asien (Sitze Djakarta u. Singapur); Veröff. zahlr. Bücher, u. a. »Heute in Japan« (1959), »Zwischen Fujiyama u. Himalaya« (1962), »Das Mädchen vom Sambesi« (1975); 1972–75 stellv. Chefred. für Reportagen u. Dokumentation beim DFF; 1975–90 stellv. Chefred. der Aktuellen Kamera; 1976–89 Mitgl. der SED-BL Berlin; 1978–90 Präs. der Freundschaftsges. DDR – Mosambik; 1989–91 Korrespondent der amerik. Fernsehges. CNN. 1990 Vorruhestand; lebt in Berlin.

Maleuda, Günther 20. 1. 1931
Vorsitzender der DBD, Volkskammerpräsident
Geb. in Altbeelitz (Hinterpomm.), Vater Arbeiter; Volksschule; 1945–47 Landarbeiter in poln. Gutsbetrieb; 1947 Zwangsumsiedlung der Familie nach Thüringen, Landarbeiter, ab 1949 in einem VEG, Besuch von Landw.-Schulen; 1950 DBD; 1950–52 FS für Landw. Weimar, staatl. gepr. Landwirt, 1952–55 Studium an der DASR Potsdam, Dipl.-Wirtsch.; 1955–57 Abt.-Ltr. beim DBD-Bezirksvorst. Potsdam; 1957–67 stellv. Vors. des Rats des Kr. für Landw. bzw. stellv. Vors. des Kr.-Landw.-Rats Königs Wusterhausen; 1958–67 Abg. des Kreistags Königs Wusterhausen; 1965–67 Aspirantur an der HU Berlin, Prom. zum Dr. agr. mit einer Diss. zur stufenweisen Vergesellschaftung der Prod. in LPG Typ I; 1967–75 stellv. Vors. des Rats für landw. Prod. und Nahrungsgüterwirtschaft des Bez. Potsdam, 1975/76 Sektorenltr. beim Rat des Bez.; 1967–76 Abg. des Bez.-Tags u. Mitgl. des Bez.-Vorst. der DBD; 1976–82 Vors. des Bezirksvorst. Halle der DBD, 1972 Kand., 1977 Mitgl. des PV u. seines Präs., 1982 Sekr., 1984 stellv. Vors., ab 27. 3. 1987 Vors. der DBD (Nachf. von Ernst Mecklenburg*); 1977–82 Mitgl. des Bezirksaussch. Halle der NF; 1981 – Okt. 1990 Abg. der Volkskammer, 1986 stellv. Vors. der Interparlament. Gruppe, ab 1986 Mitgl. des Präs. der Volkskammer, 1981–86 Mitgl. des Aussch. für Volksbildung, seit 1986 Mitgl. des Aussch. für Auswärtige Angelegenheiten, ab Juni 1987 stellv. Vors. des Staatsrats; Mitgl. des NR der NF; 1986 VVO in Gold; Nov. 1989 – März 1990 Präs. der Volkskammer (Nachf. von Horst Sindermann*); Teiln. am Zentralen Runden Tisch, April – Juli 1990 Vors. der Fraktion DBD/DFD, dann fraktionslos; zum 30. 6. 1990 Rücktritt als Parteivors., beteiligte sich nicht an der Fusion DBD–CDU. 1992 Frührentner; 1992 Mitunterz. des Appells zur Gründung von Komitees für Gerechtigkeit; Mitgl. des Vorst. der Alternativen Enquete-Kommission »Dt. Zeitgeschichte«, 1994 parteiloser Spitzenkand. auf der Offenen Liste der PDS in Mecklenburg-Vorpommern für die Bundestagswahl, Abg. des Dt. Bundestags.

Mally, Heribert 23. 11. 1929
Leiter der HA Verkehrspolizei im MdI
Geb. in Wiessen (ČSR), Vater Dachdekker; Oberschule; 1946 Umsiedlung nach Schönebeck (Elbe); 1946–48 Ausbildung zum Dachdecker; 1948 Eintritt in die VP; 1948–51 Verkehrsüberwacher, dann Sachbearbeiter für Kfz-Zulassung in der Abt. Verkehrspolizei (VK) des VP-Präs. Magdeburg; 1949 FDJ, 1951 SED; Absolvent des 1. Lehrgangs an der Zentralschule der VK in Magdeburg; 1951–65 Stellv. bzw. Ltr. einer Abt. in der HA VK im MdI; 1959–61 Fernstudium an der Ing.-Schule Berlin-Wartenberg, Ing. für Landtechnik; 1965 Stellv., 1967–69 Ltr. der HA VK; 1969–71 HS der DVP in Berlin-Kaulsdorf, Dipl. rer. pol.; 1970 bis 1990 Vizepräs. des Allg. Dt. Motorsportverb. zuständig für Fragen der Verkehrssicherheit; 1971–90 erneut Ltr. der HA VK im MdI, 1972–89 auch Ltr. der Arbeitsgruppe Verkehrssicherheit im RGW; 1977 Gen.-Major; Febr. 1990 Ruhestand.

Malter, Frieda (Friedel), geb. Raddünz 1. 11. 1902
FDGB-Funktionärin
Geb. in Breslau, Vater Schriftsetzer; Volksschule; 1917–23 u. 1927–30 angelernte Weberin u. Hausangestellte; 1925 Dt. Textilarbeiterverb., nach Ausschluß 1929 RGO, 1927–30 Betriebsrat; 1926 KPD; 1926–30 Abg. des Provinziallandtags Schlesiens in Waldenburg u. 1931–33 des Preuß. Landtags; Juni 1933 wegen illegaler Tätigkeit verhaftet u. zu

Zuchthaus verurteilt, bis 1938 im Zuchthaus Jauer u. den KZ Mohringen u. Lichtenburg; 1938–44 als Arbeiterin u. nach Qualifizierung in einer Abendschule als Kontoristin in Breslau tätig; Aug. 1944 – Ende Apr. 1945 im KZ Ravensbrück u. in Außenkommandos des KZ Sachsenhausen für Rüstungsbetriebe
Mai – Okt. 1945 Ltr. des Ernährungsamtes Wittenberge; 1946 SED, FDGB; Okt. 1945 – Febr. 1946 Abt.-Ltr. für Frauen im ZK der KPD; 1945 Zentraler Frauenaussch. Berlin; Febr. 1946 – Dez. 1989 Mitgl. des Bundesvorst. des FDGB, 1946–50 des Geschäftsführenden Vorst. u. 1949–54 des Sekr.; 1947 Mitbegr. des DFD; 1948–55 Mitgl. des Bundesvorst. des DFD u. seines Präs.; 1948/49 Mitgl. des Dt. Volksrats und seines Präs., 1949–54 Abg. der Prov. Volkskammer bzw. Volkskammer; 1950–56 Staatssekr. im Min. für Arbeit u. Berufsbildung und dort stellv. Min.; 1956 aus Staats- u.a. hauptamtl. Funktionen aus gesundheitl. Gründen ausgeschieden; 1947–90 Mitgl. der VVN, ab 1953 des Komitees der Antifasch. Widerstandskämpfer u. seiner ZL; 1949–90 Mitgl. des NR der NF, 1959–90 Vors. des DDR-Komitees für Menschenrechte; 1967 VVO in Gold.

Mangold, Ernst 5. 2. 1879–10. 7. 1961
Tierernährungswissenschaftler
Geb. in Berlin, Vater Gymnasialprofessor; Gymnasium; 1897–1903 Studium der Medizin u. Naturwiss. an den Univ. Gießen, Jena u. Leipzig, ärztl. Approbation u. Prom. zum Dr. med. mit einer Diss. über die postmortale Erregbarkeit der Muskeln; nach Assistenzzeit am Physiolog. Inst. der Univ. Jena 1905 Prom. zum Dr. phil. zool. bei Ernst Haeckel, 1906 Habil., 1906–12 Privatdoz. an den Univ. Jena, Greifswald und Freiburg; 1912–23 außerord. Prof. an der Univ. Freiburg, unterbrochen durch Kriegsdienst; 1923–35 ord. Prof. u. Dir. des Inst. für Tierphysiologie der Landw. HS Berlin; 1927 Mitgl. der Dt. Akad. der Naturforscher Leopoldina; 1931–33 Rektor der Landw. HS Berlin; 1935–45 ord. Prof. u. Dir. des Inst. für Tierernährung der Landw.-Gärtner. Fak. der Univ. Berlin, ab 1942 nebenamtl. Oberstabsarzt.
Jan. 1946 bestätigt als ord. Prof. mit Lehrstuhl für Ernährungsphysiologie der Haustiere, Dir. des Inst. für Veterinärphysiologie der HU Berlin; 1949 ord. Mitgl. der DAW; 1950 NP; 1950 u. 1954 Dr. h.c. der HU Berlin; 1951 ord. Mitgl. der DAL; 1952 Dr. h.c. der MLU Halle.
M. gilt als Nestor der Tierernährungslehre u. Ernährungsphysiologie der Haustiere; zahlr. Preise u. Ehrenmitgl. in wiss. Ges.; ab 1950 Hrsg. der Ztschr. »Archiv für Tierernährung«; mehr als 500 Publ. zur allg. u. vergleichenden Organphysiologie, insbes. zur Physiologie der Ernährungsfunktionen landw. Nutztiere u. zur biolog. Wertigkeit u. Verdaulichkeit von Futtermitteln.
Publ.: Die Verdauung bei den Nutztieren. Berlin 1950; Das Eiweiß in der Geflügelernährung. Berlin 1951.
Sek.-Lit.: Chronik des Instituts für Tierernährungslehre der HU Berlin (mit Bibliogr.). Berlin 1954; Festschrift für E. M. Archiv für Tierernährung, 1954.

Mann, Dieter 20. 6. 1941
Schauspieler, Intendant
Geb. in Berlin; Lehre u. Tätigkeit als Dreher; Abitur an der ABF; Volontariat an der Volksbühne Berlin; 1962–64 Studium an der Staatl. Schauspielschule Berlin; danach Engagement am Dt. Theater (DT), erste Rolle in »Unterwegs« von W. Rosow, weitere Rollen u.a.: Tempelherr in »Nathan der Weise« (R: Wolfgang Heinz*), Clavigo, Edgar in »Die neuen Leiden des jungen W.« (von Ulrich Plenzdorf*); 1984 NP 2. Kl.; 1984–91 Intendant des DT; 1986 Mitgl. der AdK; Mitwirkung bei DEFA- u. DFF-Filmen, u.a.: 1968 »Ich war neunzehn«, »Der Streit

um den Sergeanten Grischa«, 1969 »Krause u. Krupp«, 1971 »Rottenknechte«, 1973 »Die sieben Affären der Dona Juanita«, 1974 »Der nackte Mann auf dem Sportplatz«, 1975 »Lotte in Weimar«, 1976 »Auf der Suche nach Gatt«, 1978 »Das Versteck«, 1979 »Die Rache des Kapitäns Mitchell«, 1980 »Levins Mühle«, 1984 »Drost«.
Seit 1991 Schauspieler am DT/Kammerspiele Berlin; Vorlesungen an der Schauspielschule »Ernst Busch« Berlin.

Männchen, Horst 3. 6. 1935
MfS-Hauptabteilungsleiter
Geb. in Berggießhübel (Kr. Pirna), Vater Eisenformer, Mutter Chemielaborantin; 1953 Abitur u. Einstellung beim MfS, Abt. V (Staatsapp., Kultur, Kirchen, Untergrund) der BV Dresden; 1953/54 Besuch eines Funkerlehrgangs des MfS; 1954 Versetzung zur HA S (Funk) des MfS Berlin; 1954 SED; 1960–65 Fernstudium an der Ing.-Schule Berlin-Lichtenberg u. in Mittweida, Ing. für Hochfrequenztechnik; 1961 Entlassen aus disziplinar. Gründen, bis 1963 jedoch inoff. Arbeit für das MfS; 1963 Abt. VIII (Funkaufkl.) der HV A des MfS Berlin; 1965 Versetzung zum Büro der Ltg. II; 1966–68 Fernstudium an der JHS Potsdam-Eiche, Dipl.-Jur.; 1966 Operativstab beim 1. Stellv. des Min.; 1971 Ltr. des Bereichs III (Funkaufklärung) beim 1. Stellv. des Min. (später selbst. Abt. bzw. HA III); 1974 Prom. zum Dr. jur. an der JHS; 1979 Gen.-Major; Dez. 1989 von seiner Funktion entbunden; Jan. 1990 Entlassung.

Marchwitza, Hans
25. 6. 1890–17. 1. 1965
Schriftsteller
Geb. in Scharley (b. Beuthen, Oberschl.), Vater Bergarbeiter; Volksschule; Kohlenschlepper, 1910 Bergarbeiter im Ruhrgebiet; 1915 Soldat, 1918 Mitgl. der Soldatenratswehr; 1919 USPD; 1920 Zugführer in der Roten Ruhrarmee, KPD; Arbeiterkorr. von »Ruhr-Echo« u. »Rote Fahne«; 1930 erster Roman »Sturm auf Essen«; 1933 Emigration in die Schweiz; 1934 Roman »Die Kumiaks«; 1935 u. 1937 Teiln. der Intern. Schriftstellerkongresse zur Verteidigung der Kultur; 1936 Offz. der Intern. Brigaden in Spanien; lebte ab 1938 in Frankreich, ab 1941 in den USA, Straßenarbeiter.
1946 Rückkehr nach Dtl.; 1946 SED; 1947 Übersiedlung nach Babelsberg; 1947 Roman »Meine Jugend«; 1950 Mitbegr. der DAK; 1950/51 Botschaftsrat der DDR in Prag; 1952 Roman »Die Heimkehr der Kumiaks«, 1955 »Roheisen«; 1956 Vors. des DSV; 1959 Roman »Die Kumiaks u. ihre Kinder«; 1960 KMO, Dr. h.c. der HU Berlin; Mitgl. der SED-BL Potsdam; gest. in Potsdam.

Marcusson, Erwin
11. 6. 1899–29. 1. 1976
Sozialhygieniker
Geb. in Berlin, Vater Angestellter; Gymnasium in Berlin; 1917/18 Militärdienst, 1918/19 Mitgl. eines Arbeiter- u. Soldatenrats; 1919–25 Medizinstudium in Würzburg, Freiburg, München u. Heidelberg, 1925 hier Prom.; zunächst internist. Fachausbildung, 1927–30 Stadtschularzt in Altenburg; 1930–33 ärztl. Praxis in Berlin; Mitgl. des Vereins Soz. Ärzte, Apr. 1933 Verhaftung, 1934–36 Exil in der Schweiz, hier Tätigkeit in einem Tbc-Sanatorium, 1936–47 Exil in der UdSSR, 1936–41 am ZI für ärztl. Fortbildung in Moskau tätig, während des 2. Weltkriegs ärztl. Tätigkeit in Kasachstan.
1947 Rückkehr nach Dtl.; 1947–49 Mitarb. in der Dt. ZV für Gesundheitswesen, stellv. Dir. des Inst. für Sozial- u. Gewerbehygiene; 1951–57 Ltr. der HA Heilwesen im Min. für Gesundheitswesen, 1957/58 Stellv. des Min.; 1954/55 Doz. für Sozialhygiene an der HU Berlin, 1955 hier Prof. mit Lehrauftrag am Inst.

für Sozialhygiene; 1959 Dir. des Inst. für Sozialhygiene des Min. für Gesundheitswesen in Berlin-Lichtenberg; 1965 em.; gest. in Berlin.
Publ.: Sozialhygiene. Grundlagen und Organisation des Gesundheitsschutzes. Leipzig 1954.

Markov, Walter 5. 10. 1909–3. 7. 1993
Historiker
Geb. in Graz, Vater kaufm. Angestellter; Gymnasien in Lubljana, Kranj, Belgrad, 1927 Abitur in Susak; 1927–34 Studium der Geschichte, Geographie, Kirchen- u. Religionsgeschichte, Philos., Orientalistik u. Slawistik in Leipzig, Köln, Berlin, Hamburg u. Bonn, 1934 Prom. an der Univ. Bonn mit einer Arbeit über »Serbien zwischen Österreich u. Rußland 1897–1908«; 1934 KPD, Assistent an der Univ. Bonn; dort Gründung einer Widerstandsgruppe, Hrsg. einer illegalen Ztschr., 1935 Verhaftung u. Verurteilung zu zwölf Jahren Zuchthaus, 1936–45 Zuchthaus Siegburg; Apr. 1945 führend an der Selbstbefreiung der Häftlinge beteiligt.
1945 Bonn; 1946 SED, Berufung zum Doz. an die Univ. Leipzig; 1947 Habil. mit einer Arbeit über die Grundzüge der Balkandiplomatie; 1947–50 Gastprof. an der Univ. Halle; 1949 ord. Prof. an der Univ. Leipzig, 1949–68 Dir. des Inst. für Kultur- u. Universalgeschichte (seit 1951 Inst. für Allg. Geschichte), 1951–58 Dir. des Inst. für Geschichte der Eur. Volksdemokratien; 1951 unter dem Vorwurf des »Titoismus« Ausschluß aus der SED u. Aberkennung des Status eines Verfolgten des Naziregimes; 1961 Ord. Mitgl. der DAW, Mitbegr. u. Präs. der Dt.-Afrik. Ges.; 1964 Ord. Mitgl. der Sächs. AdW; seit 1962 Gastprof. in versch. Ländern Afrikas, Nord- u. Südamerikas, Asiens u. Westeuropas; 1974 em.; 1969 Dr. h.c. der KMU Leipzig, 1974 VVO in Gold, 1978 Ehrensenator der KMU Leipzig.
Dez. 1989 Eintritt in die PDS; 1992 Ehrenvors. der Alternativen Enquete-Kommission zur dt. Zeitgeschichte.
M. gilt als einer der anerkanntesten Vertreter der DDR-Geschichtswiss. u. Universalhistoriker von intern. Rang; sein Werk umfaßt ca. 800 Publ., vornehml. zur Revolutionsgeschichte, ost- u. südosteur., afrik. u. lateinamerik. Geschichte sowie zur Geschichtstheorie.
Publ.: Jaques Roux. 4 Bde. Berlin 1966–70; Die Große Rev. der Franzosen (mit A. Soboul). Berlin 1973; Geschichte der Türken (mit E. Werner*). Berlin 1978; Rev. im Zeugenstand. Leipzig 1982; Grand Empire. Leipzig 1984; Zwiesprache mit dem Jahrhundert. Berlin, Weimar 1989; W. M. In: Grimm, T.: Was von den Träumen blieb. Berlin 1993.
Sek.-Lit.: Kossok*, M. (Hrsg.): Studien über die Rev. (1932–68) (Bibliogr.) Berlin 1969; W. M. Weltgeschichte im Revolutionsquadrat. (1969–78) (Bibliogr.) Berlin 1979.

Markowitsch, Erich
9. 4. 1913–9. 4. 1991
Generaldirektor, Ministerratsmitglied
Geb. in Berlin in einer Arbeiterfamilie; Volks- und Oberschule in Frankfurt/Main; Hafen- u. Lagerarbeiter; 1929 KJVD, 1930 KPD, RGO; ab 1932 pol. in Hamburg tätig; Apr. 1933 verhaftet u. zu sechs Jahren Zuchthaus verurteilt, Haftverbüßung in Fuhlsbüttel, anschl. KZ Sachsenhausen; 1942–44 Zwangsarbeiter im IG-Farben-Lager Buna-Monowitz bei Auschwitz, 1944/45 KZ Buchenwald, Mitgl. illegaler Lagerkomitees.
1945 Volkspolizei, Ltr. des Kriminalamts Thüringen-Ost, dann Ltr. einer Polizeischule; 1946 SED; Kaderltr. der Maxhütte Unterwellenborn; Werkltr. der Erzgruben West in Badeleben; 1950–54 Fernstudium an der PHS der SED »Karl Marx«; 1954–59 Werkdir. des VEB Eisenhüttenkombinat Ost (EKO, seinerzeit »J. W. Stalin«) u. 1956–59 Mitgl. des Büros der SED-KL Stalinstadt; ab 1956

Mitgl. des NR der NF; ab 1957 Fernstudium an der FS für Roheisen Unterwellenborn; 1958–63 Volkskammerabg.; 1959–61 Ltr. der Abt. Berg- u. Hüttenwesen der SPK, ab Juli 1961 stellv. Vors. des Volkswirtschaftsrats (VWR) u. Mitgl. des Wiss. Rats für die friedl. Anwendung der Atomenergie beim Min.-Rat, ab Juli 1962 1. stellv. Vors. des VWR u. Mitgl. des Min.-Rats, ab Dez. 1965 Ltr. des neugegr. Staatl. Amts für Berufsausbildung im Range eines Min.; 1967 Ausscheiden aus der Reg. u. Rückkehr als Werkdir. in das EKO, ab 1969 Mitgl. der SED-BL Frankfurt/Oder, 1969–75 Generaldir. des VE Bandstahlkombinats Eisenhüttenstadt; 1973 VVO in Gold, 1975 KMO; ab 1975 Vors. des Freundschaftskomitees DDR – Portugal, Mitgl. des Präs. der Liga für Völkerfreundschaft u. der ZL des Komitees der Antifasch. Widerstandskämpfer.

Markowski, Paul 1. 6. 1929–6. 3. 1978
SED-Funktionär
Geb. in Magdeburg, Vater Arbeiter; Oberschule, Abitur; 1948–51 Studium an den Univ. Rostock u. Berlin, 1949 FDJ, 1950/51 Mitgl. der FDJ-HS-Gruppenltg. der HU Berlin; 1951 Mitarb. des ZR der FDJ; 1951–53 Studium an der DASR, Dipl.-Staatswiss., Sekr. der FDJ-GO der Fachrichtung Außenpol.; 1952 SED; 1953–56 Mitarb., 1956–64 Sektorenltr., 1964–66 stellv. Abt.-Ltr., ab 1966 Ltr. der Abt. Intern. Verbindungen des ZK der SED; 1961/62 PHS beim ZK der KPdSU in Moskau; seit 1966 Mitgl. des Zentralvorst. der DSF; 1967–71 Kand., ab 1971 Mitgl. des ZK der SED; Abg. der Volkskammer, Mitgl. des Aussch. für Auswärtige Angelegenheiten; 6. 3. 1978 verunglückte bei einem Hubschrauberabsturz in Libyen tödl.
Publ.: Die Kommunisten im Kampf für Frieden, Demokratie, nat. Befreiung u. Soz.. Ausgew. Reden u. Schriften. Berlin 1979.

Maron, Karl 27. 4. 1903–2. 2. 1975
Innenminister
Geb. in Berlin, Vater Kutscher; Volksschule, Ausbildung u. Arbeit als Maschinenschlosser bis 1929, dann arbeitslos; seit 1919 Arbeitersportler, 1932/33 Vors. des Arbeitersportvereins »Fichte« in Berlin; 1926 KPD; 1933 illegale Arbeit, 1934 Emigration nach Dänemark, 1935 in die UdSSR; 1934–36 Vertr. des dt. Arbeitersports bei der Roten Sport-Internationale; 1936–43 Red. in der Presseabt. des EKKI; 1943–45 stellv. Chefred. der NKFD-Ztg. »Freies Dtl.« u. Mitarb. beim »Dt. Volkssender«, Verf. wöchentl. Frontberichte.
Apr. 1945 Rückkehr nach Dtl. als Mitgl. der Initiativgruppe des ZK der KPD für Berlin (Ltr. Walter Ulbricht*); 1945/46 1. Stellv. des Berliner OB, Ltr. der Personalabt., 1946 kurzzeit. KPD-BL; 1946–49 Stadtverordneter (Sekr. der SED-Frakt.) u. Stadtrat für Wirtschaft; 1949/50 stellv. Chefred. des »Neuen Dtl.«; ab 1. 9. 1950 Chef der DVP (Nachf. von Kurt Fischer*), Stellv. des Min. des Innern, Generalinspekteur; ab 1954 Mitgl. des ZK der SED; 1955–63 Min. des Innern (Nachf. von Willi Stoph*); 1955 VVO in Gold; 1958–67 Abg. der Volkskammer, Aug. 1961 Mitgl. des Stabs des Nat. Verteidigungsrats der DDR zur Schließung der Staatsgrenze in Berlin, Generaloberst; 1963 KMO; 1964–74 Ltr. des Inst. für Meinungsforschung beim ZK der SED.
Publ.: Von Charkow bis Berlin. Frontberichte aus dem Zweiten Weltkrieg. Berlin 1960.

Maron, Monika 3. 6. 1941
Schriftstellerin
Geb. in Berlin, Mutter poln. Halbjüdin, Stiefvater Karl Maron*, späterer DDR-Innenmin.; Abitur; Fräserin in einem Industriebetrieb; Regieassistentin beim DFF; SED; Studium der Theaterwiss. u. Kunstgeschichte; wiss. Aspirantin an der

Berliner Schauspielschule; Reporterin bei der Ztg. »Wochenpost«; ab 1976 freischaff.; 1981 aufsehenerregendes Debüt im S. Fischer Verlag Frankfurt/Main mit dem Roman »Flugasche« über »die schmutzigste Stadt Europas« (Bitterfeld); keines ihrer weiteren Bücher erhielt in der DDR die »Druckgenehmigung«; wurde vom MfS überwacht u. im OV »Wildsau« bearbeitet; übersiedelte 1988 von Berlin nach Hamburg.
1991 erschien ihr vielbeachteter Roman »Stille Zeile sechs«; 1992 Kleist-Preis; lebt seit 1994 wieder in Berlin; 1994 Solothurner Literaturpreis.
Publ.: Das Mißverständnis. Erzählungen. Frankfurt/M. 1982; Die Überläuferin. Roman. Frankfurt/M. 1986; Trotzdem herzliche Grüße. Ein dt.-dt. Briefwechsel mit Joseph von Westfalen. München 1988; Nach Maßgabe meiner Begreifungskraft. Artikel u. Essays. Frankfurt/M. 1993.

Marquardt, Hans 12. 8. 1920
Verlagsleiter
Geb. in Simmatzig (Pommern), Vater Landarbeiter; Volksschule, Abendoberschule in Stolp, kaufm. Lehre; 1939–45 Wehrmacht.
1945 Aussiedl. nach Bremen; 1946–48 Red. für Jugend- u. Schulfunksendungen am Sender Leipzig; 1948–52 Studium der Journalistik u. Germanistik in Leipzig; 1952 ltd. Red. beim ADN; 1953–60 Cheflektor, 1961–87 Ltr. des Verlags Philipp Reclam jun. Leipzig (Reclams Universal-Bibl. nahm unter seiner Ltg. verstärkt moderne Belletristik, einschließ. Lyrik u. Essayistik, auf); rege Hrsg.-Tätigkeit, u. a. von graf. Werken HAP Grieshabers, Joseph Hegenbarths* u. Max Schwimmers*; 1977 Gutenberg-Preis der Stadt Leipzig; 1982 Mitgl. des PEN; 1982 u. 1985 NP im Kollektiv; laut Medienberichten vom MfS als IMV »Hans« geführt.
Sek.-Lit.: Autoren, Verleger, Bücher. Ein Almanach. Für H. M. Leipzig 1985; H. M. Bibliograph. Kalenderblatt der Stadtbibliothek Berlin. 12. Aug. 1990.

Maschke, Walter
6. 10. 1891–15. 9. 1980
Gewerkschaftsfunktionär
Geb. in Berlin, Vater Holzarbeiter; Volksschule, 1905–08 Ausbildung zum Kaufmann; 1908 SPD, Zentralverb. der Handlungsgehilfen, ab 1919 der Angestellten; 1908–10 Vorstandsmitgl. der Freien Jugend-Org. Berlin, 1910–14 Mitgl. der Zentralstelle für die arbeitende Jugend Dtl.; 1912–14 Gehilfe in der Buchhandlung »Vorwärts«; 1915–18 Soldat; 1920–22 Sekr. für Jugendarbeit im Zentralverb. der Angestellten, 1922–33 Angestellter u. Ltr. des Jugendsekr. des ADGB; ab 1933 wegen illegaler Tätigkeit mehrmals verhaftet, 1939/40 KZ Sachsenhausen, nach dem 20. Juli 1944 erneut verhaftet, 1945 aus dem Zuchthaus Bayreuth befreit.
1945 Rückkehr nach Berlin, Schulungs- u. Kulturarbeit im FDGB-Ortsvorst.; 1946 SED; 1946–50 Mitgl. des Geschäftsführenden FDGB-Bundesvorst. u. Ltr. der HA Schulung u. Bildung; 1947–50 2. Vors. des Bunds Dt. Volksbühnen; 1948/49 Mitgl. des Dt. Volksrats, Vors. des Aussch. für Kultur; 1949 u. 1954–58 Präsidialrat des KB; 1949/50 Abg. der Prov. Volkskammer; 1950–53 Sekr. der ZL der Dt. Volksbühne bis zu deren Auflösung; seit 1953 Mitgl. des Zentralvorst. der Gewerkschaft Kunst, 1953–59 stellv. Vors., 1955–63 Mitgl. des FDGB-Bundesvorst.; 1959–66 Sekr. des Kulturfonds der DDR; 1969 Rentner, anschl. Vors. des Arbeitskr. verdienter Gewerkschaftsveteranen beim Zentralvorst. der Gewerkschaft Kunst.

Maske, Henry 6. 1. 1964
Leistungssportler (Boxen)
Geb. in Treuenbrietzen; seit 1973 Boxsportler zunächst in der BSG Motor Ludwigsfelde, ab 1977 beim ASK Vorwärts

Frankfurt/Oder (Trainer Manfred Wolke*); 1985 EM u. Weltcup-Sieger; 1986 Vize-WM; 1987 EM; 1988 Olympiasieger; 1989 EM u. WM; während der Laufbahn beim ASK Angehöriger der NVA u. Sportstudent.
1990 als erster Boxer der DDR gemeinsam mit Trainer M. Wolke Wechsel in den Berufssport; 1992 Profi-WM im Halbschwergewicht.

Masur, Kurt 18. 7. 1927
Dirigent
Geb. in Brieg (Schles.); 1942–44 Musikunterricht in Klavier u. Violoncello; 1946–48 Studium an der HS für Musik Leipzig im Fach Dirigieren; 1948–51 Solorepetitor u. Kapellmeister am Landestheater Halle; 1951–53 Erster Kapellm. an den Städt. Bühnen Erfurt u. 1953–55 an den Städt. Theatern Leipzig; 1955–58 Dirigent bei der Dresdener Philharmonie; 1958 Ernennung zum Generalmusikdir.; 1958–60 Musikal. Oberltr. am Mecklenburg. Staatstheater Schwerin u. 1960–64 an der Komischen Oper Berlin; 1964–67 Gastspieltätigkeit in eur. Ländern u. in Brasilien; 1967–72 Chefdirigent der Dresdener Philh.; seit 1970 Gewandhauskapellmeister in Leipzig; 1970 DAK; 1975 Ernennung zum Prof.; initiierte am 9. 10. 1989, dem Tag der größten Leipziger »Montagsdemonstration«, mit den Sekr. der SED-BL Leipzig Kurt Meyer, Jochen Pommert u. Roland Wötzel, dem Kabarettisten Bernd-Lutz Lange u. dem Theologen Peter Zimmermann ein Treffen, mit dem ein bewaffnetes Eingreifen der Staatsmacht verhindert wurde.
1990 Berufung zum Chefdirigenten u. Musikdir. der New Yorker Philharmonie; zahlr. Gastspiele mit dem Gewandhausorchester u. Gastdirigate in Europa, den USA u. Japan, zahlr. Schallplatten-, Funk- u. Fernsehaufnahmen; 1990 Ritter der Ehrenlegion, 1991 Hanns-Martin-Schleyer-Preis; 1994 Vorst.-Mitgl. der Dt. Nationalstiftung.

Matern, Hermann
17. 6. 1893–24. 1. 1971
SED-Politiker
Geb. in Burg (b. Magdeburg), Vater Arbeiter; Volksschule; 1907–11 Ausbildung zum Gerber, danach als Geselle auf Wanderschaft; 1907 SAJ; 1910 Mitgl. im dt. Lederarbeiterverb.; 1911 SPD, 1914 aus Protest gegen die Bewilligung der Kriegskredite, ausgetreten; Kriegsdienst; 1918 USPD; Teiln. an der Nov.-Rev., Mitgl. des Arbeiter- u. Soldatenrats des Magdeburger Wachregt., zum Kommandanten gewählt; 1919 KPD; 1919–26 dort als Gerber tätig, Vors. der KPD Burg; 1926–28 Vors. des Landarbeiterverb. in Burg; danach KPD-Funktionär in den Bez. Magdeburg-Anhalt, Ostpreußen u. Pommern; 1928/29 Besuch der Intern. Lenin-Schule in Moskau; 1932/33 Mitgl. des Preuß. Landtags; Febr. 1933 Teiln. an der illegalen angeblichen ZK-Tagung der KPD in Ziegenhals; Juli 1933 als Ltr. der illegalen Bezirksparteiorg. Pommern der KPD verhaftet; Nov. 1934 Flucht aus dem Gefängnis Altdamm (Stettin) u. Teiln. am illegalen Kampf in mehreren europ. Ländern; 1941 Übersiedlung nach Moskau, Mitgl. u. tätig im NKFD, Lehrer an der Zentralen Antifa-Schule in Krasnogorsk.
1. 5. 1945 Rückkehr nach Dtl. als Mitgl. der KPD-Gruppe für Sachsen (Ltr. Anton Ackermann*); 1945/46 1. Sekr. der BL Sachsen der KPD; 1946–48 Vors. des Landesverb. Groß-Berlin der SED, 1946–50 Mitgl. des Zentralsekr. des PV, ab 1950 des PB des ZK der SED, ab 1949 Vors. der ZPKK des PV bzw. ZK; 1948 Mitgl. des Dt. Volksrats, ab 1949 Abg. der Prov. Volkskammer bzw. Volkskammer, 1950–54 Vizepräs., ab 1954 1. Stellv. des Präs. der Volkskammer, 1957–60 Vors. ihres Ständigen Aussch. für die örtl. Volksvertretungen; seit 1958 Mitgl. des Präs. des NR der NF; 1953 KMO, 1955 VVO in Gold.
Publ.: Im Kampf für Frieden, Demokratie

u. Sozialismus. Ausgew. Reden u. Schriften, 2 Bde. Berlin 1963.
Sek.-Lit.: Rothe, L.; Woitinas, E.: H. M. Aus seinem Leben u. Wirken. Berlin 1981.

Matern, Jenny, geb. Pickerodt
11. 4. 1904–22. 9. 1960
Stellvertretende Gesundheitsministerin
Geb. in Hannover, Vater Drechsler; Volksschule, 1919 Handelsschule; seit 1919 SAJ, SPD; Stenotypistin im SPD-Bezirksbüro Niedersachsen; 1921 KJVD; 1921–24 Sekretärin, u. a. in der Dir. der Ortskrankenkasse Bamberg; 1923 KPD; 1925–28 Mitgl. der BL der Roten Hilfe Dtl. (RHD), danach Mitarb. der KPD-BL Niedersachsen; 1928/29 Sekretärin in Privatfirmen; 1931–33 Mitarb. in der Red. des Zentralorgans »Tribunal« u. der BL Berlin-Brandenburg der RHD; 1933 inhaftiert, 1934 Emigration u. a. nach Prag, 1935 Paris, 1936 Amsterdam, 1937–40 Oslo, 1941–45 UdSSR.
Mai 1945 Rückkehr nach Dtl.; 1945/46 Ltr. der Abt. für Soziale Fürsorge im Ressort Wirtschaft u. Arbeit der Landesverwaltung Sachsen; 1946 SED; 1946/47 1. Vizepräs. der Dt. Verwaltung für Arbeit u. Sozialfürsorge, 1948/49 HA-Ltr. in der HV für Arbeit u. Sozialfürsorge der DWK; 1947 Mitbegr. des DFD; 1948/49 Mitgl. des Dt. Volksrats, Abg. der Prov. Volkskammer; 1949/50 HA-Ltr. im Min. für Arbeit u. Gesundheitswesen; 1950–59 Staatssekr. u. stellv. Min. für Gesundheitswesen; ab 1950 Mitgl. des Bundesvorst. u. des Präs. des DFD; Mai 1959 Vors. des Zentralausschusses der Volkssolidarität.

Matthes, Roland 17. 11. 1950
Leistungssportler (Schwimmen)
Geb. in Pößneck; ab 1962 aktiver Schwimmer beim SC Turbine Erfurt, Spezialdisz.: Rücken; 1968 Olympiasieger über 100 u. 200 m; 1970 EM über 100 u. 200 m sowie über 4x100 m Lagen; 1972 Olympiasieger, 1973 WM u. 1974 EM jeweils über 100 u. 200 m; 1975 WM u. 1976 Olympia-Dritter jeweils über 100 m; insg. 19 WR; DDR-Sportler des Jahres 1968–71, 1973 u. 1975; nach dem Abitur an der KJS in Erfurt 1970–77 Studium an der DHfK Leipzig mit Abschluß als Dipl.-Sportlehrer, anschl. wiss. Mitarb. der DHfK in Erfurt; 1978–84 Studium der Medizin an der FSU Jena, danach Facharztausbildung; 1989 Übersiedlung nach Tauberbischofsheim, dort als Arzt tätig; betreibt zur Zeit eine Privatpraxis in Aschaffenburg.

Mattheuer, Wolfgang 7. 4. 1927
Maler, Grafiker
Geb. in Reichenbach (Vogtl.); 1942–44 Lehre als Lithograph; 1944/45 Militärdienst, Gefangenschaft.
1946/47 Studium an der Kunstgewerbeschule Leipzig, anschl. bis 1951 HS für Grafik u. Buchkunst Leipzig, Lehrer Egon Pruggmayer; seit 1952 freischaff.; Mitarb. der »Tägl. Rundschau«; 1953 Assistent, 1956 Doz., 1958 SED; 1965–74 Prof. an der HS für Grafik u. Buchkunst Leipzig; ab 1974 freischaff.; 1978 AdK; 1988 Austritt aus der SED.
Werke: Kain (1965), Ein schöner Sonntag (1968), Das zweite Gesicht (1970), Der Schwere Anfang, Ein Baum wird gestutzt, Leipzig (1971), Hinter den sieben Bergen (1973), Requiem für Victor Jara, Die Ausgezeichnete (1974), Sisyphos behaut den Stein, Der befreite Sisyphos u. a. (70er Jahre), Gewitter über Schöneck (1980), Drinnen, Draußen u. ich (1986), Panik (1987), Der Jh.-Schritt (1984/87).
Sek.-Lit.: Lang*, Lothar: W. M. Berlin 1975; Hütt, W.: W. M. Maler u. Werk. Dresden 1975; Schönemann, Heinz: W. M. Leipzig 1988; Kat. W. M. Staatl. Kunstsammlung Dresden 1974; Kat. Kunstverein Hamburg 1977; Museum der bildenden Künste Leipzig; Kat. Lunds Kunsthall 1980; W. M. Galerie Brusberg 1990.

Matthies, Frank-Wolf 4. 10. 1951
Schriftsteller
Geb. in Berlin, Vater Betriebswirt, Mutter kaufm. Angestellte; 1970 Abitur, 1970/71 Ausbildung als Kunstschlosser; Arbeit in versch. Berufen; 1973 halbjährige Verhaftung während der X. Weltfestspiele wegen »Beleidigung u. Herabwürdigung eines Repräsentanten der Partei- u. Staatsführung«; 1974 FDJ-Förderpreis für ein ironisch gemeintes Gedicht »Auf einen MfS-Genossen« (»Rote Feder« 1974); 1975/76 während der Zeit des Wehrersatzdienstes Verfahren wegen »Meuterei«; u. a. von Franz Fühmann* gefördert; galt mit Uwe Kolbe* als Repräsentant einer neuen Autorengeneration (Sinn u. Form 6/1976); nach Protesten gegen die Ausbürgerung Biermanns* bis 1989 Publikationsverbot in der DDR; organisierte 1978–80 in seiner Wohnung monatl. Lesungen u. Diskussionsveranstaltungen u. a. mit R. Havemann*, A. Endler*, E. Erb*, H. Kahlau*, M. Stade, L. Rathenow*; M. schuf damit das Modell einer lit. Gegenöffentlichkeit, das in den 80er Jahren u. a. von G. Poppe*, E. Maaß, St. Bickhardt* und L. Mehlhorn* fortgesetzt wurde; nach einer Lesung von G. Grass u. J. Strasser sowie Debatten über das Konzept einer alternativen Dtl.-Politik im Nov. 1980 verhaftet (mit Lutz Rathenow); nach vielfachem Protest (u. a. von F. Fühmann, Ch. Wolf*, St. Hermlin*, H. Müller* u. G. Grass) wieder entlassen; Dez. 1980 Beginn eines Briefwechsels mit Grass über den Begriff der Nation (in der Ztschr. »L'80«, Heft 17); siedelte im Jan. 1981 nach Berlin (West) über; zahlr. lit. Debatten, u. a. zum Exil (»Exil«. Köln 1983) u. zur Haltung des Autors unter den Bedingungen der Diktatur.
Lebt seit 1993 in Friedrichsthal b. Oranienburg.
Publ.: Morgen. Gedichte u. Prosa. Reinbek 1979; Unbewohnter Raum mit Möbeln. Zwei Erzählungen. Reinbek 1980; Tagebuch Fortunes. Frankfurt/M. 1985; Omerus Volkmund. Prosa. Berlin 1994; zahlr. Grafikbücher.

Matthus, Siegfried 13. 4. 1934
Komponist
Geb. in Mallenuppen (Ostpr.), Vater Bauer; Oberschule in Rheinsberg; 1952 SED; 1952–58 Studium als Chordirigent an der HS für Musik Berlin, ab 1956 Komposition bei Rudolf Wagner-Régeny*; 1958–60 Meisterschüler bei Hanns Eisler* an der DAK; 1960–64 freischaff.; ab 1964 Komponist u. Dramaturg an der Kom. Oper Berlin; 1969 DAK, 1972 dort Sekretär der Sekt. Musik; Mitgl. der AdK Berlin (West) u. der Bayer. Akad. der Schönen Künste; Mitgl. des Musikrats der DDR u. des Präs. des VDK; komponierte zunächst Vokalmusik, dann sinfon. Musik, u. a. mehrere Sinfonien, Bühnenmusik, u. a. »Die Ermittlung« von Peter Weiss, »Der Stellvertreter« von Rolf Hochhuth, u. Opern, u. a. »Der letzte Schuß« (1967), »Noch einen Löffel Gift, Liebling?« (1972), »Judith« (1985), »Die Weise von Liebe u. Tod des Cornets Rilke« (1985), sowie das Oratorium »Laudate pacem«.
Sek.-Lit.: Döhnert, H.: S. M. Für Sie porträtiert. Leipzig 1979.

Matusche, Alfred
8. 10. 1909–31. 7. 1973
Schriftsteller
Geb. in Leipzig, Vater Mechaniker; 1927 Abbruch des Studiums an einer TH, Wanderschaft durch Dtl., erste Gedichte u. Hörspiele für den Sender Leipzig; in der NS-Zeit Teiln. am antifasch. Widerstand; Vernichtung seiner Manuskripte bei einer Hausdurchsuchung.
Ab 1945 wieder für den Sender Leipzig tätig; schrieb danach, ab 1969 freischaff., überwiegend für Theater und TV, u. a. Schauspiel »Die Dorfstraße« (1955), Drama »Nacktes Gras« (1958), Fernsehspiel »Der Regenwettermann« (1963),

Schauspiel »Kap der Unruhe« (1970); gest. in Karl-Marx-Stadt.
Publ.: Dramen. Berlin 1971.

Mauersberger, Heinrich
11. 2. 1909–16. 2. 1982
Techniker
Geb. in Neukirchen (Kr. Zwickau); Studienabschluß als Textiling.; 1949 Patentierung des Vliesfaden-Nähwirkverfahrens Maliwatt; 1954 NP; der anfängl. Skepsis verantw. Stellen hinsichtl. der Möglichkeiten effektiver Anwendung begegnete M. mit der Herstellung von Mustern auf einer selbstgebauten, »Handmalimo« genannten Nähmaschine; ab Anfang der 60er Jahre setzte sich das Verfahren unter dem Namen Malimo (Mauersberger Limbach-Oberfrohna) intern. durch; es gehörte zu den wenigen in der DDR entw. Patenten von vergleichbarer weltweiter Beachtung; in den letzten Lebensjahren war M. Ehrenvors. des Warenzeichenverb.

Mauersberger, Peter 10. 9. 1928
Geophysiker
Geb. in Zwickau, Vater Dipl.-Berging. u. Dipl.-Markscheider; 1939–44 Oberschule in Stollberg (Erzgeb.); 1944/45 Kriegseinsatz u. Tätigkeit als Rohrschlosser.
1946/47 erneut Oberschule, Abitur; 1947–51 Studium der Geophysik an der Bergakad. Freiberg u. der HU Berlin; 1951–57 wiss. Assistent am Inst. für Meteorol. und Geophysik, 1956 Prom.; 1957–69 wiss. Mitarb., ab 1968 stellv. Dir. am Inst. für physikal. Hydrogr. der DAW; 1964 Habil. an der HU, 1965–71 hier nebenamtl. Doz.; 1969–75 wiss. Mitarb. in versch. Inst. der DAW/AdW; 1971 Berufung zum Prof. an der AdW u. Lehre an der HU Berlin; 1973 Mitgl. der Dt. Akad. der Naturforscher Leopoldina Halle; 1976–88 u. 1990/91 Ltr. des Bereichs Hydrol. im Inst. für Geogr. u. Geoökol. der AdW, seit Jan. 1990 in versch. Funktionen an der Neuformierung der Forschung beteiligt.
Seit 1992 Dir. des Inst. für Gewässerökol. und Binnenfischerei im Forschungsverbund Berlin e. V.
Hauptarbeitsgebiete: Geophysik, Hydrol., Limnol., Ökol.; mehr als 140 wiss. Publ.

Maurer, Eduard Georg
3. 11. 1886–21. 2. 1969
Metallurge
Geb. in Königstein (Taunus); Besuch der Abt. Industrieschule des Athenäums (Luxemburg), Abitur; 1904 Chemiestudium an der TH Braunschweig, 1905–08 an der TH Karlsruhe u. der Sorbonne Paris, 1907 Dipl.; 1909 Prom. zum Dr.-Ing. an der TH Aachen mit der Diss. »Untersuchungen über das Härten u. Anlassen von Eisen u. Stahl«; 1909–19 Mitarb., Assistent, später Abt.-Ltr. in der chem.-physikal. Versuchsanstalt der Fa. F. Krupp AG Essen; 1919 Habil. an der TH Aachen, Doz.; 1919–22 Ltr. der chem., metallograph. u. metallurg. Abt. des Kaiser-Wilhelm-Inst. für Eisenforschung in Düsseldorf; 1922–25 Ltr. der Versuchsanstalt Krupp Essen; 1925 ord. Prof. u. Dir. des Inst. für Eisenhüttenkunde an der Bergakad. Freiberg.
1946–48 Ltr. des techn. Büros des Min. für Schwarzmetallurgie der UdSSR in Freiberg; 1948 beratender Ing. für Eisenhüttenkunde bei der DWK, zugl. Prof. für Eisenhüttenkunde an der HU Berlin; 1949–59 Dir. des Eisenforschungsinst. in Hennigsdorf; 1950 u. 1954 NP; 1951 Ord. Mitgl. der DAW; 1959 em.; 1960 Ltr. der Forschungsstelle der DAW für Eisen u. Stahl in Freiberg; Dr. h.c. (TH Aachen u. HU Berlin); gest. in Berlin.
Arbeitsgebiete: Eisenhüttenwesen, Stahlerzeugung, -verarbeitung u. -verwendung; Erfinder des V2A-Stahls; Maurersches Gußeisendiagramm (Gattierungsgrundlage in Gießereien); Entwicklung

des Schrott-Kohle-Verfahrens in bas. Siemens-Martin-Öfen; mehr als 100 Veröff.

Maurer, Georg 11. 3. 1907–4. 8. 1971
Schriftsteller
Geb. in Sächsisch-Regen (Siebenbürgen), Vater Lehrer u. Musiker; 1911 Übersiedlung nach Bukarest; 1926–32 Studium der Kunstgeschichte, Germanistik u. Philos. in Berlin u. Leipzig; 1934 Kunstkritiker u. Lokalreporter der »Neuen Leipziger Ztg.«; 1939–44 Soldat, Dolmetscher in Rumänien, 1944–46 sowj. Gefangenschaft.
Nach der Rückkehr 1948 Gedichtband »Gesänge der Zeit«; 1955 Mitgl. der DAK; 1955–61 Doz. u. 1961–70 Prof. am Lit.-Inst. »Joh. R. Becher« in Leipzig; 1961 »Dreistrophenkalender«.
M. wurde durch seine pädagog., lyriktheor. u. essayist. Arbeit (u. a. »Welt in der Lyrik«, 1967) zum Lehrer der mittleren DDR-Lyrikergeneration (Volker Braun*, Sarah Kirsch*, Karl Mickel* u. a.).
Publ.: Ausgewählte Werke in 9 Bdn. Berlin 1964ff.; Werke in 2 Bdn. (Hrsg. von Hartinger, W. u. Ch. u. Maurer, E.) Berlin 1987.
Sek.-Lit.: Wolf, Gerhard (Hrsg.): Dichtung ist deine Welt. Selbstaussagen u. Versuche zum Werk G. M.s. Berlin 1973.

May, Gisela 31. 5. 1924
Schauspielerin, Sängerin
Geb. in Wetzlar, Vater Schriftst. Ferdinand M.; Grundschule, Höhere Mädchenschule u. Haushaltschule; Pflichtjahr; 1940–42 Schauspielstudium in Leipzig, anschl. Engagements in Dresden, Landesbühne Danzig, Stadttheater Görlitz.
1945–51 Engagement als Schauspielerin in Schwerin u. Halle, 1951–61 am Dt. Theater Berlin; 1959 Kunstpreis der DDR; 1961 Berliner Ensemble; 1963 Präs. der Dt.-Ital. Ges. der DDR; zeitw. Mitgl. des Vorst. des Verb. der Theaterschaffenden; 1972 DAK; 1973 NP 1. Kl.; Doz. an der Staatl. Schauspielschule Berlin, danach an der HS für Musik »Hanns Eisler«; 1980 VVO in Gold; Mitgl. der SED; war zeitw. verh. mit Wolfgang Harich*.
Rollen u. a. in: 1952 »Minna von Barnhelm«, 1957 »Nora«, 1958 »Wozzeck«, 1962 »Der Biberpelz«, 1962 »Die Tage der Commune«, »Esther«, 1964 »Jenny Marx«, 1973 »Frau Warrens Beruf«, 1979 »Fleur Lafontaine«, 1983 »Zwei Ärztinnen«; versch. Chansonprogramme, u. a. Brecht*, Hacks*, frz. Chansons; TV-Sendereihe »Pfundgrube«.
Publ.: Mit meinen Augen (Biogr.). Berlin 1977.

Mayer, Georg 26. 12. 1892–21. 6. 1973
Wirtschaftswissenschaftler, Rektor der KMU Leipzig
Geb. in Horb am Neckar, Vater Rechnungsrat; 1911–21 Studium der Wirtschaftswiss. sowie Staats- u. Rechtswiss. an den Univ. Tübingen, Halle, Würzburg u. Gießen; 1914–18 Militärdienst; 1919–27 Mitgl. der DDP; 1921 Prom. mit einer Diss. zur Freihandelslehre in Dtl.; anschl. wiss. Assistent an der Univ. Gießen; 1927 Habil. auf dem Gebiet der wirtschaftl. Staatswiss., bis 1933 Privatdoz. der Univ. Gießen; 1931 Mitbegr. der »Arbeitsgemeinschaft zum Studium der sowjetruss. Planwirtschaft« (Arplan); 1933 von der Univ. aus pol. Gründen entlassen, 1934 verhaftet u. wegen Verstoßes gegen das »Heimtückegesetz« zu drei Monaten Gefängnis verurteilt; danach Repetitor u. Privatgelehrter für Volkswirtschaftslehre in München; 1939 Angestellter der Reichsstelle für Lederindustrie in Berlin; 1941 Wehrmachtsbeamter auf Kriegsdauer; 1946 Gefangenschaft.
1946 wiss. Berater der Hess. Landesreg.; 1947 Übersiedlung in die SBZ; SED; Berufung an die Univ. Leipzig als Prof. mit

Lehrstuhl für Volkswirtschaftslehre unter besonderer Berücksichtigung der Weltwirtschaftslehre u. Agrargeschichte; 1948/49 Dir. des Weltwirtschaftsinst. an der Wirtschafts- u. Sozialwiss. Fak., bis 1951 zugl. Kodir. des Planök. Inst. der Ges.-wiss. Fak.; 1948 Prorektor, 1950–63 Rektor der Univ. Leipzig (ab 1953 KMU), ab 1952 zugl. Dir. des Inst. für Agrarwesen/Agraröк. an der Landw.-Gärtner. Fak.; 1950–67 Abg. der Volkskammer, bis 1954 Mitgl. im Rechtsaussch.; 1956–63 Vors. der Rektorenkonferenz der DDR; 1959 VVO in Gold; 1962–64 Präs. der Dt.-Frz. Ges. in der DDR; 1963 em.
Sek.-Lit.: Zum Leben u. Wirken von G. M. Ein Vermächtnis für die soz. Univ. In: Wiss. Ztschr. der KMU Leipzig, Ges.- u. Sprachwiss. Reihe 6/1977.

Mayer, Hans 19. 3. 1907
Literaturwissenschaftler
Geb. in Köln, Vater jüd. Kaufmann; 1925–29 Studium der Staats- u. Rechtswiss., Geschichte u. Musik an den Univ. Köln, Berlin u. Bonn; 1931 Dr. jur. bei Hans Kelsen, Univ. Köln; Mitgl. der SAP, 1932–35 KPD(O); 1933 Große Jur. Staatsprüfung; Emigration nach Paris; 1935–38 u. 1939–45 Schweizer Exil (Genf, Zürich), 1938 Paris; Arbeit am Rockefeller-Inst. für intern. Studien (Genf), Stipendiat des Inst. für Sozialforschung; erste germanist. Arbeit »Georg Büchner u. seine Zeit« (veröff. 1946, 1948 als Habil.-Schrift in Leipzig anerkannt); 1938 Aberkennung der dt. Staatsbürgerschaft; 1945 in der Schweiz Bestätigung der KPD-Mitgliedschaft.
1945 Rückkehr nach Dtl. (Frankfurt am Main); Kulturred.; 1946/47 pol. Chefred. von Radio Frankfurt/M., Bruch wegen marxist. Grundpositionen; 1947/48 Doz. an der Akademie der Arbeit Frankfurt/M. (Ausbildung von Gewerkschaftsfunktionären); 1948 Prof. für Geschichte der Nationallit. an der Univ. Leipzig; 1950 Ordinarius für Kultursoziol. u. Literaturgeschichte; gerühmter Lehrer u. a. von Christa Wolf*, Götz Friedrich*, Uwe Johnson*, Volker Braun*; 1955 NP; 1956 Eintritt für eine erweiterte Lit.-Rezeption (Kafka, Faulkner, Th. Wilder), Revisionismusvorwürfe; nach dem Mauerbau Aug. 1961 trotz Aufenthalt in England Rückkehr in die DDR; 1962 »Ansichten. Zur Lit. der Zeit«, soziol. Lit.-Betrachtungen u. a. zu Brecht*, Pasternak, Sartre, Ionesco, öff. Angriffe u. kulturpol. Auseinandersetzungen; 1963 blieb M. nach einer Vortragsreise in der Bundesrep. Dtl.
1965 Prof. für dt. Sprache u. Lit. an der TU Hannover; danach Gastprof. in Frankreich, Schweden u. den USA; Mitgl. des PEN-Zentrums Bundesrep. Dtl.; 1971 Dir. der Abt. Lit. der AdK Berlin (West); 1972 Ehrensenator der Univ. Wisconsin (USA); 1973 em., große Goethe-Biogr. »Goethe. Ein Versuch über den Erfolg«; 1975 Honorarprof. der Univ. Tübingen, erfolgreiches Hauptwerk »Außenseiter«; 1987 Korr. Mitgl. der AdK der DDR; 1988 Großes Bundesverdienstkreuz mit Stern u. Schulterband; Ernst-Bloch-Preis; 1992 Ehrensenator der Univ. Leipzig; 1993 Offz. des frz. Ordens für Kunst u. Wiss.; bedeutender Verf. zahl- u. einflußr. wiss. u. essayist. Arbeiten zur dt. Lit.- und Kulturgeschichte v. a. unter soziol.-hist. Aspekt, u. a. über Büchner, Goethe, Th. Mann, Kafka, Brecht, Kleist u. Wagner; engagierter Lit.-Kritiker, Hrsg., Übersetzer u. Zeitzeuge.
Publ.: Ein Deutscher auf Widerruf. 2 Bde. (Autobiogr.). Frankfurt/M. 1984, 1986; Die umerzogene Lit. Berlin (West) 1988; Die unerwünschte Lit. Berlin (West) 1989; Der Turm von Babel. Erinnerung an eine Dt. Demokr. Rep. Frankfurt/M. 1991; Wendezeiten. Frankfurt/M. 1993; Der Widerruf. Frankfurt/M. 1994.
Sek.-Lit.: Jens, Inge: Über H. M. (Festschrift). Frankfurt/M. 1977.

Mebel, Moritz 23. 2. 1923
Mediziner
Geb. in Erfurt, 1933 Emigration mit den Eltern in die UdSSR; Karl-Liebknecht-Schule in Moskau, später Medizinstudium am I. Med. Inst. in Moskau; 1941–45 Kriegsdienst in der Roten Armee; 1942–58 KPdSU.
1945–47 als Offz. der SMAD in Halle (Saale) und Merseburg tätig (zuletzt Oltn.); 1947 Forts. des Studiums in Moskau, 1951 Examen; später Aspirant am Lehrstuhl für Urol. des ZI für Ärztl. Fortbildung in Moskau, dort Prom.; 1958 KPdSU/SED; ab 1958 in Berlin als Urologe in versch. Kliniken tätig, 1960–82 Ltr. der Urol. im Städt. Krankenhaus Berlin-Friedrichshain; 1967–71 Mitgl. der Stadtverordnetenvers. Berlin; 1970 VVO in Gold; 1970 ord. Prof. für Urol. an der HU Berlin (Charité); ab 1971 Kand., 1986–89 Mitgl. des ZK der SED; 1972 NP; 1973 Korr. u. 1975 Ord. Mitgl. der AdW; 1982–88 Chef der Urolog. Klinik der Charité; 1983–90 Vors. des Komitees »Ärzte der DDR zur Verhütung eines Nuklearkrieges«, DDR-Sekt. von International Physicians for the Prevention of Nuclear War (IPPNW); Ord. ausw. Mitgl. der Akad. der Med. Wiss. der UdSSR.

Meckel, Johannes Markus (Markus) 18. 8. 1952
Außenminister
Geb. in Müncheberg (Kr. Strausberg), Vater Pfarrer; 1967–69 EOS, aus pol. Gründen relegiert; 1969–71 Kirchl. Oberseminar Potsdam-Hermannswerder, Abschluß mit HS-Reife (staatl. nicht anerkannt); 1971–78 Theologiestudium in Naumburg u. am Sprachenkonvikt Berlin; bildete 1977–81 mit Martin Gutzeit* u. a. einen Hegel-Kreis (vom MfS so bezeichnet und beobachtet); 1978–80 Hausmeister, Philosophiestudent (Hegel, Nietzsche); 1980–82 Vikar, 1982–88 Pfarrer in Vipperow (Meckl.); 1988–90 Ltr. einer ökumen. Begegnungs- u. Bildungsstätte der Ev. Kirche in Niederndodeleben (Kr. Wolmirstedt, Sa.-Anh.); Engagement in der kirchl. Friedens- u. Menschenrechtsbew., Mitarb. im Arbeitskr. Theol. u. Philos. beim Bund der Ev. Kirchen.
24. 7. 1989 Verf. des Initiativaufrufs zur Gründung der SDP (mit Martin Gutzeit), 7. 10. Mitbegr. der SDP in Schwante (bei Oranienburg), Wahl in den Vorst. (2. Sprecher), Febr. – Sept. 1990 stellv. Vors., April – Juni amt. Vors. der SPD (DDR); März – Okt. Abg. der Volkskammer, 12. 4.–20. 8. Min. für Auswärtige Angelegenheiten, seit März Verhandlungen in Warschau, Moskau, Washington, Bonn, Genf, Strasbourg, Mai 1990 DDR-Vertreter bei den »2+4-Gesprächen«; seit Okt. 1990 Abg. des Dt. Bundestags; Mitgl. des Außenpol. Aussch. seiner Fraktion; Vors. der Dt.-Poln. Ges.; Vors. der AG Polen der SPD-Bundestagsfraktion; Sprecher der SPD in der Enquete-Kommission zur Aufarbeitung der DDR-Geschichte.

Mecklenburg, Ernst 3. 6. 1927
DBD-Politiker
Geb. in Blöcken (Kr. Labiau, Ostpr.), Vater Landarbeiter, Bauer; Volksschule, landw. Lehre, Landw.-Gehilfe; 1943/44 Lehrerbildungsanstalt Memel; 1944 NSDAP (Anwärter); 1944 Wehrmacht; kurzzeitig engl. Gefangenschaft, anschl. Bergarbeiter in den Westzonen, ab 1947 Neubauer in Torisdorf (Kr. Schönberg); 1950 DBD u. FDJ, Vors. des Kreisvorst. Grevesmühlen; 1950–52 Bürgermeister in Rehna; 1952 Abt.-Ltr. Kommunalpolitik beim DBD-Landesvorst. Mecklenburg, anschl. Abt.-Ltr. Agrarpolitik, 1954–63 Organisationssekr. beim Bezirksvorst. Rostock der DBD; 1953 FDGB; 1953–58 Fernstudium an der DASR Potsdam u. der HS für Landw. Bernburg, Dipl.-Agrarök.; 1954–67 Abg. des Bez.-Tags Rostock; 1963–67 Vors. des Bezirks-

vorst. Rostock, ab 1963 Mitgl. des PV, ab 1968 des Präs. der DBD; 1968 Prom. zum Dr. agr. an der WPU Rostock mit einer Diss. zur Entwicklung der genossenschaftl. Agrarprod.; 1967–74 Sekr., 1974–82 stellv. Vors. des PV der DBD; 1967 Mitgl. des Zentralvorst. der DSF, 1983 in dessen Präs.; 1971 Abg. der Volkskammer, Mitgl. Aussch. für Volksbildung, 1981/82 Mitgl. ihres Präs.; 1977 VVO in Gold; 1982–87 Vors. der DBD (Nachf. von Ernst Goldenbaum*), stellv. Vors. des Staatsrats; 1983 Mitgl. des Präs. des NR der NF; März 1987 aus der hauptamtl. Tätigkeit ausgeschieden; 1987 KMO.

Mecklinger, Ludwig
24. 11. 1919–22. 6. 1994
Gesundheitsminister
Geb. in Buchdorf (b. Donauwörth), Vater Glaser; Gymnasium in Eichstätt (Bay.); 1938 RAD; 1939–45 Medizinstudium in Leipzig, Hamburg u. Berlin, hier 1945 Prom.; im 2. Weltkrieg zeitweilig Militärdienst, zuletzt als Unterarzt, 1945 Gefangenschaft im US-Lager Traunstein.
Herbst 1945 ärztl. Praxis in Bayern; 1945/46 KPD/SED; 1945–47 in der Provinzialverwaltung Sachsen-Anhalt verantw. für Seuchenbekämpfung, 1947/48 im Landesgesundheitsamt u. 1948–52 im Min. für Arbeit u. Gesundheit von Sachsen-Anhalt tätig; 1949–54 Jura-Fernstudium an der DASR Potsdam; 1952–55 stellv. Vors. des Zentralaussch. des DRK; 1955–57 stellv. Chef des Med. Dienstes der KVP bzw. NVA, 1957–64 Ltr. der Militärmedizin. Sektion der EMAU Greifswald, Oberst, 1959–64 nebenamtl. Ltr. der Abt. für Sozialhygiene des Hygiene-Inst. der EMAU, hier 1963 Habil., 1964 Prof. mit Lehrauftrag, Prorektor für Militärmedizin; 1964–69 stellv. Min. für Gesundheitswesen, 1969–71 Staatssekr. u. 1. stellv. Min. für Gesundheitswesen, 1971–89 Min. für Gesundheitswesen (Nachf. von Max Sefrin*); 1972 VVO in Gold; 1981 – März 1990 Abg. der Volkskammer; 1986–89 Mitgl. des ZK der SED; Jan. 1989 »auf eigenen Wunsch« als Min. abberufen.

Mehlhorn, Ludwig 5. 1. 1950
Bürgerrechtler
Geboren in Bernsbach (Erzgeb.), Vater Werkzeugmacher, Mutter Sparkassenangestellte; 1969 Abitur, 1969–74 Studium der Mathematik an der Bergakad. Freiberg, anschl. bis 1985 Programmierer im Rechenzentrum der HfÖ Berlin; seit 1969 Mitarb. bei der Aktion Sühnezeichen u. in der Ev. Studentengemeinde, Begegnungsarbeit mit Polen; seit 1975 Mitarb. in versch. Friedens- u. Menschenrechtskr., 1977 Haussuchung u. Verhöre durch das MfS; 1981–87 Auslandsreiseverbot; 1984 Verweigerung des Reservistenwehrdiensts; 1985 Berufsverbot, seitdem Hilfspfleger für geistig behinderte Kinder in der Stephanusstiftung Berlin; 1986 Mitinitiator des Antrags auf »Absage an Praxis u. Prinzip der Abgrenzung« an die Synode der Ev. Kirche Berlin-Brandenburg u. die Bundessynode, Mitbegr. des gleichnamigen opp. Arbeitskr.; Hrsg. und Autor illegaler Publ., u. a. »Aufrisse«, »Spuren«, »ODER«; Übersetzungen aus dem Poln.; 1987–89 Veranstalter von lit. Lesungen in Privatwohnungen (gemeinsam mit St. Bickhardt*); Sept. 1989 Mitbegr. der Bürgerbewegung Demokratie Jetzt (DJ), 1990 DJ-Mitarb.; Mitarb. in versch. ehrenamtl. Gremien, u. a. Stiftung Kreisau für europ. Verständigung, Heinrich-Böll-Stiftung.
1991 Referent im Min. für Bildung, Jugend u. Sport des Landes Brandenburg; seit 1992 Studienltr. für den Bereich Osteuropa an der Ev. Akad. Berlin-Brandenburg.
Sek.-Lit.: Findeis, H., Pollack, D., Schilling, M.: Die Entzauberung des Politischen. Leipzig, Berlin 1994.

Meier, Artur 4. 4. 1932
Soziologe
Geb. in Berlin; 1951–55 zunächst Lehramtsanwärter, dann Lehrer für Geschichte u. stellv. Dir. der Schinkel-OS in Berlin, zugl. Fernstudium an der PH Berlin, 1954 Staatsexamen als Fachlehrer für Geschichte; 1954 bis Jan. 1990 SED; 1956–58 Schulinspektor in Berlin-Prenzlauer Berg; danach bis 1970 Lehrer, ab 1961 Dir. der VHS Berlin-Prenzlauer Berg; 1959–64 Aspirantur an der HU Berlin, 1964 Prom. zum Dr. paed. mit einer Arbeit zur Geschichte der Erwachsenenbildung in Dtl., im gleichen Jahr Ernennung zum Studienrat; ab 1966 Zusatzstudium bzw. Aspirant in den Fächern Industriesoziol. u. Org.-Wiss. an der HU Berlin, u. a. bei Georg Assmann u. Erich Hahn*, 1970 Habil. mit der Arbeit »Das Bildungssystem als soziale Org.«; ab 1970 Ltr. der Abt. »Soziol. des Bildungswesens« an der APW in Berlin; ab 1971 Doz. u. ab 1976 ord. Prof. für Bildungssoziol. der APW, Lehraufträge an den Univ. Berlin, Halle u. Leipzig; seit 1975 versch. Funktionen in der Intern. Soziolog. Assoziation (ISA), u. a. 1978 bis 1986 Vizepräs. des ISA Research Committee »Sociology of Education«; ab 1976 Mitgl. u. ab 1986 stellv. Vors. des Nat.-Komitees für Soziolog. Forschung in der DDR; 1986 Umberufung zum ord. Prof. für Soziol., seitdem Ltr. des Bereichs »Soziolog. Theorie« u. Dir. des Inst. für Soziol. an der HU Berlin; Lehre und Forschung auf den Gebieten Makrosoziol., Bildungssoziol., Sozialstrukturforschung, sozialer und techn. Wandel; versch. Vortragsreisen u. a. in die Bundesrep. Dtl., nach Italien und Spanien, 1988 Gastprof. an der Univ. of California, Berkeley (USA); 1986–90 Vizepräs. der ISA, 1990 Präs. des XII. Weltkongresses für Soziol. in Madrid; Bestätigung als Inst.-Dir. nach geheimer Wahl (bis 1991). 1991 ord. Prof. für Bildungssoziol. am Fachbereich Sozialwiss. der HU Berlin, nach der Evaluierung 1993 auf dieser Stelle bestätigt; seit 1991 Vorst.-Mitgl. der Sekt. »Bildung u. Erziehung« der Dt. Ges. für Soziol.
M. gilt als Begründer der Bildungssoziol. in der DDR; sein Buch »Soziol. des Bildungswesens«, Berlin, Köln 1974, wurde in fünf Sprachen übersetzt u. 1976 mit dem Intern. Preis der Poln. AdW ausgezeichnet. Als Inst.-Dir. an der HU Berlin hat er sich v.a. für die Ausweitung intern. Arbeitskontakte u. eine verstärkte Berücksichtigung mod. westl. Soziologieentw. in der Lehre engagiert. In der soziolog. Diskussion um die Ursachen des Systemzusammenbruchs im sowj. Machtbereich hat M. insbes. mit dem weithin umstrittenen Aufsatz »Abschied von der soz. Ständeges.« (in: Pol. u. Zeitgeschichte, 16–17/1990) Aufmerksamkeit erregt.
Publ.: Weiterbildung, Lebenslauf, Sozialer Wandel (Mithrsg.). Neuwied 1993.

Meier, Felix 20. 8. 1936
Minister für Elektronik
Geb. in Lieskau (Saalekr.), Vater Arbeiter; Oberschule, Abitur; 1954–60 Studium an der TH Dresden, Dipl.-Ing. für Schwachstromtechnik; 1960–62 Entwicklungsing. im VEB Funkmechanik Leipzig; 1962–67 Mitarb., Dir. für Technik u. Dir. für Plandurchführung in der VVB Nachrichten- u. Meßtechnik Leipzig; 1963 SED; 1967–78 Werkdir. im VEB Funkwerk Köpenick; 1969–78 Mitgl. der SED-KL Berlin-Köpenick, 1978/79 Sekr. der KL Berlin-Lichtenberg, 1979–84 Mitgl. der SED-BL Berlin u. bis 1982 deren Sekr. für Wirtschaftspol.; 1981–90 Abg. der Volkskammer; 1982–89 Min. für Elektrotechnik/Elektronik (Nachf. von Otfried Steger*); anschl. Prokurist bei Elektro-Consult.

Meier, Heinrich 9. 12. 1916–23. 3. 1989
NDPD-Politiker, Stellv. Minister für Glas- und Keramikindustrie
Geb. in Detmold, Vater Maurer; Volks- u. Baufachschule; 1931–35 Ausbildung zum Maurer, danach im Beruf tätig, 1938 Meister; ab 1939 Wehrmacht, zuletzt Hauptmann; 1943 bei Stalingrad sowj. Gefangenschaft, Besuch von Antifa-Schulen u. Lehrtätigkeit.
1949 Rückkehr nach Dtl.; Hauptreferent im Min. für Aufbau; 1950 NDPD, hauptamtl. Mitarb. der HA Personalpol. des PV, Mitgl. des Hauptaussch. u. ab 1951 des PV bzw. Präs.; 1950–54 Fernstudium an der DASR, Dipl.-Wirtsch.; 1952–58 Pol. Geschäftsführer, bis 1964 Sekr. des Hauptaussch. der NDPD; 1953–86 Abg. der Volkskammer, 1954–58 Mitgl. des Verfassungsaussch., 1958–63 Mitgl. des ständigen Wirtschaftsaussch., 1963–67 stellv. Vors. des Aussch. für Industrie, Bauwesen u. Verkehr; ab 1961 Vizepräs. der Dt.-Südostasiat. Ges. der DDR; 1964/65 Abt.-Ltr. u. 1965–72 stellv. Vors. der SPK, verantw. für Wohnungsbau, Kommunale Wirtschaft, Kultur u. Gesundheitswesen, 1972–84 stellv. Min. für Glas- u. Keramikindustrie; 1976 VVO in Gold; 1985 Ruhestand; ehrenamtl. Mitgl. des PV bzw. Präs. des Hauptaussch. der NDPD.

Meier, Kurt 7. 12. 1914–25. 1. 1985
FDGB-Funktionär
Geb. in Wilkau-Haßlau (b. Zwickau), Vater Arbeiter; Volksschule; 1928 Bergarbeiterverb., Arbeiter-Turn- u. -Sportbund; 1929–35 Ausbildung zum Hauer, danach im Beruf tätig; 1935–45 Militär- u. Kriegsdienst, Artillerie, Hauptwachtmeister; 1945–48 sowj. Gefangenschaft, Vors. des Antifa-Aussch. im Lager Welikije Luki.
Rückkehr nach Dtl.; Entroster im RAW »7. Oktober« Zwickau, 1950–52 2. bzw. 1. BGL-Vors.; 1950 SED; 1952–82 Mitgl. des FDGB-Bundesvorst., bis 1963 Mitgl. des Präs.; 1956/57 Studium an der PHS; 1964–77 Vors. des FDGB-Bezirksvorst. Schwerin.

Meier, Otto 3. 1. 1889–10. 4. 1962
SED-Politiker, Leiter des Staatlichen Archivwesens
Geb. in Magdeburg, Vater Steindrucker; dort 1895–1903 Bürgerschule; 1903–06 Ausbildung zum Kaufmann, anschl. bis 1918 mit Unterbrechungen Handelsangestellter in Magdeburg u. Berlin; 1909/10 Militärdienst; 1911 SPD, Zentralverb. der Angestellten; 1914–16 Militärdienst im Reserve-Infanterieregt. 234; schwer verwundet; 1917 USPD, 1918/19 Parteisekr. in Berlin, 1917–22 Red. bei Ztgn. der USPD u. SPD in Berlin, Hannover u. Gotha; 1920–33 Abg. des Preuß. Landtags; 1922 SPD, Mitgl. des Bezirksvorst. Berlin, 1922–33 Vors. der Pressekommission des SPD-Zentralorgans »Vorwärts«; 1933 kaufm. tätig; illegale Arbeit in der Berliner SPD-Gruppe um Franz Künstler; eineinhalb Jahre Polizeiaufsicht, 1939 u. 1944 verhaftet, KZ Sachsenhausen.
1945 Mitgl. des Zentralaussch. der SPD, Chefred. des Zentralorgans »Das Volk«, Mitunterz. des Aufrufs der SPD vom 15. 6. 1945; 1946–50 Mitgl. des PV u. des Zentralsekr. der SED, mit Anton Ackermann* u. a. verantw. für Kultur, Schulung und Presse; 1947 DSF; seit 1947 Abg. des Brandenburg. Landtags, 1949–52 sein Präs., Ausschußvors.; 1948/49 Mitgl. des Dt. Volksrats, 1949/50 Abg. der Prov. Volkskammer, 1950 bis 1958 der Länderkammer der DDR, seit 1952 Abg. des Bez.-Tags Potsdam; seit 1952 1. Vors. der DSF Brandenburg; 1952/53 Generaldir. des Staatl. Archivwesens der DDR, 1953–58 Ltr. des Staatl. Archivwesens im Staatssekr. für Innere Angelegenheiten bzw. MdI; 1956 Mitgl. der Zentralen Veteranenkommission beim ZK der SED; 1958 Dr. h.c. der MLU Halle; 1959 KMO.

Meisner, Heinrich Otto
1. 4. 1890–26. 11. 1976
Archivar
Geb. in Berlin; 1908–13 Studium der Fächer Geschichte, Germanistik, Staats- u. Verwaltungsrecht, 1913 Prom.; 1913/14 Staatsarchiv Stettin, 1914 preuß. Geheimes Staatsarchiv Berlin, Staatsprüfung für wiss. Archivdienst; 1914–18 Teilnahme am 1. Weltkrieg; 1918–45 tätig im preuß. Archivdienst, 1921 Staatsarchivar, 1925–27 Ltg. des Brandenburg.-Preuß. Hausarchivs Berlin, seit 1922 am Preuß. Geheimen Staatsarchiv u. seit 1930 nebenamtl. als Doz. am Inst. für Archivwiss. u. geschichtswiss. Fortbildung tätig; 1928 als erster dt. Archivar längere Studienreise in die UdSSR; 1935–45 ltd. Funktionen im Reichsarchiv Potsdam.
1950–53 Doz. am Inst. für Archivwiss. Potsdam, 1953–61 Prof. mit vollem Lehrauftrag für Hist. Hilfswiss. an der HU Berlin, anschl. em.; 1961 Ord. Mitgl. der DAW.
M. hat die universitäre archivwiss. Ausbildung in der DDR begründet u. bis zu seiner Em. maßg. geprägt.
Publ.: Urkunden- u. Aktenlehre der Neuzeit. Berlin 1935; Archivalienkunde vom 16. Jh. bis 1918. Leipzig 1969.

Meisner, Joachim 25. 12. 1933
Katholischer Bischof
Geb. in Lissa (Schles.), 1945 Umsiedlung nach Thür.; Lehre als Bankkaufmann; 1953–62 Besuch des Spätberufenenseminars »Norbertuswerk« in Magdeburg, Studium der Philos. u. Theol. in Erfurt und Neuzelle; 1962 Priesterweihe, 1963–66 Kaplan in Heiligenstadt u. Erfurt, 1966 Rektor der Diözesancaritas in Erfurt, 1974 Prom. zum Dr. theol., 1975 Ernennung zum Weihbischof in Erfurt-Meiningen; 1980 Bischof von Berlin, stellv. Vors. der Berliner Bischofskonferenz, 1982–89 Vors. der Berliner Bischofskonferenz; 1983 Kardinal, Mitgl. vatikan. Kongregationen; seit Febr. 1989 Erzbischof von Köln.
Publ.: Nachreformator. Frömmigkeitsformen in Erfurt. Leipzig 1971.

Meißner, Herbert 16. 5. 1927
Wirtschaftswissenschaftler
Geb. in Dresden; nach Besuch der ABF in Leipzig 1946–51 Studium der Wirtschafts- u. Sozialwiss. an der Univ. Leipzig, Vors. des Studentenrats, Abschluß als Dipl.-Wirtsch., anschl. Lehrtätigkeit im ges.-wiss. Grundstudium; nach Aspirantur 1956 Prom. an der Univ. Leningrad, anschl. bis 1959 Doz. an der HfÖ Berlin; ab 1959 in versch. Leitungsfunktionen am Inst. / ZI für Wirtschaftswiss. der DAW / AdW in Berlin, zuletzt Bereichsltr. u. stellv. Dir.; 1963 Habil. an der HfÖ Berlin; 1965 Prof. am Inst. für Wirtschaftswiss. der DAW; 1975 korr. Mitgl. der AdW; 1976–86 Vors. der Urania in Berlin; zeitw. Mitglied des Redaktionskollegiums der Ztschr. »Wirtschaftswiss.«; 1979 NP; 1981 ord. Mitgl. der AdW; ab 1983 stellv. Generalsekr. der AdW; Juli 1986 dubiose Kaufhausaffäre in Berlin (West), anschl. zeitw. Aufenthalt in München, nach Einschaltung versch. Dienststellen der DDR u. der Bundesrep. Dtl. Rückkehr in die DDR, Dez. 1986 Ablösung als stellv. Generalsekr. der AdW; danach bis zur Abwicklung der AdW 1991 wiss. Mitarb. am ZI für Wirtschaftswiss. der AdW.
Z.Zt. Unternehmensberater für mittelständ. Unternehmen in Berlin.
Arbeitsthemen: Geschichte u. Kritik der bürgerl. pol. Ök. bzw. des zeitgenöss. bürgerl. ök. Denkens, insbes. wachstumstheor. Konzeptionen. u. Modelle.
Publ.: Methodolog. Probleme der Auseinandersetzung mit der bürgerl. Ök. Berlin 1964; Konvergenztheorie u. Realität. Berlin 1969; Theorie des Wirtschaftswachstums. Berlin 1972; Bürgerl. Ök. ohne Perspektive (Hrsg. und Mit-

autor). Berlin 1976; Wiss. u. Frieden (mit K. Lohs*). Berlin 1982.

Melis, Roger 20. 10. 1940
Fotograf
Geb. in Berlin; 1957–60 Lehre als Fotograf in Potsdam; 1962–68 wiss. Fotograf an der HU Berlin u. der Charité; ab 1968 freischaff., u. a. für versch. Verlage u. für die Ztschr. »Sibylle« u. »Wochenpost«; Mitgl. des VBKD; 1969 Mitbegr. der Gruppe »direkt«; 1978 Personalausstellung in der Galerie Berlin; 1978 Lehrauftrag für Fotografie an der Kunst-HS Berlin; 1987 Ausstellung in der Fotogalerie Berlin-Friedrichshain.
Publ.: Beschreibung eines Zimmers (Text Gerhard Wolf*). Berlin 1971; Paris zu Fuß (Text St. Hermlin*). Berlin 1986; Mecklenburg, ein Reiseverführer (Text G. Zschocke u. G. Dremmer). Rudolstadt 1986; Berlin, Berlin: Schriftstellerporträts aus 30 Jahren. Marbach 1992.
Sek.-Lit.: Pachnicke, P.: Im Gespräch mit Roger Melis. In: Fotografie (1983); Kat. R. M. Fotogal. Berlin-Friedrichshain 1987.

Melsheimer, Ernst 9. 4. 1897–25. 3. 1960
Generalstaatsanwalt
Geb. in Neunkirchen (Saar), Vater Dir. des Stumm-Konzerns; Realgymnasium, 1914 Abitur; Jura-Studium in Marburg u. Bonn, 1918 1. jur. Staatsexamen u. Dr. jur.; 1922 Assessor; 1924 Landgerichtsrat in Berlin; 1928–32 SPD u. Reichsbanner; Oberjustizrat im preuß. Justizmin.; Sommer 1933 Versetzung an den Ersten Zivilsenat des Kammergerichts, Landgerichtsdir.; seit 1. 7. 1937 Rechtsberater der NS-Volkswohlfahrt, Mitgl. des NS-Rechtswahrerbundes; 1940 Kammergerichtsrat in Berlin.
1945/46 KPD/SED; 1945 Staatsanwalt in Berlin-Friedenau u. Berlin-Mitte; 1946–49 Vizepräs. der Dt. Zentralverwaltung für Justiz; 7. 12. 1949 bis zu seinem Tod Generalstaatsanwalt der DDR, führte zus. mit Hilde Benjamin* eine Reihe pol. Prozesse, u. a. gegen Leo Herwegen*, Leonhard Moog*, Wolfgang Harich*, Walter Janka*; 1952 Mitgl. des Jur. Arbeitskr. der DAW.

Mende, Georg 6. 9. 1910–2. 5. 1983
Philosoph
Geb. in Breslau in einer Lehrerfamilie; Reform-Realgymnasium, 1929 Abitur; 1929–35 Studium der Philos., Philol. (Engl.), Psychol. u. Lit.-Wiss. an der Univ. Breslau u. der Dt. Univ. Prag; 1932 KPD; 1935 Prom. in Prag mit der Arbeit »Kritik des dial. Materialismus an der Lehre Ernst Machs« (Dr.-Examen); anschl. Rückkehr nach Dtl., 1935–37 von der Gestapo inhaftiert u. angeklagt wegen »Vorbereitung zum Hochverrat«, danach »gemeinnützige« bürotechn. Tätigkeit als Schreibkraft in einem Breslauer Anwaltsbüro; 1939–45 Wehrmacht, 1941–43 Lazarett, zuletzt Uffz.; 1945 brit. Gefangenschaft, dort Dolmetscher.
1945/46 Referent in der Kulturverwaltung Hamburg; 1946 SED; 1946/47 Angestellter in der Provinzialverwaltung Sachsen-Anhalt; 1947 Neulehrer u. Vorsemesterdoz. an der ABF der Univ. Halle/Saale sowie Lehrauftrag für materialist. Philos. an der Pädagog. Fak.; 1948 Teiln. am Doz.-Lehrgang der PHS der SED »Karl Marx«; 1949 Doz. für marxist. Philos. in Halle; 1950/51 Habil. an der Univ. Leipzig zum Thema »Kritik der Existenzphilos. Martin Heideggers« (Veröff.: Studien über die Existenzphilos., Berlin 1956), 1951 Prof. mit Lehrauftrag für dial. u. hist. Materialismus an der MLU Halle sowie Dir. des dortigen Philosoph. Seminars/Inst.; 1953 in den gleichen Funktionen an die FSU nach Jena berufen, dort zugl. Prorektor für das ges.-wiss. Grundstudium u. nach dem Tod von Paul F. Linke (1955) ab 1956 Prof. mit Lehrstuhl für Philos.; 1962 NP; ab 1967 Arbeitsurlaub; 1970 Dr. h.c. der MLU Halle; 1970 nach schwerem Ver-

kehrsunfall arbeitsunfähig, 1972 vorzeitig em.; Mitgl. des Red.-Kollegiums der Dt. Ztschr. für Philos.; KMO, Leninmedaille des Obersten Sowjets der UdSSR.
Publ.: Karl Marx' Entw. vom rev. Demokraten zum Kommunisten. Berlin 1954; Freiheit u. Verantwortung. Berlin 1958; Das Atom u. die Philos. Berlin 1960; Weltlit. u. Philos. Berlin 1965; Philos. u. Ideol. Berlin 1971.
Sek.-Lit.: Festschrift für G. M. (mit Bibliogr.). In: Wiss. Ztschr. der FSU. Jena 4/1970.

Mendt, Dietrich 4. 11. 1926
Evangelischer Pfarrer, Oberlandeskirchenrat
Kriegsteiln. u. Gefangenschaft; nach der Rückkehr Studium zunächst der Pädagogik, anschl. der Theol. in Leipzig, Berlin u. Basel; 1954 Ordination, danach Pfarrer in Lückendorf; 1955 Pfarrer an der Frauenkirche in Dresden, zugl. Studieninspektor am Predigerseminar in Lückendorf; 1958 Studentenpfarrer in Leipzig (Nachf. von S. Schmutzler*) mit Dienstleistung in Taucha, Experimente mit neuen Formen der Gemeindearbeit, sog. Hauskreisarbeit u. a.; 1963 Pfarrer an der St.-Pauli-Kreuzgemeinde in Karl-Marx-Stadt; 1969 Synodales Mitgl. der Konferenz der Ev. Kirchenleitungen; 1970 Fachbeauftragter im Landeskirchenamt Dresden, 1973 Oberkirchenrat für Gemeindeaufbau, 1978 Oberlandeskirchenrat; 1978 Superintendent in Zittau.
1991 em.; zahlreiche Aufsätze, insbes. zu Fragen der Gemeindearbeit.

Mensch, Hannelore, geb. Bosch
16. 6. 1937
Arbeitsministerin
Geb. in Neu Zachun (Kr. Hagenow), Vater Landwirt; Volksschule; 1953–56 Landw. FS Ludwigslust, Staatl. geprüfte Landwirtin; 1958 Mitarb. der MTS Brüsewitz; FDJ-Sekr.; 1958–62 Sektorenltr. im Rat des Kr. Schwerin; 1959 SED; 1962/63 Mitarb. der Abt. Landw. beim Magistrat von Berlin; 1963–73 Mitarb. u. Ltr. der Abt. Landw. der SED-BL Berlin, Fernstudium an der PHS, Dipl.-Ges.-Wiss.; 1973–78 Stadtrat u. Sekr. des Magistrats von Berlin, 1978–89 1. stellv. OB von Berlin; 1967–76 u. 1981–89 Mitgl. der SED-BL Berlin.
Nov. 1989 – März 1990 Min. für Arbeit u. Löhne.

Mensching, Steffen 27. 12. 1958
Liedermacher, Schriftsteller
Geb. in Berlin; Abitur; Volontär, Journalistikstudium (im 1. Sem. abgebrochen); Red. bei der Literaturztschr. »Temperamente«; 1981–86 Studium der Kulturwiss. an der HU Berlin; seit 1980 Arbeit als Autor, Schauspieler u. Dramaturg (seit 1984 freischaff.), wichtige Arbeiten: »Von meiner Hoffnung laß ich nicht oder Der Pilger Mühsam« (Erich-Mühsam-Abend, 1980), »Deutschland, meine Trauer – oder neun Arten, einen Becher zu beschreiben« (Johannes-R.-Becher-Abend, 1981), »Dahin! Dahin!« (Goethe-Abend, 1982), »Hammer-Rewüh« (1982), »Neues aus der Da Da eR« (1982), »Die komische Tragödie des 18. Brumaire des Louis Bonaparte nach Karl Marx oder Ohrfeigen sind schlimmer als Dolchstöße« (1983), »Ich hab noch keine Bouillabaisse gegessen« (Theodor-Kramer-Abend, 1983), »Spanier aller Länder« (1984), »Die Sichel-Operette« (1987); seit 1985 Arbeit mit Hans-Eckardt Wenzel* als Clownsduo: »Altes aus der Da Da eR« (1988), »Hundekomödie« (1990), »Die Meisenwürger vom Friedrichshain« (1991), »Aufenthalt in der Hölle« (1992), »Der Abschied der Matrosen vom Kommunismus« (1992, auch als CD), »Weihnachten in Afrika« (1994).
7. 10. 1990 Premiere des DEFA-Spielfilms »Letztes aus der Da Da eR«; 1990 Förderpreis des Dt. Kleinkunstpreises; Arbeit als Essayist, Lyrik-Übersetzer, Darsteller in Film u. Hörspiel.

Publ.: Poesiealbum. Berlin 1979; Erinnerung an eine Milchglasscheibe. Halle, Leipzig 1982; Tuchfühlung. Halle, Leipzig 1987; Pygmalion. Halle 1991; Textbücher. Letztes aus der Da Da eR. Hundekomödie. Halle 1991; Der Struwwelpeter – neu erzählt. Berlin 1994.

Menzel, Bruno 25. 2. 1932
Mitbegründer der FDP in der DDR
Geb. in Dessau; Grund- u. Oberschule, 1950 Abitur; 1950–56 Medizinstudium an der MLU Halle, 1956 Staatsexamen u. Prom. zum Dr. med.; bis 1961 Facharztausbildung Innere Medizin, danach med. Zusatzausbildung Infektions- u. Tropenmedizin mit Anerkennung als Subspezialist; Chefarzt der III. Med. Klinik, dann im Bezirkskrankenhaus Dessau, ltd. Chefarzt; in den 80er Jahren Vors. des DRK-Kreisverb. Dessau und stellv. Vors. der Ges. für Infektions- u. Tropenmedizin der DDR; Jan. 1990 Mitbegr. des Aussch. zur Bildung einer Freien Demokr. Partei in der DDR, 4.2. Vors. des Länderrats auf dem Gründungsparteitag in Berlin, 12. 2. Mitunterz. des Wahlbündnisses von LPD, Dt. Forumspartei u. FDP als Bund Freier Demokraten, 12. 8. 1990 u. Okt. 1991 Wahl zu einem der stellv. Vors. der F.D.P.
Okt. 1990 Abg. des Bundestags, stellv. Vors. der F.D.P.-Fraktion.

Menzel, Robert 12. 10. 1911
Leiter der Politverwaltung der Deutschen Reichsbahn
Geb. in Gräfenort (Kr. Oppeln), Vater Arbeiter; Volksschule, Ausbildung zum Orthopädiemechaniker, danach im Beruf tätig; 1921 Arbeitersportler; 1928 KJVD, dort Kassierer, Ortsgruppenltr. u. Unterbezirksltr.; 1932 KPD; 1933 verhaftet, 1934 wegen Vorbereitung zum Hochverrat zu zwölf Jahren Zuchthaus verurteilt, bis 1944 KZ; 1945 Bewährungsbat., März Übertritt zur Roten Armee, Gefangenschaft u. Antifa-Arbeit. Aug. 1946 Rückkehr nach Dtl.; SED; 1946–50 Vors. der FDJ-Landesltg. Sachsen-Anhalt; 1946 Abg. des Landtags; 1947–55 Mitgl. des ZR der FDJ, 1950 Vors. der FDJ Berlin; 1951–53 Studium an der PHS; 1953–82 Stellv. des Min. für Verkehrswesen, 1953–85 Ltr. der Pol. Verwaltung der Deutschen Reichsbahn; 1958–71 Mitgl. der ZRK, 1971–89 des ZK der SED; Mitgl. des Bundesvorst. des DTSB u. ehrenamtl. Vors. der Sportvereinigung Lokomotive; 1969 VVO in Gold, 1976 KMO; ab 1982 Rentner.

Merke, Else 15. 6. 1920
Mitglied des Staatsrats
Geb. in Stargard (Pomm.), Vater Kleinbauer; Zwei-Klassen-Volksschule, 1935–39 landw. Lehre; 1939–45 Landarbeiterin bzw. Bäuerin.
1945 Zwangsumsiedlung in die SBZ; 1948 DBD, Mitbegr. des Kreisverb. Stendal (mit ihrem Ehemann Helmut Merke*), nach einem halbjährigen Lehrgang Kreisvors.; 1950 DFD, Landesinstrukteurin für Sachsen-Anhalt, Mitgl. des Bundesvorst.; 1951 Neubäuerin in Schenkenberg (Kr. Delitzsch), Aug. 1952 Mitbegr. der LPG »7. Oktober«, Feldbaubrig., bildete einen der ersten LPG-Frauenaussch.; 1953 Teiln. am u. Rede auf dem Weltfrauenkongreß in Kopenhagen; 1953–86 Abg. der Volkskammer, 1963–71 Mitgl. des Staatsrats; 1964 stellv. Vors. des DFD; 1963–90 Mitgl. des PV der DBD, bis 1982 auch Mitglied des Präs.; nach Facharbeiterprüfung 1966–72 Meisterin für Rinderzucht in der LPG Schenkenberg; 1967/68 Frauensonderstudium an der Agraringenieursschule Dahlen-Döbeln, Agraringenieurin; ab 1972 Abt.-Ltr. für Kultur u. Sozialwesen in der LPG Schenkenberg; 1974 Mitgl. des Präs. des Friedensrats; 1985 Stern der Völkerfreundschaft.

Merke, Helmut 7. 10. 1919–16. 10. 1988
LPG-Vorsitzender
Geb. in Groß Schönwalde (Westpr.), Vater Bauer; Volksschule; landw. Lehre, 1936–39 Landw.-Gehilfe; 1939–45 Wehrmacht, zuletzt Uffz.; sowj. Gefangenschaft, Antifa-Schule.
1948 Entlassung in die SBZ; Mitbegr. der DBD in Sachsen-Anhalt, Aufbau des Kreisverb. Stendal (gemeinsam mit Ehefrau Else Merke*), stellv. Landesvors. der DBD; 1950–52 Mitgl. des Landtags Sachsen-Anhalt; 1951 Neubauer in Schenkenberg (Kr. Delitzsch), Aug. 1952 Mitbegr. u. bis 1984 Vors. der LPG »7. Oktober« Schenkenberg; ab 1952 Mitgl. des DBD-Bezirksvorst. Leipzig, 1952–54 u. 1963–86 Abg. des Leipziger Bez.-Tags; 1959–64 Fernstudium an der KMU Leipzig, Abschluß als Dipl.-Landw.; 1960 stellv., 1961–72 Vors. u. anschl. bis 1988 wieder stellv. Vors. des Bezirksvorst. Leipzig der DBD; ab 1968 Mitgl. des PV der DBD; 1973 Prom. mit einer Arbeit zur Entw. der Pflanzenprod. in der LPG Schenkenberg; 1984 Altersrentner; VVO in Gold; 1986 Mitgl. der Fachkommission Agrare Betriebsgeschichte der Historiker-Ges. -
Unter der Ltg. M.s entw. sich die LPG in Schenkenberg hinsichtl. Produktionsniveau u. Sozialleistungen zu einem der leistungsstärksten u. bekanntesten genossenschaftl. Agrarbetriebe der DDR.
Publ.: Dorftanz mit den Genossenschaftsbauern von morgen (Autobiogr.). In: Wie wir angefangen haben. Berlin 1985.

Merkel, Angela, geb. Kasner 17. 7. 1954
Stellv. Regierungssprecherin
Geb. in Hamburg, Vater Pfarrer, Mutter Lehrerin; aufgewachsen in Quitzow (Mark), ab 1957 in Templin, dort 1961–71 POS, 1973 Abitur; 1973–78 Studium der Physik an der Univ. Leipzig, Dipl.-Phys.; 1978–80 wiss. Mitarb. im ZI für Physikal. Chemie der AdW in Berlin, 1986 Prom.
Dez. 1989 Mitgl. des Demokrat. Aufbruch, ab Febr. 1990 dessen Pressesprecherin in Berlin; ab Apr. 1990 stellv. Sprecherin der Reg. de Maizière*; Aug. 1990 CDU, 2. 10. Wahl in den CDU-Bundesvorst.
Seit Okt. 1990 Abg. des Dt. Bundestags; seit Jan. 1991 Min. für Frauen u. Jugend; seit Dez. 1. stellv. CDU-Vors. (Nachf. von Lothar de Maizière); seit Sept. 1992 Vors. des Ev. Arbeitskr. (EAK) der CDU/CSU (Nachf. von Peter Hintze); seit Juni 1993 Vors. des CDU-Landesverb. Mecklenburg/Vorpommern; Nov. 1994 Umweltministerin.

Merkel, Ina 28. 7. 1957
Mitbegründerin des Unabhängigen Frauenverbandes (UFV)
Geb. in Wriezen, aufgewachsen in Potsdam u. Berlin, Vater Diplomat, Mutter Lehrerin; 1976 Abitur; 1976–78 Volontärin bei der Ztg. »Junge Welt«; 1977 SED; 1978–85 Studium bzw. Forschungsstudium der Kulturwiss. an der HU Berlin, seit 1982 Mitgl. des interdisz. Arbeitskreises »Frauenforschung« um Irene Dölling*; 1985 Prom. mit der Diss. »Geschlechterspezifik individueller Vergesellschaftung«, anschl. Assistentin an der Sekt. Ästhetik/Kunstwiss. der HU; Dez. 1989 Mitbegr. des UFV, bis März 1990 Mitgl. des UFV-Sprecherinnenrats, Autorin des Manifests für eine unabhängige Frauenbew. »Ohne Frauen ist kein Staat zu machen«; Dez. 1989 Austritt aus der SED während des Außerord. Parteitags, Beteiligung am Versuch zur Gründung einer Unabhängigen Soz. Partei mit Rainer Land* u. a.; UFV-Vertreterin am Zentralen Runden Tisch, Mitarb. in der Arbeitsgruppe »Kultur«.
Nach 1990 längerer Forschungsaufenthalt in den USA, z. Z. wiss. Assistentin am Inst. für Ethnographie des Fachbereichs Kulturwiss. der HU Berlin.
Publ.: »... u. Du, Frau an der Werkbank«. Die DDR in den 50er Jahren. Berlin 1990.

Merker, Paul 1. 2. 1894–13. 5. 1969
SED-Politiker
Geb. in Oberlößnitz, Vater Arbeiter; Volksschule; Kellner, Hotelangestellter; 1911 Gewerkschaft, 1914–18 Militärdienst; Verhaftung u. sechs Monate Haft wegen Flugblattverteilen; 1918 USPD; 1919–22 Gewerkschaftssekr. im Zentralverb. der Hotel- u. Restaurantangestellten; Dez. 1920 KPD; 1920–22 Angestellter bei Freien Gewerkschaften; 1923/24 Sekr. des KPD-Bez. Westsachsen; 1924–32 Abg. des Preuß. Landtags; 1926 kooptiert, 1927–45 Mitgl. des ZK der KPD u. seines PB, Sekr. u. Ltr. der Gewerkschaftsabt. (RGO) des ZK bis Apr. 1930, wegen »linker« Abweichungen abgesetzt; mit Gerhart Eisler »im Auftrag der Komintern« in den USA tätig; 1934/35 Mitgl. der illegalen Landesltg. der KPD; 1934–42 Emigration nach Frankreich, Febr. 1937 Mitgl. des Sekr. des ZK; 1940 in Frankreich interniert (Le Vernet), Flucht; 1942 Emigration nach Mexiko, Sekr. des Lateinamerik. Komitees der Bew. »Freies Dtl.« u. Hrsg. der gleichnamigen Ztg.
Juli 1946 Rückkehr nach Dtl.; 1946–50 Mitgl. des PV der SED, seines Zentralsekr. u. PB; 1946–50 Abg. des Landtags Brandenburg; 1949/50 Staatssekr. im Min. für Land- und Forstwirtschaft; 1948–50 Abg. der Prov. Volkskammer, dann der Volkskammer; Aug. 1950 SED-Ausschluß wegen angebl. enger Verbindung zu Noel H. Field in der Emigration, der ihm bei der Flucht geholfen hatte; 1950–52 Ltr. einer HO-Gaststätte in Luckenwalde; Dez. 1952 verhaftet, März 1955 in einem Geheimprozeß zu acht Jahren Zuchthaus verurteilt, Febr. 1956 plötzlich Haftentlassung, Juli 1956 vom selben Gericht u. Richter wieder unter Ausschluß der Öffentlichkeit freigesprochen, rehabilitiert; 1957 Lektor im Verlag Volk u. Welt; in den letzten Lebensjahren Vors. des Kreisvorst. der DSF in Königs Wusterhausen, er verstarb psychisch u. physisch gebrochen.
Publ.: Deutschland Sein oder Nichtsein. 2 Bde. Mexico 1944/45.
Sek.-Lit.: Kießling, W.: Partner im »Narrenparadies«. Berlin 1994.

Metschuck, Caren, verh. Pfahl
27. 9. 1963
Leistungssportlerin (Schwimmen)
Geb. in Greifswald, Mutter med.-techn. Assistentin, Vater Ing.; 1972 Beginn mit dem aktiven Schwimmsport in der BSG Fiko Rostock, ab 1974 KJS Rostock u. Mitgl. des SC Empor Rostock (Trainer Gernot Schweingel); 1975 siebenfache Spartakiadesiegerin; WM 1978: Zweite mit der 4x100-m-Freistil-Staffel; 1980 dreifache Olympiasiegerin (100 m Delphin, 4x100-m-Lagenstaffel, 4x100-m-Freistilstaffel).
Nach dem Abitur Studium der Medizin an der WPU Rostock; seit 1988 Ärztin in Rostock.

Mette, Alexander
15. 1. 1897–4. 12. 1985
Medizinhistoriker
Geb. in Lübeck; Gymnasium in Lübeck u. Berlin; 1916–23 Medizinstudium in Berlin, Heidelberg, München u. Halle, hier 1927 Prom.; 1923–25 Assistenzarzt an der Nervenklinik in Chemnitz-Hilbersdorf u. in Leipzig, hier 1926–28 psychoanalyt. Ausbildung bei Therese Benedek; 1925 Gründung des Dion-Verlags in Dessau (mit Kurt Liebmann); 1928–45 Nervenarzt in eigener Praxis in Berlin, 1933 hier Doz. am Inst. der Intern. Psychoanalyt. Vereinigung; seine Monographie (1934) »Die tiefenpsycholog. Grundlagen des Tragischen, Apollinischen u. Dionysischen« wird 1935 wegen »zersetzender Tendenzen« vom NS-Regime beschlagnahmt.
Ab 1945 Mitwirkung am Aufbau neuer Gesundheitsverwaltungen; SED; 1949 stellv. Dir. des Landesgesundheitsamts

in Thüringen, 1949–52 hier Ltr. der HA Gesundheitswesen des Min. für Arbeit u. Sozialfürsorge, Vors. der Landesltg. des KB; 1950–62 Abg. der Volkskammer; 1952–56 Cheflektor des Verlags Volk u. Gesundheit in Berlin, 1957 stellv. Vors. des Wiss. Rats beim Min. für Gesundheitswesen; 1958–63 Mitgl. des ZK der SED; 1959–62 Ordinarius für Geschichte der Medizin an der HU Berlin; 1960 Gründung der NTM-Schriftenreihe für Geschichte der Naturwiss., Technik u. Medizin (mit Gerhard Harig*); 1962 VVO in Gold, 1977 KMO.

Publ.: Sigmund Freud. Berlin 1956 (3. Aufl. 1958); Geschichte der Medizin. Einführung in ihre Grundzüge (Hrsg. mit Irena Winter). Berlin 1968.

Sek.-Lit.: Gläske, K.; Bresci, Ch.-M. in: NTM-Schriftenreihe Geschichte Naturwiss., Technik, Med. Heft 2, S. 4–13. Leipzig 1971.

Metz, Lothar 16. 1. 1939
Leistungssportler (Ringen)
Geb. in Meerane (Sa.); Beginn des Ringertrainings im Alter von elf Jahren in Annaberg-Buchholz; Färberlehre; 1956 DDR-Jugendmeister für Auerbach, 1959 Wechsel zum ASK Vorwärts Rostock (Trainer: Heinz Weinhold); Spezialdisz.: Klass. Stil (Mittelgewicht); 1958 WM-Dritter; Teiln. an vier Olymp. Spielen: 1960 Zweiter; 1964 Dritter; 1968 Olympiasieger; 1970 Vize-EM; 1960–90 SED; 1974 Beendigung der sportl. Laufbahn, anschl. Nachwuchstrainer für Ringen bei der ASV Vorwärts; Dipl.-Sportlehrer; Korv.-K. a. D.

Metzkes, Harald 23. 1. 1929
Maler, Grafiker
Geb. in Bautzen, Vater Arzt; Oberschule; März 1945 Wehrmacht, amerik. Gefangenschaft.
1945/46 Oberschule, Abitur; 1947–49 Lehre als Steinmetz; 1949–53 Studium an der HS für bildende Künste in Dresden (Vorstudium bei Rudolf Bergander*, Fachstudium bei Wilhelm Lachnit); 1953–55 freischaff. in Bautzen; 1955–58 Meisterschüler an der DAK (Otto Nagel*); 1957 Studienreise nach China (mit Werner Stötzer* u. John Heartfield*); 1959 freischaff. in Berlin; Studienreise nach Rumänien (1965), nach Ungarn (1976), in die Bundesrep. Dtl. (1978); 1984 u. 1988 Teiln. an der Biennale Venedig; 1986 AdK, 1989–91 Sekr. der Sektion Bildende Kunst.
1991 Austritt aus der AdK (Ost); 1992 Umzug nach Wegendorf (Brandenburg).

Sek.-Lit.: Feist, G.: H. M. In: Weggefährten. 25 Künstler der DDR. Dresden 1970, S. 240–255. Kat. H. M. Gemälde. Zeichn. (mit Bibliogr.). AdK Berlin 1989; Kat. H. M. Malerei. Zeichnungen Druckgrafik (mit Bibliogr.). Staatl. Kunsthalle Berlin 1990.

Meusel, Alfred 19. 5. 1896–10. 9. 1960
Historiker, Museumsdirektor
Geb. in Kiel, Vater Prof. u. Studienrat; 1914 Abitur, Kriegsfreiwilliger, Offz.-Lehrgang; 1918–22 Studium der Literaturgeschichte, Rechtswiss., Nationalök., Soziol. u. Geschichte an der Univ. Kiel; 1918 USPD, SPD, 1919 Vors. der soz. Studenten Kiel; 1922 Prom. mit »Untersuchungen über das Erkenntnisobjekt bei Marx«, anschl. Assistent an der TH Aachen, dort 1923 Habil. mit einer soziolog. Arbeit, 1925 ao. Prof., Austritt aus der SPD, 1930 ord. Prof. für Volkswirtschaftslehre u. Soziol., 1930/31 Dekan; 1933 Entlassung, zweimal inhaftiert; 1934 Emigration nach Dänemark u. noch im gleichen Jahr nach Großbritannien (bis 1946), 1937 Gruppe dt. Kommunisten; 1939 Gründungs- u. Leitungsmitgl. des Freien Dt. KB, seit 1942 einer der beiden Ltr. der Freien Dt. HS.
1946 Prof. für pol. u. soziale Probleme der Gegenwart an der Univ. Berlin; SED; 1946–50 Dekan, 1947 ord. Prof. für neue

Geschichte an der Univ. Berlin, 1949–60 Abg. der Volkskammer; 1952 erster Dir. des Museums für Dt. Geschichte, Gründungsdir. des Inst. für dt. Geschichte an der HU Berlin; 1952–56 Vors. der Sekt. Geschichte bei der DAW; 1953 Entpflichtung von den Aufgaben an der HU Berlin, Ord. Mitgl. der DAW.

M. war der erste marxist.-leninist. Historiker überhaupt, der in Dtl. als Historiker eine Univ.-Professur erhielt; er galt bis in die späten 50er Jahre als einer der wiss.-pol. einflußreichsten Historiker in der DDR, der sich einerseits für die Durchsetzung der Pol. der SED in der Geschichtswiss. engagierte, andererseits gegen Auswüchse dieser Pol. auftrat. Er befürwortete den Erhalt gesamtdt. Wissenschaftsorg. u. zählte zu den Gegnern der Bildung eines eigenständ. DDR-Historikerverb., der u. a. deshalb erst 1958 gegründet wurde.

Sek.-Lit.: Haun, H.: A. M. In: Wegbereiter der DDR-Geschichtswiss. Berlin 1989; Streisand, J.: A. M.s Weg. In: ZfG 1975, H. 9.

Mewis, Karl 22. 11. 1907–16. 6. 1987
SED-Politiker, Diplomat
Geb. in Hannoversch-Münden, Vater Schlosser, Eisenbahner; Schlosserlehre; 1922 ADGB, SAJ, 1923 KJVD, 1924 KPD; 1925–28 Vors. des KJVD in Hessen-Waldeck, Red. der »Neuen Arbeiter-Ztg.« (Kassel); 1929–32 Org.-Sekr. der KPD-BL Magdeburg-Anhalt; 1930 KPD-Schule in Fichtenau; 1932–34 Lenin-Schule in Moskau; 1934/35 illegale Arbeit in Dtl. als Pol. Ltr. des KPD-Bez. Mittelrhein; Teiln. am VII. Weltkongreß der Komintern; 1935 Kand., 1939 Mitgl. des ZK der KPD; 1935/36 Pol. Ltr. des KPD-Bez. Wasserkante; 1937/38 Intern. Brigaden in Spanien, Nachf. von Franz Dahlem* in der Ltg.; 1938–40 Ltr. der KPD-Abschnittsltg. Mitte in Prag, dann Malmö u. Stockholm; 1940–42 zus. mit Richard Stahlmann* u. Herbert Wehner in der Auslandsltg. der KPD in Stockholm, Decknamen: Karl Arndt, Fritz, Erwin, Paulsen, Meinhard; 1942/43 Internierung in Smedsbo; 1944 Mitgl. der Landesltg. der Freien Dt. Gewerkschaften, Vorst.-Mitgl. des Freien Dt. Kulturbunds; fakt. Ltr. des KPD-Exils in Skandinavien.

Dez. 1945 Rückkehr nach Dtl. (SBZ); Sekr. der KPD-Landesltg. Mecklenburg-Vorpommern, 1946 Mitgl. des Sekr. der SED von Berlin; 1950–52 Kand., 1952–1981 Mitgl. des ZK der SED, 1950–1963 Mitgl. der Volkskammer; 1952–61 1. Sekr. der SED-BL Rostock, setzte hier rücksichtslos die »Kollektivierung« der Landw. durch (erster Bez.); Initiator des Baus des Rostocker Überseehafens u. der »Rostocker Ostseewochen«, Vertreter einer Pol. des forcierten Aufbaus des Soz.; 1958–63 Kand. des PB des ZK der SED; 1960 u. 1972 VVO in Gold; 1960–63 Mitgl. des Staatsrats, 1961–63 Vors. der SPK u. Mitgl. des Präs. des Min.-Rats; 1963 seiner Ämter enthoben, wahrscheinl. im Zusammenhang mit einer Kampagne gegen Herbert Wehner, in deren Vorbereitung schwed. Akten über Mewis' Verhalten gegenüber der schwed. Polizei von 1942 aufgetaucht waren; 1963–68 Botschafter in Polen; 1967 KMO; ab 1969 wiss. Mitarb. im IML; 1970 Ehrenspange zum VVO in Gold, 1975 Ehrenbürger der Stadt Rostock, 1977 Stern der Völkerfreundschaft.

Publ.: Im Auftrag der Partei. Berlin 1971, 1972.

Mey, Uwe-Jens 13. 12. 1963
Leistungssportler (Eisschnellauf)
Geb. in Warschau, Vater Ökonom; nach einjährigem Training im Eiskunstlauf seit 1973 Eisschnelläufer beim SC Dynamo Berlin; 1988 Vize-WM im Sprintmehrkampf, Olympiasieger über 500 m u. -Zweiter über 1000 m; 1989 Vize-WM im Sprintmehrkampf; 1992 Olympiasie-

ger über 500 m; 1984 Abitur an der KJS, anschl. Aufnahme eines Sportlehrerstudiums an der DHfK Leipzig; ab 1985 Angehöriger der DVP.
Lebt in Berlin.

Meyer, Ernst Hermann
8. 12. 1905–8. 10. 1988
Komponist, Musikwissenschaftler, Präsident des Verbands Dt. Komponisten u. Musikwissenschaftler
Geb. in Berlin in einer jüd. Familie, Vater Arzt, Mutter Hausfrau; 1915–24 Gymnasium in Berlin, 1919 Unterricht bei Walter Hirschberg (Klavier, Musiktheorie), 1924–26 Lehrling u. Angestellter im Berliner Bankgewerbe; 1926–30 Studium der Musikwiss. in Berlin (bei Johannes Wolf u. a.) u. Heidelberg (bei Heinrich Besseler); 1929 Beginn der Freundschaft u. Zusammenarbeit mit Hanns Eisler*; 1930 Prom. zur mehrstimmigen Spielmusik des 17. Jh.; KPD, Wirken in der Arbeiter-Musikbew.; 1931 Reise in die UdSSR, Forschungsreise in mehrere westeur. Länder; Kompositionsunterricht an der HS für Musik Berlin (bei James Simon u. Paul Hindemith) u. an der Rundfunkversuchsstelle (bei Max Butting*); 1933 Illegalität, Emigration nach London, Arbeit u. a. als Kopist, 1936 Dirigent von Arbeiterchören, 1938 Aktivitäten im Freien Dt. Kulturbund, 1939 Vorlesungen über Musik am Bedford College, 1944 Gastprof. an der Univ. Cambridge; Komponist.
1948 Rückkehr nach Dtl.; 1949 Prof. für Musiksoziol. an der HU Berlin, SED; 1950 Gründungsmitgl. der DAK, 1951 Gründungsmitgl. des VDK, Hrsg. der Ztschr. »Musik u. Ges.«; 1963 Kand. des ZK der SED; NP 1. Kl.; 1965 Dr. h.c. (MLU Halle); 1965–69 Vizepräs. der DAK, 1965–71 Präs. des Musikrats der DDR, 1967 Präs. der Händel-Ges., Direktoriumsmitgl. der Intern. Ges. für Musikwiss. (bis 1972), ab 1968 Präs. des VDK; 1971 VVO in Gold; ab 1971 Mitgl. des ZK der SED; 1975 NP 1. Kl.; 1982 Ehrenpräs. des VDK; 1980 KMO.
Zwischen 1916 u. 1988 entstanden über 500 Kompositionen fast aller musikal. Gattungen.
Publ.: Kontraste – Konflikte (hrsg. von D. Brennecke u. M. Hansen, mit Auswahl-Bibliogr.). Berlin 1979.

Meyer, Hans-Joachim 13. 10. 1936
Bildungsminister
Geb. in Rostock; EOS, Abitur; 1952–61 CDU; 1955–58 Studium an der ASR Potsdam-Babelsberg, wegen »mangelnder Verbindung zur Arbeiterklasse« exmatrikuliert; 1958/59 Arbeit im VEB Lokomotivbau Potsdam-Babelsberg; 1959–64 Studium der Anglistik u. Geschichte an der HU Berlin, Dipl.-Phil.; 1964–71 dort Lehrer im Hochschuldienst, 1970 Prom. zum Dr. phil., 1971 Oberassistent; 1973–75 Mitgl. der Pastoralsynode der Jurisdiktionsbez. der kath. Kirche in der DDR, ab 1976 Mitarb. im Pastoralrat für den Ostteil des Bistums Berlin; 1978–90 Ltr. des Bereichs Sprachintensivausbildung an der HU, 1981 Prom. zum Dr. sc. phil., 1982 Doz., 1985 ao. Prof.; Febr. 1990 Vors. des Gemeinsamen Aktionsaussch. kath. Christen in der DDR; Apr. – Okt. 1990 Min. für Bildung u. Wiss.; Aug. wieder CDU; seit Okt. 1990 Min. für Wiss. in Sachsen.

Meyer, Hansgünter 13. 10. 1929
Soziologe, Vorsitzender der Gesellschaft für Soziologie
Geb. in Tangermünde, aufgewachsen u. a. in Hamburg u. Neukirch (b. Bautzen), Vater Polizeiwachtmeister, Mutter Hausgehilfin; nach Besuch der Oberschule ab 1944 Landwirtschaftslehre; 1948–90 SED; FS für Landw. u. Ausbildung zum landw. Berufsschullehrer (Neulehrer), ab 1951 Doz. an der FS für Landw. u. Ing.-Schule für Meliorationswesen in Greifswald, 1953 Fachlehrerprüfung, anschl. bis 1958 Fernstudium

der Ges.-Wiss. an der KMU Leipzig; 1960 Assistent am Philosoph. Inst. der EMAU Greifswald, erste empir. soziolog. Untersuchungen, 1964 Prom. mit einer Arbeit zur Methodol. soziolog. Forschung; 1965 Wechsel zur soziolog. Abt. am Inst. für Wirtschaftswiss. der DAW in Berlin, gemeinsam mit Manfred Lötsch* Ltg. umfgr. empir. Industrie-, organisationssoziolog. sowie Sozialstrukturuntersuchungen; 1969, ebenfalls gemeinsam mit M. Lötsch, Habil. zur Begründung einer organisationssoziol. Forschung in der DDR (Verbot der Buchpubl. 1971); 1970–74 Mitgl. des Wiss. Rats für Soziol.; 1973 Ernennung zum Prof. für Soziol., bis 1974 Aufbau u. Ltg. der Abt. Soziol. am Inst. für Philos. der AdW, Erarbeitung eines strukturfunktionalen Konzepts zur Sozialstrukturforschung (mit M. Lötsch), 1974 Relegation u. Auflösung der Abt. wegen »unzureichenden marxist.-leninist. Niveaus«, anschl. beschäftigt am Inst. für Theorie, Geschichte u. Org. der Wiss. (ITW) der AdW, u.a. intern. vergleichende wiss.-soziolog. Untersuchungen; Nov. 1989 Mitbegr. u. ab Febr. 1990 bis zur Selbstauflösung Ende 1992 Vors. der Ges. für Soziol. der DDR/Ostdtl., in dieser Funktion Veranstalter des Leipziger Soziologentags 1991 u. Gründungsmithrsg. des Berliner Journals für Soziol.

1990 bis zur Abwicklung im Dez. 1991 Mitglied des Direktoriums des ITW; 1992–94 wiss. Mitarb. am Wissenschaftszentrum Berlin für Sozialforschung, Untersuchungen zur Neuordnung des ostdt. HS-Wesens und der Entwicklung der gesamtstaatl. Wissenschaftslandschaft; Mitarb. im Vorst. der Dt. Ges. für Soziol.

Publ. von ca. 160 Arbeiten, u.a.: Das Kaderpotential in der Wiss. 10 Bde. (Hrsg.) Ms.-Druck der AdW Berlin 1979–89; Intelligenz, Wiss. u. Forschung in der DDR. Berlin, New York 1990 (Hrsg.).

Meyer, Julius 17.9.1909

Präsident des Verbands der Jüdischen Gemeinden in der DDR

Geb. in Krojanke (Westpr.), Volksschule, erlernte den Beruf des Leder-Zuschneiders, dann Arbeit in der Landw.; 1930 KPD; 1935 Flucht nach Berlin; 1936–39 Vertreter in der Lederbranche; lebte 1940 kurze Zeit illegal; 1941–43 bei versch. Firmen zwangsverpflichtet; Febr. 1943 Verhaftung u. KZ, zuletzt in Auschwitz u. Ravensbrück, Kapo bzw. Judenältester im KZ.

1945 KPD; nach 1945 Abt.-Ltr. des Hauptamts OdF des Magistrats von Berlin; 1946 KPD/SED; 1946–Jan. 1953 Vors. der Jüd. Gemeinde für den Ostteil Berlins, seit Juni 1947 Vertreter der Jüd. Gemeinden der sowj. Besatzungszone im Direktorium der Arbeitsgemeinschaft Jüd. Gemeinden in Dtl.; 1949–Jan. 1953 Abg. der Volkskammer (VVN); Vorst.-Mitgl. der VVN, 1950 Mitgl. des NR der NF; 1952/53 Vors. des Verb. der jüd. Gemeinden in der DDR; 15.1.1953 aus Furcht vor antizionist. Kampagne zus. mit anderen Vors. der Jüd. Gemeinden in der DDR Flucht nach Berlin (West); 1953–76 langwierige Prüfung seiner Biogr. im Bundesnotaufnahmeverfahren zur Anerkennung als pol. Flüchtling in der Bundesrep. Dtl. u. zum Rechtsstreit um Wiedergutmachung; Ausreise nach Brasilien; dort verstorben.

Meynhardt, Heinz

21.4.1935–27.10.1989

Verhaltensforscher, Tierfilmautor

Geb. in Burg (b. Magdeburg), Vater Fleischermeister; Grundschule; 1949–52 Lehre als Elektroinstallateur, ABF, 1954–56 Ausbildung zum Elektromeister, anschl. Ltr. eines Handwerksbetriebs; nebenberufl. intensive Beschäftigung mit Verhaltensforschung; mehrjährige Studien an Elchen u. Wisenten in Polen, ab 1971 verhaltensbiolog. Untersuchungen an freilebenden Wildschwei-

nen; seit 1975 Forschungsaufträge vom Inst. für Forstwirtschaft Eberswalde u. seit 1980 vom Forschungszentrum für Tierprod. der AdL in Dummerstorf-Rostock; ab 1976 Tierfilmautor beim DFF, bis 1989 32 Fernsehfilme, u. a. »Wildschwein ehrenhalber« (1977), »Meynhardt über Meynhardt« (1986) u. »Mein Leben unter Wildschweinen« (1987); 1977 LDPD; 1987 Prom. an der KMU Leipzig; ausgedehnte Vortrags- u. Forschungsreisen durch Osteuropa, Österreich, die Bundesrep. Dtl., die Schweiz, Frankreich u. Nordafrika.
Publ.: Schwarzwild-Report. Mein Leben unter Wildschweinen. 1982; Wildschweingeschichten. 1982.

Michel, Horst 25. 9. 1904–21. 4. 1990
Designer, Gebrauchsgrafiker
Geb. in Zicher (Neumark); 1923–25 Lehre als Musterzeichner in den Vereinigten Smyrna-Teppichfabriken Cottbus; 1926–29 Studium an den Vereinigten Staatsschulen für freie u. angewandte Kunst Berlin; 1929–33 Mitarb. für Innengestaltung im Atelier Prof. Bruno Paul u. Künstler. Ltr. einer Weberei für Dekorations- u. Möbelstoffe; ab 1930 Doz., ab 1943 Prof. für Textilentwurf u. Weben an der HS für bildende Künste Berlin, daneben bis 1945 freischaff. als Formgestalter u. Gebrauchsgrafiker.
1945 Prof. mit Lehrstuhl für Industrieform- bzw. Innengestaltung an der HS für Baukunst u. bildende Künste, ab 1951 an der HS für Architektur u. Bauwesen Weimar; 1951–69 dort Dir. des Inst. für Innengestaltung; Gestaltung: 1946–49 Schreibmaschine Olympia, Mehrzweckgeschirr, 1950 Service Marietta, 1959 Anbaumöbel Weimar, Einzelmöbelstükke, Gläser, Stoffdessin sowie Wohnraumgestaltungen; 1961 Vors. des Vorst. der Sekt. Formgestaltung im VBKD; 1961 Dr. h.c. der TU Dresden; 1965 Vorstandsmitgl. des Rats für Gestaltung beim Dt. Amt für Meßwesen; 1970 em.
Publ.: Tradition oder Neuheit. Weimar 1956; Warum ist das Angemessene modern? Weimar 1957; Über den Wert der Dinge um uns. Aufsätze u. Bildbeispiele. Weimar 1960.
Sek.-Lit.: Beispiele aus der Arbeit des Inst. für Innengestaltung an der HS für Architektur u. Bauwesen Weimar. Weimar 1962; Industrieformgestalter auf dem Bitterfelder Weg. Weimar 1966.

Michelberger, Julius 27. 10. 1919
MfS-Bezirksverwaltungsleiter
Geb. in Engerau (ČSR), Vater Stellmacher; Volks- u. Bürgerschule; 1934–36 Handelsschule in Preßburg, 1937–39 kaufm. Angestellter in Gablonz; 1939 Militärdienst; 1942 sowj. Gefangenschaft, 1943/44 Antifa-Schule u. Zentralschule Krasnogorsk; 1944/45 Frontbeauftragter des NKFD.
1945 Bürgermeister in Altentreptow, KPD, 1946 SED; 1949 Einstellung in die Verwaltung zum Schutz der Volkswirtschaft, dann MfS, Ltr. der Abt. III (Sicherung der Volkswirtschaft) der Länderverwaltung Mecklenburg; 1952 stellv. Operativ des Ltr. der Bezirksverwaltung Schwerin, dann Ltr. der Bezirksverwaltung Gera u. Mitgl. der SED-BL Gera; 1958/59 Besuch der PHS; 1963 Ltr. der Bezirksverwaltung Potsdam u. Mitgl. der SED-BL Potsdam; 1964 Oberst; 1966–68 Fernstudium an der JHS des MfS Potsdam-Eiche, Dipl.-Jurist; 1971 Abt.-Ltr. in der Arbeitsgruppe des Min.; 1979 Entlassung, Rentner; 1980 VVO in Gold.

Michelfeit, Josef 3. 1. 1937
Katholischer Amtsträger
Geb. in Simmersdorf (Mähren), 1945 Vertreibung nach Mecklenburg; Abitur in Berlin (West), 1957 Studium der Theol. in Erfurt u. auf der Huysburg (b. Halberstadt), 1962 Priesterweihe; 1963–67 Vikar in Tessin (b. Rostock), Neukloster u. Schwerin; 1967 Jugendseelsorger im Bischöfl. Kommissariat

Schwerin, 1973–83 Pastor in Crivitz (b. Schwerin); 1973 Assessor im Bischöfl. Amt Schwerin, 1974 Ordinariatsrat, 1978 Generalvikar in Schwerin; Beauftragter zu Verhandlungen mit den Räten der Bez. Schwerin, Rostock u. Neubrandenburg; 1987 Prälat, Generalsekr. der Berliner Bischofskonferenz, Beauftragter zu Verhandlungen mit dem MfS.
Seit Sept. 1990 Ltr. der Außenstelle Berlin des Sekr. der Dt. Bischofskonferenz.

Mickel, Karl (Ps. Adam Schrank)
12. 8. 1935
Schriftsteller
Geb. in Dresden in einer sächs.-sorb. Familie, Vater Mühlenbautischler, Mutter Verkäuferin; 1953 Abitur in Dresden; 1953–58 Studium der Volkswirtschaftsplanung u. Wirtschaftsgeschichte in Berlin; SED; 1958 Mitarb. im Verlag »Die Wirtschaft« Berlin, Red. der Ztschr. »Dt. Export«; 1959–63 Red. der Ztschr. »Junge Kunst«; 1961–65 freischaff. Schriftst., danach wiss. Assistent an der HfÖ Berlin; viele seiner Gedichte (Sammlungen u. a. 1963 »Lobverse und Beschimpfungen«, 1966 »Vita nova mea«) provozierten heftige, auch pol. Diskussionen; 1966 Hrsg. der DDR-Lyrik-Anthol. »In diesem besseren Land« (mit Adolf Endler*); 1970–78 wiss. Mitarb. der Intendantin, Dramaturg und Mitgl. der Ltg. des Berliner Ensembles; 1972 PEN-Zentrum DDR; 1978 Heinrich-Mann-Preis; seit 1978 Doz. für Diktion an der Schauspielschule »Ernst Busch« Berlin; wurde vom MfS im OPK »Bertold« überwacht; verfaßte auch Essays, Libretti (u. a. 1974 für die Oper »Einstein«, Musik Paul Dessau*) u. Nachdichtungen, v. a. aus dem Russ.
1992 Professor an der HS für Schauspielkunst »Ernst Busch«; lebt in Berlin.
Publ.: Gedichte 1957–74. Halle, Leipzig 1989; Gelehrtenrepublik. Aufsätze und Studien. 1990; Schriften. Halle, Leipzig 1990 ff.
Sek.-Lit.: Heukenkamp, U. u. R.: K. M. Berlin 1985.

Mielke, Erich 28. 12. 1907
Minister für Staatssicherheit
Geb. in Berlin, Vater Holzarbeiter; Besuch der 43. Gemeindeschule, anschl. Köllnisches Gymnasium bis 1924 in Berlin; 1921 KJV, später RFB; 1924–27 Ausbildung u. Tätigkeit als Speditionskaufmann bei der Fa. Koch, Berlin; 1927 KPD; 1927 im Beruf tätig bei den Berliner Gütersammelstellen, 1927–31 bei der Fa. Autofabag, Entlassung; 1928–31 Lokalreporter der »Roten Fahne« u. Mitgl. des Parteiselbstschutzes; 1930 4 Tage U-Haft wegen Teilnahme an einer verbotenen Demonstration; 1931 tätig im Arbeitsamt Kreuzberg; 1931 Flucht in die UdSSR (nach der Ermordung von zwei Polizisten auf dem Berliner Bülowplatz), dort Besuch der militär.-pol. Schule; 1932–34 Besuch der Lenin-Schule; Juni 1934 vom Schwurgericht I beim Landgericht Berlin des Mordes beschuldigt u. in Abwesenheit zum Tode verurteilt; 1934/35 Ausbildung zum militär-pol. Lektor der Lenin-Schule, anschl. bis 1936 dort im Beruf tätig; Sept. 1936–39 nach Spanien (Deckname »Fritz Leissner«), Soldat im Stab der 14. Intern. Brigade, zum Kapitän befördert, Chef der Operationsabteilung der Brigade; danach Ausbildungsoffz. der 11. Intern. Brigade in Albacete, dort Adjutant; März 1939 – Mai 1940 in Belgien, Mitarb. bei der »Neuen Rheinischen Zeitung«, ab 1940 bei Informationsblättern für die belg. Emigration; Mai 1940 – April 1941 in Frankreich interniert; danach bis Dez. 1943 in Südfrankreich tätig u. a. als Holzfäller; legalisierte sich als Lette mit dem Namen »Richard Hebel«; Dez. 1943 verhaftet; Jan. – Dez. 1944 Mitarb. der Organisation Todt; Jan. – Mai 1945 Aufenthalt in der franz. u. amerikan. Zone.
Juni 1945 Rückkehr nach Berlin; 1945/46 KPD/SED; Inspektionsltr. bei der

Volkspolizei; 1945/46 Abt.-Ltr. Polizei u. Justiz beim ZK der KPD; Juli 1946 – Okt. 1949 Vizepräs. der Dt. Verwaltung des Innern; 1949/50 Ltr. der HV zum Schutz der Volkswirtschaft, Generalinspekteur; 1950–89 Mitgl. des ZK der SED; 1950–53 Staatssekr. im MfS; 1953–55 stellv. Staatssekr., 1955–57 stellv. Min. für Staatssicherheit, seit Nov. 1957 Min. für Staatssicherheit (Nachf. von Ernst Wollweber*); 1953 bis 1989 1. Vors. der SV Dynamo; 1954 VVO in Gold; 1958–89 Abg. der Volkskammer; 1964 u. 1967 Held der Arbeit; 1971 Kand., ab 1976 Mitgl. des PB des ZK der SED; 1973 Lenin-Orden; 1973, 1977, 1982 u. 1987 KMO; 1975 u. 1982 Held der DDR; 1980 Armeegeneral.

7.11.1989 Rücktritt als Min. mit der Reg. Stoph*, 17.11.1989 Aufhebung des Abgeordnetenmandats, Ausschluß aus ZK u. SED, ab 7.12.1989 U-Haft (mit kurzz. Unterbrechung März 1990), 26.10.1993 Verurteilung zu 6 Jahren Gefängnis wegen der Polizistenmorde am Bülowplatz 1931.

Publ.: Soz. u. Frieden – Sinn unseres Kampfes. Ausgew. Reden u. Aufsätze. Berlin 1987.

Sek.-Lit.: von Lang, Jochen: E. M. Eine deutsche Karriere. Berlin 1991; Otto, Wilfriede: Zur Biographie von E. M. Legende und Wirklichkeit. Berlin 1994.

Mierau, Fritz 15.5.1934

Literaturwissenschaftler, Publizist, Übersetzer

Geb. in Breslau, Vater Bankangestellter; Oberschule, Abitur; 1952–56 Studium der Slawistik an der HU Berlin; 1956/57 wiss. Mitarb. im Zentralvorst. der DSF; 1957–62 wiss. Assistent an der HU; 1962–65 freiberufl. tätig; 1965 Reise durch die UdSSR; 1966–80 wiss. Mitarb. am Inst. für Slawistik bzw. am ZI für Literaturgeschichte der DAW bzw. AdW; seit 1980 freischaff.; 1966–90 (bis zur Auflösung) Mitgl. des SV, 1974–91 Mitgl. des PEN der DDR.

Wiss. Arbeiten über russ. Lyriker u. Avantgardeautoren der 20er Jahre; Hrsg., Kommentierung u. Übersetzung von Achmatowa, Babel, Bely, Blok, Ehrenburg, Florenski, Jessenin, Kasmin, Majakowski, Mandelstam, Pasternak, Puschkin, Tretjakow, Tynjanow, Zwetajewa u. a.; Editionen u. Arbeiten auch zu Franz Jung.

Publ.: Erfindung u. Korrektur. Tretjakows Ästhetik der Operativität. 1976; Zwölf Arten die Welt zu beschreiben. Essays zur russ. Lit. Leipzig 1988; Sergej Jessenin. Eine Biogr. 1992.

Miller, Josef (Sepp)

27.8.1883–23.3.1964

SED-Funktionär

Geb. in Scheppach (Bayern), Vater Mittelbauer, Volksschule; Schlosserlehre; 1901 Dt. Metallarbeiterverb. (DMV); Wanderschaft, 1903–05 Militärdienst; 1907 Werftarbeiter in Bremen; Fortbildungsschule, 1912 Meisterprüfung; Mitgl. der Gruppe der Bremer Linksradikalen; während der Novemberrev. Mitgl. eines Arbeiterrats; Teiln. an der Errichtung der Bremer Räterep.; 1919 Gründungsmitgl. der KPD, Mitgl. der Bremer Nat.-Vers., hauptamtl. DMV-Sekr.; 1920/21 KPD-Sekr. in Bremen; 1920–23 Mitgl. der Brem. Bürgerschaft; Mitgl. der KPD-BL Niedersachsen; 1923/24 Mitgl. des ZA der KPD, 1924 Anhänger der sog. Rechten; 1928 Anschluß an die »Versöhnler«, bis 1930 aktive Opp. gegen das ZK; 1928–1930 MdR; 1930–33 Org.-Sekr. der Roten Hilfe (RH); Mitgl. des Exekutivkomitees der IRH; Juli 1933 Emigration in der ČSR u. Frankreich; 1933–36 RH-Generalsekr., wegen »doktrinärer Einheitsfrontpol.« abgesetzt; 1935 Gastdelegierter des VII. Weltkongresses der KI; 1938 Ausbürgerung, 1939 Flucht über Polen nach Norwegen, 1940 weiter nach Schweden;

1940–42 Internierung, kurzzeitig in Loka-Brunn, dann im offenen Lager Lenhovda; anschl. Arbeit als Schlosser; Mitgl. der Landesgruppe dt. Gewerkschaften; 1944 Gründungsmitgl. des Freien Dt. Kulturbunds, Mitgl. der KPD-Ltg. in Schweden.
Jan. 1946 Rückkehr nach Dtl. (SBZ); Arbeit in der Dt. ZV für Umsiedler; nach dem Vereinigungsparteitag Hauptreferent der Abt. Personalpol. des PV der SED, 1949–52 Ltr. dieser Abt.; 1946–54 Mitgl. der ZRK der SED; nach 1952 wiss. Mitarb. beim Museum für dt. Geschichte; 1957 KMO.
Publ.: Nach zwölfjähriger Emigration zurück nach Dtl. In: Wir sind die Kraft (Erinnerungen). Berlin 1959.

Minetti, Hans-Peter 21. 4. 1926
Schauspieler, Präsident des Verbands der Theaterschaffenden
Geb. in Berlin als Sohn des Schauspielers Bernhard M., Mutter Hausfrau; Volksschule, 1936–43 Realgymnasium Berlin-Steglitz; 1943/44 RAD, Luftwaffenhelfer, 1944/45 Kanonier.
1946 KPD/SED; Studium der Philos. u. Kunstgeschichte in Kiel (1945/46), Berlin (1947) u. Hamburg (1947/48); Jan.-Dez. 1947 Mitarb. des ADN; 1948 Lehrgang an der PHS in Liebenwalde; 1948–50 Studium am Dt. Theaterinst. Weimar; Auftritte an Studentenbühnen, 1950/51 Mitgl. des Jungen Ensembles in Weimar, 1951–53 Engagement am Mecklenburg. Staatstheater Schwerin, 1952–56 am Maxim Gorki Theater Berlin; 1954 Auszeichnung als »Partisan des Friedens« (WBDJ); ab 1954 Darsteller in Film u. Fernsehen, so in Kurt Maetzigs Thälmann-Filmen (1954/55), Konrad Wolfs »Lissy« (1957), Achim Hübners »Dr. Schlüter« (TV, 1965/66), Frank Beyers* »Spur der Steine« (1966), »Ich – Axel Caesar Springer« (TV, 1970), »Martin Luther« (TV, 1983), »Johann Sebastian Bach« (TV-Koproduktion mit Ungarn, 1983) u. a.; 1953 Kand., 1955–63 Mitgl. des ZR der FDJ; 1956–59 am Dt. Theater Berlin, danach Bühnenrollen an der Volksbühne, am Berliner Ensemble, der Dt. Staatsoper; 1958 Mitglied des Dt. Friedensrats; 1958–86 Kandidat, 1986–89 Mitgl. des ZK der SED; ab 1959 Schauspieler im DEFA-Studio Babelsberg; 1959 Verdienstmedaille der NVA in Silber, 1966 NP II. Kl. (im Kollektiv); 1966–74 Vors. der Gewerkschaft Kunst, 1975 Mitgl. des Präs. der Liga für Völkerfreundschaft; 1975–81 Dir. der Staatl. Schauspielschule »Ernst Busch« Berlin; 1979 NP II. Kl.; 1980 Prof.; 1981–87 Rektor der HS für Schauspielkunst Berlin; 1984–89 Mitgl. der Kulturkommission beim PB des ZK der SED, glz. Präs. des Verb. der Theaterschaffenden (Nachf. von Wolfgang Heinz*); 1986 VVO in Gold; seit 1987 freischaff. Schauspieler.

Misselwitz, Helke 18. 7. 1947
Filmregisseurin
Geb. in Planitz (b. Zwickau), Vater Ingenieur für Ökonomie, Mutter Handelskauffrau; Grundschule u. EOS in Zwickau, 1965 Abitur mit Berufsausbildung als Möbeltischlerin, anschl. Ausbildung zur Physiotherapeutin; im Fernsehen der DDR als Regieassistentin u. Regisseurin im Bereich Jugendpublizistik von 1969–78; SED; Regiestudium an der HFF »Konrad Wolf«, Diplom 1982 mit dem Kurzspielfilm »Die fidele Bäckerin«; verweigerte die Rückkehr zum Fernsehen der DDR, wie es das Delegationsprinzip vorschrieb, Arbeit als Abräumerin in einer Berliner Bahnhofsgaststätte; gehörte zum Freundeskreis von Volker Koepp* u. Jürgen Böttcher*, Mitinitiatorin des Forums junger Filmemacher im Haus der Ungar. Kultur 1983, das am Ende einen filmpol. Forderungskatalog erstellte, der Kurt Hager* übergeben werden sollte; 1983–85 freischaff., vorw. im DEFA-Studio für Dok.-Filme, Arbeiten

für das Magazin »Kinobox«; 1985–88 Meisterschülerin an der AdK bei Heiner Carow*, in dieser Zeit Realisierung des abendfüllenden Dok.-Films »Winter adé« über Frauen unterschiedl. Generationen u. sozialer Schichten in der DDR; 1988–91 Festanstellung als Regisseurin im DEFA-Studio für Dok.-Filme; ihre Filme stellen fast ausschließl. Frauenschicksale in den Mittelpunkt u. diskutieren Werte u. Lebenssinn; nat. u. internat. Auszeichnungen; freie Regisseurin seit 1990.
Werke: Ein Leben (1980, HFF), Die fidele Bäckerin (1982, Spielfilm, HFF), Aktfotogr. z. B. Gundula Schulze (1983), Stillleben – eine Reise zu den Dingen (1984), Tango Traum (1985), WINTER ADE (1988), Wer fürchtet sich vorm schwarzen Mann (1990), Sperrmüll (1990), Herzsprung (1992, Spielfilm).
Sek.-Lit.: Schieber, Elke: ... u. das Weib sei nicht mehr untertan. In: Außerhalb von Mittendrin. Berlin 1991; Das zweite Leben der Filmstadt Babelsberg 1946–92 (hrsg. von Filmmuseum Potsdam). Berlin 1994.

Misselwitz, Ruth 4. 2. 1952
Evangelische Pfarrerin
Geb. in Zützen (Kr. Luckau), Tochter eines Pfarrerehepaars; 1970 Abitur, bis 1971 Schwesternschülerin im kath. Krankenhaus St. Hedwig in Berlin; anschl. Stud. der Theol. an der HU Berlin u. am Predigerseminar in Gnadau; seit 1981 Pfarrerin in der Ev. Kirchgemeinde Alt-Pankow in Berlin; 1981 Gründung des Friedenskreises Pankow mit Hans Misselwitz u. a., seither Teiln. an den Nachtgebeten der »Frauen für den Frieden«, den Friedensseminaren in Mecklenburg u. jährl. Delegiertentreffen des DDR-weiten Netzwerks kirchl. Friedens-, Umwelt- u. Menschenrechtsgruppen »Konkret für den Frieden«; 1988/89 Mitarb. in der Untergruppe »Mehr Gerechtigkeit in der DDR« der Ökumen. Versammlung der Kirchen u. Christen in der DDR; 1989 Delegierte des Bunds der Ev. Kirchen bei der Eur. Ökumen. Versammlung »Frieden in Gerechtigkeit« in Basel; 1989/90 Moderatorin des Runden Tischs Berlin-Pankow; seit 1990 Engagement für die Aufarbeitung der DDR-Geschichte u. a. durch zahlr., z. T. öff. Gespräche mit ehem. hauptberufl. MfS-Mitarb.

Mitic, Gojko 13. 6. 1940
Schauspieler
Geb. in Leskovac (Jugosl.); 1958–63 Studium an der HS für Körperkultur u. Sport in Belgrad; nahm Schaupielunterricht u. profilierte sich als Darsteller in Indianerfilmen: Winnetou I – III (1963/64 in der Bundesrep. Dtl.); »Die Söhne der großen Bärin«, 1967 »Chingachgook. Die große Schlange«, 1972 »Tecumseh«, 1984 »Der Scout« (seit 1966 bei der DEFA); weitere Filmrollen bei der DEFA u. a.: 1971 »Osceola« (R: Konrad Petzold), 1972 »Der Mann, der nach der Oma kam« (R: Roland Oehme), 1978 »Ich will euch sehen. In memoriam Fritz Schmenkel« (R: Hans Werner), 1984 »Front ohne Gnade« (TV); zahlr. Auftritte auf Freilichtbühnen.

Mitscherlich, Eilhard Alfred
29. 8. 1874–3. 2. 1956
Bodenkundeforscher
Geb. in Berlin, Vater Universitätsprofessor; 1895–98 Studium der Höheren Mathematik, der Naturwiss. u. der Physik an der Univ. Kiel u. der Landw. HS Berlin, 1898 Prom. mit einer Diss. zur Benetzungswärme versch. Bodenarten, 1901 Habil., 1900–06 Assistent bzw. Privatdoz. an der Univ. Kiel; 1906–41 Prof. (1920 Ordinarius) u. Dir. des Inst. für Pflanzenbau an der Univ. Königsberg, mehrmals Rektor; nach Em. 1941–45 Forschungen auf dem Familiengut Kutschlau bei Schwiebus (Hinterpommern).
Jan. 1945 Flucht in das Havelland;

1946–50 Prof. u. Dir. des Inst. für Kulturtechnik der Univ. Berlin, 1949/50 Dekan der Landw.-Gärtner. Fak.; 1947–51 Präs. der Dt. Landw.-Ges. der SBZ/DDR; 1947 ord. Mitgl. der DAW; 1949 NP; 1949–56 Dir. des Inst. zur Steigerung der Pflanzenerträge Paulinenaue der DAW bzw. DAL; 1950 Vors. des Gesamtdt. Arbeitskr. der Land- u. Forstwirtschaft; Okt. 1951 trotz seines vorherigen Votums in der DAW gegen die Gründung einer »Zweigakad.« Gründungsmitgl. der DAL; 1954 VVO in Gold.

M. gilt als Begründer der pflanzenphysiolog. Bodenkunde in Dtl.; er war Mitgl. der Leopoldina, der Tschechoslowak. u. der Schwed. Landwirtschaftsakad., Dr. h.c. der Univ. Kiel (1948), Gießen (1950) u. der HU Berlin (1954), Mithrsg. mehrerer wiss. Ztschr., Ehrenmitgl. der Intern. Bodenkundl. Ges., Ehrenvors. der VdgB.

Publ.: Das Gesetz vom abnehmenden Bodenertrag. Berlin 1942; Bodenkunde für Land- u. Forstwirte. 7. Aufl., Berlin 1954 (Übers. in mehrere Sprachen); Lebenserinnerungen. Halle 1945.

Mittag, Günter 8. 10. 1926–18. 3. 1994
SED-Politiker

Geb. in Stettin-Scheune, Vater Arbeiter; Volks- u. Mittelschule; 1943 Luftwaffenhelfer im Flak.-Regt. 44; Ausbildung bei der Reichsbahn; 1945/46 KPD/SED; 1949/50 Jugendsekr. bzw. Vors. des Bezirksvorst. der IG Eisenbahn Greifswald, Mitgl. der SED-KL Greifswald; ab 1951 Mitarb. im Apparat des ZK, März 1953 Sektorenltr. Eisenbahnen in der Abt. Eisenbahn, Verkehr u. Verbindungswesen, Okt. 1953 Abt.-Ltr.; 1956 Fernstudium an der HS für Verkehrswesen Dresden, Dipl.-Wirtsch., 1958 Prom. zu Problemen der soz. Entw. des Verkehrswesens; 1958 Kand. des ZK der SED, 1958–61 Sekr. der Wirtschaftskommission beim PB des ZK; 1961/62 Stellv. des Vors. u. Sekr. des Volkswirtschaftsrats; DDR-Vertreter im Wirtschaftsaussch. DDR – ČSSR; ab Juni 1962 Mitgl. des ZK der SED, Kand. des PB u. (bis Sept. 1973) Sekr. für Wirtschaft (Nachf. von Erich Apel*); ab 1962 Mitgl. des Forschungsrats; 1963 Ltr. des Büros für Industrie u. Bauwesen des ZK der SED; 1963–89 Abg. der Volkskammer, Vors. des Aussch. für Industrie, Bauwesen u. Verkehr; 1963 bis 1971 u. 1979–89 Mitgl., 1984–89 stellv. Vors. des Staatsrats; 1966–89 Mitgl. des PB des ZK der SED; 1964 VVO in Gold; 1973 bis 1976 1. stellv. Vors. des Min.-Rats; 1976–89 wiederum Sekr. des ZK der SED für Wirtschaft (Nachf. von Werner Krolikowski*), Ltr. der 1976 gebildeten Wirtschaftskommission des ZK; 1982–89 Mitgl. des Nat. Verteidigungsrats; 1976 u. 1986 KMO; 18. 10. 1989 von ltd. Funktionen entbunden, 11./12. 11. 1989 aus dem ZK, 23. 11. aus der SED ausgeschlossen; 3. 12. 1989–2. 8. 1990 U-Haft, aus gesundheitl. Gründen entlassen; Rentner.

Juli 1991 Anklage wegen Verwendung von Staatsgeldern für Eigenheime, nach einem ärztl. Gutachten von 1992 nicht verhandlungsfähig (Blutzuckerschwankungen), Mai 1993 wird wegen Verhandlungsunfähigkeit die Eröffnung des Hauptverfahrens abgelehnt.

Publ.: Die Politische Ökonomie des Soz. u. ihre Anwendung in der DDR (Ltr. des Autorenkoll.) 1969; Konsequent auf dem Kurs der Hauptaufgabe. Ausgew. Reden u. Aufsätze. Berlin 1986; Um jeden Preis. Im Spannungsfeld zweier Systeme. Berlin, Weimar 1991.

Mittag, Rudolf 31. 3. 1929
MfS-Bezirksverwaltungsleiter

Geb. in Kamenz (Sa.), Vater Töpfer, Mutter Hausfrau; Volksschule, Handelsschule; 1945 RAD.

1945 Wald- u. Hilfsarbeiter, dann kaufm. Lehre; 1946 KPD; 1947 VP-Kreisamt Kamenz, erst Verwaltungsangestellter, dann Übernahme in das Kommissariat 5 (Pol.

Polizei); 1949 Dienststelle Kamenz der Verwaltung zum Schutz der Volkswirtschaft Sachsen; 1950 Abt. IV (Spionageabwehr westl. Geheimdienste) der Landesverwaltung Sachsen des MfS; 1951–55 Tätigkeit in den Objekt-Dienststellen Breitenbrunn, Schwarzenberg u. Oberschlema der Objekt-Verwaltung Wismut des MfS; 1954/55 Qualifikationslehrgang an der MfS-Schule Eberswalde; 1955 Ltr. der Objekt-Dienststelle Oberschlema, 1959 der Objekt-Dienststelle Aue; 1960–65 Fernstudium an der JHS Potsdam-Eiche, Dipl.-Jur.; 1962 stellv. Operativ des Ltr., 1970 Ltr. der Objektverwaltung Wismut; 1975 Ltr. der Bezirksverwaltung des MfS u. Mitgl. der SED-BL Rostock; 1985 VVO in Gold; 1989 Gen.-Ltn.; Febr. 1990 Entlassung.

Mittenzwei, Werner 7.8.1927
Literatur- u. Theaterwissenschaftler
Geb. in Limbach (Sa.), Vater Textilarbeiter; 1944 RAD u. Wehrmacht; 1945 sowj. Gefangenschaft.
Ab 1946 Neulehrer; Studium der Pädagogik, Germanistik u. Ges.-Wiss.; SED; 1953 Assistent an der Dt. HS für Musik in Berlin; 1956 Aspirant, 1960 Prom. u. Doz., 1964 Habil., 1966 Prof. am IfG; ab 1967 Mitarb. der DAW, 1969–73 Dir. des ZI für Literaturgeschichte, 1969 Korr. u. 1972 Ord. Mitgl. der AdW; 1978 Pen-Zentrum DDR; seit 1983 Mitgl. der AdK; Mitarb. in den Leitungsgremien des Berliner Ensembles; 1979 VVO.
Seit 1992 Zentrum für Literaturforschung (Förderungsges. für wiss. Neuvorhaben, München); lebt in Berlin.
Vielfältige lit.- u. theaterwiss. Arbeiten, u.a. zur Exilliteratur (»Handbuch des Exiltheaters«, »Exil in der Schweiz«, Mithrsg. »Kunst u. Lit. im antifasch. Exil 1933–1945« 7 Bde., Leipzig 1978ff.), zu Bertolt Brecht* (»Das Leben des Bertolt Brecht oder Umgang mit den Welträtseln« 2 Bde., 3. Aufl. Berlin 1988), zur intern. Dramatik (»Kampf der Richtungen«), zu Dramentheorie u. Schauspieltheater der DDR (Ltr. des Autorenkollektivs »Theater in der Zeitenwende«, 1972); Beiträge zur Ästhetik; Mithrsg. der Großen Kommentierten Berliner u. Frankfurter Brecht-Ausgabe (seit 1989); Der Untergang einer Akad. Berlin 1992.

Mitter, Armin 1.5.1953
Historiker
Geb. in Schönbach (Sa.), Mutter Handelskauffrau u. selbständige Unternehmerin, Vater Dipl.-Agrarök.; 1971 Abitur, 1971–73 Grundwehrdienst, 1973–78 Studium der Geschichte an der HU Berlin, 1979–90 wiss. Mitarb. der AdW, Arbeitsgebiete: osteur. Geschichte u. Geschichte der Beziehungen Dtl. zu Ost- u. Ostmitteleuropa; 1988 Diss. über die poln. Frage in der dt. Politik gegenüber Rußland und Österreich-Ungarn 1904–1914; Jan. 1990 Initiator (gemeinsam mit Stefan Wolle*) der Gründung des Unabhängigen Historikerverb. (Konstituierung im April 1990); Jan. 1990 Sachverständiger der Arbeitsgruppe Sicherheit des Zentralen Runden Tisches, Mitgl. des Bürgerkomitees Normannenstraße; im März 1990 gemeinsam mit St. Wolle Veröff. der ersten Dokumentation von Befehlen u. Berichten des MfS (Absatz von 200000 Exemplaren binnen weniger Tage); März – Okt. 1990 Arbeitsgruppenltr. des Staatl. Komitees für die Auflösung des ehem. MfS/AfNS.
Okt. 1990 Mitarb. beim Bundesbeauftragten für die Unterlagen des Staatssicherheitsdienstes der ehem. DDR, nach Veröff. seiner Auffassung, wonach die IM-Tätigkeit des Synodalen u. letzten Min.-Präs. der DDR, Lothar de Maizière*, erwiesen sei, sowie öff. Kritik an einer diesbezügl. Interpretation durch den Bundesinnenmin. Wolfgang Schäuble im März 1991 fristlos entlassen; seit Okt. 1991 Assistent an der HU Berlin; M. ver-

trat von 1991 bis 1994 das Bündnis 90/ Die Grünen als sachverständiges Mitgl. in der Enquete-Kommission des Dt. Bundestags zur »Aufarbeitung von Geschichte u. Folgen der SED-Diktatur in Dtl.«; seit 1990 Publ. zur DDR-Geschichte, seit 1994 Hrsg. (mit Stefan Wolle) der Reihe »Forschungen zur DDR-Geschichte«; bekannt als scharfer Kritiker der DDR u. insbes. ihrer Geschichtswiss.

Publ.: »Ich liebe Euch doch alle!« (Hrsg. mit St. Wolle*). Berlin 1990; Die Gestaltung der dt. Einheit (Hrsg. mit E. Jesse). Bonn 1992; Untergang auf Raten (mit St. Wolle). München 1993; Der Tag X (Hrsg. mit St. Wolle). Berlin 1994.

Mittig, Rudi 26. 1. 1925–28. 8. 1994
Stellv. Minister für Staatssicherheit
Geb. in Reichenberg (ČSR), Vater Unternehmer, Mutter Hausfrau; mittlere Reife; 1939–42 Ing.-Schule; 1943 RAD, dann Kriegsdienst.

1945–49 sowj. Gefangenschaft, 1948 Antifa-Schule; 1950 Ing.-Schule, Ing. für Hochbau; 1950 SED; 1950–52 Statiker; 1952 Einstellung beim MfS; Abt. III (Sicherung der Volkswirtschaft) der Bezirksverwaltung Potsdam, 1953 Ltr. der Abt. III; 1954 stellv. Operativ des Ltr. der Bezirksverwaltung Potsdam, 1955 Ltr. der Bezirksverwaltung Potsdam; 1956–63 Mitgl. der SED-BL Potsdam; 1964 Ltr. der HA XVIII (Volkswirtschaft) des MfS Berlin; 1966–68 externes Studium an der JHS Potsdam-Eiche, Dipl.-Jur.; 1975 Stellv. des Min.; 1975 VVO in Gold; 1976 Kandidat, 1986–89 Mitgl. des ZK der SED; 1986 Generaloberst; Dez. 1989 von seiner Funktion entbunden; Jan. 1990 Entlassung; Rentner.

Mitzenheim, Moritz
17. 8. 1891–4. 8. 1977
Evangelischer Bischof
Geb. in Hildburghausen, Vater Oberstudienrat; Abitur am Gymnasium Georgianum; 1911–14 Studium der Theol. in Leipzig, Heidelberg, Berlin u. Jena; 1914 Ordination, anschl. bis 1916 Pfarrvikar in Grabe (b. Saalfeld); 1917–29 Diakonus in Saalfeld, danach bis 1945 Pfarrer in Eisenach; 1936 Mitgl. der Bekenntnisgemeinschaft, 1943 Ltr. des Landesbruderrats der Bekennenden Kirche.

Mai 1945 Vors. des Thür. Landeskirchenrats, ab 1947 Landesbischof der Ev.-Luth. Kirche in Thüringen; 1947 Dr. h.c. der FSU Jena; Teiln. an der Gründungsvers. des Luth. Weltbunds in Lund, 1948 Delegierter zum I. Dt. Volkskongreß in Berlin; 1955–61 Mitgl. des Rats der EKD; Befürworter kooperativer Beziehungen zwischen Kirche u. Staat u. bevorzugter Gesprächspartner der DDR-Reg., Teiln. an den Verhandlungen zur Vorbereitung des Kommuniqués vom 21. 7. 1958, maßg. Initiator des umstrittenen »Thüringer Wegs«, der im Gegensatz zur Mehrheit der Landeskirchen in der DDR konsequent staatsloyale Kirchenpolitik betrieb; zahlr. Reisen u. Kontakte zu Kirchenvertretern in der UdSSR u. Osteuropa; 1959 Wladimir-Orden der Russ.-Orthodoxen Kirche, 1961 VVO in Gold; 1961 Teiln. an der Vollvers. des Ökumen. Rats der Kirchen in Neu-Delhi; 1962 Dr. h.c. in Bratislava; 1964 Teiln. der II. Allchristl. Friedensvers. in Prag; 18. 8. 1964 Treffen mit dem Staatsratsvors. Walter Ulbricht* auf der Wartburg; 1966 Stern der Völkerfreundschaft; Ehrenmitgl. der CDU; 1970 Ruhestand.

M. galt als konservativer Lutheraner, der unter Berufung auf die »Zwei-Reiche-Lehre« Luthers erklärte, die Christen hätten »Gott u. der Staatsreg.« zu dienen. Der Bischof stand während seiner Amtszeit unter dem Einfluß seines jur. Stellv., Oberkirchenrat Gerhard Lotz*, der als IM »Karl« für das MfS arbeitete.

Publ.: Politische Diakonie. Reden – Erklärungen – Aufsätze 1946–1964. Berlin 1967; Aus christlicher Verantwortung. Berlin 1971.

Mitzinger, Wolfgang 18. 2. 1932
Minister für Kohle und Energie
Geb. in Lichtenstein (Erzgeb.), Vater Arbeiter; 1946–49 Ausbildung zum Elektriker in Espenhain, Betriebselektriker; dreijähriger Besuch der Berging.-Schule Zwickau; Elektroingenieur in Geiseltal; Hauptenergetiker; SED; 1960 Mitarb. der SPK; 1962–64 stellv. Ltr. der Abt. Kohleindustrie im Volkswirtschaftsrat; 1964–68 Generaldir. der VVB Kraftwerke Cottbus; 1967 Abg. des Bez.-Tags Cottbus; 1968–71 Staatssekr. u. 1. stellv. Min. für Grundstoffindustrie; 1971/72 Studium an der PHS; 1972–79 Staatssekr. im Min. für Kohle u. Energie; seit 1979 Min. für Kohle u. Energie (Nachf. von Klaus Siebold*) u. Mitgl. des Min.-Rats.

Mitzner, Rolf 23. 1. 1931
Chemiker
Geb. in Riga, 1945 Umsiedlung nach Dtl.; 1949 Abitur, 1950–56 Studium der Chemie, Physik u. Mathematik an der Brandenburg. Landes-HS/PH Potsdam, dort 1960 Prom., 1964 Habil., 1966 ord. Prof. für physikal. Chemie; 1990 Wahl zum Rektor der Brandenburg. Landes-HS.
1991 Gründungsrektor der Univ. Potsdam, seit 1994 Rektor.
Forschungen auf dem Gebiet der physikal. Chemie: Kinetik photochromer Verbindungen, Stoffkonstanten.

Modrow, Hans 27. 1. 1928
Vorsitzender des Ministerrats, SED-Politiker
Geb. in Jasenitz (Kr. Ueckermünde), Vater Arbeiter; Volksschule, 1942–45 Ausbildung zum Maschinenschlosser; 1945 Volkssturm, bis 1949 Gefangenschaft in der UdSSR, Besuch einer Antifa-Schule.
Rückkehr nach Dtl.; 1949 Maschinenschlosser; SED, FDJ, FDGB; 1949–51 Abt.-Ltr. u. Sekr. des FDJ-Landesvorst. Brandenburg, 1952–61 Mitgl. des ZR der FDJ; 1952/53 Besuch der Komsomol-HS in Moskau; 1953–61 1. Sekr. der BL Berlin u. Sekr. des ZR der FDJ; 1954–71 Mitgl. der BL Berlin der SED; 1954–57 Fernstudium an der PHS, Dipl.-Ges.-Wiss.; 1958 – Okt. 1990 Berliner Vertreter bzw. Abg. der Volkskammer, seit 1967 Vors. der Parl. Freundschaftsgruppe DDR – Japan; 1958–67 Kand., 1967–89 Mitgl. des ZK der SED; 1959–61 externes Studium an der HfÖ Berlin, Dipl.-Wirtsch.; 1961–67 1. Sekr. der SED-KL Berlin-Köpenick; 1966 Prom. zum Dr. rer. oec. an der HU Berlin mit einer Arbeit zu soziolog. Problemen der Wirtschaftsltg.; 1967–71 Sekr. für Agit. u. Prop. der SED-BL Berlin; 1971–73 Ltr. der Abt. Agitation des ZK der SED (Nachf. von Werner Lamberz*); 1973–89 1. Sekr. der SED-BL Dresden (Nachf. von Werner Krolikowski*); 1975 VVO in Gold, 1978 KMO; Anfang Okt. 1989 Mitinitiator des Dresdener Dialogs mit der opp. »Gruppe der 20«; 8. 11.–3. 12. 1989 Mitgl. des PB des ZK der SED; 13. 11. 1989 – März 1990 Vors. des Min.-Rats (Nachf. von Willi Stoph*); Dez. 1989 stellv. Vors. der SED/PDS; legte am 1. 2. 1990 das Konzept »Für Dtl., einig Vaterland« vor, bildete am 5.2. mit Vertretern vom Runden Tisch die »Regierung der nat. Verantwortung«; ab Febr. 1990 Ehrenvors. der PDS; Mitgl. der Dt.-Japan. Ges. Seit Okt. 1990 Abg. des Dt. Bundestags; 27.5. 1993 vom Landgericht für schuldig befunden, in drei Fällen Weisungen zur Wahlmanipulation gegeben zu haben, Verwarnung u. Geldstrafe; Nov. 1993 Forderung der Dresdener Staatsanwaltschaft nach Aufhebung seiner Immunität wegen falscher Aussage vor dem sächs. Landtag; seit Febr. 1994 Immunität aufgehoben; März 1994 Anklageerhebung.
Publ.: Aufbruch u. Ende (mit W. Meyer). Hamburg 1990; Für ein neues Dtl., besser als DDR u. BRD. Berlin 1990.

Sek.-Lit.: Arnold, K.-H.: Die ersten hundert Tage des H. M. Berlin 1990.

Moese, Willy 21. 7. 1927
Karikaturist, Comic-Zeichner
Geb. in Barcelona, Vater Generalvertreter bei Siemens; span. Klosterschule, dt. Oberrealschule in Barcelona, 1937 nach Dtl., Lehre als Industriekaufmann; Einberufung, Gefangenschaft.
Entlassung nach Bayern, Gelegenheitsarbeiten, dann Pressezeichner; 1953 erste Arbeiten für die DDR-Ztschr. »Zeit im Bild« u. »Wochenpost«; 1955 Übersiedlung in die DDR, Mitgl. im Künstlerverb. (Sekt. Pressezeichner); freier Mitarb. für versch. Ztschr., vor allem »Wochenpost«, 1957 erschien hier »Klaus u. Choko«, der längste Pressecomic der DDR; wegen seiner krit. Haltung zur DDR-Kulturpol. leitete das MfS gegen M. den OV »Stift« ein.
Nach 1989 scheiterte sein Ztschr.-Projekt »Spaßvogel«, heute Arbeit als Werbegrafiker.
Publ.: Bunte Kiste. Berlin 1966; Zum Beispiel Fünflinge. Berlin 1972.
Sek.-Lit.: Scholz, Michael: W. M. (Interview). In: Die Sprechblase 132 (4/1993).

Möglich, Friedrich
12. 10. 1902–17. 6. 1957
Physiker
Geb. in Berlin-Schöneberg, Vater Ministerialbeamter; 1908–20 Gymnasium; 1920–27 Studium der Mathematik u. Physik an der Univ. Berlin, 1927 Prom.; 1928 Assistent an der TH Berlin; 1929 Assistent u. nach Habil. 1930 Privatdoz. an der Univ. Berlin; 1932 NSDAP, 1938 Ausschluß; 1935 Aufenthalt in Paris u. London; Jan. 1936 Verhaftung wegen »Rassenschande« u. angebl. Devisenschiebung, nach halbjähriger Haft mangels Beweises freigesprochen; 1937 durch die Univ. gekündigt, Entzug der Lehrerlaubnis; 1937–45 freiberufl. wiss. Berater in der Elektroindustrie, u. a. für Osram u. Siemens; kurzzeitig Militärdienst für das Reichsluftfahrtmin.
1945/1946 Referent bei der Dt. ZV für Volksbildung; 1946–57 Prof. u. Dir. des Inst. für theor. Physik an der HU Berlin; 1946 Ltr. der physikal. Abt. des Inst. für Medizin u. Biol. in Berlin-Buch, das bis zur Übergabe an die DAW im Juli 1947 der SMAD unterstand; 1947–57 Dir. des Inst. für Festkörperforschung der DAW; 1946 Initiator der Wiederherausgabe der »Annalen der Physik« und bis 1957 Mithrsg.; 1952 Mitverf. eines Memorandums zur Entw. der Physik in der DDR; 1952 Mitbegr. der Physikal. Ges., Vors. des Beirats für Physik beim Staatssekr. für Hoch- u. Fachschulwesen; 1953 NP.
Hauptarbeitsgebiete: Quantenphysik, Festkörperphysik, Theorie der Halbleiter und Kristallphosphore, Supraleitung, Biophysik, Hydrodynamik geladener Medien.

Mohr, Arno 29. 7. 1910
Grafiker, Maler
Geb. in Posen, Vater Uffz.; 1924–27 in Berlin Lehre als Schildermaler, anschl. Geselle, 1930 Besuch von Abendkursen an der Meisterschule für Grafik, 1933/34 Studium an der Vereinigten Staatsschule für bildende u. angewandte Kunst Berlin-Charlottenburg, Lehrer M. Klever, E. Wolfsfeld; anschl. freischaff.; 1940–46 Militärdienst u. Gefangenschaft.
1946 Prof. an der HS für bildende u. angewandte Kunst Berlin-Weißensee; SED; 1970 DAK; 1974 Vors. des VBK Berlin, Mitgl. des Präs. des VBK; seit 1974 Ltr. einer Meisterklasse an der HS für bildende u. angewandte Kunst Berlin-Weißensee.
Werke: Am 1. Mai 1946 – SED (Plakat); Gemälde: Zwei lesende Jungen (1949), Im Jahre 45 (1973); Wandbilder: Metallurgie Hennigsdorf (gem. mit Horst Strempel u. René Graetz 1949), Wendepunkt Dtl. (1956/57); Zeichn.: Erntebinderinnen (1947), Trümmerfrauen

(1948), Bodenreform (1953), Trieselnde (1956), Porträts Helene Weigel, Bert Brecht (1971), In der Werkstatt (1976), Künstlercafé (1958).
Publ.: Mein Lebenslauf (44 Kaltnadelradierungen, Text Lothar Lang). Berlin 1969.
Sek.-Lit.: Kat. AdK Berlin 1975; A. M. Das druckgrafische Werk. Galerie Arkade Berlin 1979; A. M. Gemälde u. Druckgrafik. Staatl. Museum Schloß Burgk 1983.

Möhwald, Gertraud 15.6.1929
Keramikerin
Geb. in Dresden; 1948–50 Lehre als Steinbildhauerin; 1950–54 Studium am Inst. für künstler. Werkgestaltung Halle, 1959–64 an der HS für industrielle Formgestaltung Burg Giebichenstein; 1964–70 künstler.-wiss. Mitarb., 1970–73 Ltr. des Fachbereichs Keramik an der HS für industrielle Formgestaltung; freischaff., Lehrerin im HS-Dienst in Halle; 1990 Mitgl. der AdK.
Freies und figürl. Gestalten in und mit versch. Materialien.
Sek.-Lit.: Kat. G. M. Keramik. Otto Möhwald. Malerei und Grafik. Galerie Berlin 1977.

Moldt, Ewald 22.4.1927
Botschafter, Stellv. Außenminister
Geb. in Greifswald, Vater Zimmermann; Mittelschulabschluß; 1943/44 Mitarb. im Hauptzollamt Stralsund; 1945–47 Eisenbahner in der Reichsbahndir. Greifswald; 1945 Mitgl. von Antifasch. Jugendaussch.; 1945/46 KPD/SED; 1947–50 Jugendamtsltr. der Kreis- u. Stadtverwaltungsakad. Forst-Zinna; ab 1952 Mitarb. des MfAA, 1953 pers. Referent von Außenmin. Lothar Bolz, 1958/59 1. Sekr. der Botschaft in Rumänien, 1959–63 Botschaftsrat in Polen, 1963–65 Ltr. der Presseabt. des MfAA, 1965–70 Botschafter in Rumänien (Nachf. von Anton Ruh), 1970–78 stellv. Außenmin., 1978–90 Ltr. der Ständ. Vertretung der DDR in der Bundesrep. Dtl.; 1981 Kand., 1986–89 Mitgl. des ZK der SED; 1984 VVO in Gold.

Möller, Günter 28.3.1934
MfS-Hauptabteilungsleiter
Geb. in Förtha (Thür.), Vater Schlosser, Mutter Hausfrau; Volksschule, 1948–52 Lehre u. Arbeit als Werkzeugmacher; 1952 Einstellung beim MfS, Kr.-Dienststelle Eisenach, dann Kursant an der Schule des MfS Potsdam-Eiche; 1952 SED; 1953 BV Gera, Abt. IV, dann Kr.-Dienststelle Jena des MfS; 1954 Versetzung zur HA II (Spionageabwehr), MfS Berlin; 1964/65 SED-BPS Eberswalde des MfS; 1965 stellv. Abt.-Ltr., dann Abt.-Ltr. in der HA II, 1977 Prom. zum Dr. jur. an der JHS; 1978 stellv. Ltr. der HA II; 1982 Offz. für Sonderaufgaben, dann Ltr. der HA Kader u. Schulung; 1985 VVO in Gold; 1988 Gen.-Ltn.; bis Mai 1990 Entlassung, Berater des Staatl. Komitees zur Auflösung des AfNS.

Moltmann, Carl 23.9.1884–5.2.1960
Landtagspräsident von Mecklenburg
Geb. in Brüz (Meckl.), Vater Ziegler; 1891–98 Volksschule, 1898–1901 Ausbildung zum Tischler in Parchim; 1902 SPD, Dt. Holzarbeiterverb.; 1903–07 Wanderschaft; 1911–15 Parteifunktionen auf örtl. Ebene; 1915–18 Militärdienst, Armierungssoldat; 1919–28 Parteisekr. für den südwestl. Teil Mecklenburgs u. Red. der sozialdemokr. Ztg.; 1919–33 Mitgl. des Landtags Mecklenburg-Schwerin; 1928–33 Ltr. des Landesarbeitsamts Schwerin; 1929–33 Stadtverordneter u. Stadtrat in Schwerin; 1932/33 Mitgl. des Dt. Reichstags; 1934–45 Tabakwarenhändler in Schwerin, 1944 wegen antifasch. Haltung kurze Zeit inhaftiert.
1945 Gründer u. Vors. der SPD-Ortsgruppe Schwerin, 1945/46 1. Vors. des Landesverb. Mecklenburg-Vorpommern

und Mitgl. des Parteiaussch. der SPD; 1945/46 Ltr. des Landesarbeitsamts, später der Abt. Arbeits- u. Sozialfürsorge der Landesverwaltung; 1946 SED, seitdem Mitgl. des PV bzw. ZK, 1946–48 mit Kurt Bürger Vors. des Landesvorst. Mecklenburg-Vorpommern der SED, danach dessen Mitgl.; 1946–52 Abg. u. Präs. des Mecklenburg. Landtags; ab 1952 Mitgl. der BL Schwerin der SED; ab 1952 Abg. des Bez.-Tags Schwerin u. Vors. des Bezirkskomitees des DRK.

Mönkemeyer, Gerd 25.5.1927
Vizepräsident der Kammer für Außenhandel
Geb. in Leipzig; 1941–44 Lehre; Kriegsdienst.
1946 CDU; 1946–50 Studium, Dipl.-Wirtsch.; 1950–53 Sachbearb., zuletzt Abt.-Ltr.; 1953–60 Hauptbuchhalter u. Finanzdir. im Außenhandelsmin.; 1958–71 Mitgl. der Stadtvertretervers. Berlin; 1960–68 FS-Lehrer an der FS für Außenhandel; seit 1966 Mitgl. des Bezirksvorst. Berlin der CDU; 1968–77 Stellv. des Min. für Außenwirtschaft; seit 1977 Vizepräs. der Kammer für Außenhandel; 1968–72 Kand., seit 1972 Mitgl. des Hauptvorst. der CDU; Präs. der gemeinsamen Handelskammer DDR-Jugoslawien; 1987 Stern der Völkerfreundschaft in Gold.

Moog, Leonhard 11.10.1882–6.1.1962
Stellv. Ministerpräsident von Thüringen
Geb. in Ansbach, Vater Gaswerkmeister; nach Volks- u. Handelsschule kaufm. Lehre und Handelsvertreter; 1899–33 Mitgl. der Dt. Angestelltengewerkschaft, 1920–33 deren Vors. in Thüringen; 1919–33 DDP bzw. Dt. Staatspartei; 1919–33 Mitgl. des Stadtrats von Weimar; 1925–30 Abg. des Thür. Landtags; 1933–45 Handelsvertreter.
1945 Mitbegr. u. bis 1949 Vors. des Landesverb. Thüringen der LDPD, 1945/46 Dir. des Landesamts für Finanzen der Landesverwaltung Thüringen; 1945–49 Mitgl. des PV, 1948/49 (Mit-)Vors.; 1946–49 stellv. Min.-Präs. u. Finanzmin. des Landes; Jan. 1950 Übersiedlung nach Berlin (West), später München; in Abwesenheit »wegen finanzieller Schädigung des Landes Thüringen« zu Zuchthaus verurteilt.

Moreth, Peter 28.7.1941
Stellv. Ministerpräsident, LDPD-Politiker
Geb. in Chemnitz, Vater Einzelhändler; Grundschule, 1955–57 Ausbildung zum Maurer, 1957–59 als Fachverkäufer; 1959–61 Verkäufer, 1961–68 Einzelhändler in Mittweida (Sachsen); 1962 LDPD, 1968 Mitarb. ihres Bezirksvorst. Karl-Marx-Stadt, 1970 stellv. OB von Karl-Marx-Stadt u. Ltr. der Abt. Handel u. Versorgung; 1971–83 Vors. des Bezirksverb. Cottbus der LDPD, ab 1972 Mitgl. des ZV, ab 1977 in dessen Pol. Aussch., ab 1983 Vors. des Bezirksverb. Magdeburg; 1968–73 Fernstudium Betriebswirtschaft an der KMU Leipzig, 1977 dort Prom. zum Dr. oec.; ab 1986 Abg. der Volkskammer u. bis Nov. 1989 zugleich Mitglied des Staatsrats, 18.11.1989–17.3.1990 Stellv. des Vors. des Min.-Rats für örtl. Staatsorgane, 18.3.–15.6.1990 Vors. des Direktoriums der Treuhandanstalt.

Morgner, Irmtraud (eigtl. Schreck)
22.8.1933–6.5.1990
Schriftstellerin
Geb. in Chemnitz, Vater Lokführer; Abitur; 1952–56 Germanistikstudium in Leipzig (u.a. bei Hans Mayer* u. Ernst Bloch*); 1956–58 Redaktionsassistentin bei der Ztschr. »Neue Dts. Literatur«; seit 1958 freischaff. Schriftst. in Berlin (Romane, Erzählungen); verh. mit Paul Wiens*; 1959 erste Erzählung »Das Signal steht auf Fahrt«; 1963 Mitgl., später Vorstandsmitgl. des DSV; 1968 mit

»Hochzeit in Konstantinopel« Hinwendung zum Frauenthema; 1970 Mitgl. des PEN-Zentrums der DDR; 1974 in »Leben u. Abenteuer der Trobadora Beatrix...«, 1983 »Amanda«, sowie dem 1. u. 2. Teil der unvollendeten, erfolgreichen Salman-Trilogie, Entfaltung des »Feminismus im Sinne Marx'«; 1975 Heinrich-Mann-Preis, 1977 NP; 1986 Mitgl. der AdK; 1989 Kasseler Literaturpreis für grotesken Humor; wortmächtige Vorreiterin einer feminist.-lustvollen Weltananeignung, vielschichtige Zustandsprüfung der Frauenemanzipation im »Wunderland« DDR, Ausprägung einer – die »patriarchalen Formen sprengenden« – märchenhaft phantast. Montagetechnik; zeitgleich starke Beachtung in der Bundesrep. Dtl.

Werke: Rumba auf einen Herbst 1965; Hochzeit in Konstantinopel 1968; Gauklerlegende 1971; Die wundersamen Reisen Gustavs des Weltfahrers 1972; Leben u. Abenteuer der Trobadora Beatrix nach Zeugnissen ihrer Spielfrau Laura 1974; Amanda 1983; 1984; Der Schöne u. das Tier 1991.

Sek.-Lit.: Die Hexe im Landhaus. Gespräch in Solothurn. Zürich 1984; I. M.: Auskunft für Leser (hrsg. von Gerhardt, M.). Darmstadt 1989; I. M. Texte, Daten, Bilder. Darmstadt 1990.

Morgner, Michael 6. 4. 1942
Maler, Grafiker
Geb. in Chemnitz; 1960 Abitur; 1961–66 Studium an der HS für Grafik u. Buchkunst Leipzig bei Harry Blume u. Irmgard Horlbeck-Kappler; ab 1966 freischaff. in Dittersdorf u. Karl-Marx-Stadt/Chemnitz; 1973 Umzug n. Einsiedel; Gründungsmitgl. der »Galerie oben«, bis i. d. Gegenwart konzeptionelle Arbeiten für das Programm der Galerie; 1974 Reise n. Irkutsk (Sib.); 1975 Teiln. an Pleinairs in Ahrenshoop u. Hiddensee, drehte einen 8-mm-Kamerafilm mit Thomas Ranft u. Ralf-Rainer Wasse; 1976 Pleinair Ostrauer Scheibe; Reise nach Kraków; Ausstellung in der Galerie Arkade, Berlin; 1977 Mitbegr. der Künstlergruppe »Clara Mosch« u. der gleichn. Produktionsgalerie in Adelsberg, dort stattfindende Ausstellungen, Aktionen u. Künstlerfeste wurden zum Treffpunkt der Szene, Beobachtungen durch das MfS führten zur Auflösung der Künstlergruppe; Pleinair in Leussow, Aktion Leussow-Recycling, erneut 8-mm-Kamerafilm mit Th. Ranft u. R.-R. Wasse; 1981 Pleinair in Gallenthin, Videodokumentation; 1982 Reisen nach Georgien u. Armenien; 1984 Austritt aus dem Bezirksvorst. des VBK; 1988 Ablehnung weiterer Mitarb. im VBK; 1989 Aussöhnung der Mitgl. der Künstlergruppe »Clara Mosch« nach Auffinden des Maßnahmeplans des MfS.

Werke: Außenwandbild Harlaß-Gießerei Wittgensdorf (1976–80); Diptychon »A« und »Z« (1982/83); Grafikmappen; M. überschreitet den See bei Gallenthin (1983); Jahreszeiten – Tageszeiten (1984); Ecce Homo (1986).

Sek.-Lit.: Kat. M. M. Galerie Arkade. Berlin 1976; Kat. M. M. Werkübersicht 1972–1991. Städt. Kunstsammlung Chemnitz 1992; Kat. M. M. (mit Bibliogr.). Inst. für Auslandsbeziehungen Stuttgart 1993.

Mothes, Kurt 3. 11. 1900–12. 2. 1983
Biologe, Präsident der Leopoldina
Geb. in Plauen, Vater Ratsbeamter; Volks- u. Oberrealschule, 1918 Kriegsabitur, danach Apothekerlehre u. Apothekenassistent in Plauen; 1921–23 Studium der Pharmazie u. Chemie an der Univ. Leipzig, Pharmazeut. Staatsexamen; 1923–25 Studium der Chemie, Physiol. u. Pharmakol., 1925 Prom. an der Univ. Leipzig; 1925–34 Assistent am Botan. Inst. der Univ. Halle, hier 1928 Habil. für Botanik u. Pharmakognosie; 1935–45 ord. Prof. der Univ. Königsberg; 1940 Mitgl. der Dt. Akad. der Naturforscher Leopoldina; 1945–49 sowj. Gefangenschaft.

1949–57 Ltr. der Abt. Chem. Physiol. am Inst. für Kulturpflanzenforschung Gatersleben der DAW; zugl. 1950 nebenamtl., 1951–62 ord. Prof. u. Dir. des Inst. für Pharmakognosie der MLU Halle, 1951–56 Ltr. des Pharmazeut. Inst. der MLU; 1953 NP, Ord. Mitgl. der DAW; 1954–74 Präs. der Leopoldina; 1958–65 ord. Prof. für Botanik u. Dir. der Botan. Anstalten der MLU, 1965/66 Lehrstuhl für Biochemie der Pflanzen; 1958–67 Dir. des Inst. für Biochemie der Pflanzen der DAW in Halle; u. a. Mitgl. der AdW der UdSSR u. der Royal Society London; 1968 Orden Pour le Mérite für Wiss. u. Künste.
Arbeitsgebiete: Physiol. des Eiweißstoffwechsels u. seine Regulation; Stoffwechsel des Stickstoffs u. seiner Verbindungen; Biochemie sekundärer Pflanzenstoffe, insbes. der Alkaloide; experimentelle Ökol. (Waldforschung); Biochemie u. Pharmakol. von Arzneimitteln aus Pflanzen.
Sek.-Lit.: Schriftenverzeichnis K. M. (zusammengestellt von W. Heese u. B. Parthier). In: Biochem. Physiol. Pflanzen 178/1983, S. 745–768; Festschrift Präs. der Dt. Akad. der Naturforscher Leopoldina: K. M. zum 3. 11. 1980 (Biogr.). Halle 1980.

Mottek, Hans 26. 10. 1910–24. 10. 1993
Wirtschaftshistoriker
Geb. in Posen; 1929–32 Studium der Rechtswiss. an den Univ. Freiburg u. Berlin, 1932/33 Referendar am Amtsgericht Bernau (b. Berlin); 1933 Emigration nach Palästina, 1935 KPD, 1936–46 Großbritannien; während der Emigration tätig als Land- u. Bauarbeiter, nach 1939 zeitw. interniert; Mitbegr. der FDJ.
1946 Jurist in der ZV für Arbeit u. Sozialfürsorge Berlin; 1947 Aspirantur an der Univ. Berlin, 1950 Prom. mit einer Studie über die preuß. Eisenbahnverstaatlichung von 1879; 1950 Lehrauftrag für Wirtschaftsgeschichte an der PH Groß-Berlin, begründete im gleichen Jahr das Seminar für Wirtschaftsgeschichte an der HfÖ Berlin, 1951 Doz., 1952 ord. Prof., 1952–75 Dir. des Inst. für Wirtschaftsgeschichte an der HfÖ; 1954 Prorektor für Forschungsangelegenheiten, Dekan der Volkswirtschaftl. Fak., 1960–65 Prorektor für wiss. Nachwuchs; 1969 Korr. Mitgl. der DAW, 1970 Dr. h.c. der HfÖ, 1971 Ord. Mitgl. der DAW; 1971–74 Ltr. der Kommission für Umweltforschung bei der AdW; 1975 em.; 1975 VVO in Gold.
M. war einer der bekanntesten Wirtschaftshistoriker der DDR, seine dreibändige »Wirtschaftsgeschichte Dtl.« gilt intern. gleichermaßen als marxist. Klassiker u. Handbuch.
Publ.: Wirtschaftsgeschichte Dtl. 3 Bde. Berlin 1957, 1967, 1974; Zu den Entwicklungsgesetzmäßigkeiten des kap. Geldsystems. Berlin 1982.

Mucke-Wittbrodt, Helga, geb. Nydahl
11. 9. 1910
Direktorin des Regierungskrankenhauses
Geb. in Hamburg-Altona, Vater Lehrer; Lyzeum u. Oberlyzeum in Berlin, Abitur; ab 1929 Studium der Medizin in Berlin, 1936 med. Staatsexamen u. Prom.; 1930 SPD; 1936–45 Volontär-, Hilfs-, Assistenz-, Ober- u. Facharzt für innere Krankheiten am Urban-Krankenhaus in Berlin.
1945/46 KPD/SED; 1946–48 Stadtverordnete; 1945–48 Chefärztin u. Dir. des Städt. Krankenhauses Berlin-Tempelhof, 1948 entlassen; Übersiedlung nach Berlin (Ost), Internistin an der Charité, ab 1949 Chefärztin bzw. Ärztl. Dir. des Reg.-Krankenhauses; 1950–52 Mitgl. der SED-Landesleitung von Groß-Berlin; 1950–90 Abg. der Volkskammer, DFD-Fraktion, 1971–76 stellv. Vors. des Aussch. für Gesundheitswesen; 1959 Prof.; 1970 VVO in Gold, 1975 KMO.

Mückenberger, Erich 8. 6. 1910
SED-Politiker, Vorsitzender der DSF
Geb. in Chemnitz, Vater Arbeiter; Volksschule; 1924–27 Ausbildung zum Schlosser, danach im Beruf tätig; 1924 SAJ, 1925 Reichsbanner; 1927 SPD; 1935/36 KZ Sachsenburg, 1942–45 Kriegsdienst, 1945 engl. Gefangenschaft.
Rückkehr nach Dtl.; 1945 Funktionär der SPD in Chemnitz; 1946–48 dort Kreisvors. der SED u. Stadtverordneter, 1948/49 Vors. des Landesvorst. Sachsen der SED; 1949–52 1. Sekr. der Landesltg. Thüringen, 1952/53 1. Sekr. der SED-BL Erfurt; seit 1950 Abg. der Volkskammer, seit 1971 Mitgl. ihres Präs.; 1950 Mitgl. des ZK u. Kand. des PB, seit 1958 Mitgl. des PB des ZK der SED; 1953–60 Sekr. für Landw. des ZK der SED; 1957 VVO in Gold; 1960/61 PHS beim ZK der KPdSU in Moskau; 1961–71 1. Sekr. der SED-BL Frankfurt/O., seit 1963 Mitgl. des Präs. des Zentralvorst. der DSF, 1970 KMO; 1978 Präs. der DSF (Nachf. von Lothar Bolz*); seit 1971 Vors. der ZPKK des ZK der SED (Nachf. von Hermann Matern*); seit 1979 Mitgl. des Präs. des NR der NF; seit 1980 Vors. der SED-Fraktion der Volkskammer; 1985 KMO.
Nov. 1989 aus dem PB des ZK der SED ausgeschlossen, als Vors. der Volkskammerfrakt. zurückgetreten u. aus dem Präs. der Volkskammer ausgeschieden; 16. 11. 1989 Rücktritt als Vors. der DSF; Jan. 1990 aus der SED/PDS ausgeschlossen; Rentner.
Publ.: Der Menschheit ein Leben in Frieden. Ausgew. Reden u. Aufsätze. Berlin 1985.

Mückenberger, Joachim 11. 8. 1926
Generaldirektor der DEFA
Geb. in Chemnitz, Vater Bäcker, Bruder von Erich Mückenberger; Volksschule in Chemnitz, Lehre bei der Reichsbahn, Reichsbahninspektor; Wehrmacht, 1944 NSDAP.
1946 Vorstudienanstalt; 1947 SED; 1947–50 Studium an der Univ. Leipzig, Dipl.-Ges.-Wiss.; 1950–61 Mitarb., dann stellv. Ltr. der ZK-Abt. Kultur; 1961–66 Generaldir. der DEFA (Nachf. von Albert Wilkening); 1966 Sekr. des Komitees zum 450. Jahrestag der Reformation; 1967–90 Generaldir. der Staatl. Schlösser u. Gärten Potsdam; 1970 Vors. der Gewerkschaft Kunst des Bez. Potsdam; 1976 Vors. des Rates für Museumswesen beim Min. für Kultur; 1979 VVO in Silber.

Mucks, Werner 17. 11. 1919
Möbelfabrikant
Geb. in Berlin, Vater Polsterer; Ausbildung zum Tapezierer u. Dekorateur, Besuch der Kunstgewerbeschule; 1939–45 Kriegsdienst.
1945–48 Internierung durch die sowj. Besatzungsmacht; ab 1949 Mitarb. im väterl. Handwerksbetrieb in Petershagen (b. Berlin), ab 1952 industrielle Herstellung von Polstermöbeln, ab 1956 mit staatl. Beteiligung, Ausbau des Unternehmens zum Exportbetrieb mit rund 200 Beschäftigten, Lieferung insbes. in die Bundesrep. Dtl. u. nach Schweden; nach der Enteignung 1972–85 Dir. des nunmehr staatl. Betriebs; Apr. 1990 Reprivatisierung, seitdem Inhaber u. Ltr. der Werner Mucks GmbH u. Co. KG Polstermöbel Petershagen; stellv. Vors. des Unternehmerverb. Berlin.

Mueller-Stahl, Armin 17. 12. 1930
Schauspieler, Autor, Chansonnier
Geb. in Tilsit, Vater Bankbeamter, Mutter Hausfrau; Violinstudium am Städt. Konservatorium in Berlin, 1949 Examen als Musiklehrer; abgebrochenes Schauspielstudium; 1952 Engagement am Berliner Theater am Schiffbauerdamm, 1954 Volksbühne; Rollen in klass. Bühnenstücken, u. a.: »Romeo u. Julia« (Mercurio), »Don Carlos« (Marquis Posa), »Emilia Galotti« (Prinz); Filmdebüt 1956 mit

»Heiml. Ehen« (R: Gustav von Wangenheim), weitere Rollen in DEFA-Filmen u. a.: 1960 »Fünf Patronenhülsen«, 1962 »Königskinder«, 1963 »Nackt unter Wölfen« (alle R: Frank Beyer*); 1966 Kunstpreis der DDR; 1967 »Ein Lord am Alexanderplatz« (R: Günter Reisch), 1972 »Der Dritte« (R: Egon Günther*); 1972 NP 2. Kl.; 1975 »Jakob der Lügner« (R: Frank Beyer), 1977 »Die Flucht« (R: Roland Gräf); TV-Rollen u. a.: 1965 »Wolf unter Wölfen« (4 Teile, R: Hans-Joachim Kasprzik), 1968 »Wege übers Land« (5 Teile, R: Martin Eckermann), 1973 »Das unsichtbare Visier« (R: Peter Hagen), 1978 »Geschlossene Gesellschaft« (R: Frank Beyer); Chansonsänger mit eigenen Kompositionen, Maler; 1976 Mitunterz. der Protestresolution von Schriftst., Künstlern u. Wiss. gegen die Ausbürgerung Wolf Biermanns*, verließ 1980 die DDR.
Rollen in zahlr. Filmen in der Bundesrep. Dtl. (1981 »Lola«, 1982 »Die Sehnsucht der Veronika Voss«, R: Rainer Werner Fassbinder), in Österreich, Ungarn (1984 »Oberst Redl«, R: István Szabó), Frankreich u. den USA (1989 »Music Box«, R: Costa-Gavras; 1990 »Avalon«, R: Barry Levinson; 1991 »Night on Earth«, R: Jim Jarmusch); 1982 Filmband in Gold der Bundesrep. Dtl.
Publ.: Verordneter Sonntag (autobiograph. Roman). München 1990; Drehtage »Music Box« u. »Avalon«.

Mühe, Ulrich 20. 6. 1953
Schauspieler
Geb. in Grimma; POS, Abitur mit Ausbildung als Baufacharbeiter, 1975–79 Schauspielstudium an der Theater-HS Leipzig; 1979–82 Engagement in Karl-Marx-Stadt, 1982 Gastspiel an der Volksbühne Berlin; Engagement auch am Burgtheater Wien; seit 1983 am Dt. Theater u. den Kammerspielen Berlin; 1985 Kritikerpreis »Die große Klappe«; 1988 Helene-Weigel-Medaille. 1990 Dt. Dramen Preis; 1991 Gertrud Eysoldt Ring der Stadt Rosenheim; Haupt- bzw. tragende Rollen u. a. in Ibsens »Gespenster«, Grabbes »Herzog Theodor von Gotland«, Calderóns »Das Leben ein Traum«, Shakespeares »Der Kaufmann von Venedig«, Goethes »Egmont«, Lessings »Philotas«, Heiner Müllers* »Lohndrücker«, Shakespeare/Müllers »Hamlet/Hamletmaschine«, Behans »Die Geisel«, im Film u. Fernsehen u. a. Hölderlin in »Hälfte des Lebens« (R.: Christa Kozik, 1984), Hauptrolle in Kleists »Prinz von Homburg« (TV) u. in »Die Poggenpuhls« (nach Fontane,TV).

Mühlmann, Manfred 26. 12. 1931
Stellv. Vorsitzender des Staatsrats, LDPD-Politiker
Geb. in Leipzig, Vater Arbeiter; Oberschule, Abitur; 1950 NDPD; 1950–54 Jura-Studium an der Univ. Leipzig, Dipl.-Jurist; danach Lehrtätigkeit an der KMU Leipzig, 1961 Dr. jur., 1966 Dr. sc., seit 1968 ord. Professor für Zivilrecht, 1969–75 stellv. Dir. für Forschung der Sektion Rechtswiss.; 1965–71 Vors. des Kreisverb. Leipzig, 1967–90 Mitgl. des Hauptaussch. der NDPD, 1982–90 seines Präs.; ab 1970 Vizepräs. des NR der NF; 1976 – März 1990 Abg. der Volkskammer; 1976–86 Mitgl., seit 1986 1. Stellv. Vors. des Verfassungs- u. Rechtsaussch.; 1986 VVO in Gold; 17. 11. 1989–3. 4. 1990 Stellv. Vors. des Staatsrats; danach wieder Hochschullehrer.
Publ.: Soz. Lebensweise u. persönl. Eigentum. 1978.

Mühlpfordt, Günter 28. 7. 1921
Historiker
Geb. in Halle (Saale), Vater Kaufmann, Mutter Hausfrau; Grundschule u. Absolvent der Franckeschen Stiftung Halle, 1939 Abitur; 1939 RAD; 1939–41 Stud. der Geschichte, Vor-, Ur- u. Rechtsgeschichte, Philosophie, Slawistik u. Germanistik an der Univ. Halle, 1941 Prom.

über den böhm.-mähr. Raum in der Zeit Maria Theresias u. Josephs II.; 1941–45 Kriegsmarine; kanad. Kriegsgefangenschaft.
SPD, ab 1946 SED, 1947 Doz. der Volkshochschule Halle, 1947–52 Assistent u. 1949–52 Lehrbeauftragter an der Univ. Halle, 1950–51 Lehrbeauftragter an der HU Berlin, 1951–54 kommiss. Dir. des Inst. für osteurop. Geschichte der MLU Halle; 1952 Habil. mit einer Studie über die poln. Krise 1863; 1953 Doz., 1954–58 Prof. mit Lehrauftrag für osteurop. Geschichte u. Wiss.-Geschichte u. Dir. des Inst. für osteurop. Geschichte der MLU Halle, begründet 1956 das »Jahrbuch für Geschichte Ost- und Mitteleuropas«; 1957/58 Fachrichtungsltr. für Geschichte an der MLU; ab 1957 massive Vorwürfe wegen sog. »Objektivismus u. Revisionismus«, auf Anweisung W. Ulbrichts* im April 1958 Abberufung aus allen Univ.-Ämtern, Ausschluß aus der SED u. Lehrverbot, 1962 fristlose Entlassung; während des Berufsverbots bis 1983 Privatgelehrter, bearbeitete weiterhin versch. Forschungsaufträge, trotz zeitweiligen Publ.-Verbots Profilierung zu einem anerkannten Historiker auf den Gebieten Aufklärung u. Reformation, Universitäts-, Akad.- und Sozietätsgeschichte; 1983–90 Forschungsauftrag bei der Forschungsstelle Akademiegeschichte des ZI für Geschichte der AdW; 1986 Mitgl. der Histor. Kommission der Sächs. AdW u. 1990 Ausw. Mitgl. der Erfurter Wissenschaftsakademie; 1990 von der MLU Halle rehabilitiert u. als ord. Prof. em.
Publ. zur Geschichte der Geschichtswiss., der Philosophie, Medizin u. Astronomie sowie der dt.-russ. Beziehungen bzw. zur Geschichte Ost- u. Südosteuropas, weitere Veröff. auf den Gebieten der Slawistik, Germanistik, Gräzistik, Byzantinistik, der Begriffs- u. Namensforschung sowie der Demographie.

Mühlpforte, Robert
27.3.1911–17.8.1972
MfS-Hauptabteilungsleiter
Geb. in Halle (Saale); Vater Klempner, Mutter ohne Beruf; Volksschule; 1925–29 Ausbildung zum Maler, danach im Beruf tätig; 1927 KJVD; 1932/33 Mitgl. der BL des KJVD Halle-Merseburg; 1933 nach illegaler Arbeit verhaftet; 1934/35 KZ Esterwegen, danach erneut illegale Arbeit; 1937 verhaftet, zweieinhalb Jahre Zuchthaus, dann KZ Dachau; 1944 zum Strafbat. Dirlewanger eingezogen, beim ersten Einsatz im Dez. 1944 zur Roten Armee übergelaufen. Gefangenschaft bis September 1945.
1945 Rückkehr nach Dtl.; tätig in der KPD-BL Halle-Merseburg; 1946 Mitarb. der SED-Landesltg. Sachsen-Anhalt; 1950 Eintritt in das MfS, Ltr. der Abt. VI der Landesverwaltung Sachsen-Anhalt; 1952 Stellv. Operativ des Ltr. der Bezirksverwaltung Rostock; 1956 stellv. Ltr. der HA II (Spionageabwehr), MfS Berlin; 1957 Ltr. der HA Kader u. Schulung; 1969 Gen.-Major; 1971 VVO in Gold.

Müller, Anna-Maria, verh. Murau
23.2.1949
Leistungssportlerin (Rennrodeln)
Geb. in Schnepfenthal (Thür.); zunächst Leichtathletin, dann Wechsel zum Rennschlittensport in der SG Friedrichroda, ab 1967 Mitgl. des SC Traktor Oberwiesenthal; Spezialdisz.: Damen-Einsitzer; 1968 bei den Olymp. Spielen unter dem Vorwand angeheizter Kufen disqualifiziert, 1969 Vize-WM; 1970 EM; 1972 Olympiasiegerin; zehn Wettkampfjahre; 1970 Abitur, anschl. bis 1975 Studium der Pharmazie in Leipzig; seit 1982 Apothekerin in Berlin.

Müller, Erich 7.5.1907–20.1.1992
Glasgestalter
Geb. in Havelberg; 1921–24 Lehre als Glasmaler; 1924–42 Tätigkeit in versch. Betrieben, u.a. in der Werkstatt Richard

Süßmuth, Penzig (Oberl.); 1946–52 Zeichner in der Glashütte Fürstenberg, 1952–57 Techn. Zeichner u. Teilkonstrukteur im VEB Eisenhüttenkombinat Ost Eisenhüttenstadt; 1957–60 künstler. Mitarb. im Inst. für angewandte Kunst Berlin, hier 1960–63 Ltr. der Arbeitsgruppe Gefäße, verantw. für Glas u. Keramik; 1963–72 wiss. Mitarb. im ZI für Gestaltung Berlin; 1966–75 Lehrauftrag für Glasgestaltung an der HS für industrielle Formgestaltung Burg Giebichenstein.

U.a. Gestaltung von Hotelgeschirr: Preßglassortiment Europa 1964, Hotelporzellan Rationell u. Wirtegläser 1970 (zus. mit Margarete Jahny*) sowie freie Glasgestaltung.

Müller, Erich 4. 10. 1921
Generaldirektor des VEB Kombinat Leuna-Werke
Geb. in Massanei (b. Döbeln, Sa.), Vater Maschinenschlosser, Mutter Näherin; nach Besuch der Volksschule Schlosserlehre; 1940 NSDAP; Kriegsdienst bei der Luftwaffe.

1949 SED; 1957/58 stellv. Vors. der SPK u. Abg. des Bezirkstags Halle; 1958–63 Sekr. für chem. Industrie der SED-BL Halle, 1963–68 Vors. des Bez.-Wirtschaftsrats Halle; 1968–90 Generaldir. des VEB Kombinat Leuna-Werke »Walter Ulbricht« – des ersten petrolchem. Großbetriebs u. eines der drei größten Chemiekombinate der DDR; M. gehörte zu den dienstältesten Kombinatsdir. in der DDR-Wirtschaftsgeschichte; Juni 1971 Kand., Mai 1976 Mitgl. des ZK der SED; 1974 VVO in Gold, 1981 KMO.

Müller, Fritz 7. 1. 1919
Gewerkschaftsfunktionär
Geb. in Ostpreußen, Vater Landarbeiter; Volksschule; Landarbeiter; Kriegsdienst.

Nach dem Krieg Umschulung zum Elektroschweißer; 1946 SED; bis 1952 Ltr. der MAS-Landesschule bzw. der Vereinigung Volkseigener Güter Thüringen; 1952–55 u. 1958–62 Sekr. für Landw. der SED-BL Erfurt, 1958–62 Abg. des Bez.-Tags Erfurt; 1955–58 PHS, Dipl.-Ges.-Wiss.; 1962–81 Vors. des Zentralvorst. der IG Land u. Forst bzw. IG Land, Nahrungsgüter u. Forst, 1962–77 Mitgl. des FDGB-Bundesvorst., 1963–68 auch seines Sekr. sowie bis 1977 seines Präs.; 1963–81 Kand. des ZK der SED; 1972 Mitgl. des Rats für landw. Prod. u. Nahrungsgüterwirtschaft; Ruhestand.

Müller, Fritz 3. 12. 1920
SED-Funktionär
Geb. in Forst (Lausitz), Vater Zigarettenmacher; Mittelschule, 1937–39 Ausbildung zum Kaufmann; 1938 NSDAP; 1939–45 Wehrmacht, zuletzt Feldwebel; sowj. Gefangenschaft, Lager Nishni Tagil, Arbeit im Bergbau.

1948 Rückkehr nach Dtl.; SED; 1948–51 Sachbearb. bzw. Abt.-Ltr. Planung beim Rat des Kr. Forst; 1951/52 Instrukteur der Abt. Wirtschaftspol. der SED-Landesltg. Brandenburg, 1952/53 Abt.-Ltr. Wirtschaftspol. der SED-BL Cottbus; 1953 Studium an der Zentralschule Ballenstedt des ZK der SED, 1954/55 dort Lehrstuhlltr. für Wirtschaftspolitik; 1955–60 Abt.-Ltr. für Planung u. Finanzen im ZK, ab 1958 Mitgl. u. ab 1979 1. Sekr. der Zentralen Ltg. der PO im Apparat des ZK, 1960 – Jan. 90 Abt.-Ltr. für Kaderfragen; ab 1963 Kand., 1967–89 Mitgl. des ZK der SED; 1970 VVO in Gold, 1985 KMO; 10. 2. 1990 aus der SED/PDS ausgeschlossen.

Müller, Gerda 30. 6. 1895–26. 4. 1951
Schauspielerin
Geb. in Tornien (Ostpr.), Vater Kaufmann; 1917 Unterricht bei Lucie Höflich, Hermine Körner u. Eduard von Winterstein* an der Max-Reinhardt-Schule des Dt. Theaters (DT) Berlin; 1918 Engagement am Schauspielhaus Frankfurt/

Main, 1922 am Staatstheater Berlin u. bis 1928 Gastrollen an zahlr. Theatern in Dtl.; 1933–45 Auftrittsverbot wegen Verweigerung der Trennung von Hermann Scherchen.
1945–51 Mitgl. des Ensembles des DT, Mitarb. von Fritz Wisten* bei der »Nathan«-Inszenierung von 1945 u. Rolle der Daja; weitere Rollen: Frau Képes (»Haben« von Julius Hay, DT 1948, R: Falk Harnack), Berta Sonnenbruck (»Die Sonnenbrucks« von Leon Kruczkowski, DT/Kammerspiele 1949, R: Martin Hellberg*), Elisabeth (»Maria Stuart« von Schiller, DT/Kammerspiele 1951, R: Herwart Grosse*), Kabanowa (»Das Gewitter« von A. N. Ostrowski, DT 1951, R: Wolfgang Heinz*); 1946–50 Pädagogin für Rollenstudium an der wiedereröffneten Schauspielschule des DT; 1949 NP 2. Kl. im Kollektiv; 1950 Gründungsmitgl. der DAK.
Sek.-Lit.: Heß-Wynecken, Susanne: G. M. In: Berliner Modenblatt, 6/1950.

Müller, Gerhard 4. 2. 1928
SED-Politiker
Geb. in Chemnitz, Vater Arbeiter; Volks- u. Handelsschule; 1942–45 Lehrerbildungsanstalt in Auerbach (Vogtl.); 1945/46 Land- u. Tiefbauarbeiter; 1946 SPD/SED, FDGB, FDJ, 1946–48 Neulehrer in Breitenfeld (Vogtl.), 1948 1. u. 1950 2. Lehrerprüfung, 1948–50 Schulltr. in Breitenfeld; 1950–53 stellv. Kreisschulrat bzw. Kreisschulrat in Oelsnitz; 1953–55 PHS, Dipl.-Ges.-Wiss.; 1955–65 Sekr. für Kultur u. Erziehung der SED-BL Neubrandenburg, anschl. Ltr. der Abt. Schulen, Fach- u. Hochschulen; 1962–66 Fernstudium an der FS für Landw. Neubrandenburg, staatl. geprüfter Landwirt; 1965–74 1. Sekr. der KL Neubrandenburg u. Mitgl. des Sekr. der SED-BL Neubrandenburg; 1969 VVO in Gold; 1974–80 2. Sekr. der BL; 1980–11. 11. 1989 1. Sekr. der SED-BL Erfurt (Nachf. von Alois Bräutigam), 1981–3. 12. 1989 Mitgl. des ZK der SED; 1981–16. 11. 1989 Abg. der Volkskammer; 1984 KMO; 1985–8. 11. 1989 Kand. des PB des ZK der SED; 3. 12. 1989 aus der SED ausgeschlossen; 1. 6. 1990 Anklage wegen mehrfachen Vertrauensmißbrauchs, Anstiftung zu Untreue u. Diebstahl; zehn Monate U-Haft; 20. 2. 1992 zu acht Monaten Freiheitsstrafe verurteilt, durch U-Haft abgegolten; Febr. 1992 war ein weiteres Verfahren wegen Vertrauensbruch in Erfurt anhängig, allerdings ausgesetzt.

Müller, Gottfried 16. 8. 1934
Minister für Medienpolitik
Geb. in Schweina (Kr. Meiningen), Vater Pfarrer; nach 1953 Abitur in Eisenach; Studium der ev. Theol. in Leipzig u. Jena; 1960 Dipl.-Theologe, später Prom. zum Dr. theol.; ab 1960 Pfarrer in versch. Gemeinden der Ev.-Luth. Landeskirche in Thüringen; 1972 CDU, zeitw. Mitgl. des Kreisvorst. Jena, Vors. der Arbeitsgruppe »Christl. Kreise« beim Bezirksaussch. Erfurt der NF; 1972–81 Leiter der Altenburger Bibelanstalt; 1981–90 Chefred. der Kirchenzeitung »Glaube u. Heimat« Erfurt; seit 1987 Ltr. des Wartburg-Verlags Jena; Mitverf. der »Weimarer Briefe«; Dez. 1989 – Okt. 1990 stellv. CDU-Vors.; Apr. – Okt. 1990 Min. für Medienpol.
Seit Okt. 1990 Landtagspräs. von Thüringen.

Müller, Gustav 9. 8. 1919–11. 5. 1980
Kabarettist, Schauspieler
Geb. in Köln, Vater Schauspieler; Gesangs- u. Schauspielunterricht, Engagements u. a. in Köln; daneben Kabarettarbeit am »Kom(m)ödchen« Düsseldorf, an der »Barberina« München, an Willi Schaeffers' »Kabarett der Komiker« in Berlin (West).
1950 Übersiedlung in die DDR; anfangs bei der »Kleinen Bühne«, seit Eröffnung der Berliner »Distel« 1953 einer ihrer

profiliertesten Darsteller; Auftritte beim Fernsehen (z. B. »Da lacht der Bär«) u. im Film (z. B. »Silvesterpunsch«); NP.

Müller, Hanfried 4. 11. 1925
Evangelischer Theologe
Geb. in Celle, Vater Richter; nach dem Abitur 1943–45 Kriegsteiln.; Gefangenschaft.
1945–52 Studium der Theol. an den Univ. Bonn u. Göttingen; 1949 Delegierter zum III. Dt. Volkskongreß, 1950 Gründungsmitgl. der HS-Gruppe der FDJ in Göttingen, Vors. des Komitees junger Friedenskämpfer in Niedersachsen; 1952 Disziplinarverfahren und Ablehnung des Prüfungsantrags, anschl. Übersiedlung in die DDR u. 1. theolog. Examen bei der Ev. Kirche Berlin-Brandenburg; Aspirantur u. 1956 Prom. an der HU Berlin; ab 1958 Mitarb. im »Weißenseer Arbeitskr.«, zeitw. in dessen Ltg., 1963 Mitautor der Sieben Sätze »Von der Freiheit der Kirche zum Dienen«; Mitarb. in der Christl. Friedenskonferenz, von 1961–68 in ltd. Position; 1959 Doz. u. 1964 Prof. für Systemat. Theol. an der Theolog. Fak. der HU Berlin; Mitgl. der Synoden der Ev. Kirche Berlin-Brandenburg u. der Ev. Kirche der Union; Mitgl. des Friedensrats der DDR; 1969 VVO in Bronze; 1982 Mitbegr. u. Hrsg. der »Weißenseer Blätter«; 1990 em.
M. galt als für die Theologen der DDR nicht repräsentativer u. extremer Vertreter der SED-Interessen in Kirche u. Theol., er propagierte die Auflösung der Kirche im Komm. u. griff wiederholt staatskrit. Kirchenvertreter und opp. Gruppen an. Er war beim MfS als IM »Michael« registriert u. hat sich zu »partieller Zusammenarb.« mit dem MfS bekannt. In der Diskussion um die DDR-Geschichte appellierte er an die Träger des SED-Regimes, keine Schuld zu bekennen.
Publ.: Der Christ in Kirche u. Staat. Berlin o. J.; Von der Kirche zur Welt. Leipzig 1961; Ev. Dogmatik im Überblick. Berlin 1978; Bibliogr. in: Standpunkt 10/1985.

Müller, Heiner 9. 1. 1929
Schriftsteller, Dramatiker, Präsident der AdK
Geb. in Eppendorf (Sa.), Vater Verwaltungsangestellter u. Jurist; Oberschule, erste Schreibversuche; 1944 RAD, 1945 Volkssturm, amerik. Gefangenschaft.
1945–47 Mitarb. im Landratsamt Waren/Müritz, Arbeit in einer Bibl.; 1947–51 in Frankenberg, Hilfsbibliothekar, Angestellter, Abschluß der Oberschule; 1947–52 SED; 1949 u. 1950 Besuch von Schriftst.-Lehrgängen des KB; ab 1951 in Berlin, journalist. Tätigkeit, u. a. für die Wochenztg. »Sonntag« u. Red. der FDJ-Ztschr. »Junge Kunst«; 1954/55 wiss. Mitarbeiter des DSV; 1954–66 Ehe mit Ingeborg Müller, geb. Meyer, mit der er gemeinsam an einigen Stücken arbeitete; seit 1957 Schriftst. u. Dramaturg; 1958–60 Mitarb. am Maxim Gorki Theater Berlin; 1960/61 Mitgl. des DSV, Ausschluß nach einer Studentenaufführung des als konterrev. eingestuften Stücks »Die Umsiedlerin oder Das Leben auf dem Lande«; 1966/67 Arbeit mit Benno Besson* am Dt. Theater (DT) am »Bau«, dessen Aufführung verboten wurde, u. an »Ödipus Tyrann«; 1970 Dramaturg am Berliner Ensemble; ab 1970 Reisen in die Bundesrep. Dtl.; ab 1976 Dramaturg an der Volksbühne Berlin; 1975 Reise durch die USA (Vorlesungen in Texas) u. Mexiko; 1984 Mitgl. der AdK; zahlr. Dramatikerpreise, u. a. 1985 Büchner-Preis; 1986 Mitgl. der AdK Berlin (West); 1986 NP 1. Kl.; 1987 Mitgl. des Beirats für Dramatik beim Min. für Kultur; wurde vom MfS seit Ende der 70er Jahre als IMS »Heiner« geführt.
1990 Kleist-Preis; 1990–93 Präs. der AdK der DDR bzw. AdK zu Berlin; seit

1993 AdK Berlin-Brandenburg; 1990 Mitgl. der Dt. Akad. für Darstellende Kunst Frankfurt/M.; 1991 Eur. Theaterpreis; 1993 einer der Direktoren des Berliner Ensembles (Fünfergremium Palitzsch*, Zadek, Müller, Marquardt, Langhoff*).

Ca. 35 Bühnenwerke, 1969 Libretto zu Paul Dessaus Oper »Lancelot«; Inszenierungen eigener Stücke: 1980 UA »Der Auftrag«, Volksbühne Berlin, 1988 »Lohndrücker« u. 1990 »Hamletmaschine«, beide DT.

M. ist ein über die Grenzen der DDR hinaus bedeutender u. bekannter Dramatiker, gestaltete Gegenwartsthemen u. Themen der dt. Geschichte, bearbeitete klass. Werke; durch die realist. Schilderung des DDR-Alltags geriet er wiederholt in Kollision mit der SED-Führung; ein Großteil seiner Stücke durfte nicht bzw. erst in späteren Jahren aufgeführt werden, einige Werke erlebten ihre UA in der Bundesrep. Dtl. oder Frankreich.

Publ.: Geschichten aus der Produktion 1 (Stücke, Prosa, Gedichte, Protokolle). Berlin (West) 1974; Stücke. Berlin 1975; Theaterarbeit. Berlin 1975; Geschichten aus der Produktion 2. Berlin (West) 1979; Gesammelte Irrtümer 1–3: Interviews u. Gespräche. Frankfurt/M. 1986, 1990, 1994; »Zur Lage der Nation«. Interviws. Berlin 1990; Krieg ohne Schlacht: Leben in zwei Diktaturen (Autobiogr.). Köln 1994.

Sek.-Lit.: Schulz, Genia: H. M. Stuttgart 1980; Schmidt, Ingo; Vaßen, Florian: Bibliographie H. M. Bielefeld 1993.

Müller, Helmut 12. 6. 1930
SED-Funktionär

Geb. in Reichenberg (ČSR); Vater Textilarbeiter; Besuch der Volks- u. Hauptschule in Kratzau (ČSR); 1944–46 Drogistenlehre in Reichenberg.

Januar 1946 Umsiedlung in die SBZ; FDJ; 1946–48 Bauarbeiter in Merkers (Thür.); 1947 SED; 1948/49 Sekr. für Junge Pioniere der FDJ-KL Eisenach; 1949/50 stellv. Abt.-Ltr. für Junge Pioniere im Landesvorst. Thüringen; Juli 1950 dort Sekr. für Studenten (Nachf. von Kurt Turba); 1950/51 Sekr. der FDJ-Landesltg. Thüringen; 1951/52 Besuch der Komsomol-HS in Moskau; 1952–55 1. Sekr. der FDJ-BL Gera, Mitgl. der SED-BL Gera und Abg. des Bez.-Tags; 1954/55 Kand. des Büros der SED-BL Gera; 1955–66 Sekr. des ZR der FDJ u. Mitgl. des Büros des ZR der FDJ, dort u. a. Ltr. Abt. Verbände/Org.-Fragen, ab März 1957 Sekr. für Kader, ab Mai 1959 Agit.-Prop.-Sekr.; 1960–62 Fernstudium an der KMU Leipzig; 1958–67 Abg. der Volkskammer; 1971–76 Berl. Vertr. in der Volkskammer u. Mitgl. des Jugendaussch.; 1966–71 Ltr. der Abt. Parteiorgane in der SED-BL Berlin; seit 1971 2. Sekr. der SED-BL Berlin (Nachf. von Konrad Naumann*); seit 1967 Mitgl. der Stadtverordnetenvers. Berlin.; ab 1976 Mitgl. des ZK der SED; 1978 VVO in Gold; 1980 Stern der Völkerfreundschaft in Silber; Ende Nov. 1989 Rücktritt als 2. Sekr. der BL, dann bis Jan. 1990 Mitarb. der BL.

März – Juni 1990 Lagerarbeiter im HO-Großhandel Schuhe; seit Juli 1990 Vorruhestand; Juni 1991 Austritt aus der PDS; Sept. 1993 Prozeß vor der Zivilstrafkammer Landgericht Berlin, Anklage wegen Anstiftung zur Wahlfälschung, Verurteilung zu 1 Jahr Freiheitsentzug auf Bewährung; Rentner; lebt in Berlin.

Müller, Jens 6. 7. 1965
Leistungssportler (Rennrodeln)

Geb. in Torgau/Elbe; 1973 Beginn mit dem Rennschlittensport im TZ Ilmenau, seit 1976 KJS u. Mitgl. des ASK Vorwärts Oberhof (Trainer: Bernd Jäger); 1984–89 SED; Spezialdisz.: Herren-Einsitzer; 1987 u. 1989 Vize-WM; Olympiasieger; VVO in Gold.

Seit 1990 Mitglied des BSR Oberhof, Angehöriger der Bundeswehr; betreibt mit seinem Vater ein Sportartikelgeschäft in Ilmenau.

Müller, Jutta, geb. Lätzsch 13. 12. 1928
Eiskunstlauftrainerin
Geb. in Chemnitz, Vater Eisenbahner; Volksschule, Lehre als Sekr./Sachbearb.; 1946 SED, 1946–48 Studium am Lehrerbildungsinst., 1948–51 Lehrerin für Deutsch u. Sport; 1949 DDR-Meisterin im Damen-Paarlauf; 1951–55 Sachbearbeiterin in Berlin u. Karl-Marx-Stadt; ab 1955 Eiskunstlauftrainerin, Erfolge u. a. mit ihrer Tochter Gabriele Seyfert* (Olympiazweite 1968), Sonja Morgenstern, Günter Zöller, Jan Hoffmann (Olympiazweiter 1980), Anett Pötzsch* (Olympiasiegerin 1980), Katarina Witt* (Olympiasiegerin 1984 u. 1988) u. Evelin Großmann; gilt als erfolgreichste Eiskunstlauftrainerin der Welt.
Wohnt in Chemnitz; 1993/94 Comeback als Trainerin von K. Witt.

Müller, Karl Erich 19. 9. 1917
Maler, Grafiker
Geb. in Halle, Vater Dekorationsmaler; 1932–38 Lehre u. Arbeit als Dekorationsmaler; 1938–43 Militärdienst; 1943–45 sowj. Gefangenschaft.
1945–47 Arbeit als Dekorationsmaler; 1946–48 Studium an der Kunstschule Burg Giebichenstein (Erwin Hahs); 1948 freischaff. in Halle; 1960 Studienreise in die UdSSR, 1961 nach Rumänien, 1964 nach Bulgarien; 1965 Mitgl. der DAK; 1966 Studienreise in die UdSSR (Sib.), 1966, 1968, 1972, 1978 Studienreisen nach Indien, 1975, 1977 nach Sri Lanka, 1978 nach Nepal, 1979 in die UdSSR u. nach Jugoslawien, 1980 nach Indien u. Pakistan, 1983 nach Indien.
Sek.-Lit.: Christ, R.: K. E. M.: Blick auf Pakistan. Berlin 1982; Hütt, W.: K. E. M. (mit Bibliogr.). Berlin 1965; Hütt, W.: K. E. M. (mit Bibliogr.). Dresden 1973; Kat. K. E. M. Malerei u. Grafik aus drei Jahrzehnten (mit Bibliogr.). AdK Berlin 1979; K. E. M. Erlebnis Südasien. AdK Halle 1987; K. E. M. Staatl. Gal. Moritzburg Halle 1988.

Müller, Kurt 7. 12. 1924
Oberbürgermeister von Karl-Marx-Stadt
Geb. in Schönheide (Erzgeb.); 1949 SED; Teiln. am Bau der Talsperre Sosa; 1950 Bürgermeister von Stützengrün (Kr. Aue), 1953–55 Bürgermeister von Aue bzw. Vors. des Rats des Kr. Aue; 1955–61 1. Sekr. der SED-KL Aue bzw. Freiberg; Sept. 1961 OB von Karl-Marx-Stadt, Dez. 1986 aus gesundheitl. Gründen zurückgetreten; Mitgl. des Präs. des Dt. Städte- u. Gemeindetags.
Publ.: Bürgeranliegen – Bürgerinitiative (mit G. Schulze u. H. Pohl). Berlin 1985.

Müller, Margarete, geb. Knietzsch 10. 2. 1921
FDGB-Funktionärin
Geb. in Petershain (Kr. Calau), Vater Glasmaler; Volksschule; 1936–43 Hausgehilfin u. Köchin; 1944/45 als Telefonistin dienstverpflichtet.
1945 Heimarbeiterin in Freiberg; 1945/46 KPD/SED; 1946 FDGB, 1947 DFD; 1946–49 Metallarbeiterin, 1949/50 Sachbearb. beim Arbeitsamt Freiberg, 1950/51 Referentin beim DFD-Vorst. Dresden; 1952 SED-BPS Dresden; 1952/53 Abt.-Ltr. der SED-BL Dresden, 1954 dort Sektorenltr.; 1954–57 Instrukteur der SED-BL Berlin; 1957–60 PHS, Dipl.-Ges.-Wiss.; 1960–63 Sekr. der BPO im VEB Berliner Glühlampenwerk, zugl. 1960–62 Mitgl. der SED-KL Berlin-Friedrichshain, 1962–64 der SED-BL Berlin; ab 1963 Sekr. u. Mitgl. des Präs. des FDGB-Bundesvorst., 1964–69 Sekr. der SED-KL der Zentralen Organe der Gewerkschaften; 1965–69 Mitgl. des Generalrats des WGB; ab 1967 Abg. der Volkskammer, bis 1976 Mitgl. ihres Präs.; 1981 Rentnerin; 1981 VVO in Gold.

Müller, Margarete 18. 2. 1931
SED-Politikerin
Geb. in Neustadt (Oberschles.), Vater Kraftfahrer, Mutter Hausfrau; 1937–45 Volksschule; 1946–48 Gärtnerin in Salow (b. Neubrandenburg); 1948–50 Traktoristin bei der MAS Salow, 1949 Besuch der MAS-Landesschule in Wikkendorf (b. Schwerin); 1950 Lehrling auf dem Lehr- u. Versuchsgut Gustavshof; 1950–53 Studium an der FS für Landw. Demmin, ab 1951 in Schabernack; 1951 SED; 1953–58 Studium am Leningrader landwirtschaftl. Inst. in Puschkin; 1958–60 Agronom bei der MTS Brohm; 1960–63 Vors. der LPG Kotelow, glz. Mitgl. der SED-Bez.-Ltg. Neubrandenburg; 1971–89 Mitgl. des Staatsrats; 1963–89 Mitgl. des ZK der SED, Kand. des SED-PB; 1967–73 Mitgl. des Rats für Land-, Forst- und Nahrungsgüterwirtschaft; 1973–76 Ltr. der Kooperativen Abt. Pflanzenprod. bzw. der LPG Pflanzenprod. Kotelow; 1974 KMO; 1976 Ltr. der Agrar-Industrie-Vereinigung Pflanzenprod. Friedland; 1981 VVO in Gold. 8. 11. 1989 mit dem PB des ZK der SED zurückgetreten u. wieder als Kand. des PB gewählt, Dez. 1989 mit dem ZK zurückgetreten; Jan. 1990 als Mitgl. des Staatsrats zurückgetreten u. aus der Volkskammer ausgeschieden, Ausschluß aus der SED/PDS.

Müller, Silvia 22. 3. 1953
Bürgerrechtlerin
Geb. in Berlin, Vater Polizist, Mutter Sachbearbeiterin; 1971 Abitur, 1972–78 Studium der Kulturwiss. an der HU Berlin, zeitw. extern bei glz. Erwerbstätigkeit; 1978–80 Red. im Verlag Junge Welt, 1981 Dramaturgin am Puppentheater Frankfurt/Oder; Frühjahr 1981 erste Kontakte zur poln. Gewerkschaft Solidarność, seit Sommer 1981 Mitarb. im Friedenskreis der ESG Berlin, ab 1983/84 Friedrichsfelder Friedenskreis, Teiln. an Arbeitsgruppen zu versch. Themen, u. a. Beteiligung an einer illegalen Fragebogenuntersuchung zum Thema »Charakter der Arbeit im Realsoz.«; ab Nov. 1981 Red. im Berliner Verlag, März 1984 Disziplinarmaßnahmen, die auf Berufsverbot hinausliefen; 1985 Invalidisierung; Herbst 1985 Mitgl. der Vorbereitungsgruppe des ersten Menschenrechtsseminars (Nov. 1986), Mitbegr. der Menschenrechtsgruppe »Gegenstimmen«, 1987 Mitbegr. der Samisdat-Ztschr. »Friedrichsfelder Feuermelder«, Kontakte zu opp. rumäniendt. Schriftst., Mitinit. der Rumänien-Gedenktage 1988/89 in versch. Berliner Kirchen, 1988/89 Vertreterin der Menschenrechtsgruppen im Fortsetzungsaussch. des Netzwerks »Frieden konkret«; Sept. 1989 Mitbegr. der Vereinigten Linken (VL), Dez. 1989 – März 1990 VL-Vertreterin am Zentralen Runden Tisch, Mitarb. in der Mediengesetzgebungskommission u. im Medienkontrollrat, Jan. 1990 Mitgl. des Hörfunkrats, Mai 1990 – Jan 1994 Mitarb. in der Rehabilitierungskommission des Hörfunkrats.

Müller, Vincenz 5. 11. 1894–12. 5. 1961
Chef des Stabs der KVP bzw. Hauptstabs der NVA
Geb. in Aichach (Bay.), Vater Gerbermeister; Kloster-Gymnasium; seit 1. 10. 1913 Berufssoldat, Offizier im 1. Weltkrieg, danach Grenzschutz und Reichswehr; ab 1923 Mitarb. der Organisationsabt. des Reichswehrmin., u. a. Adjutant bei Gen. Kurt von Schleicher; 1933–37 im Generalstab; 1937–39 Generalstabsakad., Oberst; 1943 Gen.-Ltn., Kommandierender Gen. eines Armeekorps u. zuletzt stellv. Oberbefehlshaber der 4. Armee, Juli 1944 Einstellung des Kampfes beim Zusammenbruch der Heeresgruppe Mitte; sowj. Gefangenschaft, durch ein NS-Gericht in Abwesenheit zum Tode verurteilt; Mitgl. des Bunds Dt. Offz., Zentrale Antifa-Schule in Krasnogorsk.

Sept. 1948 Rückkehr nach Dtl.; Chefinspekteur der VP; NDPD, ab 1949 Mitgl. ihres Hauptaussch., Febr. – Okt. 1949 Pol. Geschäftsführer, Okt. 1949 – Okt. 1952 stellv. Vors.; 1950–58 Abg. der Volkskammer (Sekr. des 2. Dt. Volksrats), bis 1952 deren Vizepräs.; 1952 Stellv. des Min. des Innern, Gen.-Ltn., 1953–55 Chef des Hauptstabs der KVP; 1956 Stellv. des Min. für Nat. Verteidigung u. Chef des Hauptstabs der NVA; 1955/56 im Auftrag der Reg. Gespräche mit Bundesmin. Fritz Schäffer über eine dt. Konföderation; ab 1958 Ruhestand, zeitw. Berater im Min.; 1961 Suizid.
Publ.: Ich fand das wahre Vaterland (Hrsg. K. Mammach). Berlin 1963.

Müller, Werner 20. 5. 1928
SED-Funktionär
Geb. in Schmölen; Vater Schlosser; Mutter Arbeiterin; Volks- u. Berufsschule; 1942–44 Elektrikerausbildung in Wurzen; 1944/45 Wehrertüchtigungslager, RAD u. Gefangenschaft.
1945–48 Betriebselektriker; 1946 SED; 1946–48 Mitgl. der Ortsltg. der SED Bennewitz; 1948/49 Pol. Mitarb. der SED-KL Grimma; 1948–51 Mitgl. der SED-KL u. Sekr. der KL Grimma; 1949/50 Ltr. der Organisationsabt. u. Mitgl. des Sekr. der SED-KL Grimma; 1950 Student der Landesparteischule Ottendorf; 1950/51 2. Sekr. der SED-KL Grimma; 1951–53 2. Sekr. der SED-KL Oelsnitz; 1953 PHS; 1954–57 Pol. Mitarb. der Abt. Parteiorg. des ZK der SED; 1957–71 Pers. Mitarb. des Vors. der ZPKK Hermann Matern*; 1971 Pol. Mitarb. der ZPKK; 1971–86 Mitgl. der ZPKK; 1986–90 Stellv. Vors. der ZPKK; bis Jan. 1990 Mitgl. des PV der SED/PDS, danach Geschirrwäscher.

Müller, Wilfried 8. 5. 1931
MfS-Bezirksverwaltungsleiter
Geb. in Magdeburg, Vater Schuhmacher, Mutter Hausfrau; Volksschule; 1945 Ausbildung zum Elektriker; 1948 Betriebselektriker im Thälmann-Werk Magdeburg; 1949 SED; 1952 Einstellung beim MfS, Kreisdienststelle Magdeburg, Abt. VIII (Beob. / Ermittlung); 1954 Versetzung zur Bezirksverwaltung Magdeburg, Abt. V (Staatsapparat, Kultur, Kirchen, Untergrund); 1955 Ltr. der Abt. VII (Abwehr DVP); 1958/59 Besuch der BPS; 1964–66 Dreijahreslehrgang an der JHS des MfS Potsdam-Eiche, Dipl.-Jur.; 1967 Stellv. Operativ des Ltr., 1977 Ltr. der Bezirksverwaltung Magdeburg des MfS; 1981 Gen.-Major; 1990 Entlassung.

Mundt, Rainer 3. 12. 1944
Eisschnellauftrainer
Geb. in Oberhof (Thür.); Grundschule, 1959–62 Mechanikerlehre in Zella-Mehlis, 1962–70 Mechaniker in Erfurt; Eishockeyspieler beim SC Turbine Erfurt (Oberliga); 1970 Elektromechaniker in Dresden, 1971/72 Mitarb. im DTSB-Kreisvorst. Dresden-Stadt, ab 1972 Sportlehrer für Eisschnellauf an der KJS Dresden; 1973–78 Fernstudium an der DHfK Leipzig, Dipl.-Sportlehrer; SED, 1979–88 Eisschnellauf-Auswahltrainer Mehrkampf (Frauen), Trainer beim SC Einheit Dresden u. a. von Karin Kania*, Andrea Ehrig, Gabi Zange-Schönbrunn u. Sabine Brehm; 1988 Prom. zum Dr. päd. (DHfK), 1988–90 Nachwuchstrainer; 1990 Trainer in Österreich.

Mundt, Wolfgang 3. 10. 1935
Geophysiker
Geb. in Berlin, Vater Versicherungskaufmann; 1942–54 Volks- u. Oberschule in Berlin u. Danzig; 1954–59 Geophysikstudium an der HU Berlin mit Diplomabschluß; 1959–69 Assistent, Oberassistent u. Abt.-Ltr. am Geomagnet. Inst. Potsdam; 1963 Prom. u. 1968 Habil. an der KMU Leipzig; 1969–73 Bereichsltr. am ZI für Physik der Erde der AdW in Potsdam; 1972–86 Leitungsmitgl. des

Fachbereichs Geophysik der Ges. für geolog. Wiss.; 1973–81 wiss. Sekretär bzw. stellv. Ltr. des Forschungsbereichs Geo- u. Kosmoswiss. der AdW; 1975–89 SED; 1976 Prof. für Geophysik; 1981–91 Dir. des ZI für solar-terrestr. Physik (1984 umgewandelt zum Heinrich-Hertz-Institut für Atmosphärenforschung u. Geomagnetismus) der AdW; 1981 Korr. u. 1988 Ord. Mitgl. der AdW; 1984–91 stellv. Vors. der Klasse Geo- u. Kosmoswiss. der AdW; 1983–91 gewählter stellv. Vors. der Arbeitsgruppe Magnet. Hauptfeld u. Säkularvariation der Intern. Assoziation für Geomagnetismus u. Aeronomie; 1986–89 Vors. des neugegr. Wiss. Rats für Fragen der Umweltgestaltung u. des Umweltschutzes beim Präs. der AdW; 1986–90 Mitgl. des Präs. der Urania.
Forschungen u. Publ. hauptsächl. zum geomagnet. Innenfeld.

Munkelt, Thomas 3. 8. 1952
Leistungssportler (Leichtathletik)
Geb. in Zedtlitz (Kr. Borna); EOS, Studium der Zahnmedizin; 1969–85 aktiver Leichtathlet zunächst in Großzössen, ab 1971 beim SC Leipzig bzw. SC DHfK Leipzig, Spezialdisz. 110-m-Hürdenlauf (Trainer bis 1980 Dieter Bachmann u. Frank Rüdiger); EM 1978: Sieger über 110 m Hürden und Zweiter mit der 4x100-m-Staffel; 1980 Olympiasieger; 1977, 1978, 1979 u. 1983 jeweils Hallen-EM; viermal Europacupsieger: 1975 mit der 4x100-m-Staffel, 1977, 1979 u. 1983 im 110-m-Hürdenlauf; 1977 Weltcupsieger.
Lebt als Zahnarzt in Leipzig.

Munschke, Ewald
20. 3. 1901–21. 10. 1981
Chef der Verwaltung Kader in KVP und NVA
Geb. in Berlin, Vater Steinsetzer; Volksschule; Bauarbeiter; 1920 Gewerkschaft, 1923 KPD, Funktionär für militärpol. Fragen in der Bez.-Ltg. Berlin-Brandenburg; 1933 Emigration in die UdSSR, bis 1936 an der Kommunist. Univ. der Völker des Westens in Moskau; 1936–38 in Spanien Politkommissar im Bat. »Tschapajew« der XIII. Intern. Brigaden; 1938 über Frankreich (sechs Wochen inhaftiert) nach Holland, während des Kriegs in der niederländ. Widerstandsbew.
1945 Rückkehr nach Dtl.; Parteisekr. in der Berliner Polizei, 1946 Mitarb. der Berliner Landesltg. der SED, bis 1950 Ltr. der Kaderabt. des PV der SED; 1951–61 Chef der Verwaltung Kader der HV für Ausbildung der KVP bzw. der NVA, Gen.-Major; 1961–70 Vors. der Parteikontrollkommission der Pol. HV der NVA, 1963–70 Kand. der ZPKK beim ZK der SED; 1970 Ruhestand; Mitgl. der ZL des Komitees der Antifasch. Widerstandskämpfer.
Sek.-Lit.: Grabner, H.; Mildner, H.: Der Weg nach Hause. Lebensweg von Generalmajor E. M. Berlin 1963.

Münzner, Rolf 3. 1. 1942
Grafiker, Illustrator
Geb. in Geringswalde bei Rochlitz; Schulbesuch u. Lehre als Maschinenschlosser in Leisnig; 1960–62 Armeedienst; 1962–67 Studium an der HS für Grafik u. Buchkunst Leipzig; danach ansässig in Geithain; 1969–72 Aspirantur, seit 1973 Lehrauftrag an der HS für Grafik u. Buchkunst; 1977 Preis der Intergrafik Berlin; 1983 Kunstpreis der DDR; 1984 Sonderpreis der Grafik-Biennale Bradford (Großbrit.); 1986 Kunstpreis des FDGB; 1986 Hauptpreis der Grafik-Biennale Kraków.
1990 Goldmedaille der Grafik-Biennale Fredrikstad (Norw.); 1990 Künstler. Ltr. der lithograph. Werkstatt der HS für Grafik u. Buchkunst; 1992 dort Prof.
Werke: Grafikzyklen zu Heinrich Mann: Empfang bei der Welt (1970–73), Michail Bulgakow: Der Meister u. Margarita (1976), Alexander Blok: Die Zwölf

(1977), Simplicius Simplicissimus (1991); Arena-Gewalt (1973), Für Majakowski (1978), Radballspiel (1978), Die neue Melusine (1980), Die alte Singer (1981), Der Waffenschmied (1983), Für Senefelder (1984), Ausstieg (1989), Das Narrenkarussell (1991).
Sek.-Lit.: Kat. R. M. Zeichnungen. Altenburg 1987; Kat. R. M. Leipzig 1992; Kat. R. M. Druckgrafik-Handzeichnungen. Oberursel 1993.

Müssemeier, Friedrich
1. 3. 1876–13. 4. 1957
Veterinärmediziner
Geb. in Müssen (Kr. Detmold), Vater Landwirt; Realgymnasium; Studium an der Tierärztl. HS in Hannover, 1897 tierärztl. Staatsexamen; 1897–99 prakt. Tierarzt in Braunschweig; 1899–1903 Assistent an den Veterinärinst. der Univ. Halle, Leipzig u. Hannover; 1905–14 Kr.-Tierarzt; 1914–20 Referent für Veterinärwesen beim Oberpräs. in Potsdam; 1919 Mitgl. der Dt. Akad. der Naturforscher Leopoldina zu Halle; 1921 Berufung in die Veterinärabt. des Preuß. Min. für Landw., Domänen u. Forsten, ab 1924 als Ministerialdirigent Ltr. der Abt. u. Vors. des Preuß. Landesveterinäramts (Mitgl. bereits seit 1917); ab 1927 dt. Delegierter beim Intern. Tierseuchenamt in Paris, seit 1935 ständiger dt. Vertreter; 1928 Lehrbeauftragter, 1930 Honorarprof. für allg. Veterinärpolizei an der Tierärztl. HS Berlin; 1935 Ausscheiden aus der Veterinärverwaltung bei ihrer Zuordnung zum Reichsinnenmin., später Dir. der Veterinärabt. des Reichsgesundheitsmin., 1941–45 zusätzl. Ltr. der neu geschaffenen Unterabt. Bekämpfung der Tierseuchen im Innenmin.
Nach 1945 CDU; 1946 bei Wiedereröffnung der Veterinärmed. Fak. der Univ. Berlin ord. Prof. für Tierseuchenbekämpfung u. Staatsveterinärwesen sowie Dir. des Inst. für Veterinärpolizei; 1952 ord. Mitgl. der DAL, NP.
Initiator der mod. dt. Veterinärverwaltung mit intern. Beispielwirkung, Organisierung der staatl. Tierseuchenvorbeuge u. -bekämpfung sowie Übertragung der Erfahrungen auf das Veterinärwesen der SBZ/DDR; zahlr. wiss. Ehrungen, u. a. Ehrenprom. durch die Tierärztl. HS Hannover (1925 u. 1953) u. die HU Berlin (1951).
Sek.-Lit.: Lötsch, D.: Zum 25. Todestag von F. M. In: Humboldt-Univ. vom 29. 4. 1982

Mylius, Karin, geb. Loebel
11. 1. 1934–1987
Vorsitzende der Jüdischen Gemeinde Halle
Geb. in Münster (Westf.) als Tochter eines Polizeihauptwachtmeisters (NSDAP-Mitgl.), aufgewachsen in Halle; Volksschule, Stenotypistin; 1955 zeitw. illegale Übersiedlung nach Stuttgart; 1957 Rückkehr in die DDR, Sekr. des Präs. der Jüd. Gemeinden in der DDR u. des Vors. der Jüd. Gemeinde Halle, Hermann Baden; nach dessen Tod 1966–86 Vors. der Jüd. Gemeinde Halle; seit 1960 operative Bearbeitung durch das MfS zur pol. Orientierung des Vaters im Nat.-Soz. u. seiner Beteiligung an Judenverfolgungen in Lettland u. Litauen, zu falschen Angaben über M.s jüd. Herkunft, zu fingierten Aktionen antisemit. Inhalts; seit 1983 kursierten Briefe aus der Bevölkerung über die Fam. Mylius u. deren zweifelhafte Beziehungen zum Judentum.; 1976 hatte M. durchgesetzt, daß ihr Vater – obwohl nicht jüd. – auf dem Ehrenhain des Jüd. Friedhofs beerdigt wurde; 1984 Wahl zur Stadtverordneten; VVO; seit 1984 verstärkte Kritik innerhalb der Jüd. Gemeinden der DDR zur Herkunft von M. u. zu ihrer Amtsführung als Vors. der Jüd. Gemeinde u. erhöhtes Interesse des MfS an ihrer Absetzung; 1987 Absetzung gegen den Willen von Helmut Aris*; im gleichen Jahr wird sie ebenfalls auf dem Jüd. Friedhof beerdigt.

Sek.-Lit.: Biograph. Kurzporträt von L. M. in: Eschwege, Helmut: Fremd unter meinesgleichen. Erinnerungen eines Dresdner Juden. Berlin 1991, S. 162–165.

N

Naas, Josef 16. 10. 1906–3. 1. 1993
Mathematiker, Direktor der DAW
Geb. in Köln; 1928–33 Studium an den Univ. Köln, Berlin u. Hamburg; 1933–35 Assistent an der Univ. Köln, 1935 Prom. mit einer Arbeit auf dem Gebiet der Differentialgeometrie bei Hans Ludwig Hamburger; ab 1936 als Mathematiker in der Berliner Industrieforschung, u. a. bei der Dt. Versuchsanstalt für Luftfahrt u. der C. Lorenz-AG; 1932 KPD, antifasch. Arbeit, u. a. in der Gruppe um Robert Uhrig, 4. 2. 1942 Verhaftung des Ehepaars N., ohne Prozeß in KZ verschleppt (Martha nach Ravensbrück, J. nach Mauthausen).
Nach der Befreiung zunächst Ltr. des Aussch. für Wiss.-Ltg. beim Magistrat von Groß-Berlin, später Ltr. der Kulturabt. des ZK der KPD; 1946 SED; Nov. 1946 bis Apr. 1953 Dir. der DAW, 1953–59 Abt.-Ltr. u. Prof. am Forschungsinst. für Mathematik, danach Ltr. des Bereichs Differentialgeometrie u. zeitw. Dir. des Inst. für reine Mathematik der DAW; bes. bekannt das gemeinsam mit H. L. Schmid hrsg. Standardwerk »Mathemat. Wörterbuch«, 1961 nach über 30jähriger Bearbeitung glz. in drei Verlagen erschienen.

Nagel, Otto 27. 9. 1894–12. 7. 1967
Maler, Präsident der Dt. Akademie der Künste
Geb. in Berlin, Vater Tischler; Volksschule, 1908 Lehre als Glasmaler; 1915 SPD, 1917 USPD u. Spartakusgruppe; 1917–19 Kriegsdienst; 1918 KPD; bis 1921 Transportarbeiter, zeitw. arbeitslos, dann als Autodidakt freischaff. Maler des Arbeiterlebens; 1921 Mitbegr. der Künstlerhilfe in der IAH; 1924 Mitorganisator der 1. Allg. Dt. Kunstausstellung in der UdSSR; 1926–33 Mitgl. des Bunds Rev. Künstler Dtl.; 1934 Malverbot, Beschlagnahme u. Vernichtung vieler Werke als »entartet«; 1936/37 KZ Sachsenhausen.
1945 Mitbegr. des KB; 1946 SED, Abg. des Landtags Brandenburg; 1948 Ernennung zum Prof.; 1949 Mitgl. des Dt. Volksrats, 1950–54 Abg. der Volkskammer; 1950 Gründungsmitgl. der DAK, 1953–59 Vors. bzw. Präs. des VBKD; 1953–56 u. 1962–67 Vizepräs., 1956–62 Präs. der DAK.
Publ.: Heinrich Zille. Berlin 1953; Käthe Kollwitz. Dresden 1963.
Sek.-Lit.: Kat. u. Festschrift O. N. Ausstellung zu seinem 65. Geburtstag. Berlin 1959; Frommhold, E.: O. N. Zeit, Leben, Werk. Berlin 1974; Huett, W.: O. N. Berlin 1976.

Näther, Joachim 11. 3. 1925
Architekt, Städtebauer
Geb. in Waldau (Kr. Zeitz), Vater Maschinenbauingenieur; 1931–41 Grund- u. Oberschule, Ausbildung zum Maurer, 1943–45 Militärdienst; 1945/46 Gefangenschaft.
1946–49 Ing.-Studium an der Ing.-Schule Magdeburg., Bauingenieur; 1950/51 LDPD; 1950–52 Architekt in Projektierungsbetrieben in Magdeburg u. Schwerin, 1952 Wohnungsbau in Wismar u. Pasewalk; 1953 SED; 1953–63 Chefarchitekt im VEB Projektierung Rostock, leitete den Aufbau der »ersten soz. Straße«

(Lange Straße); 1957–61 Studium an der HAB Weimar, Dipl.-Ing.; 1963/64 Chefarchitekt im VEB Typenprojektierung Berlin, 1964–74 Chefarchitekt von Berlin, Arbeit am Generalbebauungsplan Berlin, maßg. Einfluß auf die Neugestaltung des Alexanderplatzes (1964–69), der Fischerinsel (1963–72), der Rathaus- u. Liebknechtstraße (1968–72), des Leninplatzes (1968–70) u. der Leipziger Straße (1969–72) in Berlin; 1968–90 Mitgl. der DBA, 1969 Dr.-Ing.; 1974–90 Dir. des Inst. für Kulturbauten; Mitwirkung am Aufbau der Semperoper in Dresden, des Gewandhauses in Leipzig, der Rekonstruktion des Dt. Theaters u. der Kammerspiele in Berlin; 1979–90 Honorarprof. an der HS für Industrielle Formgestaltung Burg Giebichenstein (Halle); leitete eine Bürgerinitiative für die behutsame u. sozialverträgl. Erneuerung des Alexanderplatzes in Berlin.

Namokel, Karl 9. 8. 1927–25. 7. 1988
FDJ-Funktionär
Geb. in Demmin, Vater Arbeiter; Volksschule, 1942–44 Ausbildung zum Schiffbauer in Stettin; 1944/45 Soldat.
1945 Gelegenheitsarbeiter; 1945 KPD, 1946 SED, FDJ; 1947/48 1. Sekr. der FDJ-KL Demmin; 1949/50 Sekr. der FDJ-GO u. 1950/51 1. Sekr. der SED-PO der Volkswerft Stralsund; 1951/52 PHS; 1952–55 Sekr. für Wirtschaft der SED-BL Rostock; 1954/55 Abg. des Bez.-Tags Rostock; Mai 1955–1959 1. Sekr. des ZR der FDJ (Nachf. von Erich Honecker*); 1958–63 Mitgl. des ZK der SED u. Abg. der Volkskammer; ab 1959 Ingenieursstudium Schiffbau in Rostock-Warnemünde, anschl. Mitarb. im Bereich Berufsausbildung der VVB Schiffbau u. der Nachfolgeeinrichtung.

Natho, Eberhard 24. 6. 1932
Kirchenpräsident
Geb. in Dessau in einer Pfarrersfamilie; wegen christl. Engagements von der Oberschule relegiert; nach dem Abitur an der kirchl. Ausbildungsstätte in Potsdam-Hermannswerder 1954–58 Studium der Theol. an der EMAU Greifswald, Vikariat in Roßlau; 1960 Ordination; 1961–71 Pfarrer in Güsten u. Abg. in der Stadtverordnetenvers. zunächst für den KB, dann für die CDU; 1969 theolog. Ehrenprom. an der MLU Halle; 1970 Mitgl. des Präs. der anhaltin. Landessynode u. ab Nov. 1970 Kirchenpräs. der Ev. Landeskirche Anhalt (Nachf. von Martin Müller); seit 1971 zugl. Pfarrer an der St.-Georgs-Kirche in Dessau; Mitgl. der Konferenz der Ev. Kirchenleitungen; 1979–82 Vors. des Rats der Ev. Kirche der Union in der DDR; 1981–90 Vors. der Arbeitsgemeinschaft Christl. Kirchen in der DDR.

Natschinski, Gerd 23. 8. 1928
Komponist, Dirigent
Geb. in Chemnitz; 1945/46 Studium an der HS für Musik Dresden; 1946–48 in Chemnitz Privatunterricht in Theorie, Komposition, Klavier; ab Ende 1948 Komponist, Arrangeur, Dirigent beim Capitol-Orchester Leipzig, dann mit eigenem Orchester Live-Konzerte, ca. 150 Prod. beim Mitteldt. Rundfunk Leipzig; 1951–53 Meisterschüler bei Hanns Eisler* in Berlin; 1952–54 Chefdirigent des Großen Tanz- u. Unterhaltungsorchesters des Berliner Rundfunks; 1969 LDPD; ab 1969 Mitgl. des NR der NF; 1978–81 Intendant des Metropol-Theaters Berlin.
Kompositionen: Musiken für 70 DEFA-Filme, ca. 400 Lieder, Schlager (u. a. »Zwei gute Freunde«, »Die Sterne der Heimat« für Fred Frohberg*, »Damals«, »Treu sein« für Bärbel Wachholz*) u. Chansons (u. a. für Gisela May*; »Die Rose war rot« für Gerry Wolff); 13 Stücke für Musiktheater, u. a. »Messeschlager Gisela« (1960), »Servus Peter« (1961), »Mein Freund Bunbury« (1964), »Casanova« (1976), »Hoffmanns Erzählungen« (Ballett frei nach Offenbach, 1986 für die

Kom. Oper Berlin); Orchesterwerke der E- sowie der U-Musik; Dirigate in Theater u. Konzert, für Schallplatte, Rundfunk, Film u. Fernsehen.

Naumann, Harald 3. 1. 1923
CDU-Politiker
Geb. in Dresden, Vater Eisenbahner; Volks-, Wirtschaftsober- u. Finanzschule; 1941–50 Zolldienst, durch Kriegsdienst (Luftnachrichten) unterbrochen, zuletzt Regierungsrat und Hauptzollamtsltr.
1949 CDU; 1950–52 Studium der Finanzwirtschaft an der Dt. Verwaltungsakad. Forst-Zinna; 1952–54 Oberreferent in der Abgabenverwaltung; 1954–66 Abt.-Ltr. Wirtschaft beim Sekr. des CDU-Hauptvorst., 1957–59 Fernstudium der Industrieök. an der HfÖ Berlin, Dipl.-Ökonom, 1966 dort Prom. zum Dr. oec.; 1966–77 Sekr. des CDU-Hauptvorst.; 1967 – März 1990 Abg. der Volkskammer, 1971–81 stellv. Vors. des Aussch. für Industrie, Bauwesen u. Verkehr, 1981–86 stellv. Vors. des Aussch. für Haushalt u. Finanzen; 1972–89 Mitgl. des Präs. des CDU-Hauptvorst.; 1977–89 Stellv. Min. für Handel u. Versorgung; 1983 VVO in Gold.
Publ.: Die Mitarbeit der CDU bei der Schaffung u. Entwicklung halbstaatlicher Betriebe in der DDR. o. O. 1967.

Naumann, Konrad
25. 11. 1928–25. 7. 1992
SED-Politiker
Geb. in Leipzig, Vater Angestellter; Mittel- u. Aufbauschule; 1945 KPD; 1945/46 Land- u. Bauhilfsarbeiter; 1946 SED, FDJ, FDGB; 1946/47 Abt.-Ltr. im Kreisvorst. Leipzig, dann im Landesvorst. Sachsen der FDJ, 1947/48 Vors. des Kreisvorst. Leipzig; 1948/49 Instrukteur des ZR der FDJ; 1949–51 Sekr. für Arbeit u. Soziales im FDJ-Landesvorst. Mecklenburg; 1950/51 Abg. des Landtags Mecklenburg; 1951/52 Studium an der Komsomol-HS in Moskau; 1952–57 1. Sekr. der FDJ-BL Frankfurt/Oder, Kand. des Büros der SED-BL, Abg. des Bez.-Tags; 1952–67 Mitgl., 1957–64 Sekr. des ZR der FDJ, 1959 Ltr. der DDR-Delegation zu den VII. Weltfestspielen der Jugend u. Studenten in Wien; 1963–66 Kand. u. 1966–86 Mitgl. des ZK der SED, 1964–67 Sekr. u. Ltr. der Abt. Parteiorgane des ZK; 1967–71 2. Sekr. u. 1971–85 1. Sekr. der SED-BL Berlin (Nachf. von Paul Verner*); 1967–86 Abg. der Berliner Stadtverordnetenvers. u. Abg. der Volkskammer; 1973–76 Kand. u. 1976–85 Mitgl. des PB, 1984/85 Sekr. des ZK der SED, 22. 11. 1985 auf der 11. ZK-Tagung aus angebl. gesundheitl. Gründen von seinen Funktionen entbunden; 1974 VVO in Gold, 1978 KMO; 1984–86 Mitgl. des Staatsrats; 1986 stellv. Dir., 1987–89 Mitarb. des Zentr. Staatsarchivs Potsdam.
1990 Vorruhestand; lebte ab Apr. 1991 in Quito (Ecuador), dort gest.

Neddermeyer, Robert
3. 4. 1887–18. 10. 1965
VdgB-Funktionär
Geb. in Altona, Vater Seemann; Volksschule, 1901–04 Ausbildung zum Ewerführer, anschl. Arbeit in versch. Berufen; 1909–12 Militärdienst; 1901 Mitgl. der freien Gewerkschaften, 1904 SPD; ab 1914 Soldat, zuletzt Obermatrose, Nov. 1918 am Kieler Matrosenaufstand beteiligt; 1920 KPD; 1920/21 Bau- u. Bergarbeiter; 1922–26 Pol. Sekr. regionaler KPD-Org., 1924 Teiln. am V. Kongreß der KI, 1926–28 Mitarb. im ZK der KPD, 1928–32 Mitgl. der BL Ostpreußen, Hrsg. der »Dorfztg.«; 1924–28 Abg. des Dt. Reichstags, 1928–33 des Preuß. Landtags u. 1930–33 der Stadtverordnetenvers. von Königsberg; 1931 Mitbegr. des rev. Landarbeiterverb.; Okt. 1933 wegen illegaler Tätigkeit verhaftet u. 1934 zu zwei Jahren Gefängnis verurteilt, 1935/36 in den KZ Esterwegen u. Sach-

senhausen, anschl. unter Polizeiaufsicht, 1944 als Mitgl. der Gruppe von Anton Saefkow erneut verhaftet u. zu drei Jahren Zuchthaus verurteilt, bis zur Befreiung Apr. 1945 im Zuchthaus Brandenburg-Görden.

1945 Bürgermeister von Liebenwalde, 1945–47 Oberlandrat u. Mitgl. der Landesbodenreformkommission; 1946–52 Abg. des Landtags Brandenburg, danach des Bez.-Tags Potsdam, seit 1949 der Länderkammer der DDR u. ihres Präs.; 1947 Landessekr., 1949 Landesvors. der VdgB Brandenburg, ab 1952 Vors. des Bez.-Verb. Potsdam u. Mitgl. des Präs. des Zentralvorst. der VdgB; 1957 KMO.

Publ.: Es begann in Hamburg... Ein dt. Kommunist erzählt aus seinem Leben. Berlin 1980.

Nedo, Paul (Pawoł)
10. 11. 1908–24. 5. 1984
Völkerkundler, Vorsitzender der Domowina

Geb. in Kotitz (b. Löbau), Vater Lokomotivheizer, Mutter Schneiderin; Oberschule, Studium an der Univ. Leipzig, 1931 Staatsexamen als Lehrer, 1932 Schuldienst; 1933 bis zur Auflösung 1937 1. Vors. der Domowina; 1942 Wehrmacht, 1944/45 U-Haft wegen Verdachts auf Hochverrat.

1945–51 versch. Funktionen in der sächs. Schulverwaltung; 1951 Ltr. der Landesverwaltung für Kunstangelegenheiten Sachsens; 1952 Ltr. der Forschungsabt. des Zentralhauses für Volkskunst Leipzig, aus der 1956 das Inst. für Volkskunstforschung hervorging, dort Ltr. bis 1961; 1951 Lehrbeauftragter an der Univ. Leipzig, 1955 Doz., Prom., kommissar. Dir. des Sorb. Inst., Prof., 1963 Habil.; 1964 Prof. für dt. u. slaw. Volkskunde an der HU Berlin, 1967 Ltr. des Inst. für Völkerkunde u. dt. Volkskunde an der HU Berlin; 1968 aus gesundheitl. Gründen em.; VVO in Gold, Ehrenmitgl. der »Société Internationale d'Ethnologie et de Folklore«; mehrere Jahre Vors. der »Sekt. für Völkerkunde u. dt. Volkskunde« bei der DAW.

N.s hauptsächl. Forschungsgebiet waren die dt.-slaw. Beziehungen vornehml. in der Folkloristik sowie in der sorb. Volksdichtung. Gemeinsam mit Wolfgang Steinitz* war er seit 1952 maßg. am Aufbau einer marxist.-leninist. Volkskunde in der DDR beteiligt.

Publ.: Grundriß der sorb. Volksdichtung. Bautzen 1966; Probleme u. Methoden volkskundl. Gegenwartsforschung (Hrsg. mit W. Jacobeit). Berlin 1969.

Sek.-Lit.: Bibliogr. in: Lětopis. Reihe C 11–12/1968/69.

Nehmer, Meinhard 13. 1. 1941
Leistungssportler (Bobsport)

Geb. in Boblin (b. Stettin), Vater Landwirt; Grundschule, ab 1955 Ausbildung u. Tätigkeit im landw. Betrieb der Eltern, 1961–63 Ausbildung u. Anstellung in der Wetterdienststelle am Kap Arkona; ab 1963 Angehöriger der Volksmarine, zuletzt Fregattenkapitän; 1963–73 zunächst Speerwerfer beim ASK Vorwärts Potsdam (1971 Bestleistung: 81,50 m); 1967 nachträgl. Schulabschluß (10. Klasse); 1973–80 Bobfahrer beim ASK Vorwärts Oberhof, 1976 Olympiasieger im Zweier u. im Vierer, 1977 WM im Vierer, 1978 WM-Zweiter im Zweier u. -Dritter im Vierer, Vize-EM im Vierer, 1979 EM im Vierer u. Vize-EM im Zweier, 1980 Olympiasieger im Vierer u. -Dritter im Zweier; 1976–78 u. 1980–82 Studium an der Ing.-FS Nordhausen mit Abschluß als Ing. für Landmaschinentechnik; dann bis Ende 1990 Trainer in Oberhof.

1991 zunächst arbeitslos; 1992/93 Trainer der Bob-Nationalmannschaft der USA, seit Sommer 1993 Trainer der ital. Bob-Nationalmannschaft.

Nehring, Kurt 29. 5. 1898–29. 4. 1988
Tierernährungswissenschaftler
Geb. in Posen, Vater Landwirt und Kaufmann; Realgymnasium; 1915–18 Kriegsdienst; 1918–21 Studium der Naturwiss. an den Univ. Freiburg i. Br. u. Königsberg, Prom. zum Dr. phil. zu einem agrikulturchem. Thema; 1921 Assistent am Agrikulturchem. Inst. der Univ. Königsberg, 1928 Habil., 1934 Prof.; 1933 NSDAP; 1935/36 Prof. an der Univ. Jena u. Ltr. der Landw. Versuchsstation; 1936 Dir. der Landw. Versuchsstation Rostock u. Lehrauftrag an der Univ.
Mai–Okt. 1945 kommissar. Dekan der Landw. Fak. der Univ. Rostock, Nov. 1945–Sept. 1962 wiss. Ltr. bzw. Dir. der Landw. Versuchsstation Rostock bzw. des Inst. für landw. Versuchs- u. Untersuchungswesen, ab 1948 Prof. (1951 mit Lehrstuhl) für Agrikulturchemie u. Bodenkunde; 1952 Dekan der Landw. Fak.; Okt. 1951 ord. Mitgl. der DAL (em. 1966, ausgeschieden auf eigenen Wunsch 1971); 1953–62 Sekretar der Sektion landw. Versuchs- u. Untersuchungswesen; 1952 NP; 1952–63 Dir. des Inst. für Tierernährung u. Bodenkunde der DAL in Leipzig-Möckern u. bis 1965 Dir. des Oskar-Kellner-Inst. für Tierernährung der DAL in Rostock, hier Erarbeitung eines neuen Systems der energet. Bewertung von Futtermitteln; ab 1955 Chefred. der Ztschr. für Landw. Versuchs- u. Untersuchungswesen; 1957 Vizepräs. der Dt. Bodenkundl. Ges. in Göttingen; Mitgl. der Dt. Akad. der Naturforscher Leopoldina zu Halle sowie versch. ausländ. Akad., Ehrenprom. in Berlin (1956 u. 1965) u. Rostock (1968), 1963 Erwin-Baur-Medaille der DAL. Nach der Em. Behinderung weiterer wiss. Tätigkeit, insbes. hinsichtlich der Teiln. an ausländ. Kongressen, März 1990 diesbezügl. Rehabilitierungsbeschluß des Plenums der DAL; ca. 400 Veröffentlichungen.
Publ.: Lehrbuch der Tierernährung u. Futtermittelkunde (ab 1950 neun Aufl. u. Übers. in mehrere Sprachen); Handbuch der Futtermittel (Mithrsg.). 1965–69; Futtermitteltabellenwerk. (Hrsg.) 1970.

Neiber, Gerhard 20. 4. 1929
Stellv. Minister für Staatssicherheit
Geb. in Neutitschein (ČSR), Vater Arbeiter; Mittelschule ohne Abschluß; 1945 Landarbeiter; 1948 Einstellung bei der VP, Revier Erfurt, dann Grenzkommandantur Gudersleben, danach Kripo Erfurt; 1949 Einstellung bei der Verwaltung zum Schutz der Volkswirtschaft Thüringen (ab 1950 MfS, Länderverwaltung Thüringen), 1950 Kreisdienststelle Weimar; 1952 Versetzung zur Abt. Politkultur der BV Erfurt; 1953 stellv. Ltr. der Abt. Politkultur der BV Schwerin; 1954 Ltr. der Abt. II (Spionageabwehr); 1955 stellv. Operativ des Ltr. der Bezirksverwaltung; 1959 stellv. Operateur des Ltr., 1960 Ltr. der BV Frankfurt/Oder; 1960–65 Fernstudium an der JHS des MfS Potsdam-Eiche, Dipl.-Jurist; 1961–80 Mitgl. der SED-BL Frankfurt/Oder; 1970 Prom. zum Dr. jur. an der JHS des MfS Potsdam-Eiche; 1980 stellv. Min. für Staatssicherheit; 1982 Gen.-Ltn.; 1988 VVO in Gold; Dez. 1989 von seinen Funktionen entbunden; 1990 Entlassung, Rentner.
18. 5. 1993 U-Haft wegen des Verdachts der versuchten Entführung u. des versuchten Mords an einem geflüchteten Grenzsoldaten.

Nelles, Johannes 25. 11. 1910–7. 5. 1968
Werkleiter, Chemiker
Geb. in Frankfurt/Main, Vater Angestellter bei der Straßenbahn; 1929–33 Studium der Chemie in Frankfurt/Main, 1933 Prom. bei Julius v. Braun; ab 1935 zunächst Mitarb., dann Ltr. des Hauptlabors der Farbenwerke der Bayer AG in Leverkusen; 1941 Versetzung in die Buna-Werke nach Schkopau, Aufbau u. ab 1942 Ltg. des dortigen wiss. Labors; re-

nommierter Spezialist für Kautschuksynthesen.
Frühjahr 1945 Mitgl. im Antifa-Aussch. der Buna-Werke, dann kurzzeitiger Aufenthalt in der amerik. Besatzungszone; nach der Rückkehr in die SBZ von der SMAD im Nov. 1945 zum Werkltr. der Buna-Werke ernannt; 1949 NP; 1949/50 Abg. des Volksrats bzw. der Prov. Volkskammer; 1951 NP; 1952 Dr. h.c. der Univ. Halle; 1953 Ord. Mitgl. u. 1956 Prof. der DAW; zugl. Prof. für organ. Technol. an der TH für Chemie Leuna-Merseburg, Mitgl. des akadem. Senats der MLU Halle; 1954 Gründungsmitgl. der Ges. zur Verbreitung wiss. Kenntnisse, der späteren Urania in Halle; 1957 Gründungsmitgl. u. bis 1966 stellv. Vors. des Forschungsrats der DDR; Jan. 1967 nach Differenzen mit der SED-Führung ab Mitte der 60er Jahre Rücktritt von der Werkltg. als damals dienstältester Werkdir. in der DDR.
Sek.-Lit.: »Nelles-Fibel«. Festschrift zum 20jährigen Jubiläum von Prof. Nelles als Dir. des Buna-Werkes. Halle 1965.

Netzker, Otto 15. 6. 1921
Generaldirektor des Staatszirkus der DDR
Geb. in Wittichow (Ostpr.) in einer Angestelltenfamilie; Kaufmannslehre; kaufm. Angestellter in einer Mühle; Wehrmacht.
1946 SED; Buchhalter am Landestheater Altenburg, dann bis 1952 Verwaltungsdir. des Landestheaters Gotha; ab 1952 Referent in der Staatl. Kommission für Kunstangelegenheiten, verantw. für das Zirkuswesen der DDR, gleiche Funktion bis 1959 im Min. für Kultur; erster Dir. (später Generaldir.) des am 1. 1. 1960 gegr. VEB Zentral-Zirkus (ab 1980 Staatszirkus der DDR); seit seiner Gründung 1973 bis 1986 Präsidiumsmitgl. des Komitees für Unterhaltungskunst; maßgebl. an der Schaffung des staatl. Zirkusbetriebs aus den drei Unternehmen Aeros, Barlay (später Berolina) u. Busch beteiligt; Verdienste um die hohe intern. Anerkennung der DDR-Zirkuskunst; auch verantwortl. für die künstler. Anleitung der DDR-Privatzirkusse; seit 1986 im Ruhestand; VVO in Gold.

Neubert, Ehrhart 2. 8. 1940
Religionssoziologe, Bürgerrechtler
Geb. in Herschdorf (Thür.) in einer Pastorenfamilie, aufgewachsen in Großenbehringen u. Sonneberg; 1958 Abitur, 1958–63 Studium der Theol. an der FSU Jena; 1964–84 Vikar u. Pfarrer in Niedersynderstedt (Kirchenkr. Weimar), ab 1973 auch Studentenpfarrer in Weimar; 1967–75 Teiln. an versch. informellen Zirkeln, die – beeinflußt durch Robert Havemann* – philosoph. u. soziolog. Themen bearbeiteten; 1976 CDU (Austritt 1984); seit 1979 Mitarb. in Friedenskr. der ESG, Konflikte mit staatl. u. kirchl. Instanzen im Kontext der Bew. »Schwerter zu Pflugscharen«, Mitarb. in Thür. Friedensgruppen, Kontakte zu sozialeth. Gruppen in der gesamten DDR; seit 1984 Referent für Gemeindesoziol. in der Theolog. Studienabt. beim Bund der Ev. Kirchen in Berlin; zahlr. soziolog. Studien zur Sozialstruktur u. zu sozialeth. Fragen, u. a. die erste soziolog. Interpretation der opp. Gruppen der 80er Jahre in »Religion in der DDR-Ges. Zum Problem der sozialisierenden Gruppen ...« (1985); Publ. in der Bundesrep. Dtl. unter dem Ps. »Christian Joachim«; Juni 1989 Mitgl. des Initiativkr. zur Gründung des DA, maßgebl. beteiligt an der Ausarbeitung des Parteiprogramms, Dez. 1989 – Jan. 1990 stellv. Vors. u. Vertreter des DA am Zentralen Runden Tisch; Mitarb. in versch. Untersuchungskommissionen, Jan. 1990 Parteiaustritt nach der konservativen Wende des DA; seitdem wieder im kirchl. Dienst, Mitarb. in versch. informellen Gruppen, u. a. Komitee Freies Baltikum, Initiative Recht u. Versöhnung.

1992–94 Mitarb. der Fraktion Bündnis 90 im »Stolpe-Untersuchungsaussch.« des Brandenburger Landtags; N.s Untersuchung war maßgebl. Grundlage für das Minderheitenvotum des Bündnis-Abg. Günter Nooke* gegen den Abschlußbericht des Untersuchungsaussch.
Publ.: Gesellschaftl. Kommunikation im sozialen Wandel. Berlin 1989; Zwischen Angst u. Zuwendung. Sozialeth. u. theolog. Aspekte von AIDS. Berlin 1989; Eine protestant. Rev. Berlin 1990; Vergebung oder Weißwäscherei? Freiburg i. Br. 1993; Untersuchung zu den Vorwürfen gegen den Min.-Präs. des Landes Brandenburg Dr. Manfred Stolpe*. Berlin 1993.

Neubert, Rudolf 31. 1. 1898
Sozialhygieniker
Geb. in Dresden, Vater Lehrer; Gymnasium in Dresden; 1916–18 Militärdienst, als Frontsoldat bei Verdun; 1918–22 Medizinstudium in Jena, Freiburg u. München, hier 1923 Prom.; danach Assistent im Kreiswohlfahrtsamt in Lennep u. in der Tbc-Heilstätte Hohwald; 1924–33 Mitarb. am Dt. Hygienemuseum in Dresden (u. a. bei Martin Vogel); 1933–39 Arztpraxis in Dresden-Hellerau; 1939–45 Militärdienst, zuletzt Stabsarzt; NSDAP.
1945/46 stellv. Dezernent für Gesundheitswesen in Dresden (Seuchen- u. Geschlechtskrankheitenbekämpfung), 1946/47 Wiss. Dir. am Dt. Hygienemuseum in Dresden; 1948–52 Doz. für Anatomie an der HS für Bildende Künste in Dresden, erste sexualpädagog. Schriften; 1952–63 Prof. für Sozialhygiene u. Dir. des Inst. für Sozialhygiene der FSU Jena, 1956–63 nebenamtl. (mit Lehrauftrag) u. ab 1959 als kommissar. Dir. des Inst. für Sozialhygiene an der Med. Akad. Erfurt, Mitbegr. u. später Vors. der Arbeitsgemeinschaft für Kinder- u. Jugendgesundheitsschutz (1955); Vizepräs., dann Ehrenvors. des Komitees für Gesundheitserziehung; Mitgl. des Präs. des DRK; 1963 em.; 1964 »Verdienter Arzt des Volkes«; lebt in Dresden-Hellerau; wiss. Arbeitsgebiete: Schulgesundheitspflege, Hygiene des Kindes- u. Jugendalters, Gesundheits- u. Sexualerziehung.
Publ.: Lehrbuch für Gesundheitshelfer. Berlin 1953; Das neue Ehebuch. Rudolstadt 1957 (21. Aufl. 1976); Grundriß der Sozialhygiene (mit G. Schrödel). Jena 1958 (2. Aufl. 1965); Mein Arztleben. Erinnerungen. Rudolstadt 1974 (3. Aufl. 1983).

Neubert, Werner 1929
Chefredakteur der Zeitschrift »Neue Deutsche Literatur«
Geb. in Wilsdruff (Kr. Meißen, Sa.); Volksschule; 1945 KPD; ab 1948 Red. u. Journalist; 1951–53 Red. der Ztschr. »Neuer Weg«, Mitarb. des ZK der SED; 1966–74 Chefred. der Ztschr. des DSV »Neue Dt. Lit.« (Nachf. von Wolfgang Joho*); 1969–78 Sekr. des DSV, Mitgl. seines Präs.; Doz. für Kunst u. Lit. an der ASR; seit 1975 Prof., Ltr. des Lehrstuhls Kulturtheorie/Ästhetik an der ASR; 1979 VVO in Silber.

Neukirchen, Heinz (eigtl. Heinrich)
13. 1. 1915–8. 12. 1986
Chef der Volksmarine
Geb. in Duisburg, Vater Händler; Volks- u. Mittelschule; Verwaltungsanwärter; Angehöriger der Handelsmarine; 1936 Kriegsmarine, auf dem dt. »Kreuzer Köln« am Einsatz für Franco im span. Bürgerkrieg beteiligt, 1938 Bootsmannsmaat, 1940 Bootsmann, 1944 Ltn., 1945 Oltn. z. S.; 1944/45 NS-Führungsoffz.; sowj. Gefangenschaft, Zentrale Antifa-Schule Krasnogorsk, dort Assistent.
7. 10. 1949 Rückkehr nach Dtl.; bis 1959 Geschäftsführer der NDPD in Mecklenburg bzw. Berlin; 1951 Eintritt in die VP, Chefinspekteur; bis 1955 Chef des Stabs der Seepolizei/VP See, Konteradm.;

1956–59 u. 1961–64 Stellv. des Chefs der Seestreitkräfte/Volksmarine u. Chef des Stabs; 1959 SED; 1959–61 Seekriegsakad. der UdSSR, Dipl. rer. mil.; 1961–63 Chef der Volksmarine (Nachf. von Wilhelm Ehm*); 1964 Vizeadmiral, Ausscheiden aus dem aktiven Dienst; 1964–76 Präs. der Dir. Seeverkehr u. Hafenwirtschaft; Hrsg. von Schriften über Seeverkehr sowie Häfen u. Schiffe der DDR; 1974 VVO in Gold.
Publ.: Seefahrt gestern u. heute. Berlin 1970.

Neukrantz, Heinz 9. 2. 1917
FDGB-Funktionär
Geb. in Berlin, Vater Arbeiter; Volksschule u. Realgymnasium, Abitur, 1936–39 Ausbildung zum Kaufmann; 1939–45 Kriegsdienst, Gefangenschaft.
1945 FDGB, 1945/46 KPD/SED; 1945–50 Verwaltungsangestellter, seit 1949 Personalreferent im Arbeitsamt, anschl. im Bezirksamt Berlin-Lichtenberg; 1950–52 2. Sekr. der SED-KL Berlin-Lichtenberg; 1953–55 Vors. der Gewerkschaft Verwaltungen-Banken-Versicherungen in Berlin, 1953–56 Mitgl. u. 1956–65 Vors. des FDGB-Bezirksvorst. Berlin; 1954–67 Berliner Vertreter, 1967–86 Abg. der Volkskammer, 1967–71 Mitgl., ab 1971 stellv. Vors. des Aussch. für Auswärtige Angelegenheiten; 1955–66 Mitgl. der SED-BL Berlin; 1958–67 Stadtverordneter in Berlin; 1959–90 Mitgl. des FDGB-Bundesvorst. u. 1959–82 seines Präs.; 1960/61 Studium PHS; 1966–82 Sekr. des FDGB-Bundesvorst. für intern. Fragen; 1966–74 Mitgl. des Präs. des Zentralvorst. der DSF; 1971–86 stellv. Vors. des Volkskammeraussch. für Auswärtige Angelegenheiten, Vors. der Parl. Freundschaftsgruppe DDR–Norwegen; 1977 VVO in Gold; 1982–89 ehrenamtl. Vors. der Zentralen Beschwerdekommission der Sozialversicherung der Arbeiter und Angestellten.

Neumann, Alfred 15. 12. 1909
SED-Politiker, Minister für Materialwirtschaft
Geb. in Berlin, Vater Arbeiter; Volksschule, Ausbildung zum u. Arbeit als Tischler; Mitgl. im Arbeitersportverein »Fichte«, 1930 Mitgl. der Landesltg. der Kampfgemeinschaft für Rote Sporteinheit; 1929 KPD; 1933 Teiln. am illegalen Widerstand; 1934 Emigration nach Dänemark u. in die UdSSR, dort Sportlehrer; 1938/39 Mitgl. der Intern. Brigaden in Spanien, verwundet; 1939/40 in Frankreich (Guers u. Le Vernet) inhaftiert, 1941 an die Gestapo ausgeliefert u. am 26. 2. 1942 zu acht Jahren Zuchthaus verurteilt, 1945 aus dem Zuchthaus Brandenburg-Görden in das Strafbataillon 999 versetzt, Flucht u. Übertritt zur Roten Armee, sowj. Gefangenschaft.
1947 Rückkehr nach Dtl. 1947–51 hauptamtl. Tätigkeit in der SED, u. a. Sekr. der KL u. der Landesltg. Berlin; 1951–53 stellv. OB von Berlin; 1953–57 1. Sekr. der SED-BL Berlin; seit 1954 Mitgl. des ZK der SED, Abg. der Volkskammer; 1954 Kand., 1958 Mitgl. des PB, 1957–61 Sekr. des ZK der SED; 1956 u. 1964 VVO in Gold; 1961–65 Min. u. Vors. des Volkswirtschaftsrats, seit 1962 Mitgl. des Präs. des Min.-Rats, 1965–68 Min. für Materialwirtschaft u. stellv. Vors. des Min.-Rats, seit 1968 1. Stellv. des Vors.; 1974 u. 1984 KMO; Nov. 1989 mit dem Min.-Rat zurückgetreten und aus dem PB des ZK der SED ausgeschieden; 20. 1. 1990 aus der SED-PDS ausgeschlossen; Rentner.
Publ.: Arbeit für den Soz. Ausgew. Reden. Berlin 1979; Die DDR stärken – den Frieden sichern. Ausgew. Reden. Berlin 1984.

Neumann, Anni 13. 11. 1926
Staatsratsmitglied
Geb. in Stelten, Vater Arbeiter; Volksschule; 1941–43 Landarbeiterin; 1943–45 RAD.

1946–49 Landarbeiterin auf dem VEG Christinenfeld; 1947 FDJ; 1949–51 Abt.-Ltr. der KL Grevesmühlen der FDJ u. 1. Sekr. der KL Güstrow der FDJ, Mitgl. des ZR der FDJ; 1952/53 Sekr. der BL Rostock der GST; 1949 SED; 1953 Arbeiterin auf der Neptun-Werft Rostock; 1953/54 Abg. des Bez.-Tags Rostock, Mitgl. der Ständigen Kommission für Kultur; seit 1954 Abg. der Volkskammer, Mitgl. des Wirtschaftsaussch.; 1955 Facharbeiter-Prüfung als Stahlschiffbauerin; 1956–58 Abendstudium an der FS für Schiffbautechnik Warnemünde, Schiffbaumeisterin; 1959 Schiffbautechnologin; 1959–61 Studium am Industrie-Inst. für Schiffbau der Univ. Rostock, Dipl.-Ing.-Ök.; 1961–64 persönl. Referentin des Werkltr. der Neptun-Werft Rostock; 1964–70 Hauptabt.-Ltr. für Arbeitsök.; 1964–71 Mitgl. des Staatsrates; 1969/70 Sonderstudium an der HfÖ Berlin-Karlshorst; seit 1971 Dir. für Kader u. Bildung im VEB Schiffswerft Neptun; seit 1974 Vors. der Frauenarbeitsgruppe des Min. für Schwermaschinen- u. Anlagenbau; seit 1976 Mitgl. des Verfassungs- und Rechtsaussch. der Volkskammer; 1981 Ruhestand.

Neumann, Gert 1942
Schriftsteller
Geb. in Heilsberg (Ostpr.), Vater im Krieg gefallen, Mutter Margarete N., Schriftst.; nach der Grundschule Ausbildung als Schlosser u. Traktorist; Schreibversuche seit früher Jugend, erste Veröff. in Anth. ab 1966; 1967 Studium am Inst. für Lit. »Johannes R. Becher« in Leipzig; Begegnung mit Heidemarie Härtl, seiner späteren Frau; 1969 Exmatrikulation u. SED-Ausschluß wegen seiner »ideolog.-ästhet. Bekenntnisse« mit »revisionist. Charakter«; Arbeit als Bühnenhandwerker, Kesselreiniger, Bauschlosser und schließl. als Haushandwerker bei der kath. Kirche; 1979 erste aufsehenerregende Veröff. (Erzählband »Die Schuld der Worte«) in der Bundesrep. Dtl.; Bespitzelung u. Vernehmungen durch das MfS, OV »Anthologie II«; größte Wertschätzung seiner moral. Rigorosität u. lit. Originalität durch westl. Kritiker, besonders durch Martin Walser, verhinderte seine Inhaftierung; nach halbjährigem Studienaufenthalt 1987 in Amsterdam u. Rolandseck (b. Bonn); Rückkehr nach Leipzig, Ehescheidung u. Umzug nach Berlin (Ost); 1993 durch die Bosch-Stiftung ganzjähriger Studienaufenthalt in Frankreich; Preis der AdK Berlin (West).
Publ.: Elf Uhr. Frankfurt/M. 1981; Die Klandestinität der Kesselreiniger. Frankfurt/M. 1989; Übungen jenseits der Möglichkeit. Frankfurt/M. 1991.

Neumann, Irmgard 16.10.1925
Staatsratsmitglied, DBD-Politikerin
Geb. in Hamburg; Volksschule; Hausgehilfin; nach 1949 Neu- bzw. Genossenschaftsbäuerin in der LPG Typ III in Niendorf (Kr. Teterow); 1955 Mitgl. der DBD, stellv. Vors. des Kreisverb. Teterow; 1958–63 Abg. des Bez.-Tags Neubrandenburg; ab 1960 Mitgl. des Präs. des DFD-Bundesvorst.; 1960–63 Mitgl. des Staatsrats der DDR; 1963–77 Mitgl. des DBD-Parteivorst.

Neuner, Gerhart 18.6.1929
Präsident der Akademie der Pädagogischen Wissenschaften
Geb. in Pschoblik (Sudetenland) als Sohn eines Zimmermanns; 1935 zweiklassige Volksschule, ab 1940 Hauptschule, 1943 Lehrerbildungsanstalt in Lobositz.
1946 Aussiedlung der Familie in den Kr. Salzwedel, kurzzeitig Landarbeiter; Aug. 1947 Abschluß eines Neulehrerkurses in Wittenberg, anschl. Lehrer in Rheinsberg u. Beetzendorf (Altmark); Ltr. für Kultur u. Erziehung in einer FDJ-Gruppe; Jan. 1949 SED; März 1949 1. Lehrerprüfung; ab Okt. 1949 Studium der Chemie u. Biol. an der Pädagog. Fak. der

Univ. Halle, ab Juni 1952 wiss. Hilfsassistent am Inst. für prakt. Pädagogik; Sept. 1952 Oberreferent für Kinder- u. Jugendorg. am Dt. Pädagog. Zentralinst. (DPZI), 1953–56 Aspirantur am Pädagog. Inst. Leningrad, dort 1956 Prom.; danach Mitarb. am DPZI; 1957–63 Chefred. der Ztschr. »Pädagogik«; 1961 Dir. des DPZI; 1963 Kand., 1976–89 Mitgl. des ZK der SED; 1970 Habil. in Leningrad; mit Gründung der APW 1970 deren ord. Mitgl. u. Präs.; 1972 ord. Mitgl. der AdW; Dez. 1989 Rücktritt als Präs. der APW.
Publ. zur Bildungspolitik u. Bildungstheorie, u. a.: Allgemeinbildung. Berlin 1989.

Neutsch, Erik 21. 6. 1931
Schriftsteller
Geb. in Schönebeck/Elbe, Vater Arbeiter; Oberschule; 1949 FDJ u. SED; 1950–53 Journalistikstudium in Leipzig; 1953–60 Mitarb. bzw. Kulturred. der SED-Ztg. »Freiheit« Halle; ab 1960 DSV u. freischaff. in Halle, zeitw. in Industriebetrieben u. in der NVA; 1961 »Bitterfelder Geschichten«; ab 1963 langj. Mitgl. der SED-BL Halle; versch. Preise (1964 NP, 1971 Heinrich-Mann-Preis); 1974–91 AdK; schrieb v. a. Romane u. Erzählungen, auch Essays, Gedichte, Features, Kinderbücher, Drehbücher; sein vieldiskutierter Roman »Spur der Steine« war Vorlage für Heiner Müllers* Drama »Der Bau« u. wurde 1966 verfilmt (R: Frank Beyer*, Verbot nach UA); 1973 erschien der seit 1965 fertiggestellte Roman »Auf der Suche nach Gatt«.
Nach der pol. Wende in der DDR trat er erst 1994 wieder mit einer Publ. hervor, geplant sind der 5. u. 6. Bd. des Zyklus »Der Friede im Osten«.
Werke: Die Regengeschichte 1960; Spur der Steine 1964; Die Prüfung 1967; Tage unseres Lebens 1972; Zwei leere Stühle 1979; Der Friede im Osten, 1.–4. Buch 1974–1989; 5. Buch 1990 vor der Veröff. zurückgezogen; Fast die Wahrheit 1979; Claus u. Claudia 1989; Totschlag 1994.

Nick, Harry 15. 8. 1932
Wirtschaftswissenschaftler
Geb. in Borowo (Kr. Lodz, Polen), Vater Forstarbeiter; 1951 Abitur an der OS Hettstedt; SED; 1951–54 Studium der Industrieökonomik an der HS für Planök. in Berlin-Karlshorst, anschl. bis 1962 Assistent, Oberassistent u. Wahrnehmungsdoz. am dortigen Inst. für pol. Ök., Fachgebiet pol. Ök. des Soz.; 1959 Prom. zum Dr. oec. (Veröff. »Die Akkumulation von Grundfonds in den LPG«, Berlin 1961); ab 1962 wiss. Mitarb. am IfG/AfG, 1964 Doz., 1965 Habil. mit einer Arbeit zum Fondsvorschuß als bes. ök. Aufwandsart, 1967 Prof. für pol. Ök., Ltr. der Forschungsbereiche »Ök. der Grundfonds« bzw. »Ök. Probleme des wiss.-techn. Fortschritts«; stellv. Vors. des Wiss.-Rats für ök. Fragen des wiss.-techn. Fortschritts.
1991 Ruhestand; Mitarb. in der Arbeitsgruppe Wirtschaftspol. beim PV der PDS; Vorstandsmitgl. des Forum Wirtschaft u. Demokratie e. V.
N. galt in der DDR als prominenter Autor zu ök. Problemen der wiss.-techn. Entw. im Soz.; weitere Arbeitsgebiete: Grundfondsök., wirtschaftl. Rechnungsführung.
Publ.: Techn. Rev. u. Ök. der Produktionsfonds. Berlin 1961; Ges. u. Betrieb im Soz. Berlin 1970; Ök. u. soziale Wirksamkeit des wiss.-techn. Fortschritts (Ltr. des Autorenkoll.). Berlin 1986.

Nickel, Gitta 28. 5. 1936
Filmregisseurin
Geb. in Briensdorf (Ostpr.), Vater Molkereibesitzer; aufgewachsen im Harz, Schulbesuch in Blankenburg; Studium der Pädagogik u. Germanistik an der HU Berlin, 1957 Staatsexamen; 1959–63 Regieassistentin im DEFA-Studio für Spielfilme (u. a. bei Joachim Kunert, Konrad

Wolf*, Ralf Kirsten), ab 1963 für Wochenschau u. Dok.-Filme bei Karl Gass*, ab 1965 Regisseurin im DEFA-Studio für Dok.-Filme; Mitgl. der künstler. Arbeitsgruppe »Effekt« von 1965–90; 1964–70 verheiratet mit Karl Gass; SED; zeitw. Mitgl. im Präs. bzw. Vorst. des Verb. der Film- u. Fernsehschaffenden der DDR, des Komitees der Intern. Leipziger Dok.- u. Kurzfilmwoche; 1980/81 Präs. des Nat. Festivals für Dok.- u. Kurzfilme Neubrandenburg; zahlr. nat. u. intern. Preise.
Seit 1990 freie Regisseurin.
Werke: Emanzipation der Frau:... dann springt mein Herz (1966),... u. das Weib sei nicht mehr untertan (1978), Gundula – Jahrgang 58 (1982); Künstlerporträts: Walter Felsenstein* (1971), Gret Palucca* (1971), Paul Dessau* (1974), Konrad Wolf* (1976/77), Musikanten – Das Gewandhausorchester Leipzig (1981), Damit man sich auf uns berufen kann. Vladimir Pozner (1984), Krieg u. Frieden: Tay Ho – Das Dorf in der 4. Zone (1973), 99 Tage Frieden (1973); Leben u. Arbeiten in der DDR:... u. dann springt mein Herz (1966),... u. morgen kommen die Polinnen (1974), Wir von Esda (1976), Die May (1976), Den Wind auf der Haut spüren (1989); brisante hist. Ereignisse u. Biogr.: Zwei Deutsche (1988), China – mein Traum, mein Leben – EVA SIAO – ein Porträt (1990), Leb wohl Deutschland. Der lange Marsch der sowjetischen Armee (1991).
Sek.-Lit.: Matschke, Evelyn: G. N. In: Filmdokumentaristen der DDR. Berlin 1969; Sylvester, Regine: Den Vorhang beiseite schieben. Die Dokumentaristin G. N. In: Prisma 17/1987 (hrsg. von Horst Knietzsch); Schieber, Elke:... u. das Weib sei nicht mehr untertan. In: Außerhalb von Mittendrin. Berlin 1991.

Niebling, Gerhard 16. 7. 1932
Leiter der Zentralen Koordinierungsgruppe Übersiedlung des MfS
Geb. in Marksuhl (Kr. Eisenach), Vater Bergmann, Mutter Hausfrau; 1950 SED; 1951 Abitur, dann Grubenarbeiter in der SAG Kaliwerk Heiligenroda; 1952 Einstellung beim MfS; 1952/53 Kursant der Schule des MfS Potsdam-Eiche; 1953 HA IX (Unters.-Organ), MfS Berlin; 1959/60 Besuch der BPS; 1964–68 Fernstudium an der HU Berlin, Dipl.-Krim.; 1965 stellv. Abt.-Ltr., dann Abt.-Ltr.; 1979 stellv. Ltr. der HA IX; 1979 Promotion zum Dr. jur. an der JHS; 1983 Ltr. der Zentralen Koordinationsgruppe Übersiedlung (ZKG); 1984 Gen.-Major; 1990 Entlassung; bis Mai 1990 Berater des Staatl. Komitees zur Auflösung des AfNS.

Niekisch, Ernst 23. 5. 1889–23. 5. 1967
Historiker
Geb. in Trebnitz (Schles.), Vater Feilenhauer; 1907–18 Volksschullehrer in Nürnberg, 1917–19 SPD, 1918 Vors. des Arbeiter- u. Soldatenrats in Augsburg, 1919 Vors. des Zentralrats der Arbeiter-, Bauern- und Soldatenräte Bayerns; 1919–22 USPD, nach der Niederschlagung der bayer. Räterep. zu zwei Jahren Festungshaft verurteilt; 1921 MdL Bayern, Vors. der Fraktion, nach der Vereinigung von USPD u. SPD 1922/23 stellv. Vors. der Fraktion, 1922–26 SPD; 1923–26 Sekr. des Dt. Textilarbeiterverb., anschl. Mitgl. der Altsoz. Partei (Abspaltung der SPD in Sachsen), leitete bis 1928 als Chefred. deren Ztg. »Der Volksstaat« in Dresden; 1928 bis zum Verbot 1935 Hrsg. von »Widerstand – Blätter für nat.-rev. Politik«, Inhaber des Verlages »Der Widerstand« in Dresden, später Berlin; N. galt als Nationalbolschewist; 1937 Verhaftung wegen konsp. Tätigkeit u. 1939 Verurteilung zu lebenslanger Haft durch den Volksgerichtshof, Zuchthaus Brandenburg-Görden; durch eine schwere Erkrankung teilw. gelähmt u. fast erblindet.
1945 KPD, Ltr. der VHS Berlin-Wil-

mersdorf, Mitbegr. des KB u. Mitgl. des Berliner Landesvorst.; 1948 ord. Prof. u. Dir. des Inst. zur Erforschung des Imp. an der Univ. Berlin; 1949/50 Mitgl. der Prov. Volkskammer, 1949–58 Mitgl. des Präsidalrats des KB; verweigerte 1951 die SED-»Parteiüberprüfung«; nach dem 17.6.1953 Bruch mit der SED; seit 1955 nach eigenem Dafürhalten nicht mehr Mitgl. der SED, 1958 Einzug des SED-Mitgliedsbuchs; wohnte seit 1945 in Berlin (West), wo ihm die Wiedergutmachungsrente als Verfolgter des NS-Regimes verweigert wurde.
U.a. mit seinem Buch »Hitler, ein dt. Verhängnis« (Berlin 1932) hatte N. frühzeitig vor Hitler gewarnt; in seinen Nachkriegsarbeiten thematisierte er v.a. das Versagen der dt. Mittelschicht.
Publ.: Dt. Daseinsverfehlung. Berlin 1946; Zum Problem der Freiheit. Berlin 1948; Eur. Bilanz. Potsdam 1951; Das Reich der niederen Dämonen. Berlin 1953; Erinnerungen eines dt. Revolutionärs. 2 Bde. (Autobiogr.) Köln 1958, 1968.
Sek.-Lit.: Kabermann, F.: Widerstand u. Entscheidung eines dt. Revolutionärs. Köln 1973.

Niemeyer-Holstein, Otto
11.5.1896–20.2.1984
Maler, Grafiker
Geb. in Kiel, Vater Völkerrechtler; Gymnasium; 1914 Kriegsfreiwilliger, Fronteinsatz; 1915 Entlassung aus dem Militärdienst als zu 50 Prozent Kriegsversehrter; 1916 Aufenthalt in der Schweiz, begann hier als Autodidakt zu malen u. zu zeichnen; ging 1918 auf Empfehlung von Werner von der Schulenburg nach Ascona; 1919 Ergänzung des Familiennamens um den Namen der Heimat Holstein; ab 1919 Malunterricht bei Arthur Segal; 1920 Ansiedlung in Schleswig-Holstein; 1924 Gründungsmitgl. der Künstlergruppe »Der große Bär« in Ascona; 1925 erste Einzelausstellung in Halle; 1925 Übersiedlung nach Berlin, dort freischaff. Maler; 1927 erneut Unterricht bei Artur Segal; 1933 wurden Werke des Künstlers aus Museen entfernt; ab 1933 zeitw., 1939 ständiger Aufenthalt auf Usedom; Dienstverpflichtet als Eisenbahner.
1945 intensive künstler. Arbeit, Freundeskr. mit den Künstlern Otto Manigk u. Herbert Wegehaupt führte zur Gründung der »Usedomer Malerschule«, Finanzierung der künstler. Arbeit durch Landw.; 1948 erste Einzelausstellung nach dem Krieg in Schwerin; 1953 Ablehnung der Bilder des Malers durch die Jury der 3. Dt. Kunstausstellung Dresden; 1954 Ausstellung in der Kunsthalle Mannheim, es folgten zahlr. Ausstellungen im In- u. Ausland; Studienreisen nach Bulgarien, Rumänien, Italien u. in die Schweiz; 1963 Präs. des intern. Komitees der Biennale der Ostseeländer in Rostock; 1964 Prof.; 1969 Mitgl. der AdK; 1977 Stern der Völkerfreundschaft, 1981 VVO.
Nachimpressionist., an frz. Malkultur geschulte Porträts, Landschaften, bes. die der Ostseeküste, Gartenstücke u. Stilleben; wichtiger Anreger für jüngere Künstler.
Werke: Interieur (1931); Tulpe in japan. Vase (1945); Am Achterwasser (1968); Winter auf der Ostsee (1969).
Publ.: Lüttenort. Das Bilder-Leben u. Bild-Erleben des Malers Otto Niemeyer-Holstein nach seinem Erzählen wiedergegeben von Achim Roscher. Berlin 1989.
Sek.-Lit.: Kat. O. N.-H. Kulturhist. Museum Magdeburg 1957; Kat. O. N.-H. Nat.-Gal. Berlin 1961; Kat. O. N.-H. Nat.-Gal. Berlin, Kunsthalle Rostock, Staatliches Museum Schwerin 1976; O. N.-H. Werkverz. der Druckgrafik 1918–1980. Kunsthalle Rostock 1980; Mayer, Rudolf: O. N.-H. (mit Bibliogr.). Berlin 1983.

Nier, Kurt 23. 7. 1927
Stellv. Minister für Auswärtige Angelegenheiten
Geb. in Antoniwald (Böhmen); 1944 NSDAP.
1945/46 Umsiedlung; seit Anfang der 50er Jahre Angehöriger des diplomat. Dienstes der DDR; Hauptreferent im MfAA; 1956/57 in der DDR-Botschaft in Ungarn, 1957–59 in Indien tätig; 1960–62 Generalkonsul in Indonesien; 1968–73 Ltr. der Abt. Nordeuropa im MfAA; Botschafter; 1973–89 stellv. Min. für Auswärtige Angelegenheiten (zuletzt zuständig für Westeuropa, Bundesrep. Dtl., Berlin (West); USA, Kanada, Australien u. Japan).

Niggemeier, Adolf 21. 5. 1931
CDU-Politiker
Geb. in Riesa (Sa.), Vater Arbeiter; Oberschule, Abitur; 1948 CDU, FDJ u. FDGB; 1949/50 Justizpraktikant am Amtsgericht Riesa; 1950–52 Mitgl. des Kreisvorst. der CDU; 1950–54 Jurastudium an der Univ. Leipzig, Dipl.-Jurist; 1952–54 Mitgl. des Bezirksvorst. der CDU Leipzig; 1955–77 Abt.-Ltr. beim Sekr. des Hauptvorst. der CDU; 1967–90 Abg. der Volkskammer, 1981–86 Mitgl., 1986–1990 stellv. Vors. des Verfassungs- und Rechtsaussch.; 1966–77 Mitgl. des Arbeitsaussch. der Berliner Konferenz kath. Christen aus eur. Staaten; 1977–89 Mitgl. des Präs. u. Sekr. für Agitation des Hauptvorst. der CDU (Nachf. von Hermann Kalb*), Mitgl. des DDR-Komitees für Sicherheit u. Zusammenarbeit; 1990 Ltr. der Verwaltung der Volkskammer.

Nitsche, Franz 15. 11. 1905–28. 3. 1986
Katholischer Theologe, Caritasdirektor in Erfurt
Geb. in Neunz (Oberschles.); Bischöfl. Knabenkonvikt u. Gymnasium in Neisse, 1925 Abitur; Eintritt in das Theologenkonvikt; Studium der Philos. u. Theol. an der Univ. Breslau; Mitgl. der Vinzenzkonferenz; 1926/27 Studium der Theol. u. Caritaswiss. am Inst. für Caritaswiss. der Univ. Freiburg i. Br., Abschluß des Studiums in Breslau; 1930 Priesterweihe; 1930 Vikar in Naumburg/Queis; 1932 Vikar in Breslau, Hl. Kreuz; 1934 Caritasdir. in Oppeln für Oberschlesien; nach 1939 Berater des Kattowitzer Bischofs Adamski.
1946 Caritasdir. zunächst in Weimar, dann nach Errichtung des Generalvikariats in Erfurt für den Ostteil der Diözese Fulda; Generalvikariatsrat; 1947 Monsignore; Päpstl. Ehrenprälat; 1949–1975 Caritasdir. in Erfurt; regelm. Teilnahme an den Zentralsitzungen des Caritasverb.; Kuratoriumsmitgl. des Kath. Krankenhauses in Erfurt; 1965 Ordinariatsrat in Erfurt; 1975 Vors. des Vorst. der Diözesancaritas Erfurt; 1980 Ruhestand; 1985 Apostol. Protonotar; beigesetzt auf dem Hauptfriedhof zu Erfurt.

Noack, Axel 8. 11. 1949
Evangelischer Pfarrer
Geb. in Biesnitz (b. Görlitz), Vater Betriebswirtschaftler, Mutter Sachbearb.; Schulbesuch in Halle (Saale); 1968 Abitur u. Betriebsschlosserlehre; wegen Wehrdienstverweigerung nicht zum Mathematikstudium zugelassen; 1968/69 diakon. Helfer in den Hoffnungsthaler Anstalten in Lobetal; ab 1968 Jugendsynodaler, später Mitgl. der Synode der Kirchenprovinz Sachsen; 1969–75 Studium der Theol. an der Kirchl. HS Naumburg, nach dem Vikariat in Merseburg Repetent an der o. g. HS mit einer Arbeit zur Geschichte der Ev. Studentengemeinden in der DDR; 1978–84 Studenten- und Kreisjugendpfarrer in Merseburg; seit 1985 Gemeindepfarrer in Wolfen; 1986 Mitgl. der Bundessynode u. der Konferenz der ev. Kirchenltg.; 1989/90 Beteiligung an der Bürgerbew., Mitarb. am lokalen Runden Tisch u. im MfS-Überprüfungsaussch.;

1990 engagiert im kirchl. Vereinigungsprozeß, Mitgl. der Gemeinsamen Kommission von EKD u. Bund der Ev. Kirchen der DDR.
1991 ord. Mitgl. des Rats der EKD.
N. galt als Vertreter einer strikten Unabhängigkeit der ev. Kirche vom Staat.

Noll, Chaim (früher Hans) 13. 7. 1954
Schriftsteller
Geb. in Berlin, Großeltern in der NS-Zeit verfolgt, Vater Schriftst. Dieter N.; verheiratet mit der Malerin Sabine Kahane (Tochter von Werner Klemke*); 1972–75 Studium der Mathematik in Jena u. Berlin, 1975–80 Studium an der Kunst-HS Berlin-Weißensee, Meisterschüler an der AdK; Studienaufenthalte in der Sowjetunion; 1980 Wehrdienstverweigerung, Einweisung in psychiatr. Kliniken (neun Monate); 1984 Ausreise nach Berlin (West); seitdem freischaff. Schriftst.; N. wurde zu einer »Symbolfigur für die Abwendung der staatstragenden soz. Nachwuchskader vom System ihrer Väter«; 1989–91 Forschungsauftrag an der FU Berlin; Rückkehr zum Judentum; aus Anlaß des Golfkriegs Ablegen des dt. Vornamens; lebt seit 1992 in Rom; Mitgl. des PEN-Centre of German-speaking Writers Abroad, London (Exil-PEN).
Publ.: Der Abschied – Journal meiner Ausreise aus der DDR. Hamburg 1985; Rußland, Sommer, Loreley. Hamburg 1986; Berliner Scharade. Hamburg 1987; Nachtgedanken über Deutschland. Reinbek 1992; Taube u. Stern. 1994.

Noll, Dieter 31. 12. 1927
Schriftsteller
Geb. in Riesa, Vater Apotheker, Mutter wegen »nichtarischer Abstammung« verfolgt; Oberschule; 1943/44 Luftwaffenhelfer u. Soldat, 1945 kurzzeitig amerik. Gefangenschaft.
1946 KPD/SED; 1948–50 Studium der Germanistik, Kunstgeschichte u. Philos. in Jena; Hilfsheizer im RAW Chemnitz; lebt seit 1950 in Berlin, zunächst Red. der Ztschr. »Aufbau«, dann Mitarb. des SED-Zentralorgans »Neues Dtl.«; 1954 Mitgl. des DSV; ab 1956 freischaff.; 1964–67 Mitgl. der SED-BL Berlin; 1969 Mitgl. der DAK, Mitgl. des DSV-Vorst.; 1963 u. 1979 NP 2. Kl.; sein bekanntestes Werk »Die Abenteuer des Werner Holt. Roman einer Jugend« (2 Bde. 1960 u. 1963, 1. Bd. verfilmt, R: Joachim Kunert, UA 1965) erreichte eine Aufl. von mehr als 1 Mio. u. wurde zur Pflichtlektüre in den Oberschulen; 1976 maßg. beteiligt an der SED-Kampagne gegen die Unterzeichner der »Biermann*-Resolution«, die er im »Neuen Dtl.« als »kaputte Typen« denunzierte.
Sek.-Lit.: Geerdts, H. J.: D. N. Berlin 1976.

Nooke, Günter 21. 1. 1959
Bürgerrechtler
Geb. in Forst (Lausitz), Vater Finanzbeamter, Mutter Bankkauffrau; 1975–78 Ausbildung zum Baufacharbeiter mit Abitur in Cottbus; 1978–80 Grundwehrdienst, anschl. Tischlergehilfe; 1980–85 Studium der Physik an der KMU Leipzig; 1985–90 Physiker an der Arbeiterhygieneinspektion des Bezirksrats Cottbus, interdisz. Gutachter- u. Forschertätigkeit, 1986–90 postgraduales Studium zum Fachphysiker der Medizin.
Ab 1986 Mitarb. in der kirchl. Friedens- u. Umweltbew., Veranstaltungsorg. für die jährl. Friedensdekade der Ev. Kirche u. die »Ökumen. Versammlung für Gerechtigkeit, Frieden u. Bewahrung der Schöpfung«, 1987 Mitbegr. des Ökumen. Friedenskreises der Region Forst, Jan. 1988 Mitbegr. des kirchl. Oppositionsblatts »Aufbruch«, deswegen Auseinandersetzungen mit Staat u. Kirche (Druckeinstellung), Mitarb. im opp. Netzwerk »Frieden Konkret«, Sept. 1989 Verbreitung des Gründungsaufrufs von Demokratie Jetzt (DJ) in Forst, 1. Okt. 1989

Mitbegr. des DA, Vorstandsmitgl. und Mitarb. am Zentralen Runden Tisch; März – Okt. 1990 Mitgl. der Volkskammerfraktion Bündnis 90/Grüne; Juli – Okt. 1990 Mitgl. des Verwaltungsrats der Treuhandanstalt.
Okt. 1990–94 MdL Brandenburg u. Vors. der Fraktion Bündnis 90 (seit 1993 Bündnis), Mitgl. im Koalitionsaussch., Mitgl. im Stolpe-Untersuchungsaussch.; 1991–93 Mitgl. im Geschäftsführenden Aussch. des Bündnis 90-Landesverb. Brandenburg, entschiedener Gegner der Parteienvereinigung Bündnis 90/Die Grünen; Mai 1993 Austritt aus dem Bündnis 90 u. Mitbegr. der pol. Vereinigung »BürgerBündnis«; nachdem N. im Frühjahr 1994 die Glaubwürdigkeit von Aussagen des Min.-Präs. Manfred Stolpe* im Untersuchungsaussch. zu dessen früheren MfS-Kontakten öffentl. in Frage stellte, kündigte die SPD die Koalitionsvereinbarung mit der Fraktion »Bündnis« auf.

Nord, Kathleen, verh. Schwartz
26. 12. 1965
Leistungssportlerin (Schwimmen)
Geb. in Magdeburg; Beginn mit dem Schwimmsport im Alter von sieben Jahren im TZ Einheit Pädagogik Magdeburg; 1977 Mitgl. des SC Magdeburg (Trainer: seit 1982 Bernd Henneberg); 1982 Vize-WM über 400 m Lagen; EM 1983: Erste über 400 m u. Zweite über 200 m Lagen; 1985 EM über 200 m u. 400 m Lagen; WM 1986: Erste über 400 m u. Dritte über 200 m Lagen; EM 1987: Erste über 100 m Delphin, Dritte über 200 m Delphin u. 400 m Lagen; 1988 Olympiasiegerin u. 1989 EM über 200 m Delphin; VVO in Gold; 1983–89 SED; 1988 Abitur.
Nach 1989 Übersiedlung in die USA.

Norden, Albert 4. 12. 1904–30. 5. 1982
SED-Politiker
Geb. in Myslowitz (Ost-Oberschles.), Vater Rabbiner; 1911–20 Realgymnasium, Abitur; 1919 Freie Soz. Jugend, 1920 KJVD, 1921 KPD; 1921–23 Ausbildung zum Schreiner; 1923–30 Volontär, Red. u. Chefred. an Ztgn. der KPD, u. a. »Freiheit« in Düsseldorf; 1923/24 u. 1926 Haftstrafen aus pol. Gründen; 1930 Chefred. des »Ruhr-Echo«, 1931–33 Red. u. stellv. Chefred. der »Roten Fahne«; ab 1933 antifasch. Tätigkeit in Dtl. u. im Exil in Frankreich., ČSR u. USA; 1938 Aberkennung der dt. Staatsbürgerschaft; 1939–41 in frz. Internierungslagern; 1944 Mitbegr. des »Council for a Democratic Germany« in den USA, hrsg. von »German today«.
1946 Rückkehr nach Dtl., SED; 1947/48 Pressechef der DWK; 1948/49 Chefred. von »Deutschlands Stimme«; 1949/50 Mitgl. des Dt. Volksrats bzw. Abg. der Prov. Volkskammer; 1949–52 Ltr. der Presseabt. des Amts für Information der Reg.; 1952 Prof. für neuere Geschichte an der HU Berlin; 1954/55 Sekr. des Aussch. für Dt. Einheit, seit 1954 Mitgl. des Präs. des NR der NF; 1955–81 Mitgl. u. Sekr. des ZK, 1958–81 Mitgl. des PB des ZK der SED; 1958–81 Abg. der Volkskammer, Mitgl. des Präs. des Friedensrats der DDR u. des Büros des Weltfriedensrats, seit 1977 dessen Vizepräs.; 1976–81 Mitgl. des Staatsrats.
Publ.: Die wahren Herren Dtl. (Ps. Hans Behrend) 1939; Lehren dt. Geschichte. Berlin 1947; So werden Kriege gemacht. Berlin 1950; Die Nation u. wir. Ausgew. Reden u. Aufsätze, 2 Bde. Berlin 1964; In Aktion für das soz. Vaterland. Ausgew. Reden u. Aufsätze. Berlin 1969.

Nordwig, Wolfgang 27. 8. 1943
Leistungssportler (Leichtathletik)
Geb. in Siegmar (Kr. Chemnitz); Feinmechaniker, Ing. für Betriebs-, Meß- u. Regeltechnik; 1958–73 Stabhochspringer beim SC Motor Jena (Trainer Arthur Linß); 1966, 1969 u. 1971 jeweils EM, 1967 u. 1970 jeweils Dritter der Hallen-Europameisterschaften, 1968, 1969, 1971

u. 1972 Hallen-EM, 1968 Olympia-Dritter, 1970 zweimal WR, 1972 Olympiasieger u. DDR-Sportler des Jahres; SED; 1967–72 Studium der Physik, anschl. Forschungstätigkeit beim VEB Carl Zeiss Jena, Prom. zum Dr. ing.; 1974–78 Mitgl. des Präs. des Dt. Verb. für Leichtathletik; in den 80er Jahren Dir. des Forschungszentrums des VEB Carl Zeiss Jena; 1990 Diss. zu wirtschaftl. Problemen der Unternehmensltg.
Seit 1991 Geschäftsführer bei der Charterflugges. »Germania« u. verantw. für deren Tochterunternehmen »Berliner Flug Ring«.

Noth, Gottfried 26. 1. 1905–9. 5. 1971
Evangelischer Landesbischof
Geb. in Dresden, Vater Konrektor; Kreuzschule in Dresden, 1924 Abitur; Studium der Theol. an den Univ. Leipzig u. Erlangen, 1930 Lic. theol. bei Werner Elert, Ordination; 1930 Hilfsgeistlicher an der Diakonissenanstalt, 1932 Pfarrer in Zethau (Erzgeb.) u. ab 1942 in der Trinitatisgemeinde in Dresden; Mitgl. im Landesbruderrat der Bekennenden Kirche in Sachsen; 1944/45 Sanitätssoldat, Gefangenschaft.
1945 kommissar. Oberlandeskirchenrat u. ab 1950 Dezernent im Landeskirchenamt Sachsen; 1953 Dr. h.c. der Univ. Erlangen; ab 1953 Landesbischof der Ev.-Luth. Landeskirche Sachsen (Nachf. von D. Hugo Hahn); 1953–68 Mitgl. der Bischofskonferenz, der Kirchenltg. der Vereinigten Ev.-Luth. Kirchen Dtl. und des Rats der EKD; 1954–71 Mitgl. des Zentralaussch. des Ökumen. Rats der Kirchen, 1957 Ehrendoktor der Capitol-University in Columbus (USA), 1964 stellv. Vors. des Arbeitsaussch. der ständigen Konferenz Eur. Kirchen; 1969 Stellv. Vors. der Konferenz der Ev. Kirchenleitungen in der DDR; 1971 Ruhestand.
Publ.: Gehorsam in Christus. Ausgew. Zeugnisse aus Predigten, Vorträgen u. schriftl. Äußerungen. Berlin 1976.

Notowicz, Nathan
31. 7. 1911–15. 4. 1968
Komponist, 1. Sekretär des Verbands dt. Komponisten und Musikwissenschaftler
Geb. in Tyczyn (Bez. Rzeszów, Polen) in einer poln.-jüd. Familie, Vater Kaufmann, Mutter Hausfrau; 1913 Übersiedlung nach München; dort Volksschule; 1928–32 Konservatorium in Düsseldorf, Ausbildung in Köln, Amsterdam u. Brüssel; 1932 Lehrer für Musiktheorie am Düsseldorfer Konservatorium; 1933 Emigration in die Niederlande; freischaff. Musiker u. Lehrer in Amsterdam; Kontakte zur KPD, Teiln. am antifasch. Widerstandskampf in Holland, Kulturarbeit im Ghetto Amsterdams; 1940 KPD, 1944/45 Mitgl. der illegalen Parteiltg. der KPD-Gruppe in Holland (Deckname Gerard Fischer).
1946 Rückkehr nach Dtl., Düsseldorf; 1946/47 Ltr. der Abt. Kultur u. Erziehung der KPD-BL Niederrhein bzw. 1947/48 der KPD-Landesltg. Niederrhein; 1948 Übersiedlung in die SBZ, Berlin; 1950 Prorektor u. Prof. an der Dt. HS für Musik Berlin, Dir. für Studienangelegenheiten; 1951 Verleihung der dt. Staatsbürgerschaft (vorher poln.); Gründungsmitgl. des VDK, 1952–61 1. Sekr. u. Generalsekr. des VDK, ab 1962 Vors. des VDK; 1959 VVO in Silber; 1961/62 Mitgl. des Kollegiums des Min. für Kultur; 1962 Sekr. des Musikrats; Forschungen u. Publ. zu Hanns Eisler* u. Bach; gest. in Berlin.

Novak, Helga M. 8. 9. 1935
Schriftstellerin
Geb. in Berlin, adoptiert; Oberschule; SED; 1954–57 Studium der Philos. u. Journalistik in Leipzig; 1961 Heirat nach Island, bis 1965 dort als Fabrikarbeiterin tätig; Reisen nach Frankr., Span. und Amerika; Rückkehr nach Leipzig, Studium am Inst. für Lit. »Johannes R. Becher«; 1966 wurde ihr, die den Sozialis-

mus beim Wort nehmen wollte u. gegen die ideolog. Verplanung des Lebens protestierte, die DDR-Staatsbürgerschaft aberkannt; Übersiedl. in die Bundesrep. Dtl., lebte zeitw. in Jugosl., Frankfurt/M. u. überwiegend in Berlin (West), seit Ende der 80er Jahre auch in Polen; 1992 bekannte sie sich öff. zu früherer IM-Tätigkeit für das MfS; Mitgl. des dt. PEN-Zentrums (West); Preise: Bremer Lit.-Preis (1968); Kranichsteiner Lit.-Preis der Stadt Darmstadt (1985); Roswitha-Gedenkmedaille der Stadt Bad Gandersheim 1989.
Publ.: Aufenthalt in einem irren Haus. Neuwied 1971; Die Eisheiligen. Darmstadt 1979; Palisaden. Darmstadt 1980; Vogel federlos. Darmstadt 1982; Grünheide, Grünheide. Darmstadt 1983; zahlr. Hörspiele.

Nowak, Leopold 17. 3. 1929
Katholischer Bischof
Geb. in Magdeburg, 1956 Priesterweihe in Magdeburg u. Vikar in Seehausen, 1958 Kuratus in Großkorbetha, 1960 Vikar in Lützen, 1961 Jugendseelsorger für das Dekanat Halle, 1965 Pfarrvikar in Ziesar, 1966 Jugendseelsorger für das Dekanat Burg; 1967 Vikar in Stendal, Pastoralreferent für das Dekanat Stendal; 1972 Referent für die Erwachsenenseelsorge im Erzbischöfl. Kommissariat Magdeburg mit dem Titel »Pfarrer«, 1975–90 Ltr. des Seelsorgeamtes u. Assessor im Bischöfl. Amt Magdeburg, 1976 Wirkl. Geistl. Rat, Pressesprecher beim Katholikentreffen 1987 in Dresden; März 1990 Apostol. Administrator u. Bischof in Magdeburg.

Nowak, Siegfried 17. 4. 1930
Chemiker
Geb. in Wählitz (Kr. Hohenmölsen), Vater Ziegelbrenner; Volksschule, Lehre als Industriekaufmann; FDJ, 1948 SED; ABF-Besuch, 1951–56 Chemiestudium an der Moskauer Univ., Dipl.; 1956–59 Mitarb. am Inst. für Verfahrenstechnik der organ. Chemie der DAW in Leipzig; 1959 Prom. an der KMU Leipzig; danach Gruppenltr. u. stellv. Dir. am o. g. Inst.; 1971 Habil., Prof., 1972 stellv., 1974–87 Dir. des ZI für Organ. Chemie der AdW in Berlin; 1973 Korr. u. 1978 Ord. Mitgl. der AdW, 1982 Mitgl. der American Chemical Society; 1986 NP; 1987–90 Ltr. des Forschungsbereichs Chemie der AdW; 1988 auswärtiges Mitgl. der AdW der UdSSR; seit 1988 Mitgl. des Advisory Board des »Journal of Applied Catalysis«.
1991 Mitgl. der New York Academy of Sciences; 1992 Geschäftsführer des Inst. für Techn. Chemie u. Umweltschutz GmbH Berlin.
Hauptarbeitsgebiete: techn. organ. Chemie u. Petrolchemie, insbes. zur therm. und katalyt. Stoffumwandlung petrolchem. Produkte.

Nowojski, Walter 1931
Chefredakteur der Zeitschrift »Neue Deutsche Literatur«
Geb. in der Niederlausitz, Vater Bergarbeiter; Volksschule, 1949 Besuch einer ABF; danach Germanistikstudium an der HU Berlin; Lektor im Verlag Neues Leben; 1959–66 Ltr. der Red. Lit. u. Kulturpol. Red. von Radio DDR; 1966–75 Chefdramaturg des Staatl. Rundfunkkomitees; ab 1975 Chefred. der Ztschr. des SV »Neue Dt. Lit.« (Nachf. von Werner Neubert*).

Nowotny, Paul (Pawoł) 6. 1. 1912
Sorabist
Geb. in Bautzen, Vater Arbeiter; Kath. Aufbauschule, Abitur; 1931–33 Studium der Pädagogik u. Volkskunde am Pädagog. Inst. in Dresden, 1933–37 Studium der Germanistik u. Anglistik an der Univ. Posen; wegen führender Tätigkeit in der sorb. Studentenbew. während der NS-Zeit Gefängnis- u. KZ-Haft.
Nach 1945 Lehrer; 1947 SED u. Mitgl.

des Bundesvorst. der Domowina, 1947/48 Generalsekr. des Vorst.; 1948 Kreisschulrat; 1951 erster Dir. des Inst. für sorb. Volksforschung in Bautzen; 1958 Prom. zum Dr. phil. an der KMU Leipzig über ein sorabist. Thema, 1970 Prof. u. Dr. h.c. (Univ. Wroclaw); Mitgl. des Intern. Slawistenkomitees u. a. wiss. Gremien.
Forschungen u. Publ. zur Kultur, Lit. u. Geschichte des sorb. Volks u. zur Geschichte der Sorabistik; Hrsg. von Briefeditionen, Chefred. der Jahresschrift des Inst. für sorb. Volksforschung »Lětopis«.

Nuschke, Otto 23. 2. 1883–27. 12. 1957
Vorsitzender der CDU, Stellv. Ministerpräsident
Geb. in Frohburg (b. Leipzig), Vater Druckereibesitzer; Gymnasium, Kunststudium; 1897–1901 Ausbildung zum Buchdrucker in Leipzig; 1902 Volontär, 1904–08 Chefred. der »Hessischen Landesztg.« Marburg; 1902 Mitgl. des Nat.-sozialen Vereins, 1903 der Freisinnigen Vereinigung, 1906 deren Generalsekr. in Marburg, 1908 in Hessen-Nassau u. Waldeck, 1910 Generalsekr. der Fortschrittl. Volkspartei in Kassel; 1910–15 Red. des »Berliner Tageblatt«, 1915–30 Chefred. der »Berliner Volks-Ztg.«; 1918 Mitbegr. der DDP, Mitgl. ihres Geschäftsführenden Aussch., Ltr. ihrer Reichsgeschäftsstelle, 1920/21 stellv. Vors. ihres PV; 1919/20 Mitgl. der Verfassungsgebenden Nationalvers., 1921–33 Abg. des Preuß. Landtags; Mitgl. des Vorst. der Dt. Friedensges.; 1919 Gründer u. Vors. des Dt. Demokr. Pressevereins; 1931–33 Reichsgeschäftsführer der DDP bzw. Dt. Staatspartei, verantwortl. Red. ihres Wochenblatts »Dt. Aufstieg«; 1933 Berufsverbot, Landwirt in Nieder Neuendorf/Havel, antifasch. Tätigkeit, verhört u. verhaftet, seit Juli 1944 illegal lebend.
Juni 1945 kurzzeitige Mitarb. im LDP-Gründungsaussch. Berlin; 1945 Mitbegr. der CDU, Verlagsltr. »Neue Zeit«; 1946–52 Abg. des Landtags Brandenburg, 1946/47 Mitgl. des Rechts- u. Verfassungsaussch.; 1946/47 Mitgl. des PV, 1947/48 kommissar. Parteivorst., ab 1948 1. Vors. der CDU (Nachf. von Jakob Kaiser*); 1948/49 Ko-Vors. des Dt. Volksrats, ab 1949 Abg. der Prov. Volkskammer bzw. Volkskammer; 1949–57 stellv. Min.-Präs. bzw. Stellv. des Vors. des Min.-Rats, u. a. Ltr. der HA Kirchen; 1955 Dr. rer. pol. h.c. der KMU Leipzig.
Publ.: Reden u. Aufsätze 1919–1950. Berlin 1957; Mahnung u. Beispiel. Reden u. Aufsätze 1951–1957. Berlin 1958.
Sek.-Lit.: Erinnerungen an O. N. Berlin 1973; Fischer*, G.: O. N. Berlin 1983.

O

Oberdorf, Fritz 30. 5. 1898–15. 7. 1976
Pflanzenzüchter, Rektor der HS für Landwirtschaft Bernburg
Geb. in Gerchsheim (Amt Tauberbischofsheim, Baden), Vater Bauer; Volksschule, Landw.-Schule, 1912/13 Ackerbauschule in Triesdorf (Bayern); 1915–17 landw. Praxis; 1917/18 Kriegsdienst; ab 1919 Gutsbeamter, Zuchtgartenverwalter und Techniker in versch. Saatzuchtwirtschaften der Firma Rabbethge u. Giesecke, dabei 1931–43 in Puchow bei Penzlin (Meckl.); 1940–42 Studium an der Landw. HS Berlin, Dipl.-Landwirt, Prom. zum Dr. agr. mit einer Diss. zur Bodenkunde; 1943–49 Hauptsaatzuchtltr. auf dem Gut bzw. Landes-

gut Klein Wanzleben (b. Bernburg); 1949–63 Dir. des Inst. für Pflanzenzüchtung der DAL in Bernburg; 1951 NP; 1952 ord. Mitgl. der DAL; 1951 Ernennung zum Prof. mit Lehrauftrag für Agrarbiologie, 1960–62 Prof. mit Lehrstuhl u. Dir. des Inst. für Grünland u. Feldfutterbau an der landw. Fak. der KMU Leipzig; Okt. 1961 erster Rektor der neugegründeten HS für Landw. Bernburg; 1964 Erwin-Baur-Medaille der DAL; 1966 Em. u. Ehrenprom. durch die DAL.

Obermann, Karl 22. 9. 1905–10. 7. 1987
Historiker
Geb. in Köln, Vater Fabrikarbeiter; tätig als Techniker, seit 1928 arbeitslos, Arbeit als freischaff. Journalist, Gasthörer an der Kölner Univ. (Soziol., Wirtschaftsgeschichte); 1931 SPD, zeitw. SAP; 1933 Emigration nach Frankreich, 1936 KPD; Gasthörer an der Sorbonne, tätig als freier Journalist, Veröff. erster hist. Aufsätze; 1939–41 Internierungslager; 1941–46 Emigration in die USA, 1943–46 Red. der antifasch. Ztschr. »The German American«.
Okt. 1946 über die UdSSR Rückkehr nach Dtl., SED; 1947–49 Red. der HS-Ztschr. »Forum«, glz. Gasthörer an der Univ. Berlin; 1950 Prom. über die dt. Rev. 1848 an der HU Berlin, 1950–52 Wahrnehmungsprof. an der Brandenburg. Landes-HS Potsdam, 1952 Habil. mit einer Studie über die dt.-amerik. Beziehungen während der Weimarer Rep.; 1952–53 Prof. mit vollem Lehrauftrag, Ltr. des Hist. Inst., 1953–56 Prof. mit vollem Lehrauftrag u. 1956–70 ord. Prof. an der HU Berlin; 1956 im Nebenamt erster Dir. des Inst. für Geschichte der DAW (bis 1960), dort 1956–70 Ltr. der Abt. »1789–1871«; 1965 Ehrenmedaille der AdW der ČSSR, 1975 VVO in Gold, 1982 Dr. h.c. der HU Berlin, 1985 Stern der Völkerfreundschaft.
O. gehörte zur ersten Generation marxist.-leninist. Historiker der DDR; sein hauptsächl. Forschungsgebiet war die dt. Geschichte des 19. Jh., bes. Beachtung fanden seine Studien zur Rev. von 1848.
Publ.: Joseph Weydemeyer. New York 1947; Die dt. Arbeiter in der Rev. von 1848. Berlin 1950; Einheit u. Freiheit. Berlin 1950; Dtl. von 1815–1849. Berlin 1961; Die Wahlen zur Frankfurter Nationalversammlung im Frühjahr 1848. Berlin 1987.

Oechelhaeuser, Gisela 22. 1. 1944
Kabarettistin, Kabarettleiterin
Geb. in Schmauch; Lehre als Uhrmacherin; Studium der Germanistik u. Romanistik an der KMU Leipzig; 1966 Mitbegr. des Kabaretts »academixer« (anfangs Amateurkabarett der KMU Leipzig, seit 1976 Berufsensemble); 1985–90 Dozentin an der HS für Schauspielkunst »Ernst Busch« in Berlin; Auftritte als Kabarettistin, Regiearbeiten an der »Herkuleskeule« Dresden, an der »Distel« u. dem Theater im Palast in Berlin, Schauspielarbeit in Zürich; Werkstattarbeit u. Unterrricht bei Amateurkabaretts; Vors. der Sozialkommission u. 1984–89 Vizepräs. des Komitees für Unterhaltungskunst; verheiratet mit Dietmar Keller*, letzter Kulturmin. der DDR.
Seit 1990 Intendantin des Kabaretts »Die Distel«; Mitwirkung bei der TV-Serie »Der scharfe Kanal«.

Oehlke, Horst 7. 11. 1931
Designer
Geboren in Oberheinsdorf (Vogtl.); 1951–54 Studium an den Vereinigten Textillehranstalten in Chemnitz u. an der FS für angewandte Kunst Heiligendamm; 1954–57 Textilgestalter am Inst. für Bekleidungskultur Berlin; 1957–61 Studium an der HS für bildende und angewandte Kunst Berlin-Weißensee; 1961–65 Formgestalter im VEB Secura-Werke Berlin, im VEB Buchungsmaschinenwerk Karl-Marx-Stadt u. im Wiss.-

Techn. Zentrum der VVB Büromaschinen Karl-Marx-Stadt; 1965–68 Formgestalter im Inst. für Regelungstechnik Berlin; Gestaltung u. Arbeit u.a. zur Standardisierung von Meß- u. Prüfgeräten: ursumat-System 1967; seit 1968 Lehrtätigkeit; 1971–76 Dir. der Sekt. Produkt- u. Umweltgestaltung im Bereich Prod., 1976–83 Ltr. der Abt. Theorie u. Methodik an der HS für industrielle Formgestaltung Burg Giebichenstein; 1976 Prof.; 1982 Prom. im Fachgebiet Ästhetik an der HU Berlin.

Oelschlegel, Vera 5.7.1938
Schauspielerin, Sängerin, Theaterleiterin
Geb. in Leipzig in einer bürgerl. Familie; Abitur an der Thomas-Schule in Leipzig; Studium an der Film-HS Babelsberg, dort FDJ-Sekr.; 1958–61 am Theater Putbus, 1961 am Ensemble des DFF; 1966 Gründung des »Ensembles 66«; Auslandsgastspiele in mehr als 20 Ländern mit Chansons u. Liedern von Bertolt Brecht*, Peter Hacks*, Erwin Strittmatter* u. den Komponisten Kurt Weill, Hanns Eisler*, Paul Dessau* u.a.; 1975 Gründung des Theaters im Palast (TiP), Intendantin, zugl. Schauspielerin u. Regisseurin; in erster Ehe verheiratet mit Hermann Kant*, 1977–87 in zweiter Ehe mit Konrad Naumann*; 1981 Goethe-Preis der Stadt Berlin; 1984 Prof. für Schauspiel; Bühnenrollen u.a. in Günter Kaltofens/Hans Pfeiffers »Salut an alle. Marx«, in »Heines letzte Liebe« u. Goethes »Stella«; Inszenierungen von Stücken Dürrenmatts u. Bulgakows, Veranstaltung von Dichterlesungen mit Günter Grass, Christoph Hein*, Daniil Granin, Stefan Heym* u.a.; 1988 Paul-Dessau-Tage.
Publ.: Wenn das meine Mutter wüßt... (Autobiogr.). Frankfurt M., Berlin 1991.

Oelßner, Fred 27.2.1903–7.11.1977
Wirtschaftswissenschaftler, SED-Politiker
Geb. in Leipzig, Vater Gewerkschafts- u. KPD-Funktionär; Volksschule, 1917 Mitgl. einer Jugendgruppe der USPD; 1918–21 Bezirksltr. der Soz. Proletarierjugend bzw. des KJV Halle-Merseburg; 1919 USPD; 1920 KPD; Teiln. am mitteldt. Aufstand, danach Flucht vor Verfolgung; 1921 Volontär bzw. Red. komm. Ztg. in Breslau, Chemnitz, Stuttgart, Remscheid u. Aachen; 1923 wegen Vorbereitung zum Hochverrat Verurteilung zu einem Jahr Gefängnis durch das Reichsgericht in Leipzig; nach verbüßter Haft Fortsetzung der red. Tätigkeit; 1926 von der KPD zum Studium der Ges.-Wiss. an die Intern. Lenin-Schule u. das Inst. der Roten Professur in Moskau delegiert; Sommer 1932 Rückkehr nach Dtl., anschl. bis 1933 propagandist. Mitarb. des ZK der KPD u. Lektor an der Reichsparteischule »Rosa Luxemburg« in Schöneiche-Fichtenau; Ende 1933 Emigration nach Prag und Paris, 1935 in die UdSSR; Lektor an der Lenin-Schule; 1937–40 wegen »ideolog. Abweichungen« Bewährung als Arbeits- u. Betriebsplanungsltr. in einer Papierfabrik; während des Krieges unter dem Ps. »Larew« Ltr. der Dtl.-Abt. des Moskauer Rundfunks; Lehrer an einer Antifa-Schule.
1945 Rückkehr nach Dtl.; Ltr. der Abt. Agit. u. Prop. des ZK der KPD; 1946 Ltr. der Abt. Parteischulung im PV der SED; 1946–58 Mitgl. des PV bzw. des ZK der SED; 1949 NP; 1949–58 Volkskammerabg.; 1949/50 Mitgl. des Sekr., 1950–55 Sekr. für Propaganda u. 1950–58 Mitgl. des PB des ZK der SED; 1950–56 Chefred. des SED-Organs »Einheit« (Nachf. von Klaus Zweiling), zugl. Hrsg. des wiss. Bulletin »Konjunktur u. Krise«; 1951 Ltr. des Lehrstuhls pol. Ök. am neugegründeten IfG; 1953 ord. Mitgl. der DAW, ab 1954 Vors. der Sekt. Wirtschaftswiss. der DAW; 1955 VVO in Gold; 1955–58 stellv. Vors. des Min.-Rats u. Vors. der Kommission für Fragen der Konsumgüterprod. u. Versorgung

der Bevölkerung beim Präs. des Min.-Rats; 1956 Prof. für pol. Ök. am IfG; Febr. 1958 nach Kritik an den Plänen des Ulbricht-Flügels zur »vollständigen Kollektivierung« der Landw. unter dem Vorwurf »wiederholter Verletzung der Disziplin des PB« Ausschluß aus dem PB u. Enthebung aus den Funktionen im Min.-Rat; 1958 bis zur Em. 1969 Dir. des Inst. für Wirtschaftswiss. der DAW (Nachf. von Günther Kohlmey*); 1961–68 Mitgl. des Präs. der DAW, zunächst Sekr., dann stellv. Vors. der Klasse für Ges.-Wiss. I (Philos., Geschichte, Staats-, Rechts- u. Wirtschaftswiss.) der DAW, 1965 VVO in Gold; Vors. des Nationalkomitees für Ges.-Wiss. der DDR; 1968 Dr. h.c. der HU Berlin; 1973 KMO.
Oe. gehörte in der unmittelbaren Nachkriegszeit neben A. Ackermann u. A. Lemmnitz zu den ersten Lektoren für wiss. Soz. u. pol. Ök. an der PHS der SED sowie der HU Berlin; er zählt zu den Gründern der pol.-ök. Lehre u. Forschung in der DDR. Arbeitsthemen: Sozialdemokr. Theoretiker (F. Mehring, R. Hilferding, R. Luxemburg); marxist. Krisen- u. Monopoltheorie;, Kritik bürgerl. Konjunkturtheorien; marxist. Arbeitswerttheorie; ök. Gesetze, Preisbildung u. Rechnungsführung im soz. Wirtschaftssystem.
Publ.: Der Marxismus der Gegenwart u. seine Kritiker. Berlin 1948; Die Wirtschaftskrisen. 1. Bd. Berlin 1949; Rosa Luxemburg. Berlin 1952; Problem der Krisenforschung. Berlin 1959; Ein Beitrag zur Monopoltheorie. Berlin 1960; Die Arbeitswerttheorie als wiss. Grundlage der Marx'schen pol. Ök. Berlin 1967.

Oertel, Heinz-Florian 11.12.1927
Sportjournalist
Geb. in Cottbus in der Familie eines Webers; 1944 Abschluß der Oberrealschule; 1944/45 Kriegsteiln., anschl. bis 1946 in brit. Gefangenschaft.
1946 SED; 1946–48 Schauspieler am Stadttheater Cottbus; dann Lehrer; ab 1950 freier Mitarb. am Landessender Potsdam, 1952–90 Sportreporter beim Berliner Rundfunk, u.a. Moderator der Sendereihen »7–10 Spree-Athen« u. »He-he-he – Sport an der Spree«; zugl. freier Mitarb. des DFF, Kommentator zahlr. Sportsendungen sowie Moderator der Reihe »Porträt per Telefon«; 1982 Prom. zum Dr. rer. pol. an der KMU Leipzig.
Seit 1991 versch. Aufträge für Rundfunk u. Fernsehen, u.a. für den Ostdt. Rundfunk Brandenburg.
Publ.: Mit dem Mikrofon um die Welt. Berlin 1958; Immer wieder unterwegs. Berlin 1968; 30 Jahre wie ein Sprint. Berlin 1984.

Opitz, Max 11.9.1890–7.1.1982
Chef der Präsidialkanzlei
Geb. in Bernsdorf (Erzgeb.), Vater Bergarbeiter; 1905–08 Ausbildung zum Tischler, Gewerbeschule; 1908 Dt. Holzarbeiterverb.; Soldat im 1. Weltkrieg, 1918 Mitgl. des Soldatenrats des Ulanenregt. 21 in Chemnitz; 1919 Mitbegr. der KPD-Ortsgruppe in Gersdorf (b. Chemnitz), ab 1922 Mitgl. der BL Erzgebirge-Vogtland, 1925–33 Pol. Ltr. in versch. BL der KPD, 1928 Teiln. am VI. Kongreß der KI in Moskau, ab 1929 Mitgl. des ZK der KPD; 1925–30 Abg. des Sächs. Landtags, 1931–33 des Preuß. Landtags, März 1933 in den Reichstag gewählt; 1933–45 Zuchthaus u. KZ, zuletzt Sachsenhausen.
1945–49 Polizeipräs. von Dresden; 1949–51 OB von Leipzig; 1951–60 Chef der Präsidialkanzlei u. Staatssekr. beim Präs. der DDR (Wilhelm Pieck*); 1950–63 Abg. der Volkskammer, stellv. Vors. der Interparl. Gruppe der DDR; Mitgl. der ZL des Komitees der Antifasch. Widerstandskämpfer.

Opitz, Willi 25. 7. 1928
Rektor der Hochschule des MfS
Geb. in Goddula-Vesta (b. Merseburg), Vater Konditor u. Maurer, Mutter Landarbeiterin; Volksschule, 1943–47 Lehre als Verwaltungsangestellter, dazwischen 1944 RAD, 1945 amerik. Gefangenschaft.
1946 KPD/SED; 1948 Einstellung bei der VP, Kreisamt Merseburg; 1951 Einstellung beim MfS, Länderverwaltung Sachsen-Anhalt, dann Objekt-Verwaltung Wismut, Abt. Pol.-Kultur bzw. Kr.-Ltg. der SED; 1954 stellv. Ltr. der Abt. V, 1955 der Abt. C; 1957 Ltr. der Objekt-Dienststelle Aue; 1959 Lehrer, 1960 Lehrstuhlltr. an der HS des MfS Potsdam-Eiche; 1960–66 Fernstudium an der HU Berlin, Dipl.-Jur.; 1966 Offz. für Sonderaufgaben; 1967 Brigadeltr. in der Abt. Anleitung u. Kontrolle (später Zentrale Auswertungs- und Informationsgruppe) des MfS Berlin; 1975 dort stellv. Bereichsltr.; 1976 Arbeitsgruppenltr., 1976 Prom. zum Dr. jur. an der JHS des MfS Potsdam-Eiche; 1985 erneut Offz. für Sonderaufgaben, dann Rektor der JHS des MfS; Berufung zum ord. Prof., Dr. sc. jur.; 1986 Gen.-Major; Dez. 1989 von seiner Funktion entbunden; Jan. 1990 Entlassung, Rentner.

Ordnung, Carl 18. 10. 1927
Sekretär der Christlichen Friedenskonferenz
Geb. in Lengenfeld (Vogtl.), Vater Verkaufsstellenltr.; Besuch der Höheren Handelslehranstalt in Reichenbach u. der Wirtschafts-OS in Plauen; 1944 RAD; 1944/45 Kriegsdienst in der Wehrmacht.
1946 Abschluß eines Neulehrerkurses; SPD/SED; Eintritt in die Ev.-methodist. Kirche (EmK); 1948–51 Studium der Germanistik, Geschichte, Psychol. u. Theol. an der Univ. Leipzig; anschl. Lehrer in Reichenbach; 1950 Austritt aus der SED u. 1952 Eintritt in die CDU; 1957 Red. der Ztg. »Neue Zeit«; 1958 Abt.-Ltr. für Kirchenfragen im CDU-Hauptvorst., zugl. Mitgl. des Friedensaussch. der EmK in der DDR; 1962 Sekr. des DDR-Regionalaussch. der CFK; Mitgl. des Friedensrats der DDR; 1965 wiss. Mitarb. im CDU-Hauptaussch.; 1966 Teiln. an der Weltkonferenz für Kirche u. Ges. in Genf, Teiln. an ökumen. Tagungen in Europa, Indien, Japan, Kuba, Libanon, Panama u. den USA; 1967 Sekr. der intern. CFK-Studienkommission »Politik u. Ök.«; ab 1968 Mitgl. des NR der NF; 1969 VVO; 1983 Vizepräs. der Freundschaftsges. DDR-USA; 1988/89 Delegierter der EmK zur Ökumen. Versammlung der Kirchen u. Christen in der DDR; 1990 Referent in der Abt. Außen- u. Sicherheitspol. im Amt des Min.-Präs. Lothar de Maizière*.
Ab Okt. 1990 Vors. von Solidaritätsdienst Intern. e. V. (SODI), der Nachfolgeorg. des Solidaritätskomitees der DDR.
Publ.: Christ u. Revolution. Berlin 1974; Erziehung zum Frieden. Berlin 1980; Feindbild und Friedenshoffnung. Berlin 1985.

Orlopp, Josef 29. 8. 1888–7. 4. 1960
Regierungsbevollmächtigter für Innerdeutschen Handel
Geboren in Essen, Vater Tischler; 1895–1903 Volksschule, 1903–07 Ausbildung zum Dreher in Essen, 1907–10 Wanderschaft; 1907 Dt. Metallarbeiterverb., 1910 SPD; bis 1919 Dreher, später Werkmeister u. Kalkulator in den Krupp-Werken Essen; 1917 USPD; 1919–25 Stadtverordneter in Essen, 1920–25 Abg. des Rhein. Prov.-Landtags; Vors. des Ortsaussch. Essen des ADGB; 1922 erneut SPD; 1925 Mitgl. des Vorst. des Verb. der Gemeinde- u. Staatsarbeiter in Berlin, Mitbegr. der Reichssekt. der Gas-, Elektrizitäts- u. Wasserwerksarbeiter u. 1926–33 deren Vors.; 1930–33 Mitgl. des vorläufigen Reichswirtschafts-

rats; 1933 reglementiert; 1933–45 Landarbeiter in Bad Harzburg bzw. Einzelhändler in Berlin.
1945 Mitgl. des Zentralaussch. der SPD, Mitunterz. seines Aufrufs vom 15. 6. 1945; 1945/46 Mitgl. des Magistrats von Groß-Berlin u. Stadtrat für Handel u. Handwerk, 1946 Stellv. des OB, danach Ltr. des Haupternährungsamts; 1946–48 Stadtverordneter in Berlin; ab 1946 Mitgl. des Landesvorst. bzw. der BL Groß-Berlin der SED; 1947 Vizepräs. der Dt. Zentralverwaltung für Handel u. Versorgung, danach Präs. der Dt. Zentralverwaltung für Interzonen- u. Außenhandel, 1948 Präs. der HV für Interzonen- u. Außenhandel bei der DWK; 1948 Mitgl. des Dt. Volksrats, 1949/50 der Prov. Volkskammer; 1949–51 HA-Ltr. im Min. für Innerdt. Handel, Außenhandel u. Materialversorgung, anschl. Regierungsbevollmächtigter für Innerdt. Handel, Okt. 1953 aus gesundheitl. Gründen ausgeschieden; ab 1957 Mitgl. des Präs. u. Sekr. des Bundesvorst. des FDGB, Mitgl. des NR der NF; seit 1958 Abg. der Volkskammer, Vizepräs. des Dt. Friedensrats u. Mitgl. des Weltfriedensrats.

Ortleb, Rainer 5. 6. 1944
Vorsitzender des Bundes Freier Demokraten
Geb. in Gera; nach dem Abitur 1964–71 Mathematikstudium u. Prom. zum Dr. rer. nat. an der TU Dresden, 1971–81 dort Assistent u. Oberassistent; 1968 LDPD, später u. a. Vors. eines Dresdener Stadtbezirksverb.; 1983 Prom. zum Dr. sc. techn. an der WPU Rostock, 1984/85 Doz. an der Sekt. Informatik u. 1986–89 an der Sekt. Schiffstechnik der WPU; Sept. 1989 ao. Prof.; 1987–90 Vors. des Kreisverb. Rostock-Stadt u. Mitgl. des Bezirksvorst. der LDPD; Febr./März 1990 Vors. der LDP (Nachf. von Manfred Gerlach*); März – Aug. 1990 Vors. des Bundes Freier Demokraten, seitdem stellv. Bundesvors. der FDP; Febr. – Okt. 1990 Vors. der Volkskammerfraktion der Liberalen.
Seit Okt. 1990 Abg. des Dt. Bundestags; seit Jan. Min. für Bildung u. Wiss.; seit Apr. 1991 Landesvors. Mecklenburg-Vorpommern; Febr. 1994 Rücktritt als Min. u. Landesvors. aus gesundheitl. Gründen, jedoch weiterhin stellv. Vors. der F.D.P.

Ott, Harry 15. 10. 1933
Ständiger Vertreter der DDR bei der UNO
Geb. in Chemnitz, Vater Arbeiter; Oberschule, Abitur; 1952 SED; 1952/53 Studium der Wirtschaftswiss. an der Univ. Leipzig, 1953–59 Studium am Inst. für Intern. Beziehungen in Moskau, Dipl.-Staatswiss.; 1959–66 Mitarb. im MfAA; 1966–74 Mitarb. in der Abt. Intern. Verbindungen des ZK der SED, zuletzt stellv. Abt.-Ltr., 1971–76 Mitgl. der ZRK u. 1976–89 des ZK der SED; 1974–80 Botschafter in der UdSSR (Nachf. von Horst Bittner), 1982–90 stellv. Außenmin. u. Ständiger Vertreter der DDR bei der UNO (Nachf. von Peter Florin*); 1983 VVO in Gold.

Otte, Volkmar 6. 4. 1942
Regisseur für Pantomime u. Schauspiel
Geb. in Jena; Studium der Werbegestaltung; ab 1966 freiberufl. Mitarb. für Pantomime u. Co-Regie an zahlr. Schauspieltheatern, zugl. Lehrbeauftragter für Pantomime an den Schauspiel-HS in Berlin, Leipzig u. Babelsberg; 1968 Gründung der Pantomimebühne Berlin als erstes Off-Theater der DDR, dort bis 1974 Ltr., Regisseur u. Autor, Ausbildung mehrerer Nachwuchsgruppen; 1974 Gründung des Pantomime-Ensembles am Dt. Theater Berlin, dort bis 1981 Ltr., Regisseur u. Autor; seit 1981 freiberufl. als Schauspielregisseur, sowie Autor von Kinder- u. Jugendstücken; Ltr. von Pantomimekursen auf intern. Schauspiel- u. Regieseminaren.

Otto, Herbert 15. 3. 1925
Schriftsteller
Geb. in Breslau, Vater Arbeiter, Mutter Näherin; Volksschule, kaufm. Lehre in Breslau; 1943 NSDAP; 1943/44 Soldat, 1944–48 sowj. Gefangenschaft; 1949 Besuch der Antifa-Zentralschule in Moskau.
1949 Rückkehr nach Dtl.; Funktionär der DSF; Dramaturg; Verlagslektor im Verlag Kultur u. Fortschritt; danach freischaff. Schriftsteller in Kleinmachnow; Vors. des DSV im Bez. Potsdam; Mitgl. des Präs. des Vorst. des DSV; 1971 Heinrich-Mann-Preis; 1978 NP 2. Kl.; 1987 Mitgl. des PEN-Zentrums DDR, jetzt Dt. PEN-Zentrum (Ost); lebt in Potsdam.
Debütierte 1956 mit dem autobiogr. geprägten Roman »Die Lüge«, andere Werke waren thematisch in der DDR-Gegenwart angesiedelt.
Publ.: Zeit der Störche. Berlin 1968 (Film 1970); Die Sache mit Maria. Berlin 1975; Der Traum vom Elch. Berlin 1983 (Film 1986).

Otto, Kristin 7. 2. 1966
Leistungssportlerin (Schwimmen)
Geb. in Leipzig, Vater Physiker, Mutter Physiotherapeutin; Besuch der KJS Leipzig, 1988 Abitur; SED; aktive Schwimmerin beim SC DHfK Leipzig, 1982 WM über 100 m Rücken, 4x100 m Freistil u. 4x100 m Lagen; 1984 Siegerin über 100/200 m Freistil u. 4x100 m Freistil bei den Wettkämpfen der Freundschaft in Moskau; 1986 WM über 50 u. 100 m Freistil, 100 m Schmetterling, 200 m Lagen, 4x100 m Freistil u. 4x100 m Lagen; 1987 EM über 100 m Freistil, 100 m Rücken, 100 m Schmetterling, 4x100 m Freistil u. 4x100 m Lagen; 1988 Olympiasiegerin über 50 u. 100 m Freistil, 100 m Rücken, 100 m Schmetterling, 4x100 m Freistil u. 4x100 m Lagen (erfolgreichste Teiln.); 1989 EM über 100 m Rücken; DDR-Sportlerin des Jahres 1988; 1988–90 Ausbildung am Sender Leipzig als Rundfunkvolontärin; 1990 Vizepräs. des Dt. Schwimmsportverb.
Seit 1990 Journalistin, u. a. freie Kommentatorin in Sportsendungen des ZDF; lebt in Leipzig.

Otto, Walter 16. 7. 1920–1. 10. 1989
MfS-Hauptabteilungsleiter
Geb. in Wurzen, Vater Kraftfahrer; Volksschule, Ausbildung u. Arbeit als Tapezierer; 1940 RAD, dann Wehrmacht u. Gefangenschaft.
1946/47 Tapezierer; 1947–50 Sattler bei einer sowj. Militäreinheit; 1949 SED; 1950/51 Sachbearb. im Arbeitsamt Grimma; 1951/52 Arbeitsschutz-Inspektor beim Rat des Kr. Grimma; 1952 Einstellung beim MfS, Kreisdienststelle Grimma, dann Wurzen; 1953 Ltr. der Abt. II (Spionageabwehr) der BV Leipzig; 1954 Abt.-Ltr. in der HA II, MfS Berlin; 1957 zunächst Instrukteur, dann Ltr. der Arbeitsgruppe Anleitung u. Kontrolle; 1960–65 Fernstudium an der HS des MfS Potsdam-Eiche; 1962 Versetzung zur HA Kader u. Schulung des MfS Berlin, dort Abt.-Ltr., 1965 stellv. Ltr., 1972 Ltr. der HA; 1977 Gen.-Major; 1982 aus gesundheitl. Gründen von seiner Funktion entbunden, 1983 Rentner.

P

Pahnke, Rudi Karl 30. 6. 1943
Evangelischer Theologe, Mitbegründer der Partei Demokratischer Aufbruch.

Geb. in Berlin, Eltern Arbeiter bzw. Angestellte; nach Schulabschluß Berufsausbildung zum Feinmechaniker; 1962–65 theolog.-seminarist. Ausbildung, 1965–70 Studium der Theol. an der HU Berlin, wegen krit. Distanz zu Kirche u. Staat nicht zur Aspirantur zugelassen; zunächst in der kirchl. Kinder- u. Jugendarbeit tätig, 1972–82 Pfarrer in Berlin-Prenzlauer Berg; seit Ende der 60er Jahre vielfältige Kontakte zu Dissidentenkreisen u. opp. Schriftst., Dialogversuche mit krit. Marxisten, später aktive Unterstützung für die Tätigkeit von Friedens-, Umwelt- u. Menschenrechtsgruppen unter dem Dach der ev. Kirche, Beteiligung am »Berliner Appell« von 1982, zeitw. Sprecher der Berliner Friedenswerkstatt, Konflikte mit der Kirchenltg.; 1982–88 Doz. in der kirchl. Ausbildungsstätte für Sozialpädagogen; aktive Mitarbeit an Dokumenten der »Ökumen. Versammlung von Kirchen u. Christen in der DDR zu Frieden, Gerechtigkeit u. Bewahrung der Schöpfung«; ab 1988 Sekr. für Jugendfragen des Bunds der Ev. Kirchen; Okt. 1989 Mitbegr. u. Vorstandsmitgl. des DA, Dez. Parteiaustritt nach der Wahl Wolfgang Schnurs* zum Parteivors. u. der konservativen Wende des DA.
Z. Z. Studienltr. an der Ev. Akad. Berlin-Brandenburg.
Publ. zu Bibelinterpretation, mod. Theol., Recht sowie zu Grenzen der Religionskritik, kirchl. Jugendarbeit u. Jugendproblemen, Rechtsextremismus, dem Verhältnis zwischen Kirche u. Gruppen u. a. m.

Palitzsch, Peter 11. 9. 1918
Regisseur
Geb. in Deutschmannsdorf (Schles.), verbrachte die Kindheit in Dresden, Vater Kaufmann; Besuch der Fach-HS (kaufm.); 1940–45 Kriegsdienst u. Gefangenschaft.
1945 Dramaturg an der Dresdener Volksbühne; 1949–61 Assistent, Dramaturg u. später Regisseur am Berliner Ensemble; Regiedebüt 1955 »Der Tag des großen Gelehrten Wu«, altchines. Volksstück; P. entschied sich 1961 nach dem Mauerbau, nicht in die DDR zurückzukehren; Gastinszenierungen in Schweden, Norwegen, Dänemark, den Niederlanden u. in versch. westdt. Städten; 1967–72 Regisseur am Württemberg. Staatstheater Stuttgart; 1972–80 Vorstandsmitgl. u. Dir. des Schauspiels Frankfurt/Main, dort wesentl. beteiligt an der Entw. des einzigen Mitbestimmungsmodells im westdt. Theater; Haltung zu P. wegen der starken Politisierung seines Theaters kontrovers; 1980–91 Gastregisseur u. a. in Düsseldorf, München, Hamburg, Berlin, Wien u. Zürich.
1992 neben Matthias Langhoff, Fritz Marquardt, Heiner Müller* u. Peter Zadek Mitgl. des Direktoriums des Berliner Ensembles.
Brecht*-Schüler u. Sachwalter von Brechts Erbe, bemühte sich zunächst unter Helene Weigels* Leitung gemeinsam u. a. mit Benno Besson* u. Manfred Wekwerth* um die Fortentw. des Brechtschen Theaters: 1957 »Herr Puntila u. sein Knecht Matti« in Wuppertal u. 1975 in Frankfurt/Main, 1958 »Der aufhaltsame Aufstieg des Arturo Ui« in Stuttgart, 1959 am BE u. 1966 in Stockholm, 1960 »Der kaukas. Kreidekreis« in Ulm, 1962 in Oslo, 1961 »Der gute Mensch von Sezuan« in Ulm u. 1965 in Stuttgart, 1962 »Die Dreigroschenoper« in Wuppertal u. 1968 in Stuttgart, 1964 »Mutter Courage u. ihre Kinder« in Köln u. 1986 in Oslo, 1977 »Die Tage der Commune« in Frankfurt/Main u. a.; außerdem Neudeutungen Shakespeares u. anderer Klassiker, später Hinwendung zur dt. Moderne; Filme: 1960 DEFA-Film »Mutter Courage u. ihre Kinder«, TV-Film »Der Prozeß der Jeanne d'Arc zu Rouen«; seit 1972 Vizepräs. der Dt. Akad. für Darstellende Künste Frankfurt/Main; 1991 Berliner Theaterpreis.
Sek.-Lit.: Laube, Horst; Loschütz, Gert: War da was? Theaterarbeit u. Mitbestim-

mung am Schauspiel Frankfurt 1972–1980. Frankfurt/M. 1980; Mennicken, Rainer: P. P. Regie im Theater. Frankfurt/M. 1993.

Palucca, Gret 8. 1. 1902–22. 3. 1993
Solotänzerin, Tanzpädagogin
Geb. in München, Vater Apotheker; 1908 Übersiedlung nach Kalifornien, 1909 Rückkehr nach Dresden; 1914–16 Ballettunterricht bei Heinrich Kröller, 1916 Internatsschule in Plauen, 1918 Ballettunterricht bei H. Kröller in München, 1920 bei Mary Wigman in Dresden; 1923 Mitgl. der ersten Wigman-Tanzgruppe; 1924 erster Solotanzabend, fortan alljährl. Tourneen im In- u. Ausland; seit 1925 Beschäftigung mit der Ästhetik des Bauhauses; 1925 Eröffnung der Palucca-Schule in Dresden, Nebenschulen in Berlin (1928) u. Stuttgart (1931); 1926/27 erste Palucca-Tanzgruppe; zentrale Mitwirkung bei der Eröffnungsveranstaltung der Olymp. Spiele Berlin 1936; 1939 Auftrittsverbot im Rahmen staatl. u. NS-Veranstaltungen; Übernahme der Palucca-Schule durch Adolf Havlik u. Eva Glaser; 1939–44 Solotanzabende.
1945 Wiederaufnahme der Tanztätigkeit, Neueröffnung der Palucca-Schule in Dresden; 1945–49 Gastspielreisen in allen vier Besatzungszonen; 1949 mit Einverständnis von P. Verstaatlichung der Palucca-Schule; Abg. im Sächs. Landtag; 1950 letzte Tournee u. letzter Soloauftritt; 1950 Gründungsmitgl. der DAK; 1953 Unterbrechung der Lehrtätigkeit wegen administrativer Eingriffe der Staatl. Kommission für Kunstangelegenheiten im Kontext der Formalismusdebatte; 1954 Neuberufung durch Johannes R. Becher* als Künstler. Ltr. der Schule; ab 1957 Ltr. der jährl. intern. Sommerkurse der Palucca-Schule; 1962 Prof.; 1965–70 Vizepräs. der AdK; 1970–74 Gastprof. in Stockholm, Gastunterricht u. a. in Bern u. Leningrad; 1972 VVO in Gold, 1980 Stern der Völkerfreundschaft, 1981 NP 1. Kl., 1983 Dt. Tanzpreis der Stadt Essen, 1985 Ehrenspange zum VVO in Gold; 1985 Mitgl. des Kuratoriums der Semperoper Dresden; Mitgl. des Intern. Musikzentrums in Wien; 1987 Großer Stern der Völkerfreundschaft.
1991 Ehrenmitgl. der vereinten AdK; 1992 Beendigung der Lehrtätigkeit in den Fächern »Improvisation« u. »Neuer künstler. Tanz«; Großes Verdienstkreuz mit Stern u. Schulterbund der Bundesrep. Dtl.
P. war die einzige Tänzerin, die die Bauhaus-Ästhetik übernahm u. konsequent in ihren Tanz überführte; Tanztitel u. a. »Techn. Improvisationen« (1927), »Im weiten Schwung« (1928), »Wechselndes Temperament« (1930), »Habanera« (1941) u. »Dunkle Stimmung« (1949).
Sek.-Lit.: Schumann, Gerhard (Hrsg.): Palucca. Berlin 1972; Schmidt, Werner (Hrsg.): Künstler um Palucca. Dresden 1987. TV-Film »Palucca« (R: Maxim Dessau) UA 1987.

Pannach, Gerulf 24. 6. 1948
Liedermacher
Geb. in Arnsdorf b. Dresden, Vater Fußballtrainer, Mutter Sekretärin; 1967 Abitur; 1967–69 NVA; 1969/70 Jurastudium an der KMU Leipzig (abgebrochen); 1969–71 Songgruppe Leipzig; 1970/71 Referent für Singebewegung im Kabinett für Kulturarbeit der Stadt Leipzig; 1971 Chansonklub Leipzig; Expedient; 1971–75 Zusammenarbeit mit der Klaus-Renft-Combo bzw. Renft* (Texte, gemeinsame Auftritte); 1972 Sachbearb.; seit 1972 freischaff.; Freundschaft mit dem Schriftst. Jürgen Fuchs*, gemeinsame Auftritte, ab 1974 auch mit Christian Kunert (Renft); Verbote, befristete Spielerlaubnisse, Auftritte schließl. nur noch in inoff. Veranstaltungen, Mitschnitt 1977: LP »Pannach, Fuchs u. Kunert« (in der Bundesrep. Dtl. erschienen); 1976 Mitunterz. der Protesterklärung gegen

die Ausbürgerung Wolf Biermanns*; mit Jürgen Fuchs u. Christian Kunert Flucht auf das Grundstück Robert Havemanns* in Grünheide b. Berlin; Nov. 1976 Verhaftung.
26. 8. 1977 Abschiebung in die Bundesrep. Dtl; lebt seitdem in Berlin (West); Auftritte mit Wolf Biermann; Zusammenarbeit mit Christian Kunert; 1979 LP »Pannach & Kunert«; 1981 LP »Fluche Seele Fluche«; 1991 CD »Pretty Woman guck nicht so«; Textautor u. Schauspieler in Film (u. a. Filme von Thomas Brasch*) u. Theater (u. a. Rockoper in Essen); 2. 12. 1989 mit anderen ausgebürgerten Liedermachern erste Auftritte in der DDR nach der Wende (Haus der Jungen Talente Berlin); Texte für die Puhdys u. Veronika Fischer*.

Papenfuß-Gorek, Bert 11. 1. 1956
Schriftsteller
Geb. in Reuterstadt Stavenhagen, Vater Wissenschaftler u. NVA-Offizier; Schulzeit in Leningrad, Strausberg u. Greifswald; 1972–75 Lehre als Elektronikfacharbeiter; Bausoldat; Theaterbeleuchter in Schwerin u. Berlin, lebt seit 1976 in Berlin; seit 1980 freiberufl. Autor; erste Texte in der Ztschr. »Temperamente« (2/77) u. in »Auswahl 78. Neue Lyrik Neue Namen«; u. a. von R. Pietraß, K. Mickel* und G. Wolf* gefördert; wegen Publikationsbeschränkungen trug P. seine Texte in Begleitung versch. Rock- u. Punkbands vor, u. a. mit »Rosa Extra« »Aufruhr zur Liebe« u. »klick & aus«; zahlr. Grafikmappen mit R. Lippok, H. Leiberg u. mit eigenen Zeichnungen; mit seinen sprachkrit. u. sprachspieler. Texten zählt P. zu den wichtigsten Autoren der Literaturszene am Prenzlauer Berg; Mitarbeit an zahlr. nichtoff. Ztschr. (»Anschlag«, »Ariadnefabrik«, »Kontext«, »Liane«, »Mikado«, »Schaden«, »Verwendung«); 1988 erste eigenständige Publ. in der DDR nach fast 10jähriger Wartezeit; F.-C.-Weiskopf-Preis der AdK (1991).
Publ.: harm. Berlin (West) 1985; dreizehntanz. Berlin u. Weimar 1988; SoJa. Berlin 1990; LED SAUDAUS. notdichtung. karrendichtung. Berlin 1991; vorwärts im zorn usw. Berlin 1991; NUNFT. Göttingen 1993.
Sek.-Lit.: Wolf, G.: Wortlaut Wortbruch Wortlust. Dialog mit Dichtung. Leipzig 1988; Hesse, E. (Hrsg.): Sprache & Antwort. Köln 1988; Die andere Sprache. Neue DDR-Literatur der 80er Jahre. Text+Kritik. München 1990.

Pappe, Christel 4. 5. 1935
Staatsratsmitglied
Geb. in Berlin, Vater Dreher; während des 2. Weltkrieges Übersiedlung von Berlin nach Sömmerda; Besuch der Oberschule; 1951–54 Lehre als Laborantin im Büromaschinenwerk Sömmerda; 1956–61 Fernstudium an der FS für Chemie in Köthen, Chem.-Ing.; danach Chem.-Ing. im Büromaschinenwerk Sömmerda; 1961 SED; 1963–65 Nachfolgekand. der Volkskammer, seit 1965 Abg. der Volkskammer; seit Nov. 1963 Mitgl. des Staatsrates; 1966 Dir. für Kader u. Ausbildung im Büromaschinenwerk Sömmerda, danach Techn. Dir. im VEB Optima Sömmerda; 1967 aus allen Funktionen ausgeschieden.

Paris, Helga 21. 5. 1938
Fotografin
Geb. in Gollnow (Pomm.); 1956 Abitur in Zossen b. Berlin; 1956–60 Studium der Modegestaltung an der FS für Bekleidung Berlin; kurzzeitig Doz. für Kostümkunde an einer Berufsschule; Tätigkeit als Gebrauchsgrafikerin bei der DEWAG Berlin; ab 1965 intensive fotogr. Arbeiten, autodidakt. Aneignung der Grundlagen; 1967/68 Fotolaborantin, Übergang zur freiberufl. Arbeit; ab 1972 VBK; 1975 Fotografien der Inszenierung von Benno Besson* an der Volksbühne sowie Alexander Lang* u. Friedo Solter* am Dt. Theater Berlin; Finanzierung des Lebensunter-

halts durch Reprod. von Kunstwerken für Kat.; 1978 erste Personalausstellung in der HS für bildende Künste Dresden; 1986 kurz vor Eröffnung Verbot der Ausstellung »Häuser und Gesichter. Halle 1983–85« in der Galerie Marktschlößchen Halle, da in den Fotos der Verfall der Stadt dokumentiert wird; 1989 Ausstellung Fotogalerie Berlin-Friedrichshain; Soziale Fotografie, Serien: Müllfahrer (1974), Berliner Kneipen (1975), Möbelträger (1975), Altersheim, Berlin-Gürtelstraße (1980), Berliner Jugendliche (1981/82), ab 1981 Selbstporträts, Häuser und Gesichter, Halle (1983–85), Frauenporträts VEB Treffmodelle (1984).
Publ.: Tasso 75 (Text Christoph Funke). Berlin 1978; In Siebenbürgen (Text Wolfgang Knape). Leipzig 1982; Gesichter – Frauen in der DDR. Berlin (West) 1986; Diva in Grau. Häuser u. Gesichter in Halle (Text Jörg Kowalski, Dagmar Winklhofer). Halle 1991.
Sek.-Lit.: Kat. H. P. Gal. Sophienstr. 8. Berlin 1982; Kat. H. P. Kunsthalle Rostock 1988; Kat. H. P. Fotogalerie Berlin-Friedrichshain 1988.

Paris, Ronald 12. 8. 1933
Maler, Grafiker
Geb. in Sondershausen (Thür.); 1948–50 Lehre als Kunstglaser u. Glasmaler in Weimar; 1950/51 ABF Jena; 1952/53 Restauratorenlehrgang am Schloßmuseum in Gotha; 1953–58 Studium an der HS für bildende u. angewandte Kunst in Berlin-Weißensee; seit 1958 freischaff.; 1960/61 Studienaufenthalt in der LPG Wartenberg b. Berlin; 1963–66 Meisterschüler bei Otto Nagel* an der AdK; 1967 Käthe-Kollwitz-Medaille der Intergrafik; 1970 Kunstpreis der FDJ; 1976 NP; 1977 Kunstpreis des FDGB; 1979–89 Vors. des Komitees der Intergrafik.
Werke: Stilleben mit Sonnenblumen (1961), Regenbogen über dem Marx-Engels-Platz (1962), Bildnis der Mutter (1964), Bildnis Ernst Busch (1970), Wandbild Lob des Kommunismus (1969/70), Brunnen-Wandbild Jugend u. Sozialismus, Karl-Marx-Stadt (1970–75), Bühnenausstattung zu »König Hirsch«, Volksbühne Berlin (1973), Unser die Welt – trotz alledem, Palast der Republik Berlin (1973/74), Streit zwischen Marsyas u. Apollon, Neues Gewandhaus Leipzig (1978), Wandgemälde Triumph des Todes – Triumph des Lebens, Theater- u. Kulturhaus Schwedt (1978–82).
Sek.-Lit.: W. Timm: R. P. In: Weggefährten. Dresden 1970; H. Schumann: Ateliergespräche. Leipzig 1976; K. Werner: R. P. In: Künstler der DDR. Dresden 1981; Kat. R. P. Rostock 1977; Kat. R. P. Handzeichnungen. Rostock 1983.

Parthier, Benno 21. 8. 1932
Molekularbiologe, Präsident der Leopoldina
Geb. in Holleben (Saalekreis), Vater Landwirt; Oberschule, Abitur; ab 1952 Biologiestudium an der MLU Halle, 1957 Dipl. bei Kurt Mothes* am Akademieinst. für Kulturpflanzenforschung in Gatersleben; 1958–61 Assistent am Inst. für Allg. Botanik der MLU, hier 1961 Prom. u. bis 1965 Oberassistent; 1965/66 Studienaufenthalt am Wenner-Gren-Inst. für experimentelle Biol. der Univ. Stockholm bei Tore Hultin; 1966 wiss. Mitarb. am Inst. für Biochemie der Pflanzen (IBP) der DAW in Halle; 1967 Habil. an der MLU; ab 1967 Ltr. der Abt. für Molekularbiol. im IBP; 1968 Honorardoz. an der MLU; 1975 Prof. der AdW, 1984–86 stellv. Institutsdir., 1990 Dir. des IBP; 1974 Mitgl. der Dt. Akad. der Naturforscher Leopoldina, 1978 Mitgl. des Präs. als Sekretar für Naturwiss., 1987 Vizepräs. für Naturwiss., 1990 Präs. der Leopoldina; 1978 Mitgl. der Sächs. AdW zu Leipzig; 1988 Ord. Mitgl. der AdW.
1990 Prof. für Zellbiol. der MLU; ab 1991 Mitgl. versch. wiss. u. wiss.-pol. Gre-

mien, u. a. des Wissenschaftsrats; seit 1993 ständiger Gast des Senats der Max-Planck-Ges.; Ao. Mitgl. der Berlin-Brandenburg. AdW.
Forschungstätigkeit zur Molekular- u. Zellbiol., speziell Biosynthesen von Nukleinsäuren u. Proteinen in Pflanzen, Regulation der Genexpression; Zelldifferenzierung u. genet. Wechselbeziehungen zwischen Zellkompartimenten, Biochemie u. Molekularbiol. der Chloroplasten sowie Cytosymbiose u. Evolutionsfragen, Wirkungsweisen von Phytohormonen.

Paryla, Katja 25. 1. 1940
Schauspielerin, Regisseurin
Geb. in Zürich in einer Schauspielerfamilie; aufgewachsen in Wien; kam 1956 mit ihrem Vater Emil Stöhr nach Berlin u. studierte an der HS für bildende u. angewandte Kunst in Berlin-Weißensee Modegestaltung; 1961–63 Studium an der Schauspielschule Berlin; 1963–67 Engagement an der Volksbühne Berlin, 1967–77 am Maxim Gorki Theater Berlin; seit 1977 am Dt. Theater Berlin; 1990 am Schauspielhaus Zürich; Rollen auf der Bühne u. a.: 1965 »Moritz Tassow« von Peter Hacks*, 1967 »Die seltsame Reise des Alois Fingerlein« von Rainer Kerndl, 1975 »Die Letzten« von Gorki, 1982 »Die traurige Geschichte von Friedrich dem Großen« von H. Mann, 1983 »Die Rundköpfe u. die Spitzköpfe« von Bertolt Brecht*, 1984 »Iphigenie auf Tauris« von Goethe, »Elektra« von Sophokles u. »Medea« von Euripides.

Passauer, Martin-Michael 20. 1. 1943
Evangelischer Pfarrer
Geb. in Angerapp (Ostpr.) in einer Pfarrersfamilie, aufgewachsen in Brandenburg/Havel; aus pol. Gründen nicht zur EOS zugelassen, ab 1957 Besuch eines ev. Gymnasiums in Berlin (West), nach Schließung der Grenze im Aug. 1961 Fortsetzung der Ausbildung am Kirchl. Oberseminar in Potsdam-Hermannswerder; ab 1962 Studium der Theol. an der EMAU Greifswald, 1964–67 an der HU Berlin, anschl. Vikar in Bad Wilsnack (Prignitz); 1968/69 Besuch des Predigerseminars in Brandenburg (Ltg. Gottfried Forck*); danach Pfarrer in Berlin-Weißensee, insbes. Jugendarbeit u. integrative Gemeindearbeit; 1975/76 amt. Superintendent; 1976–83 erster hauptamtl. Jugendpfarrer von Berlin, aktiv in der kirchl. Friedensbew. u. in der »Offenen Arbeit«, Org. zahlr. größerer Veranstaltungen (Stadtjugendsonntage, Bluesmessen, Friedenswerkstätten u. -seminare), kirchl. Mitverantw. beim Olof-Palme-Friedensmarsch; Mitgl. der Synoden der Ev. Kirche Berlin-Brandenburg, der Ev. Kirche der Union u. des Bunds der Ev. Kirchen in der DDR; Mitgl. der Konferenz der ev. Kirchenleitungen; seit 1984 Pfarrer der Sophiengemeinde in Berlin-Mitte, beteiligt u. a. an der Org. des Protestes opp. u. kirchl. Gruppen gegen die Manipulation der Kommunalwahlergebnisse vom 7. 5. 1989; 1988–90 zugl. persönl. Referent des Bischofs G. Forck; ab Nov. 1989 Mitgl. der Kommission zur Untersuchung der Übergriffe von Polizei und MfS auf die Demonstranten vor der Berliner Gethsemanekirche vom 7.–9. 10. 1989.
Seit 1992 zusätzl. zum Pfarrerdienst in der Sophiengemeinde Superintendent des Kirchenkr. Berlin-Stadt III; Mitgl. der Enquete-Kommission des Dt. Bundestags »Aufarbeitung von Geschichte u. Folgen der SED-Diktatur in Dtl.«
Publ. insbes. zu Fragen der kirchl. Jugendarbeit.

Paterna, Erich 19. 2. 1897–22. 4. 1982
Historiker
Geb. in Genschmar (Oderbruch), Vater Postagent; 1916–18 Vizefw. im 1. Weltkrieg; 1919 Beendigung der 1916 abgebrochenen Volksschullehrerausbildung, 1920–27 Volksschullehrer, 1927 Attesta-

tion als Mittelschullehrer; 1927–32 SPD, seit 1932 KPD; 1927–30 Mittelschullehrer, 1930–33 Rektor einer weltl. Schule in Frankfurt/Oder; 1933 Entlassung, bald darauf bis 1936 Lehrer in der Niederlausitz; 1933–36 Rottenführer in der SA-Brigade 122, zugl. aktiv im illegalen Widerstand, 1936 Verhaftung, 1936–40 Zuchthaus Brandenburg-Görden, 1940 – Jan. 1945 Aushilfsbuchhalter, Jan. – Mai 1945 Zwangsdienst in der sowj. Armee.
Mai – Juli 1945 stellv. Ltr. des Bezirksschulamtes Berlin-Schöneberg; Juli 1945 – Mitte 1946 wiss. Mitarb. beim PV der KPD, hier beteiligt an der Ausarbeitung der »Richtlinien für den Unterricht in dt. Geschichte«; 1946 SED, 1946–53 Ltr. des Lehrstuhls für Geschichte der dt. Arbeiterbew. an der PHS der SED »Karl Marx«; 1953–63 Dir. des Inst. für dt. Geschichte an der HU Berlin, 1953–58 Wahrnehmung einer Prof. für dt. Geschichte; 1955 Prom. u. 1958 Habil. mit einer zweibändigen Studie über Klassenkämpfe der mansfeld. Bergarbeiter vom 15. bis 17. Jh.; 1958–63 ord. Prof., 1963 em.; 1972 VVO in Gold, 1977 Dr. h.c. der HU Berlin, 1982 KMO.
P. war u. a. Mitautor der HS-Lehrbuches zur Geschichte Dtl. 1933–39 (Berlin 1969); obgleich selbst ohne universitäre geschichtswiss. Ausbildung war er von nachhaltiger Bedeutung für die DDR-Geschichtswiss.; als Partei- u. HS-Lehrer hat er die Ausbildung der ersten u. bis 1989 dominierenden Historikergeneration der DDR maßg. mitgeprägt.
Publ.: »Da stunden die Bergleute auff«. Berlin 1960.
Sek.-Lit.: Pätzold*, K.: E. P. In: Wegbereiter der DDR-Geschichtswiss. Berlin 1989.

Pätzold, Kurt 3. 5. 1930
Historiker
Geb. in Breslau; 1948–53 Studium der Geschichte, Pol. Ök. u. Philos. an der Univ. Jena, SED; 1953–63 dort Assistent u. Aspirant, Lehrtätigkeit an der ABF; als Mitgl. u. zeitw. Sekr. der SED-Parteiltg. an der FSU v.a. von 1956–58 maßg. an der Diskriminierung und Ausgrenzung krit. Wissenschaftler beteiligt; 1963 Prom. über den Zeiss-Konzern in der Weltwirtschaftskrise 1929–33; 1963–67 wiss. Sekr. der Sekt. Geschichte bei der DAW, 1967–73 Assistent an der HU Berlin, 1973 Diss. B »Zur pol. Strategie u. Taktik des fasch. dt. Imp.«; 1973–92 ord. Prof. an der HU Berlin.
Nach 1989 geriet P. aufgrund maßg. Beteiligung an der pol. motivierten Relegation von Studenten der Sekt. Geschichte in den Jahren 1968, 1971/72 u. 1976 unter heftige öff. Kritik; 1992 Entlassung, seitdem Vorruhestand.
P. publizierte hauptsächl. zur dt. Geschichte 1933–45; er gilt als prominenter Vertreter der DDR-Geschichtswiss., insbes. der marxist.-leninist. Faschismusforschung.
Publ.: Faschismus, Rassenwahn, Judenverfolgung. Berlin 1975; Hakenkreuz u. Totenkopf (mit M. Weißbecker). Berlin 1981; Pogromnacht 1938 (mit I. Runge*). Berlin 1988; Tagesordnung Judenmord (mit. E. Schwarz). Berlin 1992.

Paul, Elfriede 14. 1. 1900–30. 8. 1981
Sozialhygienikerin
Geb. in Köln, Vater Lithograph; Lyzeum in Harburg, Lehrerinnenseminar; 1921–23 im Schuldienst, anschl. bis 1926 Ltr. eines Kinderheims; 1926–33 Medizinstudium in Hamburg u. Berlin, hier 1936 Prom., 1934–38 Schulärztin, seit 1936 auch ärztl. Privatpraxis in Berlin; 1936–42 Mitarbeit in der antifasch. Widerstandsgruppe »Rote Kapelle«, 1942 wegen »Hochverrats« zu sechs Jahren Zuchthaus verurteilt, ihr Lebensgefährte Walter Küchenmeister wurde zum Tode verurteilt u. 1943 hingerichtet.
1945 in Hannover, 1946 KPD-Abg. im Hess. Landtag, 1947 hess. Min. für Arbeit u. Volkswohlfahrt; 1947 Teiln. am

Gründungskongreß des DFD u. Übersiedlung nach Berlin; SED; 1947–50 Abt.-Ltr. in der Dt. ZV für Gesundheitswesen; 1950–56 am Inst. für Sozialhygiene der HU Berlin, hier 1954 Habil. über »Häufigkeit u. Dauer der Arbeitsunfähigkeit der Frau«; 1956 Übernahme des Lehrstuhls für Sozialhygiene u. Gründung des Inst. für Sozialhygiene an der neuerrichteten Med. Akad. Magdeburg; wiss. Arbeitsschwerpunkte: med. u. soziale Probleme der berufstätigen Frau; 1964 em.; 1980 VVO in Gold; lebte bis 1981 in Ahrenshoop (Fischland).
Publ.: Ein Sprechzimmer der Roten Kapelle. Berlin 1981.

Paul, Rudolf 30. 7. 1893–1978
Ministerpräsident von Thüringen
Geb. in Gera; Gymnasium; Jurastudium, 1919 Referendarsexamen, danach Prom. zum Dr. jur., 1922 Assessor, Staats- u. Rechtsanwalt in Thüringen; 1925–33 Vors. des Landesverbandes der DDP; 1933 Berufsverbot; 1934–45 Landwirt; 1945 OB von Gera; 1946 SED; 1945/46 Präs. der Landesverwaltung, 1946/47 Min.-Präs. des Landes Thüringen; 1947 Übersiedlung nach Berlin (West), dann in die amerik. Besatzungszone, ab 1948 Rechtsanwalt u. Notar in Frankfurt/Main.

Paulick, Richard (Ps. Peter Winsley) 27. 11. 1903–4. 3. 1979
Architekt, Städtebauer
Geb. in Roßlau (Elbe); Vater Red., SPD-Funktionär, Landtagspräs. von Sachsen-Anhalt; Gymnasium u. pol. Arbeit in linken Gruppen; 1923–27 Architekturstudium an der TH Dresden u. in Berlin (Lehrer: Dülfer u. Poelzig), Dipl.-Ing.; seit 1924 Kontakte zum Bauhaus; 1925 SPD; 1927–30 Mitarb. bei W. Gropius in Dessau; 1930–33 eigenes Büro in Dessau u. Berlin; 1933 Mitbegr. der SAP; 1933 Emigration nach China; illegale pol. Arbeit, architekton. Praxis, Lehre u. Stadtplanung in Shanghai, 1942 Professur.
1949 Rückkehr nach Europa, 1950 DDR (Berlin); SED; 1950 Inst. für Bauwesen der DAW unter Hans Scharoun, Wiederaufbauplanung für das hist. Zentrum Berlins (orientiert an Knobelsdorff u. Schinkel); 1951 Mitgl. der DBA, Dir. des Inst. für Wohnbauten u. Ltr. der Meisterwerkstatt III: Bauten für die III. Weltfestspiele der Jugend u. Studenten, Dt. Sporthalle (1951), Bauten der Pionierrep. am Werbellinsee, Kulturhaus Bad Berka; 1952 Ltr. des Aufbaustabs Stalinallee Berlin, Projekt Block C-Nord; Wiederaufbau der Dt. Staatsoper (1952), des Prinzessinnenpalais (1961) u. des Kronprinzenpalais (1967–69), Planung des Wiederaufbaus der Schinkelschen Bauakad. (1953); 1955–65 Vizepräs. der DBA, Chefarchitekt von Hoyerswerda (1956–61), Schwedt (1962–64) u. Halle-Neustadt (1963–68), Thälmann-Platz Halle (1964–70), Großexperimente im industriellen Wohnungsbau, prakt. Einführung der Vollmontage u. Fließfertigung, Planung u. Baultg. für den Akademiekomplex Berlin-Wuhlheide (1969).
Sek.-Lit.: Müller, M.: Das Leben eines Architekten. Halle 1975.

Paulus, Friedrich 23. 9. 1890–1. 2. 1957
Militärschriftsteller
Geb. in Breitenau (Guxhagen, Schwalm-Eder-Kreis), Vater Beamter; Gymnasium, 1909 Abitur in Kassel; 1910 kaiserl. Armee, Laufbahn als Berufsoffz., 1911 Ltn.; im 1. Weltkrieg in Stabs- u. Adjutantenstellungen; danach Grenzschutz Ost, 1919 Reichswehr, Hptm.; dann überwiegend Dienst als Generalstabsoffz., 1. 6. 1933 Oltn.; 1934 Major u. Kdr. der Kraftfahrabt. in Wünsdorf (b. Zossen), 1935 Chef des Generalstabs des Kdo. Kraftfahrtruppen (Panzer) in Berlin, Oberst; Teiln. an den Überfällen Dtl. auf Polen, Belgien u. Frankreich sowie an der Planung des Einfalls in die

UdSSR, 1. 1. 1939 Gen.-Major; Mitte 1940 Oberquartiermstr. I im Generalstab des Heeres (erster Berater des Generalstabschefs, zugl. dessen Stellv.); Anfang 1942 Oberbefehlshaber der 6. Armee, Weisung zur Nichtbefolgung des »Kommissars-Befehls« und Aufhebung des »Härte-Befehls«; 31. 1. 1943 als Generalfeldmarschall im Raum Stalingrad Kapitulation und sowj. Gefangenschaft; im Aug. 1944 Beitritt zum Bund Dt. Offz. u. Anschluß an die Bew. »Freies Dtl.«; Verhaftung der Ehefrau durch die Gestapo, Sohn in Sippenhaft.

Sommer 1946 vor dem Intern. Militärgerichtshof in Nürnberg Zeuge der Anklage gegen den ehem. dt. Generalstab, Aussagen über die Ausarbeitung des Plans »Barbarossa«.

Okt. 1953 Rückkehr nach Dtl.; freischaff. Schriftst. in Dresden; 1953 Mitgl. der DSF; Mai 1954 auch Vortragstätigkeit an der HS für Offz. der KVP.

Publ.: »Ich stehe hier auf Befehl!« Lebensweg des Generalfeldmarschalls F. P. (Hrsg. W. Görlitz). Frankfurt/Main 1960.

Pauly, Charlotte E.
6. 12. 1886–24. 3. 1981
Malerin, Grafikerin, Schriftstellerin

Geb. in Stampen (Schles.), Vater Großpächter, Gymnasium u. Abitur in Breslau, 1908–13 Studium der Biol., Lit., Archäol. u. Kunstgesch. in Breslau, Heidelberg, Berlin u. Freiburg; 1914 It.-Reise; 1915 Prom. »Der venezianische Lustgarten« an der Univ. Würzburg; während des Krieges Krankenschwester in Oels; 1917 Studium an der Stuttgarter Kunstschule bei Bernhard Pankok; 1925–31 Aufenth. in Span. u. Port., Reisen nach Paris u. Sp.-Marokko; 1927 Studium der Malerei bei Vázquez Díaz in Madrid; 1932/33 Reise nach Griech. u. in den Vorderen Orient; 1933 Teiln. an einer Gr.-Ausst. in Breslau, Beginn der Diffamierungen durch die Nazis, Ausschluß aus dem Künstlerbund, Ausst.-Verbot; 1933–45 in Agnetendorf (Riesengeb.); 1938 Reise nach Engl., Verb. zur Quäkerbew.; bis 1943 Mitarb. von Alfons Paquet an der »Frankf. Ztg«.

1946 Übersiedl. nach Berlin; Reisen nach Engl., in die Schweiz, nach Ung., Bulg. u. die Bundesrep. Dtl.; 1958 Bekanntsch. mit dem Grafiker Herbert Tucholski, der ihr die Technik der Radierung vermittelte; Beginn des graf. Spätwerks, das als Motive Reiseeindrücke aufnahm u. durch seine Unbekümmertheit in den 60er Jahren starken Einfluß auf die Berliner Kunst gewann.

Publ.: Die glückliche Halbinsel (Autobiogr.). Strasbourg 1928; Der Tiger u. die Harfe. Hamburg 1944; Die Zigeunerromanzen von Federico García Lorca. Übertr. ins Dt. und Illustr. Berlin 1978; Gemälde: Zigeuner vor der Höhle (1930), Junger Portugiese (1932), Erinnerung an Span. (1962), Grafikmappe Sprung nach Bulg. (1972).

Sek.-Lit.: Werner, K.: C. E. P. Dresden 1984; Kat. C. E. P. Kupferstichkab. der Staatl. Museen Berlin 1986; Kühnel, A.: C. E. P. Verz. der Tiefdrucke (mit Bibliogr.). Berlin 1993.

Pech, Cyrill 23. 8. 1938
Vorsitzender der DSF

Geb. in Neudörfel (Kr. Kamenz), Vater Landwirt, Sorbe; Oberschule, 1956 Abitur; 1956–63 Theol. u. Philosophiestudium an der MLU Halle, 1963 Priesterweihe, danach Pfarrer in Riesa bzw. Berlin; 1952 DSF; 1979–89 CDU; 1981–84 Abg. des Bez.-Tags Dresden; 1985–89 Mitgl. des Bezirksvorst. Berlin der CDU u. des Kreisvorst. Berlin-Marzahn der DSF, Mitwirkung im Friedensrat; 1990 ehrenamtl. Vors. des Zentralausschusses der DSF (Nachf. von Heinz Kuhrig*); mit der Liquidation der Ges. für DSF beauftragt.

Pehnert, Horst 3. 11. 1932
Stellv. des Ministers für Kultur
Buchdruckerlehre; FDJ, SED; 1950–54 Journalist bei der FDJ-Ztg. »Junge Welt«; 1954–57 Studium der Journalistik an der KMU Leipzig, Dipl.-Journalist; 1956 Red., 1962–66 stellv. Chefred., 1966–71 Chefred. der »Jungen Welt«; 1965–71 Mitgl. des Büros des ZR der FDJ; 1967–72 Mitgl. des Zentralvorst. des VdJ; 1968 VVO; 1971–76 stellv. Vors. des Staatl. Komitees für Fernsehen; 1976–90 stellv. Min. für Kultur u. Ltr. der HV Film (Nachf. von Hans Starke); ab 1978 Mitgl. des Präs. des Film- u. Fernsehrats.

Penck, A. R. (Ps. von Ralf Winkler) 5. 10. 1939
Maler, Bildhauer, Zeichentheoretiker, Jazzmusiker
Geb. in Dresden, Mutter Lehrerin; 1945 Zeuge des Bombardements von Dresden; Volksschule, 1953/54 Mal- u. Zeichenkurs bei Jürgen Böttcher (Strawalde) an der VHS Dresden; 1955–56 Lehre als Zeichner bei der DEWAG, abgebrochen; 1956/57 Teiln. an Abendkursen der HS für bild. Künste Dresden bei Bernhard Kretzschmar, Wilhelm Rudolph u. Gerhard Kettner; ab 1956 viermalige erfolglose Bew. an der HS für bild. Künste Dresden und der HS für bild. u. angew. Kunst Berlin-Weißensee; 1957–59 plast. Arb.; 1961 erste »System«-Bilder, Porträts, Selbstbildnisse; 1962 Arb. als Briefträger, Heizer, Nachtwächter; Wandbild »Das geteilte Dtl.« in einem Kellerraum, nicht erhalten; 1964 Beschäftigung mit Kybernetik, »System«-Bilder, »Standart«-Arb.; 1965 vorzeitige Schließung der gem. mit P. Herrmann, P. Graf u. P. Makolies veranst. Ausst. im Puschkin-Haus Dresden; 1966 Kand. des VBKD; 1968 Ps. Penck nach dem Geol. u. Eiszeitforscher Albert Penck; 1969 Verwehrung der Mitgl. im VBKD; zunehmende Schwierigkeiten mit dem MfS, Beschlagn. von Bildern; Personalausst. in der Gal. Michael Werner, Köln; es folgten bis 1990 mehr als 150 Ausst. in der Bundesrep. Dtl., Westeur., Japan u. den USA; 1971 Gründung der Künstlergr. »Lücke« mit Gallasch, Kunert* u. Opitz*; formulierte den »Standart«-Begriff; arb. mit Laien; 1972 Beitrag auf der documenta 5, Kassel; 1973 Reservistendienst NVA; 1975 Ausst. in der EP Gal. Jürgen Schweinebraden, Berlin; Will-Grohmann-Preis der AdK Berlin (West); Aufenth. in Budapest; 1976 erstes öff. Konzert im Jazzclub Parkhotel Dresden; Auflösung der Malergr. »Lücke«; 1977 Beschlagn. von Gemälden durch den Zoll; Gründung der Obergrabenpresse; 1979 Einbruch im Atelier, Verlust der dort befindl. Arb., Bücher u. Schriftstücke; am 3. 8. 1980 Ausreise aus der DDR; Übersiedl. nach Kerpen bei Köln; 1981 Rembrandt-Preis der Goethe-Stiftung Basel; 1983 Umzug nach London; 1985 Kleinplastiken; 1986 Marmorskulpturen in Carrara; 1988 Prof. an der Kunstakad. Düsseldorf.
1991 Arbeit in Berlin; lebt u. arb. in Dublin, Düsseldorf u. New York.
Werke: Der Übergang (1963), Großes Weltbild (1965), Standart-Evolution (1973), Mike Hammers Geburt (1974), Der Wahnsinn der Vergangenheit ist irreparabel (1977), Me and Gorbachov (1988).
Publ.: Was ist Standart. Köln, New York. 1970; Standarts. München 1970; Ich bin ein Buch kaufe mich jetzt. Obertshausen 1976; A. R. P. – Ich über mich selbst. In: Kunstforum 12/1974/75, S. 134–149; Krater u. Wolke (Hrsg.). Köln 1982; Standart-Modelle 1973/74. Köln 1975; Mein Denken. Frankfurt/M. 1986; Ich der Tourist, fast 7 Jahre, 7 Jahre West. Bern 1990; A. R. P. im Gespräch mit Wilfried Dickhoff. Köln 1990.
Sek.-Lit.: Kat. A. R. P. Köln 1981; Kat. A. R. P. Bonn 1982; Kat. A. R. P. Sculptures Zürich 1986; Kat. A. R. P. Gal.

Beyeler Basel 1989; Kat. A. R. P. Das Jahr 1989. Köln 1990; Kat. A. R. P. in Dresden. Kupferstichkab. Dresden 1992.

Perten, Hanns Anselm
12. 8. 1917–29. 11. 1985
Regisseur, Intendant
Geb. in Bromberg/Weichsel, aufgewachsen in Hamburg; gelernter Schriftsetzer; Gasthörer an der Univ. Hamburg (Kunst- u. Literaturgeschichte), Schauspielunterricht; Schauspieler u. Regisseur in Hamburg; 1938 Verhaftung, KZ, Arbeitsdienst, Wehrmacht, Verwundung; 1944 Schauspieler in Neustrelitz; in den letzten Kriegsmonaten erneut Wehrmacht u. Gefangenschaft.
1945 KPD; Mitbegr. der Agit.-Prop.-Gruppe »Laternenanzünder« in Hamburg, 1945/46 Schauspieler in Hamburg; 1946 von Willi Bredel* nach Mecklenburg berufen; SED; 1946–48 künstler. Ltr. des Landessenders, Stellv. Intendant der Maxim-Gorki-Bühne Schwerin, Landesvors. der Volksbühne Mecklenburg; 1948 Chefintendant der Mecklenburg. Volksbühne (sämtl. Mecklenburger Theater außer Schwerin u. Rostock); 1950–52 Intendant in Wismar; 1952 Intendant, 1958 Generalintendant in Rostock; 1959–61 Initiator der Rügenfestspiele; 1969 Mitgl. der AdK u. der Akad. der Darstellenden Künste Frankfurt/Main; 1970–72 Intendant am Dt. Theater Berlin; 1972 wieder Generalintendant in Rostock; 1975 Präs. des Solidaritätszentrums für das chilen. Volk; 1980 NP 1. Kl.
P. widmete sich seit 1949/50 der Brechtpflege; Inszenierungen vieler Peter-Weiss-Erstaufführungen in der DDR (1965 »Marat« u. »Die Ermittlung«, 1968 »Viet Nam Diskurs«), ebenso Rolf-Hochhuth-Erstaufführungen (1975 »Lysistrate u. die NATO«, 1980 »Juristen«, 1981 »Ärztinnen«); Förderer von DDR-Dramatik, u. a. Rainer Kerndl*, Claus Hammel; P. brachte in Rostock bis 1977 ca. 250 Ur- u. Erstaufführungen heraus.

Sek.-Lit.: Pietzsch, Ingeborg: Werkstatt Theater. Berlin 1975; Theater in der Zeitenwende. Bde. 1 u. 2. Berlin 1972.

Peschel, Manfred 12. 4. 1932
Mathematiker
Geb. in Olbersdorf (b. Zittau); 1951–57 Studium der Physik u. Mathematik an der HU Berlin; anschl. bis 1963 in der Industrie; danach bis 1966 im Rechenzentrum der HU tätig, hier Prom.; 1966 ord. Prof. für Regelungstechnik an der TH Karl-Marx-Stadt; 1970 Habil. mit einer Arbeit zur Systemtheorie; 1972 Rückkehr nach Berlin, 1973–86 Ltr. des Forschungsbereichs Mathematik u. Kybernetik (später Mathematik u. Informatik) der AdW; 1979 Korr. Mitgl. der AdW; 1983 NP; 1986–89 am Zentrum für wiss. Gerätebau u. ab 1989 Bereichsltr. am Inst. für Informatik u. Rechentechnik der AdW.
Arbeitsgebiete: Polyoptimierung, Theorie der Suchprozesse, Modellbildung.

Peschke, Paul 3. 12. 1890–4. 12. 1983
Direktor der Sozialversicherung
Geb. in Berlin, Pflegeeltern, Vater Schlossermeister; Volksschule, Gürtlerlehre, Maschinenschlosser; Maschinenbau-FS in Berlin, beim Militär Waffenmeisterschule Döberitz; 1908 Dt. Metallarbeiterverb., 1909 Vertrauensmann bei OSRAM; 1912 SPD; 1915 Wehrdienst; 1916 USPD; 1918 Vors. eines Soldatenrats in Estland; 1920 KPD; 1921 KPD-Bez.-Ltr. in Berlin; 1923 militärpol. Instrukteur der KPD; 1926 hauptamtl. Parteiarbeiter; 1930–33 Vors. des Einheitsverb. der Metallarbeiter von Berlin; ab Jan. 1933 Mitarbeiter der Roten Gewerkschaftsinternationale (RGI) in Moskau, stellv. Ltr. der mitteleur. Sekt., Mitgl. der KPdSU(B); 1934/35 für die RGI in Österreich, Frankreich u. der Schweiz, 1936/37 Red. der »Dt. Volksztg.« in Prag; als Ltr. der KPD-Abschnittsltg. Mitte verhaftet; 1939 Flucht nach Schweden, Internierung in Loka-Brunn u. Längmora; ab Sommer

1943 Arbeit als Werkzeugmacher; Gründungsmitgl. des Freien Dt. Kulturbunds.
1946 Rückkehr nach Dtl. (SBZ); 1946–49 Vors. der IG Metall; 1947–55 Mitgl. des FDGB-Bundesvorst.; 1949/50 Staatssekr. im Min. für Arbeit u. Gesundheitswesen; 1951–1954 Dir. der Sozialversicherung (Nachf. von Gustav Brack); 1953 suspendiert; 1954/55 Sektorenleiter beim FDGB-Bundesvorst., Mitgl. des Aussch. für Dt. Einheit; ab 1955 ehrenamtl. Funktionen im FDGB; Mitgl. der Westkommission des Bundesvorst.; ab 1960 Mithrsg. der »Soz. Briefe«.
Auszeichnungen: 1965 KMO, 1970 VVO in Gold, 1975 Ehrenspange zum VVO in Gold.
Sek.-Lit.: Aulich, Ingrid: Komm zur Sache, Kollege! In: Wegbereiter. 32 Porträtskizzen. Berlin 1988.

Peter (sen.), Richard
10.5.1895–3.10.1977
Fotograf
Geb. in Schles., in einer Arbeiterfamilie; Lehre als Schmied; Arbeit als Bergmann; Soldat; Beginn als Amateurfotograf; Übersiedlung nach Halle (Saale); Tätigkeit im Leunawerk; 1920 KPD; Übersiedlung nach Dresden; es entstanden sozialdokument. Arbeiten; 1924 Fotokorrespondent der Arbeiterpresse, u.a. für die »Arb.-Ill.-Ztg.« und »Roter Stern«; Betreuer der Dresdener Arbeiterfotografen; 1927–30 Aufenthalt als Bildreporter in Südamerika; 1933–39 Arbeitsverbot als Pressefotograf, Arbeit für die DREWAG; 1939/40 u. 1943 Wehrmacht.
1945 Verlust sämtl. Negative aus der Vorkriegszeit durch die Zerstörung Dresdens; Ltr. der KPD-Bildstelle; Chefred. der Ztschr. »Zeit im Bild«; bis 1949 Landesred. der Ztg. »Der freie Bauer«; seit Mitte der 50er Jahre verstärkt Arbeit für Verlage und Werbung. Sein Bildbericht vom zerstörten Dresden 1945 gehört zu den erschütterndsten fotograf. Dokumenten des Kriegs.
Publ.: Dresden – eine Kamera klagt an. Dresden 1949; Bautzen. Dresden 1957; Erinnerungen u. Bilder eines Dresdener Fotografen (Autobiogr.), hrsg. von Werner Wust. Leipzig 1987.

Peter, Erich 17.7.1919–11.10.1987
Stellv. Verteidigungsminister
Geb. in Salza (b. Nordhausen), Vater Schmied; Volksschule, 1933–39 Ausbildung zum Maschinenschlosser, tätig als Tief- u. Hochbauarbeiter u. Schlosser; 1939–45 Wehrmacht, Uffz. u. Funktruppführer bei der Panzertruppe; Apr. – Juni 1945 amerik. Gefangenschaft in Dtl.
1945/46 KPD/SED; Schlosser u. Monteur; 1946–49 in der VP Einzelposten, Gruppenführer, Revierltr., Ltr. des VP-Kreisamts Nordhausen, VP-Oberrat; 1949/50 militär. Sonderlehrgang in Priwolsk (UdSSR), VP-Kdr.; 1950–56 in der HV für Ausbildung u. der KVP auf den Gebieten techn. Ausrüstung u. Motorisierung eingesetzt, Oltn.; 1956 Chef der Verwaltung Panzertechnik im Min. für Nat. Verteidigung, Oberst; 1957–59 sowj. Generalstabsakad., Dipl. rer. mil.; danach Kdr. der Panzerdiv. Eggesin; 1960–79 Kdr. der Dt. Grenzpolizei bzw. Chef der Grenztruppen (Nachf. von Paul Ludwig), Gen.-Major, ab 1972 zugl. Stellv. des Min. für Nat. Verteidigung, Gen.-Ltn.; 1979 Generaloberst; Ruhestand.

Peter, Fritz 28.12.1927
Leiter der Zivilverteidigung
Geb. in Bralitz (Kr. Bad Freienwalde), Vater Landwirt; Volks-, dann Landw.-Schule; 1944/45 Wehrmacht, 1945–48 Gefangenschaft.
1948 Rückkehr nach Dtl.; SED; Polizeibereitschaft Brandenburg (Havel), Kursant, Gruppen- u. Zugführer, 1949 VP-Kommissar, bis 1951 stellv. Ltr. der Be-

reitschaft Brandenburg, dann Löbau u. Apolda; 1951/52 militär. Sonderlehrgang in Priwolsk (UdSSR), VP-Rat; 1952–55 Oberadj. bzw. Ltr. der Adjutantur beim Min. des Innern, Oberst; 1956–59 Abt.-Ltr. in der Operativen Verwaltung des Min. für Nat. Verteidigung; 1959–61 sowj. Generalstabsakad., Dipl. rer. mil.; danach Stellv. des Kdr. u. Stabschef der Panzerdivision Eggesin; 1962–64 Stellv. des Stadtkommandanten von Berlin u. Stabschef; 1964–69 Stellv. des Chefs u. Chef des Stabs des Militärbez. Leipzig, Gen.-Major; 1969–72 als DDR-Vertr. Stellv. des Chefs des Stabs der Vereinten Streitkräfte der Warschauer Vertragsstaaten; 1972–76 Stellv. des Chefs u. Chef des Stabs der Landstreitkräfte, Gen.-Ltn.; 1976–89 Ltr. der Zivilverteidigung (Nachf. von Friedrich Dickel*), Generaloberst.
Jan. – Mai 1990 Regierungsbeauftragter zur Auflösung des Amts für Nat. Sicherheit (MfS), Juni – Okt. 1990 Sekr. der Regierungskommission beim Innenmin. zur Auflösung des MfS; Ruhestand.

Petersen, Asmus 6. 12. 1900–4. 1. 1962
Agrarökonom, Grünlandforscher
Geb. in Kamphye (Kr. Flensburg), Vater Bauer; Real- u. Oberrealschule, 1920–22 landw. Lehre; 1922–25 Studium an der Landw. HS Berlin, dabei Leiter der agrarpol. soz. Arbeitsgemeinschaft., Dipl.-Landwirt; 1926/27 Wirtschaftsberater; 1927 Prom. mit einer Diss. über die Taxation von Wiesenländereien nach dem Pflanzenbestand, 1928–31 Assistent bei Friedrich Aereboe, nach der Habil. bis 1934 Privatdoz. an der Landw. HS Berlin; 1934–43 Prof. für landw. Betriebslehre an der FSU Jena; 1943–45 Prof. mit Lehrstuhl u. Dir. des Inst. für landw. Betriebslehre an der Univ. Rostock.
1946 SED; 1946–60 Prof., bis 1958 Dir. des Inst. für landw. Betriebslehre u. Agrarpol., 1947–52 Dekan, 1952/53 Prodekan der Landw. Fak. der Univ. Rostock, 1955/56 Auseinandersetzungen zur Thünen-Rezeption; 1949 ord. Mitgl. der DAW, 1951 der DAL, 1960 dort Sekr. der Sekt. Landeskultur u. Grünland; 1953 NP; ab 1957 Dir. des Inst. für Grünland- u. Moorforschung Paulinenaue der DAL (Nachf. von Eilhard Alfred Mitscherlich*), anknüpfend an die frühere Gräserforschung Umorientierung auf Forschung zur Grünlandbewirtschaftung, Entw. der Organisationsform des Weidekombinats; ab 1960 Prof. mit Lehrstuhl für Grünland- u. Moorkunde an der HU Berlin; 1960 Ltr. der Forschungsgemeinschaft Grünland des Forschungsrats der DDR; 1960 Dr. h.c. der Univ. Rostock, A.-von-Humboldt-Medaille.
Publ.: Grundlagen zu einer Reichsbonitierung der landw. Kulturböden Deutschlands. Berlin 1934; Die Gräser als Kulturpflanzen u. Unkräuter. Berlin 1936; Thünens isolierter Staat. Berlin 1944; Die neuere Rostocker Thünenforschung. Berlin 1953; Bodenschätzung, Rohertragsbonitierung u. Meliorationsbonitierung. Berlin 1962.
Sek.-Lit.: Stubbe*, H.; Wojahn*, E.: A. P. in memoriam. Berlin 1962; Asmus-Petersen-Gedenksymposium von WPU Rostock u. AdL. (Tagungsbericht Nr. 193) o. O. 1981.

Petersen, Jan (eigtl. Hans Schwalm)
2. 7. 1906–11. 11. 1969
Schriftsteller
Geb. in Berlin, Vater Maurer; Kaufmann, Dreher u. Werkzeugmacher; 1930 Mitgl. der KPD; 1931–33 org. Ltr. des BPRS; 1933–35 Vors. des Bunds in der Illegalität; anonymer Red. der antifasch. Ztschr. »Neue Dt. Blätter« (Prag); Hrsg. von »Stich u. Hieb«, der einzigen Ztschr. antifasch. Schriftst., die illegal in Dtl. erschien; auf dem Intern. Schriftstellerkongreß zur Verteidigung der Kultur 1935 in Paris Auftritt als »Mann mit der schwarzen Maske«; 1935 Emigration

über Frankreich u. die Schweiz nach England; 1938 Aberkennung der dt. Staatsbürgerschaft; 1938–46 Vors. der Schriftstellersekt. des »Freien dt. Kulturbunds«, London; 1940–42 Internierung in Kanada.
1946 Rückkehr nach Berlin, KPD/SED; 1951–53 erster Vors. der Volksbühne Berlin; 1953–55 erster Vors. der Bez.-Org. Berlin des DSV; 1953 Mitgl. des dt. PEN-Zentrums Ost u. West; NP 2. Kl.
Publ.: Unsere Straße. Prag 1936; Yvonne. Berlin 1957; Die Bewährung. Berlin u. Weimar 1970.

Petersen, Leiva 28. 11. 1912–17. 4. 1992
Verlegerin
Geb. in Berlin, Vater Historiker; Studium der klass. Philol., Geschichte u. Archäol. in Frankfurt/Main, München, Kiel u. Würzburg; 1937 Prom. zum Dr. phil. mit der Diss. »Zur Geschichte der Personifikation in griech. Dichtung u. bildender Kunst«; 1938/39 Bildungsreise nach Italien u. Hauslehrerin in Dänemark; 1939 Buchhändlerlehrling im Verlag Hermann Böhlaus Nachf., Weimar, seit 1942 Ltr. u. Kommanditist des Verlags.
1946 Lizenz der SMAD als einer der ersten Privatverleger der SBZ; 1947 persönl. haftende Gesellschafterin; Forts. bzw. Beginn von wiss. Werkausgaben zur dt. Klassik u. Reformationszeit, u. a. Goethe, Schiller u. Luther, sowie geisteswiss. Publ.; 1978 Verkauf des Verlags an die AdW, Ltg. der Abt. Hermann Böhlaus Nachf. bis 1983; Rentnerin; langj. Mitgl. des Verwaltungsaussch. der Schiller-Nationalausgabe, des Vorst. der Shakespeare-Ges., des Verlegeraussch. des Börsenvereins der Dt. Buchhändler.
Publ.: Lexikon der röm. Reichsbeamten. Weimar 1952 ff.

Petrowsky, Ernst-Ludwig »Luten«
10. 12. 1933
Jazzmusiker
Geb. in Güstrow; Kontakt zum Jazz durch Schallplatten; Autodidakt; 1955–57 Eberhard-Weise-Combo; 1956 Studium an der HS für Musik »Franz Liszt« Weimar (abgebrochen); 1957–60 Orchester Eberhard Weise; 1960/61 Tanz- u. Schauorchester Max Reichelt; 1962–70 Manfred-Ludwig-Sextett (1964 Jazzfestival Prag); 1963 erste Schallplattenaufnahme (LP »Modern Jazz Studio Nr. 2«); ab 1964 Bossa-Nova-Quartett; Auftritte mit der Klaus-Lenz-Bigband, Joachim Kühn, Synopsis, SOK, Modern Soul Band u. a.; ab 1967 Jazz-Ensemble Studio IV (erste Band der DDR, die regelm. Jazz spielt), 1968 Jazz Festival Montreux, Jazz Jamboree Warschau, 1969 LP, 1970 Alba Regia Jazz-Festival Székesfehérvár (Ungarn); 1970 Jazz Jamboree Warschau (auch 1973, 1974); ab 1972 Ernst-Ludwig-Petrowsky-Trio (u. a. Interpr. Neuer Musik), -Quartett u. -Sextett; 1972 Interband (Prag); 1973 LP »Just For Fun« (FMP, Berlin [West]), 1974 LP »Auf der Elbe schwimmt ein rosa Krokodil« (FMP); 1975 Duo mit Klaus Koch; Auftritte u. a. bei Jazz Festivals in Budapest, Prag, Ljubljana (Jugosl.); »Jazz in der Kammer Nr. 100« in Berlin; 1978 LP »Ernst Ludwig Petrowsky« (Amiga); Konzert in Hamburg, Titel »Ein Sandsack zuviel« (Anspielung auf Aufpasser, der das Quartett begleitet); 1979 LP »SelbViert« (FMP); 1980 »SelbDritt« (FMP); 1982 USA-Tournee mit Berlin-Brandenburg. Quartett; 1983 Beginn der Duo-Arbeit mit Uschi Brüning*; ab 1984 Zentral-Quartett (LP, 1990 JazzFest Berlin); 1985 JazzFest Berlin (West) (auch 1986, 1988, 1990, 1993), Jazztage der DDR (auch 1986); 1988 LP »Kontraste«.
1992 CD »Features Of Usel« (beide mit U. Brüning); 1994 Lyrik-Jazz-Programm »der regen hat keinen wie immer gearteten durst«; weitere Auftritte u. Aufnahmen mit dem Quartett »Ruf der Heimat« u. zahlr. anderen Musikern.

Petzold, Barbara, verh. Berger 8. 8. 1955
Leistungssportlerin (Skilanglauf)
Geb. in Hammer-Unterwiesenthal (Kr. Annaberg), Eltern Genossenschaftsbauern; Besuch der KJS, Abitur; 1969–82 Skilangläuferin beim SC Traktor Oberwiesenthal (Trainer Erich Linke, Heinz Nestler u. Christine Nestler); 1971 Zweite bei den Junioren-EM mit der 3x5-km-Staffel, 1974 Vize-WM über 10 km u. mit der 4x5-km-Staffel, 1978 WM-Zweite u. 1982 WM-Dritte mit der 4x5-km-Staffel; 1980 Olympiasiegerin über 10 km u. mit der 4x5-km-Staffel; SED; 1981–86 Mitgl. der FDJ-Volkskammerfraktion; nach abgebrochenem Medizinstudium 1982–88 Studium der Rechtswiss. an der KMU Leipzig u. der HU Berlin, anschl. Assistentin; ab 1986 Exekutivmitgl. des Langlaufkomitees des Intern. Skiverb. FIS.
Seit 1990 Rechtsanwältin.

Pfaffenbach, Friedrich 31. 7. 1921
NDPD-Politiker
Geb. in Hofgeismar (Hessen), Vater Beamter; Volks- u. Oberrealschule, Abitur; 1939 NSDAP; ab 1939 Wehrmacht, zuletzt Hptm.; 1944 sowj. Gefangenschaft, Mitarbeit in Antifakomitees, Besuch von Antifa-Schulen u. Lehrtätigkeit.
1949 Rückkehr nach Dtl.; NDPD; 1949–67 Abg. der Prov. Volkskammer bzw. Volkskammer; 1950 FDGB; 1950/51 HA-Ltr. im PV der NDPD, 1951/52 Pol. Geschäftsführer des Landesverb. Berlin, 1952/53 Vors. des Bezirksverb. Halle u. Abg. des Bez.-Tags; nach einem Fernstudium an der DASR 1954 Dipl.-Staatswiss.; 1953–84 Vors. des Bezirksverb. Berlin der NDPD, 1955–85 Mitgl. des PV bzw. Präs.; 1958–86 Abg. der Stadtverordnetenvers. Berlin; 1971–86 erneut Abg. der Volkskammer, 1973–86 Vors. ihres Mandatsprüfungsaussch.; ab 1966 Vizepräs. des Freundschaftskomitees DDR – Japan; 1984 Rentner; nach dem kooperativen Beitritt der NDPD zum Bund Freier Demokraten März 1990 dessen Mitgl., dann F.D.P.

Pfannstiel, Margot 18. 6. 1926
Chefreporterin der Zeitung »Wochenpost«
Geb. in Altenburg, Vater Ing., Mutter Hausfrau; Volksschule in Berlin, kaufm. Lehre; 1943–45 Stenotypistin; 1945–48 Mitarb. in der Gemeindeverwaltung Miersdorf; 1947 SED; 1948–53 Volontärin, Red. u. Reporterin der Ztg. »Neues Dtl.«; 1953–58 Mitbegr. u. Chefreporterin der »Wochenpost«, 1958–68 Chefred. der Frauenztschr. »Sybille«, 1968–86 erneut Chefreporterin der »Wochenpost«; 1986 Rentnerin, freischaff. Journalistin.
Publ.: Die Jungmanns u. Julia. Berlin 1958; Die Tulpenkanzel – Geschichten des Erzbergbaus. Leipzig 1980; Der Lokomotivkönig – Biogr. August Borsig. Berlin 1987.

Pflug, Lucie 24. 2. 1916–9. 11. 1993
Kulturpolitikerin
Geb. in Kunersdorf (Brandenburg), Vater Schmied; Volksschule, 1930–32 Lehre als Stenotypistin; 1932 KJVD; 1932–43 illegale pol. Arbeit in Berlin; 1932–34 arbeitslos; 1934–43 Red.-Sekr. der »Allg. Automobil-Ztg.« im Verlag Delius, Klasing & Co. Berlin; 1943–45 Hausfrau, 1944/45 in Kössern (Sachsen).
1945 KPD; 1946 SED; 1946–54 Red. im Aufbau Verlag, zunächst Red.-Sekr., seit 1949 Chef vom Dienst bei der Wochenztg. »Sonntag«, zugl. BGL-Vors. u. 1952–54 Parteisekr. des Aufbau Verlags; 1952 Teiln. am 1. Weiterbildungslehrgang für Verlagskader an der ASR; 1954/55 PHS nach Delegierung durch Walter Janka*; 1955/56 pol. Mitarb. im ZK der SED; 1956–78 Ltr. des Sektors Verlage in der ZK-Abt. Wiss., später Abt. Kultur des ZK der SED; mitverantw. für Kampagnen zur ideolog. Ausrichtung u. hierarch. Neuordnung der DDR-Verlage, so

1957/58 nach der Verurteilung Walter Jankas u. 1963/64; 1966–87 Mitgl. u. 1968 Vors. einer Schiedskommission; 1978 Rentnerin; 1978–88 Mitarb. im Vorst. des Verlegerverb.; 1983–90 Parteisekr. einer WPO; in Berlin gest.

Pflugbeil, Sebastian 14. 9. 1947
Bürgerrechtler, Minister
Geb. in Bergen (Rügen), Eltern Kirchenmusiker; 1965 Abitur, 1966–71 Studium der Physik an der EMAU Greifswald; ab 1971 wiss. Mitarb. am ZI für Herz-Kreislauf-Forschung der AdW in Berlin-Buch, Abt. Mathematik; 1983 Einreichung einer Diss. zum Computereinsatz in neurophysiolog. Untersuchungen, Verweigerung der Prom. wegen pol. mißliebiger Äußerungen (Prom. erfolgte 1990); Mitbegr. des Friedensseminars der ev. Immanuelgemeinde in Berlin, 1986 (nach der Katastrophe in Tschernobyl) im Auftrag des Bunds der Ev. Kirchen Mitarb. an einer Studie über Probleme der Kernenergieprod. in der DDR, Überwachung durch das MfS (OV »Reaktor«); Sept. 1989 Mitbegr. des Neuen Forum (NF) u. Mitarb. im NF-Arbeitsaussch., NF-Sprecher im Stadtbez. Berlin-Prenzlauer Berg, ab Dez. 1989 NF-Vertreter am Berliner u. am Zentralen Runden Tisch, Einsatz für die sofortige Abschaltung des Kernkraftwerks Greifswald; Feb. 1990 Min. ohne Geschäftsbereich in der zweiten Reg. Modrow*; ab Mai Mitgl. der Berliner Stadtverordnetenvers.
Dez. 1990 Wahl in das Berliner Abgeordnetenhaus, Mitgl. der Abg.-Gruppe Neues Forum/Bürgerbew.

Pflüger, Hans 23. 5. 1921
Oberbürgermeister von Halle
Geb. in Halle (Saale), Vater Arbeiter; Volksschule; zwei Jahre Botenjunge, dann Ausbildung zum Maschinenschlosser; 1941 Kriegsmarine, engl. Gefangenschaft.
1946 Heimkehr; SED; Motorenschlosser in den Karosseriewerken Halle; Besuch der Zentralschule für Wirtschaft; 1950–54 Ltr. des VEB Melsa in Wittenberg; 1954–57 Sekr. für Wirtschaft der SED-Stadtltg. Halle; 1957–84 OB von Halle, Vors. des Rats der Stadt, Abg. des Bez.-Tags; 1961/62 PHS; Mitgl. des Präs. des Dt. Städte- u. Gemeindetags; Mitgl. des Präs. u. Sekr. der Bezirksgruppe Halle der Dt.-Arab. Ges.

Philipps, Horst 29. 1. 1905–8. 11. 1962
Direktor des Meteorologischen und Hydrologischen Dienstes (MHD)
Geb. in Bautzen, Vater Lithograph; 1924–29 Studium der Mathematik u. Physik an der Univ. Berlin; 1929–33 Privatassistent des Mathematikprof. R. v. Mises u. Hilfsassistent am Preuß. Geodät. Inst. Potsdam; 1933–35 Meteorologiestudium an der Univ. Frankfurt, 1935 Prom., bis 1939 Assistent beim Meteorologieprof. Bauer; 1939–45 Wehrmacht, Zentrale Wetterdienstgruppe Potsdam-Wildpark.
Nach der Rückkehr aus der Kriegsgefangenschaft trotz lukrativen Angebots aus Westdtl. Annahme einer Stelle in der SBZ, 1946–49 zunächst Oberwiss., Abt.-Ltr., dann stellv. Dir. des Meteorolog. Zentralobservatoriums Potsdam; 1949 Prof. mit Lehrauftrag für Meteorol. an der HU Berlin; 1950–62 Dir. des neugegr. Meteorolog. u. ab 1952 des Hydrolog. Dienstes; 1953 zugl. Dir. des neugegr. Inst. für Großwetterforschung Potsdam; 1957 Mitbegr. u. Vors. der Meteorolog. Ges.; seit 1960 auch Prof. mit Lehrstuhl an der KMU Leipzig; wiss. Sekr. u. 1962 Präs. des Nat.-Komitees für Geodäsie u. Geophysik.
Anerkannte Beiträge zur theor. Meteorol.; Ltg. des Neuaufbaus u. der Zentralisierung des meteorolog. u. hydrolog. Dienstes; Hrsg. der »Ztschr. für Meteorol.«; Initiator der DDR-Beteiligung am Internat. Geophysikal. Jahr 1957/58.

Pieck, Arthur 28. 12. 1899–13. 1. 1970
Generaldirektor der Lufthansa/Interflug, Stellv. Minister
Geboren in Bremen, Vater Wilhelm P.*; Volksschule, Schriftsetzer; 1914 Ltr. der SAJ in Berlin-Steglitz, 1915 Ltr. der Groß-Berliner SAJ, 1916 Mitgl. der Spartakusgruppe u. der prov. Zentrale der opp. Arbeiterjugend, 1917 Anklage wegen Hoch- u. Landesverrats, Febr.–Nov. 1918 Emigration nach Holland; 1918 Spartakusbund, Teiln. am Gründungsparteitag der KPD, 1921–32 Mitarb. der sowj. Handelsvertretung in Berlin; 1923 Mitgl. der Bundesltg. des Arbeiter-Wanderbunds »Naturfreunde«; 1926 Ltr. der Groß-Berliner Agit.-Prop. Truppe »Rote Blusen«, 1928 Vors. des Arbeiter-Theater-Bunds Dtl., 1929 Mitgl. des Präs. des Intern. Rev. Theaterbunds (IRTB) u. Ltr. von dessen Westeur. Büro in Berlin, 1933–38 hauptamtl. Mitarb. im Sekr. des IRTB; 1934 Ltr. des deutschsprachigen Theaters in Moskau, im Auftrag der KI Reisen ins Ausland, 1938 Mitarb. der Presseabt. der KI, Juli 1941–Mai 1945 Offz. in der pol. HV der Roten Armee; Propagandaarbeit an der Front und in Kriegsgefangenenlagern.
1945/46 Mitgl. des Magistrats von Groß-Berlin u. Stadtrat für Personalfragen u. Verwaltung; Delegierter des Vereinigungsparteitags Apr. 1946, 1946/47 Mitarb. der Wirtschaftsabt. des PV der SED; 1947–49 Ltr. der Abt. Verwaltung u. Personalwesen in der DWK; 1949–55 Ltr. des Hauptamts für Personalwesen u. Schulung bei der Reg. der DDR; 1955–61 Dir. bzw. Generaldir. der Lufthansa Ost, ab 1958 Interflug; Ehrenbürger von Berlin; 1961–65 stellv. Min. für Verkehrswesen u. Ltr. der HV der zivilen Luftfahrt; ab 1. Juli 1965 Rentner.
Sek.-Lit.: Vosske, Heino: Ein Wegbereiter der dt.-sowj. Freundschaft: A. P. In: Beiträge zur Geschichte der Arbeiterbewegung 3/1980, S. 421–430.

Pieck, Wilhelm 3. 1. 1876–7. 9. 1960
Präsident der DDR
Geb. in Guben, Vater Kutscher; Volksschule, 1890–94 Ausbildung zum Tischler; 1894–96 Wanderschaft, 1896–1906 Tischler in Bremen; 1894 bis zum Ausschluß 1928 Dt. Holzarbeiterverb., 1895 SPD, Vors. des Holzarbeiterverb. in Osnabrück, 1899 Stadtbezirksvors. der SPD in Bremen, 1900 Vors. der Zahlstelle Bremen des Holzarbeiterverb., 1904 Mitgl. des Vorst. des Bremer Gewerkschaftskartells; 1905–11 Mitgl. der Bremer Bürgerschaft; 1906–10 hauptamtl. Sekr. der SPD in Bremen, 1910–15 2. Sekr. des Zentralen Bildungsaussch. u. Sekr. der zentralen Parteischule in Berlin; 1917 USPD; 1915–17 Militärdienst, 1917 illegal für die Spartakusgruppe tätig, 1918 in Amsterdam, Okt. 1918 illegal nach Berlin zurückgekehrt, Nov. 1918, seit Gründung des Spartakusbunds, Mitgl. der Zentrale, seit Gründung der KPD (30. 12. 1918–1. 1. 1919) Mitgl. der Zentrale bzw. des ZK, 1920–33 Ltr. ihres Organisationsbüros; 1921–28 u. 1932/33 Abg. des Preuß. Landtags, seit 1928 Abg. des Dt. Reichstags, seit 1929 Mitgl. der Berliner Stadtverordnetenvers.; seit 1922 Mitgl. des Exekutivkomitees der Intern. Roten Hilfe, seit 1925 Vors. der Roten Hilfe Dtl.; 1926–29 Pol. Sekr. der BL Berlin-Brandenburg-Lausitz, seit 1926 Mitgl. des PB des ZK der KPD, seit 1928 Mitgl. des EKKI u. seit 1931 Mitgl. seines Präs. u. des Pol. Sekr.; nach der Verhaftung Ernst Thälmanns 1933 mit dem Vorsitz der KPD betraut. Seit 1933 im Exil; zunächst in Paris, seit 1934 in der UdSSR; 12./13. 7. 1943 Mitbegr. u. Mitgl. des NKFD; Mitarb. an programmat. Dokumenten für die Nachkriegszeit.
1. 7. 1945 Rückkehr nach Dtl.; 1945/46 Vors. der KPD; 1946 Mitbegr. der SED u. 1946–54 gemeinsam mit Otto Grotewohl* ihr Vors., 1946 MdL Brandenburg; 1946–50 Mitgl. des Zentralsekr., seit

1949 des PB des PV bzw. ZK der SED; 1947–49 Kovors. des Ständigen Aussch. des Dt. Volkskongresses bzw. des Präs. des Dt. Volksrats; 11. 10. 1949 Präs. der DDR; 1953 KMO, 1954 VVO in Gold.
Publ.: Gesammelte Reden u. Schriften, Bde. I–III. Berlin 1959 u. 1961.
Sek.-Lit.: Voßke, H., Nitzsche, G.: W. P. Biograph. Abriß. Berlin 1975; ders.: W. P. 1876–1960. Bilder u. Dok. aus seinem Leben. Berlin 1975.

Piehl, Marianne 14. 8. 1935
Präsidentin des Kulturbunds
Geb. in Berlin, Vater Reichsbahnbeamter; 1941–45 Volksschule, 1945–53 Gymnasium u. Oberschule, Abitur; 1953–58 Studium der Geodäsie an FS u. TU Dresden, Dipl.-Ing.; 1953–56 FDJ; 1958–82 Vermessungsingenieurin bei der Dt. Reichsbahn; 1958–90 FDGB; 1962 KB, 1974–92 Mitgl. der Krs.-Ltg. u. 1982–91 Kreisvors. des KB in Berlin-Köpenick, 1982–90 Mitgl. der BL Berlin, 1989/90 Sprecherin des KB am Berliner Runden Tisch, ab März 1990 Präs. des KB (Nachf. von Hans Pischner*), später Kulturbund e. V.
Seit 1992 Ingenieurin bei einem Planungsbüro in Berlin.
Publ.: Richtlinien für den Eisenbahnvermessungsdienst, Berlin 1973; Transpress-Handbuch Eisenbahnvermessung. Berlin 1981; Handbuch Ingenieurvermessung, Verkehrsbau, Eisenbahnbau. Bd. 4 Berlin 1991 u. Bd. 5 Karlsruhe 1993.

Pielasch, Helmut
24. 3. 1917–28. 4. 1986
Präsident des Blinden-und-Sehschwachen-Verbands
Geb. in Gelsenkirchen, Vater Bergmann, in Lissau (Masuren) aufgewachsen; Volksschule, Ausbildung zum Stellmacher u. Karosseriewagenbauer, danach ein Jahr im Beruf tätig; 1936 RAD, seit 1938 Militär- bzw. Kriegsdienst (Kavallerieregt.), zuletzt Ofw., 1941 Erblindung durch Kopfschuß; blindentechn. Ausbildung an der Silex-Handelsschule, bis März 1945 Besuch der Heeresfachschule für Verwundete, mit Abschluß.
Nov. 1945 – Sept. 1953 Abt.-Ltr. für Sozialwesen beim Landratsamt Grevesmühlen; 1946 FDGB u. KPD/SED; 1953/54 Dir. der Blindenanstalt Neukloster u. Fernstudium am IfL in Neukloster, Unterstufenlehrer; anschl. bis 1972 Hauptreferent für Schwerbeschädigtenfragen im Min. für Arbeit u. Berufsausbildung bzw. im Min. für Gesundheitswesen; hat entscheidenden Anteil an der Gründung des Blindenverb., 1957–86 Präs. des Allg. Dt. Blindenverb. bzw. Blinden- und Sehschwachenverb., seit 1972 hauptamtl.; ab 1958 Mitgl. des NR der NF; 1961–64 Fernstudium an der DASR, Dipl.-Staatswiss.; 1967 Prom. an der HfÖ Berlin zum Dr. rer. oec. mit einer Diss. zur berufl. Rehabilitation Blinder im Bereich der materiellen Prod., 1969 Prom. zum Dr. phil. an der KMU Leipzig mit einer Diss. zur Geschichte des dt. Blindenwesens u. des Allg. Dt. Blindenverb. von 1945 bis zur Gegenwart; 1967–86 Mitgl. des Exekutivkomitees des Weltrats für die Blindenwohlfahrt u. seines Eur. Regionalkomitees, ab Mai 1972 dessen Generalsekr., Mitinitiator der Weltorg. des Blindensports IBSA, 1981–85 ihr Präs.
Publ.: Geschichte des Blindenwesens in Dtl. u. in der DDR (zus. mit M. Jaedicke). Leipzig 1972; Das Recht der Sehgeschädigten in der DDR (Hrsg.). Leipzig 1988.

Piontek, Ferdinand
5. 11. 1878–2. 11. 1963
Katholischer Bischof
Geb. in Leobschütz (Schles.); 1903 Priesterweihe in Breslau; 1903–09 Kaplan u. Studium in Berlin, 1910 Pfarrer in Köslin (Pommern), 1923 Domkapitular u. Domprediger in Breslau, 1931 Dompfarrer in Breslau, 1939 Domdechant.
1945 Wahl zum Kapitelsvikar der Erzdiö-

zese Breslau nach dem Tod von Kardinal Bertram, 1946 Ausweisung durch die poln. Behörden, 1947–63 Amtierender Kapitelsvikar der Erzdiözese Breslau mit Sitz in Görlitz, 1959 Ernennung zum Titularbischof.

Pischner, Hans 20. 2. 1914
Musiker, Musikwisssenschaftler, Präsident des Kulturbunds
Geb. in Breslau, Vater Klavierbauer, Mutter Klavierlehrerin; 1931 Ausbildung zum Klavierbauer, Klavierstudium; Fachabitur, 1934–39 Cembalostudium, Besuch musikwiss. Vorlesungen an der Univ. Breslau, Prüfung als Musiklehrer, tätig als Cembalist u. Musikpädagoge; 1939–1945 Kriegsdienst (Feldersatzbataillon), Ltn.; 1945/46 Gefangenschaft u. Besuch der Antifa-Schule in Talizi.
1946 Rückkehr; Doz. für Klavier, Theorie u. Musikgeschichte an der HS für Musik Weimar; SED; 1947 stellv. Dir. der HS; 1949 Prof.; 1950–54 Ltr. der HA Musik beim Dt. Demokrat. Rundfunk in Berlin; 1950–53 Fernstudium an der PHS; 1954–56 Ltr. der HA Musik im Min. für Kultur, 1956–63 stellv. Min. für Kultur; 1961 musikwiss. Prom. an der HU Berlin; 1963–84 Intendant der Dt. Staatsoper Berlin; 1969 DAK u. Ausbildung von Meisterschülern im Fach Cembalo, 1970–78 Vizepräs. der AdK; 1973 VVO in Gold; 1975 Vors. der Neuen Bach-Ges.; 1976–81 Mitgl. des Exekutivkomitees des Intern. Musikrats; 1977–89 Präs. des KB (Nachf. von Max Burghardt*); 1980–89 Mitgl. des ZK der SED; Konzerte u. Schallplattenaufnahmen, intern. anerkannter Bach-Interpret.
Publ.: Musik in China. Berlin 1955; Die Harmonielehre J.-Ph. Rameaus. Leipzig 1963; Musik – Theater – Wirklichkeit. Ausgew. Schriften und Reden. Berlin 1979; Premieren eines Lebens. Autobiogr. Berlin 1986.

Pisnik, Alois 8. 9. 1911
SED-Politiker
Geb. in Leoben (Steiermark, Österr.), Vater Arbeiter; Volksschule in Donawitz, Mittelschule in Bruch an der Mar; 1920 Mitgl. der Sozialdemokr. Kinderfreunde, dann der soz. Kinder- u. Jugendorg. Österr., 1926 der sozialdemokr. Sportbew. u. der Freien gewerkschaftl. Metallarbeiterorg.; 1926–29 Ausbildung zum Maschinen- u. Elektroschlosser in Knittelfeld; 1928 Soz. Partei Österr.; 1930–33 Fernstudium am Rustinschen Lehrinst. in Potsdam, Elektro-Ing.; 1933 KPÖ, Pol. Ltr. des Bez. Obersteiermark; 1934 Teiln. an den Februarkämpfen, Pol. Ltr. der obersteier. Landesltg. der KPÖ; 1935 zu sieben Jahren schweren Kerkers verurteilt, 1936 amnestiert; 1937–40 illegale Tätigkeit als Instrukteur der KPÖ in der Obersteiermark; 1940 zu zehn Jahren Zuchthaus verurteilt, inhaftiert in Halle (Saale).
1945/46 Organisationssekr. u. Bezirksltr. Halle-Merseburg der KPD; 1946 SED; 1946–49 Organisationssekr. und 1949–52 2. Sekr. der SED-Landesltg. Sachsen-Anhalt; 1950 – Dez. 1989 Mitgl. des ZK der SED; 1952–58 Abg. des Bez.-Tags Magdeburg, 1952–79 1. Sekr. der SED-BL Magdeburg; 1958–63 Kand. des PB des ZK der SED, zeitw. Mitgl. des Nat. Verteidigungsrats; 1958 – März 1990 Abg. der Volkskammer, 1980 – März 1990 Mitgl. des Staatsrats; 1969 VVO in Gold, 1974 KMO.
Im Nov. 1993 Anklage vor dem Berliner Landgericht wegen Mitverantwortung für das Grenzregime der DDR.

Plachy, Erwin 23. 9. 1904–30. 9. 1991
Wiss. Direktor der Deutschen Akademie der Landwirtschaftswissenschaften
Geb. in Leitmeritz (Nordböhmen), Vater Berufsoffz.; Gymnasium, Höhere landw. Lehranstalt, 1922–27 Studium an der TH Prag, Dipl.-Ing. agr.; 1927–29 u. 1938 Dienst im tschechoslowak. Heer, Ltn.;

1929–38 Beamter in Staatsgütern; 1939–44 RAD, aus pol. Gründen entlassen; 1941 Prom. an der HS für Bodenkultur in Wien mit einer Diss. über antibakterielle Hemmstoffe, 1944/45 dort wiss. Mitarb. am Inst. für Mikrobiol.
Juli 1945 Umsiedlung nach Leipzig; 1946 SPD/SED; 1945–49 Assistent bzw. Oberassistent mit Lehrauftrag an der Univ. Leipzig, mit dem Neuaufbau der Inst. für landw. Bakteriol. u. Bodenkunde sowie für Kulturtechnik betraut; 1948 Habil. mit einer Arbeit zur Wirkung der Sulfonamide bei Rinderkrankheiten, 1949–58 Prof. mit Lehrstuhl u. Dir. des Inst. für Bodenkunde u. Mikrobiol., 1950/51 Prorektor; 1951–70 Ord. Mitgl. der DAL, bis 1969 Mitgl. des Präs. u. Wiss. Dir. der DAL, maßg. an deren Aufbau beteiligt; 1958–63 Prof. mit Lehrstuhl u. Dir. des Inst. für Bodenkunde u. Pflanzenernährung der Landw.-Gärtner. Fak. der HU Berlin; 1952–64 stellv. Vors. des Wiss. Beirats für Landwirtschaftswiss. beim Staatssekr. für Hoch- u. Fachschulwesen, 1959–66 Mitgl. der Agrarkommission beim PB des ZK der SED; 1959 Kleine Goldmedaille der Landw. Unionsausstellung Moskau; 1959–68 Mitgl. des Kollegiums des Min. für Landw., Erfassung u. Forstwirtschaft bzw. des Landwirtschaftsrats u. seiner Produktionsltg., 1963–70 Ltr. der Arbeitsgruppe Perspektivplanung der Landw. der SPK; 1963 Ltr. der Arbeitsgruppe Agrarwiss. in der Ständigen Kommission Landw. des RGW, Mitgl. des Vorst. der Dt. Agrarwiss. Ges., Ehrenmitgl. der Tschechoslowak. Akad. der Landwirtschaftswiss. Prag; 1964 VVO in Gold; Veröff. zur landw. Bakteriol. sowie zur Entw. der Agrarwiss., u. a.: Entw. u. Ergebnisse der DAL 1951–61. Berlin 1962; Chefred. der Ztschr. »Die Deutsche Landwirtschaft« (ab 1950) u. des Albrecht-Thaer-Archivs (ab 1957); Hrsg. der Jahrbücher der DAL.

Planer-Friedrich, Götz 30. 3. 1939
Evangelischer Theologe
Geb. in Jena, Vater Kinderarzt, nach dem Abitur Praktikum im Bauhandwerk; 1958–63 Studium der Theol. an der FSU Jena, anschl. Vikar u. bis 1976 Pfarrer in Gieber (Superintendentur Altenburg); 1967 Prom. mit einer systemat.-theolog. Arbeit über den Religionsphilosophen Rudolf Hermann an der FSU Jena; 1976–85 Studienreferent für Sozialethik in der Theolog. Studienabt. des Bunds der Ev. Kirchen der DDR (BEK) in Berlin, verantw. für die Herstellung kircheninterner sozialeth. u. ges.-krit. Studien; seit 1980 auch Ltr. der Theolog. Studienabt. (Nachf. von Christof Ziemer*); Ltr. des Studienkr. für med. Ethik u. Mitgl. der Menschenrechtsgruppe der ev. Kirchen (zus. mit Christa Lewek*, Manfred Stolpe*, Günter Krusche*); 1986–91 Studiensekr. für sozialeth. Fragen in der Studienabt. des Luth. Weltbunds in Genf, beteiligt an der Vorbereitung der Eur. Ökumen. Versammlung 1989 in Basel u. der Weltvers. 1990 in Seoul; seit 1988 ständiger Mitarb. der Monatsztschr. »Ev. Kommentare« (Stuttgart), Aufsätze u. Studien zu kirchenpol., -rechtl. u. sozialeth. Themen sowie zur Problematik Kirche – MfS.
1990 Kommissar. Dir. der neuen Abt. für Theol. u. Studien beim Luth. Weltbund; seit Sept. 1991 Dir. der Ev. Akad. Thür. mit Sitz in Neudietendorf (b. Erfurt).
Publ.: Charismat. Erneuerung u. Kirche. 1984 (Mitautor); Frieden u. Gerechtigkeit (Hrsg.). München 1989.

Platzeck, Matthias 29. 12. 1953
Umweltpolitiker, Minister
Geb. in Potsdam, Vater Arzt, Mutter med.-techn. Assistentin; 1972 Abitur an der EOS in Kleinmachnow, 1974–79 Studium der Biomedizin. Kybernetik an der TH Ilmenau, 1982 postgraduiertes Studium der Umwelthygiene an der Akad. für Ärztl. Fortbildung Berlin; 1979 wiss.

Mitarb. am Inst. für Lufthygiene Chemnitz, 1980 Dir. für Technik u. Ök. im Kreiskrankenhaus Bad Freienwalde, 1982 Abt.-Ltr. für Umwelthygiene in der Potsdamer Kreishygieneinspektion.
Apr. 1988 Gründungsmitgl. der Potsdamer Bürgerinitiative ARGUS, Herbst 1989 Gründungsmitgl. u. Sprecher der Grünen Liga der DDR, Dez. 1989 Mitarb. am Zentralen Runden Tisch, Febr. 1990 Min. ohne Geschäftsbereich in der zweiten Reg. Modrow*, März – Okt. 1990 Volkskammerabg. u. Parl. Geschäftsführer der Fraktion Bündnis 90/Grüne.
Okt. – Dez. 1990 MdB, Okt. 1990 Wahl in den Landtag Brandenburg auf der Liste Bündnis 90, anschl. Min. für Umwelt, Naturschutz und Raumordnung in der Koalitionsreg. unter Min.-Präs. Manfred Stolpe*; 1991 bis zur Vereinigung mit den Grünen im Mai 1993 Mitgl. der Partei Bündnis 90, seitdem parteilos; Frühjahr 1994 nach dem Bruch der »Ampelkoalition« Austritt aus der Landtagsfraktion »Bündnis«, seitdem fraktionsloser Min. in der Minderheitsreg. Stolpe.

Pleißner, Marie 17.5.1891–21.12.1983
LDPD-Funktionärin
Geb. in Chemnitz; Besuch der Volksschule, der höheren Schule u. des Lehrerseminars; Lehrerin; 1919 Demokr. Partei; Vors. des Demokr. Frauenbundes; 1934 Entlassung als Lehrerin; Gelegenheitsarbeiterin, 1939–45 KZ Ravensbrück.
1945 LDPD u. VVN; Lehrerin an einer Oberschule in Chemnitz; zeitw. Doz. der Lehrerbildungsanstalt; Vors. des Kreisverb. Chemnitz der LDPD; 1946–50 Abg. des Landtags Sachsen, Aussch.-Vors.; 1951/52 Mitgl. des Landesvorst. Sachsen der LDPD; Vors. der Gruppe der Quäker in Dtl.; 1976 Mitgl. des Bezirkskomitees Karl-Marx-Stadt der Antifasch. Widerstandskämpfer; 1976 VVO in Gold; 1981 Stern der Völkerfreundschaft in Gold.

Plenikowski, Anton
19.11.1899–3.3.1971
Leiter des Büros des Ministerrats
Geb. in Zoppot (b. Danzig), Vater Arbeiter; Volksschule; Präparandenanstalt u. Lehrerseminar in Danzig-Langfuhr; Kriegsdienst, 1918 Mitgl. des Soldatenrats in Breslau; 1919 Abschluß der Lehrerausbildung, ab 1920 als Lehrer tätig; 1925–28 Gemeindevertreter in Liesau; 1926 SPD; 1926–30 Mitgl. des Kreistags Groß-Werder (b. Danzig); 1927 KPD; 1928–37 Abg. des Danziger Volkstags, Vors. der KPD-Fraktion; 1937–46 Emigration nach Schweden.
Ab März 1946 in Berlin, Apr. – Okt. 1946 Abt.-Ltr. Landespol. u. Inneres beim Zentralsekr. bzw. ZK der SED; 1946–54 Ltr. der ZK-Abt. Staatl. Verwaltung; 1950–67 Abg. der Volkskammer, zeitw. Vors. ihres Verfassungs- und Rechtsaussch.; 1954–67 Kand. des ZK der SED; 1954 stellv. Ltr., Mai 1956 – Nov. 1963 Ltr. des Büros des Präsidenten des Min.-Rats, Staatssekr.; 1963–67 Vors. der Interparlamentar. Gruppe der DDR.

Plenzdorf, Ulrich 26.10.1934
Schriftsteller
Geb. in Berlin in einer Arbeiterfamilie; 1954 Abitur; 1954/55 Marxismus-Leninismus-Studium am Franz-Mehring-Inst. Leipzig; 1955–58 Bühnenarbeiter; 1958/59 NVA; 1959–63 Studium an der Film-HS Potsdam-Babelsberg; seitdem Szenarist u. Filmdramaturg bei der DEFA; 1964 erster Filmerfolg mit »Mir nach, Kanaillen«; der 1965 abgedrehte Film »Karla« kam (nach dem 11. Plenum des ZK der SED im Dez. 1965) nicht in den Verleih; das 1968 fertiggestellte Szenarium »Die neuen Leiden des jungen W.« (in der DDR nicht verfilmt, in der Bundesrep. Dtl. 1976) wurde 1972/73 als Theaterstück in Halle aufgeführt, in der Ztschr. »Sinn und Form« gedruckt u. machte erstmals den Generationskonflikt zum Thema öff. Diskussion; P. wurde

vom MfS im OV »Selbstverlag« überwacht; er erhielt 1984 für die Erzählung »kein runter kein fern« den Klagenfurter Ingeborg-Bachmann-Preis; weitere wichtige Werke u. a.: Szenarien für die DEFA-Filme »Die Legende von Paul u. Paula« (1973), »Insel der Schwäne« (1983, nach Benno Pludra*); Schauspiele: »Ein Tag, länger als ein Leben« (1986, nach Tschingis Aitmatow), »Freiheitsberaubung« (1988, nach Günter de Bruyn*); 1994 Forts. der Fernsehserie »Liebling Kreuzberg«; lebt in Berlin.
Publ.: Legende vom Glück ohne Ende. Rostock 1979; kein runter kein fern. Frankfurt/M. 1984; Filme. 2 Bde. Rostock 1986.

Pludra, Benno 1. 10. 1925
Schriftsteller
Geb. in Mückenberg (Niederlausitz), Vater Metallgußformer; Mittelschule; 1942 Schiffsjunge bei der Handelsmarine, dann Vollmatrose.
1945/46 KPD/SED; kurze Zeit Neulehrer; 1947 ABF; 1948–50 Studium der Germanistik, Geschichte u. Kunstgeschichte in Halle u. Berlin; glz. Zeitungsreporter, später Red.; seit 1952 freischaff.
1990 PDS; lebt in Potsdam-Nedlitz.
Veröffentlichte mehr als 35 Bücher, vom Bilderbuch bis zum Jugendbuch, die in Millionenauflagen erschienen, in viele Sprachen übersetzt u. auch verfilmt wurden, u. a. »Insel der Schwäne« (1980), »Das Herz des Piraten« (1985); für »Siebenstorch« (1991) Auszeichnung mit dem Dt. Jugendliteraturpreis 1992.

Poche, Klaus (Ps. Nikolaus Lennert, Georg Nikolaus) 18. 11. 1927
Schriftsteller
Geb. in Halle, Vater Angestellter; Volksschule, Oberrealschule; Soldat der Wehrmacht, 1945 amerik. Gefangenschaft.
Nach der Entlassung versch. Gelegenheitsarbeiten (u. a. Krankenpfleger, Lehrer, Zeichenlehrer) in ganz Dtl.; 1950 journalist. Arbeit, Red. beim »Nachtexpress« Berlin, dann bei der »BZ am Abend«; seit 1954 freischaff. Schriftst. u. Grafiker (Romanillustrationen, Schutzumschläge, Filmplakate) in Berlin; verfaßte zunächst Reportagen u. Kurzgeschichten; sein erster Roman »Der Zug hält nicht im Wartesaal« (1965) thematisiert das Kriegserlebnis u. die Auseinandersetzung mit der NS-Zeit in einer für die Propagandastrategie der SED gegen die Bundesrep. Dtl. brauchbaren Weise – so auch das Drehbuch für das Fernsehspiel »Rottenknechte« (1970); wurde in seinen Arbeiten zunehmend krit.; zahlr. TV-Filme (z. T. zus. mit Jurek Becker*); 1976 Mitunterz. der Protestresolution gegen die Ausbürgerung Wolf Biermanns*; sein Fernsehfilm »Geschlossene Gesellschaft« (1978) wurde nach der Erstsendung, die faktisch unter Ausschluß der Öffentlichkeit stattfand, sofort verboten u. erst 1989 gesendet; nach der Veröff. seines autobiograph. gefärbten Romans »Atemnot« (1978) in der Schweiz, der auch die Zensurpraxis aufgreift, zunehmend Konflikte u. berufl. Behinderungen; 1979 Mitunterz. eines offenen Briefs an Erich Honecker*, in dem die kulturpol. Praxis kritisiert wurde; daraufhin im Juni 1979 zus. mit Stefan Heym* u. a. Schriftstellern Ausschluß aus dem SV; Ende 1979 Übersiedlung in die Bundesrep. Dtl.; hier zahlr. Fernsehspiele (u. a. 1981 »Collin« nach dem Roman von Stefan Heym); lebt in Köln.

Pohl, Sieghard 11. 9. 1925–13. 6. 1994
Maler, Grafiker, Publizist
Geb. in Breslau (Schles.), besuchte eine Rudolf-Steiner-Schule; 1943 Einberufung zum RAD, danach Soldat, Verwundung, Gefangenschaft.
1947 Abitur, anschl. Neulehrer; 1951 bis 1955 Studium am Inst. für Kunsterziehung Leipzig bei Prof. Elisabeth Voigt*

u. Prof. Dr. Hans Schulze; 1961 erste u. 1965 zweite Inhaftierung wegen »staatsfeindlicher Bilder«, zwischenzeitl. als freischaff. Maler tätig; 1965 Haftentlassung u. Freikauf, Verlust seines künstler. Werks von 20 Jahren; in Berlin (West) bis 1987 als Kunsterzieher im Schuldienst, anschließend freiberufl. als Maler u. Publizist tätig; unermüdlich aktiv gegen militarist. u. totalitäre Strukturen, streitbar auch im Einsatz für bedrängte Kollegen.
Werke: Glotzt nicht so romantisch oder der Strafgefangene (1962), In der Menschenveredlungsanstalt (1962), Erinnerungen an einen Leipziger Wahlauftrieb (1962/63), Genosse, was hast du mit der roten Fahne gemacht? (1978), Schießtafeln (1983–86); Illustrationen zu Texten von Wolfgang Borchert, Siegmar Faust*, Siegfried Heinrichs u. a.; Einzelausstellungen in Leipzig u. mehrfach in Berlin, beteiligt an diversen Gruppenausstellungen im In- u. Ausland.
Publ.: Die ungehorsamen Maler (in zwei Teilen, zus. mit seiner Frau Edda P.). Berlin 1977/1979; extra muros. Koblenz 1990.

Pohl, Wolfgang 10. 2. 1940
PDS-Politiker
Geb. in Königsberg, Vater Arbeiter; 1946–54 Volksschule im Kr. Weimar; 1954–57 Ausbildung zum Stahlschiffbauer; 1956 FDJ; 1957–60 Wehrdienst (Bereitschaftspolizei); 1960 SED; 1961/62 Verwaltungsschule Staßfurt; 1964 Abitur; 1965–70 Studium der Rechtswiss. an der HU Berlin, Dipl.-Jur.; 1970–74 stellv. OB von Magdeburg; 1974–77 Studium an der PHS, Dipl.-Ges.-Wiss.; 1978–89 1. Sekr. der SED-Stadtbezirksltg. Magdeburg-Nord; 13. 11. 1989 1. Sekr. der SED-BL Magdeburg (Nachf. von Werner Eberlein*), 3. 12. Mitgl. des Arbeiteraussch. zur Vorbereitung des ao. Parteitags der SED, ab 8. 12. stellv. Vors. der SED-PDS bzw. PDS, Ltr. der Kommission Org. u. Parteileben, Vors. der Statutenkommission; März – Okt. 1990 Abg. der Volkskammer; danach Mitarb. einer Rechtsanwaltskanzlei in Leipzig.

Pohler, Georg 23. 11. 1913
Generaldirektor des VEB Kombinat Kabelwerk Oberspree
Geb. in Kamenz (Schles.) in einer Arbeiterfamilie; 1920–28 Volksschule, 1928–31 Lehre als Elektromechaniker, 1931–34 Ingenieurstudium am Technikum Mittweida, Staatsexamen Meßtechnik, Werkstofftechnik, Kabeltechnik; ab 1934 Meßing. bei der H. Römmler AG Spremberg; ab 1935 im Berliner AEG-Kabelwerk Oberspree (KWO) als Laboring., ab 1941 als Entwicklungsltr. im Laboratorium.
1945–49 Betriebsltr. der Wickeldrahtfabrik, 1949–52 Techn. Dir. im SAG-Betrieb KWO, 1952–66 Dir. des VEB KWO, 1967–82 Generaldir. des Kombinats KWO; 1973 SED; Vors. der Berliner KdT; 1977 Prom. an der TH Ilmenau, 1978 Dr.-Ing. e.h. der TU Dresden; Inhaber von 28 Patenten; seit 1982 Rentner.

Polak, Karl 12. 12. 1905–27. 10. 1963
Rechtswissenschaftler, Staatsratsmitglied
Geb. in Westerstede (b. Oldenburg) in der Familie eines Landwirts; nach dem Schulabschluß in Oldenburg 1925–29 Studium der Rechtswiss. an den Univ. Frankfurt/Main, Heidelberg u. München, anschl. Referendar am Kammergericht Berlin; 1932 Prom. in Freiburg; 1933 wegen jüd. Abstammung aus der Justiz entlassen; Emigration in die UdSSR, Mitarb. beim sowj. Generalstaatsanwalt A. J. Wyschinski, in der Kommission zur Ausarbeitung der »Stalinschen Verfassung« von 1936, im Inst. für Staat u. Recht der AdW in Moskau u. im Mittelasiat. Jur. Inst. in Taschkent; 1945 Kand. der Rechtswiss. (sowj. Dr.-Titel).
1945/46 KPD/SED; Abt.-Ltr. für Justiz

im SED-PV, 1947 Vors. des rechtspol. Aussch. des ZS der SED; 1948 Prof. für Staatslehre u. Staatsrecht an der Univ. Leipzig; 1948/49 Mitgl. des Dt. Volksrats, ab 1949 bis zu seinem Tode Abg. der Volkskammer, Mitarb. in den Aussch. für Verfassung u. Recht sowie für örtl. Volksvertretungen; 1950 Prof. für allg. Staatslehre, Staats- u. Rechtswiss.; 1952–60 Mitarb. der Abt. Staats- u. Rechtsfragen des ZK der SED; 1960 Mitgl. des Staatsrats; 1961 Ord. Mitgl. der DAW; 1963 Ltr. des Inst. für staats- u. rechtswiss. Forschung der DASR u. Vors. des gleichn. Wiss. Rats.
P. war maßg. beteiligt an der Formulierung der DDR-Verfassung von 1949 sowie des Volkskammerbeschlusses über »grundsätzl. Aufgaben u. Arbeitsweise der Organe der Rechtspflege« vom April 1963. Er galt als einer der prominentesten rechtswiss. Propagandisten der Auffassung vom Primat der Politik über das Recht.
Publ.: Marxismus u. Staatsrecht. 1947; Die Demokratie der Arbeiter- u. Bauernmacht. 1957; Zur Dialektik in der Staatslehre. Berlin 1963 (3. Aufl.); Reden u. Aufsätze (mit Bibliogr.).
Sek.-Lit.: Poppe*, E.; Weichelt*, W.: K. P.s Beitrag zur Herausbildung einer marxist.-leninist. Staats- u. Rechtswiss. in der DDR (Festschrift zum 80. Geburtstag). Berlin 1987.

Pollak, Andrea, verh. Pinske 8. 5. 1961
Leistungssportlerin (Schwimmen)
Geb. in Schwerin; 1967 Beginn mit dem Schwimmsport in Berlin, ab 1968 Mitgl. des SC Dynamo Berlin (Trainer: Rolf Gläser); KJS »Werner Seelenbinder«; Spezialdisz.: Delphin; Olymp. Spiele 1976: Siegerin über 200 m u. mit der 4x100-m-Lagenstaffel, Zweite über 100 m Delphin u. mit der 4x100-m-Freistilstaffel; WM 1978: Zweite über 100 m u. mit der 4x100-m-Lagenstaffel, Dritte über 200 m; 1979 EM über 100 m u. mit der 4x100-m-Lagenstaffel; Olymp. Spiele 1980: Gold mit der 4x100-m-Lagenstaffel, Silber über 100 m; insges. sieben WR; VVO in Gold; 1980 Beendigung der sportl. Laufbahn, anschl. Studium an einer Med. FS, ab 1985 Physiotherapeutin beim SC Dynamo Berlin, 1988 auch in der Olympiamannschaft der DDR.
Seit 1990 Physiotherapeutin beim SC Berlin.

Pommer, Heinz 24. 3. 1929
Leiter des Büros der Zentralen Leitung der SV Dynamo des MfS
Geb. in Gera, Vater Heizer, Mutter Hausfrau; Volksschule; 1943–46 Ausbildung u. Arbeit als Bauschlosser; 1947 Bau- u. Transportarbeiter; 1948 Einstellung bei der VP, Inspektion Thüringen/Ost; 1948 SED; 1949/50 Besuch der VP-Schule für Kriminol.; 1951 Einstellung beim MfS, Kreisdienststelle Gera; dann Abt. IX (Untersuchungsorgan) der Länderverwaltung Thüringen; 1952 stellv. Abt.-Ltr.; 1954 Ltr. der Abt. IX der Bezirksvewaltung Leipzig; 1960–63 Fernstudium an der DASR Potsdam, 1964–66 an der HU Berlin, Dipl.-Jur.; 1964 stellv. Operativ des Ltr. der Bezirksverwaltung Leipzig; 1973 Prom. zum Dr. jur. an der JHS des MfS Potsdam-Eiche; 1975 Offz. für Sonderaufgaben, dann Ltr. der Bezirksverwaltung Suhl; 1980 Gen.-Major; 1981 Offz. für Sonderaufgaben, 1982 Ltr. des Büros der Zentralen Ltg. der SV Dynamo Berlin; Nov. 1989 von seiner Funktion entbunden; Jan. 1990 Entlassung, Rentner.

Poppe, Eberhard 12. 9. 1931
Rechtswissenschaftler, Rektor der MLU Halle-Wittenberg
Geb. in Wiesenburg (Kr. Zwickau) in einer Angestelltenfamilie; Besuch einer FS für Wirtschaft u. Verwaltung, 1950 Abitur, 1950–54 Studium der Rechtswiss. an der Univ. Leipzig; 1952 SED; 1956–59 Assistent u. Oberassistent zu-

nächst an der KMU Leipzig, dann an der MLU in Halle; 1958 Prom. mit der Arbeit »Volkssouveränität u. Abgeordneten-Stellung«; 1959–64 Doz. für Staatsrecht; 1963 Habil.; 1965 Prof. mit Lehrauftrag für Verfassungstheorie u. Staatsrecht an der MLU in Halle, bis 1968 zugl. Prorektor für Studienangelegenheiten, anschl. bis 1970 für Ges.-Wiss.; 1967/68 Mitgl. der Kommission zur Ausarbeitung der neuen Verfassung der DDR; 1971–1977 Rektor der MLU Halle-Wittenberg, ord. Prof. für Staatsrecht u. Verfassungstheorie; ab 1971 Mitgl. des Präsidialrats des KB; 1971–März 1990 Mitgl. der KB-Fraktion in der Volkskammer, ab 1976 stellv. Vors. der Interparl. Gruppe; 1972 Korr. u. 1975 Ord. Mitgl. der AdW; 1973 Mitgl. des Rats für staats- u. rechtswiss. Forschung bei der AdW; 1975–80 Mitgl. des Verwaltungsrats der Intern. Universitätsassoziation; 1981 Ord. Mitgl. der Sächs. AdW; 1983 Mitgl. des DDR-Komitees für wiss. Fragen der Sicherung des Friedens u. der Abrüstung; 1984 KMO; 1990 Ruhestand.

Publ.: Der soz. Abg. u. sein Arbeitsstil. Berlin 1959; Menschenrechte – eine Klassenfrage. Berlin 1971; Grundrechte des Bürgers in der soz. Ges. (Ltr. des Autorenkollektivs). Berlin 1980; Pol. u. persönl. Grundrechte in den Kämpfen unserer Zeit (Ltr. des Autorenkollektivs). Berlin 1984.

Poppe, Gerd 25. 3. 1941
Bürgerrechtler, Minister

Geb. in Rostock, Vater Ingenieur, Mutter Sekretärin; 1958 Abitur; 1959–64 Physikstudium in Rostock; 1965–76 Physiker im Halbleiterwerk Stahnsdorf; seit 1968 Engagement in opp. Kreisen; literar. Abende mit krit. Autoren; Mitarb. in versch. Friedenskreisen; 1975 sechs Monate Bausoldat; 1976 Rücknahme eines Einstellungsversprechens der AdW wegen Protests gegen die Ausbürgerung Wolf Biermanns*; 1977–84 Maschinist in einer Berliner Schwimmhalle; 1980 bis 1989 Auslandsreiseverbot; 1984–89 Ing. im Baubüro des Diakon. Werks; 1985/86 Mitbegr. der IFM; Mithrsg. u. Autor mehrerer illegaler Samisdat-Publ., u. a. »grenzfall« (1986/87), »SPUREN. Zur Geschichte der Friedensbew. der DDR« (1988), »Ostkreuz« (1989); maßg. beteiligt an der Org. von Kontakten zur osteur. Opp.; 1989/90 Sprecher der IFM, Vertreter der IFM am Zentralen Runden Tisch, Mitgl. der Arbeitsgruppe »Neue Verfassung der DDR«; Febr. – Apr. 1990 Min. ohne Geschäftsbereich in der zweiten Reg. Modrow*; März – Okt. 1990 Mitgl. u. stellv. parl. Geschäftsführer der Volkskammerfraktion Bündnis 90/Grüne.

Dez. 1990 MdB, außenpol. Sprecher der Abg.-Gruppe Bündnis 90/Die Grünen; Mai 1992 Mitgl. des Bundessprecherrats der Partei Bündnis 90; prominenter Befürworter der Fusion mit den Grünen.

Sek.-Lit.: Gesteinsammlung. Festschrift für G. P. Berlin 1991.

Poppe, Ulrike, geb. Wick 26. 1. 1953
Bürgerrechtlerin

Geb. in Rostock, aufgewachsen in Hohen-Neuendorf (b. Berlin), Vater Historiker, Mutter Slawistin; 1971 Abitur, 1971–73 Studium der Kunsterziehung u. Geschichte an der HU Berlin (abgebrochen); anschl. versch. Tätigkeiten, u. a. Hilfserzieherin in einem Durchgangsheim für Kinder u. Jugendl., Hilfspflegerin in der Psychiatr. Klinik der Charité; 1976–88 Assistentin am Museum für Dt. Geschichte in Berlin; 1980 Mitinitiatorin des ersten unabhängigen Berliner Kinderladens; 1982 Gründungsmitgl. des Netzwerks »Frauen für den Frieden«, 1983 sechs Wochen U-Haft beim MfS wegen Verdachts auf landesverräter. Nachrichtenübermittlung (zus. mit Bärbel Bohley*), seit 1985 Mitgl. der IFM, 1987/88 Berlin-Brandenburger Regionalvertreterin im Fortsetzungsaussch. des DDR-weiten Netzwerks der unabhängigen Gruppen »Frieden konkret«, 1987–89 Beteili-

gung am Arbeitskreis »Absage an Praxis u. Prinzip der Abgrenzung«, Sept. 1989 Erstunterz. des Gründungsaufrufs der Bürgerbew. Demokratie Jetzt (DJ), 1989–91 Mitgl. des DJ-Sprecherrats, Dez. 1989 – März 1990 DJ-Vertreterin am Zentralen Runden Tisch, 1990 Mitarb. der Volkskammerfraktion Bündnis 90/Grüne.
Seit 1992 Studienltr. an der Ev. Akad. Berlin-Brandenburg.

Pöschel, Hermann 28. 9. 1919
SED-Funktionär
Geb. in Zeitz, Vater ungelernter Arbeiter; Mittelschule, 1935–38 Ausbildung zum Schlosser; 1938–40 Studium an der Höheren Techn. Lehranstalt Magdeburg; 1940–45 Versuchsing. in den Junkers-Flugzeugwerken Dessau.
1945 Schlosser, Vorarbeiter, Werkmeister in Dessau; 1945/46 SPD/SED; 1946–50 Techn. Ltr. im VEB Zeitzer Kinderwagenfabrik; 1951 SED-Landesparteischule Ballenstedt; 1952 HA-Ltr. in der Landesreg. Sachsen-Anhalt, 1952/53 Abt.-Ltr. im Rat des Bez. Halle; 1953/54 Instrukteur, 1954–56 Sektorenltr., 1956–58 stellv. Ltr. der Abt. Maschinenbau des ZK der SED, ab 1958 Leiter der Arbeitsgruppe Forschung, technolog. Entw. u. Investitionspol. bzw. Ltr. der Abt. Forschung u. technolog. Entw. des ZK, ab 1963 Kand., 1967–89 Mitgl. des ZK der SED; 1966–71 Mitgl. des »Strateg. Arbeitskreises« beim PB; 1975 VVO in Gold, 1984 KMO.

Pose, Waldemar 23. 9. 1920
Chefredakteur der Zeitung »Tribüne«
Geb. in Erfurt, Vater Arbeiter, Mutter Hausfrau; Volksschule; 1932/33 Bünd. Jugend; 1935–38 Lehre; 1938/39 kaufm. Angestellter in einem Kraftwerk; 1939–44 Kriegsdienst, Fw.; 1944–48 sowj. Gefangenschaft, Kursant an einer Antifa-Schule.
1948 Rückkehr nach Dtl.; SED, FDGB; 1948/49 Konsum-Angestellter in Erfurt; 1949/50 Presse-Sekr. zunächst des Landesvorst. Thüringen, dann des Zentralvorst. der Gewerkschaft Verwaltungen, Banken, Versicherungen; 1950/51 PHS; 1951/52 Red. und 1953–75 Chefred. des FDGB-Zentralorgans »Tribüne«; 1955 bis 1982 Mitgl. des FDGB-Bundesvorst., 1972–77 seines Präs.

Pösel, Willy 13. 5. 1923
Rektor der Hochschule des MfS
Geb. in Calbe (Saale), Vater Bergarbeiter, Mutter Tabakarbeiterin; Volksschule, 1937–42 kaufm. Lehrling bzw. Angestellter; 1942 RAD, dann Wehrmacht.
1945 sowj. Gefangenschaft, Antifa-Schule; 1948 SED, Ltr. der SED-Kreisparteischule Bad Kösen; 1950 Einjahreslehrgang PHS; 1951 Einstellung beim MfS, stellv. Ltr. der Schule des MfS Potsdam-Eiche; 1956–61 Fernstudium an der DASR Potsdam, Dipl.-Staatswiss.; 1959 Ltr. der HS (ab 1965 Rektor) der JHS des MfS Potsdam-Eiche; 1961/62 vom operativen Einsatz in der HA V (Staatsapparat, Kultur, Kirchen, Untergrund) entbunden; 1964/65 freigestellt, Prom. an der DASR Potsdam, Dr. jur.; Jun. – Okt. 1967 zur Fertigstellung der Habilitationsschrift freigestellt, Habil. an der JHS des MfS; 1969 Berufung zum Prof. für Rechtswiss.; 1971 Gen.-Major; 1985 wegen Krankheit von seiner Funktion entbunden; 1985 VVO in Gold; 1986 Entlassung, Rentner.

Posselt, Anna, geb. Scholze
28. 12. 1914
Gewerkschaftsfunktionärin
Geb. in Althabendorf (Reichenberg, Böhmen), Vater Textilarbeiter; 1929–45 Weberin u. Hilfskraft in Betrieben der Textilindustrie, des Handels u. der Landw.; 1930–38 KPČ u. Textilarbeiterverb.
Dez. 1945 Umsiedlung nach Dtl.; 1945/46 KPD/SED, FDGB; 1946–50 Stadträtin für Sozial- u. Gesundheitswesen u.

Jugendfragen in Wismar; 1950/51 PHS; 1951–Febr. 1990 Mitgl. des Zentralvorst. der IG Textil-Bekleidung-Leder, 1952–75 deren Vors.; 1952–76 Mitgl. der Leitungsorgane der Intern. Vereinigungen der Gewerkschaften der Werktätigen der Textil-, Bekleidungs- u. der Leder- u. Häuteindustrie im WGB; 1952–Dez. 1989 Mitgl. des Bundesvorst. des FDGB u. 1952–63 seines Präs., 1974 VVO in Gold; 1977 – Anfang 1989 Vors. der Veteranenkommission beim Bundesvorst. des FDGB.

Poßner, Wilfried 13. 9. 1949
Vorsitzender der Pionierorganisation »Ernst Thälmann«
Geb. in Neustadt (Orla), Vater Arbeiter; Oberschule, Abitur mit Facharbeiterausbildung als Maurer; 1964 FDJ, 1969 SED; 1968–70 NVA; 1970–74 Studium an der PH Potsdam, Diplomlehrer für Germanistik u. Geschichte, 1974–76 Sekr. der FDJ-GO an der PH; 1976–79 Aspirant an der AfG beim ZK der KPdSU in Moskau, Dr. phil.; 1979–84 Abt.-Ltr. u. Sekr. des ZR der FDJ, 1985–25. 11. 1989 Vors. der Pionierorg. »Ernst Thälmann« (Nachf. von Helga Labs*); 1986 – Dez. 1989 Mitgl. des ZK der SED; 1986 – März 1990 Abg. der Volkskammer; März 1990 – Okt. 1990 Staatssekr. u. Ltr. des Amts für Jugend u. Sport; danach u. a. Mitarb. der Ges. Bildung, Information, Tourismus (BIT).

Pötschke, Günter 28. 7. 1929
ADN-Generaldirektor
Geb. in Halle (Saale), Vater Friseur, Mutter Hausfrau; wuchs bei den Großeltern auf; Volksschule, 1940–48 Oberschule in Halle, Abitur; Okt. 1948 Beginn der journalist. Tätigkeit als freier Mitarb., Volontär, ab 1949 als Reporter der ADN-Außenstelle Halle; 1949 Verb. dt. Presse; 1950/51 stellv. Bezirksstellenltr. des ADN in Halle; 1951–90 VDJ; ab 1951 in Berlin, Red. bzw. Chef vom Dienst der Abt. Dtl.-Dienst/Ostred., stellv. Ltr. der DDR-Red.; 1957 Ltr. der Auslandsred.; 1952 Kand., 1954 SED; 1954–56 Fernstudium Journalistik an der KMU Leipzig, ohne Abschluß; 1951–66 Sonderkorrespondent bei wichtigen intern. Ereignissen u. Konferenzen, so in den Wochen nach dem ungar. Volksaufstand im Okt. 1956 in Budapest, bei den UNO-Vollvers. 1957 u. 1962 in New York, der Genfer Außenmin.-Konferenz 1959; auch Korr. bei pol. Prozessen in der DDR; 1957–59 Mitgl. der ZPL des ADN; 1959/60 ADN-Korr. in London; 1960 Chefred. u. stellv. Generaldir. des ADN, erster Ltr. der Zentralen Pol. Red.; 1961–68 Fernstudium an der PHS, Dipl.-Ges.-Wiss.; ab 1963 Mitgl. der UNESCO-Kommission der DDR; Mitgl. der Dt.-Brit. Ges.; 1966–74 stellv. Ltr. der Westabt. des ZK der SED, Mitgl. der Westkommission beim PB; 1970 (zum 20. Jahrestag der Bildung des MfS) Verdienstmedaille der NVA; 1974–77 stellv. Ltr. der ZK-Abt. Agitation; 1975 (zum 25. Jahrestag der Bildung des MfS) Kampforden für Verdienste um Volk u. Vaterland in Silber; 1976 Ltr. des Pressebüros des Treffens der komm. u. Arbeiterparteien Europas in Berlin; 1977–89 Generaldir. des ADN (Nachf. von Deba Wieland*); 1977–90 mehrmals Vizepräs., eine Wahlperiode lang Präs. der Allianz der eur. Nachrichtenagenturen; 1979 VVO in Gold; 1980–89 Mitgl. des Zentralvorst. des VDJ, Mitgl. der Agitationskommission beim PB des ZK; 1981 Kand., 1986–89 Mitgl. des ZK der SED; 1989 KMO; 1990 Vorruhestand; lebt in Berlin.

Potteck, Uwe 1. 5. 1955
Leistungssportler (Sportschießen)
Geb. in Wittenberge/Elbe; während der Schulzeit Ringer; 1974–90 SED; als Offiziersschüler der Volksmarine Beginn mit dem Training im Sportschießen, 1976 Wechsel zum ASK Vorwärts Frankfurt/

Oder (Trainer: Gert Schreiber); 1976 überraschend Olympiasieger Freie Pistole; 1979 EM Luftpistole; 1986 Vize-WM Freie Pistole; WM 1990: Dritter mit der DDR-Mannschaft Luftpistole; Dipl.-Sportlehrer; Kapitänleutnant a. D.
Nach 1989 Mitgl. der Frankfurter Schützengilde; Fachberater eines Waffenwerks.

Potthoff, Gerhart 9. 5. 1908–25. 9. 1989
Verkehrswissenschaftler
Geb. in Frankenthal (Sa.), Vater ev. Pfarrer; 1927–32 Studium des Bauingenieurwesens an der TH Dresden, 1932–35 Ausbildung zum Reg.-Baumeister bei der Reichsbahndirektion (Rbd) Dresden; 1935–45 Wiss. Mitarb. bei der Rbd Dresden bzw. Dezernent bei der Rbd Oppeln; 1938 Prom. und 1942 Habil. an der TH Berlin zur Eisenbahn-Betriebstechnik; Kriegsdienst; 1945–50 sowj. Gefangenschaft.
1950 Prüfstatiker bei der Rbd Dresden; 1950–52 Prof. für Betriebstechnik der Verkehrsmittel an der Fak. für Verkehrswiss. der TH Dresden u. 1952–73 an der aus ihr hervorgegangenen HS für Verkehrswesen »Friedrich List« Dresden, hier 1952–56 u. 1962–66 Dekan der Fak. für Verkehrstechnik, 1952–60 Prorektor für Forschungsangelegenheiten, 1969–72 Dir. der Sekt. Techn. Verkehrskybernetik; 1965 Ehrenprom. der TU Budapest, 1978 Ehrensenator der Dresdener HS.
Begründer einer eigenständigen Verkehrsing.-Ausbildung u. Mitbegr. der HS in Dresden; Lehr- u. Forschungstätigkeit zu Betriebstechnik der Verkehrsmittel auf Schiene u. Straße, zu Fern- u. städt. Nahverkehr sowie innerbetriebl. Transport in determinist. u. stochast. Betrachtungsweise; veröff. zahlreiche Aufsätze in Fachztschr. des In- u. Auslands sowie zehn Monogr.; P.s Hauptwerk »Verkehrsströmungslehre« (5 Bde.) war die erste zusammenhängende Darstellung zu dieser Thematik im dt. Sprachraum.
Sek.-Lit.: G. P. – ein Leben für die Verkehrswiss. Dresden 1991.

Pötzsch, Anett, verh. Witt, später Rauschenbach 3. 9. 1960
Leistungssportlerin (Eiskunstlauf)
Geb. in Karl-Marx-Stadt; 1965 Beginn mit dem Eiskunstlauftraining, 1967 Aufnahme in die KJS u. den SC Karl-Marx-Stadt (Trainerin: Jutta Müller*); 1977–80 viermal EM; 1979 u. 1980 WM; 1980 Olympiasiegerin; 1980–89 SED; nach Beendigung der sportl. Laufbahn Sportlehrerstudium an der DHfK, anschl. bis 1990 wiss. Mitarb. an der DHfK, zuständig für die Ausbildung von Eiskunstlauftrainern.
Ab 1990 Vertriebsassistentin bei einer Bank; intern. Eiskunstlaufpreisrichterin der ISU; seit 1994 verh. mit dem ehem. Eistänzer Axel Rauschenbach.

Preil, Hans-Joachim 26. 6. 1923
Schauspieler, Bühnenkomiker, Textautor
Geb. in Köslin; Schauspielausbildung, Engagements u. a. in Quedlinburg, Aschersleben, Bernburg vorw. als jugendlicher Komiker; Oberspielleiter in Magdeburg; danach freiberufl. als Bühnenkomiker tätig; 25jährige Zusammenarbeit mit Rolf Herricht*, Auftritte in Rundfunk u. Fernsehen, Tourneeprogramme; erfolgreicher Textautor, Verf. aller Herricht/Preil-Texte, schrieb Revuen, Musicals, Operetten (»Sportskanonen«) sowie Boulevardstücke für das Fernsehen; auch Regiearbeit beim Fernsehen; mehrere Schallplatten mit Herricht/Preil-Dialogen.

Preiß, Manfred 22. 10. 1939
Minister für Regionale und Kommunale Angelegenheiten
Geb. in Wernigerode, nach Schulabschluß 1954–57 Ausbildung u. 1957–61 tätig als Lokomotivschlosser; 1961–64 Studium an der Ing.-Schule für Maschinenbau u.

Elektrotechnik Magdeburg, Technologe; 1964 LDPD; 1968 Ing. für Arbeitsschutz; 1970–79 Abg. u. Mitgl. des Rats der Stadt Blankenburg; 1978–84 Fernstudium Jura an der HU Berlin, Dipl.-Jur.; 1981–90 Mitgl. des Sekr. des Bezirksvorst. Magdeburg der LDPD; Abg. des Bez.-Tags, 1986–90 Stellv. Vors. des Rats des Bez. u. Ltr. der Abt. Wohnungspolitik u. -wirtschaft; Jan. – März 1990 Staatssekr. im Min. für örtl. Staatsorgane; 12. 2. 1990 Mitgl. des Bundes Freier Demokraten, später F. D. P.; 18. 3.–2. 10. 1990 Min. für Regionale u. Kommunale Angelegenheiten; zog im Nov. 1990 sein Mandat als Abg. des Sächs.-Anhalt. Landtags zurück, vertritt seitdem als Gesamtgebietsltr. eine Autoservicefirma in Ostdtl.

Preißler, Helmut 16. 12. 1925
Schriftsteller
Geb. in Cottbus, Vater Spinnmeister; Volksschule, Lehre als Straßen- u. Tiefbauer; Wehrmacht, 1945–47 belg. Gefangenschaft.
1948 Rückkehr nach Dtl.; 1948–55 Lehrer in Cottbus; 1955–57 Studium am Literaturinst. »Joh. R. Becher« in Leipzig; ab 1958 kulturpol. Tätigkeit im Eisenhüttenkombinat Ost und ab 1965 am Kleist-Theater Frankfurt/Oder; 1967–72 Red. u. Mitgl. des Red.-Kollegiums der Ztschr. »Neue Dt. Lit.«; 1971 NP; 1974 Mitgl. der SED-BL Frankfurt/Oder.
Lebt in Bad Saarow.
Verf. von holzschnittartigen Agit.-Prop.-Gedichten, oft mit Hang zur Idyllik; war einer der meistgedruckten DDR-Autoren, da er schnell das für tagespol. Interessen Verwertbare lieferte; seine affirmative Lyrik über den Aufbau des Sozialismus galt der SED als vorbildl.
Publ.: Wer – Wen? Songs u. Agit.-Prop.-Verse. Berlin 1960; Wer – wenn nicht wir. Gedichte zum 100. Geburtstag Lenins. Berlin 1970; Gedichte 1957–72. Berlin 1972; Ausgew. Gedichte. Berlin 1983.

Preysing, Konrad Graf von
30. 8. 1880–21. 12. 1950
Katholischer Bischof
Geb. auf Schloß Kronwinkl (b. Moosburg/Isar); 1898 Abitur in Landshut, 1898–1902 Jurastudium in München u. Würzburg; Tätigkeit in einem Anwaltsbüro in München; ab 1906 im Bayer. Staatsmin. des Äußern, 1907 Legationssekr. an der bayer. Gesandtschaft in Italien in Rom; 1908–12 Studium der Philos. u. Theol. in Innsbruck, 1912 Priesterweihe in Innsbruck; 1912–17 Erzbischöfl. Sekr. in München, 1913 Prom. zum Dr. theol., 1917–21 Stadtpfarrprediger in München, 1921–28 Domprediger in München, 1928 Domkapitular, 1932 Bischof der Diözese Eichstätt (Bay.); 1935 Bischof von Berlin, innerhalb der Bischofskonferenz Protagonist einer Distanz zum NS-Staat.
Ab 1945 residierend im amerik. Sektor von Berlin; 1946 Ernennung zum Kardinal; 1947 Runderlaß zum pol. Kontakt- u. Erklärungsverbot kirchl. Amtsträger in der SBZ, Vertreter eines öff. Kurses gegen die UdSSR u. die SBZ/DDR; 1950 Vors. der Berliner Ordinarienkonferenz.
Sek.-Lit.: Adolph, Walter: Kardinal P. u. zwei Diktaturen. Berlin (West) 1971.

Priess, Heinz 3. 4. 1915
Chefredakteur des Freiheitssenders 904
Geb. in Hamburg, Vater Straßenbauarbeiter; während der Weimarer Rep. Anschluß an die KPD; 1933/34 illegale Tätigkeit im KJVD; 1934 Emigration; 1936–39 Teiln. am span. Bürgerkrieg, Kommissar des Hans-Beimler-Bataillons der XI. Intern. Brigade; Internierung in Frankreich; 1943 Ausbruch aus dem Gefängnis Castres; unter dem Decknamen Georges Ltr. der KPD-Gruppe Lyon, verantw. für Parteiarbeit in Südfrankreich; Teiln. an der Résistance; 1944 Kontakte zur Bew. »Freies Dtl.« u. der Schweizer Partei der Arbeit.
1945 über die Schweiz Rückkehr nach

Dtl.; 1945–51 KPD-Funktionär in Hamburg; Chefredakteur der »Hamburger Volksztg.«; 1951 Übersiedlung in die DDR; Chefred. des Mitteldt. Rundfunks; ab 1952 Ltr. der Nachrichtenred. des Staatl. Rundfunkkomitees beim Ministerrat; bis 1956 Chefred. des Deutschlandsenders; 1956–62 Chefred. des Freiheitssenders 904; ab 1969 in der Bundesrep. Dtl.; Mitgl. des Präs. des Komitees der Antifasch. Widerstandskämpfer der DDR; 1985 VVO in Gold; lebt in Berlin.

Prokop, Otto 29. 9. 1921
Gerichtsmediziner
Geb. in St. Pölten (Niederösterr.), Vater Arzt; Gymnasium in Salzburg; 1941/42 Medizinstudium in Wien; 1942–45 Militärdienst in der dt. Wehrmacht, zuletzt als Hilfsarzt in einem Feldlazarett.
1945–48 Forts. des Medizinstudiums in Bonn, hier 1948 Prom.; 1948–56 am Inst. für Gerichtl. Medizin der Univ. Bonn, hier 1953 Habil. (bei Herbert Elbel) über »Experimentelle Untersuchungen über die Sensibilisierung gegen Blutgruppenantigene«; 1956–87 ord. Prof. u. Dir. des Inst. für Gerichtl. Medizin an der HU Berlin, 1958–61 nebenamtl. kommissar. Dir. des Inst. für Gerichtl. Medizin u. Kriminalistik in Leipzig sowie 1958/59 nebenamtl. Lehrauftrag an der MLU Halle; 1964 Ord. Mitgl. der DAW, 1967 Mitgl. der Leopoldina; 1980–89 Mitgl. des Rats für Med. Wissenschaft beim Min. für Gesundheitswesen; 1961 NP II. u. 1981 I. Klasse, VVO in Gold, Stern der Völkerfreundschaft in Gold, Ehrenkreuz für Wiss. u. Kunst I. Klasse der Rep. Österreich; 1987 em., lebt in Berlin. Wiss. Arbeitsgebiete: Immunol. der menschl. Blut- u. Serumgruppen, forens. Spurenkunde, Genetik, 1965 Entdeckung der Protectine.
Publ.: Lehrbuch der Gerichtl. Medizin. Berlin 1960; Med. Okkultismus u. Paramedizin. Jena 1962 (Hrsg.); Lehrbuch der menschl. Blut- u. Serumgruppen (mit G. Uhlenbruck). Leipzig 1963; Genetik erblicher Syndrome u. Mißbildungen (mit R. Witkowski). Berlin 1976.

Prosetzky, Werner 21. 9. 1929
Stellv. Hauptverwaltungsleiter des MfS
Geb. in Friedrichsthal (Kr. Oranienburg), Vater Arbeiter, Mutter Schneiderin; Volksschule, Handelsschule; 1945 Angestellter beim Rat der Gemeinde Friedrichsthal; 1947 SED; 1949 Mitarb. der FDJ-KL Bernau, 1950 der FDJ-KL Belzig; 1952 Besuch der Landesparteischule Scherwitz; 1953 Einstellung beim MfS, HA XV (später HV A); 1954 dort stellv. Abt.-Ltr.; 1969–72 Fernstudium an der JHS des MfS Potsdam-Eiche, Dipl.-Jur.; 1971 Ltr. der Abt. III; 1983 Stellv. des Ltr. der HV A; 1984 Gen.-Major; 1990 Entlassung.

Przybilski, Peter 26. 9. 1935
Staatsanwalt, Publizist
Geb. in Breslau, Vater Autoschlosser, Mutter Krankenschwester; 1946 Umsiedlung nach Riesa, Oberschule, 1953 Abitur an der Max-Planck-OS in Riesa; 1953/54 Schmelzer im Stahl- u. Walzwerk Gröditz; 1954–58 Studium der Rechtswiss. an der KMU Leipzig; 1958 SED; 1958 Staatsanwalt in Zerbst; 1959–63 Red. bzw. stellv. Chefred. der Ztschr. »Neue Justiz«; 1963–90 Staatsanwalt beim Generalstaatsanwalt der DDR, seit 1964 mit Öffentlichkeitsarbeit beauftragt u. ab 1971 Abt.-Ltr., Mitwirkung an der Abfassung der Anklageschriften gegen Staatssekr. Globke u. den KZ-Arzt Fischer; ab 1965 Fachberater u. Kommentator der DFF-Sendereihe »Der Staatsanwalt hat das Wort«; 1971 Dr. jur. an der HU Berlin, Diss. mit einer strafrechtl. Thematik; seit den 80er Jahren schriftst. tätig; Sommer 1990 Zulassung als Rechtsanwalt in Berlin.
Publ.: Mordsache Thälmann. Berlin 1986; Täter neben Hitler. Berlin 1990;

Tatort Politbüro. Die Akte Honecker*. Berlin 1991; Tatort Politbüro II. Berlin 1992.

Pulz, Christian 14. 12. 1944
Mitbegründer der Schwulenbewegung
Geb. in Plauen (Vogtl.), Vater Handelsvertreter, Mutter Buchhalterin; 1951–61 Oberschule in Bad Elster, 1961–63 Vorschule für kirchl. Dienst in Moritzburg (b. Dresden), 1963–67 Theolog. Seminar in Leipzig, 1967–70 Ausbildung zum Buchhändler; 1970–84 Tätigkeit in versch. Verlagen u. Buchhandlungen; Kand. der Arbeitsgemeinschaft Junger Autoren im Schriftstellerverb.; 1982 Gründung des ersten Arbeitskr. Homosexualität der ESG Leipzig; 1982 Übersiedlung nach Berlin; 1983 Gründung einer informellen Schwulengruppe im kirchl. Rahmen in Kontakt mit Rainer Eppelmann*, erster öff. Auftritt einer Schwulengruppe der DDR bei der Friedenswerkstatt in Berlin, erstmalig öffentl. Ehrung der homosexuellen NS-Opfer im KZ Sachsenhausen durch diese Gruppe, Gründung des Arbeitskreises Homosexualität – Schwule in der Kirche; 1984–90 Arbeit als Sozialfürsorger; 1984–89 Bearbeitung durch das MfS im OV »Orion« wegen pol. Untergrundtätigkeit; 1985 Hrsg. eines Info-Briefes »Schwule in der Kirche«, Org. schwuler Basistreffen, Aufbau einer schwulen Bürgerrechtsbew. in enger Kooperation mit der Friedensbew.; 1986–90 Fernstudium Sozialfürsorge in Potsdam; 1985–90 CDU, 1990 Bündnis 90.
Seit Dez. 1990 Mitgl. des Berliner Abgeordnetenhauses, Schwulen- u. jugendpol. Sprecher der Fraktion Bündnis 90/Grüne.
Sek.-Lit.: Starke*, K.: Schwuler Osten. Berlin 1994.

Q

Quandt, Bernhard 14. 4. 1903
SED-Politiker, Ministerpräsident von Mecklenburg
Geb. in Rostock, Vater Arbeiter; Volksschule in Wismar u. Gielow; 1917–20 Ausbildung zum Eisendreher, anschl. im Beruf in Waren (Müritz) u. Hamburg tätig; 1920 SAJ, SPD; 1923 KPD; 1927 Mitgl. der Gemeindevertretung Gielow u. der Amtsvers. Malchin; 1932/33 Abgeordneter des Mecklenburg. Landtags; 1933 wegen illegaler Tätigkeit zu drei Jahren Gefängnis verurteilt; 1937–39 Notstandsarbeiter; Sept. 1939 – Apr. 1945 Häftling in den KZ Sachsenhausen u. Dachau; von frz. Truppen befreit.
1945/46 1. Kreissekr. der KPD u. Landrat in Güstrow; 1946–48 zunächst Kreisvors., dann 2. Sekr. des SED-Landesvorst. Mecklenburg; 1946–52 Abgeordneter des Landtags, 1948–51 Landwirtschaftsmin. u. 1951/52 Min.-Präs. des Landes Mecklenburg; 1952–74 1. Sekr. der SED-BL u. Abgeordneter des Bez.-Tags Schwerin; 1953/54 u. 1958 – März 1990 Abgeordneter der Volkskammer; 1963 VVO in Gold; 1973–90 Mitgl. des Staatsrats; 1958–3. 12. 1989 Mitgl. des ZK der SED; 1973 KMO; 12. 1. 1990 Mitgl. des Rats der Alten der SED-PDS.

Quermann, Heinz 10. 2. 1921
Entertainer, Regisseur, Redakteur
Geb. in Hannover, Vater Bäckermeister; Volksschule; 1936 Bäckerlehre, daneben Violin- und Schauspielunterricht; 1939 Schauspielprüfung; Engagements an

Theatern in Bernburg, Magdeburg u. Köthen; dort 1945/46 Intendant; 1946 am Landessender Halle; LDPD; ab 1947 mit Unterbrechung Ltr. der Abt. Unterhaltung beim Mitteldt. Rundfunk Leipzig, ab 1953 Mitarb. des Staatl. Rundfunkkomitees in Berlin, HA Unterhaltung, ab 1962 Arbeitsgruppenltr. im DFF; seit 1953 Red. u. Moderator der »Schlagerlotterie«, ab 1958 der »Schlagerrevue« (mit über 36 Jahren langlebigste Rundfunk-Hitparade der Welt); 1953–65 bei »Da lacht der Bär« (erste Fernsehshow der DDR) Autor u. einer der drei Mikrofonisten (neben Gustav Müller* u. Gerhard Wollner, ab 1961 Herbert Köfer); 1958–73 »Herzklopfen kostenlos«: TV-Talenteförderer für Schlagersänger, Artisten, E-Musiker; 1957–67 Präsentation des »Amiga-Cocktails« in Rundfunk u. Fernsehen, 1957–91 Autor u. Co-Moderator (neben Margot Ebert) der Fernsehweihnachtssendung »Zwischen Frühstück u. Gänsebraten«; Autor u. Gestalter zahlr. Fernsehshows; Autor u. Entertainer von zwölf Revuen im Friedrichstadtpalast Berlin, von 15 Pressefest-Tourneeprogrammen; insges. gestaltete er rund 2500 Sendungen in Rundfunk u. Fernsehen der DDR sowie rund 7500 Veranstaltungen.
Publ.: Ihr Heinz, der Quermann – Meine bunten Erinnerungen. Berlin 1992.

Querner, Curt 7.4.1904–10.3.1976
Maler
Geb. in Börnchen (bei Freital), Vater Schuhmacher; 1918–26 Schlosserlehre u. Tätigkeit als Fabrikschlosser; 1926–30 Studium an der Kunstakad. Dresden bei Richard Müller, 1929/30 auch bei Otto Dix u. Georg Lührig; 1930 Mitgl. der Assoziation Rev. Bildender Künstler Dtl. (ASSO) u. der KPD; 1930–45 in Dresden ansässig, lebt bis 1937 von der Arbeitslosenfürsorge; 1940–45 Kriegsdienst.
1945 Verlust des Ateliers mit einem großen Teil des Frühwerkes durch die Zerstörung Dresdens; 1945–47 frz. Gefangenschaft; seit 1947 ansässig u. freischaff. in Börnchen, wo er seine wichtigsten Motive in der ländl. Umwelt fand; 1971 Käthe-Kollwitz-Preis der AdK; 1972 NP.
Wichtige Werke: Demonstration (1930), Der Agitator (1931), Selbstbildnis mit Brennessel (1933), Bauernbild (1933), Die Säer (1934), Sächs. Winter (1936), Elternbild (1948), Bildnisse des Bauern Rehn (40er/50er Jahre), Junge Bäuerin (1955), umfgr. Aquarellwerk (Landschaften, Bildnisse, Akte).
Sek.-Lit.: Heinz, Hellmuth: C. Qu. Dresden 1968; Claußnitzer, Gert: C. Qu. Berlin 1970; Kat. C. Qu. Freital 1979; Kat. C. Qu. 1904–1976. Wien 1980.

Quevedo, Nuria 18.3.1938
Grafikerin, Malerin
Geb. in Barcelona, Vater rep. Offz.; 1939 Emigration der Fam. aus Spanien; 1952 Übersiedl. in die DDR; 1955–58 ABF Berlin; 1958–63 Studium an der HS für bild. u. angew. Kunst Berlin-Weißensee, Lehrer Arno Mohr, Werner Klemke, Klaus Wittkugel; 1963–69 freischaff.; 1969 bis 1972 Meisterschülerin an der DAK bei W. Klemke; seit 1972 freischaff. in Berlin; 1986 AdK; 1975 Mitgl. der Sektions-Ltg. Malerei/Grafik des VBK.
1991 Austritt aus der AdK (Ost).
Werke: Blattfolgen zu »Celestina« von Fernando de Rojas, »Zwischenspiel« von Miguel de Cervantes (1967), Illustr. zu Gedichten von Pablo Neruda (1969), »Kassandra« von Christa Wolf* (1983); Gemälde: 30 Jahre Exil (1971), Fischer am Baikal (1974), Der Weg (1975), An der Ostrauer Scheibe (1976), Eine Art, den Regen zu beschreiben – für Hanns Eisler (1980/81), Erinnerung (1981), Gehender (1987).
Publ.: Fremdsein ist meine Identität. In: Förster, Gerlinde (Hrsg.): Es zählt nur, was ich mache. Gespräche mit bild. Künstlerinnen aus Ost-Berlin seit 1990. Berlin 1992.

Sek.-Lit.: Kat. N. Q. Gal. Arkade Berlin 1976; Staatl. Kunstsamml. Dresden Gal. Neue Meister Dresden 1986.

R

Raab, Karl 3. 5. 1906–11. 5. 1992
SED-Funktionär
Geb. in Berlin, Vater Tischler; Obersekundareife; 1924–26 Ausbildung zum Bankkaufmann; 1927–32 Angestellter der Dresdner Bank; 1927 KPD, Kassierer, Leiter von Betriebszellen, u. a. bei der Dresdner Bank; 1927–34 ehrenamtl. Red. von RGO- u. KPD-Ztgn., u. a. von »Rote Bilanz« u. »Angestellten-Kampf«; 1929 ehrenamtl. Instrukteur der KPD-Unterbezirksltg. Berlin; 1931/32 Betriebsrat der Dresdner Bank, Kündigung wegen komm. Betätigung; 1932 Oberbuchhalter im Verlag Rote Fahne, 1933 Geschäftsführer des Internat. Arbeiterverlags; 1933/34 antifasch. Arbeit; 1935 Emigration in die UdSSR, Studium an der Komm. Univ. der Völker des Westens u. 1935–37 an der Intern. Lenin-Schule in Moskau; 1937–45 stellv. Chefred. der deutschsprachigen Sendungen des Moskauer Rundfunks, Ps. Karl Sperling, Karl Specht, Arthur Fiedler.
Mai 1945 Rückkehr nach Dtl. als Mitgl. der KPD-Gruppe für Mecklenburg-Vorpommern (Ltr. Gustav Sobottka*), Red. der »Dt. Ztg.« (Hrsg. SMA), 1945/46 Mitgl. der KPD-Landesltg. Mecklenburg-Vorpommern, der Landesarbeitsgemeinschaft KPD-SPD u. Chefred. der KPD-Landesztg. »Volksztg.« bzw. »Schweriner Volksztg.«; 1946 3. Sekr. des SED-Landesvorst. Mecklenburg-Vorpommern; 1946 persönl. Mitarb. Anton Ackermanns im Zentralsekr. der SED, 1947/48 dort paritāt. Ltr. der Abt. Parteischulung, Kultur u. Erziehung; 1947/48 Mitbegr. von Dt. Sportaussch., Sportverlag, »Sportecho« u. a. Ztgn. u. Verlagen; 1948–50 HA-Ltr. der DWK u. 1948/49 Chefred. der »Dt. Finanzwirtschaft« bei der HV Finanzen der DWK; 1949/50 stellv. Hauptkassierer, 1950–82 Hauptkassierer u. Ltr. der Abt. Finanzverwaltung u. Parteibetriebe im ZK der SED; 1966 VVO in Gold; 1982 Rentner.

Rachowski, Utz 23. 1. 1954
Schriftsteller
Geb. in Plauen (Vogtl.), Eltern kaufmännische Angestellte; 1971 wegen Beleidigung von NVA-Offz. u. »Zersetzung des Klassenkollektivs« Relegation von der EOS Reichenbach, Ausschluß aus der FDJ; Lehre als Elektriker; Grundwehrdienst bei der NVA; 1977 Abitur, zwei Semester Medizin in Leipzig, ein Jahr als Heizer tätig; 1975–78 OV »Renegat«, danach »Wolke«; 1979 wegen der Verbreitung eigener lit. Texte u. solcher Wolf Biermanns*, Jürgen Fuchs'* u. Reiner Kunzes* Verurteilung zu 27 Monaten Freiheitsentzug; 1980 Freikauf in die Bundesrep. Dtl.; Studium der Kunstgeschichte u. Philos. in Berlin u. Göttingen; lebt in Berlin-Kreuzberg u. im Vogtland; 1988 Austritt aus dem VS.
Preise: Andreas-Gryphius-Förderpreis 1987, Alfred-Döblin-Stipendium 1989, Eduard-Mörike-Förderpreis 1991.
Publ.: Die Blicke der Nachbarn (Hörspiel). 1983; Erzählungen, so traurig wie Sie. Berlin 1983; Der letzte Tag der Kindheit. Berlin 1986; Die Stimmen des Sommers. Berlin 1992.

Rackwitz, Werner 3. 12. 1929
Stellv. Kulturminister, Intendant
Geb. in Breslau; Studium am Inst. für Musikwiss. der MLU Halle, 1957–63 Assistent, 1963 Prom. zum Dr. phil.; 1963–69 Ltr. der Abt. Musik im Min. für Kultur, 1969–81 Stellv. des Min. für Kultur; 1976 Prom. zum Dr. sc. phil.; 1981–Jan. 1994 Intendant der Kom. Oper Berlin (Nachf. von Joachim Herz*); Honorarprof. für Musikwiss. an der MLU Halle; seit Juni 1981 Abg. der Berliner Stadtverordnetenvers.; seit 1984 Mitgl. der SED-BL Berlin; 1984 VVO in Gold; 1986 AdK; Mitgl. des Zentralvorst. u. des Präs. des Verbandes der Komponisten, des Vorst. der Georg-Friedrich-Händel-Ges., des Direktoriums des Zentrums DDR des Intern. Theaterinstituts, des Musikrats der DDR u. der Intern. Ges. für Musikwiss.; Febr. 1994 Rentner.
Publ.: Georg Friedrich Händel. Persönlichkeit – Umwelt – Vermächtnis (zus. mit H. Steffens). Leipzig 1962; Geschichte u. Gegenwart der Hallischen Händel-Renaissance. Halle 1977; Georg Philipp Telemann. Dokumentensammlung. Leipzig 1982.

Raddatz, Karl 7. 11. 1904–12. 2. 1970
Generalsekretär der VVN
Geb. in Magdeburg, Vater Arbeiter; Bürgerschule, 1919–23 Ausbildung zum Schriftsetzer; 1921 USPD, 1922–24 SPD; 1923–33 Schriftsetzer; 1927 KPD, tätig in der Ortszelle u. im militärpol. Abwehrapparat der KPD in Magdeburg, 1933 Pol. Ltr. der Bez.-Ltg. Magdeburg u. Organisationsltr. der Bez.-Ltg. Thüringen; 1933 verhaftet u. 1934 zu drei Jahren Zuchthaus verurteilt; 1937–40 Druckereiarbeiter; 1941–45 KZ Sachsenhausen u. dort in der Ltg. der illegalen KPD.
1945/46 Ltr. des Hauptausschusses OdF beim Berliner Magistrat; 1946 SED; 1947–49 Generalsekr. der VVN; 1949–53 verantw. Red. der Ztschr. »Dokumentation der Zeit«; 1953–60 Abt.-Ltr. beim Ausschuß für Deutsche Einheit; 22. 6. 1960 verhaftet, Ausschluß aus der SED (am 3. 10. 1992 von der PDS rehabilitiert), 10. 5. 1962 gemeinsam mit Heinz Brandt* u. Wilhelm Fickenscher vom Obersten Gericht wegen »schwerer Spionage« u. »Verletzung des Amtsgeheimnisses im besonders schweren Fall« zu siebeneinhalb Jahren Zuchthaus verurteilt, 18. 12. 1964 amnestiert; von 1965 bis zu seinem Tod Archivbearbeiter in der Dt. Staatsbibliothek Berlin, Aufbau dieses Archivs, Ltr. der Veteranenkommission in der Bibliothek u. Mitgl. der Veteranenkommission beim Bundesvorst. der Gewerkschaft Wiss.; 5. 4. 1994 vom Landgericht Berlin rehabilitiert.
Publ.: Urlaub auf Sylt. Berlin 1958; Unternehmen Teutonenschwert (zus. mit A. u. A. Thorndike*). Berlin 1959.

Raddatz, Klaus 8. 7. 1932
Chefredakteur der Zeitung »Junge Welt«
FDJ-Funktionär; 1959 Red., 1965–71 stellv. Chefred., 1971–77 Chefred. des Zentralorgans der FDJ »Junge Welt« (Nachf. von Horst Pehnert*) u. Mitgl. des Büros des ZR der FDJ; 1977–85 stellv. Ltr. der Abt. Agit. im ZK der SED; seit Juni 1982 Mitgl. des Präs. des Zentralvorst. des VDJ; ab 1985 stellv. Vors. des Staatl. Komitees für Fernsehen.

Ragwitz, Ursula, geb. Rose 15. 2. 1928
SED-Funktionärin
Geb. in Cottbus, Vater Kraftfahrer, Mutter Hausfrau; 1942–45 Studentin am Lehrerbildungsinstitut Exin (Kr. Bromberg), Musikerziehung/Deutsch.
1945 Lehramtsanwärterin in einer Dorfschule im Spreewald; 1946 SED; 1946–51 Lehrerin an der 7. Grundschule Cottbus; 1951/52 Doz. am IfL Cottbus; 1953 Gründerin u. Dir. der Musikschule Cottbus; anschl. Abt.-Ltr. Kultur des Rats des Bez. Cottbus; Mai/Juni 1954

Abt.-Ltr. in der Staatl. Kunstkommission; danach Assistent, Oberassistent u. Doz. an der Musik-HS Dresden; bis 1963 Dir. der Musikschule Hoyerswerda; 1963–69 stellv. Vors. des Rats des Bez. Cottbus für Kultur, Körperkultur u. Sport; 1967 Weiterbildungslehrgang ltd. Kulturkader am IfG beim ZK der SED; 1968 Mitgl. des Zentralvorst. des VDK; 1969–73 pol. Mitarb., 1973–75 stellv. Ltr., 1975/76 kommissar. Ltr. u. 1976–Nov. 1989 Ltr. der Abt. Kultur des ZK der SED (Nachf. von Peter Heldt); 1976–89 Mitgl. der Kulturkommission beim PB, Mitgl. der Kommission des PB der Ltr. der ges.-wiss. Inst. des ZK der SED; 1981 Kampforden »Für Verdienste um Volk und Vaterland« in Gold; 1981–3. 12. 1989 Mitgl. des ZK; 1985 VVO in Gold; 1986–89 Mitgl. der Parität. Regierungskommission für kulturelle Zusammenarbeit DDR–UdSSR; 1987–89 Mitgl. des Präsidialrats u. Mitgl. des Präs. des KB; 1988 Dr. h.c. der MLU Halle, Ehrenspange zum VVO in Gold; verheiratet mit Prof. Erhard R. (1986–89 Rektor der HS für Musik »Hanns Eisler« Berlin).

Rambusch, Karl 15. 1. 1918
Physiker, Direktor des Atomkraftwerks Rheinsberg
Geb. in Jena, Vater Mechaniker; Volksschule, 1932–36 Mechanikerlehre; 1936–38 Mechaniker bei Carl Zeiss Jena; ab 1938 Maschinenbaustudium in Hildburghausen; Kriegsdienst.
Seit 1945 KPD/SED; Vorstudienanstalt, 1946–52 Physikstudium an der FSU Jena, Dipl.; 1953 Ltr. des Naut.-Hydrograph. Inst. Berlin-Friedrichshagen des Hydrograph. Dienstes der DDR, 1955 Ernennung zum Prof.; 1955–61 Ltr. des Amts für Kernforschung u. Kerntechnik der DDR in Berlin; danach Dir. des VEB Entw. u. Projektierung kerntechn. Anlagen sowie 1963–66 u. 1967–69 Werkdir. des VEB Atomkraftwerk Rheinsberg; 1966–69 Generaldir. des Kombinats Kernenergetik; 1969–83 Bereichsdir. im VEB Kombinat Kraftwerksanlagenbau in Berlin; 1975 Korr. Mitgl. der AdW.

Ramin, Günther 15. 10. 1898–27. 2. 1956
Thomaskantor
Geb. in Karlsruhe; 1910–14 Thomasschüler in Leipzig; 1914–17 Studium am Leipziger Konservatorium; 1917/18 Kriegsdienst in Frankreich; 1918 Organist an der Thomaskirche Leipzig; 1920 Organist des Gewandhausorchesters Leipzig u. Orgellehrer; 1923–35 Ltr. des Lehrergesangvereins Leipzig; 1931–33 Gastprof. an der Berliner Musik-HS; 1935–43 Dirigent des Gewandhauschors in Leipzig; ab 1939 Thomaskantor; 1950 Dr. h.c. der Leipziger Univ.; 1950 Präs. des Bach-Aussch., Mitgl. des Vorst. der Intern. Bach-Ges.; 1953 Ehrensenator der Univ. Mendoza; 1952 Mitgl. der DAK.
Schuf Orgel- u. Orchesterwerke; Gastspiele u. Dirigate in zahlr. Ländern.
Publ.: Der Thomaschor in der Gegenwart. Zürich 1950; J. S. Bachs Kantaten in heutiger Sicht. Verl. Universitas München 1948.

Rammler, Erich 9. 7. 1901–6. 11. 1986
Brennstofftechniker
Geb. in Tirpersdorf (Vogtl.), Vater Bautechniker; Bürger- u. Oberrealschule in Halle; 1920–25 Studium an der Bergakad. Freiberg (BAF); Versuchsing. bei P. Rosin im Staatl. Hütten- u. Blaufarbenwerk Freiberg; 1927 Prom. mit experimentellen Arbeiten zur Feinheit von Kohlenstaub; anschl. u. a. im Kraftwerk Böhlen, Schwelwerk Gölzau, Ing.-Büro Rosin in Dresden; seit 1927 Zusammenarbeit mit der sowj. Industrie; 1933 RRS-Formel (Rosin, Rammler, Sperling) für Korngrößenzusammensetzung; 1935 ehrenamtl. Ltr. einer Abt. im Braunkohlenforschungsinst. der BAF; 1936 erwarb R. Rosins Büro (dieser emigrierte 1938);

1937 NSDAP; ab 1941 Arbeit für den Dt. Braunkohle-Industrie-Verein Halle; beim Bombenangriff am 13./14.2.1945 Zerstörung des Dresdener Büros, Notbüro in Bitterfeld.
Nach dem Krieg Mitarb. im Techn. Büro Kohle des sowj. Kohlemin. u. im Inst. für Brikettierung der BAF, später hier Dir., glz. Arbeit für das Techn. Büro Energie; 1949 Prof. mit Lehrauftrag u. Ltr. der Versuchsanlage »Reiche Zeche«, 1951 ord. Prof. an der BAF, entwickelte mit Georg Bilkenroth* den Braunkohle-Hochtemperatur-Koks (BHT-Koks, Probebetrieb in Lauchhammer 1952, Prioritätsstreitigkeiten mit Hoffmann u. Nichterlein); 1951 NP; 1953 Ord. Mitgl. der DAW; 1954–58 Mitarb. in der Eur. Wirtschaftskommission der UNO (ECE); Ltr. des 1956 gegr. Dt. Brennstoffinst. Freiberg; 1956 Dr. h.c. (TH Aachen); 1965 em.; 1971 Ehrensenator der BAF; 1976 VVO in Gold.
Sek.-Lit.: Wächtler, E. u.a.: E. R. (Biogr., Bibliogr.) Leipzig 1976.

Rapoport, Mitja Samuel 27.11.1912
Biochemiker
Geb. in Woloczysk (Ukraine), Vater Kaufmann; 1930–36 Studium der Medizin u. Chemie an der Univ. Wien, hier 1936 Prom. u. bis 1937 am Med.-Chem. Inst.; 1932 Soz. Partei, 1934 KP Österreichs; 1937 Emigration in die USA, Stipendiat an der Research Foundation in Cincinnati (USA), 1939 Prom. auf dem Gebiet der Biochemie, 1942 Associate Professor für Biochemie u. Pädiatrie; 1950 Rückkehr nach Wien.
1952 Berufung an die HU Berlin, bis 1978 Prof. für Biochemie u. Dir. des Inst. für Biolog. u. Physiolog. Chemie; 1956–90 Mitgl. bzw. Ehrenmitgl. des Forschungsrats der DDR; 1960 NP; 1969 Ord. Mitgl. der DAW; 1978–82 Vors. der Biochem. Ges., 1980–84 Vors. des Koordinierungsrats der med.-wiss. Ges., 1980–85 Präs. der Ges. für experimentelle Medizin; 1978 VVO in Gold; Mitgl. u. Ehrenmitgl. zahlr. in- u. ausländ. wiss. Ges. u. Akad., Ehrendoktor mehrerer Univ., seit 1992 Präs. der Leibniz-Sozietät e. V.
Grundlegende Arbeiten über Phosphatstoffwechsel u. Glykolyse der roten Blutzellen sowie Konservierung des Bluts, Erforschung der Gesetzmäßigkeiten u. Abweichung des Wasser/Elektrolythaushalts, Reifung u. Differenzierung von Zellen u. mathemat. Modellierung von Stoffwechselvorgängen, Enzymforschung, zelluläre Reifungsprozesse, erythroide Lipoxygenase; Hrsg. u.a. von »Acta biologica et medica« u. des »European Journal of Biochemistry«; mehr als 180 wiss. Aufsätze.
Publ.: Physikal.-Chem. Praktikum. 1956; Lehrbuch Med. Biochemie. 1962; The Reticulocyte (mit H.-J. Raderecht). 1986.

Raspe, Hans-Dieter 28.12.1937
LDPD-Politiker
Geb. in Kühlungsborn (Kr. Bad Doberan), Vater Landwirt; Oberschule, 1956 Abitur; danach Krankenpfleger in Rostock, 1957–60 Medizin- u. Physikstudium an der Univ. Rostock; 1961 LDPD, 1961–63 Red. Mitarb. ihrer »Norddt. Ztg.«; danach Fernstudium an der FS für Journalismus in Leipzig sowie der Rechtswiss. an der HU Berlin, Dipl.-Jur.; 1963–66 Pol. Mitarb. des LDPD-Bezirksverb. Rostock, 1966–82 stellv. Vors., 1982–84 Vors. des Bezirksverb. (Nachf. von Erich Uschner); 1966–82 Mitgl. des Bez.-Tags; 1982–90 Mitgl. des Pol. Aussch., 1984–90 Sekr. des ZV, 1987–90 zugl. stellv. Vors. der LDPD; 1986 – März 1990 Abg. der Volkskammer, Mitgl. des Verfassungs- u. Rechtsaussch. u. Mitgl. ihres Präs.; März – August 1990 Bund Freier Demokraten, danach F.D.P.; April – Okt. gemeinsam mit Armin Behrendt geschäftsführendes Vorstandsmitgl. der Ges. für liberale Pol. e. V. in Berlin, danach von der Friedrich-

Naumann-Stiftung übernommen, dort ausgebildet, 1991/92 Berater in der Entwicklungspol. der Stiftung in Guatemala; seit 1992 Berater in Jakarta (Indon.).

Rataizick, Siegfried 29.5.1931
MfS-Abteilungsleiter
Geb. in Halle (Saale), Pflegevater Lokführer; Volksschule.
1945 Ausbildung zum Klempner, dann Geselle; 1950 Kraftfahrer; 1951 SED; Einstellung beim MfS, Wachmann in der Verwaltung Sachsen-Anhalt; Versetzung zum MfS Berlin, Abt. XIV (U-Haft/Strafvollzug); 1957/58 SED-BPS Bad Blankenburg; 1962 stellv. Abt.-Ltr., 1963 Abt.-Ltr. der Abt. XIV; 1964–68 Fernstudium Kriminalistik an der HU Berlin; 1975 Oberst; 1984 Prom. zum Dr. jur. an der JHS Potsdam-Eiche; 1990 Entlassung.

Rathenow, Lutz 22.9.1952
Schriftsteller
Geb. in Jena, Vater Bankkaufmann, Mutter Schneiderin; 1971 Abitur; nach dem Wehrdienst ab 1973 Studium der Fächer Pädagogik, Dt. u. Geschichte in Jena; mit J. Fuchs* u. a. Mitbegr. des Arbeitskr. Lit. u. Lyrik* in Jena (1973–75); im Zuge der Biermann*-Affäre 1977 Exmatrikulation aus pol. Gründen; anschl. Transportarbeiter, Produktions- u. Regieassistent in Jena u. Berlin; 1978 Mitgl. im Verb. der Theaterschaffenden; seitdem freiberufl. tätig; erste Texte in »Auswahl 78. Neue Lyrik Neue Namen«, dann starke Publikationsbeschränkungen; Nov. 1980 nach dem Erscheinen des Prosadebüts »Mit dem Schlimmsten wurde schon gerechnet« in der Bundesrep. Dtl. Verhaftung zus. mit F.-W. Matthies*; nach vielfachem Protest wieder entlassen; lehnte Ausreiseangebot der DDR-Behörden ab; mit zahlr. Demonstrationen, Aufrufen u. Petitionen für den Abbau der Ost-West-Konfrontation, Meinungsfreiheit u. pol. Pluralismus aktiv in der unabhängigen Friedens- u. Bürgerrechtsbew., u.a. mit B. Bohley*, G. Poppe* in der Initiative für Frieden u. Menschenrechte; mit seiner umfr. Essayistik u. krit. Publ. (zumeist im Westen erschienen) zählt R. zu den bekanntesten Autoren der unabhängigen Literaturszene Berlins; Mitarbeit an den nichtoff. Ztschr. »Anschlag«, »Ariadnefabrik«, »Entwerter Oder« (Hrsg. Uwe Warnke), »Der Kaiser ist nackt«, »Mikado«, »Oder«, »Radix-Blätter« (»Atem«), »Schaden«; trat mit W. Biermann u. J. Fuchs für die umfassende Aufarbeitung der DDR-Vergangenheit in der Stasi-Literatur-Debatte 1991/92 ein; zahlr. Kinderbücher, Grafikbücher, Hörspiele u. Theaterstücke, umfangr. Publizistik in Ztgn. u. Ztschr. des In- u. Auslands.
Publ.: Zangengeburt. Gedichte. München, Zürich 1982; Einst war ich Fänger im Schnee. Neue Texte u. Bilder aus der DDR (Hrsg.). Berlin (West) 1984; Ost-Berlin – die andere Seite einer Stadt. München, Zürich 1987/89.
Sek.-Lit.: Scheer, U.: Von der Kunst, aufrecht zu gehen. Der Schriftsteller L. R. Porträt einer Einmischung. In: MUT Nr. 312, August 1993.

Rathke, Heinrich 12.12.1928
Evangelischer Bischof
Geb. in Mölln (Kr. Malchin), Vater Pastor; Studium der Theol. in Kiel, Erlangen u. Tübingen, 1. Theolog. Examen in Amberg; 1953 Besuch des Predigerseminars in Blücher, 1954 Ordination, 1955 2. Theolog. Examen, anschl. Vikar in Bad Doberan, Pastor in Warnkenhagen (Meckl.); 1960 Prom. in Rostock; ab 1962 Pastor der St. Andreas-Gemeinde im Neubaugebiet Rostock-Südstadt, in Ermangelung eines Kirchenbaus Abhaltung von Gottesdiensten u.a. kirchl. Veranstaltungen in einem alten Zirkuswagen; ab 1970 Landespastor für Gemeindedienst (Volksmission) in Güstrow; Nov. 1970 Wahl u. März 1971 Amtsantritt als Bischof der Ev.-Luth.

Landeskirche Meckl. (Nachf. von Niklot Beste*); 1970 auf der Bundessynode des BEK Vorstellung der Thesen »Kirche für andere« als Interpretation der Formel »Kirche im Soz.« mit der Aufforderung an die Christen in der DDR zu aktiver ges.-pol. Beteiligung; 1977–81 ltd. Bischof der Vereinigten Ev.-Luth. Kirche (Nachf. von Ingo Braecklein*), in dieser Funktion u. a. intensive Kontakte zu Kirchen in der UdSSR; 1978–80 Vors. des Nat.-Komitees des Luth. Weltbunds in der DDR; 13. 12. 1981 Begrüßungsansprache an den Bundeskanzler Helmut Schmidt bei dessen off. Besuch im Dom zu Güstrow; seit Anfang der 80er Jahre verstärktes Engagement in der Friedens- u. Menschenrechtsarb., u. a. Kritik an der Einführung des Wehrkundeunterrichts und der verschärften Strafverfolgung pazifist. Jugendlicher in der DDR, von der SED als »feindl. negativ« eingestuft; Nov. 1983 Ablehnung einer zweiten Amtsperiode als Bischof; ab 1984 Pastor in Crivitz bei Schwerin; 1989 Mitbegr. des Neuen Forum in Crivitz u. Vertrauensperson bei der Auflösung von MfS-Einrichtungen im Landkr.

1991 Ruhestand; seitdem wiederholt längere Aufenthalte in Rußland u. Kasachstan zur Betreuung der dortigen dt. Luth. Gemeinden.

Rathmann, Lothar 16. 2. 1927

Historiker, Rektor der KMU Leipzig

Geb. in Werdau (Sa.); Kaufmannslehre, 1944 Wehrmacht, NSDAP, Gefangenschaft.

Nach der Rückkehr aus der Gefangenschaft Neulehrer u. Eintritt in die SED; 1948 Beginn eines Studiums an der Pädagog. Fak. der Univ. Leipzig; 1956 Prom. mit einer Arbeit über die Getreidezollpol. im frühen Kaiserreich unter Berücksichtigung der nordamerik. Agrarkonkurrenz; 1961 Habil. über die wirtschaftspol. Komponenten der dt. Bagdadbahnpol. vor 1914; 1963 Prof. mit Lehrauftrag, 1964 Dir. des Oriental. Inst. der KMU Leipzig, 1966 Prof. mit vollem Lehrauftrag, 1966–88 Vors. des Zentralen Rats für Asien-, Afrika- u. Lateinamerikawiss. in der DDR, 1968 ord. Prof., 1975–88 Rektor der KMU Leipzig, 1975 Korr. Mitgl. der AdW, 1976–81 Abg. der SED im Leipziger Bez.-Tag, 1979 Berufung zum Vors. des Nationalkomitees für Asien-, Afrika- und Lateinamerikawiss. beim Min. für Hoch- u. Fachschulwesen, 1983 Ord. Mitgl. der AdW; 1973 NP, 1987 VVO in Gold; Dr. h.c. der San-Marcos-Univ. (Peru).

R. galt als ein maßg. Vertreter der marxist. Nordafrika- u. Nahostwiss.

Publ.: Berlin–Bagdad. Berlin 1962; Stoßrichtung Nahost. Berlin 1963; Geschichte der Araber. 7 Bde. (Ltg.) Berlin 1971 ff.; Grundfragen des antiimp. Kampfes der Völker Asiens, Afrikas u. Lateinamerikas der Gegenwart. 2 Bde. (Hrsg.) Berlin 1974.

Rau, Heinrich 2. 4. 1899–23. 3. 1961

SED-Politiker, Minister für Außen- und Innerdeutschen Handel

Geb. in Feuerbach (Stuttgart), Vater Landwirt u. Fabrikarbeiter; Volks- u. Fortbildungsschule; Ausbildung zum Stanzer u. Metallpresser; 1913 Gewerkschaftsmitgl. u. SAJ; 1913–33 Mitgl. der Arbeitersportbew.; 1916 SAJ-Gruppenfunktionär u. Gewerkschaftsfunktionär bei Bosch (Feuerbach); 1916 Spartakusgruppe; 1917 USPD; 1917/18 Kriegsdienst; 1919–22 Freie Sozialisten, dann Komm. Jugend; 1919 KPD, 1919/20 Vors. einer KPD-Ortsgruppe in Stuttgart; 1920–23 Mitarb., 1923–33 Ltr. der Abt. Land der Zentrale bzw. des ZK der KPD u. Red. einer komm. Bauernztg.; 1923–33 Mitgl. der Ltg. nat. u. intern. Bauernkomitees; 1928–33 Abg. des Preuß. Landtags; 1933–35 Zuchthaus; 1935 Emigration in die ČSR, 1936 UdSSR; 1936/37 stellv. Ltr. des Intern. Agrarinstituts in Moskau; 1937/38

Kriegskommissar nach Besuch einer Offiziersschule, dann Stabschef bzw. Kdr. der XI. Intern. Brigade im Span. Bürgerkrieg, verwundet; 1938/39 Ltr. des Hilfskomitees der dt. u. österr. Spanienkämpfer u. Mitgl. der Landesltg. der KPD in Paris; 1939 Verhaftung durch frz. Behörden, KZ Le Vernet, 1942 Auslieferung an die Gestapo, 1942–45 Häftling im KZ Mauthausen, Teiln. am Lageraufstand.

1945/46 2. Vizepräs. der Provinzialverwaltung Brandenburg, verantw. für die Abt. Ernährung, Landw. u. Forsten sowie Wirtschaft u. Verkehr bzw. Industrie, 1945 Mitgl. der Prov.-Kommission zur Durchführung der Bodenreform, 1946 Vors. der Landessequesterkommission; 1946 SED; 1946–48 Abg. des Landtags Brandenburg; 1946–48 Min. für die Wirtschaftsplanung des Landes; 1948/49 Vors. der DWK; 1949 Mitgl. des Dt. Volksrats; 1949/50 Min. für Planung in der Prov. Reg. der DDR; 1949–61 Abg. der Prov. Volkskammer bzw. Volkskammer; ab 1949 Mitgl. des PV bzw. ZK der SED u. 1949/50 Kand., 1950–61 Mitgl. seines PB; 1950–52 Vors. der SPK; 1950–61 Stellv. des Min.-Präs. bzw. des Vors. des Min.-Rats; 1952/53 Ltr. der Koordinierungsstelle für Industrie u. Verkehr beim Min.-Rat, 1953–55 Min. für Maschinenbau, 1955–61 Min. für Außenhandel u. Innerdt. Handel; 1954 VVO in Gold.

Publ.: Für die Arbeiter-u.-Bauern-Macht. Ausgew. Reden und Aufsätze 1922–61. Berlin 1984.

Sek.-Lit.: Woitinas, E.: H. R. Berlin 1977.

Rauchfuß, Wolfgang 27. 11. 1931
Stellv. Vorsitzender des Ministerrats
Geb. in Grüna (Kr. Chemnitz), Vater Arbeiter; Volksschule; 1946 FDJ; 1946–49 Ausbildung u. Tätigkeit als Mechaniker; 1949/50 hauptamtl. Instrukteur des FDJ-Landesvorst. Berlin; 1951 SED, ab 1950 Außenhandelsfunktionär; 1952 Besuch der FS für Außenhandel, anschl. Verkaufsltr. im Dt. Innen- u. Außenhandel Feinmechanik/Optik, später Generaldir. von Polygraph-Export; 1958–63 Fernstudium an der HfÖ Berlin, Dipl.-Wirtsch.; 1961–65 stellv. Min. bzw. Staatssekr. im Min. für Außen- u. Innerdt. Handel, ab Dez. 1965 stellv. Vors. des Min.-Rats; ab 1967 Mitgl. des ZK der SED u. Abg. der Volkskammer; ab 1974 zusätzl. Min. für Materialwirtschaft; Ltr. der Zentralen Energiekommission beim Min.-Rat (Nachf. von Manfred Flegel) sowie des dt.-ungar. u. des dt.-jugoslaw. Wirtschaftskomitees; 1979 VVO in Gold; 7. 11. 1989 Rücktritt mit der Reg. Stoph* u. Nov./Dez. aus allen Ämtern ausgeschieden.

Rauls, Wolfgang 17. 6. 1948
NDPD-Politiker, Umweltminister
Geb. in Rohrsheim (Sa.-Anh.), Vater Transportarbeiter; Oberschule, Abitur (nach Vorkurs); 1970–73 Handwerkslehre, Elektromonteur; 1968 NDPD; 1973–69 hauptamtl. Arbeit in der NDPD auf Stadtbezirks- und Kreisebene; 1974–79 Fernstudium an der DASR Potsdam-Babelsberg, Dipl.-Staatswiss.; 1974–79 Stadtbezirkssekr. in Magdeburg u. Mitgl. des Kreisvorst. der NDPD; 1979–87 Stadtbezirksrat für Kultur in Magdeburg-Mitte; 1987/88 Sekr. des Bezirksvorst. Magdeburg, 1989/90 des Kreisverb. Magdeburg der NDPD; Jan./Febr. 1990 Präs. der Stadtverordnetenvers. Magdeburg; ab 11. 2. 1990 Vors. der NDPD (Nachf. von Wolfgang Glaeser*); nach dem kooperativen Beitritt der NDPD zum Bund Freier Demokraten am 28. 3. dessen Vizevors., nach der Vereinigung mit der F.D.P. im Aug. Mitgl. ihres Bundesvorst.

Mitarb. beim Aufbau der Landesreg. Sachsen-Anhalt; Nov. 1990–1994 Min. für Umwelt u. Naturschutz; Aug. 1991–1994 Stellv. des Min.-Präs. von Sachsen-Anhalt.

Rebling, Eberhard 4. 2. 1911
Pianist, Musikwissenschaftler, Rektor der Musikhochschule Berlin
Geb. in Berlin-Mariendorf, Vater Offz.; Realgymnasium, Abitur; während der Schulzeit Klavierunterricht bei Prof. Lydia Lenz; ab 1924 Konzerte als Solist; 1930–35 Studium der Musikwiss. an der Friedrich-Wilhelm-Univ. Berlin (bei Schering, Sachs, Hornborstel); Prom.; während des Studiums u. danach Auftritte mit Klavierkonzerten meist von zeitgenöss. Komponisten in zahlr. eur. Ländern; 1936 Emigration in die Niederlande; 1940–45 Teiln. am antifasch. Widerstandskampf in den Niederlanden; 1944 Verhaftung durch die Gestapo; Todesurteil, Flucht.
1946 KP der Niederlande; bereiste als Begleiter seiner Frau, der jüd. Sängerin Lin Jaldati, Europa u. Asien; 1952 Übersiedlung in die DDR; mit Lin Jaldati* verbreitete er das jidd. Lied in der DDR; 1952–59 Chefred. der Ztschr. »Musik u. Gesellschaft«; 1959–71 Prof. u. Rektor an der HS für Musik »Hanns Eisler« in Berlin (Nachf. von Georg Knepler*); 1960 SED; seit 1963 Mitgl. der Volkskammer; 1970 DAK, Mitgl. des Forschungsrats für musikal. Berufsausbildung beim Min. für Kultur; Mitgl. des Friedensrats u. des Präsidialrats des KB; 1972 VVO in Gold; 1986 KMO.
1991 Ende der Mitgliedschaft in der AdK.
Publ.: Balet, Leo; Gerhard, E. (Ps. von E. R.): Die Verbürgerlichung der dt. Kunst, Lit. und Musik im 18. Jh. Leiden 1935, Straßburg 1935, Dresden 1979; Ballett – Gestern u. heute. Berlin 1957; Tanz der Völker. Berlin 1972; Die Tanzkunst Indiens. Berlin 1981; Sag nie, du gehst den letzten Weg. Erinnerungen (Biogr., zus. mit Lin Jaldati). Berlin 1986.

Recknagel, Helmut 20. 3. 1937
Leistungssportler (Skispringen)
Geb. in Steinbach-Hallenberg (Thür.), Vater Zangenmacher; nach Abschluß der Volksschule 1951–53 Ausbildung zum Werkzeugmacher, danach tätig als Geselle in diesem Beruf, 1955–60 als Meßtechniker; 1955–64 Skispringer (Spezialspringer) beim SC Motor Zella-Mehlis; 1957 Sieger am Holmenkollen, 1958/59 Sieger der Vierschanzentournee, 1960 Olympiasieger u. Sieger am Holmenkollen, 1962 WM auf der Großschanze, 1957, 1958, 1960, 1961 und 1962 jeweils Sieger der Skiflugwoche; SED; 1961–63 Studium an der DHfK Leipzig, 1964 Abitur an der ABF Leipzig, anschl. bis 1970 Studium der Veterinärmedizin an der HU Berlin, danach Pflichtassistent in Berlin u. Frankfurt/Oder, 1971/72 Mitarb. am Staatl. Veterinärmed. Prüfungsinst. in Berlin, 1973–90 Hygienetierarzt und Fachtierarzt für tierärztl. Lebensmittelhygiene in Fürstenwalde; 1974 Prom. zum Dr. med. vet. an der HU Berlin; 1970–90 Mitgl. des NOK der DDR; lebt in Berlin.

Reed, Dean (Cyril)
22. 9. 1938–12. 6. 1986
Sänger, Schauspieler
Geb. in Denver, Colorado (USA); Vater Lehrer; Oberschule, Kadettenschule; mit 16 Jahren erste Kompositionen u. Auftritte als Sänger; Studium der Meteorol.; 1958 Schallplattenverträge in Hollywood; 1959 Schauspielunterricht bei Paton Price; 1961 erster Erfolg mit dem Song »Our Summer Romance«; Auftritte in Chile; 1962 offener Brief an eine chilen. Ztg. zur Einstellung der Kernwaffentests (erste pol. Aktivität); 1965 Übersiedlung nach Argentinien; Teiln. am Weltfriedenskongreß in Helsinki, Repressalien und Verhaftungen aufgrund progressiver Fernsehsendung; 1966 Übersiedlung nach Italien; erste Tournee in der Sowjetunion; 1970 Ehrengast bei der Amtseinführung des chilen. Präs. Salvador Allende; 1970 u. 1971 Teiln. an der Leipziger Dok.-Filmwoche.

1972 Übersiedlung in die DDR, Mitgl. des Weltfriedensrates (Kulturkommission); 1973 Teiln. an den Weltfestspielen der Jugend u. Studenten, Film »Aus dem Leben eines Taugenichts«; 1974 Film »Kit & Co.«; 1975 Film »Blutsbrüder«; Gastspiele u. Schallplatten in der UdSSR, ČSSR, Bulgarien, Polen, Ungarn u. der Mongolei; 1977 Besuch bei Yasser Arafat; 1978 in den USA zur Aufführung des Films »El Cantor«, Verhaftung wegen Beteiligung an einer Farmer-Demonstration; 1981 Ehe mit Renate Blume, Film »Sing, Cowboy, sing«; 1986 Drehbuch zu »Bloody Heart«; Juni 1986 Freitod, off. als »Unglücksfall« bezeichnet.

Sek.-Lit.: Bräuer, Hans-Dieter: Dean Reed erzählt aus seinem Leben. Berlin 1980.

Rehahn, Arne 29. 8. 1924–14. 10. 1975
Journalist
Geb. in Stuttgart, Vater Innenarchitekt, Mutter Lehrerin, pazifist. Elternhaus; 1935–42 Schadow-Reform-Realgymnasium in Berlin, Abitur; 1940–42 antifasch. Arbeit mit frz. Kriegsgefangenen in Berlin-Zehlendorf; Juni – Sept. 1942 RAD; Dez. 1942 freiwillig zur Luftwaffe, Ausbildung an versch. Flugzeugführerschulen; März 1945 mit einem Jagdflugzeug desertiert, März/Apr. 1945 Vernehmungslager der Royal Air Force in London, Apr. – Sept. 1945 Antifa-Lager Ascot bei London, Mitarb. der Kriegsgefangenensendungen der BBC.
1945 Rückkehr nach Dtl., Okt. – Dez. durch die brit. Besatzungsmacht Einsatz beim NWDR Hamburg, danach Übersiedlung in die SBZ; 1946 KPD/SED, VDP; Jan. – April 1946 Redaktionsvolontär bei der »Berliner Ztg.«, 1946–49 Red. u. Chefred. der Jugendztg. »Start« (zus. mit Hugo Hilb); Mai 1949 Red., später 2. stellv. Chefred. der Ztg. »Neues Dtl.«, Ltr. der pol.-ideolog. Red.; 1951–53 Einjahreslehrgang (Fernstudium) an der PHS »Karl Marx«; 17. 6. 1953 Aufenthalt in Polen; 1. 9. 1953 fristlos entlassen, weil den Vertrauensleuten von Rudolf Herrnstadt* zugerechnet; ab Sept. 1953 Ausschußmitgl., 1955–59 Ltr. der HA II (EVG- und Generalvertragspol., fasch. Org., bürgerl. Parteien u. Parlamente, Jugendfragen u. Sport) u. stellv. Dienststellenltr. im Aussch. für dt. Einheit; Red. des Schwarzbuchs »Verschwörung gegen Dtl.«; 1955–59 externes Studium am IfG; Okt./Nov. 1955 Mitarb. der Beobachterdelegation der DDR-Reg. bei der Genfer Außenmin.-Konferenz; Sonderaufgaben; 1959–65 Abt.-Ltr. im ZK der SED, Mitgl. der neugebildeten Westkommission beim PB, verantw. für den Bereich »Entlarvung des Charakters des Bonner Staates«; 1966 Abschluß an der FS für Journalistik; 1966–71 Mitarb. im Staatssekr. für westdt. Fragen, ab Jan. 1966 Mitgl. der Ltg. dieses Staatssekr., stellv. Staatssekr.; hier maßg. beteiligt an der Hrsg. der Schriftenreihe »Aus erster Hand«, die in der Bundesrep. Dtl. vertrieben wurde; 1968 VVO für »seinen Anteil an der Enthüllung der Kriegsvorbereitungen der westdt. Revanchisten u. Militaristen«; 1971–75 wiss. Mitarb., dann HA-Ltr. im IPW. Sein früher Herztod steht in unmittelbarem Zusammenhang mit seinen sich zuspitzenden Konflikten mit Hardlinern u. Opportunisten der SED; in der Fam.-Anzeige im »Neuen Dtl.« hieß es: »Er war ein lauterer Mensch, ein aufrechter Kommunist.«

Rehahn, Rosemarie, geb. Knop
22. 1. 1923
Journalistin
Geb. in Ortelsburg (Ostpr.), Vater Hotelier; Oberschule, Abitur; 1942–44 Studium der Germanistik, Geschichte, Kunstgeschichte u. Journalistik an den Univ. Breslau, Straßburg u. Prag.
1945–46 Mitarb. der »Dt. Volksztg.« (Zentralorgan der KPD), danach kurzzeitig Red. bei der Wochenztschr. »Frau von heute«; 1946 Mitbegr. u. bis 1949 stellv.

Chefred. der Jugendztg. »Start«; ab 1950 Kulturred. »Neues Deutschland« (ND), 1951 SED; 1953 im Kontext der Repressalien gegen Chefred. Rudolf Herrnstadt aus der ND-Red. entfernt; 1954–90 Filmkritikerin der Ztschr. »Wochenpost«, 1965–67 Fernstud. an der journ. Fakultät der KMU Leipzig, 1967 Anerkennungsdipl. der FS für Journalistik Leipzig, seit Gründung Mitgl. des VDJ u. seit 1955 des Verb. der Film- u. Fernsehschaffenden. Nach 1990 freie Mitarbeiterin der Red. der »Wochenpost«.

Reher, Lothar 29. 6. 1932
Buchgestalter, Fotograf
Geb. in Marienburg; 1947–51 Lehre als Schriftsetzer mit Meisterabschluß; 1951–78 Buchgestalter, ab 1962 künstler. Ltr. des Verlags Volk u. Welt, Berlin; seit 1978 freischaff.; 1986 Mitgl. der AdK; seit 1966 Gesamtgestaltung der Buchreihen »Spektrum« u. »Lyrik-Reihe« des Verlags Volk u. Welt, 1983 Neugestaltung von Reclams Universalbibl., Gestaltung zahlr. Einzeltitel; Autor von Fotobüchern, u. a. »Die Straße der Kinder«. Berlin 1960, »Erlebte Landschaft. Bilder aus Mecklenburg«. Rostock 1979.

Reich, Jens 26. 3. 1939
Bürgerrechtler
Geb. in Göttingen, aufgewachsen in Halberstadt, Vater Arzt, Mutter Heilgymnastin; 1956–62 Medizinstudium an der HU Berlin, anschl. Arzt in Halberstadt u. Umgebung, 1964–68 Wissenschaftler an der FSU Jena, seit 1968 am ZI für Molekularbiologie der AdW in Berlin-Buch (ZIM); seit 1969/70 Teiln. am »Freitagskr.« mit Guntolf Herzberg*, seit 1968 unveröff. Essays; 1974/75 u. 1979/80 längere Arbeitsaufenthalte am Inst. für Biophysik in Puschtschino bei Moskau, 1980 Prof. für Biomathematik, zeitw. Abt.-Ltr. im ZIM, 1984 Rückstufung zum wiss. Mitarb. wegen der Weigerung, Kontakt zu Bundesbürgern abzubrechen; seit 1985 Mitarb. in opp. Kr., Auftritte in der Gethsemanekirche und Teiln. an Veranstaltungen in der Umweltbibliothek in Berlin, Mitarb. im Kr. »Ärzte in sozialer Verantwortung«; 1988 Artikelserie in »Lettre Intern.« (Ps.: Thomas Asperger); Sept. 1989 Koautor des Aufrufs »Aufbruch 89 – Neues Forum«, März – Okt. 1990 Volkskammerabg. des Neuen Forum in der Fraktion Bündnis 90/Grüne.
Okt. – Dez. 1990 MdB; 1990–92 Vors. der ostdt. Sekt. der IPPNW »Ärzte in sozialer Verantwortung«; Mai 1994 unabhängiger Kand. zur Wahl des Bundespräs.; seit 1990 Veröff. zahlr. Arbeiten u. Essays.
Publ.: Rückkehr nach Europa. München, Wien 1991; Abschied von den Lebenslügen. Berlin 1992; J. R. im Gespräch mit Mathias Greffrath u. Konrad Adam. München, Wien 1994.

Reich, Konrad 29. 6. 1928
Verleger, Publizist
Geb. in Magdeburg, Vater Angestellter; Besuch der Buchhändlerlehranstalt Leipzig u. der Abenduniv. der SED; danach Buch- u. Musikalienhändler, Antiquar; externes Studium der Germanistik an der Univ. Rostock, Buchhandelsleiter; 1959–77 Ltr. des Hinstorff Verlags Rostock; unter seiner Ltg. Entw. zu einem maßg. belletrist. Verlag, Ausscheiden auf eigenen Wunsch nach öffentl. Angriffen des Bez.-Sekr. der SED, Harry Tisch*, im Zusammenhang mit den Protesten von Hinstorff-Autoren gegen die Biermann-Ausbürgerung; lt. Angaben des Hrsg. der Briefe von Franz Fühmann* war R. als IME »Hans-Peter« für das MfS tätig; 1977–90 freier Schriftst., Autor einer Ehm-Welk-Biogr. und Hrsg. mecklenburg. u. maritimer Anthol. u. Reportagen.
1990–94 Inhaber des Konrad-Reich-Verlags Rostock u. mehrerer Buchhandlungen in Mecklenburg-Vorpommern.

Reichardt, Hans 2. 4. 1908–4. 4. 1991
Mathematiker
Geb. in Altenburg; 1926–34 Studium der Mathematik u. Physik in Jena, Königsberg, Berlin (u. a. bei Issai Schur), Hamburg u. Marburg, 1932 Prom. mit einer Arbeit auf dem Gebiet der Algebra bei H. Hasse in Marburg, hier 1934 Staatsexamen; Assistent an der Univ. Frankfurt/Main, 1935 an der Univ. Jena, 1937 an der Univ. Leipzig, 1939 hier Habil. u. Doz.; ab 1943 wiss. Mitarb. bei der Telefunken AG in Berlin.
Als Spezialist nach dem Krieg zu Reparationsarbeiten herangezogen, 1946–52 in der UdSSR an der Raketenentw. beteiligt; 1952 Rückkehr, Prof. u. Dir. des I. Mathemat. Inst. an der HU Berlin; ab 1959 Ltr. der Forschungsgruppe Zahlentheorie u. zeitw. im Direktorat des Inst. für reine Mathematik der DAW; 1960 NP, 1961 VVO; 1962 Korr. u. 1964 Ord. Mitgl. der DAW; Mitgl. der Dt. Akad. der Naturforscher Leopoldina Halle.
Arbeitsgebiete: Algebra, bes. Theorie der algebraischen Zahlen u. Funktionen; Differentialgeometrie; Geschichte der Mathematik; Autor, Hrsg. und Red. zahlr. Publ.; ab 1961/62 Mitinitiator der math. Schülerolympiaden u. 1965 mit Heinrich Grell* der Gründung der Spezialschule für Mathematik u. Physik »Heinrich Hertz« in Berlin.

Reiche, Steffen 27. 6. 1960
Gründungsmitglied der SDP
Geb. in Potsdam; EOS, 1979 Abitur; Arbeit als Tischler; Studium der Theol. im Sprachenkonvikt Berlin; Verweigerung des Wehrdiensts; 1988–90 Pfarrer in Christneudorf (Mark Brandenburg); 7. 10. 1989 Gründungsmitgl. der SDP in Schwante (b. Oranienburg), Jan. 1990 Mitgl. des PV der SPD (DDR); März – Okt. Abg. der Volkskammer; Mai 1990 Wahl zum Landesvors. auf dem Gründungsparteitag des SPD-Landesverb. Brandenburg.
Seit Okt. 1990 Abg. des Brandenburg. Landtags; seit 1994 dort Min. für Wiss..

Reichelt, Hans 30. 3. 1925
Stellv. Vorsitzender des Ministerrats, Minister für Land- und Forstwirtschaft
Geb. in Proskau (Kr. Oppeln, Oberschles.), Mutter Hausnäherin; Volksschule und Oberschule; 20. 4. 1943 NSDAP (Anwärter); 1943 RAD; 1943–45 Wehrmacht, zuletzt Leutnant, ab 1945 sowj. Gefangenschaft; Antifa-Schule.
1949 Rückkehr nach Dtl.; DBD, Ltr. der HA Org. im PV, seit 1950 Mitgl. des PV u. des Sekr., 1955 des Präs. des PV der DBD; 1950 – März 1990 Abg. der Volkskammer, u. a. 1971–76 stellv. Vors. des Geschäftsordnungsaussch.; 1953 kurzzeitig Min. für Land- u. Forstwirtschaft (Nachf. von Wilhelm Schröder), dann Besuch der Zentralschule für Agrarpol. des ZK der SED in Schwerin; 1954 Staatssekr. im Min. für Land- u. Forstwirtschaft; 1955–63 erneut Min. für Land- u. Forstwirtschaft (Nachf. von Paul Scholz*), stellv. Vors. des Zentralen Beirats für LPG beim Min.-Rat; 1956 Mitschurin-Medaille (UdSSR); 1959 Mitgl. des ZV der VdgB (BHG); 1963/64 Hochschulstudium, Dipl.-Wirtsch.; 1963–67 stellv. Vors. des Landwirtschaftsrats u. Min., 1966–72 Stellv. des Vors. des Landwirtschaftsrats bzw. Rats für landw. Produktion u. Nahrungsgüterwirtschaft u. Vors. des Staatl. Komitees für Melioration beim Landwirtschaftsrat, 1971/72 stellv. Min. für Land-, Forst- und Nahrungsgüterwirtschaft; 1972 Prom. an der HfÖ mit einer Diss. zur Rolle des Meliorationswesens; VVO in Gold; Vizepräs. des KB; VVO in Gold; März 1972 – Nov. 1989 Stellv. des Vors. des Min.-Rats u. Min. für Umweltschutz u. Wasserwirtschaft (Nachf. von Werner Titel*), Vors. der DDR-Sekt. des Wirtschaftausssch. DDR – Mongolei u. KVDR sowie des Komitees für wirtschaftl. Zusammenarbeit

DDR – Kuwait; 1973 Roter Arbeitsbannerorden (Mong.); 1982 stellv. Vors. der DBD; 18. 11. 1989–11. 1. 1990 Min. für Naturschutz, Umweltschutz u. Wasserwirtschaft in der Reg. Modrow*; Dez. 1989 als Mitgl. des Präs. u. stellv. Vors. der DBD zurückgetreten, kandidierte auf dem ao. Parteitag am 27. / 28. 1. 1990 nicht mehr für den neuen PV u. beteiligte sich nachfolgend nicht an der Fusion von DBD u. CDU, parteilos; 1990 Altersrentner; 1994 Vors. der Ges. zur rechtl. u. humanitären Unterstützung (in den neuen Bundesländern).
Publ.: Die Landwirtschaft in der ehemaligen DDR (Berichte über Landw., Bd. 70). Hamburg,Berlin 1992.
Sek.-Lit.: Klemm, Volker: Korruption u. Amtsmißbrauch in der DDR. Stuttgart 1991 (Anhörung von H. R. durch den Untersuchungsaussch. der Volkskammer am 18. 1. 1990).

Reichenbach, Erwin
1. 8. 1897–24. 1. 1973
Zahnmediziner, Vizepräsident der Leopoldina
Geb. in Augsburg, Vater Landgerichtsrat; Volksschule, dann humanist. Gymnasium, 1916 Reifeprüfung; 1916–18 Sanitätskompanie, 1919 Entlassung aus dem Heeresdienst; 1919–21 Studium der Zahnheilkunde an der Univ. München, 1921 zahnärztl. Staatsexamen u. Approbation; 1921 Prom.; 1921–24 Assistent; 1924 Vollassistent an der prothet.-orthodont. Abt., 1929 1. ord. Assistent der Aufnahmeabt. des zahnärztl. Inst. an der Univ. München; 1927–29 Studium der Medizin, 1929 med. Staatsexamen u. 1930 Approbation, 1929 Oberarzt, 1930 med. Prom.; 1930 Habil. u. Lehrberechtigung als Priv.-Doz.; 1935 ao. Prof. an der Univ. München; 1936 ord. Prof. an der Univ. Leipzig u. Dir. der Abt. für vorklin. u. klin. Prothetik u. zahnärztl. Orthopädie; 1939–42 im Sanitätsdienst an der Front u. zeitw. an der Univ. Leipzig, 1943–45 Kieferchirurg in Fachlazaretten, 1944 schwere Verwundung.
Mai 1945 in Leipzig entlassen, ab Nov. 1945 wieder als Arzt im Notdienstverhältnis beschäftigt; 1947 ord. Prof. für Zahnheilkunde u. Dir. der Klinik für Zahn-, Mund- u. Kieferkrankheiten an der Univ. Halle; Ende 1961 beurlaubt, 1962 zwangsweise emeritiert u. von der Funktion als Senatsmitgl. der Akad. für ärztl. Fortbildung entbunden nach Auseinandersetzung mit DDR-Regierungsstellen im Zusammenhang mit seinem Wirken als Vors. der Med.-Wiss. Ges. für Zahn-, Mund- u. Kieferheilkunde an der Univ. Halle; 1964 Wiederaufnahme einer Tätigkeit an der Univ. Halle; 1950 Mitgl., seit 1954 Vizepräs. der Dt. Akad. der Naturforscher Leopoldina; 1961 Mitgl. der AdW; 1956 NP.
Hrsg. der Ztschr. »Dt. Zahn-, Mund- u. Kieferheilkunde«.
Arbeitsgebiete: Kiefer- u. Gesichtschirurgie, Kieferorthopädie, zahnärztl. Prothetik.
Sek.-Lit: Hübner, G.; Müller, M.: Leben u. wiss. Werk E. R. Diss. Univ. Halle 1990; Bibliogr. von E. R. Leipzig 1972.

Reichenbach, Klaus 22. 9. 1945
Minister im Amt des Ministerpräsidenten
Geb. in Altenburg; EOS, Abitur, Ausbildung zum Maschinenbauer; ab 1965 Studium der Ingenieursök. an der Textil-FS Reichenbach, Ingenieur für Textiltechnik, Fernstudium der Staats- u. Rechtswiss., 1980 Dipl.-Staatswiss. und 1986 Dipl.-Jur.; 1969 Geschäftsführer der Firma Hermann Reichenbach KG Hartmannsdorf (b. Chemnitz); 1969 CDU; ab 1985 Betriebsltr. bzw. -Dir. des VEB Feinstrickwaren »Goldfasan« Burgstädt u. a. volkseigener Textilbetriebe; 1974 Vors. des CDU-Kreisverb. Karl-Marx-Stadt (Land) u. stellv. Vors. des Kreisaussch. der NF; ab 1987 Mitgl. des CDU-Hauptvorst., 1988–90 Vors. des CDU-

Bezirksverb. Karl-Marx-Stadt, März 1990 Vors. des CDU-Landesverb. Sachsen; März – Okt. Abg. der Volkskammer; Apr. – Okt. Min. im Amt des Min.-Präs.
2. 10. 1990 Mitgl. des Präs. der CDU Dtl.; seit Okt. 1990 Abg. des Dt. Bundestags; 14. 9. 1991 Rücktritt vom Amt als sächs. CDU-Landesvors.

Reichert, Rudi 17. 11. 1922
Präsident des Deutschen Turn- u. Sportbunds
Geb. in Güstin (Rügen), Vater Landarbeiter; Volksschule auf Rügen, 1937–41 Ausbildung zum Metallarbeiter u. Flugzeugbauer in Leipzig u. Lübeck; anschl. Kriegsteilnehmer, zuletzt Uffz. der Luftwaffe.
1945/46 KPD/SED; 1946–48 Kreisvors. der FDJ Neustrelitz u. Kaderreferent der FDJ-Landesltg. Mecklenburg; 1948–50 Vors. des Landessportaussch. Mecklenburg, 1950–52 Sekr. u. 1952–57 Ltr. des Sportaussch. der DDR; 1950–57 Präs. des Dt. Seglerverb.; 1951 Mitgl. des NOK; 1952 Mitgl. des Staatl. Komitees für Körperkultur und Sport; 1955–63 Mitgl. des FDJ-ZR; 1957 Mitgl. des Präs. des NR der NF; 1957–61 erster Präs. des DTSB, anschl. bis 1966 Vizepräs. u. danach bis 1989 Mitgl. des DTSB-Bundesvorst.; 1958–63 Mitgl. des ZK der SED und Volkskammerabg.; 1966–74 DTSB-Bezirksvors. in Karl-Marx-Stadt; ab 1970 Vizepräs. für Eisschnellauf des Eislaufverb.; 1974–90 Dir. der Sportschule Warnemünde; 1990 Ruhestand.

Reimann, Brigitte
21. 7. 1933–20. 2. 1973
Schriftstellerin
Geb. in Burg b. Magdeburg, Vater Journalist; Oberschule, 1951 Abitur; anschl. Lehrerin, später in versch. Berufen tätig; 1956 erste Erzählung »Die Frau am Pranger«, Mitgl. des DSV; 1960 Umzug nach Hoyerswerda; ihre Erzählung »Ankunft im Alltag« (1961) reflektiert Alltagskonflikte der DDR-Gesellschaft u. gilt als Prototyp der sog. Ankunftslit.; 1963 Mitgl. des Vorst. des DSV; 1964 Sibirienreise in einer Delegation des ZR der FDJ; 1968 Umzug nach Neubrandenburg; gest. in Berlin; 1974 erschien postum u. unvollendet ihr Roman »Franziska Linkerhand«, eines der wichtigsten gesellschaftskritischen Erzählwerke der 70er Jahre.
Publ.: B. R. in ihren Briefen u. Tagebüchern. Eine Auswahl (Hrsg. E. Elten-Krause u. W. Lewerenz). Berlin 1983; Sei gegrüßt u. lebe. Briefwechsel mit Christa Wolf* (Hrsg. A. Drescher). Berlin 1993; B. R. – Henselmann*, Hermann*: Briefwechsel. Berlin 1994.
Sek.-Lit.: Krause, Barbara: Gefesselte Rebellin. B. R. – Biograph. Roman. Berlin 1994.

Reinelt, Joachim 21. 10. 1936
Katholischer Bischof
Geb. in Neurode (Thür.); Studium der Theol. in Erfurt u. Neuzelle, 1961 Priesterweihe in Bautzen, 1961–64 Kaplan in Gera u. Freiberg (Sa.), 1964 Pfarradjutor in Ebersbach (Sa.), 1966 Kaplan in Dresden, 1970 Pfarradministrator in Freiberg; 1974–86 Pfarrer in Altenburg, 1980 Dekan; 1986 Ordinariatsrat in Dresden, Diözesancaritasdir. des Bistums Dresden-Meißen; Febr. 1988 Bischof der Diözese Dresden-Meißen.

Reingruber, Hans
30. 4. 1888–14. 1. 1964
Verkehrsminister
Geb. in Wuppertal; Gymnasium; Studium des Bauingenieurwesens u. a. an der TH Hannover, Prom. zum Dr.-Ing.; 1916–33 Ministerialrat im Reichsverkehrsmin.; 1933 Verweigerung der NSDAP u. ihren Gliederungen oder Verbänden beizutreten; 1934–45 Prof. für Eisenbahn- u. Verkehrswesen an der TH Dresden.

1945 KB, 1946 Stadtverordneter in Dresden (parteilos, SED-Liste), Vors. des Bau- u. Verkehrsaussch., Mitgl. im Ratsaussch. für den Wiederaufbau der Stadt; 1946–50 für den KB Abg. des Sächs. Landtags; 1946/47 Dekan der Fak. für Bauwesen, 1947/48 Prorektor u. Dekan der Fak. für Verkehrswesen der TH Dresden; Wiss. Sekr. u. Mitgl. des Gelehrten Rats für Wiss., Forschung u. Lehre der Dt. Zentralverwaltung für Volksbildung; 1948/49 Ltr. der HV Verkehr der DWK; Mitgl. des Dt. Volksrats, 1949/50 Mitgl. der Prov. Volkskammer; 1949–53 Min. für Verkehr (parteilos), aus Gesundheitsgründen abberufen; 1953 Dr.-Ing. h.c. der HS für Verkehrswesen Dresden; 1953–64 Prof. für Eisenbahn- u. Verkehrswesen der Fak. für Verkehrswesen an der TH bzw. TU Dresden.

Reinhold, Johannes
15. 6. 1897–22. 8. 1971
Gartenbauwissenschaftler
Geb. in Zoppot (b. Danzig), Vater Buchdrucker; Realgymnasium, 1914–16 Gärtnerlehre; 1916–19 Militärdienst; 1919–22 Studium an der Höheren Gärtnerlehranstalt in Berlin-Dahlem und 1921–24 an der Landw. HS Berlin, 1926–28 Landw.-Studium an den Univ. Kiel und Königsberg, Dipl.-Landwirt, Prom. zum Dr. phil. mit einer Diss. zur Wertabschätzung der Obstbäume; 1922–37 Angestellter der Lehr- u. Forschungsanstalt für Gartenbau in Berlin-Dahlem, ab 1925 mit der Ltg. des Versuchsfelds für Gemüsebau in Großbeeren beauftragt; 1930 Privatdoz. für Gemüsebau u. Gärtner. Betriebslehre an der Landw. HS Berlin sowie Studienrat an der o. g. Anstalt in Berlin-Dahlem, 1932 Habil. mit einer Arbeit zur gärtner. Siedlung in Dtl.; 1937–Nov. 1945 Dir. der sächs. Versuchs- u. Forschungsanstalt für Gartenbau in Pillnitz, Mitarbeiter im Forschungsrat des Reichsnährstands; 1938–45 ao. Prof. an der Landw.-Gärtner. Fak. der Univ. Berlin; 1941 NSDAP.
1946 SED; 1946–50 Abt.-Ltr. an der o. g. Forschungsanstalt in Pillnitz, 1952–55 kommissar. Dir.; 1950–64 Dir. des Inst. für Gemüsebau Großbeeren der DAL; ab 1950 Prof. mit Lehrstuhl an der HU Berlin, 1958–60 Dekan der Landw.-Gärtner. Fak., bis 1962 Dir. des Universitätsinstituts für Gemüsebau; 1952 ord. Mitgl. der DAL, Sekretar der Sekt. Gemüse-, Obst- u. Zierpflanzenbau; 1961 NP; 1963 Dr. h.c. der Gartenbau-Univ. Budapest; 1964 em.
R. brachte den wiss. Höchststand der Vorkriegszeit in die weitere Entw. von Gemüsebau sowie die gartenbaul. Lehre u. Forschung ein; Mitarb. in zahlr. Gremien, so in der Forschungsgemeinschaft Gemüse des DDR-Forschungsrats u. der Agrarkommission beim PB des ZK der SED; mehr als 450 Publ., u. a.: Der Garten. Handbuch des Kleingartenbaues, 7. Aufl. 1958; Begründer u. Hrsg. der Ztschr. »Der deutsche Gartenbau«; Chefred. des Archivs für Gartenbau (1953–65).

Reinhold, Otto 8. 12. 1925
Wirtschaftswissenschaftler, Rektor d. Akademie f. Gesellschaftswissenschaften
Geb. in Altrohlau (Karlsbad, ČSR), Vater Porzellanmaler; Ausbildung zum Mechaniker; 1945/46 KPD/SED; 1946–50 Studium der Wirtschaftswiss. an der FSU Jena u. der Univ. Berlin; 1950–53 Red. der SED-Ztschr. »Einheit«, zugl. 1951 Prof. für pol. Ök. an der HU Berlin; 1953 Ltr. des Lehrstuhls Pol. Ök. der PHS; 1956 stellv. Ltr. der Abt. Propaganda des ZK der SED; 1961 stellv. u. 1962 Dir. des IfG bzw. Rektor der AfG; 1967–89 Mitgl. des ZK der SED; 1969 ord. Mitgl. der DAW; 1974 VVO in Gold; 1976 auswärtiges Mitgl. der AdW der UdSSR; 1984 Dr. h.c. (HfÖ); 25. Nov. 1989 Rücktritt als Rektor der AfG.

Wiss. Arbeiten u. Lehre zu Fragen der pol. Ök. des Soz. u. Kap., Kritik der bürgerl. Ideol. u. Propagierung der Theorie der »entw. soz. Ges.«
Publ.: Die Akkumulation des Kapitals u. die Verelendung der Arbeiterklasse im Kapitalismus. Berlin 1957; Die Gestaltung unserer Ges. Berlin 1986.

Reinhold, Wolfgang 16. 4. 1923
Chef der Luftstreitkräfte/Luftverteidigung
Geb. in Friedrichshagen (b. Berlin), Vater Arbeiter; Volksschule, 1938–40 kaufm. Lehre, anschl. Bankangestellter; 1941 Luftwaffe, Uffz. in einem Schlachtgeschwader; 1945 sowj. Gefangenschaft, Antifa-Gebiets- u. -Zentralschule, Mitgl. eines Lageraktivs.
1949 Rückkehr nach Dtl.; Hilfsdreher u. Stanzer im VEB Pentacon in Dresden, dann Lehrer u. Ltr. einer Landesjugendschule sowie Mitarb. des ZR der FDJ; 1950 SED; 1952–54 bei der VP-Luft/Aeroklubs Kdr. einer Fliegereinheit in Cottbus, Major; 1954–57 Kdr. der Fliegerdiv. in Drewitz; 1957/58 sowj. Militärakad. der Luftstreitkräfte; 1958–60 Ltr. der Abt. Ausbildung im Kdo. Luftstreitkräfte/Luftverteidigung (LSK/LV), Oberst; 1960–65 Stellv. des Chefs LSK/LV, Gen.-Major; 1965–67 sowj. Generalstabsakad., Dipl. rer. mil.; 1967–72 Stellv. des Chefs LSK/LV u. Chef des Stabs; ab 1972 Stellv. des Min. u. Chef LSK/LV (Nachf. von Herbert Scheibe*), 1974 Gen.-Ltn., 1979 Gen.-Oberst; 1981–89 Kand. des ZK der SED; 1989/90 überprüft durch den NVA-Aussch. zur Untersuchung von Amtsmißbrauch, Korruption u. persönl. Bereicherung, keine strafrechtl. Konsequenzen; Jan. 1990 Ruhestand.

Reinisch, Rica, verh. Neumann
6. 4. 1965
Leistungssportlerin (Schwimmen)
Geb. in Seifhennersdorf (Lausitz), 1976 Beginn mit dem aktiven Schwimmsport, Mitgl. des SC Einheit Dresden (Trainer: Uwe Neumann); 1980 dreifache Olympiasiegerin (100 m u. 200 m Rücken, 4x100-m-Lagenstaffel); 1982 vorzeitiger Abbruch der sportl. Laufbahn aufgrund von Krankheiten u. Verletzungen.
Nach 1989 Übersiedlung nach Koblenz, 1991 Versuch eines Comebacks in Vorbereitung auf die Olymp. Spiele 1992 beim SSV Rhenania Köln; 1994 öffentl. Bekenntnis der Einnahme von Dopingmitteln während der aktiven Laufbahn.

Reisch, Günter 24. 11. 1927
Filmregisseur
Geb. in Berlin, Vater Bäcker; 1943–45 Kriegsdienst; danach Abitur; Gründung eines Kulturensembles der Antifa-Jugend in Potsdam; 1947 Aufnahme in das Nachwuchsstudio der DEFA in Babelsberg; 1948 Regieassistent von Günther Lamprecht, 1949–58 von Kurt Maetzig* (u. a. 1953–55 bei »Ernst Thälmann – Sohn seiner Klasse/Führer seiner Klasse«, 1958 »Das Lied der Matrosen«); 1956 Regiedebüt mit »Junges Gemüse«; ab 1958 Theaterarbeit in Rostock, u. a. Inszenierung von »Krieg u. Frieden« nach Tolstoi; 1959 NP 2. Kl. im Kollektiv, 1961 NP 1. Kl. im Kollektiv; seit 1965 wieder Filmregie, u. a. »Solange Leben in mir ist«, dafür 1966 NP 2. Kl.; 1967–88 Vizepräs. des Verb. der Film- u. Fernsehschaffenden; weitere Filme: 1971 »Trotz alledem!«, 1974 »Wolz, Leben u. Verklärung eines dt. Anarchisten«, 1978 »Anton der Zauberer«, 1980 »Die Verlobte« (gemeinsam mit Günter Rücker*), dafür 1980 NP 1. Kl. im Kollektiv; 1983–91 AdK; Mitgl. der SED; seit 1989 Ruhestand.

Reißig, Rolf 28. 9. 1940
Gesellschaftswissenschaftler
Geb. in Gelenau (Erzgeb.), Vater Maschinenschlosser, Mutter Strumpfnäherin; 1958 Lehrabschluß als Werkzeugschlosser u. Reifeprüfung, SED; 1958–62 Stu-

dium der Philos. u. Geschichte an der KMU Leipzig, anschl. bis 1964 Assistent an der MLU Halle, ab 1967 Aspirant am Franz-Mehring-Inst. Leipzig, 1968 dort Prom. mit einer Arbeit über die Funktion von Gewerkschaften in westl. Industrieges.; 1970 Doz. an der Sekt. Philos./ Wiss. Soz. der KMU Leipzig, Aufbau u. bis 1978 Ltg. eines Lehrstuhls für soziale Bew., 1977 im Zusammenhang mit einer Diss.-Betreuung Parteiverfahren wegen »abweichender«, »anarcho-syndikalist.« Positionen; 1978–89 am Inst. für Wiss. Soz. der AfG beim ZK der SED, 1980 Habil. mit einer Arbeit zu Arbeiter- u. sozialen Bewegungen in westl. Ges., 1981 ord. Prof. der AfG, seit 1982 tätig auf dem Gebiet der Friedensforschung (sein Buch »Aufstehen für den Frieden. Friedensbew. heute«, Berlin 1982, wurde nach Erscheinen auf Veranlassung Kurt Hagers* eingestampft), ab 1985 Ltr. des Inst., Mithrsg. des Lehrbuchs »Wiss. Soz.«; Teiln. an gemeinsamen Kolloquien der AfG u. der Grundwertekommission der SPD, für die DDR-Seite maßg. Mitautor des Positionspapiers »Der Streit der Ideologien u. die gemeinsame Sicherheit« (1987), nach Darstellung seiner Position zu Dialogfähigkeit u. Wettbewerb der Systeme sowie zu Demokratie u. Menschenrechten bei Veranstaltungen der Friedrich-Ebert-Stiftung in Freudenberg u. des Aspen-Inst. in Berlin (West) 1987/88 heftige Kritik durch Mitgl. des PB des ZK der SED; Ende 1987 maßg. beteiligt an der Bildung einer ostwestdt. Arbeitsgruppe zu Problemen des Systemvergleichs, galt seitdem unter westl. Kollegen als »krit. Reformer«; 1987/88 Bemühungen um eine Umprofilierung des Inst. für Wiss. Soz. zu einem politikwiss. Inst., 1988 Ausarbeitung einer Konzeption zum Aufbau der Disziplin Politikwiss. in der DDR, Ablehnung durch die SED-ZK-Abt. Wiss. mit der Begründung, daß die »DDR keine gesonderte Politikwiss. benötigt«; Herbst 1989 amt. Rektor der AfG; 1989/90 Mitbegr. der Ges. für Politikwiss. in der DDR (Auflösung im Kontext der dt. Vereinigung), März 1990 Umberufung zum Prof. für Pol.-Wiss.; Mitbegr. u. seit März 1990 gewählter Ltr. des Berliner Inst. für sozialwiss. Studien, Mithrsg. der Ztschr. »BISS public«.
Forschungsthemen seit 1990: Herrschaftssystem im Staatssoz., Probleme der Transformation der ostdt. Ges. u. der Integration der dt. Teilges.
Publ.: Aufstehen für den Frieden. Berlin 1982; Arbeiterbew. u. demokr. Alternative. Berlin 1986; Das Ende eines Experiments (mit G.-J. Glaeßner). Berlin 1991; Rückweg in die Zukunft (Hrsg.). Frankfurt/M., New York 1993.

Renft, Klaus (eigtl. Klaus Jentzsch)
30. 6. 1942
Rockmusiker
Geb. in Jena; 1957 Gründung des Klaus-Renft-Quartetts, ab 1961 Klaus-Renft-Quintett, 1963–65 Ltr. der Butlers, 1969 Klaus Renft Progressiv; ab 1971 Ltr. der Klaus-Renft-Combo (später: Renft), Besetzung: Thomas »Monster« Schoppe (Ges., Git.), Peter »Cäsar« Gläser* (Ges., Git.), Christian »Kuno« Kunert (Ges., Keyboards), Klaus Renft (Baßgit.), Peter »Pjoter« Kschentz (Ges., Flöte, Sax.), Jochen Hohl (Schlagzeug); enge Zusammenarbeit mit dem Liedermacher Gerulf Pannach* (Texte, gem. Auftr.); erste Erfolgstitel: »Wer die Rose ehrt« (Gläser/ Demmler*), »Zwischen Liebe u. Zorn« (Gläser/Pannach); 1972 »Cäsars Blues« (Gläser/Pannach); 1973 Goldmedaille bei der III. Leistungsschau der Unterhaltungskunst; »Ketten werden knapper« (Lied zu den X. Weltfestspielen in Berlin), »Chilen. Metall« (Kunert/Demmler) – nach dem Militärputsch in Chile, LP »Klaus-Renft-Combo«; 1973/74 Musik für den DEFA-Film »Für die Liebe noch zu mager«; 1974 LP »Renft«; 1975 »Rockballade vom kleinen Otto« (Schop-

pe/Pannach) – letzter Anlaß zum Verbot in der DDR (22.9.1975), »weil die Texte mit unserer soz. Wirklichkeit nicht das geringste zu tun haben«; bereits produzierte dritte LP erschien nicht. R. wurde gedrängt, einen Ausreiseantrag zu stellen; 1975 Ausreise nach Berlin (West).
1975–81 beim Rias; 1980 LP »Rock aus Leipzig«; 1981–89 Tonmeister beim Renaissance-Theater in Berlin; ab Mai/Juni 1990 wieder Tourneen von Renft, jedoch ohne Gläser u. Kunert (LP »Renft Live 1990«); Neuaufl. der Renft-LP bei Dt. Schallpl. GmbH (Rock aus Dtl., Vol. 3 u. 4); 1993 CD »Zwischen Liebe u. Zorn«; 1994 CD »Das Erbe – Wer die Rose ehrt«; auch Maler (zahlr. Ausstellungen).

Renn, Ludwig (Ps. von Arnold Friedrich Vieth von Golßenau; Ps. u.a. Antonio Poveda, Harald J. White)
22.4.1889–21.7.1979
Schriftsteller
Geb. in Dresden, Vater Prof. u. Prinzenerzieher; nach dem Abitur 1910 Offizierslaufbahn, 1911 Ltn., zu Beginn des 1. Weltkriegs Regimentsadjutant, schied 1920 als Hptm. aus der Armee aus; studierte 1920–23 u. 1926/27 Russisch, Jura, Nationalök., Kunstgeschichte u. Geschichte in Göttingen u. München; dazwischen im Kunsthandel tätig u. Reisen durch Dtl. u.a. Länder; 1928 KPD u. RFB; 1928–32 Sekr. des Bundes Proletar.-Rev. Schriftst., Mitarb. an Ztschr.; 1933–35 Haft, 1936 Emigration; 1936/37 Thälmann-Bat., 11. Intern. Brigade im Span. Bürgerkrieg, 1939 in Frankreich interniert; 1939–47 Mexiko, hier Präs. der Bew. Freies Dtl.
1947 Heimkehr, Prof. für Anthropol. in Dresden, 1947 Schriftstellerverb.; 1948 Vors. des KB in Sachsen, 1949 Dr. h.c.; ab 1952 freischaff. Schriftst. in Berlin; 1952 Mitgl. u. später Ehrenpräs. der DAK.
Gilt als Mitbegr. der proletar.-rev. dt. Lit. u. führender Repräsentant der DDR-Lit. Verschiedene Preise (1955 u. 1961 NP); v.a. Romane (auch autobiogr.), Jugend- u. Reisebücher, Reportagen, Erzählungen, Lyrik, auch Übersetzungen.
Werke: Adel im Untergang... 1944; Trini... 1954; Der Neger Nobi... 1955; Im spanischen Krieg... 1955; Krieg ohne Schlacht... 1957; Meine Kindheit u. Jugend... 1957; In Mexiko... 1979; Ges. Werke in Einzelausg., 10 Bde. 1964–70; Anstöße in meinem Leben... 1980.

Rennert, Jürgen 12.3.1943
Schriftsteller
Geb. in Berlin-Neukölln, Vater Gebrauchswerber, Mutter Kontoristin; aufgewachsen bei der Großmutter in Berlin (West); 1953 Übersiedlung zu den Eltern in die DDR; 1959–62 Schriftsetzerlehre, dann Hilfspfleger in einem Krankenhaus; 1964–75 Werbetexter u. Red. im Verlag Volk u. Welt, dazwischen 1966/67 Wehrersatzdienst als Bausoldat; 1974–90 Mitgl. des SV; 1975–90 freischaff. Schriftst. in Berlin; 1979 Heinrich-Heine-Preis; 1980 Mitgl. des PEN-Zentrums DDR.
Seit 1990 Sachbearbeiter im Kunstdienst der Ev. Kirche Berlin; 1991 Ehrengabe der Dt. Schillerstiftung Weimar.
1963 erste Veröff. in der Ztschr. »Neue Dt. Lit.«; 1966 Beiträge in der eingestampften Ausgabe der »Neuen Texte 6«; 1968 Beitrag in der nach Drucklegung makulierten Anthol. »Saison für Lyrik«; ab 1972 wieder Publikationsmöglichkeiten, u.a. »Poesiealbum 75« (1973) u. »Märkische Depeschen. Gedichte« (1976); Engagement für jidd. Lit. u. jüd. Tradition, zahlr. Übersetzungen aus dem Jiddischen (u.a. Mark Rasumny, Scholem Alechem); Nachdichtungen russ., tschech. u. ungar. Lyrik (u.a. Alexander Twardowski, Frantisek Hrubin, Vladimir Holan).
Publ.: Hoher Mond. Gedichte. Berlin 1983; Angewandte Prosa. Erfragtes, Zwischengefunktes, Vermittelndes. Berlin 1983; Dialog mit der Bibel. Berlin 1984.

Rentzsch, Hermann
27.5.1913–12.4.1978
Stellv. Minister für Schwermaschinenbau
Geb. in Schmiedeberg (Kr. Dresden), Vater techn. Angestellter; 1919–27 Volksschule; 1927–30 Ausbildung zum Kunst-, Bau- u. Möbeltischler; 1927–33 Mitgl. der SAJ u. des Reichsbanners; 1931–34 im Beruf tätig, zeitw. arbeitslos; 1934–43 Reichswehr, dann Wehrmacht, 1941–43 in der Sowjetunion, zuletzt Oltn.; 29.1.1943 nach Überlaufen mit 5000 Soldaten Gefangenschaft in Stalingrad; 1943 Mitbegr. der Antifa-Gruppe im Lager 97; 1943/44 Besuch der Marx. Schule; Mitgl. des NKFD, Frontbeauftragter u. Lektor an versch. Antifa-Schulen.
Juni 1945 Rückkehr nach Dtl.; 1946 KPD/SED; 1945/46 Bürgermeister in Stollberg (Sa.), bis 1948 dort Landrat; 1948/49 HA-Ltr. in der Dt. Verwaltung des Innern; 1949–56 Bereitschaftskdr., ab 1956 Korpskdr. der KVP beim Gen.-Major; 1956–59 Kdr. bei der NVA; 1957–59 dort Chef; 1960–62 Hauptdir. der VVB Unimak; 1962–66 stellv. Vors. des Volkswirtschaftsrats; 1966/67 stellv. Min. für Schwermaschinen- u. Anlagenbau; ab 1967 Verwaltungsltr. in der HV für Planung beim Vors. des Min.-Rats.

Reschke, Erich 14.3.1902–21.11.1980
Präsident der Deutschen Verwaltung des Innern
Geb. in Dortmund; Volksschule, Ausbildung u. Arbeit als Stahlbauschlosser auf der Hamburger Werft Blohm & Voss; 1922 KPD, 1923 Teiln. am Hamburger Aufstand, 1925 RFB; 1933–35 U-Haft, verurteilt zu fünf Jahren Zuchthaus, inhaftiert in Rendsburg, dann Straflager Esterwegen u. KZ Lichtenburg, 1938–44 KZ Buchenwald (zeitw. Lagerältester I), danach Strafgefängnis Ichtershausen.
1945/46 Chef der Landespolizei Thüringen; 1946 SED; 1946–48 Präs. der Dt. Verwaltung des Innern; 1948/49 Mitarb. der Zentralen Kontrollkommission; Jan. 1950 als VP-Kdr. Ltr. der Strafvollzugsanstalt Bautzen; Juni 1950 unter unzutreffenden Beschuldigungen vom sowj. Sicherheitsdienst NKWD verhaftet, Parteiausschluß, am 16.5.1951 zu lebenslängl. Haft verurteilt, bis Okt. 1955 Lager in der UdSSR; 1956 jur. u. pol. rehabilitiert, danach in der Verwaltung Strafvollzug (SV) des MdI als Ltr. Zuchthaus Bautzen tätig; 1.7.1962 Ruhestand, Oberstltn. des SV a. D.

Reschke, Thomas 4.6.1932
Übersetzer, Redakteur
Geb. in Danzig, Vater Buchbinder, Mutter Hortnerin; Sept. 1945 Flucht nach Ludwigslust; Oberschule, 1951 Abitur; 1951–55 Studium der Slawistik an der HU Berlin, Dipl.-Slawist; 1955–90 Übersetzungsred. in den Verlagen Kultur u. Fortschritt u. Volk u. Welt, Berlin, seit 1956 Übersetzungen russ. Belletristik; 1965–90 Mitgl. des SV, Mitgl. der Ltg. seiner Berliner Bezirksorg., zuletzt stellv. Vors.
1991–94 Mitgl. des Bundesvorst. des VS, Mitgl. der Bundessparte Übersetzer; lebt in Berlin.
Übersetzungen von mehr als 100 Werken russ. bzw. sowj. Lit. u.a. von Bulgakow (Sämtl. Werke), Adamowitsch, Bykau, Gorenstein, Ilf/Petrow, Jewtuschenko, Kim, Okudshawa, Pasternak (Doktor Schiwago), Pristawkin, Samjatin, Schalamow, Soschtschenko, Schukschin, Tendrjakow, Tynjanow u. Wesjoly, Übersetzungen auch von Kriminalromanen, Stücken von Aitmatow, Bulgakow, Erdman u. Wampilow sowie Kinderbüchern.

Rettner, Gunter 28.1.1942
SED-Funktionär
Geb. in Zeitz; Maurer; Dipl.-Ges.-Wiss.; Funktionär der FDJ, u.a. Sekr. der BL Gera; 1963 SED; 1975–83 Sekr. u.

Mitgl. des Büros des ZR der FDJ; 1983–85 stellv. Ltr. der Abt. West (ab 1984 Abt. Intern. Pol. u. Wirtschaft), 1985–89 Ltr. der Abt. Intern. Pol. u. Wirtschaft im ZK der SED (Nachf. von Herbert Häber); ab 1975 Mitgl. des Präs. des Friedensrats; 1986–88 Kand., 1988–3. 12. 1989 Mitgl. des ZK der SED.

Richter, Edelbert 25. 2. 1943
Evangelischer Theologe, Mitbegründer der Partei Demokratischer Aufbruch
Geb. in Chemnitz; 1961 Aufnahme eines Studiums der Philos. an der HU Berlin, Exmatrikulation im gleichen Jahr aus pol. Gründen; 1961–63 Arbeit als Kranführer; 1963–68 Studium der Theolog. an der MLU Halle, anschl. Assistent am Katechet. Oberseminar in Naumburg; 1974–79 Pfarrer in Naumburg u. Stößen; 1976 Prom. zum Dr. theol. mit einer Diss. über den Zusammenhang von Religions-, Philos.- und Ökonomiekritik bei Marx; 1977–87 Studentenpfarrer in Naumburg, Inspirator u. Mitbegr. opp. Gruppen, zahlr. Kontakte zu krit. Marxisten u. opp. Personen, maßgebl. daran beteiligt, daß Naumburg zu einem Anlaufzentrum für die Opp. im Süden wurde; ab 1987 Pfarrer in Erfurt u. Doz. für Systemat. Theol. u. Philos. an der dortigen Predigerschule; wichtiger Theoretiker der DDR-Opp., dessen Schriften sich durch die Verbindung marxist. u. liberaler Demokratietradition mit dem sozialeth. Erbe des Protestantismus auszeichnen; Sommer 1989 Mitgl. des Initiativkreises zur Gründung des DA, maßg. Beteiligung an der Erarbeitung des Programms sowie am org. Parteiaufbau in Thüringen, Mitgl. des DA-Parteivorst. bis zum Übertritt in die SPD im Jan. 1990; ab März 1990 Volkskammerabg. für die SPD.
Seit der dt. Vereinigung Abg. des Eur. Parlaments.
Zahlr. Publ. zu theolog., philosoph. u. pol. Themen, u. a.: Christentum u. Demokratie in Dtl. Beiträge zur Vorbereitung der Wende in der DDR. Leipzig u. Weimar 1991; Erlangte Einheit – Verfehlte Identität. Berlin 1992.

Richter, Evelyn 31. 1. 1930
Fotografin
Geb. in Bautzen, Vater Betreiber eines Sägewerks; 1936–40 Grundschule, 1940–44 Zinsendorfschule in Kleinwelka u. Niesky; 1948–52 fotogr. Ausbildung bei Pan Walther u. Franz Fiedler in Dresden; 1952–53 Arbeit als Laborantin; 1953–56 Studium der Fotografie an der HS für Grafik u. Buchkunst Leipzig; Exmatrikulation nach Antrag auf Freistellung; 1956–80 freischaff. als Fotografin; Fin. u. a. durch Arb. für die Leipziger Messe; 1956–58 Mitgl. der Gruppe »action fotografie« in Leipzig; 1979 erste Personalausst. im Neuen Kobalthaus der med. Akad. »Carl-Gustav Carus«; 1980–1990 Lehrauftrag an der HS für Grafik u. Buchkunst Leipzig; 1983 Ausst. im Studio, Altes Museum Berlin; 1987 Beteiligung an den »Rencontres intern. de la Photographie«, Arles.
1990/91 Lehrauftrag für Fotogr. an der Fach-HS Bielefeld; ab 1991 Lehrauftrag an der HS für Grafik u. Buchkunst Leipzig; 1992 Kulturpreis der Dt. Ges. für Fotogr., Köln.
Schwerpunkte der Arbeit sind soziale Fotogr. u. das Künstlerporträt.
Publ.: Klaus Störtebeker (Text Kurt Barthel). Leipzig 1960; David Oistrach (Text E. Krause). Berlin 1973; Paul Dessau*. Leipzig 1974; Entwicklungswunder Mensch (Text Hans Dieter Schmidt). Leipzig 1980.
Sek.-Lit.: Kat. E. R. Gal. P Leipzig 1983; Guth, Peter: Die soziale Haut der Zeitgeschichte. In: Bild. Kunst 2/1993, S. 36–41; Kat. E. R. Zwischenbilanz (mit Bibliogr.). Staatl. Gal. Moritzburg Halle 1992, HS für Grafik u. Buchkunst Leipzig 1993.

Richter, Friedrich (eigtl. Friedrich Rosenthal) 5. 6. 1894–3. 3. 1984
Schauspieler
Geb. in Brünn in einer jüd. Familie, Vater Dir. einer Textilfabrik; Gymnasium, Beginn einer kaufm. Lehre, abgebrochen; Schauspieler. Ausbildung am Raimund-Theater in Wien; erste Theatererfahrung 1920 am Theater in Bielsko (ČSR); Heirat mit der Schauspielerin Amy (Emmi) Frank (1897–1980); 1921 Debüt in Neustrelitz; Engagements in Brünn, am Dt. Theater in Prag, Raimund-Theater, Lebe-Theater in Breslau, in Stuttgart, u. 1928–32 mit A. F. am Schauspielhaus in Düsseldorf bei Louise Dumont u. Alfred Lindemann; 1928 KPD; 1929 Mitbegr. u. Mitglied der Schauspielergemeinschaft »Truppe im Westen«; 1933 Engagement am Schauspielhaus Köln; März 1933 Verhaftung durch die Gestapo, Freilassung wegen tschech. Staatsbürgerschaft, Ausweisung aus Dt.; mit A. F. Rückkehr nach Brünn, Prag; 1936–38 Emigration in die UdSSR, Zusammenarbeit mit Maxim Vallentin am Dt. Gebietstheater Dnepropetrowsk, danach als Pädagoge u. Schauspieler am Dt. Staatstheater in Engels, nach verleumder. Anschuldigungen auf Anraten der Komintern über Polen u. Schweden Emigration nach England; im Emigrantenkabarett »24 schwarze Schafe« (Mitgl. u. a. Paul Dehmel, Annemarie Haase, John Heartfield*, Charlotte Küter); 1940 Sprecher bei der BBC London.
1948 auf Initiative von W. Langhoff* Rückkehr u. Engagement am Dt. Theater (DT); 1950/51 Theater am Schiffbauerdamm, 1952–70 zus. mit A. F. am DT; Rollen: Nathan (alternierend mit Eduard von Winterstein*, R: Adolf Peter Hoffmann, A. F. als Daja), Gloster (»König Lear«, 1957, R: Langhoff); seit 1950 Filmarbeit bei der DEFA, u. a. mit Slatan Dudow* (»Frauenschicksale«, 1952); Mitgl. der SED; NP, VVO Gold.
Sek.-Lit.: Garderobengespräch mit Friedrich Richter*. In: Theater der Zeit 11/1975.

Richter, Hans Theo
7. 8. 1902–14. 9. 1969
Maler, Grafiker
Geb. in Rochlitz (Sa.), Vater Kaufmann; 1909–18 Volksschule u. Realgymnasium in Radebeul, 1918–23 Studium an der Kunstgewerbeakad. in Dresden, vor allem bei Georg Erler, 1923–26 freischaff. in Dresden, Studienreisen nach München, Helgoland u. Sylt, 1926–31 Studium an der Akad. der bild. Künste in Dresden, 1928 dort Meisterschüler von Otto Dix, 1929 Studienaufenthalt in Paris, 1930–32 mehrf. Aufenthalte in Berlin u. Nidden (Ostpr.), bis 1933 außerdem Sicherung des Lebensunterhalts durch Privatunterricht im Malen u. Zeichnen, 1932–44 freischaff. in Dresden, 1933 Beteiligung an der Ausstellung des Dt. Künstlerbunds in Magdeburg, zum Rompreis vorgeschlagen, Aufenthalt jedoch von den NS-Behörden unterbunden, 13. 2. 1945 Verlust sämtl. Zeichnungen u. Aquarelle beim Luftangriff auf Dresden.
1944–46 Doz. für Grafik an der Staatl. Akad. für Graf. Künste u. Buchgewerbe in Leipzig, 1947–67 Prof. für Grafik an der HS für bild. Künste in Dresden; 1956 DAK, ab 1958 Betreuung von Meisterschülern im Auftrag der DAK, 1958 Reisen in die UdSSR u. nach Holl., 1959 Mitgl. der Bayer. Akad. der Schönen Künste; begann als Maler u. konzentrierte sich nach dem 2. Weltkrieg auf Zeichnungen und Lithogr., hauptsächl. Kinderdarstellungen, Bildnisse, Akte.
Sek.-Lit.: Balzer, W.: H. T. R. Dresden 1956; Schmidt, W.: H. T. R. Das grafische Werk (Werkverz. mit Bibliogr.). Berlin u. Dresden 1974. Kat. H. T. R. – Aquarelle u. Zeichnungen (Bibliogr. für den Zeitraum 1974–90). Berlin 1991.

Richter, Herbert 20. 4. 1933
Generaldirektor des VEB Gaskombinat »Schwarze Pumpe«
Geb. in Klettwitz, Vater Bergarbeiter; 1947–50 Ausbildung zum Chemielaboranten in Schwarzheide, anschl. Besuch der ABF Potsdam, 1953 Abitur; 1955 SED, Studium der Chemie an der FSU Jena u. der TH für Chemie in Merseburg, Dipl.-Chemiker; 1959 Ltr. der Forschungsgruppe Chemie in der Großkokerei Lauchhammer, 1963 Prom. zum Dr. rer. nat.; 1963 Ltr. der Abt. Geol. der SED-BL Cottbus; ab Juli 1966 Dir. bzw. Generaldir. des VEB Gaskombinat »Schwarze Pumpe« in Hoyerswerda, zugl. Mitgl. des Sekr. der SED-KL Hoyerswerda u. 1967–84 der SED-BL Cottbus; Abg. des Bez.-Tags Cottbus; ab Apr. 1981 Mitgl. des ZK der SED.

Richter, Rolf 23. 10. 1932–21. 8. 1992
Filmemacher, Autor, Maler
Geb. in Sohland (Spree), Eltern Arbeiter; Volksschule; ab 1951 Studium der Germanistik, Theaterwiss. u. Kunstgeschichte an der HU Berlin; ab 1955 Lehrtätigkeit am Lehrstuhl für Dramaturgie der Dt. HS für Filmkunst in Potsdam-Babelsberg; 1961/62 Zusatzstudium am Allunionsfilminst. Moskau, danach wieder an der Film-HS Babelsberg; 1962–89 SED; 1967–69 Deutschlektor am Kulturzentrum der DDR in Kairo; 1968 Gründungsmitgl. des Verb. der Film- u. Fernsehschaffenden der DDR, dessen Sekt. für Theorie u. Kritik er zeitw. leitete; ab 1970 freischaff. Autor u. Filmwissenschaftler.
Veröffentlichte Erzählungen u. Gedichte in Ztschr. u. Anthol., schrieb publizist. Arbeiten über die Kinematogr. der Dritten Welt u. über den DEFA-Film; Autor von 13 Dok.-Filmen, u. a. »Das wechselvolle Leben des dt. Malers u. Glücksuchers Heinrich Vogeler« (1979), »The Time is Now – Jetzt ist die Zeit« (1987), »Ich war ein glücklicher Mensch« (1990); seit Anfang der 80er Jahre zahlr. Collagen und Grafiken, erste Ausstellung 1991.
Nach 1989 u. a. Vors. einer Kommission des DDR-Film- und Fernseh-Verb. zur Rehabilitierung u. Aufführung verbotener DEFA- und Fernsehfilme, als Vorstandsmitgl. des Vereins »Kino Babylon« e. V. und als Mitgl. des Auswahlaussch. für den dt. Filmpreis; 1992 Kunstpreis der Stadt Berlin, gest. in Berlin.

Richter, Trude (eigtl. Erna Barnick)
19. 11. 1899–4. 1. 1989
Literaturwissenschaftlerin
Geb. in Magdeburg, Vater Postbeamter, Mutter Hausfrau; Gymnasium, 1920–24 Studium der Germanistik u. Geschichte, Dr. phil.; 1926–33 Studienassessorin bzw. Studienrätin in Frankfurt/Main und Berlin; 1931 KPD; 1932–34 Mitgl. u. Sekr. des Bunds Proletar.-Rev. Schriftst.; 1934 Emigration in die UdSSR; 1934–36 Doz. am Pädagog. Inst. für neuere Sprachen in Moskau; Nov. 1936 Verhaftung zus. mit ihrem Mann Hans Günther; ohne Prozeß bis 1957 in versch. sowj. Lagern.
Nach dem XX. Parteitag der KPdSU Rehabilitierung u. 1957 – nach persönl. Einsatz von Anna Seghers* – Rückkehr nach Dtl.; SED; Doz. am Inst. für Lit. »Joh. R. Becher« in Leipzig; Stern der Völkerfreundschaft.
Ihre vollst. Lebenserinnerungen, die auch über die Jahre der Lagerhaft u. Verbannung berichten, erschienen erst nach ihrem Tode.
Publ.: Die Plakette. Halle 1972; Totgesagt. Erinnerungen. Halle, Leipzig 1990.

Richter, Ulrike, verh. Schmidt
17. 6. 1959
Leistungssportlerin (Schwimmen)
Geb. in Görlitz; 1965 Beginn mit dem Schwimmtraining bei der BSG Motor Görlitz, 1970 KJS Dresden u. Mitgl. des

SC Einheit Dresden (Trainer: Uwe Neumann); Spezialdisz.: 100m und 200m Rücken; dreifache Spartakiadesiegerin; 1973–77 vierzehn WR; 1973 u. 1975 WM; 1974 u. 1977 zweifache EM; 1976 dreifache Olympiasiegerin (100m, 200m, 4x100-m-Lagenstaffel); Stern der Völkerfreundschaft.
Nach Beendigung der sportl. Laufbahn 1978 Abitur, 1979–82 Kosmetikstudium an der Med. Akad. in Dresden, seit 1983 selbständige Kosmetikerin in Zwönitz (Sa.), verheiratet mit Volker Schmidt, langj. Fußballspieler bei Wismut Aue (heute FC Erzgeb.).

Rienäcker, Günter
13. 5. 1904–13. 6. 1989
Chemiker, Generalsekretär der DAW
Geb. u. aufgewachsen in Bremen in einer Lehrerfamilie; nach dem Abitur 1922–26 Studium der Chemie an der Univ. München, Abschluß mit Prom. zum Dr. phil.; anschl. Assistent am Inst. für Physikal. Chemie u. am Chem. Laboratorium der Univ. Freiburg i. Br.; 1936 Habil. u. bis 1942 Prof. für anorgan. Chemie u. Technol. sowie Abt.-Vorst. im Chem. Inst. der Univ. Göttingen; ab 1942 ord. Prof. für anorgan. Chemie u. Dir. des Chem. Inst. an der Univ. Rostock.
1945 Dekan der dortigen Philosoph. Fak.; 1946 SED, Stadtverordneter in Rostock und MdL Mecklenburg-Vorpommern, Vors. des Bez. Ost-Mecklenburg u. Mitgl. der Landesltg. des KB; 1946–48 Rektor der Univ. Rostock; 1949/50 Abg. der Prov. Volkskammer; 1951 Gründungsdir. des Inst. für Katalyseforschung in Rostock; 1953 Ord. Mitgl. der DAW; 1953–59 Vors. des Zentralvorst. der Gewerkschaft Wiss. u. 1955–59 Mitgl. des FDGB-Bundesvorst.; 1954–62 ord. Prof. für anorgan. Chemie u. Dir. des I. Chem. Inst. der HU Berlin; 1955 NP; 1957–63 Generalsekr. der DAW; 1958–63 Mitgl. des ZK der SED; Forschungsdir. am Inst. für Physikal. Chemie der DAW; 1965 VVO in Gold; 1966 Mitgl. der AdW der UdSSR; 1969 em.; 1971/72 Präs. der Kommission für UNESCO-Arbeit der DDR; Mitgl. u. ab 1977 Ehrenmitgl. des Präsidialrats des KB.
Arbeitsgebiete: anorgan. Chemie, heterogene Katalyse.

Riesenburger, Martin
14. 5. 1896–14. 4. 1965
Landesrabbiner
Geb. in Berlin, Vater Mitarb. im bekannten Berliner Textilhaus N. Israel, Mutter aus frommer ostjüd. Familie; nach dem Abitur Aufnahme des Studiums der Zahnmedizin, Abbruch während des 1. Weltkriegs; später Unterhalt als Klavierlehrer, Kantor u. Religionslehrer; Studium an der HS für die Wiss. des Judentums in Berlin; ab 1933 Dienst in der Berliner Jüd. Gemeinde, Prediger im jüd. Altersheim in der Großen Hamburger Straße; 1939 Ordination als Rabbiner; ab 1942 nach kurzzeitiger Verhaftung unter Polizeiaufsicht; ab 1943 auf dem Friedhof der Jüd. Gemeinde in Berlin-Weißensee tätig.
11. 5. 1945 Predigt zum ersten öff. Gottesdienst Berliner Juden nach dem Kriegsende; maßg. Beteiligung am Neuaufbau der Berliner Gemeinde; 1948–58 Predigten in den 14tägigen Sendungen des Berliner Rundfunks zur Sabbat-Feier; Einweihung versch. neuerrichteter Gotteshäuser bzw. Gemeindezentren in der DDR, u. a. 1951 Dresden u. 1952 Erfurt; 1953 Vors. der Jüd. Gemeinde Berlin (Ost), nachdem im Jan. 1953 die Ltg. der Berliner Jüd. Gemeinde vor dem Hintergrund der antizionist. Kampagnen im sowj. Machtbereich (SED-ZK-Beschluß »Lehren aus dem Prozeß gegen das Verschwörerzentrum Slansky« vom 20. 12. 1952) u. der Flucht mehrerer jüd. Gemeindevorsteher aus der DDR ihren Sitz nach Berlin (West) verlegt hatte; Einweihung der Synagoge Rykestraße in Berlin-Prenzlauer Berg; Mitarb. im Frie-

densrat; 1961 Berufung zum Landesrabbiner; Dr. h.c. der Jur. Fak. der HU Berlin; 1961 VVO in Gold.
Publ.: Also spricht dein Bruder (Predigten). Berlin 1958; Das Licht verlöschte nicht. Dokumente aus der Nacht des Nazismus. Berlin 1960.

Rietz, Hans 26. 4. 1914
DBD-Politiker, Stellv. Staatsratsvorsitzender
Geb. in Könnern (Kr. Bernburg), Mutter Arbeiterin; Volks- u. Mittelschule in Bitterfeld, 1928–32 Schlosserlehre; 1928 KJVD u. Dt. Metallarbeiterverb.; 1932–39 Schlosser bei IG Farben in Wolfen, zwischendurch zwei Jahre Wehrdienst; 1939–45 RAD u. Wehrmacht, Oberwachtmeister, dann sowj. Gefangenschaft, Mitarbeit in einem Lageraktiv u. an einer Antifa-Lagerschule.
1949 Rückkehr nach Dtl., 1949 FDGB u. DBD in Borkheide (Belzig), ab 1951 Mitgl. des PV der DBD u. in leitenden Funktionen tätig, 1954–82 Mitgl. des Präs. des PV, 1960 Generalsekr. (Nachf. von Berthold Rose), 1963 Sekr. für Org., 1963–82 stellv. Vors. der DBD, 1977–82 Vors. des Parteischiedsgerichts (Nachf. von Stefan Zagrodnik*), später Vors. der Veteranenkommission der DBD; 1954–86 Abg. der Volkskammer u. ab 1963 stellv. Vors. des Ausschusses für Nat. Verteidigung, 1976–81 Mitgl. des Präs.; ab 1958 Mitgl. des NR der NF u. des Zentralvorst. der DSF; 1960–76 stellv. Vors. des Staatsrats; 1963 Mitgl. des Präs. der Freundschaftsges. DDR – Italien; 1964 u. 1979 VVO in Gold; 1974 Stern der Völkerfreundschaft in Gold; 1980 Mitgl. des Präs. u. des ZA der Volkssolidarität; Ruhestand.

Rindt, Otto 16. 12. 1906–3. 1. 1994
Gartenarchitekt, Landschaftsplaner
Geb. in Apenrade (Dän.); Vater Postinspektor; Gärtnerlehre; 1932–35 Studium an der TH u. der Landw. HS Berlin, Dipl.-Gärtner; 1936–41 Landschaftsgestalter für mitteldt. Strecken der Reichsautobahn; 1942–47 Kriegsdienst u. Gefangenschaft.
1948/49 Berufsschullehrer u. Gartenarchitekt in Halle, Projektierung für Neubauernhöfe in Marl u. Delitzsch, 1948 Strandbad Mildensee (Dessau); 1950–52 Forschungsaufträge für die DBA, u. a. im Rahmen der »Landschaftsdiagnose DDR«, Teilgebiet Sachsen; 1952–58 VE Entwurfsbüro für Stadt- u. Dorfplanung des Min. für Aufbau: Flächennutzungsplanung von Suhl, Gera, Eisleben, Dresden, Wismar; 1956 2. Preisträger im intern. Wettbewerb zur Gestaltung der Gedenkstätte Auschwitz; 1956–58 Grünplanung für Hoyerswerda, 1957/58 Studie zur Entw. der Erholungslandschaft Insel Rügen; 1957–62 Lehrbeauftragter an der HS für Bauwesen Cottbus; 1962–75 Büro für Territorialplanung in Cottbus, langjährige Forschung u. erfolgreiche Praxis in der Gestaltung von Bergbaufolgelandschaften: Knappensee (1958), 600 km^2 Senftenberger See (1962), Landschaftsgestaltung des Spreewaldes (1966), Entwurf für Folgelandschaft des Kiesabbaus (1968) in Zeischa, Mühlberg, Forst, Lübbenau; Konzeption eines »Cottbuser Bäderringes« in Restlöchern von Abbaugebieten; Modell zur landschaftl. Eingliederung von Müllbergen (1973).

Rink, Arno 26. 9. 1940
Maler, Grafiker
Geb. in Schlotheim (Thür.) in einer Arbeiterfamilie; 1955–58 Oberschule Mühlhausen, 1958–61 ABF für bild. Kunst in Dresden; 1961 Arb. als Fahrstuhlführer in der Leipziger Wollkämmerei; 1962–67 Studium an der HS für Grafik u. Buchkunst Leipzig bei Bernhard Heisig*, Reise in die UdSSR; 1967–69 freischaff. in Leipzig; 1969 Aspirant an der HS für Grafik u. Buchkunst; 1972 dort Beginn der Lehrtätigkeit; 1975

Doz.; ab 1975 Reisen in die UdSSR, nach Ital., Indien, Kuba u. in die Bundesrep. Dtl.; 1979 Prof. an der HS für Grafik u. Buchkunst Leipzig; ab 1987 Rektor der HS.

Sinnbildhafte Malerei, die u. a. mit dem Simultanprinzip arbeitet u. veristische u. expressive Elemente integriert.

Werke: Lied vom Oktober (1969), Pariser Kommune (1970/71), Spanien (1938, 1974), Canto Libre (1977), Versuchung (1980).

Sek.-Lit.: Kat. A. R. (mit Bibliogr.). Museum der Bild. Künste Leipzig 1981.

Rintelen, Friedrich Maria
12. 12. 1899–9. 11. 1988
Katholischer Bischof
Geb. in Ahlen (Westf.), Vater Jurist; 1917–19 Militärdienst, 1919 Abitur, 1919–24 Studium der Theol. u. Philos. in Paderborn u. München; 1924 Priesterweihe in Paderborn, 1924–27 Vikar in Egeln (Sa.-Anh.); 1927–36 Vikar in Halle/Saale, ab 1934 zusätzl. Studentenseelsorger; 1935 Prom. zum Dr. theol. in Münster; 1936–39 Generalsekr. der Akadem. Bonifatius-Einigung in Paderborn, 1939–41 Pfarrer in Paderborn, 1941–51 Generalvikar der Erzdiözese Paderborn; 1951 Weihbischof von Paderborn u. Erzbischöfl. Kommissar mit Sitz in Magdeburg, 1952 Bischofsweihe in Magdeburg, 1958 Generalvikar des Erzbischöfl. Kommissariats Magdeburg; 1970 Resignation als Erzbischöfl. Kommissar, Übersiedlung nach Paderborn, 1971 em.

Publ.: Erinnerungen ohne Tagebuch. Paderborn 1982.

Ritschl, Rudolf 7. 12. 1902–8. 11. 1982
Physiker
Geb. in Bonn, Vater Prof. der Theol.; 1912–21 Städt. Gymnasium Bonn; 1921–27 Studium der Mathematik, Physik u. Chemie in Freiburg, Göttingen u. Bonn, hier 1927 Prom.; 1927/28 Assistent bei James Franck in Göttingen, ab 1928 wiss. Angestellter bei Friedrich Paschen u. Johannes Stark an der Physikal.-Techn. Reichsanstalt (PTR) in Berlin; ab 1936 Reg.-Rat u. ab 1941 Mitgl. der PTR; NSDAP; 1939–44 Wehrdienst beim Reichswetterdienst; 1936 Habil. für Physik an der Univ. Berlin, 1937 Doz. für Experimentalphysik, 1942 außerplanmäßiger Prof.

1946/47 Mitarb. des Opt. Inst. von Ernst Lau in Berlin-Karow (Arbeitsgrupppe des Konstruktionsbüros der sowj. Kriegsmarine, wurde 1948 Opt. Laboratorium der DAW), 1948–59 wiss. Mitarb. u. 1959–67 Dir. des Inst. für Optik u. Spektroskopie der DAW; 1949–60 Dir. des I. Physikal. Inst. der HU Berlin (bis 1952 kommissar.), 1949 Prof. für Physik, 1952 Prof. für Experimentalphysik, 1953–65 Fachrichtungsltr. für Physik, 1968 em. Mithrsg. der Ztschr. »Fortschritte der Physik«; mehr als 70 wiss. Aufsätze.

Hauptarbeitsgebiete: opt. Spektroskopie, Atom- u. Molekülspektren, Feinstruktur des Zeemann- u. Stark-Effekts, Polarisation, Eigenschaften dünner Metallschichten u. Kristallphosphore, Laser.

Ritter, Kurt 13. 4. 1894–21. 2. 1984
Agrarwirtschaftswissenschaftler
Geb. in Berlin, Vater landw. Berater; Realgymnasium, 1913/14 landw. Lehre; 1914–18 Kriegsdienst; 1918–20 Studium der Landw. u. Volkswirtschaft an der Univ. Berlin, Dipl.-Landwirt, 1920 Prom. zum Dr. agr.; 1920–28 Oberlandwirtschaftsrat an der Preuß. Hauptlandwirtschaftskammer; 1923 Habil. für Volkswirtschaftslehre (VWL), 1928–35 ord. Prof. mit Lehrstuhl u. Dir. des Inst. für VWL an der Landw. HS Berlin, nebenamtl. Lehrbeauftragter an der Handels-HS u. Lehr- u. Forschungsanstalt für Gartenbau in Berlin-Dahlem, 1935 wegen Dissens zur NS-Wirtschaftspolitik vom Lehramt entpflichtet; ab 1937 im Versicherungswesen tätig; wurde 1938

ohne Antrag Mitgl. der NSDAP, beantragte sofort Streichung wegen jüd. Vorfahren; 1939–41 Wehrdienst in der Panzerabwehr-Ersatzabt. Potsdam, Hptm.
1945–48 HA-Ltr. in der Dt. Verwaltung für Handel u. Versorgung, 1948/49 in der DWK, 1949/50 im Min. für Planung; 1947 SED; 1950–57 ord. Prof. mit Lehrstuhl u. Dir. des Inst. für Agrarpol. u. Agrargeschichte an der Landw.-Gärtner. Fak. der HU Berlin, 1950–53 Prof. mit Lehrstuhl u. Dir. des Inst. für Landwirtschaftsplanung der HfÖ Berlin; Okt. 1951 ord. Mitglied der DAL, 1951–54 Sekretar der Sekt. Agrarökonomik, 1954–61 Ltr. der Forschungsstelle bzw. Dir. des Inst. für Agrargeschichte; 1956 NP; 1962 em.
Zahlr. Publ. zur intern. Agrarwirtschaft, u.a.: Agrarwirtschaft u. -pol. im Kapitalismus, 2 Bde. Berlin 1955 u. 1959.

Röbelen, Gustav 3.4.1905–28.4.1967
Leiter der ZK-Abteilung Sicherheit, Agent
Geb. in Bregenz/Bodensee, Vater Eisenwarenhändler und Schlosser, Mutter Hausfrau; Volksschule, kaufm. Lehre im Geschäft des Vaters; 1919 Tod der Eltern, kaufm. Angestellter in Karlsruhe, Oppeln, Dresden u. Weimar; 1929 nach Bremerhaven, KPD, RGO, Rote Hilfe, IAH; 1933 Flucht wegen Sprengstoffdiebstahls u. Körperverletzung; 1933–36 Belgien, leitete 1933/34 Transporte von illegalem Material von Belgien nach Dtl.; Mai 1934 Verhaftung in Belgien, deshalb Abberufung von Grenzarbeit, danach in Gent; Okt. 1936 nach Spanien, Kapitän der span. Volksarmee, Teiln. an den Kämpfen um Madrid, Jan. 1937 Partisanenschule, ab Feb. 1937 bei den Partisanen, Kdr. einer Panzerspezialgruppe; Feb. 1939 nach Frankreich, Apr. 1939 mit Parteiauftrag nach Moskau; Juni 1939 – Dez. 1940 Arbeit als Schlosser in einer Waggonfabrik in Mytischi (b. Moskau); Jan. – Juni 1941 Parteischule des ZK der KPdSU(B) in Moskau (Puschkino), durch Kriegsausbruch abgebrochen; Mobilisierung als Offz. des NKWD; 1941–45 Offz. der Roten Armee; Sept. 1941 – August 1943 Geheimdienstaufträge im Orient; Rückkehr nach Moskau; Schulungsarbeit unter dt. Kriegsgefangenen; Sept. 1944 – Okt. 1945 »Spezialarbeiten« u.a. als Partisan in Bjelorußland u. Litauen; dann in Moskau.
März 1946 Rückkehr nach Dtl. (SBZ); 1946–48 Dt. Kommission für Sequestierung und Beschlagnahme, Ltr. der Abt. Allgemeine Verwaltung u. Personal, hier hauptsächl. operative Arbeit bei der Kontrolle der Enteignung von Kriegsverbrechern u. Naziaktivisten v.a. in Thüringen; Mai – Aug. 1948 stellv. Ltr. des Amts für Verwaltung der DWK, Stellv. von Arthur Pieck*; 1948–49 Mitgl. der Zentralen Kommission für Staatl. Kontrolle (ZKK); 1949–56 Ltr. der HV zum Schutz der Volkswirtschaft bzw. der späteren ZK-Abt. für Sicherheitsfragen; Aufbau der DVP, KVP, des MfS u. der NVA; 1949–56 glz. Chefinspekteur/Gen.-Major der DVP; 1956 Abberufung aus der ZK-Abt. Sicherheit wegen Inkompetenz; 1957–59 Oberst der NVA, Verwaltungsltr. im Min. für Nationale Verteidigung; 1959–64 Ltr. der Schulverwaltung im Min. für Verkehrswesen; März 1964 aus gesundheitl. Gründen Ruhestand; 1965 VVO in Gold; gest. in Berlin.

Rodenberg, Hans (eigtl. Hans Rosenberg) 2.10.1895–7.3.1978
Intendant, Staatsratsmitglied
Geb. in Lübbecke (Westf.), Vater jüd. Zigarrenmacher und Kaufmann, Mutter starb bei R.s Geburt; Volksschule, Gymnasium, 1912 Abitur; verließ seine Familie bzw. seinen Vormund; 1912–14 Schauspielschule des Dt. Theaters Berlin; 1914 Kriegsfreiwilliger, 1918 Mitgl. eines Arbeiter- und Soldatenrats; 1919 bis 1931 Schauspieler u. Regisseur in Berlin,

Wien, Zürich, Köln, glz. Agit.-Prop.-Arbeit; 1921 Annahme des Künstlernamens Rodenberg; 1926/27 KP Österreichs; Regisseur u. Oberspielltr. in Zürich; 1927 Partei der Arbeit der Schweiz, Sept. 1927 KPD, 1926–29 Parteiname: Hans Müller; 1927–30 Regisseur am Schauspielhaus in Köln; 1930 Mitgl., 1931 Sekr. der RGO Film, Bühne, Musik; 1932 Mitgl. der Ges. der Freunde des Neuen Rußland; im Auftrag der KPD Übersiedlung nach Moskau, 1932–35 stellv. Dir. (Produktionsltr.) des Filmstudios Meshrabpom-Film, 1935–38 Szenarist, Konsultant im Filmstudio Mosfilm; 1936 sowj. Staatsbürger; 1938–41 freischaff. Schriftst. in Moskau, u. a. für die Ztschr. »Das Wort« u. »Intern. Lit.«; 1941–48 Regisseur, Sprecher, Autor der dt. Red. des Moskauer Rundfunks u. Übersetzer sowj. Lit.; Okt. 1941 Evakuierung nach Kuibyschew; Anf. 1945 Mitgl. einer Kommission der Moskauer KPD-Führung für Filmfragen; 1946 sowj. »Medaille für ausgezeichnete Leistungen im Großen Vaterländischen Krieg«.

April 1948 Rückkehr nach Berlin; SED; 1948–Nov. 1949 Referent u. Regisseur im Haus der Kultur der UdSSR in Berlin; Mitgl. des Zentralvorst. der DSF; Ende 1949 als ND-Korrespondent beim Schauprozeß gegen Traitscho Kostoff in Sofia; 1950 NP, Ehrenmitgl. der FDJ; ab 1950 DDR-Staatsbürgerschaft; 1950–52 Intendant des Zentralen Kindertheaters Theater der Freundschaft in Berlin; 1950–54 Mitgl. der BL Berlin der SED; Mai 1951 Mitgl. der Staatl. Kommission für Kunstangelegenheiten; 1952 DAK; 1952–56 Hauptdir. des DEFA-Studios für Spielfilme; seit 1954 Mitgl. des ZK der SED; 1955 VVO in Silber; 1957 Mitgl. der Kulturkommission beim PB des ZK der SED; 1957–60 Dekan der Dt. HS für Filmkunst in Babelsberg, 1958 Prof. für Dramaturgie; Mitgl. des DSV; 1959 Vizepräs. der Ges. für kulturelle Verbindungen mit dem Ausland; 1960–63 Stellv. des Min. für Kultur (für den Bereich Film); 1960–76 Mitgl. des Staatsrats; seit 1963 Abg. der Volkskammer, ab 1965 Stellv. Vors. des Aussch. für Kultur der Volkskammer; 1965 KMO; 1966 Mitgl. des Präsidialrats des KB; 1969 Dr. h.c. (HU Berlin); 1969–74 Vizepräs. der DAK/AdK; 1970 VVO in Gold, Lenin-Erinnerungsmedaille, Ehrenmitgl. des Verb. der Theaterschaffenden, 1976 »Parteiveteran«; 1977 Ehrenmitgl. des Präs. des Verb. der Film- u. Fernsehschaffenden; war in dritter Ehe mit Ilse R. *, geb. Rinka, verheiratet.

Publ.: Protokoll eines Lebens. Berlin 1980; Briefe aus unruhigen Jahren. Berlin 1985.

Rodenberg, Ilse, geb. Rinka 3. 11. 1906
Theaterintendantin

Geb. in Düsseldorf, Vater Arbeiter, Mittelschule, Lyzeum; 1921/22 Ausbildung als Stenotypistin an der Handelsschule in Düsseldorf; 1925–38 Stenotypistin u. Sekr. in Hamburg; 1926–28 Ausbildung als Schauspielerin; 1929–33 Schauspielerin in Hamburg; 1931–33 KPD, RGO; Teiln. am antifasch. Widerstand, März 1933 u. Mai 1933 – Nov. 1934 U-Haft u. KZ-Haft wegen Herstellung antinazist. Flugblätter u. Druckschriften; 1943/44 Kriegseinsatz in der Heimmütterschule in Oberbach (Rhön).

1945 erneut KPD; 1945–48 Theaterarbeit in Hamburg; 1948 Übersiedlung in die SBZ; gründete im SED-Auftrag die NDP in Ludwigslust; 1948–50 Intendantin in Ludwigslust und Neustrelitz; 1950–54 Mitgl. des DFD-Bundesvorst.; 1950–März 1990 Abg. der Volkskammer, NDPD-Fraktion, 1950–58 Mitgl. des Gnadenaussch.; 1950–58 Intendantin des Hans-Otto-Theaters Potsdam, 1959–74 des Theaters der Freundschaft Berlin; ab 1963 Mitgl. des Präs. des PV der NDPD u. des Präsidialrats des KB, zeitw. Vors. der PKK der NDPD; ab 1964 Mitgl. des Komitees der Antifasch. Widerstandskämpfer; 1966 Mitbegr. des Verb. der Theaterschaffenden, Mitgl. des Präs.; 1971 VVO in Gold; ab 1974 Dir. des DDR-Büros für intern. Fragen des Kinder- und Jugendtheaters; 1985 Dr. paed. h.c. (HU Berlin); war verh. mit Hans Rodenberg*; lebt in Berlin.

Rodrian, Fred 14. 7. 1926–25. 5. 1985
Verlagsleiter, Kinderbuchautor
Geb. in Berlin, Vater Buchdrucker; Volksschule, Lehre als Reproduktionsfotograf; 1944/45 Wehrmacht u. Gefangenschaft.
1946 SPD/SED, FDJ; 1946–52 FDJ-Kulturfunktionär, Mitbegr. der FDJ in Berlin-Friedrichshain; 1952 Lehrgang für Mitarb. des Verlagswesens an der Verwaltungsakad. Forst-Zinna; 1952–55 Lektor im Kinderbuchverlag Berlin, 1955–74 dort Cheflektor, seit 1975 Verlagsltr.; 1957/58 Lehrgang am Inst. für Lit. »Joh. R. Becher« Leipzig; seit 1958 erfolgreicher Kinderbuchautor; 1970/71 Studium der Kulturpol. an der Parteischule »Hans Marchwitza«; 1963 Medaille für hervorragende Arbeit in der Pionierorg. in Gold; 1979 NP 1. Kl. für Kunst u. Lit. im Kollektiv; langj. Mitgl. des Vorst. des Börsenvereins der Dt. Buchhändler.
Publ.: Hirsch Heinrich. Berlin 1960; Wir haben keinen Löwen. Berlin 1969; Wir gehen mal zu Fridolin. Berlin 1971.

Roetsch, Frank-Peter 19. 4. 1964
Leistungssportler (Biathlon)
Geb. in Güstrow, aufgewachsen in einer Bergarbeiterfamilie; Besuch der KJS, 1987 Abitur; 1978–90 Biathlet in der SG Dynamo Zinnwald; 1981 u. 1982 Junioren-WM; 1983 Vize-WM über 20 km u. mit der Staffel, 1985 WM über 10 km, Vize-WM über 20 km u. mit der Staffel, 1986 Vize-WM mit der Staffel, 1987 WM über 10 km u. 20 km u. mit der Staffel, 1989 WM mit der Staffel; 1984 Olympia-Zweiter über 20 km, 1988 Olympiasieger über 10 km u. 20 km; ab 1982 Angehöriger der DVP, zuletzt Hptm.; 1987–90 Sportstudium an der DHfK Leipzig.
Seit 1991 Hauptkommissar beim Bundesgrenzschutz.

Roetzsch, Helmut 17. 12. 1923
Generaldirektor der Deutschen Bücherei in Leipzig
Geb. in Leipzig, Vater Eisenbahnarbeiter; Buchhändlerlehre, Buchhandlungsgehilfe; 1941 NSDAP; Wehrmacht, Gefangenschaft.
Nach der Entlassung Transportpolizist; 1946 SED; 1948–50 Studium der Ges.-Wiss. an der Univ. Leipzig; 1950–53 Verwaltungsdir. und Kaderltr., 1953–61 stellv. Hauptdir., 1961–90 Hauptdir. bzw. Generaldir. der Dt. Bücherei in Leipzig (Nachf. von Prof. Fleischhack); Prom., Honorarprof. an der KMU Leipzig; 1961 Stadtverordneter in Leipzig; zeitw. Präs. des Dt. Bibliotheksverb., Vors. des Wiss. Beirats für Bibliothekswesen u. wiss. Information beim Min. für Hoch- u. Fachschulwesen, Oberbibliotheksrat.
1991 Ruhestand.

Rogge, Joachim 3. 12. 1929
Evangelischer Bischof, Rektor des Sprachenkonvikts Berlin
Geb. in Halberstadt; 1948–53 Studium der Theol. an der HU Berlin, anschl. dort wiss. Assistent; 1955 Prom. u. 1959 Habil. an der HU Berlin; 1959–77 Doz. für Kirchen- u. Dogmengeschichte am Sprachenkonvikt in Berlin, ab 1973 wiederholt Rektor; 1961–74 zugl. Pfarrer in der Gemeinde »Zur Barmherzigkeit« in Berlin-Lichtenberg; danach Oberkirchenrat u. Mitgl. der Kirchenkanzlei der EKU in der DDR, ab 1977 Präses der Kirchenkanzlei der EKU; seit 1972 Dir. der Ev. Forschungsakad.; 1982 Dr. h.c. theol. der Univ. Lund, Schweden; 1986 Honorarprof. an der HU Berlin; 29. 6. 1985 Wahl u. 19. 4. 1986 Amtsantritt als Bi-

schof des Kirchengebiets Görlitz (Nachf. von Hanns-Joachim Wollstadt*); Teiln. an Gesprächen u. Verhandlungen zwischen der Kirchenltg. und der DDR-Führung; Präs. der Ev. Hauptbibelges.; 1989 Dr. h.c. der HU Berlin; 1990 Ratsvors. der EKU (Ost); Präs. des Kuratoriums der Ostsächs. HS.
R. war beim MfS als IM »Ferdinand« registriert, bislang keine klare öff. Stellungnahme.
Zahlr. Veröff. zur dt. Reformationsgeschichte.

Rohmann, Eva, geb. Hahn 17.5.1944
DFD-Funktionärin
Geb. in Gera, Vater Bankangestellter; Oberschule; 1960–63 Studium am IfL Gera; 1962 FDGB, 1963 SED; 1963–65 Lehrerin, Hortnerin; 1964–70 Mitgl. der ZL der Pionierorg. »Ernst Thälmann«, 1965/66 stellv. Vors. ihrer KL Gera-Stadt; 1967 dort Sekr. der FDJ-KL; 1967–70 Ltr. der Kommission Jugend u. Sport der SED-KL Gera-Stadt; 1969 DFD; 1970–73 Studium an der PHS, Dipl.-Ges.-Wiss.; 1973–82 Abt.-Ltr. im Bundesvorst. des DFD, 1982–89 Mitgl. des Präs. u. Sekr. des Bundesvorst.; 1981 – März 1990 Abg. der Volkskammer, ab 1984 Vors. der DFD-Fraktion, Nov. 1989–März 1990 Mitglied des Präs.; 16.11.1989–27.10.1990 Vors. des DFD (Nachf. von Ilse Thiele), danach Geschäftsführerin des DFD.

Rohner, Gerhard 1895–1971
CDU-Politiker, Finanzminister
Kaufmann; 1925–45 Vertreter des Flick-Konzerns in Dresden, Chemnitz u. Berlin; Juli 1945 Mitbegr. der CDU in Dresden; 1945/46 Vizepräs. der Landesverwaltung Sachsen u. Ltr. des Ressorts Finanzen u. Steuern; 1946 – Jan. 1950 Mitgl. des CDU-Landesvorst. Sachsen, Juli 1946 – Jan. 1950 Min. für Finanzen der Landesreg. Sachsen; Okt. 1946 – Febr. 1950 Mitgl. des Sächs. Landtags; Sept. 1948 – Febr. 1950 Mitgl. des CDU-Hauptvorst.; 1948/49 Mitgl. des Dt. Volksrats u. der DWK; Sept. 1948–50 geschäftsführender Hauptvorst. der CDU; Okt. 1949 – Febr. 1950 Abg. der Prov. Volkskammer bzw. der Volkskammer, Vors. der CDU-Fraktion; Febr. 1950 nach heftigen Angriffen der SED Flucht in die Bundesrep. Dtl., Düsseldorf, dort Verkaufsdir. der Eisenwerke Maximilianshütte Sulzbach-Rosenberg (Flick-Konzern).

Röhrer, Heinz 23.3.1905–13.6.1992
Veterinärmediziner
Geb. in Leipzig, Vater kaufm. Angestellter; Oberrealschule; 1924–28 veterinärmed. Studium an der Univ. Leipzig, tierärztl. Approbation u. Prom. zum Dr. med. vet.; 1928/29 wiss. Hilfsarbeiter; 1930–32 wiss. Assistent in der Schweinepestabt. der Staatl. Forschungsanstalt für Tierseuchen Insel Riems, 1932–35 an der Univ. Freiburg i. Br.; 1935–41 in staatl. Veterinär-Untersuchungsämtern tätig; 1941 Habil. an der Med. Fak. der Univ. Köln, 1942 Doz. für vergleichende Pathol.; 1942 Prof., bis Sept. 1945 Abt.-Ltr. bzw. Dir. (ab 1944) der o.g. Forschungsanstalt Insel Riems.
1946–48 techn. Ltr. der Produktionsstätte Rottenau bzw. des gesamten Asid-Serum-Werks Dessau; 1948–70 Präs. der o.g. Forschungsanstalt (ab 1952 Friedrich-Loeffler-Inst.) für Tierseuchen Insel Riems der DAL; 1951 CDU, ab 1954 Mitgl. des Hauptvorst., 1954–63 Abg. der Volkskammer; 1951 NP; Ord. Mitgl. der DAL, 1957–69 Sekretar der Sekt. Veterinärmedizin, 1970 em.; 1950 Prof. mit Lehrauftrag, ab 1960 mit Lehrstuhl für Virol. an der EMAU Greifswald; 1954 NP; 1955 Ord. Mitgl. der DAW; ab 1959 Vors. des Arbeitskr. Seren, Impfstoffe u. Organpräparate beim DDR-Forschungsrat; 1960 Dr. h.c. der KMU Leipzig u. 1965 der EMAU Greifswald.
R. war maßg. beteiligt am Wiederaufbau

der demontierten Forschungsanstalt Insel Riems, der Einführung einer intern. beispielgebenden obligator. Maul- u. Klauenseuche-Schutzimpfung sowie der Entw. der Kristallviolettrakzime gegen Schweinepest; Mitgl. und Ehrenmitgl. zahlr. in- u. ausländ. wiss. Ges., u. a. der Weltvereinigung für Neurol. und der Royal Society of Medicine London; Hrsg. des Archivs für Experimentelle Veterinärmedizin (ab 1950); etwa 100 Publ. zu experimenteller Veterinärmedizin und Tierseuchenbekämpfung u. a. Viruskrankheiten der landw. Nutztiere. Berlin 1953; Maul- u. Klauenseuche. Jena 1980 (mit A. F. Olechowitz).

Sek.-Lit.: Goerttler, V.: H. R. 60 Jahre. Archiv für experimentelle Veterinärmedizin. Sonderheft 1965.

Romberg, Walter 27. 12. 1928
Finanzminister
Geb. in Schwerin; 1947 Abitur, danach Studium der Mathematik u. Physik in Rostock, 1950–54 Mathematikstudium an der HU Berlin u. der Univ. Rostock, Prom.; ab 1954 am Institut für Reine Mathematik der DAW tätig, 1954–65 wiss. Mitarb., Prom. auf dem Gebiet der Zahlentheorie; 1965–78 Chefred. der »Zentralblätter für Mathematik«; 1978–90 Ltr. der Abt. Wiss. Information, Edition u. Bibliothek; seit 1960 Engagement in der kirchl. Laienarbeit, seit 1976 Mitarb. in Studiengruppe der Theolog. Studienabt. beim Bund der Ev. Kirchen, hier Friedensforschung; Mitarb. in der Friedensbew. u. langjährige Sozialarbeit mit Rentnern; Veröff. zu Sicherheitspol. u. Abrüstung, alternativ-defensiven Militärstrukturen, Abrüstungsmodellen; Dez. 1989 SDP, Mitgl. der Grundsatzkommission; 5. 2. 1990 Min. ohne Geschäftsbereich in der Reg. Modrow*, Ltr. der Expertendelegation für die Verhandlungen über die Währungsunion, 12. 4.–20. 8. 1990 Min. für Finanzen in der Reg. de Maizière*, 18. 5. Mitunterz. des 1. Staatsvertrags DDR – Bundesrep. Dtl.; seit 1990 Abg. des Eur. Parlaments.

Rompe, Robert 10. 9. 1905–6. 10. 1993
Physiker
Geb. in St. Petersburg, Vater Kaufmann; 1914 Übersiedlung nach Dtl.; 1915–23 Mommsen-Gymnasium in Berlin-Charlottenburg; 1924–27 Studium der Fernmeldetechnik an der TH u. 1927–30 der Physik an der Univ. Berlin, hier 1930 Prom. bei Peter Pringsheim; 1930–45 wiss. Mitarb. bei der Studienges. für elektr. Beleuchtung der Osram KG; 1932 KPD.

1945–49 HA-Ltr. für HS u. Wiss. in der Dt. ZV für Volksbildung; 1946–50 Mitgl. des PV, ab 1958 des ZK der SED; 1946 ord. Prof. und bis 1968 Dir. des II. Physikal. Inst. an der HU Berlin; 1950–58 Dir. des Inst. für Strahlungsquellen u. 1958–70 des Physikal.-Techn. Inst. (ab 1969 ZI für Elektronenphysik) der DAW; 1952 NP; 1953 Ord. Mitgl. der DAW, 1954–87 Mitgl. des Präs. der DAW/AdW, 1954–63 u. 1973–87 Sekretar der Klasse Mathematik/Physik, 1963–68 stellv. und amt. Generalsekr., 1957–68 Vorstandsmitgl. der Forschungsgemeinschaft u. Ltr. versch. wiss. Räte der Akad.; 1957–90 Mitgl., ab 1979 Ehrenmitgl. des Forschungsrats; 1970 VVO in Gold; 1970–87 Vors. der Physikal. Ges.; 1975 KMO; Mitgl. vieler Akad. u. Ehrendoktor mehrerer Univ., 1989 Ehrendoktor der AdW der UdSSR.
Hauptarbeitsgebiete: Plasmaphysik, physikal. Grundlagen der techn. Lichterzeugung, Erfinder der Quecksilberhöchstdrucklampen mit kugelförmigen Kolben; Festkörperphysik, Kristallphosphore, Theorie der Supraleitung; Biophysik; erkenntnistheoret. Probleme der Physik; Wissenschaftsorg. u. -geschichte; Initiator von Memoranden zur physikal. Forschung in der DDR; Mithrsg. mehrerer wiss. Lehrbücher u. Ztschr.

Röpke, Gerd 10. 8. 1941
Physiker, Vorsitzender der Physikalischen Gesellschaft
Geb. in Quedlinburg, Vater Arzt; Abitur 1959, 1959–64 Studium der Physik in Leipzig, dort 1964 Aspirantur, Prom. 1966 mit Arbeiten zur Feldtheorie, 1966–72 Oberassistent; 1973 Habil. an der TU Dresden mit Untersuchungen zum Festkörpermagnetismus; seit 1977 Doz., 1986 ao. Prof. u. 1990 ord. Prof. für Theor. Physik an der Univ. Rostock; Herbst 1989 Engagement in der Bürgerbewegung, u. a. Mitarb. im Unabhängigen Untersuchungsaussch. zur Auflösung des MfS in Rostock; 1990 Wahl zum Vors. der Physikal. Ges. der DDR; 1990–1994 Mitgl. des Wissenschaftsrats; seit 1992 Ltr. einer Arbeitsgruppe der Max-Planck-Ges.; Forschungen zur Quantenstatistik.

Rose, Berthold 4. 12. 1904–6. 6. 1965
DBD-Politiker
Geb. in Berlin, Vater Arbeiter; Volksschule, 1920–24 Landarbeiter u. Besuch der Landw.-Schule in Luisenhof (b. Oranienburg); 1925 Freie Dt. Gewerkschaft, dort Funktionär; als Arbeiter u. Angestellter in Industriebetrieben tätig; Wehrmacht, sowj. Gefangenschaft, Lehrer an einer Antifa-Schule.
1949 Rückkehr nach Dtl.; KB; DBD, Ltr. der Abt. Org. des PV, 1949–63 Mitgl. des PV der DBD u. seines Sekr., 1955–60 auch des Präs., 12. 2. 1951 bis 1960 Generalsekretär (Nachfolger von Paul Scholz*); 1960 Abschaffung der Funktion des Generalsekr. u. Minderung der Spannungen zum Parteivors.; 1949–63 Mitgl. des Präsidialrats des KB; ab 1950 Mitgl. des NR der NF u. Vors. der Arbeitsgruppe Landw.; 1950–63 Abg. der Volkskammer, Vors. der DBD-Fraktion u. Mitgl. des Ältestenrats, Mitgl. des Aussch. für Auswärtige Angelegenheiten u. des Wirtschaftsaussch.; ab 1954 Mitgl. des Präs. der Dt. Liga für die Vereinten Nationen; 1955 Arbeitsorden II. Kl. (VR Vietnam); 1955–58 Mitgl. des Zentralvorst. der DSF; 1963 aller Funktionen enthoben, anschl. Dir. eines DEFA-Zweigbetriebs in Berlin-Johannisthal.

Rösel, Fritz 15. 3. 1926
FDGB-Funktionär
Geb. in Heidenau (b. Dresden), Vater Arbeiter; Volksschule, 1940–42 Ausbildung zum Schuhfacharbeiter u. bis 1947 in diesem Beruf tätig; 1945/46 KPD/SED u. FDGB; 1945–47 Jugendbetriebsrat, 1947/48 Jugendsekr. beim Landesvorst. Sachsen der IG Leder; 1949–51 Mitarb. u. Sekr. beim Zentralvorst. der IG Textil-Bekleidung-Leder; 1952–56 Studium am IfG, Dipl.-Ges.-Wiss., 1960 Prom. zum Dr. rer. oec.; 1956–59 Mitarb. im Bundesvorst. des FDGB u. Ltr. der Abt. Schulung bzw. Agit. u. Prop., 1959–62 stellv. Vors. des Zentralvorst. der IG Textil-Bekleidung-Leder, Febr. 1962 – Dez. 1989 Mitgl. des Bundesvorst. des FDGB, seines Präs. u. Sekr., zuständig für Sozialversicherung, Feriendienst, Arbeiterversorgung, gewerkschaftl. Betreuung; Publ. zu sozialpol. u. arbeitsrechtl. Fragen; 1967 – Dez. 1989 Abg. der Volkskammer, Vors. des Ausschusses für Arbeit u. Sozialpol.; 29. 11. 1989 Mitgl. des Arbeitssekr. des FDGB-Bundesvorst., 9. 12. 1989 mit dem Bundesvorst. zurückgetreten.

Rosenhauer, Theodor 8. 5. 1901
Maler
Geb. in Dresden, Vater Ang.; 1912–18 Realschule, 1919/20 Studium an der Akad. für bild. Künste in Dresden (Ferdinand Dorsch); 1924 freischaff. in Dresden; 1925 Stud.-Reise nach Rum.; 1938 Studienreise nach Ital.; 1940–45 Militärdienst (Polen, Krakau); 1945 Vernichtung fast des gesamten Werkes im Bombenangriff auf Dresden; 1963, 1965, 1967, 1969–71 Studienreisen nach

Bulg.; 1969 Korr. Mitgl. der DAK; 1982, 1983, 1985 Studienreisen nach Griech.
Sek.-Lit.: Lang, L.: Begegnungen im Atelier. Berlin 1975; Kat. Th. R. (mit Bibliogr.). AdK Berlin 1986.

Rosenkranz, Otto 3. 2. 1911
Landwirtschaftlicher Betriebswirtschaftswissenschaftler
Geb. in Bromberg (Westpreußen), Vater Mechanikermeister; Gymnasium, 1929–31 landw. Lehre; 1931/32 Dienst im poln. Heer; 1932–35 Studium der Landw. an der TH Danzig, Dipl.-Landwirt, anschl. Assistent bei Georg Blohm an der TH Danzig bzw. Posen, 1937 Prom. zum Dr. rer. techn. mit einer Arbeit zur Entw. der Landw. u. der Versorgungslage in Danzig, 1941 Habil. auf dem Gebiet der Wirtschafts- und Arbeitslehre des Landbaus; 1941–44 Doz. an der Univ. Posen; 1941–44 Wehrmacht, Ltn., 1945 Volkssturm, sowj. Gefangenschaft bis Apr. 1949.
Mai 1949 Mitarb. der Forschungsstelle für Agrarwirtschaft u. Agrarpol. der VdgB in Berlin; 1950–76 Prof. für landw. Betriebslehre an der Univ. Leipzig, ab 1952 Prof. mit Lehrstuhl u. Dir. des Inst. für Betriebs- u. Arbeitsorg. der Landw., 1958–62 Dekan; 1950 zugl. beauftragt mit der Verlegung der Staatl. Forschungsstelle für Landarbeit von Pommritz nach Gundorf, danach Dir. des daraus hervorgegangenen Inst. für landw. Betriebs- u. Arbeitsök. der DAL; 1953–76 Ord. Mitgl. der DAL/AdL, 1953 Vors. der Kommission zur Betreuung der LPG, 1957–67 Sekretar der Sekt. Agrarökonomie; 1955 NP; 1961 Wahl zum Vizepräs. der DAL, vom zuständigen Min. jedoch nicht bestätigt (März 1990 diesbezügl. Rehabilitierungsbeschluß des AdL-Plenums); Chefred. der Ztschr. für Agrarökonomik; 1964 Ord. Mitgl. der DAW/AdW; VVO in Gold; 1968 nach teilw. Einschränkung öff. Auftritts- u. Publikationsmöglichkeiten auf Betreiben der ZK-Abt. Landw. aus ideolog. Gründen als Dir. des DAL-Inst. in Gundorf aus dem Amt gedrängt; 1976 em.
1991 Dr. h.c. der Univ. Leipzig.
Publ.: Handbuch des Genossenschaftsbauern. 4 Bde. (Hrsg.). Berlin 1954–58; Optimale Betriebsgröße u. industriemäßige Produktion in der Landwirtschaft. Berlin 1965; Geschichte und Aufgaben landwirtschaftlicher Betriebswissenschaft in der DDR. Berlin 1987; Landwirtschaft in den neuen Bundesländern (mit Gerhard Müller). Leipzig 1994.

Rosenthal, Wolfgang
8. 9. 1884–10. 6. 1971
Kieferchirurg, Klinikdirektor
Geb. in Friedrichshagen b. Berlin, Vater Schuldir.; Besuch der Thomasschule in Leipzig u. Mitgl. des Thomanerchors; 1902/03 Jurastudium in München; 1904–10 Medizinstudium in Leipzig, 1910 hier Prom.; 1911–14 Assistenzarzt u. Ausbildung zum Chirurgen am Leipziger Chirurg.-Poliklin. Inst., 1915–18 Militärdienst als Chirurg im Reservelazarett für Kiefer- u. Gesichtsverletzte in Leipzig; hier 1918 Habil. über plast. Chirurgie; 1919 chirurg. Tätigkeit am Leipziger St.-Georg-Krankenhaus, 1928 chirurg. Privatpraxis, nebenberufl. zahlr. Konzerte als Gesangssolist, 1930 ao. Prof für Chirurgie in Leipzig, 1933 zahnärztl. Staatsexamen, 1936/37 Oberarzt an der Kieferklinik in Hamburg u. Vors. der Ges. für Kiefer- und Gesichtschirurgie; 1937 aus »rass.« Gründen Entzug der Lehrbefugnis, wieder Privatpraxis in Leipzig u. weitere therapeut. Bemühungen um Kinder mit Lippen-Kiefer-Gaumenspaltung, 1943 Gründung einer kieferchirurg. Heilstätte in Thallwitz (b. Wurzen; ab 1961 »Klinik für Plast. u. Wiederherstellende Kiefer- u. Gesichtschirurgie«).
1945/46 SPD/SED; 1950 Berufung an die HU Berlin, Dir. der Klinik für Kiefer-

chirurgie u. des Zahnärztl. Inst. der Charité, 1951 Prodekan u. 1952/53 Dekan der Med. Fak. der HU, 1955 Ord. Mitgl. der DAW u. der Leopoldina; 1955 NP II. Klasse; 1957 em.; Weiterführung der Ltg. der Thallwitzer Klinik; wiss. Arbeiten auf dem Gebiet der Kiefer- u. Gesichtstraumatol. sowie der Spaltchirurgie; gest. in Leipzig.
Publ.: Lehrbuch der Mund- u. Kieferchirurgie (mit E. Sonntag). Leipzig 1930; Spezielle Kiefer- und Gesichtschirurgie. Leipzig 1951.
Sek.-Lit.: Augner, Peter-Michael: W. R. (Biogr. hervorragender Naturwissenschaftler, Techniker u. Mediziner Bd. 93, mit Bibliogr.), Leipzig 1989.

Rösner, Hansjürgen
6. 12. 1914–25. 10. 1964
CDU-Funktionär
Geb. in Schwerin, Vater Tapezierer; Volksschule u. Gymnasium in Schwerin; 1933 Abitur; 1933–35 Studium der Theol. (nach vier Semestern Abbruch); 1936–45 Hilfsarbeiter bzw. techn. Angestellter bei den Arado-Flugzeugwerken Warnemünde.
1945 Landarbeiter; CDU; 1945–48 Angestellter bei der IHK u. im Amt für Wirtschaftsplanung der Landesreg. Mecklenburg; 1948/49 Kr.-Sekr. der CDU in Schwerin; Mitgl. des Landesvorst. Mecklenburg der CDU; 1950–52 Landessekr. Mecklenburg der CDU; 1952–1958 Vors. des Bezirkvorst. Schwerin der CDU u. Mitgl. des Bez.-Tags Schwerin; 1957/58 stellv. Vors. des Bezirkvorst. Schwerin des KB; seit 1952 Mitgl. des Hauptvorst. der CDU; 1955–59 stellv. Vors. der BL Schwerin des KB; seit 1958 Mitgl. des Präs. des Hauptvorst. der CDU, 1960/61 Sekr. für Kader-, Kirchen- u. Kulturpol. des Hauptvorst. der CDU (Nachf. von Otto Kalb); seit 1958 Mitgl. des NR der NF; 1961–64 1. Vors. des Bezirkvorst. Berlin der CDU; seit 1958 Abg. der Volkskammer, Berliner Vertreter u. Mitgl. des Jugendaussch.; seit 1959 Mitgl. des Bezirksvorst. des KB Berlin.

Rösser, Wolfgang 16. 3. 1914
NDPD-Politiker
Geb. in Berlin, Vater Klavierlehrer; Reformrealgymnasium, 1934–37 Ausbildung zum Versicherungskaufmann; 1937 Wehrmacht, zuletzt Major; 1944 sowjet. Gefangenschaft, Besuch von Antifa-Schulen u. Lehrtätigkeit.
Rückkehr nach Dtl.; 1950 NDPD, seitdem hauptamtl. beim PV, zeitw. Rektor der HS für nat. Pol. (Zentrale Parteischule der NDPD) in Waldsieversdorf (Kr. Strausberg); 1951–54 Fernstudium an der DASR, Dipl.-Staatswiss.; 1950 – Jan. 1990 Mitgl. des Hauptaussch. der NDPD, 1952–89 auch des PV bzw. Präs.; 1950–86 Abg. der Volkskammer, 1954–58 Stellv. Vors., 1958–67 Vors. der NDPD-Fraktion, 1963–67 stellv. Vors. der Interparl. Gruppe, 1967–86 Vors. des Aussch. für Haushalt u. Finanzen sowie Mitglied des Präs. der Volkskammer; seit 1971 Vizepräsident der Freundschaftsges. DDR – Lateinamerika; 1963–82 Sekr. des Hauptaussch. der NDPD; 1974 VVO in Gold; 1982 Rentner; 1982–87 ehrenamtl. Mitgl. des Sekr. des Hauptaussch., 1982 – Nov. 1989 ehrenamtl. Vors. der NDPD-Parteikontrollkommission; 28. 3. 1990 nach dem kooperativen Beitritt der NDPD zum Bund Freier Demokraten dessen Mitgl., dann F.D.P.

Rössle, Robert 19. 8. 1876–21. 11. 1956
Pathologe
Geb. in Augsburg, Vater Fabrikdir.; Abitur 1895, anschl. Studium der Medizin in München, Kiel, Straßburg, 1900 Prom., 1904 Habil.; 1906 Privatdoz., 1909 Prof. für Pathol. in München, 1911 Univ. Jena, 1922 Univ. Basel, seit 1929 Univ. Berlin.
1946/47 Sekr. der Math.-Naturwiss.

Klasse, ab 1947 Klasse Medizin der DAW; NP 1949; nach dem 2. Weltkrieg führend an der Wiedereröffnung der Akad. u. der Charité beteiligt.
Intern. anerkannte Forschungen zu Fragen der Allergie u. allerg. Entzündungen; prägte den Begriff Pathergie.
Sek.-Lit: Hamperl, H.: R. R. in seinem letzten Lebensjahrzehnt (1946–1956).

Roßberg, Klaus 8. 8. 1937
Stellvertretender MfS-Abteilungsleiter
Geb. in Eilenburg, Vater Lokführer, Mutter Hausfrau. 1956 Abitur; SED; 1956–60 Studium der Staatswiss. an der DASR, Dipl.-Staatswiss.; 1960 Arbeitseinsatz im VEB Celluloid-Werk Eilenburg; 1961 Eintritt in das MfS, HA V (Staatsapp., Kunst, Kultur, Untergrund) Berlin; 1967 dort Referatsltr., 1979 stellv. Ltr. der HA XX/4 (Kirchen); 1982 Oberstltn.; 1990 Entlassung.

Roth, Heinz 13. 7. 1931
MfS-Abteilungsleiter
Geb. in Mittelschmalkalden (Thür.), Vater Kernmacher, Mutter ohne Beruf; Volksschule; 1945–49 Ausbildung zum Maschinenschlosser; 1949 VP; 1952 Schule der KVP; 1952 SED; 1953 Adj. bei der Politverwaltung der KVP, dann Politstellv. der II. Komp. der II. Abt. Strausberg II der KVP; Politstellv. der Wachabt. in Strausberg II; 1955/56 Politoffiziersschule der NVA; 1956 Einstellung beim MfS Berlin, HA I (NVA); 1961–64 Dreijahreslehrgang an der HS des MfS Potsdam-Eiche, Dipl.-Jur.; 1964 Versetzung in die HA VII (MdI/VP); 1969 Stellv. des Ltr. der HA VII; 1975 Prom. zum Dr. jur. an der JHS Potsdam-Eiche; 1976 Oberst; 1980 Ltr. der Abt. XII (Zentral Auskunft/Speicher) des MfS Berlin; 1990 Entlassung.

Roth, Herbert 14. 12. 1926–17. 10. 1983
Sänger, Komponist, Ensembleleiter
Geb. in Suhl, Vater Friseurmeister; Klavier- u. Akkordeonunterricht; Friseurmeister; 1950 erste Liedprod. beim Sender Weimar, 1951 Gründer des Ensembles »Suhler Volksmusik«; ab Mitte der 50er Jahre »Herbert Roth u. sein Ensemble« (mit Sängerin u. Jodlerin Waltraud Schulz, später auch mit Tochter Karin R. u. Ehefrau Edelgard R.); in 32 Jahren fast 10000 Veranstaltungen überall in der DDR, Tourneen in der ČSSR, der Bundesrep. Dtl. u. Frankreich; über 300 Kompositionen, darunter ca. 200 Lieder, u. a. »Rennsteiglied«, »So klingt's in den Bergen«, »Auf der Oberhofer Höh«, »Kleines Haus am Wald« (alle Texte: Karl Müller), u. unter dem Ps. Matthias Wendt einige Schlager, u. a. »Reisen, reisen in die weite Ferne«; Auftritte im DDR-Rundfunk u. DFF in zahlr. Unterhaltungssendungen (»Da lacht der Bär«, »Oberhofer Bauernmarkt« u. a.), in mehreren Filmen, mit dem Special »Von der Wartburg bis zur Saale« (1983); bei Amiga 18 Singles u. zehn LP, z. T. weltweit exportiert; in den 60er Jahren eine Lizenz-LP in der Bundesrep. Dtl., 1991 eine LP bei Dt. Schallplatten/musicando.

Rothe, Werner 9. 3. 1929
Chef der Politischen Verwaltung der Landstreitkräfte
Geb. in Görlitz, Vater Zimmermann; Volksschule, 1943–47 Ausbildung u. Arbeit als Eisenbahnfacharbeiter; 1947/48 hauptamtl. Jugendsekr. des FDGB im Reichsbahnamt Cottbus; SED; 1948/49 kasernierte Bereitschaftspolizei, VP-Kommissar, danach Pol.-Lehrer an der VP-Schule Glöwen (b. Havelberg); 1952–54 Pol. Stellv. des Kdr. im Jagdfliegergeschwader Cottbus der VP-Luft/Aeroklubs, Major, 1954–57 Politstellv. des Kdr. der Jagdfliegerdiv. in Cottbus; 1957–62 Stellv. des Ltr. bzw. Ltr. der Politabt. der Luftstreitkräfte/Luftverteidigung (LSK/LV) u. Stellv. des Chefs (Nachf. von Arthur Franke*); 1962–65 Militärakad. Dresden, Dipl. rer. mil.,

Oberst; 1965–68 Stellv. des Chefs u. Chef der Pol. Verwaltung der LSK/LV, Gen.-Major; 1968–72 Stellv. des Chefs der Pol. HV der NVA für organisationspol. Arbeit; 1972–90 Stellv. des Chefs u. Chef der Pol. Verwaltung der Landstreitkräfte, Gen.-Ltn.; Ende 1989 Auflösung der Pol.-Organe u. Schaffung von staatsbürgerl. Bildung u. Erziehung; März 1990 Ruhestand.

Rothmaler, Werner
20. 8. 1908–13. 4. 1962
Botaniker, Präsident der Urania
Geb. in Sangerhausen in einer Landwirtsfamilie; Herzog-Ernst-Gymnasium in Weimar, Gärtnerlehre; 1923 Veröff. der ersten botan. Arbeit; Botanikstudium an der Univ. Jena; 1928 Gewerkschaft, 1930 Bund der Freunde der Sowjetunion; 1933 Emigration nach Spanien, freier Wiss. am Botan. Inst. Madrid, am Naturhist. u. Botan. Inst. in Barcelona; Forschungsreisen nach Portugal, Schweden, in die Schweiz, nach Italien u. Frankreich; nach Denunziation in das Dt. Reich abgeschoben, Internierung in einem Lager bei Metz, anschl. zum Heer einberufen, nach wenigen Monaten als schwerkrank u. dienstunfähig entlassen; Tätigkeit am Kaiser-Wilhelm-Inst. für Biol. in Berlin-Dahlem, Prom.; Habil. an der Univ. Halle, Doz. u. Abt.-Ltr. im Inst. für Kulturpflanzenforschung in Gatersleben (Harzvorland).
1950 Prof. für Botanik, 1958 Dir. des Inst. für Agrarbiol. an der EMAU Greifswald, Prorektor; 17. 6. 1954 Mitbegr. u. Präs. (bis zu seinem Tod) der Ges. zur Verbreitung wiss. Kenntnisse (ab 1966 Urania); intern. geachteter Forscher mit mehr als 100 Publ.; herausragend: »Exkursionsflora« u. »Allg. Taxonomie u. Chorol. der Pflanzen«.

Rubbel, Rudi 23. 1. 1920–2. 12. 1971
Werkdirektor
Geb. in Königsberg (Ostpr.) in einer Arbeiterfamilie; 1926–36 Volks- u. Mittelschule; 1936–41 Maschinenführer; anschl. Kriegsmarine, 1944–46 frz. Gefangenschaft.
1946–48 Gleisbauarbeiter bei der Reichsbahndirektion Dresden; 1948–52 Abt.-Ltr. im Transformatoren- u. Röntgenwerk Dresden; als Autor des 1952 off. bestätigten »Plans der Rationalisatoren u. Erfinder« (mit Siegfried Naumann) Mitbegr. der Rationalisierungs- bzw. Neuererbew. in der DDR-Industrie; 1951 SED; 1952 NP; 1953–60 Sektorenltr. im FDGB-Bundesvorst., Abt.-Ltr. Wirtschaft; 1959/60 Vors. des Neuereraktivs beim FDGB-Bundesvorst.; zugleich 1956–59 Studium an der Ing.-Schule Berlin-Lichtenberg u. 1959–61 an der HU Berlin, Abschluß als Dipl.-Wirtsch.; 1960–63 Mitgl. des FDGB-Bundesvorst.; 1961–63 Dir. für Arbeit bzw. Werkdir. des VEB Elektrokohle Berlin-Lichtenberg; 1963/64 Sekr. für Wirtschaft der SED-BL Berlin; 1963–67 Abg. der Berliner Stadtverordnetenvers.; 1964–68 Betriebsdir. im VEB Berliner Glühlampenwerk, 1969/70 Kombinatsdir. des VEB NARVA Berlin; ab Febr. 1970 Kombinatsdir. des VEB Elektro-Apparate-Werke Berlin; 2. 12. 1971 tödl. verunglückt.
Publ.: Die Bedeutung der Rationalisatoren- u. Erfinderbewegung. Berlin 1953.

Ruben, Peter 1. 12. 1933
Philosoph
Geb. in Berlin, Vater Maschinenschlosser; 1952 Abitur; anschl. bis 1955 Dienst bei der KVP; 1955 SED; ab 1955 Studium der Philos. mit den Nebenfächern Mathematik u. Physik an der HU Berlin; 1958 im Kontext der Kampagne gegen Wolfgang Harich*, Walter Janka* u. a. Ausschl. aus der SED u. Exmatrikulation von der HU Berlin; anschl. als Bauhilfsarb. zur »Bewährung in der soz. Produktion«, u. a. beim Bau des Flughafens Berlin-Schönefeld; 1961–63 Fortsetzung des

Studiums der Philos. an der HU; 1964 Wiederaufnahme in die SED; 1964/65 Assistent bei Hermann Ley* am Inst. für Philos. der HU Berlin, 1965–68 Aspirant am Lehrstuhl Philosoph. Probleme der Naturwiss., 1968–71 Oberassistent im Bereich Dial. Materialismus, 1969 Prom. mit der Arbeit »Mechanik u. Dialektik. Eine wissenschaftstheor.-philosoph. Studie zum physikal. Verhalten«, 1971–75 Oberassistent am o.g. Lehrstuhl; 1973/74 Zusatzstudium an der Shdanow-Univ. Leningrad; 1975 Habil. zum Thema »Widerspruch u. Naturdialektik« an der HU; Wechsel an das ZI für Philos. der AdW, dort bis zur Ablösung der Bereichsltr. Camilla Warnke 1979 stellv. Bereichsltr. »Dial. Materialismus«; 1975/76 Gastprof. an der Univ. Aarhus (Dänemark), seitdem verstärkte Publ. u. Rezeption der Auffassungen R.s zur »Dialektik der Arbeit«, »Wiss. als allgemeine Arbeit« u. zur Arbeitswerttheorie im In- u. Ausland; 1977 mit Hans Wagner* u.a. Mitbegr. der interdisz. Forschungsgruppe »Philosoph. und methodolog. Probleme der pol. Ökonomie«, die Wissenschaftler versch. Sekt. u. Inst. der HU, der AdW u.a. Einrichtungen zusammenführte u. in der R. in den folgenden Jahren insbes. methodolog. Ansätze zu einer Theorie der soz. Wertform vorstellte, die in der Konsequenz die Prinzipien der Preisbildung in der DDR-Wirtsch. in Frage stellten; 1980/81 Einsetzung einer »Kommission zu pol.-ideol. u. wiss. Einschätzungen von Publ. von Dr. P. R.«, die auf maßg. Betreiben von Manfred Buhr* u. Herbert Hörz* dessen wichtigste Arbeiten als »revisionist.« einstufte, 1981 Ausschl. aus der SED (zus. mit fünf weiteren Mitarb. des Inst.), aufgrund von Protesten v.a. aus der Bundesrep. Dtl. Weiterbeschäftigung am Inst., Verbot jegl. Lehrtätigkeit sowie der weiteren Mitarb. in der o.g. Forschungsgruppe, weitgehende Einschränkung von Publikationsmöglichkeiten.
1990 Beschluß der Ges. Rats des ZI für Philos. zur Veröff. der die Maßregelungen von 1981 betreffenden Materialien u. Dokumente, Rehabilitierung durch die PDS; Teiln. am Runden Tisch der AdW; Wahl zum Dir. des ZI für Philos.; Ernennung zum Prof. für Philos. an der AdW. Präs. des Vereins Berliner Debatte INITIAL und Mitbegr. der gleichn. Ztschr.; 1994 wiss. Mitarb. am Lehrstuhl für Politikwiss. der Europa-Univ. Viadrina Frankfurt/Oder.
Publ.: Dialektik u. Arb. der Philos. Köln 1978; Philos. u. Mathematik. Leipzig 1979; Philosoph. Schriften I. (mit Camilla Warnke) Aarhus, Paris, Florenz 1991; *Sek.-Lit.:* H.-C. Rauh (Hrsg.): Gefesselter Widerspruch. Die Affaire um P. R. (mit Auswahlbibliogr.) Berlin 1991.

Ruben, Walter 26.12.1899–7.11.1982
Indologe
Geb. in Hamburg; Gymnasium, Abitur; 1917/18 Militärdienst; 1919–24 Studium der Indol., der griech. u. latein. Sprache sowie Philos. an den Univ. Hamburg u. Bonn, 1924 Prom. zum Dr. phil. u. 1927 Habil. für das Fach Indol. an der Univ. Bonn; 1931–35 Privatdoz. an der Univ. Frankfurt/Main; 1935 Emigration wegen rass. Verfolgung, bis 1948 Prof. für Indol. an der Univ. Ankara; 1935/36 Forschungsreise nach Indien; 1948/49 Prof. an der Univ. Santiago de Chile.
1950 Prof. mit Lehrstuhl für Indol. u. Dir. des Inst. für Indienkunde an der HU Berlin; 1955 Ord. Mitgl. der DAW, 1955 zugl. stellv. Dir. u. 1962 Dir. des Inst. für Orientforschung der DAW; 1958 SED; 1959 NP; 1960–68 Sekretar der Klasse für Sprachen, Lit. u. Kunst der DAW; 1961 Vizepräs. der dt.-ostasiat. Ges.; 1965 em.
Zahlr. Werke über ind. Lit., Philos. u. Religionsgeschichte; Umgestaltung der Indol. zu einer komplexen Länderwiss.; Hrsg. von »Ind. Romane« (1964–67).
Publ.: Einführung in die Indienkunde.

Berlin 1954; Geschichte der ind. Philos. Berlin 1954.
Sek.-Lit.: Neue Indienkunde (Festschrift, Bibliogr). Berlin 1970.

Rübensam, Erich 18. 5. 1922
Präsident der DAL bzw. der AdL
Geb. in Jaasde (Hinterpomm.), Vater Landwirt; Volksschule, landw. Lehre u. Landw.-Schule; 1940 in der NSDAP registriert; 1941–45 Wehrmacht, Uffz., 1944 verwundet, sowj. Kriegsgefangenschaft;
Dez. 1945 nach Mecklenburg entlassen, 1946 Arbeiter u. Wirtschafter in landw. Betrieben; nach Begabtenprüfung 1946–49 Landw.-Studium an der Univ. Rostock, Dipl.-Landwirt, 1950 Prom. bei Asmus Petersen mit einer Diss. über das Besanden von Niedermoorwiesen; 1949 SED; 1951 Lehrauftrag für Agrarplanung an der Univ. Rostock, 1951–67 Dir. des Inst. für Acker- u. Pflanzenbau Müncheberg der DAL, Profilierung des Instituts zum Zentrum der Bodenfruchtbarkeitsforschung; Berufung zum Prof., Habil. an der Univ. Rostock zur landw. Produktionsplanung auf der Grundlage einer Rohertragsbonitierung; 1951 Kand., 1963–89 Mitgl. des ZK der SED; 1954–59 stellv. Min. für Land- u. Forstwirtschaft; 1959–62 Prof. mit Lehrauftrag u. Dir. des Inst. für Acker- u. Pflanzenbau der HU Berlin; 1960 Mitgl. des Präs. der Dt. Agrarwiss. Ges.; 1962–67 stellv. Ltr. der Abt. Landw. des ZK der SED; 1962 Ord. Mitgl. der DAL; 1963 NP (im Kollektiv); 1963–68 Vizepräs. bzw. 1. Vizepräsident, 31. 5. 1968–9. 10. 1987 Präs. der DAL bzw. AdL (Nachf. von Hans Stubbe*), anschl. bis zur Em. am 1. 7. 1990 Ehrenpräs.; 1963 Mitgl. des Landwirtschaftsrats bzw. des Rats für landw. Prod. u. Nahrungsgüterwirtschaft sowie 1976 des Kollegiums des Min. für Land-, Forst- u. Nahrungsgüterwirtschaft, 1966 Mitgl. des Vorst. des Forschungsrats; 1967 Korr. Mitgl. der Lenin-Akad. für Landw.-Wiss. der UdSSR; 1972 Mitgl. des HFS-Rats beim Min. für HFS-Wesen; 1974 Präs. der Freundschaftsges. DDR–Algerien; 1975 stellv. Vors. des Interministeriellen Rats für Fragen des wiss.-techn. Fortschritts in der Land- u. Nahrungsgüterwirtschaft; VVO in Gold u. 1982 Ehrenspange; 1983 Ehrenprom. an der MLU Halle; 1984 auswärtiges Mitgl. der Ung. AdW; 1987 KMO.
Publ.: Das Trawapolnaja-System von Wiljams. Berlin 1954; Die Standortverteilung der landw. Produktion. Berlin 1960; Ackerbau (mit K. Rauhe). Berlin 1968.
Sek.-Lit.: E. R. – 65 Jahre. Wissenschaftliches Symposium der AdL. Berlin 1987.

Rücker, Günther 2. 2. 1924
Schriftsteller, Drehbuchautor, Regisseur
Geb. in Reichenberg, Vater Tischler; 1942 Soldat u. Gefangenschaft.
1945 Aussiedlung in die SBZ, Neulehrer in Leipzig; 1947–49 Studium an der Theater-HS Leipzig, 1949–51 Rundfunkregisseur in Leipzig; lebt seit 1951 in Berlin; seither DEFA-Mitarb. u. freischaff. Schriftst.; 1954 DSV, AdK 1972 (1991 erneut gewählt); Verf. von Hörspielen, Film-Drehbüchern u. Erzählungen; Verschiedene Preise (u. a. 1956/71/81 NP); laut Medienberichten vom MfS als IM »Günter« geführt.
Werke: Kleines Hörspielbuch. 1970; Porträt einer dicken Frau. 1971; Bis daß der Tod euch scheidet. 1979; Geschichte begreifen. 1980; Herr von Oe. Hilde, das Dienstmädchen. 1984; Anton Popper. 1985; Erzählung eines Stiefsohnes. 1988; Die Verlobte. 1988; Woher die Geschichten kommen. 1990.

Rüddenklau, Wolfgang 1. 5. 1953
Bürgerrechtler
Geb. in Erfurt in einer Pfarrersfamilie, aufgewachsen in Fambach (Thür.); 1971

Abitur in Eisenach, 1972 ein Semester Theologiestudium am Sprachenkonvikt in Berlin, anschl. Bühnenarbeiter am Dt. Theater, 1973 Ausbildung zum Kinder- und Jugendarbeiter im gemeindekirchl. Dienst, nach der Probezeit wegen »mangelnder Anpassungsfähigkeit« nicht übernommen; anschl. Pförtner, Nachtwächter, Hausmeister, Friedhofsarbeiter, dabei Selbststudium der Geschichte, insbesondere der russ. u. dt. Revolutionsgeschichte, Vorarbeiten zu einer Gustav-Landauer-Biogr.; 1983 Mitbegr. des »Friedens- u. Umweltkr. Glaubenskirche« in Berlin-Lichtenberg, 1984/85 ein Jahr Gefängnishaft in Berlin u. Rüdersdorf unter dem Vorwand krimineller Delikte; 1986 Mitbegr. der Umweltbibliothek (UB) bei der Berliner Zionsgemeinde u. Red. der Samisdat-Ztschr. »Umweltblätter«, Org. des DDR-weiten Informationsaustauschs opp. Gruppen, Mitorganisator von Öko-Seminaren u. a. Aktivitäten der Berliner Friedensgruppen; Nov. 1987 nach der MfS-Aktion gegen die UB Verhaftung u. Einleitung eines Ermittlungsverfahrens wegen »staatsfeindl. Gruppenbildung«, Haftentlassung nach massiven öff. Protesten; seit Okt. 1989 Red. des »telegraph« (Nachfolge-Ztschr. der »Umweltblätter«).
Publ.: Störenfried – DDR-Opposition 1986–89. Berlin 1992.

Rudolph, Wilhelm
22. 2. 1889–30. 9. 1982
Grafiker, Maler
Geb. in Chemnitz; 1908–14 Studium an der Akad. der bild. Künste in Dresden, Lehrer Robert Sterl, Carl Bantzer; 1914–18 Soldat; 1920–31 freischaff.; 1932–38 Prof. an der Akad. der bild. Künste in Dresden; 1938 Entlassung aus dem Lehramt u. Ausstellungsverbot.
1946–49 Lehrtätigkeit an der HS für bild. Künste Dresden, anschl. freischaff.; Vertreter der Dresdener Malschule.
Werke: Blattfolge Das zerstörte Dresden (1945/46), Ikala (Bildnis eines Negers 1949), Das zerstörte Dresden (1954); Porträts: Martin Andersen Nexö (1952), Heinz Bongartz (1966), Porträt einer jungen Frau (1967), Porträt eines Jungen Till (1981).
Publ.: Das zerstörte Dresden. Leipzig 1988.
Sek.-Lit.: Uhlitzsch, J.: W. R. Leipzig 1968; Kat. W. R. Dresden 1945. HS für bild. Künste Dresden 1974; W. R. Städt. Kunsthalle Düsseldorf 1975; W. R. Städt. Galerie Albstadt 1992.

Rümmler, Erich 17. 4. 1930
Leiter der Arbeitsgruppe des Ministers für Staatssicherheit
Geb. in Pockau (Kr. Marienberg), Vater Glaser, Mutter Hausgehilfin; Volksschule; 1944–48 Lehre u. Arbeit als Holzmaschinenwerker; 1947 SED; 1948 Mitarb. der VP; 1951 Einstellung beim MfS, HA I (Abwehr in den VP-Bereitschaften); 1961 Vorstudienfak. Naumburg; 1962–64 Kursant der Militärakad. »Friedrich Engels«, Dipl.-Mil.-Wiss.; 1964/65 Praktikant als stellv. Stabschef im Mot.-Schützen-Reg. 7 der NVA; 1965 stellv. Abt.-Ltr., 1966 Abt.-Ltr. in der HA I (Abwehr in der NVA); 1968 Abt.-Ltr. in der Arbeitsgruppe des Min. (AG M); 1980 stellv. Ltr. der AG M; 1983 Gen.-Major, 1983 1. Stellv. des Ltr., 1987 Ltr. der AG M; Dez. 1989 von seiner Funktion entbunden; Jan. 1990 Entlassung, Rentner.

Rumpf, Willy 4. 4. 1903–8. 2. 1982
Finanzminister
Geb. in Berlin, Vater Angestellter; 1917–20 Ausbildung zum Versicherungsangestellten; 1920 KJVD; 1921–32 Buchhalter, Kassierer, Korr. im Außenhandel, Verlagsltr.; 1925 KPD, Mitgl. der Unterbezirksltg. Berlin-Weißensee; 1933–38 Zuchthaus, KZ Sachsenhausen; danach Angestellter; 1940–42 Mitgl. der Widerstandsgruppe von Robert Uhrig.
1945–47 stellv. Ltr. der Finanzabt. des

Magistrats von Groß-Berlin; 1946 SED; 1947/48 Ltr. der Treuhandverwaltung Berlin; 1948/49 Ltr. der Hauptverwaltung Finanzen der DWK; 1949–67 Abg. der Prov. Volkskammer bzw. Volkskammer; 1949–55 Staatssekr. im Min. für Finanzen; ab 1950 Kandidat, 1963–82 Mitgl. des ZK der SED; 1955–66 Finanzmin., Mitgl. des Min.-Rats u. ab 1963 seines Präs.; 1958 VVO in Gold, 1963 KMO; 1966 aus gesundheitl. Gründen ausgeschieden; Mitarb. des IML.

Runge, Irene, geb. Kupferman
3.11.1942
Publizistin
Geb. in New York, Vater Alexander Kupfermann (Ps. Georg Friedrich Alexan), jüd. Emigrant, Kunsthändler, Publizist u. Mäzen, Mutter Hausfrau.
Sommer 1949 Übersiedlung nach Dtl. zus. mit Gerhart Eisler*, dessen Flucht ihr Vater finanziert hatte, auf dem Schiff »Batory«; zunächst Leipzig, dort POS, später Wilhelm-Pieck-Schule Berlin, dann Ossietzky-OS Berlin; 1959 Relegierung; danach Hilfsarbeiten bei ADN u. beim Rundfunk; 1968–70 Abitur in der Abendschule; 1970–75 Studium der Ök. u. Soziol. an der HU Berlin; 1976 beim DFF; 1976–79 Prom. an der HU zu einem sozialgerontolog. Thema, Dr. oec.; 1979–84 Forschungsarbeit an der HU, Bereich Medizin, Projektltr. Soziale Gerontol. (1982 Publ. »Älterwerden – Altsein«); 1983–89 aktives Mitgl. u. Nachfolgekand. für den Vorst. der Jüd. Gemeinde Berlin (Ost); 1985/86 Gründerin der Gruppe »Wir für uns« für der Gemeinde fernstehende, säkulare Juden, um diesen die Rückkehr zum traditionellen Judentum zu erleichtern; ab 1984 wiss. Oberassistentin im Bereich Volkskunde/Sekt. Geschichte der HU; 1988 Mitgl. des SV; 1989/90 Gründungsmitgl. des Jüd. Kulturvereins Berlin e. V. u. dessen Sprecherratsmitgl., Hrsg. der Monatsschrift »Jüd. Korrespondenz«. 1990 freiwillige Offenlegung ihrer IM-Tätigkeit für das MfS Anfang der 60er Jahre bis 1968 (Abbruch), Neuanwerbung Anfang der 70er Jahre bis zum endgültigen Abbruch Ende der 70er Jahre.
1992 Entlassung, arbeitslos; ABM-Stelle; 1994 arbeitslos; lebt in Berlin.
Publ.: Meine Himmelhölle Manhattan. Berlin 1986; Du sollst nicht immer Holland sagen. Berlin 1988; Pogromnacht 1938 (zus. mit K. Pätzold). Berlin 1988; Markus Wolf*: »Ich bin kein Spion« (zus. mit Uwe Stellbrink). Berlin 1990; Gregor Gysi*: »Ich bin Opposition«. Berlin 1990.

Rüthnick, Rudolf 6.5.1928
Generalforstmeister
Geb. in Köslin (Hinterpomm.), Vater Versicherungsinspektor; Volks- u. Mittelschule; 1944/45 Wehrmacht, Marinehelfer, amerik. Gefangenschaft.
1945–47 Forstlehrling; 1946 SPD/SED; 1947/48 FS für Forstwirtschaft in Eberswalde, Försterexamen, 1950 Revierförsterprüfung; 1949 Sachbearb., 1952 HA-Ltr. Forstwirtschaft in der Landesreg. Brandenburg; 1952–55 Ltr. der Verwaltung Staatl. Forstwirtschaftsbetriebe des Bez. Potsdam; 1956–60 Ltr. der Unterabt. Forstwirtschaft des Rats des Bez. Potsdam; 1960–63 Vors. des Rats des Kr. Nauen; 1961 Abschluß des Fernstudiums an der PHS, Dipl.-Ges.-Wiss.; 1964–72 Generaldir. der VVB Forstwirtschaft Potsdam; 1972–75 Stellv. Vors. des Staatl. Komitees für Forstwirtschaft, ab 1972 Mitgl. des Beirats für Umweltschutz beim Min.-Rat; 1975 – Mai 1990 Ltr. der HA Forstwirtschaft im Min. für Land-, Forst- und Nahrungsgüterwirtschaft, Generalforstmeister u. stellv. Ltr. der Obersten Jagdbehörde, stellv. Min.; 1978–90 Mitgl. des Präsidialrats des KB, 1980–90 stellv. Vors. der Ges. für Natur u. Umwelt im KB.

S

Sackmann, Horst 3. 2. 1921–2. 11. 1993
Chemiker, Vizepräsident der Leopoldina
Geb. in Freiburg i. Br., Vater Revisor; Oberrealschule in Offenburg (Baden); 1939–45 Chemiestudium an den Univ. Halle u. Freiburg i. Br., unterbrochen durch Wehr- bzw. Kriegsdienst.
1945 Dipl.-Examen an der MLU Halle, 1946 hier wiss. Assistent am Inst. für Physikal. Chemie, 1950 Prom., 1954 Habil., Doz., 1958 Prof. mit Lehrauftrag, 1959 Prof. mit vollem Lehrauftrag, 1963–86 ord. Prof. für Physikal. Chemie u. 1963–69 Dir. des Inst. für Physikal. Chemie der MLU; 1986 em.; 1965 Mitgl., 1968 Mitgl. des Präs., 1973–87 Vizepräs. der Dt. Akad. der Naturforscher Leopoldina; 1974 Korr. Mitgl. der Österr. AdW; 1989 Korr. Mitgl. der AdW zu Göttingen.
1991–93 Vors. der Personalkommission für Naturwiss. / Landw. der MLU Halle.
Arbeitsgebiete: flüssige Mischphasen, insbes. Polymorphie u. Struktur, Phasenverhalten u. Eigenschaften flüssiger Kristalle; Einfluß grenzflächenaktiver Stoffe auf Flüssigkeitsoberflächen; Mithrsg. der »Ztschr. für Chemie« u. der Ztschr. »Molecular Crystals and Liquid Crystals«.

Saeger, Uwe 3. 1. 1948
Schriftsteller
Geb. in Ueckermünde (Meckl.), Vater Fischer; Abitur; 1966–70 Studium der Pädagogik an der EMAU Greifswald; 1970–76 Lehrer in Ueckermünde; seit 1976 freischaff. Schriftst. (Dramatik, Prosa, Essays, Hörspiele, Filmszenarien), erster Prosaband »Grüner Fisch mit gelben Augen«; 1983 UA des erfolgreichen Theaterstücks »Flugversuch«; 1987 Ingeborg-Bachmann-Preis für »Aus einem Herbst jagdbaren Wildes«, Glasnost-Geschichte über einen »armseligen« Funktionär; problemorientierte, alltagsbezogene, illusionsarme, detailreich-realist. Texte von moralischem Versagen, Aggressionen, Ausgrenzungen u. Aufbegehren.
Publ.: Nöhr. Rostock 1980; Warten auf Schnee. Rostock 1981; Sinon oder die gefällige Lüge. Berlin 1983; Einer hat getötet. Berlin 1984; Die Nacht danach u. der Morgen. München 1991.

Sägebrecht, Willy
21. 2. 1904–8. 4. 1981
SED-Politiker
Geb. in Groß-Schönebeck (Kr. Niederbarnim), Vater Ziegelbrenner; 1910–18 Volksschule Groß-Schönebeck u. Liebenwalde; anschl. Land- u. Industriearbeit; 1920 Dt. Holzarbeiterverb., SAJ, 1923 KJVD, 1925 KPD; 1928–32 Stadtverordneter in Liebenwalde u. Kreistagsabg. von Niederbarnim; 1929–31 Ltr. des Unterbez. Nord der KPD-BL Berlin-Brandenburg, 1931–33 Instrukteur dieser BL; 1932/33 Abg. des Preuß. Landtags; 1933–45 wegen antifasch. Tätigkeit zunächst in versch. Gefängnissen, 1936 wegen »intellektueller Willenstäterschaft« zu fünf Jahren Zuchthaus verurteilt, 1941 KZ Sachsenhausen; Apr. 1945 Todesmarsch nach Schwerin, Flucht bei Below.
1945 Mitgl. der KPD-Gruppe für Berlin (Ltr. Walter Ulbricht*); Mitarb. in der Abt. Sozialwesen beim Magistrat von Groß-Berlin; 1945/46 Sekr. der KPD-BL Brandenburg, Mitglied ihres Sekr.; 1946–49 gemeinsam mit Friedrich Ebert Vors. des SED-Landesvorst. Brandenburg; 1946–50 Mitgl. des Landtags; 1946–63 Mitgl. des PV bzw. ZK der

SED; 1949–52 Vors. bzw. 1. Sekr. der SED-Landesltg. Brandenburg; 1948/49 Mitgl. des Dt. Volksrats, 1949–58 Abg. der Prov. Volkskammer bzw. Volkskammer; 1952–54 Staatssekr. u. 1. Stellv. des Vors. der SPK; ab 1954 Oberst der KVP, ab 1956 der NVA, ab 1957 Ltr. der »Verwaltung für Koordination«, d. h. des militär. Nachrichtendienstes (Nachf. von Karl Linke*); 1959 aus gesundheitl. Gründen ausgeschieden; anschl. Ruhestand.
Publ.: Nicht Amboß, sondern Hammer sein. Erinnerungen. Berlin 1968.

Sagert, Horst 13. 10. 1934
Bühnenbildner, Maler, Illustrator
Geb. in Dramburg (Schles.), Vater Bäkker; 1945 Übersiedlung nach Hagenow (Meckl.); 1953 Abitur u. Beginn des Studiums an der Kunst-HS Berlin-Weißensee, Schüler von Heinrich Kilger, 1958 Dipl. als Bühnenbildner, anschl. Aspirantur; 1962 Engagement am Dt. Theater Berlin (DT); dort 1963 Inszenierung »Rote Rosen für mich« (R: Ernst Kahler) u. »Der Tartüff« (R: Benno Besson*); 1964 an der Staatsoper Berlin »Aufstieg u. Fall der Stadt Mahagonny« (R: Fritz Bennewitz*); ab 1965 wieder am DT: »Der Drache« (R: Benno Besson, 1966 Aufführung beim Theatertreffen »Theater der Nation« in Paris), 1967 »Ödipus Tyrann« (R: Benno Besson); 1968 UA »Horizonte« mit dem Arbeitertheater des VEB Erdölverarbeitungswerk Schwedt (zus. R. mit Benno Besson u. a., Patenschaftsarbeit des DT); 1969 UA »Turandot oder Der Kongreß der Weißwäscher«, am Schauspielhaus Zürich (Inszenierung: Besson/Sagert); am DT 1970 »Dona Rosita bleibt ledig oder Die Sprache der Blumen« (R: Siegfried Höchst/Sagert); 1971 Teiln. an der II. Prager Quadriennale (Weltausstellung des Bühnenbilds u. der Theaterarchitektur) u. Auszeichnung mit der Goldenen Triga für den DDR-Beitrag unter ausdrückl. Erwähnung der Werke von Sagert; 1971 Teiln. des DT an der Biennale in Venedig (30. Intern. Festival der Schauspieltheater) mit »Dona Rosita bleibt ledig«; 1971/72 Arbeit im DT an »Die Komödie von König Bamba« (nicht realisiert); 1976 »Lieder u. Geschichten aus dem Mondlicht« (10 Zeichnungen für das Programmheft »Ein Sommernachtstraum«, Bühnen der Stadt Essen, R: Hansgünther Heyme); 1977 am DT Inszenierung/Ausstattung von »Medea«, Abbruch vor der Premiere; 1977/78 Teiln. an der VIII. Kunstausstellung der DDR in Dresden; 1984 Inszenierung/Ausstattung von »Faust-Szenen« am Berliner Ensemble; seit 1966 zunehmend als Maler u. Illustrator tätig (Trilogie Cesare Pavese); zahlr. Werke wurden vom Kupferstichkabinett Dresden u. Kupferstichkabinett Berlin erworben; 1979 Ausstellung »Horst Sagert. Bühnenbilder u. Bilder« im Bode-Museum Berlin (Kat. von Sagert).
Sek.-Lit.: Lang*, Lothar: H. S. Bühnenbilder u. Figurinen zu Jewgeni Schwarz' »Der Drache«. Leipzig 1971; de Bruyn*, Günter: Begegnung mit H. S. In: Sonntag. Berlin, 1/1971.

Sakowski, Helmut 1. 6. 1924
Schriftsteller, Dramatiker, Erzähler,
Geb. in Jüterbog, Vater Angestellter; 1941–43 Forstlehre; 1943–45 Soldat, 1945/46 Gefangenschaft.
1947–49 FS für Forstwirtschaft, 1949–51 Mitarb. im Min. für Land- u. Forstwirtschaft; 1951–58 Ltr. des Staatl. Forstwirtschaftsbetriebs Salzwedel, 1958–61 Revierförster in Krumke (b. Osterburg); ab 1961 freischaff. Schriftst. in Neustrelitz; 1961–91 Mitgl. der AdK, Vizepräs. des KB; versch. Preise (1959/65/68/72 NP).
Schreibt Erzählungen, Fernsehspiele u. Theaterstücke, hauptsächl. über Landleben u. Veränderungen im Dorf, reflektiert auch Konflikte in seiner lit. Arbeit.
Werke: Wege übers Land. 1968; Daniel Druskat. 1976; Verflucht und geliebt.

1981; Das Wagnis des Schreibens. 1983; Mutig waren wir nicht. 1990; Stiller Ort – oll mochum. 1991.

Sandberg, Herbert
18. 4. 1908–18. 3. 1991
Grafiker, Karikaturist
Geb. in Posen; 1925–28 Studium an der Kunstak. Breslau, Lehrer Otto Mueller; 1928–33 Mitarb. an Berliner Ztg.; 1929 Mitgl. der Assoziation Rev. Bild. Künstler Deutschlands (ASSO), 1930 KPD; 1934–45 Zuchthaus Brandenburg-Görden u. KZ Buchenwald.
1945–50 Hrsg. des »Ulenspiegel« (gem. mit Günther Weisenborn); 1947–61 Bühnenbildner für versch. Berl. Themen; 1954–57 Chefred. der Ztschr. »Bild. Kunst«, danach freischaff. in Berlin; 1972 Prof., 1983 AdK.
Werke: Holzschnitte u. Zeichnungen: Versch. Meinungen, Die Eiferer, Angst (1948), Brecht Verhör (1959), Der Redner – Karl Liebknecht (1971), David u. Goliath (1975); graf. Folgen u. Mappen: Atom, Atom... (1958), Der Weg (1958ff.), Var. zum Komm. Manifest – Die farbige Wahrheit (1974), Über die Dummheit in der Musik (1977), O Buchenwald, ich kann dich nicht vergessen (1980), Blumen auf Stein (1984).
Publ.: Mein Brecht-Skizzenbuch. Berlin 1967; Spiegel eines Lebens. Erinnerungen, Aufsätze, Notizen und Anekdoten. Berlin 1988.
Sek.-Lit.: Lang, L.: H. S. Leben u. Werk. Berlin 1977; Kat. H. S. AdK Berlin 1988; Kat. H. S. Pol. Grafik Abendgal. Osnabrück/Weserburg Bremen 1981; Kat. H. S. Gal. am Fischmarkt Erfurt 1984.

Sanderling, Kurt 19. 9. 1912
Dirigent, Generalmusikdirektor
Geb. in Arys (Ostpr.), aufgewachsen in einer Kaufmannsfamilie; 1916 erster Klavierunterricht; 1922 Gymnasium in Königsberg, Klavier- u. Theorieunterricht; 1926 Übersiedlung nach Berlin, Forts. des Unterrichts, Abitur; zweijährige Ausbildung bei Kapellmeister Kurt Bendix; 1931–33 Pianist, Korrepetitor an der Städt. Oper Berlin; 1933 als »Nichtarier« entlassen, Berufsverbot, versch. künstler. Tätigkeiten im Jüd. Kulturbund Berlin-Charlottenburg; 1935 Emigration in die Schweiz u. 1936 in die UdSSR; Dirigent beim Moskauer Rundfunk, 1937 erstes Dirigat; 1939 Chefdirigent der Philharmonie Charkow; 1941–60 Dirigent der Leningrader Philharmoniker, 1941 Evakuierung nach Nowosibirsk, Gastdirigent großer sowj. Orchester.
1960 Rückkehr nach Dtl.; Chefdirigent u. künstler. Ltr. des Berliner Sinfonieorchesters; 1961 DAK; 1964–67 Chefdirigent der Staatskapelle Dresden; 1968–77 Chefdirigent des Berliner Sinfonieorchesters, Generalmusikdir., Prof.; 1974 NP 1. Kl., 1975 Goethe-Preis, 1982 KMO; seit 1984 Mitgl. des Kuratoriums des Schauspielhauses Berlin; Gastdirigate in zahlr. Ländern Europas u. in Übersee; sein Repertoire umfaßt klass. dt. u. russ. sowie Gegenwartskomponisten.

Sarge, Günter 30. 12. 1930
Präsident des Obersten Gerichts
Geb. in Gutenfeld (Ostpr.), Vater Arbeiter; 1937–45 Volks- u. Mittelschule; 1945 Landarbeiter im Kr. Nauen; 1946 FDJ; ab 1948 VP, Pol.-Offz.; 1950 SED; 1953 Juristenlehrgang; 1955–58 Fernstudium an der DASR, Dipl.-Jur.; ab 1954 Militärjurist; 1961 Dr. jur. an der HU Berlin; 1963–77 Vors. des Militärkollegiums des Obersten Gerichts; 1966–71 Fernstudium an der PHS, Dipl.-Ges.-Wiss.; 1971–77 Vizepräs., 1977–86 1. Vizepräs., ab 17. 6. 1986 Präs. des Obersten Gerichts (Nachf. von Heinrich Toeplitz*); 1985 Präs. der Vereinigung der Juristen; 18. 1. 1990 von der Volkskammer zum Rücktritt veranlaßt, danach Zulassung als Rechtsanwalt in Berlin.
Publ.: Holzpantinen u. Arabesken. Berlin 1979.

Sasse, Gertrud, geb. Wodtke 24. 2. 1902
LDPD-Politikerin
Geb. in Berlin, Vater Beamter der Oberpostdirektion; Lyzeum u. Oberlyzeum in Berlin, 1921 Abitur, 1922/23 Höheres Lehrerinnenseminar; 1923/24 Chefsekr. in Berlin, 1924/25 Lehrerin in Belzig, 1925–33 Privatlehrerin für Fremdsprachen in Wernigerode; 1933–45 Berufsverbot.
1945 LDPD, Mitgl. ihres Kreisvorst. Wernigerode und Kreisvors. des KB; Mitgl. des antifasch. Frauenbundes; 1946 FDGB; 1946–49 Lehrerin, zuletzt stellv. Dir. der Gerhart-Hauptmann-OS in Wernigerode; 1947 DFD; ab 1949 Abg. der Prov. Volkskammer bzw. Volkskammer, stellv. Vors. der LDPD-Fraktion, 1950–58 Mitgl. des Aussch. für Volksbildung, danach Mitgl. des Aussch. für Kultur; Mitgl. des Friedensrats der DDR; 1950–58 Dir. der Adolf-Reichwein-OS in Halle; 1950–52 stellv. Vors. des LDPD-Landesverb. Sachsen-Anhalt u. Abg. des Landtags; 1950–86 Vizepräs., danach Ehrenpräs. des KB; 1952–61 Vors. des LDPD-Bez.-Verb. Halle (seit 1959 hauptamtl.), 1952–82 Vors., 1982–90 Ehrenvors. der BL Halle, ab 1961 Mitgl. des Pol. Aussch. des Zentralvorst. der LDPD; 1960 Oberstudienrat, ab 1961 wiss. Mitarb. der Sekt. Erziehung-Wissenschaft der MLU Halle, 1962 Prof.; 1962–89 Vizepräs. der Freundschaftsges. DDR – Frankreich, 1970 VVO in Gold, auch Stern der Völkerfreundschaft in Gold; März – Aug. 1990 Mitgl. des Bundes Freier Demokraten, dann F.D.P.

Sattler, Hans-Ulrich 15. 10. 1935
Leiter des Amts für Jugendfragen
Dreijährige Ausbildung als Industriekaufm.; anschl. FDJ-Funktionär in Pößneck, 1960 2. Sekr. der FDJ-KL Pößneck; 1961 1. Sekr. der FDJ-KL Gera-Land u. danach Organisationssekr. der FDJ-BL Gera; 1965 Abschluß eines Fernstudiums als Agr.-Ök.; 1965–69 1. Sekr. der FDJ-BL Gera; 1969–76 Vors. der ZRK des ZR der FDJ; seit 1976 Kand., seit 1981 Mitgl. der ZRK der SED; 1976/77 Studium an der PHS; 1977–81 Sekr. des ZR der FDJ, u. a. Leiter des Organisationskomitees »Nat. Jugendfestival der DDR«, Mitgl. des Büros des ZR der FDJ; 1979 VVO in Gold; 1981–90 Mitgl. des Min.-Rats u. Ltr. des Amts für Jugendfragen (Nachf. von Hans Jagenow).

Säuberlich, Kurt 24. 3. 1904–23. 7. 1971
Metallurge
Geb. in Krölpa (Kr. Pößneck), Vater Land- u. Forstarbeiter; Oberrealschule; 1924–32 Studium (mit Unterbrechungen) an der Bergakad. Freiberg; 1930 NSDAP; 1932–34 wiss. Hilfsassistent bzw. Hilfsarbeiter am Braunkohlenforschungsinst., 1935 stellv. Dir. der Bergtechn. Abt., Leiter der Unterabt. für Braunkohlenbergbau und Brikettiertechnik; 1937 Prom. zum Dr.-Ing.; 1937 SS; 1938 Ltr. des Außeninst. der Bergakad. Freiberg; 1939 Habil., 1940 Doz., 1943 Prof.
1949 Dir. des Forschungsinst. für Roheisenerzeugung in der Maxhütte Unterwellenborn, entwickelte das Niederschachtofenverfahren zur Verhüttung eisenarmer saurer Erze mit minderfestem Koks (Technol. für das ab 1950 in Calbe/Saale errichtete erste Niederschachtofen-Eisenwerk der Welt); SED; 1953 NP; 1954–58 Abg. der Volkskammer; 1957 Mitgl. des Forschungsrats.

Sauerbruch, Ferdinand
3. 7. 1875–2. 7. 1951
Chirurg, Klinikdirektor
Geb. in Barmen, Vater Angestellter einer Weberei; Gymnasium in Elberfeld u. Mülheim/Ruhr; 1895–1901 Medizinstudium in Marburg, Jena u. Leipzig, hier 1902 Prom.; 1901–03 Assistenzarzt in Erfurt u. am Patholog. Inst. des Krankenhauses Berlin-Moabit, 1903–05 Assi-

stenzarzt an der Chirurg. Univ.-Klinik in Breslau (bei Johann v. Mikulicz), hier 1905 Habil. über die »Chirurgie des Brustteils der Speiseröhre«, seine Experimente mit einer Unterdruck-Operationskammer bereiteten den Weg für die Thoraxchirurgie; 1905–07 Oberarzt an der Chirurg. Univ.-Klinik in Greifswald, 1907–10 Ltr. der Chirurg. Poliklinik der Univ. Marburg, 1908 hier ao. Prof.; 1910–18 Ordinarius für Chirurgie in Zürich; 1914/15 Teiln. am 1. Weltkrieg als beratender Chirurg eines Armeekorps, Konstruktion einer verbesserten Handprothese mit Greiffunktion (»Sauerbruch-Hand«); 1918–28 Ordinarius für Chirurgie in München; 1928–49 Ordinarius für Chirurgie an der Univ. Berlin u. Dir. der Chirurg. Klinik der Charité; im 2. Weltkrieg Generalarzt der Wehrmacht, Mitgl. des Wiss. Senats des Heeressanitätswesens.
Mai – Okt. 1945 Stadtrat u. Ltr. der Abt. für Gesundheitsdienst im Berliner Magistrat; Mitbegr. der CDU; 1949 em. als Prof. der HU Berlin; letzte Lebensjahre in Berlin-Grunewald; gest. in Berlin.
Publ.: Die Chirurgie der Brustorgane. 2 Bde. Berlin 1920–25; Das war mein Leben. München 1951.
Sek.-Lit.: Genschorek, Wolfgang: F. S. Ein Leben für die Chirurgie. Leipzig 1978; Vossschulte, Karl Ernst; F. S. (1875–1951). In: Klassiker der Medizin, Bd. 2, Von Philippe Pinel bis Viktor von Weizsäcker (hrsg. von Dietrich von Engelhardt u. Fritz Hartmann), S. 336–349 u. S. 445–448.

Schabowski, Günter 4. 1. 1929
SED-Politiker
Geb. in Anklam, Vater Arbeiter; Oberschule; 1945 Volontär u. Hilfsred. in der »Freien Gewerkschaft«; 1946 FDGB, 1950 FDJ, 1952 SED; 1949 Hilfsred., 1952 Mitgl. des Redaktionskollegiums, 1953–67 stellv. Chefred. der Gewerkschaftsztg. »Tribüne«; 1960–65 Vizepräs. der Dt.-Afrikan. Ges.; 1962 Dipl.-Journalist (KMU Leipzig); 1967/68 Besuch der PHS beim ZK der KPdSU in Moskau; 1968–74 stellv. Chefred., 1974–78 1. stellv. Chefred., 1978–85 Chefred. des »Neuen Dtl.« (Nachf. von Joachim Herrmann*); 1977 VVO in Gold; 1978–85 Mitgl. der Agitationskommission beim PB des ZK der SED u. des ZV des VDJ; 1981–11. 1. 1990 Abg. der Volkskammer; ab 1981 Mitgl. des ZK, 1981–84 Kand., ab 1984 Mitgl. des PB, ab 1986 Sekr. des ZK der SED; 1985–8. 11. 1989 1. Sekr. der SED-BL Berlin (Nachf. von Konrad Naumann*); 8. 11. 1989 Rücktritt mit dem PB, 14. 11. Wiederwahl zum Mitgl. des PB u. Sekr. des ZK der SED für Informationswesen u. Medienpol., 3. 12. Rücktritt mit dem ZK; 20./21. 1. 1990 aus der SED/PDS ausgeschlossen; seit 1990 Mitarb. der »Heimatnachrichten« (Bebra); gehört zu den wenigen, die sehr entschieden mit der SED-Diktatur abrechnen.
Publ.: Das Politbüro. Ende eines Mythos. Eine Befragung (Hrsg. F. Sieren u. L. Koehne). Reinbek 1990; Der Absturz. Berlin 1991.

Schacht, Ulrich 9. 3. 1951
Schriftsteller, Journalist
Geb. im Frauenzuchthaus Hoheneck (Stollberg, Sa.); Vater sowj. Offz., Mutter bis 1954 aus pol. Gründen inhaftiert, aufgewachsen in Wismar; bis 1965 Grundschule, bis 1968 Bäckerlehre, Hilfspfleger in der Psychiatrie, Studium der Ev. Theol. in Rostock u. Erfurt, Arbeit am Schweriner Staatstheater; Beobachtung u. Verfolgung durch das MfS seit 1970, OV »Vereinigung«; demonstrierte 1970 in Prag am Grab von Jan Palach, deshalb kurze Inhaftierung in der DDR; 1973 Verhaftung wegen seines Einsatzes für einen demokr. Soz., Verurteilung zu sieben Jahren Freiheitsentzug (»staatsfeindl. Hetze«); 17. 11. 1976 Freikauf in die Bundesrep. Dtl., lebt in

Hamburg; Studium der Politikwiss. u. Philos.; seit 1984 Feuilletonred. der »Welt«, seit 1987 Ltd. Red. für Kulturpol. der »Welt am Sonntag«; 1976–92 SPD; erhielt für mehrere Lyrikbände u.a. den Andreas-Gryphius-Förderpreis, den Theodor-Wolff-Preis für hervorragende journalist. Leistungen, ferner das Stipendium des Alexander-Zinn-Preises.
Publ.: Traumgefahr. Pfullingen 1981; Scherbenspur. Zürich 1983; Hohenecker Protokolle. Zürich 1984; Brandenburg. Konzerte. Stuttgart 1989; Lanzen im Eis. Stuttgart 1990; Gewissen ist Macht. Notwendige Reden, Essays, Kritiken zu Lit. u. Pol. in Dtl. München 1992.

Schade, Günter 3. 1. 1933
Museumsdirektor
Geb. in Frankfurt/Oder, Vater Tischler; 1939–49 Schulbesuch u. Tischlerlehre; 1950–52 ABF in Potsdam, 1953–57 Studium der Kunstgeschichte u. Archäologie an der HU Berlin, 1957 Assistent an der Staatl. Galerie Moritzburg in Halle; 1959 Sektorenltr. im Museum für Dt. Geschichte in Berlin, 1962 Dir. des Kunstgewerbemuseums Berlin-Köpenick; 1963 Dr. phil.; 1983 Generaldir. der Staatl. Museen zu Berlin, zugl. Prof. an der HS für bildende Künste u. der HU Berlin; Mitgl. des Nat. u. des Intern. Museumsrats, Mitgl. der Kulturschutzkommission, Präs.-Mitgl. des Zentralvorst. der Gewerkschaft Kunst.
1992 Stellv. Generaldir. der Staatl. Museen zu Berlin – Stiftung Preuß. Kulturbesitz.

Schädlich, Hans Joachim 8. 10. 1935
Schriftsteller, Germanist
Geb. in Reichenbach (Vogtl.); 1954 Abitur, danach Studium der Germanistik in Berlin u. Leipzig, 1960 Diss. über die »Phonologie des Ostvogtländischen«; 1959–76 Arbeit an der AdW, daneben freier Übersetzer. Seine seit 1969 verfaßten Erzählungen wurden in der DDR nicht veröffentlicht. Im Nov. 1976 Mitunterzeichner der Protestresolution gegen die Ausbürgerung von Wolf Biermann*; seit den 70er Jahren »operative Bearbeitung« durch das MfS im OV »Schädling«; 1977 erste lit. Veröff. im Rowohlt-Verlag; im selben Jahr Ausreise aus der DDR, nach Aufenthalten in Hamburg u. Dahlenburg ab 1979 Ansiedlung in Berlin (West).
1994 längerer Aufenthalt im Dickinson College (USA); Mitgl. der Akad. für Sprache u. Dichtung in Darmstadt u. des PEN-Zentrums der Bundesrep. Dtl.; viele Preise u. Stipendien, darunter Rauriser Lit.-Preis, Thomas-Dehler-Preis, Heinrich-Böll-Preis der Stadt Köln.
Publ.: A Model of Standard German Intonation (Co-Autor). Paris 1970; Versuchte Nähe. Reinbek 1977; Der Sprachabschneider. Reinbek 1980; Irgend etwas irgendwie. Assenheim 1984; Tallhover. Reinbek 1986; Schott. Reinbek 1992; Über Dreck, Politik u. Literatur. Berlin 1992; Protokoll eines Tribunals (Mithrsg.). Reinbek 1991; Aktenkundig (Mithrsg.). Berlin 1992.

Schäfer, Gerd E. 14. 7. 1923
Kabarettist, Schauspieler
Geb. in Berlin; Schauspielausbildung in der Akademie »Der Kreis« in Berlin, Engagements in Bautzen, Köln u. Berlin (Dt. Theater); von 1956–68 einer der beliebtesten Kabarettisten der Berliner »Distel«, danach Mitglied des Schauspielensembles des Deutschen Fernsehfunks, dort bes. bekanntgeworden mit der Serie »Maxe Baumann«; Mitwirkung in vielen Unterhaltungssendungen, Moderator des »Wunschbriefkastens« (1975–89); Filmrollen, Schallplatten.

Schaffran, Gerhard 4. 7. 1912
Katholischer Bischof
Geb. in Leschnitz (Oberschl.), Vater Lehrer, Gymnasium in Görlitz, 1932–37

Studium der Philos. u. Theol. in Breslau, 1937 Priesterweihe in Breslau, 1938–40 Kaplan in Breslau, 1940–45 Wehrmachtspfarrer; 1945–50 freiwillige Gefangenschaft nach der Übergabe der Stadt Breslau an die Sowjetarmee.
1950–52 Kaplan in Cottbus, 1952–56 Rektor des Katechetenseminars in Görlitz, 1956–59 Konsistorialrat im Erzbischöfl. Amt Görlitz, 1959–62 Doz. für Homiletik am Priesterseminar in Neuzelle; 1962 Weihbischof in Görlitz, 1963–72 Kapitelsvikar in Görlitz; 1970 Bischof der Diözese Meißen (Nachf. von Otto Spülbeck*), 1976 Mitgl. des Vatikan. Sekr. für die Einheit der Christen; 1980 Umbenennung des Bistums Meißen in Bistum Dresden-Meißen nach off. Verlegung des Bischofssitzes von Bautzen nach Dresden; 1980–82 Vors. der Berliner Bischofskonferenz (Nachf. von Alfred Bengsch*); 1987 em.

Schalck-Golodkowski, Alexander
3. 7. 1932
Staatssekretär
Geb. in Berlin; Volksschule, Ausbildung zum Konditor; 1955 SED; seit den 50er Jahren im Außenhandelsapparat, ab 1962 im MfAA, später im Min. für Außen- u. innerdt. Handel, zunächst Ltr. der HV Schwermaschinenbau, später Generaldir. des Außenhandelsunternehmens Maschinen-Export, zeitw. 1. Sekr. der SED-PO Außenhandel, ab 1966 Ltr. des Bereichs Kommerzielle Koordinierung (Koko), ab 1967 MfS-Offz. im bes. Einsatz, 1967–75 stellv. Min. für Außenwirtschaft (Nachf. von Dieter Albrecht); 1969 VVO in Gold; 1972 Prom. an der JHS des MfS Potsdam-Eiche mit einer Diss. zur Devisenerwirtschaftung, ab 1974 als Ltr. des o. g. Bereichs Günter Mittag* direkt unterstellt, ab 1975 Staatssekr. im Min. für Außenwirtschaft bzw. Außenhandel, ab 1977 Mitgl. der neugebildeten Wirtschaftskomitees beim PB des ZK der SED; 1982 KMO; 1983 maßgebl. beteiligt an den Verhandlungen DDR – Bundesrep. Dtl., bereitete Milliardenkreditnahme vor; seit 1986 Mitgl. des ZK der SED, galt Okt. / Nov. 1989 als Nachf. von Günter Mittag, 3. 12. 1989 durch das 12. Plenum aus dem ZK ausgeschlossen; stellte sich am 6. 12. den Westberliner Behörden, U-Haft, 9. 1. 1990 entlassen, lebt in Rottach-Egern.
1992 / 93 Ermittlung wegen Verletzung des Betäubungsmittelgesetzes bzw. wegen Veruntreuung von Geld eingestellt; Okt. 1993 Ermittlung eingeleitet, dann Anklage erhoben wegen Spionageverdacht, Steuerhinterziehung, Untreue, Verletzungen von Embargobestimmungen u. Verstoß gegen das Alliierten-Militärgesetz; 1994 Beendigung der Arbeit des Untersuchungsaussch. des Bundestags gegen die Koko.

Schälicke, Fritz
19. 10. 1899–30. 1. 1963
Verlagsleiter
Geb. in Berlin in einer Arbeiterfamilie; Volksschule, kaufm. Lehre; 1918 Soldat; 1919 Freie Soz. Jugend, 1920 KPD; 1921 Ltr. des Verlags der Jugend-Intern. (Verlag des Exekutivkomitees der KJI), 1927 als Prokurist des Verlags wegen »lit. Hochverrats« vom Reichsgericht in Leipzig zu einem Jahr Festungshaft verurteilt, von denen er sechs Monate in Gollnow verbüßte; 1931 Übersiedlung nach Moskau, Vertriebsltr. der dt. Sekt. der Verlagsgenossenschaft ausländ. Arbeiter in der UdSSR; 1939 Entzug der dt. u. Erwerb der sowj. Staatsbürgerschaft, Mitgl. der KPdSU; 1941 Ltr. des deutschsprachigen Jugendsenders »Sturmadler«, Mitarb. beim »Dt. Volkssender«.
1945 Rückkehr nach Dtl. mit der Gruppe Ackermann, Hrsg. des KPD-Organs »Sächs. Volksztg.« in Dresden, Ltr. des neugegr. KPD-Verlags Neuer Weg Berlin, der 1946 mit dem SPD-Verlag Vorwärts zum Verlag JHW Dietz Nachf. Berlin, später Dietz Verlag Berlin, vereinigt

wurde (Hrsg. von Parteilit., Marx-, Engels- u. Lenin-Werkausgaben u. a. wiss. sowie belletrist. Lit.); 1947 Mitgl. im Verlegeraussch. und 1958 im Hauptaussch. des Börsenvereins der Dt. Buchhändler zu Leipzig; 1962 Invalidenrentner.

Schall, Ekkehard 29. 5. 1930
Schauspieler, Regisseur
Geb. in Magdeburg; während der Schulzeit Schauspielunterricht; 1946–48 Ausbildung am Schauspielstudio Magdeburg; 1947 Bühnendebüt; 1948–51 Engagement in Frankfurt/Oder, seit 1952 am Berliner Ensemble (BE); SED; 1974 Regiedebüt mit »Leben Eduards des Zweiten von England« von Bertolt Brecht; Mitgl. der AdK; 1977–91 stellv. Intendant am BE; Mitgl. des Präs. des Verb. der Theaterschaffenden; 1979 NP 1. Kl.
Bühnenrollen u. a. in: 1952 »Mutter Courage u. ihre Kinder« von Brecht*, 1955 »Winterschlacht« von Johannes R. Becher*, 1959 »Der aufhaltsame Aufstieg des Arturo Ui«, 1964 »Coriolan«, 1965 »Oppenheimer« von Kipphardt*, 1978 »Leben des Galilei«, 1979 »Großer Friede« von Volker Braun*, 1987 »Untergang des Egoisten Fatzer« von Brecht; Filmrollen u. Auftritte mit Brecht-Programmen.

Schaller, Johanna, verh. Klier
13. 9. 1952
Leistungssportlerin (Leichtathletik)
Geb. in Artern (Sa.-Anh.); zunächst leichtathlet. Mehrkämpferin, ab 1972 beim SC Turbine Erfurt; 1973–90 SED; 1975 aufgrund einer Handverletzung Spezialisierung auf 100 m Hürden; 1976 Olympiasiegerin; 1978 EM; 1980 Olympia-Zweite (persönl. Bestleistung: 12,56 sec.); VVO in Silber; 1981 Beendigung der sportl. Laufbahn u. Abschluß eines Studiums an der DHfK als Dipl.-Sportlehrerin, anschl. Lehrerin im HS-Dienst an der PH in Erfurt.

Schäperclaus, Wilhelm
10. 7. 1899–3. 1. 1995
Fischereiwissenschaftler
Geb. in Hagen (Westfalen), Vater Studienrat; Oberrealschule; 1917/18 Teiln. am Ersten Weltkrieg, 1918/19 Gefangenschaft; 1919–23 Studium der Zool., Hydrobiol., Fischereibiol., Mathematik u. allg. Naturwiss. in Münster u. München, 1923 Prom. mit einer Arbeit über den Stoffwechsel niederer Wassertiere an der Univ. Münster; 1925 Volontärassistent an der Landw. Versuchsstation Münster; 1925–46 tätig an der Preuß. Landesanstalt für Fischerei in Berlin; 1927 Habil. über die Rotseuche des Aals an der Forstl. HS Eberswalde, anschl. dort nebenamtl. Lehrauftrag, 1932 Ltr. des Fischereiinst. dieser HS, 1935 ao. Prof., 1939 außerplanmäßiger Prof.; 1937/38 Dir. der Preuß. Landesanstalt für Fischerei; 1942 NSDAP.
1945–46 tätig im Ärztl. Untersuchungsamt Berlin-Friedrichshagen; Febr. 1946 Entlassung aus der Dt. Forschungsanstalt für Fischerei (der vormaligen Preuß. Landesanstalt), Herbst 1946–1952 wiss. Mitarb. im Fischereiamt von Groß-Berlin; 1952–59 Abt.-Ltr. am Inst. für Fischerei der DAL (der vormaligen Dt. Forschungsanstalt); 1952 nebenamtl. Prof. mit Lehrauftrag an der HU Berlin, 1956 ord. Prof., 1956–62 Dir. des Inst. für Fischereiwesen u. Ltr. der Fachrichtung Fischwirtschaft an der HU Berlin; 1957 Ord. Mitgl. der DAL; 1959–64 Dir. des Inst. für Fischerei der DAL; 1964 em.
S. gilt als einer der intern. bedeutendsten Fischereiwiss., seine Arbeiten über Fischkrankheiten u. ihre Bekämpfung sowie über Teichwirtschaft u. Fischzucht gelten weltweit als Standardwerke dieser Wiss.-Disz.
Publ.: Lehrbuch der Teichwirtschaft. Berlin 1933 (stark erw. Berlin, Hamburg 1961); Fischkrankheiten. Braunschweig 1934 (stark erw. Berlin 1954); Grundriß

der Teichwirtschaft. Berlin, Hamburg 1949.
Sek.-Lit.: Steffens, W.: Zum 70. Geburtstag von Prof. Dr. W. S. In: Ztschr. für Fischerei 1969, S. 9ff. (mit Bibliogr.); Ergänzung der Bibliogr. In: Ztschr. für Binnenfischerei 6/1979.

Scharf, Joachim-Hermann 7. 11. 1921
Anatom
Geb. in Nebra/Unstrut, Vater Buch- u. Kunsthändler; 1940 Abitur am Humanist. Gymnasium der Klosterschule Roßleben; anschl. Kriegsdienst bei der Infanterie, zuletzt Ltn. u. Kompanieführer; nach Verwundung noch während des Kriegs Aufnahme des Medizinstudiums in Wien, anschl. in Mainz.
1950 Staatsexamen u. med. Prom. in Mainz; 1953 naturwiss. Prom., 1956 Habil. für Anatomie; 1957 Extraordinarius u. Prorektor am Anatom. Inst. der FSU Jena; 1959–87 ord. Prof. u. Dir. des Anatom. Inst. der MLU Halle; 1961 Mitgl. der Dt. Akad. der Naturforscher Leopoldina, 1964 Mitgl. ihres Präs., 1967 Director Ephemeridum; 1981 Mitglied der Sächs. AdW zu Leipzig; 1982 Korr. Mitgl. der Akad. der Wiss. u. Lit. zu Mainz.
Arbeitsgebiete: Neurohistol., Experimentelle Endokrinol., Histochemie, Biokybernetik, Biomathematik (vorw. nichtlineare u. innere Regression), Biolinguistik, Geschichte der Morphol.; umfangr. Hrsg.-Tätigkeit (u. a. »Acta histochemica«, »Nova Acta Leopoldina«, »Mikroskopie«).

Scharf, Kurt 21. 10. 1892–28. 3. 1990
Evangelischer Bischof
Geb. in Landsberg (Warthe), Vater Buchhändler; 1921–25 Studium der Theol. an den Univ. Tübingen, Jena u. Halle; 1928 Ordination, anschl. Pfarrer in Friesack, 1933–46 Pfarrer in Sachsenhausen (b. Oranienburg); ab 1933 Vizepräses des Pfarrernotbunds, Engagement u. versch. Funktionen in der Bekennenden Kirche (BK), ab Aug. 1934 mehrmals inhaftiert; 1938 Vors. der Konferenz der Landesbruderräte der BK in Dtl., Publ.- und Auftritts- sowie Aufenthaltsverbot für Berlin; 1941–45 Kriegsteiln., anschl. amerik. Gefangenschaft.
1945–66 Präses der Brandenburg. Bekenntnissynode, Propst der Ev. Kirche Berlin-Brandenburg (Bereich Brandenb.); 1952 Dr. h.c. der HU Berlin; 1955–57 stellv. Vors., 1957–60 Vors., anschl. bis 1966 wieder stellv. Vors. des Rats der Ev. Kirche der Union; 1961–67 Vors. des Rats der EKD (Nachf. von Otto Dibelius*), ab 1965 Hrsg. der »Ost-Denkschrift« der EKD; ab 1961 Einreiseverbot in die DDR im Zusammenhang mit den Bestrebungen der DDR-Reg., die ostdt. Kirchen von den westdt. zu trennen; 1963–69 Vizepräs. der Vereinigten Weltbibelges.; 1966–76 Bischof der Ev. Kirche Berlin-Brandenburg, ab 1972 nur noch zuständig für Berlin (West); 1966 Dr. h.c. der University of St. Louis, USA; 1968–75 Mitgl. des Zentralaussch. des Ökumen. Rats der Kirchen; 1980–84 Vors. der Aktion Sühnezeichen.
Sch. setzte sich u. a. in den 80er Jahren wiederholt für die Entlassung pol. Häftlinge in der DDR ein.
Publ.: Für ein pol. Gewissen der Kirche. Aus Reden u. Schriften 1932–72. Stuttgart 1972; Brücken u. Breschen. Berlin 1977.

Schedlinski, Rainer 11. 11. 1956
Schriftsteller
Geb. in Magdeburg, Vater Dipl.-Agronom u. LPG-Vors., Mutter Finanzbuchhalterin; S. wuchs in Schleibnitz (b. Magdeburg) auf; 1974–76 Ausbildung als Wirtschaftskaufmann; 1976/77 FS-Studium der Pflanzenzüchtung, abgebrochen; danach in Magdeburg Heizer u. Hausmeister; 1979 Mitarb. im Vorbereitungskomitee des Nat. Jugendfestivals der FDJ; Arbeit in der Bezirksfilmdirek-

tion Magdeburg; 1981/82 Wehrdienst, aus gesundheitl. Gründen ausgemustert; lebt seit 1983 in Berlin; publizist. tätig für Ztgn. u. Ztschr. (u. a. »Wochenpost« u. »Sonntag«); erste lit. Texte 1984 in der inoff. Ztschr. »Schaden«; 1986–90 Hrsg. der essayist. Ztschr. »Ariadnefabrik« (mit Andreas Koziol), die zum wichtigsten theor. Sprachrohr der unabhängigen Lit.- u. Kunstszene wurde; Mitarbeit an zahlr. nichtoff. Ztschr., z. B. »Bizarre Städte«, »Kontext«, »Liane«, »Radix-Blätter« (»Wohnsinn«) »Verwendung«; wurde 1989/90 mit zahlr. Essays zur Wende im In- u. Ausland bekannt.

1990 Mitbegr. des Verlags Druckhaus Galrev; im Jan. 1992 Enttarnung als langjähriger IM der Staatssicherheit; arbeitete von 1979–89 als IMB »Gerhard« vor allem in der unabhängigen Kunst- u. Oppositionsszene; Grafikbücher und zahlr. Aufsätze in Ztgn. u. Ztschr., zuletzt zur Stasi-Debatte: »Die Unzuständigkeit der Macht« (NDL 6/92).

Publ.: die rationen des ja u. des nein. Gedichte. Berlin u. Weimar 1988; Abriß der Ariadnefabrik (Hrsg. mit A. Koziol). Berlin 1990; Innenansichten DDR, letzte Bilder. Reinbek 1990; die arroganz der ohnmacht. aufsätze u. zeitungsbeiträge 1989–1990. Berlin 1991; Die Männer der Frauen. Gedichte. Berlin 1991.

Sek.-Lit.: Die andere Sprache. Neue DDR-Literatur der 80er Jahre. Text+Kritik. München 1990; Rathenow*, L.: Die blockierte Erinnerung zu Schedlinski: Die Unzuständigkeit der Macht. In: Kommune 6/1992; Böthig, P., Michael, K.: MachtSpiele. Literatur und Staatssicherheit (mit Bibliogr. der Stasi-Debatte). Leipzig 1993.

Scheel, Heinrich 11. 12. 1915

Historiker, Präsident der Historiker-Gesellschaft

Geb. in Berlin, Vater Arbeiter; Besuch der reformpädagog. Schulfarm Insel Scharfenberg in Berlin; 1932 KJVD, 1935 Studium der Germanistik, Geschichte u. Anglistik an der Univ. Berlin; aktiv im Widerstand gegen das NS-Regime, seit 1939 als Mitgl. der Gruppe Schulze-Boysen/Harnack, 1942 Verhaftung u. Verurteilung zu fünf Jahren Zuchthaus, 1942–44 Zuchthaus, KZ Aschendorfer Moor, Festung Torgau, Bewährungsbat.; 1944 Kriegsgefangenschaft.

Nach Rückkehr aus der Gefangenschaft 1946 SED u. bis 1949 Ltr. der Schulfarm Scharfenberg in Berlin-Tegel, anschl. Dir. des Hauses der Kinder, Mitarb. beim Hauptschulamt von Groß-Berlin, Doz. an der PH Berlin; Assistent an der HU Berlin; 1956 Prom. mit einer Arbeit über rev.-demokr. Volksbew. in Südwestdtl. 1795–1801; 1956 wiss. Mitarb. am Inst. für Geschichte der DAW; 1960 Habil. mit einer Arbeit über Süddt. Jakobiner; 1960–64 Sekr. der SED-Parteiltg. der DAW; Prof. an der HU Berlin, 1961–68 stellv. Dir. des Instituts für Gesch. der DAW; 1969 Ord. Mitgl. der DAW, 1972–84 Vizepräs. der AdW; 1976 Dr. h.c. der HU Berlin, 1978 auswärtiges Mitgl. der Poln. AdW; 1980–90 Präs. der Historiker-Ges.; 1984–90 Ltr. der Arbeitsstelle zur Geschichte der Schulze-Boysen/Harnack-Widerstandsorg. bei der AdW; 1975 VVO in Gold, 1980 KMO; Ruhestand.

S. war als Mitgl. versch. wiss. u. staatl. Gremien an der Ltg. der DDR-Geschichtswiss. beteiligt; hauptsächl. Forschungsgebiete sind die dt. Geschichte des 18./19. Jh. u. die Schulze-Boysen/Harnack-Widerstandsgruppe, intern. Beachtung fanden insbes. seine Arbeiten über süddt. Jakobiner u. die Mainzer Republik.

Publ.: Süddt. Jakobiner, Berlin 1962; Jakobin. Flugschriften aus dem dt. Süden, Berlin 1965 (Hrsg.); Die Mainzer Republik, 3 Bde., Berlin 1975, 1981, 1989; Autobiogr.: Vor den Schranken des Reichskriegsgerichts, Berlin 1993.

Bibliogr.: H. Bleiber, W. Schmidt*

(Hrsg.). Demokratie, Antifaschismus u. Soz. in der dt. Geschichte, Berlin 1988.

Scheer, Diethelm 6. 3. 1909
Fischereiwissenschaftler
Geb. in Berlin, Vater Buchhändler u. Versicherungsangestellter; 1928–33 Studium der Zool. u. Fischereiwiss. an der Landw. HS Berlin; 1928 KJVD, 1930 KPD, 1931/32 Vorträge an der MASCH; 1933–35 Volontärassistent an der Preuß. Landesanstalt für Fischerei in Berlin-Friedrichshagen, 1934 Prom.; 1935 Verhaftung wegen illegaler Arbeit gegen das NS-Regime, 1937 Verurteilung vom Volksgerichtshof zu fünf Jahren Zuchthaus, anschl. versch. Haftanstalten, 1940/41 KZ Sachsenhausen, 1941/42 KZ Auschwitz, Ltr. der dortigen Teichwirtschaft, 1942 bis Jan. 1945 als dienstverpflichteter Fischereibiologe im KZ Auschwitz tätig; Febr. 1945 Entlassung, ab März 1945 wiss. Mitarb. an der Preuß. Landesanstalt für Fischerei Berlin.
Juni 1945 – Anfang 1946 Mitarb. im neugegr. Fischereiamt von Groß-Berlin; 1946–49 Assistent an der Univ. Greifswald, kommissar. Dir. des dortigen Fischereiinst., 1949 Habil. mit einer Studie über die Parasiten von Fischnährtieren; 1949–53 verantw. für Binnenfischerei im Min. für Industrie (später für Handel u. Versorgung, dann für Land- u. Forstwirtschaft); ab 1950 Lehrtätigkeit an der HU Berlin; 1953–56 Dir. des Inst. für Hochseefischerei u. Fischverarbeitung Rostock; 1956 Doz. am Inst. für Fischereiwesen der HU Berlin, 1958 Prof. mit Lehrauftrag, 1961 ord. Prof., 1962–65 Dir. dieses Inst.; 1964–69 Dir. des Berliner Inst. für Binnenfischerei; 1969 em.; lebt in Berlin.

Scheffler, Felix 10. 2. 1915–13. 3. 1986
Stellvertreter des Chefs der Volksmarine
Geb. in Hamburg, Vater ltd. Angestellter; Mittelschule, Ausbildung zum Drogisten; Matrose der Handelsmarine; RAD, 1937 Wehrmacht; 1941 als Uffz. in sowj. Gefangenschaft, Mitgl. des Antifa-Aktivs eines Lagers, Teiln. an der Gründungsvers. des NKFD, Zentrale Antifa-Schule in Krasnogorsk, 1944 mit der Gruppe 117 des NKFD Einsatz bei sowj. Partisanen, nach Kriegsende Ltr. des Antifa-Aktivs eines Lagers.
1947 Rückkehr nach Dtl.; SED, u. a. Sekr. des Ltr. der PHS; 1950 VP-Inspekteur in der HV für Ausbildung der Seepolizei, dort Chef des Stabs, Chefinspekteur; 1952 dort Stellv. des Chefs, Konteradmiral, 1955 Chef der VP-See (Nachf. von Waldemar Verner*), 1956 Chef der Seestreitkräfte der NVA; 1957–59 Seekriegsakad. der UdSSR, Dipl. rer. mil.; danach bis 1962 Stellv. des Chefs der Seestreitkräfte/Volksmarine für Ausbildung, 1963–75 Stellv. des Chefs der Volksmarine, erst für Technik, dann zugl. Chef der Rückwärtigen Dienste, 1975 Ruhestand; anschl. Mitgl. des Bezirkskomitees der Antifasch. Widerstandskämpfer Rostock.

Schefke, Siegbert 21. 2. 1959
Bürgerrechtler, Kameramann
Geb. in Eberswalde (Brandenb.), Vater Maurer; 1965–75 POS Eberswalde; 1975–78 Lehre als Baufacharbeiter mit Abitur; 1978–80 NVA-Grundwehrdienst; 1980–85 Studium an der Ing.-HS für Bauwesen Cottbus; 1985–88 Bauleiter für Neubausanierung in Berlin; 1986 Mitbegr. der Umweltbibl. in der Zionskirche Berlin, Arbeit in Friedens- u. Umweltkreisen; ab 1987 freiberufl. Fotograf, Journalist und Kameramann für versch. pol. TV-Magazine u. westl. Ztgn.; dokumentierte Umweltzerstörung u. den sich formierenden Widerstand in der DDR; filmte, oft unter den Augen der Staatssicherheit, wichtige Ereignisse des Jahres 1989, lieferte u. a. die ersten Bilder aus Leipzig.
1990 halbjährige Vortragsreise durch

Nordamerika; 1991 Siebenpfeiffer-Preis (Journalistenpreis Saarland); seit 1992 fester freier Journalist beim MDR Dresden, Redaktion ARD-Aktuell.

Scheibe, Herbert
28.11.1914–7.2.1991
SED-Funktionär
Geb. in Hohenmölsen (Weißenfels), Vater Arbeiter; Volksschule, Ausbildung u. Arbeit als Schriftsetzer in Leipzig-Gohlis; 1929 Gewerkschaft, KJVD; seit 1933 illegale Tätigkeit; 1935–45 Zuchthaus u. KZ Buchenwald, Mitgl. der KPD-Militärorg., 11.4.1945 Teiln. an der Selbstbefreiung der Häftlinge.
1945/46 KPD/SED; Antifa-Jugend in Erfurt; Kriminalpolizei, 1947 Polizeischule, 1948/49 Ltr. der Kriminalpolizei in Görlitz; 1949/50 als VP-Kdr. Militärakad. Priwolsk (UdSSR); 1950/51 Stellv. des Kdr. der Polizeibereitschaft Prenzlau; 1951–56 Abt.-Ltr., anschl. Chef einer Verwaltung im Stab der HV für Ausbildung der VP bzw. KVP; 1956/57 Ltr. der Verwaltung Aufklärung (militär. Nachrichtendienst) im Min. für Nat. Verteidigung, Oberst; 1957–59 Akad. des Generalstabs der Streitkräfte der UdSSR, Dipl. rer. mil.; 1959–67 Stellv., dann Chef des Stabs u. Stellv. des Chefs, 1967–72 Chef der Luftstreitkräfte/Luftverteidigung der NVA (Nachf. von Heinz Keßler*), Gen.-Ltn.; 1967–76 Kandidat, 1976–86 Mitgl. des ZK der SED; 1972–85 Ltr. der Abt. Sicherheit des ZK der SED (Nachf. von Walter Borning*), Gen.-Oberst; 1974 KMO; 1986 Ruhestand.

Scheidel, Wolfgang 1.3.1943
Leistungssportler (Rennrodeln)
Geb. in Ilmenau (Thür.); 1955 Beginn mit dem Rennschlittensport bei der BSG Empor Ilmenau; Berufsausbildung zum Maschinenbauschlosser; 1965 Mitgl. des ASK Vorwärts Oberhof (Trainer: Gottfried Legler); 1965–89 SED; 1965 WM im Herren-Doppelsitzer; 1969 u. 1970 jeweils WM-Dritter im Herren-Einsitzer; 1972 Olympiasieger im Herren-Einsitzer; Qualifikation zum Dipl.-Sportlehrer an der DHfK; nach Beendigung der sportl. Laufbahn Ltr. eines Ferienheimes in Frauenwald (Thür.).
Nach 1990 arbeitslos.

Scheler, Manfred 20.3.1929
VdgB-Funktionär
Geb. in Gablenz (Kr. Weißwasser), Vater Bergmann; Volksschule (Mittelschule); 1944–46 Ausbildung zum Maschinenschlosser.
1945 Mitgl. der Antifa-Jugend; 1946 SPD/SED; 1946–49 Instrukteur u. Sekr. der FDJ-KL Weißwasser bzw. Niesky; 1949/50 Instrukteur der SED-KL Niesky; 1950–52 1. Sekr. der FDJ-KL Dresden; 1953/54 Studium an der Komsomol-HS in Moskau; 1952 2. Sekr., 1953–59 1. Sekr. der FDJ-BL Dresden; 1951–59 Mitgl. des ZR der FDJ; 1954–82 Abg. des Bez.-Tags Dresden; 1959–62 1. Sekr. der SED-KL Sebnitz; 1962/63 Sekr. für Landw. der SED-BL Dresden; 1963–82 Vors. des Rats des Bez. Dresden (Nachf. von Günter Witteck); 1970 Dipl.-Staatswiss.; Mitgl. des Sekr. der SED-BL Dresden; 1979 VVO in Gold; seit 1982 1. Sekr. u. stellv. Vors. des Zentral-Vorst. der VdgB (Nachf. von Fritz Zeuner); seit 1983 Mitgl. der KL Zentrale Organe der Land- u. Nahrungsgüterwirtschaft der SED; seit 1983 Mitgl. des NR der NF; 1986 – März 1990 Abg. der Volkskammer, Mitgl. des Präs. der Volkskammer u. Vors. der VdgB-Fraktion.
1990 Hauptgeschäftsführer des Bauernverb. der DDR e. V.

Scheler, Werner 12.9.1923
Präsident der AdW, Pharmakologe
Geb. in Coburg, Vater Schlossermeister, Volksschule u. Realgymnasium in Steinach; 1941 NSDAP; Kriegsteiln. als Flak-Soldat.

1945 Kassierer bei der Sozialversicherung; 1945/46 KPD/SED; ab 1946 Abiturlehrgang an der ABF u. Studium der Medizin an der FSU Jena; 1951 Prom., anschl. Assistent am Pharmakolog. Inst. der HU Berlin; 1954–59 Oberassistent bzw. wiss. Mitarb. am Inst. für med. Biol. der DAW in Berlin-Buch; 1959 Ernennung zum Prof. für Pharmakol. an der HU; 1962 ord. Prof. mit Lehrstuhl für Pharmakol. an der EMAU Greifswald, bis 1963 zugl. Prorektor für wiss. Nachwuchs; 1963–70 u. 1981–90 Abg. der Volkskammer; 1966–70 Rektor der EMAU Greifswald; 1968 Mitgl. des Präsidialrats des KB; 1970 NP; 1971–79 Dir. des Forschungszentrums für Molekularbiol. u. Med. der DAW bzw. AdW; 1971 Korr., 1973 Ord. Mitgl. der AdW; 1976 Kand., 1978–89 Mitgl. des ZK der SED; 1979–90 Präs. der AdW (Nachf. von Hermann Klare*); Mitgl. der Dt. Akad. der Naturforscher Leopoldina; 1981 Dr. h.c. der EMAU, 1982 VVO in Gold; Mitgl. der AdW Bulgariens, der ČSSR u. der UdSSR.
Arbeitsgebiete: allg. u. molekulare Pharmakol.
Publ. : Grundlagen der allg. Pharmakol. Jena 1969.

Schenk, Christian 9. 2. 1965
Leistungssportler (Leichtathletik)
Geb. in Rostock, Vater Arzt; ab 1970 zunächst Turner in Kühlungsborn, seit 1973 aktiver Leichtathlet bei der BSG Motor Stralsund, ab 1977 beim SC Empor Rostock (Trainer Horst Hübner, Klaus Dieter Mirow, ab 1982 Dr. Klaus Schlottke), Spezialdisz.: Zehnkampf; 1983 Vize-EM der Junioren-EM; 1988 Olympiasieger; 1990 Dritter der EM; Abitur an der KJS; SED; 1986 Aufnahme eines Studiums der Medizin;
1990 Abbruch des Studiums u. Übersiedlung nach Mainz; 1994 Beendigung der leistungssportl. Laufbahn aus gesundheitl. Gründen.

Schenk, Christina 8. 7. 1952
Mitbegründerin der feministischen Bewegung in der DDR
Geb. in Ilmenau; 1971 Abitur, 1972–76 Physikstudium an der HU Berlin; 1973 SED, 1981 Austritt nach Konflikten im Kontext der pol. Entwicklung in Polen; 1976–88 wiss. Mitarb. an der AdW; bekennende Lesbe, seit 1985 Mitarbeit in der Lesbengruppe Berlin, Forschungsarbeit zur »psychosozialen Situation von Lesben in der DDR«; Okt. 1989 Gründungsinitiatorin der Frauengruppe »lila offensive«, Aufnahme einer Aspirantur in der soziolog. Frauenforschung an der HU Berlin; Dez. 1989 Mitbegr. des UFV, Dez. 1989–1990 Vertreterin des UFV am Berliner u. am Zentralen Runden Tisch, Aug. 1990 Mitinitiatorin des Frauenpol. Runden Tisches.
Dez. 1990 als Vertreterin des UFV Wahl in den Dt. Bundestag auf der Liste Die Grünen/Bündnis 90, Mitarbeit in den Ausschüssen »Familie und Senioren«, »Frauen u. Jugend«; seit 1994 im Dt. Bundestag auf der Liste der PDS.

Schenker, Friedrich 23. 12. 1942
Komponist, Posaunist
Geb. in Zeulenroda; 1961 Abitur; 1961–64 Studium Posaune u. Komposition an der HS für Musik Berlin; 1964–82 Soloposaunist am Rundfunk-Sinfonie-Orchester Leipzig; 1966–68 Abendstudium Komposition an der HS für Musik Leipzig; 1970 Mitbegr. der Gruppe Neue Musik »Hanns Eisler« Leipzig; 1973–75 Meisterschüler an der DAK bei Paul Dessau; 1983–90 Lehrauftrag an der HS für Musik Leipzig; 1986 AdK. Komponierte bisher über 100 Werke, u. a. die Sinfonie »In memoriam Martin Luther King« (1969), die Kantate »Leitfaden für angehende Speichellekker« nach Majakowski (1974), das Kammerspiel »Missa nigra« (1978), die Oper »Büchner« (1978/79), die elektroakust. Komposition »Schafottfront« (1983),

»Dona nobis pacem« für Orchester (1983–85), »Michelangelo-Sinfonie« (1985), »Traum. Hoffnung. Ein deutsches Requiem« (1989); zahlr. intern. Auftritte mit o. g. Kammerensemble (bis zu dessen Auflösung 1993) machen ihn bekannt als Interpreten zeitgenöss. Musik.
Seit 1990 freischaff.; 1993 Mitgl. AdK Berlin-Brandenburg.

Scheumann, Gerhard 25. 12. 1930
Filmregisseur
Geb. in Ortelsburg (Ostpr.), Vater städt. Beamter; Volksschule, 1941–45 Nationalpol. Erziehungsanstalt (Napola) in Stuhm (Westpr.).
1945 Flucht über Plön nach Nordhausen, bis 1949 Oberschule in Nordhausen, Abitur; 1949 SED; Praktikum in der SED-Ztg. »Thüringer Volk«; 1949/50 Ausbildung, 1950–53 Reporter bzw. Red. im Berliner Rundfunk; 1950–83 Mitgl. des VDJ; 1953–55 Doz. an der FS für Rundfunkwesen Weimar; 1956–61 Ltr. der Red. Kultur u. Wiss. im Deutschlandsender, Kommentator; 1962–65 Mitarb. im DFF, Begründer, Red.-Ltr. u. Moderator der innenpol. Sendereihe »Prisma«; 1965 Beginn der Zusammenarbeit mit Walter Heynowski*, 1969 mit ihm Gründung des Studios H & S, Prod. von Dok.-Filmen für Kino u. Fernsehen, u. a. »Der lachende Mann« (1966), »Piloten im Pyjama« (1968), »Die Generale« (1986); den Filmen folgten meist Buchveröff.; 1979 Auszeichnung des Studios H & S beim Dok.-Filmfestival Oberhausen; 1967–71 Mitgl. des Präs. des Verb. der Film- u. Fernsehschaffenden; 1969 NP 2. Kl. (im Kollektiv); 1969–91 Mitgl. der AdK, Mitgl. ihres Präs. u. 1974–78 Sekr. der Sekt. Darstellende Kunst; 1974 VVO in Gold, 1980 NP 1. Kl. (im Kollektiv); 1982 Auflösung des Studios H & S nach Kritik der Ltr. an der Medienpol. der SED, die AdK sicherte die Überführung in das DEFA-Studio für Dok.-Filme, seit 1982 dort Autor u. Regisseur; 1983–90 Mitgl. des SV; 1989 Prof.
Das film. Werk von H & S 1965–91 umfaßt 66 weltweit verbreitete Dok.- u. Kurzfilme.
Publ.: Die Kugelweste (zus. mit W. Heynowski). Berlin 1980; Die Generale (zus. mit W. Heynowski u. G. Kade). Berlin 1986.

Scheunert, C. Arthur
7. 6. 1879–11. 1. 1957
Ernährungswissenschaftler
Geb. in Dresden, Vater Landwirt; Realgymnasium; 1899–1902 Chemiestudium an der TH Dresden, den Univ. Leipzig u. Göttingen, 1902 Prom.; 1904–14 Assistent bei Wilhelm Ellenberger, Doz. u. ab 1910 planmäßiger Ao. Prof. für physiolog. Chemie an der Tierärztl. HS Dresden, Forschungen bes. zur Verdauungsphysiol. der Haustiere; 1914–18 Kriegsdienst; 1920–23 Prof. mit Lehrstuhl für Tierphysiol. an der Landw. HS Berlin; 1923 Ernennung zum Dr. med. vet., Prof. für Veterinärphysiol. an der Univ. Leipzig, Vitamin- u. Ernährungsforschung; 1942 Präs. der von ihm initiierten Reichsanstalt für Vitaminprüfung u. Vitaminforschung (Dez. 1943 ausgebombt).
Juni 1945 auf amerik. Befehl nach Weilburg (Lahn) evakuiert; 1946–48 Prof. für Veterinärphysiol. und Tierernährung an der Univ. Gießen, Dr. h.c. 1948; 2. Dir. des Inst. für Ernährung u. Verpflegungswiss. Potsdam-Rehbrücke der DAW u. ab Okt. auch der nach Potsdam verlegten Anstalt für Vitaminforschung und Vitaminprüfung, 1951 Dir. beider Einrichtungen, Reorganisation zum komplexen Inst. für Ernährungsforschung; 1950 Mitgl. des Dt. Friedenskomitees, Teiln. am 2. Weltfriedenskongreß in Warschau; Präs. des Gesamtdt. Arbeitskr. der Land- und Forstwirtschaft; 1951 NP; Gründungsmitgl. u. Vizepräs. der DAL; 1953 Ord. Mitgl. der DAW u. Ltr. der von ihm initiierten Sekt. für Ernährung

in der Klasse für Medizin; 1954 Dr. h.c. der HU Berlin.
Sch. gilt als Begründer der Vitaminforschung in Dtl., er war Gründer u. Ltr. der Ztschr. »Tierernährung«, »Vitamine u. Hormone«, »Ernährungsforschung«, Ord. bzw. Auswärtiges Mitgl. mehrerer Akad. im In- u. Ausland sowie Ehrenmitgl. mehrerer wiss. Ges.; Hrsg. des Lehrbuchs »Vergleichende Physiol. der Haussäugetiere« (1910, mit E. Ellenberger), später mit A. Trautmann zum Lehrbuch der Veterinärphysiol. umgearbeitet (4. Aufl. 1957); Neubearbeitung von Oskar Kellners »Grundzüge der Fütterungslehre«, 11. Aufl. 1952.
Sek.-Lit.: Gräfe, H.-K.: C. A. S. Forscher u. Werk (mit Bibliogr.). Berlin 1965.

Schick, Rudolf 9. 4. 1905–13. 9. 1969
Kartoffelzüchter, Rektor der Univ. Rostock
Geb. in Berlin-Schöneberg, Vater Dipl.-Ing.; Realgymnasium, landw. Lehre; 1924–28 Studium an den Landw. HS Berlin u. Weihenstephan, Dipl.-Landwirt, 1929 Prom. bei Erwin Baur mit einer Diss. zu Koppelungen bei Antirrhinum majus; 1929–36 Assistent bzw. Abt.-Ltr. im Kaiser-Wilhelm-Inst. für Züchtungsforschung Müncheberg (Mark), dort insbes. Forschung zur Kartoffelresistenzzüchtung; Studienreisen nach Südamerika u. in die UdSSR, 1936 Maßregelung u. Entlassung aus dem o. g. Inst.; 1935 NSDAP u. SA; 1936–45 Saatzuchtltr. in Neubuslar (Hinterpomm.); Apr./Mai 1945 Panzer-Grenadier der Wehrmacht.
Juni 1945–1949 stellv. Saatzuchtltr. in Malchow (Poel), glz. Ltr. der Abt. Pflanzenzüchtung u. Saatguterzeugung der Zweigstelle Schwerin der Dt. Saatzuchtges.; ab 1949 Aufbau des Inst. für Pflanzenzüchtung Groß Lüsewitz (Kr. Rostock) als wiss. Zentrum der Kartoffelzüchtung, später auch der Technol. der Kartoffelprod., Institutsdir. bis zu seinem Tod; 1951 NP; Habil., Prof. mit Lehrstuhl für Züchtungsbiol., 1958 für Pflanzenzüchtung, 1953–56 Dekan der Landw. Fakultät, 1959–65 Rektor der Univ. Rostock; 1951 Ord. Mitgl. der DAL u. Sekretar der Sekt. Pflanzenzüchtung, 1952 Vors. der Kommission zur Betreuung der LPG, Mitgl. des erweiterten Präs.; 1952 Mitgl. des Präsidialrats des KB u. ab 1963 Vizepräs.; 1953–68 Mitgl. des Zentralvorst. der Gewerkschaft Wiss.; 1963 Mitgl. des Landwirtschaftsrats; 1964 Erwin-Baur-Medaille der DAL; 1965 Vors. des Wiss. Beirats für Landw. u. 1966 Mitgl. des Hoch- u. Fachschulrats beim Staatssekr. für Hoch- u. Fachschulwesen; 1968 Kritik der SED-Führung an den Ergebnissen der Kartoffelzüchtung, März 1990 diesbezügl. Rehabilitierungsbeschluß des AdL-Plenums.
Publ. u.a.: Die Kartoffel – ein Handbuch. 2 Bde., Berlin 1961 (mit M. Klinkowski*).
Sek.-Lit.: Erinnerungen an Rudolf Schick. Vorträge anläßl. des 80. Geburtstags (Hrsg. Inst. für Kartoffelforschung Groß Lüsewitz der AdL). o. O. 1985.

Schickart, Helmut 17. 4. 1931
MfS-Bezirksverwaltungsleiter
Geb. in Dresden, Vater Bäcker; Volksschule, 1945/46 Ausbildung zum Maler; 1946–52 Arbeiter bzw. Maler in versch. Betrieben; 1950 SED; 1952 Betriebs-Schutzmann, VP-Kreisamt Hoyerswerda; 1954 Einstellung beim MfS, Kreisdienststelle Hoyerswerda, 1956 stellv. Ltr. der Kreisdienststelle, 1962 Ltr. der Kreisdienststelle Weißwasser; 1964 Ltr. der Abt. XVIII (Sicherung der Volkswirtschaft) der Bezirksverwaltung Cottbus des MfS; 1964–69 Fernstudium an der JHS des MfS Potsdam-Eiche, Dipl.-Jur.; 1975 stellv. Operativ des Ltr. der Bezirksverwaltung Cottbus; 1983 Offz. für Sonderaufgaben beim Ltr. der Bezirksverwaltung Potsdam; 1985 deren Ltr.; Mitgl. der SED-BL Potsdam, Gen.-Major; Febr. 1990 Entlassung.

Schiebold, Ernst 9. 6. 1894–4. 6. 1963
Werkstofftechniker
Geb. in Leipzig, Vater Kriminalbeamter; Gymnasium, Abitur; 1913–19 Studium der Mathematik, Physik, Chemie, Mineral. u. Geol. an der Univ. Leipzig, 1919 Prom. zum Dr. phil., 1918–22 Assistent im Mineralog. Inst. der Univ., 1920 Staatsexamen für das höhere Lehramt; 1922 Aufbau u. Ltg. des Röntgenlabors in der Abt. für angewandte Physik des Kaiser-Wilhelm-Inst. für Metallforschung in Neubabelsberg; 1926–41 planmäßiger ao. Prof. für physikal.-chem. Mineral., Petrogr. u. Feinbaulehre an der Univ. Leipzig, 1928 Ltr. des Mineralog. Inst.; 1929 Mitbegr. der Dt. Ges. für techn. Röntgenstrahlen; 1941–45 planmäßiger Prof. für Röntgenkunde u. zerstörungsfreie Werkstoffprüfung der TH Dresden, Außenstelle Leipzig, Ltr. des Inst. für röntgenolog. Roh- u. Werkstoffprüfung in Leipzig, Ltr. des Versuchs- u. Materialprüfamts.
1946–48 Arbeit für die SMAD u. SAG-Betriebe, Hauptreferent in der wiss.-techn. Abt. des Min. für Baumaterialien der UdSSR in Leipzig; 1948–56 Vors. der Fachabt. Zerstörungsfreie Werkstoffprüfung der KdT; 1949 Ltr. der physikal. Abt. im Eisenforschungsinst. Hennigsdorf; 1951 Ltr. der Forschungsstelle Zerstörungsfreie Werkstoffprüfung am Dt. Amt für Material- u. Warenprüfung, Zweigstelle Leipzig; 1954 Prof. mit Lehrstuhl u. Dir. des Inst. für Werkstoffkunde u. Werkstoffprüfung an der HS für Schwermaschinenbau Magdeburg; 1956–63 Vors. des Zentralen Fachaussch. Werkstoffprüfung der KdT.

Schiffer, Eugen 14. 2. 1860–5. 9. 1954
Präsident der Zentralverwaltung für Justiz
Geb. in Breslau, dort Gymnasium; Jurastudium in Breslau, Leipzig u. Tübingen; 1880 Eintritt in den Justizdienst, ab 1900 Landgerichtsrat in Magdeburg, gehörte ab 1906 dem Preuß. Kammergericht u. ab 1910 auch dem Oberverwaltungsgericht an; als Nationalliberaler ab 1903 Mitgl. des Preuß. Abgeordnetenhauses u. ab 1911 des Dt. Reichstags; 1917 Unterstaatssekr. im Reichsschatzamt; 1919 Mitbegr. der DDP, Vors. ihrer Fraktion in der Nationalvers. u. im Reichstag; 1919/20 Reichsfinanzmin. u. Vizekanzler; nach Verlassen der DDP 1924 Mitbegr. der Liberalen Vereinigung, die 1929 ihre Tätigkeit einstellte; ab 1925 als Rechtsanwalt, Präs. der Verwaltungsakad. Berlin u. Mithrsg. der »Dt. Juristenztg.« tätig; zahlr. Veröff., in denen er »Volksfremdheit des Rechts, Weltfremdheit der Richter, Rechtsfremdheit des Volkes« beklagt; in der NS-Zeit pol. u. rass. verfolgt, überlebte im Berliner Jüdischen Krankenhaus.
1945 Mitbegr. der LDPD in Berlin, Mitgl. ihres PV u. des Zentralen Blocks; 1945–48 Präs. der Dt. Zentralverwaltung für Justiz; schlug Anfang 1947 den Parteien in allen Besatzungszonen vor, eine nat. dt. Repräsentation für die Außenministerkonferenz in Moskau zu bilden, die Initiative scheiterte; 1948/49 Mitgl. des Dt. Volksrats u. 1949/50 der Prov. Volkskammer, 1950 Vors. ihres Verfassungsaussch.; 1950 Dr. jur. h.c. (MLU Halle); verstorben in Berlin (West).
Publ.: Die dt. Demokratie nach den Reichstagswahlen. Berlin 1920; Die dt. Justiz. Grundzüge einer durchgreifenden Reform. Berlin 1928, 2. völlig neubearb. Aufl. 1949; Ein Leben für den Liberalismus. Berlin 1951.

Schilfert, Gerhard 23. 9. 1917
Historiker, Präsident der Historiker-Gesellschaft
Geb. in Königsberg, Vater Volksschullehrer; 1937 Abitur, 1937–39 Studium der Fächer Geschichte, Deutsch u. Latein an der Univ. Königsberg, 1939–45 Soldat in der Wehrmacht, 1945 brit. Gefangenschaft.

1945 KPD, 1946 SED; 1946–48 Studium der Geschichte, Soziol. u. Philos. an der Univ. Halle; 1948 Prom. mit einer Arbeit über F. Engels' Studie zum dt. Bauernkrieg; 1948–51 wiss. Assistent an der Univ. Halle, 1951 Habil. mit einer Arbeit über die Rev. von 1848/49; 1951/52 Doz. an der Univ. Rostock; 1952–56 Prof. mit vollem Lehrauftrag an der HU Berlin, 1956–82 ord. Prof., 1952–68 Dir. des Instituts für Allg. Geschichte der HU Berlin, 1952–63 Fachrichtungsltr. Geschichte an der Philosoph. Fak., 1957 zugl. Dir. des Hist. Inst. u. Fachrichtungsltr. Geschichte an der EMAU Greifswald, 1952–68 Mitgl. des wiss. Beirats für Geschichte beim Staatssekr. für Hochschulwesen, 1956–70 Mitgl. des Präs. der URANIA, 1964–68 Präs. der Historiker-Ges. der DDR.
S. gehörte zur ersten Generation marxist.-leninist. Historiker der DDR, die ihre Ausbildung hauptsächl. nach 1945 erhielten; seine Arbeitsgebiete betreffen v.a. die neuzeitl. dt. Geschichte, die westeur. und amerik. Revolutionsgeschichte sowie die Geschichte u. Theorie der Geschichtswiss.
Publ.: Sieg u. Niederlage des demokr. Wahlrechts in der dt. Rev. 1848/49. Berlin 1952; Dtl. von 1648 bis 1789. Berlin 1959; Die engl. Rev. 1640–49. Berlin 1989.

Schilkin, Sergej 27.12.1915
Spirituosenfabrikant
Geb. in Petrograd (Rußland), Vater Spirituosenfabrikant u. Hoflieferant des Zaren, 1921 Emigration der Familie nach Dtl.; 1936 Abschluß des Gymnasiums in Berlin; 1938 Studium des Maschinenbaus an der TH Berlin; 1944 Mitgl. des Reichsforschungsrats u. Ltr. des Inst. für Schweißtechnik der TH Berlin.
1945 Übernahme der von den Eltern 1932 in Berlin-Kaulsdorf gegr. Firma, 1948 Gründung der Schilkin KG Berlin als Familienbetrieb, Ausbau der Firma zum zuletzt fünftgrößten Spirituosenhersteller in der DDR mit weltweitem Export, ab 1958 mit staatl. Beteiligung; nach der Enteignung von 1972–81 Ltr. des nunmehrigen VEB Schilkin; seit der Reprivatisierung im Juni 1990 wieder Inhaber u. Ltr. der Schilkin KG Berlin mbH Weinbrennerei u. Likörfabrik; Ehrenvors. des Verb. der Mitteldt. Spirituosenindustrie u. Ehrenpräs. des Bundesverb. der Dt. Spirituosenindustrie.

Schilling, Tom 23.1.1928
Tänzer, Choreograph
Geb. in Esperstedt (Kyffh.); Volksschule, zwei Jahre Handelsschule in Dessau, 1941–44 Theaterballettschule in Dessau, 1944 Dreherlehrling im Rüstungsbetrieb Junkers, 1945 RAD u. Wehrmacht.
1945/46 Solotänzer an der Staatsoper Dresden, Unterricht bei Dore Hoyer, 1946–52 am Opernhaus in Leipzig, Unterricht bei Mary Wigman (Ltr. der Ballettschule u. erste Choreographin), 1952/53 am Friedrichstadtpalast Berlin, 1953–56 Tanzmeister u. Choreograph in Weimar, 1956–64 Ballettdir. der Dresdener Staatsoper, ab 1965 Choreograph u. künstler. Ltr. des Tanztheaters der Kom. Oper Berlin; 1976–82 Prof. u. künstler. Ltr. der Abt. Choreogr. der Theater-HS »Hans Otto« Leipzig; 1978–91 AdK (Austritt); 1982 NP 1. Kl.; Mitgl. des Direktoriums des ITI-Zentrums der DDR; 1993 Ruhestand; Gastchoreographien u.a. in Moskau, Stockholm, Paris, Oslo, Kopenhagen, Posen, Helsinki, Wien.
Choreographierte u.a. »Gajaneh« (Weimar), »Schneewittchen« (Dresden), »Schwanensee« (1959), »Abraxas« (1966), »Phantast. Sinfonie« (UA 1977), »Der Doppelgänger« (UA 1968), »Undine« (EA 1970), »Match« (UA 1971), »Rhythmus« (UA 1971), »Romeo u. Julia« (1972), »Aschenbrödel« (1975), »Schwarze Vögel« (UA 1975), »Göttl. Komödie« (UA 1976), »Pastorale« (UA 1979), »Wahlverwandtschaften« (UA

1983), »Hoffmanns Erzählungen« (UA 1986).
Sek.-Lit.: Für T. S. (Hrsg. Kom. Oper Berlin). Berlin 1993.

Schilling, Viktor 28. 8. 1883–30. 5. 1960
Internist, Klinikdirektor
Geb. in Torgau, Vater Militärarzt; Medizinstudium an der Berliner militärärztl. Kaiser-Wilhelm-Akad., Prom. 1909; 1910–14 Mitarb. am Tropen-Inst. in Hamburg, Studien über Infektionskrankheiten u. Hämatol.; 1914–17 Kriegsdienst als Lazarettchef u. Hygieniker; 1917–21 Assistenzarzt an der I. Med. Klinik der Charité in Berlin (bei Wilhelm His jun.), 1921 hier Habil.; 1922 ao. Prof.; 1926 wiss. Vortragsreisen nach Moskau u. Leningrad; 1933 NSDAP; 1934–41 ord. Prof. für Innere Medizin in Münster, 1934 mit H. Schulten u. W. Schultz Gründung der Dt. Ges. für Hämatol.; 1938–41 nebenamtl. Ltr. des Bluttransfusionslabors der Militärärztl. Akad. Berlin.
1941–57 ord. Prof. u. Dir. der Med. Univ.-Klinik in Rostock; 1952 Vors. der Hämatolog. Ges., Ehrenmitgl. der Eur. Ges. für Hämatol.; 1957 em.; gest. in Rostock; wiss. Arbeitsgebiete: Blutmorphol., Hämogramm-Konzeption u. Tropenmedizin.
Publ.: Das Blutbild u. seine klin. Verwertung. Jena 1912 (12. Aufl. 1943); Prakt. Blutlehre. Jena 1922 (16. Aufl. 1959).
Sek.-Lit.: Festschrift zum 70. Geburtstag von V. S. (Hrsg. von Herbert Hirscher). Leipzig 1955.

Schilling, Walter 28. 2. 1930
Pfarrer der »Kirche von unten«
Geb. in Sonneberg, aufgewachsen in Oberlind (Thür.), Vater Superintendent; 1948 Abitur, anschl. landw. Gehilfe in Wersen (Westfalen); 1949 Ev. Studentenwerk Villigst, Werkstudium im Bergbau; 1950–55 Studium der Theol. in Münster, Heidelberg u. Jena; nach dem 1. Theolog. Examen 1955 Vikar in Königsee u. Braunsdorf (Kr. Rudolstadt), nach dem 2. Theolog. Examen 1957 Ernennung zum Kreisjugendpfarrer; ab 1959 Aufbau u. Ltg. eines kirchl. Jugendheims, seit 1968 maßg. Beteiligung an der Konzipierung u. am prakt. Aufbau der offenen sozialdiakon. Jugendarbeit in Thür., begleitet von Konflikten mit kirchl. Behörden u. dem MfS, 1974 Absetzung als Ltr. des Jugendheims u. Schließung des Hauses auf Betreiben des MfS unter Mitwirkung kirchenltd. IM; in den 80er Jahren wegen vielfältiger Kontakte zu opp. Gruppen durch das MfS überwacht; 1987 Mitorg. des »Kirchentags von unten«, fortan wichtigster Inspirator, Organisator u. Repräsentant der aus der »offenen Arbeit« hervorgegangenen »Kirche von unten«, zu deren theolog. Begleiter er 1989 durch die Ev. Kirche Berlin-Brandenburg berufen wurde; Herbst 1989 Beteiligung an Protestaktionen in Berlin, Mitarb. im Unabhängigen Untersuchungsaussch. für die polizeil. Übergriffe vom 7./8. 10. 1989 in Berlin.
Ab 1990 Ltr. des Heims für »offene Arbeit« in Braunsdorf; Berater der Thüringer Kirche für die Aufarbeitung von MfS-Verstrickungen; 1994 Ruhestand.
Publ. zu Grundlagen der »offenen Arbeit« sowie zum Verhältnis zwischen Kirche u. MfS.

Schirdewan, Karl 14. 5. 1907
SED-Politiker
Geb. in Stettin, aufgewachsen bei Pflegeeltern u. im Waisenhaus; 1914 Adoption durch die Breslauer Familie Schirdewan; kath. Mittelschule; Lehre in einer Getreidehandlung in Breslau, danach Laufbursche, später Bürogehilfe; 1923 KJVD, 1925 KPD; 1925–27 Funktionär, 1927/28 Sekr., ab 1928 Mitgl. des ZK des KJVD und Vors. im Bez. Schlesien; bis 1930 Transportarbeiter; 1931/32 Verlagsltr. »Junge Garde«; 1932 Vors. des KJVD in Ostpreußen; ab 1933 illegale Tätig-

keit in Sachsen u. Norddtl.; 19. 2. 1934 als Mitgl. der Inlandsltg. der KPD in Hamburg verhaftet; 10. 5. 1934 wegen Vorbereitung zum Hochverrat zu drei Jahren Zuchthaus (Coswig) verurteilt, anschl. Häftling in den KZ Sachsenhausen u. Flossenbürg (Oberpfalz); 23. 4. 1945 auf dem Todesmarsch durch amerik. Panzertruppen befreit.

Juni 1945 Wiederaufbau der KPD in Nordbayern; ab Aug. 1945/47 Mitarb. des ZK der KPD bzw. PV der SED; schwere Erkrankung; 1947 Westkommission beim PV; ab März 1952 1. Sekr. der SED-Landesltg. Sachsen (Nachf. von Ernst Lohagen*) bzw. ab Okt. der SED-BL Leipzig; Jan. 1953 Mitarb. des ZK der SED, verantw. für Aufbau u. Kontrolle der Abt. Leitende Organe der Partei u. der Massenorg., ab Juli 1953 Mitgl. von ZK u. PB sowie Sekr. des ZK; 1952–58 Abg. der Volkskammer; 1955 und 1982 VVO in Gold; Feb. 1958 wegen »Fraktionstätigkeit« aus dem ZK ausgeschlossen u. mit »strenger Rüge« bestraft; danach Ltr. der Staatl. Archivverwaltung in Potsdam; 1965 Rentner;

20. 1. 1990 von der Zentralen Schiedskommission der SED/PDS rehabilitiert, Mitgl. des Rats der Alten beim PV; März 1994 Einleitung eines Ermittlungsverfahrens wegen des Verdachts der Rechtsbeugung u. Freiheitsberaubung.

Publ.: Aufstand gegen Ulbricht*. Berlin 1994.

Schirmer, Gregor 1. 4. 1932

Stellv. Minister für Hoch- und Fachschulwesen

Geb. in Nürnberg, Vater Arbeiter, KPD-Funktionär Hermann Sch.; Besuch der Volks- u. Oberschule.

1949 Mitgl. der westdt. KPD; Kreisvors. der FDJ in Nürnberg; Übersiedlung in die DDR im Zusammenhang mit dem Verfahren eines amerik. Militärgerichts in Nürnberg wegen FDJ-Aktivitäten; Instrukteur beim ZR der FDJ; 1950 SED; 1951 Abitur; 1951–55 Studium der Rechtswiss. an der KMU Leipzig, Dipl.-Jur.; 1955–59 Assistent u. Aspirantur an der ASR Potsdam-Babelsberg u. der HU Berlin; 1959 Prom. zum Dr. jur.; 1959–61 Sekr. der SED-Grundorg. der HU; 1961–65 Doz., 1965 Prom. zum Dr. sc. jur., seit 1965 Prof. für Völkerrecht u. Prorektor der FSU Jena; 1962/63 Mitgl. des Präs. der Liga für die Vereinten Nationen; seit 1963 Mitgl. des Präsidialrats, seit 1972 des Präs. des KB; seit Okt. 1963 Abg. der Volkskammer u. Mitgl. des Aussch. für Auswärtige Angelegenheiten; seit 1965 stellv. Vors. der Fraktion des KB; Vizepräs. der Ges. für Völkerrecht; 1965–76 stellv. Staatssekr. bzw. Stellv. des Min. für Hoch- u. Fachschulwesen; seit 1977 stellv. Ltr. der Abt. Wiss. des ZK der SED; Nov. 1989 Ltr. der Kommission Wiss. u. Bildung beim PB des ZK der SED; 1990 Prof. an der Stiftung Gesellschaftsanalyse; PDS-Arbeitsgemeinschaft Intern. u. Friedenspol.; Rentner.

Schirmer, Herbert 8. 7. 1945

Kulturminister

Geb. in Stadtlengsfeld (Kr. Eisenach); Ausbildung zum Maschinist u. Heizer; Buchhändler mit FS-Abschluß, ab 1974 in Dresden in diesem Beruf tätig; 1977 Chefred. von »Kultur-Report« Dresden, danach Abt.-Ltr. im Verlag der Kunst; 1985–90 CDU; 1989 wiss. Mitarb. der Staatl. Kunstsammlung Cottbus; Herbst 1989 Mitbegr. u. Sprecher des Neuen Forum Beeskow; Nov. 1989 – März 1990 Vors. des CDU-Bezirksverb. Frankfurt/Oder, März – Nov. 1990 des CDU-Landesverb. Brandenburg; März – Okt. Abg. der Volkskammer; Apr. – Okt. Min. für Kultur (Nachf. von Dietmar Keller).

Febr. 1991 Austritt aus der CDU; Vors. der Interessengemeinschaft Neue Bildende Kunst, Berlin; seit Mai 1991 Museumsdir. in der Wasserburg Beeskow, seit 1992 SPD, Mitgl. des SPD-Kulturforums Dtl.

Schirmer, Wolfgang 3. 3. 1920
Werkleiter, Chemiker
Geb. in Berlin in der Familie eines Kaufmanns; ab 1939 Studium der Chemie, Physik u. Allg. Naturwiss. an der Friedrich-Wilhelm-Univ. u. an der TH Berlin; Mitarb. im Forschungslabor der Firma C. Lorenz AG Berlin-Schönefeld; zeitw. bei der Wehrmacht.
Ab 1945 wiss. Mitarb. u. 1949 Prom. an der TH Berlin; 1950–53 Werkdir. des Stickstoffwerks Piesteritz; 1952 SED; 1953–62 Werkltr. des VEB Leuna-Werke »Walter Ulbricht«; 1954 zugl. Doz. u. 1955 Prof. mit Lehrauftrag für physikal. Chemie an der TH für Chemie Leuna-Merseburg; 1954–67 Kand. des ZK der SED; 1959 Korr., 1961 Ord. Mitgl. der DAW; 1960 VVO in Gold; 1962 stellv. Dir. u. 1964–85 Dir. des Inst. / ZI für Physikal. Chemie der DAW / AdW; ab 1963 zugl. Prof. mit Lehrstuhl für chem. Technol., ab 1971 für techn. Chemie an der HU Berlin; ab 1963 Mitgl. u. zeitw. stellv. Vors. des Forschungsrats der DDR sowie 1. Vors. der Ständigen Kommission für chem. Industrie beim RGW; 1972 NP (im Kollektiv); 1985 em.
Forschungsgebiete: physikal. Chemie, Absorption an Festkörperoberflächen.

Schirmer-Pröscher, Wilhelmine, geb. Pöser 9. 7. 1889–2. 3. 1992
LDPD-Politikerin
Geb. in Gießen, Vater Angestellter; dort Höhere Töchterschule, 1905–11 Ausbildung zur Drogistin u. Besuch des Lehrerinnenseminars Eisleben; 1911–19 Lehrerin in Seidan (Bautzen); 1919–48 Drogistin in Mariendorf (Berlin); 1918–33 DDP bzw. Dt. Staatspartei.
1945 Mitbegr. der LDPD in Berlin, ab Febr. 1946 Mitgl. des PV u. des HA bzw. Pol. Aussch. des Zentralvorst. der LDPD; 1947 Mitbegr. des DFD u. ab 1948 stellv. Vors. des Bundesvorst.; 1948/49 Mitgl. des Dt. Volksrats; 1948–53 Stadträtin im Magistrat von Groß-Berlin, 1953–59 stellv. OB; 1949 stellv. Landesvors. der LDPD Berlin; ab 1949 Abg. der Prov. Volkskammer bzw. Volkskammer, 1950–54 Beisitzerin, 1954–63 stellv. Präs., ab 1963 Mitgl. des Präs.; seit 1950 Mitgl. des Präs. des Friedensrats; seit 1954 Mitgl. des Präs. der Liga für die Vereinten Nationen; 1959 VVO in Gold; seit 1959 Mitgl. des Präs. des Komitees zum Schutze der Menschenrechte; 1984 KMO, ferner Stern u. Großer Stern der Völkerfreundschaft in Gold; März – Aug. 1990 Bund Freier Demokraten, danach F.D.P.
Publ.: W. Sch.-P.: Die Welt vor meinen Augen. Erinnerungen aus 80 Jahren, aufgezeichnet von A. u. J. Flatau. Berlin 1987.

Schleiff, Henning 2. 11. 1937
Oberbürgermeister von Rostock
Geb. in Malchow (Meckl.); Oberschule, Abitur; Studium an der Univ. Rostock, 1960 Dipl.-Ing.-Ök.; Sekr. der FDJ-Hochschulgruppe; 1959 SED; 1963–69 1. Sekr. der FDJ-KL Rostock-Stadt u. Mitgl. der SED-KL; 1963–71 Mitgl. des ZR der FDJ; 1965–70 u. erneut ab 1974 Stadtverordneter von Rostock; 1970–74 Aspirant am IfG, Prom.; 1974/75 1. Stellv. des OB, ab 1975 OB von Rostock (Nachf. von Heinz Kochs); 1974–89 Mitgl. des Sekr. der SED-KL Rostock, 1976–81 Kand., 1981–89 Mitgl. der SED-BL; Vors. der Vereinigung der Mitgliedstädte der DDR in der Weltföderation der Partnerstädte; März 1990 als OB zurückgetreten.
Publ.: Wiss.-techn. Fortschritt – Soz. Arbeit – Persönlichkeit (zus. mit W. Fritze u. N. Pauligk). Berlin 1976.

Schlesinger, Artur
18. 4. 1890–28. 3. 1981
LDPD-Funktionär
Geb. in Zittau; Besuch der Volksschule; Mechaniker; 1908 Gesellenprüfung; Studium; Kfz-Ing. u. vereidigter Sach-

verständiger für Kfz- u. Verkehrswesen; 1914–18 Soldat; 1933–35 Haft.
1945 LDPD; Ltr. eines VEB in Görlitz; 1948 Stadtrat für Verkehr in Görlitz; 1949 Ltr. der Hauptabt. Verkehr im Min. für Industrie u. Verkehr in Sachsen (Min.-Dir.); 1949–52 Abg. des Landtags Sachsen; 1951/52 Min. für Gesundheitswesen der Landesreg. Sachsen u. Mitgl. des Landesvorst. Sachsen der LDPD; 1952/53 Mitgl. des Bez.-Tags Dresden u. stellv. Vors. des Rats des Bez. Dresden sowie Vors. des Bezirksvorst. Dresden der LDPD; 1953–56 Vizepräs. der IHK; 1950–58 Abg. der Volkskammer; seit 1956 Ruhestand; Mitgl. der Zentralen Ltg. des Komitees der Antifasch. Widerstandskämpfer der DDR.

Schlesinger, Klaus 9. 1. 1937
Schriftsteller
Geb. in Berlin, Vater Arbeiter, Grundschule, Ausbildung als Chemielaborant, studierte mehrere Semester an der Ing.-HS in Berlin (West) u. Fürstenwalde; erste lit. Veröff. 1960; seit 1964 freier Journalist u. Schriftst.; 1964/65 Reportage-Kurs bei Jean Villain; 1971 erste Buchveröff. (Roman »Michael«); 1972 Fernkurs am Lit.-Inst. »J. R. Becher« in Leipzig; seit 1973 Mitgl. im SV; org. mit Bettina Wegner* 1974/75 bis zum staatl. Verbot in Berlin die Veranstaltungsreihen »Eintopp« bzw. »Kramladen«; 1974 Mitinitiator (mit Ulrich Plenzdorf* u. Martin Stade*) der Autorenanthol. »Berliner Geschichten«, die 1976 nach massiven Eingriffen des SV u. des MfS aufgegeben wurde; seit 1974 Observierung durch das MfS (OV »Schreiberling« u. OV »Selbstverlag«); 1976 Mitorganisator einer Solidaritätserklärung zum Protest von Schriftst. gegen die Ausbürgerung Wolf Biermanns*; 1979 Mitunterz. eines an Erich Honecker* gerichteten Briefs von acht Schriftst., in dem die repressive Kulturpol. angeprangert u. das Verfahren gegen Stefan Heym* wegen Devisenvergehens verurteilt wird; daraufhin im Juni 1979 (mit Stefan Heym u. sieben weiteren Schriftst.) Ausschluß aus dem SV; 1980 Übersiedlung nach Berlin (West); engagierte sich dort in der Hausbesetzerszene; Arbeit für Medien (Hörspiele, Fernsehfilme); Mitgl. des PEN-Zentrums der Bundesrep. Dtl.; lebt seit 1992 wieder im Ostteil Berlins.
Publ.: Ikarus (Filmszenarium). Berlin 1975; Alte Filme. Berlin 1975; Berliner Traum. Rostock 1977; Leben im Winter. Rostock 1980; Fliegender Wechsel. Persönl. Chronik. Rostock 1990.

Schlimme, Hermann
14. 9. 1882–10. 11. 1955
FDGB-Funktionär
Geb. in Langensalza, Vater Arbeiter; Volksschule, 1896–1903 Wanderschaft, Drechsler; 1899 Dt. Holzarbeiterverb.; 1904–07 Handelshilfsarbeiter; 1906 Dt. Transportarbeiterverb., SPD; 1906–11 ehrenamtl. Gewerkschafts- u. Parteiarbeit, maßg. an Streikkämpfen beteiligt; 1907–11 Kontorist u. Buchhalter; 1911–21 hauptamtl. Bezirksltr. des Dt. Transportarbeiterverbandes in Halle; 1915–18 Kriegsdienst; 1918 USPD, danach wieder SPD; 1920 Teiln. an der Abwehr des Kapp-Putsches; 1922/23 FS für Verwaltung Berlin; 1923–31 persönl. Sekr. von Theodor Leipart, Mitarb. im vorläufigen Reichswirtschaftsrat; 1931 bis 1933 Sekr. des ADGB-Bundesvorst., 1933 Mitgl. der Reichsltg. für den Wiederaufbau freier Gewerkschaften, 1933–37 illegale Tätigkeit als Beauftragter des Vorst. des Intern. Gewerkschaftsbunds; 1937–40 Zuchthäuser Brandenburg-Görden und Amberg; 1940–45 Buchhalter.
1945 Mitunterz. des Aufrufs des Vorbereitenden Gewerkschaftsaussch. für Groß-Berlin; Mitgl. des ZA der SPD, 1946 SED; 1946–51 2. Vors. des FDGB-Vorst. Groß-Berlin, 1946–55 Mitgl. des FDGB-Bundesvorst. u. des PV bzw. ZK

der SED; 1946–48 Abg. der Stadtverordnetenvers. Groß-Berlin; 1948/49 Mitgl. des Dt. Volksrats; ab 1949 Abg. der Prov. Volkskammer bzw. Volkskammer; 1949–53 Mitgl. des Generalrats des WGB; 1951–55 Mitarb. des FDGB-Bundesvorst.
Publ.: Für Frieden u. Einheit. Aus Reden u. Schriften 1945–1955. Berlin 1957.

Schlüter, Klaus 24. 7. 1939
Umweltschützer, Minister
Geb. in Hof Jörnstorf (Kr. Bad Doberan) in der Familie eines Gutspächters, aufgewachsen in Schwerin; 1958 Abitur, 1958–60 Lehre als Landvermesser, anschl. Studium der Geodäsie an der TU Dresden, unterbrochen durch achtmonatige Haft wegen »aufrührer. Zusammenrottung« u. durch »Bewährung in der Praxis« als Landvermesser in Mecklenburg, 1969 Abschluß des Studiums als Dipl.-Ing. für Geodäsie; danach bis 1989 versch. Tätigkeiten auf dem Gebiet der EDV; seit der Schulzeit im Naturschutz engagiert, später Mitarb. in der Dresdener ESG, in kirchl. Natur- u. Umweltschutzgruppen sowie Fachgruppen der Ges. für Natur u. Umwelt im KB (GNU); 1987 Mitbegr. einer GNU-Fachgruppe Stadtökol., Mitorganisator DDR-weiter Vernetzung der Stadtökol.-Gruppen; Nov. 1989 Mitgl. der Initiativgruppe für die Gründung der Grünen Liga (GL), Dez. 1989 – März 1990 Vertreter der GL am Zentralen Runden Tisch, Febr. 1990 Gründungsmitgl. u. Sprecher (später Bundessprecher) der GL, Befürworter der Eigenständigkeit der GL gegenüber westdt. Umweltverbänden; Febr.–Apr. 1990 Min. ohne Geschäftsbereich in der zweiten Reg. Modrow, Mitarb. am Nationalparkprogramm.
Nach 1990 wiss. Mitarb. beim Landtag Mecklenburg/Vorpommern.

Schlüter, Otto 12.11.1872–12.10.1959
Geograph, Präsident der Leopoldina
Geb. in Witten/Ruhr, Vater Rechtsanwalt u. Notar; Burggymnasium Essen; 1891–95 zunächst Geschichts- u. Germanistikstudium, später Studium der Geogr., Geol., Mineral. u. Petrogr. in Freiburg i. Br, Halle u. Berlin; 1896 Prom. in Halle; 1898–1900 Assistent bei der Berliner Ges. für Erdkunde, 1906 Habil. im Fach Geogr. an der Univ. Berlin, hier 1906–11 Priv.-Doz.; 1911–38 ord. Prof. für Geogr. u. Dir. des Geograph. Inst. an der Univ. Halle; 1938–51 mit kurzen Unterbrechungen vertretungsweise weiter im Amt, 1956 Ehrensenator der MLU Halle; 1923 Mitgl. der Dt. Akad. der Naturforscher Leopoldina, 1942–52 Vizepräs., 1952–54 2. Präs. als Nachf. von Emil Abderhalden, für den er nach dessen von den amerik. Besatzungsbehörden erzwungenem Weggang ab 1945 bereits die Geschäfte am Sitz der Akad. in Halle geführt hatte.
Arbeitsgebiete: Siedlungsgeogr., Geogr. der Kulturlandschaft, Altlandschaftsforschung für den mitteleur. Raum u. Methodik der Geogr.
Sek.-Lit.: Lebenslauf des ord. Prof. der Geographie Dr. O. S. (mit Bibliogr). In: Petermanns Geograph. Mitteilungen, 4. Quartalsheft/1952, S. 291 ff.

Schmidt, Annerose 5. 10. 1936
Konzertpianistin
Geb. in Wittenberg; ab 1941 Klavierunterricht bei ihrem Vater.
1945 erstes öff. Konzert; 1948 Berufsausweis als staatl. anerkannte Konzertpianistin; seit 1949 Konzerte beim Berliner Rundfunk; 1953–57 Studium an der HS für Musik Leipzig; 1957 Beginn der intern. Konzerttätigkeit; ihr Repertoire umfaßt annähernd 80 Solokonzerte des 18. u. 19. Jh. bis zu Kompositionen der Gegenwart, u. a. sämtl. Klavierkonzerte von W. A. Mozart, Beethoven, Bartók, Brahms, Chopin, Ravel, das gesamte Kla-

vierschaffen von Schumann u. Brahms; sie erhielt zahlr. nat. u. intern. Musikpreise; 1986–90 AdK; Doz. bei den Intern. Musikseminaren in Weimar; Jurorin bei pianist. Wettbewerben; Mitgl. des Kuratoriums des Schauspielhauses Berlin.
1990 Rektorin der HS für Musik »Hanns Eisler« Berlin.

Schmidt, Birgit, geb. Fischer 25. 2. 1962
Leistungssportlerin (Kanu)
Geb. in Brandenburg; 1970 Beginn mit dem Kanu-Sport, später Wechsel zum ASK Vorwärts Potsdam (Trainer: Helmut Senger); 1980 Olympiasiegerin im K I; 1988: Doppelolympiasiegerin (K II u. K IV, Zweite im K I); VVO in Silber u. Gold; 1989 Rücktritt vom aktiven Leistungssport.
Nach 1990 erfolgreiches Comeback, 1992 Olympiasiegerin im K I; 1993 WM im K I u. mit der dt. K IV-Staffel; verheiratet mit dem Kanuten Jörg Schmidt (C I – WM 1982), lebt in Potsdam.
S. ist mit vier Olympiasiegen u. 18 WM-Titeln zwischen 1979 u. 1993 die erfolgreichste Rennkanutin aller Zeiten.

Schmidt, Diether 29. 7. 1930
Kunstwissenschaftler
Geb. in Lubmin (Meckl.), Vater Maurer, Mutter Arb.; 1951 Abitur an der Abendoberschule; 1951–56 Studium der Kunstgesch., klass. Archäol., Philos. u. Pädagogik bei Richard Hamann u. Willy Kurth* an der HU Berlin; 1956–58 Assistent an der Gemäldegalerie Alte Meister der Staatl. Kunstsamml. in Dresden; 1959/60 Tätigkeit im Stadtmuseum Dresden; 1960 Prom. »David der Goliathsieger. Stadtheroe u. Verfass.-Bild der Rep. Florenz in der Renaissance«; 1960–66 Forsch.-Auftrag des Min. für Kultur zur Assoziation Rev. Bildender Künstler Dtl. u. zur Kunst im Widerstand; seit 1963 Mitarb. bei Ausstellung des Leonhardi-Museums Dresden; ab 1967 freischaff.; 1968 Redeverbot; 1969–75 Lektor beim Verlag der Kunst Dresden; 1972 erneut Redeverbot; 1976 Honorarvertrag mit dem Verlag der Kunst Dresden; ab 1977 wieder freischaff., wiederholt Redeverbot; 1977–81 verantw. für das Ausst.-Progr. der Galerie Comenius in Dresden, 1982/83 Mitarb. im Freundeskr. der Galerie; am 9. 1. 1984 Verhaftung und U-Haft bis 22. 2. 1984, Einstellung des Verfahrens, danach Ausreise in die Bundesrep. Dtl.; ab 1984 freischaff. in Berlin (West) tätig, u. a. Gastdozent in Offenbach.
1989/90 Gastprof. an der HS der Künste in Berlin (West); 1990/91 Gastprof. des DAAD an der HS für bild. Künste Dresden, 1991/92 dort Rektor; ab 1992 Aufgabe des Rektorenamtes, Prof. an dieser HS.
Autor u. Hrsg. zahlr. Publ. zur Kunst des 20. Jh.: Manifeste, Manifeste 1905–33. Dresden 1965; Bauhaus. Dresden 1966; Ich war – ich bin – ich werde sein! Berlin 1968; Fritz Cremer. Dresden 1972; Otto Dix im Selbstbildnis. Berlin 1978; Die Dresdener Künstlerszene 1913–33. Düsseldorf 1987.

Schmidt, Eberhard 23. 3. 1907
Komponist
Geb. in Slawentzitz (Oberschl.), Vater Pfarrer; 1917–26 Gymnasium in Brieg u. Kosel, 1926 Abitur; 1927 Jurastudium (1929 abgebrochen) an der Univ. Berlin, Unterricht in Cellospiel u. Musiktheorie am Sternschen Konservatorium Berlin; 1930/31 Klavierspiel u. Kompositionen für eine Agit.-Prop.-Gruppe; 1932 KPD, 1933 nach illegaler Arbeit Emigration ins Saarland, 1935 Flucht nach Paris, 1936–39 Interbrigadist im span. Bürgerkrieg, 1939 in Internierungslagern Frankreichs (St. Cyprien, Gurs), 1940 Le Vernet, 1941 Auslieferung nach Dtl., 1941–45 KZ Sachsenhausen.
1945 Musikreferent beim Volksbildungsamt Berlin-Pankow, Chorltr., Arbeit in

Kabaretts; 1948 Mitgl. der Autorengruppe »Unser Lied – unser Leben« beim Berliner Rundfunk, Kulturreferent beim ZR der FDJ, Mitbegr. u. Dir. der Nat. Kulturgruppe der FDJ; 1951 Gründungs- u. Vorstandsmitgl. des VDK; freischaff. Komponist; 1964–68 Dir. des Konservatoriums Schwerin; 1968 Rückkehr nach Berlin; 1977/78 zwei Reisen in die Ukraine zur Erdgastrasse.
Kompositionen: etwa 250–300 Lieder, darunter Massenlieder (»Thälmannlied«, »Ich trage eine Fahne«), Chöre, Kantaten, Bühnenwerke (Operette »Der Bolero«, Berlin 1952), Filmmusiken, Fernsehkomödien für Kinder, Instrumentalkompositionen für kleine Besetzungen, Orchestermusik.
Publ.: Ein Lied – ein Atemzug. Erinnerungen u. Dokumente (Hrsg. M. Machlitt). Berlin 1987.

Schmidt, Elli (Ps. 1933–45 Irene Gärtner) 9. 8. 1908–30. 7. 1980
SED-Politikerin, Vorsitzende des DFD
Geb. in Berlin; Volksschule; Schneiderin; 1925 Bekleidungsarbeiterverb. im ADGB, 1927 KJVD u. KPD, Funktionen in Berlin, u. a. 1931/32 Ltr. der Abt. Frauen der BL der KPD Berlin; 1932–34 Besuch der Intern. Lenin-Schule in Moskau; 1934 Rückkehr nach Dtl., Pol. Ltr. des KPD-Bez. Niederrhein; 1935 Teiln. am VII. Weltkongreß der KI; 1935–46 Mitgl. des ZK der KPD, 1936/37 erneut illegal nach Dtl., Pol. Ltr. des KPD-Bez. Berlin; 1937–40 pol. Mitarb. des Sekr. des ZK der KPD in Paris; 1940–45 Exil in der UdSSR, Mitarb. im Inradio; 1941 Evakuierung nach Lesnoi-Kurort (Wetluga), ab Herbst 1942 Mitarb. u. später Red. der Frauensendungen des Dt. Volkssenders u. des NKFD, 1944/45 Mitarb. an programmat. KPD-Dokumenten für die Nachkriegszeit.
Mitunterz. des Aufrufs der KPD vom 11. 6. 1945, ab Juli 1945 Mitgl. des Sekr. des ZK der KPD; Aug. 1945 Rückkehr nach Dtl., Ltr. der Abt. Frauen im Zentralsekr. der KPD, Vors. des Zentralen Frauenausschusses beim Magistrat von Groß-Berlin; Mitautorin der »Grundsätze u. Ziele der SED«, 1946–54 Mitgl. des PV bzw. ZK, 1946–50 des Zentralsekr. der SED, paritätische Leiterin des Frauensekr.; 1946–48 Abg. der Berliner Stadtverordnetenvers.; 1947 Mitgl. des DFD-Vorst., 1948 1. Vors. des Demokratischen Frauenbunds Berlin, Mai 1949 – Sept. 1953 1. Bundesvors. des DFD (Nachf. von Anne-Marie Durand-Wever*); 1949–54 Abg. der Prov. Volkskammer bzw. Volkskammer, 1949 Mitgl. ihres Präs., 1950 Ltr. der Kommission zur Ausarbeitung des Gesetzes über den Mutter- u. Kinderschutz u. die Rechte der Frau, Febr. 1953 Vors. der Staatl. Kommission für Handel u. Versorgung; 1950–Juni 1953 Kandidatin des PB des ZK der SED, wegen Unterstützung von Wilhelm Zaisser* u. Rudolf Herrnstadt* aller leitenden Funktionen enthoben, Jan. 1954 Parteirüge u. Ausschluß aus dem ZK der SED; 1953–67 Dir. des Dt. Modeinst.; 29. 7. 1956 vom ZK der SED rehabilitiert; war mit Anton Ackermann* verheiratet; 1965 VVO in Gold; 1966 Rentnerin.

Schmidt, Erhard 13. 1. 1876–6. 12. 1959
Mathematiker
Geb. in Dorpat (Estland), Vater Physiologe; Studium der Mathematik u. Physik an den Univ. Dorpat, Berlin u. Göttingen, hier 1905 Prom. bei David Hilbert, 1906 Habil. in Bonn; 1908 ord. Prof. in Zürich, später in Erlangen u. Breslau; 1917 als Nachf. von Hermann Amandus Schwarz an die Berliner Univ. berufen, hier bis zu seiner Em. 1950 tätig; 1918 Ord. Mitgl. der Preuß. AdW; ab 1929 zeitw. Rektor der Berliner Univ.; unterstützte in der NS-Zeit den entlassenen Issai Schur.
Jan. 1946 Aufnahme des Lehrbetriebs am I. Mathemat. Inst. als einer der ersten

Prof. an der eben wiedereröffneten Univ., arbeitete glz. im Direktorium des neugegr. DAW-Forschungsinst. für Mathematik, später Inst. für Reine u. Angewandte Mathematik; 1949 NP.
Arbeitsgebiete: Theorie der linearen Integralgleichungen, Algebra, Potentialtheorie.

Schmidt, Günter 13. 1. 1929
MfS-Sektorenleiter
Geb. in Johanngeorgenstadt (Erzgeb.), Vater Gasmeister, Mutter Hausfrau; Volksschule; 1943–46 Lehre als Fernmeldetechniker;
1946 KPD; 1948–51 Ing.-Schule Zwikkau, Elektro-Ing.; 1951 Ltr. eines Fernmeldeamtes, dann im Min. für Post- u. Fernmeldewesen tätig; 1952/53 Fernstudium Elektro- u. Nachrichtentechnik an der TU Dresden, abgebrochen; 1953 Einstellung beim MfS Berlin, Abt. VI (Staatsapparat/Parteien), dann Versetzung zur Abt. S (Sicherstellung); 1957 Stellv. des Ltr. der Abt. O (Operativtechn. Kontrollmaßnahmen); 1959 Büro der Ltg./E; 1960 Ltr. der Abt. 26 (Telefon-Überwachung); 1962/63 Lehrgang an der BPS »Julian Marchlewski« Kleinmachnow; 1963 Stellv. des Ltr., 1965/66 kommissar. Ltr., 1966–68 1. Stellv. des Ltr., 1968 Ltr. des Operativ-techn. Sektors (OTS); 1967–70 Fernstudium Kriminalistik an der HU Berlin, Dipl.-Kriminologe; 1974 VVO in Gold; 1979 Gen.-Major.

Schmidt, Hans 17. 1. 1923
Gewerkschaftsfunktionär
Geb. in Klaber (Kr. Güstrow), Vater Arbeiter; Volksschule in Rostock; 1928–33 SAJ (Rote Falken); 1937–40 Ausbildung zum Metallflugzeugbauer, danach im Beruf tätig; ab 1942 Militärdienst, Flak, zugleich Flugzeugbau-Studium an der Ing.-Schule Stettin, 1943 Abbruch des Studiums, Kriegsdienst (Flak), zuletzt Wachtmeister.
1945–47 Maschinenschlosser in Rostock; 1946 SPD/SED, FDGB; 1947 Betriebsratsvors., Mitgl. des Landesvorst. Mecklenburg der IG Metall; 1948/49 Besuch von Partei- u. Gewerkschaftsschulen; 1949 Mitgl. des Zentralvorst. der IG Metall u. seines Sekr., seit Sept. 1952 Vors. der IG Metall; 2. 10. 1953 Absetzung als Vors. u. Ausschluß aus dem Zentralvorst. der IG wegen »arbeiterfeindlicher Haltung« am u. nach dem 17. Juni, SED- u. FDGB-Ausschluß u. a. wegen »falscher Konzeption« über die Stellung der Gewerkschaften zu Staat u. SED sowie wegen »Fraktionsbildung«; anschl. Maschinenschlosser in der Neptunwerft Rostock, zeitw. Assistent des Werkltr.; 1954/55 Aufhebung des SED- u. FDGB-Ausschlusses; ab 1956 tätig im Fischkombinat Rostock.

Schmidt, Heinz 26. 11. 1906–14. 9. 1989
Intendant, Chefredakteur
Geb. in Halle/Saale, Vater Arbeiter; Volksschule; Ausbildung zum Bergarbeiter; 1926 SPD, Mitarb. in versch. SPD-Ztgn.; 1930–33 Studium der Staats- u. Rechtswiss. in Halle; 1931 KPD; ab 1933 illegale Parteiarbeit in Dtl.; 1934 zu drei Jahren Zuchthaus verurteilt, Haft in Brandenburg-Görden u. KZ Lichtenburg; 1937 Emigration über die ČSR nach England; Mitgl. u. ab 1941 Ltr. der dortigen KPD-Landesgruppe, 1943–45 Chefred. der Ztschr. »Freie Tribüne« in London (Deckname Jack Morell).
1946 Rückkehr nach Dtl., KPD/SED; 1946–49 Intendant des Berliner Rundfunks (Nachf. von Max Seydewitz), Absetzung durch PB-Beschluß vom 20. 10. 1949 »wegen nationalistischer Überheblichkeit« u. »ungenügender pol. Wachsamkeit« 1950–55 Bewährungsauftrag in der Prod.; 1955/56 Chefred. der Ztschr. »Magazin«; 1956–58 Chefred. der satir. Ztschr. »Eulenspiegel«, 1958 abgesetzt; 1957–64 Mitgl. des Präs. u. Sekr. des NR der NF, 1958–64 Ltr. der

Presseabt. des NR; 1964–76 Vors. des Afro-Asiat. Solidaritätskomitees; Rentner; verheiratet mit Eva Schmidt-Kolmer*; gest. in Berlin.

Schmidt, Heinz 17. 6. 1930
MfS-Bezirksverwaltungsleiter
Geb. in Bad Düben (Kr. Eilenburg), Vater Schlosser, Mutter Landarbeiterin; Volksschule; 1945–48 kaufm. Lehre; 1948–51 Justizangestellter beim Amtsgericht Bitterfeld; 1949 SED; 1951 Sachbearb. für Landw. in der Stadtverwaltung Düben; 1952 Einstellung beim MfS, Kreisdienststelle Bitterfeld; 1955 Arbeitsgruppe MTS der Bezirksverwaltung Halle des MfS, 1956 Abt. III (Sicherung der Volkswirtschaft); 1958–60 Zweijahreslehrgang an der HS des MfS Potsdam-Eiche; 1962 stellv. Ltr. der Abt. III (ab 1964 HA XVIII), 1964 deren Ltr.; 1965 Ltr. der Arbeitsgruppe Anleitung u. Kontrolle, 1969 stellv. Operativ des Ltr.; 1969–72 Fernstudium an der JHS des MfS, Dipl.-Jur.; 1971 kommissar. Ltr., 1972 Ltr. der Bezirksverwaltung Halle des MfS; 1974 Mitgl. der SED-BL Halle; 1975 Prom. zum Dr. jur. an der JHS des MfS; 1979 Gen.-Major; Jan. 1990 Entlassung.

Schmidt, Max 6. 1. 1932
Gesellschaftswissenschaftler
Geb. in Mühlhausen, Vater Kellner; nach dem Abitur beschäftigt beim Arbeitsamt u. am Gericht Mühlhausen, 1951 bei der SDAG Wismut in Oberschlema; 1953 SED, FS-Lehrerprüfung für Ges.-Wiss. an der Verwaltungsschule in Weimar, anschl. bis 1956 dort als Lehrer tätig; 1954–57 Studium der Staats- u. Rechtswiss. an der DASR Potsdam, 1957–59 dort wiss. Assistent u. Oberassistent, 1958 jur. Staatsexamen, Dipl.-Staatswiss. u. Dipl.-Jur.; ab 1959 wiss. Mitarb. der Abt. Staats- u. Rechtsfragen beim ZK der SED; 1965–73 Sektionsltr. in der Westabt. des ZK der SED; 1972 am IfG Prom. zum Dr. phil. auf dem Gebiet Imperialismustheorie; 1972/73 Studium an der PHS der KPdSU in Moskau; 1973–91 Dir. des Inst. für Intern. Pol. u. Wirtschaft (IPW) (Nachf. von Herbert Häber*); 1974 Prof. am IfG; ab 1976 Mitgl. des Redaktionskollegiums des theor. SED-Organs »Einheit«; 1980 ord. Prof. für pol. Ök. am IPW; 1982 Vizepräs. des Friedensrates der DDR u. 1983 Mitgl. des Weltfriedensrats; 1984 Habil., Vors. des Wiss. Rats für Imperialismusforschung; 1984 Korr. Mitgl. der AdW; Mitgl. ltd. bzw. beratender Gremien versch. intern. Inst., so ab 1985 des Institute for East-West-Security-Studies New York, 1986 des Inst. für Friedensforschung u. Sicherheitspol. der Univ. Hamburg, des Konfliktforschungsinst. SIPRI Stockholm (bis 1989); 1988 Vorstandsmitgl. u. Vors. des wiss. Beirats des Intern. Inst. für den Frieden Wien; 1986 VVO in Gold.
1992 Vorruhestand.
Arbeitsthemen: Staats- u. Rechtsentw. in der Bundesrep. Dtl.; Imperialismusforschung.
Publ.: Für die Zukunft des Menschen – Neues Denken u. Handeln (mit W. Schwarz). Berlin 1989.

Schmidt, Waldemar (Paul)
7. 2. 1909–21. 2. 1975
Polizeipräsident von Berlin
Geb. in Berlin, Vater Arbeiter; Volksschule; 1923–29 Lehre als Schlosser; 1923–27 Maschinenschlosser in versch. Berliner Betrieben; 1925–30 KJVD; 1928 KPD; ab 1929 erwerbslos; 1931/32 Organisationssekr.; 1932–34 Besuch der Leninschule in der UdSSR; 1934/35 illegale komm. Gewerkschaftsarbeit unter den Decknamen »Heinrich Wilning« u. »Alfred« in Leipzig, Hamburg u. im Ruhrgebiet; Juli 1935 verhaftet; Aug. 1936 vom Volksgerichtshof wegen »Vorbereitung zum Hochverrat« zu zwölf Jahren Zuchthaus u. zehn Jahren Ehrverlust verurteilt; 1936–45 Haft im Zuchthaus Brandenburg-Görden.

Nach 1945 hauptamtl. Funktionär der KPD bzw. SED (Sekr.), 1946/47 Mitgl. des PV der SED; 1946–64 Mitgl. der Stadtverordnetenvers. von Gesamt-Berlin (u. seit 1967); 1946–48 Stadtrat für Arbeit, 1948–50 Stadtrat für Personal u. Verwaltung beim Magistrat von Groß-Berlin; 1950–53 Polizeipräs. von Berlin; 1953–63 Ständiger Stellv. des OB von Groß-Berlin; 1952–64 Mitgl. der SED-BL Berlin, 1953/54 Sekr. der SED-BL Berlin; 1963–71 Berliner Vertreter in der Volkskammer; 1963–65 Abt.-Ltr. im Büro des Min.-Rats; 1965 VVO in Gold; seit 1965 Sekr. für Intern. Verbindungen des Antifa-Komitees Berlin; Mitgl. des Generalrats der Intern. Föderation der Widerstandskämpfer (FIR), 1969 Ehrenspange zum VVO in Gold, 1974 KMO.

Schmidt, Walter 11.5.1930
Historiker
Geb. in Weide (Kr. Breslau), Vater Arbeiter, 1943 von Nazis ermordet.
1946 Umsiedlung nach Thür.; 1949 Abitur in Greiz; 1949–53 Studium der Geschichte, Slawistik u. Pädagogik an der FSU Jena, 1950 SED; 1953 Assistent am IfG, dort 1961 Prom. mit einer Arbeit über Wilhelm Wolff; 1964–84 Ltr. des Lehrstuhls bzw. des späteren Inst. für Geschichte der dt. Arbeiterbew. an der AfG; 1965 Ernennung zum Prof. am IfG, 1969 Habil. mit Studien zur Marx-Engels-Forschung; 1981 Korr. Mitgl. der AdW; 1984–90 Dir. des ZI für Gesch. der AdW, 1985 Ord. Mitgl. der AdW; 1990 Dr. h.c. der PH Magdeburg, Vorruhestand.
S. war seit den 60er Jahren Mitgl. versch. wiss. Gremien u. als Autor bzw. (Mit-)Hrsg. an nahezu allen zentralen Projekten der DDR-Geschichtswiss. beteiligt, u.a.: »Dt. Geschichte«, Bd. 4. Berlin 1984 (Ltg. und Verf.), »Geschichte der SED«, Bd. 1. Berlin 1989; mit versch. Arbeiten, u.a. »Erbe u. Tradition« sowie einer Reihe populärwiss. Veröff. war er zudem im Bereich der Geschichtspropaganda tätig; S. ist Autor zahlr. Publ., sein hauptsächl. Forschungsgebiet ist die dt. Revolution von 1848/49.
Publ.: W. Wolff, 2 Bde. Berlin 1963, 1979; Die bürgerl.-demokr. Rev. von 1848/49 in Dtl., 2 Bde. (Mithrsg. u. Verf.). Berlin 1972/73; Illustrierte Geschichte der dt. Rev. 1848/49. (Ltr. des Autorenkollektivs). Berlin 1973; Bürgerl. Rev. u. proletar. Emanzipation in der dt. Geschichte. Berlin 1990 (mit Auswahlbibliogr.).

Schmidt, Wieland 23.12.1953
Leistungssportler (Handball)
Geb. in Magdeburg, Vater Arbeiter, 1960–70 POS, ab 1966 Handballspieler (Torwart) beim SC Magdeburg, 1970–73 Ausbildung zum Dreher, danach bis 1988 im Beruf tätig, 276 Länderspiele, 1978 u. 1981 Europacupsieger, 1981 EM der Klubmannschaften, viermal Teiln. an WM: 2. 1974, 3. 1978, 6. 1982 u. 3. Platz 1986, zweimal Teiln. an Olymp. Spielen: Sieger 1980, 7. Platz 1988, bei Umfragen Mitgl. der besten DDR-Mannschaft des Jahres 1980 (DDR-Auswahl) u. 1981 (SC Magdeburg), 1988–90 Nachwuchstrainer beim SC Leipzig, 1990/91 Profispieler bei der SG Hameln.
Lebt als Bankkaufm. in Leipzig.

Schmidt-Kolmer, Eva
25.6.1913–29.8.1991
Sozialhygienikerin
Geb. in Wien, Vater Arzt, Prof.; Gymnasium in Wien, 1931–38 mit Unterbrechungen Medizinstudium in Wien; als Mitarb. der Org.-Abt. der KPÖ 1934 mehrmonatige Haft, 1938–46 Emigration über die Schweiz u. Frankreich nach England (London), 1939–45 Generalsekr. des »Aussch. der Österreicher in England« (Emigranten-Hilfsorg.) in

London u. Mitarb. in der »Freien österreich. Bewegung«.
1946 mit ihrem Mann, dem deutschen Emigranten Heinz Schmidt* (später Chefred. des »Eulenspiegel«), in Berlin, 1946/47 Mitarb. in der Dt. ZV für Gesundheitswesen; 1948–50 Bundessekr. des DFD; 1950–52 Ltr. der Abt. für den Gesundheitsschutz von Mutter u. Kind im Min. für Gesundheitswesen des Landes Mecklenburg-Vorpommern, 1952–54 in gleicher Funktion beim Rat des Bez. Schwerin; 1952 Prom. an der HU Berlin, 1954–56 Assistentin am Inst. für Sozialhygiene der KMU Leipzig; 1956–65 am Inst. für Sozialhygiene der HU Berlin, hier 1958 Habil. u. Doz., 1961 Prof. mit Lehrauftrag, 1959–65 Ltr. der Abt. für Hygiene des Kindesalters; 1966–74 Dir. der Zentralstelle (seit 1973 Inst.) für Hygiene des Kindes- u. Jugendalters Berlin; 1963 VVO in Gold, Großer Stern der Völkerfreundschaft; gest. in Berlin.

Schmidt-Wittmack, Karlfranz
27. 7. 1914–23. 10. 1987
Vizepräsident der Kammer für Außenhandel
Geb. in Berlin-Charlottenburg; Besuch des Christaneums in Hamburg; Studium der Staats- u. Rechtswiss.; 1938 NSDAP; 1939–45 Kriegsdienst (zuletzt Oltn. der Luftwaffe).
Kaufm. Volontär, ab 1949 selbständiger Kohlenhändler in Hamburg; 1946–48 Vors. der Jungen Union in Hamburg; Mitgl. des Bundesvorst. der Jungen Union; 1947–49 Vors. des Kreisverb. Hamburg-Nord der CDU u. stellv. Vors. des Landesverb. Hamburg der CDU; 1949–53 Mitgl. der Hamburger Bürgerschaft; 1953/54 MdB, Mitgl. der Aussch. für Fragen der eur. Sicherheit u. für gesamtdt. Fragen; Aug. 1954 Übersiedlung in die DDR, geheimer Mitarb. der »Hauptverwaltung Aufklärung«, Ausschluß aus der CDU u. Aufhebung der parl. Immunität; seit 1955 Vizepräs. der Kammer für Außenhandel der DDR; seit 1962 Mitgl. des BV der CDU Frankfurt/Oder; seit 1964 Mitgl. des HV der CDU; 1977 Ruhestand; 1979 VVO in Gold.

Schmieder, Jürgen 23. 6. 1952
Vorsitzender der Deutschen Forumspartei
Geb. in Jahniswalde (Sa.); Oberschule, Spezialschule physikal.-mathemat. Richtung, Abitur; 1971–73 NVA; danach Studium an der TH Karl-Marx-Stadt, Dipl-Ing. für Heizung, Lüftung u. Klima, anschl. Elektromonteur, Patent-Ing., später stellv. Abt.-Ltr., sodann Forschungs- u. Entwicklungsing. im Energiesektor; 1982–89 LDPD; Herbst 1989 Mitbegr. des Neuen Forum; 27. 1. 1990 Gründungsmitgl. u. Wahl zum Vors. der Dt. Forumspartei auf dem Gründungsparteitag in Karl-Marx-Stadt, 12. 2. Mitunterz. des Wahlbündnisses von LDP, Dt. Forumspartei u. FDP als Bund Freier Demokraten; März – Okt. 1990 Abg. der Volkskammer, ab Apr. deren Vizepräs.; ab Aug. F.D.P.; Okt. 1990 Abg. des Dt. Bundestags.

Schmitt, Erich
11. 3. 1924–29. 12. 1984
Karikaturist, Comic-Zeichner
Geb. in Berlin, Vater Postschaffner; Volksschule, Maschinenschlosserlehre; Einberufung zur Marine; Gefangenschaft.
1946 nach Schleswig-Holstein entlassen; 1947 wieder in Berlin; als Schlosser tätig, nebenbei Versuche, als Zeichner eine Anstellung zu finden; Abendkurse an der Pressezeichnerschule in Berlin-Halensee; anschl. als Karikaturist für versch. Ostberliner Zeitungen, zeichnete u. a. seit 1948 die Tageskarikatur der »Berliner Ztg.«, ab 1950 auch Comics für »Frischer Wind« / »Eulenspiegel«, »Wochenpost«, »Berliner Ztg.« u. a.; zu den bekanntesten Serien gehören »Schwester Moni-

ka«, »Ede der Tierparklehrling« u. »Die Reise zu den Proximanen« (1956, in veränderter Form 1967), die den Höhepunkt der DDR-Comic-Geschichte markieren.
Publ.: Das dicke Schmitt-Buch. Berlin 1968 ff.

Schmitter, Ursula 9. 5. 1924
Kabarettistin, Diseuse
Geb. in Pasewalk; Schauspielunterricht in Düsseldorf; 1945 Debüt am Potsdamer Theater, danach Bamberg; dort Ehe mit dem Bühnenbildner Gerd Holger, der für sie an die 400 Chansons komponierte; mit ihm 1948 erstes Kabarettengagement bei der »Rampe« in Leipzig, 1955 gemeinsam zur »Leipziger Pfeffermühle« (G. Holger als musikal. Ltr.), dort eine der wichtigsten Darstellerinnen; seit 1971 auch eigene Chansonabende mit klass. und modernen Chansons, Kompositionen vor allem ihres Mannes; 1985 aus Altersgründen aus der »Pfeffermühle« ausgeschieden.

Schmutzer, Ernst 26. 2. 1930
Physiker
Geb. in Labant (Böhmen); 1946 Aussiedlung nach Bayern bzw. Mecklenburg; 1949 Abitur; 1949–53 Physikstudium an der Univ. Rostock, hier bis 1957 Assistent bzw. Aspirant; 1955 Prom. bei Hans Falkenhagen* mit einer Arbeit zur Elektrolyttheorie; seit 1957 an der FSU Jena, 1957–59 Assistent am Theor. Physikal. Inst., 1958 Habil., 1959/60 Doz., 1960 Prof. für Theor. Physik, 1964–68 Fachrichtungsltr. Physik, 1968–90 Ltr. des Wiss.-Bereichs Relativist. Physik, 1974–78 Dekan der Mathemat.-Naturwiss. Fak.; 1969 Mitgl. der Dt. Akad. der Naturforscher Leopoldina; 1990 Korr. Mitgl. der AdW.
1990–93 Rektor der FSU Jena.
Sch. gilt als einer der führenden theor. Physiker der DDR; intern. beachtete Forschungen zur Relativitätstheorie u. Kosmol. sowie zu Fragen der Quantenmechanik und Quantenfeldtheorie; Mithrsg. versch. physikal. Fachztschr.
Publ.: Relativist. Physik. Leipzig 1968; Grundprinzipien der klass. Mechanik u. klass. Feldtheorie. Berlin 1973; Grundlagen der Theoret. Physik. 2 Bde. Berlin 1989; Galileo Galilei (mit W. Schütz). Leipzig 1975.

Schmutzler, Siegfried 14. 3. 1915
Evangelischer Pfarrer
Stud. der Pädagogik u. Philos., Prom. zum Dr. phil., anschl. Lehrer; 1939–46 Kriegsteiln. u. Gefangenschaft.
1946 CDU, bis 1947 Stadtverordn. in Markranstädt, 1950 Austritt aus der CDU; 1946–51 Studium der Theologie in Leipzig, anschl. Lehrvikar am Landeskirchenamt in Dresden; 1952 Ordination, danach Hilfspfarrer in Panitzsch; 1953 Pfarrer an der Kreuzkirche in Dresden u. Studieninspektor am Predigerseminar Lückendorf; 1954 Pfarrer an der Leipziger Peterskirche u. glz. Studentenpfarrer in Leipzig, Vortragstätigkeit u. Org. einer lebhaften Studentenarb. mit mehr als 600 ESG-Mitgl., die in 30 Gruppen arbeiteten, in der KMU Leipzig öff. zu pol. Themen diskutierten u. sich für eine Univ.-Reform einsetzten; Kontakte zum Kr. um Ernst Bloch* an der KMU sowie zu versch. Ev. Akad. in der Bundesrep. Dtl.; 1957 massive Kampagne der SED gegen den »Mordhetzer« Sch. u. Verurteilung zu fünf Jahren Zuchthaus wegen »Boykotthetze« durch das Bez.-Gericht Leipzig, 1958 Haft in Torgau; Proteste namhafter Persönlichkeiten aus dem In- u. Ausland bei nur zurückhaltender Unterstützung durch die Sächs. Landeskirche; 1961 Entlassung aus der Haftanstalt; anschl. Pfarrer an der Jakobikirche in Dresden; ab 1970 Mitgl. der Kommission »Kirchl. Arb. mit Kindern und Konfirmanden« des Bunds der Ev. Kirchen in der DDR; 1980 Ruhestand, Übersiedlung nach Berlin (West).

1991 vom Bez.-Gericht Leipzig rehabilitiert.
Publ.: Gegen den Strom. Erlebtes aus Leipzig unter Hitler u. der Stasi. Göttingen 1992.

Schnabel, Heinz 1.12.1927
Generaldirektor der Akademie der Künste
Geb. in Greifswald, Vater Fleischer, Mutter Verkäuferin; Volksschule, Mittelschule; 1943 Luftwaffenhelfer, 1944 RAD, Wehrmacht; Apr. 1945 amerik., dann frz. Kriegsgefangenschaft.
1948 Entlassung in die SBZ nach Greifswald, Arbeit in der Landw.; FDJ; Mai 1948 SED; FDJ-Stadtvors. in Greifswald; 1949 Jugendhochschule Bogensee; Ende 1949 Ltr. der Abt. Kultur des FDJ-Landesvorst. Mecklenburg; 1950 Sekr. für Laienkunst der Dt. Volksbühne Mecklenburg; stellv. Vors. des KB im Land Mecklenburg; 1952/53 Sekretär für Laienkunst beim Zentralvorst. der Volksbühne Berlin; 1953–55 Sektorenltr. Laienkunst beim FDGB-Bundesvorst.; 1955–58 PHS; 1958/81 stellv. Vors. des Zentralvorst. der Gewerkschaft Kunst (Nachf. von Walter Maschke*); 1963–90 Mitgl. des Präsidialrats des KB; 1964–69 Fernstudium Theaterwiss. an der Theaterhochschule Leipzig; 1967–90 Mitgl. des Vorst. des Verb. der Theaterschaffenden; Aug. 1971 – Sept. 1990 Dir. bzw. Generaldir. der DAK/AdK u. Mitgl. des Präs. der DAK (Nachf. von Karl Hossinger); Mitgl. des Kollegiums des Min. für Kultur; 1978 Mitgl. des Zentralvorst. der DSF; 1980 VVO in Gold; 1985 Dr. phil. h.c. der EMAU Greifswald.
Sept. 1990 Vorruhestand; Rentner; lebt in Berlin.

Schnabl, Siegfried 27.2.1927
Sexualwissenschaftler
Geb. in Limbach (Sa.), Vater Konstrukteur, Oberschule in Glauchau.
1946–48 Grundschullehrer, 1948–53 Studium der klin. Psychol. in Leipzig, danach wiss. Assistent u. Lehrbeauftragter, 1955 Prom., 1956–73 Psychotherapeut im Erzgebirge, 1973 Prom. B zum Dr. sc. phil. mit Studie über das Sexualverhalten von 3500 Frauen u. Männern, Weiterführung der Arbeit von staatl. Stellen verboten, 1973–93 Ltr. der Ehe- u. Sexualberatungsstelle Karl-Marx-Stadt/Chemnitz, seitdem Sexualberatung bei Pro Familia in Aue; Mitgl. der Intern. Acad. of Sex Research; Mitgl. des Vorst. der Ges. für Sexualwiss.; 1977–87 Konsultant der Pan American Health Org.; Popularität in der DDR durch mehrere hundert Beiträge in Fachzeitschr., Journalen, Büchern, Radio- u. Fernsehsendungen zu Problemen menschl. Sexualität.
Publ.: Mann u. Frau intim. Berlin 1970 (insges. 18 Aufl.); Plädoyer für die Liebe. Leipzig, Jena, Berlin 1978; Die Lust des Liebens. Berlin 1992; 100 Fragen zu Sex u. Liebe. Berlin 1994.

Schneider, Maria 9.2.1923
Mitglied des Staatsrats
Geb. in Merka (Kr. Bautzen), Vater Landarbeiter; Volks- u. Handelsschule, 1938–41 kaufm. Lehre, anschl. als kaufm. Gehilfin u. Sekr. tätig; 1945 Mitgl. der Domowina; 1948 SED; 1952–58 Instrukteurin für Frauenarbeit bei der MTS Lüttewitz (Kr. Bautzen) u. Sachbearb. im VEB Elektroporzellanwerk Großdubrau, dort 1958–62 Ltr. der Abt. Arbeit; 1957–61 Abg. des Kreistags Bautzen, 1961–64 Studium an der TH Ilmenau, Dipl.-Ing.-Ök.; ab 1964 Assistentin, seit 1971 Dir. für Ökonomie beim VEB RFT Fernmeldewerk Leipzig, Betrieb Fernmeldewerk Bautzen; 1967–76 Abg. der Volkskammer; 1967–71 Mitgl. des Staatsrats der DDR (Nachf. von Christel Pappe*).

Schneider, Petra, verh. Kindt 11. 1. 1963
Leistungssportlerin (Schwimmen)
Geb. in Karl-Marx-Stadt; Beginn mit dem Schwimmtraining im Alter von sechs Jahren bei der BSG Motor Karl-Marx-Stadt/Schönau, ab 1973 KJS u. Mitgl. des SC Karl-Marx-Stadt (Trainer: Eberhard Mothes); Olymp. Spiele 1980: Siegerin über 400 m Lagen, Zweite über 400 m Freistil; 1981 EM über 400 m Lagen, EM-Zweite über 200 m Lagen; 1982 WM über 200 m u. 400 m Lagen, WM-Zweite über 400 m Freistil; VVO in Silber; 1982–90 SED; 1984 Beendigung der sportl. Laufbahn und Aufnahme eines Fernstudiums in Staats- u. Rechtswiss., Mitarb. für Jugendfragen, Körperkultur u. Sport beim Rat der Stadt Karl-Marx-Stadt.
Nach 1989 Schwimmlehrerin in Chemnitz.

Schneider, Rolf 17. 4. 1932
Schriftsteller
Geb. in Chemnitz, aufgewachsen in Wernigerode, Vater Former; Oberschule; 1952–55 Studium der Pädagogik u. Germanistik in Halle; 1955–58 Red. der Ztschr. »Aufbau« Berlin; dann freischaff.; im Nov. 1976 Mitunterz. der Protestresolution gegen die Ausbürgerung Wolf Biermanns*; vom MfS im OV »Germanist« überwacht; Juni 1979 mit acht weiteren Schriftst. Ausschluß aus dem SV; ab 1979 auch dramaturg. Berater am Mainzer Theater; verfaßte neben Lyrik u. Nachdichtungen zahlr. Hörspiele, u. a. »Das Gefängnis von Pont L'Eveque« (1957), »Der König u. sein Dieb« (1958), »Verliebt in Mozart« (1960), sowie Fernsehspiele, u. a. »Der Tag des Ludger Snoerrebrod« (1961) u. »Besuch gegen zehn« (1963); seine Erzählungen u. Romane, u. a. »Die Tage in W.« (entstanden 1962, veröff. 1965), »Der Tod des Nibelungen« (1970), sind meist satir. u. parodist. angelegt; im Roman »November« (1979) schildert er die Vorgänge um den Schriftstellerprotest gegen die Ausbürgerung Wolf Biermanns, an denen er beteiligt war; wohnt in Schöneiche (b. Berlin).
Publ.: Unerwartete Veränderung. Rostock 1980; Jede Seele auf Erden. Rostock 1988; Frühling im Herbst. Notizen vom Untergang der DDR. Göttingen 1991; Volk ohne Trauer. Notizen nach dem Untergang der DDR. Göttingen 1992.

Schneidewind, Kurt (eigtl. Hans Kochlmüller) 6. 3. 1912–29. 6. 1983
SED-Funktionär, Botschafter
Geb. in Erfurt, Vater Metallarbeiter, Mutter Zigarrenarbeiterin; 1918–26 Volksschule; 1925 Arbeiter-Turn-Verein; 1926–29 Lehrling in einer Schuhfabrik in Erfurt; 1927 KJVD, RH; 1929 Ausschluß aus dem KJVD wegen Unterstützung der Brandler-Thalheimer-Gruppe, 1931 Wiederaufnahme; 1929 bis 1932 arbeitslos, Wanderschaft u. Gelegenheitsarbeiten in Kassel, Cuxhaven, Berlin; Schuhmacher; 1930–32 mehrere kurzzeitige Verhaftungen; 1932 Org.-Ltr. der KJVD-BL Thüringen; Dez. 1932 im Auftrag des KJVD Komsomollehrgang an der Lenin-Schule in Moskau; 1933/34 Mitarb. der KJI (Mitteleur. Büro); 1934 PHS der KPdSU(B) in Moskau (Lenin-Schule); 1935 Schlosser u. Dreher in Swerdlowsk, dort mit Heinz Hoffmann* Ltr. der KPD-Gruppe; 1935 KPD; 1937/38 arbeitslos; 1938–41 Arbeit in einem Moskauer Kugellagerwerk; 1941 Evakuierung, Arbeit im Bergwerk; 1943 Mobilisierung durch das NKWD für den Leningrader Stab; »Spezialaufgaben« bei der Verteidigung Leningrads; 1943/44 »Spezialarbeit« (Fallschirmeinsätze) hinter den dt. Linien in Estland, Lettland, Finnland; Verwundung; Rückkehr nach Moskau; 1944 Medaille »Für die Verteidigung Leningrads«; 1945/46 Lehrer am Objekt 12, einer Spezialschule in der Nähe von Moskau.
März 1946 Rückkehr nach Dtl. (Berlin),

KPD/SED; 1946–50 Mitarb. des PV der SED; 1946 Lehrer an der Kreisparteischule Liebenwalde; Juni 1946 Referent in der Abt. Schulung u. Werbung; Mai 1949 Hauptreferent für Verwaltungsschulen u. Schulen der Massenorg. in der Abt. Parteischulung beim PV; 1951/52 stellv. Ltr., 1952–54 Ltr. der ZK-Abt. Propaganda (Nachf. von Kurt Hager*); 1954–56 1. Sekr. der SED-BL u. Mitgl. des Bez.-Tags Suhl; 1957/58 Ltr. der ZK-Abt. Org.; 1958–63 Kand. des ZK der SED; 1959 Generalkonsul in Bratislava; 1960–62 Botschafter in der KDVR; 1962–73 Ltr. der 1. Außereur. Abt. (Ferner Osten) im MfAA; 1977 VVO in Gold, KMO; ehrenamtl. Arbeit in der Kommission Antifasch. Widerstandskämpfer; 1982 Ehrenspange zum VVO in Gold; gest. in Berlin.

Schnitzler, Karl-Eduard von 28. 4. 1918
Fernsehkommentator
Geb. in Berlin als Sohn eines königl.-preuß. Legationsrats; Internatsschule in Bad Godesberg, 1937 Abitur; zwei Jahre Medizinstudium; 1932 SAJ; kaufm. Lehre in Köln; 1939 Kriegsdienst; Juni 1944 brit. Gefangenschaft im Antifa-Lager Ascot; Mitarb. im deutschsprachigen Dienst der BBC; 1945 bevorzugt entlassen.
1945 Mitarb. des NWDR Hamburg, 1946 Mitbegr. des NWDR Köln u. amt. Intendant; 1947 Übersiedlung in die SBZ; 1948 SED; Mitarb. des Berliner Rundfunks u. Deutschlandsenders, Chefkommentator; Besuch der PHS; seit den 50er Jahren Kommentator des Fernsehens; 1956 NP 2. Kl. (im Kollektiv); seit 21. 3. 1960 Autor u. Moderator der Sendung »Der schwarze Kanal«; 1967–89 Mitgl. des Zentralvorst. des VDJ; 1978 VVO in Gold; 1978–89 Mitgl. des Zentralvorst. der DSF; Vors. des Ges. Rats der HS für Film u. Fernsehen in Potsdam-Babelsberg; Goldener Lorbeer des Fernsehens; Mitschöpfer von Dok.-Filmen, u. a. »Du u. mancher Kamerad« (1956).
Publ.: Meine Schlösser oder Wie ich mein Vaterland fand (Autobiogr.). Berlin 1989; Der rote Kanal. Sichten u. Einsichten. Hamburg 1992; Provokationen. Hamburg 1994.

Schnur, Wolfgang 8. 6. 1944
Vorsitzender der Partei Demokratischer Aufbruch (DA)
Geb. in Stettin, Waisenkind; nach dem Abitur Studium der Rechtswiss., 1973 Dipl.-Jurist; Rechtsanwalt in Binz (Rügen) u. später in Rostock; als Einzelanwalt Rechtsbeistand für Vertreter der Opp., u. a. Jan. 1988 für Inhaftierte nach der Berliner Liebknecht-Luxemburg-Demonstration; Mitgl. der Synode der Ev. Kirche in Mecklenburg, zeitw. Vizepräses der Synode der Ev. Kirche der Union, Mitgl. der Synode des Bunds der Ev. Kirchen in der DDR; 29. 10. 1989 Mitbegr. des DA, 17. 12. auf dem Gründungsparteitag Wahl zum Vors.; Dez. 1989 – März 1990 Teiln. am Zentralen Runden Tisch; Mitbegr. der »Allianz für Dtl.«, bestehend aus DA, DSU u. CDU; 8. 3. 1990 Zurückweisung von Vorwürfen inoff. Mitarbeit beim MfS, die sich als berechtigt erweisen; 14. 3. Rücktritt vom DA-Vorsitz, später Ausschluß.
In West-Berlin als Rechtsanwalt tätig; weil Sch. sich an den »Grundsätzen der Menschlichkeit u. der Rechtsstaatlichkeit vergangen« habe, entzog man ihm die Rechtsanwaltslizenz im Juli 1993; diese Entscheidung bestätigte der BGH im Juli 1994.

Schöbel, Frank 11. 12. 1942
Sänger, Komponist
Geb. in Leipzig, Mutter Gesangspädagogin; Gesangs- u. Gitarrenunterricht; Mechanikerlehre; ab Mai 1962 Berufsmusiker, erste Band: Kapelle Heinz Müller (Leipzig), Sept. 1962 nach Berlin zum Erich-Weinert-Ensemble der NVA (Gesangs- und Schauspielunterricht); seit 1964 Solist; 1967 »Lieb mich so, wie dein

Herz es mag« (1. Platz Schlagerwettbewerb); 1969 Gastsolist bei Klaus Lenz u. Orchester, erste LP (Duette), erste eigene Show mit Chris Doerk* und Horst Feuerstein, Erfolgstitel: »Looky, Looky«, »Blonder Stern«, »Party Twist«, »Wie ein Stern«, »Bitte, schreib es mir in den Sand«; ab 1971 Moderation der DFF-Sendungen »Treff mit Chris u. Frank« u. »Disko-Treff« (mit Chris Doerk); 1972 2. Preis »Tag der Schallplatte« Sopot (Polen); Rundfunksendung »Franks Beatkiste«, 1973 Sonderpreis für »Die Sprache der Liebe ist leis« beim World Pop Song Festival in Tokio; Mitgl. des Nat. Komitees für die X. Weltfestspiele in Berlin u. des Kulturbeirats der FDJ; Tourneen in fast allen eur. Ländern; eigene Begleitband »etc.«; Filme: »Reise ins Ehebett«, »Hochzeitsnacht im Regen«, »Heißer Sommer«, »Nicht schummeln, Liebling«; Kompositionen für Aurora Lacasa, Karel Gott, Nina Lizell u. a.; Fernsehshows »Franks Gäste«; 1977 LP »Komm, wir malen eine Sonne« (Kinderlieder); 1980 LP »Frank Intern.«; 1982 Tournee »Frank 20«, Doppel-LP »Jubiläumskonzert«; 1985 LP »Weihnachten in Familie« (mit Aurora Lacasa); 1989 LP »Wir brauchen keine Lügen mehr« (aufgenommen im Studio von Drafi Deutscher, Berlin [West]), Mitunterz. der Resolution der Rockmusiker u. Liedermacher vom 18. 9. 1989 für Demokratisierung der DDR-Ges. u. Öffnung der Medien.
Ab 1992 Rundfunksendung »Frank u. frei« (Berliner Rundfunk); 1992 CD »Ohne Dich«.

Schöbel, Heinz 14. 10. 1913–26. 4. 1980
Präsident des Nationalen Olympischen Komitees
Geb. in Leipzig, Vater Metallarbeiter; Volksschule; Fußballer im Arbeiter-Turn- u. Sportbund (ATSB) Leipzig; 1928–31 Besuch der Dt. Buchhändler-Lehranstalt Leipzig u. Lehre bei Grunow, 1931–35 Gehilfe bei der F. Volckmar KG, ab 1938 Abt.-Ltr. u. Prokurist im Paul-List-Verlag Leipzig; 1934–39 Reichsbund dt. Buchhändler; 1939–45 Wachtmeister in einem Artillerie-Regiment.
Ab 1945 Treuhänder, Lizenzträger u. Ltr. des Paul-List-Verlags; 1945 SPD, 1946 SED; 1949 Gründer u. danach Ltr. des Fachbuchverlags, 1960–78 Ltr. des Dt. Verlags für Grundstoffindustrie; 1953–58 Präs. des Dt. Fußballverb., 1953–55 Mitgl., 1955–73 Präs. des NOK, 1957 Mitgl. des Präs. des DTSB; 1960 Dr. h.c. der DHfK Leipzig, 1964 VVO in Gold; 1966 Mitgl. des IOC.
Publ.: Olympia u. seine Spiele. Berlin u. Leipzig 1964; The four Dimensions of Avery Brundage. Leipzig 1968.

Schober, Rita, geb. Tomaschek
13. 6. 1918
Romanistin
Geb. in Rumburg (Böhmen), Vater Angestellter, Mutter Schneiderin; 1928–36 Realgymnasium; 1936–38 u. 1944/45 Studium der klass. Philol. u. Romanistik in Prag; 1940 Aushilfslehrerin in Warnsdorf; März 1945 Prom. zum Dr. phil. an der Dt. Univ. Prag.
1946–49 wiss. Assistentin an der MLU Halle; 1946 SED; 1949 Studentendekan der MLU; 1951 Wahrnehmungsdoz.; 1951/52 Hauptreferent für Sprachen im Staatssekr. für HS-Wesen; 1952 Doz. u. Wahrnehmungsprof. mit Lehrauftrag an der HU Berlin, 1954 Habil. bei Viktor Klemperer* mit einer Arbeit über Zolas Romantheorie an der HU, Prof. mit vollem Lehrauftrag, Fachrichtungsltr., seit 1957 Prof. mit Lehrstuhl u. Dir. des Romanist. Inst. der HU; 1969 Ord. Mitgl. der DAW; 1972 NP 2. Kl.; 1974 Mitgl. des Exekutivrats der UNESCO; 1975 Vors. des Nationalkomitees für Literaturwiss. der AdW; Mitgl. des PEN-Zentrums DDR, 1980–90 Mitgl. von dessen Präs.; 1978 em.; VVO in Gold; 1988 Dr. h.c. (HU Berlin); Forschungs- u. Lehrtätigkeit zur Literaturwiss. u. -theorie,

Hrsg. der Werke von Emile Zola in dt. Sprache (seit 1953); lebt in Berlin.
Publ.: Skizzen zur Literaturtheorie. Berlin u. Weimar 1956; Von der wirkl. Welt der Dichtung. Berlin u. Weimar 1970; Abbild – Sinnbild – Wertung. Berlin u. Weimar 1988; Vom Sinn oder Unsinn der Literaturwiss. Essays. Berlin 1988.

Scholz, Alfred 11. 2. 1921–11. 8. 1978
Stellv. Minister für Staatssicherheit
Geb. in Groß-Ullersdorf (ČSR), Vater Zimmermann; Realschule, 1936–39 Drogistenlehre, dann Arbeit als Laborant; 1941 Wehrmacht; 1942 sowj. Gefangenschaft, 1943 Antifa-Schule, Mitgl. der Bew. »Freies Dtl.«; 1944 Einsatz als Partisan u. Aufklärer der Partisanenbrigade Dyma in Belorußland, später im Raum Danzig.
1945 KPD/SED; 1945 stellv. Ltr., 1946 Ltr. der Stadtpolizei Rostock, Mitgl. der KPD-KL Rostock; 1948 Politkulturltr. der Grenzpolizeibereitschaft Brandenburg; 1949 Ltr. der Abt. Intendantur der Landespolizei Mecklenburg, dann Abt.-Ltr. in der Länderverwaltung Mecklenburg des MfS; 1950 Ltr. der Abt. (später HA) IX (Untersuchungsorgan) des MfS Berlin; 1956 Ltr. der HA II (Aufklärung u. Bearbeitung der Hauptgegner in der Bundesrep. Dtl.) der HV A; 1958 Ltr. der Arbeitsgruppe des Min.; 1966–68 externes Studium an der JHS des MfS Potsdam-Eiche, Dipl.-Jur.; ab 1966 1. stellv. Vors. des BFC Dynamo; 1975 Stellv. des Min., Gen.-Ltn.; 1977 VVO in Gold.

Scholz, Ernst 19. 7. 1913–12. 6. 1986
Minister für Bauwesen
Geb. in Berlin; Vater Angestellter, Mutter Verkäuferin; Volksschule u. Realgymnasium in Berlin; 1932 Zimmerer; 1932/33 Studium der Bauwirtschaft an der TH Berlin, Bauhaus Berlin u. Univ. Rostock; bis 1937 Arbeit als Architekt in Berlin; 1934 KPD; 1937–39 Teiln. am Span. Bürgerkrieg im Thälmann-Bat.; 1939/40 Internierung in Frankreich; bis 1945 Teiln. an der Résistance; Sekr. des NKFD u. Mitgl. der Regionalparteiltg. der FKP Lyon.
1945 Ltr. der Abt. Landw./Wirtschaftsplanung bei der Landesreg. Brandenburg; 1946 SED; Ltr. der Hauptverwaltung Bauindustrie der DWK; 1950 Mitarb. der Abt. Wirtschaftspol. beim ZK der SED, später deren Ltr.; 1954–56 Dir. des VEB Bau-Union Rostock; 1954–56 Studium der Wirtschaftswiss. an der Univ. Rostock, Dipl.-Wirtsch.; später Prom. zum Dr. rer. pol.; seit 1954 Mitgl. des Zentralvorst. der IG Bau – Holz; 1955/56 Mitgl. der Stadtltg. Rostock der SED; 1954–56 Sonderbeauftragter des Min. für Außen- u. Innerdt. Handel, 1956–58 Regierungsbevollmächtigter für die arab. Staaten; 1958–63 Min. für Bauwesen der DDR u. Abg. der Volkskammer; bis 1963 Präs. der Freundschaftsges. DDR – Arab. Staaten; 1963–68 Ao. u. Bevollmächtigter Botschafter in Kairo (Nachf. von Wolfgang Kiesewetter*); 1968 stellv. Min. für Auswärtige Angelegenheiten; 1969–74 Staatssekr. u. 1. Stellv. des Min. für Auswärtige Angelegenheiten (Nachf. von J. Hegen); 1973 VVO in Gold; 1974–76 Ao. u. Bevollmächtigter Botschafter in Frankreich; 1976 KMO.

Scholz, Gerhard 1. 10. 1903–31. 8. 1989
Literaturwissenschaftler
Geb. in Liegnitz, Vater Lehrer; Studium der Germanistik, Lit.-Geschichte u. Allg. Geschichte in Tübingen, Heidelberg u. Berlin; 1926 soz. Studentengruppe, SPD, 1931 SAP; wiss. Assistent, 1932 Referendar im höheren Schuldienst, Mai 1933 entfernt; 1936 Verfolgung wegen »Vorbereitung zum Hochverrat«; 1936 Emigration nach Prag, Mitarb. u. Berater im tschech. Kultusmin.; Hrsg. einer Briefschule, Mitarb. an der Züricher Ztschr. »Mass u. Wert« bzw. in der Thomas-Mann-Ges. dt. Emigranten in Prag; 1938

Flucht über Warschau u. Riga nach Stockholm; 1939 Austritt aus der SAP, KPD-Sympathisant; Aufbau eines Sprachinst. (phonet. Methode), schließl. wiss. Assistent am Sozialwiss. Inst. der Univ. Stockholm.
Juli 1946 Rückkehr nach Berlin; SED; Mitarb. der Dt. ZV für Volksbildung, pers. Referent bei Paul Wandel*; 1948/49 Mitarb. am Marx-Engels-Lenin-Inst., 1949 Berufung zum Dir. des »Goethe-Schiller-Archivs« sowie 1950 der Klass. Stätten in Weimar, Aufbau des »Goethezeit-Museums« u. dessen Direktion; 1950 Verleihung des Prof.-Titels als ord. Lehrstuhlinhaber am Theaterinst. in Weimar, Lehrauftrag für Germanistik in Jena; 1950/51 Ltr. des Germanistenlehrgangs für Nachwuchswiss. (u.a. Inge Diersen, Hans Kaufmann*, Siegfried Streller, Hans-Günther Thalheim*, Hedwig Voegt); Entlassung als Dir., zeitw. ohne feste Anstellung, 1953 freier Mitarb. beim Aufbau des Museums für Dt. Gesch., 1954 feste Einstellung, Forschungsstipendiat, 1955 Berufung in den Wiss. Rat eines Lehrstuhls am Inst. für Ges.-Wiss., 1958 Prom. zum Dr. phil. in Rostock: »Der Dramenstil des ›Sturm u. Drang‹ im Lichte der dramaturg. Arbeiten des jungen Schiller«; ab 1.9.1959 Prof. mit Lehrauftrag für Neuere dt. u. skand. Lit. an der HU Berlin, 1.12.1960 Ltr. der Abt. für nord. u. niederl. Philol., 1969 kurz vor der Em. ord. Prof.; Präs. bzw. Vizepräs. der Dt.-Nord. Ges.; 1969 Lessing-Preis, 1973 VVO in Gold; wirkte schulbildend durch seinen Forschungsansatz, die auslösende Rolle pol. Ereignisse u. die Verarbeitung von Sozialerfahrung in den komplexen poet. Strukturen der dt. Lit. des 18. Jh. nachzuweisen; Arbeiten zur Theorie einer marxist. Rezeption des klass. Erbes, zu Goethe (u.a. »Faust-Gespräche« 1967), Schiller, Herder u.a.; Mitbegr. einer marxist. Germanistik in der DDR.
Publ.: Arbeiten zur Theorie einer marxist. Rezeption des klass. Erbes u.a. »Faust-Gespräche« (1967).
Sek.-Lit.: Positionen. Beiträge zur marxist. Lit.-Theorie in der DDR. Berlin 1969.

Scholz, Paul 2.10.1902
Stellv. Vorsitzender des Ministerrats, Minister für Land- und Forstwirtschaft
Geb. in Braunau (Schles.), Vater Kleinbauer; Volksschule; Land- u. Fabrikarbeiter; 1925 KPD, versch. Funktionen; in der NS-Zeit wegen antifasch. Tätigkeit mehrmals inhaftiert, 1936 wegen Vorbereitung zum Hochverrat verurteilt; Gebietsberater der illegalen KPD in Berlin.
1945/46 KPD/SED, FDGB, VdgB; ab Juni 1945 Mitgl. der Red. des KPD-Zentralorgans »Dt. Volksztg.«, nachfolgend bis Ende 1947 der Ztg. »Neues Dtl.«, ab 1948 stellv. Chefred. der VdgB-Wochenztg. »Der freie Bauer«, Mitgl. des ZV der VdgB; Mitbegr. der DBD u. ihr Hauptgeschäftsführer bzw. Generalsekr., Mitgl. des PV, ab 1950 stellv. Vors.; 1948/49 Mitgl. der DWK; ab 1949 Abg. der Prov. Volkskammer bzw. Volkskammer, u.a. 1967–71 stellv. Vors. der Interparl. Gruppe, 1971–81 stellv. Vors. des Aussch. für Auswärtige Angelegenheiten; ab 1950 Mitgl. des NR der NF, ab 1968 seines Präs.; 1950–52 Min. für Land- u. Forstwirtschaft (Nachf. von Ernst Goldenbaum*), 1952/53 Ltr. der Koordinierungs- und Kontrollstelle für Land-, Forst- und Wasserwirtschaft, 1952–67 stellv. Vors. des Min.-Rats, 1953–55 abermals Min. für Land- u. Forstwirtschaft; 1954 VVO in Gold; 1956–61 Vors. des Zentralen Beirats für LPG beim Min.-Rat; ab 1957 Mitgl. des Zentralvorst. der Gewerkschaft Land u. Forst; ab 1963 Präs. der Freundschaftsges. DDR – Arab. Länder, ab 1964 Vizepräs. der Liga für Völkerfreundschaft, Mitgl. des Präs. des Friedensrats der DDR u. 1969 Mitgl. des Weltfriedensrats; ab 1967 Mitgl. des Präs. des Komitees der

Antifasch. Widerstandskämpfer; 1967 Ausscheiden aus der hauptamtl. Tätigkeit mit Erreichen der Altersgrenze, Ehrenpension; 1969 Stern der Völkerfreundsch. in Gold, 1976 Großer Stern der Völkerfreundsch. in Gold, 1982 KMO; 15. 11. 1989 auf eigenen Antrag von allen DBD-Funktionen entbunden, beteiligte sich im Sommer 1990 nicht an der Fusion von DBD u. CDU, seit Okt. 1990 parteilos.

Schön, Otto 9. 8. 1905–15. 9. 1968
SED-Funktionär
Geb. in Königsberg (Ostpr.), Vater russ. Emigrant; Stiefvater Töpfer; Volksschule in Königsberg, Realschule in Berlin; 1920–23 Ausbildung zum Versicherungs- u. Bankangestellten; 1923–28 Bankangestellter in Berlin; 1921 freigewerkschaftl. Zentralverb. der Angestellten, 1922/23 Mitgl. des ZA der Jugendorg. des Zentralverb.; 1922 KJVD, 1923–27 Funktionen in Berlin-Friedrichshain u. Berlin-Brandenburg, ab 1925 Mitgl. der KJVD-Revisionskommission; 1925 KPD u. Rote Hilfe Deutschlands (RHD); 1927/28 Mitgl. u. 1928 Gewerkschaftssekr. der KPD-Unterbez.-Ltg. Berlin-Kreuzberg, 1928/29 Mitgl. der BL Ostsachsen, 1929/30 Ltr. des Unterbez. Freital, 1932/33 Vors. der KPD-Beschwerdekommission in Sachsen; 1930/31 Organisationsltr. u. 1931–33 Pol. Ltr. der RHD in Sachsen; Mai 1933 verhaftet, Nov. wegen weitergeführter Tätigkeit der RHD zu drei Jahren Gefängnis verurteilt, bis 1936 in Bautzen inhaftiert, bis Sept. 1937 KZ Sachsenburg; 1937–42 Metallhilfsarbeiter u. Ausbildung zum Elektroschweißer; 1942/43 Kriegsdienst, verwundet entlassen; ab Juli 1943 illegale Arbeit in Leipzig; Okt. 1943 – Mai 1945 kaufm. Angestellter.
April 1945 Gründer des Hilfsausschusses für die Opfer des Faschismus in Leipzig; Sekr. der KPD-KL; 1946/47 Vors. des SED-Kreisvorst. Dresden, 1946–50 Stadtverordneter in Dresden; 1947–50 2. Sekr. des SED-Landesvorst. Sachsen; 1949/50 Vors. des Landesausschusses Sachsen der Nat. Front, Mitgl. des NR der NF, 1950/51 Mitgl. des Korea-Hilfsaussch.; 1950–68 Mitgl. des ZK der SED u. 1950–53 seines Sekr., 1950–68 Ltr. des Büros des PB des ZK, enger Mitarb. von Walter Ulbricht*; 1958–68 Abg. der Volkskammer.

Schönauer, Josef
5. 11. 1894–28. 4. 1984
Katholischer Theologe, Amtsträger
Geb. in Köln-Ehrenfeld; Gymnasium in Eberswalde (Kr. Frankfurt/Oder); Beginn des Theologiestudiums 1914; Unterbrechung des Studiums durch Militärdienst; 1921 Priesterweihe in Breslau durch Adolf Kardinal Bertram; 1921/22 Alumnat-Senior im Breslauer Priesterseminar; 1922–26 Vikar in Breslau, St. Nikolaus; 1926 Domvikar; 1926–34 Diözesanpräses der Jugend in Breslau; 1934–47 Pfarrer an der Breslauer Univ.-Kirche St. Matthias.
1945 Geistl. Rat; Stadtverordneter im Breslauer Stadtparl.; 1945/46 Bemühungen um Wiederaufbau in Breslau (St.-Matthias-Kirche, Ceslaukapelle im ehem. Dominikanerkloster, Dompropsteikirche); 1946 Umsiedlung; 1947–50 Kurat in Wasungen/Schwallungen (Thür.); 1950 Dekan u. Bischöfl. Kommissar des Bischofs von Würzburg in Meiningen; als Bischöfl. Kommissar Mitgl. der Berliner Ordinarienkonferenz; für den Fall der Amtsbehinderung übertrug ihm Bischof Döpfner (Würzburg) schon 1950 die oberhirtl. Ltg. für das Meininger Gebiet; 1952 Ehrendomherr in Würzburg; 1958 Päpstl. Hausprälat; 1959 Generalvikar des Würzburger Bischofs (Bestätigung 1967); 1964 Apostol. Protonotar; 1971 Em. u. Übersiedlung in die Bundesrep. Dtl. nach Reischach (Diöz. Passau); gest. in Altötting, beigesetzt in der Domherrengruft des Würzburger Domes.

Schöne, Gerhard 10. 1. 1952
Liedermacher
Geb. in Coswig, Vater Pfarrer; 1958–68 POS, 1968–70 Lehre als Korpusgürtler; 1970–73 kirchl. Mitarb., 1973–78 Briefträger, 1974–78 Fernstudium Unterhaltungsmusik/Gesang an der HS für Musik »Carl Maria von Weber« Dresden, 1978/79 Bausoldat, seit 1979 freischaff.; trat anfangs vorw. im kirchl. Rahmen auf, dann zunehmend auch in öff. Veranstaltungen u. in den Massenmed.; 1979 Zyklus »Lieder-Galerie« zu Bildern von DDR-Malern, 1981 erste LP, 1982 große Popularität der zweiten LP »Lieder aus dem Kinderland«; 1984–86 jährliche »Liedercircus«-Tourneen mit anderen Liedermachern, 1985/86 Mitarb. an Kinderspielfilmen, 1987 Aufenthalt in Nikaragua (Lied »Mit dem Gesicht zum Volke«), seit 1987 Zusammenarb. mit der Gruppe L'art de passage, seit 1988 mit dem Dresdener Gitarrenduo, 1988 Sommertourn. über die großen Freilichtbühnen der DDR; Mitunterz. der Resolution der Rockmusiker u. Liedermacher vom 18. 9. 1989 für Demokratisierung u. Medienfreiheit, Okt. 1989 NP, spendete das Geld für kirchl. Solidaritätsarb. u. die Opfer der polizeil. Übergriffe vom 7./8. 10. 1989, Auftr. bei der Dem. am 4. 11. in Berlin; 1991 Neutextierung alter Kirchenlieder (CD »Ich bin ein Gast auf Erden«).
Publ.: LP: Spar deinen Wein nicht auf für morgen (Amiga 1981); Du hast es nur noch nicht probiert (Amiga 1988); Lebenszeichen (Amiga 1989); Wohin soll die Nachtigall. Berlin 1990; Lebenszeichen. Baiersdorf 1990; Kinder-Gal. Berlin 1990.

Schöne-Ehrig, Andrea, geb. Mitscherlich 1. 12. 1960
Leistungssportlerin (Eisschnellauf)
Geb. in Dresden; im Alter von acht Jahren zunächst Paarläuferin im Eiskunstlaufen, 1969 Wechsel zum Eisschnellauf (späterer Trainer: Rainer Mund*); Teiln. an vier Olymp. Spielen – 1976: Zweite über 3000 m; 1984: Erste über 3000 m, Zweite über 1000 m und 1500 m; 1988: Zweite über 3000 m und 5000 m, Dritte über 1500 m; zwischen 1983 u. 1988 fünf EM-Titel u. zwei WM-Titel im Mehrkampf; 1988 Beendigung der sportl. Laufbahn.
S. versuchte sich in versch. Berufs- bzw. Studienfächern (u. a. Krankenschwester, Medizin.-Pädagogik, Fremdenverkehr). Nach 1989 Fremdenverkehrskauffrau in einem Reisebüro in Dresden.

Schönemann, Horst 19. 1. 1927
Regisseur
Geb. in Wuppertal-Elberfeld, Vater Grafiker; 1947/48 Schauspieler am Stadttheater Wernigerode; 1948–50 Ausbildung an der Schauspielschule des Dt. Theaters Berlin (DT) u. a. bei Gerda Müller*; 1949–54 Schauspieler u. Regieassistent am DT; seit 1951 als Schauspieler in zahlr. DEFA-Filmen; 1952 erste Inszenierung am Theater der Bergarbeiter in Senftenberg, dort 1954–59 Oberspielltr.; 1959 Kunstpreis; 1959–63 Regisseur am Maxim Gorki Theater Berlin; 1963–66 Oberspielltr. der Vereinigten Bühnen Maxim Gorki Theater u. Volksbühne Berlin; 1966–72 Oberspielltr. u. stellv. Intendant am Landestheater Halle; 1966–85 im Vorst. des Verb. der Theaterschaffenden der DDR; 1969 DAK; 1972–78 Oberspielltr. am DT, 1979 künstler. Leiter; 1981–93 Regisseur u. Schauspieldir. am Sächs. Staatsschauspiel Dresden; SED.
Inszenierungen u. a.: 1952 »Die Moral der Frau Dulski« (DT), 1956 Senftenberg u. 1971 Halle »Nachtasyl«, 1967 »Die Räuber« (Halle), 1968 »Die Aula« (UA Halle), 1972 »Die neuen Leiden des jungen W.« (UA Halle), 1979 »Guten Morgen, du Schöne« (UA DT), Insz. in Dresden u. a. 1980 »Jutta oder die Kinder von Damutz«, 1982 »Don Karlos«, 1983

»Bruder Eichmann« (DDR-EA), 1984 »Der Sturm«, 1986 »Wir, die Endesunterzeichneten«, 1987 »Sommergäste«, 1989 »Spiel's noch mal, Sam« (R: Klaus Fiedler), 1990 »Laura u. Lotte«; 1991 »Hochzeit«; 1993 »Purpurstaub«.
Sek.-Lit.: Funke, Ch.: Der Regisseur Horst Schönemann. Bericht, Analyse, Dokumentation. Berlin 1971.

Schönfelder, Horst 1. 10. 1932
Stellv. Minister für Gesundheitswesen
Geb. in Hammerbrücke (Kr. Klingenthal, Vogtl.); 1939–42 Volksschule, 1942–51 Oberschule in Falkenstein (Vogtl.) u. Abitur; 1951–56 Studium der Humanmedizin an der FSU Jena; 1956–59 Ausbildung zum Facharzt an den Krankenanstalten Saalfeld (Saale) u. im Landambulatorium Leutenberg; 1958 Prom. zum Dr. med.; 1959–65 Infektions- u. Betriebsarzt im Med. Dienst des Verkehrswesens in Nordhausen; 1962 Facharzt für Allg. Medizin; 1965–86 Direktionsarzt im Med. Dienst des Verkehrswesens, Direktion Schwerin; 1966 CDU; 1970 Medizinalrat; 1971 Nachfolgekand., ab 1979 Abg. der Volkskammer; 1972–86 Mitgl. des CDU-Bezirksvorst. Schwerin, Ltr. des Aktivs Gesundheitspol.; 1976 Obermedizinalrat; 1976–89 Mitgl. der Arbeitsgemeinschaft Gesundheits- u. Sozialwesen beim CDU-Hauptvorst.; 1979 Facharzt für Sozialhygiene; 1980 Dr. sc. med.; 1986–90 stellv. Min. für Gesundheitswesen; Mai–Okt. 1990 Staatssekr. im Min. für Gesundheitswesen.

Schönherr, Albrecht 11. 9. 1911
Evangelischer Bischof
Geb. in Katscher (Kr. Leobschütz, Oberschles.), Vater Katasteramtsdir., 1918 gefallen; 1929 Abitur in Neuruppin; 1929–33 Studium der Theol. in Tübingen u. Berlin, anschl. bis 1934 Vikar in Potsdam; seit 1934 Mitarb. in der Bekennenden Kirche, 1935 Teiln. an Dietrich Bonhoeffers Predigerseminar in Finkenwalde; 1936 Ordination in Berlin, anschl. Pfarrer in Greifswald, ab 1937 in Brüssow (Uckermark); 1940–45 Kriegsteiln., anschl. brit. Gefangenschaft, dort Lagerpfarrer.
1946 Superintendent des Kirchenkr. Brandenburg/Havel, 1951–62 Gründungsdir. des Predigerseminars Brandenburg; 1958 Mitbegr. des »Weißenseer Arbeitskr.«, Nov. 1962 Generalsuperintendent des Kirchenkr. Eberswalde der Ev. Kirche Berlin-Brandenburg; 1964/65 Ltr. des DDR-Regionalaussch. der Christl. Friedenskonferenz (CFK); ab 1967 Verwalter des Bischofsamts der Ev. Kirche Berlin-Brandenburg; 1969 Mitbegr. des Bunds der Ev. Kirchen in der DDR (BEK) u. bis 1981 Vors. der Konferenz der Ev. Kirchenleitungen; ab Nov. 1972 Bischof der Ostregion der Berlin-Brandenburg. Kirche; Sept. 1981 Ruhestand.
Sch. war maßg. an der innerkirchl. Verständigung auf die Formel »Kirche im Soz.« beteiligt, die er in Anlehnung an Bonhoeffer als »Kirche für andere« interpretierte. Das Treffen zwischen der von ihm geleiteten BEK-Delegation u. dem DDR-Staatsratsvors. Erich Honecker* am 6. 3. 1978 markierte die Wende zu einer moderateren Kirchenpol., die der ev. Kirche Autonomiegewinne im Gegenzug für Konfrontationsverzicht versprach. Nach 1989 sprach sich Sch. wiederholt für eine sachl., v.a. strukturorientierte Aufarbeitung der DDR-Geschichte aus.
Publ.: Horizont u. Mitte. Aufsätze, Vorträge, Reden 1953–77. Berlin 1977; Zum Weg der ev. Kirchen in der DDR. Berlin 1986; Abenteuer der Nachfolge. Reden u. Aufsätze 1978–88. Berlin 1988; Gratwanderung. Gedanken über den Weg des Bundes der Ev. Kirchen in der DDR. Leipzig 1992; Ein Volk am Pranger (Hrsg.). Berlin 1992.
Sek.-Lit: Borgmann, L.: A. Sch. Berlin 1983.

Schönherr, Alfred
1. 10. 1909–9. 4. 1986
1. Sekretär der SED-Kreisleitung im MfS
Geb. in Chemnitz, Vater Arbeiter; Volksschule; 1924–33 Ausbildung u. Arbeit als Elektriker; 1931 KPD; 1933–35 arbeitslos; 1935–41 Zuchthaus Waldheim wegen »Vorbereitung zum Hochverrat«; 1942–44 Elektromonteur; 1944/45 Zuchthaus Waldheim.
1945/46 KPD/SED; 1945 Einstellung bei der VP, Ltr. der Kripo, Polizeipräs. Berlin; 1950/51 Besuch der PHS; 1951 Einstellung beim Inst. für wirtschaftswiss. Forschung (Auslands-Spionagedienst, später MfS, HA XV, dann HV A); 1954 Oberst; 1955/56 1. Sekr. der SED-PO in der HV A; 1956/57 1. Sekr. der SED-KL im MfS Berlin; Mai 1957 Ltr. der Kontrollinspektion des MfS; Dez. 1957 stellv. Operativ des Ltr. der Bezirksverwaltung Frankfurt; 1958 Instrukteur in der SED-KL des MfS, dann Politstellv. des Kdr. des Wachregt. Berlin; 1959 Offz. im bes. Einsatz als Ltr. der HV Strafvollzug im MdI; 1962 Rentner; 1974 VVO in Gold.

Schönmuth, Georg 27. 5. 1928
Tierzuchtforscher
Geb. in Frankena (Kr. Luckau), Vater Bauer; Volksschule, landw. Lehre bis 1944; 1945 Wehrmacht, anschl. brit. Gefangenschaft.
1945–47 im elterl. Betrieb; 1947/48 Besuch der FS für Landw. in Rostock, Abschluß als staatl. geprüfter Landwirt; 1949–52 Studium der Landw. an der HU Berlin, Dipl.-Landwirt; 1952–54 Referent bei der Tierzuchtinspektion Potsdam; 1954–59 Assistent bzw. Oberassistent am Inst. für Tierzüchtung u. Haustiergenetik der HU Berlin, 1955 Prom. mit einer Arbeit zur Leistungszucht des Brandenburg. Warmblutpferds, 1956 Tierzuchtleiterexamen, 1959–61 Doz., anschl. Wahrnehmungsprof., 1964 nach Habil. mit einer Arbeit über die Fruchtbarkeit des Dt. Schwarzbunten Rinds ord. Prof. u. Dir. des o. g. Inst.; 1972 Korr., 1977 Ord. Mitgl. der AdL, ab 1984 Vors. der Sekt. Tierzüchtung u. Züchtungsforschung; 1974 NP, Erwin-Baur-Medaille der AdL; 1976–84 Vizepräs., 1985–91 Präs. der Kommission Rinderzucht der Eur. Vereinigung für Tierzucht; 1983 Prodekan, 1986 Dekan der Agrarwiss. Fak. der HU Berlin; 1987 Ehrenmitgl. u. Mitgl. des Hauptaussch. der Dt. Ges. für Züchtungskunde; Juni 1990 Vors. des Ehrenaussch. des AdL-Plenums zur Erneuerung der Gelehrtenges.
1991–94 Mitgl. des Wissenschaftsrats der Bundesreg., ab 1993 Mitgl. des Kuratoriums u. des wiss. Rats der Stiftung Forschungsinst. für die Biol. landw. Nutztiere Dummerstorf (b. Rostock); Ruhestand.
Forschungen zur Einkreuzung von Milchrindrassen in das Schwarzbunte Niederungsrind und zur Heterosiszüchtung; Entw. der Konzeption zur Züchtung des Schwarzbunten Milchrinds der DDR (SMR) als schließlich dominierende Rasse in der DDR-Rinderprod.; Mitgl. der Ungar. AdW; Dr. h.c. der KMU Leipzig u. Agrarwiss. Fak. Keszthély, Ungarn; Autor von mehr als 200 Publ., u. a. der Lehrbücher: Genetische u. phylogenetische Grundlagen (der Tierprod.). Berlin 1984; Züchter. u. ökolog. Grundlagen (der Tierprod.). Berlin 1985 (jeweils mit D. Flade u. G. Seeland).

Schorlemmer, Friedrich 16. 5. 1944
Theologe, Mitbegründer der Partei Demokratischer Aufbruch (DA)
Geb. in Wittenberge (Altmark), Vater Pfarrer; Abitur an der VHS; 1962 Wehrdienstverweigerung; 1962–67 Theologiestudium in Halle; 1968 Vikar in Halle-West u. Studieninspektor in einem Studentenwohnheim, 1970 Ordination; 1971–78 Jugend- u. Studentenpfarrer in

Merseburg, ab 1976 Mitgl. von Synoden auf Landeskirchen- u. DDR-Ebene; ab 1978 Doz. am Ev. Predigerseminar in Wittenberg u. Prediger an der dortigen Schloßkirche, ab 1980 aktiv in einer opp. Gruppe, ließ 1983 im Lutherhof vor Kirchentagsteiln. ein Schwert zur Pflugschar umschmieden, legte 1988 zus. mit einer Wittenberger Friedensgruppe dem Ev. Kirchentag »20 Wittenberger Thesen« zur umfassenden Demokratisierung der DDR vor; Sept. 1989 Mitbegr. des DA; 4. Nov. einer der Redner der Demonstration auf dem Alexanderplatz, zitierte Luther: »Lasset die Geister aufeinanderplatzen, aber die Fäuste haltet stille«; 28. 11. Mitunterz. des Aufrufs »Für unser Land«; 1989 zusammen mit Antje Vollmer Carl-von-Ossietzky-Medaille der Intern. Menschenrechte; im Zuge der Hinwendung der DA-Repräsentanten um Wolfgang Schnur* zur CDU im Jan. 1990 Übertritt Sch. mit den Linken des DA zur SPD der DDR.
1990–94 SPD-Fraktionsvors. im Wittenberger Stadtparl.; seit 1992 Studienleiter bei der Ev. Akademie in Wittenberg; 1993 Friedenspreis des Börsenvereins des Dt. Buchhandels.
Publ.: Bis alle Mauern fallen. Berlin 1991; Worte öffnen Fäuste. München 1992; Zu seinem Wort stehen. München 1994.

Schorn, Christine 1. 2. 1944
Schauspielerin
Geb. in Prag in einer Schauspielerfamilie; 1961–64 Studium an der Staatl. Schauspielschule Berlin; seit 1964 Mitgl. des Ensembles des Dt. Theaters Berlin; Debüt in Rosows »Unterwegs«, tragende Bühnenrollen in Lessings »Nathan der Weise«, Hacks'* »Amphitrion«, Schillers »Kabale u. Liebe«, Tschechows »Onkel Wanja«, Lorcas »Dona Rosita bleibt ledig«, Tschechows »Der Kirschgarten«, Shaws »Haus Herzenstod«, Rózewiczs »Weiße Ehe« u. a.; zahlr. Rollen in Spiel- u. Fernsehfilmen, u. a. in Lothar Warnekes* »Die Beunruhigung« (1982) u. »Eine sonderbare Liebe« (1984), Frank Beyers* »Nachtspiele« u. »Der Verdacht«, Wolf-Dieter Panses dreiteil. TV-Film »Bebel u. Bismarck«; 1983 Kritikerpreis.

Schottlaender, Rudolf
5. 8. 1900–1. 4. 1988
Philologe, Philosoph
Geb. in Berlin in einer bürgerl. jüd. Familie; Gymnasium; 1918–23 Studium der Philos. u. Philol. in Berlin, Marburg, Freiburg u. Heidelberg, hier 1923 Prom. über die Nikomach. Ethik bei Aristoteles; bis 1933 als Übersetzer u. Publizist tätig, danach Privatgelehrter, der durch die Ehe mit einer nichtjüd. Frau vor der Deportation bewahrt blieb; tätig als Krankenpfleger u. Arbeiter in einer Munitionsfabrik.
1947 Prof. für Philos. an der TH Dresden, 1949 nach Konflikten mit der SED Entlassung u. Übersiedlung nach Berlin (West); bis 1959 Lehrtätigkeit (Latein u. Griech.) an Gymnasien; 1951 Gründung (mit Manfred Röhling) des Wochenblatts »SOS-Ztg. für weltweite Verständigung«; 1959 Entlassung aus dem Schuldienst wegen seines Eintretens gegen Wiederaufrüstung u. Atombewaffnung; 1960 Übersiedlung nach Berlin (Ost), ord. Prof. für klass. Philol. an der HU Berlin, 1965 em.; ab Mitte der 60er Jahre wachsende, auch öffentl. Kritik an den hiesigen gesellschaftl. Verhältnissen, u. a. Engagement für Robert Havemann* u. 1979 Protest gegen die Inhaftierung von Rudolf Bahro* u. Nico Hübner.
Publ.: Theorie des Vertrauens. Berlin (West) 1957; Röm. Gesellschaftsdenken. Berlin 1965; Synopsis. Würzburg 1988; Verfolgte Wissenschaft. Berlin (West) 1988; Trotz allem ein Deutscher. Mein Lebensweg seit Jahrhundertbeginn. Freiburg 1986 (Autobiogr.).

Schottstädt, Bruno 14. 4. 1927
Evangelischer Pfarrer, Gründer der Goßner-Mission in der DDR
Geb. in Dierberg (Kr. Gransee), Vater Landwirt; 1941–44 Besuch der Lehrerbildungsanstalt in Dahme u. in Brandenburg/Havel; 1944 RAD, 1945 Kriegsdienst, bis 1948 in brit. u. belg. Gefangenschaft.
Nach der Rückkehr nach Dtl. Ausbildung u. Dienst in der Goßner-Mission, Studium der Theol. am Seminar für Kirchl. Dienst in Berlin (West) u. am Paulinum in Berlin (Ost), geprägt durch Bonhoeffer- und Barth-Schüler, u. a. Günter Jacob*; 1953 Vikar in der Erlöser-Gemeinde in Berlin-Lichtenberg; 1954 Gründer der Goßner-Mission in der DDR; 1956 Ordination, anschl. Pfarrer u. Ltr. der Goßner-Mission in der DDR; 1962 Mitarb. u. 1963 stellv. Dir. des Ökumen.-Missionar. Amts; Mitgl. der CDU; Mitgl. des Friedensrats der DDR; 1980–82 Gastdoz. in den USA, Kanada, Indien u. Japan im Dienst der Ökumene; seit Dez. 1982 Pfarrer in Berlin-Marzahn-Nord.

Schräder, Bernhard
26. 9. 1900–10. 12. 1971
Katholischer Bischof
Geb. in Hörstel (b. Rheine) als Sohn eines Bahnhofsvorstehers; Besuch des Gymnasiums Carolinum in Osnabrück, Studium der Volkswirtschaft u. Theol. in Hamburg, Freiburg i. Br. u. Münster, Prom. zum Dr. rer. pol.; 1926 Priesterweihe, Kaplan in Neumünster u. Nordhorn, 1936 Pfarrer in Schwerin; 1946 Bischöfl. Kommissar für Mecklenburg, 1959 Weihbischof von Osnabrück mit Sitz in Schwerin; 1970 Em.
Unter der Ltg. von Sch. erfolgte die Strukturierung u. pastorale Ausprägung der kath. Kirche in Mecklenburg nach der durch die SBZ/DDR aufgezwungenen Isolierung vom Bistum Osnabrück, Aufbau einer weitgehend eigenständigen kirchl. Verwaltung, Integration der kath. Flüchtlinge u. Umsiedler.

Schrecker, Hans (Straschitz-Schrecker)
11. 3. 1899–19. 12. 1983
Kommentator für die Zeitung »horizont«
Geb. in Berlin; Gymnasium; 1918 USPD, 1923 KPD, seit 1925 vor allem Funktionen in der IAH Dtl. u. im Reichssekr. der RHD, 1931–33 Mitarb. in der Abt. Agit. des ZK der KPD; 1933 Emigration in die Schweiz u. nach Paris, Sekr. des Intern. Befreiungskomitees für Dimitroff, Torgler, Popoff u. Taneff, danach in der RHD für die Rettung dt. Emigranten in Paris u. in der Tschechoslowakei wirksam; aufgrund der tschech. Staatsbürgerschaft 1940 Einberufung zur tschech. Befreiungsarmee, 1940/41 Internierung in England; nach der Entlassung 1941 Journalist für die »Freie Tribüne« der Bew. Freies Dtl. u. für die Ztg. der tschechoslowak. Exilregierung.
Dez. 1945 Rückkehr nach Dtl., pol. Schwierigkeiten wegen seiner Emigrationszeit, Berlinverbot; erst ab 1948 Chefred. der Illustrierten »Zeit im Bild« im Sachsenverlag Dresden; 1949/50 Sekr. bzw. Ltr. für Agit. beim Landesvorst. bzw. bei der Landesltg. Sachsen der SED, 1950–52 1. Sekr. der NF des Landes Sachsen u. ab Juli 1952 des Bez. Leipzig, kurzzeitig kommissar. Chefred. der »Leipziger Volkszeitung«; am 24. 11. 1952 Verhaftung im Zusammenhang mit dem Slansky-Prozeß in der ČSSR, am 4. 2. 1954 wegen »Friedensgefährdung durch Propaganda für den Militarismus« zu acht Jahren Gefängnis verurteilt; Juni 1956 Begnadigung u. Wiederherstellung der SED-Mitgliedschaft; 1957–59 Mitarb. beim Sender Leipzig u. der SED-Bezirksztg. »Volkswacht« in Gera, 1959–69 Red. bei der »Lausitzer Rundschau«, 1969 Kommentator für die Ztg. »horizont«; 1973 VVO

Gold, 1977 KMO; verstorben in Berlin; wurde am 18. 2. 1992 vom Bezirksgericht Dresden rehabilitiert, Aufhebung des Urteils von 1954.

Sek.-Lit.: Otto, Wilfriede: Antizionismus – übergestülptes Feindbild u. antisemit. Haltung. In: Keßler, Mario (Hrsg.): Arbeiterbewegung u. Antisemitismus. Entwicklungslinien im 20. Jh. Bonn 1993.

Schreiber, Walther
10. 6. 1884–30. 6. 1958
CDU-Politiker

Geb. in Pustleben (Grafschaft Hohnstein), Vater Rittergutsbesitzer; Gymnasium in Weimar; 1903–06 Studium der Rechtswiss. u. Volkswirtschaft an den Univ. Grenoble, München, Berlin u. Halle, 1910 Prom. in Halle zum Dr. jur., 1911 jur. Staatsexamen; 1911–25 Rechtsanwalt in Halle; 1914–18 Kriegsdienst, Offz.; 1919 DDP; Mitgl. der Verfassunggebenden Preuß. Landesvers., 1920–33 Abg. des Preuß. Landtags (ab 1930 für die Dt. Staatspartei); 1925–32 Min. für Handel u. Gewerbe u. Preuß. Staatsmin.; ab 1934 Rechtsanwalt u. Notar in Berlin, illegale Tätigkeit, zeitw. inhaftiert.

Juni 1945 Mitbegr. der CDU in Berlin, Juli – Dez. 2. Vors. in der SBZ, Absetzung durch die SMAD wegen der Ablehnung der Bodenreform; 1946–48 1. Stellv. des Stadtverordnetenvorstehers von Groß-Berlin; 1947–48 1. Landesvors. der CDU Berlin, Febr. 1948–55 Berlin (West); Apr.–Dez. 1947 Mitgl. des CDU-Hauptvorst. u. Nov./Dez. 1947 des Pol. Aussch.; ab 1948 Mitgl. der Stadtverordnetenvers. in Berlin (Ost) bzw. des Abgeordnetenhauses in Berlin (West), ab 1950 Vors. der CDU-Fraktion im Abgeordnetenhaus; Febr. 1948 Bruch mit der CDU (Ost) wegen der Absetzung von Jakob Kaiser*; 1950 Bürgermeister u. 1953/54 Regierender Bürgermeister von Berlin (West), 1955–58 Ehrenvors. des CDU-Landesverb. Berlin (West).

Schreier, Peter 29. 7. 1935
Sänger, Dirigent

Geb. in Meißen, aufgewachsen in Gauernitz, Vater Lehrer u. Kantor; 1943 im Dresdener Kreuzchor bei Rudolf Mauersberger.

Ab 1946 Altsolist; Sänger im Leipziger Rundfunkchor; 1956–59 Studium an der HS für Musik in Dresden (Gesang, Orchester- u. Operndirigieren), Staatsexamen; 1959–61 im Nachwuchsstudio, 1961–63 Engagement an der Staatsoper Dresden; seit 1963 an der Dt. Staatsoper Berlin; seit 1970 auch Dirigent u. a. bei der Dresdener Philharmonie (Mozart »Don Giovanni«, Händel »Alcina«); in den letzten Jahren verstärkte Konzerttätigkeit; 1972 NP 1. Kl.; dreifacher Kammersänger (1963 DDR, 1980 Österreich, 1982 Freistaat Bayern); 1978–93 Mitgl. der AdK; 1981 Prof.; 1984 Präs. des Kuratoriums Schauspielhaus Berlin; 1985 Mitgl. des Kuratoriums Staatsoper Dresden; 1986 NP 1. Kl., 1989 Großer Stern der Völkerfreundschaft; Mitgl. der Musikal. Akademie Stockholm.

1993 Wartburg-Preis; seit 1993 Mitgl. der AdK Berlin-Brandenburg.

Führender Mozart-Tenor, über 60 Opernpartien (Tamino/»Zauberflöte«, Titelpartie Idomeneo, beide Mozart, Titelpartie Palestrina von Pfitzner); Lied- u. Oratorieninterpret (Beethoven, Brahms, Schubert, Bach, Händel, Mozart); rund 300 Schallplatten; Auslandsgastspiele in mehr als 20 Ländern, Schwerpunkt Salzburg, Wien, München u. New York.

Publ.: Aus meiner Sicht. Gedanken u. Erinnerungen aufgezeichnet von Manfred Meier. Berlin 1983.

Sek.-Lit.: Schmiedel, Gottfried: P. S. Eine Bildbiogr. Berlin 1987.

Schreiner, Albert 7. 8. 1892–4. 8. 1979
Historiker

Geb. in Aglasterhausen (Baden) in einer Arbeiterfamilie, Schulzeit in Chemnitz; Lehre als Maschinenschlosser in Stutt-

gart, 1908 SAJ, 1909 ADGB, 1910 SPD, 1917 USPD, im Zuge der Novemberrev. 1918 Mitgl. der zentralen Ltg. des Roten Soldatenbundes u. vom Arbeiter- u. Soldatenrat berufener Kriegsmin. in Württemberg; 1919–28 KPD, Mitbegr. der KPD in Württemberg, 1922 Delegierter des IV. Weltkongresses der KI, seit 1919 führender Funktionär des RFB; zeitw. Chefred. der »Roten Fahne«; im Okt. 1923 an der Ltg. der militär. Aktion während des Hamburger Aufstands beteiligt; seit den 20er Jahren Beschäftigung mit militärwiss. u. hist. Fragen, u. a. Mitautor der »Illustr. Geschichte der Dt. Rev.« (Berlin 1929) u. Red. der Gesamtausg. der Schriften Franz Mehrings; 1928–35 KPD-O; während der Weimarer Rep. mehrmals inhaftiert u. in der Illegalität lebend; 1933 Emigration nach Frankreich, Autor u. Mitautor mehrerer Bücher, die vor den Kriegsvorbereitungen Hitlers warnten (»Hitler treibt zum Krieg«, Paris 1934; »Hitlers Luftflotte startbereit«, Paris 1935, »Hitlers motorisierte Stoßarmee«, Paris 1936, »Vom totalen Krieg zur totalen Niederlage«, Paris 1939); seit 1935 wieder KPD, 1936–38 Teiln. am span. Bürgerkrieg (u. a. Stabschef), 1938 Mitgl. des Volksfrontaussch.; 1939–41 Internierung in Frankreich und Marokko, 1941–46 Emigration in die USA, 1942 Mitbegr. der »German American Emergency Conference«, 1944 Mitbegr. des »Council for a Democratic Germany«; während der Emigration publizist. u. geschichtswiss. tätig, u. a. »The Lesson of Germany« (New York 1945).
Ende 1946 Rückkehr nach Dtl., SED; 1946/47 Mitarb. der Zentralen-Verwaltung für Volksbildung, 1947–50 an der Univ. Leipzig, Prof. u. Dekan der geschichtswiss. Fak., Aufbau u. Ltg. des Inst. für Staatenkunde u. intern. Beziehungen; 1950–52 wiss. Mitarb. am MEL-Inst., 1953 Prom. in Halle mit einer 1952 veröff. Studie über dt. Außenpol. 1871–1918; 1952–56 Leiter der Abt. »1918–45« am Museum für Dt. Geschichte, 1956–60 Leiter der Abt. »1918–45« des Inst. für Geschichte an der DAW, 1960 Ruhestand; 1952 NP, 1961 KMO, 1967 VVO in Gold, 1977 Stern der Völkerfreundschaft.
S. zählte zu den wenigen marxist.-leninist. Historikern der unmittelbaren Nachkriegszeit, er war in versch. Funktionen beteiligt an der Formierung der ersten Generation von DDR-Historikern sowie an der Durchsetzung der Politik der SED in der geschichtswiss. Forschung und Lehre.
Publ.: Zur Geschichte der dt. Außenpol. 1871–1945. Bd. 1. Berlin 1952.
Sek.-Lit.: J. Petzold; A. S. In: Wegbereiter der DDR-Geschichtswiss. Berlin 1989.

Schreyer, Wolfgang 20. 11. 1927
Schriftsteller
Geb. in Magdeburg, Vater Drogist; Oberschule; Flakhelfer, Soldat, 1944 NSDAP; amerik. Gefangenschaft bis 1946.
1947–49 Drogistenlehre; 1948–50 Drogist, 1950–52 Geschäftsführer einer chem.-pharmazeut. Fabrik, kultureller Betreuer in Privatbetrieben; debütierte 1952 mit dem Kriminalroman »Großgarage Südwest«, seitdem freischaff.; 1956 Heinrich-Mann-Preis für den Kriegsroman »Unternehmen Thunderstorm« (1954); Reisen durch Lateinamerika, Portugal u. die USA; 1972 Mitgl. des PEN-Zentrums DDR; lebte bis 1972 in Magdeburg; seitdem in Ahrenshoop.
Sch. gehörte zu den produktivsten u. erfolgreichsten Autoren spannender Unterhaltungslit. in der DDR; neben drei Sachbüchern u. zahlr. Szenarien für Funk, TV u. Film verfaßte er mehr als 20 Abenteuerromane über Ereignisse der Zeitgeschichte, bevorzugter Schauplatz ist der mittelamerik. Raum; schrieb den satir. Roman zum Literatur- u. Wissenschaftsbetrieb der DDR »Der sechste Sinn«, 1987.
Publ.: Der Traum des Hauptmann Loy. Berlin 1957; Das grüne Ungeheuer. Ber-

lin 1959; Die Dominikan. Tragödie (Trilogie). Berlin 1971–80; Die fünf Leben des Dr. Gundlach. Berlin 1983; Nebel. Berlin 1991.

Schröder, Fritz 4. 10. 1915
Stellv. Minister für Staatssicherheit
Geb. in Momehnen (Ostpr.), Vater Arbeiter, Mutter Hausfrau; Mittelschule; 1931–35 Fleischerlehre; 1935/36 RAD; 1936–38 Wehrdienst; 1938/39 Fleischergeselle; ab 1939 Wehrmacht; 1942–45 sowj. Kriegsgefangenschaft, 1943 sechs Monate Antifa-Schule.
1945 Rückkehr nach Dtl., Juli Einstellung bei der VP, Ltr. der Kreispolizei Nauen; 1945/46 KPD/SED; 1948 Ltr. der Kreispolizei Teltow; Sept. 1949 Einstellung bei der Verwaltung zum Schutz des Volkseigentums (ab Feb. 1950 MfS), Ltr. der Dienststelle Frankfurt/Oder; 1950 Ltr. der Abt. V (Staatsapparat, Kultur, Kirchen, Untergrund) der Länderverwaltung Brandenburg; 1952 Ltr. der BV Cottbus u. Mitgl. der SED-BL Cottbus; 1955 Ltr. der HA V, MfS Berlin; 1964 Stellv. Min.; 1970 VVO in Gold; 1972 Generalleutnant, 1974 von seinen Aufgaben entbunden, 1975 Rentner.

Schröder, Kurt 31. 7. 1909–7. 7. 1978
Mathematiker, Rektor der HU Berlin
Geb. in Berlin, Vater Bahnarbeiter; 1928–33 Studium der Mathematik u. Physik in Berlin; 1934 bei Erhard Schmidt Prom. mit einer Arbeit aus der Algebra; Assistent an der Berliner Univ., 1939 Habil. u. Privatdoz.; im 2. Weltkrieg Bearbeitung von Problemen der angewandten Mathematik, mathemat. Fragen der Tragflügeltheorie, der Prandtlschen Grenzschichttheorie u. Turbulenzprobleme.
1946 ord. Prof. u. Ltr. des II. Mathemat. Inst. der HU Berlin; ab 1950 auch Ltg. der Abt. II: Angewandte Mathematik des DAW-Forschungsinst.; 1951 Ord. Mitgl. der DAW; 1956 NP; 1959–69 Ltr. des DAW-Inst. für angewandte Mathematik u. Mechanik, hervorgegangen aus der von Sch. geleiteten Abt., 1969–72 Ltr. des (vereinigten) ZI für Mathematik u. Mechanik; 1959–65 Rektor der HU; 1962 Vors. der neugegr. Mathemat. Ges.; Vors. des Nat.-Komitees Mathematik der DDR; bes. Verdienste um die Einführung der Rechentechnik und die Förderung der Kybernetik, maßg. beteiligt an der Errichtung der ersten Rechenzentren an Univ. u. DAW.

Schröder, Ralf 4. 11. 1927
Literaturwissenschaftler, Publizist
Geb. in Berlin, Vater Postbeamter; Oberschule, anstelle von Abitur Reifevermerk; 1943 Luftwaffenhelfer, 1944 Wehrmacht.
1946 SED, 1946–51 Studium der Geschichte u. Russistik an der HU Berlin, Staatsexamen; 1951–53 Lehrbeauftragter für russ. Lit. u. Geschichte an der EMAU Greifswald, 1953–57 an der KMU Leipzig, 1957 hier Prom. zum Dr. phil. mit einer Diss. über den jungen Gorki; 1957 Ausschluß aus der SED, 1957–64 Haft wegen Einsatz für demokr. Reformen; 1966–88 verantw. Lektor für Sowjetlit. im Verlag Volk u. Welt Berlin; seither freischaff., 1983–90 Mitgl. des SV.
Herausgabe u. Kommentierung der Werke von Gogol, Dostojewski, Gorki, Bulgakow, Ehrenburg, Trifonow, Tendrjakow, Okudshawa, Aitmatow u. a.
Publ.: Gorkis Erneuerung der Fausttradition. Über Faustmodelle in russ. Romanen von Dostojewski bis Bulgakow. 1971; Vom Ich-Gewinn zum Welt-Gewinn. Aktuelle Diskussion der Sowjetlit. 1977; Roman der Seele, Roman der Geschichte. Zur ästhet. Selbstfindung von Tynjarow, Ehrenburg, Bulgakow, Aitmatow, Trifonow, Okudshawa. 1986.

Schröder, Richard 26. 12. 1943
Vorsitzender der SPD-Volkskammerfraktion
Geb. in Frohburg (Sa.), Vater Apotheker u. Diplomchemiker; 1950–58 Grundschule, keine Zulassung zur Oberschule, 1958–62 Vorschule für den kirchl. Dienst in Moritzburg, staatl. nicht anerkannte Abschlußprüfung, innerkirchl. einem Abitur gleichgestellt, glz. bis 1960 Berufsschule; 1962–68 Studium der Theol. u. Philos. am Katechet. Oberseminar Naumburg u. Sprachenkonvikt Berlin; 1968/69 Vikariat; 1969–73 Repetent bzw. Assistent für Systemat. Theol. am Sprachenkonvikt Berlin; 1973–77 Pfarrer in Wiederstedt u. Walbeck (bei Hettstedt); seit 1976 Überwachung durch das MfS; 1977 kirchl. Prom. (staatl. nicht anerkannt), 1990 Verleihung des Dr. theol.; 1977–90 Doz. des Kirchl. Lehramts am Sprachenkonvikt Berlin u. am Katechet. Oberseminar im Fach Philos., Spezialgebiet aristotel. Philosophie; 1988/89 Mitarbeit bei der »Ökumen. Vers. für Gerechtigkeit, Frieden u. Bewahrung der Schöpfung«; Mitautor des Grundsatzdokuments »Mehr Gerechtigkeit in der DDR«, Mitarbeit im Arbeitskr. Theol. u. Philos. beim Bund der Ev. Kirchen; 20. 12. 1989 SDP, Mitarbeit am Grundsatz- u. Wahlprogramm; Jan. 1990 Mitarbeit am Verfassungsentwurf des Runden Tischs; März – Okt. 1990 Abg. der Volkskammer, stellv. Vors. u. Apr. – Aug. Vors. der SPD-Fraktion.
Okt. 1990–94 Abg. des Dt. Bundestags; seit 1991 Mitgl. des Rats der EKD; 1991 habilitiert an der Kirchl. HS Leipzig; Sch. schied im März aus dem Dienst der Ev. Kirche aus, Prof. an der Theolog. Fakultät der HU Berlin, seit Aug. 1992 dort Lehrstuhl für Philos. u. Systemat. Theol.; seit 1992 Mitgl. des Beirats der Gauck-Behörde; seit 1993 Richter beim Verfassungsgericht des Lands Brandenburg.
Publ.: Denken im Zwielicht. Vorträge u. Aufsätze aus der alten DDR. Tübingen 1990; Deutschland schwierig Vaterland. Freiburg 1993.

Schröder, Werner 19. 2. 1929
MfS-Arbeitsgruppenleiter
Geb. in Hartmannsdorf, Volksschule; 1943–45 Lehre als Techn. Zeichner, kein Abschluß; 1945 HJ-Wehrertüchtigungslager.
1945 KPD; 1945/46 arbeitslos; 1946 Schlosser, dann nach Lehrabschluß Techn. Zeichner; 1950 Einstellung beim MfS, Kreisdienststt. Flöha (Sa.); 1951 Kursant, 1952 Lehrer an der Schule des MfS Potsdam-Eiche; 1954 Lehrstuhlltr. an der MfS-Schule Eberswalde; 1956 Schulltr. der MfS-Schule Teterow; 1958 Versetzung zur HA V (Staatsapparat Kultur, Kirchen, Untergrund) des MfS Berlin; 1959 Abt.-Ltr.; 1969 Dipl.-Jur. an der JHS Potsdam-Eiche; 1970 stellv. Ltr. der Zentralen Arbeitsgruppe Geheimnisschutz (ZAGG); 1973 Oberst; 1975 Ltr. der ZAGG; Dez. 1989 von seiner Funktion entbunden; Jan. 1990 Entlassung; Rentner.

Schröder, Wilhelm
18. 10. 1913–2. 5. 1967
Landwirtschaftsminister
Geb. in Erfurt, Vater Landarbeiter, Volksschule, nach der Ausbildung zum Schlosser als Autoschlosser tätig, Melker; 1940 NSDAP; Militär- u. Kriegsdienst, sowj. Gefangenschaft, Besuch einer Antifa-Schule.
1948 Entlassung aus der Gefangenschaft, Neubauer; Mitgl. der VdgB; 1948 Mitbegr. der DBD in Thüringen; 1949 DBD-Kreissekr. in Eckartsberga; 1949 Mitarb. im Sekr. des SED-Landesvorst. Sachsen-Anhalt; 1949/50 Landesgeschäftsführer des Landesvorst. Thüringen der DBD; 1950–52 Min. für Land- u. Forstwirtschaft in der Landesreg. Thüringen, Abg. des Thüring. Landtags (Präs.-Mitgl.); 1951–53 Mitgl. des PV u. des Sekr. der DBD; Juni 1952 – Mai 1953 Min. für

Land- u. Forstwirtschaft (Nachf. von Paul Scholz*); 1953 stellv. Vors. des Rats des Bez. Erfurt; ab 1963 Vors. der DBD des Bezirksverb. Dresden.

Schröter, Karl 7.9.1905–22.8.1977
Mathematiker
Geb. in Wiesbaden, Vater Handwerker, später selbständiger Kaufmann; 1915–24 Realgymnasium; 1928–35 Studium der Mathematik, Physik u. Philos. an den Univ. Göttingen, Heidelberg, Frankfurt/Main u. Münster, hier 1935 Lehramtsprüfung; 1936–41 wiss. Hilfsarbeiter an der Univ. Münster, hier 1941 Prom. in der mathemat. Logik bei Prof. Scholz; in der NS-Zeit mit Prof. Scholz u.a. Unterstützung jüd. Mitbürger u. poln. Mathematiker; 1941–43 dienstverpflichtet ins Auswärtige Amt; anschl. wieder Univ. Münster, Habil.
1948 Prof. an der HU Berlin, ab 1950 Dir. des neugegr. Inst. für mathemat. Logik; 1954 Gründer u. bis zum Tod Hrsg. der »Ztschr. für Mathemat. Logik u. Grundlagen der Mathematik«; 1960 NP; ab 1961 im Direktorium des Inst. für reine Mathematik der DAW, 1962 Korr. u. 1964 Ord. Mitgl. der DAW; 1962–66 Prorektor der HU; 1966–70 Dir. des DAW-Inst., ab 1968 Sekretar der Klasse für Mathematik, Physik u. Technik der DAW bzw. der Klasse Mathematik (bis zum Tod); 1971 em.
Begründete die Schule der mathemat. Logik in der DDR; Forschungen zur Grundlagenmathematik; zahlr. Veröff. zu philosoph. Problemen der Mathematik.

Schroth, Christoph 5.5.1937
Regisseur
Geb. in Dresden; 1955–59 Studium der Journalistik an der KMU Leipzig, SED; 1959–64 Fernstudium der Theaterwiss. an der Theater-HS Leipzig; 1969–74 Fernstudium Philos. an der HU Berlin; 1960–65 Dramaturg u. Regieassistent am Maxim Gorki Theater Berlin, 1965/66 Regieassistent an der Volksbühne Berlin, 1966–71 Regisseur in Halle, 1971–73 Regisseur an der Volksbühne Berlin, 1974–89 Schauspieldirektor in Schwerin (1984–86 amt. Generalintendant); Gastspiele u. Gastinszenierungen in der Bundesrep. Dtl., Schweden, Finnland u. Österreich (Wiener Burgtheater); 1983–93 AdK; 1985 Mitgl. des Präs. des Verb. der Theaterschaffenden; 1986 Direktoriumsmitglied des ITI; 1989–92 Oberspielltr. beim Berliner Ensemble.
Seit 1992 Intendant des Brandenburg. Staatstheaters Cottbus; seit 1993 AdK Berlin-Brandenburg.
In seinem Verständnis von Volkstheater bzw. Theater der sozialen Aktion als Kommunikation zwischen Zuschauer u. Theater ist Gegenwartsbezogenheit der Inszenierungen erstes Kriterium: Brecht* »Herr Puntila u. sein Knecht Matti«, »Trommeln in der Nacht« u. »Dreigroschenoper«, Schatrow »Blaue Pferde auf rotem Gras« unter Einsatz von Schauspielstudenten, Wolf* »Die Matrosen von Cattaro«, Hacks* »Moritz Tasso«, Müller* »Wolokolamsker Chaussee« I–V, 1979 Goethe »Faust I u. II« (Zäsur in der Faustinterpretation, über 100 Aufführungen); die seit 1976 herausgebrachten Schweriner Entdeckungen (Antike, Brechtpflege, DDR-Dramatik) fanden 1993 eine Forts. in »Verwandlungen – Ein dt. Wochenende oder 1. Zonen-Rand-Ermutigung« in Cottbus.
Sek.-Lit.: Ullrich, Renate: Schweriner Entdeckungen. Berlin 1986; Jaksch, Bärbel: Theaterarbeit in Schwerin. Schwerin 1979/80; Pietzsch, Ingeborg: Werkstatt Theater. Berlin 1975.

Schubert, Albert 11.8.1923
MfS-Hauptabteilungsleiter
Geb. in Groß-Beuchow (Kr. Calau); Vater Landarbeiter, Mutter Hausfrau; Volksschule, 1938–41 Lehre als Müller; 1941–45 Kriegsdienst in der Marine.
1945 Fliesenpresser in Boitzenburg; 1947

SED; Holzarbeiter, dann Einstellung bei der VP, Kreispolizeiamt Hagenow; 1949 Ltr. der K 5 in Hagenow; danach Versetzung zur Außenstelle K (ab Febr. 1950 MfS), Kreisdienststelle Hagenow, 1951 Leiter der Kreisdienststelle Grevesmühlen, 1952 Ltr. der Abt. V (Staatsapparat, Kultur, Kirchen, Untergrund) der BV Schwerin, 1954 Stellv. Operativ des Ltr. der BV Schwerin, 1956 Stellv. Operativ der BV Rostock; 1957 Ltr. der HA VIII (Ermittlungen) des MfS Berlin; 1963/64 Besuch der Bezirksparteischule »Friedrich Engels« in Berlin; 1966–68 Fernstudium an der JHS des MfS Potsdam-Eiche; 1972 Gen.-Major; 1975 Promotion zum Dr. jur. an der JHS des MfS; 1981 VVO in Gold; 1984 Entlassung, Rentner.

Schubert, Heinrich 23. 1. 1926
Verfahrenstechniker
Geb. in Pirna-Jessen; Abitur; 1947–52 Studium an der Bergakad. Freiberg; 1952–59 Industrietätigkeit im Sangerhäuser Kupferschieferbergbau u. im sächs. Nichteisen (NE)-Metallbergbau, Techn. Dir. der HV Erzbergbau bzw. VVB NE-Metallindustrie; 1956 Prom. mit der Diss. »Flotierbarkeit u. Strukturbeziehungen bei kationaktiver Flotation«; ab 1960 Hochschullehrer an der Bergakad. Freiberg, 1971 Prom. B mit »Die Rolle der Assoziation der unpolaren Gruppen bei der Sammleradsorption«, Dir. des Inst. für Aufbereitung, Prorektor für Wiss., Dekan der Fak. für Techn. Wiss., Vors. der Problemgruppe Mechan. Prozesse in der Hauptforschungsrichtung Verfahrenstechnik; längere Auslandsaufenthalte mit Beratergruppen des Min. für Hoch- u. Fachschulwesen in Algerien u. Mosambik, Gastprof. an der University of Queensland u. der University Iowa (USA); Ehrenprom. in Miskolc u. Merseburg.
Sch. gilt als Nestor der Mechan. Verfahrenstechnik in der DDR.
Hauptarbeitsgebiete: gesteuerte Modifizierung von Festkörpergrenzflächen durch Adsorption, Mikroprozesse der Zerkleinerung, Modellierung und Optimierung von Makroprozessen in turbulenten Mehrphasenströmungen, Modellierung des Fließverhaltens feuchter u. leicht lösl. Schüttgüter; Mithrsg. der »Particle Technology Review« (seit 1988), des »International Journal of Mineral Processing« (seit 1985) u. von »Advanced Powder Technology« (seit 1990); maßg. beteiligt an einschlägigen Lehrbüchern, insgesamt rund 250 Veröff., 25 Patente.

Schubert, Helga 7. 1. 1940
Schriftstellerin, Psychotherapeutin
Geb. in Berlin; sehr gutes Abitur, Nichtzulassung zum Jurastudium, da sie aus christl.-bürgerl. Hause stammt; Montiererin am Fließband; 1958–63 Studium der Psychol. in Berlin; seit 1963 klin. Psychologin, 1973–77 Aspirantur im Bereich Psychotherapieforschung an der HU Berlin, Arbeit an einer Diss.; seit 1977 Ausbilderin in Gesprächstherapie, 1963–87 Mitarb. in einer Eheberatungsstelle; Schreibversuche seit 1960, erst Lyrik, dann vor allem Kurzprosa, 1986 Heinrich-Mann-Preis, seit 1977 freischaff. Schriftst. in Berlin u. Mecklenburg; 1987–91 PEN-Zentrum DDR, dann PEN Bundesrep. Dtl.; verheiratet mit dem Psychologen, Maler u. Schriftst. Johannes Helm; beide gehörten zu den wenigen Autoren u. Künstlern der DDR, die vorbehaltlos die Beseitigung des Soz. u. die dt. Einheit begrüßten. Mitgl. im DSV. 1991 Dr. h.c. der Purdue-Univ. Hammond, USA.
Publ.: Lauter Leben. Berlin 1986; Das verbotene Zimmer. Darmstadt 1988; Judasfrauen. Berlin 1990; zahlr. weitere Bearbeitungen für Funk u. Fernsehen.

Schubert, Manfred 6. 4. 1927
Kabarettist, Kabarettleiter
Geb. in Dresden; Dramaturg am Theater der Jungen Generation in Dresden; Red. am Landessender Dresden; Ltr. mehrerer Amateurkabaretts u. Mitgl. des Kabarett-Ensembles »Die Trommel«, gründete 1961 die Dresdener »Herkuleskeule« neu u. leitete sie bis 1986, trat aus gesundheitl. Gründen von der Ltg. zurück; weiterhin Auftritte als Kabarettist u. Arbeit als Textautor.

Schubert, Manfred
30. 3. 1930–7. 8. 1987
Verfahrenstechniker, Präsident der KdT
Geb. in Reichenstein, Vater Arbeiter; Sekundarschule, 1948/49 Schlosserumschüler im VEB Görlitzer Maschinenbau; 1949–55 Studium der Verfahrenstechnik an der TH Dresden; 1955–60 Mitarb. der Forschungsabt. u. Ltr. der techn. Abt. im Kali-Werk Sondershausen u. Staßfurt, Aufbau u. Ltg. der Pilotanlage zur Herstellung von hochreinem Magnesiumoxid u. Salzsäure aus Kaliendlauge; 1957–59 Abg. im Kreistag Sondershausen; ab 1960 an der TH Dresden, 1963 Prom. zum Dr.-Ing., 1967 Habil., Prof. für Verfahrenstechnik, 1967/68 Dir. des Inst. für Verfahrenstechnik, 1968–71 Dir. der Sekt. Verfahrens- u. Verarbeitungstechnik, ord. Prof.; 1966 SED; seit 1967 Abg. der Volkskammer; langj. Vors. der Fachaussch. Wärmeübertragung u. Verfahrenstechnik der KdT, 1971–74 Vizepräs., 1974–87 Präs. der KdT; 1979 Korr. Mitgl. der AdW; 1981 Ord. Mitgl. der Sächs. AdW; Mitgl. des Wiss. Rats für Grundlagen der Umweltgestaltung u. des Umweltschutzes; seit 1976 Mitgl. des Präs. der Freundschaftsges. DDR-Italien.
Arbeiten zur Luftkühlung u. zur Nutzung der Membrantechnik, zum Einsatz von direkten Wärmeübertragern flüssig-flüssig für die Wärmerückgewinnung; Beiträge zu abproduktfreier Technol. u. Umweltschutz; Mithrsg. und Mitautor einschlägiger Handbücher und Lehrbücher, u. a. der Bücher »Umweltschutztechnik« (1986) u. »Abproduktarme u. abproduktfreie Technol.« (1987).

Schuder, Rosemarie, verh. Hirsch
24. 7. 1928
Schriftstellerin
Geb. in Jena; Lyzeum, 1947 Abitur; freie Mitarb. bei den Ztgn. »Tägl. Rundschau« u. »Neue Zeit«, 1947 Mitgl. des VDP; 1951 CDU, DSV, Mitgl. seines Präs.; 1958 Heinrich-Mann-Preis; debütierte nach einem Studienaufenthalt im Jenaer Glaswerk 1952 mit »Glas. Begegnungen im Volkseigenen Jenaer Glaswerk Schott & Gen.«; schrieb danach hauptsächl. hist. Romane, u. a. »Der Ketzer von Naumburg« (1955), »Hieronymus Bosch« (1975), »Serveto vor Pilatus« (1982); 1976 Lion-Feuchtwanger-Preis; 1978 Mitgl. des PEN-Zentrums DDR, jetzt Dt. PEN-Zentrum Ost; 1988 Goethe-Preis; März 1990 Austritt aus der CDU; verh. mit dem Publizisten Rudolf Hirsch*, lebt in Berlin.
Publ.: Paracelsus u. der Garten der Lüste. Berlin 1972; Agrippa oder das Schiff der Zufriedenen. Berlin 1977; Der gelbe Fleck: Wurzeln u. Wirkungen des Judenhasses in der dt. Geschichte (zus. mit Rudolf Hirsch). Berlin 1987.

Schulmeister, Karl-Heinz 6. 5. 1925
1. Bundessekretär des Kulturbunds
Geb. in Bützow (Meckl.), Vater Lehrer; Oberschule, Abitur; 1942–45 Kriegsdienst.
1946 SED; 1946–48 Orts- u. Kreissekr. des KB in Schwerin, danach bis 1952 Landessekr. in Mecklenburg, 1952–54 Bezirkssekr. in Rostock u. Abg. des Bez.-Tags Rostock; anschl. bis 1955 Zentralschule des ZK der SED in Erfurt; 1955 Bundessekr., ab Mai 1957 1. Bundessekr. u. ab Jan. 1986 auch 1. Vizepräs. des KB; seit 1958 Mitgl. des NR der NF u. seit

1969 Mitgl. seines Präs.; 1958–März 1990 Abg. der Volkskammer, seit 1965 Fraktionsvors. des KB, seit 1963 Vors. des Aussch. für Kultur, seit Mai 1969 Mitgl. des Präs. der Volkskammer; 1959–65 Fernstudium an der HU Berlin, Dipl.-Historiker, 1974 Prom. zum Dr. phil.; 1974 VVO in Gold; 1981 Präs. des Kuratoriums DDR – Japan der Vereinigung für kulturelle u. wiss. Zusammenarbeit; 1982 Prof. der HU Berlin.
Publ.: Zur Entstehung u. Gründung des Kulturbundes zur demokr. Erneuerung Deutschlands. Berlin 1955; Auf dem Wege zu einer neuen Kultur. Der KB in den Jahren 1945–49. Berlin 1977.

Schult, Reinhard 23. 9. 1951
Bürgerrechtler
Geb. u. aufgewachsen in Berlin, Mutter Krankenschwester; Junge Gemeinde Berlin-Mahlsdorf; 1968–71 Berufsausbildung als Maurer mit Abitur, 1971/72 Theologiestudium, 1972–82 Bauarbeiter, 1976–78 Bausoldat, 1982–86 Heizer; ab 1978 Mitarb. in versch. unabhängigen Friedenskreisen, opp. Gruppen, konspirativen Zirkeln, 1979/80 acht Monate Freiheitsstrafe (Berlin-Pankow, Rummelsburg) wegen Verbreitung illegaler Lit. (Biermann*-Texte); Mitinitiator DDR-weiter Diskussionsforen für Bausoldaten, 1978–82 Mitarb. im Friedenskr. der ESG Berlin, ab 1983 im Friedrichsfelder Friedenskr., im Vorbereitungskr. der Friedenswerkstatt, ab 1981 im Diskussionskr. DDR-Geschichte/ KPD-Geschichte, ab 1985 im Marx-Kr., ab 1986 Mitgl. der illegalen Menschenrechtsgruppe »Gegenstimmen«, 1987–90 Mitgl. der »Kirche von unten«; Mai 1989 Teiln. an der Aufdeckung der Manipulation der Kommunalwahlergebnisse; Sept. 1989 Teiln. der illegalen Gründungsvers. des Neuen Forum in Grünheide (b. Berlin), Erstunterzeichner des Aufrufs »Aufbruch '89 – Neues Forum«, ab 1990 exponierter Vertreter der basisdemokr. orientierten Minderheitenfraktion im Neuen Forum, Mitgl. im Arbeitsaussch. des Neuen Forum; März – Okt. 1990 Abt.-Ltr. im Staatl. Komitee zur Auflösung des MfS; Sept. 1990 beteiligt an der Besetzung des früheren MfS-Hauptgebäudes u. dem Hungerstreik gegen die beabsichtigte Auslagerung der MfS-Akten ins Bundesarchiv Koblenz. Seit Jan. 1991 MdA Berlin, Abgeordnetengruppe Neues Forum/Bürgerbew.; seit 1992 Mitgl. des Bundeskoordinationsrats des Neuen Forum.

Schultz, Egon 4. 1. 1943–5. 10. 1964
Unteroffizier, Grenzopfer
Geb. in Groß Jestin (Kr. Kolberg) als Sohn eines Arbeiters; 1945 Umsiedlung in die SBZ; Besuch der Oberschule in Niendorf u. Rostock; 1958 FDJ-Mitgl.; 1960–62 Studium am Inst. für Lehrerbildung in Putbus (Rügen); 1962/63 Lehrer an der 2. OS in Rostock; ab Nov. 1963 Grundwehrdienst; Apr. 1964 Uffz.; 1964 SED; am 5. 10. 1964 an der Mauer in Berlin-Rummelsburg während der Ausübung des Grenzdienstes als Gruppenführer bei einer Tunnelflucht von 57 Ostberlinern in einem Schußwechsel mit Westberliner Fluchthelfern getötet; postum Auszeichnung mit der Arthur-Bekker-Medaille in Gold u. a.; Benennung von Kasernen, Straßen u. Erholungsheimen nach ihm.

Schulz, Claus 21. 6. 1934
Tänzer, Choreograph
Geb. in Rostock, Vater Angestellter; 1949/50 Eleve am Mecklenburg. Staatstheater Schwerin; 1951–56 Studium bei Gustav Blank, Tatjana Gsovsky, Grita Krätke, Sabine Reß; Bühnenreifeprüfung u. Engagement als Gruppentänzer an der Kom. Oper Berlin, 1952 Vertrag als Solist; 1953 Silbermedaille beim Intern. Tanzsolisten-Wettbewerb in Bukarest; 1954/55 selbständige Choreographien am Friedrichstadtpalast; 1956 Engage-

ment als Erster Solotänzer an der Dt. Staatsoper Berlin, dort 1960 Meistertänzer, Rollen u. a. in: »Petruschka«, »Feuervogel«, »Nachmittag eines Fauns«, »Der verlorene Sohn«; 1959 Silbermedaille beim Intern. Ballett-Wettbewerb in Wien; 1960 NP; 1962–67 Mitwirkung in DEFA-Revue- und -Tanzfilmen, u. a. »Revue um Mitternacht« (1962), »Der Tanzlehrling« (1963), »Viel Lärm um nichts« (1964), »Till Eulenspiegels lustige Streiche« (DFF 1967); 1966 Gastdoz. in Santiago de Chile; Gastauftritte u. a. in Ägypten, Belgien, Frankreich, Indien, Italien, Libanon, Sowjetunion, Schweiz, Ungarn; 1969 kommissar. Ballettdir. u. Erster Choreograph an der Dt. Staatsoper Berlin; 1970–72 ao. Mitgl. der DAK; 1971 Gastdoz. in Schweden; 1972 Gastspiel in Paris u. Weggang aus der DDR, als Mitglied der DAK gestrichen; Beendigung der Tänzerlaufbahn.
1990/91 AdK.
Sek.-Lit.: Hoerisch, W.: Meistertänzer C. S. (Biogr.). Berlin 1968.

Schulz, Gerd 5. 6. 1947
SED-Funktionär
Geb. in Drewin (Kr. Neustrelitz), Vater Arbeiter; Oberschule, Abitur mit Facharbeiterausbildung als Industriekaufmann; 1964 FDJ; 1966–71 Studium an der THC Merseburg, Dipl.-Ing., 1968–71 stellv. Sekr. u. 1972/73 Sekr. der FDJ-GO der THC; 1969 SED; 1971/72 SED-BPS; 1974–78 1. Sekr. der FDJ-KL des VEB Chem. Werke Buna; 1978/79 stellv. Abt.-Ltr. Jugend, 1979/80 Abt.-Ltr. im ZR, 1980–85 Sekr. des ZR der FDJ; 1985–89 Abt.-Ltr. Jugend des ZK der SED (Nachf. von Wolfgang Herger*); 1986–89 Mitgl. des ZK der SED; 1986 – März 1990 Abg. der Volkskammer u. Vors. ihres Jugendaussch.; Dez. 1990 Mitgl. des Arbeitsaussch. zur Vorbereitung des ao. Parteitags der SED, ab Dez. 1990 stellv. Vors. der Schiedskommission der SED/PDS bzw. PDS; Apr. 1990 arbeitslos, ab Juli Angestellter.

Schulz, Max Walter
31. 10. 1921–15. 11. 1991
Schriftsteller, Institutsdirektor
Geb. in Scheibenberg (Erzgeb.), Vater Angestellter; 1939–45 Soldat, amerik. Gefangenschaft.
1945/46 Hilfsarbeiter u. Neulehrer; 1946–49 Studium der Pädagogik an der Univ. Leipzig; 1950–57 Lehrer; 1957–59 Studium am Inst. für Lit. »Joh. R. Becher« Leipzig, 1964–83 dessen Dir. (Nachf. von Max Zimmering*); 1962/63 Sekr. des DSV; 1962 erster, vielgelesener Roman »Wir sind nicht Staub im Wind«; 1964 NP; 1969 Mitgl. der DAK u. Vizepräs. des DSV, trat seitdem häufig als Verteidiger off. Literaturkonzeptionen auf; Prof.; 1967–69 Kand., 1969–71 Mitgl. der SED-BL Leipzig; 1978 VVO in Gold; 1980 NP; 1983–90 Chefred. der Ztschr. »Sinn u. Form« (Nachf. von Paul Wiens*), vorsichtig lavierende Öffnung der Ztschr. für Literaturdebatten u. gesellschaftskrit. Texte; Verf. von Prosa u. Essays; Hrsg.-Tätigkeit; 1987 Dr. h.c. der PH Leipzig.
Publ.: Triptychon mit sieben Brücken. Halle 1974; Pinocchio u. kein Ende. Halle 1978; Der Soldat u. die Frau. Halle 1978; Die Fliegerin oder Aufhebung einer toten Legende. Halle 1981; Auf Liebe stand Tod. Halle 1989.

Schulz, Werner 22. 1. 1950
Bürgerrechtler
Geb. in Zwickau, Vater Berufsoffz., Mutter Hausfrau; 1968 Abitur, anschl. bis 1972 Studium der Lebensmitteltechnol. u. ab 1974 wiss. Assistent an der HU Berlin; Mitarbeit in versch. opp. Gruppen; 1980 Kündigung durch die HU Berlin wegen Protest gegen den sowj. Einmarsch in Afghanistan; 1980–88 wiss. Mitarb. im Inst. für Sekundärrohstoffwirtschaft, anschl. bis 1990 Ltr. des Bereichs Umwelt-

hygiene in der Kreishygieneinspektion Berlin-Lichtenberg;
1982 Mitgl. im Pankower Friedenskr.; seit Sept. 1989 Mitgl. im Neuen Forum, Dez. 1989 Vertr. des Neuen Forum am Zentralen Runden Tisch, März – Okt. 1990 Volkskammerabg. u. Sprecher der Fraktion Bündnis 90/Grüne.
Seit Okt. 1989 MdB, Parlamentar. Geschäftsführer der Abgeordnetengruppe Bündnis 90/Die Grünen; aktiver Befürworter einer Fusion der an der Listenverbindung Bündnis 90 beteiligten Org. der Bürgerbew.; Sept. 1991 Mitgl. des Gründungssprecherrates und Mai 1992 des geschäftsführenden Aussch. der Partei Bündnis 90; maßgebl. beteiligt an der Aushandlung des Assoziationsvertrags der Parteien Bündnis 90 u. Die Grünen.

Schulze, Rudolph 18.11.1918
Präsident der IHK, Postminister
Geb. in Chemnitz, Vater Apotheker; Gymnasium, 1934–37 Ausbildung zum Drogisten u. -FS; 1937–39 Drogist; 1939–45 Kriegsdienst in einer Sanitätskomp., Uffz.; 1945–48 sowj. Gefangenschaft.
Rückkehr nach Dtl.; 1948 CDU; 1948–50 Verwaltungsangestellter in Schwarzenberg, 1950 hier Bürgermeister, Mitgl. des Kreistags Aue; 1950/51 Abg. des Sächs. Landtags, 1950–52 Min. für Handel und Versorgung des Landes Sachsen, 1952–55 stellv. Vors. des Rats des Bez. Leipzig, Mitgl. des CDU-Bezirksvorst.; ab 1954 Mitgl. des Pol. Aussch., dann des Präs. des CDU-Hauptvorst.; 1955–58 Präs. der IHK der DDR; 1958 – März 1990 Abg. der Volkskammer; 1958–63 Generaldir. der intercontrol Berlin; 1963–89 Min. für Post- u. Fernmeldewesen (Nachf. von Friedrich Burmeister*), 1971–89 zugl. Stellv. des Vors. des Min.-Rats; 1969–89 Präs. der Freundschaftsges. DDR – Afrika (Nachf. von Walter Markov*); 1974 u. 1983 VVO in Gold.

Schumann, Frank 24.10.1951
Chefreporter der Zeitung »Junge Welt«
Geb. in Torgau (Elbe), Vater Pfarrer; EOS mit Berufsausbildung als Spezialglasfacharbeiter, Abitur; 1970–73 NVA; 1973 SED; 1973/74 Volontär bei der FDJ-Ztg. »Junge Welt«; 1974–78 Studium an der Sekt. Journalistik der KMU Leipzig, Dipl.-Journalist; 1978–81 Red., 1981–88 stellv. Ltr. bzw. Ltr. der Abt. Wiss., 1988/89 Ltr. der Abt. Kultur; 1989/90 Stellv. Chefred. bzw. Chefreporter der Ztg. »Junge Welt«.
1990 Vors. des Forums Berliner Linke e. V., Mitbegr. des Verlagsunternehmens »Edition Ost« Berlin.
Publ.: »Zieh dich warm an« – Soldatenpost u. Heimatbriefe aus zwei Weltkriegen. Berlin 1989; Glatzen am Alex. Berlin 1990.

Schumann, Fritz 8.12.1948
PDS-Politiker
Geb. in Garbisdorf (Kr. Altenburg), Vater Bauer; zehnklassige Volksschule u. landw. Berufsausbildung mit Abitur; Agrotechniker, dann Landw.-Studium an der MLU Halle, Dipl.-Agrar-Ing., nach Forschungstudium 1975 Prom. am Lehrstuhl Physiol. u. Ernährung der Kulturpflanzen; 1975 SED, später Mitgl. der KL Staßfurt bzw. der BL Magdeburg der SED; 1977–1983 Vors. der LPG Groß Börnecke (Kr. Staßfurt), dann bis 1990 Dir. der Agrarindustriellen-Vereinigung Wanzleben; langjähriges Mitgl. des Bezirksvorst. Magdeburg der Agrarwiss. Ges.; Dez. 1989 auf dem ao. Parteitag der SED-PDS in den PV gewählt, Ltr. des Arbeitskr. Landw.; März–Okt. 1990 Abg. der Volkskammer.
Okt. 1990 Abg. des Dt. Bundestags, wirtschafts- u. agrarpol. Sprecher der Bundestagsgruppe PDS/Linke Liste; 1993 Kreisvors. der PDS im Bördekreis; 1994 PDS-Kand. zum Europaparlament.

Schumann, Horst 6. 2. 1924
SED-Politiker
Geb. in Berlin; Vater Georg Sch., Werkzeugschlosser und KPD-Funktionär; Volksschule, 1938–41 Ausbildung zum u. Tätigkeit als Klavierbauer; 1940–45 Angehöriger der komm. Widerstandsgruppe G. Schumann in Leipzig; Kriegsdienst.
1945 KPD, Ltr. der Antifasch. Jugendaussch. in Leipzig; 1946 SED, FDJ; 1947/48 1. Kreissekr. der FDJ in Leipzig, 1949/50 Sekr. für Junge Pioniere u. Schulen der FDJ-Landesltg. Sachsen, 1950–52 dort 1. Sekr. der FDJ-Landesltg., 1952/53 1. Sekr. der FDJ-BL Leipzig; 1952/53 Abg. des Bez.-Tags Leipzig; 1952–67 Mitgl. des ZR der FDJ; seit 1953 Mitgl. des Komitees der Antifasch. Widerstandskämpfer; 1954–56 Ltr. des Sektors Jugend u. Sport bzw. Jugend in der Abt. Leitende Organe des ZK der SED; 1956–59 Studium an der PHS der KPdSU in Moskau, Dipl.-Ges.-Wiss.; 1958/59 Kand. u. 1959–89 Mitgl. des ZK der SED; Mai 1959 – Mai 1967 1. Sekr. des ZR der FDJ (Nachf. von Karl Namokel*); 1960–71 Mitgl. des Staatsrats, davon hauptberufl. 1967–69; 1963–17. 11. 1989 Abg. der Volkskammer; 1969/70 2. Sekr. u. 1970–5. 11. 89 1. Sekr. der SED-BL Leipzig (Nachf. von Paul Fröhlich*); 1974 VVO in Gold, 1984 KMO; Ruhestand.

Schümann, Jochen 8. 6. 1954
Leistungssportler (Segeln)
Geb. in Berlin; 1974 und 1975 Junioren-EM, 1978 EM-Dritter, 1979 Vize-EM, 1983 EM, 1976 Olympiasieger jeweils in der Finnklasse; 1986 EM u. WM-Dritter, 1987 Vize-EM u. 1988 Olympiasieger jeweils in der Soling-Klasse (mit Thomas Flach u. Bernd Jäckel als Mannschaft); Abitur an der KJS, 1983 Abschluß eines Studiums an der DHfK Leipzig als Dipl.-Sportlehrer.
1991 Manager bei der Firma Elvström in Dänemark; z. Z. Chef der Sportabt. vom dt. Aerosail in Penzberg (Bay.).

Schumann, Kurt 29. 4. 1908–14. 5. 1989
Präsident des Obersten Gerichts
Geb. in Eisenach, Vater Postbeamter; Oberrealschule in Neustadt (Orla), Abitur; 1927–31 Studium der Rechtswiss. an den Univ. Jena und Göttingen; 1931 1. jur. Staatsexamen und Eintritt in den thüring. Justizdienst; 1935 2. jur. Staatsexamen u. Eintritt in den Heeresjustizdienst; 1. 5. 1937 NSDAP; 1942 Kriegseinsatz als Kriegsgerichtsrat, bei Stalingrad in sowj. Gefangenschaft; Mitbegr. des Bunds Dt. Offz.
Sept. 1948 Rückkehr nach Dtl.; Mitbegr. der NDPD, am Aufbau ihres Kreisverb. Altenburg beteiligt, 1950 Mitgl. des Hauptaussch., 1963 der Parteikontrollkommission der NDPD; 1948 Landgerichtsrat in Altenburg, dann Landgerichtsdir. und Präs. des Landgerichts Altenburg; 1949 Vors. der Großen Strafkammer am Landgericht Erfurt; Dez. 1949 – Apr. 1960 Präs. des Obersten Gerichts; 1955 VVO in Gold, Dr. jur. h.c. der MLU Halle; 1960–63 Prof. für Zivilrecht u. Zivilprozeßrecht an der DASR, anschl. Prof. mit Lehrstuhl für Zivilrecht an der HU Berlin, 1973 em.; 1962 Mitgl. des Zentralvorst. des Verb. Demokr. Juristen; Mitgl. der Kommission zur Ausarbeitung des Zivilgesetzbuchs von 1975; 1977 Vizepräs. der Freundschaftsges. DDR – Indien.

Schumann, Margit 14. 9. 1952
Leistungssportlerin
(Rennschlittensport)
Geb. in Waltershausen (Kr. Gotha), Vater Malermeister; ab 1958 aktive Rennschlittensportlerin, zunächst in der SG GutsMuths Schnepfenthal, ab 1968 beim ASK Vorwärts Oberhof; 1971 Junioren-EM; 1972 Olympia-Dritte; 1973, 1974 u. 1975 jeweils EM u. WM; 1976 Olympiasiegerin; 1977 Vize-EM u. WM; 1979

EM-Dritte; ab 1971 Angehörige der NVA, zuletzt Major; 1972 Abitur an der KJS; 1982 Abschluß eines Studiums an der DHfK Leipzig als Dipl.-Sportlehrerin; nach Beendigung der leistungssportl. Laufbahn ab 1980 Rennschlitten-Trainerin in Oberhof.
Lebt in Oberhof.

Schumann, Michael 24. 12. 1946
PDS-Politiker
Geb. in Zella-Mehlis (Thür.); Abitur; prakt. Berufsausbildung zum Rinderzüchter; Studium der Philos. an der KMU Leipzig, 1970 Dipl.-Phil.; 1967 SED; 1970–72 Grundwehrdienst; 1979 Prom. zum Dr. phil.; 1977–86 wiss. Mitarb., Assistent an der ASR; 1983 Prom. B; 1984 Doz., 1986 ord. Prof.; Mitgl. der Dt. Ges. für Gesetzgebung.
Mitgl. des Bezirksvorst. der PDS; März – Okt. 1990 Abg. der Volkskammer; Okt. – Dez. 1990 Abg. des Bundestags; seit Okt. 1990 Abg. des Landtags Brandenburg.

Schur, Gustav-Adolf (genannt Täve) 23. 2. 1931
Leistungssportler (Straßenradsport)
Geb. in Heyrothsberge (b. Magdeburg), Vater Heizer; nach dem Volksschulabschluß 1945–48 Ausbildung zum Maschinenmechaniker, anschl. berufstätig als Maschinenschlosser; ab 1949 aktiver Radrennfahrer, zunächst in der SG Grün-Rot bzw. in der BSG Aufbau Börde Magdeburg, ab 1953 beim SC DHfK Leipzig; 1955 Sieger der Intern. Friedensfahrt; 1956 Olympia-Dritter; 1958 WM; 1959 WM u. Sieger der Intern. Friedensfahrt; 1960 Vize-WM, Olympiasieger im Mannschaftsrennen; bei der Friedensfahrt insg. fünfmal Sieger mit der Mannschaft; mehrfacher DDR-Sportler des Jahres; 1958 SED; seitdem Mitgl. der Volkskammer; 1963 Abschluß eines Studiums an der DHfK Leipzig als Sportlehrer; 1964 Beendigung der leistungssportl. Laufbahn, anschl. bis 1973 Trainer; 1974–90 Stellv. Vors. des DTSB-Bezirksvorst. Magdeburg; mehrfache Auszeichnung mit dem VVO; 1989 Sieger Umfrage nach den populärsten Sportlern in 40 Jahren DDR; 1990 Mitgl. der PDS-Fraktion in der Volkskammer, Mitarb. im Aussch. für Abrüstung u. Verteidigung sowie im Untersuchungsaussch. für Amtsmißbrauch u. Korruption.
1990 Vorruhestand, Vors. des Kuratoriums zur Rettung der Friedensfahrt »Course de la Paix« e. V., Ehrenmitgl. des Vorst. des Landessportbunds Sachsen-Anhalt; betreibt in Magdeburg »Täves Radladen«.
Sek.-Lit.: Klimanschewsky, A.: Täve – Das Lebensbild eines Sportlers unserer Zeit. Berlin 1955; Ullrich, K.: Unser Täve. Berlin 1959; Huhn, K.: Das vierte Buch über Täve. Berlin 1992.

Schürer, Gerhard 14. 4. 1921
Vorsitzender der Staatlichen Plankommission
Geb. bei Zwickau, Vater Anstreicher; Volks- u. Berufsschule; 1936–39 Maschinenschlosserlehre; 1939 RAD, 1939–45 Fluglehrer der Luftwaffe in Dresden-Kotsche, Uffz.
1945/46 Erdarbeiter, Stahlbau- u. Autoschlosser, Nieter, Kraftfahrer; 1946/47 in der Industrieverwaltung Fahrzeugbau in Dresden zunächst Kraftfahrer, dann Sachbearb.; 1947–51 Industrieverwaltungsschule Mittweida; 1948 SED; 1951 in der Landesreg. Sachsen Sachbearb., später HA-Ltr., anschl. in der SPK Abt.-Ltr.; 1952 SED-Landesparteischule; 1953–55 Mitarb. des ZK der SED, Instrukteur, Sektorenltr., stellv. Ltr. der Abt. Planung u. Finanzen; 1955–58 Studium an der PHS der KPdSU in Moskau, Dipl.-Ges.-Wiss.; 1958–60 stellv. Abt.-Ltr., 1960–62 Ltr. der Abt. Planung, Finanzen u. techn. Entw. des ZK der SED (Nachf. von Fritz Müller*) und Mitgl. der

Wirtschaftskommission beim PB; 1962/63 stellv. Vors., 1963–65 1. stellv. Vors., 1965–89 Vors. der SPK (Nachf. von Erich Apel*) u. Mitgl. des Präs. des Min.-Rats; ab 1963 Mitgl. des ZK der SED; 1966–89 Ko-Vors. der Parität. Regierungskommission für wirtschaftl. u. wiss.-techn. Zusammenarbeit DDR – UdSSR; ab 1967 stellv. Vors. des Min.-Rats u. Abg. der Volkskammer; ab 1973 Kand. des PB des ZK der SED; 1971 VVO in Gold, 1981 KMO, 1985 Dr. oec. h.c. (HU Berlin); Nov./Dez. 1989 Rücktritt von Ämtern mit der Reg. Stoph* u. dem ZK der SED, 11.1.1990 als Vors. der Plankommission u. somit Min. der Reg. Modrow* zurückgetreten; 20./21.1.1990 Ausschluß aus der SED-PDS; 22.1.1990 wegen »Verbrecherischen Vertrauensmißbrauchs« inhaftiert, drei Monate Haft, danach Rentner.

Schürmann, Heinz 18.1.1913
Katholischer Theologe
Geb. in Bochum; humanist. Gymnasium in Dortmund; 1932 Abitur; 1932–37 Theologiestudium an der Philosoph.-Theolog. Akad. in Paderborn u. an der Univ. Tübingen; 1938 Priesterweihe in Paderborn; Vicarius substitutus in der Pfarrvikarie Osterwieck (Harz); 1939 Vikar in Bernburg/Saale; 1939–45 im Nebenamt Standort- und Lazarettpfarrer; 1943 im Nebenamt Pfarrvikar in Nienburg/Saale.
1946–50 Präfekt am Erzbischöfl. Theolog.-Konvikt (Leoninum) in Paderborn; 1950 Dr. theol. an der Univ. Münster; 1950/51 Studium am Päpstl. Bibelinst. in Rom; 1952 Habil. an der Univ. Münster als Privatdoz.; 1952/53 Vorlesungen an der Univ. Münster; 1953 ord. Prof. für Exegese des Neuen Testaments am Regional-Priesterseminar/Studium Erfurt; 1964 Peritus des II. Vatikan. Konzils; 1965 Konsultor der Päpstl. Bibelkommission/Examinator Prosynodalis; 1966 Monsignore; 1967 Mitgl. der Ev.-Luth./Röm.-Kath. Studienkommission »Das Evangelium und die Kirche« des Röm. Einheitssekr. u. des Luth. Weltbundes (»Malta-Gruppe«); 1955/56, 1959/60 u. 1967/68 Rektor des Philosoph.-Theolog. Studiums Erfurt; 1969 Mitgl. der Päpstl. Theologenkommission; Dr. D. h.c.mult.; 1978 Em.
Publ.: Quellenkritische Untersuchung des lukan. Abendmahlsberichtes Lk 22.7–38. I Münster 1953, II Münster 1955 III 1957; Worte des Herrn. Leipzig 1955; Das Gebet des Herrn. Leipzig 1957; Traditionsgeschichte Untersuchung zu den synopt. Evangelien. Düsseldorf 1968; Das Lukas-Evangelium I Freiburg, Basel, Wien 1969, II/1 Freiburg,Basel,Wien 1993; Gottes Reich – Jesu Geschick. Freiburg 1983; Mitarb. versch. Zeitschr.; Mitbegr. u. bis 1972 Mithrsg. der Erfurter Theolog. Studien sowie bis 1973 der Erfurter Theolog. Schriften. Viele seiner Werke wurden z. T. mehrfach neu aufgelegt u. in versch. Sprachen übersetzt.

Schütt, Hans-Dieter (Ps. Thomas Flemming) 16.8.1948
Chefredakteur der Zeitung »Junge Welt«
Geb. in Ohrdruf (Thür.), Vater Lehrer; EOS, Facharbeiterausbildung mit Abitur; 1963 FDJ; 1967–69 Gummifacharbeiter; 1969 Ausbildung als Buchhändler, 1969–73 Studium an der Theater-HS Leipzig, theaterwiss. Dramaturg; 1973 Mitarb. der FDJ-Ztg. »Junge Welt« als Filmkritiker, später stellv. Ltr. der Kulturabt., stellv. Chefred.; 1976 SED; 1981–84 Abt.-Ltr. u. 1984–89 Sekr. des ZR der FDJ; 1984–89 Chefred. der »Jungen Welt« (Nachf. von Dieter Langguth); 1973 Mitgl. im VDJ, 1986–90 seines Zentralvorst.; 1989/90 Red. des neugegr. Reisemagazins »Globus«.

Schütz, Helga 2. 10. 1937
Schriftstellerin
Geb. in Falkenhain (b. Goldberg, Schles.), in einer Arbeiterfamilie; lebte ab 1944 in Dresden, hier Grundschule u. Lehre als Gärtnerin; 1955–58 ABF in Potsdam, anschl. Studium an der Dt. HS für Filmkunst in Potsdam-Babelsberg, Dipl.-Dramaturg; danach freischaff. u. a. als Szenaristin für die DEFA; schrieb Szenarien mehrerer herausragender Filme, u. a. »Lots Weib« (UA 1965), »Die Schlüssel« (1973), »Stein« (1991), Regie jeweils Egon Günther, sowie vielbeachtete Erzählungen, u. a. »Vorgeschichten oder Schöne Gegend Probstein« (1970), »Julia oder Erziehung zum Chorgesang« (1981), »In Anna's Namen« (1987); vom MfS als feindl.-negative Person im OV »Jette« überwacht; verheiratet mit dem Schriftsteller Egon Günther*.
Publ.: Heimat süße Heimat. Zet-Rechnungen in Kasachstan. Berlin 1992.

Schwab, Sepp (eigtl. Max Joseph, Deckname: Louis Schwarz)
16. 1. 1897–30. 7. 1977
Diplomat, Stellv. Außenminister
Geb. in München, Vater Arbeiter; Volksschule; 1911–15 kaufm. Angestellter; 1913 SAJ; 1915–19 Soldat; 1917 USPD, Anschluß an Bremer Linksradikale; 1918 Mitgl. des Arbeiter- u. Soldatenrats in München, Kdr. in der Armee der Münchener Räterep.; 1919 KPD; 1919–23 nach der Niederwerfung der Bayerischen Räterep. vier Jahre Festungshaft wegen »Hochverrat«; nach der Entlassung Dez. 1923 – Okt. 1924 erneut in Haft; danach Mitgl. der KPD-BL Südbayern u. Chefred. der »Neuen Ztg.« in München; 1925 wegen »Hochverrat« ein Jahr neun Monate Gefängnis; 1927 ZK-Pressedienst, Chefred. des Münchener KPD-Organs »Neue Ztg.«; 1930 drittes Hochverratsverfahren, Nov. 1930 auf Parteibeschluß Emigration in die UdSSR; 1930–45 KPdSU(B); 1930–34 Schüler u. Lektor der Lenin-Schule Moskau, Red. bzw. Referent im Dtl.-Referat des EKKI; 1933 illegale Tätigkeit in Dtl.; 1936/1937 Ltr. der KPD-Abschnittsltg. Nord in Kopenhagen; Rückkehr in die UdSSR, Juli 1937 – Okt. 1945 Chefred. der Dtl.-Abt. von Radio Moskau; 1938 Aberkennung der dt. Staatsbürgerschaft; 1944 Mitarb. der Arbeitskommission des ZK der KPD.
Nov. 1945 Rückkehr nach Dtl., Mitarb. beim KPD-Pressedienst, Mitbegr. der Ztschr. »Neuer Weg«; 1946 KPD/SED; März 1946 Chefred. der »Dt. Volksztg.«, 1946–49 Chefred. bzw. stellv. Chefred. der Ztg. »Neues Dtl.«, Apr. 1949 aus der Funktion gedrängt; 1949–52 Hauptdir. der DEFA (Nachf. von Walter Janka*); Aug. 1952 – Mitte 1953 Ltr. des Staatl. Komitees für Filmwesen; 1952–54 Staatssekr. im Min. für auswärtige Angelegenheiten (MfAA); Jan. 1954 – Mai 1956 Botschafter in Ungarn (Nachf. von Stefan Heymann*); 1956–64 Stellv. des MfAA, verantw. für die Außereur. Abt. u. die Abt. Intern. Org.; 1957 KMO; ab 1961 Präs.-Mitgl. der Dt.-Afrikan. Ges., Juli 1964 aus Gesundheitsgründen pensioniert; 1967 VVO in Gold, 1972 Ehrenspange zum VVO in Gold, 1976 Stern der Völkerfreundschaft.
Publ.: Die KPD u. ihre Presse lebt u. kämpft. 1933.

Schwabe, Kurt 29. 5. 1905–4. 12. 1983
Physikochemiker, Präsident der Sächsischen AdW
Geb. in Reichenbach (Vogtl.); 1924–27 Studium der Chemie an der TH Dresden, dort 1928 Prom., 1933 Habil.; 1934 Privatdoz. an der TH Dresden u. Industriechemiker in Kriebstein, 1939 Prof. für chem. Technol. an der TH Dresden; 1944–57 Ltr. des Forschungsinst. für Chem. Technol. in Meinsberg (Sa.).
1949 Prof. u. Dir. des Inst. für Elektrochemie u. Physikal. Chemie der TH Dresden u. zeitw. kommissar. Dir. des

Inst. für Kolloidchemie; 1961–65 Rektor der TU Dresden, zugl. ab 1958 stellv. Dir. u. 1964–69 Dir. am ZI für Kernforschung der DAW in Rossendorf, hier auch Ltr. des Bereichs Radiochemie; 1953 Ord. Mitgl. der DAW; 1954 u. 1961 NP; 1965–80 Präs. der Sächs. AdW in Leipzig; 1970 em.; 1971–80 Vizepräs. der AdW der DDR; Mitgl. des Forschungsrats; Mitgl. der Dt. Akad. für Naturforscher Leopoldina; mehrfacher Ehrendoktor, Mitgl. ausländ. Wiss.-Akad. und Ges., 1980–85 Vizepräs. der Intern. Elektrochem. Ges.
Hauptarbeitsgebiete: elektrochem. Meßtechnik (bes. pH-Messungen) u. deren Anwendung in Industrie und Umweltschutz, thermodynam. Eigenschaften u. Leitfähigkeit konzentrierter Elektrolytlösungen, Korrosionsschutz, angewandte Radiochemie; Mithrsg. u. a. der »Ztschr. für Physikal. Chemie«.
Publ.: Physikal. Chemie. 3 Bde. Berlin 1973/74.

Schwabe, Willi 21. 3. 1915–17. 7. 1991
Schauspieler, Fernsehmoderator
Geb. in Berlin, Eltern beide Opernsänger, früh verstorben; Freistelle an der Kunstgewerbeschule Berlin, anschl. erste Rollen am Dt. Theater Berlin; 1934–36 priv. Schauspielunterricht, tätig an Wander- u. Gastbühnen; 1939 Wehrmacht, engl. Gefangenschaft.
Nach 1945 an Freilicht- u. Gastspielbühnen; 1947/48 Engagement am Schloßpark-Theater Berlin, 1948/49 an der Bühne der Jugend in Berlin (West), ab 1949 am Berliner Ensemble; Bühnenrollen in Lenz/Brechts »Der Hofmeister«, Gorki/Brechts* »Die Mutter«, O'Caseys »Purpurstaub«, Shaws »Frau Warrens Beruf«, Brechts »Galilei« u. a.
Seit Dez. 1956–90 Moderator der Sendung »Willi Schwabes Rumpelkammer«, eine der beliebtesten Unterhaltungsserien des DFF (über 400 Sendungen) mit Filmausschnitten aus dem Staatl. Filmarchiv der DDR (die Sendereihe konnte aus rechtl. Gründen erst nach Übergabe des SAG-Betriebs Filmarchiv an die DDR beginnen); zugl. Chansonabende im Kabarett »Die Distel«, im Theater im Palast u. Mitwirkung an Tourneeprogrammen, mit Texten u. Liedern von Tucholsky, Eisler, Hollaender; Mitwirkung in zahlr. DEFA-Filmen, u.a »Lissy« (1957, R: Konrad Wolf*), »Kabale u. Liebe« (1959, R: Martin Hellberg*).

Schwaen, Kurt 21. 6. 1909
Komponist
Geb. in Kattowitz (Oberschl.), Vater Kolonialwarenhändler; Gymnasium in Kattowitz; 1929–33 Studium der Musikwiss., Germanistik, Kunstgeschichte und Philos. in Breslau und Berlin; 1932 KPD; 1933–35 illegale Arbeit für die KPD, 1935 Verhaftung u. Zuchthaus bis 1938; nach 1938 Korrepetitor u. a. bei Oda Schottmüller; 1943–45 Strafbat. 999.
1945–47 Begleiter u. a. von M. Vogelsang bei Tanzabenden; 1946 KPD/SED; 1947–49 Instrukteur der Berliner Musikschulen; 1948–53 Musikreferent der Dt. Volksbühne Berlin; 1950/51 Doz. für Tonsatz u. Klavier an der HU Berlin; seit 1953 freischaff.; 1951–61 stellv. Vors., 1961–79 Vors., seit 1979 Ehrenvors. des Beirats der Anstalt zur Wahrung der Aufführungsrechte (AWA); 1953–62 2. Sekr. des VdK; 1961 DAK, 1965–70 hier Sekr. der Sekt. Musik; 1974 VVO in Gold; 1983 Ehrenprom. der KMU Leipzig; 1984 KMO; 1986–90 Vizepräs. des Musikrats der DDR; komponierte sinfon. Musik, Kammeropern, u. a. »Leonce u. Lena«, Kinderopern, u. a. »Pinocchios Abenteuer«, Ballette, u. a. »Ballade vom Glück«, Filmmusiken, u. a. »Sie nannten ihn Amigo«, Kantaten, u. a. »Karl u. Rosa oder Lob der Partei«, u. viele Lieder.
Publ.: Stufen u. Intervalle. Erinnerungen u. Miszellen. Berlin 1978; Kinder-

musiktheater in der Schule. Erfahrungen u. Anregungen. Leipzig 1979.
Sek.-Lit.: Iske, Ina: K. S. Für Sie porträtiert. Leipzig 1984.

Schwager, Erich 9. 1. 1939
MfS-Abteilungsleiter
Geb. in Wien (Österreich), Vater Schlosser, Mutter Schneiderin; Mittlere Reife, 1954–56 Lehre als Betriebsschlosser; 1956–62 NVA, zuletzt Zugführer; 1962 Einstellung beim MfS, HA I (Abwehr in der NVA); 1966–69 Studium an der JHS des MfS Potsdam-Eiche, Dipl.-Jur.; 1971–75 Studium an der Militärakad. »Frunse« in Moskau; 1975 stellv. Ltr. der Abt. Äußere Abwehr des MfS; 1979 dort Ltr. des Bereichs Grenzkommando Nord; 1983 Offz. für Sonderaufgaben in der HV A, Abt. III; 1987 Oberst; 1987 Offz. für Sonderaufgaben; 1988 Ltr. der Abt. BCD; 1990 Entlassung.

Schwanitz, Wolfgang 26. 6. 1930
Leiter des Amts für Nationale Sicherheit
Geb. in Berlin, Eltern Bankangestellte; Oberschule (mittlere Reife).
1949–51 Ausbildung zum Großhandelskaufmann; 1951 SED; ab 1951 Mitarb. des MfS; 1954 Ltr. der Kreisdienststelle Berlin-Pankow, dann Weißensee; 1956 stellv. Ltr., 1958 Ltr. der Abt. II (Spionageabwehr) der Verwaltung Groß-Berlin; 1960–66 Fernstudium an der DASR u. der HU Berlin, Dipl.-Jur.; 1966 Stellv. Operativ des Ltr. der Verwaltung Groß-Berlin; 1973 Prom. zum Dr. jur. an der JHS Potsdam-Eiche, Thema: Bekämpfung feindl. Erscheinungen unter Jugendlichen; 1974–86 Ltr. der Bezirksverwaltung Berlin u. Mitgl. der SED-BL Berlin; 1984 Gen.-Ltn.; 1986 Stellv. des Min.; 1986–89 Kand. des ZK der SED; Nov. 1989 Ltr. des Amtes für Nat. Sicherheit; Jan. 1990 Abberufung u. Entlassung.

Schwarz, Joachim Chaim (Ps. Carl-Jacob Danziger) 7. 11. 1909–18. 4. 1992
Schriftsteller, Journalist
Geb. in Berlin als Sohn poln.-jüd. Einwanderer, aufgewachsen in Berlin; Gymnasium, 1929 Abitur; 1929–31 Studium der Lit. u. Geschichte an der Friedrich-Wilhelm-Univ. Berlin; seit 1929 erste journalist. Erfolge bei der »Voss. Ztg.« u. beim »Berliner Tageblatt«; 1933/34 Ausbildung zum Gärtnergehilfen als Vorbereitung auf die Einwanderung nach Palästina; 1934 Emigration der Familie nach Palästina, 1934/35 Landarbeiter im Kibbuz, 1936–49 Hilfsarb. in versch. Berufen; 1940 Freiwilliger der brit. Luftwaffe; 1934–50 Forts.-Romane in jüd. Ztgn. in Berlin u. Jerusalem; Freundschaft mit Louis Fürnberg*.
1950 Rückkehr nach Berlin (Ost); 1950–55 Reporter der »Tägl. Rundschau« und der »Berliner Ztg.«; 1950 Kand. der SED; 1953 Ausschlußverfahren wegen »Beziehungen zu zionist. Kreisen sowie Verschweigen seiner Mitgliedschaft in der Mapai (rechte Soz. Partei) u. in der Haganah (Org. des militär. Selbstschutzes)«, letzteres hatte er nie geleugnet; seit 1956 Kontaktperson des MfS unter dem Decknamen »Grau« (Ziel: Bericht über Einzelpersonen u. den DSV), zugl. war Sch. jedoch auch Objekt der Observierung durch das MfS; 1955–62 sieben Reportageromane; 1961 Lit.-Preis des FDGB für den Roman »Der neue Direktor«; 1963 erschien »Die 6. Kolonne« (lit. Verarbeitung des Eichmann-Prozesses); Mitgl. des DSV u. des KB; 1964 Zuspitzung des Konflikts mit der SED, die ihm in seinen Texten »Beleidigung der Arbeiterklasse« vorwarf; seit 1976 Publ. seiner Romane in der Bundesrep. Dtl. unter dem Ps. C. J. Danziger: Die Partei hat immer recht (1976); Falscher Salut (1978); Kein Talent für Israel (1980); Sch. arbeitete bis zum Tod an seinen Memoiren; gest. in Berlin.
Publ.: Der Befreiungskampf Israels. Jeru-

salem 1950. Am Webstuhl der Zeit (Autobiogr.). Berlin 1957; Der neue Direktor. Halle 1961. Die sechste Kolonne oder Der Henker will nicht hängen. Halle 1963.

Schwarz, Josef 2. 7. 1932
MfS-Bezirksverwaltungsleiter
Geb. in Prag, Stiefvater Heizer, Mutter Blumenbinderin; Mittelschule.
1946–49 Landw.-Lehre; 1949–52 Schüler an der FS für Landw., Landwirt; 1950 SED; 1952–55 Dt. Verwaltungsakad. »Walter Ulbricht«, Dipl.-Wirtsch.; 1955 Eintritt in das MfS, Bezirksverwaltung Potsdam, Abt. III (Sicherung der Volkswirtschaft); 1962–68 Fernstudium an der JHS Potsdam-Eiche, Dipl.-Jur.; 1968 stellv. Operativ des Ltr. der BV Schwerin; 1972 Prom. zum Dr. jur. an der JHS, Thema: Arbeit mit Führungs-IM; 1982 Ltr. der BV Erfurt; 2. Vors. der SED-BL Erfurt; 1983 Gen.-Major; 1988 VVO in Gold; Jan. 1990 Entlassung.
Publ.: Bis zum bitteren Ende. Schkeuditz 1994.

Schwarz, Reinhold
9. 12. 1888–29. 2. 1952
LDPD-Politiker
Geb. in Danzig, Vater Beamter; 1909 Abitur, 1909–12 Studium der Staatswiss. u. Philol. an den Univ. Jena, München u. Königsberg, 1912 Referendarexamen u. Prom. zum Dr. phil.; anschl. im Schuldienst, Studienrat; 1927–45 Syndikus in Berliner Unternehmen; Jan. – Mai 1945 Inhaftierung wegen »Heimtücke u. Verächtlichmachung der Regierung sowie Wehrkraftzersetzung«.
1945 LDPD; 1945–48 Dezernent in der Kreisverwaltung Berlin-Charlottenburg; Apr. 1948 kommissar., ab Juni stellv. Landesvors. der LDPD; 1948–52 Bürgermeister von Berlin (Ost); ab Febr. 1949 geschäftsführender Zentralvorst. der LDPD, ab Sept. 1949–52 Vors. des LDPD-Landesverb. Berlin; 1950–52 Abg. der Volkskammer; Juni 1951–Feb. 1952 stellv. Vors. der LDPD.

Schweinebraden, Jürgen Freiherr von Wichmann-Eichborn 15. 3. 1938
Galerist, Herausgeber
Geb. in Dresden, Vater 1943 durch Kriegsverletzung gestorben, Mutter Damenschneiderin; 1959/60 Ausbildung als Kfz-Schlosser, 1960–65 Studium der Psychol. in Dresden, 1970–72 Studium der Industriesoziol. in Berlin; Arbeit im Dt. Hygiene-Museum sowie in der Psychiatrie der Med. Akad. Dresden, ferner beim Staatl. Komitee für Rundfunk u. Fernsehen der DDR u. im Wiss.-techn. Zentrum für Arbeitsschutz u. -hygiene, zuletzt tätig als Ltr. einer Ehe-, Familien- u. Sexualberatungsstelle in Berlin-Treptow; Lehrtätigkeit an der Akad. für ärztl. Fortbildung u. an der Ing.-HS für Bauwesen Berlin; 1974 Gründung der Wohn- u. Alternativgalerie »EP Galerie Jürgen Schweinebraden« in der Berliner Dunckerstr.; erste Ausstellung »In Memoriam Pablo Picasso« mit ca. 30 Künstlern aus der DDR im Apr. 1974; bis 1980 insges. 70 Ausstellungen u. 50 Musikveranstaltungen; machte vor allem neue Kunstformen (Mail Art, Konzept Kunst, Performance, Video u. a.) aus Westeuropa u. Westdtl. bekannt; Ausstellungen von Michelangelo Pistoletto, Marcel Odenbach, Josef Erben, Bernhard u. Hilla Becher, Wolf Kahlen, Equipo Cronica, Raffael Rheinsberg; Präsentationen weiterhin von Hans Brosch, Robert Fillou, Rolf Händler, Peter Kaiser, Peter Muschter, Karlheinz Schäfer, Ralf Winkler (A. R. Penck*) u. a.; mit seiner Galerie schuf S. das Modell für die Gründung von über 30 Wohn- u. Alternativgalerien in Berlin, Dresden, Erfurt, Magdeburg, Karl-Marx-Stadt u. Leipzig, die maßgebl. zur Schaffung einer künstler. Gegenöffentlichkeit in der DDR beitrugen; 1979 Ordnungsstrafverfahren; 1980 Verurteilung wegen »Herstellung illegaler Druckerzeugnisse«; Nov. 1980 Übersiedlung in die Bundesrep. Dtl.; 1982–86 wiss. Mitarb. an der Nat.-Galerie Berlin (West); 1986–88

Stellv. des künstler. Leiters der documenta 8 in Kassel; 1989–92 Dir. des Kunstvereins Hamburg; lebt heute als freiberufl. Galerist u. Publizist in Niedenstein bei Kassel.
Publ. u. Herausgabe zahlr. Künstlerbücher, Mappenwerke u. Postkarteneditionen, u. a. »Grafik in der DDR« (5 Mappen 1975–80), »A. R. Penck« (1980); zahlr. Kataloge u. Aufsätze zur zeitgenöss. Kunst; Kunst als Feindbild, das MfS u. die Kunst. Fallbeispiel: OV ›Arkade‹ (in Vorber.).
Sek.-Lit.: Feist, G., Gillen, E. (Hrsg.): Kunstkombinat DDR. Berlin 1990; Interferenzen. Kunst aus Westberlin 1960–90. Berlin 1991; Ausgebürgert – Künstler aus der DDR 1949–1989 (Hrsg. W. Schmidt). Berlin 1990.

Schwenk, Wolfgang (eigtl. Schweneke)
13. 2. 1933
Artist
Geb. in Staßfurt in einer Arbeiterfamilie; Maschinenschlosser; kam über Freizeitsport u. Laienartistik zum neuen Beruf; seit 1959 zuerst mit seiner Schwester, dann mit Ehefrau Ursula Luftdarbietung »Geschwister Schwenk« (Zahnkraftakrobatik), eine der besten dieser Art, u. a. mit dem schwierigen »Aldonwirbel«; Auftritte in vielen Ländern Europas, Asiens, Afrikas u. in Australien; 1978 »Preis von Monaco« beim 5. Intern. Circusfestival Monte Carlo; 1984 Mitgl., ab 1988 Vizepräs. des Komitees für Unterhaltungskunst u. bis zur Auflösung 1990 Vors. seiner Sekt. Artistik; VVO in Gold.

Schwierzina, Tino-Antoni 30. 5. 1927
Oberbürgermeister von Berlin
Geb. in Königshütte (Oberschles.), Vater Arzt; ab 1933 Schulbesuch in Magdeburg; 1943 Luftwaffenhelfer, RAD, 1944 Wehrmacht.
1945–48 amerik. Gefangenschaft; 1948 Abitur; 1948–52 Jurastudium an der HU Berlin, Wirtschaftsjurist; 1948–90 Mitgl. der IG Nahrung u. Genuß; 1950–52 FDJ; 1950/51 Arbeit für das Dt. Komitee der Kämpfer für den Frieden bzw. Dt. Friedenskomitee; seit 1952 Justitiar in versch. staatl. Kontoren des Fisch- u. des Getränkehandels sowie im VEB Bärensiegel; 1963 wegen »Beihilfe zur Republikflucht« zu sechs Monaten Gefängnis mit Bewährung verurteilt; 1968 Invalidisierung, Teilrentner.
Nov. 1989 SDP, bis Mai 1990 Schatzmeister des Berliner Bezirksvorst., Mitgl. des geschäftsführenden Landesvorst. der SPD (DDR); ab Mai Abg. der Stadtverordnetenvers., 30. 5. 1990–11. 1. 1991 Berliner OB; Sept. 1990 Mitgl. des Bezirksrats Berlin; seit Jan. 1991 Abg. des Abgeordnetenhauses Berlin.

Schwimmer, Max
9. 12. 1895–12. 3. 1960
Illustrator, Grafiker
Geb. in Leipzig; 1910–16 Lehrersem. Leipzig-Connewitz, 1920–23 Studium der Philos. u. Kunstgesch. an der Univ. Leipzig; 1924 Teiln. am Sommerkurs auf Ischia bei Hans Purrmann; 1926–33 Lehrer an der Kunstgewerbeschule Leipzig; 1933 Entlassung aus dem Lehramt, zeitw. Ausstellungsverbot.
1945 KPD; 1946 Dir. der Leipziger Kunstgewerbeschule, 1946–50 Prof. an der HS für Grafik u. Buchkunst Leipzig, 1951–60 an der HS für bild. Künste Dresden; 1952 DAK, dort 1956–58 Sekr. der Sekt. Bild. Künste; zahlr. Buchillustr. u. a. zu Balzac, Beaumarchais, Fontane, Goethe, Heine, Maupassant, Puschkin, Rimbaud, Shakespeare, Tucholsky; Der Friede verjüngt den Menschen (Lith. 1949), Demonstration in Paris (Gemälde 1950), Radierungen.
Sek.-Lit.: George, M.: M. Sch. Leben u. Werk. Dresden 1981; Kat. M. S. DAK Berlin 1965; Kat. M. S. Das graphische Werk (Wiss. Bearb. M. George). Museum der bild. Künste Leipzig, AdK 1975.

Seeger, Bernhard 6. 10. 1927
Schriftsteller
Geb. in Roßlau/Elbe, Vater Schlosser; Mittelschule; Lehrerbildungsanstalt Köthen; 1944 NSDAP, RAD in Zerbst; 1944/45 Soldat, Mai – Dez. 1945 sowj. Gefangenschaft.
Nach Heimkehr Neulehrerkurs; 1946 SED; 1946–52 Lehrer in märk. Dörfern; 1952/53 Lektor im Verlag Neues Leben; 1952 Mitgl. des DSV; 1953–56 freischaff. Schriftst. in Stücken b. Potsdam; 1952 DSV; 1954/55 Reporter in Vietnam; 1956/57 Abt.-Ltr. im Sekr. des DSV; ab 1957 erneut freischaff. Schriftst.; 1957–60 u. ab 1969 Mitgl. des Vorst. des DSV; 1963 NP; 1964 Mitgl. der SED-BL Potsdam, 1967 Mitgl. des ZK der SED; NP 2. Kl.; 1969–91 AdK; 1987 KMO.
In seinen Romanen »Herbstrauch« (1961), »Vater Batti singt wieder« (1972), »Menschenwege« (2 Bde. 1974 u. 1987), in den Hör- u. Fernsehspielen »Rauhreif« (1963), »Hannes Trostberg« (1966) u. a. Werken gestaltete S. unkrit. affirmativ vorwiegend Probleme des soz. Alltags auf dem Lande.

Seelig, Marion, geb. Luhm 3. 1. 1953
Bürgerrechtlerin
Geb. in Berlin, Vater Zimmermann, Mutter Sachbearbeiterin; 1971 Abitur, zum Studium der Journalistik nicht zugelassen, da der Vater seit 1961 in Berlin (West) lebte; 1971–74 Volontärin bzw. red. Mitarb. bei der »Berliner Ztg.«, anschl. bis 1975 Red. im Berliner Haus für Kulturarbeit, seitdem freiberufl. Autorin (Hörspiele, Erzählungen, Gedichte); ab 1978 Mitinitiatorin regelmäßiger »Kinderseminare« bei der ev. Kirche, 1982 Mitunterz. der Eingabe der Gruppe »Frauen für den Frieden« gegen das neue Wehrdienstgesetz (Einberufung von Frauen bei Mobilmachung), 1983 Friedensarbeit in der Berliner Zionsgemeinde und Gründung der intern. orientierten Zwei-Drittel-Welt-Kindergruppe »Banana«, Teiln. an Friedensdekaden u. -seminaren, 1986 Mitorganisatorin des ersten Menschenrechtsseminars (Berlin-Friedrichsfelde) u. Mitgl. der opp. Gruppe »Gegenstimmen«, seit 1987 Mitarb. in der »Kirche von unten«, org. 1988/89 in der Gruppe »Konkrete Solidarität« Mahnwachen, Protest-Gottesdienste u. Spendensammlungen für verfolgte Personen, u. a. nach den Übergriffen auf die Umweltbibliothek, den Verhaftungen bei der Liebknecht-Luxemburg-Demonstration u. der Relegierung von Schülern der Carl-von-Ossietzky-EOS; Okt. 1989 Mitbegr. der Vereinigten Linken (VL), Sprecherin u. ab Dez. 1989 Vertreterin der VL am Zentralen Runden Tisch.
Dez. 1990 Wahl zum MdA Berlin auf der offenen Liste der PDS.

Seeliger, Rudolf
12. 11. 1886–20. 1. 1965
Physiker
Geb. in München, Vater Astronom; Gymnasium, Abitur; 1904–10 Physik- u. Mathematikstudium in Tübingen, Heidelberg und München, hier 1910 Prom.; 1910–12 Assistent an der Univ. Würzburg; 1912–18 Mitarb. an der Physikal.-Techn. Reichsanstalt Berlin; Soldat im 1. Weltkrieg; 1915 Habil. an der Univ. Berlin; 1918 ao. Prof. für theoret. Physik an der Univ. Greifswald, 1930 ord. Prof., 1939 Dir. des Physikal. Inst.
1946–48 Rektor der EMAU Greifswald; CDU; 1949–58 bei Fortführung der Lehrtätigkeit Gründer u. Dir. des Laboratoriums (ab 1952 Inst.) für Gasentladungsphysik der DAW in Greifswald, Engagement für den Ausbau der Akad. zu einer naturwiss. Forschungsinstitution; 1949 Ord. Mitgl. der DAW; 1950 NP; Vorstandsmitglied der Physikal. Ges. in der DDR.
Hauptarbeitsgebiete: Erforschung elektr. Leitungsvorgänge in Gasen, speziell Untersuchung der mikrophysikal. Mechanismen von Gasentladungen.

Publ.: Angewandte Atomphysik. Berlin 1938; Grundbeziehungen der neuen Physik. Leipzig 1948.

Sefrin, Max 21. 11. 1913
CDU-Politiker, Stellv. Ministerpräsident, Gesundheitsminister
Geb. in Stambach (Pfalz), Vater Zementarbeiter; Volks- u. Oberrealschule in Pirmasens, 1930–32 Ausbildung zum Kaufmann; 1932–37 Ausbildung zum Flugzeugführer, anschl. in diesem Beruf tätig, auch als Einflieger, Ofw. der Luftwaffe; 1945 kurzzeitig sowj. Gefangenschaft, 1945–49 Betriebsltr. u. ehrenamtl. Stadtrat für Handel u. Versorgung in Jüterbog; 1946 CDU; 1949/50 stellv. Dir. des Kommunalen Wirtschaftsunternehmens Jüterbog; 1950/51 Kreisrat in Luckenwalde; 1951–53 HA-Ltr. in der CDU-Parteiltg.; 1952–März 1990 Abg. der Volkskammer, 1955–58 Vors. der CDU-Fraktion, ab 1971 stellv. Vors. des Ausschusses für Nat. Verteidigung; 1954–89 Mitgl. des CDU-Hauptvorst., seit 1956 auch seines Präs., 1954–58 stellv. Generalsekr., ab 1966 stellv. Vors. der CDU; 1958–71 stellv. Vors. des Min.-Rats (Nachf. von Otto Nuschke*) u. Min. für Gesundheitswesen (Nachf. von Luitpold Steidle*); ab Gründung 1961 Präs. der Dt.-Südostasiat. Ges., ab 1961 Vizepräs. der Liga für Völkerfreundschaft der DDR; 1964 u. 1978 VVO in Gold, ferner Stern der Völkerfreundschaft u. Großer Stern der Völkerfreundschaft; seit 1965 Vors. des Vietnam-Aussch. beim Afro-Asiat. Solidaritätskomitee (später: Solidaritätskomitee der DDR); 1971 Ruhestand.

Segal, Jakob 17. 4. 1911
Biophysiker
Geb. in St. Petersburg, Vater Kaufmann; 1919 Übersiedlung nach Königsberg; Biologiestudium in Königsberg, Berlin u. München; Mitarb. im Roten Stud.-Bund und in der KPD; 1933 Emigration nach Frankreich u. Abschluß des Studiums in Toulouse, Licence; 1936 Übersiedlung nach Paris, durch Dtl.-Reisen (mit Ehefrau Lilli Segal) in ständigem Kontakt mit dortigen antifasch. Widerstandsgruppen; Mitarb. am Sinnesphysiolog. Laboratorium des Collège de France, 1940 Prom. an der Sorbonne zum Docteur des Sciences, Unterbrechung der wiss. Arbeit durch die dt. Okkupation; Teiln. am Widerstand in der intern. Kampfgruppe MOI u. im Komitee »Freies Dtl.«, Zusammenarbeit mit einer bayer. kath. Gruppe; 1944 Rückkehr zur wiss. Arbeit, Forschungsauftrag des Forschungszentrums CNRS.
1953 Berufung an die HU Berlin, Prof., Gründer des Inst. für Allg. Biol., Hauptarbeitsgebiet: Struktur der Eiweiße u. ihre Rolle in elementaren Zellfunktionen, erste Kurse für Strahlenbiol.; drei Jahre Lehrtätigkeit in Kuba, drei Semester in Mexiko; nach Em. 1973 weitere Forschungen zur Anwendung der Biophysik auf die Medizin, zum Mechanismus der Immunreaktionen, zum Wirkmechanismus der Therapie durch Ultraviolettbestrahlung des Bluts, zuletzt zu Pathol. u. Therapie von AIDS; zahlr. Veröff. in Fachztschr., 14 Monogr. (z. T. mit Lilli S.), auch populärwiss. Bücher.
Sek.-Lit.: L. S.: Vom Widerspruch zum Widerstand (Biogr.). Berlin 1986.

Seghers, Anna, geb. Reiling (eigtl. Netty Radványi) 19. 11. 1900–1. 6. 1983
Präsidentin des Schriftstellerverbands
Geb. in Mainz, Vater Kunsthändler; 1918 Abitur, danach Studium der Philol., Geschichte, Kunstgeschichte u. Sinol. in Köln u. Heidelberg, 1924 Prom. zum Dr. phil.; 1928 Kleist-Preis für ihre erste Erzählung »Aufstand der Fischer von St. Barbara«; 1928 KPD, Mitgl. des BPRS; 1933 Gestapo-Haft, Emigration über die Schweiz nach Frankreich; Mithrsg. der Ztschr. »Neue Dt. Blätter«; 1940 Flucht von Paris nach Marseille und 1941 nach

Mexiko; Präs. des Heinrich-Heine-Clubs in Mexico-Stadt, Mithrsg. der Ztschr. »Freies Dtl.«.
1947 Rückkehr nach Dtl., SED; 1948 Reise mit der ersten dt. Schriftstellerdelegation in die UdSSR; Vizepräs. des KB; Mitbegr. der Friedensbewegung in der DDR u. ab 1950 Mitgl. des Präs. des Weltfriedensrats; Teiln. an vielen Friedenskongressen, u. a. in Paris, Stockholm, Warschau; 1950 Gründungsmitgl. der DAK; mit seiner Gründung 1952 Präs. des DSV (bis 1978); 1959 NP, 1965 KMO, 1970 Stern der Völkerfreundschaft; ab 1978 Ehrenpräs. des SV; 1981 Ehrenbürgerin ihrer Geburtsstadt Mainz.
Nestorin der DDR-Lit.; als Meisterwerke dt. Exillit. gelten ihre Romane »Das siebte Kreuz« (engl. 1942, dt. 1946), »Transit« (engl. 1944, dt. 1948) u. »Die Toten bleiben jung« (1949, teilw. in Mexiko entstanden); in den Romanen »Die Entscheidung« (1959), »Das Vertrauen« (1968) u. a. gestaltete S. die DDR-Entw. im Kontext nat. u. intern. Auseinandersetzungen; die Erzählung »Der gerechte Richter«, von S. in Selbstzensur nicht publiziert, erschien 1989.
Publ.: Ges. Werke in Einzelausgaben. Berlin 1975 ff.
Sek.-Lit.: Batt*, Kurt: A. S. Versuche über Entw. u. Werke. 2. Aufl. Leipzig 1980. Stephan, Alexander: A. S. im Exil. Bonn 1993; Zehl Romero, Christiane: A. S. Hamburg 1993; A. S. Eine Biogr. in Bildern. Berlin 1994.

Seibt, Kurt 13. 2. 1908
SED-Politiker
Geb. in Berlin, Vater Glasschleifer; Volksschule u. Höhere Techn. Lehranstalt für Hoch- u. Tiefbau; 1922–26 Ausbildung zum Metalldrücker; anschl. Tiefbauarbeiter, Steinsetzer, Bühnenarbeiter u. Theatermeister (u. a. Dt. Theater Berlin); 1922 SAJ, 1924 KJVD, 1931 KPD, Mitgl. der BL Berlin-Brandenburg; 1939 wegen illegaler Tätigkeit verhaftet u. vom Volksgerichtshof 1941 zu lebenslängl. Zuchthaus verurteilt, bis 1945 Häftling im Zuchthaus Brandenburg-Görden.
1945/46 1. Sekr. der KL Brandenburg u. Mitgl. des Landesvorst. Brandenburg der KPD; 1945/46 Vors. des Landesorganisationsbüros der Konsumgenossenschaften; 1946–52 Sekr. der Landesltg. Brandenburg der SED; 1946–48 Aufsichtsratsvors. des Konsumverb. Brandenburg; 1947–52 Abg. des Brandenburg. Landtags, 1950–52 Fraktionsvors.; 1952–64 1. Sekr. der SED-BL Potsdam; 1950–54 Kand., 1954–89 Mitgl. des ZK der SED; 1953–89 Abg. der Volkskammer, 1954 bis 1963 Vors. ihres Wahlprüfungsaussch.; 1956/57 Studium in der UdSSR; 1964–66 Min. für Anleitung u. Kontrolle der Bezirks- u. Kreisräte, Mitgl. des Präs. des Min.-Rats; 1965 VVO in Gold; 1967–89 Vors. der ZRK der SED (Nachf. von Fritz Gäbler*); 1968 KMO; 1976–89 Vors. des Solidaritätskomitees der DDR (Nachf. von Heinz Schmidt*); 1978 Stern der Völkerfreundschaft in Gold; Rentner.

Seidel, Helmut 21. 6. 1929
Philosophiehistoriker
Geb. in Welkersdorf (Schles.), Vater Zimmermann; 1943 Abschluß der Grundschule, dann Verwaltungslehre; 1946 Umsiedlung nach Leipzig; ab 1947 Verwaltungsangestellter beim Rat der Stadt Leipzig; 1948 SED; 1951 Abitur an der ABF Leipzig, 1951–56 Studium der Philos. in Leipzig u. Moskau; anschl. Lehre u. Forschung am Inst. für Philos. der KMU Leipzig, 1961 Prom. mit einer Arbeit zur Geschichte der marxist. Philos. in Dtl. 1918–33, 1965 Habil. zum Thema »Philos. u. Wirklichkeit – Herausbild. u. Begründung der marxist. Philos.«; 1969–71 Dir. der Sekt. marxist.-leninist. Philos., 1970 ord. Prof. für Geschichte der Philos.
1990 aus der Univ. ausgeschieden, Vorruhestand.

S. löste in den 60er Jahren die philosoph. »Praxis-Diskussion« in der DDR aus, die von führenden DDR-Philosophen als »revisionist.« eingestuft wurde; 1981 war er Veranstalter einer Spinoza-Konferenz in Leipzig, später Hrsg. versch. Spinoza-Schriften.

Publ: Marx' ök.-philosoph. Begründung des soz. Humanismus. Leipzig 1967; Von Thales bis Platon. Berlin 1980; Aristoteles u. der Ausgang der antiken Philos. Berlin 1984; Scholastik – Mystik – Renaissance – Philos. Berlin 1990; Baruch Spinoza. Hamburg 1994.

Sek.-Lit.: Stölting, E.: Eine bes. Form des Revisionismus. Zum Praxis-Begriff H. S. In: Deutschland Archiv 1/1969.

Seidel, Karl 18. 12. 1930
SED-Funktionär
Geb. in Nürnberg; 1947 SED; Medizinstudium u. Assistent an der KMU Leipzig; 1963–70 Oberarzt u. Prorektor an der Med. Akad. Dresden, Jan. 1971 Dir. der Nervenklinik der Charité Berlin, Prof. für Psychiatrie u. Neurol. der HU Berlin; 1977 Ord. Mitgl. der AdW; 1978 VVO in Gold; 1978–81 stellv. Ltr. u. 1981–89 Ltr. der Abt. Gesundheitspol. im ZK der SED (Nachf. von Werner Hering*), 1986–Dez. 1989 Mitgl. des ZK.
1990 Niederlassung als Neurologe u. Psychiater in Berlin.

Seifert, Ilja 6. 5. 1951
Präsident des Allgemeinen Behindertenverbands in Deutschland e. V. »Für Selbstbestimmung und Würde« (ABiD)
Geb. in Berlin; 1958–70 Schulbesuch in Sebnitz, Cottbus u. Birkenwerder, dort Abitur an der Sonderschule für Körperbehinderte; seit dem 17. Lebensjahr durch einen Badeunfall querschnittsgelähmt (Rollstuhlfahrer); 1965 FDJ; 1971–75 Studium an der HU Berlin, Dipl.-Germanist; 1975 SED; 1976–81 wiss. Mitarb. am ZI für Literaturgeschichte der AdW, dort Prom. zum Dr. phil. mit einer Diss. über pol.-lit. Ztschr. der Weimarer Republik; 1981–90 wiss. Mitarb. am Berliner Haus für Kulturarbeit; Verf. von literaturkrit. Arbeiten u. Gedichten; 1980–87 als IM für das MfS tätig.
Dez. 1989 Mitbegr. des Berliner Behindertenverb., Jan. 1990 1. Vors.; ab Febr. 1990 Mitgl. des PV der PDS; März – Okt. Abg. der Volkskammer, PDS-Fraktion; seit Aug. Präs. des ABiD.
Okt. 1990–94 PDS-Abg. des Dt. Bundestags.

Publ.: Schonzeit gab es nicht. Dokumentation zur Entstehung des Allgemeinen Behindertenverbandes in Deutschland. Berlin 1990.

Seifert, Werner 18. 5. 1920
DBD-Politiker
Geb. in Plauen (Vogtl.); Volksschule, 1934–37 Ausbildung zum Gärtner; 1937–54 Gehilfe u. selbständiger Gärtner; Kriegsdienst, Wachtmeister eines Artillerieregt.
1948 DBD, zeitw. Abt.-Ltr. bzw. stellv. Vors. des Bezirksverb. Karl-Marx-Stadt der DBD, 1958–71 Abg. des Bez.-Tags Karl-Marx-Stadt, ab 1965 dort 1. Vors. des Bezirksverb. der DBD; ab 1968 Mitgl. des PV der DBD, ab 1971 Abg. der Volkskammer, Mitgl. des Aussch. für Auswärtige Angelegenheiten; 1986/87 aus allen Funktionen ausgeschieden.

Seifert, Willi 1. 10. 1915–30. 1. 1986
Stellv. Innenminister
Geb. in Plauen (Vogtl.), Vater Bauarbeiter; Volksschule, Ausbildung zum Maurer; 1930 KPD; 1934 U-Haft in Sachsenburg, 1935–38 Zuchthaus Waldheim, dann bis Apr. 1945 KZ Buchenwald.
Juli – Okt. 1945 Stadtkämmerer in Plauen, danach stellv. Chef der Landesbehörde der Polizei im Land Sachsen; von der Gründung der Dt. Verwaltung des Innern bis 1948 einer der drei Vizepräs., 1949–56 stellv. Chef der DVP, General-

inspekteur; 1950–53 Fernstudium an der PHS, Dipl.-Ges.-Wiss.; 1957–83 Stellv. des Min. des Innern, Ltr. der Hauptinspektion, verantw. u. a. für die Ausbildung der VP-Bereitschaften (Wehrersatzdienst) und der Kampfgruppen der Arbeiterklasse, Gen.-Ltn.; Aug. 1961 Mitgl. des Stabs des Nat. Verteidigungsrats der DDR zur Schließung der Staatsgrenze in Berlin; 1975 KMO; 1983 Ruhestand.

Seiffert, Wolfgang 18. 6. 1926
Jurist
Geb. in Breslau, Vater Steuerrevisor; Gymnasium, mittlere Reife, Ausbildung an einer Lehrerbildungsanstalt; 1944 freiwillig zur Kriegsmarine, 1945 Ostfronteinsatz; sowj. Gefangenschaft; 1947/48 Antifa-Schule Nr. 2041 bei Gorki.
Dez. 1949 Entlassung in die Bundesrep. Dtl.; 1950–53 FDJ, Mitorganisator des Pfingsttreffens der FDJ 1950 in Berlin (Ost); 1950–63 KPD; 1963–77 SED; 1950 Abt.-Ltr. im Landesvorst. der FDJ Niedersachsen; 1951/52 Sekr. für Agit.-Prop. des Zentralbüros der West-FDJ, 1952/53 Chefred. des Zentralorgans der West-FDJ »Junges Dtl.«; 16. 3. 1953 Verhaftung während einer Razzia gegen die illegale FDJ-Ltg.; Juni 1955 Verurteilung durch den BGH wegen Hochverrat u. Staatsgefährdung zu vier Jahren Haft; März 1956 Flucht aus dem Gefängnis Anrath u. Übersiedlung in die DDR (1969 Begnadigung durch Bundespräs. Gustav Heinemann); Mitarb. der Abt. Jugend des PV der KPD in Berlin (Ost), Veröff. von Propagandaschriften zur Lage der Jugend in der Bundesrep. Dtl.; 1956–59 Jurastudium, 1963 Prom. zum Arbeitsrecht in der Bundesrep. Dtl., 1967 Habil. zum Patent- und Wirtschaftsrecht, Berufung zum Prof.; Dir. des Inst. für Ausländ. Recht u. Rechtsvergleich an der ASR Potsdam-Babelsberg; 1976 Gastprofessuren in Strasbourg u. Kiel; geriet in zunehmenden Konflikt mit der Abgrenzungspol. u. der »Zwei-Nationen-Theorie« der SED; Febr. 1978 Verabschiedung vom Rat der ASR u. Streichung aus der Mitgliederliste der SED, 1978 Ausreise aus der DDR; Gastprofessur in Bremen u. Kiel; Interviews zur Deutschlandpol. im »Spiegel«; Dez. 1980 Aberkennung aller in der DDR verliehenen Auszeichnungen und des Professorentitels; 1983 Mitbegr. des »Dtl.-Rats«, Mitunterz. eines »Dtl.-Manifests«.
Publ.: Die freiwillige Schlichtung von Arbeitskämpfen in Westdtl. Berlin 1964; Die Deutschen u. Gorbatschow: Chancen für einen Interessenausgleich. Erlangen 1987; Die DDR auf dem Weg ins Jahr 2000: Pol., Ök., Ideol. – Plädoyer für eine demokr. Erneuerung (zus. mit Hermann von Berg* u. Franz Loeser). Köln 1987; Abschied von der Weltrev.: Das Ende des Stalinismus u. die Zukunft Europas. Erlangen 1989; Die Schalck-Papiere: Die DDR-Mafia zwischen Ost u. West (zus. mit Norbert Treutwein). München 1992.

Seigewasser, Hans
12. 8. 1905–18. 10. 1979
Staatssekretär für Kirchenfragen
Geb. in Berlin, Vater Arbeiter; Volks- u. Mittel- bzw. Realschule; 1919 SAJ; 1921–23 Ausbildung zum Bankangestellten; 1921 USPD, Allg. Verb. der Bankangestellten, danach Zentralverb. der Angestellten; 1922 SPD; 1926–33 Angestellter der Sozialversicherung; 1928 Mitgl. u. 1930 Vors. der Reichsltg. der Jungsozialisten, 1931 Mitbegr. der SAP, Mitgl. ihres PV und Vors. der BL Berlin-Brandenburg; 1932 KPD; 1933 verhaftet, 1934 verurteilt zu fünf Jahren Zuchthaus, 1934–45 inhaftiert, u. a. im KZ Sachsenhausen, Mitgl. des illegalen Intern. Lagerkomitees.
1945/46 Mitarb. des ZK der KPD, 1946–50 des PV bzw. ZK der SED; ab 1950 Abg. der Volkskammer; 1953–59

Vors. des Büros des Präs. des Komitees der Antifasch. Widerstandskämpfer; 1953–70 Mitgl. des Präs. des NR der NF u. 1953–59 Vors. seines Büros, 1959/60 1. Sekr. des Berliner Bezirksaussch. u. Vizepräs. des NR; 1955–62 Mitgl. des Zentralvorst. der DSF; 1960–1979 Staatssekr. für Kirchenfragen (Nachf. von Werner Eggerath*); ab 1965 Mitgl. des Büros des Präs. der FIR; 1965 VVO in Gold.

Selbmann, Erich 2. 9. 1926
Chefredakteur der »Aktuellen Kamera«
Geb. in Lauterbach (Hessen), Vater KPD-Funktionär, wegen des frühen Todes der Mutter u. KZ-Haft des Vaters aufgewachsen bei Freunden in Oberschlesien; Volksschule, Lehrerbildungsanstalt; antifasch. Arbeit in einer dt.-poln. Widerstandsgruppe; 1944/45 Wehrmacht, sowj., später poln. Gefangenschaft.
1946 Rückkehr nach Dtl.; KPD/SED; Sonderreifeprüfung an der Univ. Leipzig (Vorstudienanstalt), 1946–48 hier Studium der Publizistik; 1948–52 Red., Reporter, Kommentator beim Mitteldt. Rundfunk Leipzig; 1952 Red.-Ltr. beim Staatl. Rundfunkkomitee, 1953–55 Chefred. des Deutschlandsenders; 1952–90 Mitgl. im VDJ, 1959–78 seines ZV; 1955–58 Studium an der PHS der KPdSU in Moskau, Dipl.-Ges.-Wiss.; 1958/59 Intendant des Berliner Rundfunks; 1959–64 Sekr. der SED-BL Berlin; 1964–66 Auslandskorrespondent des Rundfunks u. der »Berliner Ztg.« in Moskau; 1966–78 Chefred. der »Aktuellen Kamera«, Ltr. der Gruppe Nachrichtenaustausch der Intervision; 1978–89 stellv. Vors. des Staatl. Komitees für Fernsehen u. Ltr. des Bereichs Dramat. Kunst; Autor von Fernsehspielen u. Filmen, 1978–89 Mitgl. des Verb. der Film- und Fernsehschaffenden; 1990 Vorruhestand.
Publ.: Der Degen des großen Korsen. Berlin 1973.

Selbmann, Fritz 29. 9. 1899–26. 1. 1975
Industrieminister, Wirtschaftsminister
Geb. in Lauterbach (Hessen), Vater Kupferschmied; Volksschule; 1915–17 Bergmann im Ruhrgebiet; 1917–20 Militärdienst; 1920–24 versch. Tätigkeiten, u. a. Bergmann; 1920 USPD, 1922 KPD; 1923 frz. Schutzhaft; 1924 Organisationsltr. der KPD Bottrop, 1925–28 Gauführer Ruhrgebiet u. Mitgl. der Bundesführung des RFB sowie der KPD-BL Ruhrgebiet; 1928/29 Intern. Lenin-Schule in Moskau; 1929/30 Red. der KPD-Ztg. »Ruhrecho«; 1929/30 Abg. des Rhein. Provinziallandtags, 1930–32 des Preuß. Landtags; 1930/31 Bezirksltr. der KPD in Oberschlesien u. 1931–33 in Sachsen; 1932/33 Mitgl. des Reichstags; 1933–45 Zuchthaus sowie KZ Sachsenhausen u. Flossenbürg.
1945 1. Sekr. der KL Leipzig der KPD, Vors. des Prov. Zentralaussch. des Antifasch. Blocks in Leipzig; 1945/46 Präs. des Landesarbeitsamts u. Vizepräs. der Landesverwaltung Sachsen für Wirtschaft und Arbeit; 1946 SED; 1946–48 Min. für Wirtschaft u. Wirtschaftsplanung in Sachsen; 1946–50 Abg. des Sächs. Landtags; 1948/49 stellv. Vors. der DWK u. Ltr. der HV Industrie; 1949 Mitgl. des Dt. Volksrats; 1949/50 Min. für Industrie., 1950/51 für Schwerindustrie, 1951–53 für Hüttenwesen u. Erzbergbau, 1953–55 für Schwerindustrie in der DDR-Reg., 1953 Ltr. der dt. Seite der Kommission zur Übernahme der letzten SAG-Betriebe; 1949–63 Abg. der Volkskammer, 1954–58 Mitgl. des ZK der SED; 1955–58 Stellv. des Vors. des Min.-Rats u. Vors. der Kommission für Industrie u. Verkehr bei dessen Präs.; Febr. 1958 des »Managertums« u. der Unterstützung der angebl. Fraktion Schirdewan-Wollweber* bezichtigt; 1958–61 stellv. Vors. der SPK, Ltr. der Abt. Bilanzierung u. Verteilung der Produktionsmittel; 1961–64 stellv. Vors. des Volkswirtschaftsrats; 1963/64 Ltr.

der Kommission für Wiss.-techn. Dienste; ab 1964 freiberufl. Schriftst. (Romancier); 1964 u. 1965 VVO in Gold, 1969 KMO; 1969–75 Vizepräs. des Dt. Schriftstellerverb.
Publ.: Wahrheit u. Wirklichkeit. Krit. Essays über Fragen der Philos. u. Geistesgeschichte. Dresden 1947; Die neue Epoche der techn. Entw. (mit G. Ziller*). Berlin 1956; Ein Zeitalter stellt sich vor. Berlin 1957; Alternative, Bilanz, Credo. Versuch einer Selbstdarstellung. Halle 1969; Die Söhne der Wölfe. Halle 1965; Der Mitläufer. Halle 1972; Ausgew. Reden und Artikel 1945–1957 (mit Bibliogr.). Berlin 1974.
Sek.-Lit.: Reso, M. (Hrsg.): Kumpel u. Minister. Erinnerungen an Fritz Selbmann. Halle u. Leipzig 1979.

Sellin, Wolfgang 31. 5. 1927
Verlagsleiter
Geb. in Prenzlau, Vater Justizbeamter; Oberschule; 1943/44 Marinehelfer, RAD, 1944/45 Wehrmacht, brit. Gefangenschaft.
1945/46 Abschluß der Oberschule; 1946–51 Studium der Anglistik u. Germanistik in Rostock; 1951–53 Red.-Assistent u. Assistent des Aussch. des Verlags Volk u. Wissen; 1953–56 Ober- u. Hauptreferent für Kinder- u. Jugendlit. im Amt für Lit. u. Verlagswesen; 1956–62 Lektor, Lektoratsltr., Cheflektor im Verlag Neues Leben Berlin; 1963 Gütekontrolleur, Betriebsfunkred. u. kommissar. BGL-Vors. im VEB Kühlautomat Berlin; 1963–68 Assistent des Verlagsltr. u. Lektor für Lit.-Wiss. im Aufbau Verlag Berlin u. Weimar; 1968 Cheflektor des Eulenspiegel Verlags u. des Verlags Das Neue Berlin, 1978–90 dessen Ltr. (satir. Lit. u. Karikatur, Kriminallit. u. Science-fiction); Mithrsg. von Anthol. mit satir. Lyrik u. Grafikmappen.

Selmanagic, Selman
25. 4. 1905–7. 5. 1986
Architekt
Geb. in Srebrenica (Jug.); 1919–29 Tischlerausbildung, Bau- u. Möbeltischlermeister in Jugoslawien; 1929–33 Studium der Architektur am Bauhaus Dessau u. in Berlin bei Ludwig Hilberseimer u. Mies van der Rohe; 1933–39 Reisen in versch. Länder Europas u. des Nahen Ostens; Arbeit als Architekt in Konstantinopel, Jaffa u. Jerusalem; 1939–45 Kinobauten u. Filmarchitekt bei der UFA, aktive Teiln. am Widerstandskampf gegen den Nationalsozialismus in Berlin.
1945–50 Mitgl. des Stadtplanungskollektivs beim Berliner Magistrat, glz. architekton. Entwurfsarbeit; seit 1945 Hausarchitekt des VEB Dt. Werkstätten Hellerau; seit 1946 Arbeit als Messearchitekt im In- u. Ausland; 1947/48 Innenraumgestaltung der SED-Parteischule Kleinmachnow; 1950 Prof.; 1950–70 Ltr. der Architekturabt. an der HS für bildende u. angewandte Kunst Berlin-Weißensee; glz. städtebaul. u. architekton. Entwurfsarbeit, darunter 1949 Walter-Ulbricht-Stadion Berlin, 1955/56 Kunst-HS Berlin-Weißensee.
Sek.-Lit.: S. S. – Festgabe zum 80. Geburtstag. Berlin 1985.

Semmelmann, Helmut 8. 8. 1934
SED-Funktionär
Geb. in Gera; 1949–53 Oberschule Wikkersdorf, Abitur; 1953–58 Studium an der Timirjasew-Akad. Moskau, Dipl.-Landwirt; 1955 Mitgl. der SED; 1958–61 Assistent der MTS Brahmenau bzw. Dir. der MTS Schlöben; 1961–64 pol. Mitarb. bzw. Abt.-Ltr. Landw. der SED-BL Gera; seit 1964 Mitarb. bzw. Sektorenltr. in der Abt. Landw. des ZK der SED; Jan. 1981–Ende 1982 1. Sekr. der KL der SED Zentrale Organe der Land- u. Nahrungsgüterwirtschaft (Nachf. von Fritz Kopprogge); seit 1982 Mitgl. des Red.-Kollegiums der Ztschr. »Neuer Weg«; seit

Nov. 1982 Ltr. der Abt. Landw. im ZK der SED (Nachf. von Bruno Lietz*); 1984 VVO in Gold; seit 1986 Mitgl. des ZK der SED; seit Juni 1986 Abg. der Volkskammer u. 1. stellv. Vors. des Aussch. für Land-, Forst- und Nahrungsgüterwirtschaft; 1989/90 Sekr. des ZK der SED/ PDS.

Seydewitz, Max 19. 12. 1892–8. 2. 1987
Ministerpräsident von Sachsen
Geb. in Forst, Vater Gerber; Volksschule, Buchdruckerlehre; 1907 SAJ, 1910–31 SPD, 1911 Verb. Dt. Buchdrucker; 1912 Wanderschaft; 1914/15 Soldat, als kriegsuntaugl. entlassen; Maschinensetzer in Reichenbach; 1918–20 Red. bzw. Chefred. der »Volksstimme« Halle; 1920–31 Chefred. des »Sächs. Volksblatts« Zwickau; 1922 Vors. des SPD-Bez. Zwickau-Plauen; 1923 Mitgl. des Parteiaussch. der SPD; 1924–33 MdR; 1927 Hrsg. u. Chefred. der Ztschr. »Der Klassenkampf« u. »Marxist. Büchergemeinde«; 1931–33 Mitbegr. u. einer der Vors. der SAP; Chefred. versch. Parteiztgn.; war 1933 für Parteiauflösung; Apr. 1933 Emigration nach Prag; 1934 Ausbürgerung; inoff. KPD-Anschluß; Mitunterz. des Pariser Volksfrontaufrufs; 1938 Norwegen, Apr. 1940 Schweden; kurzzeitig interniert; publizist. tätig (»Peter Michel«); ständiger Mitarb. des Kominternblatts »Die Welt« (»Michael Kraft«); Mitarb. der »Pol. Information«.
Jan. 1946 Rückkehr nach Dtl. (SBZ); SED; Chefred. der Ztschr. »Einheit«; 1946/47 Intendant des Berliner Rundfunks; 1947–49 Mitgl. des PV der SED; 1947–52 Min.-Präs. des Landes Sachsen; Mitgl. der SED-Landesltg. u. ihres Sekr.; 1947–52 Landesvors. der Ges. zum Studium der Kultur der Sowjetunion bzw. ab 1949 der DSF; 1948/49 Mitgl. der Prov. Volkskammer, ab 1950 der Volkskammer (Wirtsch.- u. Haushaltsaussch.); 1951 Selbstkritik innerhalb einer SED-Kampagne gegen ehem. Mitgl. der SAP; vom PB der SED aus seinen Funktionen entfernt, blieb jedoch in der Volkskammer; ab 1952 Schriftst.; 1954 Mitgl. des Dt. Friedensrats; 1955 Generaldir. der Staatl. Kunstsammlungen Dresden; 1960 Verleihung des Prof.-Titels durch das Min. für Kultur; 1962 VVO in Gold; 1967 Ruhestand, danach ausschließl. schriftst. Tätigkeit; 1965 Banner der Arbeit, 1968 Ehrenspange zum VVO in Gold.
Publ.: Es hat sich gelohnt zu leben. Lebenserinnerungen. 2 Bde. Berlin 1976.

Seyfert, Gabriele 23. 11. 1948
Leistungssportlerin (Eiskunstlauf)
Geb. in Chemnitz, Mutter Eiskunstlauftrainerin Jutta Müller; ab 1958 Eiskunstläuferin beim SC Karl-Marx-Stadt (Trainerin Jutta Müller*); 1967 EM, 1968 Olympia-Zweite, 1969 u. 1970 jeweils WM u. EM; 1970 Beendigung der leistungssportl. Laufbahn; nach dem Abitur Sportlehrerstudium an der DHfK Leipzig, anschl. Eiskunstlauftrainerin beim SC Karl-Marx-Stadt; 1978 Abschluß eines Studiums an der KMU Leipzig als Englisch-Dolmetscherin, danach Hostess am Intern. Handelszentrum in Berlin.

Seyppel, Joachim 3. 11. 1919
Erzähler und Publizist
Geb. in Berlin, Vater kaufm. Angestellter; 1939–43 Studium der Germanistik u. Philos. in Berlin, Lausanne u. Rostock, 1943 Prom.; 1943–45 Wehrmacht, 1944 verurteilt zu neun Monaten Haft wegen »Stiftung von Mißvergnügen u. Befehlsverweigerung«.
1945 Rückkehr aus sowj. Gefangenschaft; 1949/50 Stipendiat an der Harvard University u. 1950–60 Lehrtätigkeit in den USA, zuletzt als ao. Prof. für Germanistik (Guggenheim Fellow); 1960 bis 1973 freier Schriftst. in Berlin (West); 1973 Übersiedlung in die DDR zu seiner späteren Frau Tatjana Rilsky im Vertrauen auf Erich Honeckers* angekün-

digte liberale Kulturpol., die S. bald durch zahlr. Anfragen, Vorschläge u. Kritiken erprobte; 1975–83 Mitgl. des PEN-Zentrums DDR; Nov. 1976 Protest gegen die Ausbürgerung Wolf Biermanns*; Juni 1979 Ausschluß aus dem SV zusammen mit Stefan Heym*, Erich Loest* u. a.; Dieter Noll* nannte S., Heym u. Rolf Schneider* in einem offenen Brief an Erich Honecker »kaputte Typen«, die »emsig mit dem Klassenfeind kooperieren« (ND vom 22. 5. 1979); Juli 1979 Ausreise aus der DDR als erster Autor mit einem Dreijahresvisum; sein Buch »Hinten weit in der Türkei« (10000 Exemplare) wurde vom Buchverlag Der Morgen restlos eingestampft, zuvor »Die Wohnmaschine« vom Aufbau Verlag abgelehnt; Anfang Dez. 1982 Ausbürgerung aus der DDR, von der S. aus der Presse erfuhr; März 1983 Protest gegen die Einladung von DDR-Autoren, u. a. Hermann Kant* u. Stephan Hermlin*, zum Friedensgespräch durch die AdK Berlin (West).
Publ.: Als der Führer den Krieg gewann oder Wir sagen Ja zur Bundesrep. Berlin u. Weimar 1965; Ein Yankee in der Mark. Berlin 1969; Abschied von Europa. Berlin 1975; Ich bin ein kaputter Typ. Wiesbaden u. München 1982; Die Wohnmaschine. Berlin 1991.

Sgraja, Franz 1. 12. 1922
MfS-Abteilungsleiter
Geb. in Gleiwitz (Oberschl.), Vater Arbeiter, Mutter Hausfrau; Volksschule, 1937–40 Jungbergmann; 1940 Wehrmacht, dann sowj. Gefangenschaft.
1947/48 Antifa-Schule in der Gefangenschaft; 1948 SED; Einstellung bei der VP Schwerin; 1949 Einstellung beim MfS, Länderverwaltung Mecklenburg, 1951 Kreisdienststelle Güstrow, dann Versetzung zur HA V (Staatsapparat, Kultur, Kirchen, Untergrund), MfS Berlin; 1960/61 Besuch der BPS Halle; 1962 stellv. Abt.-Ltr. der Abt. 4 (Kirchen) der HA XX (frühere HA V); 1965–70 Fernstudium an der JHS des MfS Potsdam-Eiche, Dipl.-Jur.; 1969 Ltr. der Abt. 4 der HA XX; 1972 Oberstltn.; 1979 Offz. für Sonderaufgaben, HV A, Abt. III; 1983 Entlassung, Rentner.

Sieber, Günter 11. 3. 1930
SED-Funktionär, Minister für Handel und Versorgung
Geb. in Ilmenau, Vater Maschinenschlosser; Volksschule, 1944–47 Ausbildung u. Arbeit als Waldfacharbeiter in Ilmenau; 1947 Jugendsekr. des FDGB-Landesvorst. Thüringen; 1947/48 Forstanwärter; 1948 SED; 1948/49 Hauptsachbearb. in der DWK; 1949/50 Studium an der DASR; 1949–51 Referent im Min. für Planung; 1951/52 Hauptreferent in der SPK; 1953 Studium an der PHS; 1954–62 Sekr. der SED-GO bzw. 1. Sekr. der KL der SPK; 1962/63 stellv. Vors. der Zentralen Kommission für Staatl. Kontrolle, 1963–65 1. Stellv. des Vors. des Komitees der Arbeiter-u.-Bauern-Inspektion; 1963–67 Mitgl. der ZRK der SED; 1965–72 Min. für Handel u. Versorgung (Nachf. von Gerhard Lucht); 1973–80 Ao. u. Bevollmächtigter Botschafter der DDR in der VR Polen (Nachf. von Rudolf Rossmeisl); 1976–81 Kand., 1981–3. 12. 1989 Mitgl. des ZK der SED, 1980–89 Ltr. der Abt. Intern. Verbindungen des ZK (Nachf. von Egon Winkelmann*); 1979 VVO in Gold; 1981–März 1990 Abg. der Volkskammer, Mitgl. des Ausschusses für Auswärtige Angelegenheiten; 8. 11.–3. 12. 1989 Kandidat des PB u. Sekr. des ZK der SED.

Siebert, Hans 20. 7. 1910–7. 4. 1979
SED-Funktionär, Hochschullehrer
Geb. als Sohn eines Landarbeiters in Niedervellmar (b. Kassel); 1931 KPD; Studium an der Pädagog. Akad. Kassel, 1930–32 Volksschullehrer in Kassel, Febr. 1933 entlassen; pol. Ltr. des KPD-Bez. Hessen-Nassau, Apr. 1933 verhaf-

tet, danach bis Herbst 1935 Zuchthaus Kassel-Wehlheiden, KZ; 1936 Emigration nach England, u. a. Sekr. der Freien Dt. HS.
Sept. 1947 Rückkehr nach Dtl.; Hauptreferent für Schul- u. Erziehungsfragen in der Abt. Parteischulung, Kultur u. Erziehung beim Zentralsekr. der SED; Dez. 1948 Ltr. der Schulabt. in der Dt. Verwaltung für Volksbildung; Sept. 1949 Gründungsdir. des Dt. Pädagog. Zentralinst. (DPZI); nach der Bildung des Min. für Volksbildung der DDR Jan. – Okt. 1950 Ltr. der Hauptabt. Unterricht u. Erziehung, als »Westemigrant« verdächtigt u. entlassen; danach freier Verlagsmitarb.; 1952 Prof. für Pädagogik u. 1953 Dir. der PH Dresden; 1959 stellv. Dir. des DPZI, 1960 bis zur Em. 1975 Prof. mit Lehrauftrag für Berufspädagogik an der TU Dresden; 1970 Ord. Mitgl. der APW u. Dr. paed. h.c.; 1975 VVO in Gold.
Publ.: Diesterweg. Berlin 1953.

Siebholz, Gerhard 4. 4. 1932
Komponist, Produzent
Geb. in Eberswalde; als Schüler bereits eigene Band, 1951–56 Studium an der HS für Musik Berlin (Dipl. als Tonmeister/Tonregisseur) u. an der Ing.-Schule Berlin-Lichtenberg (Niederfrequenz-Ing.); 1956–60 Tonmeister für Tanz- u. Unterhaltungsmusik beim Rundfunk; 1960–75 beim VEB Dt. Schallplatten, Aufbau der stereophonen Prod. bei Amiga; seitdem freischaff. Tonregisseur, Vertrag mit dem VEB Dt. Schallplatten, Zusammenarbeit mit zahlr. Sängern (u. a. Ernst Busch*, Gisela May*, Manfred Krug*, Regina Thoss*, Frank Schöbel*, Hauff & Henkler*).
Kompositionen: ab 1962 über 1000 Schlager, u. a. für Will Brandes »Kinder, Kinder, ich hab keinen Zylinder« (Text: Wolfgang Brandenstein), Frank Schöbel »Der Fußball ist rund wie die Welt« (Text: Dieter Schneider), »Die Sprache der Liebe ist leis« (Text: Fred Gertz – 1972 beim World Pop Song Festival in Tokio als beste Komposition ausgezeichnet), Regina Thoss »Die erste Nacht am Meer« (Text: W. Brandenstein), Britt Kersten »Männer müssen Männer sein« (Text: D. Schneider), Hauff & Henkler »Gib dem Glück eine Chance«, »Heut ist wieder Vollmond« (Text: D. Schneider), »Das war ein Meisterschuß«, meistgespielter DDR-Schlager (Text: W. Brandenstein); ca. zehn Filmmusiken: u. a. »Nicht schummeln, Liebling« (DEFA); Titelmelodie u. zahlr. Schlager für »Klock acht achtern Strom« beim Fernsehstudio Rostock; 1987 Jingle zur »Aktuellen Kamera«; zahlr. Orchester- u. Ballettmusiken für Prod. des Friedrichstadtpalasts Berlin; Musical »Ferien mit Max« (Libretto: Goetz Jaeger, UA 1986 im Metropol-Theater Berlin); als Arrangeur u. Produzent u. a. 28 LP mit dem Orchester Jo Kurzweg; oft Mitgl. intern. Jurys bei Festivals in Dresden u. Rostock.

Siebold, Klaus 12. 9. 1930
Industrieminister
Geb. in Laubusch (Kr. Hoyerswerda); Studium an einer Berging.-Schule; ab 1952 SED-Funktionen in örtl., später zentralen Organen; Studium an der PHS; 1957–59 Werkltr. eines Braunkohlenwerks; 1959–63 Ltr. der Kohleindustrie im Volkswirtschaftsrat (VWR) bzw. in der SPK, 1963–65 stellv. Vors. des VWR für den Bereich Kohle u. Energie, ab Dez. 1965 Min. für Grundstoffindustrie, ab 1971 für Kohle u. Energie; nach der Energiekrise des Winters 1978/79 Ablösung als Min. u. Versetzung in die Industrie, Dir. des Braunkohlenwerks Welzow.

Siegel, Horst 4. 5. 1934
Architekt, Städtebauer
Geb. in Lampersdorf (Riesengeb., ČSR); 1951–53 Studium an der ABF in Weimar, 1953–59 Studium an der HAB Wei-

mar, Dipl.-Ing.; 1959–64 wiss. Mitarb. am Lehrstuhl Industriebau u. Entwerfen, 1963 Prom. zum Dr.-Ing.; 1964/65 u. bis 1967 als Hauptarchitekt bzw. Stellv. des Chefarchitekten für den Aufbau der Chemiearbeiterstadt Halle-Neustadt (Chefarchitekt Richard Paulick*), dort Planungen für die Wohnkomplexe III u. IV, Zentrum und Gewerbestättengebiete, 1964/65 Mitw. an der Gestaltungskonzeption für den Thälmann-Platz in Halle; 1967–85 Chefarchitekt der Stadt Leipzig u. Ltr. des kommunalen Planungs- u. Architekturbüros, 1968 Gestaltungskonzeption für die Messemagistrale »Straße des 18. Oktober« in Leipzig, 1968/69 städtebaul. Lösung und architekton. Grundkonzeption für das Universitätshochhaus (mit H. Henselmann*, A. G. Gross, H. Ullmann), 1968–70 Ltg. der Generalbebauungsplanung für die Messestadt Leipzig, 1971 Entwurfskonzeption Leipziger Messe, 1973–76 Generalbebauungsplan für die Stadtregion Leipzig, 1974–79 städtebaul. Gesamtplanung für die Großwohnsiedlung Leipzig-Grünau mit etwa 100000 Einw., 1972/73 Gestaltung des nördl. Promenadenringes u. von Fußgängerzonen im Stadtzentrum, bis 1985 Umgestaltungsplanung für Leipzig-Ostvorstadt u. andere Altbaugebiete, 1975/76 städtebaul.-architekton. Konzeption für das Neue Gewandhaus (mit R. Škoda), 1978/79 städtebaul. Planung des Wohngebiets Praunsdorf/Engelsdorf in Leipzig für 50000 Einwohner; 1971, 73 u. 75 Planungs- u. Beratertätigkeit in Bamako (Mali), 1972/73 in Brno (ČSSR); 1969–85 Honorarprof. an der TU Dresden für das Lehrgebiet Generelle Stadtplanung u. Generalbebauungsplanung; 1985–91 Prof. an der HAB Weimar, Lehrstuhl Industriebau u. Entwerfen, Problemstudie Industriebrachen in Thüringen.
1991 Entwurf u. Planungskonzeption für das Technologiezentrum. Jena (mit F.-P. Trzebowski); seit 1991 freier Architekt.

Siegl, Sigrun, geb. Thon 29.10.1954
Leistungssportlerin (Leichtathletik)
Geb. in Apolda; 1970 Spartakiadesiegerin im Weitsprung, Wechsel zum SC Turbine Erfurt (Trainer: Siegfried Meißner); 1976 WR im Weitsprung mit 6,99 m; Olympiasiegerin im Fünfkampf; nach den Olymp. Spielen Beendigung der sportl. Laufbahn, Hausfrau; VVO in Silber.
Nach 1989 Inhaberin eines Fotofachgeschäfts in Erfurt.

Siewert, Robert
30.12.1887–2.11.1973
Innenminister von Sachsen-Anhalt
Geb. in Schwersenz (Posen), Vater Zimmermann; Volksschule, 1902–05 Ausbildung zum Maurer; 1905 Lokalverb. der Maurer Berlins, 1906 SPD; 1906–09 Wanderschaft; 1908–15 Maurer in der Schweiz, Vorstandsmitgl. des Intern. Arbeitervereins »Eintracht« in Zürich, 1913/14 Sekr. des schweizer. Bauarbeiterverb.; 1915–18 Kriegsdienst, Ostfront; 1918/19 Spartakusbund, KPD, Mitgl. des Soldatenrats der X. Armee; 1919 Sekr. im KPD-Bez. Erzgebirge-Vogtland.; 1920–24 Mitgl. des Zentralaussch. der KPD, 1920–29 Abg. des Sächs. Landtags; 1922 Teiln. am IV. Weltkongreß der KI in Moskau; 1923/24 Pol. Ltr. des o.g. KPD-Bez.; 1925 Ltr. der Vereinigung der Intern. Verlagsanstalt (Viva) in Berlin, 1926 des daraus hervorgegangenen Verlags »Einheit«; org. 1926 mit Hans Beck erste Arbeiterdelegation in die UdSSR; Jan. 1929 wegen Zugehörigkeit zur Opp. um Heinrich Brandler u. August Thalheimer aus der KPD ausgeschlossen; fortan Funktionär der KPD-Opp. (KPDO), zunächst Mitgl. ihrer BL Westsachsen, 1931–33 Verlagsltr. ihrer Tagesztg. »Arbeiterpolitik« in Leipzig bzw. Berlin, 1933–35 Organisationsleiter in der ersten illegalen Reichsltg. der KPDO; 1935 verhaftet u. zu drei Jahren Zuchthaus verurteilt, verbüßt in Luckau, ab 1938 KZ Buchenwald,

dort ltd. in der illegalen Org. von Komm. u. Sozialisten, Kapo eines Baukommandos, später Mitgl. des intern. Lagerkomitees.
1945 Bezirksvors. der KPD Sachsen-Anhalt, 1945/46 KPD-BL Sachsen-Anhalt, ab 1946 des SED-Landesvorst. Sachsen-Anhalt, Sekr.; 1945–50 1. Vizepräs. der Provinzialverwaltung bzw. Innenmin. des Landes Sachsen-Anhalt; Mitgl. des Landtags; 1950 wegen seiner früheren KPDO-Zugehörigkeit seiner Funktionen enthoben (später rehabilitiert) u. als ltd. Mitarb. in das Min. für Aufbau, 1968 für Bauwesen der DDR versetzt; ab 1947 Mitgl. des Präs. der VVN, später der ZL des Komitees der Antifasch. Widerstandskämpfer sowie des Buchenwaldkomitees der DDR, Mitgl. des Präs. der FIR.
Sek.-Lit.: C. Wendt, O. Jakob: R. S. Zur Geschichte der Arbeiterbew. im Bez. Halle. Halle 1985.

Sillge, Ursula 7. 1. 1946
Aktivistin der Lesben- und Schwulenbewegung
Geb. in Untermaßfeld (Thür.), Vater Angestellter, Mutter Sekr.; 1963 Facharbeiterin für Rinderzucht, 1966 Landwirtin, 1967 Lehrausbilderin, 1968 Red.; 1967–81 DBD; 1968–72 Studium der Tierprod. an der HU Berlin, 1972 Dipl.-Agraring., 1972–77 wiss. Mitarb. an der HU Berlin; ab 1978 Wohnungswirtschaftlerin, 1979/80 Protokollantin am Gericht, 1980–83 schriftst. u. publ. Tätigkeit, Engagement für Lesben u. Schwule, psychosoziale Beratung zum Problem der Homosexualität; 1983/84 Fernstudium der Soziol. an der KMU Leipzig; 1986 Initiatorin u. bis 1991 Ltr. des Berliner »Sonntags-Clubs für Lesben, Schwule u. Bisexuelle«.
1991 Gründung u. seitdem Geschäftsführung des Lila Archivs e. V.; 1992 Prom. zur Situation der Lesben in der DDR an der HU Berlin; 1993 Vors. des Frauenbeirates in Berlin-Prenzlauer Berg, 1994 Einzelkandidatin für den Bundestag im Berliner Wahlkreis Mitte/Prenzlauer Berg.
Publ.: Empfehlende Bibliogr. Homosexualität (kirchenintern). Leipzig 1985; Un-Sichtbare Frauen. Lesben u. ihre Emanzipation in der DDR. Berlin 1991.

Simon, Günther 11. 5. 1925–25. 6. 1972
Schauspieler
Geb. in Berlin, Vater Bankkaufmann; Volksschule u. Gymnasium in Berlin; 1933 erster Bühnenauftritt als Kinderdarsteller; 1942 Beginn des priv. Schauspielunterrichts, abgebrochen durch RAD, dann Wehrmacht (Fallschirmjäger); amerik. Gefangenschaft in den USA und Großbritannien, dort Auftritte in Lagertheatern.
Nach der Heimkehr 1947 Abschluß an der Schaupielschule des Hebbeltheaters Berlin; Engagements in Köthen, Schwerin, Leipzig, 1950 Berlin; zunächst Bühnengastspiele, dann, gefördert von Martin Hellberg* (Film »Das verurteilte Dorf«, 1952, R: Hellberg), vornehml. bei der DEFA tätig (rund 50 Filme); 1954 SED, NP; Rollen u. a.: 1954 u. 1955 Titelrolle in »Ernst Thälmann – Sohn seiner Klasse« u. »Ernst Thälmann – Führer seiner Klasse« (beide R: Kurt Maetzig*); 1957 »Tinko« (nach Erwin Strittmatter), »Der Lotterieschwede« (nach Martin Andersen Nexö); 1958 »Das Lied der Matrosen« (R: Kurt Maetzig), »Sonnensucher« (R: Konrad Wolf*); 1969 »Krupp u. Krause« (TV, R: Horst E. Brandt*); 1971 »KLK an PTX – Die Rote Kapelle« (R: Horst E. Brandt).

Simon, Hans-Heinrich 27. 3. 1931
Staatsratsmitglied
Vater Handwerker; Oberschule.
Geb. in Quedlinburg; 1945–48 Ausbildung zum Tischler; 1948–58 im Beruf tätig; 1951/52 Besuch der FS für angewandte Kunst u. der Meisterschule Mag-

deburg, Werkmeister; 1955–59 Fernstudium an der Ing.-Schule für Bauwesen Magdeburg, Bauing.; 1958–63 Abt.-Ltr., techn. Ltr. u. 1963–72 Vors. der PGH Holzverarbeitung Quedlinburg; 1972–79 Dir. des VEB Möbelwerk Quedlinburg, seit 1979 Stellv. des Generaldir. u. Dir. für Absatz im VEB Möbelkombinat Dessau; 1951 NDPD, 1959–61 Mitgl. des Ortsvorst., 1961–63 des Kreisvorst. Quedlinburg; 1963–67 und 1974–77 Mitgl. des Bezirksvorst. u. des Bezirksaussch. Halle, seit 1967 Mitgl. der Hauptaussch. der NDPD; 1960–72 Mitgl. des Kreisvorst. der Handwerkskammer; 1961–63 Abg. des Kreistages Quedlinburg; 1963–67 Abg. des Bez.-Tags Halle u. Vors. der Ständigen Kommission Örtl. Versorgungswirtschaft; seit 1967 Abg. der Volkskammer, 1967–71 Mitgl. des Staatsrates (Nachf. von Christian Steinmüller*), seit 1976 Stellv. des Vors. des Aussch. für Handel u. Versorgung; Mitte der 80er Jahre aus Funktionen ausgeschieden; Rentner.

Simon, Rainer 11. 1. 1941
Filmregisseur
Geb. in Hainichen (Sa.), Mutter Sekretärin; Grundschule in Hainichen, 1959 Abitur an der EOS Frankenberg; 1959–61 NVA; 1961–65 Studium an der Dt. HS für Filmkunst Potsdam-Babelsberg, Fachrichtung Regie; 1965 Regieassistent beim DEFA-Studio für Spielfilme, Arbeit mit Ralf Kirsten und Konrad Wolf*; 1968–90 dort Regisseur; SED; galt für das MfS ebenso wie Siegfried Kühn als eine der »kompliziertesten Künstlerpersönlichkeiten des Studios«, die »die skeptischste Position zum Soz. vertritt«; nat. u. intern. Preise.
Seit 1990 freier Regisseur u. Mitgl. des Vorst. des Filmverb. Brandenburg.
Werke: Episode »Gewöhnliche Leute«. In: Aus unserer Zeit (Reg. auch: H. Nitzschke, J. Kunert, K. Maetzig); S.s Filme (häufig in Zusammenarbeit mit den Kameraleuten Claus Neumann, Roland Dressel) zeugen vom Willen zu opt. Verdichtung, kreisen themat. um Fragen von Macht, Selbstbestimmung, Schuld, Verstrickung; Gegenwartsfilme: Jadup u. Boel (1981, 1988); Wie heiratet man einen König (1968, Märchen), Till Eulenspiegel (1977/74), Das Luftschiff (1982), Die Frau u. der Fremde (1984), Wengler & Söhne (1986), Der Fall Ö. (1991).
Sek.-Lit.: DEFA-Spielfilm-Regisseure u. ihre Kritiker (hrsg. von Rolf Richter*). Berlin 1981; R. S. Rebellen, Träumer u. gewöhnliche Leute. Werkstattgespräch u. Dokumentation. Aus Theorie u. Praxis des Films (hrsg. vom DEFA-Studio für Spielfilme). Potsdam 1990; Das zweite Leben der Filmstadt Babelsberg 1946–92 (hrsg. vom Filmmuseum Potsdam). Berlin 1994.

Sindermann, Horst
5. 9. 1915–20. 4. 1990
SED-Politiker, Volkskammerpräsident
Geb. in Dresden, Vater Angestellter; 1921–33 Volksschule u. Realgymnasium; 1929 KJVD; 1932/33 Unterbezirksltr. in Dresden; 1933 Verhaftung wegen illegaler Tätigkeit, acht Monate Gefängnis, nach Haftentlassung pol. Ltr. des KJVD in Dresden, 1935 erneute Verhaftung, verurteilt zu sechs Jahren Gefängnis, 1945 Zuchthaus Waldheim, KZ Sachsenhausen u. Mauthausen.
1945/46 KPD/SED; 1945–47 Chefred. der »Sächsischen Volkszeitung« in Dresden u. der »Volksstimme« in Chemnitz; 1947–49 1. SED-Kreissekr. in Chemnitz bzw. Leipzig; 1950–53 Chefred. der Ztg. »Freiheit« Halle; 1954–63 Ltr. der Abt. Agit. u. Prop. im ZK der SED; 1958–63 Kand., seit 1963 Mitgl. des ZK der SED, seit 1967 Mitgl. seines PB; seit 1963 Abg. der Volkskammer; 1963–71 1. Sekr. der SED-BL Halle (Nachf. von Bernard Koenen*); 1965 VVO in Gold; 1971–73 stellv. Vors. u. 1973–76 Vors. des Min.-Rats (Nachf. von Willi Stoph*); 1975

KMO; ab 1976 Präs. der Volkskammer (Nachf. von Gerald Götting*) u. stellv. Vors. des Staatsrats.
8.11.1989 mit dem PB, 13.11. als Präs. der Volkskammer zurückgetreten u. aus dem Staatsrat abberufen, 3.12.1989 aus der SED ausgeschlossen; Jan./Febr. 1990 U-Haft; Haftentlassung aus gesundheitl. Gründen.
Publ.: Frieden u. Soz. – Staatsdoktrin der DDR. Ausgew. Reden u. Aufsätze. Berlin 1980.

Singer, Rudolf 10.7.1915–1.11.1980
Vorsitzender des Staatlichen Komitees für Rundfunk
Geb. in Hamburg, Vater Exportkaufmann, Mutter Hausfrau (beide 1942 in Auschwitz ermordet); Realgymnasium; 1931–33 staatl. Handelsschule Hamburg, Lehre als Exportkaufmann; 1932 KJVD, 1933 KPD; Apr. – Mai 1933 Gestapo-Haft; 1934 KZ Fuhlsbüttel; 1935/36 Einkäufer u. Abt.-Ltr. im Südamerika- u. Levante-Handel der Fa. Keyaniyan & Co. GmbH Hamburg; 1936–38 verhaftet, Mai 1937 zu zweieinhalb Jahren Zuchthaus verurteilt (Zuchthaus Fuhlsbüttel); danach Ausweisung, Emigration, 1938 Italien (Genua), 1938/39 Schweiz (Zürich); 1939 zivilinterniert (Girenbad), 1940 Arbeitslager (Oberglatt); 1941 Internierungslager Thalheim; 1942 Haft wegen Wiederaufbau der verbotenen KPD, Verurteilung, interniert in versch. Lagern, u.a. Gordola (Tessin); dann in Liechtenstein; GRU-Agent; 1944/45 Sekr. der Bew. »Freies Dtl.« in der Schweiz, Zusammenarb. mit Wolfgang Langhoff.*
Sept. 1945 auf Parteibeschluß illegal nach Dtl.; 1945–49 in Nürnberg 2. Sekr. der KPD-BL u. des Sekr. vom Bez. Nordbayern, 1946 Landesltg. Bayern u. Franken; 1949/50 Chefred. der »Nordbayer. Volksztg.« in Nürnberg; 1950/51 Chefred. des KPD-Zentralorgans »Freies Volk« u. Mitgl. des Sekr. u. des PV der KPD; März 1951 aus Sicherheitsgründen auf Beschluß des ZK Übersiedlung in die DDR, Überstellung an die SED (Hintergrund: Agentenhysterie); 1951–55 stellv. Chefred., 1955/56 Chefred. der »Freiheit« Halle; 1952 VdN; 1955 zur Berichterstattung in Moskau; 1956–58 »Spezialaufträge«, lehnte geplanten Einsatz in Westdtl. ab, dann im Auftrag des ZK der KPD 1956/57 Chefred. des HV A-gesteuerten »Freiheitssender 904«, im März 1957 auf eigenen Wunsch ausgeschieden; 1957 Mitarb. des NR der NF; 1957/58 stellv. Chefred. der »Volkswacht«, Gera; 1956–63 Mitgl. der SED-BL Halle; 1958–63 wieder Chefred. der »Freiheit«, 1961 Abschluß eines fünfjährigen Fernstudiums an der PHS; 1963–66 Ltr. der Abt. Agit. beim ZK der SED (Nachf. von Horst Sindermann*) u. stellv. Vors. der Agit.-Kommission beim PB, danach Mitgl. der Kommission; 1966–71 Chefred. der Ztg. »Neues Dtl.« (Nachf. von Hermann Axen*); seit 1967 Mitgl. des ZK der SED u. des Zentralvorst. des VDJ; 1969 VVO in Gold, 1970 Verleihung der Verdienstmedaille der NVA in Silber durch Erich Mielke* anläßl. des 20. Jahrestags der Bildung des MfS; 1971–80 Vors. des Staatl. Komitees für Rundfunk (Nachf. von Reginald Grimmer*) u. stellv. Vors. der OIRT (Organisation Internationale de Radiodiffusion et Télévision); 1971 Abg. der Volkskammer; 1975 Verdienstmedaille des MfS, Ehrenspange zum VVO in Gold; 1976 Vors. der Parl. Freundschaftsgruppe DDR-Indien, Mitgl. im Aussch. für Auswärtige Angelegenheiten; 1980 KMO; Mitgl. der ZL des Komitees der Antifasch. Widerstandskämpfer.

Singhuber, Kurt 20.4.1932
Industrieminister
Geb. in Wien, Vater Arbeiter; 1942–50 Oberschule, Abitur; 1945 Mitgl. eines Antifa-Jugendaussch., 1946–60 FDJ, 1949–51 Vors. der Ortsgruppe Wildau;

1950/51 Praktikant im VEB ABUS Wildau, Facharbeiterabschluß als Maschinenschlosser; 1951 SED; 1951/52 Studium an der TH Dresden u. 1952–57 am Metallurg. Inst. in Dnepropetrowsk (UdSSR), Dipl.-Ing.; 1957/58 Konstrukteur, 1958/59 Ltr. des Konstruktionsbüros, 1957–61 Techn. Dir. im VEB Schwermaschinenbau »Heinrich Rau« Wildau; ab 1958 Mitgl. des Zentralen Arbeitskr. für Forschung u. Technik »Walzwerkausrüstungen« u. ab 1963 des Zentralen Arbeitskr. »Eisen« des Forschungsrats der DDR; bis 1961 Fernstudium an der HfÖ Berlin-Karlshorst, Dipl.-Wirtsch.; 1961–64 außerplanmäßiger Aspirant u. Lehrbeauftragter an der TH »Otto von Guericke« Magdeburg; 1961–65 Techn. Dir. bzw. Werkdir. des VEB Schwarzmetallurgieprojektierung Berlin; 1966/67 Stellv. des Min. für Erzbergbau, Metallurgie u. Kali; ab 1966 ao. Mitgl. des Forschungsrats u. Ltr. der DDR-Delegation in der Ständigen Kommission für Schwarzmetallurgie im RGW; Juli 1967 – Nov. 1989 Min. für Erzbergbau, Metallurgie u. Kali; 1967 Prom. zum Dr.-Ing. an der TH Magdeburg, 1968–73 Fernstudium an der PHS, Dipl.-Ges.-Wiss.; 1974 VVO in Gold; Nov. 1989 – März 1990 Min. für Schwerindustrie.

Sitte, Willi 28. 2. 1921
Maler, VBK-Präsident
Geb. in Kratzau (Kr. Reichenberg, ČSR), Vater Bauzimmermann u. Landarbeiter, Mutter Bäuerin; 1927–35 Volks- u. Bürgerschule Kratzau, 1935–40 Kunstschule des nordböhm. Gewerbemuseums Reichenberg; anschl. bis 1940/41 Meisterschule für monument. Malerei »Hermann Göring« in Kronenburg (Eifel), Lehrer Werner Peiner; 1941–44 Kriegsdienst in der Wehrmacht (Obergefr.); 1944/45 antifasch. Widerstandskampf bei ital. Partisanen in Montecchio; 1945/46 in Mailand freischaff., Gaststud. der Brera Akad. Mailand, erste Ausstellung.
1946 Rückkehr in die ČSR (Kratzau), dort Mitarb. im Antifa-Ausschuß; Aussiedlung; 1946–49 freischaff. Maler in Heiligenstadt u. Halle; Jan.1947 SED; 1949–52 freischaff. Maler u. Lehrbeauftragter am Inst. für künstler. Werkgestaltung Halle; 1951/52 Parteisekr., 1952–59 Dozent an der HS für Industrielle Formgestaltung Halle/Burg Giebichenstein, hier 1959–64 Wahrnehmungsprof., 1964–72 Prof. mit Lehrauftrag; ab 1965 Mitgl. des Zentr.-Vorst. des VBK; 1969 Mitgl. der DAK; 1969–71 Dir. der Forschungs- u. Entwicklungsstelle für künstler. Baugestaltung; 1970–74 Vizepräs., 1974–88 Präs. des VBK, ab Okt. 1988 Ehrenpräs.; 1972/73 Prof. mit künstler. Tätigkeit ab 1973 ord. Prof., 1973–86 Dir. der Sekt. Bildende u. Angew. Kunst an der HS für Industrielle Formgestaltung Halle/Burg Giebichenstein; 1974–88 Ltr. einer Meisterklasse an der HS für bildende Künste Dresden; 1971 Goldmedaille der Intern. Grafikbiennale; 1974 KMO; 1976–89 Abgeordneter der Volkskammer; ab 1976 Mitgl. der Kulturkommission beim PB des ZK; 1979 NP I. Kl.; 1981 VVO in Gold; 1984 Mitgl. des Weltfriedensrats; 1986–89 Mitgl. des ZK der SED.
Werke u. a.: Aufmarsch der Lanzenmänner (1952), Hochwasserkatastrophe am Po (1952, 1954), Elternbildnisse (1962, 1963, 1966/67), Die Überlebenden (1963), Rufer II (1964), Liebespaar (1967), Leuna 1921 (1968), Mensch, Ritter, Tod u. Teufel (1969/70), Im Leichtmetallwerk (1977), Mein Atelier – Courbet gewidmet (1977), Gefahr der manipulierten Vergeßlichkeit (1982), Landsauna (1986/87).
Sek.-Lit.: Hütt, Wolfgang: W. S. Dresden 1972; Hütt, Wolfgang: W. S. Maler u. Werk. Dresden 1976.
Werk-Kataloge: Kunsthalle Rostock 1971; Kunstverein Hamburg 1975;

Staatl. Galerie Moritzburg Halle 1981; Staatl. Kunsthalle Berlin (West) 1982; W. S. Epochenbilder. Gemälde. Zeichnungen. Druckgrafik. Staatl. Museen zu Berlin, Nationalgalerie Berlin 1986.

Slupianek, Ilona, geb. Schoknecht, verh. Briesenick 24. 9. 1956
Leistungssportlerin (Leichtathletik)
Geb. in Demmin (Meckl.), Beginn mit dem Training der Leichtathletik im Alter von 14 Jahren, ab 1971 bei Dynamo Potsdam (Trainer: Willi Kühl); Spezialdisz.: Kugelstoßen; 1972 Spartakiadesiegerin; 1976–90 SED; 1977–81 für die FDJ Abg. der Volkskammer; 1978 EM; 1980 Olympiasiegerin; 1984 Beendigung der sportl. Laufbahn, Sachbearb. beim SC Dynamo Berlin; Versuch eines Comebacks in Vorbereitung auf die Olymp. Spiele 1988 ohne Erfolg.
1990 nach Auflösung des SC Dynamo Berlin arbeitslos; verheiratet mit dem ehemaligen Kugelstoßer Hartmut Briesenick (EM 1971).

Sobottka, Gustav 12. 7. 1886–6. 3. 1953
Präsident der Zentralverwaltung für Brennstoffindustrie
Geb. in Turowen (Ostpr.), Vater Bergarbeiter; dort u. in Röhlinghausen (Kr. Gelsenkirchen) Volksschule; 1901–05 Arbeiter im Ruhrbergbau; 1905–08 Militärdienst; 1908–14 Bergmann; 1909 Verb. der Bergarbeiter Dtl., 1910 SPD, 1911–14 Gewerkschafts- u. Parteifunktionen auf örtl. Ebene, anschl. bis 1918 Militärdienst; 1918 USPD, 1919/20 Betriebsratsvors.; 1920 KPD; Teiln. am III. u. IV. Weltkongreß der KI u. an allen Kongressen der RGI; 1921–28 Ltr. der Industriegruppe Bergbau in der Gewerkschaftsabt. der Zentrale bzw. des ZK der KPD; 1921–32 Abg. des Preuß. Landtags; 1924/25 Mitgl. der Bez.-Ltg. Ruhr der KPD; 1928–35 Ltr. des Intern. Komitees der Bergarbeiter in Berlin, seit 1933 in Saarbrücken u. seit 1935 Paris; 1929 Mitbegründer u. Mitgl. der Reichsleitung der RGO; 1932 Mitgl. der Bez.-Ltg. Berlin-Brandenburg-Lausitz der KPD u. Mitarb. des westeur. Büros der KI; 1935–38 Ltr. des Sekr. für intern. Verbindung der Bergarbeitergewerkschaften bei der RGI in Moskau, danach beim ZR der sowj. Gewerkschaften; seit 1938 tätig bei Presse u. Rundfunk in Moskau, seit 1941 Arbeit unter dt. Kriegsgefangenen; 1943 Mitbegr. des NKFD; 1944/45 Mitarb. an programmat. Dokumenten für die Nachkriegszeit.
6. 5. 1945 Rückkehr nach Dtl. als Ltr. der KPD-Gruppe für Mecklenburg-Vorpommern; Mitunterz. des Aufrufs der KPD vom 11. 6. 1945; Juni – Nov. 1945 Vors. der Landesltg. Mecklenburg-Vorpommern der KPD u. Mitgl. des prov. ZK der KPD; 1945–47 Vizepräs., 1947/48 Präs. der ZV für Brennstoffindustrie, 1948/49 Ltr. der HV Kohle bei der DWK, 1949–51 im Min. für Schwerindustrie; Apr. 1951 Pensionierung, danach tätig bei der Ausbildung des Bergarbeiternachwuchses.

Sölle, Horst 3. 6. 1924
Außenhandelsminister
Geb. in Leipzig, Vater Stellmacher; Mittelschule; 1940–42 kaufm. Lehre, Industriekaufmann; 1942 Wehrmacht, Uffz. in einem Grenzregt.; 1944/45 sowj. Gefangenschaft.
1945 Rückkehr nach Dtl., Gepäckarbeiter bei der Dt. Reichsbahn (Hbf. Leipzig); 1945/46 SPD/SED; 1946–50 Studium der Wirtschaftswiss. an der Univ. Leipzig, Dipl.-Wirtsch.; 1950–52 Instrukteur im Verkehrsmin.; 1952–62 Instrukteur, Sektorenltr. Außenhandel u. Ltr. der Abt. Handel, Versorgung u. Außenhandel des ZK der SED; 1963–65 Staatssekr. und 1. Stellv. Außenhandelsmin., 1965–86 Min. für Außenhandel u. Innerdt. Handel, ab 1967 Studium am ZI für soz. Wirtsch.-Führung beim ZK der SED; 1963–76 Kand., 1976–89 Mitgl.

des ZK der SED; 1974 VVO in Gold; 1988 Ständiger Vertreter der DDR im RGW; Nov./Dez. 1989 Rücktritt mit der Reg. Stoph* u. dem ZK der SED.

Solta, Jan 30.5.1921
Historiker
Geb. in Parchwitz (Kr. Liegnitz, Schles.), aufgewachsen bei Verwandten in Höflein (Kr. Kamenz), Vater Landwirt; 1935–37 poln. Privatgymnasium in Beuthen (Oberschl.), 1937–40 Gymnasium in Bautzen; Kriegsdienst.
1945/46 Studium der Medizin in Prag, 1946/47 hauptamtl. Funktionär der nat. Org. der Sorben Domowina, SED; 1947–51 Studium der Rechtswiss. (Wrocław), Wirtschaftswiss. (Poznan) u. Geschichte (Leipzig), Abschluß als Dipl.-Wirtsch.; 1950–69 Mitgl., 1950–53 sowie 1956–58 1. Sekr. des Bezirksvorst. der Domowina; seit 1954 Mitarb. im Akadem. Inst. für sorb. Volksforschung (IfsV) Bautzen (heute Sorb. Inst. e. V.); 1956 Prom. an der Wirtschaftswiss. Fak. der HU Berlin mit einer Arbeit über die Ertragsentw. in der Landw. des Klosters Marienstern; 1967 Habil. an der Philosoph. Fak. der WPU Rostock mit einer Studie über die Bauern der Lausitz; 1954/55 u. 1958–76 stellv. Dir. u. zeitw. Parteisekr., zugl. bis 1986 Ltr. der Abt. Geschichte, anschl. bis 1988 wiss. Mitarb. des IfsV; 1960–70 Red. der Reihe B »Geschichte des Lětopis« des IfsV, 1962–68 u. 1972–88 Mitgl. des Präs. der Historiker-Ges. der DDR sowie 1975–88 des Nationalkomitees der Historiker, Mitgl. der Intern. Kommission für slaw. Studien (CIES) beim Intern. Komitee der Geschichtswiss. (CISH), 1970–80 u. 1985–88 dessen Vizepräs., zwischenzeitl. Präs.-Mitgl.; seit 1989 im Ruhestand.
In seinen Arbeiten formulierte S. ausgehend vom marxist.-leninist. Geschichtsverständnis Thesen zur kleinbürgerl.-nat. Begrenztheit der sorb. Bew. u. Kulturentw. im 19. u. 20. Jh., er publizierte eine Reihe konzeptioneller Aufsätze über den Platz der sorb. Geschichte im Geschichtsbild der dt. Arbeiterklasse u. ist Autor des Abrisses der sorb. Geschichte (Bautzen 1976); wiss. Hauptwerk ist eine vierbändige Gesamtdarstellung der Geschichte der Sorben (Bautzen 1974–79) (Red. u. Autor des Halbbd. 2/I – Sorb. Geschichte von 1789 bis 1871).
Publ.: Wirtschaft, Kultur u. Nationalität. Bautzen 1990 (mit Bibliogr.).

Solter, Friedo 24.7.1932
Schauspieler, Regisseur
Geb. in Reppen (Schles.), Vater kaufm. Angestellter; 1952–55 Ausbildung an der Staatl. Schauspielschule Berlin; Hospitationen im Berliner Ensemble bei Proben von Brecht*; 1955/56 Schauspieler am Bergarbeitertheater Senftenberg; 1956–59 Schauspieler u. Regisseur in Meiningen, erste Inszenierung 1957 »Moral«; 1959–70 Schauspieler u. Regisseur am Dt. Theater in Berlin (DT); 1968 NP 2. Kl.; 1969–90 Mitgl. der AdK, Austritt; 1971/72 Regisseur u. Schauspieler beim DFF; seit 1972 erneut am DT, 1974–91 Doz. am Inst. für Schauspielregie »Ernst Busch« Berlin, 1982 Titularprof.; 1984–91 Künstler. Ltr., Regisseur u. Schauspieler am DT; seit 1991 dort Schauspieler u. Regisseur; 1989 NP 2. Kl.
Inszenierungen am DT u.a.: 1964 »Unterwegs« von V. Rosow (zus. mit Dieter Mewes), 1966 »Der Stellvertreter« (zus. mit Dieter Mewes), 1966, 1987 »Nathan der Weise«, 1971 »König Lear«, 1974 / »Sturm«, 1975 »Torquato Tasso«, 1977 »Das Schwitzbad«, 1978 »Die Galoschenoper« von Heinz Kahlau* (UA), 1984 »Wallenstein-Trilogie«, 1985 »Das Leben ist Traum«, 1986 »Egmont«, 1987 »Fliegen«, 1987 »Philotas«, 1988 »Transit Europa« von Volker Braun* (UA), 1990 »Nachtasyl«, 1994 »Der Kyklop«; Gastinszenierungen u.a. in Alma-Ata (»Fiesco«, 1990), Erfurt (»Der Besuch der

alten Dame«, UA 1978; »Mann ist Mann«, 1981), Darmstadt (»Nathan der Weise«, 1985; »Die Schlacht« 1986), Madrid (»Mann ist Mann«, 1981), Salzburg (»Lumpacivagabundus«, 1989), an der Kom. Oper Berlin (»The Rake's Progress«, 1979); Darsteller in Fernsehinszenierungen u. a. in »Dantons Tod« (1977) u. DEFA-Filmen.
Sek.-Lit.: Porträt F. S. In: Theater heute 5/1980.

Sommer, Günter (»Baby«) 25. 8. 1943
Jazzmusiker
Geb. in Dresden; Abitur; Studium an der HS für Musik »Carl Maria von Weber« Dresden (Abt. Tanzmusik, Schlagzeug); 1963–68, 1969/70 Klaus-Lenz-Band; 1967–74 Schlagzeuger im Friedhelm-Schönfeld-Trio; 1968/69 Manfred-Ludwig-Sextett; 1969 Tournee in Schweden; 1970 Jazzfestival Prag; 1971–73 SOK; 1973–75 Synopsis, 1973 Jazz Jamboree Warschau (auch 1977), Beginn der Duo-Arbeit mit Ulrich Gumpert*; 1974 u. 1975 Jazz-Tage Nagykanizsa (Ungarn); ab 1974 Zusammenarbeit mit Ernst-Ludwig Petrowsky*; 1975 und 1977 Warschauer Herbst; ab 1975 Zusammenarbeit mit Hans-Karsten Raecke; ab 1976 mit Domorganist Hans-Günther Wauer (LP »Dedication«, 1981; »Verschränkte Konstruktion«, 1986); 1977 Jazzbühne Berlin, »Jazz in der Kammer Nr. 100« in Berlin; ab 1977 Solokonzert mit »Hörmusik« (1979 Berliner Jazztage, LP; LP »Hörmusik Zwei«, 1983; CD »Hörmusik III: Sächs. Schatulle«, 1988 u. 1992), ab 1979 Trio mit Leo Smith u. Peter Kowald; 1980 Wuppertaler Free Jazz Workshop; 1982 Tournee in Japan, Quartett MLDD4; 1984 Taktlos Festival Zürich (auch 1988); ab 1984 Zentral-Quartett (LP, 1990 JazzFest Berlin); 1986 New Jazz Festival Moers; 1987/88 Mitgl., 1989/90 Ltr. des Jazzorchesters der DDR (1990 JazzFest Berlin); 1988 »Jazz in der Kammer« in Berlin mit Cecil Taylor; Aufnahmen u. Auftritte mit Peter Brötzmann, Albert Mangelsdorff, Hans Rempel, Irene Schweizer, Barre Philips u. a.

Sommer, Manfred 10. 8. 1932
Leiter des Zentralen Operativstabes des MfS
Geb. in Dresden, Vater Kaufmann, Mutter Verkäuferin; Volksschule; 1947 Lehre, danach Arbeit als Buchdrucker; 1952 SED; Einstellung beim MfS, Kreisdienststelle Großenhain; 1953/54 Einjahreslehrgang an der Schule des MfS Potsdam-Eiche; 1954 Versetzung zur HA V (Staatsapparat, Kultur, Kirchen, Untergrund) des MfS Berlin; 1960/61 BPS Cottbus; 1970 Versetzung zum Zentralen Operativstab (ZOS), 1980 dort Stellv. des Ltr.; Oberst; 1985 Ltr. des ZOS; Jan. 1990 Entlassung.

Sommer, Reinhard 13. 7. 1921
Gewerkschaftsfunktionär
Geb. in Köppelsdorf (Kr. Sonneberg, Thür.), Vater Arbeiter; Volksschule; 1936–39 Ausbildung zum Bau- u. Maschinenschlosser; 1939–41 Mechaniker u. Einrichter; ab 1941 Kriegsdienst (Luftwaffe), Uffz., 1945 Gefangenschaft und Flucht.
1945 FDGB, SPD, 1946 SED; 1945–47 Werkzeugmacher, Werkmeister; ehrenamtl. Gewerkschaftsfunktionen, u. a. Mitgl. des FDGB-Ortsvorst. Sonneberg; 1947/48 Sekr. des Gebietsvorst. Sonneberg u. Mitgl. des Landesvorst. Thüringen der IG Metall; Mitgl. des Sekr. der SED-KL Sonneberg; 1948/49 Vors. des FDGB-Kreisvorst. Sonneberg; 1949/50 Studium an der PHS; anschl. bis 1952 Instrukteur u. Abt.-Ltr. des FDGB-Bundesvorst.; 1952–57 stellv. Vors. des Zentralvorst. der IG Metallurgie; 1957–59 BGL-Vors. im VEB Berliner Metallhütten- u. Halbzeugwerke; 1959–61 Mitgl., dann Vors. des Bezirksvorst. Berlin der IG Metall; 1960–62 Fernstudium an der Ing.-Schule für Maschinenbau u. Elek-

trotechnik Berlin-Lichtenberg, Techniker, 1962–64 Studium an der KMU Leipzig, Dipl.-Wirtsch.; 1961–88 Vors. des Zentralvorst. der IG Metall, 1961–89 Mitgl. des FDGB-Bundesvorst., 1961–88 Mitgl. des Präs.; 1961–78 Vizepräs. u. 1978–89 Präs. der Intern. Vereinigung der Gewerkschaften der Metallarbeiter im WGB, 1978–89 Mitgl. des Generalrats des WGB; 1976–89 Abg. der Volkskammer, 1981–89 stellv. Vors. der FDGB-Fraktion; 1981 VVO in Gold; 1988/89 Vors. der Veteranenkommission beim FDGB-Bundesvorst.

Sorgenicht, Klaus 24. 8. 1923
SED-Funktionär
Geb. in Wuppertal, Vater Musiker; Volksschule u. Handelsberufsschule; Ausbildung u. Tätigkeit als kaufm. Angestellter; Soldat, 1944 sowj. Gefangenschaft, Mitarb. im NKFD.
1945 Rückkehr nach Dtl., KPD; 1945/46 Bürgermeister bzw. OB in Güstrow; 1946–49 Landrat in Güstrow, 1949–51 Ltr. der Abt. Staatl. Verwaltung, 1950 Ltr. der Abt. Personalangelegenheiten im Min. für Innere Verwaltung des Landes Mecklenburg; 1951/52 HA-Ltr. im Min. des Innern der DDR, 1952–54 HA-Ltr. in der Koordinierungs- u. Kontrollstelle für die Arbeit der Verwaltungsorgane der DDR; 1954–89 Ltr. der Abt. Staats- u. Rechtsfragen des ZK der SED; 1955–59 Fernstudium an der DASR, Dipl.-Staatswiss.; 1958 – März 1990 Mitgl. der Volkskammer, 1963–67 Mitgl. des Verfassungs- u. Rechtsaussch., 1967–69 in dessen Ältestenrat u. Fraktionsvors.; 1963–Jan. 1990 Mitgl. des Staatsrats; 1968 Prom. zum Dr. rer. pol.; 1973 VVO in Gold, 1983 KMO; 1990 Ruhestand.
Publ.: Staat, Recht u. Demokratie nach dem IX. Parteitag der SED. Berlin 1976; Unser Staat in den achtziger Jahren. Berlin 1982.

Spaar, Dieter 21. 9. 1933
Präsident der AdL
Geb. in Salza (Thür.), Vater Arbeiter; Oberschule; 1950 SED; 1952/53 Biologiestudium an der FSU Jena, 1953–58 Studium an der Timirjasew-Akad. Moskau, Dipl.-Landwirt für Pflanzenschutz, 1958 Prom. bei M. S. Dunin über die serolog. Analyse zur Diagnostik von Viruskrankheiten; 1958/59 wiss. Mitarb. am Inst. der DAL für Kartoffelzüchtung Groß Lüsewitz; 1959–70 Mitarb., dann Sektoren- bzw. HA-Ltr. im Staatssekr. bzw. Min. für Hoch- u. Fachschulwesen, 1964–68 nebenamtl. Doz., 1968 Prof. für Pflanzenschutz u. Phytopathol. an der HU Berlin; 1970–72 Dir. des Inst. der DAL für Phytopathol. Aschersleben, ab 1972 Ord. Mitgl. der AdL, 1972–77 Dir. für Pflanzenproduktionsforschung; seit 1972 Chefred. des Archivs für Phytopathol. u. Pflanzenschutz; 1977–87 Vizepräs. bzw. 1. Vizepräs. der AdL, Vors. der Sekt. Resistenzforschung u. -züchtung; ab 1968 Mitgl. des Rats für landw. Prod. und Nahrungsgüterwirtschaft, 1974–89 Mitgl. der Ltg. des interministeriellen Rats für wiss. Vorlauf für die Land- und Nahrungsgüterwirtschaft, 1974–88 Mitgl. des Präs. der Agrarwiss. Ges., 1977–87 Mitgl. des Wiss. Beirats Agrarwiss. beim Min. für Hoch- u. Fachschulwesen u. des Wiss. Rats Biowiss. der AdW, ab 1982 Mitgl. des Forschungsrats der DDR, 1978–88 Mitgl., ab 1983 Vors. der Ständigen Arbeitsgruppe »Beratung der Wissenschaftler« der Kommission Landw. des RGW; Dr. h.c. der HU Berlin u. der Gartenbauuniv. Budapest, Ausw. Mitgl. der Poln. AdW; Juli 1987 – Juni 1990 Präs. der AdL (Nachf. von Erich Rübensam*); anschl. bis Dez. 1990 amt. Präs., danach Warteschleife.
Seit 1991 Dir. für landw. Technol. u. Pflanzenschutz der Berliner Org. für Agrar- und Ernährungswirtschaft mbH, einer Beratungsfirma, die insbes. in der GUS aktiv ist.

Publ.: Pflanzliche Virol. 5 Bde. (mit K. Schmelzer). Berlin 1977/78; Bakterielle Erkrankungen der Kulturpflanzen (mit H. Kleinhempel u. K. Neumann). Jena 1989; Resistenz von Kulturpflanzen gegen pflanzenpathogene Viren (Mitautor). Jena 1993.

Spangenberg, Max (»Beule«)
2. 11. 1907–27. 3. 1987
Leiter des Arbeitsbüros der Westkommission des Politbüros
Geb. in Berlin, Pflegevater Hutmacher; Volksschule, Hilfsarbeiter, 1924–29 Feinmechanikerlehre bei der AEG Berlin; 1930–32 KJVD-Funktionär in Berlin, Halle u. Düsseldorf, 1932/33 pol. Mitarb. des EKKI der KJI in Moskau, 1933/34 Org.- u. Pol. Ltr. des KJVD in Berlin, 1934/35 pol. Mitarb. des ZK des KJVD in Prag, auf der sog. Berliner KJVD-Reichskonferenz in Moskau ins ZK gewählt, 1935 Teiln. am 6. KJVD-Weltkongreß in Moskau; 1936 fünf Monate Haft in Prag; 1937/38 Teiln. am span. Bürgerkrieg, Red. bei Radio Barcelona, dann Mitgl. des Parteikomitees der XI. Intern. Brigade; 1939 auf Parteibeschluß zur Abschnittsltg. Nord nach Kopenhagen als Red., illegale Arbeit, Red. bzw. Chefred. der »Dt. Nachrichten«, nach Bildung des Landeskomitees der KPD dessen Mitgl.
Febr. 1946 Rückkehr nach Dtl. (SBZ); 1946–49 Red. der Ztgn. »Dt. Volksztg.« u. »Neues Dtl.«, Juli 1949 Red., dann Chefred. von »Dtl. Stimme«; von Rudolf Herrnstadt* u. a. als »Oppositioneller« aus seinen Funktionen gedrängt; 1951 Chefred. der »Berliner Ztg.«; 1952 Mitarb. im SED-Apparat, stellv. Abt.-Ltr. bzw. Ltr. des Arbeitsbüros der Westkommission des PB bis zur Auflösung 1971, danach wiss. Mitarbeiter am IML; 1967 VVO in Gold, 1972 KMO, Ehrenspange zum VVO in Gold.
Publ.: Antifasch. Kampf dt. Kommunisten in Dänemark (Erinnerungen). In: Beiträge zur Geschichtswissenschaft, 1977.

Sparwasser, Jürgen 4. 6. 1948
Leistungssportler (Fußball)
Geb. in Halberstadt; seit 1958 Fußballspieler, zunächst bei Lok Halberstadt, ab 1965 beim 1. FC Magdeburg, 1969–77 Nationalspieler; 1972 Olympia-Dritter, 1974 WM-Sechster (Torschütze des legendären 1:0 im Spiel DDR–Bundesrep. Dtl. in Hamburg) u. Sieger im Europapokal der Pokalsieger, 1976 Olympiasieger; 111 Tore in 271 Oberligaspielen, 15 Tore in 53 Länderspielen; 1979 Beendigung der leistungssportl. Laufbahn; nach Abschluß eines Studiums an der DHfK Leipzig 1980–88 Sportlehrer an der PH Magdeburg; 1988 anläßl. eines Fußballspieles Übersiedlung in die Bundesrep. Dtl., bis 1990 Amateurtrainer bei Eintracht Frankfurt, 1990/91 Trainer bei Darmstadt 98 (2. Bundesliga).

Spickermann, Wolfgang 25. 9. 1945
Chefredakteur der Zeitung »Neues Deutschland«
Geb. in Schönermark (Kr. Kyritz); Vater gefallen, Mutter Angestellte; Oberschule, Abitur; 1965/66 Ausbildung als Kraftfahrer, 1966–71 Physikstudium an der HU Berlin, Dipl.-Physiker; 1967 SED; ab 1971 Mitarb., ab 1981 Ltr. der Red. Wiss. des SED-Zentralorgans »Neues Dtl.« (ND); 1974 Prom. zum Dr. phil. an der HU Berlin mit einer Diss. über kosmolog. Weltmodelle; 1974–90 Mitgl. im VDJ; ab Nov. 1989 ND-Chefred.
Publ.: Kosmologie u. die Legende vom Schöpfungsakt. Berlin 1978; Urknall, Quarks, Kernfusion. Leipzig 1986.

Spielmann, Georg
9. 10. 1908–4. 1. 1985
Leitender Sekretär des Komitees der Antifaschistischen Widerstandskämpfer
Geb. in Königsberg, Vater Arbeiter; Volksschule; 1922 KJVD, 1928 KPD;

1933 illegaler Widerstand; KZ, in den letzten Kriegsmonaten Wehrmacht, Übertritt zur Roten Armee.
Mitarb. im Generalsekr. der VVN, seit 1953 im Komitee der Antifasch. Widerstandskämpfer, 1954–71 Sekr. bzw. Leitender Sekr. des Komitees, anschl. Mitgl. des Präs. seiner ZL; Vizepräs. der FIR, Mitgl. des Präs. der Liga für Völkerfreundschaft u. des NR der NF.

Spies, Leo 4. 6. 1899–1. 5. 1965
Komponist
Geb. in Moskau, Vater dt. Vizekonsul u. Kaufmann; Dt. Petri-Pauli-Gymnasium in Moskau; Kompositionsstudium 1913–15 in Moskau, 1915/16 in Dresden, 1916/17 an der HS für Musik Berlin; 1917/18 Soldat; 1921 priv. Kompositionsstudium bei Ernst Krenek; 1924–28 Kapellmeister am Stadttheater Rostock; 1929–35 Dirigent u. musikal. Ltr. des Balletts der Staatsoper Berlin; 1935–44 Kapellmeister am Dt. Opernhaus Berlin.
1945–47 Kapellmeister an der Städt. Oper Berlin; seit 1954 freischaff.; 1951 Gründungsmitgl. des VDK, 1951–54 Vors. des Bezirksverb. Berlin; 1952 DAK, 1954 hier Ausbildung von Meisterschülern, bis 1965 Sekr. der Sekt. Musik; 1953 Goethe-Preis der Stadt Berlin; 1956 NP; 1959 Prof.; komponierte in allen musikal. Genres, z. B. sinfon. Musik, u. a. zwei Sinfonien, Ballette, u. a. »Apollo u. Daphne«, »Don Quijote«, in den 50er Jahren bes. pol. Massenlieder, später Kindermusik.

Spülbeck, Otto 8. 1. 1904–21. 6. 1970
Katholischer Bischof
Geb. in Aachen, Vater Kaufmann, 1923 Abitur, 1923–24 Studium der Naturwiss. in Bonn, 1924–29 Studium der Philos. u. Theol. in Innsbruck u. Tübingen, Prom. zum Dr. phil.; 1930 Priesterweihe in Bautzen, 1930–37 Kaplan in Chemnitz u. Leipzig, 1937–45 Pfarrer in Leipzig.
1945–55 Propst von Leipzig, 1951–55 Geschäftsführer des kath. St. Benno-Verlags in Leipzig; Juni 1955 Ernennung zum Koadjutor u. Weihbischof der Diözese Meißen, Dez. 1955 Apostol. Administrator des Bistums Meißen, 1958 Bischof des Bistums Meißen; 1969/70 Präs. der Diözesansynode des Bistums Meißen.
Publ.: Der Christ u. das Weltbild der modernen Naturwiss. Berlin 1948.

Stade, Martin 1. 9. 1931
Erzähler
Geb. in Haarhausen bei Arnstadt (Thür.), Vater Maurer; Lehre als Rundfunkmechaniker; bis 1958 hauptberufl. FDJ-Funktionär, u. a. Lehrer an einer Schule des ZR der FDJ; 1958–69 u. a. als Dreher u. Kranführer tätig; seitdem freischaff. Schriftst.; 1971/72 Studium am Inst. für Lit. »Joh. R. Becher« in Leipzig; Nov. 1976 nach Protest gegen die Ausbürgerung Wolf Biermanns* Ausschluß aus der SED u. Austritt aus dem Schriftstellerverb. der DDR; lebt zurückgezogen auf einem Vorwerk im Oderbruch.
Publ.: Der König u. sein Narr. Berlin 1974; Der närr. Krieg. Berlin 1981; Die scharf beobachtenden Stare u. andere Erzählungen. Berlin 1992.

Stahl, Wilhelm 23. 10. 1900–20. 1. 1980
Tierzüchter
Geb. in Hilbeck (Westf.), Vater Gastwirt u. Landwirt; Gymnasium; 1920–23 Studium der Landw. u. der Staatswiss. in Gießen und Göttingen, Dipl.-Landwirt; 1924 Prom. zum Dr. phil. bei Franz Lehmann mit einer Diss. zur biol. Wertigkeit verdaul. Stickstoffsubstanzen in der Schweinemast; 1925–27 landw. Praxis; 1928 stellv. Dir., 1930 Dir. der Versuchs- u. Forschungsanstalt für Schweinehaltung in Ruhlsdorf; 1933 SA u. NSDAP; 1937 nach der Verstaatlichung der Versuchsanstalt Verleihung des Prof.-Titels; 1944/45 nebenamtl. Geschäftsführung

für den Reichsaussch. für Schlachtviehversorgung beim Reichsbauernführer u. für den Reichsverb. Dt. Schweinezüchter.
Apr. 1945 Internierung durch die sowj. Besatzungsmacht, ab 1947 in Sibirien, dort als Sanitäter bzw. Feldscher tätig; nach der Rückkehr 1950 Fachlektor beim Dt. Bauernverlag in Berlin; 1951–57 Prof. mit Lehrstuhl, Dir. des Tierzuchtinst. der Veterinärmed. Fak. sowie des Inst. für Tierzüchtung u. Haustiergenetik der Landw.-Gärtner. Fak. u. zweier Versuchsgüter der HU Berlin; 1952 Ord. Mitgl. der DAL, 1953 Dir. des DAL-Inst. für Tierzuchtforschung Dummerstorf, Sekretar der Sekt. Tierzüchtung u. Tierernährung, Mitgl. der Kommission für LPG; ab 1953 glz. Lehrbeauftragter, 1957–66 Prof. mit Lehrstuhl u. Dir. des Inst. für Tierzucht an der Univ. Rostock; 1954 NP; 1959 Dr. h.c. der KMU Leipzig; 1961 zum vorzeitigen Rücktritt als Dir. des DAL-Inst. in Dummerstorf gedrängt, 1965 als DAL-Mitgl. em.; 1970 Unterbindung der von der WPU Rostock zum 70. Geburtstag geplanten Ehrenprom.; März 1990 Rehabilitierungsbeschluß des AdL-Plenums zur Ablösung als Institutsdir.
Mitgl. mehrerer zentraler Gremien, u. a. des Zentralen Beirats für LPG beim Min.-Rat u. des wiss. Beirats beim Staatssekr. für HFS-Wesen; Hrsg. der Ztschr. »Tierzucht« (ab 1950) u. »Archiv für Tierzucht« (1958); zahlr. Publ. zu Tierzucht u. Tierernährung, bes. zur Schweinehaltung.

Stahlmann, Richard (eigtl. Artur Illner)
15. 10. 1891–25. 12. 1974
MfS-Abteilungsleiter
Geb. in Königsberg (Ostpr.), Vater Zimmermann, Mutter Hausfrau; Volksschule, Tischlerlehre; 1905 SAJ; 1905–10 Tischler in Königsberg; 1910–14 Wanderschaft; 1911 Militärdienst, 1914–17 Soldat, brit. Gefangenschaft; 1919 KPD, Gewerkschafts- u. Parteiarb., 1923/24 Ltr. des mil.-pol. Apparats der KPD; nach der Niederlage des KPD-Aufstands im Okt. 1923 Emigration in die UdSSR; sowj. Staatsbürgerschaft u. KPdSU(B)-Mitgl. (bis 1940); 1924/25 mil.-pol. Lehrgang in Moskau (Spezialschule der KPdSU), nach Beendigung in der 4. Abt. der GRU; illegale Einsätze in Frankreich, England, Holland, China u. der ČSR; 1931/32 Lenin-Schule in Moskau; 1932–36 Sekr. von Dimitroff, Balkanarbeit der KI in Berlin u. Paris; Teilnahme am Kantoner Aufstand in China; 1934–36 in Moskau; 1936–39 Teiln. am Span. Bürgerkrieg auf seiten der Rep., Kdr. eines Partisanenbat.; 1938–40 Fortführung der Balkanarbeit, 1940 in Stockholm gemeinsam mit Herbert Wehner u. Karl Mewis* in der Auslandsltg. der KPD; nach der Verhaftung Wehners bis Kriegsende in einem Versteck in der Nähe von Stockholm.
Jan. 1946 Rückkehr nach Dtl. (SBZ), Mitarb. der KPD-Landesltg. Mecklenburg-Vorpommern; Aufbau der Polizei; Abwehrarbeit; nach dem Vereinigungsparteitag in Berlin; Mai 1946 Zonenleiter in der neu zu bildenden HA Org. beim ZK der SED, später umbenannt in Abt. Verkehr bzw. nach der 1. Parteikonferenz 1948 der dann gebildeten Westkommission angeschlossen; März 1949 – Mai 1956 Ltr. bzw. Mitarb. der ZK-Abt. Verkehr, verantw. für die Sicherstellung der illegalen Verbindungen zur KPD, Spezialist für Grenzschleusungen, illegalen Personen- u. Materialtransport über die Ostsee, auch für den Personenschutz der Parteiführer bei Reisen in Westzonen; März 1950 organisierte er die Entführung des KPD-Vors. u. Bundestagsabg. Kurt Müller in die DDR; Sept. 1951 unter Anton Ackermann* stellv. Ltr. des Außenpol. Nachrichtendienstes (APN), Vorläufer der HV A, der 1953 dem damaligen Staatssekretariat für Staatssicherheit eingegliedert wurde; 1952 Oberst, 1953–58

stellv. Ltr. der HV A; 1957 Verdienstmedaille der NVA in Gold; 1960 Ruhestand; 1966 KMO, 1972 Kampforden für Verdienste um Volk u. Vaterland in Gold. *Sek.-Lit.*: Aus dem Leben eines Berufsrevolutionärs. Erinnerungen an Richard Stahlmann. Leipzig 1986 (MfS-Intern).

Staimer, Eleonore, geb. Pieck 14. 4. 1906
Botschafterin
Geb. in Bremen, Tochter von Wilhelm Pieck; Volksschule; 1920 KJVD u. KPD; 1925–30 Mitarb. in ZK der KPD u. jur. Zentralstelle der KPD-Fraktion im Preuß. Landtag; 1930–32 Mitarb. der sowj. Handelsvertretung in Berlin; 1932/33 Mitarb. von Promexport in Moskau, ab 1934 dort im Sekr. der Intern. Roten Hilfe (IRH) tätig, 1939–41 Sekr. der IRH; 1941/42 Kursant der Frontschule bei Ufa; 1942/43 erneut für die IRH tätig; 1943–45 Jugendred. am NKFD-Sender »Freies Dtl.«.
1945 Rückkehr nach Dtl. mit der KPD-Gruppe für Mecklenburg (Ltr. Gustav Sobottka*); 1946–48 Ltr. des Sekr. des Zentralsekr. des PV der SED; ab 1949 HA-Ltr., 1952–57 stellv. Min. für Außen- u. Innerdt. Handel; 1955 Heirat mit Richard Staimer*; ab 1958 Gesandte, 1966–69 Botschafterin in Jugoslawien; danach stellv. Generaldir. des Dt. Reisebüros, verantw. für den intern. Fremdenverkehr; 1966 VVO in Gold; Ruhestand.

Staimer, Richard
25. 1. 1907–24. 10. 1982
Funktionär der Gesellschaft für Sport und Technik
Geb. in München, Vater Gewerkschaftssekr.; Volksschule; Ausbildung zum Fliesenleger; 1924 KPD; 1930 Ltr. des KPD-Unterbez. Nürnberg-Johannis u. Bezirksvors. des Dt. Bauarbeiterverb.; 1931 Intern. Lenin-Schule in Moskau, danach militär. Schulung; anschl. Gaultr. des illegalen RFB Nordbayern; Juni 1933 Flucht in die UdSSR, Studium an der Komm. Univ. der nat. Minderheiten des Westens; 1936–39 in Spanien als »General Hoffmann« u. a. Kdr. des Thälmann-Bat. bzw. der XI. Intern. Brigade, Major; 1939 über Frankreich in die Schweiz, Haft im Zuchthaus Regendorf; 1940 in die UdSSR, Instrukteur u. a. im Kriegsgefangenenlager 97, Mitarb. des NKFD.
1945 Rückkehr nach Dtl.; in Berlin Ltr. der Polizeiinspektion Prenzlauer Berg, 1946 SED; 1947–49 Chef der Landespolizeibehörde Brandenburg in Potsdam, Chefinspekteur; 1949/50 militär. Sonderlehrgang in Priwolsk (UdSSR); anschl. Kdr. der VP-Bereitschaft Leipzig, 1953 Gen.-Major d. Res.; 1953/54 stellv. Min. für Verkehrswesen; Jan. 1955 – Febr. 1963 Ltr. der GST bzw. ab Sept. 1956 Vors. des Zentralvorst. der GST (Nachf. von Arno Berthold*); 1955 Mitgl. des FDJ-ZR; 1955–65 Mitgl. des NR der NF; ab 1963 Mitgl. des Solidaritätskomitees für das span. Volk; 1966–68 Ltr. der militär. Abt. im Min. für Hoch- u. Fachschulwesen; anschl. Mitarb. des Min. für Nat. Verteidigung, Gen.-Major a. D.; 1967 VVO in Gold, 1977 KMO.

Stanek, Josef 6. 1. 1901–3. 2. 1984
Physiker, Präsident des Deutschen Amts für Maß und Gewicht
Geb. in Berlin, Vater Chemiker; Studium der Elektrotechnik an der TH Darmstadt, dort 1927 Dipl.-Ing., danach wiss. Mitarb. in versch. Forschungslaboratorien der Firma Siemens in Berlin.
1945–54 Dir. bzw. Werkltr. eines Entw.-Betriebs für elektr. Meßinstrumente in Berlin; 1955–57 Ltr. des Zentralamts für Forschung u. Technik bei der SPK; 1957–64 Präs. des Dt. Amts für Maß u. Gewicht (Nachf. von Wilhelm Steinhaus*); 1953 Prof. für Elektrotechnik an der TH Dresden; 1954–81 Vors. des Bezirksaussch. der NF in Berlin; Vizepräs. der KdT; Mitgl. des Forschungsrats.

Publ.: Technik elektr. Meßgeräte. Berlin 1957.

Stange, Rolf 20. 4. 1919–6. 10. 1965
Physiker
Geb. in Schmölln (Thür.), Vater Buchbinder; 1926–36 Grund- u. Realschule in Schmölln, 1936–38 Reformrealgymnasium in Altenburg; 1938–40 Arbeits- u. Militärdienst, von der Wehrmacht zum Physikstudium abkommandiert, 1940–45 Studium in Berlin u. Tübingen, Diplomhauptprüfung in Berlin.
Nach kurzer Kriegsgefangenschaft bis 1948 als Physiker für die sowj. Besatzungsmacht tätig; dann Anstellung als Assistent bzw. Oberassistent am Physikal.-Chem. Inst. der HU Berlin unter Ltg. von Karl Friedrich Bonhoeffer, später Robert Havemann*, 1953 Doz., 1958 Prom.
Vielseitiger Forscher u. Lehrer (Physik, Mathematik, Physikal. Chemie u. a.) mit hervorragenden didakt. Fähigkeiten, hatte bedeutenden Anteil an Havemanns Lehrbuch »Chem. Thermodynamik« (1957).
Hauptarbeitsgebiet: Photochemie des Sehprozesses.

Stapel, Eduard 30. 5. 1953
Initiator des Schwulenverbands, Theologe
Geb. in Bismark (Altmark), Vater Fleischer, Mutter Hausfrau; 1959–71 Schulbesuch in Bismark u. Stendal, 1971 Abitur, 1971/72 Volontariat in Halle, 1972–76 Studium der Journalistik an der KMU Leipzig, 1975–82 Studium der Theol., 1982/83 Konviktsinspektor am Theol. Seminar Leipzig; 1981/82 Initiator kirchl. Arbeitskreise Homosexualität; 1983/84 Vikar in Magdeburg, 1984/85 Predigerseminar in Brandenburg, 1985 zweites theol. Examen in Magdeburg, 1985–90 Angestellter für Schwulen-Arbeit bei der Ev. Stadtmission Magdeburg.
1990 Initiator u. Gründungsvorstandsmitgl. des Schwulenverb. in der DDR/Deutschland (SVD), 1990/91 Bundesgeschäftsführer des SVD, Mitgl. der Ges. für Sexualwiss.; 1991–93 wiss. Mitarb. der Stiftung Runder Tisch – Sächs. Bildungswerk.

Stark, Otto 2. 4. 1922
Kabarettist, Schauspieler
Geb. in Wien; beim Nazi-Einmarsch in Österreich wurde die gesamte Familie verhaftet, Eltern, Bruder u. fast alle übrigen Verwandten sind im KZ Auschwitz umgekommen; S. konnte fliehen u. nach Großbritannien emigrieren; Landwirt-, später Bäckerlehre, daneben Schauspielunterricht.
Nach 1945 »Theater der 49« in Wien, dann als Schauspieler in Dresden u. Berlin; gründete 1955 das Kabarett »Die Herkuleskeule« in Dresden; wechselte 1960 zur »Distel« nach Berlin, von 1968–90 deren Dir., dann altershalber ausgeschieden; in vielen Programmen Regisseur u. Darsteller, daneben Film- u. Fernsehrollen; SED; auch seine Frau Ilse Maybrid u. ihre Tochter Myriam Stark waren als Kabarettistinnen an der »Distel«.

Starke, Kurt 13. 5. 1938
Sexualwissenschaftler
Geb. in Königshain (Sa.); 1944–56 Schulbesuch in Königshain u. Rochlitz, Abitur; 1957/58 Bauhilfsarbeiter, 1958–62 Studium der Sozialwiss. an der KMU Leipzig, 1962–67 wiss. Assistent, 1965 Dr. rer. pol.; 1967–90 Mitarb. am ZI für Jugendforschung, seit 1972 Ltr. der umfangreichsten empir. Forschungsstudien zum Partner- u. Sexualverhalten in der DDR; 1977 Dr. sc. pol., 1981 Prof., 1987 Full-member of the International Academy of Sex Research, 1988 Mitgl. der Dt. Ges. für Sexualforschung.
1990 Gründungsvors. der Ges. für Jugend- u. Sexualforschung, deren Spre-

cher, bis 1995 Leiter der Forschungsstelle Partner- u. Sexualforschung Leipzig.
Publ.: Junge Partner. Leipzig 1980; Liebe u. Sexualität bis 30 (gemeinsam mit W. Friedrich*). Berlin 1984; Laßt uns über AIDS sprechen. Dresden 1989; Homosexualität. Leipzig 1991; Schwuler Osten. Berlin 1994.

Stauch, Gerhard 21. 5. 1924
Zollverwaltungsleiter
Geb. in Halle (Saale), Vater Schlosser, Mutter Hausfrau; Volksschule; 1939 Ausbildung zum Dreher, 1942 Geselle, Kriegsdienst.
1945 KPD; Krankenhausangestellter; 1946 FDJ-Sekr., dann Sekr. der SED-KL Halle; 1949/50 PHS »Karl Marx« der SED; 1951 Einstellung beim MfS; Abt.-Ltr. Agit. u. Prop. der HA Politkultur des MfS; 1953 Offz. im bes. Einsatz (OibE) als Ltr. der Politabt. der Transportpol.; 1957 OibE als Instrukteur für Pol.-Kultur im MdI; 1959–89 OibE in der Zollverwaltung der DDR; 1959 1. Stellv. des Ltr., 1963 Ltr. der Zollverwaltung; Chefinspekteur; Mitgl. des Präs. der Zentralen Ltg. der SV Dynamo; 1977 VVO in Gold; 1979 Oberst; 1989 Ruhestand.

Staudte, Wolfgang
9. 10. 1906–19. 1. 1984
Film- und Fernsehregisseur, Schauspieler
Geb. in Saarbrücken, aufgewachsen in Berlin, Vater u. Mutter Schauspieler; mittlere Reife, Autoschlosser, Motorradrennfahrer, Ing.-Studium; 1926 erste Theatererfahrungen in Schneidemühl, dann Volksbühne Berlin bei Max Reinhardt u. Erwin Piscator; ab 1931 Auftritte im Film; ab 1933 Regie von Kurzfilmen, 1943 erste Spielfilmregie »Akrobat schö-ö-ön«; zeitw. Berufsverbot.
1946 erster dt. Nachkriegsfilm »Die Mörder sind unter uns« (DEFA); weitere DEFA-Filme: 1948 »Die seltsamen Abenteuer des Herrn Fridolin B.«, 1949 »Rotation«; 1951 NP 2. Kl.; 1952 »Der Untertan« (nach Heinrich Mann), 1953 »Die Geschichte vom kleinen Muck« (nach Wilhelm Hauff), 1954 »Leuchtfeuer«; ab 1955 Korr. Mitglied der AdK; 1955 nach Streitigkeiten mit Bertolt Brecht* wegen der Verfilmung von »Mutter Courage u. ihre Kinder« Abbruch der Dreharbeiten u. Weggang von der DEFA; ab 1956 Filme in der Bundesrep. Dtl., häufig wie schon in der DDR zu antifasch. Themen, u. a.: 1959 »Rosen für den Staatsanwalt«, 1960 »Kirmes«, 1964 »Herrenpartie«; ab 1968 fast ausschließl. Arbeit fürs Fernsehen, u. a. 1971 »Der Seewolf«; 1975 Filmband in Gold der Bundesrep. Dtl., 1979 Großes Verdienstkreuz der Bundesrep. Dtl.; 1979 »Der eiserne Gustav«, 1983 »Der Snob«; zahlr. Folgen des »Tatort« u. a. Krimiserien.
Sek.-Lit.: Knietzsch, Horst: W. S. Berlin 1966; Orbanz, Eva (Hrsg.): W. S. Berlin (West) 1977; Themenheft W. S. in »Film u. Fernsehen«.

Stechbarth, Horst 13. 4. 1925
Chef der Landstreitkräfte der NVA
Geb. in Eichenrode (Kr. Sorau), Vater Landwirt; Volks-, dann Landw.-Schule u. Arbeit als landw. Gehilfe; 1943 RAD; 20. 4. 1943 NSDAP; Wehrmacht, 1945 als Uffz. in sowj. Gefangenschaft.
1948 Rückkehr nach Dtl., Landarbeiter; 1949 Eintritt in die Grenzpolizei, Schule der HV für Ausbildung in Eggesin (b. Pasewalk), als Offiziersschüler zugl. in Dienststellungen als Vorgesetzter, 1950 VP-Oberkommissar, 1950/51 Abt.-Kdr. in der Bereitschaft Eggesin; SED; 1951/52 militär. Sonderlehrgang in Priwolsk (UdSSR), Major; bis 1954 Kdo.-Ltr. in der KVP-Bereitschaft Eggesin; 1955 HS für Offz. in Dresden, danach Stellv. des Kdr. der KVP-Bereitschaft Schwerin; 1956–59 1. Stellv. bzw. Kdr. der mot. Schützendiv. Potsdam; 1959–61 sowj. Generalstabsakad., Dipl. rer. mil.; 1961–67 1. Stellv. des Chefs bzw. Chef

des Militärbez. Neubrandenburg, Gen.-Major; 1967–72 Chef der Verwaltung Ausbildung im Min. für Nat. Verteidigung, Gen.-Ltn.; ab 1972 Stellv. des Min. und Chef der Landstreitkräfte, Gen.-Oberst; 1976 VVO in Gold; Kand., 1978–Dez. 1989 Mitgl. des ZK der SED; 1989/90 Überprüfung durch den NVA-Aussch. zur Untersuchung von Amtsmißbrauch, Korruption u. persönl. Bereicherung, keine strafrechtl. Konsequenzen; Jan. 1990 Ruhestand.

Stecher, Renate, geb. Meißner 12. 5. 1950
Leistungssportlerin (Leichtathletik)
Geb. in Süptitz (b. Torgau); ab 1963 Leichtathletin zunächst in Torgau, ab 1964 beim SC Motor Jena (Trainer Horst Dieter Hille), Spezialdisz. Sprint; 1969 Vize-EM über 200 m u. EM mit der 4x100-m-Staffel; 1971 EM über 100 m u. 200 m sowie Vize-EM mit der Staffel; 1972 Olympiasiegerin auf den Einzelstrecken u. -Zweite mit der Staffel; 1974 EM mit der Staffel u. Vize-EM auf den Einzelstrecken; 1976 Olympiasiegerin mit der Staffel, -Zweite über 100 m u. -Dritte über 200 m; viermal Hallen-EM, siebenmal Europacup-Siegerin, 22 WR, lief 1973 als erste Frau der Welt die 100-m-Strecke unter 11,0 Sek.; 1977 Beendigung der leistungssportl. Laufbahn; nach dem Abitur an der KJS Studium der Pädagogik mit Abschluß als Dipl.-Lehrerin für Körpererziehung, später tätig als HS-Lehrerin.

Steenbeck, Max
21. 3. 1904–15. 12. 1981
Physiker, Vorsitzender des Forschungsrats
Geb. in Kiel, Vater Lehrer; Studium der Physik u. Chemie in Kiel, 1927 Prom. mit einer Arbeit über Röntgenstrahlen; danach wiss. Mitarb., 1934 Laborltr., 1943 Techn. Ltr. des Stromrichterwerks der Siemens-Schuckert-Werke in Berlin, Arbeitsgebiet Gasentladungsphysik, 1934 Patent zum Betatron. 1945–56 nach kurzer Internierung Aufnahme einer Forschungstätigkeit in der UdSSR, Entw. der Gaszentrifuge im Rahmen des sowj. Atomprogramms; 1956 Prof. für Physik des Plasmas an der FSU Jena; Ord. Mitgl. der DAW; 1956–59 Dir. des Inst. für magnet. Werkstoffe u. 1959–69 des Inst. für Magnetohydrodynamik der DAW in Jena; 1957–63 Ltg. des Wiss.-techn. Büros für Reaktorbau in Berlin; 1959 NP; 1962–64 Vizepräs. der DAW; 1965 Vors. des Forschungsrats der DDR (Nachf. von Peter A. Thiessen*), 1978 Ehrenvors.; 1966 auswärtiges Mitgl. der AdW der UdSSR; 1970 Präs. des DDR-Komitees für Eur. Sicherheit; 1971 NP, 1974 VVO in Gold, 1979 Stern der Völkerfreundschaft in Gold.
Publ.: Wissen u. Verantwortung. Berlin 1967; Impulse u. Wirkungen – Schritte auf meinem Lebensweg (Autobiogr.). Berlin 1977.

Steger, Otfried 25. 9. 1926
Industrieminister
Geb. in Wechselburg (Kr. Rochlitz), Vater Angestellter; Volksschule, 1941–43 Ausbildung zum Maschinenschlosser in den RAW Chemnitz, danach dort berufstätig; 20. 4. 1944 NSDAP; 1944/45 Wehrdienst; 1945/46 Bau- u. Betonarbeiter u. Schlosser in Wechselburg; 1945 FDGB; 1946/47 Schlosser in Leipzig; 1948–52 Fördermann, Geologe, Radiometrist, Revierltr. bei der SAG Wismut; 1950 SED, 1952/53 2. Sekr. der SED-Ortsltg. Wechselburg; 1953–56 tätig im Industriezweig Elektrotechnik u. a. als Normenbearbeiter, Gruppenltr. und Hauptdispatcher; 1954–58 Mitgl. einer SED-Stadtbezirksltg. in Karl-Marx-Stadt; 1956–58 Werkdir. im dortigen VEB Starkstromanlagenbau; 1958–63 Haupt- bzw. Generaldir. der VVB Elektroprojektierung u. Anlagenbau Berlin; 1962 Abschluß eines Fernstudiums, Arbeitsök.; 1963–65 Ltr. der Abt. Elektrotechnik im Volkswirtschaftsrat; 1964 Studium an der Ing.-

Schule Berlin-Lichtenberg, Ing. für Starkstromanlagen; Dez. 1965 – Okt. 1982 Min. für Elektrotechnik u. Elektronik; ab 1967 Kand., 1971–86 Mitgl. des ZK der SED; 1968 Studium am ZI für soz. Wirtschaftsführung beim ZK der SED; 1969 VVO in Gold; 1976–1986 Abg. der Volkskammer; ab 1986 Mitgl. der ZRK der SED; 1987 Rentner.

Steidl, Josef »Jupp«
14. 1. 1919–4. 9. 1986
SED-Funktionär
Geb. in Münchhof/Eger (ČSR), Vater Bergmann, Mutter Porzellanarbeiterin; Volksschule, Bürgerschule, Lehre als Automechaniker in Karlsbad; 1936 KPČ; 1936–38 Jugendsekr. der KPČ; 1938/39 Bergarbeiter; April 1939 – März 1945 Wehrmacht, Stabsgefr.; im März 1945 desertiert, Teiln. an Kampfaktionen tschech. Partisanen.
März 1946 Aussiedl. nach Thüringen; 1946 KPD/SED; 1949–52 Vors. der IG Transport im Land Brandenburg; 1952–54 Vors. der IG Transport im Bez. Potsdam; 1955–68 Mitgl. des FDGB-Bundesvorst.; 1960–62 Studium an der PHS der KPdSU in Moskau; 1962–65 Ltr. der ZK-Abt. Gewerkschaften u. Sozialpol.; 1965–85 Ltr. der ZK-Abt. Verkehr, die u. a. für verdeckte Verbindungen zu anderen komm. Parteien zuständig war; 1972 VVO in Gold; 1979 KMO; gest. in Berlin.

Steidle, Luitpold 12. 3. 1898–27. 7. 1984
Minister für Arbeits- und Gesundheitswesen, Oberbürgermeister von Weimar
Geb. in Ulm, Vater Oberkriegsgerichtsrat; Realgymnasium in München, Abitur; 1915–18 Kriegsdienst im bayer. Schneeschuhkorps, zuletzt Ltn.; 1919–22 Studium der Landwirtschaftswiss. an der Univ. München u. Lehre als Landwirt; 1922–26 selbständiger Landwirt in Loibersdorf (b. Rosenheim), 1926–28 Gutsinspektor in Kampehl (b. Neustadt/Dosse), 1928–33 Gestütsinspektor in Berberbeck (b. Kassel); 1. 5. 1933 NDSDAP; 1933/34 arbeitslos, 1934 Versicherungsagent; Ende 1934 Reaktivierung als Reichswehr-Offz., 1942 Oberst u. Regimentskdr., 1943 in Stalingrad in sowj. Gefangenschaft; Mitbegr. u. Vizepräs. des Bundes Dt. Offz., bis 1945 Frontbevollmächtigter des NKFD; 1943 von einem NS-Gericht zum Tode verurteilt.
1945 FDGB; 1945–48 Vizepräs. der Dt. Verwaltung für Land- u. Forstwirtschaft; 1946 CDU; 1948/49 stellv. Vors. der DWK; 1949/50 Abg. der Prov. Volkskammer u. Min. für Arbeit u. Gesundheitswesen; ab 1950 Mitgl. des Pol. Aussch. (später: Präs.) des Hauptvorst. der CDU; 1950–71 Abg. der Volkskammer, 1950–58 Min. für Gesundheitswesen; 1956 Ehrensenator der Univ. Greifswald; seit 1958 1. Stellv. des Vors. der Arbeitsgemeinschaft ehem. Offz.; 1959/60 wiss. Berater im MdI (u. a. Luftschutz); 1960–69 OB der Stadt Weimar; seit 1961 Mitgl. des Präs. der Dt.-Afrikan. Ges. der DDR; seit 1960 Mitgl. des Bezirksaussch. Erfurt u. des Kreisaussch. Weimar der NF; seit 1959 Mitgl. des Aussch. für Nat. Verteidigung; 1964–70 Vizepräs. des Städte- u. Gemeindetags; 1965 VVO in Gold; 1968–72 Vizepräs. des KB; seit 1972 Ehrenmitgl. des Präs.-Rats des KB, 1969 Rentner.
Publ.: Entscheidung an der Wolga. Berlin 1969.
Sek.-Lit.: Weißhuhn, H.: L. S. Berlin 1986.

Stein, Mona 20. 10. 1951
Schauspielerin, Wahrsagerin
Geb. in Berlin, Vater Musiker, Großvater ital. Schauspieler u. Wahrsager; Realschulabschluß, Friseurlehre, 1964–66 Unterricht im Ausdruckstanz; ab 1965 Beschäftigung mit Astrol. u. Wahrsagerei; 1967–71 Schauspiel- u. Gesangsstudium, 1970–72 Arbeit als Krankenpflegerin, nebenberufl. Fotomodell, 1971–73

Psychologiestudium; 1973–76 Tourneen als Sängerin u. Schauspielerin im In- u. Ausland, 1977–79 Gastspiele an den Theatern in Zwickau und Annaberg, 1979–82 Ltg. eines Friseursalons, 1971–92 Mitwirkung als Darstellerin in 71 Fernseh- u. Kinofilmen; 1987 als erste Wahrsagerin der DDR anerkannt, öff. Auftritte in Klubs, Hotels u. Kulturhäusern, 1989/90 freie Mitarb. für Radio DDR u. Berliner Rundfunk (Lebensberatung u. Traumdeutung), begleitete die ersten freien Wahlen der DDR im Frühjahr 1990 wahrsagend im Fernsehen.
Ab 1990 eigene Sendereihe bei Antenne Brandenburg (Horoskope u. Sternbilder) u. Privatsender 100,6 (Partnerschaftsprobleme u. Erotik), Mitarb. an der Ztg. »Litfaßsäule«, Arbeit an einem Astrologiebuch, eigener Schallplatte u. einem Spielfilmszenarium, seit 1992 öff. Sprechstunden; 1994 Zusatzstudium Parapsychol. u. Bewußtseinserweiterungslehre; öff. Engagement für UNICEF u. Tierschutz.

Steinberg, Karl-Hermann 22. 6. 1941
Minister für Umwelt- und Naturschutz
Geb. in Heiligenstadt, Vater Angestellter; Oberschule, Abitur; 1959 CDU; 1959–64 Studium an der TH für Chemie Leuna-Merseburg, Dipl.-Chemiker; 1964–70 Assistent, 1971–74 wiss. Lektor an der o. g. TH, 1968 Prom. zum Dr. rer. nat. mit einer Diss. zu oberflächenchem. u. katalyt. Eigenschaften von Oxiden bzw. Zeolithen; seit 1969 Stadtverordneter in Merseburg, Mitgl. des Kreisaussch. Merseburg der NF; 1970 Mitgl. des Kreisvorst. Merseburg sowie des Bezirksvorst. Magdeburg der CDU; 1971–90 Abg. der Volkskammer; 1974–77 Forschungschemiker im VEB Leuna-Werke; 1976 Dr. sc. nat., 1977 bis 1982 Doz. an der Sekt. Chemie, seit 1982 ord. Prof. für Techn. Chemie an der KMU Leipzig; Nov. 1989 stellv. Min. für Schwerindustrie; Dez. 1989 stellv. Vors. der CDU; Apr. – Okt. 1990 Min. für Umwelt- u. Naturschutz, Energie u. Reaktorsicherheit (Stillegung von Emissionsquellen der chem. Industrie u. Abschaltung des KKW Greifswald; Verhandlung einer Umweltunion mit der Bundesrep. Dtl. sowie der Gas- u. Stromverträge).
Okt. 1990 Landesbevollmächtigter der Bundesreg. für Sachsen-Anhalt, danach bis Okt. 1991 wieder im Lehramt an der Univ. Leipzig; 1991 selbständiger Unternehmensberater für Umwelt- u. Energietechnik, seit März 1992 Geschäftsführer der Noell Umweltdienste Berkhöpen/Schkeuditz/Würzburg; Forschungen zu Katalysatoren u. Verfahren für Kohlenwasserstoff-Umwandlungsreaktionen, bes. zum Spillover-Effekt an Festkörperoberflächen; über 100 Veröff. u. 49 Patente.

Steinberger, Bernhard
17. 9. 1917–16. 12. 1990
Säuberungsopfer
Geb. in München; Volksschule, Ingenieurausbildung; 1936 Emigration nach Mailand (Italien) u. 1938 wegen der Rassengesetze in die Schweiz, dort fast drei Jahre im Emigrantenarbeitslager, in der Bew. Freies Dtl. tätig; Mai 1945 von der KPD-Ltg in der Schweiz rückwirkend ab 1940 als KPD-Mitgl. aufgenommen.
1945 Rückkehr nach Bayern; Mitarb. in der Landesltg. der KPD u. an der Landesparteischule; 1947 Übersiedlung mit der Familie nach Leipzig zur Aufnahme eines Ökonomiestudiums an der Univ. Leipzig bei Friedrich (Fritz) Behrens*; SED; 9. 6. 1949 Verhaftung durch sowj. Sicherheitsorgane, 1950 Verurteilung zu 15 Jahren Straflager, Deportation nach Workuta, 1955 amnestiert und am 10. 10. 1955 Rückkehr in die DDR; parallel zu seiner Verhaftung 1949, am 28. 5. 1949 Festnahme seiner in Budapest weilenden Frau Ibolya im Zusammenhang mit dem ungar. Rajk-Prozeß, 1950 Verurteilung zu acht Jahren Zuchthaus,

1955 amnestiert u. 1956 Rückkehr in die DDR (1957 Freispruch durch die Oberste Staatsanwaltschaft Ungarns); St. nahm 1956 eine Aspirantur an der AdW auf u. erwirkte seine Rehabilitierung als SED-Mitgl.; am 29.11.1956 in Verbindung mit der Festnahme von Wolfgang Harich* u. a. erneut inhaftiert u. in der Presse als Vorbestrafter »wegen Vergehens gegen den Frieden« pol. diffamiert, am 9.3.1957 zus. mit Wolfgang Harich u. Manfred Hertwig vom Obersten Gericht zu vier Jahren Zuchthaus verurteilt, am 27.11.1960 aus der Haft entlassen; nach sechs Monaten Arbeit in der Industrie an der HfÖ in Berlin-Karlshorst tätig, 1967 dort Prom. zum Dr. rer. ök., anschl. bis 1977 Doz.; danach Pensionierung.
1989/90 Berater für Vertreter des Neuen Forum Berlin; am 30.3.1990 Kassation des Urteils von 1957 durch das Oberste Gericht der DDR; verstorben in Berlin.
Sek.-Lit.: Otto, Wilfriede: Dornenreicher Weg eines Antifaschisten: Unrechtsurteil gegen Dr. Steinberger nach drei Jahrzehnten aufgehoben. In: »Berliner Ztg.«, 6.4.1990.

Steineckert, Gisela 13.5.1931
Schriftstellerin
Geb. in Berlin, Vater Arbeiter; Volksschule; im Krieg Evakuierung nach Österreich; 1946 Rückkehr nach Berlin, tätig als Sozialhelferin u. Sprechstundenhilfe, kaufm. Lehre; ab 1956 freischaff. Schriftst., erste Arbeiten für den Rundfunk; 1962/63 Kulturred. bei der satir. Ztschr. »Eulenspiegel«; Szenaristin bei der DEFA, auch als Hrsg. tätig, Verf. von Kurzgeschichten, Hörspielen, Feuilletons, Lyrik u. Chansons, Mitwirkung in der Singebewegung, bes. als Beraterin des Berliner Oktoberklubs, u. Liedautorin (u. a. »Wer bin ich u. wer bist du«, »Stundenlied«); Mitgl. des Vorst. des SV; 1979–90 Vors. des Arbeitskreises Chanson/Liedermacher beim Komitee für Unterhaltungskunst, ab 1984 seine Präs.; Mitgl. der SED; weitere Werke u. a. Drehbuch zum Film »Marta, Marta« (1979), »Liederbriefe« (1984), »Presente« (1988), »Oh Mama, oh Tochter« (1991). Seit 1990 ehrenamtl. Vors. des DFD e. V.
Sek.-Lit.: G. S.: Briefe 1961–1983. Berlin 1984.

Steinhaus, Wilhelm
30.4.1884–22.8.1970
Physiker, Präsident des Deutschen Amts für Maß und Gewicht
Geb. in Barmen; Physikstudium in Marburg u. Göttingen, hier 1908 Lehramtsprüfung; 1908–11 Assistent an der Univ. Kiel, 1911 Prom.; 1912–46 wiss. Mitarb. der Physikal.-Techn. Reichsanstalt Berlin (PTR), 1924 Laborltr., 1943 Dir. der Abt. Elektrizität und 1945 kommissar. Präs.
Baute nach 1945 aus den in der SBZ verbliebenen Resten der PTR das Dt. Amt für Maß u. Gewicht auf, 1946–57 dessen erster Präs.; 1949 Titular-Prof., 1955 Korr. Mitgl. der DAW.
Forschungen zur elektr. Meßtechnik u. Elektrotechnik, bes. Arbeiten über den Ferromagnetismus.

Steinhoff, Karl 24.11.1892–19.7.1981
Ministerpräsident von Brandenburg, Innenminister
Geb. in Herford (Westfalen); Gymnasium in Bielefeld; 1910–21 Studium der Rechtswiss. an den Univ. Freiburg, München, Königsberg, Berlin u. Münster, 1921 Prom. zum Dr. jur.; 1922/23 in den Reichsmin. des Innern u. für Justiz tätig; 1923 SPD; 1923/24 Legationssekr. der Sächs. Gesandtschaft in Berlin; 1926–28 Landrat im Kr. Zeitz; 1928 Reg.-Vizepräs. in Gumbinnen (Ostpr.), danach Vize-Oberpräs. in Königsberg (Ostpr.), 1932 beurlaubt; 1933 aus dem Staatsdienst entlassen, Berufsverbot auch als Rechtsanwalt; 1940–45 Syndikus einer Kartonagengroßhandlung in Berlin.

1945 SPD; Präs. der Provinzialverwaltung Brandenburg, verantw. für Justiz u. Gesundheit; 1946 SED; 1946–49 Mitgl. des Brandenburg. Landtags, Min.-Präs. des Landes; DWK; 1948/49 Mitgl. des Dt. Volksrats, 1949–54 der Prov. Volkskammer bzw. Volkskammer; 1949/50 Mitgl. des PV der SED u. Kand. des PB, 1950–54 Mitgl. des ZK; ab 1949 Innenmin. der DDR, 1952 fristlose Kündigung durch W. Ulbricht* veranlaßt; 1949–53 Prof. für Verwaltungsrecht an der HU Berlin, danach im Bez.-Friedensrat Potsdam tätig.

Steiniger, Peter Alfons
4. 12. 1904–27. 5. 1980
Rechtswissenschaftler
Geb. in Berlin in einer Kaufmannsfamilie; 1923 Abschluß des Bismarck-Gymnasiums in Berlin, anschl. Studium der Rechtswiss., Philos. u. Volkswirtschaftslehre an den Univ. Berlin, Marburg, Halle/Saale u. Bonn, 1928 dort Prom. mit der Arbeit »Über die preuß. Selbstverwaltung« zum Dr. jur.; danach zunächst Assistent an der Bonner Univ., dann Wechsel ans Kammergericht Berlin; 1933 wegen jüd. Abstammung aus dem Justizdienst entlassen, anschl. versch. Tätigkeiten, u. a. als Privatlehrer, Bankangestellter, Schriftsteller; Annahme der tschech. Staatsbürgerschaft.
1945 Bürgermeister in Krummhübel (Schles.); 1946 Prof. mit vollem Lehrauftrag für Öff. Recht u. Rechtsphilos. an der HU Berlin; SED; 1947 Präs. der Dt. Verwaltungsakad. Forst-Zinna; 1949 Mitgl. des Verfassungsaussch. des Dt. Volksrats u. bis 1950 Abg. der Prov. Volkskammer; 1950 Prof. mit Lehrstuhl für Völkerrecht, Dir. des gleichn. Inst. sowie Prodekan der Jur. Fak. der HU Berlin; 1950–74 Mitgl. des Weltfriedensrats, 1955 Präs. der Liga für die Vereinten Nationen in der DDR, 1965 Vizepräs. der Ges. für Völkerrecht; 1970 als Prof. der HU em.; 1979 Dr. h.c. der FSU Jena.
Publ.: Heinrich der Löwe. Berlin 1936; Im Schatten Gottes. Berlin 1937; Der arme Hiob. 1947 (alle unter dem Ps. Peter A. Steinhoff); Der Nürnberger Prozeß. Berlin 1957; Völkerrechtl. Verantwortung der Staaten (mit B. Graefrath* u. E. Oeser). Berlin 1977.

Steinitz, Klaus 12. 11. 1932
PDS-Politiker
Geb. in Berlin, Vater Linguist; Emigration der Eltern in die UdSSR, dort u. in Schweden Kindheit u. Schulbesuch, ab 1947 Oberschule in Berlin, 1951 Abitur; 1947 FDJ, 1948 SED; 1951–55 Studium an der HfÖ Berlin-Karlshorst, Dipl.-Wirtsch.; 1956–59 wiss. Assistent u. Oberassistent an der HfÖ, 1959 Prom. zum Dr. rer. oec., 1960–63 Doz., Ltr. der Abt. Pol. Ök. des Soz., 1963 Habil. zu Fragen des Wirtschaftswachstums; anschl. Mitarb. der SPK, 1967–71 Ltr. der Abt. Prognose, 1971–79 Ltr. der HA Wiss. u. Bildung, 1969 Prof.; 1980–89 stellv. Dir. des ZI für Wirtschaftswiss. der AdW, 1989 Korr. Mitgl. der AdW; 1988 NP.
Febr. 1990–1993 Mitgl. des Präs. u. des PV der PDS, 1990/91 Ltr. der Kommission Wirtschafts-, Landw.- u. Sozialpol.; März – Okt. 1990 Abg. der Volkskammer.
Okt.-Dez. 1990 Abg. des Dt. Bundestags; seit 1991 Ltr. der Arbeitsgemeinschaft Wirtschaftspol. u. Hrsg. der »Beiträge zur Wirtschaftspol.«; 1991 ABM an der AdW; dann arbeitslos.
Publ.: Neue Bedingungen des Wirtschaftswachstums. Berlin 1982; Produktionsstruktur und umfassende Intensivierung. Berlin 1989 (Ltr. des Autorenkollektivs); Vom Umbruch zum Aufbruch? Wirtschaftspolitik – Bilanz, Fragen, Vorschläge. Berlin 1990; Bevor alles zusammenbricht. Hamburg 1992 (zus. mit J. Bischof).

Steinitz, Wolfgang
28. 2. 1905–21. 4. 1967
Philologe u. Völkerkundler
Geb. in Breslau, Vater Rechtsanwalt; Gymnasium; 1923–28 Studium der finn.-ugr. Sprachen u. Völkerkunde an den Univ. Berlin u. Breslau; 1923 SPD; 1924–26 wiss. Hilfsarbeiter am Museum für Völkerkunde in Berlin, Studienreisen nach Finnland, Ungarn, Estland u. in die UdSSR, 1926–33 Assistent am Ungar. Institut der Univ. Berlin; 1927 KPD; 1932 Prom. an der Univ. Berlin; 1933 Entlassung »aus rass. Gründen«, 1934 Emigration in die UdSSR, 1934–37 Prof. für Finno-Ugristik am Leningrader Inst. der Nordvölker, 1938–45 Gastprof. an der Univ. Stockholm.
1946 Rückkehr nach Berlin, SED; Prof. mit vollem Lehrauftrag an der Univ. Berlin, 1947–52 Vors. der DSF Berlin; 1949 Prof. mit Lehrstuhl für Finno-Ugristik u. Dir. des Finn.-Ugr. Inst. an der HU Berlin; Studentendekan, 1949–53 Prorektor für wiss. Aspirantur, 1950 Dekan der Philosoph. Fak.; 1951 ord. Mitgl. der DAW, 1952 zugl. Dir. des Inst. für dt. Volkskunde u. Abt.-Ltr. am Inst. für dt. Sprache und Lit. der DAW; 1954–58 Mitgl. des ZK der SED, 1954–63 Vizepräs. für den ges.-wiss. Bereich der DAW; Mitgl. versch. AdW u. wiss. Ges., dreimal NP; 1960 Vizepräs. der Intern. Union of Anthropological and Ethnological Sciences in Paris, 1962 Mitgl. des Comité Intern. Permanent des Linguistes.
Zahlr. Veröff. auf den Gebieten der Finno-Ugristik, Slawistik, Germanistik u. Ethnographie; Initiator des »Marx-Engels-Wörterbuchs«, Hrsg. versch. Nachschlagewerke, u. a.: »Neue Russ. Bibliothek« (50 Bde., 1946–53), »Enzyklopädie der UdSSR«, 2 Bde. (mit. Jürgen Kuczynski*, 1950), »Wörterbuch der dt. Gegenwartssprache« (1961–77); dt. Neubearbeitung des finn. Nationalepos »Kalevala« (1968).
Publ.: Russ. Lehrbuch. Stockholm 1945; Dt. Volkslieder demokrat. Charakters. Berlin 1954–62; Ostjakolog. Arbeiten in vier Bänden (Bd. 4 mit Bibliogr.). Berlin 1980.
Sek.-Lit.: Zweimal Stockholm–Berlin 1946. Leipzig 1988.

Steinmüller, Christian 23. 10. 1927
Staatsratsmitglied
Geb. in Dresden, Vater selbständiger Gewerbetreibender; Industriekaufmann; Kriegsdienst.
Bis 1946 Gefangenschaft; seit 1951 Komplementär der Firma H. C. Steinmüller (von 1956 an mit staatl. Beteiligung); 1951 NDPD; seit 1961 Mitgl. des Kreisaussch. Dresden der NDPD; 1963 Staatsexamen, Dipl.-Wirtsch.; seit Okt. 1963 Abg. der Volkskammer; 1963–67 Mitgl. des Staatsrates; 1964 in den Hauptaussch. der NDPD kooptiert; 1966 Prom. zum Dr. oec. an der HfÖ Berlin; aus seinen Funktionen ausgeschieden.

Stempel, Günter
17. 11. 1908–22. 10. 1981
LDPD-Politiker
Geb. in Breslau, Vater Arzt; nach dem Abitur Jurastudium in Breslau, 1933 Referendarsexamen, Ausbildung u. Prom. scheiterten anschl. an der Weigerung, Mitgl. der NSDAP zu werden; 1933–39 Mitarb. einer Berliner Rechtsanwaltspraxis; 1939–45 Syndikus eines kriegswichtigen Betriebs, deshalb u.k. gestellt.
1945 LDPD, ab Sept. Sekr. für Org., 1948–50 Generalsekr.; 1948–50 Mitgl. des Dt. Volksrats bzw. der Prov. Volkskammer; 8. 8. 1950 verhaftet und am 7. 1. 1952 von einem sowj. Militärtribunal wegen »Agenten- u. Spionagetätigkeit« zu 25 Jahren Zwangsarbeit verurteilt; Apr. 1956 in der UdSSR entlassen, anschl. bis etwa 1970 Verwaltungsangestellter in Berlin (West), verstorben in Celle.

Stephan, Manfred 1. 5. 1928
Kabarettist, Schauspieler
Geb. in Leipzig; Schauspielschule in Leipzig, erste Auftritte in Leipzig u. Quedlinburg, später Senftenberg, Freiberg, Zwickau, Frankfurt/Oder; daneben bereits Auftritte als Conférencier; während des Zwickauer Engagements (1954–61) Mitarb. im Kabarett »Leipziger Pfeffermühle«, seitdem dort tätig; besonders bekannt mit Standardnummern wie »Straßenbauarbeiter« (mit Hanskarl Hoerning*), Hauptrolle im Kabarettstück »Bürger, schützt Eure Anlagen oder Wem die Mütze paßt« von Schaller/Ensikat*.
1992 altershalber Abschied von den Pfeffermüllern.

Sterba, Günther 20. 5. 1922
Zoologe, Präsident der Biologischen Gesellschaft
Geb. in Brüx (ČSR); Oberrealgymnasium; 1944/45 Studium der Medizin u. Biol. an der Univ. Prag.
1945–48 Forts. des Studiums an der FSU Jena; 1945 SPD, ab 1952 parteilos; 1948–58 Assistent an der FSU, 1949 Prom. u. 1952 Habil., 1952 Privatdoz., 1958 Prof. für Zool.; 1959–87 ord. Prof. für Zool. an der KMU Leipzig, 1959–68 Dir. des dortigen Zoolog. Inst., 1969–83 Ltr. des Bereichs Zellbiol. u. Regulation der Sekt. Biowiss.; 1963–76 Präs. der Biolog. Ges.; 1967–78 Mitgl. des Forschungsrats der DDR; 1967 Ord. Mitgl. der DAW; 1971 Mitgl. der Dt. Akad. der Naturforscher Leopoldina Halle, 1982 der Royal Swedish Academy of Sciences Stockholm, 1971 Dr. h.c. Reichsuniv. Utrecht.
Hauptarbeitsgebiete: Neurobiol., Neuromorphol. u. Neuroendokrinol. der Wirbeltiere, Ichthyol.
Publ.: Topographie u. Zytol. neurosekretor. Systeme. 1979 (mit F. Schober); Ascending Neurosecretory Pathways of the Peptiolergic Type. 1974; Süßwasserfische der Welt. 1957 (5. Aufl. 1990); Aquarienkunde. 1954 (13. Aufl. 1988); Gebrauchsporzellan aus Meißen. 1988 (Lizenzausgaben u. a. in Großbritannien u. den USA).

Stern, Leo 27. 3. 1901–2. 1. 1982
Historiker, Rektor der MLU Halle/Wittenberg
Geb. in Woloka (Österr.-Ung.), Vater Bauer; Gymnasium, 1921–25 Studium der Rechtswiss., Nationalök. u. Geschichte an der Univ. Wien; 1921–33 SPÖ; 1925 Prom. mit einer Arbeit über die Grundlagen des Merkantilismus, 1926–34 Doz. an VHS in Wien, 1933–50 KPÖ; 1934 sechs Monate KZ, 1935 Emigration in die ČSR, 1936 in die UdSSR, 1936–39 Teiln. am Span. Bürgerkrieg; 1940 Habil. in Moskau mit einer Arbeit über den Katholizismus der Gegenwart, anschl. Lehrtätigkeit als Geschichtsprof. in Moskau, 1942–45 Offz. in der sowj. Armee, Oberltn.
1945–49 Gastprof. an der Univ. u. an der HS für Welthandel in Wien sowie Forschungsauftrag der AdW der UdSSR; 1950–66 ord. Prof. für neuere Geschichte u. Geschichte der Arbeiterbew. u. Dir. des Inst. für dt. Geschichte der MLU Halle; 1950 SED; 1952 Mitbegr. u. Mithrsg. der »Zeitschr. für Geschichtswiss.«; 1951–53 Prorektor für ges.-wiss. Grundstudium, 1953–59 Rektor der MLU Halle; 1955 Ord. Mitgl. der DAW, hier 1956 Abt.-Ltr. am Institut für Geschichte, 1963–68 Vizepräs. u. Vors. der Arbeitsgemeinschaft ges.-wiss. Inst. u. Einrichtungen der DAW, 1968–81 Dir. der Forschungsstelle für Akademiegeschichte der AdW; 1961 Dr. h.c. der MLU Halle, 1965 Dr. h.c. der Univ. Bratislava; 1971 KMO, 1974 Stern der Völkerfreundschaft, 1976 VVO in Gold; Ehrensenator der MLU Halle.
St. gilt als einer der bedeutendsten u. wissenschaftspol. einflußreichsten DDR-Historiker der 50er Jahre; er war Teiln. u.

teilw. Initiator zentraler Projekte v.a. in der Frühphase der DDR-Geschichtswiss. u. zudem verantw. für die Ausarbeitung der ersten Lehrpläne für den Geschichtsunterricht.; Autor zahlr. wiss. und geschichtspropagandist. Arbeiten zur dt. Geschichte vom Mittelalter bis zur Gegenwart.

Publ.: Archival. Forschungen zur Geschichte der dt. Arbeiterbew. (Hrsg.), 6 Bde. 1954–70.

Sek.-Lit.: L. S. im Dienst der Wiss. u. der soz. Pol. Halle 1976; C. Grau; L. S. In: Wegbereiter der DDR-Geschichtswiss. Berlin 1989; Bibliogr. In: Die Volksmassen – Gestalter der Geschichte (Festschrift). Berlin 1962.

Stern, Wolf (Deckname Goldstein)
15. 12. 1897–16. 9. 1961
Leiter des Instituts für Deutsche Militärgeschichte Potsdam, Oberst der NVA

Geb. in Woloka (Kr. Waschkowzy, Bukowina) in einer dt.-jüd. Familie, Vater Kleinbauer; Besuch der dt. Volksschule u. des Gymnasiums in Czernowitz; 1915–18 Militärdienst (Fähnrich) in der österr.-ungar. Armee; Aug. 1918 desertiert; 1918 – Sommer 1920 Student der Philos. Fak. der Univer. Czernowitz, Abbruch wegen illegaler Parteiarbeit; Feb. 1919 Mitbegr. der KP der Bukowina (seit Ende 1924 regionale Org. der KP Rumäniens), 1919–24 Parteiorganisator des ZK der KP der Bukowina, dann Mitgl. ihres Auslandskomitees; 1920–24 »Spezialarbeiten« (u. a. Grenzarbeit im Bez. Sniatyn); 1924 KPÖ; 1924–27 Red. der Presseabt. der Botschaft der UdSSR in Wien, Verbindungsmann der Komintern; 1925–27 Mitgl. der KPÖ-BL des VIII. Wiener Bezirks; 1926–39 mit »Spezialarbeiten« für die V. Abt. des Verteidigungs- bzw. des Innenmin. der UdSSR beauftragt: darunter Juli 1927 u. Feb. 1934 Teiln. an den bewaffneten Kämpfen in Wien, ab Juli 1936 als Partisan in Spanien; 1937 sowj. Staatsbürgerschaft; Febr. 1939 Rückkehr aus Spanien über Frankreich nach Moskau; 1939–41 Oberlehrer an der HS für Fremdsprachen u. an der Lomonossow-Univ., dort glz. Nov. 1939 – Nov. 1940 Parteischulung an der Univ. für Marxismus-Leninismus; 1941 Freiwilliger der Roten Armee, in einer aus Interbrigadisten bestehenden Sonderbrigade des sowj. Innenmin. an der Front; Jan. 1943 – Mai 1950 Mitarb. der HV Kriegsgefangenenwesen beim MdI der UdSSR bis zu deren Auflösung; seit Mai 1950 Übersetzer u. Red. der Ztschr. »Sowjetlit.« u. »Neue Zeit« sowie der Unions-Handelskammer.

Sept. 1956 Rückkehr in die DDR, Überführung in die SED; Mitarb. des Min. für Nat. Verteidigung (Chef der pol. Verwaltung); 1956–58 Ltr. der Kriegsgeschichtl. Forschungsanstalt in Dresden bis zu deren Auflösung; Ltr. des Inst. für Dt. Militärgeschichte in Potsdam seit dessen Gründung im März 1958 u. inoff. Ltg. der Arbeitsgemeinschaft ehemaliger Offz. (gegr. 1958), militärpublizist. Arbeit auch unter dem Ps. Stephan Wolf; stellv. Ltr. des kriegsgeschichtl. Forschungsrats der NVA; Brüder: Leo Stern*, Historiker; Manfred Stern (General Kléber).

Publ.: Zur Vorgeschichte der Verschwörung vom 20. Juli 1944 (Mitautor). Berlin 1960.

Sternberg, Frieda 3. 3. 1920
LPG-Vorsitzende

Geb. in Kalhöfen (Kr. Ebenrode, Ostpr.), Vater Landarbeiter; Zwei-Klassen-Dorfschule; Lehre als Köchin, dann als Landarbeiterin u. Köchin tätig; Herbst 1944 Flucht aus Ostpreußen.

Juli 1945 Ankunft mit dem Umsiedlertreck in Canitz (Kr. Wurzen); bis 1951 Landarbeiterin auf dem Stadtgut, Betriebsratsvors.; 1945/46 SPD/SED, Vors. der Ortsgruppe, 1948–50 Mitgl. der SED-KL Grimma; ab 1950 Abg. des Kreistags; 1951/52 Verwalterin des

Stadtguts Wurzen; Aug. 1952 Mitbegr. u. 1953–88 Vors. der LPG »Ernst Thälmann« in Bennewitz; 1954–58 Kand. des ZK der SED, wegen ablehnender Haltung zur Übernahme des sowj. Konzepts der Rinderoffenställe zunächst nicht wiedergewählt; 1956 Abschluß als Meister der Landw. u. nach Fernstudium an einer FS für Landw. staatl. geprüfte Landwirtin, 1961 Abschluß der LPG-HS Meißen als Dipl.-Agrar-Ing.-Ök.; 1963–89 erneut Kand. des ZK der SED, 1980 Mitgl. der Frauenkommission beim SED-PB; 1968 Mitgl. des Rats für landw. Prod. u. Nahrungsgüterwirtschaft; KMO, 1985 VVO in Gold.
Die LPG Bennewitz, die unter der Ltg. St.s aus z. T. verlassenen Bauernhöfen aufgebaut wurde, gehörte zu den leistungsstärksten u. bekanntesten genossenschaftl. Tierproduktionsbetrieben der DDR.
Publ.: Der schwere Anfang. In: Wie wir angefangen haben (Autobiogr.). Berlin 1985.

Sterzinsky, Georg 9. 2. 1936
Katholischer Bischof
Geb. in Warlack (Ostpr.), Studium der Theolog. in Erfurt u. Neuzelle, 1960 Priesterweihe in Erfurt, 1960–62 Kaplan in Eisenach, 1962 Wiss. Assistent u. Präfekt am Philosoph.-Theolog. Studium in Erfurt, 1964 Vikar in Heiligenstadt, 1966–80 Pfarrer in Jena; 1981–89 Generalvikar des Bischöfl. Amts Erfurt-Meiningen in Erfurt, 1982 Prälat; 1989 Ernennung zum Bischof des Bistums Berlin.
Seit 1990 Vors. der Arbeitsgemeinschaft der Bischöfe der Dt. Bischofskonferenz – Region Ost, 1991 Kardinal, 1994 Ernennung zum Erzbischof.

Steudner, Hermann
9. 5. 1896–13. 7. 1986
1. Sekretär der SED-Kreisleitung im MfS
Geb. in Arnstadt; Volksschule, Ausbildung zum Tischler; Wanderjahre in Österreich u. Ungarn; 1914–18 Soldat; danach Möbeltischler; 1919 USPD, dann KPD; 1923 Entlassung wegen pol. Arbeit; selbst. bis 1930, dann arbeitslos; 1932–36 mehrere Verhaftungen, Gefängnis, KZ, danach Tischler; 1944 Gestapo-Haft u. KZ Buchenwald.
1945 KPD; 1945–50 OB von Arnstadt, dann Invalidenrentner; 1. 3. 1952 Einstellung beim MfS, 1. Sekr. der SED-Parteiltg. der Länderverwaltung Thüringen, Dez. 1953 1. Sekr. der SED-KL im Staatssekr. für Staatssicherheit Berlin; 1954 Oberstltn.; Apr. 1956 Versetzung als Referatsltr. zur HA III, Ende 1956 Entlassung, Rentner.

Stibi, Georg 25. 7. 1901–30. 5. 1982
Stellv. Außenminister
Geb. in Markt Rettenbach (b. Memmingen), Vater Schuhmacher; Dorfschule, Ausbildung in einer Molkerei; 1919–26 Arbeiter in der Bau- u. Holzindustrie; 1919 USPD, 1922 KPD; 1926 Lokalred., dann pol. Red., später Chefred. der KPD-Ztg. »Freiheit« Düsseldorf, 1930 wegen sog. Hoch- u. Landesverrats vom Reichsgericht zu zwei Jahren Gefängnis verurteilt; 1932 Korr. des KPD-Zentralorgans »Rote Fahne« in Moskau, ab 1933 Mitarb. bei Radio Moskau u. Korrespondent deutschsprachiger Ztgn.; 1937–39 Interbrigadist im Span. Bürgerkrieg; 1938 dt. Staatsbürgerschaft aberkannt; 1939 Emigration nach Frankreich u. über Marokko nach Mexiko, 1941–45 Sekr. der Bew. »Freies Dtl.« in Mexiko.
1946 Rückkehr nach Dtl.; SED; 1946 Red., 1949 Chefred. der »Berliner Ztg.«; 1949/50 Ltr. des Amts für Information der Reg.; 1953 Chefred. der »Leipziger Volksztg.«; 1954 Mitgl. der Red., 1955/56 Chefred. der Ztg. »Neues Dtl.«; 1957/58 Botschafter in Rumänien, 1958–61 in der ČSR (Nachf. von Bernard Koenen*); 1961–74 stellv. Außenmin.;

1961 VVO in Gold; seit 1961 Mitgl. des Präs. der Dt.-Lateinam. Ges. der DDR; Vizepräs. der Liga für Völkerfreundschaft; 1966 KMO.

Stief, Albert 19.3.1920
Vorsitzender des Komitees der Arbeiter-und-Bauern-Inspektion (ABI)
Geb. in St. Ingbert (Saar), Vater Arbeiter; Volksschule, 1934–38 Ausbildung zum Maschinenbauer; Kriegsdienst, sowj. Gefangenschaft, 1943–45 Fronteinsatz im Auftrag des NKFD.
1945/46 KPD/SED; Abt.-Ltr. in der Landesreg. Sachsen; 1949/50 Sekr. des SED-Kreisvorst. Hoyerswerda, 1950–52 Kr.-Rat für Wirtschaft bzw. Inneres beim Rat des Kr. Hoyerswerda; 1952/53 PHS beim ZK der KPdSU; 1953–69 1. Sekr. der SED-BL Cottbus, 1957–69 Abg. des Bez.-Tags Cottbus; ab Juli 1960 Kand., 1963–89 Mitgl. des ZK der SED; 1962–65 Fernstudium an der HfÖ Berlin, Prom. zum Dr. rer. oec.; 1963 – März 1990 Abg. der Volkskammer; 1970/71 Stellv. des Min. für Anleitung u. Kontrolle der Bezirks- u. Kreisräte, 1971–77 Staatssekr. u. 1. Stellv. des Vors. des Komitees der ABI, 1977–Nov. 1989 Min. u. Vors. des Komitees der ABI (Nachf. von Heinz Matthes).

Stief, Eberhard 17.3.1935
Geschäftsführer der NDPD, Staatssekretär
Geb. in Breslau, Vater Buchdrucker; 1941–50 Grund- und Volksschule; 1950–53 Ausbildung zum Werkzeugmacher, 1953–56 Studium an Ing.-Schule für Maschinenbau Leipzig; anschl. in Forschung u. Industrie (Bereich Fördertechnik) sowie als Industrieberater tätig, nebenher bis 1959 Fernstudium an der Ing.-Schule für Gießereitechnik Leipzig u. 1961–69 an der Bergakad. Freiberg, Dipl.-Ing.; 1970–78 wiss. Mitarb. beim Bundesvorst. des FDGB; 1977 Prom. zum Dr.-Ing. an der TU Dresden, 1981 zum Dr. sc. techn.; Forschung in den Bereichen Maschinenbau, Metallurgie u. Chemie, vornehml. Umwelttechnol., nebenamtl. Doz. an der TU Dresden u. FSU Jena; 1978 NDPD, 1982–85 ehrenamtl. Mitgl. des Sekr. des Kreisvorst. Berlin-Friedrichshain, 1985–89 Vors. des Bezirksverb. Potsdam, 1985–90 Mitgl. des Hauptaussch., 1989/90 Mitgl. des Präs. u. Sekr. des Hauptaussch., ab Febr. 1990 Geschäftsführer der NDPD; Dez. 1989 – März 1990 Ständiger Vertreter der NDPD am Zentralen Runden Tisch; nach dem kooperativen Beitritt der NDPD zum Bund Freier Demokraten 28.3.1990 deren Geschäftsführer; 1.5.–3.10.1990 Staatssekr. im MdI; Wahlltr. für die Landtagswahlen am 14.10.1990, Teiln. an den Verhandlungen über den Einigungsvertrag DDR – Bundesrep. Dtl.; anschl. Staatssekr. im Min. für Umwelt u. Naturschutz Sachsen-Anhalt.

Stiehler, Gottfried 23.7.1924
Philosoph
Geb. in Langebrück (b. Dresden); Realgymnasium; 1943–45 Kriegsteiln. als Gefr. der Wehrmacht, 1945/46 sowj. Gefangenschaft.
1946 SED; zunächst Grundschullehrer, dann FS-Doz. für Ges.-Wiss.; 1952–54 Studium der Philos. an der HU Berlin; 1956 Prom. zum Dr. phil. mit der Arbeit »Gabriel Wagner, ein materialist. Philosoph u. dt. Patriot« an der EMAU Greifswald, 1964 Habil. mit einer Arbeit zur Dialektik in Hegels »Phänomenol. des Geistes« (Veröff. Berlin 1964) an der MLU Halle; 1955/56 Referent für Philos. im Staatssekr. für Hochschulwesen der DDR; anschl. Assistent bzw. Oberassistent am Inst. für Philos. der HU Berlin; 1961 dort Doz. u. ab 1965 Prof. für Geschichte der Philos.; 1972–88 zugl. Vors. des Wiss. Beirats für Philos. beim Min. für Hoch- u. Fachschulwesen, verantw. für Beratung u. Verabschiedung aller Studienpläne für Philosophiestu-

denten in der DDR; ab 1980 Mitgl. des Redaktionskollegiums der Dt. Ztschr. für Philos., 1981 Ltr. des Bereichs Hist. Materialismus u. Forschungsdir. an der Sekt. Marxist.-Leninist. Philos. der HU Berlin; 1989 Ehrenprom. an der FSU Jena, Em.
Hauptsächl. Arbeitsgebiete: Geschichte der Philos., insbes. Materialismus in Dtl. u. Dt. Idealismus, materialist. Dialektik, marxist. Gesellschaftstheorie
Publ.: Der dialekt. Widerspruch. Berlin 1966; Der Idealismus von Kant bis Hegel. Berlin 1970; Ges. u. Geschichte. Berlin 1974; Dialektik u. Ges. Berlin 1981.

Stier, Christoph 7.1.1941
Evangelischer Bischof
Geb. in Magdeburg; 1959–1964 Studium der Theol. an der Univ. Rostock, anschl. wiss. Assistent; ab 1970 Pfarrer im Rostocker Neubaugebiet Lütten-Klein, hier enge Zusammenarb. mit der kath. Ortsgemeinde; ab 1976 Landespastor für Weiterbildung u. Akad.-Arb. der Mecklenburg. Landeskirche; Mitgl. der Landes- u. der Bundessynode; ab 1981 Mitgl. der Konferenz der Ev. Kirchenleitungen in der DDR u. Vors. des Studienaussch. der Theolog. Studienabt. des Bunds der Ev. Kirchen der DDR (BEK); Nov. 1983 Wahl u. Juli 1984 Amtseinführung als Bischof der Ev.-Luth. Landeskirche Mecklenburg (Nachf. von Heinrich Rathke*); ab 1986 ltd. Bischof der Vereinigten Ev.-Luth. Kirche (VELK) (Nachf. von Werner Leich*), unter seiner Leitung kam es zu einer Aufgabenübertragung der VELK an den BEK.
Als Landesbischof plädierte St. für ein ges.-pol. Engagement der Kirchen u. Christen insbes. in der Friedens- und Menschenrechtsarb. Er appellierte wiederholt an die DDR-Führung, sich auf einen innenpol. Dialog einzulassen; im Okt. 1989 setzte er sich für die Zulassung der neuen opp. Gruppen u. Parteien ein. Bezügl. der Aufarbeitung von MfS-Verstrickungen kirchl. Amtsträger vertritt St. einen konsequenten Rechtsstandpunkt.

Stiller, Heinz 1.11.1932
Geophysiker
Geb. in Brieske-Ost (b. Senftenberg); Studium der Physik an der HU Berlin, 1959 Prom., 1964 Habil.; Dir. des Inst. für Geodynamik der Erde der DAW in Jena; 1971 Korr. Mitgl. der AdW; Dir. des ZI für Physik der Erde der AdW in Potsdam, 1973–84 Ltr. des Forschungsbereichs Kosm. Physik bzw. Geo- u. Kosmoswiss. der AdW; DDR-Vertreter im wiss. Beirat Interkosmos, ab 1974 zeitw. Vors.; DDR-Vertreter im Rat des Intern. Seismolog. Zentrums in Edinburgh; 1974 Ord. Mitgl. der AdW; 1975 NP; 1984–88 Vizepräs. der AdW; 1985 Vizepräs. der Intern. Ges. für Hochdruckphysik; ab 1988 Dir. der AdW-Forschungsstelle für Hochdruckforschung in Potsdam.
1992 Vorruhestand.
Arbeitsgebiete: Physik der Erde, Probleme der Seismol. u. Fernerkundung der Erde; beteiligt an der Realisierung des RGW-Interkosmos-Programms.

Stiller, Werner 24.8.1947
Agent des Bundesnachrichtendienstes (BND)
Geb. in Weßmar, Mutter Landarbeiterin; 1966 Abitur, 1966–71 Studium an der KMU Leipzig, Dipl.-Phys.; 1967 SED; 1970 Werbung als IM des MfS; 1971 Mitarb. der Physikal. Ges. der DDR; 1972 Einstellung beim MfS, HV A, Sektor Wiss. u. Technik; 1976 Oberltn., 1978/79 Spionage für den BND; 1979 Übertritt in die Bundesrep. Dtl., 1980 USA; mit neuer Identität 1981 Studium an der Washington University of St. Louis, Master of Business Administration, dann Tätigkeit als Börsenmakler in New York, 1983 London.

1990 Frankfurt/Main; 1993 Immobilienhändler in Leipzig.
Publ.: Im Zentrum der Spionage. Mainz 1986.

Stingl, Helmut 9. 1. 1928
Architekt
Geb. in Losdorf (Kr. Decin, ČSR) in einer Arbeiterfamilie; 1949 Abitur an der Vorstudienanstalt der Univ. Rostock, 1949–55 Architekturstudium an der TH Dresden, Dipl.-Ing.; 1955–62 Architekt, wiss. Assistent u. wiss. Mitarb. an der TU Dresden; 1962–66 stellv. Abt.-Ltr. im VEB Berlin-Projekt; SED; ab 1966 Abt.-Ltr., 1985 Chefarchitekt im VE Wohnungsbaukombinat Berlin; 1978 Prom. zum Dr.-Ing. an der TU Dresden; 1982–89 Vizepräs. des BDA.
Maßg. beteiligt an Projekten für zahlr. Wohngebiete in Berlin, u. a.: 1957 Friedrichsfelde-Ost, 1964 Friedrichshagen, Fischerinsel, 1965 Berlin-Buch I u. II, 1967 Heinrich-Heine-Viertel, 1968 Gebiete nördl. des Ostbahnhofs sowie am Tierpark, 1969 Allende-Viertel in Köpenick, 1971 Holzmarktstraße; leitet innerhalb des Wohnungsbaukombinats ab 1980 die Realisierung von Großprojekten wie den Bau des Stadtbez. Berlin-Marzahn, ab 1983 des Wohngebiets Ernst-Thälmann-Park, ab 1986 der Otto-Grotewohl-Straße.

Stoeckel, Walter
14. 3. 1871–12. 2. 1961
Gynäkologe, Klinikdirektor
Geb. in Stobingen (Ostpr.), Vater Gutsinspektor; Gymnasium in Insterburg; 1890–95 Medizinstudium in Leipzig, München, Jena u. Königsberg, hier 1896 Prom., 1896/97 Schiffsarzt, 1897–1903 Assistenz-, später Oberarzt an der Univ.-Frauenklinik in Bonn (bei Heinrich Fritsch), 1903/04 Oberarzt an der Univ.-Frauenklinik Erlangen, 1904–07 an der Frauenklinik der Berliner Charité, hier 1904 Habil. u. Privatdoz., 1905 Titularprof.; 1907–10 Ordinarius für Frauenheilkunde in Marburg, 1910–22 Ordinarius in Kiel, 1922–26 Ordinarius u. Dir. der Univ.-Frauenklinik in Leipzig, 1926–51 Ordinarius für Frauenheilkunde u. Dir. der I. Univ.-Frauenklinik in Berlin.
Nach 1945 Wiederaufbau der schwer kriegszerstörten Univ.-Frauenklinik, Org. u. Ltg. der ersten Gynäkologenkongresse der Nachkriegszeit 1946 in Jena u. 1947 in Berlin, 1948 maßg. an der Konstituierung der Wiss. Ges. für Geburtshilfe u. Gynäkol. bei der HU Berlin beteiligt; 1949 Obermedizinalrat; 1951 em.; 1951 NP; wiss. Arbeiten v.a. zur gynäkolog.-urolog. Chirurgie; gest. in Berlin.
Publ.: Ureterfisteln u. Ureterverletzungen. Leipzig 1900; Atlas der gynäkolog. Cystoskopie. Marburg 1908; Lehrbuch der Geburtshilfe. Leipzig 1920 (13. Aufl. 1961); Lehrbuch der Gynäkologie. Leipzig 1928 (15. Aufl. 1967); Gynäkolog. Urol. München 1938; Erinnerungen eines Frauenarztes. München 1966, in gekürzter Ausgabe (mit Auswahlbibliogr. und einem Geleitwort von H. Kraatz). Leipzig 1979.

Stolpe, Manfred 16. 5. 1936
Kirchenjurist, Konsistorialpräsident
Geb. in Stettin, Vater Fahrer; 1955 Abitur in Greifswald; 1955–59 Jurastudium in Jena, 1956/57 Exmatrikulationsverfahren, mangels Beweises eingestellt; Okt. 1959–62 Vorbereitungsdienst für die höhere kirchl. Verwaltungslaufbahn der Ev. Kirche der Union (EKU), Abschluß mit der Hausarbeit »Die Grundlagen des Verhältnisses zwischen Staat u. Kirche der DDR«; ab 7. 2. 1962 Konsistorialreferendar, Mitarb. von Bischof Krummacher*; ab 7. 8. 1962 Konsistorialassessor in der kirchl. Verwaltung der EKD; 1963–66 persönl. Referent des General-Superintendenten Jakob; ab 1. 7. 1963 Kirchenbeamter auf Lebenszeit, ab 1. 11. 1964 Konsistorialrat; ab 1966 Referent des Ev. Konsistoriums

Berlin-Brandenburg u. bis 1.2.1968 Ltr. der Geschäftsstelle der Konferenz der Ev. Kirchenltg. in der DDR, maßg. beteiligt an der Gründung (1969) u. Profilierung des Bunds der Ev. Kirchen in der DDR (BEK); 1.7.1969 Oberkonsistorialrat; ab 1.10.1969 Ltr. des Sekr. des BEK u. bis 1.1.1970 Dezernent des Konsistoriums für Seelsorge an Wehrpflichtigen, Jugendarbeit u. Friedenszeugnis; von 1970 bis 1989 sah das MfS in ihm den IM »Sekretär« mit »Feindverbindung«; 1976 Mitarb. in der Menschenrechtskommission des Weltkirchenrats; 1978 Verdienstmedaille der DDR; ab 1.1.1982 Konsistorialpräs. des Ev. Konsistoriums Berlin-Brandenburg, ab 23.10.1990 im Wartestand u. stellv. Vors. des BEK; 1989 Dr. h.c. (EMAU Greifswald); seit 7.7.1990 SPD.

Seit Okt. 1990 Abg. des Brandenburg. Landtags, seit 1.11.1990 Min.-Präs. des Landes; 10.2.1992 auf Initiative von Peter-Michael Diestel* Antrag auf Einrichtung eines Untersuchungsaussch. (UA), der die Kontakte von St. zu Staatsapparat, SED u. MfS untersucht; Febr. 1992–Mai 1994 Arbeit des UA; der Abschlußbericht entlastete ihn, stellte aber bewußte u. konsp. Kontakte zum MfS sowie Übergabe von Geschenken fest, St. habe jedoch die Interessen der ev. Kirchen vertreten; abweichende Voten der Fraktion Bündnis, CDU u. PDS.

Publ.: Schwieriger Aufbruch. Berlin 1992.

Sek.-Lit.: Reuth, R. G.: IM »Sekretär«. Berlin 1992; Neubert*, E.: Untersuchung zu den Vorwürfen gegen den Min.-Präs. des Landes Brandenburg Dr. Manfred Stolpe vom 27.8.1993. Potsdam 1994; Zarneckow, R.: Bericht des Untersuchungsaussch., 3 Bde. Potsdam 1994

Stoph, Willi 9.7.1914

Vorsitzender des Ministerrats und des Staatsrats

Geb. in Berlin, Vater Arbeiter; Volksschule; 1928–31 Ausbildung zum Maurer, danach als Maurer, Maurerpolier sowie nach einem Fernstudium als Bautechniker tätig; 1928 KJVD, hier versch. Funktionen, 1931 KPD; ab 1933 antifasch. Tätigkeit, 1935–37 Militärdienst im Artillerieregt. 59 in Brandenburg/Havel, zuletzt Oberkanonier; 1940 bis zur Verwundung 1942 Kriegsdienst, zuletzt Stabsgefr.

1945–47 Ltr. der Abt. Baustoffindustrie u. Bauwirtschaft, 1947/48 Ltr. der HA Grundstoffindustrie der Dt. Zentralverwaltung der Industrie; 1948–50 Ltr. der Abt. Wirtschaftspol. beim PV der SED, 1950–89 Mitgl. u. 1950–53 Sekr. des ZK; 1953–89 Mitgl. des PB; 1950–89 Abg. der Volkskammer, 1950–52 Vors. ihres Wirtschaftsaussch.; 1952–55 Min. des Innern; 1954 VVO in Gold; 1954–62 stellv. Vors. des Min.-Rats, 1956–60 Min. für Nat. Verteidigung, einer der Stellv. des Oberkommandierenden der Vereinten Streitkräfte der Teilnehmerstaaten des Warschauer Vertrags, 1956–59 Gen.-Oberst, dann Armeegen.; 1962–64 1. stellv. Vors. u. 1964–73 Vors. des Min.-Rats (Nachf. von Otto Grotewohl*); 1963/64 Mitgl., 1964–73 u. 1976–89 stellv. Vors., 1973–76 Vors. des Staatsrats (Nachf. von Walter Ulbricht*); 1969 KMO; 1976–89 Vors. des Min.-Rats (Nachf. von Horst Sindermann*); 1984 Lenin-Orden.

7.11.1989 Rücktritt mit seiner Reg., 17.11.1989 als Mitgl. des Staatsrats abberufen u. aus der Volkskammer ausgeschieden, 3.12.1989 Parteiausschluß durch das ZK der SED, 8.12. Einleitung eines Ermittlungsverfahrens durch den Generalstaatsanwalt u. Festnahme unter dem Verdacht, durch Amtsmißbrauch u. Korruption die Volkswirtschaft geschädigt u. sich persönl. bereichert zu haben; Febr. 1990 aus gesundheitl. Gründen entlassen.

Im Mai 1991 festgenommen im Rahmen der Ermittlungen zu Schüssen an der

Mauer; Aug. 1992 zunächst Haftverschonung aus gesundheitl. Gründen, Nov. 1992 Eröffnung des Verfahrens, dann vorläufige, im Juli 1993 endgültige Einstellung des Verfahrens.
Publ.: Zur weiteren Entw. der soz. Ges. in der DDR. Berlin 1974; Für das Erstarken unseres soz. Staates. Berlin 1979; DDR – Staat des Soz. u. des Friedens. Berlin 1984; Soz. u. Frieden zum Wohle des Volkes. Berlin 1989.

Stöß, Herbert 5. 8. 1923
MfS-Bezirksverwaltungsleiter
Geb. in Friedersreuth (ČSR), Vater Schuhmacher; Volksschule, 1937–42 Ausbildung u. Arbeit als Weber; 1942 Wehrmacht; 1945 Rückkehr nach Friedersreuth.
1945/46 Arbeit als Weber, dann Umsiedlung nach Brandenburg; 1946 SED; Einstellung bei der VP, Kreisämter Westhavelland u. Rathenow; 1949 Einstellung bei der Kreisdienststelle Rathenow der Verwaltung zum Schutz der Volkswirtschaft Brandenburg (ab Feb. 1950 Länderverwaltung des MfS), 1951 dort stellv. Ltr. der Abt. III (Sicherung der Volkswirtschaft); 1952 Vers. zur HA III, MfS Berlin, 1955 stellv. Abt.-Ltr.; 1956/57 Besuch der SED-BPS Berlin; 1957 Mitarb. in der Arbeitsgruppe Anleitung u. Kontrolle, dann stellv. Abt.-Ltr.; 1959 stellv. Operativ des Ltr. der BV Frankfurt/Oder; 1962–67 Fernstudium an der JHS des MfS Potsdam-Eiche; 1980 Ltr. der BV Frankfurt/Oder, ab 1980 Mitgl. der SED-BL Frankfurt/Oder; 1981 Gen.-Major; 1983 VVO in Gold; 1987 Entlassung, Rentner.

Stötzer, Werner 2. 4. 1931
Bildhauer, Zeichner
Geb. in Sonneberg (Thür.); 1947–49 Lehre u. Studium an der FS für Spielzeuggest. Sonneberg, Keramikmodelleur; 1949–51 Studium an der HS für Architektur Weimar, Lehrer Hans von Breek, Siegfried Tschiersky; 1951–53 Studium an der HS für bild. Künste Dresden, Lehrer Eugen Hoffmann, Walter Arnold; 1954–58 Meisterschüler an der DAK bei Gustav Seitz; seitdem freischaff.; 1975 Mitgl. der Sekt.-Ltg. Plastik des VBK; seit 1975 Gastdoz. an der HS für bild. u. angew. Kunst Berlin-Weißensee; 1978 Mitgl. der AdK; 1985 Prof., 1987 ao. Prof. der AdK; 1990 Vizepräs. der AdK; Studienreisen u. a. nach China, in die ČSSR, Österr., die Bundesrep. Dtl., Ungarn, Polen.
Werke: Relief: Fragen eines lesenden Arbeiters (1959/60), Lesender Arbeiter (1961), Babi Jar (1967), Kleine Auschwitzgruppe (1973/74), Große Auschwitzgruppe (1974), Große Sitzende (1981), Relief für Marx-Engels-Forum Berlin (1985), Guernica (1982, 1986/87), Mutter u. Kind (1986/87).
Sek.-Lit.: Kat. Nat.-Gal. Berlin 1977; Galerie am Boulevard Rostock, Berlin 1979; AdK Berlin 1981; AdK (mit Bibliogr.) Köln 1991.

Strahl, Rudi 14. 9. 1931
Schriftsteller
Geb. in Stettin, Vater Schlosser; lebte bis 1948 in Polen; Übersiedlung in die SBZ; Oberschule; 1950 Eintritt in die VP; SED; Offiziersschule, acht Jahre Militärdienst, zuletzt Oberltn. der NVA; 1955 erste Veröff. »Sturm auf Stollberg« (Erzählg.); 1957/58 Besuch des Literaturinst. »Joh. R. Becher« in Leipzig; 1959 bis 1961 Red. der satir. Ztschr. »Eulenspiegel«; 1961 Kinderbuchpreis; ab 1961 freischaff. in Berlin; ab 1973 Mitgl. des Vorst. des SV, ab 1978 seines Präs.; 1977 Goethe-Preis; 1980 NP 2. Kl.; seit 1980 Mitgl. des PEN-Zentrums DDR, jetzt Dt. PEN-Zentrum Ost; schreibt Prosa u. Lyrik, auch für Kinder, hauptsächl. Lustspiele für Theater u. Film; einer der meistgespielten Theaterautoren der DDR, bes. erfolgreich: »In Sachen Adam u. Eva« (UA 1969), »Ein irrer Duft von

frischem Heu« (UA 1975 am Maxim Gorki Theater Berlin, R: Piet Drescher; Erstsendung des TV-Films 1977, R: Roland Oehme).
Publ.: Stücke. Berlin 1976; Menschen, Masken, Mimen. Kleine Prosa, Dramen, Gedichte. Berlin 1984; Leben u. leben lassen. Monologe. Berlin 1989; Es war die Lerche. Szenische Miniaturen, Hörspiele u. Stücke. Berlin 1990.

Strassenberger, Paul
4. 6. 1910–18. 3. 1956
Staatssekretär in der Staatlichen Plankommission
Ausbildung zum Industriekaufmann, Studium, Dipl.-Ing.; ab 1933 illegale Betätigung
1945/46 KPD/SED; 1945 Ltr. der Abt. Planung u. Statistik, 1946–48 Ltr. der Abt. Statistik u. Wirtschaftskontrolle der Dt. Zentralverwaltung der Industrie; 1948–50 Ltr. der HA Zusammenfassende Planung der HV Wirtschaftsplanung in der DWK bzw. im Min. für Planung; 1950–53 stellv. Vors. der SPK; 1953–56 Staatssekr. u. 1. Stellv. des Vors. der SPK; 1953 Mitgl. der Kommission zur Übernahme der letzten SAG-Betriebe; 1954–56 Mitgl. der Sekt. Wirtschaftswiss. der DAW.

Strauß, Paul 27. 4. 1923
Staatsratsmitglied
Geb. in Viperitz (Kr. Güstrow), Vater Landarbeiter; Volksschule; 1937–39 Ausbildung zum Zimmermann in Güstrow, danach im Beruf tätig; 1941–45 Kriegsdienst (Marine), Bootsmaat; 1945–47 Gefangenschaft in Holland.
1947–51 Holzarbeiter u. Zimmerer in Laage; 1948 FDGB; 1951–53 Zimmerer, 1953–71 Brigadier u. Meister im VEB Wohnungsbaukombinat Rostock; 1954 SED; 1954–58 Mitgl. der SED-BL Rostock u. Abg. des Bez.-Tags; Initiator der ersten Komplexbrigade (1955) u. maßgebl. beteiligt bei der Einführung des Objektlohns im Bauwesen (1959); 1959 Studium an der Ing.-HS Wismar, Meister der volkseigenen Industrie; 1959–72 Mitgl. des FDGB-Bundesvorst., bis 1968 Mitgl. des Präs.; 1963 Kand., 1967–76 Mitgl. des ZK der SED; 1963–März 1990 Abg. der Volkskammer, Nov. 1963 – Jan. 1990 Mitgl. des Staatsrats; 1971–89 Baultr. im VEB Wohnungsbaukombinat Rostock; VVO in Gold.

Streich, Joachim 13. 4. 1951
Leistungssportler (Fußball)
Geb. in Wismar, Vater Kraftfahrer; ab 1958 Fußballspieler, zunächst bei der TSG Wismar, 1967–75 beim FC Hansa Rostock, ab 1975 beim 1. FC Magdeburg; dreimal Sieger des FDGB-Pokals, 1972 Olympia-Dritter; 55 Tore in 102 Länderspielen, 19 Spiele in der Olympiaauswahl, 42 Europacup-Spiele; 1979 u. 1983 jeweils DDR-Fußballer des Jahres; ab 1967 Ausbildung u. Berufstätigkeit als Schaltanlagenmonteur; 1972–75 Studium der Verkehrsök. an der HS für Verkehrswesen in Dresden, danach bis 1984 Studium an der DHfK Leipzig mit Abschluß als Dipl.-Sportlehrer; 1985 Beendigung der leistungssportl. Laufbahn, anschl. Trainer beim 1. FC Magdeburg, ab 1990 zwischenzeitl. bei Eintracht Braunschweig, danach bis 1993 wieder in Magdeburg.

Streisand, Joachim
18. 10. 1920–6. 1. 1980
Historiker, Präsident der Historiker-Gesellschaft
Geb. in Berlin, Eltern Buchhändler; 1938 Abitur, 1938/39 Univ. Rostock, 1939–42 Univ. Berlin, Studium der Philos., Geschichte, Kunstgeschichte, Anglistik, Romanistik, Psychol.; 1942 Relegation wegen jüd. Herkunft, 1942–44 kriegsdienstverpflichteter Laborarbeiter, 1944 Arbeitslager Jena, März 1945 Flucht aus Jena, anschl. bis Mai 1945 illegal in Berlin.
1945 stellv. Ltr. des Schulamtes Berlin-

Charlottenburg, 1946–48 Doz. an der VHS Berlin-Charlottenburg, 1947/48 Halbtagsstellung am Inst. für Zeitgeschichte; 1948 SED; 1948–51 wiss. Aspirant an der Univ. Berlin, 1950 Lehrbeauftragter für Musikgeschichte am Staatl. Konservatorium, später Lehrer für Gegenwartskunde am DEFA-Studio, 1951/52 Assistent an der HU Berlin, 1952 Diss. über die Soziol. K. Mannheims, seit 1951 Vorlesungen an der HU Berlin über neuere dt. Gesch., 1952 stellv. Abt.-Ltr. und 1953–55 Abt.-Ltr. für den Zeitabschnitt 1848–1895 am Museum für Dt. Geschichte; 1953 Mitbegr. der »Ztschr. für Geschichtswiss.« (ZfG), 1953–57 nebenamtl. Redaktionssekr. der ZfG, 1956–63 wiss. Referent an der AdW; 1962 Habil. über das Geschichtsdenken von der Frühaufklärung bis zur Klassik, 1963 Prof. mit Lehrauftrag u. Dir. des Inst. für dt. Geschichte an der HU Berlin, 1964–69 Prof. mit vollem Lehrauftrag, 1968–80 Präs. der Historiker-Ges., 1969–80 ord. Prof., 1969 NP, 1969–74 Dir. der Sekt. Geschichte der HU Berlin, 1971/72 in dieser Funktion an der pol. motivierten Relegation u. Maßregelung von 13 Studenten beteiligt; 1975 Ord. Mitgl. der APW.
Hauptsächl. Arbeitsgebiete: dt. Gesch. seit 1789; Geschichtsdenken in der Zeit der Aufklärung u. Klassik; Geschichte, Theorie u. Methodol. der Geschichtswiss.; seit 1955 Mitgl. u. seit 1962 Ltr. des Autorenkollektivs für ein marxist.-leninist. Lehrbuch zur dt. Geschichte.
Publ.: Um die Einheit Dtl. Berlin 1953; Dtl. von 1789 bis 1815. Berlin 1959; Geschichtsdenken von der dt. Frühaufklärung bis zur Klassik. Berlin 1964; Dt. Geschichte in einem Band. Berlin 1968; Kultur in der DDR. Berlin 1981.
Sek.-Lit.: H. Schleier: J. S. In: Wegbereiter der DDR-Geschichtswiss. Berlin 1989; Beiträge zur Geschichte der HU Berlin Nr. 6. Berlin 1982.

Streit, Hermann 19. 6. 1909
Staatssekretär
Geb. in Greisitz (Kr. Sprottau, Schles.), Vater Häusler u. Weber; Volksschule, Textilarbeiterlehre; zeitw. arbeitslos; 1927 KJVD u. KPD, ehrenamtl. Funktionär, 1933 illegale antifasch. Arbeit, Jan. 1934 Emigration in die UdSSR, 1936 Interbrigadist im Span. Bürgerkrieg, 1938–41 Internierung in Spanien, dann Auslieferung an die Gestapo, bis 1945 Haft in Liegnitz, Breslau, Glatz u. 1945 im KZ Mauthausen.
1945/46 KPD/SED; 1946–49 HA-Ltr. für Handel u. Versorgung bzw. Ministerialdir. u. stellv. Min. in der Provinzialverwaltung bzw. Landesreg. Brandenburg; 1949 1. Geschäftsführer der HO; 1949–58 HA-Ltr. Erfassung u. Aufkauf im Min. für Handel u. Versorgung bzw. Staatssekr. für Erfassung u. Aufkauf landw. Erzeugnisse; 1955 VVO in Gold, später KMO; 1958–65 Ltg. der Abt. Land- u. Forstwirtschaft, Erfassung der SPK, ab 1965 Rentner u. wiss. Berater beim Landwirtschaftsrat der DDR.

Streit, Josef 9. 6. 1911–3. 7. 1987
Generalstaatsanwalt
Geb. in Friedrichswald (Nordböhmen), Vater Glasschleifer; Volksschule, Ausbildung zum Buchdrucker; 1925 KJV, Gewerkschaft, 1930 KP der ČSR; 1938 verhaftet, Gestapo-Untersuchungsgefängnis Dresden, danach KZ Dachau u. Mauthausen.
1945/46 KPD/SED; 1946 Sekr. des FDJ-Kreisvorst. Schönberg (Meckl.); Volksrichterlehrgang, 1947 Richter u. a. in Schönberg; 1949 Hauptreferent im Min. der Justiz; 1951–53 Staatsanwalt beim Generalstaatsanwalt der DDR; 1953–62 Mitarb. des ZK der SED, zeitw. Ltr. des Sektors Justiz in der Abt. Staats- u. Rechtsfragen; 24. 1. 1962 Generalstaatsanwalt (Nachf. von Ernst Melsheimer*); 1962 Mitgl. des Zentralvorst. der Vereinigung Demokr. Juristen; maßg. betei-

ligt an der Ausarbeitung des Rechtspflegeerlasses des Staatsrats vom Apr. 1963 u. a. gesetzgeber. Arbeit, bes. im Strafrecht; 1963–87 Mitgl. des ZK der SED; Jurastudium, 1965 Dr. jur. (HU Berlin); 1975 VVO in Gold, KMO; 1977 Dr. jur. h.c. (FSU Jena); Juni 1986 Ruhestand.
Publ.: Entschleierte Justiz. Berlin 1962; Nur ums Strafen geht es nicht. Berlin 1976.

Streit, Petra 6. 10. 1952
Frauenrechtlerin
Geb. in Grimma, Vater Bauökonom, Mutter SED-Funktionärin, aufgewachsen bei der Großmutter u. im Kinderheim; nach dem Schulabschluß Berufsausbildung als Rinderzüchterin; versch. berufl. Tätigkeiten, u. a. Versuchstechnikerin an der KMU Leipzig, Sachbearb., Musikalienhändlerin; 1977 Wechsel nach Berlin; Beschäftigungen als Haushaltshilfe bei der Volkssolidarität, Eisverkäuferin, Geologiehelferin, Fabrikarbeiterin; seit 1979 Mitgl. einer Frauenselbsthilfegruppe; 1981 Ltr. einer Beratungsstelle des DFD, nach Ablehnung ihres Projekts für ein Frauenzentrum in Berlin-Pankow wegen »abweichender« frauenpol. Auffassungen entlassen; seit 1983 Mitgl. der Gruppe »Frauen für den Frieden«, Mitinitiatorin eines jährl. DDR-weiten Frauengruppentreffens unter dem Dach der ev. Kirche; 1984 Wechsel nach Weimar, Mitgl. der Frauengruppe Weimar, 1987 Mitbegr. der Frauen-Teestube in Weimar, 1987 Vortragsreihe zum Thema »Gewalt gegen Frauen«, illegale Fragebogenuntersuchung »Gewalterfahrungen von Frauen in der DDR«; 1988 Praktikantin beim Ev. Frauenwerk Thüringen, ab Sept. 1989 Referentin für offene Frauenarbeit bei der Frauenhilfe der Kirchenprovinz Sachsen; Sept. 1989 Mitbegr. der Initiative »Frauen für Veränderung« (Zusammenschluß mehrerer Thüringer Frauengruppen), Dez. 1989 Gründungsmitgl. des Unabhängigen Frauenverb. (UFV) u. Mitautorin der UFV-Satzung, ab Febr. 1990 Sprecherin des UFV.
Ab 1990 Fernstudium der Sozialarbeit u. Sozialpädagogik am Diakon. Qualifikationszentrum Berlin u. zugl. tätig als Sozialarbeiterin im Frauenhaus Weimar, 1993 Abschluß als Dipl.-Päd.; bis 1992 Bundessprecherin des UFV, seit 1993 Mitgl. von Bündnis 90/Die Grünen, 1994 Wahl in den Stadtrat von Weimar.

Streletz, Fritz 28. 9. 1926
Chef des Hauptstabs der NVA
Geb. in Friedrichsgrätz (Kr. Oppeln), Vater Arbeiter; Volksschule; 1941–43 Heeres-Unteroffiziersvorschule, 1943/44 RAD, dann Wehrmacht; 1945–48 sowj. Gefangenschaft.
1948 Rückkehr nach Dtl., SED; Okt. Eintritt in die KVP, Kursant, Gruppenführer, 1949 VP-Kommissar, bis 1951 Zugführer in der Bereitschaft Bernburg, dann Stellv. bzw. Ltr. der Bereitschaft Kirchmöser, Frankenberg, Prenzlau, VP-Oberrat; 1951/52 militär. Sonderlehrgang Priwolsk (UdSSR), anschl. bis 1954 Stellv. bzw. Ltr. der KVP-Bereitschaft Großenhain, Oranienburg, Halle; Oberstltn.; 1955 HS für Offz. Dresden; 1956–59 1. Stellv. des Chefs des Militärbez. Leipzig, Oberst; 1959–61 sowj. Generalstabsakad., Dipl. rer. mil.; danach erneut 1. Stellv. des Chefs des Militärbez. Leipzig, Gen.-Major; 1964–78 Stellv. des Chefs des Hauptstabs der NVA für operative Fragen, Gen.-Ltn., ab 1971 zugl. Sekr. des Nat. Verteidigungsrats; 1979–89 stellv. Verteidigungsmin. u. Chef des NVA-Hauptstabs (Nachf. von Heinz Keßler*), Gen.-Oberst; 1989/90 Überprüfung durch den NVA-Aussch. zur Untersuchung von Amtsmißbrauch, Korruption u. persönl. Bereicherung, keine strafrechtl. Konsequenzen; 1. 1. 1990 Ruhestand.
Mai 1991 Ermittlungsverfahren wegen

Anstiftung zum Totschlag, U-Haft, 12. 11. 1992 Prozeßbeginn gemeinsam mit Erich Honecker* u. a.; Sept. 1993 vom Berliner Landgericht zu fünf Jahren u. sechs Monaten Haft verurteilt, unter Auflage außer Vollzug gesetzt; Juli 1994 Bundesgerichtshof bestätigte das Strafmaß.

Strittmatter, Erwin
14. 8. 1912–31. 1. 1994
Schriftsteller
Geb. in Spremberg, Vater Bäcker u. Kleinbauer, Mutter Schneiderin; Volksschule in Bohsdorf (Kr. Spremberg), Realgymnasium bis zur mittleren Reife in Spremberg; 1930–32 Bäckerlehre; 1932–34 Geselle in der Bäckerei des Vaters; 1934–37 Tierpfleger im Tierpark Dinslaken, auf einem Mustergut u. in versch. Betrieben; Arbeit als Kellner, Tierwärter u. a.; 1934 einige Tage Schutzhaft in Döbern, Vorwurf komm. Propaganda (der sich als unbegründet herausstellte); 1937–41 Hilfs- bzw. Facharbeiter in der Thüring. Zellwolle AG; 1941 eingezogen zur Schutzpolizei; Oberwachtmeister (Schreiber beim Bat.-Stab) im Reserve-Polizei-Bat. 325 in Jugoslawien, Österreich, Finnland u. Griechenland, 1944 Film- u. Bildstelle der Ordnungspolizei in Berlin; Feb. 1945 Desertion bei der Verlegung der Dienststelle.
1945 Arbeiter auf dem Obstgut Saalfeld, dann Bäcker in der Bäckerei des Vaters u. Kleinbauer; 1946 Schutzverband Dt. Autoren, später DSV; 1947 Neusiedler, Amtsvorsteher u. Standesbeamter in Bohsdorf; 1947 SED, Besuch der Kreisparteischule; 1948 KB; 1948–51 Lokalred. der »Märk. Volksstimme« (Landesztg. der SED, Potsdam); 1950 Sonderlehrgang für Kulturred. an der PHS »Karl Marx«; ab 1951 freischaff. Schriftst.; 1953 u. 1955 NP; 1959 1. Sekr. des DSV u. Mitgl. der DAK, 1969–83 Vizepräs. des DSV, Mitgl. des Präsidiums des SV bis 1978; 1974 KMO, 1976 NP 1. Kl., 1982 VVO in Gold; in zweiter Ehe verh. mit Eva Strittmatter.
Seit Beginn der lit. Arbeit bemüht um Vermittlung zwischen Volksleben, soz. Weltsicht u. eigenständiger Schreibweise (u. a. »Ochsenkutscher« 1950, Drama »Katzgraben« mit Bertolt Brecht* 1953, »Tinko« 1955); kontroverse Diskussion um den Roman »Ole Bienkopp« (1963), bes. nach der 2. Bitterfelder Konferenz, die 1964 repräsentative soz.-realist. Darstellungen forderte; weitere wichtige Werke: »Wundertäter« 3 Bde. (1957, 1973, 1980); große Popularität erreichten die zeitkrit., teils autobiograph. Schilderungen der Kindheits- u. Jugenderlebnisse in »Der Laden« 3 Bde. (1983, 1987, 1992).

Strittmatter, Eva, geb. Braun 8. 2. 1930
Schriftstellerin
Geb. in Neuruppin, Vater Angestellter; 1947–51 Studium der Germanistik in Berlin; 1951–53 wiss. Mitarb. beim DSV, SED; 1953/54 Lektorin im Kinderbuchverlag Berlin; seit 1953 im Redaktionsbeirat u. 1959/60 Red. der Ztschr. »Neue Deutsche Literatur«; Mitglied des DSV-Vorst.; 1975 Heinrich-Heine-Preis; 1985 PEN-Zentrum DDR; veröff. Kinderbücher, wurde populär mit ihrem Lyrikband »Ich mach ein Lied aus Stille« u. dem Buch »Briefe aus Schulzenhof« (1977) mit Auskünften über Leben u. Werk ihres Ehemanns Erwin St.*
Publ.: Poesie u. andere Nebendinge. Berlin u. Weimar 1983; Mai in Piest'any. Berlin u. Weimar 1986; Die heimliche Freiheit der Einsamkeit. Gedichte. Berlin u. Weimar 1989; Unterm wechselnden Licht. Berlin 1990.

Strobel, Rudi 24. 11. 1928
MfS-Abteilungsleiter
Geb. in Altenhain, Vater Arbeiter; Volksschule; 1943 kaufm. Lehre; 1944 RAD.
1945 KPD; 1945–47 Arbeiter; 1947 FDJ-

Sekr.; 1948 Einstellung bei der VP, Grenzpolizei, dann Bereitschaftspolizei; 1950 Mitarb. der HV für Ausbildung; 1951 Einstellung beim MfS als operativer Mitarbeiter der HA I (Abwehr in den VP-Bereitschaften); 1951 Techn. Mitarb. in der Schule des MfS Potsdam-Eiche; 1954 Versetzung zur HA II (Spionageabwehr), 1959 dort Abt.-Ltr.; 1962–65 Ltr. der Operativgruppe Moskau des MfS; 1965 Ltr. der Abt. M (Postkontrolle); 1970/71 u. 1973–77 Fernstudium an der JHS Potsdam-Eiche, Dipl.-Jur.; 1985 Gen.-Major; 1988 VVO in Gold; Dez. 1989 von seiner Funktion entbunden; Jan. 1990 Entlassung, Rentner.

Stroux, Johannes
25. 8. 1886–25. 8. 1954
Altphilologe, Präsident der DAW
Geb. in Hagenau (Elsaß), Vater Gymnasialprof.; Gymnasium, Abitur; 1904–09 Studium der Philol. u. Geschichte an den Univ. Straßburg u. Göttingen; 1909 Prüfung für das höhere Lehramt, 1911 Prom. zum Dr. phil. an der Univ. Straßburg; 1911/12 Studienreisen nach Italien, Frankreich u. England; 1914 Habil. an der Univ. Straßburg, 1914 hier Privatdoz. u. Assistent am Philolog. Seminar; 1914 ao., 1917 ord. Prof. für klass. Philol. an den Univ. Basel, 1922 Kiel, 1923 Jena, 1924 München, 1935–54 Berlin, hier zugl. Dir. des Inst. für Altertumskunde; seit 1929 Mitgl. mehrerer AdW u. wiss. Ges., 1937 Ord. Mitgl. der Preuß. AdW; 1939–45 Vertreter des Verb. dt. AdW in der Union Académique Internationale u. zugl. deren Vizepräs.
1945 Präs. der Preuß. AdW; 1946 Dr. jur. h.c. (Univ. Leipzig); 1946/47 Rektor der Univ. Berlin; 1946–51 Präs., 1951–54 Vizepräs. der DAW, 1946–54 Dir. des Inst. für hellenist.-röm. Philos. der DAW u. Vors. mehrerer Akademiekommissionen; 1949–54 Abg. der Prov. Volkskammer bzw. Volkskammer; Präs. der Ges. für Frieden u. gute Nachbarschaft mit Polen; Mitgl. in zentralen Gremien der DSF u. des KB.
Forschungs- u. Publikationstätigkeit bes. zur latein. Sprache u. zum röm. Recht, zur Papyrol., Epigraphik u. röm. Literaturgeschichte; Hrsg. der »Dt. Literaturztg.« (1947–54), Mithrsg. der Ztschr. »Philologus« u. »Antike«; umfgr. wissenschaftsorganisator. Tätigkeit.
Bibliogr. in: Die DAW 1946–1956. Berlin 1956.

Strube, Otto 20. 5. 1907–22. 7. 1964
VEG-Direktor
Geb. in Grasleben, Vater Landwirt; vier Jahre Volksschule, dann Landw. Oberrealschule in Helmstedt, landw. Lehre auf dem Rittergut Seggerde; anschl. beschäftigt in der Staatsdomäne Hainburg (b. Zeitz); Inspektoren- u. Rentmeisterprüfung bei der Dt. Landw.-Ges.; 1930–39 verantw. Beamter auf dem Gut Dalchau; 1939–44 Kriegsteiln., Ofw., anschl. bis 1948 sowj. Gefangenschaft, dort als ltd. Agronom tätig.
Nach der Entlassung in die SBZ zunächst Materialabrechner im Energiebez. Weferlingen, dann Hauptbuchhalter bzw. Ltr. eines VEG in Gardelegen; 1952 durch das Min. für Land- u. Forstwirtschaft beauftragt mit dem Aufbau eines Großguts in Schwaneberg (Kr. Wanzleben) aus herrenlosen u. devastierten Flächen, seitdem bis zu seinem Tode Dir. des VEG Schwaneberg; 1957 NP; 1962 Ord. Mitgl. der DAL.
Unter der Ltg. St.s u. in Kooperation mit dem Inst. für Pflanzenzüchtung Bernburg entw. sich das VEG Schwaneberg zu einem Musterbetrieb mit intern. bekannter Saatguterzeugung in hohen Anbaustufen sowie bes. Ergebnissen im Anbau von Silo- u. Grünmais zur Stabilisierung der Futterprod.

Struck, Wolfgang E.
16. 2. 1920–14. 2. 1989
Regisseur, Intendant

Geb. in Soldin; Schauspielausbildung, 1939 erster Auftritt in Berlin; Soldat, nach Verwundung ab 1943 am Theater Koblenz.
Ab 1947 Oberspielleiter am Theater Wismar; 1951 Regiearbeit am Berliner Ensemble; Inszenierungen am Berliner Metropol-Theater, u.a. »Feuerwerk«; Regiearbeit für die DEFA (80 Folgen des satir. Magazins »Stacheltier«) u. für Unterhaltungssendungen des DFF; ab 1961 Intendant des Berliner Friedrichstadtpalastes, inszenierte dort rund 90 Revuen (Versuch mit neuer Form »Palastical« wurde von den Besuchern nicht angenommen, danach wieder Revuen, in denen Ballett, Musik, Artistik u. Wort durch einen Handlungsfaden verbunden sind); regelm. Gastregie für das Berliner Kabarett »Distel«; 1978 Verantwortung für die zweite Spielstätte im Friedrichstadtpalast »Das Ei«, ab 1984 für die dritte Spielstätte »Kleine Revue« im neuen Haus; maßg. Mitwirkung an der Konzeption für den neuen Friedrichstadtpalast (Eröffnung: 27.4.1984); SED.

Stubbe, Hans 7.3.1902–14.5.1989
Präsident der Dt. Akademie der Landwirtschaftswissenschaften
Geb. in Berlin, Vater Schulrat; Realgymnasium, 1919–25 landw. Lehre u. Praxis; 1925–29 Studium der Landw. u. der Biol. an der Univ. Göttingen u. an der Landw. HS Berlin, Dipl.-Landwirt; 1927/28 Volontärassistent bei Erwin Baur am Inst. für Vererbungsforschung in Berlin, 1929 Prom. über experimentelle Auslösung von Mutationen; 1929–36 Abt.-Ltr. am neugegründeten Kaiser-Wilhelm-Inst. für Züchtungsforschung in Müncheberg (Mark), nach Maßregelung als Abt.-Ltr. u. Entlassung bis 1943 wiss. Mitarb. bei Fritz von Wettstein am Kaiser-Wilhelm-Inst. für Biol. in Berlin-Dahlem; ab 1943 Aufbau u. Ltg. des Kaiser-Wilhelm-Inst. für Kulturpflanzenforschung in Wien, 1945 Verlagerung des wiss. Materials nach Stecklenberg (Harz).
1945–67 Dir. des Inst. für Kulturpflanzenforschung Gatersleben der MLU Halle bzw. der DAW, Mutations- u. Evolutionsforschung, Hybridzüchtung, Aufbau einer Genbank der Kulturpflanzen; 1946 ord. Prof. u. Dir. des Inst. für Genetik der MLU Halle, 1947/48 Gründungsdekan der Landw. Fak.; 1949 Ord. Mitgl. der DAW; NP; 1951–67 Gründungsmitgl. u. Präs. der DAL; 1960 NP, 1961 VVO in Gold, 1963 Erwin-Baur-Medaille der DAL; 1967 em., 1968 Ehrenpräs. der DAL, Gründungsinitiator u. Ltr. der Arbeitsgemeinschaft für Jagd- u. Wildforschung der AdL; 1963–86 Abg. der Volkskammer, KB-Fraktion; Mitgl. des Vorst. des Forschungsrats, 1963–68 Mitgl. des Landw.-Rats; 1967 Vors. des wiss. Beirats für Landw. beim Staatssekr. für Hoch- u. Fachschulwesen; Mitgl. des KB-Präsidialrats u. der Pugwash-Gruppe der DDR.
St. hatte in Gatersleben die Lehrsätze Lyssenkos auf dem Versuchsweg widerlegt u. entscheidenden Anteil daran, daß die DAL auf der Basis der Genetik gegründet wurde. Er war Mitgl. bzw. Ehrenmitgl. versch. in- u. ausländ. Akad., Dr. h.c. der Univ. Jena, Brno, Krakow u. Berlin; Hrsg. bzw. Mithrsg. versch. wiss. Periodika, u.a.: Biolog. Zentralblatt, Kühn-Archiv, Beiträge zur Jagd- u. Wildforschung; Autor zahlr. Veröff. zur Genetik u. Kulturpflanzenforschung mit z. T. mehrfachen Aufl.
Publ.: Genetik. Jena 1963 (Hrsg.); Kurze Geschichte der Genetik bis zur Wiederentdeckung der Vererbungsregeln Gregor Mendels. Jena 1965; Grundlagen der Bewirtschaftung u. Hege der Wildbestände. Berlin 1973; Geschichte des Inst. für Kulturpflanzenforschung Gatersleben. Berlin 1982.
Sek.-Lit.: H. St. – 80 Jahre. Festkolloquium der AdW u. der AdL. Berlin 1982.

Succow, Michael 21. 4. 1941
Ökologe, Umweltpolitiker
Geb. in Lüdersdorf (Kr. Bad Freienwalde), Vater Landwirt; Oberschule; 1960–65 Biologiestudium an der EMAU Greifswald, Dipl.-Biol.; 1965–68 dort wiss. Assistent; für die Intervention der Warschauer Vertragsstaaten in der ČSSR verweigerte er 1968 die Unterschrift unter eine Resolution; 1969–73 Brigadeltr. im VEB Meliorationskombinat Frankfurt/Oder; 1970 Prom. zum Dr. rer. nat. mit einer Diss. zur Vegetation nordmecklenburg. Flußtalmoore u. ihrer anthropogenen Umwandlung; 1971 LDPD; 1974–82 wiss. Mitarb. am Inst. für Bodenkunde Eberswalde der AdL, 1981 Prom. B zur landschaftsökolog. Typisierung der Moore; seit 1980 Vors. des Bezirksvorst. Frankfurt/Oder der Ges. für Natur u. Umwelt im KB; 1982–89 Forschungsgruppenltr. im Bereich Bodenkunde und Fernerkundung des Forschungszentrums für Bodenfruchtbarkeit Müncheberg der AdL; 1986 – März 1990 Abg. der Volkskammer als Mitgl. des Aussch. für Land-, Forst- u. Nahrungsgüterwirtschaft; 1987 Ernennung zum Prof. der AdL, 1987–89 Arbeitseinsatz in Äthiopien; ; ab Jan. 1990 Stellv. des Min. für Naturschutz, Umweltschutz u. Wasserwirtschaft, verantw. für die Vorbereitung der Gesetzgebung zu Biosphärenreservaten u. Nationalparks, Mitte Mai 1990 auf eigenen Wunsch ausgeschieden.
1990/91 Gastprof. für angewandte Ökologie an der TU Berlin, anschl. Aufbau der Landesanstalt für Großschutzgebiete der Landesreg. Brandenburg; ab Okt. 1992 Prof. u. Dir. des Botan. Inst. u. Gartens der EMAU Greifswald, Vizepräs. des Naturschutzbundes Dtl. (NABU) und Mitgl. des Sachverständigenrats für Umweltfragen der Bundesreg.; mehrere wiss. Preise, u. a. Binding-Preis für Natur- u. Umweltschutz; beispielhafte Leistung in der Geschichte des eur. Naturschutzes wegen der Realisierung von Biosphärenreservaten u. Naturparks in der DDR.
Publ.: Landschaftsökolog. Moorkunde. Jena 1988.

Such, Heinz 23. 7. 1910–28. 12. 1976
Rechtswissenschaftler
Geb. in Frankfurt/Main als Sohn eines Buchbinders; nach dem Abitur ab 1930 Studium der Rechtswiss. an der Univ. Leipzig; 1930 SPD, 1933 KPD; Abbruch des Studiums; während der NS-Zeit als Versicherungsagent beschäftigt; Kriegsdienst u. amerik. Gefangenschaft.
1945 Forts. des Studiums in Leipzig, 1946 1. jur. Staatsexamen; anschl. Doz. an einer Ausbildungsstätte für sog. Volksrichter in Bad Schandau; 1947–49 Verwaltungsltr. des Rektorats der Leipziger Univ.; 1948 Prom. mit der Arbeit »Wirtschaftsplanung u. Sachmängelhaftung«; 1951 Prof. mit Lehrstuhl für Allg. Rechtslehre u. Zivilrecht sowie Dir. des Inst. für Zivilrecht, 1956 Prodekan, 1958 Dekan der Jur. Fak., 1969 Ltr. des Bereichs Wirtschaftsrecht an der KMU Leipzig; seit 1952 Mitgl. des jur. Arbeitskreises der DAW; 1957 NP; 1967 Ord. Mitgl. der DAW; 1956–1959 u. 1967–73 Präs. des Schiedsgerichts der Kammer für Außenhandel; 1974 VVO in Gold.

Suhrbier, Max 12. 10. 1902–16. 1. 1971
Vorsitzender der LDPD
Geb. in Rostock, Vater Schlosser; Abitur, anschl. 1921–24 Studium der Rechts- u. Staatswiss. an der Univ. Rostock, 1925 Referendar u. Dr. jur.; bis zum Assessorexamen 1928 bei versch. Justiz- u. Verwaltungsbehörden in Rostock, 1929–33 im Landwirtschaftsmin. von Mecklenburg-Schwerin, 1933–45 im Finanzmin., zuletzt Oberreg.-Rat in Schwerin.
1945 Ministerialrat im Finanzmin. des Landes Mecklenburg-Vorpommern; Jan. 1946 Mitbegr. des Landesverb. der

LDPD, 1947–52 dessen 1. Vors.; 1946 Ltr. der Abt. Haushalt im Min. der Finanzen; 1946–50 Abg. des Landtags von Mecklenburg, 1948–52 dort Min. für Finanzen; 1951–54 Fernstudium an der DASR, Dipl.-Jur.; 1952–59 stellv. Vors. des Rats des Bez. Schwerin u. Vors. des Bezirksverb. der LDPD; 1949–58 Mitgl. der Länderkammer, 1950–58 und 1963–71 Abg. der Volkskammer, 1950–58 Mitglied des Rechtsaussch.; 1959/60 stellv. Finanzmin. u. 1960–65 Stellv. des Vors. des Min.-Rats der DDR; seit 1960 Mitgl. des Präs. des NR; 1960–67 Vors. der LDPD (Nachf. von Hans Loch*), anschl. Ehrenvors.; seit 1963 Mitgl. des Zentralvorst. der DSF; VVO in Gold.
Publ.: Ein Blick zurück ins Leben. Letzte Gespräche, aufgezeichnet von J. Flatau. Berlin 1973.

Szinda, Gustav 13. 2. 1897–23. 9. 1988
MfS-Bezirksverwaltungsleiter
Geb. in Blindgallen (Ostpr.), Vater Zimmermann; Volksschule; Ausbildung zum Maschinenschlosser; 1915–18 Soldat; 1918 Schlosser; 1920 Umzug nach Gelsenkirchen, Arbeit als Maschinenschlosser; 1920–24 Teiln. an den Kämpfen im Ruhrgebiet; 1924 KPD; 1925 RFB; ab 1931 arbeitslos; 1933–35 illegale Tätigkeit, dann Emigration nach Amsterdam; 1936–38 Teiln. am span. Bürgerkrieg als Stabschef u. Kdr. der XI. Intern. Brigade, 1937 Chef der Spionageabwehr der Interbrigaden, 1938 Mitarb. des ZK der KP Spaniens; 1939 Übersiedlung nach Moskau, Mitarb. der KI; 1941 ZK-Schule; 1943–45 Einsatz bei sowj. Partisanen, dann in Dtl. zur Unterstützung des Widerstandskampfes; Sept.–Dez. 1945 Lehrer an der Antifa-Schule 12.
Ende Dez. 1945 Rückkehr nach Dtl.; Sonderauftrag der Partei, Jan. 1946 Tätigkeit im Polizeipräs. Berlin; August 1946–48 Ltr. der Personalabt. der VP-Behörde Mecklenburg, 1948/49 Ltr. der Personalabt. der Landesreg. Mecklenburg; 1949 Abt.-Ltr. für Polizeifragen des PV bzw. ZK der SED; ab 1951 Abt.-Ltr. im Inst. für wirtschaftswiss. Forschung (ab 1953 HA XV des MfS Berlin, Auslandsspionage); 1954 Ltr. der Abt. VII (Abwehr-Arbeit in MdI u. VP); 1957 KMO; 1958 Ltr. der Bezirksverwaltung Neubrandenburg u. Mitgl. der SED-BL Neubrandenburg; 1964 Gen.-Major; 1965 Rentner; 1972 VVO in Gold, 1987 Stern der Völkerfreundschaft in Gold.
Sek.-Lit.: H. Sakowski*: Das Leben eines Revolutionärs. Leipzig 1987.

T

Tack, Erich 11. 10. 1921–6. 3. 1978
VEG-Direktor
Geb. in Lüdershagen (b. Güstrow), Vater Landarbeiter; bis 1936 einklassige Dorfschule; 1936–38 Landarbeiter bzw. gutsherrschaftl. Kutscher; 1938 RAD; 1939–45 Kriegsdienst, zuletzt Ltn.; amerik. Gefangenschaft.
Juli 1945 Entlassung nach Augsburg, dort Anstellung bei der Stadtpolizei; 1946 über die »grüne Grenze« Rückkehr nach Mecklenburg; CDU u. FDGB; bis 1951 Sekr. u. stellv. Vors. des Landesvorst. Mecklenburg der IG Land u. Forst, Mitgl. des FDGB-Landesvorst.; 1948 Landesgewerkschaftsschule u. 1949 Schule des FDGB-Bezirksvorst.; 1949 Übertritt zur SED; 1950 Abg. des Meck-

lenburger Landtags; ab 1951 bis zu seinem Tod Dir. des VEG Tierzucht Groß Stieten (Kr. Wismar); 1952–57 Mitgl. des Rostocker Bezirksvorst. der Gewerkschaft Land u. Forst; 1952–60 Mitgl. der SED-BL Rostock; 1963 nach Fernstudium an der WPU Rostock Abschluß als Dipl.-Landwirt; ab 1967 Mitgl. der SED-KL Wismar; NP (im Kollektiv).
Unter der Ltg. von T. entwickelte sich das VEG Groß Stieten zu einem Musterbetrieb der industriemäßigen Agrarprod. in der DDR sowie zu einem Zentrum landw. Berufsausbildung; DDR-weiten Ruf erlangte das Gut zudem als Träger außergewöhnl. betriebl. u. dörfl. Sozial- u. Kultureinrichtungen.

Tannert, Christoph 28. 12. 1955
Kunstwissenschaftler
Geb. in Leipzig, Vater Theologe, Mutter Germanistin u. Lektorin; Besuch der EOS in Leipzig; 1976–81 Studium der Kunstwiss. u. Archäol. an der HU Berlin; 1981–84 Sekr. der ZAG Junge Künstler beim Zentralvorst. des VBK der DDR; 1984 fristlose Entlassung wegen Engagement für junge, nichtkonforme Kunst; 1984–91 freiberufl. tätig als Kritiker u. Organisator von Ausstellungen (u. a. »Wort u. Werk« Samariterkirche Berlin 1986, »Permanente Kunstkonferenz« Weißer Elefant Berlin 1989, »L'autre Allemagne – hors les murs« La Villette Paris 1990, »Fontanelle« Potsdam 1993); Hrsg. von Grafikbüchern, Flugschriften u. Musikkassetten im Eigenverlag URSUS PRESS.
Mithrsg. der Ztschr. »Schaden«; zahlr. Beiträge in nichtoff. Ztschr., u. a. »Anschlag«, »Ariadnefabrik«, »Kontext«, »Liane«, »Usw«; weiterhin zahlr. Katalogtexte u. Aufsätze, u. a. in: »Bildende Kunst«, »Kunstforum International«, »Niemandsland«, »Spex«.
Seit 1991 Projektltr. am Künstlerhaus Bethanien Berlin.
Publ.: Zellinnendruck. Kat. zur Präsentation selbstverlegter Ztschr. u. Grafikbücher in Leipzig u. Berlin (Hrsg. mit E. Hesse). Leipzig 1990; Mitarbeit am Titel von: Feist, G., Gillen, E.: Kunstkombinat DDR. Berlin 1990; Beiträge in: Gillen, E., Haarmann, R. (Hrsg.): Kunst in der DDR. Köln 1990 sowie in: Muschter, G., Thomas, R. (Hrsg.): Jenseits der Staatskultur. Traditionen autonomer Kunst in der DDR. München 1992.

Täschner, Herbert
7. 7. 1916–10. 5. 1984
LDPD-Politiker
Geb. in Dresden, Vater Verwaltungsangestellter; Volks-, Oberreal-, Handels- u. Verwaltungsschule; Verwaltungsdienstpraktikum in Dresden, Pirna u. Heidenau; 1937–45 RAD u. Wehrmacht, zuletzt Ofw., Gefangenschaft.
1946 LDPD, 1947–49 hauptamtl. Geschäftsführer einer Dresdener Stadtbezirksgruppe, 1949/50 Generalsekr. des Landesverb. Sachsen, anschl. bis 1954 Generalsekr. der LDPD; 1950–54 Abg. der Volkskammer; 1954–56 Ltr. des Verlags der »Thüring. Landeszeitung« Weimar, anschl. bis 1962 des GST-Verlags u. 1962–79 des Verlags »Lied der Zeit«; 1963–79 Vors. des LDPD-Kreisverb. Berlin-Friedrichshain.

Taubeneck, Udo 12. 5. 1928
Biologe
Geb. in Jena, Vater Galvaniseur; Oberschule, 1946 Abitur; Lehrling bei Zeiss u. Hilfslaborant im Inst. für Mikrobiol. (Schott-Zeiss-Inst.).
1946–50 Studium der Biol. u. Chemie an der FSU Jena, Dipl.-Biologe; 1951/52 wiss. Mitarb. beim VEB Jenapharm; 1952 Prom., 1952/53 Assistent am Inst. für Allg. Botanik der FSU; 1953 Assistent am Inst. für Mikrobiol. u. experimentelle Therapie der DAW in Jena, 1957 dort Abt.-Ltr.; 1962 Habil. an der FSU, 1965 Doz. u. 1968 Prof.; 1968–76 Ltr. des Bereichs Molekularbiol. im ZI für Mikro-

biol. u. experimentelle Therapie der AdW (ZIMET); 1969–86 Mitgl. des Forschungsrats der DDR, 1976–86 Ltr. der Gruppe Biol.; 1974 Korr. u. 1977 Ord. Mitgl. der AdW; 1974 Mitgl. der Dt. Akad. der Naturforscher Leopoldina Halle; 1975 Arbeitsaufenthalt im Biolog. Forschungszentrum Puschtschino der AdW der UdSSR; 1976–83 Dir. des ZIMET u. 1983–85 Dir. am ZIMET; Mitgl. mehrerer nat. und intern. wiss. Ges.; bis 1988 Hrsg. des »Journal of Basic Microbiology« u. weitere Hrsg.-Tätigkeit; 1985 Invalidenrentner; 1987 NP.
Hauptarbeitsgebiete: Mikrobiol., Molekularbiol., bakterielle L-Formen, Bakteriophagen u. Bakteriocine, genet. Vorgänge bei Bakterien.

Tauber, Ulrike, verh. Lebeck 16. 6. 1958
Leistungssportlerin (Schwimmen)
Geb. in Karl-Marx-Stadt; nach erfolglosen Versuchen im Turnen 1967 Beginn mit dem Schwimmtraining in der BSG Wismut Siegmar, 1971 Delegierung zum SC Karl-Marx-Stadt (Trainer: Eberhard Mothes); 1972 zweifache Spartakiadesiegerin; Spezialdisziplin: Lagen; 1974 EM über 200 m u. 400 m; 1975 WM über 400 m u. WM-Zweite über 200 m; 1976 Olympiasiegerin über 400 m; WM 1978: Dritte über 200 m; 1979 Beendigung der sportl. Laufbahn; anschl. Studium der Medizin in Berlin, Prom. zum Dr. med.; seit 1987 Fachärztin am Krankenhaus Berlin-Kaulsdorf.

Tauchert, Heinrich 24. 1. 1934
Stellv. MfS-Hauptverwaltungsleiter
Geb. in Dauerthal, Vater Melker; Volksschule, 1948 Landarbeiter; 1951/52 Besuch der Jugend-HS Bogensee; 1952 SED; 1952 1. Sekr. der FDJ-KL Lübben; 1953 1. Sekr. der FDJ-KL Senftenberg; 1954 erneut 1. Sekr. der FDJ-KL Lübben; 1955/56 Besuch der Komsomol-HS in Moskau; 1959 2. Sekr., 1961 1. Sekr. der FDJ-BL Cottbus; 1965 Einstellung beim MfS, HV A; 1973 stellv. Abt.-Ltr., 1983 Ltr. der Abt. IV (Militärspionage); 1987 stellv. Ltr. der HV A; 1989 Gen.-Major; 1990 Entlassung.

Tautenhahn, Gerhard 2. 12. 1929
Minister für Maschinenbau
Geb. in Vielau (Kr. Zwickau), Vater Kupferschmied; Volksschule; 1944 HJ; 1944–49 Ausbildung zum techn. Zeichner in Crimmitschau, danach im Beruf tätig; 1945 KPD, 1946 SED, FDJ; 1949–52 Studium an der FS für Maschinen- u. Kraftfahrzeugbau Zwickau, Ing.; 1952/53 Instrukteur in der SED-BL Karl-Marx-Stadt; 1953 PHS; 1954–56 Instrukteur, danach bis 1964 Sektorenltr., anschl. bis 1986 Ltr. der Abt. Maschinenbau u. Metallurgie des ZK der SED, seit 1976 Mitgl. der Wirtschaftskommission beim PB, 1981–89 Mitgl. des ZK der SED; 1980 VVO in Gold; 1986–89 Min. für Allg. Maschinen-, Landmaschinen- u. Fahrzeugbau (Nachf. von Günter Kleiber*); Nov./Dez. 1989 Rücktritt mit dem Min.-Rat u. dem ZK der SED.

Tegtmeier, Adolf
25. 10. 1894–14. 3. 1975
Präsident der wissenschaftlichen Tuberkulosegesellschaft
Geb. in Bad Berka; Studium der Medizin, Prom. zum Dr. med.; 1924–34 Oberarzt in Bad Berka, seit 1934 Chefarzt der Tbc-Heilstätten Bad Berka; seit 1954 Prof. u. nebenamtl. Mitgl. des Lehrkörpers der Med. Akad. Erfurt (Lungentuberkulose); 1954–57 Ärztl. Dir. u. Chefarzt an der Tbc-Heilstätte Bad Berka; Doz. an der Med. Akad. in Erfurt; 1957–59 Präs. der Tbc-Ges. der DDR; 1961 Obermedizinalrat; Mitgl. der LDPD; 1964 NP 1. Kl.

Teller, Günther 24.11.1925–28.6.1982
GST-Funktionär
Geb. in Halle (Saale), Vater Salzsieder; Volksschule, Ausbildung zum Schlosser in den Siebel-Flugzeugwerken; 1944/45 Wehrmacht.
1945 Mitbegr. der Antifa-Jugend in Halle; 1945/46 LDPD; 1946/47 Organisationsltr. bzw. Vors. des FDJ-Kreisvorst. Halle; 1948 SED; 1949/50 Sekr. für Org. beim FDJ-Landesvorst. Sachsen-Anhalt; seit 1950 Angehöriger der HV für Ausbildung, Mitarb. der HA Polit-Kultur für Jugendarbeit; 1950/51 PHS; 1953–58 Ltr. der Abt. Jugend in der Pol. Verwaltung der KVP bzw. NVA; 1955–59 Mitgl. des ZR der FDJ, Mitgl. seines Büros; 1958–62 Militärakad. Dresden, Dipl. rer. mil.; anschl. stellv. Ltr., dann Ltr. der Pol. Verwaltung des Militärbez. Leipzig; seit Febr. 1965 stellv. Chef der Pol. HV für organisationspol. Arbeit, 1966 Gen.-Major; 1968–82 Vors. des Zentralvorst. der GST (Nachf. von Kurt Lohberger*), 1975 Gen.-Ltn.

Tembrock, Günter 7.6.1918
Zoologe u. Verhaltensbiologe
Geb. in Berlin, Vater Lehrer; 1928–37 Reform-Realgymnasium; 1937–41 Studium der Paläontol., Zool. u. Anthropol. an der Univ. Berlin, 1941 Prom.; 1941–44 Hilfsassistent am Zoolog. Inst.
Herbst 1945 Gründer des Arbeitskr. Mensch u. Natur an der noch nicht eröffneten Berliner Univ., 1946 erster Assistent am Zoolog. Inst. der Univ., Lehrtätigkeit u. seit 1947 verhaltensbiolog. Untersuchungen, 1948 Gründung der Forschungsstätte für Tierpsychol. am Inst. mit Unterstützung der DAW, 1952–59 mit den Geschäften des Dir. des Zoolog. Inst. betraut u. nach Wiederbesetzung des Direktorats durch Kurt Erdmann 1959–68 Stellv. des Dir.; 1955 Habil. u. Berufung zum Doz., 1961 Prof., 1968–83 Ltr. des Bereichs Verhaltenswiss. der Sekt. Biol. der HU; 1965 Mitgl. der Dt. Akad. der Naturforscher Leopoldina Halle, 1975 Korr. u. 1990 Ord. Mitgl. der AdW.
Hauptarbeitsgebiete: Zool., insbes. Verhaltensbiol., Tierpsychol., Bioakustik, Biokommunikation.
Publ.: Grundlagen der Schimpansenpsychol. 1949; Grundriß der Verhaltenswiss. 1968; Grundlagen des Tierverhaltens. 1977; Verhaltensbiol. 1987.
Sek.-Lit.: Kirsch, Rainer*: Der Verhaltensforscher G. T. 1978; Bibliogr. in: Zoolog. Jahrbuch, Physiol. 87/1983.

Templin, Wolfgang 25.11.1948
Bürgerrechtler
Geb. in Jena als Sohn einer Raumpflegerin; 1965/66 Lehre als Buchdrucker (abgebrochen); 1966–68 Ausbildung zum Bibliotheksfacharbeiter; 1968–70 Studium an der FS für Bibliothekswesen in Berlin; ab 1970 Philosophiestudium an der HU Berlin; SED; 1971–75 inoff. Tätigkeit für das MfS – beendet durch vorsätzl. Dekonspiration; 1974–77 Forschungsstudent; Beteiligung an einem illegalen trotzkist. Studentenzirkel; 1976/77 Studienaufenthalt an der Univ. Warschau, seitdem Kontakte zur poln. Opp.; 1977–83 wiss. Mitarb. am ZI für Philos. der AdW, behindert im Abschluß der Prom., 1983 Entlassung; Austritt aus der SED; Berufsverbot; anschl. Beschäftigung als Putzhilfe, Waldarbeiter, Heizer.
Ende der 70er Jahre bis 1988 Mitarb. in versch. unabhängigen Friedens- u. Menschenrechtsgruppen, u. a. im Friedenskreis der ESG Berlin u. im Naumburger Friedenskreis; 1985 Mitbegr. der IFM; Mithrsg. der Samisdat-Ztschr. »grenzfall«; 1987 Mitarb. in der Gruppe »Staatsbürgerschaftsrechte in der DDR«; Jan. 1988 Teiln. an Protestaktionen bei der Liebknecht-Luxemburg-Demonstration in Berlin, Verhaftung, Abschiebung für zwei Jahre; Studienaufenthalt in Bochum; Nov. 1989 Rückkehr nach Berlin;

Vertreter der IFM am Zentralen Runden Tisch; 1989–91 Sprecher der IFM; 1990 Mitarb. der Volkskammerfraktion Bündnis 90/Grüne; Mitgl. des Kuratoriums für einen demokr. verfaßten Bund Dt. Länder.
Sept. 1991 – Mai 1992 hauptamtl. Mitgl. des Gründungssprecherrats der Partei Bündnis 90, anschl. arbeitslos; 1992/93 Kritiker des Assoziationsvertrags zwischen Bündnis 90 u. den Grünen; 1993 Mitarb. in der Programmvorbereitungsgruppe des Berliner Landesverb. Bündnis 90 für die Vereinigung mit den Grünen/AL; zahlr. publizist. Veröff.

Teubner, Hans (Parteiname: Ernst Rohde) 25. 4. 1902–11. 9. 1992
Publizist, SED-Funktionär
Geb. in Aue (Sa.), Vater Metallarbeiter; 1908–16 Volksschule, 1916–19 Zeichenschule für Textilindustrie u. Kunstgewerbe in Schneeberg; Glasmaler; 1919 KJVD, KPD; 1919–24 versch. Berufe in Chemnitz, Aue u. Leipzig, meist arbeitslos; Mitbegr. des KJVD im Erzgebirge; 1922–33 KPD-Stadtverordneter; 1923 Arbeit im Landesmaßstab auf der sog. M-Linie (Militär. Nachrichtendienst der KPD), zus. mit Ernst Schneller maßg. an der Aufstellung bewaffneter Proletar. Hundertschaften in Sachsen beteiligt; journ. Beiträge im »Kämpfer«, Chemnitz, dort ab 1924 Red.; 1924–27 Red. der »Freiheit«, Düsseldorf; 1927 Mitarb. der ZK-Abt. Agit.-Prop. in Berlin; 1927–30 Studium an der Intern. Lenin-Schule, Moskau; 1928–30 KPdSU(B), Anwerbung als GRU-Agent; bis Mitte 1930 illegale Arbeit (Kominternvertreter) in Rumänien, hat im Auftrag des EKKI (direkte Anleitung von G. Dimitroff) »die kominternfeindl. Fraktionen beseitigt«; 1930/31 Parteisekr. der KPD im Unterbez. Berlin NW; 1931/32 Agit.-Prop.-Ltr., Reichsltg. der RGO; 1932/33 Red. der »Intern. Gewerkschaftspresse-Korrespondenz«, März–Okt. 1933 in Kopenhagen; Okt./Nov 1933 illegale Arbeit in Berlin; Nov. 1933 durch Verrat Verhaftung, wurde schwer gefoltert; 1934 Verurteilung wegen »Vorbereitung zum Hochverrat«, Haft in Berlin u. Luckau bis Nov. 1935; danach Wohlfahrtsarbeiter in Berlin; 1936 in Prag; dann bis Aug. 1937 in Amsterdam, danach bis Jan. 1939 in Spanien, dort Mitarb. von Franz Dahlem*, Red. des dt. Geheimsenders 29,8 in Valencia, später Barcelona, Flucht nach Paris; ab März 1939 Schweiz, bis Mai 1945 Internierung in versch. Lagern der Schweiz, dort illegale Parteiarbeit, 1944/45 in der Schweiz Kontakt mit dem Unitarian Service Council durch Noel Field.
1945 illegale Rückkehr nach Süddtl., Aug. 1945 Berlin, dort sofort Chefred. der »Dt. Volksztg.«; Delegierter des Gründungsparteitags der SED; März 1946 Chefred. der »Sächs. Volksztg.«, Dresden; 1947–50 Lehrer, dann stellv. Fakultätsltr., Ltr. der Lehrabt. der PHS »Karl Marx« Kleinmachnow; Enthebung aller Funktionen durch ZK-Beschluß vom 24. 8. 1950 zur Field-Affäre; Sept. 1950 – Mai 1952 Statistiker im VEB Buntweberei Seifhennersdorf; 1952–54 Doz. für Gesellschaftswiss. an der FS für Energie in Zittau; März 1956 durch ZK-Beschluß Aufhebung der Funktionssperre; 1957 Prof. mit vollem Lehrauftrag für Theorie u. Praxis der Pressearbeit an der KMU Leipzig; Dir. des Inst. für Theorie u. Praxis der Pressearbeit u. Prodekan der Fak. für Journalistik; 1959–63 Chefred. der »Leipziger Volksztg.«; 1959–63 Mitgl. der SED-BL Leipzig; 1960 1. Vors. des VDJ Leipzig; ab 1963 wiss. Mitarb. im IML; 1967 VVO in Gold; 1972 Ehrenspange zum VVO in Gold; 1973 Ehrenbürger der Stadt Aue; 1977 KMO; 1982 aus gesundheitl. Gründen aus dem IML ausgeschieden; gest. in Berlin
Publ.: Exilland Schweiz. Berlin 1975.

Thalbach, Katharina 19. 1. 1954
Schauspielerin, Regisseurin
Geb. in Berlin, Tochter von Sabine Th. (Schauspielerin) u. Benno Besson*; Abitur, Elevinnenvertrag am Berliner Ensemble unter Helene Weigel*; 1970 Debüt als Polly (»Die Dreigroschenoper«) u. Eva (»Herr Puntila u. sein Knecht Matti«); 1969–75 Vertrag an der Volksbühne Berlin (VB), u. a. 1972 Desdemona (»Othello«, R: Karge/Langhoff*) u. Helena (»Die schöne Helena«, R: Besson); 1971–76 Mitwirkung in DEFA-Filmen u. a. von Lothar Warneke* (1972 »Es ist eine alte Geschichte«), Konrad Wolf* (1974 »Der nackte Mann auf dem Sportplatz«), Egon Günther* (1975 »Lotte in Weimar«, Rolle: Ottilie von Pogwisch, 1976 »Die Leiden des jungen Werther«, Rolle: Lotte, Co-Prod. mit dem DFF), Iris Gusner (1976 »Das blaue Licht«); 1976 mit Thomas Brasch Ausreise aus der DDR; 1977/78 Mitgl. der Staatl. Schauspielbühnen Berlin (West), u. a. in: »Lovely Rita« (Rolle: Rita, UA 1977, R: Niels-Peter Rudolph); 1980 Dt. Darstellerpreis des Bundesverb. der Film- u. Fernsehregisseure; 1981 (»Penthesilea«, Rolle: Protoe, R: Hans Neuenfels); 1990–93 Schauspielerin u. Regisseurin am Schiller-Theater Berlin, u. a. 1991 »Minna von Barnhelm« (R), »Macbeth« (R. u. Rolle: Königin), »Hase Hase« (Titelrolle, R: Besson); 1991 Konrad-Wolf-Preis der AdK; 1993 Thalia-Theater Hamburg (»Die Dreigroschenoper«, R.); seit 1977 Filmrollen, u. a. mit Volker Schlöndorff (»Die Blechtrommel«, »Engel aus Eisen« mit Thomas Brasch, »Domino«), Alan J. Pakula, USA (1983 »Sophie's Choice«); Fernseharbeiten u. a.: 1979 »Theodor Chindler« (R: W. Geissendörfer), 1980 »Mosch« (ARD, R: Tankred Dorst), 1986 »Väter u. Söhne« (ARD, R: Bernhard Sinkel).

Thalheim, Barbara 5. 9. 1948
Chansonsängerin, Liedermacherin
Geb. in Leipzig, Vater Kulturfunktionär; 1955–65 POS, 1965–67 Lehre als Facharb. für Schreibtechnik; 1967–70 Mitarb. in kult. Institutionen, 1968–71 Mitgl. des Oktoberklubs, 1970–73 Studium an der FS für Unterhaltungskunst, Berufsausweis als Sängerin, 1973–76 Kompositionslehrgang an der HS für Musik »Hanns Eisler« Berlin; 1974–81 Zusammenarb. mit einem Streichquartett, 1974 erstes eigenes Konzertprogr., 1975 SED; 1976 Progr. »Lebenslauf«, Texte fortan größtenteils von ihrem Lebensgefährten, dem Journ. Fritz-Jochen Kopka; zahlr. Gastspiele in der Bundesrep. Dtl.; 1978 erste LP »Lebenslauf«; 1980 Ausschluß aus der SED nach Kritik an zeitw. Einschränkungen des Kulturaustauschs mit der Bundesrep. Dtl.; ab 1981 Arb. mit Band, wechselnde Besetzungen; Texte kritischer, häufig Auseinandersetzungen mit den Behörden; Porträtreihe über in- u. ausl. Liedermacher u. Interpreten im Rundfunk (DT 64).
1991/92 Lieder u. Progr. mit starkem tagespol. Bezug, u. a. CD »Von der Westlichkeit der Welt«, Mitunterz. des Appells zur Gründung von Komitees für Gerechtigkeit.
Sek.-Lit.: Fritz-Jochen Kopka: B. T. Höhlen-, Drachen- u. Trotzdem-Lieder. Fulda 1987.

Thalheim, Hans-Günther 5. 5. 1924
Germanist
Geb. in Chemnitz, Vater Beamter; Oberschule, 1943 Abitur; 1944 Studium der Germanistik, Geschichte, Philos. u. Pädagogik an der Univ. Freiburg i. Br.; Wehrdienst, Gefangenschaft.
1946–48 Neulehrer; 1948–51 Forts. des Studiums in Leipzig, glz. Lehrtätigkeit an der ABF; 1951–53 Oberassistent am Goethe-Schiller-Archiv in Weimar u. bis 1957 wiss. Aspirant an der FSU Jena; 1954 Dr. phil. mit einer Diss. über Win-

ckelmanns Griechenbild, 1961 Habil. über Schiller; 1954 Mitbegr. der literaturwiss. Ztschr. »Weimarer Beiträge« (mit Louis Fürnberg*), 1955–63 deren Chefred.; ab 1957 HU Berlin, zunächst Wahrnehmung einer Prof., später Prof. mit vollem Lehrauftrag, dann Prof. mit Lehrstuhl; 1958–91 Mitgl. des Vorst. der Intern. Goethe-Ges. in Weimar; 1965–68 Dir. des Inst. für dt. Sprache u. Lit. an der DAW, ab 1969 am ZI für Literaturgeschichte der AdW tätig, seit 1978 als Bereichsdir., 1973–79 Ltr. des Hrsg.-Kollektivs der »Geschichte der dt. Lit.« Bde. 6–11 (1973–79); 1989 em.
Forschungen u. Veröff. zur dt. Aufklärung, Klassik u. Romantik (u. a. »Zur Lit. der Goethezeit« 1969); Hrsg. u. Mithrsg. zahlr. literaturwiss. Schriftenreihen u. Editionen, u. a. »Germanist. Studien«, »Dt. Bibliothek«, Berliner Studienausgabe von Schillers Werken in 10 Bden. (seit 1980).

Thate, Hilmar 17. 4. 1931
Schauspieler
Geb. in Dölau b. Halle; Vater Maschinenschlosser; Abschluß der 10. Kl. an den Franckeschen Stiftungen in Halle; 1947–49 Ausbildung an der Staatl. HS für Theater u. Musik Halle; 1949–52 Engagement am Stadttheater Cottbus, 1952 am Theater der Freundschaft in Berlin, 1953–58 am Maxim Gorki Theater u. 1958–70 am Berliner Ensemble (BE); herausragende Bühnenrollen in Brechts* »Der aufhaltsame Aufstieg des Arturo Ui«, »Die Mutter« u. »Coriolan«; 1970/71 Volksbühne Berlin; 1971–79 am Dt. Theater, hier »Richard III.« (R: Manfred Wekwerth*); 1974 Mitgl. der AdK, Auslandsgastspiele; Nov. 1976 Mitunterz. der Protestresolution gegen die Ausbürgerung Wolf Biermanns*; 1980 gemeinsam mit Angelica Domröse* Ausreise aus der DDR; Engagements u. a. am Dt. Schauspielhaus Hamburg u. den Münchener Kammerspielen (in Molières »Don Juan« in der Regie von Ingmar Bergman); Filmrollen u. a. in: 1955 »Robert Mayer – ein Arzt aus Heilbronn« (R: Helmut Spieß), 1958 »Jahrgang 21« (R: Václav Gajer), 1958 »Das Lied der Matrosen« (R: Kurt Maetzig*), 1960 »Leute mit Flügeln« (R: Konrad Wolf*), 1961 »Mutter Courage u. ihre Kinder« (R: Peter Palitzsch*, Manfred Wekwerth), »Der Fall Gleiwitz« (R: Gerhard Klein*), 1964 »Der geteilte Himmel« (R: Konrad Wolf), 1976 »Daniel Druskat« (TV); Rollen in zahlr. Filmen in der Bundesrep. Dtl., hauptsächl. Fernsehfilme.

Theek, Peter 28. 10. 1924
Chefredakteur der Zeitschrift »Weltbühne«
Geb. in Berlin, Vater Jugendfürsorger; Volksschule, Realgymnasium; 1942 RAD, NSDAP, 1943 Wehrmacht, Ltn., 1945 amerik. Gefangenschaft.
1946 Mitarb. der Abt. Jugendgerichtshilfe in Berlin-Reinickendorf, Mitgl. im antifasch. Jugendaussch.; 1946 KPD/SED; 1946–48 Jura- u. Philosophiestudium an der HU Berlin, glz. Chefred. der Jugendztschr. »Junges Leben« (frz. Sektor); 1949–55 Red. u. Reporter u. a. am Berliner Rundfunk u. bei der Ztg. »Tägl. Rundschau«, 1955–57 stellv. Chefred. der Ztg. »BZ am Abend«, 1958/59 Chefred. beim DFF, 1959–71 stellv. Chefred. der SEW-Ztg. »Die Wahrheit« (Berlin/West), 1971 Chefred. der »Weltbühne« (Nachf. von Hermann Budzislawski*); seit Ende der 70er Jahre Mitgl. des Präs. des Dt. Friedensrats.
1990 Ruhestand.
Publ.: Die große Fahrt. Berlin 1954; Willi u. die Nachtgespenster. Berlin 1963; weitere Kinderbücher.

Thein, Ulrich 7. 4. 1930
Schauspieler, Regisseur
Geb. in Braunschweig; studierte Musik, nebenbei Schauspielunterricht; Engagement am Staatstheater Braunschweig;

1951 Übersiedlung in die DDR; Engagement am Dt. Theater u. am Theater der Freundschaft in Berlin; dann Darsteller u. Regisseur am Theater der Bergarbeiter in Senftenberg; spielte vorwiegend in Gegenwartsstücken, seit 1953 auch in DEFA-Filmen, u. a. 1953 »Geheimakten Solvay« (R: Martin Hellberg*), 1954 »Alarm im Zirkus«, 1956 »Eine Berliner Romanze« (beide R: Gerhard Klein*) u. »Thomas Müntzer« (R: Martin Hellberg), 1957 »Schlösser u. Katen«, 1958 »Das Lied der Matrosen« (beide R: Kurt Maetzig*), 1960 »Fünf Patronenhülsen« (R: Frank Beyer*), 1961 »Professor Mamlock« (R: Konrad Wolf*), »Septemberliebe« (R: Kurt Maetzig), 1962 »Königskinder« (R: Frank Beyer), 1978 »Anton der Zauberer« (R: Günter Reisch*, Schauspielerpreis bei den Intern. Filmfestspielen in Moskau), 1981 »Der Teufel hat den Schnaps gemacht« (TV), 1983 »Martin Luther« u. 1986 »Johann Sebastian Bach« (beide mehrteilige TV-Filme); Regiearbeit: »Der andere neben dir«, »Broddi« (TV); 1975 NP 1. Kl.; 1986 Mitgl. der AdK.
1989 Doz. an der Schauspielschule »Ernst Busch« in Berlin.

Theissing, Heinrich
11. 12. 1917–11. 11. 1988
Katholischer Bischof
Geb. in Neisse, Vater Rechtsanwalt u. Zentrumspolitiker; Besuch des Gymnasiums Carolinum in Neisse, Studium der Theol. in Breslau u. Wien; 1940 Priesterweihe, Kaplan in Glogau (Schles.).
Juli 1945 Umsiedlung nach Görlitz; 1946 Diozösanjugendseelsorger, 1953 Ordinariatsrat, 1960 Domkapitular, 1963 Weihbischof in Berlin, 1967 Generalvikar, 1970 Commissarius in Schwerin, 1973 Apostol. Administrator des Bischöfl. Amtes Schwerin, 1987 Em.
Unter der Ltg. von Th. erfolgte die Strukturierung u. pastorale Ausprägung der kath. Kirche in Mecklenburg zur weitgehend eigenständigen Ortskirche; Verf. rel. u. kirchengeschichtl. Publ., u. a.: Die Äbte von Neuzelle, Leipzig 1968; Hrsg. christl. Erzählungen.
Sek.-Lit.: Renate Krüger: Bischof Heinrich Theissing. Leipzig 1993.

Thiele, Ilse, geb. Neukrantz 4. 11. 1920
Vorsitzende des DFD
Geb. in Berlin, Vater Arbeiter; Mittelschule; 1930 Mitgl. im Arbeitersportverein »Fichte«; 1935–48 Arbeit als Stenotypistin, zuletzt im Antifa-Ausschuß Berlin-Lichtenberg; 1945/46 KPD/SED; Mitbegr. des DFD in Berlin; 1948–50 Bezirkssekr. für Sozialwesen in Berlin-Lichtenberg; 1951 Siebenmonatslehrgang bei der PHS; 1951–53 Bezirksvorsitzende des DFD in Berlin, 1953–16. 11. 1989 Vors. des DFD (Nachf. von Elli Schmidt*); 1953 – März 1990 Abg. der Volkskammer; 1954–89 Mitgl. des ZK der SED u. Mitgl. des Präs. des NR der NF; 1964 Vizepräs. der IDFF; 1965 VVO in Gold, ferner KMO, Orden der Völkerfreundschaft (UdSSR); 1971 – Jan. 1990 Mitgl. des Staatsrats; anschl. Rentnerin.

Thiele, Siegfried 28. 3. 1934
Komponist
Geb. in Chemnitz; 1953–58 Studium der Komposition u. Dirigieren an der HS für Musik »Felix Mendelssohn Bartholdy« Leipzig; 1958/59 Musiklehrer in Radeberg u. Wurzen, stellv. Dir. der Volksmusikschule Wurzen; 1960–62 Meisterschüler der DAK; 1962 Oberassistent für Musiktheorie an der Leipziger HS für Musik; Ltr. von drei Kinder- u. Jugendorchestern in Leipzig u. Halle; schuf zwei Sinfonien u. Werke der Orchester- u. Kammermusik; 1990–91 Mitgl. der AdK.

Thieme, Kurt 6. 8. 1922
Funktionär der Gesellschaft für Deutsch-Sowjetische Freundschaft

Geb. in Berlin, Vater Maurer; Volksschule; 1937–41 Ausbildung zum Maurer, danach im Beruf tätig; Kriegsdienst u. sowj. Gefangenschaft.
1950 SED, 1950/51 1. Vors. des Kreisvorst. der IG Bau Berlin-Lichtenberg; 1952–60 Abg. der Stadtbezirksvers. Berlin-Lichtenberg bzw. -Friedrichshain; 1952–63 1. Sekr. der SED-KL in Berlin-Lichtenberg, -Friedrichshain u. -Mitte, 1952–69 Mitgl. der SED-BL Berlin; 1953/54 Studium an der PHS beim ZK der KPdSU in Moskau; 1958–86 Kand. des ZK der SED; 1963–67 stellv. OB von Groß-Berlin; 1963–81 Abg. der Volkskammer; 1967–82 Vors. des Sekr. des Zentralvorst., ab 1970 Generalsekr. der DSF; 1968–72 Mitgl. des Präs. der Liga für Völkerfreundschaft; 1983–87 Dir. des Kultur- u. Informationszentrums der DDR in Bulgarien; seit 1987 Rentner.

Thierse, Wolfgang 22. 10. 1943
Vorsitzender der SPD (DDR)
Geb. in Breslau, Vater Rechtsanwalt; Abitur; FDJ; Ausbildung zum Schriftsetzer beim »Thüringer Tageblatt« in Weimar; ab 1964 Studium der Kulturwiss. u. Germanistik an der HU Berlin, Mitgl. der kath. Studentengemeinde; bis 1975 Assistent von Wolfgang Heise* an der Sekt. Kulturtheorie/Ästhetik der HU; seit 1975 Mitarb. der Abt. Bildende Kunst des Min. für Kultur, befaßt mit architekturbezogener Kunst, 1976 Entlassung nach Protest gegen die Ausbürgerung Wolf Biermanns*; ab 1977 wiss. Mitarb. im ZI für Literaturgeschichte der AdW, Arbeit zur »Krise des Werkbegriffs«, Mitarb. am »Hist. Wörterbuch ästhet. Grundbegriffe«.
Anfang Okt. 1989 Neues Forum, ab Jan. 1990 Mitgl. der SPD (DDR), Vors. des Bezirksparteirats in Berlin, Juni – Sept. Parteivors.; März – Okt. 1990 Abg. der Volkskammer, stellv. Vors., ab Aug. Vors. der SPD-Fraktion, Mitgl. im Kultur- u. Medienaussch.; seit Sept. 1990 mit Vereinigung von SPD u. SPD (Ost) stellv. Vors. der SPD.
Seit Okt. 1990 Abg. des Dt. Bundestags.
Publ.: Mit eigener Stimme sprechen. 1992; Ein Manifest. Weil das Land sich ändern muß (Mitautor). 1992.

Thiessen, Peter Adolf
6. 4. 1899 – 5. 3. 1990
Chemiker, Vorsitzender des Forschungsrats
Geb. in Schweidnitz (Schles.); 1919–23 Chemiestudium in Breslau, Freiburg, Greifswald u. Göttingen, hier 1923 Prom., 1926 Habil.; 1924 Assistent, 1926 Privatdoz. u. 1932 ao. Prof. für physikal. Chemie; 1926 NSDAP; 1935 ord. Prof. für physikal. Chemie an der Univ. Münster; 1935–45 Dir. am Kaiser-Wilhelm-Inst. für physikal. Chemie u. Elektrochemie in Berlin; 1937 Ltr. der Fachsparte Chemie des Reichsforschungsrats; 1939 Ord. Mitgl. der Preuß. Akad. der Wiss., 1945 Ausschluß.
1945–56 als Spezialist in der UdSSR, Ltr. einer Gruppe dt. Forscher, die am sowj. Atomprogramm mitwirkten; 1956 Rückkehr, Wiederaufnahme in die DAW u. bis 1964 Dir. des Inst. für physikal. Chemie, zugl. ord. Prof. an der HU Berlin, 1964 em.; 1957–65 Vors. des Forschungsrats der DDR, anschl. Ehrenvors.; Auswärtiges Mitgl. der AdW der UdSSR; 1958 NP, 1959 Dr. h.c. der EMAU Greifswald, 1960–63 Mitgl. des Staatsrats; VVO in Gold; 1969 Ehrenspange zum VVO in Gold; großer Stern der VF in Gold.
Hauptarbeitsgebiete: physikal. Chemie, Kolloid- und Elektrochemie, physikal.-chem. Grundlagen der Verfahrenstechnik.

Thinius, Hubert (Bert) 19. 7. 1949
Theoretiker zur Situation der Schwulen
Geb. in Groß Pankow (Kr. Pritzwalk), Vater Fleischermeister, Mutter Verkäuferin; 1968 Abitur, Facharbeiter für Schweinezucht; 1968–72 Studium der

Betriebswirtschaft; 1971–90 SED; 1972/73 Arbeit als Soziologe in den Chem. Werken Buna; 1973–76 Verwaltungsangestellter an der HU Berlin, 1975–77 Studium der Philos., 1976–79 Aspirant u. 1979–90 wiss. Assistent an der Sekt. Marxismus-Leninismus der HU Berlin, 1983 Dr. phil.; 1984 Mitbegr. der Interdisz. Arbeitsgruppe Homosexualität.
Seit 1990 wiss. Assistent am Inst. für Kulturwiss. der HU Berlin, 1992 Beteiligung am gescheiterten Gründungsversuch eines eigenständigen Inst. für Geschlechts- u. Sexualforschung; Ltr. des Projekts Queer-Studie (Lesben. Schwule. Wissenschaft).
Publ.: Aufsätze in: Psychosoziale Aspekte der Homosexualität I–III. Jena 1986/88/90 u. in: Die DDR, die Schwulen, der Aufbruch. Göttingen 1990; Geschlechterverhältnisse – Sexualität (mit I. Dölling* u. D. Mühlberg). Berlin 1992; Schwuler Osten (mit K. Starke*). Berlin 1994.

Thinius, Kurt 27. 1. 1903
Erfinder, LDPD-Politiker
Geb. in Hertneck (Karpaten); Besuch der Volksschule u. des Realgymnasiums in Dessau; Chemiestudium an der Univ. Halle, Dipl.-Chem.; 1927 Dr. sc. nat.; wiss. Assistent u. Laborltr. in einem chem. Großbetrieb.
1946 LDPD; nach 1945 Vors. des Arbeitskreises Plastwerkstoffe; Ltr. versch. wiss. Inst. u. Labors, HS-Lehrer u. Autor versch. Standardwerke; seit 1950 Dir. des Inst. für Chemie u. Technol. der Plaste des Min. für Schwerindustrie in Leipzig; Dir. des Inst. für Chemie u. Technol. der Plaste der AdW; 200 Patente als Erfinder oder Miterfinder; 1954–58 Abg. der Volkskammer; seit 1963 Kand., 1972–77 Mitgl. des ZV der LDPD.

Thom, Andreas 7. 9. 1965
Leistungssportler (Fußball)
Geb. in Herzfelde, Vater Schlosser; 1974 Fußballspieler beim BFC Dynamo Berlin; fünfmal DDR-Meister u. zweimal Sieger des FDGB-Pokals, 15 Tore bei 51 Einsätzen in der DDR-Nationalmannschaft; 1987 Abitur an der KJS; anschl. bis 1990 Sportstudium an der DHfK Leipzig.
1990 als erster DDR-Fußballer off. Wechsel in die Bundesliga, seitdem Berufsspieler bei Bayer Leverkusen, mehrere Einsätze in der Nationalmannschaft der Bundesrep. Dtl., 1992 Vize-EM.

Thomasius, Harald 5. 8. 1929
Vorsitzender der Gesellschaft für Natur und Umwelt
Geb. in Bräunsdorf (b. Chemnitz), Vater Textilarbeiter; Volksschule; 1944–47 Waldarbeiter- u. Forstlehre, Waldfacharbeiter, 1948/49 Forst-FS in Tharandt; 1949 SED; bis 1954 Revierförster bzw. Standortkartierer in Sachsen; nach Sonderreifeprüfung 1954–59 Studium der Forstwiss. an der TH Dresden, danach Assistent, 1962 Prom. zum Dr. forest. mit einer Arbeit zur quantitativen Standortbewertung mittels Wachstumsfaktoren, 1968 nach Habil. ord. Prof. u. Ltr. des Wissenschaftsbereichs Waldbau u. Forstschutz an der Sekt. Forstwiss. der TU Dresden in Tharandt, 1978–82 Dir. dieser Sekt.; seit 1962 wiederholt als Gastforscher bzw. -Doz. im eur. und außereur. Ausland, u. a. am Intern. Inst. für angewandte Systemanalyse in Luxemburg u. beim Intern. Verband forstl. Forschungsanstalten tätig; 1975 Wissenschaftspreis der TU Dresden in Silber; 1980–89 Vors. der Gesellschaft für Natur u. Umwelt (GNU) beim KB, Bemühungen, unter den Bedingungen der ökonomist. Staatspol. öff. Aufmerksamkeit für die Belange des Natur- u. Umweltschutzes zu gewinnen; 1982 Mitgl. des Präs. des KB; 1983 Dr. h.c. der Univ. für Forst- u. Holzwirtschaft Sopron, Ungarn; 1985 Mitgl. des wiss. Rats für Umweltschutz u. Umweltgestaltung der AdW.

1991 Verweigerung der Evaluierung der eigenen wiss. Arbeit, 1992 Aberkennung der Lehrbefugnis durch die TU Dresden, auf eigenen Antrag Abberufung als Prof. u. Bereichsltr., danach in der GmbH Planungsbüro Steine u. Erden Dresden mit der Umweltbewertung u. Rekultivierung von Bergbaufolgeflächen befaßt; 1994 Altersrentner.
Publ. zu Waldbau, Waldökologie sowie umweltwiss. Themen, u. a.: Landeskultur u. Gesellschaft (Hrsg.). 1972.

Thoms, Lothar 18. 5. 1956
Leistungssportler (Bahnradsport)
Geb. in Guben/Neiße, Beginn mit dem Radsport im Alter von zehn Jahren, später Mitgl. des SC Cottbus (Trainer: Gerd Müller); Berufsausbildung zum Fahrzeugschlosser; 1985–89 SED;
Spezialdisziplin: 1000 m Zeitfahren; 1977, 1978 u. 1979 jeweils WM; 1980 Olympiasieger; 1981 Sportler des Jahres; 1979–84 Abg. des Bez.-Tags Cottbus; nach Beendigung der sportl. Laufbahn Abschluß eines Fernstudiums in Staats- u. Rechtswiss., anschl. Mitarb. beim SC Cottbus; ab 1986 Mitarb. im Bezirksvorst. des DTSB in Berlin.

Thoms-Heinrich, Lieselotte, geb. Lehmann 29. 10. 1920–14. 7. 1992
Chefredakteurin der Zeitschrift »Für Dich«
Geb. in Berlin, Vater Angestellter; Mittelschule, 1937–39 Lehre als Industriekaufmann u. Stenotypistin; anschl. als Sekr. tätig.
1946–49 Redaktionsvolontärin bzw. Red. bei der Wochenztg. »Sonntag«; 1947 SED; 1949–68 bei der Ztg. »Neues Dtl.« Red., Abt.-Ltr., Chefreporterin, Mitgl. des Red.-Kollegiums; Studium an der ASR Potsdam u. der FS für Journalistik Leipzig; 1956–90 Mitgl. des Zentralvorst. des VDP bzw. des VDJ; 1963–90 Berliner Vertreterin bzw. Abg. der Volkskammer, hier seit 1971 Mitgl. des Aussch. für Ausw. Angelegenheiten; 1968–81 Chefred. der Frauenillustrierten »Für Dich«; ab 1968 Mitgl. der Frauenkommission beim PB des ZK der SED; ab 1969 Mitgl. des DFD-Bundesvorst. u. seines Präs.; Mitarb. des IML beim ZK der SED, 1980 VVO in Gold; 1981 Stellv. Vors. der Interparl. Gruppe der DDR; 1981 Rentnerin, Mitarb. des IML beim ZK der SED, freiberufl. Journalistin.
Publ.: Kreuzweg Ravensbrück. Lebensbilder antifasch. Widerstandskämpferinnen (mit Sigrid Jacobeit). Leipzig 1987.

Thorndike, Andrew
30. 8. 1909–14. 12. 1979
Filmdokumentarist
Geb. in Frankfurt/Main, Vater Generaldirektor u. Kommanditist des Scherl-Verlags; 1928 Abitur, 1928–30 kaufm. Lehre im Scherl-Verlag Berlin; 1930/31 bei der »Württemberger Ztg.«; 1931–42 Angestellter der UFA-Werbefilmabt., später Generalvertreter für Sachsen u. Schlesien; 1940 Mitarb. an Propagandafilmen für die Wehrmacht u. Regisseur von Lehrfilmen für die Marine Hauptfilm- u. Bildstelle sowie die Heeresfilmstelle; 1942 Verhaftung wegen Verdachts der Wehrkraftzersetzung, eingezogen zum Kriegsdienst als Sanitätsgefreiter, 1944 weitere Filmarbeit für das Oberkommando der Wehrmacht; 1945–48 sowj. Gefangenschaft, Assistent der Zentralen Antifa-Schule Krasnogorsk.
Jan. 1949 SED; 1949–53 Regisseur bei der DEFA, 1953–67 Dokumentarist beim DEFA-Studio für Wochenschau u. Dok.-Filme; 1963 NP 1. Kl. (gemeinsam mit Ehefrau Annelie T.); 1967 Ltr. der DEFA-Gruppe 67; 1961 DAK/AdK; 1967 Gründungsmitgl. u. Präs. des Verb. der Film- u. Fernsehschaffenden, 1977 wiedergewählt; 1978 Mitgl. des Präs. des Film- u. Fernsehrats der DDR; Mitgl. des NR der NF; 1979 KMO, zahlr. Filmpreise.

Seit 1952 gemeinsam mit Annelie T. Gestalter von Kompilationsfilmen; in ihren Filmen hist.-pol. Thematik setzten sie sich mit der dt. Geschichte auseinander; die Filme fanden weltweit Anerkennung.
Dok.-Filme: 1951 »Wilhelm Pieck – das Leben unseres Präsidenten«, 1956 »Du u. mancher Kamerad«, 1958 »Unternehmen Teutonenschwert«, 1963 »Das russische Wunder«, 2 Teile, 1968 »Geheime Kommandosache«, 7teilige Fernsehdokumentation, 1970 »Unter den Linden. Geschichte einer Straße«, 3teilige Fernsehdokumentation, 1977 »Die Alte Neue Welt«.
Publ.: Das russ. Wunder. Berlin 1963; Probleme der Massenwirksamkeit des Kinofilms in der DDR in den siebziger Jahren. Arbeitsheft AdK der DDR. Berlin 1970; Die Alte Neue Welt. Leipzig, Jena, Berlin 1979.
Sek.-Lit.: Film- u. Fernsehkunst der DDR (Hrsg. HS für Film u. Fernsehen der DDR). Berlin 1979; Filmdokumentaristen der DDR. Berlin 1969; Wegbereiter (Hrsg. Staatl. Filmarchiv). Leipzig 1982.

Thoss, Regina 10. 7. 1946
Schlagersängerin
Geb. in Zwickau; 1964/65 Studium am Robert-Schumann-Konservatorium Zwickau (klass. Gesang); 1965/66 beim Tanz-Schauorchester »Astoria«, von Heinz Quermann für die Fernsehfolge »Herzklopfen kostenlos« entdeckt; 1966 im Fernsehfilm »Chansons von der Spree« (neben Gisela May* u. Manfred Krug*); 1. Preis beim Schlagerfestival der Ostseeländer in Rostock mit »Die erste Nacht am Meer« (Gerhard Siebholz/Wolfgang Brandenstein), Förderung durch Prof. Wolfram Heicking; 1968/69 im Erich-Weinert-Ensemble Gesangs- u. Tanzausbildung; 1970–78 Gesangsunterricht bei Christiane Kluge, 1973/74 externes Studium am Studio für Unterhaltungskunst Berlin.
Erfolgstitel: »Die Liebe ist ein Haus« (Welkisch/Klaus Schneider), »Rom-tarom« (Gerd Natschinski/Jürgen Hardt), »Steig in den Vogel«, »Aus Liebe« (beide Ecke/Gisela Steineckert), »Schenk uns noch einmal ein« (Kalogjera/Halbach), »Laß die Blumen blühn« (Welkisch/Fred Gertz); Gastspiele in über 30 Ländern Osteuropas, des Nahen Ostens u. Afrikas, in der Bundesrep. Dtl. u. den Niederlanden; seit 1986 Stargast auf den MS »Berlin« u. »Europa«; Preisträgerin zahlr. Festivals, u. a. in Sopot, Slantschew Brjag, 1974 beim World Pop Song Festival in Tokio (mit »Lied vom Wiedersehen« von Hansen/Kersten), in Villach, Castlebar; Goldmedaillen bei DDR-Wettbewerben; 1977–89 Shows mit eigener Band, den »Evergreen Juniors«, seit 1975 Personality-Shows im DDR-Fernsehen, u. a. »Denn all das bin doch ich« (1984), »Ein Star u. seine Stadt« (1988), »Schlager von gestern – Evergreens von heute« (1989); 1984–89 bei Radio DDR einmal monatl. Moderation von »Nimm das Lied als Souvenir«.
Prod.: über 100 Titel im DDR-Rundfunk, ca. 25 Singles u. fünf LP bei Amiga.

Thümer, Petra, verh. Deckert, später Katzur 29. 1. 1961
Leistungssportlerin (Schwimmen)
Geb. in Zwickau; 1971 erster Schwimmwettkampf, anschl. KJS u. Mitgl. des SC Karl-Marx-Stadt (Trainer: Eberhard Mothes); 1976 Doppelolympiasiegerin über 400 m u. 800 m Freistil; 1977 EM über 200 m, 400 m u. 800 m Freistil.
Nach 1989 beschäftigt in der Fotobranche.

Thun, Ferdinand (eigtl. Ferdinand Graf v. Thun und Hohenstein) 26. 8. 1921
Botschafter, Chef des Protokolls im Außenministerium
Geb. in Tetschen (ČSR), Vater Fürst Franz-Anton; 1939 Wehrmacht, Leutnant, ab 1943 sowj. Gefangenschaft, Antifa-Schule.

1948 Rückkehr nach Dtl.; NDPD, ab 1950 Mitgl. ihres Hauptaussch.; 1949–56 Chef des Protokolls im MfAA; 1954 Dipl.-Staatswiss.; 1956–61 Botschaftsrat in Moskau; 1961–68 Ltr. der Abt. für Intern. Org. im MfAA; 1964–68 Vors. des Kreisverb. Berlin-Pankow der NDPD; ab 1966 Mitgl. des Präs. der Liga für die Vereinten Nationen; 1969–73 erneut Botschaftsrat in Moskau; 1973–76 Botschafter im Iran u. in Afghanistan; ab 1976 wiss. Mitarb. im MfAA; 1980/81 DDR-Vertreter im Pol. Ausschuß der Genfer Konferenz zur Überprüfung der Wirksamkeit des Vertrags über die Nichtweiterverbreitung von Kernwaffen; 1981 VVO in Gold; 1982–87 Ständiger Vertreter bei der UNESCO in Paris (Nachf. von Siegfried Kämpf); Mitgl. des Präs. der Liga für die Vereinten Nationen.

Thun, Nyota, geb. Kirchner 7.6.1925
Literaturwissenschaftlerin
Geb. in Nordhausen (Harz), Vater kaufm. Angestellter, Mutter Krankenschwester; Oberschule, 1943 Abitur; 1943/44 RAD, 1944 Studium der Romanistik in Leipzig, bis Kriegsende Arbeitseinsatz.
1945–47 Lehrerin für russ. Kurzschrift u. Grammatik an der Fremdsprachenschule in Leipzig; 1947–50 Übersetzerin u. Red. am Leipziger u. Berliner Rundfunk, glz. Studium der Slawistik u. Romanistik, 1949 Staatsexamen; 1950–89 NDPD; 1950–56 Aspirantin u. Lehrbeauftragte für Geschichte der russ. Sowjetlit. an der HU Berlin, 1955 Dr. phil.; 1958–61 Auslandskorrespondentin der Wochenztg. »Sonntag« in Moskau; 1962–65 verantw. Lektor in den Verlagen Kultur u. Fortschritt u. Volk u. Welt; 1965–68 wiss. Mitarb. an der HU Berlin; 1969–85 wiss. Mitarb. am ZI für Literaturgeschichte der DAW/AdW, 1973 Dr. sc., 1977 Prof. an der AdW; langj. Aufenthalte in Moskau, Teheran, Paris; Forschungen u. a. zur russ. Lit. der 20er Jahre des 20. Jh.; Hrsg. u. a. der Werke von A. Tolstoi (10 Bde. 1975–85).
Publ.: Das erste Jahrzehnt. Lit. u. Kulturrev. in der Sowjetunion. Berlin 1973, München 1974; Puschkinbilder. Bulgakow, Tynjanow, Platonow, Sostschenko, Zwetajewa. Berlin u. Weimar 1984; Adressatenwechsel. Literar. Kommunikation in Sowjetrußland (1917–1930). Berlin 1987; Majakowski – Maler u. Dichter. Studien zur Werkbiogr. 1912–1922. Tübingen, Basel 1993.

Thunig, Rudolf 4.8.1899–24.10.1983
Stellv. Büroleiter des SED-Politbüros
Geb. in Dresden, Vater Schneider; 1914–17 kaufm. Ausbildung; 1916 Freie Soz. Jugend; 1917/18 kaufm. Angestellter; 1918 Spartakusbund, danach KJVD u. KPD; 1918/19 Kriegsdienst; 1919/20 kaufm. Angestellter; 1920–22 Verlagsltr. »Junge Garde« in Berlin; 1922–35 Mitarb. im Westeur. Büro der KJI, 1923/24 Mitarb. in dessen Verlag; 1933 Instrukteur beim Komm. Jugendverb. der ČSR; 1934 illegale Tätigkeit in Amsterdam; 1935 Verhaftung, U-Haft in Berlin; 1937–39 Haft im Zuchthaus Brandenburg, 1939/40 KZ Börgermoor, danach bis 1943 Zuchthaus Sonnenburg, 1943–45 wieder Zuchthaus Brandenburg.
1945–49 Generalreferent im Magistrat von Groß-Berlin; 1946 KPD/SED; 1949–52 stellv., dann bis 1975 Abt.-Ltr. des PB-Sekretariats des ZK der SED; 1959 KMO, 1969 VVO in Gold; 1975 Rentner; gest. in Berlin.

Thürk, Harry 8.3.1927
Schriftsteller
Geb. in Zülz (Oberschl.), Vater Angestellter; Handelsschule; Arbeit bei der Eisenbahn; 1944/45 Soldat; ab 1945 in Weimar; 1946 Angestellter einer FDJ-Presseabt.; 1947 SED; Bildreporter im thür. Bilderdienst; 1949 Pressechef in der

Landesltg. Thür. der HO u. Red. einer Betriebszeitung; 1950 erster Prosaband »Nacht u. Morgen«; 1956–58 Red. in Peking; 1957 erster, mehrfach übersetzter Romanerfolg »Die Stunde der toten Augen«, Antikriegsroman; seit 1958 freischaff. Schriftst. (Prosa, Reportagen, Dok.-Lit., Fernsehspiele, Filmdrehbücher); 1964 NP (im Kollektiv) für das Drehbuch zu »For eyes only«, DDR-Agenten-Klassiker des kalten Kriegs; 1971–81 Vors. des DSV der Bezirke Erfurt/Gera u. Mitgl. der SED-BL Erfurt; 1972 PEN-Zentrum DDR; 1977 NP; 1978 »Der Gaukler«, fragwürdiger Kolportageroman über die angebliche CIA-Steuerung eines russ. Dissidenten (Solshenizyn), transportiert die off. Vorstellung von einer westl. gesteuerten DDR-Opp.; Verf. zahlr. Polit-Thriller u. Militärhistorien; mehrfache Darstellung südostasiat. antikolonialist. Befreiungskämpfe; einer der meistgelesenen Schriftst. der DDR.

Publ.: Das Tal der sieben Monde. Berlin 1960; Der Tod u. der Regen. Berlin 1967; Amok. Berlin 1974; Der schwarze Monsun. Berlin 1986; Die Lagune. Halle/Saale 1991.

Ticha, Hans 2. 9. 1940
Maler, Buchillustrator
Geb. in Bodenbach (Sa.); Vater kfm. Ang., Mutter Hausfrau; 1946–48 Schule in Schkeuditz, Abitur; 1958–62 Päd.-Stud. an der KMU Leipzig; 1962–64 Lehre in Lindenthal; 1965–70 Stud. an der Kunst-HS Berlin-Weißensee bei Kurt Robbel, Arno Mohr*, Werner Klemke* u. Klaus Wittkugel*; ab 1970 freischaff. in Berlin; 1973 VBK; Ausstellungen u. a. 1976 in Berlin, 1984 in Karl-Marx-Stadt.

1990 Ausstellungen in Mainz u. Berlin; Teiln. an der Biennale Venedig; 1990 Umzug nach Maintal (Hessen).

Elemente der Pop-Art werden zur krit. Betrachtung der Entfremdung im Soz. eingesetzt, intensive Auseinanders. mit den Themen Sport u. Propaganda; zahlr. Illustr., u. a. zu Fallada, Hacks, Brecht, Branstner; mehrfache Auszeichnungen illustr. Bücher als »Schönste Bücher des Jahres«.

Werke u. a.: Mannschaft (1975), Klatscher (1980), Hurra (1981).

Sek.-Lit.: Kat. H. T. Gal. M. Berlin 1990; H. T. Anhaltender Beifall. Bilder aus der DDR. Berlin 1990; Frank, H.-E.: H. T. als Illustr. (mit Bibliogr.). In: Marginalien, 119/1990, S. 48–63.

Tiedemann, Paul 29. 6. 1935
Leistungssportler (Handball), Handballtrainer
Geb. in Germehnen, Oberschule; 1948–51 Fußballspieler, 1951–68 Handballspieler, erst bei der BSG Traktor Radeburg, dann ab 1954 beim SC DHfK Leipzig; sechsmal Teiln. an WM: 1958 3. u. 1961 4. Platz mit einer gesamtdt. Mannschaft in der Halle, 1963 WM u. 1966 2. Platz mit der DDR-Mannschaft auf dem Großfeld, 1964 u. 1967 in der Halle bereits in der Vorrunde ausgeschieden; 1980 als Trainer mit der DDR-Auswahl Olympiasieger; 1958–76 wiss. Mitarb. u. Trainer an der DHfK Leipzig, 1976–88 Trainer der DDR-Auswahl, 1988–1992 Trainer der Auswahl Ägyptens.

Seit 1992 Trainer in Österreich.

Tiedke, Kurt 30. 5. 1924
Rektor der Parteihochschule der SED
Geb. in Krebsfelde; Volksschule; 1938–40 Landarbeiter; 1940–42 Ausbildung zum Vermessungstechniker, anschl. im Beruf tätig; Kriegsdienst (Pionier); 1948 SED u. FDGB; 1948–50 Instrukteur, Abt.-Ltr. u. 2. Sekr. der SED-KL Seelow; 1950/51 Studium und 1951–54 Lehrer bzw. stellv. Lehrstuhlltr. an der PHS; 1954–57 Studium an der Parteihochschule der KPdSU, Dipl.-Ges.-Wiss.; 1957–60 Lehrstuhl-

ltr. an der PHS; 1961–79 Ltr. der Abt. Propaganda beim ZK der SED, 1963 Kand., 1967–Dez. 1989 Mitgl. des ZK, 1976–79 1. Sekr. der Ltg. der PO beim ZK; 1974 VVO in Gold; 1979–83 1. Sekr. der SED-BL Magdeburg (Nachf. von Alois Pisnik*); 1981 – März 1990 Abg. der Volkskammer; ab 1983 Rektor der PHS (Nachf. von Hanna Wolf*), Nov. 1989 abberufen; Mitgl. des Redaktionskollegiums der Ztschr. »Einheit«; 1984 KMO; 31. 3. 1990 Ausschluß aus der PDS.

Tiedtke, Ellen 16. 3. 1930
Kabarettistin, Schauspielerin, Diseuse
Geb. in Bischofsburg (Ostpr.); Schauspielausbildung, Engagements in Cottbus u. Frankfurt/Oder; in Cottbus neben der Theaterarbeit 1953 Auftritte mit dem Theater-Kabarett »Die fünf Stichlinge«, das nur ein Jahr bestand; 1956/57 bei der »Leipziger Pfeffermühle«, dann Wechsel zur Berliner »Distel«, wo sie bis 1964 engagiert war; danach freiberufl. Tätigkeit, vor allem Vortrag volkstüml. Lieder im Stile Claire Waldoffs; Fernsehauftritte, besonders beliebt als »Ellentie« im Kinderfernsehen des DFF; mehrere Jahre Hauptrollen in den Weihnachtskinderrevuen des Berliner Friedrichstadtpalastes; 1961 NP.

Timm, Ernst (Otto) 16. 10. 1926
SED-Politiker
Geb. in Brandenburg (Havel), Vater Fabrikarbeiter, aufgewachsen bei den Großeltern; Besuch der Volksschule; 1937–44 Mitgl. der HJ; 1941–44 Ausbildung zum Metallflugzeugbauer in den Arado-Flugzeugwerken Brandenburg; 1943/44 RAD; 1944/45 Kriegsdienst bei der Marine (Freiwilliger); 1945–49 Gefangenschaft in der UdSSR, Antifa-Gebiets- u. Zentralschule.
1950 SED; FDJ- u. SED-Funktionär, 1950/51 kurzzeitig Sekr. für Kultur u. Erziehung, später Kreisvors. der FDJ in Brandenburg, 1951/52 Sekr. des Landesvorst. der FDJ in Potsdam, 1952/53 Abt.-Ltr. im ZR der FDJ, 1953–55 1. Sekr. der FDJ-Stadtltg. Rostock; 1955–58 Besuch der PHS, Dipl.-Ges.-Wiss.; 1958–60 Sekr. der SED-KL Rostock-Stadt; 1960/61 Abt.-Ltr. in der SED-BL u. Sekr. für Agit. u. Prop. der SED-BL Rostock; 1961–66 2. Sekr. (für Org. u. Kader) der SED-BL Rostock; 1966/67 erneut Sekr. für Agit. u. Prop. der SED-BL Rostock; 1967–75 1. Sekr. der SED-Stadtltg. Rostock (Nachf. von Karl Zylla); seit 1963 Abg. des Bez.-Tags Rostock; 1970–75 Stadtverordneter in Rostock; 1975–89 1. Sekr. der SED-BL Rostock (Nachf. von Harry Tisch*); 1976 VVO in Gold; seit 1976 Mitgl. des ZK der SED; 1976 – März 1990 Abg. der Volkskammer, seit 1982 Mitgl. des Aussch. für Auswärtige Angelegenheiten; 1984 KMO; 1986 Ehrenspange zum VVO in Gold; Nov. 1989 Bitte um Entbindung von seinen Funktionen.

Timmermann, Ulf 1. 11. 1962
Leistungssportler (Leichtathletik)
Geb. in Berlin; seit 1976 Kugelstoßer beim TSC Berlin (Trainer Werner Goldmann); 1983 Vize-WM; 1985 Weltcup-Sieger; 1986 Vize-EM; 1987 u. 1989 jeweils Hallen-WM, Hallen-EM u. Europacup-Sieger; 1988 Olympiasieger; 1989 Weltcup-Sieger; 1990 EM; 1985 u. 1988 jeweils WR; nach dem Schulabschluß Ausbildung zum Bautischler; SED; Studium zunächst des Maschinenbaus, dann der Ökonomie (ohne Abschluß).
Lebt als Angestellter in Berlin.

Tisch, Harry 28. 3. 1927–18. 6. 1995
FDGB-Vorsitzender
Geb. in Heinrichswalde (Kr. Ueckermünde), Vater Arbeiter; Volksschule, 1941–43 Ausbildung zum Bauschlosser; 1943/44 RAD, 1944/45 Kriegsmarine, Mai – Nov. 1945 Internierung in Flensburg.
1945–48 Schlosser; 1945 KPD, FDGB,

1946 SED, bis 1948 ehrenamtl. Gewerkschaftsarbeit, u. a. Ortsvertrauensmann der IG Metall, Betriebsrat; 1948–53 hauptamtl. Gewerkschaftsfunktionär, 1948–50 2. bzw. 1. Kreisvors. des FDGB in Ueckermünde, 1950–52 Landesvors. der IG Metall in Mecklenburg, 1952/53 stellv. Bezirksvors. des FDGB Rostock; 1950–52 Abg. des Landtags von Mecklenburg; 1953–55 PHS, Dipl.-Ges.-Wiss.; 1955–59 Sekr. für Wirtschaft in der BL Rostock der SED; 1952–54 u. 1958–75 Abg. des Bez.-Tags Rostock, 1959–61 Vors. des Rats des Bez. Rostock, 1961–75 1. Sekr. der SED-BL Rostock; 1963 Mitgl. des ZK, 1971–75 Kand., 1975 Mitgl. des PB des ZK der SED; 1963 Abg. der Volkskammer, 1975 Mitgl. des Staatsrats u. Mitgl. des Präs. des NR der NF; 28. 4. 1975–2. 11. 1989 Vors. des Bundesvorst. des FDGB (Nachf. von Herbert Warnke*); 1970 VVO in Gold, ferner KMO; 1975 Mitgl. des Büros des Generalrats des WGB; 8. 11. 1989 Rücktritt mit dem PB des ZK der SED; 17. 11. vom Amt als Mitgl. des Staatsrats entbunden; 29. 11. Ausschluß aus dem FDGB; 2. 12. Generalstaatsanwalt erwirkt Haftbefehl; 3. 12. Ausschluß aus der SED u. Verhaftung; 21. 2. 1990 freigelassen; 20. 7. wieder Festnahme.

29. 1. 1991 Prozeßbeginn, 16. 5. 1991 Haftverschonung; 6. 6. 1991 Urteil, 18 Monate Haft wegen Untreue, nach Anrechnung der U-Haft u. Aussetzung der Haft freigelassen.

Publ.: Gewerkschaftsarbeit für Soz. u. Frieden. Ausgew. Reden u. Schriften. Berlin 1987.

Titel, Werner 2. 5. 1931–25. 12. 1971
Stellv. Vorsitzender des Ministerrats
Geb. in Arnswalde (Hinterpomm.), Vater Arbeiter; Oberschule; Umsiedlung der Familie in die SBZ; 1946–50 landw. Lehre u. Besuch der Landw.-Schule in Zossen, 1950/51 landw. Versuchstechniker; 1949 FDGB u. FDJ, 1950 DBD, ab 1951 Funktionen, u. a. Jugendreferent im Landesvorst. Brandenburg u. im PV der DBD; 1953–55 Mitgl. des ZR der FDJ; 1956–61 Fernstudium am Inst. für Agrarökonomie Bernburg, Dipl.-Agrarök., 1965 Prom. an der HU Berlin mit einer Diss. zu Agrarproblemen in RGW u. EWG; seit 1963 Mitgl. des Präs. des PV der DBD; 1963–66 Vors. des DBD-Bezirksverb. Frankfurt/Oder, Mitgl. des Bezirkslandwirtschaftsrats, Abg. des Bez.-Tags u. Mitgl. des Rats des Bez.; 1966/67 Sekr. des PV der DBD; ab 1966 Mitgl. des Präs. bzw. Vizepräs. der Liga für die Vereinten Nationen; ab 1967 Abg. der Volkskammer u. stellv. Vors. des Min.-Rats (Nachf. von Paul Scholz*), 1969 verantw. für die erste Komplexanalyse der Reg. zur Umweltgefährdung der DDR; Nov./Dez. 1971 Min. für Umweltschutz u. Wasserwirtschaft, 1971 Vors. des Wirtschaftsaussch. DDR–Mongolei u. KVDR; unerwartetes Ableben.

Publ.: Fahrt mit Hindernissen. In: Bauern-Echo v. 7. 3. 1981.

Toeplitz, Heinrich 5. 6. 1914
Präsident des Obersten Gerichts
Geb. in Berlin, Vater Jurist; Gymnasium in Breslau, 1932 Abitur; 1932–36 Studium der Staats- u. Rechtswiss. an den Univ. Leipzig u. Breslau, 1. jur. Staatsprüfung, 1937 Prom. zum Dr. jur. in Breslau; aus rass. Gründen verfolgt, 1938/39 Auslandsaufenthalt, später Dienst in der Org. Todt, 1944/45 Zwangsarbeit in Frankreich u. den Niederlanden.

1945–47 Referendar u. Hilfsrichter in der Berliner Justiz, 1947 2. jur. Staatsprüfung, 1947–50 Hauptreferent beim Stadtrat für Justiz im Magistrat von Groß-Berlin; 1949–90 CDU, 1950 stellv. Generalsekr.; 1950–60 Staatssekr. im Min. für Justiz; 1951 – März 1990 Abg. der Volkskammer, seit 1986 Mitgl. des Verfassungs- u. Rechtsaussch.; 1951–53 stellv. Vors. der VVN Groß-Berlin; ab

1952 Mitgl. des Pol. Aussch. bzw. Präs. des CDU-Hauptvorst.; ab 1953 Mitgl. des Komitees der Antifasch. Widerstandskämpfer bzw. des Präs. seiner ZL, ab 1954 Mitgl. des Generalrats der FIR, Mitgl. des NR der NF; 1960–86 Präs. des Obersten Gerichts (Nachf. von Kurt Schumann*); 1962–85 Präs. der Vereinigung der Juristen, dann Ehrenpräs.; 1966–89 stellv. CDU-Vors.; 1970 VVO in Gold; ab 1971 Mitgl. des Zentralvorst. der DSF; seit 1975 Präs. der Freundschaftsges. DDR – Italien, Präs. der Liga für Völkerfreundschaft; 1979 Dr. jur. h.c. (KMU Leipzig); Nov. 1989 Vors. des Zeitweiligen Aussch. der Volkskammer zur Überprüfung von Fällen des Amtsmißbrauchs, der Korruption, der persönl. Bereicherung u.a. Handlungen, bei denen der Verdacht von Gesetzesverletzungen besteht, Proteste gegen den Einsatz T. in dieser Funktion.
Publ.: Aus Reden u. Aufsätzen 1952–1973. Berlin 1974.

Töpfer, Johanna, geb. Schrocko
3.4.1929–7.1.1990
FDGB-Funktionärin
Geb. in Schneidemühl (Westpr.), Vater Arbeiter; Volksschule; 1943/44 Handelsschule; 1945 FDGB; 1945–48 Schreibkraft, 1949 Kontoristin, 1949/50 Wagenputzerin bei der Reichsbahn, 1950 Lohnbuchhalterin; 1949 SED; 1949/50 ehrenamtl. Gewerkschaftsarbeit u.a. als BGL-Mitgl.; 1950 Mitarb. im Gebietsvorst. Leipzig der IG Eisenbahn; 1951/52 Lehrerseminar des FDGB in Dresden; 1953–55 Fernstudium an der HU Berlin, Dipl.-Wirtsch.; 1952/53 Lehrerin, 1953–55 stellv. Dir. an der FDGB-Zentralschule in Beesenstedt, ab 1955 der in Grünheide; 1956–59 Mitarb., dann Sektorenltr. im FDGB-Bundesvorstand; 1959–64 Aspirantur am IfG, Dr. rer. oec.; 1964/65 Mitarb. der Westabt. des FDGB-Bundesvorst.; 1965–70 Doz. u. stellv. Dir. der Gewerkschafts-HS Bernau, 1968 Prof.; seit 1968 stellv. Vors. u. Sekr. des FDGB-Bundesvorst.; ab 1971 Mitgl. des ZK der SED; 1973–77 Vizepräs. des Friedensrats; 1976–90 Abg. der Volkskammer, 1976–81 Mitgl. ihres Präs.; 1981–89 Mitgl. des Staatsrats; Nov./Dez. 1989 aus allen Partei- u. Gewerkschaftsfunktionen ausgeschieden, 1990 Selbstmord.
Publ.: Johanna Töpfer. Veröff. Auswahl 1964–1988 (Hrsg. Gewerkschafts-HS). Bernau 1989.

Tosari (eigtl. Hans Hander)
19.5.1898–11.12.1967
Zauberkünstler
Geb. in Wurzelsdorf (Böhmen) in einer Arbeiterfamilie; Schauspieler in Reiseensembles u. kleinen Theatern, Zirkusgeschäftsführer, ab 1924 Zauberkünstler, wurde bekannt durch Manipulationen mit einer Uhr, Zigaretten u. Fingerhüten; SPD-Mitgl.; in der NS-Zeit aus rass. Gründen kaum Arbeitsmöglichkeiten, in Warschau 1942 Kontakt zum poln. Widerstand.
Ab 1945 in Dresden aktiv beim Aufbau des Kulturlebens, u.a. künstler. Leiter des IAL-Varietés, daneben bis ins hohe Alter Auftritte als Zauberkünstler; SED; mehrere Jahre Vors. der Gewerkschaft Kunst im Bez. Dresden; ab 1959 Vors. des Zentralaussch. des Magischen Zirkels der DDR, Träger des Ehrenrings des Magischen Zirkels.

Treder, Hans-Jürgen 4.9.1928
Physiker
Geb. in Berlin, Vater Magistratsdir.; 1933–46 Mommsen- u. Kant-Gymnasium in Berlin, 1944/45 Flakartillerie.
1946 Abitur, SED, Mitbegr. der FDJ in Berlin-Charlottenburg; 1947–49 Studium an der dortigen TH, 1949–56 Studium der Physik, Mathematik, Astronomie u. Philos. sowie Aspirantur an der HU Berlin, 1956 Prom. mit einer Diss. zur einheitl. Feldtheorie; in den 50er Jah-

ren in Berlin (West) mehrmals festgenommen wegen Aktionen gegen die Atombombe; 1957 Assistent, 1959 Oberassistent am Inst. für reine Mathematik der DAW; 1961 Habil. u. Doz., 1963 nebenberufl. Prof. an der HU; 1965 ord. Prof. an der Univ. Bern, 1966 wieder an der HU Berlin; 1963–66 Dir. des Inst. für reine Mathematik der DAW; 1966 Ord. Mitgl. der DAW; 1966–82 Dir. der Sternwarte Potsdam-Babelsberg, 1969–82 zudem Dir. des ZI für Astrophysik u. 1969–72 Ltr. des Forschungsbereichs Kosm. Physik der DAW/AdW; 1969–83 Mitgl. des Präs. der AdW; 1971 NP; 1982–91 Dir. des Einstein-Laboratoriums für Theor. Physik; Mitgl. vieler nat. u. intern. wiss. Ges.
Seit 1993 im Ruhestand.
Hauptarbeitsgebiete: Theor. Physik, Astrophysik, Allg. Relativitätstheorie; Gravitations- u. allg. Feldtheorie; erkenntnistheoret. Probleme der Physik, Geschichte der Physik; Hrsg. der »Annalen der Physik« (1985–91), Mithrsg. weiterer Ztschr., Autor bzw. Mitautor von mehr als 20 Monogr. u. nahezu 500 Einzelbeiträgen.
Publ.: Relativität u. Kosmos. 1968; Gravitationstheorie und Äquivalenzprinzip. 1971; Elementare Kosmologie. 1975; Große Physiker (mit Robert Rompe*). 1983; The Meaning of Quantum Gravity. 1987.
Sek.-Lit.: The Earth and the Universe – A Festschrift in honour of H.-J. T., hrsg. von der International Association of Geomagnetism and Aeronomy (IAGA). 1993.

Trepte, Curt 12. 8. 1902–19. 4. 1990
Theaterwissenschaftler, Begründer der Exilforschung der DDR
Geb. in Eisenberg (b. Dresden), Vater Zimmermann; Dorfschule, Bürgerschule, Realschule bis Primarreife, 1920–23 Staatsbauschule; 1923/24 Schauspielstudium am Staatstheater Dresden; 1930 KPD; 1930–33 an der Piscatorbühne in Berlin; Mitarb. am Aufbau der Roten Gewerkschaftsinternationale, Industriegruppe Film–Bühne–Musik; März 1933 »Schutzhaft«; Juni 1933 Emigration nach Paris, 1934 nach Moskau; Schauspieler, Publizist, Programmgestalter am Moskauer Sender; 1937 im Zuge der Moskauer »Säuberungen« Parteiausschluß; 1938 auf Anraten von Friedrich Wolf* Ausreise nach Schweden; Publizist u. Schauspieler in Stockholm; wiederholte Festnahmen; 1943 Red. der »Pol. Information« bzw. von »Tyskland av idag«; Instrukteur am schwed. Arbeitertheater; Vorst.-Mitgl. des Freien Dt. Kulturbunds; 1945 Red. beim schwed. Radio für dt.-sprachige Flüchtlingssendungen.
Mai 1946 Rückkehr nach Dtl. (SBZ); Oberspielltr. beim Berliner Rundfunk; 1947 von der ZV für Volksbildung in eine Kommission zur Wiedereinrichtung der Volksbühne Berlin berufen; bis Aug. Schauspieler, Regisseur und Vorst.-Mitgl.; 1948–50 Schauspieler am Theater der DSF; 1950/51 hauptamtl. Ltr. der Sekt. Theater der DSF; in deren Auftrag 1950 kommissar. Intendant der Schweriner Maxim Gorki Bühne; Mai 1951 Schauspieler u. Regisseur in Leipzig; 1953 Intendant der städt. Bühnen Quedlinburg u. am Harzer Bergtheater; seit 1953 Mitgl. der SED-KL, Nachfolgekand. der Volkskammer, 1961–63 deren Mitgl.; ab 1963 Mitgl. der Ltg. der DAK; als Theaterwissenschaftler widmete er sich der Erforschung der Exilzeit des dt. Theaters; die Anregung dazu war von ihm 1962 an Alfred Kurella* u. Alexander Abusch* gegangen; 1977 VVO Silber, 1982 Ehrenprom. der EMAU Greifswald.
Publ.: Von Brettern, die uns die Welt bedeuten. In: »... einer neuen Zeit Beginn« (Erinnerungen). Berlin 1980; Mitarbeit an: Kunst u. Lit. im antifasch. Exil. Bd. 5 (Exil in Skandinavien). Leipzig 1980.

Trilling, Wolfgang 16.4.1925–1.8.1993
Katholischer Theologe
Geb. in Chemnitz; zwei Jahre Soldat im 2. Weltkrieg; Studium der Theol. u. Philos. in Paderborn u. München; 1949 Eintritt ins Oratorium des Hl. Philipp Neri in Leipzig; 1952 Priesterweihe in Leipzig; 1952–56 Vikar in Leipzig-Lindenau; 1957 Assistent am Regional-Priesterseminar/Studium Erfurt; 1958 stellv. Studentenpfarrer in Leipzig; zw. 1959 u. 1966 Studentenpfarrer sowie bis 1969 Akademikerseelsorger in Leipzig; 1959 Dr. theol. in München; Verwaltung des Lehrstuhls für Exegese des Alten Testaments sowie alttestamentl. Einleitungs- u. Hilfswiss. am Regional-Priesterseminar/Studium Erfurt; 1961 Beurlaubung sowie Entbindung von den Verpflichtungen des Lehrstuhls aus Krankheitsgründen; 1962 u. 1963 jeweils zweisemestrige Lehraufträge für Exegese des Neuen Testaments u. für Neutestamentl. Zeitgesch. am Regional-Priesterseminar/Studium Erfurt; 1965 zweisemestriger Lehrauftrag für Bibelwiss. sowie Vertreter des Lehrstuhls für Exegese des Alten Testaments; 1966 kath. Vertreter im Auftrag der Bischöfe bei der Gründung des »Ökumen.-Theolog. Arbeitskreises in der DDR«, dort langjähriger Mitarb.; 1968 Verwalter des Zweiten Lehrstuhls für Neutestamentl. Exegese am Regional-Priesterseminar/Studium Erfurt; 1966–71 entscheidende Mitarb. bei der Vorbereitung u. Durchführung der Synode des Bistums Meißen; 1971 Ökumen. Gastdozentur am ev. Theol. Seminar in Leipzig; Dr. h.c.; beigesetzt auf dem Friedhof Leipzig-Plagwitz.
Autor einer Vielzahl exeget. u. bibeltheolog. Beiträge u. Monographien, die oft mehrere Aufl. erlangten u. in versch. Sprachen übersetzt wurden.
Publ.: Christusgeheimnis – Glaubensgeheimnis. Mainz 1957; Das Evangelium nach Matthäus. Düsseldorf 1962–65; Im Anfang schuf Gott. Leipzig 1963; Fragen zur Geschichtlichkeit Jesu. Leipzig 1966; Schöpfung u. Fall. Nach Gen. 1–3. Leipzig 1973; Der 2. Brief an die Thessalonicher. Zürich, Neukirchen 1980; Mit Paulus im Gespräch. Graz 1983; Studien zur Jesusüberlieferung. Stuttgart 1988.

Trölitzsch, Gerhard 2.3.1926
SED-Funktionär
Geb. in Limbach-Oberfrohna (Kr. Chemnitz), Vater Zimmermann; Volksschule; 1940–43 Ausbildung zum Maurer; 1943–46 RAD, Wehrmacht (Fallschirmjäger), amerik. Gefangenschaft.
1946 Maurer in Oberfrohna; SED; 1946–53 Studium an der TH Dresden; 1953–55 persönl. Referent beim Präs. der DBA, Kurt Liebknecht; 1955–58 PHS, Dipl.-Ges.-Wiss.; 1958/59 Bau-ing. in der Aufbaultg. des Kraftwerks Lübbenau; 1959 Mitarb., 1960–89 Ltr. der Abt. Bauwesen des ZK der SED; 1974 VVO in Gold; 1976 Kand., 1981–89 Mitgl. des ZK der SED; Mitgl. des Redaktionskollegiums der Ztschr. »Neuer Weg« u. des Zentralvorst. der IG Bau/Holz; Mitgl. der Bauakad., 1986 KMO; Dez. 1989–Jan. 1990 Mitarb. bei der org. Auflösung des Apparats des ZK der SED.

Trolle, Lothar 22.1.1944
Schriftsteller
Geb. in Sangerhausen (Sa.-Anh.), Mutter Hebamme; 1963 Abitur; Handelslehre; Arbeit als Handelskaufmann, Transport- u. Bühnenarbeiter; 1966–70 Studium der Philos. an der HU Berlin; 1968 erstes Stück »Papa Mama«; seit 1970 freischaff. Schriftst. in Berlin, Dramatik, Übersetzungen, Hörspiele, Prosa; 1983–87 Mithrsg. der Ztschr. »Mikado« (zus. mit Uwe Kolbe* u. Bernd Wagner*), wichtiges nichtoff. Periodikum für Texte »diesseits u. jenseits des Vokabulars der Macht u. der Anpassung« von Schriftst. versch. Generationen; 1987 Hörspielpreis »Terre des Hommes« für »Jozia, die Tochter des Delegierten oder Die heilige

Johanna in der Wohnküche«; Verf. von grotesken, surrealen, clownesken, kleinbürgerl. Haltungen sezierenden Theaterstücken mit nur sporad. Aufnahme an Theatern der DDR (u. a. »Greikemeier. Szenen zwischen Himmel u. Erde«, 1969–74; »Das beispielhafte Leben u. der Tod des Peter Göhring«, mit Thomas Brasch*, 1972; »Weltuntergang Berlin I u. II«, 1980/87; »Kasper-Trilogie«, 1985) u. karg-authent. Prosatexte, u. a. Auseinandersetzung mit den Abgründen des gewöhnl. Faschismus u. der Wende. 1991 Dt. PEN-Zentrum Ost.

Publ.: Mikado oder der Kaiser ist nackt. Selbstverlegte Lit. in der DDR (Hrsg. zus. mit Uwe Kolbe u. Bernd Wagner). Darmstadt 1988; Hermes in der Stadt. Theatertexte. Berlin 1991; Das Klassenfenster. Dramolette, Prosa u. a. Texte. Freising 1991.

Sek.-Lit.: Mierau*, Fritz: Der Dramatiker L. T. In: Spiele u. Spiegelungen. In: Jb. zur Lit. der DDR. Bd 7. Bonn 1990.

Trumpold, Harry 23. 7. 1928
LDPD-Funktionär
Geb. in Chemnitz, Vater Arbeiter; Oberschule in Dresden, Abitur; 1948 LDPD; 1948–52 Studium an der TH Dresden (Feinmeßtechnik), Dipl.-Ing.; 1952–57 wiss. Assistent bzw. Oberassistent am Inst. für Meßtechnik der TH Dresden; 1957 Prom. zum Dr.-Ing.; seit 1957 Lehrtätigkeit an der HS für Maschinenbau bzw. der TH Karl-Marx-Stadt; seit 1957 Mitgl. der KdT; 1964 Habil.; seit 1964 ord. Prof. mit Lehrstuhl für Meßtechnik u. Austauschbau; Ltr. des Wissenschaftsbereichs Fertigungsmeßtechnik an der TH Karl-Marx-Stadt; seit 1963 Abg. der Volkskammer, 1967–71 Mitgl. des Aussch. für Industrie, Bauwesen u. Verkehr; seit 1969 Vors. des Bezirksaussch. Karl-Marx-Stadt der NF.

Tschapek, Gustav 7. 9. 1898–4. 4. 1968
Vorsitzender der SED-Kreisparteikontrollkommission im MfS
Geb. in Wiese (Kr. Friedland, Böhmen); Vater Arbeiter; Volksschule; 1912–14 Landarbeiter; 1915/16 Arbeiter; 1916 bis 1918 Soldat der österr.-ungar. Armee; 1918–21 Landarbeiter; 1919 SPC; 1921 KPČ; 1921–26 Farbkoch; 1926–28 Bauarbeiter; 1928 Sekr., 1930 Geschäftsführer im Roten Textilarbeiterverb.; 1931 vier Wochen Haft; 1938 Militärdienst; 1939 Emigration in die UdSSR, Arbeit im Traktorenwerk in Stalingrad, ab 1941 Kasachstan; 1943 Pol.-Instrukteur in Kriegsgefangenenlagern.
1946 Rückkehr nach Dtl., Einstellung bei der VP, Landesverwaltung Sachsen, K 5 (Pol. Polizei); 1949 Einstellung bei der Verwaltung zum Schutz der Volkswirtschaft (ab Febr. 1950 MfS), Ltr. der Kreisdienststelle Bautzen; 1951 stellv. Ltr. der Abt. VI (Abwehr MdI/DVP), MfS Berlin; 1953 Oberstltn.; 1954 Vors. der SED-KPKK im MfS; 1964 Entlassung, Rentner.

Tschesno-Hell, Michael
17. 2. 1902–24. 2. 1980
Filmautor
Geb. in Wilna (Litauen), Vater Kaufmann; 1922 KPD; Werkstudent, Mitarb. in der komm. Presse, ferner tätig als Übersetzer, Journalist, Landarbeiter, Dreher, Lektor; Mitgl. des BPRS; in der NS-Zeit Emigration nach Frankreich, in die Niederlande u. die Schweiz; Hrsg. (mit Hans Mayer* u. Stephan Hermlin*) der Ztschr. u. Schriftenreihe »Über die Grenze«.
Nach dem Krieg Rückkehr nach Dtl.; 1947 Mitbegr. des Verlags Volk u. Welt in Berlin, einige Jahre dessen Ltr.; Autor bzw. Mitautor der ersten Spielfilme über Ernst Thälmann (Ernst Thälmann – Sohn seiner Klasse, 1954; Ernst Thälmann – Führer seiner Klasse, 1955) u. Karl Liebknecht (Solange Leben in mir ist, 1966;

Trotz alledem, 1972); NP 1954/57/66; 1958–69 Mitgl. der SED-BL Berlin; 1967–72 Präs. des Verb. der Film- u. Fernsehschaffenden u. des Vorst. des DSV; 1969 Mitgl. der DAK.
Filme: Rußland antwortet (1949); Der Hauptmann von Köln (1956); Die Mutter u. das Schweigen (1965); Der Maler mit dem Stern (1969).

Tschiche, Hans-Jochen 10.11.1929
Bürgerrechtler, Evangelischer Theologe
Geb. in Kossa (Kr. Bitterfeld), Vater Bäkkermeister, Mutter Hausfrau; 1946–48 FDJ; 1948 Abitur in Wittenberg; 1948/49 Studium der Theol. in Berlin (West); ab 1949 Neulehrerkurs, 1950 Ausschluß nach Weigerung, einer pol. Org. beizutreten; 1950–55 Forts. des Theologiestudiums in Berlin (West u. Ost); 1956–75 Hilfsprediger bzw. Pfarrer in Meßdorf (Kirchenkr. Oranienburg), Landpfarrer in der Altmark, 1958 Ordination; 1968 öff. Stellungnahme gegen die Intervention der Warschauer-Vertrags-Staaten in der ČSSR; ab 1975 Studienltr. u. seit 1978 Ltr. der Ev. Akad. Magdeburg, März 1990 Versetzung in den Wartestand; seit 1980 Engagement in der kirchl. und autonomen Friedensbew., maßg. beteiligt an der Herausbildung überregionaler Netzwerke opp. Gruppen, 1986–88 Mitgl. des Fortsetzungsaussch. des Netzwerks »Frieden konkret«; Sept. 1989 Mitbegr. des Neuen Forum (NF), Dez. 1989 – März 1990 NF-Vertreter am Runden Tisch des Bez. Magdeburg; März – Okt. 1990 Abg. der Volkskammer, Fraktion Bündnis 90/Grüne.
Okt. 1990 MdL Sachsen-Anhalt, anschl. Vors. der Fraktion Grüne Liste/Neues Forum; 1992 Mitgl. des Bundes- u. des Landessprecherrats der Partei Bündnis 90, Mitgl. der Verhandlungsgruppe des Bündnis 90 zum Abschluß des Assoziationsvertrags mit den Grünen; Juni 1994 erneute Wahl in den Landtag Sachsen-Anhalt.

Tübke, Werner 30.7.1929
Maler, Grafiker
Geb. in Schönebeck/Elbe; in der Schulzeit Zeichenunterricht bei Karl Friedrich in Magdeburg; 1945–47 Malerlehre in Schönebeck u. Besuch der Meisterkl. für Handwerk in Magdeburg; 1948–50 Studium an der HS für Grafik u. Buchkunst in Leipzig, 1953/54 EMAU Greifswald (Kunsterz. u. Psych.); 1953/54 Wiss. Mitarb. am Leipziger Zentralhaus für Volkskunst; 1954 freischaff.; 1955–57 Assistent an der HS für Grafik u. Buchkunst in Leipzig, seit 1963 dort Lehrtätigkeit, 1967 Doz., 1972 Prof., 1974–76 Rektor (Nachf. von Albert Kapr*); 1982 Mitgl. der Königl. Akad. der Schönen Künste Stockholm; 1983 AdK; 1985 Dr. h.c. der KMU Leipzig; 1989 Vizepräs. des VBK; Studienreisen in viele Länder.
Werke: Viehzuchtbrigadier Bodlenko (1962), 7 Fassungen der Lebenserinnerungen des Dr. jur. Schulze (1965–67), Am Strand (1967), Nat.-Kom. »Freies Dtl.« (1970/71), Wandbild »Arb.-Kl. u. Intelligenz« für die KMU Leipzig (1972/73), Sizilian. Großgrundbesitzer mit Marionetten (1973), Chilen. Requiem (1974), Ende der Narrengerichtsbarkeit (1978), Frühbürgerl. Rev. in Dtl. (1:10-Fassung 1979–81, Bauernkriegspanorama in Bad Frankenhausen 1981–87), Selbstbildnis mit roter Kappe (1988).
Sek.-Lit.: W. T. Reformation – Revolution. Panorama Frankenhausen (einl. Text Karl-Max Kober). Dresden 1988; Meißner, Günther: W. T., Leipzig 1989; Kat. W. T. Gemälde, Aquarelle, Zeichn., Lithogr. Nat.-Gal. der Staatl. Museen zu Berlin 1989.

Turba, Kurt 1.4.1929
FDJ-Funktionär
Geb. in Leitmeritz (ČSR), Vater Buchhalter, Bankangestellter; aufgewachsen in Prag ; Gymnasium; 1943–45 Sportwart; 1945 Schanzeinsatz als Schüler.
Mai 1945 Internierungslager für Deut-

sche in Prag, Zwangsarb. bei tschech. Bauern; 1946 Aussiedl., Lager in der SBZ; nach Entlassung Oberschule in Gera, FDJ; 1947 Abitur; 1948–50 Jurastudium an der Univ. Jena; 1947 SED, Funktionär der FDJ-Hochschul-Ltg. der Univ. Jena, Instrukteur für Hochschulfragen des FDJ-Landesverb. Thüringen; Juli 1950 Abt.-Ltr. Hochschulen im ZR der FDJ; Jan. 1952 vom Sekr. des ZK der SED auf Vorschlag des ZR der FDJ als Studentensekr. bestätigt; Dez. 1952/Frühj. 1953 interne Auseinanders. um die Studentenztschr. »FORUM«, Parteiverfahren gegen K. T. als pol. Verantw. (Rüge); auf der 6. Tagung des ZR der FDJ am 16. 8. 1953 von Erich Honecker* als Studentensekr. abgesetzt; 1953–63 (bis 1961 ohne Namensnennung im Impressum) Chefred. des »FORUM«, das sich unter T., vor allem in den 60er Jahren, zu einer vergleichsw. geistig offenen, problemorientierten u. typograph. modern aufgemachten Ztschr. mit starkem Leserzuspruch aus intellektuellen Kreisen u. Aufmerksamkeit auch außerhalb der DDR entwickelte; T. konnte mit dem »FORUM« red. Kontakte zur Hamburger »Zeit« aufnehmen (Besuch Gräfin Dönhoffs in der DDR 1964, von Bedeutung im Vorfeld der neuen Ostpolitik der SPD); Juli 1963 auf pers. Initiative Walter Ulbrichts* als Vors. der Jugendkommission beim PB des ZK der SED eingesetzt, federführende Mitarb. am ZK-Beschluß »Der Jugend Verantwortung und Vertrauen« (»Jugendkommuniqué«) vom 17. 9. 1963, das als Zeichen für Wandlungs- u. Modernisierungsbestrebungen in der SED-Jugend-, Kultur- u. Wissenschaftspol. galt (unter Honecker als »falsche Orientierung« u. »Revisionismus« verurteilt); nach Rücknahme der Reformpolitik auf dem 11. Plenum des ZK der SED im Dez. 1965 wird T. als ZK-Mitarb. entlassen; Arbeitslosigkeit; 1966–90 red. Mitarb. in der staatl. Nachrichtenagentur ADN. Lebt als Rentner in Berlin.

Sek.-Lit.: Dönhoff, Marion; Leonhardt, Rudolf Walter; Sommer, Theo: Reise in ein fernes Land. Berichte über Kultur, Wirtschaft u. Politik in der DDR. Hamburg 1964; Bresch, Ulrike: FDJ-Studentensekretäre (1946–1989.) In: Jahresbericht 1992 des Inst. für zeitgeschichtliche Jugendforschung. Berlin 1992; Schuster, Ulrike: Seine Intelligenz führte zu einer für ihn ungesunden Entwicklung. Bemerkungen anhand einer DDR-Biographie. In: Gotschlich, Helga (Hrsg.): Links u. Links u. Schritt gehalten ... Die FDJ. Konzepte – Abläufe – Grenzen. Berlin 1994.

U

Uhlmann, Wolfgang 29. 3. 1935
Schachspieler

Geb. in Dresden in einer Bäckersfamilie; nach dem Volksschulabschluß 1949–52 Berufsausbildung zum Buchdrucker; danach kaufm. Lehre u. bis 1960 tätig als Industriekaufmann; seit 1949 aktiver Schachspieler bei Post Dresden, 1956 Intern. Meister, 1959 Intern. Großmeister.; ab 1960 hauptberufl. Schachtrainer beim SC Einheit/Post Dresden.

Teiln. an zehn Schacholympiaden; elfmaliger DDR-Meister und dreimaliger Sieger des Turniers von Hastings; 1970 Teiln. an den Kandidatenwettkämpfen zur Ermittlung des WM-Herausforderers; 1970 Mitgl. der Weltauswahl.

Uhse, Bodo 12. 3. 1904–2. 7. 1963
Vorsitzender des Schriftstellerverbands
Geb. in Rastatt (Baden), Vater Offz.; Volksschule, Oberrealschule in Berlin; nahm als 16jähriger am Kapp-Putsch teil, Trennung von der Familie mit 17 Jahren; wurde Angehöriger des Bunds Oberland e. V. (»großdt., sozial und wehrhaft«), 1927–29 NSDAP, 1928/29 Ortsgruppenltr. u. Stadtverordneter in Itzehoe; 1926–28 Red. von NS-Ztgn.; ab 1931 enger Kontakt zur KPD, Mitgliedschaft wird 1935 in Paris bestätigt; 1933 Emigration nach Paris; 1935 Debüt mit dem autobiograph. Buch »Söldner u. Soldat«; 1936–38 Interbrigadist im span. Bürgerkrieg; 1939 USA; ab 1940 Exil in Mexiko, Mitarb. an der Ztschr. »Freies Dtl.«, verarbeitete sein Spanien-Erlebnis im Roman »Leutnant Bertram« (1944).
Sept. 1948 Rückkehr nach Dtl., SED; 1948–58 Chefred. der Zeitschr. »Aufbau«; 1949 Mitgl. des Präsidialrats des KB; 1950–52 Vors. des DSV; 1950–54 Abg. der Volkskammer; 1954 NP; Mitgl. der DAK, dort 1956–60 Ständiger Sekr. der Sekt. Dichtkunst und Sprachpflege; 1963 Chefred. der Ztschr. »Sinn und Form«; arbeitete auch als Essayist, Hrsg. u. Filmautor, so für »China zwischen gestern u. morgen« (1957); von seinem neuen Romanwerk »Die Patrioten« erschien der erste Bd. 1954, der zweite als Fragment 1965.
Publ.: Gesammelte Werke in Einzelausgaben (Hrsg. G. Caspar). Berlin 1974–83.
Sek.-Lit.: Über B. U. Ein Almanach. Berlin 1984.

Ulbricht, Lotte (Charlotte), geb. Kühn 19. 4. 1903
SED-Funktionärin
Geb. in Berlin, Vater Hilfsarbeiter, Mutter Heimarbeiterin; Volks- u. Realschule, Ausbildung als Büroangestellte; 1919–24 Freie Soz. Jugend/KJD; 1919–21 Stenotypistin; 1921 KPD; 1921/22 Stenotypistin beim ZK der KPD in Berlin u. der ZK-Abt. Bergbau in Essen, danach bei der BL der KPD in Essen, 1922/23 bei der KJI in Moskau; 1924–26 Mitgl. des ZK der KPD in Berlin u. der KPD-Reichstagsfraktion; 1921 KPD; 1926/27 Archivarin bei der KJI in Moskau; 1927–31 Sekr. in der UdSSR-Handelsvertretung in Berlin; 1931–35 Hauptreferentin bei der KI in Moskau u. ehrenamtl. Mitarb. des PB der KPD; 1932/33 Fernstudium an der Akademie für Marxismus-Leninismus, 1933–35 Abendstudium an der Komm. Univ. Moskau; 1936 nach der Verhaftung ihres Ehemanns Erich Wendt* wurde sie (obwohl bereits von ihm getrennt u. in Lebensgemeinschaft mit Walter Ulbricht*) einer Untersuchung der Internationalen Kontrollkommission (IKK) der Komintern unterworfen; 1939–41 Setzerin für ausländ. Lit. in Moskau; 1941–45 Hauptreferentin der KI u. Instrukteurin in Moskau.
1945 Rückkehr nach Dtl.; 1945/46 Abt.-Ltr. der Allgemeinen Abt. im ZK der KPD; 1946/47 Hauptreferentin in der Abt. Werbung – Presse – Rundfunk; Apr. 1947–20. 1. 1954 persönl. Mitarb. von Walter Ulbricht im ZK der SED, auf eigenen Wunsch vom 13. 7. 1953 beendet; 1950–18. 7. 1953 Mitgl. der Red.-Kommission der theor. Ztschr. der SED »Einheit«; 1950–53 Mitgl. der Frauenkommission beim SED-PB; Mai 1953 Eheschließung mit Walter Ulbricht; 1954–59 Studium am IfG, Dipl.-Ges.-Wiss.; 1959–73 Wiss. Mitarb. am IML, dort von 1959–61 Ltr. der Arbeitsgruppe zur Forschung über Walter Ulbricht, Abt. Geschichte der Partei u. der dt. Arbeiterbew.; 1960 Mitgl. der Frauenkommission beim Sekr. des ZK; ab 1961 verantw. für alle vom IML publizierten Arbeiten Walter Ulbrichts; 1962–73 erneut Mitgl. der Frauenkommission beim PB des ZK; 1963 VVO in Gold, 1965 Ehrenspange zum VVO in Gold, 1969 KMO, Juli 1973

Ruhestand; 1978 VVO in Gold, 1983 KMO, 1988 Großer Stern der Völkerfreundschaft; lebt in Berlin u. in der Schweiz.

Ulbricht, Walter 30. 6. 1893–1. 8. 1973
SED-Generalsekretär, Staatsratsvorsitzender
Geb. in Leipzig, Vater Schneider; Volksschule, 1907–11 Ausbildung zum Tischler; 1908 SAJ, 1910 Dt. Holzarbeiterverb., 1912 SPD; 1915–18 Kriegsdienst in Polen, Serbien, Belgien, Gefr., Nov. 1918 Mitgl. des Soldatenrats des 19. Armeekorps; Jan. 1919 Mitbegr. der KPD in Leipzig, Mitgl. der BL Mitteldtl., 1920/21 der BL Westsachsen, anschl. bis 1923 Pol. Ltr. der BL Großthüringen, seit 1923 Mitgl. der Zentrale bzw. des ZK der KPD; 1925 Mitarb. des EKKI in Moskau; 1926–29 Abg. des sächs. Landtags, ab 1928 Mitgl. des Dt. Reichstags; 1927 Kand., 1929–46 Mitgl. des PB des ZK der KPD, 1928–43 Kand. des EKKI, 1929–33 Pol. Ltr. der KPD-Bez.-Org. Berlin-Brandenburg-Lausitz-Grenzmark, 1932–46 Mitgl. des Sekr. des ZK; 1933 wegen illegaler Tätigkeit verfolgt, Emigration; 1933–35 Mitgl. der Auslandsvertretung der KPD in Paris, 1935–38 Ltr. der Operativen Ltg. bzw. des Sekr. des ZK in Prag bzw. Paris; Teiln. am VII. Weltkongreß der KI, 1938–43 Vertreter des ZK der KPD beim EKKI in Moskau; 1943–45 Mitgl. des NKFD u. Ltr. operativer Abt.; Mitarb. an programmat. Dokumenten.
30. 4. 1945 Rückkehr nach Dtl. als Ltr. der KPD-Gruppe für Berlin; 1945/46 Mitgl. des ZK u. des Sekr. der KPD; 1946–73 Mitgl. des PV bzw. ZK der SED, 1946–50 des Zentralsekr. des PV, 1946–50 stellv. Vors. der SED, 1949–73 Mitgl. des PB des PV bzw. ZK; 1946–51 Abg. des Landtags von Sachsen-Anhalt; 1946/47 Mitgl. des Rechts- u. Verfassungsaussch., 1948/49 Mitgl. des Präs. des Dt. Volksrats, ab 1949 der Prov. Volkskammer bzw. der Volkskammer, 1949–55 Stellv., 1955–60 1. Stellv. des Vors. des Min.-Rats; 1950–53 Generalsekr., 1953–71 Erster Sekr. des ZK, ab 3. 5. 1971 Vors. der SED; 1960–71 Vors. des Nat. Verteidigungsrats, 1960–73 Vors. des Staatsrats; 1953 KMO, 1954 VVO in Gold; während der X. Weltfestspiele der Jugend u. Studenten verstorben.
Publ.: Zur Geschichte der dt. Arbeiterbewegung. Aus Reden u. Schriften, Bde. 1–10. Berlin 1953–66.
Sek.-Lit.: Stern, C.: Ulbricht. Eine pol. Biogr. Köln, Berlin 1963; Thoms*, L.: Walter Ulbricht. Arbeiter, Revolutionär, Staatsmann. Berlin 1968; Voßke, H.: Walter Ulbricht. Biograph. Abriß. Berlin 1983.

Ullmann, Hermann
19. 1. 1902–15. 12. 1981
Dresseur
Geb. in Raschwitz, Vater Zollbeamter; Volksschule, Schriftsetzerlehre; Tierpfleger beim Zirkus Straßburger, Reiter, Dresseur; nach Übernahme des jüd. Unternehmens durch Zirkus Busch Berlin dort bis 1940, dann bei Zirkus Jacob Busch, ab 1960 Staatszirkus der DDR, 1970 Manegenabschied, danach noch Haustierdressuren für die DEFA; U. gilt als Altmeister der Pferdedressur in der DDR, zahlr. Gruppen, u. a. Berberhengste, Brauereipferde, Pinzgauer, aber auch Dressur von Exoten, Elefanten; Hohe Schule gemeinsam mit Ehefrau Hildegard Norris; Lehrmeister für viele Pferde- u. Exotendresseure des Staatszirkus.
Sek.-Lit.: Gilsenbach*, Reimar: Die Jacobsleiter. Berlin 1986.

Ullmann, Wolfgang 18. 8. 1929
Bürgerrechtler, Vizepräsident der Volkskammer
Geb. in Bad Gottleuba (Sa.), Vater Steuerbeamter, 1938 Übersiedlung nach Dresden; 1948 Abitur, 1948–50 Theolo-

giestudium an der Kirchl. HS in Berlin (West), 1950–54 Studium der Theol. u. Philos. in Göttingen, kurze Zeit Mitgl. der Gesamtdt. Volkspartei, Prom. zum Dr. theol. mit einer Arbeit über Augustinus; 1954 Rückkehr in die DDR, anschl. bis 1963 Pfarrer in der Landgemeinde Kölpenitz (b. Freiberg, Sa.); 1963–78 Doz. für Kirchengeschichte am Katechet. Oberseminar in Naumburg, 1978–90 Kirchenhistoriker am Sprachenkonvikt in Berlin, lehrte Kirchengeschichte sowie Welt- u. Rechtsgeschichte, seit 1975 Vortragsreisen nach Westeuropa u. in die USA, Delegierter der ev. Kirche der DDR zu Tagungen des Weltkirchenrats; 1986–89 Mitarb. im opp. Arbeitskreis »Absage an Praxis u. Prinzip der Abgrenzung«, Sept. 1989 Erstunterz. des Gründungsaufrufs der Bürgerbew. Demokratie Jetzt (DJ), 1989–91 Mitgl. des DJ-Sprecherrats, Mitinitiator u. Teiln. des Zentralen Runden Tischs, Initiator der Arbeitsgruppe »Wahlgesetz« und Mitgl. der Arbeitsgruppe »Neue Verfassung der DDR« des Runden Tischs, Febr. – Apr. 1990 Min. ohne Geschäftsbereich in der zweiten Reg. Modrow*, hier bes. Einsatz für die Auflösung des MfS, April – Okt. 1990 Mitgl. der Fraktion Bündnis 90/Grüne u. Vizepräs. der letzten Volkskammer.

Okt. 1990–1994 MdB für Bündnis 90/Die Grünen, Mitarb. im Innen-, Rechts- u. im Verteidigungsaussch., Sept. 1991 Mitgl. des Gründungssprecherrats u. Mai 1992 Wahl in den Bundessprecherrat der Partei Bündnis 90, 1992/93 prominenter Befürworter der Vereinigung zwischen Bündnis 90 u. den Grünen; 1991 Mithrsg. des Verfassungsentwurfs des Kuratoriums für einen demokr. verfaßten Bund Dt. Länder, 1991–93 Mitgl. der Gemeinsamen Verfassungskommission des Bunds u. der Länder, Austritt aus Protest gegen den Entwurf der Kommission; 1994 Wahl ins Eur. Parl.

Publ.: Demokratie – jetzt oder nie! München 1990; Das Ende der Utopien. Berlin 1992; Verfassung u. Parlament (hrsg. von Bernhard Maleck). Berlin 1992.

Sek.-Lit.: Bernhard Maleck, W.U.: »Ich werde nicht schweigen.« Berlin 1991.

Ullrich, Frank 24.1.1958
Leistungssportler (Biathlon)

Geb. in Trusetal (Thür.), Vater Werkzeugmacher; ab 1968 Biathlet beim ASK Vorwärts Oberhof; 1975 Junioren-WM mit der Staffel u. -Dritter über 10 km; 1976 Olympia-Dritter mit der Staffel; 1977 Junioren-WM über 15 km, WM-Dritter mit der Senioren-Staffel; 1978 WM über 10 km u. Vize-WM über 20 km sowie mit der Staffel; 1979 WM über 10 km u. mit der Staffel; 1980 Olympiasieger über 10 km u. -Zweiter über 20 km sowie mit der Staffel; 1981 WM über 10 km u. mit der Staffel sowie Vize-WM über 20 km; 1982 WM über 20 km u. mit der Staffel, Vize-WM über 10 km; 1983 WM über 20 km und Vize-WM mit der Staffel; ab 1976 Angehöriger der NVA, zuletzt Major; SED; 1977 Abitur an der KJS, 1978–88 Studium an der DHfK Leipzig mit Abschluß als Dipl.-Sportlehrer; 1984 Beendigung der leistungssportl. Laufbahn; ab 1986 Trainer beim ASK Vorwärts Oberhof u. DDR-Auswahl-Trainer.

Nach 1990 Bundestrainer für Biathlon; lebt in Suhl.

Ullrich, Klaus (Ps. von Klaus Huhn) 24.2.1928
Sportjournalist

Geb. in Berlin, Vater Angestellter; in Berlin u. Saalfeld Gymnasium bis zur 10. Klasse, anschl. Luftwaffenhelfer.

Juni 1945 Volontär bei der »Dt. Volksztg.« in Berlin, 1945/46 KPD/SED, 1946–90 in der Red. »Neues Dtl.« (ND); erst Lokalreporter, dann Sportred., ab 1946 Mitgl. des Verb. der Dt. Presse bzw. des VDJ; 1948 Mitgl. des DS, ab 1957 Mitgl. des DTSB u. bis 1989 des Bundesvorst.; 1952–90 Ltr. der Sportabt. des »ND«, 1953 Mitgl. des Red.-Kollegiums; ab 1954 Directeur der Intern. Radfernfahrt für den Frieden; 1954/55 Fernstudium an der Journ. Fakultät der KMU Leipzig; 1967–69 Präs. des Dt. Radsportverb.; 1978–88 Vors. der Vereinigung der Sportjournalisten im VDJ, ab 1979 Vorstandsmitgl., dann Generalsekr., auch Vizepräs. der Eur. Sportjournalisten-Union (UEPS), 1982–89 Mitgl. des Zentralvorst. des VDJ; 1983 Prom. zum Dr. päd. an der DHfK Leipzig; 1990 Vorruhestand.

Publ.: Geschichte der Olymp. Spiele. Berlin 1975; Coubertin. Biografie. Berlin 1979; Befehdet seit dem ersten Tag. Der kalte Krieg gegen die DDR. Berlin u. Frankfurt/M. 1981 (mit E. Heinrich).

Ullrich, Lothar 31. 3. 1932
Katholischer Theologe
Geb. in Berlin; 1951 Abitur; 1951–56 Stud. der Philos. u. Kath. Theol. in Fulda, Erfurt u. Neuzelle; 1956 Priesterweihe in Berlin-Reinickendorf; Kaplan in Prenzlau; 1958 wiss. Ass. am Lehrstuhl für Dogmatik des Regional-Priesterseminars/Studium Erfurt; 1962 Subregens am Priesterseminar Huysburg bei Halberstadt; 1965 Regens am Regional-Priesterseminar/Alumnat Erfurt; 1967 Dr. theol. mit der Arbeit »Fragen der Schöpfungslehre nach Jakob von Metz O.P.« (Leipzig 1966); 1967 Lehraufträge für Dogmatik u. Propädeutik am Regional-Priesterseminar/Studium Erfurt; 1970 Doz. für Dogmatik; 1974 ord. Prof. für Dogmatik am Regional-Priesterseminar/Studium Erfurt; 1976/77, 1983/84 u. 1988/89 Rektor des Philos.-theol. Studiums Erfurt; 1983 Gastprof. am Katechet. Oberseminar Naumburg; 1989 Dr. theol. h.c. der Akad. für Kathol. Theol. in Warschau.
Mitgl. u. Mitarb. in versch. theolog. Gremien: seit 1966 im Ökumen.-Theolog. Arbeitskr. in der DDR bzw. den neuen Bundesländern; seit 1981 Mitgl. des intern. Wiss. Beirats des Johann-Adam-Möhler-Inst. in Paderborn; 1986–93 Mitgl. der Gem. Kath.-Luth. Dialogkommission; 1988/89 Berater bzw. Delegierter bei der Ökumen. Vers. in der DDR u. der Eur. Ökumen. Vers. in Basel; 1988–92 Mitarb. bei der Durchführung der 4. u. 5. Eur. Ökumen. Begegnung der Konferenz Eur. Kirchen (KEK) u. des Rats der Eur. Bischofskonferenz (CCEE) in Erfurt u. Santiago de Compostela; Dez. 1989 Gründungsmitgl. der Eur. Ges. für Kath. Theol.
Seit 1991 Mitgl. des Ökumen. Arbeitskr. ev. u. kath. Theologen in der Bundesrep. Dtl.; seit 1992 Fachgutachter der Dt. Forschungsgemeinschaft.
Verf. von Aufsätzen u. Buchbeiträgen zu Themen der systemat. u. ökumen. Theol., u. a. Diasporakirche gestern u. morgen. In: Einheit in Vielheit. Leipzig 1974; Die ekklesiolog. Provokation ökumen. Erneuerung. In: Ökumen. Rundschau 36 (1987); Bewahrung der Schöpfung. In: Glauben u. Erkennen. Festschrift der Ev. Forschungsakad. für Joachim Rogge*. Berlin 1989; Zur Lage der kath. Theol. in der ehem. DDR. In: Bulletin der Eur. Ges. für Kath. Theol. 2(1991)1; Kirche in säkularer Diaspora – Mittel- u. ostdt. Erfahrungen. In: Cartell Ruper, Mayer, Mitt.-Bl. 2 (Aug. 1993); seit 1990 Mithrsg. der ökumen.-theolog. Zeitschr. »Catholica« u. »Ökumen. Rundschau«, Fachber. für Ökumen. Theol. bei der 3. Aufl. des Lexikons für Theol. u. Kirche. Freiburg 1993 ff.

Ullrich, Wolfgang
20. 6. 1923–26. 10. 1973
Direktor des Zoologischen Gartens Dresden
Geb. in Dresden, Vater Kaufmann; Wettiner-Realgymnasium, 1942 Abitur; anschl. Studium der Biol. an der TH Dresden; 1943 Kriegsdienst, 1944–46 frz. Gefangenschaft.

1946 Jugendreferent der CDU in Dresden; Lehrer im Jugendbildungswerk; Stadtverordneter in Dresden u. Abg. des Sächs. Landtags; 1947–50 Forts. des Studiums an der TH Dresden; 1950–73 Dir. des Zoolog. Gartens in Dresden; 1958 Prom. mit einer etholog. Studie an der TH, 1961 Prof.; zeitw. Mitgl. des Hauptvorst. der CDU und 1. Vors. des CDU-Stadtverb. Dresden, Abg. der Volkskammer; Mitgl. des gesamtdt. u. ab 1952 des intern. Verb. der Zoodir.; Forschungsarbeiten bes. über Menschenaffen; Autor zahlr. populärer Bücher u. vieler TV-Tierfilme.
Publ.: Und dann wurden Tiere unsere Gefährten. 1953; Affen ernst genommen. 1955; Afrika einmal nicht über Kimme u. Korn gesehen. 1957; Wilde Tiere in Gefahr. 1967; Kaziranga-Tierparadies am Brahmaputra. 1971.

Uschmann, Georg
18. 10. 1913–23. 9. 1986
Wissenschaftshistoriker
Geb. in Naumburg, Vater Schneidermeister; Realgymnasium, Reifeprüfung; 1933–39 Studium der Zool. u. Botanik sowie Geschichte, Philos. u. Leibesübungen, 1939 Prom. an der Univ. Jena; 1938 Assistent am Ernst-Haeckel-Haus, dem Inst. für Geschichte der Zool., insbes. Entw.-Lehre; ab 1940 Kriegsdienst, zuletzt Hptm., sowj. Gefangenschaft bis 1950.
1950 Rückkehr ans E.-Haeckel-Haus, ab 1952 Oberassistent, 1959 Habil. u. Doz. für Geschichte der Biol., 1959–79 Dir. des E.-Haeckel-Hauses, ab 1962 zugl. Prof. mit Lehrauftrag u. 1965 ord. Prof. für Geschichte der Naturwiss. an der FSU Jena, 1963 Prodekan der Mathemat.-Naturwiss. Fak.; 1964 Mitgl. der Dt. Akad. der Naturforscher Leopoldina Halle; 1967 Dir. des Archivs der Leopoldina; Korr. Mitgl. der Académie Internationale d'Histoire des Sciences.
Arbeitsgebiete: Werk von E. Haeckel, C. Darwin; J. B. Lamarck, C. Gegenbaur, F. Rolle, D. G. Messerschmidt u. C. F. Wolff; Biol. der Goethe-Zeit; Geschichte der Zool., insbes. der Phylogenetik u. Entw.-Lehre.
Publ.: Ernst Haeckel – Forscher, Künstler, Mensch. Briefe, ausgewählt u. erläutert. Jena 1954; Geschichte der Zool. u. der zoolog. Anstalten in Jena 1779–1919. Jena 1959.
Sek.-Lit.: Berg, W.: G. U. Schriftenverzeichnis u. Bibliogr. seiner Vorträge. Dt. Akad. der Naturforscher Leopoldina. Jb. 1993. Leopoldina (R. 3) 39 /1994, S. 427 ff.

V

Vallentin, Maxim 9. 10. 1904–2. 9. 1987
Regisseur und Theaterleiter
Geb. in Berlin, Vater Regisseur Richard V., Mutter Schauspielerin; 1911–19 Goethe-Schule Berlin, 1919/20 Berthold-Otto-Schule Berlin; 1920 Ausbildung an der Marie-Seebach-Schule des Staatl. Schauspielhauses; 1921–26 Engagements als Schauspieler an versch. Bühnen in Berlin u. am Schauspielhaus Zürich; 1926 KPD; 1927 Gründung u. Ltg. der Agit.-Prop.-Truppe des KJVD; Ende 1927 Umwandlung in die Agit.-Prop.-Truppe »Das Rote Sprachrohr«, Ltg. der Truppe; 1933 Emigration in die ČSR, Mai 1935 Emigration in die UdSSR; 1935–37 Oberspielltr. am Dt. Gebietstheater Dnepropetrowsk, 1936 dort Inszenierung von Kleists »Der zerbrochene Krug«; 1937/

38 Regisseur am Staatstheater Engels; 1938 Denunziation, Ausschluß aus der KPD, im gleichen Jahr Rehabilitierung, Wiederaufnahme in die KPD; 1938–45 Mitarb. der deutschsprachigen Red. des Moskauer Rundfunks.

1945 Rückkehr nach Dtl., Weimar; nach 1946 KPD/SED; Mitbegr. der Abt. Schauspiel an der Musikschule Weimar; 1947–52 Intendant des Dt. Theaterinst. Weimar, Ltr. des Jungen Ensembles Weimar; Verbreitung der Methode von Stanislawski, Hrsg. von dessen Werken in Dtl., Inszenierung von Surows »Das grüne Signal«; 1947 Ernennung zum Prof.; 1952–68 Intendant des Maxim Gorki Theaters Berlin; 1952 dort Inszenierung von Lawrenjews »Für die auf See«, 1954 Wolfs* »Das Schiff auf der Donau«, 1954 Gorkis »Dostigajew u. die anderen«, 1956 Bechers »Der Weg nach Füssen«, 1957 Gorkis »Nachtasyl«; 1964/65 Intendant der Volksbühne Berlin; 1965 Ord. Mitgl. der AdK; 1967 Inszenierung von Gorkis »Wassa Shelesnowa«; 1976 u. 1984 VVO in Gold; gest. in Berlin.

Publ.: Das Rote Sprachrohr. Berlin 1929; Vom Stegreif zum Stück. Berlin 1949; Schriftenreihe »Bühne der Wahrheit« (Stanislawski-Schriften).

Velhagen, Karl 22. 9. 1897–19. 12. 1990
Ophthalmologe, Klinikdirektor
Geb. in Chemnitz, Vater Augenarzt; Gymnasium in Chemnitz; 1916–18 Kriegsdienst; 1918–22 Medizinstudium in München, Freiburg i. B. u. Leipzig, 1922 Prom. in Halle; 1923/24 Volontärassistent in Chemnitz, 1924–27 Assistenzarzt an der Univ.-Augenklinik in Freiburg i. B., 1927–29 Assistent an Pharmakolog. Inst. in Freiburg u. Berlin; 1929–37 Univ.-Augenklinik Halle, dort 1930 Habil.; 1937/38 stellv. Dir. der Univ.-Augenklinik in Köln; 1938–46 Ordinarius u. Dir. der Univ.-Augenklinik in Greifswald.

1946/47 Augenärztl. Praxis in Chemnitz, 1947–50 Chefarzt der Städt. Augenklinik in Chemnitz; 1950–58 Ordinarius u. Dir. der Univ.-Augenklinik Leipzig, hier 1955–57 Dekan der Med. Fak.; 1953 Mitgl. der Leopoldina; 1958–67 Ordinarius u. Dir. der Augenklinik der HU Berlin; 1959 Ord. Mitgl. der DAW; 1962–69 Prorektor der Akad. für ärztl. Fortbildung in Berlin; wiss. Arbeiten vor allem auf pharmakotherapeut. u. endokrinolog. Gebiet der Augenheilkunde sowie der Prüfung des Farbsinnes; 1967 em.; 1977 VVO in Gold, 1960 NP III. Klasse; gest. in Berlin.

Publ.: Tafeln zur Prüfung des Farbsinns. Leipzig 1952; Der Augenarzt. 7 Bde. Leipzig 1958–67 (2. Aufl. in 12 Bdn., Hrsg.). Leipzig 1969–87.

Vent, Hans 13. 12. 1934
Maler, Grafiker
Geb. in Weimar, Vater Landschaftsmaler; 1940–48 Volksschule, 1948–51 Lehre als Baumaler, 1951/52 Studium an der FS für Ausbautechnik in Weimar, Meister; 1953 Restaurationsvolontariat in Gotha; 1953–58 Studium an der HS für bild. u. angew. Kunst Berlin-Weißensee, Lehrer Toni Mau, Kurt Robbel, Bert Heller*, Gabriele Mucci; seit 1958 freischaff. in Berlin; 1958 VBKD; 1958 Wandbild im VEB Stern-Radio; 1961/62 Mitarb. an der bildkünstler. Konzeption für Hoyerswerda; 1966/67 Wandbild »Poet. Version des Kosmos« in der Gaststätte Storkower Straße; 1967/68 Mitarbeit bei der künstler. Konzeption für das Gebiet Rathaus-/Liebknechtstraße in Berlin-Mitte; 1969 Mitwirkung an der Außenwandgestaltung der Berliner Markthalle; 1972 Mitgestaltung der Betonglasfenster im »Gastmahl des Meeres« in Berlin; 1973 Erarbeitung der bildkünstler. Konzeption für den Palast der Republik; 1976 Lehrauftrag, später Honorardoz. für Malerei an der Kunst-HS Berlin-Weißensee; 1982 Kollwitzpreis der AdK; 1988 Teiln. an der Biennale Venedig; Studienreisen

u. a. nach Indien u. in die Bundesrep. Dtl., 1990 Mitgl. der AdK.
Werke: Tangenten – graf. Blätter zu Lit. (1966), Doppelbildnis des Ehepaars Z. (1971), Strandszenen (1974ff.), Menschen am Strand (1977), Drei Frauen I–III (1979/80/81), Paar I (Erwartung) (1986).
Sek.-Lit.: Förster, A.: H. V. Maler u. Werk. Dresden 1976; Kat. Galerie Arkade. Berlin 1974, Galerie am Hansering Halle 1979, Galerie Mitte. Berlin 1994.

Verner, Paul 26. 4. 1911–12. 12. 1986
SED-Politiker
Geb. in Chemnitz, Vater Metallarbeiter, Mutter Textilarbeiterin, beide frühzeitig KPD, 1937 in der UdSSR verhaftet (1956 rehabilitiert); Bruder Waldemar V.; Volksschule, Lehre als Maschinenschlosser; Mitgl. der komm. Kindergruppen, Jungspartakusbund, 1925 KJVD, 1929 KPD; Volontär im komm. »Kämpfer-Verlag« in Chemnitz; Jugendfunktionär, u. a. Mitgl. der BL des KJVD Sachsen, Instrukteurtätigkeit; Red. der »Jungen Garde«; 1932 – Aug. 1934 in Moskau Korrespondent bei der Ztg. »Komsomolskaja Prawda«, anschl. Werkzeugschlosser in Magnitogorsk; seit Ende 1933 im skandinav. Büro der KJI, Red. der dt. Ausgabe der »Jugendinternationale«; 1934 in Paris Chefred. der »Jungen Garde« bis Frühjahr 1935; dann zur Reorganisierung des KJVD nach Amsterdam, anschl. nach Belgien; 1936/37 Teiln. am span. Bürgerkrieg auf seiten der Rep.; dann im Parteiauftrag nach Schweden, 1939 verhaftet; 1940–42 Internierung in Smedsbo, anschl. Arbeit als Metallarbeiter.
Jan. 1946 Rückkehr nach Dtl. (SBZ); Chefred. im Verlag Neues Leben; Mitbegr. der FDJ, 1946 KPD/SED; 1946–49 im PV der SED verantw. für Jugendfragen; Mitgl. des ZR der FDJ; Mitgl. des Red.-Kollegiums der Ztschr. »Neuer Weg«; 1948 Dt. Volksrat; 1949 Ltr. der Org.-Abt. im ZK der SED; seit 1950 ZK-Mitgl.; 1950–53 ZK-Sekr. für gesamtdt. Fragen, 1953–58 Ltr. der ZK-Abt. für gesamtdt. Fragen (Westabt.), verantw. für konspirative Arbeit in der Bundesrep. Dtl.; ab 1958 wieder Mitgl. des ZK-Sekr., Kand. des PB, verantw. für Westpropaganda; 1961 VVO in Gold; seit 1963 Mitgl. des PB; ab 1958 Abg. der Volkskammer; 1959–71 1. Sekr. der SED-BL Berlin; 1963–71 Stadtverordneter in Berlin; 1969 u. 1976 KMO, 1971 Ehrenspange zum VVO in Gold; seit 1971 Mitgl. des Staatsrats u. Vors. des Volkskammer-Aussch. für Nat. Sicherheit, Nachf. Erich Honeckers* als ZK-Sekr. für Sicherheit; 1971–83 Ltr. der Jugendkommission beim PB; 1972–76 Vors. der Kommission zur Überarbeitung des SED-Statuts; 1981–84 Stellv. Vors. des Staatsrats; 1984 aus gesundheitl. Gründen Rücktritt von allen Ämtern; 1986 Großer Stern der Völkerfreundschaft.
Publ.: Auf bewährtem Kurs für Soz. u. Frieden. Ausgew. Reden u. Aufsätze. Berlin 1981.

Verner, Waldemar (»Rudi«)
27. 8. 1914–15. 2. 1982
Admiral, Chef der Seestreitkräfte der NVA, Chef der Politischen HV der NVA
Geb. in Chemnitz, Vater Metallarbeiter, Mutter Textilarbeiterin, beide in der UdSSR 1937 verhaftet, 1956 rehabilitiert; Bruder Paul V.*; Volksschule, Lehre als Dekorateur; 1923 komm. Kindergruppe Chemnitz, 1929 KJVD, 1930 KPD; 1933 Haft, März 1934 Anklage wegen »Vorbereitung zum Hochverrat«; auf Beschluß des ZK des KJVD in die Illegalität, als Instrukteur in Berlin u. Magdeburg; 1935 UdSSR, 1935–37 Lenin-Schule in Moskau, Frühjahr 1938 nach Kopenhagen, u. a. Instrukteur für Hamburg, 1941–45 Mitgl. der KPD-Abschnittsltg. Nord (Decknamen »Erich Benkert«, »Kurt Börne«, »Rudi«), Mai – Dez. 1945 Red. der »Dt. Nachrichten«, pol. Betreuung in Flüchtlingslagern.

Dez. 1945 Rückkehr nach Dtl. (SBZ), 1946/47 1. SED-Kreissekr. in Hagenow, 1947–49 in Stralsund, 1947–50 Mitgl. der Landesltg. der SED, 1950 Ltr. des Amts für Information; 1950 mit deren Gründung Chef der Seepolizei bzw. der Seestreitkräfte, 1955/56 Besuch der Seekriegsakad. in Leningrad; 1957–59 Chef der Seestreitkräfte der NVA (Nachf. von Felix Scheffler*); 1959 gegen seinen Willen abgelöst; 1959–79 Stellv. des Min. u. Chef der Pol. HV der NVA (Nachf. von Rudolf Dölling*); 1961 Admiral; 1954 Kand. des ZK; 1963 Mitgl., 1974–78 Vors. des ASV »Vorwärts«; 1966 Scharnhorstorden, 1969 VVO in Gold, 1970 Kampforden, 1974 KMO; 1978 aus dem aktiven Wehrdienst entlassen, 1979 Generalsekr. des DDR-Komitees für die KSZE; Ehrenspange zum VVO in Gold; 1981 Abg. der Volkskammer.

Vesper, Rudolf 3.4. 1939
Leistungssportler (Ringen)
Geb. in Niehmen (Oberschles.); Beginn mit dem Training im Ringen im Alter von zehn Jahren in Ramsin (Sa.-Anh.), 1959 Wechsel zum ASK Vorwärts Rostock (Trainer: Heinz Weinhold); Spezialisierung im klass. Stil; 1960–90 SED, Oltn. der Volksmarine; sechsfacher DDR-Meister; 1968 Olympiasieger im Weltergewicht; VVO in Silber; 1968 Beendigung der sportl. Laufbahn; seit 1974 Sportlehrer an einer Berufsschule in Rostock.

Victor, Walther (Ps. C. Redo, Werner Voigt) 21.4.1895–19.8.1971
Publizist, Schriftsteller
Geb. in Bad Oeynhausen (Westf.), Vater Fabrikbesitzer; 1901–03 Volksschule, 1904–13 Gymnasium; Anschluß an die Wandervogelbew.; 1913 Teiln. an der Gründung der Freidt. Jugend auf dem Hohen Meißner; 1913/1914 Studium der Literaturgeschichte in Freiburg i. Br.; 1914–18 Soldat; 1919 Gründer u. Vors. der Soz. Studentengruppe Halle; 1919 SPD, Red. am »Hamburger Echo« bis 1923, Teiln. am Reichsjugendtag der sozialdemokr. Arbeiterjugend in Weimar; 1923 Red. am »Sächs. Volksblatt« Zwikkau; 1923–31 Stadtverordneter, Stadtrat, Vors. der IAH in Zwickau; 1930 Verurteilung wegen angebl. Gotteslästerung zu vier Monaten Gefängnis, nach Intervention von Kurt Tucholsky Amnestierung; 1932 Feuilletonchef am »8-Uhr-Abendblatt« Berlin; ab 1934 in der Illegalität, 1935 Flucht in die Schweiz, 1938 Luxemburg, 1939 Frankreich, 1940 Verhaftung, Internierung, Flucht nach Portugal, 1936–47 Exil in den USA; Mitarb. an Ztgn. u. Ztschr. der Schweiz, Luxemburgs, der UdSSR, USA, Mexikos u.a.; 1943–46 Leitungsmitgl. des Komitees »Freies Dtl.« in den USA, Mitarb. an der Ztschr. »The German American«.
1947 Rückkehr nach Dtl.; Ministerialrat in der Sächs. Landesreg., 1947 SED; freier Schriftst.; 1948 Mitbegr. des Schutzverb. Dt. Autoren Zone (2. Vors.); 1949 »Goethe-Lesebuch«; 1949/50 lit. Ltr. der Büchergilde Gutenberg Berlin; 1950 »Heinrich Heine. Ein Lesebuch für unsere Zeit«; 1950 Geschäftsführender Vors. des Schriftstellerverb. im KB; 1951–54 Hrsg. der »Lesebücher für unsere Zeit« (1949ff., Gesamtaufl. über 4 Mio. Exemplare), eröffnete u.a. mit Bänden zu Lessing, Kleist, Tucholsky, Shakespeare eine auf breite Leserschaft gerichtete Erberezeption); 1952 Vorstandsmitgl. im DSV, Arbeit mit jungen Autoren; 1957–59 Sekr. des DSV; 1960 Dr. h.c. der EMAU Greifswald; 1961 Ehrenmitgl. des Vorst. des DSV; 1969 VVO in Gold; 1971 in Bad Berka gest.
Publ.: Ausgewählte Schriften (3 Bde.). Berlin 1960/62; Freund u. Feind. Kritiken aus fünf Jahrzehnten, hrsg. von H. Greiner-Mai. Berlin 1980; Kehre wieder über die Berge. Eine Autobiogr. Berlin u. Weimar 1982.
Sek.-Lit.: Borchardt, Karl Heinz: Posi-

tion u. Funktion W. V.s bei der Goethe-Rezeption in der frühen DDR-Lit. Diss.

Viehweger, Axel 27.11.1952
Minister für Bauwesen, Städtebau und Wohnungswirtschaft
Geb. in Waldenburg (Kr. Glauchau); 1970 LDPD; Abitur; 1973–78 Studium der Energietechnik u. Kernphysik an der TU Dresden, Dipl.-Physiker; danach wiss. Assistent an der TU, 1985 Prom. zum Dr.-Ing. über Fernwärmeversorgung; 1979–85 Abg. der Stadtbezirksvers. Dresden-West, 1981–85 dort Vors. des Stadtbezirksverb., 1986–90 Vors. des Kreisverb. Dresden-Stadt der LDPD; 1985–90 Stadtrat für Energie in Dresden; 12.2.1990 Mitgl. des Präs. des Bundes Freier Demokraten, später Mitgl. der F.D.P.; Apr. – Sept. 1990 Min. für Bauwesen, Städtebau und Wohnungswirtschaft; trat nach Vorwürfen der Zusammenarbeit mit dem MfS zurück; Geschäftsführer der Kracon Engineering Consultation.
Seit Okt. 1990 Abg. des Sächsischen Landtags, zeitw. ruhendes Mandat bis März 1991.

Vieweg, Kurt 29.10.1911–2.12.1976
SED-Politiker
Geb. in Göttingen, Vater Bankangestellter; Realgymnasium; bis 1933 als Industriearbeiter u. Landarbeiter tätig, 1930/31 Besuch der Landw.-Schule in Eisleben, landw. Gehilfe; 1930–32 HJ (Ausschluß), 1932 KJVD u. KPD, Mitarb. der KJVD Sachsen-Anhalt; 1933 Emigration nach Dänemark, tätig im Genossenschafts- und landw. Versuchswesen, 1935–40 Gasthörer der Landw. HS Kopenhagen; 1936–40 Mitarb. der illegalen KPD-Abschnittsltg. Nord, Red. der illegal in Dtl. verbreiteten Ztschr. »Bauernbriefe«; nach der Okkupation Dänemarks in der KPD-Widerstandsgruppe u. dän. Widerstandsbew. »Frit Danmark«; 1943 Flucht nach Schweden, kurze Internierung, dann Wald- u. Fabrikarbeiter; 1943 Pol. Ltr. der KPD-Emigrantengruppe Göteborg-Boras; 1944/45 Studium an der landw. HS Ultuna/Uppsala; Frühjahr 1945 Rückkehr nach Dänemark, Sekr. des antifasch. Flüchtlingsausschusses in Kopenhagen, Anstellung durch das Sozialmin.
Juli 1946 Rückkehr über Polen nach Sachsen-Anhalt; SED; 1946/47 Landesbauernsekr. der VdgB Sachsen-Anhalt, 1947–52 Gen.-Sekr. der VdgB (Nachf. von Anton Jadasch*), 1947–57 Mitgl. des Zentralvorst. der VdgB (BHG); 1948–51 Mitgl. des Vorst. des Zentralverb. der landw. Genossenschaften; 1948 Mitgl. des Sekr. der DWK, 1949–54 Abg. der Prov. Volkskammer bzw. Volkskammer; 1949–54 Mitglied des ZK der SED, 1950–53 auch des Sekr., Sekr. für Landw.; 1950–54 Mitgl. des Präs. des NR der NF; 1951 Ord. Mitgl. der DAL, ab 1954 Sekretar der Sektion Agrarökonomik, 1953–57 Dir. des Inst. für Agrarökonomik; 1954 Mitgl. der Sektion Wirtschaftswiss. der DAW; 1955 Prom. an der HU Berlin zum Dr. agr. mit einer Diss. zur Agrarplanung, Habil. u. Ernennung zum Prof. der DAL, Hrsg. des »Handbuchs des Genossenschaftsbauern« (mit Otto Rosenkranz*); 1955 Nationalpreis; im Febr. 1957 wies die 30. Tagung des ZK der SED V.s interne Ausarbeitung für das PB »Neues Agrarprogramm für die Entw. der Landw. beim Aufbau des Soz. in der DDR« als revisionist. zurück; März Rücktritt von allen Ämtern bzw. Ausschluß von den Wahlfunktionen, 27.3. Flucht über Berlin in die Bundesrep. Dtl., 19.10. Rückkehr in die DDR, Mai 1958 Verurteilung durch das Bezirksgericht Cottbus, Okt. 1959 Revision des Urteils durch das Oberste Gericht u. Verurteilung wegen »Staatsverrat« zu zwölf Jahren Zuchthaus (27.12.1990 Aufhebung des Urteils durch das Landgericht Berlin), Aberkennung des Prof.-Titels, des NP u. der Mit-

gliedschaft in der DAL; Dez. 1964 Gnadenerlaß des Vors. des Staatsrats u. Entlassung aus dem Zuchthaus Bautzen II; ab 1964 wiss. Mitarb. am Nord. Inst., ab 1969 dort Forschungsgruppenltg. und Lehrtätigkeit, 1971 ao. Prof., 1974 em.
Publ.: zu Zeitproblemen der skand. Länder sowie zu agrarpol. u. agrartheor. Fragen. u. a. Zur Theorie der Standortverteilung der landw. Prod. Berlin 1954.

Vogel, Horst 11. 5. 1931
Stellv. MfS-Hauptverwaltungsleiter
Geb. in Theißen (Kr. Zeitz), Vater Schlosser; Volksschule, 1945–49 Ausbildung zum Schlosser; 1948 SED; 1949–52 ABF; 1952–55 Studium; 1955 Einstellung beim MfS; 1955/56 Besuch der Schule der HV A; 1968–70 Chemiestudium an der TH Leuna-Merseburg; 1970 stellv. Ltr., 1971 Ltr. der Abt. XIII (Grundlagenforschung) der HV A; 1975 Ltr. des Sektors Wiss. u. Technik; 1983 außerdem stellv. Ltr. der HV A; 1987 Gen.-Major; 1989 1. Stellv. des Ltr. der HV A; 1990 Entlassung.

Vogel, Wolfgang 30. 10. 1925
Rechtsanwalt, Bevollmächtigter der DDR für humanitäre Fragen
Geb. in Wilhelmsthal (Schles.), Vater Lehrer; 1932–43 Schulbesuch in Wilhelmsthal u. im Internat in Glatz; 1943–45 Kriegsdienst (Luftwaffe) in einem Fliegerregt.; 1945–49 Jurastudium in Jena und Leipzig, 1949 1., 1952 2. jur. Staatsexamen; 1952 Hauptreferent im Min. der Justiz, 1953 Ausscheiden aus dem Staatsdienst; inoff. Mitarbeiter des MfS; 1954 Rechtsanwalt in Berlin, 1957 auch an Gerichten in Berlin (West) zugelassen, Vertreter von Kollegen aus Berlin (West) an Gerichten in Berlin (Ost) u. der DDR; ab 1962 betraut mit der Lösung humanitärer Probleme im Ost-West-Konflikt, 1963 staatl. Beauftragter für Freikauf u. Austausch pol. Häftlinge, 1965 für die Zusammenführung getrennter Familien, 1969 off. »Bevollmächtigter der DDR für humanitäre Fragen bei der Bundesreg.«, Dr. jur. h.c. (DASR), 1973 »Persönl. Beauftragter des Staatsratsvorsitzenden für die Lösung humanitärer Probleme«; 1975 VVO in Gold; 1982 SED; 1985 Prof. für Strafprozeßrecht an der ASR Potsdam-Babelsberg.
Vermittelte die Ausreise von über 250000 DDR-Bürgern in die Bundesrep. Dtl. u. den Freikauf von insgesamt 33775 Häftlingen; Mittelsmann im Austausch von ca. 150 Agenten, darunter am 10. 2. 1962 der von Francis Gary Powers gegen Rudolf I. Abel u. am 1. 10. 1981 von Günter Guillaume*; 1984 Vermittler bei der Besetzung der US-Botschaft in Berlin durch Ausreisewillige u. 1989 bei der Ausreise Tausender Besetzer der Botschaften der Bundesrep. Dtl. in Budapest, Prag u. Warschau; Dez. 1989 unter dem Vorwurf verbrecher. Erpressung vorübergehend verhaftet, danach Niederlegung des Regierungsmandats; bis Okt. 1990 Anwalt von Erich Honecker*.
Juni 1991 Verzicht auf die Zulassung als Anwalt; Jan. 1992 Durchsuchung seiner Kanzlei und März Verhaftung wegen Fluchtgefahr, Entlassung nach Kaution durch die kath. Kirche; räumte im Aug. 1992 ein, für das MfS inoff. gearbeitet zu haben; Juli 1993 erneut in U-Haft aufgrund des Vorwurfs, in 51 Fällen ausreisewillige Bürger erpreßt zu haben, u. wegen des Vorwurfs der Steuerhinterziehung; Okt. erneute Anklageerhebung wegen Meineids als Zeuge vor dem Kammergericht (Feb. 1993); Jan. 1994 gegen Kaution von zwei Mio. DM aus der U-Haft entlassen.
Sek.-Lit.: Schmidthammer, Jens: Rechtsanwalt Wolfgang Vogel. Mittler zwischen Ost u. West. 1987; Whitney, Craig R.: Advocatus Diaboli. Wolfgang Vogel. Anwalt zwischen Ost u. West. Berlin 1993.

Vogler, Manfred 12. 11. 1934
Architekt, Städtebauer
Geb. in Langewiesen (Kr. Ilmenau), Vater Porzellanmaler;
1953–59 Studium an der HAB Weimar, Dipl.-Ing.; 1959–62 Architekt bei der Fundament GmbH Berlin, Regionalplanung Druckereistandorte u. Mitarb. Druckereikombinat Dresden u. Rostock; 1962–64 Chefarchitekt im Büro für Gebiets-, Stadt- u. Dorfplanung Neubrandenburg; mehrgeschossige Wohnungsbauten in etwa 40 Dörfern des Bez., 1963 Dorfplanung Krien (bei Anklam); 1964–66 stellv. Dir. im Büro für Territorialplanung Neubrandenburg, Planung Stadtzentrum in Prenzlau u. Torgelow sowie Wohnkomplexe in Neubrandenburg; Entwurfsplanung Mehrzweckhalle Altentreptow; seit 1966 Stadtarchitekt in Frankfurt/Oder, prägte maßg. die Entw. der Stadt, u. a. Wohnkomplex: Kopernikusstraße (1966–72), Frankfurt-Nord (1968–74), »Halbe Stadt« (1968–75); seit 1968 Planung u. Gestaltung des Stadtzentrums, insbes. Ausbau der Verkehrsstrukturform u. Gestaltung öff. innerstädt. Parkanlagen wie Oderpromenade, Promenadengasse u. Klingetal; seit 1970 Planung der Naherholung Frankfurt/Oder u. Helenesee; 1967–72 Generalplanung, Planung mehrerer Denkmalanlagen, darunter Antifasch. Widerstand, Rosa-Luxemburg-Str. und Karl-Marx-Denkmal (1968), Rekonstruktion des got. Rathauses u. baul.-funktionale Umgestaltung der gesamten Anlage, Restauration der Marienkirche (1981–89), Mitw. beim Konzerthallenanbau am ehem. Franziskanerkloster, Initiator u. Autor der ersten Baumschutzordnung in einer DDR-Stadt, seit 1993 in Frankfurt/Oder in Anwendung.

Vogt, Angela, geb. Schmalfeld
18. 5. 1951
Leistungssportlerin (Leichtathletik)
Geb. in Weferlingen (Sa.-Anh.); 1976 Olympiasiegerin u. 1978 Vize-EM im Weitsprung; Studium der Pädagogik in Magdeburg; 1979 Beendigung der sportl. Laufbahn, anschl. Jugendtrainerin bei der BSG Lok Haldensleben; seit Mitte der 80er Jahre Lehrerin an der Pädagog. HS Magdeburg.

Voigt, Elisabeth 5. 8. 1893–8. 11. 1977
Malerin, Grafikerin
Geb. in Leipzig, Vater Chemiker;
1904–15 Besuch einer Privatschule, teilw. in Amerika; Ausbildung u. Tätigkeit als Laborantin; 1922–29 Studium an der HS für bildende Künste Berlin-Charlottenburg bei Carl Hofer; 1929–33 Meisterschülerin von Käthe Kollwitz an der Preuß. AdK Berlin; 1933 Dürerpreis; 1934/35 Romstipendium, danach freischaff. in Berlin mit häufigen Studienreisen nach Tirol (1935–43); 1937 Gold- u. Silbermedaille der Intern. Kunstausstellung in Paris; 1941 Kunstpreis der Stadt Berlin; 1943/44 Zerstörung des Berliner Ateliers, Umzug nach Leipzig;
1946–58 Doz. an der HS für Grafik u. Buchkunst Leipzig, daneben 1952–58 Lehrbeauftragte am Inst. für Kunsterziehung der KMU Leipzig, 1952 Prof.; Verdächtigung als Formalistin u. Verdrängung aus dem Lehramt; 1953 Austritt aus dem VBK; seit 1958 freischaff.; 1975 Ehrenmitgl. des VBK.
Wichtige Werke: Holzschnitt-Zyklus Werwolf, Illusion (1945); Der rote Stier, Zeichnungen zu Brecht*: Mutter Courage (1952), zum Buch Jeremias (1958), zum Buch Esther (um 1965).
Sek.-Lit.: Helmut Scherf: Elisabeth Voigt. Berlin 1962.

Voigt, Fritz-Georg 21. 11. 1925
Verlagsleiter
Geb. in Magdeburg, Vater Zollbeamter; Volksschule, Abitur; 1943–45 RAD u. Wehrmacht; 1945 amerik. u. engl. Gefangenschaft.
1945/46 Kellereihilfsarbeiter in Bernka-

stel/Mosel; 1946 SED; 1946–50 Studium der Romanistik in Jena, 1951 Prom.; 1951/52 Assistent an der ABF Jena; 1952 Flucht der Eltern in die Bundesrep. Dtl.; seit 1952 GI des MfS, später IM bzw. IMF »Kant«; 1952–58 Lektor im Aufbau Verlag; 1953–58 dort BGL-Vors., 1958–62 Ltr. des Lektorats Auslandslit., 1961–64 Parteisekr. des Aufbau Verlags, 1963–65 Cheflektor, 1966–82 Verlagsltr. (Nachf. von Klaus Gysi*); Übersetzer von Paul Thiry d'Holbachs »Das System der Natur«; Hrsg. u. Nachwortautor von Honoré de Balzac u. Robert Merle; 1965–82 Mitgl. des Präsidialrats des KB; 1967–82 Mitgl. des Vorst. des Börsenvereins der Dt. Buchhändler zu Leipzig u. Vors. der Kommission Intern. Arbeit; 1970 Medaille für Treue Dienste in der NVA; 1983 invalidisiert, danach bis 1990 lit. Berater des Aufbau Verlags.
Sek.-Lit.: Janka*, Walter: Die Unterwerfung. München 1994.

Voigt, Volker 6. 3. 1949
FDJ-Funktionär, DTSB-Vizepräsident
Geb. in Sachsenbrunn, Vater Lehrer; Besuch der EOS, Abitur; Rinderzüchter; 1963 FDJ; 1968 SED; 1967–71 Studium an der Pädagog. HS Erfurt-Mühlhausen, Dipl.-Fachlehrer für Deutsch u. Russisch; 1971–73 Lehrer an der 15. POS Cottbus; 1973/74 Sekr. der FDJ-GO am Inst. für Lehrerbildung Cottbus; 1975–77 Fernstudium an der BPS Cottbus der SED; 1974/75 Instrukteur, 1975–80 1. Sekr. der FDJ-KL Cottbus-Stadt; seit 1976 Mitgl. des ZR der FDJ; 1980–82 1. Sekr. der FDJ-BL Cottbus, 1982/83 Sekr. des ZR der FDJ, seit 1982 Mitgl. des Büros u. des Sekr., 1983 – Juni 1989 2. Sekr. des FDJ-ZR (Nachf. von Eberhard Aurich*); 1975–80 Mitgl. des Sekr. der KL Cottbus-Stadt der SED, 1980–82 Mitgl. des Sekr. der BL Cottbus der SED; Abg. des Bez.-Tags Cottbus; 1986–90 Abg. der Volkskammer und Mitglied des Präs. der Volkskammer, Mitgl. des Aussch. für Nat. Verteidigung; seit Juli 1989 Vizepräs. des DTSB.

Voigtberger, Dietrich
4. 4. 1941 – 17. 12. 1988
CDU-Funktionär
Geb. in Gera, Vater kaufm. Angestellter; Besuch der Grund- u. Oberschule, 1953 FDJ; 1959 Abitur; 1959–62 NVA; 1962–67 Studium an der HfÖ in Berlin-Karlshorst; Dipl.-Wirtsch.; 1966 CDU; 1967–70 wiss. Assistent an der HfÖ; 1969 Prom. zum Dr. oec.; 1970–73 Ltr. der Abt. Wissenschaftsorg. am Inst. für Regelungstechnik Berlin; 1973–81 wiss. Oberassistent an der HfÖ; 1979 Habil. zum Dr. sc. oec.; ab 1980 Doz. an der HfÖ, 1986 ao. Prof.; 1970–81 Vors. des Kreisvorst. Berlin-Lichtenberg der CDU; seit 1971 Abg. der Volkskammer, Mitgl. des Aussch. für Arbeit u. Sozialpolitik; seit 1981 Vors. des Bezirksvorst. Berlin der CDU (Nachf. von Ursula Raurin-Kutzner); seit 1982 Mitgl. des Hauptvorst. der CDU u. seines Präs.

Volmer, Max 3. 5. 1885 – 3. 6. 1965
Chemiker, Präsident der DAW
Geb. in Hilden (Rheinl.) als Sohn einer begüterten Familie; Oberrealschule, Abitur; Chemiestudium in Marburg, München u. Leipzig, hier 1910 Prom. mit einer Arbeit über fotograf. Umkehrerscheinungen; 1913 Habil.; 1912–14 Assistent, 1914 Privatdoz. an der Univ. Leipzig; 1914–18 Kriegsdienst, Forschungen zu chem. Kampfstoffen; 1918–20 Industrietätigkeit in der Auer-Ges. Berlin; 1920 ao. Prof. für Physikal. Chemie an der Univ. Hamburg; 1922 ord. Prof. an der TH Berlin; 1934 Ablehnung der Wahl in die Preuß. AdW durch den NS-Erziehungsminister wegen seiner »pol. Haltung«; 1943 Dienststrafverfahren wegen Unterstützung eines ehem. jüd. Mitarb.
Ab 1945 als Spezialist in der UdSSR, tätig

im Rahmen des sowj. Atomprojekts; 1946 nachträgl. Ernennung zum Ord. Mitgl. der DAW; 1955 Rückkehr nach Berlin u. Berufung zum ord. Prof. für physikal. Chemie u. Elektrochemie an der HU Berlin; 1955 NP; 1956–58 Präs. der AdW (Nachf. von Walter Friedrich*), 1958–61 Vizepräs.; 1958 em.
Hauptarbeitsgebiete: Forschungen zur physikal. Chemie, grundlegende Untersuchungen der Phasenbildung u. des Kristallwachstums; daneben auch erfinder. Tätigkeit (»Volmer-Pumpe« 1919).
Sek.-Lit.: Blumtritt, O.: M. V. 1885 bis 1965 (Biogr.). Berlin (West) 1985.

W

Wachholz, Bärbel
20. 10. 1938–13. 11. 1984
Schlagersängerin
Geb. in Angermünde; Lehre als Fotolaborantin, nebenher Gesangsunterricht, Sängerin beim Tanzorchester Max Reichelt in Eberswalde; 1957 Beginn der Zusammenarbeit mit Gerd Natschinski*; erste Funkprod. (insges. ca. 500) u. Schallplattenaufnahmen (insges. zwei LP, ca. 40 Singles).
Erfolgstitel: »Mama«, »Damals«, »Das wünsch ich mir«, »Treu sein« u.a.; 1962–69 mit Tourneeprogrammen (»Musik im Blut«, »Sing für mich«) in der DDR u. osteur. Ländern unterwegs, Solo-Gastspiele auch in Westeuropa; Teiln. an intern. Schlagerfestivals 1961 in Sopot (2. Preis), 1962 in Rostock (1. Preis), 1965 in Bratislava (3. Preis); 1976 Comeback-Versuch, schon gezeichnet von schwerer Erkrankung.

Wachowiak, Jutta 13. 12. 1940
Schauspielerin
Geb. in Berlin; Ausbildung an der HS für Film u. Fernsehen Potsdam-Babelsberg; 1963–68 Engagement am Hans-Otto-Theater Potsdam, 1968–70 am Städt. Theater Karl-Marx-Stadt, seit 1970 am Dt. Theater Berlin; 1983 Mitgl. der AdK; Mitorganisatorin der Kundgebung am 4. 11. 1989 in Berlin.
Bühnenrollen in: 1970 »Kabale u. Liebe« von Schiller, 1972 »Onkel Wanja« von Tschechow, 1973 »Die neuen Leiden des jungen W.« von Ulrich Plenzdorf*, 1978 »Guten Morgen, du Schöne« nach Maxi Wander*, 1985 »Der blaue Boll« von Ernst Barlach.

Wächter, Erich 26. 8. 1908–10. 4. 1971
Stellv. Außenhandelsminister
Geb. in Essen, Vater Dreher, Mutter Näherin; 1918–24 Besuch der Oberrealschule, 1924/25 der Höheren Handelsschule; 1925–27 Volontariat als Feld- u. Industriebahner in Essen; 1927–44 Industrie- u. Handelskaufm. bei der Dt. Lufthansa; 1944/45 Kriegsdienst; Gefangenschaft.
1945 CDU; 1945–50 Verwaltungsangestellter; 1946 Kreisrat für Wirtschaft u. stellv. Landrat im Kr. Hagenow; 1950 Landrat im Kr. Usedom; ab März 1950 kurzzeitig Min. für Industrie u. Aufbau in der Landesreg. Mecklenburg; Nov. 1950–53 Staatssekr. im Min. für Verkehr; 1950–58 Abg. der Volkskammer; 1953–55 Präs. der IHK; Mai 1955–68 Stellv. des Min. für Außenhandel u. Innerdt. Handel (Nachf. von Hans-Paul Ganter-Gilmans*); 1950–58 Mitgl. des Hauptvorst. der CDU u. des Präs. des Hauptvorst. der CDU, Vors. der Revisionskommission; 1968–71 Handelsrat in Bulgarien.

Wagenknecht, Egon 29. 3. 1908
Forstwissenschaftler
Geb. in Rauen (Kr. Beeskow), Vater Revierförster; Realgymnasium; 1928–33 Studium der Forstwiss. an der Univ. Berlin u. der Forstl. HS Eberswalde, Forstreferendar, 1936 Forstassessor; 1936–39 Assessor im Waldbauinst. der Forstl. HS Eberswalde, Prom. zum Dr. forest. mit einer Diss. über den Einfluß versch. Bodenbearbeitungsverfahren auf das Wachstum von Kiefernkulturen; 1937 NSDAP; 1939–44 Wehrmacht, zuletzt Ltn., verwundet entlassen; 1944–48 in versch. Forstämtern tätig.
1948–50 Referent für Waldbau in der HV Land- u. Forstwirtschaft der DWK bzw. der HA Forstwirtschaft des Min. für Land- u. Forstwirtschaft; 1949 SED; 1949–63 Lehrtätigkeit an der Forstwirtschaftl. Fak. der HU Berlin in Eberswalde, 1950 Doz., 1951 Prof., 1954 Habil. mit einer Arbeit über die waldbaul. Behandlung der Roteiche, 1955 Prof. mit Lehrstuhl für Waldbau und Jagdkunde, 1955–57 Dekan, ab 1950 Aufbau eines Inst. für Waldbau u. dessen Dir.; nach Auflösung der Fak. 1963–1971 Dir. des Bereichs Waldbau mit Abt. Wildforschung im Inst. für Forstwiss. der DAL Eberswalde, 1971/72 Ltr. der Abt. Jagdwirtschaft, 1962 Ord. Mitgl. der DAL, 1964–72 Sekr. der Sekt. Forstwesen bzw. Vors. der Kommission Forst- u. Holzwirtschaft; 1952 Mitgl.; 1962 stellv. Vors. des Wiss. Beirats beim Staatssekr. für Hoch- und Fachschulwesen; 1954 Mitgl. des Jagdbeirats bei der Obersten Jagdbehörde der DDR, 1965 Mitgl. des Staatl. Komitees für Forstwirtschaft beim Landwirtschaftsrat; 1972 invalidisiert, 1973 em.; Nov. 1989 Austritt aus der SED.
Über 200 *Publ.* zu Waldbau u. Jagdwirtschaft, u. a.: Aufforsten planmäßig durchgeführt. 1951; Eberswalde 1953 – Wege zu standortgerechter Forstwirtschaft. 1956 (mit A. Scamoni u. a.); Bewirtschaftung unserer Schadenwildbestände. 1965; Rotwild. 1981; Hrsg. des Archivs für Forstwesen (seit Gründung 1952).

Wagner, Bernd 30. 5. 1948
Schriftsteller
Geb. in Wurzen (Sa.), Vater Schmied, Mutter Hausfrau; 1966 Abitur; anschl. bis 1970 Pädagogikstudium in Erfurt; seit 1970 Dorfschullehrer in Schmachtenhagen; ab 1976 freiberufl. Autor in Berlin; Mitunterz. der Petition gegen die Ausbürgerung Wolf Biermanns* 1976; 1976–84 Mitgl. im DSV; seit 1983 mit Uwe Kolbe* u. Lothar Trolle* Hrsg. der Untergrundztschr. »Mikado«; Verfolgungen durch das MfS; 1985 Übersiedlung nach Berlin (West); freiberufl. tätig.
Publ.: Ich will nicht nach Österreich. 1987; Mein zu großes Auge. 1988; Die Wut im Koffer. Reinbek 1991 u. erw. Berlin 1993.

Wagner, Hans 22. 2. 1929
Wirtschaftswissenschaftler
Geb. in Dresden, Mutter kaufm. Angest., Vater Feinmechaniker, Schriftst.; bis zur Schließung durch das NS-Regime Besuch der Waldorfschule, mittlere Reife; 1944–46 Maschinenschlosserlehre, anschl. Vorstudienanstalt Berlin, 1948 Abitur; 1945/46 SPD/SED; 1948–52 Studium der Wirtschaftswiss. an der HU Berlin; 1952–56 wiss. Assistent, 1956–60 postgraduales Studium der Wirtschaftsgeschichte bei Jürgen Kuczynski* an HU Berlin; 1961 Prom. zum Dr. rer. oec. mit der Diss. »Vergleichende Analyse der Nachkriegszyklen des 1. u. 2. Weltkrieges in den USA« (veröff. im Jb. für Wirtschaftsgeschichte, Berlin 1962); 1960–65 wiss. Assistent u. Oberassistent an der wirtschaftswiss. Fak. der HU; 1965 Habil. zum Verhältnis von Ök. u. Politik im monopolist. Kap.; 1965 Doz. für pol. Ök.; 1968 während der HS-

Reform Wahl zum Dir. der Sekt. Wirtschaftswiss. der HU; 1969 Prof. für pol. Ök. des Kap.; April 1972 auf Weisung des Min. für HSF-Wesen Ablösung als Dir. der Sekt. aufgrund der Befürwortung u. begonnenen Einführung neuer Studieninhalte u. -formen unter demokr. Mitwirkung von Studenten u. wiss. Mitarb.; 1977–91 Ltg.-Mitgl. der auf Initiative von W. u. P. Ruben* gegr. interdisz. Forschungsgruppe »Philosoph. u. methodolog. Probleme der pol. Ök.«, die an drei Sekt. der HU Berlin verankert war u. versch. geistes- u. sozialwiss. Forschungsrichtungen unter Mitwirkung von Wiss. anderer Univ., der AdW u. der Praxis zusammenführte; 1977–92 Ltr. des Lehrstuhls pol. Ök. des Kap. an der Sekt. Wirtschaftswiss. der HU Berlin; in den 70er u. 80er Jahren intensive Arbeit des Lehrstuhls an einer Modernisierung der Lehre auf der Grundlage empir. Forsch. u. der Ergebnisse der interdisziplinären Forschungsgruppe.

1980/81 geriet W. wegen eines mit P. Ruben veröff. Aufsatzes »Soz. Wertform u. dial. Widerspruch« (Dt. Ztschr. für Philos. 10/1980) in eine Kritikkampagne, in deren Folge ein unter Teiln. von Wissenschaftlern der AdW geplantes Forschungsproj. wegen Mitarbeitsverbot für P. Ruben u. a. scheiterte.

Wiss. Arbeitsgebiete: Wirtschaftskrisen, pol. Ök. und Pol., Werttheorie u. handlungssteuernde Funkt. von Lohn, Preis u. Profit gegenüber den ök. Subjekten in gesamtwirtsch. Kreislaufprozessen; erkenntnislog. u. methodolog. Fragen der pol. Ök. sich wandelnder kap. u. soz. Ges.; seit 1992 Ausbau dieser Forschung in Richtung einer Evolutionstheorie für die industriellen Ges. u. Erfassung der Struktur ihrer gegenw. Evolutionskrise.

W. gehörte zu den anerkanntesten Theoretikern der DDR auf dem Gebiet der pol. Ök. des Kap., er war Mitautor u. später -hrsg. des Lehrbuchs »Pol. Ök. des Kap.« (Berlin 1980–88) u. Autor zahlr. Lehrbriefe für das wirtschaftswiss. u. das jur. Fernstudium in der DDR sowie einer Vielzahl von Beiträgen in HS-Schriften der HU Berlin.

Ab Juli 1992 nach Kündigung arbeitslos.

Publ.: Das Geld im gegenw. Kapitalismus (Mitautor). Berlin 1989.

Wagner, Harald 3. 3. 1950

Bürgerrechtler

Geb. in Altenburg (Sa.) in einer Bauernfamilie, aufgewachsen im Altenburger Land, Ausbildung zum Landmaschinen- u. Traktorenschlosser in Waldenburg u. Abitur in Glauchau; 1968–70 Wehrdienst; 1970–75 Studium der Sportwiss. an der DHfK Leipzig; anschl. bis 1980 Lehrer im HS-Dienst an der KMU Leipzig; seit 1972 pol. aktiv in versch. opp. Gruppen, Kontakte zur ESG, zu illegalen marxist. u. trotzkist. Zirkeln, Beschaffung verbotener Lit., seit 1978 intensive Überwachung durch das MfS, 1980 nach § 106 StGB (»staatsfeindl. Hetze«) zu einem Jahr Haft verurteilt, U-Haft in Leipzig u. Strafvollzug in Brandenburg; nach der Entlassung Berufsverbot, Heizer in der KMU; 1981–86 Studium der Theol. am Theolog. Seminar in Leipzig, anschl. Vikar, Katechet sowie Beginn einer Repetentur in »prakt. Theol.«; 1985 Mitbegr. des Arbeitskr. »Solidar. Kirche«, 1987–90 Mitgl. in dessen Koordinierungsgruppe, Mitbegr. der Zwei-Drittel-Welt-Gruppe »Ökumene u. Gerechtigkeit«, Mitgestalter der Leipziger »Friedensgebete«, zahlr. Veranstaltungen, Vorträge und Publ. in illegalem u. kirchl. Rahmen, u. a. Zusammenarbeit mit Reformsozialisten (Michael Brie*; Hans-Peter Krüger* u. a.); ab 1988 Pfarrer in Holzhausen (b. Leipzig); 1989 Mitbegr. des DA, Dez. 1989–Jan. 1990 Mitgl. im PV, Vors. der DA-Gruppe Leipzig; Jan. 1990 Wechsel zur Bürgerbew. Demokratie Jetzt (DJ) u. Mitbegr. der Leipziger DJ-Gruppe.

Ab 1991 Lehraufträge an der Ev. FHS für

Sozialarb. in Dresden, 1992 Prom. zum Thema »Glaube u. Lebenswelt. Kritik der Lebensweltheorie u. der Gemeindeaufbau«, 1993 Prof. für Soziol. an der o. g. Ev. FHS; Mitgl. von Bündnis 90/Die Grünen.

Wagner, Kurt 31. 7. 1904–8. 7. 1989
Stellv. Verteidigungsminister
Geb. in Chemnitz, Vater Klempner, Gasbeleuchter; Volksschule; Ausbildung u. Arbeit als Steinmetz, aber auch als Elektroinstallateur, Metallschleifer, Monteur u. Weber; 1923 Gewerkschaft, 1932 KPD; ab 1933 illegale Arbeit als Kurier, dann Pol. Ltr. der KPD im Stadtteil Chemnitz-Nord, später Organisationssekr. der BL Chemnitz; 1935 verhaftet, zehn Jahre Zuchthaus Waldheim, davon sechs Jahre Einzelhaft.
1945/46 Ltr. der Kriminalpolizei in Chemnitz bzw. Polizeipräs. von Leipzig; 1946–48 Vizepräs. der Dt. Verwaltung des Innern, verantw. für Schutz-, Kriminal-, Wasserschutz- u. Feuerschutzpolizei; 1949/50 militär. Sonderlehrgang in Priwolsk (UdSSR); 1950/51 Ltr. der Polizeibereitschaft Brandenburg/Havel, VP-Inspekteur; 1952–55 u. a. Chef der Verwaltung Operativ im Stab der KVP, Chefinspekteur bzw. Gen.-Major; 1955–57 sowj. Generalstabsakad., Dipl. rer. mil.; 1957–59 Chef des Militärbez. Leipzig; 1959–67 stellv. Verteidigungsmin. für Ausbildung, zuletzt Gen.-Oberst; 1967 Ruhestand, Präs. des Sportverb. Moderner Fünfkampf; 1969 VVO in Gold.

Wagner, Siegfried 3. 3. 1925
Stellvertreter des Ministers für Kultur
Geb. in Hildesheim, Vater Orchestermusiker; Volksschule, 1943 Abitur; 1943/44 Kriegsdienst als Sanitätssoldat in Italien u. Frankreich; Herbst 1944–46 amerik. Gefangenschaft.
Entlassung nach Hildesheim; 1946 Übersiedlung nach Greiz (Thür.); Bauhilfsarbeiter; Herbst 1946 1. Sekr. der FDJ-KL Greiz, SED; 1947–49 Studium der Gesellschaftswiss. in Leipzig, zugl. Parteisekr. der Univ. Leipzig; 1950–52 Mitarb. der Kulturabt. im PV bzw. ZK der SED, Instrukteur für Volksbildung; 1952 – Sept. 1957 Sekr. für Kultur u. Volksbildung der SED-BL Leipzig; Abg. des Bez.-Tags Leipzig; 1953–56 Fernstudium an der PHS »Karl Marx«; ab 1958 Mitgl. des Präsidialrats des KB; Okt. 1957–66 Ltr. der Abt. Kultur im ZK der SED (Nachf. von Hans Riesner); Sept. 1966 Abberufung wegen angebl. zu liberaler Haltung gegenüber Künstlern (Hintergrund war seine Rolle im Kontext des 11. Plenums des ZK der SED 1965); ab Okt. 1966 stellv. Min. für Kultur, 1966–69 Ltr. der HV Film im Min. für Kultur, Febr. 1969 Abberufung aus ideolog. Gründen; danach als stellv. Min. verantw. für kulturelle Massenarbeit, später auch für Museen u. Denkmalspflege; Mitgl. der Jugendkommission beim PB des ZK der SED; 1978–84 Vors. des Staatl. Komitees für Unterhaltungskunst; März 1984 wegen mangelnden Vertrauens der Parteiführung als stellv. Min. abgelöst; dann Ruhestand, Invalidisierung; 1984–89 Vors. der Wartburgstiftung; 1987–89 Mitgl. der Arbeitsgruppe Kabarett beim Min. für Kultur (zus. mit Gisela Oechelhaeuser*, Otto Stark*, Matthias Wedel); Nov. 1989 Austritt aus der SED.
Lebt in Berlin.

Wagner-Régeny, Rudolf
28. 8. 1903–18. 9. 1969
Komponist
Geb. in Szász-Régen (Siebenbürgen), Vater Kaufmann; Gymnasium in Sigishoara; 1919/20 Studium am Konservatorium Leipzig, 1920–23 an der HS für Musik Berlin; 1923–25 Kino- u. Cafépianist; 1926–28 Kapellmeister u. Komponist bei Rudolf von Laban, Beginn der Zusammenarbeit mit Caspar Neher; 1930–43 freischaff.; 1943–45 Schreiber u. Musiker in der Wehrmacht.

1946 am Güstrower Theater; 1947–50 Rektor der HS für Musik Rostock; 1950–67 Prof. für Komposition an der HS für Musik Berlin; 1950 DAK; 1958 Mitgl. der AdK Westberlin; 1964 Mitgl. der Bayer. Akad. der Schönen Künste; komponierte Orchester- u. Kammermusik, Ballette, u. a. »Der zerbrochene Krug«, »Tristan«, und bes. Opern, u. a. »Sganarelle«, »Esau u. Jacob«, »Der Günstling«, »Johanna Balk«, »Persische Episode«, »Prometheus«.

Publ.: Begegnungen mit Caspar Neher (hrsg. von Müller-Medek). Berlin 1968; An den Ufern der Zeit. Schriften, Briefe, Tagebücher (hrsg. von M. Becker). Leipzig 1989.

Sek.-Lit.: Härtwig, D.: R. W.-R. Der Opernkomponist. Berlin 1965.

Wahl, Frank-Michael 24. 8. 1956
Leistungssportler (Handball)
Geb. in Rostock; nach dem Schulabschluß 1972–74 Ausbildung zum Maschinen- u. Anlagenmonteur, anschl. bis 1990 Ausübung dieses Berufs; SED; ab 1968 zunächst Schwimmer, 1972 Wechsel in die Handballmannschaft des SC Empor Rostock; 1978 WM-Dritter; 1980 Olympiasieger, mit der Mannschaft Sieger der Umfrage nach den DDR-Sportlern des Jahres; 1982 Sieger im Europacup der Pokalsieger, EM der Klubmannschaften; 1986 WM-Dritter; 313 Länderspiele.
1990–92 Profi-Spieler in der SG Hameln, ab 1994 dort Manager.

Walde, Werner 12. 2. 1926
SED-Politiker
Geb. in Döbeln (Sa.), Vater Arbeiter; Volksschule, 1940–43 Ausbildung zum Verwaltungsangestellten; 1945 FDGB, 1946 SPD/SED, 1948 FDJ; 1945–50 Angestellter der Sozialversicherungskasse (SVK) Döbeln, 1946–50 dort Mitgl. der BGL; 1951–53 Assistent, Lehrer u. Parteisekr. an der SED-Landesparteischule in Meißen, 1953–55 Ltr. u. stellv. Ltr. der SED-BPS Cottbus, 1954–60 Fernstudium an der PHS, Dipl.-Ges.-Wiss.; 1955–61 Mitarb., dann Ltr. der Abt. Org. u. Kader der SED-BL Cottbus; 1961–64 1. Sekr. der SED-KL Senftenberg; 1964–66 Studium an der HfÖ Berlin, Dipl.-Wirtsch.; 1966–69 2. Sekr., 1969–89 1. Sekr. der SED-BL Cottbus (Nachf. von Albert Stief); 1971–89 Mitgl. des ZK der SED; 1971–16. 11. 1989 Abg. der Volkskammer, 1971–89 Abg. des Bez.-Tags Cottbus; 1974 VVO in Gold, 1976 KMO; 1976–89 Kand. des PB des ZK der SED, 8. 11. 1989 auf der 10. ZK-Tagung erneut zum PB-Kand. gewählt, 10. 11. dieser Funktion enthoben; 20./21. 1. 1990 Ausschluß aus der SED/PDS.

Waldmann, Hans 31. 10. 1928
Generaldirektor des VEB Braunkohlenkombinat Senftenberg
Geb. in Schilda (Kr. Finsterwalde); Landarbeiter, Berufsausbildung zum Bergarbeiter, 1949–51 Erwerb der Hochschulreife an der ABF, 1951–56 Studium an der Bergakad. Freiberg, Dipl.-Bergbauing.; Tagebaultr. im Braunkohlenbergbau Burghammer u. Welzow, Wirtschaftssekretär der SED-Industrie-KL »Schwarze Pumpe« in Hoyerswerda, Techn. Ltr. im Braunkohlentagebau Spreetal, 1962–66 Techn. Dir. der VVB Braunkohle Cottbus; 1966/67 Studium an der PHS der KPdSU in Moskau; 1971–75 Nachfolgekand. u. ab 1975 Abg. der Volkskammer, Mitgl. des Aussch. für Industrie, Bauwesen u. Verkehr; 1967–73 Dir. für Plandurchführung u. 1. stellv. Generaldir. des Gaskombinats »Schwarze Pumpe« in Hoyerswerda, 1973–80 Generaldir. der VVB Braunkohle Senftenberg, ab 1980 Generaldir. des VEB Braunkohlenkombinat Senftenberg (Nachf. von Hans-Joachim Tomczak).

Walk, Dietrich, geb. 1936
Generaldirektor des VEB Kombinat Schiffbau Rostock
1950/51 Berufsausbildung zum Stahlschiffbauer in der Roßlauer Schiffswerft, 1952–55 Studium an der Ing.-Schule für Schiffstechnik in Warnemünde; 1955–58 Obermeister in der Volkswerft Stralsund, 1958–63 Werkltr. in der Schiffswerft Oderberg u. 1963–66 in der Schiffswerft Magdeburg, 1966–72 Dir. der Peenewerft Wolgast (Hersteller von Kampfschiffen u. Küstenschutzbooten), 1972/73 Dir. der Volkswerft Stralsund, ab März 1973 Generaldir. der VVB Schiffbau Rostock u. 1979–88 des daraus hervorgegangenen VEB Kombinat Schiffbau Rostock, zu dem auch die Mathias-Thesen-Werft Wismar, die Neptun-Werft Rostock sowie die Warnow-Werft Warnemünde gehörten. Das Kombinat war weltgrößter Hersteller von Fischereifahrzeugen u. zählte auch im Frachtschiffbau zu den intern. führenden Produzenten; 1979 Mitgl. der SED-BL Rostock.

Walter, Otto 2.10.1902–8.5.1983
Stellv. Minister für Staatssicherheit
Geb. in Tarnewitz (Meckl.), Vater Zimmermann; Volksschule, 1917–28 Lehre u. Arbeit als Zimmermann; 1920 KPD; 1929/30 Organisationssekr. u. Pol. Ltr. in der KPD-BL Oberschlesien; 1930 – Feb. 1933 Ltr. der KPD-Unterbez. Zeitz, Weißenfels, Naumburg; 1932/33 MdR; Feb. – Sept. 1933 illegale Parteiarbeit im Unterbez. Bitterfeld/Wittenberg u. im Bez. Baden/Pfalz; Dez. 1933 Verhaftung, 3 Jahre Gefängnis, dann KZ Sachsenhausen.
1945 Mitarb. der KPD-Landesltg. Sachsen-Anhalt in Halle; Mai 1949–1950 Mitarb. in der HV zum Schutze der Volkswirtschaft; 1950–53 1. Sekr. der SED-Landesltg. bzw. -BL im MfS, 1951–53 Ltr. der HA Politkultur u. stellv. Min. für Staatssicherheit; 1953 Stellv. des Min. für Staatssicherheit (verantw. für Verwaltung u. Wirtschaft), Nov. 1957 1. Stellv. des Min.; 1959 Gen.-Ltn.; 1962 VVO in Gold; Jan. 1964 nach Differenzen mit Min. Mielke* von seiner Funktion entbunden u. entlassen, Rentner; 1977 KMO.

Walter, Steffi, geb. Martin 17.9.1962
Leistungssportlerin (Rennrodeln)
Geb. in Schlema (Erzgeb.), Vater selbständiger Konditormeister; zunächst Leichtathletin in Lauter (Erzgeb.), 1977 Wechsel zum Rennschlittensport beim SC Traktor Oberwiesenthal, KJS; Spezialdisz.: Damen-Einsitzer; 1979 Spartakiadesiegerin, 1983 u. 1985 WM, 1984 u. 1988 Olympiasiegerin; VVO in Gold; Abschluß eines Studiums an der ASR Potsdam.
Nach 1989 Ausbildung zur Verkehrskauffrau, anschl. ohne Beschäftigung; lebt seit 1986 in Bautzen.

Walther, Joachim 6.10.1943
Schriftsteller
Geb. in Chemnitz, Vater Beamter (starb 1944), Mutter Säuglingsschwester; 1962 Abitur mit Facharbeiterbrief (Maschinenschlosser); 1962/63 Bühnenarbeiter und Reparaturschlosser in Chemnitz; 1963–67 Studium der Literaturwiss. u. Kunstgeschichte an der HU Berlin; 1967/68 Lehrer; 1968–83 Lektor beim Buchverlag Der Morgen, erzwungene Kündigung wegen Problemen mit der Zensur; 1969–89 Überwachung durch das MfS (OV »Lektor«, OPK »Schmetterling«, OV »Verleger«); 1970 erster Roman »Sechs Tage Sylvester«; 1972 Aufnahme in den DSV, Arbeiten für die »Weltbühne«; 1974/75 Studienaufenthalt in Warschau; 1975 erfolgreicher Jugendroman »Ich bin nun mal kein Yogi«; 1976–78 Red. der Ztschr. »Temperamente«, 1978 aus pol. Gründen Entlassung der gesamten Red.; ab 1977 Vorlesungs- u. Studienreisen nach Norwegen, Dänemark, Frankreich, Österreich, in die Bundesrep.

Dtl. u. in osteur. Staaten; seit 1983 freischaff. Schriftst. (Prosa, Dramatik, Film-, Hörspiel- u. Kinderbuchautor, Hrsg.); 1983–87 Studienreisen in die USA u. nach England; 1984–89 Rückzug nach Mecklenburg; 1989 wieder in Berlin.
1990 bis zur Auflösung im Dez. stellv. Vors. des SV, 1990/91 koopt. Mitgl. des Bundesvorst. des VS; 1991 Mitgl. des PEN-Zentrums Bundesrep. Dtl.; Hrsg. von »Protokoll eines Tribunals. Die Ausschlüsse aus dem DDR-Schriftstellerverb. 1979«, erste dokumentar. Aufarbeitung von Akten des Schriftstellerverb. der DDR; seit 1992 Initiator u. Arbeit am Forschungsprojekt »Überwachung, Beeinflussung u. Unterwanderung der DDR-Lit. durch das MfS von 1969–89« beim Bundesbeauftragten für die Unterlagen des Staatssicherheitsdienstes der ehem. DDR.
Verf. v.a. autobiogr. veranlaßter, krit.-diagnost., moral.-aufklärer. Texte u. a. über Verhaltensunterschiede in Zeiten der Individualitätsgefährdung; häufige Darstellung hist. Stoffe.
Publ.: Ruhe bewahren. München 1979; Bewerbung bei Hofe. Berlin 1982; Zwischen den Stühlen. Berlin 1987; Risse im Eis. Heidelberg 1989; Verlassenes Ufer. Leipzig 1993.

Walther, Rosel, geb. Fischer 12. 1. 1928
NDPD-Politikerin
Geb. in Landsberg (Warthe), Vater Sattler; Volksschule, 1942–45 Lehrerbildungsanstalt; 1945–50 Lehrerin in Gransee; 1949 NDPD, 1950–52 Assistentin u. Lehrerin an NDPD-Parteischulen; 1950–58 Abg. der Volkskammer; 1951–55 Fernstudium an der DASR, Dipl.-Staatswiss.; 1952/53 Mitgl. des Landesvorst. Brandenburg, dann des Bezirksvorst. Potsdam der NDPD, 1953–61 Mitarb., dann Abt.-Ltr. beim PV, 1961–64 Lehrstuhlltr. an der HS für Nat. Pol. (Zentrale Parteischule der NDPD) in Waldsieversdorf (Kr. Strausberg); 1959–65 stellv. Vors. des Zentralaussch. der Volkssolidarität; seit 1963 Mitgl. des Hauptaussch. der NDPD, 1964–66 Abt.-Ltr. Pol. Studium (Propaganda) in dessen Sekr., 1964–66 Vors. der Frauenkommission der NDPD; 1964–69 Mitgl. des Bundesvorst. des DFD; 1966–72 Dir. der Zentralen Parteischule der NDPD, 1967 – Jan. 1990 Mitgl. des PV, dann Präs. ihres Hauptaussch.; 1967 – März 1990 erneut Abg. der Volkskammer; seit 1973 stellv. Vors. der NDPD-Fraktion in der Volkskammer, seit 1986 des Aussch. für Haushalt u. Finanzen; seit 1971 Mitgl. des Staatsrats, seit 1974 des Präs. des DDR-Friedensrats, 1974–86 des Weltfriedensrats; 1972 – Nov. 1989 Sekr. des Hauptaussch. der NDPD; 1990 Rentnerin; Mitgl. der F.D.P.

Wandel, Paul (Ps. Klassner)
16. 12. 1905–3. 6. 1995
SED-Politiker, Volksbildungsminister
Geb. in Mannheim, Vater Arbeiter; Volksschule; Maschinentechniker; 1919 SAJ, 1923 KJVD, 1925 KPD, 1927–30 Mitgl. einer BL der KPD; 1929/30 Ing.-Schule Mannheim; 1930/31 Bezirkssekr. der KPD in Baden, Nov. 1930–1932 Vors. der KPD-Fraktion im Stadtparl. Mannheim; 1932/33 Besuch der Leninschule, Febr. 1933 Emigration in die UdSSR, Mitgl. der KPdSU (B), 1934 Parteisekr. der Leninschule, Tätigkeit im Marx-Engels-Inst., Persönl. Sekr. von Wilhelm Pieck im Balkanländersekretariat des EKKI; Okt. 1941 Evakuierung aus Moskau, Ltr. der dt. Sektion an der KI-Schule in Kuschnarenkowo; ab 1943 am Dt. Volkssender tätig, Mitgl. einer vom ZK der KPD 1943 initiierten Arbeitsgruppe über Propagandafragen, Mitarb. in der Arbeitskommission des ZK der KPD, Mitgl. der Unterkommissionen für Agrarfragen u. für Wirtschaftsfragen, ab 1944 Mitgl. des Auslandsbüros der KPD. 10. 6. 1945 Rückkehr nach Berlin; Juni/

Juli 1945 Chefred. des KPD-Zentralorgans »Deutsche Volkszeitung«, Aug. 1945–Okt. 1949 Präs. der Dt. Zentralverwaltung für Volksbildung; Apr. 1946–Juli 1958 Mitgl. des PV bzw. ZK der SED; ab 1948 Mitgl. des Präsidialrats des KB; 1949/50 Abg. der Volkskammer; Okt. 1949 – Aug. 1952 Min. für Volksbildung, 1952/53 Ltr. der Koordinierungsstelle für Kultur u. Volksbildung, Juli 1953 – Okt. 1957 Sekr. für Kultur u. Erziehung des ZK der SED; Okt. 1957 »strenge Parteirüge«; Apr. 1953 Mitgl. des Zentralvorst. der DSF, 1954–58 wieder Abg. der Volkskammer; 1955 VVO in Gold; 1955–65 Mitgl. des Weltfriedensrats; 1958 – Febr. 1961 Ao. u. Bevollmächtigter Botschafter in China; 1961–64 stellv. Außenmin.; 1964–75 Präs. u. 1976–84 Vizepräs. der Liga für Völkerfreundschaft; Mitgl. des NR der NF, Mitgl. des Präs. des Friedensrats; 1970 Orden des Vaterländ. Krieges 2. Grades (UdSSR), 1975 KMO, 1985 Dr. h.c. der HU Berlin; Mitgl. der PDS.
Publ.: Reden zur Kulturpol. Berlin 1955.
Sek.-Lit.: Leonhard, Wolfgang: Spurensuche. Vierzig Jahre nach Die Revolution entläßt ihre Kinder. Köln 1992.

Wander, Maxi 3.1.1933–20.11.1977
Schriftstellerin
Geb. in Wien, Vater Tankwart; aufgewachsen in Hernals, einem »roten« Arbeiterbezirk Wiens; Oberschule, Abgang vor dem Abitur; Gelegenheitsarbeit; 1958 Übersiedlung mit Ehemann Fred W. in die DDR; Arbeit als Sekretärin, Fotografin u. Journalistin; veröff. zunächst zus. mit ihrem Mann Reisebücher; ihr aufsehenerregendes Buch »Guten Morgen, du Schöne. Protokolle nach Tonband« (1977, UA der Bühnenfassung im Dt. Theater Berlin 1978) steht (mit Sarah Kirschs* »Pantherfrau«) am Beginn einer über emanzipator. Werke von Schriftstellerinnen hinausgehenden krit. Dok.-Lit.; starb 1977 an Krebs.
Publ.: Tagebücher u. Briefe (Hrsg. F. Wander). Berlin 1979; Leben wär' eine prima Alternative (Hrsg. F. Wander). Berlin 1980.

Wange, Udo-Dieter 31.10.1928
Minister für Lebensmittelindustrie
Ausbildung zum Verwaltungsangestellten, im Beruf tätig; 1945/46 KPD/SED; 1953/54 Staatssekr. für die Verwaltung der Staatsreserve; 1955–65 Gruppenltr., dann stellv. Vors. des staatl. Vertragsgerichts der DDR; 1965 Ltr. der HA Materialwirtschaft u. Außenhandel im Volkswirtschaftsrat; 1966/67 stellv. Min., 1967–71 Staatssekr. im Min. für bezirksgeleitete Industrie u. Lebensmittelindustrie; 1972–74 stellv. Vors. der SPK; 1974–89 Min. für bezirksgeleitete Industrie u. Lebensmittelindustrie (Nachf. von Erhard Krack*); 1977 VVO in Gold; 1981–86 Kand., dann bis 1989 Mitgl. des ZK der SED.

Wangenheim, Gustav Freiherr von
18.2.1895–5.8.1975
Regisseur, Intendant
Geb. in Wiesbaden, Vater Schauspieler (Eduard v. Winterstein*); 1911/12 Landwirtschafts-Lehrling; 1912/13 Militärdienst, Uffz.; 1913/14 Schauspielschüler bei Max Reinhardt; 1914/15 Soldat in Frankreich u. Belgien, Ltn., wegen Augenverletzung Entlassung aus dem Militärdienst; 1915/16 Schauspieler am Burgtheater Wien, 1916/17 am Dt. Theater Berlin; seit 1917 erste Stücke u. Sprechchöre; 1918 USPD, während der Novemberrev. Mitgl. des Rats Geistiger Arbeiter; 1922 KPD; Schauspieler in Darmstadt, Hamburg u. seit 1928 in Berlin, künstler. Ltr. des Arbeitertheater-Bunds Dtl.; Revuen für Agit.-Prop.-Theatergruppen, Regisseur u. Autor des von ihm geleiteten Theaterkollektivs »Truppe 31«; 1933 Emigration in die UdSSR; 1934/35 künstler. Ltr. der dt. Agit.-Prop.-Truppe »Kolonne Links«;

1934 Aberkennung der dt. Staatsbürgerschaft; Szenarium u. Regie für den Film »Der Kämpfer«; Filmregisseur bei Meshrabpom-Film, Moskau; 1941–43 Evakuierung nach Kasan u. Taschkent; 1943 NKFD, Red. beim Dt. Volkssender u. beim Sender Freies Dtl.; 1945 Mitgl. einer Kommission der Moskauer KPD-Führung für Filmfragen.

Juni 1945 Rückkehr nach Dtl., Intendant des Dt. Theaters in Berlin, Eröffnung mit der Neuinszenierung von Lessings »Nathan der Weise« u. »Der Gerichtstag« von Julius Hay (u. a. auch Inszenierung des »Hamlet«); mit seinem Stück »Du bist der Richtige« wird das neugegr. Theater der Freundschaft eröffnet; 1946 KPD/SED; Mitbegr. des KB; ab 1946 Vors. der Gewerkschaft der Bühnenangehörigen; Korr. Mitgl. der AdK; 1950 NP; Nov. 1952 Regisseur beim DEFA-Studio für Spielfilme; ab 1961 freischaff. Schriftst. u. Regisseur; Autor u. Regisseur der Filme: »Und wieder 48«; »Der Fall Högler«; »Heimliche Ehen«; 1961 Ehrenmitgl. des DSV-Vorst.; 1965 VVO in Gold; 1966 Dr. phil. h.c. der HU Berlin; 1975 Ehrenspange zum VVO in Gold.

Publ.: Die Maus in der Falle. Komödie. Berlin 1947; Du bist der Richtige. Berlin 1950; Auch in Amerika. Schauspiel (Bühnenmanuskript). Berlin 1950; Die fromme Martha. Komödie. Berlin 1953; Die vertauschten Brüder. Schauspiel. Studentenkomödie. UA in Rostock 1959. Berlin 1959.

Wanke, Joachim 4. 5. 1941
Katholischer Theologe und Bischof
Geb. in Breslau; Studium der Theol. u. Philos. in Erfurt, 1966 Priesterweihe; Vikar in Dingelstädt; 1969 Assistent u. Präfekt am Regional-Priesterseminar/Studium Erfurt; Dr. theol.; 1974 Lehrbeauftragter für Exegese des Neuen Testaments einschließl. Einleitungswiss. am Regional-Priesterseminar/Studium Erfurt; 1975 Doz. für Exegese des Neuen Testaments; 1978 Verwaltung des Lehrstuhls für neutestamentl. Exegese sowie neutestamentl. Einleitungs- und Hilfswiss.; 1980 ord. Prof. für Exegese des Neuen Testaments am Regional-Priesterseminar/Studium Erfurt, Ernennung zum Weihbischof des Apostol. Administrators in Erfurt u. Meiningen, Titularbischof von Castellum, Dompropst des Marienstifts u. Dir. des Geistl. Gerichts in Erfurt, Bischofsweihe in Erfurt; 1981 Bischof u. Administrator Apostolicus permanenter constitutus in Erfurt-Meiningen; 1982 Mitgl. des Ständigen Rats der Berliner Bischofskonferenz, 1985 stellv. Vors. der Berliner Bischofskonferenz.

Publ.: Beobachtungen zum Eucharistieverständnis des Lukas aufgrund der lukan. Mahlberichte. Leipzig 1973; Die Emmauserzählung. Leipzig 1973; Bezugs- u. Kommentarworte in den synopt. Evangelien. Leipzig 1981; Deine Auferstehung preisen wir. Freiburg, Basel, Wien 1990; Last u. Chance des Christseins (Vorträge, Hirtenbriefe u. Predigten 1980–1990, hrsg. von K.-H. Ducke* u. W. Weinrich). Leipzig 1991.

Wappler, Erich 17. 5. 1926–27. 5. 1974
Direktor der Deutschen Notenbank
Geb. in Bernsbach (Kr. Aue), Vater Fabrikationsklempner; 1940–42 Handelsschule; 1942–44 Banklehre; 1944/45 Wehrmacht u. Gefangenschaft.

1946/47 Neulehrer in Carlsfeld; 1947–49 Bankkaufmann in Aue; 1949 SED; 1950–53 Filialdir. der Dt. Notenbank in Aue; 1953 Studium an der Finanzschule; 1953–55 Parteisekr. in der BL der SED Berlin; 1955–58 PHS; 1958–60 Abt.-Ltr. der Dt. Notenbank; seit 1960 Pol. Mitarb., Arbeitsgruppenltr., Sektionsltr., ab 1969 stellv. Abt.-Ltr. u. ab 1970 Abt.-Ltr. der Abt. Planung u. Finanzen im ZK der SED (Nachf. von Karl Hengst*); 1971–74 Kand. des ZK der SED.

Warneke, Lothar 15. 9. 1936
Filmregisseur
Geb. in Leipzig, Vater kaufm. Angestellter, Mutter Hausfrau; Abitur; 1954–59 Theologiestudium an der KMU Leipzig, anschl. Kirchenaustritt; SED; 1960–64 Regiestudium an der Dt. HS für Filmkunst Potsdam-Babelsberg; 1968–90 Regisseur im DEFA-Spielfilmstudio, Debüt 1969 mit der »soz. Kriminalgroteske« »Mit mir nicht, Madam!« (Co-R: Roland Oehme); danach vorwiegend Gegenwartsspielfilme mit stark dokumentar. Duktus: 1970 »Dr. med. Sommer II«; 1971 Heinrich-Greif-Preis; 1972 »Es ist eine alte Geschichte...«, 1973 »Leben mit Uwe«; 1976 »Die unverbesserl. Barbara«; 1977 NP 2. Kl.; 1978 erster hist. Film »Addio, piccola mia« über Georg Büchner; 1980 »Unser kurzes Leben« nach dem Roman »Franziska Linkerhand« von Brigitte Reimann*, 1981 »Die Beunruhigung«; 1983 Heinrich-Greif-Preis 1. Kl.; 1984 »Eine sonderbare Liebe«, 1987 »Blonder Tango«; 1987 NP 2. Kl.; 1988 »Einer trage des anderen Last«; 1980–90 Vizepräs. des Verb. der Film- u. Fernsehschaffenden der DDR; Prof. an der FHS Babelsberg.
1991 Dok.-Film »Ich bin das achte Weltwunder – Marcello Cammi«, 1994 abendfüllender Dok.-Film »Zwei Schicksale oder Eine kleine Königstragödie«.

Warnke, Hans (Johannes)
15. 8. 1896–9. 1. 1984
Innenminister von Mecklenburg-Vorpommern
Geb. in Hamburg, Vater Dachdecker; Volksschule, 1911–14 Ausbildung zum Dachdecker, anschl. in diesem Beruf tätig; 1912 Arbeiterjugendbew.; 1914–18 SPD; Kriegsdienst im 1. Weltkrieg; 1918 USPD, 1920 KPD; Teiln. an der Niederschlagung des Kapp-Putsches; 1920–31 Stadtverordneter in Güstrow; 1924–33 Mitgl. des Landtags Mecklenburg-Schwerin; 1924–26 Zuchthaus wegen angebl. Vorbereitung zum Hochverrat; 1926–33 Pol. Ltr. der KPD-BL Mecklenburg; ab 1933 wegen illegaler Tätigkeit mehrmals zu Gefängnis verurteilt, 1939–45 KZ Sachsenhausen.
1945 OB von Güstrow; 1945/46 Mitgl. der KPD-BL Mecklenburg-Vorpommern; 1945–49 1. Vizepräs. bzw. Innenmin. des Landes; 1946–49 Mitgl. des SED-Landesvorst. Mecklenburg-Vorpommern und seines Sekr.; 1946–50 Mitgl. des Landtags; 1946–84 Mitgl. des PV bzw. ZK der SED; 1948/49 Mitgl. des Dt. Volksrats, 1949–63 Abg. der Prov. Volkskammer bzw. Volkskammer; 1949–52 Staatssekr. im MdI der DDR; ab 1952 Mitgl. der SED-BL Rostock; 1952–59 Vors. des Rats des Bez. Rostock, aus gesundheitl. Gründen ausgeschieden; anschl. Dir. des Hafenamts Rostock; 1959 VVO in Gold, 1961 KMO.
Sek.-Lit.: Mühlstädt, H.: H. W. Ein Kommunist. Rostock 1972; Jawinsky, J.: Persönlichkeiten unserer Stadtgeschichte. H. W. Rostock o. J.

Warnke, Herbert 24. 2. 1902–26. 3. 1975
SED-Politiker, Vorsitzender des FDGB
Geb. in Hamburg, Vater Maurer; Volksschule, 1916–20 Bote, 1920–24 Lehre als Nieter; 1923 KPD, versch. Parteifunktionen, 1924–28 Dt. Metallarbeiterverb. (ausgeschlossen); 1927 Mitgl. der KPD-BL Wasserkante, Referent an der MASCH, 1929/30 Betriebsratsvors. bei Blohm & Voss in Hamburg, nach Arbeitslosigkeit hauptamtl. Funktionär, Sekr. des Bez.-Komitees der RGO in Bremen, Sekr. für Gewerkschaftsfragen bei der KPD-BL Weser-Ems; 1932/33 MdR; illegale antifasch. Tätigkeit; 1933–35 Sekr. der Roten Gewerkschaftsinternationale in Saarbrücken u. Paris, Aufenthalt in Moskau; 1936–1938 Mitgl. der Abschnittsltg. Nord der KPD in Kopenhagen, 1938 Ausbürgerung, anschl. in Schweden Ltr. der Parteiemigration, 1939 – Nov. 1943 Haft u. Internierung in

Lüngmora, hier Mitgl. der illegalen Parteiltg., 1943 Mitgl. der Landesgruppe der Dt. Gewerkschaften, Landesvorst. des Freien Dt. Kulturbunds, Arbeit unter Militärflüchtlingen.

Dez. 1945 Rückkehr nach Dtl. (SBZ), Febr. 1946 Vors. des Landesvorstandes des FDGB Mecklenburg-Vorpommern, Mitgl. des Bundesvorst., 1946/47 hier Leiter der HA 7 (Betriebsräte), 1948/49 Mitgl. des Dt. Volksrats, 25. 10. 1948 bis zu seinem Tode 1. Vors. des Bundesvorst. des FDGB, hier hatte er besonderen Anteil an der Unterordnung des FDGB unter die Interessen von Partei u. Staat; 1949–75 Mitgl. des SED-Parteivorst. bzw. des ZK; 1949–53 Mitgl. des Exekutivkomitees des WGB; 1949–75 Abg. der Volkskammer; 1950 Mitgl. des NR der NF; 1950–53 Mitgl. des Sekr., Juli 1953 Kand., 1955 VVO in Gold; 1958 Mitgl. des PB des ZK der SED; 1953–69 einer der Vizepräs. des WGB; 1962 KMO, 1967 Lenin-Friedenspreis; seit 1969 Mitgl. des Büros des Generalrats des WGB; Stern der Völkerfreundschaft; 1971–75 Mitgl. des Staatsrats; 1972 Lenin-Orden.

Publ.: Arbeiterklasse u. Gewerkschaften. Aus Reden u. Schriften 1945–1952. Berlin 1953; Überblick über die Geschichte der dt. Gewerkschaftsbewegung. Berlin 1954; Gewerkschaften – Sachwalter der Arbeiterinteressen. Berlin 1977.

Sek.-Lit.: Deutschland, H., Förster, A., Lange, E. E.: Vertrauensmann seiner Klasse – Herbert Warnke, Berlin 1982.

Warzecha, Heinz 21. 6. 1930

Generaldirektor des VEB Werkzeugmaschinenkombinat Berlin

Geb. in Halberstadt, Vater Eisenbahner; Ausbildung als Bergmann, anschl. Bergarbeiter im Kali- u. Uranbergbau der SDAG Wismut; 1948–90 SED; Umschulung zum Härter im VEB Modul Karl-Marx-Stadt; 1959 Abitur, anschl. Studium der Wirtschaftswiss. an der KMU Leipzig; Planungsltr. u. wiss. Mitarb. im Forschungszentrum Werkzeugmaschinenbau Karl-Marx-Stadt; 1971 Prom. zum Dr. oec. an der TU Dresden; Dir. des Stammbetriebs und stellv. Generaldir. des VEB Werkzeugmaschinenkombinat »Fritz Heckert« Karl-Marx-Stadt; Ende der 70er Jahre Sekr. für Wirtschaftspol. der SED-Stadtltg.; Studium an der PHS der KPdSU in Moskau; stellv. Min. für Werkzeug- u. Verarbeitungsmaschinenbau; Sektorenltr. in der Abt. Maschinenbau u. Metallurgie des ZK der SED; Apr. 1984–90 Generaldir. des VEB Werkzeugmaschinenkombinat »7. Oktober« Berlin – neben den Kombinaten »Fritz Heckert«, Umformtechnik Erfurt u. dem Werkzeugkombinat Schmalkalden eine der Säulen des Werkzeugmaschinenbaus der DDR, nach Japan u. der Bundesrep. Dtl. größter Exporteur von Werkzeugmaschinen in der Welt; seit 1987 Vizepräs. der KdT; Herbst 1989 früher Befürworter der Marktwirtschaft, Anfang 1990 führend bei der Auflösung des Kombinats.

1990 Geschäftsführer der Holding NILES-Industrie, geschäftsführender Gesellschafter der Treba Euroconsult M&A GmbH bis April 1992, anschl. Immobilienberater bei der Stuttgarter Bank AG; 1992 Ruhestand.

Wattenberg, Diedrich 13. 6. 1909

Direktor der Archenhold-Sternwarte Berlin

Geb. in Burghausen (b. Bremen) in einer Handwerkerfamilie; Lehre als Kaufmann; autodidakt. Ausbildung in Astronomie; seit 1930 populärwiss. Schriftsteller in Berlin.

1945–48 ausgedehnte Vortragsreisen, 1948 Vors. der Olbers-Ges. Bremen; 1948–76 Dir. der Archenhold-Sternwarte Berlin, Ltg. der Reorganisation u. ab 1959 der Neuausstattung mit mod. Fernrohren und einem Planetarium; 1954

Gründungsmitgl. der Urania; 1958 Ernennung zum Prof.; Mitgl. des Präs. des Friedensrats; maßg. an der Vorbereitung u. Einführung der Astronomie als Unterrichtsfach an den Schulen 1959 beteiligt u. Verf. erster Unterrichtsmaterialien; arbeitete wiss. auf dem Gebiet der Astronomiegeschichte (Ur- u. Frühgeschichte, 16. u. 19. Jh.); rund 2800 wiss. u. populärwiss. Veröff., zahlr. Bücher; Mitwirkung in vielen Rundfunk- u. Fernsehsendungen.
Publ.: Gestirnter Himmel über mir. Unverlierbares aus meinem Leben (Autobiogr.). Berlin 1984.
Sek.-Lit.: Poggendorfs Biograph.-lit. Handwörterbuch der exakten Naturwiss. Bd. VIIa, 4 (II), S. 867 ff (Bibliogr.).

Watzek, Hans 10. 10. 1932
Minister für Land-, Forst- und Nahrungsgüterwirtschaft
Geb. in Niemes (Nordböhmen), Vater Bauer; Mittelschule; Zwangsumsiedlung der Familie in die SBZ; Ende 1945 Arbeit in der elterl. Neubauernwirtschaft in Könnern (Saalekreis); 1946–49 landw. Lehre, Landw.-Gehilfe; 1949–52 Studium an der FS für Landw., staatl. geprüfter Landwirt; 1950 DBD; 1952–55 Studium an der DASR und am Inst. für Agrarökonomie in Potsdam, Dipl.-Wirtsch.; 1955–62 Assistent an der MTS Ivenack bzw. wiss. Mitarb. an der HS für Landw. Bernburg, 1962 Prom. zum Dr. rer. pol. mit einer Diss. zur leihweisen Übergabe der MTS-Technik an LPG; 1962–65 Vors. der LPG »12. Juli« in Brietzig (Kr. Pasewalk); ab 1963 Mitgl. des PV der DBD u. Abg. der Volkskammer, 1971 stellv. Vors. des Verfassungs- u. Rechtsaussch., Vors. der Parl. Freundschaftsgruppe DDR – Belgien; ab 1963 Mitgl. des Bezirkslandwirtschaftsrats Neubrandenburg, 1965–89 Dir. des Inst. bzw. Wiss.-techn. Zentrums für Landw. des Rats des Bez., 1965–69 Vors. der URANIA im Bez., ab 1966 Mitgl. des Präs. der URANIA, ab 1969 Vors. des Bezirksaussch. der NF und Mitglied des NR; 18. 11. 1989 – Apr. 1990 Min. für Land-, Forst- u. Nahrungsgüterwirtschaft (Nachf. von Bruno Lietz*) in der Reg. Modrow*, Vorbeitung einer umfassenden Gesetzgebung zur Agrarreform sowie zum Bestandsschutz der DDR-Landw. im Vereinigungsprozeß, Garantieerklärung der UdSSR für Enteignungen bei der Bodenref.; 27./28. 1. 1990 vom ao. DBD-Parteitag erneut in den PV gewählt, auch Mitgl. des Präs.; März – Okt. 1990 Abg. der Volkskammer, Vors. ihres Aussch. für Ernährung, Land- u. Forstwirtschaft; Ende Juli Übertritt zur SPD-Fraktion; Sept. 1990 parteilos; Vorruhestand.

Wedding, Alex (Weiskopf, Grete, geb. Bernheim, Margarete)
11. 5. 1905 – 15. 3. 1966
Schriftstellerin
Geb. in Salzburg, Vater kaufm. Angest.; 1911 Volksschule, dann Mittelschule, 1921 Banklehrling; Bankangestellte, Dolmetscherin im Warenhaus; 1925 Buchhandelsangestellte in Berlin; KPD; Mitarb. im Malik-Verlag; Sekr. u. Stenotypistin in der Handelsvertretung der UdSSR; erste journalist. Versuche; 1930 Eheschließung mit F. C. Weiskopf*, Annahme des Ps. Alex Wedding; 1931 erste Buchveröff. »Ede u. Unku«; 1933 Emigration zus. mit F. C. Weiskopf in die ČSR (in Prag red. Mitarb. an der »AIZ«), 1939 nach Frankreich (Paris) u. in die USA (New York, Washington).
1948–52 Begleitung F. C. Weiskopfs im diplomat. Dienst der ČSR (Schweden, China); 1953 Übersiedlung des Ehepaars in die DDR; 1956 Mitgl. der DAK; gest. in Saalfeld.
Publ.: Das große Abenteuer des Kaspar Schmeck. Berlin 1951; Das eiserne Büffelchen. Berlin 1952; Im Schatten des Baobab (nacherzählte Fabeln u. Märchen aus Afrika). Berlin 1965; Lissy (Drehbuch nach F. C. Weiskopf). Berlin 1965.

Wedler, Heinz 9. 5. 1927
Generaldirektor des VEB Kombinat Mikroelektronik Erfurt
Geb. in Tilsit (Ostpr.); Kriegsteiln. u. schwere Verwundung; Berufsausbildung zum Feinmechaniker.
1949–52 Ing.-Studium in Jena; 1953–56 Haupttechnologe im VEB Maßindustrie Werdau, 1956–59 Techn. Direktor im VEB Werkstoffprüfmaschinen Leipzig, 1959–62 Ltr. der Abt. Forschung u. Entw. in der VVB Mechanik Leipzig; Studium am Industrieinst. der KMU Leipzig, Dipl.-Wirtsch., Prom. zum Dr. rer. oec.; 1963 Werkdir. des VEB Uhrenwerke Ruhla, 1967 Generaldir. des VEB Uhrenkombinat Ruhla; Mitgl. der SED-BL Erfurt; 1978 Generaldir. des VEB Kombinat Mikroelektronik Erfurt, zu dessen Leitbetrieb der VEB Uhrenwerke Ruhla wurde; 1984 Honorarprof. an der TH Leipzig; 1987 KMO.

Wegner, Axel 3. 6. 1963
Leistungssportler (Sportschießen)
Geb. in Demmin (Meckl.); Beginn mit dem Training beim Schießclub Loitz; 1981 Spartakiadesieger, Delegierung zum GST-Klub nach Leipzig (Trainer: Rudolf Hager); Spezialisierung im Skeetschießen; 1988 Olympiasieger; Verdienter Meister des Sports, VVO in Gold; Berufsausbildung zum Kraftfahrer.
Ab 1990 Mitgl. der Schützengilde Leipzig, 1991 EM; Taxifahrer.

Wegner, Bettina 4. 11. 1947
Liedermacherin
Geb. in Berlin, Vater Journalist, Mutter Sachbearbeiterin; 1964–66 Ausbildung zur Bibliotheksfacharbeiterin, anschl. Studium an der Schauspielschule in Berlin; 1965 Teiln. am Wettbewerb junger Talente; 1966/67 Mitgl. des Oktoberklubs (bis 1967 »Hootenanny-Club«); 1968 Flugblattaktion gegen die Intervention der Warschauer-Pakt-Staaten in der ČSSR, Exmatrikulation, Verurteilung zu 16 Monaten Haft auf Bewährung nach § 106 StGB (staatsfeindl. Hetze); 1968–70 »Bewährung in der Prod.« – Fabrikarbeiterin in den Berliner Elektro-Apparate-Werken (EAW), 1970–72 Berliner Stadtbibl. und Abendschule, 1972 Abitur, 1972/73 Ausbildung als Sängerin am Zentralen Studio für Unterhaltungskunst, Diplom; seit 1973 freischaff. Liedermacherin, Auftritte mit eigenen Liedern u. lyr. Texten, Moderation der Veranstaltungsreihen »Eintopp« (1973–75) im Berliner Haus der Jungen Talente u. »Kramladen« (1975/76) in Berlin-Weißensee, jeweils durch staatl. Organe verboten; Mai 1976 Kand. des SV; Nov. 1976 öff. Protest gegen die Ausbürgerung Wolf Biermanns*, zunehmende Einschränkung der Arbeitsmöglichkeiten u. Auftrittsverbote, 1978 Veröff. der LP »Sind so kleine Hände« in der Bundesrep. Dtl.; 1979 Austritt aus dem SV; 1983 Aufforderung zur Übersiedlung durch das Kulturmin. u. Einleitung eines Ermittlungsverfahrens wegen Verdachts auf Zoll- u. Devisenvergehen, Juli 1983 Übersiedlung nach Berlin (West).
Auftritte mit Joan Baez, Angelo Branduardi u. a.; am 2. 12. 1989 erster Auftritt nach der Wende in der DDR im Berliner »Haus der jungen Talente« (zus. mit anderen ausgebürgerten Liedermachern); 1992 Mitunterz. des Appells zur Gründung von Komitees für Gerechtigkeit.
Jeweils als LP/CD u. als Buch erschienen in der Bundesrep. Dtl. u. a.: Wenn meine Lieder nicht mehr stimmen (1978); Traurig bin ich sowieso (1980); Weine nicht – aber schrei (1982); Von Dtl. nach Dtl. (1985); Sie hat's gewußt (1991).
Publ.: Von Deutschland nach Deutschland ein Katzensprung. Reinbek 1986; Als ich gerade 20 war. Reinbek 1986; Es ist so wenig. Gmünden 1992.

Wehling, Ulrich 8. 7. 1952
Leistungssportler (Nordische Kombination)

Geb. in Halle, Mutter Apothekerin, Vater Jurist; Mitgl. des SC Traktor Oberwiesenthal; Junioren-EM 1971; WM 1972 u. 1974; WM-Dritter 1978; Olympiasieger 1972, 1976 u. 1980; 1972 Abitur an der KJS, anschl. Studium an der DHfK Leipzig mit Abschluß als Dipl.-Sportlehrer; 1976–81 Mitgl. des ZR der FDJ; SED; 1980/81 Mitarb. am Wiss. Zentrum des Dt. Skiläuferverb. in Leipzig, ab 1982 Stellv. Generalsekr. u. 1990 Präs. bzw. Generalsekr. des Dt. Skiläuferverb.; ab 1981 Mitgl., 1990 Vizepräs. des NOK der DDR.
Seit 1990 Mitgl. im Komitee für die Nord. Kombination des Intern. Skisportverb. (FIS); lebt in Berlin.

Wehmer, Friedrich
25. 12. 1885–7. 2. 1964
Vorsitzender der VdgB
Geb. in Plate (b. Schwerin), Vater Wald- u. Ziegeleiarbeiter; Volksschule; 1900–03 Landarbeiter, 1903–12 Waldarbeiter (Unterbrechung durch Militärdienst), seit 1912 Pächter einer Kleinbauernwirtschaft; 1914–18 Kriegsdienst; 1918 Mitgl. eines Arbeiter- u. Soldatenrats; 1919 Dt. Landarbeiterverb., SPD, 1923–33 Vors. der SPD-Ortsgruppe Plate; 1920–33 hier Gemeindevorsteher, aus dem Amt entlassen; Mitgl. des Landtags von Mecklenburg-Schwerin u. des Landesverwaltungsgerichts bis 1933; 1941–44 Geschäftsführer der Raiffeisengenossenschaft in Plate; 1944/45 Haft.
1945 Wiederbegründer der SPD-Ortsgruppe u. ihr Vors., 1945/46 Bürgermeister in Plate, weiterhin als Landwirt tätig, 1951 Meisterbauer; Mitgl. der Landeskommission für Bodenreform; ab 1946 Mitgl. des SED-Landesvorst. Mecklenburg; 1946–50 Abg. des Mecklenburger Landtags, Mitgl. der Kommission für Haushalt u. Finanzen; 1946 Mitgl. des Vorst. des Landesverb. der landw. Genossenschaften, 1946/47 Landesbauernsekr. u. 1947–50 Landesvors. der VdgB; 1947 stellv. Vors. des Zentralvorst. der VdgB, 1950–64 Vors.; 1949 DSF; 1949–63 Abg. der Prov. Volkskammer bzw. Volkskammer, stellv. Vors. des Gnadenaussch.; 1954–64 Mitgl. des ZK der SED; 1960 KMO.

Weichelt, Wolfgang
9. 4. 1929–25. 6. 1993
Staatswissenschaftler
Geb. in Chemnitz in einer Arbeiterfamilie; nach dem Schulabschluß Landarbeiter; 1946 SED; 1946 Verwaltungsausbildung, anschl. Sachbearbeiter beim Rat der Stadt Chemnitz; 1950–53 Studium an der Dt. Verwaltungsakad. Forst-Zinna bzw. DASR mit Abschluß als Dipl.-Staatswiss.; anschl. Aspirantur an der Staatl. Moskauer Univ., 1956 Prom.; 1956–59 wiss. Mitarb. am Inst. für Rechtswiss. in Potsdam-Babelsberg; danach wiss. Mitarb. beim ZK der SED, Abt. Staats- u. Rechtsfragen; 1964 Prof. mit Lehrauftrag für Staats- und Rechtstheorie sowie Staatsrecht an der DASR, bis 1966 Dir. des dortigen Inst. für rechtswiss. Forschung; 1966–72 erneut Mitarb. in der o. g. Abt. des ZK der SED; 1967 – März 1990 Volkskammerabg. u. Vors. des Verfassungs- und Rechtsausschuss.; 1968 maßg. beteiligt an der Ausarbeitung der neuen Verfassung der DDR; 1971 Mitgl. des DDR-Komitees für eur. Sicherheit; ab 1972 Dir. des neugegründeten Inst. für Theorie des Staats u. des Rechts der AdW; 1977 Korr. Mitgl. der AdW; stellv. Vors. des Aussch. für parl., jur. und Menschenrechtsfragen bei der Interparl. Union; 1978 Vors. des Nat.-Komitees für Pol. Wiss. bei der AdW; 1979 Mitgl. der Akad. für Vergleichendes Recht Paris, Ausw. Mitgl. der Ungar. AdW; 1985 Ord. Mitgl. der AdW; 1985 Vors. des Rats für staats- u. rechtswiss. Forschung bei der AdW; 1988 Dr. h.c. der ASR Potsdam-Babelsberg; 1990 invalidisiert.
Publ.: Verfassung der DDR: Dokumente,

Kommentar. Berlin 1969 (Mithrsg.); Marxist.-leninist. Staats- u. Rechtstheorie. Berlin 1980 (Mithrsg.); Der Staat im pol. System der DDR. Berlin 1986.

Weidauer, Herbert
28. 6. 1909–3. 3. 1975
MfS-Hauptabteilungsleiter
Geb. in Wilkau (Kr. Zwickau), Vater Bergarbeiter; Volksschule, 1923–27 Ausbildung u. Arbeit als Maurer; 1927–39 Ein- u. Verkäufer in einer Fischwarenhandlung; 1928 KPD; 1939–45 Soldat in der Wehrmacht, 1945 amerik. Gefangenschaft.
1945 Oberbotenmeister, 1949 Ltr. der Abt. Org. beim Rat der Stadt Zwickau; 1951 Einstellung beim MfS, stellv. Ltr. der Kreisdienststelle Zwickau, 1952 der Kreisdienststelle Leipzig, dann stellv. Operativ des Ltr. der BV Leipzig; 1953 Versetzung zur BV Rostock, Abt. VI (Abwehr MdI/DVP), 1954 Abt.-Ltr., dann stellv. Operativ des Ltr. der BV Rostock; 1955 stellv. Ltr., 1957 Ltr. der HA III (Sicherung der Volkswirtschaft); 1960 Oberst, 1963 Ltr. der Abt. F (Funk); 1969 Entlassung, Rentner.

Weidauer, Walter
28. 7. 1899–13. 3. 1986
Oberbürgermeister von Dresden
Geb. in Lauter (Sa.), Vater heimarbeitender Spankorbmacher; Volksschule, 1914–17 Ausbildung zum Zimmermann; 1916 Arbeiterjugendbew., 1919 USPD u. Zentralverb. der Zimmerer, 1922 KPD; 1924–28 Stadtverordneter in Zwickau; 1930 aus dem Zimmermannsverb. wegen komm. Fraktionstätigkeit ausgeschlossen, weitere pol. Arbeit u. a. in der Reichsltg. des proletar. Freidenkerverb.; 1932/33 Abg. des Dt. Reichstags; 1933 KZ Sonnenburg, 1934 illegale Arbeit als KPD-Oberbezirksltr. für Mitteldtl., U-Haft in Schwarzenberg u. Dresden; 1935 Emigration in die ČSR, 1936 nach Dänemark, hier Mitgl. der KPD-Abschnittsltg. Nord, 1940 in Kopenhagen verhaftet u. 1941 nach Dtl. ausgeliefert, 1942 wegen »Vorbereitung zum Hochverrat« zu 15 Jahren Zuchthaus verurteilt.
1945 Ltr. der Verwaltung im Dresdener Stadtbez. VII, Stadtrat für Allg. Verwaltung u. Personalfragen, 1. Bürgermeister, ab 1945 mit der Wahrnehmung der Geschäfte des OB beauftragt; 1946 SED; 1946–58 OB von Dresden; Mitgl. der Stadtverordnetenvers.; 1946–52 Abg. des Sächs. Landtags u. Vors. seines Gemeindeaussch., ab 1949 Abg. der Prov. Länderkammer bzw. Länderkammer, ab 1952 Abg. des Bez.-Tags Dresden; Mitgl. der SED-BL; 1955 Vors. des Präs. des Dt. Städtetags der DDR, ab 1957 Vizepräs. des Dt. Städte- u. Gemeindetags; 1958 bis zu seiner Pensionierung am 21. 1. 1961 Vors. des Rats des Bez. Dresden; Mitgl. der Ltg. des Bezirkskomitees der Antifasch. Widerstandskämpfer; 1964 VVO in Gold, 1969 KMO.
Publ.: Neue Wege der Kommunalpol. Dresden 1948; Inferno Dresden. Dresden 1983.

Weidig, Rudi 5. 1. 1931
Vorsitzender des Wissenschaftlichen Rats für Soziologie
Geb. in Schnellroda (Sa.-Anh.), Eltern Landarbeiter; ab 1952 Ausbildung an gewerkschaftl. Bildungseinrichtungen; 1953 SED; 1955–59 Lehrer für Geschichte u. Philos. an versch. Gewerkschaftsschulen der DDR; ab 1960 Aspirant am IfG in Berlin, 1964 Prom. mit der Diss. »Probleme der weiteren Entfaltung des Schöpfertums der Industriearbeiter zur Durchsetzung des wiss.-techn. Fortschritts in der soz. Prod.« (veröff. Berlin 1965), anschl. Assistent bzw. Doz. an der neugegr. Abt. für Soziol. des IfG; 1970 Prom. B mit einer Arbeit zum Thema »Soz. Gemeinschaftsarbeit – eine soziolog. Studie zur Entwicklung von Gemeinschaftsarbeit, Arbeitskollektiv u. Persön-

lichkeit« (veröff. Berlin 1969); 1970 Berufung zum Prof. u. ab 1971 Ltr. der Abt. bzw. des Lehrstuhls für marxist.-leninist. Soziol., später bis 1990 Dir. des daraus hervorgegangenen Inst. der AfG; zugl. Vors. des Nat.-Komitees für soziolog. Forschung sowie des Wiss. Rats für soziolog. Forschung in der DDR (Nachf. von Erich Hahn*), in dieser Funktion verantw. für die Planung u. Koordinierung der soziol. Forschung; 1976–89 Vertreter der DDR im Council der International Sociological Association, bis 1988 im Direktorium des Wiener Zentrums für Forschung, Information u. Dokumentation in den Sozialwiss. sowie bis 1989 Mitgl. der Multilateralen Problemkommission der Soziologen soz. Länder; 1985 NP (im Kollektiv); seit 1990 Mitgl. des Inst. für Sozialdatenanalyse e. V. Berlin.
Nach Auflösung der AfG 1991 Altersübergang, seit 1994 Rentner.
Arbeitsgebiete: Industriesoziol., Sozialstrukturentw. in der DDR, insbes. soziale Gleichheit u. Ungleichheit sowie soziale Lage der Arbeiterschaft; 1986–89 ltd. DDR-Vertreter im bilateralen Forschungsprojekt »Soziale u. ideolog. Prozesse u. Probleme der Anwendung flexibler Automatisierung in Industriebetrieben der UdSSR u. der DDR«.
Publ.: Zur Entw. der Arbeiterklasse u. ihrer Struktur in der DDR (Hrsg.). Berlin 1976; Wörterbuch der marxist.-leninist. Soziol. (Ltr. des Hrsg.-Kollektivs). Berlin 1977; Sozialstruktur der DDR (Hrsg.). Berlin 1988.

Weidling, O. F. (Otto Franz)
2. 8. 1924–6. 1. 1985
Conférencier
Geb. in Piesau; Jurastudium wegen Einberufung zur Wehrmacht abgebrochen, Gefangenschaft, dort erste Auftritte in Kulturprogrammen; NDPD; ab 1955 Berufsausweis als Conférencier, Auftritte in Bühnenprogrammen, Varietés, Rundfunk und Fernsehen (»Kessel Buntes«), eigene Sendereihe im DFF »Treff mit O. F.«; Mitgl. des NR der NF, Vors. der Sekt. Wort beim Komitee für Unterhaltungskunst u. Präsidiumsmitgl. des Komitees; populär durch seine Conférencen mit Bezügen auf aktuelle Alltagsprobleme; nach Auftritt in der Eröffnungsveranstaltung des neuen Friedrichstadtpalastes am 27. 4. 1984 wegen seiner Conférence Auftrittsverbot in den Medien u. z. T. auch in Veranstaltungen.

Weigel, Helene 12. 5. 1900–6. 5. 1971
Schauspielerin, Theaterleiterin
Geb. in Wien, Vater Prokurist, Mutter Geschäftsinhaberin; 1907–15 Volksschule, 1915–18 Lyzeum/Gymnasium; künstler. Ausbildung in Wien; 1918–33 Engagements an versch. dt. Theatern, u. a. 1919 in Frankfurt/Main, 1921–30 Staatstheater, 1924/25 am Dt. Theater in Berlin; wirkte an Aufführungen der Gruppe Junger Schauspieler mit (1927, 1931 in Brechts* »Mann ist Mann«, 1930 in »Die Maßnahme«, 1932 »Die Mutter«); 1929 Ehe mit Bertolt Brecht; 1930 KPD; 1933 Exil in Dänemark, Schweden, Finnland u. USA; 1933 Ausbürgerung; Rollen in UA von Brecht »Die Gewehre der Frau Carrar« (1937) u. »Furcht u. Elend des Dritten Reiches« (1938); 1946 Mitgl. der Screen Actors Guild.
Rückkehr nach Europa; 1947 Schweiz, 1948 UA der »Antigone« von Brecht in Chur, erster Auftritt nach der Emigration in dt. Sprache; Okt. 1948 Rückkehr nach Berlin; 1949 Intendantin des neugegr. Berliner Ensembles (BE); 1950 Gründungsmitgl. der DAK; 1960 Prof., NP I. Kl.; 1964 Mitgl. des Komitees der antifasch. Widerstandskämpfer; 1965 VVO in Gold; 1970 Stern der Völkerfreundschaft;
Rollen u. a. 1949 »Mutter Courage u. ihre Kinder«, 1951 »Die Mutter«, 1953 »Katzgraben« von Erwin Strittmatter*, 1954 »Der kaukasische Kreidekreis«,

1955 »Die Ziehtochter«, 1961 »Frau Flinz« von Helmut Baierl*, 1965 in Brechts »Coriolan«, 1968 »Die Gesichte der Simon Machard«.
Biogr.: Pintzka, W.: Die Schauspielerin Helene Weigel. Berlin 1959; H. W. zum 70. Geburtstag. Berlin 1970.

Weihmann, Manfred 16. 4. 1938
MfS-Verwaltungsleiter
Geb. in Halle (Saale), Vater Schriftsetzer, Mutter Schneiderin; Volksschule; 1952–56 Ausbildung, dann Arbeit als Hauer; 1954 SED; 1956 Einstellung beim MfS, Kreisdienststelle Halle-Saale-Kr., dann Zweijahreslehrgang an der HS des MfS Potsdam-Eiche; 1958 Kreisdienststelle Bitterfeld; 1961 Kreisdienststelle Merseburg; 1966 Versetzung zur Abt. XVIII (Volkswirtschaft) der Bezirksverwaltung Halle; 1966–72 Fernstudium an der JHS Potsdam-Eiche, Dipl.-Jur.; 1969 stellv. Ltr. der Bezirksverwaltung Halle; 1971 persönl. Beauftragter des Ltr. der Verwaltung Rückwärtige Dienste (VRD) des MfS Berlin, 1974 stellv. Ltr. der Abt., 1989 Ltr. der VRD; Dez. 1989 von seiner Funktion entbunden; Jan. 1990 Entlassung.

Weikert, Martin 29. 7. 1914
Stellv. Minister für Staatssicherheit
Geb. in Spittelgrund (Ostböhmen), Vater Schuhmacher, Mutter Textilverarbeiterin; Volks- u. Gewerbl. Fortbildungsschule, 1929–32 Ausbildung u. Arbeit als Zimmermann; KJVC-Sekr. in Grottau-Kratzau; 1933 arbeitslos; illegale Grenzarbeit; 1934/35 Intern. Lenin-Schule in Moskau; 1935 KPČ; KJVC-Sekr. für Nord- u. Ostböhmen; 1937/38 Soldat; 1939 Flucht in die UdSSR, Lehre u. Arbeit als Schlosser in Stalingrad, ab 1941 in Kasachstan; 1942–44 Speziallehrgang in Ufa u. Moskau; ab Sept. 1944 Funker des Hauptstabs der Partisanen in der Slowakei; 1945/46 Mitarb. des ZK der KPČ in Prag.
1946 Umsiedlung nach Halle; 1946 Personalltr., 1947 Ltr. des Dezernats K 5 (Pol. Polizei), 1949 wieder Personalltr. der Polizei Sachsen-Anhalt; 1949 Ltr. der Länderverwaltung zum Schutz der Volkswirtschaft Sachsen-Anhalt (ab Feb. 1950 Länderverwaltung für Staatssicherheit); 1952 Gruppenltr. im MfS Berlin; 1. 1. 1953 Stellv. des Min. für Staatssicherheit (Juli 1953 bis Nov. 1955 des Staatssekr.), dazw. April – Juni 1955 kommissar. Ltr. der HA I (Abwehr in der KVP), 1956/57 zugl. Ltr. der Bezirksverwaltung Groß-Berlin; 1. 11. 1957 Ltr. der Bezirksverwaltung Erfurt; 1963–82 Mitgl. der SED-BL Erfurt; 1974 VVO in Gold; 1976 Gen.-Ltn.; 1982 Entlassung, Rentner; 1984 KMO; 1989 Stern der Völkerfreundschaft.
Sek.-Lit.: Thürk*, H.: Das Leben eines Kämpfers. Martin Weikert erinnert sich. Leipzig 1988.

Weimann, Robert 18. 11. 1928
Anglist, Literaturwissenschaftler
Geb. in Magdeburg, Vater Elektriker; 1947–51 Philologiestudium an der MLU Halle, 1951 Staatsexamen in Engl. u. Russ., Pädagoge; 1955 Prom. zum Dr. phil. an der HU Berlin; 1955–58 wiss. Mitarb. u. Aspirant an der FSU Jena, 1960 Habil. an der HU mit einer Arbeit über den New Criticism; 1963 Prof. für Literaturtheorie und engl. Literaturgeschichte an der PH Potsdam, ab 1965 an der HU; 1968 Mitarb. in der Arbeitsstelle für Literaturtheorie an der DAW, hier 1969–91 Forschungsgruppenltr. im ZI für Literaturgeschichte; 1969 Ord. Mitgl. der DAK, 1978 1. Vizepräs.; 1972 Mitgl. des PEN-Zentrums DDR, jetzt Dt. PEN-Zentrum (Ost); 1985 Präs. der Dt. Shakespeare-Ges. u. Ehrenmitgl. der Modern Language Association of America; Gastprof. in Virginia, Charlotteville, in Toronto, Berkeley, Harvard u. Irvine/California.
Seit 1992 Ltr. des Zentrums für Litera-

turforschung Berlin/München; lebt in Berlin.
Publ.: Drama u. Wirklichkeit der Shakespearezeit. Berlin 1958; Shakespeare u. die Macht der Mimesis. Berlin 1988; Der nordamerikan. Roman 1880–1940 (Hrsg.). Berlin 1989; Postmoderne – globale Differenz (Hrsg. zus. mit. U. Gumbrecht). Frankfurt/M. 1991.

Weinert, Erich 4. 8. 1890–20. 4. 1953
Schriftsteller
Geb. in Magdeburg, Vater Ing.; 1896–1904 Mittelschule, 1904–05 Handwerkerschule, 1905–08 Lehre als Maschinenbauer; 1908–10 Kunstgewerbeschule in Magdeburg, 1910–12 Studium an der Königl. Kunst-HS in Berlin; 1912/13 freischaff. Maler, Grafiker u. Buchillustrator; 1913–19 Militärdienst, Infanterieoffz.; danach Kunstgewerbelehrer in Magdeburg u. Schauspieler in Kissingen, Arbeitslosigkeit; 1921 Veröff. satir. Gedichte u. Auftritte in pol. Kabaretts in Berlin u. Leipzig; Mitarbeit an den Ztschr. »Weltbühne« u. »Simplizissimus«, seit 1924 an der Ztg. »Rote Fahne« u. anderen linken Presseorganen; 1928 Mitbegr. u. Vorstandsmitgl. des BPRS u. Red.-Mitgl. der »Linkskurve«; verfaßte Szenen, Lieder u. Gedichte für Agit.-Prop.-Gruppen; 1929 KPD; 1931 Prozeß wegen »Gotteslästerung, Aufreizung zum Klassenhaß, Aufforderung zum bewaffneten Aufstand«, sieben Monate Redeverbot; 1932 u. 1933 Reichstagskand. der KPD, 1933 Emigration in die Schweiz, nach Frankreich u. ins Saargebiet, 1935 in die UdSSR; Redaktionsmitgl. der Ztschr. »Intern. Lit. – Dt. Blätter«; ab 1937 Teiln. am Bürgerkrieg in Spanien, Mitarb. des Kommissars der XI. Intern. Brigade, 1939 Internierung in Südfrankreich, nach Entlassung wieder UdSSR; Arbeit in versch. Archiven u. als Übersetzer, ab Juni 1941 Mitarb. am Moskauer Rundfunk u. am Dt. Volkssender; 1943–45 Präs. des NKFD; 1944 Mitarb. in einer Arbeitskommission zur Ausarbeitung des Nachkriegsprogramms der KPD in Moskau.
Jan. 1946 Rückkehr nach Dtl., 1946–48 Vizepräs. der Dt. ZV für Volksbildung (Stellv. von Paul Wandel*); anschl. einer der Ltr. der HA Allg. Kunst u. Lit.; 1949 u. 1952 NP; 1950 Gründungsmitgl. der DAK; 1951 PEN-Zentrum Dtl.; Mitgl. des Komitees der antifasch. Widerstandskämpfer; gest. in Berlin.
Publ.: Gesammelte Werke. 9 Bde. (Hrsg.: Li Weinert). Berlin 1955–60. Gesammelte Gedichte. 7 Bde. Berlin u. Weimar 1970–87.
Sek.-Lit.: Preuß, W.: E. W. Berlin 1970; ders.: E. W. Bildbiogr. Berlin 1970.

Weinhold, Werner 8. 8. 1949
Dreher, Grenzdurchbrecher
Geb. in Dresden; Schulbesuch, Ausbildung zum Dreher, mehrere Jugendstraftaten, 1966–75 viermal rechtskräftig verurteilt (unbefugte Kfz-Benutzung in 60 Fällen, Herbeiführung eines schweren Verkehrsunfalls, mehrfacher schwerer Diebstahl); insges. zu sechs Jahren und neun Monaten Haft verurteilt; am 6. 10. 1972 nach einer Amnestie aus der Haft entlassen; 1975 während der Bewährungszeit erneute Straftat (Sittlichkeitsdelikt); entzieht sich dem Ermittlungsverfahren durch Flucht, nach Pkw- u. Waffendiebstahl gewaltsamer Grenzdurchbruch zur Bundesrep. Dtl. am 19. 12. 1975 bei Veilsdorf (Kr. Hildburghausen), erschießt dabei den Gefr. Klaus-Peter Seidel u. den Soldaten Jürgen Lange; zweimaliges Auslieferungsersuchen der DDR wird vom Bundesjustizmin. abgelehnt; 1976 vom Essener Landgericht freigesprochen (Notwehrrecht) u. mit 15000 DM entschädigt; am 1. 12. 1978 in einem zweiten Prozeß in Hagen zu einer Freiheitsstrafe von fünfeinhalb Jahren wegen zweifachen Totschlags verurteilt, 1982 vorzeitig aus der Haft entlassen.

1993 Vorwürfe an MfS-General Gerhard Neiber* wegen »Mordplanung« gegen ihn, jedoch keine Anklageerhebung.

Weisheit, Rudolf 14. 10. 1942
Artist
Geb. in Leipzig in einer traditionsreichen Artistenfamilie, schon als Kind artist. tätig; Vater Lorenz Weisheit betrieb mit seinen Kindern seit 1939 eine Hochseilschau; 1945 Neubeginn, 1973 Übernahme der Truppe durch R. W.; künstler. bedeutendste Hochseiltruppe der DDR, auch intern. anerkannt; Familienunternehmen mit 12–15 Mitwirkenden; Spitzenleistungen u. a. die Sieben-Mann-Pyramide auf dem Hochseil, Arbeit am 60 m hohen Mast; bis zur Auflösung des Komitees für Unterhaltungskunst 1990 Leitungsmitgl. der Sekt. Artistik.
Sek-Lit.: Winkler, D.: Auf dem Seil – die Geschwister Weisheit. In: Menschen zwischen Himmel u. Erde. Berlin 1988.

Weiskopf, Franz Carl
3. 4. 1900–14. 9. 1955
Schriftsteller
Geb. in Prag, Vater Bankbeamter; Besuch deutschsprachiger Schulen, Abitur; 1918 Militärdienst, Kadettenaspirant; Studium der Germanistik u. Geschichte an der Dt. Univ. Prag; 1919 Mitgl. der Dt. Sozialdemokr. Partei in der ČSR, 1921 Übertritt zur KPČ; 1920 Beginn der journalist. Tätigkeit für die Arbeiter-Presse; 1923 Prom. zum Dr. phil.; 1924–28 neben schriftsteller. Betätigung u. a. TASS-Auslandskorrespondent (Reportagen über die UdSSR); 1928 Übersiedlung nach Berlin; 1928–33 Lektor, Red., Journalist (u. a. im Feuilleton von »Berlin am Morgen«); Mitgl. im BPRS u. Leitungsmitgl. im Schutzverb. Dt. Schriftst.; 1930 Eheschließung mit Margarete Bernheim (Alex Wedding*); 1933 Ausweisung, Febr. 1933 Emigration in die ČSR (1937 Chefred. der »AIZ«, nachfolgend »Volks-Illustrierte«); 1939 nach Frankreich u. in die USA, Mitarb. im Komitee für exilierte Schriftst.
Nach Ende des 2. Weltkriegs Übernahme diplomat. Dienste für die Reg. der ČSR, 1947 Berufung zum Botschaftsrat in den USA, 1949–52 ČSR-Botschafter in Schweden u. China; Nov. 1953 Übersiedlung in die DDR, nach Berlin; 1953 Mitbegr. der Ztschr. »Neue Dt. Lit.« (zus. mit Willi Bredel*); Mitgl. des Präs. des DSV, bemüht um den schriftst. Nachwuchs; 1954 Mitgl. der DAK; gest. in Berlin.
Publ.: Es geht eine Trommel. 1923; Die Versuchung. 1937 (dt.: Lissy oder Die Versuchung. 1954); Unter fremden Himmeln. Abriß der Lit. im Exil 1933–47. Berlin 1948; Das Anekdotenbuch. 1958; Verteidigung der dt. Sprache. Berlin 1955.

Weiss, Cornelius 14. 3. 1933
Chemiker
Geb. in Berlin, Vater Kernphysiker Christian W.; ab 1945 wegen Dienstverpflichtung des Vaters Schulbesuch in der UdSSR; 1953–55 Studium der Chemie in Minsk u. Rostow am Don, anschl. an der KMU Leipzig; 1960 Dipl. bei Wilhelm Treibs, 1964 Prom., 1970 Doz. für Theor. Chemie, 1973 Prom. B; 1975–89 stellv. Ltr. der Problemgruppe Theor. Chemie der DDR; 1989 Prof., 1990 Dir. der Sekt. Chemie der Univ. Leipzig; Mitbegr. der Initiativgruppe zur demokr. Erneuerung der Univ.
Seit 1991 Rektor der Univ. Leipzig.
Mitbegr. der theor.-chem. Forschung in der DDR durch wiss. u. org. Leistungen sowie als akadem. Lehrer u. Buchautor; spezielles Arbeitsgebiet: quantenchem. Behandlung des Reaktionsverhaltens u. der Kinetik organ. Verbindungen.

Weiss, Gerhard 30. 7. 1919–7. 1. 1986
Ständiger DDR-Vertreter im RGW
Geb. in Erfurt, Vater Kaufmann; Volks- u. Oberrealschule; 1935–37 kaufm. Leh-

re, anschl. Angestellter in der Exportabt. einer großen Papierfirma; Wehrmacht, Uffz. in einem Grenadierregt.; 1943 sowj. Gefangenschaft, Antifa-Schule. Rückkehr nach DTL.; 1948 SED; 1949–51 HA-Ltr. im Ministerium für Wirtschaft der Landesreg. Thüringen; 1950–54 Fernstudium an der DASR Potsdam, Dipl.-Wirtsch.; 1951–54 HA-Ltr. im Min. für Außen- u. Innerdt. Handel, 1954–65 Stellv. Min.; 1965 Prom. zum Dr. rer. oec. an der HU Berlin; ab 1965 stellv. Vors. des Min.-Rats u. ab 1967 ständiger Vertreter der DDR im RGW; ab 1967 Abg. der Volkskammer u. Kand. des ZK, 1976–86 Mitgl. des ZK der SED; 1976 VVO in Gold.

Weiß, Hilmar 11. 3. 1928
SED-Funktionär, Präsident des Verbands Deutscher Konsumgenossenschaften
Geb. in Suhl, Vater Arbeiter; 1934–44 Volks- u. Handelsschule, 1944–46 Ausbildung zum Kaufmann; 1945/46 SPD/SED; seit 1946 Buchhalter u. Ltr. des Rechnungswesens im Verb. der Konsumgenossenschaften (VDK) Suhl u. Meiningen, 1952 Hauptbuchhalter, 1954–58 Vors. des Konsumbezirksverb. Suhl; 1954–58 Abg. des Bez.-Tags u. Mitgl. des Rats des Bez. Suhl; 1959–63 Vors. der ZRK des VDK; 1959/60 Fernstudium an der HS für Binnenhandel Leipzig, Dipl.-Wirtsch.; 1963–67 Präs. des VDK; 1967–89 Ltr. der Abt. Handel, Versorgung u. Außenhandel des ZK der SED; 1969 Prom. zum Dr. rer. oec. an der HfÖ Berlin-Karlshorst, Diss. zu Planung u. Leitung der Außenwirtschaft; 1978 VVO in Gold; 1981–83 Kand., 1983–89 Mitgl. der ZRK der SED; 1990 Vorruhestand.

Weiß, Konrad 17. 2. 1942
Bürgerrechtler, Dokumentarfilmregisseur
Geb. in Lauban (Schles.); 1945 Umsiedlung nach Genthin; nach der Mittelschule wegen Bekenntnis zum Katholizismus nicht zur EOS zugelassen; 1958–62 Ausbildung zum Elektromonteur in Genthin; 1962 Laienausbildung am Katechetenseminar in Görlitz; 1963–65 Mitarb. beim kath. Seelsorgeamt in Magdeburg; 1964 Abitur an der VHS; 1966–69 Studium der Fächer Regie u. Kamera an der Dt. HS für Filmkunst in Potsdam-Babelsberg; Student in der von Karl Gass* geleiteten Spezialklasse für Dok.-Film; 1969–89 Regisseur beim DEFA-Dok.-Filmstudio; mehr als 50 Dok.-Filme vorwiegend für Kinder u. Jugendl., u. a. »Dawids Tagebuch« (1980), »Erste Liebe« (1984), »Ich bin klein aber wichtig« über Janusz Korczak (1988); Mitgl. der Kommission Kinderfilm u. der Sektionsltg. Dok.-Film u. Fernsehpubl. des Verb. der Film- u. Fernsehschaffenden; Artikel in off. u. Samisdat-Ztschr., u. a. über Rechtsradikalismus in der DDR (»Die neue alte Gefahr«, Kontext 1989); seit Mitte der 60er Jahre Mitgl., 1988–91 Leitungsmitgl. der Aktion Sühnezeichen; 1988–90 Mitgl. des Beirats für kirchl. Rundfunk beim Bund der Ev. Kirchen in der DDR; Sept. 1989 Erstunterz. des Gründungsaufrufs der Bürgerbew. Demokratie Jetzt (DJ); 1989–91 Mitgl. des DJ-Sprecherrats; Dez. 1989 Initiator des »Drei-Stufen-Plans der nat. Einigung«; Dez. 1989 – März 1990 DJ-Vertreter am Zentralen Runden Tisch; Apr. – Okt. 1990 Mitgl. der Volkskammerfraktion Bündnis 90/Grüne, Mitarb. im Aussch. Dt. Einheit u. im Medienaussch., Mitgl. der Regierungskommission für ein neues Mediengesetz; Gründungsmitgl. der Dt. Ges.; Vors. des Kuratoriums der AMCHA Ges. in der DDR; Carl-von-Ossietzky-Medaille der Intern. Ges. für Menschenrechte.
1990–94 MdB, Vertreter der Abgeordnetengruppe Bündnis 90/Die Grünen im Aussch. Wirtschaftl. Zusammenarbeit u. im Petitionsaussch.; 1991 Vizepräs. der Dt.-Israel. Ges. u. Vorstandsmitgl. der Dt. Flüchtlingshilfe.

Publ.: Neuland. Ein Dialog in Deutschland (mit Rita Süssmuth). Köln 1991.

Weiß, Ulrich 2. 4. 1942
Filmregisseur
Geb. in Wernigerode, aufgewachsen in Klingenthal; 1960 Abitur, danach Lehre als Fotograf; 1963/64 Betriebsfotograf bei der SDAG Wismut; 1965–68 Kamera- u. Regiestudium an der Dt. HS für Filmkunst Potsdam-Babelsberg; 1970 Diplomfilme »Paragraph 14« u. »Auftrag für morgen«; 1971–81 Regisseur im DEFA-Studio für Kurzfilme, u. a. 1971 »Montage ade...«, 1972 »Zum achtenmal«, 1972 »Meine Waffen sind nicht gebrochen – nur mein Herze brach« zum 175. Geburtstag von Heinrich Heine, 1974 »Potemkin frei« über die dt. Zensur an Sergej Eisensteins »Panzerkreuzer Potemkin«; ab 1976 Gastregisseur, 1982–90 festangestellter Regisseur im DEFA-Studio für Spielfilme, Spielfilmdebüt 1977 »Tambari« (nach Benno Pludra*), danach u. a. 1979 »Blauvogel«, 1981 »Dein unbekannter Bruder« (nach Willi Bredel*) über Angst u. Verrat im antifasch. Widerstand; gegen den stark stilisierten Film wurde eine Pressekampagne inszeniert, daraufhin nur noch eine Regie, 1983 »Olle Henry«, u. verdecktes Berufsverbot.
1991 »Miraculi«, Spielfilmparabel über den Untergang eines Lands; 1992 Dok.-Film »Der Abstecher«.

Weißflog, Jens 21. 7. 1964
Leistungssportler (Skispringen)
Geb. in Erlabrunn (Erzgeb.), Vater Agrarökonom; seit 1971 Skispringer, ab 1974 beim SC Traktor Oberwiesenthal; 1983/84 u. 1984/85 Sieger der Vierschanzentournee; 1984 Olympiasieger auf der Normalschanze u. -zweiter auf der Großschanze, Vize-WM mit der Mannschaft; 1985 WM auf der Normalschanze, Vize-WM im Skifliegen u. WM-Dritter mit der Mannschaft; 1989 WM auf der Normalschanze, Vize-WM auf der Großschanze; 1990 WM-Dritter im Skifliegen; nach Abschluß der KJS 1981–85 Ausbildung zum Facharbeiter für Elektroinstallation, anschl. in diesem Beruf tätig.
1990/91 Sieger der Vierschanzentournee; 1994 Olympiasieger auf der Großschanze u. mit der Mannschaft; lebt in Oberwiesenthal.

Weißhuhn, Reinhard 4. 4. 1951
Bürgerrechtler
Geb. in Dresden, Vater Journalist, Mutter Bibliothekarin; 1969 Abitur in Weimar, 1969–73 Studium der Architektur u. Stadtplanung in Weimar; 1973–78 Stadtplaner im Rat des Stadtbez. Berlin-Prenzlauer Berg; seit 1975 in opp. Zirkeln engagiert, Versuch öff. Wirksamkeit in Kulturarbeit u. Wohngebiet; nach Ablehnung einer mit SED-Eintritt verbundenen Beförderung bis 1984 Dokumentarist bei der Bauakad. der DDR; seit 1980 wiederholte mehrjährige Ausreiseverbote, ab 1983 Übersetzung opp. ungar. Lit. für westdt. Verlage; 1985–1989 Architekt beim Diakon. Werk; 1985/86 Mitbegr. der Initiative Frieden u. Menschenrechte (IFM), seit 1987 Autor u. Mithrsg. versch. illegaler Publ. bzw. Ztgn. (»Grenzfall«, »Fußnote 3«, »Ostkreuz«, »Urkunde«); ab Jan. 1990 Vertreter der IFM am Zentralen Runden Tisch u. Mitgl. der Arbeitsgruppe »Parteien- u. Vereinigungsgesetz«, 1990/91 Vorstandsmitgl. u. Pressesprecher der IFM, Sommer 1990 Mitarb. der Volkskammerfraktion Bündnis 90/Grüne.
Seit 1991 Mitarb. des MdB Gerd Poppe*; 1991 Mitgl. der Partei Bündnis 90, 1992 Mitgl. der Verhandlungsgruppe des Bündnis 90 zur Vorbereitung des Assoziationsvertrags mit den Grünen; versch. Veröff.

Weißmantel, Christian
9. 12. 1931–16. 9. 1987
Physiker, Rektor der TH Karl-Marx-Stadt
Geb. in Kamenz, Vater Lehrer; Oberschule, Abitur; 1950–55 Physikstudium an der TH Dresden, Dipl., 1958 Prom., 1963 Habil.; danach Doz. an der HS für Maschinenbau Karl-Marx-Stadt; 1963 Prof. mit Lehrauftrag, 1968 Prof. mit Lehrstuhl für Festkörperphysik u. Ltr. des Wiss.-Bereichs für experimentelle Physik an der Sekt. Physik/Elektron. Bauelemente der TH Karl-Marx-Stadt, 1965–69 Prorektor für Forschung (ab 1968 für Prognose); 1968 SED; 1969–73 Rektor der TH; 1969–84 Mitgl. der SED-BL Karl-Marx-Stadt; 1970 NP; 1973 Korr. u. 1976 Ord. Mitgl. der AdW; Mitgl. des Forschungsrats; 1982–87 Vizepräs. der Urania.
Hauptarbeitsgebiete: Physik von Grenzflächen u. dünnen Schichten.

Weiz, Herbert 27. 6. 1924
Minister für Wissenschaft und Technik
Geb. in Cumbach (bei Ernstroda, Kr. Gotha); Volksschule, 1938–41 kaufm. Lehre; 1. 9. 1942 NSDAP; Wehrmacht; sowj. Gefangenschaft.
1945/46 KPD/SED; 1946–51 Studium der Wirtschaftswiss. an der FSU Jena, 1951–55 Fernstudium an der TH Dresden, Ing.-Ök.; 1952–54 Werkltr. des VEB »Optima« Büromaschinenwerk Erfurt; 1954 Ltr. der HV Leichtmaschinenbau im Min. für Maschinenbau; 1955–62 1. stellv. Werkltr. im VEB Carl Zeiss Jena; seit 1958 Mitgl. des ZK der SED; 1962 Prom. zum Dr. rer. oec. am IfG mit einer Diss. zur Mitrofanow-Methode; 1962–67 Staatssekr. für Forschung u. Technik (Nachf. von Hans Frühauf*); ab 1963 Mitgl. des Forschungsrats; 1963 – März 1990 Abg. der Volkskammer; ab 1967 stellv. Vors. des Min.-Rats, ab 1974 Min. für Wiss. u. Technik (Nachf. von Günter Prey); stellv. Vors. des DDR-Parts der Regierungskommission für ök. u. wiss.-techn. Zusammenarbeit DDR – UdSSR; 1976 VVO in Gold; ab 1982 faktisch Vors. des Forschungsrats; Nov./Dez. 1989 Rücktritt von allen Ämtern mit der Reg. Stoph* u. dem ZK der SED.

Wekwerth, Manfred 3. 12. 1929
Regisseur, Theaterleiter, Präsident der AdK
Geb. in Köthen; 1950/51 Ausbildung als Neulehrer; Mitgl. u. Ltr. einer Laienspielgruppe, von Brecht* entdeckt; 1951 Regieassistent u. Meisterschüler am Berliner Ensemble (BE) bei Brecht; 1953 erste selbständige Inszenierung »Die Mutter« am Neuen Theater in der Scala Wien; 1953–55 Regieassistent von Brecht, u. a. 1953 bei »Katzgraben«, 1954 »Der kaukasische Kreidekreis«, 1955 »Winterschlacht«; 1960–69 Chefregisseur am BE, Inszenierungen in Zusammenarbeit mit Jochen Tenschert (Te) u. Peter Palitzsch* (Pa), u. a. 1961 »Frau Flinz« von Helmut Baierl* (Pa), 1962 »Die Tage der Commune« (Te), 1964 »Coriolan« (Te), 1965 »In der Sache J. Robert Oppenheimer« (Te), 1969 UA »Johanna von Döbeln« (Te); 1961 NP 2. Kl. im Kollektiv; 1965 Mitgl. der DAK, bis 1974 Sekr. der Sekt. Darstellende Kunst; 1970 Prom. an der HU Berlin (»Theater u. Wissenschaft«, publizierte u. a. 1974 in München mit erw. Titel »Theater u. Wiss. – Überlegungen für das Theater von heute u. morgen«); 1970 nach Differenzen mit Helene Weigel* über die Entw. des BE Gastregisseur am Dt. Theater Berlin (u. a. 1972 »Leben u. Tod Richards des Dritten«), 1971 am National Theatre London 1971 »Coriolan«, am Schauspielhaus Zürich (1972 »Jegor Bulytschow u. die anderen«, 1974 »Leben u. Tod Richards des Dritten«, 1990 »Der Prinz von Homburg«); 1974 Vizepräs. der DAK; 1974–77 erster Dir. des Inst. für Schauspielregie Berlin; 1975 Titularprof.;

1977–91 Intendant des BE (Nachf. von Ruth Berghaus*), 1979 VVO in Gold; 1982–90 Präs. der AdK (Nachf. von Konrad Wolf*); verheiratet mit Renate Richter, Schauspielerin; Inszenierungen am BE u. a. 1982 »Johann Faustus«, 1983 UA »Großer Friede« von Volker Braun*, 1989 »Der Selbstmörder«; Tourneen mit dem BE, u. a. 1981 Griechenland, 1986 Italien, 1989 Israel; zahlr. TV-Inszenierungen mit Renate Richter als Protagonistin, u. a. 1971 »Optimist. Tragödie« (Wischnewski), 1972 »Zement« (nach Gladkow), 1975 »Die unheilige Sophie« (Panitz); 1984 KMO; 1986–89 Mitgl. des ZK der SED.
1992 am BE »Die Abenteuer des braven Soldaten Schwejk«; 1993 in Meiningen »Kleiner Mann, was nun« von Fallada/Dorst. Gastinszenierungen am Burgtheater Wien.
Publ.: Schriften. Arbeit mit Brecht. Berlin 1973.

Welk, Ehm (eigtl. Thomas Trimm) 29. 8. 1884–19. 12. 1966
Schriftsteller
Geb. in Biesenbrow (b. Angermünde), Bauernsohn; 1903 Volontär, anschl. Seefahrt; danach wiederum journalist. tätig; ab 1923 als Schriftsteller in Berlin; 1926 aufsehenerregendes Drama »Gewitter über Gotland«; ab 1928 Chefred. der Ztg. »Grüne Post«; 1934 KZ wegen eines an Goebbels gerichteten Leitartikels in der »Grünen Post«; zeitw. Schreibverbot, 1937 Erfolgsroman »Die Heiden von Kummerow«.
1945/46 KPD/SED; 1945–49 in Mecklenburg in der Volksbildung tätig, u. a. Dir. der VHS in Schwerin; ab 1949 PEN-Zentrum Dtl., dann PEN-Zentrum Ost-West; ab 1950 freischaff.; veröff. u. a. »Mein Land, das ferne leuchtet« (1952), »Mutafo oder Das Ding, das durch den Wind geht« (1955); 1954 NP, Mitgl. der DAK, 1956 Dr. h.c. der EMAU Greifswald, 1964 Prof.; Mitgl. des Wiss.-Künstler. Rats beim Min. für Kultur.
Sek.-Lit.: Reich*, K.: E. W. Stationen eines Lebens. Rostock 1976.

Wellm, Alfred 22. 8. 1927
Schriftsteller
Geb. in Neukrug (b. Elbing, Westpr.), Vater Fischer; Besuch der Lehrerbildungsanstalt; 1944/45 Kriegsdienst.
1945 Landarbeiter; 1946 Neulehrer; danach bis 1962 versch. Funktionen im Schuldienst (u. a. Dir. einer Oberschule, Kreisschulrat); ab 1963 freischaff. Schriftst.; 1978 AdK; sein vielgelesener Roman »Pause für Wanzka oder Die Reise nach Descansar« (1968) bringt Probleme der Volksbildung zur Sprache; weitere bekannte Werke: »Pugowitza oder Die silberne Schlüsseluhr« (1975), »Morisco« (1987).

Welm, Charlotte, geb. Decker, gesch. Meyhöfer 25. 10. 1923
Gewerkschaftsfunktionärin
Geb. in Nowawes (Potsdam), Vater Maurer; Volksschule, 1938–41 Ausbildung zum Kaufmann; 1941–47 Buchhalterin in Potsdam-Babelsberg.
1945/46 SPD/SED, FDGB; 1945–47 Betriebsratsvors. in der Märk. Knäckebrotfabrik, 1946–51 Mitgl. des Landesvorst. Brandenburg der IG Nahrung, Genuß u. Gaststätten, 1950/51 deren Vors., seit 1946 Mitgl. des ZV, 1952–54 dort Abt.-Ltr., 1954–84 Vors. der Gewerkschaft Handel, Nahrung u. Genuß; 1954–87 Mitgl. des Bundesvorst. des FDGB, bis 1984 seines Präs.; 1960/61 PHS, 1965–67 Studium an der HfÖ Berlin-Karlshorst, Dipl.-Wirtsch.; 1971–81 Abg. der Volkskammer, Mitgl. des Aussch. für Handel u. Versorgung; ab 1984 Rentnerin.

Welskopf, Elisabeth Charlotte, geb. Henrich (als Schriftstellerin: Welskopf-Henrich) 15. 9. 1901–16. 6. 1979
Historikerin, Schriftstellerin
Geb. in München, Vater Rechtsanwalt;

Abitur am humanist. Gymnasium; 1921–25 Studium der Alten Geschichte, Rechtswiss., Ök. u. Philos. an der Univ. Berlin; seit 1923 schriftsteller. tätig; 1925 Prom., 1925–28 Betriebsstatistikerin, 1928–45 Referentin im Statist. Reichsamt, 1943–45 Teiln. am Kampf gegen das NS-Regime.

Nach 1945 in Verwaltung u. Wirtschaft tätig, 1946 KPD; 1949–52 Aspirantin an der HU Berlin, 1952–60 Doz., 1959 Habil. mit einer Arbeit über Muße im alten Hellas, 1960 Prof. mit Lehrauftrag, 1961 Ltr. der Abt. Geschichte des Altertums am Inst. für Allg. Geschichte der HU Berlin, 1964 als erste Frau Ord. Mitgl. der DAW, 1966 Em.; 1972 NP.

W.-H. gehörte zu den ersten marxist. Altertumsforschern in der DDR, ihre vornehml. Forschungsthemen waren: Produktionsverhältnisse im Alten Orient u. in der griech.-röm. Antike, soziale Gruppen- u. Typenbegriffe, die hellen. Poleis; v.a. mit ihren Indianerbüchern (Die Söhne der großen Bärin; Nacht über der Prärie; Licht über weißen Felsen u. a.) wurde W.-H. auch als Kinder- u. Jugendbuchautorin intern. bekannt.

Publ.: Die Produktionsverhältnisse im Alten Orient. Berlin 1957; Die Muße als Problem im alten Hellas. Berlin 1962; Hellen. Poleis, 4 Bde. Berlin 1974 (Hrsg.).

Wempe, Johann
31. 12. 1906–29. 5. 1980
Direktor des Astrophysikalischen Observatoriums Potsdam
Geb. in Bremen in einer Kaufmannsfamilie; 1925–30 Studium der Mathematik, Physik u. Astronomie in Göttingen u. München, 1932 Prom. mit der Diss. »Beiträge zur fotograf. Spektralfotometrie«; 1932–36 Assistent an der Sternwarte Heidelberg, 1938–44 außerplanmäßiger Assistent an der Univ.-Sternwarte Jena, 1944 Habil. mit der Arbeit »Die Wellenlängenabhängigkeit der atmosphär. Extinktion«; ab 1944 am Astrophysikal. Observatorium Potsdam.

Teiln. am Wiederaufbau des o. g. Observatoriums, des späteren ZI für Astrophysik der AdW, 1946 hier Observator, 1950 stellv. Dir., 1956 Dir.; 1947 Doz. u. 1958–71 Inhaber des Lehrstuhls für Astronomie an der HU Berlin; 1947 Schriftltr. u. 1951–73 Hrsg. der Ztschr. »Astronom. Nachrichten«; Mitgl. der Intern. Astronom. Union.

Forschungen zu Spektralfotometrie der Sterne, himmelsmechan. Problemen der Planetoiden u. zur atmosphär. u. physiolog. Optik; Ende der 50er Jahre führend beteiligt an der Planung u. Errichtung des 2-m-Spiegelteleskops im Karl-Schwarzschild-Observatorium Tautenburg (b. Jena); ihm zu Ehren wurde der Kleinplanet Nr. 1950 benannt.

Wend, Diethard 10. 12. 1932
Chefredakteur der »National-Zeitung«
Geb. in Leipzig, Vater Angestellter; Oberschule, Abitur; 1950 NDPD; Volontär bei der Leipziger Beilage der »National-Ztg.« (Zentralorgan der NDPD), 1952 Volontär bei den »Sächs. Neuesten Nachrichten« (NDPD); 1954 VDJ; 1956 Red. der »National-Ztg.«; 1961–66 Fernstudium der Journalistik an der KMU Leipzig, Dipl.-Journalist; 1972 stellv. Chefred., 1982–90 Chefred. der »National-Ztg.«; 1982 Mitgl. des Hauptaussch. der NDPD, 1985–90 seines Sekr.; 1982 Mitgl. des Zentralvorst. des VDJ, 1987–90 seines Präs.

Wendland, Günter 4. 6. 1931
Generalstaatsanwalt
Geb. in Königsberg, Vater Angestellter; Umsiedlung nach Mecklenburg; Abitur; hauptamtl. FDJ-Funktionär, Mitgl. der Landesltg., danach der BL Neubrandenburg; 1951 SED; 1953–57 Jurastudium an der HU Berlin, Dipl.-Jur.; 1957 Staatsanwalt in Schwerin u. Perleberg, 1959 Kreisstaatsanwalt in Perleberg,

1962 stellv. Bezirksstaatsanwalt in Schwerin; 1964 kommissar. Stellv. des Generalstaatsanwalts, 1965 vom Staatsrat bestätigt; 1966 Mitgl. des Zentralvorst. u. 1980 Vizepräs. der Vereinigung der Juristen; 1986 Kandidat des ZK der SED; Juni 1986 Generalstaatsanwalt (Nachf. von Josef Streit*), Dez. 1989 Rücktritt; 1990 Zulassung als Rechtsanwalt.

Wendt, Erich 29.8.1902–8.5.1965
Verlagsleiter, Kulturpolitiker
Geb. in Leipzig, Vater Fleischer, Mutter Hausfrau; 1908–16 Volksschule in Eisleben; 1916–20 Schriftsetzerlehre bei Ullstein Berlin; 1919 Freie Soz. Jugend, 1920 KJVD; 1920/21 Schriftsetzer bei Ullstein; 1922 KPD; 1921/22 Buchhändler »Die Junge Garde« Berlin; 1922/23 Buchhändler »Meshdunarodnaja Kniga« Berlin; 1923 Verhaftung wegen »Vorbereitung zum Hochverrat«, Einstellung des Verfahrens; 1923/24 Verlag der Jugendintern. in Wien; 1925/26 Red. der KJI in Moskau; 1926 Mitgl. des ZK des KJVD; 1927/28 Red. beim ZK der KJVD in Berlin; 1928–31 Hersteller u. Red. im Verlag der Jugendintern. Berlin; Juni 1931 nach Einleitung eines Gerichtsverfahrens wegen »lit. Hochverrats« Emigration nach Moskau; dort Herstellungsltr. u. stellv. Vors. der Verlagsgenossenschaft ausländ. Arbeiter in der UdSSR; Aug. 1936 Verhaftung in Moskau, Ausschluß aus der KPD; 1936–38 U-Haft durch das NKWD in Saratow; nach Niederschlagung des Verfahrens wurde der Ausschluß 1939 rückgängig gemacht; 1938–40 Deutschlehrer in Engels; 1940/41 Übersetzer bei der Ztg. »Die Nachrichten« in Engels; 1941 mit Wolgadeutschen deportiert, Verbannung nach Kansk (Krasnojarsker Gebiet), dort 1941/42 Arbeiter u. Hilfsbuchhalter im Sowchos »Majak«; 1942–47 Übersetzer in der dt. Red. von Radio Moskau.
März 1947 Rückkehr nach Dtl. (SBZ), SED; 1947–54 Ltr. des Aufbau Verlags Berlin; 1949 glz. Ltr. der Abt. Sowjetpropaganda im Berliner Rundfunk u. beim Deutschlandsender; 1949–65 Präsidialratsmitgl. des KB, 1951–53 1. Bundessekr. des KB, seit 1958 Vizepräs. des KB; 1950–58 Abg. der Volkskammer, Vors. der KB-Fraktion; 1953–57 Ltr. der Leninabt. des IML; ab Dez. 1957–65 stellv. Kulturmin. (seit 1958 im Rang eines Staatssekr.), verantw. für die Bereiche Org., Lit. und Buchwesen; 1962 KMO; 1963 DDR-Beauftr. zur Verhandlung mit dem Senat über Zulassung von Privatbesuchen in Berlin (Ost) (Passierscheinverhandlungen); 1964 VVO in Gold; war in erster Ehe (bis 1936) mit Lotte Kühn* (Lotte Ulbricht*) verheiratet.
Sek.-Lit.: E. W. zum Gedenken. Berlin u. Weimar 1967.

Wenzel, Hans Jürgen 4.3.1939
Komponist
Geb. in Weißwasser; 1957–62 Studium Komposition u. Dirigieren an der HS für Musik »Hanns Eisler« Berlin; 1962–65 Repetitor u. Ballettkapellmeister am Landestheater Halle; 1965–69 Musikal. Ltr. des Theaters der Jungen Garde Halle; 1969–79 Dirigent am Landestheater Halle; seit 1979 Dirigent u. kulturpol. Mitarb. der Halleschen Philharmonie, Ltr. der Komponistenklasse des Bez. Halle u. der HS für Musik »Carl Maria von Weber« Dresden; Mitgl. des Zentralvorst. u. des Bezirksvorst. Halle des VDK; 1986 Mitgl. der AdK.
Schuf drei Sinfonien, die Oper »Geschichte vom alten Adam« (nach E. Strittmatter*), das Ballett »Fridolin« u. zahlr. Kammermusikwerke.

Wenzel, Hans-Eckardt 31.7.1955
Liedermacher, Schriftsteller
Geb. in Kropstädt (b. Wittenberg) in einer Lehrerfam.; 1962–74 POS, EOS, Abitur; 1974–76 Soldat, 1976–81 Studium der Kulturwiss. an der HU Berlin,

seit 1981 freischaff.; 1976–85 Mitgl. des Liederth. Karls Enkel (Textautor, Komponist., Regisseur, Sänger, Musiker u. Schauspieler), mit diesem zahlr. Progr., u. a. »Von meiner Hoffnung laß ich nicht – oder der Pilger Mühsam« (1980), »Hammer-Rehwü« (1982, mit Gästen), »Die komische Tragödie des 18. Brumaire... oder Ohrfeigen sind schlimmer als Dolchstöße« (1983); auch Arb. (Buch u. R.) für andere Interpr. (u. a. Gina Pietsch); 1984 erster Gedichtband »Lied vom wilden Mohn«; auch Veröff. von Essays; 1986 erste LP »Stirb mit mir ein Stück«; seit 1979 (zunächst in der Gruppe Karls Enkel) Zusammenarbeit mit dem Schriftst. u. Schauspieler Steffen Mensching* als Clownsduo Wenzel* & Mensching, 1982 erstes gemeinsames Progr. »Neues aus der Da Da eR«, mehrfach aktualisiert, 1988/89 »Altes aus der Da Da eR«, 1989 »Letztes aus der Da Da eR« (1990 auch Film u. MC); Mitunterz. der Resolution der Rockmusiker u. Liedermacher für Demokratisierung u. Medienfreiheit vom 18. 9. 1989, Auftr. bei der Dem. am 4. 11. 1989 in Berlin; weitere Progr. von Wenzel & Mensching, u. a. »Hundekomödie« (1990) u. »Der Abschied der Matrosen vom Komm.« (1992, auch als CD).
Publ.: Textbücher. Letztes aus der Da Da eR. Hundekomödie (mit S. Mensching). Halle 1991.

Wenzel, Richard
22. 11. 1904–3. 10. 1980
Stellv. Innenminister
Geb. in Berlin, Mutter Näherin, Adoptivvater Kellner; Volksschule, 1918 Bote; 1919–22 Ausbildung als Schriftmaler; 1920–28 Naturfreunde; 1922–27 KJVD; 1922/23 im Beruf in versch. Betrieben tätig; 1923 Posthelfer; 1924–29 Schriftmaler; 1927 KPD; 1932 Mitarb. im Abwehrapparat der KPD; 1933–44 Reklamemaler; 1942–44 illegale Tätigkeit in der Anton-Saefkow-Gruppe; Dez. 1943 – Okt. 1944 Militärdienst; Okt. 1944 – April 1945 U-Haft in Moabit wegen »Vorbereitung zum Hochverrat«.
Juni 1945 – Okt. 1946 Geschäftsführer der KPD- bzw. SED-KL Berlin-Prenzlauer Berg; Nov. 1946 Referent für Entnazifizierung der Dt. Verwaltung des Innern, später HV der Volkspolizei, dort ab 1948 HA-Ltr. Personal; 1946–52 Mitgl. der ZPL der Volkspolizei; 1952/53 Fernstudium an der PHS; 1955–58 Ltr. der Kaderverwaltung des Min. des Innern; 1958–66 stellv. Min. des Innern, Gen.-Major; 1958–76 Mitgl. der ZRK der SED; 1966 Ruhestand; 1970 VVO in Gold, 1974 KMO.

Werbs, Norbert 20. 5. 1940
Katholischer Bischof
Geb. in Warnemünde; Studium der Theol. in Erfurt, Lic. theol.; 1964 Priesterweihe, Kaplan in Neubrandenburg u. Parchim, Pfarrer in Parchim u. Neubrandenburg; Diozösanadministrator; 1981 Weihbischof in Schwerin.

Werner, Ernst 20. 11. 1920–15. 2. 1993
Historiker, Rektor der KMU Leipzig
Geb. in Tisá (ČSR), Vater Angestellter, 1940 Abitur an der Wirtschaftsoberschule Bodenbach, 1941–45 Soldat in der Wehrmacht.
1945–46 Neulehrer im Kr. Dippoldiswalde (Sa.), 1946–51 Studium der Geschichte, Germanistik u. Latein. Sprache an der Univ. Leipzig; SED; 1951–54 Lehrauftrag an der Univ. Leipzig, 1952 Prom. mit der Arbeit »Die gesellschaftl. Grundlagen der Klosterreform im 11. Jh.« (Berlin 1953), 1954–56 Oberassistent, 1955 Habil. mit Studien zu sozial-religiösen Bew. im Zeitalter des Reformpapsttums (Pauperes Christi, Leipzig 1956), 1956–57 Doz. für allg. Geschichte des Mittelalters, 1956–62 Mitgl. der SED-Universitätsparteiltg., 1957–59 Prof. mit Lehrauftrag, 1959–61 Prof. mit vollem Lehrauftrag, 1961–86 ord. Prof., 1960–64 Pro-

rektor für den wiss. Nachwuchs, 1967–69 Rektor der KMU Leipzig, 1967–75 Mitgl. der SED-KL an der KMU Leipzig, 1971 Ord. Mitgl. der Sächs. AdW, 1973 Ord. Mitgl. der AdW, 1985 Dr. h.c. der KMU Leipzig.

W. gilt als Begründer der marxist. Mediävistik in der DDR u. intern. anerkannter Vertreter eines universalhist. Ansatzes in der Forschung zur Geschichte des Mittelalters.

Publ.: Die Geburt einer Großmacht – Die Osmanen. Berlin 1966; Zwischen Canossa u. Worms. Berlin 1973; Geschichte der Türken (mit W. Markov*). Berlin 1978; Jan Hus. Weimar 1991.

Werner, Monika 10. 3. 1938
Staatsratsmitglied
Geb. in Markranstädt (Kr. Leipzig), Vater Arbeiter; Oberschule, Abitur; 1952 FDJ-Funktionärin; 1958 SED; 1956–60 Studium an der HfÖ Berlin, Dipl.-Ök.; 1960–62 Ök. im VEB Kohleanlage Leipzig; 1962–74 Mitarb., Abt.-Ltr. u. Dir. für Arbeitsversorgung im VEB Lokomotivbau, Elektrotechn. Werke Hennigsdorf; seit 1974 (mind. bis 1981) Bürgermeisterin der Stadt Hennigsdorf; seit 1963 Abg. der Volkskammer, 1963–67 Mitgl. des Aussch. für Haushalt u. Finanzen, seit 1967 des Aussch. für Arbeit u. Sozialpol.; 1986–89 Mitgl. des Staatsrates.

Werner, Ruth (eigtl. Ursula Kuczynski, Deckname Sonja) 15. 5. 1907
Oberst der Roten Armee, Agentin und Schriftstellerin
Geb. in Berlin als Tochter einer bürgerl.-jüd. Familie. Ihr Vater, Dr. Robert René Kuczynski, Jg. 1876, war prominenter Nationalökonom und Statistiker in der Weimarer Republik, Bruder Jürgen K.*; aufgewachsen in Berlin, 1924 Lehre als Buchhändlerin; 1924 KJVD, 1926 KPD; 1930–35 China-Aufenthalt mit ihrem ersten Ehemann Rolf Hamburger, danach Aufenthalt in Polen, in der Schweiz u. in England sowie illegale Tätigkeit als Funkerin u. »Kundschafterin« des sowj. Geheimdiensts GRU; zeitw. Ltr. der GRU-Residentur in der Schweiz (mit Sándor Radó); 1937 Rotbannerorden der KPdSU für Verdienste um die Sowjetmacht; 1941 in England Kurier für den dt. Physiker u. »Atom-Spion« Klaus Fuchs*.

1950 Rückkehr nach Berlin (Ost) als Oberst der Roten Armee, Abt.-Ltr. im Amt für Information u. in der KfA; in den 50er Jahren journalist. Tätigkeit, Reportagen, Erzählungen; 1977 NP I. Kl. u. KMO; 1982 Mitgl. des PEN (DDR), dann Dt. PEN-Zentrum Ost; 1982 VVO in Gold, 1986 Jubiläumsmedaille »40. Jahrestag des Sieges im Großen Vaterländischen Krieg 1941–1945«, 1987 Ehrenspange zum VVO in Gold.

1990 Mitgl. des Beirats der Alten (PDS); lebt in Berlin.

Publ.: Ein ungewöhnliches Mädchen. Berlin 1958. Olga Benario. Berlin 1958. Sonjas Rapport. Berlin 1977.

Werzlau, Joachim 5. 8. 1913
Komponist
Geb. in Leipzig, Vater Orchestermusiker; 1928–31 Klavierbaulehre bei J. Blüthner, daneben Klavierunterricht; 1933–41 Korrepetitor an Ballettschulen u. am Leipziger Theater; 1941/42 Wehrmacht, 1943–45 Zwangsverpflichtung zur Fabrikarbeit.

1945–48 Korrepetitor u. Komponist der Mary-Wigman-Schule u. des Kabaretts »Die Rampe«; 1946 SED; 1949–52 Musikreferent beim Berliner Rundfunk, Ltr. der Red. Unser Lied; seit 1952 freischaff.; 1951 Gründungsmitgl. des VDK, 1960–64 Vors. des Bez.-Verb. Berlin; 1967–81 Stadtverordneter von Berlin; 1967 NP; 1969 DAK; 1974 VVO in Gold; 1985 Vors. des Beirats der Anstalt zur Wahrung der Aufführungsrechte (AWA); komponierte viele Massenlieder, u.a. »Weil wir jung sind«, ferner

Hörspiel- u. Bühnenmusik sowie Opern, u. a. »Regine«, »Meister Röckle« (1976), u. bes. Filmmusiken, u. a. »Sonnensucher«, »Jakob der Lügner« (1974), »Karbid u. Sauerampfer« (1964), »Lissy«.
Publ.: Contra Lamento. Reminiszenzen eines Musikers (Gesprächspartner und Hrsg. Hansjürgen Schaefer). Berlin 1988.

Weskamm, Wilhelm
13. 5. 1891–21. 8. 1956
Katholischer Bischof
Geb. in Helsen (Westf.), Vater Eisenbahnbeamter, Studium der Philos. u. Theol. in Paderborn u. München, 1914 Priesterweihe in Paderborn, 1914–16 Kaplan in Daseberg (b. Warburg), 1916–19 stellv. Ltr. der kirchl. Kriegsgefangenenhilfe in Paderborn, 1919–32 Domvikar in Paderborn; 1932 Pfarrer in Merseburg; 1943 Propst in Magdeburg, ab 1944 Ltr. des Erzbischöfl. Kommissariats Magdeburg.
1949 Ernennung zum Weihbischof von Paderborn mit Sitz in Magdeburg, 1950 stellv. Vors. der Berliner Ordinarienkonferenz; 1951 Ernennung zum Bischof des Bistums Berlin (Nachf. von Konrad Graf von Preysing*), 1951–56 Vors. der Berliner Ordinarienkonferenz, Vertreter einer primär pastoral orientierten kirchenpol. Linie.

Wessel, Horst 16. 8. 1936
Philosoph, Logiker
Geb. in Wuppertal-Elberfeld, Vater Arbeiter, 1942 evakuiert nach Ufhofen (b. Langensalza, Thür.); 1954 Abitur; 1954–89 SED; 1954–59 Studium der Philos. an der HU Berlin, insbes. der Logik bei G. Klaus u. K. Schröter; 1959–64 »Praxiseinsatz« in der Studentenabt. des FDJ-ZR; anschl. bis 1967 Zusatzstudium u. Aspiratur bei A. A. Sinowjew am Lehrstuhl Logik der Philosoph. Fak. der Lomonossow-Univ. in Moskau, Prom. zum Thema: »Das Wahrheitsproblem in der Dialektik u. in der modernen Logik«; 1967 Oberassistent, 1971 Doz. u. Ltr. des Bereichs Logik, nach der Habil. zum Thema »Philos. u. Logik« (veröff. Berlin 1976) ab 1976 Prof. für Logik an der Sekt. marxist.-leninist. Philos. der HU Berlin; 1984 Studienaufenthalt in den USA.
1990/91 Gastprof. in Trier; Dez. 1993 Berufung zum Prof. für Logik am neugegr. Inst. für Philos. der HU Berlin.
Forschungsarbeiten u. Publ. auf versch. Gebieten der Logik sowie der Philos. der Logik; Hrsg. u. Übersetzer zahlr. sowj.-russ. Lit. vor allem zur mehrwertigen u. komplexen Logik, Modal- u. Wertungslogik, konstruktivist. u. institutionist. Logik.
Publ.: Quantoren, Modalitäten, Paradoxien (Hrsg.). Berlin 1972; Logische Sprachregeln (mit A. Sinowjew). Berlin, München, Salzburg 1975; Logik u. empirische Wissenschaft (Hrsg.). Berlin 1977; Logik. Berlin 1984.

Wessel, Paul 9. 4. 1904–20. 1. 1967
SED-Politiker
Geb. in Plauen, Vater Arbeiter; 1910–18 Volksschule; 1918–21 Besuch der Volksfortbildungs-Gewerbeschule; Metallarbeiter; 1918 SAJ; 1921–32 SPD; 1924 Besuch der SPD-Parteischule Gera-Tinz; 1926/27 Korr. der SPD-Fraktion im Sächs. Landtag; 1929–38 Arbeiter, später Meister in den Chem. Werken Wolfen; 1932/33 SAP; 1938/38 Obermeister in einem Kunstseidewerk in Athen; Aufenthalt in der Schweiz u. Italien; 1939–46 Meister in der Agfa-Filmfabrik Wolfen.
1945 Vors. der Ortsgruppe der SPD in Wolfen u. Vors. des Antifa-Komitees; Jan. 1946 Ltr. der Abt. Wirtschaft der SPD für die Provinz Sachsen in Halle; Mai 1946 Ltr. der Abt. Wirtschaft beim SED-Landesvorst. Sachsen-Anhalt; Okt. 1946 Mitgl. des Landtags Sachsen-Anhalt; 1946–49 Sekr. des Landesvorst. der SED Halle; 1948 Mitgl. des Volksrats;

1949–51 Sekr. des PB des ZK der SED; 1950 PHS; 1951–57 stellv. Dir. der DHZ Chemie; 1957/58 Rentner; 1959 Mitarb. der Bergbau-Handel GmbH; 1961 Handelsrat in Pjöngjang (Nordkorea); 1965 Mitarb. im Min. für Auslandsinformation.

Wessig, Gerd 16. 7. 1959
Leistungssportler (Leichtathletik)
Geb. in Lübz (Meckl.), im Alter von zehn Jahren Beginn mit dem Hochsprungtraining, zwei Jahre später Delegierung an die KJS des SC Traktor Schwerin (Trainer: Bernd Jahn); 1979–89 SED; 1980 Olympiasieger u. WR (2,36 m); Berufsausbildung zum Koch; nach langwierigen Verletzungen Versuch eines Comebacks in Vorbereitung der Olymp. Spiele 1988 (ohne Qualifikation).
Nach 1989 Teiln. an verschied. kommerziellen Hochsprungmeetings; seit 1992 Verkaufsltr. eines Sportgeräteherstellers für den Raum Mecklenburg/Vorpommern.

Wetzel, Rudi 10. 1. 1909–31. 8. 1992
Chefredakteur der Zeitung »Wochenpost«
Geb. in Rechenberg (Erzgeb.), Vater Dekorations- u. Möbelmaler; Volksschule, Aufbauschule in Dresden, Abitur, ab 1929 Studium der Pädagogik an der TH Dresden; 1929 SPD, 1931 KPD, Vors. des Komm. Studentenbunds in Dresden; 1934 Abbruch des Studiums durch Verhaftung, zwei Jahre Zuchthaus, anschl. KZ Sachsenburg; 1937 Emigration nach Budapest, dann über Paris nach London u. Hull, Ausbildung u. Arbeit als Elektroschweißer; 1938 nach Göteborg u. Jönköping, Mitgl. im schwed. Metallarbeiterverb.; 1940 geriet er als Verf. der sog. Göteborger Resolution gegen den dt.-sowj. Nichtangriffspakt in Gegensatz zur KPD-Führung in Moskau, daraufhin wurde er von der KPD zeitw. isoliert; 1942 nach Stockholm, ab 1943 wieder Parteiarbeit, Redaktionssekr. der »Pol. Information«; im Exil entstanden viele Artikel, häufige Pseudonyme: B. Wernau, Karl Scharf, Max Richter.
Jan. 1946 Rückkehr nach Dtl. (SBZ), Hauptreferent in der Abt. Presse-Rundfunk-Information beim ZK der SED, 1947 Ltr. der Auslandspressestelle (2. stellv. Ltr. der Abt. Agit.); 1949 PHS, 1950–53 Chefred. des SED-Funktionärsblatts »Neuer Weg«; 1953–57 Vors. des Verb. der Dt. Presse, Mitgl. des Präs. der Intern. Org. der Journalisten, 1953 Chefred. der »Friedenspost«, 1953–57 Aufbau u. Chefred. der »Wochenpost«; aus Protest gegen die Haltung der SED-Führung zu den Volkserhebungen in Polen u. Ungarn 1956 verfaßte er gemeinsam mit dem Red.-Kollegium am 27. 10. 1956 einen Brief an das PB des ZK der SED, in dem »wahrheitsgetreue Informationen« u. Einhaltung der »Leninschen Normen des Partei- und Staatslebens« eingeklagt wurden; mußte auf Druck der Parteiführung daraufhin im Jan. 1957 seine Ämter niederlegen, Ausscheiden aus dem Berliner Verlag; Juni 1957 Red. bei der Illustrierten »Freie Welt«, Febr. 1958 wegen »ideolog. Mängel« fristlos aus dem Verlag Kultur u. Fortschritt entlassen; 1959 Red. bei der Ztschr. »URANIA«, ab 1965 freischaff. Journalist, von ihm erschienen in der DDR viele Reportagen über Schweden; spätestens seit 1968 war er unter ständiger Kontrolle des MfS; als Freund des Regimekritikers Rudolf Bahro* war er 1975–77 an der Redaktion von dessen Buch »Die Alternative« beteiligt, blieb aber nach Bahros Verhaftung relativ unbehelligt.
1990 PDS; am 25. 1. 1990 vom ao. Kongreß des VdJ rehabilitiert.
Publ.: Der Mann im Lodenmantel (autobiogr. Novellen). Berlin 1978, 1980.
Sek.-Lit.: Scholz, Michael: R. W – Schicksal eines ehemaligen Schweden-Emigranten in der SBZ/DDR. In: Exil 2/1992.

Wichert, Erich 26. 1. 1909–5. 8. 1985
MfS-Hauptabteilungsleiter
Geb. in Leipzig, Vater Schlosser; Volksschule; 1923–29 Tätigkeiten als Fräser, Beifahrer, Hausdiener, Bauarbeiter u. Hilfsarbeiter; 1929–33 Aushilfsarbeiter, sonst erwerbslos; 1929 KPD; 1929–33 Angehöriger des Parteischutzes; 1933–45 Zuchthaus wegen Beihilfe zum Mord (Bülowplatz) in den Zuchthäusern Luckau, Sonnenberg, Brandenburg-Görden, Moorlager u. Untermaßfeld.
1945 Agententätigkeit für sowj. Geheimdienst in Berlin (West), Angestellter bzw. Geschäftsführer einer Theaterkasse; 1947 Einstellung bei der VP; 1948 Ltr. der Abt. Personal der HA Politkultur der DVdI; Ltr. der Abt. Personal der HV zum Schutz der Volkswirtschaft, ab Febr. 1950 des MfS; 1953 Ltr. der HA Kader u. Schulung; 1957 Ltr. der Verwaltung Groß-Berlin des MfS; 1958–74 Mitgl. der SED-BL Berlin; 1964 Gen.-Major; 1969 VVO in Gold; 1974 Entlassung, Rentner; 1979 KMO.

Wicke, Peter 17. 6. 1951
Musikwissenschaftler
Geb. in Zwickau; 1970 Abitur in Dresden, 1970–74 Studium der Musikwiss. an der HU Berlin, 1974–90 wiss. Assistent im Bereich Musikwiss., 1980 Prom. zum Dr. phil. mit einer Arbeit zur Ästhetik der Popmusik; ab 1983 Ltr. des Forschungszentrums Popmusik an der HU, 1986 Habil.; seit 1987 Eur.-Dir. des Intern. Communication and Youth Culture Consortium der UNESCO; 1987–91 Gen.-Sekr., seitdem Vizepräs. der Intern. Association for the Study of Popular Music; seit 1988 Adjunct Research Professor der Carleton University Ottawa.
1990 HS-Doz. für Theorie u. Geschichte der Popmusik an der HU Berlin, 1992 ord. Prof. auf dem weltweit ersten Lehrstuhl für Popmusik; zahlr. Artikel u. Aufsätze in Fachztschr., Gastvorlesungen u. Vorträge zur Popmusik.
Publ.: Rock Pop Jazz Folk – Handbuch der Popmusik (mit Wieland Ziegenrücker). Leipzig 1985 (erw. Neuausg. Mainz, München 1989); Rockmusik – Zur Ästhetik u. Soziol. eines Massenmediums. Leipzig 1987; Anatomie des Rock. Leipzig 1987; Bigger Than Life – Rock u. Pop in den USA. Leipzig 1991; Vom Umgang mit Popmusik. Berlin 1993; Puhdys – Eine Kultband aus dem Osten (Hrsg. mit Irmela Hannover). Berlin 1994.

Wieczisk, Georg 20. 7. 1922
Sportwissenschaftler, Präsident des Leichtathletikverbands
Geb. in Gleiwitz (Oberschl.), Vater Arbeiter; Volksschule, 1936–40 Berufsschule, kaufm. Lehre; 1940–45 Kriegsdienst, zuletzt Bootsmaat.
1945/46 KPD/SED, 1945/46 Land- u. Bergarbeiter, 1946–48 Vorstudienanstalt Berlin, Abitur; 1948/49 Referent für HS-Sport im DS; 1948–51 Geschichts- u. Sportstudium an der Pädagog. Fak. der HU Berlin, Staatsexamen, 1951–55 Aspirantur dort u. an der DHfK Leipzig, 1956 Prom. zum Dr. paed.; 1955–59 Abt.-Ltr. Sportwiss. im Staatl. Komitee für Körperkultur u. Sport, 1958 Vizepräs., 1959–90 Präs. des Dt. Verb. für Leichtathletik (DVfL) (Nachf. von Günter Erbach) u. Mitgl. des DDR-NOK; 1959/60 Doz. u. Dir. des Forschungsinst. für Körperkultur u. Sport in Leipzig, 1960/61 Stellv. Vors. des Staatl. Komitees für Körperkultur u. Sport u. Präs. des Wiss. Rats für Körperkultur u. Sport; 1961–87 Doz. sowie ao. Prof. für Theorie, Soziol. u. Geschichte der Körperkultur am Inst. für Körpererziehung, bis 1968 zudem stellv. Dir., ab 1968 Sekt. Sportwiss. der HU Berlin; eine Reihe sportwiss. Publ., Hrsg. der »Bilder u. Dokumente aus der deutschen Turn- u. Sportgeschichte« (1956), 1989 em.; 1970–90 Mitgl. des DTSB-Präs., 1970–87 Mitgl. der Exekutive der Eur. u. 1972–91 der Exekutive der Intern.

Leichtathletikföderation; 1986 Olymp. Orden des IOC, 1990 DVfL-Ehrenpräs.

Wiedemann, Hans
18. 5. 1888–16. 10. 1959
CDU-Funktionär, Oberbürgermeister von Weimar
Vater Beamter; Volksschule, Gymnasium; Studium der Philol. an den Univ. Berlin u. Jena, 1913 Staatsexamen, Dr. phil.; Studienrat in Erfurt; 1926 Mitgl. der Akad. Gemeinnützige Wiss. von 1756, Sekr. der Akad.; Mitgl. der DVP. 1945 stellv. Dir. der Lehrerbildungsanstalt Erfurt; 1946 CDU; Dir. der Goethe-Schule, Dir. der Lessing-OS Erfurt; 1950–52 Abg. des Thüring. Landtags; 1952–54 Abg. des Bez.-Tags Erfurt; 1951/52 Mitgl. des Landesvorst. Thüringen der CDU; Mitgl. des Hauptvorst. der CDU, seit 1953 seines Präs.; 1953–59 OB u. Vors. des Rats der Stadt Weimar; 1954–58 Abg. der Volkskammer; 1957–59 Vizepräs. des Dt. Städte- u. Gemeindetages.

Wiegand, Joachim 14. 8. 1932
MfS-Abteilungsleiter
Geb. in Meißen, Eltern Landarbeiter 1939–47 Volksschule; Lehre zum Landw.-Gehilfen, dann Traktorist; 1952 Eintritt in das MfS, Qualifikationslehrgang an der Schule Potsdam-Eiche, danach Kreisdienststelle Rostock; 1953 SED; 1958 stellv. Ltr. der Kreisdienststelle Ribnitz; 1959 Bezirksverwaltung Rostock; 1966 HA XX/4 (Kirchen) im MfS Berlin; 1970–75 Fernstudium an der JHS Potsdam-Eiche, Dipl.-Jur.; 1973 stellv. Abt.-Ltr., 1979 Abt.-Ltr. der HA XX/4; 1985 Oberst; 1990 Entlassung.

Wieland, Deba, geb. Raschkess
25. 3. 1916–16. 12. 1992
Generaldirektorin des ADN
Geb. in Moskau in einer jüd. Familie, Vater Handelsvertreter, Mutter Buchhalterin; ab 1919 in Riga aufgewachsen; Oberschule, 1933 Abitur in Riga; 1932 illegaler KJV Lettlands; 1933–37 Studium der Gebrauchsgrafik in Straßburg, ab Herbst 1934 in Brüssel; 1933 KPF, 1934–37 KP Belgiens, danach wieder KPF; 1933/34 Mitarb. von »Frau als Kämpferin« (Straßburg); 1935 Heirat mit einem poln. Emigranten, der 1936–1939 als Offz. der Intern. Brigaden in Spanien kämpfte u. schwer verwundet wurde; 1937–39 in Paris freischaff. Zeichnerin u. Übersetzerin für die CGT u. den Verlag der »L'Humanité«; 1939 Emigration in die UdSSR (Moskau); 1939 – Juni 1941 Übersetzerin u. Lehrerin im Spezialsanatorium für Spanienkämpfer Peredelkino; Juni 1941 Rückkehr nach Riga; nach dem dt. Überfall 1941 Evakuierung nach Osch (Kirgisien).
Juni 1946 Rückkehr nach Dtl. (SBZ); KPF/SED; 1946–49 Übersetzerin, Red. u. Chefred. des Sowj. Nachrichtenbüros (SNB); 1948 Mitgl. des VDJ; Aug./Nov. 1949 Chefred. im Dt. Inst. für Sozialök. Probleme in Berlin-Weißensee (angeschlossene Institution des MdI); Dez. 1949 Mitarb. im Amt für Information, dort ab März 1950 Ltr. der Abt. Sowjetunion u. Volksdemokratien; Sept. 1950–52 1. stellv. Ltr. im Amt für Information u. Instrukteur der DSF, Mitbegr. der Ztschr. »Presse der Sowjetunion«; ab Nov. 1952–77 Dir., später Generaldir. des ADN (Nachf. von Georg Hansen*); 1956 Präs.-Mitgl. des Zentralvorst. u. bis 1972 stellv. Vors. des VDJ; Mitgl. der Agit.-Kommission beim PB des ZK der *SED; 1970 VVO in Gold; 1975 Vizepräs. der Allianz Eur. Presseagenturen; 1976 Ehrenspange zum VVO in Gold; 1977 Vizepräs. des Friedensrats der DDR, Mitgl. des Weltfriedensrats; Vizepräs. der UNESCO-Kommission der DDR; 1980 Ruhestand; 1984 Stern der Völkerfreundschaft, 1986 KMO.
1990 PDS; gest. in Berlin.

Wieland, Günther 16. 4. 1931
PDS-Politiker
Geb. in Oberlungwitz (Sa.), Vater Arbeiter; 1937–45 Volksschule, 1945–48 Ausbildung als Anwaltsgehilfe; 1945 Antifa-Jugendausschuß, 1946 FDJ, 1949 SED; 1949–52 ABF in Chemnitz u. Greifswald, 1952 Abitur; 1952–56 Studium der Rechtswiss. an der HU Berlin, Dipl.-Jur.; 1956–63 Staatsanwalt im Bez. Karl-Marx-Stadt, 1963–68 beim Generalstaatsanwalt der DDR; 1989 Prom. zum Dr. jur. an der HU Berlin mit einer Diss. über den Volksgerichtshof der NS-Zeit; Dez. 1989–1993 Vors. der Schiedskommission der SED/PDS bzw. PDS.
Publ.: Der Jahrhundertprozeß von Nürnberg. Berlin 1986; Das war der Volksgerichtshof. Berlin 1989.

Wienken, Heinrich
14. 2. 1883–21. 1. 1961
Katholischer Bischof
Geb. in Stalförden (b. Cloppenburg), Vater Bauer, 1904 Abitur in Vechta, 1904–09 Studium der Philos. u. Theol. in Innsbruck u. Münster; 1909 Priesterweihe in Münster, 1909–12 Kaplan in Münster; 1913 Kaplan u. Jugendseelsorger in Berlin, 1919–22 zusätzl. Jurastudium in Berlin; 1922–37 Ltr. der Hauptvertretung Berlin des Dt. Caritasverb.; 1929–33 Abg. der Zentrumspartei in der Berliner Stadtverordnetenvers.; Feb. 1937 Koadjutor des vorübergehend verhafteten Bischofs von Meißen, Petrus Legge, mit dem Recht der Nachfolge; Apr. – Nov. 1937 Generalvikar des Bistums Meißen in Bautzen; ab Dez. 1937 (nach Freilassung Legges) Ltr. des Commissariats der Fuldaer Bischofskonferenz in Berlin (bis 1951); Beauftragter zu Verhandlungen mit diversen Dienststellen des NS-Staates, u. a. Gestapo, SD u. RSHA.
1945–51 als Ltr. des Commissariats der Fuldaer Bischofskonferenz Verhandlungen mit diversen Stellen der SMAD, der Reg. der DDR, der SED u. der CDU; 1951–57 Bischof von Meißen mit Sitz in Bautzen; 1957 em., bis zu seinem Tode Krankenhausaufenthalt in Berlin (West).
Sek.-Lit.: Höllen, M.: H. W., der »unpol.« Kirchenpolitiker. Mainz 1981.

Wiens, Paul 17. 8. 1922–6. 4. 1982
Schriftsteller
Geb. in Königsberg (Ostpr.), Vater Kaufmann, Mutter Malerin, jüd. Herkunft; aufgewachsen in Berlin, konnte wegen seiner Abstammung die Schule nicht beenden, emigrierte mit den Eltern 1933 in die Schweiz, 1934–39 Schulbesuch in Villars, 1939 Abitur; Aufenthalte auch in Italien, Frankreich, England; 1939–42 Studium der Philos. u. Nationalök. in der Schweiz (Genf u. Lausanne), abgebrochen; 1943 in Wien nach Denunziation (»Abhören von Feindsendungen«) wegen »Wehrkraftzersetzung« verhaftet, zunächst Gefängnis St. Pölten, dann bis Apr. 1945 Durchgangs-KZ (»Arbeitserziehungshaus der SS«) Oberlanzendorf (b. Schwechat); danach Nachhilfelehrer u. Übersetzer in Wien.
1947 Rückkehr nach Dtl. (Weimar); 1948 KB, Schutzverb. Dt. Autoren/DSV; ab 1949 in Berlin, Mitgl. der Landesltg. des KB; 1948–50 Lektor u. Übersetzungsred. im Aufbau Verlag, Beginn der schriftsteller. Tätigkeit; Apr. – Aug. 1951 Ltr. der Abt. Wort u. Laienspiele in der Landeskulturkommission der FDJ (Vorbereitung der Weltfestspiele 1951); anschl. freischaff. Schriftst.; 1952 Goethe-Preis der Stadt Berlin, 1959 NP; 1964 Mitgl. des Dt. PEN-Zentrums Ost u. West, dann PEN-Zentrum DDR, 1980–82 Mitgl. seines Präs.; 1982 kurzzeitig Chefred. der Ztschr. »Sinn u. Form«; 1976 Joh.-R.-Becher-Preis, 1979 VVO in Gold; arbeitete für das MfS als IM »Dichter«
Trat als Dichter von Massenliedern her-

vor, wurde bekannt durch seine Lyrik (Sammlungen u. a. »Beredte Welt« 1953, »Vier Linien aus meiner Hand« 1972), auch Prosa (u. a. Erzählung »Die Haut von Paris« 1960), Übersetzungen u. a. aus dem Russischen (Majakowski), Drehbücher für DEFA-Filme (»Einmal ist keinmal« 1955, mit Karl Georg Egel* u. a. »Genesung« 1956 u. »Leute mit Flügeln« 1960, für Konrad Wolf* auch »Sonnensucher« 1958, Erstausstrahlung 1972 im DFF), Publizistik-Sammlung 1949–81 »Einmischungen« 1982.

Wiesner, Hans-Joachim 10. 9. 1925
Chef der Militärakademie
Geb. in Görlitz, Vater Zimmermann; Mittelschule, 1941/42 Ausbildung zum Zimmermann; 1943 Wehrmacht, Kanonier; ab 1944 sowj. Gefangenschaft, Zentrale Antifa-Schule.
1950 Rückkehr nach Dtl.; SED; Offiziersschule der HV für Ausbildung, 1951 VP-Kommissar, bis 1960 Politoffz. in KVP- u. NVA-Dienststelle; 1960–62 Militärakad. Dresden, Dipl. rer. mil.; 1963/64 Ltr. der Politverwaltung des Militärbez. Leipzig, Gen.-Major; 1964–86 Kdr. bzw. Chef der Militärakad. »Friedrich Engels« in Dresden (Nachf. von Heinrich Heitsch*), Prof., Gen.-Ltn.; 1967–86 Abg. der Volkskammer; ab 1987 Ruhestand.

Wildenhain, Heinz 11. 12. 1927
SED-Funktionär
Geb. in Uhlmannsdorf (Kr. Glauchau), Vater Schlosser, Mutter Arbeiterin; 1942–44 Ausbildung zum Kaufmann bei den Stadtwerken Schmölln; 1944/45 RAD, Wehrmacht.
1945–51 Hauptbuchhalter im VEB Glas- u. Wasserwerk Schmölln, ab 1949 dort Betriebsassistent; 1951–55 Studium an der HfÖ, Dipl.-Wirtsch.; 1952 SED; 1955–61 pol. Mitarb. der Abt. Planung u. Finanzen des ZK der SED, 1961–69 dort Sektorenltr., 1969–72 stellv. Abt.-Ltr.; 1972–82 stellv. Abt.-Ltr. der Abt. Finanzverwaltung u. Parteibetriebe des ZK der SED, anschl. bis 1989 dort Ltr.

Wildführ, Georg 30. 8. 1904–4. 6. 1984
Hygieniker, Mikrobiologe
Geb. in Hannover-Linden, Vater Werkmeister; Gymnasium in Hannover; 1923–25 Architekturstudium in Hannover, 1925–31 Medizinstudium in Berlin u. Göttingen, hier 1931 Prom.; 1931–33 Assistenzarzt in Hannover, 1933/34 Assistent am Hygiene-Inst. in Gelsenkirchen, 1934–36 Oberassistent am Staatl. Medizinaluntersuchungsamt Hannover, 1935 Amtsarztexamen; 1936/37 Ltr. des bakteriolog. Labors am St.-Elisabeth-Krankenhaus in Köln, 1937–45 Ltr. der bakteriolog.-serolog. Abt. sowie der Forschungsabt. am Sächs. Serumwerk in Dresden, 1943 hier Habil. an der TH über Toxinbildung bei Gasödem-Bazillen.
1945–47 Ltr. des Städt. Hygiene-Inst. u. 1946–49 ord. Prof. für Hygiene u. Dir. des Hygiene-Inst. der TH Dresden; 1947–70 ord. Prof. für Hygiene an der Univ. Leipzig u. Dir. des Hygiene-Inst., später des Inst. für Med. Mikrobiol. u. Epidemiol., in Personalunion Ltr. der Leipziger Zentralstelle für Hygiene u. später des Bez.-Hygiene-Inst. bis 1976; 1957/58 Ärztl. Dir. der Kliniken der KMU Leipzig; 1961–65 hier Dekan der Med. Fak.; 1969 em.; 1970–73 Präs. der Ges. für die gesamte Hygiene; 1962 NP; gest. in Leipzig.
Publ.: G. W.: Med. Mikrobiol., Immunol. u. Epidemiol. 2 Bde. Berlin 1959–61.

Wilhelmi, Bernd 6. 1. 1938
Physiker, Rektor der FSU Jena
Geb. in Erfurt; Physikstudium an der FSU Jena, 1966 Prom., 1972 Habil., 1973–89 Prof. für angewandte Physik an der FSU Jena; 1981 NP; 1983–87 Rektor der FSU; 1985 Korr. u. 1988 Ord. Mitgl. der AdW, 1987 Mitgl. der Dt. Akad. der

Naturforscher Leopoldina Halle; 1989–91 Dir. des ZI für Optik u. Spektroskopie der AdW.
1992 Projektmanager bei Jenoptik Technol. GmbH Jena.
Hauptarbeitsgebiete: Quantenelektronik, Laser-Spektroskopie u. Ultrakurzzeitmeßtechnik; Mithrsg. u. a. der Ztschr. »Laser Chemistry« u. »Scientific Instrumentation«.
Publ. (jeweils mit M. Schubert): Einführung in die nichtlineare Optik. 2. Aufl. 1979; Nonlinear Optics and Quantum Electronics. 1986.

Wilke, Alfred 23. 3. 1921
Gewerkschaftsfunktionär
Geb. in Werder (Havel), Vater Buchhalter; Volks- u. Mittelschule; 1937–40 Ausbildung zum Metallflugzeugbauer, anschl. bis 1945 Monteur bei den Henschel-Flugzeugwerken in Berlin-Schönefeld, zeitw. im Ausland eingesetzt; 1942/43 Besuch der Techn. Abendschule von Prof. Arthur Werner in Berlin.
1945 Schulhelfer in Werder, SPD; 1946 Kursant am Pädagog. Inst. Wiesenburg; 1946 SED, FDGB; 1946/47 Kulturdezernent in Werder; 1946–49 Neulehrer, zuletzt Dir. der Berufsschule Werder; 1946–49 Mitgl. u. Vors. des Kreistags Werder; 1948/49 Mitgl. der SED-Ortsltg.; 1949–52 Landesvors. Brandenburg u. 1952/53 Bezirksvors. Potsdam der Gewerkschaft Unterricht u. Erziehung; 1953–55 Studium an der PHS, Dipl.-Ges.-Wiss.; 1954–72 Mitgl. des FDGB-Bundesvorst. u. des Präs., seit 1968 des Sekr., zuständig für Bildungspol.; 1955–72 Mitgl. u. Vors. des Zentralvorst. der Gewerkschaft Unterricht u. Erziehung; 1955–64 Mitgl. der Administrativkommission der Lehrerinternationale (FISE) im WGB; 1957–72 Mitgl. des Zentralen Aussch. für Jugendweihe; 1958–63 Mitgl. der Schulkommission beim PB des ZK der SED u. der Staatl. Kommission zur Gestaltung des einheitl. soz. Bildungssystems beim Min.-Rat; 1963–75 Mitgl. des Weltfriedensrats, 1965–72 Vizepräs. des Friedensrats der DDR, 1971–74 Sekr. der DDR beim Weltfriedensrat in Helsinki; 1966–71 Mitgl. des Präs. der URANIA; 1974–86 Mitgl., stellv. Vors. u. Vors. der ZRK des FDGB (Nachf. von Hans Hünich); 1986 Rentner.

Wilkening, Albert 5. 2. 1909
Präsident des Film- und Fernsehrats
Geb. in Wittenberg; Studium der Elektrotechnik u. Jura, Prom., Dipl.-Ing. für Elektrotechnik, Dr. jur. u. Patentanwalt; bis 1945 bei der AEG in Berlin tätig; während des 2. Weltkriegs Gruppenltr. im Reichsministerium für Rüstung u. Kriegsprod.
1945 Oberstaatsanwalt in Berlin-Treptow; 1946 KPD/SED; seit 1946 bei der DEFA tätig, Techn. Ltr. des DEFA-Studios für populärwiss. Filme; seit 1956 Prof. u. Ltr. der Fak. Kamera an der HS für Filmkunst u. Fernsehen Potsdam-Babelsberg; 1956–61 Hauptdir. (Nachf. von Hans Rodenberg*), 1961–73 Dir. für Prod. u. Technik im DEFA-Spielfilmstudio Potsdam-Babelsberg, 1973–76 erneut Hauptdir. (Nachf. von Franz Bruk); 1966–87 Vors. des KB im Bez. Potsdam, zeitw. Mitgl. des Präsidialrats des KB; 1974 VVO in Gold; 1978–89 Präs. des Film- u. Fernsehrats; Vizepräs. der Intern. Org. der Filmtechniker; 1984 Stern der Völkerfreundschaft; 1989 Ehrenspange zum VVO in Gold.

Will, Rosemarie, geb. Flick 25. 8. 1949
Rechtswissenschaftlerin
Geb. in Bernsdorf (Sa.), Vater Neulehrer, Mutter Putzmachermeisterin; 1968 Abitur, anschl. Aushilfslehrerin in der Unterstufe; 1969 SED; 1969–73 Studium der Rechtswiss. an der HU Berlin, anschl. Forschungsstudium, ab 1974 Assistentin an der Sekt. Rechtswiss. der HU, 1977 Prom. mit einer Diss. zum Kampf um so-

ziale Grundrechte in der Bundesrep. Dtl.; 1979/80 Zusatzstudium an der Univ. Lwow (UdSSR); 1980–83 wiss. Mitarb. am AdW-Inst. für Theorie des Staates u. des Rechts in Berlin; 1984 Habil. mit einer Diss. zur Rolle des Staates im pol. System, anschl. Doz. für Staats- u. Rechtstheorie an der HU; seit 1984 Mitarb. im Arbeitskr. »Verfassungsentw. soz. Länder« um den reformorientierten Rechtswiss. Jens-Uwe Heuer, theor. Arbeiten zu Rechtsstaatlichkeit u. Gewaltenteilung; Nov. 1988 Teiln. an der Gründung der Projektgruppe »Konzeption eines mod. Soz.« um Michael Brie* u. Rainer Land*, Arbeitsschwerpunkt: Reform des pol. Systems (mit Dieter Segert); Sept. 1989 Berufung zur Prof. für Staatsrecht an der HU; Okt./Nov. 1989 Autorin bzw. Mitautorin versch. »Sofortpapiere« mit Forderungen zur Umgestaltung des pol. Systems, die z. T. vom Neuen Forum übernommen wurden; Dez. 1989 Delegierte beim ao. SED-Parteitag, Parteiaustritt im Jan. 1990 nach gescheiterten Bemühungen um eine Selbstauflösung der SED; Dez. 1989 – März 1990 als Expertin Mitarb. in der Arbeitsgruppe »Neue Verfassung« des Zentralen Runden Tischs; Apr. 1990 Wahl zur Dekanin des Fachbereichs Rechtswiss. der HU; Ltr. der Kommission für die Erarbeitung eines Verfassungsentwurfs der Reg. de Maizière*; Juni Gründungsmitgl. des »Kuratoriums für einen demokr. verfaßten Bund Dt. Länder«, Mitautorin des Verfassungsentwurfs des Kuratoriums vom Juni 1991; 1992 Berufung als Prof. für öff. Recht am Fachbereich Rechtswiss. der HU Berlin; 1992–94 wiss. Mitarb. am Bundesverfassungsgericht in Karlsruhe.
Publ.: Verfassungen in Dtl. (mit Hans Will). Köln 1994.

Willerding, Hans-Joachim (Jochen) 19. 4. 1952
FDJ-Funktionär, PDS-Politiker
Geb. in Berlin, Vater Diplomat; 1958–64 Schulbesuch in Berlin, 1964–68 sowj. Schule in Ulan Bator, 1968–71 EOS Bad Freienwalde, Abitur; 1966 FDJ, 1971 SED; 1971/72 Instrukteur beim ZR der FDJ, Abt. Schuljugend; anschl. bis 1977 Studium am Staatl. Inst. für Intern. Beziehungen in Moskau, Dipl.-Staatswiss., 1977 Prom. zum Dr. phil.; 1977/78 stellv. Ltr. der Abt. Intern. Verbindungen beim ZR der FDJ, danach Vertreter der FDJ im Sekr. des Intern. Studentenbunds in Prag, Schatzmeister; 1979–89 Mitgl. des Büros u. Sekr. des ZR der FDJ; 1981 – Okt. 1990 Abg. der Volkskammer, 1981 stellv. Vors., 1982 Vors. der FDJ-Fraktion; 1986 Kand., 1989 Mitgl. des ZK der SED; 8. 11. 1989 Kand. des PB u. Sekr. des ZK der SED, 3. 12. Rücktritt mit dem ZK; ab 8. 12. Mitgl. des Präs. des PV der SED/PDS bzw. PDS, ab Febr. 1990 Ltr. der Kommission Intern. Beziehungen; März – Okt. 1990 Abg. der Volkskammer, Mitgl. der PDS-Fraktion u. stellv. Vors. des Auswärtigen Aussch.

Willmann, Heinz 9. 7. 1906–22. 2. 1991
Bundessekretär des Kulturbunds, Generalsekretär des Friedensrats
Geb. in Unterliederbach (Frankfurt/Main), Vater Möbeltischler, Mutter Näherin; 1912–20 Volksschule; 1920/21 Ausbildung in der Forstwirtschaft, 1921–28 Ausbildung zum Kaufmann, danach als Werbefachmann u. Spediteur tätig, zugleich Abendkurse für engl. Sprache, Lit. u. vergleichende Sprachwiss. an der TH Darmstadt u. der Univ. Frankfurt; Theaterstatist; 1920 SAJ, ADGB, 1921 Intern. Arbeiterhilfe, 1923 KJVD, 1925 KPD, auf örtl. Ebene aktiv, Mitarb. an Ztgn. u. Ztschr., u. a. »Arbeiter-Illustrierte-Zeitung«; 1928 Mitarb. des Neuen Deutschen Verlags von Willi Münzenberg, 1929–33 Ltr. der Vertriebsstellen des Verlags in Hamburg u. Berlin; 1933 illegale Tätigkeit, sechs Monate Haft im KZ Hamburg-Fuhlsbüttel;

1934 Emigration, ab 1935 UdSSR, publizist. u. verleger. Arbeit, 1937–45 Red. von »Internationale Literatur: Deutsche Blätter« (Ps. Roha, Robert Hammer); 1944/45 Mitarb. an programmat. Dokumenten der KPD für die Nachkriegszeit. Juni 1945 Rückkehr nach Dtl.; Mitbegr. u. 1945–50 Generalsekr. (Bundessekr.), dann bis 1991 Mitgl. des Präsidialrats des KB, 1945 Mitbegr. des Aufbau-Verlags; 1946 SED; 1950–66 Ltr. des Komitees der Kämpfer für den Frieden bzw. Generalsekr. u. 1966–90 Mitgl. des Präs. des Friedensrats, 1950–66 Mitgl. des Weltfriedensrats; 1966 VVO in Gold; 1966/67 Botschafter in der ČSSR; anschl. freischaff. Publizist; 1985 Dr. h.c. (KMU Leipzig).
Publ.: Geschichte der Arbeiter-Illustrierten-Zeitung 1921 bis 1938. Berlin 1974; Steine klopft man mit dem Kopf. Lebenserinnerungen. Berlin 1977.

Winkelmann, Egon 1. 1. 1928
Botschafter
Geb. in Lichtenstein-Callenberg (Sa.), Vater Arbeiter; 1947 SED; Studium an der HU Berlin, Dipl.-Historiker; Red. am Sender Leipzig; Lektor im Dietz Verlag Berlin; 1962–64 1. Sekr. an der Botschaft in der KVDR; postgraduales Studium an der HS für Diplomatie, 1972 Prom. zum Dr. oec. am Inst. für Intern. Beziehungen in Moskau; 1967 Sektorenltr., anschl. stellv. Abt.-Ltr. u. 1978–80 Ltr. der Abt. Intern. Verbindungen im ZK der SED (Nachf. von Paul Markowski*), 1976–81 Mitgl. der ZRK der SED; 1978–*81 Abg. der Volkskammer; 1981–87 Botschafter in der UdSSR; 1981–89 Mitgl. des ZK der SED; 1987–90 1. Vizepräs. u. Generalsekr. der Liga für Völkerfreundschaft.

Winkler, Gunnar 21. 3. 1931
Vorsitzender des Wissenschaftlichen Rats für Sozialpolitik und Demographie
Geb. in Hamburg, Vater Dachdecker, Mutter Angestellte; aufgewachsen in Leipzig, dort Besuch der Volksschule; 1946 KPD/SED; 1948–51 Ausbildung u. Arbeit als Hauer im Uran-Bergbau der SAG Wismut, dort anschl. hauptamtl. FDJ-GO-Sekr.; 1952–56 Studium der Wirtschaftswiss. an den Univ. Leipzig u. Halle; 1956–67 Assistent, Oberassistent u. Doz. für Betriebsök. an der HS der Gewerkschaften in Bernau, 1967 Diss. A zu Problemen der Planung von Arbeits- u. Lebensbedingungen, 1970 ord. Prof. für soz. Betriebswirtschaft u. Ltr. der Sekt. Arbeit u. Sozialpol. dieser HS, 1972 Diss. B zu Problemen der Sozialplanung; seit der Gründung 1978 Dir. des Inst. für Soziol. u. Sozialpol. der AdW in Berlin (ISS); 1974–90 Vors. des Wiss. Rats für Sozialpol. u. Demographie, verantw. für die DDR-weite Koordination der Forschungen auf diesen Gebieten; Gründer u. Hrsg. des Jahrbuchs für Soziol. u. Sozialpol. (1980–89).
1990 bis zur Abwicklung des Inst. 1991 geschäftsführender Dir. des ISS, seitdem Geschäftsführer des Sozialwiss. Forschungszentrums Berlin-Brandenburg, Forschungen zur sozialen Lage von Gruppen in den neuen Bundesländern; Hrsg. des Sozialreport '90 u. '92, Frauenreport '90, Altenrep. '92, der Schriftenreihe »Umbruch« u. der Quartalsztschr. »Sozialreport«.
Publ.: Theorie u. Praxis der Sozialpol. Berlin 1979; Lexikon Sozialpol. (Hrsg. u. Mitautor). Berlin 1987; Geschichte der Sozialpol. (Hrsg. u. Mitautor). Berlin 1989.

Winkler, Heinz 7. 5. 1910–25. 6. 1958
Architekt, Minister
Geb. in Chemnitz als Sohn eines Zimmermanns; Städt. Realschule Chemnitz; 1927/28 Maurerlehre; 1928–32 Studium der Technik in Chemnitz; 1932–35 Architekt in Chemnitz; 1935/36 Angestellter im Heeresbauamt Chemnitz; 1936 bis 1941 Säureschutz-Ingenieur; 1938–45 NSDAP; 1941–45 Militärdienst.

1945–49 selbständiger Architekt für ländl. Bauten in Chemnitz; Techn. Ltr. des Entwurfsbüros für Industriebauten Chemnitz; 1948 CDU, dort Referent des Bezirksgruppenvors.; 1949/50 Architekt, Kreisrat in Chemnitz; 1950–53 Kollektivltr. im Landkreis Chemnitz; Febr. 1953 Dir. des Entwurfsbüros Hochbau Stalinstadt (Eisenhüttenstadt); 1953/54 Min. für Aufbau (Nachf. von Lothar Bolz*); seit 1954 Mitgl. des Hauptvorst. der CDU u. seit 1956 seines Präs., seit 1958 Vors. des Beirats für Bauwesen; Unfalltod.

Winter, Eduard 16. 9. 1896–3. 3. 1982
Historiker, Rektor der MLU Halle
Geb. in Grottau (Böhmen), Vater Schuhmacher, Kanzleiverwalter; Obergymnasium in Böhmisch-Leipa; 1914 Kriegsfreiwilliger; 1915–19 Studium der Theol. an der Univ. Innsbruck, dort 1919 Priesterweihe; 1919 Adjunkt an der Theolog. Fak. der Dt. Univ. Prag, 1921 u. 1922 theol. Prom. u. Habil.; 1922 Doz. für Soziol. an der Theolog. Fak.; 1926 Prom. an der Philosoph. Fak. mit einer Arbeit zur kath. Aufklärung in Österreich; 1929 unbesoldeter a.o. Prof., 1931 besoldeter a.o. Prof., 1932 ord. Prof. für Kirchengeschichte; 1935 Habil. an der Philosoph. Fak.; 1940 Entpflichtung von der Theolog. Fak. wegen Verstoßes gegen das Zölibat; 1941 Prof. für Geistesgeschichte an der Philosoph. Fak.; 1945–47 Wien.
1947–51 ord. Prof. für osteur. Geschichte an der MLU Halle, dort 1951 Rektor; 1951–66 ord. Prof. für osteur. Geschichte u. Dir. des Inst. für Geschichte der Völker der UdSSR an der HU Berlin; 1955 ord. Mitgl. der DAW; 1955–59 Ltr. der Hist. Abt. des Inst. für Slawistik der DAW, 1956–59 Ltr. der Arbeitsgruppe Geschichte der slaw. Völker am Inst. für Geschichte der DAW, 1961–65 Ltr. der Abt. Geschichte der Wiss. u. der wiss. Beziehungen am Inst. für Geschichte der DAW, 1961–65 Ltr. der Arbeitsstelle für dt.-slaw. Wiss.-Beziehungen an der DAW, 1963 Korr. Mitgl., 1967 Ord. Mitgl. der Académie Internationale d'Histoire des Sciences (Paris); 1966 Em.; 1957 NP, 1981 VVO in Gold.
W. lebte als österreich. Staatsangehöriger in der DDR; er publizierte insbes. zur Geschichte Osteuropas, zu den dt.-slaw. Beziehungen, zur Geschichte des Papsttums u. des Katholizismus, zu den russ.-vatikan. Beziehungen, zur Aufklärung; intern. bekannt wurde er v.a. mit seinen Arbeiten über Bernard Bolzano.
Publ.: Bernard Bolzano u. sein Kreis. Leipzig 1933; Leben u. geistige Entwicklung des Sozialethikers u. Mathematikers Bernard Bolzano. Halle 1949; Barock, Absolutismus u. Aufklärung in der Donaumonarchie. Wien 1971; Autobiogr.: Mein Leben im Dienst des Völkerverständnisses. Berlin 1981; Bibliogr. in: Wegbereiter der dt.-slaw. Wechselseitigkeit (Hrsg. E. W./G. Jarosch). Berlin 1983.
Sek.-Lit.: C. Grau; E. W. In: Wegbereiter der DDR-Geschichtswiss. Berlin 1989.

Winter, Kurt 11. 5. 1910–18. 11. 1987
Sozialhygieniker
Geb. in Glehn (Kr. Neuss); Gymnasium in Neuss; 1933–35 Medizinstudium in München, Bonn, Berlin u. (im Exil) Bern, hier 1936 Prom. »Über die Simmonds'sche Kachexie«; 1937/38 Arzt der Intern. Brigaden im span. Bürgerkrieg; 1937 KPD, 1938–45 Exil in Schweden, Tätigkeit als Sozialarzt in Stockholm.
1946 Rückkehr nach Dtl.; SED; 1946–49 Kreisarzt in Teltow u. Ltr. des Gesundheitsamts des Landes Brandenburg, 1948/49 Vizepräs. der Dt. ZV für Gesundheitswesen, 1950/51 Ltr. der HA für Kultur u. des Gesundheitswesens im Min. für Planung; 1950–56 wiss. Mitarb. am Inst. für Sozialhygiene der HU Berlin, 1952 Habil. zum Thema Poliklini-

ken u. Ambulatorien, 1956 Prof. mit Lehrauftrag, 1957 Prof. mit Lehrstuhl, 1956–75 Dir. des Hygiene-Inst. der HU Berlin (Nachf. von Alfred Beyer*), 1964–66 Prodekan für Studienangelegenheiten; 1967–79 Rektor der Akad. für ärztl. Fortbildung, Hrsg. u. Chefred. der Ztschr. für ärztl. Fortbildung; Vors. der Ges. für Sozialhygiene; 1956–59 Ltr. der Abt. Medizin im Staatssekretariat für Hoch- u. Fachschulwesen, 1967 Vizepräs. des Rats für Planung u. Koordinierung der med. Wiss. beim Min. für Gesundheitswesen; 1975–80 Mitgl. des eur. Regionalbüros der WHO; wiss. Arbeitsgebiete: Med. Soziol., Epidemiol., Demogr. u. Akzelerationsforschung; 1967 NP, 1975 VVO in Gold, 1985 KMO, 1980 Dr. med. h.c. der Akad. für ärztl. Fortbildung Berlin; gest. in Berlin.
Publ.: Lehrbuch der Sozialhygiene (Hrsg. mit Alfred Beyer). Berlin 1953.

Winter, Rudolf 26. 3. 1927
Generaldirektor des VEB Werkzeugmaschinenkombinat Karl-Marx-Stadt
Geb. in Siegmar-Schönau in einer Bauarbeiterfamilie; Schlosserlehre in den Wandererwerken Chemnitz; 1944 NSDAP.
1947 SED; ABF, anschl. Maschinenbaustudium an der TH Dresden, Dipl.-Ing.; ab 1953 Abt.-Ltr. bzw. Produktionsdir. in den Zittauer Roburwerken, danach Techn. Dir. im Motorradwerk Zschopau; 1961–68 Sektorenltr. Technik im Volkswirtschaftsrat, Abt.-Ltr. bzw. stellv. Min. für Verarbeitungsmaschinen- u. Fahrzeugbau; 1968–70 Generaldir. der VVB Werkzeugmaschinen, 1970–90 Generaldir. des Werkzeugmaschinenkombinats »Fritz Heckert« Karl-Marx-Stadt bzw. Chemnitz – mit einem Anteil von 40 % größter Werkzeugmaschinenhersteller der DDR; 1981 Prom. zum Dr. rer. oec. an der PHS der SED »Karl Marx«; 1981–89 Mitgl. des ZK der SED; 1987 KMO; 1988 Honorarprof. u. Vors. des Ges. Rats der TU Karl-Marx-Stadt; 1990 Vorruhestand.

Winternitz, Joseph (Decknamen Kraus; Lenz) 18. 2. 1896–22. 3. 1952
Direktor des Marx-Engels-Lenin-Instituts
Geb. in Oxford (Engl.); Vater Prof. für Indologie u. Ethnol. an der dt. Univ. in Prag; dt. Volksschule u. Gymnasium in Prag; Stud. der Philos., Mathematik u. Physik in Prag (bis 1916) u. Berlin; 1916–18 Militärdienst in der österr. Armee, wurde zum Kriegsgegner; 1918–20 SDAP der ČSR, Abschluß des Studiums, 1920 Dr. der Philos.; 1920/21 Fortsetzung des Studiums an der Univ. Berlin, Mitgl. des Spartakusbunds u. der VKPD; 1920–22 KPČ; 1921/22 ČSR, Chefred. des »Vorwärts« in Reichenbach; 1922–34 KPD; 1923–25 Studium in Frankfurt/Main; Mitarb. des ZS der KPD, Autor u. Ltr. der KPD-Parteischulung bis 1933; Kand. des ZK der KPD seit dem Essener Parteitag, später Mitgl. des ZK; Leiter der Propagandaabt. des ZK der KPD, 1931 wegen »ideolog. Abweichungen« abgelöst.; bis Ende 1933 Mitarb. der Zentr. Ltg. der KPD, stand in enger Verb. mit Walter Ulbricht*; Dez. 1933 Emigr. in die ČSR (Prag); bis 1935 in der Auslandsorg. der KPD, 1935–45 KPČ; 1935–39 Red. u. Ltr. der Propagandaarb. u. der Schulungsarbeit der KPČ; März 1939 Ausreise nach England (London), da brit. Staatsbürger seit Geburt; bis 1945 Auslandsorg. der KPČ; kehrte wegen starker Differenzen mit der KPČ in der Frage der Sudetendeutschen nicht in die ČSR zurück; 1945–48 KP Großbritanniens; 1946–48 freier Schriftst. in London, u.a. verantw. Red. der Ztg. »Scheinwerfer über Dtl.« (Organ des brit. Rats zur Unterstützung der Demokratie), Mitarb. von »Labour Monthly« u. »World News and Views«.
Sept. 1948 Rückkehr nach Dtl. (SBZ), SED; Okt. 1948 ord. Prof. an der Univ.

Berlin, glz. Ltr. der Abt. Pol. Ök. am Wiss. Forschungsinst. der PHS; Anerkennung als OdF; Leiter des Forschungsinst. der SED in Kleinmachnow, mit Gründung im März 1949 Dir. des Marx-Engels-Lenin-Inst. beim PV der SED (das spätere IML); 1949 VVN; Ende Feb. 1950 als Dir. des Marx-Engels-Lenin-Inst. abgelöst wegen angebl. Unterstützung einer »Kampagne der Imperialisten u. Tito-Agenten gegen Stalin«; Anlaß war ein Artikel W.'s in der »Einheit«; Jan. 1950 Rücküberweisung an die KP Großbritanniens; März 1950 Dekan der wirtschaftswiss. Fakultät der HU Berlin; vor drohender Verhaftung 1951 erneute Übersiedlung nach England; gest. in London.

Winterstein, Eduard von
(eigtl. Freiherr von Wangenheim)
1. 8. 1871–22. 7. 1961
Schauspieler
Geb. in Wien; Schauspielunterricht bei seiner Mutter Luise von Wangenheim-Dub; 1889 erstes Engagement in Gera am Reuss. Theater; weitere Engagements u. a. in Gelsenkirchen, Hanau, Erfurt, Göttingen; 1898–1901 am Dt. Theater Berlin; 1901–25 Schauspielarbeit an versch. Berliner Bühnen (u. a. Lessing Theater, Staatstheater, Theater am Kurfürstendamm, Tribüne); 1926–33 Theater bei Max Reinhardt; 1928–35 Verwaltungsrat des Vorst. der Genossenschaft Dt. Bühnenangehöriger; 1933/34 am Preuß. Theater der Jugend im Schiller-Theater; 1934–36 am Dt. Theater bei Heinz Hilpert; 1938–44 am Schiller-Theater; 1945 bis zu seinem Tode Mitgl. des Dt. Theaters Berlin, spielte hier in der ersten Nachkriegsinszenierung den Klosterbruder – ab 1955 den Nathan – in Lessings »Nathan der Weise«; 1954 Mitgl. der DAK.
Zählte zu den meistbeschäftigten Schauspielern Berlins; spielte u. a. den Horatio in »Hamlet«, Jago in »Othello« (Shakespeare), Tellheim in »Minna von Barnhelm« (Lessing), Faust (Goethe); 1920–61 Mitwirkung in 168 Filmen, u. a. in den DEFA-Filmen »Die Sonnenbrucks«, »Der Untertan«, »Das verurteilte Dorf«.
Publ.: Mein Leben u. meine Zeit (Autobiogr.). Berlin 1967.

Winzer, Otto 3. 4. 1902–3. 3. 1975
Außenminister
Geb. in Berlin-Reinickendorf, Vater Droschkenkutscher; Volksschule, Fortbildungsschule für das grafische Gewerbe; 1916–22 Ausbildung zum Schriftsetzer, danach im Beruf tätig; 1918 Mitgl. eines Arbeiterrats, 1919 Freie Soz. Jugend, KPD; 1922 Ltr. einer Ortsgruppe des KJVD, Hersteller im Verlag der Komm. Jugendinternationale (KJI), 1923 Mitgl. der BL Berlin-Brandenburg des KJVD, 1924 Ltr. der Wiener Filiale des KJI-Verlags, Herbst 1924/25 Ltr. des Roten Jungsturmes, nach Verlust des Parteiausweises 1922 Neueintritt in die KPD im Jan. 1925; Okt. 1925 erneuter Einsatz in Wien, Ltr. des KJI-Verlags; 1925–27 Mitgl. der KPÖ, 1927 Rückkehr nach Berlin; Ltr. des KJI-Verlags in Berlin; 1928 Arbeit im Exekutivkomitee der KJI in Moskau, 1928–30 Mitgl. der KPdSU(B); 1930 Rückkehr nach Berlin, bis Okt. 1930 Mitarbeit im Westeur. Büro des Exekutivkomitees, Reisen nach Holland, Frankreich u. Bulgarien, dann bis 1933 Übernahme der Ltg. des KJI-Verlags; Okt. 1933 – Juli 1934 Ltr. der RGO Berlin-Brandenburg; 1934 Emigration nach Paris, dort verantw. Red. einer Jugendztschr., 1935 nach Moskau, Mitarbeit in der Verlagsabt. des EKKI, nach einer strengen Rüge u. Verwarnung durch die Internat. Kontrollkommission Entlassung im März 1937, dann Übersetzer u. Red. im Verlag für fremdsprachige Literatur, 1941 erneut Mitarbeit der KI, Sept. 1941 Red. am Dt. Volkssender in Moskau, Ltr. der Red. »Die Heimat ruft die Front«; 1943 Mitgl. des NKFD, ab

1944 stellv. Red.-Ltr. des Dt. Volkssenders, ab Sept. 1944 Lehrer an der Parteischule der KPD.
30. 4. 1945 Rückkehr nach Dtl. mit der KPD-Gruppe für Berlin (Ltg. Walter Ulbricht*); 1945/46 Stadtrat für Volksbildung im Magistrat von Berlin, Mitgl. des ZK der KPD; ab 1947 Mitgl. des PV bzw. ZK der SED, 1947 Ltr. der Abt. Presse, Rundfunk u. Information beim PV, 1949 stellv. Chefred. der Ztg. »Neues Dtl.«; 1949–56 Staatssekr. u. Chef der Privatkanzlei des Präs. der DDR; ab 1950 Abg. der Volkskammer; 1955 VVO in Gold; 1956 stellv. Außenmin., 1959–65 Staatssekr. u. 1. Stellv. des Außenmin.; 1962 KMO; 1965–75 Min. für Auswärtige Angelegenheiten (Nachf. von Lothar Bolz*).

Wirth, Günther 7. 12. 1929
CDU-Politiker
Geb. in Brand-Erbisdorf (Kr. Freiberg), Vater Sparkassenbeamter; 1940–48 Oberschule in Freiberg, Abitur; 1945 Mitbegr. des antifasch. Jugendausschusses in Brand-Erbisdorf, 1946 FDJ, KB, 1947 CDU; 1948–50 Volontär bzw. Red. des CDU-Organs »Märkische Union« in Potsdam; 1950/51 Referent bei der CDU-Parteiltg. in Berlin; 1951–54 (nicht durchgehend) Studium der Germanistik an der HU Berlin; 1952/53 Hauptreferent beim CDU-Hauptvorst., 1954–58 Sekr. des CDU-Hauptvorst.; 1958–61 Fortsetzung des Studiums an der HU Berlin, Dipl.-Phil.; 1960–89 Mitgl. des CDU-Hauptvorst.; seit 1961 Mitgl. des Präs. des Friedensrats; 1961–63 stellv. Chefred. des CDU-Zentralorgans »Neue Zeit«, 1964–70 Cheflektor im Union Verlag Berlin; 1967–90 Mitgl. der Berliner Stadtverordnetenvers., 1968–86 Vors. ihrer Ständigen Kommission Kultur; 1970–72 Chefred. des »Ev. Pfarrerblatts«, 1973–85 Chefred., 1986–90 Hrsg. der ev. Monatsztschr. »Standpunkt« Berlin; 1972–89 Mitgl. des Präs. des CDU-Hauptvorst.; 1972–90 Vizepräs. des KB; 1977 Prom. zum Dr. phil. u. 1985 Honorarprof. für Neueste Kirchengeschichte an der HU Berlin, Hrsg. der »Beiträge zur Berliner Kirchengeschichte« (1987); 1989 Dr. h.c. (Theolog. Comenius-Fakultät Prag); 1990 Ltr. der Wiss. Arbeitsgruppe beim Vors. der CDU.
Publ.: Martin Luther King. Berlin 1964; Heinrich Böll. Berlin 1965, Köln 1969, Warschau 1970; Josef L. Hromádka. Berlin 1977; Johannes Bobrowski*. Berlin 1986.

Wirzberger, Karl-Heinz
2. 6. 1925–23. 4. 1976
Amerikanist, Rektor der Humboldt-Universität Berlin
Geb. in Grüneberg (Kr. Ruppin), Vater Angestellter; Oberschule, Abitur; 1943 NSDAP; 1943–45 Kriegsmarine.
1946–51 Studium der Anglistik, Amerikanistik u. Germanistik an der HU Berlin, 1951 hier Prom. zum Dr. phil. u. 1954 Habil. über die Romane Theodore Dreisers; 1954 Doz., 1958 Prof. mit Lehrauftrag, 1960 Prof. mit vollem Lehrauftrag, 1963 Prof. mit Lehrstuhl für Amerikanistik am Engl.-Amerikan. Inst. der HU Berlin; 1960–65 Vors. der Universitätsgewerkschaftsltg. u. Senatsmitgl.; 1964 Mitgl. des Zentralvorst. der Gewerkschaft Wiss.; 1965 Dekan der Philosoph. Fak., 1967–76 Rektor der HU Berlin (Nachf. von Heinz Sanke); 1969 Ord. Mitgl. der DAW u. Mitgl. des Präs. des NR der NF; 1971 SED; 1971–76 Berliner Vertreter in der Volkskammer; Vizepräs. der Weltföderation der Wissenschaftler, Mitgl. des Exekutivrats der Intern. Vereinigung der Univ.
Forschungs- u. Publikationstätigkeit auf dem Gebiet der amerik. Lit., Hrsg. von dt. Übersetzungen amerik. Schriftst., darunter der Werke Dreisers; Mithrsg. der »Ztschr. für Anglistik u. Amerikanistik« (ab 1968).

Publ.: Abriß der Geschichte der amerik. Lit. vom Ersten Weltkrieg bis zur Gegenwart. Leipzig 1968.

Wischnewski, Klaus 11. 12. 1928
Filmautor, DEFA-Chefdramaturg
Geb. in Kolberg (Pom.), Vater Reichsbahn-Ing.; ab 1945 in Schwerin; 1949–53 Studium der Kulturpol. u. Publizistik in Leipzig, der Theaterwiss. in Weimar; 1953–58 Dramaturg am Maxim Gorki Theater Berlin; erste Filmkritiken; ab 1958 Dramaturg im DEFA-Spielfilmstudio, 1960 Chefdramaturg; Zusammenarbeit mit Slatan Dudow*, Frank Beyer*, Konrad Wolf*, Günther Rücker* u. a.; wurde 1966 nach dem 11. Plenum des ZK als Verantwortlicher für mehrere verbotene Filme (u. a. »Spur der Steine«) entlassen u. für die Filmarbeit gesperrt; 1967–84 Dramaturg, ab 1976 Chefdramaturg am Dt. Theater Berlin; Zusammenarbeit mit Maxim Vallentin*, Benno Besson*, Adolf Dresen*, Alexander Lang* u. a.; ab 1971 unter dem Ps. Peter Ahrens wieder Filmkritiken; 1983 PEN-Zentrum DDR; 1984–91 Autor u. Dramaturg im DEFA-Dok.-Filmstudio, Dok.-Filme u. a.: »Das Jahr 1945«, »Spanien im Herzen«, »Eine dt. Karriere«, »Walter Janka* – Aufgeben oder neu Beginnen«, »Nationalität: deutsch«; 1988 Heinrich-Greif-Preis; 1991–93 Programmdir. des Leipziger Festivals für Dok.- u. Animationsfilme; lebt in Berlin.
Publ.: Mitautor u. a. von: 100 Jahre Dt. Theater. Berlin 1983; Konrad Wolf. Berlin 1985; Brüche, Krisen, Wendepunkte. Berlin 1990; Das zweite Leben der Filmstadt Babelsberg. Berlin 1994.

Wisten, Fritz (Moritz Weinstein)
25. 3. 1880–12. 12. 1962
Regisseur, Theaterleiter
Geb. in Wien, Vater Bankangestellter; 1909–12 Ausbildung zum Schauspieler an der k.u.k. Akad. für Musik u. darstellende Kunst; 1912 Engagement am Märk. Wandertheater Berlin, 1913 Stadttheater Kattowitz, 1914 Stadttheater Teplitz-Schönau, 1915–18 Stadttheater Eisenach, erste Regiearbeiten, 1919 Residenztheater Berlin, 1920–33 Württemberg. Landestheater Stuttgart; 1928 Mitarb. des Süddt. Rundfunks; 1933 aus rass. Gründen entlassen; Neubeginn als Schauspieler im Theater des Kulturbunds dt. Juden in Berlin, 1935 Regietätigkeit, 1936 Oberspielltr.; 1938 Schließung des Theaters, kurzzeitige Inhaftierung, Entlassung mit der Auflage, das Theater weiterzuführen (Nachf. von Kurt Singer); 1941 Verbot des jüd. Kulturbunds u. endgültige Schließung des Theaters; 1942–45 Zwangsarbeit.
1945 Regisseur der »Nathan«-Inszenierung am Dt. Theater Berlin, »Professor Mamlock« von Friedrich Wolf* am Hebbel-Theater; 1946 Lizenz für die Ltg. des Theaters am Schiffbauerdamm; 1946–54 Intendant u. Ltr. des angegliederten Märchentheaters der Stadt Berlin; 1954–62 Intendant der Volksbühne, Eröffnungsinszenierung »Wilhelm Tell«, 1956 Eröffnung des Theaters im 3. Stock; 1961 DAK.
Inszenierungen u. a.: 1946 »Der Snob«, 1950 »Stützen der Gesellschaft«, 1952 »Der arme Konrad«, 1956 »Ein Sommernachtstraum«, 1960 »Die Troerinnen« von Euripides, 1961 »Ravensbrücker Ballade« von Hedda Zinner*.
Sek.-Lit.: F. W. Drei Leben für das Theater. Ausstellungskat. Berlin 1990.

Witt, Günter 19. 12. 1925
Stellv. Kulturminister
Geb. in Stralsund, Vater Arbeiter; 1932–42 Volks- u. Mittelschule, 1942/43 Reichsfinanzschule u. RAD; 1943–45 Wehrmacht, Uffz., engl. Gefangenschaft.
1945–50 Lehrer in Stralsund; 1945/46 SPD/SED; 1950–60 hauptamtl. Mitarb. von FDJ bzw. SED in Schwerin u. Pots-

dam, 1953–55 Besuch der PHS, Dipl.-Ges.-Wiss.; 1960–65 stellv. Min. für Kultur u. Ltr. der HV Film, 1965 Prom. zum Dr. phil. mit einer Diss. über den Zusammenhang von Kunst u. Sport (KMU Leipzig); 1965 fristlos aus dem Min. entlassen nach heftiger Kritik auf dem 11. Plenum des ZK der SED; 1966–74 Dir. der Berlin-Information; 1974–90 Hochschullehrer für Sportästhetik an der DHfK Leipzig, 1980 Habil. mit einer Arbeit über die Ästhetik des Sports (KMU), 1982 Prof. für Kulturtheorie u. Ästhetik an der DHfK; seit 1977 NOK-Mitgl., Kunstwart, 1981–90 Mitgl. des Präs. des NOK.
Publ.: Sport in der Kunst. Leipzig 1969; Ästhetik des Sports. Berlin 1982; Anthologie »Sport u. Poesie«. 3 Bde. Berlin 1987–89.

Witt, Katarina 3.12.1965
Leistungssportlerin (Eiskunstlauf)
Geb. in Staaken; ab 1970 Eiskunstläuferin beim SC Karl-Marx-Stadt (Trainerin Jutta Müller*); 1982 Vize-EM, 1983–88 EM; 1982 Vize-WM, 1984 u. 1985 WM, 1986 Vize-WM, 1987 u. 1988 WM; 1984 u. 1988 Olympiasiegerin, anschl. Beendigung der leistungssportl. Laufbahn im Amateurbereich; 1988 Abitur an der KJS; anschl. Aufnahme eines Schauspielstudiums in Berlin (ohne Abschluß); UNICEF-Sonderbotschafterin; 1988 Gastspiel bei der Eisrevue »Holiday on Ice«.
1990 off. Berufsläuferin, Eisrevuefilm »Carmen on Ice«; Inhaberin der Firma »Art & Promotion« in Frankfurt/Main; 1993 Reamateurisierung u. Teiln. an den Olymp. Spielen 1994, anschl. Rückkehr zum Berufssport.
Publ.: Meine Jahre zwischen Pflicht u. Kür. München 1994.
Sek.-Lit.: Kluge*, Volker: Katarina – eine Traumkarriere auf dem Eis. Berlin 1988.

Wittgen, Tom (Ps. von Ingeburg Siebenstädt) 26.4.1932
Schriftstellerin
Geb. in Wittgensdorf (b. Chemnitz); Volksschule, Arbeit in der Landw. u. als Haushaltshilfe, Abitur an der ABF in Leipzig, danach Germanistikstudium in Leipzig u. Berlin; Reporterin u. Red. bei Radio DDR; Lektorin im Verlag des MdI, ab 1963 im Verlag Das Neue Berlin, betreute hier die Kriminalheftreihe »Blaulicht«, in der sie selbst debütierte (»Der Überfall«, »Tapetenwechsel«, beides 1967); seit 1970 freischaff.
Führende Kriminalautorin der DDR, 1970–80 zehn Romane, alle in der auflagenstarken Krimi-Taschenbuchreihe DIE (Delikte, Indizien, Ermittlungen) des Verlags Das Neue Berlin; verfaßte auch Kinderbücher, zwei Abenteuerromane u. den Gegenwartsroman »Das Wagnis oder In Motzbach u. anderswo« (1988).
Publ.: Der zweite Ring. Berlin 1970; Intimsphäre. Berlin 1973; Das sanfte Mädchen. Berlin 1975; Tiefenprüfung. Berlin 1978; Das Schwarze-Peter-Spiel. Berlin 1983; Das Nest. Berlin 1986; Nabobs Tochter. Berlin 1990.

Wittich, Dieter 7.2.1930
Philosoph
Geb. in Mansbach (Hessen), Vater Lehrer; 1948 Abitur, anschl. bis 1950 Besuch der Pädagog. FS sowie Lehramtsbewerber (Neulehrer) für russ. Sprache in Schmalkalden (Thür.); 1948 SED; 1950–56 Studium der Pädagogik, Geschichte u. Philos. an der FSU Jena sowie der HU Berlin; 1956–66 wiss. Assistent bzw. Oberassistent am Inst. für Philos. der HU Berlin; dort Prom. zum Dr. phil. mit einer Arbeit über den »kleinbürgerl. Materialismus der Reaktionsjahre nach 1848/49« (Büchner, Vogt, Moleschott) u. 1966 Habil. mit einer Arbeit zur marxist. Praxisauffassung u. zum Verhältnis von Praxis u. Erkenntnis; 1966–91 zunächst Doz., dann Prof. für Erkenntnistheorie am

Inst. für Philos. der KMU Leipzig; 1972–89 Mitgl. des Redaktionskollegiums der Dt. Ztschr. für Philos.; 1974–90 Dekan der Fak. für Philos. u. Geschichtswiss. der KMU; 1979 NP; 1979 Ord. Mitgl. der Sächs. AdW (1992 ausgetreten); 1991 Vorruhestand.
Mitautor eines Grundrisses der marxist.-leninist. Erkenntnistheorie (mit K. Gößler u. K. Wagner, Berlin 1978); Mithrsg. der »Studien zur Erkenntnistheorie« (1973–79); 1972–88 Veranstalter von jährl. Arbeitstagungen zur Erkenntnistheorie in Leipzig; weitere Arbeitsthemen: Wissenschaftstheorie (insbes. Rezeption von Th. Kuhn) u. Geschichte der Philos.
Publ.: Praxis, Erkenntnis, Wissenschaft. Berlin 1965; Über Gegenstand u. Methoden der marxist.-leninist. Erkenntnistheorie. Berlin 1973; Warum u. wie Lenins philosoph. Hauptwerk entstand. Berlin 1985.

Wittig, Heinz 2. 3. 1921–14. 9. 1989
LPG-Vorsitzender, SED-Funktionär
Geb. in Kauern (Kr. Gera), Vater Maurer; Volksschule; 1935–38 Maurerlehre, anschl. im Beruf tätig; 1940–45 Wehrmacht.
1945–48 Maurer u. Mitarb. auf dem väterl. Neubauernhof; 1945/46 SPD/SED, bis 1956 Mitgl. der SED-KL Gera; 1948–53 Bürgermeister in Kauern; Juli 1952 Gründungsinitiator u. 1953–63 Vors. der LPG »Wilhelm Pieck« in Kauern, einer der leistungsstärksten u. bekanntesten genossenschaftl. Agrarbetriebe der DDR; 1954 Mitgl., 1956–62 Kand. bzw. Mitgl. des Büros der SED-BL Gera, 1958 Kand., 1959–86 Mitgl. des ZK der SED; 1959 NP; 1963–86 Vors. des Landwirtschaftsrats bzw. Stellv. des Vors. für Land-, Forst- u. Nahrungsgüterwirtschaft des Rats des Bez. Gera; 1965 staatl. geprüfter Landwirt; 1967–76 Mitgl. des Sekr. der SED-BL Gera; ab 1968 Mitgl. des Rats für landw. Prod. u. Nahrungsgüterwirtschaft der DDR; 1969 Qualifizierung zum Agrar-Ing.; 1971–86 Abg. des Bez.-Tags Gera; 1972 KMO, 1981 VVO in Gold, 1986 Ehrenspange.
Publ.: Wer sollte beginnen, wenn nicht wir! In: Wie wir angefangen haben (Autobiogr.). Berlin 1985.

Wittkowski, Margarete
18. 8. 1910–20. 10. 1974
Präsidentin der Staatsbank
Geb. in Posen, Vater Kaufmann; Lyzeum u. Privatgymnasium; in der zionist. Bewegung aktiv; 1929–32 Studium der Nationalök. in Berlin, Dipl.-Volkswirt; 1932 KPD; 1933 Emigration in die Schweiz; 1934 Prom. in Basel zum Dr. rer. pol. mit einer Diss. über Großbanken u. Industrie in Dtl.; 1935 Emigration nach England, Zusammenarbeit mit dem Generalsekr. der KP Großbritanniens Harry Pollitt.
1945 Rückkehr nach Dtl.; 1946 SED, mit Jürgen Kuczynski Begr. der Wochenztg. »Die Wirtschaft«; 1946/47 Wirtschaftsred. bei »Neues Deutschland«; 1948/49 stellv. Ltr. der HV Planung der DWK; 1949/50 PHS, Studienaufenthalt in der UdSSR; 1950/51 Vizepräs., 1951–54 Präs. des Verb. Dt. Konsumgenossenschaften; 1952–58 Abg. der Volkskammer; ab 1954 Mitgl. des ZK der SED u. 1. Stellv. des Vors. der SPK; 1958 des Managertums bezichtigt, danach bis 1961 nur noch eine der Stellv. des SPK-Vors. u. Rückstufung vom Mitgl. zum Kand. des ZK der SED; Febr. 1961 – Juli 1967 Stellv. des Vors. des Min.-Rats für die Bereiche Handel, Versorgung u. Landw.; 1963–67 Abg. der Volkskammer; 1963 bis zu ihrem Tod wieder Mitgl. des ZK; seit Juli 1967 Präs. der Dt. Notenbank bzw. Staatsbank, 1972–74 zum Mitgl. des Min.-Rats berufen; 1970 VVO in Gold; Apr. 1974 Rücktritt aus gesundheitl. Gründen als Präs. der Staatsbank, als Mitgl. des Min.-Rats abberufen; Mitgl. des Präs. des Friedensrats.

Wittkugel, Klaus
17. 10. 1910–19. 9. 1985
Gebrauchsgrafiker, Plakatkünstler
Geb. in Kiel, Vater Kaufmann; Realschule u. Reformrealgymnasium, 1927–29 kaufm. Lehre in Hamburg, glz. Studien an der Staatl. Kunstschule Hamburg, 1929–32 Studium an der Folkwangschule Essen bei Karl Rössing u. Wilhelm Poetter, Meisterschüler von Max Burchartz; 1932–35 Gebrauchsgrafiker in einem Warenhauskonzern in Berlin u. Studien an der Meisterschule für Grafik u. Buchkunst Berlin; 1935–37 Atelierltr. einer Berliner Werbeagentur, 1937–39 freischaff.; 1939–45 Militärdienst u. Gefangenschaft.
1945–49 Gebrauchsgrafiker bei der Dt. ZV für Handel u. Versorgung; 1946 SED; 1949–52 Chefgrafiker der Reg. der DDR im Amt für Information; 1947 Lehrbeauftragter, 1949 Doz. u. 1952 Prof. für Gebrauchsgrafik an der HS für angewandte Kunst in Berlin, 1975 em.; 1950 Gründungsmitgl. des VBKD, Präsidiumsmitgl. u. 1. Vors. der zentralen Sektionsleitung Gebrauchsgrafik; 1956 Mitgl. des künstler. Beirats der Briefmarkenkommission des Min. für Post- u. Fernmeldewesen; 1961 Mitgl. der DAK, 1968–74 Vizepräs. der DAK bzw. AdK, Mitgl. und Präs. der intern. Vereinigung der Gebrauchsgrafikerverbände (ICOGRADA); 1969 VVO in Gold; 1975 Ehrenmitgl. des VBK.
Sek.-Lit.: Wolf, H.: K. W. (Biogr.). Dresden 1964; Frommhold, E.: K. W. Dresden 1979; K. W. Fotografien 1927–57 (Kat.). Berlin 1986.

Wöckel, Bärbel, geb. Eckert 21. 3. 1955
Leistungssportlerin (Leichtathletik)
Geb. in Leipzig; ab 1969 Leichtathletin beim SC DHfK Leipzig (Trainer Wolfgang Viertler, Karl-Heinz Balzer), ab 1977 beim SC Motor Jena (Trainer Horst-Dieter Hille), Spezialdisz.: Sprint, Hürden; 1973 Junioren-EM über 200 m, 100 m Hürden u. mit der 4x100-m-Staffel, im gleichen Jahr fünfmal Junioren-ER; 1974 EM mit der 4x100-m-Staffel; 1976 u. 1980 jeweils Olympiasiegerin über 200 m u. mit der 4x100-m-Staffel; 1981 Europacup-Siegerin; 1982 EM über 200 m u. mit der 4x100-m-Staffel sowie Vize-EM über 100 m; zwischen 1974 u. 1980 acht WR; 1984 Beendigung der leistungssportl. Laufbahn; nach dem Abitur Pädagogikstudium mit Abschluß als Unterstufenlehrerin.
W. lebt z. Z. im Odenwald u. arbeitet als Angestellte des Dt. Leichtathletikverb. in Darmstadt.

Wodars-Grau, Sigrun, geb. Ludwigs
7. 11. 1965
Leistungssportlerin (Leichtathletik)
Geb. in Neu-Kaliss (Meckl. / Vorp.); Beginn mit dem Leichtathletiktraining bei der BSG Traktor Eldena, ab 1979 KJS Schwerin; zunächst spezialisiert auf 300 m bzw. 400 m Hürden, im Alter von 17 Jahren Wechsel zum SC Neubrandenburg (Trainer: Walter Gladow); Spezialdisz.: 800 m; 1987 WM; 1988 Olympiasiegerin; 1990 EM; VVO in Gold.
1990 Forts. der sportl. Laufbahn beim SC Neubrandenburg (Sponsorvertrag mit NIKE), Teiln. an den Olymp. Spielen 1992; 1992 Abschluß eines Sportlehrerstudiums an der DHfK Leipzig; nach Beendigung der sportl. Laufbahn Ausbildung zur Physiotherapeutin.

Wogatzki, Benito 31. 8. 1932
Schriftsteller
Geb. in Berlin; Arbeit als ungelernter Weber, zeitw. im VEB Feintuch; 1950 ABF in Potsdam, anschl. Journalistikstudium in Leipzig; SED; Mitarb. der Studentenztg. »Forum«, zeitw. stellv. Chefred.; seit 1966 freischaff. Schriftst. u. Autor von Fernsehspielen über den soz. Alltag, reflektierte dabei Probleme der wiss.-techn. Rev. (»Zeit ist Glück« 1968, »Die Zeichen der Ersten« 1969); 1968

Mitgl. des Präsidialrats des KB; 1969 Mitgl. der DAK; 1982 NP 2. Kl.; 1984 Vizepräs. des Friedensrats; Mitgl. des Vorst. des SV; veröff. seit den 70er Jahren auch Prosa (u. a. »Romanze für Amelie« 1977, »Das Narrenfell« 1982).

Wohlgemuth, Gerhard 16. 3. 1920
Komponist
Geb. in Frankfurt/Main; Abitur; 1940–48 Medizinstudium; auf musikal. Gebiet Autodidakt; 1949–56 Lektor im Mitteldt. Verlag Halle u. im VEB Friedrich Hofmeister-Verlag Leipzig; seit 1956 freischaff. Komponist in Halle; 1969 Mitgl. der DAK. Schuf vier Sinfonien, die Oper »Till«, Orchester- u. Kammermusik sowie Filmmusik.
1991 endete die Mitgliedschaft in der AdK.

Wohllebe, Gert 24. 3. 1931
Generaldirektor des VEB Chemieanlagenkombinat Grimma
Geb. in Grimma, Vater Steinbrucharbeiter; Berufsausbildung zum Kupferschmied, anschl. beschäftigt als Monteur in Lauchhammer, Dresden, Leuna u. Böhlen; später Meisterabschluß u. Abendstudium in Leipzig mit Abschluß als Ing.; 1958 SED; 1962–79 Mitgl. der SED-BL Leipzig; 1963–78 Dir. für Technik bzw. Kombinatsdir. des VEB Maschinen- u. Apparatebau Grimma, ab Jan. 1979 Generaldir. des Chemieanlagenkombinats Grimma; ab 1971 Kand., ab 1986 Mitgl. des ZK der SED; 1987 Dr. h.c. (KMU Leipzig); 1990 Vorruhestand.

Woithe, Jörg 11. 4. 1963
Leistungssportler (Schwimmen)
Geb. in Berlin; 1971 zunächst Brustschwimmer beim TZ Dynamo Brandenburger Tor Berlin, 1973 KJS »Werner Seelenbinder« in Berlin; 1975 u. 1977 Spartakiadesieger; Mitgl. des SC Dynamo Berlin (Trainer: Norbert Warnatzsch); Spezialdisz.: Freistil; Olymp. Spiele 1980: Sieger über 100 m, Zweiter mit der 4x200-m-Freistilstaffel; 1982 WM über 100 m; 1987 EM über 50 m; mehrfacher DDR-Meister; 1982–90 SED; 1984 Abitur; 1988 Beendigung der sportl. Laufbahn, anschl. Nachwuchstrainer beim SC Dynamo Berlin.
1991 Abschluß des Fernstudiums an der DHfK Leipzig als Sportlehrer; Vorwürfe hinsichtl. einer früheren IM-Tätigkeit für das MfS in der Presse; zwischenzeitl. Vertreter einer Firma für Schwimmsportart.; 1991 Übersiedlung nach Hildesheim (Nds.); Ausbildung zum Industriekaufmann.

Wojahn, Eberhard 31. 10. 1922
Vizepräsident der DAL bzw. AdL
Geb. in Jaasde (Hinterpomm.), Vater Großbauer; Oberschule; 1941–45 Wehrmacht, Ltn.; 1945–49 sowj. Gefangenschaft, in Kemerowo Antifa-Lehrgang.
1949 Landw.-Lehre auf einem altmärk. Bauernhof; SED; 1949–52 Studium der Landw. an der Univ. Rostock, dabei stellv. Vors. des Studentenrats, Dipl.-Landwirt; 1952–57 wiss. Assistent bzw. Ltr. der neu aufgebauten Abt. Moorforschung am Inst. für Acker- u. Pflanzenbau der DAL Müncheberg (Mark), 1955 Prom. mit einer Diss. zur Wechselnutzung auf Niedermoor; 1957–59 Ltr. der Abt. Moorforschung am Inst. für Grünland- u. Moorforschung der DAL Paulinenaue; 1959–62 Dir. des Inst. für Landeskultur und Standortkartierung des Landwirtschaftsmin. in Schöneiche; 1962–70 Dir. des o. g. Inst. Paulinenaue, 1962 Habil. zur Tiefpflugkultur auf Niedermoor; 1963 Prof.; 1962 Kand., 1963–87 Ord. Mitgl. der DAL bzw. AdL, 1963–69 Sekretar der Sekt. Landeskultur; 1965 NP (im Kollektiv); 1966–76 Mitgl. des Forschungsrats; 1968–77 in der Zeit der Umbildung zur Forschungsakad. 1. Vizepräs. der DAL bzw. AdL, 1968–74 Mitgl. des Kollegiums des Min.

für Land-, Forst- u. Nahrungsgüterwirtschaft; 1977–87 Dir. des o. g. Inst. Paulinenaue; 1982 VVO in Gold; 1988 Ruhestand, Dr. h.c. der HU Berlin.
1990–93 Mitgl. des Präs. des Landesjagdverbands Brandenburg.
Red. der dt. Ausgabe der Ztschr. »Internationale Landwirtschaft« sowie der »Zeitschrift für Landeskultur u. Grünland«; zahlr. wiss. Aufsätze zur Niedermoor- u. Grünlandbewirtschaftung, u. a.: Über die Stickstoffmobilisierung im Niedermoor. Berlin 1959; HS-Lehrbuch »Futterproduktion« (mit W. Bräunig u. B. Märtin). Berlin 1985.

Wokurka, Friedrich 1939
Generaldirektor des VEB Kombinat Robotron Dresden
In den 60er Jahren Studium mit Abschluß als Dipl.-Ing.; SED; seit 1969 ltd. Funktionen in Dresdener Betrieben des VEB Kombinat Robotron, u. a. im VEB Rafena Dresden, einem der beiden damaligen Hersteller von Fernsehgeräten in der DDR, später Dir. des neugebauten Rafena-Werks in Dresden-Gruna, 1976–82 stellv. Generaldir. zunächst für Prod., dann für Außenhandel des VEB Kombinat Robotron, seit Herbst 1982 bis Frühjahr 1990 (als Nachf. von Wolfgang Sieber) Generaldir. des Kombinats, das mit 21 Kombinatsbetrieben Alleinhersteller von Büromaschinen, EDV-Anlagen bzw. Computern war u. in den 80er Jahren mit überdurchschnittl. Zuwachsraten zum drittgrößten Industrieunternehmen sowie einem der wichtigsten Exporteure der DDR wurde; 20. 1. 1990 öffentl. Austritt aus der SED/PDS, Fürsprecher einer schnellen Währungsunion mit der Bundesrep. Dtl. sowie einer tiefgreifenden Wirtschaftsreform v.a. auf den Gebieten Finanzen, Preise, Steuern u. einer mittelständ. Privatindustrie in der DDR; im März 1990 führend bei der Umstrukturierung des Kombinats zu einer AG.
Aug. 1990 – Juni 1991 Geschäftsführer der für Osteuropageschäfte zuständigen Dresdener Niederlassung des Stuttgarter Bürosystem-Herstellers Rudi Häussler GmbH, anschl. Geschäftsführer eines Lebensmittelhandels in Reichenbach (Oberlausitz).

Wolf, Christa, geb. Ihlenfeld 18. 3. 1929
Schriftstellerin
Geb. in Landsberg/Warthe, Eltern Kaufleute; 1939–45 Oberschule in Landsberg; 1945 Aussiedlung nach Mecklenburg; Schreibkraft beim Bürgermeister in Gammelin (b. Schwerin); Oberschule in Schwerin; 1947 Umzug nach Bad Frankenhausen; 1949 Abitur, SED; 1949–53 Germanistikstudium in Jena u. Leipzig (u. a. bei Hans Mayer*); 1953–55 wiss. Mitarb. des DSV; 1956 Cheflektorin im Verlag Neues Leben; 1958/59 Red. der Ztschr. »Neue Dt. Lit.«; 1959–62 freischaff. Lektorin am Mitteldt. Verlag Halle; wurde 1959–62 vom MfS als IM »Margarete« geführt, später Bearbeitung durch das MfS im OV »Doppelzüngler« (zus. mit ihrem Mann Gerhard W.*); bis 1962 in Halle ansässig, dort auch zeitw. Parteisekr. im DSV; ab 1962 freischaff. Schriftst.; 1963–67 Kand. des ZK der SED; 1964 u. 1987 NP; 1965 Mitgl. des PEN-Zentrums Ost-West; 1974 AdK; Nov. 1976 Mitunterz. der Protestresolution gegen die Ausbürgerung Wolf Biermanns*; ab 1978 Gastvorlesungen in den USA, Schottland, der Bundesrep. Dtl., der Schweiz, Italien; Mitgl. versch. eur. Kunstakad.; 1980 Georg-Büchner-Preis; 1981 Mitgl. der AdK Berlin (West); Teiln. an der »Berliner Begegnung zur Friedensförderung«; 1982 Poetikvorlesungen an der Univ. Frankfurt/Main; 1985 durch die Univ. Hamburg; 1985 Österreich. Staatspreis für Eur. Lit.; 1986 Mitgl. der Freien AdK Hamburg; 1987 NP 1. Kl.; Geschwister-Scholl-Preis der Stadt München; Juni 1989 Austritt aus der SED; 4. 11. 1989 Rede »Sprache der Wende« auf dem Berliner Alexanderplatz.

1990 Dr. h.c. der Univ. Hildesheim; 1991 Honorary Member der American Academy and Institute of Arts and Letters; 1992 Erich-Fried-Ehrung, Wien; 1993 Scholar des Getty Center in Santa Monica (USA); März 1993 Austritt aus den AdK Berlin, Ost u. West; Okt. 1994 Wiederaufnahme in die AdK Berlin-Brandenburg.
Literar. Durchbruch mit dem die Teilung Dtl. thematisierenden Roman »Der geteilte Himmel« (1963; gleichnamiger Film, R.: K. Wolf* 1964); »Nachdenken über Christa T.« (1968), ein eindringl. Plädoyer für die Subjektivität eines Menschen, löste wegen themat. u. ästhet. Grenzüberschreitung heftige Debatten in der DDR aus, begründete den intern. Ruhm der Autorin; in »Kindheitsmuster« (1976) setzte sie sich mit der NS-Vergangenheit auseinander; zunehmend griff sie feminist. Fragestellungen auf; »Kein Ort. Nirgends« (1978) bewegt die Frage vom Verhältnis zwischen Illusion u. Utopie in der patriarch., durch techn. Rationalität geprägten eur. Zivilisation; Geschlechterkonflikt u. Gefährdung des Friedens bilden das Zentrum in »Kassandra« (1983); ein krit. aufklärer. Gestus bestimmt die nach der Atomkatastrophe von Tschernobyl entstandene Erzählung »Störfall« (1987); »Was bleibt« (1990) löste eine in der dt. lit. Öffentlichkeit kontrovers geführte Debatte über das Verhalten der Intellektuellen zur pol. Macht aus (Literaturstreit). »Akteneinsicht Christa Wolf. Zerrspiegel u. Dialog« (1993) dokumentierte die Auseinandersetzung mit der DDR-Vergangenheit anhand ihrer Stasi-Akten.
Publ.: Moskauer Novelle. Halle 1961; Ins Ungebundene gehet eine Sehnsucht. Gesprächsraum Romantik (zus. mit G. Wolf). Berlin u. Weimar 1985; Die Dimension des Autors. Berlin u. Weimar 1986; Sommerstück. Berlin u. Weimar 1989; Im Dialog. Berlin u. Weimar 1990; Brigitte Reimann*, C. W. Sei gegrüßt u. lebe (Briefwechsel). Berlin u. Weimar 1993; Auf dem Weg nach Tabou. Texte 1990–94. Köln 1994.
Sek.-Lit.: Hilzinger, S.: C. W. Stuttgart 1986; Stephan, A.: C. W. München 1976 u. 1991; Hörnigk, Th.: C. W. Berlin u. Göttingen 1989/90; C. W. Ein Arbeitsbuch. Hrsg. A. Drescher. Berlin u. Weimar 1989; Drescher, Angela (Hrsg.): Dokumentation zu Christa Wolf Nachdenken über Christa T. Neuwied 1992.

Wolf, Friedrich 23.12.1888–5.10.1953
Schriftsteller, Botschafter
Geb. in Neuwied, Vater jüd. Kaufmann; Gymnasium, 1907 Abitur; Medizinstudium in Tübingen, Bonn u. Berlin; 1913 Dr. med. (Diss. »Die multiple Sklerose im Kindesalter«); anschl. Assistenzarzt, Schiffsarzt, Lazarettarzt; Nov. 1918 Mitgl. des Arbeiter- u. Soldatenrats in Dresden, anschl. des Zentralen Arbeiter- u. Soldatenrats Sachsens; Funktionär der USPD; 1919 dramat. Debüt mit dem expressionist. Stück »Das bist Du«; seit 1921 Landarzt, med., pol. u. lit. Arbeit; 1923 militär. Führer im Ruhrkampf; 1927–33 Arzt für Homöopathie u. Naturheilkunde in Stuttgart; 1928 programmat. Rede »Kunst ist Waffe«; 1928 KPD u. Mitgl. des Bunds Proletar.-Rev. Schriftst.; 1931 Verhaftung; ab 1933 Exil, überwiegend in der UdSSR; Vortragsreisen nach Amerika u. Skandinavien; 1938 Aufenthalt in Frankreich, dort 1939 Verhaftung u. Internierung in Le Vernet, mit sowj. Hilfe durch Verleihung der sowj. Staatsbürgerschaft befreit; Rundfunkarbeit in der UdSSR, u.a. an der Front; 1943 Mitbegr. des NKFD.
1945 Rückkehr nach Berlin, KPD, 1946 SED; pol. u. kulturpol. Tätigkeit, 1946 Mitbegr. von DEFA u. »Bund dt. Volksbühnen«, 1948 dessen Vors., Hrsg. der Ztschr. »Volk u. Kunst«, 1948 Mitbegr. des PEN-Zentrums Dtl.; 1949–51 erster DDR-Botschafter in Polen; 1951/52 1. Vors. der Dt.-Poln. Ges. für Frieden u. gute Nachbarschaft.

Wichtigste Werke: »Der arme Konrad« (UA 1924 Stuttgart), »Cyankali« (UA 1924 Berlin), »Die Matrosen von Cattaro« (UA 1930 Volksbühne Berlin) u. »Professor Mamlock« (UA, in Jidd. 1934 am Kaminski Theater Warschau unter dem Titel »Der gelbe Fleck«), in der DDR Schullektüre; »Floridsdorf« (UA, in Russ. am Wachtangow Theater Moskau), »Beaumarchais« (UA 1946 am Dt. Theater Berlin), verfaßte in der DDR u. a. »Thomas Müntzer, der Mann mit der Regenbogenfahne« (UA 1953 am Dt. Theater Berlin).
Publ.: Ges. Werke. 16 Bde. (Hrsg. W. Pollatschek). Berlin 1960–68.
Sek.-Lit.: Hohmann, Lew: F. W. Bilder einer dt. Biogr. (Dokumentation). Berlin 1988.

Wolf, Gerhard 16. 10. 1928
Schriftsteller, Lektor
Geb. in Bad Frankenhausen (Kyffhäuser), Vater Angestellter; Oberschule; 1944/45 Luftwaffenhelfer, amerik. Gefangenschaft.
1946 SED; 1947 Abitur; 1947–49 Oberschulhelfer; 1949–51 Studium der Germanistik u. Geschichte an der FSU Jena; 1951–53 Rundfunkred. in Leipzig u. Berlin; 1954/55 Germanistikdiplom an der HU Berlin; 1956/57 Ltr. der Literaturred. beim Deutschlandsender; seit 1957 freischaff. (Lektor, Hrsg., Essayist, Literaturkrit., Filmautor, Erzähler); 1961 u. 1964 Hrsg. der Lyrikanthol. »Bekanntschaft mit uns selbst« sowie »Sonnenpferde u. Astronauten«, die ersten Publ. von Autoren der sog. »Lyrikwelle«, u. a. Wolf Biermann*, Volker Braun*, Heinz Czechowski*, Adolf Endler*, Uwe Greßmann*, Sarah u. Rainer Kirsch*, Karl Mickel*; 1972 Mitgl. des PEN-Zentrums DDR; 1974 Heinrich-Mann-Preis; Nov. 1976 Mitunterz. der »Biermann-Petition«, SED-Ausschluß; 1980–88 Hrsg. (mit Günter de Bruyn*) der Reihe »Märkischer Dichtergarten«, wiederentdeckte Lyrik u. Prosa aus Preußen; 1988–91 Hrsg. von »Außer der Reihe« im Aufbau Verlag, erstmalige Buchpubl. (v.a.) von Autoren der inoff. »Lit. des Prenzlauer Bergs« in einem off. DDR-Verlag, u. a. Bert Papenfuß-Gorek*, Jan Faktor, Stefan Döring, Gabriele Kachold. Seit 1991 eigener Verlag »janus press« in Berlin; 1994 Rahel-Varnhagen-Medaille (zus. mit seiner Frau Christa W. *); profilierter Krit. u. wirksamer Beförderer von innovativer, off. abgedrängter oder behinderter DDR-Lyrik, u. a. von Johannes Bobrowski*, Erich Arendt*, Stephan Hermlin*, Georg Maurer* u. W. Werner; Verf. essayist. Erzählungen über J. Bobrowski u. F. Hölderlin (»Beschreibung eines Zimmers. 15 Kapitel über Johannes Bobrowski«, 1971; »Der arme Hölderlin«, 1972), sowie zahlr. Nachworte; Mitanreger der Neurezeption der Romantik in der DDR.
Publ.: Luis Fürnberg: Ges. Werke (Hrsg.). Berlin 1962–73; Wie ein Leben gemalt wird – Albert Ebert. Berlin 1974; Im dt. Dichtergarten. Darmstadt/Neuwied 1985; Ins ungebundene gehet eine Sehnsucht. Gesprächsraum Romantik (zus. mit Christa W.). Berlin u. Weimar 1985; Sprachblätter Wortwechsel. Im Dialog mit Dichtern. Leipzig 1992.

Wolf, Günter 28. 4. 1926
MfS-Hauptabteilungsleiter
Geb. in Waldenburg (Schles.), Vater Bergmann; Volksschule; 1941–43 Lehre als Vermessungstechniker; 1943/44 RAD, Hauptvormann; 1944/45 Wehrmacht; 1945–48 sowj. Gefangenschaft.
1948 Einstellung bei der VP; 1949 SED; 1950 Lehrgang an der Höheren Offiziersschule der VP, dann VP-Dienststelle Prora (Rügen); 1952 KVP-Bereitschaft Prora; 1953/54 Lehrgang an der KVP-HS Dresden; 1956 NVA Schwerin, Prora; 1959 Versetzung in die Reserve u. Einstellung beim MfS; Kdr. des Wachregt. Berlin des MfS; 1962/63 Einjahreslehr-

gang an der Militärakad. der NVA Dresden; 1963 stellv. Ltr. der HA Personenschutz (PS) des MfS Berlin; 1968/69 PHS der KPdSU in Moskau; 1974 Ltr. der HA PS; 1988 Gen.-Ltn.; 1979 VVO in Gold; Dez. 1989 von seiner Funktion entbunden; Jan. 1990 Entlassung, Rentner.

Wolf, Hanna 4. 2. 1908
Rektorin der Parteihochschule beim ZK der SED
Studium der Geschichte an der Univ. Berlin; Lehrerin; 1922 KVJD, 1930 KPD; 1932 Emigration in die UdSSR; arbeitete zu geschichtswiss. Themen; 1942–47 Lehrerin an Antifa-Schulen, u. a. an der Zentralschule in Krasnogorsk.
1948 Rückkehr nach Dtl.; persönl. Referentin des Ltr. der Dt. Zentralverwaltung für Volksbildung, Paul Wandel*; 1949 Ltr. des Konsultationsbüros für Geschichte der KPdSU in der Abt. Parteischulung des ZK der SED, 1950–83 Dir. der PHS, Prof., 1978 Dr. phil. h.c. (KMU Leipzig); Mitgl. des Redaktionskollegiums der Ztschr. »Einheit«; 1954–58 Kand., 1958–89 Mitgl. des ZK der SED; 1964 u. 1978 KMO, 1970 Orden des Vaterländ. Krieges 1. Grades (UdSSR); 1983–89 Konsultant beim ZK; 10. 2. 1990 aus der PDS ausgeschlossen.
Publ.: Ausgew. Reden u. Aufsätze. Berlin 1979.

Wolf, Herbert 3. 5. 1925
Stellv. Vorsitzender der Staatlichen Plankommission
Geb. in Böhlitz-Ehrenberg (Sa.), Vater Arbeiter; Volks- u. Wirtschafts-OS Leipzig, 1939–42 Ausbildung zum Kaufmann; 1942–45 Luftwaffe; 1945/46 Neulehrer in Böhlitz-Ehrenberg; KPD/SED; Sonderreifeprüfung, 1946–49 Studium der Wirtschafts- u. Ges.-Wiss., 1949–52 wiss. Assistent an der Univ. Leipzig, 1952 Prom. zum Dr. rer. oec., 1952/53 Aspirant in Moskau; 1953–56 Prof. mit Lehrstuhl an der Finanz-HS Berlin; 1956–60 Prof. u. Dir. des Inst. für Pol. Ök. der KMU Leipzig, Zusammenarbeit mit Fritz Behrens* u. Arne Benary*; 1958/59 Mitarb. in der Wirtschaftskommission beim PB des ZK der SED; 1960–63 Planer, Ltr. der Planök. Abt. des VEB Bodenbearbeitungsgeräte Leipzig; 1963–66 stellv. Dir. des Ök. Forschungsinst. der SPK, bei der Richtlinie zum »Neuen Ök. System der Planung u. Ltg. der Volkswirtschaft« (NÖS) Mitautor, 1966–72 stellv. Vors. der SPK, Vors. ihres Beirats für ök. Forschung, 1966–71 Mitgl. im »Strateg. Arbeitskr.« beim PB des ZK der SED; 1972–90 Prof. für Pol. Ök. des Soz. an der Sektion Marxismus-Leninismus der HfÖ Berlin; Vors. des Wiss. Beirats für Wirtschaftswiss. beim Min. für Hoch- u. Fachschulwesen; 1990 em.

Wolf, Herbert F. 24. 6. 1927–15. 5. 1993
Soziologe
Geb. in Rudelsdorf (Sudeten); 1945 Umsiedlung nach Schönebeck; 1947 Abitur; Aufnahme eines Studiums der Soziol. an der Sozialwiss. Fak. der Univ. Rostock; SED; 1951 nach Abschaffung der Soziol. als »bürgerl. Wiss.« Studienabschluß am Inst. für Ges.-Wiss. der Univ. Leipzig, danach zunächst Doz. an der Leipziger ABF, dann Oberassistent am Inst. für Ges.-Wiss.; in der »Tauwetterperiode« ab 1956 Initiierung u. Ltg. industriesoziolog. Untersuchungen, Sekr. der neugegr. Soziolog. Kommission der Univ. Leipzig; Ende der 50er Jahre Maßregelungen wegen Kritik an der Kampagne gegen Ernst Bloch*, zeitw. »Bewährung« in einem Industriebetrieb wegen »ungefestigten Klassenstandpunkts«; 1963 Prom. auf dem Gebiet der sozialen Beziehungslehre, ab 1965 Mitarb. der neugegr. »Abt. Soziol.«; Forschung u. Lehre insbes. zu sozialen Normen u. Wertorientierungen, Mitbegr. u. bis 1990 Ltr. der Leipziger Soziolog. Kolloquien; 1973 Habil. mit einer Arbeit über »Perspektiv-

bewußtsein«; 1976 ord. Prof. für Soziol.; Mitgl. des Problemrats Methodolog./ Methodik beim Wiss. Rat für Soziolog. Forschung in der DDR; Okt. 1989 Gründungsinitiator eines Berufsverb. der Soziologen u. ab Febr. 1990 Vors. des daraus hervorgegangenen Regionalverb. Süd der neugegr. Ges. für Soziol. der DDR; 1990 vorzeitige Em. auf eigenen Wunsch.
Zahlr. Einzelpubl. insbes. zu arbeits- u. industriesoziolog. Themen, sozialen Beziehungen sowie zu Methoden empir. Sozialforschung.

Wolf, Konrad 20.10.1925–7.3.1982
Filmregisseur, Präsident der Akademie der Künste
Geb. in Hechingen (Süd-Württ.), Vater Naturheilarzt u. Schriftst. Friedrich Wolf*; 1933 Emigration in die Schweiz u. nach Frankreich, 1934 Moskau; 1934–37 Besuch der dt. Karl-Liebknecht-Schule; 1936 sowj. Staatsbürgerschaft; 1939–41 Evakuierung nach Tschistopol u. Alma-Ata; 1942 Einberufung zur Roten Armee, Dolmetscher u. Übersetzer in der Pol. Abt. der 47. Armee.
1945 erster sowj. Stadtkommandant von Bernau (1975 Ehrenbürger); 1945/46 Korrespondent der »Berliner Ztg.«; 1946 Kulturreferent in der Informationsabt. der SMA Sachsen-Anhalt in Halle; 1946 als Oltn. demobilisiert; 1947–49 Referent für Jugenderziehung, Studenten u. Sport im Haus der Kultur der Sowjetunion in Berlin; 1949–55 Regiestudium am Staatl. Allunionsinst. für Kinematogr. in Moskau (WGIK, Schüler von Michail Romm u. Sergej Gerassimow); 1951 Assistent bei Joris Ivens; 1952 DDR-Staatsbürgerschaft, SED; 1955–82 Regisseur bei der DEFA; 1956–60 Mitgl. des ZR der FDJ; 1959 NP 2. Kl. im Kollektiv (»Sterne«); 1959–66 Vors. der Gewerkschaft Kunst; 1961 DAK, 1965–82 Präs. der AdK; 1967 Gründungsmitgl. des Verb. der Film- u. Fernsehschaffenden; 1968 NP 2. Kl. im Kollektiv (»Ich war neunzehn«), 1971 NP 2. Kl. im Kollektiv (»Goya«), 1974 KMO, 1979 NP 1. Kl.; 1981 Mitgl. des ZK der SED; Bruder: Markus (Mischa) Wolf*.
Werke: 14 Spielfilme, 1 Dokumentarfilm; autobiograph. Themen: »Ich war neunzehn« (1969), »Mama ich lebe« (1977); Literaturverfilmungen: »Lissy« (1957), »Professor Mamlock« (1961), »Der geteilte Himmel« (1964), »Der kleine Prinz« (1966), »Goya« (1971); DDR-Thematik: »Genesung« (1956), »Sonnensucher« (1958), »Leute mit Flügeln« (1960), »Der nackte Mann auf dem Sportplatz« (1974), »Solo Sunny« (1980).
Sek.-Lit.: K. W.: Selbstzeugnisse, Fotos, Dokumente (hrsg. von Barbara Köppe, Aune Renk, Klaus Wischnewski*). Berlin 1985; Renk, Aune (Hrsg.): Direkt in Kopf u. Herz. Aufzeichnungen, Reden, Interviews. Berlin 1989; Wolf, Markus: Die Troika. Berlin 1989.

Wolf, Markus (Mischa) 19.1.1923
Stellv. Minister für Staatssicherheit
Geb. in Hechingen (Süd-Württ.); Vater Friedrich Wolf, Schriftst.; 1933 mit den Eltern Emigration in die Schweiz u. nach Frankreich, Apr. 1934 in die UdSSR; Besuch der Emigrantenschule Karl Liebknecht in Moskau; 1940–42 Studium an der HS für Flugzeugbau in Moskau, nach deren Evakuierung in Alma-Ata; 1942 KPD; 1942/43 Besuch der KI-Schule Kuschnarenkowo (bei Ufa); 1943–45 Red., Sprecher u. Kommentator beim »Dt. Volkssender« in Moskau.
Mai 1945 Rückkehr nach Dtl.; 1945/46 KPD/SED; 1945–49 Mitarb. beim Berliner Rundfunk (Ps. Michael Storm), 1945/46 Berichterstatter beim Hauptkriegsverbrecherprozeß in Nürnberg; 1949–51 1. Rat der DDR-Mission in Moskau; 1951 stellv. Abt.-Ltr. im Inst. für wirtschaftswiss. Forschung (Außenpol. Nachrichtendienst); 1953 Ltr. der HA XV (ab 1956 HV A), stellv. Staats-

sekr. bzw. Min.; 1980 Gen.-Oberst; Febr. 1986 fakt. Ausscheiden aus seiner Funktion, zunächst beauftragt mit der Aufarbeitung der Geschichte der HV A, Mai 1986 Beurlaubung, Nov. 1986 Ausscheiden aus dem aktiven Dienst, schriftsteller. Tätigkeit.

Okt. 1990 Flucht über Österreich in die UdSSR; Sept. 1991 Aufenthalt in Österreich, 24. 9. 1991 Festnahme beim Grenzübertritt in die Bundesrep. Dtl., U-Haft, 4. 10. 1991 Aussetzung des Haftbefehls gegen Auflagen; 1993 Verurteilung wegen Landesverrat u. Bestechung zu sechs Jahren Haft (nicht rechtskräftig).

Publ.: Die Troika. Berlin 1989; In eigenem Auftrag. Bekenntnisse u. Einsichten. München 1991.

Sek-Lit.: Runge*, I.; Stellbrink, U.: Ich bin kein Spion. Berlin 1990; Reichenbach, A.: Chef der Spione. Die Markus-Wolf-Story. Stuttgart 1992; Leonhard, Wolfgang: Spurensuche. Vierzig Jahre nach Die Rev. entläßt ihre Kinder. Köln 1992; Hirsch, Rudolf: Der Markus Wolf-Prozeß. Berlin 1994.

Wolff, Friedrich 30. 7. 1922
Vorsitzender des Rats der Kollegien der Rechtsanwälte
Geb. in Berlin, Vater Arzt; 1928–32 Volksschule, anschl. Gymnasium, 1941 Abitur; 1941–43 Ausbildung zum Kaufmann; als Halbjude nicht zur Wehrmacht eingezogen, sondern in Munitionsfabriken dienstverpflichtet, 1943 in Berlin-Neukölln und 1944/45 in Treuenbrietzen.

1945/46 Übersetzer bei Gericht u. der Staatsanwaltschaft Berlin-Neukölln; 1945/46 KPD/SED; 1946–49 Studium der Rechtswiss. an der HU Berlin, Referendarsexamen; 1949/50 Richter u. 1950/51 Seminarltr. an der Richterschule Berlin, ab 1951 Referent bzw. Hauptreferent in der Abt. Justiz des Magistrats, 1953 Entlassung aus »kaderpol. Gründen«; 1953 Gründer des Rechtsanwaltskollegiums Berlin u. 1954–70, 1984–88, Febr. – Sept. 1990 dessen Vors., wegen fakt. Koppelung beider Ämter in den gleichen Zeiträumen Vors. der DDR-Dachorg. der Rechtsanwaltskollegien; 1962 Mitgl. des Zentralvorst. der Vereinigung Demokr. Juristen, 1985 ihr Vizepräs., März – Sept. 1990 ihr Präs.; 1981 Prom. an der HU Berlin mit einer Diss. zur Stellung des Rechtsanwalts; ab 1981 Moderator der Fernsehreihe »Alles was Recht ist« (Nachf. von Friedrich Karl Kaul*), Autor populärer Schriften zu Rechtsfragen; vertrat vor Gericht u. a. Demonstranten vom 17. Juni 1953 u. 1957 Walter Janka*; 1960 Pflichtverteidiger von Theodor Oberländer, ab Dez. 1989 Anwalt von Erich Honecker*.

Wolff, Hellmuth Christian
23. 5. 1906–1. 7. 1988
Musikwissenschaftler, Komponist
Geb. in Zürich, Vater Universitätsprof.; 1919–25 Gymnasium in Halle, 1925–32 Studium der Musikwiss. an der Univ. Berlin; 1932 Prom.; 1933/34 Assistent von Heinz Hilpert an der Berliner Volksbühne; 1936 Assistent von Hermann Scherchen; 1942 Habil. mit »Die Barockoper in Hamburg (1678–1738)«, 2 Bde. (veröff. Wolfenbüttel 1957); 1943–45 Geschäftsführer der Niedersächs. Musikges.

1945/46 freischaff.; 1947 Doz. an der Univ. Leipzig; 1954–67 Prof., 1960 Prof. mit vollem Lehrauftrag; 1967–71 wiss. Mitarb.; seit 1950 auch bildkünstler. tätig, Ausstellungen in Leipzig u. Düsseldorf; Forschungen u. Publ. zur Barockoper: »Die Oper«. 3 Bde. Köln 1971 ff., auch engl.

Wolfram, Gerhard
15. 6. 1922–20. 1. 1991
Theaterleiter
Geb. in Naumburg/Saale, Vater Angestellter; 1928–40 Grundschule u. Realgymnasium in Naumburg, 1940 Abitur

in Dresden; 1939–41 Schauspieleleve am Schauspielhaus Dresden u. am Komödienhaus bei Heinz Papst; 1941 RAD, anschl. Militärdienst und von 1941–44 Schauspieler, Dramaturg u. Regisseur der Soldatenbühne beim Nachrichtenversuchsregt. Köthen; 1944/45 Zwangsschließung des Theaters, Einsatz als Ausbilder für Hochfrequenztechnik in Köthen, Fronteinsatz (Schlacht an der Oder), Verwundung u. Entlassung aus dem Lazarett vor der dt. Kapitulation.

1945/46 Schauspieler, Dramaturg u. Regisseur am Stadttheater Köthen, Inszenierung »Leonce u. Lena«; 1946 KPD/SED; 1946/47 Abt.-Ltr. »Künstler. Wort« beim Landesrundfunk, Sender Halle; 1947/48 Sprecher u. Dramaturg beim Landesrundfunk, Sender Leipzig; 1948/49 Schauspieler, Regisseur, Autor u. Ltr. des Künstler. Betriebsbüros an der Volksbühne Leipzig; 1949–51 Dramaturg u. Abt.-Ltr. »Theater u. Film« beim Berliner Rundfunk, trotz Intervention von Brecht* Entlassung im Zusammenhang mit den Diskussionen um den »Lukullus« (Formalismus-Debatte); 1951/52 Regisseur beim DEFA-Synchronstudio; 1952/53 Ressortltr. »Theater u. Film« bei der Ztg. »Tägl. Rundschau«; Autor von Kritiken; Mitbegr. der Ztschr. »Die dt. Filmkunst« (1953, keine Aufnahme in die Red.); 1955–63 Dramaturg am Maxim Gorki Theater Berlin (Ltg.: Maxim Vallentin); 1962 NP 2. Kl.; 1963–65 Chefdramaturg u. Stellv. Intendant der Vereinigten Bühnen Maxim Gorki Theater u. Volksbühne; 1965 Funktionsenthebung nach Zerwürfnis mit Vallentin u. im Zusammenhang mit dem 11. Plenum des ZK; 1966–69 Kand. des ZK der SED; 1966–72 Intendant des Landestheaters Halle, das durch Experimente u. Förderung junger Künstler u. Autoren zu einem Zentrum der DDR-Theaterkultur wurde; 1969 NP 2. Kl.; 1971–89 Mitgl. des Präs. des Verb. der Theaterschaffenden der DDR; 1972–82 Intendant des Dt. Theaters Berlin, Nachf. von Wolfgang Heinz*; Abberufung nach einer pol. Intrige des 1. Sekr. der BL der SED Berlin; 1975–89 Vizepräs. des Verb. der Theaterschaffenden; Förderer von DDR-Dramatik u. Autoren, u. a. Volker Braun*, Christoph Hein*, Alfred Matusche*, Heiner Müller*, Ulrich Plenzdorf*; 1983–90 Intendant des Staatsschauspiels Dresden, Disziplinar- u. Parteiverfahren wegen der Aufnahme der »Übergangsgesellschaft« von Volker Braun in den Spielplan, 1990 dort Ehrenmitgl.

Wolke, Manfred 14.1.1943
Leistungssportler (Boxen)
Geb. in Potsdam-Babelsberg; erlernter Beruf: Fräser; zunächst Fußballspieler in der BSG Turbine Babelsberg, 1960 Wechsel in die Sekt. Boxen, dreimaliger DDR-Juniorenmeister; 1965–89 SED; 1965 Delegierung zum ASK Vorwärts Berlin, ab 1969 ASK Vorwärts Frankfurt/Oder, Armeeangehöriger, zuletzt Hptm.; 1966, 1967 und 1971 jeweils Vize-EM, 1968 Olympiasieger im Weltergewicht (Trainer Martin Neef); 1972 Beendigung der sportl. Laufbahn, seitdem Boxtrainer beim ASK Vorwärts Frankfurt/Oder, zeitw. Co-Trainer der DDR-Nationalmannschaft; seit 1990 Trainer für Berufsboxer, u. a. des Profi-WM Henry Maske*.

Wolle, Stefan 22.10.1950
Historiker
Geb. in Halle/Saale, Vater Historiker u. Journalist, Mutter Dolmetscherin; 1969 Abitur in Berlin, 1971–72 Studium der Geschichte an der HU Berlin, 1972 aus pol. Gründen relegiert, Hilfsarbeiter, 1973–76 Forts. des Studiums; 1976 wiss. Mitarb. am ZI für Geschichte, 1986–90 am Inst. für Allg. Geschichte der AdW, Arbeitsgebiete: altruss. Geschichte, dt.-russ. Kultur- u. Wissenschaftsbeziehungen im 18. u. 19. Jh., 1984 Prom. mit einer Arbeit über deutschsprachige Rußlandhistoriographie.

Jan. 1990 Initiator (mit A. Mitter*) der Gründung des Unabhängigen Historikerverb., nach der Konstituierung im Apr. 1990 Mitgl. des Vorst.; Jan. 1990 Sachverständiger der Arbeitsgruppe Sicherheit des Zentralen Runden Tischs, Mitgl. des Bürgerkomitees Normannenstraße; März 1990 mit A. Mitter Veröff. der ersten Dokumentation von Befehlen u. Berichten des MfS (Absatz von 200000 Exemplaren binnen weniger Tage); März – Okt. 1990 Mitarb. des Staatl. Komitees für die Auflösung des ehem. MfS/AfNS.
Okt. 1990 Mitarb. beim Bundesbeauftragten für die Unterlagen des Staatssicherheitsdienstes der ehem. DDR; nach Veröff. seiner Auffassung, wonach die IM-Tätigkeit des Synodalen u. letzten Ministerpräs. der DDR, Lothar de Maizière*, erwiesen sei, sowie öff. Kritik einer diesbezügl. Interpretation durch den Bundesinnenmin. Wolfgang Schäuble im März 1991 entlassen; seit Okt. 1991 Assistent an der HU Berlin; seit 1990 Publ. zur DDR-Geschichte, seit 1994 Hrsg. der Reihe »Forschungen zur DDR-Geschichte« (mit A. Mitter); bekannt als scharfer Kritiker der DDR u. insbes. ihrer Geschichtswiss.; Mitgl. der Hist. Kommission beim PV der SPD.
Publ.: »Ich liebe Euch doch alle!« (Hrsg. mit A. Mitter). Berlin 1990; Wladimir der Heilige. Berlin 1991; Untergang auf Raten (mit A. Mitter). München 1993; Der Tag X. (Hrsg. mit A. Mitter). Berlin 1994.

Wollenberger, Vera, geb. Lengsfeld
4. 5. 1952
Bürgerrechtlerin
Geb. in Sondershausen, aufgewachsen in Berlin, Vater Offz., Mutter Lehrerin; 1970 Abitur; 1970/71 Studium der Philos. an der KMU Leipzig, 1972–75 an der HU Berlin; 1975 SED; 1975–80 wiss. Mitarb. an der AdW; 1981–83 Lektorin im Verlag Neues Leben; Herbst 1981 Mitbegr. des Pankower Friedenskr. u. des dortigen Ökokreises, 1983 SED-Ausschluß wegen öff. Stellungn. gegen die Stationierung nuklearer Mittelstreckenraketen in der DDR, Berufsverbot; anschl. Imkerin, Übersetzerin; 1985–88 Studium der Theol. am Sprachenkonvikt Berlin; 1985 u. 1987 Mitgl. im Fortsetzungsaussch. des Netzwerks opp. Gruppen »Frieden konkret«, ab 1986 Mitgl. der Gruppe »Gegenstimmen«, Mitorganisatorin aller Friedenswerkstätten u. Ökoseminare bis Ende 1987, Mitbegr. der »Kirche von unten«, 1987 Mitorganisatorin des »Kirchentags von unten«; Jan. 1988 Verhaftung u. Verurteilung wegen versuchter »Zusammenrottung« bei der Berliner Liebknecht-Luxemburg-Demonstration, Febr. Abschiebung nach England; 1988/89 Studium an der Cambridge Univ., Master's Diss.; 9. 11. 1989 Rückkehr in die DDR; Eintritt in die Grüne Partei; März – Okt. 1990 Abg. der Volkskammer.
Seit 3. 10. 1990 Mitgl. der Fraktion Bündnis 90/Die Grünen im Dt. Bundestag, 1990 Aachener Friedenspreis.
Publ.: Virus der Heuchler. Innenansicht aus Stasi-Akten. Berlin 1992.

Wollstadt, Hanns-Joachim
6. 2. 1929–4. 3. 1991
Evangelischer Bischof
Geb. in Mollwitz (Schles.), Vater Pfarrer; ab 1947 Studium der Theol. in Berlin, Bethel u. Heidelberg, Vikar in Rothenburg, 1955 Ordination in Görlitz; 1956 Pfarrer in Jänkendorf/Ullersdorf (Kirchenkr. Niesky); 1960–65 Provinzialpfarrer für Innere Mission u. Ev. Hilfswerk; 1965 Prom. an der KMU Leipzig; 1965–70 Ltr. des Diakon. Werks im Görlitzer Kirchengebiet u. bis 1979 Vorsteher der Heil- u. Pflegeanstalt Martinshof in Rothenburg (Oberlausitz); 1968 Vors. der Brüderhausvorsteherkonferenz; 1970–76 Vizepräses der Synode der Ev. Kirche der Union (EKU) in der

DDR; 1975 Mitgl. des Hauptaussch. des Werks Innere Mission u. des Hilfswerks der Ev. Kirche in der DDR; 1979 Wahl zum Bischof der Kirchenprovinz Görlitz (Nachf. von Hans-Joachim Fränkel*); ab 1982 Vors. des Rats der EKU; Okt. 1985 aus gesundheitl. Gründen Versetzung in den Ruhestand; gest. in Görlitz.

Wollweber, Ernst
29.10.1898–3.5.1967
Minister für Staatssicherheit
Geb. in Hannoversch-Münden, Vater Tischler; Volksschule, Schiffsjunge, Matrose, 1916–18 Kaiserl. Marine (U-Bootabt.), 1918 aktiv am Matrosenaufstand beteiligt, Vors. des Soldatenrats beim U-Boot-Kreuzerverb. u. Mitgl. des Obersten Soldatenrats in Kiel, 1919 KPD, 1920/21 Teilnahme an den bewaffneten Kämpfen in Mitteldtl., 1921 Pol. Sekr. des KPD-Bez. Hessen-Waldeck, Mitgl. des ZA der KPD, 1922 Reichsparteischule der KPD, 1923 Ltr. von Militärorganisationen der KPD in Hessen-Waldeck, dann in Thüringen, 1924 in Schlesien; 1924–26 Hochverratsprozeß u. Gefängnis; 1928–32 Abg. des Preuß. Landtags, 1929/30 auch des Provinziallandtags Niederschlesien, Nov. 1932 – März 1933 des Dt. Reichstags; 1932 Reichsltr. des Einheitsverb. der Seeleute, Hafenarb. u. Binnenschiffer in Hamburg; 1932 Ltr. der Org.-Abt. des ZK der KPD, Mitgl. des Sekr. des Exekutivkomitees der Internationale der Seeleute u. Hafenarbeiter (ISH), 1933 Sekr. der ISH in Kopenhagen, 1934 Ltr. des Intern. Seemannsklubs in Leningrad; ab 1936 Aufbau eines illegalen App. zur weltweiten Schiffssabotage gegen die sog. fasch. Staaten; organisierte im Span. Bürgerkrieg auch Waffenlieferungen für die rep. Reg. (»Wollweber«-Org., eigtl. Org. »Bernhard«), antifasch. Widerstandskampf (Sabotage) vor allem in Skandinavien; Mai 1940 in Schweden verhaftet, sechs Monate Strafarbeit, um der Auslieferung nach Dtl. zu entgehen, anschl. zu drei Jahren Haft verurteilt; nach Erhalt der sowj. Staatsbürgerschaft im Nov. 1944 in die UdSSR ausgereist; Kuraufenthalt in Kislowodsk; 1945 in Moskau.
März 1946 Rückkehr in die SBZ, Mai 1946 SED, Stellv. bzw. ab 1947 Ltr. der Generaldir. für Schiffahrt; 1950–53 Staatssekr. im Min. für Verkehrswesen; ab Juli 1953 Staatssekr. bzw. Min. für Staatssicherheit (Nachfolger des gestürzten Wilhelm Zaisser*); 1954 VVO in Gold; 1954–58 Mitgl. des ZK der SED u. Abg. der Volkskammer, geriet in der Einschätzung der Entwicklung in Polen 1956 bzw. der Maßnahmen der DDR-Sicherheitskräfte im Herbst 1956 gegen opp. Gruppen in Widerspruch zu Walter Ulbricht* u. Erich Honecker*, 1957 krankheitshalber u. »auf eigenen Wunsch« pensioniert, Mitgl. der Kommission für gesamtdt. Fragen beim Bundesvorst. des FDGB, Jan. 1958 Untersuchungsverfahren gegen W. eingeleitet, Febr. wegen »Fraktionstätigkeit« zusammen mit Karl Schirdewan* aus dem ZK der SED ausgeschlossen, strenge Parteirüge, mußte auch sein Volkskammermandat zurückgeben; Rentner; trotz Krankheit Weiterarb. an seinen Memoiren; in Berlin gest.
Publ.: Aus Erinnerungen. Ein Porträt Walter Ulbrichts. In: Beiträge zur Geschichte der Arbeiterbewegung, 3/1990.
Sek.-Lit: Flocken, Jan von; Scholz, Michael F.: E. W. Saboteur, Minister, Unperson. Berlin 1994.

Womacka, Walter 22.12.1925
Maler, Rektor der Kunsthochschule Berlin
Geb. in Obergeorgenthal (Kr. Brüx), Vater Gärtner; 1940–43 handw. Ausbildung an der Staatsschule für Keramik u. verwandte Geb. in Teplitz; 1943–45 Kriegsdienst u. Gefangensch.
1945/46 Landarb.; 1946–48 Studium an

der Meisterschule für gestaltendes Handwerk Braunschweig; 1949–51 Studium der Wandmalerei an der HS für Baukunst u. bild. Künste Weimar, 1951/52 an der HS für bild. Künste Dresden; 1952 SED; 1953/54 Assistent für Malerei, 1963–68 Lehrtätigkeit, 1965 Prof., 1968–88 Rektor der HS für bild. u. angew. Kunst Berlin-Weißensee (Nachf. von Fritz Dähn*); ab 1959 Vizepräs. des VBK; 1969 DAK; 1969–71 Mitgl. der BL der SED Berlin; seit 1974 Ltr. einer Meisterkl. an der HS für bild. Künste Dresden; Studienreisen u.a. nach Bulg., Ital., Moskau, Ägypt., Griech., Jugosl.

Werke: Glasfenster für die Trinkhalle der Marienquelle in Bad Elster (1958/59), Gemälde: Am Strand (1962/63), Glasfenster für die KZ-Gedenkstätte in Sachsenhausen (1960–63), Mosaikfries für das Berl. »Haus des Lehrers« (1963/64), Gemälde: Ostseefischer (1967), Brunnen am Berl. Alexanderplatz (1970), Gemälde: Zerstörte Plastik u. Blumen (1972), Berlin (1975–77), Erika Steinführer (1981), Der Strand (1982–87).

Sek.-Lit.: Pommeranz-Liedke, G.: W. W. Dresden 1970; Hütt, W.: W. W. Dresden 1980; Kat. W. W. Ausstellung in der Kunsthalle Weimar 1969; Kat. Staatl. Museen zu Berlin 1985; Kat. Kulturhaus VEB Synthesewerk Schwarzheide 1990.

Wonneberger, Christoph 5. 3. 1944
Evangelischer Pfarrer
Geb. in Wiesa (Kr. Annaberg), Vater Pfarrer, Mutter Krankenschwester; 1960 Abschluß der Mittelschule in Karl-Marx-Stadt, zum Abitur nicht zugelassen; 1960–63 Ausbildung zum Maschinenschlosser; 1963–65 Sprachstudium am Theolog. Seminar in Leipzig, anschl. bis 1970 Studium der Theol. an der Univ. Rostock, danach Vikar in Dresden, 1972 2. theolog. Examen, 1973 Ordination u. Pfarrvikar in Leipzig; ab 1974 Gemeindepfarrer in Taucha; 1977–84 Pfarrer der Dresdener Weinbergskirchgemeinde, eines Zentrums der »offenen Jugendarb.«, Beratung von Wehrdienstverweigerern, 1979 Begr. der Initiative »Sozialer Friedensdienst«, einer DDR-weiten Initiative innerhalb der kirchl. Friedensbew., seitdem exponierter Vertreter der Opp., zahlr. Disziplinierungsversuche staatl. Stellen über die Kirchenltg.; 1984 Ephoralvikar in Meißen; ab 1985 Pfarrer in der Lukas-Gemeinde in Leipzig, Mitgl. versch. opp. Gruppen, 1986 Gründer der opp. Gruppe »Menschenrechte«, über die versch. Leipziger Gruppen vernetzt wurden, beteiligt an zahlr. Aktionen der Leipziger Opp., schwere Konflikte mit staatl. u. kirchl. Stellen, vom MfS im Rahmen versch. operativer Vorgänge bearbeitet; Sept./Okt. 1989 Verantwortlicher der Friedensgebete in der Leipziger Nikolai-Kirche u. Mitorganisator der anschl. Demonstrationen; Ende Okt. 1989 schwer erkrankt.
1991 Ruhestand.

Woyski, Jürgen von 23. 3. 1929
Bildhauer
Geb. in Stolp (Pomm.); Bildhauer- u. Steinmetzlehre in Posen; 1948/49 Studium an der Kunstschule Burg Giebichenstein, Lehrer Gustav Weidanz, 1950–55 an der HS für bildende u. angewandte Kunst Berlin-Weißensee, Lehrer Fritz Koelle u. Heinrich Drake*; seit 1955 freischaff. in Hoyerswerda; 1961 Abg. des Kreistags Hoyerswerda (Fraktion des KB); 1969 Mitgl. der DAK; 1973 Vors. der Zentralen Sektionsltg. beim VBK; Studienreisen u.a. in die UdSSR, nach Polen, Rumänien, Indien.

Werke: Porträt Elisabeth Wolf, Albert Schweitzer (1960), Gedenkstätte KZ Dora-Mittelbau bei Nordhausen (1962), Mahnmal Jessen bei Cottbus (1964), Relief Dörfl. Fest (1965), Vereinigung (1971), Brunnen im Zentrum von Cottbus (1976/77), Gestaltung Stadtpark Cottbus (1985).

Sek.-Lit.: J. v. W. Galerie am Robert-Koch-Platz. Berlin 1989.

Wulf, Ernst 3. 10. 1921–2. 10. 1979
Vorsitzender des VdgB
Geb. in Poppendorf (b. Marlow, Meckl.), Vater Bauer; Volksschule; 1936–38 Mitarbeit in der elterl. Wirtschaft; 1938/39 RAD, 1939–45 Wehrmacht; Gefangenschaft.
1945/46 Industriearbeiter in Stuttgart; 1946–48 erneut in der elterl. Wirtschaft tätig; 1949 VdgB, SED; ab 1949 Neubauer in Schulenberg (Kr. Stralsund), 1952 Meisterbauer; Dez. 1952 hier Mitbegr. der LPG »Freundschaft«, deren Vors. bis 1962; 1958 Kandidat, 1963 Mitgl. des ZK der SED, Mitgl. der Agrarkommission; 1960 stellv. Vors., 25. 3. 1964 Vors. des Zentralvorst. der VdgB (BHG) (Nachf. von Friedrich Wehmer*); 1962 Kandidat (als erster Praktiker), 1968 Ord. Mitgl. der DAL, 1972 auf eigenen Wunsch ausgeschieden; 1963 nach Sonderstudium an der Landwirtschaftsfak. der WPU Rostock Dipl.-Landwirt; ab 1964 Vors. der LPG »Recknitztal« in Semlow, Entw. eines der ersten Beispiele industriemäßiger Prod. in Kooperationsbeziehungen, später Ltr. der KAP bzw. Vors. der LPG Pflanzenprod. Schulenberg; ab 1968 Mitgl. des Rats für landw. Prod. u. Nahrungsgüterwirtschaft; 1969 KMO.
Sek.-Lit.: Ein Pionier der soz. Landwirtschaft – E. W. (Hrsg. Geschichtskommission Ribnitz-Damgarten). o. O. 1982.

Wunderlich, Helmut
3. 12. 1919–22. 12. 1994
Industrieminister
Geb. in Draisdorf (Kr. Chemnitz), Vater Arbeiter; Volksschule, 1934/35 Ausbildung u. Arbeit als Dreher, danach als Dreher tätig; 1938–40 Staatl. Ing.-Schule Chemnitz, Ing. für Maschinenbau; 1949/50 TAN-Sachbearb. in der VVB Werkzeugmaschinen; 1950 Verwaltungsakad. Forst-Zinna; 1951 SED; 1951–53 Dir. des VEB Nobas Nordhausen; 1953–58 Min. für Allg. Maschinenbau, zeitw. auch Staatsekr. u. stellv. Min., 1958/59 Abt.-Ltr. für Maschinenbau in der SPK, 1959/60 stellv. Vors. der SPK, 1961–63 stellv. Vors. des Volkswirtschaftsrats; 1963–67 Werkdir. des VEB Transformatorenwerk Berlin-Oberschöneweide; 1967–71 Mitgl. der SED-BL Berlin; ab 1966 Mitgl. des Präs. der Urania, ab 1970 des Präs. der KdT; 1971–75 Generaldir. des VEB Carl Zeiss Jena; ab 1971 Abg. der Volkskammer u. Kandidat des ZK, 1976–81 Mitgl. des ZK der SED; ab 1976 Mitarbeit bzw. Gruppenltr. im ZI für soz. Wirtschaftsführung beim ZK der SED; 1980 VVO in Gold.

Wundsch, Hans Helmuth
29. 9. 1887–13. 11. 1972
Fischereiwissenschaftler
Geb. in Lyck (Ostpr.), Vater Berufsoffz.; Gymnasium in Berlin; 1908–11 Studium der Naturwiss. in Lausanne, München u. Berlin, Prom. zum Dr. phil. mit einer Diss. zur Parasitenkunde; 1912–17 Assistent am Inst. für Fischerei in Berlin-Friedrichshagen; 1917–25 Ltr. der Fischereiabt. der Landw. Versuchsstation Münster der Landw.-Kammer u. nebenamtl. Oberfischmeister für Westfalen; 1917 Habil. an der Landw. HS Berlin, 1918 auch an der Univ. Münster, hier Lehrauftrag für Hydrobiol. bis 1925; ab 1925 ord. Prof. für Fischereiwiss. u. Dir. des Fischerei-Inst. der Landw. HS Berlin bzw. der Landw.-Gärtner. Fak. der Univ. Berlin, nebenamtl. Dir. der Preuß. Landesanstalt für Fischerei in Berlin-Friedrichshagen; 1937 aus pol. Gründen in den Ruhestand versetzt, bis 1945 priv. Forschungen.
Sommer 1945 für die Wiederaufnahme des Lehrbetriebs an der Univ. Berlin u. den Wiederaufbau der Fischwirtschaft auf den Berliner Gewässern als nebenamtl. Dir. des Fischereiamts des Magistrats tätig; bei Neueröffnung der Univ.

im Jan. 1946 als ord. Prof. für Fischerei u. Fischzucht bestätigt, 1954–56 Dekan der Landw.-Gärtner. Fak. der HU Berlin, 1962 em.; wirkte ab 1947 als nebenamtl. Dir. für den Wiederaufbau des kriegszerstörten Inst. in Berlin-Friedrichshagen, 1951 Gründungsmitgl. der DAL, bis 1958 Dir. des (nunmehrigen) Inst. für Binnenfischerei der DAL; 1953 NP, 1957 Dr. h.c. der HU Berlin; 1962 em.
W. gilt als Begründer des fischereiwiss. Fachstudiums in Dtl. (ab 1952 an der HU Berlin), er war Hrsg. der Abhandlungen aus der Fischerei (ab 1949), der Ztschr. für Fischerei (ab 1952) u. der Dt. Fischerei-Ztg. (ab 1954); mehr als 200 Publ. zur wiss. Fundierung der Fischereiwiss. als Spezialdisz., u.a.: Fischereikunde (2. Aufl., 1963).
Sek.-Lit: Schäperclaus*, W.: Ein Leben für die Fischerei. H.H. Wundsch zum 70. Geburtstag (mit Bibliogr.). Radebeul 1957.

Wünsche, Kurt 14.12.1929
LDPD-Politiker, Justizminister
Geb. in Obernigk (Kr. Trebnitz, Schles.), Vater Chemiker; Volksschule u. Oberschule, 1948 Abitur; 1946 LDPD, FDJ, 1948–50 Geschäftsführer einer Stadtgruppe des LDPD-Kreisverb. Dresden, Abt.-Ltr. im Kreisverb., 1950/51 Abtl.-Ltr. beim Landesvorst. Sachsen, 1951–54 HA-Ltr. für Org. beim PV; 1953/54 im Zusammenhang mit dem 17. Juni 1953 als Agent verdächtigt, zeitw. vom MfS inhaftiert; ab 1954 Mitgl. des PV der LDPD, 1954–72 dort Mitgl. im Pol. Ausschuß, 1954–66 Sekr. bzw. stellv. Generalsekr., 1967–72 stellv. Vors. der LDPD; 1954–59 Fernstudium u. 1964 Prom. an der DASR zum Dr. jur., Diss. zus. mit Manfred Gerlach* über die Rolle der LDPD im Parteiensystem der DDR; 1954–76 Abg. der Volkskammer, 1965–72 stellv. Vors. des Min.-Rats, 1967 Min. für Justiz (Nachf. von Hilde Benjamin*), 1972 als Min. zurückgetreten aufgrund von Konflikten zu Fragen des Rechtswesens u. der Verstaatlichung privater u. halbstaatl. Betriebe, anschl. ord. Prof. für Gerichtsverfassungsrecht an der HU Berlin, 1982 Habil.; seit Apr. 1987 erneut Mitgl. des Pol. Aussch. des Zentralvorst. der LDPD; 11.1.1990 wiederum Min. für Justiz (Nachf. von Hans-Joachim Heusinger*), Febr. 1990 stellv. Vors. der LDPD, März Bund Freier Demokraten, Juli 1990 ausgetreten; 15.8.1990 als Min. zurückgetreten.

Wünschmann, Werner 31.10.1930
CDU-Politiker
Geb. in Leipzig, Vater Angestellter; Oberschule, Abitur; 1948 CDU; 1949–59 Lehrer in Groß Weitzschen (Döbeln, Sa.); 1949–59 u. 1961–67 Abg. örtl. Vertretungen, u.a. stellv. Bürgermeister von Groß Weitzschen; 1952–74 Mitglied des CDU-Kreisvorst.; 1950 FDGB; 1951 1. Lehrerprüfung, 1953 2. Lehrerprüfung, 1957 Staatsexamen als Fachlehrer für Deutsch; 1959/60 Doz. an der Zentralen Schulungsstätte der CDU in Burgscheidungen; 1960–65 Fernstudium Geschichte an der HU Berlin, Dipl.-Historiker; 1960 Instrukteur, 1961–65 Abt.-Ltr. beim Sekr., 1965–89 Sekr. des CDU-Hauptvorst., 1972–89 Mitgl. des Präs.; 1967 – März 1990 Abg. der Volkskammer, 1967–71 Schriftführer, danach stellv. Vors. des Aussch. für Kultur; 1969 Studienrat; 1970–74 Mitgl. des Zentralvorst. der DSF; 1985 Prom. zum Dr. phil. an der PH Potsdam mit einer Diss. zum Verhältnis von Christentum u. Marxismus; 1990 Mitarb. im Min. für Bauwesen.

Wußing, Hans-Ludwig 15.10.1927
Mathematikhistoriker
Geb. in Waldheim (Sa.); 1947–52 Studium der Mathematik u. Physik an der Univ. Leipzig; 1955–57 hier Lehrtätigkeit an der ABF; 1957 Prom. mit einer Arbeit über die Einbettung endl. Grup-

pen; Mitarb. im Karl-Sudhoff-Inst. für Geschichte der Medizin u. Naturwiss.; 1966 Habil. zur Geschichte der Gruppentheorie, Doz. u. ab 1968 Prof. für Geschichte der Naturwiss.
1992 em.
Arbeitsgebiete: Geschichte der Algebra, allg. Fragen der Historiogr. der Mathematik; Autor von »Mathematik in der Antike« (1961), »Die Genesis des abstrakten Gruppenbegriffes« (1969), »Vorlesungen zur Geschichte der Mathematik« (1979) sowie der Biogr. von C. F. Gauss, I. Newton, N. Kopernikus u. A. Riese, alle in der von ihm betreuten biograph. Reihe des Teubner-Verlags Leipzig; Vertreter der Wiss.-Geschichte in nat. u. intern. Gremien, so im International Council of History of Science.

Wyschofsky, Günther 8. 5. 1929
Industrieminister
Geb. in Bischofswerda (Sa.); 1945/46 KPD/SED; Chemiefacharbeiter; ABF; 1949–53 Chemiestudium an der TH Dresden u. der Univ. Leipzig, Dipl.-Chemiker; anschl. Forschungslaborltr. u. Betriebsltr. in versch. Chemiebetrieben; danach Mitarb. im ZK der SED, Ltr. des Sektors Chemie, 1960–62 Ltr. der Abt. Grundstoffindustrie; 1962–65 stellv. Vors. der SPK, 1965/66 dort Ltr. der Abt. Planung der Chemie; ab 1963 Kandidat, ab 1964 Mitgl. des ZK der SED; Mai 1966 – Nov. 1989 Min. für chem. Industrie (Nachf. von Siegbert Löschau); Vors. der ständigen Kommission des RGW für chem. Industrie; 1979 VVO in Gold; 1984 Dr. rer. nat. h.c. (THC Leuna-Merseburg); 1990 Vorruhestand.
Publ.: Die chem. Industrie der DDR. Berlin 1964.

Z

Zagrodnik, Stephan
20. 9. 1916–30. 11. 1990
Sekretär des Parteivorstands der DBD
Geb. in Waldau (Kr. Kassel), Vater Kleinbauer; Volksschule; seit 1931 in der Landwirtschaft tätig; Wehrmacht.
1945–51 Neubauer in Hirschfeld (Kr. Freiberg); 1949 DBD, seit 1952 dort hauptamtl. tätig; 1956/57 Studium am Inst. des ZK der SED zur Ausbildung von Funktionären für die soz. Landw. in Schwerin, staatl. geprüfter Landwirt; 1955–60 Sekr. des Bezirksvorst. Karl-Marx-Stadt der DBD, 1960–76 Sekr. für Schulung u. Aufklärung des PV, 1960–82 Mitgl. des PV u. seines Präs.; 1960–72 Mitgl., dann bis 1977 Vors. des Parteischiedsgerichts; 1963–81 Abg. der Volkskammer, 1963–76 stellv. Vors. der DBD-Fraktion, Vors. des Ausschusses für Land- u. Forstwirtschaft; ab 1966 Mitgl. des Landwirtschaftsrats der DDR; 1961–67 Mitgl. des Präs. der Liga für Völkerfreundschaft u. des Präs. der Dt.-Afrikan. Ges.; 1965 Mitgl. des Friedensrats; 1974 VVO in Gold; 1974 Vizepräs. der Freundschaftsges. DDR – Nordeuropa; Nov. 1976 Ausscheiden aus der hauptamtl. Funktion aus gesundheitl. Gründen, danach Rentner.

Zahn, Kurt 3. 10. 1940
FDJ- und FDGB-Funktionär
Vater Handwerker; Grundschule, 1955–58 Ausbildung zum Kaufmann im VEB Carl Zeiss Jena; 1955 FDJ, 1961 SED; 1963 2. Sekr., 1964/65 1. Sekr. der FDJ-GO im VEB Carl Zeiss Jena;

1965–69 Sekr., dann bis 1974 1. Sekr. der FDJ-BL Gera; 1971–77 Mitgl. des Büros des ZR der FDJ, 1974–77 Sekr. des ZR; 1977–89 Sekr. des FDGB-Bundesvorstands u. Mitgl. seines Präs.; 1977–89 Mitgl. des Präs. des DTSB; Nov. 1989 aller Funktionen enthoben; 1990 Buchhalter.

Zaisser, Else, geb. Knipp (eigtl. Elisabeth) 16. 11. 1898–15. 12. 1987
Volksbildungsministerin
Geb. in Essen, Vater Güterexpedient; Kath. Volksschule, Höhere Mädchenschule u. Oberlyzeum; 1919 Lehramtsprüfung, anschl. Lehrerin an Schulen der Essener Arbeiterviertel, 1921 Freie Lehrergewerkschaft; 1926 Übersiedlung mit ihrem Mann Wilhelm Zaisser nach Berlin; KPD; 1929/30 in Mukden (China); 1930–32 KPD-Funktionen in Berlin-Köpenick; 1. 4. 1932 Übersiedlung nach Moskau, dort 1932/33 Lehrerin an der Karl-Liebknecht-Schule; 1932–35 Abendstudium u. Doz. für dt. Sprache u. Journalistik an der Komm. Univ. für die nat. Minderheiten des Westens, 1933/34 Deutschdoz. am Inst. der Roten Professur für Philos. beim ZK der KPdSU; 1934/35 Assistentin am Lehrstuhl für dt. Sprache des Moskauer Pädagog. Inst. für Neue Sprachen (INJAS), 1935–37 Deutschlehrerin u. Lehrstuhlltr. für Fremdsprachen am Inst. für Parteigeschichte der Roten Professur beim Inst. für Marxismus-Leninismus; 1937/38 Lehrstuhlltr. für dt. Philol. am Fremdspracheninst. in Gorki; 1938–41 Deutschlehrerin am Lehrstuhl für Methodik des Deutsch-Unterrichts am 1. Moskauer Pädagog. Inst. für Fremdsprachen (MOPINJA); 1939–41 Deutschlehrerin am Lehrstuhl für dt. Sprache an der PHS beim ZK der KPdSU; 1940 Staatsbürgerschaft der UdSSR; 1941/42 Deutschlehrerin an der Militärfak. für West-Sprachen am 2. Moskauer Pädagog. Inst. für Fremdsprachen u. Evakuierung mit der Militärfak. nach Stawropol (Wolga); 1942/43 nach der Rückkehr nach Moskau Übersetzerin für Dt. am Moskauer Staatl. Rundfunkkomitee beim Rat der Volkskommission der UdSSR; 1943–46 Deutschlehrerin am Moskauer Staatl. Pädagog. Inst. für Fremdsprachen; 1944–47 Deutschlehrerin am Militärinst. für Fremdsprachen der Roten Armee; seit 1939 Verfasserin von Lehrbüchern für dt. Sprache u. Grammatik, Arbeit in der Gewerkschaft.
Okt. 1947 Rückkehr nach Dtl., SED; Doz. an der Vorstudienanstalt u. Lehrbeauftragte für sowj. Literatur an der MLU Halle; ab Okt. 1949 Prof. für Methodik des Russisch-Unterrichts an der TH Dresden; 1950–54 Abg. der Volkskammer u. Mitgl. des Bundesvorst. des DFD; 1950 Dir. des Dt. Päd. ZI in Berlin, zugl. Hrsg. der Ztschr. »Pädagogik«; 1951 Staatssekr., 1952 Min. für Volksbildung (Nachf. von Paul Wandel*), 1953 Rücktritt im Zusammenhang mit den Repressalien gegen Wilhelm Zaisser*; danach bis 1983 freischaff. Übersetzerin.

Zaisser, Wilhelm 20. 6. 1893–3. 3. 1958
Minister für Staatssicherheit
Geb. in Rotthausen (b. Gelsenkirchen), Vater Gendarmeriewachtmeister; 1899–1913 Volksschule, Präparandenanstalt, Ev. Lehrerseminar; 1913/14 Militärdienst, danach Volksschullehrer in Essen; 1914–18 Soldat; anschl. erneut Lehrer; 1919 KPD; während des Kapp-Putsches einer der militär. Ltr. der sog. Roten Ruhrarmee; 1921 nach vier Monaten Gefängnis aus dem Schuldienst entlassen; 1921/22 Ztg.-Red.; 1923–26 Mitgl. der KPD-BL Ruhrgebiet bzw. Ober-BL West; März – Juni 1924 militärpol. Lehrgang an der M-Schule der KI in Moskau; 1926 Mitarb. des ZK der KPD, verantw. für militärpol. Schulung; ab 1927 Mitarb. der KI in Moskau, 1932 Mitgl. der KPdSU(B); 1936–38 »General

Gomez« im Span. Bürgerkrieg, u. a. Kdr. der XIII. Intern. Brigade u. der Basis der Intern. Brigaden; 1938/39 Mitarb. des EKKI in Moskau; 1939–43 Chefred. der dt. Sekt. im Verl. für fremdsprachige Lit. in Moskau; 1943–46 Lehrer an Antifa-Schulen bzw. Ltr. des dt. Sektors für antifasch. Schulung der Kriegsgefangenen.

Febr. 1947 Rückkehr nach Dtl.; SED; 1947/48 Chef der Landesbehörde der Polizei Sachsen-Anhalt in Halle; 1948–50 Innenmin. des Landes Sachsen; 1949–54 Abg. der Prov. Volkskammer bzw. Volkskammer; ab 1950 Min. für Staatssicherheit; Juli 1953 wegen »parteifeindl. fraktioneller Tätigkeit« mit Rudolf Herrnstadt* aus dem PB u. dem ZK der SED ausgeschl. u. als Min. abgesetzt, Jan. 1954 Parteiausschluß; bis zum Tode als Übersetzer tätig; am 25. 4. 1993 rehabilitiert.

Zaunick, Rudolph
26. 8. 1893–13. 11. 1967
Wissenschaftshistoriker
Geb. in Dresden, Vater Sattlermeister; 1913 Abitur; 1913–20 Studium der Chemie, Mineral., Geol., Botanik u. Zool. an der TH Dresden u. der Univ. Leipzig, unterbrochen durch Militärdienst u. Lehrervertretung; 1918 Prom. an der Univ. Königsberg; 1920 Lehramtsprüfung an der Univ. Leipzig; anschl. bis 1945 im Schuldienst, ab 1923 Studienrat an der Oberrealschule Dresden-Johannstadt; 1927 Habil. für Geschichte der biolog. Wiss. an der TH Dresden; danach Privatdoz.; 1932 Mitgl. der Dt. Akad. der Naturforscher Leopoldina, 1954–66 Dir. Ephemeridum; 1934 nichtbeamteter ao. Prof., 1940–45 außerplanmäßiger Prof. für Geschichte der Naturwiss. der TH Dresden.

1947–52 freier Mitarb. in der chem. Fabrik Heyden in Radebeul; 1952–60 ord. Prof. für Geschichte u. Dokumentation der Naturwiss. der MLU Halle; 1956–62 Gastprof. für Geschichte der Medizin an der Med. Akad. Dresden; 1960 Korr. u. 1963 Ord. Mitgl. der Académie Internationale d'Histoire des Sciences zu Paris, 1965 Mitgl. der International Academy of the History of Medicine London; Mithrsg. u. Schriftltr. von wissenschaftshist. Ztschr. u. Schriftenreihen.

Arbeitsgebiete: Geschichte der Naturwiss., bes. Biol. u. Med.; Biogr. bedeutender Naturforscher (C. G. Carus, A. von Humboldt, L. Oken, G. Forberger, J. Kentmann); Mitarb. an Poggendorffs Biograph.-lit. Handwörterbuch der exakten Naturwiss.

Bibliogr.: Bibliogr. der Veröff. von Rudolph Zaunick, Teil I (1911–58, zusammengestellt von H. Zaunick). Halle 1958; Teil II (1958–67, zusammengestellt von H. Zaunick). Halle 1968; Teil III (Nachtrag u. Ergänzungen, bearbeitet von H.-T. Koch). Merseburg 1981.

Zechlin, Dieter 30. 10. 1926
Pianist, Präsident des Musikrats
Geb. in Goslar; Gymnasium in Erfurt; 1941–43 an der Musik-HS Leipzig Schüler von Otto Weinreich.

1945 am Thüring. Landeskonservatorium Erfurt Klavierunterricht bei Franz Jung; 1946–49 Musikstudium an der HS für Musik »Franz Liszt« Weimar, Lehrer Karl Weiß; 1949–51 Doz. für Klavier am Thüring. Landeskonservatorium Erfurt; 1950 Sonderpreis des intern. Bach-Wettbewerbs; 1951–71 Doz. an der Dt. HS für Musik Berlin; 1958 Prof. für Klavierspiel; 1961 NP 2. Kl.; 1965 Mitgl. der DAK; 1966 Intern. Robert-Schumann-Preis; 1970–78 Mitgl. des Präs. u. Vizepräs. der AdK; 1971–82 Rektor der Dt. HS für Musik »Hanns Eisler« (Nachf. von Eberhard Rebling*); 1971–89 Präs. des Musikrats; 1972–82 Ltr. der Meisterklasse für Klavier; 1974 amtierender Präs. der AdK; Präs. der Robert-Schumann-Ges.

Sein Repertoire umfaßt zahlr. Klavier-

u. a. Solokonzerte des 18. u. 19. Jh. sowie Kompositionen der Gegenwart; er gilt als hervorragender Beethoven-Interpret u. erhielt zahlr. Auszeichnungen; Rundfunk- u. Schallplattenaufnahmen, vorw. Klaviermusiken von Beethoven bei Edition Eterna; UA der Klavierkonzerte von Johann Cilensek*, Günter Kochan* u. Ernst Hermann Meyer*; seit Mitte der 60er Jahre Konzerte u. a. in Europa, Mittel- u. Südamerika, Japan.

Zechlin, Ruth 22. 6. 1926
Komponistin
Geb. in Großhartmannsdorf (Sa.); 1943–49 Studium Klavier, Orgel, Komposition u. Musiktheorie an der HS für Musik Leipzig; 1950–91 Doz. für Tonsatz an der Dt. HS für Musik Berlin; NDPD; 1969 Prof.; 1970 DAK; seit 1982 Mitgl. des Musikrats; schuf drei Sinfonien u. zahlr. Werke der Orchester-, Orgel- u. Kammermusik.
1990 CDU; seit 1993 Mitgl. der AdK Berlin-Brandenburg.
Publ.: Situationen, Gespräche, Erfahrungen, Gedanken. Berlin 1986.

Zehm, Günter (Ps. Pankraz) 1934
Journalist, Philosoph
Geb. in Crimmitschau (Sa.); Abitur, nach dem Studium der Journalistik u. der Philos. in Leipzig, Schüler u. Assistent Ernst Blochs; SED; 1956 im Zusammenhang mit dem Prozeß gegen Wolfgang Harich* Verhaftung wegen eines stalinismuskrit. Manuskripts, Verurteilung zu vier Jahren Zuchthaus, Dez. 1960 amnestiert; Flucht in die Bundesrep. Dtl.; beendete sein Studium in Frankfurt/Main u. promovierte über Sartre; Mitarb., später stellv. Chefred. der Ztg. »Die Welt«; seit 1992 Philos.-Prof. an der Univ. Jena.
Werke: Pankraz u. der grüne Heinrich. 1981; Pankraz u. der gesunde Menschenverstand. 1988.

Zehrt, Monika, verh. Landgraf
29. 9. 1952
Leistungssportlerin (Leichtathletik)
Geb. in Riesa (Sa.); ab 1965 Leichtathletin zunächst bei der SG Dynamo Riesa, ab 1968 beim SC Dynamo Berlin (Trainerin Inge Utrecht), Spezialdisz.: 400 m, Sprint; Besuch der KJS, Abitur; 1970 Junioren-EM über 400 m und mit der 4x400-m-Staffel; 1971 EM mit der 4x400-m-Staffel; 1972 Olympiasiegerin über 400 m u. mit der 4x400-m-Staffel; 1970 u. 1973 Europacup-Siegerin; 1971/72 sechs WR u. zwei ER; 1973 Beendigung der leistungssportl. Laufbahn.

Zeigner, Erich 17. 2. 1886–5. 4. 1949
Oberbürgermeister von Leipzig
Geb. in Erfurt, Vater kaufm. Angestellter; dort Volksschule, 1894–1905 Höhere Bürgerschule u. Realgymnasium in Leipzig; 1905–08 Studium der Rechtswiss. u. Volkswirtschaft in Leipzig; 1908 1. jur. Staatsprüfung, 1908–13 Referendar u. a. in Leipzig u. Chemnitz, 1913 2. jur. Staatsprüfung u. Prom. zum Dr. jur., dann Assessor in Leipzig, 1915 Übernahme in den Staatsdienst; 1917/18 Militärdienst; 1918 Staatsanwalt in Leipzig; 1919 SPD; 1921–23 Justizmin. in Sachsen; 1922/23 Mitgl. des Sächs. Landtags; 1923 Min.-Präs. der sächs. Arbeiterreg., 1924 zu drei Jahren Gefängnis verurteilt u. in Bautzen inhaftiert, 1925 auf Bewährung entlassen; Lehrer an der Bundesschule des Arbeiter-Turn-u.-Sportbunds Leipzig; 1928–33 Mitarb. sozialdemokr. Presseorgane in Chemnitz, Dresden, Zwickau u. Ltr. einer jur. Beratungsstelle der SPD in Leipzig; 1933 Berufsverbot; wegen antifasch. Arbeit 1934/35 u. 1939 inhaftiert; kaufm. Angestellter in Leipzig; 1944 KZ Buchenwald.
1945–49 OB von Leipzig; 1945 Mitgl. des erweiterten Bezirksaussch. der SPD; 1946 Mitgl. der Zentralen Programmkommission zur Vorbereitung der Ver-

einigung von SPD u. KPD; Mitgl. des sächs. Landes- u. Leipziger Kreisvorst. der SED; ab 1946 Abg. der Leipziger Stadtverordnetenvers. und des Sächs. Landtags; ab 1947 Prof. für Verwaltungsgeschichte an der Univ. Leipzig; 1948/49 Mitgl. des Dt. Volksrats.
Sek.-Lit.: Matthes, A. u. L.: E. Z.: Eine biogr. Skizze. Leipzig 1985.

Zeiler, Friedrich 9. 9. 1920
Stellv. des Vorsitzenden der Staatlichen Plankommission
Geb. in München, Vater Arbeiter; Volksschule; Klempner-Installateur; 1934–38 HJ; 1939–45 Kriegsdienst, zuletzt Uffz.; Mai – Juni 1945 amerik. Gefangenschaft.
1946/47 Kreisvors. der FDJ Eisleben; 1947–49 Mitgl. der Kreisltg. der SED Eisleben und Sekr. für Jugendfragen, 1949–51 Instrukteur bzw. Sekr. der Landesltg. Halle der SED; 1951–62 im Apparat des ZK der SED Instrukteur, Sektorenltr., stellv. Abt.-Ltr., 1955–57 Ltr. der Abt. Maschinenbau u. Metallurgie, danach erneut Sektorenltr. sowie Studium u. Prom.; ab 1962 Stellv. des Vors. der SPK, zuständig für die ök. Sicherstellung der Landesverteidigung; Gen.-Ltn. der NVA; 1982 aus gesundheitl. Gründen ausgeschieden; Rentner.

Zeiseweis, Kurt 2. 5. 1937
Stellv. MfS-Abteilungsleiter
Geb. in Berlin, Vater Arbeiter; Abitur 1955; 1. 8. 1955 Eintritt in das MfS, 1955/1956 Mitarb. der Abt. VIII der BV Berlin (zuständig für Beobachtung u. Ermittlung); 1956–58 Besuch der HS des MfS in Eiche; 1958–83 stellv. Abt.-Ltr. in der Abt. XX der BV Berlin; 1962–66 Fernstudium der Kriminalistik an der HU Berlin; 1983–86 Ltr. der Kreisdienststelle Treptow; 1986 bis Frühjahr 1989 Stellv. Operativ in der BV Berlin, dann bis 31. 3. 1990 stellv. Ltr. der Abt. Geheimnisschutz; Apr. – Aug. 1990 Mitarb. im Komitee zur Auflösung des MfS/AfNS; arbeitslos.
Seit 1991 Teiln. an versch. Gesprächskreisen u. öff. Foren mit Personen, die Gegenstand operativer Maßnahmen des MfS waren; Jan. 1991 Umschulung u. Tätigkeit in einem Baubetrieb als Arbeitsvorbereiter; arbeitslos; seit 1994 Verkäufer.

Zetkin, Maxim 1. 8. 1883–19. 8. 1965
Chirurg, Gesundheitspolitiker
Geb. in Paris, Vater (Ossip Z.) pol. Emigrant aus Odessa, Mutter (Clara Z.) Lehrerin u. sozialdemokr. Politikerin; Gymnasium in Stuttgart; 1902–08 Medizinstudium in München, hier 1909 Prom.; 1909–12 ärztl. Praxis in Stuttgart, 1912–14 chirurg. Assistenzarzt am Städt. Krankenhaus Augsburg; 1914–18 Militärdienst in Feldlazaretten; 1919/20 Assistenzarzt in der chirurg. Abt. des Augusta-Victoria-Krankenhauses in Berlin; 1902–16 SPD, 1917–19 USPD, 1919 KPD; 1920 auf Einladung des russ. Volkskommissariats für Gesundheitswesen als Chirurg in Moskau tätig, 1924 KPR (B); 1930–39 an der chirurg. Klinik des II. Med. Inst. in Moskau, 1935 hier Doz.; 1936/37 Teiln. am Span. Bürgerkrieg als beratender Chirurg der republikan. Armee, 1939–41 Chefarzt der chirurg. Abt. eines Moskauer Krankenhauses, während des 2. Weltkriegs 1942–45 als Militärchirurg in Moskau, im Kaukasus u. in Transkaukasien.
Ende 1945 Rückkehr nach Dtl. u. Mitwirkung beim Aufbau der Dt. Zentralverwaltung für Gesundheitswesen, 1945–49 als 1. Vizepräs. für Personal- u. Org.-Fragen zuständig; 1946 SED; 1947–60 Prof. mit Lehrauftrag für Chirurgie an der HU Berlin, 1949/50 Ärztl. Dir. der Charité; 1950–52 Ltr. der HA Wiss. u. Forschung des Min. für Gesundheitswesen, 1954 Vors. des Wiss. Rats beim Min. für Gesundheitswesen u. Ltr. der Arbeitsgemeinschaft med. Verlage, Mitbe-

gr. des Verlags Volk u. Gesundheit; 1955 Korr. Mitgl. der DAW; 1955 VVO in Gold; gest. in Berlin.
Publ.: Die Chirurgie des Traumas. 4 Bde. (Hrsg.) Berlin 1955–58; Wörterbuch der Medizin (Hrsg. mit H. Schaldach). Berlin 1956 (11. Aufl. 1980); dt. Gesamtausgabe der Werke von I. P. Pawlow (Hrsg.). Berlin 1953–54.
Sek.-Lit.: M.-Z.-Ehrung 1983. Berlin 1984.

Ziegenhahn, Herbert 27. 10. 1921
SED-Politiker
Geb. in Dankerode (Kr. Quedlinburg), Vater Bauer; Besuch der Volksschule; 1936–41 Landarbeiter, Mitarb. in der elterl. Landw., Maurer; Kriegsdienst; sowj. Gefangenschaft; 1947–49 Antifa-Gebietsschule u. Assistent an einer Antifa-Zentralschule in der UdSSR.
1949 Rückkehr nach Dtl.; 1950/51 Gemeindevertreter u. Bürgermeister von Dankerode u. Harzgerode (Kr. Quedlinburg); 1951 SED; 1952–59 1. Kreissekr. der SED in Quedlinburg; 1953–59 Abg. des Kreistags Quedlinburg; 1954–60 Fernstudium an der PHS, Dipl.-Ges.-Wiss.; 1959–63 1. Sekr. der SED-KL Dessau; 1960–63 Mitgl. der SED-BL Halle; 1961–63 Stadtverordneter in Dessau; 1963–66 Kand., 1966–89 Mitgl. des ZK der SED; seit 1963 1. Sekr. der SED-BL Gera (Nachf. von Paul Roscher); 1963 – Nov. 1989 Abg. der Volkskammer, 1963–67 Stellv. des Vors. des Aussch. für Handel u. Versorgung, seit 1967 Mitgl. des Mandatsprüfungsaussch.; Abg. des Bez.-Tags Gera; 1971 VVO in Gold; 1981 KMO; 3. 12. 1989 aus dem ZK gemeinsam mit anderen wegen der »Schwere ihrer Verstöße gegen das Statut der SED u. in Anbetracht zahlreicher Forderungen u. Anträge von Kreisdelegiertenkonferenzen« ausgeschlossen; Rentner.

Zieger, Petra 25. 3. 1959
Sängerin
Geb. in Erfurt; Lehre als Damenschneiderin; Bezirksmusikschule Erfurt; Gesangsstudium an der HS für Musik »Franz Liszt« Weimar; ab 1976 Solistin im Erfurter Tanzorchester; Sängerin in einer Amateur-Rockband; 1981 Preisträgerin des Nachwuchsfestivals »Goldener Rathausmann« Dresden; 7. 10. 1982 erster Auftritt mit den Smokings (Gründer u. Ltr.: Burkhard Lasch) in der Fernsehsendung »rund« mit den Titeln »Alles chic u. schön« u. »Rock'n'Roll am FKK«; 1983 »Silberner Bong«; 1984 LP »Traumzeit«, Hauptpreis beim Festival »Bratislavská Lyra« Bratislava für »Der Himmel schweigt« (erste Single-Schallplatte); »Rock für den Frieden«; Tourneen durch Rumänien, ČSSR, UdSSR; 1987 LP »Katzen bei Nacht«, Publikumsliebling beim Nat. Titelwettbewerb, Teiln. am Intern. Liederfestival Sopot (Polen); 1988 Hauptpreis »Goldene Woge« u. »Disc-Trophäe« beim Intern. Talentfestival Bregenz (Österreich) für »Über Mut«; 1989 LP »Das Eis taut«; 1990 erster USA-Auftritt; 1992 LP »Lust«, Tourneen mit neu formierter Band.

Ziegler, Martin 1. 10. 1931
Oberkirchenrat, Moderator des Zentralen Runden Tisches
Geb. in Berlin, aufgewachsen in Gollnow (Hinterpomm.), Vater Handelslehrer; 1945 Flucht nach Stendal; 1950 Abitur, anschl. Studium der Theol. an der HU Berlin; ab 1955 Transportarbeiter in Tangermünde; 1958 Ordination, Hilfsgeistlicher u. Pfarrer in Großkayna (Kirchenkr. Geiseltal), ab 1963 Pfarrer in Kötzschen (b. Merseburg); 1968–74 Superintendent in Merseburg; 1975–83 Dir. des Diakon. Werks der Inneren Mission u. des Hilfswerks der Ev. Kirche Berlin-Brandenburg u. Vors. des Vereins der Hoffmannsthaler Anstalten; 1983 Oberkirchenrat u. bis 1991 Ltr. des Sekr. des

Bunds der Ev. Kirchen in der DDR (Nachf. von Manfred Stolpe*); Dez. 1989 bis März 1990 einer der Moderatoren des Zentralen Runden Tisches.
1990 Mitgl. im Verwaltungsrat der Bodelschwinghschen Anstalten in Bethel; seit 1991 Dir. der Hoffmannsthaler Anstalten in Lobetal.

Ziegler, Walter 5. 11. 1912–20. 2. 1977
Vizepräsident des Obersten Gerichts
Geb. in Berlin, Vater Sattler; Oberschule; 1931 KPD; ab 1932 Jurastudium an der Univ. Berlin; Kriegsdienst, Oltn. in einer Pioniereinheit.
1945 Richter, später Amtsgerichtsdir. am Amtsgericht Bitterfeld; 1946 SED; 1949 Präs. des Landgerichts Halle (Saale); 1950–53 Richter bzw. Oberrichter am Obersten Gericht der DDR (OG), ab 1953 Vizepräs. und Vors. des 1. Strafsenats, 1958 wegen angebl. liberalist. Tendenzen nicht zur Wiederwahl nominiert; 1953–58 u. ab 1962 Mitgl. des Verfassungsausschusses der Volkskammer; 1958–62 Richter bzw. Dir. des Bezirksgerichts Frankfurt/Oder, 1962 Wiederwahl zum Vizepräs. des OG; Mitarb. am Rechtspflegeerlaß des Staatsrats u. 1963 am Gerichtsverfassungsgesetz.

Ziegner, Heinz 13. 7. 1928
SED-Politiker
Geb. in Annarode (Kr. Eisleben), Vater Arbeiter; Mittelschule; Kriegsdienst; brit. Gefangenschaft in Schleswig-Holstein.
1945 SPD; 1946 SED u. FDJ; 1945–49 Angestellter des Rats des Kr. Hettstedt (Mansfeld), Ltr. des Statist. Kreisamts; Besuch der Verwaltungsschule in Aschersleben; 1949/50 Abt.-Ltr. in der SED-KL Hettstedt u. Mitgl. der FDJ-KL Hettstedt; 1950–53 Abt.-Ltr., Sekr., 2. Sekr. u. 1. Sekr. der SED-KL Salzwedel; 1954 1. Sekr. der SED-KL Schönebeck; 1954–69 Abg. des Bez.-Tags Magdeburg; 1954–60 1. Sekr. der FDJ-BL Magdeburg; 1955–60 Mitgl. des Büros der ZR der FDJ; 1956/57 Studium an der Komsomol-HS in Moskau; 1957–60 Mitgl. des Büros des ZR der FDJ; 1960–69 Sekr. für Landw. der SED-BL Magdeburg; 1967–71 Kand., seit 1971 Mitgl. des ZK der SED; 1969–74 2. Sekr., seit 1974 1. Sekr. der SED-BL Schwerin (Nachf. von Bernhard Quandt*); Fernstudium an der Agraring.-Schule Haldensleben, 1968 Agrar-Ing.; seit 1971 Abg. des Bez.-Tags Schwerin; seit 1971 Abg. der Volkskammer, 1976–82 Mitgl. des Aussch. für Auswärtige Angelegenheiten; 1982–86 Mitgl. des Aussch. für Land-, Forst- u. Nahrungsgüterwirtschaft; seit 1986 erneut Mitgl. des Aussch. für Auswärtige Angelegenheiten; 1978 KMO; 1984 VVO in Gold; Nov. 1989 Entbindung von allen Ämtern; Dez. 1989 Ausschluß aus der SED (»wegen parteischädigenden Verhaltens«).
1990 Haftbefehl, aufgehoben.

Ziemer, Christof 28. 8. 1941
Evangelischer Pfarrer, Theologe
Geb. in Gollnow (Kr. Naugard, Pommern) in der Familie eines Pastors, aufgewachsen in Angermünde u. Greifswald, 1960 Abitur; 1960–65 Studium der Theol. an der HU Berlin u. der MLU in Halle; 1962 Wehrdienstverweigerung (ohne nachteilige Konsequenzen); 1965 1. Theolog. Examen, anschl. bis 1967 Konviktinspektor am Sprachenkonvikt in Halle/Saale; dann Pfarrer an der St. Marien-Gemeinde in Pirna; 1968 2. Theolog. Examen; 1972–74 Studieninspektor am Predigerseminar in Lückendorf (Zittauer Geb.); 1974–80 Ltr. der Theolog. Studienabt. beim Bund der Ev. Kirchen in Berlin, fachl. Schwerpunkte: Gemeindeaufbau, charismat. Bew.; 1980–92 Pfarrer an der Dresdener Kreuzkirche, Superintendent; 1987–89 Vors. der Vorbereitungsgruppe u. des Präs. der Ökumen. Versammlung für Frieden, Gerechtigkeit

und Bewahrung der Schöpfung in der DDR; Okt. 1989 Teiln. an den ersten Dresdener »Rathausgesprächen« (zwischen Magistrat u. Vertretern der Bürgerbew.).
1992 zeitw. Dir. der Ev. Akad. in Meißen; im Sommer 1992 aus dem kirchl. Dienst ausgeschieden; anschl. bis 1993 Aufenthalt in Osijek (Kroatien); lebt in Berlin.
Publ. zur charismat. Bew., zum konziliaren Prozeß, zum pol. Umbruch in der DDR.

Zierzow, Carola 15. 9. 1954
Leistungssportlerin (Kanu-Sport)
Geb. in Prenzlau; Verkäuferin; ab 1972 Kanu-Rennsportlerin beim SC Neubrandenburg; 1972–76 fünffache WM im K II u. K IV; 1976 Olympiasiegerin im K I; Ausbildung zur Physiotherapeutin.

Ziller, Gerhart 19. 4. 1912–14. 12. 1957
SED-Politiker, Industrieminister
Geb. in Dresden, Vater Maschinenschlosser; 1918–26 Volksschule, anschl. bis 1930 Ausbildung zum Elektromonteur u. techn. Zeichner, danach Abendausbildung zum Maschinenbau-Ing.; 1927 KJVD u. Dt. Metallarbeiterverb., 1930 KPD u. RGO; 1930/31 Studienreise in die Schweiz, nach Italien, Frankreich, Spanien u. Belgien; 1930–33 Red. der KPD-Ztg. »Arbeiterstimme«; nach 1933 als techn. Zeichner bzw. Maschinenbau-Ing. beschäftigt; wegen illegaler Tätigkeit häufig inhaftiert, u. a. 1934/35 18 Monate Haft im Zuchthaus Waldheim; Mitgl. der Widerstandsgruppe um Anton Saefkow; 1944/45 KZ Sachsenhausen, Gefängnis in Leipzig.
Juli 1945 Stadtrat für Wirtschaft in Meißen; 1945/46 Ministerialrat u. Ltr. der Abt. Kohle, Treibstoff, Energie im Ressort Wirtschaft u. Arbeit der Landesverwaltung Sachsen; 1946 SED; 1946–48 Ministerialdir. u. Ltr. der HA Brennstoffindustrie u. Energiewirtschaft im Min. für Wirtschaft u. Wirtschaftsplanung Sachsen, 1948/49 stellv. Min. u. Ltr. der HA Industrie im Min. für Industrie u. Verkehr, 1949/50 Min. für Industrie u. Verkehr der Landesreg. Sachsen; 1950–53 Min. für Maschinenbau u. 1953/54 Min. für Schwermaschinenbau der DDR; seit Juli 1953 Mitgl. u. Sekr. für Wirtschaft des ZK der SED; 1953–57 Abg. der Volkskammer, seit 1954 Vors. des Wirtschaftsaussch.; 1957 Selbstmord nach Auseinandersetzungen über die Wirtschaftspol. sowie Kritik an Walter Ulbricht*; Kontakte zur sog. Fraktion Schirdewan-Wollweber.
Publ.: Daumier. Dresden 1947; Frans Masereel. Dresden 1949; Die neue Epoche der techn. Entwicklung (zus. mit Fritz Selbmann*). Berlin 1956.
Sek.-Lit.: Schirdewan, K.: Aufstand gegen Ulbricht. Berlin 1994.

Zimmering, Max (Ps. Mix, Max Lorbeer) 16. 11. 1909–15. 9. 1973
Schriftsteller, SED-Funktionär
Geb. in Pirna; Vater jüd. Uhrmacher (1942 im KZ ermordet), Mutter Hausfrau; Volksschule, Oberrealschule; 1928 KJVD; 1930 KPD; 1930–32 Lehre als Schaufensterdekorateur in Dresden; 1932 Dekorateur in Dresden; 1930 Mitbegr. des BPRS; RGO; Arbeiterkorrespondent (»Rote Fahne«, »A.I.Z.«, »Linkskurve«); Anf. 1933 illegale Arbeit in Dtl.; 1933 Emigration nach Paris; 1934/35 Gelegenheitsarbeiter in Palästina; dort Mitarb. in der illegalen KP Palästinas; 1935–39 Emigration nach Prag; 1939 Flucht nach England; 1939–41 in Oxford u. London, 1941 Internierung in Liverpool, Australien, Isle of Man. Entlassung nach London, Red. der Ztschr. »Freie Dt. Kultur« u. »Freie Dt. Tribüne«.
1946 Rückkehr über Prag nach Dresden, SED, VVN; 1946/53 Kulturred. der Wochenztg. »Zeit im Bild«, Vors. des DSV Dresden; 1953 Heinrich-Mann-Preis;

1954 Dt. PEN-Zentrums Ost u. West; 1956/58 erster Sekretär des DSV (Nachf. von Eduard Claudius*); 1958/64 Dir. des Literaturinst. »Johannes R. Becher« in Leipzig (Nachf. von Alfred Kurella*); 1959 Heinrich-Heine-Preis; 1963 Kand. des ZK; ab 1964 freischaff. Schriftst.; NP 1969; gest. in Dresden.
Verf. zahlr. agitator. Gedichte, Kantaten, Erzählungen.
Publ.: Ernst-Thälmann-Kantate. 1949; Der gekreuzigte Grischa. Erzählungen, Skizzen, Anekdoten. Berlin 1969; Wir lieben unsrere Zeit. Gedichte, Erzählungen, Erinnerungen, Prosa. Berlin 1979; Lied von Finsternis u. Licht – Gedichte u. Nachdichtungen 1928–1973. Berlin 1986.

Zimmermann, Brigitte 22. 5. 1939
Chefredakteurin der Zeitung »Wochenpost«
Geb. in Sagan (Schles.), Vater Dekorateur; Oberschule; 1954 FDJ; 1958–61 Arbeiterin in einer Tischlerei; 1961 SED; 1962 Mitarb. in der Red. der Ztg. »Junge Welt«; 1965/66 Studium an der HS des Komsomol in Moskau; danach Abt.-Ltr. in der Red. der »Jungen Welt«; 1968 Abschluß an der FS für Journalistik in Leipzig; 1970–78 stellv. Chefred. der »Jungen Welt«; 1973/74 kommiss. Chefred. der Studentenztschr. »Forum«; 1978–82 Abt.-Ltr. im ZR der FDJ; 1983–91 Chefred. der »Wochenpost«; 1988–90 Mitgl. des Zentralvorst. des VDJ u. seines Präs.
1990 PDS; seit 1992 stellv. Chefred. des »Neuen Dtl.«.

Zimmermann, Udo 6. 10. 1943
Komponist, Dirigent
Geb. in Dresden; 1953–61 Mitgl. des Dresdener Kreuzchors, 1962 Abitur an der Kreuzschule; 1962–68 Studium Komposition, Gesang u. Dirigieren an der HS für Musik »Carl Maria von Weber« Dresden, 1968–70 an der Meisterschule der DAK bei Günter Kochan*; 1970 Dramaturg an der Dresdener Staatsoper; 1976 Lehrauftrag für Komposition an der Dresdener HS für Musik; 1974 Gründung des Studios für Neue Musik in Dresden; 1975 NP; 1982 ord. Prof. für Komposition; 1983 Mitgl. der AdK u. der Akad. der Künste Hamburg; 1985 Mitgl. des Kuratoriums Staatsoper Dresden; Mitgl. des Präs. u. Vors. des Bezirksvorst. Dresden des VDK; 1986 Begründer des Dresdener Zentrums für zeitgenöss. Musik; Intendant der Leipziger Oper.
Schuf sinfon. u. chorsinfon. Werke (Pax questosa, 1982), Orchester- u. Kammermusik, die Opern »Die weiße Rose« (1986), »Levins Mühle«, »Die zweite Entscheidung«, »Der Schuh u. die fliegende Prinzessin« (1976), »Die wundersame Schustersfrau« (1982).

Zinke, Johannes
25. 11. 1903–14. 11. 1968
Katholischer Amtsträger
Geb. in Liegnitz (Schles.); 1928 Priesterweihe in Breslau; Kaplan, Pfarradministrator, Kuratus; 1938–45 Caritasdir. der Erzdiözese Breslau.
Nach Umsiedlung 1946 Ltr. der Hauptvertretung Berlin des Dt. Caritasverb. mit Sitz im amerik. Sektor; ab 1952 zusätzl. Ltr. des Commissariats der Fuldaer Bischofskonferenz in Berlin, 1957 Prälat; Beauftragter zu Verhandlungen mit der HA Verbindung zu den Kirchen, dem MdI, dem MfS u. ab 1957 mit der Dienststelle des Staatssekr. für Kirchenfragen; ab Mai 1958 Verweigerung der Verhandlungen mit Z. durch alle Regierungsstellen der DDR außer dem MfS, nach dem 13. 8. 1961 im Auftrag des Bischofs von Berlin trotz Wohnsitzes im Westteil bis 1968 Verhandlungen ausschließl. mit dem MfS.

Zinner, Hedda 20. 5. 1907–1. 7. 1994
Schriftstellerin
Geb. in Wien, Vater Beamter; 1923–25

Besuch der Schauspielakad. in Wien, anschl. versch. Engagements in Baden-Baden, Breslau u. Zwickau; 1929 Schauspielerin in Berlin, KPD; Reportagen für die Ztg. »Rote Fahne«; 1933 Emigration nach Wien u. Prag; dort Gründerin des Kabaretts »Studio 1934«; 1935 Emigration nach Moskau (mit Ehemann Fritz Erpenbeck*), Hörspiele für den Moskauer Rundfunk; 1936 Gedichtband »Unter den Dächern«; 1938 stellv. Kulturred. der »Dt. Zentralztg.«; 1941 Mitarb. der Prop.-Abt. des KI-Apparats; 1941–43 nach Evakierung in Ufa.

1945 Rückkehr nach Berlin; 1946 KPD/SED; Vors. des Dt. Frauenrats; 1953 Schauspiel »Der Teufelskreis«, Kantate »Das Urteil«, (Musik J. K. Forest*, UA Juli 1958, V. Parteitag der SED); seit 1959 Vizepräs. der Ges. für kulturelle Verbindungen mit dem Ausland; 1975 VVO in Gold; Ehrenmitgl. des SV; 1980 KMO; 1985 wurde die Fernsehinszenierung der »Ravensbrücker Ballade« verboten, weil sie dem Antifasch.-Bild einiger Funktionäre u. führender Antifasch. nicht entsprach.

Publ.: Alltag eines nicht alltäglichen Bandes. 1952/53; Ravensbrücker Ballade. Berlin 1961; 1968–72 Romantrilogie: Ahnen u. Erben; Auf dem roten Teppich. Erfahrungen, Gedanken, Impressionen. Berlin 1978; Selbstbefragung (Autobiogr.). Berlin 1989.

Sek.-Lit.: Jarmatz, Klaus (Hrsg.): Ravensbrücker Ballade oder Faschismusbewältigung in der DDR. Berlin 1992.

Zippel, Hartmut 1938

Mediziner, LDPD-Funktionär

Geb. in Gera, Vater Lehrmeister; Oberschule; ab 1956 Studium der Medizin in Leipzig u. Erfurt; anschl. vier Jahre in Arnstadt u. fünf Jahre an der Orthopäd. Klinik der KMU Leipzig tätig; danach 1. Oberarzt der Orthopäd. Klinik, Doz. u. seit 1977 Prof. in Greifswald; seit 1979 ord. Prof. für Orthopädie u. die Orthopäd. Klinik an der HU Berlin; seit März 1977 Nachfolgekand., seit Apr. 1987 Mitgl. des ZV der LDPD; 1971–80 Vors. des LDPD-Kreisvorst. Greifswald (Nachf. von Wolfgang Schult); 1980 auf den Lehrstuhl für Orthopädie an der HU Berlin berufen; Dir. der Orthopäd. Klinik der Charité; Mitgl. des Ges. Rats der HU; Mitgl. des Präsidialrats des KB.

Zöger, Heinz 19.11.1915

Chefredakteur der Wochenzeitung »Sonntag«

Geb. in Leipzig; nach dem Tod der Eltern im 4. Lebensjahr adoptiert, Adoptivvater Steindrucker; Volksschule; 1930–33 Schriftsetzerlehre; 1932 Mitgl. der Antifasch. Roten Garde, der Roten Hilfe u. der RGO; Besuch der MASCH in Leipzig; Nov. 1933 Verhaftung als Verbindungsmann des KJVD Leipzig u. Dresden; ein Jahr Haft in Bautzen; nach Entlassung trotz Polizeiaufsicht illegale Arbeit in der Gruppe Massloff/Zimmermann; 1935–40 Schriftsetzergehilfe in Leipzig; 1940/41 Fachausbildung im Graf. Technikum Leipzig; 1941 Verhaftung u. Verurteilung zu viereinhalb Jahren Zuchthaus wegen Vorbereitung zum Hochverrat (Zuchthäuser Waldheim u. Halle).

1945 von den Amerikanern befreit; 1945/46 KPD/SED; Mitarb. der Agit.-Prop.-Abt. eines Leipziger Stadtbez.; Mitarb. der SED-KL Leipzig; 1946–51 Ltr. der Abt. Kontrolle beim Mitteldt. Rundfunk, Sender Leipzig; 1951–54 zunächst Ltr. der Abt. Kontrolle beim Berliner Rundfunk (»Abhören u. Lesen von Sendungen«); dann ab 1952 stell. Chefred. für Kulturpolitik; 1953 Fernstudium der Publizistik an der KMU Leipzig; 1954–57 stellv. Chefred. des »Sonntag«, Ressort Außenpol., ab 1955 Chefred. (Nachf. von Heinrich Goeres); nach Kritik der Parteiführung im »Sonntag« im Herbst 1956 kommissar. Chefred.; wegen angebl. »konterrev. Tätigkeit in

der Harich*-Gruppe« entlassen; am 8. 3. 1957 im Gerichtssaal während der Verhandlung gegen Wolfgang Harich verhaftet, wurde am 26. 7. 1957 in einem Schauprozeß zus. mit Walter Janka*, Gustav Just* u. Richard Wolf wegen Verbrechens gegen Art. 6 der DDR-Verfassung zu zweieinhalb Jahren Zuchthaus verurteilt; nach der Entlassung 1959 Flucht in die Bundesrep. Dtl.; Mitarb. der Ztschr. »Der Dritte Weg«; Nov. 1989 Kassation des Urteils von 1957 durch das Oberste Gericht der DDR; lebt in Köln.
Publ.: Die pol. Hintergründe der Harich-Prozesse. In: SBZ-Archiv 1960/13.
Sek.-Lit.: Stern, Carola: In den Netzen der Erinnerung. Lebensgeschichten zweier Menschen. Reinbek b. Hamburg 1986.

Zorn, Heinz-Bernhard 28. 4. 1912
Stellv. des Chefs der Luftstreitkräfte/Luftverteidigung
Geb. in Berlin, Vater Beamter; Oberrealschule; ab 1930 Reichswehr bzw. Wehrmacht, Berufsoffz.-Laufbahn; illegale Ausbildung als Flieger, 1935 Ltn., 1942 Major im Generalstab der Luftwaffe in Norwegen; 1944 Übertritt auf die Seite der Roten Armee; durch NS-Gericht in Abwesenheit zum Tode verurteilt; Zentrale Antifa-Schule Krasnogorsk, Assistent.
1949 Rückkehr nach Dtl.; SED; HV für Ausbildung, Ltr. der HA Inspektion, Chefinspekteur der VP; 1950–55 Chef des Stabs des KVP-Luft bzw. der Verwaltung der Aeroklubs, Gen.-Major, 1956/57 Chef der Luftstreitkräfte der NVA; 1957–59 sowj. Generalstabsakad., Dipl. rer. mil.; 1959–69 Stellv. des Chefs u. Ltr. der Fak. für Luftverteidigung der Militärakad. Dresden, Doz., interne Forschung u. Veröff. zu Problemen der Anwendung moderner Militärtechnik; 1969–74 Wiss. Mitarb. des Militärgeschichtl. Inst. Potsdam, Forschungsgebiet: Entw. der Luftstreitkräfte/Luftverteidigung (LSK/LV) in den 50er u. 60er Jahren; 1974 Ruhestand; 1969–80 Mitgl. der DDR-Sektion der Pugwash-Konferenz; 1980–82 Haft in Frankreich wegen nachrichtendienstl. Tätigkeit, keine Verurteilung, Austausch.

Zucker, Friedrich 30. 6. 1881–4. 4. 1973
Altphilologe
Geboren in Fürth (Bayern), Vater Oberstudienrat; Gymnasium, Abitur; 1899–1904 Studium der klass. Philol. u. Archäol. an den Univ. München u. Berlin, 1904 Prom. zum Dr. phil. an der Univ. München; 1904/05 wiss. Hilfsarb. u. 1907–10 Ltr. der dt. Papyrusausgrabungen in Ägypten; 1905/06 prakt. Ausbildung als Lehrer an höheren Schulen; 1911 Habil. mit einer Arbeit über die Gerichtsorg. im Alten Ägypten an der Univ. München, 1911–14 Privatdoz.; 1914–18 Militärdienst, Ordonnanzoffz.; 1917 ao. Prof. an der Univ. München u. 1918 an der Univ. Tübingen; 1918–43 ord. Prof. für klass. Philol. an der Univ. Jena, Mitdir. des Seminars für klass. Philol., 1926/27 Dekan der Philosoph. Fak., 1928/29 Rektor der Univ. Jena.
Ab 1945 Ordinarius für klass. Philol. an der FSU Jena, 1945–48 hier Rektor; 1948 Korr., 1949 Ord. u. 1969 Auswärtiges Mitgl. der DAW, 1948 Ord. Mitgl. der Sächs. AdW; 1954 NP 2. Kl.; 1961 em.; 1963 Übersiedlung nach Hamburg.
Spezialist auf dem Gebiet der Papyrologie, zahlr. Arbeiten zur griech. Lit.- u. Geistesgeschichte, hellenist.-oriental. Namenskunde sowie Verwaltung u. Rechtspflege im Alten Ägypten; Hrsg. der Ztschr. »Archiv für Papyrusforschung« u. Mithrsg. der Ztschr. »Philologus« (1954ff.).

Zuckermann, Leo (Parteiname: Leo Lambert) 12. 6. 1908
Leiter der DDR-Präsidialkanzlei Wilhelm Pieck
Geb. in Lublin (Polen); aufgewachsen in Elberfeld in einer jüd. Familie, die 1905

infolge der Pogrome aus Rußland ausgewandert war, Vater Nähmaschinenmechaniker, Mutter Hausfrau; Oberrealschule, 1927 Abitur; 1924 SAJ, Reichsbanner, 1927 KPD; 1927–30 Studium der Rechtswiss. in Bonn u. Berlin; 1932 Prom. zum Dr. jur. mit der Arbeit »Die staats- und völkerrechtl. Stellung des Reichsaußenministers«; 1932 Referendariat, Staatsanwaltschaft Wuppertal; pol. Ltg. des »Jüd. Arbeiterkulturvereins« in Wuppertal; März 1933 Flucht aus Wuppertal, Emigration nach Frankreich; 1933/34 in Paris im Eur. Büro der IRH u. im Verteidigungskomitee der Angeklagten des Reichstagsbrandprozesses; 1934/35 im Weltkomitee gegen Krieg u. Fasch., in dessen Auftrag 1935 nach Spanien zur Org. der Volksfrontkomitees; in Paris mit W. Koenen* Einsatz für die Volksfrontbewegung in der dt. Emigr.; 1935–39 Sekr. des Intern. Asylrechtsbüros der IRH in Paris; Sept. 1939 Internierung u. a. in Athis; Juni 1940 Flucht nach Marseille, dort mit Lex Ende* Betreuung internierter Kommunisten (zur gleichen Zeit Verhaftung seiner Eltern durch die Gestapo, um den Aufenthalt von Z. zu erfahren; beide in Auschwitz ermordet); Okt. 1941 nach Mexiko, dort 1943 – Juni 1947 als Anwalt tätig, u. a. jurist. Betreuung pol. Flüchtlinge; Mitgl. der KPD-Exilgruppe u. im Vorst. der »Bew. Freies Dtl.«, Sekr. der »Sozialvereinigung der pol. Flüchtlinge dt. Sprache«, auf Parteibeschl. Mitgl. der Menorah (Org. deutschsprachiger jüd. Flüchtlinge).

Juli 1947 Rückkehr nach Dtl., SED; Hauptreferent in der Abt. Landespol. im ZS der SED, Sachgebiet Verfassung u. Gesetze; danach Hauptreferent in der Abt. Staatl. Verwaltung; ab Apr. 1949 Ltr. des Sekr. der Kommission für außenpol. Fragen beim PV der SED; Dez. 1949 Staatssekr., Chef der Präsidialkanzlei Wilhelm Piecks*; bat am 27.11.1950 um seine Demission, da er »unter dem tiefen Eindruck der nazist. Judenverfolgung« Fehler gemacht habe (Z. war 1947 aus Solidarität mit den jüd. Verfolgten der jüd. Gemeinde Berlin beigetreten), die sein »Verbleib in unmittelbarer Nähe des Parteivors. u. Staatspräs.« nicht mehr gestatte; (Hintergrund war die Überprüfung von Westemigranten u. jüd. Kommunisten infolge der allg. Agentenhysterie); ab Febr. 1952 Prorektor für Fernstudium der DVA »Walter Ulbricht«; Okt. 1952 Dir. des Dt. Inst. für Rechtswiss. (Nachf. des entlassenen Prof. Johannes Gerats); im ZK-Beschluß vom 20.12.1952 »Die Lehren aus dem Prozeß gegen das Verschwörerzentrum Slansky« wurde Z. zionist. Abweichungen in der Emigration beschuldigt u. als Helfershelfer des »Agenten Merker*« erwähnt; Dez. 1952 Flucht in die Bundesrep. Dtl., anschließend Übersiedlung nach Mexiko.

Zukunft, Karl 22.2.1926
MfS-Abteilungsleiter
Geb. in Dresden, Vater Bonbonkocher, Mutter Hausfrau; Volksschule, 1940–43 Lehre als Fernmeldemonteur; 1943 RAD, Wehrdienst als Fernsprechuffz.

1946 Arbeit als Fernmeldemonteur; 1946 Einstellung bei der VP, Polizeipräs. Dresden; 1946 KPD/SED; 1949 VP-Meister, HV der DVP Berlin; Lehrer an der VP-Schule Pirna, dann Ausbildungsltr. bei der XI. VP-Bereitschaft Kochstädt; 1950 Einstellung beim MfS, Ltr. der Abt. N (Nachrichten) der HA Allg.; 1953 Abt.-Ltr. in der HA Verwaltung u. Wirtschaft; 1955 Ltr. der Abt. Nachrichtenverbreitung u. Waffen; 1958 Abt.-Ltr. im Büro der Ltg., Arbeitsgruppe des Ministers (AGM); 1961–63 Fernstudium an der Ing.-Schule Lichtenberg (ohne Abschluß); 1964 Ltr. der Abt. N; 1967 FS-Abschluß als Ing. des Fernmeldebetriebsdienstes an der Offiziersschule der Landstreitkräfte »Ernst Thälmann«, Löbau; 1975 Gen.-Major; Dez. 1989 von seiner Funktion entbunden; Jan. 1990 Entlassung, Rentner.

Zülow, Andreas 23. 10. 1965
Leistungssportler (Boxen)
Geb. in Ludwigslust (Meckl.); 1977 Beginn mit dem Boxsport bei der SG Ludwigslust, 1980 Delegierung zur KJS u. zum SC Traktor Schwerin (Trainer: Fritz Sdunek); Schlosserlehre; 1986 WM-Dritter u. 1988 Olympiasieger jeweils im Leichtgewicht; VVO in Gold.
Nach 1989 Umschulung zum Industriekaufmann; Teiln. am Olymp. Boxturnier 1992, in der Vorrunde gegen den späteren Olympiasieger ausgeschieden.

Zwahr, Harmut 28. 8. 1936
Historiker
Geb. in Bautzen, Vater Angestellter; Grundschule, 1950–53 tätig in einer Bibliothek in Bautzen, 1953–55 FS für Bibliothekare Leipzig, dort 1956 Examen; 1955 Reifeprüfung an der ABF Leipzig; 1955–60 Studium der Geschichte, Germanistik u. Pädagogik an der KMU Leipzig, seitdem dort tätig; SED; 1963 Diss. mit einer Arbeit über die antisorb. Staatspolitik des kaiserl. Dtl. 1900–1914; 1974 Habil. mit einer Arbeit zur Konstituierung des Leipziger Proletariats; seit 1978 Prof. in Leipzig.
1992 erneute Berufung an die Univ. Leipzig, Prof. für Sozial- u. Wirtschaftsgeschichte.
Z. gilt als einer der führenden dt. Sozialhistoriker, kennzeichnend f. seine zahlr. sozialhist. Arbeiten ist u. a. der Einsatz des Marxismus als wiss. Methode; seine Habil.-Schrift gilt als Standardarbeit dt. Sozialgeschichtsschreibung; Z. ist seit 1991 Mithrsg. der führenden dt. Zeitschr. für Sozialgeschichte (»Geschichte u. Ges.«).
Publ.: Zur Konstituierung des Proletariats als Klasse. Berlin 1978; Herr u. Knecht. Leipzig, Jena, Berlin 1990; Ende einer Selbstzerstörung. Göttingen 1993.

Zweig, Arnold 10. 11. 1887–26. 11. 1968
Schriftsteller, DAK-Präsident
Geb. in Glogau (Niederschles.) in der Familie eines jüd. Sattlermeisters; 1907–14 Studium der Germanistik, Philos. u. Psychol. in Breslau, München, Berlin u. Rostock; ab 1905 lit. Arbeit, 1915 Kleist-Preis für das Drama »Ritualmord in Ungarn« (1914); im 1. Weltkrieg Soldat, erlebte u. a. Verdun; nach dem Krieg Studium der Soziol. in Tübingen; ab 1923 in Berlin, u. a. Mitarb. der Ztschr. »Jüd. Rundschau«, Vorträge zu Fragen des Judentums u. des Antisemitismus; 1926 Mitgl. des PEN u. der Ges. der Freunde des neuen Rußland; 1927 erschien der Roman »Der Streit um den Sergeanten Grischa«; 1929/30 1. Vors. des Schutzverb. Dt. Schriftst.; Dez. 1933 Emigration nach Palästina (Haifa), 1936 Mitgl. im Aussch. zur Vorbereitung einer dt. Volksfront, 1942/43 Hrsg. der antifasch. Ztschr. »Orient«.
1948 Rückkehr nach Berlin; Mitgl. im KB u. PEN-Club; 1949–67 Abg. der Prov. Volkskammer bzw. Volkskammer; 1950–53 Präs. der DAK, dann Vizepräs., ab 1957 Ehrenpräs.; ab 1957 Präs. des Dt. PEN-Zentrums Ost u. West; bis 1958 Mitgl. des Präsidialrats des KB, 1949–63 Vizepräs., dann Ehrenpräs.; 1958 Lenin-Friedenspreis, 1967 VVO in Gold.
Publ.: Ausgew. Werke in Einzelausgaben. Berlin 1957–67.
Sek.-Lit.: Hilscher, E.: A. Z. Leben u. Werk. Berlin 1985.

Zweiling, Klaus
18. 2. 1900–18. 11. 1968
Präsident der Vereinigung der Philosophischen Institutionen der DDR
Geb. in Berlin-Moabit, Vater Ing. am Reichspatentamt; 1909 Bismarck-Gymnasium Berlin; 1917 Notabitur u. Einsatz im landw. Hilfsdienst; Sept. – Dez. 1918 Einberufung zum Heeresdienst; 1918–22 Studium der Mathematik u. Physik an den Univ. Berlin u. Göttingen, glz. Besuch von Vorlesungen in Geschichte, Nationalök., Philos., alte Sprachen u. Presserecht; 1920 USPD, 1922 SPD; 1922

u. a. bei Max Born Prom. zum Dr. phil. über »Eine graph. Methode zur Berechnung von Planeten- u. Kometenbahnen«; 1923/24 Physiker in einem Laboratorium in Berlin, Entlassung wegen Teiln. an der Maidemonstration 1924; danach Red. versch. Arbeiterztgn. in Münster, Plauen u. Berlin; Okt. 1931 Mitbegr. der SAP (gemeinsam mit Max Seydewitz*, Edith Baumann* u. a.); Aug. 1933 wegen illegaler antifasch. Widerstandstätigkeit verhaftet, grausame Verhöre durch die Gestapo, wegen »Vorbereitung zum Hochverrat« verurteilt zu drei Jahren Gefängnis; seit der Entlassung 1936 ohne Anstellung; 1943 Einberufung zur Frontbewährung an die Ostfront; Apr. 1945 bei Greifswald kampflose Übergabe seiner Einheit an die sowj. Armee; zunächst Gefangenschaft in Neubrandenburg, dann Umschulung an einer »Frontschule«, einem sowj. Umschulungslager bei Stettin.
1945/46 KPD/SED; 1946 Chefred. des theor. SED-Organs »Einheit«, 1950 nach Kritik des SED-PB an der »liberalist.-versöhnler. Haltung der Red.« abgesetzt, anschl. bis 1955 Chefred. u. Ltr. des Verlags Technik; 1948 Habil., 1949 Gastdoz. für Philos. des dialekt. u. hist. Materialismus an der HU Berlin, 1955 Prof. u. bis 1960 Dir. des dortigen Inst. für Philos.; 1960–65 Dir. des Inst. für Philos. der KMU Leipzig (Nachf. von E. Bloch*), Vors. des Wiss. Beirats für Philosophie beim Staatssekr. für Hochschulwesen; 1959–68 Präs. der Vereinigung der Philosoph. Institutionen der DDR; 1965 VVO in Gold, em.
Zahlr. streitbare Broschüren u. Artikel zu philosoph. Problemen der Naturwiss., insbes. der Physik, zum philosoph. Materiebegriff sowie zur Gesetzesproblematik; 1958–62 Red. der Broschüren zur Dt. Philosophie seit 1895 in der Taschenbuchreihe »Unser Weltbild« (Bde. 1, 17, 18, 19).
Publ.: Aufstieg u. Niedergang der kapitalist. Gesellschaft. Leipzig 1927; Gleichgewicht u. Stabilität. Berlin 1953; Der Leninsche Materiebegriff u. seine Bestätigung durch die moderne Atomphysik. Berlin 1956.

Zwerenz, Gerhard 3. 6. 1925
Schriftsteller
Geb. in Gablenz (b. Crimmitschau), Vater Ziegeleiarbeiter, Mutter Textilarbeiterin; nach der Volksschule Kupferschmied; 1942 freiwillig zur Wehrmacht; 1944 Desertion, sowj. Gefangenschaft bis 1948.
VP-Angehöriger bis 1951; Tbc-Sanatorien; SED-Mitgl., Doz. für Ges.-Wiss. an einer Ingenieurschule, Sonderreifeprüfung, ab 1952 Philos.-Studium bei Ernst Bloch in Leipzig; war befreundet u. a. mit Erich Loest* u. Günter Zehm*; erste publizist. u. lyrische Veröff., seit 1956 freiberufl.; entkam 1957 seiner Verhaftung durch Flucht in den Westen; trat 1982 unter Protest aus dem VS aus; wohnt im Taunus; wurde auch dort vom MfS beobachtet, OV-Decknamen »Subjekt«, »Spinne«, »Agent«, »Dritter Weg«, »Revisionist«, »Renegat«; Mitgl. des dt. PEN-Zentrums (West); publizierte u. a. unter den Pseudonymen Gert Gablenz, Peter Lauenheim, Leslie Markwart, Peer Tarrok, Gert Amsterdam.
Kandidierte 1994 auf der offenen Liste der PDS für die Bundestagswahl; Okt. 1994 Mitgl. des Dt. Bundestags.
Preise: Ernst-Reuter-Preis (1974), Carl-von-Ossietzky-Preis (1986), Alternativer Büchnerpreis (1991).
Publ.: Kopf und Bauch. Frankfurt/M. 1971; Der Widerspruch. Autobiogr. Bericht. Frankfurt/M. 1974; Der politische Zwerenz. Frankfurt/M. 1975; Der erotische Zwerenz. Frankfurt/M. 1975; Antwort an einen Friedensfreund oder längere Epistel für Stephan Hermlin u. meinen Hund. Köln 1982; Vergiß die Träume deiner Jugend nicht. 1989; Rechts u. dumm? 1993; Links u. lahm? 1994.

Abkürzungsverzeichnis

Dieses Verzeichnis ist speziell für das Biographische Lexikon zur DDR-Geschichte erarbeitet worden. Es bezieht sich vorrangig auf in der DDR verwendete Abkürzungen von Institutionen und Organisationen. Allgemein gebräuchliche und im Duden enthaltene Abkürzungen wurden nicht aufgenommen. Endungen auf -isch und -lich sind durchweg abgekürzt worden. Darüber hinaus sind solche Abkürzungen gewählt worden, die sich aus dem jeweiligen Kontext leicht erschließen lassen und im »Wörterbuch der Abkürzungen« des Dudenverlages enthalten sind.

ABF	Arbeiter-und-Bauern-Fakultät
ABI	Arbeiter-und-Bauern-Inspektion
ADGB	Allgemeiner Deutscher Gewerkschaftsbund
AdK	Akademie der Künste der DDR (1972–1990, davor DAK; 1990–93 Akademie der Künste zu Berlin, seit 1993 Vereinigung AdK[Ost] und AdK[West] zu AdK Berlin-Brandenburg)
AdK Berlin (West)	1953–1993 Akademie der Künste Berlin
AdL	Akademie der Landwirtschaftswissenschaften
ADN	Allgemeiner Deutscher Nachrichtendienst
AdW	Akademie der Wissenschaften
AfG	Akademie für Gesellschaftswissenschaften beim ZK der SED
AfNS	Amt für Nationale Sicherheit (Nachf. des MfS)
APW	Akademie der Pädagogischen Wissenschaften
ASG	Armeesportgemeinschaft
ASK	Armeesportklub
ASR Potsdam	Akademie für Staats- und Rechtswissenschaften »Walter Ulbricht« in Potsdam-Babelsberg
ASV	Armeesportverein
BDA	Bund Deutscher Architekten, Bund der Architekten der DDR
BGL	Betriebsgewerkschaftsleitung
BHG	Bäuerliche Handelsgenossenschaft
BL	Bezirksleitung
BPKK	Bezirksparteikontrollkommission
BPRS	Bund Proletarisch-Revolutionärer Schriftsteller
BPO	Betriebsparteiorganisation
BSG	Betriebssportgemeinschaft
BV	Bezirksverwaltung

CDU	Christlich-Demokratische Union
CFK	Christliche Friedenskonferenz
DA	Demokratischer Aufbruch
DAAD	Deutscher Akademischer Austauschdienst
DAF	Deutsche Arbeitsfront
DAK	Deutsche Akademie der Künste (1950–62, 1962–72 Deutsche Akademie der Künste zu Berlin, ab 1972 Akademie der Künste der DDR)
DAL	Deutsche Akademie der Landwirtschaftswissenschaften
DASR Potsdam	Deutsche Akademie für Staats- und Rechtswissenschaften »Walter Ulbricht« in Potsdam-Babelsberg
DAW	Deutsche Akademie der Wissenschaften zu Berlin
DBA	Deutsche Bauakademie, Bauakademie der DDR
DBD	Demokratische Bauernpartei Deutschlands
DDP	Deutsche Demokratische Partei
DEFA	Deutsche Film-Aktiengesellschaft
DEWAG	Deutsche Werbe- und Anzeigen-Gesellschaft
DFD	Demokratischer Frauenbund Deutschlands
DFF	Deutscher Fernsehfunk
DGB	Deutscher Gewerkschaftsbund
DHfK Leipzig	Deutsche Hochschule für Körperkultur in Leipzig
DHZ	Deutsche Handelszentrale
DIA	Deutscher Innen- und Außenhandel
DIZ	Deutsches Institut für Zeitgeschichte
DMV	Deutscher Metallarbeiterverband
DNVP	Deutschnationale Volkspartei
DR	Deutsche Reichsbahn
DRK	Deutsches Rotes Kreuz
DS	Deutscher Sportausschuß
DSF	Gesellschaft für Deutsch-Sowjetische Freundschaft
DSV	Deutscher Schriftstellerverband (1952–73, dann Schriftstellerverband der DDR)
DTSB	Deutscher Turn- und Sportbund
DVA	Deutsche Verwaltungsakademie »Walter Ulbricht«
DVP	Deutsche Volkspolizei, Deutsche Volkspartei
DWK	Deutsche Wirtschaftskommission
EKD	Evangelische Kirche in Deutschland
EKKI	Exekutivkomitee der Kommunistischen Internationale
EM	Europameister
EMAU Greifswald	Ernst-Moritz-Arndt-Universität Greifswald
EOS	Erweiterte Oberschule
ER	Europarekord
ESG	Evangelische Studentengemeinde
FDGB	Freier Deutscher Gewerkschaftsbund
FDJ	Freie Deutsche Jugend
FIM	Inoffizieller Mitarbeiter zur Führung anderer IM und GMS

FIR	Fédération Internationale de Résistants
FS	Fachschule
FSU Jena	Friedrich-Schiller-Universität Jena
GHI	Geheimer Hauptinformator
GI	Geheimer Informator
GM	Gesellschaftlicher Mitarbeiter (des MfS)
GMS	Gesellschaftlicher Mitarbeiter Sicherheit
GO	Grundorganisation
GRU	Hauptnachrichtenverwaltung des Generalstabs (Nachrichtendienst der Sowjetstreitkräfte)
GST	Gesellschaft für Sport und Technik
HA	Hauptabteilung
HfÖ Berlin	Hochschule für Ökonomie »Bruno Leuschner« Berlin
HJ	Hitlerjugend
HO	Handelsorganisation
HS	Hochschule
HU Berlin	Humboldt-Universität zu Berlin
HV	Hauptverwaltung
HV A	Hauptverwaltung Aufklärung (des MfS)
IAH	Internationale Arbeiterhilfe
IDFF	Internationale Demokratische Frauenföderation
IfG	Institut für Gesellschaftswissenschaften beim ZK der SED
IfGA	Institut für Geschichte der Arbeiterbewegung
IfL	Institut für Lehrerbildung
IFM	Initiative für Frieden und Menschenrechte
IfWG	Institut für Wirtschaftsgeschichte
IG	Industriegewerkschaft
IHK	Industrie- und Handelskammer
IHS	Ingenieurhochschule
IM	Inoffizieller Mitarbeiter (des MfS)
IMB	Inoffizieller Mitarbeiter mit Feindberührung
IME	Inoffizieller Mitarbeiter für den besonderen Einsatz
IMK	Inoffizieller Mitarbeiter zur Sicherung der Konspiration
IML	Institut für Marxismus-Leninismus beim ZK der SED
IMS	Inoffizieller Mitarbeiter zur Sicherung
IOC	Internationales Olympisches Komitee
IPW	Institut für Internationale Politik und Wirtschaft
IPPNW	Internationale Ärzte für die Verhütung eines Atomkrieges
IRH	Internationale Rote Hilfe
JHS Potsdam-Eiche	Juristische Hochschule des MfS in Potsdam-Eiche (zuvor: Schule bzw. Hochschule des MfS)
KAP	Kooperative Abteilung Pflanzenproduktion, Kommunistische Arbeiterpartei Deutschlands
KB	Kulturbund

KdT	Kammer der Technik
KfA	Kammer für Außenhandel
KI	Kommunistische Internationale
KJD	Kommunistische Jugend Deutschlands (1920–25, dann KJVD)
KJI	Kommunistische Jugendinternationale
KJS	Kinder- und Jugendsportschule
KJVD	Kommunistischer Jugendverband Deutschlands (seit 1925)
KL	Kreisleitung
KMO	Karl-Marx-Orden
KMU Leipzig	Karl-Marx-Universität Leipzig
KP	Kommunistische Partei, Kontaktperson
KPD	Kommunistische Partei Deutschlands
KPdSU	Kommunistische Partei der Sowjetunion
KPČ	Kommunistische Partei der Tschechoslowakei
KPKK	Kreisparteikontrollkommission
KPO	Kommunistische Parteiopposition
KPÖ	Kommunistische Partei Österreichs
KPF	Kommunistische Partei Frankreichs
KPR (B)	Kommunistische Partei Rußlands (Bolschewiki)
KSZE	Konferenz für Sicherheit und Zusammenarbeit in Europa
KVP	Kasernierte Volkspolizei
LDPD	Liberal-Demokratische Partei Deutschlands
LP	Langspielplatte
LPG	Landwirtschaftliche Produktionsgenossenschaft
LPKK	Landesparteikontrollkommission
M-Apparat	Militärpolitischer Apparat, Nachrichtendienst der KPD
MA Dresden	Militärakademie »Friedrich Engels« Dresden
MAS	Maschinenausleihstation
MASCH	Marxistische Abendschule
MdA	Mitglied des Abgeordnetenhauses
MdB	Mitglied des Bundestags
MdI	Ministerium des Innern
MdL	Mitglied des Landtags
MdR	Mitglied des Reichstags
MEGA	Marx-Engels-Gesamtausgabe
MfAA	Ministerium für Auswärtige Angelegenheiten
MfS	Ministerium für Staatssicherheit
MLU Halle	Martin-Luther-Universität Halle-Wittenberg
MTS	Maschinen-Traktoren-Station
NDP/NDPD	Nationaldemokratische Partei Deutschlands
NF	Nationale Front des demokratischen Deutschland, Nationale Front der DDR
NKFD	Nationalkomitee »Freies Deutschland«
NKWD	Volkskommissariat für Innere Angelegenheiten der UdSSR
NR	Nationalrat der Nationalen Front (NF)

NP	Nationalpreis
NPT	Nationalpreisträger / in
NOK	Nationales Olympisches Komitee
NS	Nationalsozialistische / r, Nationalsozialismus
NSDAP	Nationalsozialistische Deutsche Arbeiterpartei
NVA	Nationale Volksarmee
OB	Oberbürgermeister
OdF	Opfer des Faschismus
OGPU	Allgemeine staatliche politische Verwaltung (sowj. Geheimdienst 1923–34)
OibE	Offizier im besonderen Einsatz (MfS)
OS	Oberschule
OSS	Office for Strategic Studies, Nachrichtendienst der U. S. Army
OV	Operativer Vorgang des MfS
PB	Politbüro
PDS	Partei des Demokratischen Sozialismus
PGH	Produktionsgenossenschaft des Handwerks
PH	Pädagogische Hochschule
PHS	Parteihochschule »Karl Marx« beim ZK der SED
PKK	Parteikontrollkommission
PO	Parteiorganisation
POS	Polytechnische Oberschule
PV	Parteivorstand
R	Regie
RAD	Reichsarbeitsdienst
RAW	Reichsbahnausbesserungswerk
RFB	Roter Frontkämpferbund
RGI	Rote Gewerkschaftsinternationale
RGO	Revolutionäre Gewerkschaftsopposition
RGW	Rat für Gegenseitige Wirtschaftshilfe
RH	Rote Hilfe
SAG	Sowjetische Aktiengesellschaft
SAJ	Sozialistische Arbeiterjugend
SAP	Sozialistische Arbeiterpartei
SBZ	Sowjetische Besatzungszone
SC	Sportclub
SDAG	Sowjetisch-Deutsche Aktiengesellschaft
SDP	Sozialdemokratische Partei (in der DDR)
SED	Sozialistische Einheitspartei Deutschlands
SEW	Sozialistische Einheitspartei Westberlins
SG	Sportgemeinschaft
SMA	Sowjetische Militäradministration
SMAD	Sowjetische Militäradministration in Deutschland
SPD	Sozialdemokratische Partei Deutschlands
SPK	Staatliche Plankommission

SV	Schriftstellerverband der DDR
SV Dynamo	Sportvereinigung Dynamo
TH	Technische Hochschule
TR	Titelrolle
TU	Technische Universität
TV	Television
UA	Uraufführung
URANIA	Gesellschaft zur Verbreitung wissenschaftlicher Kenntnisse
VBK	Verband Bildender Künstler der DDR
VBKD	Verband Bildender Künstler Deutschlands
VdgB	Vereinigung der gegenseitigen Bauernhilfe
VDJ	Verband deutscher Journalisten (1949–72, dann Verband der Journalisten der DDR)
VDK	Verband deutscher Komponisten und Musikwissenschaftler
VDP	Verband der Deutschen Presse (1945–49, dann VDJ)
VdN	Verfolgte(r) des Naziregimes
VEAB	Volkseigener Erfassungs- und Aufkaufbetrieb
VEB	Volkseigener Betrieb
VEG	Volkseigenes Gut
VKPD	Vereinigte Kommunistische Partei Deutschlands
VOB	Vereinigung Organisationseigener Betriebe
VP	Volkspolizei
VR	Volksrepublik
VVB	Vereinigung Volkseigener Betriebe
VVEAB	Vereinigung Volkseigener Erfassungs- und Aufkaufbetriebe
VVN	Vereinigung der Verfolgten des Naziregimes
VVO	Vaterländischer Verdienstorden
VS	Verband Deutscher Schriftsteller (Bundesrep. Dtl.)
WBDJ	Weltbund der demokratischen Jugend
WGB	Weltgewerkschaftsbund
WM	Weltmeister
WPO	Wohnparteiorganisation
WPU Rostock	Wilhelm-Pieck-Universität Rostock
WR	Weltrekord
ZA	Zentralausschuß
ZI	Zentralinstitut
ZK	Zentralkomitee
ZL	Zentralleitung
ZPA	Zentrales Parteiarchiv
ZPL	Zentrale Parteileitung
ZPKK	Zentrale Parteikontrollkommission
ZR	Zentralrat
ZRK	Zentrale Revisionskommission
ZS	Zentralsekretariat
ZV	Zentralverwaltung

Mitarbeiterverzeichnis

Herausgeber:
Bernd-Rainer Barth, Christoph Links,
Helmut Müller-Enbergs, Jan Wielgohs
unter Mitarbeit von Dieter Hoffmann

Redaktionelle Mitarbeit:
Marianne Greiner, Christa Manteufel-Links

Technische Redaktion:
Georg Bach

Technische Assistenz:
Nina Bschorr, Sylvia Dulisch, Henriette Grüttner, Frank Wagner

Fachliche Beratung:
Günter Agde: Film
Rainer Bratfisch: Musik
Peter Erler: SED-Funktionäre, Medien
Gerhard Fischer: CDU
Gert Geisler: Pädagogik
Jens Gieseke: Staatssicherheit
Hartmut Grimm: Musik
Karin Hartewig: Jüdische Gemeinden
Peter Herrmann: Sport
Ilko-Sascha Kowalczuk: Geschichtswissenschaft
Siegfried Kuntsche: Agrarpolitik, -wirtschaft und -wissenschaft
Klaus Michael: Literatur, Bildende Kunst
Solveig Nestler: Parteien und Massenorganisationen
Ehrhart Neubert: Evangelische Kirche und Theologie
Willi Orth: LDPD
Hans-Christoph Rauh: Philosophie
Aune Renk: Theater, Film
Bernd Schäfer: Katholische Kirche und Theologie
Anke Scharnhorst: Bildende Kunst
Michael F. Scholz: Remigranten Schweden
Hagen Schwärzel: Wirtschaft
Carsten Wurm: Verlagswesen, Literatur

Autoren:
Günter Agde: Film
Thorsten Ahrend: Literatur
Mitchell Ash: Psychologie
Hans-Georg Bartel: Chemie, Philologie
Bernd-Rainer Barth: Literatur, Medien, Theater, Opposition
Rainer Bratfisch: Musik, Literatur
Clemens Brodkorb: Katholische Kirche und Theologie
Ulrich von Bühlow: Literatur
Gerd Dietrich: Angewandte Kunst, Theater, Film
Peter Erler: Medien, Theater, Film, Literatur, Musik
Siegmar Faust: Medien, Literatur
Hannelore Fischer: Literatur
Uwe Funk: Evangelische Kirche und Theologie
Klaus Gallinat: Sport
Gert Geisler: Pädagogik
Sybille Gerstengarbe: Biologie, Physik
Jens Gieseke: Staatssicherheit
Dieter Gleisberg: Bildende Kunst
Simone Hain: Architektur
Jürgen Hamel: Astronomie
Rolf Harder: Literatur, Bildende Kunst
Karin Hartewig: Jüdische Gemeinden, Medien, Literatur
Barbara Heinze: Literatur
Michael Herms: FDJ
Peter Herrmann: Sport
Heinz Hirdina: Philosophie
Bernhard Hönig: Musik, Unterhaltungskunst
Therese Hörnigk: Literatur
Peter Hoff: Film
Dieter Hoffmann: Naturwissenschaft, Philosophie, Wissenschaftsgeschichte
Joachim Kaasch: Wissenschaftsgeschichte, Medizin
Michael Kaasch: Wissenschaftsgeschichte, Biowissenschaft
Andreas Kahlow: Technikwissenschaft
Petra Kahlow-Vorwerk: Technikwissenschaft
Horst Kant: Chemie, Physik, Technikwissenschaft
Jürgen Kaulfuß: Literatur
Lutz Kirchenwitz: Musik, Literatur
Kornelia Knospe: Tanz
Andreas Kölling: Literatur, Literaturwissenschaft
Ilko-Sascha Kowalczuk: Geschichtswissenschaft, Fischereiwissenschaft
Leonore Krenzlin: Literatur, Literaturwissenschaft
Andrea Kropp: Theater
Renate Krüger: Katholische Kirche
Werner Künzel: Architektur
Siegfried Kuntsche: Agrarpolitik, -wirtschaft und -wissenschaft
Christina Links: Literaturwissenschaft
Christoph Links: Kultur, Schwule und Lesben, Mauerflüchtlinge

Herbert Mayer: Literatur, Film
Klaus-Peter Meinicke: Technikwissenschaft
Timo Meskank: Geschichtswissenschaft
Klaus Michael: Literatur, Bildende Kunst
Silvia Müller: Opposition und Bürgerbewegung
Helmut Müller-Enbergs: Parteien, Staat, gesellschaftliche Organisationen
Torsten Musial: E-Musik
Ehrhart Neubert: Evangelische Kirche, Bürgerbewegung
Herbert Nicolaus: Architektur
Christiane Niklew: E-Musik
Peter Nötzold: Biologie, Medizin, Physik
Wilfriede Otto: SED-Funktionäre und -Repressierte
Dieter Preuß: Verkehrswissenschaft
Renate Rätz: Theater, Film, E-Musik, Literatur
Hans-Christoph Rauh: Philosophie
Aune Renk: Theater, Film, E-Musik, Tanz
Jochen Richter: Medizin, Psychologie
Ursula Ringer: Literatur
Claudia Salchow: Philosophie
Bernd Schäfer: Katholische Kirche und Theologie
Anke Scharnhorst: Bildende Kunst, Kunstwissenschaft
Ralf Schenk: Film
Elke Schieber: Film
Peter Schneck: Medizin
Michael F. Scholz: Comic, Film, Medien, MdI, MfS
Egon Schünemann: Architektur
Ulrike Schuster: FDJ
Hagen Schwärzel: Wirtschaftswissenschaft, Industrie
Roger Sitter: Evangelische Kirche und Theologie
Klaus-Harro Tiemann: Biologie, Chemie, Geowissenschaften, Physik
Annette Vogt: Mathematik, Medizin
Frank Wagner: Medien
Petra Werner: Biowissenschaft, Medizin
Jan Wielgohs: Philosophie, Gesellschaftswissenschaft, Opposition und Bürgerbewegung, Jüdische Gemeinden
Dietmar Winkler: Unterhaltungskunst, Zirkus
Gisela Winkler: Theater, Unterhaltungskunst
Carsten Wurm: Medien, Verlage, Literatur

Personenregister

Reiner Kunze

auf eigene hoffnung
gedichte. 112 Seiten. Leinen. S. Fischer und Band 5230

eines jeden einziges leben
gedichte. 126 Seiten. Leinen. S. Fischer und Band 12516

gespräch mit der amsel
frühe gedichte. sensible wege. zimmerlautstärke
216 Seiten. Leinen. S. Fischer

Am Sonnenhang
Tagebuch eines Jahres
208 Seiten. 12seitiger Bildteil. Leinen. S. Fischer und Band 12918

Das weiße Gedicht
Essays. 190 Seiten. Leinen. S. Fischer

Wo Freiheit ist...
Gespräche und Interviews 1977 - 1993
240 Seiten. Leinen. S. Fischer

Wohin der Schlaf sich schlafen legt
Gedichte für Kinder
Mit neuen Bildern von Karel Franta. Band 80003

Die wunderbaren Jahre
Prosa. 131 Seiten. Leinen und Band 2074

zimmerlautstärke
gedichte. Band 1934

Der Löwe Leopold
Fast ein Märchen, fast Geschichten. Band 80161

Deckname »Lyrik«
Eine Dokumentation von Reiner Kunze. Band 10854

Fischer Taschenbuch Verlag

fi 150 / 17

Monika Maron

Flugasche
Roman. Band 3784

Das Mißverständnis
Vier Erzählungen und ein Stück
Band 10826

Nach Maßgabe meiner Begreifungskraft
Artikel und Essays
123 Seiten. Broschur. S. Fischer und
Band 12728

Stille Zeile Sechs
Roman
219 Seiten. Leinen. S. Fischer und
Band 11804

Die Überläuferin
Roman
221 Seiten. Leinen. S. Fischer und
Band 9197

Animal triste
Roman
240 Seiten. Leinen. S. Fischer

Fischer Taschenbuch Verlag

fi 565 / 13

Günter de Bruyn

Babylon
Erzählungen. Band 11334

Buridans Esel
Roman. Band 1880

Das erzählte Ich
Über Wahrheit und Dichtung in der Autobiographie
80 Seiten. Geb. S. Fischer

Das Leben des Jean Paul Friedrich Richter
Eine Biographie
410 Seiten mit 17 Abb. Leinen. S. Fischer und
Band 10973

Jubelschreie, Trauergesänge
Deutsche Befindlichkeiten
205 Seiten. Leinen. S. Fischer und Band 12154

Märkische Forschungen
Erzählung für Freunde der Literaturgeschichte
152 Seiten. Geb. S. Fischer und
Band 5059

Mein Brandenburg
Fotos von Barbara Klemm
167 Seiten. Leinen. S. Fischer

Neue Herrlichkeit
Roman. 216 Seiten. Leinen. S. Fischer und
Band 5994

Preisverleihung
Roman. Band 11660

Zwischenbilanz
Eine Jugend in Berlin
380 Seiten. Leinen. S. Fischer und Band 11967

Fischer Taschenbuch Verlag

fi 65 / 16